ベーシック条約集
Basic Documents of International Law

編集代表
浅田正彦
Masahiko Asada

2024

東信堂

元編集代表・編集委員

田畑茂二郎
高林秀雄
太寿堂鼎
山手治之
香西茂
竹本正幸
松井芳郎
田中則夫
薬師寺公夫
坂元茂樹
柴田明穂

編集委員紹介

同志社大学教授 浅田正彦
大阪公立大学名誉教授 桐山孝信
名古屋大学教授 小畑郁
立命館大学教授 西村智朗
京都女子大学教授 前田直子
青山学院大学教授 阿部達也
京都大学教授 玉田大
神戸大学教授 竹内真理

二〇二四年版はしがき

『ベーシック条約集』は、田畑茂二郎・高林秀雄編『基本条約・資料集』の全面改訂版として一九九七年に刊行され、二〇〇二年以降は年度ごとに版を改めてきたが、二〇〇六年版からは正規に年版として刊行されるようになった。本書は、創刊以来の編集代表であった田畑・高林両先生、そして、編集委員および編集代表として骨身を惜しまれなかった太寿堂鼎先生、竹本正幸先生、山手治之先生、香西茂先生といった先人のご努力によってその基礎を据えられた。また、第三版(二〇〇二年)から編集代表に加わられ、二〇〇六年版から二〇一一年版まで単独で編集代表をつとめられた松井芳郎先生のご指導により、本書は一層の充実が図られた。二〇一二年版からは、田中則夫先生・薬師寺公夫先生・坂元茂樹先生の編集代表体制で、二〇一六年版からは、薬師寺公夫・坂元茂樹・浅田正彦の編集代表体制で、そして二〇二一年版からは、浅田正彦が編集代表の体制で、本書の刊行と一層の充実に努力している。

『ベーシック条約集』は、創刊以来「最新の情報を取り入れ、正確でわかりやすい」をモットーに編集努力を重ねた結果、国際法の学習、研究あるいは実務にたずさわる多くの方々から好評をもって迎えられ、広く利用いただいてきた。この編集の基本方針は一貫して不変である。しかし、グローバル化の時代にあって国際法に関する文書が増え続ける中、私たちは、一方では最新の重要な文書を収録するとともに、他方では、条約集としての使いやすさも考慮して適切な分量に抑えなければならないという、難しい問題に直面し続けている。編集委員の間で検討を重ねた結果、二〇二一年版より最新の情報を取り入れつつも収録する文書の精選を行い、以前より収録されている文書についても抄録化や抜粋化など工夫の余地がないかを吟味することにした。二〇二四年版でもこの方針を踏襲している。

二〇二四年版では、第2章で東欧・ソ連における新国家承認の指針を、第4章で強行規範に関する結論草案を、第5章で国家管轄権外区域における海洋生物多様性協定を、第8章で大気の保護に関する指針を、第16章で朝鮮問題に関する国連総会決議を抜粋の形で、新たに収録した。このほか、いくつかの既収録文書に対して行われた改正も反映させ、また一部条項の復活、原文記載の追加なども適宜行っている。第17章では、左記のように第8章で京都議定書遵守手続を削除したことに伴い、京都議定書とパリ協定における遵守手続の比較表を新たに作成した。また、ウクライナ戦争においても注目されている同盟関係に関連して、主要な同盟条約の集団的自衛権条項の比較表を作成した。

他方、二〇二四年版では、第8章で京都議定書遵守手続を削除したほか、第14章でINF条約を削除した。これまでに削除した文書は『ベーシック条約集』削除文書一覧表」(xvi〜xvii頁)を参照していただきたい。本書から削除した文書は、東信堂のホームページ(本書欄の「削除文書一覧」)から閲覧できるようにしている。「目次」については、読者からより見やすく簡潔なものにして欲しいという要望もあり、二〇一三年版より一目で条約集の構成と収録文書がわかるように条約の略称を用いて表示方法を簡潔にした。「索引」についても同様の考え方を採用している。これらの略称については、読者の意見も取り入れながら適宜見直しを行っている。

二〇二四年版の作成に当たっても、これまでの版と同様に編集委員以外の多くの方々にご協力をいただいている。翻訳では、二〇一〇年版から欧州連合条約を改正するリスボン条約について小樽商科大学の小林友彦氏に、二〇一九年版から国際機関責任条文について神戸大学の岡田陽平氏にご協力をいただいている。第17章の資料については、東京大学の高村ゆかり氏(モントリオール議定書不遵守手続)、近畿大学の瀬岡直氏(国連加盟国一覧表および主要条約締約国一覧表)、岡田陽平氏(国際司法裁判所と常設国際司法裁判所の判決・意見の一覧表および選択条項受諾宣言分類表)、近畿大学の加藤陽氏(国連平和維持活動一覧表および安保理による憲章第7章の決議)にご協力いただいている。心よりお礼申し上げたい。さらに、これまでの版には、学会の先輩、友人や一般の読者からのご指摘を受けて、従来の不正確な記述を改めた箇所がいくつかある。また多方面から条約や資料に関する最新の情報をご示唆いただいてもいる。こういった方々のご協力に対しても、心より感謝申し上げたい。

伝統ある『ベーシック条約集』の編集に二〇二二年度より新たな体制で取り組み始めた私たちは、その責任を自覚し、本書の発展を図るべく不断の検討を重ね、研鑽を積みたいと考えている。私たちは、本書が、これまでと同様に、国際法を中心とする国際関係の研究者の方をはじめ、法科大学院を含む大学院における研究と教育、法学部の専門科目としての国際法の教育、法曹、外交関係、国際取引の実務などのさまざまの場で広く利用され、さらに国際関係について一応の知識を有するが、より深く国際法を学びたいと考えている多くの一般の読者にも利用していただきたいと願っている。読者諸賢には、旧に倍するご支援とご叱正をいただけるよう、切にお願い申し上げる次第である。

最後になったが、厳しい時間的な制約の中で新学期に間に合うように刊行することができたのは、東信堂の下田勝司社長および下田勝一郎氏の献身的なご努力のおかげである。編集委員としてこれらの東信堂関係者の方々に、厚くお礼申し上げたい。

二〇二四年二月

編集委員一同

〔初版〕はしがき

『基本条約・資料集』は、一九七六年の発刊以来、それぞれの時点での必要に応じて数度の改訂を施し、最新の内容となるよう心懸けてきた。幸い非常な好評を得て、各方面でひろく利用して頂いた。国際法の学習には、条約集は欠かすことのできないものであるが、最近では、日本の国際化と世界の緊密化に伴って、国際問題にたいする人びとの関心が高まり、国際法研究者以外のひろい層の人びとにも利用されるようになった。他方、一九九〇年代に入って、国際情勢は大きく変化し、急激に流動しており、それを反映して新しい重要な条約や宣言などが数多く誕生している。このような状況を考慮して、新しい構想の下に、このたび『ベーシック条約集』を刊行することにした。

その新構想を構築し実現するために、これまでの編集委員に加え、新たに松井芳郎(名古屋大学教授)、田中則夫(龍谷大学教授)、薬師寺公夫(立命館大学教授)、坂元茂樹(関西大学教授)の四人の若手研究者に参加して頂き、二年前から編集会議を開いて慎重に検討を重ねてきた。この新条約集は、『基本条約・資料集』を基礎にし出発点としているが、それを全般的に見直し、次のような改良を加えたので、まったく新規なものと言ってもよいであろう。そのため、書名も『ベーシック条約集』に変えたのである。

第一に、できるだけ多くの条約と資料を掲載することにした。もちろん、すべての条約等を網羅することは不可能であるので、その取捨選択には時間をかけて慎重に検討した。その結果、一八六の文書を選び出して収録した。前の『基本条約・資料集』に比べて、八〇の文書(条約・七三、資料・七)が増えている。新しく収録したもののうち、重要なものをあげると、条約では経済協力開発機構条約(OECD条約)、ヨーロッパ国家免除条約、ドイツ統一条約、気候変動に関する国際連合枠組条約、包括的核実験禁止条約など、国内法では排他的経済水域及び大陸棚に関する法律など、その他の文書では「発展の権利に関する宣言」、国際法委員会が作成した「国家責任に関する暫定条文草案」と「国際刑事裁判所規程草案」などがある。

第二に、収録文書の増加に伴って、従来の編別を再検討し、一七の章に組み替えた。新たに「国家」や「環境」などの章を設け、資料を第一七章とした。また、各章のはじめに「本章の構成」欄を置いた。これは、個々の条約について解説したものではなく、その章に収録した条約の位置づけ、すなわち、他の条約とどのような関連を有するかについて解説したもので、国際法の学習にとって便利となるよう配慮した。

第三に、第一七章「国際法関係資料」には、平和維持活動(ＰＫＯ)一覧表などの新資料を追加したほか、国際司法裁判所選択条項受諾宣言に付された留保の分類表も全面的に更新するなど、全体を最新のものに改めた。特に、「国際法年表」は国際法の歴史的展開を理解する上で有益であろうと考えて作成した。収録した条約等もそれぞれの年代に掲げてあるので、条約一覧としても役立つであろう。なお、国際司法裁判所と常設国際司法裁判所の争訟と勧告的意見の一覧表ならびに国際法年表は、山形英郎(立命館大学助教授)、主要条約締約国表は繁田泰宏(大阪学院大学専任講師)の二人にそれぞれ援助して頂いた。記してお礼申し上げたい。

第四に、公定訳のある条約や国内法以外の文書については、今回そのすべてについて編集委員が手分けして再点検し、訳文の見直しを行い、正確を期した。なお、全章にわたる統一と整理は、竹本正幸(関西大学教授)が担当した。

『基本条約・資料集』以来編集委員をされていた太寿堂鼎氏が昨年八月、高林秀雄氏が本年一月、逝去された。高林氏は、昨年五月京都学園大学で世界法学会の研究大会が開催されたさいに、学会の理事長として忙しいにもかかわらず、本書の編集のための会場の設営などいろいろと世話して頂いたが、もう少しで本書の発刊を見るところで、甚だ残念であった。両氏の御冥福をお祈りする次第である。

一九九七年三月

編集代表　田畑茂二郎

ベーシック条約集二〇二四年版／目次

（●印は、新規収録文書）

4章　条　約

5章　海　洋

6章　空域・宇宙空間

7章　国際化地域

8章　環　境

12章　紛争の平和的解決

13章　安全保障

14章 軍備の規制

15章 武力紛争

16章　平和の回復

装丁:デザインヒットタワー

・投資の促進及び保護に関する日本国とモンゴル国との間の協定⇒２００９年版
・アメリカ合衆国政府及びイラン・イスラム共和国政府による請求権の解決に関するアルジェリア民主人民共和国政府の宣言(アルジェ協定)⇒２０１１年版
・投資の自由化、促進及び保護に関する日本国とウズベキスタン共和国との間の投資協定⇒２０１４年版
・日本国とソヴィエト社会主義共和国連邦との間の通商に関する条約⇒２０１５年版
・投資の奨励及び相互保護に関する日本国と中華人民共和国との間の協定⇒２０１５年版
・経済上の連携に関する日本国とインドネシア共和国との間の協定⇒２０１６年版
・ＴＲＩＰＳ協定と公衆の健康に関する宣言⇒２０１８年版
・日本・パプアニューギニア投資協定⇒２０２０年版
・日中韓投資協定⇒２０21年版

11章　国際犯罪
・国際刑事裁判所規程草案⇒第１版
・相互援助条約案(抄)⇒第３版
・腐敗の防止に関する国際連合条約⇒２００７年版
・１９７１年9月２３日にモントリオールで作成された民間航空の安全に対する不法な行為の防止に関する条約を補足する国際民間航空に使用される空港における不法な暴力行為の防止に関する議定書⇒２００７年版
・刑を言い渡された者の移送に関する条約(受刑者移送条約)⇒２０１１年版

13章　安全保障
・東ティモールに関する安保理決議１２７２(１９９９)⇒第６版
・同盟の戦略概念(ＮＡＴＯ新戦略概念)⇒第６版
・平成１３年9月１１日のアメリカ合衆国において発生したテロリストによる攻撃等に対応して行われる国際連合憲章の目的達成のための諸外国の活動に対して我が国が実施する措置及び関連する国際連合決議等に基づく人道的措置に関する特別措置法⇒２００７年版
・安全保障理事会決議１４８３(２００３)⇒２００９年版
・安全保障理事会決議１５１１(２００３)⇒２００９年版
・安全保障理事会決議１５４６(２００４)⇒２００９年版
・イラクにおける人道復興支援活動及び安全確保支援活動の実施に関する特別措置法⇒２００９年版
・新たな日米防衛協力のための指針(１９９７)⇒２０１５年版
・日本国の自衛隊とオーストラリア国防軍との間における物品又は役務の相互の提供に関する日本国政府とオーストラリア政府との間の協定⇒２０１７年版
・安全保障理事会決議２５１３(２０２０)(アフガニスタン和平)⇒２０２２年版

14章　軍備の規制
・アメリカ合衆国と朝鮮民主主義人民共和国との間の合意された枠組み⇒２００６年版
・安全保障理事会決議１７１８(２００６)⇒２００９年版
・戦略攻撃能力の削減に関するアメリカ合衆国とロシア連邦との間の条約(戦略攻撃能力削減条約)⇒２０１０年版
・安全保障理事会決議１６９６(２００６)(イランの核開発)⇒２０１１年版
・中距離及び準中距離ミサイルの廃棄に関するアメリカ合衆国とソヴィエト社会主義共和国連邦との間の条約(INF条約)(抄)→２０２３年版

15章　武力紛争
・武力攻撃事態等における特定公共施設等の利用に関する法律⇒２００７年版
・武力攻撃事態等における国民の保護のための措置に関する法律⇒２００７年版
・武力攻撃事態における捕虜等の取扱いに関する法律⇒２００８年版
・武力紛争の際の文化財の保護に関する条約(文化財保護条約)⇒２０１１年版
・武力紛争の際の文化財の保護に関する議定書(文化財保護議定書)⇒２０１１年版
・１９９９年3月２６日にハーグで作成された武力紛争の際の文化財の保護に関する１９５４年のハーグ条約の第２議定書(文化財保護第２議定書)⇒２０１１年版

『ベーシック条約集』削除文書一覧表

※ ⇒ は当該文書を収録した最後の版を示す。

1章　国際機構
- ＯＥＣＤ条約の一部　経常的貿易外取引の自由化に関する規約／経済協力開発機構の資本移動の自由化に関する規約⇒２００７年版
- 経済協力開発機構条約（ＯＥＣＤ条約）⇒２０１１年版

2章　国　家
- 国家責任に関する暫定条文草案⇒第２版
- ドイツ連邦共和国とドイツ民主共和国との間のドイツ統一の樹立に関する条約⇒第４版
- カンボジア紛争の包括的政治解決に関する協定⇒第４版
- カンボジアの主権、独立、領土の保全及び不可侵、中立並びに国民的統一に関する協定⇒第４版
- 国の免除に関するヨーロッパ条約⇒第５版
- 外交的保護条文案（第一読）⇒２００６年版
- ドイツに関する最終的解決についての条約⇒２００７年版
- 国の財産、公文書及び債務についての国家承継に関するウィーン条約（国家財産等承継条約）⇒２０１１年版

3章　個　人
- 人権及び基本的自由の保護のための条約についての第１０議定書⇒第１版
- 法例⇒２００６年版
- 経社理決議１５０３・経社理決議２０００／３⇒２００７年版
- 条約の監督機構を改正する、人権及び基本的自由の保護に関する条約についての第１４議定書（ヨーロッパ人権条約第１４議定書）⇒２００９年版
- 女子に対するあらゆる形態の差別の撤廃に関する条約の選択議定書⇒２０１５年版

5章　海　洋
- 海洋汚染及び海上災害の防止に関する法律⇒第１版
- 日本国と大韓民国との間の漁業に関する協定⇒第３版
- 海洋生物資源の保存及び管理に関する法律（抜粋）⇒２００６年版
- 多金属製の団塊に関連する先行活動に対する予備投資に関する決議Ⅱ⇒２００７年版
- 海港ノ国際制度ニ関スル条約及規程⇒２００９年版
- 特定船舶の入港の禁止に関する特別措置法⇒２００９年版
- 国の管轄権の及ぶ区域の境界の外の海底及びその地下を律する原則宣言（深海底原則宣言）⇒２０１１年版
- 排他的経済水域における漁業等に関する主権的権利の行使等に関する法律⇒２０１１年版

7章　国際化地域
- 北極における油による海洋汚染に対する準備及び対応に関する協力に関する協定（北極海油濁対応協力協定）⇒２０１７年版

8章　環　境
- たばこの規制に関する世界保健機関枠組条約⇒２００７年版
- 持続可能な発展に関するヨハネスブルグ宣言⇒２０１７年版
- 京都議定書遵守手続⇒２０２３年版

9章　国際経済
- 日本・シンガポール新時代経済連携協定⇒２００６年版
- 投資の促進及び保護に関する日本国とバングラデシュ人民共和国との間の協定⇒２００６年版
- 経済上の連携に関する日本国とタイ王国との間の協定⇒２００８年版

凡　例

一 本書のねらい　本書は国際法を学習する際に必要不可欠な条約等の文書を全一七章に編集したものである。各章の扉にその章に収録された条約等の相互の関連を位置づけた「本章の構成」を設け、学習の助けとなるよう配慮した。

二 文書の配列　各章における文書は主題によって節別を行い、節では原則として年代順に配列したが、関連の文書は一括して収録した。条約の国内的実施のための日本の国内法は当該の条約の後におき、章の全体に関わる国内法は章末にまとめてある。

三 文書番号　収録した条約等の文書のすべてに文書番号を「章番号、条約番号」という形式で付してある。例えば、**1** 1は**1**国際機構1国連憲章の文書番号である。

四 文書の名称　文書はすべて正式名称を掲げ、長いものには通称・略称を（ ）で示した。目次と索引、奇数頁の柱の表記と「本章の構成」では通称・略称を用いた。

五 条約文　日本が当事国で、官報で日本語の正文又は公定訳が公布された条約は、そのまま収録した（ただし、表記方法参照）。それ以外の文書は、既存の各種の訳文を参考にしながら、編集委員が翻訳した。改正が行われて効力を発生した条約等は、改正後の条文を収録した。なお、EU条約、EU運営条約およびヨーロッパ人権条約では、改正前条約の条文番号を付記した。

公定訳には示されていないが、原語を示すことが有益だと判断したものについては、（ ）に原語を掲げた（例えば、外交関係条約）。公定訳でも明らかに不適切な訳又は歴史的に古くなった訳と思われるものは、その用語のあとに［ ］で原語を表示した。

安保理事会決議については、外務省訳が官報で「告示」される場合があり、これも一種の「公定訳」であるが、この場合は外務省訳を参考にして、編集委員が翻訳を行った。編集委員が翻訳したものであっても、原語を示すことが有益だと判断した場合には、［ ］に原語を掲げた。

六 条文見出し　原則として条文に見出しを付した。原文についている見出しは（ ）で、原文にはついておらず編集委員が付したものは【 】で示した。

国内法で、数箇条に共通の見出しを冒頭に掲げたものがあるが、この場合には最初の条文に（ ）で見出しを示し、それ以後の条文には（同）と記載した。

七 省略方法

㈠ 収録文書は、大きく分けて三つのランクがある。①全条文（前文と末文・署名以外の全条文）を収録している場合には、文書名に（抄）の記載をしていない。②一部の条文を省略した場合には、文書名に（抄）と記載した。③必要な条文のみを一部収録した場合には、文書名に（抜粋）と記載した。

㈡ 文書の前文は必要な場合掲げたが、前文の一部を掲げる場合、省略部分に（略）と表記した。前文全体が省略されている場合には、原則として前文（略）と表記した。

八 表記方法

㈠ 条文、年月日、番号の数字について、第三百二十三条は第三二三条、千九百四十五年八月十五日は一九四五年八月一五日のように単位語を省略して表記した。

㈡ 促音「つ」は読みやすくするため、右付き活字「っ」に統一した。

㈢ 日本語の正文または公定訳文中の漢字にルビが付されている場合には、（ ）を用いて示した。また、国名、地名等の難読な漢字について、読み方を示しておいた方がよいと編集委員が判断した場合には、［ ］を用いて示した。

九 文書の索引　収録した条約等の正式名称のほか、柱に使用した通称・略称等も加えて、表紙の表と裏の見返しに索引を付した。なお、一部の不必要と思われる正式名称について、索引に掲げていないものもある（通称・略称は掲げてある）。

一〇 国際法関係資料　17章には国際法に関連した資料を収録して、学習の助けとなるよう配慮した。

一一 国際司法裁判所争訟事件、常設国際司法裁判所争訟事件の当事者表示は次の通りである。

ギリシャ対イギリス　原告対被告
ギリシャ／ブルガリア　共同付託
イギリス、フランス、イタリア、日本　共同訴訟国

一二 内容の現在　二〇二四年二月五日現在で入手可能な資料に拠った。

ベーシック条約集〔二〇二四年版〕

1章 国際機構

本章の構成

本章では、国連をはじめとする主たる政府間国際機構の設立文書等を収録する。**国連憲章**（**1 1**）は、第二次世界大戦後の一九四五年の国際連合の設立文書であると同時に、現代国際法における最も重要な文書である。原加盟国五一カ国によって発足した国際連合は、二〇二三年一二月末現在、一九三カ国の加盟国を擁する普遍的な国際機構である。国際連合の主要な機関は、総会、安全保障理事会、経済社会理事会、信託統治理事会（一九九四年より活動停止）、国際司法裁判所および事務局である。最初の三機関は、任務の遂行に必要な下部機関を設けることができる。国連児童基金（UNICEF）や国連難民高等弁務官（UNHCR）、国連開発計画（UNDP）などに加えて、二〇〇六年に総会の下部機関として人権理事会が設置された。この他に、国連教育科学文化機関（UNESCO）など国連と連携関係をもつ一五の専門機関が存在する（国連の組織は17章参照）。なお一九七〇年の**友好関係宣言**（**1 2**）は、国連憲章の基本原則の解釈の指針という役割を果たしている。

この国連の前身が国際連盟である。その設立文書である**国際連盟規約**（**1 3**）は一九一九年のヴェルサイユ条約の一部（第一編）を構成する。連盟はそのピーク時には五九カ国の加盟国を擁したが、米国の不参加や常任理事国であった日本、ドイツ、イタリアの脱退並びに旧ソ連の除名などにより、世界機構としての性格を十分にもちえぬままに終わった。

連盟と異なり軍事的強制措置を強化した国連にも一つの弱点があった。それが安保理での常任理事国による拒否権行使の問題であった。安保理が拒否権行使によって国際の平和および安全の維持に対する責任を遂行できなくなったときに、これに代わり総会が平和を維持回復するため軍隊の使用を含む措置を加盟国に勧告しうるとしたのが、朝鮮戦争のさなかに採択された**平和のための結集決議（Ⅰ4）**である。同決議は、同時に、総会が開催中でない場合には緊急特別総会を招集できることを定めている。なお、こうした国連の活動にあたって必要な特権免除について定めた条約が、一九四六年の**国連特権免除条約（Ⅰ5）**である。ところで、冷戦終結後の国連の平和維持活動（ＰＫＯ）の拡大と多様化に伴い、これらの活動に従事する要員の死傷者が一九九二年以降増加した。そこで、一九九四年、ＰＫＯの円滑かつ安全な実施を図るために**国連要員等安全条約（Ⅰ6）**が採択された。なお、二〇〇五年、ＰＫＯに加えて、平和構築における人道・政治・発展援助や緊急人道支援を目的とする国連活動についても、同条約を適用することを内容とする**国連要員等安全条約選択議定書（Ⅰ7）**が採択された。

一九一九年にヴェルサイユ条約の一部（第一三編）を設立文書として創設された国際労働機関（ＩＬＯ）は、一九四六年に国連の専門機関になると同時に、その目的に関するフィラデルフィア宣言（一九四四年）を附属書とした**ＩＬＯ憲章（Ⅰ8）**を採択した。ＩＬＯの主要な任務は、総会の出席代表の三分の二の多数によって承認される条約と勧告を通じての国際労働基準の設定である。条約を批准するか否かは加盟国の裁量に委ねられるが、加盟国は批准しない場合であっても条約の対象事項に関する自国の状況を報告する義務を負う。そのために条約勧告適用専門家委員会をはじめ、各委員会による加盟国の実施を監視する制度が設けられている。二〇二〇年一月中国武漢市を発端に世界中に感染拡大した新型コロナウィルス（ＣＯＶＩＤ・一九）に関し、一九四六年**世界保健機関憲章（Ⅰ9）**により設立されたＷＨＯは、二〇〇五年に採択された**国際保健規則（Ⅰ10）**に基づき、国際的に懸念される公衆衛生上の緊急事態を宣言した。

第二次世界大戦後、原子力の商業的利用に対する関心が高まると同時に、核兵器の拡散に対する懸念が強まり、原子力を国際的に管理すべきとの考えに基づき、一九五六年に**ＩＡＥＡ（国際原子力機関）憲章（Ⅰ11）**が採択された。ＩＡＥＡは、原子力の平和的利用を促進するとともに、それが軍事的利用に転用されることを防止することを目的とし、前者については科学技術上の情報や専門家を交換することなどにより実現し、後者についてはいわゆる保障措置を定めこれを実施する。

欧州経済共同体（ＥＥＣ）、欧州石炭鉄鋼共同体（ＥＣＳＣ、二〇〇二年廃止）、欧州原子力共同体（ＥＡＥＣ）の三共同体を総称して欧州共同体（ＥＣ、複数）といったが、一九九三年に発効した欧州連合条約によって、この三共同体を基礎に、さらに通貨統合、共通外交・安全保障政策（ＣＦＳＰ）や司法・内務分野の協力（ＣＪＨＡ）、欧州連合市民権の創設を行う欧州連合（ＥＵ）が誕生した。なお、欧州連合条約により欧州経済共同体は欧州共同体（ＥＣ、単数）と改称され、かつその設立文書に大幅な改正、追加が行われた。それがＥＣ条約である。なお、これらの条約は、ＣＦＳＰやＣＪＨＡの強化並びに移住や雇用に関するＥＵの権限の拡大を定めた一九九七年のアムステルダム条約によって改正された。ＣＪＨＡの任務の多くはＥＣに吸収され、その後刑事分野における警察及び司法協力（ＰＪＣＣＭ）と呼称を変えた。また、ＥＵの今後の拡大に備えた組織改革のために締結された二〇〇一年ニース条約によって、さらに改正された。なお、二〇〇四年一〇月二九日には、欧州統合をＥＵという単一の枠組みの中で推進するための条約として、欧州憲法条約が署名された。しかし、二〇〇五年にフランスとオランダにおける国民投票によって、統一国家を連想させる名称をもつ同条約の批准が否決された。この欧州憲法条約に代わるものとして締結されたのが、二〇〇七年一二月一三日に署名されたリスボン条約である。二〇〇九年一二月一日に発効したリスボン条約により、従来のＥＵ及びＥＣがＥＵに一元化されるとともに、ＥＵに法人格が与えられた。「改革条約」とも呼称されるこのリスボン条約の発効により、従来の**欧州連合条約（Ⅰ12）**及び欧州共同体条約は改正され、後者は**ＥＵ運営条約（Ⅰ13）**となった。主な改正点は、これまでのようなＥＵ首脳会議で半年ごとに議長が交代する方式をあらため、任期二年半の欧州理事会常任議長（ＥＵ大統領）が創設されたことである。また、連合外務安全保障政策上級代表（ＥＵ外相）も創設され、連合の共通外交安全保障政策を、新たに創設された外務理事会とともに実施することになった。現在EUの加盟国数は二八であるが、欧州連合条約第五〇条に基づくイギリスの脱退をめぐり国内の混迷及びEUとの交渉が続いていたが、二〇二〇年二月一日、イギリスはEUから脱退した。

米州では、欧州に先立つ一九四八年に**米州機構憲章**が採択され、国連憲章上の諸原則に加えて慣習国際法上の諸原則が明文化され、これらを実現するための米州機構が設置された(𝟙14)。東南アジアでも、一九六七年に**ASEAN設立宣言(𝟙15)**が採択され、新たな地域協力機構が生まれた。一九七六年の第一回アセアン首脳会議は、東南アジアにおける平和、友好及び協力の促進などを目的として、**東南アジア友好協力条約(𝟙16)**を締結した。二〇〇七年一一月、ASEAN首脳会議は**ASEAN憲章(𝟙17)**を締結した。同憲章により、ASEANはEUと同じように法人格をもった地域的機関となり、ASEAN人権機構の設立とともに、二〇一五年一二月三一日にASEAN経済共同体が発足した。紛争解決制度に関するASEAN憲章議定書が二〇一七年七月二八日に発効し、紛争解決手続において事務総長や調整評議会に一定の機能を付与している。最後に、アフリカでも統合の動きが強まり、二〇〇〇年七月のアフリカ統一機構(OAU)首脳会議で採択された**アフリカ連合設立規約(𝟙18)**により、OAUはアフリカ連合(AU)に移行した。**アフリカ連合平和安全保障理事会の設立に関する議定書(𝟙19)**が二〇〇三年に発効し、同理事会は、設立規約第四条(h)に基づく介入のため平和支援活動を展開する権限が認められたが、その実効性は未知数である。

1 1 CHARTER OF THE UNITED NATIONS

WE THE PEOPLES OF THE UNITED NATIONS DETERMINED

to save succeeding generations from the scourge of war, which twice in our lifetime has brought untold sorrow to mankind, and

to reaffirm faith in fundamental human rights, in the dignity and worth of the human person, in the equal rights of men and women and of nations large and small, and

to establish conditions under which justice and respect for the obligations arising from treaties and other sources of international law can be maintained, and

to promote social progress and better standards of life in larger freedom,

AND FOR THESE ENDS

to practice tolerance and live together in peace with one another as good neighbours, and

to unite our strength to maintain international peace and security, and

to ensure, by the acceptance of principles and the institution of methods, that armed force shall not be used, save in the common interest, and

to employ international machinery for the promotion of the economic and social advancement of all peoples,

HAVE RESOLVED TO COMBINE OUR EFFORTS TO ACCOMPLISH THESE AIMS

Accordingly, our respective Governments, through representatives assembled in the city of San Francisco, who have exhibited their full powers found to be in good and due form, have agreed to the present Charter of the United Nations and do hereby establish an international organization to be known as the United Nations.

CHAPTER I PURPOSES AND PRINCIPLES

Article 1 The Purposes of the United Nations are:

1. To maintain international peace and security, and to that end: to take effective collective measures for the prevention and removal of threats to the peace, and for the suppression of acts of aggression or other breaches of the peace, and to bring about by peaceful means, and in conformity with the principles of justice and international law, adjustment or settlement of international disputes or situations which might lead to a breach of the peace;
2. To develop friendly relations among nations based on respect for the principle of equal rights and self-determination of peoples, and to take other appropriate measures to strengthen universal peace;
3. To achieve international cooperation in solving international problems of an economic, social, cultural, or humanitarian character, and in promoting and encouraging respect for human rights and for fundamental freedoms for all without distinction as to race, sex, language, or religion; and
4. To be a centre for harmonizing the actions of nations in the attainment of these common ends.

Article 2 The Organization and its Members, in pursuit of the Purposes stated in Article 1, shall act in accordance with the following Principles.

1. The Organization is based on the principle of the sovereign equality of all its Members.
2. All Members, in order to ensure to all of them the rights and benefits resulting from membership, shall fulfil in good faith the obligations assumed by them in accordance with the present Charter.
3. All Members shall settle their international disputes by peaceful means in such a manner that international peace and security, and justice, are not endangered.
4. All Members shall refrain in their international relations from the threat or use of force against the territorial integrity or political independence of any state, or in any other manner inconsistent with the

第1節　普遍的機関

1 1　国際連合憲章(国連憲章)

署　　名　1945年6月26日(サン・フランシスコ)
効力発生　1945年10月24日
改　　正　1963年12月17日国際連合総会第18回会期決議1991(XVIII)1965年8月31日効力発生
1965年12月20日国際連合総会第20回会期決議2101(XX)1968年6月12日効力発生
1971年12月20日国際連合総会第26回会期決議2847(XXVI)1973年9月24日効力発生
日 本 国　1952年3月20日内閣決定、6月4日国会承認、6月23日加盟申請、1956年12月18日効力発生、
12月19日公布(条約第26号)

われら連合国の人民は、
われらの一生のうちに二度まで言語に絶する悲哀を人類に与えた戦争の惨害から将来の世代を救い、
基本的人権と人間の尊厳及び価値と男女及び大小各国の同権とに関する信念をあらためて確認し、
正義と条約その他の国際法の源泉から生ずる義務の尊重とを維持することができる条件を確立し、
一層大きな自由の中で社会的進歩と生活水準の向上とを促進すること、
並びに、このために、
寛容を実行し、且つ、善良な隣人として互に平和に生活し、
国際の平和及び安全を維持するためにわれらの力を合わせ、
共同の利益の場合を除く外は武力を用いないことを原則の受諾と方法の設定によって確保し、
すべての人民の経済的及び社会的発達を促進するために国際機構を用いること
を決意して、
これらの目的を達成するために、われらの努力を結集することに決定した。
よって、われらの各自の政府は、サン・フランシスコ市に会合し、全権委任状を示してそれが良好妥当であると認められた代表者を通じて、この国際連合憲章に同意したので、ここに国際連合という国際機構を設ける。

第1章　目的及び原則

第1条【目的】 国際連合の目的は、次のとおりである。
1　国際の平和及び安全を維持すること。そのために、平和に対する脅威の防止及び除去と侵略行為その他の平和の破壊の鎮圧とのため有効な集団的措置をとること並びに平和を破壊するに至る虞のある国際的の紛争又は事態の調整又は解決を平和的手段によって且つ正義及び国際法の原則に従って実現すること。
2　人民の同権及び自決の原則の尊重に基礎をおく諸国間の友好関係を発展させること並びに世界平和を強化するために他の適当な措置をとること。
3　経済的、社会的、文化的又は人道的性質を有する国際問題を解決することについて、並びに人種、性、言語又は宗教による差別なくすべての者のために人権及び基本的自由を尊重するように助長奨励することについて、国際協力を達成すること。
4　これらの共通の目的の達成に当って諸国の行動を調和するための中心となること。

第2条【原則】 この機構及びその加盟国は、第1条に掲げる目的を達成するに当っては、次の原則に従って行動しなければならない。
1　この機構は、そのすべての加盟国の主権平等の原則に基礎をおいている。
2　すべての加盟国は、加盟国の地位から生ずる権利及び利益を加盟国のすべてに保障するために、この憲章に従って負っている義務を誠実に履行しなければならない。
3　すべての加盟国は、その国際紛争を平和的手段によって国際の平和及び安全並びに正義を危くしないように解決しなければならない。

Purposes of the United Nations.

5. All Members shall give the United Nations every assistance in any action it takes in accordance with the present Charter, and shall refrain from giving assistance to any state against which the United Nations is taking preventive or enforcement action.
6. The Organization shall ensure that states which are not Members of the United Nations act in accordance with these Principles so far as may be necessary for the maintenance of international peace and security.
7. Nothing contained in the present Charter shall authorize the United Nations to intervene in matters which are essentially within the domestic jurisdiction of any state or shall require the Members to submit such matters to settlement under the present Charter; but this principle shall not prejudice the application of enforcement measures under Chapter Ⅶ.

CHAPTER Ⅱ MEMBERSHIP

Article 3 The original Members of the United Nations shall be the states which, having participated in the United Nations Conference on International Organization at San Francisco, or having previously signed the Declaration by United Nations of January 1, 1942, sign the present Charter and ratify it in accordance with Article 110.

Article 4 1. Membership in the United Nations is open to all other peace-loving states which accept the obligations contained in the present Charter and, in the judgment of the Organization, are able and willing to carry out these obligations.

2. The admission of any such state to membership in the United Nations will be effected by a decision of the General Assembly upon the recommendation of the Security Council.

Article 5 A Member of the United Nations against which preventive or enforcement action has been taken by the Security Council may be suspended from the exercise of the rights and privileges of membership by the General Assembly upon the recommendation of the Security Council. The exercise of these rights and privileges may be restored by the Security Council.

Article 6 A Member of the United Nations which has persistently violated the Principles contained in the present Charter may be expelled from the Organization by the General Assembly upon the recommendation of the Security Council.

CHAPTER Ⅲ ORGANS

Article 7 1. There are established as the principal organs of the United Nations: a General Assembly, a Security Council, an Economic and Social Council, a Trusteeship Council, an International Court of Justice, and a Secretariat.

2. Such subsidiary organs as may be found necessary may be established in accordance with the present Charter.

Article 8 The United Nations shall place no restrictions on the eligibility of men and women to participate in any capacity and under conditions of equality in its principal and subsidiary organs.

CHAPTER Ⅳ THE GENERAL ASSEMBLY

Composition

Article 9 1. The General Assembly shall consist of all the Members of the United Nations.

2. Each Member shall have not more than five representatives in the General Assembly.

Functions and Powers

Article 10 The General Assembly may discuss any questions or any matters within the scope of the present Charter or relating to the powers and functions of any organs provided for in the present Charter, and, except as provided in Article 12, may make recommendations to the Members of the United Nations or to the Security Council or to both on any such questions or matters.

Article 11 1. The General Assembly may consider the general principles of cooperation in the maintenance of international peace and security, including the principles governing disarmament and the regulation of armaments, and may make recommendations with regard to such principles to the Members or to the

4　すべての加盟国は、その国際関係において、武力による威嚇又は武力の行使を、いかなる国の領土保全又は政治的独立に対するものも、また、国際連合の目的と両立しない他のいかなる方法によるものも慎まなければならない。
5　すべての加盟国は、国際連合がこの憲章に従ってとるいかなる行動についても国際連合にあらゆる援助を与え、且つ、国際連合の防止行動又は強制行動の対象となっているいかなる国に対しても援助の供与を慎まなければならない。
6　この機構は、国際連合加盟国でない国が、国際の平和及び安全の維持に必要な限り、これらの原則に従って行動することを確保しなければならない。
7　この憲章のいかなる規定も、本質上いずれかの国の国内管轄権内にある事項に干渉する権限を国際連合に与えるものではなく、また、その事項をこの憲章に基く解決に付託することを加盟国に要求するものでもない。但し、この原則は、第7章に基く強制措置の適用を妨げるものではない。

第2章　加盟国の地位

第3条【原加盟国】国際連合の原加盟国とは、サン・フランシスコにおける国際機構に関する連合国会議に参加した国又はさきに1942年1月1日の連合国宣言に署名した国で、この憲章に署名し、且つ、第110条に従ってこれを批准するものをいう。
第4条【加盟】1　国際連合における加盟国の地位は、この憲章に掲げる義務を受諾し、且つ、この機構によってこの義務を履行する能力及び意思があると認められる他のすべての平和愛好国に開放されている。
2　前記の国が国際連合加盟国となることの承認は、安全保障理事会の勧告に基いて、総会の決定によって行われる。
第5条【権利と特権の停止】安全保障理事会の防止行動又は強制行動の対象となった国際連合加盟国に対しては、総会が、安全保障理事会の勧告に基いて、加盟国としての権利及び特権の行使を停止することができる。これらの権利及び特権の行使は、安全保障理事会が回復することができる。
第6条【除名】この憲章に掲げる原則に執ように違反した国際連合加盟国は、総会が、安全保障理事会の勧告に基いて、この機構から除名することができる。

第3章　機　関

第7条【機関】1　国際連合の主要機関として、総会、安全保障理事会、経済社会理事会、信託統治理事会、国際司法裁判所及び事務局を設ける。
2　必要と認められる補助機関は、この憲章に従って設けることができる。
第8条【男女の資格の平等】国際連合は、その主要機関及び補助機関に男女がいかなる地位にも平等の条件で参加する資格があることについて、いかなる制限も設けてはならない。

第4章　総　会

構　成

第9条【構成】1　総会は、すべての国際連合加盟国で構成する。
2　各加盟国は、総会において5人以下の代表者を有するものとする。

任務及び権限

第10条【総則】総会は、この憲章の範囲内にある問題若しくは事項又はこの憲章に規定する機関の権限及び任務に関する問題若しくは事項を討議し、並びに、第12条に規定する場合を除く外、このような問題又は事項について国際連合加盟国若しくは安全保障理事会又はこの両者に対して勧告をすることができる。
第11条【平和と安全の維持】1　総会は、国際の平和及び安全の維持についての協力に関する一般原則を、

Security Council or to both.

2. The General Assembly may discuss any questions relating to the maintenance of international peace and security brought before it by any Member of the United Nations, or by the Security Council, or by a state which is not a Member of the United Nations in accordance with Article 35, paragraph 2, and, except as provided in Article 12, may make recommendations with regard to any such questions to the state or states concerned or to the Security Council or to both. Any such question on which action is necessary shall be referred to the Security Council by the General Assembly either before or after discussion.

3. The General Assembly may call the attention of the Security Council to situations which are likely to endanger international peace and security.

4. The powers of the General Assembly set forth in this Article shall not limit the general scope of Article 10.

Article 12 1. While the Security Council is exercising in respect of any dispute or situation the functions assigned to it in the present Charter, the General Assembly shall not make any recommendation with regard to that dispute or situation unless the Security Council so requests.

2. The Secretary-General, with the consent of the Security Council, shall notify the General Assembly at each session of any matters relative to the maintenance of international peace and security which are being dealt with by the Security Council and shall similarly notify the General Assembly, or the Members of the United Nations if the General Assembly is not in session, immediately the Security Council ceases to deal with such matters.

Article 13 1. The General Assembly shall initiate studies and make recommendations for the purpose of:

a. promoting international cooperation in the political field and encouraging the progressive development of international law and its codification;

b. promoting international cooperation in the economic, social, cultural, educational, and health fields, and assisting in the realization of human rights and fundamental freedoms for all without distinction as to race, sex, language, or religion.

2. The further responsibilities, functions, and powers of the General Assembly with respect to matters mentioned in paragraph 1 (b) above are set forth in Chapters IX and X.

Article 14 Subject to the provisions of Article 12, the General Assembly may recommend measures for the peaceful adjustment of any situation, regardless of origin, which it deems likely to impair the general welfare or friendly relations among nations, including situations resulting from a violation of the provisions of the present Charter setting forth the Purposes and Principles of the United Nations.

Article 15 1. The General Assembly shall receive and consider annual and special reports from the Security Council; these reports shall include an account of the measures that the Security Council has decided upon or taken to maintain international peace and security.

2. The General Assembly shall receive and consider reports from the other organs of the United Nations.

Article 16 The General Assembly shall perform such functions with respect to the international trusteeship system as are assigned to it under Chapters XII and XIII, including the approval of the trusteeship agreements for areas not designated as strategic.

Article 17 1. The General Assembly shall consider and approve the budget of the Organization.

2. The expenses of the Organization shall be borne by the Members as apportioned by the General Assembly.

3. The General Assembly shall consider and approve any financial and budgetary arrangements with specialized agencies referred to in Article 57 and shall examine the administrative budgets of such specialized agencies with a view to making recommendations to the agencies concerned.

Voting

Article 18 1. Each member of the General Assembly shall have one vote.

2. Decisions of the General Assembly on important questions shall be made by a two-thirds majority of the members present and voting. These questions shall include: recommendations with respect to the maintenance of international peace and security, the election of the non-permanent members of the Security Council, the election of the members of the Economic and Social Council, the election of members of the Trusteeship Council in accordance with paragraph 1 (c) of Article 86, the admission of new Members to the United Nations, the suspension of the rights and privileges of membership, the expulsion of Members, questions relating to the operation of the trusteeship system, and budgetary questions.

3. Decisions on other questions, including the determination of additional categories of questions to be

軍備縮少及び軍備規制を律する原則も含めて、審議し、並びにこのような原則について加盟国若しくは安全保障理事会又はこの両者に対して勧告をすることができる。

2　総会は、国際連合加盟国若しくは安全保障理事会によって、又は第35条2に従い国際連合加盟国でない国によって総会に付託される国際の平和及び安全の維持に関するいかなる問題も討議し、並びに、第12条に規定する場合を除く外、このような問題について、一若しくは二以上の関係国又は安全保障理事会あるいはこの両者に対して勧告をすることができる。このような問題で行動を必要とするものは、討議の前又は後に、総会によって安全保障理事会に付託されなければならない。

3　総会は、国際の平和及び安全を危くする虞のある事態について、安全保障理事会の注意を促すことができる。

4　本条に掲げる総会の権限は、第10条の一般的範囲を制限するものではない。

第12条【安全保障理事会との関係】1　安全保障理事会がこの憲章によって与えられた任務をいずれかの紛争又は事態について遂行している間は、総会は、安全保障理事会が要請しない限り、この紛争又は事態について、いかなる勧告もしてはならない。

2　事務総長は、国際の平和及び安全の維持に関する事項で安全保障理事会が取り扱っているものを、その同意を得て、会期ごとに総会に対して通告しなければならない。事務総長は、安全保障理事会がその事項を取り扱うことをやめた場合にも、直ちに、総会又は、総会が開会中でないときは、国際連合加盟国に対して同様に通告しなければならない。

第13条【国際協力】1　総会は、次の目的のために研究を発議し、及び勧告をする。

a　政治的分野において国際協力を促進すること並びに国際法の漸進的発達及び法典化を奨励すること。

b　経済的、社会的、文化的、教育的及び保健的分野において国際協力を促進すること並びに人種、性、言語又は宗教による差別なくすべての者のために人権及び基本的自由を実現するように援助すること。

2　前記の１ｂに掲げる事項に関する総会の他の責任、任務及び権限は、第9章及び第10章に掲げる。

第14条【平和的調整】第12条の規定を留保して、総会は、起因にかかわりなく、一般的福祉又は諸国間の友好関係を害する虞があると認めるいかなる事態についても、これを平和的に調整するための措置を勧告することができる。この事態には、国際連合の目的及び原則を定めるこの憲章の規定の違反から生ずる事態が含まれる。

第15条【報告の受理】1　総会は、安全保障理事会から年次報告及び特別報告を受け、これを審議する。この報告は、安全保障理事会が国際の平和及び安全を維持するために決定し、又はとった措置の説明を含まなければならない。

2　総会は、国際連合の他の機関から報告を受け、これを審議する。

第16条【信託統治に関する任務】総会は、第12章及び第13章に基いて与えられる国際信託統治制度に関する任務を遂行する。この任務には、戦略地区として指定されない地区に関する信託統治協定の承認が含まれる。

第17条【財政に関する任務】1　総会は、この機構の予算を審議し、且つ、承認する。

2　この機構の経費は、総会によって割り当てられるところに従って、加盟国が負担する。

3　総会は、第57条に掲げる専門機関との財政上及び予算上の取極を審議し、且つ、承認し、並びに、当該専門機関に勧告をする目的で、この専門機関の行政的予算を検査する。

表　決

第18条【表決手続】1　総会の各構成国は、一個の投票権を有する。

2　重要問題に関する総会の決定は、出席し且つ投票する構成国の3分の2の多数によって行われる。重要問題には、国際の平和及び安全の維持に関する勧告、安全保障理事会の非常任理事国の選挙、経済社会理事会の理事国の選挙、第86条１ｃによる信託統治理事会の理事国の選挙、新加盟国の国際連合への加盟の承認、加盟国としての権利及び特権の停止、加盟国の除名、信託統治制度の運用に関する問題並びに予算問題が含まれる。

decided by a two-thirds majority, shall be made by a majority of the members present and voting.

Article 19 A Member of the United Nations which is in arrears in the payment of its financial contributions to the Organization shall have no vote in the General Assembly if the amount of its arrears equals or exceeds the amount of the contributions due from it for the preceding two full years. The General Assembly may, nevertheless, permit such a Member to vote if it is satisfied that the failure to pay is due to conditions beyond the control of the Member.

Procedure

Article 20 The General Assembly shall meet in regular annual sessions and in such special sessions as occasion may require. Special sessions shall be convoked by the Secretary-General at the request of the Security Council or of a majority of the Members of the United Nations.

Article 21 The General Assembly shall adopt its own rules of procedure. It shall elect its President for each session.

Article 22 The General Assembly may establish such subsidiary organs as it deems necessary for the performance of its functions.

CHAPTER V THE SECURITY COUNCIL

Composition

Article 23 1. The Security Council shall consist of fifteen Members of the United Nations. The Republic of China, France, the Union of Soviet Socialist Republics, the United Kingdom of Great Britain and Northern Ireland, and the United States of America shall be permanent members of the Security Council. The General Assembly shall elect ten other Members of the United Nations to be non-permanent members of the Security Council, due regard being specially paid, in the first instance to the contribution of Members of the United Nations to the maintenance of international peace and security and to the other purposes of the Organization, and also to equitable geographical distribution.

2. The non-permanent members of the Security Council shall be elected for a term of two years. In the first election of the non-permanent members after the increase of the membership of the Security Council from eleven to fifteen, two of the four additional members shall be chosen for a term of one year. A retiring member shall not be eligible for immediate re-election.

3. Each member of the Security Council shall have one representative.

Functions and Powers

Article 24 1. In order to ensure prompt and effective action by the United Nations, its Members confer on the Security Council primary responsibility for the maintenance of international peace and security, and agree that in carrying out its duties under this responsibility the Security Council acts on their behalf.

2. In discharging these duties the Security Council shall act in accordance with the Purposes and Principles of the United Nations. The specific powers granted to the Security Council for the discharge of these duties are laid down in Chapters VI, VII, VIII, and XII.

3. The Security Council shall submit annual and, when necessary, special reports to the General Assembly for its consideration.

Article 25 The Members of the United Nations agree to accept and carry out the decisions of the Security Council in accordance with the present Charter.

Article 26 In order to promote the establishment and maintenance of international peace and security with the least diversion for armaments of the world's human and economic resources, the Security Council shall be responsible for formulating, with the assistance of the Military Staff Committee referred to in Article 47, plans to be submitted to the Members of the United Nations for the establishment of a system for the regulation of armaments.

Voting

Article 27 1. Each member of the Security Council shall have one vote.

2. Decisions of the Security Council on procedural matters shall be made by an affirmative vote of nine members.

3. Decisions of the Security Council on all other matters shall be made by an affirmative vote of nine members including the concurring votes of the permanent members; provided that, in decisions under Chapter VI, and under paragraph 3 of Article 52, a party to a dispute shall abstain from voting.

3　その他の問題に関する決定は、3分の2の多数によって決定されるべき問題の新たな部類の決定を含めて、出席し且つ投票する構成国の過半数によって行われる。

第19条【分担金の支払遅滞】この機構に対する分担金の支払が延滞している国際連合加盟国は、その延滞金の額がその時までの満二年間にその国から支払われるべきであった分担金の額に等しいか又はこれをこえるときは、総会で投票権を有しない。但し、総会は、支払の不履行がこのような加盟国にとってやむを得ない事情によると認めるときは、その加盟国に投票を許すことができる。

手　続

第20条【会期】総会は、年次通常会期として、また、必要がある場合に特別会期として会合する。特別会期は、安全保障理事会の要請又は国際連合加盟国の過半数の要請があったとき、事務総長が招集する。

第21条【手続規則】総会は、その手続規則を採択する。総会は、その議長を会期ごとに選挙する。

第22条【補助機関】総会は、その任務の遂行に必要と認める補助機関を設けることができる。

第5章　安全保障理事会

構　成

第23条【構成】1　安全保障理事会は、15の国際連合加盟国で構成する。中華民国、フランス、ソヴィエト社会主義共和国連邦、グレート・ブリテン及び北部アイルランド連合王国及びアメリカ合衆国は、安全保障理事会の常任理事国となる。総会は、第一に国際の平和及び安全の維持とこの機構のその他の目的とに対する国際連合加盟国の貢献に、更に衡平な地理的分配に特に妥当な考慮を払って、安全保障理事会の非常任理事国となる他の10の国際連合加盟国を選挙する。

2　安全保障理事会の非常任理事国は、二年の任期で選挙される。安全保障理事会の理事国の定数が11から15に増加された後の第一回の非常任理事国の選挙では、追加の4理事国のうち2理事国は、一年の任期で選ばれる。退任理事国は、引き続いて再選される資格がない。

3　安全保障理事会の各理事国は、一人の代表者を有する。

任務及び権限

第24条【平和と安全の維持】1　国際連合の迅速且つ有効な行動を確保するために、国際連合加盟国は、国際の平和及び安全の維持に関する主要な責任を安全保障理事会に負わせるものとし、且つ、安全保障理事会がこの責任に基く義務を果すに当って加盟国に代って行動することに同意する。

2　前記の義務を果すに当っては、安全保障理事会は、国際連合の目的及び原則に従って行動しなければならない。この義務を果すために安全保障理事会に与えられる特定の権限は、第6章、第7章、第8章及び第12章で定める。

3　安全保障理事会は、年次報告を、また、必要があるときは特別報告を総会に審議のため提出しなければならない。

第25条【決定の拘束力】国際連合加盟国は、安全保障理事会の決定をこの憲章に従って受諾し且つ履行することに同意する。

第26条【軍備規制】世界の人的及び経済的資源を軍備のために転用することを最も少くして国際の平和及び安全の確立及び維持を促進する目的で、安全保障理事会は、軍備規制の方式を確立するため国際連合加盟国に提出される計画を、第47条に掲げる軍事参謀委員会の援助を得て、作成する責任を負う。

表　決

第27条【表決手続】1　安全保障理事会の各理事国は、一個の投票権を有する。

2　手続事項に関する安全保障理事会の決定は、9理事国の賛成投票によって行われる。

3　その他のすべての事項に関する安全保障理事会の決定は、常任理事国の同意投票を含む9理事国の賛成投票によって行われる。但し、第6章及び第52条3に基く決定については、紛争当事国は、投票を棄権しなければならない。

Procedure

Article 28　1. The Security Council shall be so organized as to be able to function continuously. Each member of the Security Council shall for this purpose be represented at all times at the seat of the Organization.

2. The Security Council shall hold periodic meetings at which each of its members may, if it so desires, be represented by a member of the government or by some other specially designated representative.

3. The Security Council may hold meetings at such places other than the seat of the Organization as in its judgment will best facilitate its work.

Article 29　The Security Council may establish such subsidiary organs as it deems necessary for the performance of its functions.

Article 30　The Security Council shall adopt its own rules of procedure, including the method of selecting its President.

Article 31　Any Member of the United Nations which is not a member of the Security Council may participate, without vote, in the discussion of any question brought before the Security Council whenever the latter considers that the interests of that Member are specially affected.

Article 32　Any Member of the United Nations which is not a member of the Security Council or any state which is not a Member of the United Nations, if it is a party to a dispute under consideration by the Security Council, shall be invited to participate, without vote, in the discussion relating to the dispute. The Security Council shall lay down such conditions as it deems just for the participation of a state which is not a Member of the United Nations.

CHAPTER VI　PACIFIC SETTLEMENT OF DISPUTES

Article 33　1. The parties to any dispute, the continuance of which is likely to endanger the maintenance of international peace and security, shall, first of all, seek a solution by negotiation, enquiry, mediation, conciliation, arbitration, judicial settlement, resort to regional agencies or arrangements, or other peaceful means of their own choice.

2. The Security Council shall, when it deems necessary, call upon the parties to settle their dispute by such means.

Article 34　The Security Council may investigate any dispute, or any situation which might lead to international friction or give rise to a dispute, in order to determine whether the continuance of the dispute or situation is likely to endanger the maintenance of international peace and security.

Article 35　1. Any Member of the United Nations may bring any dispute, or any situation of the nature referred to in Article 34, to the attention of the Security Council or of the General Assembly.

2. A state which is not a Member of the United Nations may bring to the attention of the Security Council or of the General Assembly any dispute to which it is a party if it accepts in advance, for the purposes of the dispute, the obligations of pacific settlement provided in the present Charter.

3. The proceedings of the General Assembly in respect of matters brought to its attention under this Article will be subject to the provisions of Articles 11 and 12.

Article 36　1. The Security Council may, at any stage of a dispute of the nature referred to in Article 33 or of a situation of like nature, recommend appropriate procedures or methods of adjustment.

2. The Security Council should take into consideration any procedures for the settlement of the dispute which have already been adopted by the parties.

3. In making recommendations under this Article the Security Council should also take into consideration that legal disputes should as a general rule be referred by the parties to the International Court of Justice in accordance with the provisions of the Statute of the Court.

Article 37　1. Should the parties to a dispute of the nature referred to in Article 33 fail to settle it by the means indicated in that Article, they shall refer it to the Security Council.

2. If the Security Council deems that the continuance of the dispute is in fact likely to endanger the maintenance of international peace and security, it shall decide whether to take action under Article 36 or to recommend such terms of settlement as it may consider appropriate.

Article 38　Without prejudice to the provisions of Articles 33 to 37, the Security Council may, if all the parties to any dispute so request, make recommendations to the parties with a view to a pacific settlement of the dispute.

手　続

第28条【組織と会議】1　安全保障理事会は、継続して任務を行うことができるように組織する。このために、安全保障理事会の各理事国は、この機構の所在地に常に代表者をおかなければならない。

2　安全保障理事会は、定期会議を開く。この会議においては、各理事国は、希望すれば、閣員又は特に指名する他の代表者によって代表されることができる。

3　安全保障理事会は、その事業を最も容易にすると認めるこの機構の所在地以外の場所で、会議を開くことができる。

第29条【補助機関】安全保障理事会は、その任務の遂行に必要と認める補助機関を設けることができる。

第30条【手続規則】安全保障理事会は、議長を選定する方法を含むその手続規則を採択する。

第31条【利害関係国の参加】安全保障理事会の理事国でない国際連合加盟国は、安全保障理事会に付託された問題について、理事会がこの加盟国の利害に特に影響があると認めるときはいつでも、この問題の討議に投票権なしで参加することができる。

第32条【紛争当事国の参加】安全保障理事会の理事国でない国際連合加盟国又は国際連合加盟国でない国は、安全保障理事会の審議中の紛争の当事者であるときは、この紛争に関する討議に投票権なしで参加するように勧誘されなければならない。安全保障理事会は、国際連合加盟国でない国の参加のために公正と認める条件を定める。

第6章　紛争の平和的解決

第33条【平和的解決の義務】1　いかなる紛争でもその継続が国際の平和及び安全の維持を危くする虞のあるものについては、その当事者は、まず第一に、交渉、審査、仲介、調停、仲裁裁判、司法的解決、地域的機関又は地域的取極の利用その他当事者が選ぶ平和的手段による解決を求めなければならない。

2　安全保障理事会は、必要と認めるときは、当事者に対して、その紛争を前記の手段によって解決するように要請する。

第34条【調査】安全保障理事会は、いかなる紛争についても、国際的摩擦に導き又は紛争を発生させる虞のあるいかなる事態についても、その紛争又は事態の継続が国際の平和及び安全の維持を危くする虞があるかどうかを決定するために調査することができる。

第35条【付託】1　国際連合加盟国は、いかなる紛争についても、第34条に掲げる性質のいかなる事態についても、安全保障理事会又は総会の注意を促すことができる。

2　国際連合加盟国でない国は、自国が当事者であるいかなる紛争についても、この憲章に定める平和的解決の義務をこの紛争についてあらかじめ受諾すれば、安全保障理事会又は総会の注意を促すことができる。

3　本条に基いて注意を促された事項に関する総会の手続は、第11条及び第12条の規定に従うものとする。

第36条【調整の手続と方法の勧告】1　安全保障理事会は、第33条に掲げる性質の紛争又は同様の性質の事態のいかなる段階においても、適当な調整の手続又は方法を勧告することができる。

2　安全保障理事会は、当事者が既に採用した紛争解決の手続を考慮に入れなければならない。

3　本条に基いて勧告をするに当っては、安全保障理事会は、法律的紛争が国際司法裁判所規程の規定に従い当事者によって原則として同裁判所に付託されなければならないことも考慮に入れなければならない。

第37条【付託の義務と勧告】1　第33条に掲げる性質の紛争の当事者は、同条に示す手段によってこの紛争を解決することができなかったときは、これを安全保障理事会に付託しなければならない。

2　安全保障理事会は、紛争の継続が国際の平和及び安全の維持を危くする虞が実際にあると認めるときは、第36条に基く行動をとるか、適当と認める解決条件を勧告するかのいずれかを決定しなければならない。

第38条【合意による付託】第33条から第37条までの規定にかかわらず、安全保障理事会は、いかなる紛争についても、すべての紛争当事者が要請すれば、その平和的解決のためにこの当事者に対して勧告をすることができる。

CHAPTER Ⅶ ACTION WITH RESPECT TO THREATS TO THE PEACE, BREACHES OF THE PEACE, AND ACTS OF AGGRESSION

Article 39 The Security Council shall determine the existence of any threat to the peace, breach of the peace, or act of aggression and shall make recommendations, or decide what measures shall be taken in accordance with Articles 41 and 42, to maintain or restore international peace and security.

Article 40 In order to prevent an aggravation of the situation, the Security Council may, before making the recommendations or deciding upon the measures provided for in Article 39, call upon the parties concerned to comply with such provisional measures as it deems necessary or desirable. Such provisional measures shall be without prejudice to the rights, claims, or position of the parties concerned. The Security Council shall duly take account of failure to comply with such provisional measures.

Article 41 The Security Council may decide what measures not involving the use of armed force are to be employed to give effect to its decisions, and it may call upon the Members of the United Nations to apply such measures. These may include complete or partial interruption of economic relations and of rail, sea, air, postal, telegraphic, radio, and other means of communication, and the severance of diplomatic relations.

Article 42 Should the Security Council consider that measures provided for in Article 41 would be inadequate or have proved to be inadequate, it may take such action by air, sea, or land forces as may be necessary to maintain or restore international peace and security. Such action may include demonstrations, blockade, and other operations by air, sea, or land forces of Members of the United Nations.

Article 43 1. All Members of the United Nations, in order to contribute to the maintenance of international peace and security, undertake to make available to the Security Council, on its call and in accordance with a special agreement or agreements, armed forces, assistance, and facilities, including rights of passage, necessary for the purpose of maintaining international peace and security.

2. Such agreement or agreements shall govern the numbers and types of forces, their degree of readiness and general location, and the nature of the facilities and assistance to be provided.

3. The agreement or agreements shall be negotiated as soon as possible on the initiative of the Security Council. They shall be concluded between the Security Council and Members or between the Security Council and groups of Members and shall be subject to ratification by the signatory states in accordance with their respective constitutional processes.

Article 44 When the Security Council has decided to use force it shall, before calling upon a Member not represented on it to provide armed forces in fulfilment of the obligations assumed under Article 43, invite that Member, if the Member so desires, to participate in the decisions of the Security Council concerning the employment of contingents of that Member's armed forces.

Article 45 In order to enable the United Nations to take urgent military measures, Members shall hold immediately available national air-force contingents for combined international enforcement action. The strength and degree of readiness of these contingents and plans for their combined action shall be determined, within the limits laid down in the special agreement or agreements referred to in Article 43, by the Security Council with the assistance of the Military Staff Committee.

Article 46 Plans for the application of armed force shall be made by the Security Council with the assistance of the Military Staff Committee.

Article 47 1. There shall be established a Military Staff Committee to advise and assist the Security Council on all questions relating to the Security Council's military requirements for the maintenance of international peace and security, the employment and command of forces placed at its desposal, the regulation of armaments, and possible disarmament.

2. The Military Staff Committee shall consist of the Chiefs of Staff of the permanent members of the Security Council or their representatives. Any Member of the United Nations not permanently represented on the Committee shall be invited by the Committee to be associated with it when the efficient discharge of the Committee's responsibilities requires the participation of that Member in its work.

3. The Military Staff Committee shall be responsible under the Security Council for the strategic direction of any armed forces placed at the disposal of the Security Council. Questions relating to the command of such forces shall be worked out subsequently.

4. The Military Staff Committee, with the authorization of the Security Council and after consultation with appropriate regional agencies, may establish regional subcommittees.

第7章　平和に対する脅威、平和の破壊及び侵略行為に関する行動

第39条【安全保障理事会の一般的権能】安全保障理事会は、平和に対する脅威、平和の破壊又は侵略行為の存在を決定し、並びに、国際の平和及び安全を維持し又は回復するために、勧告をし、又は第41条及び第42条に従っていかなる措置をとるかを決定する。

第40条【暫定措置】事態の悪化を防ぐため、第39条の規定により勧告をし、又は措置を決定する前に、安全保障理事会は、必要又は望ましいと認める暫定措置に従うように関係当事者に要請することができる。この暫定措置は、関係当事者の権利、請求権又は地位を害するものではない。安全保障理事会は、関係当事者がこの暫定措置に従わなかったときは、そのことに妥当な考慮を払わなければならない。

第41条【非軍事的措置】安全保障理事会は、その決定を実施するために、兵力の使用を伴わないいかなる措置を使用すべきかを決定することができ、且つ、この措置を適用するように国際連合加盟国に要請することができる。この措置は、経済関係及び鉄道、航海、航空、郵便、電信、無線通信その他の運輸通信の手段の全部又は一部の中断並びに外交関係の断絶を含むことができる。

第42条【軍事的措置】安全保障理事会は、第41条に定める措置では不充分であろうと認め、又は不充分なことが判明したと認めるときは、国際の平和及び安全の維持又は回復に必要な空軍、海軍又は陸軍の行動をとることができる。この行動は、国際連合加盟国の空軍、海軍又は陸軍による示威、封鎖その他の行動を含むことができる。

第43条【特別協定】1　国際の平和及び安全の維持に貢献するため、すべての国際連合加盟国は、安全保障理事会の要請に基き且つ一又は二以上の特別協定に従って、国際の平和及び安全の維持に必要な兵力、援助及び便益を安全保障理事会に利用させることを約束する。この便益には、通過の権利が含まれる。

2　前記の協定は、兵力の数及び種類、その出動準備程度及び一般的配置並びに提供されるべき便益及び援助の性質を規定する。

3　前記の協定は、安全保障理事会の発議によって、なるべくすみやかに交渉する。この協定は、安全保障理事会と加盟国との間又は安全保障理事会と加盟国群との間に締結され、且つ、署名国によって各自の憲法上の手続に従って批准されなければならない。

第44条【非理事国の参加】安全保障理事会は、兵力を用いることに決定したときは、理事会に代表されていない加盟国に対して第43条に基いて負った義務の履行として兵力を提供するように要請する前に、その加盟国が希望すれば、その加盟国の兵力中の割当部隊の使用に関する安全保障理事会の決定に参加するようにその加盟国を勧誘しなければならない。

第45条【空軍割当部隊】国際連合が緊急の軍事措置をとることができるようにするために、加盟国は、合同の国際的強制行動のため国内空軍割当部隊を直ちに利用に供することができるように保持しなければならない。これらの割当部隊の数量及び出動準備程度並びにその合同行動の計画は、第43条に掲げる一又は二以上の特別協定の定める範囲内で、軍事参謀委員会の援助を得て安全保障理事会が決定する。

第46条【兵力の使用計画】兵力使用の計画は、軍事参謀委員会の援助を得て安全保障理事会が作成する。

第47条【軍事参謀委員会】1　国際の平和及び安全の維持のための安全保障理事会の軍事的要求、理事会の自由に任された兵力の使用及び指揮、軍備規制並びに可能な軍備縮少に関するすべての問題について理事会に助言及び援助を与えるために、軍事参謀委員会を設ける。

2　軍事参謀委員会は、安全保障理事会の常任理事国の参謀総長又はその代表者で構成する。この委員会に常任委員として代表されていない国際連合加盟国は、委員会の責任の有効な遂行のため委員会の事業へのその国の参加が必要であるときは、委員会によってこれと提携するように勧誘されなければならない。

3　軍事参謀委員会は、安全保障理事会の下で、理事会の自由に任された兵力の戦略的指導について責任を負う。この兵力の指揮に関する問題は、後に解決する。

4　軍事参謀委員会は、安全保障理事会の許可を得て、且つ、適当な地域的機関と協議した後に、地域的小委員会を設けることができる。

Article 48 1. The action required to carry out the decisions of the Security Council for the maintenance of international peace and security shall be taken by all the Members of the United Nations or by some of them, as the Security Council may determine.
2. Such decisions shall be carried out by the Members of the United Nations directly and through their action in the appropriate international agencies of which they are members.

Article 49 The Members of the United Nations shall join in affording mutual assistance in carrying out the measures decided upon by the Security Council.

Article 50 If preventive or enforcement measures against any state are taken by the Security Council, any other state, whether a Member of the United Nations or not, which finds itself confronted with special economic problems arising from the carrying out of those measures shall have the right to consult the Security Council with regard to a solution of those problems.

Article 51 Nothing in the present Charter shall impair the inherent right of individual or collective self-defense if an armed attack occurs against a Member of the United Nations, until the Security Council has taken the measures necessary to maintain international peace and security. Measures taken by Members in the exercise of this right of self-defense shall be immediately reported to the Security Council and shall not in any way affect the authority and responsibility of the Security Council under the present Charter to take at any time such action as it deems necessary in order to maintain or restore international peace and security.

CHAPTER Ⅷ REGIONAL ARRANGEMENTS

Article 52 1. Nothing in the present Charter precludes the existence of regional arrangements or agencies for dealing with such matters relating to the maintenance of international peace and security as are appropriate for regional action, provided that such arrangements or agencies and their activities are consistent with the Purposes and Principles of the United Nations.
2. The Members of the United Nations entering into such arrangements or constituting such agencies shall make every effort to achieve pacific settlement of local disputes through such regional arrangements or by such regional agencies before referring them to the Security Council.
3. The Security Council shall encourage the development of pacific settlement of local disputes through such regional arrangements or by such regional agencies either on the initiative of the states concerned or by reference from the Security Council.
4. This Article in no way impairs the application of Articles 34 and 35.

Article 53 1. The Security Council shall, where appropriate, utilize such regional arrangements or agencies for enforcement action under its authority. But no enforcement action shall be taken under regional arrangements or by regional agencies without the authorization of the Security Council, with the exception of measures against any enemy state, as defined in paragraph 2 of this Article, provided for pursuant to Article 107 or in regional arrangements directed against renewal of aggressive policy on the part of any such state, until such time as the Organization may, on request of the Governments concerned, be charged with the responsibility for preventing further aggression by such a state.
2. The term enemy state as used in paragraph 1 of this Article applies to any state which during the Second World War has been an enemy of any signatory of the present Charter.

Article 54 The Security Council shall at all times be kept fully informed of activities undertaken or in contemplation under regional arrangements or by regional agencies for the maintenance of international peace and security.

CHAPTER Ⅸ INTERNATIONAL ECONOMIC AND SOCIAL COOPERATION

Article 55 With a view to the creation of conditions of stability and well-being which are necessary for peaceful and friendly relations among nations based on respect for the principle of equal rights and self-determination of peoples, the United Nations shall promote:
a. higher standards of living, full employment, and conditions of economic and social progress and development;

第48条【決定の履行】1　国際の平和及び安全の維持のための安全保障理事会の決定を履行するのに必要な行動は、安全保障理事会が定めるところに従って国際連合加盟国の全部又は一部によってとられる。

2　前記の決定は、国際連合加盟国によって直接に、また、国際連合加盟国が参加している適当な国際機関におけるこの加盟国の行動によって履行される。

第49条【相互的援助】国際連合加盟国は、安全保障理事会が決定した措置を履行するに当って、共同して相互援助を与えなければならない。

第50条【経済的困難についての協議】安全保障理事会がある国に対して防止措置又は強制措置をとったときは、他の国でこの措置の履行から生ずる特別の経済問題に自国が当面したと認めるものは、国際連合加盟国であるかどうかを問わず、この問題の解決について安全保障理事会と協議する権利を有する。

第51条【自衛権】この憲章のいかなる規定も、国際連合加盟国に対して武力攻撃が発生した場合には、安全保障理事会が国際の平和及び安全の維持に必要な措置をとるまでの間、個別的又は集団的自衛の固有の権利を害するものではない。この自衛権の行使に当って加盟国がとった措置は、直ちに安全保障理事会に報告しなければならない。また、この措置は、安全保障理事会が国際の平和及び安全の維持又は回復のために必要と認める行動をいつでもとるこの憲章に基く権能及び責任に対しては、いかなる影響も及ぼすものではない。

第8章　地域的取極

第52条【地域的取極、地方的紛争の解決】1　この憲章のいかなる規定も、国際の平和及び安全の維持に関する事項で地域的行動に適当なものを処理するための地域的取極又は地域的機関が存在することを妨げるものではない。但し、この取極又は機関及びその行動が国際連合の目的及び原則と一致することを条件とする。

2　前記の取極を締結し、又は前記の機関を組織する国際連合加盟国は、地方的紛争を安全保障理事会に付託する前に、この地域的取極又は地域的機関によってこの紛争を平和的に解決するようにあらゆる努力をしなければならない。

3　安全保障理事会は、関係国の発意に基くものであるか安全保障理事会からの付託によるものであるかを問わず、前記の地域的取極又は地域的機関による地方的紛争の平和的解決の発達を奨励しなければならない。

4　本条は、第34条及び第35条の適用をなんら害するものではない。

第53条【強制行動】1　安全保障理事会は、その権威の下における強制行動のために、適当な場合には、前記の地域的取極又は地域的機関を利用する。但し、いかなる強制行動も、安全保障理事会の許可がなければ、地域的取極に基いて又は地域的機関によってとられてはならない。もっとも、本条2に定める敵国のいずれかに対する措置で、第107条に従って規定されるもの又はこの敵国における侵略政策の再現に備える地域的取極において規定されるものは、関係政府の要請に基いてこの機構がこの敵国による新たな侵略を防止する責任を負うときまで例外とする。

2　本条1で用いる敵国という語は、第二次世界戦争中にこの憲章のいずれかの署名国の敵国であった国に適用される。

第54条【安全保障理事会に対する通報】安全保障理事会は、国際の平和及び安全の維持のために地域的取極に基いて又は地域的機関によって開始され又は企図されている活動について、常に充分に通報されていなければならない。

第9章　経済的及び社会的国際協力

第55条【目的】人民の同権及び自決の原則の尊重に基礎をおく諸国間の平和的且つ友好的関係に必要な安定及び福祉の条件を創造するために、国際連合は、次のことを促進しなければならない。

a　一層高い生活水準、完全雇用並びに経済的及び社会的の進歩及び発展の条件

b. solutions of international economic, social, health, and related problems; and international cultural and educational cooperation; and
c. universal respect for, and observance of, human rights and fundamental freedoms for all without distinction as to race, sex, language, or religion.

Article 56 All Members pledge themselves to take joint and separate action in cooperation with the Organization for the achievement of the purposes set forth in Article 55.

Article 57 1. The various specialized agencies, established by intergovernmental agreement and having wide international responsibilities, as defined in their basic instruments, in economic, social, cultural, educational, health, and related fields, shall be brought into relationship with the United Nations in accordance with the provisions of Article 63.
2. Such agencies thus brought into relationship with the United Nations are hereinafter referred to as specialized agencies.

Article 58 The Organization shall make recommendations for the coordination of the policies and activities of the specialized agencies.

Article 59 The Organization shall, where appropriate, initiate negotiations among the states concerned for the creation of any new specialized agencies required for the accomplishment of the purposes set forth in Article 55.

Article 60 Responsibility for the discharge of the functions of the Organization set forth in this Chapter shall be vested in the General Assembly and, under the authority of the General Assembly, in the Economic and Social Council, which shall have for this purpose the powers set forth in Chapter X.

CHAPTER X THE ECONOMIC AND SOCIAL COUNCIL

Composition

Article 61 1. The Economic and Social Council shall consist of fifty-four Members of the United Nations elected by the General Assembly.
2. Subject to the provisions of paragraph 3, eighteen members of the Economic and Social Council shall be elected each year for a term of three years. A retiring member shall be eligible for immediate re-election.
3. At the first election after the increase in the membership of the Economic and Social Council from twenty-seven to fifty-four members, in addition to the members elected in place of the nine members whose term of office expires at the end of that year, twenty-seven additional members shall be elected. Of these twenty-seven additional members, the term of office of nine members so elected shall expire at the end of one year, and of nine other members at the end of two years, in accordance with arrangements made by the General Assembly.
4. Each member of the Economic and Social Council shall have one representative.

Functions and Powers

Article 62 1. The Economic and Social Council may make or initiate studies and reports with respect to international economic, social, cultural, educational, health, and related matters and may make recommendations with respect to any such matters to the General Assembly, to the Members of the United Nations, and to the specialized agencies concerned.
2. It may make recommendations for the purpose of promoting respect for, and observance of, human rights and fundamental freedoms for all.
3. It may prepare draft conventions for submission to the General Assembly, with respect to matters falling within its competence.
4. It may call, in accordance with the rules prescribed by the United Nations, international conferences on matters falling within its competence.

Article 63 1. The Economic and Social Council may enter into agreements with any of the agencies referred to in Article 57, defining the terms on which the agency concerned shall be brought into relationship with the United Nations. Such agreements shall be subject to approval by the General Assembly.
2. It may coordinate the activities of the specialized agencies through consultation with and recommendations to such agencies and through recommendations to the General Assembly and to the Members of the United Nations.

Article 64 1. The Economic and Social Council may take appropriate steps to obtain regular reports from the specialized agencies. It may make arrangements with the Members of the United Nations and with the

b　経済的、社会的及び保健的国際問題と関係国際問題の解決並びに文化的及び教育的国際協力
c　人種、性、言語又は宗教による差別のないすべての者のための人権及び基本的自由の普遍的な尊重及び遵守

第56条【加盟国の誓約】すべての加盟国は、第55条に掲げる目的を達成するために、この機構と協力して、共同及び個別の行動をとることを誓約する。

第57条【専門機関】1　政府間の協定によって設けられる各種の専門機関で、経済的、社会的、文化的、教育的及び保健的分野並びに関係分野においてその基本的文書で定めるところにより広い国際的責任を有するものは、第63条の規定に従って国際連合と連携関係をもたされなければならない。

2　こうして国際連合と連携関係をもたされる前記の機関は、以下専門機関という。

第58条【専門機関に対する勧告】この機構は、専門機関の政策及び活動を調整するために勧告をする。

第59条【新専門機関の創設】この機構は、適当な場合には、第55条に掲げる目的の達成に必要な新たな専門機関を設けるために関係国間の交渉を発議する。

第60条【総会と経済社会理事会の責任】この章に掲げるこの機構の任務を果す責任は、総会及び、総会の権威の下に、経済社会理事会に課せられる。理事会は、このために第10章に掲げる権限を有する。

第10章　経済社会理事会

構　成

第61条【構成】1　経済社会理事会は、総会によって選挙される54の国際連合加盟国で構成する。

2　3の規定を留保して、経済社会理事会の18理事国は、3年の任期で毎年選挙される。退任理事国は、引き続いて再選される資格がある。

3　経済社会理事会の理事国の定数が27から54に増加された後の第1回の選挙では、その年の終りに任期が終了する9理事国に代わって選挙される理事国に加えて、更に27理事国が選挙される。このようにして選挙された追加の27理事国のうち、総会の定めるところに従って、9理事国の任期は1年の終りに、他の9理事国の任期は2年の終りに終了する。

4　経済社会理事会の各理事国は、一人の代表者を有する。

任務及び権限

第62条【研究、報告、勧告】1　経済社会理事会は、経済的、社会的、文化的、教育的及び保健的国際事項並びに関係国際事項に関する研究及び報告を行い、又は発議し、並びにこれらの事項に関して総会、国際連合加盟国及び関係専門機関に勧告をすることができる。

2　理事会は、すべての者のための人権及び基本的自由の尊重及び遵守を助長するために、勧告をすることができる。

3　理事会は、その権限に属する事項について、総会に提出するための条約案を作成することができる。

4　理事会は、国際連合の定める規則に従って、その権限に属する事項について国際会議を招集することができる。

第63条【専門機関との協定】1　経済社会理事会は、第57条に掲げる機関のいずれとの間にも、その機関が国際連合と連携関係をもたされるについての条件を定める協定を締結することができる。この協定は、総会の承認を受けなければならない。

2　理事会は、専門機関との協議及び専門機関に対する勧告並びに総会及び国際連合加盟国に対する勧告によって、専門機関の活動を調整することができる。

第64条【報告の受理】1　経済社会理事会は、専門機関から定期報告を受けるために、適当な措置をとることができる。理事会は、理事会の勧告と理事会の権限に属する事項に関する総会の勧告とを実施するためにとられた措置について報告を受けるため、国際連合加盟国及び専門機関と取極を行うことができる。

2　理事会は、前記の報告に関するその意見を総会に通報することができる。

specialized agencies to obtain reports on the steps taken to give effect to its own recommendations and to recommendations on matters falling within its competence made by the General Assembly.

2. It may communicate its observations on these reports to the General Assembly.

Article 65 The Economic and Social Council may furnish information to the Security Council and shall assist the Security Council upon its request.

Article 66 1. The Economic and Social Council shall perform such functions as fall within its competence in connection with the carrying out of the recommendations of the General Assembly.

2. It may, with the approval of the General Assembly, perform services at the request of Members of the United Nations and at the request of specialized agencies.

3. It shall perform such other functions as are specified elsewhere in the present Charter or as may be assigned to it by the General Assembly.

Voting

Article 67 1. Each member of the Economic and Social Council shall have one vote.

2. Decisions of the Economic and Social Council shall be made by a majority of the members present and voting.

Procedure

Article 68 The Economic and Social Council shall set up commissions in economic and social fields and for the promotion of human rights, and such other commissions as may be required for the performance of its funcitons.

Article 69 The Economic and Social Council shall invite any Member of the United Nations to participate, without vote, in its deliberations on any matter of particular concern to that Member.

Article 70 The Economic and Social Council may make arrangements for representatives of the specialized agencies to participate, without vote, in its deliberations and in those of the commissions established by it, and for its representatives to participate in the deliberations of the specialized agencies.

Article 71 The Economic and Social Council may make suitable arrangements for consultation with non-governmental organizations which are concerned with matters within its competence. Such arrangements may be made with international organizations and, where appropriate, with national organizations after consultation with the Member of the United Nations concerned.

Article 72 1. The Economic and Social Council shall adopt its own rules of procedure, including the method of selecting its President.

2. The Economic and Social Council shall meet as required in accordance with its rules, which shall include provision for the convening of meetings on the request of a majority of its members.

CHAPTER XI DECLARATION REGARDING NON-SELF-GOVERNING TERRITORIES

Article 73 Members of the United Nations which have or assume responsibilities for the administration of territories whose peoples have not yet attained a full measure of self-government recognize the principle that the interests of the inhabitants of these territories are paramount, and accept as a sacred trust the obligation to promote to the utmost, within the system of international peace and security established by the present Charter, the well-being of the inhabitants of these territories, and, to this end:

a. to ensure, with due respect for the culture of the peoples concerned, their political, economic, social, and educational advancement, their just treatment, and their protection aganist abuses;

b. to develop self-government, to take due account of the political aspirations of the peoples, and to assist them in the progressive development of their free political institutions, according to the particular circumstances of each territory and its peoples and their varying stages of advancement;

c. to further international peace and security;

d. to promote constructive measures of development, to encourage research, and to cooperate with one another and, when and where appropriate, with specialized international bodies with a view to the practical achievement of the social, economic, and scientific purposes set forth in this Article; and

e. to transmit regularly to the Secretary-General for information purposes, subject to such limitation as security and constitutional considerations may require, statistical and other information of a technical nature relating to economic, social, and educational conditions in the territories for which they are respectively responsible other than those territories to which Chapters XII and XIII apply.

Article 74 Members of the United Nations also agree that their policy in respect of the territories to which this Chapter applies, no less than in respect of their metropolitan areas, must be based on the general

第65条【安全保障理事会に対する援助】経済社会理事会は、安全保障理事会に情報を提供することができる。経済社会理事会は、また、安全保障理事会の要請があったときは、これを援助しなければならない。

第66条【他の任務】1　経済社会理事会は、総会の勧告の履行に関して、自己の権限に属する任務を遂行しなければならない。

2　理事会は、国際連合加盟国の要請があったとき、又は専門機関の要請があったときは、総会の承認を得て役務を提供することができる。

3　理事会は、この憲章の他の箇所に定められ、又は総会によって自己に与えられるその他の任務を遂行しなければならない。

表　決

第67条【表決手続】1　経済社会理事会の各理事国は、一個の投票権を有する。

2　経済社会理事会の決定は、出席し且つ投票する理事国の過半数によって行われる。

手　続

第68条【委員会】経済社会理事会は、経済的及び社会的分野における委員会、人権の伸張に関する委員会並びに自己の任務の遂行に必要なその他の委員会を設ける。

第69条【特別の関係を有する国の参加】経済社会理事会は、いずれの国際連合加盟国に対しても、その加盟国に特に関係のある事項についての審議に投票権なしで参加するように勧誘しなければならない。

第70条【専門機関との相互的代表】経済社会理事会は、専門機関の代表者が理事会の審議及び理事会の設ける委員会の審議に投票権なしで参加するための取極並びに理事会の代表者が専門機関の審議に参加するための取極を行うことができる。

第71条【民間団体】経済社会理事会は、その権限内にある事項に関係のある民間団体と協議するために、適当な取極を行うことができる。この取極は、国際団体との間に、また、適当な場合には、関係のある国際連合加盟国と協議した後に国内団体との間に行うことができる。

第72条【手続規則】1　経済社会理事会は、議長を選定する方法を含むその手続規則を採択する。

2　経済社会理事会は、その規則に従って必要があるときに会合する。この規則は、理事国の過半数の要請による会議招集の規定を含まなければならない。

第11章　非自治地域に関する宣言

第73条【住民の福利】人民がまだ完全には自治を行うに至っていない地域の施政を行う責任を有し、又は引き受ける国際連合加盟国は、この地域の住民の利益が至上のものであるという原則を承認し、且つ、この地域の住民の福祉をこの憲章の確立する国際の平和及び安全の制度内で最高度まで増進する義務並びにそのために次のことを行う義務を神聖な信託として受諾する。

a　関係人民の文化を充分に尊重して、この人民の政治的、経済的、社会的及び教育的進歩、公正な待遇並びに虐待からの保護を確保すること。

b　各地域及びその人民の特殊事情並びに人民の進歩の異なる段階に応じて、自治を発達させ、人民の政治的願望に妥当な考慮を払い、且つ、人民の自由な政治制度の漸進的発達について人民を援助すること。

c　国際の平和及び安全を増進すること。

d　本条に掲げる社会的、経済的及び科学的目的を実際に達成するために、建設的な発展措置を促進し、研究を奨励し、且つ、相互に及び適当な場合には専門国際団体と協力すること。

e　第12章及び第13章の適用を受ける地域を除く外、前記の加盟国がそれぞれ責任を負う地域における経済的、社会的及び教育的状態に関する専門的性質の統計その他の資料を、安全保障及び憲法上の考慮から必要な制限に従うことを条件として、情報用として事務総長に定期的に送付すること。

第74条【世界各国の利益の考慮】国際連合加盟国は、また、本章の適用を受ける地域に関するその政策を、その本土に関する政策と同様に、世界の他の地域の利益及び福祉に妥当な考慮を払った上で、社会的、

principle of good-neighbourliness, due account being taken of the interests and well-being of the rest of the world, in social, economic, and commercial matters.

CHAPTER XII INTERNATIONAL TRUSTEESHIP SYSTEM

Article 75 The United Nations shall establish under its authority an international trusteeship system for the administration and supervision of such territories as may be placed thereunder by subsequent individual agreements. These territories are hereinafter referred to as trust territories.

Article 76 The basic objectives of the trusteeship system, in accordance with the Purposes of the United Nations laid down in Article 1 of the present Charter, shall be:

a. to further international peace and security,

b. to promote the political, economic, social, and educational advancement of the inhabitants of the trust territories, and their progressive development towards self-government or independence as may be appropriate to the particular circumstances of each territory and its peoples and the freely expressed wishes of the peoples concerned, and as may be provided by the terms of each trusteeship agreement;

c. to encourage respect for human rights and for fundamental freedoms for all without distinction as to race, sex, language, or religion, and to encourage recognition of the interdependence of the peoples of the world; and

d. to ensure equal treatment in social, economic, and commercial matters for all Members of the United Nations and their nationals, and also equal treatment for the latter in the administration of justice, without prejudice to the attainment of the foregoing objectives and subject to the provisions of Article 80.

Article 77 1. The trusteeship system shall apply to such territories in the following categories as may be placed thereunder by means of trusteeship agreements:

a. territories now held under mandate;

b. territories which may be detached from enemy states as a result of the Second World War; and

c. territories voluntarily placed under the system by states responsible for their administration.

2. It will be a matter for subsequent agreement as to which territories in the foregoing categories will be brought under the trusteeship system and upon what terms.

Article 78 The trusteeship system shall not apply to territories which have become Members of the United Nations, relationship among which shall be based on respect for the principle of sovereign equality.

Article 79 The terms of trusteeship for each territory to be placed under the trusteeship system, including any alteration or amendment, shall be agreed upon by the states directly concerned, including the mandatory power in the case of territories held under mandate by a Member of the United Nations, and shall be approved as provided for in Articles 83 and 85.

Article 80 1. Except as may be agreed upon in individual trusteeship agreements, made under Articles 77, 79, and 81, placing each territory under the trusteeship system, and until such agreements have been concluded, nothing in this Chapter shall be construed in or of itself to alter in any manner the rights whatsoever of any states or any peoples or the terms of existing international instruments to which Members of the United Nations may respectively be parties.

2. Paragraph 1 of this Article shall not be interpreted as giving grounds for delay or postponement of the negotiation and conclusion of agreements for placing mandated and other territories under the trusteeship system as provided for in Article 77.

Article 81 The trusteeship agreement shall in each case include the terms under which the trust territory will be administered and designate the authority which will exercise the administration of the trust territory. Such authority, hereinafter called the administering authority, may be one or more states or the Organization itself.

Article 82 There may be designated, in any trusteeship agreement, a strategic area or areas which may include part or all of the trust territory to which the agreement applies, without prejudice to any special agreement or agreements made under Article 43.

Article 83 1. All functions of the United Nations relating to strategic areas, including the approval of the terms of the trusteeship agreements and of their alteration or amendment, shall be exercised by the Security Council.

2. The basic objectives set forth in Article 76 shall be applicable to the people of each strategic area.

3. The Security Council shall, subject to the provisions of the trusteeship agreements and without prejudice

経済的及び商業的事項に関して善隣主義の一般原則に基かせなければならないことに同意する。

第12章　国際信託統治制度

第75条【信託統治制度の設定】国際連合は、その権威の下に、国際信託統治制度を設ける。この制度は、今後の個個の協定によってこの制度の下におかれる地域の施政及び監督を目的とする。この地域は、以下信託統治地域という。

第76条【基本目的】信託統治制度の基本目的は、この憲章の第1条に掲げる国際連合の目的に従って、次のとおりとする。

a　国際の平和及び安全を増進すること。

b　信託統治地域の住民の政治的、経済的、社会的及び教育的進歩を促進すること。各地域及びその人民の特殊事情並びに関係人民が自由に表明する願望に適合するように、且つ、各信託統治協定の条項が規定するところに従って、自治又は独立に向っての住民の漸進的発達を促進すること。

c　人種、性、言語又は宗教による差別なくすべての者のために人権及び基本的自由を尊重するように奨励し、且つ、世界の人民の相互依存の認識を助長すること。

d　前記の目的の達成を妨げることなく、且つ、第80条の規定を留保して、すべての国際連合加盟国及びその国民のために社会的、経済的及び商業的事項について平等の待遇を確保し、また、その国民のために司法上で平等の待遇を確保すること。

第77条【信託統治地域】1　信託統治制度は、次の種類の地域で信託統治協定によってこの制度の下におかれるものに適用する。

a　現に委任統治の下にある地域

b　第二次世界戦争の結果として敵国から分離される地域

c　施政について責任を負う国によって自発的にこの制度の下におかれる地域

2　前記の種類のうちのいずれの地域がいかなる条件で信託統治制度の下におかれるかについては、今後の協定で定める。

第78条【国際連合の加盟国となった地域】国際連合加盟国の間の関係は、主権平等の原則の尊重を基礎とするから、信託統治制度は、加盟国となった地域には適用しない。

第79条【信託統治協定】信託統治制度の下におかれる各地域に関する信託統治の条項は、いかなる変更又は改正も含めて、直接関係国によって協定され、且つ、第83条及び第85条に規定するところに従って承認されなければならない。この直接関係国は、国際連合加盟国の委任統治の下にある地域の場合には、受任国を含む。

第80条【現存権利の留保】1　第77条、第79条及び第81条に基いて締結され、各地域を信託統治制度の下におく個個の信託統治協定において協定されるところを除き、また、このような協定が締結される時まで、本章の規定は、いずれの国又はいずれの人民のいかなる権利をも、また、国際連合加盟国がそれぞれ当事国となっている現存の国際文書の条項をも、直接又は間接にどのようにも変更するものと解釈してはならない。

2　本条1は、第77条に規定するところに従って委任統治地域及びその他の地域を信託統治制度の下におくための協定の交渉及び締結の遅滞又は延期に対して、根拠を与えるものと解釈してはならない。

第81条【施政権者】信託統治協定は、各場合において、信託統治地域の施政を行うについての条件を含み、且つ、信託統治地域の施政を行う当局を指定しなければならない。この当局は、以下施政権者といい、一若しくは二以上の国又はこの機構自身であることができる。

第82条【戦略地区】いかなる信託統治協定においても、その協定が適用される信託統治地域の一部又は全部を含む一又は二以上の戦略地区を指定することができる。但し、第43条に基いて締結される特別協定を害してはならない。

第83条【戦略地区に関する安全保障理事会の任務】1　戦略地区に関する国際連合のすべての任務は、信託統治協定の条項及びその変更又は改正の承認を含めて、安全保障理事会が行う。

2　第76条に掲げる基本目的は、各戦略地区の人民に適用する。

to security considerations, avail itself of the assistance of the Trusteeship Council to perform those functions of the United Nations under the trusteeship system relating to political, economic, social, and educational matters in the strategic areas.

Article 84　It shall be the duty of the administering authority to ensure that the trust territory shall play its part in the maintenance of international peace and security. To this end the administering authority may make use of volunteer forces, facilities, and assistance from the trust territory in carrying out the obligations towards the Security Council undertaken in this regard by the administering authority, as well as for local defense and the maintenance of law and order within the trust territory.

Article 85　1. The functions of the United Nations with regard to trusteeship agreements for all areas not designated as strategic, including the approval of the terms of the trusteeship agreements and of their alteration or amendment, shall be exercised by the General Assembly.

2. The Trusteeship Council, operating under the authority of the General Assembly, shall assist the General Assembly in carrying out these functions.

CHAPTER XIII　THE TRUSTEESHIP COUNCIL

Composition

Article 86　1. The Trusteeship Council shall consist of the following Members of the United Nations:

a. those Members administering trust territories;

b. such of those Members mentioned by name in Article 23 as are not administering trust territories; and

c. as many other Members elected for three-year terms by the General Assembly as may be necessary to ensure that the total number of members of the Trusteeship Council is equally divided between those Members of the United Nations which administer trust territories and those which do not.

2. Each member of the Trusteeship Council shall designate one specially qualified person to represent it therein.

Functions and Powers

Article 87　The General Assembly and, under its authority, the Trusteeship Council, in carrying out their functions, may:

a. consider reports submitted by the administering authority;

b. accept petitions and examine them in consultation with the administering authority;

c. provide for periodic visits to the respective trust territories at times agreed upon with the administering authority; and

d. take these and other actions in conformity with the terms of the trusteeship agreements.

Article 88　The Trusteeship Council shall formulate a questionnaire on the political, economic, social, and educational advancement of the inhabitants of each trust territory, and the administering authority for each trust territory within the competence of the General Assembly shall make an annual report to the General Assembly upon the basis of such questionnaire.

Voting

Article 89　1. Each member of the Trusteeship Council shall have one vote.

2. Decisions of the Trusteeship Council shall be made by a majority of the members present and voting.

Procedure

Article 90　1. The Trusteeship Council shall adopt its own rules of procedure, including the method of selecting its President.

2. The Trusteeship Council shall meet as required in accordance with its rules, which shall include provision for the convening of meetings on the request of a majority of its members.

Article 91　The Trusteeship Council shall, when appropriate, avail itself of the assistance of the Economic and Social Council and of the specialized agencies in regard to matters with which they are respectively concerned.

CHAPTER XIV　THE INTERNATIONAL COURT OF JUSTICE

Article 92　The International Court of Justice shall be the principal judicial organ of the United Nations. It shall function in accordance with the annexed Statute, which is based upon the Statute of the Permanent

3　安全保障理事会は、国際連合の信託統治制度に基く任務で戦略地区の政治的、経済的、社会的及び教育的事項に関するものを遂行するために、信託統治理事会の援助を利用する。但し、信託統治協定の規定には従うものとし、また、安全保障の考慮が妨げられてはならない。

第84条【平和に関する施政権者の義務】信託統治地域が国際の平和及び安全の維持についてその役割を果すようにすることは、施政権者の義務である。このため、施政権者は、この点に関して安全保障理事会に対して負う義務を履行するに当って、また、地方的防衛並びに信託統治地域における法律及び秩序の維持のために、信託統治地域の義勇軍、便益及び援助を利用することができる。

第85条【非戦略地区に関する総会と信託統治理事会の任務】1　戦略地区として指定されないすべての地区に関する信託統治協定についての国際連合の任務は、この協定の条項及びその変更又は改正の承認を含めて、総会が行う。

2　総会の権威の下に行動する信託統治理事会は、前記の任務の遂行について総会を援助する。

第13章　信託統治理事会

構　成

第86条【構成】1　信託統治理事会は、次の国際連合加盟国で構成する。

a　信託統治地域の施政を行う加盟国

b　第23条に名を掲げる加盟国で信託統治地域の施政を行っていないもの

c　総会によって3年の任期で選挙されるその他の加盟国。その数は、信託統治理事会の理事国の総数を、信託統治地域の施政を行う国際連合加盟国とこれを行っていないものとの間に均分するのに必要な数とする。

2　信託統治理事会の各理事国は、理事会で自国を代表する特別の資格を有する者一人を指名しなければならない。

任務及び権限

第87条【総会と信託統治理事会の権限】総会及び、その権威の下に、信託統治理事会は、その任務の遂行に当って次のことを行うことができる。

a　施政権者の提出する報告を審議すること。

b　請願を受理し、且つ、施政権者と協議してこれを審査すること。

c　施政権者と協定する時期に、それぞれの信託統治地域の定期視察を行わせること。

d　信託統治協定の条項に従って、前記の行動その他の行動をとること。

第88条【質問書の作成】信託統治理事会は、各信託統治地域の住民の政治的、経済的、社会的及び教育的進歩に関する質問書を作成しなければならない。また、総会の権限内にある各信託統治地域の施政権者は、この質問書に基いて、総会に年次報告を提出しなければならない。

表　決

第89条【表決手続】1　信託統治理事会の各理事国は、一個の投票権を有する。

2　信託統治理事会の決定は、出席し且つ投票する理事国の過半数によって行われる。

手　続

第90条【手続規則】1　信託統治理事会は、議長を選定する方法を含むその手続規則を採択する。

2　信託統治理事会は、その規則に従って必要があるときに会合する。この規則は、理事国の過半数の要請による会議招集の規定を含まなければならない。

第91条【経済社会理事会と専門機関の利用】信託統治理事会は、適当な場合には、経済社会理事会及び専門機関がそれぞれ関係している事項について、両者の援助を利用する。

第14章　国際司法裁判所

第92条【裁判所の地位】国際司法裁判所は、国際連合の主要な司法機関である。この裁判所は、附属の規程に従って任務を行う。この規程は、常設国際司法裁判所規程を基礎とし、且つ、この憲章と不可

Court of International Justice and forms an integral part of the present Charter.

Article 93　1. All Members of the United Nations are ipso facto parties to the Statute of the International Court of Justice.

2. A state which is not a Member of the United Nations may become a party to the Statute of the International Court of Justice on conditions to be determined in each case by the General Assembly upon the recommendation of the Security Council.

Article 94　1. Each Member of the United Nations undertakes to comply with the decision of the International Court of Justice in any case to which it is a party.

2. If any party to a case fails to perform the obligations incumbent upon it under a judgment rendered by the Court, the other party may have recourse to the Security Council, which may, if it deems necessary, make recommendations or decide upon measures to be taken to give effect to the judgment.

Article 95　Nothing in the present Charter shall prevent Members of the United Nations from entrusting the solution of their differences to other tribunals by virtue of agreements already in existence or which may be concluded in the future.

Article 96　1. The General Assembly or the Security Council may request the International Court of Justice to give an advisory opinion on any legal question.

2. Other organs of the United Nations and specialized agencies, which may at any time be so authorized by the General Assembly, may also request advisory opinions of the Court on legal questions arising within the scope of their activities.

CHAPTER XV　THE SECRETARIAT

Article 97　The Secretariat shall comprise a Secretary-General and such staff as the Organization may require. The Secretary-General shall be appointed by the General Assembly upon the recommendation of the Security Council. He shall be the chief administrative officer of the Organization.

Article 98　The Secretary-General shall act in that capacity in all meetings of the General Assembly, of the Security Council, of the Economic and Social Council, and of the Trusteeship Council, and shall perform such other functions as are entrusted to him by these organs. The Secretary-General shall make an annual report to the General Assembly on the work of the Organization.

Article 99　The Secretary-General may bring to the attention of the Security Council any matter which in his opinion may threaten the maintenance of international peace and security.

Article 100　1. In the performance of their duties the Secretary-General and the staff shall not seek or receive instructions from any government or from any other authority external to the Organization. They shall refrain from any action which might reflect on their position as international officials responsible only to the Organization.

2. Each Member of the United Nations undertakes to respect the exclusively international character of the responsibilities of the Secretary-General and the staff and not to seek to influence them in the discharge of their responsibilities.

Article 101　1. The staff shall be appointed by the Secretary-General under regulations established by the General Assembly.

2. Appropriate staffs shall be permanently assigned to the Economic and Social Council, the Trusteeship Council, and, as required, to other organs of the United Nations. These staffs shall form a part of the Secretariat.

3. The paramount consideration in the employment of the staff and in the determination of the conditions of service shall be the necessity of securing the highest standards of efficiency, competence, and integrity. Due regard shall be paid to the importance of recruiting the staff on as wide a geographical basis as possible.

CHAPTER XVI　MISCELLANEOUS PROVISIONS

Article 102　1. Every treaty and every international agreement entered into by any Member of the United Nations after the present Charter comes into force shall as soon as possible be registered with the Secretariat and published by it.

2. No party to any such treaty or international agreement which has not been registered in accordance with the provisions of paragraph 1 of this Article may invoke that treaty or agreement before any organ of the United Nations.

Article 103　In the event of a conflict between the obligations of the Members of the United Nations under the present Charter and their obligations under any other international agreement, their obligations under

分の一体をなす。

第93条【規程の参加国】1　すべての国際連合加盟国は、当然に、国際司法裁判所規程の当事国となる。

2　国際連合加盟国でない国は、安全保障理事会の勧告に基いて総会が各場合に決定する条件で国際司法裁判所規程の当事国となることができる。

第94条【判決の履行】1　各国際連合加盟国は、自国が当事者であるいかなる事件においても、国際司法裁判所の裁判に従うことを約束する。

2　事件の一方の当事者が裁判所の与える判決に基いて自国が負う義務を履行しないときは、他方の当事者は、安全保障理事会に訴えることができる。理事会は、必要と認めるときは、判決を執行するために勧告をし、又はとるべき措置を決定することができる。

第95条【他の裁判所への付託】この憲章のいかなる規定も、国際連合加盟国が相互間の紛争の解決を既に存在し又は将来締結する協定によって他の裁判所に付託することを妨げるものではない。

第96条【勧告的意見】1　総会又は安全保障理事会は、いかなる法律問題についても勧告的意見を与えるように国際司法裁判所に要請することができる。

2　国際連合のその他の機関及び専門機関でいずれかの時に総会の許可を得るものは、また、その活動の範囲内において生ずる法律問題について裁判所の勧告的意見を要請することができる。

第15章　事務局

第97条【構成】事務局は、一人の事務総長及びこの機構が必要とする職員からなる。事務総長は、安全保障理事会の勧告に基いて総会が任命する。事務総長は、この機構の行政職員の長である。

第98条【事務総長の任務】事務総長は、総会、安全保障理事会、経済社会理事会及び信託統治理事会のすべての会議において事務総長の資格で行動し、且つ、これらの機関から委託される他の任務を遂行する。事務総長は、この機構の事業について総会に年次報告を行う。

第99条【平和維持に関する任務】事務総長は、国際の平和及び安全の維持を脅威すると認める事項について、安全保障理事会の注意を促すことができる。

第100条【職員の国際性】1　事務総長及び職員は、その任務の遂行に当って、いかなる政府からも又はこの機構外のいかなる他の当局からも指示を求め、又は受けてはならない。事務総長及び職員は、この機構に対してのみ責任を負う国際的職員としての地位を損ずる虞のあるいかなる行動も慎まなければならない。

2　各国際連合加盟国は、事務総長及び職員の責任のもっぱら国際的な性質を尊重すること並びにこれらの者が責任を果すに当ってこれらの者を左右しようとしないことを約束する。

第101条【職員の任命】1　職員は、総会が設ける規則に従って事務総長が任命する。

2　経済社会理事会、信託統治理事会及び、必要に応じて、国際連合のその他の機関に、適当な職員を常任として配属する。この職員は、事務局の一部をなす。

3　職員の雇用及び勤務条件の決定に当って最も考慮すべきことは、最高水準の能率、能力及び誠実を確保しなければならないことである。職員をなるべく広い地理的基礎に基いて採用することの重要性については、妥当な考慮を払わなければならない。

第16章　雑　則

第102条【条約の登録】1　この憲章が効力を生じた後に国際連合加盟国が締結するすべての条約及びすべての国際協定は、なるべくすみやかに事務局に登録され、且つ、事務局によって公表されなければならない。

2　前記の条約又は国際協定で本条1の規定に従って登録されていないものの当事国は、国際連合のいかなる機関に対しても当該条約又は協定を援用することができない。

第103条【憲章義務の優先】国際連合加盟国のこの憲章に基く義務と他のいずれかの国際協定に基く義務

the present Charter shall prevail.

Article 104 The Organization shall enjoy in the territory of each of its Members such legal capacity as may be necessary for the exercise of its functions and the fulfilment of its purposes.

Article 105 1. The Organization shall enjoy in the territory of each of its Members such privileges and immunities as are necessary for the fulfilment of its purposes.

2. Representatives of the Members of the United Nations and officials of the Organization shall similarly enjoy such privileges and immunities as are necessary for the independent exercise of their functions in connection with the Organization.

3. The General Assembly may make recommendations with a view to determining the details of the application of paragraphs 1 and 2 of this Article or may propose conventions to the Members of the United Nations for this purpose.

CHAPTER XVII TRANSITIONAL SECURITY ARRANGEMENTS

Article 106 Pending the coming into force of such special agreements referred to in Article 43 as in the opinion of the Security Council enable it to begin the exercise of its responsibilities under Article 42, the parties to the Four-Nation Declaration, signed at Moscow, October 30, 1943, and France, shall, in accordance with the provisions of paragraph 5 of that Declaration, consult with one another and as occasion requires with other Members of the United Nations with a view to such joint action on behalf of the Organization as may be necessary for the purpose of maintaining international peace and security.

Article 107 Nothing in the present Charter shall invalidate or preclude action, in relation to any state which during the Second World War has been an enemy of any signatory to the present Charter, taken or authorized as a result of that war by the Governments having responsibility for such action.

CHAPTER XVIII AMENDMENT

Article 108 Amendments to the present Charter shall come into force for all Members of the United Nations when they have been adopted by a vote of two thirds of the members of the General Assembly and ratified in accordance with their respective constitutional processes by two thirds of the Members of the United Nations, including all the permanent members of the Security Council.

Article 109 1. A General Conference of the Members of the United Nations for the purpose of reviewing the present Charter may be held at a date and place to be fixed by a two-thirds vote of the members of the General Assembly and by a vote of any nine members of the Security Council. Each Member of the United Nations shall have one vote in the conference.

2. Any alteration of the present Charter recommended by a two-thirds vote of the conference shall take effect when ratified in accordance with their respective constitutional processes by two thirds of the Members of the United Nations including all the permanent members of the Security Council.

3. If such a conference has not been held before the tenth annual session of the General Assembly following the coming into force of the present Charter, the proposal to call such a conference shall be placed on the agenda of that session of the General Assembly, and the conference shall be held if so decided by a majority vote of the members of the General Assembly and by a vote of any seven members of the Security Council.

CHAPTER XIX RATIFICATION AND SIGNATURE

Article 110 1. The present Charter shall be ratified by the signatory states in accordance with their respective constitutional processes.

2. The ratifications shall be deposited with the Government of the United States of America, which shall notify all the signatory states of each deposit as well as the Secretary-General of the Organization when he has been appointed.

3. The present Charter shall come into force upon the deposit of ratifications by the Republic of China, France, the Union of Soviet Socialist Republics, the United Kingdom of Great Britain and Northern Ireland, and the United States of America, and by a majority of the other signatory states. A protocol of the

とが抵触するときは、この憲章に基く義務が優先する。

第104条【法律行為能力】この機構は、その任務の遂行及びその目的の達成のために必要な法律上の能力を各加盟国の領域において享有する。

第105条【特権及び免除】1　この機構は、その目的の達成に必要な特権及び免除を各加盟国の領域において享有する。

2　これと同様に、国際連合加盟国の代表者及びこの機構の職員は、この機構に関連する自己の任務を独立に遂行するために必要な特権及び免除を享有する。

3　総会は、本条1及び2の適用に関する細目を決定するために勧告をし、又はそのために国際連合加盟国に条約を提案することができる。

第17章　安全保障の過渡的規定

第106条【特別協定成立前の五大国の責任】第43条に掲げる特別協定でそれによって安全保障理事会が第42条に基く責任の遂行を開始することができると認めるものが効力を生ずるまでの間、1943年10月30日にモスコーで署名された四国宣言の当事国及びフランスは、この宣言の第5項の規定に従って、国際の平和及び安全の維持のために必要な共同行動をこの機構に代ってとるために相互に及び必要に応じて他の国際連合加盟国と協議しなければならない。

第107条【敵国に関する行動】この憲章のいかなる規定も、第二次世界戦争中にこの憲章の署名国の敵であった国に関する行動でその行動について責任を有する政府がこの戦争の結果としてとり又は許可したものを無効にし、又は排除するものではない。

第18章　改　正

第108条【改正】この憲章の改正は、総会の構成国の三分の二の多数で採択され、且つ、安全保障理事会のすべての常任理事国を含む国際連合加盟国の三分の二によって各自の憲法上の手続に従って批准された時に、すべての国際連合加盟国に対して効力を生ずる。

第109条【全体会議】1　この憲章を再審議するための国際連合加盟国の全体会議は、総会の構成国の三分の二の多数及び安全保障理事会の9理事国の投票によって決定される日及び場所で開催することができる。各国際連合加盟国は、この会議において一個の投票権を有する。

2　全体会議の三分の二の多数によって勧告されるこの憲章の変更は、安全保障理事会のすべての常任理事国を含む国際連合加盟国の三分の二によって各自の憲法上の手続に従って批准された時に効力を生ずる。

3　この憲章の効力発生後の総会の第10回年次会期までに全体会議が開催されなかった場合には、これを招集する提案を総会の第10回年次会期の議事日程に加えなければならず、全体会議は、総会の構成国の過半数及び安全保障理事会の7理事国の投票によって決定されたときに開催しなければならない。

第19章　批准及び署名

第110条【批准と効力発生】1　この憲章は、署名国によって各自の憲法上の手続に従って批准されなければならない。

2　批准書は、アメリカ合衆国政府に寄託される。同政府は、すべての署名国及び、この機構の事務総長が任命された場合には、事務総長に対して各寄託を通告する。

3　この憲章は、中華民国、フランス、ソヴィエト社会主義共和国連邦、グレート・ブリテン及び北部アイルランド連合王国、アメリカ合衆国及びその他の署名国の過半数が批准書を寄託した時に効力を生ずる。批准書寄託調書は、その時にアメリカ合衆国政府が作成し、その謄本をすべての署名国

ratifications deposited shall thereupon be drawn up by the Government of the United States of America which shall communicate copies thereof to all the signatory states.

4. The states signatory to the present Charter which ratify it after it has come into force will become original Members of the United Nations on the date of the deposit of their respective ratifications.

Article 111 The present Charter, of which the Chinese, French, Russian, English, and Spanish texts are equally authentic, shall remain deposited in the archives of the Government of the United States of America. Duly certified copies thereof shall be transmitted by that Government to the Governments of the other signatory states.

IN FAITH WHEREOF the representatives of the Governments of the United Nations have signed the present Charter.

DONE at the city of San Francisco the twenty-sixth day of June, one thousand nine hundred and forty-five.

に送付する。

4　この憲章の署名国で憲章が効力を生じた後に批准するものは、各自の批准書の寄託の日に国際連合の原加盟国となる。

第111条【正文】この憲章は、中国語、フランス語、ロシア語、英語及びスペイン語の本文をひとしく正文とし、アメリカ合衆国政府の記録に寄託しておく。この憲章の認証謄本は、同政府が他の署名国の政府に送付する。

以上の証拠として、連合国政府の代表者は、この憲章に署名した。

1945年6月26日にサン・フランシスコ市で作成した。

1 2　国際連合憲章に従った諸国間の友好関係と協力に関する国際法の諸原則についての宣言（友好関係宣言）

採　択　一九七〇年一〇月二四日
国際連合総会第二五回会期決議二六二五（XXV）附属書

総会は、

前　文（略）

一、次の諸原則を厳粛に宣言する

国は、その国際関係において、武力による威嚇又は武力の行使を、いかなる国の領土保全又は政治的独立に対するものも、また国際連合の目的と両立しない他のいかなる方法によるものも慎まなければならないという原則

すべての国は、その国際関係において、武力による威嚇又は武力の行使を、いかなる国の領土保全又は政治的独立に対するものも、また国際連合の目的と両立しない他のいかなる方法によるものも慎まなければならない義務を有する。このような武力による威嚇又は武力の行使は、国際法と国際連合憲章に違反するものであり、国際問題を解決する手段としてはけっして使用されてはならない。

侵略戦争は平和に対する罪を構成するものであり、それに対しては国際法上の責任が生じる。

国際連合の目的及び原則に従って、国は侵略戦争の宣伝を慎む義務を有する。

すべての国は、他の国の現存する国際境界線を侵すための、又は領土紛争及び国境問題を含む国際紛争を解決する手段としての、武力による威嚇又は武力の行使を慎む義務を有する。

すべての国は同様に、みずから当事国であるか又は他の理由によって尊重する義務を負う国際的合意により、若しくはそれに従って確定された休戦ラインなどの国際分界線を侵すための、武力による威嚇又は武力の行使を慎む義務を有する。上記のどの部分も、各々の特別の制度のもとにおけるかかる分界線の地位及び効果に関して、関係当事者の立場をそこなうものと解釈されてはならず、又は、それらの暫定的性格に影響を及ぼすものと解釈されてはならない。

国は、武力行使をともなう復仇行為を慎む義務を有する。

すべての国は、同権及び自決の原則の詳述に当たって言及される人民から自決権及び自由並びに独立を奪う、いかなる武力行動をも慎む義務を有する。

すべての国は、他の国の領域に侵入させる目的をもって、傭兵を含む不正規軍若しくは武装集団を組織し、又は組織を奨励することを慎む義務を有する。

すべての国は、他の国において内戦行為若しくはテロ行為を組織し、教唆し、援助を与え又はそれらに参加すること、又はかかる行為の実行に向けられた自国領域内における組織的活動を黙認することを、上記の諸行為が武力による威嚇又は武力の行使を含む場合には慎む義務を有する。

国の領土は、憲章の諸条項に反する武力の行使の結果生じる軍事占領の対象とされてはならない。国の領土は、武力による威嚇又は武力の行使の結果生じる他の国による取得の対象とされてはならない。武力による威嚇又は武力の行使の結果としてのいかなる領土取得も、合法的なものとして承認されてはならない。上記のどの部分も、次のことに影響を及ぼすものと解釈されてはならない。

(a)　憲章の諸規定、又は憲章の制度以前のいずれかの国際的合意であって国際法のもとで有効なもの

(b)　憲章のもとにおける安全保障理事会の権限

すべての国は、効果的な国際管理のもとにおける全面完全軍縮に関する普遍的条約の早期締結のために誠実に交渉を行わなければならず、国際緊張を和らげ、諸国間の信頼を強める目的で適切な措置をとるために努力しなければならない。

すべての国は、国際の平和及び安全の維持に関する国際法の一般に承認された原則と規則のもとにおける義務を、誠実に履行しなければならず、憲章に基づく国際連合の安全保障体制をより効果的にするために努力しなければならない。

上記の項目のいずれも、武力の行使が合法的である場合に関する憲章の諸規定の範囲を、いかなる形においても拡大し又は縮小するものと解釈されてはならない。

国は、その国際紛争を、平和的手段によって、国際の平和及び安全並びに正義を危くしないように解決しなければならないという原則

すべての国は、他の国との国際紛争を、平和的手段によって、国際の平和及び安全並びに正義を危くしないように解決しなければならない。

したがって、国は、その国際紛争を、交渉、審査、仲介、調停、仲裁裁判、司法的解決、地域的機関又は地域的取極の利用、その他当事国が選ぶ平和的手段によって、速やかにかつ公正に解決することを求めなければならない。このような解決を求めるに当たって、当事国は紛争の事情と性質に応じた平和的手段について合意しなければならない。

紛争の当事国は、上記の平和的手段のいずれか一つによって解決に到達しない場合には、合意する他の平和的手段によって紛争の解決をひきつづいて求める義務を有する。

国際紛争の当事国及び他の諸国は、国際の平和及び

安全の維持を危くしないように、事態の悪化をもたらすおそれのあるいかなる行為をも慎まなければならず、国際連合の目的及び原則に従って行動しなければならない。

　国際紛争は、国の主権平等を基礎として、かつ手段の自由な選択の原則に従って解決されなければならない。みずからが当事者である現存の、又は将来の紛争に関して、国が自由に合意する解決手続に訴え、又はそれを受諾することは、主権平等と両立しないものとみなされてはならない。

　上記の各項のいずれも、憲章の適用可能な諸規定、特に国際紛争の平和的解決に関する諸規定を害し、又はそれから逸脱するものではない。

憲章に従って、いかなる国の国内管轄権内にある事項にも干渉しない義務に関する原則

　いかなる国又は国の集団も、直接又は間接に、理由のいかんを問わず、他の国の国内又は対外の事項に干渉する権利を有しない。したがって、国の人格又はその政治的、経済的及び文化的要素に対する、武力干渉及びその他すべての形の介入又は威嚇の試みは、国際法に違反する。

　いかなる国も、他の国の主権的権利の行使を自国に従属させ、またその国から何らかの利益を得るために、経済的、政治的若しくはその他いかなる形であれ他国を強制する措置の使用又は使用の奨励をしてはならない。また、いかなる国も、他の国の政権の暴力による転覆を目的とする、破壊活動、テロ活動若しくは武力活動を、組織し、援助を与え、あおり、資金を与え、扇動し、若しくは許容してはならず、又は他の国の内戦に介入してはならない。

　人民からその民族的アイデンティティーを奪うための武力の行使は、彼らの不可譲の権利及び不干渉の原則を侵害するものである。

　すべての国は、他の国によるいかなる形の介入も受けずに、その政治的、経済的、社会的及び文化的体制を選択する不可譲の権利を有する。

　上記の各項のいずれも、国際の平和及び安全の維持に関する憲章の関連諸規定に影響を及ぼすものと解釈されてはならない。

憲章に従って、相互に協力する国の義務

　国は、その政治的、経済的、社会的体制の相違にかかわりなく、国際の平和及び安全を維持し、国際経済の安定及び発展、並びに上記の相違に基づく差別をともなわない諸国の一般的福祉及び国際協力を促進するために、国際関係のさまざまの分野において相互に協力する義務を有する。

　この目的のために、

(a)　国は、国際の平和及び安全の維持のために、他の国と協力しなければならない。

(b)　国は、すべての者のための人権及び基本的自由の普遍的な尊重及び遵守の促進のため、並びにあらゆる形態の人種差別及び宗教的不寛容の撤廃のために協力しなければならない。

(c)　国は、経済、社会、文化、技術及び貿易の分野における国際関係を、主権平等及び不干渉の原則に従って処理しなければならない。

(d)　国際連合加盟国は、憲章の関連諸規定に従って、国際連合と協力して共同及び個別の行動をとる義務を有する。

　国は、経済、社会及び文化の分野、並びに科学及び技術の分野において協力するべきであり、国際的な文化及び教育の進歩のために協力するべきである。国は世界における経済成長、特に発展途上国における経済成長の促進のために協力するべきである。

人民の同権と自決の原則

　国際連合憲章にうたわれた人民の同権及び自決の原則によって、すべての人民は、外部からの介入なしに、その政治的地位を自由に決定し、その経済的、社会的及び文化的発展を自由に追求する権利を有し、すべての国は憲章の諸規定に従ってこの権利を尊重する義務を有する。

　すべての国は、共同及び個別の行動を通じて、憲章の諸規定に従って人民の同権と自決の原則の実現を促進し、並びに

(a)　諸国間の友好関係及び協力を促進するため、及び

(b)　当該人民の自由に表明した意思に妥当な考慮を払って、植民地主義を早急に終了させるために、

また外国による征服、支配及び搾取への人民の服従は、この原則の違反を構成し、基本的人権を否認し、憲章に違反するものであることに留意して、この原則の実施に関して憲章が委託した責任を履行することについて国際連合に援助を与える義務を有する。

　すべての国は、共同及び個別の行動を通じて、憲章に従って人権及び基本的自由の普遍的な尊重及び遵守を促進する義務を有する。

　主権独立国の確立、独立国との自由な連合若しくは統合、又は人民が自由に決定したその他の政治的地位の獲得は、この人民による自決権の行使の諸形態を構成するものである。

　すべての国は、この原則の詳述に当たって上に言及された人民から自決権及び自由並びに独立を奪う、いかなる武力行動をも慎む義務を有する。かかる人民は、自決権行使の過程でこのような武力行動に反対し抵抗する行動において、憲章の目的及び原則に従って援助を求めかつ受ける権利を有する。

　植民地又はその他の非自治地域は、憲章のもとにおいて、それを施政する国の領域とは別個のかつ異なった地位を有し、このような地位は、植民地又は非自治地域の人民が、憲章特にその目的及び原則に従って自決権を行使するまで存続するものとする。

　上記の各項のいずれも、上に規定された人民の同権

と自決の原則に従って行動し、それゆえ人種、信条又は皮膚の色による差別なくその領域に属するすべての人民を代表する政府を有する主権独立国の領土保全又は政治的統一を全部又は一部分割し若しくは毀損するいかなる行動をも、承認し又は奨励するものと解釈されてはならない。

すべての国は、他のいずれかの国又は地域（State or country）の国民的統一及び領土保全の一部又は全部の分断を目的とするいかなる行為をも慎まなければならない。

国の主権平等の原則

すべての国は主権平等を享受する。すべての国は、経済的、社会的、政治的又はその他の性質の相違にかかわりなく、平等の権利及び義務を有し、国際社会の平等の構成員である。

特に、主権平等は次の諸要素を含むものである。

(a) 国は、法的に平等である。
(b) すべての国は、完全な主権に固有の諸権利を享受する。
(c) すべての国は、他の国の人格を尊重する義務を有する。
(d) 国の領土保全及び政治的独立は、不可侵である。
(e) すべての国は、その政治的、社会的、経済的及び文化的体制を自由に選択し発展させる権利を有する。
(f) すべての国は、その国際的義務を完全にかつ誠実に履行し、他の国と平和に生活する義務を有する。

国は、みずから受諾した義務を、憲章に従って誠実に履行しなければならないという原則

すべての国は、みずから受諾した義務を、国際連合憲章に従って誠実に履行する義務を有する。

すべての国は、国際法の一般に承認された原則及び規則のもとにおける義務を、誠実に履行する義務を有する。

すべての国は、国際法の一般に承認された原則及び規則のもとで有効な国際的合意に基づく義務を、誠実に履行する義務を有する。

国際的合意から生ずる義務と、国際連合加盟国の国際連合憲章上の義務とが抵触するときは、憲章上の義務が優先する。

一般的部分

二、次のことを宣言する

上記の諸原則は、その解釈及び適用に関しては相互に関連しており、各々の原則は他の諸原則にてらして解釈されるべきである。

本宣言のどの部分も、憲章の諸規定、憲章のもとにおける加盟国の権利義務、又は憲章における人民の権利を、本宣言におけるこれら諸権利の詳述を考慮にいれつつ、いかなる方法によってもそこなうものと解釈されてはならない。

三、更に、次のことを宣言する

本宣言に具現された憲章の諸原則は、国際法の基本原則を構成するものであり、したがってすべての国に対して、その国際的行動においてこれらの諸原則によって導かれるよう、そしてその相互関係をこれらの諸原則の厳格な遵守を基礎として発展させるよう訴えるものである。

13　国際連盟規約

署名　一九一九年六月二八日
効力発生　一九二〇年一月一〇日
解散　一九四六年四月一九日
日本国　一九一九年六月二八日署名、一一月七日批准、一九二〇年一月一〇日公布（条約第一号）、効力発生、三月一九日批准書寄託、一九三三年三月二七日脱退、一九三五年三月二七日効力発生

締約国ハ
戦争ニ訴ヘサルノ義務ヲ受諾シ、
各国間ニ於ケル公明正大ナル関係ヲ規律シ、
各国政府間ノ行為ヲ律スル現実ノ規準トシテ国際法ノ原則ヲ確立シ、
組織アル人民ノ相互ノ交渉ニ於テ正義ヲ保持シ且厳ニ一切ノ条約上ノ義務ヲ尊重シ、
以テ国際協力ヲ促進シ、且各国間ノ平和安寧ヲ完成セムカ為、
茲ニ国際連盟規約ヲ協定ス。

第一条【加盟及び脱退】一　本規約附属書列記ノ署名国及留保ナクシテ本規約ニ加盟スル該附属書列記ノ爾余諸国ヲ以テ、国際連盟ノ原連盟国トス。右加盟ハ、本規約実施後二月以内ニ宣言書ヲ連盟事務局ニ寄託シテ之ヲ為スヘシ。右ニ関シテハ、一切ノ他ノ連盟国ニ通告スヘキモノトス。

二　附属書ニ列記セサル国、領地又ハ殖民地ニシテ完全ナル自治ヲ有スルモノハ、其ノ加入ニ付、連盟総会三分ノ二ノ同意ヲ得ルニ於テハ、総テ連盟国ト為ルコトヲ得。但シ其ノ国際義務遵守ノ誠意アルコトニ付有効ナル保障ヲ与ヘ、且其ノ陸海及空軍ノ兵力其ノ他ノ軍備ニ関シ連盟ノ定ムルコトアルヘキ準則ヲ受諾スルコトヲ要ス。

三　連盟国ハ、二年ノ予告ヲ以テ連盟ヲ脱退スルコト

ヲ得。但シ脱退ノ時迄ニ其ノ一切ノ国際上及本規約上ノ義務ハ履行セラレタルコトヲ要ス。

第二条【機関】本規約ニ依ル連盟ノ行動ハ、連盟総会及連盟理事会並附属ノ常設連盟事務局ニ依リテ之ヲ為スヘキモノトス。

第三条【連盟総会】一　連盟総会ハ、連盟国ノ代表者ヲ以テ之ヲ組織ス。

二　連盟総会ハ、連盟本部所在地又ハ別ニ定ムルコトアルヘキ地ニ於テ定期ニ及必要ニ応シ随時ニ之ヲ開ク。

三　連盟総会ハ、連盟ノ行動範囲ニ属シ又ハ世界ノ平和ニ影響スル一切ノ事項ヲ其ノ会議ニ於テ処理ス。

四　連盟国ハ、連盟総会ノ会議ニ於テ各一箇ノ表決権ヲ有スヘク、且三名ヲ超エサル代表者ヲ出スコトヲ得。

第四条【連盟理事会】一　連盟理事会ハ、主タル同盟及連合国ノ代表者並他ノ四連盟国ノ代表者ヲ以テ之ヲ組織ス。該四連盟国ハ、連盟総会其ノ裁量ニ依リ随時之ヲ選定ス。連盟総会カ第一次ニ選定スル四連盟国ニ於テ其ノ代表者ヲ任命スル迄ハ、白耳義〔ベルギー〕国、伯剌西爾〔ブラジル〕国、西班牙〔スペイン〕国及希臘〔ギリシア〕国ノ代表者ヲ以テ連盟理事会員トス。

二　連盟理事会ハ、連盟総会ノ過半数ノ同意アルトキハ、連盟理事会ニ常ニ代表者ヲ出スヘキ連盟国ヲ追加指定スルコトヲ得。連盟理事会ハ、同会ニ代表セシムル為、連盟総会ノ選定スヘキ連盟国ノ数ヲ前同様ノ同意ヲ以テ増加スルコトヲ得。

二ノ二　連盟総会ハ、連盟理事会非常任代表国ノ選挙ニ関スル規則特ニ其ノ任期及再選ノ条件ニ関スル規則ヲ三分ノ二ノ多数ニ依リ定ムヘシ。

三　連盟理事会ハ、連盟本部所在地又ハ別ニ定ムルコトアルヘキ地ニ於テ必要ニ応シ随時ニ且少クトモ毎年一回之ヲ開ク。

四　連盟理事会ハ、連盟ノ行動範囲ニ属シ又ハ世界ノ平和ニ影響スル一切ノ事項ヲ其ノ会議ニ於テ処理ス。

五　連盟理事会ニ代表セラレサル連盟各国ハ、特ニ其ノ利益ニ影響スル事項ノ審議中、連盟理事会会議ニ理事会員トシテ列席スル代表者一名ノ派遣ヲ招請セラルヘシ。

六　連盟理事会ニ代表セラルル連盟各国ハ、連盟理事会会議ニ於テ一箇ノ表決権ヲ有スヘク、且一名ノ代表者ヲ出スコトヲ得。

第五条【総会と理事会の議事】一　本規約中又ハ本条約ノ条項中別段ノ明文アル場合ヲ除クノ外、連盟総会又ハ連盟理事会ノ会議ノ議決ハ、其ノ会議ニ代表セラルル連盟国全部ノ同意ヲ要ス。

二　連盟総会又ハ連盟理事会ノ会議ニ於ケル手続ニ関スル一切ノ事項ハ、特殊事項調査委員ノ任命ト共ニ、連盟総会又ハ連盟理事会之ヲ定ム。此ノ場合ニ於テハ、其ノ会議ニ代表セラルル連盟国ノ過半数ニ依リテ、之ヲ決定スルコトヲ得。

三　連盟総会ノ第一回会議及連盟理事会ノ第一回会議ハ、亜米利加〔アメリカ〕合衆国大統領之ヲ招集スヘシ。

第六条【連盟事務局】一　常設連盟事務局ハ、連盟本部所在地ニ之ヲ設置ス。連盟事務局ニハ、事務総長一名並必要ナル事務官及属員ヲ置ク。

二　第一次ノ事務総長ハ、附属書ニ之ヲ指定シ、爾後ノ事務総長ハ、連盟総会過半数ノ同意ヲ以テ連盟理事会之ヲ任命ス。

三　連盟事務局ノ事務官及属員ハ、連盟理事会ノ同意ヲ以テ、事務総長之ヲ任命ス。

四　事務総長ハ、連盟総会及連盟理事会ノ一切ノ会議ニ於テ、其ノ資格ニテ行動ス。

五　連盟ノ経費ハ、連盟総会ノ決定スル割合ニ従ヒ、連盟国之ヲ負担ス。

第七条【連盟本部、特権及び免除】一　連盟本部所在地ハ、「ジュネーヴ」トス。

二　連盟理事会ハ、何時タリトモ、其ノ議決ニ依リ、他ノ地ヲ以テ連盟本部所在地ト為スコトヲ得。

三　連盟ニ関シ又ハ之ニ附帯スル一切ノ地位ハ、連盟事務局ノ地位ト共ニ、男女均シク之ニ就クコトヲ得。

四　連盟国代表者及連盟職員ハ、連盟ノ事務ニ従事スル間、外交官ノ特権及免除ヲ享有ス。

五　連盟、連盟職員又ハ連盟会議参列代表者ノ使用スル建物其ノ他ノ財産ハ、之ヲ不可侵トス。

第八条【軍備縮少】一　連盟国ハ、平和維持ノ為ニハ、其ノ軍備ヲ国ノ安全及国際義務ヲ協同動作ヲ以テスル強制ニ支障ナキ最低限度迄縮少スルノ必要アルコトヲ承認ス。

二　連盟理事会ハ、各国政府ノ審議及決定ニ資スル為、各国ノ地理的地位及諸般ノ事情ヲ参酌シテ、軍備縮少ニ関スル案ヲ作成スヘシ。

三　該案ハ、少クトモ一〇年毎ニ再審議ニ付セラルヘク、且更正セラルヘキモノトス。

四　各国政府前記ノ案ヲ採用シタルトキハ、連盟理事会ノ同意アルニ非サレハ、該案所定ノ軍備ノ限度ヲ超ユルコトヲ得ス。

五　連盟国ハ、民業ニ依ル兵器弾薬及軍用器材ノ製造カ重大ナル非議ヲ免レサルモノナルコトヲ認ム。仍テ連盟理事会ハ、該製造ニ伴フ弊害ヲ防遏〔ボウアツ〕シ得ヘキ方法ヲ具申スヘシ。尤モ連盟国中其ノ安全ニ必要ナル兵器弾薬及軍用器材ヲ製造シ得サルモノノ需要ニ関シテハ、相当斟酌スヘキモノトス。

六　連盟国ハ、其ノ軍備ノ規模、陸海及空軍ノ企画並軍事上ノ目的ニ供用シ得ヘキ工業ノ状況ニ関シ、充分ニシテ隔意ナキ報道ヲ交換スヘキコトヲ約ス。

第九条【常設軍事委員会】第一条及第八条ノ規定ノ実行並陸海及空軍問題全般ニ関シテハ、連盟理事会ニ意見ヲ具申スヘキ常設委員会ヲ設置スヘシ。

第一〇条【領土保全と政治的独立】連盟国ハ、連盟各国ノ領土保全及現在ノ政治的独立ヲ尊重シ、且外部ノ侵略ニ対シ之ヲ擁護スルコトヲ約ス。右侵略ノ場合又ハ其ノ脅威若ハ危険アル場合ニ於テハ、連盟理事会ハ、本条ノ義務ヲ履行スヘキ手段ヲ具申スヘシ。

第一一条【戦争の脅威】一　戦争又ハ戦争ノ脅威ハ、連盟国ノ何レカニ直接ノ影響アルト否トヲ問ハス、総テ連盟全体ノ利害関係事項タルコトヲ茲ニ声明ス。

仍テ連盟ハ、国際ノ平和ヲ擁護スル為適当且有効ト認ムル措置ヲ執ルヘキモノトス。此ノ種ノ事変発生シタルトキハ、事務総長ハ、何レカノ連盟国ノ請求ニ基キ直ニ連盟理事会ノ会議ヲ招集スヘシ。

二　国際関係ニ影響スル一切ノ事態ニシテ国際ノ平和又ハ其ノ基礎タル各国間ノ良好ナル了解ヲ攪乱セムトスル虞アルモノニ付、連盟総会又ハ連盟理事会ノ注意ヲ喚起スルハ、連盟各国ノ友誼的権利ナルコトヲ併セテ茲ニ声明ス。

第一二条【紛争の平和的解決】一　連盟国ハ、連盟国間ニ国交断絶ニ至ルノ虞アル紛争発生スルトキハ、当該事件ヲ仲裁裁判若ハ司法的解決又ハ連盟理事会ノ審査ニ付スヘク、且仲裁裁判官ノ判決若ハ司法裁判ノ判決後又ハ連盟理事会ノ報告後三月ヲ経過スル迄、如何ナル場合ニ於テモ、戦争ニ訴ヘサルコトヲ約ス。

二　本条ニ依ル一切ノ場合ニ於テ、仲裁裁判官ノ判決又ハ司法裁判ノ判決ハ、相当期間内ニ、連盟理事会ノ報告ハ、紛争事件付託後六月以内ニ之ヲ為スヘシ。

第一三条【裁判】一　連盟国ハ、連盟国間ニ仲裁裁判又ハ司法的解決ニ付シ得ト認ムル紛争ヲ生シ、其ノ紛争カ外交手段ニ依リテ満足ナル解決ヲ得ルコト能ハサルトキハ、当該事件全部ヲ仲裁裁判又ハ司法的解決ニ付スヘキコトヲ約ス。

二　条約ノ解釈、国際法上ノ問題、国際義務ノ違反ト為ルヘキ事実ノ存否並該違反ニ対スル賠償ノ範囲及性質ニ関スル紛争ハ、一般ニ仲裁裁判又ハ司法的解決ニ付シ得ル事項ニ属スルモノナルコトヲ声明ス。

三　審理ノ為紛争事件ヲ付託スヘキ裁判所ハ、第一四条ノ規定ニ依リ設立セラレタル常設国際司法裁判所又ハ当事国ノ合意ヲ以テ定メ若ハ当事国間ニ現存スル条約ノ規定ノ定ムル裁判所タルヘシ。

四　連盟国ハ、一切ノ判決ヲ誠実ニ履行スヘク、且判決ニ服スル連盟国ニ対シテハ戦争ニ訴ヘサルコトヲ約ス。判決ヲ履行セサルモノアルトキハ、連盟理事会ハ、其ノ履行ヲ期スル為必要ナル処置ヲ提議スヘシ。

第一四条【常設国際司法裁判所】連盟理事会ハ、常設国際司法裁判所設置案ヲ作成シ、之ヲ連盟国ノ採択ニ付スヘシ。該裁判所ハ、国際的性質ヲ有スル一切ノ紛争ニシテ其ノ当事国ノ付託ニ係ルモノヲ裁判スルノ権限ヲ有ス。尚該裁判所ハ、連盟理事会又ハ連盟総会ノ諮問スル一切ノ紛争又ハ問題ニ関シ意見ヲ提出スルコトヲ得。

第一五条【紛争解決手続】一　連盟国間ニ国交断絶ニ至ルノ虞アル紛争発生シ、第一三条ニ依ル仲裁裁判又ハ司法的解決ニ付セラレサルトキハ、連盟国ハ、当該事件ヲ連盟理事会ニ付託スヘキコトヲ約ス。何レノ紛争当事国モ、紛争ノ存在ヲ事務総長ニ通告シ、以テ前記ノ付託ヲ為スコトヲ得。事務総長ハ、之カ充分ナル取調及審理ニ必要ナル一切ノ準備ヲ為スモノトス。

二　此ノ目的ノ為、紛争当事国ハ、成ルヘク速ニ当該事件ニ関スル陳述書ヲ一切ノ関係事実及書類ト共ニ事務総長ニ提出スヘク、連盟理事会ハ、直ニ其ノ公表ヲ命スルコトヲ得。

三　連盟理事会ハ、紛争ノ解決ニカムヘク、其ノ努力効ヲ奏シタルトキハ、其ノ適当ト認ムル所ニ依リ、当該紛争ニ関スル事実及説明並其ノ解決条件ヲ記載セル調書ヲ公表スヘシ。

四　紛争解決ニ至ラサルトキハ、連盟理事会ハ、全会一致又ハ過半数ノ表決ニ基キ当該紛争ノ事実ヲ述ヘ、公正且適当ト認ムル勧告ヲ載セタル報告書ヲ作成シ之ヲ公表スヘシ。

五　連盟理事会ニ代表セラルル連盟国ハ、何レモ当該紛争ノ事実及之ニ関スル自国ノ決定ニ付陳述書ヲ公表スルコトヲ得。

六　連盟理事会ノ報告書カ紛争当事国ノ代表者ヲ除キ他ノ連盟理事会員全部ノ同意ヲ得タルモノナルトキハ、連盟国ハ、該報告書ノ勧告ニ応スル紛争当事国ニ対シ戦争ニ訴ヘサルヘキコトヲ約ス。

七　連盟理事会ニ於テ、紛争当事国ノ代表者ヲ除キ、他ノ連盟理事会員全部ノ同意アル報告書ヲ得ルニ至ラサルトキハ、連盟国ハ、正義公道ヲ維持スル為必要ト認ムル処置ヲ執ルノ権利ヲ留保ス。

八　紛争当事国ノ一国ニ於テ、紛争カ国際法上専ラ該当事国ノ管轄ニ属スル事項ニ付生シタルモノナルコトヲ主張シ、連盟理事会之ヲ是認シタルトキハ、連盟理事会ハ、其ノ旨ヲ報告シ、且之カ解決ニ関シ何等ノ勧告ヲモ為ササルモノトス。

九　連盟理事会ハ、本条ニ依ル一切ノ場合ニ於テ紛争ヲ連盟総会ニ移スコトヲ得。紛争当事国一方ノ請求アリタルトキハ、亦之ヲ連盟総会ニ移スヘシ。但シ右請求ハ、紛争ヲ連盟理事会ニ付託シタル後一四日以内ニ之ヲ為スコトヲ要ス。

一〇　連盟理事会ノ行動及権限ニ関スル本条及第一二条ノ規定ハ、連盟総会ニ移シタル事件ニ関シ、総テ之ヲ連盟総会ノ行動及権能ニ適用ス。但シ紛争当事国ノ代表者ヲ除キ連盟理事会ニ代表セラルル連盟各国代表者及爾余過半数連盟国ノ代表者ノ同意ヲ得タル連盟総会ノ報告書ハ、紛争当事国ノ代表者ヲ除キ他ノ連盟理事会員全部ノ同意ヲ得タル連盟理事会ノ報告書ト同一ノ効力ヲ有スヘキモノトス。

第一六条【制裁】一　第一二条、第一三条又ハ第一五条ニ依ル約束ヲ無視シテ戦争ニ訴ヘタル連盟国ハ、当然他ノ総テノ連盟国ニ対シ戦争行為ヲ為シタルモノト看做ス。他ノ総テノ連盟国ハ、之ニ対シ直ニ一切ノ通商上又ハ金融上ノ関係ヲ断絶シ、自国民ト違約国国民トノ一切ノ交通ヲ禁止シ、且連盟国タルト否トヲ問ハス他ノ総テノ国ノ国民ト違約国国民トノ間ノ一切ノ金融上、通商上又ハ個人的交通ヲ防遏（ボウアツ）スヘキコトヲ約ス。

二　連盟理事会ハ、前項ノ場合ニ於テ連盟ノ約束擁護ノ為使用スヘキ兵力ニ対スル連盟各国ノ陸海又ハ空軍ノ分担程度ヲ関係各国政府ニ提案スルノ義務アルモノトス。

三　連盟国ハ、本条ニ依リ金融上及経済上ノ措置ヲ執リタル場合ニ於テ之ニ基ク損失及不便ヲ最小限度ニ止ムル為相互ニ支持スヘキコト、連盟ノ一国ニ対スル違約国ノ特殊ノ措置ヲ抗拒スル為相互ニ支持スヘキコト、並連盟ノ約束擁護ノ為協力スル連盟国軍隊ノ版図内通過ニ付必要ナル処置ヲ執ルヘキコトヲ約ス。

四　連盟ノ約束ニ違反シタル連盟国ニ付テハ、連盟理事会ニ代表セラルル他ノ一切ノ連盟国代表者ノ連盟理事会ニ於ケル一致ノ表決ヲ以テ、連盟ヨリ之ヲ除名スル旨ヲ声明スルコトヲ得。

第一七条【非連盟国の関係する紛争】一　連盟国ト非連盟国トノ間又ハ非連盟国相互ノ間ニ紛争ヲ生シタルトキハ、此ノ種紛争解決ノ為連盟国ノ負フヘキ義務ヲ該非連盟国カ連盟理事会ノ正当ト認ムル条件ヲ以テ受諾スルコトヲ之ニ勧誘スヘシ。勧誘ノ受諾アリタル場合ニ於テハ、第一二条乃至第一六条ノ規定ハ、連盟理事会ニ於テ必要ト認ムル修正ヲ加ヘテ、之ヲ適用ス。

二　前項ノ勧誘ヲ為シタルトキハ、連盟理事会ハ、直ニ紛争事情ノ審査ヲ開始シ、当該事情ノ下ニ於テ最善且最有効ト認ムル行動ヲ勧告スヘシ。

三　勧誘ヲ受ケタル国カ此ノ種紛争解決ノ為連盟国ノ負フヘキ義務ノ受諾ヲ拒ミ、連盟国ニ対シ戦争ニ訴フル場合ニ於テハ、第一六条ノ規定ハ、該行動ヲ執ル国ニ之ヲ適用ス。

四　勧誘ヲ受ケタル紛争当事国ノ双方カ此ノ種紛争解決ノ為連盟国ノ負フヘキ義務ノ受諾ヲ拒ム場合ニ於テハ、連盟理事会ハ、敵対行為ヲ防止シ紛争ヲ解決スヘキ措置及勧告ヲ為スコトヲ得。

第一八条【条約の登録】連盟国カ将来締結スヘキ一切ノ条約又ハ国際約定ハ、直ニ之ヲ連盟事務局ニ登録シ、連盟事務局ハ成ルヘク速ニ之ヲ公表スヘシ。右条約又ハ国際約定ハ、前記ノ登録ヲ了スル迄、其ノ拘束力ヲ生スルコトナカルヘシ。

第一九条【平和的調整】連盟総会ハ、適用不能ト為リタル条約ノ再審議又ハ継続ノ結果世界ノ平和ヲ危殆ナラシムヘキ国際状態ノ審議ヲ随時連盟国ニ慫慂〔ショウヨウ〕スルコトヲ得。

第二〇条【規約と両立しない国際約定】一　連盟国ハ、本規約ノ条項ト両立セサル連盟国相互間ノ義務又ハ了解カ各自国ノ関スル限リ総テ本規約ニ依リ廃棄セラルヘキモノナルコトヲ承認シ、且今後本規約ノ条項ト両立セサル一切ノ約定ヲ締結セサルヘキコトヲ誓約ス。

二　連盟国ト為ル以前本規約ノ条項ト両立セサル義務ヲ負担シタル連盟国ハ、直ニ該義務ノ解除ヲ得ルノ処置ヲ執ルコトヲ要ス。

第二一条【平和に関する約定】本規約ハ、仲裁裁判条約ノ如キ国際約定又ハ「モンロー」主義ノ如キ一定ノ地域ニ関スル了解ニシテ平和ノ確保ヲ目的トスルモノノ効力ニ何等ノ影響ナキモノトス。

第二二条【委任統治】一　今次ノ戦争ノ結果従前支配シタル国ノ統治ヲ離レタル殖民地及領土ニシテ近代世界ノ激甚ナル生存競争状態ノ下ニ未タ自立シ得サル人民ノ居住スルモノニ対シテハ、該人民ノ福祉及発達ヲ計ルハ、文明ノ神聖ナル使命ナルコト、及其ノ使命遂行ノ保障ハ本規約中ニ之ヲ包容スルコトノ主義ヲ適用ス。

二　此ノ主義ヲ実現スル最善ノ方法ハ、該人民ニ対スル後見ノ任務ヲ先進国ニシテ資源、経験又ハ地理的位置ニ因リ最此ノ責任ヲ引受クルニ適シ且之ヲ受諾スルモノニ委任シ、之ヲシテ連盟ニ代リ受任国トシテ右後見ノ任務ヲ行ハシムルニ在リ。

三　委任ノ性質ニ付テハ、人民発達ノ程度、領土ノ地理的地位、経済状態其ノ他類似ノ事情ニ従ヒ差異ヲ設クルコトヲ要ス。

四　従前土耳其〔トルコ〕帝国ニ属シタル或部族ハ、独立国トシテ仮承認ヲ受ケ得ル発達ノ程度ニ達シタリ。尤モ其ノ自立シ得ル時期ニ至ル迄、施政上受任国ノ助言及援助ヲ受クヘキモノトス。前記受任国ノ選定ニ付テハ、主トシテ当該部族ノ希望ヲ考慮スルコトヲ要ス。

五　他ノ人民殊ニ中央阿弗利加〔アフリカ〕ノ人民ハ、受任国ニ於テ其ノ地域ノ施政ノ責ニ任スヘキ程度ニ在リ。尤モ受任国ハ、公ノ秩序及善良ノ風俗ニ反セサル限リ良心及信教ノ自由ヲ許与シ、奴隷ノ売買又ハ武器若ハ火酒類ノ取引ノ如キ弊習ヲ禁止シ、並築城又ハ陸海軍根拠地ノ建設及警察又ハ地域防衛以外ノ為ニスル土民ノ軍事教育ヲ禁遏〔キンアツ〕スヘキコトヲ保障シ、且他ノ連盟国ノ通商貿易ニ対シ均等ノ機会ヲ確保スルコトヲ要ス。

六　西南阿弗利加〔アフリカ〕及或南太平洋諸島ノ如キ地域ハ、人口ノ稀薄、面積ノ狭小、文明ノ中心ヨリ遠キコト又ハ受任国領土ト隣接セルコト其ノ他ノ事情ニ因リ受任国領土ノ構成部分トシテ其ノ国法ノ下ニ施政ヲ行フヲ以テ最善トス。但シ受任国ハ、土著〔ドチャク〕人民ノ利益ノ為前記ノ保障ヲ与フルコトヲ要ス。

七　各委任ノ場合ニ於テ、受任国ハ、其ノ委託地域ニ関スル年報ヲ連盟理事会ニ提出スヘシ。

八　受任国ノ行フ権限、監理又ハ施政ノ程度ニ関シ、予メ連盟国間ニ合意ナキトキハ、連盟理事会ハ、各場合ニ付之ヲ明定スヘシ。

九　受任国ノ年報ヲ受理審査セシメ、且委任ノ実行ニ関スル一切ノ事項ニ付連盟理事会ニ意見ヲ具申セシムル為、常設委員会ヲ設置スヘシ。

第二三条【人道的、社会的、経済的国際協力】連盟国ハ、現行又ハ将来協定セラルヘキ国際条約ノ規定ニ遵由〔ジュンユウ〕シ、

(イ)自国内ニ於テ及其ノ通商産業関係ノ及フ一切ノ国ニ於テ、男女及児童ノ為ニ、公平ニシテ人道的ナル労働条件ヲ確保スルニ力メ、且之カ為必要ナル国際機関ヲ設立維持スヘシ。

(ロ)自国ノ監理ニ属スル地域内ノ土着住民ニ対シ、公正ナル待遇ヲ確保スルコトヲ約ス。

(ハ)婦人及児童ノ売買並阿片其ノ他ノ有害薬物ノ取引ニ関スル取極ノ実行ニ付、一般監視ヲ連盟ニ委託スヘシ。

(ニ)武器及弾薬ノ取引ヲ共通ノ利益上取締ルノ必要アル諸国トノ間ニ於ケル該取引ノ一般監視ヲ連盟ニ委託スヘシ。
(ホ)交通及通過ノ自由並一切ノ連盟国ノ通商ニ対スル衡平ナル待遇ヲ確保スル為方法ヲ講スヘシ。右ニ関シテハ、一九一四年乃至一九一八年ノ戦役中荒廃ニ帰シタル地方ノ特殊ノ事情ヲ考慮スヘシ。
(ヘ)疾病ノ予防及撲滅ノ為、国際利害関係事項ニ付措置ヲ執ルニ力ムヘシ。

第二四条【国際事務局】一　一般条約ニ依ル既設ノ国際事務局ハ、当該条約当事国ノ承諾アルニ於テハ、総テ之ヲ連盟ノ指揮下ニ属セシムヘシ。国際利害関係事項処理ノ為今後設ケラルヘキ国際事務局及委員会ハ、総テ之ヲ連盟ノ指揮下ニ属セシムヘキモノトス。

二　一般条約ニ依リ規定セラレタル国際利害関係事項ニシテ国際事務局又ハ委員会ノ管理ニ属セサルモノニ関シテハ、連盟事務局ハ、当事国ノ請求ニ基キ連盟理事会ノ同意ヲ得テ其ノ一切ノ関係情報ヲ蒐集頒布シ、其ノ他必要又ハ望マシキ一切ノ援助ヲ与フヘシ。

三　連盟理事会ハ、連盟ノ指揮下ニ属セシメタル事務局又ハ委員会ノ経費ヲ連盟事務局ノ経費中ニ編入スルコトヲ得。

第二五条【赤十字篤志機関】連盟国ハ、全世界ニ亘リ健康ノ増進、疾病ノ予防及苦痛ノ軽減ヲ目的トスル公認ノ国民赤十字篤志機関ノ設立及協力ヲ奨励促進スルコトヲ約ス。

第二六条【改正】一　本規約ノ改正ハ、連盟理事会ヲ構成スル代表者ヲ出ス連盟各国及連盟総会ヲ構成スル代表者ヲ出ス過半数連盟国之ヲ批准シタルトキ、其ノ効力ヲ生スルモノトス。

二　右改正ハ、之ニ不同意ヲ表シタル連盟国ヲ拘束スルコトナシ。但シ此ノ場合ニ於テ当該国ハ連盟国タラサルニ至ルヘシ。

附属書（略）

14　平和のための結集(Uniting for Peace)決議(抄)

採　択　一九五〇年一一月三日
国際連合総会第五回会期決議三七七A(V)

総会は、

国際連合の目的に記された最初の二つの目的が、「国際の平和及び安全を維持すること。そのために、平和に対する脅威の防止及び除去と侵略行為その他の平和の破壊の鎮圧とのため有効な集団的措置をとること並びに平和を破壊するに至る虞のある国際的の紛争又は事態の調整又は解決を平和的手段によって且つ正義及び国際法の原則に従って実現すること」及び、「人民の同権及び自決の原則の尊重に基礎をおく諸国間の友好関係を発展させること並びに世界平和を強化するために他の適当な措置をとること」であることを承認し、

国際紛争に捲き込まれた場合には、憲章第六章に定められた手続に従って平和的手段によりこのような紛争の解決を求めることが、依然としてすべての国際連合加盟国の第一の義務であることを再確認し、また、国際連合がこの点に関してこれまで数多の場合に成果のある業績をあげたことを想起し、

国際的緊張が危険な規模において存在することを認め、

国際連合憲章の諸原則の無視が国際的緊張の継続の主たる原因であると述べている「平和の要点(Essentials of Peace)」と題する、総会決議二九〇(IV)を想起し、かつ、この決議の目的に一層寄与することを希望し、

安全保障理事会による国際の平和及び安全の維持のための第一義的責任の遂行の重要性と、全員一致を求めかつ拒否権の行使を抑制すべき常任理事国の義務とを再確認し

憲章第四三条に規定した軍隊のための協定の交渉を発議することが安全保障理事会に属することを再確認し、また、この協定の締結に至るまで、国際連合が、国際の平和及び安全を維持する手段を任意に使用しうるよう確保することを希望し、

安全保障理事会がその責任、特に前記の二項に掲げられた責任を、すべての加盟国に代って遂行することに失敗することが、加盟国から自己の義務を解除せず、また、国際連合から国際の平和及び安全を維持するという憲章に基くその責任を解除するものでないことを認識し、

このような失敗が、総会からその権利を奪わないこと、また、総会から憲章に基く国際の平和及び安全の維持に関するその責任を解除しないことを特に承認し、

総会は、これらの点に関してその責任を遂行するためには、事実を確認しかつ侵略者を発見しうる観察の可能性と、集団的に使用できる軍隊の存在と、効果的であるためには迅速でなければならぬ集団的行動を総会が時を移さず国際連合加盟国に勧告できる可能性とを必要とすることを承認し、

A節

1　平和に対する脅威、平和の破壊又は侵略行為があると思われる場合において、安全保障理事会が、常任理事国の全員一致が得られないために、国際の平和及び安全の維持に関するその主要な責任の遂行に失敗したときには、総会は、国際の平和及び安全を維持し又は回復するための集団的措置(平和の破壊又は侵略行為の場合には必要とあれば兵力の使用をも含む。)について、加盟国に対して適当な勧告をするために直ちにその事項を審議しなければならないことを決議する。総会がその時に会期中でない場合には、そのための要請があってから二四時間以内に緊急特別会期として会合することができる。この緊急特別会期は、安全保障理事会のいずれかの七理事国(注、現在は九理事国)の投票に基く要請、又は、

国際連合加盟国の過半数の要請があったときに、招集されるものとする。

2　この目的のために、この決議の附属書に定める総会の手続規則の改正を採択する。

B節

3　一九五一年と一九五二年に一四の加盟国(中国、コロンビア、チェコスロバキア、フランス、インド、イラク、イスラエル、ニュージーランド、パキスタン、スウェーデン、ソ連、英国、米国及びウルグアイ)で構成される平和監視委員会を設立する。同委員会は、その継続が国際の平和と安全の維持を脅かす恐れのある国際的緊張が存在するあらゆる地域において状況を視察及び報告する。問題となっている事項に関して、安全保障理事会が憲章から付与された役割を果たしていない場合、上記委員会の訪問先である領域国の招請又は同意に基づき、総会又は総会会期中でない場合は暫定委員会が、平和監視委員会を利用することができる。委員会を利用する決定は、出席かつ投票する加盟国の三分の二の賛成票に基づいて行われる。安全保障理事会は、憲章上の自己の権限に従い、同委員会を利用することができる。

4　委員会は、自らの裁量において小委員会を設置し、自らの任務を遂行するにあたり、委員会を支援する視察員業務を活用する権限を有する。

5　全ての政府及び当局に対して、委員会と協力し、委員会の任務の遂行のために委員会を支援することを勧告する。

6　委員会が指示した場合には、総会決議二九七B(Ⅳ)に定められた国連現地視察パネルを活用し、必要な人員及び設備を提供することを事務総長に要請する。

C節

7　国際の平和と安全の回復のための安全保障理事会又は総会のあらゆる勧告を支援するために自国が提供し得る援助の性質と範囲を決定するため、自国の資源を調査することを国連加盟各国に勧奨する。

9　国連加盟国に対して、8の規定の実施のためにとられた措置を可及的速やかに11項に定められた集団的措置委員会に通知することを勧奨する。

10　事務総長に対して、11の規定に定められた委員会が承諾する限りで、軍事専門家パネルを設置することを要請する。このパネルは、8の規定で触れた要員を国連部隊として迅速に就役させるための組織、訓練及び装備に関する技術的助言を得ようとする国連加盟国について、同国の要請に基づいて加盟国が利用することができる。

D節

11　一四の加盟国(オーストラリア、ベルギー、ブラジル、ビルマ、カナダ、エジプト、フランス、メキシコ、フィリピン、トルコ、英国、米国、ベネズエラ及びユーゴスラビア)で構成される集団的措置委員会を設置し、事務総長及び同委員会が適切であると認める国連加盟国と協議し、一九五一年九月一日までに安全保障理事会及び総会への報告書を検討及び作成することを委員会に命じる。この報告書は、本決議C節の方法を含め、憲章の目的及び原則に従い、集団的自衛及び地域的取極(憲章第五一条及び第五二条)を考慮しつつ、国際の平和と安全の維持及び強化のために用いられ得る方法に関するものである。

12　すべての国連加盟国に対して、委員会と協力し、その任務を遂行するのを支援することを勧告する。

13　事務総長に対して、本決議のC節及びD節に定められた目的を実効的に達成するために必要な人員及び設備を供与することを要請する。

E節

14　前記の提案を採択するにあたり、恒久的平和が国際の平和の破壊及び侵略行為に対する集団安全保障取極だけでは保障されないこと、しかし真の永続的な平和は、国際連合憲章に定められた全ての原則と目的の遵守に依存し、国際の平和と安全の維持を達成するための安全保障理事会、総会及び国連の他の主要機関の決議の実施に依存し、とりわけ、すべての者の人権と基本的自由の尊重及び遵守、並びにすべての国における経済的及び社会的福祉の条件の確立と維持に依存することを十分に認識する。従って、

15　国連加盟国に対して、国連と協力し、人権及び基本的自由の普遍的な尊重と遵守を発展させ、促進させるための共同行動を十分に尊重し、強化すること、並びに、特に低開発国及び地域の発展を通じて、経済的安定性と社会的進展の条件を達成するための個別的及び集団的努力を強化することを督促する。

附属書

総会手続規則は以下の点で改訂される。

1　現行の規則第八は、同a項となり、以下の新しいb項が追加される。

「決議三七七A(V)に基づく緊急特別会期は、安全保障理事会のいずれかの七理事国の投票に基づき、安全保障理事会から当該会議の要請がある場合、暫定委員会又はその他の方法による投票で示された国連加盟国の過半数による要請がある場合、あるいは規則第九項に定める国連加盟国の過半数の同意による要請がある場合、事務総長が安全保障理事会から当該会期の要請を受領してから二四時間以内に開催される」。

2　現行の規則第九項は、同項のa項となり、以下の新しいb項が追加される。

「本規則は、決議三七七A(V)に基づく緊急特別会期の加盟国からの要請にも適用される。この場合、事務総長は利用し得る最も迅速な通信手段によって他の加盟国と連絡をとる」。

3　規則第一〇項は、同項最後に以下を追加する形で改訂される。「規則第八項bに基づいて緊急特別会合が開催される場合、事務総長は国連加盟国に対して、少なくとも会期開始の二四時間前に通知する」。

4　規則第一六項は、同項最後に以下を追加する形で

改訂される。

「緊急特別会合の暫定的な議題は、同会合の招集の通知と同時に国連加盟国に通知される」。

5 規則第一九項は、同項最後に以下を追加する形で改訂される。

「決議三七七A(V)で扱われた事項に関する緊急特別会合の追加案件は、出席し投票する国連加盟国の三分の二で議題に追加される」。

6 規則第六五項の前に以下の新しい規則を追加する。

「他の如何なる規則の文言にも関わらず、また総会が他の決定をしない限り、総会は、緊急特別会合において、全体会期のみを開催し、一般委員会又は他の委員会に事前に諮ることなく、会合開催要請において検討が提議された案件の検討に直接的に進む。この緊急特別会合の議長及び副議長は、それぞれ、前会合の議長及び副議長が選出された国連代表団の長とする」。

15 国際連合の特権及び免除に関する条約(国連特権免除条約)

採択 一九四六年二月一三日
国際連合総会第一回会期決議二二(I)A
効力発生 一九四六年九月一七日
日本国 一九六三年三月二二日国会承認、四月五日内閣決定、四月一八日加入書寄託、同日公布(条約第一二号)、効力発生

国際連合憲章第一〇四条は、この機構がその任務の遂行及び目的の達成のために必要な法律上の能力を各加盟国の領域において享有すると規定しているので、

また、

国際連合憲章第一〇五条は、この機構がその目的の達成に必要な特権及び免除を加盟国の領域において享有し、これと同様に、国際連合加盟国の代表者及びこの機構の職員がこの機構に関連する自己の任務を独立に遂行するために必要な特権及び免除を享有すると規定しているので、

よって、総会は、一九四六年二月一三日に採択した決議により、次の条約を承認し、かつ、国際連合の各加盟国による加入のために提案する。

第一条(法人格)

第一項 国際連合は、法人格を有し、次の能力を有する。
(a) 契約すること。
(b) 不動産及び動産を取得し、及び処分すること。
(c) 訴えを提起すること。

第二条(財産、基金及び資産)

第二項 国際連合並びに、所在地及び占有者のいかんを問わず、その財産及び資産は、免除を明示的に放棄した特定の場合を除き、あらゆる形式の訴訟手続の免除を享有する。もっとも、免除の放棄は、執行の措置には及ばないものと了解される。

第三項 国際連合の構内は、不可侵とする。国際連合の財産及び資産は、所在地及び占有者のいかんを問わず、執行上、行政上、司法上又は立法上の措置のいずれかによる捜索、徴発、没収、収用その他の形式の干渉を免除される。

第四項 国際連合の記録及び一般に国際連合が所有し、又は保管する文書は、所在のいかんを問わず、不可侵とする。

第五項 国際連合は、財政上のいかなる種類の管理、規制又はモラトリアムによっても制限されることなく、
(a) 基金、金又はいかなる通貨をも保持し、及びいかなる通貨の勘定をも設けることができる。
(b) 基金、金又は通貨を一国から他国へ又は一国内において移動し、及びその保持する通貨を他の通貨と交換することができる。

第六項 国際連合は、第五項の規定に基づく権利を行使するに当たっては、加盟国政府の申入れに対して、国際連合の利益を害することなくこの申入れを実施することができると考える限り、妥当な考慮を払わなければならない。

第七項 国際連合及びその資産、収入その他の財産は、
(a) すべての直接税を免除される。もっとも、国際連合は、事実上公益事業の使用料に過ぎない税の免除は要求しないものと了解される。
(b) 国際連合がその公用のために輸入し、又は輸出する物品に関しては、関税並びに輸入及び輸出に対する禁止及び制限を免除される。もっとも、この免除を受けて輸入した物品は、輸入された国の政府と合意した条件によるのでなければ、その国では売却しないものと了解される。
(c) 国際連合の刊行物に関しては、関税並びに輸入及び輸出に対する禁止及び制限を免除される。

第八項 国際連合は、原則として消費税並びに動産及び不動産の売却に対する税でその価格の一部をなすものの免除を要求しない。もっとも、加盟国は、国際連合が公用のために財産の重要な購入を行なうに際しこれに前記の税を課し、又は課することができる場合には、可能な限り税額の減免又は還付のため適当な行政的措置を執るものとする。

第三条(通信に関する便益)

第九項 国際連合は、その公用通信に関して、各加盟国の領域において、郵便、海底線電報、有線電報、無線電報、写真電報、電話その他の通信に対する優先権、料金及び課金について、並びに新聞及びラジオの情報のための報道料金について、その加盟国の政府が他の国の政府(外交使節団を含む。)に与える待遇よりも不利でない待遇を享有する。国際連合の公用信書その他の公用通信は、検閲してはならない。

第一〇項　国際連合は、暗号を使用し、かつ、その信書を伝書使又は封印袋により発送し、及び接受する権利を有する。伝書使及び封印袋は、外交伝書使及び外交封印袋と同一の免除及び特権を有する。

第四条（加盟国の代表者）

第一一項　国際連合の主要機関及び補助機関に対する加盟国の代表者並びに国際連合が招集した会議に対する加盟国の代表者は、その任務の遂行中及び会合地への往復の旅行中、次の特権及び免除を享有する。

(a)　身柄の逮捕又は抑留及び手荷物の押収の免除並びに、代表者としての資格で行なった口頭又は書面による陳述及びすべての行動に関して、あらゆる種類の訴訟手続の免除

(b)　すべての書類及び文書の不可侵

(c)　暗号を使用し、及び伝書使又は封印袋により書類又は信書を接受する権利

(d)　自己及び配偶者に関して、その任務の遂行のため入国し、又は通過する国において、出入国制限、外国人登録又は国民的服役義務の免除

(e)　通貨又は為替の制限に関して、一時的な公的任務を有する外国政府の代表者に与えられる便益と同一の便益

(f)　手荷物に関して、外交使節に与えられる免除及び便益と同一の免除及び便益

(g)　外交使節が享有するその他の特権、免除及び便益で前各号の規定に矛盾しないもの。ただし、輸入貨物（手荷物の一部としての輸入貨物を除く。）に対する関税又は消費税若しくは取引税の免除を要求する権利は、有しない。

第一二項　国際連合の主要機関及び補助機関に対する加盟国の代表者並びに国際連合が招集した会議に対する加盟国の代表者に完全な言論の自由及び任務の遂行を保障するために、任務の遂行に当たって行なった口頭又は書面による陳述及びすべての行動に関する訴訟手続の免除は、それらの者が加盟国の代表者でなくなった場合にも、引き続き与えなければならない。

第一三項　なんらかの形式の課税上の取扱いが居住を条件とする場合には、国際連合の主要機関及び補助機関に対する加盟国の代表者並びに国際連合が招集した会議に対する加盟国の代表者がその任務の遂行のために一国に滞在する期間は、居住期間と認めない。

第一四項　特権及び免除は、加盟国の代表者個人の一身上の便宜のために与えられるものではなく、国際連合に関連する任務を独立して遂行することを保障するために与えられるものである。したがって、加盟国は、自国の代表者に与えられる免除が裁判の進行を阻害するものであり、かつ、免除が与えられる目的を害することなくこれを放棄することができると判断する場合には、その免除を放棄する権利を有するばかりでなく、これを放棄する義務を負う。

第一五項　第一一項、第一二項及び第一三項の規定は、代表者とその代表者が国民である国又はその代表者が代表する若しくは代表した国の当局との間には、適用しない。

第一六項　この条において「代表者」とは、代表団のすべての代表、代表代理、顧問、技術専門家及び書記を含むものとする。

第五条（職員）

第一七項　事務総長は、この条及び第七条の規定の適用を受ける職員の種類を定める。事務総長は、この種類を総会に提出する。この種類は、その後、すべての加盟国の政府に通知される。この種類に含まれる職員の氏名は、随時加盟国の政府に通知される。

第一八項　国際連合の職員は、

(a)　公的資格で行なった口頭又は書面による陳述及びすべての行動に関して、訴訟手続を免除される。

(b)　国際連合が支払った給料及び手当に対する課税を免除される。

(c)　国民的服役義務を免除される。

(d)　配偶者及び扶養親族とともに、出入国制限及び外国人登録を免除される。

(e)　為替の便益に関して、当該国政府に派遣されている外交使節団に属する外交官で自己の地位と同等のものに与えられる特権と同一の特権を与えられる。

(f)　配偶者及び扶養親族とともに、国際的危機の場合に外交使節に与えられる帰国の便益と同一の便益を与えられる。

(g)　当該国で最初にその地位につく際に家具及び携帯品を無税で輸入する権利を有する。

第一九項　第一八項に定める免除及び特権のほか、事務総長及びすべての事務次長は、自己、配偶者及び未成年の子に関して、国際法に従って外交使節に与えられる特権、免除及び便益を与えられる。

第二〇項　特権及び免除は、国際連合の利益のために職員に与えられるものであって、職員個人の一身上の便宜のために与えられるものではない。事務総長は、職員に与えられる免除が裁判の進行を阻害するものであり、かつ、国際連合の利益を害することなくこれを放棄することができると判断する場合には、その免除を放棄する権利及び義務を有する。事務総長の場合には、安全保障理事会がその免除を放棄する権利を有する。

第二一項　国際連合は、裁判の正当な運営を容易にし、警察法令の遵守を確保し、並びにこの条に掲げる特権、免除及び便益に関連する濫用の発生を防止するために、加盟国の関係当局と常に協力しなければならない。

第六条（国際連合のための任務を行なう専門家）

第二二項　国際連合のための任務を遂行する専門家（第五条の範囲に属する職員を除く。）は、その任務の期間中、任務に関連する旅行に費やす時間を含めて、任務を独立して遂行するために必要な特権及び

免除を与えられる。この専門家は、特に、次の特権及び免除を与えられる。

(a) 身柄の逮捕又は抑留及び手荷物の押収の免除

(b) 任務の遂行中に前記の者が行なった口頭又は書面による陳述及び行動に関して、あらゆる種類の訴訟手続の免除。この訴訟手続の免除は、その者が国際連合の任務に従事しなくなった場合にも、引き続き与えなければならない。

(c) すべての書類及び文書の不可侵

(d) 国際連合との通信のために、暗号を使用し、及び伝書使又は封印袋により書類又は信書を接受する権利

(e) 通貨又は為替の制限に関して、一時的な公的任務を有する外国政府の代表者に与えられる便益と同一の便益

(f) 手荷物に関して、外交使節に与えられる免除及び便益と同一の免除及び便益

第二三項　特権及び免除は、国際連合の利益のために専門家に与えられるものであって、専門家個人の一身上の便宜のために与えられるものではない。事務総長は、専門家に与えられる免除が裁判の進行を阻害するものであり、かつ、国際連合の利益を害することなくこれを放棄することができると判断する場合には、その免除を放棄する権利及び義務を有する。

第七条（国際連合通行証）

第二四項　国際連合は、その職員に対し国際連合通行証を発給することができる。加盟国の当局は、第二五項の規定を考慮し、この通行証を有効な旅行証明書と認める。

第二五項　国際連合通行証の所持者から国際連合の用務で旅行しているという証明書を添附して査証の申請（その必要がある場合）があったときは、なるべくすみやかに処理しなければならない。さらに、この所持者には、すみやかに旅行することができるよう便益を与えなければならない。

第二六項　専門家その他の者で、国際連合通行証を所持していないが国際連合の用務で旅行しているという証明書を有するものには、第二五項に定める便益と同様の便益を与えなければならない。

第二七項　国際連合の用務で国際連合通行証を携帯して旅行する事務総長、事務次長及び部長は、外交使節に与えられる便益と同一の便益を与えられる。

第二八項　この条の規定は、国際連合憲章第六三条の規定に基づいて連携関係のために締結された協定が規定する場合には、専門機関の同等の地位にある職員に適用することができる。

第八条（紛争の解決）

第二九項　国際連合は、次の紛争の適当な解決方法について定めなければならない。

(a) 契約から生ずる紛争又は他の私法的性格を有する紛争で、国際連合を当事者とするもの

(b) 公的地位により免除を享有する国際連合の職員に関する紛争。ただし、事務総長がその免除を放棄していない場合に限る。

第三〇項　この条約の解釈又は適用から生ずるすべての紛争は、当事者が他の解決方法によることを合意する場合を除き、国際司法裁判所に付託する。紛争が国際連合と加盟国との間に生じた場合には、紛争に含まれる法律問題については、国際連合憲章第九六条及び国際司法裁判所規程第六五条の規定に従って勧告的意見を要請する。裁判所が与えた意見は、関係当事者により最終的なものとして受諾される。

最終条項

第三一項　この条約は、国際連合のすべての加盟国に対し加入のため提案する。

第三二項　加入は、国際連合事務総長に加入書を寄託することにより行なう。この条約は、各加盟国の加入書が寄託された日にその加盟国について効力を生ずる。

第三三項　事務総長は、各加入書の寄託を国際連合のすべての加盟国に通報する。

第三四項　加入書が加盟国のために寄託されたときは、その加盟国は、自国の法令に基づいてこの条約の規定を実施することができるものと了解される。

第三五項　この条約は、国際連合と加入書を寄託したすべての加盟国との間で、同加盟国が国際連合加盟国である限り、又はこの条約の改正が総会により承認され、かつ、同加盟国がその改正条約の当事国となるまで、引き続き効力を有する。

第三六項　事務総長は、この条約の規定を調整する補足的協定を一又は二以上の加盟国との間に、これらの加盟国に関する限りにおいて、締結することができる。この補足的協定は、各場合に総会の承認を受けなければならない。

16　国際連合要員及び関連要員の安全に関する条約（国連要員等安全条約）（抄）

採　択　一九九四年一二月九日　国際連合総会第四九回会期決議四九／五九附属書
効力発生　一九九九年一月一五日
日本国　一九九五年五月一九日国会承認、六月六日署名、六月六日受諾書寄託、一九九九年一月一四日公布（条約第一号）

この条約の締約国は、

国際連合要員及び関連要員に対する故意の攻撃から生ずる死者及び負傷者の数が増大していることを深く

憂慮し、

国際連合のために行動する要員に対する攻撃その他の不当な取扱いは、行為者のいかんを問わず、正当化し得ず、かつ、容認し難いことに留意し、

国際連合活動は、国際社会の共通の利益のために国際連合憲章の原則及び目的に従って行われるものであることを認識し、

予防外交、平和創造、平和維持、平和構築及び人道的な活動その他の活動の分野における国際連合の努力に関して国際連合要員及び関連要員が重要な貢献を行っていることを認め、

国際連合要員及び関連要員の安全を確保するために現在とられている措置、特にそのために国際連合の主要機関によりとられている措置を認識し、

それにもかかわらず、国際連合要員及び関連要員の保護のために現在とられている措置が十分でないことを認識し、

国際連合活動の実効性及び安全性は、その活動が受入国の同意及び協力を得て実施される場合に高められることを認め、

国際連合要員及び関連要員が配置されるすべての国その他これらの要員が支援を求めるすべての者に対し、国際連合活動の実施を容易にし及びその任務を遂行するための包括的な支援を与えるよう訴え、

国際連合要員及び関連要員に対する攻撃を防止し並びにそのような攻撃を行った者を処罰するための適当かつ効果的な措置を緊急にとる必要があることを確信して、

次のとおり協定した。

第一条(定義) この条約の適用上、

(a) 「国際連合要員」とは、次の者をいう。

(i) 国際連合事務総長により、国際連合活動の軍事、警察又は文民の部門の構成員として任用され又は配置された者

(ii) 国際連合、その専門機関又は国際原子力機関の職務を行うその他の職員及び専門家であって、国際連合活動が行われている地域内に公的資格で所在するもの

(b) 「関連要員」とは、次に掲げる者であって、国際連合活動の任務の遂行を支援する活動を行うものをいう。

(i) 国際連合の権限のある機関の同意を得て、政府又は政府間機関によって配属された者

(ii) 国際連合事務総長、専門機関又は国際原子力機関によって任用された者

(iii) 国際連合事務総長、専門機関又は国際原子力機関との合意に基づいて、人道的な目的を有する非政府機関によって配置された者

(c) 「国際連合活動」とは、国際連合憲章に従い国際連合の権限のある機関によって設けられ、かつ、国際連合の権限及び管理の下で実施される活動であって、次の(i)又は(ii)に定める条件を満たすものをいう。

(i) 当該活動が国際の平和及び安全の維持又は回復を目的とするものであること。

(ii) この条約の適用のため、安全保障理事会又は国際連合総会が当該活動に参加する要員の安全に対して例外的な危険が存在する旨を宣言したこと。

(d) 「受入国」とは、その領域内で国際連合活動が実施される国をいう。

(e) 「通過国」とは、受入国以外の国であって、国際連合要員及び関連要員又はこれらの要員の装備が国際連合活動に関連してその領域を通過し又はその領域内に一時的に所在するものをいう。

第二条(適用範囲) 1 この条約は、前条に定める国際連合要員及び関連要員並びに国際連合活動について適用する。

2 この条約は、国際連合憲章第七章の規定に基づく強制行動として安全保障理事会が認めた国際連合活動であって、その要員のいずれかが組織された軍隊との交戦に戦闘員として従事し、かつ、国際武力紛争に係る法規が適用されるものについては適用しない。

第三条(識別) 1 国際連合活動の軍事及び警察の部門の構成員並びにこれらの構成員に係る車両、船舶及び航空機には、明確な標識を付する。国際連合活動に係るその他の要員、車両、船舶及び航空機は、国際連合事務総長が別段の決定を行わない限り、適切に識別されるようにする。

2 すべての国際連合要員及び関連要員は、適当な身分証明書を携帯する。

第四条(国際連合活動の地位に関する協定) 受入国及び国際連合は、できる限り速やかに、国際連合活動及び当該活動に従事するすべての要員の地位に関する協定(特に当該活動の軍事及び警察の部門の構成員の特権及び免除に係る規定を含むもの)を締結する。

第五条(通過) 通過国は、国際連合要員及び関連要員並びにこれらの要員の装備が受入国に入国し及び受入国から出国する際に妨げられることなく通過することを容易にする。

第六条(法令の尊重) 1 国際連合要員及び関連要員は、自己の享有する特権及び免除並びに自己の職務上の義務を害されない限りにおいて、(a)受入国及び通過国の法令を尊重し、並びに(b)自己の職務の中立性及びその国際的な性質に反するいかなる行動又は活動も差し控える。

2 国際連合事務総長は、1の義務が遵守されることを確保するための適当なすべての措置をとる。

第七条(国際連合要員及び関連要員の安全を確保する義務) 1 国際連合要員及び関連要員並びにこれらの要員の装備及び施設は、攻撃その他これらの要員がその任務を遂行することを妨げる行為の対象とされてはならない。

2 締約国は、国際連合要員及び関連要員の安全を確保するための適当なすべての措置をとる。特に、締約国は、自国の領域内に配置された国際連合要員及

び関連要員を第九条に定める犯罪から保護するための適当なすべての措置をとる。

3　締約国は、この条約の実施に当たり、適当と認める場合、特に受入国自身が必要な措置をとることができない場合には、国際連合及び他の締約国と協力する。

第八条（捕らえられ又は拘禁された国際連合要員及び関連要員を釈放し又は送還する義務）適用のある軍隊の地位に関する協定に別段の定めがある場合を除くほか、国際連合要員又は関連要員が自己の職務の執行の過程で捕らえられ又は拘禁された場合において、その身分が確認されたときは、尋問されることなく速やかに釈放され、かつ、国際連合その他の適当な当局に送還される。そのような要員は、釈放されるまでの間、普遍的に認められている人権に関する基準並びに一九四九年のジュネーヴ諸条約の原則及び精神に従って取り扱われる。

第九条（国際連合要員及び関連要員に対する犯罪）1　締約国は、自国の国内法により、故意に行う次の行為を犯罪とする。

(a)　国際連合要員又は関連要員を殺し又は誘拐すること及びこれらの要員の身体又は自由に対するその他の侵害行為

(b)　国際連合要員又は関連要員の公的施設、個人的施設又は輸送手段に対する暴力的侵害行為であって、これらの要員の身体又は自由を害するおそれのあるもの

(c)　これらの行為を行うとの脅迫であって、何らかの行為を行うこと又は行わないことを自然人又は法人に対して強要することを目的とするもの

(d)　これらの行為の未遂

(e)　これらの行為若しくはその未遂に加担すること又はこれらの行為を行わせるために他の者を組織し若しくは他の者に命ずること。

2　締約国は、1に定める犯罪について、その重大性を考慮した適当な刑罰を科することができるようにする。

第一〇条（裁判権の設定）1　締約国は、次の場合において前条に定める犯罪についての自国の裁判権を設定するため、必要な措置をとる。

(a)　犯罪が自国の領域内で又は自国において登録された船舶若しくは航空機内で行われる場合

(b)　容疑者が自国の国民である場合

2　締約国は、次の場合において前条に定める犯罪についての自国の裁判権を設定することができる。

(a)　犯罪が自国内に常居所を有する無国籍者によって行われる場合

(b)　犯罪が自国の国民に関して行われる場合

(c)　犯罪が、何らかの行為を行うこと又は行わないことを自国に対して強要する目的で行われる場合

3　2に定める裁判権を設定した締約国は、その旨を国際連合事務総長に通報する。当該締約国は、その後に当該裁判権を廃止した場合には、その旨を国際連合事務総長に通報する。

4　締約国は、容疑者が自国の領域内に所在し、かつ、自国が1又は2の規定に従って裁判権を設定したいずれの締約国に対しても第一五条の規定による当該容疑者の引渡しを行わない場合において前条に定める犯罪についての自国の裁判権を設定するため、必要な措置をとる。

5　この条約は、国内法に従って行使される刑事裁判権を排除するものではない。

第一一条（国際連合要員及び関連要員に対する犯罪の防止）締約国は、特に次の方法により、第九条に定める犯罪の防止について協力する。

(a)　自国の領域内又は領域外で行われる犯罪の自国の領域内における準備を防止するためあらゆる実行可能な措置をとること。

(b)　犯罪を防止するため、適当な場合には、自国の国内法に従って情報を交換し、及び行政上の措置その他の措置を調整すること。

第一二条（情報の伝達）1　第九条に定める犯罪が自国の領域内で行われた締約国は、容疑者が自国の領域から逃亡したと信ずるに足りる理由がある場合には、自国の国内法に定めるところにより、当該犯罪に関するすべての関連事実及び当該容疑者の特定に関するすべての入手可能な情報を、国際連合事務総長に通報し、及び直接又は同事務総長を通じて関係国に通報する。

2　第九条に定める犯罪が行われた場合には、その被害者及び当該犯罪の状況に関する情報を有する締約国は、国際連合事務総長及び関係国に対し、自国の国内法に定めるところにより、十分かつ速やかに当該情報を伝達するよう努める。

第一三条（訴追又は引渡しを確保するための措置）1　容疑者が領域内に所在する締約国は、状況により正当である場合には、訴追又は引渡しのために当該容疑者の所在を確実にするため、自国の国内法により適当な措置をとる。

2　1の規定に基づいてとられる措置は、国内法に従って、かつ、遅滞なく、国際連合事務総長に通報し、及び直接又は同事務総長を通じて次の国に通報する。

(a)　犯罪が行われた国

(b)　容疑者の国籍国又は容疑者が無国籍者である場合には当該容疑者が領域内に常居所を有する国

(c)　被害者の国籍国

(d)　その他の関係国

第一四条（容疑者の訴追）容疑者が領域内に所在する締約国は、当該容疑者を引き渡さない場合には、いかなる例外もなしに、かつ、不当に遅滞することなく、自国の法令による手続を通じて訴追のため自国の権限のある当局に事件を付託する。その当局は、自国の法令に規定する通常の重大な犯罪の場合と同様の方法で決定を行う。

第一五条（容疑者の引渡し）1　第九条に定める犯罪は、締約国間の現行の犯罪人引渡条約における引渡犯罪とみなされていない場合には、当該条約における引渡犯罪とみな

される。締約国は、相互間で締結されるすべての犯罪人引渡条約に同条に定める犯罪を引渡犯罪として含めることを約束する。

2　条約の存在を犯罪人引渡しの条件とする締約国は、自国との間に犯罪人引渡条約を締結していない他の締約国から犯罪人引渡しの請求を受けた場合には、随意にこの条約を第九条に定める犯罪に関する犯罪人引渡しのための法的根拠とみなすことができる。この犯罪人引渡しは、請求を受けた国の法令に定めるところによる。

3　条約の存在を犯罪人引渡しの条件としない締約国は、犯罪人引渡しの請求を受けた国の法令に定めるところにより、相互間で、第九条に定める犯罪を引渡犯罪と認める。

4　第九条に定める犯罪は、締約国間の犯罪人引渡しに関しては、当該犯罪が発生した場所のみでなく、第一〇条の1又は2の規定に従って裁判権を設定した締約国の領域内においても行われたものとみなされる。

第一六条（刑事問題に関する相互援助）1　締約国は、第九条に定める犯罪についてとられる刑事訴訟手続に関し、相互に最大限の援助（自国が提供することができる証拠であって当該訴訟手続に必要なものの収集に係る援助を含む。）を与える。この場合には、援助を要請された国の法令が適用される。

2　1の規定は、他の条約に規定する相互援助に関する義務に影響を及ぼすものではない。

第一七条（公正な取扱い）1　いずれの者も、自己につき第九条に定める犯罪のいずれかに関して捜査が行われ又は訴訟手続がとられている場合には、そのすべての段階において公正な取扱い、公正な裁判及び自己の権利の十分な保護を保障される。

2　いずれの容疑者も、次の権利を有する。

(a)　当該容疑者の国籍国その他当該容疑者の権利を保護する資格を有する国又は当該容疑者が無国籍者である場合には当該容疑者の要請に応じてその権利を保護する意思を有する国の最寄りの適当な代表と遅滞なく連絡を取る権利

(b)　(a)に規定する国の代表の訪問を受ける権利

第一八条（訴訟手続の結果の通報）容疑者を訴追した締約国は、訴訟手続の確定的な結果を国際連合事務総長に通報する。同事務総長は、当該情報を他の締約国に伝達する。

第一九条（周知）締約国は、できる限り広い範囲においてこの条約の周知を図ること並びに、特に、自国の軍隊の教育の課目にこの条約及び国際人道法の関係規定についての学習を取り入れることを約束する。

第二〇条（保留条項）この条約のいかなる規定も、次の事項に影響を及ぼすものではない。

(a)　国際連合活動並びに国際連合要員及び関連要員の保護について国際文書に定められている国際人道法及び普遍的に認められている人権に関する基準が適用されること、並びにこれらの要員がこれらの法及び基準を尊重する責任

(b)　自国の領域に人が入ることについての同意に関する締約国の権利及び義務であって国際連合憲章に合致するもの

(c)　国際連合要員及び関連要員が国際連合活動の任務に関する規定に従って行動する義務

(d)　国際連合活動に自発的に要員を派遣する国が当該活動から自国の要員を撤退させる権利

(e)　各国によって国際連合活動に自発的に派遣される者の平和維持のための役務による死亡、廃疾、負傷又は疾病に関して支払われるべき適当な補償を受ける権利

第二一条（自衛のための権利）この条約のいかなる規定も、自衛のための行動をとる権利に影響を及ぼすものと解してはならない。

第二二条（紛争解決）1　この条約の解釈又は適用に関する締約国間の紛争で交渉によって解決されないものは、いずれかの紛争当事国の要請により、仲裁に付される。仲裁の要請の日から六箇月以内に仲裁の組織について紛争当事国が合意に達しない場合には、いずれの紛争当事国も、国際司法裁判所規程に従って国際司法裁判所に紛争を付託することができる。

2　締約国は、この条約の署名、批准、受諾若しくは承認又はこの条約への加入の際に、1の全部又は一部の規定に拘束されない旨を宣言することができる。他の締約国は、そのような留保を付した締約国との関係において1の全部又はその関係部分の規定に拘束されない。

3　2の規定に基づいて留保を付した締約国は、国際連合事務総長に対する通告により、いつでもその留保を撤回することができる。

第二三条（検討会合）一又は二以上の締約国からの要請がある場合において、締約国の過半数によって承認されるときは、国際連合事務総長は、この条約の実施について及びこの条約の適用に関して生ずる問題について検討するため、締約国の会合を招集する。

第二四条（署名）
第二五条（批准、受諾又は承認）
第二六条（加入）
（略）

第二七条（効力発生）1　この条約は、二二の批准書、受諾書、承認書又は加入書が国際連合事務総長に寄託された後三〇日で効力を生ずる。

2　二二番目の批准書、受諾書、承認書又は加入書が寄託された後にこの条約を批准し若しくは承認し又はこれに加入する国については、この条約は、その批准書、受諾書、承認書又は加入書の寄託の後三〇日目の日に効力を生ずる。

第二八条（廃棄）1　締約国は、国際連合事務総長に対して書面による通告を行うことにより、この条約を廃棄することができる。

2　廃棄は、国際連合事務総長が1の通告を受領した日の後一年で効力を生ずる。

第二九条（正文）（略）

Ⅰ7　国際連合要員及び関連要員の安全に関する条約の選択議定書（国連要員等安全条約選択議定書）（抄）

採　択　二〇〇五年一二月八日（ニュー・ヨーク）
　　　　国際連合総会第六〇会期決議六〇／四二附属書
効力発生　二〇一〇年八月一九日
日本国

この議定書の締約国は、

一九九四年一二月九日にニュー・ヨークで作成された国際連合要員及び関連要員の安全に関する条約の文言を想起し、

国際連合要員及び関連要員に対する攻撃が引き続いていることを深く憂慮し、

国際連合要員及び関連要員に特別の危険をもたらすような、平和構築における人道的、政治的又は発展のための援助の提供、及び緊急人道援助の提供を目的として実施される国際連合の活動が、これらの要員に対する条約上の法的保護の範囲の拡大を必要としていることを認識して、

国際連合の活動に従事している国際連合要員及び関連要員に対する攻撃の加害者を裁くことを確保するための効果的な体制を設ける必要性を確信して、

次のとおり協定した。

第一条（条約との関係） この議定書は、一九九四年一二月九日にニュー・ヨークで作成された「国際連合要員及び関連要員の安全に関する条約」（以下「条約」という。）を補足するものであり、また、この議定書の締約国間において、条約と議定書は単一の文書として扱われ、かつ、解釈される。

第二条（国際連合活動に対する条約の適用） 1　この議定書の締約国は、条約第一条(c)に定める諸活動に加えて、国際連合憲章に従い国際連合の権限ある機関によって設置される国際連合の他のすべての活動で、国際連合の権限及び管理の下で実施され、かつ、次に定める目的を有するものに、条約を適用する。

(a)　平和構築における人道的、政治的又は発展のための援助を提供すること

(b)　緊急人道援助を提供すること

2　1の規定は、国際連合の本部又は国際連合との間の協定に基づいて設置された専門機関の本部などの常設の国際連合事務所には適用しない。

3　受入国は、第二条1(b)に基づき行われる活動で、自然災害への対応という目的でのみ行われるものに、この議定書の規定を適用しないことを、国際連合事務総長に対して宣言することができる。かかる宣言は、活動の展開に先立って行わなければならない。

第三条（条約第八条との関係での締約国の義務） この議定書の締約国の義務は、この議定書第二条に定める国際連合の活動への条約第八条の適用に関しては、当該締約国の法令に違反した国際連合要員及び関連要員についてその裁判権を行使するために措置をとる締約国の権利を害するものではない。ただし、それらの措置が当該締約国の他の国際法上のいかなる義務にも違反しないものであることを条件とする。

第四条（署名）
第五条（拘束されることについての同意）
第六条（効力発生）
第七条（廃棄）
第八条（正文）
（略）

Ⅰ8　国際労働機関憲章（ＩＬＯ憲章）（抄）

採　択　一九四六年一〇月九日（モントリオール）
効力発生　一九四八年四月二〇日
改　正　一九五三年六月二五日採択、一九五四年五月二〇日効力発生
　　　　一九六二年六月二二日採択、一九六三年五月二二日効力発生
　　　　一九七二年六月二二日採択、一九七四年一一月一日効力発生
　　　　一九九七年六月一九日採択、二〇一五年一〇月八日効力発生
日本国　一九五一年五月二九日内閣決定、一一月一七日国会承認、一一月二六日受諾書寄託、効力発生、一九五二年一月一六日公布（条約第一号）
　　　　改正・一九五四年三月五日国会承認、三月二七日公布（条約第一号）、一九六三年三月二〇日国会承認、六月二六日公布（条約第二三号）、一九七二年六月二七日国会承認、一九七五年三月八日公布（条約第五号）、二〇〇一年六月六日国会承認、六月八日受諾書寄託、二〇一七年三月三日公布（条約第一号）

前文

世界の永続する平和は、社会正義を基礎としてのみ確立することができるから、

そして、世界の平和及び協調が危くされるほど大きな社会不安を起すような不正、困苦及び窮乏を多数の人民にもたらす労働条件が存在し、且つ、これらの労働条件を、たとえば、一日及び一週の最長労働時間の設定を含む労働時間の規制、労働力供給の調整、失業の防止、妥当な生活賃金の支給、雇用から生ずる疾病・疾患・負傷に対する労働者の保護、児童・年少者・婦人の保護、老年及び廃疾に対する給付、自国以外の国において使用される場合における労働者の利益の保護、

同一価値の労働に対する同一報酬の原則の承認、結社の自由の原則の承認、職業的及び技術的教育の組織並びに他の措置によって改善することが急務であるから、

また、いずれかの国が人道的な労働条件を採用しないことは、自国における労働条件の改善を希望する他の国の障害となるから、

締約国は、正義及び人道の感情と世界の恒久平和を確保する希望とに促されて、且つ、この前文に掲げた目的を達成するために、次の国際労働機関憲章に同意する。

第一章　組　織

第一条【機関の設置、加盟、脱退】 1　この憲章の前文及びこの憲章の附属書となっている一九四四年五月一〇日にフィラデルフィアで採択された国際労働機関の目的に関する宣言に掲げた目標を達成するために、ここに常設機関を設置する。

2　国際労働機関の加盟国は、一九四五年一一月一日にこの機関の加盟国であった国並びにこの条の第三項及び第四項の規定に従って加盟国となる他の国とする。

3　国際連合の原加盟国及び国際連合憲章の規定に従い国際連合総会の決定によって国際連合の加盟国となることを認められた国は、国際労働機関憲章の義務の正式の受諾を国際労働事務局長に通知することによって、国際労働機関の加盟国となることができる。

4　また、国際労働機関の総会は、出席し且つ投票する政府代表の三分の二の賛成投票を含む会期に参加している代表の三分の二の賛成投票によって、この機関への加盟を承認することができる。この加盟は、国際労働事務局長に新加盟国の政府によるこの機関の憲章の義務の正式の受諾の通知があった時に効力を生ずる。

5　国際労働機関の加盟国は、脱退する意思を国際労働事務局長に通告しなければ、この機関から脱退することができない。この通告は、事務局長が受領した日の後二年で効力を生ずる。但し、この時にその加盟国が加盟国としての地位から生ずるすべての財政的義務を果していることを条件とする。この脱退は、加盟国がいずれかの国際労働条約を批准しているときは、その条約で定めた期間中は、その条約から生じ又はその条約に関係するすべての義務の継続的効力に影響を及ぼさない。

6　いずれかの国がこの機関の加盟国でなくなった場合には、その再加盟については、それぞれこの条の第三項又は第四項の規定によるものとする。

第二条【機関】 この常設機関は、次のものからなる。

(a)　加盟国の代表者の総会

(b)　第七条に規定するように構成する理事会　及び

(c)　理事会の監督を受ける国際労働事務局

第三条【総会】 1　加盟国の代表者の総会の会合は、必要に応じて随時に、且つ、少くとも毎年一回開催する。その総会は、各加盟国の四人の代表者で構成する。そのうちの二人は政府代表とし、他の二人は各加盟国の使用者及び労働者をそれぞれ代表する代表とする。

2　各代表は、顧問を伴うことができる。顧問は、会合の議事日程の各議題について二人をこえてはならない。婦人に特に関係がある問題が総会で審議されるときは、顧問のうちの少くとも一人は、婦人でなければならない。

3　非本土地域の国際関係に責任をもつ各加盟国は、自国の各代表に対する顧問として更に次の者を任命することができる。

(a)　前記の地域の自治権の範囲内にある事項について前記のいずれかの地域の代表者として加盟国が指名する者　及び

(b)　非自治地域に関する事項について自国の代表に助言するために加盟国が指名する者

4　二以上の加盟国の共同の権力の下にある地域の場合には、それらの加盟国の代表に助言する者を指名することができる。

5　加盟国は、各自の国に使用者又は労働者をそれぞれ最もよく代表する産業上の団体がある場合には、それらの団体と合意して選んだ民間の代表及び顧問を指名することを約束する。

6　顧問は、これを伴う代表が要請し且つ総会議長が特別に許可する場合を除いて、発言してはならない。また、顧問は、投票することができない。

7　代表は、議長にあてた通告書によって、その顧問の一人を代理者に任命することができる。この顧問は、代理者として行動しているときは、発言し且つ投票することを許される。

8　代表及びその顧問の氏名は、各加盟国の政府が国際労働事務局に通知する。

9　代表及びその顧問の委任状は、総会の審査を受けなければならない。総会は、この条に従って指名されなかったと認める代表又は顧問の承認を出席代表の投票の三分の二によって拒絶することができる。

第四条【投票権】 1　総会の審議に付されるすべての事項について、各代表は、個別的に投票する権利をもつ。

2　ある加盟国が、指名権をもつにもかかわらず、民間代表の一人を指名しないときは、他の民間代表は、総会に出席し且つ発言することを許されるが、投票することを許されない。

3　総会が第三条に従ってある加盟国の代表の承認を拒絶したときは、その代表が指名されなかったものとして、この条の規定が適用される。

第五条【総会の開催地】
第六条【事務局所在地の変更】（略）

第七条【理事会】 1　理事会は、次の五六人で構成する。

政府を代表する二八人

使用者を代表する一四人　及び

労働者を代表する一四人

2　政府を代表する二八人のうち、一〇人は、主要産業国たる加盟国が任命し、一八人は、前記の一〇加盟国の代表を除く総会における政府代表によってこのために選定された加盟国が任命しなければならない。

3　理事会は、必要に応じて、どの国がこの機関の主

要産業国たる加盟国であるかを決定し、且つ、理事会の決定前に主要産業国たる加盟国の選定に関するすべての問題を公平な委員会が審議することを確保する規則を定める。どの国が主要産業国たる加盟国であるかに関する理事会の宣言に対して加盟国が行う提訴は、総会が判定する。但し、総会への提訴は、総会がその提訴を判定する時まで宣言の適用を停止するものではない。

4 使用者を代表する者及び労働者を代表する者は、総会における使用者代表及び労働者代表がそれぞれ選挙しなければならない。

5 理事会の任期は、三年とする。理事会の選挙が何らかの理由によってこの期間の満了の時に行われないときは、理事会は、この選挙が行われる時まで在任する。

6 欠員の補充及び代理者の任命の方法並びに他の類似の問題は、総会の承認を条件として、理事会が決定することができる。

7 理事会は、随時に、その構成員の中から議長一人及び副議長二人を選挙する。そのうちの一人は政府を代表する者とし、一人は使用者を代表する者とし、一人は労働者を代表する者としなければならない。

8 理事会は、その議事手続を規定し、且つ、その会合の時期を定める。特別会合は、理事会における代表者の少くとも一六人が書面でその要請をしたときに開催する。

第八条【事務局長】
第九条【事務局職員】（略）

第一〇条【事務局の任務】1 国際労働事務局の任務は、労働者の生活状態及び労働条件の国際的調整に関するすべての事項についての資料の収集及び配布、特に国際条約の締結を目的として総会に提出することが提案されている事項の審査並びに総会又は理事会が命ずることのある特別の調査の実施を含む。

2 事務局は、理事会が与える指示に従って、次のことを行う。

(a) 総会の会合のための議事日程の各種の議題に関する書類を準備すること。

(b) 総会の決定に基いて行う法律及び規則の立案並びに行政上の慣行及び監督制度の改善に関して、政府の要請があったときに、可能なすべての適当な援助をこれに与えること。

(c) 条約の実効的な遵守に関して、この憲章の規定により事務局に要求される任務を遂行すること。

(d) 国際的な関係をもつ産業及び雇用の問題を取り扱う出版物を、理事会が望ましいと認める言語で編集し且つ刊行すること。

3 一般に、事務局は、総会又は理事会が委託する他の権限及び任務をもつ。

第一一条【事務局長との直接連絡】労働問題を取り扱う加盟国の官庁は、国際労働事務局の理事会における自国政府の代表者を通じて、又は、このような代表者がない場合には、資格のある他の公務員で政府がこのために指名するものを通じて、事務局長と直接に連絡することができる。

第一二条【他の国際機関との協力】
第一三条【財政】（略）

第三章 手 続

第一四条【議事日程】1 総会のすべての会合の議事日程は、理事会が、加盟国の政府、第三条の適用上承認された代表的団体又は公的国際機関によって行われることのある議事日程に関する示唆を考慮して定める。

2 理事会は、総会による条約又は勧告の採択の前に予備的な会議又は他の方法で完全な技術的準備及び最も関係の深い加盟国の充分な協議を確保するために、規則を作成しなければならない。

第一五条【議事日程の送付】1 事務局長は、総会の事務総長として行動し、且つ、議事日程を加盟国及び、民間代表が指名されているときはこの加盟国を通じて、その民間代表に、総会の会合の四箇月前に到達するように送付しなければならない。

2 議事日程の各議題に関する報告は、総会の会合に先だって充分に検討することができるような時期に加盟国に到達するように発送しなければならない。理事会は、この規定の適用のための規則を作成しなければならない。

第一六条【議題に対する異議】1 いずれの加盟国政府も、議事日程中のある議題の存置に対して正式に異議を申し立てることができる。このような異議の理由は、事務局長にあてた陳述書に記載し、事務局長は、これをこの機関のすべての加盟国に通報しなければならない。

2 もっとも、このような異議があった議題は、総会において出席代表の投票の三分の二の多数が審議することに賛成であるときは、議事日程から除くことができない。

3 総会が出席代表の投票の三分の二の多数によっていずれかの事項を総会で審議すべきことを決定したとき（前項の場合を除く。）は、その事項は、次回の会合の議事日程に入れなければならない。

第一七条【議事手続、表決】1 総会は、議長一人及び副議長三人を選挙する。副議長のうちの一人は政府代表とし、一人は使用者代表とし、一人は労働者代表とする。総会は、その議事手続を定めなければならず、且つ、いずれかの事項について審議し且つ報告する委員会を設けることができる。

2 この憲章に別段に明白に規定された場合あるいは総会に権限を与える条約若しくは他の文書の条項又は第一三条に基いて採択された財政上及び予算上の取極の条項によって別段に明白に規定された場合を除き、すべての事項は、出席代表の投票の単純過半数によって決定する。

3 表決は、投票総数が総会に参加している代表の半数に達しないときは無効とする。

第一八条【技術的専門家】総会は、その設置する委員会に投票権をもたない技術的専門家を置くことができる。

第一九条【条約と勧告】1　総会が議事日程のある議題に関する提案を採択することに決定したときは、総会は、その提案が(a)国際条約の形式をとるべきか、又は(b)取り扱われた問題若しくはその問題のある面がそのときに条約として適当と認められない場合には事情に応ずる勧告の形式をとるべきかを決定する。

2　いずれの場合にも、総会がそれぞれ条約又は勧告を採択するための最終的の投票においては、出席代表の投票の三分の二の多数を必要とする。

3　一般に適用する条約又は勧告を作成する場合には、総会は、気候条件、産業組織の不完全な発達又は他の特殊の事情によって産業条件が実質的に異なる国について充分な考慮を払い、且つ、これらの国の事態に応ずるために必要と認める修正があるときは、その修正を示唆しなければならない。

4　条約又は勧告は、その二通を総会議長及び事務局長の署名によって認証しなければならない。そのうち一通は、国際労働事務局の記録に寄託し、他の一通は、国際連合事務総長に寄託する。事務局長は、条約又は勧告の認証謄本を各加盟国に送付する。

5　条約の場合には、

(a)　条約は、批准のためにすべての加盟国に送付する。

(b)　各加盟国は、立法又は他の措置のために、総会の会期の終了後おそくとも一年以内に、又は例外的な事情のために一年以内に不可能であるときはその後なるべくすみやかに、且つ、いかなる場合にも総会の会期の終了後一八箇月以内に、条約を当該事項について権限のある機関に提出することを約束する。

(c)　加盟国は、条約を前記の権限のある機関に提出するためにこの条に従って執った措置、権限があると認められる機関に関する細目及びこの機関が執った措置を国際労働事務局長に通知しなければならない。

(d)　加盟国は、当該事項について権限のある機関の同意を得たときは、条約の正式の批准を事務局長に通知し、且つ、条約の規定を実施するために必要な措置を執る。

(e)　加盟国は、当該事項について権限のある機関の同意を得なかったときは、条約で取り扱われている事項に関する自国の法律及び慣行の現況を、理事会が要請する適当な間隔をおいて、国際労働事務局長に報告する以外には、いかなる義務も負わない。この報告には、立法、行政的措置、労働協約又はその他によって条約の規定のいずれがどの程度に実施されているか、又は実施されようとしているかが示され、且つ、条約の批准を妨げ、又は遅延させる障害が述べられていなければならない。

6　勧告の場合には、

(a)　勧告は、国内立法又はその他によって実施されるようにすべての加盟国に審議のために送付する。

(b)　各加盟国は、立法又は他の措置のために、総会の会期の終了後おそくとも一年以内に、又は例外的な事情のために一年以内に不可能であるときはその後なるべくすみやかに、且つ、いかなる場合にも総会の会期の終了後一八箇月以内に、勧告を当該事項について権限のある機関に提出することを約束する。

(c)　加盟国は、勧告を前記の権限のある機関に提出するためにこの条に従って執った措置、権限があると認められる機関に関する細目及びこの機関が執った措置を国際労働事務局長に通知しなければならない。

(d)　加盟国は、勧告を前記の権限のある機関に提出することを除き、勧告で取り扱われている事項に関する自国の法律及び慣行の現況を、理事会が要請する適当な間隔をおいて、国際労働事務局長に報告する以外には、いかなる義務も負わない。この報告には、勧告の規定がどの程度に実施されているか、又は実施されようとしているか、及びこれらの規定を採択し、又は適用するに当って必要と認められ又は認められるこれらの規定の変更が示されていなければならない。

7　連邦の場合には、次の規定を適用する。

((a)(b)以下略)

8　いかなる場合にも、総会による条約若しくは勧告の採択又は加盟国による条約の批准は、条約又は勧告に規定された条件よりも関係労働者にとって有利な条件を確保している法律、裁決、慣行又は協約に影響を及ぼすものとみなされてはならない。

第二〇条【条約の登録】前条によって批准された条約は、国際連合憲章第一〇二条の規定に従って登録するために、国際労働事務局長が国際連合事務総長に送付するが、その条約は、批准する加盟国のみを拘束する。

第二一条【不採択条約】1　最終的審議のために総会に提出された条約が出席代表の投票の三分の二の支持を確保しなかったときも、相互間においてその条約を協定することは、この機関の加盟国の権利に属する。

2　前項によって協定した条約は、関係政府が国際労働事務局長及び、国際連合憲章第一〇二条の規定に従って登録するために、国際連合事務総長に送付しなければならない。

第二二条【年次報告】各加盟国は、当事国となった条約の規定を実施するために執った措置について、国際労働事務局に年次報告をすることに同意する。この報告は、理事会が要請する様式で作成され、且つ、理事会が要請する細目を記載していなければならない。

第二三条【資料と報告】1　事務局長は、第一九条及び第二二条に従って加盟国が送付した資料及び報告の概要を総会の次回の会期に提出しなければならない。

2　各加盟国は、第三条の適用上承認された代表的団体に、第一九条及び第二二条に従って事務局長に送付した資料及び報告の写を送付しなければならない。

第二四条【条約不遵守の申立】加盟国のいずれかが当事

国である条約の実効的な遵守をその管轄権の範囲内において何らかの点で確保していないことを使用者又は労働者の産業上の団体が国際労働事務局に申し立てた場合には、理事会は、この申立をその対象となった政府に通知し、且つ、この事項について適当と認める弁明をするようにその政府を勧誘することができる。

第二五条【申立と弁明の公表】理事会は、当該政府から相当な期間内に弁明を受領しなかった場合又はこれを受領しても弁明を満足と認めなかった場合には、前記の申立及び、弁明があるときは、この弁明を公表する権利をもつ。

第二六条【条約違反に対する苦情】1　いずれの加盟国も、他の加盟国が前記の諸条に従ってともに批准した条約の実効的な遵守を他の加盟国が確保していないと認めた場合には、国際労働事務局に苦情を申し立てる権利をもつ。

2　理事会は、適当と認めるときは、後に規定する審査委員会に前項の苦情を付託する前に、第二四条に掲げた方法で当該政府と連絡することができる。

3　理事会は、苦情を当該政府に通知することを必要と認めなかった場合又はこの通知をしても理事会が満足と認める弁明を相当な期間内に受領しなかった場合には、苦情を審議し且つそれについて報告すべき審査委員会を設けることができる。

4　同一の手続は、理事会がその発意によって又は総会における代表から苦情を受けたときにも採択することができる。

5　第二五条又は第二六条から生ずる事項を理事会が審議している場合に、当該政府は、理事会に代表者を出していないときは、その事項の審議中理事会の議事に参加するための代表者を送る権利をもつ。その事項を審議する期日に関する適当な通告は、当該政府にしなければならない。

第二七条【苦情事項に対する資料の提供】加盟国は、第二六条に基づいて苦情が審査委員会に付託される場合には、自国がその苦情に直接に関係があってもなくても、苦情の対象となっている事項に関係のあるすべての資料でその所有するものを審査委員会の使用に供することに同意する。

第二八条【審査委員会の報告書】審査委員会は、苦情を充分に審議したときは、当事国間の係争問題の決定に関係のあるすべての事実問題の認定を記載し、且つ、苦情に応ずるために執るべき措置及びこの措置を執るべき期限について適当と認める勧告を含む報告書を作成しなければならない。

第二九条【報告書の送付と公表、関係国の回答】1　国際労働事務局長は、審査委員会の報告書を理事会及び苦情に関係のある各政府に送付し、且つ、報告書が公表されるようにしなければならない。

2　これらの各政府は、審査委員会の報告書に含まれている勧告を受諾するかしないか、及び受諾しない場合に苦情を国際司法裁判所に付託する意図があるかどうかを、三箇月以内に国際労働事務局長に通知しなければならない。

第三〇条【理事会の報告】加盟国が条約又は勧告について第一九条第五項(b)、第六項(b)又は第七項(b)(一)に規定された措置を執らなかった場合には、他の加盟国は、この事項を理事会に付託する権利をもつ。理事会は、このような不履行のあったことを認めた場合には、この事項を総会に報告しなければならない。

第三一条【国際司法裁判所の決定】第二九条に従って付託された苦情又は事項に関する国際司法裁判所の決定は、最終的とする。

第三二条【国際司法裁判所の権限】国際司法裁判所は、審査委員会の認定又は勧告を確認し、変更し、又は破棄することができる。

第三三条【勧告の不履行】加盟国がそれぞれ審査委員会の報告書又は国際司法裁判所の決定に含まれている勧告を指定された期間内に履行しなかったときは、理事会は、勧告の履行を確保するための適宜と認める措置を総会に勧告することができる。

第三四条【勧告の履行の確認】勧告を履行しなかった政府は、それぞれ審査委員会の勧告又は国際司法裁判所の決定中の勧告を履行するために必要な措置を執ったことをいつでも理事会に通知し、且つ、その主張を確めるべき審査委員会の設置を要請することができる。この場合には、第二七条、第二八条、第二九条、第三一条及び第三二条の規定を適用するものとし、審査委員会の報告又は国際司法裁判所の決定が勧告を履行しなかった政府に有利であるときは、理事会は、第三三条に従って執った措置の中止を直ちに勧告しなければならない。

第三章　一般規定

第三五条【非本土地域への適用】1　加盟国は、この憲章の規定に従って批准した条約を、自国が施政権者たる信託統治地域を含めて自国が国際関係に責任をもつ非本土地域に対して適用することを約束する。但し、その条約の主題たる事項が当該地域の自治権内にある場合又は条約が地方的条件によって適用できない場合を除くものとし、また、条約を地方的条件に適応させるために必要な変更を加えることを条件とする。

2〜8（略）

第三六条【憲章の改正】総会が出席代表の投票の三分の二の多数によって採択するこの憲章の改正は、この憲章の第七条第三項の規定に従って主要産業国たる加盟国として理事会に代表者を出している一〇加盟国のうちの五国を含むこの機関の加盟国の三分の二によって批准され、又は受諾された時に効力を生ずる。

第三七条【解釈上の紛争】1　この憲章又は加盟国がこの憲章の規定に従って今後締結する条約の解釈に関する疑義又は紛争は、決定のために国際司法裁判所に付託する。

2　この条の第一項の規定にかかわらず、理事会は、理事会によって又は条約の条項に従って付託される条約の解釈に関する紛争又は疑義をすみやかに解決すべき裁判所の設置に関する規則を作成し、且つ、承認のために総会に提出することができる。国際司法裁判所の判決又は勧告的意見で適用できるものは、この項によって設置される裁判所を拘束する。この裁判所が行った裁決は、この機関の加盟国に通報され、裁決に関する加盟国の意見書は、総会に提出されなければならない。

第三八条【地域会議と地域機関】1　国際労働機関は、この機関の目的を達成するために望ましい地域会議の招集及び地域機関の設立を行うことができる。

2　地域会議の権限、任務及び手続は、理事会が作成し且つ確認のために総会に提出される規則によるものとする。

第四章　雑　則

第三九条【法人格と行為能力】
第四〇条【特権と免除】（略）

附属書

国際労働機関の目的に関する宣言

国際労働機関の総会は、その第二六回会期としてフィラデルフィアに会合し、一九四四年五月一〇日、国際労働機関の目的及び加盟国の政策の基調をなすべき原則に関するこの宣言をここに採択する。

一

総会は、この機関の基礎となっている根本原則、特に次のことを再確認する。

(a)　労働は、商品ではない。

(b)　表現及び結社の自由は、不断の進歩のために欠くことができない。

(c)　一部の貧困は、全体の繁栄にとって危険である。

(d)　欠乏に対する戦は、各国内における不屈の勇気をもって、且つ、労働者及び使用者の代表者が、政府の代表者と同等の地位において、一般の福祉を増進するために自由な討議及び民主的な決定にともに参加する継続的且つ協調的な国際的努力によって、遂行することを要する。

二

永続する平和は、社会正義を基礎としてのみ確立できるという国際労働機関憲章の宣言の真実性が経験上充分に証明されていると信じて、総会は、次のことを確認する。

(a)　すべての人間は、人種、信条又は性にかかわりなく、自由及び尊厳並びに経済的保障及び機会均等の条件において、物質的福祉及び精神的発展を追求する権利をもつ。

(b)　このことを可能ならしめる状態の実現は、国家の及び国際の政策の中心目的でなければならない。

(c)　国家の及び国際の政策及び措置はすべて、特に経済的及び財政的性質をもつものは、この見地から判断することとし、且つ、この根本目的の達成を促進するものであり且つ妨げないものであると認められる限りにおいてのみ是認することとしなければならない。

(d)　この根本目的に照らして経済的及び財政的の国際の政策及び措置をすべて検討し且つ審議することは、国際労働機関の責任である。

(e)　国際労働機関は、委託された任務を遂行するに当り、関係のあるすべての経済的及び財政的要素に考慮を払って、その決定及び勧告の中に適当と認める規定を含めることができる。

三

総会は、次のことを達成するための計画を世界の諸国間において促進する国際労働機関の厳粛な義務を承認する。

(a)　完全雇用及び生活水準の向上

(b)　熟練及び技能を最大限度に提供する満足を得ることができ、且つ、一般の福祉に最大の貢献をすることができる職業への労働者の雇用

(c)　この目的を達成する手段として、及びすべての関係者に対する充分な保障の下に、訓練のための便宜並びに雇用及び定住を目的とする移民を含む労働者の移動のための便宜を供与すること。

(d)　賃金及び所得並びに労働時間及び他の労働条件に関する政策で、すべての者に進歩の成果の公正な分配を保障し、且つ、最低生活賃金による保護を必要とするすべての被用者にこの賃金を保障することを意図するもの

(e)　団体交渉権の実効的な承認、生産能率の不断の改善に関する経営と労働の協力並びに社会的及び経済的措置の準備及び適用に関する労働者と使用者の協力

(f)　基本収入を与えて保護する必要のあるすべての者にこの収入を与えるように社会保障措置を拡張し、且つ、広はんな医療給付を拡張すること。

(g)　すべての職業における労働者への生命及び健康の充分な保護

(h)　児童の福祉及び母性の保護のための措置

(i)　充分な栄養、住居並びにレクリエーション及び文化施設の提供

(j)　教育及び職業における機会均等の保障

四

この宣言に述べた目的の達成に必要な世界生産資源の一層完全且つ広はんな利用は、生産及び消費の増大、激しい経済変動の回避、世界の未開発地域の経済的及び社会的発展の促進、一次的生産物の世界価格の一層大きな安定の確保並びに国際貿易の量の多大な且つ確実な増加のための措置を含む実効的な国際的及び国内的の措置によって確保できることを確信して、総会は、国際労働機関がこの偉大な事業並びにすべての人民の健康、教育及び福祉の増進に関する責任の一部を委託される国際団体と充分に協力することを誓約する。

五

総会は、この宣言に述べた原則が全世界のすべての

人民に充分に適用できること並びに、それをいかに適用するかは各人民の到達した社会的及び経済的発達の段階を充分に考慮して決定すべきであるとしても、まだ従属的な人民及び既に自治に達した人民に対してそれを漸進的に適用することが文明世界全体の関心事項であることを確認する。

19 世界保健機関憲章(WHO憲章)(抜粋)

作　成　一九四六年七月二二日
効力発生　一九四八年四月七日
最終改正　二〇〇五年九月一五日効力発生
日本国　一九五一年三月三〇日国会承認、五月一六日効力発生、六月二六日公布(条約一号)

第一条【目的】世界保健機関(以下「この機関」という。)の目的は、すべての人民が可能な最高の健康水準に到達することにある。

第二条【任務】この機関がその目的を達成するための任務は、次のとおりとする。

(a) 国際保健事業の指導的且つ調整的機関として行動すること。
(b) 国際連合、専門機関、政府保健行政機関、専門的団体及び適当と思われる他の機関との効果的な協力を樹立し、及び維持すること。
(c) 要請に応じ保健事業の強化について各国政府を援助すること。
(d) 各国政府の要請又は受諾があつたときは、適当な技術的援助及び緊急の際には必要な助力を与えること。
(e) 国際連合の要請があつたときは、信託統治地域の人民のような特殊の集団に対して、保健上の役務及び便益を提供し、又はこれらを提供することを援助すること。
(f) 疫学的及び統計的事業を含む必要とされる行政的及び技術的事業を開設し、及び維持すること。
(g) 伝染病、風土病及び他の疾病の撲滅事業を奨励し、及び促進すること。
(h) 必要な場合には他の専門機関と協力して、不慮の傷害の防止に努めること。
(i) 必要な場合には他の専門機関と協力して、栄養、住宅、衛生、レクリエイション、経済上又は労働上の条件及び他の環境衛生状態の改善を促進すること。
(j) 健康増進に貢献する科学的及び専門的団体相互間の協力を促進すること。
(k) 国際的保健事項に関して、条約、協定及び規則を提案し、並びに勧告を行うこと並びにこれらの条約、協定、規則及び勧告がこの機関に与え且つこの機関の目的に合致する義務を遂行すること。
(l) 母子の健康と福祉を増進し、変化する全般的環境の中で調和して生活する能力を育成すること。
(m) 精神的健康の分野における活動、特に人間相互間の調和に影響する活動を育成すること。
(n) 保健の分野における研究を促進し、及び指導すること。
(o) 保健及び医療の職業並びにこれに関係のある職業における教育及び訓練の基準の改善を促進すること。
(p) 必要な場合には他の専門機関と協力して、病院業務及び社会保障を含む予防及び治療の見地からの公衆衛生及び医療に関する行政的及び社会的技術を研究し、及び報告すること。
(q) 保健の分野において情報、助言及び援助を提供すること。
(r) すべての人民の間に保健事項に関して精通した世論を発展させるように援助すること。
(s) 疾病、死因及び公衆衛生業務に関する国際用語表を必要に応じて作成し、及び改正すること。
(t) 必要に応じて診断方法を標準化すること。
(u) 食品、生物学的製剤、薬学的製剤及び類似の製品に関する国際的基準を発展させ、確立し、及び向上させること。
(v) 一般に、この機関の目的を達成するために必要なすべての行動を執ること。

第九条【機関】この機関の事業は、次の諸機関が遂行する。

(a) 世界保健総会(以下「保健総会」という。)
(b) 執行理事会(以下「理事会」という。)
(c) 事務局

第二一条【国際保健規則】保健総会は、次の事項に関する規則を採択する権限を有する。

(a) 疾病の国際的まん延を防止することを目的とする衛生上及び検疫上の要件及び他の手続
(b) 疾病、死因及び公衆衛生業務に関する用語表
(c) 国際的に使用される診断方法に関する基準
(d) 国際貿易において取り扱われる生物学的製剤、薬学的製剤及び類似の製品の安全、純度及び効力に関する基準
(e) 国際貿易において取り扱われる生物学的製剤、薬学的製剤及び類似の製品の広告及び表示

第二二条【国際保健規則の効力】第二一条に従って採択された規則は、保健総会による採択についての妥当な通告がなされた後に、全加盟国に対して効力を生ずる。但し、通告中に述べた期間内に事務局長に拒絶又は留保を通告した加盟国に対しては、この限りでない。

第三七条【職員の国際性】事務局長及び職員は、その任務の遂行に当って、いかなる政府からも又はこの機関外のいかなる権力者からも訓令を求め、又は受けてはならない。事務局長及び職員は、その国際的役員としての地位を損ずる虞のあるいかなる行動をも慎まなければならない。他方、この機関の各加盟国は、事務局長及び職員のもっぱら国際的な性質を尊重すること並びにこれらを左右しようとしないことを約束する。

10　国際保健規則（二〇〇五）（抜粋）

採　択　二〇〇五年五月二三日
効力発生　二〇〇七年六月一五日
改　正　二〇一四年五月二四日（世界保健総会決議ＷＨＡ六七・一三）二〇一六年七月一一日効力発生
日本国　二〇〇七年六月一五日効力発生

第二条（目的及び範囲）本規則の目的及び範囲は、公衆衛生上のリスクと均衡しそれに限定した方法で、且つ、国際交通及び取引に対する不要な干渉を回避して、疾病の国際的拡大を防止し、防護し、管理し、及びそのための公衆衛生上の対策を提供することである。

第三条（原則）1　本規則の実施は、人間の尊厳、人権及び基本的自由を完全に尊重して行なわれる。
2　本規則の実施は、国連憲章及び世界保健機関憲章を指針として行なわれる。
3　本規則の実施は、疾病の国際的拡大から世界のすべての人々を保護するために普遍的に適用するという目標を指針として行なわれる。
4　国は、国連憲章及び国際法の諸原則に従い、自国の保健政策に基づき立法を行い且つそれを実施する主権的権利を有する。その際、国は本規則の目的を尊重すべきである。

第六条（通報）1　締約国は、附録第二の決定文書に従って、自国領域内で発生した事案を評価する。締約国は、決定文書に従い、自国領域内で発生した国際的に懸念される公衆衛生上の緊急事態になりうるすべての事案並びにそれら事案に対して実施されたいかなる保健上の措置も、利用できる最も効率的な伝達手段により、国際保健規則に関する国の連絡窓口を通じて、公衆衛生上の情報を評価した後二四時間以内に、世界保健機関（ＷＨＯ）に通報する。ＷＨＯは、受理した通報が国際原子力機関（ＩＡＥＡ）の権限に関わる場合には、直ちにＩＡＥＡに通報する。
2　締約国は、通報後引き続き、通報した事案に関して入手しうる時宜に適った、正確で且つ十分に詳細な公衆衛生上の情報をＷＨＯに伝達する。当該情報には、可能な場合には、症例の定義、検査結果、リスクの源泉並びに種類、症例並びに死者の数、疾病の拡大に関する状況、及び実施された保健上の措置を含める。締約国は、必要な場合には、国際的に懸念される潜在的な公衆衛生上の緊急事態に対応する際に直面した困難並びに必要な支援を報告する。

第七条（予期しない又は特異な公衆衛生上の事案が発生している場合の情報共有）締約国は、その原因又は発生源にかかわらず、国際的に懸念される公衆衛生上の緊急事態になりうる自国領域内での予期しない又は特異な公衆衛生上の事案に関する証拠がある場合には、関連するすべての公衆衛生上の情報をＷＨＯに提供する。この場合、第六条の規定が全面的に適用される。

第一一条（ＷＨＯによる情報の提供）1　ＷＨＯは、本条第二項に従い、第五条乃至第十条に基づき受理し、締約国が公衆衛生上のリスクに対処するのに必要となる公衆衛生上の情報を、すべての締約国並びに適当な場合には関係する政府間機関に対し、可及的速やかに且つ最も効率的な手段により機密扱いで、送付する。ＷＨＯは、他の締約国が同様の事態の発生を防止することを助けうる情報を当該他の締約国に伝達すべきである。
2　ＷＨＯは、第六条、第八条及び第九条第二項に基づき受理した情報を本規則に規定する検証、評価及び援助のために使用する。これら規定に言及する締約国と別段の合意がない限り、かかる情報は、次に定めるいずれかの時期まで他の締約国に一般的に提供されてはならない。
(a)　当該事案が、第一二条に従い国際的に懸念される公衆衛生上の緊急事態を構成すると認定されるまで。
(b)　確立した疫学上の原則に従い感染又は汚染の国際的な拡大を裏付ける情報がＷＨＯにより確認されるまで。
(c)　次のことの証拠があるまで。
(i)　汚染、病原体、媒介体若しくは保有宿主の性質上、国際的な拡大に対する管理措置が成功しないと思われること、又は、
(ii)　締約国が、疾病のさらなる拡大を防止するのに必要な措置を実施する十分な実行上の能力を欠いていること。
(d)　感染又は汚染されたおそれのある旅行者、手荷物、貨物、コンテナ、輸送機関、物品又は郵便小包の国際的移動の性質及び範囲から、国際的な管理措置の適用が直ちに必要とされるまで。
3　ＷＨＯは、自国領域内で事案が発生している締約国と、本条に基づき情報を利用できるようにする当該締約国の意図につき協議する。
4　本条第二項に基づきＷＨＯが受理した情報が本規則に従い締約国に利用可能になる際、同一の事案に関する他の情報が既に公となっており且つ権威ある独立の情報の公表が必要とされている場合には、ＷＨＯは前記の情報を公衆にも利用可能とすることができる。

第一二条（国際的に懸念される公衆衛生上の緊急事態の認定）1　事務局長は、受理した情報（とくに自国領域内で事案が発生している締約国から受理した情報）に基づき、当該事案が本規則に規定する基準並びに手続に照らして国際的に懸念される公衆衛生上の緊急事態を構成するかを認定する。
2　事務局長は、本規則の下で行なわれた評価に基づき、国際的に懸念される公衆衛生上の緊急事態が発生していると考える場合には、その予備的認定について、自国領域内で当該事案が発生している締約国と協議する。事務局長と当該締約国がかかる認定に

つき合意する場合には、事務局長は、第四九条に規定する手続に従い、第四八条に基づき設置される委員会（以下「緊急委員会」という。）に、適当な暫定的勧告に関する見解を求める。

3　前項の協議の後、四八時間以内に、事務局長と自国領域内で事案が発生した締約国との間で当該事案が国際的に懸念される公衆衛生上の緊急事態を構成するかにつき意見の一致に至らなかった場合には、第四九条に規定する手続に従って認定が行なわれる。

4　事案が国際的に懸念される公衆衛生上の緊急事態を構成するかの認定に際して、事務局長は、次のものを考慮しなければならない。

(a)　締約国から提供された情報
(b)　附録第二に記載する決定文書
(c)　緊急委員会の助言
(d)　科学的原則及び入手可能な科学的証拠その他の関連情報
(e)　人の健康に対するリスク、疾病の国際的な拡大のリスク、及び、国際交通への干渉のリスクに関する評価

5　事務局長は、自国領域内で国際的に懸念される公衆衛生上の緊急事態が発生した締約国と協議した後、国際的に懸念される公衆衛生上の緊急事態が終了したと考える場合には、第四九条に規定する手続に従って決定を行なう。

1 11　国際原子力機関憲章（ＩＡＥＡ憲章）（抄）

作成　一九五六年一〇月二六日
効力発生　一九五七年七月二九日
最終改正　一九九〇年一二月二八日効力発生［第六条］
日本国　一九五六年一〇月二六日署名、一九五七年七月一六日批准書寄託、七月二九日効力発生、八月七日公布（条約一四号）

第一条（機関の設立） この憲章の当事国は、以下に定める条件に基き国際原子力機関（以下「機関」という。）を設立する。

第二条（目的） 機関は、全世界における平和、保健及び繁栄に対する原子力の貢献を促進し、及び増大するように努力しなければならない。機関は、できる限り、機関がみずから提供し、その要請により提供され、又はその監督下若しくは管理下において提供された援助がいずれかの軍事的目的を助長するような方法で利用されないことを確保しなければならない。

第三条（任務） A　機関は、次のことを行う権限を有する。

1　全世界における平和的利用のための原子力の研究、開発及び実用化を奨励しかつ援助し、要請を受けたときは、機関のいずれかの加盟国による他の加盟国のための役務の実施又は物質、設備及び施設の供給を確保するため仲介者として行動し、並びに平和的目的のための原子力の研究、開発又は実用化に役だつ活動又は役務を行うこと。

2　平和的目的のための原子力の研究、開発及び実用化（電力の生産を含む。）の必要を満たすため、世界の低開発地域におけるその必要に妥当な考慮を払った上で、この憲章に従って、物質、役務、設備及び施設を提供すること。

3　原子力の平和的利用に関する科学上及び技術上の情報の交換を促進すること。

4　原子力の平和的利用の分野における科学者及び専門家の交換及び訓練を奨励すること。

5　機関がみずから提供し、その要請により提供され、又はその監督下若しくは管理下において提供された特殊核分裂性物質その他の物質、役務、設備、施設及び情報がいずれかの軍事的目的を助長するような方法で利用されないことを確保するための保障措置を設定し、かつ、実施すること並びに、いずれかの二国間若しくは多数国間の取極の当時国の要請を受けたときは、その取極に対し、又はいずれかの国の要請を受けたときは、その国の原子力の分野におけるいずれかの活動に対して、保障措置を適用すること。

6　国際連合の権限のある機関及び関係専門機関と協議し、かつ、適当な場合にはそれらと協力して、健康を保護し、並びに人命及び財産に対する危険を最小にするための安全上の基準（労働条件のための基準を含む。）を設定し、又は採用すること、機関みずからの活動並びに機関がみずから提供し、その要請により提供され、又はその管理下若しくは監督下において提供された物質、役務、設備、施設及び情報を利用する活動に対して、前記の基準が適用されるように措置を執ること並びに、いずれかの二国間若しくは多数国間の取極の当時国の要請を受けたときは、その取極に基く活動に対し、又はいずれかの国の要請を受けたときは、その国の原子力の分野におけるいずれかの活動に対して、前記の基準が適用されるように措置を執ること。

7　関係地域で機関が利用しうる施設、工場及び設備が、不適当であるか、又は機関の不満足であると考える条件によるほか利用しえないときはいつでも、機関が認められた任務を遂行するため必要な施設、工場及び設備を取得し、又は設置すること。

B　機関は、その任務を遂行するため、次のことを行うものとする。

1　平和及び国際協力を助長する国際連合の目的及び原則に従い、並びに保障された世界的軍備縮小

の確立を促進する国際連合の政策及びその政策に従って締結されるすべての国際協定に従って、機関の事業を行うこと。

2　機関が受領する特殊核分裂性物質の利用につき、それらの物質が平和的目的にのみ利用されることを確保するため、管理を設定すること。

3　機関の資源を、世界の低開発地域における特別の必要を考慮した上で、世界のすべての地域における効果的な利用及び最大限の一般的利益を確保するような方法により、配分すること。

4　機関の事業に関する報告を毎年国際連合総会に提出し、かつ、適当な場合には、安全保障理事会に提出すること。機関の事業に関して安全保障理事会の権限内の問題が生じたときは、機関は、国際の平和及び安全の維持に関する主要な責任を負う機関である安全保障理事会に通告するものとし、また、この憲章に基き機関にとって可能な措置（第一二条Cに定める措置を含む。）を執ることができる。

5　国際連合の経済社会理事会その他の機関に対し、それらの機関の権限内の事項に関し、報告を提出すること。

C　機関は、その任務を遂行するに当り、加盟国に対し、この憲章の規定と両立しない政治上、経済上、軍事上その他の条件による援助を行つてはならない。

D　機関の事業は、この憲章の規定及びいずれかの国又は一群の国と機関との間で締結され、かつ、この憲章の規定に合致する諸協定の条項に従うことを条件として、諸国の主権に対して妥当な尊敬を払って実施しなければならない。

第四条（加盟国の地位）A　機関の原加盟国は、この憲章が署名のため開放されてから九〇日以内にこの憲章に署名した国際連合又はいずれかの専門機関の加盟国で、批准書を寄託したものとする。

B　機関の他の加盟国は、国際連合又はいずれかの専門機関の加盟国であるかどうかを問わず、機関の加盟国としての地位を理事会の勧告に基き総会により承認された後に、この憲章の受諾書を寄託する国とする。理事会及び総会は、いずれかの国を加盟国として勧告し、及び承認するに当り、当該国が機関の加盟国としての義務を履行する能力及び意思を有することを、国際連合憲章の目的及び原則に従って行動することについてのその国の能力及び意思に妥当な考慮を払った上で、決定しなければならない。

C　機関は、すべての加盟国の主権平等の原則に基礎をおくものとし、すべての加盟国は、加盟国としての地位から生ずる権利及び利益をすべての加盟国に確保するため、この憲章により加盟国が負う義務を誠実に履行しなければならない。

第五条（総会）（略）

第六条（理事会）A　理事会は、次のとおり構成される。

1　任期の終了する理事会は、理事国として、原子力に関する技術（原料物質の生産を含む。）の最も進歩した一〇の加盟国及び、次の地域のうちこれらの一〇の加盟国のいずれも含まれない地域のそれぞれにおいて、原子力に関する技術（原料物質の生産を含む。）の最も進歩した一の加盟国を指定する。

(1)　北アメリカ
(2)　ラテン・アメリカ
(3)　西ヨーロッパ
(4)　東ヨーロッパ
(5)　アフリカ
(6)　中東及び南アジア
(7)　東南アジア及び太平洋
(8)　極東

2　総会は、理事国として、

(a)　A1に掲げる地域の加盟国が理事会全体として公平に代表されるように妥当な考慮を払った上で、ラテン・アメリカ地域の五人の代表者、西ヨーロッパ地域の四人の代表者、東ヨーロッパ地域の三人の代表者、アフリカ地域の四人の代表者、中東及び南アジア地域の二人の代表者、東南アジア及び太平洋地域の一人の代表者並びに極東地域の一人の代表者が理事会においてこの部類に常に含まれるように、二〇の加盟国を選出する。いずれか一の任期においてこの部類に含まれた加盟国は、その次の任期にこの部類で再選される資格を有しない。

(b)　次の地域の加盟国のうちから、さらに一の加盟国を選出する。

中東及び南アジア
東南アジア及び太平洋
極東

(c)　次の地域の加盟国のうちから、さらに一の加盟国を選出する。

アフリカ
中東及び南アジア
東南アジア及び太平洋

B～D　（略）

E　各理事国は、一個の投票権を有する。機関の予算額の決定は、第一四条Hに定めるところに従い、出席しかつ投票する理事国の三分の二の多数により行う。他の問題に関する決定（三分の二の多数により決定されるべき新たな問題又は問題の部類の決定を含む。）は、出席しかつ投票する理事国の過半数により行う。全理事国の三分の二をもって、定足数とする。

F　理事会は、この憲章に定める総会に対する責任に従うことを条件として、この憲章に従い、機関の任務を遂行する権限を有する。

G～H　（略）

I　理事会は、適当と認める委員会を設けることができる。理事会は、他の機関との関係において理事会を代表すべき者を任命することができる。

J　理事会は、機関の諸事項及び機関により承認されたすべての計画に関し、総会に対する年次報告を作成するものとする。理事会は、また、国際連合又は機関の活動と関連のある活動を行う他の機関に対して機関が提出するように要請されている、又は要請されることのある報告を、総会に提出するため、作成するものとする。これらの報告は、年次報告とともに、総会の年次通常会期の少くとも一箇月前に、機関の加盟国に提出するものとする。

第七条（職員）（略）

第八条（情報の交換）A　各加盟国は、自国の判断により機関にとって有用と考える情報を提供するものとする。

B　各加盟国は、第一一条の規定に従って機関により与えられた援助の結果として得られるすべての科学的情報を機関に提供しなければならない。

C　機関は、A及びBの規定により機関に提供された情報を収集整理し、かつ、それを利用しやすい形式で利用に供するものとする。機関は、原子力の性質及び平和的利用に関する情報の加盟国間における交換の奨励のための積極的措置を執るものとし、また、この目的のため、加盟国間の仲介者となるものとする。

第九条（物質の供給）A　加盟国は、自国が適当と考える量の特殊核分裂性物質を、機関が同意する条件で、機関に提供することができる。機関に提供された物質は、提供する加盟国の裁量により、その加盟国が貯蔵し、又は機関の同意を得て、機関の貯蔵所に貯蔵することができる。

B～J　（略）

第一〇条（役務、設備及び施設）加盟国は、機関に対し、機関の目的及び任務の遂行に役だつ役務、設備及び施設を提供することができる。

第一一条（機関の計画）A　機関のいずれかの加盟国又は加盟国群は、平和的目的のための原子力の研究、開発又は実用化の計画を設定することを希望するときは、このため必要な特殊核分裂性物質及び他の物質、役務、設備並びに施設の確保に当って、機関の援助を要請することができる。この要請には、計画の目的及び範囲の説明を添えるものとし、理事会は、その要請を検討するものとする。

B　機関は、また、要請を受けたときは、いずれかの加盟国又は加盟国群が前記の計画を遂行するため必要な融資を外部から確保するように取りきめることについて、援助することができる。この援助の供与に当っては、機関は、その計画のために、いかなる担保の提供又は財政的責任の負担をも要求されないものとする。

C～E　（略）

F　機関は、計画を承認したときは、その計画を提出した加盟国又は加盟国群と協定を締結するものとし、その協定は、次のことを定めるものとする。

1　必要な特殊核分裂性物質及び他の物質の計画への割当

2　特殊核分裂性物質のその時の保管（機関により保管されているか、又は機関の計画への利用のため提供する加盟国により保管されているかを問わない。）の場所から、計画を提出した加盟国又は加盟国群への、必要な積送の安全を確保し、かつ、妥当な保健上及び安全上の基準に合致する条件の下における移転

3　機関がみずからいずれかの物質、役務、設備及び施設を提供するときは、その提供の条件（料金を含む。）並びに、いずれかの加盟国がそれらの物質、役務、設備及び施設を供給するときは、計画を提出した加盟国又は加盟国群と供給国とが取りきめる条件

4　(a)提供される援助が、いずれかの軍事的目的を助長するような方法で利用されないこと及び(b)計画が第一二条に定める保障措置（関係保障措置は、協定中に明記するものとする。）に従うべきことについて、計画を提出した加盟国又は加盟国群が行う約束

5　計画から生ずる発明若しくは発見又はその発明若しくは発見に関する特許についての機関及び関係加盟国の権利及び利益に関する適当な規定

6　紛争の解決に関する適当な規定

7　その他の適当な規定

G　この条の規定は、また、適当な場合には、既存の計画に関する物質、役務、施設又は設備に対する要請にも適用される。

第一二条（機関の保障措置）A　機関は、機関のいずれかの計画に関し、又は、他の取極の関係当時国が機関に対して保障措置の適用を要請する場合に、その取極に関し、その計画又は取極に関連する限度において、次のことを行う権利及び責任を有する。

1　専門的設備及び施設（原子炉を含む。）の設計を検討すること並びに、その設計が軍事的目的を助長するものでなく、妥当な保健上及び安全上の基準に合致しており、かつ、この条に定める保障措置を実効的に適用しうるものであることを確保するという見地からのみ、その設計を承認すること。

2　機関が定める保健上及び安全上の措置の遵守を要求すること。

3　前記の計画又は取極において使用され、又は生産される原料物質及び特殊核分裂性物質の計量性の確保に役だつ操作記録の保持及び提出を要求すること。

4　経過報告を要求し、及び受領すること。

5　照射を受けた物質の化学処理のため用いられる方法を、その化学処理が物質の軍事的目的への転用に役だてられるものでなく、かつ、妥当な保健上及び安全上の基準に合致するものであることを確保することのみを目的として、承認すること、回収され又は副産物として生産された特殊核分裂性物質が、関係加盟国の指定する研究のため、又はその指定する既存の若しくは建設中の原子炉において、継続的に機関の保障措置の下で、平和的

目的に利用されるように要求すること並びに回収され又は副産物として生産された特殊核分裂性物質で前記の利用のため必要な量をこえる余分のものを、その蓄積を防ぐため、機関に寄託するように要求すること。ただし、機関に寄託されたその特殊核分裂性物質は、その後関係加盟国が要請したときは、前記の規定に基く利用のため、関係加盟国にすみやかに返還されるものとする。

6　機関が関係国と協議の後指定した視察員を受領国の領域に派遣すること。その視察員は、いつでも、供給された原料物質及び特殊核分裂性物質並びに核分裂性生産物の計量のため、並びに第一一条Ｆ４にいう軍事的目的の助長のために利用しないことについての約束、この条のＡ２にいう保健上及び安全上の措置並びに機関と関係国との間の協定に定める他のいずれかの条件に対する違反の有無の決定のために必要なすべての場所、資料及び人(この憲章に基き保障措置の適用が要求される物質、設備又は施設に職掌上関係する者)に近づくことができる。機関が指定した視察員は、関係国の要請を受けたときは、自己の職務の執行を遅滞させられ、又は妨げられないことを条件として、その国の当局の代表者を伴わなければならない。

7　違反が存在し、かつ、受領国が要請された是正措置を適当な期間内に執らなかったときは、援助を停止し、又は終止し、並びに当該計画の促進のため機関又は加盟国が提供したいずれかの物質及び設備を撤収すること。

Ｂ　機関は、必要な場合には、視察部を設置するものとする。視察部は、機関の承認、監督又は管理を受ける計画に対して適用するために定めた保健上及び安全上の措置に機関が違反していないかどうか、並びに機関が保管し、又はその作業において使用され若しくは生産される原料物質及び特殊核分裂性物質がいずれかの軍事的目的の助長のため使用されることを防止するために、機関が十分な措置を執っているかどうかを決定するため、機関がみずから行うすべての作業を検査する責任を負うものとする。機関は、前記の違反が存在すること又は前記の十分な措置が執られていないことを是正するための改善の措置を直ちに執らなければならない。

Ｃ　視察部は、また、この条のＡ６にいう計量の結果を入手しかつ検認する責任並びに第一一条Ｆ４にいう約束、この条のＡ２にいう措置及び機関と関係国との間の協定に定める計画の他のすべての条件に対する違反の有無を決定する責任を負うものとする。視察員は、違反を事務局長に報告しなければならず、事務局長は、その報告を理事会に伝達しなければならない。理事会は、発生したと認める違反を直ちに改善するように受領国に要求しなければならない。理事会は、その違反をすべての加盟国並びに国際連合の安全保障理事会及び総会に報告しなければならない。受領国が適当な期間内に十分な是正措置を執らなかった場合には、理事会は、機関又は加盟国が提供する援助の削減又は停止を命ずる措置並びに受領加盟国又は受領加盟国群に提供された物質及び設備の返還を要求する措置のうちの一方又は双方を執ることができる。機関は、また、第一九条の規定に従い、違反を行った加盟国に対し、加盟国としての特権及び権利の行使を停止することができる。

第一三条（加盟国に対する償還）
第一四条（会計）
第一五条（特権及び免除）
第一六条（他の機関との関係）　（略）
第一七条（紛争の解決）
第一八条（改正及び脱退）
第一九条（特権の停止）

第二〇条（定義）この憲章において、

1　「特殊核分裂性物質」とは、プルトニウム二三九、ウラン二三三、同位元素ウラン二三五又は二三三の濃縮ウラン、前記のものの一又は二以上を含有している物質及び理事会が随時決定する他の核分裂性物質をいう。ただし、「特殊核分裂性物質」には、原料物質を含まない。

2　「同位元素ウラン二三五又は二三三の濃縮ウラン」とは、同位元素ウラン二三五若しくは二三三又はその双方を、同位元素ウラン二三八に対するそれらの二同位元素の合計の含有率が、天然ウランにおける同位元素ウラン二三八に対する同位元素ウラン二三五の率より大きくなる量だけ含有しているウランをいう。

3　「原料物質」とは、次のものをいう。
ウランの同位元素の天然の混合率からなるウラン
同位元素ウラン二三五の劣化ウラン
トリウム
金属、合金、化合物又は高含有物の形状において前掲のいずれかの物質を含有する物質
他の物質で理事会が随時決定する含有率において前掲の物質の一又は二以上を含有するもの
理事会が随時決定するその他の物質

第二一条（署名、受諾及び効力発生）
第二二条（国際連合への登録）　（略）
第二三条（正文及び認証謄本）

附属書　（略）

第2節　地域的機関

1 12 欧州連合に関する条約(欧州連合条約)(抄)

署　名　一九九二年二月七日(マーストリヒト)
効力発生　一九九三年一一月一日
改　正　一九九七年一〇月二日署名のアムステルダム条約による改正、一九九九年五月一日効力発生
二〇〇一年二月二六日署名のニース条約による改正、二〇〇三年二月一日効力発生
二〇〇三年四月一六日署名のチェコ共和国、エストニア共和国、キプロス共和国、ラトビア共和国、リトアニア共和国、ハンガリー共和国、マルタ共和国、ポーランド共和国、スロベニア共和国及びスロバキア共和国の加盟条件並びに欧州連合の設立に関する諸条約との調整に関する議定書による改正、二〇〇四年五月一日効力発生
二〇〇五年四月二五日署名のブルガリア共和国及びルーマニアの加盟条件並びに欧州連合の設立に関する諸条約との調整に関する議定書による改正、二〇〇七年一月一日効力発生
二〇〇七年一二月一三日署名のリスボン条約による改正、二〇〇九年一二月一日効力発生

〔注〕リスボン条約により、改正、追加された条文については、条文見出しの後に〈*印〉を付し、改正された条文に対応する旧条文がある場合には、その番号を表示した。

前　文

ベルギー国王陛下(以下、構成国元首名略)は、欧州三共同体の設立によって着手された欧州統合の過程に新たな段階をしるすことを決意し、

人間人格の不可侵かつ不可譲の権利、自由、民主主義、平等及び法の支配という普遍的価値の発展の淵源である欧州の文化的、宗教的及び人間主義的遺産に触発され、

欧州大陸の分断が終焉した歴史的重要性及び将来の欧州の建設のために確固とした基礎を創造する必要性を想起し、

自由、民主主義、人権及び基本的自由の尊重並びに法の支配の諸原則に対する愛着を確認し、

一九六一年一〇月一八日にトリノで署名された欧州社会憲章及び労働者の基本的社会権に関する一九八九年の共同体憲章に定められた基本的社会権への愛着を確認し、

諸国民の歴史、文化及び伝統を尊重しつつ、諸国民間の連帯を深めることを希望し、

諸機関がそれに委ねられた任務を単一の制度的枠組みの中でより良く遂行することができるようにするため、当該諸機関の民主的かつ効率的な機能を一層向上させることを希望し、

諸国の経済の強化及び集中を達成し、並びにこの条約及び欧州連合の運営に関する条約の規定に従って、単一かつ安定した通貨を含む経済通貨連合を設立することを決意し、

持続可能な発展の原則を考慮し、域内市場及びより強固な結束並びに環境保護の達成という文脈の中で、諸国民のために経済的及び社会的進歩を促進し、並びに、経済統合の進展が他の分野における並行した進歩を伴うことを確保するような政策を実施することを決定し、

諸国の国民に共通する市民権を創設することを決意し、

第四二条の規定に従って共同防衛へと導く共通防衛政策の漸進的な策定を含む共通外交安全保障政策を実施し、それによって、欧州及び世界の平和、安全保障及び進歩を促進するために欧州の一体性及び独立性を強化することを決意し、

この条約及び欧州連合の運営に関する条約の規定に従い、自由、安全保障及び正義の地域を確立することにより、諸国民の安全及び安全保障を確保しながら、人の自由移動を容易にすることを再確認し、

補完性の原則に従ってできる限り市民に近いところで決定が行われるような、欧州の諸国民の間のより緊密な連合を創設する過程を継続することを決意し、

欧州統合を前進させるためにさらに進んだ措置をとる目的で、

欧州連合を設立することを決定し、この目的のために次の全権委員を任命した。

〔全権委員名略〕

全権委員は、互いにその全権委任状を示してそれが良好妥当であると認めた後、次のとおり協定した。

第一編　共通規定

第一条【欧州連合の設立】〈*一条〉締約国は、この条約により、締約国間に欧州連合(以下「連合」という。)を設立し、構成国が共通に有する目的を達成するため、連合に諸権限を与える。

この条約は、欧州の諸国民の間に一層緊密な連合を創設する過程の新たな段階を画するものであり、この連合においては、できる限り市民に開かれ、かつ近いところで決定が行われる。

連合は、この条約及び欧州連合の運営に関する条約(以下これらを「基本条約」という。)に基づいて設立する。これらの二つの基本条約は、同一の法的価値を有するものとする。連合は、欧州共同体にとって代わり、それを承継する。

第二条【価値】連合は、人間の尊厳の尊重、自由、民主主義、平等、法の支配、人権(少数者に属する人の権利を含む。)の尊重という諸価値に基礎を置く。これらの諸価値は、多元主義、無差別、寛容、正義、

連帯及び男女平等が優先する社会において構成国に共通である。

第三条【目的】〈＊二条〉1　連合の目標は、平和、連合の諸価値及び連合の諸人民の福祉を促進することにある。

2　連合は、連合市民に域内境界のない、自由、安全及び正義の地域を提供する。そこにおいては、国境管理、庇護、移住及び犯罪の防止と撲滅に関する適切な措置と相まって、人の自由移動を保証する。

3　連合は、単一の域内市場を設立する。連合は、均衡のとれた経済成長及び価格の安定、完全雇用及び社会発展を目指す高度に競争的な社会的市場経済、並びに高度の環境保護及び環境の質の改善に基づく欧州の持続的発展のために活動する。連合は、科学的及び技術的進歩を促進する。

連合は、社会的排除及び差別と闘い、社会的な正義及び保護、男女間の平等、世代間の連帯、並びに児童の権利の保護を促進する。

連合は、構成国間の経済的、社会的及び領域的結合並びに連帯を促進する。

連合は、その豊かな文化的及び言語的多様性を尊重し、欧州の文化的遺産が保護され発展することを確保する。

4　連合は、ユーロを通貨とする経済通貨同盟を設立する。

5　連合は、外の世界との関係では、連合の諸価値及び利益を支持し及び促進し、並びに連合市民の保護に寄与する。連合は、平和、安全、地球の持続可能な発展、諸人民の間における連帯及び相互尊重、自由かつ公正な貿易、貧困の根絶、人権とりわけ児童の権利の保護、並びに国際法の厳格な遵守及び発展（国際連合憲章の諸原則の尊重を含む。）に寄与する。

6　連合は、基本条約においてみずからに付与された権限に応じた適切な手段により、その目的を追求する。

第四条【基本原則】1　第五条に従って、基本条約により連合に付与されていない権限は、引き続き構成国に存する。

2　連合は、基本条約の前における構成国の平等、並びに、構成国の政治的及び憲法的基礎構造（地方自治を含む。）に内在するその国民的一体性を尊重する。連合は、国家の領土保全の確保、法と秩序の維持及び国家安全保障の保護を含む、構成国の本質的な国家機能を尊重する。とりわけ、国家安全保障は、もっぱら各構成国の責任である。

3　誠実な協力の原則に従い、連合及び構成国は、相互に十分尊重し合いながら、基本条約から生ずる任務の実施において互いに援助しあうものとする。

構成国は、基本条約及び連合機関の行為から生ずる義務の履行を確保するため、一般的又は個別的なすべての適当な措置をとる。

構成国は、連合の任務の達成を促進し、連合の目的の達成を脅かすいかなる措置をも慎しまなければならない。

第五条【行動原則】〈＊旧EC条約五条〉1　連合の権限の限界は、権限付与の原則により規律される。連合の権限の行使は、補完性の原則及び比例性の原則により規律される。

2　連合は、権限付与の原則に基づいて、基本条約に定める目的を達成するために基本条約において構成国が付与した権限の限界内においてのみ行動する。基本条約により連合に付与されていない権限は、引き続き構成国に存する。

3　連合は、補完性原則に基づいて、その排他的権限に属しない分野においては、提案された行動の目的が中央政府であれ地方政府であれ構成国によっては十分に達成できず、提案された行動の規模又は効果の点からいって連合により一層良く達成できる場合にのみ、かつその限りにおいて行動する。

連合の機関は、補完性原則及び比例性原則の適用に関する議定書に定めるように、補完性原則を適用する。各国議会は、同議定書に定める手続に従って補完性原則の遵守を確保する。

4　比例性原則に基づいて、連合の行動の内容及び形式は、基本条約の目的を達成するために必要な限度を超えてはならない。

連合の機関は、補完性原則及び比例性原則の適用に関する議定書に定めるように、比例性原則を適用する。

第六条【基本権の尊重】〈＊六条〉1　連合は、二〇〇七年一二月一二日にストラスブールで調整された二〇〇〇年一二月七日の欧州連合基本権憲章に定める権利、自由及び原則を承認する。同憲章は、基本条約と同一の法的価値を有する。

同憲章の規定は、基本条約に規定する連合の権限をいかなる意味でも拡大するものではない。

同憲章上の権利、自由及び原則は、その解釈及び適用を規律する憲章第七編の規定に従い、憲章にいう説明であってこれらの規定の淵源を述べたものに適正な考慮を払って解釈されなければならない。

2　連合は、人権及び基本的自由の保護のための欧州条約に加入する。この加入は、基本条約に定める連合の権限に影響を及ぼすものではない。

3　人権及び基本的自由の保護のための欧州条約により保障され、かつ構成国に共通の憲法的伝統に由来する基本権は、連合の法の一般原則を構成する。

第七条【制裁】〈＊七条〉1　理事会は、構成国の三分の一、欧州議会又は欧州委員会の理由を付した提案に基づき、欧州議会の同意を得た後、その構成員の五分の四の多数決により、構成国による第二条にいう価値の重大な違反が生じる明白な危険があることを認定する。このような認定を行う前に、理事会は、当該構成国から事情を聴取しなければならず、また、同様の手続に従って当該国に勧告を行うことができる。

理事会は、このような認定がなされた根拠が継続して妥当していることを定期的に検証する。
2 欧州理事会は、構成国の三分の一又は欧州委員会の提案に基づき、欧州議会の同意を得た後、当該構成国政府の意見の提出を勧誘した後に、全会一致によって、当該構成国による第二条にいう価値に対する重大かつ継続的な違反の存在を認定することができる。
3 2に基づいて認定が行われた場合、理事会は、当該構成国に対する基本条約の適用から生ずる一定の権利（理事会における当該構成国政府代表の投票権を含む。）の停止を特定多数決によって、決定することができる。その場合、理事会は、かかる停止が自然人及び法人の権利義務に及ぼす影響を考慮しなければならない。
この条約に基づく当該構成国の義務は、いかなる場合においても、当該国を引き続き拘束する。
4 理事会は、その後、当該措置を課す原因となった状況の変化に対応して、特定多数決によって3に基づいてとられた措置の変更又は撤回を決定することができる。
5 この条の適用にあたって、欧州議会、欧州理事会及び理事会に適用する票決の取極は、欧州連合の運営に関する条約第三五四条に定める。

第八条【隣接諸国との関係】 1 連合は、連合の価値に基づく繁栄と善隣の地域であって、協力を基礎とする緊密かつ平和的関係の性格を有するものの設立を目指して、隣接諸国との特別の関係を発展させる。
2 1の目的のために、連合は当該諸国と特別の協定を締結することができる。この協定においては、相互的権利義務並びに共同の行動の実施可能性を規定することができる。この協定の実施は、定期的協議の対象とする。

第二編 民主主義原則に関する規定

第九条【連合市民】 連合は、そのすべての活動において、連合市民の平等の原則を遵守する。連合市民は、連合の機関、補助機関、部局及び外局により平等に注意を払われる。構成国の国民はすべて、連合の市民である。連合市民権は、各国の市民権に付加して認められるものであり、それに取って代わるものではない。

第一〇条【連合の民主主義】 1 連合の運営は、代議制民主主義に基礎をおく。
2 市民は、連合においては、欧州議会により直接に代表される。
構成国は、欧州理事会においては国家元首又は政府の長により、理事会においては政府により代表され、政府はそれ自体各国議会又は各国市民に対して民主主義的に責任を負う。
3 すべての市民は、連合の民主主義的生活に参加する権利を有する。決定は、できるかぎり市民に開かれ、かつ近いところでなされなければならない。
4 欧州規模における政党は、欧州の政治意識の形成及び連合市民の意思の表明に寄与する。

第一一条【市民の直接的権利】 1 連合の機関は、適当な手段により、連合の行動のすべての領域において市民及びその代表組織の意見を周知させ、公に交換される機会を彼らに提供する。
2 連合の機関は、代表組織及び市民社会との公開で、透明で定期的な対話を維持する。
3 欧州委員会は、連合の行動が一貫しており整合的で透明であることを確保するため、関係者と広範な協議を実施する。
4 相当数の構成国の国民を含む一〇〇万人以上の市民は、欧州委員会が、その権能の枠組内で、基本条約を実施するため連合の法的行為が必要であると市民が考える事項についての適当な提案を提出するよう、発議することができる。
こうした市民の発議に必要な手続及び条件は、欧州連合の運営に関する条約第二四条第一段に従って定められる。

第一二条【各国議会の役割】 各国議会は、次のことにより連合の適正な運営に能動的に寄与する。
(a) 欧州連合における各国議会の役割に関する議定書に従って、連合機関により情報を与えられ、かつ立法行為の草案を通知されること
(b) 補完性原則及び比例制原則の適用に関する議定書に規定する手続に従って、補完性原則が尊重されるよう注意を払われること
(c) 自由、安全及び正義の地域の枠組内で、欧州連合の運営に関する条約第七〇条に従って、この地域の連合政策の実施メカニズムの評価に参加すること、並びに、同条約第八八条及び八五条に従って、ユーロポールの政治的監視及びユーロジャストの活動の評価に関わること
(d) この条約第四八条に従って、基本条約の改正手続に参加すること
(e) この条約第四九条に従って、連合への加盟申請を通知されること
(f) 欧州連合における各国議会の役割に関する議定書に従って、各国議会の間における、また欧州議会との間における議会間協力に参加すること

第三編 機関に関する規定

第一三条【機関】 1 連合は、連合の価値の促進をめざし、連合の目的を前進させ、連合の利益、市民の利益及び構成国の利益に仕え、並びに連合の政策及び行動の一貫性、実効性及び継続性を確保する組織的枠組みを有する。
連合の機関は、次の通りである。
―欧州議会
―欧州理事会
―理事会
―欧州委員会（以下、委員会という。）
―欧州連合司法裁判所

—欧州中央銀行
—会計検査院

2　各機関は、基本条約で与えられた権限の範囲内で、かつ基本条約で定められた手続、条件及び目的に従って行動する。機関は、相互に誠実な協力を実践する。

3　欧州中央銀行及び会計検査院に関する規定並びに他の機関に関する詳細な規定は、欧州連合の運営に関する条約で定める。

4　欧州議会、理事会及び委員会は、諮問機関としての資格で行動する経済社会評議会及び地域評議会により補佐される。

第一四条【欧州議会】1　欧州議会は、理事会と共同して、立法機能及び予算に関する機能を果たす。欧州議会は、基本条約に規定するように政治的監督及び協議の機能を果たす。欧州議会は、委員会の委員長を選挙する。

2　欧州議会は、連合市民の代表により構成される。この代表は、一人の議長のほか、七五〇名を超えないものとする。市民の代表は、構成国について逓減的に比例的なものとし、最少六名とする。いかなる構成国も九六を超える議席を配分されない。

　欧州理事会は、欧州議会の発議によりかつその同意を得て、欧州議会の構成を定める決定であって前段にいう原則を尊重するものを全会一致で採択する。

3　欧州議会の議員は、自由かつ秘密投票による直接普通選挙により、五年の任期で選挙される。

4　欧州議会は、その議員の中から、議長及び役員を選挙する。

第一五条【欧州理事会】1　欧州理事会は、連合に対してその発展のために必要な刺激を与え、また連合の一般的な政策指針及び優先順位を定める。欧州理事会は、立法に関する機能を有しない。

2　欧州理事会は、構成国の国家元首又は政府の長、欧州理事会常任議長及び委員会の委員長で構成する。連合外務安全保障政策上級代表は、その作業に参加する。

3　欧州理事会は、その常任議長の招集により、六箇月に二回会合する。議題により必要とされる場合には、欧州理事会の構成員は、一名の閣僚、また委員会の委員長の場合には、一名の委員により、補佐されることを決定することができる。状況により必要とされる場合には、常任議長は欧州理事会の特別会合を招集する。

4　基本条約に別段の定めがある場合を除くほか、欧州理事会はコンセンサスで決定する。

5　欧州理事会は、特定多数決によって一回の再選が可能な二年半の任期でその常任議長を選挙する。障害又は重大な非行の場合には、欧州理事会は同一の手続により常任議長の任期を終了させることができる。

6　欧州理事会常任議長は

(a)　欧州理事会の議長を務め、その作業を推進する。

(b)　委員会の委員長と協力して、かつ総務理事会の作業を基礎として、欧州理事会の作業の準備及び継続性を確保する。

(c)　欧州理事会内での結束とコンセンサスを促進するよう努力する。

(d)　欧州理事会の各会合の後に欧州議会に報告書を提出する。

　欧州理事会常任議長は、そのレヴェル及び資格において、共通外交安全保障政策に関する問題について連合の対外的代表権を有する。ただし、連合外務安全保障政策上級代表の権限を害するものではない。

　欧州理事会常任議長は、国の職を有してはならない。

第一六条【理事会】1　理事会は、欧州議会と共同して、立法機能及び予算に関する機能を果たす。理事会は、基本条約に規定するように、政策の策定及び調整の機能を果たす。

2　理事会は、政府を代表してその票を投じる、各構成国の閣僚級の一名の代表により構成する。

3　基本条約に別段の定めがある場合を除き、理事会の議決は特定多数決によって行う。

4　二〇一四年一一月一日より、特定多数決は、少なくとも一五人の構成員を含み、かつ連合の総人口の少なくとも六五パーセントを包含する構成国を代表する理事会構成員の少なくとも五五パーセント、と定義される。

　議決を阻止する投票は、少なくとも理事会の四人の構成員を含まなければならない。これに達しない場合には、特定多数決は満たされたものとみなされる。

　特定多数決を規律するその他の取極は、欧州連合の運営に関する条約第二三八条2に規定される。

5　特定多数決の定義に関する経過規定であって二〇一四年一〇月三一日まで適用されるもの及び二〇一四年一一月一日から二〇一七年三月三一日まで適用されるものは、経過規定に関する議定書に規定される。

6　理事会は、さまざまな編成で会合するが、その一覧は、欧州連合の運営に関する条約第二三六条に従って採択される。

　総務理事会は、理事会のさまざまな編成における作業に一貫性を確保する。総務理事会は、欧州理事会常任議長及び委員会と連絡を取って欧州理事会の会合を準備しそのフォローアップを確保する。

　外務理事会は、欧州理事会により定められる戦略的指針に基づき連合の対外的行動を作成し、それが一貫したものであることを確保する。

7　構成国政府の常駐代表で構成する委員会が、理事会の作業の準備に責任を負う。

8　理事会は、法令の草案について評議し票決する時は公開で会合する。このため、理事会の各会合は、連合の立法行為の評議を扱う部分と非立法行為の評議を扱う部分という二つの部分に分割される。

9　理事会の諸編成の議長は、外務理事会の場合を除き、欧州連合の運営に関する条約第二三六条に従って設定される条件に従って、平等な輪番制を基礎に理事会における構成国代表が務める。

第一七条【委員会】1　委員会は、連合の一般利益を促進し、このため適当な発議を行う。委員会は、基本条約及びそれに従って機関が採択した措置の適用を確保する。委員会は、欧州連合司法裁判所の監督の下に連合法の適用を監視する。委員会は、予算を執行し計画を管理する。委員会は、基本条約に規定するように、調整、執行及び管理の機能を果たす。共通外交安全保障政策及び基本条約に規定するその他の場合を除き、委員会は、連合の対外的な態度表明を確保する。委員会は、機関間の合意を達成するため、連合の年次及び多年次計画を発議する。

2　連合の立法行為は、基本条約に別段の定めのある場合を除き、委員会の提案を基礎にしてのみ採択することができる。基本条約が規定する場合は、他の行為も委員会の提案を基礎として採択される。

3　委員会の任期は五年とする。

委員会の委員は、全般的能力及び欧州に対する献身を基準として選出され、かつその独立性に疑いがあってはならない。

委員会は、その責任を果たすにあたって、完全に独立でなければならない。一八条2を害することなく、委員は、いかなる政府、機関又は団体からも、指示を求め又は指示を受けてはならない。委員は、その職務又はその任務の遂行と両立しないいかなる行為も行わない。

4　リスボン条約の効力発生の日から二〇一四年一〇月三一日までの間に任命される委員会は、委員長及び連合外務安全保障政策上級代表を含み構成国につき各一名の国民により構成し、連合外務安全保障政策上級代表は、副委員長となる。

5　二〇一四年一一月一日より、委員会は、委員長及び連合外務安全保障上級代表を含む構成国の三分の二の数の委員により構成される。ただし、欧州理事会が、全会一致によりこの数を変更する場合はこの限りではない。

委員は、すべての構成国の人口的及び地理的範囲を反映するように、構成国間の厳格に平等な輪番制を基礎として構成国国民から選出される。この輪番制は、欧州連合の運営に関する条約第二四四条に従って欧州理事会により全会一致で設定される。

6　委員長は、

(a)　委員会の作業についての指針を定める。

(b)　委員会が一貫して、効率的にかつ合議体として行動することができるよう、委員会の内部組織を決定する。

(c)　委員の内から、連合外務安全保障政策上級代表を除く副委員長を指名する。

委員会の委員は、委員長が要請した場合には、辞任する。連合外務安全保障政策上級代表は、委員長が要請した場合には、第一八条1に定める手続に従って辞任する。

7　欧州理事会は、欧州議会選挙を考慮に入れ、かつ適当な協議の後、特定多数決により欧州議会に対して委員長の候補を提案する。この候補者は、欧州議会によりその総議員の絶対多数により選挙される。この候補者が必要な多数を得ない場合には、欧州理事会は、特定多数決により、一箇月以内に新たな候補を提案する。この候補者も同一の手続に従い欧州議会により選挙されなければならない。

理事会は、委員長に選挙された者との合意により、委員会の委員として指名を提案するその他の者の名簿を採択する。これらの者は、この条3第二段及びこの条5第二段にいう基準に従って、構成国の提案を基礎として選出されなければならない。

委員長、連合外務安全保障政策上級代表及び委員会のその他の委員は、一体として欧州議会による同意投票を受けなければならない。委員会は、この同意投票を基礎として、特定多数決により議決する欧州理事会により任命される。

8　委員会は、機関として欧州議会に責任を負う。欧州議会は、欧州連合の運営に関する条約第二三四条に従って、委員会に対する不信任決議案について票決することができる。不信任決議が採択された場合、委員会の委員は機関として辞任し、連合外務安全保障政策上級代表は、委員会内で負う職務から辞任する。

第一八条【連合外務安全保障政策上級代表】〈＊〉1　欧州理事会は、委員長の同意を得て、特定多数決により連合外務安全保障政策上級代表を指名する。欧州理事会は、同一の手続でその任期を終了させることができる。

2　上級代表は、連合の共通外交安全保障政策を実施する。上級代表は、提案によって同政策の発展に寄与し、理事会が委任に応じて同政策を実施する。共通安全保障防衛施策についても同じとする。

3　上級代表は、外務理事会を主宰する。

4　上級代表は、委員会の一の副委員長である。上級代表は、連合の対外行動の一貫性を確保する。上級代表は、対外関係について委員会に課される責任について、また連合の対外行動の他の側面を調整することについて、委員会内で責任を負う。上級代表は、委員会内でのこれらの責任を果たすにあたって、かつそれらの責任についてのみ、この条2及び3と両立する範囲で委員会の手続に拘束される。

第一九条【欧州連合司法裁判所】〈＊〉1　欧州連合司法裁判所は、司法裁判所、一般裁判所及び専門裁判所を含む。欧州連合司法裁判所は、基本条約の解釈及び適用において、法の遵守を確保する。

構成国は、連合法が関わる領域において実効的な法的保護を確保するに十分な救済手段を提供しなければならない。

2　司法裁判所は、各構成国ごとに一名の裁判官で構成する。司法裁判所は、法務官による補佐を受ける。一般裁判所は、構成国につき少なくとも一名の裁判官を含むものとする。

司法裁判所の裁判官及び法務官並びに一般裁判所の裁判官は、その独立性に疑いのない、かつ欧州連合の運営に関する条約第二五三条及び第二五四条に定める条件を満たす者から選ばれる。これらの者は、構成国政府の合意により六年の任期で任命される。退任する裁判官及び法務官は、再選されることができる。

3　欧州連合司法裁判所は、基本条約に従って、

(a)　構成国、機関又は自然人若しくは法人により提起される訴訟について裁判する。

(b)　構成国裁判所の要請により、連合法の解釈又は機関により採択された行為の有効性について先行判決を与える。

(c)　基本条約が規定するその他の事件について裁判する。

第四編　より強化された協力に関する規定

第二〇条〈＊二七a～二七e条、四〇～四〇b条、四三～四五条、旧EC条約一一条、一一a条〉1　連合の非排他的権限の枠組内でみずからの間でより強化された協力を確立しようとする構成国は、基本条約の関連規定を適用することにより、その限界内でかつ欧州連合の運営に関する条約第三二六条から三三四条に規定する詳細な取極に従って、連合の機関を利用しこれらの権限を行使することができる。

より強化された協力は、連合の目的を推進し、その利益を保護し、その統合過程を強化することを目指す。かかる協力は、欧州連合の運営に関する条約第三二八条に従って、すべての構成国にいつでも開かれたものでなければならない。

2　より強化された協力を許可する決定は、当該協力の目的が合理的期間内に連合全体により達成できないことが証明された場合であって、かつ少なくとも九の構成国が当該協力に参加する場合に、最終的な手段として理事会により採択される。理事会は、欧州連合の運営に関する条約第三二九条に規定する手続に従って議決する。

3　理事会のすべての構成員が評議に参加するが、より強化された協力に参加する構成国を代表する理事会構成員のみが票決に参加する。票決に関する規則は、欧州連合の運営に関する条約第三三〇条に定める。

4　より強化された協力の枠組内で採択された行為は、参加国のみを拘束する。それらは連合への加盟に際して候補国が受け入れなければならない既決事項とみなされてはならない。

第五編　連合の対外行動に関する一般規定及び共通外交安全保障政策に関する特別規定

第一章　連合の対外行動に関する一般規定

第二一条【原則及び目的】1　国際平面における連合の行動は、連合みずからの創設、発展及び拡大を鼓舞し、連合がより広い世界において進展を求める諸原則により導かれる。すなわち、民主主義、法の支配、人権及び基本的自由の普遍性と不可分性、人間の尊厳の尊重、平等と連帯の原則並びに国際連合憲章及び国際法の諸原則の尊重である。

連合は、前段の規定の諸原則を共有する第三国及び国際的、地域的又は世界的な機構との関係を発展させ、かつ連携を構築する。連合は、とりわけ国際連合の枠組みの中で、共通の問題への多国間による解決を促進する。

2　連合は、共通の政策及び行動を策定し及び追求し、かつ国際関係のすべての分野におけるより高度な協力に向けて活動する。その目的は次のとおりである。

(a)　連合の価値、基本的利益、安全保障、独立並びに一体性を擁護すること

(b)　民主主義、法の支配、人権並びに国際法の原則を強化し支援すること

(c)　国境線に関する原則を含む、国際連合憲章の目的及び原則、ヘルシンキ最終決定書の原則及びパリ憲章の目標に従って、平和を維持し、紛争を予防し、かつ国際的安全保障を強化すること

(d)　貧困の根絶を主たる目的とする、発展途上国の持続可能な経済上、社会上及び環境上の発展を促進すること

(e)　国際貿易に関する制限の漸進的な撤廃によることを含む、すべての国の世界経済への統合を奨励すること

(f)　持続可能な発展を確保するために、環境の質及び地球の天然資源の持続可能な管理を維持し改善するための国際的措置の発展を援助すること

(g)　自然的又は人為的災害に直面する人々、国及び地域を支援すること

(h)　より強固な多国間協力及び良いグローバル・ガバナンスに基づく国際体制を促進すること

3　連合は、この編及び欧州連合の運営に関する条約第五部が対象とする連合の対外行動のさまざまな分野及び連合の他の政策の対外的側面を発展させ、かつ実施することにおいて、1及び2に定める原則を尊重し、目的を追求する。

連合は、その対外行動のさまざまな分野の間及びこれらの分野と連合の他の政策の間の一貫性を確保する。理事会及び委員会は、連合外務安全保障上級代表が補佐し、その一貫性を確保し、かつその趣旨で協力する。

第二二条【連合の戦略的な利益及び目的】1　第二一条に定める原則及び目的に基づき、欧州理事会は、連合の戦略的な利益及び目的を定める。

連合の戦略的な利益及び目的に関する欧州理事会の決定は、共通外交安全保障政策及び連合の対外行動の他の分野に関係する。その決定は、連合と特定の国

又は地域との関係にかかわることができ、又は課題別に対応することができる。決定は、その期限並びに連合及びその構成国が利用可能な手段を策定する。

欧州理事会は、各分野で定める取極に従って理事会が採択する勧告に基づき、全会一致で行動する。欧州理事会の決定は、条約が定める手続に従い実施される。

2　連合外務安全保障上級代表は共通外交安全保障政策の分野についての、また委員会は対外行動の他の分野についての、共同の案を理事会に提出することができる。

第二章　共通外交安全保障政策に関する特別規定

第一節　共通規定

第二三条【連合の行動】　国際平面における連合の行動は、この章に従い、第一章に定める諸原則に導かれ、及び、第一章に定める一般規定の目的を追求し、その規定に従って遂行する。

第二四条【連合の権限】〈＊一一条〉1　共通外交安全保障政策事項における連合の権限は、共同防衛にいたる可能性のある共通防衛政策の漸進的な策定を含む、外交政策のすべての分野及び連合の安全保障に関するすべての問題を含む。

共通外交安全保障政策は、特別の規則と手続に従う。それは、基本条約に別段の定めがある場合を除き、欧州理事会及び理事会が全会一致で策定し、実施する。立法行為の採択は、除外する。共通外交安全保障政策は、基本条約に従い、連合外務安全保障上級代表及び構成国が実施する。この分野における欧州議会及び委員会の特別の役割は、基本条約が規定する。欧州連合司法裁判所は、これらの規定に関する管轄権をもたない。ただし、この条約第四〇条の遵守を監視するための、及び欧州連合の運営に関する条約第二七五条第二段に定める特定の決定の合法性を審査するための管轄権を除く。

2　対外行動の原則及び目的の枠組みの中で、連合は、構成国相互の政治的連帯の発展、一般的利益を有する問題の明確化及び構成国の行動の絶えざる収斂度の増進の達成に基づき、共通外交安全保障政策を遂行し、策定し及び実施する。

3　構成国は、忠誠と相互連帯の精神に則り、積極的かつ全面的に連合の対外政策及び安全保障政策を支持し、本分野における連合の行動に従う。

構成国は、相互の政治的連帯を高めかつ発展させるために協力して活動する。構成国は、連合の利益に反するか又は国際関係における結合した勢力としての連合の効果を損なうおそれのある行動を差し控える。

理事会及び上級代表は、これらの原則が遵守されることを確保する。

第二五条【共通外交安全保障政策の方法】〈＊一二条〉連合は、次の方法により共通外交安全保障政策を遂行する。

(a)　一般的指針を策定すること

(b)　次のことを策定する決定を採択すること

(i)　連合が約束した行動

(ii)　連合がとるべき立場

(iii)　(i)及び(ii)の決定を実施するための取極

(c)　政策遂行にあたっての構成国間の組織的協力を強化すること

第二六条【共通外交安全保障政策の実施】〈＊一三条〉1　欧州理事会は、防衛に関わる事項を含む、連合の戦略的利益を明確にし、共通外交安全保障政策の目的を決定し、かつその一般的指針を策定する。欧州理事会は、必要な決定を採択する。

国際的展開が必要とする場合、欧州理事会の議長は、当該展開に直面する連合の政策の戦略的方針を策定するために、欧州理事会の臨時会合を招集する。

2　理事会は、欧州理事会が定める一般的指針及び戦略的方針に基づき、共通外交安全保障政策を立案し、かつそれを策定し実施するために必要な決定を行う。

理事会及び連合外務安全保障上級代表は、連合の行動の統一性、一貫性及び有効性を確保する。

3　共通外交安全保障政策は、国及び連合の資源を活用して、上級代表及び構成国が実施する。

第二七条【連合外務安全保障上級代表】1　連合外務安全保障上級代表は、外務理事会の議長を務め、共通外交安全保障政策の準備のための提案を通じて寄与し、欧州理事会及び理事会が採択する決定の実施を確保する。

2　上級代表は、共通外交安全保障政策に関わる事項について連合を代表する。上級代表は連合を代表して第三者と政治的対話を行い、国際組織及び国際会議において連合の立場を表明する。

3　上級代表は、任務を遂行するにあたり、欧州対外行動庁の補佐を受ける。欧州対外行動庁は、構成国の外務担当部局と協力して活動し、理事会及び委員会の事務局の関係部局からの職員並びに構成国の国家外務担当部局から派遣される職員により構成される。欧州対外行動庁の組織及び任務は理事会の決定により定められる。理事会は、欧州議会と協議した後、かつ委員会の同意を得た後に、上級代表からの提案に基づき議決する。

第二八条【理事会の決定】〈＊一四条〉1　国際的情勢が連合の実施行動を必要とする場合には、理事会は、必要な決定を採択する。決定は、その目的、範囲、連合にとって利用可能な手段、必要な場合にはその期間、及びその実施条件を定める。

その決定の対象とされる問題に対して重大な影響を与える事情の変化が生じた場合には、理事会は、当該決定の原則及び目的を見直し、必要な決定を行う。

2　1にいう決定は、構成国の採択する立場及びその活動の実施について、構成国を拘束する。

3　1にいう決定に従って、各自の立場を採択し又はその行動をとる計画がある場合にはいつでも、必要な場合には理事会において事前に協議ができるように、当該構成国による情報が前もって提供される。事前に情報を提供する義務は、理事会決定の単なる国内実施にすぎない措置には適用しない。

4　情勢の変化により緊急の必要が生じ、かつ1にいう理事会の決定が見直されない場合には、当該決定の一般的目的に考慮を払った上で、当該構成国は、必要な緊急措置をとることができる。当該構成国は、その措置を直ちに理事会に通報する。

5　この条の決定の実施にあたって重大な困難が生じる場合には、構成国は、理事会にこれを付託する。理事会は、これを審議し、適当な解決策を求める。その解決策は、1にいう決定の目的に反し、又はその効果を害するものであってはならない。

第二九条【理事会の決定の採択】〈＊一五条〉理事会は、地理的又はテーマ別的性質をもつ特定の事項についての連合の方針を策定する決定を採択する。構成国は、自国の政策が連合の立場に適合するよう確保する。

第三〇条【理事会に対する問題の付託等】〈＊二二条〉1　構成国、連合外務安全保障上級代表、又は委員会の支援を受ける上級代表は、理事会に対して、共通外交安全保障政策に関するいかなる問題をも付託することができ、適当な場合には発議又は提案を行うことができる。

2　上級代表は、迅速な決定が必要な場合、その動議により若しくは一構成国の要請に基づき四八時間以内に又は緊急事態であればより短い時間内に、特別の理事会を招集する。

第三一条【票決手続】〈＊二三条〉1　この章に基づく決定は、この章に別段の定めのある場合を除き、欧州理事会及び理事会が全会一致により行う。立法行為の採択は除外する。

投票を棄権する場合、理事会の構成員は、本段に基づく公式の宣言を行うことにより、その棄権の効果を限定することができる。その場合、当該構成員は決定を適用する義務を負わないが、その決定が連合を拘束することを承認する。当該構成国は、相互連帯の精神にのっとり、その決定に基づく連合の行動に矛盾し又は連合の行動を阻害するおそれのあるいかなる行動もとってはならない。他の構成国は、その構成国の立場を尊重する。このようにして棄権の効果を限定する理事会の構成員が、連合の人口の少なくとも三分の一を構成するか、少なくとも三分の一の構成国を超える場合は、決定は採択されない。

2　1の規定にかかわらず、理事会は、次の場合には特定多数決により議決する。

―第二二条1の規定に従って、連合の戦略的利益及び目的に関わる欧州理事会の決定に基づいて、連合の行動又は立場を定める決定を採択する場合

―欧州理事会みずから又は連合外務安全保障上級代表の発議による欧州理事会からの特別の要請に従い、上級代表が提出する提案に基づき、連合の行動又は立場を定める決定を採択する場合

―連合の行動又は立場を定める決定を実施するいずれかの決定を採択する場合

―第三三条に従って特別代表を任命する場合

理事会の構成国が、国家政策の死活的かつ公表された理由により、特定多数決によって決定の採択が行われることに反対する意思があると宣言する場合は、投票は行われない。上級代表は、関係構成国と密接に協議して、関係構成国が受諾可能な解決を模索する。上級代表の努力が功を奏さない場合、理事会は、特定多数決により、当該事項を欧州理事会に付託し、全会一致により決定するよう求めることができる。

3　欧州理事会は、理事会が2に定める以外の場合において特定多数決によって行動することができるとする決定を、全会一致で採択することができる。

4　2及び3の規定は、軍事又は防衛に関わる決定には適用しない。

5　手続問題については、理事会はその構成国の多数決により決定する。

第三二条【協議義務】〈＊一六条〉構成国は、共通のアプローチを決定するため、一般的利益を有する外交及び安全保障政策のいかなる事項についても、欧州理事会及び理事会において相互に協議する。国際平面におけるすべての行動を約束し又は連合の利益に影響を与えうるすべての約束を実行するに先立ち、構成国は、その行動の収斂により、連合が国際平面における利益と価値を擁護できるよう確保する。構成国は、相互の連帯を示す。

欧州理事会又は理事会が前段の意味における連合の共通のアプローチを策定した場合、連合外務安全保障上級代表及び構成国外相は、その活動を理事会において調整する。

第三国及び国際組織における構成国の外交使節団及び連合代表は協力し、かつ共通のアプローチを形成し及び実施することに寄与する。

第三三条【特別代表の任命】〈＊一八条〉理事会は、連合外務安全保障上級代表の提案に基づき、特定の政策問題に関する任務を負う特別代表を任命することができる。特別代表は、上級代表の権威の下でみずからの任務を遂行する。

第三四条【国際平面における協力】〈＊一九条〉1　構成国は、国際組織及び国際会議においてその行動を調整する。構成国は、その場において、連合の立場を堅持する。連合外務安全保障上級代表は、この調整をとりまとめる。

すべての構成国が参加しているのではない国際組織及び国際会議において、参加している構成国は連合の立場を堅持する。

2　第二四条3に従って、すべての構成国が参加して

いるのではない国際組織及び国際会議において、参加している構成国は、共通の関心事項に関する情報を、他の構成国及び上級代表に提供する。

国際連合安全保障理事会の理事国でもある構成国は、協調し、他の構成国及び上級代表に対して十分な情報を提供する。安全保障理事会の理事国である構成国は、その任務の遂行にあたり、国際連合憲章の規定に基づくその責任を害することなく、連合の立場と利益を擁護する。

連合が国際連合安全保障理事会の議題にある主題について立場を策定する場合、安全保障理事会に席を持つ構成国は、連合の立場を表明することができるよう、上級代表を招請することを要請する。

第三五条【外交使節団等の協力】〈*二〇条〉第三国及び国際組織における構成国の外交使節団及び領事機関並びに連合代表、国際組織への代表は、この章に従い採択された連合の立場及び行動を策定する決定が遵守され、かつ実施されることを確保するために協力する。

これら代表は、情報を交換し、合同で評価を行うことにより、協力を強化する。

これら代表は、欧州連合の運営に関する条約第二〇条2(c)にいう第三国の領域における連合の市民の保護を求める権利及び同条約第二三条に従い採択される措置の実施に寄与する。

第三六条【欧州議会の役割】〈*二一条〉連合外務安全保障上級代表は、共通外交安全保障政策並びに共通安全保障及び防衛政策の主要な側面及び基本的な選択について欧州議会と定期的に協議し、これらの政策がいかに発展するのかを通報する。上級代表は、欧州議会の見解が適正に考慮されることを確保する。特別代表は、欧州議会への説明に関わることができる。

欧州議会は、理事会に質問し又は理事会及び上級代表に勧告することができる。欧州議会は、共通安全保障及び防衛政策を含む共通外交安全保障政策の実施の進展について毎年二回討議を行う。

第三七条【協定の締結】〈*二四条〉連合は、この章が対象とする分野において、一若しくは二以上の国又は国際組織と協定を締結することができる。

第三八条【政治安全保障委員会の役割】〈*二五条〉欧州連合の運営に関する条約第二四〇条を害することなく、政治安全保障委員会は、共通外交安全保障政策を含む分野における国際的事態を監視し、かつ、理事会又は連合外務安全保障上級代表の要請により、又はみずからの提案に基づき、理事会に対して意見を述べることにより、政策の策定に寄与する。政治安全保障委員会はまた、上級代表の権限を害することなく、合意された政策の実施を監視する。

この章の範囲内において、政治安全保障委員会は、理事会及び上級代表の責任の下で、第四三条にいう危機管理活動の政治的統制及び戦略上の指揮をとる。

理事会は、危機管理活動のために及びその活動の存続期間において、理事会の決定するところに従い、当該活動の政治的統制及び戦略上の指揮に関連する決定を行うことを政治安全保障委員会に対して許可することができる。

第三九条【個人情報の保護】欧州連合の運営に関する条約第一六条に従って、かつ同条2にかかわらず、理事会は、この章の範囲の活動を実施する場合、構成国による個人情報の処理に関わる個人の保護に関係する規則及びその情報の自由な移動に関する規則を定める決定を採択する。これらの規則の遵守は、独立した機関の統制に従う。

第四〇条【欧州連合の運営に関する条約との適用関係】〈*四七条〉共通外交安全保障政策の実施は、欧州連合の運営に関する条約第三条から第六条までに規定する連合の権限の行使について基本条約が規定する手続の適用及び機関の権限の範囲に影響を及ぼすものではない。

同様に、右の各条項が列挙する政策の実施は、この章の下で連合の権限の行使について基本条約が規定する手続の適用及び機関の権限の範囲に影響を及ぼすものではない。

第四一条【連合の財政負担】〈*二八条〉1 この章の実施により必要となる各機関の行政経費は、連合の予算により支弁する。

2 この章の実施により必要となる活動経費も、連合の予算により支弁する。ただし、軍事又は防衛に関わる作戦行動から生じる経費及び理事会が全会一致により別段の決定を行う場合を除く。

経費が連合の予算により支弁されない場合、理事会が全会一致により別段の決定を行わない限り、国民総生産の規模に従い、構成国が支弁する。軍事又は防衛に関わる作戦行動から生じる経費については、第三一条1第二段に基づく公式の宣言を行った構成国は、当該支出を負担する義務を負わない。

3 理事会は、共通外交安全保障政策の枠組みにおける発議への緊急の資金調達、及び特に第四二条1及び第四三条に規定する任務のための準備活動に対する、連合予算における速やかな支出を確保するための特別手続を策定する決定を採択する。理事会は、欧州議会に協議した後に議決する。

連合予算により支弁されない第四二条1及び第四三条に規定する任務のための準備活動に対しては、構成国の拠出金からなる活動開始基金が資金調達を行う。

理事会は、連合外務安全保障上級代表の提案に基づき、特定多数決により、次に定める決定を採択する。

(a) 活動開始基金、特に同基金の総額の設定及び資金調達のための手続

(b) 活動開始基金管理手続

(c) 財政統制手続

第四二条1及び第四三条に従って計画される任務が連合予算により支弁できない場合、理事会は、上

級代表が基金を利用することを許可する。上級代表は、この職務の実施に関して理事会に報告する。

第二節　共通安全保障及び防衛政策に関する規定

第四二条【共通安全保障及び防衛政策の策定】〈＊一七条〉1　共通安全保障及び防衛政策は、共通外交安全保障政策の不可分の一部である。共通安全保障及び防衛政策は、連合に対して民間及び軍事の資源に依拠した作戦能力の計画を提供する。連合はそれらの資源を、国際連合憲章の原則に従い平和維持、紛争予防及び国際安全保障の強化のために連合の域外への使節派遣に関して利用することができる。これらの任務の遂行は、構成国が提供する能力を用いることによって行われる。

2　共通安全保障及び防衛政策は、連合の共通防衛政策の漸進的な策定を含む。これは欧州理事会が全会一致により決定する場合には共同防衛へと至るものである。その場合には、欧州理事会は、構成国に対して各国の憲法上の要件に従ってその決定を採択するように勧告する。

本節に従う連合の政策は、若干の構成国の安全保障及び防衛政策の特殊な性格を害するものではなく、その共通の防衛が北大西洋条約のもとで北大西洋条約機構(NATO)において実現されることを期待する若干の構成国の義務を尊重し、かつその枠組みの中で確立される共通の安全保障及び防衛政策と両立する。

3　構成国は、理事会が策定する目的に寄与するために、民間及び軍事の能力を共通安全保障及び防衛政策の実施のために連合が利用可能なものとする。ともに多国籍軍を結成する構成国も、その能力を共通安全保障及び防衛政策のために利用可能なものとすることができる。

構成国は、その軍事的能力の改善を漸進的に行う。防衛能力の開発、研究、取得及び軍備の分野における機関(以下、「欧州防衛庁」とする。)は、作戦上の必要を明確にし、これらの必要性を満たす措置を促進し、防衛部門の産業的及び技術的基盤を強化するために必要なすべての措置を明確にする。また、適当な場合には、それを実施することに寄与し、欧州の能力及び軍備政策の策定に参加し、かつ、軍事的能力の改善を評価するにあたり理事会を補佐する。

4　共通安全保障及び防衛政策に関する決定(この条にいう任務の開始に関する決定を含む。)は、連合外務安全保障上級代表の提案又は構成国の発議に基づき、理事会が全会一致により採択する。上級代表は、自国の資源及び連合の手段双方の活用につき、適当な場合には委員会と共同で提案することができる。

5　理事会は、連合の枠内において、その価値を保護しその利益に奉仕することを目的として、任務の執行を構成国のグループに付託することができる。その任務の執行は第四四条が規律する。

6　その軍事的能力がより高い基準を達成している構成国であって、もっとも困難な任務のためにこの分野において相互間により拘束力の強い約束を行ったものは、連合の枠内において常設の組織的協力を樹立する。このような協力は第四六条が規律するものとし、第四三条の規定に影響を及ぼすものではない。

7　構成国がその領域に対する武力侵略の被害国となる場合には、他の構成国は、国際連合憲章第五一条に従って、すべての可能な手段を用いてこれを援助し及び支援する義務を負う。このことは、若干の構成国の安全保障及び防衛政策の特殊な性格を害するものではない。

この分野における約束及び協力は、北大西洋条約機構のもとにおける約束と両立するものとし、このような約束は同機構の加盟国である構成国にとっては引き続き共同防衛の基礎であり、かつその実施のための枠組みである。

第四三条【共通安全保障及び防衛政策の任務】1　第四二条1にいう任務は、連合が民間及び軍事の手段を利用することができる間、共同の武装解除活動、人道的任務及び救援任務、軍事的助言及び支援の任務、紛争予防及び平和維持任務並びに危機管理における実戦部隊の任務を含み、平和創造及び紛争後の安定化を含む。これらの任務はすべて、自国の領域においてテロリズムと闘う第三国への支援により、テロリズムに対する闘いに寄与することができる。

2　理事会は、1の規定の任務にかかわる決定を採択し、任務の目的、範囲及び実施のための一般的条件を策定する。連合外務安全保障上級代表は、理事会の許可に基づき、政治安全保障委員会と密接かつ継続的に接触して、その任務の民間及び軍事の側面の調整を確保する。

第四四条【任務に参加する構成国】1　第四三条に従って採択した決定の枠組みにおいて、理事会は、このような任務に参加する意思及びそのために必要な能力を有する構成国のグループに任務の実施を委任することができる。これらの構成国は、連合外務安全保障上級代表と共同して、任務の運営について相互に合意する。

2　任務に参加する構成国は、みずから率先して又は他の構成国の要請に基づき、任務の進展につき理事会に定期的に通知する。任務の完了が重大な帰結を生むか又は1にいう決定にある任務のために定める目的、範囲及び条件の変更を必要とする場合、任務に参加する構成国は、これを迅速に理事会に通知する。その場合、理事会は必要な決定を採択する。

第四五条【欧州防衛庁の任務】1　第四二条3にいう欧州防衛庁は、理事会の権威のもとに次の任務を遂行する。

(a)　構成国の軍事的能力の目的を明確にし、構成国が行う能力向上の約束を評価することに寄与すること

(b) 作戦上必要となる調整及び実効的かつ適合的な調達方法の採択を促進すること

(c) 軍事的能力の目的を達成するための多国間の事業を提案し、かつ、構成国が実施する計画の調整及び特定の協力計画の運営を確保すること

(d) 防衛技術の研究を支援し、かつ、将来の作戦上の必要に合致する共同研究活動及び技術的解決の研究を調整し、計画すること

(e) 防衛部門の産業的及び技術的基盤を強化するための、並びに軍事的支出の効果を改善するためのすべての有用な措置を明確にし、かつ、適当な場合には実施に寄与すること

2　欧州防衛庁は、参加を望むすべての構成国に開放する。理事会は、防衛庁の規程、所在地及び活動規則を定める決定を、特定多数により採択する。その決定は、防衛庁の活動への効果的な参加のレベルを考慮する。特別のグループが防衛庁内に結成され、共同の事業に関わる構成国をとりまとめる。防衛庁は、必要な場合委員会と連携してその任務を遂行する。

第四六条【常設の組織的協力への参加】 1　第四二条6にいう常設の組織的協力への参加を望む構成国であって、常設の組織的協力に関する議定書に定める軍事的能力の基準を満たしかつ約束を行ったものは、その意図を理事会及び外務安全保障連合上級代表に通知する。

2　1にいう通知の後三箇月以内に、理事会は、常設の組織的協力を確立し、参加構成国の一覧表を確定する決定を採択する。理事会は、上級代表と協議した後、特定多数により議決する。

3　それ以後の段階において常設の組織的協力への参加を望むすべての構成国は、その意図を理事会及び上級代表に通知する。

理事会は、常設の組織的協力に関する議定書の第一条及び第二条にいう基準を満たし、かつ約束を行う当該構成国の参加を確認する決定を採択する。理事会は上級代表と協議した後、特定多数により議決する。参加構成国を代表する理事会構成員のみが投票に参加する。

特定多数は、欧州連合の運営に関する条約第二三八条3(a)に従って定義する。

4　参加構成国が常設の組織的協力に関する議定書の第一条及び第二条にいう基準をもはや満たさないか又は約束をもはや果たせない場合には、理事会は、当該構成国の参加を停止する決定を採択することができる。

理事会は、特定多数決により議決する。当該構成国を除き、参加構成国を代表する理事会構成員のみが投票に参加する。

特定多数は、欧州連合の運営に関する条約第二三八条3(a)に従って定義する。

5　常設の組織的協力からの離脱を望むすべての参加構成国は、その意図を理事会に通知し、理事会は、当該構成国が参加を中止することを認める。

6　常設の組織的協力の枠組みにおいて理事会の決定及び勧告は、2から5までの規定に定める場合を除き、全会一致により採択する。この項の適用上、全会一致とは参加構成国の代表の投票によるもののみをいう。

第六編　最終規定

第四七条【法人格】 連合は法人格を有する。

第四八条【基本条約の改正】〈＊四八条〉1　基本条約は、通常改正手続に従って改正することができる。基本条約はまた、簡略改正手続に従って改正することもできる。

通常改正手続

2　構成国政府、欧州議会又は委員会は、基本条約の改正案を理事会に提出することができる。この改正案には、とりわけ、基本条約における連合の権限を拡大し又は縮小しようとするものを含む。この改正案は、理事会により欧州理事会に提出され、各国議会は、それを通知されるものとする。

3　欧州理事会が、欧州議会及び委員会との協議の後、改正案を検討する決定を単純多数で採択する場合には、欧州理事会常任議長は、各国議会、構成国の国家元首又は政府の長、欧州議会及び委員会の代表によって構成される諮問会議を招集する。欧州中央銀行もまた、通貨分野における制度的変更がある場合には、協議を受けるものとする。会議は、改正案を検討し、この条4に規定する構成国政府代表会議に対する勧告をコンセンサスで採択する。

欧州理事会は、改正案の程度から判断して諮問会議の招集が正当と認められない場合には、欧州議会の同意を得た後、単純多数によりそれを招集しないことを決定することができる。諮問会議を招集しない場合、欧州理事会は、構成国政府代表者会議への付託事項を定める。

4　構成国政府代表者会議は、基本条約に対して行われるべき改正を合意によって決定するために、理事会議長により招集される。

改正は、すべての構成国が、それぞれの憲法上の要件に従って批准した後に効力を生じる。

5　基本条約を改正する条約の署名後二年を経過した後、構成国の五分の四がそれを批准し、かつ一又は二以上の構成国が批准手続の進行について困難に直面している場合は、この問題は欧州理事会に付託される。

簡略改正手続

6　構成国政府、欧州議会又は委員会は、欧州理事会に対して、連合の域内政策及び行動に関する欧州連合の運営に関する条約第三部の全部又は一部の規定の改正案を提出することができる。

欧州理事会は、欧州連合の運営に関する条約第三部の全部又は一部の規定を改正する決定を採択することができる。欧州理事会は、欧州議会及び委員会

との協議の後、また通貨分野における制度的変更の場合には欧州中央銀行との協議の後、全会一致で議決する。かかる決定は、すべての構成国がそれぞれの憲法上の要件に従って受諾した後に効力を生じる。

第二段にいう決定は、基本条約において連合に付与された権限を拡大するものであってはならない。

7　欧州連合の運営に関する条約又はこの条約第五編が、理事会が特定の分野又は事例において全会一致で議決することを規定している場合、欧州理事会は、当該特定の分野又は事例において理事会が特定多数決で議決することを許可する決定を採択することができる。本段の規定は、軍事的な意味のある決定又は防衛の領域における決定には適用されない。

欧州連合の運営に関する条約が、法令が理事会により特別立法手続で採択されることを規定している場合、欧州理事会は、法令が通常立法手続により採択されることを認める決定を採択することができる。

第一段及び第二段に基づく欧州理事会のいかなる発議も、各国議会に通知される。この通知の後六か月の期間内にいずれかの各国議会が異議を通報した場合には、第二段及び第二段にいう決定は採択されてはならない。異議のない場合には、欧州理事会は当該決定を採択することができる。

第一段及び第二段にいう決定の採択については、欧州理事会は、総議員の絶対多数によってなされる欧州議会の同意を得た後、全会一致で議決する。

第四九条【欧州連合への加盟】〈＊四九条〉第二条にいう価値を尊重しそれを促進することを約束する欧州のいずれの国も、連合への加盟を申請することができる。欧州議会及び各国議会は加盟申請を通知される。加盟申請は理事会に対して行い、理事会は委員会と協議した後、かつ、欧州議会の総議員の絶対多数による同意を得た後、全会一致でこれを決定する。

加盟条件及び連合が基礎をおく基本条約の加盟に伴う調整は、構成国と加盟申請国との間の協定の主題とする。右の協定は、すべての締約国によってそれぞれの憲法上の要件に従って批准に付されなければならない。

第五〇条【連合からの脱退】1　いずれの構成国も、その憲法上の要件に従って連合から脱退することを決定することができる。

2　脱退を決定する構成国は、その意図を欧州理事会に通告する。欧州理事会が規定する指針に照らして、連合は、当該構成国との連合の将来の関係についての枠組みを考慮に入れて、脱退のための取極を規定する当該国との協定を交渉し締結する。右の協定は、欧州連合の運営に関する条約第二一八条3に従って交渉する。それは、欧州議会の同意を得て、特定多数決により議決する理事会により連合のために締結する。

3　基本条約は、脱退協定の効力発生の日又はそれがない場合にはこの条2にいう通告の後二年で当該国に適用されなくなるものとする。ただし、欧州理事会が当該構成国の同意を得て全会一致でこの期間を延長することを決定する場合はこの限りでない。

4　この条2及び3の適用上、脱退しようとする国の欧州理事会又は理事会の構成員は、これに関する欧州理事会又は理事会の討議又は決定に参加してはならない。

特定多数は、欧州連合の運営に関する条約第二三八条3(b)に定義する。

5　連合から脱退した国が再加盟することを求める場合、その要求は、第四九条にいう手続に従う。

第五一条【議定書及び附属書】基本条約の議定書及び附属書は、その不可分の一部を構成する。

第五二条【適用領域】（略）

第五三条【条約の期間】〈＊五一条〉この条約は、無期限のものとして締結される。

第五四条【批准・発効】〈＊五二条〉（略）

第五五条【条約の正文】〈＊五三条〉（略）

１

13　欧州連合の運営に関する条約（ＥＵ運営条約）

署　　名　一九五七年三月二五日（ローマ：欧州経済共同体設置条約として）
効力発生　一九五八年一月一日
最終改正　二〇〇七年一二月一三日（リスボン条約により改正・改称）
同効力発生　二〇〇九年一二月一日

〔注〕リスボン条約により改正、欧州共同体を設立する条約に追加された条文については、条文見出しの後に〈＊印〉を付し、改正された条文に対応する旧条文がある場合には、その番号を表示した。

前　文

ベルギー国王陛下〔以下、構成国元首名略〕は、

欧州諸国民間の絶えず一層緊密化する連合の基礎を確立することを決意し、

共同の行動により欧州を分割している諸障壁を撤廃することによって、これらの諸国の経済的及び社会的進歩を確保することを決意し、

これらの諸国民の生活及び労働条件を絶えず改善することを努力の主要目的とし、

現存の諸障害の撤廃のためには、一致した行動により安定的拡大、貿易の均衡及び公正な競争を保証することが必要であることを認識し、

地域間の格差及び一層不利な条件にある地域の遅れを縮小することにより、これらの諸国の経済の一体性を強化し、かつ調和した発展を確保することを念願し、

共通の通商政策により国際貿易に対する諸制限を漸次撤廃することに貢献することを希望し、

国際連合憲章の諸原則に従って、欧州と海外の国とを結ぶ連帯性を固めることを意図し、その相互の繁栄

の発展を確保することを希望し、
資源を結集することにより平和と自由を保全し強化することを決意し、理想を共にする他の欧州諸国民に対しこの努力に加わることを呼びかけ、
教育への広範なアクセス及び教育の絶え間ない最新化を通じて、その国民のためにできる限りの高水準の知識の開発を促進することを決意し、
この目的のため次の全権委員を任命した。
〔全権委員名略〕
これらの全権委員は、互いにその全権委任状を示してそれが良好妥当であると認めた後、次のとおり協定した。

第一部　原　則

第一条【連合の運営】 1　この条約は連合の運営について規定し、かつ連合の権限行使に関し、その範囲、限界及び取極を定める。
2　この条約及び欧州連合に関する条約は、連合設立の礎となる条約を構成する。これら二つの条約は同等の法的価値を有し、総称して「基本条約」という。

第一編　連合の権限の範疇及び分野

第二条【連合の権限】 1　基本条約が特定の分野において連合に排他的権限を付与している場合、連合のみが、法的拘束力を有する法令を制定しかつ採択することができ、構成国は、連合によって権限が与えられるか又は連合の法令を実施する場合にのみ、法的拘束力を有する法令を制定しかつ採択することができる。
2　基本条約が特定の分野において構成国と共有される権限を連合に付与している場合、連合及び構成国は当該分野において法的拘束力を有する法令を制定しかつ採択することができる。構成国は、連合が自己の権限を行使していない範囲内でその権限を行使する。構成国はまた、連合が自己の権限の行使の中止を決定した範囲内で、その権限を行使する。
3　構成国は、この条約に基づいて定められた取極の範囲内で、それぞれの経済及び雇用政策を調整し、連合はその取極を定める権限を有する。
4　連合は、欧州連合に関する条約の規定に従って、共通防衛政策に関する漸進的枠組みを含む共通外交安全保障政策を決定し、かつ実施する権限を有する。
5　特定の分野において、基本条約で規定された条件の下で、連合は構成国の活動を支援し、調整し、補完するための活動を行う権限を有するが、こうした権限は、これら分野における構成国の権限に優先するものではない。
これらの分野に関する基本条約の規定に基づいて採択され、かつ法的拘束力を有する連合の法令は、構成国の法律又は規則の調和を伴うものではない。
6　連合の権限行使の範囲及び取極は、それぞれの分野に関する基本条約の規定によって決定される。

第三条【連合が排他的権限を有する分野】 1　連合は、次の分野において排他的権限を有する。
(a)　関税連合
(b)　域内市場の運営に必要な競争規則の制定
(c)　ユーロを通貨とする構成国の通貨政策
(d)　共通漁業政策に基づく海洋生物資源の保存
(e)　共通通商政策
2　連合はまた、国際協定の締結が連合の立法行為において規定されている場合、又は連合による域内での権限行使を可能にするために必要である場合、若しくはその締結が共通の規則に影響を与えるか、若しくはそれらの範囲を変更する可能性がある場合には、当該協定を締結する排他的権限を有する。

第四条【構成国と権限を共有する分野】 1　第三条及び第六条に掲げる分野に関係しない権限を基本条約が連合に与える場合、連合は構成国と権限を共有する。
2　連合と構成国の間で共有される権限は、次の主要な分野に適用される。
(a)　域内市場
(b)　この条約で定める分野に関する社会政策
(c)　経済的、社会的及び地域的結合
(d)　海洋生物資源の保存を除く、農業及び漁業
(e)　環境
(f)　消費者保護
(g)　運輸
(h)　欧州横断ネットワーク
(i)　エネルギー
(j)　自由、安全及び正義の地域
(k)　この条約で定める分野に関する公衆衛生問題における安全上の共通の関心事項
3　研究、技術開発及び宇宙の分野において、連合は特に計画の策定並びに実施のための活動を行う権限を有する。ただし、その権限の行使は、構成国の権限の行使を妨げるものであってはならない。
4　開発協力及び人道援助の分野において、連合は活動を遂行し、かつ共通の政策を実施する権限を有する。ただし、その権限の行使は、構成国の権限の行使を妨げるものであってはならない。

第五条【政策の調整】 1　構成国は連合内においてそれぞれの経済政策を調整する。この目的のために、理事会は、措置、特にこれら政策のための広範な指針を採択する。
特定の規定が、ユーロを通貨とする構成国に対して適用される。
2　連合は、特に構成国の雇用政策のための指針を定めることによって、これら政策の調整を確保する措置をとる。
3　連合は、構成国の社会政策の調整を確保するために発議を行うことができる。

第六条【支援・調整・補完する活動分野】 連合は構成国の活動を支援し、調整し、補完するための活動を行う権限を有する。欧州レベルにおけるそれらの活動の分野は、次のとおりである。

(a) 人間の健康の保護及び改善
(b) 産業
(c) 文化
(d) 観光
(e) 教育、職業訓練、青少年及びスポーツ
(f) 市民の保護
(g) 行政協力

第二編　一般適用規定

第七条【活動の一貫性】連合は、そのすべての目的を考慮し、かつ権限付与の原則に従って、政策と活動の一貫性を確保する。

第八条【活動の目標】〈＊三条２〉連合は、そのすべての活動において、男女間の不平等の除去、及び平等の促進をめざす。

第九条【活動の留意事項】連合は、その政策及び活動の策定並びに実施において、高水準の雇用の促進、適切な社会的保護の保証、社会的排除との闘い、及び高水準の教育、訓練並びに人の健康の保護、に関する要求を考慮する。

第一〇条【無差別原則】連合は、その政策及び活動の策定並びに実施において、性別、人種又は種族的出身、宗教若しくは信条、障害、年齢又は性的指向に基づく差別と闘うことを目的とする。

第一一条【環境保護】〈＊六条〉環境保護という要求が、特に持続可能な発展を促進するために連合の政策及び活動の策定と実施に組み込まれなければならない。

第一二条【消費者保護】〈＊一五三条２〉消費者保護という要求を、他の連合の政策及び活動を定め実施するにあたって考慮する。

第一三条【動物福祉の考慮】連合の農業、漁業、運輸、域内市場、研究及び技術開発並びに宇宙に関する政策を作成し、これを実施するにあたり、連合及び構成国は、動物は感覚を持つ存在であるという理由から、特に宗教儀式、文化的伝統及び地域遺産に関する構成国の立法規定又は行政規定並びに慣行を尊重しつつ、動物福祉の要求を最大限に考慮する。

第一四条【公共事業の役割】〈＊一六条〉欧州連合に関する条約第四条又はこの条約の第九三条、一〇六条及び一〇七条を害することなく、また、連合が共有する価値及びその役割における一般的経済利益としての公共事業の占める地位に鑑み、並びに社会的及び地域的結合の促進におけるその役割に鑑み、連合及び構成国は、それぞれその権限内並びに基本条約の適用の範囲内において、こうした公共事業がその使命を果たしうる原則と条件、特に経済的及び財政的条件に基づいて行われるように注意する。欧州議会及び理事会は、通常の立法手続に従って規則により、構成国の権限を害しないように、基本条約を遵守して、こうした公共事業を提供し、委託し、かつそのための資金を提供する原則と条件を決定する。

第一五条【市民参加と文書へのアクセス権】〈＊二五五条〉１　グッド・ガバナンスを促進し、市民社会の参加を確保するために、連合の機関、補助機関、部局及び外局は、可能な限り開かれた方法でその任務を遂行する。

２　欧州議会は、公開で行われる。理事会が立法草案を審議し投票する場合もこれと同じとする。

３　連合のいかなる市民も、構成国に居住するか又は登録事業所を有するいかなる自然人若しくは法人も、この項に従って定める原則及び要件を条件として、媒体は何であれ、連合の機関、補助機関、部局及び外局の文書にアクセスする権利を有する。

公益又は私的利益を理由とする文書へのアクセス権を規律する一般原則及び制限は、欧州議会及び理事会が、通常の立法手続に従って、規則により決定する。

機関、補助機関、部局又は外局は、その手続の透明性を確保し、第二段にいう規則に従って、自己の文書へのアクセスに関する特別規定を手続規則の中に設ける。

欧州連合司法裁判所、欧州中央銀行及び欧州投資銀行は、管理業務を執行する場合にのみ、この項に従う。

欧州議会及び理事会は、第二段にいう規則に定める条件に基づいて、立法手続に関する公文書の公表を確保する。

第一六条【個人情報の保護】〈＊二八六条〉１　何人も自己の個人情報を保護する権利を有する。

２　欧州議会及び理事会は、通常の立法手続に従って、連合の機関、補助機関、部局又は外局による、かつ連合法の範囲に該当する活動を遂行する構成国による個人データの処理に関する個人保護に関する規則、及びこうしたデータの自由移動に関する規則を制定する。これらの規則の遵守は独立機関の統制に服する。

この条に基づいて採択する規則は、欧州連合に関する条約第三九条に規定する特定の規則を害しない。

第一七条【宗教団体の地位の尊重】１　連合は、構成国内の教会及び宗教団体又は教団の国内法上の地位を尊重し、害しない。

２　連合は、同様に、哲学的信念に基づく組織の国内法上の地位を尊重する。

３　連合は、これらの教会及び団体の一体性及び特定の貢献を認め、それら教会並びに組織との間で、開かれた透明性のある定期的な対話を維持する。

第二部　差別撤廃と連合の市民権

第一八条【国籍による差別の禁止】〈＊一二条〉基本条約の適用の範囲内においては、かつ基本条約に定める特別の規定を害することなく、国籍に基づくすべての差別を禁止する。

欧州議会と理事会は、通常の立法手続に従って、前記の差別の禁止のための規則を定めることができる。

第一九条【差別との闘い】〈＊一三条〉１　基本条約の

他の規定を害することなく、また基本条約によって連合に与えられた権限の範囲内において、理事会は、特別の立法手続に従って、かつ欧州議会の同意を得た後に、全会一致で、性、人種又は種族的出身、宗教又は信念、障害、年齢又は性的指向に基づく差別と闘うために適当な行動をとることができる。

2　1にかかわらず、欧州議会と理事会は、通常の立法手続に従い、1にいう目的の実現に寄与すべく構成国がとった行動を支持するために、構成国における法律及び規則の調整を除き、連合の奨励措置の基本原則を採択することができる。

第二〇条【連合の市民権】〈*一七条〉1　ここに連合の市民権を創設する。構成国の国籍を有するすべての者は、連合の市民とする。連合の市民権は追加的なものであり、構成国の市民権に取って代わるものではない。

2　連合の市民は、基本条約により与えられる権利を享受し及び基本条約が課す義務に従う。連合の市民は、特に次の権利を持つ。

(a)　全構成国の領域内で自由に移動し居住する権利

(b)　構成国の国民と同一の条件の下で、欧州議会の選挙及び居住する構成国の地方自治体の選挙において投票し立候補する権利

(c)　国籍を有する構成国が代表を置いていない第三国の領域において、当該構成国の国民と同一の条件で他の構成国の外交及び領事当局の保護を享受する権利

(d)　すべての条約言語で、欧州議会に請願し、欧州オンブズマンに申立を行い、連合の機関及び諮問機関に意見を提出し、それと同じ言語で返答を受ける権利

これらの権利は、基本条約及び基本条約によって採択された措置が定める条件と制限に従って行使される。

第二一条【移動と居住の自由】〈*一八条〉1　連合のすべての市民は、基本条約並びに条約を実施するために採択された措置に定める制限及び条件に従って、構成国の領域内において自由に移動し及び居住する権利を有する。

2　連合による行動がこの目的の実現のために必要とされ、かつ基本条約において必要な権限が規定されていない場合、欧州議会及び理事会は、通常の立法手続に従って、1に定める権利の行使を容易にするために規定を採択することができる。

3　1に掲げるものと同じ目的のために、かつ基本条約が必要な権限を定めていない場合、理事会は特別の立法手続に従って、社会保障又は社会保護に関する措置を採択することができる。理事会は欧州議会との協議の後に全会一致で議決を行う。

第二二条【選挙権と被選挙権】〈*一九条〉1　構成国に居住する連合の市民であって居住国の国民でないすべての者は、その者が居住する構成国の地方選挙において当該国の国民と同一の条件の下に選挙権及び被選挙権を有する。この権利は、特別の立法手続に従って、かつ欧州議会と協議の後、全会一致により、理事会が採択する細目取極に従って行使される。この方式は、構成国に特有の問題により必要とされる場合には逸脱を定めることができる。

2　第二二三条1の規定及びその実施のために採択する規定を害することなく、構成国に居住する連合の市民であって居住国の国民でないすべての者は、その者が居住する構成国で欧州議会の選挙に当該国の国民と同一の条件の下に選挙権及び被選挙権を有する。この権利は、特別の立法手続に従って、かつ欧州議会と協議の後も全会一致により、理事会が採択する細目取極に従って行使される。この取極は、構成国に特有の問題により必要とされる場合には逸脱を定めることができる。

第二三条【連合市民の保護】〈*二〇条〉連合のすべての市民は、その者が国民である構成国が代表を置いていない第三国の領域において、いずれかの構成国の外交機関又は領事機関による保護を当該国の国民と同一の条件の下で受ける権利を有する。構成国は、構成国間で必要な規則を設け、かつこの保護を確保するために必要な国際交渉を開始する。

理事会は、特別立法手続に従って、かつ欧州議会と協議の後に、こうした保護の促進に必要な調整及び協力措置を確立する指令を採択することができる。

第二四条【請願権】〈*二一条〉欧州議会及び理事会は、通常の立法手続に従って規則により、欧州連合に関する条約第一一条の意味において発議を行う市民が属する構成国として最低限必要な国家数を含め、当該市民による発議に必要な手続及び条件に関する規定を採択する。

連合のすべての市民は、第二二七条に従って、欧州議会に請願する権利を有する。

連合のすべての市民は、第二二八条に従って設けられる欧州オンブズマンに申し立てることができる。

連合のすべての市民は、欧州連合に関する条約第五五条1に定める言語の一つで、この条及び欧州連合に関する条約第一三条にいういずれかの機関、補助機関、部局又は外局に書面で訴えることができ、また同じ言語で返答を受け取ることができる。

第二五条【この部の実施】〈*二二条〉委員会は、欧州議会、理事会及び経済社会評議会に対して、三年ごとにこの部の規定の適用について報告する。この報告は、連合の発展を考慮に入れる。

理事会は、この報告に基づきかつ基本条約の他の規定を害することなく、特別の立法手続に従って、かつ欧州議会の同意を得た後に、全会一致により、第二〇条2に列挙された権利を強化し又はそれに追加する規定を採択することができる。これらの規定は、構成国の各自の憲法上の要件に従って承認された後に効力を生ずる。

第三部　連合の政策及び域内行動

第一編　域内市場

第二六条【域内市場の完成】〈＊一四条〉1　連合は、基本条約の関連規定に従って、域内市場の運営を確立し、又は確保するための措置を採択する。

2　域内市場は、商品、人、役務及び資本の自由移動が基本条約の規定に従って確保される、内部に国境のない地域によって構成する。

3　理事会は、委員会の提案に基づき、すべての関係部門における均衡のとれた進行を確保するために必要な指針及び条件を決定する。

第二七条【経済発展の格差の考慮】〈＊一五条〉委員会は、第二六条に定める目的を達成するための提案を作成するに当たって、発展に違いのある国の経済が、域内市場の確立のために払わなければならない努力の大きさを考慮に入れなければならず、また適当な規定を提案することができる。

これらの規定が逸脱の形態をとるときは、それは一時的性格のもので、かつ域内市場の運営に与える障害が最小限のものでなければならない。

第二編　商品の自由移動

第二八条【原則】〈＊二三条〉1　本連合は、関税同盟を形成する。この関税同盟は、商品貿易の全般にわたって適用され、かつ、輸入及び輸出に関する関税並びにこれと同等の効果を有するすべての課徴金の構成国間での禁止と、第三国に対する共通関税率の採用とを内容とする。

2　第三〇条及びこの編の第二章の規定は、構成国原産の産品及び構成国内において自由流通状態にある第三国を積出地とする産品に適用する。

第二九条【自由流通状態にある産品】〈＊二四条〉第三国を積出地とする産品で、輸入手続が完了しており、当該構成国において課される関税及びこれと同等の効果を有する課徴金が徴収されており、かつ関税及び課徴金の全部又は一部の払戻しを受けていないものは、構成国内において自由流通状態にあるものとみなされる。

第一章　関税同盟

第三〇条【関税の新設と引上げの禁止】〈＊二五条〉構成国の間においては、相互間に輸入及び輸出に関する関税又はこれと同等の効果を有する課徴金を禁止する。この禁止は財政的性質をもつ関税にもまた適用する。

第三一条【共通関税の決定】〈＊二六条〉共通関税の税率は、理事会が、委員会の提案に基づいて決定する。

第三二条【委員会の留意すべき事項】〈＊二七条〉委員会は、この章に定める任務の達成のため、次の諸点に留意する。

(a)　構成国と第三国との間の貿易促進の必要性

(b)　企業の競争力を増大させるような連合内における競争条件の改善

(c)　原料及び半製品の供給を確保する連合の必要性。これとの関係で、委員会は完成品に関する構成国間の競争条件を歪めないように注意する。

(d)　構成国の経済生活における重大な混乱を避け、連合内における生産の合理的発展と消費の拡大を確保する必要性

第二章　関税協力

第三三条【関税協力】〈＊一三五条〉基本条約の適用の範囲内において、欧州議会及び理事会は、通常の立法手続に従って、構成国間及び構成国と委員会の間における関税協力を強化するための措置をとる。

第三章　構成国間の数量制限の禁止

第三四条【輸入数量制限の禁止】〈＊二八条〉輸入に対する数量制限及びこれと同等の効果を有するすべての措置は、構成国の間で禁止する。

第三五条【輸出数量制限の禁止】〈＊二九条〉輸出に対する数量制限及びこれと同等の効果を有するすべての措置は、構成国の間で禁止する。

第三六条【例外的に認められる輸出入の禁止又は制限】〈＊三〇条〉第三四条及び第三五条の規定は、公の道徳、公の政策又は公共の安全、人間、動物若しくは植物の健康及び生命の保護、美術的、歴史的若しくは考古学的価値のある国家的文化財の保護、又は工業所有権及び商業所有権の保護の理由から正当化される輸入、輸出又は通過に関する禁止又は制限を妨げるものではない。ただし、こうした禁止又は制限は、恣意的な差別の手段又は構成国間の貿易に対する擬装された制限となってはならない。

第三七条【商業的性格の国家独占】〈＊三一条〉1　構成国は、供給及び販売の条件に関する構成国の国民の間のすべての差別の排除を確保するように、商業的性格の国家独占を調整する。

この条の規定は、構成国が、それによって法律上又は事実上、直接又は間接に、構成国間の輸入又は輸出を管理し、統制し、又はこれに相当の影響を与えている、すべての団体に適用する。これらの規定は、国家が他に委任した独占にも適用する。

2　構成国は、1に掲げる原則に反するすべての新たな措置、又は構成国間の関税及び数量制限の禁止に関する条文の適用範囲を制限するすべての新たな措置を導入することを差し控える。

3　商業的性格の国家独占が農産物の販売又は価格維持を容易にするための規則を伴っている場合には、この条に定める規定の適用に当たっては関係生産者の雇用及び生活水準に対して同等の保証を確保する措置がとられるべきである。

第三編　農業及び漁業

第三八条【農業及び漁業の域内市場】〈＊三二条〉1　連合は、共通農業漁業政策を策定し実施する。

域内市場は、農業、漁業及び農産物貿易に及ぶ。「農産物」とは、農業、牧畜業及び漁業の産品、並びにこれらの産品と直接関係のある第一次加工品をいう。共通農業政策又は農業に対する言及、及び「農業の」という用語の使用は、この部門の特殊な性質を考慮して、漁業に対しても言及されたものと理解する。
2　第三九条から第四四条に別段の定めがある場合を除き、域内市場の設立及び運営のための規定は、農産物に対しても適用する。
3　第三九条から第四四条の規定の対象となる産品は、この条約の附属書Iの表に掲げる。
4　農産物に関する域内市場の運営及び発展は、共通農業政策の樹立を伴うものでなければならない。

第三九条【共通農業政策の目的】〈＊三三条〉1　共通農業政策の目的は、次のとおりである。
(a)　技術的進歩を促進することにより、及び農業生産の合理的発展と生産要素特に労働力の最善の利用とを確保することにより、農業生産性を向上させること。
(b)　特に農業従事者の個人所得を増加させることにより、農村社会に公正な生活水準を確保すること。
(c)　市場を安定させること。
(d)　供給の安定を確保すること。
(e)　消費者に対する合理的な供給価格を確保すること。
2　共通農業政策及びその適用のための特別な方法の策定に当り、次のことを考慮するものとする。
(a)　農業の社会的構造並びに異なった農業地域間の構造的及び自然的不均衡から生ずる、農業活動の特殊性
(b)　時宜に適した調整を漸次行うことの必要性
(c)　構成国において農業が経済全体と密接な関連を有する部門であるという事実

第四〇条【共通農業政策の確立】〈＊三四条〉1　第三九条に定める目的の達成のため、農業市場の共同組織を設立する。

この組織は、産品により、次のいずれかの形をとる。
(a)　競争に関する共通の規則
(b)　異なった各国内市場組織の間の強制的調整
(c)　全欧州市場組織
2　1に掲げるいずれかの形の共同組織は、第三九条に定める目的の達成のために必要なすべての措置、特に価格統制、各種の産品の生産及び販売に関する補助金、備蓄及び繰越の制度、並びに輸入又は輸出の安定のための共通の機構を含むことができる。
共同組織は、第三九条に定める目的達成のための活動のみに限られ、連合内の生産者又は消費者の間のすべての差別待遇を排除するものとする。

いかなる共通価格政策も、共通の基準及び統一された算定方法に基づくものでなければならない。
3　1にいう共同組織がその目的を達成することができるようにするため、一又は二以上の農業指導保証基金を設立することができる。

第四一条【補足的共通農業政策】〈＊三五条〉第三九条に定める目的の達成を可能にするため、共通農業政策の枠内で、特に次のことについて措置をとることができる。
(a)　農業教育、研究及び農業知識の普及の分野における努力の効果的な調整。これは共同出資による計画及び又は施設を含むことができる。
(b)　ある種の産品の消費を増加するための共通の活動

第四二条【競争規定の適用の特例】〈＊三六条〉競争規則に関する章の条文は、欧州議会及び理事会が、第四三条2の規定の枠内で、これらの規定に定める手続に従って、かつ第三九条に定める目的を考慮した上で決定する範囲においてのみ、農産物の生産及び貿易に適用する。

理事会は、委員会の提案に基づいて、次の援助の供与を許可することができる。
(a)　構造的に又は自然的条件によって不利な企業を保護するための援助
(b)　経済発展計画の枠内の援助

第四三条【共通農業政策の確立と実施】〈＊三七条〉1　委員会は、第四〇条1に規定するいずれかの共同組織をもって構成国の国内組織に代えることを含めて、共通農業政策の策定及び実施並びにこの編に特に定める措置の実施に関する提案を行う。

これらの提案はこの編にいう農業問題の間の相互依存性を考慮する。
2　欧州議会及び理事会は、通常の立法手続に従って、経済社会評議会と協議した後に、第四〇条1に規定する農業市場の共同組織を創設し、及び共通農業政策並びに共通漁業政策の目的の追求に必要な他の規定を制定する。
3　理事会は、委員会の提案に基づいて、価格設定、課徴金、補助金及び量的制限並びに漁業機会の設定と割当に関する措置を採択する。
4　次の場合、構成国の国内市場組織はこの条2に従い、第四〇条1に規定する共同組織に替えることができる。
(a)　共同組織が、この措置に反対する構成国で、問題の産品生産について国内組織を有するものに対し、可能な調整及び必要な専門化の進度を考慮して、関係生産者の雇用及び生活水準について同等な保証を与える場合
(b)　共同組織が、連合内の貿易に対し、国内市場に存在する条件と同様の条件を確保する場合
5　ある種の原料について共同組織が設けられているが、これに対応する加工産品について共同組織がまだ存在しない場合には、第三国向けの輸出に充てられる加工産品のために使用される当該原料は、連合以外から輸入することができる。

第四四条【相殺課徴金】〈＊三八条〉いずれかの構成国においてある産品に対する国内市場組織又はこれと同等の効果を有する国内規制が存在し、これが他の構成国における同種の産品との競争に影響を与えている場合には、他の構成国は、この組織又は規制を有する構成国からの当該産品の輸入に対し、輸出に際し相殺課徴金を課する。ただし、当該輸出国が、相殺課徴金を課している場合は、この限りでない。

委員会は、均衡を回復するために必要な程度において、この課徴金の額を定める。委員会は、また、委員会の定める条件及び方式で他の手段に訴えることを許可することができる。

第四編　人、役務及び資本の自由移動

第一章　労働者

第四五条【労働者の自由移動】〈＊三九条〉1　労働者の自由移動は、連合内において確保される。

2　この自由移動は、雇用、報酬その他の労働条件に関して、構成国の労働者間の国籍に基づくすべての差別待遇を撤廃することを意味する。

3　自由移動は、公の政策、公共の安全及び公衆衛生を理由として正当化される制限を留保して、次の権利を含む。

(a)　実際に行われた雇用の申出を受諾する権利

(b)　右の目的のため、全構成国の領域内を自由に移動する権利

(c)　法律、規則又は行政行為によって定めるその国の国民の雇用を規制する規定に従って働くためにある構成国に滞在する権利

(d)　ある構成国で雇用が終了した後、委員会が定める規則に規定される条件に従ってその領域内にとどまる権利

4　この条の規定は、公務における雇用については適用しない。

第四六条【自由移動の漸進的実現】〈＊四〇条〉欧州議会及び理事会は、通常の立法手続に従って、かつ経済社会評議会と協議の後、第四五条に定める労働者の自由移動を、特に次のような手段で実現するために必要な措置を定める指令又は規則を採択する。

(a)　各国の雇用安定機関の間の密接な協力を確保すること。

(b)　行政上の手続及び慣行、並びに国内法又は構成国間で従来から締結されている協定に基づく就職資格を得るための期間であって、その維持が労働者の自由移動を妨げるものを、撤廃すること。

(c)　国内法又は構成国間で従来から締結されている協定に定めるすべての期間その他の制限であって、他の構成国の労働者に対し雇用の自由な選択について自国の労働者に課する条件と異なる条件を課しているものを、撤廃すること。

(d)　各地方及び各産業における生活及び雇用の水準に対して重大な脅威を与えないような方法で、雇用の供給と需要とを結びつけ、雇用関係の均衡を容易にするための適当な機構を設立すること。

第四七条【青年労働者の交流】〈＊四一条〉構成国は、共同計画の枠内で、青年労働者の交流を促進する。

第四八条【社会保障上の措置】〈＊四二条〉欧州議会及び理事会は、通常の立法手続に従って、雇用された又は自営の移民労働者及びその扶養親族に対し次のことを保証する制度を設けることにより、社会保障の分野において労働者の自由移動を確保するために必要な措置を採択する。

(a)　社会保障制度の給付を受ける権利を取得し保持するため、またこうした給付の算定のため、各国の国内法によって考慮されるすべての期間を合計すること。

(b)　構成国の領域内に居住する者に対してこうした給付を行うこと。

前項に基づく法案が社会保障制度（適用範囲、費用又は財政構造を含む）又はその財政的均衡に重要な影響を及ぼすことになるといずれかの理事会構成員が宣言する場合は、当該構成員は欧州理事会に付託するよう要求することができる。この場合、通常の立法手続は中断される。審議した上で、欧州理事会は中断後四箇月以内に次のいずれかの対応をとるものとする。

(a)　法案を理事会に再送付し、通常の立法手続の中断を解除する。又は、

(b)　いかなる行動もとらないか又は委員会に対して新たな法案の提出を要求する。この場合、当初の法案は採択されなかったものとみなす。

第二章　開業の権利

第四九条【開業の自由】〈＊四三条〉次に定める規定の枠内で、いずれかの構成国の国民の他の構成国の領域における開業の自由に対する制限は、禁止する。この禁止は、いずれかの構成国の領域に居住しているいずれかの国民による代理店、支店又は子会社の設立に対する制限にも及ぶ。

開業の自由は、自営業を開始し及び遂行する権利並びに企業、特に第五四条後段にいう会社を設立し及び経営する権利を含む。ただし、開業の行われる国の法律によってその国の国民のために定められる条件に従うものとし、かつ資本に関する章の規定は留保される。

第五〇条【一般計画の作成と実施】〈＊四四条〉1　特定の活動に関する開業の自由を達成するために、欧州議会及び理事会は、通常の立法手続に従って、かつ経済社会評議会と協議の後、指令を定める。

2　欧州議会、理事会及び委員会は、前記の規定に基づき課せられる任務を、特に次のことを行うことによって遂行する。

(a)　一般的に、開業の自由が生産及び貿易の発展にとって特に有益な貢献となるような活動に対して

優先的待遇を与えること。
(b) 連合内の各種の関係活動の特殊事情を知るために、権限のある各国内行政官庁の間の緊密な協力を確保すること。
(c) 国内法又は構成国間で従来から締結されている協定に基づく行政上の手続及び慣行で、その維持が開業の自由を妨げているものを廃止すること。
(d) 他の構成国の領域内で雇用されているある構成国の賃金労働者が、自営業を開始することを希望した時点において、当該国に来る場合に要求される条件を満たしているときは、自営業を始めるためにその領域にとどまることができるよう配慮すること。
(e) 第三九条2に定める原則に反しない限り、構成国の国民が、他の構成国の領域内にある土地及び建物を取得し、利用することができるようにすること。
(f) 当該活動の各分野において、構成国の領域内における代理店、支店及び子会社の設立の条件、並びに代理店、支店及び子会社の経営又は監督の機関への本店職員の参加の条件に関して、開業の自由に対する制限の漸進的撤廃を適用すること。
(g) 第五四条後段にいう会社に対して、その社員及び第三者の利益の保護のために構成国が要求する保証を、こうした保証を連合全体で同等にするために、必要な範囲で調整すること。
(h) 開業の条件が、構成国の与える援助により歪められないことを確認すること。

第五一条【適用除外】〈＊四五条〉構成国の公権力の行使に、一時的にせよ関与する活動は、当該構成国に関しては、この章の規定の適用から除外される。
欧州議会及び理事会は、通常の立法手続に従って、ある種の活動をこの章の規定の適用から除外することができる。

第五二条【公の政策等の理由に基づく外国人の特別扱い】〈＊四六条〉1 この章の規定及びこの規定に基づいてとられる措置は、外国人に対する特別の取扱いを定める法律、規則又は行政行為であって、公の政策、公共の安全及び公衆衛生の理由で正当化されるものの規定の適用を害するものではない。
2 欧州議会及び理事会は、通常の立法手続に従って、右の法律、規則又は行政行為が定める規定の調整のための指令を定める。

第五三条【自営業】〈＊四七条〉1 欧州議会及び理事会は、自営業を開業し及び遂行することを容易にするため、通常の立法手続に従って、合格証明書、免許状その他の資格証明書の相互承認のための指令、及び自営業の開業及び遂行に関する構成国の法律、規則又は行政行為が定める規定の調整のための指令を定める。
2 医師、医療従事者及び薬剤師の職業については、制限の漸進的撤廃は、異なる構成国におけるそれらの職業の実施の条件が調整されるに従って行われるものとする。

第五四条【会社】〈＊四八条〉構成国の法律に基づいて設立され、かつ定款上の本店、管理の中心又は主たる営業所を連合内に有する会社は、この章の規定の適用上、構成国の国民たる自然人と同じ待遇を受ける。
会社とは、協同組合を含む民法又は商法に基づく会社、及び公法又は私法に基づくその他の法人をいう。ただし、営利目的を追求しないものは除く。

第五五条【内国民待遇】〈＊二九四条〉構成国は、基本条約の他の規定の適用を害することなく、他の構成国の国民に対して、第五四条にいう会社の資本への参加に関して、内国民待遇を与える。

第三章　役　務

第五六条【役務の自由移動】〈＊四九条〉次の規定の枠内において、連合内における役務の自由な提供に対する制限は、役務の提供の対象となる人の属する国以外の構成国に居住する構成国の国民に関し、禁止する。
欧州議会及び理事会は、通常の立法手続に従って、この章の規定の利益を連合内に居住する第三国の国民の役務提供者にも及ぼすことができる。

第五七条【役務の範囲】〈＊五〇条〉商品、資本及び人の自由移動に関する規定により規制されない限り、通常報酬を対価として提供される役務を基本条約にいう「役務」とみなす。
「役務」は、特に次のものを含む。
(a) 工業的性格の活動
(b) 商業的性格の活動
(c) 職人的な活動
(d) 自由業の活動
開業の権利に関する章の規定を害することなく、役務の提供者は、役務を提供するため、役務の提供が行われる構成国において、その国が自国の国民に対して課すのと同じ条件で、一時的に自己の活動を行うことができる。

第五八条【輸送及び資本の移動との関係】〈＊五一条〉1 輸送に関する役務を提供する自由は、輸送に関する編の規定により規制される。
2 資本の移動に関連する銀行及び保険の役務の自由化は、資本移動の自由化と歩調を合わせて実現される。

第五九条【一般計画の作成と実施】〈＊五二条〉1 一定の役務の自由化を完成するため、欧州議会及び理事会は、通常の立法手続に従って、かつ経済社会評議会と協議の後、指令を定める。
2 1に掲げる指令は、いずれかの役務であって、原則として、生産費に直接影響するもの、又はその自由化により商品貿易の促進に貢献するものを、優先的に対象とする。

第六〇条【義務以上の自由化】〈＊五三条〉構成国は、自

国の一般的経済情勢及び関係部門の状況が許す場合には、第五九条1を適用して定められる指令に基づいて義務として行うべき限度以上に、役務の自由化を行うよう努める。

委員会は、この目的のため関係構成国に対して勧告を行う。

第六一条【制限の無差別適用】〈＊五四条〉役務の自由な提供に対する制限が撤廃されない間は、各構成国は、この制限を、第五六条前段に掲げるすべての役務の提供者に対して国籍又は居所による差別なしに適用する。

第六二条【準用規定】〈＊五五条〉第五一条から第五四条までの規定は、この章で規制する事項にも適用する。

第四章　資本及び支払

第六三条【資本移動の制限の禁止】〈＊五六条〉1　本章に定める規定の枠内で、構成国間及び構成国と第三国の間の資本の移動に関するすべての制限は禁止される。

2　この章に定める規定の枠内で、構成国間及び構成国と第三国の間の支払に関するすべての制限は禁止される。

第六四条【第三国との資本移動の制限】〈＊五七条〉1　第六三条の規定は、直接投資（不動産投資を含む。）、開業、金融役務の供与又は資本市場への証券参入を含む第三国向け又は第三国からの資本移動に関して採択された国内法又は連合法に基づいて一九九三年一二月三一日に存在していた制限を第三国に適用することを妨げない。ブルガリア、エストニア及びハンガリーで国内法に基づいて存在していた制限については、当該日付を一九九九年一二月三一日とする。

2　構成国と第三国との間の資本の自由移動の目的をできる限り最大限に達成するよう努力し、かつ基本条約の他の章を害することなく、欧州議会及び理事会は、通常の立法手続に従って、直接投資（不動産投資を含む。）、開業、金融役務の供与又は資本市場への証券参入を含む第三国向け又は第三国からの資本移動に関する措置を決定する。

3　2にかかわらず、理事会のみが、特別の立法手続に従って、全会一致によりかつ欧州評議会と協議の後、第三国向け又は第三国からの資本移動の自由化に関して連合法の後退となる措置を採択することができる。

第六五条【構成国の権利】〈＊五八条〉1　第六三条の規定は、構成国の次の権利を害するものではない。

(a)　居住地又は資本の投資が行われる地に関して同一の状態にない納税者の間に区別を設ける構成国の税法の関連規定を適用すること。

(b)　特に税制の分野及び金融機関の信用制度の維持のための監督の分野において国内法の違反を防止するために必要なすべての措置をとり、行政的若しくは統計的情報のための資本移動についての届出の手続を定め、又は公の政策若しくは公共の安全のために正当化される措置をとること。

2　この章の規定は、基本条約と両立する開業の権利に対する制限の適用を害するものではない。

3　1及び2に定める措置及び手続は、恣意的な差別の手段又は第六三条に定める資本及び支払の自由移動に対する偽装された制限となってはならない。

4　第六四条3に基づく措置がとられない場合、委員会は、構成国による第三国への税制上の制限的措置について、連合の目的に照らして正当化できかつ域内市場の適正な運営と整合的である限りで基本条約に適合する旨の決定を行うことができる。関係構成国からの要請の後三箇月以内に委員会が決定を行わない場合は、理事会が右の決定を行うことができる。理事会は、構成国からの申請に対して全会一致により議決する。

第六六条【セーフガード】〈＊五九条〉例外的事情において、第三国向けの又は第三国からの資本移動が経済通貨連合の運営にとって重大な困難を生じさせ又は生じさせるおそれのある場合には、理事会は、委員会の提案に基づいて、かつ欧州中央銀行と協議の後、その措置が厳に必要であるときは六箇月を越えない期間、第三国に関してセーフガード措置をとることができる。

第五編　自由、安全及び正義の地域

第一章　一般規定

第六七条【自由、安全、移住、正義の地域の構築】〈＊六一条及び旧連合条約二九条〉1　連合は、基本的権利並びに構成国の様々な法制及び伝統を尊重しつつ、自由、安全及び正義の地域を構築する。

2　連合は、第三国の国民にとって公正な構成国間の連帯に基づいて、域内で人に対して国境管理が行われないことを確保し、かつ、庇護、入国管理及び対外的国境管理に関する共通政策を形成する。この編において、無国籍者は第三国の国民として扱われる。

3　連合は、犯罪、人種差別主義及び外国人排斥主義を抑止し又は制圧する措置、警察及び司法当局又はその他の権限ある当局の間の調整及び協力のための措置、及び刑事に関する判決の相互承認を通して、また必要に応じて刑事法の接近を通して、高水準の安全の確保に努める。

4　連合は、特に民事における司法上の又は司法外の決定の相互承認の原則を通して、司法へのアクセスを円滑化する。

第六八条【戦略的指針の策定】欧州理事会は、自由、安全及び正義の地域における立法的及び実務的な計画化のために、戦略的指針を策定する。

第六九条【補完性の原則の適用の確保】各国の議会は、補完性及び均衡性の原則の適用に関する議定書に規定された枠組みに従って、第四章及び第五章に基づいて提出された提案及び法案が補完性の原則に適合するよう確保する。

第七〇条【評価のための枠組みの策定】第二五八条、第二五九条及び第二六〇条を害することなく、理事会は、委員会の提案に基づいて、構成国が、委員会と協働しつつ、この編に規定された連合の政策の構成国当局による実施について、客観的で中立的な評価を行うための、特に相互承認の原則の十分な適用を容易にするための枠組みを定める措置をとることができる。欧州議会及び各国の議会は、当該評価の内容及び結果の通知を受ける。

第七一条【常任委員会の設置】〈＊連合条約三六条〉域内の安全に関する実務的協力が連合内部で促進され強化されることを確保するため、理事会に常任委員会を設ける。第二四〇条を害することなく、本委員会は構成国の権限ある当局の行動の調和を円滑化する。連合の関連の補助機関、部局及び外局の代表は、本委員会の手続に関与することができる。欧州議会及び各国の議会は当該手続について通知を受ける。

第七二条【構成国の負う責任】〈＊六四条一項及び連合条約三三条〉この編は、法と秩序の維持及び域内の安全保障について構成国が負う責任の遂行に影響を及ぼすものではない。

第七三条【構成国の裁量】構成国は、相互間においてかつその責任において、国家安全保障について権限ある行政機関の間で適当と認める形態の協力及び調整をとりまとめる。

第七四条【行政協力の確保】〈＊六六条〉理事会は、この編の対象とする分野において、各構成国の関連機関の間の及びそれら機関と委員会の間の行政協力を確保する措置をとる。理事会は、第七六条に従うことを条件に、かつ欧州議会と協議の後に、委員会の提案に基づいて議決する。

第七五条【法的枠組みの策定】〈＊六〇条〉テロリズム及びそれに関連する行為の抑止又は制圧に関する第六七条の目的を達成するために必要な場合、欧州議会及び理事会は、通常の立法手続に従った規則によって、資本移動及び支払いに関する行政措置（自然人若しくは法人、集団若しくは非国家主体の所有し又は保持する資金、金融資産又は経済的利得の凍結を含む。）の枠組みを定める。

理事会は、委員会の提案に基づいて、1に規定する枠組みを実施するための措置を採択する。

この条に規定する行為は、必要な法的保障条項を設けることを含む。

第七六条【行政協力のための条件】第四章及び第五章に規定する行為は、それら章の対象となる分野における行政協力の確保をめざす第七四条に規定された措置とともに、次のいずれかに基づいてとられる。

(a) 委員会の提案、又は

(b) 構成国の四分の一の発議

第二章　国境検問、庇護及び移民に関する政策

第七七条【国境検問】〈＊六二条〉1　連合は、次の目的のために政策を展開する。

(a) 域内国境を通過する場合、その国籍に関わらず、人に対するいかなる管理も行わないことの確保

(b) 域外国境を通過する人に対する検問と効率的な監視

(c) 域外国境に対する統合管理体制の段階的導入

2　1の適用上、欧州議会及び理事会は、通常の立法手続に従って、次に関する措置を採択する。

(a) 査証及びその他の短期滞在許可に関する共通政策

(b) 域外国境を通過する人を対象とする検問

(c) 第三国の国民が連合内を短期間旅行する自由を有するための条件

(d) 域外国境に対する統合管理体制の段階的確立に必要ないずれかの措置

(e) 域内国境を通過する場合、その国籍に関わらず、人に対するいかなる管理も行わないこと

3　連合による行動が、第二〇条2(a)に掲げる権利の行使の促進に必要であることが判明し、かつ基本条約が必要な権限を付与していない場合、理事会は、特別の立法手続に従って、旅券、身分証明証、居住許可又は他のすべての同様の公文書に関する規定を採択することができる。理事会は、欧州議会と協議の後に全会一致で議決する。

4　この条は、構成国がその国境を国際法に従って地理的に画定する権限に影響を及ぼすものではない。

第七八条【共通庇護制度】〈＊六三条(1)、(2)及び六四条2〉1　連合は、国際的保護を必要とするいずれかの第三国国民に適当な地位を付与し、かつノン・ルフールマン原則の遵守を確保するために、庇護、補完的保護及び一時的保護に関する共通の政策を発展させる。この政策は、難民の地位に関する一九五一年七月二八日のジュネーヴ条約及び一九六七年一月三一日の議定書、並びに他の関連条約に従うものでなければならない。

2　1の適用上、欧州議会及び理事会は、通常の立法手続に従って、次のことを含む欧州共通庇護制度に関する措置を採択する。

(a) 連合全域で有効な、第三国国民に対する統一的な庇護の地位

(b) 欧州で庇護を受けていないが、国際的な保護を必要としている第三国国民に対する統一的な補完的保護の地位

(c) 大規模な流入が生じた場合の避難民の一時的な保護のための共通の体制

(d) 統一的な庇護又は補完的保護の付与及び撤回に関する共通の手続

(e) 庇護又は補完的保護の申請に責任を負う構成国を決定するための基準と方法

(f) 庇護又は補完的保護の申請者の受け入れ条件に関する基準

(g) 庇護又は補完的保護若しくは一時的保護の申請者の流入を管理するための第三国との連携及び協力

3　一又はそれ以上の構成国が、第三国の国民の突然の流入に特徴づけられるような緊急事態に直面した場合には、理事会は、委員会の提案に基づき、当該構成国の利益のために暫定措置を採択することができる。理事会は欧州議会との協議の後に議決する。

第七九条【共通の移民政策】〈＊六三条(3)及び(4)〉1　連合は、すべての段階において、移民の流入の効率的な管理、合法的に構成国に居住する第三国の国民の公正な処遇、及び不法入国と人身取引の防止並びにそれらとの戦いのための強化措置を確保する目的で、共通の移民政策を発展させる。

2　1の適用上、欧州議会及び理事会は、通常の立法手続に従って、次の分野における措置を採択する。

(a) 入国及び居住の要件、家族の再会のための要件を含む、長期査証及び在住許可を構成国が発給する基準

(b) ある構成国に合法的に居住している第三国国民の権利の定義(他の構成国に自由に移動し、かつ居住する自由を規律する条件を含む。)

(c) 不法移住及び無許可滞在(不法滞在者の強制退去を含む。)

(d) 人身取引、とりわけ女性と子供の売買との戦い

3　連合は、構成国の一の領域に入国、滞在若しくは居住するための要件を満たさない、又は満たさなくなった第三国の国民について、その出生国若しくは出身国への再入国に関する協定を第三国と締結することができる。

4　欧州議会及び理事会は、通常の立法手続に従って、構成国がみずからの領域に合法的に居住する第三国の国民の統合を促進するために行う行為を奨励し、かつ支援するための措置を確立することができる。ただし構成国の法律及び規制のいかなる調和もこの措置には含まれない。

5　この条は、被雇用者であるか又は自営業者であるかにかかわらず、職を求めて第三国から構成国の領域へ来る第三国国民の数を決定する構成国の権利に影響を与えるものではない。

第八〇条【連帯と責任の分担】この章に定める連合の政策及びその実施は、構成国間の連帯及び責任の公平な分担の原則(財政的な影響を含む。)によって規律される。この章に基づいて採択された連合の法令は、必要な場合はいつでも、この原則に効力を与える適当な措置を含む。

第三章　民事における司法協力

第八一条【民事司法協力】〈＊六五条〉1　連合は、判決及び司法外の決定の相互承認の原則に基づいて、国境を越える性質をもつ民事事件における司法協力を発展させる。この協力には、構成国の法律及び規則の接近のための措置の採択を含むことができる。

2　1の適用上、欧州議会及び理事会は、通常の立法手続に従って、特に域内市場の適正な運営に必要な場合には、次のことを確保するための措置を採択する。

(a) 構成国間における判決と司法外の決定の相互承認及び執行

(b) 司法上及び司法外の文書の国境を越える送達

(c) 法の抵触及び管轄権の抵触に関する構成国において適用される規則の両立性

(d) 証拠収集における協力

(e) 司法手続への効果的なアクセス

(f) 必要な場合には、構成国において適用される民事訴訟手続に関する規則の両立性を推進することにより、民事訴訟手続の適正な運用を妨げる障害を除去すること

(g) 紛争解決の代替手段の開発

(h) 裁判官及び司法職員の養成に対する支援

3　2にかかわらず、国境を越える性質をもつ家族法に関する措置は、理事会によって、特別の立法手続に従って制定される。理事会は、欧州議会との協議の後に、全会一致で議決する。

理事会は、委員会の提案に基づき、通常の立法手続に基づいて採択される法令の対象となりうる、国境を越える性質をもつ家族法の分野を規律する決定を採択することができる。理事会は、欧州議会との協議の後に、全会一致で議決する。

2に定める提案は、構成国の議会に通知される。通知が行われた日から六箇月以内に、いずれかの構成国の議会が反対を表明する場合には、決定を採択することはできない。反対がない場合、理事会は決定を採択することができる。

第四章　刑事における司法協力

第八二条【刑事司法協力】〈＊旧連合条約三一条〉1　連合内の刑事事件における司法協力は、判決及び裁判所の決定の相互承認の原則に基づいて行われ、また2及び第八三条に掲げる分野における構成国の法律及び規則の接近を含む。

欧州議会及び理事会は、通常の立法手続に従って、次のことを行う措置を採択する。

(a) 連合全域においてあらゆる形態の判決及び裁判所の決定の承認を確保するための規則及び手続を定めること

(b) 構成国間の管轄権の抵触を防止し、解決すること

(c) 裁判官及び司法職員の養成を支援すること

(d) 構成国の司法当局又はこれと同等の機関の間において、刑事手続並びに決定の執行手続に関する協力を促進すること

2　判決及び裁判所の決定の相互承認、並びに国境を越える刑事問題における警察及び司法協力を促進するのに必要な範囲で、欧州議会と理事会は、通常の

立法手続に従って採択される指令により、最小限の規則を制定することができる。こうした規則は、構成国の法的伝統及び法制度の相違を考慮する。

こうした規則は、次の事項に関わる。

(a) 構成国間での証拠の相互承認
(b) 刑事手続における個人の権利
(c) 犯罪被害者の権利
(d) 理事会が決定によって事前に認定した刑事手続のその他の特定のすべての分野。こうした決定を採択するにあたって、理事会は、欧州議会の同意を得た後に、全会一致で議決する。

この項にいう最小限の規則の採択は、構成国が個人のためにより高度の保護を維持し又は導入することを妨げるものでない。

3　理事会の構成員が、2にいう指令案について、自国の刑事司法制度の基本的側面に影響を与えると判断した場合、当該構成員は、こうした指令案を欧州理事会に付託するよう要求することができる。その場合、通常の立法手続は一時的に停止される。欧州理事会は、審議の後にコンセンサスが得られた場合、一時停止から四箇月以内に当該指令案を理事会に差し戻し、理事会では、通常の立法手続の一時停止を解除する。

この期間内に合意に至らず、かつ少なくとも九箇国の構成国が、当該指令案に基づくより強化された協力の確立を望む場合、当該構成国は、その旨を欧州議会、理事会及び委員会に通知する。この場合、欧州連合に関する条約第二〇条2及びこの条約の第三二九条1にいう緊密な協力を開始することが承認されたものと見なされ、より強化された協力に関する規定が適用される。

第八三条【共通基盤で戦う犯罪】〈＊連合条約三一条〉1　欧州議会及び理事会は、通常の立法手続に従って採択される指令によって、国境を越える犯罪分野において、犯罪の性質及び影響、並びに共通の基盤に基づいてそれらと戦わなければならない特別な必要性から、特に重大な犯罪の分野での刑事犯罪の定義及び刑罰に関する最小限の規則を制定することができる。

これらの犯罪分野は次の通りである。すなわち、テロリズム、人身取引、女性及び子供の性的搾取、違法麻薬取引、違法武器取引、資金洗浄、汚職、支払い手段の偽造、コンピュータ犯罪及び組織犯罪である。

犯罪の変化に基づいて、理事会はこの項で定められた基準を満たす他の犯罪分野を特定する決定を採択することができる。理事会は、欧州議会の同意を得た後に、全会一致で議決する。

2　構成国の刑法及び刑法上の規則の接近が、調和措置を条件とする分野での連合による政策の効果的実施を確保するうえで不可欠な場合、指令によって当該分野の犯罪及び刑罰の定義に関する最小限の規則を制定することができる。こうした指令は、第七六条を害することなく、当該調和措置の採択の場合と同じく、通常の若しくは特別の立法手続によって採択される。

3　理事会の構成員が、1又は2にいう指令案について、自国の刑事司法制度の基本的側面に影響を与えると判断した場合、当該構成員は、こうした指令案を欧州理事会に付託するよう要求することができる。その場合、通常の立法手続は一時的に停止される。欧州理事会は、審議の後コンセンサスが得られた場合、一時停止から四箇月以内に当該指令案を理事会に差し戻し、理事会では、通常の立法手続の一時停止を解除する。

この期間内に合意に至らず、かつ少なくとも九箇国の構成国が、当該指令案に基づくより強化された協力の確立を望む場合、当該構成国は、その旨を欧州議会、理事会及び委員会に通知する。この場合、欧州連合に関する条約第二〇条2及びこの条約の第三二九条1にいう強化された協力を開始することが承認されたものと見なされ、より強化された協力に関する規定が適用される。

第八四条【犯罪防止】欧州議会及び理事会は、通常の立法手続に従い、犯罪防止の分野における構成国の活動を促進し、支援する措置を確立することができる。ただし、構成国の法律及び規則のいかなる調和も含まれない。

第八五条【ユーロジャストの任務】〈＊旧連合条約三一条〉1　ユーロジャストの任務は、構成国の当局及びユーロポールによって行われた活動及びもたらされた情報をもとに、二又はそれ以上の構成国に影響を与えるか、あるいは共通の基盤に基づく訴追を必要とする重大犯罪に関連して、国内の捜査当局及び検察当局間の調整及び協力を支援し、強化することである。

これに関連して、欧州議会及び理事会は、通常の立法手続に従って採択される規則により、ユーロジャストの組織、業務、活動範囲及び任務を定める。これらの任務には、次のものを含むことができる。

(a) 特に連合の財政的利益を損なう犯罪に関連して、犯罪捜査に着手すること、並びに権限ある国内当局による訴追の開始を提案すること
(b) (a)にいう捜査及び訴追の調整
(c) 管轄権の抵触の解決及び欧州司法ネットワークとの緊密な協力によるものを含む司法協力の強化

これらの規制はまた、ユーロジャストの活動の評価に、欧州議会及び国内議会を参加させるための取極を決定する。

2　1にいう訴追において、かつ第八六条を害することなく、正式な司法手続行為は、構成国の権限ある職員によって行われる。

第八六条【欧州検察局の創設】1　連合の財政的利益に影響を与える犯罪と戦うために、理事会は、特別の立法手続に従って採択される規則により、ユーロジャストに欧州検察局を創設することができる。理

事会は、欧州議会の同意を得た後、全会一致で議決する。

理事会で全会一致が得られない場合、少なくとも九箇国の構成国によって、当該規則案を欧州理事会に付託するよう要求することができる。その場合、通常の立法手続は一時的に停止される。欧州理事会は、審議の後にコンセンサスが得られた場合、一時停止から四箇月以内に当該規制案を採択のために理事会に差し戻す。

この期間内に合意に至らず、かつ少なくとも九箇国の構成国が、当該規制案に基づくより強化された協力の確立を望む場合、当該構成国は、その旨を欧州議会、理事会及び委員会に通知する。この場合、欧州連合に関する条約第二〇条2及びこの条約の第三二九条1にいう緊密な協力を開始することが承認されたものと見なされ、より強化された協力に関する規定が適用される。

2　欧州検察局は、1に規定された規則で定められているように、適当な場合はユーロポールと連携し、連合の財政的利益に対する犯罪の犯人及び共犯者について捜査を行い、これを訴追し、かつ司法の判断を仰ぐ責任を有する。欧州検察局は、当該犯罪に関して、構成国の権限ある裁判所において検察官の職務を果たす。

3　1にいう規則は、欧州検察局に適用される一般規則、その職務遂行を規律する要件、その活動に適用可能な手続規則、並びに証拠の認定に関する規則、また欧州検察局の職務の遂行にあたって、欧州検察局が講じた手続措置の司法審査に適用される規則を決定する。

4　欧州理事会は、同時に又は事後的に、二以上の構成国に影響を与える重大犯罪の犯人及び共犯者に関して、国境を越える重大犯罪を含むように欧州検察局の権限を拡大するために1を修正し、それに伴って2も修正する決定を採択することができる。欧州理事会は、欧州議会の同意を得た後に、かつ委員会との協議の後に、全会一致で議決する。

第五章　警察協力

第八七条【警察協力の構築】〈＊旧連合条約三〇条〉1　連合は、刑事犯罪の防止、発見及び捜査における構成国の権限あるすべての当局（警察、税関及びその他の特定の法執行機関を含む。）の間の警察協力を構築する。

2　1の適用上、欧州議会及び理事会は、通常の立法手続に従って、次に関する措置を確立することができる。

(a)　関連情報の収集、保管、処理、分析及び交換

(b)　職員研修の支援、及び職員の交流並びに犯罪発見のための機器及び研究に関する協力

(c)　重大な形態の組織犯罪の発見に関する共通の捜査技術

3　理事会は、特別の立法手続に従って、この条に規定する当局間の職務上の協力に関する措置を確立することができる。理事会は、欧州議会との協議の後に全会一致で議決する。

理事会で全会一致が得られない場合、少なくとも九箇国の構成国によって、当該措置案を欧州理事会に付託するよう要求することができる。その場合、通常の立法手続は一時的に停止される。欧州理事会は、審議の後コンセンサスが得られた場合、一時停止から四箇月以内に当該規則案を採択のために理事会に差し戻す。

この期間内に合意に至らず、かつ少なくとも九箇国の構成国が、当該措置案に基づくより強化された協力の確立を望む場合、当該構成国は、その旨を欧州議会、理事会及び委員会に通知する。この場合、欧州連合に関する条約第二〇条2及びこの条約の第三二九条1にいう緊密な協力を開始することが承認されたものと見なされ、より強化された協力に関する規定が適用される。

第二段及び第三段に定める手続は、シェンゲン・アキの発展を示す法令には適用されない。

第八八条【ユーロポールの任務】〈＊旧連合条約三〇条〉1　ユーロポールの任務は、二又はそれ以上の構成国に影響を与える重大な犯罪、テロリズム、及び連合の政策の対象となる共通の利益に影響を与える犯罪形態を防止し、それらと戦うにあたり、構成国の警察当局及びその他の法執行機関による行動、並びに相互協力を支援し、これを強化することである。

2　欧州議会及び理事会は、通常の立法手続に従って採択される規則によって、ユーロポールの組織、業務、活動範囲並びに任務を定める。これらの任務には、次のものを含むことができる。

(a)　情報、とりわけ構成国又は第三国の当局若しくは機関からの情報の収集、保管、処理、分析及び交換

(b)　適当な場合にはユーロジャストと連携した上で、構成国の権限ある当局と共同で、又は共同捜査班という形で行われる捜査活動及び職務行為の調整、準備並びにその実施。

こうした規則はまた、構成国の国内議会と欧州議会によって行われる、ユーロポールの活動に対する調査の手続を定める。

3　ユーロポールによるいずれの職務行為も、その領域が関係する一又はそれ以上の構成国の当局との連絡の上で、かつその合意の下で遂行しなければならない。強制措置の適用は、権限ある国内当局の排他的責任である。

第八九条【理事会の権限】〈＊連合条約三二条〉理事会は、特別の立法手続に従って、第八二条及び八七条にいう構成国の権限ある当局が、他の構成国の領域内でかつ当該構成国の当局と連絡の上、その同意を得て職務を行うことができる条件及び制限を定める。理

事会は、欧州議会との協議の後、全会一致で議決する。

第六編　運輸

第九〇条【共通運輸政策】〈＊七〇条〉この編で規定する事項に関しては、基本条約の目的は、共通運輸政策の枠内で追求される。

第九一条【理事会の実施する措置】〈＊七一条〉1　第九〇条を実施するため、かつ運輸面に特有な性格を考慮して、欧州議会及び理事会は、通常の立法手続に従って、かつ経済社会評議会及び地域評議会と協議の後、次の事項を定める。

(a) いずれかの構成国の領域を起点若しくは終点とする、又は一若しくは二以上の構成国の領域を通過する国際運輸に適用される共通の規定

(b) 非居住者の運送業者が構成国内の内国輸送に参加することを認める条件

(c) 運輸の安全を改善する措置

(d) その他の適当な規定

2　1にいう措置を採択するにあたっては、それらの適用が特定の地域における生活水準及び雇用水準、並びに運輸施設の運用に深刻な影響を及ぼす場合があることを考慮する。

第九二条【新差別の禁止】〈＊七二条〉第九一条1に定める規定が制定されるまでの間、及び理事会が全会一致で適用除外を付与する措置を採択しない限り、いかなる構成国も、一九五八年一月一日又は加盟国に関してはその加盟の日に運輸に関する事項を規制している各種の規定を、その直接又は間接の効果として他の構成国の運送業者が自国の運送業者に比して不利となるように更改してはならない。

第九三条【許される援助】〈＊七三条〉輸送の調整の必要に応ずる援助、又は公共事業の概念に固有のある種の負担に対する償還に相当する援助は、基本条約と両立する。

第九四条【輸送の料金と条件】〈＊七四条〉輸送料金及び輸送条件に関して基本条約の枠内でとられるすべての措置は、運送業者の経済状態に考慮を払うものとする。

第九五条【差別待遇の撤廃】〈＊七五条〉1　連合内の輸送においては、同一経路で運ばれる同一商品に対し、運送業者が、輸送商品の原産国又は目的地を理由として異なる運賃又は条件を適用する差別待遇は、禁止する。

2　1の規定は、欧州議会及び理事会が第九一条1の規定に従って他の措置をとることを妨げるものではない。

3　理事会は、委員会の提案に基づいて、かつ欧州議会及び経済社会評議会と協議の後、1の規定を実施するための規則を作成する。

理事会は、特に、連合の機関が1に定める規則の遵守を確保し、及びその規則から利用者の利益を最大限確保するために必要な規定を定めることができる。

4　委員会は、自己の発議又は構成国の要求により、1に掲げる差別待遇の事例を審査し、かつ関係構成国と協議した後、3の規定に従って定められた規則の枠内で必要な決定を行う。

第九六条【支持料金の禁止】〈＊七六条〉1　連合内で行われる運輸に関し、一又は二以上の特定の企業又は産業の利益のための支持又は保護の要素を含む料金及び条件の構成国による適用は、委員会の許可がない限り、禁止する。

2　委員会は、自己の発議又は構成国の要求により、1に掲げる料金及び条件を、一方において適当な地域的経済政策の要求、低開発地域の必要及び政治的事情により著しく影響を受ける地域の問題に対して、他方においては前記の料金及び条件が輸送手段の間の競争に及ぼす効果に対して、特に考慮を払って審査する。

委員会は、関係構成国と協議の後、必要な決定を行う。

3　1に掲げる禁止は、競争に対処するために固定された運賃率には適用しない。

第九七条【輸送料金以外の課徴金】〈＊七七条〉運送業者が国境を通過する運送に対して輸送料金以外に徴収する費用又は手数料は、国境通過に必要な実際の費用を考慮して、合理的な水準を越えるものであってはならない。

構成国は、これらの費用を漸進的に引下げるよう努力する。

委員会は、この条の実施のため、構成国に対して勧告を行うことができる。

第九八条【ドイツの特例】〈＊七八条〉この編の規定は、ドイツ連邦共和国においてとられる措置については、ドイツの分割により影響を受けた連邦共和国のいずれかの地域における経済に対してその分割がもたらした経済的不利を償うために必要とされる限りにおいてその適用を妨げるものではない。リスボン条約発効の五年後、理事会は、委員会の発議に基づき、この条を廃止する決定を採択することができる。

第九九条【運輸評議会の設置】〈＊七九条〉構成国の政府が任命する専門家で構成する協議的性格の評議会を設置し、これを委員会に附属させる。委員会は、有益と認めるときはいつでも、運輸問題に関してこの評議会と協議する。

第一〇〇条【適用対象の範囲】〈＊八〇条〉1　この編の規定は、鉄道、道路及び内陸水路による輸送に適用する。

2　欧州議会及び理事会は、通常の立法手続に従って、海上運輸及び航空運輸に関し適当な規定を定めることができる。両機関は、経済社会評議会及び地域評議会と協議した後、議決する。

第七編　競争、税制及び法の接近に関する共通規定

第一章　競争に関する規定

第一節　企業に適用する規定

第一〇一条【カルテルの禁止】〈＊八一条〉1　構成国間の貿易に影響を及ぼすおそれがあり、かつ、域内市場内の競争を妨害し、制限し若しくは歪曲することを目的とするか又はそのような結果を生じる、企業間のすべての協定、企業の連合が行うすべての決定及びすべての協調的行為は、域内市場と両立せず、かつ禁止される。特に次の行為は禁止する。

(a)　購入価格、販売価格その他の取引条件を直接又は間接に固定すること

(b)　生産、販路、技術開発又は投資を制限し又は管理すること

(c)　市場又は供給源を配分すること

(d)　相手方に対し、同等の取引に関して異なる条件を適用し、その結果競争上相手方を不利な立場におくこと

(e)　右の取引の性質上又は商慣習に照らして、当該契約の主題と関連性を有しない追加的な義務の相手方による受諾を契約締結の条件とすること

2　この条の規定に基づき禁止される協定又は決定は、当然無効とする。

3　ただし、1の規定は、産品の生産若しくは分配の改善又は技術的若しくは経済的進歩の促進に寄与し、その結果生ずる利益に利用者が公正に均てんすることを確保するものであって、以下のものには適用しないと宣言することができる。

—企業間の協定又はこれと類似のもの

—企業の連合が行う決定又はこれと類似のもの

—協調的行為又はこれと類似のもの

ただし、次のものを除く。

(a)　前記の目的を達成するために不可欠でない制限を関係企業に課するもの

(b)　これらの企業に対し、当該産品の主要な部分について競争を排除する可能性を与えるもの

第一〇二条【支配的地位の濫用の禁止】〈＊八二条〉一又は二以上の企業が域内市場又は域内市場の主要な部分における自己の支配的地位を濫用することは、構成国間の貿易がこれにより影響を受けるおそれがある限り、域内市場と両立しないものとして禁止する。

これらの濫用は、特に次のことからなる。

(a)　不当な購入価格、販売価格その他の不当な取引条件を直接又は間接に課すること

(b)　生産、販路又は技術開発を消費者にとって不利に制限すること

(c)　相手方に対し、同等の取引に関して異なる条件を適用し、その結果競争上相手方を不利な立場におくこと

(d)　右の取引の性質上又は商慣習に照らして、当該契約の主題と関連性を有しない追加的な義務の相手方による受諾を契約締結の条件とすること

第一〇三条【理事会の規則又は指令】〈＊八三条〉1　理事会は、委員会の提案に基づいて、かつ欧州議会と協議の後、第一〇一条及び第一〇二条に掲げる原則を適用するため適当な規則又は指令を定める。

2　1に掲げる規則又は指令は、特に次のことを目的とする。

(a)　第一〇一条1及び第一〇二条に掲げる禁止の遵守を罰金及び過料を設けることにより確保すること

(b)　第一〇一条3の適用に当り、一方において効果的な監視を確保し、他方においては行政管理をできる限り簡素化する必要性を考慮した上で、その方式を決定すること

(c)　必要な場合には、第一〇一条及び第一〇二条の規定の適用の範囲を各種の経済部門について明確にすること

(d)　この項に定める諸規定の適用に関して、委員会及び欧州連合司法裁判所のそれぞれの職務について明確にすること

(e)　国内法と本節の規定又はこの条を適用して採択される規定との間の関係を定めること

第一〇四条【構成国の過渡的措置】〈＊八四条〉第一〇三条の適用により採択される規定が効力を生じるまで、構成国の関係機関は、自国の国内法並びに第一〇一条、特に同条3及び第一〇二条の規定に従い、協定が認められるかどうか及び域内市場における支配的地位が不当に利用されていないかどうかについて決定を行う。

第一〇五条【委員会の監督】〈＊八五条〉1　第一〇四条の規定を害することなく、委員会は、第一〇一条及び第一〇二条に定める原則が適用されるよう配慮する。委員会は、構成国の申請に基づき、又はみずからの発議に基づき、援助を申し出る構成国の権限のある機関と協力し、前記の原則に違反するとの疑いのある事実を調査する。委員会は、違反があったと認めたときは、これを終了させるための適当な措置を提案する。

2　違反が終了しない場合には、委員会は、理由を付した決定により、原則に対する違反を記録する。委員会は、その決定を公表することができ、かつ委員会が定める条件及び方式により、構成国が事態を是正するため必要な措置をとることを許可することができる。

3　委員会は、第一〇三条2(b)に基づき理事会が規則又は指令を採択した協定の種類に関して、規則を採択することができる。

第一〇六条【公の性格の企業】〈＊八六条〉1　公の企業及び特別の又は排他的な権利を構成国が許与する企業に関し、構成国は、基本条約に定める規定、特に第一八条及び第一〇一条から第一〇九条の規定に反するいかなる措置も制定し又は継続してはならない。

2　一般の経済的利益のための事業運営を委託された

企業又は財政的独占の性格を有する企業は、基本条約に定める規定、特に競争に関する規定に、これらの規定の適用が企業に与えられている特定の任務の法律上又は事実上の遂行を妨げない限り、従うものとする。貿易の発展が連合の利益に反する程度にまで影響されることを許してはならない。

3　委員会は、この条の規定の適用を確保し、必要な場合には、構成国に対し適当な指令又は決定を発する。

第二節　国の援助

第一〇七条【禁止される国の援助と禁止されない国の援助】〈＊八七条〉1　基本条約に別段の定めがある場合を除き、形式のいかんを問わず国により与えられる援助又は国家資金により与えられる援助であって、ある企業又はある商品の生産に便益を与えることによって競争を歪め又は歪めるおそれがあるものは、構成国間の貿易に影響を及ぼす限り、域内市場と両立しない。

2　次に掲げる援助は、域内市場と両立する。

(a)　個々の消費者に与えられる社会的性格の援助。ただし、この援助は、産品の原産地に基づく差別なしに与える。

(b)　自然的災害により又は他の異常な事態によって生じた損害を救済するための援助

(c)　ドイツの分割により影響を受けたドイツ連邦共和国のいずれかの地域の経済に対し、その分割により生じた経済的不利を償うため必要な限度において与えられる援助。リスボン条約の発効から五年後、理事会は、委員会の提案に基づいて、本号を削除する決定を採択することができる。

3　次に掲げる援助は、域内市場と両立するものとみなすことができる。

(a)　構造的、経済的又は社会状況的見地から、生活水準の異常に低い地域又は重大な雇用不足の生じている地域及び第三四九条に規定された地域の経済発展を促進するための援助

(b)　欧州の共通利益となる重要な計画の達成を促進するため、又は構成国の経済の重大な撹乱を救済するための援助

(c)　ある経済活動の発展又はある経済地域の発展を容易にするための援助。ただし、その援助は、共通の利益に反する程度まで貿易の条件を改変しないことを条件とする。

(d)　文化及び遺産の保存を促進するための援助。ただし、この援助が連合の貿易条件及び競争に共通の利益に反するような程度まで影響を与えないことを条件とする。

(e)　委員会の提案に基づいて、理事会の決定により定められる他の種類の援助

第一〇八条【委員会の審査と決定】〈＊八八条〉1　委員会は、構成国に存在する援助の制度を当該構成国とともに常時審査する。委員会は、域内市場の漸進的発展又は運営のために必要とされる適当な措置を当該構成国に対し提案する。

2　委員会は、関係当事者に対しその意見を提出することを求めた後、国によって与えられるか又は国家資金によって与えられる援助が第一〇七条の規定により域内市場と両立しないこと、又はその援助が不当な方法で適用されていることを確認するときは、関係当事国に対し委員会が定める期間内に、その援助を廃止し又は修正することを要求する決定を行う。

関係当事国が与えられた期間内にこの決定に従わないときは、委員会又は他の関係国は、第二五八条及び第二五九条の規定にかかわらず、問題を直接欧州連合司法裁判所に付託することができる。

いずれかの構成国の要求により、理事会は、その決定が例外的な事態により正当化されるときは、第一〇七条の規定又は第一〇九条に定められる規則にかかわらず、その構成国により与えられているか又は与えられようとしている援助が、域内市場と両立するものとみなされることを、全会一致で決定することができる。当該援助に関し、委員会がこの項の第一段に定める手続を開始しているときは、当該構成国の理事会に対する要求は、理事会がその態度を決定するまで、右の手続を停止する効果を有する。

もっとも、理事会が構成国の要求があってから三箇月の期間内にその態度を表明しないときは、委員会が決定を行う。

3　委員会は、自己の意見を提示するのに間にあうように、援助を付与し又は修正するあらゆる計画について通知される。委員会は、いずれかの計画が第一〇七条の適用上域内市場と両立しないと考えるときは、2に定める手続を遅滞なく開始する。当該構成国は、その手続により最終決定が下されるまでは、計画した措置を実施することができない。

4　委員会は、理事会の第一〇九条に基づく決定によりこの条3に規定する手続を省くことができるような国の援助の種類に関して、規則を採択することができる。

第一〇九条【理事会の規則】〈＊八九条〉理事会は、委員会の提案に基づいて、かつ欧州議会と協議の後、第一〇七条及び第一〇八条の適用のために適当な規則を制定することができ、並びに、特に第一〇八条3の適用条件及びこの手続を免除される援助の種類を定めることができる。

第二章　税に関する規定

第一一〇条〔差別的内国税の禁止〕〈＊九〇条〉構成国は、同種の国内産品に直接又は間接に課せられる内国税よりも高いいかなる種類の内国税も、他の構成国の産品に対して、直接であると間接であるとを問わず課してはならない。

さらに、構成国は、他の産品を間接に保護するような性質の内国税を他の構成国の産品に対して課し

てはならない。

第一一一条【内国税の払戻し】〈＊九一条〉いずれかの構成国の領域に対して輸出される産品については、それらの産品に直接又は間接に課せられる内国税を上回って、内国税のいかなる払戻しも受けることができない。

第一一二条【直接税の免除と払戻しの禁止】〈＊九二条〉取引高税、消費税及びその他の間接税以外の税に関しては、理事会が、委員会の提案に基づいて、一定期間この措置をとることをあらかじめ承認している場合を除き、他の構成国への輸出品に対して免税及び払戻しを行うことができず、また、他の構成国からの輸入品に対して相殺税を課することができない。

第一一三条【構成国税法の調整】〈＊九三条〉理事会は、特別の立法手続に従って、かつ欧州議会及び経済社会評議会と協議の後、全会一致により、取引高税、消費税及びその他の形態の間接税に関する法律の調和について、こうした調和が域内市場の確立及び運営を確保するため及び競争上の不均衡を回避するために必要な範囲において、規定を定める。

第三章　法制の接近

第一一四条【構成国国内法制の接近】〈＊九五条〉

1　基本条約に別段の定めがない限り、次の規定が第二六条に定める目的の達成のために適用される。欧州議会及び理事会は、通常の立法手続に従って、かつ経済社会評議会と協議の後、域内市場の確立及び運営を目的とする構成国の法律、規則又は行政規則の諸規定を接近させるための措置を採択する。

2　1は、財政規定、人の自由移動並びに被雇用者の権利及び利益に関する規定には適用しない。

3　委員会は、健康、安全、環境保護及び消費者保護に関して1に定める提案を行うに際しては、高水準の保護を基礎にする。各々の権限の範囲内において、欧州議会及び理事会はまた、この目的の達成を追及することとなる。

4　欧州議会と理事会又は理事会若しくは委員会により調和措置を採択した後、構成国が、第三六条に定めるより大きな必要を理由にして、又は環境若しくは労働環境の保護に関して、国内規定の維持を必要と考えるときは、当該構成国は、維持の理由とともにこれらの規定について委員会に通知する。

5　さらに4を害することなく、欧州議会と理事会の合同行為によって又は理事会若しくは委員会によって調和措置を採択した後に、構成国が、調和措置の採択後に当該構成国に特別の問題が生じたという理由で、環境又は労働環境の保護に関する新しい科学的根拠に基づく国内規定の導入が必要と判断する場合には、導入の理由とともに当該規定を委員会に通知する。

6　委員会は、4及び5に規定する通知後六箇月以内に、当該国内規定が構成国の間での貿易の恣意的な差別の手段又は偽装された制限ではないこと、及び域内市場の運営に対する障害にならないことを検証した後に、これを承認し又は拒否する。

当該期間内に委員会が決定しない場合には、4及び5にいう国内規定は、承認されたものとみなす。

問題の複雑性によって正当化される場合及び人の健康に危険がない場合、委員会は、当該構成国に対して、この項にいう期間はさらに六箇月まで延長し得ることを通知できる。

7　6に従って、構成国が調和措置とは異なる国内規定を維持するか又は導入する場合には、委員会は、当該調和措置との適合を提案するかどうかについて直ちに検討する。

8　構成国が、事前の調和措置の対象となっている分野において公衆衛生に関する特別な問題を提起する場合には、当該構成国は委員会にそれについての注意を喚起し、委員会は直ちに、理事会に適当な措置を提案するかどうかについて検討する。

9　第二五八条及び第二五九条に定める手続にかかわらず、委員会及びいずれかの構成国は、他の構成国がこの条に定める権限を不適切に行使していると考えるときは、問題を欧州連合司法裁判所に直接付託することができる。

10　右の調和措置は、適当な場合には、構成国が、第三六条に定める一又は二以上の非経済的理由により、暫定措置をとることを認めるセーフガード条項を含む。この暫定措置は、連合の管理手続に服する。

第一一五条【域内市場確立のための法制の調和】〈＊九四条〉第一一四条を害することなく、理事会は、特別の立法手続に従って、かつ欧州議会及び経済社会評議会と協議の後、域内市場の設立又は運営に直接影響を及ぼす構成国の法律、規則又は行政規定を接近させるために指令を定める。

第一一六条【競争条件を歪める国内法の是正】〈＊九六条〉委員会は、構成国の法律、規則又は行政行為の間に存在する差異が域内市場における競争の条件を歪め、それによって是正を必要とする歪曲をもたらすと認めるときは、関係構成国と協議を行う。

この協議の結果、右の歪曲を是正する協定に達しないときは、欧州議会及び理事会は、通常の立法手続に従って、このために必要な指令を発する。基本条約に定めるその他のすべての適当な措置をとることができる。

第一一七条【新たな立法措置をとる際の手続】〈＊九七条〉1　法律、規則又は行政行為の制定又は改正の結果第一一六条にいう歪曲が生ずることをおそれる理由があるときは、それについて手続を進めようとする構成国は、委員会と協議する。構成国と協議の後、委員会は、関係国に対してその歪曲を避けるために適当な措置を勧告する。

2　自国の規定を制定し又は改正しようとする国が委員会の申入れた勧告に従わないときは、他の構成国は、第一一六条の規定に従って、不均衡を是正するため自国の規定を改正するよう要求されることはない。委員会の勧告を無視した構成国が自国にとってのみ不利な不均衡をもたらす場合は、第一一六条の規定は適用されない。

第一一八条【欧州知的財産権の創設権限】域内市場の確立及び運営にあたって、欧州議会及び理事会は、通常の立法手続に従って、連合全体に知的財産権の統一的保護を与える欧州知的財産権を創設するため及び統合的で連合全域に及ぶ許可、調整及び監督制度を設立するための措置をとる。

理事会は、特別の立法手続に従って、規則によって欧州知的財産権の言語に関する取極を確立する。理事会は、欧州議会と協議の後、全会一致によって議決する。

第八編　経済通貨政策

第一一九条【経済通貨政策】〈＊四条〉1　欧州連合に関する条約第三条に定める目的のため、構成国及び連合の活動には、基本条約に定めるところにより、構成国の経済政策の緊密な調整、域内市場及び共通の目的の決定に基づいておりかつ自由競争による開放市場経済の原則に従って行われる経済政策の採用を含む。

2　1と並行して、及び基本条約に定めるところによりかつ基本条約で定められた手続に従って、これらの活動には、単一通貨ユーロ、並びに単一通貨政策及び為替相場政策の策定及び実施を含む。これら二つの措置の主要な目的は、価格の安定を維持し、及びこの目的を害することなく、連合の一般的経済政策を自由競争による開放市場経済の原則に従って支えることにある。

3　構成国及び連合のこれらの活動は、次の指導原則、すなわち、価格の安定、健全な財政及び通貨状態並びに持続可能な国際収支の均衡に従って行われる。

第一章　経済政策

第一二〇条【構成国の経済政策】〈＊九八条〉構成国は、欧州連合に関する条約第三条に定める連合の目的の達成に貢献するために、かつ第一二一条2に定める広範な指針に照らして、自国の経済政策を行う。構成国及び連合は、自由競争を伴いかつ資源の効率的な配分を促す開放市場経済の原則に従って、並びに、第一一九条に定める諸原則を遵守して行動する。

第一二一条【経済政策の指針】〈＊九九条〉1　構成国は、自国の経済政策を共通の関心事項とみなし、及び、第一二〇条の規定に従って、理事会内においてこれを調整する。

2　理事会は、委員会の勧告に基づき、構成国及び連合の経済政策の広範な指針のための草案を起草し、並びに、その所見を欧州理事会に報告する。

欧州理事会は、理事会からの報告に基づいて、構成国及び連合の経済政策の広範な指針に関する結論について討議する。

この結論に基づいて、理事会は、この広範な指針を定めた勧告を採択する。理事会は、当該勧告を欧州議会に通知する。

3　構成国の経済政策のより緊密な調整及び経済実績の持続的な収斂を確保するため、理事会は、委員会が提出する報告に基づいて、各構成国及び連合における経済発展並びに経済政策と2に定める広範な指針との整合性を監視し、並びに、定期的に総合的な評価を行う。

この多角的監視のため、構成国は、委員会に対して、経済政策の分野でとった重要な措置及び必要と考えるその他の情報について通知する。

4　3に定める手続に基づいて、構成国の経済政策が2に定める広範な指針と両立しないか又は当該政策が経済通貨連合の適正な機能を害する危険があると証明される場合には、委員会は、当該構成国に対して警告を発することができる。理事会は、委員会の勧告に基づいて、当該構成国に対して必要な勧告を行うことができる。理事会は、委員会の提案に基づいて、その勧告を公表することを決定することができる。

この項の範囲内では、理事会は当該構成国を代表する理事会の構成員の投票を考慮することなく議決する。

理事会の他の構成員による特定多数決は、第二三八条3(a)に従って定める。

5　理事会の議長及び委員会は、多角的監視の結果について、欧州議会に対して報告する。理事会が勧告を公表したときは、理事会の議長は、欧州議会の権限のある委員会に出席するよう招請されることがある。

6　欧州議会及び理事会は、通常の立法手続に従って規則により、この条の3及び4に定める多角的監視の手続のための細則を採択することができる。

第一二二条【連合の援助】〈＊一〇〇条〉1　基本条約に定める他の手続を害することなく、理事会は、委員会の提案に基づいて、構成国間の連帯の精神により、経済状態に対応して、特に一定の産品、とりわけエネルギー分野の供給に重大な困難が生じた場合には、適当な措置を決定することができる。

2　ある構成国が困難に陥っているか又はその手に余る自然災害若しくは例外的事態によって引き起こされた重大な困難にさらされている場合には、理事会は、委員会の提案に基づいて、一定の条件の下で、当該構成国に連合の財政援助を与えることができる。理事会の議長は、とられた決定を欧州議会に通知する。

第一二三条【信用供与の便宜の禁止】〈＊一〇一条〉1　欧州中央銀行又は構成国の中央銀行（以下、「国の中央銀行」という。）が連合の機関、補助機関、部局及び外局、構成国の中央政府、地域的、地方的若しくはその他の公的機関、公法により規律される他の団体又は公企業のために行う当座貸越又は他のいかなる信用上の便宜の供与も、禁止する。これら機関から、欧州中央銀行又は国の中央銀行が直接債務証書を購入することも、同様に禁止する。

2　1は、中央銀行の通貨準備の供給において、国の中央銀行及び欧州中央銀行により民間信用機関と同一の待遇が与えられる公的所有の信用機関には適用しない。

第一二四条【金融機関への特権的アクセスの禁止】〈＊一〇二条〉連合の機関、補助機関、部局及び外局、構成国の中央政府、地域的、地方的若しくはその他の公的機関、公法により規律される他の団体又は公企業による金融機関への特権的アクセスを設定するいかなる措置も、信用秩序の維持を理由とするものを除き、禁止する。

第一二五条【構成国の債務】〈＊一〇三条〉1　連合は、特別のプロジェクトの共同の実施のための相互の金融上の保証を害することなく、いずれかの構成国の中央政府、地域的、地方的若しくはその他の公的機関、公法により規律される他の団体又は公企業の債務に対して責任を負わず又はこれを引受けない。構成国は、特別のプロジェクトの共同実施のための相互の金融上の保証を害することなく、他の構成国の中央政府、地域的、地方的若しくはその他の公的機関、公法により規律される他の団体又は公企業の債務に対して責任を負わず又はこれを引受けない。

2　理事会は、委員会からの提案に基づき、かつ欧州議会との協議の後に、必要があれば、第一二三条、一二四条及びこの条に定める禁止を適用するための詳細について定めることができる。

第一二六条【過剰な財政赤字の防止】〈＊一〇四条〉1　構成国は、過剰な政府財政赤字を回避する。

2　委員会は、構成国の財政状態及び政府の負債の累積高の推移を重大な過誤を確認するために監視する。特に、委員会は、次の二つの基準に基づいて、財政規律の遵守を審査する。

(a)　計画された又は実際の政府の財政赤字の国民総生産に対する比率が基準値を越えているかどうか。ただし、次の場合はこの限りでない。

—その比率が実質的にかつ継続的に減少し及び基準値に近い水準に達している場合

—又は、基準値の超過が例外的及び一時的なものでかつ比率が基準値に近い場合

(b)　国民総生産に対する政府負債の比率が基準値を越えているかどうか。ただし、その比率が充分に減少しつつあり及び満足のいく進捗度で基準値に近づきつつある場合は、この限りでない。

基準値は、基本条約に附属する過剰な赤字についての手続に関する議定書で定める。

3　構成国がこれらの基準の一又は双方の要件を満たさない場合には、委員会は、報告を準備する。委員会の報告はまた、政府の財政赤字が政府の投資支出を超過しているかどうか、並びに、構成国の中期的な経済及び財政の状態を含む他のすべての関連要素を考慮する。

委員会はまた、この基準の下での要件が満たされている場合にも、構成国において過剰な赤字の危険があるという意見をもつ場合には、報告を準備することができる。

4　経済金融評議会は、委員会の報告について意見を作成する。

5　委員会が構成国において過剰な赤字が存在し又は発生するかもしれないと考える場合には、委員会は、当該構成国に意見を提出し、及び理事会にその旨を通知する。

6　理事会は、委員会の提案に基づいて、かつ当該構成国が提出を希望することのある所見を考慮して、総合的評価の後に、過剰な赤字が存在するかどうかについて決定する。

7　6に従って過剰な赤字が存在すると決定する場合には、理事会は、委員会の勧告に基づき、不当に遅延することなく、所定の期間内にその状態を終了させるために当該構成国に対して勧告を採択する。8の規定に従うことを条件として、これらの勧告は公表してはならない。

8　定められた期間内に理事会の勧告に応える効果的な措置がとられなかったことが判明した場合には、理事会は、当該勧告を公表することができる。

9　構成国が理事会の勧告を一貫して実施しない場合には、理事会は、当該構成国に対して、特定の期限内に、その状態を是正するために理事会が必要と判断する赤字削減のための措置をとるよう通知することを決定できる。

この場合には、理事会は、当該構成国に対して、その国の是正努力を審査するために特定の日程に従って報告を提出するように要求することができる。

10　第二五八条及び第二五九条に定める訴訟を提起する権利は、この条の1から9の枠内では行使できない。

11　構成国が9に従ってとられた決定を遵守しない限りにおいて、理事会は、次の措置の一若しくは二以上を適用し、又は、場合によっては、それらを強化することを決定することができる。

—当該構成国に対して、債券及び有価証券の発行の前に、理事会が指定する追加情報の公表を要求すること。

—欧州投資銀行に当該構成国への貸付方針の再考を促すこと。

—当該構成国に対して、過剰な赤字が矯正されたと理事会が考えるときまで、連合に適当な額の無利子の保証金を預託するように要求すること。

—適当な額の罰金を課すこと。

理事会の議長は、とられた決定を欧州議会に通知する。

12　理事会は、6から9及び11に定める決定の一部又は全部を、当該構成国の過剰な赤字が矯正されたと理事会が考える限りで廃止する。理事会が以前に勧告を公表していた場合には、理事会は、8に基づく決定が廃止された後速やかに、当該構成国の過剰な赤字はもはや存在しないことを公に宣言する。

13　8、9、11及び12に定める決定を行う場合には、理事会は、委員会の勧告に基づいて議決する。

理事会が6から9、11及び12に掲げる措置を採択する場合には、理事会は当該構成国を代表する理事会の構成員の投票を考慮することなく議決する。

理事会の他の構成員による特定多数決は、第二三八条3(a)により定める。

14　この条に定める手続の実施に関する細則は、基本条約に附属する過剰な赤字についての手続に関する議定書において定める。

理事会は、特別の立法手続に従って、かつ欧州議会及び欧州中央銀行と協議の後、全会一致により、この議定書に代わる適当な規定を採択する。

この項の他の規定に従うことを条件として、理事会は、委員会の提案に基づいて、かつ欧州議会と協議の後、この議定書の規定の適用のための細則及び定義を定める。

第二章　通貨政策

第一二七条【通貨政策の調整】〈＊一〇五条〉1　欧州中央銀行制度（以下、ＥＳＣＢという。）の主要目的は、価格の安定を維持することにある。ＥＳＣＢは、価格の安定の目的を害することなく、欧州連合に関する条約第三条に定める連合の目的の達成に寄与するため、連合の一般的経済政策を支援する。ＥＳＣＢは、資源の効率的な配分に有利な、自由競争による開放市場経済の原理に従い、かつ第一一九条に定める原則を遵守して議決する。

2　ＥＳＣＢの行う基本的任務は、次のとおりである。

―連合の通貨政策を決定し、実施すること。

―第二一九条の規定に従い、外国為替の操作を行なうこと。

―構成国の公的外貨準備を保有し、管理すること。

―支払制度の円滑な運用を促進すること。

3　2の棒線三の規定は、構成国政府が外国為替運用残高を維持し管理することを害するものではない。

4　欧州中央銀行は、次の事項について協議を受ける。

―自己の権限の分野における連合の法令の原案

―自己の権限の分野における法律案に関する国内機関からの協議。ただし、これは第一二九条4に定める手続に従い、理事会が定める限度及び条件に従うものとする。

欧州中央銀行は、その権限内の事項に関して、適当な連合の機関、補助機関、部局及び外局若しくは各国の国内機関に対して意見を提出することができる。

5　ＥＳＣＢは、信用機関の信用秩序の維持のための監督及び金融制度の安定に関し、権限のある機関による政策の円滑な遂行に寄与する。

6　理事会は、特別の立法手続に従って規則により、欧州議会及び欧州中央銀行との協議の後に、全会一致により、保険業を除く信用機関及び他の金融機関の信用秩序の維持のための監督に関する政策について、欧州中央銀行に特別な任務を与えることができる。

第一二八条【銀行券と硬貨の発行】〈＊一〇六条〉1　欧州中央銀行は、連合においてユーロ銀行券の発行を認可する専属的権利を有する。欧州中央銀行及び国の中央銀行は、この銀行券を発行することができる。欧州中央銀行及び国の中央銀行の発行する銀行券は、連合内で法定通貨としての地位を有する唯一の銀行券である。

2　構成国は、発行量について欧州中央銀行の承認を得ることを条件として、ユーロ硬貨を発行することができる。理事会は、委員会の提案に基づき、かつ欧州議会及び欧州中央銀行と協議の後、連合内での硬貨の円滑な流通のために必要な範囲で、流通の目的のためのすべての硬貨の金額区分と技術的仕様を調和させるための措置を採択することができる。

第一二九条【欧州中央銀行制度】〈＊一〇七条〉1　ＥＳＣＢは、運営評議会及び執行理事会から構成される欧州中央銀行の決定機関により規律される。

2　欧州中央銀行制度及び欧州中央銀行の定款（以下、「ＥＳＣＢ及びＥＣＢ定款」という。）は、基本条約に附属する議定書に定める。

3　ＥＳＣＢ及びＥＣＢ定款第五条1、第五条2、第五条3、第一七条、第一八条、第一九条1、第二二条、第二三条、第二四条、第二六条、第三二条2、第三二条3、第三二条4、第三二条6、第三三条1(a)及び第三六条は、欧州議会と理事会により、通常の立法手続に従い、修正することができる。両機関は、欧州中央銀行の勧告に基づき、かつ委員会と協議の後、又は委員会の提案に基づき、かつ欧州中央銀行と協議の後、議決する。

4　理事会は、委員会の提案に基づき、かつ欧州議会及び欧州中央銀行と協議の後、又は欧州中央銀行の勧告に基づき、かつ欧州議会及び委員会と協議の後、ＥＳＣＢ及びＥＣＢ定款の第四条、第五条4、第一九条2、第二〇条、第二八条1、第二九条2、第三〇条4及び第三四条3に定める規定を採択する。

第一三〇条【欧州中央銀行制度の独立性】〈＊一〇八条〉欧州中央銀行、国の中央銀行及びそれらの決定機関の構成員は、基本条約及びＥＳＣＢ及びＥＣＢ定款により付与される権限、任務及び義務を遂行する場合、連合の機関、補助機関、部局又は外局、構成国の政府又はその他のいずれの組織からも、指示を求め又は受けてはならない。連合の機関、補助機関、部局又は外局並びに構成国の政府は、この原則を尊重し、欧州中央銀行又は国の中央銀行の決定機関の構成員の任務の遂行について影響力を及ぼさないことを約束する。

第一三一条【国内法の適合】〈＊一〇九条〉各構成国は、自国の中央銀行の定款を含む国内法を基本条約並びにＥＳＣＢ及びＥＣＢ定款に適合させることを確保する。

第一三二条【欧州中央銀行の任務】〈＊一一〇条〉１　欧州中央銀行は、ＥＳＣＢに委ねられた任務を遂行するために、基本条約の規定並びにＥＳＣＢ及びＥＣＢ定款に定める条件に従って、次のことを行う。

—ＥＳＣＢ及びＥＣＢ定款の第三条１の棒線一、第一九条１、第二二条及び第二五条２に定める任務を行うために必要な範囲で、及び第一二九条４に基づく理事会の議決で認められる場合に、規則を制定すること。

—基本条約並びにＥＳＣＢ及びＥＣＢ定款に基づき、ＥＳＣＢに委ねられた任務を遂行するために必要な決定を行うこと。

—勧告を行い、意見を表明すること。

２　欧州中央銀行は、その決定、勧告及び意見を公表する決定を行うことができる。

３　欧州中央銀行は、第一二九条４に定める手続に従い、理事会が採択する限度及び条件に基づき、右の規則及び決定により生じる義務を履行しない企業に対して、罰金及び定期的な過料の支払を課すことができる。

第一三三条【単一通貨の使用】欧州中央銀行の権限を害することなく、欧州議会及び理事会は、通常の立法手続に従って、単一通貨としてのユーロの使用に必要な措置を定める。こうした措置は、欧州中央銀行と協議の後に採択する。

第三章　機関に関する規定

第一三四条【経済金融評議会】〈＊一一四条〉１　構成国の政策協調を域内市場の運営のために必要な最大限度まで高めるために、経済金融評議会を設置する。

２　経済金融評議会の任務は、次のとおりである。

—理事会若しくは委員会の要請に基づき又は自己の発議により、それらの機関に意見を提出すること。

—構成国及び連合の経済事情並びに金融事情を監視し、特に、第三国及び国際機関との金融関係に関して、理事会及び委員会に定期的に報告すること。

—第二四〇条を害することなく、第六六条、第七五条、第一二一条２、３、４及び６、第一二二条、第一二四条、第一二五条、第一二六条、第一二七条６、第一二八条２、第一二九条３及び４、第一三八条、第一四〇条２及び３並びに第二一九条に定める理事会の作業の準備に貢献し、理事会によって与えられるその他の諮問及び準備に関する任務を遂行すること。

—少なくとも年に一度、基本条約及び理事会の採択する措置の適用によって生じる資本移動及び支払の自由に関する状況について、検討すること。この検討は、資本移動及び支払に関するすべての措置について行うものとする。経済金融評議会は、この検討の結果を委員会及び理事会に報告する。

３　理事会は、委員会の提案に基づき、かつ欧州中央銀行及びこの条に定める評議会と協議した後、経済金融評議会の構成に関する細則を定める。理事会の議長は、この決定を欧州議会に通知する。

４　２に定める任務に加えて、第一三九条に定める例外規定の適用される構成国がある場合には、経済金融評議会は、当該構成国の通貨事情及び金融事情並びに一般的支払制度を監視し、理事会及び委員会に定期的にこれを報告する。

第一三五条【勧告又は意見の提出】〈＊一一五条〉第一二一条４、14を除く第一二六条、第一三八条、第一四〇条１、２一段及び３、並びに第二一九の範囲内の事項について、理事会又は構成国は、委員会に対し、適当と考える勧告又は提案を行うよう要求することができる。委員会はこの要求を検討し、その結論を理事会に遅滞なく提出する。

第四章　ユーロを通貨とする構成国のための特別規定

第一三六条【特別措置】１　経済通貨連合の適切な運営を確保するために、かつ基本条約の関連規定に従って、理事会は、第一二六条14に定められた手続を除く、第一二一条及び第一二六条に定める関連手続に従って、次の目的のために、ユーロを通貨とする構成国に対する特別措置を採択する。

(a)　当該構成国の予算の規律に関する調整及び監視を強化すること

(b)　連合全体について採択される経済政策の指針と両立し、また、監視下に置かれることを確保しつつ、当該構成国についての経済政策の指針を策定すること。

２　１に規定する措置については、ユーロを通貨とする構成国を代表する理事会の構成員のみが投票に参加する。

右の構成員の特定多数決は、第二三八条３(a)に従って定める。

第一三七条【ユーロ閣僚会議】ユーロを通貨とする構成国の閣僚会議のための取極は、ユーログループに関する議定書により規定する。

第一三八条【共通の立場の確立】〈＊一一一条４〉１　国際通貨制度におけるユーロの地位を確保するために、理事会は、委員会の提案に基づき、権限ある国際金融機関及び会議において、経済通貨連合にとっての特別の関心事項について共通の立場を確立する決定を採択する。理事会は、欧州中央銀行との協議の後に議決する。

2　理事会は、委員会の提案に基づき、国際金融機関及び会議における統一された態度表明を確保するための適当な措置を採択することができる。理事会は、欧州中央銀行との協議の後に議決する。

3　1及び2に定める措置については、ユーロを通貨とする構成国を代表する理事会の構成員のみが投票に参加する。

右の構成員の特定多数決は、第二三八条3(a)に従って定める。

第五章　経過規定

第一三九条【適用除外構成国に対する措置】 1　理事会により、ユーロ導入に必要な条件を満たしていないと判断された構成国については、以下「適用除外構成国」という。

2　基本条約の次の規定は、適用除外構成国には適用しない。

(a) 広範な経済政策の指針の一部であって、ユーロ圏全般に適用されるものの採択(第一二一条2)
(b) 過剰な赤字を改善するための強制手段(第一二六条9及び11)
(c) ESCBの目的及び任務(第一二七条1から3及び5)
(d) ユーロの発行(第一二八条)
(e) 欧州中央銀行に関する法令(第一三二条)
(f) ユーロの使用に関する措置(第一三三条)
(g) 為替レート政策に関連する通貨協定及びその他の措置(第二一九条)
(h) 欧州中央銀行の執行理事会の構成員の指名(第二八三条2)
(i) 権限のある国際金融機関及び会議における経済通貨連合と特に関連のある問題について共通の立場を確立する決定(第一三八条1)
(j) 国際財政機関及び会議において統一の態度表明を確保するための措置(第一三八条2)

(a)から(j)にいう条文で、「構成国」とは、ユーロを通貨とする構成国のことをいう。

3　ESCB及びECB定款の第九章のもとにおいて、適用除外構成国及びその中央銀行は、ESCB内における権利義務から除外される。

4　2に列挙する条文にいう措置及び次の場合に関する措置を理事会が採択する場合には、適用除外構成国を代表する理事会の構成員による投票権の行使は一時停止する。

(a) 安定化プログラム及び警告を含め、多角的監視の枠組みにおけるユーロを通貨とする構成国に対して行われる勧告(第一二一条4項)
(b) ユーロを通貨とする構成国の過剰な赤字に関する措置(第一二六条6、7、8、12及び13)

他の理事会構成員の特定多数決は、二三八条3(a)に従って定める。

第一四〇条【適用除外構成国の義務実現】(＊一二一条1、一二二条2第二文及び一二三条5) 1　少なくとも二年に一度、又は適用除外構成国の要求に基づき、委員会及び欧州中央銀行は、経済通貨連合の達成に関する義務を適用除外構成国がどの程度達成しているかを、理事会に報告する。この報告には、各適用除外構成国の国内法(国の中央銀行の定款を含む。)と基本条約の第一三〇条、第一三一条並びにESCB及びECBの定款とが両立しているかどうかの検討が含まれる。この報告ではまた、各構成国による次の基準の達成の度合に応じ、持続的な収斂が高度に達成されているかどうかを検討する。

—高度な価格安定の達成。これは、価格の安定について最も良好な成果を示す上位三構成国のインフレ率と比べ、それに近いかどうかで明らかとなる。

—国庫の財政状況の持続性。これは、第一二六条6に従って決定される過剰な財政赤字のない国庫の予算状況になっているかどうかで明らかにされる。

—ユーロに対して最低二年間為替平価切り下げを行うことなく、欧州通貨制度の為替相場機構の定める通常変動幅の遵守。

—適用除外構成国の達成した収斂の持続性及び長期金利水準のレベルを反映する為替相場機構への参加。

この項にいう四つの基準及び各々が遵守されるべき期間は、基本条約に附属する議定書において詳しく定める。委員会及び欧州中央銀行の報告では、市場統合の成果、経常収支の状況と進展、及び単位当りの労働賃金並びにその他の物価指数の進展についても考慮する。

2　理事会は、欧州議会と協議の後、かつ欧州理事会での討議の後に、委員会の提案に基づき、1に定める基準に照らしてどの適用除外構成国が必要な条件を満たしているかを決定し、当該構成国の適用除外を廃止する。

理事会は、ユーロを通貨とする構成国を代表する理事会の構成員による特定多数決に基づく勧告を受けて議決する。これらの構成員は、理事会が委員会の提案を受領した六箇月以内に議決する。

第二段にいう理事会の構成員の特定多数決は、二三八条3(a)に従って定める。

3　2に定める手続に従い、適用除外を廃止する決定が行われる場合には、理事会は、委員会の提案に基づき、かつ欧州中央銀行と協議の後、ユーロを通貨とする構成国と当該構成国との全会一致で、ユーロが当該構成国通貨に置き換えられる交換率を非可逆的に固定し、また、当該構成国における単一の通貨としてユーロを導入するために必要なその他の措置をとる。

第一四一条【適用除外構成国に対する措置】(＊一二三条3及び一一七条2第一棒) 1　適用除外を受ける構成国が存在する場合にはその限りにおいて、かつこの条約の第一二九条1を害することなく、ESC

B及びECB定款第四四条に定める欧州中央銀行の総務理事会を、欧州中央銀行の第三番目の決定機関として設置する。

2　適用除外を受ける構成国が存在する場合にはその限りにおいて、欧州中央銀行は、この適用除外構成国に対して、次のことを行う。

—国の中央銀行間の協力を強化すること。

—価格の安定を確保するために構成国の通貨政策の調整を強化すること。

—為替相場制度の運営を監視すること。

—国の中央銀行の権限に属し、かつ金融機関及び金融市場の安定性にかかわる問題について協議すること。

—欧州通貨制度に後に引き継がれた欧州通貨協力基金の従来の任務を引き継ぐこと。

第一四二条【為替相場政策】〈＊一二四条1〉各適用除外構成国は、自国の為替相場政策を共通の関心事項として取り扱う。その場合には、構成国は、為替相場制度の枠内における協力によって得られた経験を考慮に入れる。

第一四三条【相互援助】〈＊一一九条〉1　適用除外構成国が自国の国際収支の全体的不均衡又はその国が保有する通貨の性質により、国際収支上の困難が生じ、又は困難が生ずる重大なおそれがあり、かつそのため特に域内市場の運営又は共通の通商政策の漸進的実現が危うくされるおそれがあるときは、委員会は、遅滞なく、その国の事情及びその国が可能なすべての手段に訴えて基本条約に従ってとったか又はとることのできる行動について、検討を開始する。委員会は、関係国に採用を勧告する措置を指示する。

適用除外構成国のとった行動及び委員会の提案した措置が、遭遇している困難又は困難の脅威を除くため充分でないことが明らかになった場合には、委員会は、経済金融評議会と協議の後、理事会に対し、相互援助を与えること及びそのための適当な方法を勧告する。

委員会は、事態の現状とその進展を定期的に理事会に報告する。

2　理事会は、右の相互援助を与える。理事会は、相互援助の条件及び方式を定める指令又は決定を採択する。相互援助は、次の形式をとることができる。

(a)　適用除外構成国が問題を提起することのある他の国際組織における協調行動

(b)　困難に直面している適用除外構成国が第三国に対して数量制限を維持し、又はこれを再び設けるときは、貿易のひずみを防ぐために必要な措置

(c)　他の構成国からの限られた信用の供与。ただし、それらの国の同意を条件とする。

3　委員会が勧告した相互援助が理事会により与えられなかったとき、又は与えられた相互援助及びとられた措置が不充分であるときは、委員会は、困難に直面している適用除外構成国に対し、保護措置をとることを許可する。この措置の適用の条件及び方式は委員会が定める。

理事会は、この許可を取消し、又は措置の条件及び方式を変更することができる。

第一四四条【保護措置】〈＊一二〇条〉1　国際収支が急激に悪化し、第一四三条2にいう決定が直ちに行われないときは、適用除外構成国は、予防策として必要な保護措置をとることができる。これらの措置は、域内市場の運営にできる限り撹乱を惹き起こさないものでなければならず、かつ急激に発生した困難を除去するために厳密に必要不可欠な限度を越えるものであってはならない。

2　委員会及び他の構成国は、これらの保護措置が効力を発生する以前に、この措置について通知を受ける。委員会は、理事会に対し第一四三条に基づく相互援助の供与を勧告することができる。

3　理事会は、委員会が勧告を発出した後、かつ経済金融評議会と協議の後、関係国が右の保護措置を改正し、停止し又は廃止する旨決定することができる。

第九編　雇　用

第一四五条【目的】〈＊一二五条〉構成国及び連合は、この編に従い、欧州連合に関する条約第三条に規定する目的を達成するために、調整された雇用戦略、特に経済変化に対応し得る熟練の訓練を受けたかつ適応能力のある労働力及び労働市場を促進するために協調的戦略の発展をめざして行動する。

第一四六条【目的の達成】〈＊一二六条〉1　構成国は、自己の雇用政策を通じて、構成国及び第一二一条2に従ってとられた連合の経済政策の広範な指針に合致する方法で、第一四五条が規定する目的の達成に貢献する。

2　構成国は、労使の責任に関する国内慣行を考慮して、雇用促進を共通の関心事項とみなし、また、第一四八条の規定に従って、理事会の枠内において自己の行動を調整する。

第一四七条【協力の奨励・支援】〈＊一二七条〉1　連合は、構成国の間における協力を奨励することにより、また必要な場合には、構成国の行動を補完することによって、高水準の雇用に貢献する。この場合には、構成国の権限を尊重する。

2　連合の政策及び活動の策定及び実施にあたっては、高水準の雇用という目的を考慮する。

第一四八条【雇用状況の考慮】〈＊一二八条〉1　欧州理事会は、毎年、理事会及び委員会による共同年次報告に基づき連合における雇用状況を検討し、それに関する結論を採択する。

2　欧州理事会の結論に基づいて、理事会は、委員会の提案に基づきかつ欧州議会、経済社会評議会、地域評議会及び第一五〇条にいう雇用評議会と協議した後に、構成国が自己の雇用政策において考慮すべき指針を毎年作成する。これらの指針は、第一二一条2に従って採択される広範な指針と合致するもの

とする。

3 各構成国は、2に規定する雇用に関する指針に照らして、自己の雇用政策を実施するにあたってとった主要な措置につき年次報告書を理事会及び委員会に提出する。

4 理事会は、3に規定する報告に基づいて、かつ雇用評議会の見解を聴取した後に、雇用に関する指針に照らして、毎年、構成国の雇用政策の実施状況を審査する。理事会は、委員会の勧告に基づき、審査に照らして適当と考える場合には、構成国に勧告を行うことができる。

5 理事会及び委員会は、右の審査の結果に基づいて、欧州理事会に対して、連合における雇用状況と雇用に関する指針の実施に関する共同年次報告書を提出する。

第一四九条【発議】〈＊一二九条〉欧州議会及び理事会は、通常の立法手続に従って、かつ経済社会評議会及び地域評議会と協議した後に、比較分析及び助言の提供並びに革新的方法の促進、とりわけ先導的計画に依拠する経験の評価によって、情報の交換及び最良の実践を発展させることを目的とした発議を通して、雇用の分野における構成国間の協力を促進し、かつその行動を支持する奨励措置を採択することができる。

右の措置は、構成国の法律及び規則の調和を含まない。

第一五〇条【雇用評議会】〈＊一三〇条〉理事会は、欧州議会と協議した後に単純多数決により、雇用及び労働市場計画に関する構成国間の協力を促進するために、助言的地位をもつ雇用評議会を設立する。同評議会の職務は、次のとおりである。

—構成国及び連合における雇用状況及び雇用政策を監視すること。

—第二四〇条を害することなく、理事会又は委員会の要請に基づき、又は自己の発議により見解を取りまとめること。また、第一四八条に規定する理事会における手続の準備に貢献すること。

自己の任務を遂行するにあたって、同評議会は、経営者及び労働者と協議する。

各構成国及び委員会は、それぞれ同評議会の二名の委員を指名する。

第一〇編 社会政策

第一五一条【社会政策の目的及び方法】〈＊一三六条〉連合及び構成国は、一九六一年一〇月一八日にトリノで署名された欧州社会憲章及び労働者の基本的社会権に関する一九八九年共同体憲章において定められたような基本的社会権に留意して、雇用の促進及び生活条件並びに労働条件を向上させつつ均等化させることができるように、これらの諸条件の改善をみずからの目的とするとともに、適正な社会的保護、労使間の対話、高水準の雇用を継続するための人的資源の開発、及び社会的排除との闘いをめざす。

このために、連合及び構成国は、特に契約関係の分野における多様な形態の国内慣行、及び連合の経済競争力を維持する必要性を考慮した措置を実施する。

両者は、このような発展が、社会制度の調和を容易にするような域内市場の運営から生ずるだけでなく、基本条約が定める手続から、並びに法律、規則又は行政行為が定める規定の接近からも生ずるものと考える。

第一五二条【労使の役割】連合は、国内制度の多様性を考慮に入れて、連合における労使の役割を認識し、これを奨励する。連合は、労使の自律性を尊重しつつ、労使間の対話を促進する。

成長と雇用のための三者間社会サミットは、社会的対話に貢献する。

第一五三条【構成国間の協力】〈＊一三七条〉1 第一五一条の目的を達成するために、連合は、次の分野における構成国の活動を支援し、かつ補完する。

(a) 労働者の健康及び安全を保護するために、特に労働環境の改善
(b) 労働条件
(c) 労働者の社会保障及び社会的保護
(d) 雇用契約が終了する際の労働者の保護
(e) 労働者への情報開示及び協議
(f) 5に従うことを条件に、共同決定を含む、労使の利益の代表及び集団的擁護
(g) 連合の域内に合法的に居住する第三国国民の雇用条件
(h) 第一六六条を害することなく、労働市場から排除された者の統合
(i) 労働市場における機会均等及び労働の際の待遇に関する男女平等
(j) 社会的排除との闘い
(k) (c)を害することなく、社会保護制度の近代化

2 このため、欧州議会及び理事会は、

(a) 知識の改善、情報の交換及び最良の実践の発展、革新的方法の促進並びに経験の評価を目的とする発議を通し、構成国の法律及び規則の調整を除き、構成国間の協力を奨励することを意図した措置をとることができる。

(b) 1の(a)から(i)に定める分野において、指令によって、各構成国において得られる条件及び技術的規則を考慮して、漸進的な実施のための最低要件を採択することができる。こうした指令は、中小企業の設立及び発展を妨げるような方法で、行政的、財政的及び法的抑制を課すものであってはならない。

欧州議会及び理事会は、通常の立法手続に従い、経済社会評議会及び地域評議会との協議の後、議決する。

理事会は、この条1の(c)、(d)、(f)及び(g)に定める分野においては、特別の立法手続に従い、欧州議会

及び右の両評議会との協議の後、全会一致で議決する。

理事会は、委員会の提案に基づき、欧州議会との協議の後、通常の立法手続がこの条1の(d)、(f)及び(g)に適用されるものと決定することができる。

3　構成国は、労使に、両者の共同の要求に従って、2に従って採択された指令の実施、又は適当な場合には、第一五五条に従って採択された理事会の決定の実施を委ねることができる。

この場合、構成国は、指令又は決定が国内措置に置き換え又は実施されなければならない期日までに、労使が協定によって必要な措置を導入していることを確保する。当該構成国は、当該指令又は決定によって課せられた結果を保障する立場にあることをいつでも可能にするために、すべての必要な措置をとるよう求められる。

4　この条に従って採択された規定は、

—構成国が自国の社会保障制度の基本原則を定める権利に影響を及ぼしてはならず、また、その財政的均衡に多大な影響を及ぼすものであってはならない。

—構成国が基本条約と合致するより厳格な保護措置を維持し又は導入することを妨げるものではない。

5　この条の規定は、賃金、団結権、ストライキ権又はロックアウト権には適用しない。

第一五四条【労働条件の改善】〈＊一三八条〉1　委員会は、連合規模で労使間の協議を促進する任務を有し、両者に対する均衡のとれた支援を確保することによって、両者の対話を促進するために関連措置をとる。

2　このため、社会政策分野における提案を行う前に、委員会は、連合の活動としてとりうる方向につき労使と協議する。

3　こうした協議の後、委員会が連合の活動が望ましいと判断する場合には、予定する提案の内容につき労使と協議する。労使は、委員会に意見を述べ、また適当な場合には、勧告を行う。

4　2及び3にいう協議に際して、労使は、第一五五条に定める手続を開始するよう委員会に通報することができる。この手続の期間は、当該労使及び委員会が共同してその延長を決定しない限り、九箇月を超えることはできない。

第一五五条【欧州レベルでの労使間の対話】〈＊一三九条〉1　連合規模における労使の対話は、両者がそう望めば、協定を含めた契約関係を導入することができる。

2　連合規模において締結された協定は、労使及び構成国に特有の手続及び慣行に従って実施されるか、又は第一五三条が定める事項に関しては署名当事者の共同の要求により、委員会の提案に基づく理事会決定によって実施される。欧州議会は、情報提供を受ける。

理事会は、当該協定が第一五三条2に従って全会一致が要求される分野の一つに関する一又はそれ以上の規定を含む場合には、全会一致で議決する。

第一五六条【構成国間の協力】〈＊一四〇条〉委員会は、第一五一条の目的を達成するために、かつ基本条約の他の規定を害することなく、特に次の事項に関し、この章に基づくすべての社会政策分野での構成国間の協力を奨励し、その行動の調整を促進する。

—雇用

—労働法及び労働条件

—初級及び上級の職業訓練

—社会保障

—職業上の事故及び疾病の防止

—労働安全衛生

—団結権及び労使間の団体交渉

この目的のため、委員会は、国内的規模において提起される問題及び国際組織に関連する問題、特に、指針と指標の確立をめざす発議、最良の実践の交流の組織化、並びに定期的な監視と評価に必要な事項の準備について調査を行い、意見を与え、かつ協議を行うことにより、構成国と緊密な関係を保って行動する。欧州議会は、常にその通知を受ける。

委員会は、この条に定める意見を与える前に、経済社会評議会と協議する。

第一五七条【男女同一報酬】〈＊一四一条〉1　各構成国は、同一労働又は同一価値の労働に対する男女同一報酬の原則を維持する。

2　この条の適用上、「報酬」とは、雇用者が労働者にその雇用に対して現金又は現物で直接又は間接に支払う、通常の基本賃金若しくは最低の賃金又は俸給並びにその他のすべての利益を意味する。

性に基づく差別のない報酬の平等とは、次のことを意味する。

(a)　出来高払の同じ仕事に対して支払われる報酬は、同一の計算単位に基づいて定められること。

(b)　時間払の仕事に対して支払われる報酬は、同一業種につき同一とすること。

3　欧州議会及び理事会は、通常の立法手続に従い、かつ欧州社会評議会との協議の後、同一労働又は同一価値の労働に対する同一賃金の原則を含めて、雇用及び職業の事項において、男女の機会均等及び平等待遇の原則の適用を維持する措置を採択する。

4　労働生活における男女間の実際面における完全な平等を維持するために、平等待遇の原則は、弱者の立場にある性が職業上の活動を求めることを容易にし、又は職歴における不利益を防ぎ若しくは補償できるように、構成国が特別な利益を規定する措置を維持し又は採択することを妨げるものではない。

第一五八条【有給休暇制度の維持】〈＊一四二条〉構成国は、有給休暇制度を現在と同等に維持するように努力する。

第一五九条【社会政策に関する報告書の作成】〈＊

一四三条〉委員会は、連合における人口統計状況も含めて、第一五一条の目的達成の進捗状況に関する年次報告書を作成する。委員会は、欧州議会、理事会及び経済社会評議会に当該報告書を提出する。

第一六〇条【社会保護評議会の設立】〈＊一四四条〉理事会は、欧州議会との協議の後、単純多数決により、社会保護政策に関連して、構成国間並びに委員会との協力を促進するための諮問機関として、社会保護評議会を設立する。評議会の任務は、次のとおりとする。

—構成国及び連合における社会状況及び社会保護政策の発展を監視すること。

—構成国相互間及び構成国と委員会の間で行われる情報、経験及び最良の実践の交流を促進すること。

—第二四〇条を害することなく、理事会又は委員会の要請に基づき、若しくは自己の発議により報告書を準備し、見解をまとめ、又はその権限の範囲内で他の任務を行うこと。

自己の任務を遂行するに当たって、同評議会は、労使との間にしかるべき関係を確立する。

各構成国及び委員会は、それぞれ同評議会の二名の委員を指名する。

第一六一条【委員会の欧州議会に対する報告】〈＊一四五条〉委員会は、欧州議会に対する年次報告書の中に、連合内における社会発展に関する別個の章を設ける。

欧州議会は、社会的諸条件に関する特定の問題について報告書を作成するよう委員会に要請することができる。

第一一編　欧州社会基金

第一六二条【実施措置】〈＊一四六条〉域内市場における労働者の雇用機会を改善し、かつそれによって生活水準の向上に寄与するため、次の規定に従って、欧州社会基金を創設する。同基金は、連合内において労働者の雇用を容易にし、労働者の地理的及び職業的移動性を増進させ、並びに産業上の変化及び生産方式の変化に対し、特に職業訓練及び再訓練により、労働者の適応能力を高めることを目的とする。

第一六三条【基金の運営】〈＊一四七条〉基金の運営には、委員会が当る。

委員会は、この任務を行うに当たって、委員会の一委員を議長とし、かつ各国政府、労働組合及び雇用者団体の代表者で構成する評議会によって補佐される。

第一六四条【実施決議】〈＊一四八条〉欧州議会及び理事会は、通常の立法手続に従って、かつ経済社会評議会及び地域評議会と協議の後、欧州社会基金に関する実施規則を採択する。

第一二編　教育、職業訓練、青年及びスポーツ

第一六五条【教育】〈＊一四九条〉1　連合は、構成国間の協力を奨励し、かつ必要な場合には、構成国の活動を支援し及び補足することによって、質の高い教育の発展に寄与する。その際、連合は、教育内容及び教育制度の組織に対する構成国の責任、並びに構成国の文化的及び言語的多様性を十分に尊重する。

連合は、欧州のスポーツ分野の振興に貢献する。その際、連合は、スポーツの特異性、自発的活動に基づくスポーツの構造、及びスポーツの社会的並びに教育的機能を考慮する。

2　連合の活動は、次のことを目的とする。

—特に構成国の言語の教育及び普及を通じ、教育における欧州的次元を発展させること。

—特に学位免状及び在学期間の大学相互間における承認を奨励することによって、学生及び教員の移動性を奨励すること。

—教育機関の間の協力を促進すること。

—構成国の教育制度に共通する問題について、情報及び経験の交流を発展させること。

—青少年及び社会教育の指導者の交流の発展を奨励し、かつ欧州における民主主義への青少年の参加を奨励すること。

—隔地教育の発展を奨励すること。

—スポーツ競技会における公正と開放性、及びスポーツ組織間の協力を促進することによって、並びにスポーツに関わる男女、特に若年層の身体的及び道徳的尊厳を保護することによって、スポーツにおける欧州的次元を発展させること。

3　連合及び構成国は、第三国及び教育並びにスポーツの分野において権限のある国際組織、特に欧州評議会との協力を促進する。

4　この条に定める目的の達成に寄与するために、

—欧州議会及び理事会は、構成国の法律及び規則の調和を図ることを除き、通常の立法手続に従って、経済社会評議会及び地域評議会との協議の後、奨励措置を採択する。

—理事会は、委員会の提案に基づき、勧告を採択する。

第一六六条【職業訓練】〈＊一五〇条〉1　連合は、職業訓練の内容及び組織に対する構成国の責任を十分尊重しつつ、構成国の活動を支援し及び補足する職業訓練政策を実施する。

2　連合の活動は、次のことを目的とする。

—特に職業訓練及び再訓練を通じて、産業界の変化に対する適応を容易にすること。

—労働市場への職業の統合及び再統合を容易にするため、初期職業訓練及び継続職業訓練を改善すること。

—職業訓練の利用を容易にし、かつ指導者及び訓練生、並びに特に若年層の移動を奨励すること。

—教育機関又は訓練機関と企業の間において、職業訓練に関する協力を促進すること。

—構成国の職業訓練制度に共通する問題について、情報及び経験の交流を発展させること。

3　連合及び構成国は、第三国及び職業訓練の分野において権限のある国際組織との協力を促進する。

4　欧州議会及び理事会は、構成国の法律及び規則の調和を図ることを除き、通常の立法手続に従って、かつ経済社会評議会及び地域評議会との協議の後、この条に定める目的の達成に寄与するための措置を採択する。理事会は、委員会の提案に基づいて、勧告を採択する。

第一三編　文化

第一六七条【文化】〈＊一五一条〉1　連合は、構成国の国民的及び地域的多様性を尊重し、また、共通の文化的遺産を強調しつつ、構成国の文化の発展に寄与する。

2　連合の活動は、構成国間の協力を奨励すること、並びに、必要な場合には、次の分野における構成国の活動を支援し及び補足することを目的とする。

—欧州の人々の文化及び歴史についての知識を向上させ及び普及すること

—欧州的意義を有する文化遺産を保存し及び保護すること

—非営利的な文化交流を行うこと

—視聴覚分野を含めて、美術的及び文学的な創造を行うこと

3　連合及び構成国は、第三国及び文化の分野において権限のある国際組織、特に欧州評議会との協力を促進する。

4　連合は、特にその文化の多様性を尊重しかつ促進するために、基本条約の他の規定に基づく活動において、文化的側面を考慮する。

5　この条に定める目的の達成に寄与するために、

—欧州議会及び理事会は、構成国の法律及び規則の調和を図ることを除き、通常の立法手続に従って、地域評議会との協議の後、奨励措置を採択する。

—理事会は、委員会の提案に基づき、勧告を採択する。

第一四編　公衆衛生

第一六八条【公衆衛生】〈＊一五二条〉1　人間の健康についての高水準の保護を、連合のすべての政策及び活動の策定と実施において確保する。

連合の活動は国の政策を補完するものであって、公衆衛生の改善、身体的及び精神的な疾病の予防、並びに身体的及び精神的な健康を脅かす原因の除去に向けられる。これらの活動は、疾病の原因、感染及び予防に関する研究を促進すること、並びに国境を越える健康への重大な脅威に対する監視、早期警戒及び撲滅を行うことによって、主要な健康被害と戦うことを含む。

連合は、情報及び予防を含めて、麻薬による健康被害を減少させるための構成国の活動を補完する。

2　連合は、この条に定める分野における構成国間の協力を奨励し、必要な場合には、その活動を支援する。特に連合は、国境をまたぐ地域における構成国の医療サービスの相補性を改善するため、構成国間の協力を奨励する。

構成国は、委員会と連携して、1に定める領域におけるそれぞれの政策と計画を、相互間において調整する。委員会は、構成国と緊密な連絡を取り、こうした調整を促進するために有益ないかなる発議も行うことができる。特に、指針及び指標の決定、最良の実践の交流を行うための組織、並びに定期的な監視及び評価を目的とした発議を行うことができる。欧州議会には十分な情報を常に提供する。

3　連合及び構成国は公衆衛生の分野において、第三国及び権限のある国際組織との協力を促進する。

4　第二条5及び第六条(a)にもかかわらず、かつ第四条2(k)に従って、欧州議会及び理事会は、通常の立法手続に従い、経済社会評議会及び地域評議会と協議の後、安全に関わる共通の懸念に対処するために、次の措置を採択することにより、この条に定める目的の達成に寄与する。

(a)　ヒト由来の組織及び物質、血液並びに血液製剤の質及び安全性について高い水準を定める措置。こうした措置は、構成国がより厳格な保護措置を維持し又は導入することを妨げない。

(b)　公衆衛生の保護をその直接の目的とする獣医学及び植物衛生の分野における措置

(c)　医薬品及び医療器具の品質並びに安全性について高い水準を定める措置

5　欧州議会及び理事会はまた、構成国の法律及び規則の調和を図ることを除き、通常の立法手続に従って、経済社会評議会及び地域評議会との協議の後、人間の健康を保護し及び改善することを目的とする措置、特に国境を越える主要な健康被害と戦うための措置、国境を越える健康への重大な脅威に対する監視、早期警戒及び撲滅に関する措置、並びに煙草及びアルコールの乱用に関連して公衆衛生の保護を直接の目的とする措置を採択することができる。

6　理事会はまた、委員会の提案に基づき、この条に規定する目的のために勧告を採択することができる。

7　連合の行動は、自国の健康政策の策定並びに保健医療サービスの組織及び提供に関する構成国の責任を尊重する。構成国の責任には、保健医療サービスの管理、及び当該サービスに割り当てられた資源の配分を含む。4(a)に定める措置は、臓器提供及び献血、並びに臓器及び血液の医療上の使用に関する構成国の国内規定に影響を与えない。

第一五編　消費者保護

第一六九条【消費者保護】〈＊一五三条〉1　消費者の利益を促進し、かつ高水準の消費者保護を確保するた

めに、連合は、消費者の健康、安全及び経済的利益を保護し、かつ消費者の情報権、教育権及び消費者が自己の利益を守るための団体結成権を促進することに寄与する。

2　連合は、次のことを通じて、1に定める目的の達成に寄与する。

(a)　域内市場の完成という文脈の中で、第一一四条に従い採択される措置

(b)　構成国が行う政策を支援し、補充し及び監視する措置

3　欧州議会及び理事会は、通常の立法手続に従い、かつ経済社会評議会と協議の後、2(b)に定める措置を採択する。

4　3に従い採択される措置は、構成国がより厳格な保護措置を維持し又は導入することを妨げない。これらの措置は、基本条約に合致するものでなければならない。委員会は、これらの措置について通知を受ける。

第一六編　欧州横断ネットワーク

第一七〇条【欧州横断ネットワーク】〈＊一五四条〉1　連合は、第二六条及び第一七四条に定める目的の達成を助け、かつ連合の市民、経済管理者並びに地域及び地方の共同体が域内における境界のない区域の設定により十分な利益を得るために、運輸、通信及びエネルギーの社会的基盤の分野において、欧州横断ネットワークの構築及び発展に寄与する。

2　連合の活動は、開放的かつ競争的な市場制度の枠内において、個々の国家のネットワークの相互結合及び相互運用可能性並びにそのネットワークへのアクセスを促進することを目的とする。この活動では、特に島嶼地域、内陸地域及び周辺地域を連合の中心地域と結びつける必要を考慮する。

第一七一条【活動内容】〈＊一五五条〉1　連合は、第一七〇条に定める目的を達成するため、次のことを行う。

―欧州横断ネットワークの分野で構想される措置の目的、優先順位及び概要について一連の指針を作成すること。これらの指針は、共通の利益に資する事業計画を策定する。

―ネットワークの相互運用可能性を確保するため、特に技術の標準化の分野において必要と認められる措置を実施すること。

―構成国によって支援され、右の指針の枠内において認定された共通の利益に資する事業計画については、特に実現可能性の研究、借款の保証又は金利の補助を通じて支援すること。連合はまた、第一七七条に基づき設立する結束基金を通して、運輸の社会的基盤の分野における構成国の個々の事業計画への融資に寄与することができる。

連合の活動は、その計画の経済的実行可能性を考慮に入れる。

2　構成国は、委員会と連携をとりつつ、国内において遂行される政策であって、第一七〇条に定める目的の達成に重要な影響を及ぼすものを、相互に調整する。委員会は、構成国と緊密に協力しつつ、この調整を促進するために有益な発議を行う。

3　連合は、相互の利益に資する事業計画を促進し、ネットワークの相互運用可能性を確保するため、第三国との協力を決定することができる。

第一七二条【指針】〈＊一五六条〉第一七一条1に定める指針及びその他の措置は、欧州議会及び理事会が、通常の立法手続に従い、かつ経済社会評議会及び地域評議会と協議の後、採択する。

構成国の領域に関係する指針及び共通の利益に資する事業計画は、当該構成国の承認を必要とする。

第一七編　産　業

第一七三条【産業】〈＊一五七条〉1　連合及び構成国は、連合の産業の競争力に必要な条件が整うことを確保する。

この目的のために、連合及び構成国の活動は、開放的で競争的な市場制度に従い、次のことをめざす。

―構造変化に産業を迅速に適応させること。

―連合全体における企業、特に中小企業の主導及び発展に有利な環境を整えること。

―企業間の協力に有利な環境を整えること。

―技術革新、研究及び技術開発に関する政策の産業上の可能性の一層の利用を促進すること。

2　構成国は、委員会と連携をとりつつ、他の構成国と協議を行い、かつ必要な場合には、各々の活動を調整する。委員会は、こうした調整を促進するために有益な発議、特に指針及び指標の策定をめざす発議、最良の実践の交流の組織化をめざす発議、並びに定期的な監視及び評価に必要な要素の準備をめざす発議を行うことができる。欧州議会には十分な情報を常に提供する。

3　連合は、基本条約の他の規定に従って遂行する政策及び活動を通じて、1に定める目的の達成に寄与する。欧州議会及び理事会は、構成国の法律及び規則の調和を図ることを除き、通常の立法手続に従い、かつ経済社会評議会との協議の後、1に定める目的を達成するために構成国で行われる活動を支援する特定の措置について決定することができる。

この編は、連合が競争に歪みをもたらしうるいずれかの措置をとるための、又は税に関する規定若しくは被雇用者の権利及び利益に関する規定を含む措置をとるための根拠を提供するものではない。

第一八編　経済的、社会的及び地域的結合

第一七四条【経済的社会的結束の強化】〈＊一五八条〉連合は、連合の全域にわたる調和のとれた発展を促進するために、その経済的、社会的及び地域的結合に導く活動を発展させ、かつ追求する。

特に、連合は、さまざまな地域の発展段階の格差

及び最も恵まれない地域の後進性の縮小を目的とする。

当該地域の中でも、辺境地域、産業の変遷の影響を受ける地域、並びに、人口密度の非常に低い極北地域、島嶼地域、国境地域及び山岳地域のような深刻かつ恒久的な自然の若しくは人口動態の問題を抱える地域に対しては、特別の注意を払う。

第一七五条【経済政策の調整、構造基金の活用】〈＊一五九条〉構成国は、第一七四条に定める目的を達成するようにその経済政策を実施し、かつそれらを調整する。連合の政策及び活動の策定及び実施並びに域内市場の実施は、第一七四条に定める目的を考慮に入れ、かつその達成に寄与する。連合は、構造基金（欧州農業指導保証基金指導部門、欧州社会基金、欧州地域開発基金）、欧州投資銀行及びその他の既存の金融手段を通じて行う活動により、これらの目的の達成を支援する。

委員会は、経済的、社会的及び地域的結合の達成に向けてなされた進展並びにこの条に定める諸手段がその進展に寄与した方法について、欧州議会、理事会、経済社会評議会及び地域評議会に対し、三年ごとに報告書を提出する。この報告書には、必要な場合には、適当な提案を付する。

右の基金の対象とならない特定の活動が必要になる場合には、理事会は、連合の他の政策の枠内において決定された措置を害することなく、通常の立法手続に従い、かつ経済社会評議会及び地域評議会と協議の後、そうした活動を採択することができる。

第一七六条【欧州地域開発基金】〈＊一六〇条〉欧州地域開発基金は、発展が遅れている地域の開発及び構造調整並びに衰退産業地域の構造転換に参加することによって、連合内の主要な地域的不均衡の是正を援助することを目的とする。

第一七七条【欧州議会及び理事会】〈＊一六一条〉欧州議会及び理事会は、第一七八条を害することなく、通常の立法手続に従う規則により、経済社会評議会及び地域評議会と協議の後、構造基金の任務、優先的目的及び組織を定める。この決定には、構造基金の分類を含むことができる。同じ手続により、これらの基金に適用する一般規則、基金の効率性並びに基金の相互間及び基金と既存の金融手段との関係でその効率性と調整を確保するために必要な規定を定める。

同じ手続により設立された結束基金は、環境の分野における事業計画及び運輸の社会的基盤の分野における欧州横断ネットワークの事業計画の実現に財政的貢献を提供する。

第一七八条【実施措置】〈＊一六二条〉欧州地域開発基金に関する実施規則は、欧州議会及び理事会が、通常の立法手続に従い、かつ経済社会評議会及び地域評議会と協議の後、定める。

欧州農業指導保証基金指導部門及び欧州社会基金に関しては、それぞれ第四三条及び第一六四条を引き続き適用する。

第一九編　研究、技術開発及び宇宙

第一七九条【国際競争力の強化】〈＊一六三条〉1　連合は、基本条約の他の章により必要とみなされるすべての研究活動を促進しつつ、研究者、科学的知識及び技術が自由に流動する欧州研究地域を達成することによって、かつ連合の産業を含め、同地域がより競争力のあるものとなるよう奨励することによって、連合の科学的及び技術的基盤を強化することを目標とする。

2　このために、連合は、中小企業を含む企業、研究所及び大学における高度な研究及び技術開発活動を連合全域にわたり奨励する。連合は、特に構成国の公共契約の開放、共通基準の設定並びに協力に対する法律上及び財政上の障壁の除去により、とりわけ研究者による国境を越えた自由な協力を許すこと及び企業に域内市場の潜在力を最大限に利用させることをめざして、企業間の相互協力の努力を支援する。

3　基本条約に基づく研究及び技術開発の分野における連合のすべての活動は、実演事業計画を含めて、この編の規定に従って決定しかつ実施する。

第一八〇条【連合の活動】〈＊一六四条〉連合は、これらの目的を追求するに当たって、構成国で実施される活動を補足する次の活動を行う。

(a)　企業、研究所及び大学との協力並びにそれらの間の協力の促進による研究、技術開発及び実演計画の実施

(b)　連合の研究、技術開発及び実演の分野における第三国及び国際組織との協力の促進

(c)　連合の研究、技術開発及び実演における活動の成果の普及及び最大限の活用

(d)　連合における研究者の養成及び移動の奨励

第一八一条【活動の調整】〈＊一六五条〉1　連合及び構成国は、国の政策及び連合の政策が相互に合致するように、それぞれの研究及び技術開発活動を調整する。

2　委員会は、構成国と緊密に協力して、1に定める調整を促進するために有益な発議を行うことができる。特に、指針及び指標の確立、最良の実践の交流の組織化、並びに定期的な監視及び評価に必要な要素の準備をめざす発議を行うことができる。欧州議会には十分な情報を常に提供する。

第一八二条【枠組計画の採択】〈＊一六六条〉1　欧州議会及び理事会は、経済社会評議会と協議の後、通常の立法手続に従い、連合の全活動を定める多年次枠組計画を採択する。

枠組計画では、次のことを行う。

―第一八〇条に定める活動によって達成すべき科学上及び技術上の目標を設定し、それら各々の優先順位を定めること。

―右の活動の概要を示すこと。

ー費用の最高総額及び枠組計画における連合の財政的参加に関する細則並びに各活動への総額の配分を定めること。

２　枠組計画は、事情の変化に応じて、適応させ又は補充される。

３　枠組計画は、各活動の中で展開される個別計画を通じて実施される。各個別計画は、その実施のための細則を定め、期間を設定し、かつ必要とみなされる方法を定める。必要とみなされる費用の総額は、個別計画の中で定められるが、枠組計画及び各活動について定められた費用の最高総額を越えてはならない。

４　理事会は、特別の立法手続に従い、欧州議会及び経済社会評議会と協議の後、個別計画を採択する。

５　多年次枠組計画において採択された活動を補完するものとして、欧州議会及び理事会は、通常の立法手続に従い、経済社会評議会と協議した後、欧州研究地域の実施に必要な措置を確立する。

第一八三条【多年次枠組計画の実施規則】〈＊一六七条〉連合は、多年次枠組計画を実施するために、次のものを定める。

ー企業、研究所及び大学の参加に関する規則

ー研究成果の普及に関する規則

第一八四条【補充計画】〈＊一六八条〉多年次枠組計画を実施するに当たって、若干の構成国のみを参加させる補充計画を決定することができる。この補充計画は、連合の参加の可能性を条件として、それらの構成国に資金を提供する。

連合は、特に知識の普及及び他の構成国のアクセスに関して、補充計画に適用する規則を採択する。

第一八五条【若干の構成国が行う計画への参加】〈＊一六九条〉多年次枠組計画を実施するに当たって、連合は、若干の構成国によって行われる研究及び開発計画に参加するための規定を、当該構成国の同意を得て設けることができる。この場合には、それらの計画を実施するために創設される組織への参加も含まれる。

第一八六条【第三国及び国際組織との協力】〈＊一七〇条〉多年次枠組計画を実施するに当たって、連合は、連合の研究、技術開発及び実演において第三国又は国際組織と協力するための規定を設けることができる。

このような協力のための細目取極は、連合と当該第三者との間の協定の対象とすることができる。

第一八七条【合弁企業その他の組織】〈＊一七一条〉連合は、連合の研究、技術開発及び実演計画を効率的に推進するために必要な合弁企業又はその他の組織を設置することができる。

第一八八条【票決手続】〈＊一七二条〉理事会は、委員会の提案に基づいて、かつ欧州議会及び経済社会評議会と協議の後、第一八七条に掲げる規定を採択する。

欧州議会及び理事会は、通常の立法手続に従い、かつ経済社会評議会と協議の後、第一八三条、第一八四条及び第一八五条に掲げる規定を採択する。補充計画の採択は、当該構成国の同意を必要とする。

第一八九条【欧州宇宙政策】１　科学的及び技術的進歩、産業の競争力並びにその政策の実施を促進するために、連合は、欧州宇宙政策を策定する。この目的のため、連合は、共同の発議を促進し、研究及び技術開発を支援し、かつ宇宙の探査開発に必要な活動を調整することができる。

２　１に定める目的の達成に貢献するために、欧州議会及び理事会は、通常の立法手続に従い、必要な措置を確立する。こうした措置は、欧州宇宙計画という形態を取ることができる。ただし、構成国の法律及び規則の調和は含まない。

３　連合は、欧州宇宙機関との間で、あらゆる適当な関係を確立する。

４　この条はこの編の他の規定を害するものではない。

第一九〇条【報告】〈＊一七三条〉委員会は、各年度の初めに、欧州議会及び理事会に報告書を提出する。この報告書には、前年度における研究及び技術開発活動並びに成果の普及、更に現行年度の活動計画に関する情報を含めるものとする。

第二〇編　環　境

第一九一条【環境に関する連合の政策】〈＊一七四条〉１　環境に関する連合の政策は、次の目的の追求に寄与する。

ー環境の質の保全、保護及び改善

ー人間の健康の保護

ー天然資源の賢明かつ合理的な利用

ー地域的又は世界的な環境問題に対処するための国際的レベルの措置の促進、及び特に気候変動との戦い

２　環境に関する連合の政策は、連合のさまざまな地域における事態の多様性を考慮しながら、高水準の保護を目的とする。それは、予防原則及び防止的行動がとられるべきであるということ、環境破壊は何よりも先ず発生源において除かれるべきであること、及び汚染者が負担すべきであること、という原則に基礎を置く。

この関連において、環境保護の必要性にこたえる調和的措置は、連合による調査手続に服することを条件に、構成国に、必要ならば、非経済的な環境上の理由により暫定措置をとる権限を認めるセーフガード条項を含む。

３　連合は、環境に関する政策を準備するにあたって、次の点を考慮に入れる。

ー利用可能な科学的及び技術的データ

ー連合のさまざまな地域における環境的条件

ー行動をとる場合ととらない場合の潜在的な利益及び費用

ー連合全体の経済的及び社会的発展、並びに連合の諸地域の均衡のとれた発展

4　連合及び構成国は、それぞれの権限の範囲内において、第三国及び権限のある国際組織と協力する。連合の協力のための取極は、連合と当該第三者の間の協定の対象とすることができる。
前段の規定は、国際機関において交渉する構成国の権限及び国際協定を締結する構成国の権限を害するものではない。

第一九二条【環境保護のための行動】〈＊一七五条〉1　欧州議会及び理事会は、通常の立法手続に従い、かつ経済社会評議会及び地域評議会と協議の後、第一九一条にいう目的を達成するためにいかなる行動が連合によってとられるべきかを決定する。
2　理事会は、1に定める決定手続にかかわらず、かつ第一一四条を害することなく、特別の立法手続に従って、かつ欧州議会、経済社会評議会並びに地域評議会と協議の後、全会一致により次のものを採択する。
(a)　おもに財政的性格を有する規定
(b)　次のものに影響をおよぼす措置
—都市・農村計画
—水資源の量的管理又は水資源の利用可能性に直接若しくは間接に影響を与えるもの
—廃棄物管理を除いた土地利用
(c)　構成国における相異なるエネルギー源の間の選択及びそのエネルギー供給の一般的構造に重大な影響を与える措置
理事会は、委員会の提案に基づき、かつ欧州議会、経済社会評議会及び地域評議会との協議の後、全会一致により、前段にいう事項に通常の立法手続を適用可能とすることができる。
3　欧州議会及び理事会は、通常の立法手続に従い、かつ経済社会評議会及び地域評議会と協議の後、達成されるべき優先目的を定める一般行動計画を採択する。
欧州議会及び理事会は、場合により1又は2に基づいて、これらの計画の実施に必要な措置を採択する。
4　構成国は、連合によって採択された特定の措置を害することなく、環境政策のために資金を調達し、かつそれを実施する。
5　1の規定に基づく措置が、一構成国の当局にとって過度と思える負担を伴う場合には、汚染者負担の原則を害することなく、その措置において、次の形での適当な規定を定める。
—一時的な適用除外、及び(又は)
—第一七七条に基づき設立される結束基金からの財政的支援

第一九三条【連合の共通措置より厳重な構成国の措置】〈＊一七六条〉第一九二条に従って採択される保護措置は、構成国がより厳重な保護措置を維持し又は導入することを妨げるものでない。当該措置は、基本条約と両立するものでなければならない。それらは、委員会に通知される。

第二一編　エネルギー

第一九四条【エネルギー】1　域内市場の確立及び運営にあたって並びに環境を保護し改善する必要性を考慮して、連合のエネルギー政策は、構成国間の連帯の精神に基づき次のことを目的とする
(a)　エネルギー市場の機能を確保する
(b)　連合におけるエネルギー供給の安定を確保する
(c)　エネルギーの効率及び節約を促進し、かつ新規で再生可能な形でのエネルギーの開発を促進する、及び
(d)　エネルギー網の相互接続を促進する。
2　基本条約の他の規定の適用を害することなく、欧州議会及び理事会は、通常の立法手続に従って、1に掲げる目的を達成するために必要な措置を定める。当該措置は、経済社会評議会及び地域評議会と協議の後、採択する。
当該措置は、第一九二条2(c)を害することなく、各構成国においてエネルギー資源の開発条件を決定する権利、相異なるエネルギー源の間の選択、及びエネルギー供給の一般的構造に影響を与えない。
3　2の規定にかかわらず、理事会は、特別の立法手続に従って、全会一致によりかつ欧州議会と協議の後、おもに財政的性質を有する場合には2に規定する措置をとる。

第二二編　観　光

第一九五条【観光】1　連合は、特に観光セクターにおける連合の事業の競争力を促進することによって、当該セクターにおける構成国の行動を補完する。
この目的のため、連合は、次のことを目的とする：
(a)　このセクターにおいて事業を発展させるのに適した環境の形成を勧奨すること
(b)　特に、優れた実践を交流することによって、構成国の間の協力を促進すること
2　欧州議会及び理事会は、通常の立法手続に従って、この条に規定する目的を達成するために構成国内の行動を補完する特定の措置をとる。ただし、構成国の法律及び規則を調和することを除く。

第二三編　災害防護

第一九六条【災害防護】1　連合は、自然的又は人為的災害を予防し及びそれらから防護する体制の実効性を向上させるための、構成国間の協力を勧奨する。
連合の行動は、次のことを目的とする。
(a)　連合内におけるリスクの予防、災害防護要員の準備及び自然的又は人為的災害への対応について、国家的、地域的又は地方的なレベルにおいて構成国がとる行動を支援し補完する。
(b)　連合内における各国の災害防護業務の間の迅速かつ効果的な実務協力を促進する。
(c)　国際的な災害防護作業の一貫性を促進する。

2　欧州議会及び理事会は、通常の立法手続に従って、1に規定する目的の達成を助けるために必要な措置をとる。ただし、構成国の法律及び規則を調和することを除く。

第二四編　行政の協力

第一九七条【行政協力】1　構成国による連合法の効果的な実施は連合の適切な運営に不可欠であって、共通の関心事項とみなす。

2　連合は、連合法を実施するための行政能力を向上させる構成国の努力を支援することができる。そのような支援には、情報交換及び公務員の交流の円滑化及び訓練制度の支援を含むことができる。構成国は、このような支援を利用する義務を負わない。欧州議会及び理事会は、通常の立法手続に従って制定された規則に基づいて、この目的のために必要な措置をとる。ただし、構成国の法律及び規則を調和することを除く。

3　この条は、連合法を実施する構成国の義務又は委員会の権利義務を損なうものではない。また、この条は、構成国間の又は構成国と連合の間の行政協力を定める基本条約の他の規定を害するものではない。

第四部　海外の国及び領域との連携

第一九八条【連携の設立と目標】〈＊一八二条〉構成国は、デンマーク、フランス、オランダ及び連合王国と特別の関係を有する非欧州の国及び領域を連合に連携させることに同意する。これらの国及び領域（以下「国及び領域」という。）は、附属書Ⅱに掲げる。

連携の目標は、これらの国及び領域の経済的及び社会的発展を促進すること、並びにこれらの国及び領域と連合全域との間に緊密な経済関係を樹立することにある。

この条約の前文にうたわれている原則に従い、連携は、主として、これらの国及び領域の住民の利益と繁栄を増進させ、もって住民が期待する経済的、社会的及び文化的発展をもたらすことに寄与する。

第一九九条【連携の目的】〈＊一八三条〉連携の目的は、次のとおりである。

1　構成国は、基本条約に基づいて相互に付与するものと同一の待遇を、自国とこれらの国及び領域との貿易に適用する。

2　それぞれの国又は領域は、自国と特別な関係を有する欧州の国に適用するのと同じ待遇を、構成国との貿易並びに他の国及び領域との貿易に適用する。

3　構成国は、これらの国及び領域の漸進的発展に必要な投資に寄与する。

4　連合が資金を供給する投資に関し、入札及び調達への参加は、構成国並びに国及び領域のすべての自然人及び法人に対し平等の条件で開放する。

5　構成国と国及び領域との関係において、国民及び会社の開業の権利は、第二〇三条に基づいてとられる特別の措置を留保して、開業の権利に関する章に定める規定に従い、同章に定める手続の適用により、かつ無差別の基礎に基づいて規制する。

第二〇〇条【連携内の関税】〈＊一八四条〉1　国及び領域を原産地とする輸入品は、構成国に輸入されるに当たって、基本条約の規定に従って構成国間の関税の禁止に準拠して禁止する。

2　それぞれの国又は領域への輸入に当たって、構成国並びに他の国又は領域からの輸入品に対して課される関税は、第三〇条の規定に従って禁止する。

3　もっとも、国及び領域は、自国の開発及び工業化の必要に応じるため関税を徴収し、又は自国の予算の財源とするため関税を徴収することができる。

ただし、前段にいう関税は、それぞれの国及び領域が特別の関係を有する構成国からの産品の輸入に課せられる関税の水準を超えることができない。

4　2は、特別の国際的義務により拘束され、すでに無差別関税率を適用している国及び領域には、適用しない。

5　国及び領域に輸入される商品に課せられる関税の設定又は改正は、法律上にせよ事実上にせよ、異なる構成国からの輸入の間に、直接に又は間接にいかなる差別をも生じさせるものであってはならない。

第二〇一条【国と領域を経由する貿易の迂回】〈＊一八五条〉第三国からの産品が国及び領域に輸入される際に適用される関税の水準が、第二〇〇条1の規定が適用された結果、ある構成国にとって不利な貿易の迂回を生じさせるおそれがあるときは、当該構成国は、委員会に対し、この事態を是正するために必要な措置を他の構成国がとることを提案するよう要請することができる。

第二〇二条【労働者の自由移動】〈＊一八六条〉国及び領域からの労働者の構成国における移動の自由、並びに構成国の労働者の国及び領域における移動の自由は、公衆衛生、公共の安全及び公の政策に関する規定に服することを条件として、第二〇三条に従って採択される法令により規制される。

第二〇三条【連携の方式と手続】〈＊一八七条〉理事会は、委員会の提案に基づき全会一致によって、国及び領域と連合との間の連携の下で達成された実績にかんがみ、かつ基本条約に定める原則に基づき、国及び領域と連合との連携についての詳細な規則及び手続に関する規定を定める。当該規定が特別の立法手続に従って理事会によって採択される場合、理事会は、委員会の提案に基づき、かつ欧州議会との協議の後に、全会一致で議決する。

第二〇四条【グリーンランドに関する規定】〈＊一八八条〉基本条約に付属する、グリーンランドについての特別取極に関する議定書におけるグリーンランドについての特別規定を留保して、第一九八条から前条までの規定は、グリーンランドに適用する。

第五部　連合の対外行動

第一編　連合の対外行動に関する一般規定

第二〇五条【連合の活動】第五部に従って、国際的な場面で行われる連合の活動は、欧州連合に関する条約第五編第一章に定める諸原則によって導かれ、そこに定める諸目的を追求し、かつそこに定める一般規定に従って行われる。

第二編　共通通商政策

第二〇六条【共通通商政策】〈＊一三一条〉第二八条から第三二条に従って関税同盟を確立することにより、連合は、共通の利益のために、世界貿易の調和のとれた発展、国際貿易及び外国直接投資における制限の漸進的撤廃並びに関税その他の障壁の引下げに寄与する。

第二〇七条【共通通商政策】〈＊一三三条〉1　共通通商政策は、特に関税率の修正、物品及びサービス貿易に関する関税並びに通商協定の締結、知的財産権の通商上の側面、海外直接投資、自由化措置における統一の達成、輸出政策、並びにダンピング及び補助金の場合にとるべき対策を含む貿易上の防禦措置に関して、統一の原則に基づく。共通通商政策は、連合の対外行動の原則及び目的に照らして実施する。

2　欧州議会及び理事会は、通常の立法手続に従って規則により、このような共通通商政策に関する実施の枠組みを定めるための措置を採択する。

3　一又はそれ以上の国又は国際組織との協定の交渉及び締結を必要とするときは、この条の特別規定に服することを条件として、第二一八条を適用する。

委員会は、理事会に勧告を行い、理事会は委員会に必要な交渉を開始することを許可する。理事会及び委員会は、交渉の対象となった協定が連合内の政策及び規則と両立することを確保する責任を負う。

委員会は、理事会がこの任務に関して委員会を補佐するために任命する特別評議会と協議して、理事会が与えることがある指令の範囲内で交渉を行う。委員会は、交渉の進捗状況について、特別評議会及び欧州議会に定期的に報告を行う。

4　理事会は、3に定める協定の交渉及び締結について、特定多数決により議決する。

理事会は、サービス貿易、及び知的財産権の商業的側面及び海外直接投資の分野において協定を交渉し及び締結するためには、全会一致により議決する。ただし、当該協定が、連合内の規則の採択に全会一致を要件とする規定を含む場合に限る。

理事会は、次の分野における協定を交渉し及び締結するにあたっても、全会一致により議決する。

(a)　文化的並びに音響視覚サービスの貿易の分野における協定であって、それにより連合の文化的及び言語的多様性が害される恐れがあるもの

(b)　教育上、社会上及び保健上のサービスの貿易の分野における協定であって、それにより、このようなサービスの国内組織に著しい混乱が生じ、かつそれを提供する構成国の責任を害する深刻な恐れがあるもの

5　運輸の分野における国際協定の交渉及び締結は、第三部第六編及び第二一八条に従う。

6　共通通商政策の分野においてこの条が付与する権限の行使は、連合及び構成国の間の権限の範囲に影響を与えるものではなく、かつ基本条約が構成国の法律又は規則の規定の調和を排除している限りにおいて、こうした調和を実現してはならない。

第三編　第三国との協力及び人道援助

第一章　開発協力

第二〇八条【開発協力】〈＊一七七条〉1　開発協力の分野における連合の政策は、連合の対外行動の原則及び目的の枠組みにおいて行われる。連合の開発協力政策及び構成国のかかる政策は、相互に補完し、かつ強化し合うものとする。

連合の開発協力政策は、貧困の削減、さらに長期的にはその根絶を主たる目的とする。連合は、発展途上国に影響を与える可能性がある政策の実施に当たっては、開発協力の目的を考慮する。

2　連合及び構成国は、国際連合及びその他の権限のある国際組織の枠内において承認した約束を遵守し、かつ承認した目的を考慮する。

第二〇九条【措置】〈＊一七九条〉1　欧州議会及び理事会は、通常の立法手続に従って、開発協力政策の実施に必要な措置を採択する。こうした措置は、発展途上国との多年次協力計画又は主題別にアプローチを行う複数年協力計画に関連させることができる。

2　連合は、第三国及び権限ある国際組織との間で、欧州連合に関する条約第二一条及びこの条約の二〇八条に定める目的の達成を促すために協定を締結することができる。

前段の規定は、国際組織において交渉する構成国の権限及び国際協定を締結する構成国の権限を害するものではない。

3　欧州投資銀行は、その定款に定められた条件の下で、1にいう措置の実施に寄与する。

第二一〇条【調整】〈＊一八〇条〉1　連合及び構成国は、開発協力に関するその活動の補完性及び効率性を高めるために、国際組織及び国際会議におけるものを含めて、その開発協力政策を調整し、かつその援助計画について相互に協議する。連合及び構成国は、共同の行動をとることができる。構成国は必要な場合には、連合の援助計画の実施に寄与する。

2　委員会は、1にいう調整を促進するために有益な発議を行うことができる。

第二一一条【国際組織との協力】〈＊一八一条〉連合及び構成国は、それぞれの権限の範囲内で、第三国及び権限のある国際組織と協力する。

第二章　第三国との経済、財政及び技術協力

第二一二条【第三国との協力】〈＊一八一a条〉1　基本条約の他の規定、特に第二〇八条から第二一一条の規定を害することなく、連合は、発展途上国を除く第三国と共に、援助、特に財政援助を含む、経済的、財政的及び技術的協力措置を遂行する。こうした措置は、連合の開発政策に合致するものとし、かつその対外行為に関する原則及び目的の枠内で行う。連合の活動及び構成国の活動は、相互に補完し、かつ強化し合う。

2　欧州議会及び理事会は、通常の立法手続に従って、1の実施に必要な措置を採択する。

3　連合及び構成国は、それぞれの権限の範囲内で、第三国及び権限のある国際組織と協力する。連合の協力に関する取極は、当該第三者と連合の間で締結する協定の主題とすることができる。

前段の規定は、国際組織において交渉する構成国の権限及び国際協定を締結する構成国の権限を害するものではない。

第二一三条【緊急の財政援助】第三国が、連合からの緊急の財政援助を必要とする状況にある場合には、理事会は、委員会の提案に基づいて必要な決定を採択する。

第三章　人道援助

第二一四条【人道援助】1　人道援助の分野における連合の活動は、連合の対外行動に関する原則及び目的の枠内で遂行する。当該活動は、第三国において自然的又は人為的な災害を被っている人々に、状況に応じた人道的必要性に応えるために臨時的な援助及び救援並びに保護を与えることを目的とする。連合の措置及び構成国の措置は、相互に補完し、かつ強化し合う。

2　人道援助活動は、国際法の諸原則並びに不偏性、中立性及び無差別の諸原則を遵守して行う。

3　欧州議会及び理事会は、通常の立法手続に従って、連合の人道援助活動を実施するための枠組みを定める措置をとる。

4　連合は、第三国及び権限のある国際組織との間で1及び欧州連合に関する条約第二一条に定める目的の達成を助けるための協定を締結することができる。

前段の規定は、国際組織において交渉する構成国の権限及び国際協定を締結する構成国の権限を害するものではない。

5　欧州の青少年が連合の人道援助活動に共同して貢献するための枠組みを構築するため、欧州ボランティア人道援助隊を設ける。欧州議会及び理事会は、通常の立法手続に従って制定された規則に基づいて、本隊の活動のための規則及び手続を決定する。

6　委員会は、連合と各国の人道援助措置の有効性及び補完性を増進するために、連合の行為と構成国の行為との調和を促進する有益な発議を行うことができる。

7　連合は、その人道援助活動が国際組織及び機関（特に、国際連合体制に属するもの）の人道援助活動と調和し整合的であることを確保する。

第四編　制限措置

第二一五条【緊急措置】〈＊三〇一条〉欧州連合に関する条約第五編第二章に従って採択された決定により、一又はそれ以上の第三国との経済的及び財政的関係を部分的若しくは完全に断絶しないしは縮小する措置が規定される場合には、理事会は、連合外交安全保障政策上級代表及び委員会による共同提案に基づいて、特定多数決により必要な緊急措置を採択する。理事会は、これを欧州議会に通知する。

2　欧州連合に関する条約第五編第二章に従って採択された決定がそのように規定する場合には、理事会は、自然人又は法人及び集団、若しくは非国家主体に対し、1にいう手続のもとで制限措置を採択することができる。

3　この条に定める法令には、法的保護に関する必要な規定を含む。

第五編　国際協定

第二一六条【第三国又は国際組織との協定】1　連合は、基本条約が一又はそれ以上の第三国又は国際組織との協定の締結について規定している場合、又は連合の政策の枠内で、基本条約に定める目的の一つを達成するために協定の締結が必要となる場合、あるいはこうした協定の締結が、法的拘束力を有する連合の法令において規定されているか、共通の規定に影響を与えるか若しくはその範囲を変更する場合には、一又はそれ以上の第三国又は国際組織との協定を締結することができる。

2　連合が締結する協定は、連合の諸機関及び構成国を拘束する。

第二一七条【連携協定】〈＊三一〇条〉連合は、一又は二以上の第三国若しくは国際組織との間で、相互主義的な権利及び義務、共同の行動並びに特別の手続を伴う連携を創設する協定を、締結することができる。

第二一八条【協定の締結手続】〈＊三〇〇条〉1　第二〇七条に定める特定の規定を害することなく、連合と第三国又は国際組織との間の協定は、次の手続に従って交渉し及び締結する。

2　理事会は、交渉の開始を許可し、交渉に関する指令を採択し、協定の署名を許可し、協定を締結する。

3　委員会又は連合外務安全保障政策上級代表は、検討されている協定が、専ら又は主として、共通の外交安全保障政策に関するものである場合には、理事会に勧告を提出し、理事会は、交渉の開始を許可する決定を採択し、並びに検討されている協定の主題によっては連合の交渉担当者若しくは連合の交渉団

の長を指名する決定を採択する。

4　理事会は、交渉担当者に指令を発し、かつ、特別委員会を任命することができる。交渉は、かかる特別委員会と協議して行わなければならない。

5　理事会は、交渉担当者の提案に基づき、協定の署名を許可する決定、及び必要であれば、協定の発効に先立って、その暫定的適用を許可する決定を採択する。

6　理事会は、交渉担当者の提案に基づき、協定を締結する決定を採択する。

　協定が専ら共通外交安全保障政策に関するものである場合を除いて、理事会は、次の手順により、決定を採択する。

(a)　次の協定の場合には、欧州議会の同意を得た後に採択する。

(i)　連携に関する協定

(ii)　人権及び基本的自由の保護のための条約への連合の加盟に関する協定

(iii)　協力手続を組織することによって、特定の制度の枠組みを確立する協定

(iv)　連合にとって予算上重要な意味を持つ協定

(v)　通常の立法手続が適用される分野、又は欧州議会による同意が必要とされる特別の立法手続が適用される分野に関する協定

　欧州議会及び理事会は、緊急の場合には、同意のための期限について合意することができる。

(b)　その他の場合には、欧州議会との協議の後に採択する。欧州議会は、理事会が事案の緊急性に応じて定める期限内に、自己の意見を述べる。この期限内に意見が得られないときは、理事会は議決することができる。

7　協定の締結に際し、かかる協定が、その修正について、簡略化された手続又は協定が設立する機関によって採択されるべきものと規定する場合には、理事会は、５、６及び９にかかわらず、交渉担当者に対し、連合を代表してかかる修正を承認することを許可することができる。理事会はこの許可に特定の条件を付すことができる。

8　理事会は手続を通じて常に特定多数決により議決する。

　ただし協定が、連合の法令の採択に全会一致を必要としている分野に関する場合、及び連携に関する協定、並びに第二一二条に定める加盟候補国との間で締結される協定の場合には、理事会は全会一致で議決する。理事会はまた、人権及び基本的自由の保護のための条約への連合の加盟に関する協定についても全会一致で議決する。この協定を締結する決定は、こうした決定が、構成国の憲法上の要件に従って、構成国により承認された後に効力を生ずる。

9　理事会は、協定に基づいて設置される機関において、法的拘束力を有する法令の採択を要求される場合、かかる法令が協定の組織的枠組みを補完するか、又は修正するものである場合を除いて、協定の適用を停止し、かつ当該機関において連合のためにとるべき立場を確立する決定を採択する。

10　欧州議会は、手続のすべての段階において、迅速に充分な情報提供を受ける。

11　構成国、欧州議会、理事会又は委員会は、検討されている協定が基本条約と両立するか否かについて、司法裁判所の意見を求めることができる。司法裁判所が否定的な意見を与えたときは、当該協定は、それが修正されるか、又は基本条約が改正される場合を除き、効力を生ずることはできない。

第二一九条【理事会による為替相場政策】〈＊一一一条１〜３及び５〉１　理事会は、第二一八条にかかわらず、欧州中央銀行の勧告に基づき、又は委員会の勧告に基づき欧州中央銀行との協議の後、価格安定の目的と両立するコンセンサスをめざして、第三国の通貨との関係におけるユーロの為替相場制度に関する正式な合意を締結することができる。理事会は、欧州議会との協議の後、３に規定する手続に従って全会一致により議決する。

　理事会は、欧州中央銀行の勧告に基づくか又は委員会の勧告に基づき、欧州中央銀行との協議の後、価格安定の目的と両立するコンセンサスをめざして、為替相場制度におけるユーロの基準相場を採択し、調整し若しくは放棄することができる。理事会の議長は、ユーロの基準相場を採択し、調整し又は放棄したことを、欧州議会に通知する。

2　理事会は、一又はそれ以上の第三国通貨に対して１にいう為替相場制度が存在しない場合には、委員会の勧告に基づいて欧州中央銀行と協議した後、又は欧州中央銀行の勧告に基づき、特定多数決により、かかる第三国通貨に対する為替相場政策の一般的方針を定めることができる。この一般的方針は、価格安定の維持というＥＳＣＢの主たる目的を害するものではない。

3　理事会は、連合が一又はそれ以上の第三国又は国際組織との間で通貨制度あるいは外国為替制度に関する問題について、協定の交渉を行う必要がある場合には、第二一八条にかかわらず、委員会の勧告に基づき、欧州中央銀行との協議の後、この協定の交渉及び締結のための取極を決定する。これらの取極は、連合が単一の立場を表明することを確保する。委員会は、この交渉に全面的に協力する。

4　構成国は、経済通貨連合に関する連合の権限及び連合が締結する協定を害することなく、国際機関において交渉し、かつ国際協定を締結することができる。

第六編　連合の国際組織及び第三国との関係、並びに連合代表部

第二二〇条【国際諸機関との連携】〈＊三〇二条から三〇四条〉１　連合は、国際連合及びその専門機関の諸機関、並びに欧州評議会、欧州安全保障協力機

構及び経済協力開発機構との間で、すべての適当な形態の協力関係を確立する。

連合は、また、他の国際組織と適当な関係を維持する。

2　連合外務安全保障政策上級代表及び委員会は、この条の実施を委託される。

第二二一条【連合代表部】1　第三国及び国際組織における連合代表部は、連合を代表する。

2　連合代表部は、連合外務安全保障政策上級代表の権限下に置く。連合代表部は、構成国の外交使節団及び領事機関と密接に協力する。

第七編　連帯条項

第二二二条【連帯条項】1　連合及びその構成国は、いずれかの構成国がテロ攻撃の標的となり又は自然的若しくは人為的災害を被った場合には、連帯の精神により共同して行動する。連合は、構成国から提供された軍事力を含む全ての利用可能な手段を、次のために活用する。

(a)　—構成国の領域におけるテロの脅威を防止すること

—民主的制度及び文民たる市民をテロ攻撃から保護すること

—テロ攻撃が生じた構成国を、当該国の政治的当局の要請に基づいて、その領域内において支援すること

(b)　自然的又は人為的災害が生じた構成国を、当該国の政治当局の要請に基づいて、その領域内において支援すること

2　いずれかの構成国がテロ攻撃の標的となり又は自然的若しくは人為的災害を被った場合には、他の構成国は、当該国の政治当局の要請に基づいて、支援する。この目的のため、構成国は理事会において相互間に調整を行う。

3　連合による連帯条項の実施のための取極は、委員会及び連合外務安全保障政策上級代表の共同提案に基づいて行動する理事会の採択する決定によって定める。この決定が防衛に関係する場合、理事会は、欧州連合に関する条約第三一条1に従って行動する。欧州議会は、通知を受ける。

この項の目的のため、第二四〇条を害することなく、理事会は、共通安全保障防衛政策の枠内において設置される機関が支援する政治安全保障委員会、及び第七一条にいう委員会によって補佐される。右の二委員会は、必要であれば、共同意見を提出する。

4　欧州理事会は、連合及び構成国が効果的な行動をとることができるようにするため、連合が直面する脅威について定期的に評価を行う。

第六部　機関及び財政規定

第一編　機関に関する規定

第一章　機　関

第一節　欧州議会

第二二三条【直接普通選挙】〈＊一九〇条4及び5〉1　欧州議会は、すべての構成国において統一的な手続により、又はすべての構成国に共通な原則に従って直接普通選挙による欧州議会の議員の選挙に必要な規定を定める草案を起草する。

理事会は、特別の立法手続に従い、かつ欧州議会の全議員の多数決による同意を得た後に、全会一致により必要な規定を定める。これらの規定は、各構成国のそれぞれの憲法上の要件に従い構成国により承認された後に効力を生ずる。

2　欧州議会は、自己の発議に基づき、特別の立法手続に従い、委員会の意見を徴した後、理事会の承認を得て、議会の構成員の義務の遂行を規律する規則及び一般的条件を定める。現職又は前職の構成員の税に関するすべての規則及び条件は、理事会での全会一致を必要とする。

第二二四条【欧州規模の政党】〈＊一九一条第二段〉欧州議会及び理事会は、通常の立法手続に従い、欧州連合に関する条約第一〇条4に定める欧州規模での政党を規律する規則、特に政党の資金に関する規定を規則によって定める。

第二二五条【委員会への要求】〈＊一九二条第二段〉欧州議会は、全議員の多数決により、基本条約を実施するために連合の行為が必要であると議会が判断する事項について、あらゆる適当な提案を提出するよう委員会に要求することができる。委員会が提案を提出しない場合、委員会は、欧州議会に理由を通知する。

第二二六条【議会の調査権】〈＊一九三条〉欧州議会は、その任務遂行に当たり、全議員の四分の一の要求に基づき、基本条約によって他の機関又は補助機関に与えられた権限を害することなく、連合法の実施に関する違反又は不当な行政行為の申立について、申し立てられた事実が裁判所において審理中である場合及び事件がなお司法手続に服している場合を除いて、調査するために臨時調査委員会を設置することができる。

臨時調査委員会は、報告の提出をもって終了する。

調査権の行使に関する詳細な規定は、欧州議会により、自己の発議に基づき、特別の立法手続に従って、理事会及び委員会の合意を得た後に定められる。

第二二七条【議会への請願権】〈＊一九四条〉連合のあらゆる市民及び構成国内に居住し若しくは登記事務所を有するあらゆる自然人又は法人は、欧州議会に対し、連合の活動分野に属しかつ自己に直接に影響を与える事項に関して、個別的に又は他の市民若しくは法人と共同して請願を行う権利を有する。

第二二八条【欧州オンブズマン】〈＊一九五条〉1　欧州議会によって選任された欧州オンブズマンは、欧州

連合司法裁判所の司法的役割における活動を除いて、連合の機関、補助機関、部局又は外局の活動の不当な行政行為の事例に関して、連合市民及び構成国内に居住し若しくは登記事務所を有する自然人又は法人からの不服申立を受理する権限を付与される。欧州オンブズマンは当該不服申立を検討し、報告を行う。

欧州オンブズマンは、自己の任務に従って、申し立てられた事実が司法手続の対象であるか又はそうであった場合を除いて、自己の発議により又は直接に若しくは欧州議会の議員を通じて訴えられた苦情に基づいて、自己がその根拠とみなすものについての審査を行う。欧州オンブズマンが不当な行政行為の事例を立証する場合には、問題を当該機関、補助機関、部局又は外局に移送し、その機関は、三箇月以内に欧州オンブズマンに対し自己の見解を通知する。欧州オンブズマンは、その後、欧州議会及び当該機関に報告書を送付する。申立人は、審査の結果を通知される。

欧州オンブズマンは、審査の結果について欧州議会に年次報告書を提出する。

2　欧州オンブズマンは、欧州議会選挙の後、欧州議会の任期と同じ任期で任命される。欧州オンブズマンは、再任されることができる。

欧州オンブズマンは、その職務の遂行に必要とされる条件を満たさなくなったか、又は重大な非行を犯した場合には、欧州議会の要請によって、司法裁判所により解任される。

3　欧州オンブズマンは、完全に独立してその職務を遂行する。職務の遂行に当たって、いずれの政府、機関、補助機関、部局又は団体からの指示も求めてはならず、また受けてはならない。欧州オンブズマンは、在任中、報酬の有無を問わず、他の職業についてはならない。

4　欧州議会は、自己の発議に基づき、特別の立法手続に従って規則により、委員会の意見を徴した後、かつ理事会の承認を得て、欧州オンブズマンの職務遂行に関する規定及び一般的条件を定める。

第二二九条【会期】〈＊一九六条〉欧州議会は年一回通常会期を開く。これは招集を要せずに三月の第二火曜日に開かれる。

欧州議会は、全議員の過半数の要求又は、理事会若しくは委員会の要求があったときは、特別会期を開くことができる。

第二三〇条【委員会と欧州議会の関係】〈＊一九七条第二、第三及び第四段〉委員会は、欧州議会のすべての会議に出席することができ、かつ自己の要求により意見を聴取される。

委員会は、欧州議会又はその構成員の質問に対し、口頭又は書面により回答する。

欧州理事会及び理事会は、その手続規則に定める条件に従い、欧州議会により意見を聴取される。

第二三一条【票決手続】〈＊一九八条〉欧州議会は、基本条約に別段の定めがある場合を除き、投票数の絶対多数により議決する。

定足数は、手続規則により定める。

第二三二条【手続規則】〈＊一九九条〉欧州議会は、構成員の多数決により、手続規則を定める。

欧州議会の議事録は、基本条約及び欧州議会の手続規則に定める方法で公表される。

第二三三条【一般年次報告】〈＊二〇〇条〉欧州議会は、委員会が提出する一般年次報告書を公開の会議において討議する。

第二三四条【委員会に対する非難動議】〈＊二〇一条〉委員会の活動に対する非難動議が欧州議会に提出されたときは、欧州議会は、この動議が提出されてから少なくとも三日を経過した後に、公開投票により動議について決定を行うことができる。

非難動議が欧州議会の投票数の三分の二の多数により、かつ構成員の過半数をもって採択されるときは、委員会の構成員は総辞職し、連合外務安全保障政策上級代表は、委員会で果たしている任務を辞職する。総辞職した構成員及び上級代表は、欧州連合に関する条約第一七条に従って後任者が決定されるまで、引き続き現行の事務を処理する。この場合には、後任に任命される構成員の任期は、委員会の構成員が総辞職しなければならない任期が満了する日に終了する。

第二節　欧州理事会

第二三五条【欧州理事会】1　投票が行われる場合、欧州理事会のいずれの構成員も、他の一名のみの代理として投票することができる。

欧州理事会が特定多数決によって議決する場合、欧州連合に関する条約第一六条4及びこの条約の第二三八条2を適用する。欧州理事会が投票によって決定を行う場合、欧州理事会議長及び欧州委員会委員長は、投票に参加しない。

出席した構成員又はその代理による棄権は、全会一致を必要とする議決を欧州理事会が採択することを妨げない。

2　欧州理事会は、欧州議会議長を招いて聴聞することができる。

3　欧州理事会は、手続事項及び欧州理事会手続規則の採択に関しては、単純多数決によって議決する。

4　欧州理事会は、理事会の事務局による補佐を受ける。

第二三六条【理事会編成の決定】欧州理事会は、特定多数決によって、次の決定を採択する。

(a)　欧州連合に関する条約第一六条6に従って、総務理事会及び外務理事会を除くその他の理事会編成リストを定める決定

(b)　欧州連合に関する条約第一六条9に従って、外務理事会を除くその他の理事会の議長に関する決定

第三節　理事会

第二三七条【開催手続】〈＊二〇四条〉理事会は、議長の発議により又は理事会の一名若しくは委員会の要請により、議長が招集したときに開かれる。

第二三八条【票決手続】〈＊二〇五条1及び2〉1　理事会は、単純多数決によって議決することを求められる場合は、理事会の全構成員の多数決によって議決する。

2　欧州連合に関する条約第一六条4にかかわらず、二〇一四年一一月一日より、経過規定に関する議定書に定められた規定に従って、理事会が委員会又は連合外務安全保障政策上級代表からの提案に基づかないで議決する場合には、特定多数決は連合の総人口の少なくとも六五％にあたる構成国から成る理事会の構成員の少なくとも七二％による賛成を要する。

3　二〇一四年一一月一日より、経過規定に関する議定書に定められた規定に従って、基本条約の下で、理事会のすべての構成員が投票に参加するわけでない場合には、特定多数決は次のように定められる。

(a)　特定多数決は、投票に参加する構成国の総人口の少なくとも六五％にあたる構成国から成る投票に参加する理事会構成員の少なくとも五五％の賛成を要する。

可決を阻止する少数は、投票に参加する構成国の総人口の三五％以上を代表する理事会の構成員に加えさらに一名の構成員を最低限含まなければならない。これを満たさない場合には、特定多数決は得られたものとする。

(b)　(a)にかかわらず、理事会が委員会又は連合外務安全保障政策上級代表からの提案に基づかないで議決する場合には、特定多数決は、投票に参加する構成国の総人口の少なくとも六五％にあたる構成国から成る投票に参加する理事会構成員の少なくとも七二％による賛成を要する。

4　出席した構成員又は代理出席者による棄権は、全会一致を要する理事会の議決の採択を妨げない。

第二三九条【票決の際の代理】〈＊二〇六条〉投票が行われる場合、理事会のいずれの構成員も、他の一名のみの代理として投票することができる。

第二四〇条【常駐代表委員と手続規則】〈＊二〇七条〉1　構成国政府の常駐代表からなる評議会は、理事会の作業の準備及び理事会から委任された職務の遂行に責任を有する。同評議会は、理事会の手続規則において規定されている場合には、手続的決定を採択することができる。

2　理事会は、理事会が任命した事務局長の責任の下、事務総局による補佐を受ける。

理事会は、単純多数決により、事務総局の組織について定める。

3　理事会は、手続事項及び欧州理事会手続規則に関しては、単純多数決によって議決する。

第二四一条【委員会に対する研究及び提案の要求】〈＊二〇八条〉理事会は、単純多数決により、委員会に対し、共通の目的を実現するために望ましいと認める調査研究を行い、かつ適当な提案を理事会に提出するよう要求することができる。委員会が提案を提出しない場合、委員会は理事会にその理由を通知する。

第二四二条【評議会の規則の制定】〈＊二〇九条〉理事会は、委員会と協議した後、基本条約に規定する諸評議会を規律する規則を定める。

第二四三条【俸給等の決定】〈＊二一〇条〉理事会は、欧州理事会の議長、欧州委員会の委員長、連合外務安全保障政策上級代表、委員会の委員、欧州連合司法裁判所の裁判長、裁判官、及び裁判所書記、並びに理事会の事務局長の俸給、手当及び年金を決定する。理事会はまた、報酬の代わりに与えられるすべての支払いを決定する。

第四節　委員会

第二四四条【委員の選出】欧州連合に関する条約第一七条5に従って、委員会の委員は、欧州理事会が全会一致で確立した輪番制に基づき、かつ次の原則に基づいて選出される。

(a)　構成国は、自国民が委員会の委員となる順番及び任期の決定に関して、厳格に対等な立場で扱われるものとし、したがって、いずれの構成国の国民の任期の差も、一期を超えてはならない。

(b)　(a)に従うことを条件に、後継の各委員会は、すべての構成国の人口及び地理的範囲を十分に反映して構成される。

第二四五条【委員会の構成】〈＊二一三条〉委員会の委員は、その任務と両立しないいかなる活動も慎む。各構成国は、委員の独立性を尊重し、かつ委員に対し、その任務を遂行するに当たって影響を及ぼさない。

委員会の委員は、その在職期間中、有給無給を問わずいかなる他の職業活動にも従事することができない。委員は、その就任に際して、在職期間中も退任後も、その職務から生ずる義務、特に離任後に特定の職務や利益を受けることに関して誠実かつ慎重に行動すべき義務を尊重する誓約を行う。これらの義務が履行されない場合には、司法裁判所は、単純多数決により議決する理事会又は委員会の申請に基づき、場合に応じ、当該委員の第二四七条の規定に基づく罷免、又はその年金若しくはこれに代わる他の利益に対する権利の喪失を、宣告することができる。

第二四六条【任期の終了】〈＊二一五条〉正規の交替又は死亡の場合を除き、委員会の委員の任務は、辞任又は罷免により個別的に終了する。

辞任、罷免又は死亡によって生ずる空席は、その残任期間につき、欧州議会との協議の後、かつ欧州連合に関する条約第一七条3の第二段に述べられた基準に従って、委員会の委員長との共通の合意により、理事会が任命する同じ国籍の新委員によって補充される。

理事会は、委員会の委員長の提案に基づき全会一致により、特に当該委員の任期の残りが短いときは空席の補充が不要である旨決定することができる。

委員長が辞任し、罷免され又は死亡した場合、委員長は、その残任期間につき後任者が代わる。欧州連合に関する条約第一七条7の第一段に定める手続が、委員長の交替に適用される。

連合外務安全保障政策上級代表が辞任し、罷免され又は死亡した場合、連合外務安全保障政策上級代表は、欧州連合に関する条約第一八条1に従って、その残任期間につき後任者が代わる。

委員会の委員が総辞職した場合、総辞職した委員は、欧州連合に関する条約第一七条に従って、後任者と交替するまで職務にとどまり、その残任期間につき、引き続き現在の職務を遂行する。

第二四七条【委員の罷免】〈＊二一六条〉委員会のいずれかの委員が、その任務の遂行に必要な条件を満たさないか、又は重大な非行を犯した場合には、司法裁判所は、単純多数決により議決する理事会又は委員会の申請に基づき、当該委員を罷免することができる。

第二四八条【責任の配分】〈＊二一七条2〉欧州連合に関する条約第一八条4を害することなく、委員会に課された責任は、欧州連合に関する条約第一七条6に従って、委員長により組織化され、委員の間で配分される。委員長は、委員の任期中にこれらの責任を再配分することができる。委員会の委員は、委員長の権威のもとに委員長によって委任された義務を遂行する。

第二四九条【手続規則の採択と一般報告書】〈＊二一八条2及び二一二条〉1　委員会は、委員会及びその諸部局の運営を確保するために、手続規則を採択する。委員会はこの規則が公表されることを確保する。

2　委員会は、毎年、欧州議会の会期開催の少なくとも一箇月前に、連合の活動に関する一般報告書を公表する。

第二五〇条【表決手続】〈＊二一九条〉委員会の議決は、多数決によって行われる。

定足数は、委員会の手続規則によって定める。

第五節　欧州連合司法裁判所

第二五一条【司法裁判所の構成】〈＊二二一条〉司法裁判所は、欧州連合司法裁判所規程に定める規則に従って、小法廷又は大法廷を開廷する。

当該規程に定めのある場合には、司法裁判所はまた全員法廷として開廷することができる。

第二五二条【法務官の任務】〈＊二二二条〉司法裁判所は、八人の法務官の補佐を受ける。司法裁判所が要求する場合には、理事会は全会一致の決定により法務官の数を増員することができる。

法務官の任務は、完全に公平でかつ独立の立場で行動し、欧州連合司法裁判所規程に従ってその関与が必要とされる事案について理由を付した陳述を公開の法廷において行うこととする。

第二五三条【裁判官及び法務官の選任】〈＊二二三条〉裁判官及び法務官は、その独立性に疑いがなく、かつ、それぞれの国において最高の司法官に任ぜられるのに必要な資格を有する者又は有能の名のある法律家の中から選任する。裁判官及び法務官は、第二五五条に定める委員会との協議の後、構成国政府全体の合意により、六年の任期で任命する。

欧州連合司法裁判所規程に定める条件に従って、三年毎に一部の裁判官及び法務官が交替する。

裁判官は、その中から三年の任期で裁判所長を選出する。裁判所長は、再選されることができる。

退任する裁判官及び法務官は、再任することができる。

司法裁判所は裁判所書記を任命し、及び、その職務規則を定める。

司法裁判所は、その手続規則を制定する。この手続規則は、理事会の承認を必要とする。

第二五四条【一般裁判所の構成】〈＊二二四条〉一般裁判所の裁判官の数は、欧州連合司法裁判所規程によって決定される。規程は、一般裁判所が法務官の補佐を受けることを定めることができる。

一般裁判所の構成員は、その独立性に疑いがなく、かつ、上級の司法官に任ぜられるのに必要な能力を有する者の中から選任する。構成員は、第二五五条に定める委員会との協議の後、構成国政府全体の合意により、六年の任期で任命する。構成員の一部は、三年毎に交替する。退任する構成員は再任することができる。

一般裁判所の裁判官は、その中から三年の任期で一般裁判所の裁判長を選出する。裁判長は、再任することができる。

一般裁判所は裁判所書記を任命し、及び、その職務規則を定める。

一般裁判所は、司法裁判所との合意に基づき、その手続規則を制定する。この手続規則は、理事会の承認を必要とする。

司法裁判所に関するこの条約の規定は、欧州連合司法裁判所規程に別段の定めがある場合を除き、一般裁判所に適用する。

第二五五条【裁判官適性審査委員会】　構成国政府が第二五三条及び第二五四条に定める任命を行う前に、司法裁判所及び一般裁判所の裁判官及び法務官の任務を遂行するための候補者の適性について意見を表明するために委員会を設置する。

委員会は、司法裁判所及び一般裁判所の元構成員、国の最高裁判所の構成員並びに有能の名のある法律家の中から選出される七名によって構成され、その内の一名は、欧州議会が提案する。理事会は、委員会の運営規則を定めるための決定及び委員会の構成員を任命するための決定を採択する。理事会は、司法裁判所長の発議に基づいて行動する。

第二五六条【一般裁判所の管轄権】〈＊二二五条〉1 一般裁判所は、第二六三条、第二六五条、第二六八条、第二七〇条及び第二七二条に定める訴訟又は訴訟手続に関して、第二五七条に基づき設置された専門裁判所に割り当てられたもの及び司法裁判所規程によって留保されたものを除くほか、第一審として審理し及び決定を下す管轄権を有する。規程は、一般裁判所がその他の部類の訴訟又は訴訟手続に対して管轄権を有すると規定することができる。

この項に基づいて一般裁判所が下した決定は、司法裁判所規程に定める条件及び制限の範囲内で、法的問題に関してのみ、司法裁判所への控訴の対象となる。

2 一般裁判所は、専門裁判所の決定に対する訴訟又は訴訟手続を審理し及び決定を下す管轄権を有する。

この項に基づいて一般裁判所が下した決定は、連合法の統一性又は一貫性に影響を及ぼす重大な危険がある場合には、司法裁判所規程に定める条件及び制限の範囲内で、例外的に司法裁判所による再審査に服する。

3 一般裁判所は、司法裁判所規程に定める特定の分野について、第二六七条に基づき先行判決のために付託された問題を審理し及び決定を下す管轄権を有する。

一般裁判所は、その事案が連合法の統一性又は一貫性に影響を与える可能性のある原則に関する決定を必要とすると認める場合には、判決を求めるため当該事案を司法裁判所に付託することができる。

先行判決のために付託された問題に関して一般裁判所が下した決定は、連合法の統一性又は一貫性に影響を及ぼす重大な危険がある場合には、司法裁判所規程に定める条件及び制限の範囲内で、例外的に司法裁判所による再審査に服する。

第二五七条【専門裁判所】〈＊二二五a条〉 欧州議会及び理事会は、通常の立法手続に従って、特別の分野について提起される特定の種類の訴訟又は訴訟手続を第一審として審理し及び決定するために一般裁判所に付属する専門裁判所を設置することができる。欧州議会及び理事会は、司法裁判所と協議した後、委員会の提案に基づき又は委員会と協議の後、司法裁判所の要求に基づき、規則によって議決する。

専門裁判所を設置する規則は、裁判所の組織及び裁判所に付与される管轄権の範囲に関する規則を定める。

専門裁判所が下した決定は、法的問題のみに関して、一般裁判所に控訴する権利を留保し、又は、専門裁判所を設置する規則がこれを認める場合には、事実問題に関しても、一般裁判所へ控訴する権利を留保する。

専門裁判所の構成員は、その独立性に疑いがなく、かつ、司法官に任ぜられるのに必要な能力を有する者の中から選任する。構成員は、理事会の全会一致の決定により任命する。

専門裁判所は、司法裁判所との合意によりその手続規則を制定する。この手続規則は、理事会の承認を必要とする。

専門裁判所を設置する規則に別段の定めがある場合を除き、欧州連合司法裁判所に関するこの条約の規定及び欧州連合司法裁判所規程の規定は、専門裁判所に適用する。司法裁判所規程の第一編及び第六四条はいかなる場合にも専門裁判所に適用する。

第二五八条【委員会による提訴】〈＊二二六条〉 委員会は、いずれかの構成国が基本条約に基づいて負っている義務を履行しなかったと認めるときは、当該構成国に所見を提出する機会を与えた後、当該の問題について理由を付した意見を発表する。

当該構成国が、委員会の定める期間内にこの意見に従わないときは、委員会は、当該の問題を欧州連合司法裁判所に付託することができる。

第二五九条【構成国相互間の訴訟】〈＊二二七条〉 構成国は、他の構成国が基本条約に基づいて負っている義務を履行しなかったと認めるときは、当該の問題を欧州連合司法裁判所に付託することができる。

構成国は、基本条約に基づいて負っている義務に違反したと主張して他の構成国に対し訴訟を提起する前に、当該問題を委員会に付託する。

各関係構成国が、口頭及び書面により、自己の主張及び他の当事国の意見に対する所見を提出する機会を与えられた後、委員会は、理由を付した意見を発表する。

問題が提起された日から三箇月以内に委員会が意見を発表しなかった場合には、この意見がないことは当該の問題を司法裁判所に付託することを妨げるものではない。

第二六〇条【構成国の判決履行義務】〈＊二二八条〉1 欧州連合司法裁判所が構成国は基本条約に基づいて負っている義務に違反したと認定した場合には、当該構成国は、司法裁判所の判決を遵守するために必要な措置をとることを要求される。

2 委員会は、当該構成国が司法裁判所の判決に従うために必要な措置をとっていないと認める場合には、その国に自己の所見を提出する機会を与えた後に、当該事案を司法裁判所に提起することができる。委員会は、この事情において適当と認める当該構成国が支払うべき一括支払金又は制裁金の額を提示する。

司法裁判所は、当該構成国が判決に従っていないと認定する場合には、一括支払金又は制裁金をその構成国に課することができる。

この手続は、第二五九条を害するものではない。

3 委員会は、立法手続に基づいて採択された指令を実施する措置を通知する義務に当該の構成国が違反したという理由により第二五八条に従って事案を司法裁判所に提起するときは、適当な場合には、この事情において適当と認める当該構成国が支払うべき一括支払金又は制裁金の額を提示することができる。司法裁判所は、違反を認定するときは、委員会が提示した額を越えない範囲で当該構成国に対し一括支払金又は制裁金を課すことができる。支払い義務は、司法裁判所がその判決において定めた日に生ずる。

第二六一条【罰則に関する管轄権】〈＊二二九条〉　基本条約の規定に従って欧州議会及び理事会が共同で採択する規則並びに理事会が採択する規則は、これらの規則が定める罰則について無制限の管轄権を欧州連合司法裁判所に付与することができる。

第二六二条【連合知的財産権についての管轄権】〈＊二二九Ａ条〉基本条約の他の規定を害することなく、理事会は、特別立法手続に従いかつ欧州議会と協議の後全会一致により、理事会が決定する限度まで、基本条約に基づいて採択された欧州知的財産権を創設する法令の適用に関する紛争に対する管轄権を欧州連合司法裁判所に付与するための規定を採択することができる。これらの規定は、構成国により、それぞれの憲法上の要件に従って承認された後に効力を生ずる。

第二六三条【理事会と委員会の議決の審査権】〈＊二三〇条〉　欧州連合司法裁判所は、勧告及び意見を除く立法行為、理事会、委員会及び欧州中央銀行の議決、並びに第三者に対して法的効果を生じさせることを意図した欧州議会及び欧州理事会の法令の適法性を審査する。

この目的のため、欧州連合司法裁判所は、権限の欠如、重要な手続的要件の違反、基本条約若しくはその適用に関する法規則の違反又は権限濫用を理由として、構成国、欧州議会、理事会又は委員会が提起する訴訟について管轄権を有する。

司法裁判所は、会計検査院、欧州中央銀行及び地域評議会がその特権を保護するために提起する訴訟について、同一の条件に基づき管轄権を有する。

いずれの自然人又は法人も、自己を対象とするか又は自己に直接かつ個別に関係する法令に対し、及び、自己に直接関係しかつ実施措置を伴わない規則の形をとる法令について、第一段及び第二段に定める条件に基づいて訴訟を提起することができる。

連合の補助機関、部局及び外局を設置する行為は、自然人又は法人に法的効果を生じさせることを意図したこれらの補助機関、部局又は外局の行為に対して自然人又は法人が提起する訴訟に関する特定の条件及び取極を定めることができる。

この条に定める訴訟手続は、場合に応じ、措置の公表若しくは訴訟提起者へのその通知の日又はそれらがないときは訴訟提起者がその措置を知った日から二箇月以内に開始する。

第二六四条【無効の宣言】〈＊二三一条〉　欧州連合司法裁判所は、訴訟に理由があると認定する場合には、関係する法令を無効であると宣言する。

ただし、司法裁判所は、必要と認めるときは、無効と宣言した法令の効果のうちいずれが最終的と認められるべきかを指示する。

第二六五条【理事会と委員会の不作為に対する訴訟】〈＊二三二条〉　欧州議会、欧州理事会、理事会、委員会又は欧州中央銀行が基本条約に違反して行為を怠ったときは、構成国及び連合の他の機関は、この違反を確認させるため欧州連合司法裁判所に訴訟を提起することができる。この条は、行為を怠った連合の補助機関、部局及び外局についても同一の条件に基づいて適用する。

この訴訟は、関係する機関、補助機関、部局又は外局が行為を行うように予め要求されていた場合にのみ受理できる。当該の補助機関、部局又は外局がこの要求を受けた時から二箇月以内にその態度を明らかにしなかったときは、訴訟はその後二箇月以内に提起することができる。

いずれの自然人又は法人も、前段に規定する条件に基づいて、連合の機関、補助機関、部局又は外局が勧告又は意見以外の法令を当該自然人又は法人に対しとることを怠ったことについて司法裁判所に不服を申し立てることができる。

第二六六条【連合機関の判決履行義務】〈＊二三三条〉　その行為が無効と宣言されたか又はその不作為がこの条約に違反すると宣言された機関は、欧州連合司法裁判所の判決を遵守するために必要な措置をとることを要求される。

この義務は、第三四〇条第二段の適用によって生ずることのある義務に影響を及ぼすものではない。

第二六七条【先行判決】〈＊二三四条〉　欧州連合司法裁判所は、次の事項について先行判決を下す管轄権を有する。

(a)　基本条約の解釈

(b)　連合の機関、補助機関、部局又は外局の行為の効力及び解釈

このような問題が構成国のいずれかの裁判所に提起された場合には、当該の裁判所は、判決を行うためにこの問題に関する決定が必要であると認めるときは、この問題について決定するよう司法裁判所に求めることができる。

国内法上その決定については司法的救済が存在しない構成国の国内裁判所に係属している事案においてこのような問題のいずれかが提起された場合には、当該の裁判所は、その問題を司法裁判所に付託する。

構成国の国内裁判所に係属している事案において拘禁されている人に関してこのような問題が提起された場合には、欧州連合司法裁判所は、遅滞なく行動する。

第二六八条【非契約上の損害賠償に関する訴訟】〈＊二三五条〉　欧州連合司法裁判所は、第三四〇条第二段及び第三段に定める損害の賠償に関する紛争に対して管轄権を有する。

第二六九条【制裁に関する訴訟】 司法裁判所は、欧州連合に関する条約第七条に従って欧州理事会又は理事会が採択した法令の適法性について、欧州理事会又は理事会の決定の対象となった構成国の要求に基づいてのみ、かつ、同条に定める手続規定に関してのみ、管轄権を有する。

この要求は、当該の決定の日から一箇月以内に行う。司法裁判所は、要求がなされた日から一箇月以内に決定する。

第二七〇条【連合と職員の間の紛争に関する訴訟】〈＊二三六条〉欧州連合司法裁判所は、連合とその職員の間のすべての紛争につき、職員規程に定めるか又は連合の他の職員の業務規程に基づく限りにおいてそこに定める条件のもとに管轄権を有する。

第二七一条【欧州投資銀行に関する事件】〈＊二三七条〉欧州連合司法裁判所は、次に定める限度内で、次の事項に関する紛争に対して管轄権を有する。

(a) 欧州投資銀行定款に基づいて生ずる義務の構成国による履行。この点については、銀行の理事会が第二五八条により委員会に付与された権限を享有する。

(b) 欧州投資銀行の総務会が採用する措置。この点については、構成国、委員会又は銀行の理事会が第二六三条に定める条件に基づいて訴訟を提起することができる。

(c) 欧州投資銀行の理事会が採用する措置。この措置に対する訴訟手続は、第二六三条に定める条件に基づき、かつ、投資銀行の定款の第一九条(2)、(5)、(6)及び(7)に定める手続の不遵守を理由としてのみ、専ら構成国又は委員会が提起することができる。

(d) 基本条約及びＥＳＣＢ及びＥＣＢ定款に基づく義務の構成国中央銀行による履行。この点については、国内中央銀行に関する欧州中央銀行執行理事会の権限は、第二五八条により構成国に関して委員会に与えられた権限と同一とする。国内中央銀行が基本条約に基づく義務を履行していないと司法裁判所が認定する場合には、当該の銀行は裁判所の判決に従うために必要な措置をとることを要求される。

第二七二条【仲裁条項に基づく訴訟】〈＊二三八条〉欧州連合司法裁判所は、連合が締結するか又は連合のために締結される契約（契約が公法又は私法のいずれにより規律されるかを問わない。）に含まれる仲裁条項に従って判決を下す管轄権を有する。

第二七三条【構成国間の付託合意による訴訟】〈＊二三九条〉司法裁判所は、基本条約の対象事項に関係する構成国間の紛争に対して、当該紛争が当事国間の特別合意に基づいて裁判所に付託される場合には、管轄権を有する。

第二七四条【国内裁判との関係】〈＊二四〇条〉この条約により欧州連合司法裁判所に管轄権が与えられている場合を除き、連合が当事者である紛争はこのことを理由として構成国の裁判所の管轄権から除外されることはない。

第二七五条【共通外交安全保障政策等に関する管轄権】 欧州連合司法裁判所は、共通外交安全保障政策に関する規定及びこれらの規定に基づいて採択する行為に対しては管轄権を有しない。

ただし、裁判所は、欧州連合に関する条約第四〇条の遵守を監視する管轄権、及び、理事会が欧州連合に関する条約第五編第二章に基づいて採択した自然人又は法人に対する制限的措置を定める決定の適法性を審査する訴訟手続であって、この条約の第二六三条第四段に定める条件に従って提起されたものについて判定する管轄権を有する。

第二七六条【自由、安全及び正義の地域に関する管轄権】 自由、安全及び正義の地域に関する第三部第五編第四章及び第五章の規定に関する権限を行使するに際して、欧州連合司法裁判所は、構成国の警察又はその他の法執行機関によって遂行された活動の有効性ないし比例性について、又は、法と秩序の維持及び国内治安の維持に関して構成国が負う責任の行使について審査する管轄権を有しない。

第二七七条【提訴期限の例外】〈＊二四一条〉 第二六三条第六段に定める期間の終了にも拘わらず、連合の機関、補助機関、部局又は外局が採択した一般的に適用される法令が問題となっている訴訟手続においては、いずれの当事者も当該の法令が適用されないことを欧州連合司法裁判所において主張するために第二六三条第二段に定める理由を申し立てることができる。

第二七八条【提訴の非停止効】〈＊二四二条〉 欧州連合司法裁判所に提起された訴訟は、停止する効果を有しない。ただし、裁判所は、事情により必要と認めるときは、争われている行為を停止するように命ずることができる。

第二七九条【暫定措置】〈＊二四三条〉 欧州連合司法裁判所は、提起された事案について、必要な暫定措置を指示することができる。

第二八〇条【判決の執行力】〈＊二四四条〉 欧州連合司法裁判所の判決は、第二九九条に定める条件に基づいて執行力を有する。

第二八一条【司法裁判所規程】〈＊二四五条〉 欧州連合司法裁判所規程は、別個の議定書において定める。

欧州議会及び理事会は、第一編及び第六四条を除き、通常の立法手続に従って、規程の定めを改正することができる。欧州議会及び理事会は、司法裁判所の要求に基づき委員会と協議した後に、又は、委員会の提案に基づき司法裁判所と協議した後に行動する。

第六節　欧州中央銀行

第二八二条【欧州中央銀行】 1　欧州中央銀行は、国内の中央銀行とともに、欧州中央銀行制度（ＥＳＣＢ）

を構成する。欧州中央銀行は、ユーロを通貨とする構成国の中央銀行とともに、ユーロシステムを構成し、連合の通貨政策を行う。

2　ＥＳＣＢは、欧州中央銀行の意思決定機関により管理される。ＥＳＣＢの主たる目的は、安定した物価の維持である。この目的を害することなく、ＥＳＣＢは、連合の目的の達成に貢献するために、連合における経済政策全般を支援する。

3　欧州中央銀行は、法人格を有する。欧州中央銀行のみが、ユーロの発行を認可することができる。欧州中央銀行は、その権限の行使及び財政の管理を独立して行う。連合の機関、補助機関、部局及び外局、並びに構成国政府は、欧州中央銀行の独立性を尊重する。

4　欧州中央銀行は、第一二七条から第一三三条、及び第一三八条並びにＥＳＣＢ及びＥＣＢ定款に規定する条件に従って、自己の職務の遂行に必要な措置を採択する。同じ条文に従って、ユーロを通貨としない構成国及びその中央銀行は、通貨問題に関する自己の権限を保持する。

5　欧州中央銀行は、自己の責任に属する分野において、連合に関するすべての法案及び国レベルでのすべての規則案について協議を受けるとともに、意見を表明することができる。

第二八三条【欧州中央銀行運営評議会、執行理事会】〈＊一一二条〉1　欧州中央銀行運営評議会は、欧州中央銀行執行理事会の構成員及びユーロを通貨とする構成国の中央銀行の総裁から成る。

2　執行理事会は、総裁、副総裁及びその他四人の理事から成る。

執行理事会の総裁、副総裁及びその他の理事は、欧州理事会により、理事会からの勧告に基づき、欧州議会及び欧州中央銀行運営評議会との協議の後、特定多数決で、通貨又は銀行業務の問題について優れた評価及び専門的な経験を有する人物の中から、任命される。

任期は八年とし、再任は認められない。

執行理事会の構成員になることができるのは、構成国の国民に限る。

第二八四条【欧州中央銀行運営評議会会合、欧州中央銀行総裁】〈＊一一三条〉1　理事会の議長及び委員会の委員一名は、議決権をもたずに欧州中央銀行運営評議会の会合に参加することができる。

理事会の議長は、欧州中央銀行運営評議会に対し、審議のための動議を提出することができる。

2　欧州中央銀行総裁は、理事会がＥＳＣＢの目的と任務に関する事項を討議するときには、理事会の会合に参加するよう求められる。

3　欧州中央銀行は、前年度及び現行年度のＥＳＣＢの活動及び通貨政策に関する年次報告書を欧州議会、理事会、委員会及び欧州理事会に提出する。欧州中央銀行総裁は、この報告書を理事会及び欧州議会において説明する。欧州議会は、それを基礎に一般討議を行うことができる。

欧州中央銀行総裁及びその他の執行理事会の構成員は、欧州議会の要求に基づき又は自己の発議により、欧州議会の権限のある委員会で聴聞の機会を得ることができる。

第七節　会計検査院

第二八五条【会計検査院】〈＊二四六条〉会計検査院は、連合の会計検査を行う。

会計検査院は、各構成国からの一名の国民により構成する。会計検査院の検査官は、連合の一般的利益のために、完全に独立してその職務を遂行する。

第二八六条【会計検査院の構成、検査官の任務等】〈＊二四七条〉1　会計検査院の検査官は、各自の国において外部監査機関に勤務しているか若しくは勤務していた者、又はこの役職に特別の資格を有する者の中から選出する。検査官は、その独立性に疑いのない者でなければならない。

2　会計検査院の検査官は、六年の任期で任命される。理事会は、欧州議会との協議の後、各構成国による提案に従って作成された検査官名簿を採択する。会計検査院の検査官の任期は、更新することができる。

検査官は、三年の任期で検査官の中から会計検査院総裁を互選する。総裁は再選することができる。

3　これらの職務の遂行に当たって、検査官は、いかなる政府からも又はいかなるその他の機関からも、指示を求め又は指示を受けてはならない。検査官は、その職務と両立しないいかなる行為も慎む。

4　会計検査院の検査官は、その在職期間中、有給無給を問わずいかなる他の職業活動にも従事することができない。検査官は、その就任に際して、在職期間中も退任後も、その職務から生ずる義務、特に離任後に特定の職務や利益を受けることに関して誠実かつ慎重に行動すべき義務を尊重する誓約を行う。

5　通常の交替又は死亡による場合のほかに、会計検査院の検査官の職務は、任意の辞職により、又は6の規定に基づく司法裁判所の裁定による罷免により終了する。

こうして生じた欠員の補充は、当該検査官の任期の残存期間について行われる。

罷免の場合を除き、会計検査院の検査官は、その補充が行われるまでその職にとどまる。

6　会計検査院の検査官は、会計検査院の要求により、司法裁判所が、当該検査官がもはや必要な条件を満たさなくなったこと又はその任務から生ずる義務を果さなくなったことを認定する場合のほか、その職を解除され、又は年金の権利若しくはこれに代わるその他の利益を奪われることはない。

7　理事会は、会計検査院の総裁及び検査官の雇用条件、特に俸給、手当及び年金を決定する。理事会はまた、報酬の代わりに与えられるすべての手当を決定する。

8 欧州連合司法裁判所の裁判官に適用される欧州連合の特権及び免除に関する議定書の規定は、会計検査院の検査官にも適用する。

第二八七条【会計検査院の任務と権限】〈＊二四八条〉1 会計検査院は、連合のすべての収入及び支出の会計簿を検査する。会計検査院はまた、連合が設置したすべての補助機関、部局又は外局のすべての収入及び支出の会計簿を、当該機関の設置文書がこうした検査を排除していない限り検査する。

会計検査院は、欧州議会及び理事会に対し、会計簿の信頼性及びその基礎となる処理の法規適合性に関する証明書を提出する。証明書は、欧州連合官報に公表される。この証明書は、連合の活動の各主要分野に関する特別査定によって追補されることができる。

2 会計検査院は、適法かつ正規の方法ですべての収入が受納され、またすべての支出が行われているか、並びに財政の運営が健全に行われているかを検査する。その際、会計検査院は、特に不正規な場合には、報告するものとする。

収入の監査は、連合に当然支払われるべき金額及び現実に支払われた金額の両方を基礎にして行われる。

支出の監査は、支払の約束及びすでになされた支払の両方を基礎にして行われる。

これらの監査は、当該会計年度の会計簿の締切に先立って行うことができる。

3 監査は書類審査により、及び必要ならば連合の他の機関の、並びに連合に代わって収入及び支出を運営する補助機関、部局又は外局の所在場所の、また予算から支払を受ける自然人又は法人の所在場所を含めて構成国の実地検査により行われる。構成国においては、監査は、その国の監査機関と連絡の上、又はこれらの機関が必要な権限をもたないときはその国の権限ある部局と連絡のうえ、行われる。会計検査院と構成国の監査機関は、それぞれ独立性を保ちつつ、信頼の精神に基づき協力する。これらの機関又は部局は、監査に参加する意図があるか否かを会計検査院に通知するものとする。

連合の他の機関、連合に代わって収入又は支出を運営する補助機関、部局又は外局、予算から支払を受ける自然人又は法人及び国の監査機関又はそれが必要な権限をもたないときはその国の権限ある部局は、会計検査院の任務の遂行に必要ないかなる書類又は情報も、会計検査院の要求に応じて提出する。

連合の支出及び収入を運営する欧州投資銀行の活動に関して、同銀行がもつ情報への検査院のアクセス権は、同検査院、同銀行及び委員会の間の協定によって規律される。協定がない場合、検査院は、それにもかかわらず、同銀行によって運営された連合の支出及び収入の監査のために必要な情報にアクセスする。

4 会計検査院は、各会計年度の終了後、年次報告書を作成する。この報告書は、連合の他の機関に提出され、かつ会計検査院の見解に対するこれら機関の答弁とともに、欧州連合官報に公表される。

会計検査院はまた、いつでも特定の問題に関して特別報告書の形で所見を提出すること、及び連合の機関のいずれかの要求に応じて意見を提示することができる。

会計検査院は、検査官の多数決により、年次報告書、特別報告書又は意見を採択する。ただし、会計検査院は、その手続規則が規定する条件に基づき、特定部門の報告書又は意見を採択するために、内部部会を設立することができる。

会計検査院は、予算の執行に対する欧州議会及び理事会の監督権限の行使に関し、これらの機関を補佐する。

会計検査院は、その手続規則を定める。この規則は、理事会の承認を必要とする。

第二章 連合の法的行為、採択手続及びその他の規定

第一節 連合の法的行為

第二八八条【欧州議会、理事会及び委員会の行為の種類】〈＊二四九条〉連合の権限を行使するために、諸機関は、規則、指令、決定、勧告及び意見を採択する。

規則は、一般的適用性を有する。規則は、そのすべての要素について拘束的であり、かつすべての構成国において直接適用可能である。

指令は、達成すべき結果について、それが向けられた各構成国を拘束するが、形式及び方式の選択は構成国の当局に委ねる。

決定は、そのすべての要素について拘束的である。それが向けられた者が特定されている決定は、その者のみを拘束する。

勧告及び意見は、いかなる拘束力も有しない。

第二八九条【通常の立法手続と特別の立法手続】1 通常の立法手続とは、欧州議会及び理事会が、委員会の提案に基づき、規則、指令又は決定を共同で採択することをいう。この手続については、第二九四条に定める。

2 基本条約で規定された特定の場合において、理事会の参加を伴う欧州議会による規則、指令若しくは決定の採択、又は欧州議会の参加を伴う理事会による規則、指令若しくは決定の採択は、特別の立法手続を構成する。

3 立法手続によって採択された法的行為は、立法行為とする。

4 基本条約で規定された特定の場合において、立法行為は、一定数の構成国又は欧州議会の発議に基づき、欧州中央銀行の勧告に基づいて、又は司法裁判所若しくは欧州投資銀行の要求により採択することができる。

第二九〇条【権限の委任】1　立法行為は、その行為の本質的ではない一定の要素を補充し又は修正するための一般的適用性を有する非立法行為を採択する権限を、委員会に委任することができる。

権限の委任の目的、内容、範囲及び期間は、当該立法行為において明確に定める。地域における本質的要素は、立法行為に留保され、したがって、権限の委任の対象としてはならない。

2　立法行為は、委任が服する条件を明確に定める。この条件は、次のように定めることができる。

(a)　欧州議会又は理事会は、委任の取消しを決定することができる。

(b)　委任された法令は、立法行為が設定した期間内に、欧州議会又は理事会から異議申立がなされなかった場合にのみ、効力を生ずることができる。

(a)及び(b)の適用上、欧州議会はその全議員の多数決によって、また理事会は特定多数決によって議決する。

3　委任された法令の名称には、「委任された」という形容詞を挿入する。

第二九一条【法令の実施】1　構成国は法的拘束力を有する連合の法令を実施するのに必要なあらゆる国内法上の措置を採択する。

2　法的拘束力を有する連合の法令を実施するために統一的条件が必要な場合には、当該法令は、実施のための権限を委員会に付与するか、又は、十分に正当化できる特別な場合及び欧州連合に関する条約第二四条並びに第二六条に規定する場合については、理事会にこれを付与する。

3　2の適用上、欧州議会及び理事会は、通常の立法手続に従って規則により、委員会の実施権限の行使に対する構成国による規制方法に関する規則及び一般原則を事前に定める。

4　実施法令の名称には、「実施」という用語が挿入される。

第二九二条【勧告】理事会は、勧告を採択する。理事会は、委員会の提案に基づき理事会が法令を採択すると基本条約が定めている場合にはそのすべてにおいて、委員会からの提案に基づいて議決する。理事会は、連合の法令の採択に全会一致が求められている分野においては、全会一致で議決する。委員会及び基本条約で定められた特定の事例における欧州中央銀行は、勧告を採択する。

第二節　法令及びその他の規定の採択のための手続

第二九三条【委員会の意見の修正と変更】〈＊二五〇条〉

1　基本条約に従って、理事会が委員会の提案に基づいて議決する場合、第二九四条10及び13、第三一〇条、第三一二条及び第三一四条、並びに第三一五条第二段に述べる場合を除いて、理事会は、全会一致によってのみ当該提案を修正することができる。

2　理事会が議決しない限り、委員会は、連合の法令の採択に至る手続の間、いつでも自己の提案を変更することができる。

第二九四条【通常の立法手続】〈＊二五一条〉1　法令の採択に関して、基本条約が通常の立法手続を規定している場合には、次の手続を適用する。

2　委員会は、欧州議会及び理事会に提案を提出する。

第一読会

3　欧州議会は、第一読会において自己の立場を採択し、それを理事会に伝える。

4　理事会が欧州議会の立場を承認した場合、当該法令は、欧州議会の立場に一致する文言で採択される。

5　理事会が欧州議会の立場を承認しない場合、理事会は第一読会において自己の立場を採択し、それを欧州議会に伝える。

6　理事会は、第一読会において自己の立場を採択するに至った理由を欧州議会に対し十分に伝える。委員会は欧州議会に対し、自己の立場を十分に伝える。

第二読会

7　通知後三箇月以内に、欧州議会が

(a)　理事会の第一読会における立場を承認するか又は決定を行わなかった場合には、当該法令は理事会の立場に一致する文言で採択されたものとみなされる。

(b)　全構成員の多数決により、理事会の第一読会における立場を否決する場合には、提案された法令は採択されなかったものとみなされる。

(c)　全構成員の多数決により、理事会の第一読会における立場に対する修正を提案する場合には、修正された条文は理事会及び委員会に送付され、委員会はこの修正について意見を述べる。

8　欧州議会の修正を受理してから三箇月以内に、理事会が、特定多数決で、

(a)　こうした修正のすべてを承認する場合には、当該法令は採択されたものとみなされる。

(b)　理事会がこうした修正のすべてを承認するのではない場合には、理事会の議長は欧州議会の議長と合意の上、六週間以内に調停委員会の会合を招集する。

9　理事会は、委員会が否定的見解を述べた修正について、全会一致で議決する。

調停

10　調停委員会は、理事会の構成員又はその代理及びそれと同数の欧州議会の代表によって構成され、第二読会における欧州議会及び理事会の立場を基礎として、招集から六週間以内に、理事会の構成員若しくはその代理の特定多数決及び欧州議会の代表の多数決で、共同の条文について合意に達することを任務とする。

11　委員会は、調停委員会の手続に参加し、欧州議会と理事会の立場を調和するために、あらゆる必要な発議を行う。

12　調停委員会が、その招集後六週間以内に共同の条文を承認しない場合には、提案された法令は、採択されなかったものとみなされる。

第三読会

13　調停委員会がその招集後六週間以内に、共同の条文を承認する場合には、その承認後六週間以内に、欧州議会は投票の絶対多数により、理事会は特定多数決により、当該法令を共同の条文に従って採択する。欧州議会及び理事会が採択できなかった場合には、提案された法令は採択されなかったものとみなされる。

14　この条に定める三箇月及び六週間という期間は、欧州議会又は理事会の発議によって、最大限それぞれ一箇月及び二週間の延長が認められる。

特別規定

15　基本条約に定める場合において、一定数の構成国の発議、欧州中央銀行による勧告又は司法裁判所の要求に基づいて、立法行為が通常の立法手続に付される場合には、2、6第二文及び9は適用しない。

これらの場合、欧州議会及び理事会は、第一読会並びに第二読会におけるそれぞれの立場とともに、提案された法令を委員会に伝える。欧州議会若しくは理事会は、この手続が行われている間に委員会の意見を求めることができ、委員会も自身の発議に基づいてその意見を提出することができる。委員会は、また、必要とみずからが判断した場合には、11に従って調停委員会に参加することができる。

第二九五条【機関間の合意】欧州議会、理事会及び委員会は相互に協議し、共通の合意に基づいて協力のための取極を行う。この目的のために、これらの機関は、基本条約に従って機関間の合意を締結することができる。このような合意は、拘束力を持つことができる。

第二九六条【規則等に対する理由添付】〈＊第二五三条〉基本条約が、採択されるべき法令の種類を明記していない場合には、諸機関は、適用される手続及び比例性の原則に従って、個別的に、法令の種類を選択する。

法的行為は、それらの根拠となる理由を明記し、かつ基本条約で求められているいずれの提案、発議、勧告、要請又は意見にも言及する。

欧州議会及び理事会は、立法行為の草案を審議する場合、当該分野における関連する立法手続に規定されていない法令の採択を行わない。

第二九七条【効力発生】〈＊二五四条〉1　通常の立法手続の下で採択された立法行為は、欧州議会の議長及び理事会の議長によって署名される。

特別の立法手続の下で採択された立法行為は、それらを採択した諸機関の議長によって署名される。

立法行為は欧州連合の官報に公表される。これらは、その定める日に、又は定めがない場合には公表後二〇日目に効力を生ずる。

2　規則、指令又はそれらが向けられた者を特定しない決定の形で採択された非立法行為は、それらを採択した諸機関の議長によって署名される。

すべての構成国に向けられる規則及び指令、並びにそれらが向けられた者を特定しない決定は、欧州連合の官報に公表される。これらは、その定める日に、又はその定めのない場合には公表後二〇日目に効力を生ずる。

3　その他の指令、及びそれらが向けられた者を特定している決定は、それが向けられた者に通知され、この通知によって効力を生ずる。

第二九八条【行政機関による援助】1　連合の機関、補助機関、部局及び外局は、その任務を遂行するにあたり、開かれた、効率的な、かつ独立した欧州の行政機関による支援を受ける。

2　欧州議会及び理事会は、第三三六条に基づいて採択される欧州連合の職員規程及び業務規程を遵守し、通常の立法手続に従って規則により、そのための規定を制定する。

第二九九条【強制執行】〈＊二五六条〉国以外の者に金銭上の義務を課す理事会、委員会又は欧州中央銀行の法令は、執行力を有する。

強制執行は、その領域内で執行が行われる国の現行の民事訴訟法の規定によって規律される。執行令状は、各構成国政府がこのために指定し、かつ委員会及び欧州連合司法裁判所に通知する国家機関により決定の真正性を確認すること以外の手続を要することなく、決定に付記される。

関係当事者の要請に基づきこれらの手続が完了した後、当事者は、権限のある機関に直接付託することにより、国内法に従って強制執行を求めることができる。

強制執行は、裁判所の決定によってのみ、停止することができる。ただし、強制執行が不正規な方法で行われているとの申立については、当該当事国の裁判所が管轄権を有する。

第三章　連合の諮問機関

第三〇〇条【諮問機関】1　欧州議会、理事会及び委員会は、諮問機能を行使する経済社会評議会及び地域評議会により補助される。

2　経済社会評議会は、使用者団体、被用者団体、特に社会経済、市民、職業、文化の分野において市民社会を代表するその他の団体の代表者によって構成される。

3　地域評議会は、地域的及び地方的機関の代表によって構成する。このような代表は、地域若しくは地方の当局の選挙により付与された権限を有するか、又は選挙で選ばれた議会に対して政治的責任を負うものとする。

4　経済社会評議会及び地域評議会の構成員は、いかなる強制的な指示にも拘束されない。いずれの機関の構成員も、連合の一般的利益のために、完全に独立してその職務を遂行する。

5　両評議会の構成の性格を規律する2及び3に定め

る規定は、連合内の経済的、社会的及び人口学的な発展を考慮するために、定期的に理事会によって再検討される。理事会は、その目的のために委員会の提案に基づいて決定を採択する。

第一節　経済社会評議会

第三〇一条【構成員の人数、任期等】〈＊二五八条〉経済社会評議会の構成員の数は、三五〇を超えないものとする。

理事会は、委員会の提案に基づき、全会一致で評議会の構成を定める決定を採択する。

理事会は、評議会の構成員の諸手当を定める。

第三〇二条【構成員の任命】〈＊二五九条〉１　評議会の構成員は、五年の任期で任命される。理事会は、各構成国による提案に従って作成された構成員名簿を採択する。評議会の構成員の任期は、更新することができる。

２　理事会は、委員会との協議の後に、議決する。理事会は、連合の活動に関係のある種々の経済社会部門及び市民社会を代表する欧州の諸機関の意見を徴することができる。

第三〇三条【議長、事務局の任命及び手続規則】〈＊二六〇条〉評議会は、その構成員の中から二年半の任期で、議長及び役員を選任する。

評議会は、その手続規則を作成する。

評議会は、欧州議会、理事会又は委員会の要請に基づき、議長によって招集される。評議会はまた、自己の発議に基づき開催される。

第三〇四条【任務】〈＊二六二条〉評議会は、基本条約が規定する場合は、欧州議会、理事会又は委員会から協議を受ける。評議会は、欧州議会、理事会及び委員会が適当と認めるすべての場合に、これらの機関から協議を受けることができる。評議会は、適当と認める場合には、自己の発議により意見を表明することができる。

欧州議会、理事会又は委員会は、必要と認めるときは、評議会の意見の提出に、評議会の議長がその通知を受けた日から一箇月より少なくない期限を付することができる。この期限が過ぎても意見が提出されないときは、その後の行動を妨げない。

評議会の意見は、議事録とともに、欧州議会、理事会及び委員会に送達される。

第二節　地域評議会

第三〇五条【構成員の割当と資格】〈＊二六三条第二、三及び四段〉地域評議会の構成員の数は、三五〇を超えないものとする。

理事会は、委員会の提案に基づいて、地域評議会の構成を定める決定を、全会一致により採択する。

地域評議会の構成員及びそれと同数の交替要員は、五年の任期で任命される。この任期は、更新することができる。理事会は、各構成国による提案に従って作成された構成員及び交替要員の名簿を採択する。その提案の基礎となる第三〇〇条３に定める信任期間が終了した場合には、地域評議会の構成員の任期は、自動的に終了し、その構成員は、同じ手続に従って、前記の任期の残っている者に交替される。地域評議会の構成員は、同時に欧州議会の構成員になることはできない。

第三〇六条【議長と役員、手続規則、招集】〈＊二六四条〉地域評議会は、その構成員の中から二年半の任期で、議長及び役員を選出する。

評議会は、その手続規則を採択する。

評議会は、欧州議会、理事会又は委員会の要請に基づき、議長によって招集される。評議会はまた、みずから発議して開催することができる。

第三〇七条【理事会及び委員会との関係】〈＊二六五条〉地域評議会は、基本条約に規定する場合及び欧州議会、理事会又は委員会のいずれか一が適当と認めるその他のすべての場合に、特に国境を越える協力に関する問題で、これらの機関から協議を受ける。

欧州議会、理事会又は委員会は、必要と認めるときは、評議会の意見の提出に、評議会の議長がその通知を受けた日から一箇月より少なくない期限を付することができる。この期限が過ぎても意見が提出されないことは、その後の行動を妨げない。

第三〇四条に従って経済社会評議会が協議を受ける場合には、地域評議会はこの意見の要請について欧州議会、理事会又は委員会による通知を受ける。地域評議会は、特定の地域の利益に関係すると考える場合には、その問題について意見を表明することができる。

地域評議会は、適当と認める場合には、自己の発議で意見を表明することができる。

評議会の意見は、議事録とともに欧州議会、理事会及び委員会に送達される。

第四章　欧州投資銀行

第三〇八条【設立】〈＊二六六条〉欧州投資銀行は、法人格を有する。

欧州投資銀行の構成員は、構成国とする。

欧州投資銀行定款は、基本条約の附属議定書に定める。理事会は、特別の立法手続に従って、欧州投資銀行の要請に基づき、かつ欧州議会及び委員会との協議の後、又は委員会の要請に基づき、かつ欧州議会及び欧州投資銀行との協議の後、欧州投資銀行定款を、全会一致で修正することができる。

第三〇九条【任務】〈＊二六七条〉欧州投資銀行は、資本市場に依拠し及び自己の資源を用いることにより、連合の利益のために、域内市場の均衡ある安定的発展に寄与することを任務とする。この目的のため、同銀行は非営利性を基礎に活動し、経済のあらゆる部門における次の計画に対する融資を容易にするため、貸付を行い保証を供与する。

(a)　低開発地域の開発に関する計画

(b) 域内市場の確立あるいは運営によって要求される事業の近代化若しくは転換のため、又は新たな活動をつくり出すための計画で、その規模又は性格のために個々の構成国の既存の融資方法では完全に支弁することができないもの

(c) 二以上の構成国の共通の利益になる計画で、その規模又は性格のために個々の構成国の既存の融資方法では完全に支弁することができないもの

その任務遂行に際し、同銀行は構造基金及び他の連合の金融機構からの援助とともに、投資計画に対する融資を容易にする。

第二編 財政規定

第三一〇条【予算】〈＊二六八条〉1 連合の収入及び支出は、各会計年度ごとに見積を作成し、これを予算に計上する。

連合の年度予算は、第三一四条に従い、欧州議会及び理事会によって編成する。

予算の収入及び支出は、均衡を保つ。

2 予算に計上された支出は、第三二二条に定める規則に従って、一会計年度の間認める。

3 予算に計上された支出の執行には、第三二二条に定める規則に従って、連合の行動及びその関連支出の執行に法的基礎を与える法的拘束力を有する連合の法令が事前に採択されることが必要である。ただし、当該法が別段の定めをおく場合はこの限りではない。

4 連合は、予算上の原則を維持するために、その法令から生じる支出が、連合の固有財産の限度内で執行可能であり、かつ第三一二条に定める多年次財政枠組を遵守するという保証がない限り、予算に相当の影響を与える可能性のある法令を採択してはならない。

5 予算は、健全な財政運営の原則に従って執行される。構成国は、予算額がこの原則に従って執行されることを確保するために、連合と協力する。

6 連合及び構成国は、第三二五条に従い、連合の財務上の利益を損なう詐欺行為及びその他のいかなる違法行為も阻止する。

第一章 連合の固有財産

第三一一条【連合の固有財源】〈＊二六九条〉連合は、その目的を達成し、かつその政策を遂行するために必要な措置をとる。

他の収入を害することなく、予算はすべて連合の固有財源で賄われる。

理事会は、特別の立法手続に従い、欧州議会との協議の後、連合の固有財源制度に関する規定を定める決定を全会一致により採択する。これに関連して、理事会は、連合の固有財源の新たな項目を作成し、又は既存の項目を廃止することができる。その決定は、各構成国における憲法上の要件に従って、構成国によって承認されるまで効力を生じない。

理事会は、特別の立法手続に従った規則により、第三段に基づいて採択される決定に定められる限りにおいて、連合の固有財源制度に関する実施措置を規定する。理事会は、欧州議会の同意を得た後に議決する。

第二章 多年次財政枠組

第三一二条【多年次財政枠組】1 多年次財政枠組は、連合の支出が、通常の方法でかつその固有財源の範囲内で発展するよう確保する。

多年次財政枠組は、少なくとも五年という期間で設定される。

連合の年間予算は多年次財政枠組に従う。

2 理事会は、特別の立法手続に従って、多年次財政枠組を定める規則を採択する。理事会は、その全議員の多数決によって与えられる欧州議会の同意を得た後、全会一致で議決する。

理事会は、第一段にいう規則を採択する場合、特定多数決で議決する権限を理事会に与える決定を全会一致で採択することができる。

3 財政枠組は、支出部門別に歳出権限に対する年間最高限度額及び歳出予算額に対する年間最高限度額の総額を決定する。支出部門は数を限定し、連合の主要な活動部門に対応するものとする。

財政枠組では年間予算手続を円滑に進めるうえで必要な、その他あらゆる規定を定める。

4 新たな財政枠組に関する理事会の規則が、先の財政枠組が終了するまでに採択されない場合には、こうした規則が採択されるまで、先の財政枠組の最終年と同じ最高限度額並びにその他の規定を引き続き適用する。

5 財政枠組の採択手続が行われている間、欧州議会、理事会及び委員会は、採択の促進に必要なあらゆる措置をとる。

第三章 連合の年度予算

第三一三条【会計年度】〈＊二七二条1〉会計年度は一月一日に始まり一二月三一日に終る。

第三一四条【予算決定手続】〈＊二七二条2から10〉欧州議会及び理事会は、特別の立法手続に従い、次の規定に基づいて連合の年度予算を編成する。

1 欧州中央銀行を除く連合の各機関は、七月一日までに翌会計年度の支出見積を作成する。委員会はこの見積を集成して、予算案を編成する。予算案には異なる見積を掲げることができる。

予算案は、収入の見積及び支出の見積を含むものとする。

2 委員会は、予算案を含む提案を、遅くとも執行年度の前年の九月一日までに欧州議会及び理事会に提出する。

委員会は、5に定める調停委員会が招集されるまでの手続が行われている間に、予算案を修正することができる。

3 理事会は、予算案に関するみずからの立場を採択

し、遅くとも執行年度の前年の一〇月一日までにこれを欧州議会に送付する。理事会は、その立場を採択するに至った理由について十分に欧州議会に通知する。

4　こうした通知から四二日以内に、欧州議会が、

(a)　理事会の立場を承認した場合、予算案は採択される。

(b)　決定を行わなかった場合、予算案は採択されたものと見なされる。

(c)　全構成員の過半数により修正案が採択された場合、修正された予算案が理事会及び委員会に送付される。欧州議会議長は、理事会議長の同意を得て、直ちに調停委員会の会合を招集する。ただし、修正案が送付された後一〇日以内に、理事会が欧州議会によるすべての修正案を承認した旨を欧州議会に通知した場合は、調停委員会は開催されない。

5　理事会の構成員又はその代理及びそれと同数の欧州議会の代表により構成される調停委員会は、招集から二一日以内に、欧州議会及び理事会の立場に基づいて、理事会の構成員又はその代理の特定多数決、並びに欧州議会の代表の多数決により、共同草案についての合意に至ることをその任務とする。

委員会は、調停委員会の手続に参加し、欧州議会及び理事会の立場を調停するために必要なすべての発議を行う。

6　5にいう二一日以内に調停委員会が共同草案に合意した場合、欧州議会及び理事会のそれぞれが、こうした合意の日から一四日以内に、当該共同草案を承認する。

7　6にいう一四日以内に、

(a)　欧州議会及び理事会の双方が、共同草案を承認するか又は決定を行わなかった場合、若しくはいずれかの機関が共同草案を承認したにも関わらず、他方の機関が決定を行わなかった場合には、予算は、共同草案に従って最終的に採択されたものと見なされる。

(b)　欧州議会が全構成員の過半数で共同草案を否決し、理事会も共同草案を承認しなかった場合、又はいずれかの機関が共同草案を承認しなかったにもかかわらず、他方の機関が決定を行わなかった場合には、新しい予算案が委員会によって提出される。

(c)　欧州議会が全構成員の過半数で共同草案を否決したにもかかわらず、理事会が共同草案を承認した場合、新しい予算案が委員会によって提出される。

(d)　欧州議会が共同草案を可決したにもかかわらず、理事会が共同草案を承認しなかった場合、欧州議会は、理事会による否決の日から一四日以内に、全構成員の過半数及び総投票数の五分の三によって、4項(c)に定める修正案のすべて又は一部の承認を決定することができる。欧州議会の修正案が承認されなかった場合、修正案の対象である予算項目に関して調停委員会で合意に達した立場は維持される。これに基づいて予算は最終的に採択されたものと見なされる。

8　5にいう二一日以内に調停委員会が共同草案に合意しなかった場合には、新しい予算案が委員会によって提出される。

9　この条に定められた手続が完了した場合、欧州議会議長は予算が最終的に採択されたことを宣言する。

10　各機関は、特に連合の固有財源及び支出と歳入の均衡を考慮して、基本条約及びその下で採択された法令に従って、この条に基づいて付与された権限を行使する。

第三一五条【予算の暫定支出】〈＊二七三条〉会計年度の初めに予算がまだ最終的に採択されていない場合には、第三二二条に定める規則の規定に従い、予算のいずれの項目についても、前会計年度の予算額の一二分の一を超えない額を、一箇月単位で支出することができる。ただし、この額は、予算案の同じ項目に割り当てられた額の一二分の一を超えないものとする。

理事会は、委員会の提案に基づき、第一段に規定する他の条件が遵守されることを条件として、第三二二条に定める規則に従い、予算額の一二分の一を超える支出を認めることができる。理事会は、その決定を直ちに欧州議会に送付する。

第二段にいう決定は、第三一一条にいう法令に従い、この条の適用を確保するための財源に関して必要な措置を定める。

この決定は、欧州議会が全構成員の過半数で、採択から三〇日以内にこの支出の削減を決定しなかった場合は、採択から三〇日を経た後に効力を生ずる。

第三一六条【予算の計上方法】〈＊二七一条〉人件費関係以外の予算額で、会計年度末までに使用されないものは、第三二二条によって規定される条件に従い、次の会計年度に限り繰越すことができる。

予算額は、その性質と用途に従って支出を分類した項目別に区分され、第三二二条に定める規則に従って、更に細目に分けられる。

欧州議会、欧州理事会及び理事会、委員会並びに欧州連合司法裁判所の支出は、一定の共通経費のための特別な取極を害することなく、それぞれ予算案に個別的に計上する。

第四章　予算の執行及び責任の解除

第三一七条【予算の執行】〈＊二七四条〉委員会は、健全な財政運営の原則を考慮しつつ、第三二二条に定める規則の規定に従い、その責任において、かつ予算額の範囲内で、構成国と協力して予算を執行する。構成国は、健全な財政運営の原則に従って予算が歳出されることを確保するために、委員会と協力する。

規則は、予算の執行及びその結果として生ずる責任について、構成国の管理及び監査義務を定める。またこの規則は、各機関の支出に影響を及ぼす部分について、当該機関の責任及び細目規則を定める。

委員会は、予算の範囲内で、第三二二条に定める規則で規定された制限及び条件に従い、各項目間又

は各細目間での予算額の振替を行うことができる。

第三一八条【会計簿と貸借対照表の提出】〈＊二七五条〉委員会は、毎年、欧州議会及び理事会に、予算の執行に関して前会計年度の財務諸表を提出する。委員会はまた、連合の資産と負債を記載した決算書を、欧州議会及び理事会に送付する。

委員会はまた、特に第三一九条に従い、欧州議会及び理事会から与えられた指示に関連して、達成された結果に基づいた連合の財政に関する評価報告書を欧州議会及び理事会に提出する。

第三一九条【委員会の予算執行責任の解除】〈＊二七六条〉1　欧州議会は、理事会の勧告に基づいて、予算執行に関する委員会の責任を解除する。この目的のために、理事会及び欧州議会は順次、第三一八条に定める財務諸表、決算書及び評価報告書、監査を受けた機関による、会計検査院の所見に対する答弁を付した会計検査院の年次報告書、第二八七条1の第二段にいう保証証明書、並びに会計検査院による関連の特別報告書を審査する。

2　委員会の責任を解除する前に、又は予算の執行に関する委員会の権限行使に関連する他の目的のために、欧州議会は、支出の執行又は財政管理制度の運用に関して、委員会に証言を求めることができる。委員会は、欧州議会の要求に応じて、必要ないかなる情報も提供する。

3　委員会は、支出の執行に関連する欧州議会の責任を解除する決定における所見及びその他の所見、並びに理事会が採択した責任解除に関する勧告に付されたコメントに基づいて議決するために、適当なすべての措置をとる。

欧州議会又は理事会の要求に基づき、委員会は、こうした意見及び所見に照らしてとられた措置、並びに特に予算の執行に責任を負う各部局に与えられた指示に関して報告を行う。この報告書は、会計検査院にも送付される。

第五章　共通規定

第三二〇条【ユーロ建てによる予算作成】〈＊二七七条〉多年次財政枠組及び年次予算は、ユーロ建で作成する。

第三二一条【通貨の交換】〈＊二七八条〉委員会は、当該構成国の権限のある当局に通知することを条件として、いずれかの構成国の通貨で自己が保有する資金を、基本条約の範囲内の目的に利用するために必要な限り、他のいずれかの構成国の通貨に交換することができる。委員会は、自己が必要とする通貨で現金又は流動資産を保有しているときは、できる限りこのような交換を行うことを避ける。

委員会は、各構成国が指定する当局を通じて、構成国と交渉する。財政運営を行うに当たっては、当該構成国の発券銀行又はその国の承認する他の金融機関を利用する。

第三二二条【財政上の規則及び措置】〈＊二七九条〉1　欧州議会及び理事会は、通常の立法手続に従い、かつ会計検査院との協議の後、規則により、次の事項を採択する。

(a)　特に予算の編成、執行及び会計簿の提出並びに監査に関する手続を定める財政上の規則。

(b)　財政管理官、特に支出命令官及び会計官の責任に関する監督を定める規則。

2　理事会は、委員会の提案に基づき、かつ欧州議会と会計検査院との協議の後、連合の固有財源に関する取極に基づいて提供される歳入を委員会が利用できるようにする方法及び手続を決定し、必要ならば、現金需要を満たすために適用されるべき措置を決定する。

第三二三条【財政上の措置の利用】欧州議会、理事会及び委員会は、連合が第三者との関係でその法的義務を遂行できるようにするために、財政上の措置の利用を確保する。

第三二四条【定例会議】委員会の発議に基づき、この編にいう予算手続に従って、欧州議会議長、理事会議長及び委員会委員長による定例会議が招集される。欧州議会議長、理事会議長及び委員会委員長は、この編の実施を容易にするために、協議及びみずからが統括する機関の立場の調整を促進するうえで必要なすべての措置をとる。

第六章　詐欺行為への対処

第三二五条【詐欺行為に対する措置】〈＊二八〇条〉1　連合及び構成国は、連合の財務上の利益に影響する詐欺行為及びその他のすべての違法行為に対して、この条に従って採る措置を通じて対処するものとし、それらは抑止力として働き、並びに、構成国及びすべての連合の機関、補助機関、部局並びに外局において効果的な保護を提供する。

2　構成国は、財務上の利益に影響する詐欺行為に対処するために、自国の財務上の利益に影響する詐欺行為に対処するために採る措置と同様の措置をとる。

3　基本条約の他の規定を害することなく、構成国は、連合の財務上の利益を詐欺行為から保護するための措置を調整する。このため構成国は、委員会とともに権限のある当局間で緊密かつ定期的な協力関係を組織する。

4　欧州議会及び理事会は、構成国及び連合の機関、補助機関、部局並びに外局のすべてにおいて、効果的かつ同じ水準の保護を提供するために、通常の立法手続に従い、会計検査院との協議の後に、連合の財務上の利益に影響する詐欺行為の予防及び取締りの分野において必要とされる措置を採択する。

5　委員会は、構成国と協力して、この条の実施のためにとった措置に関する報告を、毎年欧州議会及び理事会に対して行う。

第三編　より強化された協力

第三二六条【構成国間の強化された協力】〈＊旧連合条約二七a条から二七e条、四〇条から四〇b条及び四三条から四五条並びにEC条約一一条及び一一a条〉より強化された協力はすべて、基本条約及び連合法に従う。

こうした協力は、域内市場又は経済的、社会的及び領域的結合を害さない。強化された協力は、構成国間の貿易に障壁若しくは差別を設けるものであってはならず、かつ構成国間の競争を歪めるものであってはならない。

第三二七条【非参加国の権利の尊重】〈＊旧連合条約二七a条から二七e条、四〇条から四〇b条及び四三条から四五条並びにEC条約一一条及び一一a条〉より強化された協力はすべて、こうした協力に参加しない構成国の権限、権利及び義務を尊重する。これらの構成国は、協力に参加する構成国によるより強化された協力の実施を妨げてはならない。

第三二八条【参加条件の遵守】〈＊旧連合条約二七a条から二七e条、四〇条から四〇b条及び四三条から四五条並びにEC条約一一条及び一一a条〉1　より強化された協力が確立される時において、その協力は、それを許可する決定が定めるすべての参加条件を遵守することを条件として、すべての構成国に開放する。より強化された協力はまた、こうした条件に加えて、その枠組みの中で既に採択された法令の遵守を条件として、他のいずれの時にも、すべての構成国に開放する。

委員会及びより強化された協力に参加する構成国は、できる限り多くの構成国がこれに参加することを確保する。

2　委員会、及び必要な場合には連合外務安全保障政策上級代表は、より強化された協力の発展に関して、欧州議会及び理事会に定期的に情報提供を行う。

第三二九条【共通外交安全保障政策との一致】〈＊旧連合条約二七a条から二七e条、四〇条から四〇b条及び四三条から四五条並びにEC条約一一条及び一一a条〉1　基本条約の対象となる分野のいずれかにおいて、構成国間でより強化された協力を確立しようとする構成国は、排他的権限及び共通外交安全保障政策の分野を除き、提案されるより強化された協力の範囲並びに目的を明記のうえ、委員会に要請を提出する。委員会は、理事会に対してその旨の提案を行うことができる。提案を行わない場合、委員会は、その理由を関係構成国に通知する。

第一段にいうより強化された協力を開始するための許可は、委員会の提案に基づき、欧州議会の同意を得た後に、理事会が付与する。

2　共通外交安全保障政策の枠組みの中でより強化された協力を構成国間で確立しようとする構成国の要請は、理事会に提出される。この要請は連合外務安全保障政策上級代表及び委員会に通知されるものとし、連合外務安全保障政策上級代表は、提案されたより強化された協力が連合の共通外交安全保障政策と一致するか否かについて意見を表明する。この要請はまた委員会に通知されるものとし、委員会は、提案されたより強化された協力が連合の他の政策と一致するか否かについて見解を表明する。この要請はまた、情報として欧州議会にも通知する。

より強化された協力を開始するための許可は、全会一致による理事会の決定によって付与する。

第三三〇条【投票参加国】〈＊旧連合条約二七a条から二七e条、四〇条から四〇b条及び四三条から四五条並びにEC条約一一条及び一一a条〉理事会のすべての構成員は審議に参加することができるが、投票に参加できるのは、より強化された協力に参加する構成国を代表する理事会の構成員のみとする。

全会一致は参加する構成国の代表者のみの投票によって構成する。

特定多数決は第二三八条3に従って定める。

第三三一条【強化された協力への参加条件】〈＊旧連合条約二七a条から二七e条、四〇条から四〇b条及び四三条から四五条並びにEC条約一一条及び一一a条〉1　第三二九条1に定める分野のいずれかで進行中のより強化された協力への参加を希望するいずれの構成国も、理事会及び委員会にその意図を通知する。

委員会は、その通知の受理後四箇月以内に、当該構成国の参加を承認する。委員会は、必要な場合には、参加条件が満たされていることを確認し、かつより強化された協力の枠組みにおいてすでに採択されている法令の適用に必要なすべての移行措置を採択する。

ただし、参加条件が満たされていないとみなした場合、委員会は、それらの条件を満たすために採択されるべき取極を指示し、参加要請を再検討するための期限を設定する。委員会は、その期限が満了した時点で、第二段に定める手続に従って、要請の再検討を行う。参加条件が依然として満たされていないと委員会がみなした場合には、当該構成国は問題を理事会に付託することができ、理事会はその要請について決定する。理事会は第三三〇条に従って議決する。理事会はまた、委員会からの提案に基づき、第二段に定める移行措置を採択することができる。

2　共通外交安全保障政策の枠組みの中で進行中のより強化された協力に参加を希望するいずれの構成国も、理事会、連合外務安全保障政策上級代表及び委員会にその意図を通知する。

理事会は、連合外務安全保障政策上級代表との協議の後、及び必要な場合には参加条件が満たされていることを確認した後、当該構成国の参加を承認する。理事会はまた、上級代表からの提案に基づき、より強化された協力の枠組みの中ですでに採択された法令の適用に必要なあらゆる移行措置を採択することができる。ただし、参加条件が満たされていないとみなした場合、理事会は、それらの条件を満たすために採択されるべき取極を指示し、参加要請を再検討するための期限を設定する。

この項の適用上、理事会は第三三〇条に従って、かつ全会一致で議決する。

第三三二条【支出の負担】〈*旧連合条約二七a条から二七e条、四〇条から四〇b条及び四三条から四五条並びにEC条約一一条及び一一a条〉理事会のすべての構成員が、欧州議会との協議の後に、全会一致で別段の決定を行う場合を除き、より強化された協力の実施から生じる支出は、諸機関のために課される行政的経費を除き、参加する構成国が負担する。

第三三三条【適用しうる基本条約規定】〈*連合条約二七a条から二七e条、四〇条から四〇b条及び四三条から四五条及び一一条並びに一一a条〉1　より強化された協力に関して適用することのできる基本条約の規定が、理事会は全会一致で議決すると定めている場合には、理事会は、理事会が特定多数決によって議決すると明記した決定を、第三三〇条に定める方法に従い全会一致で採択することができる。

2　より強化された協力に関して適用しうる基本条約の規定が、理事会は特別の立法手続に従って法令を採択すると定めている場合には、理事会は、理事会が通常の立法手続に従って議決すると明記した決定を、第三三〇条に定める方法に従い全会一致で採択することができる。理事会は、欧州議会との協議の後、議決する。

3　1及び2は、軍事的又は防衛的な意味を有する決定に適用しない。

第三三四条【活動の一貫性】〈*旧連合条約二七a条から二七e条、四〇条から四〇b条及び四三条から四五条並びにEC条約一一条及び一一a条〉理事会及び委員会は、より強化された協力に関して行われる活動の一貫性並びに連合の政策とこうした活動との一貫性を確保し、この目的のために協力する。

第七部　一般規定及び最終規定

第三三五条【法律上の能力】〈*二八二条〉連合は、各構成国内において、その国の法律により法人に与えられる最も広範な法律上の能力を有する。特に、動産及び不動産を取得し又は処分することができ、また訴訟の当事者となることができる。この目的のため、連合は、委員会によって代表される。ただし、各機関の活動に関しては、その運営上の自律性に鑑みて、連合は、当該機関によって代表される。

第三三六条【職員規程及び業務規程】〈*二八三条〉欧州議会及び理事会は、委員会の提案に基づき、他の関係機関と協議した後、通常の立法手続に従い規則により、欧州連合の職員規程及び連合の使用人に適用される業務規程を定める。

第三三七条【情報収集】〈*二八四条〉委員会は、基本条約の規定に従い単純多数決で理事会が定める範囲及び条件に基づき、すべての情報を収集し、かつ委員会に委ねられた任務の遂行に必要な一切の確認を行うことができる。

第三三八条【統計の作成方法】〈*二八五条〉1　欧州中央銀行制度及び欧州中央銀行定款に関する議定書第五条を害することなく、欧州議会及び理事会は、通常の立法手続に従い、連合の活動の遂行に必要な場合には、統計の作成方法を採択する。

2　連合の統計情報の作成は、公平性、信頼性、客観性、科学的独立性、費用対効果及び統計上の機密性に従って行われるものとし、事業者に過剰な負担をかけるものであってはならない。

第三三九条【秘密保持義務】〈*二八七条〉連合の機関の構成員、評議会の構成員、並びに連合の職員及び使用人は、その職務の終了後も、その性質上職業上の秘密に属する情報、特に企業に関する情報、企業の商業関係又は原価計算上の要素に関する情報を、開示しないことを要求される。

第三四〇条【連合の損害賠償責任】〈*二八八条〉連合の契約上の責任は、当該契約に適用される法律によって規律される。

契約上のものでない責任については、連合は、構成国の法律に共通の一般原則に従って、連合の機関又は使用人がその任務の遂行に際して与えたいずれの損害をも補償する。

前段の規定にかかわらず、欧州中央銀行は、構成国の法律に共通の一般原則に従って、欧州中央銀行又はその使用人がその任務の遂行に際して与えたいずれの損害をも補償する。

使用人の連合に対する個人的な責任は、職員規程又は使用人に適用される業務規程に定める規定により規律される

第三四一条【機関の所在地】〈*二八九条〉連合の機関の所在地は、構成国政府間の共通の合意により決定する。

第三四二条【用語】〈*二九〇条〉連合の機関の用語に関する規定は、欧州連合司法裁判所規程に含まれる規定を害することなく、規則により理事会が全会一致で決定する。

第三四三条【特権及び免除】〈*二九一条〉連合は、構成国の領域において、欧州連合の特権免除に関する一九六五年四月八日の議定書に定める条件に従い、その職務の遂行に必要な特権及び免除を享受する。欧州中央銀行及び欧州投資銀行についても同様とする。

第三四四条【基本条約の解釈又は適用に関する紛争】〈*二九二条〉構成国は、基本条約の解釈又は適用に関する紛争を、当該条約に定める以外の解決方法に訴えないことを約束する。

第三四五条【所有権制度との関連】〈*二九五条〉基本条約は、構成国における財産所有権の制度を規律する規定を決して害してはならない。

第三四六条【安全保障上の利益】〈*二九六条〉1　基本条約の規定は、次の規則の適用を妨げるものではない。

(a)　いかなる構成国も、その公表が自国の安全保障上の重大な利益に反すると認める情報を提供する義務を負うものではない。

(b)　すべての構成国は、武器、弾薬及び軍事資材の生産又は取引に関する措置で、自国の安全保障上の

重大な利益を保護するために必要と認める措置をとることができる。これらの措置は、特別に軍事目的に向けられるものでない産品について、域内市場における競争の条件に悪影響を及ぼしてはならない。

2　理事会は、委員会の提案に基づき、一九五八年四月一五日に作成された1(b)の規定が適用される産品の一覧表を、全会一致で修正することができる。

第三四七条【騒擾、戦争等の際の相互協議】〈＊二九七条〉構成国は、法と秩序の維持に影響を及ぼす重大な国内騒擾に際し、戦争若しくは戦争の脅威を構成する重大な国際的緊張に際し、又は平和及び国際の安全を維持する目的のために負っている義務を履行するために、いずれかの構成国が要請されることのある措置によって、域内市場の運営が影響を受けることを防ぐために必要な措置を共同でとる目的で、相互に協議する。

第三四八条【例外規定の濫用の防止】〈＊二九八条〉第三四六条及び第三四七条に定める場合にとられる措置が実際に域内市場の競争条件を歪める効果をもつときは、委員会は、関係構成国とともに、これらの措置を基本条約に定める規定に適応させることができる条件について検討する。

　第二五八条及び第二五九条に定める手続にかかわらず、委員会又はすべての構成国は、他の構成国が第三四六条及び第三四七条に定める権限を不適切に行使していると認めるときは、司法裁判所に直接提訴することができる。司法裁判所は、非公開で決定を下す。

第三四九条【特別措置】〈＊二九九条2第二段、第三段及び第四段〉グアデループ島、フランス領ギアナ、マルティニーク島、レユニオン島、サン・バルテルミー島、アゾレス諸島、マディラ及びカナリア諸島の社会構造上及び経済構造上の状態、すなわち、これら諸島が遠隔地であること、島嶼国であること、小規模であること、険しい地形と厳しい気候であること、わずかな産品に経済的に依存していること、これらの永続性と結合がそれらの地域の発展を厳しく阻んでいることを考慮して、理事会は、委員会の提案に基づき、かつ欧州議会との協議の後、特にそれらの地域に対し、共通政策を含む基本条約の適用条件を設けることを目的とした特別措置を採択する。当該特別措置が、特別の立法手続に従って理事会によって採択される場合にも、理事会は、委員会の提案に基づき、欧州議会との協議の後、議決する。

　第一段にいう措置は、関税及び貿易政策、財政政策、自由貿易地帯、農業及び漁業政策、原材料及び生活必需品の供給条件、国家援助並びに構造基金及び連合の水平的計画への参入条件などの分野に特に関係する。

　理事会は、域内市場及び共通政策を含む、連合の法秩序の一体性及び一貫性を損なうことなく、最も遠隔にある地域の特殊な性格及び制約を考慮しながら、第一段にいう措置を採択する。

第三五〇条【ベネルックス経済同盟との関係】〈＊三〇六条〉基本条約の規定は、ベルギーとルクセンブルグとの間の、並びにベルギー、ルクセンブルグ及びオランダの間の地域的同盟の存在又は完成を、これらの地域的同盟の目的が基本条約の適用によって達成されない限度で、排除するものではない。

第三五一条【条約発効前の国際条約との関係】〈＊三〇七条〉一九五八年一月一日以前に、又は新たに加盟した構成国の場合には、加盟日以前に、一方において一又は二以上の構成国と、他方において一又は二以上の第三国との間に締結された条約から生ずる権利及び義務は、基本条約の規定により影響されない。

　右の条約が基本条約と矛盾する限り、当該構成国は、存在すると認められた矛盾を除去するため適当なすべての措置をとる。構成国は、必要な場合には、この目的の達成のため相互に援助を与え、適当な場合には、共通の態度をとる。

　この条の第一段に掲げる諸条約の適用に当たって、構成国は、基本条約に基づいて各構成国が許与する利益は連合設立の一つの構成部分を成しており、従ってそれは共通諸機関の創設、これらの機関への権限の付与及び他のすべての構成国による同一の利益の許与と不可分に結びついている事実を、考慮する。

第三五二条【条約に定めのない場合の連合の措置】〈＊三〇八条〉1　基本条約で定められた政策の枠内において、当該条約で定める目的のいずれかを達成するために連合の活動が必要であると判明し、かつ当該条約が必要な権限を定めていない場合には、理事会は、委員会の提案に基づき、かつ欧州議会の同意を得た後、全会一致により適当な措置をとる。当該措置が特別の立法手続に従って理事会によって採択される場合にも、理事会は、委員会の提案に基づき、かつ欧州議会の同意を得た後、全会一致により議決する。

2　欧州連合に関する条約第五条3に定める補完性の原則を監視する手続を用いて、委員会は、この条に基づく提案に対する国内議会の注意を喚起する。

3　この条に基づく措置は、基本条約が構成国の法律又は規則の調和を排除する場合には、こうした調和を伴わない。

4　この条は、共通外交安全保障政策に関連する目的を達成するための根拠として援用することができず、またこの条に基づいて採択されたあらゆる法令は、欧州連合に関する条約第四〇条第二段に定める制約を尊重する。

第三五三条【適用の制限】欧州連合に関する条約第四八条7は、次の条文には適用しない。

―第三一一条三段及び四段
―第三一二条2一段
―第三五二条、及び
―第三五四条

第三五四条【権利の停止】〈＊三〇九条〉連合の構成国の地位から生ずる一定の権利の停止に関する欧州連合に関する条約第七条の適用上、当該構成国を代表する欧州理事会又は理事会の構成員は投票に参加することができず、かつ当該構成国は、同条1及び2にいう構成国の三分の一又は五分の四の計算に含めない。出席した構成員又は代理の者の棄権は、同条2に定める決定の採択を妨げない。

欧州連合に関する条約七条3及び4に定める決定の採択に関し、特定多数決は、この条約の第二三八条3(b)に従って定める。

理事会が、欧州連合に関する条約七条3に従って採択された投票権を停止する決定の後、基本条約の規定に基づき特定多数決によって議決する場合には、かかる特定多数決は、この条約の第二三八条3(b)に従って定め、又は、理事会が、委員会若しくは連合外務安全保障政策上級代表の提案に基づいて議決を行う場合には、第二三八条3(a)に従って定める。

欧州連合に関する条約第七条の適用上、欧州議会は、投票数の三分の二の多数であってかつ総議員の過半数に相当するものによって議決する。

第三五五条【条約の適用範囲】〈＊二九九条2第一段及び二九九条3から6〉基本条約の地域的範囲に関する欧州連合に関する条約第五二条の規定に加えて、次の規定を適用する。

1 基本条約の規定は、第三四九条に従って、グアデループ島、フランス領ギアナ、マルティニーク島、レユニオン島、サン・バルテルミー島、アゾレス諸島、マディラ及びカナリア諸島に適用する。

2 第四部に定める連合に関する特別取極は、附属書IIに掲げる表の海外の国及び領域に適用する。

基本条約は、グレート・ブリテン及び北部アイルランド連合王国と特別な関係をもつ海外の国及び領域で、前記の表に含まれないものには適用しない。

3 基本条約の規定は、その対外関係に関して構成国が責任を負う欧州の地域に適用する。

4 基本条約の規定は、オーストリア共和国、フィンランド共和国及びスウェーデン王国の加盟条件に関する規約に対する第二議定書に定める規定に従って、オーランド諸島に適用する。

5 欧州連合に関する条約第五二条及びこの条の1から4にかかわらず、

(a) 基本条約は、フェロー諸島には適用しない。

(b) 基本条約は、キプロスのアクロチリ及びデケリアにおけるグレート・ブリテン及び北部アイルランド連合王国の主権基地地区には適用しない。ただし、チェコ共和国、エストニア共和国、キプロス共和国、ラトビア共和国、リトアニア共和国、ハンガリー共和国、マルタ共和国、ポーランド共和国、スロベニア共和国及びスロバキア共和国の欧州連合への加盟条件に関する議定書に附属するグレート・ブリテン及び北部アイルランド連合王国の主権基地地区に関する議定書に定める取極の実施を確保するために必要な場合には、この限りではない。

(c) 基本条約の規定は、チャンネル諸島及びマン島に適用されるが、その範囲は、一九七二年一月二二日に調印された新構成国の欧州経済共同体及び欧州原子力共同体への加盟に関する条約に定めるこれらの諸島についての取極の実施を確保するために必要な限度に限る。

6 欧州理事会は、関係構成国の発議に基づき、1及び2にいう、連合に関するデンマーク、フランス及びオランダの国又は地域の地位を修正する決定を採択することができる。欧州理事会は、委員会と協議した後、全会一致で議決する。

第三五六条【条約の期限】〈＊三一二条〉この条約は、無期限とする。

第三五七条【批准と効力発生】〈＊三一三条〉この条約は、締約国によりそれぞれの憲法上の規定に従って批准されるものとする。批准書はイタリア共和国政府に寄託される。

この条約は、前記の手続を最後に行う署名国が批准書を寄託した月の翌月の最初の日に効力を生ずる。但し、この寄託が翌月の最初の日の一五日前までに行われなかった場合には、この条約の効力発生の日は、その寄託の日から二箇月目の月の最初の日に繰下げられる。

第三五八条【正文に関する規定の適用】欧州連合に関する条約第五五条は、この条約に適用する。

1 14 米州機構憲章(抜粋)

採 択 一九四八年四月三〇日
効力発生 一九五一年一二月一三日
改 正 第一回(一九六七年二月二七日署名)、第二回(一九八五年一二月五日承認)、第三回(一九九二年一二月一四日承認)、第四回(一九九三年六月一〇日採択)

第一部

第一章 性質及び目的

第一条 米州諸国は、平和及び正義の秩序を達成し、これらの諸国の連帯を促進し、その協力を強化し且つその主権、領土保全及び独立を守るために発展させてきた国際組織化(international organization)をこの憲章によって確立する。国際連合において、米州機構は地域的機関である。

米州機構は、この憲章によって明示的に付与された権限以外の権限を一切有さない。この憲章のいかなる規定も、加盟国の国内管轄権内にある事項に干渉する権限を機構に与えるものではない。

第二条 米州機構は、機構の基礎となっている原則を実行し且つ国際連合憲章上の地域的責務を果たすため、次の本質的目的を宣言する。

(a) 米州大陸の平和及び安全を強化すること。

(b) 不干渉原則を十分に尊重しつつ、代議制民主主義を促進し且つ強化すること。

(c) 対立の要因を防止し、且つ加盟国間に生ずることのある紛争の平和的解決を確保すること。

(d) 侵略が生じた際に、加盟国における共同行動を実施すること。

(e) 加盟国間に生ずることのある政治的、法律的及び経済的問題の解決に努めること。

(f) 協力的行動によって、加盟国の経済的、社会的及び文化的発展を促進すること。

(g) 西半球の人民の十分な民主的発展を阻害する極端な貧困を撲滅すること、ならびに

(h) 最大限の資源を加盟国の経済的及び社会的発展に充てることができるよう、通常兵器の効果的制限を達成すること。

第二章　原則

第三条　米州諸国は、次の原則を再確認する。

(a) 国際法は、米州諸国の相互関係における国の行動の基準である。

(b) 本質的に、国際的秩序は、国の人格、主権及び独立の尊重並びに条約及びその他の国際法の法源から生ずる義務の誠実な履行から成り立つ。

(c) 信義誠実が国家間関係を統括する。

(d) 米州諸国の連帯及びそれによって追求される崇高な目的は、これらの諸国による代議制民主主義の実効的な実施に基づく米州諸国の政治的組織化を必要とする。

(e) すべての国は、外部からの干渉を受けずに、その政治的、経済的及び社会的制度を選択し且つ最もふさわしい方法で自己を組織する権利を有し、また他国の事項に干渉することを慎む義務を有する。上記の点を条件として、米州諸国は、その政治的、経済的及び社会的制度の性質に関係なく、相互間で十分に協力しなければならない。

(f) 極端な貧困を除去することは、代議制民主主義の促進及び強化に不可欠な部分であり、米州諸国にとって共通かつ共有の責任である。

(g) 米州諸国は、侵略戦争を非難する。勝利は権利を与えるものではない。

(h) 米州の一国に対する侵略行為は、他のすべての米州諸国に対する侵略行為である。

(i) 二以上の米州諸国の間に生じる国際的性質を有する見解対立は、平和的手続によって解決しなければならない。

(j) 社会的正義及び社会的安全は、永続的平和の基礎である。

(k) 経済的協力は、米州大陸の人民の共同の福祉及び繁栄にとって不可欠である。

(l) 米州諸国は、人権、国籍、信条又は性に関する差別のない個人の基本的権利を宣言する。

(m) 米州大陸の精神的結合は、米州諸国の文化的価値の尊重に基づくものであり、文明の崇高な目的のために米州諸国が緊密に協力することを必要とする。

(n) 人民の教育は、正義、自由及び平和を指向すべきである。

第九条　この機構の加盟国で、民主的に成立した政府が武力によって転覆させられた場合、その国は、総会、協議会、この機構の理事会及び特別会議の会期ならびに委員会、作業部会、その他の機関に参加する権利の行使を停止させられる場合がある。

第四章　国家の基本的権利及び義務

第一〇条　国家は法的に平等であって、平等な権利及びそれを行使する平等な能力を享有し、且つ平等な義務を負う。各国の権利は、権利行使を確保するその国の力ではなく、その国が国際法の下で一人格として存在するという事実のみに依存する。

第一一条　すべての米州諸国は、他のすべての国が国際法に従って享有する権利を尊重する義務を有する。

第一二条　国家の基本的権利は、いかなる方法によっても侵すことはできない。

第一三条　国家の政治的存在は、他の国による承認には依存しない。承認される前であっても、国家はその一体性及び独立を守り、その存続及び繁栄を図り、それによって自らふさわしいと考えるように自己を組織し、その利害について立法し、その行政を運営し、且つ、その裁判所の管轄及び権限を定める権利を有する。これらの権利の行使は、国際法に従った他国の権利行使によってのみ制約される。

第一四条　承認は、承認を与える国が新国家の人格を、これら両国について国際法が規律するすべての権利及び義務とともに受け入れることを意味する。

第一五条　各国が自己を防衛し、自己の生活を営む権利は、他の国に対して不正な行為をなすことをその国に許すものではない。

第一六条　自国の国家領域内において、国家の管轄権は、自国民であるか他国民であるかを問わずすべての住民に対して平等に行使される。

第一七条　各国は、その文化的、政治的及び経済的生活を自由に且つ自然に発展させる権利を有する。この自由な発展において、国家は個人の権利及び普遍的な道徳原則を尊重しなければならない。

第一八条　条約の尊重及び誠実な遵守は、国家間の平和的関係の発展のための準則である。国際条約及び協定は公開されるべきである。

第一九条　いずれの国又は国の集団も、直接的か間接的かを問わず、理由のいかんも問わず、他の国の対内又は対外の事項に干渉する権利を有さない。当該原則は、武力のみでなく、国の人格又はその政治的、経済的及び文化的構成要素に対する他のいかなる形態による干渉又は威嚇の試みも禁止するものである。

第二〇条　いずれの国も、他の国の主権的意思を強制し、それによって何らかの利益を得るため、経済的又は政治的性質を有する強制手段を用い又は用いることを奨励してはならない。

第二一条　国家の領土は不可侵である。国家の領土は、一時的であっても、直接的か間接的かを問わず、いかなる根拠があっても、他の国の軍事占領又はその他の武力措置の対象にできない。武力又はその他の強制手段のいずれかによって得られたいかなる領域取得又は特殊利益も承認してはならない。

第二二条　米州諸国は、その国際関係において、現行諸条約に従い又はその履行として行う自衛の場合を除き、武力行使に訴えないことを約束する。

第二三条　現行諸条約に従って平和及び安全の維持のためとられる措置は、第一九条及び第二一条に掲げる原則の違反とはならない。

第五章　紛争の平和的解決

第二四条　加盟国間の国際紛争は、この憲章に掲げる平和的手続に付されなければならない。

この規定は、国際連合憲章第三四条及び第三五条に基づく加盟国の権利及び義務を害するものと解されてはならない。

第二五条　平和的手続は、直接交渉、周旋、仲介、審査及び調停、司法的解決、仲裁裁判並びに紛争当事国がいつでも特別に合意するものである。

第二六条　二以上の米州諸国の間に、そのうちの一国が通例の外交経路では解決できないと考える紛争が生じた場合には、当事国は、解決達成を可能にする他の何らかの平和的手続につき合意しなければならない。

第二七条　米州諸国の間の紛争が妥当な期間内に最終的解決に達しないことのないように、特別の条約によって紛争解決の適切な手段を定め、且つ、それぞれの平和的手段のための関連手続を定める。

第六章　集団安全保障

第二八条　米州の一国の領土保全もしくは領土の不可侵又はその主権もしくは政治的独立に対する一国によるあらゆる侵略行為は、他のすべての米州諸国に対する侵略行為とみなされる。

第二九条　米州のいずれかの国の領土の不可侵もしくは保全又はその主権もしくは政治的独立が、武力攻撃もしくは武力攻撃でない侵略行為、又は米州大陸外の抗争、二以上の米州諸国間の抗争又は米州の平和を危くする虞のある他の事実もしくは事態によって影響を受ける場合には、米州諸国は、米州大陸の連帯又は集団的自衛の原則に基づき、この問題に関する特別条約において定められる措置及び手続を適用しなければならない。

第七章　統合的発展

第三〇条　加盟国は、米州内の連帯及び協力の原則に立脚し、平和及び安全のための不可欠の条件として、相互の関係における国際的社会正義及び自国の人民のための統合的発展を確保するため努力を結集することを誓約する。統合的発展は、経済、社会、教育、文化、科学及び技術の分野を対象とするものであり、これらの分野を通して、各国が統合的発展を実現するために設定する目標が達成されるべきである。

第三部

第一九章　国際連合

第一三一条　この憲章のいかなる規定も、加盟国の国際連合憲章に基づく権利及び義務を損なうように解釈してはならない。

15　ASEAN設立宣言（バンコク宣言）

採択　一九六七年八月八日（バンコク）

インドネシア政務大臣兼外務大臣、マレーシア副首相、フィリピン外務長官、シンガポール外務大臣及びタイ外務大臣は、

東南アジア諸国間にある相互利益と共通の問題の存在に留意し、既存の地域的連帯と協力をさらに強化する必要性を確信し、

平等とパートナーシップの精神によって東南アジアにおける地域的協力を促進する共同行動のための確固たる基盤を確立し、それにより地域の平和、発展及び繁栄に寄与することを希望し、

相互依存の高まりつつある世界において、平和、自由、社会正義及び経済的安寧という理想の育成は、歴史と文化の絆によって既に結びついている域内諸国間の良き相互理解、善隣関係及び有意義な協力の促進によって最も良く達成されることを認識し、

東南アジア諸国は、地域の経済的及び社会的安定の強化と諸国家の平和的及び漸進的発展に主要な責任を共有し、いかなる形態又は言明であれ外部からの干渉に対しては、諸国民の理想と熱望に従い、その国家的同一性を保持するためにその安定と安全を確保することを決意していることを考慮し、

すべての外国基地は暫定的なものであり、関係諸国の明示の同意によってのみ残存し、域内の諸国の国家の独立と自由を直接又は間接に転覆させ、あるいは諸国の秩序ある発展を阻害する目的で用いられるべきでないことを確認し、

ここに宣言する。

一　東南アジア諸国連合（ＡＳＥＡＮ）という、東南アジア諸国間の地域的協力機関を設立する。

二　本連合の目的は次のとおりである。
1　東南アジア諸国の平和と繁栄の基礎を強化するため、平和とパートナーシップの精神によって共同の努力を通じて、地域の経済成長、社会的進歩及び文化的発展を推進する。
2　域内諸国間の関係において正義と法の支配の尊重を遵守し、国際連合憲章の諸原則を堅持し、域内の平和と安定を促進する。
3　経済、社会、文化、技術、科学及び行政の各分野において利害の共通する諸問題について積極的な協働及び相互援助を促進する。
4　教育、専門職、技術及び行政の各分野における訓練研究施設という方式で相互に援助を与える。
5　農業及び工業の一層の活用、国際商品貿易の問題の研究を含む貿易の拡大、運輸通信施設の改善、国民の生活水準の向上のため、より効果的な協力を行う。
6　東南アジア研究を促進する。
7　類似の目的を有する既存の国際機関及び地域的機関と緊密かつ有益な協力を維持し、これらの機関間のより緊密な協力のための方策を探求する。
三　これらの目的を遂行するために、以下の諸機関を設置する。
(a)　年次外相会議。輪番制によって開催され、ASEAN閣僚会議と称する。必要に応じ、特別外相会議を招集することができる。
(b)　常任委員会。主催国の外務大臣又はその代理を議長としての任務に基づき、他の加盟国大使をその委員として、次期年次外相会議までの期間、本連合の業務を遂行する。
(c)　特定の主題に関する専門家及び当局者による臨時委員会及び常設委員会。
(d)　国内事務局。各加盟国において当該加盟国を代表して本連合の業務を遂行し、年次外相会議又は特別外相会議、常任委員会、その他今後設置されるであろう諸委員会に便益を与える。
四　本連合は前記の諸目的及び原則に同意する東南アジア地域のすべての諸国の加入に開放されている。
五　本連合は友好と協力のため連合しようとする東南アジア諸国の集団的意思を代表し、共同の努力と犠牲によって、その国民と後世の世代に平和、自由及び繁栄をもたらすものである。

16　東南アジアにおける友好協力条約（東南アジア友好協力条約）

作成　一九七六年二月二四日（バリ）
効力発生　一九七六年七月一五日
改正　第一改正議定書一九八七年一二月一五日署名（マニラ）、一九八八年七月二日効力発生、第二改正議定書一九九八年七月二七日署名（マニラ）、二〇〇〇年七月一七日効力発生、第三改正議定書二〇一〇年七月二三日（ハノイ）、二〇一二年六月八日効力発生
日本国　二〇〇四年五月二六日国会承認、七月二日批准書寄託、同日公布（条約七号）、同日効力発生
第三改正議定書　二〇一一年八月一〇日国会承認、二〇一一年八月一八日批准書寄託、二〇一二年六月二〇日公布及び告示（条約第六号及び外務省告示第二一八号）

前文

締約国は、
その国民を相互に結び付けてきた歴史的、地理的及び文化的な現存するきずなを認識し、
正義及び法の支配を永続的に尊重すること並びに相互の関係における地域の強靭(じん)性を高めることにより地域の平和及び安定を促進することを希望し、
東南アジアに影響を及ぼす事項に関し、国際連合憲章、一九五五年四月二五日にバンドンにおけるアジア・アフリカ会議で採択された一〇の原則、一九六七年八月八日にバンコクで署名された東南アジア諸国連合宣言及び一九七一年一一月二七日にクアラルンプールで署名された宣言の精神及び原則に適合して平和、友好及び相互の協力を強化することを希望し、
締約国間の意見の相違又は紛争の解決については、協力を損ない又は妨げるおそれのある消極的な態度を避け、合理的な、効果的な及び十分に柔軟な手続によって規律すべきであることを確信し、
世界の平和、安定及び調和を一層促進するため東南アジアの内外のすべての平和愛好国との協力が必要であることを信じて、
次のとおり友好協力条約を締結することを厳粛に合意する。

第一章　目的及び原則

第一条【目的】この条約は、締約国の強化、連帯及び関係の緊密化に寄与する締約国の国民の間の永久の平和、永遠の友好及び協力を促進することを目的とする。
第二条【基本原則】締約国は、その相互の関係において、次の基本原則を指針とする。
a　すべての国の独立、主権、平等、領土保全及び主体性の相互尊重
b　すべての国が外部から干渉され、転覆され又は強制されることなく国家として存在する権利
c　相互の国内問題への不干渉
d　意見の相違又は紛争の平和的手段による解決
e　武力による威嚇又は武力の行使の放棄
f　締約国間の効果的な協力

第二章　友好

第三条【義務の履行】締約国は、この条約の目的を達成するため、締約国を相互に結び付けている伝統的、文化的及び歴史的な友好、善隣及び協力の関係を発展させ及び強化させることに努め、並びにこの条約に基づく義務を誠実に履行する。締約国は、締約国間の一層緊密な理解を促進するため、締約国の国民の間の接触及び交流を奨励し及び容易にする。

第三章　協力

第四条【協力の促進】締約国は、経済、社会、文化、技術、科学及び行政の分野において並びに地域における国際の平和及び安定についての共通の理想及び願望に関する事項その他共通の関心事項に関して、積極的に協力することを促進する。

第五条【実施原則】締約国は、前条の規定の実施に当たり、平等、無差別及び互恵の原則に基づき、多数国間及び二国間で最大の努力を払う。

第六条【経済の促進】締約国は、東南アジア諸国の繁栄した及び平和な共同体の基礎を強化するため、地域における経済成長の促進のために協力する。このため、締約国は、その国民の相互の利益となるよう、締約国の農業及び産業の一層広範な活用、締約国間の貿易の拡大並びに締約国の経済的基盤の改善を促進する。この点に関し、締約国は、他国並びに地域外の国際機関及び地域機関との緊密かつ有益な協力のためのすべての方法を引き続き探求する。

第七条【経済協力の強化】締約国は、社会正義を実現し及び地域の人々の生活水準を向上させるため、経済協力を強化する。このため、締約国は、経済発展及び相互援助のための適当な地域的な戦略を採用する。

第八条【相互援助の提供】締約国は、広範な規模で最も緊密な協力を達成するよう努め、また、社会、文化、技術、科学及び行政の分野における訓練及び研究の手段によって相互に援助を提供するよう努める。

第九条【定期協議】締約国は、地域における平和、調和及び安定を一層促進するため協力を推進するよう努める。このため、締約国は、その見解、行動及び政策を調整するため、国際的及び地域的な問題に関する相互の定期的な接触及び協議を維持する。

第一〇条【脅威となる活動への不参加】締約国は、他の締約国の政治的及び経済的な安定、主権又は領土保全に対する脅威となる活動には、いかなる方法又は形態によっても参加してはならない。

第一一条【主体性の保持】締約国は、自国の主体性を保持するため外部からの干渉及び内部における転覆活動に脅かされることなく、自国の理想及び願望に従い、政治、経済、社会文化及び安全保障の分野における自国の強靭(じん)性を高めるよう努める。

第一二条【協力の原則】締約国は、地域の繁栄及び安全を実現するための努力に当たり、東南アジア諸国の強固かつ発展可能な共同体の基礎となる自信、自立、相互尊重、協力及び連帯に関する原則に基づき、地域の強靭(じん)性を増進するためにすべての分野において協力するよう努める。

第四章　紛争の平和的解決

第一三条【紛争の平和的解決義務】締約国は、紛争が発生することを防ぐための決意及び誠意を有するものとする。締約国は、自国に直接影響する問題についての紛争、特に地域の平和及び調和を害するおそれのある紛争が生じた場合には、武力による威嚇又は武力の行使を慎み、常に締約国間で友好的な交渉を通じてその紛争を解決する。

第一四条【理事会】締約国は、地域的な手続により紛争を解決するため、地域の平和及び調和を害するおそれのある紛争又は事態の存在を認知することを目的とする締約国の閣僚級の代表から成る理事会を常設の機関として設置する。

ただし、この条の規定は、東南アジア以外の締約国については、当該締約国が地域的な手続により解決されるべき紛争に直接関係する場合に限り、適用する。

第一五条【理事会による紛争解決】理事会は、直接の交渉によって解決が得られない場合には、紛争又は事態を認知し及び紛争の当事国に対してあっせん、仲介、審査、調停等の適当な解決方法を勧告する。ただし、理事会は、自らがあっせんを行うことができ、又は紛争の当事国の合意に基づき自らが仲介、審査若しくは調停を行う委員会となることができる。必要と認める場合には、理事会は、紛争又は事態の悪化を防止するために適当な措置を勧告する。

第一六条【紛争当事国の同意】この章の第一三条から前条までの規定は、すべての紛争の当事国が当該紛争についてこれらの規定を適用することに合意しない限り、適用しない。ただし、当該紛争の当事国でない他の締約国は、当該紛争を解決するためにすべての可能な援助を提供することを妨げられない。当該紛争の当事国は、そのような援助の提供を受け入れることを十分に考慮する。

第一七条【他の平和的手段】この条約のいかなる規定も、国際連合憲章第三三条1に規定する平和的解決の手段を利用することを妨げるものではない。紛争の当事国である締約国は、国際連合憲章に規定する他の手続に訴える前に、率先して紛争を友好的な交渉により解決することが奨励されるべきである。

第五章　一般規定

第一八条【署名、批准、加入】この条約は、インドネシア共和国、マレーシア、フィリピン共和国、シンガポール共和国及びタイ王国によって署名される。この条約は、署名国の憲法上の手続に従って批准されなければならない。

この条約は、東南アジアの他の国による加入のために開放しておく。

この条約は、東南アジアの全ての国、すなわち、ブルネイ・ダルサラーム国、カンボジア王国、インドネシア共和国、ラオス人民民主共和国、マレーシア、ミャンマー連邦、フィリピン共和国、シンガポール共和国、タイ王国及びベトナム社会主義共和国の同意を得ることを条件として、東南アジア以外の国及び専ら主権国家によって構成される地域機関による加入のために開放しておく。

第一九条【効力発生】この条約は、第五番目の批准書が署名国政府、すなわち、この条約及び批准書又は加入書の寄託者として指定される政府に寄託された日に効力を生ずる。

第二〇条【正文】この条約は、ひとしく正文である締約国の公用語により作成し、また、英語による合意された共通の訳文を付する。共通の訳文の解釈に相違がある場合には、交渉によって解決する。

17　ASEAN憲章（抄）

採　択　二〇〇七年一一月二〇日（シンガポール）
効力発生　二〇〇八年一二月一五日

前　文

われわれ、ブルネイ・ダルサラーム、カンボジア王国、インドネシア共和国、ラオス人民民主共和国、マレーシア、ミャンマー連邦、フィリピン共和国、シンガポール共和国、タイ王国及びベトナム社会主義共和国の国家元首又は政府の長によって代表される東南アジア諸国連合（ASEAN）の加盟国の人民は、

ASEAN設立宣言の公布によりバンコクで設立されて以降のASEANの多大な功績及び拡大に満足の意を表し、

ビエンチャン行動計画、ASEAN憲章の制定に関するクアラルンプール宣言及びASEAN憲章の青写真に関するセブ宣言におけるASEAN憲章の制定に関する様々な決定を想起し、

地理的状況、共通の目的及び同じ運命によって結ばれたASEANの人民及び加盟国の間に相互利益及び相互依存が存在することに留意し、

一つのビジョン、一つのアイデンティティ、一つの思いやり、共有する共同体という思いに突き動かされ、かつこの思いの下に結束し、

恒久平和、安全及び安定、持続可能な経済成長、共有された繁栄並びに社会発展の地域に暮らし、われわれの重大な利益、理念及び抱負を促進させる共通の願い及び集団的意思によって結ばれ、

友好と協力の基本的な重要性及び主権、平等、領土保全、内政不干渉、コンセンサス並びに多様性の中の統一の原則を尊重し、

民主主義の原則、法の支配及びグッドガバナンス並びに人権及び基本的自由の尊重及び保護を遵守し、

現在及び将来の世代の利益のために持続可能な発展を確保し、ASEAN共同体を設立する過程の中心に、人々の幸福、暮らし及び福祉を据えることを決意し、

現在及び将来の課題及び機会に効果的に対処するために、政治的結束を有し、経済的に統合された、かつ社会的責任を有するASEAN共同体を実現するために、現在の地域的連帯の結束を強化する必要性を確信し、

地域の協力及び統合の強化を通じて、特にASEAN協和バリ宣言Ⅱで規定されたASEAN安全保障共同体、ASEAN経済共同体及びASEAN社会・文化共同体からなるASEAN共同体を設立することによって共同体の設立の強化に取り組み、

この憲章を通じてASEANの法的及び制度的な枠組みを設立することを決定し、

この目的のために、ASEAN設立四〇周年の歴史的な機会に、シンガポールに集まったASEAN加盟国の国家元首又は政府の長は、この憲章に合意した。

第一章　目的及び原則

第一条（目的）ASEANの目的は、次の通りである。

1　平和、安全及び安定を維持、強化し、この地域における平和志向の価値をさらに強固なものとすること。
2　政治、安全保障、経済及び社会文化における協力をさらに促進することによって、この地域の強靭性を向上させること。
3　非核兵器地帯として及びその他の大量破壊兵器のない東南アジアを保持すること。
4　ASEANの人民及び加盟国が、公正で民主的な調和のとれた環境の中で、世界全体と共に平和に暮らすことを確保すること。
5　安定した、繁栄した、高い競争を伴い、かつ経済的には貿易と投資の効果的な促進と一体化し、かつ商品、サービス、投資が自由に流入し、実業家、専門家、人材及び労働力が円滑に移動できる、単一の市場及び生産拠点を創設すること。
6　相互の援助及び協力を通じて、ASEAN内部の貧困を軽減し、発展の格差を縮小すること。
7　ASEAN加盟国の権利及び責任に妥当な考慮を払ったうえで、民主主義を強化し、グッドガバナンスと法の支配を向上させ、かつ、人権及び基本的自由を促進し保護すること。
8　包括的安全保障の原則に従って、あらゆる形態の脅威、越境犯罪及び国境を越えた課題に効果的に対処すること。
9　地域の環境の保護、地域の天然資源の持続可能性、地域の文化的遺産の保全及び地域の人民の質の高い生活を保障するために、持続可能な発展を促進すること。

10　ＡＳＥＡＮの人民のエンパワーメント、かつ、ＡＳＥＡＮ共同体の強化のために、教育、生涯学習及び科学技術の分野におけるさらに密接な協力により、人材を開発すること。

11　人間の発展、社会福祉及び正義の機会への衡平なアクセスを提供することによって、ＡＳＥＡＮの人民の福利及び暮らしを向上させること。

12　ＡＳＥＡＮの人民のために、安全で、安心のできる、かつ麻薬のない環境を構築するために、協力を強化すること。

13　すべての社会部門がＡＳＥＡＮの統合及び共同体設立の過程に積極的に参加し、その恩恵に浴することのできる、人間本位のＡＳＥＡＮを促進すること。

14　地域の多様な文化及び遺産に対するより大きな関心を育成することによって、ＡＳＥＡＮとしてのアイデンティティを促進すること。

15　開かれた、透明性を有する包括的な地域的枠組みにおいて、域外のパートナーとの関係及び協力の主要な原動力としてＡＳＥＡＮが有する中心性及び積極的役割を維持すること。

第二条（原則）1　第一条に規定された目的に従い、ＡＳＥＡＮ及びその加盟国は、ＡＳＥＡＮの宣言、協定、協約、合意、条約及びその他の文書に盛り込まれている基本原則を再確認し、これを遵守する。

2　ＡＳＥＡＮ及びその加盟国は、次の原則に従って行動する。

(a)　すべてのＡＳＥＡＮ加盟国の独立、主権、平等、領土保全及びナショナルアイデンティティの尊重

(b)　地域の平和、安全及び繁栄の向上における共通の義務と集団的責任

(c)　侵略及び武力による威嚇若しくは武力の行使又はいかなる方法であれ国際法に違反するその他の行動の放棄

(d)　紛争の平和的解決に対する信頼

(e)　ＡＳＥＡＮ加盟国の国内問題に対する不干渉

(f)　外部からの干渉、破壊行為及び強制を受けることなく、国家として存在することのできるすべての加盟国の権利の尊重

(g)　ＡＳＥＡＮの共通の利益に重大な影響を及ぼす問題に関する協議の強化

(h)　法の支配、グッドガバナンス、民主主義の原則及び立憲政治体制の遵守

(i)　基本的自由の尊重、人権の促進及び保護、並びに社会的正義の促進

(j)　ＡＳＥＡＮ加盟国が署名した国連憲章、及び国際人道法を含む国際法の遵守

(k)　ＡＳＥＡＮ加盟国又はＡＳＥＡＮ非加盟国若しくは非国家主体によって追求されるあらゆる政策又は活動であって、ＡＳＥＡＮ加盟国の主権、領土保全若しくは政治的及び経済的安定性を脅かすものへの参加（領域の使用を含む。）を差し控えること。

(l)　多様性の中の統一という精神に則り、ＡＳＥＡＮの人民の共通の利益を強調する一方で、これら人民の様々な文化、言語及び宗教を尊重すること。

(m)　積極的な関与、外向的で、共生的かつ非差別的な姿勢の維持と、外部との政治的、経済的、社会的及び文化的な関係におけるＡＳＥＡＮの中心性

(n)　市場主導型経済における地域的経済統合に対するすべての障壁の撤廃に向けた、経済的関与及び漸進的縮小の効果的履行のための多角的貿易規則の遵守及びＡＳＥＡＮの規則に基づく体制の堅持

第二章　法人格

第三条（ＡＳＥＡＮの法人格）ＡＳＥＡＮは、一つの政府間組織として、ここに法人格を付与される。

第三章　構成国

第四条（加盟国）ＡＳＥＡＮの加盟国は、ブルネイ・ダルサラーム、カンボジア王国、インドネシア共和国、ラオス人民民主共和国、マレーシア、ミャンマー連邦、フィリピン共和国、シンガポール共和国、タイ王国、ベトナム社会主義共和国である。

第五条（権利及び義務）1　加盟国は、本憲章の下で、平等な権利と義務を有する。

2　加盟国は、本憲章の諸規定を効果的に履行し、及び加盟国としてのすべての義務を遵守するために、適当な国内法の制定を含め、すべての必要な措置をとる。

3　憲章の重大な違反又は不遵守が生じた場合には、第二〇条に従う。

第六条（新加盟の承認）1　ＡＳＥＡＮ加盟への申請及び承認の手続は、ＡＳＥＡＮ調整評議会によって規定される。

2　加盟は、次の基準に基づく。

(a)　東南アジアとして認められている地理的領域内に位置すること。

(b)　すべてのＡＳＥＡＮ加盟国によって承認されていること。

(c)　憲章に拘束され、かつ憲章を遵守することに同意すること。

(d)　加盟国としての義務を遂行する能力と意思があること。

3　加盟の承認は、ＡＳＥＡＮ調整評議会の勧告に基づいて、ＡＳＥＡＮ首脳会議がコンセンサスにより決定する。

4　加盟申請国は、憲章への加入文書への署名を以って、ＡＳＥＡＮへの加盟が認められる。

第四章　組　織

第七条（ＡＳＥＡＮ首脳会議）1　ＡＳＥＡＮ首脳会議は、加盟国の国家元首又は政府の長から構成される。

2　ＡＳＥＡＮ首脳会議は、次のことを行う。

(a)　ＡＳＥＡＮにおける最高政策決定機関となる。

(b)　ＡＳＥＡＮの目的の実現に関する主要問題、加盟国の利益に関する重要問題及びＡＳＥＡＮ調整評議会、ＡＳＥＡＮ共同体評議会並びにＡＳＥＡＮ部

門別閣僚組織によって付託されたすべての問題について審議し、政策指針を提供し、かつ決定を下す。

(c)　臨時の閣僚間会議の開催に関して、各評議会の関係閣僚へ指示し、共同体評議会の範囲を超えるＡＳＥＡＮに関する重要問題に取り組む。こうした会合の手続規則については、ＡＳＥＡＮ調整評議会で採択する。

(d)　適切な行動をとることによって、ＡＳＥＡＮに影響を及ぼす緊急事態に対処する。

(e)　憲章第七章及び第八章に基づいて付託された問題について決定を下す。

(f)　部門別閣僚組織及びその他のＡＳＥＡＮ機関の設立及び解散を認める。

(g)　ＡＳＥＡＮ事務総長を任命する。当該事務総長は、大臣としての地位と身分を有し、ＡＳＥＡＮ外相会議の勧告に基づいて、国家元首及び政府の長の信頼と意向を受けて、その職務にあたる。

3　ＡＳＥＡＮ首脳会議は、次のように開催される。

(a)　年に二回、ＡＳＥＡＮの議長職にある加盟国で開催される。

(b)　必要であればいつでも、ＡＳＥＡＮの議長職にある加盟国が議長を務め、加盟国によって合意された場所で、特別会合又は臨時会合が開催される。

第八条（ＡＳＥＡＮ調整評議会）　1　ＡＳＥＡＮ調整評議会は、ＡＳＥＡＮ加盟国の外務大臣によって構成され、少なくとも年に二回は開催する。

2　ＡＳＥＡＮ調整評議会は、次のことを行う。

(a)　ＡＳＥＡＮ首脳会議の会合を準備する。

(b)　ＡＳＥＡＮ首脳会議における合意及び決定の履行について調整を行う。

(c)　政策の一貫性、効率性及び評議会間での協力を向上させるためにＡＳＥＡＮ共同体評議会と調整する。

(d)　ＡＳＥＡＮ首脳会議に対するＡＳＥＡＮ共同体評議会の報告書を調整する。

(e)　ＡＳＥＡＮの作業に関する事務総長の年次報告書を検討する。

(f)　ＡＳＥＡＮ事務局及びその他の関連機関の職務及び業務に関する事務総長の報告書を検討する。

(g)　事務総長による勧告に基づき、事務次長の任命及び退任を承認する。

(h)　本憲章で規定されたその他の職務又はＡＳＥＡＮ首脳会議によって指定されることのあるその他の職務を行う。

3　ＡＳＥＡＮ調整評議会は、関連する上級職員により補佐される。

第九条（ＡＳＥＡＮ共同体評議会）　1　ＡＳＥＡＮ共同体評議会は、ＡＳＥＡＮ政治・安全保障共同体評議会、ＡＳＥＡＮ経済共同体評議会及びＡＳＥＡＮ社会・文化共同体評議会から構成される。

2　各ＡＳＥＡＮ共同体評議会は、関連するＡＳＥＡＮ部門別閣僚組織をその権限の下に置く。

3　各加盟国は、各ＡＳＥＡＮ共同体評議会の自国代表を任命する。

4　ＡＳＥＡＮ共同体の三つの柱のそれぞれの目的を実現するために、各ＡＳＥＡＮ共同体評議会は、次のことを行う。

(a)　ＡＳＥＡＮ首脳会議の関連する決定の履行を確保すること。

(b)　その権限の下にある相異なる部門の作業、及び他の共同体評議会の範囲を超える問題に関して調整を行う。

(c)　その権限の下にある事項に関して、ＡＳＥＡＮ首脳会議に対して報告書及び勧告を提出する。

5　各ＡＳＥＡＮ共同体評議会は、少なくとも年二回開催され、ＡＳＥＡＮ議長職にある加盟国の適当な大臣が議長を務める。

6　各ＡＳＥＡＮ共同体評議会は、関連する上級職員により補佐される。

第一〇条（ＡＳＥＡＮ部門別閣僚組織）　1　ＡＳＥＡＮ部門別閣僚組織は、次のことを行う。

(a)　各組織に定められた権能に従って職務を遂行すること。

(b)　ＡＳＥＡＮ首脳会議の合意及び決定であって、各々の権限の範囲内にあるものを履行すること。

(c)　ＡＳＥＡＮ統合及び共同体設立を支援し、それぞれの分野間の協力を強化すること。

(d)　それぞれの共同体評議会に対し、報告書及び勧告を提出すること。

2　各ＡＳＥＡＮ部門別閣僚組織は、附属書一に規定された自らの職務を遂行するために、その権限に基づいて、関連する上級職員及び補助機関を置くことができる。附属書は、本憲章の改正規定に従うことなく、常駐代表委員会の勧告に基づいてＡＳＥＡＮ事務総長によって更新することができる。

第一一条（ＡＳＥＡＮ事務総長及びＡＳＥＡＮ事務局）

1　ＡＳＥＡＮ事務総長は、誠実、能力、専門的経験及びジェンダーの平等に妥当な考慮を払ったうえで、国名のアルファベット順にＡＳＥＡＮ加盟国の国民の中からＡＳＥＡＮ首脳会議によって任命され、任期は五年として再任を認めない。

2　事務総長は、次のことを行う。

(a)　本憲章の規定及び関連するＡＳＥＡＮの文書、議定書並びに確立された慣行に従い、この要職の義務と責任を遂行する。

(b)　ＡＳＥＡＮの合意及び決定の履行を促し、その履行を監督し、ＡＳＥＡＮ首脳会議に対してＡＳＥＡＮの作業に関する年次報告書を提出する。

(c)　ＡＳＥＡＮ首脳会議、ＡＳＥＡＮ共同体評議会、ＡＳＥＡＮ調整評議会、ＡＳＥＡＮ部門別閣僚組織の会合及びその他の関連するＡＳＥＡＮ会合に出席する。

(d)　ＡＳＥＡＮの見解を公表し、承認された政策指針及び事務総長に対し与えられた任務に従って、外部当事者との会合に出席する。

(e) ASEAN調整評議会に対して事務次長の任命及び退任を勧告し、その承認を求める。

3 事務総長はまた、ASEANの行政職員の長である。

4 事務総長は、次官の地位と身分を有する四名の事務次長によって補佐される。事務次長は、その職務遂行に際して事務総長に責任を負う。

5 四名の事務次長は、事務総長とは異なる国籍を有し、かつ四つの異なるASEAN加盟国の出身でなければならない。

6 四名の事務次長は、次の構成とする。

(a) 任期を三年として再任を認めない二名については、誠実、能力、専門的経験及びジェンダーの平等に妥当な考慮を払ったうえで、国名のアルファベット順にASEAN加盟国の国民の中から選出される。及び、

(b) 三年の任期を務める二名の事務次長については、一回に限り三年の任期の更新が認められる。この二名については、能力に基づき公募されなければならない。

7 ASEAN事務局は、事務総長と必要とされる職員で構成される。

8 事務総長及び職員は、次のことを行う。

(a) 最高の誠実、効率性及び能力をもってみずからの義務の遂行にあたること。

(b) いかなる政府からも又はASEAN外の関係者から指示を求め、又は受けてはならないこと。

(c) ASEANに対してのみ責任を有するASEAN事務局職員としての身分を損なういかなる行動も慎むこと。

9 各ASEAN加盟国は、事務総長及び職員の責任が専らASEANの性質をもつことを尊重し、その責任を遂行する彼らに対して影響を与えようとしないことを約束する。

第一二条（ASEAN常駐代表委員会） 1 各ASEAN加盟国は、ジャカルタに駐在する大使と同等の地位を有するASEAN常駐代表を任命する。

2 ASEAN常駐代表は、次のことを行う常駐代表委員会を共同で構成する。

(a) ASEAN共同体評議会及びASEAN部門別閣僚組織の作業を支援する。

(b) ASEAN国内事務局及びその他のASEAN部門別閣僚組織との調整を図る。

(c) その作業に関連するすべての主題に関して、ASEAN事務総長及びASEAN事務局と連携を取る。

(d) ASEANと域外パートナーとの協力を促進する。

(e) ASEAN調整評議会によって決定されることのあるその他の職務を遂行する。

第一三条（ASEAN国内事務局） 各ASEAN加盟国は、ASEAN国内事務局を設立し、次のことを行う。

(a) 国内の中央連絡先として活動する。

(b) 国レベルにおけるすべてのASEAN問題に関する情報の保管場所となる。

(c) 国レベルにおけるASEANの決定の履行の調整を図る。

(d) ASEANの会合のための国内の準備を調整し、これを支援する。

(e) 国レベルにおけるASEANのアイデンティティ及び認識を促進する。及び

(f) ASEANの共同体設立に貢献する。

第一四条（ASEAN人権機構） 1 人権及び基本的自由の促進及び保護に関するASEAN憲章の目的及び原則に従って、ASEANは、ASEAN人権機構を設立する。

2 ASEAN人権機構は、ASEAN外相会議によって決定される付託事項に従って活動する。

第一五条（ASEAN基金）（略）

第五章　ASEAN提携団体

第一六条（ASEAN提携団体） 1 ASEANは、ASEAN憲章、特にその目的及び原則を支援する団体と連携することができる。これらの提携団体は、附属書二に記載されている。

2 連携の手続規則及び連携の基準は、ASEAN事務総長の勧告に基づいて、ASEAN常駐代表委員会がこれを規定する。

3 附属書二は、本憲章の改正規定に従うことなく、ASEAN常駐代表委員会の勧告に基づいてASEAN事務総長によって更新することができる。

第六章　免除及び特権

第一七条（ASEANの免除及び特権） 1 ASEANは、その目的を達成するために必要な免除及び特権を、加盟国の領域内で享受する。

2 免除及び特権は、ASEANと受け入れ加盟国との間の別個の協定により規定される。

第一八条（ASEAN事務総長及びASEAN事務局職員の免除及び特権） 1 ASEAN事務総長及びASEAN加盟国において公式のASEAN活動に参加し、又はASEANを代表するASEAN事務局の職員は、その職務を独立して遂行するために必要な免除及び特権を享受する。

2 本条に基づく免除及び特権は、別個のASEAN協定において規定される。

第一九条（ASEAN常駐代表及びASEANの職務に従事する職員の免除及び特権） 1 ASEAN加盟国の常駐代表及び公式のASEAN活動に参加する加盟国の職員は、その職務の行使に必要な免除及び特権を享受する。

2 常駐代表及びASEANの職務に従事する職員の免除及び特権は、一九六一年の外交関係に関するウィーン条約、又は関係するASEAN加盟国の国内法に従って規律される。

第七章　意思決定

第二〇条（協議及びコンセンサス） 1 基本原則として、ASEANにおける意思決定は、協議及びコンセン

サスに基づくものとする。

2　コンセンサスが得られない場合、ＡＳＥＡＮ首脳会議は、特定の決定がなされる方式を決定することができる。

3　本条1及び2のいずれも、関連するＡＳＥＡＮ法律文書に含まれる意思決定方式に影響を与えるものではない。

4　憲章の重大な違反又は不遵守があった場合には、当該問題はＡＳＥＡＮ首脳会議に決定を求めて付託される。

第二一条（履行及び手続）1　各ＡＳＥＡＮ共同体評議会は、みずからの手続規則を定める。

2　経済上の約束を履行するにあたり、ＡＳＥＡＮマイナスX方式を含む柔軟な参加方式についてコンセンサスが得られている場合、当該方式を適用することができる。

第八章　紛争の解決

第二二条（一般原則）1　加盟国は、すべての紛争を、対話、協議及び交渉により、時宜を得た方法で平和的に解決するよう努める。

2　ＡＳＥＡＮは、ＡＳＥＡＮ協力のすべての分野において紛争解決メカニズムを維持し、確立する。

第二三条（あっせん、調停及び仲介）1　紛争当事国である加盟国は、いつでも、合意された期限内に紛争を解決するために、あっせん、調停又は仲介に訴えることに合意することができる。

2　紛争当事国は、職権において行動するＡＳＥＡＮ議長又はＡＳＥＡＮ事務総長に対し、あっせん、調停又は仲介を提供するよう要請することができる。

第二四条（特定文書における紛争解決メカニズム）1　特定のＡＳＥＡＮ文書に関する紛争は、当該文書に規定されたメカニズム及び手続に従って解決する。

2　いずれかのＡＳＥＡＮ文書の解釈又は適用に関係しない紛争は、東南アジア友好協力条約及びその手続規則に従って平和的に解決する。

3　特段の定めがない限り、ＡＳＥＡＮ経済協定の解釈又は適用に関する紛争は、紛争解決メカニズム強化に関するＡＳＥＡＮ議定書に従って解決する。

第二五条（紛争解決メカニズムの構築）特段の定めがない限り、仲裁裁判を含む適当な紛争解決メカニズムが、本憲章及びその他のＡＳＥＡＮ文書の解釈又は適用に関する紛争のために構築される。

第二六条（未解決の紛争）本憲章の前条までの規定を適用したにもかかわらず、依然として紛争が解決しない場合、当該紛争をＡＳＥＡＮ首脳会議に付託し、その決定を求める。

第二七条（遵守）1　ＡＳＥＡＮ事務局又はその他の指定されたＡＳＥＡＮ機関によって補佐されるＡＳＥＡＮ事務総長は、ＡＳＥＡＮ紛争解決メカニズムによる認定、勧告又は決定が遵守されているかどうかを監視し、ＡＳＥＡＮ首脳会議に報告書を提出する。

2　ＡＳＥＡＮ紛争解決メカニズムによる認定、勧告又は決定の不遵守によって影響を受けるいずれの加盟国も、当該問題を、ＡＳＥＡＮ首脳会議に付託し、その決定を求めることができる。

第二八条（国際連合憲章規定及び関連するその他の国際的手続）本憲章に別段の規定がない場合、加盟国は、国際連合憲章第三三条1又は紛争当事国が当事国となっているその他いずれかの国際条約に規定された紛争の平和的解決方法に訴える権利を有する。

第九章　予算及び財政

第二九条（一般原則）
第三〇条（ＡＳＥＡＮ事務局の運営予算及び財政）
（略）

第一〇章　運営及び手続

第三一条（ＡＳＥＡＮ議長）
第三二条（ＡＳＥＡＮ議長の役割）
第三三条（外交上の儀礼及び慣例）
（略）

第三四条（ＡＳＥＡＮの作業言語）ＡＳＥＡＮの作業言語は、英語とする。

第一一章　アイデンティティ及びシンボル

第三五条（ＡＳＥＡＮのアイデンティティ）ＡＳＥＡＮは、その共通の運命、目標及び価値観を達成するために、加盟国の人民の間にあるＡＳＥＡＮとしての共通のアイデンティティ及びその帰属意識を促進しなければならない。

第三六条（ＡＳＥＡＮのモットー）ＡＳＥＡＮのモットーは、「一つのビジョン、一つのアイデンティティ、一つの共同体」とする。

第三七条（ＡＳＥＡＮの旗）
第三八条（ＡＳＥＡＮの紋章）
第三九条（ＡＳＥＡＮの日）
第四〇条（ＡＳＥＡＮの祝歌）
（略）

第一二章　対外関係

第四一条（対外関係の遂行）1　ＡＳＥＡＮは、各国との及び小地域的、地域的及び国際的な組織との間に、友好関係、互恵的対話、協力及びパートナーシップを発展させる。

2　ＡＳＥＡＮの対外関係は、本憲章に規定された目的及び原則を遵守する。

3　ＡＳＥＡＮは、地域協力及び共同体設立におけるその中心性を提案し維持することで、地域的取極における主要な原動力となる。

4　ＡＳＥＡＮの対外関係の遂行にあたって、加盟国は、統一と連帯に基づいて、共通の立場を発展させ、共同行動を追求するために連携し、努力する。

5　ＡＳＥＡＮの対外関係における戦略的政策指針は、ＡＳＥＡＮ外相会議の勧告に基づいてＡＳＥＡＮ首脳会議によって定める。

6　ＡＳＥＡＮ外相会議は、ＡＳＥＡＮの対外関係の遂行にあたって、一貫性と結束を確保する。

7　ASEANは、各国との及び小地域的、地域的及び国際的な組織並びに機関との間で協定を締結することができる。こうした協定締結のための手続は、ASEAN共同体評議会との協議の上、ASEAN調整評議会によって規定する。

第四二条（対話コーディネーター）1　カントリー・コーディネーターとして行動する加盟国は、関連する対話パートナー、地域的及び国際的な組織並びに機関との関係において、ASEANの利益を調整し、かつ促進するために、交代で全体的責任を負う。

2　域外パートナーとの関係において、カントリー・コーディネーターは、特に、次のことを行う。

(a)　ASEANを代表し、ASEANの原則に従って、相互尊重と平等に基づく関係を強化する。

(b)　ASEANと域外パートナーとの間の関連する会合において共同議長を務める。

(c)　第三国及び国際組織において関連するASEAN委員会によって補佐される。

第四三条（第三国及び国際組織におけるASEAN委員会）1　ASEAN加盟国の外交使節団の長で構成される第三国におけるASEAN委員会は、非ASEAN加盟国において設立することができる。同様の委員会を、国際組織に関連して設立することができる。こうした委員会は、接受国及び国際組織において、ASEANの利益及びアイデンティティを促進しなければならない。

2　ASEAN外相会議は、こうした委員会の手続規則を定める。

第四四条（外部関係者の地位）1　ASEANの対外関係を遂行するにあたって、ASEAN外相会議は、外部関係者に対し、対話パートナー、部門別対話パートナー、発展パートナー、特別オブザーバー、ゲストとしての公式な地位又はこれ以降に設置されうるその他の地位を与えることができる。

2　外部関係者は、いずれかの公式な地位が付与されなくても、手続規則に従って、ASEANの会合又は協力活動に招待される。

第四五条（国際連合システム及びその他の国際組織並びに機関との関係）1　ASEANは、国際連合システムとの関係、並びに他の小地域的、地域的及び国際的な組織並びに機関との関係においても、適当な地位を求めることができる。

2　ASEAN調整評議会は、他の小地域的、地域的及び国際的な組織並びに機関へのASEANの参加について決定する。

第四六条（ASEANに対するASEAN非加盟国の信任状）（略）

第一三章　一般及び最終規定

第四七条（署名、批准、寄託及び効力発生）
第四八条（改正）（略）

第四九条（権限及び手続規則）本憲章において別段の定めがない限り、ASEAN調整評議会は、権限及び手続規則を定め、その一貫性を確保する。

第五〇条（再検討）本憲章は、その効力発生から五年後に又はASEAN首脳会議の別段の決定により、再検討することができる。

第五一条（本憲章の解釈）1　いずれかの加盟国からの要請に基づき、憲章の解釈は、ASEAN調整評議会が定めた手続規則に従ってASEAN事務局によって行われる。

2　憲章の解釈をめぐって生じたいずれの紛争も、第八章の関連規定に従って解決される。

3　憲章で使用された表題及び題名は、参照の便宜のためである。

第五二条（法的継続性）1　本憲章の効力発生以前にすでに効力を有していたすべての条約、協約、協定、合意、宣言、議定書及びその他のASEAN文書は、引き続き有効である。

2　こうした文書で定められたASEAN加盟国の権利及び義務と本憲章との間に不一致がある場合、憲章が優先する。

第五三条（原本）
第五四条（ASEAN憲章の登録）
第五五条（ASEANの資産）（略）

1 18　アフリカ連合設立規約

採　択　二〇〇〇年七月一一日（ロメ）
発　効　二〇〇一年五月二六日
改　正　二〇〇三年二月三日（アディスアベバ）／二〇〇三年七月一一日（マプト）未発効
［注：改正は未発効であるが、本文に反映している。］

われらアフリカ統一機構加盟国の元首及び政府の長（以下の五三箇国の国名省略）は、

アフリカの人民及びアフリカ諸国間の統一、連帯、団結及び協力を促進することを決意するにあたり、アフリカ大陸機構の創設者及び全アフリカの各世代を導いた高潔な理念に触発され、

アフリカ統一機構憲章及びアフリカ経済共同体設立条約で述べられた諸原則及び諸目的を考慮し、

政治的独立、人間の尊厳及び経済的解放に向けて、われら人民及びわれら諸国が遂行した勇敢な闘争を想起し、

アフリカ統一機構が、創設以来、アフリカ大陸の解放、共通のアイデンティティの確認及びわれら大陸の統一を達成する過程において、決定的かつ非常に重要な役割を果たし、アフリカにおける集団行動及びアフリカ以外の世界との関係についての統一的な枠組みを提供してきたことを考慮し、

世界で発生している社会的、経済的及び政治的変化に照らして、われらアフリカ大陸及び人民が直面している多面的な課題に取り組むことを決定し、

アフリカの社会経済的な発展を促進し、グローバリゼーションにより提起される課題に対し、より一層実効的に取り組むために、アフリカ経済共同体設立条約の実施過程を加速させる必要性を確信し、

強い統一アフリカというわれら共通の構想、及び、われら人民間の連帯及び団結を強化するために、諸政府と市民社会のすべての部分―特に女子、青少年及び民間部門―との間の連携を築く必要性に導かれ、

アフリカにおける紛争の惨禍が、アフリカ大陸の社会経済的発展の主たる障害となっているという事実、及び、われらの発展及び統合という課題の実現に必要不可欠な条件として、平和、安全及び安定を促進する必要性を認識し、

人及び人民の権利を促進及び保護し、民主的な機関及び文化を強固なものとし、善良な統治及び法の支配を確保することを決定し、

さらに、われら共通の機関を強固なものにするために、すべての必要な手段を用いること、及び、これら機関が、各自の任務を実効的に履行できるようにするために、必要な権限及び資源をこれらに授けることを決定し、

一九九九年九月九日、社会主義人民リビアアラブ国のシルテにおける元首首長会議第四回特別会期で採択した宣言において、アフリカ大陸機構憲章及びアフリカ経済共同体設立条約の最終目的に従い、われらがアフリカ連合の設立を決定したことを想起し、

次のとおり協定した。

第一条（定義）この設立規約上、

「規約」とは、この設立規約をいう。

「ＡＥＣ」とは、アフリカ経済共同体をいう。

「会議」とは、連合の元首首長会議をいう。

「憲章」とは、アフリカ統一機構憲章をいう。

「委員会」とは、連合の事務局をいう。

「専門委員会」とは、連合の専門技術委員会をいう。

「評議会」とは、連合の経済、社会及び文化評議会をいう。

「裁判所」とは、連合の司法及び人権裁判所をいう。

「執行理事会」とは、連合の閣僚執行理事会をいう。

「加盟国」とは、連合の加盟国をいう。

「ＯＡＵ」とは、アフリカ統一機構をいう。

「議会」とは、連合の全アフリカ議会をいう。

「連合」とは、この設立規約により設立されたアフリカ連合をいう。

第二条（設立）アフリカ連合は、これにより、この設立規約の諸規定に従って設立される。

第三条（目的）この連合の目的は、次のとおりである。

(a)　アフリカ諸国とアフリカ諸人民間のより一層の統一及び連帯を達成すること。

(b)　加盟国の主権、領土保全及び独立を防衛すること。

(c)　アフリカ大陸の政治的及び社会経済的な統合を加速すること。

(d)　アフリカ大陸及びアフリカ諸人民に関心のある諸問題につき、アフリカ共通の立場を促進し、かつ擁護すること。

(e)　国連憲章及び世界人権宣言に妥当な考慮を払いつつ、国際協力を促進すること。

(f)　アフリカ大陸の平和、安全及び安定を促進すること。

(g)　民主的な諸原則及び諸機関、人民参加及び善良な統治を促進すること。

(h)　人及び人民の権利に関するアフリカ憲章及び関連する他の人権諸条約に従って、人及び人民の権利を促進し、かつ保護すること。

(i)　特に政治、経済及び社会文化の分野での意思決定に女性の実効的な参加を確保すること。

(j)　世界経済及び国際的な交渉において、アフリカ大陸が正当な役割を果たすために、必要な諸条件を確立すること。

(k)　経済的、社会的及び文化的段階での持続可能な開発、並びにアフリカ経済の統合を促進すること。

(l)　アフリカ人民の生活水準を向上させるために、人的活動のあらゆる分野で協力を促進すること。

(m)　この連合の目的を漸進的に達成するため、現行の及び将来の地域的経済共同体間の政策を協調かつ調和させること。

(n)　あらゆる分野、特に科学技術における研究を促進することにより、アフリカ大陸の発展を前進させること。

(o)　アフリカ大陸における予防可能な病気の撲滅及び保健の促進につき、関連する国際的なパートナーとともに協働すること。

(p)　アフリカ大陸の防衛を確保し、かつその交渉の立場を強化するために、貿易、防衛及び外交関係に関する共通政策を発展させ、かつ促進すること。

(q)　我々の大陸の重要な一部として、アフリカ連合の設立にあたって、離散したアフリカ人の完全なる参加を招請し、かつ奨励すること。

第四条（原則）連合は、以下の諸原則に従って活動する。

(a)　連合加盟国間の主権平等及び相互依存

(b)　独立達成の際に存在する国境の尊重

(c)　アフリカ諸人民による連合の活動への参加

(d)　アフリカ大陸に共通防衛政策を樹立すること

(e)　会議で決定される適切な手段による、連合加盟国間の紛争の平和的解決

(f)　連合加盟国間における、武力の行使又は武力による威嚇の禁止

(g)　加盟国による他の加盟国の国内事項への不介入

(h)　重大な状況、すなわち、戦争犯罪、集団殺害及び人道に対する罪並びに平和と安定を回復するための正当な秩序に対する重大な脅威に関する会議の決定に基づく、平和・安全保障理事会の勧告に従って、連合が加盟国に干渉する権利

(i)　加盟国の平和的共存及び平和的かつ安全に生活する加盟国の権利

(j) 平和と安全を回復するために、加盟国が連合の干渉を要請する権利
(k) 連合の枠内における独立独行の促進
(l) ジェンダーの平等の促進
(m) 民主的な諸原則、人権、法の支配及び良い統治の尊重
(n) 均衡の取れた経済発展を確保するための社会正義の促進
(o) 人命の尊厳の尊重、免責及び政治的暗殺並びにテロ行為及び破壊活動の非難及び拒否
(p) 憲法に違反する政府の変更の非難及び拒否
(q) すべての加盟国による連合の原則及び目的と両立しないあらゆる条約又は同盟への加入の抑制
(r) 加盟国が他の加盟国に対する政府転覆活動の基地として自国領土の使用を認めることの禁止

第五条（連合の機関） 1　連合の機関は、次のものとする。
(a) 連合会議
(b) 執行理事会
(c) 全アフリカ議会
(d) 司法及び人権裁判所
(e) 委員会
(f) 平和・安全保障理事会
(g) 常駐代表委員会
(h) 専門技術委員会
(i) 経済、社会及び文化評議会
(j) 金融機関
2　会議により設立が決定される他の機関

第六条（会議） 1　会議は、元首及び政府の長又は信任状が良好妥当であると認められた代表者で構成する。
2　会議は、連合の最高機関である。
3　会議は、少なくとも年一回の通常会期を開催する。
4　会議は、いずれかの加盟国による要請でかつ加盟国の三分の二の承認に基づいて、議長の発議により特別会期を開催する。
5　会議は、通常会期の冒頭、元首又は政府の長の中からその議長を選出する。議長は、輪番制で一年毎の交代とする。
6　議長は、衡平な地理的配分に基づき会議が選出した事務局によって支援を受ける。
7　会議が本部で開催される場合、輪番の原則に配慮し、議長の選出が行われる。

第七条（会議の決定） 1　会議は、コンセンサスにより、又はコンセンサスに達しない場合には、連合加盟国の三分の二の多数により、決定を行う。ただし、手続事項は、ある事項が手続事項であるか否かという問題を含めて、過半数によって決定される。
2　会議のいずれの会合においても、すべての連合加盟国の三分の二を定足数とする。

第七条の2【議長の権限】 1　議長は、その任期中、規約第三条及び四条に規定するアフリカ連合の目的及び原則を促進することを目的として、アフリカ連合を代表する。議長はまた、委員会の委員長と協力して、規約第九条(e)及び(g)に規定する会議の任務を遂行する。
2　議長は、委員長又は理事会の長を通じ、及び各自の手続規則に従って、他の機関の会合を召集することができる。

第八条（会議の手続規則） 会議は、自己の手続規則を採択することとする。

第九条（会議の権限及び任務） 1　会議は、その任務として、次のことを行う。
(a) 連合の共通政策を決定すること。
(b) 連合の他の機関から報告書及び勧告を受領し、検討し、かつそれらについて決定を下すこと。
(c) 連合加盟国の要請を審議すること。
(d) 連合の機関を設立すること。
(e) 連合の政策及び決定の実施を監視し、並びにすべての加盟国による遵守を確保すること。
(f) 連合の予算を採択すること。
(g) 紛争、戦争及びその他の緊急事態への対処並びに平和の回復に関して、執行理事会に命令を下すこと。
(h) 司法裁判所の裁判官を任命及び解任すること。
(i) 委員会の委員長、副委員長及び委員を任命し、それぞれの任務及び任期を決定すること。
2　会議は、そのいずれの権限及び任務についても、連合のいずれかの機関へ委譲することができる。

第一〇条（執行理事会） 1　執行理事会は、外務大臣又は加盟国政府が任命する他の大臣若しくは当局で構成する。
2　執行理事会は、少なくとも年二回の通常会期を開催する。また、執行理事会は、いずれかの加盟国が要請し、かつすべての加盟国の三分の二が承認する場合には、特別会期を開催する。
3　執行理事会の議長は、衡平な地理的配分に基づいて執行理事会が選出した事務局によって支援を受ける。

第一一条（執行理事会の決定） 1　執行理事会は、コンセンサスにより、又はコンセンサスに達しない場合には、加盟国の三分の二の多数により、決定を行う。ただし、手続事項は、ある事項が手続事項であるか否かという問題を含めて、過半数によって決定される。
2　執行理事会のいずれの会合においても、すべての連合加盟国の三分の二を定足数とする。

第一二条（執行理事会の手続規則） 執行理事会は、その手続規則を採択することとする。

第一三条（執行理事会の任務） 1　執行理事会は、次のことを含めて、加盟国が共通して関心を有する分野での政策を調整し、決定する。
(a) 対外貿易
(b) エネルギー、産業及び鉱物資源
(c) 食糧、農業及び動物資源、畜産及び林業
(d) 水資源及び灌漑
(e) 環境保護、人道的活動及び災害への対応並びに救助
(f) 輸送及び通信
(g) 保険

(h) 教育、文化、保健及び人的資源の開発
(i) 科学技術
(j) 国籍、居住及び移民に関する事項
(k) 母子保護政策の策定、並びに身体障害者及び知的障害者に関する政策を含む社会保障
(l) アフリカ賞、勲章及び賞与制度の設立

2 執行理事会は、会議に対して責任を負う。執行理事会は、会議に付託された諸問題を検討し、及び会議が制定した政策の実施を監視する。

3 執行理事会は、上記1に規定するいずれの権限及び任務についても、次条の下で設立される専門技術委員会に委譲することができる。

第一四条(専門技術委員会、設立及び構成) 1 本条により、次の専門技術委員会を設立する。専門技術委員会は、執行理事会に対して責任を負う。
(a) 農業経済及び農業事項に関する委員会
(b) 通貨及び金融問題に関する委員会
(c) 貿易、関税及び移民事項に関する委員会
(d) 産業、科学技術、エネルギー、天然資源及び環境に関する委員会
(e) 輸送、通信及び観光に関する委員会
(f) 保健、労働及び社会事項に関する委員会、及び、
(g) 教育、文化及び人的資源に関する委員会

2 会議は、適当とみなすときにはいつでも、既存の委員会を再編成し、又は別の委員会を設立する。

3 専門技術委員会は、それぞれの権限の範囲内にある部門に対して責任を負う閣僚又は上級官吏で構成する。

第一五条(専門技術委員会の任務) 各委員会は、その権限の範囲内で、次のことを行う。
(a) 連合の計画及び事業を作成し、それを執行理事会へ提出する。
(b) 連合の機関が行った決定の実施につき、監督、フォローアップ及び評価を確保する。
(c) 連合の計画及び事業の調整及び調和を確保する。
(d) みずから又は執行理事会の要請に基づき、この規約の規定の実施に関する報告書及び勧告を執行理事会へ提出する。
(e) この規約の規定の実施を確保するために、みずからに付与された他のいずれかの任務を遂行する。

第一六条(会合) 執行理事会による命令に服することを条件に、各委員会は、必要な限り会合を開催し、手続規則を作成し、承認のためにそれらを執行理事会へ提出する。

第一七条(全アフリカ議会) 1 アフリカ大陸の発展及び経済統合へのアフリカ人民の完全な参加を確保するために、全アフリカ議会を設立する。

2 全アフリカ議会の構成、権限、任務及び組織は、それに関連する議定書で定義する。

第一八条(司法裁判所) 1 連合の司法裁判所を設立する。

2 司法裁判所の規程、構成及び任務は、それに関連する議定書で定義する。

第一九条(金融機関) 連合は、次の金融機関を有する。金融機関の規則及び規定は、それに関連する議定書で定義する。
(a) アフリカ中央銀行
(b) アフリカ通貨基金
(c) アフリカ投資銀行

第二〇条(委員会) 1 連合の委員会を設立し、連合の事務局とする。

2 委員会は、委員長、副委員長及び委員で構成する。委員長、副委員長及び委員は、委員会の任務を円滑に行うために必要な職員により補助される。

3 委員会の構成、任務及び規則は、会議が決定する。

第二〇条の2【平和・安全保障理事会】 1 紛争の防止、管理及び解決のための常設的意思決定機関である平和・安全保障理事会を設立する。

2 平和・安全保障理事会の任務、権能、構成及び組織は会議で決定し、それに関連する議定書に規定する。

第二一条(常駐代表委員会) 1 常駐代表委員会を設立する。常駐代表委員会は、連合の常駐代表及びその他の加盟国全権使節で構成する。

2 常駐代表委員会は、執行理事会の作業を準備し、執行理事会の指示に基づき活動する責任を負う。常駐代表委員会は、必要とみなす補助委員会又は作業部会を設立することができる。

3 常駐代表委員会の委員長は、衡平な地理的配分に基づいて会議が選出した事務局によって支援を受ける。

第二二条(経済、社会及び文化評議会) 1 経済、社会及び文化評議会は、連合加盟国の様々な社会的及び専門的集団で構成される諮問機関である。

2 経済、社会及び文化評議会の任務、権限、構成及び組織は、会議が決定する。

第二三条(制裁の発動) 1 会議は、連合の予算に対する分担金の支払が不履行となっている加盟国に、次の方法で適当な制裁の発動を決定する。すなわち、会合での発言権、投票権、連合内の部局又は役職に候補者を出す権利の停止、若しくは活動又は約束から生ずる利益を得る権利の停止。

2 さらに、連合の決定及び政策を遵守しない加盟国を、他の加盟国との輸送及び通信関係の中断などの他の制裁、及び会議が決定する政治的及び経済的性質を有する他の措置に服させることができる。

第二四条(連合本部) 1 連合の本部は、エチオピア連邦民主共和国のアディス・アベバに置く。

2 執行理事会の勧告に基づき、会議が決定した連合の他の部局を設立することができる。

第二五条(公用語) 1 連合及びそのすべての機関の公用語は、アラビア語、英語、フランス語、ポルトガル語、スペイン語、スワヒリ語及びその他のアフリカの言語とする。

2 執行理事会は、作業言語として公用語を使用するために、その経過及び実際の手順を決定する。

第二六条(解釈) この規約の適用又は実施から生ずる解釈問題は、裁判所に係属する。裁判所が設立されるまでの間、かかる問題は、連合会議に付託されるも

のとする。会議は、三分の二の多数でそれに関する決定を行うものとする。

第二七条（署名、批准及び加入） 1　この規約は、アフリカ統一機構加盟国によってそれぞれの憲法上の手続に従って行われる署名、批准及び加入のために開放される。

2　批准書は、アフリカ統一機構事務総長に寄託される。

3　効力発生後にこの規約へ加入するアフリカ統一機構加盟国は、加入書を委員長に寄託する。

第二八条（効力発生） この規約は、アフリカ統一機構加盟国の三分の二の批准書が寄託された日の後三〇日目の日に効力を生ずる。

第二九条（加盟承認） 1　いずれのアフリカ国家も、この規約の効力発生後いつでも、この規約への加入、及び連合の構成員として承認される意思を委員長に通告することができる。

2　委員長は、そのような通告を受領したときには、通告の謄本をすべての加盟国に送付する。加盟承認は、加盟国の過半数によって決定される。各加盟国の決定は、委員長に送付され、委員長は、必要な数の投票を受領したとき、当該決定を関係国に通知する。

第三〇条（停止） 憲法に違反する手段により政権を掌握した政府は、連合の活動へ参加することを許されない。

第三一条（改正及び修正） 1　いずれの加盟国も、この規約の改正案又は修正案を提出することができる。

2　改正案又は修正案は、委員長に提出され、委員長は、その改正案又は修正案を、受領の日から三〇日以内に加盟国に送付する。

3　会議は、執行理事会の助言に基づき、前項に従って加盟国が行う通告の日から一年以内に、これらの提案を検討しなければならない。

4　改正又は修正は、コンセンサスにより、又はコンセンサスに達しない場合には、三分の二の多数により会議が採択する。改正又は修正は、すべての加盟国によってそれぞれの憲法上の手続に従って行われる批准を条件とする。改正又は修正は、委員長に加盟国の三分の二の批准書が寄託された日の後三〇日目の日に効力を生ずる。

第三二条（経過規定及び最終規定） 1　この規約は、アフリカ統一機構憲章に代わるものである。ただし、同憲章は、アフリカ統一機構又はアフリカ経済共同体が、連合への資産及び責任の承継並びにそれに関するすべての事項につき必要な措置を採ることができるようにするために、この規約の効力発生後一年間の経過期間又は会議が決定した場合には一年以上の期間、引き続き有効とする。

2　この規約の規定は、アフリカ経済共同体設立条約の矛盾する又は相反する規定に優位し、これに代わるものである。

3　この規約の効力発生に基づき、この規約の規定を実施し、及び、上記の経過期間内に、この点について当事国が採択する命令又は決定に従って、この規約の下で規定された機関の設立を確保するために、すべての必要な措置を採る。

4　委員会の設立までの間、アフリカ統一機構の事務総局を、連合の暫定事務局とする。

5　アラビア語、英語、フランス語及びポルトガル語の四つの原本で作成され、それらをひとしく正文とする。この規約は、アフリカ統一機構事務総長に寄託し、効力発生後は、委員長に寄託する。委員長は、各署名国政府にこの規約の認証謄本を送付する。アフリカ統一機構事務総長及び委員長は、すべての署名国に、批准書又は加入書の寄託の日を通告し、この規約の効力発生時に、国際連合事務局にこれを登録する。

以上の証拠として、われらはこの規約を採択した。

二〇〇〇年七月一一日にトーゴ共和国のロメで作成した。

この議定書は、加盟国の三分の二の批准書が寄託された日の後三〇日目の日に効力を生ずる。この議定書は、二〇〇三年二月三日にエチオピア連邦民主共和国のアディス・アベバで開催された連合会議の第一回特別会期、及び二〇〇三年七月一一日にモザンビーク共和国のマプトで開催された連合会議の第二回通常会期にて採択された。

1 19　アフリカ連合平和安全保障理事会の設立に関する議定書（抜粋）

採　択　二〇〇二年七月九日（ダーバン）
効力発生　二〇〇三年一二月二六日

第二条（設立、性質及び構造） 1　アフリカ連合設立規約第五条2に従い、抗争の予防、管理及び解決のための常設的な決定機関として平和安全保障理事会を設立する。同理事会は、アフリカにおける抗争及び危機事態に対する適時かつ有効な対応を促進するための集団安全保障及び早期警戒の枠組みである。

2　平和安全保障理事会は、委員会、賢人パネル、アフリカ大陸早期警戒システム、アフリカ待機軍及び特別基金から援助を受ける。

第三条（目的） 平和安全保障理事会を設立する目的は次のとおりである。

a　生命及び財産の保護及び保全、アフリカ人民の福祉及びその環境、並びに持続可能な開発をもたらす条件の創出を確保するために、アフリカにおける平和、安全及び安定を促進すること。

b　紛争を予期し、予防すること。紛争が生じた状況では、平和安全保障理事会は当該紛争の解決のために平和創造及び平和構築の任務を引き受ける責任を負う。

c　平和を堅固にし、暴力の再発を防ぐために、平和構築及び紛争後の復興活動を促進し、実施すること

d　あらゆる側面おいて国際テロリズムを防止し、これと闘う際に、アフリカ大陸の努力を調整し、調和させること。

e　連合設立規約第四条dに従い、連合のための共通の防衛政策を発展させること。

f　紛争防止の努力の一環として、民主主義的実行、良い統治及び法の支配を促進し、推奨し、並びに人権及び基本的自由を保護し、人命の尊厳及び国際人道法を尊重すること。

第四条（原則）平和安全保障理事会は、設立規約、国際連合憲章及び世界人権宣言に記された諸原則を指針とする。特に次の諸原則を指針とする。

a　紛争及び抗争の平和的解決

b　危機的事態が本格的な抗争に発展するのを防ぐために、当該事態を封じ込める早期の対応

c　法の支配、基本的人権、基本的自由、人命の尊厳及び国際人道法の尊重

d　社会経済的な発展と人民及び国家の安全の間の相互依存

e　加盟国の主権及び領土保全の尊重

f　加盟国による他の加盟国の国内事項への不介入

g　加盟国間の主権平等及び相互依存

h　独立した存在に対する不可譲の権利

i　独立達成時に継承された国境の尊重

j　設立規約第四条hに従い、重大な状況、すなわち戦争犯罪、集団殺害及び人道に対する犯罪に関して、会議の決定に則って加盟国に干渉する連合の権利

k　設立規約第四条jに従い、平和と安全を回復するために連合の干渉を要請する加盟国の権利

第六条（任務）平和安全保障理事会は、次の分野において任務を遂行する。

a　アフリカにおける平和、安全及び安定の促進

b　早期警戒及び予防外交

c　斡旋、仲介、調停及び審査を含む平和創造

d　設立規約第四条h及びjに基づく平和支援活動及び介入

e　平和構築及び紛争後の復興

f　人道的行動及び災害管理

g　会議によって決定されるその他の任務

第七条（権限）1　委員長とともに、平和安全保障理事会は次のことを行う。

a　紛争及び抗争、並びに集団殺害及び人道に対する犯罪を発生させ得る政策を予期し及び防止すること。

b　発生した抗争を解決する平和創造及び平和構築の任務を引き受けること。

c　平和支援使節団の準備及び展開を授権すること。

d　上記の平和支援使節団の任務を含め、その行動のための一般的指針を定めること、及びこれらの指針の定期的な再検討を引き受けること。

e　設立規約第四条hに従い、重大な状況、すなわち関連する国際条約及び国際文書に定められた戦争犯罪、集団殺害及び人道に対する犯罪について、連合を代表して加盟国に干渉するよう会議に勧告すること。

f　設立規約第四条jにもとづき、会議の決定に従い、連合による加盟国への干渉のための方式を承認すること。

g　ロメ宣言に規定される通り、憲法に反する政府の変更が加盟国内で生じた場合は常に制裁を課すこと。

h　連合の共通防衛政策を実施すること。

i　テロリズムの防止及び撲滅に関するOAU条約並びにその他の関連する国際的、大陸的及び地域的な条約及び文書の実施を確保し、国際テロリズムを撲滅するための地域的及び大陸的な努力を調和及び調整すること。

j　アフリカにおける平和、安全及び安定の促進及び維持において、地域的メカニズムと連合の間の密接な調和、調整及び協力を促進すること。

k　連合と国際連合及びその専門機関並びに他の関連する国際機関との間での強固な「平和と安全のため連携」を促進及び発展させること。

l　連合の目的と優先事項の枠内において、平和と安全の分野における外部的なイニシアティブを実現することを確保するために必要となる政策及び行動を発展させること。

m　抗争予防責任の枠内において、民主的実行、良い統治、法の支配、人権及び基本的自由の保護及び加盟国による人命の尊厳と国際人道法の尊重の促進に向けた進展を監督すること。

n　軍備管理及び軍縮に関するアフリカ統一機構、アフリカ連合、国際連合その他の関連する国際協定及び条約の実施を促進し推奨すること。

o　加盟国の国家的独立と主権が、傭兵によるものも含む侵略行為によって威嚇される状況において、任務内において適切な行動を検討し、実施すること。

p　武力紛争又は大規模自然災害の状況において、人道的行動を支援し、促進すること。

q　自身の行為及びアフリカにおける平和と安全の状態について、議長を通じて、定期的な報告書を会議に提出すること。

r　アフリカ大陸における平和、安全及び安定の維持のために関係を有する他の如何なる問題についても決定すること、及び設立規約第九条2に従い、会議から移譲され得る権限を行使すること。

2　加盟国は、この議定書に基づく責務を遂行するにあたって、平和安全保障理事会が加盟国に代わって行動することに同意する。

3　加盟国は、設立規約に従い、平和安全保障理事会の決定を受諾し、かつ実施することに同意する。

2章 国家

本章の構成

第1節は国家の基本的な権利義務にかかわる国際文書を収めた。歴史的には条約が国家の要件を定めた例はまれであるが、一九三三年に米州諸国国際会議が採択した**モンテビデオ条約**（2 1）はその例であって、同条約第一条は国際法上の国家の要件を表すものとして多くの国際法教科書で引用されている。この条約はまた、国家承認の効果、国家の主権と平等、内外人平等待遇の規定などの点で、ラテンアメリカ諸国の主張を反映したことでも注目される。

第二次世界大戦後は、国家の国際法上の権利義務を一般的に規定する試みは、草案のまま終わった国際法委員会による「国家の権利義務に関する宣言草案」（一九四九年）以外には見られないが、一九七〇年の国連総会決議・友好関係宣言（1 2）は多くの点で国家の基本的な権利義務を規定しており、また一九七四年の総会決議・**経済権利義務憲章**（2 5）は、新国際経済秩序樹立に向けて経済の側面からこのことを行う。前者の決議は、国連憲章の解釈ないしは慣習国際法の表現としてしばしば援用されるのに対して、後者については一部の規定を不満とする先進国の多くが反対ないし棄権したため、その規定のどこまでが実定国際法を反映したものであるのかについては議論が分かれている。また、個別国家の権利義務を規定するユニークな試みとして、**スイス永世中立議定書**（2 12）および**オーストリア永世中立宣言**（2 13）があり、永世中立の古典的な事例となっている。

現代国際法は人民の自決権を軸にして国家の成立過程にかかわるようになっている。一九六〇年に国連総会が採択した**植民地独立付与宣言**（2 2）は国際人権規約（3 8、11）の共通第一条とともに、国際法上の自決権の確立に重要な役割を果たした。なお、冷戦終結後のソ連・東欧地域の混乱の中で生まれた新国家に対する西側諸国による対処方法として、**「新国家の承認の指針」**（2 3）が宣言されているので掲げておいた。また、総会が一九六二年に採択した**天然資源に対する永久的主権**（2 4）は、自決権の経済的側面を規定するものとして、この点に関する国際法の発展の基礎となった。なお、**香港に関する英中共同声明**（2 14）は、非植民地化が自決権ではなく旧領域国の主権の回復によって行われた例である。二〇二二年二月のロシアによるウクライナ侵略に関して、国連総会は緊急特別会期を開催して、侵略非難の決議ほか（13 17、18）、**ウクライナの領土保全決議**（2 16）を採択したので掲載した。それに先立つ二〇一四年にもロシア連邦に編入される前提となった**クリミアでの住民投票を無効とする決議**（2 15）を採択しているので（いずれについても安保理決議案は拒否権により否決された）掲載した。

自決権の確立は、伝統的国際法の時期からさまざまに議論されてきた国家承継の問題にも大きな影響を与えた。国際法委員会の草案に基づいて全権会議が一九七八年と一九八三年にそれぞれ採択した**条約承継条約**(2 6)と国家財産等承継条約は、とくに新独立国の扱いにおいてこのことを明白に示す。先進国の批判もあってこれらの条約は長年効力を発生しなかったが、前者は一九九六年に発効し、今ではこれらの条約の多くの規定は慣習法を反映したものと評価されている。

国家責任法も、国際社会の構造変化の大きな影響を受けた分野である。従来のこの分野における法典化の努力が、外国人の待遇に関する国際標準主義と内外人平等待遇主義の対立のためにすべて失敗に終わったことにかんがみ、国際法委員会は一九六〇年代に方針を転換して、その違反が国家責任を生じる第一次規則とは区別される第二次規則としての責任の法自体を対象として作業を続け、二〇〇一年に**国家責任条文**(2 9)の草案を採択した。国連総会は二〇〇二年一月に採択した決議五六/八三で、将来の行動を損なわないとしながら本条文を「テーク・ノート」するに留めたが、すでにその規定の多くは学説や裁判例に少なくない影響を与えているので、ここにはその全文を収録する。なお、一九九六年までに国際法委員会が採択した国家責任に関する暫定条文草案(第一読)のうち、二〇〇一年の国家責任条文案で削除された第一一条および第一九条から第二一条並びに第二五条の規定については、今日でもしばしば議論に上るので参考として掲げ、国家責任条文案で同一の文言が採用された規定については、対応する条項に*を付して言及しておいた。また、二〇一一年には国連総会は決議六六/一〇〇により**国際機関の責任に関する条文(国際機関責任条文)**(2 10)の草案をテーク・ノートした。これは国家責任条文とのパラレリズムを基礎に構成されたものだが、国際機関と内部機関や構成国との間の行為の帰属や責任について国際機関特有の問題もあり、講学上関心の高い規定を抜粋した。なお、国際違法行為に対する請求の重要な事例として外交的保護権の行使が挙げられるが、慣習法に任せられていたこの分野についても、国際法委員会は法典化作業を進め、二〇〇六年には**外交的保護条文**(2 11)の第二読を採択し、同年の国連総会は本条文をテーク・ノートする決議を採択した。

国際法委員会の法典化作業は国家免除の分野でも進展している。この分野では世界経済における市場経済の優位を背景として、先進資本主義国が主張する制限(相対的)免除主義が発展途上国や旧社会主義国の多くが支持してきた絶対免除主義を圧倒しつつある。国際法委員会が一九九一年に採択した草案に基づき、総会が一〇年を超える審議によって二〇〇四年に採択した**国連国家免除条約**(2 7)は、このような国家実行の発展を考慮に入れたものである。この免除条約を受けて、日本における民事裁判権の免除範囲を明確にした国内法である**対外国民事裁判権法**(2 8)が制定・発効したのでここに収録する。

第2節は個別国家の法的地位にかかわる文書を収めたが、特に第3節では、**日本国憲法**(2 17)を収録する。憲法は国の統治の基本法であるだけでなく、同時に国の国際的地位の基本原則(前文、第九条)、国際法と国内法の関係(第九八条2)、外交関係の処理と条約の締結(第七三条二号、三号)など国際法の研究と学習にとっても不可欠な多くの規定を含んでおり、また、第三章「国民の権利及び義務」は人権の国際的保護(本書第3章、参照)の文脈でもしばしば言及されるからである。

第1節 基本的文書

21 国の権利及び義務に関する条約(モンテビデオ条約)(抄)

署　名 一九三三年一二月二六日(モンテビデオ)
効力発生 一九三四年一二月二六日

第一条【国の要件】国際法人格としての国は、次の要件を有するべきである。

a 永続的住民
b 確定した領域
c 政府
d 他の国と関係を取り結ぶ能力

第二条【連邦国】連邦国は、国際法上単一の人格をなす。

第三条【未承認国の地位】国の政治的存在は、他の国による承認にはかかわらない。承認の以前においても、国はその統一及び独立を擁護し、並びにその保存及び繁栄を追求する権利を有し、したがって、自国を望むままに組織し、その利害について立法し、その役務について行政し、並びにその裁判所の管轄権及び権限について定める権利を有する。

これらの権利の行使は、他の国が国際法に従って行う権利の行使以外に、いかなる制約にも服さない。

第四条【国の平等】国は、法的に平等であって同一の権利を有し、及び権利の行使において同一の能力を有する。各々の国の権利は、その行使を確保するためにそれが有する能力に依存するものではなく、もっぱらそれが国際法人格であるという事実自体に依存する。

第五条【国の基本権の不可譲性】国の基本権は、いかなる方法によっても損なわれるものではない。

第六条【承認の意味】国の承認はもっぱら、承認国が被承認国の人格を国際法が定めるすべての権利義務を伴うものとして受諾することを意味する。承認は無条件であり、撤回することができない。

第七条【承認の方式】国の承認は、明示的であると黙示的であるとを問わない。黙示的承認は、新国家を承認する意図を含むいかなる行為からも生じる。

第八条【不干渉】いかなる国も、他の国の国内又は対外の事項に干渉する権利を有しない。

第九条【内外人の平等】領域内における国の管轄権は、すべての住民に及ぶ。

国民及び外国人は、法の同一の保護を受け、並びに国の当局及び外国人は、国民の権利以外の権利及びそれ以上の権利を主張することはできない。

第一〇条【紛争の平和的解決】国の第一の利益は、平和の保持にある。国の間に生じるいかなる性質の不和も、承認された平和的手段によって解決されるべきである。

第一一条【力による領域取得等の不承認】締約国は、武力の使用であると脅迫的な外交的抗議であるとその他の何らかの効果的な強制的措置であるとを問わず、力によってもたらされた領域の取得又は特別の利益を承認しないという厳格な義務を、行為規則として明確に確立する。国の領域は不可侵であり、直接又は間接に若しくはいかなる動機によるものであっても、一時的にさえ他の国の軍事占領又はその他の力による措置の対象とされることはない。

第一二条【他の条約上の義務の優先】この条約は、締約国が国際協定によってそれ以前に引き受けた義務に影響を及ぼさない。

第一三～一六条(略)

22 植民地諸国、諸人民に対する独立付与に関する宣言(植民地独立付与宣言)

採　択 一九六〇年一二月一四日
国際連合総会第一五回会期決議一五一四(XV)

総会は、

前　文(一部略)

いかなる形式及び表現を問わず、植民地主義を急速かつ無条件に終結せしめる必要があることを厳粛に表明し、

この目的のために、

次のことを宣言する。

一 外国による人民の征服、支配及び搾取は、基本的人権を否認し、国際連合憲章に違反し、世界の平和及び協力の促進に障害となっている。

二 すべての人民は、自決の権利を有する。この権利に基づき、すべての人民は、その政治的地位を自由に決定し、並びにその経済的、社会的及び文化的発展を自由に追求する。

三 政治的、経済的、社会的又は教育的準備が不十分なことをもって、独立を遅延する口実としてはならない。

四 従属下の人民が完全な独立を達成する権利を、平和にかつ自由に行使しうるようにするため、かれらに向けられたすべての武力行動又はあらゆる種類の抑圧手段を停止し、かつかれらの国土の保全を尊重する。

五 信託統治地域及び非自治地域又はまだ独立を達成していない他のすべての地域において、これらの地域の住民が完全な独立及び自由を享受しうるようにするため、なんらの条件又は留保もつけず、その自由に表明する意思及び希望に従い、人種、信条又は皮膚の色による差別なく、すべての権力をかれらに

委譲するため、速やかな措置を講じる。

六　国(country)の国民的統一及び領土保全の一部又は全部の破壊をめざすいかなる企図も、国際連合憲章の目的及び原則と両立しない。

七　すべての国は、平等、あらゆる国の国内問題への不干与、並びにすべての人民の主権的権利及び領土保全の尊重を基礎とする、国際連合憲章、世界人権宣言、及び本宣言の諸条項を誠実にかつ厳格に遵守する。

23　東欧及びソヴィエト連邦における新国家の承認に関する指針(抄)

採　択　一九九一年一二月一六日
欧州共同体及び加盟国閣僚会合

欧州理事会の要請に従って、閣僚たちは、新国家との関係に関する取組方法を策定する目的で、東欧及びソヴィエト連邦における事態の進展を評価してきた。

この点で閣僚たちは、東欧及びソヴィエト連邦における正式な承認に関する以下の指針を採択した。

「(略)

共同体及びその加盟国は、これらの新国家の承認の過程について、以下のことを必要とする共通の立場をとる。

――国際連合憲章の諸規定並びにヘルシンキ最終決定書及びパリ憲章においてなされた約束で、特に、法の支配、民主主義及び人権に関してなされた約束の尊重、

――欧州安全保障協力会議の枠組みにおいてなされた約束に従って、民族的及び国民的集団並びに少数者の権利を保障すること、

――平和的手段及び共通の合意によってのみ変更され得るすべての境界線の不可侵の尊重、

――軍備縮小及び核の不拡散並びに安全保障及び地域的安定に関するすべての約束の受諾、

――国家承認及び地域的紛争に関するすべての問題を、適切な場合には仲裁に訴えることを含め、合意により解決することの約束。

共同体及びその加盟国は、侵略の結果として生まれた実体を承認しない。共同体及びその加盟国は、近隣諸国に及ぼす承認の効果を考慮する。

これらの原則への約束が、共同体及びその加盟国による承認及び外交関係の開設に道を開く。それは協定で定めることも可能である。」

24　天然資源に対する永久的主権

採　択　一九六二年一二月一四日
国際連合総会第一七回会期決議一八〇三(XVII)

総会は、

前　文(略)

次のことを宣言する。

一　天然の富と資源に対する永久的主権への人民及び民族の権利は、彼らの国家的発展と関係国人民の福祉のために行使されねばならない。

二　このような資源の探査、開発及び処分、並びにこれらの目的のために必要とされる外国資本の輸入は、人民及び民族がこのような活動の認可、制限又は禁止に関して、必要又は望ましいと自由に考える規則及び条件に従わねばならない。

三　認可が与えられる場合、輸入された資本及びその資本による所得は、その認可の条件、施行されている国内法及び国際法によって規律される。得られた利潤は、受入国の天然の富と資源に対する主権を、いかなる理由によっても損なうことがないよう適切な考慮を払いつつ、投資家と受入国の間で各々の場合に自由に協定される割合に従って分けられねばならない。

四　国有化、収用又は徴発は、国内国外を問わず純粋に個人的又は私的な利益に優越すると認められる、公益、安全又は国家的利益の根拠又は理由に基づくものとする。このような場合には、所有者は、主権の行使としてこのような手段をとる国家で施行されている規則に従い、かつ国際法に従って、適当な補償を支払われる。補償の問題が紛争を生じたときはいつでも、このような手段をとった国家の国内裁判手続が完了されるものとする。しかしながら、主権国家と他の関係当事者の合意が存在する場合には、紛争の解決は仲裁又は国際裁判によって行われねばならない。

五　天然資源に対する人民及び民族の主権の自由かつ有利な行使は、主権平等に基づいた諸国家の相互尊重によって促進されねばならない。

六　発展途上国の経済開発のための国際協力は、公的若しくは私的な資本投資、商品及び役務の交換、技術援助、又は科学的情報の交換のいずれの形式をとるかを問わず、発展途上国の独立した国家的発展を助長するものとし、また天然の富と資源に対するこれら諸国の主権の尊重に基づくものとする。

七　天然の富と資源に対する主権への人民及び民族の権利の侵害は、国際連合憲章の精神及び原則に違反し、国際協力の発展及び平和の維持を妨げる。

八　主権国家によって、又は主権国家の間で自由に締結された外国投資協定は、誠実に遵守される。国家及び国際機構は、憲章及び本決議に示された原則に従って、天然の富と資源に対する人民及び民族の主権を、厳格にかつ良心的に尊重する。

25　諸国家の経済的権利義務に関する憲章（経済権利義務憲章）

採　択　一九七四年一二月一二日
国際連合総会第二九回会期決議三二八一(XXIX)

前　文（略）

第一章　国際経済関係の基礎

諸国家間の経済的、政治的及びその他の諸関係は、特に次の諸原則によって規律される。

(a) 諸国家の主権、領土保全及び政治的独立
(b) すべての国家の主権平等
(c) 不侵略
(d) 不干渉
(e) 相互的かつ衡平な利益
(f) 平和共存
(g) 人民の同権及び自決
(h) 紛争の平和的解決
(i) 力によってもたらされ、国家からその正常な発展に必要な天然の手段を奪う不正の除去
(j) 国際的義務の誠実な履行
(k) 人権及び基本的自由の尊重
(l) 覇権及び勢力圏追求を試みないこと
(m) 国際的な社会正義の促進
(n) 発展のための国際協力
(o) 上記諸原則の範囲内における内陸国の海への及び海からの自由なアクセス

第二章　諸国家の経済権利義務

第一条【社会経済体制を自由に選択する権利】すべての国家は、どのような形であれ、外部からの干渉、強制又は威嚇を受けることなく、その人民の意思に従い、政治的、社会的及び文化的並びに経済的体制を選択する主権的かつ不可譲の権利を有する。

第二条【天然資源に対する永久的主権、国有化】1　すべての国家は、そのすべての富、天然資源及び経済活動に対し、それらを所有し、使用し及び処分することを含む完全な永久的主権を有し、かつこれを自由に行使する。

2　すべての国家は、次の権利を有する。

(a) 自国の法令に基づき、また自国の国家的な目的及び優先順位に従い、その国家管轄権内において、外国投資を規制し、それに対し権限を行使すること。いかなる国家も外国投資に対し特恵的待遇を与えることを強制されない。

(b) 自国の国家管轄権内において、多国籍企業の活動を規制し及び監督し、またそのような活動がその国家の法令及び規則を遵守し、かつ自国の経済社会政策に合致することを確保するための措置をとること。多国籍企業は受入国の内政に干渉してはならない。いかなる国家もその主権に十分な考慮を払いつつ、本項に定める権利を行使するに当たっては、他の国家と協力するべきである。

(c) 外国人資産を国有化し、収用し、又はその所有権を移転すること。ただし、その場合には、そのような措置をとる国家は、自国の関連法令及び自国が適切と認めるすべての事情を考慮して適当な補償を支払わねばならない。補償問題で紛争が生じた場合はいつでも、その紛争は、国有化を行う国の国内法に基づき、かつその裁判所によって解決される。ただし、すべての関係国が諸国家間の主権平等の基礎の上にたち、かつ手段の選択の自由の原則に従い他の平和的手段を追求することにつき自由にかつ相互間で合意した場合は、この限りではない。

第三条【共有天然資源】二又はそれ以上の国家が共有する天然資源の開発に当たっては、すべての国家は、他の国家の正当な利益を損なうことなく、このような資源の最適利用を実現するために、情報及び事前協議のシステムに基づく協力を行わなければならない。

第四条【貿易上の無差別原則】すべての国家は、政治的、経済的及び社会的体制の相違にかかわらず、国際貿易及びその他の経済協力を行う権利を有する。いかなる国家もそのような相異のみに基づくいかなる種類の差別をも課せられることはない。すべての国家は、国際貿易及びその他の経済協力を遂行する上で、外国との経済関係の組織形態を選択し、かつその国際的義務及び国際経済協力の必要に従った二国間又は多数国間取極を締結する自由を有する。

第五条【一次産品生産国機構】すべての国家は、その国民経済を発展させ、発展のための安定した財源を確保し、及びその目的を達成するに当たって世界経済の持続的な成長を援助し、特に発展途上国の発展を促進するために、一次産品生産国機構を結成する権利を有する。これに対応してすべての国家は、この権利を制約する経済的及び政治的措置の適用を慎むことによって、この権利を尊重する義務を有する。

第六条【商品協定】特に取決めによって、及び適切な場合には長期の多数国間商品協定を締結することによって、並びに生産者及び消費者の利益を考慮して、

国際商品貿易の発展に貢献することは国家の義務である。すべての国家は、安定した採算のとれる衡平な価格で取引されるすべての商品の規則正しい流通及びアクセスを促進し、こうして特に発展途上国の利益を考慮して世界経済の衡平な発展に貢献する責任を共有する。

第七条【国内資源の動員】すべての国家は、その人民の経済的、社会的及び文化的発展を促進する第一次的責任を有する。このため、すべての国家は、その発展の手段及び目標を選択し、その資源を十分に動員しかつ利用し、進歩的な経済的及び社会的改革を実施し、その人民を発展の過程及び利益に十分参加させることを確保する権利及び責任を有する。すべての国家は、個別的及び集団的に、このような動員及び利用を妨げる障害を除去するため協力する義務を有する。

第八条【衡平な国際経済関係】国家は、より合理的かつ衡平な国際経済関係を促進するため、及びすべての国家特に発展途上国の必要及び利益と調和した均衡のとれた世界経済における構造的変革を助長するために協力すべきであり、このための適当な措置をとるべきである。

第九条【発展途上国の発展に対する協力】すべての国家は、経済、社会、文化、科学及び技術の諸分野において、世界全体特に発展途上国の経済的及び社会的進歩の促進のため協力する責任を有する。

第一〇条【国際経済政策決定過程への参加】すべての国家は、法的に平等であり、国際社会の平等な構成員として、世界的な経済、金融及び通貨上の諸問題の解決、特に現行の及び形成中の規則に従いつつ、適当な国際機構を通じての解決のための国際的な政策決定過程に十分かつ効果的に参加し、それから生ずる利益を衡平に共有する権利を有する。

第一一条【国際経済機構の改革】すべての国家は、すべての国家特に発展途上国の一般的な経済的進歩を促進する諸措置を実施するに当たって、国際機構の効率を強化し、それを継続的に改善するよう協力すべきであり、したがって、適当な場合には、国際経済協力の変化する必要に対してこれらの諸措置を適応させるよう協力すべきである。

第一二条【地域協力機構】1　国家は、関係当事国との合意に従い、経済的、社会的発展を追求するに当たって小地域的、地域的及び地域間協力に参加する権利を有する。このような協力を行うすべての国家は、その属している諸グループの政策が、本憲章の諸条項に適合し、それが外向的であり、かつその国際的義務及び国際的経済協力の必要と両立し、かつ第三国特に発展途上国の正当な利益を十分尊重するよう確保する義務を有する。

2　関係諸国が本憲章の範囲内の諸事項に関し、ある一定の権限を移譲したか又は移譲することがあるグループの場合には、本憲章の諸条項は、これらの諸事項に関し当該グループの構成員としての諸国家の責任に従い、当該グループにも適用される。これらの諸国は、当該グループが本憲章の諸条項を遵守するように協力する。

第一三条【科学技術の移転】1　すべての国家は、その経済的及び社会的発展の促進のために科学技術の進歩及び発展から利益を受ける権利を有する。

2　すべての国家は、特に技術の所有者、提供者及び受益者の権利義務を含むすべての正当な利益に適切な考慮を払って、国際的な科学技術協力及び技術移転を促進すべきである。特に、すべての国家は、発展途上国の経済及び必要に見合った形式及び手続に従い、発展途上国の利益のために、発展途上国の現代科学技術の成果へのアクセス、技術移転及び発展途上国固有の技術の創造を容易ならしめるべきである。

3　したがって、先進国は、発展途上国の経済の拡大及び変革を援助するために、その科学的及び技術的基盤の確立、強化及び発展のために、並びにその科学研究及び技術活動のために、発展途上国と協力すべきである。

4　すべての国家は、発展途上国の利益を十分考慮して、国際的に受け入れられた技術移転のための指針又は規則を更に発展させるための研究に協力すべきである。

第一四条【世界貿易の拡大】すべての国家は、世界貿易の着実かつ一層の拡大及び自由化を促進し、並びにすべての人民、特に発展途上国の人民の福祉及び生活水準の改善を促進するために協力する義務を有する。したがってすべての国家は、特に貿易障壁の漸進的な撤廃及び世界貿易を規律する国際的な枠組みの改善のために協力すべきであり、これらの目的のために、発展途上国に特有の貿易上の諸問題を考慮して、すべての国の貿易上の諸問題を衡平な方法で解決するために、協調的な努力を行うものとする。このこととの関連において、国家は、可能な最大限において発展途上国に利害関係がある産品の市場アクセスの条件を実質的に改善することにより、及び適切な場合には一次産品の安定した衡平な採算のとれる価格を達成するための措置をとることによって、発展途上国の発展のための必要性、これら諸国が世界貿易の参加する可能性の改善、及びこの拡大から生じる利益へのこれら諸国へのより有利な配分を考慮して、発展途上国の外貨収入の実質的な増大、輸出の多様化及び貿易成長率の上昇を達成するために、発展途上国の国際貿易のために追加的利益を確保することを目的とする措置をとる。

第一五条【軍縮による余剰資源】すべての国家は、実効的な国際管理の下における全面完全軍縮の達成を促進し、発展途上国の発展の必要のための追加的手段として、実効的な軍縮措置により解放された資源の相当部分を配分しつつ、このような資源を諸国家の経済的及び社会的発展に利用する義務を有する。

第一六条【植民地主義等の撤廃】1 すべての国家は、発展のための前提条件として、植民地主義、アパルトヘイト、人種差別、新植民地主義、あらゆる形態の外国による侵略、占領、支配、並びにこれらから生ずる経済的及び社会的結果を、個別的及び集団的に撤廃する権利及び義務を有する。このような強制的な政策を遂行する国家は、その影響を受けた諸国、地域及び人民に対して、これら諸国、地域及び人民が有する天然資源及びその他のすべての資源の搾取、涸渇及び損害に対する返還及び完全な補償を行う経済的責任を有する。これら諸国、地域及び人民への援助を行うことはすべての国家の義務である。

2 いかなる国家も、力によって占領された地域の解放の障害となることのある投資を促進し又は助長する権利を有しない。

第一七条【発展のための国際協力】発展のための国際協力は、すべての国の共有の目的であり共通の義務である。すべての国家は、発展途上国の必要と諸目的に従い、国家の主権平等を厳守し、かつその主権を侵害するいかなる条件をも付することなく、発展途上国に有利な外的条件を付与し、また積極的な援助を行うことにより、その経済的及び社会的発展を促進するために協力すべきである。

第一八条【特恵の拡大】先進国は、権限を有する国際機構の枠内において本件に関して採択された関連の合意された結論及び関連決定に従い、発展途上国に対し一般的な非互恵的かつ無差別の関税特恵制度を供与し、改善し及び拡大すべきである。先進国はまた、発展途上国の貿易及び発展の必要をみたすため、可能かつ適当な分野において、特別かつより有利な待遇を与えることのできる方法で、その他の差別的優遇措置を採択することに真剣な考慮を払うべきである。国際経済関係を処理する上で、先進国は一般的特恵及び発展途上国に有利なその他の一般的に合意された差別的優遇措置によって促進される発展途上国の国民経済の発展に否定的な効果を与える措置をとることを避けるために努力すべきである。

第一九条【全分野への特恵拡大】先進国は可能な場合には、発展途上国の経済成長を促進し、先進国と発展途上国間の経済格差を縮小するために、国際経済協力の分野において、発展途上国に対し、一般的、非互恵的かつ無差別の特恵待遇を与えるべきである。

第二〇条【発展途上国と社会主義諸国間の貿易拡大】発展途上国は、その全般的な貿易増大の努力を行うに当たり、先進市場経済諸国に対し通常供与しているものよりも不利でない貿易上の条件を供与することにより、社会主義諸国との貿易拡大の可能性に妥当な注意を払うべきである。

第二一条【発展途上国間特恵】発展途上国は、相互間の貿易拡大を促進する努力を行うべきであり、この目的のために、一般的な貿易の自由化及び拡大の障害とならないことを条件として、適用可能な現行の及び形成中の国際協定の規定及び手続に従い、かつ先進国に当該特恵を供与することを義務づけられることなく、他の発展途上国に貿易上の特恵を与えることができる。

第二二条【資金援助】1 すべての国家は、発展途上国の経済的及び社会的発展を促進するための努力を補強するために、関係国が引受けた義務及び約束を考慮して、すべての資金源からの発展途上国への実際の資金援助の純額を拡大するよう促進することにより、一般的に承認され又は相互間で合意される発展途上国の発展の必要と諸目的に応ずるべきである。

2 これとの関連で先進国は、前記の諸目的に従い、かつ本分野において引受けたすべての義務及び約束を考慮して、発展途上国に対し公的資金源よりの資金援助の純額を増加し、かつその条件を改善することに努力すべきである。

3 発展援助のための資源の移転には、経済的及び技術的援助を含めるべきである。

第二三条【発展途上国間協力】発展途上国は、発展途上国自身の資源を一層効果的に動員するために、経済的及び社会的発展を促進する目的で経済協力を強化し相互貿易を拡大すべきである。すべての国家、特に先進国は、個別的に、また自国が加盟している権限を有する諸国際機構を通じて、適切かつ効果的な支援と協力を行うべきである。

第二四条【第三国への配慮】すべての国家は、他国の利益を考慮に入れつつ相互の経済関係を処理する義務を有する。特に、すべての国家は、発展途上国の利益を阻害することを避けるべきである。

第二五条【後発展途上国等】世界経済の発展を促進するに当たって、国際社会、特に先進国は、後発発展途上国、発展途上内陸国及び発展途上島嶼国がその特有の困難を克服し、もってその経済的及び社会的発展に貢献することを援助するために、これらの国の特有の諸問題に特別な配慮を払うべきである。

第二六条【体制が異なる諸国間の貿易】すべての国家は、政治的、経済的、社会的及び文化的な体制の相違に関わりなく寛容をもって共存し、互いに平和に生活する義務、並びに異なった経済的及び社会的体制を有する諸国間の貿易を促進する義務を有する。国際貿易は、互恵、衡平な利益及び最恵国待遇の交換を基礎として、発展途上国のための一般的、非差別的及び非互恵的な特恵を損なうことなく行われるべきである。

第二七条【貿易外取引】1 すべての国家は、世界の貿易外取引の利益を十分享受し、このような取引の拡大に参加する権利を有する。

2 効率性及び互恵的かつ衡平な利益に基づき、世界経済の拡大を促進する世界の貿易外取引は、すべての国家の共通の目標である。世界の貿易外取引における発展途上国の役割は、発展途上国の特別の必要性に特に注意を払って、右の諸目標と両立しつつ向上され強化されるべきである。

3　すべての国家は、各々の発展途上国の潜在力及び必要性に従い、かつ右の諸目標と両立して、貿易外取引からの外貨獲得能力を増大させるための発展途上国の努力に協力すべきである。

第二八条【価格インデクセーション】すべての国家は、生産者にとって採算がとれ生産者と消費者にとって衡平な方法で、発展途上国にとって正当かつ衡平な交易条件を促進するために発展途上国の輸入品価格に対する輸出品価格の調整を達成するために協力する義務を有する。

第三章　国際社会に対する共通の責任

第二九条【海底資源開発】国家管轄権の範囲を越える海底、海床及びその地下は、この区域の資源とともに、人類の共同の財産である。一九七〇年一二月一七日の決議二七四九(XXV)において国際連合総会が採択した原則に基づき、すべての国家は、この区域の探査及びその資源の開発が平和目的のためにのみ行われ、かつ、そこから得られる利益が発展途上国の特別な利益と必要性を考慮に入れつつすべての国家により衡平に分配されるよう確保する。この区域及びその資源に適用されその規定を実施する適当な国際的機構を含む国際制度は、一般的に合意された普遍的性格を有する国際条約によって設立される。

第三〇条【環境保全】現在及び将来の世代のために環境を保護し、保全し改善することは、すべての国家の責任である。すべての国家は、このような責任に従って自国の環境政策及び発展政策の確立のため努力する。すべての国家の環境政策は、発展途上国の現在及び将来の発展の潜在力を高めるべきであり、それを損なうべきではない。すべての国家は、自国の管轄又は管理下における活動が、他国の環境又は国家管轄権の範囲外の区域の環境に損害を与えないように確保する責任を有する。すべての国家は、環境の分野における国際的規範及び規則を発展させるために協力すべきである。

第四章　最終規定

第三一条【相互依存】すべての国家は、先進国の福祉と発展途上国の成長及び発展との間の密接な相互関係、及び国際社会全体の繁栄はその構成員の繁栄に依存していることに正当な考慮を払って、世界経済の均衡のとれた拡大に貢献する義務を有する。

第三二条【経済的及び政治的強制の禁止】いかなる国家も、他の国家の主権的権利の行使を自国に従属させるために、経済的、政治的又はその他のいかなる形であれ他国を強制する措置の使用又は使用の奨励をしてはならない。

第三三条【本憲章の解釈】1　本憲章のいかなる条項も、国際連合憲章の規定若しくはそれに従って取られる行動を害し又はそれから逸脱するものと解釈してはならない。

2　本憲章の諸規定は、その解釈及び適用に関しては相互に関連しており、各々の規定は他の諸規定にてらして解釈されるべきである。

第三四条【再検討】諸国家の経済権利義務憲章に関する議題を、第三〇回国際連合総会及びそれ以後五会期ごとの総会の議題に含める。このような方法によって、進捗状況及び必要となる規定の改善及び追加を含む本憲章の履行状況の検討が系統的かつ包括的に行われ、また適当な措置が勧告されることとなる。このような検討においては、本憲章が基礎をおく諸原則及び本憲章の目的と関連するすべての経済的、社会的、法的及びその他の要素の動向を考慮に入れるべきである。

26　条約についての国家承継に関するウィーン条約(条約承継条約)

採　択　一九七八年八月二二日(ウィーン)
効力発生　一九九六年一一月六日
日本国

前　文

この条約の締約国は、

非植民地化の過程によってもたらされた国際社会の深遠な変化を考慮し、

将来においてはその他の要因が国家承継の事例をもたらすかも知れないことをも考慮し、

こうした状況において、国際関係におけるより大きな法的安定性を確保するための手段として、条約についての国家承継に関する諸規則を法典化し及び漸進的に発達させることの必要性を確信し、

自由意思による合意の原則及び信義誠実の原則並びに「合意は守られなければならない」の原則が普遍的に認められていることに留意し、

一般的多数国間条約であって、国際法の法典化及び漸進的発達を取り扱いかつ国際社会全体の利益を趣旨及び目的とするものを一貫して遵守することは、平和及び国際協力の強化にとって特別に重要であることを強調し、

人民の同権及び自決の原則、すべての国の主権平等及び独立の原則、国の国内問題への不干渉の原則、武力の行使及び武力による威嚇の禁止の原則、並びにすべての者のための人権及び基本的自由の尊重及び遵守の原則のような、国際連合憲章に具現された国際法の諸原則に留意し、

国際連合憲章は、すべての国の領土保全及び政治的独立の尊重を求めていることを想起し、一九六九年の条約法に関するウィーン条約の諸規定に留意し、
同条約の第七三条にも留意し、
国家承継から生じうるものを除く条約法上の問題は、一九六九年の条約法に関するウィーン条約に具現されている国際慣習法の諸規則を含む、国際法の関連規則によって規律されることを確認し、
この条約により規律されない問題については、引き続き国際慣習法の諸規則により規律されることを確認して、
次のとおり協定した。

第一部 一般規定

第一条(この条約の適用範囲) この条約は、国の間の条約に関する国家承継の効果について適用する。

第二条(用語) 1 この条約の適用上、
(a) 「条約」とは、国の間において文書の形式により締結され、国際法によって規律される国際的な合意(単一の文書によるものであるか関連する二以上の文書によるものであるかを問わず、また、名称のいかんを問わない。)をいう。
(b) 「国家承継」とは、領域の国際関係についての責任の一国から他国への引継ぎをいう。
(c) 「先行国」とは、国家承継の発生に際して他国により引継がれた国をいう。
(d) 「承継国」とは、国家承継の発生に際して他国を引継いだ国をいう。
(e) 「国家承継の日」とは、国家承継が関連する領域の国際関係についての責任を承継国が先行国から引継いだ日をいう。
(f) 「新独立国」とは、承継国であって、その領域が国家承継の日の直前においては、先行国がその国際関係について責任を負う従属地域であったものをいう。
(g) 「承継の通告」とは、多数国間条約に関して承継国が行うなんらかの通告であって、その条約により拘束されるとみなされることへの同意を表明するもの(その表現又は名称のいかんを問わない。)をいう。
(h) 「全権委任状」とは、承継の通告又はこの条約に基づく他のなんらかの通告に関して国の権限ある当局の発給する文書であって、承継の通告又は、場合によっては、他の通告を行うために国を代表する一又は二以上の者を指名しているものをいう。
(i) 「批准」、「受諾」及び「承認」とは、それぞれ、そのように呼ばれる国際的な行為をいい、条約に拘束されることについての国の同意は、これらの行為により国際的に確定的なものとされる。
(j) 「留保」とは、国が、条約の特定の規定の自国への適用上その法的効果を排除し又は変更することを意図して、条約への署名、条約の批准、受諾若しくは承認又は条約への加入の際に、又は条約承継の通告を行う際に、単独に行う声明(用いられる文言及び名称のいかんを問わない。)をいう。
(k) 「締約国」とは、条約(効力を生じているかいないかを問わない。)に拘束されることに同意した国をいう。
(l) 「当事国」とは、条約に拘束されることに同意し、かつ、自国について条約の効力が生じている国をいう。
(m) 「他の当事国」とは、承継国との関係において、その国家承継が関連する領域に関する国家承継の日に有効である条約の当事国であって先行国以外のものをいう。
(n) 「国際機関」とは、政府間機関をいう。
2 この条約における用語につき規定する1の規定は、いずれの国の国内法におけるこれらの用語の用法及び意味にも影響を及ぼすものではない。

第三条(この条約の範囲に入らない場合) この条約が国と国以外の国際法上の主体の間に締結される国際的な合意又は文書の形式によらない国際的な合意についての国家承継に適用されないということは、次の事項に影響を及ぼすものではない。
(a) この条約に規定されている規則のうちこの条約との関係を離れ国際法に基づきこれらの合意を規律する規則のこれらの合意についての適用
(b) 国及び国以外の国際法上の主体が当事者となっている国際的な合意についての国家承継の効果に関して、国の間の関係へのこの条約の適用

第四条(国際機関を設立する条約及び国際機関内において採択される条約) この条約は、次の条約に関する国家承継の効果について適用する。
(a) 国際機関の設立文書である条約。ただし加盟国の地位の取得に関する規則及びその機関の他のいかなる関連規則の適用を妨げるものではない。
(b) 国際機関内において採択される条約。ただしその機関のいかなる関連規則の適用を妨げるものではない。

第五条(条約とは独立に国際法によって課せられる義務) この条約の適用の結果、ある条約がある国に関して効力を有するものとはみなされないという事実は、その条約中に具現されている義務であって、条約との関係を離れ国際法に基づき従うべきものを履行するその国の義務を、いかなる方法においても害しない。

第六条(この条約が対象とする国家承継の場合) この条約は、国際法及び特に国際連合憲章中に具現された国際法の諸原則に合致して生じる国家承継の効果についてのみ適用される。

第七条(この条約の時間的適用) 1 この条約は、別段の合意が行われる場合を除いて、この条約の効力発生の後に生じる国家承継についてのみ適用する。ただし、この条約に規定されている規則のうちこの条

約との関係を離れ国際法に基づき国家承継の効果について規律する規則の適用を妨げるものではない。

2　承継国は、この条約により拘束されることへの同意を表明する時に又はその後のいずれの時にも、この条約の規定を、それが効力を生じる前に発生した自国の国家承継に関して、承継国の宣言を受諾する宣言を行うこの条約の他のいずれかの締約国又は当事国との関係に適用する旨の宣言を行うことができる。宣言を行う国の間における条約の効力発生又は受諾の宣言のうち、いずれかが後に生じたことをもって、この条約の規定はその国家承継の日から国家承継の効果に適用される。

3　承継国は、署名の時又はこの条約により拘束されることへの同意を表明する際に、この条約の規定を、それが効力を生じる前に発生した自国の国家承継に関して、承継国の宣言を受諾する宣言を行う他のいずれかの署名国又は締約国との関係に暫定的に適用する旨の宣言を行うことができる。受諾の宣言が行われたことをもって、それらの規定は、その国家承継の日から国家承継の効果に暫定的に適用される。

4　2及び3の規定に基づいて行われるすべての宣言は、寄託者に通報される書面の通告に記載されるものとし、寄託者は通報された通告及びその文言をこの条約の締約国及び締約国となる資格を有する国に対して通知する。

第八条（条約上の義務又は権利を先行国から承継国に引継ぐための協定）1　国家承継の日にある領域に関して有効であった諸条約に基づく先行国の義務又は権利は、先行国と承継国とが、そのような義務又は権利が承継国に引継がれるべきことを定める協定を締結したという事実のみの結果として、それらの条約の他の当事国に対する承継国の義務又は権利となるものではない。

2　そのような協定の締結にもかかわらず、その国家承継の日に当該領域に関して有効であった諸条約に関する国家承継の効果は、この条約によって規律する。

第九条（先行国の条約に関して承継国が単独に行う宣言）1　国家承継の日にある領域に関して有効であった諸条約に基づく義務又は権利は、承継国が、その領域に関する諸条約の効力継続を定める宣言を単独に行ったという事実のみの結果として、承継国又はそれらの条約の他の当事国の義務若しくは権利となるものではない。

2　そのような場合においては、その国家承継の日に当該地域に関して有効であった諸条約に対する国家承継の効果は、この条約によって規律する。

第一〇条（承継国の参加について定める条約）1　条約が、国家承継に際して承継国はみずからがその条約の当事国であると考えるかどうかの選択権を有すると定めているときは、承継国は、条約規定に従って又はそのような規定が存在しないときはこの条約の規定に従って、その条約に関して承継する旨通告することができる。

2　条約が、国家承継に際して承継国は当事国とみなされるべき旨定めているときは、その規定は、承継国がそのようにみなされることを書面をもって明示的に受諾した場合にのみ、そのようなものとして効果を有する。

3　1又は2の規定に該当する場合においては、条約当事国となることへの同意を確立した承継国は、その条約が、別段の規定を設けていないか又は別段の合意が行われない限り、国家承継の日から当事国とみなされる。

第一一条（境界制度）国家承継は、そのこと自体として次のことに影響を及ぼさない。

(a)　条約により確定された境界、又は

(b)　条約により確定された境界制度に関する義務及び権利。

第一二条（その他の領域的制度）1　国家承継は、そのこと自体として次のことに影響を及ぼさない。

(a)　いずれかの領域の使用又は使用制限に関する義務であって、外国のいずれかの領域の利益のために条約により確立され、かつ、当該領域に付着しているとみなされるもの。

(b)　いずれかの領域の利益のために条約により確立され、かつ、外国のいずれかの領域の使用又は使用制限に関する権利であって、当該領域に付着しているとみなされるもの。

2　国家承継は、そのこと自体として次のことに影響を及ぼさない。

(a)　いずれかの領域の使用又は使用制限に関する義務であって、一群の国家又はすべての国家の利益のために、条約により確立され、かつ、その領域に付着しているとみなされるもの。

(b)　一群の国家又はすべての国家の利益のために条約により確立され、かつ、いずれかの領域の使用又は使用制限に関する権利であって、その領域に付着しているとみなされるもの。

3　この条の規定は、国家承継が関連する領域上に外国軍事基地の設置を定めた先行国の条約上の義務については適用しない。

第一三条（この条約及び天然の富と資源に対する永久的主権）この条約中のいかなる規定も、天然の富と資源に対するすべての人民及びすべての国の永久的主権を確認する国際法の諸原則に影響を及ぼさない。

第一四条（条約の有効性に関する問題）この条約中のいかなる規定も、条約の有効性に関するいかなる問題をも、いかなる点においても害するものとみなされてはならない。

第二部　領域の一部に関する承継

第一五条（領域の一部に関する承継）ある国の領域の一部、又はその国際関係についてある国が責任を有するがその国の領域の一部ではないいずれかの領域が、

他国の領域の一部となったとき、

(a) 先行国の諸条約は、国家承継が関連する領域に関して国家承継の日から効力を失なう。また、

(b) 承継国の諸条約は、国家承継が関連する領域に関して国家承継の日から効力を有する。ただしその領域に対する条約の適用が条約の趣旨及び目的と両立しないか又は条約の運用のための諸条件を根本的に変更するものであることが、条約から明らかであるか又はその他の方法によって確かめられる場合は、この限りでない。

第三部 新独立国

第一節 総 則

第一六条（先行国の条約に関する立場） 新独立国は、国家承継の日に国家承継が関連する領域に関して条約が効力を有していたという事実のみによっては、いかなる条約の効力を維持する義務も、又はいかなる条約の当事国になる義務も負わない。

第二節 多数国間条約

第一七条（国家承継の日に効力を有する条約への参加） 1 2及び3の規定に従うことを条件として、新独立国は、承継の通告によって、国家承継の日に国家承継が関連する領域について効力を有していた多数国間条約の当事国としての地位を確立することができる。

2 新独立国に関する条約の適用が、条約の趣旨及び目的と両立しないか又は条約の運用についての諸条件を根本的に変更するものであることが、条約から明らかであるか又はその他の方法によって確かめられるときは、1の規定は適用しない。

3 条約の文言に基づき又は交渉国の数が限られていること並びに条約の趣旨及び目的によって、他のいずれかの国の条約参加がすべての当事国の同意を必要とするとみなされるべきときは、新独立国は、そのような同意によってのみ、条約当事国としての地位を確立することができる。

第一八条（国家承継の日に効力を有しない条約への参加） 1 3及び4の規定に従うことを条件として、新独立国は、国家承継の日にその国家承継が関連する領域について先行国が締約国であったときは、未だ効力を有しない多数国間条約の締約国としてのみずからの地位を、承継の通告によって確立することができる。

2 3及び4の規定に従うことを条件として、新独立国は、国家承継の日にその国家承継が関連する領域について先行国が締約国であったときは、国家承継の日以後に効力を生じる多数国間条約の当事国としてのみずからの地位を、承継の通告によって確立することができる。

3 1及び2の規定は、新独立国との関係における条約の適用が条約の趣旨及び目的と両立しないか又は条約の運用のための諸条件を根本的に変更するものであることが、条約自体から明らかであるか又はその他の方法によって確かめられる場合は、適用しない。

4 条約の文言に基づき又は交渉国の数が限られていること並びに条約の趣旨及び目的によって、他のいずれかの国の条約参加がすべての当事国又はすべての締約国の同意を必要とするとみなされるべきときは、新独立国は、そのような同意によってのみ、当該の条約の当事国又は締約国としての地位を確立することができる。

5 条約が、その効力発生のためには特定の数の締約国を必要とすると規定する場合には、1の規定に従って締約国としての地位を確立する新独立国は当該の規定のためには締約国に数える。ただし、条約により又はそのほかの方法によって別段の意思が確かめられる場合には、その限りではない。

第一九条（先行国が批准、受諾又は承認を条件として署名した条約への参加） 1 3及び4の規定に従うことを条件として、先行国が批准、受諾又は承認を条件として多数国間条約に署名し、かつ、その署名によってその国家承継が関連する領域に条約の適用が及ぶべきことを意図したときは、新独立国は、同国がその条約に署名していたものとして条約を批准、受諾又は承認することができ、かつ、それによってその条約の当事国又は締約国となることができる。

2 1の規定の適用上、別段の意図が条約から明らかであるか又はその他の方法によって確かめられない限り、先行国による条約の署名は、先行国が国際的関係について責任を有する全領域に条約の適用が及ぶべき旨の意思を表示したものとみなされる。

3 1の規定は、新独立国との関係における条約の適用が条約の趣旨及び目的と両立しないか又は条約の運用のための諸条件を根本的に変更するものであることが、条約自体から明らかであるか又はその他の方法によって確かめられる場合は、適用しない。

4 条約の文言に基づき又は交渉国の数が限られていること並びに条約の趣旨及び目的によって、他のいずれかの国の条約参加がすべての当事国又はすべての締約国の同意を必要とするとみなされるべきときは、新独立国は、そのような同意によってのみ、条約の当事国又は締約国となることができる。

第二〇条（留保） 1 新独立国が、第一七条又は第一八条の規定に基づく承継の通告によって多数国間条約の当事国又は締約国としての地位を確立する際に、国家承継が関連する領域に関して国家承継の日に適用されるその条約に対するいかなる留保も維持されるものとみなす。ただし承継の通告を行ったときに、新独立国が別段の意思を表明するか又はその留保と同一の事項に関連する留保を表明する場合は、この限りでない。

2 第一七条又は第一八条の規定に基づき、多数国間

条約の当事国又は締約国としての地位を確立する承継の通告を行う際に、新独立国は留保を表明することができる。ただしその留保の表明が条約法に関するウィーン条約第一九条(a)(b)及び(c)の規定によって排除されているものである場合は、この限りでない。

3　新独立国が、2の規定に従って留保を表明するときは、条約法に関するウィーン条約の第二〇条から第二三条までに定める諸規則をその留保に関して適用する。

第二一条（条約の一部によって拘束されることへの同意及び異なる規定の間の選択）1　新独立国は、第一七条又は第一八条の規定に基づき多数国間条約の当事国又は締約国としての地位を確立する承継の通告を行うときに、当該の条約がこれを許容するときには、条約の一部によって拘束されることへの同意を表明し又は異なる規定の間の選択を行うことができる。ただし、このような同意を表明し又は選択を行うことについての、当該の条約が定める条件に従うことを条件とする。

2　新独立国はまた、他の当事国又は締約国と同じ条件に従って、当該の条約が定める権利であって国家承継が関連する領域に関して自国又は先行国が表明した同意又は行った選択を撤回し又は修正する権利を行使することができる。

3　新独立国が、1の規定に従ってその同意を表明せず若しくは選択を行わず、又は2の規定に従って先行国の同意若しくは選択を撤回し若しくは修正するときは、当該の新独立国は次のことを維持するものとみなす。

(a)　国家承継が関連する領域に関して、当該の条約の全部又は一部によって拘束されるという、条約に従って行われた先行国の同意、又は、

(b)　国家承継が関連する領域に関して、当該の条約の適用について先行国が条約に従って行った異なる規定の間の選択

第二二条（承継の通告）1　第一七条又は第一八条の規定に基づく多数国間条約に関する承継の通告は、書面によって行う。

2　承継の通告が国の元首、政府の長又は外務大臣によって署名されていない場合には、これを通報する国の代表は全権委任状の提示を求められることがある。

3　条約が別段の定めをしていない限り、承継の通告は、

(a)　新独立国によって寄託者に送付され、又は寄託者が存在しないときには条約のすべての当事国若しくは締約国に送付される。

(b)　寄託者がこの通報を受理した日に、又は寄託者が存在しないときには条約のすべての当事国若しくは事情に応じてすべての締約国がこれを受理した日に、新独立国によって行われたものとみなす。

4　3の規定は、新独立国が行う承継の通告又は承継に関連する何らかの通報を当事国又は締約国に通知する義務であって、寄託者が条約に従い又はその他の形で有する義務に影響を及ぼすものではない。

5　当該条約の規定に従うことを条件として、承継の通告又は承継に関連する通報は、国が寄託者の通知を受けたときにのみ、これがあてられている国によって受領されたものとみなす。

第二三条（承継の通告の効果）1　条約に別段の定めがないか又は別段の合意が行われない場合には、第一七条又は第一八条2の規定に基づいて承継の通告を行う新独立国は、国家承継の日又は条約が効力を発生した日のうちいずれか後の日から条約当事国とみなされる。

2　それにもかかわらず、条約の運用は、新独立国とその他の条約当事国との関係において、承継の通告が行われる日までは停止されているものとみなす。ただし、当該の条約が第二七条に従って又はその他の別段の合意に従って暫定的に適用される場合は、この限りではない。

3　条約が別段の定めをおくか又は別段の合意がされない限り、第一八条1の規定に基づき承継の通告を行う新独立国は、承継の通告が行われる日から当該の条約の締約国とみなされる。

第三節　二国間条約

第二四条（国家承継の場合に条約が効力を有するとみなされる条件）1　国家承継が関連する領域に関して国家承継の日に効力を有していた二国間条約は、次の場合に新独立国と他の当事国との間において有効であるとみなされる。

(a)　両国がその旨を明示的に合意したとき、又は

(b)　その行為によって、両国がその旨を合意したものとみなされるべきとき。

2　1の規定に基づいて効力を有するものとみなされる条約は、国家承継の日から新独立国と他の当事国との間の関係に適用する。ただし別段の意思が両国間の合意から明らかであるか又はその他の方法によって確かめられる場合は、この限りでない。

第二五条（先行国と新独立国との関係）第二四条の規定に基づき新独立国と他の当事国との間に効力を有しているとみなされる条約は、この事実のみを理由としては、先行国と新独立国との間においてもまた効力を有しているものとはみなされない。

第二六条（先行国と他の当事国との間における条約の終了、運用停止又は改正）1　第二四条の規定に基づき、条約が新独立国と他の当事国との間において効力を有しているとみなされるときには、

(a)　当該の条約は、それが後に先行国と他の当事国との間の関係において終了したという事実のみを理由としては、新独立国と他の当事国との間においては効力を終了しない。

(b)　当該の条約は、それが後に先行国と他の当事国との間の関係において運用を停止したという事実

のみを理由としては、新独立国と他の当事国との間においては運用を停止しない。

(c) 当該の条約は、それが後に先行国と他の当事国との間の関係において改正されたという事実のみを理由としては、新独立国と他の当事国との間においては改正されない。

2 条約が、国家承継の日の後に先行国と他の当事国との間の関係において終了し又は事情に応じて運用を停止したという事実は、第二四条の規定に従い新独立国と他の当事国がそのように合意したことが証明される場合には、当該の条約がこの両国の関係において効力を有するもの又は事情に応じて運用されているものとみなされることを妨げない。

3 条約が、国家承継の日の後に先行国と他の当事国との間の関係において改正されたという事実は、改正されない条約が第二四条の規定に基づき新独立国と他の当事国との間の関係において効力を有するものとみなされることを妨げない。ただし、新独立国と他の当事国が改正された条約が両国間の関係において適用されることを意図していたことが証明される場合は、この限りではない。

第四節 暫定的適用

第二七条（多数国間条約） 1 国家承継の日にその国家承継が関連する領域に関して多数国間条約が効力を有しており、かつ、新独立国がその条約が自国領域に関して暫定的に適用されるべき旨の意思を通告するときは、その条約は新独立国と、それに明示的に同意し又はその行為によりこれに同意したものとみなされるいずれかの当事国との間において暫定的に適用される。

2 しかしながら、第一七条3の規定にいう種類の条約の場合には、このような暫定的適用のためにはすべての当事国の同意を要する。

3 国家承継の日において、いまだに効力を発生していない多数国間条約が国家承継が関わる領域において暫定的に適用されており、かつ、新独立国がその領域に関して当該の条約が引き続き暫定的に適用されるべき意図を通告する場合には、当該の条約は新独立国と、それに明示的に同意し又はその行為によりこれに同意したものとみなされるいずれかの当事国との間において暫定的に適用される。

4 しかしながら、第一七条3の規定にいう種類の条約の場合には、このような暫定的適用の継続のためにはすべての締約国の同意を要する。

5 1から4までの規定は、新独立国との関係における条約の適用が条約の趣旨及び目的と両立しないか又は条約の運用のための諸条件を根本的に変更するものであることが、条約自体から明らかであるか又はその他の方法によって確かめられる場合は、適用しない。

第二八条（二国間条約） 国家承継の日にその国家承継が関連する領域に関して効力を有していたか、又は暫定的に適用されていた二国間条約は、次の場合に新独立国と他の関係国との間において暫定的に適用されているものとみなされる。

(a) 両国がその旨を明示的に合意したとき、又は

(b) その行為によって、両国がその旨を合意したものとみなされるべきとき。

第二九条（暫定的適用の終了） 1 条約が別段の定めをおくか又は別段の合意がされない限り、第二七条の規定に基づく多数国間条約の暫定的適用は、次の場合に終了することができる。

(a) 当該の条約を暫定的に適用している新独立国又は締約国による合理的な予告及びこの予告期間の終了により、又は、

(b) 第一七条3の規定にいう種類の条約の場合には、新独立国若しくはすべての当事国又は事情に応じてすべての締約国による合理的な予告及びこの予告期間の終了によって。

2 条約が別段の定めをおくか又は別段の合意がされない限り、第二八条の規定に基づく二国間条約の暫定的適用は、新独立国又は他の関係国による合理的な予告及びこの予告期間の終了により終了することができる。

3 条約が終了のためにより短い期間を定めているか又は別段の合意がされない限り、終了の合理的な予告期間は他の国又は条約を暫定的に適用している国が予告を受領してから一二箇月の期間とする。

4 条約が別段の定めをおくか又は別段の合意がされない限り、第二七条の規定に基づく多数国間条約の暫定的適用は、新独立国が当該の条約の当事国とならない意図を通告する場合には、終了する。

第五節 二又は三以上の地域をもって構成される新独立国

第三〇条（二又は三以上の地域をもって構成される新独立国） 1 第一六条から第二九条までの規定は、二又は三以上の地域をもって構成される新独立国の場合に適用する。

2 二又は三以上の領域から構成される新独立国が、第一七条、第一八条又は第二四条の規定により条約の当事国とみなされるか又は当事国となる場合であって、国家承継の日において一又は二以上のこれらの領域に関して当該の条約が効力を有するか又はそれによって拘束されるべき同意が与えられていたが、すべての領域についてはそうではない場合に、当該の条約はその国のすべての領域に適用される。ただし、次の場合はその限りではない。

(a) すべての領域への条約の適用が、条約の趣旨及び目的と両立しないか又は条約の運用のための諸条件を根本的に変更するものであることが、条約自体から明らかであるか又はその他の方法によって確かめられる場合。

(b) 第一七条3又は第一八条4の規定に該当しない

多数国間条約については、承継の通告が国家承継の日に条約が効力を有していた領域又はそれに関して条約によって拘束されることへの同意がその日の以前に与えられていた領域に関するものに限定されている場合。

(c)　第一七条3又は第一八条4の規定に該当する多数国間条約については、新独立国及び他の当事国又は事情に応じて他の締約国が別段の合意をする場合。

(d)　二国間条約については、新独立国及び他の関係国が別段の合意をする場合。

3　二又は三以上の領域から構成される新独立国が第一九条に基づき多数国間条約の当事国となり、かつ、一又は二以上の先行国の署名により条約がこれらの領域の一またはそれ以上に適用されることが意図されていたが、すべての領域についてはそうではない場合には、当該の条約は新独立国のすべての領域に適用される。ただし、次の場合はその限りではない。

(a)　すべての領域への条約の適用が、条約の趣旨及び目的と両立しないか又は条約の運用のための諸条件を根本的に変更するものであることが、条約自体から明らかであるか又はその他の方法によって確かめられる場合。

(b)　第一九条4に該当しない多数国間条約については、当該の条約の批准、受諾又は承認が条約の適用が意図されている一又はそれ以上の領域に限定されている場合、又は、

(c)　第一九条4に該当する多数国間条約については、新独立国及び他の当事国又は事情に応じて他の締約国が別段の合意をする場合。

第四部　国家の結合及び分離

第三一条（国家承継の日に効力を有する条約に関する国家の結合の効果）1　二又は三以上の国が結合して一承継国を構成する場合、それらの二又は三以上の国のいずれかに関して国家承継の日に効力を有するいかなる条約も、次の場合を除き、承継国に関してひきつづき効力を有する。

(a)　承継国及び他の一若しくは二以上の当事国が別段の合意を行う場合、又は、

(b)　承継国に関する条約の適用が、条約の趣旨及び目的と両立しないか又は条約の運用のための諸条件を根本的に変更するものであることが、条約から明らかであるか又はその他の方法によって確かめられる場合。

2　1の規定に従って引き続き効力を有するいかなる条約も、国家承継の日において当該の条約が効力を有していた承継国の領域に関してのみ適用する。ただし、次の場合はその限りではない。

(a)　第一七条3の規定に該当しない多数国間条約については、承継国が当該の条約はその全領域に関して適用されるとの通告を行う場合、

(b)　第一七条3の規定に該当する多数国間条約については、承継国及び他の当事国が別段の合意をする場合、又は、

(c)　二国間条約については、承継国及び他の当事国が別段の合意をする場合。

3　2(a)の規定は、承継国のすべての領域に関する当該の条約の適用が条約の趣旨及び目的と両立しないか又は条約の運用のための諸条件を根本的に変更するものであることが、条約自体から明らかであるか又はその他の方法によって確かめられる場合は、適用しない。

第三二条（国家承継の日に効力を有しない条約に関する国家の結合の効果）1　3及び4の規定に従うことを条件として、第三一条に該当する承継国は、国家承継の日において先行国のいずれかが当該の条約の締約国であった場合には、通告を行うことによって効力を有していない多数国間条約の締約国としての地位を確立することができる。

2　3及び4の規定に従うことを条件として、第三一条に該当する承継国は、国家承継の日において先行国のいずれかが当該の条約の締約国であった場合には、通告を行うことによって国家承継の日の後に効力を発生した多数国間条約の当事者としての地位を確立することができる。

3　1及び2の規定は、承継国との関係における当該の条約の適用が条約の趣旨及び目的と両立しないか又は条約の運用のための諸条件を根本的に変更するものであることが、条約自体から明らかであるか又はその他の方法によって確かめられる場合は、適用しない。

4　条約が第一七条3の規定に該当するものである場合には、承継国は、すべての当事国又はすべての締約国の同意をもってのみ、当該の条約の当事国又は締約国としての地位を確立することができる。

5　1又は2の規定に従って承継国が締約国又は当事国となった条約は、国家承継の日以前において条約によって拘束されることへの同意が与えられていた承継国の領域においてのみ適用する。ただし、次の場合はその限りではない。

(a)　第一七条3の規定に該当しない多数国間条約については、承継国が1又は2の規定に基づいて行われる通告において当該の条約はその全領域に関して適用されるとの意図を示す場合、又は、

(b)　第一七条3の規定に該当する多数国間条約については、承継国及びすべての当事国、又は事情に応じてすべての締約国が別段の合意をする場合。

6　5(a)の規定は、承継国のすべての領域に関する当該の条約の適用が条約の趣旨及び目的と両立しないか又は条約の運用のための諸条件を根本的に変更するものであることが、条約自体から明らかであるか又はその他の方法によって確かめられる場合は、適用しない。

第三三条（批准、受諾又は承認を条件として先行国が

署名した条約に関する国家の結合の効果）1 2及び3の規定に従うことを条件として、国家承継に日の以前において先行国の一が批准、受諾又は承認を条件として多数国間条約に署名した場合には、第三一条に該当する承継国は自国が当該の条約に署名したかのようにこれを批准し、受諾し又は承認することができ、このようにして当該の条約の当事国又は締約国となることができる。

2 1の規定は、承継国との関係における当該の条約の適用が条約の趣旨及び目的と両立しないか又は条約の運用のための諸条件を根本的に変更するものであることが、条約自体から明らかであるか又はその他の方法によって確かめられる場合は、適用しない。

3 当該の条約が第一七条3の規定にいう種類に該当する場合には、承継国は、すべての当事国又はすべての締約国の同意によってのみ、当該の条約の当事国又は締約国となることができる。

4 1の規定に従って承継国が当事国又は締約国となる条約は、先行国の一がそれに関して当該の条約に署名した承継国の領域についてのみ、適用する。ただし、次の場合にはその限りではない。

(a) 第一七条3の規定にいう種類に該当しない多数国間条約の場合には、承継国がその批准、受諾又は承認の際に、当該の条約はその全領域に適用されるという通告を行うとき、又は、

(b) 第一七条3の規定にいう種類に該当する多数国間条約の場合には、承継国及び他のすべての当事国又は事情に応じてすべての締約国が別段の合意を行うとき。

5 4(a)の規定は、承継国の全領域に関する当該の条約の適用が条約の趣旨及び目的と両立しないか又は条約の運用のための諸条件を根本的に変更するものであることが、条約自体から明らかであるか又はその他の方法によって確かめられる場合は、適用しない。

第三四条（国家の一部の分離の場合における国家承継）

1 先行国がひきつづき存在すると否とにかかわらず、国家の領域の一又は二以上の部分が、一又は二以上の国を構成するために分離するときは、

(a) 国家承継の日に先行国の全領域について効力を有するいかなる条約も、そのように構成された各承継国につきひきつづき効力を有する。

(b) 国家承継の日に先行国の領域の一部であって承継国となった領域について効力を有するいかなる条約も、その承継国のみについてひきつづき効力を有する。

2 次の場合には、1の規定は適用されない。

(a) 関係国が別段の合意を行う場合、又は、

(b) 承継国についての条約の適用が、条約の趣旨及び目的と両立しないか又は条約の運用のための諸条件を根本的に変更するものであることが、条約から明らかであるか又はその他の方法によって確かめられる場合。

第三五条（国家がその領域の一部の分離後になお存続する場合の関係）国家の領域のいずれかの部分の分離後に先行国がなお存続するときは、国家承継の日に先行国について効力を有していた条約は、次の場合を除き、その残余の領域についてひきつづき効力を有する。

(a) 関係国が別段の合意を行った場合、

(b) 条約が先行国から分離した領域のみに関連するものであることが確かめられる場合、又は

(c) 先行国についての条約の適用が、条約の趣旨及び目的と両立しないか又は条約の運用のための諸条件を根本的に変更するものであることが、条約から明らかであるか又はその他の方法によって確かめられる場合。

第三六条（国家の一部の分離の場合において国家承継の日に効力を有しない条約への参加）1 3及び4の規定に従うことを条件として、第三四条1の規定に該当する承継国は、国家承継の日において先行国が国家承継が関連する領域に関して当該の条約の締約国であった場合には、通告によって効力を有していない多数国間条約の締約国としての地位を確立することができる。

2 3及び4の規定に従うことを条件として、第三四条1の規定に該当する承継国は、国家承継の日において先行国が国家承継が関連する領域に関して当該の条約の締約国であった場合には、通告によってその日の後に効力を発生する多数国間条約の当事国としての地位を確立することができる。

3 1及び2の規定は、承継国との関係における当該の条約の適用が条約の趣旨及び目的と両立しないか又は条約の運用のための諸条件を根本的に変更するものであることが、条約自体から明らかであるか又はその他の方法によって確かめられる場合は、適用しない。

4 当該の条約が第一七条3の規定にいう種類に該当する場合には、承継国は、すべての当事国又はすべての締約国の同意によってのみ、当該の条約の当事国又は締約国となることができる。

第三七条（国家の一部の分離の場合における批准、受諾又は承認を条件として先行国が署名した条約への参加）1 2及び3の規定に従うことを条件として、国家承継の日以前において先行国が批准、受諾又は承認を条件として多数国間条約に署名し、かつ、この条約がその日において効力を有していたとするなら国家承継が関連する領域について適用されていたであろう場合には、第三四条1の規定に該当する承継国は、自国が当該の条約に署名したかのようにこれを批准し、受諾し又は承認することができ、このようにして当該の条約の当事国又は締約国となることができる。

2 1の規定は、承継国との関係における当該の条約の適用が条約の趣旨及び目的と両立しないか又は条約の運用のための諸条件を根本的に変更するもので

あることが、条約自体から明らかであるか又はその他の方法によって確かめられる場合は、適用しない。

3　当該の条約が第一七条3の規定にいう種類に該当する場合には、承継国は、すべての当事国又はすべての締約国の同意によってのみ、当該の条約の当事国又は締約国となることができる。

第三八条（通告）1　第三一条、第三二条又は第三六条に基づくすべての通告は、書面によって行う。

2　通告が国の元首、政府の長又は外務大臣によって署名されていない場合には、これを通報する国の代表は全権委任状の提示を求められることがある。

3　条約が別段の定めをしていない限り、承継の通告は、

(a)　承継国によって寄託者に送付され、又は寄託者が存在しないときには条約の当事国若しくは締約国に送付される。

(b)　寄託者がこの通報を受理した日に、又は寄託者が存在しないときには条約のすべての当事国若しくは事情に応じてすべての締約国がこれを受理した日に、承継国によって行われたものとみなす。

4　3の規定は、承継国が行う承継の通告又は承継に関連する何らかの通報を当事国又は締約国に通知する義務であって、寄託者が条約に従い又はその他の形で有する義務に影響を及ぼすものではない。

5　当該条約の規定に従うことを条件として、このような通告又は通報は、国が寄託者の通知を受けたときにのみ、それがあてられた国によって受領されたものとみなす。

第五部　雑則

第三九条（国家責任及び敵対行為開始の場合）この条約の諸規定は、条約に関する国家承継の効果に関して国家の国際責任又は国家間における敵対行為の開始から生じることのあるいかなる問題をも害しない。

第四〇条（軍事占領の場合）この条約の諸規定は、条約に関して領域の軍事占領から生じることのあるいかなる問題をも害しない。

第六部　紛争の解決

第四一条（協議及び交渉）この条約の二又は三以上の当事国間にこの条約の解釈又は適用に関する紛争が生じた場合、これらの当事国は、そのいずれかの請求にもとづき、協議及び交渉の手続により紛争の解決を求めるものとする。

第四二条（調停）第四一条が規定する請求が行われた日から六箇月以内に紛争が解決されない場合、いずれかの紛争当事国はこれをこの条約の附属書に明記されている調停手続に付することができる。この付託は、その旨の請求が国際連合事務総長に提出され、かつ、この請求につき他の紛争当事国に通報されることにより行われる。

第四三条（司法的解決及び仲裁裁判）いかなる国も、この条約の署名若しくは批准の時又はこの条約に加入の時又はそれ以後のいかなる時にも、紛争が第四一条及び第四二条に掲げる手続を用いて解決されなかった場合には、寄託者に対する通告により、他の紛争当事国が同様の宣言を行うことを条件として、その紛争は、いずれかの紛争当事国の書面による申請により国際司法裁判所に対し決定を求めて付託されることができ、若しくはこれに代えて仲裁裁判に付託されることができる旨宣言することができる。

第四四条（合意による解決）第四一条、第四二条及び第四三条の規定にかかわらず、この条約の解釈又は適用に関する紛争がこの条約の二又は三以上の当事国間に生じた場合、それらの当事国は、合意により紛争を国際司法裁判所又は仲裁裁判又は他の適当な紛争解決手続に付託する旨合意することができる。

第四五条（紛争解決について効力を有する他の諸規定）第四一条から第四四条までのいかなる規定も、この条約の当事国が有する権利又は義務であって、紛争解決に関してそれらの国を拘束する現行のいかなる規定にもとづくものにたいしても影響を及ぼすものではない。

第七部　最終規定

第四六条（署名）
第四七条（批准）｝（略）
第四八条（加入）

第四九条（効力発生）1　この条約は、一五番目の批准書又は加入書が寄託された日の後三〇日目の日に効力を生ずる。

2　一五番目の批准書又は加入書が寄託された後にこの条約を批准し又はこれに加入する国については、この条約は、その批准書又は加入書の寄託の後三〇日目の日に効力を生ずる。

第五〇条（正文）（略）

附属書【調停】（略）（4―1の附属書と同じ。ただし、第2項の「第六六条」を「第四二条」と、第3項の「条約の当事国」を「この条約の当事国」と、それぞれ読み替える。）

27　国及びその財産の裁判権からの免除に関する国際連合条約（国連国家免除条約）

採　択　二〇〇四年一二月二日
国際連合総会第五九回決議五九／三八附属書

効力発生
日本国 二〇〇七年一月一一日署名、二〇〇九年六月一〇日国会承認
二〇一〇年五月一一日受諾書寄託

この条約の締約国は、

国及びその財産の裁判権からの免除が国際慣習法の原則として一般的に受け入れられていることを考慮し、

国際連合憲章に規定する国際法の諸原則に留意し、

国及びその財産の裁判権からの免除に関する国際条約が、特に国と自然人又は法人との間の取引における法の支配及び法的な確実性を高め、並びに国際法の法典化及び発展並びにこの分野における慣行の調和に貢献することを信じ、

国及びその財産の裁判権からの免除に関する国の慣行の推移を考慮し、

この条約により規律されない事項については、引き続き国際慣習法の諸規則により規律されることを確認して、

次のとおり協定した。

第一部 序

第一条(この条約の適用範囲) この条約は、国及びその財産の他の国の裁判所の裁判権からの免除について適用する。

第二条(用語) 1 この条約の適用上、

(a) 「裁判所」とは、名称のいかんを問わず、司法機能を遂行する権限を有する国の機関をいう。

(b) 「国」とは、次のものをいう。

(i) 国家及びその政府の諸機関

(ii) 連邦国家の構成単位又は国家の行政区画であって、主権的な権能の行使としての行為を行う権限を有し、かつ、それらの資格において行動しているもの

(iii) 国家の機関若しくは下部機関又は他の団体(これらが国家の主権的な権能の行使としての行為を行う権限を有し、かつ、そのような行為を現に行っている場合に限る。)

(iv) 国家の代表であってその資格において行動しているもの

(c) 「商業的取引」とは、次のものをいう。

(i) 物品の販売又は役務の提供のための商業的な契約又は取引

(ii) 貸付けその他の金融的な性質を有する取引に係る契約(そのような貸付け又は取引についての保証又はてん補に係る義務を含む。)

(iii) 商業的、工業的、通商的又は職業的な性質を有するその他の契約又は取引。ただし、人の雇用契約を含まない。

2 契約又は取引が1(c)に定める「商業的取引」であるか否かを決定するに当たっては、その契約又は取引の性質を主として考慮すべきものとする。ただし、契約若しくは取引の当事者間でその契約若しくは取引の目的も考慮すべきことについて合意した場合又は法廷地国の慣行により契約若しくは取引の目的がその契約若しくは取引の非商業的な性質を決定することに関係を有する場合には、当該契約又は取引の目的も考慮すべきものとする。

3 この条約における用語について定める1及び2の規定は、他の国際文書又はいずれかの国の国内法におけるこれらの用語の用法及び意味に影響を及ぼすものではない。

第三条(この条約によって影響を受けない特権及び免除) 1 この条約は、次に掲げるものの任務の遂行に関係する国際法に基づき国が享有する特権及び免除に影響を及ぼすものではない。

(a) 外交使節団、領事機関、特別使節団、国際機関に派遣されている使節団又は国際機関の内部機関若しくは国際会議に派遣されている代表団

(b) (a)に規定するものに関係する者

2 この条約は、国の元首に対し、その者が国の元首であるとの理由により国際法に基づいて与えられる特権及び免除に影響を及ぼすものではない。

3 この条約は、国が所有し又は運航する航空機又は宇宙物体に関し、国際法に基づき国が享有する免除に影響を及ぼすものではない。

第四条(この条約の不遡及) この条約は、国及びその財産の裁判権からの免除の問題であって、関係国についてこの条約が効力を生ずる日前にいずれかの国に対して開始された他の国の裁判所における裁判手続において生じたものについては、適用しない。ただし、この条約に規定されている規則のうちこの条約との関係を離れ国際法に基づき国及びその財産の裁判権からの免除を規律する規則については、その適用を妨げるものではない。

第二部 一般原則

第五条(免除) いずれの国も、この条約に従い、自国及びその財産に関し、他の国の裁判所の裁判権からの免除を享有する。

第六条(免除を実施するための方法) 1 いずれの国も、自国の裁判所における裁判手続において他の国に対して裁判権を行使することを差し控えることにより前条に規定する免除を実施するものとし、このため、自国の裁判所が、当該他の国が同条の規定に基づいて享有する免除が尊重されるよう職権によって決定することを確保する。

2 いずれかの国の裁判所における裁判手続は、次の(a)又は(b)の場合には、他の国に対して開始されたものとみなす。

(a) 当該他の国が当該裁判手続の当事者として指定される場合

(b) 当該他の国が当該裁判手続の当事者として指定されていないが、当該裁判手続が実際には当該他

の国の財産、権利、利益又は活動に影響を及ぼすものである場合

第七条(裁判権の行使についての明示の同意) 1　いずれの国も、次のいずれかの方法により、ある事項又は事件に関して他の国の裁判所による裁判権の行使について明示的に同意した場合には、当該事項又は事件に関する当該他の国の裁判所における裁判手続において、裁判権からの免除を援用することができない。

(a)　国際的な合意

(b)　書面による契約

(c)　裁判所において行う宣言又は個別の裁判手続における書面による通知

2　他の国の法令を適用することに関するいずれかの国の同意は、当該他の国の裁判所による裁判権の行使についての同意と解してはならない。

第八条(裁判所における裁判手続への参加の効果) 1　いずれの国も、次の場合には、他の国の裁判所における裁判手続において、裁判権からの免除を援用することができない。

(a)　自ら当該裁判手続を開始した場合

(b)　当該裁判手続に参加し、又は本案に関して他の措置をとった場合。この場合において、自国が当該措置をとるまで免除の請求の根拠となる事実を知ることができなかったことを裁判所に対して証明するときは、当該事実に基づいて免除を主張することができる。ただし、できる限り速やかにその主張を行うことを条件とする。

2　いずれの国も、次の(a)又は(b)のことのみを目的として、裁判手続に参加し、又は他の措置をとる場合には、他の国の裁判所による裁判権の行使について同意したものとは認められない。

(a)　免除を援用すること。

(b)　裁判手続において対象となっている財産に関する権利又は利益を主張すること。

3　国の代表が他の国の裁判所に証人として出廷することは、当該他の国の裁判所による裁判権の行使についての当該国の同意と解してはならない。

4　いずれかの国が他の国の裁判所における裁判手続において出廷しなかったことは、当該他の国の裁判所による裁判権の行使についての当該国の同意と解してはならない。

第九条(反訴) 1　いずれの国も、他の国の裁判所において裁判手続を開始した場合には、本訴に係る法律関係又は事実と同一のものから生じたいかなる反訴についても、当該他の国の裁判所の裁判権からの免除を援用することができない。

2　いずれの国も、他の国の裁判所における裁判手続において請求を行うために当該裁判手続に参加した場合には、自国が行った請求に係る法律関係又は事実と同一のものから生じたいかなる反訴についても、当該他の国の裁判所の裁判権からの免除を援用することができない。

3　いずれの国も、自国に対して開始された他の国の裁判所における裁判手続において反訴を行った場合には、本訴について当該他の国の裁判所の裁判権からの免除を援用することができない。

第三部　免除を援用することができない裁判手続

第一〇条(商業的取引) 1　いずれの国も、自国以外の国の自然人又は法人との間で商業的取引を行う場合において、適用のある国際私法の規則に基づき他の国の裁判所が当該商業的取引に関する紛争について管轄権を有するときは、当該商業的取引から生じた裁判手続において、当該他の国の裁判所の裁判権からの免除を援用することができない。

2　1の規定は、次の場合には、適用しない。

(a)　国の間で行う商業的取引の場合

(b)　商業的取引の当事者間で明示的に別段の合意をした場合

3　独立の法人格を有し、かつ、次の(a)及び(b)の能力を有する国営企業その他の国によって設立された団体が、当該団体が行う商業的取引に関する裁判手続に関与する場合であっても、当該国が享有する裁判権からの免除は、影響を受けない。

(a)　訴え、又は訴えられる能力

(b)　財産(当該国が当該団体による運用又は管理を許可した財産を含む。)を取得し、所有し、又は占有し、及び処分する能力

第一一条(雇用契約) 1　いずれの国も、自国と個人との間の雇用契約であって、他の国の領域内において全部又は一部が行われ、又は行われるべき労働に係るものに関する裁判手続において、それについて管轄権を有する当該他の国の裁判所の裁判権からの免除を援用することができない。ただし、関係国間で別段の合意をする場合は、この限りでない。

2　1の規定は、次の場合には、適用しない。

(a)　被用者が政府の権限の行使としての特定の任務を遂行するために採用されている場合

(b)　被用者が次の者である場合

(i)　一九六一年の外交関係に関するウィーン条約に定める外交官

(ii)　一九六三年の領事関係に関するウィーン条約に定める領事官

(iii)　国際機関に派遣されている常駐の使節団若しくは特別使節団の外交職員又は国際会議において国を代表するために採用された者

(iv)　外交上の免除を享有するその他の者

(c)　裁判手続の対象となる事項が個人の採用、雇用契約の更新又は復職に係るものである場合

(d)　裁判手続の対象となる事項が個人の解雇又は雇用契約の終了に係るものであり、かつ、雇用主である国の元首、政府の長又は外務大臣が当該裁判手続が当該国の安全保障上の利益を害し得るもの

であると認める場合

(e) 裁判手続が開始された時点において、被用者が雇用主である国の国民である場合。ただし、当該被用者が法廷地国に通常居住している場合を除く。

(f) 雇用主である国と被用者との間で書面により別段の合意をした場合。ただし、公の秩序に関する考慮により、裁判手続の対象となる事項を理由として法廷地国の裁判所に専属的な管轄権が与えられているときは、この限りでない。

第一二条（身体の傷害及び財産の損傷） いずれの国も、人の死亡若しくは身体の傷害又は有体財産の損傷若しくは滅失が自国の責めに帰するとされる作為又は不作為によって生じた場合において、当該作為又は不作為の全部又は一部が他の国の領域内で行われ、かつ、当該作為又は不作為を行った者が当該作為又は不作為を行った時点において当該他の国の領域内に所在していたときは、当該人の死亡若しくは身体の傷害又は有体財産の損傷若しくは滅失に対する金銭によるてん補に関する裁判手続において、それについて管轄権を有する当該他の国の裁判所の裁判権からの免除を援用することができない。ただし、関係国間で別段の合意をする場合は、この限りでない。

第一三条（財産の所有、占有及び使用） いずれの国も、次の事項についての決定に関する裁判手続において、それについて管轄権を有する他の国の裁判所の裁判権からの免除を援用することができない。ただし、関係国間で別段の合意をする場合は、この限りでない。

(a) 法廷地国にある不動産に関する自国の権利若しくは利益、自国による当該不動産の占有若しくは使用又は当該不動産に関する自国の利益から若しくは自国による当該不動産の占有若しくは使用から生ずる自国の義務

(b) 動産又は不動産に関する自国の権利又は利益であって、承継、贈与又は無主物の取得によって生ずるもの

(c) 信託財産、破産者の財産、清算時の会社の財産その他の財産の管理に関する自国の権利又は利益

第一四条（知的財産及び産業財産） いずれの国も、次の事項に関する裁判手続において、それについて管轄権を有する他の国の裁判所の裁判権からの免除を援用することができない。ただし、関係国間で別段の合意をする場合は、この限りでない。

(a) 特許、意匠、商号、商標、著作権その他すべての種類の知的財産又は産業財産に係る自国の権利であって、法廷地国において法的な保護措置（暫定的なものを含む。）の対象となるものについての決定

(b) (a)に規定する性質を有する権利であって、第三者に属し、かつ、法廷地国において保護されているものに対して自国が法廷地国の領域内において行ったとされる侵害

第一五条（会社その他の団体への参加） 1　いずれの国も、次の(a)及び(b)の条件を満たす会社その他の団体（法人格の有無を問わない。）に自国が参加していることに関する裁判手続、すなわち、自国と当該団体又は当該団体の他の参加者との関係に関する裁判手続において、それについて管轄権を有する他の国の裁判所の裁判権からの免除を援用することができない。

(a) 当該団体が国又は国際機関以外の参加者を有すること。

(b) 当該団体が法廷地国の法令に基づいて設立されていること又はその本部若しくは主たる営業所が法廷地国内に所在すること。

2　もっとも、1に規定する裁判手続において裁判権からの免除を援用することができる旨を関係国間で合意している場合、紛争当事者間の書面による合意によりその旨を定めている場合又は1に規定する団体を設立し若しくは規律する文書がその旨の規定を有する場合には、いずれの国も、当該裁判手続において、裁判権からの免除を援用することができる。

第一六条（国が所有し又は運航する船舶） 1　船舶を所有し又は運航する国は、当該船舶が裁判の原因の生じた時点において政府の非商業的目的以外に使用されていた場合には、当該船舶の運航に関する裁判手続において、それについて管轄権を有する他の国の裁判所の裁判権からの免除を援用することができない。ただし、関係国間で別段の合意をする場合は、この限りでない。

2　1の規定は、軍艦又は軍の支援船については適用せず、また、国が所有し又は運航する他の船舶であって政府の非商業的役務にのみ使用されているものについても適用しない。

3　いずれの国も、自国が所有し又は運航する船舶が裁判の原因の生じた時点において政府の非商業的目的以外に使用されていた場合には、当該船舶による貨物の運送に関する裁判手続において、それについて管轄権を有する他の国の裁判所の裁判権からの免除を援用することができない。ただし、関係国間で別段の合意をする場合は、この限りでない。

4　3の規定は、2に規定する船舶によって運送される貨物については適用せず、また、国が所有し、かつ、政府の非商業的目的にのみ使用され、又はそのような使用が予定される貨物についても適用しない。

5　いずれの国も、私有の船舶及び貨物並びにこれらの所有者にとって利用可能な防御、時効及び責任の制限に関するすべての措置を申し立てることができる。

6　裁判手続において、いずれかの国が所有し若しくは運航する船舶又はいずれかの国が所有する貨物に係る政府の非商業的な性質に関して問題が生ずる場合には、当該国の外交上の代表者その他の権限のある当局が署名した証明書であって裁判所に送付されたものが、当該船舶又は貨物の性質に関する証拠となる。

第一七条（仲裁の合意の効果） いずれの国も、自国以外の国の自然人又は法人との間で商業的取引に関する紛争を仲裁に付することを書面により合意する場合

には、次の事項に関する裁判手続において、それについて管轄権を有する他の国の裁判所の裁判権からの免除を援用することができない。ただし、仲裁の合意に別段の定めがある場合は、この限りでない。

(a) 仲裁の合意の有効性、解釈又は適用

(b) 仲裁手続

(c) 仲裁判断の確認又は取消し

第四部　裁判所における裁判手続に関連する強制的な措置からの免除

第一八条（判決前の強制的な措置からの免除） いずれの国の財産に対するいかなる判決前の強制的な措置（仮差押え、仮処分等）も、他の国の裁判所における裁判手続に関連してとられてはならない。ただし、次の場合は、この限りでない。

(a) 当該国が、次のいずれかの方法により、そのような強制的な措置がとられることについて明示的に同意した場合

(i) 国際的な合意

(ii) 仲裁の合意又は書面による契約

(iii) 裁判所において行う宣言又は当事者間で紛争が生じた後に発出する書面による通知

(b) 当該国が当該裁判手続の目的である請求を満たすために財産を割り当て、又は特定した場合

第一九条（判決後の強制的な措置からの免除） いずれの国の財産に対するいかなる判決後の強制的な措置（差押え、強制執行等）も、他の国の裁判所における裁判手続に関連してとられてはならない。ただし、次の場合は、この限りでない。

(a) 当該国が、次のいずれかの方法により、そのような強制的な措置がとられることについて明示的に同意した場合

(i) 国際的な合意

(ii) 仲裁の合意又は書面による契約

(iii) 裁判所において行う宣言又は当事者間で紛争が生じた後に発出する書面による通知

(b) 当該国が当該裁判手続の目的である請求を満たすために財産を割り当て、又は特定した場合

(c) 当該財産が、政府の非商業的目的以外に当該国により特定的に使用され、又はそのような使用が予定され、かつ、法廷地国の領域内にあることが立証された場合。ただし、そのような強制的な措置については、裁判手続の対象とされた団体と関係を有する財産に対してのみとることができる。

第二〇条（裁判権の行使についての同意が強制的な措置に及ぼす効果） 前二条の規定に基づき強制的な措置についての同意が必要となる場合において、第七条の規定に基づく裁判権の行使についての同意は、強制的な措置がとられることについての同意を意味するものではない。

第二一条（特定の種類の財産） 1　国の財産のうち特に次の種類の財産は、第一九条(c)に規定する政府の非商業的目的以外に当該国により特定的に使用され、又はそのような使用が予定される財産とは認められない。

(a) 当該国の外交使節団、領事機関、特別使節団、国際機関に派遣されている使節団又は国際機関の内部機関若しくは国際会議に派遣されている代表団の任務の遂行に当たって使用され、又はそのような使用が予定される財産（銀行預金を含む。）

(b) 軍事的な性質の財産又は軍事的な任務の遂行に当たって使用され、若しくはそのような使用が予定される財産

(c) 当該国の中央銀行その他金融当局の財産

(d) 当該国の文化遺産の一部又は公文書の一部を構成する財産であって、販売されておらず、かつ、販売が予定されていないもの

(e) 科学的、文化的又は歴史的に意義のある物の展示の一部を構成する財産であって、販売されておらず、かつ、販売が予定されていないもの

2　1の規定は、第一八条並びに第一九条(a)及び(b)の規定の適用を妨げるものではない。

第五部　雑　則

第二二条（送達） 1　呼出状その他のいずれかの国に対して裁判手続を開始する文書の送達は、次のいずれかの方法によって実施する。

(a) 法廷地国及び当該国に対して拘束力を有する適用のある国際条約に基づく方法

(b) 申立人と当該国との間の送達のための特別の合意に基づく方法。ただし、法廷地国の法令によって禁止されていない場合に限る。

(c) (a)に規定する国際条約又は(b)に規定する特別の合意が存在しない場合には、

(i) 外交上の経路を通じて当該国の外務省に送付する方法

(ii) 当該国が受け入れるその他の方法。ただし、法廷地国の法令によって禁止されていない場合に限る。

2　1(c)(i)の方法による送達は、外務省による文書の受領により、実施されたものとみなす。

3　これらの文書には、必要があるときは、1に規定する国の公用語（公用語が二以上あるときは、そのうちの一）による訳文を付する。

4　いずれの国も、自国に対して開始された裁判手続の本案に関して出廷した場合には、その後は、送達が1又は3の規定に適合していなかった旨を主張することができない。

第二三条（欠席判決） 1　欠席判決は、裁判所が次のすべてのことを認定しない限り、いずれの国に対してもこれを言い渡してはならない。

(a) 前条1及び3に定める要件が満たされたこと。

(b) 前条1及び2の規定に従い呼出状その他の裁判手続を開始する文書の送達が実施された日又は実施されたとみなされる日から四箇月以上の期間が経過したこと。

(c) 当該裁判所が当該国に対して裁判権を行使することがこの条約によって禁止されていないこと。

2 いずれかの国に対して言い渡した欠席判決の写しは、必要があるときは当該国の公用語（公用語が二以上あるときは、そのうちの一）による訳文を付して、前条1に定めるいずれかの方法により、かつ、同条1の規定に従って当該国に送付する。

3 欠席判決の取消しを求める申立ての期限は、四箇月を下回らないものとし、2に規定する国が判決の写しを受領した日又は受領したとみなされる日から起算する。

第二四条（裁判手続における特権及び免除） 1 裁判手続のために特定の行為を行い、若しくは行うことを差し控え、又は書類を提出し、若しくは他の情報を開示することをいずれかの国に対して求める他の国の裁判所の命令に当該国が従わなかったこと又は従うことを拒否したことは、事件の本案との関係においてそのような行動がもたらすことのある結果を除くほか、他のいかなる結果ももたらすものではない。特に、命令に従わなかったこと又は従うことを拒否したことを理由として、当該国に対して過料又は制裁を課してはならない。

2 いずれの国も、他の国の裁判所において相手方となっている裁判手続において、裁判費用の支払を保証するためのいかなる担保、保証証書又は供託金（いかなる名称が付されているかを問わない。）の提供も要求されない。

第六部　最終規定

第二五条（附属書） この条約の附属書は、この条約の不可分の一部を成す。

第二六条（他の国際協定） この条約のいかなる規定も、この条約で取り扱われている事項に関する既存の国際協定の当事国の間において締約国が当該国際協定に基づいて有する権利及び義務に影響を及ぼすものではない。

第二七条（紛争の解決） 1 締約国は、この条約の解釈又は適用に関する紛争を交渉によって解決するよう努める。

2 この条約の解釈又は適用に関する締約国間の紛争であって六箇月以内に交渉によって解決することができないものは、いずれかの紛争当事国の要請により、仲裁に付される。仲裁の要請の日の後六箇月以内に仲裁の組織について紛争当事国間で合意に達しない場合には、いずれの紛争当事国も、国際司法裁判所規程に従い国際司法裁判所に紛争を付託することができる。

3 締約国は、この条約への署名、この条約の批准、受諾若しくは承認又はこの条約への加入の際に、2の規定に拘束されない旨を宣言することができる。他の締約国は、そのような宣言を行った締約国との関係において同規定に拘束されない。

4 3の規定に基づいて宣言を行った締約国は、国際連合事務総長に対して通告を行うことにより、いつでもその宣言を撤回することができる。

第二八条（署名） この条約は、二〇〇七年一月一七日まで、ニューヨークにある国際連合本部において、すべての国による署名のために開放しておく。

第二九条（批准、受諾、承認又は加入） 1 この条約は、批准され、受諾され、又は承認されなければならない。

2 この条約は、すべての国による加入のために開放しておく。

3 批准書、受諾書、承認書又は加入書は、国際連合事務総長に寄託する。

第三〇条（効力発生） 1 この条約は、三〇番目の批准書、受諾書、承認書又は加入書が国際連合事務総長に寄託された日の後三〇日目の日に効力を生ずる。

2 三〇番目の批准書、受諾書、承認書又は加入書が寄託された日の後にこの条約を批准し、受諾し、若しくは承認し、又はこれに加入する国については、この条約は、その批准書、受諾書、承認書又は加入書の寄託の後三〇日目の日に効力を生ずる。

第三一条（廃棄） 1 いずれの締約国も、国際連合事務総長に対して書面による通告を行うことにより、この条約を廃棄することができる。

2 廃棄は、国際連合事務総長が1の通告を受領した日の後一年で効力を生ずる。ただし、この条約は、国及びその財産の裁判権からの免除の問題であって、関係国のいずれかについて廃棄が効力を生ずる日前にいずれかの国に対して開始された他の国の裁判所における裁判手続において生じたものについては、引き続き適用する。

3 廃棄は、この条約に定める義務のうちこの条約との関係を離れ国際法に従って負うこととなる義務を履行する締約国の責務に何ら影響を及ぼすものではない。

第三二条（寄託者及び通告） 1 国際連合事務総長は、この条約の寄託者として指名される。

2 国際連合事務総長は、この条約の寄託者として、すべての国に対し、次の事項を通報する。

(a) この条約への署名並びに第二九条及び前条の規定に従って行われる批准書、受諾書、承認書若しくは加入書の寄託又は廃棄の通告

(b) 第三〇条の規定に従いこの条約が効力を生ずる日

(c) この条約に関連する行為、通告又は通報

第三三条（正文） この条約は、アラビア語、中国語、英語、フランス語、ロシア語及びスペイン語をひとしく正文とする。

以上の証拠として、下名は、各自の政府から正当に委任を受けて、二〇〇五年一月一七日にニューヨークにある国際連合本部で署名のために開放されたこの条約に署名した。

附属書　この条約の特定の規定に関する了解

この附属書は、この条約の特定の規定に関する了解を定めることを目的とするものである。

第一〇条の規定に関する了解

第一〇条に規定する「免除」とは、この条約全体の文脈により了解される。

同条3の規定は、「法人格の否認」の問題、国営企業その他の国によって設立された団体が、裁判手続の目的である請求を満たすことを避けるため、その財務状況について故意に虚偽の表示を行い、若しくは事後にその資産を減ずるような事態に関する問題又はその他の関連する問題を予断するものではない。

第一一条の規定に関する了解

第一一条2(d)に規定する雇用主である国の「安全保障上の利益」とは、国家の安全保障並びに外交使節団及び領事機関の安全に関する事項を主として意図したものである。

一九六一年の外交関係に関するウィーン条約第四一条及び一九六三年の領事関係に関するウィーン条約第五五条の規定に基づき、これらの規定にいうすべての者は、接受国の法令(労働諸法令を含む。)を尊重する義務を有する。また、接受国は、一九六一年の外交関係に関するウィーン条約第三八条及び一九六三年の領事関係に関するウィーン条約第七一条の規定に基づき、外交使節団又は領事機関の任務の遂行を不当に妨げないような方法によって裁判権を行使する義務を有する。

第一三条及び第一四条の規定に関する了解

「決定」は、保護される権利の存否についての確認又は検証のみでなく、当該権利の実体(当該権利の内容、範囲及び程度を含む。)の評価も意味するものとして用いる。

第一七条の規定に関する了解

「商業的取引」には、投資に関する事項を含む。

第一九条の規定に関する了解

第一九条(c)に規定する「団体」とは、独立した法人格としての国家又は連邦国家の構成単位、国家の行政区画、国家の機関若しくは下部機関若しくは他の団体であって、独立した法人格を有するものをいう。

同条(c)に規定する「団体と関係を有する財産」とは、所有され、又は占有される財産よりも広範なものと了解される。

同条の規定は、「法人格の否認」の問題、国営企業その他の国によって設立された団体が、裁判手続の目的である請求を満たすことを避けるため、その財務状況について故意に虚偽の表示を行い、若しくは事後にその資産を減ずるような事態に関する問題又はその他の関連する問題を予断するものではない。

28　外国等に対する我が国の民事裁判権に関する法律(対外国民事裁判権法)

公　布　二〇〇九年四月二四日(法律第二四号)
施　行　二〇一〇年四月一日

第一章　総則

第一条(趣旨)　この法律は、外国等に対して我が国の民事裁判権(裁判権のうち刑事に係るもの以外のものをいう。第四条において同じ。)が及ぶ範囲及び外国等に係る民事の裁判手続についての特例を定めるものとする。

第二条(定義)　この法律において「外国等」とは、次に掲げるもの(以下「国等」という。)のうち、日本国及び日本国に係るものを除くものをいう。

一　国及びその政府の機関
二　連邦国家の州その他これに準ずる国の行政区画であって、主権的な権能を行使する権限を有するもの
三　前二号に掲げるもののほか、主権的な権能を行使する権限を付与された団体(当該権能の行使としての行為をする場合に限る。)
四　前三号に掲げるものの代表者であって、その資格に基づき行動するもの

第三条(条約等に基づく特権又は免除との関係)　この法律の規定は、条約又は確立された国際法規に基づき外国等が享有する特権又は免除に影響を及ぼすものではない。

第二章　外国等に対して裁判権が及ぶ範囲

第一節　免除の原則

第四条　外国等は、この法律に別段の定めがある場合を除き、裁判権(我が国の民事裁判権をいう。以下同じ。)から免除されるものとする。

第二節　裁判手続について免除されない場合

第五条(外国等の同意)　外国等は、次に掲げるいずれかの方法により、特定の事項又は事件に関して裁判権に服することについての同意を明示的にした場合には、訴訟手続その他の裁判所における手続(外国等の有する財産に対する保全処分及び民事執行の手続を除く。以下この節において「裁判手続」という。)

のうち、当該特定の事項又は事件に関するものについて、裁判権から免除されない。

一 条約その他の国際約束

二 書面による契約

三 当該裁判手続における陳述又は裁判所若しくは相手方に対する書面による通知

2 外国等が特定の事項又は事件に関して日本国の法令を適用することについて同意したことは、前項の同意と解してはならない。

第六条（同意の擬制） 外国等が次に掲げる行為をした場合には、前条第一項の同意があったものとみなす。

一 訴えの提起その他の裁判手続の開始の申立て

二 裁判手続への参加（裁判権からの免除を主張することを目的とするものを除く。）

三 裁判手続において異議を述べないで本案についてした弁論又は申述

2 前項第二号及び第三号の規定は、当該外国等がこれらの行為をする前に裁判権から免除される根拠となる事実があることを知ることができなかったやむを得ない事情がある場合であって、当該事実を知った後当該事情を速やかに証明したときには、適用しない。

3 口頭弁論期日その他の裁判手続の期日において外国等が出頭しないこと及び外国等の代表者が証人として出頭したことは、前条第一項の同意と解してはならない。

第七条（同） 外国等が訴えを提起した場合又は当事者として訴訟に参加した場合において、反訴が提起されたときは、当該反訴について、第五条第一項の同意があったものとみなす。

2 外国等が当該外国等を被告とする訴訟において反訴を提起したときは、本訴について、第五条第一項の同意があったものとみなす。

第八条（商業的取引） 外国等は、商業的取引（民事又は商事に係る物品の売買、役務の調達、金銭の貸借その他の事項についての契約又は取引（労働契約を除く。）をいう。次項及び第十六条において同じ。）のうち、当該外国等と当該外国等（国以外のものにあっては、それらが所属する国。以下この項において同じ。）以外の国の国民又は当該外国等以外の国若しくはこれに所属する国等の法令に基づいて設立された法人その他の団体との間のものに関する裁判手続について、裁判権から免除されない。

2 前項の規定は、次に掲げる場合には、適用しない。

一 当該外国等と当該外国等以外の国等との間の商業的取引である場合

二 当該商業的取引の当事者が明示的に別段の合意をした場合

第九条（労働契約） 外国等は、当該外国等と個人との間の労働契約であって、日本国内において労務の全部又は一部が提供され、又は提供されるべきものに関する裁判手続について、裁判権から免除されない。

2 前項の規定は、次に掲げる場合には、適用しない。

一 当該個人が次に掲げる者である場合

イ 外交関係に関するウィーン条約第一条(e)に規定する外交官

ロ 領事関係に関するウィーン条約第一条1(d)に規定する領事官

ハ 国際機関に派遣されている常駐の使節団若しくは特別使節団の外交職員又は国際会議において当該外国等（国以外のものにあっては、それらが所属する国。以下この項において同じ。）を代表するために雇用されている者

ニ イからハまでに掲げる者のほか、外交上の免除を享有する者

二 前号に掲げる場合のほか、当該個人が、当該外国等の安全、外交上の秘密その他の当該外国等の重大な利益に関する事項に係る任務を遂行するために雇用されている場合

三 当該個人の採用又は再雇用の契約の成否に関する訴え又は申立て（いずれも損害の賠償を求めるものを除く。）である場合

四 解雇その他の労働契約の終了の効力に関する訴え又は申立て（いずれも損害の賠償を求めるものを除く。）であって、当該外国等の元首、政府の長又は外務大臣によって当該訴え又は申立てに係る裁判手続が当該外国等の安全保障上の利益を害するおそれがあるとされた場合

五 訴えの提起その他の裁判手続の開始の申立てがあった時において、当該個人が当該外国等の国民である場合。ただし、当該個人が日本国に通常居住するときは、この限りでない。

六 当該労働契約の当事者間に書面による別段の合意がある場合。ただし、労働者の保護の見地から、当該労働契約に関する訴え又は申立てについて日本国の裁判所が管轄権を有しないとするならば、公の秩序に反することとなるときは、この限りでない。

第一〇条（人の死傷又は有体物の滅失等） 外国等は、人の死亡若しくは傷害又は有体物の滅失若しくは毀（き）損が、当該外国等が責任を負うべきものと主張される行為によって生じた場合において、当該行為の全部又は一部が日本国内で行われ、かつ、当該行為をした者が当該行為の時に日本国内に所在していたときは、これによって生じた損害又は損失の金銭によるてん補に関する裁判手続について、裁判権から免除されない。

第一一条（不動産に係る権利利益等） 外国等は、日本国内にある不動産に係る次に掲げる事項に関する裁判手続について、裁判権から免除されない。

一 当該外国等の権利若しくは利益又は当該外国等による占有若しくは使用

二 当該外国等の権利若しくは利益又は当該外国等による占有若しくは使用から生ずる当該外国等の義務

2　外国等は、動産又は不動産について相続その他の一般承継、贈与又は無主物の取得によって生ずる当該外国等の権利又は利益に関する裁判手続について、裁判権から免除されない。

第一二条（裁判所が関与を行う財産の管理又は処分に係る権利利益）　外国等は、信託財産、破産財団に属する財産、清算中の会社の財産その他の日本国の裁判所が監督その他の関与を行う財産の管理又は処分に係る当該外国等の権利又は利益に関する裁判手続について、裁判権から免除されない。

第一三条（知的財産権）　外国等は、次に掲げる事項に関する裁判手続について、裁判権から免除されない。

一　当該外国等が有すると主張している知的財産権（知的財産基本法（平成一四年法律第一二二号）第二条第一項に規定する知的財産に関して日本国の法令により定められた権利又は日本国の法律上保護される利益に係る権利をいう。次号において同じ。）の存否、効力、帰属又は内容

二　当該外国等が日本国内においてしたものと主張される知的財産権の侵害

第一四条（団体の構成員としての資格等）　外国等は、法人その他の団体であって次の各号のいずれにも該当するものの社員その他の構成員である場合には、その資格又はその資格に基づく権利若しくは義務に関する裁判手続について、裁判権から免除されない。

一　国等及び国際機関以外の者をその社員その他の構成員とするものであること。

二　日本国の法令に基づいて設立されたものであること、又は日本国内に主たる営業所若しくは事務所を有するものであること。

2　前項の規定は、当該裁判手続の当事者間に当該外国等が裁判権から免除される旨の書面による合意がある場合又は当該団体の定款、規約その他これらに類する規則にその旨の定めがある場合には、適用しない。

第一五条（船舶の運航等）　船舶を所有し又は運航する外国等は、当該船舶の運航に関する紛争の原因となる事実が生じた時において当該船舶が政府の非商業的目的以外に使用されていた場合には、当該紛争に関する裁判手続について、裁判権から免除されない。

2　前項の規定は、当該船舶が軍艦又は軍の支援船である場合には、適用しない。

3　船舶を所有し又は運航する外国等は、当該船舶による貨物の運送に関する紛争の原因となる事実が生じた時において当該船舶が政府の非商業的目的以外に使用されていた場合には、当該紛争に関する裁判手続について、裁判権から免除されない。

4　前項の規定は、当該貨物が、軍艦若しくは軍の支援船により運送されていたものである場合又は国等が所有し、かつ、政府の非商業的目的のみに使用され、若しくは使用されることが予定されているものである場合には、適用しない。

第一六条（仲裁合意）　外国等は、当該外国等（国以外のものにあっては、それらが所属する国。以下この条において同じ。）以外の国の国民又は当該外国等以外の国若しくはこれに所属する国等の法令に基づいて設立された法人その他の団体との間の商業的取引に係る書面による仲裁合意に関し、当該仲裁合意の存否若しくは効力又は当該仲裁合意に基づく仲裁手続に関する裁判手続について、裁判権から免除されない。ただし、当事者間に書面による別段の合意がある場合は、この限りでない。

第三節　外国等の有する財産に対する保全処分及び民事執行の手続について免除されない場合

第一七条（外国等の同意等）　外国等は、次に掲げるいずれかの方法により、その有する財産に対して保全処分又は民事執行をすることについての同意を明示的にした場合には、当該保全処分又は民事執行の手続について、裁判権から免除されない。

一　条約その他の国際約束

二　仲裁に関する合意

三　書面による契約

四　当該保全処分又は民事執行の手続における陳述又は裁判所若しくは相手方に対する書面による通知（相手方に対する通知にあっては、当該保全処分又は民事執行が申し立てられる原因となった権利関係に係る紛争が生じた後に発出されたものに限る。）

2　外国等は、保全処分又は民事執行の目的を達することができるように指定し又は担保として提供した特定の財産がある場合には、当該財産に対する当該保全処分又は民事執行の手続について、裁判権から免除されない。

3　第五条第一項の同意は、第一項の同意と解してはならない。

第一八条（特定の目的に使用される財産）　外国等は、当該外国等により政府の非商業的目的以外にのみ使用され、又は使用されることが予定されている当該外国等の有する財産に対する民事執行の手続について、裁判権から免除されない。

2　次に掲げる外国等の有する財産は、前項の財産に含まれないものとする。

一　外交使節団、領事機関、特別使節団、国際機関に派遣されている使節団又は国際機関の内部機関若しくは国際会議に派遣されている代表団の任務の遂行に当たって使用され、又は使用されることが予定されている財産

二　軍事的な性質を有する財産又は軍事的な任務の遂行に当たって使用され、若しくは使用されることが予定されている財産

三　次に掲げる財産であって、販売されておらず、かつ、販売されることが予定されていないもの

イ　当該外国等に係る文化遺産

ロ　当該外国等が管理する公文書その他の記録

ハ　科学的、文化的又は歴史的意義を有する展示物

3　前項の規定は、前条第一項及び第二項の規定の適用を妨げない。

第一九条（外国中央銀行等の取扱い）　日本国以外の国の中央銀行又はこれに準ずる金融当局（次項において「外国中央銀行等」という。）は、その有する財産に対する保全処分及び民事執行の手続については、第二条第一号から第三号までに該当しない場合においても、これを外国等とみなし、第四条並びに第一七条第一項及び第二項の規定を適用する。

2　外国中央銀行等については、前条第一項の規定は適用しない。

第三章　民事の裁判手続についての特例

第二〇条（訴状等の送達）　外国等に対する訴状その他これに類する書類及び訴訟手続その他の裁判所における手続の最初の期日の呼出状（以下この条及び次条第一項において「訴状等」という。）の送達は、次に掲げる方法によりするものとする。

一　条約その他の国際約束で定める方法

二　前号に掲げる方法がない場合には、次のイ又はロに掲げる方法

イ　外交上の経路を通じてする方法

ロ　当該外国等が送達の方法として受け入れるその他の方法（民事訴訟法（平成八年法律第一〇九号）に規定する方法であるものに限る。）

2　前項第二号イに掲げる方法により送達をした場合においては、外務省に相当する当該外国等（国以外のものにあっては、それらが所属する国）の機関が訴状等を受領した時に、送達があったものとみなす。

3　外国等は、異議を述べないで本案について弁論又は申述をしたときは、訴状等の送達の方法について異議を述べる権利を失う。

4　第一項及び第二項に規定するもののほか、外国等に対する訴状等の送達に関し必要な事項は、最高裁判所規則で定める。

第二一条（外国等の不出頭の場合の民事訴訟法の特例等）　外国等が口頭弁論の期日に出頭せず、答弁書その他の準備書面を提出しない場合における当該外国等に対する請求を認容する判決の言渡しは、訴状等の送達があった日又は前条第二項の規定により送達があったものとみなされる日から四月を経過しなければすることができない。

2　前条第一項及び第二項の規定は、前項に規定する判決についての判決書又は民事訴訟法第二五四条第二項の調書（次項及び第四項において「判決書等」という。）の当該外国等に対する送達について準用する。

3　前項に規定するもののほか、判決書等の送達に関し必要な事項は、最高裁判所規則で定める。

4　第一項に規定する判決に対して外国等がする上訴又は異議の申立ては、民事訴訟法第二八五条本文（同法第三一三条（同法第三一八条第五項において準用する場合を含む。）において準用する場合を含む。）又は第三五七条本文（同法第三六七条第二項において準用する場合を含む。）若しくは第三七八条第一項本文の規定にかかわらず、判決書等の送達があった日又は第二項において準用する前条第二項の規定により送達があったものとみなされる日から四月の不変期間内に提起しなければならない。

第二二条（勾（こう）引及び過料に関する規定の適用除外）　外国等については、民事の裁判手続においてされた文書その他の物件の提出命令、証人の呼出しその他の当該裁判手続上の命令に従わないことを理由とする勾（こう）引及び過料に関する民事訴訟法その他の法令の規定は、適用しない。

附　則（略）

29　国際違法行為に対する国家責任に関する条文（国家責任条文）

採　択　二〇〇一年国連国際法委員会第五三回会期。同年国際連合総会第五六回会期決議五六／八三によりテーク・ノート

［注］（＊）の下に記載した条項は、一九九六年までに国際法委員会が暫定的に採択した国家責任に関する条文草案（第一読）の該当条項（必ずしも同一文言ではない）である。

第一部　国の国際違法行為

第一章　一般原則

第一条（国際違法行為に対する国の責任）（＊第一条）国のすべての国際違法行為は、その国の国際責任を生じさせる。

第二条（国の国際違法行為の要素）（＊第三条）国の国際違法行為は、作為又は不作為からなる行為が次の条件を満たす場合に存在する。

(a)　国際法に基づき当該国に帰属し、かつ、

(b)　当該国の国際義務の違反を構成するとき。

第三条（国の行為を国際違法行為とする性格づけ）（＊第四条）国の行為を国際違法行為とする性格づけは、国際法に基づいて規律される。この性格づけは、当該同一の行為が国内法によって適法と性格づけられることによっては影響を受けない。

第二章　行為の国への帰属

第四条（国の機関の行為）　1　国のいかなる機関の行為も、その機関が立法上、行政上、司法上又はその他

の任務を遂行しているか、当該国の組織上のどのような地位を有するか、また、その機関が中央政府又は当該国の領域的単位の機関としてどのような性格をもつかを問わず、国際法上その国の行為とみなす。

2　機関には、その国の国内法に基づいて機関としての地位を有するすべての者又は実体が含まれる。

第五条（統治権能の要素を行使する者又は実体の行為）（＊第七条2）第四条に定める国の機関ではないがその国の法により統治権能の要素を行使する権限を与えられている者又は実体の行為は、当該の者又は実体が特定の事案においてその資格で行動している場合には、国際法上国の行為とみなす。

第六条（他の国により国の利用に供された機関の行為）他の国により国の利用に供された機関の行為は、その機関がそれを利用する国の統治権能の要素を行使して行動している場合には、国際法上当該利用国の行為とみなす。

第七条（権限の逸脱又は指示の違反）国の機関又は統治権能の要素を行使する権限を与えられた者若しくは実体の行為は、その機関、者又は実体がその資格で行動する場合には、与えられた権限を逸脱し又は指示に違反する場合であっても国際法上国の行為とみなす。

第八条（国が指揮し又は支配する行為）（＊第八条ⓐ）人又は人の集団の行為は、当該の者又は集団がその行為を遂行する際に事実上その国の指示に基づき又はその国の指揮若しくは支配の下に行動している場合には、国際法上国の行為とみなす。

第九条（公の当局が存在しないか又は機能停止の場合に行われた行為）（＊第八条ⓑ）人又は人の集団の行為は、当該の者又は集団が公の当局が存在しないか又は機能停止している場合であってかつ統治権能の要素の行使を必要とするような事情の下で統治権能の要素を事実上行使している場合には、国際法上国の行為とみなす。

第一〇条（反乱団体その他の活動団体の行為）1　反乱団体が国の新政府となる場合には、当該団体の行為は、国際法上その国の行為とみなす。

2　反乱団体その他の活動団体が先行国の領域の一部又はその施政下にある領域で新国家の樹立に成功する場合には、当該活動団体の行為は、国際法上新国家の行為とみなす。

3　この条は、第四条ないし第九条より国の行為とみなすべき行為が、関連する活動団体の行為に関係するものであっても、その国に帰属することを妨げない。

第一一条（国が国自身のものとして承認し及び採用する行為）前条までの規定に基づいて国に帰属しない行為も、その国が当該の行為を国自身のものとして承認し及び採用する場合にはその限度において、国際法上その国の行為とみなす。

第三章　国際義務の違反

第一二条（国際義務の違反の存在）（＊第一六条）国の行為が国際義務により当該国に要求されているものと一致しないときは、当該義務の淵源又は性質に関係なく、国による国際義務の違反が存在する。

第一三条（国に対して有効な国際義務）国の行為は、行為が生じるときにその国が関連する義務に拘束されているのでなければ、国際義務の違反を構成しない。

第一四条（国際義務の違反の時間的範囲）1　国の継続的性質を有しない行為による国際義務の違反は、その効果が継続する場合であっても、その行為が行われる時点で発生する。

2　国の継続的性質を有する行為による国際義務の違反は、その行為が継続しかつ国際義務と一致しない状態が続くすべての期間に及ぶ。

3　特定の事態の発生を防止するよう国に要求する国際義務の違反は、その事態が生じるときに発生し、並びに、その事態が継続しかつ当該義務と一致しない状態が続くすべての期間に及ぶ。

第一五条（合成的行為から成る違反）1　全体として違法となる一連の作為又は不作為を通じての国の国際義務の違反は、作為又は不作為が他の作為又は不作為と結合して違法行為を構成するに足りる程度になるときに発生する。

2　この場合、違反は、当該の一連の作為又は不作為の最初のものに始まる全期間に及び、並びに、これらの作為又は不作為が繰り返されかつ国際義務と一致しない状態が続く限り継続する。

第四章　他の国の行為に関連する国の責任

第一六条（国際違法行為の実行に対する支援又は援助）他の国の国際違法行為の実行を支援し又は援助する国は、次の場合に支援又は援助につき国際責任を負う。

(a)　その国が国際違法行為の事情を了知して支援又は援助を行い、かつ、

(b)　その国がその行為を行ったとすれば当該行為が国際的に違法となる場合。

第一七条（国際違法行為の実行に対する指揮及び支配）他の国の国際違法行為の実行を指揮し及び支配する国は、次の場合に当該他の国の国際違法行為につき国際責任を負う。

(a)　その国が国際違法行為の事情を了知して指揮及び支配を行い、かつ、

(b)　その国がその行為を行ったとすれば当該行為が国際的に違法となる場合。

第一八条（他の国の強制）他の国に行為を強制する国は、次の場合に当該他の国の行為につき国際責任を負う。

(a)　強制がなければその行為は強制された国の国際違法行為となるもので、かつ、

(b)　強制国が当該行為の事情を了知して強制する場合。

第一九条（この章の効果）この章は、当該の行為を実行

する国又はいずれかの他の国がこの責任条文の他の規定に基づいて負う国際責任を妨げるものではない。

第五章　違法性阻却事由

第二〇条（同意）（＊第二九条1）他の国の特定の行為に対する国の有効な同意は、その行為が当該同意の範囲内にある限り、同意を与える国との関係でその行為の違法性を阻却する。

第二一条（自衛）（＊第三四条）国の行為の違法性は、その行為が国際連合憲章に一致してとられる適法な自衛の措置を構成する場合には阻却される。

第二二条（国際違法行為に対する対抗措置）他の国に対する国際義務と一致しない国の行為の違法性は、その行為が当該他の国に対する第三部の第二章に従ってとられる対抗措置を構成する場合にはその限度で阻却される。

第二三条（不可抗力）1　国際義務と一致しない国の行為の違法性は、その行為が不可抗力、すなわち、当該国の支配を超える抵抗しがたい力又は予測できない事態の発生であって、その事情の下で義務の履行を実質的に不可能とするものによる場合には阻却される。

2　1は、次の場合には適用しない。

(a)　不可抗力の状態が不可抗力を援用する国それ自体の行為又は他の要因と結びついたその国の行為による場合、又は、

(b)　その国が不可抗力の状態が生じる危険の負担を予め引き受けていた場合。

第二四条（遭難）1　国際義務と一致しない国の行為の違法性は、当該行為の実行者が遭難状態の下でその者の生命又はその者に保護を託された者の生命を救うために合理的な他の手段を有しない場合には阻却される。

2　1は、次の場合には適用しない。

(a)　遭難の状態が遭難を援用する国それ自体の行為又は他の要因と結びついたその国の行為による場合、又は、

(b)　当該の行為が同等の又はより大きな危険を生じさせる虞がある場合。

第二五条（緊急状態）1　国は、次の場合を除き、国際義務と一致しない国の行為の違法性を阻却する根拠として緊急状態を援用することはできない。

(a)　その行為が重大でかつ急迫した危険に対して不可欠の利益を保護するための当該国にとっての唯一の手段であり、かつ、

(b)　その行為が義務の相手国又は国際社会全体の不可欠の利益に対する重大な侵害とならない場合。

2　いかなる場合にも、国は、次の場合には違法性を阻却する根拠として緊急状態を援用することはできない。

(a)　当該の国際義務が緊急状態を援用する可能性を排除する場合、又は、

(b)　当該国が緊急状態に寄与する場合。

第二六条（強行規範の遵守）この章のいかなる規定も、一般国際法の強行規範に基づいて生ずる義務と一致しない国の行為の違法性を阻却しない。

第二七条（違法性阻却事由を援用する場合の効果）この章に従った違法性阻却事由の援用は、次のことを妨げない。

(a)　違法性阻却事由が存在しなくなる場合その限度で、当該の義務を遵守すること。

(b)　当該の行為から生ずる物的損失に対する金銭補償の問題。

第二部　国の国際責任の内容

第一章　一般原則

第二八条（国際違法行為の法的効果）（＊第三六条1）第一部の規定に従った国際違法行為から生ずる国の国際責任は、この部に定める法的効果を伴う。

第二九条（履行する義務の継続）（＊第三六条2）この部に基づく国際違法行為の法的効果は、違反した義務を履行する責任国の継続的な義務に影響を与えるものではない。

第三〇条（停止と再発防止）国際違法行為に責任を有する国は、次の義務を負う。

(a)　当該の行為が継続している場合には、それを停止すること。

(b)　事情により必要な場合には、再発防止の適当な約束及び保証を提供すること。

第三一条（賠償）1　責任国は、国際違法行為により生じた侵害に完全な賠償を行う義務を負う。

2　侵害には、物的か精神的かを問わず、国の国際違法行為により生じたすべての損害を含む。

第三二条（国内法の無関係性）責任国は、この部の義務の不履行を正当化する根拠として自国の国内法の規定を援用することはできない。

第三三条（この部に定める国際義務の範囲）1　この部に定める責任国の義務は、特に国際義務の性格及び内容並びに違反の事情に応じて、他の国、複数の国又は国際社会全体に対して負うことがある。

2　この部は、国の国際責任から生ずる権利であって国以外の私人又は実体に直接生じるものを妨げるものではない。

第二章　侵害の賠償

第三四条（賠償の形態）国際違法行為により生じた侵害に対する完全な賠償は、この章の規定に従って、原状回復、金銭賠償及び満足の形態を単独に又はそれらの組み合わせで行うものとする。

第三五条（原状回復）国際違法行為に対し責任を有する国は、次の条件の下にかつその限度において、原状回復を行う義務、すなわち違法行為が行われる以前に存在した状態を回復する義務を負う。

(a)　原状回復が実質的に不可能ではないこと。

(b) 原状回復が金銭賠償の代わりに原状回復を行うことによって得る利益と全く比例しない負担をもたらさないこと。

第三六条（金銭賠償） 1　国際違法行為に対し責任を有する国は、当該行為に起因する損害に対して、当該損害が原状回復によって埋め合わせされない限度において、金銭賠償を行う義務を負う。

2　金銭賠償には、証明される限りにおいて逸失利益を含む、金銭的に評価できるすべての損害を含む。

第三七条（満足） 1　国際違法行為に対し責任を有する国は、当該行為に起因する侵害に対して、当該侵害が原状回復又は金銭賠償によって埋め合わせされない限度において、満足を与える義務を負う。

2　満足は、違反の確認、遺憾の意の表明、公式の陳謝又は他の適当な形態をとることができる。

3　満足は、侵害と比例しないものであってはならず、かつ、責任国に屈辱を与える形態をとることはできない。

第三八条（利子） 1　完全な賠償を確保するために必要な場合には、この章に基づいて支払うべき賠償の元金に対して利子が支払われる。利子の率及び計算方法は、完全な賠償を達成するように定められる。

2　利子は、賠償の元金が支払われているべき日から支払義務が履行される日までの期間について生じる。

第三九条（侵害に対する寄与） 賠償の決定にあたっては、被侵害国又はそれとの関係で賠償が請求される人若しくは実体の故意又は過失による作為又は不作為によってもたらされる侵害への寄与について考慮する。

第三章　一般国際法の強行規範に基づく義務の重大な違反

第四〇条（この章の適用） 1　この章は、一般国際法の強行規範に基づく義務の国による重大な違反によってもたらされる国際責任に適用する。

2　そのような義務の違反は、責任国による当該義務の著しい又は系統的な不履行を伴う場合には重大な違反となる。

第四一条（この章に基づく重大な義務違反の特別の効果） 1　国は、前条に定める重大な違反を終了させるために適法な手段を通じて協力する。

2　いかなる国も、前条に定める重大な違反が生じさせた状態を適法なものとして承認してはならず、並びに、その状態の維持を支援し又は援助してはならない。

3　この条は、この部に定める他の効果、及び、この章を適用する違反が国際法上もたらすことのあるそれ以外の効果に影響を及ぼすものではない。

第三部　国の国際責任の実施

第一章　国の責任の援用

第四二条（被侵害国による責任の援用） 国は、違反のあった義務が次の条件を満たす場合には、被侵害国として他の国の責任を援用する権利を有する。

(a) 当該被侵害国に対し個別的に負う義務であるとき、又は、

(b) 当該被侵害国を含む国の集団又は国際社会全体に対して負う義務であって、かつ、

(i) その義務違反が、当該被侵害国に特に影響を与えるとき、若しくは、

(ii) その義務違反が、当該義務の履行の継続についての他のすべての国の立場を根本的に変更する性質のものであるとき。

第四三条（被侵害国による請求の通告） 1　他の国の責任を援用する被侵害国は、自国の請求を当該他の国に通告する。

2　被侵害国は、特に次のことを特定することができる。

(a) 違法行為が継続している場合には、その違法行為を停止するために責任国がとるべき行為。

(b) 第二部の規定に従ってとられるべき賠償の形態。

第四四条（請求の受理可能性） 国の責任は、次の場合には援用することができない。

(a) 請求が、請求の国籍に関して適用される規則に従ってなされていないとき。

(b) 国内的救済完了の原則が適用される請求であって、利用可能でかつ効果的な国内的救済手段が未だ尽くされていないとき。

第四五条（責任を援用する権利の喪失） 国の責任は、次の場合には援用することができない。

(a) 被侵害国が請求を有効に放棄したとき。

(b) 被侵害国が、請求の消滅をその行為により有効に黙認したとみなされるとき。

第四六条（被侵害国が複数ある場合） 同一の国際違法行為により複数の国が侵害を受ける場合には、各被侵害国は、国際違法行為を行った国の責任を個別に援用することができる。

第四七条（責任国が複数ある場合） 1　同一の国際違法行為に対し複数の国が責任を有する場合には、当該行為についてそれぞれの国の責任を援用することができる。

2　1は、

(a) いかなる被侵害国もその国が被った損害以上のものを金銭賠償によって回復することを許すものではない。

(b) 他の責任国に対して請求を行う権利を妨げるものではない。

第四八条（被侵害国以外の国による責任の援用） 1　被侵害国以外の国は、次の場合には2に基づいて他の国の責任を援用する権利を有する。

(a) 違反のあった義務が、当該国を含む国の集団に対して負う義務であってかつその集団の集団的利益を保護するために設けられたものであるとき、又は、

(b) 違反のあった義務が、国際社会全体に対して負

う義務であるとき。

2 1に基づき責任を援用する権利を有するいかなる国も、責任国に対して次のことを請求することができる。

(a) 第三〇条に従った国際違法行為の停止、並びに再発防止の約束及び保証、並びに

(b) 被侵害国又は違反のあった義務の受益者のために、前諸条文に従った賠償義務の履行。

3 被侵害国が責任を援用するための第四三条、第四四条及び第四五条に基づく要件は、1に基づき責任を援用する権利を有する国が責任を援用する場合に適用する。

第二章 対抗措置

第四九条(対抗措置の目的及び限定) 1 被侵害国は、国際違法行為に責任を有する国に対して第二部に基づく義務に従うように促すためにのみ対抗措置をとることができる。

2 対抗措置は、その措置をとる国が責任国に対して負う国際義務を当分の間履行しないことに限られる。

3 対抗措置は、できる限り、関連する義務の履行を回復できるような方法でとらなければならない。

第五〇条(対抗措置により影響を受けない義務) 1 対抗措置は、次の義務に影響を与えてはならない。

(a) 国際連合憲章に具現された武力による威嚇又は武力の行使を慎む義務

(b) 基本的人権を保護する義務

(c) 復仇を禁止する人道的性質の義務

(d) 一般国際法の強行規範に基づく他の義務

2 対抗措置をとる国は、次の義務を履行することを免れない。

(a) 当該国と責任国との間で適用可能なあらゆる紛争解決手続に基づく義務

(b) 外交官、領事官、外交又は領事の公館、公文書及び書類の不可侵を尊重する義務

第五一条(均衡性) 対抗措置は、国際違法行為の重大性及び関連する権利を考慮して、被った侵害と均衡するものでなければならない。

第五二条(対抗措置に訴える条件) 1 対抗措置をとる前に、被侵害国は、次のことを行うものとする。

(a) 責任国に、第四三条に従って、第二部に基づく義務を履行するよう要請する。

(b) 責任国に対抗措置をとる決定を通告し及び責任国との交渉を提案する。

2 1(b)に拘わらず、被侵害国は、自国の権利を保全するために必要な緊急の対抗措置をとることができる。

3 対抗措置は、次の場合にはとることができず、既にとっている場合には不当に遅延することなく停止しなければならない。

(a) 国際違法行為が停止されたときであって、かつ、

(b) 紛争が当事国を拘束する決定を行う権限をもつ裁判所に係属しているとき。

4 3は、責任国が紛争解決手続を誠実に履行しない場合には適用しない。

第五三条(対抗措置の終了) 対抗措置は、責任国が国際違法行為につき第二部に基づく義務を履行したときは速やかに終了する。

第五四条(被侵害国以外の国がとる措置) この章は、第四八条1に基づいて他の国の責任を援用する権利を有する国が、違反の停止及び被侵害国又は違反のあった義務の受益者のために賠償を確保する目的で責任国に対して適法な措置をとる権利を妨げるものではない。

第四部 一般規定

第五五条(特別法) この責任条文は、国際違法行為が存在するための要件又は国の国際責任の内容若しくは実施が国際法の特別規則により定められる場合にはその限度で適用しない。

第五六条(この責任条文が規律しない国家責任の問題) 国際違法行為についての国の責任に関する問題は、この責任条文で規律されない限度で、引き続き国際法の適用のある規則が規律する。

第五七条(国際機関の責任) この責任条文は、国際機関が有する又は国際機関の行為につき国が有する国際法上の責任の問題に影響を及ぼすものではない。

第五八条(個人責任) この責任条文は、国のために行動する者の国際法上の個人責任の問題に影響を及ぼすものではない。

第五九条(国際連合憲章) この責任条文は、国際連合憲章に影響を及ぼすものではない。

〈参考〉国家責任に関する暫定条文草案(国家責任条文草案)(第一読)(抜粋)

第一部 国家責任の淵源

第一一条(国のために行動しているのでない私人の行為) 1 国のために行動しているのでない私人又は私人の集団の行為は、国際法上、国の行為とはみなさない。

2 1は、1に定める私人又は私人の集団の行為に関係するいずれか他の行為であって第五条から第一〇条までの規定に基づいてその国の行為とみなされるものの国への帰属を妨げるものではない。

第一九条(国際犯罪及び単なる国際違法行為) 1 国際義務の違反を構成する国の行為は、違反された義務が対象とする事項に関係なく、国際違法行為となる。

2 国際違法行為であって、国際社会の根本的利益の保護のために不可欠であるためその違反が国際社会全体によって犯罪と認められるような国際義務の国による違反から生じるものは、国際犯罪を構成する。

3 2に従って、かつ、効力のある国際法の規則に基づいて、国際犯罪は、特に、次のものから生ずるこ

とがある。

(a) 侵略を禁止する義務のように、国際の平和及び安全の維持のために不可欠の重要性を有する国際義務の重大な違反、

(b) 植民地支配の力による確立又は維持を禁止する義務のように、人民の自決権を保護するために不可欠の重要性を有する国際義務の重大な違反、

(c) 奴隷制度、集団殺害及びアパルトヘイトを禁止する義務のように、人間を保護するために不可欠の重要性を有する国際義務の大規模で重大な違反、

(d) 大気又は海洋の大量の汚染を禁止する義務のように、人間環境を保護し及び保全するために不可欠の重要性を有する国際義務の重大な違反。

4　2に従って、国際犯罪に該当しない国際違法行為は、単なる国際違法行為を構成する。

第二〇条（特定の行為形態の採用を要求する国際義務の違反）　特定の行為形態を採用することを要求する国際義務の国による違反は、当該国の行為がその義務により当該国に要求されているものと一致しないときに、存在する。

第二一条（特定された結果の達成を要求する国際義務の違反） 1　国が自ら選択する手段により、特定された結果を達成するように要求する国際義務の国による違反は、当該国が、採用した行為によって、その義務により当該国に要求されている結果を達成しない場合に、存在する。

2　国の行為が国際義務により当該国に要求されている結果と一致しない状況を生じさせたが、なお国のその後の行為によって当該の結果又は同等の結果を達成することができることをその義務が許している場合には、その義務の違反は、当該国がその後の行為によってもその義務により当該国に要求されている結果を達成できない場合にのみ、存在する。

第二五条（時間的に継続する国の行為による国際義務の違反の時点及び期間） 1　継続的性質を有する国の行為による国際義務の違反は、その行為が始まる時点で生じる。ただし、違反が行われる時間は、その行為が継続し及び国際義務と一致しない状態が続く全期間に及ぶ。

2　別個の事案について認められる一連の作為又は不作為から成立する国の行為による国際義務の違反は、一連の作為又は不作為であって合成された行為の存在を証明するものが完了した時点で生じる。ただし、違反が行われる時間は、国際義務と一致しない合成された行為を構成する作為又は不作為の最初のものから及びこのような作為又は不作為が繰り返される限りで全期間に及ぶ。

3　同一の事案において認められる国の同一の又は異なる期間の連続した作為又は不作為から構成される国の複合的行為による国際義務の違反は、当該複合行為の最後の構成部分が完了する時点で生じる。ただし、違反が行われる時間は違反を開始させる行為又は不作為と違反を完成される作為又は不作為の間の全時間に及ぶ。

2 10　国際機関の責任に関する条文（国際機関責任条文）（抜粋）

採　択　二〇一一年国連国際法委員会第六三会期。同年国際連合総会第六六回会期決議六六／一〇〇によりテーク・ノート

第一部　序

第一条（この条文の適用範囲） 1　この条文は、国際違法行為に対する国際機関の国際責任に適用される。

2　この条文は、国際機関の行為に関連する国際違法行為に対する国の国際責任にも適用される。

第二条（用語）　この条文の適用上、

(a)　「国際機関（international organization）」とは、条約又は国際法によって規律されるその他の文書によって設立され、独自の国際法人格を有するものをいう。国際機関は、その構成員として、国に加えてその他の実体を含むことができる。

(b)　「国際機関の規則」とは、特に、設立文書及び設立文書に従って採択された当該国際機関の決定、決議その他の文書並びに当該機関の確立した慣行をいう。

(c)　「国際機関の内部機関（organ）」とは、当該国際機関の規則に基づいてその地位を有するすべての者又は実体をいう。

(d)　「国際機関の準機関（agent）」とは、内部機関以外の職員若しくはその他の者又は実体であって、当該国際機関からその任務の一部を遂行するよう又は遂行を補助するよう委ねられたもので、その結果それを通じて当該国際機関が行動するものをいう。

第二部　国際機関の国際違法行為

第一章　一般原則

第二章　行為の国際機関への帰属

第六条（国際機関の内部機関又は国際機関の準機関の行為） 1　国際機関の内部機関又は国際機関の準機関のその任務の遂行における行為は、その内部機関又は準機関が当該国際機関においてどのような地位を有するかを問わず、国際法上当該国際機関の行為とみなす。

2 国際機関の内部機関又は国際機関の準機関の任務の確定には、当該国際機関の規則が適用される。

第七条（他の国際機関の利用に供された国の機関又は国際機関の内部機関若しくは国際機関の準機関の行為）国の機関又は国際機関の内部機関若しくは国際機関の準機関で、他の国際機関の利用に供されたものの行為は、当該他の国際機関がその行為に対して実効的支配を行使する場合には、国際法上当該他の国際機関の行為とみなす。

第三章 国際義務の違反

第四章 国又は他の国際機関の行為に関連する国際機関の責任

第五章 違法性阻却事由

第三部 国際機関の国際責任の内容

第四部 国際機関の国際責任の実施

第五部 国際機関の行為に関連する国家の責任

第六二条（国際機関の国際違法行為に対する構成国の責任）1 国際機関の構成国は、次の場合には、国際機関の国際違法行為に対して責任を負う。

(a) 当該国が、被侵害国との関係においてその行為に対する責任を受け入れた場合、又は

(b) 当該国が、被侵害国に対して当該国の責任に依拠するよう促した場合

2 1に基づく国のいかなる国際責任も、二次的なものと推定される。

第六部 一般規定

2 11 外交的保護条文

採択 二〇〇六年国連国際法委員会第五八回会期。同年国際連合総会第六一回会期決議六一／三五によりテーク・ノート

第一部 一般規定

第一条（定義及び範囲）本条文の適用上、外交的保護とは、国が、自国民である自然人又は法人が国際違法行為により被った損害について責任を有する他の国の、かかる責任の履行を、外交的行動その他の平和的解決の手段により、実施することをいう。

第二条（外交的保護を行使する権利）国は、本条文に従って外交的保護を行使する権利を有する。

第二部 国籍

第一章 一般原則

第三条（国籍国による保護）1 外交的保護を行使する権限を有するのは、国籍国である。

2 前項にかかわらず、外交的保護は、国が、第八条に従って、自国民ではない者に関して行使することができる。

第二章 自然人

第四条（自然人の国籍国）自然人の外交的保護の適用上、国籍国とは、個人が、出生、血統、帰化、国家承継その他の国際法と抵触しないいずれかの方法で、当該国の法律に従って、その国籍を取得している国をいう。

第五条（自然人の国籍の継続）1 国は、損害の日から請求の公式提出の日まで継続的に、その国民である者について、外交的保護を行使する権限を有する。いずれの日付においても国籍が存在する場合は、継続性が推定される。

2 前項にかかわらず、国は、請求の公式提出の日においてその国民であるが、損害の日にその国民ではなかった者について外交的保護を行使することができる。ただし、個人が先行国の国籍を有していたこと、又は以前の国籍を喪失し、かつ、請求の提起とは無関係な理由により国際法と抵触しない方法で請求の公式提出国の国籍を取得したことを条件とする。

3 外交的保護は、個人が前の国籍国の国民であり現在の国籍国の国民でなかった時点で被った損害については、当該前の国籍国に対して現在の国籍国により行使されてはならない。

4 国は、請求の公式提出の日以後に、請求を行った相手国の国籍を取得する者については、もはや外交的保護を行使する権限を有しない。

第六条（重国籍と第三国に対する請求）1 重国籍者のいずれの国籍国も、自国民について、その者がその国民ではない国に対して外交的保護を行使することができる。

2 二又はそれ以上の国籍国は、重国籍者について共同で外交的保護を行使することができる。

第七条（重国籍と国籍国に対する請求）国籍国は、重国籍者について、自らの国籍が損害の日及び請求の公式提出の日のいずれにおいても優越的なものでない限り、その者の他の国籍国に対して外交的保護を行使することができない。

第八条（無国籍者及び難民）1 国は、損害の日及び請求の公式提出の日のいずれにおいても自国に合法的に居住しており、かつ、常居所を有する無国籍者について外交的保護を行使することができる。

2 国は、国際的に受け入れられた基準に従って、自らが難民と認定している者について、その者が損害の日及び請求の公式提出の日のいずれにおいても自国に合法的に居住しており、かつ、常居所を有して

いる場合には、外交的保護を行使することができる。

3　前項の規定は、難民の国籍国の国際違法行為により生じた損害に関しては適用しない。

第三章　法　人

第九条（会社の国籍国）会社の外交的保護の適用上、国籍国とは、当該会社がその国の法に基づき設立された国をいう。しかしながら、当該会社が他の一又は複数の国の国民に支配されており、かつ設立国において実質的な営業をしておらず、経営の本拠および会社の財政的支配がいずれも他国におかれている場合、当該国を国籍国とみなす。

第一〇条（会社の国籍の継続）1　国は、損害の日から請求の公式提起の日まで継続的に、その国民であるか、又はその国の先行国の国民であった会社について、外交的保護を行使する権限を有する。いずれの日付においても国籍が存在する場合は、継続性が推定される。

2　国は、請求の提出の日以後に請求を行った当該国の国籍を取得する会社については、もはや外交的保護を行使する権限を有しない。

3　1項の規定にかかわらず、国は、損害の日に自国民であり、かつ、当該損害の結果として、設立国の法に従って存在しなくなった会社について、外交的保護を行使する権限を引き続き有する。

第一一条（株主の保護）会社の株主の国籍国は、当該会社の損害の事件において、株主について外交的保護を行使する権限を有しない。ただし、次の場合はこの限りではない。

(a)　当該損害と無関係な理由により、会社が設立国の法に従って存在しなくなった場合、又は

(b)　当該損害の日に、生じた損害に責任を有すると主張される国の国籍を会社が有しており、かつ当該国での設立がそこで営業するための前提条件として当該国により要求されていた場合。

第一二条（株主に対する直接損害）国の国際違法行為が会社自身の権利と区別される株主の権利それ自体に直接損害を生ずる限度において、かかる株主の国籍国は、自国民について外交的保護を行使する権限を有する。

第一三条（その他の法人）本章に定める原則は、適当な場合、会社以外の他の法人の外交的保護にも適用する。

第三部　国内救済手段

第一四条（国内救済手段の完了）1　国は、自国民又は第八条にいうその他の者の損害に関して、当該被害者が、第一五条の規定を条件として、すべての国内救済手段を尽くしたのちでなければ、国際請求を提出することができない。

2　「国内救済手段」とは、生じた損害に責任を有すると主張される国の、通常のものであるか特別のものであるかを問わず、司法裁判所若しくは行政裁判所又は司法機関若しくは行政機関において、被害者に開かれている法的救済手段をいう。

3　国際請求又は請求に関連する宣言判決の要請が、自国民又は第八条にいう者の損害を優越的な基礎としてなされる場合は、国内救済手段が尽くされなければならない。

第一五条（国内救済原則の例外）国内救済手段は、次の場合には尽くす必要がない。

(a)　実効的救正を提供する合理的可能性のある国内救済手段が存在しないか、又は国内救済手段がかかる救正の合理的可能性を示すものではない場合、

(b)　救済過程における不当な遅延があり、責任があると主張される国に当該遅延が帰属する場合、

(c)　損害の日に、被害者と責任があると主張される国との間に関連性ある結びつきがない場合、

(d)　被害者が国内救済手段を遂行することを明白に妨げられている場合、又は、

(e)　責任があると主張される国が国内救済手段の完了の要件の援用を放棄した場合。

第四部　雑　則

第一六条（外交的保護以外の行動又は手続）国際違法行為の結果として被った損害の救正を確保するために、外交的保護以外の行動又は手続に国際法に基づいて訴える国、自然人、法人その他の実体の権利は本条文により影響を受けない。

第一七条（国際法の特別規則）本条文は、投資保護に関する条約規定のような、国際法の特別規則と両立しない場合には、両立しない限度において適用されない。

第一八条（船員の保護）外交的保護を行使する船員の国籍国の権利は、国際違法行為から生じた当該船舶の損害と関連して当該船員が損害を受けた場合、国籍に関わりなく、かかる船員のために救正を求める当該船舶の国籍国の権利により影響を受けない。

第一九条（推奨される実行）本条文に従って外交的保護を行使する権限を有する国は、次のことを行うべきである。

(a)　特に重大な損害が発生した場合には、外交的保護を行使する可能性について妥当な考慮を払うこと、

(b)　外交的保護に訴えること及び請求すべき損害賠償について、可能な場合には、被害者の見解を考慮すること、及び、

(c)　損害について責任を有する国から得たすべての補償金は、合理的な控除を条件に、被害者に引き渡すこと。

第2節　個別国家の国際的地位

2 12　スイス国の永世中立及びその領域の不可侵の承認及び保障に関する議定書（スイス永世中立議定書）

署　名　一八一五年一一月二〇日（パリ）

パリ条約の署名国が一八一五年三月二〇日にウィーンで作成した宣言書に対するスイス国の加入は、同年五月二七日にスイス議会の決定書で関係帝室及び王室の公使に正式に通報されたので、新国境内のスイス国の永世中立の承認及び保障に関する議定書を右の宣言書に従って作成するのになんらの支障も存しなかった。しかし関係諸国は、戦争の推移及びそれに伴うことのある諸取極がスイス国の境界にもたらすかもしれない変更、並びにスイス国の中立の利益にあずかる領域に関する諸規定にもたらすかもしれない修正のゆえに、この議定書の署名を本日まで延ばすのが適当であると認めた。

これらの変更は、本日付のパリ条約の規定で決定されたので、三月二〇日のウィーン宣言書の署名国は、この議定書によって、スイス国の永世中立を正式かつ真正に承認し、並びに、スイス国に対して新境界内の領域の保全と不可侵とを保障する。右の新境界とは、ウィーン会議議定書と本日付のパリ条約とによって定められるものであり、また、サヴォイから分離される領域をジュネーヴ州に与えてその飛び地としての地位を終らせることによりスイス国のために領域を新たに拡大すべきことを規定した一一月三日の議定書（その抜萃をここに添付する。）の規定に従って将来定められるものである。

関係諸国は、一八一五年五月二〇日のウィーン会議議定書及び本日付のパリ条約によって定められたサヴォイの部分の中立を、この部分がスイス国に所属しているかのようにスイス国の中立の利益を享有すべきものとして、ひとしく承認しかつ保障する。

三月二〇日の宣言書の署名国は、スイス国の中立及び不可侵並びにすべての外国勢力からの独立が全ヨーロッパの政策のため真に有益であることを、この議定書によって真正に承認する。

署名国は、連合軍のスイス国領域の一部の通過を発生させた事件から、スイス国の中立及びその領域の不可侵に関して、同国の権利に対する不利益ないかなる解釈もひきだしてはならないことを宣言する。この通過は、関係諸州が五月二〇日の条約によって自由に同意したもので、スイス国が三月二五日の同盟条約の署名国によって表明された原則に自由に参加したことから生じた必然的な結果であった。

関係諸国は、この困難な事情の下におけるスイス国の行動は、同国が一般的利益のため及びヨーロッパのすべての国が擁護した大義を支持するため大きな犠牲を払うことを知っており、かつまた、スイス国がウィーン会議の規定によってであれ本日付のパリ条約によってであれこの議定書（ヨーロッパのすべての国をこれに参加するように招請する。）によってであれ、同国に確保された利益を享受する資格があることを示したものであると認めることをきん快とする。

右の証拠として、一八一五年一一月二〇日パリでこの宣言書を作成して署名した。

署名国　オーストリア、プロシア、ロシア、イギリス、フランス、ポルトガル、（後に）スペイン、スウェーデン。また、イタリアは署名国でないがスイスとの合意により保障国となる。

2 13　オーストリアの永世中立の承認に関する日本国政府とオーストリア政府との間の交換公文（オーストリア永世中立宣言）

一九五五年一一月一四・一六日（東京）

オーストリア公使館から外務省にあてた書簡

口上書

オーストリア公使館は、日本国外務省に対し敬意を表するとともに、次のとおり同省に通報する光栄を有する。

一九五五年一〇月二六日に、オーストリア議会は、オーストリアの永世中立に関する憲法法規を可決した。この法規は、一九五五年一一月五日に発効したが、その内容は次のとおりである。

第一条(1)　外に対し常に独立を確保するため及び自国領土を侵されないため、オーストリアは、ここに自由意思をもって永世中立を宣言する。オーストリアは、一切の手段を挙げて永世中立を維持し、かつ、擁護せんとする。

(2)　将来にわたりこの目的を確保するため、オーストリアは、いかなる軍事同盟にも加入せず、またその領土内にいかなる外国の軍事基地の設置をも許さない。

第二条　この連邦憲法法規を執行することは、連邦政府の責任である。

ここにドイツ語による右正文写一通を添付する。

この憲法法規を日本国政府に通告するに際し、オーストリア連邦政府は、日本国政府が前記の法規に定められたオーストリアの永世中立を承認されるよう要請する光栄を有する。

オーストリア公使館は、以上を申し進めるに際し、ここに重ねて外務省に対して敬意を表する。

一九五五年一一月一四日

外務省からオーストリア公使館にあてた書簡

口上書

外務省は、在本邦オーストリア公使館に対し敬意を表するとともに、同公使館が次のとおり通報越された昭和三〇年一一月一四日付同公使館発口上書第二一八三号を受領したことを確認する光栄を有する。

オーストリア側書簡（略）

外務省は、ここに日本国政府が上記のオーストリア連邦憲法法規に定められたオーストリアの永世中立を承認することをオーストリア公使館に通報するの光栄を有する。

外務省は、以上を申し進めるに際し、ここに重ねてオーストリア公使館に対して敬意を表する。

昭和三〇年一一月一六日

2　14　香港問題に関する英国政府と中国政府との間の共同声明（香港に関する英中共同声明）

署名　一九八四年一二月一九日（北京）
効力発生　一九八五年五月二八日

グレート・ブリテン及び北アイルランド連合王国政府と中華人民共和国政府は、近年における両国政府間及び両国人民間の友好関係を満足をもって思い起こし、過去の遺産である香港問題を交渉によって適切に解決することは、香港の繁栄及び安定の維持に貢献し、また、新しい基礎の上に両国間の関係を強化し発展させることに貢献することに同意した。この目的のために、両国は代表団の交渉を経て、次のように声明することに合意した。

一　中華人民共和国政府は、香港地域（香港島、九龍及び新界を含む。以下、香港という。）の回復は、全中国人民の共通の願いであり、一九九七年七月一日以降香港に対する主権の行使を再開することに決したと声明する。

二　連合王国政府は、一九九七年七月一日に香港を中華人民共和国に返還すると声明する。

三　中華人民共和国政府は、香港に関する中華人民共和国の基本政策が、以下のようなものであると声明する。

(1)　国の統一と領土保全を維持し、香港の歴史と現状を考慮して、中華人民共和国は香港に対する主権の行使を再開するに当たって、中華人民共和国憲法第三一条の規定に従って香港特別行政区を設置することを決定した。

(2)　香港特別行政区は、中華人民共和国中央人民政府の直接の権威のもとにおく。中央人民政府の責任である外交及び防衛問題を除き、香港特別行政区は高度の自治を享受する。

(3)　香港特別行政区は、行政権、立法権及び終審の権利を含む独立した司法権を付与される。香港における現行法は、基本的に不変とする。

(4)　香港特別行政区政府は、現地の住民によって構成する。主席行政官は、現地で行われる選挙又は協議の結果に基づき、中央人民政府が任命する。主要な職員は、香港特別行政区主席行政官が指名し、中央人民政府が任命する。香港政府各省において従来公務又は警察業務に就いていた中国及び外国の国民は、雇用を継続することができる。英国その他の外国国民も、香港特別行政区の政府各省において顧問又はある種の公務に就くことができる。

(5)　香港における現行の社会経済制度及び生活様式は、不変である。香港特別行政区では、人身、言論、出版、集会、結社、旅行、移動、通信、ストライキ、職業選択、学術研究及び宗教上の信仰などの権利及び自由は、法によって保障される。私有財産権、企業所有権、正当な相続権及び外国投資は、法によって保護される。

(6)　香港特別行政区は、自由港及び別個の関税地域の地位を維持する。

(7)　香港特別行政区は、国際金融センターの地位を維持し、その外国為替、金、証券及び先物の市場は継続する。資本の流通は自由である。香港ドルは引き続き流通し、自由に交換できる。

(8)　香港特別行政区は独立した財政を有し、中央人民政府は香港特別行政区に課税しない。

(9)　香港特別行政区は、連合王国及びその他の諸国と互恵の経済関係を樹立することができ、これらの諸国の香港における経済的利益は尊重される。

(10)　香港特別行政区は、「香港中国」の名を用いて、国、地域及び関連国際機構と独自の経済的及び文化的関係を維持、発展させ、関連する協定を締結することができる。香港特別行政区政府は、香港への出入りのために独自の旅行文書を発給できる。

(11)　香港特別行政区における公秩序の維持は、香港特別行政区政府の責任である。

(12)　香港に関する中華人民共和国の右の基本政策、及び本共同声明の附属書Ⅰに掲げるその詳細は、中華人民共和国全国人民代表大会により、中華人民共和国香港特別行政区基本法に規定され、五〇年間は不変とする。

四　連合王国政府及び中華人民共和国政府は、本共同

声明の効力発生の日から一九九七年七月一日までの過渡期においては、経済的繁栄と社会的安定を維持し保存することを目的に、連合王国政府が香港の行政に責任を負い、中華人民共和国政府はこれに協力することを声明する。

五 連合王国政府及び中華人民共和国政府は、一九九七年における統治の円滑な移行を確保し本共同声明を効果的に履行することを目的に、本共同声明の効力発生に伴い中英合同連絡グループを設置し、同グループは本共同声明の附属書IIの規定に従って設置されかつ活動するものであることを声明する。

六 連合王国政府及び中華人民共和国政府は、香港における土地貸借契約及びその他の関連事項は、本共同声明の附属書IIIの規定に従って処理されることを声明する。

七 連合王国政府及び中華人民共和国政府は、以上の声明及び本共同声明の附属書を実施することに合意する。

八 本共同声明は批准されなければならず、批准書の交換の日をもって効力を発生する。批准書の交換は、一九八五年六月三〇日以前に北京で行う。本共同声明及び附属書は、等しく拘束力を有する。

一九八四年一二月一九日に北京において、英語及び中国語で各二部を作成し、両文を正文とする。

附属書I～III及び交換覚書（略）

2 15 ウクライナの領土保全（クリミアでの住民投票の無効）

採 択 二〇一四年三月二七日（賛成一〇〇、反対一一、棄権五八）
国際連合総会決議六八／二六二

総会は、

（略）

クリミア自治共和国及びセヴァストポリ市において二〇一四年三月一六日に実施された住民投票がウクライナによって許可されていないことに留意して、

1 国際的に認められた国境内におけるウクライナの主権、政治的独立、統一及び領土保全に対する総会の関与を確認する。

2 すべての国に対して、武力による威嚇又は武力の行使その他の違法な手段によるウクライナの国境を変更するいかなる試みをも含む、ウクライナの国民的統一及び領土保全の一部又は全部の破壊を目的とする行動を停止し、かつ、これを差し控えるよう要請する。

3 すべての当事者に対して、直接の政治的対話を通じてウクライナに関する事態の平和的解決を直ちに追求し、自制を発揮し、緊張を増大させ得る一方的行動及び扇動的言辞を差し控え、並びに国際的な仲介の努力に十全に取り組むことを強く要請する。

4 少数者に属する者の権利を含む、ウクライナにおけるすべての者の権利の保護についてウクライナを支援する国際連合、欧州安全保障協力機構その他の国際的及び地域的機関の努力を歓迎する。

5 クリミア自治共和国及びセヴァストポリ市において二〇一四年三月一六日に実施された住民投票は、いかなる効力も有さず、クリミア自治共和国又はセヴァストポリ市の地位のいかなる変更の根拠ともなりえないことを強調する。

6 すべての国、国際機構及び専門機関に対して、前記住民投票に基づくクリミア自治共和国及びセヴァストポリ市の地位のいかなる変更も承認しないこと、及びそのような変更された地位を承認するものと解釈され得るいかなる行動又は取引も差し控えることを要請する。

2 16 ウクライナの領土保全—国際連合憲章の原則の遵守

採 択 二〇二二年一〇月一二日（賛成一四三、反対五、棄権三五）
国際連合総会第一一回緊急特別会期決議ES一一／四

総会は、

（略）

「ウクライナの領土保全」と題する二〇一四年三月二七日の決議六八／二六二、「ウクライナに対する侵略」と題する二〇二二年三月二日の決議ES一一／一、「ウクライナに対する侵略の人道的帰結」と題する二〇二二年三月二四日の決議ES一一／二を想起し、

（略）

1 領水を含む国際的に認められた国境内におけるウクライナの主権、独立、統一及び領土保全に対する総会の関与を再確認する。

2 ウクライナの国際的に認められた国境内の地域における違法ないわゆる住民投票のロシア連邦による組織化、並びに上記住民投票の組織化に続く、ウクライナのドネツク、ヘルソン、ルハンスク及びザポリッジャ地域の違法な併合の試みを非難する。

3 二〇二二年九月二三日から二七日まで、ロシア連邦の一時的な軍事的な支配下にあり又はあったウクラ

イナのドネツク、ヘルソン、ルハンスク及びザポリッジャ地域の一部で行われた違法ないわゆる住民投票に関するロシア連邦の違法な行動、並びにその後のこれらの地域の違法な併合の試みは、国際法に基づき無効であり、ウクライナのこれらの地域の地位のいかなる変更の基礎ともならないことを宣言する。

4　すべての国、国際機関及び国際連合専門機関に対し、ロシア連邦によるウクライナのドネツク、ヘルソン、ルハンスク及びザポリッジャ地域のいずれか又はすべての地位のいかなる変更も承認せず、またかかる地位の変更を承認したと解釈されうるいかなる行動又は取引をも差し控えるよう要請する。

5　ロシア連邦に対し、ウクライナのドネツク、ヘルソン、ルハンスク及びザポリッジャ地域の一定の地区の地位に関する二〇二二年二月二一日及び九月二九日の決定を、ウクライナの領土保全及び主権の侵害でありかつ国際連合憲章の諸原則に合致しないものとして、直ちにかつ無条件に撤回するよう要求し、並びに、国際的に認められた国境内のウクライナの領域からそのすべての軍隊を直ちに、完全かつ無条件に撤退させることを要求する。

6　人道上及び難民の危機に対応するための国際連合、加盟国及び人道機関の努力を歓迎する。

7　事務総長及び加盟国による継続的な努力を歓迎するとともに強力な支持を表明し、加盟国並びに欧州安全保障協力機構その他の国際的及び地域的機関を含む国際機関に対し、国際的に認められた国境内におけるウクライナの主権及び領土保全を尊重しかつ憲章の諸原則に従って、政治的対話、交渉、仲介その他の平和的手段を通じて、現在の事態の鎮静化及び紛争の平和的解決を支持することを要請する。

8　総会の第一一回緊急特別会期を一時的に休会すること、及び加盟国からの要請があれば、総会の議長に会合を再開する権限を与えることを決定する。

第3節　日本国憲法

2 17　日本国憲法

公布　一九四六(昭和二一)年一一月三日
施行　一九四七(昭和二二)年五月三日

日本国民は、正当に選挙された国会における代表者を通じて行動し、われらとわれらの子孫のために、諸国民との協和による成果と、わが国全土にわたつて自由のもたらす恵沢を確保し、政府の行為によつて再び戦争の惨禍が起ることのないやうにすることを決意し、ここに主権が国民に存することを宣言し、この憲法を確定する。そもそも国政は、国民の厳粛な信託によるものであつて、その権威は国民に由来し、その権力は国民の代表者がこれを行使し、その福利は国民がこれを享受する。これは人類普遍の原理であり、この憲法は、かかる原理に基くものである。われらは、これに反する一切の憲法、法令及び詔勅を排除する。

日本国民は、恒久の平和を念願し、人間相互の関係を支配する崇高な理想を深く自覚するのであつて、平和を愛する諸国民の公正と信義に信頼して、われらの安全と生存を保持しようと決意した。われらは、平和を維持し、専制と隷従、圧迫と偏狭を地上から永遠に除去しようと努めてゐる国際社会において、名誉ある地位を占めたいと思ふ。われらは、全世界の国民が、ひとしく恐怖と欠乏から免かれ、平和のうちに生存する権利を有することを確認する。

われらは、いづれの国家も、自国のことのみに専念して他国を無視してはならないのであつて、政治道徳の法則は、普遍的なものであり、この法則に従ふことは、自国の主権を維持し、他国と対等関係に立たうとする各国の責務であると信ずる。

日本国民は、国家の名誉にかけ、全力をあげてこの崇高な理想と目的を達成することを誓ふ。

第一章　天皇

第一条【天皇の地位・国民主権】天皇は、日本国の象徴であり日本国民統合の象徴であつて、この地位は、主権の存する日本国民の総意に基く。

第二条【皇位の世襲と継承】皇位は、世襲のものであつて、国会の議決した皇室典範の定めるところにより、これを継承する。

第三条【国事行為に対する内閣の助言・承認と責任】天皇の国事に関するすべての行為には、内閣の助言と承認を必要とし、内閣が、その責任を負ふ。

第四条【天皇の権能の限界、国事行為の委任】1　天皇は、この憲法の定める国事に関する行為のみを行ひ、国政に関する権能を有しない。

2　天皇は、法律の定めるところにより、その国事に関する行為を委任することができる。

第五条【摂政】皇室典範の定めるところにより摂政を置くときは、摂政は、天皇の名でその国事に関する行為を行ふ。この場合には、前条第一項の規定を準用する。

第六条【天皇の任命権】1　天皇は、国会の指名に基いて、内閣総理大臣を任命する。

2　天皇は、内閣の指名に基いて、最高裁判所の長たる裁判官を任命する。

第七条【国事行為】天皇は、内閣の助言と承認により、国民のために、左の国事に関する行為を行ふ。

一　憲法改正、法律、政令及び条約を公布すること。
二　国会を召集すること。
三　衆議院を解散すること。
四　国会議員の総選挙の施行を公示すること。
五　国務大臣及び法律の定めるその他の官吏の任免並びに全権委任状及び大使及び公使の信任状を認証すること。
六　大赦、特赦、減刑、刑の執行の免除及び復権を認証すること。
七　栄典を授与すること。

八 批准書及び法律の定めるその他の外交文書を認証すること。
九 外国の大使及び公使を接受すること。
十 儀式を行ふこと。

第八条【皇室の財産授受】皇室に財産を譲り渡し、又は皇室が、財産を譲り受け、若しくは賜与することは、国会の議決に基かなければならない。

第二章 戦争の放棄

第九条【戦争の放棄、戦力の不保持、交戦権の否認】1 日本国民は、正義と秩序を基調とする国際平和を誠実に希求し、国権の発動たる戦争と、武力による威嚇又は武力の行使は、国際紛争を解決する手段としては、永久にこれを放棄する。
2 前項の目的を達するため、陸海空軍その他の戦力は、これを保持しない。国の交戦権は、これを認めない。

第三章 国民の権利及び義務

第一〇条【国民の要件】日本国民たる要件は、法律でこれを定める。

第一一条【基本的人権の普遍性、永久不可侵性、固有性】国民は、すべての基本的人権の享有を妨げられない。この憲法が国民に保障する基本的人権は、侵すことのできない永久の権利として、現在及び将来の国民に与へられる。

第一二条【自由及び権利の保持責任と濫用禁止】この憲法が国民に保障する自由及び権利は、国民の不断の努力によつて、これを保持しなければならない。又、国民は、これを濫用してはならないのであつて、常に公共の福祉のためにこれを利用する責任を負ふ。

第一三条【個人の尊重と公共の福祉】すべて国民は、個人として尊重される。生命、自由及び幸福追求に対する国民の権利については、公共の福祉に反しない限り、立法その他の国政の上で、最大の尊重を必要とする。

第一四条【法の下の平等、貴族制度の廃止、栄典】1 すべて国民は、法の下に平等であつて、人種、信条、性別、社会的身分又は門地により、政治的、経済的又は社会的関係において、差別されない。
2 華族その他の貴族の制度は、これを認めない。
3 栄誉、勲章その他の栄典の授与は、いかなる特権も伴はない。栄典の授与は、現にこれを有し、又は将来これを受ける者の一代に限り、その効力を有する。

第一五条【公務員の選定・罷免権、全体の奉仕者性、普通選挙・秘密投票の保障】1 公務員を選定し、及びこれを罷免することは、国民固有の権利である。
2 すべて公務員は、全体の奉仕者であつて、一部の奉仕者ではない。
3 公務員の選挙については、成年者による普通選挙を保障する。
4 すべて選挙における投票の秘密は、これを侵してはならない。選挙人は、その選択に関し公的にも私的にも責任を問はれない。

第一六条【請願権】何人も、損害の救済、公務員の罷免、法律、命令又は規則の制定、廃止又は改正その他の事項に関し、平穏に請願する権利を有し、何人も、かかる請願をしたためにいかなる差別待遇も受けない。

第一七条【国及び公共団体の賠償責任】何人も、公務員の不法行為により、損害を受けたときは、法律の定めるところにより、国又は公共団体に、その賠償を求めることができる。

第一八条【奴隷的拘束・苦役からの自由】何人も、いかなる奴隷的拘束も受けない。又、犯罪に因る処罰の場合を除いては、その意に反する苦役に服させられない。

第一九条【思想・良心の自由】思想及び良心の自由は、これを侵してはならない。

第二〇条【信教の自由、政教分離】1 信教の自由は、何人に対してもこれを保障する。いかなる宗教団体も、国から特権を受け、又は政治上の権力を行使してはならない。
2 何人も、宗教上の行為、祝典、儀式又は行事に参加することを強制されない。
3 国及びその機関は、宗教教育その他いかなる宗教的活動もしてはならない。

第二一条【集会・結社・表現の自由、検閲の禁止、通信の秘密】1 集会、結社及び言論、出版その他一切の表現の自由は、これを保障する。
2 検閲は、これをしてはならない。通信の秘密は、これを侵してはならない。

第二二条【居住・移転・職業選択の自由、外国移住、国籍離脱の自由】1 何人も、公共の福祉に反しない限り、居住、移転及び職業選択の自由を有する。
2 何人も、外国に移住し、又は国籍を離脱する自由を侵されない。

第二三条【学問の自由】学問の自由は、これを保障する。

第二四条【家族生活における個人の尊厳・両性の平等】1 婚姻は、両性の合意のみに基いて成立し、夫婦が同等の権利を有することを基本として、相互の協力により、維持されなければならない。
2 配偶者の選択、財産権、相続、住居の選定、離婚並びに婚姻及び家族に関するその他の事項に関しては、法律は、個人の尊厳と両性の本質的平等に立脚して、制定されなければならない。

第二五条【国民の生存権、国の社会保障的義務】1 すべて国民は、健康で文化的な最低限度の生活を営む権利を有する。
2 国は、すべての生活部面について、社会福祉、社会保障及び公衆衛生の向上及び増進に努めなければならない。

第二六条【教育を受ける権利・教育の義務】1 すべて国民は、法律の定めるところにより、その能力に応じて、ひとしく教育を受ける権利を有する。
2 すべて国民は、法律の定めるところにより、その保護する子女に普通教育を受けさせる義務を負ふ。義務教育は、これを無償とする。

**第二七条【勤労の権利義務、勤労条件の基準、児童

酷使の禁止】1　すべて国民は、勤労の権利を有し、義務を負ふ。

2　賃金、就業時間、休息その他の勤労条件に関する基準は、法律でこれを定める。

3　児童は、これを酷使してはならない。

第二八条【労働基本権】勤労者の団結する権利及び団体交渉その他の団体行動をする権利は、これを保障する。

第二九条【財産権】1　財産権は、これを侵してはならない。

2　財産権の内容は、公共の福祉に適合するやうに、法律でこれを定める。

3　私有財産は、正当な補償の下に、これを公共のために用ひることができる。

第三〇条【納税の義務】国民は、法律の定めるところにより、納税の義務を負ふ。

第三一条【法定手続の保障】何人も、法律の定める手続によらなければ、その生命若しくは自由を奪はれ、又はその他の刑罰を科せられない。

第三二条【裁判を受ける権利】何人も、裁判所において裁判を受ける権利を奪はれない。

第三三条【逮捕の要件】何人も、現行犯として逮捕される場合を除いては、権限を有する司法官憲が発し、且つ理由となつてゐる犯罪を明示する令状によらなければ、逮捕されない。

第三四条【抑留・拘禁の要件、拘禁理由の開示】何人も、理由を直ちに告げられ、且つ、直ちに弁護人に依頼する権利を与へられなければ、抑留又は拘禁されない。又、何人も、正当な理由がなければ、拘禁されず、要求があれば、その理由は、直ちに本人及びその弁護人の出席する公開の法廷で示されなければならない。

第三五条【住居の不可侵、捜索・押収の要件】1　何人も、その住居、書類及び所持品について、侵入、捜索及び押収を受けることのない権利は、第三三条の場合を除いては、正当な理由に基いて発せられ、且つ捜索する場所及び押収する物を明示する令状がなければ、侵されない。

2　捜索又は押収は、権限を有する司法官憲が発する各別の令状により、これを行ふ。

第三六条【拷問・残虐刑の禁止】公務員による拷問及び残虐な刑罰は、絶対にこれを禁ずる。

第三七条【刑事被告人の諸権利】1　すべて刑事事件においては、被告人は、公平な裁判所の迅速な公開裁判を受ける権利を有する。

2　刑事被告人は、すべての証人に対して審問する機会を充分に与へられ、又、公費で自己のために強制的手続により証人を求める権利を有する。

3　刑事被告人は、いかなる場合にも、資格を有する弁護人を依頼することができる。被告人が自らこれを依頼することができないときは、国でこれを附する。

第三八条【不利益供述の不強要、自白の証拠能力】1　何人も、自己に不利益な供述を強要されない。

2　強制、拷問若しくは脅迫による自白又は不当に長く抑留若しくは拘禁された後の自白は、これを証拠とすることができない。

3　何人も、自己に不利益な唯一の証拠が本人の自白である場合には、有罪とされ、又は刑罰を科せられない。

第三九条【遡及処罰の禁止・二重処罰の禁止】1　何人も、実行の時に適法であつた行為又は既に無罪とされた行為については、刑事上の責任を問はれない。又、同一の犯罪について、重ねて刑事上の責任を問はれない。

第四〇条【刑事補償】何人も、抑留又は拘禁された後、無罪の裁判を受けたときは、法律の定めるところにより、国にその補償を求めることができる。

第四章　国　会

第四一条【国会の地位・立法権】国会は、国権の最高機関であつて、国の唯一の立法機関である。

第四二条【両院制】国会は、衆議院及び参議院の両議院でこれを構成する。

第四三条【両議院の組織】1　両議院は、全国民を代表する選挙された議員でこれを組織する。

2　両議院の議員の定数は、法律でこれを定める。

第四四条【議員及び選挙人の資格】両議院の議員及びその選挙人の資格は、法律でこれを定める。但し、人種、信条、性別、社会的身分、門地、教育、財産又は収入によつて差別してはならない。

第四五条【衆議院議員の任期】衆議院議員の任期は、四年とする。但し、衆議院解散の場合には、その期間満了前に終了する。

第四六条【参議院議員の任期】参議院議員の任期は、六年とし、三年ごとに議員の半数を改選する。

第四七条【選挙に関する事項の法定】選挙区、投票の方法その他両議院の議員の選挙に関する事項は、法律でこれを定める。

第四八条【両院議員兼職の禁止】何人も、同時に両議院の議員たることはできない。

第四九条【議員の歳費】両議院の議員は、法律の定めるところにより、国庫から相当額の歳費を受ける。

第五〇条【議員の不逮捕特権】両議院の議員は、法律の定める場合を除いては、国会の会期中逮捕されず、会期前に逮捕された議員は、その議院の要求があれば、会期中これを釈放しなければならない。

第五一条【議員の免責特権】両議院の議員は、議院で行つた演説、討論又は表決について、院外で責任を問はれない。

第五二条【常会】国会の常会は、毎年一回これを召集する。

第五三条【臨時会】内閣は、国会の臨時会の召集を決定することができる。いづれかの議院の総議員の四分の一以上の要求があれば、内閣は、その召集を決定しなければならない。

第五四条【衆議院の解散と特別会、参議院の緊急集会】

1　衆議院が解散されたときは、解散の日から四〇日以内に、衆議院議員の総選挙を行ひ、その選挙の日から三〇日以内に、国会を召集しなければならない。

2　衆議院が解散されたときは、参議院は、同時に閉会となる。但し、内閣は、国に緊急の必要があるときは、参議院の緊急集会を求めることができる。

3　前項但書の緊急集会において採られた措置は、臨時のものであつて、次の国会開会の後一〇日以内に、衆議院の同意がない場合には、その効力を失ふ。

第五五条【議員の資格争訟】両議院は、各々その議員の資格に関する争訟を裁判する。但し、議員の議席を失はせるには、出席議員の三分の二以上の多数による議決を必要とする。

第五六条【定足数、表決】1　両議院は、各々その総議員の三分の一以上の出席がなければ、議事を開き議決することができない。

2　両議院の議事は、この憲法に特別の定のある場合を除いては、出席議員の過半数でこれを決し、可否同数のときは、議長の決するところによる。

第五七条【会議の公開、会議録の公表、表決の記載】1　両議院の会議は、公開とする。但し、出席議員の三分の二以上の多数で議決したときは、秘密会を開くことができる。

2　両議院は、各々その会議の記録を保存し、秘密会の記録の中で特に秘密を要すると認められるもの以外は、これを公表し、且つ一般に頒布しなければならない。

3　出席議員の五分の一以上の要求があれば、各議員の表決は、これを会議録に記載しなければならない。

第五八条【役員の選任・議院規則・懲罰】1　両議院は、各々その議長その他の役員を選任する。

2　両議院は、各々その会議その他の手続及び内部の規律に関する規則を定め、又、院内の秩序をみだした議員を懲罰することができる。但し、議員を除名するには、出席議員の三分の二以上の多数による議決を必要とする。

第五九条【法律の制定、衆議院の優越】1　法律案は、この憲法に特別の定のある場合を除いては、両議院で可決したとき法律となる。

2　衆議院で可決し、参議院でこれと異なつた議決をした法律案は、衆議院で出席議員の三分の二以上の多数で再び可決したときは、法律となる。

3　前項の規定は、法律の定めるところにより、衆議院が、両議院の協議会を開くことを求めることを妨げない。

4　参議院が、衆議院の可決した法律案を受け取つた後、国会休会中の期間を除いて六〇日以内に、議決しないときは、衆議院は、参議院がその法律案を否決したものとみなすことができる。

第六〇条【衆議院の予算先議と優越】1　予算は、さきに衆議院に提出しなければならない。

2　予算について、参議院で衆議院と異なつた議決をした場合に、法律の定めるところにより、両議院の協議会を開いても意見が一致しないとき、又は参議院が、衆議院の可決した予算を受け取つた後、国会休会中の期間を除いて三〇日以内に、議決しないときは、衆議院の議決を国会の議決とする。

第六一条【条約の承認と衆議院の優越】条約の締結に必要な国会の承認については、前条第二項の規定を準用する。

第六二条【議院の国政調査権】両議院は、各々国政に関する調査を行ひ、これに関して、証人の出頭及び証言並びに記録の提出を要求することができる。

第六三条【国務大臣の議院出席の権利・義務】内閣総理大臣その他の国務大臣は、両議院の一に議席を有すると有しないとにかかはらず、何時でも議案について発言するため議院に出席することができる。又、答弁又は説明のため出席を求められたときは、出席しなければならない。

第六四条【弾劾裁判】1　国会は、罷免の訴追を受けた裁判官を裁判するため、両議院の議員で組織する弾劾裁判所を設ける。

2　弾劾に関する事項は、法律でこれを定める。

第五章　内　閣

第六五条【行政権と内閣】行政権は、内閣に属する。

第六六条【内閣の組織、文民資格、連帯責任】1　内閣は、法律の定めるところにより、その首長たる内閣総理大臣及びその他の国務大臣でこれを組織する。

2　内閣総理大臣その他の国務大臣は、文民でなければならない。

3　内閣は、行政権の行使について、国会に対し連帯して責任を負ふ。

第六七条【内閣総理大臣の指名、衆議院の優越】1　内閣総理大臣は、国会議員の中から国会の議決で、これを指名する。この指名は、他のすべての案件に先だつて、これを行ふ。

2　衆議院と参議院とが異なつた指名の議決をした場合に、法律の定めるところにより、両議院の協議会を開いても意見が一致しないとき、又は衆議院が指名の議決をした後、国会休会中の期間を除いて一〇日以内に、参議院が、指名の議決をしないときは、衆議院の議決を国会の議決とする。

第六八条【国務大臣の任命、罷免】1　内閣総理大臣は、国務大臣を任命する。但し、その過半数は、国会議員の中から選ばれなければならない。

2　内閣総理大臣は、任意に国務大臣を罷免することができる。

第六九条【内閣不信任決議と解散又は総辞職】内閣は、衆議院で不信任の決議案を可決し、又は信任の決議案を否決したときは、一〇日以内に衆議院が解散されない限り、総辞職をしなければならない。

第七〇条【総理の欠缺又は総選挙と内閣の総辞職】内閣総理大臣が欠けたとき、又は衆議院議員総選挙の後に初めて国会の召集があつたときは、内閣は、総辞職をしなければならない。

第七一条【総辞職後の内閣による職務執行】前二条の場合には、内閣は、あらたに内閣総理大臣が任命されるまで引き続きその職務を行ふ。

第七二条【内閣総理大臣の職権】内閣総理大臣は、内閣を代表して議案を国会に提出し、一般国務及び外交関係について国会に報告し、並びに行政各部を指揮監督する。

第七三条【内閣の職権】内閣は、他の一般行政事務の外、左の事務を行ふ。

一　法律を誠実に執行し、国務を総理すること。
二　外交関係を処理すること。
三　条約を締結すること。但し、事前に、時宜によつては事後に、国会の承認を経ることを必要とする。
四　法律の定める基準に従ひ、官吏に関する事務を掌理すること。
五　予算を作成して国会に提出すること。
六　この憲法及び法律の規定を実施するために、政令を制定すること。但し、政令には、特にその法律の委任がある場合を除いては、罰則を設けることができない。
七　大赦、特赦、減刑、刑の執行の免除及び復権を決定すること。

第七四条【法律・政令の署名・連署】法律及び政令には、すべて主任の国務大臣が署名し、内閣総理大臣が連署することを必要とする。

第七五条【国務大臣の訴追】国務大臣は、その在任中、内閣総理大臣の同意がなければ、訴追されない。但し、これがため、訴追の権利は、害されない。

第六章　司　法

第七六条【司法権・裁判所、特別裁判所の禁止、裁判官の独立】1　すべて司法権は、最高裁判所及び法律の定めるところにより設置する下級裁判所に属する。

2　特別裁判所は、これを設置することができない。行政機関は、終審として裁判を行ふことができない。

3　すべて裁判官は、その良心に従ひ独立してその職権を行ひ、この憲法及び法律にのみ拘束される。

第七七条【最高裁判所の規則制定権】1　最高裁判所は、訴訟に関する手続、弁護士、裁判所の内部規律及び司法事務処理に関する事項について、規則を定める権限を有する。

2　検察官は、最高裁判所の定める規則に従はなければならない。

3　最高裁判所は、下級裁判所に関する規則を定める権限を、下級裁判所に委任することができる。

第七八条【裁判官の身分保障】裁判官は、裁判により、心身の故障のために職務を執ることができないと決定された場合を除いては、公の弾劾によらなければ罷免されない。裁判官の懲戒処分は、行政機関がこれを行ふことはできない。

第七九条【最高裁判所の構成、国民審査、定年、報酬】1　最高裁判所は、その長たる裁判官及び法律の定める員数のその他の裁判官でこれを構成し、その長たる裁判官以外の裁判官は、内閣でこれを任命する。

2　最高裁判所の裁判官の任命は、その任命後初めて行はれる衆議院議員総選挙の際国民の審査に付し、その後一〇年を経過した後初めて行はれる衆議院議員総選挙の際更に審査に付し、その後も同様とする。

3　前項の場合において、投票者の多数が裁判官の罷免を可とするときは、その裁判官は、罷免される。

4　審査に関する事項は、法律でこれを定める。

5　最高裁判所の裁判官は、法律の定める年齢に達した時に退官する。

6　最高裁判所の裁判官は、すべて定期に相当額の報酬を受ける。この報酬は、在任中、これを減額することができない。

第八〇条【下級裁判所の裁判官、任期、定年、報酬】1　下級裁判所の裁判官は、最高裁判所の指名した者の名簿によつて、内閣でこれを任命する。その裁判官は、任期を一〇年とし、再任されることができる。但し、法律の定める年齢に達した時には退官する。

2　下級裁判所の裁判官は、すべて定期に相当額の報酬を受ける。この報酬は、在任中、これを減額することができない。

第八一条【違憲審査制】最高裁判所は、一切の法律、命令、規則又は処分が憲法に適合するかしないかを決定する権限を有する終審裁判所である。

第八二条【裁判の公開】1　裁判の対審及び判決は、公開法廷でこれを行ふ。

2　裁判所が、裁判官の全員一致で、公の秩序又は善良の風俗を害する虞があると決した場合には、対審は、公開しないでこれを行ふことができる。但し、政治犯罪、出版に関する犯罪又はこの憲法第三章で保障する国民の権利が問題となつてゐる事件の対審は、常にこれを公開しなければならない。

第七章　財　政

第八三条【財政処理の基本原則】国の財政を処理する権限は、国会の議決に基いて、これを行使しなければならない。

第八四条【租税法律主義】あらたに租税を課し、又は現行の租税を変更するには、法律又は法律の定める条件によることを必要とする。

第八五条【国費の支出及び国の債務負担】国費を支出し、又は国が債務を負担するには、国会の議決に基くことを必要とする。

第八六条【予算の作成と議決】内閣は、毎会計年度の予算を作成し、国会に提出して、その審議を受け議決を経なければならない。

第八七条【予備費】1　予見し難い予算の不足に充てるため、国会の議決に基いて予備費を設け、内閣の責任でこれを支出することができる。

2　すべて予備費の支出については、内閣は、事後に国会の承諾を得なければならない。

第八八条【皇室財産・皇室費用】すべて皇室財産は、国に属する。すべて皇室の費用は、予算に計上して国会の議決を経なければならない。

第八九条【公の財産の支出・利用提供の制限】公金その他の公の財産は、宗教上の組織若しくは団体の使用、便益若しくは維持のため、又は公の支配に属しない慈善、教育若しくは博愛の事業に対し、これを支出し、又はその利用に供してはならない。

第九〇条【決算検査、会計検査院】１ 国の収入支出の決算は、すべて毎年会計検査院がこれを検査し、内閣は、次の年度に、その検査報告とともに、これを国会に提出しなければならない。

２ 会計検査院の組織及び権限は、法律でこれを定める。

第九一条【内閣の財産状況報告】内閣は、国会及び国民に対し、定期に、少くとも毎年一回、国の財政状況について報告しなければならない。

第八章 地方自治

第九二条【地方自治の基本原則】地方公共団体の組織及び運営に関する事項は、地方自治の本旨に基いて、法律でこれを定める。

第九三条【地方議会、長・議員等の直接選挙】１ 地方公共団体には、法律の定めるところにより、その議事機関として議会を設置する。

２ 地方公共団体の長、その議会の議員及び法律の定めるその他の吏員は、その地方公共団体の住民が、直接これを選挙する。

第九四条【地方公共団体の権能、条例制定権】地方公共団体は、その財産を管理し、事務を処理し、及び行政を執行する権能を有し、法律の範囲内で条例を制定することができる。

第九五条【特別法の住民投票】一の地方公共団体のみに適用される特別法は、法律の定めるところにより、その地方公共団体の住民の投票においてその過半数の同意を得なければ、国会は、これを制定することができない。

第九章 改 正

第九六条【憲法改正の手続、その公布】１ この憲法の改正は、各議院の総議員の三分の二以上の賛成で、国会が、これを発議し、国民に提案してその承認を経なければならない。この承認には、特別の国民投票又は国会の定める選挙の際行はれる投票において、その過半数の賛成を必要とする。

２ 憲法改正について前項の承認を経たときは、天皇は、国民の名で、この憲法と一体を成すものとして、直ちにこれを公布する。

第一〇章 最高法規

第九七条【基本的人権の本質】この憲法が日本国民に保障する基本的人権は、人類の多年にわたる自由獲得の努力の成果であつて、これらの権利は、過去幾多の試錬に堪へ、現在及び将来の国民に対し、侵すことのできない永久の権利として信託されたものである。

第九八条【憲法の最高法規性、国際法規の遵守】１ この憲法は、国の最高法規であつて、その条規に反する法律、命令、詔勅及び国務に関するその他の行為の全部又は一部は、その効力を有しない。

２ 日本国が締結した条約及び確立された国際法規は、これを誠実に遵守することを必要とする。

第九九条【憲法尊重擁護の義務】天皇又は摂政及び国務大臣、国会議員、裁判官その他の公務員は、この憲法を尊重し擁護する義務を負ふ。

第一一章 補 則

第一〇〇条【施行期日、施行の準備】この憲法は、公布の日から起算して六箇月を経過した日から、これを施行する。

(2) この憲法を施行するために必要な法律の制定、参議院議員の選挙及び国会召集の手続並びにこの憲法を施行するために必要な準備手続は、前項の期日よりも前に、これを行ふことができる。

第一〇一条【経過規定(一)－参議院未成立の間の国会】この憲法施行の際、参議院がまだ成立してゐないときは、その成立するまでの間、衆議院は、国会としての権限を行ふ。

第一〇二条【経過規定(二)－第一期参議院議員の任期】この憲法による第一期の参議院議員のうち、その半数の者の任期は、これを三年とする。その議員は、法律の定めるところにより、これを定める。

第一〇三条【経過規定(三)－憲法施行の際の公務員】この憲法施行の際現に在職する国務大臣、衆議院議員及び裁判官並びにその他の公務員で、その地位に相応する地位がこの憲法で認められてゐる者は、法律で特別の定をした場合を除いては、この憲法施行のため、当然にはその地位を失ふことはない。但し、この憲法によつて、後任者が選挙又は任命されたときは、当然その地位を失ふ。

3章
個　人

本章の構成

本章には、人権と国籍に関する文書を収録する。

国際連合憲章（1 1）が、人権についての国際協力を国連の目的の一つに掲げたことは、この分野の国際法文書が作成・体系化されていく契機となった。国連憲章六八条を根拠として一九四六年に設置された国連人権委員会の起草作業に基づいて、まず一九四八年に国連総会で採択されたのが、**世界人権宣言（3 1）**である。宣言は、「すべての人民とすべての国とが達成すべき共通の基準」とされ、自由権・社会権の双方を含む。宣言は、新興独立諸国の憲法や後の国連人権保護活動にとって大きな拠り所となった。

国際的な人権観念は、その後大きく展開した。一九六六年に国連総会により採択された国際人権規約、すなわち**社会権規約（A規約。3 8）**、**自由権規約（B規約。3 11）**、および個人の通報権に関する**自由権規約第一選択議定書（3 12）**では、両規約共通第一条で人民の自決権について定める一方で、自由権と社会権の実施の仕方を区別した。しかしその後は両者の不可分性が強調され、社会権規約についても、一九八五年に経済社会理事会決議により個人専門家委員会が設置され（**3 9**）、二〇〇八年には、個人の通報権等を定める**選択議定書（3 10）**が採択された（二〇一三年発効）。一九七〇年代には、第三世代の人権とも呼ばれる新しい人権が主張されるようになり、一九八六年国連総会が採択した**発展の権利宣言（3 2）**も「発展の権利」という概念を提示する。一九九三年世界人権会議で採択された**ウィーン宣言（3 3）**は、人権保障の到達点と課題を総合的に提示したが、地域的、社会的背景等に留意しつつもすべての人権の普遍性や、民主主義・発展・人権尊重の相互依存性を強調している。なお、植民地化に対する一定程度の反省を反映して集団の権利を承認していることが注目される**先住人民の権利宣言（3 4）**を便宜上ここに収録した。

国連人権委員会は、国際人権規約採択後、人権保護の領域の活動に乗り出した。一九六七年に採択された**経済社会理事会決議一二三五（3 5）**は、同委員会が大規模かつ重大な人権侵害をモニターすることをみとめた。この決議は、今日では自決権侵害状況がある場合のみならず重大人権侵害一般を対象とするものと解され、これを根拠に公開の国別・テーマ手続と、個人の通報を情報源とする非公開の不服申立手続が展開した。国連人権委員会のこのような機能は、二〇〇六年、総会の補助機関として設置された**国連人権理事会**に引き継がれた（**3 6**）。同理事会は、理事国となるために人権擁護に積極的な姿勢を示すことが求められるというユニークな構成を有し、すべての国連加盟国を対象とする普遍的定期審査を行っている。ここでは、**「人権理事会の制度構築」**と題する決議附属書から、この審査および不服申立手続に関わる部分を掲載した（**3 7**）。

自ら行うこのような活動と平行して、国連は人権条約を採択してきた。右に触れた**国際人権規約**(3 **8～13**)は、そのもっとも一般的なものである。当初の規約には死刑の禁止は含まれていないが、**自由権規約第二選択議定書**(3 **15**)は、そのために一九八九年に採択されたものである。一九六五年の**人種差別撤廃条約**(3 **14**)、一九七九年の**女子差別撤廃条約**(3 **13**)は、差別を定義するとともに締約国に差別撤廃のために一定の積極的措置をとる義務を課している。なお後者について個人通報手続等につき詳しい規定を盛り込んだ選択議定書は、一九九九年に採択され(二〇〇〇年発効)、その後の**社会権規約選択議定書**(3 **10**)などのモデルとなった。一九八九年の**児童の権利条約**(3 **16**)は、児童が人権の享有主体であるとともに特別の保護とケアを必要とする存在であることにも着目して作成された。二〇〇〇年には、この条約の**二つの議定書**(3 **17・18**)が採択された。自由権規約も拷問等を禁止する規定をおくが、一九八四年の**拷問等禁止条約**(3 **19**)は、「拷問」概念の定義とともに拷問行為を防止・処罰するための細かな規定をおく。二〇〇二年の**拷問等禁止条約選択議定書**(3 **20**)は、拘禁施設等の訪問のために拷問防止小委員会と国内防止機関の設置や任務について定める。二〇〇六年の**障害者権利条約**(3 **21**)は、障害者の固有の尊厳の尊重を促進することなどを目的とするものであり、日本では二〇一四年の批准と歩調を合わせて国内法の整備がなされた。同じく二〇〇六年採択の**強制失踪条約**(3 **22**)は、とりわけ軍事独裁政権により用いられ、重大な人権侵害として問題とされてきた強制失踪からの保護を定め、あわせて秘密拘禁をも禁止するものである。以上は、国連で採択された条約であるが、第三節の最後に、国際労働機関(ＩＬＯ)で採択された人権条約で、最近日本も批准して注目される**強制労働廃止条約**(3 **23**)を掲載する。

ヨーロッパ、米州、アフリカ地域には地域的な人権条約が存在するが、本章では地域的人権条約の先駆的存在であるヨーロッパ人権条約を収録した。同条約は一九五〇年の**ヨーロッパ人権条約**(3 **24**)を基本条約とするが、一九九八年の第一一議定書の効力発生により条約の履行監視機能が人権裁判所に一本化される等の大改正が行われた。

一九五一年の**難民条約**(3 **26**)と一九六六年の**難民議定書**(3 **27**)は、難民の保護について定めた条約である。難民条約が一九五一年一月一日前に生じた事件の結果として難民となった者にのみ適用されることになっていたので、難民議定書でこの時間的制限を取り除いた。**出入国管理及び難民認定法**(3 **29**)は、一九八一年の日本の難民条約および難民議定書への加入に伴い、従来の出入国管理令を改正したもので、その後もたびたび改正され、今日では外国人の在留の管理についても規定する。個人の庇護権については**領域内庇護宣言**(3 **28**)が採択されている。

国籍と抵触法に関しては、日本の**国籍法**(3 **30**)と**法適用通則法**(3 **31**)、ハーグ法典編纂会議で採択された一九三〇年の**国籍法抵触条約**(3 **32**)と**二重国籍のある場合における軍事的義務に関する議定書**(3 **33**)を掲載した。国籍法抵触条約の規則は、外交的保護条文(2 11)により修正されていることに注意が必要である。国際的な離婚等により発生しがちな子の無断の連れ去りについて規律する**子の奪取条約**(3 **34**)は、旧常居所地国に子を原則として返還することを定め、所在地国が監護権の本案について決定することを禁ずる。日本は、比較的詳細な返還拒否事由を定める**実施法**(3 **35**)を制定した。

第1節　基本的文書

31　世界人権宣言

採択　一九四八年一二月一〇日
国際連合総会第三回会期決議二一七A(III)

前文

人類社会のすべての構成員の固有の尊厳及び平等で奪い得ない権利を認めることが世界における自由、正義及び平和の基礎をなすものであるので、

人権の無視及び軽侮が、人類の良心を踏みにじった野蛮行為をもたらし、また、人間が言論及び信念の自由並びに恐怖及び欠乏からの自由を享受する世界の到来が、一般の人民の最高の願望として宣明されたので、

人間が、専制及び抑圧に対して、最後の手段として反逆に訴えることを余儀なくされてはならないとすれば、人権を法の支配によって保護することが不可欠であるので、

諸国民の間の友好関係の発展を促進することが不可欠であるので、

連合国の人民は、憲章において、基本的人権、人間の尊厳及び価値並びに男女の同権への信念をあらためて確認し、かつ、一層大きな自由の中で社会的進歩及び生活水準の向上を促進することを決意したので、

加盟国は、国際連合と協力して、人権及び基本的自由の普遍的な尊重及び遵守の促進を達成することを誓約したので、

これらの権利及び自由に関する共通の理解は、この誓約の完全な実現にとって最も重要であるので、

したがって、ここに、総会は、

社会のすべての個人及びすべての機関が、この宣言を常に念頭におきながら、加盟国自身の人民の間にも、加盟国の管轄下にある領域の人民の間にも、これらの権利及び自由の尊重を指導及び教育によって促進し、並びにそれらの普遍的かつ効果的な承認及び遵守を国内的及び国際的な漸進的措置によって確保するよう努力するため、すべての人民とすべての国とが達成すべき共通の基準として、この世界人権宣言を公布する。

第一条【自由平等】すべての人間は、生まれながらにして自由であり、かつ、尊厳及び権利において平等である。人間は、理性及び良心を授けられており、互いに同胞の精神をもって行動しなければならない。

第二条【権利と自由の享有に関する無差別待遇】すべての者は、人種、皮膚の色、性、言語、宗教、政治的意見その他の意見、国民的若しくは社会的出身、財産、出生又は他の地位等によるいかなる差別もなしに、この宣言に規定するすべての権利及び自由を享有する権利を有する。

更に、個人の属する国又は地域が独立国であるか、信託統治地域であるか、非自治地域であるか、又は他の何らかの主権制限の下にあるかを問わず、その国又は地域の政治上、管轄上又は国際上の地位に基づくいかなる差別もされない。

第三条【生命、自由及び身体の安全の権利】すべての者は、生命、自由及び身体の安全についての権利を有する。

第四条【奴隷の禁止】何人も、奴隷の状態に置かれず、また、苦役に服することはない。あらゆる形態の奴隷制度及び奴隷取引は、禁止する。

第五条【拷問又は残虐な刑罰の禁止】何人も、拷問又は残虐な、非人道的な若しくは品位を傷つける取扱い若しくは刑罰を受けない。

第六条【人として認められる権利】すべての者は、すべての場所において、法律の前に人として認められる権利を有する。

第七条【法の前の平等】すべての者は、法律の前に平等であり、いかなる差別もなしに法律による平等の保護を受ける権利を有する。すべての者は、この宣言に違反するいかなる差別に対しても、また、そのような差別をそそのかす行為に対しても、平等の保護を受ける権利を有する。

第八条【基本権の侵害に対する救済】すべての者は、憲法又は法律によって与えられた基本的権利を侵害する行為に対して、権限のある国内裁判所による効果的な救済を受ける権利を有する。

第九条【逮捕、抑留又は追放の制限】何人も、恣意的に逮捕され、抑留され又は追放されない。

第一〇条【公正な裁判を受ける権利】すべての者は、その権利及び義務並びに刑事上の罪の決定のため、独立のかつ公平な裁判所による公正な公開審理を完全に平等に受ける権利を有する。

第一一条【無罪の推定、遡及刑の禁止】1　刑事上の罪に問われているすべての者は、自己の弁護のために必要なすべての保障を与えられた公開の裁判において法律に基づいて有罪とされるまでは、無罪と推定される権利を有する。

2　何人も、実行の時に国内法又は国際法により犯罪を構成しなかった作為又は不作為を理由として有罪とされることはない。何人も、犯罪が行われた時に適用されていた刑罰よりも重い刑罰を科されない。

第一二条【私生活、名誉、信用の保護】何人も、その私生活、家族、住居若しくは通信に対して恣意的に干渉され又は名誉及び信用を攻撃されない。すべての者は、そのような干渉又は攻撃に対する法律の保護を受ける権利を有する。

第一三条【移動と居住の自由】1　すべての者は、各国の境界内において移動及び居住の自由についての権利を有する。

2　すべての者は、いずれの国（自国を含む。）からも

離れ、及び、自国に帰る権利を有する。

第一四条【迫害からの庇護】1　すべての者は、迫害からの庇護を他国に求め、かつ、これを他国で享受する権利を有する。

2　この権利は、もっぱら非政治犯罪又は国際連合の目的及び原則に反する行為から生ずる訴追の場合には、援用することができない。

第一五条【国籍の権利】1　すべての者は、国籍をもつ権利を有する。

2　何人も、その国籍を恣意的に奪われ、又は、国籍を変更する権利を否認されない。

第一六条【婚姻及び家族の権利】1　成年の男女は、人種、国籍又は宗教によるいかなる制限もなしに、婚姻をし、かつ家族を形成する権利を有する。成年の男女は、婚姻中及び婚姻の解消の際に、婚姻に関し平等の権利を有する。

2　婚姻は、両当事者の自由かつ完全な合意のみによって成立する。

3　家族は、社会の自然かつ基礎的な単位であり、社会及び国による保護を受ける権利を有する。

第一七条【財産権】1　すべての者は、単独で又は他の者と共同して財産を所有する権利を有する。

2　何人も、その財産を恣意的に奪われない。

第一八条【思想、良心及び宗教の自由】すべての者は、思想、良心及び宗教の自由についての権利を有する。この権利には、宗教又は信念を変更する自由、並びに、単独で又は他の者と共同して及び公に又は私的に、教導、行事、礼拝及び儀式によってその宗教又は信念を表明する自由を含む。

第一九条【意見及び表現の自由】すべての者は、意見及び表現の自由についての権利を有する。この権利には、干渉されることなく意見をもつ自由、並びにあらゆる方法によりかつ国境とのかかわりなく、情報及び考えを求め、受け及び伝える自由を含む。

第二〇条【集会及び結社の自由】1　すべての者は、平和的な集会及び結社の自由についての権利を有する。

2　何人も、結社に属することを強制されない。

第二一条【参政権】1　すべての者は、直接に、又は自由に選んだ代表者を通じて、自国の統治に参与する権利を有する。

2　すべての者は、自国の公務に平等に携わる権利を有する。

3　人民の意思は、統治の権力の基礎である。この意思は、普通かつ平等の選挙権に基づき秘密投票又は同等の自由な投票手続により行われる定期的かつ真正な選挙において表明される。

第二二条【社会保障についての権利】すべての者は、社会の構成員として、社会保障についての権利を有し、かつ、国内的努力及び国際協力により、並びに、各国の組織及び資源に応じて、その尊厳及び人格の自由な発展に不可欠な経済的、社会的及び文化的権利の実現を求める権利を有する。

第二三条【労働の権利】1　すべての者は、労働し、職業を自由に選択し、公正かつ良好な労働条件を確保し、及び失業に対する保護についての権利を有する。

2　すべての者は、いかなる差別もなしに、同一の労働について同一の報酬を受ける権利を有する。

3　労働するすべての者は、自己及び家族のために人間の尊厳にふさわしい生活を確保し、及び、必要な場合には他の社会的保護手段により補完される公正かつ良好な報酬を受ける権利を有する。

4　すべての者は、その利益を保護するため、労働組合を結成し、及び加入する権利を有する。

第二四条【休息及び余暇の権利】すべての者は、休息及び余暇（労働時間の合理的な制限及び定期的な有給休暇を含む。）についての権利を有する。

第二五条【相当な生活水準についての権利】1　すべての者は、自己及びその家族の健康及び福祉のための相当な生活水準（食糧、衣類、住居及び医療並びに必要な社会的役務を含む。）についての権利、並びに失業、疾病、障害、配偶者の死亡、老齢その他不可抗力による生活不能の場合に保障を受ける権利を有する。

2　母親及び児童は、特別の保護及び援助を受ける権利を有する。すべての児童は、嫡出であるかどうかを問わず、同一の社会的保護を享受する。

第二六条【教育についての権利】1　すべての者は、教育についての権利を有する。教育は、少なくとも初等の及び基礎的な段階においては無償とする。初等教育は、義務的とする。技術的及び職業的教育は、一般的に利用可能なものとし、かつ、高等教育は能力に応じてすべての者に対して均等に機会が与えられるものとする。

2　教育は、人格の完成並びに人権及び基本的自由の尊重の強化を指向するものとする。教育は、すべての国民、人種的集団又は宗教的集団の間の理解、寛容及び友好を促進し、かつ、平和の維持のための国際連合の活動を助長するものとする。

3　父母は、その児童に与える教育の種類を選択する優先的権利を有する。

第二七条【文化的な生活に参加する権利】1　すべての者は、自由に社会の文化生活に参加し、芸術を享受し、並びに科学の進歩及びその利益にあずかる権利を有する。

2　すべての者は、自己の科学的、文学的又は芸術的作品により生ずる精神的及び物質的利益の保護についての権利を有する。

第二八条【社会的及び国際的秩序への権利】すべての者は、この宣言に規定する権利及び自由が完全に実現される社会的及び国際的秩序についての権利を有する。

第二九条【社会に対する義務】1　すべての者は、その人格の自由かつ完全な発展がその中にあってのみ可能である社会に対して義務を負う。

2　すべての者は、自己の権利及び自由の行使に当たって、他の者の権利及び自由の正当な承認及び尊重を確保すること、並びに民主的社会における道徳、公の秩序及び一般的福祉の正当な要求を満たすことをもっぱら目的として法律により定められた制限にのみ服する。

3　これらの権利及び自由は、いかなる場合にも、国際連合の目的及び原則に反して行使することはできない。

第三〇条【権利及び自由を破壊する活動の不承認】 この宣言のいかなる規定も、いずれかの国、集団又は個人に対して、この宣言に規定する権利及び自由のいずれかを破壊することを目的とする活動に従事し、又はそのような行為を行う権利を認めるものと解釈することはできない。

3 2　発展の権利に関する宣言

採　択　一九八六年一二月四日
国際連合総会第四一回会期決議四一／一二八附属書

総会は、

経済的、社会的、文化的又は人道的性質を有する国際問題を解決することについて、並びに、人種、性、言語又は宗教による差別なく、すべての者のために人権及び基本的自由を尊重するように助長奨励することについて、国際協力を達成することに関する国際連合憲章の目的及び原則に留意し、

発展とは、人民全体及びすべての個人が、発展とそれがもたらす諸利益の公正な分配に、積極的かつ自由に、また有意義に参加することを基礎として、彼らの福祉の絶えざる増進をめざす包括的な経済的、社会的、文化的及び政治的過程であることを承認し、

世界人権宣言の諸条項の下では、すべて人は、その宣言に掲げる権利及び自由が完全に実現される社会的及び国際的秩序に対する権利を有することを考慮し、

経済的、社会的及び文化的権利に関する国際規約並びに市民的及び政治的権利に関する国際規約の諸条項を想起し、

更に、非植民地化、差別の防止、人権及び基本的自由の尊重及び遵守、国際の平和及び安全の維持、並びに憲章に従った諸国間の友好関係及び協力の一層の促進に関する文書を含む、人間の統合的発展及びすべての人民の経済的及び社会的進歩並びに発展に関する、国際連合及びその専門機関の協定、条約、決議、勧告及びその他の文書を想起し、

人民の自決権、すなわち、その政治的地位を自由に決定し並びにその経済的、社会的及び文化的発展を自由に追求する人民の権利を想起し、

更に、二つの国際人権規約の関連規定に従って、すべての天然の富と資源に対して十分かつ完全な主権を行使する人民の権利を想起し、

人種、皮膚の色、性、言語、宗教、政治的意見その他の意見、国民的若しくは社会的出身、財産、出生又は他の地位などによるいかなる差別もなしに、すべての者のために人権及び基本的自由の普遍的な尊重及び遵守を助長する、憲章の下での諸国の義務に留意し、

植民地主義、新植民地主義、アパルトヘイト、すべての形態の人種主義及び人種差別、外国の支配及び占領、国の主権、統一及び領土保全に対する侵略及び脅威、並びに戦争の脅威から生じるような状況によってもたらされる、人民及び個人の人権の大規模かつ重大な侵害の除去は、人類の大部分の発展にとっての有利な環境の確立に貢献するであろうことを考慮し、

特に市民的、政治的、経済的、社会的及び文化的権利の否認によって生じている、発展並びに人間及び人民の完全な自己実現に対する重大な障害の存在を憂慮し、並びに、すべての人権及び基本的自由は不可分かつ相互依存的であること、発展を促進するためには市民的、政治的、経済的、社会的及び文化的権利の実施、促進及び保護に、同等の注意及び緊急の配慮が払われなければならないこと、したがって、ある種の人権及び基本的自由の促進、尊重及び享受は、他の人権及び基本的自由の否認を正当化することはできないことを考慮し、

国際の平和及び安全は、発展の権利の実現にとって不可欠の要素であることを考慮し、

軍縮と発展の間には密接な関係があること、軍縮の分野における進歩は、発展の分野における進歩を大きく促進するであろうこと、及び軍縮措置によって解放される資源は、すべての人民、特に発展途上国の人民の経済的及び社会的発展並びに福祉に向けられるべきであることを再確認し、

人間個人が発展過程の中心的主体であり、したがって発展政策は、人間を発展の主要な参加者及び受益者としなければならないことを承認し、

人民及び個人の発展にとって有利な諸条件を創り出すことは、彼らが属する国家の主要な責任であることを承認し、

国際面における人権の促進及び保護のための努力は、新国際経済秩序樹立のための努力を伴わなければならないことを承認し、

発展の権利は譲ることのできない人権であり、発展のための機会の平等は、国民及び国民を構成する個人の双方の特権であることを確認して、

次のとおり、発展の権利に関する宣言を公布する。

第一条【人権としての発展の権利】 1　発展の権利は、譲ることのできない人権である。この権利に基づき、それぞれの人間及びすべての人民は、あらゆる人権

及び基本的自由が完全に実現されうるような経済的、社会的、文化的及び政治的発展に参加し、貢献し並びにこれを享受する権利を有する。

２　発展への人権は、また、二つの国際人権規約の関連規定に従い、すべての天然の富と資源に対する完全な主権についての譲ることのできない権利の行使を含む、人民の自決権の完全な実現を意味する。

第二条【発展の主体としての人間】１　人間が、発展の中心的な主体であり、発展の権利の積極的参加者及び受益者であるべきである。

２　すべての人間は、彼らの人権及び基本的自由の完全な尊重の必要性、並びに彼らの社会への義務を考慮して、個別的及び集団的に発展への責任を有する。社会だけが、人間の自由で完全な自己実現を保障することができる。したがって、すべての人間は、発展のための適切な政治的、社会的及び経済的秩序を促進し及び擁護すべきである。

３　国家は、住民全体及びすべての個人が、発展とそれがもたらす諸利益の公正な配分に、積極的かつ自由に、また、有意義に参加することを基礎として、彼らの福祉の絶えざる増進をめざす、適当な国家的発展政策を樹立する権利及び義務を有する。

第三条【国家の責任】１　国家は、発展の権利の実現のために好ましい国家的諸条件を創り出す、主要な責任を有する。

２　発展の権利の実現は、国際連合憲章に従った諸国間の友好関係及び協力に関する国際法の諸原則の完全な尊重を必要とする。

３　国家は、発展を確保し及び発展への障害を除去するために、相互に協力する義務を有する。国家は、すべての国家の間の主権平等、相互依存、互恵及び協力に基礎をおく新国際経済秩序を促進し、並びに人権の遵守及び実現を助長するような方法で、その権利を実現し及び義務を履行すべきである。

第四条【国際協力】１　国家は、発展の権利の完全な実現を促進する目的で、国際的な発展政策を樹立するために、個別的及び集団的に措置をとる義務を有する。

２　発展途上国のより急速な発展を促進するために、持続的な行動が必要である。発展途上国の努力を補完するものとして、これら諸国に包括的発展を助長するための適切な手段及び便益を提供する、効果的な国際協力が不可欠である。

第五条【大規模な人権侵害の除去】国家は、アパルトヘイト、あらゆる形態の人種主義及び人種差別、植民地主義、外国の支配及び占領、侵略、国の主権、統一及び領土保全に対する外国の干渉及び脅威、戦争の脅威、並びに人民の自決への基本権の承認拒否から生じる状況によってもたらされる、人民及び人間の人権の大規模かつ重大な侵害を除去するために、断固とした措置をとらなければならない。

第六条【人権の相互依存性】１　すべての国家は、人種、性、言語及び宗教によるいかなる差別もなしに、すべての者のために、あらゆる人権及び基本的自由の普遍的な尊重及び遵守を助長し、奨励し及び強化する目的で、協力すべきである。

２　すべての人権及び基本的自由は、不可分かつ相互依存的である。したがって、市民的、政治的、経済的、社会的及び文化的権利の実施、奨励及び保護のために、同等の注意と緊急の考慮が払われるべきである。

３　国家は、市民的及び政治的権利、並びに経済的、社会的及び文化的権利の不遵守から生じる発展への障害を除去するために、措置をとるべきである。

第七条【軍縮によって解放された資源の発展への転用】すべての国家は、国際の平和及び安全の確立、維持及び強化を促進すべきである。この目的のために、すべての国家は、効果的な国際管理の下における全面完全軍縮を達成し、並びに効果的な軍縮措置によって解放される資源が包括的発展、特に発展途上国の包括的発展のために用いられるように、最善を尽くすべきである。

第八条【国内における発展の権利の実現】１　国家は、国内的な面において、発展の権利の実現のために必要なすべての措置をとるべきであり、特に、基礎的資源、教育、保健サービス、食糧、住居、雇用及び収入の公平な配分をすべての者が享有することができるよう機会の平等を保障しなければならない。発展過程における女子の積極的な役割を確保するために、効果的な措置をとるべきである。すべての社会的不正義を除去する目的で、適切な経済的及び社会的改革が行われるべきである。

２　国家は、発展及びすべての人権の完全な実現における重要な要素として、すべての分野における人民の参加を奨励すべきである。

第九条【発展の権利の諸側面の相互依存性】１　この宣言が掲げる発展の権利のすべての側面は、不可分かつ相互依存的であって、それらの各々は全体に照らして理解されるべきである。

２　この宣言のいずれの規定も、国際連合憲章の目的及び原則に反するものと解釈されてはならず、いかなる国家、集団又は個人も、世界人権宣言及び国際人権規約が掲げる諸権利を侵害する目的の、何らかの行動に従事し又は行為を行う権利を有するものと解釈されてはならない。

第一〇条【発展の権利の完全な行使のための手段】国内及び国際面における政策、立法及びその他の措置の立案、採択及び実施を含めて、発展の権利の完全な行使及び漸進的な向上を保障するための手段が、とられるべきである。

3　ウィーン宣言

採　択　一九九三年六月二五日
世界人権会議（ウィーン）

前　文（略）

第Ⅰ部〔宣　言〕

一【国家の誓約】世界人権会議は、国際連合憲章、その他の人権文書及び国際法に従って、すべての者のためにすべての人権及び基本的自由の普遍的な尊重及び遵守並びに保護を促進する義務を履行するという、すべての国家の厳粛な誓約を再確認する。これらの権利及び自由の普遍的性格は、疑うことができない。

この枠組の中で、人権の分野における国際協力の強化は、国際連合の目的を完全に実現するために不可欠である。

人権及び基本的自由は、すべての人間の生まれながらの権利であり、それらの保護及び助長は諸政府の第一次的責任である。

二【自決権】すべての人民は、自決の権利を有する。この権利に基づき、すべての人民は、その政治的地位を自由に決定し並びにその経済的、社会的及び文化的発展を自由に追求する。

世界人権会議は、植民地又はその他の形態の外国支配若しくは外国の占領のもとにある人民の特別の状況を考慮して、不可譲の自決権を実現するために国際連合憲章に従ってすべての正当な行動を取る人民の権利を承認する。世界人権会議は、自決権の否定を人権の侵害とみなし、この権利の効果的な実現の重要性を強調する。

「国際連合憲章に従った諸国家間の友好関係と協力に関する国際法の諸原則についての宣言」に従って、上記のことは、人民の同権及び自決の原則を遵守して行動し、したがっていかなる種類の差別もなしにその領域に属するすべての人民を代表する政府を有する、独立主権国家の領土保全又は政治的統一の全部又は一部を解体し若しくは毀損するいかなる行動をも、許可し又は奨励するものと解釈してはならない。

三【外国の占領下の人民の保護】外国の占領下にある人民に関して、人権基準の実施を保障し監視するための効果的な国際的措置が取られるべきであり、人権規範及び国際法、とりわけ戦時における文民の保護に関する一九四九年八月一二日のジュネーヴ条約その他の適用可能な人道法規範に従って、彼らの人権の侵害に対する効果的な法的保護が与えられるべきである。

四【国際連合の優先的目的】人権及び基本的自由の助長並びに保護は、国際連合の目的及び原則、とりわけ国際協力の目的に従って、国際連合の優先的目的とみなされなければならない。これらの目的及び原則の枠内において、すべての人権の助長及び保護は国際社会の正当な関心事項である。したがって、人権にかかわる機関及び専門機関は、国際人権文書の一貫した客観的な適用を基礎として、それらの諸活動の調整をさらに向上させるべきである。

五【すべての人権の相互依存性及び普遍性】すべての人権は普遍的であり、不可分かつ相互依存的であって、相互に連関している。国際社会は、公平かつ平等な方法で、同じ基礎に基づき、同一の強調をもって、人権を全地球的に扱わなければならない。国家的及び地域的独自性の意義、並びに多様な歴史的、文化的及び宗教的背景を考慮にいれなければならないが、すべての人権及び基本的自由を助長し保護することは、政治的、経済的及び文化的な体制のいかんを問わず、国家の義務である。

六【国際連合システムの努力】すべての者のための人権及び基本的自由の普遍的な尊重及び遵守に向けた国際連合システムの努力は、諸国間の平和的かつ友好的な関係に必要な安定及び福祉、並びに国際連合憲章に従った平和及び安全並びに社会的及び経済的発展のための条件の改善に、貢献するものである。

七【国際連合憲章の目的及び原則等の遵守】人権を助長し保護するプロセスは、国際連合憲章の目的及び原則並びに国際法に従って実施されるべきである。

八【民主主義、発展及び人権尊重の相互依存性】民主主義、発展並びに人権及び基本的自由の尊重は、相互依存的であり相互に強め合うものである。民主主義は、自らの政治的、経済的及び文化的体制を決定するための自由に表明された人民の意思、並びに生活のすべての側面における人民の完全な参加に基礎をおく。この文脈において、国家的及び国際的レベルにおける人権並びに基本的自由の助長及び保護は、普遍的にかつ条件を付することなく行われるべきである。国際社会は、全世界における民主主義、発展並びに人権及び基本的自由の尊重の強化及び助長を支持すべきである。

九【後発発展途上国への支援】世界人権会議は、多くはアフリカに位置する後発発展途上国であって民主化及び経済改革に取り組むことを誓約したものが、民主化及び経済発展への移行に成功するように国際社会の支援を受けるべきことを再確認する。

一〇【発展の権利】世界人権会議は、「発展の権利に関する宣言」において確立された発展の権利は、普遍的かつ不可譲の権利であって、基本的人権の不可分の一部をなすものであることを再確認する。

「発展の権利に関する宣言」が述べるように、人間が発展の中心的な主体である。

発展はすべての人権の享受を促進するものであるが、発展の欠如を国際的に承認された人権の制約を正当化するために援用してはならない。

国は、発展を確保し発展への障害を除去するために相互に協力すべきである。国際社会は、発展の権利を実現し発展への障害を除去するために、効果的な国際協力を助長すべきである。

発展の権利の実施に向けての永続的な進歩は、国レベルにおける効果的な発展政策、並びに国際レベルにおける公正な経済関係及び好ましい経済環境を必要とする。

一一**【危険な廃棄物の投棄等の規制】**発展の権利は、現在及び将来の世代の発展及び環境における必要性に公正に適合するように実現されるべきである。世界人権会議は、有毒で危険な物質及び廃棄物の違法な投棄が、すべての者の生命及び健康に対する人権への重大な脅威となる可能性があることを承認する。

したがって世界人権会議は、有毒で危険な産品及び廃棄物の投棄に関する現行の条約に参加しかつこれらを厳格に実施すること、及び違法な投棄の防止に協力することを、すべての国に呼びかける。

すべての者は、科学の進歩及びその応用の利益を享受する権利を有する。世界人権会議は、とりわけ生医学、生命科学及び情報技術におけるある種の進歩が、個人の人格、尊厳及び人権に悪影響を及ぼす可能性があることに留意し、世界的に関心を呼んでいるこの分野において、人権及び人間の尊厳の完全な尊重が確保されるよう、国際協力を呼びかける。

一二**【対外債務】**世界人権会議は、発展途上国の政府がその人民の経済的、社会的及び文化的権利の完全な実現を達成する努力を補完する目的で、これら諸国の対外債務負担を軽減することを助けるためにあらゆる努力を行うよう、国際社会に呼びかける。

一三**【人権享受の条件の創出】**国及び国際機関は、人権の完全かつ効果的な享受を確保する目的で、民間団体と協力して、国家的、地域的及び国際的レベルにおける好ましい条件を創出する必要がある。国は、すべての人権侵害及びその原因、並びに人権享受への障害を除去すべきである。

一四**【極端な貧困の除去】**極端な貧困の広範な存在は、人権の完全かつ効果的な享受を妨げているので、これを直ちに緩和し究極的に除去することは、国際社会にとって引き続き高度の優先事項でなければならない。

一五**【あらゆる形態の差別の除去】**いかなる種類の差別もなしに人権及び基本的自由を尊重することは、国際人権法の基本規則である。あらゆる形態の人種主義、人種差別、外国人排斥及び関連する不寛容を速やかにかつ包括的に除去することは、国際社会の優先的な任務である。諸政府は、これらを防止しかつこれらと闘うために、効果的な措置を取るべきである。集団、団体、政府間及び非政府間の機関、並びに個人は、これらの悪に反対する行動において協力しかつ調整して、彼らの努力を強化することを要請される。

一六**【アパルトヘイトの解体】**世界人権会議は、アパルトヘイトの解体における進展を歓迎し、国際社会及び国際連合システムに対してこの進展を支援するように呼びかける。

世界人権会議はまた、アパルトヘイトの平和的解体の追求を妨げることを目的とした、暴力行為の継続を非難する。

一七**【テロリズムの防止】**あらゆる形態及び表現におけるテロリズムの行為、方法及び慣行、並びに若干の諸国における麻薬取引への関与は、人権、基本的自由及び民主主義を破壊することを目的とし、国の領土保全及び安全を脅かし、正統に組織された政府を不安定化する行為である。国際社会は、テロリズムを防止しかつこれと闘うための協力を促進するために、必要な措置を取るべきである。

一八**【女性の人権】**女性及び少女の人権は、普遍的人権の不可譲かつ不可分の一部である。国家的、地域的及び国際的レベルにおける政治的、市民的、経済的、社会的及び文化的生活への女性の完全かつ平等な参加、並びに性を理由とするあらゆる形態の差別の除去は、国際社会の優先的な目的である。

ジェンダーを理由とする暴力及び、あらゆる形態のセクシュアルハラスメント並びに搾取は、文化的偏見及び国際的売買から生じるものを含めて、人間の尊厳及び価値と両立せず、除去されなければならない。このことは、経済的及び社会的発展、教育、安全な母性及び健康看護並びに社会的扶助のような分野における、法的措置により、並びに国家的行動及び国際協力を通じて、達成することができる。

女性の人権は、女性に関するすべての人権文書の奨励を含めて、国際連合の人権活動の不可分の一部を構成すべきものである。

世界人権会議は、政府、団体、政府間及び非政府間の機構に対して、女性及び少女の人権の保護及び助長のための努力を強化するように、要請する。

一九**【少数者の権利】**少数者に属する人の権利の助長及び保護が重要であること、並びにこのような助長及び保護が彼らが居住する国家の政治的及び社会的安定に貢献することを考慮して、

世界人権会議は、「民族的又は人種的、宗教的及び言語的少数者に属する人の権利に関する宣言」に従って、少数者に属する人がいかなる差別もなしにかつ法のもとにおいて完全に平等に、すべての人権及び基本的自由を完全かつ効果的に行使することができるように確保する、国の義務を再確認する。

少数者に属する人は、自由にかつ介入又はいかなる形態の差別もなしに、自らの文化を享受し、自らの宗教を告白しかつ実践し、並びに私的に及び公的に自らの言語を使用する権利を有する。

二〇**【先住民の権利】**世界人権会議は、先住民の固有の尊厳、及び社会の発展並びに多様性への先住民の独特の貢献を承認し、彼らの経済的、社会的及び文化的福祉並びに持続的発展の成果の彼らによる享受へ

の、国際社会の誓約を強く再確認する。国は、社会のすべての側面、とくに彼らの関心事項への、先住民の完全かつ自由な参加を確保すべきである。先住民の権利の助長及び保護が重要であること、並びにこのような助長及び保護が彼らが居住する国の政治的及び社会的安定に貢献することを考慮して、国は、国際法に従って、先住民の人権及び基本的自由を平等にかつ差別なく尊重することを確保するために協調した積極的な措置を取り、及び彼らの独特のアイデンティティ、文化並びに社会組織の価値及び多様性を承認すべきである。

二一**【児童の権利】**世界人権会議は、多数の国が児童の権利に関する条約を早期に批准したことを歓迎し、児童のための世界サミットが採択した「児童の生存、保護及び発展に関する世界宣言及び行動計画」が児童の人権を承認したことに留意して、一九九五年までにすべての国がこの条約を批准すること、及び、必要な立法、行政及びその他の措置を取り、また利用可能な資源を最大限に配分することによって、締約国がこの条約を効果的に実施することを、要請する。児童に関するすべての行動においては、無差別と児童の最善の利益とが第一に考慮されるべきであり、児童の見解に妥当な考慮が払われるべきである。児童の防護及び保護のために、国家的及び国際的な機構並びに計画が強化されるべきである。このような防護及び保護の対象には、とりわけ少女、遺棄された児童、家のない児童、児童ポルノ、児童売春又は臓器売却によるものを含む経済的及び性的に搾取された児童、後天性免疫不全症候群を含む疾病の犠牲者である児童、難民及び避難民である児童、拘禁中の児童、武力紛争にまきこまれた児童、並びに飢饉、旱ばつその他の緊急事態の犠牲者である児童が含まれる。児童の権利に関する条約の実施を支援するために国際協力及び連帯が助長されるべきであり、児童の権利は人権に関する国際連合システム全体の行動において優先されるべきである。

世界人権会議はまた、児童は個性の完全かつ調和の取れた発展のためには家庭環境の中で成長すべきであり、したがって家庭環境はより広範な保護に値すると強調する。

二二**【障害者の権利】**障害者の差別禁止、並びに、社会のすべての側面への積極的な参加を含む、すべての人権及び基本的自由の平等な享受を確保するために、特別の注意を払う必要がある。

二三**【難民及び避難民の保護】**世界人権会議は、すべての者がいかなる差別もなしに、他国において迫害からの庇護を求めかつ受ける権利、及び自国に帰る権利を有することを再確認する。この点に関して世界人権会議は、世界人権宣言、難民の地位に関する一九五一年条約、その一九六七年議定書及び地域的文書の重要性を強調する。会議は、その領域に引き続き多数の難民を受け入れかつ生活させている国に対して、及び国際連合難民高等弁務官事務所の任務への献身に対して、感謝を表明する。会議はまた、近東における国際連合パレスチナ難民救済事業機関に対しても、感謝を表明する。

世界人権会議は、武力紛争を含む人権の重大な侵害が、人民の避難を発生させる多様かつ複雑な要因の一つであることを承認する。

世界人権会議は、世界的な難民危機の複雑さにかんがみ、かつ国際連合憲章、関連国際文書及び国際連帯に従って、並びに負担配分の精神において、国際社会が、国際連合難民高等弁務官事務所の任務に留意しつつ、関係国及び関連ある機構と調整しかつ協力して、包括的アプローチを取る必要があることを承認する。このようなアプローチは、難民その他の避難民の根本原因及び移動の結果に対処するための戦略の発展、緊急準備及び対策のための機構の強化、女性及び児童の特別のニーズを考慮した効果的な保護及び援助の供与、並びに、国際難民会議が採択した解決を含めて、何よりも尊厳かつ安全な自発的帰国という好ましい解決を通じての持続的な解決を含むべきである。世界人権会議は、国家の責任、とりわけ出身国にかかわる責任を強調する。

世界人権会議は、包括的アプローチにてらして、自発的かつ安全な帰還及び社会復帰を含む国内避難民にかかわる問題に、政府間機構及び人道的機関を通じるものを含めて特別の注意を払い、並びに永続的な解決を見出すことの重要性を強調する。

世界人権会議はさらに、国際連合憲章及び人道法の諸原則に従って、すべての自然災害及び人的災害の被害者に対する人道的援助の重要性及び必要性を強調する。

二四**【弱者の権利】**移住労働者を含む弱者の立場におかれた集団に属する者の人権の助長及び保護、彼らに対するあらゆる形態の差別の除去、並びに現行の人権文書の強化及びより効果的な実施を、特別に重視する必要がある。国は、住民のうちの弱者に属する者の権利の助長及び保護のために、とくに教育、保健及び社会的扶助の分野において、国家レベルの適切な措置を創出し維持する義務、及び弱者に属する者で自らの問題に解決を見出すことに関心を有する者の参加を確保する義務を有する。

二五**【もっとも貧困な者の人権】**世界人権会議は、極端な貧困及び社会的な疎外は人間の尊厳を侵害するものであり、もっとも貧困な者の人権を助長し、極端な貧困と社会的疎外を終わらせ、及び社会進歩の成果の享受を助長するために、極端な貧困、及び発展の問題にかかわるものを含むその原因に関するよりよい理解を達成するために、緊急の措置が必要であることを確認する。国が、もっとも貧困な人々が居住するコミュニティーの政策決定過程、人権の助長、及び極端な貧困と闘うための努力への、彼らの参加を促進することは不可欠である。

二六**【人権文書の法典化】**世界人権会議は、動的かつ発展的過程である人権文書の法典化においてなされた進歩を歓迎し、国際人権条約の普遍的批准を強く求める。すべての国がこれらの国際文書に加入すること、及びすべての国ができるだけ留保を行わないことが奨励される。

二七【人権侵害の救済】すべての国家は、人権にかかわる苦情及び人権侵害を救済するために、効果的な救済手続を提供すべきである。法適用及び訴追機関を含む司法の運営、とりわけ国際人権文書が含む適用可能な基準に完全に従った独立した司法部及び法律職は、人権の完全かつ無差別の実現にとってきわめて重要であり、民主主義及び持続的発展の過程にとって不可欠である。この文脈において、司法の運営に携わる機関は十分な資金を有すべきであり、国際社会は技術的及び財政的援助の水準を向上させるべきである。強力かつ独立した司法の運営を達成するために、助言サービスの特別計画を優先的に利用することは、国際連合の義務である。

二八【武力紛争時における人権の大規模な侵害】世界人権会議は、難民及び避難民の大量流出をもたらしている、戦争状態における人権の大規模な侵害、とりわけジェノサイド、「民族浄化」及び女性の制度化されたレイプの形態における人権の大規模な侵害に対して、驚愕を表明する。会議は、そのような嫌悪すべき慣行を強く非難するとともに、そのような犯罪の加害者が処罰され、そのような慣行は直ちに終わらせられるようにという呼びかけを繰り返す。

二九【武力紛争時における人権の保護】世界人権会議は、国際人権文書及び国際人道法に含まれた基準を無視して、世界のあらゆる部分で人権侵害が継続していること、及び被害者に対する十分かつ効果的な救済が欠如していることに、重大な憂慮を表明する。

世界人権会議は、武力紛争時における文民たる住民に対する人権侵害、とりわけ女性、児童、老齢者及び障害者に対する人権侵害を深く憂慮する。したがって会議は、国及び武力紛争のすべての当事者に対して、一九四九年のジュネーヴ諸条約及びその他の国際法の規則と原則が規定する国際人道法、並びに国際条約が規定する人権保護の最低基準を厳格に遵守するように呼びかける。

世界人権会議は、一九四九年のジュネーヴ諸条約及びその他の関連ある国際人道法文書が規定するように、被害者は人道的団体の援助を受ける権利を有することを再確認し、このような援助への安全かつ時宜をえたアクセスを要請する。

三〇【人権の大規模かつ体系的な侵害】世界人権会議はまた、世界のさまざまな部分において、すべての人権の完全な享受にとって重大な障害をなす大規模かつ体系的な侵害及び事態が引き続き生じていることに、驚愕と非難を表明する。このような侵害及び事態には、以下のものが含まれる。拷問及び残虐な、非人道的な並びに品位を傷つける取扱い又は刑罰。略式の及び恣意的な処刑。失踪。恣意的な拘禁。すべての形態の人種主義、人種差別及びアパルトヘイト。外国の占領及び外国人支配。外国人排斥。貧困、飢餓その他の経済的、社会的及び文化的権利の否定。宗教的不寛容。テロリズム。女性に対する差別。及び法の支配の欠如。

三一【人権享受を妨げる貿易上の一方的措置】世界人権会議は、国際法及び国際連合憲章と合致しない措置であって、国家間の貿易関係に障害をもたらし、世界人権宣言及び国際人権文書が規定する人権、とりわけ、食糧及び医療、住居及び必要な社会的サービスを含めて、健康及び福祉にとって十分な生活水準を享受するすべての者の権利の完全な実現を妨げる、いかなる一方的措置をも慎むように、諸国家に呼びかける。世界人権会議は、食糧は政治的圧力の手段として用いられるべきではないことを確認する。

三二【人権問題の普遍的な検討】世界人権会議は、人権問題の検討に当っては、普遍性、客観性及び非選択性を確保することが重要であることを、再確認する。

三三【人権教育】世界人権会議は、世界人権宣言、経済的、社会的及び文化的権利に関する国際規約並びにその他の国際人権文書が規定するように、国は教育が人権及び基本的自由の尊重の強化を目的とするように確保する義務を有することを再確認する。世界人権会議は、人権の主題を教育プログラムに組み入れることの重要性を強調し、そうすることを諸国に呼びかける。教育は、諸国民及びすべての人種的又は宗教的集団の間の理解、寛容、平和及び友好関係を助長し、これらの目的を追求するに当っての国際連合の活動の発展を奨励すべきである。したがって、理論的及び実践的な人権教育及び適切な情報の普及は、人種、性、言語又は宗教のようないかなる種類の差別もなしに、すべての個人に関する人権の助長及び尊重において、重要な役割を果たすものであり、これらは国家レベル及び国際レベルにおける教育政策に組み入れられるべきである。世界人権会議は、資源の制約及び制度の不十分さがこれらの目的の即時実現にとって障害となりうることに留意する。

三四【人権享受のための援助】すべての個人が普遍的人権及び基本的自由を享受しうる条件をつくりだすため、要請を行う国を援助する努力が強化されるべきである。政府、国際連合システム及びその他の多数国間機構は、以下のものの確立及び強化を目的とするプログラムへの資源配分を相当程度増大させることを要請される。法の支配及び民主主義を支持する国の立法、制度及び関連インフラストラクチュア。選挙への援助。訓練、指導及び教育を通じた人権意識の向上。人民参加及び市民社会。

人権センターの助言サービス及び技術協力のプログラムは、強化され、並びにより効果的かつ透明なものとされて、人権尊重を改善するための重要な貢献となるべきである。諸国は、国際連合の通常予算からの配分の増大を助長すること、及び自発的拠金を行うことによって、これらのプログラムへの寄与を増大させることを要請される。

三五【国際連合の人権活動】人権の助長及び保護のための国際連合の活動の完全かつ効果的な実施は、国際連合憲章が人権に与えた高度の重要性、及び加盟国が国際連合の人権活動に委託した要求を反映しなければならない。この目的のために、国際連合の人権活動には一層多くの資源が配分されるべきである。

三六【人権助長のための国内制度】世界人権会議は、人権の助長及び保護のために国内制度が果たす重要かつ建設的な役割、とりわけ、権限ある当局に対する助言能力、人権侵害の救済、人権情報の普及及び人権教育における役割を再確認する。

世界人権会議は、「国内制度の地位に関する原則」に留意し、及び国内レベルにおける独自のニーズにもっとも適した枠組を選択することはすべての国の権利であることを承認して、国内制度の設立及び強化を奨励する。

三七【人権助長のための地域的取決め】地域的取決めは、人権の助長及び保護において基本的な役割を果たす。地域的取決めは、国際人権文書に含まれた普遍的人権基準とそれらの保護を強化すべきである。世界人権会議は、これらの取決めを強化しその実効性を高めるために行われている努力を支持し、同時に国際連合の人権活動との協力の重要性を強調する。

世界人権会議は、人権の助長及び保護のための地域的及び小地域的取決めがいまだに存在していない場所において、これらを設立する可能性を検討することが必要であると繰り返す。

三八【民間団体】世界人権会議は、国家的、地域的及び国際的レベルにおける人権の助長並びに人道的活動において、民間団体が果たす重要な役割を承認する。世界人権会議は、人権問題に関する公衆の意識の向上、この分野における教育、訓練及び研究の実施、並びにすべての人権及び基本的自由の助長及び保護における、民間団体の貢献を評価する。会議は、基準設定の第一次的責任は国にあることを認めるものであるが、この過程における民間団体の貢献をも評価するものである。この点に関して、世界人権会議は、諸政府と民間団体との間の継続的な対話及び協力が重要であることを強調する。人権の分野に誠実に関与している民間団体及びその参加者は、世界人権宣言が認める権利及び自由並びに国内法の保護を享受すべきである。これらの権利及び自由は、国際連合の目的及び原則に反して行使されてはならない。民間団体は、国内法及び世界人権宣言の枠内において、人権活動の実施に当って干渉を受けることなく自由でなければならない。

三九【メディアの役割】世界人権会議は、人権及び人道問題に関する客観的で責任ある偏らない情報の重要性を強調し、メディアの関与の増大を奨励する。メディアに対しては、国内法の枠内で自由及び保護が保障されるべきである。

34　先住人民の権利に関する国際連合宣言

採　択　二〇〇七年九月一三日
国際連合総会第六一回会期決議六一／二九五附属書

総会は、

国際連合憲章の目的及び原則並びに憲章に従って国が負う義務の履行についての信頼に導かれ、

すべての人民の異なる存在である権利、異なる存在であると自ら考える権利及びかかる存在として尊重される権利を認めつつ、先住人民(indigenous peoples)がすべての他の人民と同等であることを確認し、

すべての人民が人類の共同財産を構成する文明及び文化の多様性及び豊潤性に貢献することもまた確認し、

さらに、国民的出身又は人種的、宗教的、種族的若しくは文化的相違に基づき人民又は個人の優越性に基礎をおく又はそれを唱道するあらゆる理論、政策又は慣行は、人種主義的なものであり、科学的に虚偽であり、法的に無効であり、道徳的に非難されるべきであり、かつ、社会的に不当であることを確認し、

先住人民が、その権利を行使する上で、いかなる種類の差別もうけないことを再確認し、

先住人民が、とりわけ植民地化され、土地、領域及び資源を収奪され、かくしてとくに自らの必要と利益に従って発展する権利を行使することを妨げられてきたことの結果として、歴史的不正義をこうむってきたことを懸念し、

その政治的、経済的及び社会的構造並びに文化、精神的伝統、歴史及び哲学から生ずる先住人民の固有の権利、とりわけ土地、領域及び資源に対する権利を尊重し促進する緊急の必要性を承認し、

国との条約、協定その他の準取極に確認された先住人民の諸権利を尊重し促進する緊急の必要性をもまた承認し、

先住人民が、政治的、経済的及び文化的向上のために、並びにあらゆる形態の差別及び抑圧が生ずる場合には常にそれらを終わらせるために、自ら組織しつつあるという事実を歓迎し、

先住人民による、自ら、自らの土地、領域及び資源に影響を及ぼす開発についての管理は、彼らが、その組織、文化及び伝統を維持し強化し、並びにその希望と必要性に従ったその開発を促進することを可能にするであろうことを確信し、

先住民の知識、文化及び伝統的慣行(indigenous

knowledge, cultures and tranditonal practice)の尊重が、環境の持続的かつ衡平な発展及び適正な管理に貢献することを承認し、

先住人民の土地及び領域の非軍事化が、平和、経済的及び社会的進歩及び発展、理解、並びに、世界の国及び人民の友好関係に貢献することを強調し、

その児童の養育、訓練、教育及び福祉についての共同責任を、児童の権利との両立を図りつつ保持する、先住民の家族と共同体(indigenous families and communities)の権利をとりわけ承認し、

国と先住人民との間の条約、協定その他の準取極で確認された諸権利は、ある状況の下では、国際的関心、国際的利益、国際的責任及び国際的性格の事項であることを考慮し、

条約、協定その他の取極及びそれらが示す関係は、先住人民と国との間の強化された提携関係の基礎であることをもまた考慮し、

国際連合憲章、経済的、社会的及び文化的権利に関する国際規約、並びに、市民的及び政治的権利に関する国際規約、並びに、ウイーン宣言及び行動計画は、それによって人民が自らの政治的地位を自由に決定し、自らの経済的、社会的及び文化的発展を自由に追求するところの、すべての人民の自決権の基本的重要性を確認していることを認め、

本宣言のいかなる規定も、国際法に従って行使されるいかなる人民の自決権をも否定するために用いられてはならないことに留意し、

本宣言における先住人民の諸権利の承認が、国と先住人民との間の、正義、民主主義、人権の尊重、差別禁止及び信義誠実の原則に基礎をおく、調和的かつ協力的関係を向上させるであろうことを確信し、

国が、国際文書とりわけ人権に関する国際文書に基づくあらゆるその義務であって先住人民に適用されるものを、関係先住人民との協議及び協力により、履行し、実効的に実施することを奨励し、

国際連合が、先住人民の諸権利の促進及び保護について重要かつ継続的な役割を果たすべきであることを強調し、

本宣言が、先住人民の権利及び自由の承認、促進及び保護について、また、この分野における国際連合システムの関連活動の発展において、重要なさらなる一歩であることを確信し、

先住民の個人が、国際法により承認されたあらゆる人権を差別なく享受すること、並びに、先住人民が、人民としてのその存在、福祉及び総体的発展に不可欠な集団的権利を有することを承認しかつ再確認し、

先住人民の状況は、地域ごとにまた国ごとに異なること、並びに、国ごと、地域ごとの特性及びさまざまな歴史的及び文化的な背景が考慮に入れられるべきことをもまた承認し、

以下の先住人民の権利に関する国際連合宣言を、提携と相互尊重の精神により追求されるべき達成基準として厳粛に布告する。

第一条【国際的人権の享受】先住人民は、集団として又は個人として、国際連合憲章、世界人権宣言及び国際人権法において認められるすべての人権及び基本的自由の完全な享受に対する権利を有する。

第二条【差別の禁止】先住人民及び先住民の個人(indigenous peoples and individuals)は、自由かつ他のすべての人民及び個人と平等であり、自らの権利の行使において、あらゆる種類の差別、とくにその先住的出身又はアイデンティティに基づくいかなる差別も受けない権利を有する。

第三条【自決権】先住人民は、自決権を有する。先住人民は、この権利によって、自らの政治的地位を自由に決定し、自らの経済的、社会的及び文化的発展を自由に追求する。

第四条【自治権】先住人民は、その自決権を行使して、その対内的及び地域的事項並びにその自律的機能についての資金調達の方法と手段について、自律又は自治の権利を有する。

第五条【組織の維持・強化権】先住人民は、自ら望む場合には、国家の政治的、経済的、社会的及び文化的生活に完全に参加する権利を保持しつつ、自らの別個の政治的、法的、経済的、社会的及び文化的組織を維持し強化する権利を有する。

第六条【国籍をもつ権利】すべての先住民の個人は、国籍をもつ権利を有する。

第七条【個人及び集団としての存立】1　先住民の個人は、生命、肉体的及び精神的完全性、身体の自由及び安全に対する権利を有する。

2　先住人民は、別個の人民として自由、平和的でかつ安全に生存する集団的権利を有し、集団殺害行為その他のいかなる暴力行為(集団の児童の他の集団への強制移動を含む)も受けない。

第八条【強制的同化の禁止】1　先住人民及び先住民の個人は、強制的に同化され又は自らの文化を破壊されることはない。

2　国は、次の行為に対する防止及び救済の実効的仕組みを提供しなければならない。

(a)　彼らから、別個の人民としてのその完全性又は文化的価値若しくは種族的アイデンティティを奪う目的又は効果を有するあらゆる行動

(b)　彼らから、彼らの土地、領域又は資源を収奪する目的又は効果を有するあらゆる行動

(c)　彼らのいずれかの権利を侵害し損なう目的又は効果を有するあらゆる形態の強制住民移送

(d)　あらゆる形態の強制同化又は統合

(e)　彼らに向けられた人種若しくは種族差別を助長し又は煽動するあらゆる形態の宣伝

第九条【共同体に所属する権利】先住人民及び先住民の個人は、共同体又は民族の伝統と慣習に従って、当該共同体又は民族に所属する権利を有する。この権利の行使によって、いかなる差別も生じてはならない。

第一〇条【移住】先住人民は、強制的にその土地又は領域から移転させられることはない。自由で、事前かつ十分な説明を受けた上での当該先住人民の同意、正当かつ公正な補償についての合意及び可能な場合には戻ってくる選択権なしのいかなる移住もあってはならない。

第一一条【文化的財産権】1　先住人民は、自らの文化的伝統及び慣習を実践し再活性化する権利を有する。この権利には、考古学的及び歴史的遺跡、工芸品、意匠、儀式、技術、視覚芸術、芸能並びに文学のような、自らの文化の過去、現在及び将来の表示を維持し、保護し並びに発展させる権利を含む。

2　国は、先住人民の自由な、事前の、かつ情報に基づく同意なく、又は彼らの法、伝統及び慣習に違反して奪われた、彼らの文化的、知的、宗教的及び精神的財産に関し、彼らとともに発展させた実効的装置による救済(返還を含むことがある)を提供するものとする。

第一二条【伝統儀礼を行う権利】1　先住人民は、自らの精神的及び宗教的伝統、慣習及び儀礼を表示し、実践し、発展させ及び教育する権利、宗教的及び文化的遺跡を維持し、保護し、私的に立ち入る権利を有し、儀式用の物を使用し、管理する権利並びに遺骨の帰還の権利を有する。

2　国は、自らが占有する儀礼の対象および遺骨に接近し帰還させることを、関係先住人民とともに発展させた公正、透明で実効的な装置により可能にするよう務めなければならない。

第一三条【伝統の維持についての権利】1　先住人民は、その歴史、言語、口頭伝承、哲学、書記体系及び文学を再生させ、使用し、発展させ及び将来の世代に伝達し、共同体、場所及び人物について彼らの名前を付け保持する権利を有する。

2　国は、この権利が保護されることを確保し、先住人民が政治的、法的、行政的手続において、必要な場合には通訳の提供その他の適当な手段により、理解し、理解されることを確保する実効的な措置をとるものとする。

第一四条【教育権】1　先住人民は、自らの言語での教育を行う教育制度及び組織を、自らの文化的な教育・学習方法に適当な方式で、設け管理する権利を有する。

2　先住民の個人、とりわけ児童は、あらゆる等級及び形態の国の教育を、差別なくうける権利を有する。

3　国は、先住民の個人(その共同体の外に住んでいる者を含む)、とりわけ児童が、可能な場合、自らの文化の自らの言語により提供される教育をうけるために、先住人民とともに、実効的措置をとるものとする。

第一五条【理解と寛容の促進】1　先住人民は、自らの文化、伝統、歴史及び願望が尊厳あるものでありかつ相違しているものであると認められる権利を有する。その文化、伝統、歴史及び願望は、教育及び広報に適切に反映されなければならない。

2　国は、偏見と闘い差別を撤廃し、先住人民と他のすべての社会の構成部分との間の寛容、理解及び良好な関係を促進するため、当該先住人民と協議及び協力して、実効的措置をとるものとする。

第一六条【メディアへのアクセス】1　先住人民は、自らの言語による自身のメディアを設ける権利、及び、差別なくあらゆる形態の先住民のものでないメディアにアクセスする権利を有する。

2　国は、国有メディアが、先住民の文化的相違を正当に反映することを確保する実効的措置をとるものとする。国は、表現の完全な自由を害することなく、私有メディアが先住民の文化的相違を十分に反映することを奨励すべきである。

第一七条【労働法上の権利】1　先住民の個人と先住人民は、適用可能な国際及び国内労働法に基づき設けられているあらゆる権利を完全に享受する権利を有する。

2　国は、先住民の児童の特別の脆弱性及び彼らのエンパワーメントのために教育が重要であることを考慮に入れて、彼らを、経済的な搾取から保護するため、また、有害である蓋然性のある、彼らの教育に影響を及ぼす蓋然性のある、又は彼らの健康又は肉体的、知的、精神的、道徳的若しくは社会的発達に害があるという蓋然性のある、いかなる作業をも行わないよう保護するため、先住人民と協議及び協力して、特別の措置をとるものとする。

3　先住民の個人は、いかなる差別的な労働条件、とりわけ雇用又は給与条件にも服さない権利を有する。

第一八条【政治過程への権利】先住人民は、自らの権利に影響を及ぼす事項についての決定過程に、自らの手続に従って自ら選定した代表者を通じて参加する権利、及び、自らの固有の決定過程を維持し発展させる権利を有する。

第一九条【先住人民と協議する国家の義務】国は、先住人民に影響を及ぼしうる立法又は行政措置を採択し実施する前に、彼らの自由な、事前の、かつ情報に基づく同意を得るために、その代表組織を通じて当該先住人民と誠実に協議し協力するものとする。

第二〇条【生活手段を維持する権利】1　先住人民は、自らの生活及び発展手段の享受を確保するため、及び、自らのあらゆる伝統的その他の経済活動に自由に従事するため、自らの政治的、経済的及び社会的制度又は組織を維持し発展させる権利を有する。

2　自らの生活及び発展手段を奪われた先住人民は、正当かつ公正な救済をうける権利を有する。

第二一条【経済的・社会的条件の改善】1　先住人民は、差別なく、自らの経済的及び社会的条件(とくに教育、雇用、職業訓練、再訓練、住居、衛生、保健及び社会保障の領域における条件を含む)の改善に対する権利を有する。

2　国は、先住人民の経済的及び社会的条件の継続的改善を確保する実効的な、かつ適当な場合には特別の措置をとるものとする。先住民の高齢者、女性、青年、児童及び障害者の権利及び特別の必要性に、格別の注意が払われなければならない。

第二二条【女性・児童等への特別の配慮】1 この宣言の実施にあたっては、先住民の高齢者、女性、青年、児童及び障害者の権利と特別の必要性に、格別の注意が払われなければならない。

2 国は、先住民の女性及び児童が、あらゆる形態の暴力及び差別に対する完全な保護と保障を享受することを確保するため、先住人民とともに、措置をとるものとする。

第二三条【発展の権利】先住人民は、その発展の権利を行使するための優先事項と戦略を決定し、発展させる権利を有する。とりわけ、先住人民は、自らに影響する保健、住宅その他の経済計画及び社会計画を発展させかつ決定することに能動的に関与し、可能な限りかかる計画を自らの組織を使って管理する権利を有する。

第二四条【健康に対する権利】1 先住人民は、自らの伝統的薬品を用い、自らの保健上の慣行(自らの不可欠な薬事植物、動物及び鉱物を保全することを含む)を維持する権利を有する。

2 先住民の個人は、到達可能な最高水準の身体及び精神の健康を享受する平等な権利を有する。国は、この権利の完全な実現を漸進的に達成するため、必要な措置をとるものとする。

第二五条【土地等に対する精神的権利】先住人民は、自らが伝統的に所有するかあるいは占有しかつ使用する土地、領域、水域及び沿岸海域その他の資源に対する格別の精神的関係を維持し、強化する権利、並びにこの点について将来世代に対する自らの責任を保持する権利を有する。

第二六条【土地等を開発する権利】1 先住人民は、自らが伝統的に所有し、占有し又はその他の形で使用し若しくは取得している土地、領域及び資源に対する権利を有する。

2 先住人民は、伝統的な所有その他の伝統的占有又は使用により、保有しているか又は取得している土地、領域及び資源を所有し、使用し、開発し及び管理する権利を有する。

3 国は、これらの土地、領域及び資源に対して、法的承認及び保護を与えなければならない。かかる承認は、当該先住人民の慣行、伝統及び土地保有態様に対する適正な尊重をもってなされなければならない。

第二七条【土地等に対する権利についての手続】国は、先住人民のその土地、領域および資源(彼らが伝統的に所有しているか又は占有しかつ使用しているものを含む)に関する権利を承認し裁決するための公正で独立で公平で開かれかつ透明性ある手続を、先住人民の法、伝統、慣習及び土地保有制度を適正に認めつつ、当該先住人民とともに設け実施しなければならない。先住人民は、この過程に参加する権利を有する。

第二八条【土地等の取得に対する補償】1 先住人民は、自らが伝統的に所有するか又は占有し使用していた土地、領域及び資源であって、その自由な、事前の、かつ情報に基づく同意なしで収用、取得、占有若しくは使用されたか又は損害をこうむったものについて、救済を受ける権利を有する。救済の方式は、原状回復、又はそれが不可能な場合は正当、公正かつ衡平な補償を含むことができる。

2 当該人民による自由な同意がある場合は別として、補償は、質、大きさ及び法的地位において同等の土地、領域及び資源の形態、又は金銭的補償その他適当な救済の形態をとるものとする。

第二九条【土地等にかかわる環境権】1 先住人民は、自らの土地又は領域及び資源の環境及び生産力の保全及び保護に対する権利を有する。国は、かかる保全および保護のために先住人民を援助する計画を、差別なく設け実施しなければならない。

2 国は、先住人民の土地又は領域において、彼らの自由な、事前の、かつ情報に基づく同意なしに、いかなる危険物質の貯蔵又は処分も行われないことを確保するため、実効的措置をとらなければならない。

3 国はまた必要な場合には、2にいう物質により影響を被った先住人民が開発し実施する計画であって、このような人民の健康を観察し、維持し及び回復するためのものが、適正に実施されることを確保する措置をとる。

第三〇条【土地等における軍事活動の制限】1 軍事活動は、関連する公共の利益により正当化される場合か又は当該先住人民が自由に同意し若しくは要請した場合を除くほか、先住人民の土地又は領域においては行われてはならない。

2 国は、先住人民の土地又は領域を軍事活動のために用いるのに先立ち、適当な手続とりわけ彼らの代表組織を通じて、当該先住人民と実効的な協議を行うものとする。

第三一条【伝統遺産に対する知的財産権】1 先住人民は、その文化遺産、伝統的知識及び伝統的な文化的表現並びにその科学、技能及び文化(人的遺伝的資源、種子、薬品、動植物の特質、口頭伝承、文学、意匠、スポーツ及び伝統的試合、並びに視覚芸術及び芸能を含む)の表示を維持し、管理し、保護し、発展させる権利を有する。先住人民はまた、かかる文化遺産、伝統的知識及び伝統的文化的表現に対する知的財産権を維持し、管理し、保護し、発展させる権利を有する。

2 国は、先住人民とともに、これらの権利の行使を認め保護するため実効的措置をとるものとする。

第三二条【先住人民の土地等の開発】1 先住人民は、土地又は領域その他の資源の開発又は使用についての優先事項及び戦略を決定し発展させる権利を有する。

2 国は、先住人民の土地又は領域その他の資源に影響を及ぼす、とりわけ鉱物、水その他の資源の開発及び利用との関係でのいかなる計画についてもその承認に先立ち、当該先住人民の、自由な、かつ情報に基づく同意を得るために、彼ら自身の代表組織を通じて彼らと誠実に協議し協力しなければならない。

3　国は、いかなるかかる活動に対しても正当かつ公正な救済のための実効的仕組みを提供し、環境上の又は経済的、社会的、文化的若しくは精神的な悪影響を軽減する適当な措置が取られなければならない。

第三三条【先住人民の構成員資格決定権】1　先住人民は、自らの慣習及び伝統に従って、自らのアイデンティティ又は構成員資格を決定する権利を有する。このことは、先住民の個人が居住国の市民権を所得する権利を害するものではない。

2　先住人民は、自らの手続に従って、その組織の構造を決定し構成員を選ぶ権利を有する。

第三四条【慣習を維持する権利】先住人民は、国際人権基準に従って、その組織構造並びにその独特の慣習、精神性、伝統、手続、慣行及び、存在する場合には司法制度又は慣習を促進し、発展させ及び維持する権利を有する。

第三五条【共同体に対する個人の責任】先住人民は、自らの共同体に対する個人の責任を決定する権利を有する。

第三六条【自らの構成員その他の人民と交流する権利】

1　先住人民、とくに国際的境界により分断されている先住人民は、境界をまたぐ自らの構成員及び他の人民との、精神的、文化的、政治的、経済的及び社会的目的の活動を含め接触、関係及び協力を維持し発展させる権利を有する。

2　国は、先住民と協議及び協力して、この権利の行使を容易にし、実施を確保するため実効的措置をとるものとする。

第三七条【条約等の遵守】1　先住人民は、国又はその承継者と締結した条約、協定その他の準取極の承認、遵守及び執行に対する権利を有し、国によりかかる条約、協定その他の準取極を遵守され、尊重される権利を有する。

2　本宣言のいかなる規定も、条約、協定その他の建設的取極に含まれた先住人民の権利を縮減又は除去するものと解釈されてはならない。

第三八条【国の一般的義務】国は、先住人民と協議及び協力して、本宣言の目的を達成するため立法措置を含む適当な措置をとるものとする。

第三九条【財政・技術援助へのアクセス】先住人民は、本宣言に含まれた諸権利の享受のために、国による及び国際協力を通じての財政的及び技術的援助を利用する権利を有する。

第四〇条【実効的救済手段に対する権利】先住人民は、国その他の当事者との抗争及び紛争の解決のために、正当かつ公正な手続を利用しそれによる迅速な決定を受ける権利、並びに、自らの個別的及び集団的権利のあらゆる侵害に対して実効的救済手段をもつ権利を有する。かかる決定は、当該先住人民の慣習、伝統、規則及び法制度並びに国際人権に十分な考慮を払うものでなければならない。

第四一条【国際連合その他の政府間機構の責任】国際連合システムの機関及び専門機関その他の政府間機構は、とりわけ財政協力及び技術援助の動員により本宣言の規定の完全な実現に貢献しなければならない。先住人民の自らに影響を及ぼす問題についての参加を確保する方法と手段が設けられなければならない。

第四二条【国際的フォローアップ】国際連合、先住民問題常設フォーラムを含むその機関及び専門機関(国別のレヴェルにおけるそれらの機関も含む)並びに国家は、本宣言の規定の尊重及び完全な適用を促進し、本宣言の実効性のフォローアップをしなければならない。

第四三条【最低限基準としての宣言】ここで認められた諸権利は、世界の先住人民の存立、尊厳及び福祉のための最低限の基準を構成するものである。

第四四条【男女平等】ここで認められたすべての権利及び自由は、男女の先住民の個人に平等に保障される。

第四五条【先住人民の権利の保持】本宣言のいかなる規定も、先住人民が現在有し又は将来獲得する権利を縮減し又は消滅させるものと解されてはならない。

第四六条【セーフガード】1　本宣言のいかなる規定も、国、人民、集団又は個人が国際連合憲章に反する活動に従事し、行為を行う権利を有することを意味するものと解されてはならず、また、主権独立国の領土保全又は政治的統一を全部又は一部分割又は毀損するものと解されてはならない。

2　本宣言に列挙された諸権利の行使にあたって、すべての者の人権及び基本的自由が尊重されなければならない。本宣言に定める権利の行使は、法律によって決定された制限であって、国際人権義務に従ったものにのみ服する。いかなるこうした制限も、非差別的なものであり、かつ、他の者の権利及び自由の適正な承認及び尊重を確保するために、および、民主的社会の正当でごくやむを得ない必要に合致するために、厳に必要なものでなければならない。

3　本宣言の規定は、正義、民主主義、人権の尊重、平等、非差別、良き統治及び信義誠実の原則に従って解釈されなければならない。

第2節 国際連合と人権

35 経済社会理事会決議一二三五（XLII）（すべての国、特に植民地その他の従属国及び地域における、人種差別及び隔離政策並びにアパルトヘイト政策を含む人権及び基本的自由の侵害の問題）

採択 一九六七年六月六日
国際連合第四二回経済社会理事会

経済社会理事会は、

人権委員会決議八（XXIII）及び決議九（XXIII）に留意して、

一 人権委員会が、「すべての国、特に植民地その他の従属国及び地域における、人種差別及び隔離政策並びにアパルトヘイト政策を含む人権及び基本的自由の侵害の問題」と題する議題を毎年審議すると決定したことを歓迎し、かつ、差別防止及び少数者保護小委員会並びに事務総長にあてられた援助の要請に同意する。ただし、この審議は、既存の諸機関又は人権及び基本的自由の保護に関する国際的な規約と条約に含まれる実施措置の枠組み内で設置されることのある機関の任務及び権限を害するものではない。

二 人権委員会並びに差別防止及び少数者保護小委員会が、一九五九年七月三〇日の経済社会理事会決議七二八Ｆ（XXVIII）に従って事務総長が一覧表に掲げた通報に含まれている情報であって、南アフリカ共和国において及び国際連合の直接の責任の下におかれているが今日アフリカ政府により違法に占拠されている南西アフリカ地域において実施されているアパルトヘイト政策に例示されるような人権及び基本的自由の重大な侵害に関するもの、又は特に南ローデシアで実施されているような人種差別に関するものを、人権委員会決議八（XXIII）一の規定に従って、検討することを許可する。

三 人権委員会が、適当な場合にかつその利用に供された情報を慎重に審議した後に、前記二の規定に従って、南アフリカ共和国及び国際連合の直接の責任の下におかれているが今日南アフリカ政府により違法に占拠されている南西アフリカ地域において実施されているアパルトヘイト政策に例示されているような一貫した形態の人権侵害、並びに、特に南ローデシアにおいて実施されているような人種差別を示す事態を徹底的に研究し、かつ、経済社会理事会に勧告を付して、報告することができることを決定する。

四 国際人権規約の効力が発生した後に、本決議の二及び三の規定を再検討することを決定する。

五 人権委員会が、その決議六（XXIII）において、他の任務を維持しかつ遂行しながら、人権及び基本的自由の侵害に関する任務を遂行することを可能にしまたは遂行する助けとなりうる方法及び手段の問題をあらゆる側面から研究するよう特別研究部会に命じたことに留意する。

六 人権委員会が、前記五にいう特別研究部会の結論を審議した後、この研究の結果について経済社会理事会に報告するよう要請する。

36 人権理事会設置決議

採択 二〇〇六年三月一五日
国際連合総会第六〇回会期決議六〇／二五一

総会は、

人民の同権及び自決の原則の尊重に基礎をおく諸国間の友好関係を発展させること、並びに、経済的、社会的、文化的又は人道的性質の国際問題を解決することについて、及び、すべての者のために人権及び基本的自由を尊重するように助長奨励することについて、国際協力を達成することを含む、国際連合憲章に含まれた目的及び原則を再確認し、

世界人権宣言並びにウィーン宣言及び行動計画をも再確認し、市民的及び政治的権利に関する国際規約、経済的、社会的及び文化的権利に関する国際規約その他の人権文書を想起し、

さらに、すべての人権は普遍的であり、不可分で、相互に関連しており、相互依存的でかつ相互に強めあうものであること、及び、すべての人権は、同等の基礎の上にかつ同一の強調をもって、公正かつ同等に取り扱われなければならないことを再確認し、

国の及び地域的な特殊性の意義並びにさまざまな歴史的、文化的及び宗教的背景は留意されなければならないが、すべての国家は、その政治的、経済的及び文化的体制にかかわりなく、すべての人権及び基本的自由を促進し及び保護する責務を有することを再確認し、

憲章にしたがって、人種、皮膚の色、性、言語、宗教、政治的意見その他の意見、国民的又は社会的出身、財産、出生その他の地位によるいかなる差別もなく、すべての者のために人権及び基本的自由を尊重するすべての国家の責任を強調し、

平和及び安全、発展並びに人権は、国際連合システ

ムの柱であり、集団的安全保障と福祉の基礎であることを認め、発展、平和及び安全並びに人権は、相互に結びついておりかつ相互に強め合うものであることを承認し、

すべての国家が文明、文化及び宗教間の対話を強め理解を広げるための国際的な努力を継続する必要があることを確認し、諸国家、地域的機構、民間団体、宗教団体及びメディアには、宗教及び信仰に対する寛容及び尊重並びにそれらの自由を促進する重要な役割があることを強調し、

国連人権委員会が引き受けてきた作業、並びに、それが達成した諸事業を維持しその上に築くこと及びその欠点を是正することが必要であることを承認し、

人権問題の考慮において普遍性、客観性及び非選別性の重要性、並びに、二重基準及び政治化を除去することを承認し、

さらに、人権の促進及び保護は、協力及び真の対話の原則を基礎としなければならず、加盟国がすべての人間のためにその人権義務に従う能力を高めることを目指さなければならないことを承認し、

民間団体が、人権の促進及び保護のために、国内、地域的及び国際的レヴェルにおいて重要な役割を果たしていることを認め、

すべての者によるすべての人権、すなわち、発展の権利を含む市民的、政治的、経済的、社会的及び文化的権利の享有を確保するという目的のために、国際連合の人権機構を強化するという約束、並びに、そのために人権理事会を創設するという決意を再確認し、

1 国連人権委員会に代えて、ジュネーヴに所在する人権理事会を、総会の補助機関として設立することを決定する。総会は、理事会の地位を五年以内に再検討するものとする。

2 理事会は、いかなる種類の差別もなく、かつ、公正かつ平等に、すべての者のためにすべての人権及び基本的自由の保護の普遍的な尊重を促進することに責任を負う、と決定する。

3 また、理事会は、重大かつ制度的な侵害を含む人権侵害の事態に対処し、それについての勧告をすべきである、と決定する。それはまた、国際連合システムの中での人権の実効的調整及び主流化を促進すべきである、と決定する。

4 さらに、理事会の作業は、すべての人権、すなわち、発展の権利を含む市民的、政治的、経済的、社会的及び文化的権利の促進及び保護を強化するために、普遍性、公平性、客観性及び非選別性の原則、並びに、建設的国際対話及び協力により導かれなければならない、と決定する。

5 理事会は、とりわけ次のことをなすものとする。

(a) 人権教育及び学習並びに助言サービス、技術援助及びキャパシティ・ビルディングが関係加盟国との協議の上その同意を得て提供されることを促進すること

(b) すべての人権のテーマ別の問題についての対話のためのフォーラムとなること

(c) 人権の分野における国際法のさらなる発展のために総会に勧告をすること

(d) 諸国家が引き受けた人権義務の完全な実施を促進し、並びに、国際連合の会議及び首脳会議に由来する人権の促進及び保護に関係する目標及び約束をフォローアップすること

(e) 対象の普遍性及びすべての国家についての平等な取扱いを確保するようなやり方で、客観的かつ信頼できる情報に基づき、各国家の人権義務及び約束の履行の普遍的定期審査を行うこと。この審査は、関係国が十分に関わり、その能力の開発のニーズに考慮して、双方向性のある対話に基づく協力的メカニズムでなければならない。かかるメカニズムは、人権条約機関の作業を補完するものでなければならず、それと重複してはならない。理事会は、普遍的定期審査のための方式および必要な時間割当を、その第一会期ののち一年以内に開発するものとする。

(f) 対話と協力を通じて、人権侵害の防止に貢献し、人権に関わる緊急事態に即時に対応すること

(g) 一九九三年一二月二〇日の決議四八／一四一で総会により決定された、国際連合人権高等弁務官事務所の作業に関する国連人権委員会の役割及び責任を引き受けること

(h) 人権の分野で政府、地域的機構、国内人権機関及び市民社会と緊密に協力して作業すること

(i) 人権の促進及び保護に関して勧告をすること

(j) 総会に年次報告書を提出すること

6 また、理事会は、特別手続、専門家による助言及び不服申立手続の制度を維持するために、国連人権委員会のすべての付託事項、メカニズム、機能及び責任を引き受け、再検討し、必要なら、改善し合理化しなければならない、と決定する。理事会は、この再検討を第一会期の開催後一年以内に完了しなければならない。

7 理事会は、四七の加盟国で構成され、総会の構成国の多数による秘密投票により直接にかつ個別的に選挙されることを決定する。理事国の構成は、衡平な地理的配分に基づくものとし、議席は、次のように地域グループに配分される。アフリカ諸国グループ一三、アジア諸国グループ一三、東欧諸国グループ六、ラテンアメリカ及びカリブ海諸国グループ八、西欧その他の諸国グループ七。理事国は、三年の任期で務め、連続する二期の直後には再選されないものとする。

8 理事国たる資格は、すべての国際連合加盟国に開かれることを決定する。理事国を選挙する際、加盟国は、候補国の人権の促進及び保護への貢献並びにそれに関する自発的誓約及び約束を考慮に入れなければならない。総会は、出席しかつ投票する三分の二の多数により、人権の重大かつ組織的侵害を犯し

た理事国の理事国としての権利を停止することができる。

9 理事国として選挙された国は、人権の促進及び保護について最高度の水準を保持し、理事会と十分に協力し、理事国としての任期中に普遍的定期審査に基づき審査されなければならないことを決定する。

10 理事会は、一年を通じて定期的に会合し、一年に一回の主要会期を含む合計して一〇週以上の期間の三以上の会期を予定し、必要な場合、理事国のうち三分の一以上の支持を得た一理事国の要請により、特別会期を開催できるものとすることを決定する。

11 理事国は、のちに総会又は理事会により別段の定めがなされない限りは、総会の委員会のために設けられた手続規則を適用可能な限り適用することを決定し、また、非理事国たる国家、専門機関その他の政府間国際機構及び国内人権機関、並びに、民間団体を含むオブザーバーの参加及びそれとの協議は、それらの実体の最も実効的な寄与を確保しながら、一九九六年七月二五日の経済社会理事会決議一九九六／三一及び国連人権委員会が守ってきた慣行を含む取り極めに基づくものとすることを決定する。

12 理事会の作業方法は、透明、公正かつ偏りがなく、真の対話を可能とするもので、結果志向で、勧告およびその実施についての後のフォローアップの議論を考慮に入れ、また、特別手続及びメカニズムとの実質的相互作用を考慮に入れるものとすることを決定する。

13 経済社会理事会が国連人権委員会にその作業を第六二会期で終えることを要請すること、及び、同理事会が同委員会を二〇〇六年六月一六日に廃止することを勧告する。

14 新理事国を選挙することを決定する。理事国の任期はずらすものとし、そのための決定は、公平な地理的配分を考慮にいれ、くじ引きにより最初の選挙において行われるものとする。

15 最初の理事国の選挙は、二〇〇六年五月九日に行われ、理事国の最初の会合は、二〇〇六年六月一九日に招集されるものとすることを決定する。

16 理事会は、その設立後五年後にその作業及び機能を再検討し、総会に報告するものとすることを決定する。

37 人権理事会の制度構築（抄）

採　択　二〇〇七年六月一八日
国際連合人権理事会第五回会期決議五／一附属書

I 普遍的定期審査の仕組み

A 審査の基礎

一 審査は、次の文書に基づく。

(a) 国際連合憲章
(b) 世界人権宣言
(c) 国家が当事国となっている人権文書
(d) 国家によってなされた自発的誓約及び約束（人権理事会（以下、理事会という）の選挙における立候補の際になされたものを含む）

二 上記のものに加え、国際人権法と国際人道法との補完性及び相互関連性を踏まえ、審査は、適用可能な国際人道法を考慮に入れるものとする。

B 原則及び目的

1 原　則

三 普遍的定期審査は、次のようなものであるべきである。

(a) すべての人権の普遍性、相互依存性、不可分性及び相互関連性を促進すること。
(b) 客観的でかつ信頼性ある情報に基づく協力の仕組みであること。
(c) 対象の普遍性及びすべての国家の平等な取扱いを確保すること。
(d) 政府間プロセスであり、国際連合加盟国が主導しかつ行動を目的とするものであること。
(e) 審査対象国を十分に関与させるものであること。
(f) 他の人権の仕組みを補完し、それらと重複するものでなく、かくして追加的価値を示すものであること。
(g) 客観的で、透明、非選択的、建設的、非敵対的でかつ政治化されていない方法で進められること。
(h) 関係国にとって、また、理事会の議題にとって、過度に負担のかかるものでないこと。
(i) 過度に長時間のものでないこと。現実的なものであるべきであり、時間的、人的及び財政的資源を不均衡に消費するものであってはならない。
(j) 緊急の人権事態に対処する理事会の能力を減ずるものであってはならないこと。
(k) ジェンダー的観点を十分に取り込むものであること。
(l) 審査の基礎に規定された要素に含まれた義務を害することなく、諸国の発展の水準及び特性を考慮に入れるものであること。
(m) 二〇〇六年三月一五日の総会決議六〇／二五一、一九九六年七月二五日の経済社会理事会決議一九九六／三一および理事会がこの関連でなすことのあるいかなる決定にも従って、あらゆる関連する利害関係者（民間団体及び国内人権機関を含む）の参加を確保すること。

2　目　的

四　審査の目的は、次の通りである。
(a) 現地での人権状況の改善
(b) 国家の人権義務及び約束の履行並びに積極的発展及び国家が直面している課題の評価
(c) 当該国家との協議の上で、かつその同意を得て、国家の能力及び技術援助の向上
(d) 国家その他の利害関係者の最良の慣行の共有
(e) 人権の促進及び保護についての協力の支援
(f) 理事会、他の人権機関及び国際連合人権高等弁務官事務所との十全な協力及び提携の奨励

C　審査の周期と順序

五　審査は、理事会による普遍的定期審査の仕組みの採択後に開始される。
六　審査の順序は、普遍性と平等取扱いの原則を反映するものであるべきである。
七　順序は、国家が十分に準備することができるよう、できるかぎり速やかに定められるべきである。
八　理事会のすべての理事国が、理事国としての任期中に審査されなければならない。
九　理事会の当初理事国、とりわけ一年の任期または二年の任期で選出されている理事国が、まず最初に審査されるものとする。
一〇　理事国及びオブザーバー国が、混合されて審査されるべきである。
一一　衡平な地理的配分が、審査対象国の選定において尊重されなければならない。
一二　最初に審査される理事国及びオブザーバー国は、公平な地理的配分を十分尊重することを確保する方法で、各地理的グループからくじ引きで選ばれるものとする。次に、このように選ばれた国からはじめるアルファベット順が、適用されるものとする。ただし、他の国が審査されることを志願する場合にはこの限りではない。
一三　審査間隔は、次の回のために準備する国家の能力を、また、審査から生ずる要請に対応する他の利害関係者の能力を考慮に入れて、合理的なものでなければならない。
一四　第一巡目の審査の周期は、四年とする。このことは、各二週間の作業部会の三つの会期において、一年当たり四八か国の審査を意味する（注1）。

（注1）普遍的定期審査は、発展する過程である。理事会は、最良の慣行及び教訓に基づいて、第一巡の審査の終了後、この仕組みの方式及び周期を再検討することができる。

D　審査の過程と方式

1　文書の利用

一五　審査の基礎となる文書は、次のものである。
(a) 関係国により準備された情報。これは、理事会がその第六会期（第二サイクル第一会期）で採択する一般的指針に基づき、国の報告書及び、関係国が関連性あると考える、口頭の又は書面により提供しうるその他の情報の形式をとることができる。ただし、すべての国家の平等取扱いを保障するよう、この情報を要約する書面は、二〇頁を超えてはならない。国家は、あらゆる関係ある利害関係者との国内レヴェルでの広範な協議過程を通じてこの情報を準備することを奨励される。
(b) 加えて、人権条約機関、特別手続に含まれた情報（関係国の所見及び論評を含む）その他の関連国際連合公式文書の、人権高等弁務官事務所による集成。この集成は、一〇頁を超えてはならない。
(c) 他の関連利害関係者により普遍的定期審査に提供された追加的な信頼性ある情報。理事会はこれらも考慮に入れるべきである。人権高等弁務官事務所は、一〇頁を超えないかかる情報の要約を作成する。
一六　人権高等弁務官事務所により準備される文書は、関係国により準備される情報に関して理事会が採択した一般的指針の構造に沿って作成されなければならない。
一七　国家の書面及び人権高等弁務官事務所の準備する要約の双方が、一九九九年一月一四日の総会決議五三／二〇八に従って、国連の六つの公用語で同時に文書を配布することを確保するよう、作業部会による審査の六週間前に準備されなければならない。

2　方　式

一八　審査の方式は、次のようなものとする。
(a) 審査は、理事会議長が部会長を務める、理事会の四七の理事国で構成される作業部会ですすめられる。各理事国がその代表団の構成を決定する（注2）。
(b) オブザーバー国は、双方向対話を含む審査に参加することができる。
(c) 他の関連する利害関係者は、作業部会における審査に出席することができる。
(d) 理事国の中から、かつ、相異なる地域グループからくじ引きで選ばれる三人の報告者グループ（トロイカ）が、各審査の促進（作業部会の報告書の準備を含む）のために設立される。人権高等弁務官事務所は、報告者に必要な援助と技能を提供する。
一九　関係国は、三人の報告者のうちの一人が、自らの地域グループから選ばれることを要請することができ、また、一度に限り報告者の交代を要請することができる。
二〇　報告者は、特定の審査過程に参加することの回避を求めることができる。
二一　審査対象国と理事会との間の双方向対話は、作業部会で行われる。報告者団は、公正さと透明性を確保しながら、審査対象国の準備を促進し、双方向対話を焦点の合ったものとするために、審査対象国に送付される論点又は質問を整序することができる。

二二 作業部会における審査の時間は、各国について三時間とする。理事会全体会による成果文書の審議のために、一時間を限度とする追加時間が割り当てられる。

二三 作業部会における各審査対象国についての報告書の採択のために、三〇分が割り当てられる。

二四 作業部会における各国についての審査と報告書採択の間に、合理的な時間的間隔が割り当てられなければならない。

二五 最終成果文書は、理事会の全体会において採択される。

（注2） 普遍的定期審査自発的信託基金が、発展途上国とりわけ後発発展途上国の普遍的定期審査の仕組みへの参加を促進するために、設けられるべきである。

E 審査の成果文書

1 成果文書の形式

二六 審査の成果文書は、審査過程の議事要約、結論及び(又は)勧告、並びに関係国の自発的約束を含む報告書である。

2 成果文書の内容

二七 普遍的定期審査は、協力の仕組みである。その成果文書は、次のものを含むことができる。

(a) 審査対象国の人権状況の客観的でかつ透明性ある評価(積極的発展及び当該国の直面する課題を含む)

(b) 最良の慣行

(c) 人権の促進及び保護のための協力の強化の強調

(d) 関係国との協議により、かつその同意を得て、技術援助及び能力開発の提供の勧告

(e) 審査対象国が行った自発的約束及び誓約

3 成果文書の採択

二八 審査対象国は、成果文書に十分に関与するものとする。

二九 理事会全体会による成果文書の採択の前に、関係国は、双方向対話の間に十分対応できなかった質問又は論点への解答を提出する機会を与えられなければならない。

三〇 関係国、理事国及びオブザーバー国は、全体会が審査の成果文書について決定する前に、それについての自らの見解を表明する機会を与えられなければならない。

三一 他の関連する利害関係者は、全体会による成果文書の採択前に、一般的論評を加える機会を有するものとする。

三二 関係国の支持を得た勧告は、その旨明記される。その他の勧告は、関係国のそれについての論評とともに、記録される。これら双方が理事会で採択される成果報告書に含まれなければならない。

F 審査のフォローアップ

三三 協力の仕組みとしての普遍的定期審査成果文書は、主として関係国により、適当な場合には他の関係する利害関係者により、実施されなければならない。

三四 次回以降の審査は、とりわけ、前回の成果文書の実施に焦点を合わせるものとする。

三五 理事会は、普遍的定期審査のフォローアップという議題を常に挙げるものとする。

三六 国際社会は、関係国との協議により、かつその同意を得て、能力開発及び技術援助に関する勧告及び結論を実施することを援助する。

三七 普遍的定期審査の成果文書を審議するにあたって、理事会は、なんらかの特別のフォローアップの必要性およびその時期を決定する。

三八 普遍的定期審査の仕組みへの国家の協力を奨励するあらゆる努力を尽くした後、理事会は、適当な場合、仕組みへの一貫した非協力の事例に対処するものとする。

II 特別手続（略）

III 人権理事会諮問委員会（略）

IV 不服申立手続

A 目的と範囲

八五 不服申立手続は、世界のどこであれ、またいかなる状況の下であれ、すべての人権と基本的自由の重大かつ信頼できる程度に立証された侵害の一貫したパターンに対処するために設けられているものである。

八六 二〇〇〇年六月一九日の決議二〇〇〇／三で改訂された一九七〇年五月二七日の経済社会理事会決議一五〇三(XLVIII)は、作業の基礎として用いられ、不服申立手続が公平で、客観的で、能率的で、被害者志向でかつ時宜を得た形ですすめられるよう、必要な場合には改善される。この手続は、関係国の協力を高めるため、非公開性を維持する。

B 通報の受理基準

八七 人権及び基本的自由の侵害に関係する通報は、この手続の適用上、次の条件のもとに受理される。

(a) 明白に政治的に動機付けられておらず、かつ、その対象が、国際連合憲章、世界人権宣言その他の適用可能な人権法の分野の文書と両立すること。

(b) 主張される侵害についての事実の叙述(侵害されたと主張される権利を含む)がなされていること

(c) 言葉が侮辱的でないこと。ただし、かかる通報は、侮辱的言葉を削除したのち他の受理基準を満たす場合には、審理されうる。

(d) 人権及び基本的自由の侵害をこうむったと主張する人もしくは人の集団、または国際連合憲章の規定に反して政治的に動機付けられておらず、か

つ、当該侵害について、直接のかつ信頼できる知見を有していると主張する人もしくは人の集団（人権諸原則に従って善意で行動する民間団体を含む）により提出されたものであること。ただし、信頼できる程度に立証された通報は、明白な証拠を伴っている場合には、通報者の知見が他から入手したものであることのみをもって不受理とされてはならない。

(e)　もっぱらマスメディアにより流布された報告に基づくものでないこと。

(f)　特別手続、又は人権条約機関の又はその他人権の分野における国連若しくは同様の地域的不服申立手続によってすでに取り扱われた、人権の重大かつ信頼できる程度に立証された侵害の一貫したパターンを示すように思われる事案に、関連していないこと。

(g)　国内的救済手段が尽くされていること。ただし、かかる救済手段が非実効的又は不合理に遅延するように思われる場合にはこの限りではない。

八八　国内機関の地位に関する原則（パリ原則）に基づいて設立され活動している国内人権機関は、とくに準司法的権限に関して、個別の人権侵害に対処する実効的手段として機能しうる。

C　作業部会

八九　二つの作業部会が、通報を審査するという付託事項、並びに、人権及び基本的自由の重大かつ信頼できる程度に立証された侵害の一貫したパターンについて理事会の注意を喚起する付託事項をもって、それぞれ設立される。

九〇　両作業部会は、可能な最大限までコンセンサスを基礎として作業するものとする。コンセンサスがない場合には、決定は投じられた票の単純多数でなされる。作業部会は、自らの手続規則を定めうる。

1　通報についての作業部会　―その構成、付託事項及び権能

九一　諮問委員会は、その委員から、ジェンダー的均衡に十分な考慮を払って、各地域グループから一名ずつ、五名を通報についての作業部会を構成するよう任命する。

九二　空席の場合には、諮問委員会は、自らのうちから、同一の地域グループの独立のかつ高度の適格性のある専門家を任命する。

九三　受領した通報の審査と評価に関して、独立の専門的知識と継続性が必要であるので通報についての作業部会の独立のかつ高度の資格ある専門家は、三年の任期で任命される。任期は、一度だけ更新されうる。

九四　通報についての作業部会の部会長は、関係国に当該通報を通知する前に、事務局とともに、受理基準に基づいて受領した通報の第一次選別を行う。明白に根拠不十分の、又は匿名の通報は、部会長により排除され、関係国に通知されることはない。説明責任及び透明性の観点から、通報についての作業部会の部会長は、第一次選別ののち却下されたすべての通報の一覧表を、すべての構成員に提示する。この一覧表は、通報の却下に帰結したすべての決定の理由を示すものとする。選別して排除されなかったすべての他の通報は、関係国に通知され、侵害の主張に関する関係国の見解を受け取るものとする。

九五　通報についての作業部会の構成員は、通報の受理可能性について決定し、侵害の主張の本案（当該通報が、単独で又は他の通報と結びついて、人権及び基本的自由の重大かつ信頼できる程度に立証された侵害の一貫したパターンを示すように思われるかどうかを含む）を評価する。通報についての作業部会は、すべての受理された通報とそれらに関する勧告を含む綴りを、事態についての作業部会に提供する。事案が、それ以上の審査と追加情報を必要とする場合には、通報についての作業部会は、次の会期まで事態を審査のために保持し、関係国にかかる情報を求めることができる。通報についての作業部会は、事案を却下することを決定することができる。通報についての作業部会のすべての決定は、受理基準の厳格な適用に基づき、それには正当な根拠がなければならない。

2　事態についての作業部会　―その構成、付託事項及び権能

九六　各地域グループは、ジェンダー的均衡に十分な考慮を払って、事態についての作業部会において任務を果たすよう、理事国の一人の代表を任命する。部会員は、一年の任期で任命される。その任期は、関係国が理事国であることを条件として、一回に限り更新することができる。

九七　事態についての作業部会の部会員は、個人の資格で任務を果たす。空席を満たすために、その空席が属する各地域グループは、同じ地域グループの理事国の一人の代表を任命する。

九八　事態についての作業部会は、通報についての作業部会が提供した情報及びその勧告に基づいて、人権及び基本的自由の重大かつ信頼できる程度に立証された侵害の一貫したパターンについての報告書を理事会に提出し、とられるべき行動についての勧告（通常、理事会に付託された事態に関する決議案又は決定案の形式をとる）を理事会に対して行う。事案が、それ以上の審査又は追加情報を必要とする場合、事態についての作業部会の部会員は、次の会期まで当該事態を審査のために保持することができる。事態についての作業部会も、事案を却下することを決定することができる。

九九　事態についての作業部会のすべての決定には、正当な根拠がなければならず、それは、ある事態の審査が終了された理由又はそれについて勧告された

行動を示すものでなければならない。終了決定は、コンセンサスで、又はそれができない場合には、投じられた票の単純多数で採択されるものとする。

D　作業方式及び非公開性

一〇〇　不服申立手続は、とりわけ、被害者志向で、非公開で時宜を逸しないようすすめられるものであるので、両作業部会は、国家のそれについての回答を含む受領した通報及び不服申立手続の下で理事会にすでに付託された事態について、遅滞なく審査するために、各五日の作業日の会合を一年に二回もつものとする。

一〇一　関係国は、不服申立手続に協力し、両作業部会又は理事会のいずれの要請にも国際連合公用語の一つで実質的回答をするよう、あらゆる努力をしなければならない。関係国は、また、要請がなされたのち三か月以内に回答を提供するよう、あらゆる努力をしなければならない。ただし、必要な場合には、この期限は、関係国の要請に基づき延長されうる。

一〇二　事務局は、遅くても二週間前までに、綴りの考慮のために十分な時間を確保するために、すべての理事国に利用可能な非公開の綴りを作成するように要請される。

一〇三　理事会は、事態についての作業部会によりその注意を喚起された、人権及び基本的自由の重大かつ信頼できる程度に立証された侵害の一貫したパターンについて、必要な頻度で、ただし少なくとも一年に一回は審議する。

一〇四　理事会に付託された事態についての作業部会の報告書は、理事会が別段の決定をする場合を除き、非公開で審査される。事態についての作業部会が、とくに明白かつ明瞭な協力の欠如の場合に、理事会に事態の公開会合における審議を求めた勧告したときには、理事会は、かかる勧告を次の会期において優先的に審議しなければならない。

一〇五　不服申立手続が被害者志向で能率的でかつ時宜を逸せずすすめられることを確保するために、不服の関係国への通知と理事会における審議との時間的間隔は、原則として、二四か月を超えてはならない。

E　不服申立人及び関係国の関与

一〇六　不服申立手続は、通報提出者及び関係国の双方が、次の主要段階において手続について知らされることを確保しなければならない。

(a)　通報についての作業部会により通報が不受理とされたとき若しくは事態についての作業部会により審査のために取り上げられたとき、又は、いずれかの作業部会若しくは理事会により通報が継続審理とされたとき。

(b)　最終成果文書が出されたとき。

一〇七　加えて、不服申立人は、自らの通報が不服申立手続により登録されたとき、知らされるものとする。

一〇八　不服申立人が、自らの身元を非公開にしておくよう要請した場合には、身元は関係国には通知されない。

F　措　置

一〇九　確立した慣行に従って、特定の事態に関してとられるべき行動は、次のいずれかのものとすべきである。

(a)　これ以上の審議又は行動が正当化されない場合に、事態の審議を終了させること。

(b)　事態を審査のために保持し、関係国に合理的期間内にさらに情報を求めること。

(c)　事態を審査のために保持し、事態を監視し理事会に報告する独立で高度の資格のある専門家を任命すること。

(d)　問題を公開審議で取り上げるために、非公開の不服審査手続の下での当該問題の審査を終了させること

(e)　人権高等弁務官事務所に対し、関係国への技術協力、能力開発援助又は助言サービスを提供するよう勧告すること。

Ⅴ　議題及び作業計画のための枠組み
Ⅵ　作業方法
Ⅶ　手続規則

（略）

第3節　国際連合・ILO関係人権条約

38　経済的、社会的及び文化的権利に関する国際規約(社会権規約)(抄)

採　択　一九六六年一二月一六日
国際連合総会第二一回会期決議二二〇〇A(XXI)附属書
効力発生　一九七六年一月三日
日本国　一九七八年五月三〇日署名、一九七九年六月六日国会承認、六月二一日批准書寄託、八月四日公布(条約第六号)、九月二一日効力発生

前　文（略）

第一部　【人民の自決権】

第一条【人民の自決の権利】（311第一条と同じ）

第二部　【一般規定】

第二条【締約国の義務】1　この規約の各締約国は、立法措置その他のすべての適当な方法によりこの規約において認められる権利の完全な実現を漸進的に達成するため、自国における利用可能な手段を最大限に用いることにより、個々に又は国際的な援助及び協力、特に、経済上及び技術上の援助及び協力を通じて、行動をとることを約束する。

2　この規約の締約国は、この規約に規定する権利が人種、皮膚の色、性、言語、宗教、政治的意見その他の意見、国民的〔nationl〕若しくは社会的出身、財産、出生又は他の地位によるいかなる差別もなしに行使されることを保障することを約束する。

3　開発途上にある国は、人権及び自国の経済の双方に十分な考慮を払い、この規約において認められる経済的権利をどの程度まで外国人に保障するかを決定することができる。

第三条【男女同等の権利】この規約の締約国は、この規約に定めるすべての経済的、社会的及び文化的権利の享有について男女に同等の権利を確保することを約束する。

第四条【権利の制限】この規約の締約国は、この規約に合致するものとして国により確保される権利の享受に関し、その権利の性質と両立しており、かつ、民主的社会における一般的福祉を増進することを目的としている場合に限り、法律で定める制限のみをその権利に課することができることを認める。

第五条【権利の制限の範囲を超える制限】1　この規約のいかなる規定も、国、集団又は個人が、この規約において認められる権利若しくは自由を破壊し若しくはこの規約に定める制限の範囲を超えて制限することを目的とする活動に従事し又はそのようなことを目的とする行為を行う権利を有することを意味するものと解することはできない。

2　いずれかの国において法律、条約、規則又は慣習によって認められ又は存する基本的人権については、この規約がそれらの権利を認めていないこと又はその認める範囲がより狭いことを理由として、それらの権利を制限し又は侵すことは許されない。

第三部　【実体規定】

第六条【労働の権利】1　この規約の締約国は、労働の権利を認めるものとし、この権利を保障するため適当な措置をとる。この権利には、すべての者が自由に選択し又は承諾する労働によって生計を立てる機会を得る権利を含む。

2　この規約の締約国が1の権利の完全な実現を達成するためとる措置には、個人に対して基本的な政治的及び経済的自由を保障する条件の下で着実な経済的、社会的及び文化的発展を実現し並びに完全かつ生産的な雇用を達成するための技術及び職業の指導及び訓練に関する計画、政策及び方法を含む。

第七条【労働条件】この規約の締約国は、すべての者が公正かつ良好な労働条件を享受する権利を有することを認める。この労働条件は、特に次のものを確保する労働条件とする。

(a)　すべての労働者に最小限度次のものを与える報酬

(i)　公正な賃金及びいかなる差別もない同一価値の労働についての同一報酬。特に、女子については、同一の労働についての同一報酬とともに男子が享受する労働条件に劣らない労働条件が保障されること。

(ii)　労働者及びその家族のこの規約に適合する相応な生活

(b)　安全かつ健康的な作業条件

(c)　先任及び能力以外のいかなる事由も考慮されることなく、すべての者がその雇用関係においてより高い適当な地位に昇進する均等な機会

(d)　休息、余暇、労働時間の合理的な制限及び定期的な有給休暇並びに公の休日についての報酬

第八条【労働基本権】1　この規約の締約国は、次の権利を確保することを約束する。

(a)　すべての者がその経済的及び社会的利益を増進し及び保護するため、労働組合を結成し及び当該労働組合の規則にのみ従うことを条件として自ら選択する労働組合に加入する権利。この権利の行使については、法律で定める制限であって国の安全若しくは公の秩序のため又は他の者の権利及び自由の保護のため民主的社会において必要なもの

以外のいかなる制限も課することができない。

(b) 労働組合が国内の連合又は総連合を設立する権利及びこれらの連合又は総連合が国際的な労働組合団体を結成し又はこれに加入する権利

(c) 労働組合が、法律で定める制限であって国の安全若しくは公の秩序のため又は他の者の権利及び自由の保護のため民主的社会において必要なもの以外のいかなる制限も受けることなく、自由に活動する権利

(d) 同盟罷業をする権利。ただし、この権利は、各国の法律に従って行使されることを条件とする。

2 この条の規定は、軍隊若しくは警察の構成員又は公務員による1の権利の行使について合法的な制限を課することを妨げるものではない。

3 この条のいかなる規定も、結社の自由及び団結権の保護に関する一九四八年の国際労働機関の条約の締約国が、同条約に規定する保障を阻害するような立法措置を講ずること又は同条約に規定する保障を阻害するような方法により法律を適用することを許すものではない。

第九条【社会保障】 この規約の締約国は、社会保険その他の社会保障についてのすべての者の権利を認める。

第一〇条【家族に対する保護及び援助】 この規約の締約国は、次のことを認める。

1 できる限り広範な保護及び援助が、社会の自然かつ基礎的な単位である家族に対し、特に、家族の形成のために並びに扶養児童の養育及び教育について責任を有する間に、与えられるべきである。婚姻は、両当事者の自由な合意に基づいて成立するものでなければならない。

2 産前産後の合理的な期間においては、特別な保護が母親に与えられるべきである。働いている母親には、その期間において、有給休暇又は相当な社会保障給付を伴う休暇が与えられるべきである。

3 保護及び援助のための特別な措置が、出生その他の事情を理由とするいかなる差別もなく、すべての児童及び年少者のためにとられるべきである。児童及び年少者は、経済的及び社会的な搾取から保護されるべきである。児童及び年少者を、その精神若しくは健康に有害であり、その生命に危険があり又はその正常な発育を妨げるおそれのある労働に使用することは、法律で処罰すべきである。また、国は、年齢による制限を定め、その年齢に達しない児童を賃金を支払って使用することを法律で禁止しかつ処罰すべきである。

第一一条【相当な生活水準についての権利】 1 この規約の締約国は、自己及びその家族のための相当な食糧、衣類及び住居を内容とする相当な生活水準についての並びに生活条件の不断の改善についてのすべての者の権利を認める。締約国は、この権利の実現を確保するために適当な措置をとり、このためには、自由な合意に基づく国際協力が極めて重要であることを認める。

2 この規約の締約国は、すべての者が飢餓から免れる基本的な権利を有することを認め、個々に及び国際協力を通じて、次の目的のため、具体的な計画その他の必要な措置をとる。

(a) 技術的及び科学的知識を十分に利用することにより、栄養に関する原則についての知識を普及させることにより並びに天然資源の最も効果的な開発及び利用を達成するように農地制度を発展させ又は改革することにより、食糧の生産、保存及び分配の方法を改善すること。

(b) 食糧の輸入国及び輸出国の双方の問題に考慮を払い、需要との関連において世界の食糧の供給の衡平な分配を確保すること。

第一二条【身体及び精神の健康を享受する権利】 1 この規約の締約国は、すべての者が到達可能な最高水準の身体及び精神の健康を享受する権利を有することを認める。

2 この規約の締約国が1の権利の完全な実現を達成するためにとる措置には、次のことに必要な措置を含む。

(a) 死産率及び幼児の死亡率を低下させるための並びに児童の健全な発育のための対策

(b) 環境衛生及び産業衛生のあらゆる状態の改善

(c) 伝染病、風土病、職業病その他の疾病の予防、治療及び抑圧

(d) 病気の場合にすべての者に医療及び看護を確保するような条件の創出

第一三条【教育についての権利】 1 この規約の締約国は、教育についてのすべての者の権利を認める。締約国は、教育が人格の完成及び人格の尊厳についての意識の十分な発達を指向し並びに人権及び基本的自由の尊重を強化すべきことに同意する。更に、締約国は、教育が、すべての者に対し、自由な社会に効果的に参加すること、諸国民の間及び人種的、種族的又は宗教的集団の間の理解、寛容及び友好を促進すること並びに平和の維持のための国際連合の活動を助長することを可能にすべきことに同意する。

2 この規約の締約国は、1の権利の完全な実現を達成するため、次のことを認める。

(a) 初等教育は、義務的なものとし、すべての者に対して無償のものとすること。

(b) 種々の形態の中等教育(技術的及び職業的中等教育を含む。)は、すべての適当な方法により、特に、無償教育の漸進的な導入により、一般的に利用可能であり、かつ、すべての者に対して機会が与えられるものとすること。

(c) 高等教育は、すべての適当な方法により、特に、無償教育の漸進的な導入により、能力に応じ、すべての者に対して均等に機会が与えられるものとすること。

(d) 基礎教育は、初等教育を受けなかった者又はその全課程を修了しなかった者のため、できる限り奨励され又は強化されること。

(e) すべての段階にわたる学校制度の発展を積極的に追求し、適当な奨学金制度を設立し及び教育職員の物質的条件を不断に改善すること。

3 この規約の締約国は、父母及び場合により法定保護者が、公の機関によって設置される学校以外の学校であって国によって定められ又は承認される最低限度の教育上の基準に適合するものを児童のために選択する自由並びに自己の信念に従って児童の宗教的及び道徳的教育を確保する自由を有することを尊重することを約束する。

4 この条のいかなる規定も、個人及び団体が教育機関を設置し及び管理する自由を妨げるものと解してはならない。ただし、常に、1に定める原則が遵守されること及び当該教育機関において行われる教育が国によって定められる最低限度の基準に適合することを条件とする。

第一四条【無償の初等義務教育】この規約の締約国となる時にその本土地域又はその管轄の下にある他の地域において無償の初等義務教育を確保するに至っていない各締約国は、すべての者に対する無償の義務教育の原則をその計画中に定める合理的な期間内に漸進的に実施するための詳細な行動計画を二年以内に作成しかつ採用することを約束する。

第一五条【文化的な生活に参加する権利】1　この規約の締約国は、すべての者の次の権利を認める。

(a) 文化的な生活に参加する権利

(b) 科学の進歩及びその利用による利益を享受する権利

(c) 自己の科学的、文学的又は芸術的作品により生ずる精神的及び物質的利益が保護されることを享受する権利

2 この規約の締約国が1の権利の完全な実現を達成するためにとる措置には、科学及び文化の保存、発展及び普及に必要な措置を含む。

3 この規約の締約国は、科学研究及び創作活動に不可欠な自由を尊重することを約束する。

4 この規約の締約国は、科学及び文化の分野における国際的な連絡及び協力を奨励し及び発展させることによって得られる利益を認める。

第四部　【実施措置】

第一六条【報告の提出義務】1　この規約の締約国は、この規約において認められる権利の実現のためにとった措置及びこれらの権利の実現についてもたらされた進歩に関する報告をこの部の規定に従って提出することを約束する。

2 (a) すべての報告は、国際連合事務総長に提出するものとし、同事務総長は、この規約による経済社会理事会の審議のため、その写しを同理事会に送付する。

(b) 国際連合事務総長は、また、いずれかの専門機関の加盟国であるこの規約の締約国によって提出される報告又はその一部が当該専門機関の基本文書によりその任務の範囲内にある事項に関連を有するものである場合には、それらの報告又は関係部分の写しを当該専門機関に送付する。

第一七条【報告の提出手続】1　この規約の締約国は、経済社会理事会が締約国及び関係専門機関との協議の後この規約の効力発生の後一年以内に作成する計画に従い、報告を段階的に提出する。

2 報告には、この規約に基づく義務の履行程度に影響を及ぼす要因及び障害を記載することができる。

3 関連情報がこの規約の締約国により国際連合又はいずれかの専門機関に既に提供されている場合には、その情報については、再び提供の必要はなく、提供に係る情報について明確に言及することで足りる。

第一八条【経済社会理事会と専門機関の取極】経済社会理事会は、人権及び基本的自由の分野における国際連合憲章に規定する責任に基づき、いずれかの専門機関の任務の範囲内にある事項に関するこの規約の規定の遵守についてもたらされた進歩に関し当該専門機関が同理事会に報告することにつき、当該専門機関と取極を行うことができる。報告には、当該専門機関の権限のある機関がこの規約の当該規定の実施に関して採択した決定及び勧告についての詳細を含ませることができる。

第一九条【国連人権委員会への送付】経済社会理事会は、第一六条及び第一七条の規定により締約国が提出する人権に関する報告並びに前条の規定により専門機関が提出する人権に関する報告を、検討及び一般的な性格を有する勧告のため又は適当な場合には情報用として、人権委員会に送付することができる。

第二〇条【意見の提出】この規約の締約国及び関係専門機関は、前条にいう一般的な性格を有する勧告に関する意見又は人権委員会の報告において若しくはその報告で引用されている文書において言及されている一般的な性格を有する勧告に関する意見を、経済社会理事会に提出することができる。

第二一条【情報等の概要の総会への提出】経済社会理事会は、一般的な性格を有する勧告を付した報告、並びにこの規約の締約国及び専門機関から得た情報であってこの規約において認められる権利の実現のためにとられた措置及びこれらの権利の実現についてもたらされた進歩に関する情報の概要を、総会に随時提出することができる。

第二二条【経済社会理事会による注意の喚起】経済社会理事会は、技術援助の供与に関係を有する国際連合の他の機関及びこれらの補助機関並びに専門機関に対し、この部に規定する報告により提起された問題であって、これらの機関がそれぞれの権限の範囲内でこの規約の効果的かつ漸進的な実施に寄与すると認められる国際的措置をとることの適否の決定に当たって参考となるものにつき、注意を喚起することができる。

第二三条【権利実現のための国際的措置】この規約の締約国は、この規約において認められる権利の実現の

ための国際的措置には条約の締結、勧告の採択、技術援助の供与並びに関係国の政府との連携により組織される協議及び検討のための地域会議及び専門家会議の開催のような措置が含まれることに同意する。

第二四条【国連憲章及び専門機関の基本文書との関係】　この規約のいかなる規定も、この規約に規定されている事項につき、国際連合の諸機関及び専門機関の任務をそれぞれ定めている国際連合憲章及び専門機関の基本文書の規定の適用を妨げるものと解してはならない。

第二五条【天然の富及び資源の享受】　この規約のいかなる規定も、すべての人民がその天然の富及び資源を十分かつ自由に享受し及び利用する固有の権利を害するものと解してはならない。

第五部　【最終規定】　（3 11第六部と同じ）

日本国の留保・宣言

一　日本国は、経済的、社会的及び文化的権利に関する国際規約第七条(d)の規定の適用に当たり、この規定にいう「公の休日についての報酬」に拘束されない権利を留保する。

二　日本国は、経済的、社会的及び文化的権利に関する国際規約第八条1(d)の規定に拘束されない権利を留保する。ただし、日本国政府による同規約の批准の時に日本国の法令により前記の規定にいう権利が与えられている部門については、この限りでない。

三　日本国は、経済的、社会的及び文化的権利に関する国際規約第一三条2(b)及び(c)の規定の適用に当たり、これらの規定にいう「特に、無償教育の漸進的な導入により」に拘束されない権利を留保する。〔二〇一二年九月一一日、本項撤回〕

四　日本国政府は、結社の自由及び団結権の保護に関する条約の批准に際し同条約第九条にいう「警察」には日本国の消防が含まれると解する旨の立場をとったことを想起し、経済的、社会的及び文化的権利に関する国際規約第八条2及び市民的及び政治的権利に関する国際規約第二二条2にいう「警察の構成員」には日本国の消防職員が含まれると解釈するものであることを宣言する。

39　経済的、社会的及び文化的権利に関する国際規約の実施に関する会期内政府専門家作業部会の構成、組織及び運営に関する取り決めの再検討（社会権規約委員会設置決議）

採　択　一九八五年五月二八日国際連合経済社会理事会決議一九八五／一七

経済社会理事会は、

経済的、社会的及び文化的権利に関する国際規約によって経済社会理事会に課された重要な責任、特に、同規約の第二一条及び第二二条から生ずる重要な責任に言及し、その責任を進んで果す用意のあることを表明した一九七六年五月一一日の決議一九八八(LX)を想起し、

経済社会理事会決議一九八八(LX)に従って同規約の締約国により提出される報告を審議するに当たって理事会を援助する目的で、「経済的、社会的及び文化的権利に関する国際規約の実施に関する会期内作業部会」を設置することを決定し、及び同作業部会の構成を決定した一九七八年五月三日の決定一九七八／一〇を想起し、

作業部会の作業方法を是認した一九七九年五月一一日の決議一九七九／四三、及び、作業部会に若干の変更を加え、その作業方法を修正した一九八一年五月八日の決定一九八一／一五八を想起し、

さらに、政府専門家の会期内作業部会の構成、組織及び運営の制度を修正し、並びに一九八五年の第一通常会期において作業部会の構成、組織及び運営の制度を再検討することを決定した一九八二年五月六日の決議一九八二／三三を想起し、

経済的、社会的及び文化的権利に関する国際規約の実施に関する政府専門家の会期内作業部会、並びに、人権分野における現行の国際文書に従って設置された他の諸機関の構成、組織及び運営の制度に関する事務総長の報告を審議し、

経済的、社会的及び文化的権利に関する国際規約の実施に関する政府専門家の会期内作業部会の報告を審議して、

次のとおり決定する。

(a)　経済社会理事会の決定一九七八／一〇によって設置され、かつ、理事会の決定一九八一／一五八及び決議一九八二／三三により修正された作業部会は、「経済的、社会的及び文化的権利に関する委員会」(以下「委員会」という。)と改称する。

(b)　委員会は、人権の分野において能力を認められ、個人の資格で職務を遂行する一八人の専門家で構成される。その選出に当たっては、委員の配分が地理的に衡平に行われること並びに異なる文明形態及び主要な法体系が代表されることを考慮に入れる。このため、一五人の委員は、地域グループの間で平等に分配し、三人の追加的な委員は、地域グループごとの締約国の総数の増加に従って割り当てる。

(c) 委員会の委員は、次の条件で、経済的、社会的及び文化的権利に関する国際規約の締約国により指名された者の名簿の中から秘密投票により理事会が選出する。

(i) 委員会の委員は、四年の任期で選出され、再指名された場合には、任務満了の時に再選される資格を有する。

(ii) 委員会の委員の半数は、(b)に規定する衡平な地理的配分を維持する必要を考慮して、二年ごとに更新される。

(iii) 最初の選挙は、理事会の一九八六年の第一回通常会期中に行う。理事会の議長は、最初の選挙の後直ちに、任期が二年で終了する九人の委員の名前をくじ引きで選ぶ。

(iv) 委員会に選出された委員の任期は、選挙後の一月一日に始まり、委員会の委員として後任となる者の選挙後の一二月三一日に満了する。

(v) その後の選挙は、二年ごとに理事会の第一回通常会期中に行う。

(vi) 事務総長は、委員会の委員の選挙の日の遅くとも四箇月前までに、規約の締約国に対し、委員会の委員に自国が指名する者の氏名を三箇月以内に提出するよう書簡で要請する。事務総長は、指名された者の名簿(これらの者を指名した締約国名を表示した名簿とする。)を作成し、選挙の日の一箇月前までに理事会に送付する。

(d) 委員会は、委員会が検討する報告の数を考慮し、開催地を交互にジュネーヴとニューヨークとして、毎年三週間を超えない期間会合する。

(e) 委員会の委員は、国際連合の財源から旅費及び日当を受ける。

(f) 委員会は、その活動に関する報告(規約の締約国が提出する報告の検討の要約を含む。)を理事会に提出し、また、理事会が特に規約の第二一条及び第二二条に基づく責任を果すのを援助するために、締約国の報告及び専門機関が提出する報告の検討に基づく提案及び一般的な性格を有する勧告を行う。

(g) 事務総長は、委員会に会議の要約記録を提供し、その要約記録は、委員会の報告と同時に理事会に利用させる。事務総長は、委員会の作業を適当に公知させる必要を考慮して、その任務を効果的に遂行するために必要な職員及び便益を委員会に提供する。

(h) 理事会決議一九七九／四三並びにこの決議の前文の中で言及した他の決議及び決定によって設定された手続及び作業方法は、それらがこの決議によって廃止又は修正されない限り、引きつづき有効である。

(i) 理事会は、一九九〇年の第一回通常会期に及びその後は五年ごとに、委員会の衡平な地理的配分の原則を考慮して、委員会の構成、組織及び運営の制度を再検討する。

3 10 経済的、社会的及び文化的権利に関する国際規約の選択議定書(社会権規約選択議定書)(抄)

採択　二〇〇八年一二月一〇日　国際連合総会第六三回会期決議六三／一一七附属書
署名　二〇〇九年九月二四日
効力発生　二〇一三年五月五日
日本国

前文

この議定書の締約国は、

国際連合憲章において宣明された原則によれば、人類社会のすべての構成員の固有の尊厳及び平等のかつ奪い得ない権利を認めることが世界における自由、正義及び平和の基礎をなすものであることを考慮し、

世界人権宣言が、すべての人間は生まれながらにして自由であり、かつ、尊厳及び権利において平等であること、並びに、すべての者は、人種、皮膚の色、性、言語、宗教、政治的意見その他の意見、国民的若しくは社会的出身、財産、出生又は他の地位等によるいかなる差別もなしに、そこに規定するすべての権利及び自由を享受する資格を有すると宣明していることに留意し、

世界人権宣言及び国際人権規約が、自由な人間は恐怖及び欠乏からの自由を享受するものであるとの理想は、すべての者が市民的、文化的、経済的、政治的及び社会的権利を享有することのできる条件が作り出される場合に初めて達成されるものであることを認めていることを想起し、

すべての人権及び基本的自由が普遍的であり、不可分であり、相互に依存しており、かつ、相互に関連していることを再確認し、

経済的、社会的及び文化的権利に関する国際規約(以下、規約という。)の各締約国が、立法措置その他のすべての適当な方法により規約において認められる権利の完全な実現を漸進的に達成するため、自国における利用可能な手段を最大限に用いることにより、個々に又は国際的な援助及び協力、特に、経済上及び技術上の援助及び協力を通じて、行動をとることを約束していることを想起し、

規約の目的及びその規定の実施をよりよく達成するためには、経済的、社会的及び文化的権利に関する委員会(以下、委員会という。)が、この議定書に定める職務を遂行しうるようにすることが適当であると考え、

次の通り協定した。

第一条(通報を受理し検討する委員会の権限) 1　規約の締約国であって、この議定書の締約国となるもの

は、この議定書の規定が定める通報を受理し及び検討する委員会の権限を認める。

2　委員会は、規約の締約国であるがこの議定書の締約国ではないものにかかわる通報を受理してはならない。

第二条（通報）通報は、締約国の管轄の下にある個人又は個人の集団であって、規約に定める経済的、社会的及び文化的権利の右の締約国による侵害の犠牲者であると主張する者により、又はその者のために提出することができる。通報が個人又は個人の集団のために提出されるものである場合には、通報はこれらの者の同意を得たものでなければならない。ただし、通報者がこのような同意なしに行動することを正当化しうる場合には、この限りではない。

第三条（受理可能性）1　委員会は、利用しうるすべての国内的な救済措置が尽くされたことを確認しない限り、通報を検討しない。このような救済措置の実施が不当に遅延する場合は、この規則を適用しない。

2　委員会は、次の場合には通報は受理できないと宣言する。

(a)　通報が、国内的救済措置が尽くされたのち一年以内に提出されたものでない場合。ただし、通報者がこの期限内に通報を提出することが不可能であったことを証明しうる場合には、この限りではない。

(b)　通報の主題である事実が、当該の締約国にとってこの議定書が効力を発生する以前に生じたものである場合。ただし、これらの事実がこの日付以後も継続している場合には、この限りではない。

(c)　同一の事案が委員会によってすでに検討されたか、又は他の国際的な調査又は解決の手続の下で検討されたか若しくは検討されている場合

(d)　通報が、規約の規定と両立しないものである場合

(e)　通報が、明確に根拠不十分であるか、十分に疎明されていないか又はもっぱらマスメディアの報道に基づくものである場合

(f)　通報が、通報を行う権利の濫用である場合、又は、

(g)　通報が匿名であるか又は書面によるものでない場合

第四条（明確な不利益を示さない通報）委員会は必要な場合には、通報者が明確な不利益を被っていることを通報が示さない場合には、その検討を拒むことができる。ただし、通報が一般的重要性を有する重大な争点を提起すると委員会が考える場合には、この限りではない。

第五条（暫定措置）1　通報の受理ののち本案の決定に至るいずれの時においても、委員会は当該締約国に対して、主張される違反の一又はそれ以上の犠牲者に対して生じるかもしれない回復不可能な損害を避けるために例外的な状況において必要とされることがある暫定措置をとることを緊急に検討するよう、要請することができる。

2　委員会が1にいう裁量を行使することは、通報の受理可能性又は本案に関する決定を意味するものではない。

第六条（通報の送付）1　委員会は、通報が関係締約国に照会するまでもなく受理できないと判断する場合を除いて、この議定書に基づいて行われたいずれの通報についても、非公開で当該締約国の注意を喚起する。

2　注意を喚起された国は、六箇月以内に、当該の事案、及び当該国がとった救済措置がある場合には、当該救済措置についての書面による説明又は陳述を委員会に送付する。

第七条（友好的解決）1　委員会は、規約に定める義務の尊重を基礎として事案を友好的に解決するため、当事者に対してあっせんを行う。

2　友好的解決に対する合意は、この議定書に基づく通報の検討を終了させる。

第八条（通報の検討）1　委員会は、この議定書の第二条に基づいて受領した通報を、委員会に提出されたすべての文書に照らして検討する。ただし、この文書が当事者に送付されることを条件とする。

2　委員会は、この議定書に基づいて通報を検討する場合には、非公開の会合を開催する。

3　この議定書に基づいて通報を検討する場合には、委員会は適当な場合には、国際連合の機関、専門機関、基金、計画及び機構並びにその他の国際機関が発行する関連文書（地域的人権システムのものを含む。）並びに関係締約国の所見又は意見を参照することができる。

4　この議定書に基づいて通報を検討する場合には、委員会は締約国が規約の第二部に従ってとった措置の合理性を検討する。この場合委員会は、締約国が規約に定める権利の実施のために幅のある政策措置を取りうることに留意する。

第九条（委員会の見解のフォローアップ）1　委員会は、通報を検討したのちに、勧告がある場合にはこれを添えて、通報に関する見解を関係当事者に送付する。

2　締約国は、勧告がある場合にはこれとともに、委員会の見解に妥当な考慮を払い、委員会に対して六箇月以内に書面による回答（委員会の見解及び勧告に照らしてとられた行動に関する情報を含む。）を行う。

3　委員会は締約国に、委員会の見解又は勧告に応じてとった措置がある場合には、これに関する追加の情報を提出するよう、要請することができる。委員会が適当と認める場合には、追加の情報は締約国が規約第一六条及び第一七条に基づいて提出する後の報告に含めることができる。

第一〇条（国家間の通報）（3 11第四一・四二条参照）

第一一条（調査手続）1　この議定書の締約国は、この条の規定に基づく委員会の権限を認めることを、いつでも宣言することができる。

2　委員会は、締約国が規約に定める経済的、社会的及び文化的権利の重大な又は系統的な侵害を行っていることを示す信頼できる情報を受領した場合には、当該締約国に対し、当該情報の検討に協力し及びこのために当該情報についての見解を提出するよう要請する。

3　委員会は、当該締約国が提出することのあるすべての見解をその他の入手可能な信頼できる情報とともに考慮した上で、一人又は二人以上の委員を指名して調査を行わせ及び委員会に緊急に報告させることができる。正当と認められる根拠がありかつ関係締約国の同意がある場合には、調査には当該締約国の領域への訪問を含めることができる。

4　調査は非公開で行うものとし、手続のすべての段階において締約国の協力を求める。

5　委員会は、この調査の所見を検討した後に、見解及び勧告がある場合にはこれらを添えて関係締約国に対して所見を送付する。

6　関係締約国は、委員会が送付した所見、見解及び勧告を受領した後六箇月以内に、その意見を委員会に提出する。

7　2に従って行われる調査に関する手続が完了した後、委員会は、関係締約国との協議の後に手続の結果の要旨を第一五条に規定する年次報告に含めることを決定することができる。

8　1に従って宣言を行った締約国は、事務総長に対する通告によりこの宣言をいつでも撤回することができる。

第一二条（調査手続のフォローアップ）1　委員会は、関係締約国に対して、規約第一六条及び第一七条に基づいて提出する報告に、この議定書の第一一条に基づいて行った調査に応じてとった措置の詳細を含めるよう、要請することができる。

2　委員会は必要な場合には、第一一条6にいう六箇月の期間の終了後に、関係締約国に対して調査に応じてとった措置について通報するように要請することができる。

第一三条（保護措置）締約国は、自国の管轄の下にある個人がこの議定書に基づいて委員会に通報を行った結果として過酷な取り扱い又は脅迫を受けないよう確保するために、すべての適当な措置をとる。

第一四条（国際的な援助及び協力）1　委員会は、適当と考える場合には、かつ、関係締約国の同意を得て、通報及び調査に関するその見解又は勧告であって技術的助言又は援助の必要性を示すものを、これらの見解又は勧告に対する当該締約国の所見又は提案がある場合にはこれらを添えて、国際連合の専門機関、基金及び計画並びにその他の権限ある機関に対して送付する。

2　委員会はまた、関係締約国の同意を得て、この議定書に基づいて検討した通報から生じる事項であって、締約国が規約に認める権利の実施において進歩を達成するのに貢献すると思われる国際的措置の妥当性について、これらの機関がその権限内において決定することに役立つものにつき、これらの機関の注意を喚起することができる。

3　規約に定める権利の実施を促進し、こうしてこの議定書との関連における経済的、社会的及び文化的権利の分野における国の能力の構築に貢献するために、締約国の同意を得てこれに専門家の援助及び技術援助を提供することを目的に、国際連合の財政規則に従って運用される信託基金を、総会の関連規則に従って設立する。

4　この条の規定は、規約に基づく義務を履行する締約国の義務を損なうものではない。

第一五条（年次報告）（3 12第六条参照）

第一六条（普及及び情報）締約国は、規約及びこの議定書を広く普及させ、また、委員会の見解及び勧告に関する情報を、とりわけ当該締約国に関する事項について、容易に利用可能とすることを約束する。この際には、障害者に利用可能な形式によるものとする。

第一七条（署名、批准及び加入）（3 12第八条1〜4と同じ）

第一八条（効力発生）（3 12第九条と同じ）

第一九条（改正）（3 11第五一条参照）

第二〇条（廃棄）（3 12第一二条参照）

第二一条（事務総長による通報）（3 11第五二条参照）

第二二条（公用語）（3 11第五三条参照）

3 11　市民的及び政治的権利に関する国際規約（自由権規約）

採　択　一九六六年一二月一六日　国際連合総会第二一回会期決議二二〇〇A（XXI）附属書
効力発生　一九七六年三月二三日
日本国　一九七八年五月三〇日署名、一九七九年六月六日国会承認、六月二一日批准書寄託、八月四日公布（条約第七号）、九月二一日効力発生

この規約の締約国は、

国際連合憲章において宣明された原則によれば、人類社会のすべての構成員の固有の尊厳及び平等のかつ奪い得ない権利を認めることが世界における自由、正義及び平和の基礎をなすものであることを考慮し、

これらの権利が人間の固有の尊厳に由来することを認め、

世界人権宣言によれば、自由な人間は市民的及び政治的自由並びに恐怖及び欠乏からの自由を享受するも

のであるとの理想は、すべての者がその経済的、社会的及び文化的権利とともに市民的及び政治的権利を享有することのできる条件が作り出される場合に初めて達成されることになることを認め、

人権及び自由の普遍的な尊重及び遵守を助長すべき義務を国際連合憲章に基づき諸国が負っていることを考慮し、

個人が、他人に対し及びその属する社会に対して義務を負うこと並びにこの規約において認められる権利の増進及び擁護のために努力する責任を有することを認識して、

次のとおり協定する。

第一部【人民の自決権】

第一条【人民の自決の権利】1 すべての人民は、自決の権利を有する。この権利に基づき、すべての人民は、その政治的地位を自由に決定し並びにその経済的、社会的及び文化的発展を自由に追求する。

2 すべての人民は、互恵の原則に基づく国際的経済協力から生ずる義務及び国際法上の義務に違反しない限り、自己のためにその天然の富及び資源を自由に処分することができる。人民は、いかなる場合にも、その生存のための手段を奪われることはない。

3 この規約の締約国(非自治地域及び信託統治地域の施政の責任を有する国を含む。)は、国際連合憲章の規定に従い、自決の権利が実現されることを促進し及び自決の権利を尊重する。

第二部【一般規定】

第二条【締約国の義務】1 この規約の各締約国は、その領域内にあり、かつ、その管轄の下にあるすべての個人に対し、人種、皮膚の色、性、言語、宗教、政治的意見その他の意見、国民的[national]若しくは社会的出身、財産、出生又は他の地位等によるいかなる差別もなしにこの規約において認められる権利を尊重し及び確保することを約束する。

2 この規約の各締約国は、立法措置その他の措置がまだとられていない場合には、この規約において認められる権利を実現するために必要な立法措置その他の措置をとるため、自国の憲法上の手続及びこの規約の規定に従って必要な行動をとることを約束する。

3 この規約の各締約国は、次のことを約束する。

(a) この規約において認められる権利又は自由を侵害された者が、公的資格で行動する者によりその侵害が行われた場合にも、効果的な救済措置を受けることを確保すること。

(b) 救済措置を求める者の権利が権限のある司法上、行政上若しくは立法上の機関又は国の法制で定める他の権限のある機関によって決定されることを確保すること及び司法上の救済措置の可能性を発展させること。

(c) 救済措置が与えられる場合に権限のある機関によって執行されることを確保すること。

第三条【男女同等の権利】この規約の締約国は、この規約に定めるすべての市民的及び政治的権利の享有について男女に同等の権利を確保することを約束する。

第四条【権利の制限】1 国民の生存を脅かす公の緊急事態の場合においてその緊急事態の存在が公式に宣言されているときは、この規約の締約国は、事態の緊急性が真に必要とする限度において、この規約に基づく義務に違反する措置をとることができる。ただし、その措置は、当該締約国が国際法に基づき負う他の義務に抵触してはならず、また、人種、皮膚の色、性、言語、宗教又は社会的出身のみを理由とする差別を含んではならない。

2 1の規定は、第六条、第七条、第八条1及び2、第一一条、第一五条、第一六条並びに第一八条の規定に違反することを許すものではない。

3 義務に違反する措置をとる権利を行使するこの規約の締約国は、違反した規定及び違反するに至った理由を国際連合事務総長を通じてこの規約の他の締約国に直ちに通知する。更に、違反が終了する日に、同事務総長を通じてその旨通知する。

第五条【権利の制限の範囲を超える制限】1 この規約のいかなる規定も、国、集団又は個人が、この規約において認められる権利及び自由を破壊し若しくはこの規約に定める制限の範囲を超えて制限することを目的とする活動に従事し又はそのようなことを目的とする行為を行う権利を有することを意味するものと解することはできない。

2 この規約のいずれかの締約国において法律、条約、規則又は慣習によって認められ又は存する基本的人権については、この規約がそれらの権利を認めていないこと又はその認める範囲がより狭いことを理由として、それらの権利を制限し又は侵してはならない。

第三部【実体規定】

第六条【生命に対する権利】1 すべての人間は、生命に対する固有の権利を有する。この権利は、法律によって保護される。何人も、恣意的にその生命を奪われない。

2 死刑を廃止していない国においては、死刑は、犯罪が行われた時に効力を有しており、かつ、この規約の規定及び集団殺害犯罪の防止及び処罰に関する条約の規定に抵触しない法律により、最も重大な犯罪についてのみ科することができる。この刑罰は、権限のある裁判所が言い渡した確定判決によってのみ執行することができる。

3 生命の剥奪が集団殺害犯罪を構成する場合には、この条のいかなる規定も、この規約の締約国が集団殺害犯罪の防止及び処罰に関する条約の規定に基づいて負う義務を方法のいかんを問わず免れることを許すものではないと了解する。

4 死刑を言い渡されたいかなる者も、特赦又は減刑を求める権利を有する。死刑に対する大赦、特赦又

は減刑は、すべての場合に与えることができる。

5　死刑は、一八歳未満の者が行った犯罪について科してはならず、また、妊娠中の女子に対して執行してはならない。

6　この条のいかなる規定も、この規約の締約国により死刑の廃止を遅らせ又は妨げるために援用されてはならない。

第七条【拷問又は残虐な刑の禁止】何人も、拷問又は残虐な、非人道的な若しくは品位を傷つける取扱い若しくは刑罰を受けない。特に、何人も、その自由な同意なしに医学的又は科学的実験を受けない。

第八条【奴隷及び強制労働】1　何人も、奴隷の状態に置かれない。あらゆる形態の奴隷制度及び奴隷取引は、禁止する。

2　何人も、隷属状態に置かれない。

3(a)　何人も、強制労働に服することを要求されない。

(b)　(a)の規定は、犯罪に対する刑罰として強制労働を伴う拘禁刑を科することができる国において、権限のある裁判所による刑罰の言渡しにより強制労働をさせることを禁止するものと解してはならない。

(c)　この3の規定の適用上、「強制労働」には、次のものを含まない。

(i)　作業又は役務であって、(b)の規定において言及されておらず、かつ、裁判所の合法的な命令によって抑留されている者又はその抑留を条件付きで免除されている者に通常要求されるもの

(ii)　軍事的性質の役務及び、良心的兵役拒否が認められている国においては、良心的兵役拒否者が法律によって要求される国民的役務

(iii)　社会の存立又は福祉を脅かす緊急事態又は災害の場合に要求される役務

(iv)　市民としての通常の義務とされる作業又は役務

第九条【身体の自由及び逮捕又は抑留の手続】1　すべての者は、身体の自由及び安全についての権利を有する。何人も、恣意的に逮捕され又は抑留されない。何人も、法律で定める理由及び手続によらない限り、その自由を奪われない。

2　逮捕される者は、逮捕の時にその理由を告げられるものとし、自己に対する被疑事実を速やかに告げられる。

3　刑事上の罪に問われて逮捕され又は抑留された者は、裁判官又は司法権を行使することが法律によって認められている他の官憲の面前に速やかに連れて行かれるものとし、妥当な期間内に裁判を受ける権利又は釈放される権利を有する。裁判に付される者を抑留することが原則であってはならず、釈放に当たっては、裁判その他の司法上の手続のすべての段階における出頭及び必要な場合における判決の執行のための出頭が保証されることを条件とすることができる。

4　逮捕又は抑留によって自由を奪われた者は、裁判所がその抑留が合法的であるかどうかを遅滞なく決定すること及びその抑留が合法的でない場合にはその釈放を命ずることができるように、裁判所において手続をとる権利を有する。

5　違法に逮捕され又は抑留された者は、賠償を受ける権利を有する。

第一〇条【自由を奪われた者及び被告人の取扱い】1　自由を奪われたすべての者は、人道的にかつ人間固有の尊厳を尊重して、取り扱われる。

2(a)　被告人は、例外的な事情がある場合を除くほか有罪の判決を受けた者とは分離されるものとし、有罪の判決を受けていない者としての地位に相応する別個の取扱いを受ける。

(b)　少年の被告人は、成人とは分離されるものとし、できる限り速やかに裁判に付される。

3　行刑の制度は、被拘禁者の矯正及び社会復帰を基本的な目的とする処遇を含む。少年の犯罪者は、成人とは分離されるものとし、その年齢及び法的地位に相応する取扱いを受ける。

第一一条【契約義務不履行による拘禁】何人も、契約上の義務を履行することができないことのみを理由として拘禁されない。

第一二条【移動及び居住の自由】1　合法的にいずれかの国の領域内にいるすべての者は、当該領域内において、移動の自由及び居住の自由についての権利を有する。

2　すべての者は、いずれの国(自国を含む。)からも自由に離れることができる。

3　1及び2の権利は、いかなる制限も受けない。ただし、その制限が、法律で定められ、国の安全、公の秩序、公衆の健康若しくは道徳又は他の者の権利及び自由を保護するために必要であり、かつ、この規約において認められる他の権利と両立するものである場合は、この限りでない。

4　何人も、自国に戻る権利を恣意的に奪われない。

第一三条【外国人の追放】合法的にこの規約の締約国の領域内にいる外国人は、法律に基づいて行われた決定によってのみ当該領域から追放することができる。国の安全のためのやむを得ない理由がある場合を除くほか、当該外国人は、自己の追放に反対する理由を提示すること及び権限のある機関又はその機関が特に指名する者によって自己の事案が審査されることが認められるものとし、このためにその機関又はその者に対する代理人の出頭が認められる。

第一四条【公正な裁判を受ける権利】1　すべての者は、裁判所の前に平等とする。すべての者は、その刑事上の罪の決定又は民事上の権利及び義務の争いについての決定のため、法律で設置された、権限のある、独立の、かつ、公平な裁判所による公正な公開審理を受ける権利を有する。報道機関及び公衆に対しては、民主的社会における道徳、公の秩序若しくは国の安全を理由として、当事者の私生活の利益のため必要な場合において又はその公開が司法の利益を害

することとなる特別な状況において裁判所が真に必要があると認める限度で、裁判の全部又は一部を公開しないことができる。もっとも、刑事訴訟又は他の訴訟において言い渡される判決は、少年の利益のために必要がある場合又は当該手続が夫婦間の争い若しくは児童の後見に関するものである場合を除くほか、公開する。

2　刑事上の罪に問われているすべての者は、法律に基づいて有罪とされるまでは、無罪と推定される権利を有する。

3　すべての者は、その刑事上の罪の決定について、十分平等に、少なくとも次の保障を受ける権利を有する。

(a) その理解する言語で速やかにかつ詳細にその罪の性質及び理由を告げられること。

(b) 防御の準備のために十分な時間及び便益を与えられ並びに自ら選任する弁護人と連絡すること。

(c) 不当に遅延することなく裁判を受けること。

(d) 自ら出席して裁判を受け及び、直接に又は自ら選任する弁護人を通じて、防御すること。弁護人がいない場合には、弁護人を持つ権利を告げられること。司法の利益のために必要な場合には、十分な支払手段を有しないときは自らその費用を負担することなく、弁護人を付されること。

(e) 自己に不利な証人を尋問し又はこれに対し尋問させること並びに自己に不利な証人と同じ条件で自己のための証人の出席及びこれに対する尋問を求めること。

(f) 裁判所において使用される言語を理解すること又は話すことができない場合には、無料で通訳の援助を受けること。

(g) 自己に不利益な供述又は有罪の自白を強要されないこと。

4　少年の場合には、手続は、その年齢及びその更生の促進が望ましいことを考慮したものとする。

5　有罪の判決を受けたすべての者は、法律に基づきその判決及び刑罰を上級の裁判所によって再審理される権利を有する。

6　確定判決によって有罪と決定された場合において、その後に、新たな事実又は新しく発見された事実により誤審のあったことが決定的に立証されたことを理由としてその有罪の判決が破棄され又は赦免が行われたときは、その有罪の判決の結果刑罰に服した者は、法律に基づいて補償を受ける。ただし、その知られなかった事実が適当な時に明らかにされなかったことの全部又は一部がその者の責めに帰するものであることが証明される場合は、この限りでない。

7　何人も、それぞれの国の法律及び刑事手続に従って既に確定的に有罪又は無罪の判決を受けた行為について再び裁判され又は処罰されることはない。

第一五条【遡及処罰の禁止】1　何人も、実行の時に国内法又は国際法により犯罪を構成しなかった作為又は不作為を理由として有罪とされることはない。何人も、犯罪が行われた時に適用されていた刑罰よりも重い刑罰を科されない。犯罪が行われた後により軽い刑罰を科する規定が法律に設けられる場合には、罪を犯した者は、その利益を受ける。

2　この条のいかなる規定も、国際社会の認める法の一般原則により実行の時に犯罪とされていた作為又は不作為を理由として裁判しかつ処罰することを妨げるものではない。

第一六条【人として認められる権利】すべての者は、すべての場所において、法律の前に人として認められる権利を有する。

第一七条【私生活等の尊重】1　何人も、その私生活、家族、住居若しくは通信に対して恣意的に若しくは不法に干渉され又は名誉及び信用を不法に攻撃されない。

2　すべての者は、1の干渉又は攻撃に対する法律の保護を受ける権利を有する。

第一八条【思想、良心及び宗教の自由】1　すべての者は、思想、良心及び宗教の自由についての権利を有する。この権利には、自ら選択する宗教又は信念を受け入れ又は有する自由並びに、単独で又は他の者と共同して及び公に又は私的に、礼拝、儀式、行事及び教導によってその宗教又は信念を表明する自由を含む。

2　何人も、自ら選択する宗教又は信念を受け入れ又は有する自由を侵害するおそれのある強制を受けない。

3　宗教又は信念を表明する自由については、法律で定める制限であって公共の安全、公の秩序、公衆の健康若しくは道徳又は他の者の基本的な権利及び自由を保護するために必要なもののみを課することができる。

4　この規約の締約国は、父母及び場合により法定保護者が、自己の信念に従って児童の宗教的及び道徳的教育を確保する自由を有することを尊重することを約束する。

第一九条【表現の自由】1　すべての者は、干渉されることなく意見を持つ権利を有する。

2　すべての者は、表現の自由についての権利を有する。この権利には、口頭、手書き若しくは印刷、芸術の形態又は自ら選択する他の方法により、国境とのかかわりなく、あらゆる種類の情報及び考えを求め、受け及び伝える自由を含む。

3　2の権利の行使には、特別の義務及び責任を伴う。したがって、この権利の行使については、一定の制限を課することができる。ただし、その制限は、法律によって定められ、かつ、次の目的のために必要とされるものに限る。

(a) 他の者の権利又は信用の尊重

(b) 国の安全、公の秩序又は公衆の健康若しくは道徳の保護

第二〇条【戦争宣伝及び差別唱道の禁止】1　戦争のためのいかなる宣伝も、法律で禁止する。

2　差別、敵意又は暴力の扇動となる国民的〔national〕、人種的又は宗教的憎悪の唱道は、法律で禁止する。

第二一条【集会の権利】平和的な集会の権利は、認められる。この権利の行使については、法律で定める制限であって国の安全若しくは公共の安全、公の秩序、公衆の健康若しくは道徳の保護又は他の者の権利及び自由の保護のため民主的社会において必要なもの以外のいかなる制限も課することができない。

第二二条【結社の自由】1　すべての者は、結社の自由についての権利を有する。この権利には、自己の利益の保護のために労働組合を結成し及びこれに加入する権利を含む。

2　1の権利の行使については、法律で定める制限であって国の安全若しくは公共の安全、公の秩序、公衆の健康若しくは道徳の保護又は他の者の権利及び自由の保護のため民主的社会において必要なもの以外のいかなる制限も課することができない。この条の規定は、1の権利の行使につき、軍隊及び警察の構成員に対して合法的な制限を課することを妨げるものではない。

3　この条のいかなる規定も、結社の自由及び団結権の保護に関する一九四八年の国際労働機関の条約の締約国が、同条約に規定する保障を阻害するような立法措置を講ずること又は同条約に規定する保障を阻害するような方法により法律を適用することを許すものではない。

第二三条【家族に対する保護】1　家族は、社会の自然かつ基礎的な単位であり、社会及び国による保護を受ける権利を有する。

2　婚姻をすることができる年齢の男女が婚姻をしかつ家族を形成する権利は、認められる。

3　婚姻は、両当事者の自由かつ完全な合意なしには成立しない。

4　この規約の締約国は、婚姻中及び婚姻の解消の際に、婚姻に係る配偶者の権利及び責任の平等を確保するため、適当な措置をとる。その解消の場合には、児童に対する必要な保護のため、措置がとられる。

第二四条【児童の権利】1　すべての児童は、人種、皮膚の色、性、言語、宗教、国民的〔national〕若しくは社会的出身、財産又は出生によるいかなる差別もなしに、未成年者としての地位に必要とされる保護の措置であって家族、社会及び国による措置についての権利を有する。

2　すべての児童は、出生の後直ちに登録され、かつ、氏名を有する。

3　すべての児童は、国籍を取得する権利を有する。

第二五条【政治に参与する権利】すべての市民は、第二条に規定するいかなる差別もなく、かつ、不合理な制限なしに、次のことを行う権利及び機会を有する。

(a)　直接に、又は自由に選んだ代表者を通じて、政治に参与すること。

(b)　普通かつ平等の選挙権に基づき秘密投票により行われ、選挙人の意思の自由な表明を保障する真正な定期的選挙において、投票し及び選挙されること。

(c)　一般的な平等条件の下で自国の公務に携わること。

第二六条【法律の前の平等】すべての者は、法律の前に平等であり、いかなる差別もなしに法律による平等の保護を受ける権利を有する。このため、法律は、あらゆる差別を禁止し及び人種、皮膚の色、性、言語、宗教、政治的意見その他の意見、国民的〔national〕若しくは社会的出身、財産、出生又は他の地位等のいかなる理由による差別に対しても平等のかつ効果的な保護をすべての者に保障する。

第二七条【少数民族の権利】種族的、宗教的又は言語的少数民族が存在する国において、当該少数民族に属する者は、その集団の他の構成員とともに自己の文化を享有し、自己の宗教を信仰しかつ実践し又は自己の言語を使用する権利を否定されない。

第四部　【実施措置】

第二八条【自由権規約委員会の設置】1　人権委員会(以下「委員会」という。)を設置する。委員会は、一八人の委員で構成するものとし、この部に定める任務を行う。

2　委員会は、高潔な人格を有し、かつ、人権の分野において能力を認められたこの規約の締約国の国民で構成する。この場合において、法律関係の経験を有する者の参加が有益であることに考慮を払う。

3　委員会の委員は、個人の資格で、選挙され及び職務を遂行する。

第二九条【委員の指名及び選出】1　委員会の委員は、前条に定める資格を有し、かつ、この規約の締約国により選挙のために指名された者の名簿の中から秘密投票により選出される。

2　この規約の各締約国は、一人又は二人を指名することができる。指名される者は、指名する国の国民とする。

3　いずれの者も、再指名される資格を有する。

第三〇条【委員の選挙】1　委員会の委員の最初の選挙は、この規約の効力発生の日の後六箇月以内に行う。

2　第三四条の規定に従って空席(第三三条の規定により宣言された空席をいう。)を補充するための選挙の場合を除くほか、国際連合事務総長は、委員会の委員の選挙の日の遅くとも四箇月前までに、この規約の締約国に対し、委員会の委員に指名された者の氏名を三箇月以内に提出するよう書面で要請する。

3　国際連合事務総長は、2にいう指名された者のアルファベット順による名簿(これらの者を指名した締約国名を表示した名簿とする。)を作成し、名簿を各選挙の日の遅くとも一箇月前までにこの規約の締約国に送付する。

4　委員会の委員の選挙は、国際連合事務総長により国際連合本部に招集されるこの規約の締約国の会合において行う。この会合は、この規約の締約国の三分の二をもって定足数とする。この会合においては、出席しかつ投票する締約国の代表によって投じられた票の最多数で、かつ、過半数の票を得た指名された者をもって委員会に選出された委員とする。

第三一条【委員の配分】1　委員会は、一の国の国民を二人以上含むことができない。

2　委員会の選挙に当たっては、委員の配分が地理的に衡平に行われること並びに異なる文明形態及び主要な法体系が代表されることを考慮に入れる。

第三二条【委員の任期】1　委員会の委員は、四年の任期で選出される。委員は、再指名された場合には、再選される資格を有する。ただし、最初の選挙において選出された委員のうち九人の委員の任期は、二年で終了するものとし、これらの九人の委員は、最初の選挙の後直ちに、第三〇条4に規定する会合において議長によりくじ引で選ばれる。

2　任期満了の際の選挙は、この部の前諸条の規定に従って行う。

第三三条【委員の職の空席】1　委員会の委員が一時的な不在以外の理由のためその職務を遂行することができなくなったことを他の委員が一致して認める場合には、委員会の委員長は、国際連合事務総長にその旨を通知するものとし、同事務総長は、当該委員の職が空席となったことを宣言する。

2　委員会の委員が死亡し又は辞任した場合には、委員長は、直ちに国際連合事務総長にその旨を通知するものとし、同事務総長は、死亡し又は辞任した日から当該委員の職が空席となったことを宣言する。

第三四条【空席の補充】1　前条の規定により空席が宣言された場合において、当該宣言の時から六箇月以内に交代される委員の任期が満了しないときは、国際連合事務総長は、この規約の各締約国にその旨を通知する。各締約国は、空席を補充するため、二箇月以内に第二九条の規定により指名された者の氏名を提出することができる。

2　国際連合事務総長は、1にいう指名された者のアルファベット順による名簿を作成し、この規約の締約国に送付する。空席を補充するための選挙は、この部の関連規定に従って行う。

3　前条の規定により宣言された空席を補充するために選出された委員会の委員は、同条の規定により委員会における職が空席となった委員の残余の期間在任する。

第三五条【委員の報酬】委員会の委員は、国際連合総会が委員会の任務の重要性を考慮して決定する条件に従い、同総会の承認を得て、国際連合の財源から報酬を受ける。

第三六条【職員等の提供】国際連合事務総長は、委員会がこの規約に定める任務を効果的に遂行するために必要な職員及び便益を提供する。

第三七条【委員会の会合】1　国際連合事務総長は、委員会の最初の会合を国際連合本部に招集する。

2　委員会は、最初の会合の後は、手続規則に定める時期に会合する。

3　委員会は、通常、国際連合本部又はジュネーヴにある国際連合事務所において会合する。

第三八条【委員の宣誓】委員会のすべての委員は、職務の開始に先立ち、公開の委員会において、職務を公平かつ良心的に遂行する旨の厳粛な宣誓を行う。

第三九条【役員選出】1　委員会は、役員を二年の任期で選出する。役員は、再選されることができる。

2　委員会は、手続規則を定める。この手続規則には、特に次のことを定める。

(a)　一二人の委員をもって定足数とすること。

(b)　委員会の決定は、出席する委員が投ずる票の過半数によって行うこと。

第四〇条【報告の提出義務】1　この規約の締約国は、(a)当該締約国についてこの規約が効力を生ずる時から一年以内に、(b)その後は委員会が要請するときに、この規約において認められる権利の実現のためにとった措置及びこれらの権利の享受についてもたらされた進歩に関する報告を提出することを約束する。

2　すべての報告は、国際連合事務総長に提出するものとし、同事務総長は、検討のため、これらの報告を委員会に送付する。報告には、この規約の実施に影響を及ぼす要因及び障害が存在する場合には、これらの要因及び障害を記載する。

3　国際連合事務総長は、委員会との協議の後、報告に含まれるいずれかの専門機関の権限の範囲内にある事項に関する部分の写しを当該専門機関に送付することができる。

4　委員会は、この規約の締約国の提出する報告を検討する。委員会は、委員会の報告及び適当と認める一般的な性格を有する意見を締約国に送付しなければならず、また、この規約の締約国から受領した報告の写しとともに当該一般的な性格を有する意見を経済社会理事会に送付することができる。

5　この規約の締約国は、4の規定により送付される一般的な性格を有する意見に関する見解を委員会に提示することができる。

第四一条【締約国の義務不履行と委員会の検討権限】1　この規約の締約国は、この規約に基づく義務が他の締約国によって履行されていない旨を主張するいずれかの締約国からの通報を委員会が受理しかつ検討する権限を有することを認めることを、この条の規定に基づいていつでも宣言することができる。この条の規定に基づく通報は、委員会の当該権限を自国について認める宣言を行った締約国による通報である場合に限り、受理しかつ検討することができる。委員会は、宣言を行っていない締約国についての通報を受理してはならない。この条の規定により受理される通報は、次の手続に従って取り扱う。

(a)　この規約の締約国は、他の締約国がこの規約を実施していないと認める場合には、書面による通知により、その事態につき当該他の締約国の注意を喚起することができる。通知を受理する国は、通知の受領の後三箇月以内に、当該事態について説明する文書その他の文書を、通知を送付した国に提供する。これらの文書は、当該事態について既にとられ、現在とっており又は将来とることができる国内的な手続及び救済措置に、可能かつ適当な範囲において、言及しなければならない。

(b) 最初の通知の受領の後六箇月以内に当該事案が関係締約国の双方の満足するように調整されない場合には、いずれの一方の締約国も、委員会及び他方の締約国に通告することにより当該事案を委員会に付託する権利を有する。

(c) 委員会は、付託された事案について利用し得るすべての国内的な救済措置がとられかつ尽くされたことを確認した後に限り、一般的に認められた国際法の原則に従って、付託された事案を取り扱う。ただし、救済措置の実施が不当に遅延する場合は、この限りでない。

(d) 委員会は、この条の規定により通報を検討する場合には、非公開の会合を開催する。

(e) (c)の規定に従うことを条件として、委員会は、この規約において認められる人権及び基本的自由の尊重を基礎として事案を友好的に解決するため、関係締約国に対してあっ旋を行う。

(f) 委員会は、付託されたいずれの事案についても、(b)にいう関係締約国に対し、あらゆる関連情報を提供するよう要請することができる。

(g) (b)にいう関係締約国は、委員会において事案が検討されている間において代表を出席させる権利を有するものとし、また、口頭又は書面により意見を提出する権利を有する。

(h) 委員会は、(b)の通告を受領した日の後一二箇月以内に、報告を提出する。報告は、各事案ごとに、関係締約国に送付する。

(i) (e)の規定により解決に到達した場合には、委員会は、事実及び到達した解決について簡潔に記述したものを報告する。

(ii) (e)の規定により解決に到達しない場合には、委員会は、事実について簡潔に記述したものを報告するものとし、当該報告に関係締約国の口頭による意見の記録及び書面による意見を添付する。

2 この条の規定は、この規約の一〇の締約国が1の規定に基づく宣言を行った時に効力を生ずる。宣言は、締約国が国際連合事務総長に寄託するものとし、同事務総長は、その写しを他の締約国に送付する。宣言は、同事務総長に対する通告によりいつでも撤回することができる。撤回は、この条の規定に従って既に送付された通報におけるいかなる事案の検討をも妨げるものではない。宣言を撤回した締約国による新たな通報は、同事務総長がその宣言の撤回の通告を受領した後は、当該締約国が新たな宣言を行わない限り、受理しない。

第四二条【特別調停委員会の設置と運用】1(a) 前条の規定により委員会に付託された事案が関係締約国の満足するように解決されない場合には、委員会は、関係締約国の事前の同意を得て、特別調停委員会（以下「調停委員会」という。）を設置することができる。調停委員会は、この規約の尊重を基礎として当該事案を友好的に解決するため、関係締約国に対してあっ旋を行う。

(b) 調停委員会は、関係締約国が容認する五人の者で構成する。調停委員会の構成について三箇月以内に関係締約国が合意に達しない場合には、合意が得られない調停委員会の委員については、委員会の秘密投票により、三分の二以上の多数による議決で、委員会の委員の中から選出する。

2 調停委員会の委員は、個人の資格で、職務を遂行する。委員は、関係締約国、この規約の締約国でない国又は前条の規定に基づく宣言を行っていない締約国の国民であってはならない。

3 調停委員会は、委員長を選出し及び手続規則を採択する。

4 調停委員会の会合は、通常、国際連合本部又はジュネーヴにある国際連合事務所において開催する。もっとも、この会合は、調停委員会が国際連合事務総長及び関係締約国との協議の上決定する他の適当な場所において開催することができる。

5 第三六条の規定により提供される事務局は、また、この条の規定に基づいて設置される調停委員会のために役務を提供する。

6 委員会が受領しかつ取りまとめる情報は、調停委員会の利用に供しなければならず、また、調停委員会は、関係締約国に対し、他のあらゆる関連情報を提供するよう要請することができる。

7 調停委員会は、事案を十分に検討した後に、かつ、検討のため事案を取り上げた後いかなる場合にも一二箇月以内に、関係締約国に通知するため、委員会の委員長に報告を提出する。

(a) 一二箇月以内に事案の検討を修了することができない場合には、調停委員会は、事案の検討状況について簡潔に記述したものを報告する。

(b) この規約において認められる人権の尊重を基礎として事案の友好的な解決に到達した場合には、調停委員会は、事実及び到達した解決について簡潔に記述したものを報告する。

(c) (b)に規定する解決に到達しない場合には、調停委員会の報告には、関係締約国間の係争問題に係るすべての事実関係についての調査結果及び当該事案の友好的な解決の可能性に関する意見を記載するとともに関係締約国の口頭による意見の記録及び書面による意見を添付する。

(d) (c)の規定により調停委員会の報告が提出される場合には、関係締約国は、その報告の受領の後三箇月以内に、委員会の委員長に対し、調停委員会の報告の内容を受諾するかどうかを通告する。

8　この条の規定は、前条の規定に基づく委員会の任務に影響を及ぼすものではない。

9　関係締約国は、国際連合事務総長が作成する見積りに従って、調停委員会の委員に係るすべての経費を平等に分担する。

10　国際連合事務総長は、必要なときは、9の規定による関係締約国の経費の分担に先立って調停委員会の委員の経費を支払う権限を有する。

第四三条【委員の特権免除】委員会の委員及び前条の規定に基づいて設置される調停委員会の委員は、国際連合の特権及び免除に関する条約の関連規定に規定する国際連合のための職務を行う専門家の便益、特権及び免除を享受する。

第四四条【他の条約による手続との関係】この規約の実施に関する規定は、国際連合及び専門機関の基本文書並びに国際連合及び専門機関において作成された諸条約により又はこれらの基本文書及び諸条約に基づき人権の分野に関し定められた手続を妨げることなく適用するものとし、この規約の締約国の間で効力を有する一般的な又は特別の国際取極による紛争の解決のため、この規約の締約国が他の手続を利用することを妨げるものではない。

第四五条【委員会の年次報告】委員会は、その活動に関する年次報告を経済社会理事会を通じて国際連合総会に提出する。

第五部【雑　則】

第四六条【国連憲章及び専門機関の基本文書との関係】この規約のいかなる規定も、この規約に規定されている事項につき、国際連合の諸機関及び専門機関の任務をそれぞれ定めている国際連合憲章及び専門機関の基本文書の規定の適用を妨げるものと解してはならない。

第四七条【天然の富及び資源の享受】この規約のいかなる規定も、すべての人民がその天然の富及び資源を十分かつ自由に享受し及び利用する固有の権利を害するものと解してはならない。

第六部【最終規定】

第四八条【署名、批准、加入、寄託】1　この規約は、国際連合又はいずれかの専門機関の加盟国、国際司法裁判所規程の当事国及びこの規約の締約国となるよう国際連合総会が招請する他の国による署名のために開放しておく。

2　この規約は、批准されなければならない。批准書は、国際連合事務総長に寄託する。

3　この規約は、1に規定する国による加入のために開放しておく。

4　加入は、加入書を国際連合事務総長に寄託することによって行う。

5　国際連合事務総長は、この規約に署名し又は加入したすべての国に対し、各批准書又は各加入書の寄託を通報する。

第四九条【効力発生】1　この規約は、三五番目の批准書又は加入書が国際連合事務総長に寄託された日の後三箇月で効力を生ずる。

2　この規約は、三五番目の批准書又は加入書が寄託された後に批准し又は加入する国については、その批准書又は加入書が寄託された日の後三箇月で効力を生ずる。

第五〇条【適用地域】この規約は、いかなる制限又は例外もなしに、連邦国家のすべての地域について適用する。

第五一条【改正】1　この規約のいずれの締約国も、改正を提案し及び改正案を国際連合事務総長に提出することができる。同事務総長は、直ちに、この規約の締約国に対し、改正案を送付するものとし、締約国による改正案の審議及び投票のための締約国会議の開催についての賛否を同事務総長に通告するよう要請する。締約国の三分の一以上が会議の開催に賛成する場合には、同事務総長は、国際連合の主催の下に会議を招集する。会議において出席しかつ投票する締約国の過半数によって採択された改正案は、承認のため、国際連合総会に提出する。

2　改正は、国際連合総会が承認し、かつ、この規約の締約国の三分の二以上の多数がそれぞれの国の憲法上の手続に従って受諾したときに、効力を生ずる。

3　改正は、効力を生じたときは、改正を受諾した締約国を拘束するものとし、他の締約国は、改正前のこの規約の規定(受諾した従前の改正を含む。)により引き続き拘束される。

第五二条【通報】第四八条5の規定により行われる通報にかかわらず、国際連合事務総長は、同条1に規定するすべての国に対し、次の事項を通報する。

(a)　第四八条の規定による署名、批准及び加入

(b)　第四九条の規定に基づきこの規約が効力を生ずる日及び第五一条の規定により改正が効力を生ずる日

第五三条【正文】1　この規約は、中国語、英語、フランス語、ロシア語及びスペイン語をひとしく正文とし、国際連合に寄託される。

2　国際連合事務総長は、この規約の認証謄本を第二六条に規定するすべての国に送付する。

日本国の留保・宣言 【二〇六頁を見よ】

3

12 市民的及び政治的権利に関する国際規約の選択議定書（自由権規約第一選択議定書）（抄）

採　択　一九六六年一二月一六日　国際連合総会第二一回会期決議二二〇〇A(XXI)附属書
効力発生　一九七六年三月二三日
日本国

この議定書の締約国は、

市民的及び政治的権利に関する規約（以下「規約」という。）の目的並びに、その規定の実施をよりよく達成するためには、規約第四部において設置される人権委員会（以下「委員会」という。）が、この議定書に定めるところにより、この規約に定める権利の侵害の被害者であることを主張する個人からの通報を受理し、かつ、検討しうるようにすることが適当であると考え、

次のとおり協定した。

第一条【個人通報と委員会の検討権限】規約の締約国であって、この議定書の締約国となるものは、その管轄の下にある個人であって規約に定めるいずれかの権利の右の締約国による侵害の被害者であると主張する者からの通報を、委員会が受理し及び検討する権限を有することを認める。委員会は、規約の締約国であるがこの議定書の締約国でないものについての通報を受理してはならない。

第二条【個人通報の提出】第一条の規定に従うことを条件として、規約に掲げるいずれかの権利の侵害の被害者であると主張し、かつ、利用し得るすべての国内的な救済措置を尽くした者は、文書による通報を検討のため委員会に提出することができる。

第三条【受理できない通報】委員会は、この議定書に基づく通報であっても、匿名のもの又は通報を行う権利の濫用であるか若しくは規約の規定と両立しないと認めるものについてはこれを受理することのできないものとしなければならない。

第四条【締約国の注意喚起】1　委員会は、第三条の規定に従うことを条件として、この議定書に基づいて行われたいずれの通報についても、規約のいずれかの規定に違反しているとされたこの議定書の締約国の注意を喚起する。

2　注意を喚起された国は、六箇月以内に、当該事案について及び、当該国がとった救済措置がある場合には、当該救済措置についての書面による説明又は声明を委員会に提出する。

第五条【委員会による検討】1　委員会は、個人及び関係締約国により委員会の利用に供された文書によるすべての情報に照してこの議定書に基づいて受理した通報を検討する。

2　委員会は、次のことを確認した場合を除き、個人からのいかなる通報も検討してはならない。

(a)　同一の事案が他の国際的調査又は解決の手続の下で検討されていないこと。

(b)　当該個人が利用し得るすべての国内的な救済措置を尽くしたこと。ただし、救済措置の実施が不当に遅延する場合は、この限りでない。

3　委員会は、この議定書に基づいて通報を検討する場合は、非公開の会合を開催する。

4　委員会は、その見解を関係する締約国及び個人に送付する。

第六条【年次報告】委員会は、規約第四五条による年次報告の中に、この議定書に基づく活動の概要を含める。

第七条【他の条約上の権利との関係】この議定書の規定は、一九六〇年一二月一四日の国際連合総会によって採択された植民地及びその人民に対する独立付与宣言に関する決議一五一四(XV)の目的が達成されるまでの間、国際連合憲章並びに国際連合及びその専門機関の下に締結された他の国際条約及び文書によって、当該の人民に付与された請願の権利を何ら制限するものではない。

第八条【署名、批准、加入、寄託】1　この議定書は、規約に署名したすべての国による署名のために開放しておく。

2　この議定書は、規約を批准し又はこれに加入したすべての国により批准されなければならない。批准書は、国際連合事務総長に寄託する。

3　この議定書は、規約を批准し又はこれに加入したすべての国による加入のために開放しておく。

4　加入は、加入書を国際連合事務総長に寄託することによって行う。

5　国際連合事務総長は、この議定書に署名し又は加入したすべての国に対し、各批准書又は加入書の寄託を通知する。

第九条【効力発生】1　規約の効力発生を条件として、この議定書は、一〇番目の批准書又は加入書が国際連合事務総長に寄託された日の後三箇月で効力を生ずる。

2　この議定書は、一〇番目の批准書又は加入書が寄託された後に批准し又は加入する国については、その批准書又は加入書が寄託された日の後三箇月で効力を生ずる。

第一〇条【適用地域】この議定書は、いかなる制限又は例外もなしに、連邦国家のすべての地域について適用する。

第一一条【改正】（略）

第一二条【廃棄】1　いずれの締約国も、国際連合事務総長に対して書面による通告を行うことにより、いつでもこの議定書を廃棄することができる。廃棄は、同事務総長が通告を受領した日の後三箇月で効力を生ずる。

2　廃棄は、廃棄が効力を生ずる日前に第二条に基づいて提出された通報に対して、この議定書の規定が引き続き適用されることを妨げない。

第一三条【国連事務総長による通報】
第一四条【正文】
（略）

3 13 死刑の廃止をめざす、市民的及び政治的権利に関する国際規約の第二選択議定書（自由権規約第二選択議定書）（抄）

採択 一九八九年一二月一五日
国際連合総会第四四回会期決議四四／一二八附属書
効力発生 一九九一年七月一一日
日本国

この議定書の締約国は、
死刑の廃止が、人間の尊厳の向上及び人権の漸進的発達に寄与することを確信し、
一九四八年一二月一〇日に採択された世界人権宣言の第三条並びに一九六六年一二月一六日に採択された市民的及び政治的権利に関する国際規約の第六条を想起し、
市民的及び政治的権利に関する国際規約の第六条が、廃止が望ましいことを強く示唆する文言で、死刑の廃止に言及していることに留意し、
死刑廃止のすべての措置が、生命に対する権利の享受における進歩とみなされるべきことを確信し、
ここに、死刑を廃止する国際的約束を行うことを希望して、
次のとおり協定した。

第一条【死刑の廃止】 1 この選択議定書の締約国の管轄内にある何人も、死刑を執行されない。
2 各締約国は、自国の管轄内において死刑を廃止するためのすべての必要な措置をとる。

第二条【留保】 1 批准又は加入のときに行われる留保であって、戦時中に行われる軍事的性質の最も重大な犯罪に対する有罪判決に従って戦時に死刑を適用することを定めたものを除くほか、留保は、この議定書に対しては許されない。
2 そのような留保を行う締約国は、批准又は加入のときに、戦時中に適用できる国内立法の関連規定を国際連合事務総長に通報する。
3 そのような留保を行った締約国は、自国領域に適用できる戦争状態の開始又は終了について国際連合事務総長に通告する。

第三条【報告】 この議定書の締約国は、規約の第四〇条に従って人権委員会へ提出する報告の中に、この議定書に効果を与えるためにとった措置に関する情報を含める。

第四条【国家からの通報】（第五条参照）

第五条【個人からの通報】 一九六六年一二月一六日に採択された市民的及び政治的権利に関する国際規約の選択議定書の締約国については、その管轄の下にある個人からの通報を受理し及び検討する人権委員会の権限は、この議定書の規定にも及ぶ。ただし、当該締約国が批准又は加入の際に別段の声明を行った場合は、この限りでない。

第六条【免脱の禁止】 1 この議定書の規定は、規約に対する追加規定として適用する。
2 この議定書の第二条に基づく留保の可能性を害することなく、この議定書の第一条1で保障される権利は、規約の第四条に基づく免脱に服しない。

第七条【署名、批准、加入】
第八条【効力発生】
第九条【適用地域】
第一〇条【国際連合事務総長による通報】
第一一条【正文】 （略）

3 14 あらゆる形態の人種差別の撤廃に関する国際条約（人種差別撤廃条約）（抄）

採択 一九六五年一二月二一日
国際連合総会第二〇回会期決議二一〇六（XX）附属書
効力発生 一九六九年一月四日
改正（八条） 一九九二年一月一五日、一二月一六日 締約国会議・国際連合総会第四七回会期決議四七／一一一（未発効）
日本国 一九九五年一二月一日国会承認、一二月一五日加入書寄託、一二月二〇日公布（条約第二六号）、一九九六年一月一四日効力発生

この条約の締約国は、
国際連合憲章がすべての人間に固有の尊厳及び平等の原則に基礎を置いていること並びにすべての加盟国が、人種、性、言語又は宗教による差別のないすべての者のための人権及び基本的自由の普遍的な尊重及び遵守を助長し及び奨励するという国際連合の目的の一つを達成するために、国際連合と協力して共同及び個別の行動をとることを誓約したことを考慮し、
世界人権宣言が、すべての人間は生まれながらにして自由であり、かつ、尊厳及び権利について平等であること並びにすべての人がいかなる差別をも、特に人種、皮膚の色又は国民的出身による差別を受けることなく同宣言に掲げるすべての権利及び自由を享有することができることを宣明していることを考慮し、
すべての人間が法律の前に平等であり、いかなる差別に対しても、また、いかなる差別の扇動に対しても法律による平等の保護を受ける権利を有することを考慮し、
国際連合が植民地主義並びにこれに伴う隔離及び差

別のあらゆる慣行（いかなる形態であるかいかなる場所に存在するかを問わない。）を非難してきたこと並びに一九六〇年一二月一四日の植民地及びその人民に対する独立の付与に関する宣言（国際連合総会決議第一五一四号（第一五回会期））がこれらを速やかにかつ無条件に終了させる必要性を確認し及び厳粛に宣明したことを考慮し、

一九六三年一一月二〇日のあらゆる形態の人種差別の撤廃に関する国際連合宣言（国際連合総会決議第一九〇四号（第一八回会期））が、あらゆる形態及び表現による人種差別を全世界から速やかに撤廃し並びに人間の尊厳に対する理解及び尊重を確保する必要性を厳粛に確認していることを考慮し、

人種的相違に基づく優越性のいかなる理論も科学的に誤りであり、道徳的に非難されるべきであり及び社会的に不正かつ危険であること並びに理論上又は実際上、いかなる場所においても、人種差別を正当化することはできないことを確信し、

人種、皮膚の色又は種族的出身を理由とする人間の差別が諸国間の友好的かつ平和的な関係に対する障害となること並びに諸国民の間の平和及び安全並びに同一の国家内に共存している人々の調和をも害するおそれがあることを再確認し、

人種に基づく障壁の存在がいかなる人間社会の理想にも反することを確信し、

世界のいくつかの地域において人種差別が依然として存在していること及び人種的優越又は憎悪に基づく政府の政策（アパルトヘイト、隔離又は分離の政策等）がとられていることを危険な事態として受けとめ、

あらゆる形態及び表現による人種差別を速やかに撤廃するために必要なすべての措置をとること並びに人種間の理解を促進し、いかなる形態の人種隔離及び人種差別もない国際社会を建設するため、人種主義に基づく理論及び慣行を防止し並びにこれらと戦うことを決意し、

一九五八年に国際労働機関が採択した雇用及び職業についての差別に関する条約及び一九六〇年に国際連合教育科学文化機関が採択した教育における差別の防止に関する条約に留意し、

あらゆる形態の人種差別の撤廃に関する国際連合宣言に具現された原則を実現すること及びこのための実際的な措置を最も早い時期にとることを確保することを希望して、

次のとおり協定した。

第一部　【実体規定】

第一条【人種差別の定義】 1　この条約において、「人種差別」とは、人種、皮膚の色、世系又は民族的若しくは種族的出身に基づくあらゆる区別、排除、制限又は優先であって、政治的、経済的、社会的、文化的その他のあらゆる公的生活の分野における平等の立場での人権及び基本的自由を認識し、享有し又は行使することを妨げ又は害する目的又は効果を有するものをいう。

2　この条約は、締約国が市民と市民でない者との間に設ける区別、排除、制限又は優先については、適用しない。

3　この条約のいかなる規定も、国籍、市民権又は帰化に関する締約国の法規に何ら影響を及ぼすものと解してはならない。ただし、これらに関する法規は、いかなる特定の民族（nationality）に対しても差別を設けていないことを条件とする。

4　人権及び基本的自由の平等な享有又は行使を確保するため、保護を必要としている特定の人種若しくは種族の集団又は個人の適切な進歩を確保することのみを目的として、必要に応じてとられる特別措置は、人種差別とみなさない。ただし、この特別措置は、その結果として、異なる人種の集団に対して別個の権利を維持することとなってはならず、また、その目的が達成された後は継続してはならない。

第二条【締約国の差別撤廃義務】 1　締約国は、人種差別を非難し、また、あらゆる形態の人種差別を撤廃する政策及びあらゆる人種間の理解を促進する政策をすべての適当な方法により遅滞なくとることを約束する。このため、

(a)　各締約国は、個人、集団又は団体に対する人種差別の行為又は慣行に従事しないこと並びに国及び地方のすべての公の当局及び機関がこの義務に従って行動するよう確保することを約束する。

(b)　各締約国は、いかなる個人又は団体による人種差別も後援せず、擁護せず又は支持しないことを約束する。

(c)　各締約国は、政府（国及び地方）の政策を再検討し及び人種差別を生じさせ又は永続化させる効果を有するいかなる法令も改正し、廃止し又は無効にするために効果的な措置をとる。

(d)　各締約国は、すべての適当な方法（状況により必要とされるときは、立法を含む。）により、いかなる個人、集団又は団体による人種差別も禁止し、終了させる。

(e)　各締約国は、適当なときは、人種間の融和を目的とし、かつ、複数の人種で構成される団体及び運動を支援し並びに人種間の障壁を撤廃する他の方法を奨励すること並びに人種間の分断を強化するようないかなる動きも抑制することを約束する。

2　締約国は、状況により正当とされる場合には、特定の人種の集団又はこれに属する個人に対し人権及び基本的自由の十分かつ平等な享有を保障するため、社会的、経済的、文化的その他の分野において、当該人種の集団又は個人の適切な発展及び保護を確保するための特別かつ具体的な措置をとる。この措置は、いかなる場合においても、その目的が達成された後、その結果として、異なる人種の集団に対して不平等な又は別個の権利を維持することとなってはならない。

第三条【アパルトヘイトの禁止】締約国は、特に、人種隔離及びアパルトヘイトを非難し、また、自国の管轄の下にある領域におけるこの種のすべての慣行を防止し、禁止し及び根絶することを約束する。

第四条【人種的優越主義に基づく差別と煽動の禁止】締約国は、一の人種の優越性若しくは一の皮膚の色若しくは種族的出身の人の集団の優越性の思想若しくは理論に基づくあらゆる宣伝及び団体又は人種的憎悪及び人種差別(形態のいかんを問わない。)を正当化し若しくは助長することを企てるあらゆる宣伝及び団体を非難し、また、このような差別のあらゆる扇動又は行為を根絶することを目的とする迅速かつ積極的な措置をとることを約束する。このため、締約国は、世界人権宣言に具現された原則及び次条に明示的に定める権利に十分な考慮を払って、特に次のことを行う。

(a) 人種的優越又は憎悪に基づく思想のあらゆる流布、人種差別の扇動、いかなる人種若しくは皮膚の色若しくは種族的出身を異にする人の集団に対するものであるかを問わずすべての暴力行為又はその行為の扇動及び人種主義に基づく活動に対する資金援助を含むいかなる援助の提供も、法律で処罰すべき犯罪であることを宣言すること。

(b) 人種差別を助長し及び扇動する団体及び組織的宣伝活動その他のすべての宣伝活動を違法であるとして禁止するものとし、このような団体又は活動への参加が法律で処罰すべき犯罪であることを認めること。

(c) 国又は地方の公の当局又は機関が人種差別を助長し又は扇動することを認めないこと。

第五条【法律の前の平等、権利享有の無差別】第二条に定める基本的義務に従い、締約国は、特に次の権利の享有に当たり、あらゆる形態の人種差別を禁止し及び撤廃すること並びに人種、皮膚の色又は民族的若しくは種族的出身による差別なしに、すべての者が法律の前に平等であるという権利を保障することを約束する。

(a) 裁判所その他のすべての裁判及び審判を行う機関の前での平等な取扱いについての権利

(b) 暴力又は傷害(公務員によって加えられるものであるかいかなる個人、集団又は団体によって加えられるものであるかを問わない。)に対する身体の安全及び国家による保護についての権利

(c) 政治的権利、特に普通かつ平等の選挙権に基づく選挙に投票及び立候補によって参加し、国政及びすべての段階における政治に参与し並びに公務に平等に携わる権利

(d) 他の市民的権利、特に、

(i) 国境内における移動及び居住の自由についての権利

(ii) いずれの国(自国を含む。)からも離れ及び自国に戻る権利

(iii) 国籍についての権利

(iv) 婚姻及び配偶者の選択についての権利

(v) 単独で及び他の者と共同して財産を所有する権利

(vi) 相続する権利

(vii) 思想、良心及び宗教の自由についての権利

(viii) 意見及び表現の自由についての権利

(ix) 平和的な集会及び結社の自由についての権利

(e) 経済的、社会的及び文化的権利、特に、

(i) 労働、職業の自由な選択、公正かつ良好な労働条件、失業に対する保護、同一の労働についての同一報酬及び公正かつ良好な報酬についての権利

(ii) 労働組合を結成し及びこれに加入する権利

(iii) 住居についての権利

(iv) 公衆の健康、医療、社会保障及び社会的サービスについての権利

(v) 教育及び訓練についての権利

(vi) 文化的な活動への平等な参加についての権利

(f) 輸送機関、ホテル、飲食店、喫茶店、劇場、公園等一般公衆の使用を目的とするあらゆる場所又はサービスを利用する権利

第六条【人種差別に対する救済】締約国は、自国の管轄の下にあるすべての者に対し、権限のある自国の裁判所及び他の国家機関を通じて、この条約に反して人権及び基本的自由を侵害するあらゆる人種差別の行為に対する効果的な保護及び救済措置を確保し、並びにその差別の結果として被ったあらゆる損害に対し、公正かつ適正な賠償又は救済を当該裁判所に求める権利を確保する。

第七条【人種差別に対する闘いと教育】締約国は、人種差別につながる偏見と戦い、諸国民の間及び人種又は種族の集団の間の理解、寛容及び友好を促進し並びに国際連合憲章、世界人権宣言、あらゆる形態の人種差別の撤廃に関する国際連合宣言及びこの条約の目的及び原則を普及させるため、特に教授、教育、文化及び情報の分野において、迅速かつ効果的な措置をとることを約束する。

第二部【実施措置】

第八条【人種差別撤廃委員会】1 締約国により締約国の国民の中から選出される徳望が高く、かつ、公平と認められる一八人の専門家で構成する人種差別の撤廃に関する委員会(以下「委員会」という。)を設置する。委員会の委員は、個人の資格で職務を遂行する。その選出に当たっては、委員の配分が地理的に衡平に行われること並びに異なる文明形態及び主要な法体系が代表されることを考慮に入れる。

2 委員会の委員は、締約国により指名された者の名簿の中から秘密投票により選出される。各締約国は、自国民の中から一人を指名することができる。

3 委員会の委員の最初の選挙は、この条約の効力発生の日の後六箇月を経過した時に行う。国際連合事

務総長は、委員会の委員の選挙の日の遅くとも三箇月前までに、締約国に対し、自国が指名する者の氏名を二箇月以内に提出するよう書簡で要請する。同事務総長は、指名された者のアルファベット順による名簿(これらの者を指名した締約国名を表示した名簿とする。)を作成し、締約国に送付する。

4　委員会の委員の選挙は、国際連合事務総長により国際連合本部に招集される締約国の会合において行う。この会合は、締約国の三分の二をもって定足数とする。この会合においては、出席しかつ投票する締約国の代表によって投じられた票の最多数で、かつ、過半数の票を得た指名された者をもって委員会に選出された委員とする。

5(a)　委員会の委員は、四年の任期で選出される。ただし、最初の選挙において選出された委員のうち九人の委員の任期は、二年で終了するものとし、これらの九人の委員は、最初の選挙の後直ちに、委員会の委員長によりくじ引きで選ばれる。

(b)　締約国は、自国の専門家が委員会の委員としての職務を遂行することができなくなった場合には、その空席を補充するため、委員会の承認を条件として自国民の中から他の専門家を任命する。

6　締約国は、委員会の委員が委員会の任務を遂行している間、当該委員に係る経費について責任を負う。

第九条【締約国の報告義務】1　締約国は、次の場合に、この条約の諸規定の実現のためにとった立法上、司法上、行政上その他の措置に関する報告を、委員会による検討のため、国際連合事務総長に提出することを約束する。

(a)　当該締約国についてこの条約が効力を生ずる時から一年以内

(b)　その後は二年ごとに、更には委員会が要請するとき。委員会は、追加の情報を締約国に要請することができる。

2　委員会は、その活動につき国際連合事務総長を通じて毎年国際連合総会に報告するものとし、また、締約国から得た報告及び情報の検討に基づく提案及び一般的な性格を有する勧告を行うことができる。これらの提案及び一般的な性格を有する勧告は、締約国から意見がある場合にはその意見と共に、総会に報告する。

第一〇条【委員会の運営】1　委員会は、手続規則を採択する。

2　委員会は、役員を二年の任期で選出する。

3　委員会の事務局は、国際連合事務総長が提供する。

4　委員会の会合は、原則として、国際連合本部において開催する。

第一一条【締約国の義務不履行と委員会の審議権】1　締約国は、他の締約国がこの条約の諸規定を実現していないと認める場合には、その事案につき委員会の注意を喚起することができる。委員会は、その通知を関係締約国に送付する。当該通知を受領する国は、三箇月以内に、当該事案について及び、当該国がとった救済措置がある場合には、当該救済措置についての書面による説明又は声明を委員会に提出する。

2　最初の通知の受領の後六箇月以内に当該事案が二国間交渉又は当事国にとって可能な他のいかなる手続によっても当事国の双方の満足するように調整されない場合には、いずれの一方の締約国も、委員会及び他方の締約国に通告することにより当該事案を再び委員会に付託する権利を有する。

3　委員会は、2の規定により委員会に付託された事案について利用し得るすべての国内的な救済措置がとられかつ尽くされたことを確認した後に、一般的に認められた国際法の原則に従って、当該事案を取り扱う。ただし、救済措置の実施が不当に遅延する場合は、この限りでない。

4　委員会は、付託されたいずれの事案についても、関係締約国に対し、他のあらゆる関連情報を提供するよう要請することができる。

5　この条の規定から生ずるいずれかの事案が委員会により検討されている場合には、関係締約国は、当該事案が検討されている間、投票権なしで委員会の議事に参加する代表を派遣する権利を有する。

第一二条【特別調停委員会】1(a)　委員長は、委員会が必要と認めるすべての情報を入手し、かつ、取りまとめた後、五人の者(委員会の委員であるか否かを問わない。)から成る特別調停委員会(以下「調停委員会」という。)を設置する。調停委員会の委員は、すべての紛争当事国の同意を得て任命するものとし、調停委員会は、この条約の尊重を基礎として事案を友好的に解決するため、関係国に対してあっせんを行う。

(b)　調停委員会の構成について三箇月以内に紛争当事国が合意に達しない場合には、合意が得られない調停委員会の委員については、委員会の秘密投票により、三分の二以上の多数による議決で、委員会の委員の中から選出する。

2　調停委員会の委員は、個人の資格で、職務を遂行する。委員は、紛争当事国の国民又はこの条約の締約国でない国の国民であってはならない。

3　調停委員会は、委員長を選出し、及び手続規則を採択する。

4　調停委員会の会合は、原則として、国際連合本部又は調停委員会が決定する他の適当な場所において開催する。

5　第一〇条3の規定により提供される事務局は、締約国間の紛争のために調停委員会が設けられた場合には、調停委員会に対しても役務を提供する。

6　紛争当事国は、国際連合事務総長が作成する見積りに従って、調停委員会の委員に係るすべての経費を平等に分担する。

7　国際連合事務総長は、必要なときは、6の規定による紛争当事国の経費の分担に先立って調停委員会の委員の経費を支払う権限を有する。

8　委員会が入手し、かつ、取りまとめる情報は、調停委員会の利用に供しなければならず、また、調停委員会は、関係国に対し、他のあらゆる関連情報を提供するよう要請することができる。

第一三条【調停委員会の活動】1　調停委員会は、事案を十分に検討した後、当事国間の係争問題に係るすべての事実関係についての調査結果を記載し、かつ、紛争の友好的な解決のために適当と認める勧告を付した報告を作成し、委員会の委員長に提出する。

2　委員会の委員長は、調停委員会の報告を各紛争当事国に通知する。これらの紛争当事国は、三箇月以内に、委員会の委員長に対し、調停委員会の報告に付されている勧告を受諾するか否かを通知する。

3　委員会の委員長は、2に定める期間の後、調停委員会の報告及び関係締約国の意図の表明を、他の締約国に通知する。

第一四条【個人及び集団の申立と委員会の権限】1　締約国は、この条約に定めるいずれかの権利の当該締約国による侵害の被害者であると主張する当該締約国の管轄の下にある個人又は集団からの通報を、委員会が受理しかつ検討する権限を有することを認める旨を、いつでも宣言することができる。委員会は、宣言を行っていない締約国についての通報を受理してはならない。

2　1に規定する宣言を行う締約国は、その管轄の下にある個人又は集団であって、この条約に定めるいずれかの権利の侵害の被害者であると主張し、かつ、他の利用し得る国内的な救済措置を尽くしたものからの請願を受理しかつ検討する権限を有する機関を、国内の法制度の枠内に設置し又は指定することができる。

3　1の規定に基づいて行われた宣言及び2の規定に基づいて設置され又は指定される機関の名称は、関係締約国が国際連合事務総長に寄託するものとし、同事務総長は、その写しを他の締約国に送付する。宣言は、同事務総長に対する通告によりいつでも撤回することができる。ただし、その撤回は、委員会で検討中の通報に影響を及ぼすものではない。

4　2の規定に基づいて設置され又は指定される機関は、請願の登録簿を保管するものとし、登録簿の証明された謄本は、その内容が公開されないとの了解の下に、適当な経路を通じて毎年国際連合事務総長に提出する。

5　請願者は、2の規定に基づいて設置され又は指定される機関から満足な結果が得られない場合には、その事案を六箇月以内に委員会に通報する権利を有する。

6(a)　委員会は、付託されたいずれの通報についても、この条約のいずれかの規定に違反していると申し立てられている締約国の注意を内密に喚起する。ただし、関係のある個人又は集団の身元関係事項は、当該個人又は集団の明示の同意なしに明らかにしてはならない。委員会は、匿名の通報を受領してはならない。

(b)　注意を喚起された国は、三箇月以内に、当該事案について及び、当該国がとった救済措置がある場合には、当該救済措置についての書面による説明又は声明を委員会に提出する。

7(a)　委員会は、関係締約国及び請願者により委員会の利用に供されたすべての情報に照らして通報を検討する。委員会は、請願者が利用し得るすべての国内的な救済措置を尽くしたことを確認しない限り、請願者からのいかなる通報も検討してはならない。ただし、救済措置の実施が不当に遅延する場合は、この限りでない。

(b)　委員会は、提案及び勧告をする場合には、これらを関係締約国及び請願者に送付する。

8　委員会は、通報の概要並びに、適当なときは、関係締約国の書面による説明及び声明の概要並びに当該委員会の提案及び勧告の概要を、その年次報告に記載する。

9　委員会は、少なくとも一〇の締約国が1の規定に基づいて行った宣言に拘束される場合にのみ、この条に規定する任務を遂行する権限を有する。

第一五条【他の国際文書による個人の請願権】1　この条約の規定は、一九六〇年一二月一四日の植民地及びその人民に対する独立の付与に関する宣言(国際連合総会決議第一五一四号(第一五回会期))の目的が達成されるまでの間、他の国際文書又は国際連合及びその専門機関により当該人民に付与された請願の権利を何ら制限するものではない。

2(a)　国際連合の諸機関が、信託統治地域及び非自治地域並びに国際連合総会決議第一五一四号(第一五回会期)が適用される他のすべての地域の住民からの請願であって、この条約の対象とする事項に関連するものを検討するに当たって、この条約の原則及び目的に直接関連する事項を取り扱っている場合には、第八条1の規定に基づいて設置される委員会は、当該請願の写しを受領し、これらの機関に対し、当該請願に関する意見の表明及び勧告を提出する。

(b)　委員会は、(a)に規定する地域内において施政国により適用されるこの条約の原則及び目的に直接関連する立法上、司法上、行政上その他の措置についての報告の写しを国際連合の権限のある機関から受領し、これらの機関に対し、意見を表明し及び勧告を行う。

3　委員会は、国際連合の諸機関から受領した請願及び報告の概要並びに当該請願及び報告に関連する委員会の意見の表明及び勧告を、国際連合総会に対する報告に記載する。

4　委員会は、国際連合事務総長に対し、2(a)に規定する地域について、この条約の目的に関連しかつ同事務総長が入手し得るすべての情報を要求する。

第一六条【他の国際文書による紛争又は苦情の解決】紛争又は苦情の解決に関するこの条約の規定は、国際連合及びその専門機関の基本文書又は国際連合及びその専門機関により採択された条約に定める差別の分野における紛争又は苦情の解決のための他の手続を妨げることなく適用するものとし、締約国の間で効力を有する一般的な又は特別の国際取極による紛争の解決のため、締約国が他の手続を利用することを妨げるものではない。

第三部　【最終規定】

第一七条【署名、批准】
第一八条【加入】　(略)
第一九条【効力発生】

第二〇条【留保】1　国際連合事務総長は、批准又は加入の際に行われた留保を受領し、かつ、この条約の締約国であるか又は将来締約国となる可能性のあるすべての国に当該留保を送付する。留保に異議を有する国は、その送付の日から九〇日の期間内に、その留保を承認しない旨を同事務総長に通告する。

2　この条約の趣旨及び目的と両立しない留保は、認められない。また、この条約により設置する機関の活動を抑制するような効果を有する留保は、認められない。留保は、締約国の少なくとも三分の二が異議を申し立てる場合には、両立しないもの又は抑制的なものとみなされる。

3　留保は、国際連合事務総長にあてた通告によりいつでも撤回することができる。通告は、その受領の日に効力を生ずる。

第二一条【廃棄】締約国は、国際連合事務総長に対して書面による通告を行うことにより、この条約を廃棄することができる。廃棄は、同事務総長がその通告を受領した日の後一年で効力を生ずる。

第二二条【紛争の解決】この条約の解釈又は適用に関する二以上の締約国の間の紛争であって、交渉又はこの条約に明示的に定められている手続によって解決されないものは、紛争当事国が他の解決方法について合意しない限り、いずれかの紛争当事国の要請により、決定のため国際司法裁判所に付託される。

第二三条【改正】
第二四条【国際連合事務総長による通報】　(略)
第二五条【正文】

日本国の留保

日本国は、あらゆる形態の人種差別の撤廃に関する国際条約第四条の(a)及び(b)の規定の適用に当たり、同条に「世界人権宣言に具現された原則及び次条に明示的に定める権利に十分な考慮を払って」と規定してあることに留意し、日本国憲法の下における集会、結社及び表現の自由その他の権利の保障と抵触しない限度において、これらの規定に基づく義務を履行する。

3

15　女子に対するあらゆる形態の差別の撤廃に関する条約
(女子差別撤廃条約)(抄)

採択　一九七九年一二月一八日　国際連合総会第三四回会期決議三四/一八〇附属書
効力発生　一九八一年九月三日
改正(二〇条一項)　一九九五年五月二二日、一二月二二日締約国会議・国際連合総会第五〇回会期決議五〇/二〇二(未発効)
日本国　一九八〇年七月一七日署名、一九八五年六月二四日国会承認、六月二五日批准書寄託、七月一日公布(条約第七号)、七月二五日効力発生、一九九五年五月二二日の改正につき二〇〇三年五月一四日国会承認、六月一二日受諾書寄託

この条約の締約国は、

国際連合憲章が基本的人権、人間の尊厳及び価値並びに男女の権利の平等に関する信念を改めて確認していることに留意し、

世界人権宣言が、差別は容認することができないものであるとの原則を確認していること、並びにすべての人間は生まれながらにして自由であり、かつ、尊厳及び権利について平等であること並びにすべての人は性による差別その他のいかなる差別もなしに同宣言に掲げるすべての権利及び自由を享有することができることを宣明していることに留意し、

人権に関する国際規約の締約国がすべての経済的、社会的、文化的、市民的及び政治的権利の享有について男女に平等の権利を確保する義務を負っていることに留意し、

国際連合及び専門機関の主催の下に各国が締結した男女の権利の平等を促進するための国際条約を考慮し、

更に、国際連合及び専門機関が採択した男女の権利の平等を促進するための決議、宣言及び勧告に留意し、

しかしながら、これらの種々の文書にもかかわらず女子に対する差別が依然として広範に存在していることを憂慮し、

女子に対する差別は、権利の平等の原則及び人間の尊厳の尊重の原則に反するものであり、女子が男子と平等の条件で自国の政治的、社会的、経済的及び文化的活動に参加する上で障害となるものであり、社会及び家族の繁栄の増進を阻害するものであり、また、女子の潜在能力を自国及び人類に役立てるために完全に開発することを一層困難にするものであることを想起

し、窮乏の状況においては、女子が食糧、健康、教育、雇用のための訓練及び機会並びに他の必要とするものを享受する機会が最も少ないことを憂慮し、

衡平及び正義に基づく新たな国際経済秩序の確立が男女の平等の促進に大きく貢献することを確信し、

アパルトヘイト、あらゆる形態の人種主義、人種差別、植民地主義、新植民地主義、侵略、外国による占領及び支配並びに内政干渉の根絶が男女の権利の完全な享有に不可欠であることを強調し、

国際の平和及び安全を強化し、国際緊張を緩和し、すべての国（社会体制及び経済体制のいかんを問わない。）の間で相互に協力し、全面的かつ完全な軍備縮小を達成し、特に厳重かつ効果的な国際管理の下での核軍備の縮小を達成し、諸国間の関係における正義、平等及び互恵の原則を確認し、外国の支配の下、植民地支配の下又は外国の占領の下にある人民の自決の権利及び人民の独立の権利を実現し並びに国の主権及び領土保全を尊重することが、社会の進歩及び発展を促進し、ひいては、男女の完全な平等の達成に貢献することを確認し、

国の完全な発展、世界の福祉及び理想とする平和は、あらゆる分野において女子が男子と平等の条件で最大限に参加することを必要としていることを確信し、

家族の福祉及び社会の発展に対する従来完全には認められていなかった女子の大きな貢献、母性の社会的重要性並びに家庭及び子の養育における両親の役割に留意し、また、出産における女子の役割が差別の根拠となるべきではなく、子の養育には男女及び社会全体が共に責任を負うことが必要であることを認識し、

社会及び家庭における男子の伝統的役割を女子の役割とともに変更することが男女の完全な平等の達成に必要であることを認識し、

女子に対する差別の撤廃に関する宣言に掲げられている諸原則を実施すること及びこのために女子に対するあらゆる形態の差別を撤廃するための必要な措置をとることを決意して、

次のとおり協定した。

第一部　【一般規定】

第一条【女子差別の定義】この条約の適用上、「女子に対する差別」とは、性に基づく区別、排除又は制限であって、政治的、経済的、社会的、文化的、市民的その他のいかなる分野においても、女子（婚姻をしているかいないかを問わない。）が男女の平等を基礎として人権及び基本的自由を認識し、享有し又は行使することを害し又は無効にする効果又は目的を有するものをいう。

第二条【締約国の差別撤廃義務】締約国は、女子に対するあらゆる形態の差別を非難し、女子に対する差別を撤廃する政策をすべての適当な手段により、かつ、遅滞なく追求することに合意し、及びこのため次のことを約束する。

(a) 男女の平等の原則が自国の憲法その他の適当な法令に組み入れられていない場合にはこれを定め、かつ、男女の平等の原則の実際的な実現を法律その他の適当な手段により確保すること。

(b) 女子に対するすべての差別を禁止する適当な立法その他の措置（適当な場合には制裁を含む。）をとること。

(c) 女子の権利の法的な保護を男子との平等を基礎として確立し、かつ、権限のある自国の裁判所その他の公の機関を通じて差別となるいかなる行為からも女子を効果的に保護することを確保すること。

(d) 女子に対する差別となるいかなる行為又は慣行も差し控え、かつ、公の当局及び機関がこの義務に従って行動することを確保すること。

(e) 個人、団体又は企業による女子に対する差別を撤廃するためのすべての適当な措置をとること。

(f) 女子に対する差別となる既存の法律、規則、慣習及び慣行を修正し又は廃止するためのすべての適当な措置（立法を含む。）をとること。

(g) 女子に対する差別となる自国のすべての刑罰規定を廃止すること。

第三条【保障措置】締約国は、あらゆる分野、特に、政治的、社会的、経済的及び文化的分野において、女子に対して男子との平等を基礎として人権及び基本的自由を行使し及び享有することを保障することを目的として、女子の完全な能力開発及び向上を確保するためのすべての適当な措置（立法を含む。）をとる。

第四条【差別とならない特別措置】1　締約国が男女の事実上の平等を促進することを目的とする暫定的な特別措置をとることは、この条約に定義する差別と解してはならない。ただし、その結果としていかなる意味においても不平等な又は別個の基準を維持し続けることとなってはならず、これらの措置は、機会及び待遇の平等の目的が達成された時に廃止されなければならない。

2　締約国が母性を保護することを目的とする特別措置（この条約に規定する措置を含む。）をとることは、差別と解してはならない。

第五条【役割に基づく偏見等の撤廃】締約国は、次の目的のためのすべての適当な措置をとる。

(a) 両性いずれかの劣等性若しくは優越性の観念又は男女の定型化された役割に基づく偏見及び慣習その他あらゆる慣行の撤廃を実現するため、男女の社会的及び文化的な行動様式を修正すること。

(b) 家庭についての教育に、社会的機能としての母性についての適正な理解並びに子の養育及び発育における男女の共同責任についての認識を含めることを確保すること。あらゆる場合において、子の利益は最初に考慮するものとする。

第六条【売買・売春からの搾取の禁止】締約国は、あらゆる形態の女子の売買及び女子の売春からの搾取を

禁止するためのすべての適当な措置（立法を含む。）をとる。

第二部　【政治的及び公的活動における差別の撤廃】

第七条【政治的及び公的活動における平等】締約国は、自国の政治的及び公的活動における女子に対する差別を撤廃するためのすべての適当な措置をとるものとし、特に、女子に対して男子と平等の条件で次の権利を確保する。

(a) あらゆる選挙及び国民投票において投票する権利並びにすべての公選による機関に選挙される資格を有する権利

(b) 政府の政策の策定及び実施に参加する権利並びに政府のすべての段階において公職に就き及びすべての公務を遂行する権利

(c) 自国の公的又は政治的活動に関係のある非政府機関及び非政府団体に参加する権利

第八条【国際的活動への参加の平等】締約国は、国際的に自国政府を代表し及び国際機関の活動に参加する機会を、女子に対して男子と平等の条件でかついかなる差別もなく確保するためのすべての適当な措置をとる。

第九条【国籍に関する権利の平等】1　締約国は、国籍の取得、変更及び保持に関し、女子に対して男子と平等の権利を与える。締約国は、特に、外国人との婚姻又は婚姻中の夫の国籍の変更が、自動的に妻の国籍を変更し、妻を無国籍にし又は夫の国籍を妻に強制することとならないことを確保する。

2　締約国は、子の国籍に関し、女子に対して男子と平等の権利を与える。

第三部　【経済的及び社会的活動における差別の撤廃】

第一〇条【教育における差別の撤廃】締約国は、教育の分野において、女子に対して男子と平等の権利を確保することを目的として、特に、男女の平等を基礎として次のことを確保することを目的として、女子に対する差別を撤廃するためのすべての適当な措置をとる。

(a) 農村及び都市のあらゆる種類の教育施設における職業指導、修学の機会及び資格証書の取得のための同一の条件。このような平等は、就学前教育、普通教育、技術教育、専門教育及び高等技術教育並びにあらゆる種類の職業訓練において確保されなければならない。

(b) 同一の教育課程、同一の試験、同一の水準の資格を有する教育職員並びに同一の質の学校施設及び設備を享受する機会

(c) すべての段階及びあらゆる形態の教育における男女の役割についての定型化された概念の撤廃を、この目的の達成を助長する男女共学その他の種類の教育を奨励することにより、また、特に、教材用図書及び指導計画を改訂すること並びに指導方法を調整することにより行うこと。

(d) 奨学金その他の修学援助を享受する同一の機会

(e) 継続教育計画（成人向けの及び実用的な識字計画を含む。）、特に、男女間に存在する教育上の格差をできる限り早期に減少させることを目的とした継続教育計画を利用する同一の機会

(f) 女子の中途退学率を減少させること及び早期に退学した女子のための計画を策定すること。

(g) スポーツ及び体育に積極的に参加する同一の機会

(h) 家族の健康及び福祉の確保に役立つ特定の教育的情報（家族計画に関する情報及び助言を含む。）を享受する機会

第一一条【雇用における差別の撤廃】1　締約国は、男女の平等を基礎として同一の権利、特に次の権利を確保することを目的として、雇用の分野における女子に対する差別を撤廃するためのすべての適当な措置をとる。

(a) すべての人間の奪い得ない権利としての労働の権利

(b) 同一の雇用機会（雇用に関する同一の選考基準の適用を含む。）についての権利

(c) 職業を自由に選択する権利、昇進、雇用の保障並びに労働に係るすべての給付及び条件についての権利並びに職業訓練及び再訓練（見習、上級職業訓練及び継続的訓練を含む。）を受ける権利

(d) 同一価値の労働についての同一報酬（手当を含む。）及び同一待遇についての権利並びに労働の質の評価に関する取扱いの平等についての権利

(e) 社会保障（特に、退職、失業、傷病、障害、老齢その他の労働不能の場合における社会保障）についての権利及び有給休暇についての権利

(f) 作業条件に係る健康の保護及び安全（生殖機能の保護を含む。）についての権利

2　締約国は、婚姻又は母性を理由とする女子に対する差別を防止し、かつ、女子に対して実効的な労働の権利を確保するため、次のことを目的とする適当な措置をとる。

(a) 妊娠又は母性休暇を理由とする解雇及び婚姻をしているかいないかに基づく差別的解雇を制裁を課して禁止すること。

(b) 給料又はこれに準ずる社会的給付を伴い、かつ、従前の雇用関係、先任及び社会保障上の利益の喪失を伴わない母性休暇を導入すること。

(c) 親が家庭責任と職業上の責務及び社会的活動への参加とを両立させることを可能とするために必要な補助的な社会的サービスの提供を、特に保育施設網の設置及び充実を促進することにより奨励すること。

(d) 妊娠中の女子に有害であることが証明されている種類の作業においては、当該女子に対して特別の保護を与えること。

3　この条に規定する事項に関する保護法令は、科学上及び技術上の知識に基づき定期的に検討するものとし、必要に応じて、修正し、廃止し、又はその適用を拡大する。

第一二条【保健における差別の撤廃】1　締約国は、男女の平等を基礎として保健サービス（家族計画に関連するものを含む。）を享受する機会を確保することを目的として、保健の分野における女子に対する差別を撤廃するためのすべての適当な措置をとる。

2　1の規定にかかわらず、締約国は、女子に対し、妊娠、分べん及び産後の期間中の適当なサービス（必要な場合には無料にする。）並びに妊娠及び授乳の期間中の適当な栄養を確保する。

第一三条【その他の差別の撤廃】締約国は、男女の平等を基礎として同一の権利、特に次の権利を確保することを目的として、他の経済的及び社会的活動の分野における女子に対する差別を撤廃するためのすべての適当な措置をとる。

(a)　家族給付についての権利

(b)　銀行貸付け、抵当その他の形態の金融上の信用についての権利

(c)　レクリエーション、スポーツ及びあらゆる側面における文化的活動に参加する権利

第一四条【農村女子に対する差別の撤廃】1　締約国は、農村の女子が直面する特別の問題及び家族の経済的生存のために果たしている重要な役割（貨幣化されていない経済の部門における労働を含む。）を考慮に入れるものとし、農村の女子に対するこの条約の適用を確保するためのすべての適当な措置をとる。

2　締約国は、男女の平等を基礎として農村の女子が農村の開発に参加すること及びその開発から生ずる利益を受けることを確保することを目的として、農村の女子に対する差別を撤廃するためのすべての適当な措置をとるものとし、特に、これらの女子に対して次の権利を確保する。

(a)　すべての段階における開発計画の作成及び実施に参加する権利

(b)　適当な保健サービス（家族計画に関する情報、カウンセリング及びサービスを含む。）を享受する権利

(c)　社会保障制度から直接に利益を享受する権利

(d)　技術的な能力を高めるために、あらゆる種類（正規であるかないかを問わない。）の訓練及び教育（実用的な識字に関するものを含む。）並びに、特に、すべての地域サービス及び普及サービスからの利益を享受する権利

(e)　経済分野における平等な機会を雇用又は自営を通じて得るために、自助的集団及び協同組合を組織する権利

(f)　あらゆる地域活動に参加する権利

(g)　農業信用及び貸付け、流通機構並びに適当な技術を利用する権利並びに土地及び農地の改革並びに入植計画において平等な待遇を享受する権利

(h)　適当な生活条件（特に、住居、衛生、電力及び水の供給、運輸並びに通信に関する条件）を享受する権利

第四部　【法の前の平等と差別の撤廃】

第一五条【法の前の平等】1　締約国は、女子に対し、法律の前の男子との平等を認める。

2　締約国は、女子に対し、民事に関して男子と同一の法的能力を与えるものとし、また、この能力を行使する同一の機会を与える。特に、締約国は、契約を締結し及び財産を管理することにつき女子に対して男子と平等の権利を与えるものとし、裁判所における手続のすべての段階において女子を男子と平等に取り扱う。

3　締約国は、女子の法的能力を制限するような法的効果を有するすべての契約及び他のすべての私的文書（種類のいかんを問わない。）を無効とすることに同意する。

4　締約国は、個人の移動並びに居所及び住所の選択の自由に関する法律において男女に同一の権利を与える。

第一六条【婚姻及び家族関係における差別の撤廃】1　締約国は、婚姻及び家族関係に係るすべての事項について女子に対する差別を撤廃するためのすべての適当な措置をとるものとし、特に、男女の平等を基礎として次のことを確保する。

(a)　婚姻をする同一の権利

(b)　自由に配偶者を選択し及び自由かつ完全な合意のみにより婚姻をする同一の権利

(c)　婚姻中及び婚姻の解消の際の同一の権利及び責任

(d)　子に関する事項についての親（婚姻をしているかいないかを問わない。）としての同一の権利及び責任。あらゆる場合において、子の利益は至上である。

(e)　子の数及び出産の間隔を自由にかつ責任をもって決定する同一の権利並びにこれらの権利の行使を可能にする情報、教育及び手段を享受する同一の権利

(f)　子の後見及び養子縁組又は国内法令にこれらに類する制度が存在する場合にはその制度に係る同一の権利及び責任。あらゆる場合において、子の利益は至上である。

(g)　夫及び妻の同一の個人的権利（姓及び職業を選択する権利を含む。）

(h)　無償であるか有償であるかを問わず、財産を所有し、取得し、運用し、管理し、利用し及び処分することに関する配偶者双方の同一の権利

2　児童の婚約及び婚姻は、法的効果を有しないものとし、また、婚姻最低年齢を定め及び公の登録所への婚姻の登録を義務付けるためのすべての必要な措置（立法を含む。）がとられなければならない。

第五部　【女子に対する差別の撤廃に関する委員会】

第一七条【女子差別撤廃委員会の設置】1　この条約の実施に関する進捗(ちょく)状況を検討するために、女子に対する差別の撤廃に関する委員会(以下「委員会」という。)を設置する。委員会は、この条約の効力発生の時は一八人の、三五番目の締約国による批准又は加入の後は二三人の徳望が高く、かつ、この条約が対象とする分野において十分な能力を有する専門家で構成する。委員は、締約国の国民の中から締約国により選出されるものとし、個人の資格で職務を遂行する。その選出に当たっては、委員の配分が地理的に衡平に行われること並びに異なる文明形態及び主要な法体系が代表されることを考慮に入れる。

2　委員会の委員は、締約国により指名された者の名簿の中から秘密投票により選出される。各締約国は、自国民の中から一人を指名することができる。

3　委員会の委員の最初の選挙は、この条約の効力発生の日の後六箇月を経過した時に行う。国際連合事務総長は、委員会の委員の選挙の日の遅くとも三箇月前までに、締約国に対し、自国が指名する者の氏名を二箇月以内に提出するよう書簡で要請する。同事務総長は、指名された者のアルファベット順による名簿(これらの者を指名した締約国名を表示した名簿とする。)を作成し、締約国に送付する。

4　委員会の委員の選挙は、国際連合事務総長により国際連合本部に招集される締約国の会合において行う。この会合は、締約国の三分の二をもって定足数とする。この会合においては、出席しかつ投票する締約国の代表によって投じられた票の最多数で、かつ、過半数の票を得た指名された者をもって委員会に選出された委員とする。

5　委員会の委員は、四年の任期で選出される。ただし、最初の選挙において選出された委員のうち九人の委員の任期は、二年で終了するものとし、これらの九人の委員は、最初の選挙の後直ちに、委員会の委員長によりくじ引で選ばれる。

6　委員会の五人の追加的な委員の選挙は、三五番目の批准又は加入の後、2から4までの規定に従って行う。この時に選出された追加的な委員のうち二人の委員の任期は、二年で終了するものとし、これらの二人の委員は、委員会の委員長によりくじ引で選ばれる。

7　締約国は、自国の専門家が委員会の委員としての職務を遂行することができなくなった場合には、その空席を補充するため、委員会の承認を条件として自国民の中から他の専門家を任命する。

8　委員会の委員は、国際連合総会が委員会の任務の重要性を考慮して決定する条件に従い、同総会の承認を得て、国際連合の財源から報酬を受ける。

9　国際連合事務総長は、委員会がこの条約に定める任務を効果的に遂行するために必要な職員及び便益を提供する。

第一八条【締約国の報告義務】1　締約国は、次の場合に、この条約の実施のためにとった立法上、司法上、行政上その他の措置及びこれらの措置によりもたらされた進歩に関する報告を、委員会による検討のため、国際連合事務総長に提出することを約束する。

(a)　当該締約国についてこの条約が効力を生ずる時から一年以内

(b)　その後は少なくとも四年ごと、更には委員会が要請するとき。

2　報告には、この条約に基づく義務の履行の程度に影響を及ぼす要因及び障害を記載することができる。

第一九条【手続規則、役員の任期】1　委員会は、手続規則を採択する。

2　委員会は、役員を二年の任期で選出する。

第二〇条【会合】1　委員会は、第一八条の規定により提出される報告を検討するために原則として毎年二週間を超えない期間会合する。

［注］改正テキスト(未発効)

「1　委員会は、第一八条の規定により提出される報告を検討するために原則として毎年一回会合する。委員会の会合の期間は、国際連合総会の承認を条件としてこの条約の締約国の会合において決定する。」

2　委員会の会合は、原則として、国際連合本部又は委員会が決定する他の適当な場所において開催する。

第二一条【報告、提案、勧告】1　委員会は、その活動につき経済社会理事会を通じて毎年国際連合総会に報告するものとし、また、締約国から得た報告及び情報の検討に基づく提案及び一般的な性格を有する勧告を行うことができる。これらの提案及び一般的な性格を有する勧告は、締約国から意見がある場合にはその意見とともに、委員会の報告に記載する。

2　国際連合事務総長は、委員会の報告を、情報用として、婦人の地位委員会に送付する。

第二二条【専門機関との関係】　(略)

第六部　【最終規定】

第二三条【国内法及び他の国際条約との関係】この条約のいかなる規定も、次のものに含まれる規定であって男女の平等の達成に一層貢献するものに影響を及ぼすものではない。

(a)　締約国の法令

(b)　締約国について効力を有する他の国際条約又は国際協定

第二四条【条約上の権利の完全な実現】締約国は、自国においてこの条約の認める権利の完全な実現を達成するためのすべての必要な措置をとることを約束する。

第二五条【署名、批准、加入、寄託】
第二六条【改正】
第二七条【効力発生】
(略)

第二八条【留保】 1　国際連合事務総長は、批准又は加入の際に行われた留保の書面を受領し、かつ、すべての国に送付する。
2　この条約の趣旨及び目的と両立しない留保は、認められない。
3　留保は、国際連合事務総長にあてた通告によりいつでも撤回することができるものとし、同事務総長は、その撤回をすべての国に通報する。このようにして通報された通告は、受領された日に効力を生ずる。

第二九条【紛争の解決】 1　この条約の解釈又は適用に関する締約国間の紛争で交渉によって解決されないものは、いずれかの紛争当事国の要請により、仲裁に付される。仲裁の要請の日から六箇月以内に仲裁の組織について紛争当事国が合意に達しない場合には、いずれの紛争当事国も、国際司法裁判所規程に従って国際司法裁判所に紛争を付託することができる。
2　各締約国は、この条約の署名若しくは批准又はこの条約への加入の際に、1の規定に拘束されない旨を宣言することができる。他の締約国は、そのような留保を付した締約国との関係において1の規定に拘束されない。
3　2の規定に基づいて留保を付した締約国は、国際連合事務総長にあてた通告により、いつでもその留保を撤回することができる。

第三〇条【正文】（略）

3 16　児童の権利に関する条約（抄）

採　択　一九八九年一一月二〇日
　国際連合総会第四四回会期決議四四／二五附属書
効力発生　一九九〇年九月二日
改正（四三条2）　一九九五年一二月一二日、一二月二一日締約国会議・国際連合総会第五〇回会期決議五〇／一五五、効力発生二〇〇二年一一月一八日
日本国　一九九〇年九月二一日署名、一九九四年三月二九日国会承認、四月二二日批准書寄託、五月一六日公布（条約第二号）、五月二二日効力発生、一九九五年一二月一二日の改正につき二〇〇三年五月一四日国会承認、六月一二日受諾書寄託、同日日本につき効力発生、同日公布（条約第三号）

前　文

この条約の締約国は、
国際連合憲章において宣明された原則によれば、人類社会のすべての構成員の固有の尊厳及び平等のかつ奪い得ない権利を認めることが世界における自由、正義及び平和の基礎を成すものであることを考慮し、
国際連合加盟国の国民が、国際連合憲章において、基本的人権並びに人間の尊厳及び価値に関する信念を改めて確認し、かつ、一層大きな自由の中で社会的進歩及び生活水準の向上を促進することを決意したことに留意し、
国際連合が、世界人権宣言及び人権に関する国際規約において、すべての人は人種、皮膚の色、性、言語、宗教、政治的意見その他の意見、国民的若しくは社会的出身、財産、出生又は他の地位等によるいかなる差別もなしに同宣言及び同規約に掲げるすべての権利及び自由を享有することができることを宣明し及び合意したことを認め、
国際連合が、世界人権宣言において、児童は特別な保護及び援助についての権利を享有することができることを宣明したことを想起し、
家族が、社会の基礎的な集団として、並びに家族のすべての構成員特に児童の成長及び福祉のための自然な環境として、社会においてその責任を十分に引き受けることができるよう必要な保護及び援助を与えられるべきであることを確信し、
児童が、その人格の完全なかつ調和のとれた発達のため、家庭環境の下で幸福、愛情及び理解のある雰囲気の中で成長すべきであることを認め、
児童が、社会において個人として生活するため十分な準備が整えられるべきであり、かつ、国際連合憲章において宣明された理想の精神並びに特に平和、尊厳、寛容、自由、平等及び連帯の精神に従って育てられるべきであることを考慮し、
児童に対して特別な保護を与えることの必要性が、一九二四年の児童の権利に関するジュネーヴ宣言及び一九五九年一一月二〇日に国際連合総会で採択された児童の権利に関する宣言において述べられており、また、世界人権宣言、市民的及び政治的権利に関する国際規約（特に第二三条及び第二四条）、経済的、社会的及び文化的権利に関する国際規約（特に第一〇条）並びに児童の福祉に関係する専門機関及び国際機関の規程及び関係文書において認められていることに留意し、
児童の権利に関する宣言において示されているとおり「児童は、身体的及び精神的に未熟であるため、その出生の前後において、適当な法的保護を含む特別な保護及び世話を必要とする。」ことに留意し、
国内の又は国際的な里親委託及び養子縁組を特に考慮した児童の保護及び福祉についての社会的及び法的な原則に関する宣言、少年司法の運用のための国際連合最低基準規則（北京規則）及び緊急事態及び武力紛争における女子及び児童の保護に関する宣言の規定を想起し、

極めて困難な条件の下で生活している児童が世界のすべての国に存在すること、また、このような児童が特別の配慮を必要としていることを認め、

児童の保護及び調和のとれた発達のために各人民の伝統及び文化的価値が有する重要性を十分に考慮し、

あらゆる国特に開発途上国における児童の生活条件を改善するために国際協力が重要であることを認めて、

次のとおり協定した。

第一部　【実体規定】

第一条【児童の定義】この条約の適用上、児童とは、一八歳未満のすべての者をいう。ただし、当該児童で、その者に適用される法律によりより早く成年に達したものを除く。

第二条【差別の禁止】1　締約国は、その管轄の下にある児童に対し、児童又はその父母若しくは法的保護者の人種、皮膚の色、性、言語、宗教、政治的意見その他の意見、国民的、種族的若しくは社会的出身、財産、心身障害、出生又は他の地位にかかわらず、いかなる差別もなしにこの条約に定める権利を尊重し、及び確保する。

2　締約国は、児童がその父母、法定保護者又は家族の構成員の地位、活動、表明した意見又は信念によるあらゆる形態の差別又は処罰から保護されることを確保するためのすべての適当な措置をとる。

第三条【児童の最善の利益】1　児童に関するすべての措置をとるに当たっては、公的若しくは私的な社会福祉施設、裁判所、行政当局又は立法機関のいずれによって行われるものであっても、児童の最善の利益が主として考慮されるものとする。

2　締約国は、児童の父母、法定保護者又は児童について法的に責任を有する他の者の権利及び義務を考慮に入れて、児童の福祉に必要な保護及び養護を確保することを約束し、このため、すべての適当な立法上及び行政上の措置をとる。

3　締約国は、児童の養護又は保護のための施設、役務の提供及び設備が、特に安全及び健康の分野に関し並びにこれらの職員の数及び適格性並びに適正な監督に関し権限のある当局の設定した基準に適合することを確保する。

第四条【立法上、行政上その他の措置】締約国は、この条約において認められる権利の実現のため、すべての適当な立法措置、行政措置その他の措置を講ずる。締約国は、経済的、社会的及び文化的権利に関しては、自国における利用可能な手段の最大限の範囲内で、また、必要な場合には国際協力の枠内で、これらの措置を講ずる。

第五条【親などの指導、責任等の尊重】締約国は、児童がこの条約において認められる権利を行使するに当たり、父母若しくは場合により地方の慣習により定められている大家族若しくは共同体の構成員、法定保護者又は児童について法的に責任を有する他の者がその児童の発達しつつある能力に適合する方法で適当な指示及び指導を与える責任、権利及び義務を尊重する。

第六条【生命に対する権利】1　締約国は、すべての児童が生命に対する固有の権利を有することを認める。

2　締約国は、児童の生存及び発達を可能な最大限の範囲において確保する。

第七条【氏名及び国籍についての権利】1　児童は、出生の後直ちに登録される。児童は、出生の時から氏名を有する権利及び国籍を取得する権利を有するものとし、また、できる限りその父母を知りかつその父母によって養育される権利を有する。

2　締約国は、特に児童が無国籍となる場合を含めて、国内法及びこの分野における関連する国際文書に基づく自国の義務に従い、1の権利の実現を確保する。

第八条【身元の保全】1　締約国は、児童が法律によって認められた国籍、氏名及び家族関係を含むその身元関係事項について不法に干渉されることなく保持する権利を尊重することを約束する。

2　締約国は、児童がその身元関係事項の一部又は全部を不法に奪われた場合には、その身元関係事項を速やかに回復するため、適当な援助及び保護を与える。

第九条【親からの分離の禁止】1　締約国は、児童がその父母の意思に反してその父母から分離されないことを確保する。ただし、権限のある当局が司法の審査に従うことを条件として適用のある法律及び手続に従いその分離が児童の最善の利益のために必要であると決定する場合は、この限りでない。このような決定は、父母が児童を虐待し若しくは放置する場合又は父母が別居しており児童の居住地を決定しなければならない場合のような特定の場合において必要となることがある。

2　すべての関係当事者は、1の規定に基づくいかなる手続においても、その手続に参加しかつ自己の意見を述べる機会を有する。

3　締約国は、児童の最善の利益に反する場合を除くほか、父母の一方又は双方から分離されている児童が定期的に父母のいずれとも人的な関係及び直接の接触を維持する権利を尊重する。

4　3の分離が、締約国がとった父母の一方若しくは双方又は児童の抑留、拘禁、追放、退去強制、死亡（その者が当該締約国により身体を拘束されている間に何らかの理由により生じた死亡を含む。）等のいずれかの措置に基づく場合には、当該締約国は、要請に応じ、父母、児童又は適当な場合には家族の他の構成員に対し、家族のうち不在となっている者の所在に関する重要な情報を提供する。ただし、その情報の提供が児童の福祉を害する場合は、この限りでない。締約国は、更に、その要請の提出自体が関係者に悪影響を及ぼさないことを確保する。

第一〇条【家族の再統合】1　前条1の規定に基づく締約国の義務に従い、家族の再統合を目的とする児童又はその父母による締約国への入国又は締約国から

の出国の申請については、締約国が積極的、人道的かつ迅速な方法で取り扱う。締約国は、更に、その申請の提出が申請者及びその家族の構成員に悪影響を及ぼさないことを確保する。

2　父母と異なる国に居住する児童は、例外的な事情がある場合を除くほか定期的に父母との人的な関係及び直接の接触を維持する権利を有する。このため、前条1の規定に基づく締約国の義務に従い、締約国は、児童及びその父母がいずれの国（自国を含む。）からも出国し、かつ、自国に入国する権利を尊重する。出国する権利は、法律で定められ、国の安全、公の秩序、公衆の健康若しくは道徳又は他の者の権利及び自由を保護するために必要であり、かつ、この条約において認められる他の権利と両立する制限にのみ従う。

第一一条【不法な移送及び不帰還の防止】1　締約国は、児童が不法に国外へ移送されることを防止し及び国外から帰還することができない事態を除去するための措置を講ずる。

2　このため、締約国は、二国間若しくは多数国間の協定の締結又は現行の協定への加入を促進する。

第一二条【意見を表明する権利】1　締約国は、自己の意見を形成する能力のある児童がその児童に影響を及ぼすすべての事項について自由に自己の意見を表明する権利を確保する。この場合において、児童の意見は、その児童の年齢及び成熟度に従って相応に考慮されるものとする。

2　このため、児童は、特に、自己に影響を及ぼすあらゆる司法上及び行政上の手続において、国内法の手続規則に合致する方法により直接に又は代理人若しくは適当な団体を通じて聴取される機会を与えられる。

第一三条【表現及び情報の自由】1　児童は、表現の自由についての権利を有する。この権利には、口頭、手書き若しくは印刷、芸術の形態又は自ら選択する他の方法により、国境とのかかわりなく、あらゆる種類の情報及び考えを求め、受け及び伝える自由を含む。

2　1の権利の行使については、一定の制限を課することができる。ただし、その制限は、法律によって定められ、かつ、次の目的のために必要とされるものに限る。

(a)　他の者の権利又は信用の尊重

(b)　国の安全、公の秩序又は公衆の健康若しくは道徳の保護

第一四条【思想、良心及び宗教の自由】1　締約国は、思想、良心及び宗教の自由についての児童の権利を尊重する。

2　締約国は、児童が1の権利を行使するに当たり、父母及び場合により法定保護者が児童に対しその発達しつつある能力に適合する方法で指示を与える権利及び義務を尊重する。

3　宗教又は信念を表明する自由については、法律で定める制限であって公共の安全、公の秩序、公衆の健康若しくは道徳又は他の者の基本的な権利及び自由を保護するために必要なもののみを課することができる。

第一五条【結社及び集会の自由】1　締約国は、結社の自由及び平和的な集会の自由についての児童の権利を認める。

2　1の権利の行使については、法律で定める制限であって国の安全若しくは公共の安全、公の秩序、公衆の健康若しくは道徳の保護又は他の者の権利及び自由の保護のため民主的社会において必要なもの以外のいかなる制限も課することができない。

第一六条【私生活、名誉及び信用の尊重】1　いかなる児童も、その私生活、家族、住居若しくは通信に対して恣(し)意的に若しくは不法に干渉され又は名誉及び信用を不法に攻撃されない。

2　児童は、1の干渉又は攻撃に対する法律の保護を受ける権利を有する。

第一七条【マス・メディア】締約国は、大衆媒体（マス・メディア）の果たす重要な機能を認め、児童が国の内外の多様な情報源からの情報及び資料、特に児童の社会面、精神面及び道徳面の福祉並びに心身の健康の促進を目的とした情報及び資料を利用することができることを確保する。このため、締約国は、

(a)　児童にとって社会面及び文化面において有益であり、かつ、第二九条の精神に沿う情報及び資料を大衆媒体（マス・メディア）が普及させるよう奨励する。

(b)　国の内外の多様な情報源（文化的にも多様な情報源を含む。）からの情報及び資料の作成、交換及び普及における国際協力を奨励する。

(c)　児童用書籍の作成及び普及を奨励する。

(d)　少数集団に属し又は原住民である児童の言語上の必要性について大衆媒体（マス・メディア）が特に考慮するよう奨励する。

(e)　第一三条及び次条の規定に留意して、児童の福祉に有害な情報及び資料から児童を保護するための適当な指針を発展させることを奨励する。

第一八条【親の養育責任】1　締約国は、児童の養育及び発達について父母が共同の責任を有するという原則についての認識を確保するために最善の努力を払う。父母又は場合により法定保護者は、児童の養育及び発達についての第一義的な責任を有する。児童の最善の利益は、これらの者の基本的な関心事項となるものとする。

2　締約国は、この条約に定める権利を保障し及び促進するため、父母及び法定保護者が児童の養育についての責任を遂行するに当たりこれらの者に対して適当な援助を与えるものとし、また、児童の養護のための施設、設備及び役務の提供の発展を確保する。

3　締約国は、父母が働いている児童が利用する資格を有する児童の養護のための役務の提供及び設備からその児童が便益を受ける権利を有することを確保するためのすべての適当な措置をとる。

第一九条【虐待からの保護】1　締約国は、児童が父母、法定保護者又は児童を監護する他の者による監護を受けている間において、あらゆる形態の身体的若しくは精神的な暴力、傷害若しくは虐待、放置若しくは怠慢な取扱い、不当な取扱い又は搾取(性的虐待を含む。)からその児童を保護するためすべての適当な立法上、行政上、社会上及び教育上の措置をとる。

2　1の保護措置には、適当な場合には、児童及び児童を監護する者のために必要な援助を与える社会的計画の作成その他の形態による防止のための効果的な手続並びに1に定める児童の不当な取扱いの事件の発見、報告、付託、調査、処置及び事後措置並びに適当な場合には司法の関与に関する効果的な手続を含むものとする。

第二〇条【代替的監護】1　一時的若しくは恒久的にその家庭環境を奪われた児童又は児童自身の最善の利益にかんがみその家庭環境にとどまることが認められない児童は、国が与える特別の保護及び援助を受ける権利を有する。

2　締約国は、自国の国内法に従い、1の児童のための代替的な監護を確保する。

3　2の監護には、特に、里親委託、イスラム法のカファーラ、養子縁組又は必要な場合には児童の監護のための適当な施設への収容を含むことができる。解決策の検討に当たっては、児童の養育において継続性が望ましいこと並びに児童の種族的、宗教的、文化的及び言語的な背景について、十分な考慮を払うものとする。

第二一条【養子縁組】養子縁組の制度を認め又は許容している締約国は、児童の最善の利益について最大の考慮が払われることを確保するものとし、また、

(a)　児童の養子縁組が権限のある当局によってのみ認められることを確保する。この場合において、当該権限のある当局は、適用のある法律及び手続に従い、かつ、信頼し得るすべての関連情報に基づき、養子縁組が父母、親族及び法定保護者に関する児童の状況にかんがみ許容されること並びに必要な場合には、関係者が所要のカウンセリングに基づき養子縁組について事情を知らされた上での同意を与えていることを認定する。

(b)　児童がその出身国内において里親若しくは養家に託され又は適切な方法で監護を受けることができない場合には、これに代わる児童の監護の手段として国際的な養子縁組を考慮することができることを認める。

(c)　国際的な養子縁組が行われる児童が国内における養子縁組の場合における保護及び基準と同等のものを享受することを確保する。

(d)　国際的な養子縁組において当該養子縁組が関係者に不当な金銭上の利得をもたらすことがないことを確保するためのすべての適当な措置をとる。

(e)　適当な場合には、二国間又は多数国間の取極又は協定を締結することによりこの条の目的を促進し、及びこの枠組みの範囲内で他国における児童の養子縁組が権限のある当局又は機関によって行われることを確保するよう努める。

第二二条【難民である児童の保護】1　締約国は、難民の地位を求めている児童又は適用のある国際法及び国際的な手続若しくは国内法及び国内的な手続に基づき難民と認められている児童が、父母又は他の者に付き添われているかいないかを問わず、この条約及び自国が締約国となっている人権又は人道に関する他の国際文書に定める権利であって適用のあるものの享受に当たり、適当な保護及び人道的援助を受けることを確保するための適当な措置をとる。

2　このため、締約国は、適当と認める場合には、1の児童を保護し及び援助するため、並びに難民の児童の家族との再統合に必要な情報を得ることを目的としてその難民の児童の父母又は家族の他の構成員を捜すため、国際連合及びこれと協力する他の権限のある政府間機関又は関係非政府機関による努力に協力する。その難民の児童は、父母又は家族の他の構成員が発見されない場合には、何らかの理由により恒久的又は一時的にその家庭環境を奪われた他の児童と同様にこの条約に定める保護が与えられる。

第二三条【障害児の権利】1　締約国は、精神的又は身体的な障害を有する児童が、その尊厳を確保し、自立を促進し及び社会への積極的な参加を容易にする条件の下で十分かつ相応な生活を享受すべきであることを認める。

2　締約国は、障害を有する児童が特別の養護についての権利を有することを認めるものとし、利用可能な手段の下で、申込みに応じた、かつ、当該児童の状況及び父母又は当該児童を養護している他の者の事情に適した援助を、これを受ける資格を有する児童及びこのような児童の養護について責任を有する者に与えることを奨励し、かつ、確保する。

3　障害を有する児童の特別な必要を認めて、2の規定に従って与えられる援助は、父母又は当該児童を養護している他の者の資力を考慮して可能な限り無償で与えられるものとし、かつ、障害を有する児童が可能な限り社会への統合及び個人の発達(文化的及び精神的な発達を含む。)を達成することに資する方法で当該児童が、教育、訓練、保健サービス、リハビリテーション・サービス、雇用のための準備及びレクリエーションの機会を実質的に利用し及び享受することができるように行われるものとする。

4　締約国は、国際協力の精神により、予防的な保健並びに障害を有する児童の医学的、心理学的及び機能的治療の分野における適当な情報の交換(リハビリテーション、教育及び職業サービスの方法に関する情報の普及及び利用を含む。)であってこれらの分野における自国の能力及び技術を向上させ並びに自国の経験を広げることができるようにすることを目的とするものを促進する。これに関しては、特に、

開発途上国の必要を考慮する。

第二四条【健康及び医療についての権利】 1 締約国は、到達可能な最高水準の健康を享受すること並びに病気の治療及び健康の回復のための便宜を与えられることについての児童の権利を認める。締約国は、いかなる児童もこのような保健サービスを利用する権利が奪われないことを確保するために努力する。

2 締約国は、1の権利の完全な実現を追求するものとし、特に、次のことのための適当な措置をとる。

(a) 幼児及び児童の死亡率を低下させること。

(b) 基礎的な保健の発展に重点を置いて必要な医療及び保健をすべての児童に提供することを確保すること。

(c) 環境汚染の危険を考慮に入れて、基礎的な保健の枠組みの範囲内で行われることを含めて、特に容易に利用可能な技術の適用により並びに十分に栄養のある食物及び清潔な飲料水の供給を通じて、疾病及び栄養不良と戦うこと。

(d) 母親のための産前産後の適当な保健を確保すること。

(e) 社会のすべての構成員特に父母及び児童が、児童の健康及び栄養、母乳による育児の利点、衛生（環境衛生を含む。）並びに事故の防止についての基礎的な知識に関して、情報を提供され、教育を受ける機会を有し及びその知識の使用について支援されることを確保すること。

(f) 予防的な保健、父母のための指導並びに家族計画に関する教育及びサービスを発展させること。

3 締約国は、児童の健康を害するような伝統的な慣行を廃止するため、効果的かつ適当なすべての措置をとる。

4 締約国は、この条において認められる権利の完全な実現を漸進的に達成するため、国際協力を促進し及び奨励することを約束する。これに関しては、特に、開発途上国の必要を考慮する。

第二五条【収容された児童の定期的審査】 締約国は、児童の身体又は精神の養護、保護又は治療を目的として権限のある当局によって収容された児童に対する処遇及びその収容に関連する他のすべての状況に関する定期的な審査が行われることについての児童の権利を認める。

第二六条【社会保障についての権利】 1 締約国は、すべての児童が社会保険その他の社会保障からの給付を受ける権利を認めるものとし、自国の国内法に従い、この権利の完全な実現を達成するための必要な措置をとる。

2 1の給付は、適当な場合には、児童及びその扶養について責任を有する者の資力及び事情並びに児童によって又は児童に代わって行われる給付の申請に関する他のすべての事項を考慮して、与えられるものとする。

第二七条【生活水準についての権利】 1 締約国は、児童の身体的、精神的、道徳的及び社会的な発達のための相当な生活水準についてのすべての児童の権利を認める。

2 父母又は児童について責任を有する他の者は、自己の能力及び資力の範囲内で、児童の発達に必要な生活条件を確保することについての第一義的な責任を有する。

3 締約国は、国内事情に従い、かつ、その能力の範囲内で、1の権利の実現のため、父母及び児童について責任を有する他の者を援助するための適当な措置をとるものとし、また、必要な場合には、特に栄養、衣類及び住居に関して、物的援助及び支援計画を提供する。

4 締約国は、父母又は児童について金銭上の責任を有する他の者から、児童の扶養料を自国内で及び外国から、回収することを確保するためのすべての適当な措置をとる。特に、児童について金銭上の責任を有する者が児童と異なる国に居住している場合には、締約国は、国際協定への加入又は国際協定の締結及び他の適当な取決めの作成を促進する。

第二八条【教育についての権利】 1 締約国は、教育についての児童の権利を認めるものとし、この権利を漸進的にかつ機会の平等を基礎として達成するため、特に、

(a) 初等教育を義務的なものとし、すべての者に対して無償のものとする。

(b) 種々の形態の中等教育（一般教育及び職業教育を含む。）の発展を奨励し、すべての児童に対し、これらの中等教育が利用可能であり、かつ、これらを利用する機会が与えられるものとし、例えば、無償教育の導入、必要な場合における財政的援助の提供のような適当な措置をとる。

(c) すべての適当な方法により、能力に応じ、すべての者に対して高等教育を利用する機会が与えられるものとする。

(d) すべての児童に対し、教育及び職業に関する情報及び指導が利用可能であり、かつ、これらを利用する機会が与えられるものとする。

(e) 定期的な登校及び中途退学率の減少を奨励するための措置をとる。

2 締約国は、学校の規律が児童の人間の尊厳に適合する方法で及びこの条約に従って運用されることを確保するためのすべての適当な措置をとる。

3 締約国は、特に全世界における無知及び非識字の廃絶に寄与し並びに科学上及び技術上の知識並びに最新の教育方法の利用を容易にするため、教育に関する事項についての国際協力を促進し、及び奨励する。これに関しては、特に、開発途上国の必要を考慮する。

第二九条【教育の目的】 1 締約国は、児童の教育が次のことを指向すべきことに同意する。

(a) 児童の人格、才能並びに精神的及び身体的な能力をその可能な最大限度まで発達させること。

(b) 人権及び基本的自由並びに国際連合憲章にうた

う原則の尊重を育成すること。

(c) 児童の父母、児童の文化的同一性、言語及び価値観、児童の居住国及び出身国の国民的価値観並びに自己の文明と異なる文明に対する尊重を育成すること。

(d) すべての人民の間の、種族的、国民的及び宗教的集団の間の並びに原住民である者の間の理解、平和、寛容、両性の平等及び友好の精神に従い、自由な社会における責任ある生活のために児童に準備させること。

(e) 自然環境の尊重を育成すること。

2 この条又は前条のいかなる規定も、個人及び団体が教育機関を設置し及び管理する自由を妨げるものと解してはならない。ただし、常に、1に定める原則が遵守されること及び当該教育機関において行われる教育が国によって定められる最低限度の基準に適合することを条件とする。

第三〇条【少数民族及び原住民の児童の権利】種族的、宗教的若しくは言語的少数民族又は原住民である者が存在する国において、当該少数民族に属し又は原住民である児童は、その集団の他の構成員とともに自己の文化を享有し、自己の宗教を信仰しかつ実践し又は自己の言語を使用する権利を否定されない。

第三一条【休息、余暇などについての権利】1 締約国は、休息及び余暇についての児童の権利並びに児童がその年齢に適した遊び及びレクリエーションの活動を行い並びに文化的な生活及び芸術に自由に参加する権利を認める。

2 締約国は、児童が文化的及び芸術的な生活に十分に参加する権利を尊重しかつ促進するものとし、文化的及び芸術的な活動並びにレクリエーション及び余暇の活動のための適当かつ平等な機会の提供を奨励する。

第三二条【経済的搾取などからの保護】1 締約国は、児童が経済的な搾取から保護され及び危険となり若しくは児童の教育の妨げとなり又は児童の健康若しくは身体的、精神的、道徳的若しくは社会的な発達に有害となるおそれのある労働への従事から保護される権利を認める。

2 締約国は、この条の規定の実施を確保するための立法上、行政上、社会上及び教育上の措置をとる。このため、締約国は、他の国際文書の関連規定を考慮して、特に、

(a) 雇用が認められるための一又は二以上の最低年齢を定める。

(b) 労働時間及び労働条件についての適当な規則を定める。

(c) この条の規定の効果的な実施を確保するための適当な罰則その他の制裁を定める。

第三三条【麻薬及び向精神薬からの保護】締約国は、関連する国際条約に定義された麻薬及び向精神薬の不正な使用から児童を保護し並びにこれらの物質の不正な生産及び取引における児童の使用を防止するための立法上、行政上、社会上及び教育上の措置を含むすべての適当な措置をとる。

第三四条【性的搾取からの保護】締約国は、あらゆる形態の性的搾取及び性的虐待から児童を保護することを約束する。このため、締約国は、特に、次のことを防止するためのすべての適当な国内、二国間及び多数国間の措置をとる。

(a) 不法な性的な行為を行うことを児童に対して勧誘し又は強制すること。

(b) 売春又は他の不法な性的な業務において児童を搾取的に使用すること。

(c) わいせつな演技及び物において児童を搾取的に使用すること。

第三五条【誘拐、取引の防止】締約国は、あらゆる目的のための又はあらゆる形態の児童の誘拐、売春又は取引を防止するためのすべての適当な国内、二国間及び多数国間の措置をとる。

第三六条【他の形態の搾取からの保護】締約国は、いずれかの面において児童の福祉を害する他のすべての形態の搾取から児童を保護する。

第三七条【自由を奪われた児童の取扱い】締約国は、次のことを確保する。

(a) いかなる児童も、拷問又は他の残虐な、非人道的な若しくは品位を傷つける取扱い若しくは刑罰を受けないこと。死刑又は釈放の可能性がない終身刑は、一八歳未満の者が行った犯罪について科さないこと。

(b) いかなる児童も、不法に又は恣(し)意的にその自由を奪われないこと。児童の逮捕、抑留又は拘禁は、法律に従って行うものとし、最後の解決手段として最も短い適当な期間のみ用いること。

(c) 自由を奪われたすべての児童は、人道的に、人間の固有の尊厳を尊重して、かつ、その年齢の者の必要を考慮した方法で取り扱われること。特に、自由を奪われたすべての児童は、成人とは分離されないことがその最善の利益であると認められない限り成人とは分離されるものとし、例外的な事情がある場合を除くほか、通信及び訪問を通じてその家族との接触を維持する権利を有すること。

(d) 自由を奪われたすべての児童は、弁護人その他適当な援助を行う者と速やかに接触する権利を有し、裁判所その他の権限のある、独立の、かつ、公平な当局においてその自由の剥(はく)奪の合法性を争い並びにこれについての決定を速やかに受ける権利を有すること。

第三八条【武力紛争からの保護】1 締約国は、武力紛争において自国に適用される国際人道法の規定で児童に関係を有するものを尊重し及びこれらの規定の尊重を確保することを約束する。

2 締約国は、一五歳未満の者が敵対行為に直接参加しないことを確保するためのすべての実行可能な措置をとる。

3 締約国は、一五歳未満の者を自国の軍隊に採用

することを差し控えるものとし、また、一五歳以上一八歳未満の者の中から採用するに当たっては、最年長者を優先させるよう努める。

4　締約国は、武力紛争において文民を保護するための国際人道法に基づく自国の義務に従い、武力紛争の影響を受ける児童の保護及び養護を確保するためのすべての実行可能な措置をとる。

第三九条【回復及び復帰】締約国は、あらゆる形態の放置、搾取若しくは虐待、拷問若しくは他のあらゆる形態の残虐な、非人道的な若しくは品位を傷つける取扱い若しくは刑罰又は武力紛争による被害者である児童の身体的及び心理的な回復及び社会復帰を促進するためのすべての適当な措置をとる。このような回復及び復帰は、児童の健康、自尊心及び尊厳を育成する環境において行われる。

第四〇条【少年司法】1　締約国は、刑法を犯したと申し立てられ、訴追され又は認定されたすべての児童が尊厳及び価値についての当該児童の意識を促進させるような方法であって、当該児童が他の者の人権及び基本的自由を尊重することを強化し、かつ、当該児童の年齢を考慮し、更に、当該児童が社会に復帰し及び社会において建設的な役割を担うことがなるべく促進されることを配慮した方法により取り扱われる権利を認める。

2　このため、締約国は、国際文書の関連する規定を考慮して、特に次のことを確保する。

(a)　いかなる児童も、実行の時に国内法又は国際法により禁じられていなかった作為又は不作為を理由として刑法を犯したと申し立てられ、訴追され又は認定されないこと。

(b)　刑法を犯したと申し立てられ又は訴追されたすべての児童は、少なくとも次の保障を受けること。

(i)　法律に基づいて有罪とされるまでは無罪と推定されること。

(ii)　速やかにかつ直接に、また、適当な場合には当該児童の父母又は法定保護者を通じてその罪を告げられること並びに防御の準備及び申立てにおいて弁護人その他適当な援助を行う者を持つこと。

(iii)　事案が権限のある、独立の、かつ、公平な当局又は司法機関により法律に基づく公正な審理において、弁護人その他適当な援助を行う者の立会い及び、特に当該児童の年齢又は境遇を考慮して児童の最善の利益にならないと認められる場合を除くほか、当該児童の父母又は法定保護者の立会いの下に遅滞なく決定されること。

(iv)　供述又は有罪の自白を強要されないこと。不利な証人を尋問し又はこれに対し尋問させること並びに対等の条件で自己のための証人の出席及びこれに対する尋問を求めること。

(v)　刑法を犯したと認められた場合には、その認定及びその結果科せられた措置について、法律に基づき、上級の、権限のある、独立の、かつ、公平な当局又は司法機関によって再審理されること。

(vi)　使用される言語を理解すること又は話すことができない場合には、無料で通訳の援助を受けること。

(vii)　手続のすべての段階において当該児童の私生活が十分に尊重されること。

3　締約国は、刑法を犯したと申し立てられ、訴追され又は認定された児童に特別に適用される法律及び手続の制定並びに当局及び施設の設置を促進するよう努めるものとし、特に、次のことを行う。

(a)　その年齢未満の児童は刑法を犯す能力を有しないと推定される最低年齢を設定すること。

(b)　適当なかつ望ましい場合には、人権及び法的保護が十分に尊重されていることを条件として、司法上の手続に訴えることなく当該児童を取り扱う措置をとること。

4　児童がその福祉に適合し、かつ、その事情及び犯罪の双方に応じた方法で取り扱われることを確保するため、保護、指導及び監督命令、カウンセリング、保護観察、里親委託、教育及び職業訓練計画、施設における養護に代わる他の措置等の種々の処置が利用し得るものとする。

第四一条【国内及び国際法令の優先適用】この条約のいかなる規定も、次のものに含まれる規定であって児童の権利の実現に一層貢献するものに影響を及ぼすものではない。

(a)　締約国の法律

(b)　締約国について効力を有する国際法

第二部　【実施措置】

第四二条【条約の広報】締約国は、適当かつ積極的な方法でこの条約の原則及び規定を成人及び児童のいずれにも広く知らせることを約束する。

第四三条【児童の権利委員会】1　この条約において負う義務の履行の達成に関する締約国による進捗（ちょく）の状況を審査するため、児童の権利に関する委員会（以下「委員会」という。）を設置する。委員会は、この部に定める任務を行う。

2　委員会は、徳望が高く、かつ、この条約が対象とする分野において能力を認められた一八人の専門家で構成する。委員会の委員は、締約国の国民の中から締約国により選出されるものとし、個人の資格で職務を遂行する。その選出に当たっては、衡平な地理的配分及び主要な法体系を考慮に入れる。

3　委員会の委員は、締約国により指名された者の名簿の中から秘密投票により選出される。各締約国は、自国民の中から一人を指名することができる。

4　委員会の委員の最初の選挙は、この条約の効力発生の日の後六箇月以内に行うものとし、その後の選挙は、二年ごとに行う。国際連合事務総長は、委員会の委員の選挙の日の遅くとも四箇月前までに、締約国に対し、自国が指名する者の氏名を二箇月以内に提出するよう書簡で要請する。その後、同事務総長は、指名された者のアルファベット順による名簿（これらの者を指名した締約国名を表示した名簿とする。）を作成し、この条約の締約国に送付する。

5　委員会の委員の選挙は、国際連合事務総長により国際連合本部に招集される締約国の会合において行う。これらの会合は、締約国の三分の二をもって定足数とする。これらの会合においては、出席しかつ投票する締約国の代表によって投じられた票の最多数で、かつ、過半数の票を得た者をもって委員会に選出された委員とする。

6　委員会の委員は、四年の任期で選出される。委員は、再指名された場合には、再選される資格を有する。最初の選挙において選出された委員のうち五人の委員の任期は、二年で終了するものとし、これらの五人の委員は、最初の選挙の後直ちに、最初の選挙が行われた締約国の会合の議長によりくじ引で選ばれる。

7　委員会の委員が死亡し、辞任し又は他の理由のため委員会の職務を遂行することができなくなったことを宣言した場合には、当該委員を指名した締約国は、委員会の承認を条件として自国民の中から残余の期間職務を遂行する他の専門家を任命する。

8　委員会は、手続規則を定める。

9　委員会は、役員を二年の任期で選出する。

10　委員会の会合は、原則として、国際連合本部又は委員会が決定する他の適当な場所において開催する。委員会は、原則として毎年一回会合する。委員会の会合の期間は、国際連合総会の承認を条件としてこの条約の締約国の会合において決定し、必要な場合には、再検討する。

11　国際連合事務総長は、委員会がこの条約に定める任務を効果的に遂行するために必要な職員及び便益を提供する。

12　この条約に基づいて設置する委員会の委員は、国際連合総会が決定する条件に従い、同総会の承認を得て、国際連合の財源から報酬を受ける。

第四四条【締約国の報告義務】1　締約国は、(a)当該締約国についてこの条約が効力を生ずる時から二年以内に、(b)その後は五年ごとに、この条約において認められる権利の実現のためにとった措置及びこれらの権利の享受についてもたらされた進歩に関する報告を国際連合事務総長を通じて委員会に提出することを約束する。

2　この条の規定により行われる報告には、この条約に基づく義務の履行の程度に影響を及ぼす要因及び障害が存在する場合には、これらの要因及び障害を記載する。当該報告には、また、委員会が当該国における条約の実施について包括的に理解するために十分な情報を含める。

3　委員会に対して包括的な最初の報告を提出した締約国は、1(b)の規定に従って提出するその後の報告においては、既に提供した基本的な情報を繰り返す必要はない。

4　委員会は、この条約の実施に関する追加の情報を締約国に要請することができる。

5　委員会は、その活動に関する報告を経済社会理事会を通じて二年ごとに国際連合総会に提出する。

6　締約国は、1の報告を自国において公衆が広く利用できるようにする。

第四五条【委員会と他の機関】（略）

第三部　【最終規定】

第四六条【署名】
第四七条【批准】
第四八条【加入】
第四九条【効力発生】
第五〇条【改正】（略）

第五一条【留保】（3 15第二八条と同じ）

第五二条【廃棄】締約国は、国際連合事務総長に対して書面による通告を行うことにより、この条約を廃棄することができる。廃棄は、同事務総長がその通告を受領した日の後一年で効力を生ずる。

第五三条【寄託】
第五四条【正文】（略）

日本国の留保

日本国は、児童の権利に関する条約第三七条(c)の適用に当たり、日本国においては、自由を奪われた者に関しては、国内法上原則として二〇歳未満の者と二〇歳以上の者とを分離することとされていることにかんがみ、この規定の第二文にいう「自由を奪われたすべての児童は、成人とは分離されないことがその最善の利益であると認められない限り成人とは分離される」に拘束されない権利を留保する。

同宣言

1　日本国政府は、児童の権利に関する条約第九条1は、出入国管理法に基づく退去強制の結果として児童が父母から分離される場合に適用されるものではないと解釈するものであることを宣言する。

2　日本国政府は、更に、児童の権利に関する条約第一〇条1に規定される家族の再統合を目的とする締約国への入国又は締約国からの出国の申請を「積極的、人道的かつ迅速な方法」で取り扱うとの義務はそのような申請の結果に影響を与えるものではないと解釈するものであることを宣言する。

3 17 武力紛争における児童の関与に関する児童の権利に関する条約の選択議定書（武力紛争における児童の関与に関する児童の権利条約選択議定書）（抄）

採択 二〇〇〇年五月二五日 国際連合総会第五四回会期決議五四／二六三附属書I
効力発生 二〇〇二年二月一二日
日本国 二〇〇二年五月一〇日署名、二〇〇四年四月二一日国会承認、八月二日批准書寄託、八月四日公布（条約第一〇号）、九月二日効力発生

この議定書の締約国は、

児童の権利に関する条約に対して、児童の権利の促進及び保護のために努力する広範な意志を表す圧倒的な支持があることに励まされ、

児童の権利は特別な保護を必要とすることを再確認し、また、差別なく児童の状況を不断に改善すること並びに平和で安全な状況において児童が発達し及び教育を受けることを要請し、

武力紛争が児童に及ぼす有害かつ広範な影響並びにこれが永続性のある平和、安全及び発展に及ぼす長期的な影響を憂慮し、

武力紛争の状況において児童を標的とすること及び学校、病院等一般的に多数の児童が存在する場所その他の国際法に基づいて保護されている対象を直接攻撃することを非難し、

国際刑事裁判所規程が採択されたこと、特に同規程が、国際的な武力紛争及び非国際的な武力紛争の双方において、一五歳未満の児童を強制的に徴集し及び志願に基づいて編入し並びに敵対行為に積極的に参加させるために使用することを戦争犯罪として規定していることに留意し、

したがって、児童の権利に関する条約において認められている権利の実現を更に強化するためには、武力紛争における関与から児童を一層保護することが必要であることを考慮し、

児童の権利に関する条約第一条が、同条約の適用上、「児童とは、一八歳未満のすべての者をいう。ただし、当該児童で、その者に適用される法律によりより早く成年に達したものを除く。」と規定していることに留意し、

軍隊に採用することができる者の年齢及びこれらの者が敵対行為に参加する年齢を引き上げる選択議定書は、児童に関するすべての措置をとるに当たっては児童の最善の利益が主として考慮されるべきであるとの原則の実施に効果的に資することを確信し、

一九九五年一二月の第二六回赤十字・赤新月国際会議が、紛争当事国は一八歳未満の児童を敵対行為に参加させないことを確保するためのすべての実行可能な措置をとることを特に勧告したことに留意し、

武力紛争において使用するための児童の強制的な徴集を特に禁止する最悪の形態の児童労働の禁止及び撤廃のための即時の行動に関する国際労働機関の条約（第一八二号）が一九九九年六月に全会一致で採択されたことを歓迎し、

国の軍隊と異なる武装集団が敵対行為において国境内で又は国境を越えて児童を採用し、訓練し及び使用することを最も重大な関心をもって非難し、並びにこの点に関連して児童を採用し、訓練し及び使用するものの責任を認識し、

武力紛争の各当事者が国際人道法の規定を遵守する義務を負っていることを想起し、

この議定書が国際連合憲章（第五一条等）に定める目的及び原則並びに人道法の関連する規範を害するものではないことを強調し、

同憲章に定める目的及び原則の十分な尊重並びに人権に関する適用可能な文書の遵守に基づく平和で安全な状況が、特に武力紛争及び外国による占領の期間中における児童の十分な保護に不可欠であることに留意し、

経済的若しくは社会的地位又は性別のため、この議定書に反して特に採用され又は敵対行為に使用されやすい児童についての特別な必要性を認識し、

武力紛争における児童の関与についての経済的、社会的及び政治的な根本的原因を考慮に入れる必要性に留意し、

この議定書の実施における国際協力並びに武力紛争による被害者である児童の身体的及び心理社会的なリハビリテーション並びに社会復帰における国際協力を強化する必要性を確信し、

社会、特に被害者である児童その他の児童がこの議定書の実施に関する広報及び教育に関する計画の普及に参加することを奨励して、

次のとおり協定した。

第一条【敵対行為への参加の禁止】締約国は、一八歳未満の自国の軍隊の構成員が敵対行為に直接参加しないことを確保するためのすべての実行可能な措置をとる。

第二条【徴兵の禁止】締約国は、一八歳未満の者を自国の軍隊に強制的に徴集しないことを確保する。

第三条【志願者の最低年齢】1 締約国は、児童の権利に関する条約第三八条に定める原則を考慮し及び同条約に基づき一八歳未満の者は特別な保護を受ける権利を有することを認識して、自国の軍隊に志願する者の採用についての最低年齢を同条3に定める年齢より年単位で引き上げる。

2 各締約国は、この議定書を批准し又はこれに加入する際に、自国の軍隊に志願する者の採用が認められる最低年齢を記載する拘束力のある宣言及びその

ような採用が強制され又は強要されたものではないことを確保するためにとられた保障措置についての説明を寄託する。

3　自国の軍隊に志願する一八歳未満の者の採用を認める締約国は、少なくとも次のことを確保するための保障措置を維持する。

(a)　当該採用が真に志願する者を対象とするものであること。

(b)　当該採用につき当該者の父母又は法定保護者が事情を知らされた上で同意していること。

(c)　当該者が軍務における任務につき十分な情報の提供を受けていること。

(d)　当該者が、自国の軍務に服することが認められる前に、年齢についての信頼し得る証明を提出すること。

4　各締約国は、国際連合事務総長にあてた通告により、いつでも自国の宣言の内容を拡充することができるものとし、同事務総長は、これをすべての締約国に通報する。そのような通告は、同事務総長により受領された日に効力を生ずる。

5　1に定める最低年齢を引き上げる義務は、締約国の軍隊により運営され又は管理されている学校であって、児童の権利に関する条約第二八条及び第二九条の規定の趣旨に沿うものについては適用されない。

第四条【国以外の武装集団の義務】1　国の軍隊と異なる武装集団は、いかなる状況においても、一八歳未満の者を採用し又は敵対行為に使用すべきでない。

2　締約国は、1に規定する採用及び使用を防止するため、すべての実行可能な措置(1に規定する採用及び使用を禁止し並びにこれらの行為を犯罪とするために必要な法律上の措置を含む。)をとる。

3　この議定書におけるこの条の規定の適用は、武力紛争のいかなる当事者の法的地位にも影響を及ぼすものではない。

第五条【有利な規定】この議定書のいかなる規定も、児童の権利の実現に一層貢献する締約国の法律、国際文書又は国際人道法の規定の適用を妨げるものと解してはならない。

第六条【立法その他の措置】1　各締約国は、自国の管轄の下においてこの議定書の規定の効果的な実施を確保するため、すべての必要な法律上、行政上その他の措置をとる。

2　締約国は、適当な方法でこの議定書の原則及び規定を成人及び児童のいずれにも広く知らせることを約束する。

3　締約国は、自国の管轄の下にある者であってこの議定書に反して採用され又は敵対行為に使用されたものを除隊させ又は他の方法により任務から解放することを確保するため、すべての実行可能な措置をとる。締約国は、必要な場合には、これらの者に対し、その身体的及び心理的な回復並びに社会復帰のためのすべての適当な援助を与える。

第七条【国際協力】1　締約国は、技術協力、財政的援助等を通じて、この議定書に反するあらゆる行為の防止、この議定書に反する行為の被害者のリハビリテーション及び社会復帰その他のこの議定書の実施について協力する。このような援助及び協力は、関係締約国及び関係国際機関と協議した上で実施する。

2　締約国は、可能な場合には、既存の多数国間、二国間その他の計画を通じ、又は国際連合総会の規則に従って設立される任意の基金を通じ、このような援助を提供する。

第八条【国家報告】1　各締約国は、この議定書が自国について効力を生じた後二年以内に、参加及び採用に関する規定の実施のためにとった措置その他のこの議定書の規定の実施のためにとった措置に関する包括的な情報を提供する報告を児童の権利に関する委員会に提出する。

2　各締約国は、包括的な報告を提出した後、児童の権利に関する条約第四四条の規定に従って児童の権利に関する委員会に提出する報告に、この議定書の実施に関するあらゆる追加の情報を含める。この議定書のその他の締約国は、五年ごとに報告を提出する。

3　児童の権利に関する委員会は、この議定書の実施に関連する追加の情報を締約国に要請することができる。

第九条【署名・批准】
第一〇条【効力発生】
第一一条【廃棄】
第一二条【改正】
第一三条【正文】
(略)

第三条2に基づく日本国の宣言

我が国は、法令により、自衛隊の組織の一部である学校(本選択議定書第三条5に規定する学校に該当する。)において専ら教育訓練のみを受ける自衛官(以下「自衛隊生徒」という)を除き、一八歳以上の者から自衛官を採用することとしている。

また、我が国は、自衛隊生徒の採用の最低年齢を、一五歳としている。

我が国において自衛隊生徒の採用が強制され又は強要されたものではないことを確保するための保障措置は、以下のとおりである。

1　自衛隊生徒を含む自衛隊員の採用に当たっては、自衛隊法(昭和二九年法律第一六五号)の定めるところにより、試験又は選考によるものとされており、何人も、隊員の採用を不正に実現する目的をもって、脅迫、強制その他これに類する方法を用いてはならないとされている。

2　また、自衛隊生徒を採用する場合は、自衛隊生徒の任用等に関する訓令(昭和三〇年防衛庁訓令第五一号)により、あらかじめ次に掲げる事項を確認しなければならないこととされている。

(1) 自衛隊生徒に採用されることについて親権を行う者又は未成年後見人が同意していること。

(2) 自衛隊生徒に採用を予定されている者が自衛隊生徒が従事する業務について十分な情報の提供を受けていること。

(3) 自衛隊生徒の年齢が一五歳以上であることが証明書により証明されていること。

3 18 児童の売買、児童買春及び児童ポルノに関する児童の権利に関する条約の選択議定書（児童の売買等に関する児童の権利条約選択議定書）（抄）

採　択　二〇〇〇年五月二五日
国際連合総会第五四回会期決議五四／二六三附属書Ⅱ
効力発生　二〇〇二年一月一八日
日本国　二〇〇二年五月一〇日署名、二〇〇四年四月二一日国会承認、二〇〇五年一月二四日批准書寄託、一月二六日公布（条約第二号）、二月二四日効力発生

この議定書の締約国は、

児童の権利に関する条約の目的及び同条約の規定（特に、第一条、第一一条、第二一条、第三二条、第三三条、第三四条、第三五条及び第三六条の規定）の実施を更に達成することを目的として、児童の売買、児童買春及び児童ポルノからの児童の保護を保障するために締約国がとるべき措置を拡大することが適当であることを考慮し、

また、児童の権利に関する条約が、児童が経済的な搾取から保護され及び危険となり若しくは児童の教育の妨げとなり又は児童の健康若しくは身体的、精神的、道徳的若しくは社会的な発達に有害となるおそれのある労働への従事から保護される権利を認めていることを考慮し、

児童の売買、児童買春及び児童ポルノを目的とした児童の国際的な取引が相当数にのぼりかつ増加していることを深刻に憂慮し、

児童の売買、児童買春及び児童ポルノを直接助長するために児童が特に被害を受けやすい買春旅行が広く行われかつ継続していることを深く憂慮し、

女子である児童その他の多くの特に被害を受けやすい集団が性的搾取を受ける危険に一層さらされていること及び性的搾取を受ける者の中で女子である児童が不均衡に多いことを認識し、

インターネットその他の発展しつつある技術による児童ポルノの入手が更に容易になっていることを憂慮し、インターネット上の児童ポルノと戦う国際会議（一九九九年にウィーンで開催）、特に、児童ポルノを製造し、配布し、輸出し、送信し、輸入し、意図的に保有し及び宣伝することを全世界において犯罪とすることを求めるという同会議の結論を想起し、並びに政府とインターネット業界との間のより緊密な協力及び連携の重要性を強調し、

児童の売買、児童買春及び児童ポルノの撲滅は、不十分な開発、貧困、経済的な不均衡、不衡平な社会経済的構造、家族の機能不全、教育の欠如、都市と農村との間の移住、性差別、大人の無責任な性的行動、有害な伝統的慣行、武力紛争、児童の取引その他の様々な要因に対処する全体的な取組方法を採用することにより促進されることを確信し、

児童の売買、児童買春及び児童ポルノに対する消費需要を減少させるためには、公衆の意識を向上させるための努力が必要であることを確信し、また、すべての関係者の間の世界的な連携を強化し及び国内における法の執行を促進することの重要性を確信し、

国家間にまたがる養子縁組に関する子の保護及び協力に関するハーグ条約、国際的な子の奪取の民事上の側面に関するハーグ条約、親等の責任及び子の保護措置に関する管轄権、準拠法、承認、執行及び協力に関するハーグ条約、最悪の形態の児童労働の禁止及び撤廃のための即時の行動に関する国際労働機関の条約（第一八二号）その他の児童の保護に関する国際的な法的文書に留意し、

児童の権利に関する条約に対して、児童の権利の促進及び保護のための広範な意志を表す圧倒的な支持があることに励まされ、

児童の売買、児童買春及び児童ポルノの防止のための行動計画、一九九六年八月二七日から三一日までストックホルムで開催された児童の商業的性的搾取に反対する世界会議において採択された宣言及び行動のための課題並びに関係国際団体によるその他の関連する決定及び勧告の実施の重要性を認識し、

児童の保護及び調和のとれた発達のために各人民の伝統及び文化的価値が有する重要性を十分に考慮して、

次のとおり協定した。

第一条【児童売買等の禁止】締約国は、この議定書に従って児童の売買、児童買春及び児童ポルノを禁止する。

第二条【定義】この議定書の適用上、

(a) 「児童の売買」とは、報酬その他の対償のために、児童が個人若しくは集団により他の個人若しくは集団に引き渡されるあらゆる行為又はこのような引渡しについてのあらゆる取引をいう。

(b) 「児童買春」とは、報酬その他の対償のために、児童を性的な行為に使用することをいう。

(c) 「児童ポルノ」とは、現実の若しくは擬似のあ

からさまな性的な行為を行う児童のあらゆる表現（手段のいかんを問わない。）又は主として性的な目的のための児童の身体の性的な部位のあらゆる表現をいう。

第三条【処罰義務】1　各締約国は、その犯罪が国内で行われたか国際的に行われたかを問わず、また、個人により行われたか組織により行われたかを問わず、少なくとも次の行為が自国の刑法又は刑罰法規の適用を完全に受けることを確保する。

(a)　前条に定義する児童の売買に関し、

(i)　児童を次の目的のため提供し、移送し又は収受すること（手段のいかんを問わない。）。

a　児童を性的に搾取すること。

b　営利の目的で児童の臓器を引き渡すこと。

c　児童を強制労働に従事させること。

(ii)　養子縁組に関する適用可能な国際的な法的文書に違反する児童の養子縁組について同意するよう、仲介者として不当に勧誘すること。

(b)　前条に定義する児童買春のため、児童を提供し、取得し、あっせんし及び供給すること。

(c)　前条に定義する児童ポルノを製造し、配布し、頒布し、輸入し、輸出し、提供し若しくは販売し又はこれらの行為の目的で保有すること。

2　締約国の国内法の規定に従って、1に規定する行為の未遂及び1に規定する行為を共謀し又は1に規定する行為に加担する行為についても、1の規定を適用する。

3　各締約国は、1及び2に定める犯罪について、その重大性を考慮した適当な刑罰を科することができるようにする。

4　各締約国は、自国の国内法の規定に従って、適当な場合には、1に定める犯罪についての法人の責任を確立するための措置をとる。法人のこの責任は、締約国の法的原則に従って、刑事上、民事上又は行政上のものとすることができる。

5　締約国は、児童の養子縁組に関与するすべての者が適用可能な国際的な法的文書に従って行動することを確保するためのすべての適当な法律上及び行政上の措置をとる。

第四条【裁判権の設定】1　各締約国は、前条1に定める犯罪が自国の領域内で又は自国において登録された船舶若しくは航空機内で行われる場合において当該犯罪についての自国の裁判権を設定するため、必要な措置をとる。

2　各締約国は、次の場合において前条1に定める犯罪についての自国の裁判権を設定するため、必要な措置をとることができる。

(a)　容疑者が、自国の国民である場合又は自国の領域内に常居所を有する者である場合

(b)　被害者が自国の国民である場合

3　各締約国は、容疑者が自国の領域内に所在し、かつ、犯罪が自国の国民によって行われたことを理由として他の締約国に対して当該容疑者の引渡しを行わない場合において前条1に定める犯罪についての自国の裁判権を設定するため、必要な措置をとる。

4　この議定書は、国内法に従って行使される刑事裁判権を排除するものではない。

第五条【犯罪人引渡】1　第三条1に定める犯罪は、締約国間の現行の犯罪人引渡条約における引渡犯罪とみなされ、また、締約国間で今後締結されるすべての犯罪人引渡条約における引渡犯罪に含まれるものとする。ただし、これらの条約に定める条件に従うことを条件とする。

2　条約の存在を犯罪人引渡しの条件とする締約国は、自国との間に犯罪人引渡条約を締結していない他の締約国から犯罪人引渡しの請求を受けた場合には、この議定書を第三条1に定める犯罪に関する犯罪人引渡しのための法的根拠とみなすことができる。この犯罪人引渡しは、請求を受けた国の法令に定める条件に従う。

3　条約の存在を犯罪人引渡しの条件としない締約国は、犯罪人引渡しの請求を受けた国の法令に定める条件に従い、相互間で、第三条1に定める犯罪を引渡犯罪と認める。

4　第三条1に定める犯罪は、締約国間の犯罪人引渡しに関しては、当該犯罪が発生した場所のみでなく、前条の規定に従って裁判権を設定しなければならない国の領域内においても行われたものとみなされる。

5　第三条1に定める犯罪に関して引渡しの請求が行われた場合において、請求を受けた締約国が犯人の国籍を理由として引渡しを行わないときは、当該締約国は、訴追のため自国の権限のある当局に事件を付託するための適当な措置をとる。

第六条【相互援助】1　締約国は、第三条1に定める犯罪について行われる捜査、刑事訴訟又は犯罪人引渡しに関する手続について、相互に最大限の援助（これらの手続に必要であり、かつ、自国が提供することができる証拠の収集に係る援助を含む。）を与える。

2　締約国は、相互間に法律上の相互援助に関する条約又は他の取極が存在する場合には、当該条約又は他の取極に合致するように、1に規定する義務を履行する。締約国は、そのような条約又は取極が存在しない場合には、自国の国内法に従って相互に援助を与える。

第七条【押収等】締約国は、自国の国内法の規定に従って、次のことを行う。

(a)　適当な場合には、次のものを押収し又は没収することを定めるための措置をとること。

(i)　この議定書に定める犯罪を行い又は助長するために使用された物（例えば、材料、財産及び他の道具）

(ii)　この議定書に定める犯罪から生じた収益

(b)　(a)に規定する物又は収益の押収又は没収についての他の締約国からの要請を実施すること。

(c)　この議定書に定める犯罪を行うために使用され

た場所を一時的又は恒久的に閉鎖するための措置をとること。

第八条【保護措置】 1　締約国は、刑事司法手続のすべての段階において、特に次のことを行うことによって、この議定書によって禁止されている行為の被害者である児童の権利及び利益を保護するための適当な措置をとる。

(a)　被害者である児童が被害を受けやすいことを認め、及び当該児童の特別な必要（証人としての特別な必要等）を認めるために刑事司法手続を適合させること。

(b)　被害者である児童に対し、当該児童が有する権利及び役割並びに刑事司法手続に係る範囲、時期及び進捗（ちょく）状況について通知し、また、当該児童に係る事件の処理について通知すること。

(c)　被害者である児童の個人的な利益に影響を及ぼす刑事司法手続において、国内法の手続規則に合致する方法により、当該児童の意見、必要及び懸念が表明され及び考慮されることを認めること。

(d)　訴訟手続の間を通じて被害者である児童に対し適当な支援サービスを与えること。

(e)　被害者である児童の私生活及び身元関係事項を適当な場合に保護し、並びに被害者である児童の身元の特定につながるような情報の不適当な公表を避けるために国内法に従って措置をとること。

(f)　適当な場合には、被害者である児童、その家族及び被害者である児童のための証人に対する脅迫及び報復からの保護のための措置をとること。

(g)　事件の処理及び被害者である児童に対して賠償を与える命令又は決定の執行において不必要な遅延を避けること。

2　締約国は、被害者の実際の年齢が不確実であることが捜査（被害者の年齢を立証するための捜査を含む。）を開始する妨げとならないことを確保する。

3　締約国は、この議定書に定める犯罪の被害者である児童の刑事司法制度における取扱いにおいて、児童の最善の利益が主として考慮されることを確保する。

4　締約国は、この議定書によって禁止されている犯罪の被害者のために働く者に対して、適当な研修、特に法律及び心理学に関する研修を確保するための措置をとる。

5　締約国は、適当な場合には、この議定書によって禁止されている犯罪の防止又はこのような犯罪の被害者の保護及びリハビリテーションに関与する個人又は団体の安全及び信頼性を保護するための措置をとる。

6　この条のいかなる規定も、被告人が有する公正かつ公平な裁判を受ける権利を害し又はこれと両立しないものと解してはならない。

第九条【締約国の措置】 1　締約国は、この議定書に定める犯罪を防止するため、法律、行政措置、社会政策及び計画を採用し又は強化し、実施し及び周知させる。このような犯罪により特に被害を受けやすい児童の保護に特別の考慮を払う。

2　締約国は、この議定書に定める犯罪の防止措置及び有害な影響に関し、すべての適当な手段による広報並びに教育及び研修を通じ、児童を含む公衆一般の意識を向上させる。この条の規定に基づく義務を履行するに当たり、締約国は、社会、特に被害者である児童その他の児童が、このような広報、教育及び研修に関する計画（国際的な規模のものを含む。）に参加することを奨励する。

3　締約国は、この議定書に定める犯罪の被害者に対し、十分な社会復帰並びに十分な身体的及び心理的な回復その他のすべての適当な援助を確保するためのすべての実行可能な措置をとる。

4　締約国は、この議定書に定める犯罪の被害者であるすべての児童が、法的な責任を負う者に対し差別されることなく損害についての賠償を求めるための適当な手続を利用することができることを確保する。

5　締約国は、この議定書に定める犯罪を宣伝する物の製造及び頒布を効果的に禁止するための適当な措置をとる。

第一〇条【国際協力】 1　締約国は、児童の売買、児童買春、児童ポルノ及び児童買春旅行に係る行為に責任を負う者について、このような行為の防止、並びに発見、捜査、訴追及び処罰のための多数国間の、地域的な又は二国間の取決めにより国際協力を強化するためのすべての必要な措置をとる。また、締約国は、締約国の当局、国内の及び国際的な非政府機関並びに国際機関の間における国際的な協力及び協調を促進する。

2　締約国は、被害者である児童の身体的及び心理的な回復、社会復帰並びに帰還を援助するための国際協力を促進する。

3　締約国は、児童が児童の売買、児童買春、児童ポルノ及び児童買春旅行により被害を受ける一因となっている貧困、不十分な開発その他の根本的な原因に対処するための国際協力を強化することを促進する。

4　締約国は、可能な場合には、既存の多数国間の、地域的な又は二国間の計画その他の計画を通じて財政的、技術的その他の援助を提供する。

第一一条【有利な規定】 この議定書のいかなる規定も、次のものに含まれる規定であって児童の権利の実現に一層貢献するものに影響を及ぼすものではない。

(a)　締約国の法律

(b)　締約国について効力を有する国際法

第一二条【国家報告】（3 17第八条と同じ）

第一三条【署名・批准】
第一四条【効力発生】
第一五条【廃棄】　（略）
第一六条【改正】
第一七条【正文】

3
19

拷問及び他の残虐な、非人道的な又は品位を傷つける取扱い又は刑罰に関する条約（拷問等禁止条約）（抄）

採　　択　一九八四年一二月一〇日
　　　　　国際連合総会第三九回会期決議三九／四六附属書
効力発生　一九八七年六月二六日
改正（一七条7及び一八条5）　一九九二年九月八日、一二月一六日、締約国会議・国際連合総会第四七回会期決議四七／一一一（未発効）
日 本 国　一九九九年六月九日国会承認、六月二九日加入書寄託、七月五日公布（条約第六号）、七月二九日効力発生

この条約の締約国は、
国際連合憲章において宣明された原則によれば、人類社会のすべての構成員の平等のかつ奪い得ない権利を認めることが世界における自由、正義及び平和の基礎を成すものであることを考慮し、
これらの権利が人間の固有の尊厳に由来することを認め、
人権及び基本的自由の普遍的な尊重及び遵守を助長すべき義務を国際連合憲章、特にその第五五条の規定に基づいて諸国が負っていることを考慮し、
何人も拷問又は残虐な、非人道的な若しくは品位を傷つける取扱い若しくは刑罰を受けないことを定めている世界人権宣言第五条及び市民的及び政治的権利に関する国際規約第七条の規定に留意し、
また、一九七五年一二月九日に国際連合総会で採択された拷問及び他の残虐な、非人道的な又は品位を傷つける取扱い又は刑罰を受けることからのすべての人の保護に関する宣言に留意し、
拷問及び他の残虐な、非人道的な又は品位を傷つける取扱い又は刑罰を無くすための世界各地における努力を一層効果的なものとすることを希望して、
次のとおり協定した。

第一部　【実体規定】

第一条【拷問の定義】1　この条約の適用上、「拷問」とは、身体的なものであるか精神的なものであるかを問わず人に重い苦痛を故意に与える行為であって、本人若しくは第三者から情報若しくは自白を得ること、本人若しくは第三者が行ったか若しくはその疑いがある行為について本人を罰すること、本人若しくは第三者を脅迫し若しくは強要することその他これらに類することを目的として又は何らかの差別に基づく理由によって、かつ、公務員その他の公的資格で行動する者により又はその扇動により若しくはその同意若しくは黙認の下に行われるものをいう。「拷問」には、合法的な制裁の限りで苦痛が生ずること又は合法的な制裁に固有の若しくは付随する苦痛を与えることを含まない。
2　1の規定は、適用範囲が一層広い規定を含んでおり又は含むことのある国際文書又は国内法令に影響を及ぼすものではない。

第二条【拷問の禁止】1　締約国は、自国の管轄の下にある領域内において拷問に当たる行為が行われることを防止するため、立法上、行政上、司法上その他の効果的な措置をとる。
2　戦争状態、戦争の脅威、内政の不安定又は他の公の緊急事態であるかどうかにかかわらず、いかなる例外的な事態も拷問を正当化する根拠として援用することはできない。
3　上司又は公の機関による命令は、拷問を正当化する根拠として援用することはできない。

第三条【追放及び送還の禁止】1　締約国は、いずれの者をも、その者に対する拷問が行われるおそれがあると信ずるに足りる実質的な根拠がある他の国へ追放し、送還し又は引き渡してはならない。
2　権限のある当局は、1の根拠の有無を決定するに当たり、すべての関連する事情（該当する場合には、関係する国における一貫した形態の重大な、明らかな又は大規模な人権侵害の存在を含む。）を考慮する。

第四条【拷問の処罰】1　締約国は、拷問に当たるすべての行為を自国の刑法上の犯罪とすることを確保する。拷問の未遂についても同様とし、拷問の共謀又は拷問への加担に当たる行為についても同様とする。
2　締約国は、1の犯罪について、その重大性を考慮した適当な刑罰を科することができるようにする。

第五条【裁判権の設定】1　締約国は、次の場合において前条の犯罪についての自国の裁判権を設定するため、必要な措置をとる。
(a)　犯罪が自国の管轄の下にある領域内で又は自国において登録された船舶若しくは航空機内で行われる場合
(b)　容疑者が自国の国民である場合
(c)　自国が適当と認めるときは、被害者が自国の国民である場合
2　締約国は、容疑者が自国の管轄の下にある領域内に所在し、かつ、自国が1のいずれの締約国に対しても第八条の規定による当該容疑者の引渡しを行わない場合において前条の犯罪についての自国の裁判権を設定するため、同様に、必要な措置をとる。
3　この条約は、国内法に従って行使される刑事裁判権を排除するものではない。

第六条【容疑者に対する措置】1　第四条の犯罪の容疑者が領域内に所在する締約国は、自国が入手することができる情報を検討した後、状況によって正当であると認める場合には、当該容疑者の所在を確実にするため、抑留その他の法的措置をとる。この措置は、当該締約国の法令に定めるところによるものとするが、刑事訴訟手続又は犯罪人引渡手続を開始す

るために必要とする期間に限って継続することができる。
2　1の措置をとった締約国は、事実について直ちに予備調査を行う。
3　1の規定に基づいて抑留された者は、その国籍国の最寄りの適当な代表と又は、当該者が無国籍者である場合には、当該者が通常居住している国の代表と直ちに連絡を取ることについて援助を与えられる。
4　いずれの国も、この条の規定に基づいていずれかの者を抑留する場合には、前条1(a)、(b)又は(c)の場合に該当する国に対し、当該者が抑留されている事実及びその抑留が正当とされる事情を直ちに通報する。2の予備調査を行う国は、その結果をこれらの国に対して速やかに報告するものとし、また、自国が裁判権を行使する意図を有するか否かを明らかにする。

第七条【訴追】1　第四条の犯罪の容疑者がその管轄の下にある領域内で発見された締約国は、第五条の規定に該当する場合において、当該容疑者を引き渡さないときは、訴追のため自国の権限のある当局に事件を付託する。
2　1の当局は、自国の法令に規定する通常の重大な犯罪の場合と同様の方法で決定を行う。第五条2の規定に該当する場合における訴追及び有罪の言渡しに必要な証拠の基準は、同条1の規定に該当する場合において適用される基準よりも緩やかなものであってはならない。
3　いずれの者も、自己につき第四条の犯罪のいずれかに関して訴訟手続がとられている場合には、そのすべての段階において公正な取扱いを保障される。

第八条【犯罪人引渡し】1　第四条の犯罪は、締約国間の現行の犯罪人引渡条約における引渡犯罪とみなされる。締約国は、相互間で将来締結されるすべての犯罪人引渡条約に同条の犯罪を引渡犯罪として含めることを約束する。
2　条約の存在を犯罪人引渡しの条件とする締約国は、自国との間に犯罪人引渡条約を締結していない他の締約国から犯罪人引渡しの請求を受けた場合には、この条約を第四条の犯罪に関する犯罪人引渡しのための法的根拠とみなすことができる。この犯罪人引渡しは、請求を受けた国の法令に定める他の条件に従う。
3　条約の存在を犯罪人引渡しの条件としない締約国は、犯罪人引渡しの請求を受けた国の法令に定める条件に従い、相互間で、第四条の犯罪を引渡犯罪と認める。
4　第四条の犯罪は、締約国間の犯罪人引渡しに関しては、当該犯罪が発生した場所のみでなく、第五条1の規定に従って裁判権を設定しなければならない国の領域内においても行われたものとみなされる。

第九条【相互援助】1　締約国は、第四条の犯罪のいずれかについてとられる刑事訴訟手続に関し、相互に最大限の援助(当該訴訟手続に必要であり、かつ、自国が提供することができるすべての証拠の提供を含む。)を与える。
2　締約国は、相互間に司法上の相互援助に関する条約が存在する場合には、当該条約に合致するように1に規定する義務を履行する。

第一〇条【法執行職員の教育】1　締約国は、拷問の禁止についての教育及び情報が、逮捕され、抑留され又は拘禁される者の身体の拘束、尋問又は取扱いに関与する法執行の職員(文民であるか軍人であるかを問わない。)、医療職員、公務員その他の者に対する訓練に十分取り入れられることを確保する。
2　締約国は、1に規定する職員、公務員その他の者の義務及び職務に関する規則又は指示に拷問の禁止を含める。

第一一条【尋問規則等の検討】締約国は、拷問が発生することを無くすため、尋問に係る規則、指示、方法及び慣行並びに自国の管轄の下にある領域内で逮捕され、抑留され又は拘禁される者の身体の拘束及び取扱いに係る措置についての体系的な検討を維持する。

第一二条【国内当局による調査】締約国は、自国の管轄の下にある領域内で拷問に当たる行為が行われたと信ずるに足りる合理的な理由がある場合には、自国の権限のある当局が迅速かつ公平な調査を行うことを確保する。

第一三条【国内当局への申立】締約国は、自国の管轄の下にある領域内で拷問を受けたと主張する者が自国の権限のある当局に申立てを行い迅速かつ公平な検討を求める権利を有することを確保する。申立てを行った者及び証人をその申立て又は証拠の提供の結果生ずるあらゆる不当な取扱い又は脅迫から保護することを確保するための措置がとられるものとする。

第一四条【賠償を受ける権利】1　締約国は、拷問に当たる行為の被害者が救済を受けること及び公正かつ適正な賠償を受ける強制執行可能な権利を有すること(できる限り十分なリハビリテーションに必要な手段が与えられることを含む。)を自国の法制において確保する。被害者が拷問に当たる行為の結果死亡した場合には、その被扶養者が賠償を受ける権利を有する。
2　1の規定は、賠償に係る権利であって被害者その他の者が国内法令に基づいて有することのあるものに影響を及ぼすものではない。

第一五条【拷問による自白の証拠能力】締約国は、拷問によるものと認められるいかなる供述も、当該供述が行われた旨の事実についての、かつ、拷問の罪の被告人に不利な証拠とする場合を除くほか、訴訟手続における証拠としてはならないことを確保する。

第一六条【拷問以外の行為】1　締約国は、自国の管轄の下にある領域内において、第一条に定める拷問には至らない他の行為であって、残虐な、非人道的な又は品位を傷つける取扱い又は刑罰に当たり、かつ、公務員その他の公的資格で行動する者により又はその扇動により若しくはその同意若しくは黙認の下に行われるものを防止することを約束する。特に、第一〇条から第一三条までに規定する義務については、これらの規定中「拷問」を「他の形態の残虐な、非人道的な又は品位を傷つける取扱い又は刑罰」と読み替えた上で適用する。

2　この条約は、残虐な、非人道的な若しくは品位を傷つける取扱い若しくは刑罰を禁止し又は犯罪人引渡し若しくは追放に関連する他の国際文書又は国内法令に影響を及ぼすものではない。

第二部　【実施措置】

第一七条【拷問禁止委員会】1　拷問の禁止に関する委員会(以下「委員会」という。)を設置する。委員会は、この部に定める任務を行う。委員会は、徳望が高く、かつ、人権の分野において能力を認められた一〇人の専門家により構成され、これらの専門家は、個人の資格で職務を遂行する。これらの専門家については、締約国が、委員会の委員の配分が地理的に衡平に行われること及び法律関係の経験を有する者の参加が有益であることを考慮して選出する。

2　委員会の委員は、締約国により指名された者の名簿の中から秘密投票により選出される。各締約国は、自国民の中から一人を指名することができる。締約国は、市民的及び政治的権利に関する国際規約に基づいて設置された人権委員会の委員でもあり、かつ、拷問の禁止に関する委員会の任務を遂行する意思を有する者を指名することが有益であることに留意する。

3　委員会の委員の選挙は、国際連合事務総長により招集される二年ごとの締約国の会合において行う。この会合は締約国の三分の二をもって定足数とし、会合に出席しかつ投票する締約国の代表によって投じられた票の最多数で、かつ、過半数の票を得た者をもって委員会に選出された委員とする。

4　委員会の委員の最初の選挙は、この条約の効力発生の日の後六箇月以内に行う。国際連合事務総長は、委員会の委員の選挙の日の遅くとも四箇月前までに、締約国に対し、自国が指名する者の氏名を三箇月以内に提出するよう書簡で要請する。同事務総長は、このようにして指名された者のアルファベット順による名簿(これらの者を指名した締約国名を表示した名簿とする。)を作成し、締約国に送付する。

5　委員会の委員は、四年の任期で選出され、再指名された場合には、再選される資格を有する。最初の選挙において選出された委員のうち五人の委員(これらの委員は、最初の選挙の後直ちに、3に規定する会合において議長がくじで定めるものとする。)の任期は、二年で終了する。

6　委員会の委員が死亡し、辞任し又は他の理由により委員会の任務を遂行することができなくなった場合には、当該委員を指名した締約国は、締約国の過半数の承認が得られることを条件として、自国民の中から当該委員の残任期間中その職務を遂行する他の専門家を任命する。その任命については、国際連合事務総長がこれを通報した後六週間以内に締約国の二分の一以上が反対しない限り、必要な承認が得られたものとする。

7　締約国は、委員会の任務を遂行中の委員に係る経費について責任を負う。

第一八条【委員会の運営】1　委員会は、役員を二年の任期で選出する。役員は、再選されることができる。

2　委員会は、手続規則を定める。この手続規則には、特に次のことを定める。

(a)　六人の委員をもって定足数とすること。

(b)　委員会の決定は、出席する委員が投ずる票の過半数によって行うこと。

3　国際連合事務総長は、委員会がこの条約に基づく任務を効果的に遂行するために必要な職員及び便益を提供する。

4　国際連合事務総長は、委員会の最初の会合を招集する。委員会は、最初の会合の後は、手続規則に定める時期に会合する。

5　締約国は、締約国の会合及び委員会の会合の開催に関連して生じた経費(職員及び便益に係る費用等3に規定するところにより国際連合に生じた経費の国際連合に対する償還を含む。)について責任を負う。

第一九条【報告の提出義務と委員会の検討】1　締約国は、自国がこの条約に基づく約束を履行するためにとった措置に関する報告を、この条約が自国について効力を生じた後一年以内に、国際連合事務総長を通じて委員会に提出する。その後は、締約国は、新たにとった措置に関する補足報告を四年ごとに提出し、及び委員会が要請することのある他の報告を提出する。

2　国際連合事務総長は、1の報告をすべての締約国に送付する。

3　1の報告は、委員会によって検討される。委員会は、当該報告について、一般的な性格を有する意見であって適当と認めるものを表明することができる。この場合には、当該意見は関係締約国に送付され、当該関係締約国は委員会に対する応答として自国が適当と認めるいかなる見解も表明することができる。

4　委員会は、第二四条の規定に従って提出する委員会の年次報告に、その裁量により、3の規定に従って表明した意見を、当該意見について関係締約国から受領した見解と共に含める旨を決定することができるものとし、また、当該関係締約国が要請する場合には、1の規定に基づいて提出された報告の写しを含めることができる。

第二〇条【委員会の調査】1　委員会は、いずれかの締約国の領域内における拷問の制度的な実行の存在が十分な根拠をもって示されていると認める信頼すべき情報を受領した場合には、当該締約国に対し、当該情報についての検討に協力し及びこのために当該情報についての見解を提出するよう要請する。

2 委員会は、関係締約国が提出することのあるすべての見解を他の入手可能なすべての情報と共に考慮した上で、正当であると認める場合には、一人又は二人以上の委員を指名して秘密調査を行わせ及び委員会への早急な報告を行わせることができる。

3 委員会は、2の規定に従って調査が行われる場合には、関係締約国の協力を求める。この調査を行うに当たっては、当該関係締約国の同意がある場合には、その領域を訪問することができる。

4 委員会は、2の規定に従って委員から提出された調査結果を検討した後、当該状況に照らして適当と認める意見又は提案を付して当該調査結果を関係締約国に送付する。

5 1から4までに規定する委員会のすべての手続は秘密とし、また、当該手続のすべての段階において1の締約国の協力を求める。委員会は、2の規定に従って行われた調査に係る手続が完了した後、当該締約国と協議の上、当該手続の結果の概要を第二四条の規定に従って提出する委員会の年次報告に含めることを決定することができる。

第二一条【締約国の義務不履行と委員会の検討権限】

1 この条約の締約国は、この条約に基づく義務が他の締約国によって履行されていない旨を主張するいずれかの締約国からの通報を委員会が受理し及び検討する権限を有することを認める宣言を、この条の規定に基づいていつでも行うことができる。この通報は、委員会が当該権限を有することを自国について認める宣言を行った締約国によるものである場合に限り、この条に定める手続に従って受理し及び検討することができる。委員会は、宣言を行っていない締約国についての通報をこの条の規定の下で取り扱ってはならない。この条の規定に基づいて受理される通報は、次の手続に従って取り扱う。

(a) 締約国は、他の締約国がこの条約を実施していないと認める場合には、書面による通知により、当該事案につき当該他の締約国の注意を喚起することができる。通知を受領した国は、その受領の後三箇月以内に、当該事案について事情を明らかにするための説明その他の陳述を、書面により、通知を送付した国に提供する。当該説明その他の陳述には、当該事実について既にとられたか、とることとなっているか又は利用することのできる国内的な手続及び救済措置への言及を、可能かつ適当な範囲内において含めなければならない。

(b) 最初の通知の受領の後六箇月以内に(a)の事案が関係締約国の双方が満足するように調整されない場合には、いずれの一方の締約国も、委員会及び他方の締約国に対する通報により当該事案を委員会に付託する権利を有する。

(c) 委員会は、この条の規定に基づいて付託された事案については、すべての国内的な救済措置がとられかつ尽くされたことを確認した後に限り、一般的に認められた国際法の原則に従い、当該付託された事案を取り扱う。ただし、救済措置の実施が不当に遅延する場合又はこの条約の違反の被害者である者に効果的な救済を与える可能性に乏しい場合は、この限りでない。

(d) 委員会は、この条の規定に基づいて通報を検討する場合には、非公開の会合を開催する。

(e) (c)の規定に従うことを条件として、委員会は、この条約に定める義務の尊重を基礎として事案を友好的に解決するため、関係締約国に対してあっせんを行う。このため、委員会は、適当な場合には、特別調停委員会を設置することができる。

(f) 委員会は、この条の規定に基づいて付託されたいずれの事案についても、(b)の関係締約国に対し、あらゆる関連情報を提供するよう要請することができる。

(g) (b)の関係締約国は、委員会において事案が検討されている間において代表を出席させ及び口頭又は書面により意見を述べる権利を有する。

(h) 委員会は、(b)の通報を受領した日の後一二箇月以内に、次の(i)又は(ii)の規定に従って報告を提出する。報告は、各事案ごとに、関係締約国に送付する。

(i) (e)の規定により解決が得られた場合には、委員会は、事実及び得られた解決について簡潔に記述した報告を提出する。

(ii) (e)の規定により解決が得られない場合には、委員会は、事実について簡潔に記述した報告を提出し、その報告に関係締約国の口頭による意見の記録及び書面による意見を添付する。

2 この条の規定は、五の締約国が1の規定に基づく宣言を行った時に効力を生ずる。宣言は、締約国が国際連合事務総長に寄託するものとし、同事務総長は、その写しを他の締約国に送付する。宣言は、同事務総長に対する通告により、いつでも撤回することができる。撤回は、この条の規定に基づく通報により既に付託された事案の検討を妨げるものではない。同事務総長が宣言の撤回の通告を受領した後は、いずれの締約国による新たな通報も、関係締約国が新たに宣言を行わない限り、この条の規定に基づいて受理してはならない。

第二二条【個人の通報と委員会の権限】 1 この条約の締約国は、自国の管轄の下にある個人であっていずれかの締約国によるこの条約の規定の違反の被害者であると主張する者により又はその者のために行われる通報を、委員会が受理し及び検討する権限を有することを認める宣言を、この条の規定に基づいていつでも行うことができる。委員会は、宣言を行っていない締約国についての通報を受理してはならない。

2 委員会は、この条の規定に基づく通報であっても、匿名のもの又は通報を行う権利の濫用であるか若しくはこの条約の規定と両立しないと認めるものについては、これを受理することのできないものとしなければならない。

3　委員会は、2の規定に従うことを条件として、この条の規定に基づいて行われたいずれの通報についても、1の規定に基づく宣言を行いかつこの条約のいずれかの規定に違反しているとされた締約国の注意を喚起する。注意を喚起された国は、六箇月以内に、当該事案及び救済措置が当該国によりとられている場合には当該救済措置についての事情を明らかにするための説明その他の陳述を、書面により、委員会に提出する。

4　委員会は、関係する個人により又はその者のために及び関係締約国により委員会の利用に供されたすべての情報に照らして、この条の規定に基づいて受理する通報を検討する。

5　委員会は、次のことを確認しない限り、この条の規定に基づく個人からのいかなる通報も検討してはならない。

(a)　同一の事案が他の国際的な調査又は解決の手続によってかつて検討されたことがなく、かつ、現在検討されていないこと。

(b)　当該個人が、利用し得るすべての国内的な救済措置を尽くしたこと。ただし、救済措置の実施が不当に遅延する場合又はこの条約の違反の被害者である者に効果的な救済を与える可能性に乏しい場合は、この限りでない。

6　委員会は、この条の規定に基づいて通報を検討する場合には、非公開の会合を開催する。

7　委員会は、その見解を関係する締約国及び個人に送付する。

8　この条の規定は、五の締約国が1の規定に基づく宣言を行った時に効力を生ずる。宣言は、締約国が国際連合事務総長に寄託するものとし、同事務総長は、その写しを他の締約国に送付する。宣言は、同事務総長に対する通告により、いつでも撤回することができる。撤回は、この条の規定に基づく通報により既に付託された事案の検討を妨げるものではない。同事務総長が宣言の撤回の通告を受領した後は、関係締約国が新たに宣言を行わない限り、個人によるか又はその者のための新たな通報は、この条の規定に基づいて受理してはならない。

第二三条【委員の特権免除】委員会の委員及び第二一条1(e)の規定に基づいて設置される特別調停委員会の委員は、国際連合の特権及び免除に関する条約の関連規定に規定する国際連合のための任務を行う専門家の便益、特権及び免除を享受する。

第二四条【年次報告】委員会は、この条約に基づく活動に関する年次報告を締約国及び国際連合総会に提出する。

第三部　【最終条項】

第二五条【署名、批准、寄託】
第二六条【加入】
第二七条【効力発生】（略）

第二八条【留保】1　各国は、この条約の署名若しくは批准又はこの条約への加入の際に、委員会が第二〇条に規定する権限を有することを認めない旨を宣言することができる。

2　1の規定に従って留保を付した締約国は、国際連合事務総長に対する通告により、いつでもその留保を撤回することができる。

第二九条【改正】（略）

第三〇条【紛争の解決】（3 15第二九条と同じ）

第三一条【廃棄】
第三二条【国際連合事務総長による通報】
第三三条【正文】（略）

日本国の宣言

条約の第二一条に従って、日本国政府は、この条約に基づく義務が他の締約国によって履行されていない旨を主張する締約国からの通報を受理し及び検討する拷問禁止委員会の権限を承認することを宣言する。

3 20　拷問及び他の残虐な、非人道的な又は品位を傷つける取扱い又は刑罰に関する条約の選択議定書（拷問等禁止条約選択議定書）（抄）

採　　択　二〇〇二年一二月一八日
　　　　　国際連合総会第五七回会期決議五七／一九九附属書
効力発生　二〇〇六年六月二二日
日 本 国

この議定書の締約国は、

拷問及び他の残虐な、非人道的な又は品位を傷つける取扱い又は刑罰が、禁止され、かつ、人権の重大な侵害を構成することを再確認し、

拷問及び他の残虐な、非人道的な又は品位を傷つける取扱い又は刑罰に関する条約（以下「条約」という。）の目的を達成し、並びに、自由を奪われている者の拷問及び他の残虐な、非人道的な又は品位を傷つける取扱い又は刑罰からの保護を強化するためには、一層の措置が必要であると確信し、

条約の第二条及び第一六条が、各国にその管轄下にあるいかなる領域においても拷問及び他の残虐な、非人道的な又は品位を傷つける取扱い又は刑罰にあたる行為を防止するための効果的な措置をとるように義務づけていることを想起し、

国がそれらの条文を実施する主要な責任を負っていること、自由を奪われている人々の保護と彼らの人権の完全な尊重を強化することはすべてのものが分担する共通の責任であること、並びに、国際実施機関が国内措置を補完し及び強化することを認め、

拷問及び他の残虐な、非人道的な又は品位を傷つける取扱い又は刑罰の効果的な防止のためには教育並びに立法的、行政的、司法的その他の措置の結合が必要であることを想起し、

また、世界人権会議が、拷問を除去する努力はまず何よりも防止に努力を集中すべきであると宣言し、及び、拘禁場所への定期的訪問という防止制度の設立を目的とする条約の選択議定書の採択を要請したことを想起し、

自由を奪われている者の拷問及び他の残虐な、非人道的な又は品位を傷つける取扱い又は刑罰からの保護は、拘禁場所に対する定期的訪問に基づいた予防的性格の非司法的方法によって強化できることを確信して、

次のとおり、協定した。

第一部（一般原則）

第一条【議定書の目的】この議定書の目的は、拷問及び他の残虐な、非人道的な又は品位を傷つける取扱い又は刑罰を防止するために、人々が自由を奪われている場所への独立の国際的及び国内的団体による定期的な訪問の制度を設立することである。

第二条【拷問等防止小委員会】１　拷問及び他の残虐な、非人道的な又は品位を傷つける取扱い又は刑罰の防止に関する小委員会（以下「防止小委員会」という。）を設置し、この小委員会は、この議定書に定める任務を実施する。

２　防止小委員会は、国際連合憲章の枠内で作業を行い、及び、その目的と諸原則並びに自由を奪われた人々の取扱いに関する国際連合の諸規範に導かれる。

３　同様に、防止小委員会は、非公開性、公平性、非選別性、普遍性及び客観性の原則に導かれる。

４　防止小委員会及び締約国は、この議定書の実施について協力する。

第三条【国内防止機関】各締約国は、拷問及び他の残虐な、非人道的な又は品位を傷つける取扱い又は刑罰の防止のための一以上の訪問団体（以下「国内防止機関」という。）を国内で設置し、指定し又は保持する。

第四条【拘禁場所への訪問】１　各締約国は、この議定書に基づいて、第二条及び第三条に定める機関が国の管轄の下にあるいかなる場所をも訪問することを認め、及び、公の当局による命令、その煽動により又はその同意若しくは黙認により人々が自由を奪われているか又は奪われることのある場所（以下「拘禁場所」という。）を統制する。この訪問は、必要な場合には、拷問及び他の残虐な、非人道的な又は品位を傷つける取扱い又は刑罰からこれらの人の保護を強化するために行われる。

２　この議定書の適用上、自由の剥奪とは、司法、行政その他の当局の命令により人を自らの意思で離れることを許されない公的又は私的な監禁施設に拘禁し、収監し又は留置するあらゆる形態のものをいう。

第二部（防止小委員会）

第五条【防止小委員会の委員】１　防止小委員会は、一〇人の委員で構成される。この議定書の五〇番目の批准又は加入の後は、防止小委員会の委員の数は、二五名に増やす。

２　防止小委員会の委員は、徳望が高く、かつ、司法行政の分野、特に刑法、監獄若しくは警察行政又は自由を奪われた者の取扱いに関係のあるさまざまの分野において専門的経験があると認められた者の中から選ばれる。

３　防止小委員会の構成については、衡平な地理的配分並びに締約国の異なる形態の文明及び法体系が代表されるように適正な考慮を払う。

４　また防止小委員会の構成については、平等と非差別の原則に基づいて均衡のとれたかたちでジェンダーが代表されるように考慮する。

５　防止小委員会の委員は、同一国の国民から一名とする。

６　防止小委員会の委員は、個人の資格で職務を遂行し、独立、公平でかつ効果的に防止小委員会の職務を遂行できなければならない。

第六条【委員の指名】
第七条【委員の選挙】
第八条【空席の補充】（略）
第九条【委員の任期】

第一〇条【委員会の運営】１　防止小委員会は、役員を二年の任期で選出する。役員は、再選されることができる。

２　防止小委員会は、手続規則を定める。この手続規則には、特に次のことを定める。

(a)　委員の過半数をもって定足数とする。

(b)　防止小委員会の決定は、出席する委員が投ずる票の過半数によって行う。

(c)　防止小委員会は、非公開とする。

３　国際連合事務総長は、防止小委員会の最初の会合を招集する。防止小委員会は、最初の会合の後は、手続規則に定める時期に会合する。防止小委員会及び拷問禁止委員会は、少なくとも年一度は同時に会合をもつ。

第三部（防止小委員会の任務）

第一一条【防止小委員会の任務】防止小委員会は、次のことを行う。

(a) 第四条に定める場所を訪問し、及び、自由を奪われている者の拷問及び他の残虐な、非人道的な又は品位を傷つける取扱い又は刑罰からの保護について締約国に勧告を行うこと。

(b) 国内防止機関については、

(i) 必要な場合には、国内防止機関の設置について締約国に助言を与え及び援助すること。

(ii) 国内防止機関と直接のかつ、必要な場合には、秘密の接触を維持し、その能力を強化するために訓練及び技術的援助を提供すること。

(iii) 自由を奪われている者の拷問及び他の残虐な、非人道的な又は品位を傷つける取扱い又は刑罰からの保護を強化することの必要性とそのために必要な手段についての評価について、国内防止機関に対して、助言し及び援助すること。

(iv) 拷問及び他の残虐な、非人道的な又は品位を傷つける取扱い又は刑罰の防止のために国内防止機関の能力と任務を強化するために、締約国に対して勧告を行い及び所見を述べること。

(c) 拷問を一般的に防止するために、国際連合の諸機関並びにすべての人の拷問及び他の残虐な、非人道的な又は品位を傷つける取扱い又は刑罰からの保護を強化するために活動している国際的、地域的及び国内的機関又は組織と協力すること。

第一二条【締約国の約束】防止小委員会が第一一条に定める任務を遂行することができるようにするために、締約国は次のことを約束する。

(a) 防止小委員会を自国の領域に受け入れ及びこの議定書の第四条に定める拘禁場所へのアクセスを認めること。

(b) 自由を奪われている者の拷問及び他の残虐な、非人道的な又は品位を傷つける取扱い又は刑罰からの保護を強化することの必要性とそのために採用すべき措置について評価するために防止小委員会が要請するすべての関連情報を提供すること。

(c) 防止小委員会と国内防止機関の間の接触を奨励し及びそれに便宜を与えること。

(d) 防止小委員会の勧告を検討し及びとりうる実施措置について防止小委員会と対話を行うこと。

第一三条【防止小委員会による訪問】1　防止小委員会は、第一一条に定める任務を遂行するために締約国に対する定期訪問の計画を、最初にくじ引きにより、策定する。

2　協議の後、防止小委員会は、訪問を行うために必要な実務的調整を遅滞なく行うことができるように策定した計画を締約国に通知する。

3　訪問は、防止小委員会の少なくとも二名の委員によって行われる。委員は、必要な場合には、この議定書に定める分野に専門的な経験と知識が証明された専門家であって締約国、国連人権高等弁務官事務所及び国連国際犯罪防止センターの提案に基づいて準備する専門家の名簿から選ばれたものを伴うことができる。名簿の準備のために、締約国は五名以内の自国の専門家を提案する。関係締約国は、特定の専門家を当該訪問に含めることに対して異議を申し立てることができ、その場合には、防止小委員会は、他の専門家を提案する。

4　防止小委員会は、適当と考える場合には、定期訪問の後に短期のフォローアップ訪問を提案することができる。

第一四条【防止小委員会のアクセス】1　防止小委員会が任務を遂行することができるようにするため、この議定書の締約国は、防止小委員会に次のものを提供する。

(a) 第四条に定める拘禁場所で自由を奪われている者の数、並びに、拘禁場所の数及びその位置に関するあらゆる情報についての無制限のアクセス

(b) 自由を奪われている者の取扱い並びに拘禁条件に関するあらゆる情報への無制限のアクセス

(c) 2に従うことを条件として、あらゆる拘禁場所及びその施設及び設備への無制限のアクセス

(d) 立会人なしに、個人的に又は必要とみなすときには通訳者とともに、自由を奪われている者と非公開で面会し、並びに、関連情報を提供できると防止小委員会が信ずる他の者と非公開で面会する機会

(e) 訪問を希望する場所及び面会を希望する者を選択する自由

2　特定の拘禁場所への訪問に対する異議は、訪問場所における当該訪問の実施を一時的に妨げる国の防衛、公の安全、自然災害又は重大な無秩序に係る緊急で差し迫った理由に基づいてのみ申し立てることができる。締約国は、訪問に異議を申し立てるために、緊急状態の宣言が行われていることそれ自体を援用してはならない。

第一五条【制裁の禁止】当局又は職員は、防止小委員会又はその代表に、真実であると虚偽であるとを問わず、情報を通報したことを理由に、人又は組織に対していかなる制裁も命令し、適用し、許可し又は容認してはならず、また、当該の人又は組織は、いかなる他の侵害も受けない。

第一六条【防止小委員会の勧告及び報告】1　防止小委員会は、締約国及び、関係のある場合には、国内防止機関に勧告及び所見を非公開で通知する。

2　防止小委員会は、締約国が要請する場合には常に、委員会の報告を、当該国の意見がある場合にはそれを付して、公表する。締約国が報告の一部を公表する場合には、防止小委員会は、報告の全部又は一部を公表することができる。ただし、個人的なデータは、当該個人の明示の同意なしに公表してはならない。

3　防止小委員会は、その活動に関する公開の年次報告を拷問禁止委員会に提出する。

4　締約国が第一二条及び第一四条に従って防止小委員会と協力することを拒否する場合、又は、防止小委員会の勧告に照らして事態を改善する措置をと

ることを拒否する場合には、拷問禁止委員会は、防止小委員会の要請に基づいて、委員の過半数により、当該締約国が自国の見解を提示する機会をもった後、問題について公開の声明を行うか又は防止小委員会の報告を公表する。

第四部 （国内防止機関）

第一七条【国内防止機関の設置】各締約国は、遅くともこの議定書又はその批准若しくは加入が効力を生じる一年後に、拷問を防止するための一又は複数の国内防止機関を国内で保持し、指定し又は設置する。この議定書の適用上、中央機関以外の単位が設置する機関は、この議定書の規定に合致すれば国内防止機関として指定することができる。

第一八条【国内防止機関の活動の保障】1 締約国は、国内防止機関の機能上の独立並びに当該機関の人員の独立を保障する。

2 締約国は、国内防止機関の専門家が必要な能力及び専門的知識を有することを確保するために必要な措置をとる。締約国は、男女比の均衡をはかり並びに国内の種族的集団及び少数者集団が十分に代表されるよう努力する。

3 締約国は、国内防止機関が機能するために必要な資源を利用できるようにすることを約束する。

4 国内防止機関を設置するときに、締約国は、「人権の促進及び保護のための国内機関の地位に関する原則」に適正な考慮を払う。

第一九条【国内防止機関の権限】国内防止機関には、少なくとも次の権限を与える。

(a) 第四条に定める拘禁場所で自由を奪われている者の取扱いを、必要な場合には、拷問及び他の残虐な、非人道的な又は品位を傷つける取扱い又は刑罰からの保護を強化するために、定期的に審査すること。

(b) 自由を奪われている者の取扱い及び条件を改善し、並びに、拷問及び他の残虐な、非人道的な又は品位を傷つける取扱い又は刑罰を防止するために、国際連合の関連する規範を考慮に入れて、関係当局に勧告を行うこと。

(c) 既存の立法又は立法案に関する提案及び所見を提示すること。

第二〇条【国内防止機関のアクセス】国内防止機関が任務を遂行できるために、この議定書の締約国は、国内防止機関に次のことを認めることを約束する。

(a) 第四条に定める拘禁場所で自由を奪われている者の数、並びに、拘禁場所の数及びその位置に関するあらゆる情報についてのアクセス

(b) 自由を奪われている者の取扱い並びに拘禁条件に関するあらゆる情報へのアクセス

(c) あらゆる拘禁場所及びその施設及び設備へのアクセス

(d) 立会人なしに、個人的に又は必要とみなすときには通訳者とともに、自由を奪われている者と非公開で面会し、並びに、関連情報を提供できると国内防止機関が信ずる他の者と非公開で面会する機会

(e) 訪問を希望する場所及び面会を希望する者を選択する自由

(f) 防止小委員会と、情報を送付し及び会談するために、接触する権利

第二一条【制裁の禁止及び情報の開示】1 当局又は職員は、真実であると虚偽であるとを問わず、国内防止機関に情報を通報したことを理由に、人又は組織に対していかなる制裁も命令し、適用し、許可し又は容認してはならず、また、当該の人又は組織は、いかなる他の侵害も受けない。

2 国内防止機関が収集した秘密の情報は、開示を拒否できる。個人的なデータは、当該個人の明示の同意なしに公表してはならない。

第二二条【国内防止機関の勧告と対話】締約国の権限のある当局は、国内防止機関の勧告を検討し、並びに、可能な実施措置について国内防止機関と対話を行う。

第二三条【国内防止機関の年次報告の公表】この議定書の締約国は、国内防止機関の年次報告を公表し及び流布することを約束する。

第五部 （宣　言）

第二四条【宣言】1 締約国は、批准の時に、この議定書の第三部又は第四部に定める義務の実施を延期する宣言を行うことができる。

2 この延期は、最大限度三年間有効とする。締約国による適正な陳述及び防止小委員会との協議の後、拷問禁止委員会は、この期間をもう二年間延長できる。

第六部 （財政条項）

第二五条【費用の負担】1 この議定書の実施のために防止小委員会が要した費用は、国際連合が負担する。

2 国際連合事務総長は、この議定書に基づく防止小委員会の効果的な機能の遂行のために必要な職員及び便宜を与える。

第二六条【特別基金】1 締約国の訪問の後に防止小委員会が行う勧告の実施並びに国内防止機関の教育計画のための資金を援助するために、国際連合の財政規則に従って運用される特別の基金を総会の関係手続に基づいて設置する。

2 特別基金は、政府機関、政府間機関、非政府機関及び他の私的又は公的団体が行う自発的拠出により資金を得ることができる。

第七部 （最終条項）

第二七条【署名、批准、加入】
第二八条【効力の発生】（略）

第二九条【連邦条項】この議定書の規定は、いかなる制限又は例外もなく連邦国のすべての部分に適用される。

第三〇条【留保】この議定書にはいかなる留保も付してはならない。

第三一条【地域条約との関係】（略）

第三二条【ジュネーヴ条約との関係】この議定書の規定は、一九四九年八月一二日の四つのジュネーヴ条約及び一九七七年六月八日のジュネーヴ条約の追加議定書の締約国の義務に影響するものではなく、また、締約国が国際赤十字委員会に対して国際人道法が定めていない状況の下にある拘禁場所を訪問する権限を与える機会を利用することに影響するものでもない。

第三三条【廃棄】1　いずれの締約国も、国際連合事務総長に対して書面による通告を行うことにより、いつでもこの議定書を廃棄することができ、通告の後、国連事務総長は、この議定書及び条約の他の締約国に通知する。廃棄は、同事務総長が通告を受領した日の後一年で効力を生ずる。

2　廃棄は、廃棄が効力を生ずる日前に発生する行為若しくは状態、又は、防止小委員会が当該締約国についとることを既に決定し若しくは決定する措置については、締約国をこの議定書に基づく義務から免除する効果を有さず、また、廃棄は、廃棄が効力を生ずる日前に防止小委員会が既に検討を行っていた事案を引き続き検討することを妨げない。

3　締約国の廃棄が効力を生ずる日の後、防止小委員会は、当該国に関する新しい事案の検討を開始してはならない。

第三四条【改正】（略）

第三五条【特権免除】防止小委員会及び国内防止機関の委員は、独立した任務の遂行のために必要な特権及び免除を与えられる。防止小委員会の委員は、一九四六年二月一三日の国際連合の特権及び免除に関する条約の第二三条の規定に従うことを条件に第二二条に定める特権及び免除を与えられる。

第三六条【委員の義務】締約国を訪問するとき、防止小委員会の委員は、この議定書の規定及び目的並びに享受することのできる特権及び免除を害することなく、次の義務を負う。

(a)　訪問先の国の法令を尊重すること

(b)　任務の公平かつ国際的性格と両立しないいかなる行為又は活動も差し控えること

第三七条【正文】（略）

3

21　障害者の権利に関する条約（抄）

採　択　二〇〇六年一二月一三日（国際連合総会第六一回会期決議六一／一〇六）
効力発生　二〇〇八年五月三日
日本国　二〇〇七年九月二八日署名、二〇一三年一二月四日国会承認、二〇一四年一月二〇日批准書寄託、二〇一四年一月二二日公布（条約第一号）、二〇一四年二月一九日効力発生

この条約の締約国は、

(a)　国際連合憲章において宣明された原則が、人類社会の全ての構成員の固有の尊厳及び価値並びに平等のかつ奪い得ない権利が世界における自由、正義及び平和の基礎を成すものであると認めていることを想起し、

(b)　国際連合が、世界人権宣言及び人権に関する国際規約において、全ての人はいかなる差別もなしに同宣言及びこれらの規約に掲げる全ての権利及び自由を享有することができることを宣明し、及び合意したことを認め、

(c)　全ての人権及び基本的自由が普遍的であり、不可分のものであり、相互に依存し、かつ、相互に関連を有すること並びに障害者が全ての人権及び基本的自由を差別なしに完全に享有することを保障することが必要であることを再確認し、

(d)　（略）

(e)　障害が発展する概念であることを認め、また、障害が、機能障害を有する者とこれらの者に対する態度及び環境による障壁との間の相互作用であって、これらの者が他の者との平等を基礎として社会に完全かつ効果的に参加することを妨げるものによって生ずることを認め、

(f)　障害者に関する世界行動計画及び障害者の機会均等化に関する標準規則に定める原則及び政策上の指針が、障害者の機会均等を更に促進するための国内的、地域的及び国際的な政策、計画及び行動の促進、作成及び評価に影響を及ぼす上で重要であることを認め、

(g)　持続可能な開発に関連する戦略の不可分の一部として障害に関する問題を主流に組み入れることが重要であることを強調し、

(h)　また、いかなる者に対する障害に基づく差別も、人間の固有の尊厳及び価値を侵害するものであることを認め、

(i)　さらに、障害者の多様性を認め、

(j)　全ての障害者（より多くの支援を必要とする障害者を含む。）の人権を促進し、及び保護することが必要であることを認め、

(k)　これらの種々の文書及び約束にもかかわらず、障害者が、世界の全ての地域において、社会の平等な構成員としての参加を妨げる障壁及び人権侵害に依然として直面していることを憂慮し、

(l)　あらゆる国（特に開発途上国）における障害者の生活条件を改善するための国際協力が重要であることを認め、

(m)　障害者が地域社会における全般的な福祉及び多様

性に対して既に貴重な貢献をしており、又は貴重な貢献をし得ることを認め、また、障害者による人権及び基本的自由の完全な享有並びに完全な参加を促進することにより、その帰属意識が高められること並びに社会の人的、社会的及び経済的開発並びに貧困の撲滅に大きな前進がもたらされることを認め、

(n) 障害者にとって、個人の自律及び自立（自ら選択する自由を含む。）が重要であることを認め、

(o) 障害者が、政策及び計画（障害者に直接関連する政策及び計画を含む。）に係る意思決定の過程に積極的に関与する機会を有すべきであることを考慮し、

(p) 人種、皮膚の色、性、言語、宗教、政治的意見その他の意見、国民的な、種族的な、先住民族としての若しくは社会的な出身、財産、出生、年齢又は他の地位に基づく複合的又は加重的な形態の差別を受けている障害者が直面する困難な状況を憂慮し、

(q) 障害のある女子が、家庭の内外で暴力、傷害若しくは虐待、放置若しくは怠慢な取扱い、不当な取扱い又は搾取を受ける一層大きな危険にしばしばさらされていることを認め、

(r) 障害のある児童が、他の児童との平等を基礎として全ての人権及び基本的自由を完全に享有すべきであることを認め、また、このため、児童の権利に関する条約の締約国が負う義務を想起し、

(s) 障害者による人権及び基本的自由の完全な享有を促進するためのあらゆる努力に性別(gender)の視点を組み込む必要があることを強調し、

(t) 障害者の大多数が貧困の状況下で生活している事実を強調し、また、この点に関し、貧困が障害者に及ぼす悪影響に対処することが真に必要であることを認め、

(u) 国際連合憲章に定める目的及び原則の十分な尊重並びに人権に関する適用可能な文書の遵守に基づく平和で安全な状況が、特に武力紛争及び外国による占領の期間中における障害者の十分な保護に不可欠であることに留意し、

(v) 障害者が全ての人権及び基本的自由を完全に享有することを可能とするに当たっては、物理的、社会的、経済的及び文化的な環境並びに健康及び教育を享受しやすいようにし、並びに情報及び通信を利用しやすいようにすることが重要であることを認め、

(w) 個人が、他人に対し及びその属する地域社会に対して義務を負うこと並びに国際人権章典において認められる権利の増進及び擁護のために努力する責任を有することを認識し、

(x) 家族が、社会の自然かつ基礎的な単位であること並びに社会及び国家による保護を受ける権利を有することを確信し、また、障害者及びその家族の構成員が、障害者の権利の完全かつ平等な享有に向けて家族が貢献することを可能とするために必要な保護及び支援を受けるべきであることを確信し、

(y) 障害者の権利及び尊厳を促進し、及び保護するための包括的かつ総合的な国際条約が、開発途上国及び先進国において、障害者の社会的に著しく不利な立場を是正することに重要な貢献を行うこと並びに障害者が市民的、政治的、経済的、社会的及び文化的分野に均等な機会により参加することを促進することを確信して、

次のとおり協定した。

第一条（目的） この条約は、全ての障害者によるあらゆる人権及び基本的自由の完全かつ平等な享有を促進し、保護し、及び確保すること並びに障害者の固有の尊厳の尊重を促進することを目的とする。

障害者には、長期的な身体的、精神的、知的又は感覚的な機能障害であって、様々な障壁との相互作用により他の者との平等を基礎として社会に完全かつ効果的に参加することを妨げ得るものを有する者を含む。

第二条（定義） この条約の適用上、

「意思疎通」とは、言語、文字の表示、点字、触覚を使った意思疎通、拡大文字、利用しやすいマルチメディア並びに筆記、音声、平易な言葉、朗読その他の補助的及び代替的な意思疎通の形態、手段及び様式（利用しやすい情報通信機器を含む。）をいう。

「言語」とは、音声言語及び手話その他の形態の非音声言語をいう。

「障害に基づく差別」とは、障害に基づくあらゆる区別、排除又は制限であって、政治的、経済的、社会的、文化的、市民的その他のあらゆる分野において、他の者との平等を基礎として全ての人権及び基本的自由を認識し、享有し、又は行使することを害し、又は妨げる目的又は効果を有するものをいう。障害に基づく差別には、あらゆる形態の差別（合理的配慮の否定を含む。）を含む。

「合理的配慮」とは、障害者が他の者との平等を基礎として全ての人権及び基本的自由を享有し、又は行使することを確保するための必要かつ適当な変更及び調整であって、特定の場合において必要とされるものであり、かつ、均衡を失した又は過度の負担を課さないものをいう。

「ユニバーサルデザイン」とは、調整又は特別な設計を必要とすることなく、最大限可能な範囲で全ての人が使用することのできる製品、環境、計画及びサービスの設計をいう。ユニバーサルデザインは、特定の障害者の集団のための補装具が必要な場合には、これを排除するものではない。

第三条（一般原則） この条約の原則は、次のとおりとする。

(a) 固有の尊厳、個人の自律（自ら選択する自由を含む。）及び個人の自立の尊重
(b) 無差別
(c) 社会への完全かつ効果的な参加及び包容
(d) 差異の尊重並びに人間の多様性の一部及び人類の一員としての障害者の受入れ
(e) 機会の均等

(f)　施設及びサービス等の利用の容易さ
(g)　男女の平等
(h)　障害のある児童の発達しつつある能力の尊重及び障害のある児童がその同一性を保持する権利の尊重

第四条（一般的義務） 1　締約国は、障害に基づくいかなる差別もなしに、全ての障害者のあらゆる人権及び基本的自由を完全に実現することを確保し、及び促進することを約束する。このため、締約国は、次のことを約束する。
(a)　この条約において認められる権利の実現のため、全ての適当な立法措置、行政措置その他の措置をとること。
(b)　障害者に対する差別となる既存の法律、規則、慣習及び慣行を修正し、又は廃止するための全ての適当な措置（立法を含む。）をとること。
(c)　全ての政策及び計画において障害者の人権の保護及び促進を考慮に入れること。
(d)　この条約と両立しないいかなる行為又は慣行も差し控えること。また、公の当局及び機関がこの条約に従って行動することを確保すること。
(e)　いかなる個人、団体又は民間企業による障害に基づく差別も撤廃するための全ての適当な措置をとること。
(f)　第二条に規定するユニバーサルデザインの製品、サービス、設備及び施設であって、障害者に特有のニーズを満たすために必要な調整が可能な限り最小限であり、かつ、当該ニーズを満たすために必要な費用が最小限であるべきものについての研究及び開発を実施し、又は促進すること。また、当該ユニバーサルデザインの製品、サービス、設備及び施設の利用可能性及び使用を促進すること。さらに、基準及び指針を作成するに当たっては、ユニバーサルデザインが当該基準及び指針に含まれることを促進すること。
(g)　障害者に適した新たな機器（情報通信機器、移動補助具、補装具及び支援機器を含む。）についての研究及び開発を実施し、又は促進し、並びに当該新たな機器の利用可能性及び使用を促進すること。この場合において、締約国は、負担しやすい費用の機器を優先させる。
(h)　移動補助具、補装具及び支援機器（新たな機器を含む。）並びに他の形態の援助、支援サービス及び施設に関する情報であって、障害者にとって利用しやすいものを提供すること。
(i)　この条約において認められる権利によって保障される支援及びサービスをより良く提供するため、障害者と共に行動する専門家及び職員に対する当該権利に関する研修を促進すること。
2　各締約国は、経済的、社会的及び文化的権利に関しては、これらの権利の完全な実現を漸進的に達成するため、自国における利用可能な手段を最大限に用いることにより、また、必要な場合には国際協力の枠内で、措置をとることを約束する。ただし、この条約に定める義務であって、国際法に従って直ちに適用されるものに影響を及ぼすものではない。
3　締約国は、この条約を実施するための法令及び政策の作成及び実施において、並びに障害者に関する問題についての他の意思決定過程において、障害者（障害のある児童を含む。以下この3において同じ。）を代表する団体を通じ、障害者と緊密に協議し、及び障害者を積極的に関与させる。
4　この条約のいかなる規定も、締約国の法律又は締約国について効力を有する国際法に含まれる規定であって障害者の権利の実現に一層貢献するものに影響を及ぼすものではない。この条約のいずれかの締約国において法律、条約、規則又は慣習によって認められ、又は存する人権及び基本的自由については、この条約がそれらの権利若しくは自由を認めていないこと又はその認める範囲がより狭いことを理由として、それらの権利及び自由を制限し、又は侵してはならない。
5　この条約は、いかなる制限又は例外もなしに、連邦国家の全ての地域について適用する。

第五条（平等及び無差別） 1　締約国は、全ての者が、法律の前に又は法律に基づいて平等であり、並びにいかなる差別もなしに法律による平等の保護及び利益を受ける権利を有することを認める。
2　締約国は、障害に基づくあらゆる差別を禁止するものとし、いかなる理由による差別に対しても平等かつ効果的な法的保護を障害者に保障する。
3　締約国は、平等を促進し、及び差別を撤廃することを目的として、合理的配慮が提供されることを確保するための全ての適当な措置をとる。
4　障害者の事実上の平等を促進し、又は達成するために必要な特別の措置は、この条約に規定する差別と解してはならない。

第六条（障害のある女子） 1　締約国は、障害のある女子が複合的な差別を受けていることを認識するものとし、この点に関し、障害のある女子が全ての人権及び基本的自由を完全かつ平等に享有することを確保するための措置をとる。
2　締約国は、女子に対してこの条約に定める人権及び基本的自由を行使し、及び享有することを保障することを目的として、女子の完全な能力開発、向上及び自律的な力の育成を確保するための全ての適当な措置をとる。

第七条（障害のある児童） 1　締約国は、障害のある児童が他の児童との平等を基礎として全ての人権及び基本的自由を完全に享有することを確保するための全ての必要な措置をとる。
2　障害のある児童に関する全ての措置をとるに当たっては、児童の最善の利益が主として考慮されるものとする。
3　締約国は、障害のある児童が、自己に影響を及ぼす全ての事項について自由に自己の意見を表明する権利並びにこの権利を実現するための障害及び年齢に適した支援を提供される権利を有することを確保する。この場合において、障害のある児童の意見は、他の児童との平等を基礎として、その児童の年齢及び成熟度に従って相応に考慮されるものとする。

第八条（意識の向上）１　締約国は、次のことのための即時の、効果的なかつ適当な措置をとることを約束する。

(a)　障害者に関する社会全体（各家庭を含む。）の意識を向上させ、並びに障害者の権利及び尊厳に対する尊重を育成すること。

(b)　あらゆる活動分野における障害者に関する定型化された観念、偏見及び有害な慣行（性及び年齢に基づくものを含む。）と戦うこと。

(c)　障害者の能力及び貢献に関する意識を向上させること。

２　このため、１の措置には、次のことを含む。

(a)　次のことのための効果的な公衆の意識の啓発活動を開始し、及び維持すること。

(i)　障害者の権利に対する理解を育てること。

(ii)　障害者に対する肯定的認識及び一層の社会の啓発を促進すること。

(iii)　障害者の技能、長所及び能力並びに職場及び労働市場に対する障害者の貢献についての認識を促進すること。

(b)　教育制度の全ての段階（幼年期からの全ての児童に対する教育制度を含む。）において、障害者の権利を尊重する態度を育成すること。

(c)　全ての報道機関が、この条約の目的に適合するように障害者を描写するよう奨励すること。

(d)　障害者及びその権利に関する啓発のための研修計画を促進すること。

第九条（施設及びサービス等の利用の容易さ）１　締約国は、障害者が自立して生活し、及び生活のあらゆる側面に完全に参加することを可能にすることを目的として、障害者が、他の者との平等を基礎として、都市及び農村の双方において、物理的環境、輸送機関、情報通信（情報通信機器及び情報通信システムを含む。）並びに公衆に開放され、又は提供される他の施設及びサービスを利用する機会を有することを確保するための適当な措置をとる。この措置は、施設及びサービス等の利用の容易さに対する妨げ及び障壁を特定し、及び撤廃することを含むものとし、特に次の事項について適用する。

(a)　建物、道路、輸送機関その他の屋内及び屋外の施設（学校、住居、医療施設及び職場を含む。）

(b)　情報、通信その他のサービス（電子サービス及び緊急事態に係るサービスを含む。）

２　締約国は、また、次のことのための適当な措置をとる。

(a)　公衆に開放され、又は提供される施設及びサービスの利用の容易さに関する最低基準及び指針を作成し、及び公表し、並びに当該最低基準及び指針の実施を監視すること。

(b)　公衆に開放され、又は提供される施設及びサービスを提供する民間の団体が、当該施設及びサービスの障害者にとっての利用の容易さについてあらゆる側面を考慮することを確保すること。

(c)　施設及びサービス等の利用の容易さに関して障害者が直面する問題についての研修を関係者に提供すること。

(d)　公衆に開放される建物その他の施設において、点字の表示及び読みやすく、かつ、理解しやすい形式の表示を提供すること。

(e)　公衆に開放される建物その他の施設の利用の容易さを促進するため、人又は動物による支援及び仲介する者（案内者、朗読者及び専門の手話通訳を含む。）を提供すること。

(f)　障害者が情報を利用する機会を有することを確保するため、障害者に対する他の適当な形態の援助及び支援を促進すること。

(g)　障害者が新たな情報通信機器及び情報通信システム（インターネットを含む。）を利用する機会を有することを促進すること。

(h)　情報通信機器及び情報通信システムを最小限の費用で利用しやすいものとするため、早い段階で、利用しやすい情報通信機器及び情報通信システムの設計、開発、生産及び流通を促進すること。

第一〇条（生命に対する権利）（略）

第一一条（危険な状況及び人道上の緊急事態）締約国は、国際法（国際人道法及び国際人権法を含む。）に基づく自国の義務に従い、危険な状況（武力紛争、人道上の緊急事態及び自然災害の発生を含む。）において障害者の保護及び安全を確保するための全ての必要な措置をとる。

第一二条（法律の前にひとしく認められる権利）１　締約国は、障害者が全ての場所において法律の前に人として認められる権利を有することを再確認する。

２　締約国は、障害者が生活のあらゆる側面において他の者との平等を基礎として法的能力を享有することを認める。

３　締約国は、障害者がその法的能力の行使に当たって必要とする支援を利用する機会を提供するための適当な措置をとる。

４　締約国は、法的能力の行使に関連する全ての措置において、濫用を防止するための適当かつ効果的な保障を国際人権法に従って定めることを確保する。当該保障は、法的能力の行使に関連する措置が、障害者の権利、意思及び選好を尊重すること、利益相反を生じさせず、及び不当な影響を及ぼさないこと、障害者の状況に応じ、かつ、適合すること、可能な限り短い期間に適用されること並びに権限のある、独立の、かつ、公平な当局又は司法機関による定期的な審査の対象となることを確保するものとする。当該保障は、当該措置が障害者の権利及び利益に及ぼす影響の程度に応じたものとする。

5　締約国は、この条の規定に従うことを条件として、障害者が財産を所有し、又は相続し、自己の会計を管理し、及び銀行貸付け、抵当その他の形態の金融上の信用を利用する均等な機会を有することについての平等の権利を確保するための全ての適当かつ効果的な措置をとるものとし、障害者がその財産を恣意的に奪われないことを確保する。

第一三条（司法手続の利用の機会）1　締約国は、障害者が全ての法的手続（捜査段階その他予備的な段階を含む。）において直接及び間接の参加者（証人を含む。）として効果的な役割を果たすことを容易にするため、手続上の配慮及び年齢に適した配慮が提供されること等により、障害者が他の者との平等を基礎として司法手続を利用する効果的な機会を有することを確保する。

2　締約国は、障害者が司法手続を利用する効果的な機会を有することを確保することに役立てるため、司法に係る分野に携わる者（警察官及び刑務官を含む。）に対する適当な研修を促進する。

第一四条（身体の自由及び安全）（略）

第一五条（拷問又は残虐な、非人道的な若しくは品位を傷つける取扱い若しくは刑罰からの自由）1（略）

2　締約国は、障害者が、他の者との平等を基礎として、拷問又は残虐な、非人道的な若しくは品位を傷つける取扱い若しくは刑罰を受けることがないようにするため、全ての効果的な立法上、行政上、司法上その他の措置をとる。

第一六条（搾取、暴力及び虐待からの自由）1　締約国は、家庭の内外におけるあらゆる形態の搾取、暴力及び虐待（性別に基づくものを含む。）から障害者を保護するための全ての適当な立法上、行政上、社会上、教育上その他の措置をとる。

2　また、締約国は、特に、障害者並びにその家族及び介護者に対する適当な形態の性別及び年齢に配慮した援助及び支援（搾取、暴力及び虐待の事案を防止し、認識し、及び報告する方法に関する情報及び教育を提供することによるものを含む。）を確保することにより、あらゆる形態の搾取、暴力及び虐待を防止するための全ての適当な措置をとる。締約国は、保護事業が年齢、性別及び障害に配慮したものであることを確保する。

3　締約国は、あらゆる形態の搾取、暴力及び虐待の発生を防止するため、障害者に役立つことを意図した全ての施設及び計画が独立した当局により効果的に監視されることを確保する。

4　締約国は、あらゆる形態の搾取、暴力又は虐待の被害者となる障害者の身体的、認知的及び心理的な回復、リハビリテーション並びに社会復帰を促進するための全ての適当な措置（保護事業の提供によるものを含む。）をとる。このような回復及び復帰は、障害者の健康、福祉、自尊心、尊厳及び自律を育成する環境において行われるものとし、性別及び年齢に応じたニーズを考慮に入れる。

5　締約国は、障害者に対する搾取、暴力及び虐待の事案が特定され、捜査され、及び適当な場合には訴追されることを確保するための効果的な法令及び政策（女子及び児童に重点を置いた法令及び政策を含む。）を策定する。

第一七条（個人をそのままの状態で保護すること）（Protecting the integrity of the person）　全ての障害者は、他の者との平等を基礎として、その心身がそのままの状態で（his or her physical and mental integrity）尊重される権利を有する。

第一八条（移動の自由及び国籍についての権利）（略）

第一九条（自立した生活及び地域社会への包容）この条約の締約国は、全ての障害者が他の者と平等の選択の機会をもって地域社会で生活する平等の権利を有することを認めるものとし、障害者が、この権利を完全に享受し、並びに地域社会に完全に包容され、及び参加することを容易にするための効果的かつ適当な措置をとる。この措置には、次のことを確保することによるものを含む。

(a)　障害者が、他の者との平等を基礎として、居住地を選択し、及びどこで誰と生活するかを選択する機会を有すること並びに特定の生活施設で生活する義務を負わないこと。

(b)　地域社会における生活及び地域社会への包容を支援し、並びに地域社会からの孤立及び隔離を防止するために必要な在宅サービス、居住サービスその他の地域社会支援サービス（個別の支援を含む。）を障害者が利用する機会を有すること。

(c)　一般住民向けの地域社会サービス及び施設が、障害者にとって他の者との平等を基礎として利用可能であり、かつ、障害者のニーズに対応していること。

第二〇条（個人の移動を容易にすること）締約国は、障害者自身ができる限り自立して移動することを容易にすることを確保するための効果的な措置をとる。この措置には、次のことによるものを含む。

(a)　障害者自身が、自ら選択する方法で、自ら選択する時に、かつ、負担しやすい費用で移動することを容易にすること。

(b)　障害者が質の高い移動補助具、補装具、支援機器、人又は動物による支援及び仲介する者を利用する機会を得やすくすること（これらを負担しやすい費用で利用可能なものとすることを含む。）。

(c)　障害者及び障害者と共に行動する専門職員に対し、移動のための技能に関する研修を提供すること。

(d)　移動補助具、補装具及び支援機器を生産する事業体に対し、障害者の移動のあらゆる側面を考慮するよう奨励すること。

第二一条(表現及び意見の自由並びに情報の利用の機会)締約国は、障害者が、第二条に定めるあらゆる形態の意思疎通であって自ら選択するものにより、表現及び意見の自由(他の者との平等を基礎として情報及び考えを求め、受け、及び伝える自由を含む。)についての権利を行使することができることを確保するための全ての適当な措置をとる。この措置には、次のことによるものを含む。

(a) 障害者に対し、様々な種類の障害に相応した利用しやすい様式及び機器により、適時に、かつ、追加の費用を伴わず、一般公衆向けの情報を提供すること。

(b) 公的な活動において、手話、点字、補助的及び代替的な意思疎通並びに障害者が自ら選択する他の全ての利用しやすい意思疎通の手段、形態及び様式を用いることを受け入れ、及び容易にすること。

(c) 一般公衆に対してサービス(インターネットによるものを含む。)を提供する民間の団体が情報及びサービスを障害者にとって利用しやすい又は使用可能な様式で提供するよう要請すること。

(d) マスメディア(インターネットを通じて情報を提供する者を含む。)がそのサービスを障害者にとって利用しやすいものとするよう奨励すること。

(e) 手話の使用を認め、及び促進すること。

第二二条(プライバシーの尊重)(略)

第二三条(家庭及び家族の尊重)1 締約国は、他の者との平等を基礎として、婚姻、家族、親子関係及び個人的な関係に係る全ての事項に関し、障害者に対する差別を撤廃するための効果的かつ適当な措置をとる。この措置は、次のことを確保することを目的とする。

(a) 婚姻をすることができる年齢の全ての障害者が、両当事者の自由かつ完全な合意に基づいて婚姻をし、かつ、家族を形成する権利を認められること。

(b) 障害者が子の数及び出産の間隔を自由にかつ責任をもって決定する権利を認められ、また、障害者が生殖及び家族計画について年齢に適した情報及び教育を享受する権利を認められること。さらに、障害者がこれらの権利を行使することを可能とするために必要な手段を提供されること。

(c) 障害者(児童を含む。)が、他の者との平等を基礎として生殖能力を保持すること。

2 締約国は、子の後見、養子縁組又はこれらに類する制度が国内法令に存在する場合には、それらの制度に係る障害者の権利及び責任を確保する。あらゆる場合において、子の最善の利益は至上である。締約国は、障害者が子の養育についての責任を遂行するに当たり、当該障害者に対して適当な援助を与える。

3 締約国は、障害のある児童が家庭生活について平等の権利を有することを確保する。締約国は、この権利を実現し、並びに障害のある児童の隠匿、遺棄、放置及び隔離を防止するため、障害のある児童及びその家族に対し、包括的な情報、サービス及び支援を早期に提供することを約束する。

4 締約国は、児童がその父母の意思に反してその父母から分離されないことを確保する。ただし、権限のある当局が司法の審査に従うことを条件として適用のある法律及び手続に従いその分離が児童の最善の利益のために必要であると決定する場合は、この限りでない。いかなる場合にも、児童は、自己の障害又は父母の一方若しくは双方の障害に基づいて父母から分離されない。

5 締約国は、近親の家族が障害のある児童を監護することができない場合には、一層広い範囲の家族の中で代替的な監護を提供し、及びこれが不可能なときは、地域社会の中で家庭的な環境により代替的な監護を提供するようあらゆる努力を払う。

第二四条(教育)1 締約国は、教育についての障害者の権利を認める。締約国は、この権利を差別なしに、かつ、機会の均等を基礎として実現するため、障害者を包容するあらゆる段階の教育制度及び生涯学習を確保する。当該教育制度及び生涯学習は、次のことを目的とする。

(a) 人間の潜在能力並びに尊厳及び自己の価値についての意識を十分に発達させ、並びに人権、基本的自由及び人間の多様性の尊重を強化すること。

(b) 障害者が、その人格、才能及び創造力並びに精神的及び身体的な能力をその可能な最大限度まで発達させること。

(c) 障害者が自由な社会に効果的に参加することを可能とすること。

2 締約国は、1の権利の実現に当たり、次のことを確保する。

(a) 障害者が障害に基づいて一般的な教育制度から排除されないこと及び障害のある児童が障害に基づいて無償のかつ義務的な初等教育から又は中等教育から排除されないこと。

(b) 障害者が、他の者との平等を基礎として、自己の生活する地域社会において、障害者を包容し、質が高く、かつ、無償の初等教育を享受することができること及び中等教育を享受することができること。

(c) 個人に必要とされる合理的配慮が提供されること。

(d) 障害者が、その効果的な教育を容易にするために必要な支援を一般的な教育制度の下で受けること。

(e) 学問的及び社会的な発達を最大にする環境において、完全な包容という目標に合致する効果的で個別化された支援措置がとられること。

3 締約国は、障害者が教育に完全かつ平等に参加し、及び地域社会の構成員として完全かつ平等に参加することを容易にするため、障害者が生活する上での技能及び社会的な発達のための技能を習得することを可能とする。このため、締約国は、次のことを含む適当な措置をとる。

(a)　点字、代替的な文字、意思疎通の補助的及び代替的な形態、手段及び様式並びに定位及び移動のための技能の習得並びに障害者相互による支援及び助言を容易にすること。

(b)　手話の習得及び聾社会の言語的な同一性の促進を容易にすること。

(c)　盲人、聾者又は盲聾者（特に盲人、聾者又は盲聾者である児童）の教育が、その個人にとって最も適当な言語並びに意思疎通の形態及び手段で、かつ、学問的及び社会的な発達を最大にする環境において行われることを確保すること。

4　締約国は、1の権利の実現の確保を助長することを目的として、手話又は点字について能力を有する教員（障害のある教員を含む。）を雇用し、並びに教育に従事する専門家及び職員（教育のいずれの段階において従事するかを問わない。）に対する研修を行うための適当な措置をとる。この研修には、障害についての意識の向上を組み入れ、また、適当な意思疎通の補助的及び代替的な形態、手段及び様式の使用並びに障害者を支援するための教育技法及び教材の使用を組み入れるものとする。

5　締約国は、障害者が、差別なしに、かつ、他の者との平等を基礎として、一般的な高等教育、職業訓練、成人教育及び生涯学習を享受することができることを確保する。このため、締約国は、合理的配慮が障害者に提供されることを確保する。

第二五条（健康）締約国は、障害者が障害に基づく差別なしに到達可能な最高水準の健康を享受する権利を有することを認める。締約国は、障害者が性別（gender）に配慮した保健サービス（保健に関連するリハビリテーションを含む。）を利用する機会を有することを確保するための全ての適当な措置をとる。締約国は、特に、次のことを行う。

(a)　障害者に対して他の者に提供されるものと同一の範囲、質及び水準の無償の又は負担しやすい費用の保健及び保健計画（性及び生殖に係る健康並びに住民のための公衆衛生計画の分野のものを含む。）を提供すること。

(b)　障害者が特にその障害のために必要とする保健サービス（早期発見及び適当な場合には早期関与並びに特に児童及び高齢者の新たな障害を最小限にし、及び防止するためのサービスを含む。）を提供すること。

(c)　これらの保健サービスを、障害者自身が属する地域社会（農村を含む。）の可能な限り近くにおいて提供すること。

(d)　保健に従事する者に対し、特に、研修を通じて及び公私の保健に関する倫理基準を広く知らせることによって障害者の人権、尊厳、自律及びニーズに関する意識を高めることにより、他の者と同一の質の医療（例えば、事情を知らされた上での自由な同意を基礎とした医療）を障害者に提供するよう要請すること。

(e)　健康保険及び国内法により認められている場合には生命保険の提供に当たり、公正かつ妥当な方法で行い、及び障害者に対する差別を禁止すること。

(f)　保健若しくは保健サービス又は食糧及び飲料の提供に関し、障害に基づく差別的な拒否を防止すること。

第二六条（ハビリテーション（適応のための技能の習得）及びリハビリテーション）1　締約国は、障害者が、最大限の自立並びに十分な身体的、精神的、社会的及び職業的な能力を達成し、及び維持し、並びに生活のあらゆる側面への完全な包容及び参加を達成し、及び維持することを可能とするための効果的かつ適当な措置（障害者相互による支援を通じたものを含む。）をとる。このため、締約国は、特に、保健、雇用、教育及び社会に係るサービスの分野において、ハビリテーション及びリハビリテーションについての包括的なサービス及びプログラムを企画し、強化し、及び拡張する。この場合において、これらのサービス及びプログラムは、次のようなものとする。

(a)　可能な限り初期の段階において開始し、並びに個人のニーズ及び長所に関する学際的な評価を基礎とするものであること。

(b)　地域社会及び社会のあらゆる側面への参加及び包容を支援し、自発的なものであり、並びに障害者自身が属する地域社会（農村を含む。）の可能な限り近くにおいて利用可能なものであること。

2　締約国は、ハビリテーション及びリハビリテーションのサービスに従事する専門家及び職員に対する初期研修及び継続的な研修の充実を促進する。

3　締約国は、障害者のために設計された補装具及び支援機器であって、ハビリテーション及びリハビリテーションに関連するものの利用可能性、知識及び使用を促進する。

第二七条（労働及び雇用）1　締約国は、障害者が他の者との平等を基礎として労働についての権利を有することを認める。この権利には、障害者に対して開放され、障害者を包容し、及び障害者にとって利用しやすい労働市場及び労働環境において、障害者が自由に選択し、又は承諾する労働によって生計を立てる機会を有する権利を含む。締約国は、特に次のことのための適当な措置（立法によるものを含む。）をとることにより、労働についての障害者（雇用の過程で障害を有することとなった者を含む。）の権利が実現されることを保障し、及び促進する。

(a)　あらゆる形態の雇用に係る全ての事項（募集、採用及び雇用の条件、雇用の継続、昇進並びに安全かつ健康的な作業条件を含む。）に関し、障害に基づく差別を禁止すること。

(b)　他の者との平等を基礎として、公正かつ良好な労働条件（均等な機会及び同一価値の労働についての同一報酬を含む。）、安全かつ健康的な作業条件（嫌がらせからの保護を含む。）及び苦情に対する救済についての障害者の権利を保護すること。

(c) 障害者が他の者との平等を基礎として労働及び労働組合についての権利を行使することができることを確保すること。

(d) 障害者が技術及び職業の指導に関する一般的な計画、職業紹介サービス並びに職業訓練及び継続的な訓練を利用する効果的な機会を有することを可能とすること。

(e) 労働市場において障害者の雇用機会の増大を図り、及びその昇進を促進すること並びに職業を求め、これに就き、これを継続し、及びこれに復帰する際の支援を促進すること。

(f) 自営活動の機会、起業家精神、協同組合の発展及び自己の事業の開始を促進すること。

(g) 公的部門において障害者を雇用すること。

(h) 適当な政策及び措置（積極的差別是正措置、奨励措置その他の措置を含めることができる。）を通じて、民間部門における障害者の雇用を促進すること。

(i) 職場において合理的配慮が障害者に提供されることを確保すること。

(j) 開かれた労働市場において障害者が職業経験を得ることを促進すること。

(k) 障害者の職業リハビリテーション、職業の保持及び職場復帰計画を促進すること。

2 締約国は、障害者が、奴隷の状態又は隷属状態に置かれないこと及び他の者との平等を基礎として強制労働から保護されることを確保する。

第二八条（相当な生活水準及び社会的な保障）（略）

第二九条（政治的及び公的活動への参加） 締約国は、障害者に対して政治的権利を保障し、及び他の者との平等を基礎としてこの権利を享受する機会を保障するものとし、次のことを約束する。

(a) 特に次のことを行うことにより、障害者が、直接に、又は自由に選んだ代表者を通じて、他の者との平等を基礎として、政治的及び公的活動に効果的かつ完全に参加することができること（障害者が投票し、及び選挙される権利及び機会を含む。）を確保すること。

(i) 投票の手続、設備及び資料が適当な及び利用しやすいものであり、並びにその理解及び使用が容易であることを確保すること。

(ii) 障害者が、選挙及び国民投票において脅迫を受けることなく秘密投票によって投票し、選挙に立候補し、並びに政府のあらゆる段階において実質的に在職し、及びあらゆる公務を遂行する権利を保護すること。この場合において、適当なときは支援機器及び新たな機器の使用を容易にするものとする。

(iii) 選挙人としての障害者の意思の自由な表明を保障すること。このため、必要な場合には、障害者の要請に応じて、当該障害者により選択される者が投票の際に援助することを認めること。

(b) 障害者が、差別なしに、かつ、他の者との平等を基礎として、政治に効果的かつ完全に参加することができる環境を積極的に促進し、及び政治への障害者の参加を奨励すること。政治への参加には、次のことを含む。

(i) 国の公的及び政治的活動に関係のある非政府機関及び非政府団体に参加し、並びに政党の活動及び運営に参加すること。

(ii) 国際、国内、地域及び地方の各段階において障害者を代表するための障害者の組織を結成し、並びにこれに参加すること。

第三〇条（文化的な生活、レクリエーション、余暇及びスポーツへの参加） 1 締約国は、障害者が他の者との平等を基礎として文化的な生活に参加する権利を認めるものとし、次のことを確保するための全ての適当な措置をとる。

(a) 障害者が、利用しやすい様式を通じて、文化的な作品を享受する機会を有すること。

(b) 障害者が、利用しやすい様式を通じて、テレビジョン番組、映画、演劇その他の文化的な活動を享受する機会を有すること。

(c) 障害者が、文化的な公演又はサービスが行われる場所（例えば、劇場、博物館、映画館、図書館、観光サービス）を利用する機会を有し、並びに自国の文化的に重要な記念物及び場所を享受する機会をできる限り有すること。

2 締約国は、障害者が、自己の利益のためのみでなく、社会を豊かにするためにも、自己の創造的、芸術的及び知的な潜在能力を開発し、及び活用する機会を有することを可能とするための適当な措置をとる。

3 締約国は、国際法に従い、知的財産権を保護する法律が、障害者が文化的な作品を享受する機会を妨げる不当な又は差別的な障壁とならないことを確保するための全ての適当な措置をとる。

4 障害者は、他の者との平等を基礎として、その独自の文化的及び言語的な同一性（手話及び聾文化を含む。）の承認及び支持を受ける権利を有する。

5 締約国は、障害者が他の者との平等を基礎としてレクリエーション、余暇及びスポーツの活動に参加することを可能とすることを目的として、次のことのための適当な措置をとる。

(a) 障害者があらゆる水準の一般のスポーツ活動に可能な限り参加することを奨励し、及び促進すること。

(b) 障害者が障害に応じたスポーツ及びレクリエーションの活動を組織し、及び発展させ、並びにこれらに参加する機会を有することを確保すること。このため、適当な指導、研修及び資源が他の者との平等を基礎として提供されるよう奨励すること。

(c) 障害者がスポーツ、レクリエーション及び観光の場所を利用する機会を有することを確保すること。

(d)　障害のある児童が遊び、レクリエーション、余暇及びスポーツの活動(学校制度におけるこれらの活動を含む。)への参加について他の児童と均等な機会を有することを確保すること。

(e)　障害者がレクリエーション、観光、余暇及びスポーツの活動の企画に関与する者によるサービスを利用する機会を有することを確保すること。

第三一条(統計及び資料の収集)
第三二条(国際協力)　(略)

第三三条(国内における実施及び監視) 1　締約国は、自国の制度に従い、この条約の実施に関連する事項を取り扱う一又は二以上の中央連絡先を政府内に指定する。また、締約国は、異なる部門及び段階における関連のある活動を容易にするため、政府内における調整のための仕組みの設置又は指定に十分な考慮を払う。

2　締約国は、自国の法律上及び行政上の制度に従い、この条約の実施を促進し、保護し、及び監視するための枠組み(適当な場合には、一又は二以上の独立した仕組みを含む。)を自国内において維持し、強化し、指定し、又は設置する。締約国は、このような仕組みを指定し、又は設置する場合には、人権の保護及び促進のための国内機構の地位及び役割に関する原則を考慮に入れる。

3　市民社会(特に、障害者及び障害者を代表する団体)は、監視の過程に十分に関与し、かつ、参加する。

第三四条(障害者の権利に関する委員会)
第三五条(締約国による報告)
第三六条(報告の検討)　(略)

第三七条(締約国と委員会との間の協力) 1　各締約国は、委員会と協力するものとし、委員の任務の遂行を支援する。

2　委員会は、締約国との関係において、この条約の実施のための当該締約国の能力を向上させる方法及び手段(国際協力を通じたものを含む。)に十分な考慮を払う。

第三八条(委員会と他の機関との関係)
第三九条(委員会の報告)　(略)

第四〇条(締約国会議) 1　締約国は、この条約の実施に関する事項を検討するため、定期的に締約国会議を開催する。

2　締約国会議は、この条約が効力を生じた後六箇月以内に国際連合事務総長が招集する。その後の締約国会議は、二年ごとに又は締約国会議の決定に基づき同事務総長が招集する。

第四一条(寄託者)
第四二条(署名)
第四三条(拘束されることについての同意)　(略)

第四四条(地域的な統合のための機関) 1　「地域的な統合のための機関」とは、特定の地域の主権国家によって構成される機関であって、この条約が規律する事項に関してその構成国から権限の委譲を受けたものをいう。地域的な統合のための機関は、この条約の規律する事項に関するその権限の範囲をこの条約の正式確認書又は加入書において宣言する。その後、当該機関は、その権限の範囲の実質的な変更を寄託者に通報する。

2　この条約において「締約国」についての規定は、地域的な統合のための機関の権限の範囲内で当該機関について適用する。

3　次条1並びに第四七条2及び3の規定の適用上、地域的な統合のための機関が寄託する文書は、これを数に加えてはならない。

4　地域的な統合のための機関は、その権限の範囲内の事項について、この条約の締約国であるその構成国の数と同数の票を締約国会議において投ずる権利を行使することができる。当該機関は、その構成国が自国の投票権を行使する場合には、投票権を行使してはならない。その逆の場合も、同様とする。

第四五条(効力発生)(略)

第四六条(留保) 1　この条約の趣旨及び目的と両立しない留保は、認められない。

2　留保は、いつでも撤回することができる。

第四七条(改正)(略)

3　締約国会議がコンセンサス方式によって決定する場合には、1の規定により採択され、かつ、承認された改正であって、第三四条及び第三八条から第四〇条までの規定にのみ関連するものは、当該改正の採択の日における締約国の三分の二以上が受諾書を寄託した後三〇日目の日に全ての締約国について効力を生ずる。

第四八条(廃棄)(略)

第四九条(利用しやすい様式)この条約の本文は、利用しやすい様式で提供される。

第五〇条(正文)(略)

3

22　強制失踪《そう》からのすべての者の保護に関する国際条約(強制失踪条約)(抄)

採択　二〇〇六年一二月二〇日(ニューヨーク)
国際連合総会第六一回会期決議六一/一七七附属書
署名　二〇〇七年二月六日(パリ)
効力発生　二〇一〇年一二月二三日
日本国　二〇〇九年六月一〇日国会承認、二〇〇九年七月二三日批准書寄託、二〇一〇年一二月二二日公布及び告示(条約第一四号及び外務省告示第五二二号)、二〇一〇年一二月二三日効力発生

この条約の締約国は、

諸国が国際連合憲章に基づき人権及び基本的自由の普遍的な尊重及び遵守を助長すべき義務を負っていることを考慮し、

世界人権宣言に留意し、

経済的、社会的及び文化的権利に関する国際規約、市民的及び政治的権利に関する国際規約並びに人権、人道法及び国際的な刑事法の分野における他の関連する国際文書を想起し、

また、国際連合総会が一九九二年一二月一八日の国際連合総会決議第一三三号(第四七回会期)において採択した強制失踪(そう)からのすべての者の保護に関する宣言を想起し、

強制失踪(そう)が極度の重大性を有するものであって、それが犯罪を構成し、及び国際法に定める特定の場合には人道に対する犯罪を構成することを認識し、

強制失踪(そう)を防止すること及び強制失踪(そう)犯罪について処罰を免れることがないように取り組むことを決意し、

すべての者が強制失踪(そう)の対象とされない権利を有すること並びに被害者が司法手続及び賠償についての権利を有することを考慮し、

被害者が強制失踪(そう)の状況及び失踪(そう)者の消息についての真実を知る権利を有すること並びにこのために情報を求め、受け、及び伝える自由についての権利を有することを確認して、

次のとおり協定した。

第一部　【実体規定】

第一条【強制失踪の絶対的禁止】1　いずれの者も、強制失踪(そう)の対象とされない。

2　戦争状態、戦争の脅威、内政の不安定その他公の緊急事態であるか否かにかかわらず、いかなる例外的な事態も強制失踪(そう)を正当化する根拠として援用することはできない。

第二条【定義】この条約の適用上、「強制失踪(そう)」とは、国の機関又は国の許可、支援若しくは黙認を得て行動する個人若しくは集団が、逮捕、拘禁、拉(ら)致その他のあらゆる形態の自由のはく奪を行う行為であって、その自由のはく奪を認めず、又はそれによる失踪(そう)者の消息若しくは所在を隠蔽(ぺい)することを伴い、かつ、当該失踪(そう)者を法律の保護の外に置くものをいう。

第三条【調査・訴追義務】締約国は、国の許可、支援又は黙認を得ることなく行動する個人又は集団が行った前条に規定する行為を調査し、かつ、それらについて責任を有する者を裁判に付するために適当な措置をとる。

第四条【処罰義務】締約国は、強制失踪(そう)が自国の刑事法上の犯罪を構成することを確保するために必要な措置をとる。

第五条【国際法上の犯罪】強制失踪(そう)の広範又は組織的な実行は、適用可能な国際法に定める人道に対する犯罪を構成し、及び当該適用可能な国際法の定めるところにより決せられた結論を引き受けなければならない。

第六条【刑事責任の人的範囲】1　締約国は、少なくとも次の(a)及び(b)に掲げる者に刑事上の責任を負わせるために必要な措置をとる。

(a)　強制失踪(そう)を実行した者、強制失踪(そう)の実行を命じ、教唆し、勧誘し、若しくは試みた者又は強制失踪(そう)に加担し、若しくは参加した者

(b)　上官であって次のすべての条件を満たすもの

(i)　自己の実質的な権限及び管理の下にある部下が強制失踪(そう)犯罪を行っており、若しくは行おうとしていることを知っており、又はこれらのことを明らかに示す情報を意識的に無視したこと。

(ii)　強制失踪(そう)犯罪に関係する活動について実質的な責任を有し、及び管理を行ったこと。

(iii)　強制失踪(そう)の実行を防止し、若しくは抑止し、又は捜査及び訴追のために事案を権限のある当局に付託するため、自己の権限の範囲内ですべての必要かつ合理的な措置をとることをしなかったこと。

(c)　(b)の規定は、軍の指揮官又は実質的に軍の指揮官として行動する者に対して関連する国際法の下で適用される責任の一層高い基準の適用を妨げるものではない。

2　公的機関、文民、軍人その他の者によるいかなる命令又は指示も、強制失踪(そう)犯罪を正当化する根拠として援用することはできない。

第七条【刑】1　締約国は、強制失踪(そう)犯罪について、その極度の重大性を考慮した適当な刑罰を科することができるようにする。

2　締約国は、

(a)　刑を減軽する情状を定めることができるものとし、特に、強制失踪(そう)の実行に関係した者が、失踪(そう)者の生還に効果的に貢献し、又は強制失踪(そう)に係る事件を明らかにすること若しくは強制失踪(そう)の加害者を特定することを可能とした場合には、これを刑を減軽する情状とすることができる。

(b)　他の刑事手続に影響を及ぼすことなく刑を加重する情状を定めることができるものとし、特に、失踪(そう)者が死亡した場合又は妊婦、未成年者、障害者その他の特に弱い立場にある者を対象として強制失踪(そう)を実行した場合には、これを刑を加重する情状とすることができる。

第八条【時効】1　強制失踪(そう)について出訴期限を適用する締約国は、第五条の規定の適用を妨げることなく、刑事手続の時効期間に関して次のことを確保するために必要な措置をとる。

(a)　長期間にわたるものであり、かつ、この犯罪の

極度の重大性と均衡のとれたものであること。

(b)　強制失踪(そう)犯罪の継続的な性質を考慮しつつ、その犯罪行為が終わった時から起算すること。

2　締約国は、第五条の規定の適用を妨げることなく、強制失踪(そう)の被害者が時効期間内において効果的な救済措置についての権利を有することを保障する。

第九条【裁判権の設定】1　締約国は、次の場合において強制失踪(そう)犯罪についての裁判権を行使するため自国の権限を設定するために必要な措置をとる。

(a)　当該犯罪が自国の管轄の下にある領域内又は自国において登録された船舶内若しくは航空機内で行われる場合

(b)　容疑者が自国の国民である場合

(c)　失踪(そう)者が自国の国民であり、かつ、自国が適当と認める場合

2　締約国は、容疑者が自国の管轄の下にある領域内に所在する場合において、他の国に対して自国の国際的な義務に基づく当該容疑者についての犯罪人引渡しを行わず、かつ、自国が管轄権を認めている国際刑事法廷に対して当該容疑者の引渡しを行わないときは、1の規定と同様に、強制失踪(そう)犯罪についての裁判権を行使する自国の権限を設定するために必要な措置をとる。

3　この条約は、国内法に従って行使される追加的な刑事裁判権を排除するものではない。

第一〇条【犯人所在国の措置】1　強制失踪(そう)犯罪の容疑者が領域内に所在する締約国は、自国が入手することのできる情報を検討した後、状況によって正当であると認める場合には、当該容疑者の所在を確実にするために必要な抑留その他の法的措置をとる。これらの措置は、当該締約国の法令に定めるところによるものとし、刑事訴訟手続又は犯罪人引渡し若しくは引渡しの手続において当該容疑者の所在を確実にしておくことが必要な期間に限って維持することができる。

2　1に規定する措置をとった締約国は、事実を認定するために予備調査又は捜査を直ちに行う。当該締約国は、前条1に規定する締約国に対し、1の規定に基づいてとった措置(容疑者の抑留及びその抑留が正当とされる状況を含む。)及び予備調査又は捜査の結果を通報するものとし、また、自国が裁判権を行使する意図の有無を明らかにする。

3　1の規定に基づいて抑留された者は、その国籍国の最寄りの適当な代表と又は当該者が無国籍者である場合には当該者が通常居住している国の代表と直ちに連絡を取ることができる。

第一一条【引渡すか訴追するかの義務】1　強制失踪(そう)犯罪の容疑者が自国の管轄の下にある領域内で発見された締約国は、他の国に対して自国の国際的な義務に基づく当該容疑者についての犯罪人引渡しを行わず、かつ、自国が管轄権を認めている国際刑事法廷に対して当該容疑者の引渡しを行わない場合には、訴追のため自国の権限のある当局に事件を付託する。

2　1に規定する当局は、自国の法令の下での通常の重大な性質を有する犯罪の場合と同様の方法により決定を行う。第九条2に規定する場合における訴追及び有罪判決に必要な証拠の基準は、同条1に規定する場合において適用される基準よりも緩やかなものであってはならない。

3　自己に対して強制失踪(そう)犯罪に関する訴訟手続がとられている者は、当該訴訟手続のすべての段階において公正な取扱いを保障される。強制失踪(そう)犯罪について裁判を受ける者は、法律で設置された、権限のある、独立の、かつ、公平な裁判所において公正な裁判を受ける。

第一二条【実効的救済の確保】1　締約国は、ある者が強制失踪(そう)の対象とされたと訴える個人がその事実を権限のある当局に報告する権利を有することを確保する。当該当局は、申立てを迅速かつ公平に検討し、及び必要な場合には十分かつ公平な調査を遅滞なく行う。必要な場合には、申立てを行った者、証人、失踪(そう)者の親族及びその弁護人並びに調査に参加する者を当該申立て又は証拠の提供の結果生ずるすべての不当な取扱い又は脅迫から保護することを確保するために適当な措置をとる。

2　ある者が強制失踪(そう)の対象とされたと信ずるに足りる合理的な理由がある場合には、1に規定する当局は、正式な申立てがなされていないときであっても、調査を行う。

3　締約国は、1に規定する当局について次のことを確保する。

(a)　調査を実効的に行うために必要な権限及び財源(調査に関連する文書その他の情報を入手する機会を有するためのものを含む。)を有していること。

(b)　拘禁されている場所その他失踪(そう)者が所在していると信ずるに足りる合理的な理由のある場所への立入りが認められていること。司法当局の事前の許可が必要とされる場合には、当該司法当局は、速やかにその事案についての決定を行う。

4　締約国は、調査の実施を妨げる行為を防止し、及びこれについて制裁を科するために必要な措置をとる。締約国は、特に、強制失踪(そう)犯罪の容疑者が、申立てを行った者、証人、失踪(そう)者の親族若しくはその弁護人又は調査に参加する者に対する圧力又は脅迫行為若しくは復仇きゅう行為という手段によって調査の進展に影響を及ぼすことがないことを確保する。

第一三条【政治犯罪性の否定】1　強制失踪(そう)犯罪は、締約国間における犯罪人引渡しに関しては、政治犯罪、政治犯罪に関連する犯罪又は政治的な動機による犯罪とみなしてはならない。このため、政治犯罪、政治犯罪に関連する犯罪又は政治的な動機による犯罪に関係することのみを理由として犯罪人引渡しの請求を拒否することはできない。

2　強制失踪(そう)犯罪は、この条約が効力を生ずる前に締約国間に存在するすべての犯罪人引渡条約において引渡犯罪とみなす。

3　締約国は、締約国間で後に締結する犯罪人引渡条約において強制失踪(そう)犯罪を引渡犯罪として含めることを約束する。

4　条約の存在を犯罪人引渡しの条件とする締約国は、自国との間に犯罪人引渡条約を締結していない他の締約国から犯罪人引渡しの請求を受けた場合には、この条約を強制失踪(そう)犯罪についての犯罪人引渡しに必要な法的根拠とみなすことができる。

5　条約の存在を犯罪人引渡しの条件としない締約国は、相互間で強制失踪(そう)犯罪を引渡犯罪と認める。

6　犯罪人引渡しは、すべての場合において、請求を受けた締約国の法令に定める条件又は適用可能な犯罪人引渡条約に定める条件に従う。これらの条件には、特に、犯罪人引渡しのために最低限度必要とされる刑罰に関する要件及び請求を受けた締約国が犯罪人引渡しを拒否することができ、又は一定の条件に従って行うことができる理由に関する条件を含む。

7　この条約のいかなる規定も、犯罪人引渡しの請求を受けた締約国が、当該請求が性別、人種、宗教、国籍、民族的出身、政治的意見若しくは特定の社会的集団の構成員であることを理由として当該請求の対象となる者を訴追し、若しくは処罰するために行われたと信じ、又は当該請求に応ずることにより当該者がこれらの理由によって害されると信ずるに足りる実質的な根拠がある場合には、引渡しを行う義務を課するものと解してはならない。

第一四条【刑事司法共助】1　締約国は、強制失踪(そう)犯罪についてとられる刑事訴訟手続に関し、最大限の法律上の援助(当該刑事訴訟手続に必要であり、かつ、自国が提供することのできるすべての証拠の提供を含む。)を相互に与える。

2　1に規定する法律上の相互援助は、請求を受けた締約国の国内法令に定める条件又は法律上の相互援助に関する適用可能な条約に定める条件に従う。これらの条件には、特に、請求を受けた締約国が法律上の相互援助の供与を拒否することができ、又は条件に従って行うことができる理由に関する条件を含む。

第一五条【失踪者の捜索】締約国は、強制失踪(そう)の被害者を援助するため、失踪(そう)者を捜索し、発見し、及び解放し、並びに失踪(そう)者が死亡した場合には、その遺体を発掘し、特定し、及び返還するに当たり、相互に協力し、かつ、最大限の援助を与える。

第一六条【ノン・ルフールマン】1　締約国は、ある者が強制失踪(そう)の対象とされるおそれがあると信ずるに足りる実質的な理由がある他の国へ当該者を追放し、若しくは送還し、又は当該者について犯罪人引渡しを行ってはならない。

2　権限のある当局は、1に規定する理由の有無を決定するに当たり、すべての関連する事情(該当する場合には、重大、明らか若しくは大規模な人権侵害又は国際人道法の著しい違反についての一貫した傾向が関係する国において存在することを含む。)を考慮する。

第一七条【秘密拘禁の禁止】1　いずれの者も、秘密拘禁の状態に置かれない。

2　締約国は、自由のはく奪に関して自国が負う他の国際的な義務に影響を及ぼすことなく、自国の法令において次のことを行う。

(a)　自由のはく奪を命ずるための条件を定めること。

(b)　自由のはく奪を命ずることが認められた当局を明示すること。

(c)　自由をはく奪された者が、公認され、及び監督された拘禁施設においてのみ拘禁されることを保障すること。

(d)　自由をはく奪された者が、法令に定める条件にのみ従うことを条件として、家族、弁護人その他の自己が選択した者と連絡を取り、及びその訪問を受け、又は当該自由をはく奪された者が外国人である場合には、適用可能な国際法に従い、当該自由をはく奪された者の国の領事当局と連絡を取ることが認められることを保障すること。

(e)　権限のある、かつ、法律上認められた当局及び機関が、必要な場合には司法当局による事前の許可を得て、自由をはく奪された者が拘禁されている施設に立ち入ることができることを保障すること。

(f)　裁判所が自由のはく奪の合法性について遅滞なく決定し、当該自由のはく奪が合法的でない場合には解放を命ずることができるようにするため、自由をはく奪された者又は強制失踪(そう)の疑いがある場合には自由をはく奪された者がその権利を行使することができないので正当な利益を有する者(例えば、自由をはく奪された者の親族又はその代理人若しくは弁護人)が、あらゆる事態において、裁判所において手続をとる権利を有することを保障すること。

3　締約国は、自由をはく奪された者に関する一又は二以上の最新の公的な登録簿又は記録を取りまとめ、及び保管することを確保する。当該登録簿又は記録については、当該締約国の法令又は当該締約国が当事国である関連する国際的な法的文書により認められた司法当局その他の権限のある当局又は機関が、それらの要請により、速やかに利用することができるようにする。当該登録簿又は記録に含まれる情報には、少なくとも次に掲げる事項を含める。

(a)　自由をはく奪された者を特定する事項

(b)　その者が自由をはく奪された日時及び場所並びにその者の自由をはく奪した当局を特定する事項

(c)　自由のはく奪を命じた当局及び自由のはく奪を

命じた理由

(d) 自由のはく奪を監督することについて責任を有する当局

(e) 拘禁施設の場所、拘禁施設へ収容した日時及び当該拘禁施設について責任を有する当局

(f) 自由をはく奪された者の健康状態に関する事項

(g) 自由をはく奪されている間に死亡した場合には、その状況及び死因並びに遺体の搬送先

(h) 解放した日時又は他の拘禁施設へ移送した日時、その移送先及びその移送について責任を有する当局

第一八条【情報へのアクセス】1　締約国は、次条及び第二〇条の規定に従うことを条件として、正当な利益を有する者(例えば、自由をはく奪された者の親族又はその代理人若しくは弁護人)に対して少なくとも次に掲げる情報を入手する機会を保障する。

(a) 自由のはく奪を命じた当局

(b) その者が自由をはく奪された日時及び場所並びに拘禁施設へ収容された日時及び当該拘禁施設の場所

(c) 自由のはく奪を監督することについて責任を有する当局

(d) 自由をはく奪された者の所在(他の拘禁施設へ移送された場合には、その移送先及びその移送について責任を有する当局を含む。)

(e) 解放した日時及び場所

(f) 自由をはく奪された者の健康状態に関する事項

(g) 自由をはく奪されている間に死亡した場合には、その状況及び死因並びに遺体の搬送先

2　1に規定する者及び調査に参加する者については、必要な場合には、自由をはく奪された者に関する情報を求めた結果として生ずる不当な取扱い、脅迫又は制裁から保護するために適当な措置がとられなければならない。

第一九条【個人情報の保護】1　失踪(そう)者の捜索の枠組みにおいて収集され、又は伝達された個人情報(医療上及び遺伝上の情報を含む。)については、当該失踪(そう)者の捜索以外の目的のために利用し、又は提供してはならない。このことは、強制失踪(そう)犯罪に関する刑事手続における当該情報の利用又は賠償を受ける権利の行使を妨げるものではない。

2　個人情報(医療上及び遺伝上の情報を含む。)の収集、処理、利用及び保管は、個人の人権若しくは基本的自由又は人間の尊厳を侵害してはならず、又は侵害する効果を有してはならない。

第二〇条【情報へのアクセスの制限】1　自由をはく奪された者が法律の保護の下に置かれ、かつ、当該者についての自由のはく奪が司法による監督を受けている場合に限り、適用可能な国際法及びこの条約の目的に適合する範囲において、例外的に、第一八条に規定する情報についての権利を制限することができる。ただし、当該権利の制限が、真に必要であり、かつ、法令によって規定されている場合であって、当該情報の伝達が当該者のプライバシー若しくは安全に悪影響を及ぼし、若しくは刑事捜査の妨げとなり、又は法令に基づく他の同等の理由があるときに限る。いかなる場合にも、同条に規定する情報についての権利の制限が第二条に定める行為を構成し、又は第一七条1の規定に違反し得るときは、当該制限を行ってはならない。

2　締約国は、個人の自由のはく奪の合法性についての考慮を妨げることなく、第一八条1に規定する者に対し、同条1に規定する情報を遅滞なく入手するための手段として、迅速かつ効果的な司法上の救済措置についての権利を保障する。この救済措置についての権利は、いかなる事態においても、停止され、又は制限されてはならない。

第二一条【解放時の措置】締約国は、自由をはく奪された者について、当該者が実際に解放されたことが確実に確認し得る方法によって解放されることを確保するために必要な措置をとる。また、締約国は、国内法令に基づいてそれらの者が課され得るいかなる義務にも影響を及ぼすことなく、当該者の身体が健全であること及び解放された時に自己の権利を十分に行使する能力があることを保障するために必要な措置をとる。

第二二条【救済の妨害に対する制裁】締約国は、第六条の規定の適用を妨げることなく、次の行為を防止し、及びこれについて制裁を科するために必要な措置をとる。

(a) 第一七条2(f)及び第二〇条2に規定する救済措置を遅延させ、又は妨害すること。

(b) いずれかの者についての自由のはく奪を記録しないこと又は公的な登録簿について責任を有する職員が不正確であると知っていた若しくは知っているべきであった情報を記録すること。

(c) いずれかの者についての自由のはく奪に関する情報を提供するための法的要件を満たしているにもかかわらず、当該情報の提供を拒否すること又は不正確な情報を提供すること。

第二三条【法執行職員の訓練】1　締約国は、次の目的のため、この条約の関連する規定に関して必要な教育及び情報が、自由をはく奪された者の身体の拘束又は取扱いに関与する法執行の職員(文民であるか軍人であるかを問わない。)、医療職員、公務員その他の者に対する訓練に取り入れられることを確保する。

(a) これらの職員の強制失踪(そう)への関与を防止すること。

(b) 強制失踪(そう)に関して防止及び調査の重要性を強調すること。

(c) 強制失踪(そう)に係る事件を解決する緊急の必要性が認識されていることを確保すること。

2　締約国は、命令又は指示であって、強制失踪(そう)を命じ、許可し、又は奨励するものが禁止されてい

ることを確保する。締約国は、そのような命令に従うことを拒否した者が処罰されないことを保障する。

3 締約国は、1に規定する者であって、強制失踪(そう)が実行された又は計画されていると信ずるに足りる理由を有するものが、その上官及び必要な場合には検討又は救済措置に関する権限を与えられた適当な当局又は機関に対し、その事案を報告することを確保するために必要な措置をとる。

第二四条【被害者の権利】1 この条約の適用上、「被害者」とは、失踪(そう)者及び強制失踪(そう)の直接の結果として被害を受けた個人をいう。

2 被害者は、強制失踪(そう)の状況に関する真実、調査の進展及び結果並びに失踪(そう)者の消息を知る権利を有する。締約国は、この点に関して適当な措置をとる。

3 締約国は、失踪(そう)者を捜索し、発見し、及び解放し、並びに失踪(そう)者が死亡した場合には、その遺体を発見し、尊重し、及び返還するため、すべての適当な措置をとる。

4 締約国は、強制失踪(そう)の被害者が被害回復を受ける権利及び迅速、公正かつ適正な賠償を受ける権利を有することを自国の法制において確保する。

5 4に規定する被害回復を受ける権利は、物的及び精神的な損害を対象とし、適当な場合にはその他の形態の被害回復(例えば次に掲げるもの)について適用する。

(a) 原状回復

(b) リハビリテーションの提供

(c) 救済(尊厳及び信用の回復を含む。)

(d) 再発防止の保証

6 締約国は、失踪(そう)者の消息が明らかになるまでの間調査を継続する義務に影響を及ぼすことなく、消息が明らかでない失踪(そう)者及びその親族の社会保障、財政事項、親族法、財産権等の分野における法的地位に関し、適当な措置をとる。

7 締約国は、強制失踪(そう)の状況及び失踪(そう)者の消息を確認し、並びに強制失踪(そう)の被害者を援助することを目的とする組織及び団体を設立し、並びにこれに自由に参加する権利を保障する。

第二五条【児童の保護】1 締約国は、次のことを防止し、及び自国の刑事法に基づいて処罰するために必要な措置をとる。

(a) 強制失踪(そう)の対象とされた児童、父母若しくは法定保護者が強制失踪(そう)の対象とされた児童又は強制失踪(そう)の対象とされた母が拘禁されている間に生まれた児童を不当に移動させること。

(b) (a)に規定する児童の真正な身元関係事項を証明する文書を偽造し、隠匿し、又は廃棄すること。

2 締約国は、法的手続及び適用可能な国際協定に従い、1(a)に規定する児童を捜索し、及び特定し、並びにそれらの児童を本来の家族に戻すために必要な措置をとる。

3 締約国は、1(a)に規定する児童を捜索し、特定し、及び発見するに当たり、相互に援助する。

4 1(a)に規定する児童の最善の利益を保護する必要性並びに当該児童が法令によって認められた国籍、氏名及び家族関係を含むその身元関係事項を保持し、又は回復する権利を保護する必要性を考慮し、児童の養子縁組の制度その他児童の委託の制度を認める締約国は、養子縁組又は委託の手続を再検討するための、及び適当な場合には、強制失踪(そう)に起因する児童の養子縁組又は委託を無効とするための法的手続を有するものとする。

5 すべての場合において、特にこの条に関連する事項については、児童の最善の利益が主として考慮されるものとし、自己の意見を形成する能力のある児童は、自由に自己の意見を表明する権利を有する。この場合において、児童の意見は、当該児童の年齢及び成熟度に従って相応に考慮されるものとする。

第二部 【実施措置】

第二六条【強制失踪委員会】1 強制失踪(そう)に関する委員会(以下「委員会」という。)を、この条約に定める任務を遂行するために設置する。委員会は、徳望が高く、かつ、人権の分野において能力を認められた十人の専門家により構成される。これらの専門家は、個人の資格で職務を遂行するものとし、独立の、かつ、公平なものとする。委員会の委員については、締約国が衡平な地理的配分に基づいて選出するものとし、関連する法律関係の経験を有する者の委員会の活動への参加が有益であること及び性別に関して均衡のとれた形で代表されることに妥当な考慮を払う。

2 委員会の委員は、国際連合事務総長により選挙のために招集される二年ごとの締約国の会合において、締約国によりその国民の中から指名された者の名簿の中から、秘密投票により選出される。これらの会合は、締約国の三分の二をもって定足数とする。これらの会合においては、出席し、かつ、投票する締約国の代表によって投じられた票の最多数で、かつ、過半数の票を得た者をもって委員会に選出された委員とする。

3 委員会の委員の最初の選挙は、この条約の効力発生の日の後六箇月以内に行う。国際連合事務総長は、委員会の委員の選挙の日の四箇月前までに、締約国に対し、自国が指名する者の氏名を三箇月以内に提出するよう書簡で要請する。同事務総長は、このようにして指名された者のアルファベット順による名簿(各候補者を指名した締約国名を表示した名簿とする。)を作成し、これをすべての締約国に送付する。

4 委員会の委員は、四年の任期で選出され、一回のみ再選される資格を有する。ただし、最初の選挙において選出された委員のうち五人の委員(これらの委員は、最初の選挙の後直ちに、2に規定する会合において議長によりくじ引で選ばれる。）の任期は、二年で終了する。

5　委員会の委員が死亡し、辞任し、又は他の理由によりその職務を遂行することができなくなった場合には、当該委員を指名した締約国は、1に定める基準に従い、締約国の過半数の承認が得られることを条件として、自国の国民の中から当該委員の残任期間中その職務を遂行する他の候補者を任命する。その任命については、国際連合事務総長がこれを通報した後六週間以内に締約国の二分の一以上が反対しない限り、必要な承認が得られたものとする。

6　委員会は、その手続規則を定める。

7　国際連合事務総長は、委員会に対し、その任務を効果的に遂行するために必要な手段、職員及び便益を提供する。同事務総長は、委員会の最初の会合を招集する。

8　委員会の委員は、国際連合の特権及び免除に関する条約の関連する規定に定める国際連合のための任務を行う専門家の便益、特権及び免除を享受する。

9　締約国は、自国が受け入れた委員会の任務の範囲内で、委員会と協力し、及び委員の職務の遂行を支援する。

第二七条【委員会制度の再検討】この条約の効力発生後四年を経過した時からこの条約の効力発生後六年の期間が満了する時までの間に締約国会議を開催する。締約国会議は、委員会の任務の遂行を評価するものとし、第四四条2に定める手続に従い、すべての可能性を排除することなく、次条から第三六条までに定める任務に従って行われるこの条約の監視を他の機関に移譲することが適当か否かを決定する。

第二八条【他の条約上の機関との協力】（略）

第二九条【政府報告の検討】1　締約国は、自国がこの条約に基づく義務を履行するためにとった措置に関する報告を、この条約が自国について効力を生じた後二年以内に国際連合事務総長を通じて委員会に提出する。

2　国際連合事務総長は、1に規定する報告をすべての締約国が入手することができるようにする。

3　委員会は、1に規定する報告を検討するものとし、適当と認める意見、見解又は勧告を提示する。これらの意見、見解又は勧告は、関係締約国に送付されるものとし、当該関係締約国は、自己の発意により又は委員会の要請により、当該意見、見解又は勧告に回答することができる。

4　委員会は、締約国に対し、この条約の実施に関する追加的な情報の提供を要請することができる。

第三〇条【緊急行動】1　失踪（そう）者を捜索し、及び発見すべきであるとの要請については、緊急に処理を要する事項として、当該失踪者の親族、その法律上の代理人又は弁護人、当該親族により認められた者その他の正当な利益を有する者が委員会に提出することができる。

2　委員会は、1の規定に基づいて提出された緊急の措置の要請が次のすべての要件を満たしていると認める場合には、関係締約国に対し、捜索の対象となる者の状況に関する情報を委員会が定める期限内に提供するよう要請する。

(a)　根拠を欠くことが明白でないこと。

(b)　そのような要請を提出する権利の濫用とならないこと。

(c)　当該関係締約国の権限のある機関（例えば、捜査が行われる可能性がある場合においては、捜査を行うことが認められている機関）に既に適切に提出されていること。

(d)　この条約の規定と両立しないものでないこと。

(e)　同一の事案が同様の性質を有する他の国際的な調査又は解決の手続によって現在検討されていないこと。

3　委員会は、2の規定に従って関係締約国により提供された情報に照らし、当該関係締約国に対して勧告（当該関係締約国がこの条約に従って捜索の対象となる者を発見し、及び保護するために並びに事態の緊急性を考慮に入れてとった措置を特定の期間内に委員会に報告するために必要なすべての措置（暫定的な措置を含む。）をとるべきであるとの要請を含む。）を送付することができる。委員会は、緊急の措置の要請を提出した者に対し、勧告及び当該関係締約国により提供された情報が提供可能となったときは当該情報を通知する。

4　委員会は、捜索の対象となる者の消息が判明しない限り、関係締約国と共に活動する努力を継続する。要請を提出した者は、引き続き情報を知らされる。

第三一条【個人の通報】1　締約国は、この条約の批准の際に又はその後いつでも、自国の管轄の下にある個人であって自国によるこの条約の規定に対する違反の被害者であると主張するものにより又はその者のために行われる通報を委員会が受理し、及び検討する権限を有することを認める旨を宣言することができる。委員会は、宣言を行っていない締約国についての通報を受理してはならない。

2　委員会は、次のいずれかの場合には、通報を受理することができないものとする。

(a)　当該通報が匿名のものである場合

(b)　当該通報がそのような通報を行う権利の濫用となるか又はこの条約の規定と両立しない場合

(c)　同一の事案が同様の性質を有する他の国際的な調査又は解決の手続によって現在検討されている場合

(d)　効果的で利用し得るすべての国内的な救済措置が尽くされていない場合。ただし、救済措置の実施が不当に遅延するときは、この限りでない。

3　委員会は、通報が2の規定により受理することができるものであると認める場合には、当該通報を関係締約国に送付し、当該関係締約国に対して委員会が定める期限内に見解及び意見を提出するよう要請する。

4　委員会は、通報を受領した後本案についての決定を行うまでの間はいつでも、当該通報に係る違反の被害者が回復不能な損害を受ける可能性を回避するために関係締約国が必要な暫定的な措置をとるよう求める要請を、当該関係締約国に緊急に検討させるために送付することができる。委員会がこのような裁量権を行使することは、当該通報を受理し得るか否かについての決定又は当該通報に関する本案についての決定を意味するものではない。

5　委員会は、この条の規定に基づいて通報を検討する場合には、非公開の会合を開催する。委員会は、通報を行った者に対し、関係締約国が提出した回答を通知する。委員会は、手続の終了を決定した場合には、その見解を当該関係締約国及び当該通報を行った者に送付する。

第三二条【国家の通報】この条約の締約国は、この条約に基づく義務が他の締約国によって履行されていない旨を主張するいずれかの締約国からの通報を委員会が受理し、及び検討する権限を有することを認める旨をいつでも宣言することができる。委員会は、宣言を行っていない締約国についての通報及び宣言を行っていない締約国からの通報を受理してはならない。

第三三条【職権調査】1　委員会は、いずれかの締約国がこの条約の規定に著しく違反していることを示す信頼し得る情報を受領した場合には、当該締約国と協議した上で、一人又は二人以上の委員に対し、当該締約国を訪問し、かつ、委員会へ遅滞なく報告するよう要請することができる。

2　委員会は、1に規定する締約国に対し、訪問を行う意図をその代表団の構成及び訪問の目的とともに書面により通報する。当該締約国は、合理的な期間内に委員会に回答する。

3　委員会は、1に規定する締約国からの裏付けられた要請に基づき、訪問の延期又は中止を決定することができる。

4　1に規定する締約国が訪問に同意した場合には、委員会及び当該締約国は、当該訪問の態様を定めるために共同で作業するものとし、また、当該締約国は、委員会にその訪問が成功裡(り)に完了するために必要なすべての便宜を与える。

5　訪問の後、委員会は、その見解及び勧告を1に規定する締約国に送付する。

第三四条【広範又は組織的実行についての注意喚起】委員会は、いずれかの締約国の管轄の下にある領域内において強制失踪(そう)が広範又は組織的に実行されていることが十分な根拠をもって示されていると認める情報を受領した場合には、当該締約国に対しその状況についてのすべての関連する情報を求めた後、国際連合事務総長を通じ、早急にその事案について国際連合総会の注意を喚起することができる。

第三五条【委員会の権限の時間的範囲】1　委員会は、この条約の効力発生後に開始された強制失踪(そう)についてのみ権限を有する。

2　この条約の効力発生後にいずれかの国が締約国となる場合には、委員会に対して当該国が負う義務は、この条約が当該国について効力を生じた後に開始された強制失踪(そう)に関するものに限る。

第三六条【年次報告】1　委員会は、この条約に基づく活動に関する年次報告を締約国及び国際連合総会に提出する。

2　締約国は、年次報告において自国に関する見解が公表される前に、あらかじめ通報を受けるものとし、回答のための合理的な期間を与えられる。当該締約国は、当該年次報告において、自国の意見又は見解が公表されるよう要請することができる。

第三部　【最終規定】

第三七条【他の法との関係】(略)

第三八条【署名】
第三九条【効力発生】
第四〇条【国連事務総長による通報】
第四一条【連邦条項】
(略)

第四二条【紛争の解決】1　この条約の解釈又は適用に関する締約国間の紛争であって、交渉又はこの条約に明文の規定がある手続によって解決することができないものは、いずれかの紛争当事国の要請により、仲裁に付される。仲裁の要請の日から六箇月以内に仲裁の組織について紛争当事国が合意に達しない場合には、いずれの紛争当事国も、国際司法裁判所規程に従って国際司法裁判所に紛争を付託することができる。

2　いずれの国も、この条約の署名若しくは批准又はこの条約への加入の際に、1の規定に拘束されない旨を宣言することができる。他の締約国は、そのような宣言を行った締約国との関係において1の規定に拘束されない。

3　2の規定に基づいて宣言を行った締約国は、国際連合事務総長に対する通告により、いつでもその宣言を撤回することができる。

第四三条【国際人道法との関係】
第四四条【改正】
第四五条【正文】
(略)

日本国の宣言

条約の第三二条に従って、日本国政府は、この条約に基づく義務が他の締約国によって履行されていない旨を主張する締約国からの通報を受理し及び検討する強制失踪委員会の権限を承認することを宣言する。

323 強制労働の廃止に関する条約(第一〇五号)(強制労働廃止条約)(抄)

採択 一九五七年六月二五日 国際労働機関総会第四〇会期
署名 一九五七年七月四日
効力発生 一九五九年一月一七日
日本国 二〇二二年六月八日国会承認、七月一九日批准、七月二一日公布(条約第九号)、二〇二三年七月一九日効力発生

国際労働機関の総会は、
(略)
一九三〇年の強制労働条約の諸規定に留意し、
一九二六年の奴隷条約が、強制労働が奴隷制度と同様の状態に発展することを防止するために全ての必要な措置をとるべきことを規定していること、並びに一九五六年の奴隷制度、奴隷取引並びに奴隷制度に類する制度及び慣行の廃止に関する補足条約が、負債による奴隷及び農奴の完全な廃止を規定していることに留意し、
一九四九年の賃金保護条約が、賃金は定期的に支払われるべきことを規定し、及び労働者から自己の雇用を終了させる真正な可能性を奪う支払方法を禁止していることに留意し、
国際連合憲章が掲げ、及び世界人権宣言が定める人権の侵害となる特定の形態の強制労働の廃止に関して新たな提案の採択を決定し、
(略)
次の条約(略)〔を〕採択する。

第一条【あらゆる強制労働の禁止】この条約を批准する国際労働機関の各加盟国は、次に掲げるものとしてのあらゆる形態の強制労働を禁止し、かつ、これを利用しないことを約束する。
(a) 政治的な強制若しくは教育の手段又は政治的な見解若しくは確立した政治的、社会的若しくは経済的な制度に思想的に反対する見解を有し、若しくは表明することに対する制裁
(b) 経済的発展の目的のために労働力を動員し、及び利用する方法
(c) 労働規律の手段
(d) 同盟罷業に参加したことに対する制裁
(e) 人種的、社会的、国民的又は宗教的な差別の手段

第二条【締約国による効果的な措置】この条約を批准する国際労働機関の各加盟国は、前条に規定する強制労働の即時の、かつ、完全な廃止を確保するために効果的な措置をとることを約束する。

第三条【批准】
第四条【効力発生】
第五条【廃棄】
第六条【国際労働事務局長による通知】
第七条【本条約の登録】
第八条【理事会による運用検討】
第九条【改正】
(略)

第一〇条【正文】この条約の英語及びフランス語による本文は、ひとしく正文とする。

第4節 ヨーロッパ人権条約

324 人権及び基本的自由の保護のための条約(ヨーロッパ人権条約)

署名 一九五〇年一一月四日
効力発生 一九五三年九月三日
改正 一九六三年五月六日署名の第三議定書による改正、一九七〇年九月二一日効力発生
一九六六年一月二〇日署名の第五議定書による改正、一九七一年一二月二〇日効力発生
一九八五年三月一九日署名の第八議定書による改正、一九九〇年一月一日効力発生
一九九〇年一一月六日署名の第九議定書による改正、一九九四年一〇月一日効力発生、但し、第九議定書締約国のみに適用
一九九四年五月一一日署名の第一一議定書による改正、一九九八年一一月一日効力発生
二〇〇九年五月二七日署名の第一四の二議定書による改正、二〇〇九年一〇月一日効力発生、但し、第一四の二議定書締約国のみに適用
二〇〇四年五月一三日署名の第一四議定書による改正、二〇一〇年六月一日効力発生
二〇一三年六月二四日署名の第一五議定書による改正、二〇二一年八月一日効力発生

[注] 第一一議定書による改正前の条文番号を、対応する現行規定の見出しの後に〈*〉で示した。

欧州評議会加盟国であるこの条約の署名政府は、

一九四八年一二月一〇日に国際連合総会が宣明した世界人権宣言を考慮し、

この宣言が、その中で宣言された権利の普遍的かつ実効的な承認及び遵守を確保することを目的としていることを考慮し、

欧州評議会の目的が加盟国間のより強い統一の達成であること、及び、その目的を追求する方法の一つが人権及び基本的自由の維持及び一層の実現であることを考慮し、

世界における正義及び平和の基礎であり、かつ、一方では実効的な政治的民主主義により、他方ではそれが依存している人権の共通の理解及び遵守によって最もよく維持されるこれらの基本的自由に対する深い信念を改めて確認し、

志を同じくし、かつ政治的伝統、理想、自由及び法の支配についての共通の遺産を有するヨーロッパ諸国の政府として、世界人権宣言中に述べられる権利の若干のものを集団的に実施するための最初の措置をとることを決意して、

補完性の原則に従って、締約国が、本条約及び条約の議定書に定義する権利及び自由を保障する主要な責任を有すること、並びにその上で、本条約で設立されたヨーロッパ人権裁判所の監視権限を条件として、評価の余地を享受することを確認し、

次のとおり協定した。

第一条（人権を尊重する義務） 締約国は、その管轄内にあるすべての者に対し、この条約の第一節に定義する権利及び自由を保障する。

第一節　権利及び自由

第二条（生命についての権利） 1　すべての者の生命についての権利は、法律によって保護される。何人も、故意にその生命を奪われない。ただし、法律で死刑を定める犯罪について有罪の判決の後に裁判所の刑の言い渡しを執行する場合は、この限りでない。

2　生命の剥奪は、それが次の目的のために絶対に必要な、力の行使の結果であるときは、本条に違反して行われたものとみなされない。

(a)　不法な暴力から人を守るため

(b)　合法的な逮捕を行い又は合法的に抑留した者の逃亡を防ぐため

(c)　暴動又は反乱を鎮圧するために合法的にとった行為のため

第三条（拷問の禁止） 何人も、拷問又は非人道的な若しくは品位を傷つける取扱い若しくは刑罰を受けない。

第四条（奴隷の状態及び強制労働の禁止） 1　何人も、奴隷の状態又は隷属状態に置かれない。

2　何人も、強制労働に服することを要求されない。

3　この条の適用上、「強制労働」には、次のものを含まない。

(a)　この条約の第五条の規定に基づく抑留の通常の過程又はその抑留を条件付きで免除されているときに要求される作業

(b)　軍事的性質の役務又は、良心的兵役拒否が認められている国における良心的兵役拒否者の場合に、義務的軍事役務のかわりに要求される役務

(c)　社会の存立又は福祉を脅かす緊急事態又は災害の場合に要求される役務

(d)　市民としての通常の義務とされる作業又は役務

第五条（自由及び安全についての権利） 1　すべての者は、身体の自由及び安全についての権利を有する。何人も、次の場合において、かつ、法律で定める手続に基づく場合を除くほか、その自由を奪われない。

(a)　権限のある裁判所による有罪判決の後の人の合法的な抑留

(b)　裁判所の合法的な命令に従わないための又は法律で定めるいずれかの義務の履行を確保するための人の合法的な逮捕又は抑留

(c)　犯罪を行ったとする合理的な疑いに基づき権限のある法的機関に連れて行くために行う又は犯罪の実行若しくは犯罪実行後の逃亡を防ぐために必要だと合理的に考えられる場合に行う人の合法的な逮捕又は抑留

(d)　教育上の監督のための合法的な命令による未成年者の抑留又は権限のある法的機関に連れて行くための未成年者の合法的な抑留

(e)　伝染病の蔓延を防止するための人の合法的な抑留並びに精神異常者、アルコール中毒者若しくは麻薬中毒者又は浮浪者の合法的な抑留

(f)　不正規に入国するのを防ぐための人の合法的な逮捕若しくは抑留又は退去強制若しくは犯罪人引渡しのために手続がとられている人の合法的な逮捕若しくは抑留

2　逮捕される者は、速やかに、自己の理解する言語で、逮捕の理由及び自己に対する被疑事実を告げられる。

3　この条の1(c)の規定に基づいて逮捕又は抑留された者は、裁判官又は司法権を行使することが法律によって認められている他の官憲の面前に速やかに連れて行かれるものとし、妥当な期間内に裁判を受ける権利又は裁判までの間釈放される権利を有する。釈放に当たっては、裁判所への出頭が保障されることを条件とすることができる。

4　逮捕又は抑留によって自由を奪われた者は、裁判所がその抑留が合法的であるかどうかを迅速に決定するように及び、その抑留が合法的でない場合には、その釈放を命ずるように、手続をとる権利を有する。

5　この条の規定に違反して逮捕され又は抑留された者は、賠償を受ける権利を有する。

第六条（公正な裁判を受ける権利） 1　すべての者は、その民事上の権利及び義務の決定又は刑事上の罪の決定のため、法律で設置された、独立の、かつ、公平な裁判所による妥当な期間内の公正な公開審理を受ける権利を有する。判決は、公開で言い渡される。

ただし、報道機関及び公衆に対しては、民主的社会における道徳、公の秩序若しくは国の安全のため、また、少年の利益若しくは当事者の私生活の保護のため必要な場合において又はその公開が司法の利益を害することとなる特別な状況において裁判所が真に必要があると認める限度で、裁判の全部又は一部を公開しないことができる。

2　刑事上の罪に問われているすべての者は、法律に基づいて有罪とされるまでは、無罪と推定される。

3　刑事上の罪に問われているすべての者は、少なくとも次の権利を有する。

(a)　速やかにその理解する言語でかつ詳細にその罪の性質及び理由を告げられること。

(b)　防御の準備のために十分な時間及び便益を与えられること。

(c)　直接に又は自ら選任する弁護人を通じて、防御すること。弁護人に対する十分な支払手段を有しないときは、司法の利益のために必要な場合には無料で弁護人を付されること。

(d)　自己に不利な証人を尋問し又はこれに対し尋問させること並びに自己に不利な証人と同じ条件で自己のための証人の出席及びこれに対する尋問を求めること。

(e)　裁判所において使用される言語を理解し又は話すことができない場合には、無料で通訳の援助を受けること。

第七条（法律なくして処罰なし）1　何人も、実行の時に国内法又は国際法により犯罪を構成しなかった作為又は不作為を理由として有罪とされることはない。何人も、犯罪が行われた時に適用されていた刑罰よりも重い刑罰を科されない。

2　この条は、文明諸国の認める法の一般原則により実行の時に犯罪とされていた作為又は不作為を理由として裁判しかつ処罰することを妨げるものではない。

第八条（私生活及び家族生活の尊重についての権利）

1　すべての者は、その私的及び家族生活、住居及び通信の尊重を受ける権利を有する。

2　この権利の行使については、法律に基づき、かつ、国の安全、公共の安全若しくは国の経済的福利のため、また、無秩序若しくは犯罪の防止のため、健康若しくは道徳の保護のため、又は他の者の権利及び自由の保護のため民主的社会において必要なもの以外のいかなる公の機関による干渉もあってはならない。

第九条（思想、良心及び宗教の自由）1　すべての者は、思想、良心及び宗教の自由についての権利を有する。この権利には、自己の宗教又は信念を変更する自由並びに、単独で又は他の者と共同して及び公に又は私的に、礼拝、教導、行事及び儀式によってその宗教又は信念を表明する自由を含む。

2　宗教又は信念を表明する自由については、法律で定める制限であって公共の安全のため又は公の秩序、健康若しくは道徳の保護のため又は他の者の権利及び自由の保護のために民主的社会において必要なもののみを課す。

第一〇条（表現の自由）1　すべての者は、表現の自由についての権利を有する。この権利には、公の機関による干渉を受けることなく、かつ、国境とのかかわりなく、意見を持つ自由並びに情報及び考えを受け及び伝える自由を含む。この条は、国が放送、テレビ又は映画の諸企業の許可制を要求することを妨げるものではない。

2　1の自由の行使については、義務及び責任を伴い、法律によって定められた手続、条件、制限又は刑罰であって、国の安全、領土保全若しくは公共の安全のため、無秩序若しくは犯罪の防止のため、健康若しくは道徳の保護のため、他の者の信用若しくは権利の保護のため、秘密に受けた情報の暴露を防止するため、又は、司法機関の権威及び公平さを維持するため民主的社会において必要なものを課することができる。

第一一条（集会及び結社の自由）1　すべての者は、平和的な集会の自由及び結社の自由についての権利を有する。この権利には、自己の利益の保護のために労働組合を結成し及びこれに加入する権利を含む。

2　1の権利の行使については、法律で定める制限であって国の安全若しくは公共の安全のため、無秩序若しくは犯罪の防止のため、健康若しくは道徳の保護のため、又は他の者の権利及び自由の保護のため民主的社会において必要なもの以外のいかなる制限も課してはならない。この条の規定は、国の軍隊、警察又は行政機関の構成員による1の権利の行使に対して合法的な制限を課することを妨げるものではない。

第一二条（婚姻についての権利）婚姻をすることができる年齢の男女は、権利の行使を規制する国内法に従って婚姻をしかつ家族を形成する権利を有する。

第一三条（効果的救済についての権利）この条約に定める権利及び自由を侵害された者は、公的資格で行動する者によりその侵害が行われた場合にも、国の機関の前において効果的な救済措置を受ける。

第一四条（差別の禁止）この条約に定める権利及び自由の享受は、性、人種、皮膚の色、言語、宗教、政治的意見その他の意見、国民的若しくは社会的出身、少数民族への所属、財産、出生又は他の地位等によるいかなる差別もなしに、保障される。

第一五条（緊急時における免脱）1　戦争その他の国民の生存を脅かす公の緊急事態の場合には、いずれの締約国も、事態の緊急性が真に必要とする限度において、この条約に基づく義務を免脱する措置をとることができる。ただし、その措置は、当該締約国が国際法に基づき負う他の義務に抵触してはならない。

2　1の規定は、第二条（合法的な戦闘行為から生ずる死亡の場合を除く。）、第三条、第四条1及び第七条の規定からのいかなる免脱も認めるものではない。

3　免脱の措置をとる権利を行使する締約国は、とった措置及びその理由を欧州評議会事務総長に十分に通知する。締約国はまた、その措置が終了し、かつ、条約の諸規定が再び完全に履行されているとき、欧州評議会事務総長にその旨通知する。

第一六条（外国人の政治活動に対する制限）第一〇条、第一一条及び第一四条中のいかなる規定も、締約国が外国人の政治活動に対して制限を課することを妨げるものとみなされない。

第一七条（権利の濫用の禁止）この条約のいかなる規定も、国、集団又は個人がこの条約において認められる権利及び自由を破壊し若しくはこの条約に定める制限の範囲を越えて制限することを目的とする活動に従事し又はそのようなことを目的とする行為を行う権利を有することを意味するものと解することはできない。

第一八条（権利制約事由の使用に対する制限）権利及び自由についてこの条約が認める制限は、それを定めた目的以外のいかなる目的のためにも適用してはならない。

第二節　ヨーロッパ人権裁判所

第一九条（裁判所の設置）この条約及び条約の議定書において締約国が行った約束の遵守を確保するために、ヨーロッパ人権裁判所（以下「裁判所」という。）を設立する。裁判所は、常設の機関として機能する。

第二〇条（裁判官の数）裁判所は、締約国の数と同数の裁判官で構成される。

第二一条（就任の基準）1　裁判官は、徳望が高く、かつ、高等の司法官に任ぜられるのに必要な資格を有する者又は有能の名のある法律家とする。

2　候補者は、第二二条により議員総会により三名の候補者の名簿が要請された日に、六五歳未満でなければならない。

3　裁判官は、個人の資格で裁判官となる。

4　裁判官は、その任期中、裁判官の独立、公平性又は専任職としての必要性と両立しないいかなる活動にも従事してはならない。この項の適用から生ずるすべての問題は、裁判所が決定する。

第二二条（裁判官の選挙）裁判官は、議員総会によって、各締約国について当該締約国により指名される三名の候補者の名簿の中から投じられた投票の多数により選出される。

第二三条（任期及び解任）1　裁判官は、九年の任期で選出される。裁判官は再選されることはない。

2　裁判官は、後任者と代わるまで在任するものとする。ただし、裁判官は、既に審理中の事件は引き続き取り扱わなければならない。

3　いかなる裁判官も、他の裁判官が三分の二の多数決により当該裁判官は必要とされる条件を充たさなくなったと決定するのでない限り、解任されることはない。

第二四条（書記局及び報告者）1　裁判所に、書記局をおく。書記局の機能と組織は、裁判所規則に規定する。

2　単独裁判官で裁判する場合には、裁判所は、裁判所長の権威の下活動する報告者により援助される。報告者は、裁判所書記局の一部である。

第二五条（裁判所の全員法廷）裁判所の全員法廷は、次のことを定める。

(a)　三年の任期で、裁判所長及び一又は二名の裁判所次長を選任すること。裁判所長及び裁判所次長は再任されることができる。

(b)　期間を定めて構成される小法廷を設置すること。

(c)　各小法廷の裁判長を選任すること。小法廷の裁判長は、再任されることができる。

(d)　裁判所規則を採択すること。

(e)　書記及び一又は二名以上の書記補を選任すること。

(f)　第二六条2に基づくあらゆる要請を行うこと。

第二六条（単独裁判官、委員会、小法廷及び大法廷）

1　裁判所は、提訴される事件を審理するために、単独裁判官、三人の裁判官で構成される委員会、七人の裁判官で構成される小法廷及び一七人の裁判官で構成される大法廷で裁判する。裁判所の小法廷は、一定期間活動する委員会を設置する。

2　全員法廷の要請により、閣僚委員会は、全員一致の決定によりかつ一定期間について、小法廷の裁判官の数を五に減らすことができる。

3　単独裁判官として裁判する場合には、裁判官は、自らがそれについて選出された締約国に対するいかなる申立をも審理してはならない。

4　訴訟当事国のために選出された裁判官は、小法廷及び大法廷の職務上当然の構成員となる。該当する裁判官がいない場合或いは当該裁判官が裁判することができない場合には、当該当事国によってあらかじめ提出された名簿から裁判所長によって選ばれた者が、裁判官の資格で裁判する。

5　大法廷は、裁判所長、裁判所次長、小法廷の裁判長及び裁判所規則に従って選任される他の裁判官を含める。事件が第四三条に基づいて大法廷に付託される場合には、判決を行った小法廷の裁判官は、小法廷の裁判長及び関係当事国について裁判した裁判官を除き、大法廷で裁判してはならない。

第二七条（単独裁判官の権限）1　単独裁判官は、第三四条に基づき提出された申立を、それ以上審査することなく決定できる場合には、受理しないと宣言し又は総件名簿から削除することができる。

2　この決定は、終結とする。

3　単独裁判官は、申立を、受理しないと宣言せず、総件名簿から削除もしない場合には、さらなる審査のために委員会又は小法廷に提出しなければならない。

第二八条（委員会の権限）1　第三四条に基づき提出された申立に関して、委員会は、全員一致によって、次のことを行うことができる。

(a) それ以上審査することなく決定できる場合に、それを受理しないと宣言し又は総件名簿から削除すること。

(b) 条約又はその諸議定書の解釈又は適用に関する事件を基礎づける問題がすでに十分に確立した裁判所の判例法の主題である場合に、それを受理すると宣言し同時に本案に関する判決を下すこと。

2 1に基づく決定及び判決は、終結とする。

3 訴訟当事国について選挙された裁判官が委員会の構成員でない場合、委員会は、当該締約国が1(b)に基づく手続の適用を争っているかどうかを含むあらゆる関連要素を考慮して、手続のいかなる段階においても当該裁判官を委員会の構成員のうち一人の者に代わるよう招請することができる。

第二九条（小法廷による受理可能性及び本案に関する決定）1 第二七条又は第二八条に基づいて決定が行われない場合又は第二八条に基づく判決が下されない場合、小法廷は、第三四条に基づいて付託される個人の申立の受理可能性及び本案について決定する。受理可能性に関する決定は別個に行うことができる。

2 小法廷は、第三三条に基づいて付託される国家間の申立の受理可能性及び本案について決定する。受理可能性に関する決定は、裁判所が例外的な場合に別段の決定をするのでない限り、別個に行うものとする。

第三〇条（大法廷に対する管轄権の移管）小法廷に係属する事件が条約又はその議定書の解釈に影響を与える重大な問題を生じさせる場合又は小法廷での問題の決定が裁判所が以前に行った判決と一致しない結果をもたらす可能性のある場合には、小法廷は、判決を行う前のいずれの時でも、大法廷のために管轄権を移管することができる。

第三一条（大法廷の権限）大法廷は、次のことを行う。

(a) 第三三条又は第三四条に基づいて付託される申立について、小法廷が第三〇条に基づいて管轄権を移管した場合又は事件が第四三条に基づいて大法廷に付託された場合に、決定を行うこと

(b) 第四六条4に従って閣僚委員会によって裁判所に付託される問題について決定すること。並びに、

(c) 第四七条に基づいて付託される勧告的意見の要請について審理すること

第三二条（裁判所の管轄権）〈＊四五条・四九条〉1 裁判所の管轄は、第三三条、第三四条、第四六条及び第四七条に基づいて裁判所に付託される条約及びその議定書の解釈及び適用に関するすべての事項に及ぶ。

2 裁判所が管轄権を有するかどうかについて争いがある場合には、裁判所が決定する。

第三三条（国家間の事件）いずれの締約国も、他の締約国による条約及びその議定書の規定の違反を裁判所に付託することができる。

第三四条（個人の申立）裁判所は、締約国の一による条約又は議定書に定める権利の侵害の被害者であると主張する自然人、非政府団体又は集団からの申立を受理することができる。締約国は、この権利の効果的な行使を決して妨げないことを約束する。

第三五条（受理可能性の基準）〈＊二六条・二七条〉1 裁判所は、一般的に認められた国際法の原則に従ってすべての国内的な救済措置が尽くされた後で、かつ、最終的な決定がなされた日から四箇月の期間内にのみ、事案を取り扱うことができる。

2 裁判所は、第三四条に基づいて付託される個人の申立で、次のものは取り扱ってはならない。

(1) 匿名のもの、又は

(2) 裁判所が既に審理したか、又は既に他の国際的調査若しくは解決の手続に付託された事案と実質的に同一であって、かつ、いかなる新しい関連情報も含んでいないもの

3 裁判所は、次の各号のいずれかに該当すると考える場合には、第三四条に基づいて付託された個人の申立を受理しないと宣言しなければならない。

(a) 申立が、条約又は議定書の規定と両立しないか、明白に根拠不十分か又は申立権の濫用であること。

(b) 申立人が、相当な不利益を被ってはいなかったこと。ただし、条約及びその諸議定書に明定された人権の尊重のために当該申立の本案の審査が求められる場合はこの限りではない。

4 裁判所は、この条に基づいて受理できないと考えるいかなる申立も却下する。裁判所は、手続のいずれの段階でもこの却下を行うことができる。

第三六条（第三者の参加）1 小法廷及び大法廷でのすべての事件において、自国の国民が申立人となっている締約国は、書面の陳述を提出し及び口頭審理に参加する権利を有する。

2 裁判所長は、司法の適正な運営のために、裁判手続の当事者ではない締約国又は申立人ではない関係者に書面の陳述を提出し又は口頭審理に参加するよう招請することができる。

3 小法廷又は大法廷におけるすべての事件において、欧州評議会人権弁務官は書面でコメントを提出し及び口頭審理に参加することができる。

第三七条（申立の削除）1 裁判所は、事情が次の結論に導く場合には、手続のいずれの段階においても、申立を総件名簿から削除することを決定することができる。

(a) 申立人が自己の申立の継続を望んでいない、又は

(b) 事案が解決された、又は

(c) 裁判所によって確認されたその他の理由により、引き続き申立の審理を行うことが正当化できない。

ただし、裁判所は、条約及び議定書に定義された人権の尊重のために必要な場合には、引き続き申立の審理を行う。

2 裁判所は、事情により正当であると考える場合には、申立を総件名簿に再び記載することを決定する

ことができる。

第三八条(事件の審理) 裁判所は、当事者の代表とともに、事件の審理を行い、また必要があれば調査を行う。この調査を効果的に行うために、関係当事国はすべての必要な便宜を供与しなければならない。

第三九条(友好的解決) 1 条約及び諸議定書に定める人権の尊重を基礎とする事案の友好的解決を確保するために、裁判所は、手続きのあらゆる段階において、裁判所を関係当事者に利用させることができる。

2 1に基づいて行われる手続は、非公開とする。

3 友好的解決が成立する場合には、裁判所は、事実及び到達した解決の簡潔な記述にとどめる決定を行うことにより、名簿から事件を削除する。

4 この決定は、閣僚委員会に送付され、閣僚委員会は、この決定に定める友好的解決の条件の執行を監視する。

第四〇条(公開の口頭審理及び文書の入手) 1 口頭審理は、裁判所が例外的な場合に別段の決定をする場合を除き、公開とする。

2 書記に寄託された文書は、裁判所長が別段の決定をする場合を除き、公衆が入手できるようにする。

第四一条(公正な満足)〈*五〇条〉裁判所が条約又は議定書の違反を認定し、かつ、当該締約国の国内法が部分的賠償がなされることしか認めていない場合には、裁判所は、必要な場合、被害当事者に公正な満足を与えなければならない。

第四二条(小法廷の判決) 小法廷の判決は、第四四条2の規定に従って終結となる。

第四三条(大法廷への付託) 1 事件のいずれの当事者も、例外的な事件の場合には、小法廷の判決の日から三箇月の期間内に当該事件が大法廷に付託されるよう請求することができる。

2 大法廷の五人の裁判官で構成される審査部会は、当該の事件が条約若しくはその議定書の解釈若しくは適用に影響する重大な問題又は一般的重要性を有する重大な問題を提起する場合には、その請求を受理する。

3 審査部会が請求を受理する場合には、大法廷は、当該の事件を判決により決定しなければならない。

第四四条(終結判決) 1 大法廷の判決は、終結とする。

2 小法廷の判決は、次の場合に終結となる。

(a) 当事者が事件を大法廷に付託するよう請求する意思のないことを宣言する場合、又は

(b) 判決の日の後三箇月経過し、その間に事件の大法廷への付託が請求されなかった場合、又は

(c) 大法廷の審査部会が第四三条に基づく付託の請求を却下する場合

3 終結判決は、公表される。

第四五条(判決及び決定の理由)〈*五一条〉1 判決及び申立を受理できるか受理できないかについて宣言する決定には、理由を付さなければならない。

2 判決がその全部又は一部について裁判官の全員一致の意見を表明していないときは、いずれの裁判官も、個別の意見を表明する権利を有する。

第四六条(判決の拘束力及び執行)〈*五三条・五四条〉

1 締約国は、自国が当事者であるいかなる事件においても、裁判所の終結判決に従うことを約束する。

2 裁判所の終結判決は、閣僚委員会に送付され、閣僚委員会はその執行を監視する。

3 終結判決の執行の監視が判決の解釈の問題によって妨げられると閣僚委員会が考える場合、閣僚委員会は、解釈問題の判断を求めるため、事案を裁判所に付託することができる。付託の決定には、閣僚委員会に出席する権利を有する代表者の三分の二の多数を要する。

4 閣僚委員会は、締約国が自国が当事者となっている事件の終結判決に従うことを拒否していると考える場合、当該締約国に正式の通告を行ったのち、かつ閣僚委員会に出席する権利を有する代表者の三分の二の多数決による決定により、当該締約国が1に基づく義務を実行するのを怠っているかどうかの問題を裁判所に付託する。

5 裁判所は、1の違反を認定した場合、裁判所は、とるべき措置を検討するために閣僚委員会に事件を付託する。裁判所は1の違反を認定しない場合、裁判所は閣僚委員会に事件を付託し、閣僚委員会は、自らの事件の審理を終了させる。

第四七条(勧告的意見) 1 裁判所は、閣僚委員会の要請により、条約及び議定書の解釈に関する法律問題について勧告的意見を与えることができる。

2 この意見は、条約の第一節及び議定書に定義する権利及び自由の内容若しくは範囲に関するいかなる問題も、又は、裁判所若しくは閣僚委員会が、条約に基づいて開始されうる手続の結果検討しなければならなくなるその他のいかなる問題も、取り扱ってはならない。

3 裁判所の勧告的意見を要請する閣僚委員会の決定は、同委員会に出席する資格のある代表者の三分の二の多数の投票を必要とする。

第四八条(裁判所の勧告に関する管轄権) 裁判所は、閣僚委員会が付託した勧告的意見の要請が、第四七条に定義する権限内にあるかどうかを決定する。

第四九条(勧告的意見の理由) 1 裁判所の勧告的意見には、理由を付さなければならない。

2 勧告的意見がその全部又は一部について裁判官の全員一致の意見を表明していないときは、いずれの裁判官も、個別の意見を表明する権利を有する。

3 裁判所の勧告的意見は、閣僚委員会に通知される。

第五〇条(裁判所の経費) 裁判所の経費は、欧州評議会が負担する。

第五一条(裁判官の特権及び免除) 裁判官は、その任務の遂行中は、欧州評議会規程の第四〇条及びそれに基づいて作成される協定に定める特権及び免除を受ける権利を有する。

第三節　雑則

第五二条（事務総長による照会）〈＊五七条〉いずれの締約国も、欧州評議会事務総長の要請のある場合には、自国の国内法がこの条約の諸規定の効果的な実施を確保する方法について説明を与えなければならない。

第五三条（既存の人権の保障）〈＊六〇条〉この条約のいかなる規定も、いずれかの締約国の法律又は当該締約国が締約国となっているいずれかの他の協定に基づいて保障されることのある人権及び基本的自由を制限し又はそれから逸脱するものと解してはならない。

第五四条（閣僚委員会の権限）〈＊六一条〉この条約のいかなる規定も、欧州評議会規程が閣僚委員会に与えた権限を害するものではない。

第五五条（他の紛争解決手段の排除）〈＊六二条〉締約国は、この条約の解釈又は適用から生じる紛争を請願によってこの条約で定める解決手段以外のものに付託するために、締約国間に有効な条約又は宣言を利用しないことを約束する。ただし、特別の合意がある場合は、この限りでない。

第五六条（領域的適用）〈＊六三条〉1　いずれの国も、批准のとき又はその後のいずれのときでも、欧州評議会事務総長に宛てた通告によって、自国が国際関係について責任を有する地域の全部又は一部についてこの条の4に従ってこの条約を適用することを宣言することができる。

2　条約は、欧州評議会事務総長がこの通告を受領した後三〇日目から通告の中で指定する地域に適用される。

3　この条約の規定は、地方的必要に妥当な考慮を払って、これらの地域に適用される。

4　この条の1に基づいて宣言を行ったいずれの国も、宣言後のいずれのときでも、宣言が関係する一又は二以上の地域のために、この条約の第三四条に定める自然人、非政府団体又は集団からの請願を受理する裁判所の権限を受諾することを宣言することができる。

第五七条（留保）〈＊六四条〉1　いずれの国も、この条約に署名するとき又は批准書を寄託するときに、その領域でそのときに有効ないずれかの法律がこの条約の特定の規定と抵触する限りで、その規定について留保を付すことができる。一般的性格の留保は、この条のもとでは許されない。

2　この条に基づいて付されるいかなる留保も、関係する法律の簡潔な記述を含むものとする。

第五八条（廃棄）〈＊六五条〉1　締約国は、自国が締約国となった日から五年経過した後、かつ、欧州評議会事務総長に宛てた通告に含まれる六箇月の予告の後にのみ、この条約を廃棄することができる。欧州評議会事務総長は、これを他の締約国に通知するものとする。

2　1の廃棄は、この条約に基づく締約国の義務の違反を構成する可能性がある行為であって廃棄が効力を生ずる日の前に締約国が行っていたいかなるものについても、関係締約国を当該の義務から免除する効果をもつものではない。

3　欧州評議会の加盟国でなくなるいずれの締約国も、同一の条件でこの条約の締約国でなくなる。

4　条約は、1から3の規定に基づいて、第五六条によってその適用が宣言されたいずれの地域についても廃棄することができる。

第五九条（署名及び批准）〈＊六六条〉1　この条約は、欧州評議会加盟国の署名のために開放しておく。この条約は、批准されなければならない。批准書は、欧州評議会事務総長に寄託する。

2　欧州連合は、この条約に加入することができる。

3　この条約は、一〇の批准書が寄託された後に効力を生ずる。

4　条約は、その後に批准する署名国については、批准書の寄託の日に効力を生ずる。

5　欧州評議会事務総長は、すべての欧州評議会加盟国に、条約の効力発生、条約を批准した締約国名並びにその後に行われるすべての批准書の寄託について、通知する。

〈参考〉ヨーロッパ人権条約への議定書による追加条文

※次の各議定書により、実体的権利が追加的保障をうけている。ただし、締約国の範囲などはそれぞれ別々であることに注意を要する。

(1)第一議定書（一九五四年発効）

第一条（財産の保護）すべての自然人又は法人は、その財産を平和的に享有する権利を有する。何人も、公益のために、かつ、法律及び国際法の一般原則で定める条件に従う場合を除くほか、その財産を奪われない。ただし、前の規定は、国が一般的利益に基づいて財産の使用を規制するため、又は税その他の拠出若しくは罰金の支払いを確保するために必要とみなす法律を実施する権利を決して妨げるものではない。

第二条（教育についての権利）何人も、教育についての権利を否定されない。国は、教育及び教授に関連して負ういかなる任務の行使においても、自己の宗教的及び哲学的信念に適合する教育及び教授を確保する父母の権利を尊重しなければならない。

第三条（自由選挙についての権利）締約国は、立法機関の選出にあたって人民の意見の自由な表明を確保する条件のもとで、妥当な間隔をおいて、秘密投票による自由選挙を行うことを約束する。

(2)第四議定書(一九六八年発効)

第一条(債務による抑留の禁止)何人も、契約上の義務を履行することができないことのみを理由としてその自由を奪われない。

第二条(移動の自由)1 合法的にいずれかの国の領域内にいるすべての者は、当該領域内において移動の自由及び居住の自由についての権利を有する。

2 すべての者は、いずれの国(自国を含む。)からも自由に離れることができる。

3 1及び2の権利の行使については、法律に基づく制限であって国の安全若しくは公共の安全、公の秩序の維持、犯罪の防止、健康若しくは道徳の保護又は他の者の権利及び自由の保護のため民主的社会において必要なもの以外のいかなる制限も課してはならない。

4 1の権利についてはまた、法律に基づいて課す制限であって民主的社会において公益のために正当化される制限を、特定の地域で課することができる。

第三条(国民の追放の禁止)1 何人も、自己が国民である国の領域から、個別的又は集団的措置によって、追放されない。

2 何人も、自己が国民である国の領域に戻る権利を奪われない。

第四条(外国人の集団的追放の禁止)外国人の集団的追放は、禁止される。

(3)第六議定書(一九八五年発効)

第一条(死刑の廃止)死刑は、廃止される。何人も、死刑を宣告され又は執行されない。

第二条(戦時等における死刑)国は、戦時又は急迫した戦争の脅威があるときになされる行為につき法律で死刑の規定を設けることができる。死刑は、法律に定められた場合において、かつ、法律の規定に基づいてのみ適用される。国は、当該の法律の規定を欧州評議会事務総長に通知する。

(4)第七議定書(一九八八年発効)

第一条(外国人の追放についての手続的保障)1 合法的に国の領域内に居住する外国人は、法律に基づいて行われた決定による場合を除くほか、追放されてはならず、かつ、次のことが認められる。

(a) 自己の追放に反対する理由を提示すること、

(b) 自己の事案が審査されること、かつ、

(c) このために権限ある機関又はその機関が指名する者に対して代理人が出頭すること。

2 外国人は、追放が公の秩序のために必要な場合又は国の安全を理由とする場合には、この条の1の(a)、(b)及び(c)に基づく権利を行使する以前にも追放することができる。

第二条(刑事事件における上訴の権利)1 裁判所により有罪の判決を受けたすべての者は、その判決又は刑罰を上級の裁判所によって再審理される権利を有する。この権利の行使は、それを行使できる事由を含め、法律によって規律される。

2 この権利については、法律が定める軽微な性質の犯罪に関する例外、又は、当該の者が最上級の裁判所によって第一審の審理を受けた場合若しくは無罪の決定に対する上訴の結果有罪の判決を受けた場合の例外を設けることができる。

第三条(誤審による有罪判決に対する補償)確定判決によって有罪と決定された場合において、その後に、新たな事実又は新しく発見された事実により誤審のあったことが決定的に立証されたことを理由としてその有罪の判決が破棄され又は赦免が行われたときは、その有罪の判決の結果刑罰に服した者は、関係国の法律又は慣行に基づいて補償を受ける。ただし、その知られなかった事実が明らかにされなかったことの全部又は一部がその者の責めに帰するものであることが証明される場合は、この限りでない。

第四条(一事不再理)1 何人も、その国の法律及び刑事手続に基づいて既に確定的に無罪又は有罪の判決を受けた行為について、同一国の管轄下での刑事訴訟手続において、再び裁判され又は処罰されることはない。

2 1の規定は、新しい事実若しくは新しく発見された事実の証拠がある場合、又は、以前の訴訟手続に当該事案の結果に影響を与えるような根本的瑕疵がある場合には、関係国の法律及び刑事手続に基づいて事案の審理を再開することを妨げるものではない。

3 この条の規定からのいかなる免脱も、条約の第一五条に基づいて行ってはならない。

第五条(配偶者の平等)配偶者は、婚姻中及び婚姻の解消の際に、配偶者相互間及びその児童との関係において、婚姻に係る私法的性質の権利及び責任の平等を享受する。この条は、国が児童の利益のために必要な措置をとることを妨げるものではない。

(5)第一二議定書(二〇〇五年発効)

第一条(差別の一般的禁止)1 法により定められるいかなる権利の享受も、性、人種、皮膚の色、言語、宗教、政治的その他の意見、国民的又は社会的出身、少数民族への所属、財産、出生又は他の地位等によるいかなる差別もなしに、保障される。

2 何人も、公の当局により1に定めるようないかなる理由によっても差別されてはならない。

(6)第一三議定書(二〇〇三年発効)

第一条(死刑の廃止)死刑は、廃止される。何人も、死刑を宣告され又は執行されることはない。

3 25　人権及び基本的自由の保護のための条約第一六議定書（ヨーロッパ人権条約第一六議定書）（抄）

署　　名　二〇一三年一〇月二日
効力発生　二〇一八年八月一日

欧州評議会の加盟国であり、一九五〇年一一月四日にローマで署名された人権及び基本的自由の保護のための条約（以下「条約」という）の締約国である下記署名国は、

条約規定、とくにヨーロッパ人権裁判所（以下「裁判所」という）を設置する第一九条を考慮し、

勧告的意見を与えるよう裁判所の権限を拡大することが、補完性の原則に従って、裁判所と国内当局との間の相互作用を高め、それによって条約の実施を強化するであろうことを考慮し

二〇一三年六月二八日に欧州評議会議員総会が採択した意見二八五（二〇一三）を考慮し、

以下のように協定した。

第一条【先行意見の要請】1　第一〇条に従って特定される締約国の最高次の国内裁判所は、条約及び条約の議定書に定義する権利及び自由の解釈又は適用に関する原則問題について、裁判所に勧告的意見を要請することができる。

2　要請を行う国内裁判所は、自らに係属中の事件の文脈においてのみ勧告的意見を求めることができる。

3　要請を行う国内裁判所は、その要請の理由を述べ、係属中の事件の関連する法的・事実的背景を示さなければならない。

第二条【大法廷審査部会による要請の受理】1　大法廷の五人の裁判官で構成される審査部会は、第一条を考慮して勧告的意見の要請を受理するかどうか決定する。審査部会は、要請を受理しない場合には、理由を述べなければならない。

2　審査部会が要請を受理する場合、大法廷が勧告的意見を述べる。

3　前二項にいう審査部会及び大法廷には、要請を行った国内裁判所の属する締約国について選挙された裁判官を職務上当然に含むものとする。かかる裁判官が裁判することができない場合には、当該締約国があらかじめ提出した名簿の中から裁判所長が選定する者が、裁判官の資格で裁判するものとする。

第三条【審理への参加】　欧州評議会人権弁務官及び要請を行った国内裁判所の属する締約国は、書面の陳述を提出し及び口頭審理に参加する権利を有する。裁判所長は、適正な司法の運営のために、いずれの締約国又は者にも、書面の陳述を提出し又は口頭審理に参加するよう招請することができる。

第四条【先行意見の形式】1　勧告的意見には理由を付さなければならない。

2　勧告的意見が、その全部又は一部について裁判官の全員一致の意見を表明していない場合には、いずれの裁判官も個別の意見を述べる権利を有する。

3　勧告的意見は、要請を行った裁判所及びその裁判所が属する締約国に送付する。

4　勧告的意見は、公表される。

第五条【先行意見の効力】勧告的意見は、拘束的なものではない。

第六条【本議定書と条約との関係】締約国の間においては、本議定書の第一条から第五条までは、条約の追加条文とみなされ、すべての条約規定はそれに応じて適用される。

第七条【批准等】（略）

第八条【効力発生】1　本議定書は、条約の一〇の締約国が第七条の規定に従って本議定書に拘束される同意を表明したのち三か月の期間を経過した後、月の最初の日に効力を生ずる。

2　その後本議定書に拘束される同意を表明する締約国に関しては、本議定書は、第七条の規定に従って本議定書に拘束される同意を表明したのち三か月の期間を経過した後、月の最初の日に効力を生ずる。

第九条【留保】　本議定書の規定に関しては、条約第五七条に基づくいかなる留保も付すことができない。

第一〇条【要請国内裁判所の特定】締約国はそれぞれ、署名の時又は批准書、受諾書若しくは承認書の寄託の時に、欧州評議会事務総長に宛てた宣言の形式で、本議定書第一条1の適用上それが指定する国内裁判所を示すものとする。この宣言はその後いつでも同一の方式で変更することができる。

第一一条【事務総長の通知】（略）

第5節 外国人・難民・庇護

3 26 難民の地位に関する条約（難民条約）（抄）

採 択 一九五一年七月二八日（ジュネーヴ）難民及び無国籍者の地位に関する国際連合全権会議
効力発生 一九五四年四月二二日
日 本 国 一九八一年六月五日国会承認、一〇月三日加入書寄託、一〇月一五日公布（条約第二一号）、一九八二年一月一日効力発生

前 文

締約国は、

国際連合憲章及び一九四八年一二月一〇日に国際連合総会により承認された世界人権宣言が、人間は基本的な権利及び自由を差別を受けることなく享有するとの原則を確認していることを考慮し、

国際連合が、種々の機会に難民に対する深い関心を表明し並びに難民に対して基本的な権利及び自由のできる限り広範な行使を保証することに努力してきたことを考慮し、

難民の地位に関する従前の国際協定を修正し及び統合すること並びにこれらの文書の適用範囲及びこれらの文書に定める保護を新たな協定において拡大することが望ましいと考え、

難民に対する庇護の付与が特定の国にとって不当に重い負担となる可能性のあること並びに国際的な広がり及び国際的な性格を有すると国際連合が認める問題についての満足すべき解決は国際協力なしには得ることができないことを考慮し、

すべての国が、難民問題の社会的及び人道的性格を認識して、この問題が国家間の緊張の原因となることを防止するため可能なすべての措置をとることを希望し、

国際連合難民高等弁務官が難民の保護について定める国際条約の適用を監督する任務を有していることに留意し、また、各国と国際連合難民高等弁務官との協力により、難民問題を処理するためにとられる措置の効果的な調整が可能となることを認めて、

次のとおり協定した。

第一章 一般規定

第一条（「難民」の定義） A この条約の適用上、「難民」とは、次の者をいう。

(1) 一九二六年五月一二日の取極、一九二八年六月三〇日の取極、一九三三年一〇月二八日の条約、一九三八年二月一〇日の条約、一九三九年九月一四日の議定書又は国際避難民機関憲章により難民と認められている者

国際避難民機関がその活動期間中いずれかの者について難民としての要件を満たしていないと決定したことは、当該者が(2)の条件を満たす場合に当該者に対し難民の地位を与えることを妨げるものではない。

(2) 一九五一年一月一日前に生じた事件の結果として、かつ、人種、宗教、国籍若しくは特定の社会的集団の構成員であること又は政治的意見を理由に迫害を受けるおそれがあるという十分に理由のある恐怖を有するために、国籍国の外にいる者であって、その国籍国の保護を受けることができないもの又はそのような恐怖を有するためにその国籍国の保護を受けることを望まないもの及びこれらの事件の結果として常居所を有していた国の外にいる無国籍者であって、当該常居所を有していた国に帰ることができないもの又はそのような恐怖を有するために当該常居所を有していた国に帰ることを望まないもの

二以上の国籍を有する者の場合には、「国籍国」とは、その者がその国籍を有する国のいずれをもいい、迫害を受けるおそれがあるという十分に理由のある恐怖を有するという正当な理由なくいずれか一の国籍国の保護を受けなかったとしても、国籍国の保護がないとは認められない。

B(1) この条約の適用上、Aの「一九五一年一月一日前に生じた事件」とは、次の事件のいずれかをいう。

(a) 一九五一年一月一日前に欧州において生じた事件

(b) 一九五一年一月一日前に欧州又は他の地域において生じた事件

各締約国は、署名、批准又は加入の際に、この条約に基づく自国の義務を履行するに当たって(a)又は(b)のいずれの規定を適用するかを選択する宣言を行う。

(2) (a)の規定を適用することを選択した国は、いつでも、(b)の規定を適用することを選択する旨を国際連合事務総長に通告することにより、自国の義務を拡大することができる。

C Aの規定に該当する者についてのこの条約の適用は、当該者が次の場合のいずれかに該当する場合には、終止する。

(1) 任意に国籍国の保護を再び受けている場合

(2) 国籍を喪失していたが、任意にこれを回復した場合

(3) 新たな国籍を取得し、かつ、新たな国籍国の保護を受けている場合

(4) 迫害を受けるおそれがあるという恐怖を有するため、定住していた国を離れ又は定住していた国の外にとどまっていたが、当該定住していた国に任意に再び定住するに至った場合

(5) 難民であると認められる根拠となった事由が消滅したため、国籍国の保護を受けることを拒むこ

とができなくなった場合

ただし、この(5)の規定は、A(1)の規定に該当する難民であって、国籍国の保護を受けることを拒む理由として過去における迫害に起因するやむを得ない事情を援用することができるものについては、適用しない。

(6)　国籍を有していない場合において、難民であると認められる根拠となった事由が消滅したため、常居所を有していた国に帰ることができるとき。

ただし、この(6)の規定は、A(1)の規定に該当する難民であって、常居所を有していた国に帰ることを拒む理由として過去における迫害に起因するやむを得ない事情を援用することができるものについては、適用しない。

D　この条約は、国際連合難民高等弁務官以外の国際連合の機関の保護又は援助を現に受けている者については、適用しない。

これらの保護又は援助を現に受けている者の地位に関する問題が国際連合総会の採択する関連決議に従って最終的に解決されることなくこれらの保護又は援助の付与が終止したときは、これらの者は、その終止により、この条約により与えられる利益を受ける。

E　この条約は、居住国の権限のある機関によりその国の国籍を保持することに伴う権利及び義務と同等の権利を有し及び同等の義務を負うと認められる者については、適用しない。

F　この条約は、次のいずれかに該当すると考えられる相当な理由がある者については、適用しない。

(a)　平和に対する犯罪、戦争犯罪及び人道に対する犯罪に関して規定する国際文書の定めるこれらの犯罪を行ったこと。

(b)　難民として避難国に入国することが許可される前に避難国の外で重大な犯罪（政治的犯罪を除く。）を行ったこと。

(c)　国際連合の目的及び原則に反する行為を行ったこと。

第二条（一般的義務） すべての難民は、滞在する国に対し、特に、その国の法令を遵守する義務及び公の秩序を維持するための措置に従う義務を負う。

第三条（無差別） 締約国は、難民に対し、人種、宗教又は出身国による差別なしにこの条約を適用する。

第四条（宗教） 締約国は、その領域内の難民に対し、宗教を実践する自由及び子の宗教的教育についての自由に関し、自国民に与える待遇と少なくとも同等の好意的待遇を与える。

第五条（この条約に係わりなく与えられる権利） この条約のいかなる規定も、締約国がこの条約に係わりなく難民に与える権利及び利益を害するものと解してはならない。

第六条（「同一の事情の下で」の意味） この条約の適用上、「同一の事情の下で」とは、その性格上難民が満たすことのできない要件を除くほか、ある者が難民でないと仮定した場合に当該者が特定の権利を享受するために満たさなければならない要件（滞在又は居住の期間及び条件に関する要件を含む。）が満たされていることを条件として、ということを意味する。

第七条（相互主義の適用の免除） 1　締約国は、難民に対し、この条約が一層有利な規定を設けている場合を除くほか、一般に外国人に対して与える待遇と同一の待遇を与える。

2　すべての難民は、いずれかの締約国の領域内に三年間居住した後は、当該締約国の領域内において立法上の相互主義を適用されることはない。

3　締約国は、自国についてこの条約の効力が生ずる日に相互の保証なしに難民に既に認めている権利及び利益が存在する場合には、当該権利及び利益を引き続き与える。

4　締約国は、2及び3の規定により認められる権利及び利益以外の権利及び利益を相互の保証なしに難民に与えることの可能性並びに2に規定する居住の条件を満たしていない難民並びに3に規定する権利及び利益が認められていない難民に対しても相互主義を適用しないことの可能性を好意的に考慮する。

5　2及び3の規定は、第一三条、第一八条、第一九条、第二一条及び第二二条に規定する権利及び利益並びにこの条約に規定していない権利及び利益のいずれについても、適用する。

第八条（例外的措置の適用の免除） 締約国は、特定の外国の国民の身体、財産又は利益に対してとることのある例外的措置については、形式上当該外国の国民である難民に対し、その国籍のみを理由としてこの措置を適用してはならない。前段に定める一般原則を適用することが法制上できない締約国は、適当な場合には、当該難民について当該例外的措置の適用を免除する。

第九条（暫定措置） この条約のいかなる規定も、締約国が、戦時に又は他の重大かつ例外的な状況において、特定の個人について国の安全のために不可欠であると認める措置を暫定的にとることを妨げるものではない。もっとも、当該特定の個人について真に難民であるか難民でないか又は当該特定の個人について当該不可欠であると認める措置を引き続き適用することが国の安全のために必要であるか必要でないかを当該締約国が決定するまでの間に限る。

第一〇条（居住の継続） 1　第二次世界戦争中に退去を強制されていずれかの締約国の領域に移動させられ、かつ、当該領域内に居住している難民は、この滞在を強制された期間合法的に当該領域内に居住していたものとみなす。

2　難民が第二次世界戦争中にいずれかの締約国の領域からの退去を強制され、かつ、居住のため当該領域にこの条約の効力発生の日前に帰った場合には、この強制された退去の前後の居住期間は、継続的な居住が必要とされるいかなる場合においても継続した一の期間とみなす。

第一一条(難民である船員)締約国は、自国を旗国とする船舶の常傭の乗組員として勤務している難民については、自国の領域における定住について好意的考慮を払うものとし、特に他の国における定住を容易にすることを目的として、旅行証明書を発給し又は自国の領域に一時的に入国を許可することについて好意的考慮を払う。

第二章 法的地位

第一二条(属人法) 1 難民については、その属人法は住所を有する国の法律とし、住所を有しないときは、居所を有する国の法律とするものとする。

2 難民が既に取得した権利であって属人法に基づくもの特に婚姻に伴う権利は、難民が締約国の法律に定められる手続に従うことが必要な場合にはこれに従うことを条件として、当該締約国により尊重される。ただし、この権利は、当該難民が難民でないとした場合においても、当該締約国の法律により認められるものでなければならない。

第一三条(動産及び不動産)締約国は、難民に対し、動産及び不動産の所有権並びに動産及び不動産についてのその他の権利の取得並びに動産及び不動産に関する賃貸借その他の契約に関し、できる限り有利な待遇を与えるものとし、いかなる場合にも、同一の事情の下で一般に外国人に対して与える待遇よりも不利でない待遇を与える。

第一四条(著作権及び工業所有権)難民は、発明、意匠、商標、商号等の工業所有権の保護並びに文学的、美術的及び学術的著作物についての権利の保護に関しては、常居所を有する国において、その国の国民に与えられる保護と同一の保護を与えられるものとし、他のいずれの締約国の領域においても、当該難民が常居所を有する国の国民に対して当該締約国の領域において与えられる保護と同一の保護を与えられる。

第一五条(結社の権利)締約国は、合法的にその領域内に滞在する難民に対し、非政治的かつ非営利的な団体及び労働組合に係る事項に関し、同一の事情の下で外国の国民に与える待遇のうち最も有利な待遇を与える。

第一六条(裁判を受ける権利) 1 難民は、すべての締約国の領域において、自由に裁判を受ける権利を有する。

2 難民は、常居所を有する締約国において、裁判を受ける権利に関連する事項(法律扶助及び訴訟費用の担保の免除を含む。)につき、当該締約国の国民に与えられる待遇と同一の待遇を与えられる。

3 難民は、常居所を有する締約国以外の締約国において、2に規定する事項につき、当該常居所を有する締約国の国民に与えられる待遇と同一の待遇を与えられる。

第三章 職 業

第一七条(賃金が支払われる職業) 1 締約国は、合法的にその領域内に滞在する難民に対し、賃金が支払われる職業に従事する権利に関し、同一の事情の下で外国の国民に与える待遇のうち最も有利な待遇を与える。

2 いかなる場合にも、締約国が国内労働市場の保護のため外国人又は外国人の雇用に関してとる制限的措置は、当該締約国についてこの条約の効力が生ずる日に既にそれらの措置の適用を免除されている難民又は次の条件のいずれかを満たす難民については、適用しない。

(a) 当該締約国に三年以上居住していること。

(b) 当該難民が居住している当該締約国の国籍を有する配偶者があること。難民は、その配偶者を遺棄した場合には、この(b)の規定による利益を受けることができない。

(c) 当該難民が居住している当該締約国の国籍を有する子があること。

3 締約国は、賃金が支払われる職業に関し、すべての難民、特に、労働者募集計画又は移住者受入計画によって当該締約国の領域に入国した難民の権利を自国民の権利と同一のものとすることについて好意的考慮を払う。

第一八条(自営業)締約国は、合法的にその領域内にいる難民に対し、独立して農業、工業、手工業及び商業に従事する権利並びに商業上及び産業上の会社を設立する権利に関し、できる限り有利な待遇を与えるものとし、いかなる場合にも、同一の事情の下で一般に外国人に対して与える待遇よりも不利でない待遇を与える。

第一九条(自由業) 1 締約国は、合法的にその領域内に滞在する難民であって、当該締約国の権限のある機関が承認した資格証書を有し、かつ、自由業に従事することを希望するものに対し、できる限り有利な待遇を与えるものとし、いかなる場合にも、同一の事情の下で一般に外国人に対して与える待遇よりも不利でない待遇を与える。

2 締約国は、自国が国際関係について責任を有する領域(本土地域を除く。)内に1に規定する難民が定住することを確保するため、自国の憲法及び法律に従って最善の努力を払う。

第四章 福 祉

第二〇条(配給)難民は、供給が不足する物資の分配を規制する配給制度であって住民全体に適用されるものが存在する場合には、当該配給制度の適用につき、国民に与えられる待遇と同一の待遇を与えられる。

第二一条(住居)締約国は、住居に係る事項が法令の規制を受け又は公の機関の管理の下にある場合には、合法的にその領域内に滞在する難民に対し、住居に関し、できる限り有利な待遇を与えるものとし、いかなる場合にも、同一の事情の下で一般に外国人に対して与える待遇よりも不利でない待遇を与える。

第二二条（公の教育）1　締約国は、難民に対し、初等教育に関し、自国民に与える待遇と同一の待遇を与える。

2　締約国は、難民に対し、初等教育以外の教育、特に、修学の機会、学業に関する証明書、資格証書及び学位であって外国において与えられたものの承認、授業料その他の納付金の減免並びに奨学金の給付に関し、できる限り有利な待遇を与えるものとし、いかなる場合にも、同一の事情の下で一般に外国人に対して与える待遇よりも不利でない待遇を与える。

第二三条（公的扶助）締約国は、合法的にその領域内に滞在する難民に対し、公的扶助及び公的援助に関し、自国民に与える待遇と同一の待遇を与える。

第二四条（労働法制及び社会保障）1　締約国は、合法的にその領域内に滞在する難民に対し、次の事項に関し、自国民に与える待遇と同一の待遇を与える。

(a)　報酬（家族手当がその一部を成すときは、これを含む。）、労働時間、時間外労働、有給休暇、家内労働についての制限、雇用についての最低年齢、見習及び訓練、女子及び年少者の労働並びに団体交渉の利益の享受に係る事項であって、法令の規律を受けるもの又は行政機関の管理の下にあるもの

(b)　社会保障（業務災害、職業病、母性、疾病、廃疾、老齢、死亡、失業、家族的責任その他国内法令により社会保障制度の対象とされている給付事由に関する法規）。ただし、次の措置をとることを妨げるものではない。

(i)　当該難民が取得した権利又は取得の過程にあった権利の維持に関し適当な措置をとること。

(ii)　当該難民が居住している当該締約国の国内法令において、公の資金から全額支給される給付の全部又は一部に関し及び通常の年金の受給のために必要な拠出についての条件を満たしていない者に支給される手当に関し、特別の措置を求めること。

2　業務災害又は職業病に起因する難民の死亡について補償を受ける権利は、この権利を取得する者が締約国の領域外に居住していることにより影響を受けない。

3　締約国は、取得された又は取得の過程にあった社会保障についての権利の維持に関し他の締約国との間で既に締結した協定又は将来締結することのある協定の署名国の国民に適用される条件を難民が満たしている限り、当該協定による利益と同一の利益を当該難民に与える。

4　締約国は、取得された又は取得の過程にあった社会保障についての権利の維持に関する協定であって非締約国との間で現在効力を有し又は将来効力を有することのあるものによる利益と同一の利益をできる限り難民に与えることについて好意的考慮を払うものとする。

第五章　行政上の措置

第二五条（行政上の援助）1　難民がその権利の行使につき通常外国の機関の援助を必要とする場合において当該外国の機関の援助を求めることができないときは、当該難民が居住している締約国は、自国の機関又は国際機関により同様の援助が当該難民に与えられるように取り計らう。

2　1にいう自国の機関又は国際機関は、難民に対し、外国人が通常本国の機関から又は本国の機関を通じて交付を受ける文書又は証明書と同様の文書又は証明書を交付するものとし、また、その監督の下にこれらの文書又は証明書が交付されるようにする。

3　2の規定により交付される文書又は証明書は、外国人が本国の機関から又は本国の機関を通じて交付を受ける公文書に代わるものとし、反証のない限り信用が与えられるものとする。

4　生活に困窮する者に対する例外的な取扱いがある場合には、これに従うことを条件として、この条に規定する事務については手数料を徴収することができるが、その手数料は、妥当な、かつ、同種の事務について国民から徴収する手数料に相応するものでなければならない。

5　この条の規定は、第二七条及び第二八条の規定の適用を妨げるものではない。

第二六条（移動の自由）締約国は、合法的にその領域内にいる難民に対し、当該難民が同一の事情の下で一般に外国人に対して適用される規制に従うことを条件として、居住地を選択する権利及び当該締約国の領域内を自由に移動する権利を与える。

第二七条（身分証明書）締約国は、その領域内にいる難民であって有効な旅行証明書を所持していないものに対し、身分証明書を発給する。

第二八条（旅行証明書）1　締約国は、合法的にその領域内に滞在する難民に対し、国の安全又は公の秩序のためのやむを得ない理由がある場合を除くほか、その領域外への旅行のための旅行証明書を発給するものとし、この旅行証明書に関しては、附属書の規定が適用される。締約国は、その領域内にいる他の難民に対してもこの旅行証明書を発給することができるものとし、特に、その領域内にいる難民であって合法的に居住している国から旅行証明書の発給を受けることができないものに対して旅行証明書を発給することについて好意的考慮を払う。

2　従前の国際協定の締約国が当該国際協定の定めるところにより難民に対して発給した旅行証明書は、この条約の締約国により有効なものとして認められ、かつ、この条の規定により発給されたものとして取り扱われる。

第二九条（公租公課）1　締約国は、難民に対し、同様の状態にある自国民に課している若しくは課することのある租税その他の公課（名称のいかんを問わな

い。）以外の公課を課してはならず、また、租税その他の公課（名称のいかんを問わない。）につき同様の状態にある自国民に課する額よりも高額のものを課してはならない。

2　1の規定は、行政機関が外国人に対して発給する文書（身分証明書を含む。）の発給についての手数料に関する法令を難民について適用することを妨げるものではない。

第三〇条（資産の移転）1　締約国は、自国の法令に従い、難民がその領域内に持ち込んだ資産を定住のために入国を許可された他の国に移転することを許可する。

2　締約国は、難民が入国を許可された他の国において定住するために必要となる資産（所在地のいかんを問わない。）につき当該難民から当該資産の移転の許可の申請があった場合には、この申請に対し好意的考慮を払う。

第三一条（避難国に不法にいる難民）1　締約国は、その生命又は自由が第一条の意味において脅威にさらされていた領域から直接来た難民であって許可なく当該締約国の領域に入国し又は許可なく当該締約国の領域内にいるものに対し、不法に入国し又は不法にいることを理由として刑罰を科してはならない。ただし、当該難民が遅滞なく当局に出頭し、かつ、不法に入国し又は不法にいることの相当な理由を示すことを条件とする。

2　締約国は、1の規定に該当する難民の移動に対し、必要な制限以外の制限を課してはならず、また、この制限は、当該難民の当該締約国における滞在が合法的なものとなるまでの間又は当該難民が他の国への入国許可を得るまでの間に限って課することができる。締約国は、1の規定に該当する難民に対し、他の国への入国許可を得るために妥当と認められる期間の猶予及びこのために必要なすべての便宜を与える。

第三二条（追放）1　締約国は、国の安全又は公の秩序を理由とする場合を除くほか、合法的にその領域内にいる難民を追放してはならない。

2　1の規定による難民の追放は、法律の定める手続に従って行われた決定によってのみ行う。国の安全のためのやむを得ない理由がある場合を除くほか、1に規定する難民は、追放される理由がないことを明らかにする証拠の提出並びに権限のある機関又はその機関が特に指名する者に対する不服の申立て及びこのための代理人の出頭を認められる。

3　締約国は、1の規定により追放されることとなる難民に対し、他の国への入国許可を求めるのに妥当と認められる期間の猶予を与える。締約国は、この期間中必要と認める国内措置をとることができる。

第三三条（追放及び送還の禁止）1　締約国は、難民を、いかなる方法によっても、人種、宗教、国籍若しくは特定の社会的集団の構成員であること又は政治的意見のためにその生命又は自由が脅威にさらされるおそれのある領域の国境へ追放し又は送還してはならない。

2　締約国にいる難民であって、当該締約国の安全にとって危険であると認めるに足りる相当な理由があるもの又は特に重大な犯罪について有罪の判決が確定し当該締約国の社会にとって危険な存在となったものは、1の規定による利益の享受を要求することができない。

第三四条（帰化）締約国は、難民の当該締約国の社会への適応及び帰化をできる限り容易なものとする。締約国は、特に、帰化の手続が迅速に行われるようにするため並びにこの手続に係る手数料及び費用をできる限り軽減するため、あらゆる努力を払う。

第六章　実施規定及び経過規定

第三五条（締約国の機関と国際連合との協力）1　締約国は、国際連合難民高等弁務官事務所又はこれを承継する国際連合の他の機関の任務の遂行に際し、これらの機関と協力することを約束するものとし、特に、これらの機関のこの条約の適用を監督する責務の遂行に際し、これらの機関に便宜を与える。

2　締約国は、国際連合難民高等弁務官事務所又はこれを承継する国際連合の他の機関が国際連合の権限のある機関に報告することのできるよう、要請に応じ、次の事項に関する情報及び統計を適当な様式で提供することを約束する。

(a)　難民の状態

(b)　この条約の実施状況

(c)　難民に関する現行法令及び難民に関して将来施行される法令

第三六条（国内法令に関する情報）締約国は、国際連合事務総長に対し、この条約の適用を確保するために制定する法令を送付する。

第三七条（従前の条約との関係）この条約は、締約国の間において、一九二二年七月五日、一九二四年五月三一日、一九二六年五月一二日、一九二八年六月三〇日及び一九三五年七月三〇日の取極、一九三三年一〇月二八日及び一九三八年二月一〇日の条約、一九三九年九月一四日の議定書並びに一九四六年一〇月一五日の協定に代わるものとする。ただし、第二八条2の規定の適用を妨げない。

第七章　最終条項

第三八条（紛争の解決）この条約の解釈又は適用に関する締約国間の紛争であって他の方法によって解決することができないものは、いずれかの紛争当事国の要請により、国際司法裁判所に付託する。

第三九条（署名、批准及び加入）
第四〇条（適用地域条項）　（略）
第四一条（連邦条項）

第四二条（留保）1　いずれの国も、署名、批准又は加入の際に、第一条、第三条、第四条、第一六条1、

第三三条及び第三六条から第四六条までの規定を除くほか、この条約の規定について留保を付することができる。

2　1の規定に基づいて留保を付した国は、国際連合事務総長にあてた通告により、いつでも当該留保を撤回することができる。

第四三条（効力発生）
第四四条（廃棄）
第四五条（改正）
第四六条（国際連合事務総長による通報）（略）

附属書（第二八条の旅行証明書）（抜粋）

第一三項（発給国の引取義務）1　締約国は、第二八条の規定により発給した旅行証明書の名義人に対し、その旅行証明書の有効期間内のいずれの時点においても当該締約国の領域に戻ることを許可することを約束する。

2　締約国は、1の規定に従うことを条件として、旅行証明書の名義人に対し、出入国について定める手続に従うことを要求することができる。

3　締約国は、例外的な場合又は難民の滞在が一定の期間に限って許可されている場合には、難民が当該締約国の領域に戻ることのできる期間を旅行証明書の発給の際に三箇月を下らない期間に限定することができる。

3 27 難民の地位に関する議定書

（難民議定書）（抄）

承　認　一九六六年一一月一八日経済社会理事会第四一回会期決議一一八六（XLI）
作　成　一九六七年一月三一日
効力発生　一九六七年一〇月四日
日本国　一九八一年六月五日国会承認、一九八二年一月一日加入書寄託、公布（条約第一号）、効力発生

この議定書の締約国は、

一九五一年七月二八日にジュネーヴで作成された難民の地位に関する条約（以下「条約」という。）が、一九五一年一月一日前に生じた事件の結果として難民となった者にのみ適用されることを考慮し、

条約が採択された後新たな事態により難民が生じたこと及びこれらの難民が条約の適用を受けることができないことを考慮し、

一九五一年一月一日前という制限を考慮に入れない場合に条約の定義に該当することとなるすべての難民に等しい地位を与えることが望ましいと考えて、

次のとおり協定した。

第一条（一般規定）1　この議定書の締約国は、2に定義する難民に対し、条約第二条から第三四条までの規定を適用することを約束する。

2　この議定書の適用上、「難民」とは、3の規定の適用があることを条件として、条約第一条を同条A(2)の「一九五一年一月一日前に生じた事件の結果として、かつ、」及び「これらの事件の結果として」という文言が除かれているものとみなした場合に同条の定義に該当するすべての者をいう。

3　この議定書は、この議定書の締約国によりいかなる地理的な制限もなしに適用される。ただし、既に条約の締約国となっている国であって条約第一条B1aの規定を適用する旨の宣言を行っているものについては、この宣言は、同条B2の規定に基づいてその国の義務が拡大されていない限り、この議定書についても適用される。

第二条（締約国の機関と国際連合との協力）1　この議定書の締約国は、国際連合難民高等弁務官事務所又はこれを承継する国際連合の他の機関の任務の遂行に際し、これらの機関と協力することを約束するものとし、特に、これらの機関のこの議定書の適用を監督する責務の遂行に際し、これらの機関に便宜を与える。

2　この議定書の締約国は、国際連合難民高等弁務官事務所又はこれを承継する国際連合の他の機関が国際連合の権限のある機関に報告することのできるよう、要請に応じ、次の事項に関する情報及び統計を適当な様式で提供することを約束する。

(a)　難民の状態
(b)　この議定書の実施状況
(c)　難民に関する現行法令及び難民に関して将来施行される法令

第三条（国内法令に関する情報）この議定書の締約国は、国際連合事務総長に対し、この議定書の適用を確保するために制定する法令を送付する。

第四条（紛争の解決）この議定書の解釈又は適用に関するこの議定書の締約国間の紛争であって他の方法によって解決することができないものは、いずれかの紛争当事国の要請により、国際司法裁判所に付託する。

第五条（加入）
第六条（連邦条項）（略）

第七条（留保及び宣言）1　いずれの国も、この議定書への加入の際に、第四条の規定について及び第一条の規定による条約のいずれかの規定の適用（条約の第一条、第三条、第四条、第一六条1及び第三三条の規定の適用を除く。）について留保を付することができる。ただし、条約の締約国がこの条の規定に基づいて付する留保については、その効果は、条約の適用を受ける難民には及ばない。

2　条約第四二条の規定に基づいて条約の締約国が条

約の規定に付した留保は、撤回されない限り、この議定書に基づく義務についても有効なものとする。

3　1の規定に基づいて留保を付した国は、国際連合事務総長にあてた通告により、いつでも当該留保を撤回することができる。

4　条約の締約国であってこの議定書に加入するものが条約第四〇条1又は2の規定により行った宣言は、この議定書についても適用があるものとみなす。ただし、当該条約の締約国がこの議定書に加入する際に国際連合事務総長に対して別段の通告をした場合は、この限りでない。同条2及び3並びに条約第四四条3の規定は、この議定書について準用する。

第八条（効力発生）
第九条（廃棄）
第一〇条（国際連合事務総長による通報）
第一一条（国際連合事務局への寄託）
（略）

3 28 領域内庇護に関する宣言

採　択　一九六七年一二月一四日
国際連合総会第二二回会期決議二三一二（XXII）

総会は、

国際連合憲章で宣明された目的が、国際の平和及び安全を維持し、すべての諸国間の友好関係を発展させること並びに経済的、社会的、文化的又は人道的性質を有する国際問題を解決することについて、また、人種、性、言語又は宗教による差別なくすべての者のために人権及び基本的自由を尊重するように助長奨励することについて、国際協力を達成すること、であることに留意し、

世界人権宣言が第一四条で、

「1　すべての者は、迫害からの庇護を他国に求め、かつ、これを他国で享受する権利を有する。

2　この権利は、もっぱら非政治犯罪又は国際連合の目的及び原則に反する行為から生ずる訴追の場合には、援用することができない。」

と宣言していることに留意し、

世界人権宣言第一三条2が、

「すべての者は、いずれの国（自国を含む。）からも離れ、及び、自国に帰る権利を有する。」

と述べていることをも、また、想起し、

世界人権宣言第一四条を援用する権利のある者に対する国による庇護の付与は、平和的かつ人道的行為であること、また、そのゆえに他のいかなる国も、それを非友好的であるとみなすことができないことを認め、

庇護並びに難民及び無国籍者の地位に関する現行の諸文書を害することなく、諸国は、自国の領域内庇護についての慣行を次の諸原則に基づかせるべきであると勧告する。

第一条（庇護の享有及び尊重）1　世界人権宣言第一四条を援用する権利を有する者（植民地主義に抗して闘争している者を含む。）に対して、国がその主権の行使によって付与した庇護は、他のすべての国によって尊重されなければならない。

2　平和に対する犯罪、戦争犯罪又は人道に対する犯罪に関して規定するために作成された国際諸文書に定義されるこれらの犯罪を行ったと考えられる相当な理由のある者は何人も、庇護を求め、かつ、享受する権利を援用することができない。

3　庇護を付与する理由があるかどうかは、庇護を付与する国が評価するものとする。

第二条（国際協力）1　第一条1に定める者の状況は、国の主権並びに国際連合の目的及び原則を害しない限り、国際社会の関心事項である。

2　国が庇護を付与すること又は引き続き付与することを困難と認める場合には、諸国は、個別的に若しくは共同して又は国際連合を通じて、国際連帯の精神により、当該国にかかる負担を軽減する適当な措置を考慮しなければならない。

第三条（追放及び送還の禁止）1　第一条1に定める者は何人も、国境における入国拒否、又は、既に庇護を求める領域に入国している場合には、迫害を受けるおそれのあるいかなる国へ向けての追放若しくは強制送還のような措置を受けることはない。

2　前項の原則に対する例外は、国の安全という圧倒的な理由のため、又は、人の大量流入の場合のように、住民を保護するためにのみ設けることができる。

3　国は、この条の1に掲げる原則に対する例外が正当化されると決定したときも、その国が適当とみなす条件の下で、暫定的庇護その他の方法により、他の国に赴く機会を当該の者に付与する可能性について考慮しなければならない。

第四条（国際連合の目的などに反する活動）庇護を付与する国は、庇護を受けた者が国際連合の目的及び原則に反する活動に従事することを許してはならない。

3 29 出入国管理及び難民認定法（抄）

公　布　一九五一（昭和二六）年一〇月四日（政令第三一九号）
施　行　一九五一（昭和二六）年一一月一日
主要改正　一九八一（昭和五六）年（法律第八六号）、一九八九（平成元）年（法律第七九号）、二〇〇四（平成一六）年（法律第七三号）、二〇〇六（平成一八）年（法律第四三号）、

最終改正　二〇〇九(平成二一)年(法律第七九号)、二〇一四(平成二六)年(法律第七四号)、二〇一六(平成二八)年(法律第八八号)、二〇一八(平成三〇)年(法律第一〇二号)、二〇二三(令和五)年(法律第五六号)、二〇二三(令和五)年(法律第六三号)
存　続　(一九五二(昭和二七)年法律第一二六号により一九五二(昭和二七)年四月二八日以後法律としての効力を有する)
※二〇二三(令和五年)年法律第五六号による改正は、二〇二四(令和六)年四月一日現在未施行部分があるが、同年六月一五日までに施行されるため、織り込んで掲出する。

第一章　総　則

第一条(目的) 出入国管理及び難民認定法は、本邦に入国し、又は本邦から出国する全ての人の出入国及び本邦に在留する全ての外国人の在留の公正な管理を図るとともに、難民の認定手続を整備することを目的とする。

第二条(定義) 出入国管理及び難民認定法及びこれに基づく命令において、次の各号に掲げる用語の意義は、それぞれ当該各号に定めるところによる。
一　外国人　日本の国籍を有しない者をいう。
二　乗員　船舶又は航空機(以下「船舶等」という。)の乗組員をいう。
三　難民　難民の地位に関する条約(以下「難民条約」という。)第一条の規定又は難民の地位に関する議定書第一条の規定により難民条約の適用を受ける難民をいう。
三の二　補完的保護対象者　難民以外の者であって、難民条約の適用を受ける難民の要件のうち迫害を受けるおそれがある理由が難民条約第一条A(2)に規定する理由であること以外の要件を満たすものをいう。
四　日本国領事官等　外国に駐在する日本国の大使、公使又は領事官をいう。
五　旅券　次に掲げる文書をいう。
イ　日本国政府、日本国政府の承認した外国政府又は権限のある国際機関の発行した旅券又は難民旅行証明書その他当該旅券に代わる証明書(日本国領事官等の発行した渡航証明書を含む。)
ロ　政令で定める地域の権限のある機関の発行したイに掲げる文書に相当する文書
六　乗員手帳　権限のある機関の発行した船員手帳その他乗員に係るこれに準ずる文書をいう。
七　人身取引等　次に掲げる行為をいう。
イ　営利、わいせつ又は生命若しくは身体に対する加害の目的で、人を略取し、誘拐し、若しくは売買し、又は略取され、誘拐され、若しくは売買された者を引き渡し、収受し、輸送し、若しくは蔵匿すること。
ロ　イに掲げるもののほか、営利、わいせつ又は生命若しくは身体に対する加害の目的で、一八歳未満の者を自己の支配下に置くこと。
ハ　イに掲げるもののほか、一八歳未満の者が営利、わいせつ若しくは生命若しくは身体に対する加害の目的を有する者の支配下に置かれ、又はそのおそれがあることを知りながら、当該一八歳未満の者を引き渡すこと。
八　出入国港　外国人が出入国すべき港又は飛行場で法務省令で定めるものをいう。
九　運送業者　本邦と本邦外の地域との間において船舶等により人又は物を運送する事業を営む者をいう。
一〇　入国審査官　第六一条の三に定める入国審査官をいう。
一一　主任審査官　上級の入国審査官で出入国在留管理庁長官が指定するものをいう。
一二　特別審理官　口頭審理を行わせるため出入国在留管理庁長官が指定する入国審査官をいう。
一二の二　難民調査官　第六一条の三第二項第二号(第六一条の二の一一第二項において準用する第二二条の四第二項に係る部分に限る。)及び第三号(第六一条の二の一七第一項及び第二項に係る部分に限る。)に掲げる事務を行わせるため出入国在留管理庁長官が指定する入国審査官をいう。
一三　入国警備官　第六一条の三の二に定める入国警備官をいう。
一四　違反調査　入国警備官が行う外国人の入国、上陸又は在留に関する違反事件の調査をいう。
一五　入国者収容所　法務省設置法(平成一一年法律第九三号)第三〇条に定める入国者収容所をいう。
一六　入国者収容所等　入国者収容所又は第五五条の三第一項の規定により設けられる収容場をいう。

第二条の二(在留資格及び在留期間) 1　本邦に在留する外国人は、出入国管理及び難民認定法及び他の法律に特別の規定がある場合を除き、それぞれ、当該外国人に対する上陸許可若しくは当該外国人の取得に係る在留資格(高度専門職の在留資格にあっては別表第一の二の表の高度専門職の項の下欄に掲げる第一号イからハまで又は第二号の区分を含み、特定技能の在留資格にあっては同表の特定技能の項の下欄に掲げる第一号又は第二号の区分を含み、技能実習の在留資格にあっては同表の技能実習の項の下欄に掲げる第一号イ若しくはロ、第二号イ若しくはロ又は第三号イ若しくはロの区分を含む。以下同じ。)又はそれらの変更に係る在留資格をもって在留するものとする。
2　在留資格は、別表第一の上欄(高度専門職の在留資格にあっては二の表の高度専門職の項の下欄に掲げる第一号イからハまで又は第二号の区分を含み、特定技能の在留資格にあっては同表の特定技能の項の下欄に掲げる第一号又は第二号の区分を含み、技能実習の在留資格にあっては同表の技能実習の項の下欄に掲げる第一号イ若しくはロ、第二号イ若しくはロ又は第三号イ若しくはロの区分を含む。以下同じ。）又は別表第二の上欄に掲げるとおりとし、別表第一の上欄の在留資格をもつて在留する者は当該在留資格に応じそれぞれ本邦において同表の下欄に掲げる活動を行うことができ、別表第二の上欄の在留資格をもつて在留する者は当該在留資格に応じそれぞれ本邦において同表の下欄に掲げる身分若しくは地位を有する者としての活動を行うことができる。

３　第一項の外国人が在留することのできる期間（以下「在留期間」という。）は、各在留資格について、法務省令で定める。この場合において、外交、公用、高度専門職及び永住者の在留資格（高度専門職の在留資格にあっては、別表第一の二の表の高度専門職の項の下欄第二号に係るものに限る。）以外の在留資格に伴う在留期間は、五年を超えることができない。

第二条の三（特定技能の在留資格に係る制度の運用に関する基本方針）
第二条の四（特定技能の在留資格に係る制度の運用に関する分野別の方針）
第二条の五（特定技能雇用契約等）
（略）

第二章　入国及び上陸

第一節　外国人の入国

第三条（外国人の入国）１　次の各号のいずれかに該当する外国人は、本邦に入ってはならない。

一　有効な旅券を所持しない者（有効な乗員手帳を所持する乗員を除く。）

二　入国審査官から上陸許可の証印若しくは第九条第四項の規定による記録又は上陸の許可（以下「上陸の許可等」という。）を受けないで本邦に上陸する目的を有する者（前号に掲げる者を除く。）

２　本邦において乗員となる外国人は、前項の規定の適用については、乗員とみなす。

第二節　外国人の上陸

第四条　〔削除〕

第五条（上陸の拒否）１　次の各号のいずれかに該当する外国人は、本邦に上陸することができない。

一　感染症の予防及び感染症の患者に対する医療に関する法律（平成一〇年法律第一一四号）に定める一類感染症、二類感染症、新型インフルエンザ等感染症若しくは指定感染症（同法第四四条の九の規定に基づき、政令で定めるところにより、同法第一九条又は第二〇条の規定を準用するものに限る。）の患者（同法第八条（同法第四四条の九において準用する場合を含む。）の規定により一類感染症、二類感染症、新型インフルエンザ等感染症又は指定感染症の患者とみなされる者を含む。）又は新感染症の所見がある者

二　精神上の障害により事理を弁識する能力を欠く常況にある者又はその能力が著しく不十分な者で、本邦におけるその活動又は行動を補助する者として法務省令で定めるものが随伴しないもの

三　貧困者、放浪者等で生活上国又は地方公共団体の負担となるおそれのある者

四　日本国又は日本国以外の国の法令に違反して、一年以上の懲役若しくは禁錮又はこれらに相当する刑に処せられたことのある者。ただし、政治犯罪により刑に処せられた者は、この限りでない。

五　麻薬、大麻、あへん、覚醒剤又は向精神薬の取締りに関する日本国又は日本国以外の国の法令に違反して刑に処せられたことのある者

五の二　国際的規模若しくはこれに準ずる規模で開催される競技会若しくは国際的規模で開催される会議（以下「国際競技会等」という。）の経過若しくは結果に関連して、又はその円滑な実施を妨げる目的をもつて、人を殺傷し、人に暴行を加え、人を脅迫し、又は建造物その他の物を損壊したことにより、日本国若しくは日本国以外の国の法令に違反して刑に処せられ、又は出入国管理及び難民認定法の規定により本邦からの退去を強制され、若しくは日本国以外の国の法令の規定によりその国から退去させられた者であつて、本邦において行われる国際競技会等の経過若しくは結果に関連して、又はその円滑な実施を妨げる目的をもつて、当該国際競技会等の開催場所又はその所在する市町村（特別区を含むものとし、地方自治法（昭和二二年法律第六七号）第二五二条の一九第一項の指定都市にあつては、区又は総合区）の区域内若しくはその近傍の不特定若しくは多数の者の用に供される場所において、人を殺傷し、人に暴行を加え、人を脅迫し、又は建造物その他の物を損壊するおそれのあるもの

六　麻薬及び向精神薬取締法（昭和二八年法律第一四号）に定める麻薬若しくは向精神薬、大麻取締法（昭和二三年法律第一二四号）に定める大麻、あへん法（昭和二九年法律第七一号）に定めるけし、あへん若しくはけしがら、覚醒剤取締法（昭和二六年法律第二五二号）に定める覚醒剤若しくは覚醒剤原料又はあへん煙を吸食する器具を不法に所持する者

七　売春又はその周旋、勧誘、その場所の提供その他売春に直接に関係がある業務に従事したことのある者（人身取引等により他人の支配下に置かれていた者が当該業務に従事した場合を除く。）

七の二　人身取引等を行い、唆し、又はこれを助けた者

八　銃砲刀剣類所持等取締法（昭和三三年法律第六号）に定める銃砲、クロスボウ若しくは刀剣類又

は火薬類取締法(昭和二五年法律第一四九号)に定める火薬類を不法に所持する者

九　次のイからヘまでに掲げる者で、それぞれ当該イからヘまでに定める期間を経過していないもの

イ　第六号又は前号の規定に該当して上陸を拒否された者　拒否された日から一年

ロ　第二四条各号(第四号オからヨまで及び第四号の三を除く。)のいずれかに該当して本邦からの退去を強制された者で、第五二条第五項の決定を受け、同項に規定する法務省令で定める日までに同条第四項の規定による許可に基づき退去したもの(別表第一の三の表の短期滞在の項の下欄に掲げる活動を行おうとする者を除く。)　退去の日から一年

ハ　第二四条各号(第四号オからヨまで及び第四号の三を除く。)のいずれかに該当して本邦からの退去を強制された者で、その退去の日前に本邦からの退去を強制されたこと及び第五五条の八五第一項の規定による出国命令により出国したことのないもの(ロに掲げる者を除く。)　退去の日から五年

ニ　第二四条各号(第四号オからヨまで及び第四号の三を除く。)のいずれかに該当して本邦からの退去を強制された者(ロ及びハに掲げる者を除く。)　退去の日から一〇年

ホ　第五五条の八五第一項の規定による出国命令により出国した者(ヘに掲げる者を除く。)　出国した日から一年

ヘ　第二四条の三第一号ロに該当する者であって、第五五条の八五第一項の規定による出国命令により出国したもの(別表第一の三の表の短期滞在の項の下欄に掲げる活動を行おうとする者に限る。)　出国した日から五年

九の二　別表第一の上欄の在留資格をもって本邦に在留している間に刑法(明治四〇年法律第四五号)第二編第一二章、第一六章から第一九章まで、第二三章、第二六章、第二七章、第三一章、第三三章、第三六章、第三七章若しくは第三九章の罪、暴力行為等処罰に関する法律(大正一五年法律第六〇号)第一条、第一条ノ二若しくは第一条ノ三(刑法第二二二条又は第二六一条に係る部分を除く。)の罪、盗犯等の防止及び処分に関する法律(昭和五年法律第九号)の罪、特殊開錠用具の所持の禁止等に関する法律(平成一五年法律第六五号)第一五条若しくは第一六条の罪又は自動車の運転により人を死傷させる行為等の処罰に関する法律(平成二五年法律第八六号)第二条若しくは第六条第一項の罪により懲役又は禁錮に処する判決の宣告を受けた者で、その後出国して本邦外にある間にその判決が確定し、確定の日から五年を経過していないもの

一〇　第二四条第四号オからヨまでのいずれかに該当して本邦からの退去を強制された者

一一　日本国憲法又はその下に成立した政府を暴力で破壊することを企て、若しくは主張し、又はこれを企て若しくは主張する政党その他の団体を結成し、若しくはこれに加入している者

一二　次に掲げる政党その他の団体を結成し、若しくはこれに加入し、又はこれと密接な関係を有する者

イ　公務員であるという理由により、公務員に暴行を加え、又は公務員を殺傷することを勧奨する政党その他の団体

ロ　公共の施設を不法に損傷し、又は破壊することを勧奨する政党その他の団体

ハ　工場事業場における安全保持の施設の正常な維持又は運行を停廃し、又は妨げるような争議行為を勧奨する政党その他の団体

一三　第一一号又は前号に規定する政党その他の団体の目的を達するため、印刷物、映画その他の文書図画を作成し、頒布し、又は展示することを企てる者

一四　前各号に掲げる者を除くほか、法務大臣において日本国の利益又は公安を害する行為を行うおそれがあると認めるに足りる相当の理由がある者

2　法務大臣は、本邦に上陸しようとする外国人が前項各号のいずれにも該当しない場合でも、その者の国籍又は市民権の属する国が同項各号以外の事由により日本人の上陸を拒否するときは、同一の事由により当該外国人の上陸を拒否することができる。

第五条の二(上陸の拒否の特例) 法務大臣は、外国人について、前条第一項第四号、第五号、第七号、第九号又は第九号の二に該当する特定の事由がある場合であっても、当該外国人に第二六条第一項の規定により再入国の許可を与えた場合その他の法務省令で定める場合において、相当と認めるときは、法務省令で定めるところにより、当該事由のみによっては上陸を拒否しないこととすることができる。

第三章　上陸の手続

第一節　上陸のための審査

第六条(上陸の申請) 1　本邦に上陸しようとする外国人(乗員を除く。以下この節において同じ。)は、有効な旅券で日本国領事官等の査証を受けたものを所持しなければならない。ただし、国際約束若しくは日本国政府が外国政府に対して行った通告により日本国領事官等の査証を必要としないこととされている外国人の旅券、第二六条第一項の規定により再入国の許可を受けている者(第二六条の二第一項又は第二六条の三第一項の規定により再入国の許可を受けたものとみなされる者を含む。以下同じ。)の旅券又は第六一条の二の一五第一項の規定により難民旅行証明書の交付を受けている者の当該証明書には、

日本国領事官等の査証を要しない。

2　前項本文の外国人は、その者が上陸しようとする出入国港において、法務省令で定める手続により、入国審査官に対し上陸の申請をして、上陸のための審査を受けなければならない。

3　前項の申請をしようとする外国人は、入国審査官に対し、申請者の個人の識別のために用いられる法務省令で定める電子計算機の用に供するため、法務省令で定めるところにより、電磁的方式（電子的方式、磁気的方式その他人の知覚によっては認識することができない方式をいう。以下同じ。）によって個人識別情報（指紋、写真その他の個人を識別することができる情報として法務省令で定めるものをいう。以下同じ。）を提供しなければならない。ただし、次の各号のいずれかに該当する者については、この限りでない。

一　日本国との平和条約に基づき日本の国籍を離脱した者等の出入国管理に関する特例法（平成三年法律第七一号）に定める特別永住者（以下「特別永住者」という。）

二　一六歳に満たない者

三　本邦において別表第一の一の表の外交の項又は公用の項の下欄に掲げる活動を行おうとする者

四　国の行政機関の長が招へいする者

五　前二号に掲げる者に準ずる者として法務省令で定めるもの

第七条（入国審査官の審査）1　入国審査官は、前条第二項の申請があったときは、当該外国人が次の各号（第二六条第一項の規定により再入国の許可を受けている者又は第六一条の二の一五第一項の規定により交付を受けた難民旅行証明書を所持している者については、第一号及び第四号）に掲げる上陸のための条件に適合しているかどうかを審査しなければならない。

一　その所持する旅券及び、査証を必要とする場合には、これに与えられた査証が有効であること。

二　申請に係る本邦において行おうとする活動が虚偽のものでなく、別表第一の下欄に掲げる活動（二の表の高度専門職の項の下欄第二号に掲げる活動を除き、五の表の下欄に掲げる活動については、法務大臣があらかじめ告示をもって定める活動に限る。）又は別表第二の下欄に掲げる身分若しくは地位（永住者の項の下欄に掲げる地位を除き、定住者の項の下欄に掲げる地位については、法務大臣があらかじめ告示をもって定めるものに限る。）を有する者としての活動のいずれかに該当し、かつ、別表第一の二の表及び四の表の下欄に掲げる活動を行おうとする者については我が国の産業及び国民生活に与える影響その他の事情を勘案して法務省令で定める基準に適合すること（別表第一の二の表の特定技能の項の下欄第一号に掲げる活動を行おうとする外国人については、一号特定技能外国人支援計画が第二条の五第六項及び第七項の規定に適合するものであることを含む。）。

三　申請に係る在留期間が第二条の二第三項の規定に基づく法務省令の規定に適合するものであること。

四　当該外国人が第五条第一項各号のいずれにも該当しないこと（第五条の二の規定の適用を受ける外国人にあっては、当該外国人が同条に規定する特定の事由によって同項第四号、第五号、第七号、第九号又は第九号の二に該当する場合であって、当該事由以外の事由によっては同項各号のいずれにも該当しないこと。以下同じ。）。

2　前項の審査を受ける外国人は、同項に規定する上陸のための条件に適合していることを自ら立証しなければならない。この場合において、別表第一の二の表の高度専門職の項の下欄第一号イからハまで又は同表の特定技能の項の下欄第一号若しくは第二号に掲げる活動を行おうとする外国人は、前項第二号に掲げる条件に適合していることの立証については、次条第一項に規定する在留資格認定証明書をもってしなければならない。

3　法務大臣は、第一項第二号の法務省令を定めようとするときは、あらかじめ、関係行政機関の長と協議するものとする。

4　入国審査官は、第一項の規定にかかわらず、前条第三項各号のいずれにも該当しないと認める外国人が同項の規定による個人識別情報の提供をしないときは、第一〇条の規定による口頭審理を行うため、当該外国人を特別審理官に引き渡さなければならない。

第七条の二（在留資格認定証明書）1　法務大臣は、法務省令で定めるところにより、本邦に上陸しようとする外国人（本邦において別表第一の三の表の短期滞在の項の下欄に掲げる活動を行おうとする者を除く。）から、あらかじめ申請があったときは、当該外国人が前条第一項第二号に掲げる条件に適合している旨の証明書（以下「在留資格認定証明書」という。）を交付することができる。

2　前項の申請は、当該外国人を受け入れようとする機関の職員その他の法務省令で定める者を代理人としてこれをすることができる。

3　特定産業分野（別表第一の二の表の特定技能の項の下欄第一号に規定する特定産業分野をいう。以下この項及び第二〇条第一項において同じ。）を所管する関係行政機関の長は、当該特定産業分野に係る分野別運用方針に基づき、当該特定産業分野において必要とされる人材が確保されたと認めるときは、法務大臣に対し、一時的に在留資格認定証明書の交付の停止の措置をとることを求めるものとする。

4　法務大臣は、前項の規定による求めがあったときは、分野別運用方針に基づき、一時的に在留資格認定証明書の交付の停止の措置をとるものとする。

5　前二項の規定は、一時的に在留資格認定証明書の交付の停止の措置がとられた場合において、在留資格認定証明書の交付の再開の措置をとるときについて準用する。この場合において、第三項中「確保された」とあるのは「不足する」と、前二項中「ものとする」とあるのは「ことができる」と読み替えるものとする。

第八条（船舶等への乗込） 入国審査官は、第七条第一項の審査を行う場合には、船舶等に乗り込むことができる。

第九条（上陸許可の証印） 1　入国審査官は、審査の結果、外国人が第七条第一項に規定する上陸のための条件に適合していると認定したときは、当該外国人の旅券に上陸許可の証印をしなければならない。

2　前項の場合において、第五条第一項第一号又は第二号の規定に該当するかどうかの認定は、厚生労働大臣又は出入国在留管理庁長官の指定する医師の診断を経た後にしなければならない。

3　第一項の証印をする場合には、入国審査官は、当該外国人の在留資格及び在留期間を決定し、旅券にその旨を明示しなければならない。ただし、当該外国人が第二六条第一項の規定により再入国の許可を受けている者又は第六一条の二の一五第一項の規定により交付を受けた難民旅行証明書を所持している者である場合は、この限りでない。

4　入国審査官は、次の各号のいずれにも該当する外国人が第七条第一項に規定する上陸のための条件に適合していると認定したときは、氏名、上陸年月日、上陸する出入国港その他の法務省令で定める事項を上陸許可の証印に代わる記録のために用いられるファイルであって法務省令で定める電子計算機に備えられたものに記録することができる。この場合においては、第一項の規定にかかわらず、同項の証印をすることを要しない。

一　第八項の登録を受けた者（同項第一号ハに該当するものとして登録を受けた者にあっては、次条第一項又は第八項の規定により交付を受けた特定登録者カードを所持している者に限る。）であること。

二　上陸の申請に際して、法務省令で定めるところにより、電磁的方式によって個人識別情報を提供していること。

5　入国審査官は、次条第一項又は第八項の規定により交付を受けた特定登録者カードを所持する外国人について前項の規定による記録をする場合には、当該外国人について短期滞在の在留資格及び在留期間を決定し、当該特定登録者カードにその旨を明示しなければならない。

6　第一項の規定による上陸許可の証印又は第四項の規定による記録をする場合を除き、入国審査官は、第十条の規定による口頭審理を行うため、当該外国人を特別審理官に引き渡さなければならない。

7　外国人は、第四節に特別の規定がある場合を除き、第一項、第一〇条第八項若しくは第一一条第四項の規定による上陸許可の証印又は第四項の規定による記録を受けなければ上陸してはならない。

8　出入国在留管理庁長官は、本邦に在留する外国人で本邦に再び上陸する意図をもって出国しようとするもの（特別永住者にあっては、第三号を除く。）が、次の各号のいずれにも該当し、かつ、その上陸しようとする出入国港において第四項の規定による記録を受けることを希望するときは、法務省令で定めるところにより、その旨の登録をすることができる。

一　次のイからハまでのいずれかに該当する者であること。

イ　第二六条第一項の規定により再入国の許可を受けている者

ロ　第六一条の二の一五第一項の規定により交付を受けた難民旅行証明書を所持している者

ハ　次の(1)から(4)までのいずれにも該当する者

(1)　本邦に再び上陸するに当たり、本邦において別表第一の三の表の短期滞在の項の下欄に掲げる活動を行おうとする者であること（イに該当する者を除く。）。

(2)　第一項、第一〇条第八項若しくは第一一条第四項の規定による上陸許可の証印又は第四項の規定による記録を受けた回数が、法務省令で定める回数以上であること。

(3)　過去に本邦からの退去を強制されたこと又は第五五条の八五第一項の規定による出国命令により出国したことがないこと。

(4)　その他出入国の公正な管理に必要なものとして法務省令で定める要件に該当する者であること。

二　法務省令で定めるところにより、電磁的方式によって個人識別情報を提供していること。

三　当該登録の時において、第五条第一項各号のいずれにも該当しないこと。

第九条の二（特定登録者カード）（略）

第二節　口頭審理及び異議の申出

第一〇条（口頭審理） 1　特別審理官は、第七条第四項又は第九条第六項の規定による引渡しを受けたときは、当該外国人に対し、速やかに口頭審理を行わなければならない。

2　特別審理官は、口頭審理を行った場合には、口頭審理に関する記録を作成しなければならない。

3　当該外国人又はその者の出頭させる代理人は、口頭審理に当って、証拠を提出し、及び証人を尋問することができる。

4　当該外国人は、特別審理官の許可を受けて、親族又は知人の一人を立ち会わせることができる。

5　特別審理官は、職権に基き、又は当該外国人の請求に基き、法務省令で定める手続により、証人の出頭を命じて、宣誓をさせ、証言を求めることができる。

6　特別審理官は、口頭審理に関し必要がある場合には、公務所又は公私の団体に照会して必要な事項の報告を求めることができる。
7 特別審理官は、口頭審理の結果、第七条第四項の規定による引渡しを受けた外国人が、第六条第三項各号のいずれにも該当しないと認定したときは、当該外国人に対し、速やかにその旨を知らせて、本邦からの退去を命ずるとともに、当該外国人が乗ってきた船舶等の長又はその船舶等を運航する運送業者にその旨を通知しなければならない。ただし、当該外国人が、特別審理官に対し、法務省令で定めるところにより、電磁的方式によって個人識別情報を提供したときは、この限りでない。
8 特別審理官は、口頭審理の結果、当該外国人(第七条第四項の規定による引渡しを受けた外国人にあっては、第六条第三項各号のいずれかに該当すると認定した者又は特別審理官に対し法務省令で定めるところにより電磁的方式によって個人識別情報を提供した者に限る。第一〇項において同じ。)が第七条第一項に規定する上陸のための条件に適合していると認定したときは、直ちにその者の旅券に上陸許可の証印をしなければならない。
9 第九条第三項の規定は、前項の証印をする場合に準用する。
10 特別審理官は、口頭審理の結果、当該外国人が第七条第一項に規定する上陸のための条件に適合していないと認定したときは、その者に対し、速やかに理由を示してその旨を知らせるとともに、次条の規定により異議を申し出ることができる旨を知らせなければならない。
11 前項の通知を受けた場合において、当該外国人が同項の認定に服したときは、特別審理官は、その者に対し、異議を申し出ない旨を記載した文書に署名させ、本邦からの退去を命ずるとともに、当該外国人が乗ってきた船舶等の長又はその船舶等を運航する運送業者にその旨を通知しなければならない。

第一一条(異議の申出) 1 前条第一〇項の通知を受けた外国人は、同項の認定に異議があるときは、その通知を受けた日から三日以内に、法務省令で定める手続により、不服の事由を記載した書面を主任審査官に提出して、法務大臣に対し異議を申し出ることができる。
2 主任審査官は、前項の異議の申出があったときは、前条第二項の口頭審理に関する記録その他の関係書類を法務大臣に提出しなければならない。
3 法務大臣は、第一項の規定による異議の申出を受理したときは、異議の申出が理由があるかどうかを裁決して、その結果を主任審査官に通知しなければならない。
4 主任審査官は、法務大臣から異議の申出が理由があると裁決した旨の通知を受けたときは、直ちに当該外国人の旅券に上陸許可の証印をしなければならない。
5 第九条第三項の規定は、前項の証印をする場合に準用する。
6 主任審査官は、法務大臣から異議の申出が理由がないと裁決した旨の通知を受けたときは、速やかに当該外国人に対しその旨を知らせて、本邦からの退去を命ずるとともに、当該外国人が乗ってきた船舶等の長又はその船舶等を運航する運送業者にその旨を知らせなければならない。

第一二条(法務大臣の裁決の特例) 1 法務大臣は、前条第三項の裁決に当たって、異議の申出が理由がないと認める場合でも、当該外国人が次の各号のいずれかに該当するときは、その者の上陸を特別に許可することができる。
一 再入国の許可を受けているとき。
二 人身取引等により他人の支配下に置かれて本邦に入ったものであるとき。
三 その他法務大臣が特別に上陸を許可すべき事情があると認めるとき。
2 前項の許可は、前条第四項の適用については、異議の申出が理由がある旨の裁決とみなす。

第三節 仮上陸等

第一三条(仮上陸の許可) 1 主任審査官は、この章に規定する上陸の手続中において特に必要があると認める場合には、その手続が完了するときまでの間、当該外国人に対し仮上陸を許可することができる。
2 前項の許可を与える場合には、主任審査官は、当該外国人に仮上陸許可書を交付しなければならない。
3 第一項の許可を与える場合には、主任審査官は、当該外国人に対し、法務省令で定めるところにより、住居及び行動範囲の制限、呼出しに対する出頭の義務その他必要と認める条件を付し、かつ、二百万円を超えない範囲内で法務省令で定める額の保証金を本邦通貨又は外国通貨で納付させることができる。
4 前項の保証金は、当該外国人が第一〇条第八項若しくは第一一条第四項の規定により上陸許可の証印を受けたとき、又は第一〇条第七項若しくは第一一項若しくは第一一条第六項の規定により本邦からの退去を命ぜられたときは、その者に返還しなければならない。
5 主任審査官は、第一項の許可を受けた外国人が第三項の規定に基き附された条件に違反した場合には、法務省令で定めるところにより、逃亡し、又は正当な理由がなくて呼出に応じないときは同項の保証金の全部、その他のときはその一部を没取するものとする。
6 主任審査官は、第一項の許可を受けた外国人が逃亡する虞があると疑うに足りる相当の理由があるときは、収容令書を発付して入国警備官に当該外国人を収容させることができる。
7 第四〇条から第四二条第一項までの規定は、前項の規定による収容に準用する。この場合において、第四〇条中「前条第一項の収容令書」とあるのは「第一三条第六項の収容令書」と、「容疑者」とあるのは「仮上陸の許可を受けた外国人」と、「容疑事実の要旨」とあるのは「収容すべき事由」と、第四一条第一項中「三〇日以内とする。但し、主任審査官は、やむを得ない事由があると認めるときは、三〇日を限り延長することができる。」とあるのは「第三章に規定する上陸の手続が完了するまでの間において、主任審査官が必要と認める期間とする。」と、同条第三項及び第四二条第一項中「容疑者」とあるのは「仮上陸の許可を受けた外国人」と読み替えるものとする。

第一三条の二（退去命令を受けた者がとどまることができる場所） 1　特別審理官又は主任審査官は、それぞれ第一〇条第七項若しくは第一一項又は第一一条第六項の規定により退去を命ずる場合において、当該外国人が船舶等の運航の都合その他その者の責めに帰することができない事由により直ちに本邦から退去することができないと認めるときは、法務省令で定めるところにより、当該外国人に対して、その指定する期間内に限り、出入国港の近傍にあるその指定する施設（法務省令で定めるものに限る。）にとどまることを許すことができる。

2　特別審理官又は主任審査官は、前項の指定をしたときは、当該外国人及びその者が乗ってきた船舶等の長又はその船舶等を運航する運送業者に対しその旨を通知しなければならない。

第四節　上陸の特例

第一四条（寄港地上陸の許可）
第一四条の二（船舶観光上陸の許可）
第一五条（通過上陸の許可）
第一六条（乗員上陸の許可）
第一七条（緊急上陸の許可）
第一八条（遭難による上陸の許可）
（略）

第一八条の二（一時庇（ひ）護のための上陸の許可） 1　入国審査官は、船舶等に乗っている外国人から申請があった場合において、次の各号のいずれにも該当すると思料するときは、一時庇ひ護のための上陸を許可することができる。

一　次のイ又はロのいずれかに該当する者であること。

イ　その者が難民条約第一条A(2)に規定する理由その他これに準ずる理由により、その生命、身体又は身体の自由を害されるおそれのあった領域から逃れて、本邦に入った者であること。

ロ　その者が迫害を受けるおそれのあった領域から逃れて、本邦に入った者であること（イに掲げる者を除く。）。

二　その者を一時的に上陸させることが相当であること。

2　入国審査官は、前項の規定による許可に係る審査のために必要があると認めるときは、法務省令で定めるところにより、当該外国人に対し、電磁的方式によって個人識別情報を提供させることができる。

3　第一項の規定による許可を与える場合には、入国審査官は、当該外国人に一時庇ひ護許可書を交付しなければならない。

4　第一項の規定による許可を与える場合には、入国審査官は、法務省令で定めるところにより、当該外国人に対し、上陸期間、住居及び行動範囲の制限その他必要と認める条件を付することができる。

第四章　在留及び出国

第一節　在留

第一款　在留中の活動

第一九条（活動の範囲） 1　別表第一の上欄の在留資格をもって在留する者は、次項の許可を受けて行う場合を除き、次の各号に掲げる区分に応じ当該各号に掲げる活動を行ってはならない。

一　別表第一の一の表、二の表及び五の表の上欄の在留資格をもって在留する者　当該在留資格に応じこれらの表の下欄に掲げる活動に属しない収入を伴う事業を運営する活動又は報酬（業として行うものではない講演に対する謝金、日常生活に伴う臨時の報酬その他の法務省令で定めるものを除く。以下同じ。）を受ける活動

二　別表第一の三の表及び四の表の上欄の在留資格をもって在留する者　収入を伴う事業を運営する活動又は報酬を受ける活動

2　出入国在留管理庁長官は、別表第一の上欄の在留資格をもって在留する者から、法務省令で定める手続により、当該在留資格に応じ同表の下欄に掲げる活動の遂行を阻害しない範囲内で当該活動に属しない収入を伴う事業を運営する活動又は報酬を受ける活動を行うことを希望する旨の申請があった場合において、相当と認めるときは、これを許可することができる。この場合において、出入国在留管理庁長官は、当該許可に必要な条件を付することができる。

3　出入国在留管理庁長官は、前項の許可を受けている者が同項の規定に基づき付された条件に違反した場合その他その者に引き続き当該許可を与えておくことが適当でないと認める場合には、法務省令で定める手続により、当該許可を取り消すことができる。

4　第一六条から第一八条までに規定する上陸の許可を受けた外国人である乗員は、解雇により乗員でなくなっても、本邦にある間は、引き続き乗員とみなす。

第一九条の二（就労資格証明書） 1　出入国在留管理庁長官は、本邦に在留する外国人から申請があったときは、法務省令で定めるところにより、その者が行うことができる収入を伴う事業を運営する活動又は報酬を受ける活動を証明する文書を交付することができる。

2　何人も、外国人を雇用する等に際し、その者が行うことができる収入を伴う事業を運営する活動又は

報酬を受ける活動が明らかな場合に、当該外国人が前項の文書を提示し又は提出しないことを理由として、不利益な取扱いをしてはならない。

第二款　中長期の在留

第一九条の三（中長期在留者）　出入国在留管理庁長官は、本邦に在留資格をもって在留する外国人のうち、次に掲げる者以外の者（以下「中長期在留者」という。）に対し、在留カードを交付するものとする。

一　三月以下の在留期間が決定された者

二　短期滞在の在留資格が決定された者

三　外交又は公用の在留資格が決定された者

四　前三号に準ずる者として法務省令で定めるもの

第一九条の四（在留カードの記載事項等）1　在留カードの記載事項は、次に掲げる事項とする。

一　氏名、生年月日、性別及び国籍の属する国又は第二条第五号ロに規定する地域

二　住居地（本邦における主たる住居の所在地をいう。以下同じ。）

三　在留資格、在留期間及び在留期間の満了の日

四　許可の種類及び年月日

五　在留カードの番号、交付年月日及び有効期間の満了の日

六　就労制限の有無

七　第一九条第二項の規定による許可を受けているときは、その旨

2　前項第五号の在留カードの番号は、法務省令で定めるところにより、在留カードの交付（再交付を含む。）ごとに異なる番号を定めるものとする。

3　在留カードには、法務省令で定めるところにより、中長期在留者の写真を表示するものとする。この場合において、出入国在留管理庁長官は、第六条第三項の規定その他法務省令で定める法令の規定により当該中長期在留者から提供された写真を利用することができる。

4　前三項に規定するもののほか、在留カードの様式、在留カードに表示すべきものその他在留カードについて必要な事項は、法務省令で定める。

5　出入国在留管理庁長官は、法務省令で定めるところにより、第一項各号に掲げる事項及び前二項の規定により表示されるものについて、その全部又は一部を、在留カードに電磁的方式により記録することができる。

第一九条の五（在留カードの有効期間）1　在留カードの有効期間は、その交付を受ける中長期在留者に係る次の各号に掲げる区分に応じ、当該各号に定める日が経過するまでの期間とする。

一　永住者（次号に掲げる者を除く。）又は高度専門職の在留資格（別表第一の二の表の高度専門職の項の下欄第二号に係るものに限る。）をもって在留する者　在留カードの交付の日から起算して七年を経過する日

二　永住者であって、在留カードの交付の日に一六歳に満たない者（第一九条の一一第三項において準用する第一九条の一〇第二項の規定により在留カードの交付を受ける者を除く。第四号において同じ。）　一六歳の誕生日（当該外国人の誕生日が二月二九日であるときは、当該外国人のうるう年以外の年における誕生日は二月二八日であるものとみなす。以下同じ。）の前日

三　前二号に掲げる者以外の者（次号に掲げる者を除く。）　在留期間の満了の日

四　第一号又は第二号に掲げる者以外の者であって、在留カードの交付の日に一六歳に満たない者　在留期間の満了の日又は一六歳の誕生日の前日のいずれか早い日

2　前項第三号又は第四号の規定により、在留カードの有効期間が在留期間の満了の日が経過するまでの期間となる場合において、当該在留カードの交付を受けた中長期在留者が、第二〇条第六項（第二一条第四項において準用する場合を含む。以下この項、第二四条第四号ロ及び第二六条第四項において同じ。）の規定により、在留期間の満了後も引き続き本邦に在留することができることとなる場合にあっては、当該在留カードの有効期間は、第二〇条第六項の規定により在留することができる期間の終了の時までの期間とする。

第一九条の六（新規上陸に伴う在留カードの交付）　出入国在留管理庁長官は、入国審査官に、前章第一節又は第二節の規定による上陸許可の証印又は許可（在留資格の決定を伴うものに限る。）を受けて中長期在留者となった者に対し、法務省令で定めるところにより、在留カードを交付させるものとする。

第一九条の七（新規上陸後の住居地届出）1　前条に規定する中長期在留者は、住居地を定めた日から一四日以内に、法務省令で定める手続により、住居地の市町村（特別区を含むものとし、地方自治法第二五二条の一九第一項の指定都市にあっては、区又は総合区。以下同じ。）の長に対し、在留カードを提出した上、当該市町村の長を経由して、出入国在留管理庁長官に対し、その住居地を届け出なければならない。

2　市町村の長は、前項の規定による在留カードの提出があった場合には、当該在留カードにその住居地の記載（第一九条の四第五項の規定による記録を含む。）をし、これを当該中長期在留者に返還するものとする。

3　第一項に規定する中長期在留者が、在留カードを提出して住民基本台帳法（昭和四二年法律第八一号）第三〇条の四六の規定による届出をしたときは、当該届出は同項の規定による届出とみなす。

第一九条の八（在留資格変更等に伴う住居地届出）1　第二〇条第三項本文（第二二条の二第三項（第二二条の三において準用する場合を含む。）において準用する場合を含む。）、第二一条第三項、第二二条第二項（第二二条の二第四項（第二二条の三において準用す

る場合を含む。)において準用する場合を含む。)、第五〇条第一項、第六一条の二の二第一項又は第六一条の二の五第一項の規定による許可を受けて新たに中長期在留者となった者は、住居地を定めた日(既に住居地を定めている者にあっては、当該許可の日)から一四日以内に、法務省令で定める手続により、住居地の市町村の長に対し、在留カードを提出した上、当該市町村の長を経由して、出入国在留管理庁長官に対し、その住居地を届け出なければならない。

2　前条第二項の規定は、前項の規定による在留カードの提出があった場合に準用する。

3　第一項に規定する中長期在留者が、在留カードを提出して住民基本台帳法第三〇条の四六又は第三〇条の四七の規定による届出をしたときは、当該届出は同項の規定による届出とみなす。

4　第二二条の二第一項又は第二二条の三に規定する外国人が、第二二条の二第二項(第二二条の三において準用する場合を含む。)の規定による申請をするに際し、法務大臣に対し、住民基本台帳法第一二条第一項に規定する住民票の写し又は住民票記載事項証明書を提出したときは、第二二条の二第三項(第二二条の三において準用する場合を含む。)において準用する第二〇条第三項本文の規定による許可又は第二二条の二第四項(第二二条の三において準用する場合を含む。)において準用する第二二条第二項の規定による許可があった時に、第一項の規定による届出があったものとみなす。

第一九条の九(住居地の変更届出) 1　中長期在留者は、住居地を変更したときは、新住居地(変更後の住居地をいう。以下同じ。)に移転した日から一四日以内に、法務省令で定める手続により、新住居地の市町村の長に対し、在留カードを提出した上、当該市町村の長を経由して、出入国在留管理庁長官に対し、その新住居地を届け出なければならない。

2　第一九条の七第二項の規定は、前項の規定による在留カードの提出があった場合に準用する。

3　第一項に規定する中長期在留者が、在留カードを提出して住民基本台帳法第二二条、第二三条又は第三〇条の四六の規定による届出をしたときは、当該届出は同項の規定による届出とみなす。

第一九条の一〇(住居地以外の記載事項の変更届出) 1　中長期在留者は、第一九条の四第一項第一号に掲げる事項に変更を生じたときは、その変更を生じた日から一四日以内に、法務省令で定める手続により、出入国在留管理庁長官に対し、変更の届出をしなければならない。

2　出入国在留管理庁長官は、前項の届出があった場合には、入国審査官に、当該中長期在留者に対し、新たな在留カードを交付させるものとする。

第一九条の一一(在留カードの有効期間の更新) 1　在留カードの交付を受けた中長期在留者は、当該在留カードの有効期間が当該中長期在留者の在留期間の満了の日までとされている場合を除き、当該在留カードの有効期間の満了の日の二月前(有効期間の満了の日が一六歳の誕生日の前日とされているときは、六月前)から有効期間が満了する日までの間(次項において「更新期間」という。)に、法務省令で定める手続により、出入国在留管理庁長官に対し、在留カードの有効期間の更新を申請しなければならない。

2　やむを得ない理由のため更新期間内に前項の規定による申請をすることが困難であると予想される者は、法務省令で定める手続により、更新期間前においても、出入国在留管理庁長官に対し、在留カードの有効期間の更新を申請することができる。

3　前条第二項の規定は、前二項の規定による申請があった場合に準用する。

第一九条の一二(紛失等による在留カードの再交付)
第一九条の一三(汚損等による在留カードの再交付)
第一九条の一四(在留カードの失効)
第一九条の一五(在留カードの返納)
(略)

第一九条の一六(所属機関等に関する届出) 中長期在留者であって、次の各号に掲げる在留資格をもって本邦に在留する者は、当該各号に掲げる在留資格の区分に応じ、当該各号に定める事由が生じたときは、当該事由が生じた日から一四日以内に、法務省令で定める手続により、出入国在留管理庁長官に対し、その旨及び法務省令で定める事項を届け出なければならない。

一　教授、高度専門職(別表第一の二の表の高度専門職の項の下欄第一号ハ又は第二号(同号ハに掲げる活動に従事する場合に限る。)に係るものに限る。)、経営・管理、法律・会計業務、医療、教育、企業内転勤、技能実習、留学又は研修　当該在留資格に応じてそれぞれ別表第一の下欄に掲げる活動を行う本邦の公私の機関の名称若しくは所在地の変更若しくはその消滅又は当該機関からの離脱若しくは移籍

二　高度専門職(別表第一の二の表の高度専門職の項の下欄第一号イ若しくはロ又は第二号(同号イ又はロに掲げる活動に従事する場合に限る。)に係るものに限る。)、研究、技術・人文知識・国際業務、介護、興行(本邦の公私の機関との契約に基づいて当該在留資格に係る活動に従事する場合に限る。)、技能又は特定技能　契約の相手方である本邦の公私の機関(高度専門職の在留資格(同表の高度専門職の項の下欄第一号イに係るものに限る。)にあっては、法務大臣が指定する本邦の公私の機関)の名称若しくは所在地の変更若しくはその消滅又は当該機関との契約の終了若しくは新たな契約の締結

三　家族滞在(配偶者として行う日常的な活動を行うことができる者に係るものに限る。)、日本人の配偶者等(日本人の配偶者の身分を有する者に係るものに限る。)又は永住者の配偶者等(永住者の在留資格をもって在留する者又は特別永住者(以

下「永住者等」という。)の配偶者の身分を有する者に係るものに限る。) 配偶者との離婚又は死別

第一九条の一七(所属機関による届出) 別表第一の在留資格をもって在留する中長期在留者が受け入れられている本邦の公私の機関その他の法務省令で定める機関(次条第一項に規定する特定技能所属機関及び労働施策の総合的な推進並びに労働者の雇用の安定及び職業生活の充実等に関する法律(昭和四一年法律第一三二号)第二八条第一項の規定による届出をしなければならない事業主を除く。)は、法務省令で定めるところにより、出入国在留管理庁長官に対し、当該中長期在留者の受入れの開始及び終了その他の受入れの状況に関する事項を届け出るよう努めなければならない。

第一九条の一八〜三五(特定技能所属機関・支援機関)(略)

第一九条の三六(中長期在留者に関する情報の継続的な把握) 1 出入国在留管理庁長官は、中長期在留者の身分関係、居住関係、活動状況及び所属機関の状況(特定技能外国人(別表第一の二の表の特定技能の項の下欄第一号に掲げる活動を行う者に限る。以下この項において同じ。)については、一号特定技能外国人支援の状況(登録支援機関への委託の状況を含む。以下この項において同じ。)を含む。)を継続的に把握するため、出入国管理及び難民認定法その他の法令の定めるところにより取得した中長期在留者の氏名、生年月日、性別、国籍の属する国、住居地、所属機関その他在留管理に必要な情報(特定技能外国人については、一号特定技能外国人支援の状況に関する情報を含む。以下この条及び次条第一項において「中長期在留者に関する情報」という。)を整理しなければならない。

2 出入国在留管理庁長官は、中長期在留者に関する情報を正確かつ最新の内容に保つよう努めなければならない。

3 法務大臣及び出入国在留管理庁長官は、在留管理の目的を達成するために必要な最小限度の範囲を超えて、中長期在留者に関する情報を取得し、又は保有してはならず、当該情報の取扱いに当たっては、個人の権利利益の保護に留意しなければならない。

第一九条の三七(事実の調査) 1 出入国在留管理庁長官は、中長期在留者に関する情報の継続的な把握のため必要があるときは、この款の規定により届け出ることとされている事項について、その職員に事実の調査をさせることができる。

2 入国審査官又は入国警備官は、前項の調査のため必要があるときは、関係人に対し、出頭を求め、質問をし、又は文書の提示を求めることができる。

3 出入国在留管理庁長官、入国審査官又は入国警備官は、第一項の調査について、公務所又は公私の団体に照会して必要な事項の報告を求めることができる。

第二節 在留資格の変更及び取消し等

第二〇条(在留資格の変更) 1 在留資格を有する外国人は、その者の有する在留資格(これに伴う在留期間を含む。以下第三項まで及び次条において同じ。)の変更(高度専門職の在留資格(別表第一の二の表の高度専門職の項の下欄第一号イからハまでに係るものに限る。)を有する者については、法務大臣が指定する本邦の公私の機関の変更を含み、特定技能の在留資格を有する者については、法務大臣が指定する本邦の公私の機関又は特定産業分野の変更を含み、特定活動の在留資格を有する者については、法務大臣が個々の外国人について特に指定する活動の変更を含む。)を受けることができる。

2 前項の規定により在留資格の変更を受けようとする外国人は、法務省令で定める手続により、法務大臣に対し在留資格の変更を申請しなければならない。ただし、永住者の在留資格への変更を希望する場合は、第二二条第一項の定めるところによらなければならない。

3 前項の申請があった場合には、法務大臣は、当該外国人が提出した文書により在留資格の変更を適当と認めるに足りる相当の理由があるときに限り、これを許可することができる。ただし、短期滞在の在留資格をもって在留する者の申請については、やむを得ない特別の事情に基づくものでなければ許可しないものとする。

4 法務大臣は、前項の規定による許可をすることとしたときは、出入国在留管理庁長官に、当該外国人に対し、その旨を通知させるものとする。この場合において、その通知は、出入国在留管理庁長官が、入国審査官に、次の各号に掲げる区分に応じ、当該各号に定める措置をとらせることにより行うものとする。

一 当該許可に係る外国人が引き続き中長期在留者に該当し、又は新たに中長期在留者に該当することとなるとき 当該外国人に対する在留カードの交付

二 前号に掲げる場合以外の場合において、当該許可に係る外国人が旅券を所持しているとき 当該旅券への新たな在留資格及び在留期間の記載

三 第一号に掲げる場合以外の場合において、当該許可に係る外国人が旅券を所持していないとき 当該外国人に対する新たな在留資格及び在留期間を記載した在留資格証明書の交付又は既に交付を受けている在留資格証明書への新たな在留資格及び在留期間の記載

5 第三項の規定による法務大臣の許可は、それぞれ前項各号に定める措置があった時に、その効力を生ずる。

6 第二項の規定による申請があった場合(三〇日以下の在留期間を決定されている者から申請があった場合を除く。)において、その申請の時に当該外国人が有する在留資格に伴う在留期間の満了の日までに

その申請に対する処分がされないときは、当該外国人は、その在留期間の満了後も、当該処分がされる時又は従前の在留期間の満了の日から二月を経過する日が終了する時のいずれか早い時までの間は、引き続き当該在留資格をもって本邦に在留することができる。

第二〇条の二（高度専門職の在留資格の変更の特則）1　高度専門職の在留資格（別表第一の二の表の高度専門職の項の下欄第二号に係るものに限る。）への変更は、前条第一項の規定にかかわらず、高度専門職の在留資格（同表の高度専門職の項の下欄第一号イからハまでに係るものに限る。）をもって本邦に在留していた外国人でなければ受けることができない。

2　法務大臣は、外国人から前条第二項の規定による高度専門職の在留資格（別表第一の二の表の高度専門職の項の下欄第二号に係るものに限る。）への変更の申請があったときは、当該外国人が法務省令で定める基準に適合する場合でなければ、これを許可することができない。

3　法務大臣は、前項の法務省令を定めようとするときは、あらかじめ、関係行政機関の長と協議するものとする。

第二一条（在留期間の更新）1　本邦に在留する外国人は、現に有する在留資格を変更することなく、在留期間の更新を受けることができる。

2　前項の規定により在留期間の更新を受けようとする外国人は、法務省令で定める手続により、法務大臣に対し在留期間の更新を申請しなければならない。

3　前項の規定による申請があった場合には、法務大臣は、当該外国人が提出した文書により在留期間の更新を適当と認めるに足りる相当の理由があるときに限り、これを許可することができる。

4　第二〇条第四項及び第五項の規定は前項の規定による許可をする場合について、同条第六項の規定は第二項の規定による申請があった場合について、それぞれ準用する。この場合において、同条第四項第二号及び第三号中「新たな在留資格及び在留期間」とあるのは、「在留資格及び新たな在留期間」と読み替えるものとする。

第二二条（永住許可）1　在留資格を変更しようとする外国人で永住者の在留資格への変更を希望するものは、法務省令で定める手続により、法務大臣に対し永住許可を申請しなければならない。

2　前項の申請があった場合には、法務大臣は、その者が次の各号のいずれにも適合し、かつ、その者の永住が日本国の利益に合すると認めたときに限り、これを許可することができる。ただし、その者が日本人、永住許可を受けている者又は特別永住者の配偶者又は子である場合においては次の各号のいずれにも適合することを要せず、国際連合難民高等弁務官事務所その他の国際機関が保護の必要性を認めた者で法務省令で定める要件に該当するものである場合にあっては第二号に適合することを要しない。

一　素行が善良であること。

二　独立の生計を営むに足りる資産又は技能を有すること。

3　法務大臣は、前項の規定による許可をすることとしたときは、出入国在留管理庁長官に、当該外国人に対し、その旨を通知させるものとする。この場合において、その通知は、出入国在留管理庁長官が、入国審査官に、当該許可に係る外国人に対し在留カードを交付させることにより行うものとする。

4　第二項の規定による法務大臣の許可は、前項の規定による在留カードの交付があった時に、その効力を生ずる。

第二二条の二（在留資格の取得）1　日本の国籍を離脱した者又は出生その他の事由により前章に規定する上陸の手続を経ることなく本邦に在留することとなる外国人は、第二条の二第一項の規定にかかわらず、それぞれ日本の国籍を離脱した日又は出生その他当該事由が生じた日から六〇日を限り、引き続き在留資格を有することなく本邦に在留することができる。

2　前項に規定する外国人で同項の期間をこえて本邦に在留しようとするものは、日本の国籍を離脱した日又は出生その他当該事由が生じた日から三〇日以内に、法務省令で定めるところにより、法務大臣に対し在留資格の取得を申請しなければならない。

3　第二〇条第三項本文、第四項及び第五項の規定は、前項に規定する在留資格の取得の申請（永住者の在留資格の取得の申請を除く。）の手続について準用する。この場合において、同条第三項本文中「在留資格の変更」とあるのは、「在留資格の取得」と読み替えるものとする。

4　前条の規定は、第二項に規定する在留資格の取得の申請中永住者の在留資格の取得の申請の手続に準用する。この場合において、同条第一項中「変更しよう」とあるのは「取得しよう」と、「在留資格への変更」とあるのは「在留資格の取得」と読み替えるものとする。

第二二条の三（同）前条第二項から第四項までの規定は、第一八条の二第一項に規定する一時庇護のための上陸の許可を受けた外国人で別表第一又は別表第二の上欄の在留資格のいずれかをもって在留しようとするものに準用する。この場合において、前条第二項中「日本の国籍を離脱した日又は出生その他当該事由が生じた日から三〇日以内」とあるのは、「当該上陸の許可に係る上陸期間内」と読み替えるものとする。

第二二条の四（在留資格の取消し）1　法務大臣は、別表第一又は別表第二の上欄の在留資格をもって本邦に在留する外国人（第六一条の二第一項に規定する難民の認定又は同条第二項に規定する補完的保護対象者の認定を受けている者を除く。）について、次の各号に掲げる事実のいずれかが判明したときは、法務省令で定める手続により、当該外国人が現に有する在留資格を取り消すことができる。

一　偽りその他不正の手段により、当該外国人が第五条第一項各号のいずれにも該当しないものとして、前章第一節又は第二節の規定による上陸許可の証印(第九条第四項の規定による記録を含む。次号において同じ。)又は許可を受けたこと。

二　前号に掲げるもののほか、偽りその他不正の手段により、上陸許可の証印等(前章第一節若しくは第二節の規定による上陸許可の証印若しくは許可(在留資格の決定を伴うものに限る。)又はこの節の規定による許可をいい、これらが二以上ある場合には直近のものをいうものとする。以下この項において同じ。)を受けたこと。

三　前二号に掲げるもののほか、不実の記載のある文書(不実の記載のある文書又は図画の提出又は提示により交付を受けた在留資格認定証明書及び不実の記載のある文書又は図画の提出又は提示により旅券に受けた査証を含む。)又は図画の提出又は提示により、上陸許可の証印等を受けたこと。

四　偽りその他不正の手段により、第五〇条第一項又は第六一条の二の五第一項の規定による許可を受けたこと(当該許可の後、これらの規定による許可又は上陸許可の証印等を受けた場合を除く。)。

五　別表第一の上欄の在留資格をもって在留する者が、当該在留資格に応じ同表の下欄に掲げる活動を行っておらず、かつ、他の活動を行い又は行おうとして在留していること(正当な理由がある場合を除く。)。

六　別表第一の上欄の在留資格をもって在留する者が、当該在留資格に応じ同表の下欄に掲げる活動を継続して三月(高度専門職の在留資格(別表第一の二の表の高度専門職の項の下欄第二号に係るものに限る。)をもって在留する者にあっては、六月)以上行わないで在留していること(当該活動を行わないで在留していることにつき正当な理由がある場合を除く。)。

七　日本人の配偶者等の在留資格(日本人の配偶者の身分を有する者(兼ねて日本人の特別養子(民法(明治二九年法律第八九号)第八一七条の二の規定による特別養子をいう。以下同じ。)又は日本人の子として出生した者の身分を有する者を除く。)に係るものに限る。)をもって在留する者又は永住者の配偶者等の在留資格(永住者等の配偶者の身分を有する者(兼ねて永住者等の子として本邦で出生しその後引き続き本邦に在留している者の身分を有する者を除く。)に係るものに限る。)をもって在留する者が、その配偶者の身分を有する者としての活動を継続して六月以上行わないで在留していること(当該活動を行わないで在留していることにつき正当な理由がある場合を除く。)。

八　前章第一節若しくは第二節の規定による上陸許可の証印若しくは許可又はこの節、第五〇条第一項若しくは第六一条の二の五第一項の規定による許可を受けて、新たに中長期在留者となった者が、当該上陸許可の証印又は許可を受けた日から九〇日以内に、出入国在留管理庁長官に、住居地の届出をしないこと(届出をしないことにつき正当な理由がある場合を除く。)。

九　中長期在留者が、出入国在留管理庁長官に届け出た住居地から退去した場合において、当該退去の日から九〇日以内に、出入国在留管理庁長官に、新住居地の届出をしないこと(届出をしないことにつき正当な理由がある場合を除く。)。

一〇　中長期在留者が、出入国在留管理庁長官に、虚偽の住居地を届け出たこと。

2　法務大臣は、前項の規定による在留資格の取消しをしようとするときは、その指定する入国審査官に、当該外国人の意見を聴取させなければならない。

3　法務大臣は、前項の意見の聴取をさせるときは、あらかじめ、意見の聴取の期日及び場所並びに取消しの原因となる事実を記載した意見聴取通知書を当該外国人に送達しなければならない。ただし、急速を要するときは、当該通知書に記載すべき事項を入国審査官又は入国警備官に口頭で通知させてこれを行うことができる。

4　当該外国人又はその者の代理人は、前項の期日に出頭して、意見を述べ、及び証拠を提出することができる。

5　法務大臣は、当該外国人が正当な理由がなくて第二項の意見の聴取に応じないときは、同項の規定にかかわらず、意見の聴取を行わないで、第一項の規定による在留資格の取消しをすることができる。

6　在留資格の取消しは、法務大臣が在留資格取消通知書を送達して行う。

7　法務大臣は、第一項(第一号及び第二号を除く。)の規定により在留資格を取り消す場合には、三〇日を超えない範囲内で当該外国人が出国するために必要な期間を指定するものとする。ただし、同項(第五号に係るものに限る。)の規定により在留資格を取り消す場合において、当該外国人が逃亡すると疑うに足りる相当の理由がある場合は、この限りでない。

8　法務大臣は、前項本文の規定により期間を指定する場合には、法務省令で定めるところにより、当該外国人に対し、住居及び行動範囲の制限その他必要と認める条件を付することができる。

9　法務大臣は、第六項に規定する在留資格取消通知書に第七項本文の規定により指定された期間及び前項の規定により付された条件を記載しなければならない。

第二二条の五(在留資格の取消しの手続における配慮)

法務大臣は、前条第一項に規定する外国人について、同項第七号に掲げる事実が判明したことにより在留資格の取消しをしようとする場合には、第二〇条第二項の規定による在留資格の変更の申請又は第二二条第一項の規定による永住許可の申請の機会を与えるよう配慮しなければならない。

第三節　在留の条件

第二三条（旅券等の携帯及び提示）１　本邦に在留する外国人は、常に旅券（次の各号に掲げる者にあっては、当該各号に定める文書。第三項及び第七六条第二号において同じ。）を携帯していなければならない。ただし、次項の規定により在留カードを携帯する場合は、この限りでない。

一　第九条第五項の規定により短期滞在の在留資格及び在留期間を決定された者　特定登録者カード

二　仮上陸の許可を受けた者　仮上陸許可書

三　船舶観光上陸の許可を受けた者　船舶観光上陸許可書

四　乗員上陸の許可を受けた者　乗員上陸許可書及び旅券又は乗員手帳

五　緊急上陸の許可を受けた者　緊急上陸許可書

六　遭難による上陸の許可を受けた者　遭難による上陸許可書

七　一時庇護のための上陸の許可を受けた者　一時庇ひ護許可書

八　第四四条の二第七項に規定する被監理者　同項の監理措置決定通知書

九　第五二条の二第六項に規定する被監理者　同項の監理措置決定通知書

一〇　第五二条第一〇項の規定により放免された者　特別放免許可書

一一　仮放免の許可を受けた者　仮放免許可書

一二　仮滞在の許可を受けた者　仮滞在許可書

２　中長期在留者は、出入国在留管理庁長官が交付し、又は市町村の長が返還する在留カードを受領し、常にこれを携帯していなければならない。

３　前二項の外国人は、入国審査官、入国警備官、警察官、海上保安官その他法務省令で定める国又は地方公共団体の職員が、その職務の執行に当たり、これらの規定に規定する旅券又は在留カード（以下この条において「旅券等」という。）の提示を求めたときは、これを提示しなければならない。

４　前項に規定する職員は、旅券等の提示を求める場合には、その身分を示す証票を携帯し、請求があるときは、これを提示しなければならない。

５　一六歳に満たない外国人は、第一項本文及び第二項の規定にかかわらず、旅券等を携帯することを要しない。

第二四条（退去強制）次の各号のいずれかに該当する外国人については、次章に規定する手続により本邦からの退去を強制し、又は第五五条の二第一項の規定による命令により本邦から退去させることができる。

一　第三条の規定に違反して本邦に入った者

二　入国審査官から上陸の許可等を受けないで本邦に上陸した者

二の二　第二二条の四第一項（第一号又は第二号に係るものに限る。）の規定により在留資格を取り消された者

二の三　第二二条の四第一項（第五号に係るものに限る。）の規定により在留資格を取り消された者（同条第七項本文の規定により期間の指定を受けた者を除く。）

二の四　第二二条の四第七項本文（第六一条の二の一一第二項において準用する場合を含む。）の規定により期間の指定を受けた者で、当該期間を経過して本邦に残留するもの

三　他の外国人に不正に前章第一節若しくは第二節の規定による証明書の交付、上陸許可の証印（第九条第四項の規定による記録を含む。）若しくは許可、同章第四節の規定による上陸の許可又は前二節、第五〇条第一項若しくは第六一条の二の五第一項の規定による許可を受けさせる目的で、文書若しくは図画を偽造し、若しくは変造し、虚偽の文書若しくは図画を作成し、若しくは偽造若しくは変造された文書若しくは図画若しくは虚偽の文書若しくは図画を行使し、所持し、若しくは提供し、又はこれらの行為を唆し、若しくはこれを助けた者

三の二　公衆等脅迫目的の犯罪行為等のための資金等の提供等の処罰に関する法律（平成一四年法律第六七号）第一条第一項に規定する公衆等脅迫目的の犯罪行為若しくは同条第二項に規定する特定犯罪行為（以下この号において「公衆等脅迫目的の犯罪行為等」という。）、公衆等脅迫目的の犯罪行為等の予備行為又は公衆等脅迫目的の犯罪行為等の実行を容易にする行為を行うおそれがあると認めるに足りる相当の理由がある者として法務大臣が認定する者

三の三　国際約束により本邦への入国を防止すべきものとされている者

三の四　次のイからハまでに掲げるいずれかの行為を行い、唆し、又はこれを助けた者

イ　事業活動に関し、外国人に不法就労活動（第一九条第一項若しくは第六一条の二の七第一項の規定に違反する活動又は第七〇条第一項第一号、第二号、第三号から第三号の三まで、第五号、第七号から第七号の三まで若しくは第八号の二から第八号の四までに掲げる者が行う活動（第四四条の五第一項の規定による許可を受けて行う活動を除く。）であって報酬その他の収入を伴うものをいう。以下同じ。）をさせること。

ロ　外国人に不法就労活動をさせるためにこれを自己の支配下に置くこと。

ハ　業として、外国人に不法就労活動をさせる行

為又はロに規定する行為に関しあっせんすること。

三の五　次のイからニまでに掲げるいずれかの行為を行い、唆し、又はこれを助けた者

イ　行使の目的で、在留カード若しくは日本国との平和条約に基づき日本の国籍を離脱した者等の出入国管理に関する特例法第七条第一項に規定する特別永住者証明書（以下単に「特別永住者証明書」という。）を偽造し、若しくは変造し、又は偽造若しくは変造の在留カード若しくは特別永住者証明書を提供し、収受し、若しくは所持すること。

ロ　行使の目的で、他人名義の在留カード若しくは特別永住者証明書を提供し、収受し、若しくは所持し、又は自己名義の在留カードを提供すること。

ハ　偽造若しくは変造の在留カード若しくは特別永住者証明書又は他人名義の在留カード若しくは特別永住者証明書を行使すること。

ニ　在留カード若しくは特別永住者証明書の偽造又は変造の用に供する目的で、器械又は原料を準備すること。

四　本邦に在留する外国人（仮上陸の許可、寄港地上陸の許可、船舶観光上陸の許可、通過上陸の許可、乗員上陸の許可又は遭難による上陸の許可を受けた者を除く。）で次のイからヨまでに掲げる者のいずれかに該当するもの

イ　第一九条第一項の規定に違反して収入を伴う事業を運営する活動又は報酬を受ける活動を専ら行っていると明らかに認められる者（人身取引等により他人の支配下に置かれている者を除く。）

ロ　在留期間の更新又は変更を受けないで在留期間（第二〇条第六項の規定により本邦に在留することができる期間を含む。第二六条第一項及び第二六条の二第二項（第二六条の三第二項において準用する場合を含む。）において同じ。）を経過して本邦に残留する者

ハ　人身取引等を行い、唆し、又はこれを助けた者

ニ　旅券法（昭和二六年法律第二六七号）第二三条第一項（第六号を除く。）から第三項までの罪により刑に処せられた者

ホ　第七四条から第七四条の六の三まで又は第七四条の八の罪により刑に処せられた者

ヘ　第七三条の罪により禁錮以上の刑に処せられた者

ト　少年法（昭和二三年法律第一六八号）に規定する少年で昭和二六年一一月一日以後に長期三年を超える懲役又は禁錮に処せられたもの

チ　昭和二六年一一月一日以後に麻薬及び向精神薬取締法、大麻取締法、あへん法、覚醒剤取締法、国際的な協力の下に規制薬物に係る不正行為を助長する行為等の防止を図るための麻薬及び向精神薬取締法等の特例等に関する法律（平成三年法律第九四号）又は刑法第二編第一四章の規定に違反して有罪の判決を受けた者

リ　ニからチまでに掲げる者のほか、昭和二六年一一月一日以後に無期又は一年を超える懲役若しくは禁錮に処せられた者。ただし、刑の全部の執行猶予の言渡しを受けた者及び刑の一部の執行猶予の言渡しを受けた者であってその刑のうち執行が猶予されなかった部分の期間が一年以下のものを除く。

ヌ　売春又はその周旋、勧誘、その場所の提供その他売春に直接に関係がある業務に従事する者（人身取引等により他人の支配下に置かれている者を除く。）

ル　次に掲げる行為をあおり、唆し、又は助けた者

(1)　他の外国人が不法に本邦に入り、又は上陸すること。

(2)　他の外国人が偽りその他不正の手段により、上陸の許可等を受けて本邦に上陸し、又は前節の規定による許可を受けること。

オ　日本国憲法又はその下に成立した政府を暴力で破壊することを企て、若しくは主張し、又はこれを企て若しくは主張する政党その他の団体を結成し、若しくはこれに加入している者

ワ　次に掲げる政党その他の団体を結成し、若しくはこれに加入し、又はこれと密接な関係を有する者

(1)　公務員であるという理由により、公務員に暴行を加え、又は公務員を殺傷することを勧奨する政党その他の団体

(2)　公共の施設を不法に損傷し、又は破壊することを勧奨する政党その他の団体

(3)　工場事業場における安全保持の施設の正常な維持又は運行を停廃し、又は妨げるような争議行為を勧奨する政党その他の団体

カ　オ又はワに規定する政党その他の団体の目的を達するため、印刷物、映画その他の文書図画を作成し、頒布し、又は展示した者

ヨ　イからカまでに掲げる者のほか、法務大臣が日本国の利益又は公安を害する行為を行ったと認定する者

四の二　別表第一の上欄の在留資格をもって在留する者で、刑法第二編第一二章、第一六章から第一九章まで、第二三章、第二六章、第二七章、第三一章、第三三章、第三六章、第三七章若しくは第三九章の罪、暴力行為等処罰に関する法律第一条、第一条ノ二若しくは第一条ノ三（刑法第二二二条又は第二六一条に係る部分を除く。）の罪、盗犯等の防止及び処分に関する法律の罪、特殊開錠用具の所持の禁止等に関する法律第一五条若し

くは第一六条の罪又は自動車の運転により人を死傷させる行為等の処罰に関する法律第二条若しくは第六条第一項の罪により懲役又は禁錮に処せられたもの
四の三　短期滞在の在留資格をもって在留する者で、本邦において行われる国際競技会等の経過若しくは結果に関連して、又はその円滑な実施を妨げる目的をもって、当該国際競技会等の開催場所又はその所在する市町村の区域内若しくはその近傍の不特定若しくは多数の者の用に供される場所において、不法に、人を殺傷し、人に暴行を加え、人を脅迫し、又は建造物その他の物を損壊したもの
四の四　中長期在留者で、第七一条の二又は第七五条の二の罪により懲役に処せられたもの
五　仮上陸の許可を受けた者で、第一三条第三項の規定に基づき付された条件に違反して、逃亡し、又は正当な理由がなくて呼出しに応じないもの
五の二　第一〇条第七項若しくは第一一項又は第一一条第六項の規定により退去を命ぜられた者で、遅滞なく本邦から退去しないもの
六　寄港地上陸の許可、船舶観光上陸の許可、通過上陸の許可、乗員上陸の許可、緊急上陸の許可、遭難による上陸の許可又は一時庇ひ護のための上陸の許可を受けた者で、旅券又は当該許可書に記載された期間を経過して本邦に残留するもの
六の二　船舶観光上陸の許可を受けた者で、当該許可に係る指定旅客船が寄港する本邦の出入国港において下船した後当該出入国港から当該指定旅客船が出港するまでの間に帰船することなく逃亡したもの
六の三　第一四条の二第九項の規定により期間の指定を受けた者で、当該期間内に出国しないもの
六の四　第一六条第九項の規定により期間の指定を受けた者で、当該期間内に帰船し又は出国しないもの
七　第二二条の二第一項に規定する者で、同条第三項において準用する第二〇条第三項本文の規定又は第二二条の二第四項において準用する第二二条第二項の規定による許可を受けないで、第二二条の二第一項に規定する期間を経過して本邦に残留するもの
八　第五五条の八五第一項の規定により出国命令を受けた者で、当該出国命令に係る出国期限を経過して本邦に残留するもの
九　第五五条の八八の規定により出国命令を取り消された者
一〇　第六一条の二第一項に規定する難民の認定又は同条第二項に規定する補完的保護対象者の認定を受け、第五〇条第一項、第六一条の二の二第一項又は第六一条の二の三の規定による許可を受けて在留する者で、第六一条の二の一〇第一項(第一号又は第三号に係るものに限る。)の規定により難民の認定を取り消されたもの又は同条第二項(第一号又は第三号に係るものに限る。)の規定により補完的保護対象者の認定を取り消されたもの

第二四条の二(同)　法務大臣は、前条第三号の二の規定による認定をしようとするときは、外務大臣、警察庁長官、公安調査庁長官及び海上保安庁長官の意見を聴くものとする。
2　外務大臣、警察庁長官、公安調査庁長官又は海上保安庁長官は、前条第三号の二の規定による認定に関し法務大臣に意見を述べることができる。

第二四条の三(出国命令)　第二四条第二号の四、第四号ロ又は第六号から第七号までのいずれかに該当する外国人で次の各号のいずれにも該当するもの(以下「出国命令対象者」という。)については、同条の規定にかかわらず、次章第一節から第三節まで及び第五章の三に規定する手続により、出国を命ずるものとする。
一　次のイ又はロのいずれかに該当する者であること。
イ　第二七条の規定による違反調査の開始前に、速やかに本邦から出国する意思をもつて自ら出入国在留管理官署に出頭した者であること。
ロ　第二七条の規定による違反調査の開始後、第四七条第三項の規定による通知を受ける前に、入国審査官又は入国警備官に対して速やかに本邦から出国する意思がある旨を表明した者であること。
二　第二四条第三号から第三号の五まで、第四号ハからヨまで、第八号又は第九号のいずれにも該当しないこと。
三　本邦に入った後に、刑法第二編第一二章、第一六章から第一九章まで、第二三章、第二六章、第二七章、第三一章、第三三章、第三六章、第三七章若しくは第三九章の罪、暴力行為等処罰に関する法律第一条、第一条ノ二若しくは第一条ノ三(刑法第二二二条又は第二六一条に係る部分を除く。)の罪、盗犯等の防止及び処分に関する法律の罪、特殊開錠用具の所持の禁止等に関する法律第一五条若しくは第一六条の罪又は自動車の運転により人を死傷させる行為等の処罰に関する法律第二条若しくは第六条第一項の罪により懲役又は禁錮に処せられたものでないこと。
四　過去に本邦からの退去を強制されたこと又は第五五条の八五第一項の規定による出国命令により出国したことがないこと。
五　速やかに本邦から出国することが確実と見込まれること。

第四節　出国

第二五条(出国の手続)1　本邦外の地域に赴く意図をもって出国しようとする外国人(乗員を除く。次条において同じ。)は、その者が出国する出入国港において、法務省令で定める手続により、入国審査官か

ら出国の確認を受けなければならない。

2　前項の外国人は、出国の確認を受けなければ出国してはならない。

第二五条の二（出国確認の留保）入国審査官は、本邦に在留する外国人が本邦外の地域に赴く意図をもって出国しようとする場合において、関係機関から当該外国人が次の各号のいずれかに該当する者である旨の通知を受けているときは、前条の出国の確認を受けるための手続がされた時から二四時間を限り、その者について出国の確認を留保することができる。

一　死刑若しくは無期若しくは長期三年以上の懲役若しくは禁錮に当たる罪につき訴追されている者又はこれらの罪を犯した疑いにより逮捕状、勾引状、勾留状若しくは鑑定留置状が発せられている者

二　禁錮以上の刑に処せられ、その刑の全部につき執行猶予の言渡しを受けなかった者で、刑の執行を終わるまで、又は執行を受けることがなくなるまでのもの（当該刑につき仮釈放中の者及びその一部の執行猶予の言渡しを受けて執行猶予中の者を除く。）

三　逃亡犯罪人引渡法（昭和二八年法律第六八号）の規定により仮拘禁許可状又は拘禁許可状が発せられている者

2　入国審査官は、前項の規定により出国の確認を留保したときは、直ちに同項の通知をした機関にその旨を通報しなければならない。

第二六条（再入国の許可）1　出入国在留管理庁長官は、本邦に在留する外国人（仮上陸の許可を受けている者及び第一四条から第一八条までに規定する上陸の許可を受けている者を除く。）がその在留期間（在留期間の定めのない者にあっては、本邦に在留し得る期間）の満了の日以前に本邦に再び入国する意図をもって出国しようとするときは、法務省令で定める手続により、その者の申請に基づき、再入国の許可を与えることができる。この場合において、出入国在留管理庁長官は、その者の申請に基づき、相当と認めるときは、当該許可を数次再入国の許可とすることができる。

2　出入国在留管理庁長官は、前項の許可をする場合には、入国審査官に、当該許可に係る外国人が旅券を所持しているときは旅券に再入国の許可の証印をさせ、旅券を所持していない場合で国籍を有しないことその他の事由で旅券を取得することができないときは、法務省令で定めるところにより、再入国許可書を交付させるものとする。この場合において、その許可は、当該証印又は再入国許可書に記載された日からその効力を生ずる。

3　出入国在留管理庁長官は、再入国の許可を与える場合には、当該許可が効力を生ずるものとされた日から五年を超えない範囲内においてその有効期間を定めるものとする。

4　出入国在留管理庁長官は、再入国の許可を受けている外国人から、法務大臣に対する第二〇条第二項又は第二一条第二項の規定による申請があった場合において、相当と認めるときは、当該外国人が第二〇条第六項の規定により在留できる期間の終了の時まで、当該許可の有効期間を延長することができる。

5　出入国在留管理庁長官は、再入国の許可を受けて出国した者について、当該許可の有効期間内に再入国することができない相当の理由があると認めるときは、その者の申請に基づき、一年を超えず、かつ、当該許可が効力を生じた日から六年を超えない範囲内で、当該許可の有効期間の延長の許可をすることができる。

6　前項の許可は、旅券又は再入国許可書にその旨を記載して行うものとし、その事務は、日本国領事官等に委任するものとする。

7　出入国在留管理庁長官は、再入国の許可を受けている外国人に対し、引き続き当該許可を与えておくことが適当でないと認める場合には、その者が本邦にある間において、当該許可を取り消すことができる。

8　第二項の規定により交付される再入国許可書は、当該再入国許可書に係る再入国の許可に基づき本邦に入国する場合に限り、旅券とみなす。

第二六条の二（みなし再入国許可）1　本邦に在留資格をもって在留する外国人（第一九条の三第一号及び第二号に掲げる者を除く。）で有効な旅券（第六一条の二の一五第一項に規定する難民旅行証明書を除く。）を所持するもの（中長期在留者にあっては、在留カードを所持するものに限る。）が、法務省令で定めるところにより、入国審査官に対し、再び入国する意図を表明して出国するときは、前条第一項の規定にかかわらず、同項の再入国の許可を受けたものとみなす。ただし、出入国の公正な管理のため再入国の許可を要する者として法務省令で定めるものに該当する者については、この限りでない。

2　前項の規定により外国人が受けたものとみなされる再入国の許可の有効期間は、前条第三項の規定にかかわらず、出国の日から一年（在留期間の満了の日が出国の日から一年を経過する日前に到来する場合には、在留期間の満了までの期間）とする。

3　第一項の規定により外国人が受けたものとみなされる再入国の許可については、前条第五項の規定は、適用しない。

第二六条の三（短期滞在に係るみなし再入国許可）1　本邦に短期滞在の在留資格をもって在留する外国人で有効な旅券を所持するものが、法務省令で定めるところにより、入国審査官に対し、指定旅客船で再び入国する意図を表明して当該指定旅客船で出国するときは、第二六条第一項の規定にかかわらず、同項の再入国の許可を受けたものとみなす。ただし、出入国の公正な管理のため再入国の許可を要する者

として法務省令で定めるものに該当する者については、この限りでない。

2　前条第二項及び第三項の規定は、前項の規定により外国人が受けたものとみなされる再入国の許可について準用する。この場合において、同条第二項中「一年」とあるのは、「一五日」と読み替えるものとする。

第五章　退去強制の手続

第一節　違反調査

第二七条（違反調査） 入国警備官は、第二四条各号の一に該当すると思料する外国人があるときは、当該外国人（以下「容疑者」という。）につき違反調査をすることができる。

第二八条（違反調査について必要な取調べ及び報告の要求） 1　入国警備官は、違反調査の目的を達するため必要な取調べをすることができる。ただし、強制の処分は、この章及び第八章に特別の規定がある場合でなければすることができない。

2　入国警備官は、違反調査について、公務所又は公私の団体に照会して必要な事項の報告を求めることができる。

第二九条（容疑者の出頭要求及び取調） 1　入国警備官は、違反調査をするため必要があるときは、容疑者の出頭を求め、当該容疑者を取り調べることができる。

2　前項の場合において、入国警備官は、容疑者の供述を調書に記載しなければならない。

3　前項の調書を作成したときは、入国警備官は、容疑者に閲覧させ、又は読み聞かせて、署名をさせ、且つ、自らこれに署名しなければならない。

4　前項の場合において、容疑者が署名することができないとき、又は署名を拒んだときは、入国警備官は、その旨を調書に附記しなければならない。

第三〇条（証人の出頭要求） 1　入国警備官は、違反調査をするため必要があるときは、証人の出頭を求め、当該証人を取り調べることができる。

2　前項の場合において、入国警備官は、証人の供述を調書に記載しなければならない。

3　前条第三項及び第四項の規定は、前項の場合に準用する。この場合において、前条第三項及び第四項中「容疑者」とあるのは「証人」と読み替えるものとする。

第三〇条の二（領置） 入国警備官は、容疑者又は証人が任意に提出し、又は置き去った物件を領置することができる。

第三一条（臨検、捜索又は差押え等） 1　入国警備官は、違反調査をするため必要があるときは、その所属官署の所在地を管轄する地方裁判所又は簡易裁判所の裁判官があらかじめ発する許可状により、臨検、捜索、差押え又は記録命令付差押え（電磁的記録（電磁的方式で作られる記録であって、電子計算機による情報処理の用に供されるものをいう。以下この節及び第五七条第九項において同じ。）を保管する者その他電磁的記録を利用する権限を有する者に命じて必要な電磁的記録を記録媒体に記録させ、又は印刷させた上、当該記録媒体を差し押さえることをいう。以下この節において同じ。）をすることができる。

2　差し押さえるべき物件が電子計算機であるときは、当該電子計算機に電気通信回線で接続している記録媒体であって、当該電子計算機で作成若しくは変更をした電磁的記録又は当該電子計算機で変更若しくは消去をすることができることとされている電磁的記録を保管するために使用されていると認めるに足りる状況にあるものから、その電磁的記録を当該電子計算機又は他の記録媒体に複写した上、当該電子計算機又は当該他の記録媒体を差し押さえることができる。

3　前二項の場合において、急速を要するときは、入国警備官は、臨検すべき物件若しくは場所、捜索すべき身体、物件若しくは場所、差し押さえるべき物件又は電磁的記録を記録させ、若しくは印刷させるべき者の所在地を管轄する地方裁判所又は簡易裁判所の裁判官があらかじめ発する許可状により、前二項の処分をすることができる。

4　入国警備官は、第一項又は前項の許可状（第三七条の五第四項及び第五項を除き、以下この節において「許可状」という。）を請求するときは、容疑者が第二四条各号のいずれかに該当すると思料されるべき資料及び次の各号に掲げる場合の区分に応じ当該各号に定める資料を添付してこれをしなければならない。

一　容疑者以外の者の物件又は住居その他の場所を臨検しようとするとき　その物件又は場所が違反事件に関係があると認めるに足りる状況があることを認めるべき資料

二　容疑者以外の者の身体、物件又は住居その他の場所について捜索しようとするとき　差し押さえるべき物件の存在及びその物件が違反事件に関係があると認めるに足りる状況があることを認めるべき資料

三　容疑者以外の者の物件を差し押さえようとするとき　その物件が違反事件に関係があると認めるに足りる状況があることを認めるべき資料

四　容疑者以外の者が保管する電磁的記録であって、当該電磁的記録を保管する者その他これを利用する権限を有する者に命じて必要な電磁的記録を記録させ、又は印刷させたものを差し押さえようとするとき　その電磁的記録が違反事件に関係があると認めるに足りる状況があることを認めるべき資料

5　前項の請求があった場合においては、地方裁判所又は簡易裁判所の裁判官は、容疑者の氏名、臨検すべき物件若しくは場所、捜索すべき身体、物件若し

くは場所、差し押さえるべき物件又は記録させ、若しくは印刷させるべき電磁的記録及びこれを記録させ、若しくは印刷させるべき者並びに請求者の官職氏名、有効期間、有効期間経過後は執行に着手することができずこれを返還しなければならない旨、交付の年月日及び裁判所名を記載し、自己の記名押印した許可状を入国警備官に交付しなければならない。

6　第二項の場合においては、許可状に、前項に規定する事項のほか、差し押さえるべき電子計算機に電気通信回線で接続している記録媒体であって、その電磁的記録を複写すべきものの範囲を記載しなければならない。

7　入国警備官は、許可状を他の入国警備官に交付して、臨検、捜索、差押え又は記録命令付差押えをさせることができる。

第三一条の二（通信事務を取り扱う者に対する差押え）
第三一条の三（通信履歴の電磁的記録の保全要請）
第三一条の四（電磁的記録に係る記録媒体の差押えに代わる処分）
（略）

第三二条（臨検、捜索又は差押え等に際しての必要な処分）入国警備官は、臨検、捜索、差押え又は記録命令付差押えをするため必要があるときは、錠をはずし、封を開き、その他必要な処分をすることができる。

2　前項の処分は、領置物件、差押物件又は記録命令付差押物件についても、することができる。

第三二条の二（処分を受ける者に対する協力要請）
第三二条の三（許可状の提示）
第三三条（証票の携帯）
第三四条（立会い）
第三五条（時刻の制限）
第三六条（出入禁止）
第三六条の二（執行を中止する場合の処分）
（略）

第三六条の三（捜索証明書の交付）捜索をした場合において、証拠物がないときは、捜索を受けた者の請求により、その旨の証明書を交付しなければならない。

第三七条（領置目録等の作成等）入国警備官は、領置、差押え又は記録命令付差押えをしたときは、その目録を作成し、領置物件、差押物件若しくは記録命令付差押物件の所有者、所持者若しくは保管者（第三一条の四の規定による処分を受けた者を含む。）又はこれらの者に代わるべき者にその謄本を交付しなければならない。

第三七条の二（領置物件等の処置）
第三七条の三（領置物件等の還付等）
第三七条の四（移転された電磁的記録に係る記録媒体の交付等）
第三七条の五（鑑定等の嘱託）
（略）

第三八条（調書の作成）1　入国警備官は、臨検、捜索、差押え又は記録命令付差押えをしたときは、これらに関する調書を作成し、立会人に閲覧させ、又は読み聞かせて、署名をさせ、かつ、自らこれに署名しなければならない。

2　前項の場合において、立会人が署名することができないとき、又は署名を拒んだときは、入国警備官は、その旨を調書に付記しなければならない。

第二節　容疑者の身柄に関する措置

第三九条（主任審査官の審査）1　入国警備官は、第二七条の規定による違反調査の結果、容疑者が第二四条各号のいずれかに該当すると疑うに足りる相当の理由があると認めるときは、第四三条第一項の規定により容疑者を収容した場合を除き、主任審査官に対し、その旨を通知するものとする。

2　前項の規定による通知を受けた主任審査官は、容疑者が第二四条各号のいずれかに該当すると疑うに足りる相当の理由があると認めるときは、第四四条の二第一項の規定による監理措置に付すか収容するかを審査しなければならない。

第三九条の二（収容）1　主任審査官は、前条第二項の規定による審査において容疑者を収容する旨の判断をしたときは、収容令書を発付し、これを入国警備官に交付するものとする。

2　入国警備官は、前項の規定により収容令書の交付を受けたときは、収容令書により、容疑者を収容するものとする。

第四〇条（収容令書の方式）前条第一項の収容令書には、容疑者の氏名、居住地及び国籍、容疑事実の要旨、収容すべき場所、有効期間、発付年月日その他法務省令で定める事項を記載し、且つ、主任審査官がこれに記名押印しなければならない。

第四一条（収容の期間及び場所並びに留置の嘱託）1　収容令書によって収容することができる期間は、三〇日以内とする。ただし、主任審査官は、やむを得ない事由があると認めるときは、三〇日を限り延長することができる。

2　収容令書によって収容することができる場所は、入国者収容所等その他出入国在留管理庁長官又はその委任を受けた主任審査官が指定する適当な場所とする。

3　警察官は、主任審査官が必要と認めて依頼したときは、容疑者を留置施設に留置することができる。

第四二条（収容の手続）1　入国警備官は、収容令書により容疑者を収容するときは、収容令書を容疑者に示さなければならない。

2　入国警備官は、収容令書を所持しない場合でも、急速を要するときは、容疑者に対し、容疑事実の要旨及び収容令書が発付されている旨を告げて、その者を収容することができる。但し、収容令書は、できるだけすみやかに示さなければならない。

第四三条（要急事件）1　入国警備官は、第二四条各号のいずれかに明らかに該当する者が収容令書の発付を待っていては逃亡のおそれがあると信ずるに足りる相当の理由があるときは、収容令書の発付を待たずに、その者を収容することができる。

2　前項の収容を行ったときは、入国警備官は、すみやかにその理由を主任審査官に報告して、収容令書の発付を請求しなければならない。

3　前項の場合において、主任審査官が第一項の収容を認めないとき（第二四条各号のいずれにも該当しないと認めたときに限る。）は、入国警備官は、直ちにその者を放免しなければならない。

第四四条（容疑者の引渡し）入国警備官は、第三九条の二第二項又は前条第一項の規定により容疑者を収容したときは、次条第六項の規定による監理措置に付する旨の決定がされた場合を除き、容疑者の身体を拘束した時から四八時間以内に、調書及び証拠物とともに、当該容疑者を入国審査官に引き渡さなければならない。

第四四条の二（収容に代わる監理措置）1　第三九条第二項の規定による審査をする主任審査官は、容疑者が第二四条各号のいずれかに該当すると疑うに足りる相当の理由がある場合であって、容疑者が逃亡し、又は証拠を隠滅するおそれの程度、収容により容疑者が受ける不利益の程度その他の事情を考慮し、容疑者を収容しないでこの章に規定する退去強制の手続を行うことが相当と認めるときは、容疑者を監理措置（次条に規定する監理人による監理に付する措置をいう。以下この節において同じ。）に付する旨の決定をするものとする。この場合においては、監理措置に付される容疑者に対し、住居及び行動範囲の制限、呼出しに対する出頭の義務その他逃亡及び証拠の隠滅を防止するために必要と認める条件（以下この節において「監理措置条件」という。）を付するものとする。

2　主任審査官は、前項の決定をする場合において、監理措置に付される者による逃亡又は証拠の隠滅を防止するために必要と認めるときは、三〇〇万円を超えない範囲内で法務省令で定める額の保証金を法務省令で定める期限までに納付することを条件とすることができる。

3　主任審査官は、第一項の決定をしたときは、入国警備官に対し、その旨を通知するものとする。

4　第三九条の二第二項、第四三条第一項又は第四四条の四第六項若しくは第七項本文の規定により収容された容疑者（第五四条第二項の規定により仮放免された容疑者を含む。次項及び第六項において「被収容容疑者」という。）は、法務省令で定めるところにより、主任審査官に対し、自己を監理措置に付することを請求することができる。

5　被収容容疑者が一六歳に満たない場合又は疾病その他の事由により自ら前項の請求をすることができない場合には、当該請求は、次の各号に掲げる者（一六歳に満たない者を除く。）であって当該被収容容疑者と同居するものが、当該各号の順序により、当該被収容容疑者に代わってすることができる。

一　配偶者
二　子
三　父又は母
四　前三号に掲げる者以外の親族

6　主任審査官は、第四項の請求により又は職権で、被収容容疑者が逃亡し、又は証拠を隠滅するおそれの程度、収容により当該被収容容疑者が受ける不利益の程度その他の事情を考慮し、当該被収容容疑者を放免してこの章に規定する退去強制の手続を行うことが相当と認めるときは、その者を放免して監理措置に付する旨の決定をするものとする。この場合においては、監理措置に付される者に対し、監理措置条件を付するものとし、また、その者による逃亡又は証拠の隠滅を防止するために必要と認めるときは、三〇〇万円を超えない範囲内で法務省令で定める額の保証金を納付させることができる。

7　監理措置決定（第一項又は前項の決定をいう。以下この節及び第五〇条第二項において同じ。）をする場合には、主任審査官は、法務省令で定めるところにより、被監理者（監理措置に付されている者をいう。第四節を除き、以下同じ。）に対し監理措置に付された条件を記載した監理措置決定通知書を、監理人に対しその謄本を、それぞれ交付するものとする。

8　主任審査官は、第六項の監理措置決定をしたときは、直ちに被監理者を放免するものとする。ただし、同項の監理措置決定に際し保証金を納付させることとしたときは、保証金の納付があった後、直ちに放免するものとする。

9　主任審査官は、第四項の請求があった場合において監理措置決定をしないときは、当該請求をした者に対し、理由を付した書面をもって、その旨を通知する。

10　被監理者に対する第七〇条の規定の適用については、第一項又は第六項の規定により監理措置に付されている間は、被監理者は、同条第一項第三号から第三号の三まで、第五号及び第七号から第八号の四までに規定する残留する者又は出国しない者に該当しないものとみなし、その者のその間の在留は、同条第二項に規定する不法に在留することに該当しないものとみなす。

第四四条の三（監理人）1　監理人は、次項から第五項までに規定する監理人の責務を理解し、当該被監理者の監理人となることを承諾している者であって、その任務遂行の能力を考慮して適当と認められる者の中から、監理措置決定をする主任審査官が選定するものとする。

2　監理人は、自己が監理する被監理者による出頭の確保その他監理措置条件又は第四四条の五第一項の規定により付された条件（次項及び第五項において「監理措置条件等」という。）の遵守の確保のために必要な範囲内において、当該被監理者の生活状況の把握並びに当該被監理者に対する指導及び監督を行うものとする。

3 監理人は、自己が監理する被監理者による出頭の確保その他監理措置条件等の遵守の確保に資するため、当該被監理者からの相談に応じ、当該被監理者に対し、住居の維持に係る支援、必要な情報の提供、助言その他の援助を行うように努めるものとする。

4 監理人は、次の各号のいずれかに該当するときは、法務省令で定めるところにより、主任審査官に対し、その旨及び法務省令で定める事項を届け出なければならない。

一 被監理者が次条第二項各号のいずれかに該当することを知ったとき。

二 被監理者が死亡したとき。

三 前二号に掲げるもののほか、監理措置を継続することに支障が生ずる場合として法務省令で定める場合に該当するとき。

5 主任審査官は、被監理者による出頭の確保その他監理措置条件等の遵守の確保のために必要があるときは、法務省令で定めるところにより、監理人に対し、当該被監理者の生活状況、監理措置条件等の遵守状況、第四四条の五第一項の規定による許可を受けて行った活動の状況その他法務省令で定める事項の報告を求めることができる。この場合においては、監理人は、法務省令で定めるところにより、当該報告をしなければならない。

6 主任審査官は、監理人が任務を遂行することが困難になったときその他監理人にその任務を継続させることが相当でないと認めるときは、監理人の選定を取り消すことができる。

7 監理人は、監理人を辞任する場合は、あらかじめ、被監理者の氏名その他法務省令で定める事項を主任審査官に届け出なければならない。

8 出入国在留管理庁長官は、監理措置の適正な実施のため、監理人からの相談に応じ、必要な情報の提供、助言その他の援助を行うものとする。

第四四条の四（監理措置決定の取消し） 1 主任審査官は、次の各号のいずれかに該当するときは、法務省令で定めるところにより、監理措置決定を取り消さなければならない。

一 第四四条の二第二項の規定により保証金を納付することが条件とされた場合において、被監理者が、同項の法務省令で定める期限までに保証金を納付しなかったとき。

二 前条第六項の規定により監理人の選定が取り消された場合、監理人が辞任した場合又は監理人が死亡した場合において、被監理者のために新たに監理人として選定される者がいないとき。

2 主任審査官は、被監理者が次の各号のいずれかに該当するときは、法務省令で定めるところにより、監理措置決定を取り消すことができる。

一 逃亡し、又は逃亡すると疑うに足りる相当の理由があるとき。

二 証拠を隠滅し、又は隠滅すると疑うに足りる相当の理由があるとき。

三 監理措置条件に違反したとき。

四 第一九条第一項の規定に違反する活動を行ったとき、次条第一項の規定による許可を受けないで報酬を受ける活動（在留資格をもって在留する者による活動を除く。以下この号において同じ。）を行ったとき、又は収入を伴う事業を運営する活動を行ったとき。

五 第四四条の六の規定による届出をせず、又は虚偽の届出をしたとき。

3 前二項の規定により監理措置決定を取り消した場合には、主任審査官は、監理措置決定取消書を作成するとともに、収容令書を発付し、入国警備官にこれらを交付しなければならない。

4 第四〇条の規定は、前項の収容令書について準用する。

5 主任審査官は、第四四条の二第二項又は第六項の規定による条件として保証金が納付された場合において、第二項の規定により監理措置決定を取り消したときは、保証金の全部又は一部を没取するものとする。

6 入国警備官は、監理措置決定が取り消された者がある場合には、その者に第三項の監理措置決定取消書及び収容令書を示して、その者を入国者収容所等その他出入国在留管理庁長官又はその委任を受けた主任審査官が指定する場所に収容しなければならない。

7 入国警備官は、第三項の監理措置決定取消書又は収容令書を所持しない場合でも、急速を要するときは、監理措置決定が取り消された者に対し、容疑事実の要旨及び監理措置決定が取り消され、収容令書が発付された旨を告げて、その者を収容することができる。ただし、当該監理措置決定取消書及び収容令書は、できる限り速やかに示さなければならない。

8 主任審査官は、入国警備官から、第三項の収容令書の有効期間が経過した旨の通知を受けたときは、再度収容令書を発付し、入国警備官に交付しなければならない。

9 第一項又は第二項の規定により監理措置決定を取り消された者が当該監理措置に付される前に第三九条の二第二項又は第四三条第一項の規定により収容されたことがある場合には、当該収容の日数は、第三項の収容令書に係る第四一条第一項の規定の適用については、当該収容令書によって既に収容した日数とみなす。

第四四条の五（報酬を受ける活動の許可等） 1 主任審査官は、被監理者の生計を維持するために必要であって、相当と認めるときは、被監理者の申請（監理人の同意があるものに限る。）により、その生計の維持に必要な範囲内で、監理人による監理の下に、主任審査官が指定する本邦の公私の機関との雇用に関する契約に基づいて行う報酬を受ける活動として相当であるものを行うことを許可することができる。

この場合において、主任審査官は、当該許可に必要な条件を付することができる。

2　主任審査官は、前項の規定による許可をしたときは、法務省令で定めるところにより、第四四条の二第七項の監理措置決定通知書にその旨及び当該許可に付された条件を記載するものとする。

3　主任審査官は、第一項の規定による許可をしたときは、法務省令で定めるところにより、監理人に対し、当該許可をした旨及び当該許可に付された条件を通知するものとする。

4　主任審査官は、被監理者が第一項の規定に基づき付された条件に違反した場合その他当該被監理者に引き続き同項の規定による許可を与えておくことが適当でないと認める場合には、法務省令で定めるところにより、当該許可を取り消すことができる。

第四四条の六（被監理者による届出）被監理者は、法務省令で定めるところにより、監理措置条件の遵守状況、前条第一項の規定による許可を受けて行った活動の状況その他法務省令で定める事項を主任審査官に対して届け出なければならない。

第四四条の七（違反事件の引継ぎ）入国警備官は、第四四条の二第一項又は第六項の規定により容疑者を監理措置に付する旨の決定がされたとき（第四四条の規定による容疑者の引渡しがされたときを除く。）は、速やかに違反調査を終え、調書及び証拠物とともに、当該容疑者に係る違反事件を入国審査官に引き継がなければならない。

第四四条の八（監理措置決定の失効）監理措置決定は、次の各号のいずれかに該当することとなったときは、その効力を失う。この場合においては、主任審査官は、被監理者及び監理人に対し、その旨を通知しなければならない。

一　入国審査官が第四七条第一項の認定をしたとき。
二　特別審理官が第四八条第六項の判定をしたとき。
三　法務大臣が第四九条第三項の裁決（第二四条各号のいずれにも該当しないことを理由として異議の申出が理由があるとする裁決に限る。）をしたとき。
四　法務大臣が第五〇条第一項の規定による許可をしたとき。
五　主任審査官が第五五条の八五第一項の規定による出国命令をしたとき。
六　主任審査官が退去強制令書を発付したとき。

第四四条の九（事実の調査）1　主任審査官は、監理措置決定、第四四条の四第一項若しくは第二項の規定による監理措置決定の取消し、第四四条の五第一項の規定による許可又は同条第四項の規定による許可の取消しに関する処分を行うため必要がある場合には、入国審査官又は入国警備官に事実の調査をさせることができる。

2　主任審査官は、被監理者に関する情報の継続的な把握のため必要があるときは、第四四条の六の規定により届け出ることとされている事項又は第四四条の三第五項の規定により報告を求めることができることとされている事項について、入国審査官又は入国警備官に事実の調査をさせることができる。

3　入国審査官又は入国警備官は、前二項の調査のため必要があるときは、関係人に対し出頭を求め、質問をし、又は文書の提示を求めることができる。

4　入国審査官又は入国警備官は、第一項及び第二項の調査について、公務所又は公私の団体に照会して必要な事項の報告を求めることができる。

第三節　審査、口頭審理及び異議の申出

第四五条（入国審査官の審査）1　入国審査官は、第四四条の規定による容疑者の引渡し又は第四四条の七の規定による違反事件の引継ぎを受けたときは、容疑者が退去強制対象者（第二四条各号のいずれかに該当し、かつ、出国命令対象者に該当しない外国人をいう。以下同じ。）に該当するかどうかを速やかに審査しなければならない。

2　入国審査官は、前項の審査を行った場合には、審査に関する調書を作成しなければならない。

第四六条（容疑者の立証責任）前条の審査を受ける容疑者のうち第二四条第一号（第三条第一項第二号に係る部分を除く。）又は第二号に該当するとされたものは、その号に該当するものでないことを自ら立証しなければならない。

第四七条（審査後の手続）1　入国審査官は、審査の結果、容疑者が第二四条各号のいずれにも該当しないと認定したときは、その者が被監理者であるときを除き、直ちにその者を放免しなければならない。

2　入国審査官は、審査の結果、容疑者が出国命令対象者に該当すると認定したときは、速やかに主任審査官にその旨を知らせなければならない。この場合において、入国審査官は、当該容疑者が第五五条の八五第一項の規定により出国命令を受けたときは、その者が被監理者であるときを除き、直ちにその者を放免しなければならない。

3　入国審査官は、審査の結果、容疑者が退去強制対象者に該当すると認定したときは、速やかに理由を付した書面をもって、主任審査官及びその者にその旨を知らせなければならない。

4　前項の規定による通知をする場合には、入国審査官は、当該容疑者に対し、次条の規定による口頭審理の請求をすることができる旨及び第五〇条第一項の規定による許可の申請をすることができる旨を知らせなければならない。

5　第三項の場合において、容疑者がその認定に服したときは、主任審査官は、その者に対し、口頭審理の請求をしない旨を記載した文書に署名させなければならない。この場合において、主任審査官は、当該容疑者が次の各号のいずれかに該当するときは、速やかに第五一条の規定による退去強制令書を発付

しなければならない。

一 第五〇条第一項の規定による許可の申請をしない旨を記載した文書に署名したとき。

二 第三項の認定に服した日から三日以内に第五〇条第一項の規定による許可の申請をしなかったとき。

三 第五〇条第一項の規定による許可の申請を取り下げ、又は当該許可をしない処分を受けたとき。

第四八条(口頭審理) 1 前条第三項の通知を受けた容疑者は、同項の認定に異議があるときは、その通知を受けた日から三日以内に、口頭をもって、特別審理官に対し口頭審理の請求をすることができる。

2 入国審査官は、前項の口頭審理の請求があったときは、第四五条第二項の調書その他の関係書類を特別審理官に提出しなければならない。

3 特別審理官は、第一項の口頭審理の請求があったときは、容疑者に対し、時及び場所を通知して速やかに口頭審理を行わなければならない。

4 特別審理官は、前項の口頭審理を行った場合には、口頭審理に関する調書を作成しなければならない。

5 第一〇条第三項から第六項までの規定は、第三項の口頭審理の手続に準用する。

6 特別審理官は、口頭審理の結果、前条第三項の認定が事実に相違すると判定したとき(容疑者が第二四条各号のいずれにも該当しないことを理由とする場合に限る。)は、その者が被監理者であるときを除き、直ちにその者を放免しなければならない。

7 特別審理官は、口頭審理の結果、前条第三項の認定が事実に相違すると判定したとき(容疑者が出国命令対象者に該当することを理由とする場合に限る。)は、速やかに主任審査官にその旨を知らせなければならない。この場合において、特別審理官は、当該容疑者が第五五条の八五第一項の規定により出国命令を受けたときは、その者が被監理者であるときを除き、直ちにその者を放免しなければならない。

8 特別審理官は、口頭審理の結果、前条第三項の認定が誤りがないと判定したときは、速やかに主任審査官及び当該容疑者にその旨を知らせるとともに、当該容疑者に対し、次条の規定により異議を申し出ることができる旨及び第五〇条第一項の規定による許可の申請をすることができる旨を知らせなければならない。

9 前項の規定による通知を受けた場合において、当該容疑者が同項の判定に服したときは、主任審査官は、その者に対し、異議を申し出ない旨を記載した文書に署名させなければならない。

10 前条第五項後段の規定は、第八項の判定に服した容疑者に対する退去強制令書の発付について準用する。この場合において、同条第五項第二号中「第三項の認定」とあるのは、「次条第八項の判定」と読み替えるものとする。

第四九条(異議の申出) 1 前条第八項の通知を受けた容疑者は、同項の判定に異議があるときは、その通知を受けた日から三日以内に、法務省令で定める手続により、不服の事由を記載した書面を主任審査官に提出して、法務大臣に対し異議を申し出ることができる。

2 主任審査官は、前項の異議の申出があったときは、第四五条第二項の審査に関する調書、前条第四項の口頭審理に関する調書その他の関係書類を法務大臣に提出しなければならない。

3 法務大臣は、第一項の規定による異議の申出を受理したときは、異議の申出が理由があるかどうかを裁決して、その結果を主任審査官に通知しなければならない。

4 主任審査官は、法務大臣から異議の申出(容疑者が第二四条各号のいずれにも該当しないことを理由とするものに限る。)が理由があると裁決した旨の通知を受けたときは、その者が被監理者であるときを除き、直ちに当該容疑者を放免しなければならない。

5 主任審査官は、法務大臣から異議の申出(容疑者が出国命令対象者に該当することを理由とするものに限る。)が理由があると裁決した旨の通知を受けた場合において、当該容疑者に対し第五五条の八五第一項の規定により出国命令をしたときは、その者が被監理者であるときを除き、直ちにその者を放免しなければならない。

6 主任審査官は、法務大臣から異議の申出が理由がないと裁決した旨の通知を受けたときは、速やかに当該容疑者に対し、その旨及び次条第一項の規定による許可の申請をすることができる旨を知らせなければならない。

7 第四七条第五項後段の規定は、前項の規定による通知を受けた容疑者に対する退去強制令書の発付について準用する。この場合において、同条第五項第二号中「第三項の認定に服した」とあるのは、「第四九条第六項の規定による通知を受けた」と読み替えるものとする。

第三節の二 在留特別許可

第五〇条 1 法務大臣は、外国人が退去強制対象者に該当する場合であっても、次の各号のいずれかに該当するときは、当該外国人からの申請により又は職権で、法務省令で定めるところにより、当該外国人の在留を特別に許可することができる。ただし、当該外国人が無期若しくは一年を超える拘禁刑に処せられた者(刑の全部の執行猶予の言渡しを受けた者及び刑の一部の執行猶予の言渡しを受けた者であってその刑のうち執行が猶予されなかった部分の期間が一年以下のものを除く。)又は第二四条第三号の二、第三号の三若しくは第四号ハ若しくはオからヨまでのいずれかに該当する者である場合は、本邦への在留を許可しないことが人道上の配慮に欠けると認められる特別の事情があると認めるときに限る。

一 永住許可を受けているとき。

二　かつて日本国民として本邦に本籍を有したことがあるとき。
三　人身取引等により他人の支配下に置かれて本邦に在留するものであるとき。
四　第六一条の二第一項に規定する難民の認定又は同条第二項に規定する補完的保護対象者の認定を受けているとき。
五　その他法務大臣が特別に在留を許可すべき事情があると認めるとき。

2　前項の規定による許可（以下この条において「在留特別許可」という。）の申請は、収容令書により収容された外国人又は監理措置決定を受けた外国人が、法務省令で定める手続により、法務大臣に対して行うものとする。

3　在留特別許可の申請は、当該外国人に対して退去強制令書が発付された後は、することができない。

4　在留特別許可は、当該外国人が第四七条第三項の認定若しくは第四八条第八項の判定に服し、又は法務大臣が前条第三項の規定により異議の申出が理由がないと裁決した後でなければすることができない。

5　法務大臣は、在留特別許可をするかどうかの判断に当たっては、当該外国人について、在留を希望する理由、家族関係、素行、本邦に入国することとなった経緯、本邦に在留している期間、その間の法的地位、退去強制の理由となった事実及び人道上の配慮の必要性を考慮するほか、内外の諸情勢及び本邦における不法滞在者に与える影響その他の事情を考慮するものとする。

6　法務大臣は、在留特別許可をする場合には、法務省令で定めるところにより、在留資格及び在留期間を決定し、その他必要と認める条件を付することができる。

7　法務大臣が在留特別許可（在留資格の決定を伴うものに限る。）をする場合において、当該外国人が中長期在留者となるときは、出入国在留管理庁長官は、入国審査官に、当該外国人に対し、在留カードを交付させるものとする。

8　法務大臣は、在留特別許可をするかどうかの判断をしたときは、その結果を主任審査官に通知しなければならない。

9　主任審査官は、法務大臣から在留特別許可をする旨の通知を受けたときは、その者が被監理者であるときを除き、直ちに当該外国人を放免しなければならない。

10　法務大臣は、在留特別許可の申請があった場合において在留特別許可をしない処分をするときは、法務省令で定める手続により、速やかに理由を付した書面をもって、当該申請をした外国人にその旨を知らせなければならない。

第四節　退去強制令書の執行

第五一条（退去強制令書の方式）第四七条第五項後段（第四八条第一〇項及び第四九条第七項において準用する場合を含む。以下この条において同じ。）の規定により又は第六三条第一項の規定に基づく退去強制の手続において第四七条第五項後段の規定に準じて発付される退去強制令書には、退去強制を受ける者の氏名、年齢及び国籍、退去強制の理由、送還先、発付年月日その他法務省令で定める事項を記載し、かつ、主任審査官がこれに記名押印しなければならない。

第五二条（退去強制令書の執行）1　退去強制令書は、入国警備官が執行するものとする。

2　警察官又は海上保安官は、入国警備官が足りないため主任審査官が必要と認めて依頼したときは、退去強制令書の執行をすることができる。

3　入国警備官（前項の規定により退去強制令書を執行する警察官又は海上保安官を含む。以下この条及び第五五条の二第五項において同じ。）は、退去強制令書を執行するときは、退去強制を受ける者に退去強制令書又はその写しを示して、速やかにその者を第五三条に規定する送還先に送還しなければならない。ただし、第五九条の規定により運送業者が送還する場合には、入国警備官は、当該運送業者に引き渡すものとする。

4　前項の場合において、退去強制令書の発付を受けた者が、自らの負担により、自ら本邦を退去しようとするときは、入国者収容所長又は主任審査官は、その者の申請に基づき、これを許可することができる。この場合においては、退去強制令書の記載及び第五三条の規定にかかわらず、当該申請に基づき、その者の送還先を定めることができる。

5　法務大臣は、前項の規定による許可を受けた者（過去に本邦からの退去を強制されたこと又は第五五条の八五第一項の規定による出国命令により出国したことがない者に限る。）に対し、その者の素行、退去強制の理由となった事実その他の事情を考慮して相当と認めるときは、その者の申請に基づき、法務省令で定める日までに前項の規定による許可に基づいて自ら本邦を退去する場合に限り、その者の退去後の本邦への上陸について、別表第一の三の表の短期滞在の項の下欄に掲げる活動を行おうとする場合を除き、その者が退去を強制されたことを理由として上陸を拒否される期間を一年とする旨の決定をすることができる。

6　法務大臣は、前項の決定をしたときは、法務省令で定めるところにより、第四項の規定による許可を受けた者に対し、その旨を書面で通知するものとする。

7　入国警備官は、第三項本文の場合において、退去強制を受ける者を直ちに本邦外に送還することができないときは、その旨を主任審査官に通知するものとする。

8　前項の規定による通知を受けた主任審査官は、次条第一項の規定により退去強制を受ける者を監理措置に付すか収容するかを審査しなければならない。この場合において、主任審査官は、その者を収容する旨の判断をしたときは、送還可能のときまで、その者を入国者収容所等その他出入国在留管理庁長官又はその委任を受けた主任審査官が指定する場所に収容することができる旨を入国警備官に通知するものとする。

9 前項の規定による通知を受けた入国警備官は、送還可能のときまで、退去強制を受ける者を入国者収容所等その他出入国在留管理庁長官又はその委任を受けた主任審査官が指定する場所に収容するものとする。

10 入国者収容所長又は主任審査官は、前項又は第五二条の四第五項若しくは第六項本文の規定による収容をした場合において、退去強制を受ける者を送還することができないことが明らかになったときは、住居及び行動範囲の制限、呼出しに対する出頭の義務その他必要と認める条件を付して、その者を放免することができる。

11 入国者収容所長又は主任審査官は、前項の規定による放免をする場合には、法務省令で定めるところにより、当該放免をする者に対し、同項の規定により付された条件を記載した特別放免許可書を交付するものとする。

12 主任審査官は、退去強制令書の発付を受けた者を送還するために必要がある場合には、その者に対し、相当の期間を定めて、旅券の発給の申請その他送還するために必要な行為として法務省令で定める行為をすべきことを命ずることができる。

13 主任審査官は、必要がある場合には、相当の期間を定めて、前項の規定により定められた期間を延長することができる。

14 入国警備官は、退去強制令書の執行に関し必要がある場合には、公務所又は公私の団体に照会して必要な事項の報告を求めることができる。

第五二条の二（収容に代わる監理措置） 1 前条第八項の規定による審査をする主任審査官は、退去強制を受ける者（収容されている者又は仮放免されている者を除く。）が逃亡し、又は不法就労活動をするおそれの程度、収容によりその者が受ける不利益の程度その他の事情を考慮し、送還可能のときまでその者を収容しないことが相当と認めるときは、その者を監理措置（次条に規定する監理人による監理に付する措置をいう。以下この節において同じ。）に付する旨の決定をするものとする。この場合においては、監理措置に付される者に対し、住居及び行動範囲の制限、呼出しに対する出頭の義務その他逃亡及び不法就労活動を防止するために必要と認める条件（以下この節において「監理措置条件」という。）を付するものとする。

2 主任審査官は、前項の決定をする場合において、監理措置に付される者による逃亡又は不法就労活動を防止するために必要と認めるときは、三〇〇万円を超えない範囲内で法務省令で定める額の保証金を法務省令で定める期限までに納付することを条件とすることができる。

3 主任審査官は、第一項の決定をしたときは、入国警備官に対し、その旨を通知するものとする。

4 退去強制を受ける者（収容されている者又は仮放免されている者に限る。次項において同じ。）は、法務省令で定めるところにより、主任審査官に対し、自己を監理措置に付することを請求することができる。

5 主任審査官は、前項の請求により又は職権で、退去強制を受ける者が逃亡し、又は不法就労活動をするおそれの程度、収容によりその者が受ける不利益の程度その他の事情を考慮し、送還可能のときまでその者を放免することが相当と認めるときは、その者を放免して監理措置に付する旨の決定をするものとする。この場合においては、監理措置に付される者に対し、監理措置条件を付するものとし、また、その者による逃亡又は不法就労活動を防止するために必要と認めるときは、三〇〇万円を超えない範囲内で法務省令で定める額の保証金を納付させることができる。

6 監理措置決定（第一項又は前項の決定をいう。以下この節において同じ。）をする場合には、主任審査官は、法務省令で定めるところにより、被監理者（監理措置に付される者をいう。以下この節において同じ。）に対し監理措置に付された条件を記載した監理措置決定通知書を、監理人に対しその謄本を、それぞれ交付するものとする。

7 第四四条の二第五項の規定は第四項の請求について、同条第八項及び第九項の規定は第五項の決定について、それぞれ準用する。

8 被監理者に対する第七〇条の規定の適用については、第一項又は第五項の規定により監理措置に付されている間は、被監理者は、同条第一項第三号から第三号の三まで、第五号及び第七号から第八号の四までに規定する残留する者又は出国しない者に該当しないものとみなし、その者のその間の在留は、同条第二項に規定する不法に在留することに該当しないものとみなす。

第五二条の三（監理人） 1 監理人は、次項から第五項までに規定する監理人の責務を理解し、当該被監理者の監理人となることを承諾している者であって、その任務遂行の能力を考慮して適当と認められる者の中から、監理措置決定をする主任審査官が選定するものとする。

2 監理人は、自己が監理する被監理者による出頭の確保その他監理措置条件の遵守の確保のために必要な範囲内において、当該被監理者の生活状況の把握並びに当該被監理者に対する指導及び監督を行うものとする。

3 監理人は、自己が監理する被監理者による出頭の確保その他監理措置条件の遵守の確保に資するため、当該被監理者からの相談に応じ、当該被監理者に対し、住居の維持に係る支援、必要な情報の提供、助言その他の援助を行うように努めるものとする。

4　監理人は、次の各号のいずれかに該当するときは、法務省令で定めるところにより、主任審査官に対し、その旨及び法務省令で定める事項を届け出なければならない。

一　被監理者が次条第二項第二号から第五号までのいずれかに該当することを知ったとき。

二　被監理者が死亡したとき。

三　前二号に掲げるもののほか、監理措置を継続することに支障が生ずる場合として法務省令で定める場合に該当するとき。

5　主任審査官は、被監理者による出頭の確保その他監理措置条件の遵守の確保のために必要があるときは、法務省令で定めるところにより、監理人に対し、当該被監理者の生活状況、監理措置条件の遵守状況その他法務省令で定める事項の報告を求めることができる。この場合においては、監理人は、法務省令で定めるところにより、当該報告をしなければならない。

6　第四四条の三第六項の規定は監理人の選定の取消しについて、同条第七項の規定は監理人の辞任について、同条第八項の規定は監理人への援助について、それぞれ準用する。

第五二条の四(監理措置決定の取消し) 1　主任審査官は、次の各号のいずれかに該当するときは、法務省令で定めるところにより、監理措置決定を取り消さなければならない。

一　第五二条の二第二項の規定により保証金を納付することが条件とされた場合において、被監理者が、同項の法務省令で定める期限までに保証金を納付しなかったとき。

二　前条第六項において準用する第四四条の三第六項の規定により監理人の選定が取り消された場合、監理人が辞任した場合又は監理人が死亡した場合において、被監理者のために新たに監理人として選定される者がいないとき。

2　主任審査官は、被監理者が次の各号のいずれかに該当するときは、法務省令で定めるところにより、監理措置決定を取り消すことができる。

一　送還を実施するために被監理者を収容する必要が生じたとき。

二　逃亡し、又は逃亡すると疑うに足りる相当の理由があるとき。

三　収入を伴う事業を運営する活動若しくは報酬を受ける活動を行い、又はこれらの活動を行うと疑うに足りる相当の理由があるとき。

四　監理措置条件に違反したとき。

五　次条の規定による届出をせず、又は虚偽の届出をしたとき。

3　前二項の規定により監理措置決定を取り消した場合には、主任審査官は、監理措置決定取消書を作成し、これを退去強制令書とともに、入国警備官に交付しなければならない。

4　主任審査官は、第五二条の二第二項又は第五項の規定による条件として保証金が納付された場合において、第二項の規定により監理措置決定を取り消したとき(同項第一号に該当した場合(同項第二号から第五号までのいずれかに該当した場合を除く。)を除く。)は、保証金の全部又は一部を没取するものとする。

5　入国警備官は、監理措置決定が取り消された者がある場合には、その者に第三項の監理措置決定取消書及び退去強制令書を示して、その者を入国者収容所等その他出入国在留管理庁長官又はその委任を受けた主任審査官が指定する場所に収容しなければならない。

6　入国警備官は、第三項の監理措置決定取消書又は退去強制令書を所持しない場合でも、急速を要するときは、監理措置決定が取り消された者に対し、監理措置決定が取り消された旨を告げて、その者を収容することができる。ただし、当該監理措置決定取消書及び退去強制令書は、できる限り速やかに示さなければならない。

第五二条の五(被監理者による届出) 被監理者は、法務省令で定めるところにより、監理措置条件の遵守状況その他法務省令で定める事項を主任審査官に対して届け出なければならない。

第五二条の六(監理措置決定の失効) 監理措置決定は、被監理者に対する退去強制令書が効力を失ったときは、その効力を失う。

第五二条の七(事実の調査)(略)

第五二条の八(退去のための計画) 1　入国警備官は、次の各号のいずれかに該当するときは、退去強制令書の発付を受けた者の意向の聴取その他の方法により、その者を直ちに本邦外に送還することができない原因となっている事情を把握した上で、退去のための計画を定めなければならない。

一　退去強制令書の発付を受けた者を第五二条第九項の規定により収容したとき。

二　前号に掲げる場合を除き、退去強制令書の発付を受けた者に対し監理措置決定がされたとき。

2　入国警備官は、前項の計画の対象である退去強制を受ける者が退去強制令書の発付を受けて収容されている期間が継続して三月に達したときは、速やかに、主任審査官に対し、当該計画を提出するとともに、その進捗状況を報告しなければならない。

3　前項の規定による提出及び報告を受けた主任審査官は、第五二条の二第五項の決定をしたにもかかわらず保証金が納付されていないため退去強制を受ける者を放免していないときを除き、同項の決定の要否を検討しなければならない。この場合において、主任審査官は、同項の決定をしないときは、その旨及び理由を出入国在留管理庁長官に報告しなければならない。

4 前項の報告を受けた出入国在留管理庁長官は、その者を放免して監理措置に付することが相当と認めるときは、第五二条の二第五項の決定をすべきことを主任審査官に命じなければならない。

5 前項の規定により第五二条の二第五項の決定をすべきことを命じられた主任審査官は、速やかに、職権で、同項の決定をするものとする。この場合において、主任審査官は、同項後段の規定により、監理措置に付される者に対し、保証金を納付させることができる。

6 入国警備官は、第二項に規定する期間が三月を超えて継続しているときは、当該超えて継続する期間が三月を経過するごとに、速やかに、第一項の計画の進捗状況を主任審査官に報告しなければならない。この場合においては、前三項の規定を準用する。

第五三条（送還先） 1 退去強制を受ける者は、その者の国籍又は市民権の属する国に送還されるものとする。

2 前項の国に送還することができないときは、本人の希望により、左に掲げる国のいずれかに送還されるものとする。

一 本邦に入国する直前に居住していた国
二 本邦に入国する前に居住していたことのある国
三 本邦に向けて船舶等に乗った港の属する国
四 出生地の属する国
五 出生時にその出生地の属していた国
六 その他の国

3 前二項の国には、次に掲げる国を含まないものとする。

一 難民条約第三三条第一項に規定する領域の属する国その他の者が迫害を受けるおそれのある領域の属する国（法務大臣が日本国の利益又は公安を著しく害すると認める場合を除く。）
二 拷問及び他の残虐な、非人道的な又は品位を傷つける取扱い又は刑罰に関する条約第三条第一項に規定する国
三 強制失踪《そう》からのすべての者の保護に関する国際条約第一六条第一項に規定する国

第五節 仮放免

第五四条（仮放免） 1 収容令書若しくは退去強制令書の発付を受けて収容されている者又はその者の代理人、保佐人、配偶者、直系の親族若しくは兄弟姉妹は、法務省令で定める手続により、入国者収容所長又は主任審査官に対し、その者の仮放免を請求することができる。

2 入国者収容所長又は主任審査官は、前項の請求により又は職権で、収容令書又は退去強制令書の発付を受けて収容されている者について、健康上、人道上その他これらに準ずる理由によりその収容を一時的に解除することを相当と認めるときは、法務省令で定めるところにより、期間を定めて、かつ、住居及び行動範囲の制限、呼出しに対する出頭の義務その他必要と認める条件を付して、その者を仮放免することができる。

3 入国者収容所長又は主任審査官は、仮放免する場合には、法務省令で定めるところにより、仮放免される者に対し、仮放免の期間及び仮放免に付された条件を記載した仮放免許可書を交付するものとする。

4 入国者収容所長又は主任審査官は、第一項の請求があった場合において仮放免を不許可としたときは、当該請求をした者に対し、理由を付した書面をもって、その旨を通知する。

5 仮放免された者又はその者の代理人、保佐人、配偶者、直系の親族若しくは兄弟姉妹は、法務省令で定めるところにより、入国者収容所長又は主任審査官に対し、第二項の規定により定められた仮放免の期間の延長を請求することができる。

6 入国者収容所長又は主任審査官は、前項の請求により又は職権で、法務省令で定めるところにより、健康上、人道上その他これらに準ずる理由により引き続き収容を一時的に解除することを相当と認めるときは、第二項の規定により定められた仮放免の期間を延長することができる。

7 第四項の規定は、第五項の請求があった場合において仮放免の期間の延長を不許可とした場合について準用する。

8 入国者収容所長又は主任審査官は、第一項の請求の理由が健康上の理由である場合には、医師の意見を聴くなどして、収容されている者の治療の必要性その他その者の健康状態に十分配慮して仮放免に係る判断をするように努めなければならない。

第五五条（仮放免の取消し等）（略）

第六節 退去の命令

第五五条の二 主任審査官は、次の各号に掲げる事由のいずれかにより退去強制を受ける者を第五三条に規定する送還先に送還することが困難である場合において、相当と認めるときは、その者に対し、相当の期間を定めて、本邦からの退去を命ずることができる。この場合においては、あらかじめその者の意見を聴かなければならない。

一 その者が自ら本邦を退去する意思がない旨を表明している場合において、その者の第五三条に規定する送還先が退去強制令書の円滑な執行に協力しない国以外の国として法務大臣が告示で定める国に含まれていないこと。
二 その者が偽計又は威力を用いて送還を妨害したことがあり、再び送還に際して同様の行為に及ぶおそれがあること。

2 前項の規定による命令を受けた者が次の各号に掲げる事由のいずれかに該当するに至ったときは、当該事由に該当しなくなるまでの間、当該命令は、効

力を停止するものとする。

一　第六一条の二の九第三項の規定により送還が停止されたこと。

二　退去強制の処分の効力に関する訴訟が係属し、かつ、行政事件訴訟法（昭和三七年法律第一三九号）の規定による執行停止の決定がされたこと。

三　出国の制限を受けたこと。

3　主任審査官は、第一項の規定により本邦からの退去を命ずる場合には、その理由及び同項の期間を記載した文書を交付しなければならない。

4　主任審査官は、必要がある場合には、相当の期間を定めて、第一項の期間を延長することができる。

5　第一項の規定による命令は、入国警備官が同項の期間（前項の規定により期間を延長した場合においては、当該延長した期間を含む。）内に退去強制令書の発付を受けた者を第五二条第三項の規定により送還することを妨げない。

6　第一項の規定による命令により本邦から退去させられた者は、この法律の規定の適用については、退去強制令書により退去を強制されたものとみなす。

第五章の二　被収容者の処遇

第一節　総則

第五五条の三（入国者収容所等の事務）（略）

第五五条の四（処遇の原則）被収容者（入国者収容所等に収容されている者をいう。以下この章及び第七一条の六において同じ。）の処遇は、被収容者の人権を尊重しつつ適正に行わなければならない。

2　被収容者には、入国者収容所等の保安上支障がない範囲内においてできる限りの自由が与えられなければならない。

第五五条の五（活動の援助）
第五五条の六（宗教上の行為）
第五五条の七（書籍等の閲覧）　（略）

第五五条の八（被収容者の分離）
第五五条の九（実地監査）　（略）

第五五条の一〇（入国者収容所等視察委員会）1　法務省令で定める出入国在留管理官署に、入国者収容所等視察委員会（以下この節において「委員会」という。）を置く。

2　委員会は、入国者収容所等の適正な運営に資するため、法務省令で定める担当区域内にある入国者収容所等を視察し、その運営に関し、入国者収容所長等に対して意見を述べるものとする。

第五五条の一一（組織等）1　委員会は、委員一〇人以内で組織する。

2　委員は、人格識見が高く、かつ、入国者収容所等の運営の改善向上に熱意を有する者のうちから、法務大臣が任命する。

3　委員の任期は、一年とする。ただし、再任を妨げない。

4　委員は、非常勤とする。

5　前各項に定めるもののほか、委員会の組織及び運営に関し必要な事項は、法務省令で定める。

第五五条の一二（委員会に対する情報の提供及び委員の視察等）1　入国者収容所長等は、入国者収容所等の運営の状況について、法務省令で定めるところにより、定期的に、又は必要に応じて、委員会に対し、情報を提供するものとする。

2　委員会は、入国者収容所等の運営の状況を把握するため、委員による入国者収容所等の視察をすることができる。この場合において、委員会は、必要があると認めるときは、入国者収容所長等に対し、委員による被収容者との面接の実施について協力を求めることができる。

3　入国者収容所長等は、前項の視察及び面接について、必要な協力をしなければならない。

4　第五五条の六〇第一項、第五五条の六一及び第五五条の六二の規定にかかわらず、被収容者が委員会に対して提出する書面については、検査し、又はその提出を差し止め、若しくは制限してはならない。

第五五条の一三（委員会の意見等の公表）法務大臣は、毎年、委員会が入国者収容所長等に対して述べた意見及びこれを受けて入国者収容所長等が講じた措置の内容を取りまとめ、その概要を公表するものとする。

第五五条の一四（出国待機施設の視察等）1　委員会は、第五五条の一〇第二項に規定する事務を行うほか、出国待機施設（第一三条の二第一項に規定する法務省令で定める施設をいう。以下この項及び第五九条第三項において同じ。）の適正な運営に資するため、法務省令で定める担当区域内にある出国待機施設を視察し、その運営に関し、当該出国待機施設の所在地を管轄する地方出入国在留管理局の長に対して意見を述べるものとする。

2　前二条の規定は、前項に規定する事務を行う場合に準用する。

第五五条の一五（参観）
第五五条の一六（研修及び訓練）
第五五条の一七（医師等職員の国家公務員法等の特例）　（略）

第二節　収容の開始
第三節　金品の取扱い等
第四節　保健衛生及び医療
第五節　規律及び秩序の維持
（略）

第六節　外部交通

第五五条の五五（面会の相手方）（略）

第五五条の五六（領事官等以外の者との面会の立会い等）1　入国者収容所長等は、その指名する職員に、被収容者と次に掲げる者（以下この節において「領事官等」という。）以外の者との面会に立ち会わせ、又はその面会の状況を録音させ、若しくは録画させるものとする。ただし、入国者収容所等の規律及び秩序を維持し、又は衛生を保持するため必要がないと認める場合には、その立会い並びに録音及び録画（次項において「立会い等」という。）をさせないことができる。

一　被収容者の国籍又は市民権の属する国の領事官

二　被収容者の訴訟代理人又は弁護人である弁護士（依頼によりこれらの者になろうとする弁護士を含む。）

2　入国者収容所長等は、前項の規定にかかわらず、被収容者と次に掲げる者との面会については、入国者収容所等の規律及び秩序を害する結果を生ずるおそれがあると認めるべき特別の事情がある場合を除き、立会い等をさせてはならない。

一　自己に対する入国者収容所長等の措置その他自己が受けた処遇に関し調査を行う国又は地方公共団体の機関の職員

二　自己に対する入国者収容所長等の措置その他自己が受けた処遇に関し弁護士法（昭和二四年法律第二〇五号）第三条第一項に規定する職務を遂行する弁護士

第五五条の五七（面会の一時停止及び終了）1　入国者収容所等の職員は、次の各号のいずれか（領事官等との面会にあっては、第一号ロ又はハに限る。）に該当する場合には、その行為若しくは発言を制止し、又はその面会を一時停止させることができる。この場合においては、面会の一時停止のため、被収容者又は面会の相手方に対し面会の場所からの退出を命じ、その他必要な措置をとることができる。

一　被収容者又は面会の相手方が次のイからハまでのいずれかに該当する行為をするとき。

イ　次条第一項の規定による制限に違反する行為

ロ　入国者収容所等の規律及び秩序を害する行為

ハ　衛生上の支障がある行為

二　被収容者又は面会の相手方が次のイからハまでのいずれかに該当する内容の発言をするとき。

イ　暗号の使用その他の理由によって、入国者収容所等の職員が理解できないもの

ロ　犯罪の実行を共謀し、あおり、又は唆すもの

ハ　入国者収容所等の規律及び秩序を害する結果を生ずるおそれのあるもの

2　入国者収容所長等は、前項の規定により面会が一時停止された場合において、面会を継続させることが相当でないと認めるときは、その面会を終わらせることができる。

第五五条の五八（面会に関する制限）1　入国者収容所長等は、被収容者の面会に関し、法務省令で定めるところにより、面会の相手方の人数、面会の場所、日及び時間帯、面会の時間及び回数その他面会の態様について、入国者収容所等の規律及び秩序の維持、衛生の保持その他管理運営上必要な制限をすることができる。

2　前項の規定により面会の回数について制限をするときは、その回数は、面会の相手方一人ごとに一日につき一回を下回ってはならない。

第五五条の五九（発受を許す信書）
第五五条の六〇（信書の検査）
第五五条の六一（信書の内容による差止め等）
第五五条の六二（信書に関する制限）
第五五条の六三（発信に要する費用）
第五五条の六四（発受を差し止めた信書等の取扱い）
第五五条の六五（被収容者作成の文書図画）
第五五条の六六（電話等による通信）
第五五条の六七（通信の確認等）
（略）

第七節　不服申立て

第五五条の六八（審査の申請）1　次に掲げる入国者収容所長等の措置に不服がある者は、書面で、出入国在留管理庁長官に対し、審査の申請をすることができる。

一　第五五条の六に規定する宗教上の行為の禁止又は制限

二　第五五条の七第二項の規定による書籍等の閲覧の禁止

三　第五五条の二二の規定による自弁の物品の使用又は摂取を許さない処分

四　第五五条の三一の規定による保管私物、自ら保管する現金又は領置されている物品の交付を許さない処分

五　第五五条の四三第一項の規定による診療を受けることを許さない処分又は同条第四項の規定による診療の中止

六　第五五条の五〇第一項の規定による隔離

七　第五五条の六一、第五五条の六二又は第五五条の六五の規定による信書の発受又は文書図画の交付の差止め又は制限

八　第五五条の六四第五項前段の規定による発受差止信書等の引渡しをしない処分（同条第三項の規定による引渡しに係るものに限る。）

2　前項の規定による審査の申請（以下この節において単に「審査の申請」という。）は、これを行う者が自らしなければならない。

第五五条の六九（審査の申請期間）1　審査の申請は、前条第一項に規定する措置の告知があった日の翌日から起算して三〇日以内にしなければならない。

2　天災その他前項の期間内に審査の申請をしなかったことについてやむを得ない理由があるときは、同項の規定にかかわらず、その理由がやんだ日の翌日から起算して一週間以内に限り、審査の申請をすることができる。

3　入国者収容所長等が誤って法定の期間よりも長い期間を審査の申請期間として教示した場合において、その教示された期間内に審査の申請がされたときは、

その審査の申請は、法定の期間内にされたものとみなす。

第五五条の七〇（行政不服審査法の準用）行政不服審査法（平成二六年法律第六八号）第一五条、第一八条第三項、第一九条第二項及び第四項、第二二条第一項及び第五項、第二三条、第二五条第一項、第二項及び第六項、第二六条、第二七条並びに第三九条の規定は、審査の申請について準用する。この場合において、同法第二五条第二項中「審査請求人の申立てにより又は職権で」とあるのは、「職権で」と読み替えるものとするほか、必要な技術的読替えは、政令で定める。

第五五条の七一（調査）（略）

第五五条の七二（裁決）1　出入国在留管理庁長官は、審査の申請を受けたときは、できる限り九〇日以内に裁決をするよう努めるものとする。

2　行政不服審査法第四五条第一項及び第二項、第四六条第一項本文及び第二項（第二号を除く。）、第四七条（ただし書及び第二号を除く。）、第四八条、第五〇条第一項及び第三項、第五一条並びに第五二条第一項及び第二項の規定は、審査の申請の裁決について準用する。この場合において、同法第五一条第三項中「総務省令」とあるのは、「法務省令」と読み替えるものとするほか、必要な技術的読替えは、政令で定める。

第五五条の七三（再審査の申請）1　審査の申請の裁決に不服がある者は、書面で、法務大臣に対し、再審査の申請をすることができる。

2　前項の規定による再審査の申請（以下この節において単に「再審査の申請」という。）は、審査の申請についての裁決の告知があった日の翌日から起算して三〇日以内にしなければならない。

3　第五五条の六八第二項、第五五条の六九第二項、第五五条の七一及び前条第一項並びに行政不服審査法第一五条、第一八条第三項、第一九条第二項及び第四項、第二三条、第二五条第一項、第二項及び第六項、第二六条、第二七条、第三九条、第四六条第一項本文及び第二項（第二号を除く。）、第四七条（ただし書及び第二号を除く。）、第四八条、第五〇条第一項、第五一条、第五二条第一項及び第二項、第六二条第二項並びに第六四条第一項から第三項までの規定は、再審査の申請について準用する。この場合において、同法第二五条第二項中「審査請求人の申立てにより又は職権で」とあるのは「職権で」と、同法第五一条第三項中「総務省令」とあるのは「法務省令」と読み替えるものとするほか、必要な技術的読替えは、政令で定める。

第五五条の七四（出入国在留管理庁長官に対する事実の申告）1　被収容者は、自己に対する入国者収容所等の職員による行為であって、次に掲げるものがあったときは、政令で定めるところにより、書面で、出入国在留管理庁長官に対し、その事実を申告することができる。

一　身体に対する違法な有形力の行使

二　違法又は不当な捕縄又は手錠の使用

三　違法又は不当な保護室等への収容

2　前項の規定による申告は、その申告に係る事実があった日の翌日から起算して三〇日以内にしなければならない。

3　第五五条の六八第二項、第五五条の六九第二項及び第三項並びに第五五条の七一並びに行政不服審査法第一八条第三項、第二二条第一項及び第五項、第二三条、第二七条並びに第三九条の規定は、第一項の規定による申告について準用する。この場合において、必要な技術的読替えは、政令で定める。

第五五条の七五（通知）1　前条第一項の規定による申告が適法であるときは、出入国在留管理庁長官は、その申告に係る事実の有無について確認し、その結果をその申告をした者に通知するものとする。ただし、その者が出所したときは、この限りでない。

2　前条第一項の規定による申告が法定の期間経過後にされたものであるとき、その他不適法であるときは、出入国在留管理庁長官は、その旨をその申告をした者に通知するものとする。この場合においては、前項ただし書の規定を準用する。

3　第五五条の七二第一項並びに行政不服審査法第五〇条第一項及び第三項の規定は、前二項の規定による通知について準用する。この場合において、必要な技術的読替えは、政令で定める。

4　出入国在留管理庁長官は、前条第一項に規定する事実があったことを確認した場合において、必要があると認めるときは、同様の行為の再発の防止のため必要な措置その他の措置をとるものとする。

第五五条の七六（法務大臣に対する事実の申告）1　被収容者は、前条第一項又は第二項の規定による通知を受けた場合において、その内容に不服があるときは、政令で定めるところにより、書面で、法務大臣に対し、第五五条の七四第一項に規定する事実を申告することができる。

2　前項の規定による申告は、前条第一項又は第二項の規定による通知を受けた日の翌日から起算して三〇日以内にしなければならない。

3　第五五条の六八第二項、第五五条の六九第二項、第五五条の七一、第五五条の七二第一項並びに前条第一項、第二項及び第四項並びに行政不服審査法第一八条第三項、第二三条、第二七条、第三九条及び第五〇条第一項の規定は、第一項の規定による申告について準用する。この場合において、必要な技術的読替えは、政令で定める。

第五五条の七七（法務大臣に対する苦情の申出）1　被収容者は、自己に対する入国者収容所長等の措置その他自己が受けた処遇について、書面で、法務大臣に対し、苦情の申出をすることができる。

2　第五五条の六八第二項の規定は、前項の苦情の申出について準用する。

3　法務大臣は、第一項の苦情の申出を受けたときは、これを誠実に処理し、処理の結果を当該苦情の申出をした者に通知しなければならない。ただし、その者が出所したときは、この限りでない。

第五五条の七八（監査官に対する苦情の申出）
第五五条の七九（入国者収容所長等に対する苦情の申出）　（略）

第五五条の八〇（秘密申立て）1　入国者収容所長等は、被収容者が審査の申請等（審査の申請、再審査の申請又は第五五条の七四第一項若しくは第五五条の七六第一項の規定による申告をいう。次項及び次条において同じ。）をし、又は法務大臣若しくは監査官に対する苦情の申出（第五五条の七七第一項又は第五五条の七八第一項の苦情の申出をいう。）をするに当たり、その内容を入国者収容所又は地方出入国在留管理局の職員に秘密にすることができるように、必要な措置を講じなければならない。

2　第五五条の六〇の規定にかかわらず、審査の申請等又は苦情の申出（第五五条の七七第一項、第五五条の七八第一項又は前条第一項の苦情の申出をいう。次条において同じ。）の書面は、検査をしてはならない。

第五五条の八一（不利益取扱いの禁止）入国者収容所又は地方出入国在留管理局の職員は、被収容者が審査の申請等又は苦情の申出をしたことを理由として、その者に対し、不利益な取扱いをしてはならない。

第八節　死亡（略）

第五章の三　出国命令

第五五条の八四（出国命令に係る審査）1　入国警備官は、容疑者が出国命令対象者に該当すると認めるに足りる相当の理由があるときは、第三九条第一項の規定にかかわらず、当該容疑者に係る違反事件を入国審査官に引き継がなければならない。

2　入国審査官は、前項の規定により違反事件の引継ぎを受けたときは、当該容疑者が出国命令対象者に該当するかどうかを速やかに審査しなければならない。

3　入国審査官は、審査の結果、当該容疑者が出国命令対象者に該当すると認定したときは、速やかに主任審査官にその旨を知らせなければならない。

4　入国審査官は、当該容疑者が退去強制対象者に該当すると疑うに足りる相当の理由があるときは、その旨を入国警備官に通知するとともに、当該違反事件を入国警備官に差し戻すものとする。

第五五条の八五（出国命令）1　主任審査官は、第四七条第二項、第四八条第七項、第四九条第五項又は前条第三項の規定による通知を受けたときは、速やかに当該通知に係る容疑者に対し、本邦からの出国を命じなければならない。この場合において、主任審査官は、一五日を超えない範囲内で出国期限を定めるものとする。

2　主任審査官は、前項の規定により出国命令をする場合には、当該容疑者に対し、次条の規定による出国命令書を交付しなければならない。

3　主任審査官は、第一項の規定により出国命令をする場合には、法務省令で定めるところにより、当該容疑者に対し、住居及び行動範囲の制限その他必要と認める条件を付することができる。

第五五条の八六（出国命令書の方式）前条第二項の規定により交付される出国命令書には、出国命令を受ける者の氏名、年齢及び国籍、出国命令の理由、出国期限、交付年月日その他法務省令で定める事項を記載し、かつ、主任審査官がこれに記名押印しなければならない。

第五五条の八七（出国期限の延長）主任審査官は、法務省令で定めるところにより、第五五条の八五第一項の規定により出国命令を受けた者から、当該出国命令に係る出国期限内に出国することができない旨の申出があった場合には、船舶等の運航の都合その他その者の責めに帰することができない事由があると認めるときに限り、当該出国期限を延長することができる。

第五五条の八八（出国命令の取消し）主任審査官は、第五五条の八五第一項の規定により出国命令を受けた者が同条第三項の規定に基づき付された条件に違反したときは、当該出国命令を取り消すことができる。

第六章　船舶等の長及び運送業者の責任

第五六条（協力の義務）（略）

第五六条の二（旅券等の確認義務）本邦に入る船舶等を運航する運送業者（運送業者がないときは、当該船舶等の長）は、外国人が不法に本邦に入ることを防止するため、当該船舶等に乗ろうとする外国人の旅券、乗員手帳又は再入国許可書を確認しなければならない。

第五七条（報告の義務）
第五八条（上陸防止の義務）　（略）

第五九条（送還の義務）1　次の各号のいずれかに該当する外国人が乗ってきた船舶等の長又はその船舶等を運航する運送業者は、当該外国人をその船舶等又は当該運送業者に属する他の船舶等により、その責任と費用で、速やかに本邦外の地域に送還しなければならない。

一　第三章第一節又は第二節の規定により上陸を拒否された者

二　第二四条第五号から第六号の四までのいずれかに該当して本邦からの退去強制を受けた者

三　前号に規定する者を除き、上陸後五年以内に、第二四条各号のいずれかに該当して退去強制を受けた者のうち、その者の上陸のときに当該船舶等の長又は運送業者がその者について退去強制の理由となった事実があることを明らかに知っていたと認められるもの

2　前項の場合において、当該運送業者は、その外国人を同項に規定する船舶等により送還することがで

きないときは、その責任と費用で、速やかに他の船舶等により送還しなければならない。

3　主任審査官は、前二項の規定にかかわらず、これらの規定により船舶等の長又はその船舶等を運航する運送業者が負うべき責任と費用の負担のうち、出国待機施設にとどめておくことに伴うものについては、有効な旅券で日本国領事官等の査証を受けたものを所持する外国人に係るものに限り、その全部又は一部を免除することができる。

第六章の二　事実の調査(略)

第七章　日本人の出国及び帰国(略)

第七章の二　難民の認定等

第六一条の二(難民の認定等)1　法務大臣は、本邦にある外国人から法務省令で定める手続により難民である旨の認定の申請があったときは、その提出した資料に基づき、その者が難民である旨の認定(以下「難民の認定」という。)を行うことができる。

2　法務大臣は、本邦にある外国人から法務省令で定める手続により補完的保護対象者である旨の認定の申請があったときは、その提出した資料に基づき、その者が補完的保護対象者である旨の認定(以下「補完的保護対象者の認定」という。)を行うことができる。

3　法務大臣は、第一項の申請をした外国人について難民の認定をしない処分をする場合において、当該外国人が補完的保護対象者に該当すると認めるときは、補完的保護対象者の認定を行うことができる。

4　法務大臣は、第一項の申請をした外国人について、難民の認定をしたときは、法務省令で定める手続により、当該外国人に対し、難民認定証明書を交付し、その認定をしない処分をしたときは、当該外国人に対し、理由を付した書面をもって、その旨を通知する。

5　法務大臣は、第一項又は第二項の申請をした外国人について、法務省令で定める手続により、補完的保護対象者の認定をしたときは、当該外国人に対し、補完的保護対象者認定証明書を交付し、同項の申請があった場合においてその認定をしない処分をしたときは、当該外国人に対し、理由を付した書面をもって、その旨を通知する。

第六一条の二の二(在留資格に係る許可)1　法務大臣は、難民の認定又は補完的保護対象者の認定をする場合であって、前条第一項又は第二項の申請をした外国人が在留資格未取得外国人(別表第一又は別表第二の上欄の在留資格をもって本邦に在留する者、一時庇護のための上陸の許可を受けた者で当該許可書に記載された期間を経過していないもの及び特別永住者以外の者をいう。以下同じ。)であるときは、当該在留資格未取得外国人が次の各号のいずれかに該当する場合を除き、その者に定住者の在留資格の取得を許可するものとする。

一　第二四条第三号から第三号の五まで又は第四号ハからヨまでに掲げる者のいずれかに該当するとき。

二　本邦に入った後に、刑法第二編第一二章、第一六章から第一九章まで、第二三章、第二六章、第二七章、第三一章、第三三章、第三六章、第三七章若しくは第三九章の罪、暴力行為等処罰に関する法律第一条、第一条ノ二若しくは第一条ノ三(刑法第二二二条又は第二六一条に係る部分を除く。)の罪、盗犯等の防止及び処分に関する法律の罪、特殊開錠用具の所持の禁止等に関する法律第一五条若しくは第一六条の罪又は自動車の運転により人を死傷させる行為等の処罰に関する法律第二条若しくは第六条第一項の罪により懲役又は禁錮に処せられたものであるとき。

2　法務大臣は、前項の規定による許可をすることとしたときは、出入国在留管理庁長官に、当該外国人に対し、その旨を通知させるものとする。この場合において、その通知は、出入国在留管理庁長官が、入国審査官に、次の各号に掲げる区分に応じ、当該各号に定める措置をとらせることにより行うものとする。

一　当該許可に係る外国人が中長期在留者となるとき　当該外国人に対する在留カードの交付

二　前号に掲げる場合以外の場合　当該外国人に対する在留資格及び在留期間を記載した在留資格証明書の交付

3　第一項の規定による法務大臣の許可は、前項各号に定める措置があった時に、その効力を生ずる。

4　法務大臣は、第一項の規定による許可をする場合において、当該在留資格未取得外国人が仮上陸の許可又は第三章第四節の規定による上陸の許可を受けているときは、当該仮上陸の許可又は上陸の許可を取り消すものとする。

第六一条の二の三(同)法務大臣は、難民の認定又は補完的保護対象者の認定を受けている外国人(難民の認定又は補完的保護対象者の認定に引き続く第五章に規定する退去強制の手続(第六三条第一項の規定に基づく退去強制の手続を含む。第六一条の二の九において同じ。)において第五〇条第一項の規定による許可(第六三条第一項の規定に基づく退去強制の手続において第五〇条第一項の規定に準じて行われる許可を含む。)により在留資格を取得した者を除く。)から、第二〇条第二項の規定による定住者の在留資格への変更の申請があったとき、又は第二二条の二第二項(第二二条の三において準用する場合を含む。)の規定による定住者の在留資格の取得の申請があったときは、第二〇条第三項本文(第二二条の二第三項(第二二条の三において準用する場合を含む。)において準用する場合を含む。)の規定にかかわらず、これを許可するものとする。

第六一条の二の四(仮滞在の許可)1　法務大臣は、在留資格未取得外国人から第六一条の二第一項又は第二項の申請があったときは、当該在留資格未取得外国人が次の各号のいずれかに該当する場合を除き、その者に仮に本邦に滞在することを許可するものとする。
一 仮上陸の許可を受けているとき。
二 寄港地上陸の許可、船舶観光上陸の許可、通過上陸の許可、乗員上陸の許可、緊急上陸の許可又は遭難による上陸の許可を受け、旅券又は当該許可書に記載された期間を経過していないとき。
三 第二二条の二第一項の規定により本邦に在留することができるとき。
四 本邦に入った時に、第五条第一項第四号から第一四号までに掲げる者のいずれかに該当していたとき。
五 第二四条第三号から第三号の五まで又は第四号ハからヨまでに掲げる者のいずれかに該当すると疑うに足りる相当の理由があるとき。
六 本邦に上陸した日(本邦にある間に難民又は補完的保護対象者となる事由が生じた者にあっては、その事実を知った日)から六月を経過した後第六一条の二第一項又は第二項の申請を行ったものであることが明らかであるとき(やむを得ない事情があるときを除く。)。
七 次のイ又はロのいずれにも該当しないことが明らかであるとき。
イ 本邦にある間に難民となる事由が生じた場合を除き、その者の生命、身体又は身体の自由が難民条約第一条A(2)に規定する理由によって害されるおそれのあった領域から直接本邦に入ったものであるとき。
ロ 本邦にある間に補完的保護対象者となる事由が生じた場合を除き、その者が迫害を受けるおそれのあった領域から直接本邦に入ったものであるとき。
八 本邦に入った後に、刑法第二編第一二章、第一六章から第一九章まで、第二三章、第二六章、第二七章、第三一章、第三三章、第三六章、第三七章若しくは第三九章の罪、暴力行為等処罰に関する法律第一条、第一条ノ二若しくは第一条ノ三(刑法第二二二条又は第二六一条に係る部分を除く。)の罪、盗犯等の防止及び処分に関する法律の罪、特殊開錠用具の所持の禁止等に関する法律第一五条若しくは第一六条の罪又は自動車の運転により人を死傷させる行為等の処罰に関する法律第二条若しくは第六条第一項の罪により懲役又は禁錮に処せられたものであるとき。
九 退去強制令書の発付を受けているとき。
一〇 逃亡するおそれがあると疑うに足りる相当の理由があるとき。
2 法務大臣は、前項の規定による許可をする場合には、法務省令で定めるところにより、当該許可に係る滞在期間(以下「仮滞在期間」という。)を決定し、入国審査官に、当該在留資格未取得外国人に対し当該仮滞在期間を記載した仮滞在許可書を交付させるものとする。この場合において、その許可は、当該交付のあった時に、その記載された内容をもって効力を生ずる。
3 法務大臣は、第一項の規定による許可をする場合には、法務省令で定めるところにより、当該在留資格未取得外国人に対し、住居及び行動範囲の制限、呼出しに対する出頭の義務その他必要と認める条件を付し、かつ、必要があると認める場合は、指紋を押なつさせることができる。
4 法務大臣は、第一項の規定による許可を受けた外国人から仮滞在期間の更新の申請があったときは、これを許可するものとする。この場合においては、第二項の規定を準用する。
5 第一項の規定による許可を受けた外国人が次の各号に掲げる事由のいずれかに該当することとなったときは、当該外国人に係る仮滞在期間(前項の規定により更新された仮滞在期間を含む。以下同じ。)は、当該事由に該当することとなった時に、その終期が到来したものとする。
一 難民の認定をしない処分又は補完的保護対象者の認定をしない処分につき第六一条の二の一二第一項の審査請求がなくて同条第二項の期間が経過したこと。
二 難民の認定をしない処分又は補完的保護対象者の認定をしない処分につき第六一条の二の一二第一項の審査請求があった場合において、当該審査請求が取り下げられ、又はこれを却下し若しくは棄却する旨の裁決があったこと。
三 難民の認定又は補完的保護対象者の認定がされた場合において、第六一条の二の二第一項の規定による許可をしない処分があったこと。
四 第六一条の二の六の規定により第一項の規定による許可が取り消されたこと。
五 第六一条の二第一項又は第二項の申請が取り下げられたこと。

第六一条の二の五(仮滞在の許可を受けた者の在留資格の取得) 1 法務大臣は、前条第一項の規定による許可を受けた外国人に対し、当該外国人が次の各号のいずれかに該当するときは、法務省令で定めるところにより、在留資格の取得を許可することができる。ただし、当該外国人が無期若しくは一年を超える拘禁刑に処せられた者(刑の全部の執行猶予の言渡しを受けた者及び刑の一部の執行猶予の言渡しを受けた者であってその刑のうち執行が猶予されなかった部分の期間が一年以下のものを除く。)又は第二四条第三号の二、第三号の三若しくは第四号ハ若しくはオからヨまでのいずれかに該当すると疑うに足りる相当の理由がある者である場合は、当該外国人に対し、在留資格の取得を許可しないことが人道上の配慮に欠けると認められる特別の事情があると認めるときに限る。

一　かつて日本国民として本邦に本籍を有したことがあるとき。

二　人身取引等により他人の支配下に置かれて本邦に在留するものであるとき。

三　その他法務大臣が在留資格の取得を許可すべき事情があると認めるとき。

2　法務大臣は、前項の規定による許可をするかどうかの判断に当たっては、当該外国人について、在留を希望する理由、家族関係、素行、本邦に入国することとなった経緯、本邦に在留している期間、その間の法的地位、在留資格未取得外国人となった経緯及び人道上の配慮の必要性を考慮するほか、内外の諸情勢及び本邦における不法滞在者に与える影響その他の事情を考慮するものとする。

3　第二〇条第四項及び第五項の規定は、第一項の規定による許可について準用する。

第六一条の二の六（仮滞在の許可の取消し） 法務大臣は、第六一条の二の四第一項の規定による許可を受けた外国人について、次の各号に掲げる事実のいずれかが判明したときは、法務省令で定める手続により、当該許可を取り消すことができる。

一　第六一条の二の四第一項の規定による許可を受けた当時同項第四号から第九号までのいずれかに該当していたこと。

二　第六一条の二の四第一項の規定による許可を受けた後に同項第五号又は第八号に該当することとなったこと。

三　第六一条の二の四第三項の規定に基づき付された条件に違反したこと。

四　不正に難民の認定又は補完的保護対象者の認定を受ける目的で、偽造若しくは変造された資料若しくは虚偽の資料を提出し、又は虚偽の陳述をし、若しくは関係人に虚偽の陳述をさせたこと。

五　第二五条の出国の確認を受けるための手続をしたこと。

六　次条第一項の規定に違反する活動を行ったこと。

第六一条の二の七（活動の範囲） 1　第六一条の二の四第一項の規定による許可を受けた外国人は、収入を伴う事業を運営する活動又は報酬を受ける活動を行ってはならない。ただし、報酬を受ける活動について、次項の規定による許可を受けて行う場合は、この限りでない。

2　法務大臣は、第六一条の二の四第一項の規定による許可を受けた外国人が生計を維持するために必要な範囲で行う報酬を受ける活動について、その者の申請があった場合に、相当と認めるときは、これを行うことを許可することができる。この場合において、法務大臣は、当該許可に必要な条件を付することができる。

3　法務大臣は、前項の規定による許可をしたときは、法務省令で定めるところにより、第六一条の二の四第二項に規定する仮滞在許可書にその旨及び当該許可に付された条件を記載するものとする。

4　法務大臣は、第二項の規定による許可を受けた外国人が同項の規定に基づき付された条件に違反した場合その他当該外国人に引き続き当該許可を与えておくことが適当でないと認める場合には、法務省令で定める手続により、当該許可を取り消すことができる。

第六一条の二の八（活動の状況の届出）（略）

第六一条の二の九（退去強制手続との関係） 1　第六一条の二の二第一項又は第六一条の二の五第一項の規定による許可を受けた外国人については、当該外国人が当該許可を受けた時に第一四条各号のいずれかに該当していたことを理由としては、第五章に規定する退去強制の手続を行わない。

2　第六一条の二第一項又は第二項の申請をした在留資格未取得外国人で第六一条の二の四第一項の規定による許可を受けたものについては、第二四条各号のいずれかに該当すると疑うに足りる相当の理由がある場合であっても、当該許可に係る仮滞在期間が経過するまでの間は、第五章に規定する退去強制の手続を停止するものとする。

3　第六一条の二第一項又は第二項の申請をした在留資格未取得外国人で、第六一条の二の四第一項の規定による許可を受けていないもの又は当該許可に係る仮滞在期間が経過することとなったもの（同条第五項第一号から第三号まで及び第五号に該当するものを除く。）について、第五章に規定する退去強制の手続を行う場合には、同条第五項第一号から第三号までに掲げる事由のいずれかに該当することとなるまでの間は、第五二条第三項の規定による送還（同項ただし書の規定による引渡し及び第五九条の規定による送還を含む。）を停止するものとする。

4　前項の規定は、同項の在留資格未取得外国人が次の各号のいずれかに該当するときは、適用しない。

一　第六一条の二第一項又は第二項の申請前に当該在留資格未取得外国人が本邦にある間に二度にわたりこれらの申請を行い、いずれの申請についても第六一条の二の四第五項第一号又は第二号のいずれかに該当することとなったことがある者（第六一条の二第一項又は第二項の申請に際し、難民の認定又は補完的保護対象者の認定を行うべき相当の理由がある資料を提出した者を除く。）

二　無期若しくは三年以上の拘禁刑に処せられた者（刑の全部の執行猶予の言渡しを受けた者又は刑の一部の執行猶予の言渡しを受けた者を除く。）又は第一四条第三号の二、第三号の三若しくは第四号オからカまでのいずれかに該当する者若しくはこれらのいずれかに該当すると疑うに足りる相当の理由がある者

第六一条の二の一〇（難民の認定等の取消し） 1　法務大臣は、本邦に在留する外国人で難民の認定を受けているものについて、次の各号に掲げる事実のいずれかが判明したときは、法務省令で定める手続によ

り、その難民の認定を取り消すものとする。

一　偽りその他不正の手段により難民の認定を受けたこと。

二　難民条約第一条C⑴から⑹までに掲げる場合のいずれかに該当することとなったこと。

三　難民の認定を受けた後に、難民条約第一条F(a)又は(c)に掲げる行為を行ったこと。

2　法務大臣は、本邦に在留する外国人で補完的保護対象者の認定を受けているものについて、次の各号に掲げる事実のいずれかが判明したときは、法務省令で定める手続により、その補完的保護対象者の認定を取り消すものとする。

一　偽りその他不正の手段により補完的保護対象者の認定を受けたこと。

二　難民条約第一条C⑴から⑷までに掲げる場合のいずれかに該当することとなったこと、補完的保護対象者であると認められる根拠となった事由が消滅したため、その者の国籍の属する国の保護を受けることを拒むことができなくなったこと又はその者が国籍を有しない場合において、補完的保護対象者であると認められる根拠となった事由が消滅したため、常居所を有していた国に戻ることができることとなったこと。

三　補完的保護対象者の認定を受けた後に、難民条約第一条F(a)又は(c)に掲げる行為を行ったこと。

3　法務大臣は、前二項の規定により難民の認定又は補完的保護対象者の認定を取り消す場合には、当該外国人に対し、理由を付した書面をもって、その旨を通知するとともに、当該外国人に係る難民認定証明書及び難民旅行証明書又は補完的保護対象者認定証明書がその効力を失った旨を官報に告示する。

4　前項の規定により難民の認定又は補完的保護対象者の認定の取消しの通知を受けたときは、難民認定証明書及び難民旅行証明書又は補完的保護対象者認定証明書の交付を受けている外国人は、速やかに出入国在留管理庁長官にこれらの証明書を返納しなければならない。

第六一条の二の一一（難民の認定等を受けた者の在留資格の取消し）1　法務大臣は、別表第一又は別表第二の上欄の在留資格をもって本邦に在留する外国人で難民の認定又は補完的保護対象者の認定を受けているものについて、偽りその他不正の手段により第六一条の二の二第一項各号のいずれにも該当しないものとして同項の規定による許可を受けたことが判明したときは、法務省令で定める手続により、当該外国人が現に有する在留資格を取り消すことができる。

2　第二二条の四第二項から第九項まで（第七項ただし書を除く。）の規定は、前項の規定による在留資格の取消しに準用する。この場合において、同条第二項中「入国審査官」とあるのは「難民調査官」と、同条第七項本文中「第一項（第一号及び第二号を除く。）」とあるのは「第六一条の二の一一第一項」と読み替えるものとする。

第六一条の二の一二（審査請求）1　次に掲げる処分又は不作為についての審査請求は、法務大臣に対し、法務省令で定める事項を記載した審査請求書を提出してしなければならない。

一　難民の認定をしない処分

二　第六一条の二第一項の申請に係る不作為

三　第六一条の二の一〇第一項の規定による難民の認定の取消し

四　補完的保護対象者の認定をしない処分（難民の認定を受けていない場合に限る。）

五　第六一条の二第二項の申請に係る不作為

六　第六一条の二の一〇第二項の規定による補完的保護対象者の認定の取消し

2　前項各号（第二号及び第五号を除く。）に掲げる処分についての審査請求に関する行政不服審査法第一八条第一項本文の期間は、第六一条の二第四項若しくは第五項又は第六一条の二の一〇第三項の規定による通知を受けた日から七日とする。

3　法務大臣は、第一項の審査請求に対する裁決に当たっては、法務省令で定めるところにより、難民審査参与員の意見を聴かなければならない。

4　法務大臣は、第一項の審査請求について行政不服審査法第四五条第一項若しくは第二項又は第四九条第一項若しくは第二項の規定による裁決をする場合には、当該裁決に付する理由において、前項の難民審査参与員の意見の要旨を明らかにしなければならない。

5　難民審査参与員については、行政不服審査法第一一条第二項に規定する審理員とみなして、同法の規定を適用する。

6　第一項の審査請求については、行政不服審査法第九条第一項、第一四条、第一七条、第一九条、第二九条、第四一条第二項（第一号イに係る部分に限る。）、第二章第四節及び第五〇条第二項の規定は適用しないものとし、同法の他の規定の適用については、次の表の上欄に掲げる同法の規定中同表の中欄に掲げる字句は、同表の下欄に掲げる字句とするほか、必要な技術的読替えは、政令で定める。

読み替えられる行政不服審査法の規定	読み替えられる字句	読み替える字句
第一八条第三項	次条	出入国管理及び難民認定法（昭和二六年政令第三一九号。以下「入管法」という。）第六一条の二の一二第一項
第二三条	第一九条	入管法第六一条の二の一二第一項

第三〇条第一項	前条第五項の規定により送付された弁明書に記載された事項に対する反論を記載した書面（以下「反論書」という。）	入管法第六一条の二の一二第一項各号に掲げる処分又は不作為に対する意見その他の審査請求人の主張を記載した書面（以下「申述書」という。）
	反論書を	申述書を
第三〇条第三項	反論書	申述書
第三一条第一項ただし書	場合	場合又は申述書に記載された事実その他の申立人の主張に係る事実が真実であっても、何らの難民若しくは補完的保護対象者となる事由を包含していないことその他の事情により当該意見を述べる機会を与えることが適当でないと認められる場合
第三一条第二項	審理員が期日及び場所を指定し、全ての審理関係人を招集してさせるものとする。	審理員が、あらかじめ審査請求に係る事件に関する処分庁等に対する質問の有無及びその内容について申立人から聴取した上で、期日及び場所を指定し、全ての審理関係人を招集してさせるものとする。ただし、次の各号のいずれかに該当する場合には、処分庁等を招集することを要しない。 一　申立人から処分庁等の招集を要しない旨の意思の表明があったとき。 二　前号に掲げる場合のほか、当該聴取の結果、処分庁等を招集することを要しないと認めるとき。

第四一条第二項第一号ロ	反論書	申述書
第四四条	行政不服審査会等から諮問に対する答申を受けたとき（前条第一項の規定による諮問を要しない場合（同項第二号又は第三号に該当する場合を除く。）にあっては審理員意見書が提出されたとき、同項第二号又は第三号に該当する場合にあっては同項第二号又は第三号に規定する議を経たとき）	審理員意見書が提出されたとき
第五〇条第一項第四号	審理員意見書又は行政不服審査会等若しくは審議会等の答申書	審理員意見書
第八三条第二項	第一九条（第五項第一号及び第二号を除く。）	入管法第六一条の二の一二第一項

第六一条の二の一三（難民審査参与員） 1　法務省に、前条第一項の規定による審査請求について、難民の認定又は補完的保護対象者の認定に関する意見を提出させるため、難民審査参与員若干人を置く。

2　難民審査参与員は、人格が高潔であって、前条第一項の審査請求に関し公正な判断をすることができ、かつ、法律又は国際情勢に関する学識経験を有する者のうちから、法務大臣が任命する。

3　難民審査参与員の任期は、二年とする。ただし、再任を妨げない。

4　難民審査参与員は、非常勤とする。

第六一条の二の一四（難民等に関する永住許可の特則） 難民の認定又は補完的保護対象者の認定を受けている者から第二二条第一項の永住許可の申請があった場合には、法務大臣は、同条第二項本文の規定にかかわらず、その者が同項第二号に適合しないときであっても、これを許可することができる。

第六一条の二の一五（難民旅行証明書） 1　出入国在留管理庁長官は、本邦に在留する外国人で難民の認定を受けているものが出国しようとするときは、法務省令で定める手続により、その者の申請に基づき、難民旅行証明書を交付するものとする。ただし、出入国在留管理庁長官においてその者が日本国の利益又は公安を害する行為を行うおそれがあると認める場合は、この限りでない。

2　前項の規定により難民旅行証明書の交付を受ける外国人で、外国の難民旅行証明書を所持するものは、その交付を受ける際に当該外国の難民旅行証明書を出入国在留管理庁長官に提出しなければならない。

3　第一項の難民旅行証明書の有効期間は、一年以上五年を超えない範囲内において出入国在留管理庁長官が定めるものとする。

4　第一項の難民旅行証明書の交付を受けている者は、当該証明書の有効期間内は本邦に入国し、及び出国することができる。この場合において、入国については、第二六条第一項の規定による再入国の許可を要しない。

5　前項の場合において、出入国在留管理庁長官が特に必要があると認めるときは、三月以上五年未満の範囲内（当該難民旅行証明書の有効期間内に限る。）で、当該難民旅行証明書により入国することのできる期限を定めることができる。

6　出入国在留管理庁長官は、第一項の難民旅行証明書の交付を受けて出国した者について、当該証明書の有効期間内に入国することができない相当の理由があると認めるときは、その者の申請に基づき、一年を超えない範囲内で、当該証明書の有効期間を延長することができる。

7 前項の延長は、難民旅行証明書にその旨を記載して行うものとし、その事務は、日本国領事官等に委任するものとする。

8 出入国在留管理庁長官は、第一項の難民旅行証明書の交付を受けている者が日本国の利益又は公安を害する行為を行うおそれがあると認めるときは、その者が本邦にある間において、法務省令で定めるところにより、その者に対して、期限を付して、その所持する難民旅行証明書の返納を命ずることができる。

9 前項の規定により返納を命ぜられた難民旅行証明書は、その返納があつたときは当該返納の時に、同項の期限までに返納がなかつたときは当該期限を経過した時に、その効力を失う。この場合において、同項の期限までに返納がなかつたときは、出入国在留管理庁長官は、当該難民旅行証明書がその効力を失つた旨を官報に告示する。

第六一条の二の一六(退去強制令書の発付に伴う難民認定証明書等の返納) 本邦に在留する外国人で難民の認定又は補完的保護対象者の認定を受けているものが、第四七条第五項後段(第四八条第一〇項及び第四九条第七項において準用する場合を含む。)の規定により又は第六三条第一項の規定に基づく退去強制の手続において、退去強制令書の発付を受けたときは、当該外国人は、速やかに出入国在留管理庁長官にその所持する難民認定証明書及び難民旅行証明書又は補完的保護対象者認定証明書を返納しなければならない。

第六一条の二の一七(事実の調査) 1 法務大臣は、難民の認定、補完的保護対象者の認定、第六一条の二の二第一項、第六一条の二の三、第六一条の二の四第一項若しくは第六一条の二の五第一項の規定による許可、第六一条の二の六の規定による許可の取消し、第六一条の二の七第二項の規定による許可、同条第四項の規定による許可の取消し、第六一条の二の一〇第一項の規定による難民の認定の取消し、同条第二項の規定による補完的保護対象者の認定の取消し又は第六一条の二の一一第一項の規定による在留資格の取消しに関する処分を行うため必要がある場合には、難民調査官に事実の調査をさせることができる。

2 出入国在留管理庁長官は、第六一条の二の七第二項の規定による許可を受けて行つた活動状況の把握のため必要があるときは、第六一条の二の八の規定により届け出ることとされている事項について、難民調査官に事実の調査をさせることができる。

3 難民調査官は、前二項の調査のため必要があるときは、関係人に対し出頭を求め、質問をし、又は文書の提示を求めることができる。

4 前項の場合において、第六一条の二第一項又は第二項の申請をした外国人に対し質問をするに当たつては、特に、その心身の状況、国籍又は市民権の属する国において置かれていた環境その他の状況に応じ、適切な配慮をするものとする。

5 法務大臣、出入国在留管理庁長官又は難民調査官は、第一項及び第二項の調査について、公務所又は公私の団体に照会して必要な事項の報告を求めることができる。

第六一条の二の一八(難民の認定等を適正に行うための措置) 1 法務大臣は、難民の認定及び補完的保護対象者の認定を専門的知識に基づき適正に行うため、国際情勢に関する情報の収集を行うとともに、難民調査官の育成に努めるものとする。

2 難民調査官には、外国人の人権に関する理解を深めさせ、並びに難民条約の趣旨及び内容、国際情勢に関する知識その他難民の認定及び補完的保護対象者の認定に関する事務を適正に行うために必要な知識及び技能を習得させ、及び向上させるために必要な研修を行うものとする。

第八章 補則

第六一条の三(入国審査官) 1 入国者収容所及び地方出入国在留管理局に、入国審査官を置く。

2 入国審査官は、次に掲げる事務を行う。

一 上陸及び退去強制についての審査及び口頭審理並びに出国命令についての審査を行うこと。

二 第二二条の四第二項(第六一条の二の一一第二項において準用する場合を含む。)の規定による意見の聴取、第二二条の四第三項ただし書(第六一条の二の一一第二項において準用する場合を含む。次条第二項第六号において同じ。)の規定による通知並びに第六一条の八の二第四項及び第五項の規定による交付送達を行うこと。

三 第一九条の三七第一項、第四四条の九第一項及び第二項、第五二条の七第一項及び第二項、第五九条の二第一項並びに第六一条の二の一七第一項及び第二項に規定する事実の調査を行うこと。

四 第一九条の二〇第一項の規定による関係人に対する質問並びに特定技能所属機関に係る事業所その他特定技能外国人の受入れに関係のある場所への立入り及びその設備又は帳簿書類その他の物件の検査を行うこと。

五 収容令書及び退去強制令書を発付すること。

六 収容令書又は退去強制令書の発付を受けて収容されている者を仮放免すること。

七 第四四条の二第七項に規定する監理措置決定及び第五二条の二第六項に規定する監理措置決定を行うこと。

八 第四四条の五第一項の規定による許可を行うこと。

九 第五二条第八項の規定による通知を行うこと。

一〇 第五五条の二第一項の規定による命令を行うこと。

一一 第五五条の二第一項の規定により本邦からの退去を命ずること。

一二 第五五条の八五第一項の規定による出国命令

をすること。

3　地方出入国在留管理局に置かれた入国審査官は、必要があるときは、その地方出入国在留管理局の管轄区域外においても、職務を行うことができる。

第六一条の三の二（入国警備官）1　入国者収容所及び地方出入国在留管理局に、入国警備官を置く。

2　入国警備官は、次に掲げる事務を行う。

一　入国、上陸及び在留に関する違反事件を調査すること。

二　収容令書及び退去強制令書を執行するため、その執行を受ける者を収容し、護送し、及び送還すること。

三　入国者収容所等その他の施設を警備すること。

四　第一九条の三七第一項、第四四条の九第一項及び第二項、第五二条の七第一項及び第二項並びに第五九条の二第一項に規定する事実の調査を行うこと。

五　第一九条の二〇第一項の規定による関係人に対する質問並びに特定技能所属機関に係る事業所その他特定技能外国人の受入れに関係のある場所への立入り及びその設備又は帳簿書類その他の物件の検査を行うこと。

六　第二二条の四第三項ただし書の規定による通知並びに第六一条の八の二第四項及び第五項の規定による交付送達を行うこと。

3　前条第三項の規定は、入国警備官に準用する。

4　入国警備官は、国家公務員法の規定の適用については、警察職員とする。

5　入国警備官の階級は、別に政令で定める。

第六一条の四（武器の携帯及び使用）1　入国審査官及び入国警備官は、その職務を行うに当り、武器を携帯することができる。

2　入国審査官及び入国警備官は、その職務の執行に関し、その事態に応じ、合理的に必要と判断される限度において、武器を使用することができる。但し、左の各号の一に該当する場合を除く外、人に危害を加えてはならない。

一　刑法第三六条又は第三七条に該当するとき。

二　収容令書又は退去強制令書の執行を受ける者がその者に対する入国審査官若しくは入国警備官の職務の執行に対して抵抗しようとする場合又は第三者がその者を逃がそうとして入国審査官若しくは入国警備官に抵抗する場合において、これを防止するために他の手段がないと入国審査官又は入国警備官において信ずるに足りる相当の理由があるとき。

第六一条の五（制服及び証票）
第六一条の六（関係行政機関との関係）
第六一条の七（関係行政機関の協力）　（略）

第六一条の七の二（住民票の記載等に係る通知）市町村の長は、住民基本台帳法第三〇条の四五に規定する外国人住民に係る住民票について、政令で定める事由により、その記載、消除又は記載の修正をしたときは、直ちにその旨を出入国在留管理庁長官に通知しなければならない。

第六一条の八（情報提供）1　出入国在留管理庁長官は、出入国管理及び難民認定法に規定する出入国及び在留の管理並びに難民の認定及び補完的保護対象者の認定の職務に相当する職務を行う外国の当局（以下この条において「外国出入国在留管理当局」という。）に対し、その職務（出入国管理及び難民認定法に規定する出入国及び在留の管理並びに難民の認定及び補完的保護対象者の認定の職務に相当するものに限る。次項において同じ。）の遂行に資すると認める情報を提供することができる。

2　前項の規定による情報の提供については、当該情報が当該外国出入国在留管理当局の職務の遂行に資する目的以外の目的で使用されないよう適切な措置がとられなければならない。

3　出入国在留管理庁長官は、外国出入国在留管理当局からの要請があったときは、前項の規定にかかわらず、次の各号のいずれかに該当する場合を除き、第一項の規定により提供した情報を当該要請に係る外国の刑事事件の捜査又は審判（以下この項において「捜査等」という。）に使用することについて同意をすることができる。

一　当該要請に係る刑事事件の捜査等の対象とされている犯罪が政治犯罪であるとき、又は当該要請が政治犯罪について捜査等を行う目的で行われたものと認められるとき。

二　当該要請に係る刑事事件の捜査等の対象とされている犯罪に係る行為が日本国内において行われたとした場合において、その行為が日本国の法令によれば罪に当たるものでないとき。

三　日本国が行う同種の要請に応ずる旨の要請国の保証がないとき。

4　出入国在留管理庁長官は、前項の同意をする場合においては、あらかじめ、同項第一号及び第二号に該当しないことについて法務大臣の確認を、同項第三号に該当しないことについて外務大臣の確認を、それぞれ受けなければならない。

第六一条の八の二（送達）
第六一条の八の三（本人の出頭義務と代理人による届出等）　（略）

第六一条の九（出入国在留管理基本計画）1　法務大臣は、出入国及び在留の公正な管理を図るため、外国人の入国及び在留の管理に関する施策の基本となるべき計画（以下「出入国在留管理基本計画」という。）を定めるものとする。

2　出入国在留管理基本計画に定める事項は、次のとおりとする。

一　本邦に入国し、在留する外国人の状況に関する事項

二　外国人の入国及び在留の管理の指針となるべき事項

三　前二号に掲げるもののほか、外国人の入国及び在留の管理に関する施策に関し必要な事項

3　法務大臣は、出入国在留管理基本計画を定めるに当たっては、あらかじめ、関係行政機関の長と協議するものとする。

4　法務大臣は、出入国在留管理基本計画を定めたときは、遅滞なく、その概要を公表するものとする。

5　前二項の規定は、出入国在留管理基本計画の変更について準用する。

第六一条の一〇(同) 法務大臣は、出入国在留管理基本計画に基づいて、外国人の出入国及び在留を公正に管理するよう努めなければならない。

第六二条(通報) 1 何人も、第二四条各号のいずれかに該当すると思料する外国人を知ったときは、その旨を通報することができる。

2　国又は地方公共団体の職員は、その職務を遂行するに当って前項の外国人を知ったときは、その旨を通報しなければならない。

3　矯正施設の長は、第一項の外国人が刑の執行を受けている場合において、刑期の満了、刑の執行の停止その他の事由(仮釈放を除く。)により釈放されるとき、又は少年法第二四条第一項第三号若しくは第六四条第一項第二号(同法第六六条第一項の決定を受けた場合に限る。次項において同じ。)若しくは第三号の処分を受けて出院するとき(仮退院又は退院(更生保護法(平成一九年法律第八八号)第四七条の二の決定によるものに限る。次項において同じ。)による場合を除く。)は、直ちにその旨を通報しなければならない。

4　地方更生保護委員会は、第一項の外国人が刑の執行を受けている場合又は少年法第二四条第一項第三号若しくは第六四条第一項第二号若しくは第三号の処分を受けて少年院に在院している場合において、当該外国人について仮釈放又は仮退院若しくは退院を許す旨の決定をしたときは、直ちにその旨を通報しなければならない。

5　前各項の通報は、書面又は口頭をもって、所轄の入国審査官又は入国警備官に対してしなければならない。

第六三条(刑事手続との関係) 1 退去強制対象者に該当する外国人について刑事訴訟に関する法令、刑の執行に関する法令又は少年院の在院者の処遇に関する法令の規定による手続が行われる場合には、その者を収容しないときでも、又は第四四条の二第一項の監理措置に付さないときでも、その者について第五章(第二節並びに第五二条及び第五三条を除く。)の規定に準じ退去強制の手続を行うことができる。この場合において、第二九条第一項中「容疑者の出頭を求め」とあるのは「容疑者の出頭を求め、又は自ら出張して」と、第四五条第一項中「第四四条の規定による容疑者の引渡し又は第四四条の七の規定による違反事件の引継ぎを受けたときは」とあるのは「違反調査の結果、容疑者が退去強制対象者に該当すると疑うに足りる理由があるときは」と、第五〇条第二項中「収容令書により収容された外国人又は監理措置決定を受けた」とあるのは「第四五条第一項の規定により入国審査官の審査を受けることとされた」と読み替えるものとする。

2　前項の規定に基づき、退去強制令書が発付された場合には、刑事訴訟に関する法令、刑の執行に関する法令又は少年院の在院者の処遇に関する法令の規定による手続が終了した後、その執行をするものとする。ただし、刑の執行中においても、検事総長又は検事長の許可があるときは、その執行をすることができる。

3　入国審査官は、第四五条又は第五五条の八四第二項の審査に当たって、容疑者が罪を犯したと信ずるに足りる相当の理由があるときは、検察官に告発するものとする。

第六四条(身柄の引渡し等) 1 検察官は、第七〇条の罪に係る被疑者を受け取った場合において、公訴を提起しないと決定したときで、その被疑者について入国警備官から次の各号に掲げる提示又は通知を受けたときは、当該各号に定める措置をとらなければならない。

一　収容令書又は退去強制令書の提示　当該被疑者を釈放して入国警備官に引き渡す措置

二　第四四条の二第七項に規定する監理措置決定又は第五二条の二第六項に規定する監理措置決定の通知　当該被疑者を釈放する措置

2　矯正施設の長は、第六二条第三項又は第四項に規定する場合において、同条第一項の外国人について入国警備官から次の各号に掲げる提示又は通知を受けたときは、当該各号に定める措置をとらなければならない。

一　収容令書又は退去強制令書の提示　釈放と同時に当該外国人を当該入国警備官に引き渡す措置

二　第四四条の二第七項に規定する監理措置決定又は第五二条の二第六項に規定する監理措置決定の通知　当該外国人を釈放する措置

第六五条(刑事訴訟法の特例) 1 司法警察員は、第七〇条の罪(第一項第九号及び第一〇号の罪を除く。)に係る被疑者を逮捕し、若しくは受け取り、又はこれらの罪に係る現行犯人を受け取った場合には、次の各号のいずれかに該当し、かつ、その者が他に罪を犯した嫌疑のないときに限り、刑事訴訟法(昭和二三年法律第一三一号)第二〇三条(同法第二一一条及び第二一六条の規定により準用する場合を含む。)の規定にかかわらず、当該各号に定める措置をとることができる。

一　収容令書が発付されたとき　当該被疑者を書類及び証拠物とともに入国警備官に引き渡す措置

二　第四四条の二第七項に規定する監理措置決定がされたとき　当該被疑者を釈放する措置並びに書類及び証拠物を入国警備官に引き渡す措置

2　前項の場合には、被疑者が身体を拘束された時から四八時間以内に、当該被疑者を引き渡し、又は釈放する手続をしなければならない。

第六六条（報償金）第六二条第一項の規定による通報をした者がある場合において、その通報に基いて退去強制令書が発付されたときは、法務大臣は、法務省令で定めるところにより、その通報者に対し、五万円以下の金額を報償金として交付することができる。但し、通報が国又は地方公共団体の職員がその職務の遂行に伴い知り得た事実に基くものであるときは、この限りでない。

第六七条（手数料）
第六七条の二（同）
第六八条（同）
第六八条の二（事務の区分）
第六九条（政令等への委任）
（略）

第六九条の二（権限の委任）1　出入国管理及び難民認定法に規定する法務大臣の権限は、政令で定めるところにより、出入国在留管理庁長官に委任することができる。ただし、第二条の三第三項及び第四項（これらの規定を同条第五項において準用する場合を含む。）、第二条の四第一項、同条第三項及び第四項（これらの規定を同条第五項において準用する場合を含む。）並びに第七条の二第三項及び第四項（これらの規定を同条第五項において準用する場合を含む。）に規定する権限については、この限りでない。

2　出入国管理及び難民認定法に規定する出入国在留管理庁長官の権限（前項の規定により委任された権限を含む。）は、法務省令で定めるところにより、地方出入国在留管理局長に委任することができる。

第六九条の三（経過措置）（略）

第九章　罰則

第七〇条　次の各号のいずれかに該当する者は、三年以下の懲役若しくは禁錮若しくは三〇〇万円以下の罰金に処し、又はその懲役若しくは禁錮及び罰金を併科する。

一　第三条の規定に違反して本邦に入った者

二　入国審査官から上陸の許可等を受けないで本邦に上陸した者

二の二　偽りその他不正の手段により、上陸の許可等を受けて本邦に上陸し、又は第四章第二節の規定による許可を受けた者

三　第二二条の四第一項（第一号又は第二号に係るものに限る。）の規定により在留資格を取り消された者で本邦に残留するもの

三の二　第二二条の四第一項（第五号に係るものに限る。）の規定により在留資格を取り消された者（同条第七項本文の規定により期間の指定を受けた者を除く。）で本邦に残留するもの

三の三　第二二条の四第七項本文（第六一条の二の一一第二項において準用する場合を含む。）の規定により期間の指定を受けた者で、当該期間を経過して本邦に残留するもの

四　第一九条第一項の規定に違反して収入を伴う事業を運営する活動又は報酬を受ける活動を専ら行っていると明らかに認められる者

五　在留期間の更新又は変更を受けないで在留期間（第二〇条第六項（第二一条第四項において準用する場合を含む。）の規定により本邦に在留することができる期間を含む。）を経過して本邦に残留する者

六　仮上陸の許可を受けた者で、第一三条第三項の規定に基づき付された条件に違反して、逃亡し、又は正当な理由がなくて呼出しに応じないもの

七　寄港地上陸の許可、乗員上陸の許可、緊急上陸の許可、遭難による上陸の許可又は一時庇護のための上陸の許可を受けた者で、旅券又は当該許可書に記載された期間を経過して本邦に残留するもの

七の二　第一四条の二第九項の規定により期間の指定を受けた者で当該期間内に出国しないもの

七の三　第一六条第九項の規定により期間の指定を受けた者で当該期間内に帰船し又は出国しないもの

八　第二二条の二第一項に規定する者で、同条第三項において準用する第二〇条第三項本文の規定又は第二二条の二第四項において準用する第二二条第二項の規定による許可を受けないで、第二二条の二第一項に規定する期間を経過して本邦に残留するもの

八の二　第五五条の八五第一項の規定により出国命令を受けた者で、当該出国命令に係る出国期限を経過して本邦に残留するもの

八の三　第五五条の八八の規定により出国命令を取り消された者で本邦に残留するもの

八の四　第六一条の二の四第一項の規定による許可を受けた者で、仮滞在期間を経過して本邦に残留するもの

九　第四四条の二第七項に規定する監理措置決定を受けた者で、第四四条の五第一項の規定による許可を受けないで報酬を受ける活動を行ったもの又は収入を伴う事業を運営する活動を行ったもの

一〇　第五二条の二第六項に規定する監理措置決定を受けた者で、収入を伴う事業を運営する活動又は報酬を受ける活動を行ったもの（在留資格をもって在留する者を除く。）

一一　偽りその他不正の手段により難民の認定又は補完的保護対象者の認定を受けた者

2　前項第一号又は第二号に掲げる者が、本邦に上陸した後引き続き不法に在留するときも、同項と同様とする。

第七〇条の二　前条第一項第一号から第二号の二まで、第五号若しくは第七号又は同条第二項の罪を犯した者については、次の各号に該当することの証明があったときは、その刑を免除する。ただし、当該罪に係る行為をした後遅滞なく入国審査官の面前において、

次の各号に該当することの申出をした場合に限る。
一 難民であること。
二 その者の生命、身体又は身体の自由が難民条約第一条A(2)に規定する理由によって害されるおそれのあった領域から、直接本邦に入ったものであること。
三 前号のおそれがあることにより当該罪に係る行為をしたものであること。

第七一条 第二五条第二項又は第六条第二項の規定に違反して出国し、又は出国することを企てた者は、一年以下の懲役若しくは禁錮こ若しくは三〇万円以下の罰金に処し、又はその懲役若しくは禁錮及び罰金を併科する。

第七一条の二
第七一条の三
第七一条の四
第七一条の五
第七一条の六 (略)

第七二条 次の各号のいずれかに該当する者は、一年以下の懲役若しくは二〇万円以下の罰金に処し、又はこれを併科する。
一 船舶観光上陸の許可を受けた者で、当該許可に係る指定旅客船が寄港する本邦の出入国港において下船した後当該出入国港から当該指定旅客船が出港するまでの間に帰船することなく逃亡したもの
二 一時庇護のための上陸の許可を受けた者で、第一八条の二第四項の規定に基づき付された条件に違反して逃亡したもの
三 第四四条の二第一項若しくは第六項又は第五二条の二第一項若しくは第五項の規定に基づき付された条件に違反して、逃亡し、又は正当な理由がなくて呼出しに応じない者
四 第五二条第一〇項の規定により放免された者で、同項の規定に基づき付された条件に違反して、逃亡し、又は正当な理由がなくて呼出しに応じないもの
五 第五二条第一二項の規定による命令に違反して同項に規定する行為をしなかった者
六 第五四条第二項の規定により仮放免された者で、同項の規定に基づき付された条件に違反して、逃亡し、又は正当な理由がなくて呼出しに応じないもの
七 第五五条の二第一項の規定による命令に違反して本邦から退去しなかった者
八 第五五条の八五第一項の規定により出国命令を受けた者で、同条第三項の規定に基づき付された条件に違反して逃亡したもの
九 第六一条の二の四第一項の規定による許可を受けた者で、同条第三項の規定に基づき付された条件に違反して、逃亡し、又は正当な理由がなくて呼出しに応じないもの
一〇 第六一条の二の一〇第四項又は第六一条の二の一六の規定に違反して難民認定証明書、難民旅行証明書又は補完的保護対象者認定証明書を返納しなかった者
一一 第六一条の二の一五第八項の規定により難民旅行証明書の返納を命ぜられた者で、同項の規定により付された期限内にこれを返納しなかったもの

第七三条 次の各号のいずれかに該当する者は、一年以下の懲役若しくは禁錮若しくは二〇〇万円以下の罰金に処し、又はその懲役若しくは禁錮及び罰金を併科する。
一 第一九条第一項の規定に違反して収入を伴う事業を運営する活動又は報酬を受ける活動を行った者(第七〇条第一項第四号に該当する者を除く。)
二 第六一条の二の七第一項の規定に違反して収入を伴う事業を運営する活動又は報酬を受ける活動を行った者

第七三条の二 次の各号のいずれかに該当する者は、三年以下の懲役若しくは三〇〇万円以下の罰金に処し、又はこれを併科する。
一 事業活動に関し、外国人に不法就労活動をさせた者
二 外国人に不法就労活動をさせるためにこれを自己の支配下に置いた者
三 業として、外国人に不法就労活動をさせる行為又は前号の行為に関しあっせんした者
2 前項各号に該当する行為をした者は、次の各号のいずれかに該当することを知らないことを理由として、同項の規定による処罰を免れることができない。ただし、過失のないときは、この限りでない。
一 当該外国人の活動が当該外国人の在留資格に応じた活動に属しない収入を伴う事業を運営する活動又は報酬を受ける活動であること。
二 当該外国人が当該外国人の活動を行うに当たり第一九条第二項の許可を受けていないこと。
三 当該外国人が第七〇条第一項第一号、第二号、第三号から第三号の三まで、第五号、第七号から第七号の三まで又は第八号の二から第八号の四までに掲げる者であること。

第七三条の三 行使の目的で、在留カードを偽造し、又は変造した者は、一年以上一〇年以下の懲役に処する。
2 偽造又は変造の在留カードを行使した者も、前項と同様とする。
3 行使の目的で、偽造又は変造の在留カードを提供し、又は収受した者も、第一項と同様とする。
4 前三項の罪の未遂は、罰する。

第七三条の四 行使の目的で、偽造又は変造の在留カードを所持した者は、五年以下の懲役又は五〇万円以下の罰金に処する。

第七三条の五 第七三条の三第一項の犯罪行為の用に供する目的で、器械又は原料を準備した者は、三年以下の懲役又は五〇万円以下の罰金に処する。

第七三条の六 次の各号のいずれかに該当する者は、一年以下の懲役又は二〇万円以下の罰金に処する。
一 他人名義の在留カードを行使した者

二　行使の目的で、他人名義の在留カードを提供し、収受し、又は所持した者
三　行使の目的で、自己名義の在留カードを提供した者
2　前項（所持に係る部分を除く。）の罪の未遂は、罰する。

第七四条　自己の支配又は管理の下にある集団密航者（入国審査官から上陸の許可等を受けないで、又は偽りその他不正の手段により入国審査官から上陸の許可等を受けて本邦に上陸する目的を有する集合した外国人をいう。以下同じ。）を本邦に入らせ、又は上陸させた者は、五年以下の懲役又は三〇〇万円以下の罰金に処する。
2　営利の目的で前項の罪を犯した者は、一年以上一〇年以下の懲役及び一〇〇〇万円以下の罰金に処する。
3　前二項の罪（本邦に上陸させる行為に係る部分に限る。）の未遂は、罰する。

第七四条の二　自己の支配又は管理の下にある集団密航者を本邦に向けて輸送し、又は本邦内において上陸の場所に向けて輸送した者は、三年以下の懲役又は二〇〇万円以下の罰金に処する。
2　営利の目的で前項の罪を犯した者は、七年以下の懲役及び五〇〇万円以下の罰金に処する。

第七四条の三　第七四条第一項若しくは第二項又は前条の罪を犯す目的で、その用に供する船舶等を準備した者は、二年以下の懲役又は一〇〇万円以下の罰金に処する。情を知って、その用に供する船舶等を提供した者も、同様とする。

第七四条の四　第七四条第一項又は第二項の罪を犯した者からその上陸させた外国人の全部若しくは一部を収受し、又はその収受した外国人を輸送し、蔵匿し、若しくは隠避させた者は、五年以下の懲役又は三〇〇万円以下の罰金に処する。当該外国人の全部若しくは一部を、これを収受した者から収受し、又はその収受した外国人を輸送し、蔵匿し、若しくは隠避させた者も、同様とする。
2　営利の目的で前項の罪を犯した者は、一年以上一〇年以下の懲役及び一〇〇〇万円以下の罰金に処する。
3　前二項の罪の未遂は、罰する。

第七四条の五　前条第一項又は第二項の罪を犯す目的で、その予備をした者は、二年以下の懲役又は一〇〇万円以下の罰金に処する。

第七四条の六　営利の目的で第七〇条第一項第一号若しくは第二号に規定する行為（以下「不法入国等」という。）又は同項第二号の二に規定する行為の実行を容易にした者は、三年以下の懲役若しくは三〇〇万円以下の罰金に処し、又はこれを併科する。

第七四条の六の二　次の各号のいずれかに該当する者は、三年以下の懲役若しくは三〇〇万円以下の罰金に処し、又はこれを併科する。
一　他人の不法入国等の実行を容易にする目的で、偽りその他不正の手段により、日本国の権限のある機関から難民旅行証明書、渡航証明書、乗員手帳又は再入国許可書の交付を受けた者
二　他人の不法入国等の実行を容易にする目的で、次に掲げる文書を所持し、提供し、又は収受した者
イ　旅券（旅券法第二条第一号及び第二号に規定する旅券並びに同法第一九条の三第一項に規定する渡航書を除く。以下この項において同じ。）、乗員手帳又は再入国許可書として偽造された文書
ロ　当該不法入国等を実行する者について効力を有しない旅券、乗員手帳又は再入国許可書
三　第七〇条第一項第一号又は第二号の罪を犯す目的で、偽りその他不正の手段により、日本国の権限のある機関から難民旅行証明書、渡航証明書、乗員手帳又は再入国許可書の交付を受けた者
四　第七〇条第一項第一号又は第二号の罪を犯す目的で、次に掲げる文書を所持し、又は収受した者
イ　旅券、乗員手帳又は再入国許可書として偽造された文書
ロ　自己について効力を有しない旅券、乗員手帳又は再入国許可書
2　営利の目的で前項第一号又は第二号の罪を犯した者は、五年以下の懲役及び五〇〇万円以下の罰金に処する。

第七四条の六の三　前条の罪（所持に係る部分を除く。）の未遂は、罰する。

第七四条の七　第七三条の二第一項第二号及び第三号、第七三条の三から第七三条の六まで、第七四条の二（本邦内における輸送に係る部分を除く。）、第七四条の三並びに前三条の罪は、刑法第二条の例に従う。

第七四条の八　退去強制を免れさせる目的で、第二四条第一号又は第二号に該当する外国人を蔵匿し、又は隠避させた者は、三年以下の懲役又は三〇〇万円以下の罰金に処する。
2　営利の目的で前項の罪を犯した者は、五年以下の懲役及び五〇〇万円以下の罰金に処する。
3　前二項の罪の未遂は、罰する。

第七五条　第一〇条第五項（第四八条第五項において準用する場合を含む。）の規定に違反して、正当な理由がなくて出頭せず、宣誓若しくは証言を拒み、又は虚偽の証言をした者は、二〇万円以下の罰金に処する。

第七五条の二　次の各号のいずれかに該当する者は、一年以下の懲役又は二〇万円以下の罰金に処する。
一　第二三条第二項の規定に違反して在留カードを受領しなかった者
二　第二三条第三項の規定に違反して在留カードの提示を拒んだ者

第七五条の三　第二三条第二項の規定に違反して在留カードを携帯しなかった者は、二〇万円以下の罰金に処する。

第七六条　次の各号のいずれかに該当する者は、一〇万円以下の罰金に処する。

一 第二三条第一項の規定に違反した者
二 第二三条第三項の規定に違反して旅券の提示を拒んだ者

第七六条の二(両罰規定) 法人の代表者又は法人若しくは人の代理人、使用人その他の従業者が、その法人又は人の業務に関して第七一条の三、第七一条の四、第七三条の二若しくは第七四条から第七四条の六までの罪、第七四条の六の二(第一項第三号及び第四号を除く。)の罪若しくは第七四条の六の三の罪又は第七四条の八の罪を犯したときは、行為者を罰するほか、その法人又は人に対しても、各本条の罰金刑を科する。

第七七条(過料)

第七七条の二(同)

第七七条の三(同)

第七八条(没収)

別表第一(第二条の二、第二条の五、第五条、第六条、第七条、第七条の二、第九条、第一九条、第一九条の五、第一九条の一六、第一九条の一七、第一九条の三六、第二〇条、第二〇条の二、第二二条の三、第二二条の四、第二四条、第五二条、第六一条の二の二、第六一条の二の一一関係)

一

在留資格	本邦において行うことができる活動
外交	日本国政府が接受する外国政府の外交使節団若しくは領事機関の構成員、条約若しくは国際慣行により外交使節と同様の特権及び免除を受ける者又はこれらの者と同一の世帯に属する家族の構成員としての活動
公用	日本国政府の承認した外国政府若しくは国際機関の公務に従事する者又はその者と同一の世帯に属する家族の構成員としての活動(この表の外交の項の下欄に掲げる活動を除く。)
教授	本邦の大学若しくはこれに準ずる機関又は高等専門学校において研究、研究の指導又は教育をする活動
芸術	収入を伴う音楽、美術、文学その他の芸術上の活動(二の表の興行の項の下欄に掲げる活動を除く。)
宗教	外国の宗教団体により本邦に派遣された宗教家の行う布教その他の宗教上の活動
報道	外国の報道機関との契約に基づいて行う取材その他の報道上の活動

別表第一の二

在留資格	本邦において行うことができる活動
高度専門職	一 高度の専門的な能力を有する人材として法務省令で次のイからハまでのいずれかに該当する活動であって、我が国の学術研究又は経済の発展に寄与することが見込まれるもの イ 法務大臣が指定する本邦の公私の機関との契約に基づいて研究、研究の指導若しくは教育をする活動又は当該活動と併せて当該活動と関連する事業を自ら経営し若しくは当該機関以外の本邦の公私の機関との契約に基づいて研究、研究の指導若しくは教育をする活動 ロ 法務大臣が指定する本邦の公私の機関との契約に基づいて自然科学若しくは人文科学の分野に属する知識若しくは技術を要する業務に従事する活動又は当該活動と併せて当該活動と関連する事業を自ら経営する活動 ハ 法務大臣が指定する本邦の公私の機関において貿易その他の事業の経営を行い若しくは管理に従事する活動又は当該活動と併せて当該活動と関連する事業を自ら経営する活動
〔高度専門職つづき〕	二 前号に掲げる活動を行った者であって、その在留が我が国の利益に資するものとして法務省令で定める基準に適合するものが行う次に掲げる活動 イ 本邦の公私の機関との契約に基づいて研究、研究の指導又は教育をする活動 ロ 本邦の公私の機関との契約に基づいて自然科学又は人文科学の分野に属する知識又は技術を要する業務に従事する活動 ハ 本邦の公私の機関において貿易その他の事業の経営を行い又は当該事業の管理に従事する活動 ニ イからハまでのいずれかの活動と併せて行う一の表の教授の項から報道の項までの下欄に掲げる活動又はこの表の法律・会計業務の項、医療の項、教育の項、技術・人文知識・国際業務の項、介護の項、興行の項若しくは技能の項の下欄若しくは特定技能の項の下欄第二号に掲げる活動(イからハまでのいずれかに該当する活動を除く。)
経営・管理	本邦において貿易その他の事業の経営を行い又は当該事業の管理に従事する活動(この表の法律・会計業務の項の下欄に掲げる資格を有しなければ法律上行うことができないこととされている事業の経営又は管理に従事する活動を除く。)
法律・会計業務	外国法事務弁護士、外国公認会計士その他法律上資格を有する者が行うこととされている法律又は会計に係る業務に従事する活動
医療	医師、歯科医師その他法律上資格を有する者が行うこととされている医療に係る業務に従事する活動
研究	本邦の公私の機関との契約に基づいて研究を行う業務に従事する活動(一の表の教授の項の下欄に掲げる活動を除く。)

教育	本邦の小学校、中学校、義務教育学校、高等学校、中等教育学校、特別支援学校、専修学校又は各種学校若しくは設備及び編制に関してこれに順ずる教育機関において語学教育その他の教育をする活動
技術・人文知識・国際業務	本邦の公私の機関との契約に基づいて行う理学、工学その他の自然科学の分野若しくは法律学、経済学、社会学その他の人文科学の分野に属する技術若しくは知識を要する業務又は外国の文化に基盤を有する思考若しくは感受性を必要とする業務に従事する活動（一の表の教授の項、芸術の項及び報道の項の下欄に掲げる活動並びにこの表の経営・管理の項から教育の項まで及び企業内転勤の項から興行の項までの下欄に掲げる活動を除く。）
企業内転勤	本邦に本店、支店その他の事業所のある公私の機関の外国にある事業所の職員が本邦にある事業所に期間を定めて転勤して当該事業所において行うこの表の技術・人文知識・国際業務の項の下欄に掲げる活動
介護	本邦の公私の機関との契約に基づいて介護福祉士の資格を有する者が介護又は介護の指導を行う業務に従事する活動
興行	演劇、演芸、演奏、スポーツ等の興行に係る活動又はその他の芸能活動（この表の経営・管理の項の下欄に掲げる活動を除く。）
技能	本邦の公私の機関との契約に基づいて行う産業上の特殊な分野に属する熟練した技能を要する業務に従事する活動
特定技能	一　法務大臣が指定する本邦の公私の機関との雇用に関する契約（第二条の五第一項から第四項までの規定に適合するものに限る。次号において同じ。）に基づいて行う特定産業分野（人材を確保することが困難な状況にあるため外国人により不足する人材の確保を図るべき産業上の分野として法務省令で定めるものをいう。同号において同じ。）であって法務大臣が指定するものに属する法務省令で定める相当程度の知識又は経験を必要とする技能を要する業務に従事する活動 二　法務大臣が指定する本邦の公私の機関との雇用に関する契約に基づいて行う特定産業分野であって法務大臣が指定するものに属する法務省令で定める熟練した技能を要する業務に従事する活動
技能実習	一　次のイ又はロのいずれかに該当する活動 イ　技能実習法第八条第一項の認定（技能実習法第十一条第一項の規定による変更の認定があったときは、その変更後のもの。以下同じ。）を受けた技能実習法第八条第一項に規定する技能実習計画（技能実習法第二条第二項第一号に規定する第一号企業単独型技能実習に係るものに限る。）に基づいて、講習を受け、及び技能、技術又は知識（以下「技能等」という。）に係る業務に従事する活動 ロ　技能実習法第八条第一項の認定を受けた同項に規定する技能実習計画（技能実習法第二条第四項第一号に規定する第一号団体監理型技能実習に係るものに限る。）に基づいて、講習を受け、及び技能等に係る業務に従事する活動 二　次のイ又はロのいずれかに該当する活動 イ　技能実習法第八条第一項の認定を受けた同項に規定する技能実習計画（技能実習法第二条第二項第二号に規定する第二号企業単独型技能実習に係るものに限る。）に基づいて技能等を要する業務に従事する活動 ロ　技能実習法第八条第一項の認定を受けた同項に規定する技能実習計画（技能実習法第二条第四項第二号に規定する第二号団体監理型技能実習に係るものに限る。）に基づいて技能等を要する業務に従事する活動 三　次のイ又はロのいずれかに該当する活動 イ　技能実習法第八条第一項の認定を受けた同項に規定する技能実習計画（技能実習法第二条第二項第三号に規定する第三号企業単独型技能実習に係るものに限る。）に基づいて技能等を要する業務に従事する活動 ロ　技能実習法第八条第一項の認定を受けた同項に規定する技能実習計画（技能実習法第二条第四項第三号に規定する第三号団体監理型技能実習に係るものに限る。）に基づいて技能等を要する業務に従事する活動
備考	法務大臣は、特定技能の項の下欄の法務省令を定めようとするときは、あらかじめ、関係行政機関の長と協議するものとする。

別表第一の三

在留資格	本邦において行うことができる活動
文化活動	収入を伴わない学術上若しくは芸術上の活動又は我が国特有の文化若しくは技芸について専門的な研究を行い若しくは専門家の指導を受けてこれを修得する活動（四の表の留学の項から研修の項までの下欄に掲げる活動を除く。）
短期滞在	本邦に短期間滞在して行う観光、保養、スポーツ、親族の訪問、見学、講習又は会合への参加、業務連絡その他これらに類似する活動

別表第一の四

在留資格	本邦において行うことができる活動

留学	本邦の大学、高等専門学校、高等学校(中等教育学校の後期課程を含む。)若しくは特別支援学校の高等部、中学校(義務教育学校の後期課程及び中等教育学校の前期課程を含む。)若しくは特別支援学校の中学部、小学校(義務教育学校の前期課程を含む。)若しくは特別支援学校の小学部、専修学校若しくは各種学校又は設備及び編制に関してこれらに準ずる機関において教育を受ける活動
研修	本邦の公私の機関により受け入れられて行う技術、技能又は知識の修得をする活動(この表の留学の項及び就学の項の下欄に掲げる活動を除く。)
家族滞在	一の表、二の表又は三の表の上欄の在留資格(外交、公用、特定技能(二の表の特定技能の項の下欄第一号に係るものに限る。)、技能実習及び短期滞在を除く。)をもって在留する者又はこの表の留学の在留資格をもって在留する者の扶養を受ける配偶者又は子として行う日常的な活動

別表第一の五

在留資格	本邦において行うことができる活動
特定活動	法務大臣が個々の外国人について特に指定する活動

別表第二(第二条の二、第七条、第二二条の三、第二二条の四、第六一条の二の二、第六一条の二の一一関係)

在留資格	本邦において有する身分または地位
永住者	法務大臣が永住を認める者
日本人の配偶者等	日本人の配偶者若しくは特別養子又は日本人の子として出生した者
永住者の配偶者等	永住者等の配偶者又は永住者等の子として本邦で出生しその後引き続き本邦に在留している者
定住者	法務大臣が特別な理由を考慮し一定の在留期間を指定して居住を認める者

第6節 国籍及び抵触法

3 30 国籍法

施行 一九五〇(昭和二五)年七月一日(附則)
最終改正 二〇一八(平成三〇)年(法律第五九号)

第一条(この法律の目的)日本国民たる要件は、この法律の定めるところによる。

第二条(出生による国籍の取得)子は次の場合には、日本国民とする。

一 出生の時に父又は母が日本国民であるとき。
二 出生前に死亡した父が死亡の時に日本国民であったとき。
三 日本で生まれた場合において、父母がともに知れないとき、又は国籍を有しないとき。

[参考]
一九八四(昭五九)年(法四五号)による改正以前の国籍法

旧第二条(出生による国籍の取得)子は、左の場合には、日本国民とする。

一 出生の時に父が日本国民であるとき。
二 出生前に死亡した父が死亡の時に日本国民であったとき。
三 父が知れない場合又は国籍を有しない場合において、母が日本国民であるとき。
四 日本で生れた場合において、父母がともに知れないとき、又は国籍を有しないとき。

第三条(認知された子の国籍の取得)1 父又は母が認知した子で二〇歳未満のもの(日本国民であった者を除く。)は、認知をした父又は母が子の出生の時に日本国民であった場合において、その父又は母が現に日本国民であるとき、又はその死亡の時に日本国民であったときは、法務大臣に届け出ることによって、日本の国籍を取得することができる。

2 前項の規定による届出をした者は、その届出の時に日本の国籍を取得する。

第四条(帰化)1 日本国民でない者(以下「外国人」という。)は、帰化によって、日本の国籍を取得することができる。

2 帰化をするには、法務大臣の許可を得なければならない。

第五条(同)1 法務大臣は、次の条件を備える外国人でなければ、その帰化を許可することができない。

一 引き続き五年以上日本に住所を有すること。
二 二〇歳以上で本国法によって行為能力を有すること。
三 素行が善良であること。
四 自己又は生計を一にする配偶者その他の親族の資産又は技能によって生計を営むことができること。
五 国籍を有せず、又は日本の国籍の取得によってその国籍を失うべきこと。
六 日本国憲法施行の日以後において、日本国憲法又はその下に成立した政府を暴力で破壊することを企て、若しくは主張し、又はこれを企て、若しくは主張する政党その他の団体を結成し、若しくはこれに加入したことがないこと。

2 法務大臣は、外国人がその意思にかかわらずその国籍を失うことができない場合において、日本国民との親族関係又は境遇につき特別の事情があると認めるときは、その者が前項第五号に掲げる条件を備えないときでも、帰化を許可することができる。

第六条(同)次の各号の一に該当する外国人で現に日本に住所を有するものについては、法務大臣は、その者が前条第一項第一号に掲げる条件を備えないときでも、帰化を許可することができる。

一 日本国民であった者の子(養子を除く。)で引き

続き三年以上日本に住所又は居所を有するもの
二　日本で生まれた者で引き続き三年以上日本に住所若しくは居所を有し、又はその父若しくは母(養父母を除く。)が日本で生まれたもの
三　引き続き一〇年以上日本に居所を有する者

第七条(同)日本国民の配偶者たる外国人で引き続き三年以上日本に住所又は居所を有し、かつ、現に日本に住所を有するものについては、法務大臣は、その者が第五条第一項第一号及び第二号の条件を備えないときでも、帰化を許可することができる。日本国民の配偶者たる外国人で婚姻の日から三年を経過し、かつ、引き続き一年以上日本に住所を有するものについても、同様とする。

第八条(同)次の各号の一に該当する外国人については、法務大臣は、その者が第五条第一項第一号、第二号及び第四号の条件を備えないときでも、帰化を許可することができる。
一　日本国民の子(養子を除く。)で日本に住所を有するもの
二　日本国民の養子で引き続き一年以上日本に住所を有し、かつ、縁組の時本国法により未成年であったもの
三　日本の国籍を失った者(日本に帰化した後日本の国籍を失った者を除く。)で日本に住所を有するもの
四　日本で生まれ、かつ、出生の時から国籍を有しない者でその時から引き続き三年以上日本に住所を有するもの

第九条(同)日本に特別の功労のある外国人については、法務大臣は、第五条第一項の規定にかかわらず、国会の承認を得て、その帰化を許可することができる。

第一〇条(同)1　法務大臣は、帰化を許可したときは、官報にその旨を告示しなければならない。
2　帰化は、前項の告示の日から効力を生ずる。

第一一条(国籍の喪失)1　日本国民は、自己の志望によって外国の国籍を取得したときは、日本の国籍を失う。
2　外国の国籍を有する日本国民は、その外国の法令によりその国の国籍を選択したときは、日本の国籍を失う。

第一二条(同)出生により外国の国籍を取得した日本国民で国外で生まれたものは、戸籍法(昭和二二年法律第二二四号)の定めるところにより日本の国籍を留保する意思を表示しなければ、その出生の時にさかのぼって日本の国籍を失う。

第一三条(同)1　外国の国籍を有する日本国民は、法務大臣に届け出ることによって、日本の国籍を離脱することができる。
2　前項の規定による届出をした者は、その届出の時に日本の国籍を失う。

第一四条(国籍の選択)1　外国の国籍を有する日本国民は、外国及び日本の国籍を有することとなった時が二〇歳に達する以前であるときは二二歳に達するまでに、その時が二〇歳に達した後であるときはその時から二年以内に、いずれかの国籍を選択しなければならない。
2　日本の国籍の選択は、外国の国籍を離脱することによるほかは、戸籍法の定めるところにより、日本の国籍を選択し、かつ、外国の国籍を放棄する旨の宣言(以下「選択の宣言」という。)をすることによってする。

第一五条(同)1　法務大臣は、外国の国籍を有する日本国民で前条第一項に定める期限内に日本の国籍の選択をしないものに対して、書面により、国籍の選択をすべきことを催告することができる。
2　前項に規定する催告は、これを受けるべき者の所在を知ることができないときその他書面によってすることができないやむを得ない事情があるときは、催告すべき事項を官報に掲載してすることができる。この場合における催告は、官報に掲載された日の翌日に到達したものとみなす。
3　前二項の規定による催告を受けた者は、催告を受けた日から一月以内に日本の国籍の選択をしなければ、その期間が経過した時に日本の国籍を失う。ただし、その者が天災その他その責めに帰することができない事由によってその期間内に日本の国籍の選択をすることができない場合において、その選択をすることができるに至った時から二週間以内にこれをしたときは、この限りでない。

第一六条(同)1　選択の宣言をした日本国民は、外国の国籍の離脱に努めなければならない。
2　法務大臣は、選択の宣言をした日本国民で外国の国籍を失っていないものが自己の志望によりその外国の公務員の職(その国の国籍を有しない者であっても就任することができる職を除く。)に就任した場合において、その就任が日本の国籍を選択した趣旨に著しく反すると認めるときは、その者に対し日本の国籍の喪失の宣告をすることができる。
3　前項の宣告に係る聴聞の期日における審理は、公開により行わなければならない。
4　第二項の宣告は、官報に告示してしなければならない。
5　第二項の宣告を受けた者は、前項の告示の日に日本の国籍を失う。

第一七条(国籍の再取得)第一二条の規定により日本の国籍を失った者で二〇歳未満のものは、日本に住所を有するときは、法務大臣に届け出ることによって、日本の国籍を取得することができる。
2　第一五条第二項の規定による催告を受けて同条第三項の規定により日本の国籍を失った者は、第五条第一項第五号に掲げる条件を備えるときは、日本の国籍を失ったことを知った時から一年以内に法務大臣に届け出ることによって、日本の国籍を取得することができる。ただし、天災その他その者の責めに帰することができない事由によってその期間内に届け出ることができないときは、その期間は、これを

することができるに至った時から一月とする。

3 前二項の規定による届出をした者は、その届出の時に日本の国籍を取得する。

第一八条（法定代理人がする届出等） 第三条第一項若しくは前条第一項の規定による国籍取得の届出、帰化の許可の申請、選択の宣言又は国籍離脱の届出は、国籍の取得、選択又は離脱をしようとする者が一五歳未満であるときは、法定代理人が代わってする。

第一八条の二（行政手続法の適用除外） 第一五条第一項の規定による催告については、行政手続法（平成五年法律第八八号）第三六条の三の規定は、適用しない。

第一九条（省令への委任） この法律に定めるもののほか、国籍の取得及び離脱に関する手続その他この法律の施行に関し必要な事項は、法務省令で定める。

第二〇条（罰則） 第三条第一項の規定による届出をする場合において、虚偽の届出をした者は、一年以下の懲役又は二〇万円以下の罰金に処する。

2 前項の罪は、刑法（明治四〇年法律第四五号）第二条の例に従う。

31 法の適用に関する通則法（法適用通則法）

公 布 二〇〇六（平成一八）年六月二一日法律第七八号
施 行 二〇〇七（平成一九）年一月一日

第一章 総 則

第一条（趣旨） この法律は、法の適用に関する通則について定めるものとする。

第二章 法律に関する通則

第二条（法律の施行期日） 法律は、公布の日から起算して二〇日を経過した日から施行する。ただし、法律でこれと異なる施行期日を定めたときは、その定めによる。

第三条（法律と同一の効力を有する慣習） 公の秩序又は善良の風俗に反しない慣習は、法令の規定により認められたもの又は法令に規定されていない事項に関するものに限り、法律と同一の効力を有する。

第三章 準拠法に関する通則

第一節 人

第四条（人の行為能力） 人の行為能力は、その本国法によって定める。

2 法律行為をした者がその本国法によれば行為能力の制限を受けた者となるときであっても行為地法によれば行為能力者となるべきときは、当該法律行為の当時そのすべての当事者が法を同じくする地に在った場合に限り、当該法律行為をした者は、前項の規定にかかわらず、行為能力者とみなす。

3 前項の規定は、親族法又は相続法の規定によるべき法律行為及び行為地と法を異にする地に在る不動産に関する法律行為については、適用しない。

第五条（後見開始の審判等） 裁判所は、成年被後見人、被保佐人又は被補助人となるべき者が日本に住所若しくは居所を有するとき又は日本の国籍を有するときは、日本法により、後見開始、保佐開始又は補助開始の審判（以下「後見開始の審判等」と総称する。）をすることができる。

第六条（失踪の宣告） 裁判所は、不在者が生存していたと認められる最後の時点において、不在者が日本に住所を有していたとき又は日本の国籍を有していたときは、日本法により、失踪の宣告をすることができる。

2 前項に規定する場合に該当しないときであっても、裁判所は、不在者の財産が日本に在るときはその財産についてのみ、不在者に関する法律関係が日本法によるべきときその他法律関係の性質、当事者の住所又は国籍その他の事情に照らして日本に関係があるときはその法律関係についてのみ、日本法により、失踪の宣告をすることができる。

第二節 法律行為

第七条（当事者による準拠法の選択） 法律行為の成立及び効力は、当事者が当該法律行為の当時に選択した地の法による。

第八条（当事者による準拠法の選択がない場合） 前条の規定による選択がないときは、法律行為の成立及び効力は、当該法律行為の当時において当該法律行為に最も密接な関係がある地の法による。

2 前項の場合において、法律行為において特徴的な給付を当事者の一方のみが行うものであるときは、その給付を行う当事者の常居所地法（その当事者が当該法律行為に関係する事業所を有する場合にあっては当該事業所の所在地の法、その当事者が当該法律行為に関係する二以上の事業所で法を異にする地に所在するものを有する場合にあってはその主たる事業所の所在地の法）を当該法律行為に最も密接な関係がある地の法と推定する。

3 第一項の場合において、不動産を目的物とする法律行為については、前項の規定にかかわらず、その不動産の所在地法を当該法律行為に最も密接な関係がある地の法と推定する。

第九条（当事者による準拠法の変更） 当事者は、法律行為の成立及び効力について適用すべき法を変更することができる。ただし、第三者の権利を害することとなるときは、その変更をその第三者に対抗することができない。

第一〇条(法律行為の方式) 法律行為の方式は、当該法律行為の成立について適用すべき法(当該法律行為の後に前条の規定による変更がされた場合にあっては、その変更前の法)による。
2 前項の規定にかかわらず、行為地法に適合する方式は、有効とする。
3 法を異にする地に在る者に対してされた意思表示については、前項の規定の適用に当たっては、その通知を発した地を行為地とみなす。
4 法を異にする地に在る者の間で締結された契約の方式については、前二項の規定は、適用しない。この場合においては、第一項の規定にかかわらず、申込みの通知を発した地の法又は承諾の通知を発した地の法のいずれかに適合する契約の方式は、有効とする。
5 前三項の規定は、動産又は不動産に関する物権及びその他の登記をすべき権利を設定し又は処分する法律行為の方式については、適用しない。

第一一条(消費者契約の特例) 消費者(個人(事業として又は事業のために契約の当事者となる場合におけるものを除く。)をいう。以下この条において同じ。)と事業者(法人その他の社団又は財団及び事業として又は事業のために契約の当事者となる場合における個人をいう。以下この条において同じ。)との間で締結される契約(労働契約を除く。以下この条において「消費者契約」という。)の成立及び効力について第七条又は第九条の規定による選択又は変更により適用すべき法が消費者の常居所地法以外の法である場合であっても、消費者がその常居所地法中の特定の強行規定を適用すべき旨の意思を事業者に対し表示したときは、当該消費者契約の成立及び効力に関しその強行規定の定める事項については、その強行規定をも適用する。
2 消費者契約の成立及び効力について第七条の規定による選択がないときは、第八条の規定にかかわらず、当該消費者契約の成立及び効力は、消費者の常居所地法による。
3 消費者契約の成立について第七条の規定により消費者の常居所地法以外の法が選択された場合であっても、当該消費者契約の方式について消費者がその常居所地法中の特定の強行規定を適用すべき旨の意思を事業者に対し表示したときは、前条第一項、第二項及び第四項の規定にかかわらず、当該消費者契約の方式に関しその強行規定の定める事項については、専らその強行規定を適用する。
4 消費者契約の成立について第七条の規定により消費者の常居所地法が選択された場合において、当該消費者契約の方式について消費者が専らその常居所地法によるべき旨の意思を事業者に対し表示したときは、前条第二項及び第四項の規定にかかわらず、当該消費者契約の方式は、専ら消費者の常居所地法による。
5 消費者契約の成立について第七条の規定による選択がないときは、前条第一項、第二項及び第四項の規定にかかわらず、当該消費者契約の方式は、消費者の常居所地法による。
6 前各項の規定は、次のいずれかに該当する場合には、適用しない。
一 事業者の事業所で消費者契約に関係するものが消費者の常居所地と法を異にする地に所在した場合であって、消費者が当該事業所の所在地と法を同じくする地に赴いて当該消費者契約を締結したとき。ただし、消費者が、当該事業者から、当該事業所の所在地と法を同じくする地において消費者契約を締結することについての勧誘をその常居所地において受けていたときを除く。
二 事業者の事業所で消費者契約に関係するものが消費者の常居所地と法を異にする地に所在した場合であって、消費者が当該事業所の所在地と法を同じくする地において当該消費者契約に基づく債務の全部の履行を受けたとき、又は受けることとされていたとき。ただし、消費者が、当該事業者から、当該事業所の所在地と法を同じくする地において債務の全部の履行を受けることについての勧誘をその常居所地において受けていたときを除く。
三 消費者契約の締結の当時、事業者が、消費者の常居所を知らず、かつ、知らなかったことについて相当の理由があるとき。
四 消費者契約の締結の当時、事業者が、その相手方が消費者でないと誤認し、かつ、誤認したことについて相当の理由があるとき。

第一二条(労働契約の特例) 労働契約の成立及び効力について第七条又は第九条の規定による選択又は変更により適用すべき法が当該労働契約に最も密接な関係がある地の法以外の法である場合であっても、労働者が当該労働契約に最も密接な関係がある地の法中の特定の強行規定を適用すべき旨の意思を使用者に対し表示したときは、当該労働契約の成立及び効力に関しその強行規定の定める事項については、その強行規定をも適用する。
2 前項の規定の適用に当たっては、当該労働契約において労務を提供すべき地の法(その労務を提供すべき地を特定することができない場合にあっては、当該労働者を雇い入れた事業所の所在地の法。次項において同じ。)を当該労働契約に最も密接な関係がある地の法と推定する。
3 労働契約の成立及び効力について第七条の規定による選択がないときは、当該労働契約の成立及び効力については、第八条第二項の規定にかかわらず、当該労働契約において労務を提供すべき地の法を当該労働契約に最も密接な関係がある地の法と推定する。

第三節　物権等

第一三条(物権及びその他の登記をすべき権利)動産又は不動産に関する物権及びその他の登記をすべき権利は、その目的物の所在地法による。

2 前項の規定にかかわらず、同項に規定する権利の得喪は、その原因となる事実が完成した当時におけるその目的物の所在地法による。

第四節 債権

第一四条(事務管理及び不当利得)事務管理又は不当利得によって生ずる債権の成立及び効力は、その原因となる事実が発生した地の法による。

第一五条(明らかにより密接な関係がある地がある場合の例外)前条の規定にかかわらず、事務管理又は不当利得によって生ずる債権の成立及び効力は、その原因となる事実が発生した当時において当事者が法を同じくする地に常居所を有していたこと、当事者間の契約に関連して事務管理が行われ又は不当利得が生じたことその他の事情に照らして、明らかに同条の規定により適用すべき法の属する地よりも密接な関係がある他の地があるときは、当該他の地の法による。

第一六条(当事者による準拠法の変更)事務管理又は不当利得の当事者は、その原因となる事実が発生した後において、事務管理又は不当利得によって生ずる債権の成立及び効力について適用すべき法を変更することができる。ただし、第三者の権利を害することとなるときは、その変更をその第三者に対抗することができない。

第一七条(不法行為)不法行為によって生ずる債権の成立及び効力は、加害行為の結果が発生した地の法による。ただし、その地における結果の発生が通常予見することのできないものであったときは、加害行為が行われた地の法による。

第一八条(生産物責任の特例)前条の規定にかかわらず、生産物(生産され又は加工された物をいう。以下この条において同じ。)で引渡しがされたものの瑕疵により他人の生命、身体又は財産を侵害する不法行為によって生ずる生産業者(生産物を業として生産し、加工し、輸入し、輸出し、流通させ、又は販売した者をいう。以下この条において同じ。)又は生産物にその生産業者と認めることができる表示をした者(以下この条において「生産業者等」と総称する。)に対する債権の成立及び効力は、被害者が生産物の引渡しを受けた地の法による。ただし、その地における生産物の引渡しが通常予見することのできないものであったときは、生産業者等の主たる事業所の所在地の法(生産業者等が事業所を有しない場合にあっては、その常居所地法)による。

第一九条(名誉又は信用の毀損の特例)第一七条の規定にかかわらず、他人の名誉又は信用を毀損する不法行為によって生ずる債権の成立及び効力は、被害者の常居所地法(被害者が法人その他の社団又は財団である場合にあっては、その主たる事業所の所在地の法)による。

第二〇条(明らかにより密接な関係がある地がある場合の例外)前三条の規定にかかわらず、不法行為によって生ずる債権の成立及び効力は、不法行為の当時において当事者が法を同じくする地に常居所を有していたこと、当事者間の契約に基づく義務に違反して不法行為が行われたことその他の事情に照らして、明らかに前三条の規定により適用すべき法の属する地よりも密接な関係がある他の地があるときは、当該他の地の法による。

第二一条(当事者による準拠法の変更)不法行為の当事者は、不法行為の後において、不法行為によって生ずる債権の成立及び効力について適用すべき法を変更することができる。ただし、第三者の権利を害することとなるときは、その変更をその第三者に対抗することができない。

第二二条(不法行為についての公序による制限)不法行為について外国法によるべき場合において、当該外国法を適用すべき事実が日本法によれば不法とならないときは、当該外国法に基づく損害賠償その他の処分の請求は、することができない。

2 不法行為について外国法によるべき場合において、当該外国法を適用すべき事実が当該外国法及び日本法により不法となるときであっても、被害者は、日本法により認められる損害賠償その他の処分でなければ請求することができない。

第二三条(債権の譲渡)債権の譲渡の債務者その他の第三者に対する効力は、譲渡に係る債権について適用すべき法による。

第五節 親族

第二四条(婚姻の成立及び方式)婚姻の成立は、各当事者につき、その本国法による。

2 婚姻の方式は、婚姻挙行地の法による。

3 前項の規定にかかわらず、当事者の一方の本国法に適合する方式は、有効とする。ただし、日本において婚姻が挙行された場合において、当事者の一方が日本人であるときは、この限りでない。

第二五条(婚姻の効力)婚姻の効力は、夫婦の本国法が同一であるときはその法により、その法がない場合において夫婦の常居所地法が同一であるときはその法により、そのいずれの法もないときは夫婦に最も密接な関係がある地の法による。

第二六条(夫婦財産制)前条の規定は、夫婦財産制について準用する。

2 前項の規定にかかわらず、夫婦が、その署名した書面で日付を記載したものにより、次に掲げる法のうちいずれの法によるべきかを定めたときは、夫婦財産制は、その法による。この場合において、その定めは、将来に向かってのみその効力を生ずる。

一 夫婦の一方が国籍を有する国の法

二 夫婦の一方の常居所地法

三　不動産に関する夫婦財産制については、その不動産の所在地法

3　前二項の規定により外国法を適用すべき夫婦財産制は、日本においてされた法律行為及び日本に在る財産については、善意の第三者に対抗することができない。この場合において、その第三者との間の関係については、夫婦財産制は、日本法による。

4　前項の規定にかかわらず、第一項又は第二項の規定により適用すべき外国法に基づいてされた夫婦財産契約は、日本においてこれを登記したときは、第三者に対抗することができる。

第二七条（離婚）第二五条の規定は、離婚について準用する。ただし、夫婦の一方が日本に常居所を有する日本人であるときは、離婚は、日本法による。

第二八条（嫡出である子の親子関係の成立）夫婦の一方の本国法で子の出生の当時におけるものにより子が嫡出となるべきときは、その子は、嫡出である子とする。

2　夫が子の出生前に死亡したときは、その死亡の当時における夫の本国法を前項の夫の本国法とみなす。

第二九条（嫡出でない子の親子関係の成立）嫡出でない子の親子関係の成立は、父との間の親子関係については子の出生の当時における父の本国法により、母との間の親子関係についてはその当時における母の本国法による。この場合において、子の認知による親子関係の成立については、認知の当時における子の本国法によればその子又は第三者の承諾又は同意があることが認知の要件であるときは、その要件をも備えなければならない。

2　子の認知は、前項前段の規定により適用すべき法によるほか、認知の当時における認知する者又は子の本国法による。この場合において、認知する者の本国法によるときは、同項後段の規定を準用する。

3　父が子の出生前に死亡したときは、その死亡の当時における父の本国法を第一項の父の本国法とみなす。前項に規定する者が認知前に死亡したときは、その死亡の当時におけるその者の本国法を同項のその者の本国法とみなす。

第三〇条（準正）子は、準正の要件である事実が完成した当時における父若しくは母又は子の本国法により準正が成立するときは、嫡出子の身分を取得する。

2　前項に規定する者が準正の要件である事実の完成前に死亡したときは、その死亡の当時におけるその者の本国法を同項のその者の本国法とみなす。

第三一条（養子縁組）養子縁組は、縁組の当時における養親となるべき者の本国法による。この場合において、養子となるべき者の本国法によればその者若しくは第三者の承諾若しくは同意又は公的機関の許可その他の処分があることが養子縁組の成立の要件であるときは、その要件をも備えなければならない。

2　養子とその実方の血族との親族関係の終了及び離縁は、前項前段の規定により適用すべき法による。

第三二条（親子間の法律関係）親子間の法律関係は、子の本国法が父又は母の本国法（父母の一方が死亡し、又は知れない場合にあっては、他の一方の本国法）と同一である場合には子の本国法により、その他の場合には子の常居所地法による。

第三三条（その他の親族関係等）第二四条から前条までに規定するもののほか、親族関係及びこれによって生ずる権利義務は、当事者の本国法によって定める。

第三四条（親族関係についての法律行為の方式）第二五条から前条までに規定する親族関係についての法律行為の方式は、当該法律行為の成立について適用すべき法による。

2　前項の規定にかかわらず、行為地法に適合する方式は、有効とする。

第三五条（後見等）後見、保佐又は補助（以下「後見等」と総称する。）は、被後見人、被保佐人又は被補助人（次項において「被後見人等」と総称する。）の本国法による。

2　前項の規定にかかわらず、外国人が被後見人等である場合であって、次に掲げるときは、後見人、保佐人又は補助人の選任の審判その他の後見等に関する審判については、日本法による。

一　当該外国人の本国法によればその者について後見等が開始する原因がある場合であって、日本における後見等の事務を行う者がないとき。

二　日本において当該外国人について後見開始の審判等があったとき。

第六節　相　続

第三六条（相続）相続は、被相続人の本国法による。

第三七条（遺言）遺言の成立及び効力は、その成立の当時における遺言者の本国法による。

2　遺言の取消しは、その当時における遺言者の本国法による。

第七節　補　則

第三八条（本国法）当事者が二以上の国籍を有する場合には、その国籍を有する国のうちに当事者が常居所を有する国があるときはその国の法を、その国籍を有する国のうちに当事者が常居所を有する国がないときは当事者に最も密接な関係がある国の法を当事者の本国法とする。ただし、その国籍のうちのいずれかが日本の国籍であるときは、日本法を当事者の本国法とする。

2　当事者の本国法によるべき場合において、当事者が国籍を有しないときは、その常居所地法による。ただし、第二五条（第二六条第一項及び第二七条において準用する場合を含む。）及び第三二条の規定の適用については、この限りでない。

3　当事者が地域により法を異にする国の国籍を有する場合には、その国の規則に従い指定される法（そのような規則がない場合にあっては、当事者に最も密接な関係がある地域の法）を当事者の本国法とす

る。

第三九条（常居所地法）当事者の常居所地法によるべき場合において、その常居所が知れないときは、その居所地法による。ただし、第二五条（第二六条第一項及び第二七条において準用する場合を含む。）の規定の適用については、この限りでない。

第四〇条（人的に法を異にする国又は地の法）当事者が人的に法を異にする国の国籍を有する場合には、その国の規則に従い指定される法（そのような規則がない場合にあっては、当事者に最も密接な関係がある法）を当事者の本国法とする。

2　前項の規定は、当事者の常居所地が人的に法を異にする場合における当事者の常居所地法で第二五条（第二六条第一項及び第二七条において準用する場合を含む。）、第二六条第二項第二号、第三二条又は第三八条第二項の規定により適用されるもの及び夫婦に最も密接な関係がある地が人的に法を異にする場合における夫婦に最も密接な関係がある地の法について準用する。

第四一条（反致）当事者の本国法によるべき場合において、その国の法に従えば日本法によるべきときは、日本法による。ただし、第二五条（第二六条第一項及び第二七条において準用する場合を含む。）又は第三二条の規定により当事者の本国法によるべき場合は、この限りでない。

第四二条（公序）外国法によるべき場合において、その規定の適用が公の秩序又は善良の風俗に反するときは、これを適用しない。

第四三条（適用除外）この章の規定は、夫婦、親子その他の親族関係から生ずる扶養の義務については、適用しない。ただし、第三九条本文の規定の適用については、この限りでない。

2　この章の規定は、遺言の方式については、適用しない。ただし、第三八条第二項本文、第三九条本文及び第四〇条の規定の適用については、この限りでない。

附　則（抄）

第一条（施行期日）この法律は、公布の日から起算して一年を超えない範囲内において政令で定める日から施行する。

第二条（経過措置）改正後の法の適用に関する通則法（以下「新法」という。）の規定は、次条の規定による場合を除き、この法律の施行の日（以下「施行日」という。）前に生じた事項にも適用する。

第三条　施行日前にされた法律行為の当事者の能力については、新法第四条の規定にかかわらず、なお従前の例による。

2　施行日前にされた申立てに係る後見開始の審判等及び失踪の宣告については、新法第五条及び第六条の規定にかかわらず、なお従前の例による。

3　施行日前にされた法律行為の成立及び効力並びに方式については、新法第八条から第一二条までの規定にかかわらず、なお従前の例による。

4　施行日前にその原因となる事実が発生した事務管理及び不当利得並びに施行日前に加害行為の結果が発生した不法行為によって生ずる債権の成立及び効力については、新法第一五条から第二一条までの規定にかかわらず、なお従前の例による。

5　施行日前にされた債権の譲渡の債務者その他の第三者に対する効力については、新法第二三条の規定にかかわらず、なお従前の例による。

6　施行日前にされた親族関係（改正前の法例第一四条から第二一条までに規定する親族関係を除く。）についての法律行為の方式については、新法第三四条の規定にかかわらず、なお従前の例による。

7　施行日前にされた申立てに係る後見人、保佐人又は補助人の選任の審判その他の後見等に関する審判については、新法第三五条第二項の規定にかかわらず、なお従前の例による。

3 32　国籍法の抵触についてのある種の問題に関する条約（国籍法抵触条約）（抄）

署　名　一九三〇年四月一二日（ヘーグ）
効力発生　一九三七年七月一日
日本国　一九三〇年四月一二日署名（未批准）

前　文（略）

第一章　一般的原則

第一条（国民の決定）何人が自国民であるかを自国の法令によって決定することは、各国の権限に属する。右の法令は、国際条約、国際慣習及び国籍に関して一般的に認められた法の原則と一致する限り、他の国により承認されなければならない。

第二条（国籍の準拠法）個人がある国の国籍を有するかどうかに関するすべての問題は、その国の法令に従って決定する。

第三条（重国籍者に対する所属国の取扱い）この条約の規定を留保し、二個以上の国籍を有する個人は、保持する国籍の各所属国が自国の国民と認めることができる。

第四条（重国籍と外交的保護）国は、自国民がひとしく国民として所属している他の国に対抗して、当該自国民のために外交的保護を加えることができない。

第五条（重国籍者に対する第三国の取扱い）第三国では、二個以上の国籍を有する個人は、一個の国籍のみを有するものとして待遇される。第三国は、身分に関して自国で適用する法の規則を害することなくかつ実施中の条約を留保して、その領域内では、右の個人が有する国籍のうち右の個人が常住的で主要な居所を有する国の国籍、又は、事情に照し、右の個人に事実上最も関係が深いと認められる国籍のみを認めることができる。

第六条（重国籍者による国籍の放棄）（略）

第二章　国籍離脱の許可

第七条（国籍離脱の許可）国籍離脱の許可は、法令によって規定されたものである限り、許可の名義人が既に一の他の国籍を有するときに限り、又はそうでない場合には名義人が新たに一の国籍を取得する時から、許可を与えた国の国籍の喪失をもたらすものとする。

国籍離脱の許可は、名義人が許可を与えた国の定める期間内に一の新たな国籍を取得しなかったときは、効力を失う。この規定は、許可を当該個人に与える国の国籍以外の一個の国籍を、許可を受ける際に既に有する個人の場合には、適用されない。

国籍離脱の許可の名義人たる個人が取得した国籍の所属国は、許可を与えた国にその取得を通告しなければならない。

第八条～第三一条（略）

33　二重国籍のある場合における軍事的義務に関する議定書（抄）

署　　名　一九三〇年四月一二日（ヘーグ）
効力発生　一九三七年五月二五日
日 本 国

前　文（略）

第一条（重国籍と軍事的義務の免除）二以上の国の国籍を有する個人で、その一国の領域に常に居住しかつその国に最も緊密な関係をもつものは、他の国における軍事的義務をすべて免除される。

右の免除は、他の国の国籍の喪失をもたらすものとする。

第二条（未成年者の免除）この議定書の第一条の規定を留保して、個人が二国以上の国籍を有し、かつ成年に達するときその一国の国籍を放棄し又は拒絶する権利を当該国の法令の規定に基づいて有する場合には、右の個人は、未成年の間、その国の兵役を免除される。

第三条（国籍喪失の免除）一国の法律によってその国の国籍を喪失しかつ他の国籍を取得した個人は、国籍を喪失した国において、軍事的義務を免除される。

第四条～第一七条（略）

34　国際的な子の奪取の民事上の側面に関する条約（子の奪取条約）（抄）

作　　成　一九八〇年一〇月二五日（ハーグ国際私法会議）
効力発生　一九八三年一二月一日
日 本 国　二〇一三年五月二二日国会承認、二〇一四年一月二四日署名、受託書寄託、四月一日効力発生

この条約の署名国は、
子の監護に関する事項において子の利益が最も重要であることを深く確信し、
不法な連れ去り又は留置によって生ずる有害な影響から子を国際的に保護すること並びに子が常居所を有していた国への当該子の迅速な返還を確保する手続及び接触の権利の保護を確保する手続を定めることを希望し、

このための条約を締結することを決定して、次のとおり協定した。

第一章　条約の適用範囲

第一条【目的】この条約は、次のことを目的とする。

a　いずれかの締約国に不法に連れ去られ、又はいずれかの締約国において不法に留置されている子の迅速な返還を確保すること。

b　一の締約国の法令に基づく監護の権利及び接触の権利が他の締約国において効果的に尊重されることを確保すること。

第二条【一般的義務】締約国は、自国の領域内においてこの条約の目的の実現を確保するため、全ての適当な措置をとる。このため、締約国は、利用可能な手続のうち最も迅速なものを用いる。

第三条【連れ去り等の不法性】子の連れ去り又は留置は、次のa及びbに該当する場合には、不法とする。

a　当該連れ去り又は留置の直前に当該子が常居所を有していた国の法令に基づいて個人、施設又は他の機関が共同又は単独で有する監護の権利を侵害していること。

b　当該連れ去り若しくは留置の時にaに規定する監護の権利が共同若しくは単独で現実に行使されていたこと又は当該連れ去り若しくは留置がなかったならば当該権利が共同若しくは単独で現実に行使されていたであろうこと。

aに規定する監護の権利は、特に、法令の適用により、司法上若しくは行政上の決定により、又はaに規定する国の法令に基づいて法的効果を

有する合意により生ずるものとする。

第四条【適用範囲】 この条約は、監護の権利又は接触の権利が侵害される直前にいずれかの締約国に常居所を有していた子について適用する。この条約は、子が一六歳に達した場合には、適用しない。

第五条【定義】 この条約の適用上

a 「監護の権利」には、子の監護に関する権利、特に、子の居所を決定する権利を含む。

b 「接触の権利」には、一定の期間子をその常居所以外の場所に連れて行く権利を含む。

第二章　中央当局

第六条【中央当局の指定】 締約国は、この条約により中央当局に対して課される義務を履行するため、一の中央当局を指定する。

連邦制の国、二以上の法制を有する国並びに自治権及び領域的管轄を有する組織を有する国は、二以上の中央当局を指定し、その権限が及ぶ領域の範囲を定めることができる。二以上の中央当局を指定した国は、申請が自国内の適当な中央当局に移送されるよう、申請の送付先となる一の中央当局を指定する。

第七条【中央当局の措置】 中央当局は、子の迅速な返還を確保し、及びこの条約の他の目的を達成するため、相互に協力し、及びそれぞれの国内における権限のある当局の間の協力を促進する。

特に、中央当局は、直接に又は仲介者を通じて、次の事項を目的として、全ての適当な措置をとる。

a 不法に連れ去られ、又は留置されている子の所在を特定すること。

b 暫定措置をとり、又はとらせることによって、子に対する更なる害悪又は利害関係者に対する不利益を防止すること。

c 子の任意の返還を確保し、又は問題の友好的な解決をもたらすこと。

d 望ましい場合には、子の社会的背景に関する情報を交換すること。

e この条約の適用に関連する自国の法令につき一般的な情報を提供すること。

f 子の返還を得るための司法上若しくは行政上の手続を開始し、又は当該手続の開始について便宜を与えること、及び適当な場合には接触の権利について内容を定め、又は効果的な行使を確保するように取り計らうこと。

g 状況により必要とされる場合には、法律に関する援助及び助言(弁護士その他法律に関する助言者の参加を含む。)を提供し、又はこれらの提供について便宜を与えること。

h 子の安全な返還を確保するための必要かつ適当な行政上の措置をとること。

i この条約の実施に関する情報を常に相互に通報し、及びこの条約の適用に対する障害を可能な限り除去すること。

第三章　子の返還

第八条【援助の申請】 監護の権利が侵害されて子が連れ去られ、又は留置されたと主張する個人、施設又は他の機関は、当該子の常居所の中央当局又は他の締約国の中央当局に対し、当該子の返還を確保するための援助の申請を行うことができる。

当該申請には、次のものを含める。

a 申請者、子及び当該子を連れ去り、又は留置していたとされる者の特定に関する情報

b 可能な場合には、子の生年月日

c 申請者が子の返還を請求する根拠

d 子の所在及び子と共に所在すると推定される者の特定に関する全ての入手可能な情報

当該申請に次のものを添付し、又は当該申請を次のものにより補足することができる。

e 関係する決定又は合意の写しであって、証明を受けたもの

f 子が常居所を有していた国の関係法令に関する証明書又は宣誓供述書であって、当該国の中央当局その他の権限のある当局又は資格を有する者が作成したもの

g その他の関係文書

第九条【申請の移送】 前条に規定する申請を受領した中央当局は、子が他の締約国に現に所在すると信ずるに足りる理由がある場合には、当該申請を当該他の締約国の中央当局に直接かつ遅滞なく移送し、要請を行った中央当局又は申請者に対しその旨を通知する。

第一〇条【所在国の義務】 子が現に所在する国の中央当局は、当該子が任意に返還されるよう全ての適当な措置をとり、又はとらせる。

第一一条【手段の迅速性の確保】 締約国の司法当局又は行政当局は、子の返還のための手続を迅速に行う。

関係する司法当局又は行政当局が当該手続の開始の日から六週間以内に決定を行うことができない場合には、申請者は、遅延の理由を明らかにするよう要求する権利を有するものとし、要請を受けた国の中央当局は、自己の職権により又は要請を行った国の中央当局が求めるときは、遅延の理由を明らかにするよう要求する権利を有する。要請を受けた国の中央当局は、その要求への回答を受領したときは、当該回答を要請を行った国の中央当局又は申請者に転送する。

第一二条【返還命令】 子が第三条の規定の意味において不法に連れ去られ、又は留置されている場合において、当該子が現に所在する締約国の司法当局又は行政当局が手続を開始した日において当該子の不法な連れ去り又は留置の日から一年が経過していないときは、当該司法当局又は行政当局は、直ちに、当該子の返還を命ずる。

司法当局又は行政当局は、前項に規定する一年が経過した後に手続を開始した場合においても、子が

新たな環境に適応していることが証明されない限り、当該子の返還を命ずる。

要請を受けた国の司法当局又は行政当局は、子が他の国に連れ出されたと信ずるに足りる理由がある場合には、当該子の返還のための手続を中止し、又は当該子の返還の申請を却下することができる。

第一三条【返還の拒否】前条の規定にかかわらず、要請を受けた国の司法当局又は行政当局は、子の返還に異議を申し立てる個人、施設又は他の機関が次のいずれかのことを証明する場合には、当該子の返還を命ずる義務を負わない。

a　子を監護していた個人、施設又は他の機関が、連れ去り若しくは留置の時に現実に監護の権利を行使していなかったこと、連れ去り若しくは留置の時以前にこれに同意していたこと又は連れ去り若しくは留置の後にこれを黙認したこと。

b　返還することによって子が心身に害悪を受け、又は他の耐え難い状態に置かれることとなる重大な危険があること。

司法当局又は行政当局は、子が返還されることを拒み、かつ、その意見を考慮に入れることが適当である年齢及び成熟度に達していると認める場合には、当該子の返還を命ずることを拒むことができる。

司法当局又は行政当局は、この条に規定する状況について検討するに当たり、子の社会的背景に関する情報であって当該子の常居所の中央当局その他の権限のある当局により提供されるものを考慮に入れる。

第一四条【常居所地法の考慮】要請を受けた国の司法当局又は行政当局は、第三条の規定の意味において不法な連れ去り又は留置があったか否かを確認するに当たり、子が常居所を有していた国の法令及び司法上又は行政上の決定（当該国において正式に承認されたものであるか否かを問わない。）を、当該法令に関する証明のため又は外国の決定の承認のために適用される特定の手続がある場合においてもこれによることなく、直接に考慮することができる。

第一五条【常居所地国における不法性の決定】締約国の司法当局又は行政当局は、子の連れ去り又は留置が第三条の規定の意味において不法なものであるとの決定又は判断を申請者が当該子が常居所を有していた国において得ることができる場合には、当該子の返還を命ずる前に、当該申請者に対し当該決定又は判断を得るよう要請することができる。締約国の中央当局は、申請者が当該決定又は判断を得ることをできる限り援助する。

第一六条【所在地国による本案決定の回避】子が自国に連れ去られ、又は自国において留置されている締約国の司法当局又は行政当局は、当該子が第三条の規定の意味において不法に連れ去られ、又は留置されている旨の通知を受領した後は、この条約に基づいて子が返還されないことが決定されるまで又はこの条約に基づく申請が当該通知を受領した後合理的な期間内に行われない場合を除くほか、監護の権利についての本案の決定を行わない。

第一七条【監護決定の効力】
第一八条【返還命令権の留保】　（略）

第一九条【返還決定の効力】この条約に基づく子の返還に関する決定は、監護の権利についての本案の判断としてはならない。

第二〇条【人権に関する基本原則】第一二条の規定に基づく子の返還については、要請を受けた国における人権及び基本的自由の保護に関する基本原則により認められないものである場合には、拒むことができる。

第四章　接触の権利
第五章　一般規定
第六章　最終条項　（略）

35　国際的な子の奪取の民事上の側面に関する条約の実施に関する法律（子の奪取条約実施法）（抜粋）

公　布　二〇一三（平成二五）年六月一九日法律第七八号
施　行　二〇一四（平成二六）年四月一日
最終改正　二〇二〇（令和二）年（法律第二号）

第一章　総　則

第一条（目的）この法律は、不法な連れ去り又は不法な留置がされた場合において子をその常居所を有していた国に返還すること等を定めた国際的な子の奪取の民事上の側面に関する条約（以下「条約」という。）の的確な実施を確保するため、我が国における中央当局を指定し、その権限等を定めるとともに、子をその常居所を有していた国に迅速に返還するために必要な裁判手続等を定め、もって子の利益に資することを目的とする。

第二条（定義）この法律において、次の各号に掲げる用語の意義は、当該各号に定めるところによる。

一　条約締約国　日本国及び日本国との間で条約が効力を有している条約の締約国（当該締約国が条約第三九条第一項又は第四〇条第一項の規定による宣言をしている場合にあっては、当該宣言により条約が適用される当該締約国の領域の一部又は領域内の地域）をいう。

二　子　父母その他の者に監護される者をいう。

三　連れ去り　子をその常居所を有する国から離脱させることを目的として当該子を当該国から出国させることをいう。

四　留置　子が常居所を有する国からの当該子の出国の後において、当該子の当該国への渡航が妨げられていることをいう。
五　常居所地国　連れ去りの時又は留置の開始の直前に子が常居所を有していた国(当該国が条約の締約国であり、かつ、条約第三九条第一項又は第四〇条第一項の規定による宣言をしている場合にあっては、当該宣言により条約が適用される当該国の領域の一部又は領域内の地域)をいう。
六　不法な連れ去り　常居所地国の法令によれば監護の権利を有する者の当該権利を侵害する連れ去りであって、当該連れ去りの時に当該権利が現実に行使されていたもの又は当該連れ去りがなければ当該権利が現実に行使されていたと認められるものをいう。
七　不法な留置　常居所地国の法令によれば監護の権利を有する者の当該権利を侵害する留置であって、当該留置の開始の時に当該権利が現実に行使されていたもの又は当該留置がなければ当該権利が現実に行使されていたと認められるものをいう。
八　子の返還　子の常居所地国である条約締約国への返還をいう。

第二章　子の返還及び子との面会その他の交流に関する援助

第一節　中央当局の指定

第三条　我が国の条約第六条第一項の中央当局は、外務大臣とする。

第二節　子の返還に関する援助

第一款　外国返還援助

第四条（外国返還援助申請）1　日本国への連れ去りをされ、又は日本国において留置をされている子であって、その常居所地国が条約締約国であるものについて、当該常居所地国の法令に基づき監護の権利を有する者は、当該連れ去り又は留置によって当該監護の権利が侵害されていると思料する場合には、日本国からの子の返還を実現するための援助(以下「外国返還援助」という。)を外務大臣に申請することができる。

〔2項以下略〕

第二款　日本国返還援助

第一一条（日本国返還援助申請）1　日本国以外の条約締約国への連れ去りをされ、又は日本国以外の条約締約国において留置をされている子であって、その常居所地国が日本国であるものについて、日本国の法令に基づき監護の権利を有する者は、当該連れ去り又は留置によって当該監護の権利が侵害されていると思料する場合には、日本国への子の返還を実現するための援助(以下「日本国返還援助」という。)を外務大臣に申請することができる。

〔2項略〕

第三章　子の返還に関する事件の手続等

第一節　返還事由等

第二六条（条約に基づく子の返還）日本国への連れ去り又は日本国における留置により子についての監護の権利を侵害された者は、子を監護している者に対し、この法律の定めるところにより、常居所地国に子を返還することを命ずるよう家庭裁判所に申し立てることができる。

第二七条（子の返還事由）裁判所は、子の返還の申立てが次の各号に掲げる事由のいずれにも該当すると認めるときは、子の返還を命じなければならない。
一　子が一六歳に達していないこと。
二　子が日本国内に所在していること。
三　常居所地国の法令によれば、当該連れ去り又は留置が申立人の有する子についての監護の権利を侵害するものであること。
四　当該連れ去りの時又は当該留置の開始の時に、常居所地国が条約締約国であったこと。

第二八条（子の返還拒否事由等）1　裁判所は、前条の規定にかかわらず、次の各号に掲げる事由のいずれかがあると認めるときは、子の返還を命じてはならない。ただし、第一号から第三号まで又は第五号に掲げる事由がある場合であっても、一切の事情を考慮して常居所地国に子を返還することが子の利益に資すると認めるときは、子の返還を命ずることができる。
一　子の返還の申立てが当該連れ去りの時又は当該留置の開始の時から一年を経過した後にされたものであり、かつ、子が新たな環境に適応していること。
二　申立人が当該連れ去りの時又は当該留置の開始の時に子に対して現実に監護の権利を行使していなかったこと(当該連れ去り又は留置がなければ申立人が子に対して現実に監護の権利を行使していたと認められる場合を除く。)。
三　申立人が当該連れ去りの前若しくは当該留置の開始の前にこれに同意し、又は当該連れ去りの後若しくは当該留置の開始の後にこれを承諾したこと。
四　常居所地国に子を返還することによって、子の心身に害悪を及ぼすことその他子を耐え難い状況に置くこととなる重大な危険があること。
五　子の年齢及び発達の程度に照らして子の意見を考慮することが適当である場合において、子が常居所地国に返還されることを拒んでいること。
六　常居所地国に子を返還することが日本国におけ

る人権及び基本的自由の保護に関する基本原則により認められないものであること。

2　裁判所は、前項第四号に掲げる事由の有無を判断するに当たっては、次に掲げる事情その他の一切の事情を考慮するものとする。

一　常居所地国において子が申立人から身体に対する暴力その他の心身に有害な影響を及ぼす言動（次号において「暴力等」という。）を受けるおそれの有無

二　相手方及び子が常居所地国に入国した場合に相手方が申立人から子に心理的外傷を与えることとなる暴力等を受けるおそれの有無

三　申立人又は相手方が常居所地国において子を監護することが困難な事情の有無

3　裁判所は、日本国において子の監護に関する裁判があったこと又は外国においてされた子の監護に関する裁判が日本国で効力を有する可能性があることのみを理由として、子の返還の申立てを却下する裁判をしてはならない。ただし、これらの子の監護に関する裁判の理由を子の返還の申立てについての裁判において考慮することを妨げない。

第四章　子の返還の執行手続に関する民事執行法の特則

第一三四条（子の返還の強制執行）1　子の返還の強制執行は、民事執行法（昭和五四年法律第四号）第一七一条第一項の規定により執行裁判所が第三者に子の返還を実施させる決定をする方法により行うほか、同法第一七二条第一項に規定する方法により行う。

2　前項の強制執行は、確定した子の返還を命ずる終局決定（確定した子の返還を命ずる終局決定と同一の効力を有するものを含む。）の正本に基づいて実施する。

第一三五条（子の年齢による子の返還の強制執行の制限）子が一六歳に達した場合には、民事執行法第一七一条第一項の規定による決定に基づく子の返還の強制執行（同項の規定による決定に基づく子の返還の実施を含む。以下「子の返還の代替執行」という。）は、することができない。

2　民事執行法第一七二条第一項に規定する方法による子の返還の強制執行の手続において、執行裁判所は、子が一六歳に達した日の翌日以降に子を返還しないことを理由として、同項の規定による金銭の支払を命じてはならない。

第一三六条（子の返還の代替執行と間接強制との関係）子の返還の代替執行の申立ては、次の各号のいずれかに該当するときでなければすることができない。

一　民事執行法第一七二条第一項の規定する決定が確定した日から二週間を経過したとき（当該決定において定められた債務を履行すべき一定の期間の経過がこれより後である場合にあっては、その期間を経過したとき）。

二　民事執行法第一七二条第一項に規定する方法による強制執行を実施しても、債務者が常居所地国に子を変換する見込みがあるとは認められないとき。

三　子の急迫の危険を防止するため直ちに子の返還の代替執行をする必要があるとき。

第一四〇条（執行官の権限）1　執行官は、債務者による子の監護を解くために必要な行為として、債務者に対し説得を行うほか、債務者の住居その他債務者の占有する場所において、次に掲げる行為をすることができる。

一　債務者の住居その他債務者の占有する場所に立ち入り、その場所において子を捜索すること。この場合において、必要があるときは、閉鎖した戸を開くため必要な処分をすること。

二　返還実施者と子を面会させ、又は返還実施者と債務者を面会させること。

三　債務者の住居その他債務者の占有する場所に返還実施者を立ち入らせること。

2　執行官は、前項に規定する場所以外の場所においても、子の心身に及ぼす影響、当該場所及びその周囲の状況その他の事情を考慮して相当と認めるときは、子の監護を解くために必要な行為として、債務者に対し説得を行うほか、当該場所を占有する者の同意を得て、同項各号に掲げる行為をすることができる。

3　前二項の規定による子の監護を解くために必要な行為は、子が債務者と共にいる場合に限り、することができる。

4　執行官は、第一項又は第二項の規定による子の監護を解くために必要な行為をするに際し抵抗を受けるときは、その抵抗を排除するために、威力を用い、又は警察上の援助を求めることができる。

5　執行官は、前項の規定にかかわらず、子に対して威力を用いることはできない。子以外の者に対して威力を用いることが子の心身に有害な影響を及ぼすおそれがある場合においては、当該子以外の者についても、同様とする。

6　執行官は、第一項又は第二項の規定による子の監護を解くために必要な行為をするに際し、返還実施者に対し、必要な指示をすることができる。

第一四一条（返還実施者の権限）1　返還実施者は、常居所地国に子を返還するために、子の監護その他の必要な行為をすることができる。

2　子の返還の代替執行の手続については、民事執行法第一七一条第六項の規定は、適用しない。

第一四二条（外務大臣の協力）外務大臣は、子の返還の代替執行に関し、立会いその他の必要な協力をすることができる。

4章 条約

本章の構成

本章には条約法に関する条約と文書を収録する。一九六九年に採択された**条約法条約(41)**は、条約法の基本法としての性格をもっている。すなわち、本条約は、条約の締結、効力発生、留保、適用、解釈、改正、無効、終了等に関する国際法上の規則についての統一を図ることを目的とする条約である。多数の条約が締結されている今日の国際社会の現状に照らせば、本条約が国際社会全般の法秩序の整備を図る上で重要な役割を果たすことはいうまでもない。本条約は、多くの国が同条約の当事国になることによって、それらの諸国間で生ずる条約の締結、適用、解釈、無効、終了等に関する諸問題が円滑に処理されることをめざしている。

条約法条約は、何世紀にも及ぶ国家の条約締結行為の経験の中で蓄積されてきた条約に関する諸規則の集大成として、多くの点で、この主題に関する既存の慣習法の法典化とみなすことができる内容をもっている。あくまでも、国家間の条約、すなわち「国の間において文書の形式により締結され、国際法によって規律される国際的な合意」(第二条一項ⓐ)に適用される諸規則を法典化したものであり、かならずしも条約に関するすべての規則を定めたものではない。たとえば、国際機構が締結する条約や国家承継、国家責任および敵対行為発生と条約との関係に関する規則は、本条約では扱われていない。しかし、こうした事実は、条約法の基本法としての同条約の性格をゆるがすものではない。いかなる名称の国際合意であろうと、国家間で締結される条約に本条約が適用されるのであって、二国間条約や多数国間条約といった条約の開放性、立法条約や契約条約といった条約の性質、正式の条約や簡略形式による条約といった締結手続における相違などは問題とならない。条約法条約はまた、単にこれまでの慣習法を成文化しただけではなく、国際法の漸進的発達の内容も併せもつ。特に、最近の国家実行や条約法理論の発展に照らして条文化された第五部の諸規定は、強行規範(ユス・コーゲンス)に代表されるような新たな無効原因や終了原因を含んでおり、その紛争解決手続とともに注目すべき点が多い。

条約法条約は、多数国間条約への参加にあたって行われる留保について、その定義および留保の許容性に関して留保と条約目的との両立という両立性の原則を採用した一連の留保に関する規則を規定している。条約法条約採択後に生じた留保の有効性をめぐる許容性学派と対抗力学派の対立、解釈宣言やそれに対する反対の効果、人権条約の留保の有効性に対する条約監視機関による判定権の行使など、混迷を深めていた留保に関する実行を整理すべく、国際法委員会は二〇一一年に**条約の留保に関する実行ガイド**（44）を採択した。条約法条約はまた、条約の解釈というおよそすべての条約に関係する事項について一般的な規則を規定し、個別具体的な解釈にあたり考慮される要因を示している。国際法委員会はとくに2つの考慮要因に焦点を当てて検討し、二〇一八年に**後の合意および後の慣行に関する結論**（45）を作成した。

条約法条約第五二条は、国連憲章に違反する武力による威嚇または武力の行使による国に対する強制を条約の無効原因とした。国家代表者に対する強制はともかく、国家そのものに対する強制は無効とはならないとしてきた伝統的国際法の規則とは一線を画する注目すべき条文である。しかし、条約法条約を審議した外交会議では、本条で用いられている"force"の解釈をめぐって、武力に限定すべきであるとする先進国と政治的経済的圧力をも含むべきだとする途上国、社会主義国の主張が激しく対立した。結局、**Forceに関する宣言**（42）を、法的拘束力がない条約の最終議定書の一部として採択することで妥協が成立した。したがって、第五二条の解釈上は"force"を武力と解するべきであろうが、同時に、各国は同宣言を尊重し武力以外の圧力を条約締結時に加えないよう留意しなければならない。

条約法条約第五三条は、締結の時点で強行規範に抵触する条約が無効になると規定した。国際法秩序に上下の階層構造を導入することによって国際社会の一般利益の保護を目指すものであり、画期的な規定である。強行規範に関するその後の国家実行・判例の展開を踏まえて、国際法委員会は二〇二二年に**強行規範に関する結論草案**（46）を作成した。

最近、国家のみならず国際機構が国際法主体として、その設立文書によって条約締結能力を承認され、国家との間あるいは国際機構相互間で条約を締結する実行が増えている。そこで、一九八六年に**国際機関条約法条約**（43）が締結された。同条約は、条約当事者が国際機構であるという事実およびそのことから派生する問題を除いて、基本的に条約の構成や内容を条約法条約に依拠しているが、未だに発効していない。

条約の効力に関するロンドン宣言（47）は、条約の終了原因の一つである事情変更の原則（条約法条約では、「事情の根本的変化」として第六二条で扱われている。）に関連した宣言である。一八七〇年の普仏戦争の際、ロシアは、黒海中立化を定め、黒海でのロシアの軍艦の行動を制限した一八五六年のパリ条約を事情変更の原則を援用して一方的に破棄した。イギリスの抗議によって開催されたパリ条約当事国による会議で採択されたのが、条約義務尊重の重要性を強調した同宣言である。

条約と並び国際法の二大法源と称される慣習国際法については、その存在と内容の認定方法に関する問題が従来から議論されてきた。国際法委員会は二〇一八年にこの問題に対する実務的な手引を提供することを目的として、**慣習国際法の同定に関する結論**(4 8)を作成した。なお、最近では、条約または慣習国際法以外にも国の一方的宣言によって法的義務を創設する実行があるので、二〇〇六年に国際法委員会によって採択された**一方的宣言に関する指針**(4 9)を収録している。

条約法条約は、第二次世界大戦後の国連による法典化事業の代表的な条約の一つである。国連憲章は、国連総会の任務の一つとして、「国際法の漸進的発達及び法典化を奨励する」ことを掲げ、そのための研究を発議し、勧告を行う補助機関として国際法委員会を一九四七年に設立した。**国際法委員会規程**(4 10)は、同委員会の目的や機能などを定めたものである。条約法条約は、同委員会による条約草案を基礎に、国家代表からなる外交会議での審議を経て締結された法典化条約である。

41　条約法に関するウィーン条約（条約法条約）

署　　名　一九六九年五月二三日（ウィーン）
効力発生　一九八〇年一月二七日
日 本 国　一九八一年五月二九日国会承認、七月二日加入書寄託、七月二〇日公布（条約第一六号）、八月一日効力発生

この条約の当事国は、

国際関係の歴史における条約の基本的な役割を考慮し、

条約が、国際法の法源として、また、国（憲法体制及び社会体制のいかんを問わない。）の間の平和的協力を発展させるための手段として、引き続き重要性を増しつつあることを認め、

自由意思による同意の原則及び信義誠実の原則並びに「合意は守られなければならない」との規則が普遍的に認められていることに留意し、

条約に係る紛争が、他の国際紛争の場合におけると同様に、平和的手段により、かつ、正義の原則及び国際法の諸原則に従って解決されなければならないことを確認し、

国際連合加盟国の国民が、正義と条約から生ずる義務の尊重とを維持するために必要な条件の確立を決意したことを想起し、

人民の同権及び自決の原則、すべての国の主権平等及び独立の原則、国内問題への不干渉の原則、武力による威嚇又は武力の行使の禁止の原則、すべての者の人権及び基本的自由の普遍的な尊重及び遵守の原則等国際連合憲章に規定する国際法の諸原則を考慮し、

この条約において条約法の法典化及び漸進的発達が図られたことにより、国際連合憲章に定める国際連合の目的、すなわち、国際の平和及び安全の維持、諸国間の友好関係の発展並びに国際協力の達成が推進されることを確信し、

この条約により規律されない問題については、引き続き国際慣習法の諸規則により規律されることを確認して、

次のとおり協定した。

第一部　序

第一条（この条約の適用範囲）この条約は、国の間の条約について適用する。

第二条（用語）1　この条約の適用上、

(a)「条約」とは、国の間において文書の形式により締結され、国際法によって規律される国際的な合意（単一の文書によるものであるか関連する二以上の文書によるものであるかを問わず、また、名称のいかんを問わない。）をいう。

(b)「批准」、「受諾」、「承認」及び「加入」とは、それぞれ、そのように呼ばれる国際的な行為をいい、条約に拘束されることについての国の同意は、これらの行為により国際的に確定的なものとされる。

(c)「全権委任状」とは、国の権限のある当局の発給する文書であって、条約文の交渉、採択若しくは確定を行うため、条約に拘束されることについての国の同意を表明するため又は条約に関するその他の行為を遂行するために国を代表する一又は二以上の者を指名しているものをいう。

(d)「留保」とは、国が、条約の特定の規定の自国への適用上その法的効果を排除し又は変更することを意図して、条約への署名、条約の批准、受諾若しくは承認又は条約への加入の際に単独に行う声明（用いられる文言及び名称のいかんを問わない。）をいう。

(e)「交渉国」とは、条約文の作成及び採択に参加した国をいう。

(f)「締約国」とは、条約（効力を生じているかいないかを問わない。）に拘束されることに同意した国をいう。

(g)「当事国」とは、条約に拘束されることに同意し、かつ、自国について条約の効力が生じている国をいう。

(h)「第三国」とは、条約の当事国でない国をいう。

(i)「国際機関」とは、政府間機関をいう。

2　この条約における用語につき規定する1の規定は、いずれの国の国内法におけるこれらの用語の用法及び意味にも影響を及ぼすものではない。

第三条（この条約の適用範囲外の国際的な合意）この条約が国と国以外の国際法上の主体との間において又は国以外の国際法上の主体の間において締結される国際的な合意及び文書の形式によらない国際的な合意については適用されないということは、次の事項に影響を及ぼすものではない。

(a)　これらの合意の法的効力

(b)　この条約に規定されている規則のうちこの条約との関係を離れ国際法に基づきこれらの合意を規律するような規則のこれらの合意についての適用

(c)　国及び国以外の国際法上の主体が当事者となっている国際的な合意により規律されている国の間の関係へのこの条約の適用

第四条（この条約の不遡及）この条約は、自国についてこの条約の効力が生じている国によりその効力発生の後に締結される条約についてのみ適用する。ただし、この条約に規定されている規則のうちこの条約との関係を離れ国際法に基づき条約を規律するような規則のいかなる条約についての適用も妨げるものではない。

第五条（国際機関を設立する条約及び国際機関内において採択される条約）この条約は、国際機関の設立文書である条約及び国際機関内において採択される条約について適用する。ただし、当該国際機関の関係規則の適用を妨げるものではない。

第二部 条約の締結及び効力発生

第一節 条約の締結

第六条（国の条約締結能力） いずれの国も、条約を締結する能力を有する。

第七条（全権委任状） 1 いずれの者も、次の場合には、条約文の採択若しくは確定又は条約に拘束されることについての国の同意の表明の目的のために国を代表するものと認められる。

(a) 当該者から適切な全権委任状の提示がある場合

(b) 当該者につきこの1に規定する目的のために国を代表するものと認めかつ全権委任状の提示を要求しないことを関係国が意図していたことが関係国の慣行又はその他の状況から明らかである場合

2 次の者は、職務の性質により、全権委任状の提示を要求されることなく、自国を代表するものと認められる。

(a) 条約の締結に関するあらゆる行為について、元首、政府の長及び外務大臣

(b) 派遣国と接受国との間の条約の条約文の採択については、外交使節団の長

(c) 国際会議又は国際機関若しくはその内部機関における条約文の採択については、当該国際会議又は国際機関若しくはその内部機関に対し国の派遣した代表者

第八条（権限が与えられることなく行われた行為の追認） 条約の締結に関する行為について国を代表する権限を有するとは前条の規定により認められない者の行ったこれらの行為は、当該国の追認がない限り、法的効果を伴わない。

第九条（条約文の採択） 1 条約文は、2の場合を除くほか、その作成に参加したすべての国の同意により採択される。

2 国際会議においては、条約文は、出席しかつ投票する国の三分の二以上の多数による議決で採択される。ただし、出席しかつ投票する国が三分の二以上の多数による議決で異なる規則を適用することを決定した場合は、この限りでない。

第一〇条（条約文の確定） 条約文は、次のいずれかの方法により真正かつ最終的なものとされる。

(a) 条約文に定められている手続又は条約文の作成に参加した国が合意する手続

(b) (a)の手続がない場合には、条約文の作成に参加した国の代表者による条約文又は条約文を含む会議の最終議定書への署名、追認を要する署名又は仮署名

第一一条（条約に拘束されることについての同意の表明の方法） 条約に拘束されることについての国の同意は、署名、条約を構成する文書の交換、批准、受諾、承認若しくは加入により又は合意がある場合には他の方法により表明することができる。

第一二条（条約に拘束されることについての同意の署名による表明） 1 条約に拘束されることについての国の同意は、次の場合には、国の代表者の署名により表明される。

(a) 署名が同意の表明の効果を有することを条約が定めている場合

(b) 署名が同意の表明の効果を有することを交渉国が合意したことが他の方法により認められる場合

(c) 署名に同意の表明の効果を付与することを国が意図していることが当該国の代表者の全権委任状から明らかであるか又は交渉の過程において表明されたかのいずれかの場合

2 1の規定の適用上、

(a) 条約文への仮署名は、交渉国の合意があると認められる場合には、条約への署名とされる。

(b) 当該国の代表者による条約への追認を要する署名は、国が追認をする場合には、条約への完全な署名とされる。

第一三条（条約構成文書の交換による表明） 国の間で交換される文書により構成されている条約に拘束されることについての国の同意は、次の場合には、当該文書の交換により表明される。

(a) 文書の交換が同意の表明の効果を有することを当該文書が定めている場合

(b) 文書の交換が同意の表明の効果を有することを国の間で合意したことが他の方法により認められる場合

第一四条（条約に拘束されることについての同意の批准、受諾又は承認による表明） 1 条約に拘束されることについての国の同意は、次の場合には、批准により表明される。

(a) 同意が批准により表明されることを条約が定めている場合

(b) 批准を要することを交渉国が合意したことが他の方法により認められる場合

(c) 国の代表者が批准を条件として条約に署名した場合

(d) 批准を条件として条約に署名することを国が意図していることが当該国の代表者の全権委任状から明らかであるか又は交渉の過程において表明されたかのいずれかの場合

2 条約に拘束されることについての国の同意は、批准により表明される場合の条件と同様の条件で、受諾又は承認により表明される。

第一五条（条約に拘束されることについての同意の加入による表明） 条約に拘束されることについての国の同意は、次の場合には、加入により表明される。

(a) 当該国が加入により同意を表明することができることを条約が定めている場合

(b) 当該国が加入により同意を表明することができることを交渉国が合意したことが他の方法により認められる場合

(c) 当該国が加入により同意を表明することができることをすべての当事国が後に合意した場合

第一六条（批准書、受諾書、承認書又は加入書の交換又は寄託） 条約に別段の定めがない限り、批准書、受諾書、承認書又は加入書は、これらについて次のいずれかの行為が行われた時に、条約に拘束されることについての国の同意を確定的なものとする。

(a) 締約国の間における交換

(b) 寄託者への寄託

(c) 合意がある場合には、締約国又は寄託者に対する通告

第一七条（条約の一部に拘束されることについての同意及び様々な規定のうちからの特定の規定の選択）

1　条約の一部に拘束されることについての国の同意は、条約が認めている場合又は他の締約国の同意がある場合にのみ、有効とされる。もっとも、第一九条から第二三条までの規定の適用を妨げるものではない。

2　様々な規定のうちからの特定の規定の選択を認めている条約に拘束されることについての国の同意は、いずれの規定に係るものであるかが明らかにされる場合にのみ、有効とされる。

第一八条（条約の効力発生前に条約の趣旨及び目的を失わせてはならない義務） いずれの国も、次の場合には、それぞれに定める期間、条約の趣旨及び目的を失わせることとなるような行為を行わないようにする義務がある。

(a) 批准、受諾若しくは承認を条件として条約に署名し又は条約を構成する文書を交換した場合には、その署名又は交換の時から条約の当事国とならない意図を明らかにする時までの間

(b) 条約に拘束されることについての同意を表明した場合には、その表明の時から条約が効力を生ずる時までの間。ただし、効力発生が不当に遅延する場合は、この限りでない。

第二節　留　保

第一九条（留保の表明） いずれの国も、次の場合を除くほか、条約への署名、条約の批准、受諾若しくは承認又は条約への加入に際し、留保を付することができる。

(a) 条約が当該留保を付することを禁止している場合

(b) 条約が、当該留保を含まない特定の留保のみを付することができる旨を定めている場合

(c) (a)及び(b)の場合以外の場合において、当該留保が条約の趣旨及び目的と両立しないものであるとき。

第二〇条（留保の受諾及び留保に対する異議） 1　条約が明示的に認めている留保については、条約に別段の定めがない限り、他の締約国による受諾を要しない。

2　すべての当事国の間で条約を全体として適用することが条約に拘束されることについての各当事国の同意の不可欠の条件であることが、交渉国数が限定されていること並びに条約の趣旨及び目的から明らかである場合には、留保については、すべての当事国による受諾を要する。

3　条約が国際機関の設立文書である場合には、留保については、条約に別段の定めがない限り、当該国際機関の権限のある内部機関による受諾を要する。

4　1から3までの場合以外の場合には、条約に別段の定めがない限り、

(a) 留保を付した国は、留保を受諾する他の締約国との間においては、条約がこれらの国の双方について効力を生じているときはその受諾の時に、条約がこれらの国の双方又は一方について効力を生じていないときは双方について効力を生ずる時に、条約の当事国関係に入る。

(b) 留保に対し他の締約国が異議を申し立てることにより、留保を付した国と当該他の締約国との間における条約の効力発生が妨げられることはない。ただし、当該他の締約国が別段の意図を明確に表明する場合は、この限りでない。

(c) 条約に拘束されることについての国の同意を表明する行為で留保を伴うものは、他の締約国の少なくとも一が留保を受諾した時に有効となる。

5　2及び4の規定の適用上、条約に別段の定めがない限り、いずれかの国が、留保の通告を受けた後一二箇月の期間が満了する日又は条約に拘束されることについての同意を表明する日のいずれか遅い日までに、留保に対し異議を申し立てなかった場合には、留保は、当該国により受諾されたものとみなす。

第二一条（留保及び留保に対する異議の法的効果） 1　第一九条、前条及び第二三条の規定により他の当事国との関係において成立した留保は、

(a) 留保を付した国に関しては、当該他の当事国との関係において、留保に係る条約の規定を留保の限度において変更する。

(b) 当該他の当事国に関しては、留保を付した国との関係において、留保に係る条約の規定を留保の限度において変更する。

2　1に規定する留保は、留保を付した国以外の条約の当事国相互の間においては、条約の規定を変更しない。

3　留保に対し異議を申し立てた国が自国と留保を付した国との間において条約が効力を生ずることに反対しなかった場合には、留保に係る規定は、これらの二の国の間において、留保の限度において適用がない。

第二二条（留保の撤回及び留保に対する異議の撤回）

1　留保は、条約に別段の定めがない限り、いつでも撤回することができるものとし、撤回については、留保を受諾した国の同意を要しない。

2　留保に対する異議は、条約に別段の定めがない限り、いつでも撤回することができる。

3　条約に別段の定めがある場合及び別段の合意があ

る場合を除くほか、

(a) 留保の撤回は、留保を付した国と他の締約国との関係において、当該他の締約国が当該撤回の通告を受領した時に効果を生ずる。

(b) 留保に対する異議の撤回は、留保を付した国が当該撤回の通告を受領した時に効果を生ずる。

第二三条（留保に関連する手続） 1 留保、留保の明示的な受諾及び留保に対する異議は、書面によって表明しなければならず、また、締約国及び条約の当事国となる資格を有する他の国に通報しなければならない。

2 批准、受諾又は承認を条件として条約に署名するに際して付された留保は、留保を付した国により、条約に拘束されることについての同意を表明する際に、正式に確認されなければならない。この場合には、留保は、その確認の日に付されたものとみなす。

3 留保の確認前に行われた留保の明示的な受諾又は留保に対する異議の申立てについては、確認を要しない。

4 留保の撤回及び留保に対する異議の撤回は、書面によって行わなければならない。

第三節 条約の効力発生及び暫定的適用

第二四条（効力発生） 1 条約は、条約に定める態様又は交渉国が合意する態様により、条約に定める日又は交渉国が合意する日に効力を生ずる。

2 1の場合以外の場合には、条約は、条約に拘束されることについての同意がすべての交渉国につき確定的なものとされた時に、効力を生ずる。

3 条約に拘束されることについての国の同意が条約の効力発生の後に確定的なものとされる場合には、条約は、条約に別段の定めがない限り、当該国につき、その同意が確定的なものとされた日に効力を生ずる。

4 条約文の確定、条約に拘束されることについての国の同意の確定、条約の効力発生の態様及び日、留保、寄託者の任務その他必然的に条約の効力発生前に生ずる問題について規律する規定は、条約文の採択の時から適用する。

第二五条（暫定的適用） 1 条約又は条約の一部は、次の場合には、条約が効力を生ずるまでの間、暫定的に適用される。

(a) 条約に定めがある場合

(b) 交渉国が他の方法により合意した場合

2 条約又は条約の一部の一の国についての暫定的適用は、条約に別段の定めがある場合及び交渉国による別段の合意がある場合を除くほか、当該いずれかの国が、条約が暫定的に適用されている関係にある他の国に対し、条約の当事国とならない意図を通告した場合には、終了する。

第三部 条約の遵守、適用及び解釈

第一節 条約の遵守

第二六条（合意は守られなければならない） 効力を有するすべての条約は、当事国を拘束し、当事国は、これらの条約を誠実に履行しなければならない。

第二七条（国内法と条約の遵守） 当事国は、条約の不履行を正当化する根拠として自国の国内法を援用することができない。この規則は、第四六条の規定の適用を妨げるものではない。

第二節 条約の適用

第二八条（条約の不遡及） 条約は、別段の意図が条約自体から明らかである場合及びこの意図が他の方法によって確認される場合を除くほか、条約の効力が当事国について生ずる日前に行われた行為、同日前に生じた事実又は同日前に消滅した事態に関し、当該当事国を拘束しない。

第二九条（条約の適用地域） 条約は、別段の意図が条約自体から明らかである場合及びこの意図が他の方法によって確認される場合を除くほか、各当事国をその領域全体について拘束する。

第三〇条（同一の事項に関する相前後する条約の適用） 1 国際連合憲章第一〇三条の規定が適用されることを条件として、同一の事項に関する相前後する条約の当事国の権利及び義務は、2から5までの規定により決定する。

2 条約が前の若しくは後の条約に従うものであること又は前の若しくは後の条約と両立しないものとみなしてはならないことを規定している場合には、当該前の又は後の条約が優先する。

3 条約の当事国のすべてが後の条約の当事国となっている場合において、第五九条の規定による条約の終了又は運用停止がされていないときは、条約は、後の条約と両立する限度においてのみ、適用する。

4 条約の当事国のすべてが後の条約の当事国となっている場合以外の場合には、

(a) 双方の条約の当事国である国の間においては、3の規則と同一の規則を適用する。

(b) 双方の条約の当事国である国といずれかの条約のみの当事国である国との間においては、これらの国が共に当事国となっている条約が、これらの国の相互の権利及び義務を規律する。

5 4の規定は、第四一条の規定の適用を妨げるものではなく、また、第六〇条の規定による条約の終了又は運用停止の問題及びいずれかの国が条約により他の国に対し負っている義務に反することとなる規定を有する他の条約を締結し又は運用することから生ずる責任の問題に影響を及ぼすものではない。

第三節 条約の解釈

第三一条（解釈に関する一般的な規則） 1 条約は、文脈によりかつその趣旨及び目的に照らして与えられる用語の通常の意味に従い、誠実に解釈するものとする。

2　条約の解釈上、文脈というときは、条約文（前文及び附属書を含む。）のほかに、次のものを含める。

(a)　条約の締結に関連してすべての当事国の間でされた条約の関係合意

(b)　条約の締結に関連して当事国の一又は二以上が作成した文書であってこれらの当事国以外の当事国が条約の関係文書として認めたもの

3　文脈とともに、次のものを考慮する。

(a)　条約の解釈又は適用につき当事国の間で後にされた合意

(b)　条約の適用につき後に生じた慣行であって、条約の解釈についての当事国の合意を確立するもの

(c)　当事国の間の関係において適用される国際法の関連規則

4　用語は、当事国がこれに特別の意味を与えることを意図していたと認められる場合には、当該特別の意味を有する。

第三二条（解釈の補足的な手段）前条の規定の適用により得られた意味を確認するため又は次の場合における意味を決定するため、解釈の補足的な手段、特に条約の準備作業及び条約の締結の際の事情に依拠することができる。

(a)　前条の規定による解釈によっては意味があいまい又は不明確である場合

(b)　前条の規定による解釈により明らかに常識に反した又は不合理な結果がもたらされる場合

第三三条（二以上の言語により確定がされた条約の解釈）1　条約について二以上の言語により確定がされた場合には、それぞれの言語による条約文がひとしく権威を有する。ただし、相違があるときは特定の言語による条約文によることを条約が定めている場合又はこのことについて当事国が合意する場合は、この限りでない。

2　条約文の確定に係る言語以外の言語による条約文は、条約に定めがある場合又は当事国が合意する場合にのみ、正文とみなされる。

3　条約の用語は、各正文において同一の意味を有すると推定される。

4　1の規定に従い特定の言語による条約文による場合を除くほか、各正文の比較により、第三一条及び前条の規定を適用しても解消されない意味の相違があることが明らかとなった場合には、条約の趣旨及び目的を考慮した上、すべての正文について最大の調和が図られる意味を採用する。

第四節　条約と第三国

第三四条（第三国に関する一般的な規則）条約は、第三国の義務又は権利を当該第三国の同意なしに創設することはない。

第三五条（第三国の義務について規定している条約）いずれの第三国も、条約の当事国が条約のいずれかの規定により当該第三国に義務を課することを意図しており、かつ、当該第三国が書面により当該義務を明示的に受け入れる場合には、当該規定に係る当該義務を負う。

第三六条（第三国の権利について規定している条約）

1　いずれの第三国も、条約の当事国が条約のいずれかの規定により当該第三国若しくは当該第三国の属する国の集団に対し又はいずれの国に対しても権利を与えることを意図しており、かつ、当該第三国が同意する場合には、当該規定に係る当該権利を取得する。同意しない旨の意思表示がない限り、第三国の同意は、存在するものと推定される。ただし、条約に別段の定めがある場合は、この限りでない。

2　1の規定により権利を行使する国は、当該権利の行使につき、条約に定められている条件又は条約に合致するものとして設定される条件を遵守する。

第三七条（第三国の義務又は権利についての撤回又は変更）1　第三五条の規定によりいずれかの第三国が義務を負っている場合には、条約の当事国及び当該第三国の同意があるときに限り、当該義務についての撤回又は変更をすることができる。ただし、条約の当事国及び当該第三国が別段の合意をしたと認められる場合は、この限りでない。

2　前条の規定によりいずれかの第三国が権利を取得している場合において、当該第三国の同意なしに当該権利についての撤回又は変更をすることができないことが意図されていたと認められるときは、条約の当事国は、当該権利についての撤回又は変更をすることができない。

第三八条（国際慣習となることにより第三国を拘束することとなる条約の規則）第三四条から前条までの規定のいずれも、条約に規定されている規則が国際法の慣習的規則と認められるものとして第三国を拘束することとなることを妨げるものではない。

第四部　条約の改正及び修正

第三九条（条約の改正に関する一般的な規則）条約は、当事国の間の合意によって改正することができる。当該合意については、条約に別段の定めがある場合を除くほか、第二部に定める規則を適用する。

第四〇条（多数国間の条約の改正）1　多数国間の条約の改正は、当該条約に別段の定めがない限り、2から5までの規定により規律する。

2　多数国間の条約をすべての当事国の間で改正するための提案は、すべての締約国に通告しなければならない。各締約国は、次のことに参加する権利を有する。

(a)　当該提案に関してとられる措置についての決定

(b)　当該条約を改正する合意の交渉及び締結

3　条約の当事国となる資格を有するいずれの国も、改正がされた条約の当事国となる資格を有する。

4　条約を改正する合意は、既に条約の当事国となっている国であっても当該合意の当事者とならないも

のについては、拘束しない。これらの国については、第三〇条4(b)の規定を適用する。

5　条約を改正する合意が効力を生じた後に条約の当事国となる国は、別段の意図を表明しない限り、

(a)　改正がされた条約の当事国とみなす。

(b)　条約を改正する合意に拘束されていない条約の当事国との関係においては、改正がされていない条約の当事国とみなす。

第四一条（多数国間の条約を一部の当事国の間においてのみ修正する合意） 1　多数国間の条約の二以上の当事国は、次の場合には、条約を当該二以上の当事国の間においてのみ修正する合意を締結することができる。

(a)　このような修正を行うことができることを条約が規定している場合

(b)　当該二以上の当事国が行おうとする修正が条約により禁止されておらずかつ次の条件を満たしている場合

(i)　条約に基づく他の当事国による権利の享有又は義務の履行を妨げるものでないこと。

(ii)　逸脱を認めれば条約全体の趣旨及び目的の効果的な実現と両立しないこととなる条約の規定に関するものでないこと。

2　条約を修正する合意を締結する意図を有する当事国は、当該合意を締結する意図及び当該合意による修正を他の当事国に通告する。ただし、1(a)の場合において条約に別段の定めがあるときは、この限りでない。

第五部　条約の無効、終了及び運用停止

第一節　総則

第四二条（条約の有効性及び条約の効力の存続） 1　条約の有効性及び条約に拘束されることについての国の同意の有効性は、この条約の適用によってのみ否認することができる。

2　条約の終了若しくは廃棄又は条約からの当事国の脱退は、条約又はこの条約の適用によってのみ行うことができる。条約の運用停止についても、同様とする。

第四三条（条約との関係を離れ国際法に基づいて課される義務） この条約又は条約の適用によりもたらされる条約の無効、終了若しくは廃棄、条約からの当事国の脱退又は条約の運用停止は、条約に規定されている義務のうち条約との関係を離れても国際法に基づいて課されるような義務についての国の履行の責務に何ら影響を及ぼすものではない。

第四四条（条約の可分性） 1　条約を廃棄し、条約から脱退し又は条約の運用を停止する当事国の権利であって、条約に定めるもの又は第五六条の規定に基づくものは、条約全体についてのみ行使することができる。ただし、条約に別段の定めがある場合又は当事国が別段の合意をする場合は、この限りでない。

2　条約の無効若しくは終了、条約からの脱退又は条約の運用停止の根拠としてこの条約において認められるものは、3から5まで及び第六〇条に定める場合を除くほか、条約全体についてのみ援用することができる。

3　2に規定する根拠が特定の条項にのみ係るものであり、かつ、次の条件が満たされる場合には、当該根拠は、当該条項についてのみ援用することができる。

(a)　当該条項がその適用上条約の他の部分から分離可能なものであること。

(b)　当該条項の受諾が条約全体に拘束されることについての他の当事国の同意の不可欠の基礎を成すものでなかったことが、条約自体から明らかであるか又は他の方法によって確認されるかのいずれかであること。

(c)　条約の他の部分を引き続き履行することとしても不当ではないこと。

4　第四九条及び第五〇条の場合には、詐欺又は買収を根拠として援用する権利を有する国は、条約全体についてこの権利を行使することができるものとし、特定の条項のみについても、3の規定に従うことを条件として、この権利を行使することができる。

5　第五一条から第五三条までの場合には、条約の分割は、認められない。

第四五条（条約の無効若しくは終了、条約からの脱退又は条約の運用停止の根拠を援用する権利の喪失） いずれの国も、次条から第五〇条までのいずれか、第六〇条又は第六二条の規定に基づき条約を無効にし若しくは終了させ、条約から脱退し又は条約の運用を停止する根拠となるような事実が存在することを了知した上で次のことを行った場合には、当該根拠を援用することができない。

(a)　条約が有効であること、条約が引き続き効力を有すること又は条約が引き続き運用されることについての明示的な同意

(b)　条約の有効性、条約の効力の存続又は条約の運用の継続を黙認したとみなされるような行為

第二節　条約の無効

第四六条（条約を締結する権能に関する国内法の規定）

1　いずれの国も、条約に拘束されることについての同意が条約を締結する権能に関する国内法の規定に違反して表明されたという事実を、当該同意を無効にする根拠として援用することができない。ただし、違反が明白でありかつ基本的な重要性を有する国内法の規則に係るものである場合は、この限りでない。

2　違反は、条約の締結に関し通常の慣行に従いかつ誠実に行動するいずれの国にとっても客観的に明らかであるような場合には、明白であるとされる。

第四七条（国の同意を表明する権限に対する特別の制限） 特定の条約に拘束されることについての国の同

意を表明する代表者の権限が特別の制限を付して与えられている場合に代表者が当該制限に従わなかったという事実は、当該制限が代表者による同意の表明に先立って他の交渉国に通告されていない限り、代表者によって表明された同意を無効にする根拠として援用することができない。

第四八条（錯誤）1　いずれの国も、条約についての錯誤が、条約の締結の時に存在すると自国が考えていた事実又は事態であって条約に拘束されることについての自国の同意の不可欠の基礎を成していた事実又は事態に係る錯誤である場合には、当該錯誤を条約に拘束されることについての自国の同意を無効にする根拠として援用することができる。

2　1の規定は、国が自らの行為を通じて当該錯誤の発生に寄与した場合又は国が何らかの錯誤の発生の可能性を予見することができる状況に置かれていた場合には、適用しない。

3　条約文の字句のみに係る錯誤は、条約の有効性に影響を及ぼすものではない。このような錯誤については、第七九条の規定を適用する。

第四九条（詐欺）いずれの国も、他の交渉国の詐欺行為によって条約を締結することとなった場合には、当該詐欺を条約に拘束されることについての自国の同意を無効にする根拠として援用することができる。

第五〇条（国の代表者の買収）いずれの国も、条約に拘束されることについての自国の同意が、他の交渉国が直接又は間接に自国の代表者を買収した結果表明されることとなった場合には、その買収を条約に拘束されることについての自国の同意を無効にする根拠として援用することができる。

第五一条（国の代表者に対する強制）条約に拘束されることについての国の同意の表明は、当該国の代表者に対する行為又は脅迫による強制の結果行われたものである場合には、いかなる法的効果も有しない。

第五二条（武力による威嚇又は武力の行使による国に対する強制）国際連合憲章に規定する(embodied)国際法の諸原則に違反する武力による威嚇又は武力の行使の結果締結された条約は、無効である。

第五三条（一般国際法の強行規範に抵触する条約）締結の時に一般国際法の強行規範に抵触する条約は、無効である。この条約の適用上、一般国際法の強行規範とは、いかなる逸脱も許されない規範として、また、後に成立する同一の性質を有する一般国際法の規範によってのみ変更することのできる規範として、国により構成されている国際社会全体が受け入れ、かつ、認める規範をいう。

第三節　条約の終了及び運用停止

第五四条（条約又は当事国の同意に基づく条約の終了又は条約からの脱退）条約の終了又は条約からの当事国の脱退は、次のいずれかの場合に行うことができる。

(a)　条約に基づく場合

(b)　すべての当事国の同意がある場合。この場合には、いかなる時点においても行うことができる。もっとも、当事国となっていない締約国は、事前に協議を受ける。

第五五条（多数国間の条約の効力発生に必要な数を下回る数への当事国数の減少）多数国間の条約は、条約に別段の定めがない限り、当事国数が条約の効力発生に必要な数を下回る数に減少したことのみを理由として終了することはない。

第五六条（終了、廃棄又は脱退に関する規定を含まない条約の廃棄又はこのような条約からの脱退）1　終了に関する規定を含まずかつ廃棄又は脱退について規定していない条約については、次の場合を除くほか、これを廃棄し、又はこれから脱退することができない。

(a)　当事国が廃棄又は脱退の可能性を許容する意図を有していたと認められる場合

(b)　条約の性質上廃棄又は脱退の権利があると考えられる場合

2　当事国は、1の規定に基づき条約を廃棄し又は条約から脱退しようとする場合には、その意図を廃棄又は脱退の一二箇月前までに通告する。

第五七条（条約又は当事国の同意に基づく条約の運用停止）条約の運用は、次のいずれかの場合に、すべての当事国又は特定の当事国について停止することができる。

(a)　条約に基づく場合

(b)　すべての当事国の同意がある場合。この場合には、いかなる時点においても停止することができる。もっとも、当事国となっていない締約国は、事前に協議を受ける。

第五八条（多数国間の条約の一部の当事国の間のみの合意による条約の運用停止）1　多数国間の条約の二以上の当事国は、次の場合には、条約の運用を一時的にかつ当該二以上の当事国の間においてのみ停止する合意を締結することができる。

(a)　このような運用停止を行うことができることを条約が規定している場合

(b)　当該二以上の当事国が行おうとする運用停止が条約により禁止されておらずかつ次の条件を満たしている場合

(i)　条約に基づく他の当事国による権利の享有又は義務の履行を妨げるものでないこと。

(ii)　条約の趣旨及び目的に反することとなるものでないこと。

2　条約の運用を停止する合意を締結する意図を有する当事国は、当該合意を締結する意図及びその運用を停止することとしている条約の規定を他の当事国に通告する。ただし、1(a)の場合において条約に別段の定めがあるときは、この限りでない。

第五九条（後の条約の締結による条約の終了又は運用停止）1　条約は、すべての当事国が同一の事項に関し後の条約を締結する場合において次のいずれかの条件が満たされるときは、終了したものとみなす。
(a) 当事国が当該事項を後の条約によって規律することを意図していたことが後の条約自体から明らかであるか又は他の方法によって確認されるかのいずれかであること。
(b) 条約と後の条約とが著しく相いれないものであるためこれらの条約を同時に適用することができないこと。
2 当事国が条約の運用を停止することのみを意図していたことが後の条約自体から明らかである場合又は他の方法によって確認される場合には、条約は、運用を停止されるにとどまるものとみなす。

第六〇条（条約違反の結果としての条約の終了又は運用停止） 1 二国間の条約につきその一方の当事国による重大な違反があった場合には、他方の当事国は、当該違反を条約の終了又は条約の全部若しくは一部の運用停止の根拠として援用することができる。
2 多数国間の条約につきその一の当事国による重大な違反があった場合には、
(a) 他の当事国は、一致して合意することにより、次の関係において、条約の全部若しくは一部の運用を停止し又は条約を終了させることができる。
(i) 他の当事国と違反を行った国との間の関係
(ii) すべての当事国の間の関係
(b) 違反により特に影響を受けた当事国は、自国と当該違反を行った国との間の関係において、当該違反を条約の全部又は一部の運用停止の根拠として援用することができる。
(c) 条約の性質上、一の当事国による重大な違反が条約に基づく義務の履行の継続についてのすべての当事国の立場を根本的に変更するものであるときは、当該違反を行った国以外の当事国は、当該違反を自国につき条約の全部又は一部の運用を停止する根拠として援用することができる。
3 この条の規定の運用上、重大な条約違反とは、次のものをいう。
(a) 条約の否定であってこの条約により認められないもの
(b) 条約の趣旨及び目的の実現に不可欠な規定についての違反
4 1から3までの規定は、条約違反があった場合に適用される当該条約の規定に影響を及ぼすものではない。
5 1から3までの規定は、人道的性格を有する条約に定める身体〔human person〕の保護に関する規定、特にこのような条約により保護される者に対する報復〔reprisals〕（形式のいかんを問わない。）を禁止する規定については、適用しない。

第六一条（後発的履行不能） 1 条約の実施に不可欠である対象が永久的に消滅し又は破壊された結果条約が履行不能となった場合には、当事国は、当該履行不能を条約の終了又は条約からの脱退の根拠として援用することができる。履行不能は、一時的なものである場合には、条約の運用停止の根拠としてのみ援用することができる。
2 当事国は、条約に基づく義務についての自国の違反又は他の当事国に対し負っている他の国際的な義務についての自国の違反の結果条約が履行不能となった場合には、当該履行不能を条約の終了、条約からの脱退又は条約の運用停止の根拠として援用することができない。

第六二条（事情の根本的な変化） 1 条約の締結の時に存在していた事情につき生じた根本的な変化が当事国の予見しなかったものである場合には、次の条件が満たされない限り、当該変化を条約の終了又は条約からの脱退の根拠として援用することができない。
(a) 当該事情の存在が条約に拘束されることについての当事国の同意の不可欠の基礎を成していたこと。
(b) 当該変化が、条約に基づき引き続き履行しなければならない義務の範囲を根本的に変更する効果を有するものであること。
2 事情の根本的な変化は、次の場合には、条約の終了又は条約からの脱退の根拠として援用することができない。
(a) 条約が境界を確定している場合
(b) 事情の根本的な変化が、これを援用する当事国による条約に基づく義務についての違反又は他の当事国に対し負っている他の国際的な義務についての違反の結果生じたものである場合
3 当事国は、1及び2の規定に基づき事情の根本的な変化を条約の終了又は条約からの脱退の根拠として援用することができる場合には、当該変化を条約の運用停止の根拠としても援用することができる。

第六三条（外交関係又は領事関係の断絶） 条約の当事国の間の外交関係又は領事関係の断絶は、当事国の間に当該条約に基づき確立されている法的関係に影響を及ぼすものではない。ただし、外交関係又は領事関係の存在が当該条約の適用に不可欠である場合は、この限りでない。

第六四条（一般国際法の新たな強行規範の成立） 一般国際法の新たな強行規範が成立した場合には、当該強行規範に抵触する既存の条約は、効力を失い、終了する。

第四節 手続

第六五条（条約の無効若しくは終了、条約からの脱退又は条約の運用停止に関してとられる手続） 1 条約の当事国は、この条約に基づき、条約に拘束されることについての自国の同意の瑕疵を援用する場合又は条約の有効性の否認、条約の終了、条約からの脱退若しくは条約の運用停止の根拠を援用する場合には、自国の主張を他の当事国に通告しなければならない。通告においては、条約についてとろうとす

る措置及びその理由を示す。

2　一定の期間（特に緊急を要する場合を除くほか、通告の受領の後三箇月を下る期間であってはならない。）の満了の時までに他のいずれの当事国も異議を申し立てなかった場合には、通告を行った当事国は、とろうとする措置を第六七条に定めるところにより実施に移すことができる。

3　他のいずれかの当事国が異議を申し立てた場合には、通告を行った当事国及び当該他のいずれかの当事国は、国際連合憲章第三三条に定める手段により解決を求める。

4　1から3までの規定は、紛争の解決に関し当事国の間において効力を有するいかなる条項に基づく当事国の権利又は義務にも影響を及ぼすものではない。

5　第四五条の規定が適用される場合を除くほか、1の通告を行っていないいずれの国も、他の当事国からの条約の履行の要求又は条約についての違反の主張に対する回答として、1の通告を行うことを妨げられない。

第六六条（司法的解決、仲裁及び調停の手続）　前条3の規定が適用された場合において、異議が申し立てられた日の後一二箇月以内に何らの解決も得られなかったときは、次の手続に従う。

(a)　第五三条又は第六四条の規定の適用又は解釈に関する紛争の当事者のいずれも、国際司法裁判所に対し、その決定を求めるため書面の請求により紛争を付託することができる。ただし、紛争の当事者が紛争を仲裁に付することについて合意する場合は、この限りでない。

(b)　この部の他の規定の適用又は解釈に関する紛争の当事者のいずれも、国際連合事務総長に対し要請を行うことにより、附属書に定める手続を開始させることができる。

第六七条（条約の無効を宣言し、条約を終了させ、条約から脱退させ又は条約の運用を停止させる文書）

1　第六五条1の通告は、書面によって行わなければならない。

2　条約の規定又は第六五条2若しくは3の規定に基づく条約の無効の宣言、条約の終了、条約からの脱退又は条約の運用停止は、他の当事国に文書を伝達することにより実施に移される。文書に元首、政府の長又は外務大臣の署名がない場合には、文書を伝達する国の代表者は、全権委任状の提示を要求されることがある。

第六八条（第六五条及び前条に規定する通告及び文書の撤回）　第六五条及び前条に規定する通告又は文書は、効果を生ずる前にいつでも撤回することができる。

第五節　条約の無効、終了又は運用停止の効果

第六九条（条約の無効の効果）　1　この条約によりその有効性が否定された条約は、無効である。無効な条約は、法的効力を有しない。

2　この条約によりその有効性が否定された条約に依拠して既に行為が行われていた場合には、

(a)　いずれの当事国も、他の当事国に対し、当該行為が行われなかったとしたならば存在していたであろう状態を相互の関係においてできる限り確立するよう要求することができる。

(b)　条約が無効であると主張される前に誠実に行われた行為は、条約が無効であることのみを理由として違法とされることはない。

3　第四九条から第五二条までの場合には、2の規定は、詐欺、買収又は強制を行った当事国については、適用しない。

4　多数国間の条約に拘束されることについての特定の国の同意が無効とされた場合には、1から3までに定める規則は、当該特定の国と条約の当事国との関係において適用する。

第七〇条（条約の終了の効果）　1　条約に別段の定めがある場合及び当事国が別段の合意をする場合を除くほか、条約又はこの条約に基づく条約の終了により、

(a)　当事国は、条約を引き続き履行する義務を免除される。

(b)　条約の終了前に条約の実施によって生じていた当事国の権利、義務及び法的状態は、影響を受けない。

2　1の規定は、いずれかの国が多数国間の条約を廃棄し又はこれから脱退する場合には、その廃棄又は脱退が効力を生ずる日から、当該いずれかの国と条約の他の各当事国との間において適用する。

第七一条（一般国際法の強行規範に抵触する条約の無効の効果）　1　条約が第五三条の規定により無効であるとされた場合には、当事国は、次のことを行う。

(a)　一般国際法の強行規範に抵触する規定に依拠して行った行為によりもたらされた結果をできる限り除去すること。

(b)　当事国の相互の関係を一般国際法の強行規範に適合したものとすること。

2　第六四条の規定により効力を失い、終了するとされた条約については、その終了により、

(a)　当事国は、条約を引き続き履行する義務を免除される。

(b)　条約の終了前に条約の実施によって生じていた当事国の権利、義務及び法的状態は、影響を受けない。ただし、これらの権利、義務及び法的状態は、条約の終了後は、一般国際法の新たな強行規範に抵触しない限度においてのみ維持することができる。

第七二条（条約の運用停止の効果）　1　条約に別段の定めがある場合及び当事国が別段の合意をする場合を除くほか、条約又はこの条約に基づく条約の運用停止により、

(a)　運用が停止されている関係にある当事国は、運

用停止の間、相互の関係において条約を履行する義務を免除される。

(b) 当事国の間に条約に基づき確立されている法的関係は、(a)の場合を除くほか、いかなる影響も受けない。

2 当事国は、運用停止の間、条約の運用の再開を妨げるおそれのある行為を行わないようにしなければならない。

第六部 雑則

第七三条（国家承継、国家責任及び敵対行為の発生の場合） この条約は、国家承継、国の国際責任又は国の間の敵対行為の発生により条約に関連して生ずるいかなる問題についても予断を下しているものではない。

第七四条（外交関係及び領事関係と条約の締結） 国の間において外交関係又は領事関係が断絶した場合又はこれらの関係が存在しない場合にも、これらの国の間における条約の締結は、妨げられない。条約を締結すること自体は、外交関係又は領事関係につきいかなる影響も及ぼさない。

第七五条（侵略を行った国の場合） この条約は、侵略を行った国が、当該侵略に関して国際連合憲章に基づいてとられる措置の結果いずれかの条約に関連して負うことのある義務に影響を及ぼすものではない。

第七部 寄託者、通告、訂正及び登録

第七六条（条約の寄託者） 1 交渉国は、条約において又は他の方法により条約の寄託者を指定することができる。寄託者は、国（その数を問わない。）、国際機関又は国際機関の主たる行政官のいずれであるかを問わない。

2 条約の寄託者の任務は、国際的な性質を有するものとし、寄託者は、任務の遂行に当たり公平に行動する義務を負う。特に、この義務は、条約が一部の当事国の間においては効力を生じていないという事実又は寄託者の任務の遂行に関しいずれかの国と寄託者との間に意見の相違があるという事実によって影響を受けることがあってはならない。

第七七条（寄託者の任務） 1 寄託者は、条約に別段の定めがある場合及び締約国が別段の合意をする場合を除くほか、特に次の任務を有する。

(a) 条約の原本及び寄託者に引き渡された全権委任状を保管すること。

(b) 条約の原本の認証謄本及び条約の要求する他の言語による条約文を作成し、これらを当事国及び当事国となる資格を有する国に送付すること。

(c) 条約への署名を受け付けること並びに条約に関連する文書、通告及び通報を受領しかつ保管すること。

(d) 条約への署名又は条約に関連する文書、通告若しくは通報が正式な手続によるものであるかないかを検討し、必要な場合には関係国の注意を喚起すること。

(e) 条約に関連する行為、通告及び通報を当事国及び当事国となる資格を有する国に通知すること。

(f) 条約の効力発生に必要な数の署名、批准書、受諾書、承認書又は加入書の受付又は寄託の日を当事国となる資格を有する国に通知すること。

(g) 国際連合事務局に条約を登録すること。

(h) この条約の他の規定に定める任務を遂行すること。

2 寄託者の任務の遂行に関しいずれかの国と寄託者との間に意見の相違がある場合には、寄託者は、この場合の問題につき、署名国及び締約国又は適当なときは関係国際機関の権限のある内部機関の注意を喚起する。

第七八条（通告及び通報） 条約又はこの条約に別段の定めがある場合を除くほか、この条約に基づいていずれの国の行う通告又は通報も、

(a) 寄託者がない場合には通告又は通報があてられている国に直接送付し、寄託者がある場合には寄託者に送付する。

(b) 通告又は通報のあてられている国が受領した時又は場合により寄託者が受領した時に行われたものとみなす。

(c) 寄託者に送付される場合には、通告又は通報のあてられている国が前条1(e)の規定による寄託者からの通知を受けた時に当該国によって受領されたものとみなす。

第七九条（条約文又は認証謄本における誤りの訂正） 1 条約文の確定の後に署名国及び締約国が条約文に誤りがあると一致して認めた場合には、誤りは、これらの国が別段の訂正方法を決定しない限り、次のいずれかの方法によって訂正する。

(a) 条約文について適当な訂正を行い、正当な権限を有する代表者がこれにつき仮署名すること。

(b) 合意された訂正を記載した文書を作成し又は交換すること。

(c) 訂正済みの条約文全体を原本の作成手続と同一の手続によって作成すること。

2 寄託者のある条約の場合には、寄託者は、誤り及び誤りを訂正する提案を署名国及び締約国に通告し、かつ、これらの国が提案された訂正に対して異議を申し立てることができる適当な期限を定めるものとし、

(a) 定められた期限内に異議が申し立てられなかったときは、条約文の訂正を行い、これにつき仮署名するとともに訂正の調書を作成し、その写しを当事国及び当事国となる資格を有する国に送付する。

(b) 定められた期限内に異議が申し立てられたときは、これを署名国及び締約国に通報する。

3 1及び2に定める規則は、条約文が二以上の言語により確定されている場合において、これらの言語

による条約文が符合していないことが明らかにされかつ署名国及び締約国がこれらを符合させるよう訂正することを合意するときにも、適用する。

4　訂正された条約文は、署名国及び締約国が別段の決定をしない限り、誤りがあった条約文に当初から代わる。

5　登録された条約の条約文の訂正は、国際連合事務局に通告する。

6　条約の認証謄本に誤りが発見された場合には、寄託者は、訂正の調書を作成し、その写しを署名国及び締約国に送付する。

第八〇条（条約の登録及び公表） 1　条約は、効力発生の後、登録又は記録のため及び公表のため国際連合事務局に送付する。

2　寄託者が指定された場合には、寄託者は、1の規定による行為を遂行する権限を与えられたものとする。

第八部　最終規定

第八一条（署名） この条約は、一九六九年一一月三〇日まではオーストリア共和国連邦外務省において、その後一九七〇年四月三〇日まではニュー・ヨークにある国際連合本部において、国際連合、いずれかの専門機関又は国際原子力機関のすべての加盟国、国際司法裁判所規程の当事国及びこの条約の当事国となるよう国際連合総会が招請したその他の国による署名のために開放しておく。

第八二条（批准） この条約は、批准されなければならない。批准書は、国際連合事務総長に寄託する。

第八三条（加入） この条約は、第八一条に定める種類のいずれかに属する国による加入のために開放しておく。加入書は、国際連合事務総長に寄託する。

第八四条（効力発生） 1　この条約は、三五番目の批准書又は加入書が寄託された日の後三〇日目の日に効力を生ずる。

2　三五番目の批准書又は加入書が寄託された後にこの条約を批准し又はこれに加入する国については、この条約は、その批准書又は加入書の寄託の後三〇日目の日に効力を生ずる。

第八五条（正文） 中国語、英語、フランス語、ロシア語及びスペイン語をひとしく正文とするこの条約の原本は、国際連合事務総長に寄託する。

以上の証拠として、下名の全権委員は、それぞれの政府から正当に委任を受けてこの条約に署名した。

一九六九年五月二三日にウィーンで作成した。

附属書

1　国際連合事務総長は、優秀な法律専門家から成る調停人の名簿を作成し、これを保管する。このため、国際連合のすべての加盟国及びこの条約の当事国は、二人の調停人を指名するよう要請されるものとし、指名された者の氏名が名簿に記載される。調停人の任期は、五年とし、更新することができる。臨時の空席を補充するために指名される調停人の任期についても、同様とする。2の規定によりいずれか特定の任務を遂行するために選定された調停人は、任期の満了後も引き続き当該任務を遂行する。

2　国際連合事務総長は、第六六条の規定に基づく要請があった場合には、次のとおり構成される調停委員会に紛争を付託する。

紛争の一方の当事者である一又は二以上の国は、次の者を任命する。

(a)　紛争の一方の当事者であるいずれかの国の国籍を有する一人の調停人（1に規定する名簿から選定されるか選定されないかを問わない。）

(b)　紛争の一方の当事者であるいずれの国の国籍も有しない一人の調停人（1に規定する名簿から選定される。）

紛争の他方の当事者である一又は二以上の国は、同様の方法により二人の調停人を任命する。紛争の双方の当事者の選定に係る四人の調停人の任命は、国際連合事務総長が要請を受領した日の後六〇日以内に行われる。

四人の調停人は、最後の者が任命された日の後六〇日以内に、議長となる五人目の調停人（1に規定する名簿から選定される。）を任命する。

議長又は議長以外の調停人の任命が、それぞれの任命について定められた期間内に行われなかった場合には、国際連合事務総長が当該期間の満了の後六〇日以内に任命を行う。国際連合事務総長は、1に規定する名簿に記載された者又は国際法委員会の委員のうちから議長を任命することができる。任命を行うためのいずれの期間も、紛争の当事者の間の合意によって延長することができる。

調停人が欠けたときは、当該調停人の任命の場合と同様の方法によって空席を補充する。

3　調停委員会は、その手続を決定する。調停委員会は、紛争の当事者の同意を得て、条約の当事国に対しその見解を口頭又は書面により調停委員会に提示するよう要請することができる。調停委員会の決定及び勧告は、五人の調停人の過半数による議決で行う。

4　調停委員会は、紛争の友好的な解決を容易にすると考えられる措置について紛争の当事者の注意を喚起することができる。

5　調停委員会は、紛争の当事者からの意見の聴取、紛争の当事者の主張及び異議の審理並びに紛争の当事者に対する提案を行う。

6　調停委員会は、その設置の日から一二箇月以内に報告を行う。報告は、国際連合事務総長に提出し、かつ、紛争の当事者に送付する。事実又は法律問題に関し報告に記載されている結論を含め、報告は、紛争の当事者を拘束するものではなく、また、紛争の友好的な解決を容易にするために当事者の検討に付される勧告としての性質以外のいかなる性質も有しない。

7　国際連合事務総長は、調停委員会に対しその必要とする援助及び便宜を与える。調停委員会の経費は、国際連合が負担する。

42　条約の締結における軍事的、政治的又は経済的強制の禁止に関する宣言(Forceに関する宣言)

採　択　一九六九年五月二三日　国際連合条約法会議(ウィーン)

国際連合条約法会議は、

効力を有するすべての条約は当事国を拘束し、これらの条約は当事国によって誠実に履行されなければならないとの原則を支持し、

国家の主権平等の原則を再確認し、

国家は、条約締結に関するいかなる行為の遂行においても、完全な自由を有しなければならないことを確信し、

国家が、過去において、ときに他国によって用いられたさまざまな形態の圧力の下で条約を締結することを余儀なくされた事実を反省し、

将来、条約の締結に関連して、なんらかの形態によるこのような圧力が、いかなる国家によっても用いられないことを確保することを希求して、

1　国家の主権平等と同意の自由の原則に反し、条約締結に関連するなんらかの行為を他国に行わせるよう強制するために国家がなす軍事的、政治的又は経済的な、なんらかの形態の圧力による威嚇又は圧力の行使を厳粛に非難する。

2　本宣言が、条約法会議の最終議定書の一部を形成することを決定する。

43　国と国際機関との間又は国際機関相互の間の条約についての法に関するウィーン条約(国際機関条約法条約)(抄)

採　択　一九八六年三月二一日(ウィーン)
効力発生
日本国　一九八七年四月二四日署名

前　文(略)

第一部　序

第一条(この条約の適用範囲)この条約は、次のものについて適用する。

(a)一又は二以上の国と一又は二以上の国際機関との間の条約

(b)国際機関相互の間の条約

第二条(用語)1　この条約の適用上、

(a)「条約」とは、(i)一若しくは二以上の国と一若しくは二以上の国際機関との間において、又は(ii)国際機関相互の間において、文書の形式により締結され、国際法によって規律される国際的な合意(単一の文書によるものであるか関連する二以上の文書によるものであるかを問わず、また、名称のいかんを問わない。)をいう。

(b)「批准」とは、そのように呼ばれる国際的な行為をいい、条約に拘束されることについての国の同意は、この行為により国際的に確定的なものとされる。

(b)の2「正式確認行為」とは、国による批准に相当する国際的な行為をいい、条約に拘束されることについての国際機関の同意は、この行為により国際的に確定的なものとされる。

(b)の3「受諾」、「承認」及び「加入」とは、それぞれ、そのように呼ばれる国際的な行為をいい、条約に拘束されることについての国又は国際機関の同意は、これらの行為により国際的に確定的なものとされる。

(c)「全権委任状」とは、国の権限のある当局又は国際機関の権限のある内部機関の発給する文書であって、条約文の交渉、採択若しくは確定を行うため、条約に拘束されることについての国若しくは国際機関の同意を表明するため又は条約に関するその他の行為を遂行するために国若しくは国際機関を代表する一又は二以上の者を指名しているものをいう。

(d)「留保」とは、国又は国際機関が、条約の特定の規定の自己への適用上その法的効果を排除し又は変更することを意図して、条約への署名、条約の批准、正式確認、受諾若しくは承認又は条約への加入の際に単独に行う声明(用いられる文言及び

名称のいかんを問わない。)をいう。

(e)「交渉国」又は「交渉国際機関」とは、条約文の作成及び採択に参加した国又は国際機関をいう。

(f)「締約国」又は「締約国際機関」とは、条約(効力を生じているかいないかを問わない。)に拘束されることに同意した国又は国際機関をいう。

(g)「当事者」とは、条約に拘束されることに同意し、かつ、自己について条約の効力が生じている国又は国際機関をいう。

(h)「第三国」又は「第三者である国際機関」とは、条約の当事者でない国又は国際機関をいう。

(i)「国際機関」とは、政府間機関をいう。

(j)「国際機関の規則」とは、特に、当該機関の設立文書、当該文書に従って採択された決定及び決議並びに当該機関の確立した慣行をいう。

2　この条約における用語につき規定する1の規定は、いずれの国の国内法又はいずれの国際機関の規則におけるこれらの用語の用法及び意味にも影響を及ぼすものではない。

第三条(この条約の適用範囲外の国際的な合意)　この条約が(i)から(iv)までの国際的な合意については適用されないということは、(a)から(c)までの事項に影響を及ぼすものではない。

(i)　一又は二以上の国、一又は二以上の国際機関並びに国及び国際機関以外の一又は二以上の国際法主体が当事者である国際的な合意

(ii)　一又は二以上の国際機関と国及び国際機関以外の一又は二以上の国際法主体が当事者である国際的な合意

(iii)　一若しくは二以上の国と一若しくは二以上の国際機関との間又は国際機関相互の間における文書の形式によらない国際的な合意

(iv)　国及び国際機関以外の国際法主体相互の間の国際的な合意

(a)　これらの合意の法的効力

(b)　この条約に規定されている規則のうちこの条約との関係を離れ国際法に基づきこれらの合意を規律するような規則のこれらの合意についての適用

(c)　国及び国際機関以外の国際法主体も当事者となっている国際的な合意により規律されている国と国際機関の間又は国際機関相互の間の関係へのこの条約の適用

第四条(この条約の不遡及)(略)

第五条(国際機関を設立する条約及び国際機関内において採択される条約)　この条約は、一又は二以上の国と一又は二以上の国際機関との間の国際機関の設立文書である条約及び国際機関内において採択される条約について適用する。ただし、当該国際機関の関係規則の適用を妨げるものではない。

第二部　条約の締結及び効力発生

第一節　条約の締結

第六条(国際機関の条約締結能力)　国際機関が条約を締結する能力は、当該国際機関の規則によるものとする。

第七条(全権委任状)　1　いずれの者も、次の場合には、条約文の採択若しくは確定又は条約に拘束されることについての国の同意の表明の目的のために国を代表するものと認められる。

(a)　当該者から適切な全権委任状の提示がある場合

(b)　当該者につきこの1に規定する目的のために国を代表するものと認めかつ全権委任状の提示を要求しないことを関係国及び関係国際機関が意図していたことが慣行又はその他の状況から明らかである場合

2　次の者は、職務の性質により、全権委任状の提示を要求されることなく、自国を代表するものと認められる。

(a)　一又は二以上の国と一又は二以上の国際機関との間の条約の締結に関するあらゆる行為について、元首、政府の長及び外務大臣

(b)　国際会議における国と国際機関との間の条約の条約文の採択については、当該国際会議に対し国の派遣した代表者

(c)　国際機関又はその内部機関における条約文の採択については、当該国際機関又はその内部機関に対し国の派遣した代表者

(d)　国と国際機関との間の条約の条約文の採択については、当該国際機関に対し当該国の派遣した常駐使節団の長

3　いずれの者も、次の場合には、条約文の採択若しくは確定又は条約に拘束されることについての国際機関の同意の表明の目的のために国際機関を代表するものと認められる。

(a)　当該者から適切な全権委任状の提示がある場合

(b)　当該者につきこの3に規定する目的のために当該国際機関を代表するものと認めかつ全権委任状の提示を要求しないことを関係国及び関係国際機関が意図していたことが状況から明らかである場合

第八条(権限が与えられることなく行われた行為の追認)(略)

第九条(条約文の採択)　1　条約文は、2の場合を除くほか、その作成に参加したすべての国及び国際機関又は参加者がすべて国際機関である場合にはすべての国際機関の同意により採択される。

2　国際会議においては、条約文は、当該国際会議の参加者により合意された手続により採択される。ただし、この手続に関し合意が得られなかった場合には、条約文は、出席しかつ投票する当該国際会議の参加者の三分の二以上の多数による議決で採択される。もっとも、出席しかつ投票する当該国際会議の参加者が三分の二以上の多数による議決で異なる規則を適用することを決定した場合は、この限りでな

い。

第一〇条（条約文の確定）１（略）

２ 国際機関相互の間の条約文は、次のいずれかの方法により真正かつ最終的なものとされる。

(a) 条約文に定められている手続又は条約文の作成に参加した国際機関が合意する手続

(b) (a)の手続がない場合には、条約文の作成に参加した国際機関の代表者による条約文又は条約文を含む会議の最終議定書への署名、追認を要する署名又は仮署名

第一一条（条約に拘束されることについての同意の表明の方法）１（略）

２ 条約に拘束されることについての国際機関の同意は、署名、条約を構成する文書の交換、正式確認行為、受諾、承認若しくは加入により又は合意がある場合には他の方法により表明することができる。

第一二条（条約に拘束されることについての同意の署名による表明）
第一三条（条約に拘束されることについての同意の条約構成文書の交換による表明）（略）

第一四条（条約に拘束されることについての同意の批准、正式確認行為、受諾又は承認による表明）１（略）

２ 条約に拘束されることについての国際機関の同意は、次の場合には、正式確認行為により表明される。

(a) 同意が正式確認行為により表明されることを条約が定めている場合

(b) 正式確認行為を要することを交渉国及び交渉国際機関又は交渉者がすべて国際機関であるときは交渉国際機関が合意したことが他の方法により認められる場合

(c) 国際機関の代表者が正式確認行為を条件として条約に署名した場合

(d) 正式確認行為を条件として条約に署名することを国際機関が意図していることが当該国際機関の代表者の全権委任状から明らかであるか又は交渉の過程において表明されたかのいずれかの場合

３（略）

第一五条（条約に拘束されることについての同意の加入による表明）（略）

第一六条（批准書、正式確認書、受諾書、承認書又は加入書の交換又は寄託）１（略）

２ 条約に別段の定めがない限り、正式確認書、受諾書、承認書又は加入書は、これらについて次のいずれかの行為が行われた時に、国際機関相互の間の条約に拘束されることについての国際機関の同意を確定的なものとする。

(a) 締約国際機関相互の間における交換

(b) 寄託者への寄託

(c) 合意がある場合には、締約国際機関又は寄託者に対する通告

第一七条（条約の一部に拘束されることについての同意及び様々な規定のうちからの特定の規定の選択）
第一八条（条約の効力発生前に条約の趣旨及び目的を失わせてはならない義務）（略）

第二節 留　保

第一九条（留保の表明）
第二〇条（留保の受諾及び留保に対する異議）
第二一条（留保及び留保に対する異議の法的効果）
第二二条（留保の撤回及び留保に対する異議の撤回）
第二三条（留保に関連する手続）（略）

第三節 条約の効力発生及び暫定的適用

第二四条（効力発生）
第二五条（暫定的適用）（略）

第三部 条約の遵守、適用及び解釈

第一節 条約の遵守

第二六条（合意は守られなければならない）（略）

第二七条（国内法、国際機関の規則及び条約の遵守）

１ 当事国は、条約の不履行を正当化する根拠として自国の国内法を援用することができない。

２ 当事者である国際機関は、条約の不履行を正当化する根拠として当該国際機関の規則を援用することができない。

３ １及び２の規定は、第四六条の規定の適用を妨げるものではない。

第二節 条約の適用

第二八条（条約の不遡及）
第二九条（条約の適用地域）（略）

第三〇条（同一の事項に関する相前後する条約の適用）

１〜５（略）

６ １から５までの規定にかかわらず、国際連合憲章に基づく義務と条約に基づく義務とが抵触する場合には、国際連合憲章に基づく義務が優先する。

第三節 条約の解釈

第三一条（解釈に関する一般的な規則）
第三二条（解釈の補足的な手段）
第三三条（二以上の言語により確定がされた条約の解釈）（略）

第四節 条約と第三国又は第三者である国際機関

第三四条（第三国及び第三者である国際機関に関する一般的な規則）条約は、第三国又は第三者である国際機関の義務又は権利を当該第三国又は第三者である国際機関の同意なしに創設することはない。

第三五条（第三国又は第三者である国際機関の義務について規定している条約） いずれの第三国又は第三者である国際機関も、条約の当事者が条約のいずれかの規定により当該第三国又は第三者である国際機関に義務を課することを意図しており、かつ、当該第三国又は第三者である国際機関が書面により当該義務を明示的に受け入れる場合には、当該規定に係る当該義務を負う。当該義務の第三者である国際機関による受諾は、当該国際機関の規則に従って行われるものとする。

第三六条（第三国又は第三者である国際機関の権利について規定している条約） 1（略）

2　いずれの第三者である国際機関も、条約の当事者が条約のいずれかの規定により当該第三者である国際機関若しくは当該第三者である国際機関の属する国際機関の集団に対し又はいずれの国際機関に対しても権利を与えることを意図しており、かつ、当該第三者である国際機関が同意する場合には、当該規定に係る当該権利を取得する。第三者である国際機関の同意は、当該第三者である国際機関の規則に従って行われるものとする。

3（略）

第三七条（第三国又は第三者である国際機関の義務又は権利についての撤回又は変更） 1～2（略）

3　条約の当事者である国際機関又は第三者である国際機関の1及び2の同意は、当該国際機関の規則に従って行われるものとする。

第三八条（国際慣習となることにより第三国又は第三者である国際機関を拘束することとなる条約の規則）（略）

第四部　条約の改正及び修正

第三九条（条約の改正に関する一般的な規則） 1（略）

2　1の合意についての国際機関の同意は、当該国際機関の規則に従って行われるものとする。

第四〇条（多数者間の条約の改正）
第四一条（多数者間の条約を一部の当事者の間においてのみ修正する合意）
（略）

第五部　条約の無効、終了及び運用停止

第一節　総則

第四二条（条約の有効性及び条約の効力の存続）
第四三条（条約との関係を離れ国際法に基づいて課される義務）
第四四条（条約の可分性）
（略）

第四五条（条約の無効若しくは終了、条約からの脱退又は条約の運用停止の根拠を援用する権利の喪失）

1（略）

2　いずれの国際機関も、次条から第五〇条までのいずれか、第六〇条又は第六二条の規定に基づき条約を無効にし若しくは終了させ、条約から脱退し又は条約の運用を停止する根拠となるような事実が存在することを了知した上で次のことを行った場合には、当該根拠を援用することができない。

(a)　条約が有効であること、条約が引き続き効力を有すること又は条約が引き続き運用されることについての明示的な同意

(b)　権限のある内部機関の当該根拠を援用する権利を放棄したとみなされるような行為

第二節　条約の無効

第四六条（条約を締結する権能に関する国内法及び国際機関の規則の規定） 1（略）

2　いずれの国際機関も、条約に拘束されることについての同意が条約を締結する権能に関する当該国際機関の規則に違反して表明されたという事実を、当該同意を無効にする根拠として援用することができない。ただし、違反が明白でありかつ基本的な重要性を有する国際機関の規則に係るものである場合は、この限りでない。

3（略）

第四七条（国又は国際機関の同意を表明する権限に対する特別の制限）
第四八条（錯誤）
第四九条（詐欺）
第五〇条（国又は国際機関の代表者の買収）
第五一条（国又は国際機関の代表者に対する強制）
第五二条（武力による威嚇又は武力の行使による国又は国際機関に対する強制）
第五三条（一般国際法の強行規範に抵触する条約）
（略）

第三節　条約の終了及び運用停止

第五四条（条約又は当事者の同意に基づく条約の終了又は条約からの脱退）
第五五条（多数者間の条約の効力発生に必要な数を下回る数への当事者数の減少）
第五六条（終了、廃棄又は脱退に関する規定を含まない条約の廃棄又はこのような条約からの脱退）
第五七条（条約又は当事者の同意に基づく条約の運用停止）
第五八条（多数者間の条約の一部の当事者の間のみの合意による条約の運用停止）
第五九条（後の条約の締結による条約の終了又は運用停止）
第六〇条（条約違反の結果としての条約の終了又は運用停止）
第六一条（後発的履行不能）
第六二条（事情の根本的な変化）
第六三条（外交関係又は領事関係の断絶）
第六四条（一般国際法の新たな強行規範の成立）
（略）

第四節　手　続

第六五条（条約の無効若しくは終了、条約からの脱退又は条約の運用停止に関してとられる手続）
1～3（略）
4　国際機関による通告又は異議の申立ては、当該国際機関の規則に従って行われるものとする。
5～6（略）

第六六条（司法的解決、仲裁及び調停の手続） 1　前条3の規定が適用された場合において、異議が申し立てられた日の後一二箇月以内に何らの解決も得られなかったときは、2から4までの手続に従う。
2　第五三条又は第六四条の規定の適用又は解釈に関する紛争については、次の手続に従う。
(a)　国が一又は二以上の国との紛争の当事者である場合には、紛争の当事者である国は、国際司法裁判所に対し、その決定を求めるため書面の請求により紛争を付託することができる。
(b)　国が一又は二以上の国際機関も当事者である紛争の当事者である場合には、当該国は、必要なときは国際連合の加盟国を通じて、国際連合総会、国際連合安全保障理事会又は適当なときは紛争の当事者で国際連合憲章第九六条に基づいて総会の許可を得た国際機関の権限のある内部機関に対し、国際司法裁判所規程第六五条の規定に従って国際司法裁判所の勧告的意見を要請するよう求めることができる。
(c)　国際連合又は国際連合憲章第九六条の規定に基づいて総会の許可を得た国際機関が紛争の当事者である場合には、国際連合又は当該国際機関は、国際司法裁判所規程第六五条の規定に従って国際司法裁判所の勧告的意見を要請することができる。
(d)　(c)の国際機関以外の国際機関が紛争の当事者である場合には、当該国際機関は、国際連合の加盟国を通じて(b)の手続をとることができる。
(e)　(b)から(d)までの規定により国際司法裁判所が与える勧告的意見は、紛争のすべての関係当事者により最終的なものとして受諾されなければならない。
(f)　(b)から(d)までの規定による国際司法裁判所に対する勧告的意見の要請が認められなかった場合には、紛争の当事者のいずれも、紛争の他の当事者に対する書面の通告により、この条約の附属書の規定に従って紛争を仲裁に付することができる。
3　2の規定にかかわらず、紛争のすべての当事者が紛争を仲裁（この条約の附属書に規定されている仲裁手続によるものを含む。）に付することについて合意する場合を除くほか、2の規定を適用する。
4　この部の第五三条又は第六四条以外の規定の適用又は解釈に関する紛争については、紛争の当事者のいずれも、国際連合事務総長に対し要請を行うことにより、附属書に定められる調停手続を開始させることができる。

第六七条（条約の無効を宣言し、条約を終了させ、条約から脱退させ又は条約の運用を停止させる文書）
1（略）
2　条約の規定又は第六五条2若しくは3の規定に基づく条約の無効の宣言、条約の終了、条約からの脱退又は条約の運用停止は、他の当事者に文書を伝達することにより実施に移される。国により発出された文書に元首、政府の長又は外務大臣の署名がない場合には、当該文書を伝達する国の代表者は、全権委任状の提示を要求されることがある。文書が国際機関により発出されたものである場合には、当該文書を伝達する国際機関の代表者は、全権委任状の提示を要求されることがある。

第六八条（第六五条及び前条に規定する通告及び文書の撤回）（略）

第五節　条約の無効、終了又は運用停止の効果

第六九条（条約の無効の効果）
第七〇条（条約の終了の効果）
第七一条（一般国際法の強行規範に抵触する条約の無効の効果）
第七二条（条約の運用停止の効果）
（略）

第六部　雑　則

第七三条（条約法に関するウィーン条約との関係） 二以上の国と一又は二以上の国際機関との間の条約の下における一九六九年の条約法に関するウィーン条約の当事国である国と国との間の関係は、当該条約により規律されるものとする。

第七四条（この条約が予断を下していない諸問題） 1　この条約は、国家承継、国の国際責任又は国の間の敵対行為の発生により一又は二以上の国と一又は二以上の国際機関との間の条約に関連して生ずるいかなる問題についても予断を下しているものではない。
2　この条約は、国際機関の国際責任、国際機関の存続の終了又は国の国際機関における加盟国としての地位の終了により条約に関連して生ずるいかなる問題についても予断を下しているものではない。
3　この条約は、国際機関が当事者である条約による当該国際機関の加盟国の義務及び権利の発生に関連して生ずるいかなる問題についても予断を下しているものではない。

第七五条（外交関係及び領事関係と条約の締結）
第七六条（侵略を行った国の場合）
（略）

第七部　寄託者、通告、訂正及び登録

第七七条（条約の寄託者）
第七八条（寄託者の任務）
第七九条（通告及び通報）
第八〇条（条約文又は認証謄本における誤りの訂正）
（略）

第八一条（条約の登録及び公表）（略）

第八部　最終規定

第八二条（署名）
第八三条（批准又は正式確認行為）　（略）
第八四条（加入）

第八五条（効力発生）1　この条約は、国又は国際連合ナミビア理事会によって代表されるナミビアによる三五番目の批准書又は加入書が寄託された日の後三〇日目の日に効力を生ずる。

2　1に規定する条件が満たされた後にこの条約を批准し若しくはこれに加入する国又は国際連合ナミビア理事会によって代表されるナミビアについては、この条約は、国又はナミビアがその批准書又は加入書を寄託した後三〇日目の日に効力を生ずる。

3　正式確認書又は加入書を寄託する国際機関については、この条約は、その寄託の後三〇日目の日又はこの条約が1に従って効力を生ずる日のいずれか遅い日に効力を生ずる。

第八六条（正文）（略）

4　条約の留保に関する実行ガイド（抜粋）

採　択　二〇一一年国連国際法委員会第六三回会期

1　定　義

1・1（留保の定義）

1　「留保」とは、国又は国際機関が、条約の特定の規定の自国又は自己への適用上その法的効果を排除し又は変更することを意図して、条約への署名、条約の批准、正式確認、受諾若しくは承認又は条約への加入、条約の承継の通告を行う際に単独に行う声明（用いられる文言及び名称のいかんを問わない。）をいう。

2　1は、留保を付する国又は国際機関への適用上、特定の側面に関して条約の特定の規定又は条約全体の法的効果を排除し又は変更することを意図する留保を含むものと解される。

1・2（解釈宣言の定義）

「解釈宣言」とは、国又は国際機関が、条約又は条約の一定の規定の意味若しくは範囲を特定し又は明確化することを意図して単独に行う声明（用いられる文言及び名称のいかんを問わない。）をいう。

1・3（留保と解釈宣言の区別）

留保として又は解釈宣言として単独に行う声明の性格は、表明国又は表明機関が発生させることを意図する法的効果によって決定される。

1・4（条件付き解釈宣言）

1　条件付き解釈宣言とは、国又は国際機関が、条約への署名、条約の批准、正式確認、受諾若しくは承認又は条約への加入、及び条約の承継の通告の際に、条約又は条約の一定の規定の特定の解釈を、条約に拘束されることへの自国又は自己の同意の条件として表明する単独に行う声明をいう。

2　条件付き解釈宣言は、留保に適用する規則に服する。

1・5（留保及び解釈宣言以外の単独に行う声明）

条約に関して表明された単独に行う声明であって、留保でも解釈宣言（条件付き解釈宣言を含む。）でもないものは、この実行ガイドの適用範囲外である。

2　手　続

2・1・7（寄託者の任務）

1　寄託者は、国又は国際機関によって表明された留保が正式な手続によるものであるかないかを検討し、必要な場合には関係国又は関係機関の注意を喚起する。

2　寄託者の任務の遂行に関しいずれかの国又は機関と寄託者との間に意見の相違がある場合には、寄託者は、この問題につき、次のものの注意を喚起する。
(a)　署名国及び署名機関並びに締約国及び締約機関、
(b)　適当なときは、関係国際機関の権限のある内部機関

2・5・7（留保の撤回の効果）

1　留保の撤回は、留保を撤回した国又は国際機関と他のすべての当事国又は機関（当該留保に異議を表明したか否かは問わない。）との間の関係において、留保が関連する規定の完全な適用を伴う。

2　留保の撤回は、留保を撤回した国又は国際機関と、留保に異議を申し立てかつ当該留保を理由として、自国又は自らの機関と留保国又は留保機関との関係における条約の効力発生に反対していた国又は機関との関係における条約の効力発生を伴う。

2・6・1（留保に対する異議の定義）

「異議」とは、国又は国際機関が、他の国又は国際機関によって表明された留保に対し、当該留保がその意図する効果を持つことを妨げることを意図して、又は他の方法により当該留保に反対して単独に行う声明（用いられる文言及び名称のいかんを問わない。）をいう。

2・9・1（解釈宣言の承認）

解釈宣言の「承認」とは、国又は国際機関が、他の国又は他の国際機関が表明した条約に関する解釈宣言に対し、当該宣言において表明された解釈に同意を表明するために単独に行う声明をいう。

2・9・2（解釈宣言に対する反対）

解釈宣言に対する「反対」とは、国又は国際機関が、

他の国又は他の国際機関が表明した条約に関する解釈宣言に対し、当該宣言において表明された解釈に不同意(他の解釈の表明を含む。)を表明するために単独に行う声明をいう。

2・9・3(解釈宣言の再評価)

1 解釈宣言の「再評価」とは、国又は国際機関が、他の国又は他の国際機関が表明した条約に関する解釈宣言に対し、当該解釈宣言を留保として扱うことを意図して単独に行う声明をいう。

2 解釈宣言を留保として扱うことを意図する国又は国際機関は、ガイドライン1・3から1・3・3を考慮する。

3 留保と解釈宣言の許容性

3・1(許容される留保)

国又は国際機関は、次の場合を除くほか、条約への署名、条約の批准、正式確認、受諾、承認若しくは条約への加入に際し、留保を付することができる。

(a) 条約が当該留保を付することを禁止している場合

(b) 条約が、当該留保を含まない特定の留保のみを付することができる旨を定めている場合

(c) (a)及び(b)の場合以外の場合において、当該留保が条約の趣旨及び目的と両立しないものであるとき。

3・1・1(条約が禁止する留保)

条約が、次の規定を含む場合、留保は禁止される。

(a) すべての留保を禁止している場合

(b) 当該留保が関連する特定の規定に対する留保を禁止している場合

(c) 当該留保を含む一定の範疇の留保を禁止している場合

3・1・3(条約が禁止しない留保の許容性)

条約が一定の留保の表明を禁止している場合、条約が禁止しない留保は、当該留保が条約の趣旨及び目的と両立しないものでない場合に限り、国又は国際機関は留保を付することができる。

3・1・5(条約の趣旨及び目的と両立しない留保)

留保が条約の存在理由を損なうような方法で、当該条約の主旨に必要な本質的要素に影響を及ぼす場合、当該留保は条約の趣旨及び目的と両立しない。

3・1・5・1(条約の趣旨及び目的の決定)

条約の趣旨及び目的は、その文脈における条約の文言、特に条約の表題及び前文を考慮して、誠実に決定されるものとする。また、条約の準備作業及び条約の締結の際の事情、及び適当なときは、当事者による後に生じた慣行に依拠することができる。

3・1・5・3(慣習規則を反映した規定に対する留保)

条約規則が慣習国際法規則を反映しているという事実は、それ自体、当該規定に対する留保の表明を妨げるものではない。

3・1・5・4(いかなる状況においても逸脱が許容されない権利に関する規定に対する留保)

国又は国際機関は、いかなる状況においてもそれからの逸脱が許容されない権利に関する条約規定に対し、留保を表明することができない。ただし、当該留保が、条約から生ずる本質的な権利及び義務と両立するものである場合はこの限りではない。両立性の評価にあたっては、当事者が当該権利からの逸脱を認めないことによって当該権利に付与した重要性に考慮が払われる。

3・1・5・7(紛争解決又は条約の履行監視に関する条約規定に対する留保)

紛争解決又は条約の履行監視に関する条約規定に対する留保は、それ自体、次の場合を除き、条約の趣旨及び目的と両立しないものではない。

(i) 留保が、条約の存在理由に不可欠な条約規定の法的効果を排除し又は変更することを意図する場合

(ii) 当該条約の本来の目的が紛争解決又は履行監視メカニズムの実現にある場合に、留保が、留保を付した国又は国際機関をすでに受諾した条約規定に関する条約の履行監視メカニズムから排除する効果を有する場合

3・2(留保の許容性の評価)

次のものは、それぞれの権限の範囲内で、国又は国際機関が条約に付した留保の許容性を評価することができる。

・締約国又は締約機関
・紛争解決機関
・条約監視機関

4 留保及び解釈宣言の法的効果

4・2・1(成立した留保の表明国又は表明機関の地位)

ガイドライン4・1から4・1・3に従って留保が成立した時に、当該留保を付した国又は国際機関は、当該条約の締約国又は締約機関となる。

4・2・6(留保の解釈)

留保は、主として当該留保の本文に反映されている留保を付した国又は機関の意図、並びに条約の趣旨及び目的また留保が付された際の事情を考慮して、誠実に解釈するものとする。

4・3・6(条約関係に対する異議の効果)

1 有効な留保に異議を申し立てた国又は国際機関が、留保を付した国又は機関と自らの間で条約が効力を生ずることに反対しなかった場合には、当該留保が関連する規定は、留保を付した国又は機関と異議を申し立てた国又は機関との間で、留保の限度において適用がない。

2 有効な留保が、条約の特定の規定の法的効果を排除する意図を有する限度において、締約国又は締約機関が当該留保に異議を申し立てたにもかかわらず、留保を付した国又は機関との関係で条約が効力を生ずることに反対しなかった場合には、異議を申し立てた国又は機関と留保を付した国又は機関との条約

関係において、これらの国又は機関は、留保が関連する規定に拘束されない。

3　有効な留保が、条約の特定の規定の法的効果を変更する意図を有する限度において、締約国又は締約機関が当該留保に異議を申し立てたにもかかわらず、留保を付した国又は機関との関係で条約が効力を生ずることに反対しなかった場合には、異議を申し立てた国又は機関と留保を付した国又は機関との条約関係において、これらの国又は機関は、留保によって変更が意図された条約規定に拘束されない。

4　留保が関連する規定を除く他のすべての条約規定は、留保を付した国又は機関と異議を申し立てた国又は機関との間で、引き続き適用される。

4・4・2(慣習国際法に基づく権利及び義務に関する効果の欠如)

慣習国際法の規則を反映する条約規定に対する留保は、それ自体として当該規則に基づく権利及び義務に影響を及ぼさない。当該規則は、留保を付した国又は機関と当該規則に拘束されるその他の国又は国際機関との間で、それ自体として引き続き適用される。

4・5・1(有効でない留保の無効)

実行ガイド第2部及び第3部に明記された正式な有効性及び許容性のための条件を満たさない留保は無効であり、したがっていかなる法的効果も有さない。

4・5・3(条約との関係における有効でない留保の表明国又は表明機関の地位)

1　条約との関係における有効でない留保を付した国又は国際機関の地位は、留保の利益なしに条約に拘束されることを意図しているか又は条約に拘束されないと考えているかに関し、留保を付した国又は国際機関によって表明された意図による。

2　有効でない留保を付した国又は国際機関がこれと異なる意図を表明するか又は別段の意図が確認されない限り、留保の利益なしに、締約国又は締約機関とみなされる。

3　1及び2の規定にかかわらず、有効でない留保を付した国又は国際機関は、留保の利益なしには条約に拘束されないという意図をいつでも表明することができる。

4　条約監視機関が留保は有効でないとの見解を表明し、かつ、留保を付した国又は国際機関が留保の利益なしには条約に拘束されないという意図を有する場合には、その意図は条約監視機関が留保の評価を行った日の後一二箇月の期間内にその旨を表明すべきである。

4・7・1(解釈宣言による条約の文言の明確化)

1　解釈宣言は条約上の義務を変更するものではない。解釈宣言は、その表明者が条約又は条約の特定の規定に帰する意味又は範囲を特定し又は明確化することができるのみである。また、適当なときには、条約の解釈に関する一般規則に従って条約を解釈する際に考慮すべき要素となることができる。

2　条約を解釈するにあたっては、適当なときには、他の締約国又は締約機関が解釈宣言に対して行った承認若しくは反対もまた考慮するものとする。

5　国家承継の場合における留保、留保の受諾、留保に対する異議及び解釈宣言

附属書

留保に関する対話についての結論

45　条約の解釈についての後にされた合意及び後に生じた慣行に関する結論(後の合意および後の慣行に関する結論)

採　択　二〇一八年国連国際法委員会第七〇回会期。同年国際連合総会第七三回会期決議七三／二〇二によりテーク・ノート

第一部　序

結論一(適用範囲)この結論は、条約の解釈における後にされた合意及び後に生じた慣行の役割に関するものである。

第二部　基本規則及び定義

結論二(条約解釈の一般的な規則及び手段)1　条約法に関するウィーン条約の第三一条及び第三二条は、それぞれ、解釈に関する一般的な規則及び解釈の補足的な手段への依拠を規定する。これらの規則は、国際慣習法としても適用する。

2　第三一条1に定めるように、条約は、文脈によりかつその趣旨及び目的に照らして与えられる用語の通常の意味に従い、誠実に解釈するものとする。

3　第三一条3は、特に、文脈とともに、次のものを考慮することを定める。

(a)　条約の解釈又は条約の適用につき当事国の間で後にされた合意

(b)　条約の適用につき後に生じた慣行であって、条約の解釈についての当事国の合意を確立するもの

4　第三二条に基づく解釈の補足的な手段として、条約の適用につき後に生じた他の慣行に依拠することができる。

5　条約の解釈とは、第三一条及び第三二条において

それぞれ示された多様な解釈の手段に適当な強調を置く、単一の複合的な作業をいう。

結論三（解釈の信頼できる手段としての後にされた合意及び後に生じた慣行）条約の意味に関する当事国の理解の客観的な証拠である、第三一条3(a)及び(b)に基づく後にされた合意及び後に生じた慣行は、第三一条に反映された条約解釈の一般的な規則の適用について、解釈の信頼できる手段である。

結論四（後にされた合意及び後に生じた慣行の定義）1　第三一条3(a)に基づく解釈の信頼できる手段としての後にされた合意とは、条約の解釈又は適用につき条約の締結の後に得られた、当事国の間でなされた合意をいう。

2　第三一条3(b)に基づく解釈の信頼できる手段としての後に生じた慣行とは、条約の適用についての行為であって、条約の締結後の、条約の解釈についての当事国の合意を確立するものをいう。

3　第三二条に基づく解釈の補足的な手段としての後に生じた慣行とは、条約の締結後の、条約の適用につき一又は二以上の当事国による行為をいう。

結論五（後に生じた慣行としての行為）1　第三一条及び第三二条に基づく後に生じた慣行は、行政上、立法上、司法上その他の任務の遂行におけるかを問わず、条約の適用についての当事国のいかなる行為からも構成し得る。

2　他の行為（非国家主体によるものを含む。）は、第三一条及び第三二条に基づく後に生じた慣行を構成しない。ただし、それらの行為は、条約の当事国の後に生じた慣行を評価する場合に、関連し得る。

第三部　一般的側面

結論六（後にされた合意及び後に生じた慣行の同定）

1　第三一条3に基づく後にされた合意及び後に生じた慣行の同定は、特に、当事国が、合意又は慣行により、条約の解釈に関する立場を示したかの認定を要する。このような立場は、当事国が当該条約を一時的に適用しないことにのみ合意した場合又は実際的な取極（暫定取極）の締結に合意した場合には、示されない。

2　第三一条3に基づく後にされた合意及び後に生じた慣行はさまざまな形式がある。

3　第三二条に基づく後に生じた慣行の同定は、特に、一又は二以上の当事国による行為が当該条約の適用についてかの認定を要する。

結論七（解釈における後にされた合意及び後に生じた慣行の生じ得る効果）1　第三一条3に基づく後にされた合意及び後に生じた慣行は、解釈の他の手段との相互作用によって、条約の意味の明確化に寄与する。これは、可能な解釈の範囲（条約が当事国に与える裁量の行使の範囲を含む。）を縮小し、拡大し、又はその他認定することをもたらし得る。

2　第三二条に基づく後に生じた慣行は、条約の意味の明確化にも寄与し得る。

3　条約の当事国は、条約の適用についての合意又は慣行によって、当該条約を改正し又は修正することではなく、当該条約を解釈することを意図していたと推定される。当事国の後に生じた慣行により条約を改正し又は修正する可能性は、一般的に認められてこなかった。この結論は、条約法に関するウィーン条約及び国際慣習法に基づく条約の改正又は修正に関する規則に影響を及ぼすものではない。

結論八（時間の経過により発展し得る条約用語の解釈）第三一条及び第三二条に基づく後にされた合意及び後に生じた慣行は、条約の締結時における当事国の推定される意図が用語に対して時間の経過により発展し得る意味を与えるものであったかいなかを認定することに役立ち得る。

結論九（解釈の手段としての後にされた合意及び後に生じた慣行の重み）1　第三一条3に基づく解釈の手段としての後にされた合意又は後に生じた慣行の重みは、特に、その明確性及び特定性による。

2　ほかに、第三一条3(b)に基づく後に生じた慣行の重みは、特に、当該慣行が反復されるか及びどのように反復されるかによる。

3　第三二条に基づく解釈の補足的な手段としての後に生じた慣行の重みは、1及び2に規定する基準による。

結論一〇（条約の解釈に関する当事国の合意）1　第三一条3(a)及び(b)に基づく合意は、条約の解釈に関して当事国が認識し及び受諾する共通の理解を要する。このような合意は、それを考慮するためには法的に拘束的なものであり得るが、必ずしも法的に拘束的なものである必要はない。

2　第三一条3(b)に基づく合意を確立するために、後に生じた慣行に積極的に参加しなければならない当事国の数は変わり得る。一又は二以上の当事国の側の沈黙は、事情が一定の反応を求める場合、後に生じた慣行の受諾を構成し得る。

第四部　特定的側面

結論一一（締約国会議の枠組において採択された決定）

1　この結論において、締約国会議とは、条約を検討し又は実施するための条約の当事国の会合をいう。ただし、当該当事国が国際機関の内部機関の構成員として行動する場合は、この限りではない。

2　締約国会議の枠組において採択された決定の法的効果は、主として条約及び適用される手続規則による。事情によっては、このような決定は、第三一条3(a)に基づく後にされた合意を明示的若しくは黙示的に体現し、又は第三一条3(b)に基づく後に生じた慣行若しくは第三二条に基づく後に生じた慣行を生じさせ得る。締約国会議の枠組において採択された決定は、しばしば、条約を実施するための実際の選択肢の排他的でない範囲を定める。

3　締約国会議の枠組において採択された決定は、当該決定を採択した形式及び手続（コンセンサス方式による採択を含む。）を問わず、条約の解釈に関する当事国の間の実質に関する合意を表明する限りにおいて、第三一条3に基づく後にされた合意又は後に生じた慣行を具体化する。

結論一二（国際機関の設立文書）1　第三一条及び第三二条は、国際機関の設立文書である条約に適用する。したがって第三一条3に基づく後にされた合意及び後に生じた慣行は、設立文書である条約の解釈の手段であり、及び第三二条に基づく後に生じた慣行は、設立文書である条約の解釈の手段となり得る。

2　第三一条3に基づく当事国の後にされた合意及び後に生じた慣行又は第三二条に基づく後に生じた慣行は、設立文書の適用についての国際機関の慣行から生じ、又は当該慣行において表明され得る。

3　設立文書の適用についての国際機関の慣行は、第三一条及び第三二条を適用する場合に当該文書の解釈に寄与し得る。

4　1から3までの規定は、国際機関の設立文書である条約の解釈に適用する。ただし、当該国際機関の関係規則の適用を妨げるものではない。

結論一三（専門家条約機関の見解）1　この結論の適用上、専門家条約機関とは、個人の資格で職務を遂行する専門家で構成される機関であって、条約に基づいて設立され、かつ国際機関の内部機関でないものをいう。

2　条約の解釈に関する専門家条約機関の見解の関連性は、当該条約の適用される規則に従う。

3　専門家条約機関の見解は、第三一条3に基づく当事国による後にされた合意若しくは後に生じた慣行を生じさせ又は示し得る。当事国による沈黙は、専門家条約機関の見解において表明された条約の解釈が受諾されたという、第三一条3(b)に基づく後に生じた慣行を構成すると推定されない。

4　この結論は、専門家条約機関の見解が当該機関の任務に基づく条約の解釈に寄与することを妨げるものではない。

4 6　一般国際法の強行規範の同定及び法的効果に関する結論草案

採択　二〇二二年国連国際法委員会第七三回会期

第一部　序

結論一（適用範囲）この結論草案は一般国際法の強行規範の同定及び法的効果に関するものである。

結論二（一般国際法の強行規範の性質）一般国際法の強行規範は国際社会の基本的価値を反映し及び保護する。これらは普遍的に適用可能でありかつその他の国際法の規則に階層的に優位する。

結論三（一般国際法の強行規範の定義）一般国際法の強行規範とは、いかなる逸脱も許されない規範として、また、後に成立する同一の性質を有する一般国際法の規範によってのみ変更することのできる規範として、国により構成されている国際社会全体が受け入れ、かつ、認める規範をいう。

第二部　一般国際法の強行規範の同定

結論四（一般国際法の強行規範の同定のための基準）一般国際法の強行規範を同定するためには、当該規範が次の基準を充たすことを立証する必要がある。

(a)　一般国際法の規範であること、及び

(b)　いかなる逸脱も許されない規範として、また、後に成立する同一の性質を有する一般国際法の規範によってのみ変更することのできる規範として、国により構成されている国際社会全体が受け入れ、かつ、認めたこと

結論五（一般国際法の強行規範の基礎）1　慣習国際法は一般国際法の強行規範の最も共通した基礎である。

2　条約規定及び法の一般原則もまた一般国際法の強行規範の基礎となり得る。

結論六（受諾及び承認）1　この結論四(b)項にいう受諾及び承認の基準は、一般国際法の規範としての受諾及び承認と区別される。

2　ある規範を一般国際法の強行規範として同定するためには、いかなる逸脱も許されない規範として、また、後に成立する同一の性質を有する一般国際法の規範によってのみ変更することのできる規範として、当該規範を、国により構成されている国際社会全体が受け入れ、かつ、認めたものであるという証拠がなければならない。

結論七（国により構成されている国際社会全体）1　一般国際法の強行規範の同定に関連するのは国により構成されている国際社会全体による受諾及び承認である。

2　非常に多くのかつ代表的性格をもつ多数の国による受諾及び承認が一般国際法の強行規範としての規範の同定に必要である。すべての国による受諾及び承認は要しない。

3　その他の行為者の立場は文脈を提供することにおいて並びに国により構成されている国際社会全体による受諾及び承認を評価するにあたり関連する場合があるものの、これらの立場は、それ自体において及びそれ自体では、そのような受諾及び承認の一部を形成することはできない。

結論八（受諾及び承認の証拠）1　一般国際法のある規範が強行規範であるという受諾及び承認の証拠はさまざまな形式がある。

2　証拠の形式は、国のために行われた公の声明、公式刊行物、政府の法的見解、外交上の通信、憲法の規定、立法上及び行政上の行為、国内裁判所の決定、条約規定、国際機関により又は政府間会議で採択された決議、その他の国の行為を含むが、これらに限定されるものではない。

結論九(一般国際法の規範の強行的な性質の決定の補助手段)1　国際裁判所、特に国際司法裁判所の決定は、一般国際法の規範の強行的な性質を決定するための補助手段である。適当な場合には、国内裁判所の決定も考慮することができる。

2　国又は国際機関により設立された専門家機関の作業及び諸国の最も優秀な国際法学者の学説もまた一般国際法の規範の強行的な性質を決定するための補助手段として扱い得る。

第三部(一般国際法の強行規範の法的効果)

結論一〇(一般国際法の強行規範に抵触する条約)1　締結の時に一般国際法の強行規範に抵触する条約は、無効である。当該条約は、法的効力を有しない。

2　結論一一2の規定に従うことを条件として、一般国際法の新たな強行規範が成立した場合には、当該強行規範に抵触する既存の条約は、効力を失い、終了する。当該条約の当事国は、条約を引き続き履行する義務を免除される。

結論一一(一般国際法の強行規範に抵触する条約の可分性)1　締結の時に一般国際法の強行規範に抵触する条約は、全体として無効であり、条約の分割は、認められない。

2　一般国際法の新たな強行規範に抵触する条約は、次の場合を除くほか、全体として効力を失い、終了する。

(a)　一般国際法の強行規範に抵触する規定がその適用上条約の他の部分から分離可能なものであること。

(b)　当該規定の受諾が条約全体に拘束されることについての当事国の同意の不可欠の基礎をなすものでなかったことが、条約自体から明らかであるか又は他の方法によって確認されるかのいずれかであること。

(c)　条約の他の部分を引き続き履行することとしても不当ではないこと。

結論一二(一般国際法の強行規範に抵触する条約の無効及び終了の効果)1　締結の時に一般国際法の強行規範に抵触している結果として無効であるとされた条約の当事国は次の法的義務を負う。

(a)　一般国際法の強行規範に抵触する条約の規定に依拠して行った行為によりもたらされた結果をできる限り除去すること。

(b)　当事国の相互の関係を一般国際法の強行規範に適合したものとすること。

2　一般国際法の新たな強行規範の成立を原因とする条約の終了により、条約の終了前に条約の実施によって生じていた当事国の権利、義務及び法的状態は、影響を受けない。ただし、これらの権利、義務及び法的状態は、条約の終了後は、一般国際法の新たな強行規範に抵触しない限度においてのみ維持することができる。

結論一三(条約に対する留保の一般国際法の強行規範に対する効果の欠如)

1　一般国際法の強行規範を反映する条約規定に対する留保は、当該規範の拘束的な性質に影響を与えない。当該規範はそれ自体として引き続き適用される。

2　留保は一般国際法の強行規範に反する方法で条約の法的効果を排除し又は変更することができない。

結論一四(一般国際法の強行規範に抵触する慣習国際法の規則)1　慣習国際法の規則は、既存の一般国際法の強行規範に抵触する場合、成立しない。このことは、後に成立する同一の性質を有する一般国際法の強行規範による一般国際法の強行規範の変更の可能性に影響を及ぼすものではない。

2　一般国際法の強行的な性質を持たない慣習国際法の規則は、一般国際法の新たな強行規範に抵触する場合にはその限度において存在しなくなる。

3　一貫した反対国の規則は一般国際法の強行規範には適用されない。

結論一五(一般国際法の強行規範に抵触する国の一方的行為により創設された義務)1　国際法に基づく義務に拘束されることについての意思を表明した国の一方的行為であって一般国際法の強行規範に抵触するものは、当該義務を創設することはない。

2　国の一方的行為により創設された国際法に基づく義務は、一般国際法の新たな強行規範に抵触する場合にはその限度において存在しなくなる。

結論一六(一般国際法の強行規範に抵触する国際機関の決議、決定その他の行為により創設された義務)国際機関の決議、決定その他の行為であって拘束的な効果を持つものは、一般国際法の強行規範に抵触する場合にはその限度において国際法に基づく義務を創設することはない。

結論一七(国際社会全体に対して負う義務(対世的義務)としての一般国際法の強行規範)1　一般国際法の強行規範は、すべての国が法的利益を有するところの国際社会全体に対して負う義務(対世的義務)を創設する。

2　いずれの国も、国際違法行為に対する国家責任に関する規則に従って、一般国際法の強行規範の違反について他の国の責任を援用する権利を有する。

結論一八(一般国際法の強行規範と違法性阻却事由)国際違法行為に対する国家責任に関する規則に基づく違法性阻却事由は、一般国際法の強行規範に基づいて生じる義務と一致しない国の行為について援用できない。

結論一九(一般国際法の強行規範の重大な違反の特別の効果)1　国は一般国際法の強行規範に基づく義

務の国による重大な違反を終了させるために適法な手段を通じて協力する。

2　いかなる国も一般国際法の強行規範に基づく義務の国による重大な違反を生じさせた状態を適法なものとして承認してはならず、並びに、その状態の維持を支援し又は援助してはならない。

3　一般国際法の強行規範に基づく義務の違反は、責任国による当該義務の著しい又は系統的な不履行を伴う場合には重大な違反となる。

4　この結論は一般国際法の強行規範に基づく義務の国による違反が国際法上もたらすことのあるそれ以外の効果に影響を及ぼすものではない。

第四部　一般規定

結論二〇（一般国際法の強行規範に合致する解釈及び適用）一般国際法の強行規範と他の国際法規則との間に抵触があると思われる場合、後者はできる限り前者に合致するように解釈され及び適用されるべきである。

結論二一（推奨される手続）1　一般国際法の強行規範を国際法規則の無効又は終了の根拠として援用する国は自国の主張を他の関係国に通告することによって援用すべきである。通告は文書の形式により行われ、当該国際法規則についてとろうとする措置を示すべきである。

2　一定の期間（特に緊急を要する場合を除くほか、三箇月を下る期間にならない。）内に他の関係国が異議を申し立てない場合には、援用国はとろうとする措置を実施に移すことができる。

3　いずれかの関係国が異議を申し立てた場合には、関係諸国は国際連合憲章第三三条に定める手段により解決を求めるべきである。一二箇月以内に何らの解決も得られず、異議を申し立てた国が国際司法裁判所又は拘束力のある決定を含むその他の手続に対し問題を付託するよう求める場合、援用国は、紛争が解決するまでの間、とろうとする措置を実施に移すべきではない。

4　この結論は、条約法に関するウィーン条約に定める手続、国際司法裁判所の管轄権に関する関連規則又は関係国により合意されたその他の適用可能な紛争解決規定の適用を妨げるものではない。

結論二二（特定の一般国際法の強行規範が他の方法で含み得る効果を妨げないこと）この結論は特定の一般国際法の強行規範が他の方法で国際法に基づいて含み得る効果を妨げるものではない。

結論二三（非網羅的なリスト）他の一般国際法の強行規範の存在又は後の成立に影響を及ぼすことなく、国際法委員会がこれまでに当該地位を持つものとして言及してきた規範の非網羅的なリストがこの結論草案の附属書に示される。

附属書

(a)　侵略の禁止
(b)　集団殺害の禁止
(c)　人道に対する犯罪の禁止
(d)　国際人道法の基本的規則
(e)　人種差別及びアパルトヘイトの禁止
(f)　奴隷の禁止
(g)　拷問の禁止
(h)　自決の権利

47　条約の効力に関するロンドン宣言

採択　一八七一年一月一七日

本日会議に参集した北ドイツ国、オーストリア＝ハンガリー国、グレート・ブリテン国、イタリア国、ロシア国及びトルコ国の全権委員は、友好的理解に基づく締約国の同意なくしては、いずれの国も条約上の約束を免れ、又はその条項を変更し得ないことが国際法の主要な原則であることを認める。

48　慣習国際法の同定に関する結論

採択　二〇一八年国連国際法委員会第七〇回会期。同年国際連合総会第七三回会期決議七三／二〇三によりテーク・ノート

第一部　序

結論一（適用範囲）この結論は慣習国際法規則の存在及び内容を認定する方法に関するものである。

第二部　基本的アプローチ

結論二（二つの構成要素）慣習国際法規則の存在及び内容を認定するために、法として認められた（法的信念を伴った）一般慣行が存在するかを確認する必要がある。

結論三（二つの構成要素の証拠の評価）1　一般慣行が

存在するか及び当該慣行が法として認められた（法的信念を伴った）ものであるかを確認するための証拠を評価するに当たり、全体の文脈、規則の性質及び当該証拠が見出された特定の事情を考慮しなければならない。

2　二つの構成要素のそれぞれは個別に確認される。これはそれぞれの要素の証拠の評価を要する。

第三部　一般慣行

結論四（慣行という要件） 1　慣習国際法の構成要素としての一般慣行という要件は主として慣習国際法規則の形成又は表明に寄与する国の慣行をいう。

2　一定の場合、国際機関の慣行も慣習国際法規則の形成又は表明に寄与する。

3　その他の主体の行為は慣習国際法規則の形成又は表明に寄与する慣行ではないが、1及び2にいう慣行を評価する場合に関連し得る。

結論五（国の慣行としての国の行為） 国の慣行は、行政上、立法上、司法上その他の任務の遂行におけるかを問わず、国の行為により構成される。

結論六（慣行の形式） 1　慣行はさまざまな形式がある。慣行は物理的及び口頭の行為の両方を含む。慣行は一定の事情の下で不作為の場合がある。

2　国の慣行の形式は、外交上の行為及び通信、国際機関により又は政府間会議で採択された決議に関連した行為、条約に関連した行為、「現場の」運用上の行為を含む行政上（executive）の行為、立法上及び行政上（administrative）の行為、並びに国内裁判所の決定を含むが、これらに限定されるものではない。

3　慣行の多様な形式の間に予め定められた階層は存在しない。

結論七（国の慣行の評価） 1　特定国の慣行は、すべての入手可能なものが考慮されて全体として評価される。

2　特定国の慣行が一定でない場合、当該慣行に与えられる重みは事情に応じて低くなる場合がある。

結論八（慣行は一般的でなければならない） 1　関連する慣行は、十分に広範かつ代表的であり一貫したものでなければならないという意味において一般的でなければならない。

2　慣行が一般的であれば特定の継続期間は要しない。

第四部　法として認められた（法的信念を伴った）こと

結論九（法として認められた（法的信念を伴った）ことという要件） 1　一般慣行が法として認められた（法的信念を伴った）ものでなければならないという慣習国際法の構成要素としての要件は、当該慣行が法的な権利又は義務の意識を伴って行われなければならないことを意味する。

2　法として認められた（法的信念を伴った）一般慣行は単なる慣例又は習慣とは区別されるべきである。

結論一〇（法として認められた（法的信念を伴った）ことの証拠の形式） 1　法として認められた（法的信念を伴った）ことの証拠はさまざまな形式がある。

2　法として認められた（法的信念を伴った）ことの証拠の形式は、国のために行われた公の声明、公式刊行物、政府の法的見解、外交上の通信、国内裁判所の決定、条約規定、及び国際機関により又は政府間会議で採択された決議に関連した行為を含むが、これらに限定されるものではない。

3　慣行に一定の期間反応しないことは法として認められた（法的信念を伴った）ことの証拠として扱い得る。ただし、国が反応する立場にありかつ事情が一定の反応を求めた場合に限られる。

第五部　慣習国際法の同定のための特定の資料の意義

結論一一（条約） 1　条約に規定されている規則は、次のことが立証された場合には、慣習国際法規則を反映し得る。

(a)　条約規則が、条約の締結の時に存在している慣習国際法規則を法典化したこと、

(b)　条約規則が、条約の締結前に出現し始めた慣習国際法規則の結晶化を導いたこと、又は、

(c)　条約規則が、法として認められた（法的信念を伴った）一般慣行をもたらし、それゆえ新しい慣習国際法規則を生成したこと。

2　規則が多数の条約に規定されていることは、条約規則が慣習国際法規則を反映していることを示し得るが、必ずしもそうとは限らない。

結論一二（国際機関及び政府間会議の決議） 1　国際機関により又は政府間会議で採択された決議はそれ自体で慣習国際法規則を創設することはない。

2　国際機関により又は政府間会議で採択された決議は慣習国際法規則の存在及び内容を認定するための証拠を提供し又はその発展に寄与し得る。

3　国際機関により又は政府間会議で採択された決議の規定は、法として認められた（法的信念を伴った）一般慣行に合致していると立証された場合には、慣習国際法規則を反映し得る。

結論一三（裁判所の決定） 1　慣習国際法規則の存在及び内容に関する国際裁判所、特に国際司法裁判所の決定は当該規則の認定の補助手段である。

2　適当な場合には、慣習国際法規則の存在及び内容に関する国内裁判所の決定を当該規則の認定の補助手段として考慮することができる。

結論一四（学説） 諸国の最も優秀な国際法学者の学説は慣習国際法規則の認定の補助手段として扱い得る。

第六部　一貫した反対国

結論一五（一貫した反対国） 1　慣習国際法規則が形成の過程にある中で国が当該規則に反対してきた場合、反対が維持される限り当該規則は当該国に対抗できない。

2　反対は明確に表明され、他の諸国に了知され、かつ一貫して維持されなければならない。

3　この結論は一般国際法の強行規範に関するいかなる問題にも影響を及ぼすものではない。

第七部　特別慣習国際法

結論一六（特別慣習国際法） 1　特別慣習国際法規則は、地域的、地方的その他を問わず、限定された数の国の間のみで適用される慣習国際法規則である。

2　特別慣習国際法規則の存在及び内容を認定するために、関係諸国間の法として関係諸国により認められた（法的信念を伴った）関係諸国間の一般慣行が存在するかを確認する必要がある。

4 9　法的義務を創設しうる国の一方的宣言に適用される指導原則（一方的宣言に関する指針）

採択　二〇〇六年国連国際法委員会第五八回会期

国際法委員会は、

国が国際平面における一方的行動によって拘束される場合があることに留意し、

国を法的に拘束することができる行動は、他の国が合理的に依拠できる公式の宣言又は単なる非公式の行為（特定の状況では沈黙を含む）の形式を取りうることに留意し、

国による一方的行動が所与の状況においてその国を拘束するかどうかの問題は、当該事案の事情によることにも留意し、

国の一方的行動から生ずる法的効果が、当該国が表明した意図の帰結であるのか、又は行為が国際法の他の主体に生じさせた期待に基づくのかは、実際には、しばしば確定が困難であることにも留意して、

厳密な意味での一方的行為、つまり国際法上の義務を生じさせる意図をもって国により表明される公式の宣言の形式を取る一方的行為にのみ関係する次の指導原則を採択する。

1　公表され、かつ、拘束される意図を表明する宣言は、法的義務を創設する効果を有しうる。この条件が満たされる場合、当該宣言の拘束的性質は信義誠実に基づくものである。その時、関係国は宣言を考慮に入れ、それに依拠することができ、当該義務が尊重されることを要求する権利を有する。

2　いかなる国も、一方的宣言を通じて法的義務を負う能力を有する。

3　当該宣言の法的効果を決定するためには、宣言の内容、宣言がなされたすべての事実状況及び宣言が生じさせた反応を考慮する必要がある。

4　一方的宣言は、それを行う権能を付与された機関によってなされた場合にのみ、国際的に国を拘束する。国家元首、政府の長及び外務大臣は、その職務の性質により当該宣言を表明する資格を有する。特定の分野において国を代表する他の者は、自らの権限に属する分野において、その宣言を通じて、国を拘束する権限を有しうる。

5　一方的宣言は、口頭又は書面により表明することができる。

6　一方的宣言は、国際共同体全体、一国若しくは複数国、又は国以外の実体に対して行うことができる。

7　一方的宣言は、明確でかつ特定の用語で述べられる場合にのみ、宣言国に対して義務を生ずる。当該宣言から生ずる義務の範囲に関して疑義がある場合には、当該義務は制限的に解釈されなければならない。当該義務の内容を解釈するに際しては、宣言が表明された文脈及び状況とともに、何よりもまず宣言の文言に重みが与えられるべきである。

8　一般国際法の強行規範に抵触する一方的宣言は無効である。

9　ある国の一方的宣言からは、他の国に義務は生じない。ただし、他の国又は関係国は、当該宣言を明確に受諾した限度において当該一方的宣言との関係で義務を負うことはありうる。

10　宣言を行った国に対して法的義務を創設する一方的宣言は、恣意的に撤回することはできない。撤回が恣意的であるか否かを評価する際には、次の諸点を考慮すべきである。

(i)　撤回に関連する宣言の特定の用語
(ii)　義務の相手方が当該義務に依拠した程度
(iii)　事情の根本的変化が存在する程度

4 10　国際法委員会規程（抄）

採　　択　一九四七年一一月二一日国際連合総会第二回会期決議一七四（II）
最終改正　一九八一年一一月一八日国際連合総会第三六回会期決議三六／三九

第一条【委員会の目的】 1　国際法委員会は、国際法の漸進的発達及び国際法の法典化の促進をその目的とする。

2　委員会は、おもに国際公法を取り扱うが、国際私法の分野に立ち入ることを排除されない。

第一章　国際法委員会の構成

第二条【委員】 1　委員会は、国際法に有能の名のある三四人の委員で構成される。

2　委員会のいずれの二人も、同一国の国民であってはならない。

3　二重国籍の場合には、候補者は、市民的及び政治的権利を通常行使する国の国民とみなす。

第三条【委員の選挙】 委員会の委員は、国際連合の加盟国政府により指名された候補者名簿の中から総会によって選挙される。

第四条【候補者の指名】 各加盟国は、選挙のために四人以内の候補者を指名することができ、そのうち二人は指名をする国の国民とし二人を他の国の国民とすることができる。

第五条【候補者指名の時期】
第六条【事務総長による候補者の通知】
第七条【候補者名簿の作成】　（略）

第八条【選挙人の留意事項】 選挙において、選挙人は、委員会に選挙されるべき者が必要な資格を各自に具備すべきこと並びに委員会全体のうちに世界の主要文明形態及び主要法系が代表されるべきものであることに留意しなければならない。

第九条【候補者の当選】 1　出席しかつ投票する加盟国の票数の多い順でかつ過半数以上の票数を得た候補者は、各地域グループ別に定められた定数枠まで当選する。

2　同一国の国民の二人以上が当選に必要な票数を得た場合には最も多い票数を得た者が当選するものとし、票数が同一の場合には最年長者が当選する。

第一〇条【委員の任期】 委員会の委員は、五年の任期で選挙される。委員は、再選されることができる。

第一一条【委員の補充】 空席が生じた場合には、委員会が、この規程の第二条及び第八条の規定に適切な考慮を払って自らこれを補充する。

第一二条【開催地】
第一三条【委員の経費】
第一四条【事務総長の便宜供与】　（略）

第二章　国際法委員会の職務

第一五条【国際法の漸進的発達及び法典化】 以下の諸条文において、「国際法の漸進的発達」という表現は、便宜上、未だ国際法により規律されていない事項又は法が国家実行の点で未だ十分に発達していない事項について条約草案を準備することをいうものとして使用する。同様に、「国際法の法典化」という表現は、便宜上、既に広範な国家実行、先例及び学説が存在している分野における国際法規則のより厳密な定式化及び体系化をいうものとして使用する。

A　国際法の漸進的発達

第一六条【総会からの漸進的発達の提案に関する手続】 総会が委員会に対して国際法の漸進的発達のための提案を付託する場合には、委員会は、一般には次の手続に従う。

(a)　委員会は、一人の委員を報告者に任命する。

(b)　委員会は、作業計画を作成する。

(c)　委員会は、政府に質問表を配布し、定められた期間内に作業計画に掲げる項目に関係する資料及び情報を提供するように要請する。

(d)　委員会は、この質問表に対する回答の受領まで草案の準備について報告者と共に作業する若干の委員を任命することができる。

(e)　委員会は、学術機関及び個人専門家と協議することができる。この専門家は、必ずしも国際連合加盟国の国民でなくてもよい。事務総長は、必要な場合には予算の範囲内で、これらの専門家との協議の費用を提供する。

(f)　委員会は、報告者が提案する草案を検討する。

(g)　委員会は、草案が満足すべきものと考えるときは、事務総長に対して当該草案を委員会文書として発行するよう要請する。事務局は、この文書を必要なあらゆる形態で公表し当該文書に委員会が適当と考える説明及び参考資料を付す。(c)に掲げる質問表に対する回答として委員会に提出されたいかなる情報も公刊物に含める。

(h)　委員会は、合理的な期間内にこの文書に対する意見を提出するように政府に要請する。

(i)　報告者及びこのために任命された委員は、この意見を考慮して草案を再検討し並びに委員会による検討及び採択のために提案すべき最終草案及び説明報告書を準備する。

(j)　委員会は、採択した草案を委員会の勧告と共に事務総長を通じて総会に提出する。

第一七条【加盟国等からの提案に関する手続】 1　委員会は、国際連合加盟国、総会以外の国際連合の主要機関、専門機関又は国際法の漸進的発達及び国際法の法典化を奨励するために政府間協定によって設置された公的機関が提出し国際法の漸進的発達及び法典化のために事務総長が委員会に付託する提案及び多数国間条約草案を検討する。

2　この場合に委員会がこの提案又は草案の研究を開始することが適当とみなすときは、委員会は、一般に次の手続に従う。

(a)　委員会は、作業案を作成し、この提案又は草案を研究し、並びにそれを同一の事項に関する他の提案及び草案と比較する。

(b)　委員会は、国際連合加盟国、この問題に関心を有する前記の機関、専門機関及び公的機関に質問表を配布し並びに合理的期間内にそれらの機関の意見を送付するよう要請する。

(c)　委員会は、総会に対して報告及び勧告を提出する。その前に委員会は、望ましいと考えるときは、提案又は草案を提出した機関に対して暫定報告を行う。

(d)　総会が委員会に対して提案した計画に従って作

業を進めることを要請する場合には、第一六条に定める手続を適用する。ただし、(c)に掲げる質問表は必要ない。

B　国際法の法典化

第一八条【法典化の対象主題】1　委員会は、政府間のものかどうかを問わず既存の草案を考慮して、法典化のための対象主題を選択するために国際法のすべての分野を研究する。

2　委員会が特定の対象主題の法典化を必要又は望ましいと考えるときは、委員会は、総会に対して勧告を行う。

3　委員会は、いずれかの問題を扱う上で総会の要請を優先する。

第一九条【委員会の準備作業】1　委員会は、各場合に応じた適当な作業計画を採択する。

2　委員会は、事務総長を通じて政府に対し研究の対象主題に関係する法律、命令、司法的決定、条約、外交的往復文書及びその他の文書であって委員会が必要とみなすものを提供するように詳細な要請を行う。

第二〇条【委員会草案の作成】委員会は、条文の形式で委員会草案を作成し並びにそれを次の事項に関する注釈を付して総会に提出する。

(a)　条約、司法的決定及び学説を含む先例その他の関連資料の十分な提示

(b)　次の事項に関する結論

(i)　各論点に関する国家実行及び学説の一致の程度

(ii)　存在する差違及び不一致並びにいずれかの解決方法を支持する議論

第二一条【委員会草案の公表】1　委員会は、草案が満足すべきものと考えるときは、事務総長に対して当該草案を委員会文書として発行するよう要請する。事務局は、この文書を必要なあらゆる形態で公表し当該文書に委員会が適当と考える説明及び参考資料を付す。第一九条に従って政府により委員会に提出されたいかなる情報も公刊物に含める。委員会は、委員会と協議した学術機関又は個人専門家の意見を公刊物に含めるかどうかを決定する。

2　委員会は、政府に対して合理的期間内にこの文書に対する意見を提出するように要請する。

第二二条【最終草案の準備】この意見を考慮に入れ、委員会は、最終草案及び説明報告書を準備し委員会の勧告を付して事務総長を通じて総会に提出する。

第二三条【委員会の勧告】1　委員会は、総会に次の勧告を行うことができる。

(a)　報告が既に公表されているのでいかなる行動もとらないこと。

(b)　決議により報告に留意するか又は報告を採択すること。

(c)　条約を締結するために加盟国に草案を勧告すること。

(d)　条約締結のための会議を招集すること。

2　総会は、望ましいと考えるときは常に草案を再考し又は再起草するために委員会に再送付することができる。

第二四条【国家実行等の収集】委員会は、慣習国際法の証拠をより容易に入手できるようにするための国家実行に関する文書並びに国内及び国際裁判所の国際法の問題に関する決定の収集及び公刊などの方法及び手段を検討し、並びにこの問題について総会に報告する。

第三章　他の機関との協力

第二五条【国連機関との協議】1　委員会は、必要と考えるときには、国際連合の機関の権限に属するいずれの事項についても、これらの機関と協議することができる。

2　事務総長が政府に配布する委員会のすべての文書は、関連する国際連合の機関にもまた配布する。このような機関は、委員会に対して情報を提供し又は提案を行うことができる。

第二六条【その他の機関との協議】（略）

5章 海洋

本章の構成

本章は、海洋に関する国際条約と日本の国内法を中心として構成されている。第1節「一般」の冒頭にある**国連海洋法条約**(5 1)は、一九七三年から八二年にかけて開催された第三次国連海洋法会議において採択された、「海の憲法」とでも呼び得る一大法典である。第一次国連海洋法会議は一九五八年に開催され、**領海条約**(5 27)、**公海条約**(5 28)、**大陸棚条約**(5 29)および漁業資源保存条約を採択し、国際法の法典化と漸進的発達に貢献した(以上の内三つは第4節に収録)。もっとも、第一次海洋法会議では、領海の幅について諸国の合意が得られなかったので、一九六〇年に第二次国連海洋法会議が開催された。しかし、領海の幅を六海里とし、その外側にさらに六海里の漁業水域の設定を沿岸国に認めようとする案が僅差で否決され、領海の幅員問題は未解決のまま残されていた。国連海洋法条約は、一九五八年の海洋法四条約にとって代わるものであり、領海の幅を一二海里まで認めることを含め、領海、接続水域、国際海峡、群島国家、排他的経済水域、大陸棚、公海、深海底、海洋環境保護、海洋科学調査、紛争解決など、海洋の諸制度を包括的に規定している。この条約の附属書および関係規則については、二〇一四年版より、参照する際の便宜を考慮し、**附属書II大陸棚限界委員会**(5 2)、**大陸棚限界委員会手続規則**(5 3)、**附属書VI国際海洋法裁判所規程**(5 4)、**国際海洋法裁判所規則**(5 5)、**附属書VII仲裁**(5 6)の順序で収録することにした。

深海底制度実施協定(5 7)は、国連海洋法条約第一一部の規定を実質的に修正するために、同条約の効力発生の直前に採択された異例の協定である。修正のポイントは、先進国が条約第一一部に抱いていた不満を解消し、先進国の条約参加を促進しようとした点にある。実施協定と条約第一一部は、単一の文書として一括して解釈・適用される。**国連公海漁業実施協定**(5 8)は、排他的経済水域の内外に分布するなど広範囲な海域を回遊する魚類、つまり、ストラドリング魚類資源と高度回遊性魚類資源の保存および持続可能な利用を確保するために有効な措置をとることなど、国連海洋法条約の関連規定を効果的に実施しようとするものである。**コンプライアンス協定**(5 9)は、公海において操業する漁船に関する旗国の責任を明確化し、保存および管理のための国際措置の実効性を確保することを目的としている。また、**違法漁業防止寄港国措置協定**(5

10）は、海洋生物資源の持続可能な利用に対する脅威であるＩＵＵ（違法、無報告、無規制）漁業防止のために国際社会が連携して寄港国としての措置を定めた条約である。さらに二〇二三年六月に採択された**国家管轄権外区域における海洋生物多様性協定**（5 **11**）は、国家管轄権外区域の海洋生物多様性（ＢＢＮＪ）の保全と持続可能な利用という目的のもとで、海洋遺伝資源に係る利益配分や、能力開発・海洋技術移転の仕組みについて包括的に定める画期的な条約である。

海洋航行不法行為防止条約（5 **12**）は、海洋航行の安全を脅かす国際テロリズムの防止を目的とした条約である。従来、第11章「国際犯罪」に収録していたが、二〇〇八年版から本章に移した。この条約を大幅に改正する議定書が二〇〇五年に採択され、二〇一〇年に発効している。日本は改正議定書を未批准であるが、改正議定書により追加される条文のうち、特に重要なものを掲載した。第1節の末尾には、**国際捕鯨取締条約**（5 **13**）を収録している。なお、国際司法裁判所の南極捕鯨事件で争点になった、国際捕鯨委員会の関連決議を〈参考〉として併せて収録した。なお、日本は、二〇一八年一二月、同年九月の国際捕鯨委員会総会で、鯨資源の持続的利用の立場と保護の立場の共存が不可能であることが改めて明らかになったことを理由に、国際捕鯨取締条約からの脱退を寄託国政府である米国に通告し、二〇一九年六月三〇日に脱退の効力が発生した。

第2節「地域」には、四つの条約を収録した。**みなみまぐろの保存のための条約**（5 **14**）は、漁業資源の保存管理のために地域的漁業機関を設立する協定の一例であり、日本が国際裁判の当事者になったみなみまぐろ事件において、その解釈適用が問題となった。**日韓漁業協定**（5 **15**）と**日中漁業協定**（5 **16**）は、二〇〇海里時代に適合した漁業秩序を樹立するために締結されたもので、前者は一九六五年の日韓漁業協定（一部の規定を〈参考〉として掲げた）に、後者は一九七五年の日中漁業協定に代わるものである。**アジア海賊対策協定**（5 **17**）は、最近多発している海賊と武装強盗に関する情報共有体制を整備し、各国の海上保安機関相互の協力強化をはかるためのものである。

第3節「国内法」の冒頭には、海洋に関する日本の施策を総合的かつ計画的に推進するため、二〇〇七年に制定された**海洋基本法**（5 **18**）を収録した。日本は、第三次海洋法会議が開催中の一九七七年に、領海の幅を三海里から一二海里に拡大するために領海法を制定し、同時に、二〇〇海里排他的漁業水域を設定する漁業水域暫定措置法を制定した。その後、日本は、一九九六年に国連海洋法条約と深海底制度実施協定の締約国になることに伴い、海洋での諸活動や国家管轄権の行使に関する国内法制の整備を行った。**領海及び接続水域に関する法律**（5 **19**）は一九七七年の領海法の一部改正であり、接続水域を設定することを定め、法令の名称も改めたものである。**排他的経済水域及び大陸棚に関する法律**（5 **20**）は、日本が二〇〇海里の漁業水域に代えて排他的経済水域を新たに設定し、国連海洋法条約の関係規定に対応するための国内法である。**海洋構築物等に係る安全水域の設定等に関する法律**（5 **21**）は、海洋国内法制整備の一環として、海洋基本法と同時に制定されたものである。**海上保安庁法**(5 22)は、海上での人命および財産を保護し、また、法律の違反を予防し、捜査するため、海上保安庁を設置することを定めた法であり、日本の国内法の海上での執行等に関する規定を設けている。**領海等における外国船舶の航行に関する法律**(5 23)は、日本の領海における船舶航行の秩序を維持するとともに、その不審な行動を抑止し、領海の安全を確保するため、二〇〇八年に制定された。**海賊処罰対処法**(5 24)は、ソマリア沖で急増している海賊行為から、日本および外国の船舶を保護することを目的として、二〇〇九年に制定されたもので、海賊行為を日本の犯罪行為として処罰することを可能にした。さらに、二〇一三年には、海賊多発海域を航行する日本船舶の特定警備を実施するために、**日本船舶警備特措法**(5 25)が制定された。なお、国内法ではないが、海賊処罰対処法を制定するきっかけとなった、**安保理決議一八一六(ソマリア沖海賊行為非難)**(5 26)も、ここに収録しておいた。第4節には、前述のとおり、一九五八年の第一次海洋法会議で採択された四つの条約の内三つを収録している。

第1節　一般

51　海洋法に関する国際連合条約(国連海洋法条約)

採択　一九八二年四月三〇日
　　　第三次国連海洋法会議第一一回会期
署名　一九八二年一二月一〇日(モンテゴ・ベイ)
効力発生　一九九四年一一月一六日
日本国　一九八三年二月七日署名、一九九六年六月七日国会承認、六月二〇日批准書寄託、七月一二日公布(条約第六号)、七月二〇日効力発生

この条約の締約国は、

海洋法に関するすべての問題を相互の理解及び協力の精神によって解決する希望に促され、また、平和の維持、正義及び世界のすべての人民の進歩に対する重要な貢献としてのこの条約の歴史的な意義を認識し、

一九五八年及び一九六〇年にジュネーヴで開催された国際連合海洋法会議以降の進展により新たなかつ一般的に受け入れられ得る海洋法に関する条約の必要性が高められたことに留意し、

海洋の諸問題が相互に密接な関連を有し及び全体として検討される必要があることを認識し、

この条約を通じ、すべての国の主権に妥当な考慮を払いつつ、国際交通を促進し、かつ、海洋の平和的利用、海洋資源の衡平かつ効果的な利用、海洋生物資源の保存並びに海洋環境の研究、保護及び保全を促進するような海洋の法的秩序を確立することが望ましいことを認識し、

このような目標の達成が、人類全体の利益及びニーズ、特に開発途上国(沿岸国であるか内陸国であるかを問わない。)の特別の利益及びニーズを考慮した公正かつ衡平な国際経済秩序の実現に貢献することに留意し、

国の管轄権の及ぶ区域の境界の外の海底及びその下並びにその資源が人類の共同の財産であり、その探査及び開発が国の地理的な位置のいかんにかかわらず人類全体の利益のために行われること等を国際連合総会が厳粛に宣言した一九七〇年一二月一七日の決議第二七四九号(第二五回会期)に規定する諸原則をこの条約により発展させることを希望し、

この条約により達成される海洋法の法典化及び漸進的発展が、国際連合憲章に規定する国際連合の目的及び原則に従い、正義及び同権の原則に基づくすべての国の間における平和、安全、協力及び友好関係の強化に貢献し並びに世界のすべての人民の経済的及び社会的発展を促進することを確信し、

この条約により規律されない事項は、引き続き一般国際法の規則及び原則により規律されることを確認して、

次のとおり協定した。

第一部　序

第一条(用語及び適用範囲) 1 この条約の適用上、
(1) 「深海底」とは、国の管轄権の及ぶ区域の境界の外の海底及びその下をいう。
(2) 「機構」とは、国際海底機構をいう。
(3) 「深海底における活動」とは、深海底の資源の探査及び開発のすべての活動をいう。
(4) 「海洋環境の汚染」とは、人間による海洋環境(三角江を含む。)への物質又はエネルギーの直接的又は間接的な導入であって、生物資源及び海洋生物に対する害、人の健康に対する危険、海洋活動(漁獲及びその他の適法な海洋の利用を含む。)に対する障害、海水の水質を利用に適さなくすること並びに快適性の減殺のような有害な結果をもたらし又はもたらすおそれのあるものをいう。
(5)(a) 「投棄」とは、次のことをいう。
(i) 廃棄物その他の物を船舶、航空機又はプラットフォームその他の人工海洋構築物から故意に処分すること。
(ii) 船舶、航空機又はプラットフォームその他の人工海洋構築物を故意に処分すること。
(b) 「投棄」には、次のことを含まない。
(i) 船舶、航空機又はプラットフォームその他の人工海洋構築物及びこれらのものの設備の通常の運用に付随し又はこれに伴って生ずる廃棄物その他の物を処分すること。ただし、廃棄物その他の物であって、その処分に従事する船舶、航空機又はプラットフォームその他の人工海洋構築物によって又はこれらに向けて運搬されるもの及び当該船舶、航空機又はプラットフォームその他の人工海洋構築物における当該廃棄物その他の物の処理に伴って生ずるものを処分することを除く。
(ii) 物を単なる処分の目的以外の目的で配置すること。ただし、その配置がこの条約の目的に反しない場合に限る。

2(1) 「締約国」とは、この条約に拘束されることに同意し、かつ、自国についてこの条約の効力が生じている国をいう。
(2) この条約は、第三〇五条1の(b)から(f)までに規定する主体であって、そのそれぞれに関連する条件に従ってこの条約の当事者となるものについて準用し、その限度において「締約国」というときは、当該主体を含む。

第二部　領海及び接続水域

第一節　総則

第二条(領海、領海の上空並びに領海の海底及びその下の法的地位) 1 沿岸国の主権は、その領土若しくは内水又は群島国の場合にはその群島水域に接続

する水域で領海といわれるものに及ぶ。

2 沿岸国の主権は、領海の上空並びに領海の海底及びその下に及ぶ。

3 領海に対する主権は、この条約及び国際法の他の規則に従って行使される。

第二節 領海の限界

第三条（領海の幅） いずれの国も、この条約の定めるところにより決定される基線から測定して一二海里を超えない範囲でその領海の幅を定める権利を有する。

第四条（領海の外側の限界） 領海の外側の限界は、いずれの点をとっても基線上の最も近い点からの距離が領海の幅に等しい線とする。

第五条（通常の基線） この条約に別段の定めがある場合を除くほか、領海の幅を測定するための通常の基線は、沿岸国が公認する大縮尺海図に記載されている海岸の低潮線とする。

第六条（礁） 環礁の上に所在する島又は裾（きょ）礁を有する島については、領海の幅を測定するための基線は、沿岸国が公認する海図上に適当な記号で示される礁の海側の低潮線とする。

第七条（直線基線） 1 海岸線が著しく曲折しているか又は海岸に沿って至近距離に一連の島がある場所においては、領海の幅を測定するための基線を引くに当たって、適当な点を結ぶ直線基線の方法を用いることができる。

2 三角州その他の自然条件が存在するために海岸線が非常に不安定な場所においては、低潮線上の海へ向かって最も外側の適当な諸点を選ぶことができるものとし、直線基線は、その後、低潮線が後退する場合においても、沿岸国がこの条約に従って変更するまで効力を有する。

3 直線基線は、海岸の全般的な方向から著しく離れて引いてはならず、また、その内側の水域は、内水としての規制を受けるために陸地と十分に密接な関連を有しなければならない。

4 直線基線は、低潮高地との間に引いてはならない。ただし、恒久的に海面上にある灯台その他これに類する施設が低潮高地の上に建設されている場合及び低潮高地との間に基線を引くことが一般的な国際的承認を受けている場合は、この限りでない。

5 直線基線の方法が1の規定に基づいて適用される場合には、特定の基線を決定するに当たり、その地域に特有な経済的利益でその現実性及び重要性が長期間の慣行によって明白に証明されているものを考慮に入れることができる。

6 いずれの国も、他の国の領海を公海又は排他的経済水域から切り離すように直線基線の方法を適用することができない。

第八条（内水） 1 第四部に定める場合を除くほか、領海の基線の陸地側の水域は、沿岸国の内水の一部を構成する。

2 前条に定める方法に従って定めた直線基線がそれ以前には内水とされていなかった水域を内水として取り込むこととなる場合には、この条約に定める無害通航権は、これらの水域において存続する。

第九条（河口） 河川が海に直接流入している場合には、基線は、河口を横切りその河川の両岸の低潮線上の点の間に引いた直線とする。

第一〇条（湾） 1 この条は、海岸が単一の国に属する湾についてのみ規定する。

2 この条約の適用上、湾とは、奥行が湾口の幅との対比において十分に深いため、陸地に囲まれた水域を含み、かつ、単なる海岸のわん曲以上のものを構成する明白な湾入をいう。ただし、湾入は、その面積が湾口を横切って引いた線を直径とする半円の面積以上のものでない限り、湾とは認められない。

3 測定上、湾入の面積は、その海岸の低潮線と天然の入口の両側の低潮線上の点を結ぶ線とにより囲まれる水域の面積とする。島が存在するために湾入が二以上の湾口を有する場合には、それぞれの湾口に引いた線の長さの合計に等しい長さの線上に半円を描くものとする。湾入内にある島は、湾入の水域の一部とみなす。

4 湾の天然の入口の両側の低潮線上の点の間の距離が二四海里を超えないときは、これらの点を結ぶ閉鎖線を引き、その線の内側の水域を内水とする。

5 湾の天然の入口の両側の低潮線上の点の間の距離が二四海里を超えるときは、二四海里の直線基線を、この長さの線で囲むことができる最大の水域を囲むような方法で湾内に引く。

6 この条の規定は、いわゆる歴史的湾について適用せず、また、第七条に定める直線基線の方法が適用される場合についても適用しない。

第一一条（港） 領海の限界の画定上、港湾の不可分の一部を成す恒久的な港湾工作物で最も外側にあるものは、海岸の一部を構成するものとみなされる。沖合の施設及び人工島は、恒久的な港湾工作物とはみなされない。

第一二条（停泊地） 積込み、積卸し及び船舶の投びょうのために通常使用されている停泊地は、その全部又は一部が領海の外側の限界よりも外方にある場合にも、領海とみなされる。

第一三条（低潮高地） 1 低潮高地とは、自然に形成された陸地であって、低潮時には水に囲まれ水面上にあるが、高潮時には水中に没するものをいう。低潮高地の全部又は一部が本土又は島から領海の幅を超えない距離にあるときは、その低潮線は、領海の幅を測定するための基線として用いることができる。

2 低潮高地は、その全部が本土又は島から領海の幅を超える距離にあるときは、それ自体の領海を有しない。

第一四条（基線を決定する方法の組合せ） 沿岸国は、異なる状態に適応させて、前諸条に規定する方法を適宜用いて基線を決定することができる。

第一五条(向かい合っているか又は隣接している海岸を有する国の間における領海の境界画定)二の国の海岸が向かい合っているか又は隣接しているときは、いずれの国も、両国間に別段の合意がない限り、いずれの点をとっても両国の領海の幅を測定するための基線上の最も近い点から等しい距離にある中間線を越えてその領海を拡張することができない。ただし、この規定は、これと異なる方法で両国の領海の境界を定めることが歴史的権原その他特別の事情により必要であるときは、適用しない。

第一六条(海図及び地理学的経緯度の表)1 第七条、第九条及び第一〇条の規定に従って決定される領海の幅を測定するための基線又はこれに基づく限界線並びに第一二条及び前条の規定に従って引かれる境界画定線は、それらの位置の確認に適した縮尺の海図に表示する。これに代えて、測地原子を明示した各点の地理学的経緯度の表を用いることができる。

2 沿岸国は、1の海図又は地理学的経緯度の表を適当に公表するものとし、当該海図又は表の写しを国際連合事務総長に寄託する。

第三節 領海における無害通航

A すべての船舶に適用される規則

第一七条(無害通航権)すべての国の船舶は、沿岸国であるか内陸国であるかを問わず、この条約に従うことを条件として、領海において無害通航権を有する。

第一八条(通航の意味)1 通航とは、次のことのために領海を航行することをいう。

(a) 内水に入ることなく又は内水の外にある停泊地若しくは港湾施設に立ち寄ることなく領海を通過すること。

(b) 内水に向かって若しくは内水から航行すること又は(a)の停泊地若しくは港湾施設に立ち寄ること。

2 通航は、継続的かつ迅速に行わなければならない。ただし、停船及び投びょうは、航行に通常付随するものである場合、不可抗力若しくは遭難により必要とされる場合又は危険若しくは遭難に陥った人、船舶若しくは航空機に援助を与えるために必要とされる場合に限り、通航に含まれる。

第一九条(無害通航の意味)1 通航は、沿岸国の平和、秩序又は安全を害しない限り、無害とされる。無害通航は、この条約及び国際法の他の規則に従って行わなければならない。

2 外国船舶の通航は、当該外国船舶が領海において次の活動のいずれかに従事する場合には、沿岸国の平和、秩序又は安全を害するものとされる。

(a) 武力による威嚇又は武力の行使であって、沿岸国の主権、領土保全若しくは政治的独立に対するもの又はその他の国際連合憲章に規定する国際法の諸原則に違反する方法によるもの

(b) 兵器(種類のいかんを問わない。)を用いる訓練又は演習

(c) 沿岸国の防衛又は安全を害することとなるような情報の収集を目的とする行為

(d) 沿岸国の防衛又は安全に影響を与えることを目的とする宣伝行為

(e) 航空機の発着又は積込み

(f) 軍事機器の発着又は積込み

(g) 沿岸国の通関上、財政上、出入国管理上又は衛生上の法令に違反する物品、通貨又は人の積込み又は積卸し

(h) この条約に違反する故意のかつ重大な汚染行為

(i) 漁獲活動

(j) 調査活動又は測量活動の実施

(k) 沿岸国の通信系又は他の施設への妨害を目的とする行為

(l) 通航に直接の関係を有しないその他の活動

第二〇条(潜水船その他の水中航行機器)潜水船その他の水中航行機器は、領海においては、海面上を航行し、かつ、その旗を掲げなければならない。

第二一条(無害通航に係る沿岸国の法令)1 沿岸国は、この条約及び国際法の他の規則に従い、次の事項の全部又は一部について領海における無害通航に係る法令を制定することができる。

(a) 航行の安全及び海上交通の規制

(b) 航行援助施設及び他の施設の保護

(c) 電線及びパイプラインの保護

(d) 海洋生物資源の保存

(e) 沿岸国の漁業に関する法令の違反の防止

(f) 沿岸国の環境の保全並びにその汚染の防止、軽減及び規制

(g) 海洋の科学的調査及び水路測量

(h) 沿岸国の通関上、財政上、出入国管理上又は衛生上の法令の違反の防止

2 1に規定する法令は、外国船舶の設計、構造、乗組員の配乗又は設備については、適用しない。ただし、当該法令が一般的に受け入れられている国際的な規則又は基準を実施する場合は、この限りでない。

3 沿岸国は、1に規定するすべての法令を適当に公表する。

4 領海において無害通航権を行使する外国船舶は、1に規定するすべての法令及び海上における衝突の予防に関する一般的に受け入れられているすべての国際的な規則を遵守する。

第二二条(領海における航路帯及び分離通航帯)1 沿岸国は、航行の安全を考慮して必要な場合には、自国の領海において無害通航権を行使する外国船舶に対し、船舶の通航を規制するために自国が指定する航路帯及び設定する分離通航帯を使用するよう要求することができる。

2 沿岸国は、特に、タンカー、原子力船及び核物質又はその他の本質的に危険若しくは有害な物質若しくは原料を運搬する船舶に対し、1の航路帯のみを通航するよう要求することができる。

3 沿岸国は、この条の規定により航路帯の指定及び

分離通航帯の設定を行うに当たり、次の事項を考慮する。
(a) 権限のある国際機関の勧告
(b) 国際航行のために慣習的に使用されている水路
(c) 特定の船舶及び水路の特殊な性質
(d) 交通のふくそう状況

4 沿岸国は、この条に定める航路帯及び分離通航帯を海図上に明確に表示し、かつ、その海図を適当に公表する。

第二三条（外国の原子力船及び核物質又はその他の本質的に危険若しくは有害な物質を運搬する船舶）外国の原子力船及び核物質又はその他の本質的に危険若しくは有害な物質を運搬する船舶は、領海において無害通航権を行使する場合には、そのような船舶について国際協定が定める文書を携行し、かつ、当該国際協定が定める特別の予防措置をとる。

第二四条（沿岸国の義務）1 沿岸国は、この条約に定めるところによる場合を除くほか、領海における外国船舶の無害通航を妨害してはならない。沿岸国は、特に、この条約又はこの条約に従って制定される法令の適用に当たり、次のことを行ってはならない。
(a) 外国船舶に対し無害通航権を否定し又は害する実際上の効果を有する要件を課すること。
(b) 特定の国の船舶に対し又は特定の国へ、特定の国から若しくは特定の国のために貨物を運搬する船舶に対して法律上又は事実上の差別を行うこと。

2 沿岸国は、自国の領海内における航行上の危険で自国が知っているものを適当に公表する。

第二五条（沿岸国の保護権）1 沿岸国は、無害でない通航を防止するため、自国の領海内において必要な措置をとることができる。

2 沿岸国は、また、船舶が内水に向かって航行している場合又は内水の外にある港湾施設に立ち寄る場合には、その船舶が内水に入るため又は内水の外にある港湾施設に立ち寄るために従うべき条件に違反することを防止するため、必要な措置をとる権利を有する。

3 沿岸国は、自国の安全の保護（兵器を用いる訓練を含む。）のため不可欠である場合には、その領海内の特定の水域において、外国船舶の間に法律上又は事実上の差別を設けることなく、外国船舶の無害通航を一時的に停止することができる。このような停止は、適当な方法で公表された後においてのみ、効力を有する。

第二六条（外国船舶に対して課し得る課徴金）1 外国船舶に対しては、領海の通航のみを理由とするいかなる課徴金も課することができない。

2 領海を通航する外国船舶に対しては、当該外国船舶に提供された特定の役務の対価としてのみ、課徴金を課することができる。これらの課徴金は、差別なく課する。

B 商船及び商業的目的のために運航する政府船舶に適用される規則

第二七条（外国船舶内における刑事裁判権）1 沿岸国の刑事裁判権は、次の場合を除くほか、領海を通航している外国船舶内において、その通航中に当該外国船舶内で行われた犯罪に関連していずれかの者を逮捕し又は捜査を行うために行使してはならない。
(a) 犯罪の結果が当該沿岸国に及ぶ場合
(b) 犯罪が当該沿岸国の安寧又は領海の秩序を乱す性質のものである場合
(c) 当該外国船舶の船長又は旗国の外交官若しくは領事官が当該沿岸国の当局に対して援助を要請する場合
(d) 麻薬又は向精神薬の不正取引を防止するために必要である場合

2 1の規定は、沿岸国が、内水を出て領海を通航している外国船舶内において逮捕又は捜査を行うため、自国の法令で認められている措置をとる権利に影響を及ぼすものではない。

3 1及び2に定める場合においては、沿岸国は、船長の要請があるときは、措置をとる前に当該外国船舶の旗国の外交官又は領事官に通報し、かつ、当該外交官又は領事官と当該外国船舶の乗組員との間の連絡を容易にする。緊急の場合には、その通報は、当該措置をとっている間に行うことができる。

4 沿岸国の当局は、逮捕すべきか否か、また、いかなる方法によって逮捕するかを考慮するに当たり、航行の利益に対して妥当な考慮を払う。

5 沿岸国は、第一二部に定めるところによる場合及び第五部に定めるところにより制定する法令の違反に関する場合を除くほか、外国の港を出て、内水に入ることなく単に領海を通航する外国船舶につき、当該外国船舶が領海に入る前に船内において行われた犯罪に関連していずれかの者を逮捕し又は捜査を行うため、いかなる措置もとることができない。

第二八条（外国船舶に関する民事裁判権）1 沿岸国は、領海を通航している外国船舶内にある者に関して民事裁判権を行使するために当該外国船舶を停止させてはならず、又はその航路を変更させてはならない。

2 沿岸国は、外国船舶が沿岸国の水域を航行している間に又はその水域を航行するために当該外国船舶について生じた債務又は責任に関する場合を除くほか、当該外国船舶に対し民事上の強制執行又は保全処分を行うことができない。

3 2の規定は、沿岸国が、領海に停泊しているか又は内水を出て領海を通航している外国船舶に対し、自国の法令に従って民事上の強制執行又は保全処分を行う権利を害するものではない。

C 軍艦及び非商業的目的のために運航するその他の政府船舶に適用される規則

第二九条（軍艦の定義）この条約の適用上、「軍艦」とは、一の国の軍隊に属する船舶であって、当該国の国籍を有するそのような船舶であることを示す外部標識を掲げ、当該国の政府によって正式に任命されてその氏名が軍務に従事する者の適当な名簿又はこれに相当するものに記載されている士官の指揮の下にあり、かつ、正規の軍隊の規律に服する乗組員が配置されているものをいう。

第三〇条（軍艦による沿岸国の法令の違反） 軍艦が領海の通航に係る沿岸国の法令を遵守せず、かつ、その軍艦に対して行われた当該法令の遵守の要請を無視した場合には、当該沿岸国は、その軍艦に対し当該領海から直ちに退去することを要求することができる。

第三一条（軍艦又は非商業的目的のために運航するその他の政府船舶がもたらした損害についての旗国の責任） 旗国は、軍艦又は非商業的目的のために運航するその他の政府船舶が領海の通航に係る沿岸国の法令、この条約又は国際法の他の規則を遵守しなかった結果として沿岸国に与えたいかなる損失又は損害についても国際的責任を負う。

第三二条（軍艦及び非商業的目的のために運航するその他の政府船舶に与えられる免除） この節のＡ及び前二条の規定による例外を除くほか、この条約のいかなる規定も、軍艦及び非商業的目的のために運航するその他の政府船舶に与えられる免除に影響を及ぼすものではない。

第四節　接続水域

第三三条（接続水域） 1　沿岸国は、自国の領海に接続する水域で接続水域といわれるものにおいて、次のことに必要な規制を行うことができる。

(a)　自国の領土又は領海内における通関上、財政上、出入国管理上又は衛生上の法令の違反を防止すること。

(b)　自国の領土又は領海内で行われた(a)の法令の違反を処罰すること。

2　接続水域は、領海の幅を測定するための基線から二四海里を超えて拡張することができない。

第三部　国際航行に使用されている海峡

第一節　総　則

第三四条（国際航行に使用されている海峡を構成する水域の法的地位） 1　この部に定める国際航行に使用されている海峡の通航制度は、その他の点については、当該海峡を構成する水域の法的地位に影響を及ぼすものではなく、また、当該水域、当該水域の上空並びに当該水域の海底及びその下に対する海峡沿岸国の主権又は管轄権の行使に影響を及ぼすものではない。

2　海峡沿岸国の主権又は管轄権は、この部の規定及び国際法の他の規則に従って行使される。

第三五条（この部の規定の適用範囲） この部のいかなる規定も、次のものに影響を及ぼすものではない。

(a)　海峡内の内水である水域。ただし、第七条に定める方法に従って定めた直線基線がそれ以前には内水とされていなかった水域を内水として取り込むこととなるものを除く。

(b)　海峡沿岸国の領海を越える水域の排他的経済水域又は公海としての法的地位

(c)　特にある海峡について定める国際条約であって長い間存在し現に効力を有しているものがその海峡の通航を全面的又は部分的に規制している法制度

第三六条（国際航行に使用されている海峡内の公海又は排他的経済水域の航路） この部の規定は、国際航行に使用されている海峡であって、その海峡内に航行上及び水路上の特性において同様に便利な公海又は排他的経済水域の航路が存在するものについては、適用しない。これらの航路については、この条約の他の関連する部の規定（航行及び上空飛行の自由に関する規定を含む。）を適用する。

第二節　通過通航

第三七条（この節の規定の適用範囲） この節の規定は、公海又は排他的経済水域の一部分と公海又は排他的経済水域の他の部分との間にある国際航行に使用されている海峡について適用する。

第三八条（通過通航権） 1　すべての船舶及び航空機は、前条に規定する海峡において、通過通航権を有するものとし、この通過通航権は、害されない。ただし、海峡が海峡沿岸国の島及び本土から構成されている場合において、その島の海側に航行上及び水路上の特性において同様に便利な公海又は排他的経済水域の航路が存在するときは、通過通航は、認められない。

2　通過通航とは、この部の規定に従い、公海又は排他的経済水域の一部分と公海又は排他的経済水域の他の部分との間にある海峡において、航行及び上空飛行の自由が継続的かつ迅速な通過のためのみに行使されることをいう。ただし、継続的かつ迅速な通過という要件は、海峡沿岸国への入国に関する条件に従い当該海峡沿岸国への入国又は当該海峡沿岸国からの出国若しくは帰航の目的で海峡を通航することを妨げるものではない。

3　海峡における通過通航権の行使に該当しないいかなる活動も、この条約の他の適用される規定に従うものとする。

第三九条（通過通航中の船舶及び航空機の義務） 1　船舶及び航空機は、通過通航権を行使している間、次のことを遵守する。

(a)　海峡又はその上空を遅滞なく通過すること。

(b)　武力による威嚇又は武力の行使であって、海峡沿岸国の主権、領土保全若しくは政治的独立に対するもの又はその他の国際連合憲章に規定する国際法の諸原則に違反する方法によるものを差し控えること。

(c) 不可抗力又は遭難により必要とされる場合を除くほか、継続的かつ迅速な通過の通常の形態に付随する活動以外のいかなる活動も差し控えること。
(d) この部の他の関連する規定に従うこと。

2 通過通航中の船舶は、次の事項を遵守する。
(a) 海上における安全のための一般的に受け入れられている国際的な規則、手続及び方式（海上における衝突の予防のための国際規則を含む。）
(b) 船舶からの汚染の防止、軽減及び規制のための一般的に受け入れられている国際的な規則、手続及び方式

3 通過通航中の航空機は、次のことを行う。
(a) 国際民間航空機関が定める民間航空機に適用される航空規則を遵守すること。国の航空機については、航空規則に係る安全措置を原則として遵守し及び常に航行の安全に妥当な考慮を払って運航すること。
(b) 国際的に権限のある航空交通管制当局によって割り当てられた無線周波数又は適当な国際遭難無線周波数を常に聴取すること。

第四〇条（調査活動及び測量活動） 外国船舶（海洋の科学的調査又は水路測量を行う船舶を含む。）は、通過通航中、海峡沿岸国の事前の許可なしにいかなる調査活動又は測量活動も行うことができない。

第四一条（国際航行に使用されている海峡における航路帯及び分離通航帯） 1 海峡沿岸国は、船舶の安全な通航を促進するために必要な場合には、この部の規定により海峡内に航行のための航路帯を指定し及び分離通航帯を設定することができる。

2 1の海峡沿岸国は、必要がある場合には、適当に公表した後、既に指定した航路帯又は既に設定した分離通航帯を他の航路帯又は分離通航帯に変更することができる。

3 航路帯及び分離通航帯は、一般的に受け入れられている国際的な規則に適合したものとする。

4 海峡沿岸国は、航路帯の指定若しくは変更又は分離通航帯の設定若しくは変更を行う前に、これらの採択のための提案を権限のある国際機関に行う。当該権限のある国際機関は、当該海峡沿岸国が同意する航路帯及び分離通航帯のみを採択することができるものとし、当該海峡沿岸国は、その採択の後にそれに従って航路帯の指定若しくは変更又は分離通航帯の設定若しくは変更を行うことができる。

5 ある海峡において二以上の海峡沿岸国の水域を通る航路帯又は分離通航帯が提案される場合には、関係国は、権限のある国際機関と協議の上、その提案の作成に協力する。

6 海峡沿岸国は、自国が指定したすべての航路帯及び設定したすべての分離通航帯を海図上に明確に表示し、かつ、その海図を適当に公表する。

7 通過通航中の船舶は、この条の規定により設定された適用される航路帯及び分離通航帯を尊重する。

第四二条（通過通航に係る海峡沿岸国の法令） 1 海峡沿岸国は、この節に定めるところにより、次の事項の全部又は一部について海峡の通過通航に係る法令を制定することができる。
(a) 前条に定めるところに従う航行の安全及び海上交通の規制
(b) 海峡における油、油性廃棄物その他の有害な物質の排出に関して適用される国際的な規則を実施することによる汚染の防止、軽減及び規制
(c) 漁船については、漁獲の防止（漁具の格納を含む。）
(d) 海峡沿岸国の通関上、財政上、出入国管理上又は衛生上の法令に違反する物品、通貨又は人の積込み又は積卸し

2 1の法令は、外国船舶の間に法律上又は事実上の差別を設けるものであってはならず、また、その適用に当たり、この節に定める通過通航権を否定し、妨害し又は害する実際上の効果を有するものであってはならない。

3 海峡沿岸国は、1のすべての法令を適当に公表する。

4 通過通航権を行使する外国船舶は、1の法令を遵守する。

5 主権免除を享受する船舶又は航空機が1の法令又はこの部の他の規定に違反して行動した場合には、その旗国又は登録国は、海峡沿岸国にもたらしたいかなる損失又は損害についても国際的責任を負う。

第四三条（航行及び安全のための援助施設及び他の改善措置並びに汚染の防止、軽減及び規制） 海峡利用国及び海峡沿岸国は、合意により、次の事項について協力する。
(a) 航行及び安全のために必要な援助施設又は国際航行に資する他の改善措置の海峡における設定及び維持
(b) 船舶からの汚染の防止、軽減及び規制

第四四条（海峡沿岸国の義務） 海峡沿岸国は、通過通航を妨害してはならず、また、海峡内における航行上又はその上空における飛行上の危険で自国が知っているものを適当に公表する。通過通航は、停止してはならない。

第三節 無害通航

第四五条（無害通航） 1 第二部第三節の規定に基づく無害通航の制度は、国際航行に使用されている海峡のうち次の海峡について適用する。
(a) 第三八条1の規定により通過通航の制度の適用から除外される海峡
(b) 公海又は一の国の排他的経済水域の一部と他の国の領海との間にある海峡

2 1の海峡における無害通航は、停止してはならない。

第四部　群島国

第四六条（用語）この条約の適用上、

(a)　「群島国」とは、全体が一又は二以上の群島から成る国をいい、他の島を含めることができる。

(b)　「群島」とは、島の集団又はその一部、相互に連結する水域その他天然の地形が極めて密接に関係しているため、これらの島、水域その他天然の地形が本質的に一の地理的、経済的及び政治的単位を構成しているか又は歴史的にそのような単位と認識されているものをいう。

第四七条（群島基線）1　群島国は、群島の最も外側にある島及び低潮時に水面上にある礁の最も外側の諸点を結ぶ直線の群島基線を引くことができる。ただし、群島基線の内側に主要な島があり、かつ、群島基線の内側の水域の面積と陸地（環礁を含む。）の面積との比率が一対一から九対一までの間のものとなることを条件とする。

2　群島基線の長さは、一〇〇海里を超えてはならない。ただし、いずれの群島についても、これを取り囲む基線の総数の三パーセントまでのものについて、最大の長さを一二五海里までにすることができる。

3　群島基線は、群島の全般的な輪郭から著しく離れて引いてはならない。

4　群島基線は、低潮高地との間に引いてはならない。ただし、恒久的に海面上にある灯台その他これに類する施設が低潮高地の上に建設されている場合及び低潮高地の全部又は一部が最も近い島から領海の幅を超えない距離にある場合は、この限りでない。

5　いずれの群島国も、他の国の領海を公海又は排他的経済水域から切り離すように群島基線の方法を適用してはならない。

6　群島国の群島水域の一部が隣接する国の二の部分の間にある場合には、当該隣接する国が当該群島水域の一部で伝統的に行使している現行の権利及び他のすべての適法な利益並びにこれらの国の間の合意により定められているすべての権利は、存続しかつ尊重される。

7　1の水域と陸地との面積の比率の計算に当たり、陸地の面積には、島の裾礁及び環礁の内側の水域（急斜面を有する海台の上部の水域のうちその周辺にある一連の石灰岩の島及び低潮時に水面上にある礁によって取り囲まれ又はほとんど取り囲まれている部分を含む。）を含めることができる。

8　この条の規定に従って引かれる基線は、その位置の確認に適した縮尺の海図に表示する。これに代えて、測地原子を明示した各点の地理学的経緯度の表を用いることができる。

9　群島国は、8の海図又は地理学的経緯度の表を適当に公表するものとし、当該海図又は表の写しを国際連合事務総長に寄託する。

第四八条（領海、接続水域、排他的経済水域及び大陸棚の幅の測定）領海、接続水域、排他的経済水域及び大陸棚の幅は、前条の規定に従って引かれる群島基線から測定する。

第四九条（群島水域、群島水域の上空並びに群島水域の海底及びその下の法的地位）1　群島国の主権は、第四七条の規定に従って引かれる群島基線により取り囲まれる水域で群島水域といわれるもの（その水深又は海岸からの距離を問わない。）に及ぶ。

2　群島国の主権は、群島水域の上空、群島水域の海底及びその下並びにそれらの資源に及ぶ。

3　群島国の主権は、この部の規定に従って行使される。

4　この部に定める群島航路帯の通航制度は、その他の点については、群島水域（群島航路帯を含む。）の法的地位に影響を及ぼすものではなく、また、群島水域、群島水域の上空、群島水域の海底及びその下並びにそれらの資源に対する群島国の主権の行使に影響を及ぼすものではない。

第五〇条（内水の境界画定）群島国は、その群島水域において、第九条から第一一条までの規定に従って内水の境界画定のための閉鎖線を引くことができる。

第五一条（既存の協定、伝統的な漁獲の権利及び既設の海底電線）1　群島国は、第四九条の規定の適用を妨げることなく、他の国との既存の協定を尊重するものとし、また、群島水域内の一定の水域における自国に隣接する国の伝統的な漁獲の権利及び他の適法な活動を認めるものとする。そのような権利を行使し及びそのような活動を行うための条件（これらの権利及び活動の性質、限度及び適用される水域を含む。）については、いずれかの関係国の要請により、関係国間における二国間の協定により定める。そのような権利は、第三国又はその国民に移転してはならず、また、第三国又はその国民との間で共有してはならない。

2　群島国は、他の国により敷設された既設の海底電線であって、陸地に接することなく自国の水域を通っているものを尊重するものとし、また、そのような海底電線の位置及び修理又は交換の意図についての適当な通報を受領した場合には、その海底電線の維持及び交換を許可する。

第五二条（無害通航権）1　すべての国の船舶は、第五〇条の規定の適用を妨げることなく、第二部第三節の規定により群島水域において無害通航権を有する。ただし、次条の規定に従うものとする。

2　群島国は、自国の安全の保護のため不可欠である場合には、その群島水域内の特定の水域において、外国船舶の間に法律上又は事実上の差別を設けることなく、外国船舶の無害通航を一時的に停止することができる。このような停止は、適当な方法で公表された後においてのみ、効力を有する。

第五三条（群島航路帯通航権）1　群島国は、自国の群島水域、これに接続する領海及びそれらの上空における外国の船舶及び航空機の継続的かつ迅速な通航に適した航路帯及びその上空における航空路を指定することができる。

2　すべての船舶及び航空機は、1の航路帯及び航空路において群島航路帯通航権を有する。

3　群島航路帯通航とは、この条約に従い、公海又は排他的経済水域の一部分と公海又は排他的経済水域の他の部分との間において、通常の形態での航行及び上空飛行の権利が継続的な、迅速なかつ妨げられることのない通過のためのみに行使されることをいう。

4　1の航路帯及び航空路は、群島水域及びこれに接続する領海を貫通するものとし、これらの航路帯及び航空路には、群島水域又はその上空における国際航行又は飛行に通常使用されているすべての通航のための航路及び船舶に関してはその航路に係るすべての通常の航行のための水路を含める。ただし、同一の入口及び出口の間においては、同様に便利な二以上の航路は必要としない。

5　1の航路帯及び航空路は、通航のための航路の入口の点から出口の点までの一連の連続する中心線によって定める。群島航路帯を通航中の船舶及び航空機は、これらの中心線のいずれの側についても二五海里を超えて離れて通航してはならない。ただし、その船舶及び航空機は、航路帯を挟んで向かい合っている島と島とを結ぶ最短距離の一〇パーセントの距離よりも海岸に近づいて航行してはならない。

6　この条の規定により航路帯を指定する群島国は、また、当該航路帯内の狭い水路における船舶の安全な通航のために分離通航帯を設定することができる。

7　群島国は、必要がある場合には、適当に公表した後、既に指定した航路帯又は既に設定した分離通航帯を他の航路帯又は分離通航帯に変更することができる。

8　航路帯及び分離通航帯は、一般的に受け入れられている国際的な規則に適合したものとする。

9　群島国は、航路帯の指定若しくは変更又は分離通航帯の設定若しくは変更を行うに当たり、これらの採択のための提案を権限のある国際機関に行う。当該権限のある国際機関は、当該群島国が同意する航路帯及び分離通航帯のみを採択することができるものとし、当該群島国は、その採択の後にそれに従って航路帯の指定若しくは変更又は分離通航帯の設定若しくは変更を行うことができる。

10　群島国は、自国が指定した航路帯の中心線及び設定した分離通航帯を海図上に明確に表示し、かつ、その海図を適当に公表する。

11　群島航路帯を通航中の船舶は、この条の規定により設定された適用される航路帯及び分離通航帯を尊重する。

12　群島国が航路帯又は航空路を指定しない場合には、群島航路帯通航権は、通常国際航行に使用されている航路において行使することができる。

第五四条（通航中の船舶及び航空機の義務、調査活動及び測量活動、群島国の義務並びに群島航路帯通航に関する群島国の法令）第三九条、第四〇条、第四二条及び第四四条の規定は、群島航路帯通航について準用する。

第五部　排他的経済水域

第五五条（排他的経済水域の特別の法制度）排他的経済水域とは、領海に接続する水域であって、この部に定める特別の法制度によるものをいう。この法制度の下において、沿岸国の権利及び管轄権並びにその他の国の権利及び自由は、この条約の関連する規定によって規律される。

第五六条（排他的経済水域における沿岸国の権利、管轄権及び義務）1　沿岸国は、排他的経済水域において、次のものを有する。

(a)　海底の上部水域並びに海底及びその下の天然資源（生物資源であるか非生物資源であるかを問わない。）の探査、開発、保存及び管理のための主権的権利並びに排他的経済水域における経済的な目的で行われる探査及び開発のためのその他の活動（海水、海流及び風からのエネルギーの生産等）に関する主権的権利

(b)　この条約の関連する規定に基づく次の事項に関する管轄権

(i)　人工島、施設及び構築物の設置及び利用

(ii)　海洋の科学的調査

(iii)　海洋環境の保護及び保全

(c)　この条約に定めるその他の権利及び義務

2　沿岸国は、排他的経済水域においてこの条約により自国の権利を行使し及び自国の義務を履行するに当たり、他の国の権利及び義務に妥当な考慮を払うものとし、また、この条約と両立するように行動する。

3　この条に定める海底及びその下についての権利は、第六部の規定により行使する。

第五七条（排他的経済水域の幅）排他的経済水域は、領海の幅を測定するための基線から二〇〇海里を超えて拡張してはならない。

第五八条（排他的経済水域における他の国の権利及び義務）1　すべての国は、沿岸国であるか内陸国であるかを問わず、排他的経済水域において、この条約の関連する規定に定めるところにより、第八七条に定める航行及び上空飛行の自由並びに海底電線及び海底パイプラインの敷設の自由並びにこれらの自由に関連し及びこの条約のその他の規定と両立するその他の国際的に適法な海洋の利用（船舶及び航空機の運航並びに海底電線及び海底パイプラインの運用に係る海洋の利用等）の自由を享有する。

2　第八八条から第一一五条までの規定及び国際法の他の関連する規則は、この部の規定に反しない限り、排他的経済水域について適用する。

3　いずれの国も、排他的経済水域においてこの条約により自国の権利を行使し及び自国の義務を履行す

るに当たり、沿岸国の権利及び義務に妥当な考慮を払うものとし、また、この部の規定に反しない限り、この条約及び国際法の他の規則に従って沿岸国が制定する法令を遵守する。

第五九条（排他的経済水域における権利及び管轄権の帰属に関する紛争の解決のための基礎）この条約により排他的経済水域における権利又は管轄権が沿岸国又はその他の国に帰せられていない場合において、沿岸国とその他の国との間に利害の対立が生じたときは、その対立は、当事国及び国際社会全体にとっての利益の重要性を考慮して、衡平の原則に基づき、かつ、すべての関連する事情に照らして解決する。

第六〇条（排他的経済水域における人工島、施設及び構築物）1　沿岸国は、排他的経済水域において、次のものを建設し並びにそれらの建設、運用及び利用を許可し及び規制する排他的権利を有する。

(a)　人工島

(b)　第五六条に規定する目的その他の経済的な目的のための施設及び構築物

(c)　排他的経済水域における沿岸国の権利の行使を妨げ得る施設及び構築物

2　沿岸国は、1に規定する人工島、施設及び構築物に対して、通関上、財政上、保健上、安全上及び出入国管理上の法令に関する管轄権を含む排他的管轄権を有する。

3　1に規定する人工島、施設又は構築物の建設については、適当な通報を行わなければならず、また、その存在について注意を喚起するための恒常的な措置を維持しなければならない。放棄され又は利用されなくなった施設又は構築物は、権限のある国際機関がその除去に関して定める一般的に受け入れられている国際的基準を考慮して、航行の安全を確保するために除去する。その除去に当たっては、漁業、海洋環境の保護並びに他の国の権利及び義務に対しても妥当な考慮を払う。完全に除去されなかった施設又は構築物の水深、位置及び規模については、適当に公表する。

4　沿岸国は、必要な場合には、1に規定する人工島、施設及び構築物の周囲に適当な安全水域を設定することができるものとし、また、当該安全水域において、航行の安全並びに人工島、施設及び構築物の安全を確保するために適当な措置をとることができる。

5　沿岸国は、適用のある国際的基準を考慮して安全水域の幅を決定する。安全水域は、人工島、施設又は構築物の性質及び機能と合理的な関連を有するようなものとし、また、その幅は、一般的に受け入れられている国際的基準によって承認され又は権限のある国際機関によって勧告される場合を除くほか、当該人工島、施設又は構築物の外縁のいずれの点から測定した距離についても五〇〇メートルを超えるものであってはならない。安全水域の範囲に関しては、適当な通報を行う。

6　すべての船舶は、4の安全水域を尊重しなければならず、また、人工島、施設、構築物及び安全水域の近傍における航行に関して一般的に受け入れられている国際的基準を遵守する。

7　人工島、施設及び構築物並びにそれらの周囲の安全水域は、国際航行に不可欠な認められた航路帯の使用の妨げとなるような場所に設けてはならない。

8　人工島、施設及び構築物は、島の地位を有しない。これらのものは、それ自体の領海を有せず、また、その存在は、領海、排他的経済水域又は大陸棚の境界画定に影響を及ぼすものではない。

第六一条（生物資源の保存）1　沿岸国は、自国の排他的経済水域における生物資源の漁獲可能量を決定する。

2　沿岸国は、自国が入手することのできる最良の科学的証拠を考慮して、排他的経済水域における生物資源の維持が過度の開発によって脅かされないことを適当な保存措置及び管理措置を通じて確保する。このため、適当な場合には、沿岸国及び権限のある国際機関（小地域的なもの、地域的なもの又は世界的なもののいずれであるかを問わない。）は、協力する。

3　2に規定する措置は、また、環境上及び経済上の関連要因（沿岸漁業社会の経済上のニーズ及び開発途上国の特別の要請を含む。）を勘案し、かつ、漁獲の態様、資源間の相互依存関係及び一般的に勧告された国際的な最低限度の基準（小地域的なもの、地域的なもの又は世界的なもののいずれであるかを問わない。）を考慮して、最大持続生産量を実現することのできる水準に漁獲される種の資源量を維持し又は回復することのできるようなものとする。

4　沿岸国は、2に規定する措置をとるに当たり、漁獲される種に関連し又は依存する種の資源量をその再生産が著しく脅威にさらされることとなるような水準よりも高く維持し又は回復するために、当該関連し又は依存する種に及ぼす影響を考慮する。

5　入手することのできる科学的情報、漁獲量及び漁獲努力量に関する統計その他魚類の保存に関連するデータについては、適当な場合には権限のある国際機関（小地域的なもの、地域的なもの又は世界的なもののいずれであるかを問わない。）を通じ及びすべての関係国（その国民が排他的経済水域における漁獲を認められている国を含む。）の参加を得て、定期的に提供し及び交換する。

第六二条（生物資源の利用）1　沿岸国は、前条の規定の適用を妨げることなく、排他的経済水域における生物資源の最適利用の目的を促進する。

2　沿岸国は、排他的経済水域における生物資源についての自国の漁獲能力を決定する。沿岸国は、自国が漁獲可能量のすべてを漁獲する能力を有しない場合には、協定その他の取極により4に規定する条件及び法令に従い、第六九条及び第七〇条の規定（特に開発途上国に関するもの）に特別の考慮を払って漁獲可能量の余剰分の他の国による漁獲を認める。

3 沿岸国は、この条の規定に基づく他の国による自国の排他的経済水域における漁獲を認めるに当たり、すべての関連要因、特に、自国の経済その他の国家的利益にとっての当該排他的経済水域における生物資源の重要性、第六九条及び第七〇条の規定、小地域又は地域の開発途上国が余剰分の一部を漁獲する必要性、その国民が伝統的に当該排他的経済水域で漁獲を行ってきた国又は資源の調査及び識別に実質的な努力を払ってきた国における経済的混乱を最小のものにとどめる必要性等の関連要因を考慮する。

4 排他的経済水域において漁獲を行う他の国の国民は、沿岸国の法令に定める保存措置及び他の条件を遵守する。これらの法令は、この条約に適合するものとし、また、特に次の事項に及ぶことができる。

(a) 漁業者、漁船及び設備に関する許可証の発給(手数料その他の形態の報酬の支払を含む。これらの支払は、沿岸国である開発途上国の場合については、水産業に関する財政、設備及び技術の分野での十分な補償から成ることができる。)

(b) 漁獲することのできる種及び漁獲割当ての決定。この漁獲割当てについては、特定の資源若しくは資源群の漁獲、一定の期間における一隻当たりの漁獲又は特定の期間におけるいずれかの国の国民による漁獲のいずれについてのものであるかを問わない。

(c) 漁期及び漁場、漁具の種類、大きさ及び数量並びに利用することのできる漁船の種類、大きさ及び数の規制

(d) 漁獲することのできる魚その他の種の年齢及び大きさの決定

(e) 漁船に関して必要とされる情報(漁獲量及び漁獲努力量に関する統計並びに漁船の位置に関する報告を含む。)の明示

(f) 沿岸国の許可及び規制の下で特定の漁業に関する調査計画の実施を要求すること並びにそのような調査の実施(漁獲物の標本の抽出、標本の処理及び関連する科学的データの提供を含む。)を規制すること。

(g) 沿岸国の監視員又は訓練生の漁船への乗船

(h) 漁船による漁獲量の全部又は一部の沿岸国の港への陸揚げ

(i) 合弁事業に関し又はその他の協力についての取決めに関する条件

(j) 要員の訓練及び漁業技術の移転(沿岸国の漁業に関する調査を行う能力の向上を含む。)のための要件

(k) 取締手続

5 沿岸国は、保存及び管理に関する法令について適当な通報を行う。

第六三条(二以上の沿岸国の排他的経済水域内に又は排他的経済水域内及び当該排他的経済水域に接続する水域内の双方に存在する資源) 1 同一の資源又は関連する種の資源が二以上の沿岸国の排他的経済水域内に存在する場合には、これらの沿岸国は、この部の他の規定の適用を妨げることなく、直接に又は適当な小地域的若しくは地域的機関を通じて、当該資源の保存及び開発を調整し及び確保するために必要な措置について合意するよう努める。

2 同一の資源又は関連する種の資源が排他的経済水域内及び当該排他的経済水域に接続する水域内の双方に存在する場合には、沿岸国及び接続する水域において当該資源を漁獲する国は、直接に又は適当な小地域的若しくは地域的機関を通じて、当該接続する水域における当該資源の保存のために必要な措置について合意するよう努める。

第六四条(高度回遊性の種) 1 沿岸国その他その国民がある地域において附属書Iに掲げる高度回遊性の種を漁獲する国は、排他的経済水域の内外を問わず当該地域全体において当該種の保存を確保しかつ最適利用の目的を促進するため、直接に又は適当な国際機関を通じて協力する。適当な国際機関が存在しない地域においては、沿岸国その他その国民が当該地域において高度回遊性の種を漁獲する国は、そのような機関を設立し及びその活動に参加するため、協力する。

2 1の規定は、この部の他の規定に加えて適用する。

第六五条(海産哺乳動物) この部のいかなる規定も、沿岸国又は適当な場合には国際機関が海産哺乳動物の開発についてこの部に定めるよりも厳しく禁止し、制限し又は規制する権利又は権限を制限するものではない。いずれの国も、海産哺乳動物の保存のために協力するものとし、特に、鯨類については、その保存、管理及び研究のために適当な国際機関を通じて活動する。

第六六条(溯(さく)河性資源) 1 溯河性資源の発生する河川の所在する国は、当該溯河性資源について第一義的利益及び責任を有する。

2 溯河性資源の母川国は、自国の排他的経済水域の外側の限界より陸地側のすべての水域における漁獲及び3(b)に規定する漁獲のための適当な規制措置を定めることによって溯河性資源の保存を確保する。母川国は、当該溯河性資源を漁獲する3及び4に規定する他の国と協議の後、自国の河川に発生する資源の総漁獲可能量を定めることができる。

3(a) 溯河性資源の漁獲は、排他的経済水域の外側の限界より陸地側の水域においてのみ行われる。ただし、これにより母川国以外の国に経済的混乱がもたらされる場合は、この限りでない。排他的経済水域の外側の限界を越える水域における溯河性資源の漁獲に関しては、関係国は、当該溯河性資源に係る保存上の要請及び母川国のニーズに妥当な考慮を払い、当該漁獲の条件に関する合意に達するため協議を行う。

(b) 母川国は、溯河性資源を漁獲する他の国の通常

の漁獲量及び操業の形態並びにその漁獲が行われてきたすべての水域を考慮して、当該他の国の経済的混乱を最小のものにとどめるために協力する。

(c) 母川国は、(b)に規定する他の国が自国との合意により溯河性資源の再生産のための措置に参加し、特に、そのための経費を負担する場合には、当該他の国に対して、自国の河川に発生する資源の漁獲について特別の考慮を払う。

(d) 排他的経済水域を越える水域における溯河性資源に関する規制の実施は、母川国と他の関係国との間の合意による。

4 溯河性資源が母川国以外の国の排他的経済水域の外側の限界より陸地側の水域に入り又はこれを通過して回遊する場合には、当該国は、当該溯河性資源の保存及び管理について母川国と協力する。

5 溯河性資源の母川国及び当該溯河性資源を漁獲するその他の国は、適当な場合には、地域的機関を通じて、この条の規定を実施するための取極を締結する。

第六七条（降河性の種） 1 降河性の種がその生活史の大部分を過ごす水域の所在する沿岸国は、当該降河性の種の管理について責任を有し、及び回遊する魚が出入りすることができるようにする。

2 降河性の種の漁獲は、排他的経済水域の外側の限界より陸地側の水域においてのみ行われる。その漁獲は、排他的経済水域において行われる場合には、この条の規定及び排他的経済水域における漁獲に関するこの条約のその他の規定に定めるところによる。

3 降河性の魚が稚魚又は成魚として他の国の排他的経済水域を通過して回遊する場合には、当該魚の管理（漁獲を含む。）は、1の沿岸国と当該他の国との間の合意によって行われる。この合意は、種の合理的な管理が確保され及び1の沿岸国が当該種の維持について有する責任が考慮されるようなものとする。

第六八条（定着性の種族） この部の規定は、第七七条4に規定する定着性の種族については、適用しない。

第六九条（内陸国の権利） 1 内陸国は、自国と同一の小地域又は地域の沿岸国の排他的経済水域における生物資源の余剰分の適当な部分の開発につき、すべての関係国の関連する経済的及び地理的状況を考慮し、この条、第六一条及び第六二条に定めるところにより、衡平の原則に基づいて参加する権利を有する。

2 1に規定する参加の条件及び方法は、関係国が二国間の、小地域的な又は地域的な協定により定めるものとし、特に次の事項を考慮する。

(a) 沿岸国の漁業社会又は水産業に対する有害な影響を回避する必要性

(b) 内陸国が、この条の規定に基づき、現行の二国間の、小地域的な又は地域的な協定により、他の沿岸国の排他的経済水域における生物資源の開発に参加しており又は参加する権利を有する程度

(c) その他の内陸国及び地理的不利国が沿岸国の排他的経済水域における生物資源の開発に参加している程度及びその結果としていずれかの単一の沿岸国又はその一部が特別の負担を負うことを回避する必要性が生ずること。

(d) それぞれの国の国民の栄養上の必要性

3 沿岸国の漁獲能力がその排他的経済水域における生物資源の漁獲可能量のすべてを漁獲することのできる点に近づいている場合には、当該沿岸国その他の関係国は、同一の小地域又は地域の内陸国である開発途上国が当該小地域又は地域の沿岸国の排他的経済水域における生物資源の開発について状況により適当な方法で及びすべての当事者が満足すべき条件の下で参加することを認めるため、二国間の、小地域的な又は地域的な及び衡平な取極の締結に協力する。この規定の実施に当たっては、2に規定する要素も考慮する。

4 内陸国である先進国は、この条の規定に基づき、自国と同一の小地域又は地域の沿岸国である先進国の排他的経済水域においてのみ生物資源の開発に参加することができる。この場合において、当該沿岸国である先進国がその排他的経済水域における生物資源について他の国による漁獲を認めるに当たり、その国民が伝統的に当該排他的経済水域で漁獲を行ってきた国の漁業社会に対する有害な影響及び経済的混乱を最小のものにとどめる必要性をどの程度考慮してきたかが勘案される。

5 1から4までの規定は、沿岸国が自国と同一の小地域又は地域の内陸国に対して排他的経済水域における生物資源の開発のための平等又は優先的な権利を与えることを可能にするため当該小地域又は地域において合意される取極に影響を及ぼすものではない。

第七〇条（地理的不利国の権利） 1 地理的不利国は、自国と同一の小地域又は地域の沿岸国の排他的経済水域における生物資源の余剰分の適当な部分の開発につき、すべての関係国の関連する経済的及び地理的状況を考慮し、この条、第六一条及び第六二条に定めるところにより、衡平の原則に基づいて参加する権利を有する。

2 この部の規定の適用上、「地理的不利国」とは、沿岸国（閉鎖海又は半閉鎖海に面した国を含む。）であって、その地理的状況のため自国民又はその一部の栄養上の目的のための魚の十分な供給を自国と同一の小地域又は地域の他の国の排他的経済水域における生物資源の開発に依存するもの及び自国の排他的経済水域を主張することができないものをいう。

3 1に規定する参加の条件及び方法は、関係国が二国間の、小地域的な又は地域的な協定により定めるものとし、特に次の事項を考慮する。

(a) 沿岸国の漁業社会又は水産業に対する有害な影響を回避する必要性

(b) 地理的不利国が、この条の規定に基づき、現行

の二国間の、小地域的な又は地域的な協定により、他の沿岸国の排他的経済水域における生物資源の開発に参加しており又は参加する権利を有する程度

(c) その他の地理的不利国及び内陸国が沿岸国の排他的経済水域における生物資源の開発に参加している程度及びその結果としていずれかの単一の沿岸国又はその一部が特別の負担を負うことを回避する必要性が生ずること。

(d) それぞれの国の国民の栄養上の必要性

4 沿岸国の漁獲能力がその排他的経済水域における生物資源の漁獲可能量のすべてを漁獲することのできる点に近づいている場合には、当該沿岸国その他の関係国は、同一の小地域又は地域の地理的不利国である開発途上国が当該小地域又は地域の沿岸国の排他的経済水域における生物資源の開発について状況により適当な方法で及びすべての当事者が満足すべき条件の下で参加することを認めるため、二国間の、小地域的な又は地域的な及び衡平な取極の締結に協力する。この規定の実施に当たっては、3に規定する要素も考慮する。

5 地理的不利国である先進国は、この条の規定に基づき、自国と同一の小地域又は地域の沿岸国である先進国の排他的経済水域においてのみ生物資源の開発に参加することができる。この場合において、当該沿岸国である先進国がその排他的経済水域における生物資源について他の国による漁獲を認めるに当たりその国民が伝統的に当該排他的経済水域で漁獲を行ってきた国の漁業社会に対する有害な影響及び経済的混乱を最小のものにとどめる必要性をどの程度考慮してきたかが勘案される。

6 1から5までの規定は、沿岸国が自国と同一の小地域又は地域の地理的不利国に対して排他的経済水域における生物資源の開発のための平等又は優先的な権利を与えることを可能にするため当該小地域又は地域において合意される取極に影響を及ぼすものではない。

第七一条(前二条の規定の不適用) 前二条の規定は、沿岸国の経済がその排他的経済水域における生物資源の開発に依存する度合が極めて高い場合には、当該沿岸国については、適用しない。

第七二条(権利の移転の制限) 1 第六九条及び第七〇条に定める生物資源を開発する権利は、関係国の間に別段の合意がない限り、貸借契約又は許可、合弁事業の設立その他の権利の移転の効果を有する方法によって、第三国又はその国民に対して直接又は間接に移転してはならない。

2 1の規定は、1に規定する効果をもたらさない限り、関係国が第六九条及び第七〇条の規定に基づく権利の行使を容易にするために第三国又は国際機関から技術的又は財政的援助を得ることを妨げるものではない。

第七三条(沿岸国の法令の執行) 1 沿岸国は、排他的経済水域において生物資源を探査し、開発し、保存し及び管理するための主権的権利を行使するに当たり、この条約に従って制定する法令の遵守を確保するために必要な措置(乗船、検査、拿(だ)捕及び司法上の手続を含む。)をとることができる。

2 拿捕された船舶及びその乗組員は、合理的な保証金の支払又は合理的な他の保証の提供の後に速やかに釈放される。

3 排他的経済水域における漁業に関する法令に対する違反について沿岸国が科する罰には、関係国の別段の合意がない限り拘禁を含めてはならず、また、その他のいかなる形態の身体刑も含めてはならない。

4 沿岸国は、外国船舶を拿捕し又は抑留した場合には、とられた措置及びその後科した罰について、適当な経路を通じて旗国に速やかに通報する。

第七四条(向かい合っているか又は隣接している海岸を有する国の間における排他的経済水域の境界画定) 1 向かい合っているか又は隣接している海岸を有する国の間における排他的経済水域の境界画定は、衡平な解決を達成するために、国際司法裁判所規程第三八条に規定する国際法に基づいて合意により行う。

2 関係国は、合理的な期間内に合意に達することができない場合には、第一五部に定める手続に付する。

3 関係国は、1の合意に達するまでの間、理解及び協力の精神により、実際的な性質を有する暫定的な取極を締結するため及びそのような過渡的期間において最終的な合意への到達を危うくし又は妨げないためにあらゆる努力を払う。暫定的な取極は、最終的な境界画定に影響を及ぼすものではない。

4 関係国間において効力を有する合意がある場合には、排他的経済水域の境界画定に関する問題は、当該合意に従って解決する。

第七五条(海図及び地理学的経緯度の表) 1 排他的経済水域の外側の限界線及び前条の規定に従って引かれる境界画定線は、この部に定めるところにより、それらの位置の確認に適した縮尺の海図に表示する。適当な場合には、当該外側の限界線又は当該境界画定線に代えて、測地原子を明示した各点の地理学的経緯度の表を用いることができる。

2 沿岸国は、1の海図又は地理学的経緯度の表を適当に公表するものとし、当該海図又は表の写しを国際連合事務総長に寄託する。

第六部 大陸棚

第七六条(大陸棚の定義) 1 沿岸国の大陸棚とは、当該沿岸国の領海を越える海面下の区域の海底及びその下であってその領土の自然の延長をたどって大陸縁辺部の外縁に至るまでのもの又は、大陸縁辺部の外縁が領海の幅を測定するための基線から二〇〇海里の距離まで延びていない場合には、当該沿岸国の領海を越える海面下の区域の海底及びその下であっ

て当該基線から二〇〇海里の距離までのものをいう。

2　沿岸国の大陸棚は、4から6までに定める限界を越えないものとする。

3　大陸縁辺部は、沿岸国の陸塊の海面下まで延びている部分から成るものとし、棚、斜面及びコンチネンタル・ライズの海底及びその下で構成される。ただし、大洋底及びその海洋海嶺(れい)又はその下を含まない。

4(a)　この条約の適用上、沿岸国は、大陸縁辺部が領海の幅を測定するための基線から二〇〇海里を超えて延びている場合には、次のいずれかの線により大陸縁辺部の外縁を設定する。

(i)　ある点における堆(たい)積岩の厚さが当該点から大陸斜面の脚部までの最短距離の一パーセント以上であるとの要件を満たすときにこのような点のうち最も外側のものを用いて7の規定に従って引いた線

(ii)　大陸斜面の脚部から六〇海里を超えない点を用いて7の規定に従って引いた線

(b)　大陸斜面の脚部は、反証のない限り、当該大陸斜面の基部における勾(こう)配が最も変化する点とする。

5　4(a)の(i)又は(ii)の規定に従って引いた海底における大陸棚の外側の限界線は、これを構成する各点において、領海の幅を測定するための基線から三五〇海里を超え又は二五〇〇メートル等深線(二五〇〇メートルの水深を結ぶ線をいう。)から一〇〇海里を超えてはならない。

6　5の規定にかかわらず、大陸棚の外側の限界は、海底海嶺の上においては領海の幅を測定するための基線から三五〇海里を超えてはならない。この6の規定は、海台、海膨、キャップ、堆及び海脚のような大陸縁辺部の自然の構成要素である海底の高まりについては、適用しない。

7　沿岸国は、自国の大陸棚が領海の幅を測定するための基線から二〇〇海里を超えて延びている場合には、その大陸棚の外側の限界線を経緯度によって定める点を結ぶ六〇海里を超えない長さの直線によって引く。

8　沿岸国は、領海の幅を測定するための基線から二〇〇海里を超える大陸棚の限界に関する情報を、衡平な地理的代表の原則に基づき附属書IIに定めるところにより設置される大陸棚の限界に関する委員会に提出する。この委員会は、当該大陸棚の外側の限界の設定に関する事項について当該沿岸国に対し勧告を行う。沿岸国がその勧告に基づいて設定した大陸棚の限界は、最終的なものとし、かつ、拘束力を有する。

9　沿岸国は、自国の大陸棚の外側の限界が恒常的に表示された海図及び関連する情報(測地原子を含む。)を国際連合事務総長に寄託する。同事務総長は、これらを適当に公表する。

10　この条の規定は、向かい合っているか又は隣接している海岸を有する国の間における大陸棚の境界画定の問題に影響を及ぼすものではない。

第七七条(大陸棚に対する沿岸国の権利)1　沿岸国は、大陸棚を探査し及びその天然資源を開発するため、大陸棚に対して主権的権利を行使する。

2　1の権利は、沿岸国が大陸棚を探査せず又はその天然資源を開発しない場合においても、当該沿岸国の明示の同意なしにそのような活動を行うことができないという意味において、排他的である。

3　大陸棚に対する沿岸国の権利は、実効的な若しくは名目上の先占又は明示の宣言に依存するものではない。

4　この部に規定する天然資源は、海底及びその下の鉱物その他の非生物資源並びに定着性の種族に属する生物、すなわち、採捕に適した段階において海底若しくはその下で静止しており又は絶えず海底若しくはその下に接触していなければ動くことのできない生物から成る。

第七八条(上部水域及び上空の法的地位並びに他の国の権利及び自由)1　大陸棚に対する沿岸国の権利は、上部水域又はその上空の法的地位に影響を及ぼすものではない。

2　沿岸国は、大陸棚に対する権利の行使により、この条約に定める他の国の航行その他の権利及び自由を侵害してはならず、また、これらに対して不当な妨害をもたらしてはならない。

第七九条(大陸棚における海底電線及び海底パイプライン)1　すべての国は、この条の規定に従って大陸棚に海底電線及び海底パイプラインを敷設する権利を有する。

2　沿岸国は、大陸棚における海底電線又は海底パイプラインの敷設又は維持を妨げることができない。もっとも、沿岸国は、大陸棚の探査、その天然資源の開発並びに海底パイプラインからの汚染の防止、軽減及び規制のために適当な措置をとる権利を有する。

3　海底パイプラインを大陸棚に敷設するための経路の設定については、沿岸国の同意を得る。

4　この部のいかなる規定も、沿岸国がその領土若しくは領海に入る海底電線若しくは海底パイプラインに関する条件を定める権利又は大陸棚の探査、その資源の開発若しくは沿岸国が管轄権を有する人工島、施設及び構築物の運用に関連して建設され若しくは利用される海底電線及び海底パイプラインに対する当該沿岸国の管轄権に影響を及ぼすものではない。

5　海底電線又は海底パイプラインを敷設する国は、既に海底に敷設されている電線又はパイプラインに妥当な考慮を払わなければならない。特に、既設の電線又はパイプラインを修理する可能性は、害してはならない。

第八〇条(大陸棚における人工島、施設及び構築物)第六〇条の規定は、大陸棚における人工島、施設及び構築物について準用する。

第八一条（大陸棚における掘削）沿岸国は、大陸棚におけるあらゆる目的のための掘削を許可し及び規制する排他的権利を有する。

第八二条（二〇〇海里を超える大陸棚の開発に関する支払及び拠出）1　沿岸国は、領海の幅を測定する基線から二〇〇海里を超える大陸棚の非生物資源の開発に関して金銭による支払又は現物による拠出を行う。

2　支払又は拠出は、鉱区における最初の五年間の生産の後、当該鉱区におけるすべての生産に関して毎年行われる。六年目の支払又は拠出の割合は、当該鉱区における生産額又は生産量の一パーセントとする。この割合は、一二年目まで毎年一パーセントずつ増加するものとし、その後は七パーセントとする。生産には、開発に関連して使用された資源を含めない。

3　その大陸棚から生産される鉱物資源の純輸入国である開発途上国は、当該鉱物資源に関する支払又は拠出を免除される。

4　支払又は拠出は、機構を通じて行われるものとし、機構は、開発途上国、特に後発開発途上国及び内陸国である開発途上国の利益及びニーズに考慮を払い、衡平な配分基準に基づいて締約国にこれらを配分する。

第八三条（向かい合っているか又は隣接している海岸を有する国の間における大陸棚の境界画定）1　向かい合っているか又は隣接している海岸を有する国の間における大陸棚の境界画定は、衡平な解決を達成するために、国際司法裁判所規程第三八条に規定する国際法に基づいて合意により行う。

2　関係国は、合理的な期間内に合意に達することができない場合には、第一五部に定める手続に付する。

3　関係国は、1の合意に達するまでの間、理解及び協力の精神により、実際的な性質を有する暫定的な取極を締結するため及びそのような過渡的期間において最終的な合意への到達を危うくし又は妨げないためにあらゆる努力を払う。暫定的な取極は、最終的な境界画定に影響を及ぼすものではない。

4　関係国間において効力を有する合意がある場合には、大陸棚の境界画定に関する問題は、当該合意に従って解決する。

第八四条（海図及び地理学的経緯度の表）1　大陸棚の外側の限界線及び前条の規定に従って引かれる境界画定線は、この部に定めるところにより、それらの位置の確認に適した縮尺の海図に表示する。適当な場合には、当該外側の限界線又は当該境界画定線に代えて、測地原子を明示した各点の地理学的経緯度の表を用いることができる。

2　沿岸国は、1の海図又は地理学的経緯度の表を適当に公表するものとし、当該海図又は表の写しを国際連合事務総長に及び、大陸棚の外側の限界線を表示した海図又は表の場合には、これらの写しを機構の事務局長に寄託する。

第八五条（トンネルの掘削）この部の規定は、トンネルの掘削により海底（水深のいかんを問わない。）の下を開発する沿岸国の権利を害するものではない。

第七部　公　海

第一節　総　則

第八六条（この部の規定の適用）この部の規定は、いずれの国の排他的経済水域、領海若しくは内水又はいずれの群島国の群島水域にも含まれない海洋のすべての部分に適用する。この条の規定は、第五八条の規定に基づきすべての国が排他的経済水域において享有する自由にいかなる制約も課するものではない。

第八七条（公海の自由）1　公海は、沿岸国であるか内陸国であるかを問わず、すべての国に開放される。公海の自由は、この条約及び国際法の他の規則に定める条件に従って行使される。この公海の自由には、沿岸国及び内陸国のいずれについても、特に次のものが含まれる。

(a)　航行の自由

(b)　上空飛行の自由

(c)　海底電線及び海底パイプラインを敷設する自由。ただし、第六部の規定の適用が妨げられるものではない。

(d)　国際法によって認められる人工島その他の施設を建設する自由。ただし、第六部の規定の適用が妨げられるものではない。

(e)　第二節に定める条件に従って漁獲を行う自由

(f)　科学的調査を行う自由。ただし、第六部及び第一三部の規定の適用が妨げられるものではない。

2　1に規定する自由は、すべての国により、公海の自由を行使する他の国の利益及び深海底における活動に関するこの条約に基づく権利に妥当な考慮を払って行使されなければならない。

第八八条（平和的目的のための公海の利用）公海は、平和的目的のために利用されるものとする。

第八九条（公海に対する主権についての主張の無効）いかなる国も、公海のいずれかの部分をその主権の下に置くことを有効に主張することができない。

第九〇条（航行の権利）いずれの国も、沿岸国であるか内陸国であるかを問わず、自国を旗国とする船舶を公海において航行させる権利を有する。

第九一条（船舶の国籍）1　いずれの国も、船舶に対する国籍の許与、自国の領域内における船舶の登録及び自国の旗を掲げる権利に関する条件を定める。船舶は、その旗を掲げる権利を有する国の国籍を有する。その国と当該船舶との間には、真正な関係が存在しなければならない。

2　いずれの国も、自国の旗を掲げる権利を許与した船舶に対し、その旨の文書を発給する。

第九二条（船舶の地位）1　船舶は、一の国のみの旗を掲げて航行するものとし、国際条約又はこの条約に明文の規定がある特別の場合を除くほか、公海においてその国の排他的管轄権に服する。船舶は、所有権の現実の移転又は登録の変更の場合を除くほか、航海中又は寄港中にその旗を変更することができない。

2　二以上の国の旗を適宜に使用して航行する船舶は、そのいずれの国の国籍も第三国に対して主張することができないものとし、また、このような船舶は、国籍のない船舶とみなすことができる。

第九三条（国際連合、その専門機関及び国際原子力機関の旗を掲げる船舶）前諸条の規定は、国際連合、その専門機関又は国際原子力機関の公務に使用され、かつ、これらの機関の旗を掲げる船舶の問題に影響を及ぼすものではない。

第九四条（旗国の義務）1　いずれの国も、自国を旗国とする船舶に対し、行政上、技術上及び社会上の事項について有効に管轄権を行使し及び有効に規制を行う。

2　いずれの国も、特に次のことを行う。

(a)　自国を旗国とする船舶の名称及び特徴を記載した登録簿を保持すること。ただし、その船舶が小さいため一般的に受け入れられている国際的な規則から除外されているときは、この限りでない。

(b)　自国を旗国とする船舶並びにその船長、職員及び乗組員に対し、当該船舶に関する行政上、技術上及び社会上の事項について国内法に基づく管轄権を行使すること。

3　いずれの国も、自国を旗国とする船舶について、特に次の事項に関し、海上における安全を確保するために必要な措置をとる。

(a)　船舶の構造、設備及び堪航性

(b)　船舶における乗組員の配乗並びに乗組員の労働条件及び訓練。この場合において、適用のある国際文書を考慮に入れるものとする。

(c)　信号の使用、通信の維持及び衝突の予防

4　3の措置には、次のことを確保するために必要な措置を含める。

(a)　船舶が、その登録前に及びその後は適当な間隔で、資格のある船舶検査員による検査を受けること並びに船舶の安全な航行のために適当な海図、航海用刊行物、航行設備及び航行器具を船内に保持すること。

(b)　船舶が、特に運用、航海、通信及び機関について適当な資格を有する船長及び職員の管理の下にあること並びに乗組員の資格及び人数が船舶の型式、大きさ、機関及び設備に照らして適当であること。

(c)　船長、職員及び適当な限度において乗組員が海上における人命の安全、衝突の予防、海洋汚染の防止、軽減及び規制並びに無線通信の維持に関して適用される国際的な規則に十分に精通しており、かつ、その規則の遵守を要求されていること。

5　いずれの国も、3及び4に規定する措置をとるに当たり、一般的に受け入れられている国際的な規則、手続及び慣行を遵守し並びにその遵守を確保するために必要な措置をとることを要求される。

6　船舶について管轄権が適正に行使されず又は規制が適正に行われなかったと信ずるに足りる明白な理由を有する国は、その事実を旗国に通報することができる。旗国は、その通報を受領したときは、その問題の調査を行うものとし、適当な場合には、事態を是正するために必要な措置をとる。

7　いずれの国も、自国を旗国とする船舶の公海における海事損害又は航行上の事故であって、他の国の国民に死亡若しくは重大な傷害をもたらし又は他の国の船舶若しくは施設若しくは海洋環境に重大な損害をもたらすものについては、適正な資格を有する者によって又はその立会いの下で調査が行われるようにしなければならない。旗国及び他の国は、海事損害又は航行上の事故について当該他の国が行う調査の実施において協力する。

第九五条（公海上の軍艦に与えられる免除）公海上の軍艦は、旗国以外のいずれの国の管轄権からも完全に免除される。

第九六条（政府の非商業的役務にのみ使用される船舶に与えられる免除）国が所有し又は運航する船舶で政府の非商業的役務にのみ使用されるものは、公海において旗国以外のいずれの国の管轄権からも完全に免除される。

第九七条（衝突その他の航行上の事故に関する刑事裁判権）1　公海上の船舶につき衝突その他の航行上の事故が生じた場合において、船長その他当該船舶に勤務する者の刑事上又は懲戒上の責任が問われるときは、これらの者に対する刑事上又は懲戒上の手続は、当該船舶の旗国又はこれらの者が属する国の司法当局又は行政当局においてのみとることができる。

2　懲戒上の問題に関しては、船長免状その他の資格又は免許の証明書を発給した国のみが、受有者がその国の国民でない場合においても、適正な法律上の手続を経てこれらを取り消す権限を有する。

3　船舶の拿捕又は抑留は、調査の手段としても、旗国の当局以外の当局が命令してはならない。

第九八条（援助を与える義務）1　いずれの国も、自国を旗国とする船舶の船長に対し、船舶、乗組員又は旅客に重大な危険を及ぼさない限度において次の措置をとることを要求する。

(a)　海上において生命の危険にさらされている者を発見したときは、その者に援助を与えること。

(b)　援助を必要とする旨の通報を受けたときは、当該船長に合理的に期待される限度において、可能な最高速力で遭難者の救助に赴くこと。

(c)　衝突したときは、相手の船舶並びにその乗組員及び旅客に援助を与え、また、可能なときは、自

己の船舶の名称、船籍港及び寄港しようとする最も近い港を相手の船舶に知らせること。

2　いずれの沿岸国も、海上における安全に関する適切かつ実効的な捜索及び救助の機関の設置、運営及び維持を促進し、また、状況により必要とされるときは、このため、相互間の地域的な取極により隣接国と協力する。

第九九条（奴隷の運送の禁止）いずれの国も、自国の旗を掲げることを認めた船舶による奴隷の運送を防止し及び処罰するため並びに奴隷の運送のために自国の旗が不法に使用されることを防止するため、実効的な措置をとる。いずれの船舶（旗国のいかんを問わない。）に避難する奴隷も、避難したという事実によって自由となる。

第一〇〇条（海賊行為の抑止のための協力の義務）すべての国は、最大限に可能な範囲で、公海その他いずれの国の管轄権にも服さない場所における海賊行為の抑止に協力する。

第一〇一条（海賊行為の定義）海賊行為とは、次の行為をいう。

(a)　私有の船舶又は航空機の乗組員又は旅客が私的目的のために行うすべての不法な暴力行為、抑留又は略奪行為であって次のものに対して行われるもの

(i)　公海における他の船舶若しくは航空機又はこれらの内にある人若しくは財産

(ii)　いずれの国の管轄権にも服さない場所にある船舶、航空機、人又は財産

(b)　いずれかの船舶又は航空機を海賊船舶又は海賊航空機とする事実を知って当該船舶又は航空機の運航に自発的に参加するすべての行為

(c)　(a)又は(b)に規定する行為を扇動し又は故意に助長するすべての行為

第一〇二条（乗組員が反乱を起こした軍艦又は政府の船舶若しくは航空機による海賊行為）前条に規定する海賊行為であって、乗組員が反乱を起こして支配している軍艦又は政府の船舶若しくは航空機が行うものは、私有の船舶又は航空機が行う行為とみなされる。

第一〇三条（海賊船舶又は海賊航空機の定義）船舶又は航空機であって、これを実効的に支配している者が第一〇一条に規定するいずれかの行為を行うために使用することを意図しているものについては、海賊船舶又は海賊航空機とする。当該いずれかの行為を行うために使用された船舶又は航空機であって、当該行為につき有罪とされる者により引き続き支配されているものについても、同様とする。

第一〇四条（海賊船舶又は海賊航空機の国籍の保持又は喪失）船舶又は航空機は、海賊船舶又は海賊航空機となった場合にも、その国籍を保持することができる。国籍の保持又は喪失は、当該国籍を与えた国の法律によって決定される。

第一〇五条（海賊船舶又は海賊航空機の拿捕）いずれの国も、公海その他いずれの国の管轄権にも服さない場所において、海賊船舶、海賊航空機又は海賊行為によって奪取され、かつ、海賊の支配下にある船舶又は航空機を拿捕し及び当該船舶又は航空機内の人を逮捕し又は財産を押収することができる。拿捕を行った国の裁判所は、科すべき刑罰を決定することができるものとし、また、善意の第三者の権利を尊重することを条件として、当該船舶、航空機又は財産についてとるべき措置を決定することができる。

第一〇六条（十分な根拠なしに拿捕が行われた場合の責任）海賊行為の疑いに基づく船舶又は航空機の拿捕が十分な根拠なしに行われた場合には、拿捕を行った国は、その船舶又は航空機がその国籍を有する国に対し、その拿捕によって生じたいかなる損失又は損害についても責任を負う。

第一〇七条（海賊行為を理由とする拿捕を行うことが認められる船舶及び航空機）海賊行為を理由とする拿捕は、軍艦、軍用航空機その他政府の公務に使用されていることが明らかに表示されておりかつ識別されることのできる船舶又は航空機でそのための権限を与えられているものによってのみ行うことができる。

第一〇八条（麻薬又は向精神薬の不正取引）1　すべての国は、公海上の船舶が国際条約に違反して麻薬及び向精神薬の不正取引を行うことを防止するために協力する。

2　いずれの国も、自国を旗国とする船舶が麻薬又は向精神薬の不正取引を行っていると信ずるに足りる合理的な理由がある場合には、その取引を防止するため他の国の協力を要請することができる。

第一〇九条（公海からの許可を得ていない放送）1　すべての国は、公海からの許可を得ていない放送の防止に協力する。

2　この条約の適用上、「許可を得ていない放送」とは、国際的な規則に違反して公海上の船舶又は施設から行われる音響放送又はテレビジョン放送のための送信であって、一般公衆による受信を意図するものをいう。ただし、遭難呼出しの送信を除く。

3　許可を得ていない放送を行う者については、次の国の裁判所に訴追することができる。

(a)　船舶の旗国
(b)　施設の登録国
(c)　当該者が国民である国
(d)　放送を受信することができる国
(e)　許可を得ている無線通信が妨害される国

4　3の規定により管轄権を有する国は、公海において、次条の規定に従い、許可を得ていない放送を行う者を逮捕し又はそのような船舶を拿捕することができるものとし、また、放送機器を押収することができる。

第一一〇条（臨検の権利）1　条約上の権限に基づいて行われる干渉行為によるものを除くほか、公海に

おいて第九五条及び第九六条の規定に基づいて完全な免除を与えられている船舶以外の外国船舶に遭遇した軍艦が当該外国船舶を臨検することは、次のいずれかのことを疑うに足りる十分な根拠がない限り、正当と認められない。

(a) 当該外国船舶が海賊行為を行っていること。

(b) 当該外国船舶が奴隷取引に従事していること。

(c) 当該外国船舶が許可を得ていない放送を行っており、かつ、当該軍艦の旗国が前条の規定に基づく管轄権を有すること。

(d) 当該外国船舶が国籍を有していないこと。

(e) 当該外国船舶が、他の国の旗を掲げているか又は当該外国船舶の旗を示すことを拒否したが、実際には当該軍艦と同一の国籍を有すること。

2　軍艦は、1に規定する場合において、当該外国船舶がその旗を掲げる権利を確認することができる。このため、当該軍艦は、疑いがある当該外国船舶に対し士官の指揮の下にボートを派遣することができる。文書を検閲した後もなお疑いがあるときは、軍艦は、その船舶内において更に検査を行うことができるが、その検査は、できる限り慎重に行わなければならない。

3　疑いに根拠がないことが証明され、かつ、臨検を受けた外国船舶が疑いを正当とするいかなる行為も行っていなかった場合には、当該外国船舶は、被った損失又は損害に対する補償を受ける。

4　1から3までの規定は、軍用航空機について準用する。

5　1から3までの規定は、政府の公務に使用されていることが明らかに表示されておりかつ識別されることのできるその他の船舶又は航空機で正当な権限を有するものについても準用する。

第一一一条（追跡権）1　沿岸国の権限のある当局は、外国船舶が自国の法令に違反したと信ずるに足りる十分な理由があるときは、当該外国船舶の追跡を行うことができる。この追跡は、外国船舶又はそのボートが追跡国の内水、群島水域、領海又は接続水域にある時に開始しなければならず、また、中断されない限り、領海又は接続水域の外において引き続き行うことができる。領海又は接続水域にある外国船舶が停船命令を受ける時に、その命令を発する船舶も同様に領海又は接続水域にあることは必要でない。外国船舶が第三三条に定める接続水域にあるときは、追跡は、当該接続水域の設定によって保護しようとする権利の侵害があった場合に限り、行うことができる。

2　追跡権については、排他的経済水域又は大陸棚（大陸棚上の施設の周囲の安全水域を含む。）において、この条約に従いその排他的経済水域又は大陸棚（当該安全水域を含む。）に適用される沿岸国の法令の違反がある場合に準用する。

3　追跡権は、被追跡船舶がその旗国又は第三国の領海に入ると同時に消滅する。

4　追跡は、被追跡船舶又はそのボート若しくは被追跡船舶を母船としてこれと一団となって作業する舟艇が領海又は、場合により、接続水域、排他的経済水域若しくは大陸棚の上部にあることを追跡船舶がその場における実行可能な手段により確認しない限り、開始されたものとされない。追跡は、視覚的又は聴覚的停船信号を外国船舶が視認し又は聞くことができる距離から発した後にのみ、開始することができる。

5　追跡権は、軍艦、軍用航空機その他政府の公務に使用されていることが明らかに表示されておりかつ識別されることのできる船舶又は航空機でそのための権限を与えられているものによってのみ行使することができる。

6　追跡が航空機によって行われる場合には、

(a)　1から4までの規定を準用する。

(b)　停船命令を発した航空機は、船舶を自ら拿捕することができる場合を除くほか、自己が呼び寄せた沿岸国の船舶又は他の航空機が到着して追跡を引き継ぐまで、当該船舶を自ら積極的に追跡しなければならない。当該船舶が停船命令を受け、かつ、当該航空機又は追跡を中断することなく引き続き行う他の航空機若しくは船舶によって追跡されたのでない限り、当該航空機が当該船舶を違反を犯したもの又は違反の疑いがあるものとして発見しただけでは、領海の外における拿捕を正当とするために十分ではない。

7　いずれかの国の管轄権の及ぶ範囲内で拿捕され、かつ、権限のある当局の審理を受けるためその国の港に護送される船舶は、事情により護送の途中において排他的経済水域又は公海の一部を航行することが必要である場合に、その航行のみを理由として釈放を要求することができない。

8　追跡権の行使が正当とされない状況の下に領海の外において船舶が停止され又は拿捕されたときは、その船舶は、これにより被った損失又は損害に対する補償を受ける。

第一一二条（海底電線及び海底パイプラインを敷設する権利）1　すべての国は、大陸棚を越える公海の海底に海底電線及び海底パイプラインを敷設する権利を有する。

2　第七九条5の規定は、1の海底電線及び海底パイプラインについて適用する。

第一一三条（海底電線又は海底パイプラインの損壊）いずれの国も、自国を旗国とする船舶又は自国の管轄権に服する者が、故意又は過失により、電気通信を中断し又は妨害することとなるような方法で公海にある海底電線を損壊し、及び海底パイプライン又は海底高圧電線を同様に損壊することが処罰すべき犯罪であることを定めるために必要な法令を制定する。この法令の規定は、その損壊をもたらすことを意図し又はその損壊をもたらすおそれのある行為についても適用する。ただし、そのような損壊を避けるために必要なすべての予防措置をとった後に自己の生命又は船舶を守るという正当な目的のみで行動した者による損壊については、適用しない。

第一一四条（海底電線又は海底パイプラインの所有者による他の海底電線又は海底パイプラインの損壊）いずれの国も、自国の管轄権に服する者であって公海にある海底電線又は海底パイプラインの所有者であるものが、その海底電線又は海底パイプラインを敷設し又は修理するに際して他の海底電線又は海底パイプラインを損壊したときにその修理の費用を負担すべきであることを定めるために必要な法令を制定する。

第一一五条（海底電線又は海底パイプラインの損壊を避けるための損失に対する補償）いずれの国も、海底電線又は海底パイプラインの損壊を避けるためにいかり、網その他の漁具を失ったことを証明することができる船舶の所有者に対し、当該船舶の所有者が事前にあらゆる適当な予防措置をとったことを条件として当該海底電線又は海底パイプラインの所有者により補償が行われることを確保するために必要な法令を制定する。

第二節　公海における生物資源の保存及び管理

第一一六条（公海における漁獲の権利）すべての国は、自国民が公海において次のものに従って漁獲を行う権利を有する。

(a) 自国の条約上の義務

(b) 特に第六三条2及び第六四条から第六七条までに規定する沿岸国の権利、義務及び利益

(c) この節の規定

第一一七条（公海における生物資源の保存のための措置を自国民についてとる国の義務）すべての国は、公海における生物資源の保存のために必要とされる措置を自国民についてとる義務及びその措置をとるに当たって他の国と協力する義務を有する。

第一一八条（生物資源の保存及び管理における国の間の協力）いずれの国も、公海における生物資源の保存及び管理について相互に協力する。二以上の国の国民が同種の生物資源を開発し又は同一の水域において異なる種類の生物資源を開発する場合には、これらの国は、これらの生物資源の保存のために必要とされる措置をとるために交渉を行う。このため、これらの国は、適当な場合には、小地域的又は地域的な漁業機関の設立のために協力する。

第一一九条（公海における生物資源の保存）1　いずれの国も、公海における生物資源の漁獲可能量を決定し及び他の保存措置をとるに当たり、次のことを行う。

(a) 関係国が入手することのできる最良の科学的証拠に基づく措置であって、環境上及び経済上の関連要因（開発途上国の特別の要請を含む。）を勘案し、かつ、漁獲の態様、資源間の相互依存関係及び一般的に勧告された国際的な最低限度の基準（小地域的なもの、地域的なもの又は世界的なもののいずれであるかを問わない。）を考慮して、最大持続生産量を実現することのできる水準に漁獲される種の資源量を維持し又は回復することのできるようなものをとること。

(b) 漁獲される種に関連し又は依存する種の資源量をその再生産が著しく脅威にさらされることとなるような水準よりも高く維持し又は回復するために、当該関連し又は依存する種に及ぼす影響を考慮すること。

2　入手することのできる科学的情報、漁獲量及び漁獲努力量に関する統計その他魚類の保存に関連するデータは、適当な場合には権限のある国際機関（小地域的なもの、地域的なもの又は世界的なもののいずれであるかを問わない。）を通じ及びすべての関係国の参加を得て、定期的に提供し、及び交換する。

3　関係国は、保存措置及びその実施がいずれの国の漁業者に対しても法律上又は事実上の差別を設けるものではないことを確保する。

第一二〇条（海産哺（ほ）乳動物）第六五条の規定は、公海における海産哺乳動物の保存及び管理についても適用する。

第八部　島の制度

第一二一条（島の制度）1　島とは、自然に形成された陸地であって、水に囲まれ、高潮時においても水面上にあるものをいう。

2　3に定める場合を除くほか、島の領海、接続水域、排他的経済水域及び大陸棚は、他の領土に適用されるこの条約の規定に従って決定される。

3　人間の居住又は独自の経済的生活を維持することのできない岩は、排他的経済水域又は大陸棚を有しない。

第九部　閉鎖海又は半閉鎖海

第一二二条（定義）この条約の適用上、「閉鎖海又は半閉鎖海」とは、湾、海盆又は海であって、二以上の国によって囲まれ、狭い出口によって他の海若しくは外洋につながっているか又はその全部若しくは大部分が二以上の沿岸国の領海若しくは排他的経済水域から成るものをいう。

第一二三条（閉鎖海又は半閉鎖海に面した国の間の協力）同一の閉鎖海又は半閉鎖海に面した国は、この条約に基づく自国の権利を行使し及び義務を履行するに当たって相互に協力すべきである。このため、これらの国は、直接に又は適当な地域的機関を通じて、次のことに努める。

(a) 海洋生物資源の管理、保存、探査及び開発を調整すること。

(b) 海洋環境の保護及び保全に関する自国の権利の

行使及び義務の履行を調整すること。

(c)　自国の科学的調査の政策を調整し及び、適当な場合には、当該水域における科学的調査の共同計画を実施すること。

(d)　適当な場合には、この条の規定の適用の促進について協力することを関係を有する他の国又は国際機関に要請すること。

第一〇部　内陸国の海への出入りの権利及び通過の自由

第一二四条(用語)1　この条約の適用上、

(a)　「内陸国」とは、海岸を有しない国をいう。

(b)　「通過国」とは、内陸国と海との間に位置しており、その領域において通過運送が行われる国(海岸の有無を問わない。)をいう。

(c)　「通過運送」とは、人、荷物、物品及び輸送手段の一又は二以上の通過国の領域における通過をいう。ただし、その通過が、積換、倉入れ、荷分け又は輸送方法の変更を伴うかどうかを問わず、内陸国の領域内に始まり又は終わる全行程の一部にすぎないときに限る。

(d)　「輸送手段」とは、次のものをいう。

(i)　鉄道車両並びに海洋用、湖用及び河川用船舶並びに道路走行車両

(ii)　現地の状況が必要とする場合には、運搬人及び積載用動物

2　内陸国及び通過国は、相互間の合意により、パイプライン(ガス用輸送管を含む。)及び1(d)に規定するもの以外の輸送の手段を輸送手段に含めることができる。

第一二五条(海への出入りの権利及び通過の自由)1　内陸国は、公海の自由及び人類の共同の財産に関する権利を含むこの条約に定める権利の行使のために海への出入りの権利を有する。このため、内陸国は、通過国の領域においてすべての輸送手段による通過の自由を享有する。

2　通過の自由を行使する条件及び態様については、関係する内陸国と通過国との間の二国間の、小地域的な又は地域的な協定によって合意する。

3　通過国は、自国の領域における完全な主権の行使として、この部に定める内陸国の権利及び内陸国のための便益が自国の正当な利益にいかなる害も及ぼさないようすべての必要な措置をとる権利を有する。

第一二六条(最恵国条項の適用除外)内陸国の特別な地理的位置を理由とする権利及び便益を定めるこの条約及び海への出入りの権利の行使に関する特別の協定は、最恵国条項の適用から除外する。

第一二七条(関税、租税その他の課徴金)1　通過運送に対しては、いかなる関税、租税その他の課徴金も課してはならない。ただし、当該通過運送に関連して提供された特定の役務の対価として課される課徴金を除く。

2　内陸国に提供され又は内陸国により利用される通過のための輸送手段及び他の便益に対しては、通過国の輸送手段の利用に対して課される租税又は課徴金よりも高い租税又は課徴金を課してはならない。

第一二八条(自由地帯及び他の通関上の便益)通過運送の便宜のため、通過国と内陸国との間の合意により、通過国の出入港において自由地帯及び他の通関上の便益を設けることができる。

第一二九条(輸送手段の建設及び改善における協力)通過国において通過の自由を実施するための輸送手段がない場合又は現存の手段(港の施設及び設備を含む。)が何らかの点で不十分な場合には、関係する通過国及び内陸国は、そのような輸送手段又は現存の手段の建設及び改善について協力することができる。

第一三〇条(通過運送における遅延又はその他の困難で技術的性質のものを回避し又は無くすための措置)1　通過国は、通過運送における遅延又はその他の困難で技術的性質のものを回避するためすべての適当な措置をとる。

2　1の遅延又は困難が生じたときは、関係する通過国及び内陸国の権限のある当局は、その遅延又は困難を迅速に無くすため協力する。

第一三一条(海港における同等の待遇)内陸国を旗国とする船舶は、海港において他の外国船舶に与えられる待遇と同等の待遇を与えられる。

第一三二条(通過のための一層大きい便益の供与)この条約は、この条約に定める通過のための便益よりも大きい便益であって、締約国間で合意され又は締約国が供与するものの撤回をもたらすものではない。この条約は、また、将来において一層大きい便益が供与されることを排除するものではない。

第一一部　深海底

第一節　総　則

第一三三条(用語)この部の規定の適用上、

(a)　「資源」とは、自然の状態で深海底の海底又はその下にあるすべての固体状、液体状又は気体状の鉱物資源(多金属性の団塊を含む。)をいう。

(b)　深海底から採取された資源は、「鉱物」という。

第一三四条(この部の規定の適用範囲)1　この部の規定は、深海底について適用する。

2　深海底における活動は、この部の規定により規律される。

3　第一条1(1)に規定する境界を示す海図又は地理学的経緯度の表の寄託及び公表に関する要件については、第六部に定める。

4　この条の規定は、第六部に定めるところによる大陸棚の外側の限界の設定に影響を及ぼすものではなく、また、向かい合っているか又は隣接している海岸を有する国の間の境界画定に関する合意の有効性に影響を及ぼすものではない。

第一三五条(上部水域及び上空の法的地位)この部の規

定及びこの部の規定により認められ又は行使される権利は、深海底の上部水域又はその上空の法的地位に影響を及ぼすものではない。

第二節　深海底を規律する原則

第一三六条(人類の共同の財産) 深海底及びその資源は、人類の共同の財産である。

第一三七条(深海底及びその資源の法的地位) 1　いずれの国も深海底又はその資源のいかなる部分についても主権又は主権的権利を主張し又は行使してはならず、また、いずれの国又は自然人若しくは法人も深海底又はその資源のいかなる部分も専有してはならない。このような主権若しくは主権的権利の主張若しくは行使又は専有は、認められない。

2　深海底の資源に関するすべての権利は、人類全体に付与されるものとし、機構は、人類全体のために行動する。当該資源は、譲渡の対象とはならない。ただし、深海底から採取された鉱物は、この部の規定並びに機構の規則及び手続に従うことによってのみ譲渡することができる。

3　いずれの国又は自然人若しくは法人も、この部の規定に従う場合を除くほか、深海底から採取された鉱物について権利を主張し、取得し又は行使することはできず、このような権利のいかなる主張、取得又は行使も認められない。

第一三八条(深海底に関する国の一般的な行為) 深海底に関する国の一般的な行為は、平和及び安全の維持並びに国際協力及び相互理解の促進のため、この部の規定、国際連合憲章に規定する原則及び国際法の他の規則に従う。

第一三九条(遵守を確保する義務及び損害に対する責任) 1　締約国は、深海底における活動(締約国、国営企業又は締約国の国籍を有し若しくは締約国若しくはその国民によって実効的に支配されている自然人若しくは法人のいずれにより行われるかを問わない。)がこの部の規定に適合して行われることを確保する義務を負う。国際機関は、当該国際機関の行う深海底における活動に関し、同様の義務を負う。

2　締約国又は国際機関によるこの部の規定に基づく義務の不履行によって生ずる損害については、国際法の規則及び附属書III第二二条の規定の適用を妨げることなく、責任が生ずる。共同で行動する締約国又は国際機関は、連帯して責任を負う。ただし、締約国は、第一五三条4及び同附属書第四条4の規定による実効的な遵守を確保するためのすべての必要かつ適当な措置をとった場合には、第一五三条2bに定めるところによって当該締約国が保証した者がこの部の規定を遵守しないことにより生ずる損害について責任を負わない。

3　国際機関の構成国である締約国は、当該国際機関につきこの条の規定の実施を確保するための適当な措置をとる。

第一四〇条(人類の利益) 1　深海底における活動については、沿岸国であるか内陸国であるかの地理的位置にかかわらず、また、開発途上国の利益及びニーズ並びに国際連合総会決議第一五一四号(第一五回会期)及び他の関連する総会決議に基づいて国際連合によって認められた完全な独立又はその他の自治的地位を獲得していない人民の利益及びニーズに特別の考慮を払って、この部に明示的に定めるところに従い、人類全体の利益のために行う。

2　機構は、第一六〇条2(f)(i)の規定により、深海底における活動から得られる金銭的利益その他の経済的利益の衡平な配分を適当な制度を通じて、かつ、無差別の原則に基づいて行うことについて定める。

第一四一条(専ら平和的目的のための深海底の利用) 深海底は、無差別に、かつ、この部の他の規定の適用を妨げることなく、すべての国(沿岸国であるか内陸国であるかを問わない。)による専ら平和的目的のための利用に開放する。

第一四二条(沿岸国の権利及び正当な利益) 1　沿岸国の管轄権の及ぶ区域の境界にまたがって存在する深海底の資源の鉱床に関する深海底における活動については、当該沿岸国の権利及び正当な利益に妥当な考慮を払って行う。

2　1の権利及び利益の侵害を回避するため、関係国との間において協議(事前通報の制度を含む。)を維持するものとする。深海底における活動により沿岸国の管轄権の及ぶ区域内に存在する資源を開発する可能性がある場合には、当該沿岸国の事前の同意を得るものとする。

3　この部の規定及びこの部の規定により認められ又は行使されるいかなる権利も、自国の沿岸又は関係利益に対する重大なかつ急迫した危険であって深海底における活動に起因し又はこれから生ずる汚染、汚染のおそれ又はその他の危険な事態から生ずるものを防止し、軽減し又は除去するために必要な措置(第一二部の関連する規定に適合するもの)をとる沿岸国の権利に影響を及ぼすものではない。

第一四三条(海洋の科学的調査) 1　深海底における海洋の科学的調査は、第一三部の規定に従い、専ら平和的目的のため、かつ、人類全体の利益のために実施する。

2　機構は、深海底及びその資源に関する海洋の科学的調査を実施することができるものとし、この目的のため、契約を締結することができる。機構は、深海底における海洋の科学的調査の実施を促進し及び奨励するものとし、また、調査及び分析の結果が利用可能な場合には、当該結果を調整し及び普及させる。

3　締約国は、深海底における海洋の科学的調査を実施することができる。締約国は、次に掲げることにより深海底における海洋の科学的調査における国際協力を促進する。

(a)　国際的な計画に参加すること並びに各国及び機

構の要員による海洋の科学的調査における協力を奨励すること。

(b) 機構又は適当な場合には他の国際機関を通じ、開発途上国及び技術面における開発の程度が低い国の利益のため、次に掲げることを確保することを目的とする計画が作成されることを確保すること。

(i) これらの国の調査能力を強化すること。

(ii) 調査の技術及び実施に関し、これらの国及び機構の要員を訓練すること。

(iii) 深海底における調査において、これらの国の資格を有する要員の雇用を促進すること。

(c) 調査及び分析の結果が利用可能な場合には、機構を通じ又は適当なときは他の国際的な経路を通じて当該結果を効果的に普及させること。

第一四四条（技術の移転） 1 機構は、次に掲げることを目的として、この条約に従って措置をとる。

(a) 深海底における活動に関する技術及び科学的知識を取得すること。

(b) すべての締約国が(a)の技術及び科学的知識から利益を得るようにするため、当該技術及び科学的知識の開発途上国への移転を促進し及び奨励すること。

2 機構及び締約国は、このため、事業体及びすべての締約国が利益を得ることができるように、深海底における活動に関する技術及び科学的知識の移転の促進に協力する。機構及び締約国は、特に、次の計画及び措置を提案し及び促進する。

(a) 事業体及び開発途上国に対し深海底における活動に関する技術を移転するための計画（当該計画には、特に、事業体及び開発途上国が公正かつ妥当な条件の下で関連する技術を取得することを容易にするための方策を含める。）

(b) 事業体の技術及び開発途上国の技術の進歩を目的とする措置（特に、事業体及び開発途上国の要員に対し、海洋科学及び海洋技術に関する訓練の機会並びに深海底における活動に対する十分な参加の機会を与えるもの）

第一四五条（海洋環境の保護） 深海底における活動に関しては、当該活動により生ずる有害な影響からの海洋環境の効果的な保護を確保するため、この条約に基づき必要な措置をとる。機構は、このため、特に、次の事項に関する適当な規則及び手続を採択する。

(a) 海洋環境（沿岸を含む。）の汚染その他の危険の防止、軽減及び規制並びに海洋環境の生態学的均衡に対する影響の防止、軽減及び規制。特に、ボーリング、しゅんせつ、掘削、廃棄物の処分、これらの活動に係る施設、パイプラインその他の装置の建設、運用及び維持等の活動による有害な影響からの保護の必要性に対して特別の注意が払われなければならない。

(b) 深海底の天然資源の保護及び保存並びに海洋環境における植物相及び動物相に対する損害の防止

第一四六条（人命の保護） 深海底における活動に関し、人命の効果的な保護を確保するために必要な措置をとるものとする。機構は、このため、関連する条約に規定されている現行の国際法を補足するために適当な規則及び手続を採択する。

第一四七条（深海底における活動と海洋環境における活動との調整） 1 深海底における活動については、海洋環境における他の活動に対して合理的な考慮を払いつつ行う。

2 深海底における活動を行うために使用される施設は、次の条件に従うものとする。

(a) 当該施設については、専らこの部の規定に基づき、かつ、機構の規則及び手続に従い、組み立て、設置し及び撤去する。当該施設の組立て、設置及び撤去については、適当な通報を行わなければならず、また、当該施設の存在について注意を喚起するための恒常的な措置を維持しなければならない。

(b) 当該施設については、国際航行に不可欠な認められた航路帯の使用の妨げとなるような場所又は漁業活動が集中的に行われている水域に設置してはならない。

(c) 航行及び当該施設の安全を確保するため、その施設の周囲に適当な標識を設置することによって安全水域を設定するものとする。当該安全水域の形状及び位置は、船舶の特定の海域への合法的な出入り又は国際的な航路帯上の航行を妨げる帯状となるようなものとしてはならない。

(d) 当該施設については、専ら平和的目的のために使用する。

(e) 当該施設は、島の地位を有しない。当該施設は、それ自体の領海を有せず、また、その存在は、領海、排他的経済水域又は大陸棚の境界画定に影響を及ぼすものではない。

3 海洋環境における他の活動については、深海底における活動に対して合理的な考慮を払いつつ行う。

第一四八条（深海底における活動への開発途上国の参加） 深海底における活動への開発途上国の効果的な参加については、開発途上国の特別の利益及びニーズ、特に開発途上国のうちの内陸国及び地理的不利国が不利な位置にあること（深海底から離れていること、深海底への及び深海底からのアクセスが困難であること等）から生ずる障害を克服することの必要性に妥当な考慮を払い、この部に明示的に定めるところによって促進する。

第一四九条（考古学上の物及び歴史的な物） 深海底において発見された考古学上の又は歴史的な特質を有するすべての物については、当該物の原産地である国、文化上の起源を有する国又は歴史上及び考古学上の起源を有する国の優先的な権利に特別の考慮を払い、人類全体の利益のために保存し又は用いる。

第三節　深海底の資源の開発

第一五〇条（深海底における活動に関する方針） 深海

底における活動については、この部に明示的に定めるところにより、世界経済の健全な発展及び国際貿易の均衡のとれた成長を助長し、かつ、すべての国、特に開発途上国の全般的な発展のための国際協力を促進するように、次に掲げることを確保することを目的として行う。

(a) 深海底の資源を開発すること。

(b) 深海底の資源の秩序ある、安全な、かつ、合理的な管理（深海底における活動の効率的な実施を含む。）を行うこと及び保存に関する適切な原則に従って不必要な浪費を回避すること。

(c) 深海底における活動に参加する機会を、特に第一四四条及び第一四八条の規定に即して拡大すること。

(d) この条約に定めるところにより、機構が収入の一部を得ること並びに事業体及び開発途上国に技術が移転されること。

(e) 消費者への供給を確保するため、深海底以外の供給源から採取される鉱物との関係で必要に応じ、深海底から採取される鉱物の入手可能性を増大させること。

(f) 深海底及び他の供給源から採取された鉱物について、生産者にとって採算がとれ、かつ、消費者にとって公平である公正なかつ安定した価格の形成を促進すること並びに供給と需要との間の長期的な均衡を促進すること。

(g) すべての締約国（社会的及び経済的制度又は地理的位置を問わない。）に対し深海底の資源の開発に参加する機会を増大させること及び深海底における活動の独占を防止すること。

(h) 次条に定めるところに従い、深海底における活動によって影響を受けた鉱物の価格の下落又は当該鉱物の輸出量の減少による経済又は輸出所得に対する悪影響から、当該下落又は減少が深海底における活動によって生じた限度において、開発途上国を保護すること。

(i) 人類全体の利益のために共同の財産を開発すること。

(j) 深海底の資源から生産される鉱物の輸入品及び当該鉱物から生産される産品の輸入品の市場へのアクセスの条件は、他の供給源からの輸入品に適用される最も有利な条件よりも有利なものであってはならないこと。

第一五一条（生産政策） 1(a) 機構は、前条に定める目的を妨げることなく、また、同条(h)の規定を実施するため、生産者及び消費者の双方を含む関係のあるすべての当事者が参加する既存の場又は適当な新たな取決め若しくは合意を通じて行動することにより、深海底から採取された鉱物から生産される産品の市場の成長、効率及び安定を生産者にとって採算のとれる、かつ、消費者にとって公正な価格で促進するために必要な措置をとる。すべての締約国は、このために協力する。

(b) 機構は、深海底から採取された鉱物から生産される産品に関する会議であって生産者及び消費者の双方を含む関係のあるすべての当事者が参加するものに参加する権利を有する。機構は、当該会議の結果作成されるすべての取決め又は合意の当事者となる権利を有する。当該取決め又は合意に基づいて設立される機関への機構の参加は、深海底における生産に関して行われるものに限られるものとし、当該機関の関連する規則に従う。

(c) 機構は、深海底における鉱物のすべての生産に関し、この1の取決め又は合意に基づく義務を履行するに当たり、一律のかつ無差別な実施を確保するように行う。機構は、その義務の履行に当たり、既存の契約及び承認された事業体の業務計画の条件に即して行動する。

2(a) 3に定める暫定期間中、操業者が機構に生産認可を申請し、その発給を受けるまでは、承認された業務計画に従った商業的生産を行ってはならない。当該生産認可については、業務計画に基づいて商業的生産の開始が予定されている時から五年さかのぼる日前に、申請し又はその発給を受けることができない。ただし、機構が、事業の進展の性質及び日程を考慮してその規則及び手続において他の期間を定める場合は、これによる。

(b) 操業者は、承認された業務計画に基づいて一年間に採取されることが予想されるニッケルの量を生産認可の申請書に明記する。当該申請書には、操業者が認可の取得後に行う支出（予定されている日程に従って商業的生産を開始することを可能にするよう合理的に計算されたもの）の計画表を含める。

(c) (a)及び(b)の規定の適用上、機構は、附属書Ⅲ第一七条の規定に従って適当な実施に関する要件を定める。

(d) 機構は、暫定期間中の生産が計画されている各年について、申請された生産量及び既に認可が与えられている生産量の合計が、生産認可の発給される年について4の規定に従って計算したニッケルの生産量の上限を超えない限り、当該申請された生産量について生産認可を発給する。

(e) 生産認可及び承認された申請は、生産認可の発給の後、承認された業務計画の一部となる。

(f) 操業者は、生産認可の申請が(d)の規定に基づいて却下された場合には、機構に対しいつでも新たに申請することができる。

3 暫定期間は、承認された業務計画に基づき最初の商業的生産の開始が予定されている年の一月一日の五年前に始まる。最初の商業的生産の開始が当初予定された年より遅れる場合には、その遅れに従い暫定期間の開始時期及び当初計算された生産量の上限を調整する。暫定期間は、二五年の期間が経過する時、第一五五条に規定する再検討のための会議が終了する時又は1に規定する新たな取決め若しくは合意が効力を生ずる時のうちいずれか早い時まで継続する。機構は、当該取決め又は合意が終了し又は理由のいかんを問わず効力を失う場合には、暫定期間の残余の期間についてこの条に定める権限を回復する。

4(a)　暫定期間の各年の生産量の上限は、次の(i)及び(ii)の規定によって得られた値の合計とする。

(i)　(b)の規定に従って計算されるニッケルの消費量の傾向線上の値であって最初の商業的生産が開始される年の前年のものと当該傾向線上の値であって暫定期間が開始される年の前年のものとの差

(ii)　(b)の規定に従って計算されるニッケルの消費量の傾向線上の値であって生産認可が申請される年のものと当該傾向線上の値であって最初の商業的生産が開始される年の前年のものとの差の六〇パーセント

(b)　(a)の規定の適用上、

(i)　ニッケルの生産量の上限を計算するために用いられる傾向線上の値は、生産認可が発給される年において計算される当該傾向線上のニッケルの年間消費量の値とする。当該傾向線は、時間を独立変数とし、データを入手し得る最近の一五年間の実際のニッケルの消費量の対数の線形回帰から得るものとする。この傾向線を原傾向線という。

(ii)　原傾向線の年間増加率が三パーセント未満の場合には、(a)に定める生産量を決定するために用いられる傾向線は、原傾向線上における(i)に規定する一五年間の最初の年の値を始点として毎年三パーセントの率で増加する傾向線とする。ただし、暫定期間の各年における生産量の上限は、いかなる場合にも、当該原傾向線上の当該年の値と当該原傾向線上の暫定期間が開始される年の前年の値との差を超えてはならない。

5　機構は、4の規定に従って計算される生産量の上限のうち、事業体の当初の生産分として三万八千メートル・トンの量のニッケルを留保する。

6(a)　操業者は、全体の生産量が生産認可に定める量を超えないことを条件として、いずれの年においても生産認可に定める多金属性の団塊からの鉱物のその年の年間の生産量未満の量又は当該年間の生産量にその八パーセントの量を加えた量までの生産を行うことができる。各年における当該年間の生産量の八パーセント超二〇パーセント以下の超過について又は二年連続して当該年間の生産量を超過した後の最初の及びその後の年における当該年間の生産量の超過については、機構と交渉するものとし、機構は、操業者に対し追加的な生産についての補足的な生産認可を受けるよう要求することができる。

(b)　(a)の補足的な生産認可の申請については、生産認可を受けていない操業者によるまだ処理のされていないすべての申請について決定が行われ、かつ、他の予想される申請者について妥当な考慮が払われた後においてのみ、機構が検討する。機構は、暫定期間のいずれの年においても認められた生産量の合計が当該年の生産量の上限を超えてはならないという原則に従う。機構は、いかなる業務計画の下においても、年間四万六千五〇〇メートル・トンを超える量のニッケルの生産を認可してはならない。

7　生産認可に従って採取された多金属性の団塊から抽出される銅、コバルト、マンガン等のニッケル以外の鉱物の生産量は、操業者がこの条の規定に従って当該団塊からニッケルを最大限に生産した場合の当該ニッケル以外の鉱物の生産量を超えるべきではない。機構は、この7の規定を実施するため、附属書III第一七条の規定によって規則及び手続を定める。

8　関連する多数国間の貿易協定の下での不公正な経済的慣行に関する権利及び義務は、深海底の鉱物の探査及び開発について適用される。当該貿易協定の当事国である締約国は、この8の規定に関して生ずる紛争の解決に当たって、当該貿易協定の紛争解決手続を利用する。

9　機構は、第一六一条8の規定に従って規則を採択することにより、適当な条件の下で、かつ、適当な方法を用いて、多金属性の団塊から抽出される鉱物以外の深海底の鉱物の生産量を制限する権限を有する。

10　総会は、深海底における活動によって影響を受けた鉱物の価格の下落又は当該鉱物の輸出量の減少によりその輸出所得又は経済が深刻な悪影響を受ける開発途上国を、当該下落又は減少が深海底における活動によって生じた限度において援助するため、経済計画委員会の助言に基づく理事会の勧告に従って、補償制度を設け又は経済調整を援助する他の措置(専門機関及び他の国際機関との協力を含む。)をとる。機構は、要請に基づき、最も深刻な影響を受けることが予想される国の困難を最小のものとし、かつ、当該国の経済調整を援助するため、当該国が有する問題について研究を開始する。

第一五二条(機構による権限の行使及び任務の遂行)　1　機構は、その権限の行使及び任務の遂行(深海底における活動の機会を提供することを含む。)に当たって、差別をしてはならない。

2　1の規定にかかわらず、開発途上国に対しこの部に明示的に定める特別の考慮を払うこと(開発途上国のうちの内陸国及び地理的不利国に対し特に考慮を払うことを含む。)が、認められる。

第一五三条(探査及び開発の制度)　1　深海底における活動は、機構が、この条の規定、この部の他の規定、関連する附属書並びに機構の規則及び手続に従い、人類全体のために組織し、行い及び管理する。

2 深海底における活動は、3に定めるところに従って次の者が行う。

(a) 事業体

(b) 機構と提携することを条件として、締約国、国営企業又は締約国の国籍を有し若しくは締約国若しくはその国民によって実効的に支配されている自然人若しくは法人であって当該締約国によって保証されているもの並びにこの(b)に規定する者の集団であってこの部及び附属書Ⅲに定める要件を満たすもの

3 深海底における活動については、附属書Ⅲの規定に従って作成され、法律・技術委員会による検討の後理事会によって承認された書面による正式の業務計画に従って行う。機構によって認められたところによって2(b)に定める主体が行う深海底における活動の場合には、業務計画は、同附属書第三条の規定に基づいて契約の形式をとる。当該契約は、同附属書第一一条に定める共同取決めについて規定することができる。

4 機構は、この部の規定、この部に関連する附属書、機構の規則及び手続並びに3に規定する承認された業務計画の遵守を確保するために必要な深海底における活動に対する管理を行う。締約国は、第一三九条の規定に従い当該遵守を確保するために必要なすべての措置をとることによって機構を援助する。

5 機構は、この部の規定の遵守を確保するため並びにこの部又はいずれかの契約によって機構に与えられる管理及び規制の任務の遂行を確保するため、いつでもこの部に定める措置をとる権利を有する。機構は、深海底における活動に関連して使用される施設であって深海底にあるすべてのものを査察する権利を有する。

6 3に定める契約は、当該契約の定める期間中の有効性が保証されることについて規定する。当該契約は、附属書Ⅲの第一八条及び第一九条の規定に基づく場合を除くほか、改定されず、停止されず又は終了しない。

第一五四条(定期的な再検討) 総会は、この条約の効力発生の後五年ごとに、この条約によって設けられる深海底の国際的な制度の実際の運用について全般的かつ系統的な再検討を行う。総会は、当該再検討に照らし、この部及びこの部に関連する附属書の規定及び手続に従って当該制度の運用の改善をもたらすような措置をとることができ、又は他の機関がそのような措置をとるよう勧告することができる。

第一五五条(再検討のための会議) 1 総会は、承認された業務計画に従って最初の商業的生産が開始される年の一月一日から一五年が経過した年に、深海底の資源の探査及び開発の制度を規律するこの部及び関連する附属書の規定を再検討するために会議を招集する。再検討のための会議は、当該一五年の間に得られた経験に照らして、次に掲げる事項を詳細に検討する。

(a) 当該制度を規律するこの部の規定が、人類全体に利益を与えたか否かを含め、すべての点でその目的を達成したか否か。

(b) 当該一五年の間に、留保されていない鉱区と比較して留保鉱区が効果的にかつ均衡のとれた形で開発されたか否か。

(c) 深海底及びその資源の開発及び利用が世界経済の健全な発展及び国際貿易の均衡のとれた成長を助長するように行われたか否か。

(d) 深海底における活動の独占が防止されたか否か。

(e) 第一五〇条及び第一五一条に定める方針及び政策が実施されたか否か。

(f) 当該制度が深海底における活動から生ずる利益の衡平な配分をもたらしたか否か(特に開発途上国の利益及びニーズに考慮を払う。)。

2 再検討のための会議は、人類の共同の財産という原則、すべての国、特に開発途上国の利益のために深海底の資源の衡平な開発を確保することを目的とした国際制度並びに深海底における活動を組織し、行い及び管理するための機構が維持されることを確保する。再検討のための会議は、また、深海底のあらゆる部分に対する主権の主張又は行使の排除、国の深海底に関する権利及び一般的な行為、この条約に適合する深海底における活動への国の参加、深海底における活動の独占の防止、専ら平和的目的のための深海底の利用、深海底における活動の経済的側面、海洋の科学的調査、技術の移転、海洋環境の保護、人命の保護、沿岸国の権利、深海底の上部水域及びその上空の法的地位並びに深海底における活動と海洋環境における他の活動との間の調整に関するこの部に定める原則が維持されることを確保する。

3 再検討のための会議における意思決定手続は、第三次国際連合海洋法会議における手続と同一のものとする。再検討のための会議は、いかなる改正についてもコンセンサス方式によって合意に達するためのあらゆる努力を払う。コンセンサスに達するまで、改正に関する投票は行われるべきではない。

4 再検討のための会議は、その開始の後五年の間に深海底の資源の探査及び開発の制度に関して合意に達しない場合には、当該五年の経過後の一二箇月の間に、当該制度を変更し又は修正する改正であって必要かつ適当と認めるものを採択し及び批准又は加入のため締約国に提出することにつき、締約国の四分の三以上の多数による議決で決定することができる。当該改正は、締約国の四分の三による批准書又は加入書の寄託の日の後一二箇月ですべての締約国について効力を生ずる。

5 この条の規定に従い再検討のための会議によって採択された改正は、既存の契約に基づいて取得された権利に影響を及ぼすものではない。

第四節　機構

A　総則

第一五六条（機構の設立）1　この部の規定に基づいて任務を遂行する国際海底機構を設立する。

2　すべての締約国は、締約国であることによって機構の構成国となる。

3　第三次国際連合海洋法会議のオブザーバーであって、最終議定書に署名し、かつ、第三〇五条1の(c)、(d)、(e)又は(f)に規定するものに該当しないものは、機構の規則及び手続に従ってオブザーバーとして機構に参加する権利を有する。

4　機構の所在地は、ジャマイカとする。

5　機構は、その任務の遂行のために必要と認める地域のセンター又は事務所を設置することができる。

第一五七条（機構の性質及び基本原則）1　機構は、締約国が、特に深海底の資源を管理することを目的として、この部の規定に従って深海底における活動を組織し及び管理するための機関である。

2　機構の権限及び任務は、この条約によって明示的に規定される。機構は、深海底における活動についての権限の行使及び任務の遂行に含まれ、かつ、必要である付随的な権限であって、この条約に適合するものを有する。

3　機構は、そのすべての構成国の主権平等の原則に基礎を置くものである。

4　機構のすべての構成国は、すべての構成国が構成国としての地位から生ずる権利及び利益を享受することができるよう、この部の規定に基づいて負う義務を誠実に履行する。

第一五八条（機構の機関）1　機構の主要な機関として総会、理事会及び事務局を設置する。

2　事業体を設置する。機構は、この機関を通じて第一七〇条1の任務を遂行する。

3　必要と認められる補助機関については、この部の規定に基づいて設置することができる。

4　機構の主要な機関及び事業体は、与えられた権限の行使及び任務の遂行についてそれぞれ責任を負う。各機関は、当該権限の行使及び任務の遂行に当たり、他の機関に与えられた特定の権限の行使及び任務の遂行を害し又は妨げるような行動を回避する。

B　総会

第一五九条（構成、手続及び投票）1　総会は、機構のすべての構成国で構成される。各構成国は、総会において一人の代表を有するものとし、代表は、代表代理及び顧問を伴うことができる。

2　総会は、毎年通常会期として会合し、また、総会によって決定される特別会期として又は理事会の要請若しくは機構の構成国の過半数の要請に基づいて機構の事務局長によって招集される特別会期として会合する。

3　総会の会合は、総会により別段の決定が行われる場合を除くほか、機構の所在地において開催する。

4　総会は、その手続規則を採択する。総会は、各通常会期の初めに議長及び必要とされるその他の役員を選出する。これらの者は、次の通常会期において新たな議長及びその他の役員が選出されるまで在任する。

5　総会の会合の定足数は、構成国の過半数とする。

6　総会の各構成国は、一の票を有する。

7　特別会期として総会の会合を招集する決定を含む手続問題についての決定は、出席しかつ投票する構成国の過半数による議決で行う。

8　実質問題についての決定は、出席しかつ投票する構成国の三分の二以上の多数による議決で行う。ただし、当該多数が当該会期に参加する構成国の過半数であることを条件とする。実質問題であるか否かに関して問題が生じた場合には、当該問題は、実質問題についての決定に要する多数による議決で総会によって別段の決定が行われる場合を除くほか、実質問題として取り扱われる。

9　実質問題が初めて投票に付される場合には、議長は、当該実質問題に関する投票を五日を超えない期間延期することができる。もっとも、総会の構成国の五分の一以上の国が延期を要請する場合には、議長は、延期しなければならない。この規則は、いかなる実質問題についても一回のみ適用することができるものとし、会期末を超えて実質問題の投票を延期するために適用してはならない。

10　いずれかの問題について総会に提出された提案とこの条約との適合性に関する勧告的意見が議長に対して書面によって要請され、機構の構成国の四分の一以上の国がその要請を支持する場合には、総会は、当該勧告的意見を与えるよう国際海洋法裁判所の海底紛争裁判部に要請する。総会は、同裁判部によって勧告的意見が与えられるまで当該提案に関する投票を延期する。勧告的意見の要請が行われた会期の最後の週までに当該勧告的意見が与えられない場合には、総会は、当該提案に関して投票を行うために会合する時期を決定する。

第一六〇条（権限及び任務）1　総会は、機構のすべての構成国で構成される機構の唯一の機関として、他の主要な機関がこの条約に明示的に定めるところによって責任を負う機構の最高機関とみなされる。総会は、この条約の関連する規定に従い機構の権能の範囲内のあらゆる問題又は事項に関して一般的な政策を定める権限を有する。

2　1に定める権限のほか、総会の権限及び任務は、次のとおりとする。

(a)　次条の規定に従って理事国を選出すること。

(b)　理事会が提案する候補者のうちから機構の事務局長を選出すること。

(c)　理事会の勧告に基づき、事業体の総務会の総務及び事業体の事務局長を選出すること。

(d) この部の規定に基づく総会の任務の遂行に必要と認める補助機関を設置すること。当該補助機関の構成については、衡平な地理的配分の原則、特別の利益並びに当該補助機関が取り扱う関連する技術的事項について資格及び能力を有する者で構成することの必要性に妥当な考慮を払う。

(e) 機構がその運営経費に充てるための十分な収入を他の財源から得るようになるまでの間、国際連合の通常予算に用いられる分担率に基づいて合意される分担率に従って機構の運営予算に対する構成国の分担金の額を決定すること。

(f)(i) 開発途上国及び完全な独立又はその他の自治的地位を獲得していない人民の利益及びニーズに特別の考慮を払って、深海底における活動から得られる金銭的利益その他の経済的利益の衡平な配分並びに第八二条の規定に基づいて行われる支払及び拠出に関する規則及び手続を、理事会の勧告に基づいて審議し、承認すること。総会は、理事会の勧告を承認しない場合には、総会によって表明された意見に照らした再検討のため当該勧告を理事会に差し戻す。

(ii) 機構の規則及び手続並びにこれらの改正であって、第一六二条2(o)(ii)の規定に基づいて理事会によって暫定的に採択されたものを審議し、承認すること。暫定的に採択された規則及び手続は、深海底における概要調査、探査及び開発、機構の財政管理及び内部運営並びに事業体から機構への資金の移転に関係するものとする。

(g) 深海底における活動から得られる金銭的利益その他の経済的利益をこの条約並びに機構の規則及び手続に即して衡平に配分することについて決定すること。

(h) 理事会が提出した機構の年次予算案を審議し、承認すること。

(i) 理事会及び事業体の定期的な報告並びに理事会及び機構のその他の機関に要請した特別の報告を検討すること。

(j) 深海底における活動に関する国際協力を促進するため並びに深海底における活動に関連する国際法の漸進的発展及び法典化を奨励するため、研究を開始し及び勧告を行うこと。

(k) 深海底における活動に関連する一般的な性質の問題(特に開発途上国に生ずるもの)及び深海底における活動に関連する問題で地理的位置に起因するもの(特に内陸国及び地理的不利国に生ずるもの)を審議すること。

(l) 経済計画委員会の助言に基づく理事会の勧告に従い、第一五一条の規定に基づき、補償制度を設け又は経済調整を援助するその他の措置をとること。

(m) 第一八五条の規定に基づき構成国としての権利及び特権の行使を停止すること。

(n) 機構の権能の範囲内のあらゆる問題又は事項について討議すること並びに機構の特定の機関に明示的に付託されていない問題又は事項を機構のいずれの機関が取り扱うかを機構の諸機関の間の権限及び任務の配分に適合するように決定すること。

C 理事会

第一六一条(構成、手続及び投票) 1 理事会は、総会が選出する機構の三六の構成国で構成される。その選出については、次の順序によって行う。

(a) 統計が入手可能な最近の五年間に、深海底から採取される種類の鉱物から生産された産品について、世界全体の消費量の二パーセントを超える量を消費した締約国又は世界全体の輸入量の二パーセントを超える量を輸入した締約国のうちから四の理事国。ただし、いかなる場合にも、一の理事国は東欧地域の社会主義国から選出するものとし、また、一の理事国は最大の消費国をもって充てる。

(b) 直接に又はその国民を通じて、深海底における活動の準備及び実施に最大の投資を行っている八の締約国のうちから四の理事国。ただし、少なくとも一の理事国は、東欧地域の社会主義国から選出する。

(c) その管轄の下にある地域における生産を基礎として、深海底から採取される種類の鉱物の主要な純輸出国である締約国のうちから四の理事国。ただし、少なくとも二の理事国は、自国による当該鉱物の輸出がその経済に重要な関係を有している開発途上国から選出する。

(d) 開発途上国である締約国のうちから特別の利益を代表する六の理事国。代表される当該特別の利益には、人口の多い国、内陸国又は地理的不利国、深海底から採取される種類の鉱物の主要な輸入国、当該鉱物の潜在的な生産国及び後発開発途上国の利益を含む。

(e) 理事会全体の議席の衡平な地理的配分を確保するという原則に従って選出される一八の理事国。ただし、各地理的地域からこの(e)の規定により少なくとも一の理事国を選出するものとする。この規定の適用上、地理的地域とは、アフリカ、アジア、東欧(ただし、社会主義国に限る。)、ラテン・アメリカ並びに西欧及びその他をいう。

2 総会は、1の規定に従って理事国を選出するに当たり、次のことを確保する。

(a) 内陸国及び地理的不利国が、総会において代表される程度と合理的に均衡のとれる程度に代表されること。

(b) 1の(a)から(d)までに定める要件を満たしていない沿岸国(特に開発途上国)が、総会において代表される程度と合理的に均衡のとれる程度に代表されること。

(c)　理事会において代表される締約国の集団が指名する機構の構成国がある場合には、当該機構の構成国によって当該集団が代表されること。

3　選出は、総会の通常会期に行われる。各理事国は、四年の任期で選出される。ただし、第一回の選出においては、1に定める各集団の理事国の半数は、二年の任期で選出される。

4　理事国は、再選されることができる。もっとも、輪番制による議席の交代が望ましいことに妥当な考慮が払われるべきである。

5　理事会は、機構の所在地で任務を遂行し、機構の業務の必要に応じて会合する。ただし、年三回以上会合するものとする。

6　理事会の会合の定足数は、理事国の過半数とする。

7　各理事国は、一の票を有する。

8(a)　手続問題についての決定は、出席しかつ投票する理事国の過半数による議決で行う。

(b)　次に掲げる規定の適用に関して生ずる実質問題についての決定は、出席しかつ投票する理事国の三分の二以上の多数による議決で行う。ただし、当該多数が理事国の過半数であることを条件とする。

次条2の(f)から(i)まで、(n)、(p)及び(v)並びに第一九一条

(c)　次に掲げる規定の適用に関して生ずる実質問題についての決定は、出席しかつ投票する理事国の四分の三以上の多数による議決で行う。ただし、当該多数が理事国の過半数であることを条件とする。

次条1、同条2の(a)から(e)まで、(l)、(q)から(t)まで、(u)(契約者又は保証国による不履行の場合)、(w)(ただし、(w)に規定する命令は、8(d)に定めるコンセンサス方式による決定によって確認される場合を除くほか、三〇日を超えて拘束力を有することができない。)及び(x)から(z)まで、第一六三条2、第一七四条3並びに附属書Ⅳ第一一条

(d)　次に掲げる規定の適用に関して生ずる実質問題についての決定は、コンセンサス方式によって行う。

次条2の(m)及び(o)並びにこの部の規定の改正の採択

(e)　(d)、(f)及び(e)の規定の適用上、「コンセンサス」とは、正式の異議がないことを意味する。議長は、理事会に対する提案の提出から一四日以内に、当該提案を採択することに対する正式の異議があるか否かを判断する。理事会の議長は、提案を採択することに対する正式の異議があると判断した場合には、意見の相違を調停し、コンセンサス方式による採択が可能となるような提案を作成することを目的として、その判断の後三日以内に、九を超えない理事国から成り、理事会の議長を委員長とする調停委員会を設置し、招集する。調停委員会は、迅速に作業を行い、その設置の後一四日以内に理事会に対して報告する。調停委員会は、コンセンサス方式による採択が可能となるような提案を勧告することができない場合には、その報告において、そのような提案に対して異議が申し立てられている理由を明らかにする。

(f)　(a)から(d)までに規定していない問題であって、機構の規則及び手続その他により理事会が決定を行うことが認められているものについては、当該規則及び手続に明記されている(a)から(d)までのいずれかに定める手続に従って決定する。いずれの手続によるかについて当該規則及び手続に明記されていない場合には、理事会が、可能なときは事前に、コンセンサス方式によって決定する(a)から(d)までのいずれかに定める手続に従って決定する。

(g)　問題が(a)から(d)までのうちのいずれに規定する問題に該当するかについて疑義が生ずる場合には、場合に応じ、より多くの多数による議決を必要とする問題又は、コンセンサス方式を必要とする問題に該当する可能性があるときは、同方式を必要とする問題に該当するものとして取り扱う。ただし、その問題について適用されることとなる議決の方式によって理事会において別段の決定が行われる場合は、この限りでない。

9　理事会は、理事国でない機構の構成国の要請がある場合又は理事国でない機構の構成国に特に影響を及ぼす事項が審議される場合に当該構成国が理事会の会合に代表を出席させることができるようにするための手続を定める。当該代表は、審議に参加することができるが、投票することはできない。

第一六二条（権限及び任務）　1　理事会は、機構の執行機関であり、機構の権能の範囲内のあらゆる問題又は事項について、機構の従うべき個別の政策を、総会が定める一般的な政策及びこの条約に即して定める権限を有する。

2　理事会は、1に定める権限を行使するほか、次のことを行う。

(a)　不履行の事案について総会の注意を喚起すること並びに、機構の権能の範囲内のあらゆる問題又は事項について、この部の規定の実施を監督し及び調整すること。

(b)　機構の事務局長の選出のための候補者の名簿を総会に提案すること。

(c)　事業体の総務会の総務及び事業体の事務局長の選出のために候補者を総会に推薦すること。

(d)　適当な場合には、経済性及び効率に妥当な考慮を払い、この部の規定に基づく理事会の任務の遂行に必要と認める補助機関を設置すること。当該補助機関の構成については、衡平な地理的配分の原則及び特別の利益に妥当な考慮が払われることを条件として、当該補助機関が取り扱う関連する技術的事項について資格及び能力を有する者で構

成することの必要性に重点を置くものとする。

(e) 議長の選出方法に関する規則を含む理事会の手続規則を採択すること。

(f) 総会の承認を条件として、機構のためにかつ機構の権能の範囲内で国際連合又は他の国際機関と協定を締結すること。

(g) 事業体の報告を審議し、勧告を付して総会に送付すること。

(h) 年次報告及び総会が要請する特別の報告を総会に提出すること。

(i) 第一七〇条の規定に基づいて事業体に指示を与えること。

(j) 附属書Ⅲ第六条の規定に従って業務計画を承認すること。理事会は、法律・技術委員会によって業務計画が提出された日から六〇日以内に、理事会の会期中に次の手続に従って当該業務計画について決定を行う。

(i) 委員会が業務計画の承認を勧告した場合において、いずれの理事国も一四日以内に議長に対し附属書Ⅲ第六条の要件を満たしていない旨の具体的な異議を書面によって申し立てないときは、当該業務計画については、理事会によって承認されたものとみなす。異議が申し立てられたときは、前条8(e)に定める調停手続を適用する。調停手続の終了時においても当該異議が維持されている場合には、理事会(当該業務計画を申請した国又は当該業務計画の申請者を保証している国が理事国である場合には、これらの国を除く。)がコンセンサス方式により不承認とすることを決定しない限り、当該業務計画については、承認されたものとみなす。

(ii) 委員会が業務計画の不承認を勧告する場合又はいかなる勧告も行わない場合には、理事会は、出席しかつ投票する理事国の四分の三以上の多数による議決で当該業務計画の承認を決定することができる。ただし、当該多数が当該会期に出席する理事国の過半数であることを条件とする。

(k) (j)に規定する手続を準用して、附属書Ⅳ第一二条の規定に基づいて事業体が提出する業務計画を承認すること。

(l) 第一五三条4の規定並びに機構の規則及び手続に従って深海底における活動の管理を行うこと。

(m) 第一五〇条(h)に規定する経済的な悪影響からの保護を行うため、経済計画委員会の勧告に基づき同条hの規定に従って必要かつ適当な措置をとること。

(n) 経済計画委員会の助言に基づき、第一五一条10に規定する補償制度又は経済調整を援助するその他の措置について総会に勧告すること。

(o) (i) 開発途上国及び完全な独立又はその他の自治的地位を獲得していない人民の利益及びニーズに特別の考慮を払って、深海底における活動から得られる金銭的利益その他の経済的利益の衡平な配分並びに第八二条の規定に基づいて行われる支払及び拠出に関する規則及び手続を総会に勧告すること。

(ii) 総会によって承認されるまでの間、法律・技術委員会又はその他の関係する補助機関の勧告を考慮して、機構の規則及び手続(これらの改正を含む。)を暫定的に採択し、暫定的に適用すること。これらの規則及び手続は、深海底における概要調査、深海底における探査及び開発並びに機構の財政管理及び内部運営に関係するものとする。多金属性の団塊の探査及び開発に関する規則及び手続の採択を優先する。多金属性の団塊以外の資源の探査及び開発のための規則及び手続については、当該資源に関し機構の構成国が当該規則及び手続を採択することを機構に要請した日から三年以内に採択する。すべての規則及び手続は、総会によって承認される時又は総会の表明する見解に照らして理事会によって改正される時まで、暫定的に効力を有する。

(p) この部の規定に基づく活動に関連して機構が行い又は機構に対して行われるすべての支払の状況を検討すること。

(q) 附属書Ⅲ第七条の規定により必要とされる場合には、生産認可を申請した者のうちから同条の規定に従って選定を行うこと。

(r) 総会の承認を得るため機構の年次予算案を総会に提出すること。

(s) 機構の権能の範囲内のあらゆる問題又は事項に関する政策について総会に勧告すること。

(t) 第一八五条の規定に基づき構成国としての権利及び特権の行使を停止することに関して総会に勧告すること。

(u) 不履行がある場合に、海底紛争裁判部において機構のために手続を開始すること。

(v) (u)の規定に基づいて開始された手続における海底紛争裁判部の決定に関して総会に通報し、とるべき措置につき適当と認める勧告を行うこと。

(w) 深海底における活動から生ずる海洋環境に対する重大な害を防止するため、緊急の命令(操業を停止し又は調整するための命令を含む。)を発すること。

(x) 海洋環境に対し重大な害を及ぼす危険性のあることを実質的な証拠が示している場合に、契約者又は事業体による開発のための鉱区を承認しないこと。

(y) 次の事項に関する財政上の規則及び手続の案を作成するための補助機関を設置すること。

(i) 第一七一条から第一七五条までの規定に基づく財政管理

(ii) 附属書Ⅲの第一三条及び第一七条1(c)の規定

(z) に基づく財政上の措置
この部の規定、機構の規則及び手続並びに機構との契約の条件が遵守されているか否かを決定するために深海底における活動を査察する査察員に対し指示を与え及び査察員を監督するための適当な制度を設けること。

第一六三条（理事会の機関） 1　理事会の機関として次のものを設置する。
(a) 経済計画委員会
(b) 法律・技術委員会

2　各委員会は、締約国が指名した候補者のうちから理事会が選出する一五人の委員で構成される。ただし、理事会は、必要な場合には、経済性及び効率に妥当な考慮を払い各委員会の委員の人数を増加させることについて決定することができる。

3　委員は、その属する委員会が権限を有する分野についての適当な資格を有していなければならない。締約国は、委員会の任務の効果的な遂行を確保するため、関連する分野についての資格と共に最高水準の能力及び誠実性を有する候補者を指名する。

4　委員の選出に当たっては、衡平な地理的配分及び特別の利益が代表されることの必要性に妥当な考慮を払う。

5　いずれの締約国も、同一の委員会につき二人以上の候補者を指名することができない。いかなる者も、二以上の委員会で職務を遂行するために選出されることはできない。

6　委員は、五年の任期を有する。委員は、一の任期について再選されることができる。

7　委員の任期満了前に、委員の死亡、心身の故障又は辞任があった場合には、理事会は、当該委員と同一の地理的地域又は利益の分野から、その残任期間について委員を任命する。

8　委員は、深海底における探査及び開発に関するいかなる活動についても、金銭上の利害関係を有してはならない。委員は、その属する委員会の任務を遂行する場合を除くほか、産業上の秘密、附属書Ⅲ第一四条の規定に基づいて機構に移転された財産的価値を有するデータその他機構における職務上知り得た秘密の情報をその職を退いた後も開示してはならない。

9　委員会は、理事会が採択する指針及び指示に従ってその任務を遂行する。

10　委員会は、その任務の効率的な遂行のために必要な規則を作成し、承認を得るために理事会に提出する。

11　委員会の意思決定手続は、機構の規則及び手続において定める。理事会に対する勧告には、必要な場合には、委員会における意見の相違についての要約を添付する。

12　委員会は、通常機構の所在地で任務を遂行し、その任務の効率的な遂行の必要に応じて会合する。

13　委員会は、その任務の遂行に当たり、適当な場合には、他の委員会、国際連合若しくはその専門機関の権限のある機関又は対象となる事項について権限を有する国際機関と協議を行うことができる。

第一六四条（経済計画委員会） 1　経済計画委員会の委員は、鉱業、鉱物資源に関する活動の管理、国際貿易、国際経済等についての適当な資格を有していなければならない。理事会は、すべての適当な資格が委員会の構成において反映されることを確保するよう努力する。委員会には、深海底から採取される種類の鉱物の自国による輸出がその経済に重要な関係を有している開発途上国から少なくとも二人の委員を選出する。

2　経済計画委員会は、次のことを行う。
(a) 理事会の要請に基づき、深海底における活動に関しこの条約の定めるところに従って行われた決定を実施するための措置を提案すること。
(b) 輸入国及び輸出国の双方の利益、特にこれらの国のうちの開発途上国の利益を考慮に入れて、深海底から採取される鉱物の供給、需要及び価格の動向並びに供給、需要及び価格に影響を与える要因を検討すること。
(c) 関係締約国による注意の喚起を受けて、第一五〇条(h)に規定する悪影響をもたらすおそれのある事態について、調査すること及び理事会に適当な勧告を行うこと。
(d) 深海底における活動によって悪影響を受けた開発途上国のための補償制度又は経済調整を援助するその他の措置を、総会に提出するために、第一五一条10の規定に基づいて理事会に提案すること。委員会は、総会によって採択された当該補償制度又は経済調整を援助するその他の措置を個別の事案に適用するために必要な勧告を理事会に行う。

第一六五条（法律・技術委員会） 1　法律・技術委員会の委員は、鉱物資源の探査、開発及び製錬、海洋学、海洋環境の保護、海洋における鉱業及び関連する専門分野に関する経済的又は法律的事項等についての適当な資格を有していなければならない。理事会は、すべての適当な資格が委員会の構成において反映されることを確保するよう努力する。

2　法律・技術委員会は、次のことを行う。
(a) 理事会の要請に基づき、機構の任務の遂行に関して勧告すること。
(b) 深海底における活動に関する書面による正式の業務計画を第一五三条3の規定に基づいて検討し、理事会に適当な勧告を提出すること。委員会は、附属書Ⅲに定める基準のみに基づいて勧告し、その勧告に関して理事会に十分な報告を行う。
(c) 理事会の要請に基づき、適当な場合には深海底における活動を行う主体又は関係国と協議し及び協力して、当該活動を監督し、理事会に報告すること。

(d) 深海底における活動が環境に及ぼす影響についての評価を作成すること。

(e) 海洋環境の保護につき、その分野において認められた専門家の見解を考慮して、理事会に勧告すること。

(f) 深海底における活動が環境に及ぼす影響についての評価を含むすべての関連する要素を考慮して、第一六二条2(o)に規定する規則及び手続を作成し、理事会に提出すること。

(g) (f)の規則及び手続を常に検討し、必要又は望ましいと認める改正を随時理事会に勧告すること。

(h) 認められた科学的方法により、深海底における活動に起因する海洋環境の汚染の危険又は影響についての観察、計測、評価及び分析を定期的に行うための監視計画を作成することに関して理事会に勧告すること、現行の規則が適切でありかつ遵守されることを確保すること並びに理事会が承認した監視計画の実施を調整すること。

(i) この部及びこの部に関連する附属書に基づき、特に第一八七条の規定を考慮して、海底紛争裁判部において機構のために手続を開始するよう理事会に勧告すること。

(j) (i)の規定によって開始された手続における海底紛争裁判部の決定を踏まえて、とるべき措置について理事会に勧告すること。

(k) 深海底における活動から生ずる海洋環境に対する重大な害を防止するため、緊急の命令(操業を停止し又は調整するための命令を含む。)を発するよう理事会に勧告すること。理事会は、勧告を優先的に取り上げる。

(l) 海洋環境に対し重大な害を及ぼす危険性のあることを実質的な証拠が示している場合に、契約者又は事業体による開発のための鉱区を承認しないよう理事会に勧告すること。

(m) この部の規定、機構の規則及び手続並びに機構との契約の条件が遵守されているか否かを決定するために深海底における活動を査察する査察員に対し指示を与え及び査察員を監督することに関し、理事会に勧告すること。

(n) 生産量の上限を計算すること及び、生産認可を申請した者のうちから理事会が附属書Ⅲ第七条の規定に従って必要な選定を行った後、第一五一条の2から7までの規定に従って機構のために生産認可を発給すること。

3 法律・技術委員会の委員は、監督及び査察の職務を遂行するに当たり、締約国又は他の関係当事者の要請があった場合には、当該締約国又は他の関係当事者の代表者を同伴する。

D 事務局

第一六六条(事務局) 1 機構の事務局は、事務局長及び機構が必要とする職員で構成される。

2 事務局長は、理事会が推薦する候補者のうちから総会によって四年の任期で選出されるものとし、再選されることができる。

3 事務局長は、機構の首席行政官である。事務局長は、総会、理事会及び補助機関のすべての会合において首席行政官の資格で行動するものとし、また、これらの機関が委任する他の運営上の任務を遂行する。

4 事務局長は、機構の活動に関し、総会に対して年次報告を行う。

第一六七条(機構の職員) 1 機構の職員は、機構の運営上の任務を遂行するために必要な資格を有する科学要員、技術要員その他の要員で構成される。

2 職員の採用及び雇用並びに勤務条件の決定に当たっては、最高水準の能率、能力及び誠実性を確保することの必要性に最大の考慮を払う。その考慮を払った上で、できる限り広範な地理的基礎に基づいて職員を採用することが重要であることについて妥当な考慮を払う。

3 職員は、事務局長が任命する。職員の任命、報酬及び解雇の条件は、機構の規則及び手続による。

第一六八条(事務局の国際的な性質) 1 事務局長及び職員は、その職務の遂行に当たって、いかなる政府からも又は機構外のいかなるところからも指示を求め又は受けてはならない。事務局長及び職員は、機構に対してのみ責任を負う国際公務員としての立場に影響を及ぼすおそれのあるいかなる行動も慎まなければならない。締約国は、事務局長及び職員の責任の専ら国際的な性質を尊重すること並びにこれらの者がその責任を果たすに当たってこれらの者を左右しようとしないことを約束する。職員による義務の違反は、機構の規則及び手続に規定する適当な行政審判所に付託される。

2 事務局長及び職員は、深海底における探査及び開発に関するいかなる活動についても、金銭上の利害関係を有してはならない。事務局長及び職員は、機構の任務を遂行する場合を除くほか、産業上の秘密、附属書Ⅲ第一四条の規定に基づいて機構に移転された財産的価値を有するデータその他機構における職務上知り得た秘密の情報をその職を退いた後も開示してはならない。

3 2に規定する機構の職員の義務の違反については、当該違反によって影響を受けた締約国の要請に基づき又は第一五三条2(b)の規定によって締約国が保証する自然人若しくは法人であって当該違反によって影響を受けたものの要請に基づき、機構が当該職員を相手として機構の規則及び手続によって指定される審判所に付託する。当該影響を受けた締約国は、当該審判所における手続に参加する権利を有する。事務局長は、審判所が当該職員の解雇を勧告する場合には、当該職員を解雇する。

4 この条の規定を実施するために必要な規定については、機構の規則及び手続に含める。

第一六九条(国際機関及び非政府機関との協議及び協力) 1　事務局長は、機構の権能の範囲内の事項につき、国際連合経済社会理事会が認める国際機関及び非政府機関と協議し及び協力するため、理事会の承認を得てこれらの機関との間で適当な取決めを行う。

2　事務局長が1の規定により取決めを行った機関は、機構の機関の手続規則に従い当該機構の機関の会合にオブザーバーとして出席する代表者を指名することができる。適当な場合には、事務局長が1の規定によって取決めを行った機関の見解を得るための手続を定める。

3　事務局長は、1に規定する非政府機関が特別の能力を有する事項であって機構の活動に関係するものについて、当該非政府機関の提出する報告書を締約国に配布することができる。

E　事業体

第一七〇条(事業体) 1　事業体は、機構の機関であり、第一五三条2(a)の規定に基づいて深海底における活動を直接に行い、並びに深海底から採取された鉱物の輸送、製錬及び販売を行う。

2　事業体は、機構の国際法上の法人格の枠内で、附属書Ⅳの規程に定める法律上の能力を有する。事業体は、この条約、機構の規則及び手続並びに総会の定める一般的な政策に従って行動し、かつ、理事会の指示及び管理に服する。

3　事業体は、その業務のための主たる事務所を機構の所在地に置く。

4　事業体は、第一七三条2及び附属書Ⅳ第一一条に定めるところによりその任務の遂行に必要な資金を供与され、また、第一四四条及びこの条約の他の規定に定めるところによって技術を供与される。

F　機構の財政制度

第一七一条(機構の資金) 機構の資金には、次のものが含まれる。

(a)　第一六〇条2(e)の規定に従って決定された機構の構成国の分担金

(b)　附属書Ⅲ第一三条の規定に基づき機構が深海底における活動に関連して受領する資金

(c)　附属書Ⅳ第一〇条の規定に従って事業体から移転される資金

(d)　第一七四条の規定に基づいて借り入れる資金

(e)　構成国又はその他の者が支払う任意の拠出金

(f)　第一五一条10の規定に基づく補償のための基金(その財源については、経済計画委員会が勧告する。)への支払

第一七二条(機構の年次予算) 機構の事務局長は、機構の年次予算案を作成し、理事会に提出する。理事会は、予算案を審議し、これに関する勧告と共に総会に提出する。総会は、第一六〇条2(h)の規定に基づいて予算案を審議し、承認する。

第一七三条(機構の経費) 1　第一七一条(a)に規定する分担金は、機構がその運営経費に充てるための十分な資金を他の財源から得るようになるまでの間、その運営経費に充てるために特別勘定に払い込まれるものとする。

2　機構の資金は、機構の運営経費に優先的に充てられる。第一七一条(a)に規定する分担金を除くほか、運営経費の支払後に残った資金は、特に次のとおり配分し又は使用することができる。

(a)　第一四〇条及び第一六〇条2(g)の規定に従って配分する。

(b)　第一七〇条4の規定に基づいて事業体に資金を供与するために使用する。

(c)　第一五一条10及び第一六〇条2(l)の規定に基づいて開発途上国に補償するために使用する。

第一七四条(機構の借入れの権限) 1　機構は、資金を借り入れる権限を有する。

2　総会は、第一六〇条2(f)の規定に従って採択する財政規則において、機構の借入れの権限についての制限を定める。

3　理事会は、機構の借入れの権限を行使する。

4　締約国は、機構の債務について責任を負わない。

第一七五条(年次会計検査) 年次会計報告を含む機構の記録、帳簿及び決算報告については、総会によって任命される独立の会計検査専門家が毎年検査する。

G　法的地位、特権及び免除

第一七六条(法的地位) 機構は、国際法上の法人格並びに任務の遂行及び目的の達成に必要な法律上の能力を有する。

第一七七条(特権及び免除) 機構は、その任務の遂行を可能にするため、締約国の領域においてこのGに規定する特権及び免除を享受する。事業体に関する特権及び免除は、附属書Ⅳ第一三条に定める。

第一七八条(訴訟手続の免除) 機構並びにその財産及び資産は、機構が個別の事案について明示的に放棄する場合を除くほか、訴訟手続の免除を享受する。

第一七九条(捜索及びあらゆる形式の押収の免除) 機構の財産及び資産は、所在地及び占有者のいかんを問わず、行政上又は立法上の措置による捜索及び徴発、没収、収用その他あらゆる形式の押収を免除される。

第一八〇条(制限、規制、管理及びモラトリアムの免除) 機構の財産及び資産は、いかなる性質の制限、規制、管理及びモラトリアムも免除される。

第一八一条(機構の文書及び公用の通信) 1　機構の文書は、所在地のいかんを問わず、不可侵とする。

2　財産的価値を有するデータ、産業上の秘密又はこれらと同様の情報及び人事の記録は、公衆の閲覧の用に供される記録保管所に置いてはならない。

3　機構は、その公用の通信に関し、各締約国が他の国際機関に与える待遇よりも不利でない待遇を与えられる。

第一八二条（機構に関係する特定の者の特権及び免除） 総会若しくは理事会の会合又は総会若しくは理事会の機関の会合に出席する締約国の代表並びに機構の事務局長及び職員は、各締約国の領域において次の特権及び免除を享受する。

(a) これらの者が代表する締約国又は場合により機構が個別の事案について免除を明示的に放棄する場合を除くほか、これらの者がその職務の遂行に当たって行った行為に関する訴訟手続の免除

(b) これらの者が特権及び免除を与える締約国の国民でない場合には、当該締約国が他の締約国の同等の地位の代表者、公務員及び被用者に与える出入国制限、外国人登録義務及び国民的服役義務の免除、為替制限に関する便宜並びに旅行の便宜に関する待遇と同一の免除、便宜及び待遇

第一八三条（租税及び関税の免除） 1 機構、その資産、財産及び収入並びにこの条約によって認められる機構の活動及び取引は、機構の公的な活動の範囲内のものについては、すべての直接税を免除されるものとし、機構の公用のために輸入され又は輸出される産品は、すべての関税を免除される。ただし、機構は、提供された役務の使用料にすぎない税の免除を要求してはならない。

2 締約国は、機構の公的な活動のために必要な相当の価額の産品又はサービスが機構により又は機構のために購入される場合において、当該産品又はサービスの価格の一部として租税又は関税が含まれるときは、実行可能な限り、当該租税又は関税を免除するため又はその還付をするため、適当な措置をとる。この条に規定する免除を受けて輸入され又は購入された産品については、当該免除を認めた締約国の同意した条件に従う場合を除くほか、当該締約国の領域内で売却その他の方法で処分してはならない。

3 締約国は、機構の事務局長及び職員並びに機構のために職務を遂行する専門家が自国民でない場合には、これらの者に機構が支払う給料、報酬その他すべての支払に関しいかなる課税も行ってはならない。

H 構成国としての権利及び特権の行使の停止

第一八四条（投票権の行使の停止） 機構に対する分担金の支払が延滞している締約国は、その延滞金の額がその時までの満二年間に当該締約国が支払うべきであった分担金の額に等しいか又はこれを超える場合には、投票権を失う。もっとも、総会は、支払の不履行が構成国にとってやむを得ない事情によると認めるときは、当該構成国に投票を認めることができる。

第一八五条（構成国としての権利及び特権の行使の停止） 1 総会は、この部の規定に対する重大かつ執ような違反を行った締約国について、理事会の勧告に基づき、構成国としての権利及び特権の行使を停止することができる。

2 締約国がこの部の規定に対する重大かつ執ような違反を行ったと海底紛争裁判部が認定するまでは、1の規定に基づく措置をとってはならない。

第五節 紛争の解決及び勧告的意見

第一八六条（国際海洋法裁判所の海底紛争裁判部） 海底紛争裁判部の設置及びその管轄権の行使については、この節、第一五部及び附属書VIの規定によって規律する。

第一八七条（海底紛争裁判部の管轄権） 海底紛争裁判部は、深海底における活動に関する次の種類の紛争につき、この部及びこの部に関連する附属書の規定により管轄権を有する。

(a) この部及びこの部に関連する附属書の規定の解釈又は適用に関する締約国間の紛争

(b) 締約国と機構との間の紛争であって、次の事項に関するもの

(i) この部若しくはこの部に関連する附属書の規定又はこれらの規定に従って採択された機構の規則及び手続に違反すると申し立てられた機構又は締約国の作為又は不作為

(ii) 機構の管轄に属する事項からの逸脱又は権限の濫用と申し立てられた機構の作為

(c) 契約の当事者（締約国、機構若しくは事業体、国営企業又は第一五三条2(b)に規定する自然人若しくは法人）の間の紛争であって、次の事項に関するもの

(i) 関連する契約又は業務計画の解釈又は適用

(ii) 深海底における活動に関する契約の当事者の作為又は不作為であって、他方の当事者に向けられたもの又は他方の当事者の正当な利益に直接影響を及ぼすもの

(d) 第一五三条2(b)に定めるところにより締約国によって保証されておりかつ附属書IIIの第四条6及び第一三条2に定める条件を適正に満たした者で契約することが見込まれているものと機構との間の紛争であって、契約交渉において生ずる法律問題又は契約の拒否に関するもの

(e) 締約国、国営企業又は第一五三条2(b)に定めるところにより締約国によって保証されている自然人若しくは法人と機構との間の紛争であって、機構が附属書III第二二条に規定する責任を負うと申し立てられる場合のもの

(f) その他この条約において海底紛争裁判部の管轄権が明示的に定められている紛争

第一八八条（国際海洋法裁判所の特別裁判部、海底紛争裁判部臨時裁判部又は拘束力のある商事仲裁への紛争の付託） 1 前条(a)に掲げる締約国間の紛争は、

(a) 両紛争当事者の要請がある場合には、附属書VIの第一五条及び第一七条の規定に基づいて設置される国際海洋法裁判所の特別裁判部に付託することができる。

(b) いずれかの紛争当事者の要請がある場合には、

附属書Ⅵ第三六条の規定に基づいて設置される海底紛争裁判部臨時裁判部に付託することができる。

2(a)　いずれかの紛争当事者の要請がある場合には、前条c(i)に掲げる契約の解釈又は適用に関する紛争は、紛争当事者が別段の合意をしない限り、拘束力のある商事仲裁に付されるものとする。当該紛争が付託される商事仲裁裁判所は、この条約の解釈の問題を決定する管轄権を有しない。当該紛争が深海底における活動に関しこの部及びこの部に関連する附属書の規定の解釈の問題を含む場合には、当該問題は、裁定のため海底紛争裁判部に付託されるものとする。

(b)　(a)の商事仲裁の開始の時又はその過程において、仲裁裁判所が、いずれかの紛争当事者の要請がある場合に又は自己の発意によりその仲裁判断が海底紛争裁判部の裁定に依存すると決定するときは、当該仲裁裁判所は、問題を裁定のため海底紛争裁判部に付託する。当該仲裁裁判所は、その後、海底紛争裁判部の裁定に従って仲裁判断を行う。

(c)　契約中に紛争に適用する仲裁手続に関する規定がない場合には、両紛争当事者が別段の合意をしない限り、仲裁は、国際連合国際商取引法委員会の仲裁規則又は機構の規則及び手続に定める他の仲裁規則に従って行われる。

第一八九条（機構の決定についての管轄権の制限）　海底紛争裁判部は、この部の規定に基づく機構の裁量権の行使について管轄権を有せず、いかなる場合にも機構に代わって裁量権を行使してはならない。海底紛争裁判部は、第一八七条の規定に基づいて管轄権を行使するに当たり、機構の規則及び手続がこの条約に適合しているか否かの問題について意見を述べてはならず、また、当該規則及び手続の無効を宣言してはならない。もっとも、第一九一条の規定の適用は妨げられない。この点に関する海底紛争裁判部の管轄権は、個々の事案についての機構の規則及び手続の適用が紛争当事者の契約上若しくはこの条約上の義務に抵触するとの主張若しくは管轄に属する事項からの逸脱若しくは権限の濫用に関する主張についての決定又は紛争当事者による契約上若しくはこの条約上の義務の不履行に起因する損害に対する他方の当事者による賠償請求若しくはその他の救済の請求に限られる。

第一九〇条（保証締約国の手続への参加及び出席）　1　第一八七条に規定する紛争において、自然人又は法人が当事者である場合には、当該自然人又は法人の保証国は、当該紛争について通報を受けるものとし、また、書面又は口頭による陳述を行うことにより当該手続に参加する権利を有する。

2　第一八七条(c)に規定する紛争において、締約国を相手方として他の締約国によって保証されている自然人又は法人により紛争が提起される場合には、紛争を提起された締約国は、当該自然人又は法人を保証している締約国に対しこれらの者に代わって手続に出席することを要請することができる。その保証している締約国が出席しない場合には、当該紛争を提起された締約国は、自国の国籍を有する法人によって自国を代表させることができる。

第一九一条（勧告的意見）　海底紛争裁判部は、総会又は理事会の活動の範囲内で生ずる法律問題に関し、総会又は理事会の要請に応じて勧告的意見を与える。当該勧告的意見の付与は、緊急に処理を要する事項として取り扱われるものとする。

第一二部　海洋環境の保護及び保全

第一節　総　則

第一九二条（一般的義務）　いずれの国も、海洋環境を保護し及び保全する義務を有する。

第一九三条（天然資源を開発する国の主権的権利）　いずれの国も、自国の環境政策に基づき、かつ、海洋環境を保護し及び保全する義務に従い、自国の天然資源を開発する主権的権利を有する。

第一九四条（海洋環境の汚染を防止し、軽減し及び規制するための措置）　1　いずれの国も、あらゆる発生源からの海洋環境の汚染を防止し、軽減し及び規制するため、利用することができる実行可能な最善の手段を用い、かつ、自国の能力に応じ、単独で又は適当なときは共同して、この条約に適合するすべての必要な措置をとるものとし、また、この点に関して政策を調和させるよう努力する。

2　いずれの国も、自国の管轄又は管理の下における活動が他の国及びその環境に対し汚染による損害を生じさせないように行われること並びに自国の管轄又は管理の下における事件又は活動から生ずる汚染がこの条約に従って自国が主権的権利を行使する区域を越えて拡大しないことを確保するためにすべての必要な措置をとる。

3　この部の規定によりとる措置は、海洋環境の汚染のすべての発生源を取り扱う。この措置には、特に、次のことをできる限り最小にするための措置を含める。

(a)　毒性の又は有害な物質（特に持続性のもの）の陸にある発生源からの放出、大気からの若しくは大気を通ずる放出又は投棄による放出

(b)　船舶からの汚染（特に、事故を防止し及び緊急事態を処理し、海上における運航の安全を確保し、意図的な及び意図的でない排出を防止し並びに船舶の設計、構造、設備、運航及び乗組員の配乗を規制するための措置を含む。）

(c)　海底及びその下の天然資源の探査又は開発に使用される施設及び機器からの汚染（特に、事故を防止し及び緊急事態を処理し、海上における運用の安全を確保し並びにこのような施設又は機器の設計、構造、設備、運用及び人員の配置を規制するための措置を含む。）

(d) 海洋環境において運用される他の施設及び機器からの汚染（特に、事故を防止し及び緊急事態を処理し、海上における運用の安全を確保し並びにこのような施設又は機器の設計、構造、設備、運用及び人員の配置を規制するための措置を含む。）

4 いずれの国も、海洋環境の汚染を防止し、軽減し又は規制するための措置をとるに当たり、他の国のこの条約に基づく権利の行使に当たっての活動及び義務の履行に当たっての活動に対する不当な干渉を差し控える。

5 この部の規定によりとる措置には、希少又はぜい弱な生態系及び減少しており、脅威にさらされており又は絶滅のおそれのある種その他の海洋生物の生息地を保護し及び保全するために必要な措置を含める。

第一九五条（損害若しくは危険を移転させ又は一の類型の汚染を他の類型の汚染に変えない義務） いずれの国も、海洋環境の汚染を防止し、軽減し又は規制するための措置をとるに当たり、損害若しくは危険を一の区域から他の区域へ直接若しくは間接に移転させないように又は一の類型の汚染を他の類型の汚染に変えないように行動する。

第一九六条（技術の利用又は外来種若しくは新種の導入） 1 いずれの国も、自国の管轄又は管理の下における技術の利用に起因する海洋環境の汚染及び海洋環境の特定の部分に重大かつ有害な変化をもたらすおそれのある外来種又は新種の当該部分への導入（意図的であるか否かを問わない。）を防止し、軽減し及び規制するために必要なすべての措置をとる。

2 この条の規定は、海洋環境の汚染の防止、軽減及び規制に関するこの条約の適用に影響を及ぼすものではない。

第二節 世界的及び地域的な協力

第一九七条（世界的又は地域的基礎における協力） いずれの国も、世界的基礎において及び、適当なときは地域的基礎において、直接に又は権限のある国際機関を通じ、地域的特性を考慮した上で、この条約に適合する国際的な規則及び基準並びに勧告される方式及び手続を作成するため協力する。

第一九八条（損害の危険が差し迫った場合又は損害が実際に生じた場合の通報） 海洋環境が汚染により損害を受ける差し迫った危険がある場合又は損害を受けた場合において、このことを知った国は、その損害により影響を受けるおそれのある他の国及び権限のある国際機関に直ちに通報する。

第一九九条（汚染に対する緊急時の計画） 前条に規定する場合において、影響を受ける地域にある国及び権限のある国際機関は、当該国についてはその能力に応じ、汚染の影響を除去し及び損害を防止し又は最小にするため、できる限り協力する。このため、いずれの国も、海洋環境の汚染をもたらす事件に対応するための緊急時の計画を共同して作成し及び促進する。

第二〇〇条（研究、調査の計画並びに情報及びデータの交換） いずれの国も、直接に又は権限のある国際機関を通じ、研究を促進し、科学的調査の計画を実施し並びに海洋環境の汚染について取得した情報及びデータの交換を奨励するため協力する。いずれの国も、汚染の性質及び範囲、汚染にさらされたものの状態並びに汚染の経路、危険及び対処の方法を評価するための知識を取得するため、地域的及び世界的な計画に積極的に参加するよう努力する。

第二〇一条（規則のための科学的基準） 前条の規定により取得した情報及びデータに照らし、いずれの国も、直接に又は権限のある国際機関を通じ、海洋環境の汚染の防止、軽減及び規制のための規則及び基準並びに勧告される方式及び手続を作成するための適当な科学的基準を定めるに当たって協力する。

第三節 技術援助

第二〇二条（開発途上国に対する科学及び技術の分野における援助） いずれの国も、直接に又は権限のある国際機関を通じ、次のことを行う。

(a) 海洋環境を保護し及び保全するため並びに海洋汚染を防止し、軽減し及び規制するため、開発途上国に対する科学、教育、技術その他の分野における援助の計画を推進すること。この援助には、特に次のことを含める。

(i) 科学及び技術の分野における開発途上国の要員を訓練すること。

(ii) 関連する国際的な計画への開発途上国の参加を容易にすること。

(iii) 必要な機材及び便宜を開発途上国に供与すること。

(iv) (iii)の機材を製造するための開発途上国の能力を向上させること。

(v) 調査、監視、教育その他の計画について助言し及び施設を整備すること。

(b) 重大な海洋環境の汚染をもたらすおそれのある大規模な事件による影響を最小にするため、特に開発途上国に対し適当な援助を与えること。

(c) 環境評価の作成に関し、特に開発途上国に対し適当な援助を与えること。

第二〇三条（開発途上国に対する優先的待遇） 開発途上国は、海洋環境の汚染の防止、軽減及び規制のため又は汚染の影響を最小にするため、国際機関から次の事項に関し優先的待遇を与えられる。

(a) 適当な資金及び技術援助の配分

(b) 国際機関の専門的役務の利用

第四節 監視及び環境評価

第二〇四条（汚染の危険又は影響の監視） 1 いずれの国も、他の国の権利と両立する形で、直接に又は権限のある国際機関を通じ、認められた科学的方法によって海洋環境の汚染の危険又は影響を観察し、測定し、評価し及び分析するよう、実行可能な限り努力する。

2　いずれの国も、特に、自国が許可し又は従事する活動が海洋環境を汚染するおそれがあるか否かを決定するため、当該活動の影響を監視する。

第二〇五条（報告の公表）いずれの国も、前条の規定により得られた結果についての報告を公表し、又は適当な間隔で権限のある国際機関に提供する。当該国際機関は、提供された報告をすべての国の利用に供すべきである。

第二〇六条（活動による潜在的な影響の評価）いずれの国も、自国の管轄又は管理の下における計画中の活動が実質的な海洋環境の汚染又は海洋環境に対する重大かつ有害な変化をもたらすおそれがあると信ずるに足りる合理的な理由がある場合には、当該活動が海洋環境に及ぼす潜在的な影響を実行可能な限り評価するものとし、前条に規定する方法によりその評価の結果についての報告を公表し又は国際機関に提供する。

第五節　海洋環境の汚染を防止し、軽減し及び規制するための国際的規則及び国内法

第二〇七条（陸にある発生源からの汚染）1　いずれの国も、国際的に合意される規則及び基準並びに勧告される方式及び手続を考慮して、陸にある発生源（河川、三角江、パイプライン及び排水口を含む。）からの海洋環境の汚染を防止し、軽減し及び規制するため法令を制定する。

2　いずれの国も、1に規定する汚染を防止し、軽減し及び規制するために必要な他の措置をとる。

3　いずれの国も、1に規定する汚染に関し、適当な地域的規模において政策を調和させるよう努力する。

4　いずれの国も、地域的特性並びに開発途上国の経済力及び経済開発のニーズを考慮して、特に、権限のある国際機関又は外交会議を通じ、陸にある発生源からの海洋環境の汚染を防止し、軽減し及び規制するため、世界的及び地域的な規則及び基準並びに勧告される方式及び手続を定めるよう努力する。これらの規則、基準並びに勧告される方式及び手続は、必要に応じ随時再検討する。

5　1、2及び4に規定する法令、措置、規則、基準並びに勧告される方式及び手続には、毒性の又は有害な物質（特に持続性のもの）の海洋環境への放出をできる限り最小にするためのものを含める。

第二〇八条（国の管轄の下で行う海底における活動からの汚染）1　沿岸国は、自国の管轄の下で行う海底における活動から又はこれに関連して生ずる海洋環境の汚染並びに第六〇条及び第八〇条の規定により自国の管轄の下にある人工島、施設及び構築物から生ずる海洋環境の汚染を防止し、軽減し及び規制するため法令を制定する。

2　いずれの国も、1に規定する汚染を防止し、軽減し及び規制するために必要な他の措置をとる。

3　1及び2に規定する法令及び措置は、少なくとも国際的な規則及び基準並びに勧告される方式及び手続と同様に効果的なものとする。

4　いずれの国も、1に規定する汚染に関し、適当な地域的規模において政策を調和させるよう努力する。

5　いずれの国も、特に、権限のある国際機関又は外交会議を通じ、1に規定する海洋環境の汚染を防止し、軽減し及び規制するため、世界的及び地域的な規則及び基準並びに勧告される方式及び手続を定める。これらの規則、基準並びに勧告される方式及び手続は、必要に応じ随時再検討する。

第二〇九条（深海底における活動からの汚染）1　深海底における活動からの海洋環境の汚染を防止し、軽減し及び規制するため、国際的な規則及び手続が、第一一部の規定に従って定められる。これらの規則及び手続は、必要に応じ随時再検討される。

2　いずれの国も、この節の関連する規定に従うことを条件として、自国を旗国とし、自国において登録され又は自国の権限の下で運用される船舶、施設、構築物及び他の機器により行われる深海底における活動からの海洋環境の汚染を防止し、軽減し及び規制するため法令を制定する。この法令の要件は、少なくとも1に規定する国際的な規則及び手続と同様に効果的なものとする。

第二一〇条（投棄による汚染）1　いずれの国も、投棄による海洋環境の汚染を防止し、軽減し及び規制するため法令を制定する。

2　いずれの国も、1に規定する汚染を防止し、軽減し及び規制するために必要な他の措置をとる。

3　1及び2に規定する法令及び措置は、国の権限のある当局の許可を得ることなく投棄が行われないことを確保するものとする。

4　いずれの国も、特に、権限のある国際機関又は外交会議を通じ、投棄による海洋環境の汚染を防止し、軽減し及び規制するため、世界的及び地域的な規則及び基準並びに勧告される方式及び手続を定めるよう努力する。これらの規則、基準並びに勧告される方式及び手続は、必要に応じ随時再検討する。

5　領海及び排他的経済水域における投棄又は大陸棚への投棄は、沿岸国の事前の明示の承認なしに行わないものとし、沿岸国は、地理的事情のため投棄により悪影響を受けるおそれのある他の国との問題に妥当な考慮を払った後、投棄を許可し、規制し及び管理する権利を有する。

6　国内法令及び措置は、投棄による海洋環境の汚染を防止し、軽減し及び規制する上で少なくとも世界的な規則及び基準と同様に効果的なものとする。

第二一一条（船舶からの汚染）1　いずれの国も、権限のある国際機関又は一般的な外交会議を通じ、船

船からの海洋環境の汚染を防止し、軽減し及び規制するため、国際的な規則及び基準を定めるものとし、同様の方法で、適当なときはいつでも、海洋環境（沿岸を含む。）の汚染及び沿岸国の関係利益に対する汚染損害をもたらすおそれのある事故の脅威を最小にするための航路指定の制度の採択を促進する。これらの規則及び基準は、同様の方法で必要に応じ随時再検討する。

2　いずれの国も、自国を旗国とし又は自国において登録された船舶からの海洋環境の汚染を防止し、軽減し及び規制するための法令を制定する。この法令は、権限のある国際機関又は一般的な外交会議を通じて定められる一般的に受け入れられている国際的な規則及び基準と少なくとも同等の効果を有するものとする。

3　いずれの国も、外国船舶が自国の港若しくは内水に入り又は自国の沖合の係留施設に立ち寄るための条件として海洋環境の汚染を防止し、軽減し及び規制するための特別の要件を定める場合には、当該要件を適当に公表するものとし、また、権限のある国際機関に通報する。二以上の沿岸国が政策を調和させるために同一の要件を定める取決めを行う場合には、通報には、当該取決めに参加している国を明示する。いずれの国も、自国を旗国とし又は自国において登録された船舶の船長に対し、このような取決めに参加している国の領海を航行している場合において、当該国の要請を受けたときは、当該取決めに参加している同一の地域の他の国に向かって航行しているか否かについての情報を提供すること及び、当該他の国に向かって航行しているときは、当該船舶がその国の入港要件を満たしているか否かを示すことを要求する。この条の規定は、船舶による無害通航権の継続的な行使又は第二五条2の規定の適用を妨げるものではない。

4　沿岸国は、自国の領海における主権の行使として、外国船舶（無害通航権を行使している船舶を含む。）からの海洋汚染を防止し、軽減し及び規制するための法令を制定することができる。この法令は、第二部第三節の定めるところにより、外国船舶の無害通航を妨害するものであってはならない。

5　沿岸国は、第六節に規定する執行の目的のため、自国の排他的経済水域について、船舶からの汚染を防止し、軽減し及び規制するための法令であって、権限のある国際機関又は一般的な外交会議を通じて定められる一般的に受け入れられている国際的な規則及び基準に適合し、かつ、これらを実施するための法令を制定することができる。

6(a)　沿岸国は、1に規定する国際的な規則及び基準が特別の事情に応ずるために不適当であり、かつ、自国の排他的経済水域の明確に限定された特定の水域において、海洋学上及び生態学上の条件並びに当該水域の利用又は資源の保護及び交通の特殊性に関する認められた技術上の理由により、船舶からの汚染を防止するための拘束力を有する特別の措置をとることが必要であると信ずるに足りる合理的な理由がある場合には、権限のある国際機関を通じて他のすべての関係国と適当な協議を行った後、当該水域に関し、当該国際機関に通告することができるものとし、その通告に際し、裏付けとなる科学的及び技術的証拠並びに必要な受入施設に関する情報を提供する。当該国際機関は、通告を受領した後一二箇月以内に当該水域における条件が第一段に規定する要件に合致するか否かを決定する。当該国際機関が合致すると決定した場合には、当該沿岸国は、当該水域について、船舶からの汚染の防止、軽減及び規制のための法令であって、当該国際機関が特別の水域に適用し得るとしている国際的な規則及び基準又は航行上の方式を実施するための法令を制定することができる。この法令は、当該国際機関への通告の後一五箇月間は、外国船舶に適用されない。

(b)　沿岸国は、(a)に規定する明確に限定された特定の水域の範囲を公表する。

(c)　沿岸国は、(a)に規定する水域について船舶からの汚染の防止、軽減及び規制のための追加の法令を制定する意図を有する場合には、その旨をaの通報と同時に国際機関に通報する。この追加の法令は、排出又は航行上の方式について定めることができるものとし、外国船舶に対し、設計、構造、乗組員の配乗又は設備につき、一般的に受け入れられている国際的な規則及び基準以外の基準の遵守を要求するものであってはならない。この追加の法令は、当該国際機関への通報の後一二箇月以内に当該国際機関が合意することを条件として、通報の後一五箇月で外国船舶に適用される。

7　この条に規定する国際的な規則及び基準には、特に、排出又はその可能性を伴う事件（海難を含む。）により自国の沿岸又は関係利益が影響を受けるおそれのある沿岸国への迅速な通報に関するものを含めるべきである。

第二二二条（大気からの又は大気を通ずる汚染）1　いずれの国も、国際的に合意される規則及び基準並びに勧告される方式及び手続並びに航空の安全を考慮し、大気からの又は大気を通ずる海洋環境の汚染を防止し、軽減し及び規制するため、自国の主権の下にある空間及び自国を旗国とする船舶又は自国において登録された船舶若しくは航空機について適用のある法令を制定する。

2　いずれの国も、1に規定する汚染を防止し、軽減し及び規制するために必要な他の措置をとる。

3　いずれの国も、特に、権限のある国際機関又は外交会議を通じ、1に規定する汚染を防止し、軽減し及び規制するため、世界的及び地域的な規則及び基準並びに勧告される方式及び手続を定めるよう努力する。

第六節　執　行

第二一三条（陸にある発生源からの汚染に関する執行）いずれの国も、第二〇七条の規定に従って制定する自国の法令を執行するものとし、陸にある発生源からの海洋環境の汚染を防止し、軽減し及び規制するため、権限のある国際機関又は外交会議を通じて定められる適用のある国際的な規則及び基準を実施するために必要な法令を制定し及び他の措置をとる。

第二一四条（海底における活動からの汚染に関する執行）いずれの国も、第二〇八条の規定に従って制定する自国の法令を執行するものとし、自国の管轄の下で行う海底における活動から又はこれに関連して生ずる海洋環境の汚染並びに第六〇条及び第八〇条の規定により自国の管轄の下にある人工島、施設及び構築物から生ずる海洋環境の汚染を防止し、軽減し及び規制するため、権限のある国際機関又は外交会議を通じて定められる適用のある国際的な規則及び基準を実施するために必要な法令を制定し及び他の措置をとる。

第二一五条（深海底における活動からの汚染に関する執行）深海底における活動からの海洋環境の汚染を防止し、軽減し及び規制するため第一一部の規定に従って定められる国際的な規則及び手続の執行は、同部の規定により規律される。

第二一六条（投棄による汚染に関する執行）1　この条約に従って制定する法令並びに権限のある国際機関又は外交会議を通じて定められる適用のある国際的な規則及び基準であって、投棄による海洋環境の汚染を防止し、軽減し及び規制するためのものについては、次の国が執行する。

(a)　沿岸国の領海若しくは排他的経済水域における投棄又は大陸棚への投棄については当該沿岸国

(b)　自国を旗国とする船舶については当該旗国又は自国において登録された船舶若しくは航空機についてはその登録国

(c)　国の領土又は沖合の係留施設において廃棄物その他の物を積み込む行為については当該国

2　いずれの国も、他の国がこの条の規定に従って既に手続を開始している場合には、この条の規定により手続を開始する義務を負うものではない。

第二一七条（旗国による執行）1　いずれの国も、自国を旗国とし又は自国において登録された船舶が、船舶からの海洋環境の汚染の防止、軽減及び規制のため、権限のある国際機関又は一般的な外交会議を通じて定められる適用のある国際的な規則及び基準に従うこと並びにこの条約に従って制定する自国の法令を遵守することを確保するものとし、これらの規則、基準及び法令を実施するために必要な法令を制定し及び他の措置をとる。旗国は、違反が生ずる場所のいかんを問わず、これらの規則、基準及び法令が効果的に執行されるよう必要な手段を講ずる。

2　いずれの国も、特に、自国を旗国とし又は自国において登録された船舶が1に規定する国際的な規則及び基準の要件（船舶の設計、構造、設備及び乗組員の配乗に関する要件を含む。）に従って航行することができるようになるまで、その航行を禁止されることを確保するために適当な措置をとる。

3　いずれの国も、自国を旗国とし又は自国において登録された船舶が1に規定する国際的な規則及び基準により要求され、かつ、これらに従って発給される証書を船内に備えることを確保する。いずれの国も、当該証書が船舶の実際の状態と合致しているか否かを確認するため自国を旗国とする船舶が定期的に検査されることを確保する。当該証書は、他の国により船舶の状態を示す証拠として認容されるものとし、かつ、当該他の国が発給する証書と同一の効力を有するものとみなされる。ただし、船舶の状態が実質的に証書の記載事項どおりでないと信ずるに足りる明白な理由がある場合は、この限りでない。

4　船舶が権限のある国際機関又は一般的な外交会議を通じて定められる規則及び基準に違反する場合には、旗国は、違反が生じた場所又は当該違反により引き起こされる汚染が発生し若しくは発見された場所のいかんを問わず、当該違反について、調査を直ちに行うために必要な措置をとるものとし、適当なときは手続を開始する。ただし、次条、第二二〇条及び第二二八条の規定の適用を妨げるものではない。

5　旗国は、違反の調査を実施するに当たり、事件の状況を明らかにするために他の国の協力が有用である場合には、当該他の国の援助を要請することができる。いずれの国も、旗国の適当な要請に応ずるよう努力する。

6　いずれの国も、他の国の書面による要請により、自国を旗国とする船舶によるすべての違反を調査する。旗国は、違反につき手続をとることを可能にするような十分な証拠が存在すると認める場合には、遅滞なく自国の法律に従って手続を開始する。

7　旗国は、とった措置及びその結果を要請国及び権限のある国際機関に速やかに通報する。このような情報は、すべての国が利用し得るものとする。

8　国の法令が自国を旗国とする船舶に関して定める罰は、場所のいかんを問わず違反を防止するため十分に厳格なものとする。

第二一八条（寄港国による執行）1　いずれの国も、船舶が自国の港又は沖合の係留施設に任意にとどまる場合には、権限のある国際機関又は一般的な外交会議を通じて定められる適用のある国際的な規則及び基準に違反する当該船舶からの排出であって、当該国の内水、領海又は排他的経済水域の外で生じたものについて、調査を実施することができるものとし、証拠により正当化される場合には、手続を開始することができる。

2　1に規定するいかなる手続も、他の国の内水、領海又は排他的経済水域における排出の違反については、開始してはならない。ただし、当該他の国、旗国若しくは排出の違反により損害若しくは脅威を受けた国が要請する場合又は排出の違反が手続を開始する国の内水、領海若しくは排他的経済水域において汚染をもたらし若しくはもたらすおそれがある場合は、この限りでない。

3　いずれの国も、船舶が自国の港又は沖合の係留施設に任意にとどまる場合には、1に規定する排出の違反であって、他の国の内水、領海若しくは排他的経済水域において生じたもの又はこれらの水域に損害をもたらし若しくはもたらすおそれがあると認めるものについて、当該他の国からの調査の要請に実行可能な限り応ずる。いずれの国も、船舶が自国の港又は沖合の係留施設に任意にとどまる場合には、1に規定する排出の違反について、違反が生じた場所のいかんを問わず、旗国からの調査の要請に同様に実行可能な限り応ずる。

4　この条の規定に従い寄港国により実施された調査の記録は、要請により、旗国又は沿岸国に送付する。違反が、沿岸国の内水、領海又は排他的経済水域において生じた場合には、当該調査に基づいて寄港国により開始された手続は、第七節の規定に従うことを条件として、当該沿岸国の要請により停止することができる。停止する場合には、事件の証拠及び記録並びに寄港国の当局に支払われた保証金又は提供された他の金銭上の保証は、沿岸国に送付する。寄港国における手続は、その送付が行われた場合には、継続することができない。

第二一九条（汚染を回避するための船舶の堪（たん）航性に関する措置） いずれの国も、第七節の規定に従うことを条件として、要請により又は自己の発意により、自国の港の一又は沖合の係留施設の一にある船舶が船舶の堪航性に関する適用のある国際的な規則及び基準に違反し、かつ、その違反が海洋環境に損害をもたらすおそれがあることを確認した場合には、実行可能な限り当該船舶を航行させないようにするための行政上の措置をとる。当該国は、船舶に対し最寄りの修繕のための適当な場所までに限り航行を許可することができるものとし、当該違反の原因が除去された場合には、直ちに当該船舶の航行の継続を許可する。

第二二〇条（沿岸国による執行） 1　いずれの国も、船舶が自国の港又は沖合の係留施設に任意にとどまる場合において、この条約に従って制定する自国の法令又は適用のある国際的な規則及び基準であって、船舶からの汚染の防止、軽減及び規制のためのものに対する違反が自国の領海又は排他的経済水域において生じたときは、第七節の規定に従うことを条件として、当該違反について手続を開始することができる。

2　いずれの国も、自国の領海を航行する船舶が当該領海の通航中にこの条約に従って制定する自国の法令又は適用のある国際的な規則及び基準であって、船舶からの汚染の防止、軽減及び規制のためのものに違反したと信ずるに足りる明白な理由がある場合には、第二部第三節の関連する規定の適用を妨げることなく、その違反について当該船舶の物理的な検査を実施することができ、また、証拠により正当化されるときは、第七節の規定に従うことを条件として、自国の法律に従って手続（船舶の抑留を含む。）を開始することができる。

3　いずれの国も、自国の排他的経済水域又は領海を航行する船舶が当該排他的経済水域において船舶からの汚染の防止、軽減及び規制のための適用のある国際的な規則及び基準又はこれらを実施するための自国の法令に違反したと信ずるに足りる明白な理由がある場合には、当該船舶に対しその識別及び船籍港に関する情報、直前及び次の寄港地に関する情報並びに違反が生じたか否かを確定するために必要とされる他の関連する情報を提供するよう要請することができる。

4　いずれの国も、自国を旗国とする船舶が3に規定する情報に関する要請に従うように法令を制定し及び他の措置をとる。

5　いずれの国も、自国の排他的経済水域又は領海を航行する船舶が当該排他的経済水域において3に規定する規則及び基準又は法令に違反し、その違反により著しい海洋環境の汚染をもたらし又はもたらすおそれのある実質的な排出が生じたと信ずるに足りる明白な理由がある場合において、船舶が情報の提供を拒否したとき又は船舶が提供した情報が明白な実際の状況と明らかに相違しており、かつ、事件の状況により検査を行うことが正当と認められるときは、当該違反に関連する事項について当該船舶の物理的な検査を実施することができる。

6　いずれの国も、自国の排他的経済水域又は領海を航行する船舶が当該排他的経済水域において3に規定する規則及び基準又は法令に違反し、その違反により自国の沿岸若しくは関係利益又は自国の領海若しくは排他的経済水域の資源に対し著しい損害をもたらし又はもたらすおそれのある排出が生じたとの明白かつ客観的な証拠がある場合には、第七節の規定に従うこと及び証拠により正当化されることを条件として、自国の法律に従って手続（船舶の抑留を含む。）を開始することができる。

7　6の規定にかかわらず、6に規定する国は、保証金又は他の適当な金銭上の保証に係る要求に従うことを確保する適当な手続が、権限のある国際機関を通じ又は他の方法により合意されているところに従って定められる場合において、当該国が当該手続に拘束されるときは、船舶の航行を認めるものとする。

8　3から7までの規定は、第二一一条6の規定に従って制定される国内法令にも適用する。

第二二一条（海難から生ずる汚染を回避するための措

置）1　この部のいずれの規定も、著しく有害な結果をもたらすことが合理的に予測される海難又はこれに関連する行為の結果としての汚染又はそのおそれから自国の沿岸又は関係利益（漁業を含む。）を保護するため実際に被った又は被るおそれのある損害に比例する措置を領海を越えて慣習上及び条約上の国際法に従ってとり及び執行する国の権利を害するものではない。

2　この条の規定の適用上、「海難」とは、船舶の衝突、座礁その他の航行上の事故又は船舶内若しくは船舶外のその他の出来事であって、船舶又は積荷に対し実質的な損害を与え又は与える急迫したおそれがあるものをいう。

第二二二条（大気からの又は大気を通ずる汚染に関する執行）いずれの国も、自国の主権の下にある空間において又は自国を旗国とする船舶若しくは自国において登録された船舶若しくは航空機について、第二一二条1の規定及びこの条約の他の規定に従って制定する自国の法令を執行するものとし、航空の安全に関するすべての関連する国際的な規則及び基準に従って、大気からの又は大気を通ずる海洋環境の汚染を防止し、軽減し及び規制するため、権限のある国際機関又は外交会議を通じて定められる適用のある国際的な規則及び基準を実施するために必要な法令を制定し及び他の措置をとる。

第七節　保障措置

第二二三条（手続を容易にするための措置）いずれの国も、この部の規定に従って開始する手続において、証人尋問及び他の国の当局又は権限のある国際機関から提出される証拠の認容を容易にするための措置をとるものとし、権限のある国際機関、旗国又は違反から生ずる汚染により影響を受けた国の公式の代表の手続への出席を容易にする。手続に出席する公式の代表は、国内法令又は国際法に定める権利及び義務を有する。

第二二四条（執行の権限の行使）この部の規定に基づく外国船舶に対する執行の権限は、公務員又は軍艦、軍用航空機その他政府の公務に使用されていることが明らかに表示されており、かつ、識別されることのできる船舶若しくは航空機で当該権限を与えられているものによってのみ行使することができる。

第二二五条（執行の権限の行使に当たり悪影響を回避する義務）いずれの国も、外国船舶に対する執行の権限をこの条約に基づいて行使するに当たっては、航行の安全を損ない、その他船舶に危険をもたらし、船舶を安全でない港若しくはびょう地に航行させ又は海洋環境を不当な危険にさらしてはならない。

第二二六条（外国船舶の調査）1(a)　いずれの国も、第二一六条、第二一八条及び第二二〇条に規定する調査の目的のために必要とする以上に外国船舶を遅延させてはならない。外国船舶の物理的な検査は、一般的に受け入れられている国際的な規則及び基準により船舶が備えることを要求されている証書、記録その他の文書又は船舶が備えている類似の文書の審査に制限される。外国船舶に対するこれ以上の物理的な検査は、その審査の後に限り、かつ、次の場合に限り行うことができる。

(i)　船舶又はその設備の状態が実質的にこれらの文書の記載事項どおりでないと信ずるに足りる明白な理由がある場合

(ii)　これらの文書の内容が疑わしい違反について確認するために不十分である場合

(iii)　船舶が有効な証書及び記録を備えていない場合

(b)　調査により、海洋環境の保護及び保全のための適用のある法令又は国際的な規則及び基準に対する違反が明らかとなった場合には、合理的な手続（例えば、保証金又は他の適当な金銭上の保証）に従うことを条件として速やかに釈放する。

(c)　海洋環境に対し不当に損害を与えるおそれがある場合には、船舶の堪航性に関する適用のある国際的な規則及び基準の適用を妨げることなく、船舶の釈放を拒否することができ又は最寄りの修繕のための適当な場所への航行を釈放の条件とすることができる。釈放が拒否され又は条件を付された場合には、当該船舶の旗国は、速やかに通報を受けるものとし、第一五部の規定に従い当該船舶の釈放を求めることができる。

2　いずれの国も、海洋における船舶の不必要な物理的な検査を回避するための手続を作成することに協力する。

第二二七条（外国船舶に対する無差別）いずれの国も、この部の規定に基づく権利の行使及び義務の履行に当たって、他の国の船舶に対して法律上又は事実上の差別を行ってはならない。

第二二八条（手続の停止及び手続の開始の制限）1　手続を開始する国の領海を越える水域における外国船舶による船舶からの汚染の防止、軽減及び規制に関する適用のある当該国の法令又は国際的な規則及び基準に対する違反について罰を科するための手続は、最初の手続の開始の日から六箇月以内に旗国が同一の犯罪事実について罰を科するための手続をとる場合には、停止する。ただし、その手続が沿岸国に対する著しい損害に係る事件に関するものである場合又は当該旗国が自国の船舶による違反について適用のある国際的な規則及び基準を有効に執行する義務を履行しないことが繰り返されている場合は、この限りでない。この条の規定に基づいて当該旗国が手続の停止を要請した場合には、当該旗国は、適当な時期に、当該事件の一件書類及び手続の記録を先に手続を開始した国の利用に供する。当該旗国が開始した手続が完了した場合には、停止されていた手続は、終了する。当該手続に関して負担した費用の支払を受けた後、沿岸国は、当該手続に関して支払われた保証金又は提供された他の金銭上の保証を返還する。

2　違反が生じた日から三年が経過した後は、外国船舶に罰を科するための手続を開始してはならない。いずれの国も、他の国が、1の規定に従うことを条件として、手続を開始している場合には、外国船舶に罰を科するための手続をとってはならない。

3　この条の規定は、他の国による手続のいかんを問わず、旗国が自国の法律に従って措置（罰を科するための手続を含む。）をとる権利を害するものではない。

第二二九条（民事上の手続の開始） この条約のいずれの規定も、海洋環境の汚染から生ずる損失又は損害に対する請求に関する民事上の手続の開始に影響を及ぼすものではない。

第二三〇条（金銭罰及び被告人の認められている権利の尊重） 1　海洋環境の汚染の防止、軽減及び規制のための国内法令又は適用のある国際的な規則及び基準に対する違反であって、領海を越える水域における外国船舶によるものについては、金銭罰のみを科することができる。

2　海洋環境の汚染の防止、軽減及び規制のための国内法令又は適用のある国際的な規則及び基準に対する違反であって、領海における外国船舶によるものについては、当該領海における故意によるかつ重大な汚染行為の場合を除くほか、金銭罰のみを科することができる。

3　外国船舶による1及び2に規定する違反であって、罰が科される可能性のあるものについての手続の実施に当たっては、被告人の認められている権利を尊重する。

第二三一条（旗国その他の関係国に対する通報） いずれの国も、第六節の規定により外国船舶に対してとった措置を旗国その他の関係国に速やかに通報するものとし、旗国に対しては当該措置に関するすべての公の報告書を提供する。ただし、領海における違反については、前段の沿岸国の義務は、手続においてとられた措置にのみ適用する。第六節の規定により外国船舶に対してとられた措置は、旗国の外交官又は領事官及び、可能な場合には、当該旗国の海事当局に直ちに通報する。

第二三二条（執行措置から生ずる国の責任） いずれの国も、第六節の規定によりとった措置が違法であった場合又は入手可能な情報に照らして合理的に必要とされる限度を超えた場合には、当該措置に起因する損害又は損失であって自国の責めに帰すべきものについて責任を負う。いずれの国も、このような損害又は損失に関し、自国の裁判所において訴えを提起する手段につき定める。

第二三三条（国際航行に使用されている海峡に関する保障措置） 第五節からこの節までのいずれの規定も、国際航行に使用されている海峡の法制度に影響を及ぼすものではない。ただし、第一〇節に規定する船舶以外の外国船舶が第四二条1の(a)及び(b)に規定する法令に違反し、かつ、海峡の海洋環境に対し著しい損害をもたらし又はもたらすおそれがある場合には、海峡沿岸国は、適当な執行措置をとることができるものとし、この場合には、この節の規定を適用する。

第八節　氷に覆われた水域

第二三四条（氷に覆われた水域） 沿岸国は、自国の排他的経済水域の範囲内における氷に覆われた水域であって、特に厳しい気象条件及び年間の大部分の期間当該水域を覆う氷の存在が航行に障害又は特別の危険をもたらし、かつ、海洋環境の汚染が生態学的均衡に著しい害又は回復不可能な障害をもたらすおそれのある水域において、船舶からの海洋汚染の防止、軽減及び規制のための無差別の法令を制定し及び執行する権利を有する。この法令は、航行並びに入手可能な最良の科学的証拠に基づく海洋環境の保護及び保全に妥当な考慮を払ったものとする。

第九節　責　任

第二三五条（責任） 1　いずれの国も、海洋環境の保護及び保全に関する自国の国際的義務を履行するものとし、国際法に基づいて責任を負う。

2　いずれの国も、自国の管轄の下にある自然人又は法人による海洋環境の汚染によって生ずる損害に関し、自国の法制度に従って迅速かつ適正な補償その他の救済のための手段が利用し得ることを確保する。

3　いずれの国も、海洋環境の汚染によって生ずるすべての損害に関し迅速かつ適正な賠償及び補償を確保するため、損害の評価、賠償及び補償並びに関連する紛争の解決について、責任に関する現行の国際法を実施し及び国際法を一層発展させるために協力するものとし、適当なときは、適正な賠償及び補償の支払に関する基準及び手続（例えば、強制保険又は補償基金）を作成するために協力する。

第一〇節　主権免除

第二三六条（主権免除） 海洋環境の保護及び保全に関するこの条約の規定は、軍艦、軍の支援船又は国が所有し若しくは運航する他の船舶若しくは航空機で政府の非商業的役務にのみ使用しているものについては、適用しない。ただし、いずれの国も、自国が所有し又は運航するこれらの船舶又は航空機の運航又は運航能力を阻害しないような適当な措置をとることにより、これらの船舶又は航空機が合理的かつ実行可能である限りこの条約に即して行動することを確保する。

第一一節　海洋環境の保護及び保全に関する他の条約に基づく義務

**第二三七条（海洋環境の保護及び保全に関する他の条

約に基づく義務）1　この部の規定は、海洋環境の保護及び保全に関して既に締結された特別の条約及び協定に基づき国が負う特定の義務に影響を与えるものではなく、また、この条約に定める一般原則を促進するために締結される協定の適用を妨げるものではない。

2　海洋環境の保護及び保全に関し特別の条約に基づき国が負う特定の義務は、この条約の一般原則及び一般的な目的に適合するように履行すべきである。

第一三部　海洋の科学的調査

第一節　総　則

第二三八条（海洋の科学的調査を実施する権利） すべての国（地理的位置のいかんを問わない。）及び権限のある国際機関は、この条約に規定する他の国の権利及び義務を害さないことを条件として、海洋の科学的調査を実施する権利を有する。

第二三九条（海洋の科学的調査の促進） いずれの国及び権限のある国際機関も、この条約に従って海洋の科学的調査の発展及び実施を促進し及び容易にする。

第二四〇条（海洋の科学的調査の実施のための一般原則） 海洋の科学的調査の実施に当たっては、次の原則を適用する。

(a)　海洋の科学的調査は、専ら平和的目的のために実施する。

(b)　海洋の科学的調査は、この条約に抵触しない適当な科学的方法及び手段を用いて実施する。

(c)　海洋の科学的調査は、この条約に抵触しない他の適法な海洋の利用を不当に妨げないものとし、そのような利用の際に十分に尊重される。

(d)　海洋の科学的調査は、この条約に基づいて制定されるすべての関連する規則（海洋環境の保護及び保全のための規則を含む。）に従って実施する。

第二四一条（権利の主張の法的根拠としての海洋の科学的調査の活動の否認） 海洋の科学的調査の活動は、海洋環境又はその資源のいずれの部分に対するいかなる権利の主張の法的根拠も構成するものではない。

第二節　国際協力

第二四二条（国際協力の促進） 1　いずれの国及び権限のある国際機関も、主権及び管轄権の尊重の原則に従い、かつ、相互の利益を基礎として、平和的目的のための海洋の科学的調査に関する国際協力を促進する。

2　このため、いずれの国も、この部の規定の適用上、この条約に基づく国の権利及び義務を害することなく、適当な場合には、人の健康及び安全並びに海洋環境に対する損害を防止し及び抑制するために必要な情報を、自国から又は自国が協力することにより他の国が得るための合理的な機会を提供する。

第二四三条（好ましい条件の創出） いずれの国及び権限のある国際機関も、海洋環境における海洋の科学的調査の実施のための好ましい条件を創出し、かつ、海洋環境において生ずる現象及び過程の本質並びにそれらの相互関係を研究する科学者の努力を統合するため、二国間又は多数国間の協定の締結を通じて協力する。

第二四四条（情報及び知識の公表及び頒布） 1　いずれの国及び権限のある国際機関も、この条約に従って、主要な計画案及びその目的に関する情報並びに海洋の科学的調査から得られた知識を適当な経路を通じて公表し及び頒布する。

2　このため、いずれの国も、単独で並びに他の国及び権限のある国際機関と協力して、科学的データ及び情報の流れを円滑にし並びに特に開発途上国に対し海洋の科学的調査から得られた知識を移転すること並びに開発途上国が自ら海洋の科学的調査を実施する能力を、特に技術及び科学の分野における開発途上国の要員の適切な教育及び訓練を提供するための計画を通じて強化することを積極的に促進する。

第三節　海洋の科学的調査の実施及び促進

第二四五条（領海における海洋の科学的調査） 沿岸国は、自国の主権の行使として、自国の領海における海洋の科学的調査を規制し、許可し及び実施する排他的権利を有する。領海における海洋の科学的調査は、沿岸国の明示の同意が得られ、かつ、沿岸国の定める条件に基づく場合に限り、実施する。

第二四六条（排他的経済水域及び大陸棚における海洋の科学的調査） 1　沿岸国は、自国の管轄権の行使として、この条約の関連する規定に従って排他的経済水域及び大陸棚における海洋の科学的調査を規制し、許可し及び実施する権利を有する。

2　排他的経済水域及び大陸棚における海洋の科学的調査は、沿岸国の同意を得て実施する。

3　沿岸国は、自国の排他的経済水域又は大陸棚において他の国又は権限のある国際機関が、この条約に従って、専ら平和的目的で、かつ、すべての人類の利益のために海洋環境に関する科学的知識を増進させる目的で実施する海洋の科学的調査の計画については、通常の状況においては、同意を与える。このため、沿岸国は、同意が不当に遅滞し又は拒否されないことを確保するための規則及び手続を定める。

4　3の規定の適用上、沿岸国と調査を実施する国との間に外交関係がない場合にも、通常の状況が存在するものとすることができる。

5　沿岸国は、他の国又は権限のある国際機関による自国の排他的経済水域又は大陸棚における海洋の科学的調査の計画の実施について、次の場合には、自国の裁量により同意を与えないことができる。

(a)　計画が天然資源（生物であるか非生物であるかを問わない。）の探査及び開発に直接影響を及ぼす場合

(b)　計画が大陸棚の掘削、爆発物の使用又は海洋環

境への有害物質の導入を伴う場合

(c) 計画が第六〇条及び第八〇条に規定する人工島、施設及び構築物の建設、運用又は利用を伴う場合

(d) 第二四八条の規定により計画の性質及び目的に関し提供される情報が不正確である場合又は調査を実施する国若しくは権限のある国際機関が前に実施した調査の計画について沿岸国に対する義務を履行していない場合

6 5の規定にかかわらず、沿岸国は、領海の幅を測定するための基線から二〇〇海里を超える大陸棚（開発又は詳細な探査の活動が行われており又は合理的な期間内に行われようとしている区域として自国がいつでも公の指定をすることのできる特定の区域を除く。）においてこの部の規定に従って実施される海洋の科学的調査の計画については、5aの規定に基づく同意を与えないとする裁量を行使してはならない。沿岸国は、当該区域の指定及びその変更について合理的な通報を行う。ただし、当該区域における活動の詳細を通報する義務を負わない。

7 6の規定は、第七七条に定める大陸棚に対する沿岸国の権利を害するものではない。

8 この条の海洋の科学的調査の活動は、沿岸国がこの条約に定める主権的権利及び管轄権を行使して実施する活動を不当に妨げてはならない。

第二四七条（国際機関により又は国際機関の主導により実施される海洋の科学的調査の計画） 国際機関の構成国である沿岸国又は国際機関との間で協定を締結している沿岸国の排他的経済水域又は大陸棚において当該国際機関が海洋の科学的調査の計画を直接に又は自己の主導により実施することを希望する場合において、当該沿岸国が当該国際機関による計画の実施の決定に当たり詳細な計画を承認したとき又は計画に参加する意思を有し、かつ、当該国際機関による計画の通報から四箇月以内に反対を表明しなかったときは、合意された細目により実施される調査について当該沿岸国の許可が与えられたものとする。

第二四八条（沿岸国に対し情報を提供する義務） 沿岸国の排他的経済水域又は大陸棚において海洋の科学的調査を実施する意図を有する国及び権限のある国際機関は、海洋の科学的調査の計画の開始予定日の少なくとも六箇月前に当該沿岸国に対し次の事項について十分な説明を提供する。

(a) 計画の性質及び目的

(b) 使用する方法及び手段（船舶の名称、トン数、種類及び船級並びに科学的機材の説明を含む。）

(c) 計画が実施される正確な地理的区域

(d) 調査船の最初の到着予定日及び最終的な出発予定日又は、適当な場合には、機材の設置及び撤去の予定日

(e) 責任を有する機関の名称及びその代表者の氏名並びに計画の担当者の氏名

(f) 沿岸国が計画に参加し又は代表を派遣することができると考えられる程度

第二四九条（一定の条件を遵守する義務） 1 いずれの国及び権限のある国際機関も、沿岸国の排他的経済水域又は大陸棚において海洋の科学的調査を実施するに当たり、次の条件を遵守する。

(a) 沿岸国が希望する場合には、沿岸国の科学者に対し報酬を支払うことなく、かつ、沿岸国に対し計画の費用の分担の義務を負わせることなしに、海洋の科学的調査の計画に参加し又は代表を派遣する沿岸国の権利を確保し、特に、実行可能なときは、調査船その他の舟艇又は科学的調査のための施設への同乗の権利を確保すること。

(b) 沿岸国に対し、その要請により、できる限り速やかに暫定的な報告並びに調査の完了の後は最終的な結果及び結論を提供すること。

(c) 沿岸国に対し、その要請により、海洋の科学的調査の計画から得られたすべてのデータ及び試料を利用する機会を提供することを約束し並びに写しを作成することのできるデータについてはその写し及び科学的価値を害することなく分割することのできる試料についてはその部分を提供することを約束すること。

(d) 要請があった場合には、沿岸国に対し、cのデータ、試料及び調査の結果の評価を提供し又は沿岸国が当該データ、試料及び調査の結果を評価し若しくは解釈するに当たり援助を提供すること。

(e) 2の規定に従うことを条件として、調査の結果ができる限り速やかに適当な国内の経路又は国際的な経路を通じ国際的な利用に供されることを確保すること。

(f) 調査の計画の主要な変更を直ちに沿岸国に通報すること。

(g) 別段の合意がない限り、調査が完了したときは、科学的調査のための施設又は機材を撤去すること。

2 この条の規定は、第二四六条5の規定に基づき同意を与えるか否かの裁量を行使するため沿岸国の法令によって定められる条件（天然資源の探査及び開発に直接影響を及ぼす計画の調査の結果を国際的な利用に供することについて事前の合意を要求することを含む。）を害するものではない。

第二五〇条（海洋の科学的調査の計画に関する通報） 別段の合意がない限り、海洋の科学的調査の計画に関する通報は、適当な公の経路を通じて行う。

第二五一条（一般的な基準及び指針） いずれの国も、各国が海洋の科学的調査の性質及び意味を確認することに資する一般的な基準及び指針を定めることを権限のある国際機関を通じて促進するよう努力する。

第二五二条（黙示の同意） いずれの国又は権限のある国際機関も、第二四八条の規定によって要求される情報を沿岸国に対し提供した日から六箇月が経過したときは、海洋の科学的調査の計画を進めることができる。ただし、沿岸国が、この情報を含む通報の受

領の後四箇月以内に、調査を実施しようとする国又は権限のある国際機関に対し次のいずれかのことを通報した場合は、この限りでない。

(a) 第二四六条の規定に基づいて同意を与えなかったこと。

(b) 計画の性質又は目的について当該国又は国際機関が提供した情報が明白な事実と合致しないこと。

(c) 第二四八条及び第二四九条に定める条件及び情報に関連する補足的な情報を要求すること。

(d) 当該国又は国際機関が前に実施した海洋の科学的調査の計画に関し、第二四九条に定める条件についての義務が履行されていないこと。

第二五三条（海洋の科学的調査の活動の停止又は終了）

1　沿岸国は、次のいずれかの場合には、自国の排他的経済水域又は大陸棚において実施されている海洋の科学的調査の活動の停止を要求する権利を有する。

(a) 活動が、第二四八条の規定に基づいて提供された情報であって沿岸国の同意の基礎となったものに従って実施されていない場合

(b) 活動を実施している国又は権限のある国際機関が、海洋の科学的調査の計画についての沿岸国の権利に関する第二四九条の規定を遵守していない場合

2　沿岸国は、第二四八条の規定の不履行であって海洋の科学的調査の計画又は活動の主要な変更に相当するものがあった場合には、当該海洋の科学的調査の活動の終了を要求する権利を有する。

3　沿岸国は、また、1に規定するいずれかの状態が合理的な期間内に是正されない場合には、海洋の科学的調査の活動の終了を要求することができる。

4　海洋の科学的調査の活動の実施を許可された国又は権限のある国際機関は、沿岸国による停止又は終了を命ずる決定の通報に従い、当該通報の対象となっている調査の活動を取りやめる。

5　調査を実施する国又は権限のある国際機関が第二四八条及び第二四九条の規定により要求される条件を満たした場合には、沿岸国は、1の規定による停止の命令を撤回し、海洋の科学的調査の活動の継続を認めるものとする。

第二五四条（沿岸国に隣接する内陸国及び地理的不利国の権利）1　第二四六条3に規定する海洋の科学的調査を実施する計画を沿岸国に提出した国及び権限のある国際機関は、提案された調査の計画を沿岸国に隣接する内陸国及び地理的不利国に通報するものとし、また、その旨を沿岸国に通報する。

2　第二四六条及びこの条約の他の関連する規定に従って沿岸国が提案された海洋の科学的調査の計画に同意を与えた後は、当該計画を実施する国及び権限のある国際機関は、沿岸国に隣接する内陸国及び地理的不利国に対し、これらの国の要請があり、かつ、適当である場合には、第二四八条及び第二四九条1(f)の関連する情報を提供する。

3　2の内陸国及び地理的不利国は、自国の要請により、提案された海洋の科学的調査の計画について、沿岸国と海洋の科学的調査を実施する国又は権限のある国際機関との間でこの条約の規定に従って合意された条件に基づき、自国が任命し、かつ、沿岸国の反対がない資格のある専門家の参加を通じ、実行可能な限り、当該計画に参加する機会を与えられる。

4　1に規定する国及び権限のある国際機関は、3の内陸国及び地理的不利国に対し、これらの国の要請により、第二四九条2の規定に従うことを条件として、同条1(d)の情報及び援助を提供する。

第二五五条（海洋の科学的調査を容易にし及び調査船を援助するための措置）いずれの国も、自国の領海を越える水域においてこの条約に従って実施される海洋の科学的調査を促進し及び容易にするため合理的な規則及び手続を定めるよう努力するものとし、また、適当な場合には、自国の法令に従い、この部の関連する規定を遵守する海洋の科学的調査のための調査船の自国の港への出入りを容易にし及び当該調査船に対する援助を促進する。

第二五六条（深海底における海洋の科学的調査）すべての国（地理的位置のいかんを問わない。）及び権限のある国際機関は、第十一部の規定に従って、深海底における海洋の科学的調査を実施する権利を有する。

第二五七条（排他的経済水域を越える水域（海底及びその下を除く。）における海洋の科学的調査）すべての国（地理的位置のいかんを問わない。）及び権限のある国際機関は、この条約に基づいて、排他的経済水域を越える水域（海底及びその下を除く。）における海洋の科学的調査を実施する権利を有する。

第四節　海洋環境における科学的調査のための施設又は機材

第二五八条（設置及び利用）海洋環境のいかなる区域においても、科学的調査のためのいかなる種類の施設又は機材の設置及び利用も、当該区域における海洋の科学的調査の実施についてこの条約の定める条件と同一の条件に従う。

第二五九条（法的地位）この節に規定する施設又は機材は、島の地位を有しない。これらのものは、それ自体の領海を有せず、また、その存在は、領海、排他的経済水域又は大陸棚の境界画定に影響を及ぼすものではない。

第二六〇条（安全水域）この条約の関連する規定に従って、科学的調査のための施設の周囲に五〇〇メートルを超えない合理的な幅を有する安全水域を設定することができる。すべての国は、自国の船舶が当該安全水域を尊重することを確保する。

第二六一条（航路を妨げてはならない義務）科学的調査のためのいかなる種類の施設又は機材の設置及び利用も、確立した国際航路の妨げとなってはならない。

第二六二条（識別標識及び注意を喚起するための信号）この節に規定する施設又は機材は、権限のある国際

機関が定める規則及び基準を考慮して、登録国又は所属する国際機関を示す識別標識を掲げるものとし、海上における安全及び航空の安全を確保するため、国際的に合意される注意を喚起するための適当な信号を発することができるものとする。

第五節 責任

第二六三条(責任) 1 いずれの国及び権限のある国際機関も、海洋の科学的調査(自ら実施するものであるか自らに代わって実施されるものであるかを問わない。)がこの条約に従って実施されることを確保する責任を負う。

2 いずれの国及び権限のある国際機関も、他の国、その自然人若しくは法人又は権限のある国際機関が実施する海洋の科学的調査に関し、この条約に違反してとる措置について責任を負い、当該措置から生ずる損害を賠償する。

3 いずれの国及び権限のある国際機関も、自ら実施し又は自らに代わって実施される海洋の科学的調査から生ずる海洋環境の汚染によりもたらされた損害に対し第二三五条の規定に基づいて責任を負う。

第六節 紛争の解決及び暫定措置

第二六四条(紛争の解決) 海洋の科学的調査に関するこの条約の解釈又は適用に関する紛争は、第一五部の第二節及び第三節の規定によって解決する。

第二六五条(暫定措置) 海洋の科学的調査の計画を実施することを許可された国又は権限のある国際機関は、第一五部の第二節及び第三節の規定により紛争が解決されるまでの間、関係沿岸国の明示の同意なしに調査の活動を開始し又は継続してはならない。

第一四部 海洋技術の発展及び移転

第一節 総則

第二六六条(海洋技術の発展及び移転の促進) 1 いずれの国も、直接に又は権限のある国際機関を通じ、公正かつ合理的な条件で海洋科学及び海洋技術を発展させ及び移転することを積極的に促進するため、自国の能力に応じて協力する。

2 いずれの国も、開発途上国の社会的及び経済的開発を促進することを目的として、海洋資源の探査、開発、保存及び管理、海洋環境の保護及び保全、海洋の科学的調査並びにこの条約と両立する海洋環境における他の活動について、海洋科学及び海洋技術の分野において技術援助を必要とし及び要請することのある国(特に開発途上国(内陸国及び地理的不利国を含む。))の能力の向上を促進する。

3 いずれの国も、海洋技術を衡平な条件ですべての関係者の利益のため移転させることについて、好ましい経済的及び法的な条件を促進するよう努力する。

第二六七条(正当な利益の保護) いずれの国も、前条の規定により協力を促進するに当たり、すべての正当な利益(特に、海洋技術の所有者、提供者及び受領者の権利及び義務を含む。)に妥当な考慮を払う。

第二六八条(基本的な目的) いずれの国も、直接に又は権限のある国際機関を通じ、次の事項を促進する。

(a) 海洋技術に関する知識の取得、評価及び普及並びにこれらに関連する情報及びデータの利用
(b) 適当な海洋技術の開発
(c) 海洋技術の移転を容易にするための必要な技術的基盤の整備
(d) 開発途上国の国民(特に後発開発途上国の国民)の訓練及び教育による人的資源の開発
(e) すべての規模、特に、地域的な、小地域的な及び二国間の規模における国際協力

第二六九条(基本的な目的を達成するための措置) 前条の目的を達成するため、いずれの国も、直接に又は権限のある国際機関を通じ、特に次のことを行うよう努力する。

(a) すべての種類の海洋技術を、この分野における技術援助を必要とし及び要請することのある国(特に、内陸国である開発途上国及び地理的不利国である開発途上国並びに他の開発途上国であって海洋科学並びに海洋資源の探査及び開発における自国の技術上の能力を確立し若しくは向上させることができなかったか又はこのような海洋技術の基盤を整備することができなかったもの)に対し効果的に移転するための技術協力計画を作成すること。
(b) 衡平かつ合理的な条件で、協定、契約その他これらに類する取決めの締結のための好ましい条件を促進すること。
(c) 科学的及び技術的な事項、特に、海洋技術の移転のための政策及び方法に関する会議、セミナー及びシンポジウムを開催すること。
(d) 科学者、技術専門家その他の専門家の交流を促進すること。
(e) 計画を実施し並びに合弁事業及び他の形態による二国間及び多数国間の協力を促進すること。

第二節 国際協力

第二七〇条(国際協力の方法及び手段) 海洋技術の発展及び移転のための国際協力は、海洋の科学的調査、海洋技術の移転(特に新しい分野におけるもの)並びに海洋の調査及び開発に対する適当な国際的な資金供与を容易にするため、実行可能かつ適当な場合には、既存の二国間の、地域的な又は多数国間の計画を通じ並びに拡大された計画及び新規の計画を通じて行う。

第二七一条(指針及び基準) いずれの国も、特に開発途上国の利益及びニーズを考慮して、直接に又は権限のある国際機関を通じ、二国間で又は国際機関その他の場において海洋技術の移転のための一般的に受け入れられている指針及び基準を定めることを促進

する。

第二七二条(国際的な計画の調整) いずれの国も、海洋技術の移転の分野において、開発途上国(特に、内陸国及び地理的不利国)の利益及びニーズを考慮して、権限のある国際機関がその活動(地域的又は世界的な計画を含む。)を調整することを確保するよう努力する。

第二七三条(国際機関及び機構との協力) いずれの国も、深海底における活動に関する技能及び海洋技術を開発途上国、その国民及び事業体に対し移転することを奨励し及び容易にするため、権限のある国際機関及び機構と積極的に協力する。

第二七四条(機構の目的) 機構は、すべての正当な利益(特に、技術の所有者、提供者及び受領者の権利及び義務を含む。)に従うことを条件として、深海底における活動に関し、次のことを確保する。

(a) 衡平な地理的配分の原則に基づき、開発途上国(沿岸国、内陸国又は地理的不利国のいかんを問わない。)の国民を訓練するため、当該国民を機構の活動のための管理及び調査に係る職員並びに技術職員として受け入れること。

(b) 関連する機材、機器、装置及び製法に関する技術上の書類をすべての国(特に、これらの分野における技術援助を必要とし及び要請することのある開発途上国)の利用に供すること。

(c) 海洋技術の分野において技術援助を必要とし及び要請することのある国(特に開発途上国)が当該技術援助を取得すること並びに当該国の国民が必要な技能及びノウハウを取得すること(職業訓練を受けることを含む。)を容易にするため、機構が適当な措置をとること。

(d) 海洋技術の分野において技術援助を必要とし及び要請することのある国(特に開発途上国)がこの条約の財政上の措置を通じ、必要な機材、製法、工場及び他の技術上のノウハウの取得に当たって援助を受けること。

第三節　海洋科学及び海洋技術に関する国及び地域のセンター

第二七五条(国のセンターの設置) 1　いずれの国も、直接に又は権限のある国際機関及び機構を通じ、沿岸国である開発途上国による海洋の科学的調査の実施を奨励し及び発展させるため並びにこれらの国が自国の経済的利益のために自国の海洋の資源を利用し及び保全する能力を向上させるため、海洋科学及び海洋技術に関する調査のための国のセンターを、特に沿岸国である開発途上国に設置し並びに既存の国のセンターを強化することを促進する。

2　いずれの国も、権限のある国際機関及び機構を通じ、高度の訓練のための施設、必要な機材、技能、ノウハウ及び技術専門家をこれらの援助を必要とし及び要請することのある国に提供するため、国のセンターを設置し及び強化することを容易にすることにつき適切な支援を与える。

第二七六条(地域のセンターの設置) 1　いずれの国も、開発途上国による海洋の科学的調査の実施を奨励し及び発展させるため並びに海洋技術の移転を促進するため、権限のある国際機関、機構並びに海洋科学及び海洋技術に関する自国の調査機関との調整の下に、特に開発途上国において、海洋科学及び海洋技術に関する調査のための地域のセンターを設置することを促進する。

2　地域のすべての国は、地域のセンターの目的を一層効果的に達成することを確保するため、当該センターと協力する。

第二七七条(地域のセンターの任務) 地域のセンターの任務には、特に次の事項を含める。

(a) 海洋科学及び海洋技術に関する調査の諸分野(特に、海洋生物学(生物資源の保存及び管理に係るものを含む。)、海洋学、水路学、工学、海底の地質学上の探査、採鉱及び淡水化技術)に関するあらゆる水準の訓練及び教育の計画

(b) 管理に係る研究

(c) 海洋環境の保護及び保全並びに汚染の防止、軽減及び規制に関する研究計画

(d) 地域的な会議、セミナー及びシンポジウムの開催

(e) 海洋科学及び海洋技術に関するデータ及び情報の取得及び処理

(f) 容易に利用可能な出版物による海洋科学及び海洋技術に関する調査の結果の迅速な頒布

(g) 海洋技術の移転に関する国の政策の公表及び当該政策の組織的な比較研究

(h) 技術の取引に関する情報及び特許に関する契約その他の取決めに関する情報の取りまとめ及び体系化

(i) 地域の他の国との技術協力

第四節　国際機関の間の協力

第二七八条(国際機関の間の協力) この部及び第一三部に規定する権限のある国際機関は、直接に又は国際機関の間の緊密な協力の下に、この部の規定に基づく任務及び責任を効果的に遂行することを確保するため、すべての適当な措置をとる。

第一五部　紛争の解決

第一節　総　則

第二七九条(平和的手段によって紛争を解決する義務) 締約国は、国際連合憲章第二条3の規定に従いこの条約の解釈又は適用に関する締約国間の紛争を平和的手段によって解決するものとし、このため、同憲章第三三条1に規定する手段によって解決を求める。

第二八〇条(紛争当事者が選択する平和的手段による紛争の解決) この部のいかなる規定も、この条約の

解釈又は適用に関する締約国間の紛争を当該締約国が選択する平和的手段によって解決することにつき当該締約国がいつでも合意する権利を害するものではない。

第二八一条（紛争当事者によって解決が得られない場合の手続）1　この条約の解釈又は適用に関する紛争の当事者である締約国が、当該締約国が選択する平和的手段によって紛争の解決を求めることについて合意した場合には、この部に定める手続は、当該平和的手段によって解決が得られず、かつ、当該紛争の当事者間の合意が他の手続の可能性を排除していないときに限り適用される。

2　紛争当事者が期限についても合意した場合には、1の規定は、その期限の満了のときに限り適用される。

第二八二条（一般的な、地域的な又は二国間の協定に基づく義務）この条約の解釈又は適用に関する紛争の当事者である締約国が、一般的な、地域的な又は二国間の協定その他の方法によって、いずれかの紛争当事者の要請により拘束力を有する決定を伴う手続に紛争を付することについて合意した場合には、当該手続は、紛争当事者が別段の合意をしない限り、この部に定める手続の代わりに適用される。

第二八三条（意見を交換する義務）1　この条約の解釈又は適用に関して締約国間に紛争が生ずる場合には、紛争当事者は、交渉その他の平和的手段による紛争の解決について速やかに意見の交換を行う。

2　紛争当事者は、紛争の解決のための手続が解決をもたらさずに終了したとき又は解決が得られた場合においてその実施の方法につき更に協議が必要であるときは、速やかに意見の交換を行う。

第二八四条（調停）1　この条約の解釈又は適用に関する紛争の当事者である締約国は、他の紛争当事者に対し、附属書Ⅴ第一節に定める手続その他の調停手続に従って紛争を調停に付するよう要請することができる。

2　1の要請が受け入れられ、かつ、適用される調停手続について紛争当事者が合意する場合には、いずれの紛争当事者も、紛争を当該調停手続に付することができる。

3　1の要請が受け入れられない場合又は紛争当事者が手続について合意しない場合には、調停手続は、終了したものとみなされる。

4　紛争が調停に付された場合には、紛争当事者が別段の合意をしない限り、その手続は、合意された調停手続に従ってのみ終了することができる。

第二八五条（第一一部の規定によって付託される紛争についてのこの節の規定の適用）この節の規定は、第一一部第五節の規定によりこの部に定める手続に従って解決することとされる紛争についても適用する。締約国以外の主体がこのような紛争の当事者である場合には、この節の規定を準用する。

第二節　拘束力を有する決定を伴う義務的手続

第二八六条（この節の規定に基づく手続の適用）第三節の規定に従うことを条件として、この条約の解釈又は適用に関する紛争であって第一節に定める方法によって解決が得られなかったものは、いずれかの紛争当事者の要請により、この節の規定に基づいて管轄権を有する裁判所に付託される。

第二八七条（手続の選択）1　いずれの国も、この条約に署名し、これを批准し若しくはこれに加入する時に又はその後いつでも、書面による宣言を行うことにより、この条約の解釈又は適用に関する紛争の解決のための次の手段のうち一又は二以上の手段を自由に選択することができる。

(a)　附属書Ⅵによって設立される国際海洋法裁判所
(b)　国際司法裁判所
(c)　附属書Ⅶによって組織される仲裁裁判所
(d)　附属書Ⅷに規定する一又は二以上の種類の紛争のために同附属書によって組織される特別仲裁裁判所

2　1の規定に基づいて行われる宣言は、第一一部第五節に定める範囲及び方法で国際海洋法裁判所の海底紛争裁判部が管轄権を有することを受け入れる締約国の義務に影響を及ぼすものではなく、また、その義務から影響を受けるものでもない。

3　締約国は、その時において効力を有する宣言の対象とならない紛争の当事者である場合には、附属書Ⅶに定める仲裁手続を受け入れているものとみなされる。

4　紛争当事者が紛争の解決のために同一の手続を受け入れている場合には、当該紛争については、紛争当事者が別段の合意をしない限り、当該手続にのみ付することができる。

5　紛争当事者が紛争の解決のために同一の手続を受け入れていない場合には、当該紛争については、紛争当事者が別段の合意をしない限り、附属書Ⅶに従って仲裁にのみ付することができる。

6　1の規定に基づいて行われる宣言は、その撤回の通告が国際連合事務総長に寄託された後三箇月が経過するまでの間、効力を有する。

7　新たな宣言、宣言の撤回の通告又は宣言の期間満了は、紛争当事者が別段の合意をしない限り、この条の規定に基づいて管轄権を有する裁判所において進行中の手続に何ら影響を及ぼすものではない。

8　この条に規定する宣言及び通告については、国際連合事務総長に寄託するものとし、同事務総長は、その写しを締約国に送付する。

第二八八条（管轄権）1　前条に規定する裁判所は、この条約の解釈又は適用に関する紛争であってこの部の規定に従って付託されるものについて管轄権を有する。

2　前条に規定する裁判所は、また、この条約の目的に関係のある国際協定の解釈又は適用に関する紛争であって当該協定に従って付託されるものについて管轄権を有する。

3　附属書Ⅵによって設置される国際海洋法裁判所の海底紛争裁判部並びに第一一部第五節に規定するその他の裁判部及び仲裁裁判所は、同節の規定に従って付託される事項について管轄権を有する。

4　裁判所が管轄権を有するか否かについて争いがある場合には、当該裁判所の裁判で決定する。

第二八九条（専門家）科学的又は技術的な事項に係る紛争において、この節の規定に基づいて管轄権を行使する裁判所は、いずれかの紛争当事者の要請により又は自己の発意により、投票権なしで当該裁判所に出席する二人以上の科学又は技術の分野における専門家を紛争当事者と協議の上選定することができる。これらの専門家は、附属書Ⅷ第二条の規定に従って作成された名簿のうち関連するものから選出することが望ましい。

第二九〇条（暫定措置）1　紛争が裁判所に適正に付託され、当該裁判所がこの部又は第一一部第五節の規定に基づいて管轄権を有すると推定する（prima facie it has jurisdiction）場合には、当該裁判所は、終局裁判を行うまでの間、紛争当事者のそれぞれの権利を保全し又は海洋環境に対して生ずる重大な害を防止するため、状況に応じて適当と認める暫定措置を定めることができる。

2　暫定措置を正当化する状況が変化し又は消滅した場合には、当該暫定措置を修正し又は取り消すことができる。

3　いずれかの紛争当事者が要請し、かつ、すべての紛争当事者が陳述する機会を与えられた後にのみ、この条の規定に基づき暫定措置を定め、修正し又は取り消すことができる。

4　裁判所は、暫定措置を定め、修正し又は取り消すことにつき、紛争当事者その他裁判所が適当と認める締約国に直ちに通告する。

5　この節の規定に従って紛争の付託される仲裁裁判所が構成されるまでの間、紛争当事者が合意する裁判所又は暫定措置に対する要請が行われた日から二週間以内に紛争当事者が合意しない場合には国際海洋法裁判所若しくは深海底における活動に関しては海底紛争裁判部は、構成される仲裁裁判所が紛争について管轄権を有すると推定し（prima facie）、かつ、事態の緊急性により必要と認める場合には、この条の規定に基づき暫定措置を定め、修正し又は取り消すことができる。紛争が付託された仲裁裁判所が構成された後は、当該仲裁裁判所は、1から4までの規定に従い暫定措置を修正し、取り消し又は維持することができる。

6　紛争当事者は、この条の規定に基づいて定められた暫定措置に速やかに従う。

第二九一条（手続の開放）1　この部に定めるすべての紛争解決手続は、締約国に開放する。

2　この部に定める紛争解決手続は、この条約に明示的に定めるところによってのみ、締約国以外の主体に開放する。

第二九二条（船舶及び乗組員の速やかな釈放）1　締約国の当局が他の締約国を旗国とする船舶を抑留した場合において、合理的な保証金の支払又は合理的な他の金銭上の保証の提供の後に船舶及びその乗組員を速やかに釈放するというこの条約の規定を抑留した国が遵守しなかったと主張されているときは、釈放の問題については、紛争当事者が合意する裁判所に付託することができる。抑留の時から一〇日以内に紛争当事者が合意しない場合には、釈放の問題については、紛争当事者が別段の合意をしない限り、抑留した国が第二八七条の規定によって受け入れている裁判所又は国際海洋法裁判所に付託することができる。

2　釈放に係る申立てについては、船舶の旗国又はこれに代わるものに限って行うことができる。

3　裁判所は、遅滞なく釈放に係る申立てを取り扱うものとし、釈放の問題のみを取り扱う。ただし、適当な国内の裁判所に係属する船舶又はその所有者若しくは乗組員に対する事件の本案には、影響を及ぼさない。抑留した国の当局は、船舶又はその乗組員をいつでも釈放することができる。

4　裁判所によって決定された保証金が支払われ又は裁判所によって決定された他の金銭上の保証が提供された場合には、抑留した国の当局は、船舶又はその乗組員の釈放についての当該裁判所の決定に速やかに従う。

第二九三条（適用のある法）1　この節の規定に基づいて管轄権を有する裁判所は、この条約及びこの条約に反しない国際法の他の規則を適用する。

2　1の規定は、紛争当事者が合意する場合には、この節の規定に基づいて管轄権を有する裁判所が衡平及び善に基づいて裁判する権限を害するものではない。

第二九四条（先決的手続）1　第二八七条に規定する裁判所に対して第二九七条に規定する紛争についての申立てが行われた場合には、当該裁判所は、当該申立てによる権利の主張が法的手続の濫用であるか否か又は当該権利の主張に十分な根拠があると推定されるか否かについて、いずれかの紛争当事者が要請するときに決定するものとし、又は自己の発意により決定することができる。当該裁判所は、当該権利の主張が法的手続の濫用であると決定し又は根拠がないと推定されると決定した場合には、事件について新たな措置をとらない。

2　1の裁判所は、申立てを受領した時に、当該申立てに係る他の紛争当事者に対して直ちに通告するものとし、当該他の紛争当事者が1の規定により裁判所に決定を行うよう要請することができる合理的な期間を定める。

3　この条のいかなる規定も、紛争当事者が、適用のある手続規則に従って先決的抗弁を行う権利に影響を及ぼすものではない。

第二九五条（国内的な救済措置を尽くすこと） この条約の解釈又は適用に関する締約国間の紛争は、国内的な救済措置を尽くすことが国際法によって要求されている場合には、当該救済措置が尽くされた後でなければこの節に定める手続に付することができない。

第二九六条（裁判が最終的なものであること及び裁判の拘束力） 1 この節の規定に基づいて管轄権を有する裁判所が行う裁判は、最終的なものとし、すべての紛争当事者は、これに従う。

2 1の裁判は、紛争当事者間において、かつ、当該紛争に関してのみ拘束力を有する。

第三節 第二節の規定の適用に係る制限及び除外

第二九七条（第二節の規定の適用の制限） 1 この条約の解釈又は適用に関する紛争であって、この条約に定める主権的権利又は管轄権の沿岸国による行使に係るものは、次のいずれかの場合には、第二節に定める手続の適用を受ける。

(a) 沿岸国が、航行、上空飛行若しくは海底電線及び海底パイプラインの敷設の自由若しくは権利又は第五八条に規定するその他の国際的に適法な海洋の利用について、この条約の規定に違反して行動したと主張されている場合

(b) 国が、(a)に規定する自由若しくは権利を行使し又は(a)に規定する利用を行うに当たり、この条約又はこの条約に反しない国際法の他の規則に従って沿岸国の制定する法令に違反して行動したと主張されている場合

(c) 沿岸国が、当該沿岸国に適用のある海洋環境の保護及び保全のための特定の国際的な規則及び基準であって、この条約によって定められ又はこの条約に従って権限のある国際機関若しくは外交会議を通じて定められたものに違反して行動したと主張されている場合

2(a) この条約の解釈又は適用に関する紛争であって、海洋の科学的調査に係るものについては、第二節の規定に従って解決する。ただし、沿岸国は、次の事項から生ずるいかなる紛争についても、同節の規定による解決のための手続に付することを受け入れる義務を負うものではない。

(i) 第二四六条の規定に基づく沿岸国の権利又は裁量の行使

(ii) 第二五三条の規定に基づく海洋の科学的調査の活動の停止又は終了を命ずる沿岸国の決定

(b) 海洋の科学的調査に係る特定の計画に関し沿岸国がこの条約に合致する方法で第二四六条又は第二五三条の規定に基づく権利を行使していないと調査を実施する国が主張することによって生ずる紛争は、いずれかの紛争当事者の要請により、附属書Ｖ第二節に定める調停に付される。ただし、調停委員会は、第二四六条6に規定する特定の区域を指定する沿岸国の裁量の行使又は同条5の規定に基づいて同意を与えない沿岸国の裁量の行使については取り扱わない。

3(a) この条約の解釈又は適用に関する紛争であって、漁獲に係るものについては、第二節の規定に従って解決する。ただし、沿岸国は、排他的経済水域における生物資源に関する自国の主権的権利（漁獲可能量、漁獲能力及び他の国に対する余剰分の割当てを決定するための裁量権並びに保存及び管理に関する自国の法令に定める条件を決定するための裁量権を含む。）又はその行使に係るいかなる紛争についても、同節の規定による解決のための手続に付することを受け入れる義務を負うものではない。

(b) 第一節の規定によって解決が得られなかった場合において、次のことが主張されているときは、紛争は、いずれかの紛争当事者の要請により、附属書Ｖ第二節に定める調停に付される。

(i) 沿岸国が、自国の排他的経済水域における生物資源の維持が著しく脅かされないことを適当な保存措置及び管理措置を通じて確保する義務を明らかに遵守しなかったこと。

(ii) 沿岸国が、他の国が漁獲を行うことに関心を有する資源について、当該他の国の要請にもかかわらず、漁獲可能量及び生物資源についての自国の漁獲能力を決定することを恣（し）意的に拒否したこと。

(iii) 沿岸国が、自国が存在すると宣言した余剰分の全部又は一部を、第六二条、第六九条及び第七〇条の規定により、かつ、この条約に適合する条件であって自国が定めるものに従って、他の国に割り当てることを恣意的に拒否したこと。

(c) 調停委員会は、いかなる場合にも、調停委員会の裁量を沿岸国の裁量に代わるものとしない。

(d) 調停委員会の報告については、適当な国際機関に送付する。

(e) 第六九条及び第七〇条の規定により協定を交渉するに当たって、締約国は、別段の合意をしない限り、当該協定の解釈又は適用に係る意見の相違の可能性を最小にするために当該締約国がとる措置に関する条項及び当該措置にもかかわらず意見の相違が生じた場合に当該締約国がとるべき手続に関する条項を当該協定に含める。

第二九八条（第二節の規定の適用からの選択的除外） 1 第一節の規定に従って生ずる義務に影響を及ぼすことなく、いずれの国も、この条約に署名し、これを批准し若しくはこれに加入する時に又はその後いつでも、次の種類の紛争のうち一又は二以上の紛争について、第二節に定める手続のうち一又は二以上の手続を受け入れないことを書面によって宣言することができる。

(a)(i)　海洋の境界画定に関する第一五条、第七四条及び第八三条の規定の解釈若しくは適用に関する紛争又は歴史的湾若しくは歴史的権原に関する紛争。ただし、宣言を行った国は、このような紛争がこの条約の効力発生の後に生じ、かつ、紛争当事者間の交渉によって合理的な期間内に合意が得られない場合には、いずれかの紛争当事者の要請により、この問題を附属書V第二節に定める調停に付することを受け入れる。もっとも、大陸又は島の領土に対する主権その他の権利に関する未解決の紛争についての検討が必要となる紛争については、当該調停に付さない。

(ii)　調停委員会が報告(その基礎となる理由を付したもの)を提出した後、紛争当事者は、当該報告に基づき合意の達成のために交渉する。交渉によって合意に達しない場合には、紛争当事者は、別段の合意をしない限り、この問題を第二節に定める手続のうちいずれかの手続に相互の同意によって付する。

(iii)　この(a)の規定は、海洋の境界に係る紛争であって、紛争当事者間の取決めによって最終的に解決されているもの又は紛争当事者を拘束する二国間若しくは多数国間の協定によって解決することとされているものについては、適用しない。

(b)　軍事的活動(非商業的役務に従事する政府の船舶及び航空機による軍事的活動を含む。)に関する紛争並びに法の執行活動であって前条の2及び3の規定により裁判所の管轄権の範囲から除外される主権的権利又は管轄権の行使に係るものに関する紛争

(c)　国際連合安全保障理事会が国際連合憲章によって与えられた任務を紛争について遂行している場合の当該紛争。ただし、同理事会が、当該紛争をその審議事項としないことを決定する場合又は紛争当事者に対し当該紛争をこの条約に定める手段によって解決するよう要請する場合は、この限りでない。

2　1の規定に基づく宣言を行った締約国は、いつでも、当該宣言を撤回することができ、又は当該宣言によって除外された紛争をこの条約に定める手続に付することに同意することができる。

3　1の規定に基づく宣言を行った締約国は、除外された種類の紛争に該当する紛争であって他の締約国を当事者とするものを、当該他の締約国の同意なしには、この条約に定めるいずれの手続にも付することができない。

4　締約国が1(a)の規定に基づく宣言を行った場合には、他の締約国は、除外された種類の紛争に該当する紛争であって当該宣言を行った締約国を当事者とするものを、当該宣言において特定される手続に付することができる。

5　新たな宣言又は宣言の撤回は、紛争当事者が別段の合意をしない限り、この条の規定により裁判所において進行中の手続に何ら影響を及ぼすものではない。

6　この条の規定に基づく宣言及び宣言の撤回の通告については、国際連合事務総長に寄託するものとし、同事務総長は、その写しを締約国に送付する。

第二九九条(紛争当事者が手続について合意する権利)

1　第二九七条の規定により第二節に定める紛争解決手続から除外された紛争又は前条の規定に基づいて行われた宣言により当該手続から除外された紛争については、当該紛争の当事者間の合意によってのみ、当該手続に付することができる。

2　この節のいかなる規定も、紛争当事者が紛争の解決のための他の手続について合意する権利又は紛争当事者が紛争の友好的な解決を図る権利を害するものではない。

第一六部　一般規定

第三〇〇条(信義誠実及び権利の濫用)締約国は、この条約により負う義務を誠実に履行するものとし、また、この条約により認められる権利、管轄権及び自由を権利の濫用とならないように行使する。

第三〇一条(海洋の平和的利用)締約国は、この条約に基づく権利を行使し及び義務を履行するに当たり、武力による威嚇又は武力の行使を、いかなる国の領土保全又は政治的独立に対するものも、また、国際連合憲章に規定する国際法の諸原則と両立しない他のいかなる方法によるものも慎まなければならない。

第三〇二条(情報の開示)この条約のいかなる規定も、締約国がこの条約に基づく義務を履行するに当たり、その開示が当該締約国の安全保障上の重大な利益に反する情報の提供を当該締約国に要求するものと解してはならない。ただし、この規定は、この条約に定める紛争解決手続に付する締約国の権利を害するものではない。

第三〇三条(海洋において発見された考古学上の物及び歴史的な物)1　いずれの国も、海洋において発見された考古学上の又は歴史的な特質を有する物を保護する義務を有し、このために協力する。

2　沿岸国は、1に規定する物の取引を規制するため、第三三条の規定の適用に当たり、自国の承認なしに同条に規定する水域の海底からこれらの物を持ち去ることが同条に規定する法令の自国の領土又は領海内における違反となると推定することができる。

3　この条のいかなる規定も、認定することのできる所有者の権利、引揚作業に関する法律又はその他の海事に関する規則並びに文化交流に関する法律及び慣行に影響を及ぼすものではない。

4　この条の規定は、考古学上の又は歴史的な特質を有する物の保護に関するその他の国際協定及び国際法の規則に影響を及ぼすものではない。

第三〇四条(損害についての責任) この条約の損害についての責任に関する規定は、国際法に基づく責任に関する現行の規則の適用及び新たな規則の発展を妨げるものではない。

第一七部　最終規定

第三〇五条(署名) 1　この条約は、次のものによる署名のために開放しておく。

(a) すべての国

(b) 国際連合ナミビア理事会によって代表されるナミビア

(c) 他の国と提携している自治国であって、国際連合総会決議第一五一四号(第一五回会期)に基づいて国際連合により監督され及び承認された自決の行為においてその地位を選び、かつ、この条約により規律される事項に関する権限(これらの事項に関して条約を締結する権限を含む。)を有するすべてのもの

(d) 他の国と提携している自治国であって、その提携のための文書に基づき、この条約により規律される事項に関する権限(これらの事項に関して条約を締結する権限を含む。)を有するすべてのもの

(e) 完全な内政上の自治権を有し、国際連合によりこれを認められているが、国際連合総会決議第一五一四号(第一五回会期)に基づく完全な独立を達成していない地域であって、この条約により規律される事項に関する権限(これらの事項に関して条約を締結する権限を含む。)を有するすべてのもの

(f) 国際機関。ただし、附属書Ⅸの規定に従うものとする。

2　この条約は、一九八四年一二月九日まではジャマイカ外務省において、また、一九八三年七月一日から一九八四年一二月九日まではニュー・ヨークにある国際連合本部において、署名のために開放しておく。

第三〇六条(批准及び正式確認) この条約は、国及び前条1の(b)から(e)までに規定するその他の主体によって批准されなければならず、また、同条1(f)に規定する主体により附属書Ⅸに定めるところにより正式確認が行われなければならない。批准書及び正式確認書は、国際連合事務総長に寄託する。

第三〇七条(加入) この条約は、国及び第三〇五条に規定するその他の主体による加入のために開放しておく。同条1(f)に規定する主体による加入については、附属書Ⅸに定めるところにより行う。加入書は、国際連合事務総長に寄託する。

第三〇八条(効力発生) 1　この条約は、六〇番目の批准書又は加入書が寄託された日の後一二箇月で効力を生ずる。

2　六〇番目の批准書又は加入書が寄託された後にこの条約を批准し又はこれに加入する国については、この条約は、1の規定に従うことを条件として、その批准書又は加入書の寄託の日の後三〇日目の日に効力を生ずる。

3　機構の総会は、この条約の効力発生の日に会合し、機構の理事会の理事国を選出する。機構の第一回理事会は、第一六一条の規定を厳格に適用することができない場合には、同条に規定する目的に適合するように構成する。

4　準備委員会が起草する規則及び手続は、第一一部に定めるところにより機構が正式に採択するまでの間、暫定的に適用する。

5　機構及びその諸機関は、先行投資に関する第三次国際連合海洋法会議の決議Ⅱに従い及びこの決議に基づいて行われる準備委員会の決定に従って行動する。

第三〇九条(留保及び除外) この条約については、他の条の規定により明示的に認められている場合を除くほか、留保を付することも、また、除外を設けることもできない。

第三一〇条(宣言及び声明) 前条の規定は、国が、この条約の署名若しくは批准又はこれへの加入の際に、特に当該国の法令をこの条約に調和させることを目的として、用いられる文言及び名称のいかんを問わず、宣言又は声明を行うことを排除しない。ただし、このような宣言又は声明は、当該国に対するこの条約の適用において、この条約の法的効力を排除し又は変更することを意味しない。

第三一一条(他の条約及び国際協定との関係) 1　この条約は、締約国間において、一九五八年四月二九日の海洋法に関するジュネーヴ諸条約に優先する。

2　この条約は、この条約と両立する他の協定の規定に基づく締約国の権利及び義務であって他の締約国がこの条約に基づく権利を享受し又は義務を履行することに影響を及ぼさないものを変更するものではない。

3　二以上の締約国は、当該締約国間の関係に適用される限りにおいて、この条約の運用を変更し又は停止する協定を締結することができる。ただし、そのような協定は、この条約の規定であってこれからの逸脱がこの条約の趣旨及び目的の効果的な実現と両立しないものに関するものであってはならず、また、この条約に定める基本原則の適用に影響を及ぼし又は他の締約国がこの条約に基づく権利を享受し若しくは義務を履行することに影響を及ぼすものであってはならない。

4　3に規定する協定を締結する意思を有する締約国は、他の締約国に対し、この条約の寄託者を通じて、当該協定を締結する意思及び当該協定によるこの条約の変更又は停止を通報する。

5　この条の規定は、他の条の規定により明示的に認められている国際協定に影響を及ぼすものではない。

6　締約国は、第一三六条に規定する人類の共同の財産に関する基本原則についていかなる改正も行わな

いこと及びこの基本原則から逸脱するいかなる協定の締約国にもならないことを合意する。

第三一二条（改正） 1　締約国は、この条約の効力発生の日から一〇年の期間が満了した後は、国際連合事務総長にあてた書面による通報により、この条約の特定の改正案で深海底における活動に関する改正以外のものを提案し及びその改正案を審議する会議の招集を要請することができる。同事務総長は、当該通報をすべての締約国に送付する。同事務総長は、当該通報の送付の日から一二箇月以内に締約国の二分の一以上がその要請に好意的な回答を行った場合には、当該会議を招集する。

2　改正に関する会議において用いられる決定手続は、この会議が別段の決定を行わない限り、第三次国際連合海洋法会議において用いられた決定手続と同一のものとする。改正に関する会議は、いかなる改正案についても、コンセンサス方式により合意に達するようあらゆる努力を払うものとし、コンセンサスのためのあらゆる努力が尽くされるまでは、改正案について投票を行わない。

第三一三条（簡易な手続による改正） 1　締約国は、国際連合事務総長にあてた書面による通報により、この条約の改正案で深海底における活動に関する改正以外のものを会議を招集することなくこの条に定める簡易な手続による採択のために提案することができる。同事務総長は、当該通報をすべての締約国に送付する。

2　1に規定する通報の送付の日から一二箇月の期間内にいずれかの締約国が改正案又は簡易な手続による改正案の採択の提案に反対した場合には、改正は、拒否されたものとする。国際連合事務総長は、その旨を直ちにすべての締約国に通報する。

3　1に規定する通報の送付の日から一二箇月の期間内にいずれの締約国も改正案又は簡易な手続による改正案の採択の提案に反対しなかった場合には、改正案は、採択されたものとする。国際連合事務総長は、改正案が採択された旨をすべての締約国に通報する。

第三一四条（深海底における活動のみに関する規定の改正） 1　締約国は、機構の事務局長にあてた書面による通報により、深海底における活動のみに関する規定（附属書Ⅵ第四節の規定を含む。）の改正案を提案することができる。事務局長は、当該通報をすべての締約国に送付する。改正案は、理事会による承認の後、総会によって承認されなければならない。理事会及び総会における締約国の代表は、改正案を審議し及び承認する全権を有する。理事会及び総会が承認した場合には、改正案は、採択されたものとする。

2　理事会及び総会は、1の規定に基づく改正案を承認するのに先立ち、第一五五条の規定に基づく再検討のための会議までの間、深海底の資源の探査及び開発の制度が当該改正案によって妨げられないことを確保する。

第三一五条（改正の署名及び批准、改正への加入並びに改正の正文） 1　この条約の改正は、採択された後は、改正自体に別段の定めがない限り、採択の日から一二箇月の間、ニュー・ヨークにある国際連合本部において、締約国による署名のために開放しておく。

2　第三〇六条、第三〇七条及び第三二〇条の規定は、この条約のすべての改正について適用する。

第三一六条（改正の効力発生） 1　この条約の改正で5に規定する改正以外のものは、締約国の三分の二又は六〇の締約国のいずれか多い方の数の締約国による批准書又は加入書の寄託の後三〇日目の日に、改正を批准し又はこれに加入する締約国について効力を生ずる。当該改正は、その他の締約国がこの条約に基づく権利を享受し又は義務を履行することに影響を及ぼすものではない。

2　改正については、その効力発生のためにこの条に定める数よりも多い数の批准又は加入を必要とすることを定めることができる。

3　必要とされる数の批准書又は加入書が寄託された後に1に規定する改正を批准し又はこれに加入する締約国については、改正は、その批准書又は加入書の寄託の日の後三〇日目の日に効力を生ずる。

4　1の規定により改正が効力を生じた後にこの条約の締約国となる国は、別段の意思を表明しない限り、(a)改正された条約の締約国とされ、かつ、(b)改正によって拘束されない締約国との関係においては、改正されていない条約の締約国とされる。

5　深海底における活動のみに関する改正及び附属書Ⅵの改正は、締約国の四分の三による批准書又は加入書の寄託の後一年で、すべての締約国について効力を生ずる。

6　5の規定により改正が効力を生じた後にこの条約の締約国となる国は、改正された条約の締約国とされる。

第三一七条（廃棄） 1　締約国は、国際連合事務総長にあてた書面による通告を行うことによりこの条約を廃棄することができるものとし、また、その理由を示すことができる。理由を示さないことは、廃棄の効力に影響を及ぼすものではない。廃棄は、一層遅い日が通告に明記されている場合を除くほか、その通告が受領された日の後一年で効力を生ずる。

2　いずれの国も、廃棄を理由として、この条約の締約国であった間に生じた財政上及び契約上の義務を免除されない。廃棄は、この条約が当該国について効力を失う前にこの条約の実施によって生じていた当該国の権利、義務及び法的状態に影響を及ぼすものではない。

3　廃棄は、この条約に定める義務であってこの条約との関係を離れ国際法に基づいて負うものを締約国が履行する責務に何ら影響を及ぼすものではない。

第三一八条（附属書の地位）附属書は、この条約の不可分の一部を成すものとし、別段の明示の定めがない限り、「この条約」といい又は第一部から第一七部までのいずれかの部を指していうときは、関連する附属書を含めていうものとする。

第三一九条（寄託者）1 この条約及びその改正の寄託者は、国際連合事務総長とする。

2 国際連合事務総長は、寄託者としての職務のほか、次のことを行う。

(a) この条約に関して生じた一般的な性質を有する問題について、すべての締約国、機構及び権限のある国際機関に報告すること。

(b) この条約及びその改正の批准及び正式確認、これらへの加入並びにこの条約の廃棄を機構に通報すること。

(c) 第三一一条4の規定により協定について締約国に通報すること。

(d) この条約により採択された改正について、その批准又はこれへの加入のため締約国に送付すること。

(e) この条約により必要な締約国の会合を招集すること。

3(a) 国際連合事務総長は、また、第一五六条に規定するオブザーバーに対し、次のものを送付する。

(i) 2(a)に規定する報告

(ii) 2の(b)及び(c)に規定する通報

(iii) 2(d)に規定する改正（参考のためのもの）

(b) 国際連合事務総長は、(a)のオブザーバーに対し、2(e)の締約国の会合にオブザーバーとして参加するよう招請する。

第三二〇条（正文）アラビア語、中国語、英語、フランス語、ロシア語及びスペイン語をひとしく正文とするこの条約の原本は、第三〇五条2に定めるところにより、国際連合事務総長に寄託する。

以上の証拠として、下名の全権委員は、正当に委任を受けてこの条約に署名した。

一九八二年一二月一〇日にモンテゴ・ベイで作成した。

附属書Ⅰ 高度回遊性の種（略）

附属書Ⅱ 大陸棚限界委員会（本章52として収録）

附属書Ⅲ 概要調査、探査及び開発の基本的な条件
附属書Ⅳ 事業体規程
附属書Ⅴ 調停
（略）

附属書Ⅵ 国際海洋法裁判所規程（本章54として収録）

附属書Ⅶ 仲裁（本章56として収録）

附属書Ⅷ 特別仲裁
附属書Ⅸ 国際機関による参加
（略）

52 大陸棚限界委員会（国連海洋法条約附属書Ⅱ）

第一条【委員会の設置】条約第七六条の規定により、二〇〇海里を超える大陸棚の限界に関する委員会は、次条以下の諸条に定めるところにより設置される。

第二条【委員会の構成、委員の選挙】1 委員会は、二一人の委員で構成される。委員は、締約国が衡平な地理的代表を確保する必要性に妥当な考慮を払って締約国の国民の中から選出する地質学、地球物理学又は水路学の分野の専門家である者とし、個人の資格で職務を遂行する。

2 第一回の選挙は、この条約の効力発生の日の後できる限り速やかに、いかなる場合にも一八箇月以内に行う。国際連合事務総長は、選挙の日の遅くとも三箇月前までに、締約国に対し、適当な地域的な協議の後に自国が指名する者の氏名を三箇月以内に提出するよう書簡で要請する。同事務総長は、指名された者のアルファベット順による名簿を作成し、締約国に送付する。

3 委員会の委員の選挙は、国際連合事務総長により国際連合本部に招集される締約国の会合において行う。この会合は、締約国の三分の二をもって定足数とする。この会合においては、出席しかつ投票する締約国の代表によって投じられた票の三分の二以上の多数の票を得た指名された者をもって委員会に選出された委員とするものとし、いずれの地理的地域からも三名以上の委員を選出する。

4 委員会の委員は、五年の任期で選出されるものとし、再選されることができる。

5 委員会の委員の指名を行った締約国は、当該委員が委員会の任務を遂行する間その費用を負担する。関係する沿岸国は、次条1(b)の助言に関して生ずる費用を負担する。委員会の事務局は、国際連合事務総長が提供する。

第三条【委員会の任務】1 委員会の任務は、次のとおりとする。

(a) 大陸棚の外側の限界が二〇〇海里を超えて延びている区域における当該限界に関して沿岸国が提出したデータその他の資料を検討すること並びに条約第七六条の規定及び第三次国際連合海洋法会議が一九八〇年八月二九日に採択した了解声明に従って勧告を行うこと。

(b) 関係する沿岸国の要請がある場合には、(a)のデータの作成に関して科学上及び技術上の助言を与えること。

2　委員会は、委員会の責任の遂行に役立ち得る科学的及び技術的情報を交換するため、必要かつ有用であると認められる範囲において、国際連合教育科学文化機関の政府間海洋学委員会、国際水路機関その他権限のある国際機関と協力することができる。

第四条【大陸棚の限界に関する詳細の提出】沿岸国は、条約第七六条の規定に従って自国の大陸棚の外側の限界を二〇〇海里を超えて設定する意思を有する場合には、この条約が自国について効力を生じた後できる限り速やかに、いかなる場合にも一〇年以内に、当該限界についての詳細をこれを裏付ける科学的及び技術的データと共に、委員会に提出する。沿岸国は、また、科学上及び技術上の助言を自国に与えた委員会の委員の氏名を示すものとする。

第五条【小委員会の構成と任務】委員会は、別段の決定を行わない限り、その勧告を求める沿岸国の要請の具体的な要素を考慮して均衡のとれた方法で任命する七人の委員で構成される小委員会により任務を行う。要請を行った沿岸国の国民である委員会の委員並びに限界の設定に関する科学上及び技術上の助言を与えることにより沿岸国を援助した委員会の委員は、当該要請を取り扱う小委員会の委員とはならないが、当該要請に関する委員会の手続に委員として参加する権利を有する。委員会に要請を行った沿岸国は、関連する手続に自国の代表を投票権なしで参加させることができる。

第六条【小委員会の勧告】1　小委員会は、その勧告を委員会に提出する。

2　委員会は、出席しかつ投票する委員会の委員の三分の二以上の多数による議決により、小委員会の勧告を承認する。

3　委員会の勧告は、要請を行った沿岸国及び国際連合事務総長に対し書面によって提出する。

第七条【大陸棚の限界の設定】沿岸国は、条約第七六条八の規定及び適当な国内手続に従って大陸棚の外側の限界を設定する。

第八条【沿岸国による要請】沿岸国は、委員会の勧告について意見の相違がある場合には、合理的な期間内に、委員会に対して改定した又は新たな要請を行う。

第九条【境界画定への不影響】委員会の行為は、向かい合っているか又は隣接している海岸を有する国の間における境界画定の問題に影響を及ぼすものではない。

53　大陸棚限界委員会手続規則（抜粋）

規則46（向かい合っているか若しくは隣接している海岸を有する国の間における紛争、又は他の未解決の領土若しくは海洋の紛争の場合における申請）

1　向かい合っているか若しくは隣接している海岸を有する国の間における紛争、又は他の未解決の領土若しくは海洋の紛争が存在する場合、申請は、本手続規則附属書Ⅰに従って提出することができ、検討される。

2　委員会の行為は、国家間の境界画定に関する問題に影響を与えない。

附属書Ⅰ

向かい合っているか若しくは隣接している海岸を有する国の間における紛争の場合、又は他の未解決の領土若しくは海洋の紛争が存在する場合における申請

1　委員会は、大陸棚の外側の限界の設定に関連して生じる紛争に関する問題についての権限は国にあることを認める。

2　向かい合っているか若しくは隣接している国の間に、大陸棚の境界画定における紛争が存在する場合、又は申請に関連する他の未解決の領土若しくは海洋の紛争が存在する場合、委員会は、

(a)　申請を行う沿岸国より、当該紛争について通報を受ける。

(b)　申請を行う沿岸国より、申請が国家間の境界画定に関する問題に影響を与えないことを可能な範囲で保証される。

3　沿岸国は、大陸棚の他の部分における国家間の境界画定に関する問題に影響を与えないようにするため、自国の大陸棚の一部について申請を提出することができる。国家間の境界画定に関する大陸棚の部分については、条約附属書Ⅱ第四条により定められた一〇年の期限に関する規定にもかかわらず、後から申請を提出することができる。

4　二以上の沿岸国は、合意により、限界の設定に関する勧告を委員会に求めて、次の場合に、共同の又は個別の申請を提出できる。

(a)　当該国家間の境界画定を考慮しない場合、又は、

(b)　申請が、当該合意の一方の又はその他の締約国との境界画定に関する問題に影響を与えない範囲について、測地学上の座標により示す場合。

5　(a)領土又は海洋の紛争が存在する場合、委員会は、当該紛争に関係するいかなる国が提出した申請についても、検討し、また評価してはならない。ただし、当該紛争の全ての当事国が事前に同意を与えている場合には、委員会は、当該紛争の下にある一又は二以上の申請を検討することができる。

(b)委員会に対して提出された申請及び委員会が承認

した当該申請に対する勧告は、領土又は海洋の紛争の当事国である国の立場に影響を及ぼすものではない。

6 委員会は、向かい合っているか又は隣接している国との間の境界の画定に関する問題に影響を及ぼさないようにするために、申請を提出する国に、委員会に協力するよう求めることができる。

54 国際海洋法裁判所規程（国連海洋法条約附属書VI）

第一条（総則）1 国際海洋法裁判所（以下この附属書において「裁判所」という。）は、この条約及びこの規程によって組織され、かつ、任務を遂行する。

2 裁判所の所在地は、ドイツ連邦共和国の自由ハンザ都市ハンブルグとする。

3 裁判所は、裁判所が望ましいと認める場合に他の地で開廷して任務を遂行することができる。

4 裁判所への紛争の付託は、条約の第十一部及び第十五部の規定に従うものとする。

第一節 裁判所の組織

第二条（構成）1 裁判所は、公平であり及び誠実であることについて最高水準の評価を得ており、かつ、海洋法の分野において有能の名のある者のうちから選挙される二十一人の独立の裁判官の一団で構成される。

2 裁判所全体のうちに世界の主要な法体系が代表されること及び裁判官の配分が地理的に衡平に行われることを確保する。

第三条（裁判官の地位）1 裁判所の裁判官については、そのうちのいずれの二人も、同一の国の国民であってはならない。裁判所における裁判官の地位との関連でいずれかの者が二以上の国の国民であると認められる場合には、当該者は、市民的及び政治的権利を通常行使する国の国民とみなす。

2 裁判所には、国際連合総会において確立している地理的集団からそれぞれ三人以上の裁判官を含める。

第四条（指名及び選挙）1 各締約国は、第二条に定める資格を有する者を一人又は二人指名することができる。裁判所の裁判官については、このようにして指名された者の名簿の中から選挙する。

2 第一回の選挙については国際連合事務総長、その後の選挙については裁判所書記が、選挙の日の遅くとも三箇月前までに、締約国に対し、裁判所の裁判官に推す者として指名する者の氏名を二箇月以内に提出するよう書面で要請する。同事務総長又は裁判所書記は、このようにして指名されたすべての者のアルファベット順による名簿（これらの者を指名した締約国の国名を表示した名簿とする。）を作成し、この名簿を各選挙の日の属する月の前月の七日より前に締約国に送付する。

3 第一回の選挙は、この条約の効力発生の日から六箇月以内に行う。

4 裁判所の裁判官は、秘密投票によって選出される。第一回の選挙は国際連合事務総長によって招集される締約国の会合において行われ、その後の選挙は締約国が合意する手続によって招集される締約国の会合において行われる。締約国の会合は、締約国の三分の二をもって定足数とする。出席しかつ投票する締約国によって投じられた票の最多数で、かつ、三分の二以上の多数（ただし、締約国の過半数でなければならない。）の票を得た指名された者をもって、裁判官に選出された者とする。

第五条（裁判官の任期）1 裁判所の裁判官は、九年の任期で選出されるものとし、再選されることができる。ただし、第一回の選挙において選出された裁判官のうち、七人の裁判官の任期は三年で終了し、他の七人の裁判官の任期は六年で終了する。

2 最初の三年及び六年で任期が終了する裁判官は、第一回の選挙の後直ちに国際連合事務総長によりくじ引で選ばれる。

3 裁判所の裁判官は、後任者が補充されるまで引き続きその職務を遂行するものとし、補充の後も、交代の日よりも前に着手した手続を完遂する。

4 裁判所の裁判官が辞任する場合には、辞表は、裁判所長に提出される。辞表が受理された時に空席が生ずる。

第六条（空席）1 裁判所に空席が生じたときは、第一回の選挙について定める方法と同一の方法によって補充する。この場合において、裁判所書記は、空席が生じた時から一箇月以内に第四条に規定する書面による要請を行うものとし、選挙の日については、締約国と協議の後裁判所長が定める。

2 任期がまだ終了しない裁判官の後任者として選出される裁判所の裁判官は、前任者の残任期間中在任する。

第七条（両立しない活動）1 裁判所の裁判官は、政治上又は行政上のいかなる職務も行ってはならず、また、海洋若しくは海底の資源の探査若しくは開発又は海洋若しくは海底のその他の商業的利用に関連する企業のいかなる業務にも積極的に関与し又は財政的に関係してはならない。

2 裁判所の裁判官は、いかなる事件においても、代理人、補佐人又は弁護人として行動することができない。

3 これらの点に関する疑義については、出席する他の裁判官の過半数の決定によって解決する。

第八条（特定の事件への裁判官の関与に関する条件）

1　裁判所の裁判官は、いずれか一の紛争当事者の代理人、補佐人若しくは弁護人として、国内裁判所若しくは国際裁判所の裁判官として又は他の資格において関与したことのあるいかなる事件の決定にも関与することができない。

2　裁判所の裁判官は、特別の理由によって特定の事件の決定に自己が関与すべきでないと認める場合には、裁判所長にその旨を通報する。

3　裁判所長は、裁判官が特別の理由によって特定の事件に関与すべきでないと認める場合には、当該裁判官にその旨を通告する。

4　これらの点に関する疑義については、出席する他の裁判官の過半数の決定によって解決する。

第九条（必要な条件を満たさなくなった場合の結果）裁判官が必要な条件を満たさなくなったと他の裁判官が一致して認める場合には、裁判所長は、当該裁判官の職が空席となったことを宣言する。

第一〇条（特権及び免除）裁判所の裁判官は、裁判所の事務に従事する間、外交官の特権及び免除を享受する。

第一一条（裁判官の厳粛な宣誓）裁判所の各裁判官は、その職務に就く前に、公開の法廷において、公平かつ誠実にその職権を行使する旨の厳粛な宣誓を行う。

第一二条（裁判所長、裁判所次長及び裁判所書記）1　裁判所は、三年の任期で裁判所長及び裁判所次長を選挙する。裁判所長及び裁判所次長は、再選されることができる。

2　裁判所は、裁判所書記を任命するものとし、その他の必要な職員の任命のための措置をとることができる。

3　裁判所長及び裁判所書記は、裁判所の所在地に居住する。

第一三条（定足数）1　裁判所は、欠席事由がないすべての裁判官が出席して開廷するものとし、裁判所を成立させるために必要な選出された裁判官の定足数は、一一人とする。

2　裁判所は、第一七条の規定に従うことを条件として、次条及び第一五条に規定する裁判部の任務の効果的な遂行を考慮しつつ、個別の紛争について、裁判官の欠席事由の有無を決定し、当該紛争を取り扱う上での裁判所の構成を決定する。

3　裁判所に付託されるすべての紛争及び裁判所に対して行われるすべての申立てについては、裁判所が審理し、決定を行う。ただし、次条の規定が適用される場合又は紛争当事者が第一五条の規定に従って取り扱うよう要請した場合は、この限りでない。

第一四条（海底紛争裁判部）海底紛争裁判部は、第四節の規定によって設置される。海底紛争裁判部の管轄権、権限及び任務については、条約第一一部第五節に規定する。

第一五条（特別裁判部）1　裁判所は、特定の種類の紛争を取り扱うために必要と認める場合には、三人以上の選出された裁判官から成る裁判部を設置することができる。

2　裁判所は、紛争当事者の要請があるときは、付託された個別の紛争を取り扱うために裁判部を設置する。この裁判部の構成については、紛争当事者の承認を得て裁判所が決定する。

3　事務の迅速な処理のために、裁判所は、簡易手続で紛争について審理し、決定を行うことができる五人の選出された裁判官から成る裁判部を毎年設置する。個別の手続についてそれに関与することができない裁判官と交代させるために、二人の裁判官を選出する。

4　紛争当事者の要請があるときは、その紛争については、この条に規定する裁判部が審理し、決定を行う。

5　この条及び前条に規定する裁判部が言い渡す判決は、裁判所が言い渡したものとみなす。

第一六条（裁判所の規則）裁判所は、その任務を遂行するために規則を定める。裁判所は、特に、手続規則を定める。

第一七条（裁判官の国籍）1　紛争当事者の国籍を有する裁判官は、裁判所の裁判官として関与する権利を有する。

2　裁判所が紛争の審理に当たってその裁判官席に紛争当事者の国籍を有する一の裁判官を有する場合には、他のいずれの紛争当事者も、裁判官として関与する者一人を選定することができる。

3　裁判所が紛争の審理に当たってその裁判官席に紛争当事者の国籍を有する裁判官を有しない場合には、各紛争当事者は、裁判官として関与する者一人を選定することができる。

4　この条の規定は、第一四条及び第一五条に規定する裁判部について適用する。この場合において、裁判所長は、紛争当事者と協議の上、裁判部を構成する裁判官のうち必要な人数の特定の裁判官に対して、当該紛争当事者の国籍を有する裁判官のために及び、当該紛争当事者の国籍を有する裁判官がいないとき又は出席することができないときは、紛争当事者が特に選定する裁判官のために、席を譲るよう要請する。

5　二以上の紛争当事者が同一の利害関係にある場合には、これらの紛争当事者は、1から4までの規定の適用上、一の紛争当事者とみなす。この点に関する疑義については、裁判所の決定によって解決する。

6　2から4までの規定によって選定される裁判官は、第二条、第八条及び第一一条の規定が要求する条件を満たさなければならない。これらの裁判官は、他の裁判官と完全に平等な条件で決定に関与する。

第一八条（裁判官の報酬）1　裁判所の選出された裁判官は、年手当を受け、また、その職務を遂行する各日について特別の手当を受ける。ただし、いずれの年においても、特別の手当として裁判官に支払う手当の総額は、年手当の額を超えてはならない。

2　裁判所長は、特別の年手当を受ける。

3 裁判所次長は、裁判所長の職務を遂行する各日について特別の手当を受ける。

4 前条の規定によって選定される裁判官であって裁判所の選出された裁判官でないものは、その職務を遂行する各日について報酬を受ける。

5 俸給、手当及び報酬については、裁判所の事務量を考慮しつつ、締約国の会合において随時決定するものとし、任期中は減額してはならない。

6 裁判所書記の俸給については、裁判所の提案に基づいて締約国の会合において決定する。

7 裁判所の裁判官及び裁判所書記に退職年金を支給する条件並びに裁判所の裁判官及び裁判所書記が旅費の弁償を受ける条件については、締約国の会合において採択される規則によって決定する。

8 俸給、手当及び報酬は、すべての租税を免除される。

第一九条（裁判所の費用） 1 裁判所の費用については、締約国の会合において定められる条件及び方法で締約国及び機構が負担する。

2 締約国及び機構以外の主体が裁判所に付託された事件の当事者である場合には、裁判所は、裁判所の費用について当該当事者が負担する額を定める。

第二節 権 限

第二〇条（裁判所の開放） 1 裁判所は、締約国に開放する。

2 裁判所は、条約第一一部に明示的に規定する事件について又は裁判所に管轄権を与える他の取決めに従って付託され、かつ、当該裁判所が管轄権を有することを事件のすべての当事者が受け入れている事件について、締約国以外の主体に開放する。

第二一条（管轄権） 裁判所の管轄権は、この条約に従って裁判所に付託されるすべての紛争及びこの条約に従って裁判所に対して行われるすべての申立て並びに裁判所に管轄権を与える他の取決めに特定されているすべての事項に及ぶ。

第二二条（他の条約に係る紛争の付託） この条約の適用の対象となる事項に関連する現行の条約の解釈又は適用に関するいずれの紛争についても、当該条約のすべての締約国が合意する場合には、その合意に従って裁判所に付託することができる。

第二三条（適用のある法） 裁判所は、すべての紛争及び申立てにつき条約第二九三条の規定によって決定する。

第三節 手 続

第二四条（手続の開始） 1 裁判所への紛争の付託については、場合に応じ、特別の合意の通告により又は書面による申立てにより、裁判所書記にあてて行う。いずれの場合にも、紛争の対象となっている事項及び当事者を明示する。

2 裁判所書記は、1に規定する特別の合意又は申立てを直ちにすべての利害関係者に通告する。

3 裁判所書記は、また、すべての締約国に対して通報する。

第二五条（暫定措置） 1 裁判所（海底紛争裁判部を含む。）は、条約第二九〇条の規定に基づき、暫定措置を定める権限を有する。

2 裁判所が開廷期中でない場合又は裁判官の数が定足数に満たない場合には、第一五条3の規定によって設置される簡易手続による裁判部が暫定措置を定める。同条4の規定にかかわらず、この暫定措置は、いずれの紛争当事者の要請によってもとることができる。暫定措置は、裁判所による再検討及び修正の対象となる。

第二六条（審理） 1 審理は、裁判所長又は、裁判所長が指揮することができない場合には、裁判所次長の指揮権の下にあるものとし、裁判所長及び裁判所次長のいずれも指揮することができない場合には、出席する先任の裁判官が指揮する。

2 審理は、公開とする。ただし、裁判所が別段の決定をする場合又は紛争当事者が公開しないことを要求する場合は、この限りでない。

第二七条（手続の進行） 裁判所は、手続の進行について命令を発し、各紛争当事者が陳述を完結すべき方式及び時期を定め、並びに証拠調べに関するすべての措置をとる。

第二八条（欠席） いずれかの紛争当事者が裁判所に出廷せず又は自己の立場を弁護しない場合には、他の紛争当事者は、裁判所に対し、手続を継続し及び決定を行うよう要請することができる。いずれかの紛争当事者が欠席し又は弁護を行わないことは、手続の進行を妨げるものではない。裁判所は、決定を行うに先立ち、裁判所が当該紛争について管轄権を有することのみならず、請求が事実及び法において十分な根拠を有することも確認しなければならない。

第二九条（決定のための多数） 1 すべての問題については、出席する裁判官の過半数による議決で決定する。

2 可否同数のときは、裁判所長又はこれに代わる裁判官の決するところによる。

第三〇条（判決） 1 判決には、その理由を明示する。

2 判決には、裁判に関与した裁判官の氏名を付する。

3 判決がその全部又は一部について裁判官の全会一致の意見を反映するものでない場合には、いずれの裁判官も、別個の意見を表明することができる。

4 判決には、裁判所長及び裁判所書記が署名する。判決は、紛争当事者に適当な通告を行った後公開の法廷で朗読する。

第三一条（参加の要請） 1 締約国は、紛争についての裁判によって影響を受け得る法的な利害関係を有すると認める場合には、裁判所に対して参加を許可するよう要請することができる。

2 裁判所は、1の要請について決定する。

3 参加の要請が認められた場合には、1の紛争についての裁判所の裁判は、当該裁判が締約国の参加の理由となった事項に関連する限度において、参加する当該締約国を拘束する。

第三二条（解釈及び適用が問題となる場合に手続に参加する権利）1　この条約の解釈又は適用が問題となる場合には、裁判所書記は、直ちにすべての締約国に通告する。

2　第二一条又は第二二条の規定により国際協定の解釈又は適用が問題となる場合には、裁判所書記は、当該協定のすべての締約国に通告する。

3　1及び2の締約国は、手続に参加する権利を有するものとし、これらの締約国がこの権利を行使する場合には、判決によって与えられる解釈は、これらの締約国もひとしく拘束する。

第三三条（裁判が最終的なものであること及び裁判の拘束力）1　裁判所の裁判は、最終的なものとし、すべての紛争当事者は、これに従う。

2　1の裁判は、紛争当事者間において、かつ、当該紛争に関してのみ拘束力を有する。

3　裁判の意義又は範囲について争いがある場合には、裁判所は、いずれかの紛争当事者の要請によってこれを解釈する。

第三四条（費用）裁判所が別段の決定をしない限り、紛争当事者は、各自の費用を負担する。

第四節　海底紛争裁判部

第三五条（構成）1　第一四条に規定する海底紛争裁判部は、裁判所の選出された裁判官が過半数による議決で互選する一一人の裁判官で構成される。

2　海底紛争裁判部の裁判官の選出に当たっては、世界の主要な法体系が代表されること及び裁判官の配分が地理的に衡平に行われることを確保する。機構の総会は、このような代表及び配分の態様に関する一般的な性格の勧告を採択することができる。

3　海底紛争裁判部の裁判官は、三年ごとに選出されるものとし、再選されることができる。

4　海底紛争裁判部の裁判官は、海底紛争裁判部長を互選する。裁判部長は、選出された海底紛争裁判部の裁判官の任期中在任する。

5　選出された海底紛争裁判部の裁判官の三年の任期の終了の時にいずれかの手続が進行中である場合には、海底紛争裁判部は、その裁判官の任期の終了前の構成の下で当該手続を完遂する。

6　海底紛争裁判部に空席が生じたときは、裁判所の選出された裁判官は、後任者を互選する。後任者は、前任者の残任期間中在任する。

7　海底紛争裁判部を成立させるために必要な選出された裁判官の定足数は、七人とする。

第三六条（臨時裁判部）1　海底紛争裁判部は、条約第一八八条1(b)の規定に従って付託される個別の紛争を処理するため、海底紛争裁判部の三人の裁判官から成る臨時裁判部を設置する。臨時裁判部の構成については、紛争当事者の承認を得て海底紛争裁判部が決定する。

2　紛争当事者が臨時裁判部の構成に同意しない場合には、各紛争当事者は、一人の裁判官を任命するものとし、三人目の裁判官については、紛争当事者の合意によって任命する。紛争当事者が合意することができない場合又はいずれかの紛争当事者が任命を行わない場合には、海底紛争裁判部長は、紛争当事者と協議の後、海底紛争裁判部の裁判官の中から裁判官を速やかに任命する。

3　臨時裁判部の裁判官は、紛争当事者のために役務を行う者であってはならず、また、紛争当事者の国民であってはならない。

第三七条（海底紛争裁判部の開放）海底紛争裁判部は、締約国、機構及び条約第一一部第五節に規定するその他の主体に開放する。

第三八条（適用のある法）海底紛争裁判部は、条約第二九三条の規定のほか、次のものを適用する。

(a)　この条約によって採択された機構の規則及び手続

(b)　深海底における活動であって契約に関連する事項に関するものについては、当該契約の条項

第三九条（海底紛争裁判部の裁判の執行）海底紛争裁判部の裁判については、執行が求められる領域の属する締約国の最上級の裁判所の判決又は命令と同様の方法で、当該締約国の領域内において執行可能なものとする。

第四〇条（この附属書の他の節の規定の適用）1　この附属書の他の節の規定であってこの節の規定に反しないものは、海底紛争裁判部について適用する。

2　海底紛争裁判部は、勧告的意見に関する任務の遂行に当たっては、適用可能と認める範囲内で、裁判所における手続に関するこの附属書の規定を指針とする。

第五節　改正

第四一条（改正）1　この附属書（第四節の規定を除く。）の改正については、条約第三一三条の規定に従って行う場合又はこの条約に従って招集される会議においてコンセンサス方式によって行う場合に限り、採択することができる。

2　第四節の規定の改正については、条約第三一四条の規定に従って行う場合に限り採択することができる。

3　裁判所は、必要と認めるこの規程の改正を、1及び2の規定による審議のため、書面による通報により締約国に提案することができる。

5　国際海洋法裁判所規則（抄）

採択　一九九七年一〇月二八日

改正　二〇〇一年三月一五日、二〇〇一年

九月二一日、二〇〇九年三月一七日、
二〇一八年九月二五日、二〇二〇年九月
二五日

第一章 用語の使用

第一条【定義】この規則の適用上、

(a) 「条約」とは、一九八二年一二月一〇日の海洋法に関する国際連合条約(同条約第一一部の実施に関する協定を含む。)をいう。

(b) 「規程」とは、条約附属書VIの国際海洋法裁判所規程をいう。

(c) 「締約国」とは、条約第一条2に規定するものをいい、条約第一一部の適用上、第一一部の実施に関する協定附属書第一節12に従って暫定的に機構の構成国である締約国及び主体を含む。

(d) 「国際機関」とは、別段の規定がない限り、条約附属書IX第一条に規定するものをいう。

(e) 「構成員」とは、選出された裁判官をいう。

(f) 「裁判官」とは、構成員及び特任裁判官をいう。

(g) 「特任裁判官」とは、特定の事件のために規程第一七条の下で選定される者をいう。

(h) 「機構」とは、国際海底機構をいう。

(i) 「認証謄本」とは、文書を保管する者若しくは文書を提出する締約国又はこれらに代わる者が、その文書の真正かつ正確な写しであることの証明を付した当該文書の写しをいう。

第二章 組 織(略)

第三章 手 続

第A節 一般規定

第四四条【手続の構成】1 手続は書面手続と口頭手続の二つの部分から成る。

2 書面手続は、裁判所及び当事者に送達される申述書、答弁書及び裁判所が許可する場合には抗弁書及び再抗弁書及びその附属文書からなる。

3 口頭手続は、裁判所による代理人、補佐人、弁護人、証人及び専門家の弁論から成る。

第四五条【手続問題の確認】裁判所長は、裁判所に付託されたすべての事件において、手続の問題に関して当事者の見解を確認する。裁判所長は、この目的のため、当事者の代理人に対して、その任命の後可能な限り早急に及びその後必要な場合には何時でも、裁判所長と面会することを求めることができ、又他の適当な通信手段を用いることができる。

第四六条【各段階の終了期限】手続における各段階の完了のための期限は、一定期間を指定して定めることができる。ただし、常に明確な日を指定しなければならない。この期限は、事件の性質が許す限り短いものとする。

第四七条【事件の併合】裁判所は、二以上の事件において、手続を併合することをいつでも命令することができる。更に、裁判所は、書面又は口頭手続を証人の召還を含めて同時に行うことを指示することができる。また、裁判所は正式の併合を行うことなく、これらの手続のいかなる段階においても同時に手続を行うことを命令することができる。

第四八条【当事者の修正提案】紛争当事者は、共同で、この章における規則に特定の修正又は追加を行うことを提案することができる。裁判所又は部は、当該事件の状況にかんがみて適当と認める場合には、当該修正又は追加を採用することができる。

第四九条【手続の不要な遅延禁止】裁判所の手続は、不要な遅延や支出なしに行われなければならない。

第五〇条【指針の発出】裁判所は、長さ、形式、書面及び口頭陳述及び電気的通信手段を含む手続に関するすべての面に関し、この規則と適合的な指針を発出することができる。

第五一条【裁判所への通知】この規則に基づき裁判所に対して行われるすべての通知は、別段の規定がある場合を除くほか、裁判所書記にあてて行われる。当事者が行う一切の要請も、裁判所書記にあてて行われる。口頭手続中の公開廷において行われる場合を除くほか、同様に裁判所書記にあてて行われる。

第五二条【当事者への通知】1 当事者に対するすべての通知は、当事者の代理人に対して行われる。

2 代理人を任命する前における当事者に対する通知及び当事者以外の主体に対する通知は、以下の通りである。

(a) 国家の場合は、裁判所は、すべての通知を政府に対し行う。

(b) 国際海底機構又はエンタープライズ、国際組織、政府間機関の場合は、裁判所は、すべての通知を本部所在地にある当該組織の権限ある者又は事務局長に対し行う。

(c) 国営企業又は国連海洋法条約第一五三条2(b)に言及される自然人又は法人の場合は、裁判所は、すべての通知を保証又は証明を行う国に対し行う。

(d) 国家群の場合、国営企業又は国連海洋法条約第一五三条2(b)に言及される自然人又は法人の場合、裁判所は、上記(a)及び(b)に従いすべての通知を当該国家群のすべての構成国に対し行う。

(e) その他の自然人又は法人の場合、裁判所は、すべての通知を通知が受け取られる領域の属する国家の政府を通じて行う。

3 現場における証拠を獲得するために措置が取られる場合には、この条が適用される。

第五三条【代理人、補佐人、弁護人】1 当事者は、代理人によって代理される。

2 当事者は、裁判所の補佐人又弁護人の支援を得ることができる。

第B節　裁判の手続（略）

第五四条【請求による提起】
第五五条【合意による付託】
第五六条【代理人】
第五七条【条約以外の合意による付託】
第五八条【管轄権の決定】
第五九条【訴答書面の提出】
第六〇条【請求による提起の場合】
第六一条【合意による付託の場合】
第六二条【訴答書面の記載事項】
第六三条【附属書類】
第六四条【訴答書面の言語】
第六五条【書面提出に関する規則】
第六六条【他方当事者への送付】
第六七条【訴答書面の要請】
第六八条【判事の意見交換】
第六九条【口頭手続の開始】
第七〇条【所在地以外での開廷】
第七一条【書面手続終結後の提出】
第七二条【証人等の通知】
第七三条【弁論方法等の決定】
第七四条【弁論の公開】
第七五条【弁論の範囲】
第七六条【指示、質問】
第七七条【証拠の提出要請】
第七八条【証人と鑑定人の召喚】
第七九条【証人と鑑定人の宣誓】
第八〇条【証人と鑑定人の尋問】
第八一条【証拠の収集】
第八二条【取調、鑑定意見】
第八三条【証人と鑑定人の手当】
第八四条【政府間機関からの情報】
第八五条【通訳】
第八六条【弁論の逐語記録】

（略）

第八七条【口頭手続終了後の答弁書】
第八八条【手続の終結】
（略）

第C節　付随手続

第一款　暫定措置

第八九条【要請】1　一方の当事者は、裁判所に付託された紛争の手続中いつでも、条約第二九〇条1の規定に従って、暫定措置の命令のための要請を行うことができる。

2　紛争が付託されつつある仲裁裁判所が開廷するまでの間、一方の当事者は、次の場合に、条約第二九〇条5の規定に従って、暫定措置の命令を要請することができる。

(a)　両当事者が合意する場合はいつでも

(b)　両当事者が他の法廷又は裁判所によって暫定措置を命じられることがあることに合意しなかったとき、そのような措置の要請に関する他方の当事者への通報から二週間後にいつでも

3　要請は、書面によって行わなければならず、かつ要請される措置、そのための理由及び、もしその要請が受け入れられなかった場合に、紛争当事者の個々の権利の保全又は海洋環境に対して生ずる重大な害の防止に関し、あり得べき結果を明示しなければならない。

4　条約第二九〇条5の規定に従って暫定措置を命ずるための要請は、開廷される仲裁裁判所が管轄権を有すること、及び事態の緊急性に関する法的根拠についても示すものでなければならない。その要請には、通知書又は仲裁裁判所の前の手続を開始することになるすべての文書の確認された写しが添付されなければならない。

5　裁判所は、暫定措置の要請が行われたときは、要請された措置とは全体的に若しくは部分的に異なる措置を命じ、かつ、それぞれの措置をとり又は従うことになる紛争当事者を示すことができる。

第九〇条【手続の優先】1　暫定措置の命令のための要請は、第一一二条1に従って、裁判所におけるすべての他の手続に優先する。

2　裁判所又は裁判所が開廷中でないときは裁判所長は、なし得る最も早い弁論の期日を定めなければならない。

3　裁判所は、口頭手続の終結前に一方の当事者が裁判所に提出することができる一切の意見を考慮しなければならない。

4　裁判所の評議の間、裁判所長は、暫定措置の要請について裁判所が行うことがある一切の命令が適切な効果をもつことができるように行動するよう、両当事者に対し要請することができる。

第九一条【簡易手続裁判部の招集】1　裁判所長が第九〇条2に規定する弁論の定められた期日に定数を満たすために十分な数の裁判官を確保することができないであろうことを確認する場合には、暫定措置の命令に関する裁判所の任務を遂行するために簡易手続裁判部が招集されなければならない。

2　裁判所は、暫定措置の命令の一五日以内に一方の当事者の書面による要請により、簡易手続裁判部が命じたそれらの措置を再検討し又は修正する。裁判所はまた、それらの措置を再検討し又は修正することについて、いつでも自己の発意により決定することができる。

第九二条【新たな要請】暫定措置の命令のための要請の却下は、その要請を行った当事者が同一の事件において新事実に基づく新たな要請を行うことを妨げるものではない。

第九三条【修正、撤回】一方の当事者は、暫定措置の修正又は撤回を要請することができる。要請は書面で行い、かつ、関係があると考えられる事情の変更又は消滅を明示しなければならない。裁判所は、要請に関する一切の決定を行う前に、両当事者に対して

この問題に関し自己の意見を提出する機会を与えなければならない。

第九四条【通報】 裁判所が命ずるすべての措置又はそれらの措置に関する一切の修正若しくは撤回は、両当事者に及び裁判所がそれぞれの事件において適当と考えるような他の締約国に直ちに通報しなければならない。

第九五条【履行に関する情報】 1 各当事者は、裁判所が命じたすべての暫定措置に従うことに関し、できるだけ早く裁判所に通知しなければならない。特に、各当事者は、命じられた措置に迅速に従うことを確保するためにとった措置又はとろうとする措置に関する最初の報告書を提出しなければならない。

2 裁判所は、自己が命じたすべての暫定措置の実施に関連する一切の事項に関し、両当事者に対し、追加的な情報を要請することができる。

第二款 先決的手続

第九六条【手続】 1 裁判所は、条約第二九七条に規定する紛争についての申立てが行われたとき、条約第二九四条に従って、当該申立てによる権利の主張が法的手続の濫用であるか否か又は当該権利の主張に十分な根拠があると推定されるか否かについて、応訴人の要請により決定しなければならず、又は自己の発意により決定することができる。

2 書記局は、第五四条4の規定に従って、申立てを応訴人に送達するとき、条約第二九四条の規定に従う決定を要請するために裁判所長が定めた期間について応訴人に通告しなければならない。

3 裁判所は、請求日から二箇月以内に、条約第二九四条1の規定に従って、自己の発意によりその権限を行使することについても決定できる。

4 応訴人による条約第二九四条の規定に従う決定のための要請は、書面により行い、かつ、裁判所が次の事項について決定を行うための根拠を示すものでなければならない。

(a) 申立ては条約第二九七条に規定する紛争について行われていること

(b) 当該権利の主張は法的手続の濫用であるか、又は根拠がないと推定されること

5 かかる申立てを受領したときに又は自己の発意によるときには、裁判所又は裁判所が開廷中でないときは裁判所長は、両当事者が書面による自己の意見及び付託書を提示することがある六〇日間を越えることのない期間を定めなければならない。審理の手続は停止されなければならない。

6 裁判所が別段の決定をしない限り、その後の手続は、口頭によって行わなければならない。

7 5に規定する書面による意見及び付託書、かつ6によって行われる弁論で提示された陳述及び証拠は、当該権利の主張が法的手続の濫用であるか又は根拠がないと推定されるか否か、並びに、当該申立てが条約第二九七条に規定する紛争について行われているか否かの決定に関係がある事項に限られなければならない。ただし、裁判所は、両当事者に対し、争点にかかる、すべての法及び事実の問題を議論し、かつすべての証拠を提示するよう要請することができる。

8 裁判所は、判決の形式により、その決定を行わなければならない。

第三款 先決的抗弁

第九七条【抗弁の提出、審理手続】 1 裁判所の管轄権若しくは請求の受理許容性に対する抗弁、又は本案手続に進む前に決定を求められるその他の抗弁は、手続の開始の時から九〇日以内に書面で提出しなければならない。

2 先決的抗弁には、抗弁の根拠とされる事実及び法並びに申立てを掲げる。

3 先決的抗弁を書記局が受領すると同時に、本案手続は、停止され、裁判所又は裁判所が開廷中でないときは裁判所長は、他方の当事者がその意見及び申立てについての書面を提出する期限を六〇日を越えない範囲で定める。裁判所又は裁判所が開廷中でないときは裁判所長は、更に、抗弁を行う当事者が他方の当事者に対して行う意見及び申立てについての書面を提出する期限を、他方の当事者からの意見及び申立てを受領した時から六〇日を越えない範囲で定める。右書面には援用書類の写しを添付し、提出を希望する証拠を掲げる。

4 裁判所が別段の決定をしない限り、その後の手続は、口頭によって行う。

5 3に規定する書面による意見及び申立て、並びに4の弁論において提出される陳述及び証拠は、抗弁に関係のある事項に限定されなければならない。ただし、裁判所は、必要なときはいつでも、両当事者に対し、法及び事実に関するすべての問題を論議し、かつ、争点に関するすべての証拠を提示するように要求することができる。

6 裁判所は、判決の形式で決定を行う。裁判所は、この決定により、抗弁を認容し、却下し又はその事件の状況にかんがみ、抗弁が専ら先決的な性質を有するものでないことを宣言する。裁判所は、抗弁を却下し又は抗弁が専ら先決的な性質を有するものではないことを宣言した場合には、その後の手続の期限を定める。

7 裁判所は、1の規定に従って提出された抗弁が本案の枠内で意見聴取及び決定されるべき旨の当事者間の一切の合意を有効なものとみなす。

第四款 反 訴

第九八条【反訴の提出条件】 1 当事者は、他方の当事者の請求の主題と直接の関係があり、かつ、裁判所の管轄に属することを条件として、反訴を提出することができる。

2　反訴は、これを提出する当事者の答弁書において行われるものとして、当該当事者の申立ての一部として提出されるものとする。

3　裁判所は、反訴として提出された問題と他方の当事者の請求の対象との間の関連について疑義が生じた場合には、両当事者の意見を聴取した後、そのように提出された問題を原手続に併合するかしないかを決定する。

第五款　参　加

第九九条【参加の要請】1　規程第三一条の文言に基づき参加の許可を求める要請は、規則第六七条1の規定に基づき答弁書が利用可能となった後三〇日以内に提出されなければならない。ただし、特別の事情がある場合には、その後の段階に提出された要請も認められる。

2　要請は、第五四条3の定める方法で署名され、代理人の氏名及び住所を記載する。要請には、関係する事件を明記し、次の事項を記載する。

(a)　参加を要請する国がその事件の裁判によって影響を受けると考える法律的性質の利害関係

(b)　参加の明確な目的

3　規程第三一条の文言に基づく参加の許可を求める要請は、条約第二八七条の規定に基づき原告が行った選択にかかわりなく、許可することができる。

4　要請には、援用書類の目録を記載し援用書類の写しを添付する。

第一〇〇条【条約の解釈の場合の参加】1　規程第三二条3の規定により付与された参加の権利を援用しようとする締約国又は規程第三二条1及び2に規定する締約国以外の主体は、その旨の宣言書を提出する。当該宣言書は、規則第六七条1の規定に基づき答弁書が利用可能となった後三〇日以内に提出されなければならない。ただし、特別の事情がある場合には、その後の段階に提出された宣言書も認められる。

2　宣言書は、第五四条3に定める方法で署名され、代理人の氏名及び住所を記載する。宣言書には、関係する事件を明記し及び次の事項を含む。

(a)　宣言を行う当事者がその解釈又は適用が問題であると考える条約又は国際協定の特定の規定の明示

(b)　問題とする規定の解釈又は適用の詳述

(c)　援用書類の目録及び援用書類の写し

第一〇一条【当事者への送付】1　規程第三一条の規定に基づく参加の許可を求める要請の認証謄本又は規程第三二条の規定に基づく参加の宣言書の認証謄本は、直ちに事件の当事者に送付されなければならない。当該事件の当事者は、裁判所又は裁判所が開廷中でないときは裁判所長が定める期限内に、自己の意見を書面で提出するよう要請される。

2　裁判所書記は、1の謄本を、(a)締約国、(b)規程第三二条2の規定に基づいて通知を受けたその他の当事者、(c)国際連合事務総長、(d)手続が海底紛争裁判部において行われる場合には国際海底機構の事務局長に送付しなければならない。

第一〇二条【参加要請の取極】1　裁判所は、規程第三一条の規定に基づく参加の許可を求める要請が認められるか認められないか、又は規程第三二条の規程に基づく参加が認められるか認められないかを、裁判所が事件の状況を考慮して別段の決定をしない限り、優先事項として決定する。

2　前条の規定により定められた期限内に参加の許可を求める要請又は参加の宣言書の認容について異議が生じた場合には、裁判所は、決定を行う前に、参加を要請する締約国又は締約国以外の主体及び両当事者の意見を聴取しなければならない。

第一〇三条【参加の許可】1　規程第三一条の規定に基づく参加の許可を求める要請が認められた場合には、参加する締約国は、訴答書面及び附属書類の謄本の提供を受け、かつ、裁判所が定める期限内に陳述を書面により提供することができる。この陳述について当事者が口頭手続の前に書面により意見を提出することを希望した場合には、その提出のための期限を定める。裁判所が開廷中でないときは、この期限は、裁判所長が定める。

2　1の規定に基づいて定められる期限は、事件の訴答書面に関して既に定められている期限にできる限り一致させなければならない。

3　参加する締約国は、口頭手続中に、参加の目的に関し、意見を提出することができる。

4　参加する締約国は、臨時裁判官を選択する権利を有さず、又は、第一〇五条1の規定に基づき手続を取下げる合意に反対する権利を有しない。

第一〇四条【条約の解釈の場合】1　規程第三二条の規定に基づく参加が認められた場合には、参加する者は、訴答書面及び附属書類の謄本の提供を受け、かつ、裁判所又は裁判所が開廷中でないときは裁判所長が定める期限内に、参加の目的に関して自らの意見を書面で提出することができる。

2　1の意見は、当事者及び参加を認められた他の締約国又は締約国以外の主体に通報される。参加する者は、口頭手続中に、参加の目的に関して自らの意見を提出することができる。

3　参加する者は、臨時裁判官を選択する権利を有さず、又は、第一〇五条1の規定に基づき手続を取下げる合意に反対する権利を有しない。

第六款　訴の取下げ

第一〇五条【訴の取下げ、和解】1　本案に関する最終判決が言い渡される前に、当事者が訴の取下げに合意した旨を書面により、共同又は単独で、裁判所に通報した場合には、裁判所は、訴の取下げを記録し、かつ、書記局に事件を総件名簿から削除することを指示する命令を発する。

2　当事者が紛争の和解に達したことにより訴の取下げに合意し、かつ、当事者が希望するならば、裁判所は、総件名簿から当該事件を削除する命令にこの事実を記録し、その命令又は附属書類に和解条件を記載する。
3 裁判所が開廷中でないときは、この条の規定による命令は、裁判所長が発する。

第一〇六条【原告による取下げ】1 請求によって開始された手続中に原告が手続を続行しないことを裁判所に書面で通知し、かつ、書記局がこの通知を受領した日に被告がまだその手続において何らの措置もとっていなかった場合には、裁判所は、訴の取下げを公式に記録し、かつ、事件を総件名簿から削除することを指示する命令を発する。裁判所書記は、この命令の謄本を被告に送付する。
2 訴の取下げの通知を受領したときに被告が既に手続において何らかの措置をとっていた場合には、裁判所は、被告が訴の取下げに異議があるかないかを述べるべき期限を定める。この期限の終了前に訴の取下げに関して異議の申し立てがないときは、黙認されたものとみなし、裁判所は、訴の取り下げを記録し、かつ、書記局に事件を総件名簿から削除することを指示する命令を発する。異議の申し立てがあったときは、手続を続行する。
3 裁判所が開廷中でないときは、この条の規定に基づく裁判所の権限は、裁判所長が行使する。

第D節 （略）

第一〇七条【規則の適用】
第一〇八条【部による裁判の要請】（略）
第一〇九条【部における手続】

第E節 船舶及び乗組員の速やかな釈放

第一一〇条【申立】1 船舶及びその乗組員の抑留からの釈放のための申立ては、条約第二九二条に従い船舶の旗国又はその代わりの者が行う。
2 締約国は、裁判所に対し、いつでも次のことを通知することができる。
(a) 条約第二九二条に従い締約国に代わって申立てを行う者に授権することのできる政府当局
(b) 締約国に代わって申立てを行う権限を付与された者の名称及び住所
(c) 船舶又はその乗組員の釈放のための申立ての通報を受領するために指定される事務所、及び同事務所へ文書を伝達するための最も迅速な手段
(d) 上記の通知の説明、修正又は撤回
3 旗国に代わって行う申立てには、事前に裁判所に対し2に基づく授権を通知していない場合には、当該の授権並びに申立てを提出する者が被授権者の中に入っていることを示す文書を添付しなければならない。申立てには、当該申立て及びすべての援用書類の写しが旗国に送達されたことの証明も含めなければならない。

第一一一条【申立の内容】1 申立てには、申立ての根拠となる事実及び法的理由の簡潔な陳述を含めなければならない。
2 事実の陳述は、次のようにしなければならない。
(a) 船舶の抑留の日時及び場所、並びに知られている場合には船舶と乗組員の現在の位置を明記すること。
(b) 船舶及び乗組員に関する関連する情報を含めること。適当な場合には、次の情報も含める。船舶の名称、旗及び登録港又は登録地、及びそのトン数、積載能力及び評価の決定に関する関連資料、船舶の所有者及び運航者の名称及び住所、並びにその乗組員に関する詳細。
(c) 抑留国により課された保証金又は他の金銭上の保証の額、性質及び条件、並びに当該要求に応じた程度を明記すること。
(d) 合理的な保証金又は他の金銭上の保証の額の決定、及び手続上のその他の問題に関連すると申立人が考える、更なる情報を含めること。
3 申立てには援用書類を添付しなければならない。
4 申立ての謄本は、裁判所書記が直ちに抑留した国に送付する。抑留国は、一一二条3に定める弁論の始まる九六時間前までのできるだけ早い時期に、応答のための陳述を援用書類を添付して提出することができる。
5 裁判所は、更なる情報を追加の陳述において提供するよう、いつでも要請することができる。
6 申立てに関するその後の手続は、口頭による。

第一一二条【速やかな処理】1 裁判所は、船舶又は乗組員の釈放のための申立てを裁判所における他のすべての手続に優先させる。ただし、裁判所は、船舶又は乗組員の釈放のための申立て及び暫定措置の指示の要請を付託された場合には、当該の申立て及び要請の両者が遅滞なく処理されることを確保するために必要な措置をとらなければならない。
2 申立人が申立ての中で要請する場合には、申立ては簡易手続裁判部で審理される。ただし、抑留国が、申立ての通報を受領してから五日以内に、裁判所に対し、当該要請に同意する旨を通報することを条件とする。
3 裁判所又は裁判所が開廷中でないときは裁判所長は、申立てを受領した日の次の最初の仕事日から数えて一五日以内で、できるだけ早い日を弁論のための期日に定める。別段の決定が行われない限り、各当事者は、弁論において、自らの証拠及び立論を提出するために一日が与えられる。
4 裁判所の決定は、判決の形式で行われる。判決は、できるだけ速やかに採択され、弁論の終結から一四日以内に開かれる裁判所の公開廷で朗読される。当事者は、公開廷の期日を通知される。

第一一三条【決定の内容】1 裁判所は、条約第二九二条に従い、各事件の判決において、抑留国が合理的な保証金の支払い又は他の合理的な金銭上の保証の提供にもとづく船舶又は乗組員の速やかな釈放に関

する条約の規定を遵守していないという申立人の主張が、十分な根拠があるか否かを決定する。

2　裁判所は、申立人の主張に十分な根拠があると決定する場合には、船舶又は乗組員の釈放のために支払われるべき保証金又は提供されるべき金銭上の保証の額、性質及び形式を決定する。

3　当事者が別段の合意をしない限り、裁判所は、保証金又は他の金銭上の保証の支払又は提供が裁判所書記に行われるか又は抑留国に行われるかについて決定する。

第一一四条【保証金の出納】1　保証金又は他の金銭上の保証が裁判所書記に支払われ又は提供される場合には、抑留国はその旨の通知を速やかに受ける。

2　裁判所書記は、抑留国の権限ある機関の終結の判決、裁定又は決定を履行するために必要な限度で、当該抑留国に対し保証金又は他の金銭上の保証を裏書き又は送金する。

3　前記の判決、裁定又は決定を履行するために必要でない保証金又は他の金銭上の保証は、当該保証金又は他の金銭上の保証を提供した当事者に対して、その要請に従い、裏書き又は送金される。

第F節　海底紛争裁判部における争訟事件の手続（略）

第一一五条【規則の適用】
第一一六条【次条以降の適用】
第一一七条【申立の内容】
第一一八条【防御】
第一一九条【保証国の参加】
第一二〇条【特別の合意による付託】
第一二一条【訴答書面の追加】
第一二二条【機構の理事会による手続】
第一二三条【商事仲裁裁判所による付託】
（略）

第G節　判決、解釈及び再審

第一款　判　決

第一二四条【判決の朗読、拘束力】1　裁判所は、評議を完了し、判決を採択した場合には、当事者に判決を朗読する期日を通知する。

2　判決は、裁判所の公開廷で朗読され、かつ、朗読された日から当事者に対して拘束力を有する。

3　裁判所は、例外的な措置として、公衆衛生、安全その他のやむを得ない理由のため、ビデオリンクにより当事者及び公衆がアクセス可能な裁判所の法廷で判決を朗読することを決定することができる。

第一二五条【判決の記載事項、個別意見】1　判決は、裁判所又は部のいずれが与えたかを明示し、次の事項を掲げる。

(a) 判決を朗読した日
(b) 判決に参与した裁判官の氏名
(c) 当事者の表示
(d) 当事者の代理人、補佐人及び弁護人の氏名
(e) 条約の第二八九条の規定に基づき、専門家が指名される場合は、その専門家の氏名
(f) 手続の概要
(g) 当事者の申立
(h) 事実の陳述
(i) 根拠とされた法律上の理由
(j) 判決主文
(k) 費用に関する決定があった場合にはその決定
(l) 各々の当該条項に関し、その決定過半数を構成する裁判官、及び少数派を構成する裁判官の数及び氏名
(m) 正文である判決文に関する意見

2　いずれの裁判官も、別の、又は反対意見を判決に付記することができる。裁判官は、理由を述べずに宣言の形式で同意又は反対を記録することができる。同様のことは命令にも適用する。

3　裁判所長及び裁判所書記によって署名捺印された判決の謄本の一通は、裁判所の記録に保管され、他の謄本は、各当事者に交付される。謄本は、(a)締約国、(b)国際連合事務総長、(c)機構の事務総長、(d)条約以外の協定に基づき提出された訴訟の場合には、当該協定の締約国に送付されなければならない。

第二款　判決の解釈又は再審の要請

第一二六条【解釈要請の手続】1　判決の意義又は範囲について争いがある場合には、いずれの当事者も、その判決の解釈の要請を行うことができる。

2　判決の解釈の要請は、請求によって又は当事者間のその旨の特別の合意の通告によって行うことができる。この請求又は特別の合意の通告には、判決の意義又は範囲に関する一又は二以上の争点が明確に示されなければならない。

3　解釈の要請が請求によって行われる場合には、要請を行う当事者の主張は、その請求の中で述べるものとし、他方の当事者は、裁判所又は裁判所が開廷中でないときは裁判所長が定める期限内に、これについて書面で意見を提出することができる。

4　裁判所は、要請が請求によって行われるか特別の合意の通告によって行われるかを問わず、必要な場合には、当事者に対し、書面又は口頭で説明を行う機会を与えることができる。

第一二七条【再審要請の条件】1　判決の再審の要請は、決定的な要因としての性質を有する事実の発見に基づく時にのみ行われなければならない。当該事実は、判決が与えられた時には、裁判所及び再審を要請する当事者にとって不知であり、その無知が過失によるものでない場合である。当該要請は、新たな事実の発見から遅くても六箇月以内、及び判決日から一〇年が経過する前になされなければならない。

2　再審の手続は、判決の形式により、裁判所によっ

て決定される。判決には、新たな事実の存在が明確に記録され、当該事件が再審の対象となる性質のものであることが認知され、かつ、当該請求が受理可能である旨が宣言される。

第一二八条【再審要請の手続】 1 判決の再審の要請は、請求によって行う。請求には、第一二七条1に定める条件を満たしていることを示すために必要な事項を掲げる。援用書類は、請求に添付する。

2 他方の当事者は、裁判所又は裁判所が開廷中でないときは裁判所長が定める期限内に、請求の認容性に関し書面で意見を提出することができる。この意見は、請求を行っている当事者に通知しなければならない。

3 裁判所は、請求の認容性について判決を与える前に、更にこのことについて意見を提出する機会を当事者に与えることができる。

4 裁判所は、その判決にあらかじめ従うことを条件として、再審の手続を許すと決定した場合には、そのための命令を発する。

5 裁判所は、請求を許すべきものと認めた場合には、当事者の意見を確認した後に、請求の本案について必要と認めるその後の手続の期限を定める。

第一二九条【取扱う法廷】 1 再審又は解釈されるべき判決が裁判所の言い渡したものである場合には、その再審又は解釈の要請は、裁判所が処理する。

2 判決が部の言い渡したものである場合には、その再審又は解釈の要請は、可能であれば、当該部が処理する。可能でない場合には、当該要請は、規程及びこの規則の中で関連する条項に従って構成される部によって処理される。規程及びこの規則に従い、部を構成する際に、締約国の賛同が必要であるが、裁判所が定める期限内に賛同を得ることが出来ない場合は、当該要請は裁判所によって処理される。

3 判決の解釈又は再審の要請に関する決定は、判決の形式で言い渡す。

第H節 勧告的意見の手続

第一三〇条【海底紛争裁判部】 1 勧告的意見に関する任務を遂行するに当たって、海底紛争裁判部は、この節の規定を適用し、かつ、裁判部が当該任務に適用することができると認める範囲内で、規程及びこの規則の争訟事件に適用される規定に準拠するものとする。

2 裁判部は、勧告的意見の要請が二以上の当事者間で係争中の法律問題に関係するものであるかないかを検討する。裁判部が関係していると決定する場合には、規程第一七条並びに同条の適用に関するこの規則の規定が適用される。

第一三一条【機構による要請】 1 機構の総会又は理事会の活動の範囲内で生じる法律問題に関する勧告的意見の要請には、当該問題の正確な記述を含めなければならない。この要請には、当該問題を明らかにすることができると考えられるすべての書類を添付する。

2 前記の書類は、要請と同時に又はその後できるだけ速やかに、裁判所書記の要求する数の謄本を添付して、裁判部に提出されるものとする。

第一三二条【緊急の回答】 裁判部は、勧告的意見の要請が法律問題への緊急の回答を要すると述べている場合には、手続を促進するためにすべての適切な措置をとる。

第一三三条【要請の通報、陳述書の受理】 1 裁判所書記は、勧告的意見の要請をすべての締約国に直ちに通報する。

2 裁判部又は裁判部が開廷中でないときは裁判部長は、法律問題に関する情報を提供することができると考えられる政府間機関を決定する。裁判所書記は、当該機関に前記の要請を通報する。

3 締約国及び2に規定する機関は、裁判部又は裁判部が開廷中でないときは裁判部長が定める期限内に、当該問題に関する陳述書を提出するよう求められる。この陳述書は、書面による陳述を行った締約国及び政府間機関に送付される。裁判部又は裁判部が開廷中でないときは裁判部長は、当該の締約国及び政府機関がかかる陳述書に関して更に書面による陳述を提出することのできる次の期限を定めることができる。

4 裁判部又は裁判部が開廷中でないないときは裁判部長は、口頭手続を行うか行わないかを決定し、行うと決定した場合には、当該手続の開始の期日を定める。締約国及び2に規定する政府間機関は、当該手続において口頭での陳述を行うよう求められる。

第一三四条【陳述書の公開】（略）

第一三五条【意見の朗読、記載事項】 1 裁判部は、評議を完了し、かつ、勧告的意見を採択した場合には、意見を裁判部の公開の法廷で朗読する。

1の二 裁判部は、例外的な措置として、公衆衛生、安全その他のやむを得ない理由のため、ビデオリンクにより当事者及び公衆がアクセス可能な裁判部の法廷で意見を朗読することを決定することができる。

2 勧告的意見には、次の事項を掲げる。

(a) 勧告的意見を言い渡した日付
(b) 参与した裁判官の氏名
(c) 裁判部の意見が要請された問題
(d) 手続の概要
(e) 事実の陳述
(f) 根拠とされた法律上の理由
(g) 裁判部に提出された各問題に対する回答
(h) 裁判部に提出された各問題に関して、多数を構成する裁判官の数及び氏名、及び少数を構成する裁判官の数及び氏名
(i) 正文とされる意見の明示

3 いずれの裁判官も、裁判部の勧告的意見に対して個別意見又は反対意見を付記することができる。裁判官は、理由を述べずに宣言の形式で同意又は反対

を記録することができる。

第一三六条【朗読日の通知】
第一三七条【意見の送付】（略）

第一三八条【機構以外の機関への勧告的意見】1　裁判所は、国連海洋法条約の目的に関連する国際協定が明文の規定でもって裁判所に対する勧告的意見の要請の提出について定めている場合には、法律問題についての勧告的意見を与えることができる。

2　勧告的意見の要請は、国際協定により又は同協定に従って裁判所に対して要請することを認められている機関によって、当該裁判所に提出されなければならない。

3　裁判所は、第一三〇条から第一三七条までの規定を準用する。

56　仲裁（国連海洋法条約附属書Ⅶ）

第一条（手続の開始）条約第一五部の規定に従うことを条件として、いずれの紛争当事者も、他の紛争当事者にあてた書面による通告により、紛争をこの附属書に定める仲裁手続に付することができる。当該通告には、請求及びその根拠をも記載する。

第二条（仲裁人の名簿）1　国際連合事務総長は、仲裁人の名簿を作成し、これを保管する。各締約国は、四人の仲裁人を指名することができる。これらの仲裁人は、海洋問題について経験を有しており、かつ、公平であり、有能であり及び誠実であることについて最高水準の評価を得ている者とする。指名された者の氏名は、名簿に記載される。

2　締約国が指名し、名簿に記載されている仲裁人が四人よりも少ない場合にはいつでも、当該締約国は、必要に応じて追加の指名を行うことができる。

3　仲裁人の氏名は、指名した締約国によって撤回されるまで引き続き名簿に記載され、仲裁人は、自己がその仲裁人として任命されている仲裁裁判所において、係属中の手続が終了するまで引き続きその任務を遂行する。

第三条（仲裁裁判所の構成）この附属書に定める手続のため、仲裁裁判所は、紛争当事者が別段の合意をしない限り、次のとおり構成される。

(a)　仲裁裁判所は、五人の仲裁人で構成される。ただし、(g)の規定に従うことを条件とする。

(b)　手続を開始する紛争当事者は、一人の仲裁人を任命する。当該紛争当事者は、この仲裁人を前条に規定する名簿から選出することが望ましく、当該仲裁人を自国民とすることができる。その任命については、第一条に規定する通告に含める。

(c)　他の紛争当事者は、第一条に規定する通告を受領した時から三〇日以内に一人の仲裁人を任命する。当該他の紛争当事者は、この仲裁人を前条に規定する名簿から選出することが望ましく、当該仲裁人を自国民とすることができる。その任命がこの期間内に行われない場合には、手続を開始する紛争当事者は、この期間の満了の時から二週間以内に、(e)の規定に従って任命を行うよう要請することができる。

(d)　他の三人の仲裁人は、紛争当事者間の合意によって任命される。これらの仲裁人は、前条に規定する名簿から選出されることが望ましく、紛争当事者が別段の合意をしない限り、第三国の国民とする。紛争当事者は、これらの三人の仲裁人のうちから仲裁裁判所の裁判長を任命する。第一条に規定する通告が受領された時から六〇日以内に、合意によって任命すべき仲裁人の任命又は裁判長の任命について紛争当事者が合意することができない場合には、これらの任命は、いずれかの紛争当事者の要請により(e)の規定に従って行う。この要請については、当該六〇日の期間の満了の時から二週間以内に行う。

(e)　紛争当事者の選定する者又は紛争当事者の選定する第三国が(c)及び(d)の規定による任命を行うことについて当該紛争当事者が合意しない限り、国際海洋法裁判所長が必要な任命を行う。同裁判所長がこの(e)の規定に従って行動することができない場合又は紛争当事者の国民である場合には、この(e)の規定に従って行動することができ、かつ、紛争当事者の国民でない国際海洋法裁判所の裁判官のうち同裁判所長に次ぐ席次の者が任命を行う。この(e)に規定する任命については、要請を受けた時から三〇日以内に、紛争当事者と協議の上行う（前条に規定する名簿に記載された者のうちから任命する。）。このようにして任命された仲裁人は、それぞれ異なる国籍を有する者でなければならず、また、紛争当事者のために役務を行う者、紛争当事者の領域内に通常居住する者又は紛争当事者の国民であってはならない。

(f)　仲裁裁判所に空席が生じたときは、当該空席を生じさせた仲裁人の任命の場合と同様の方法によって補充する。

(g)　同一の利害関係を有する紛争当事者は、共同で一人の仲裁人を任命する。二以上の紛争当事者が別個の利害関係を有する場合又は同一の利害関係を有するか否かについて意見の相違がある場合には、紛争当事者は、それぞれ一人の仲裁人を任命する。紛争当事者がそれぞれに任命する仲裁人の数は、紛争当事者が合意によって任命する仲裁人の数よりも常に一人少ない数とする。

(h)　二を超える紛争当事者が関係する紛争について

は、(a)から(f)までの規定を可能な最大限度まで適用する。

第四条（仲裁裁判所の任務）前条の規定に従って構成される仲裁裁判所は、この附属書及びこの条約の他の規定によって任務を遂行する。

第五条（手続）仲裁裁判所は、紛争当事者が別段の合意をしない限り、紛争当事者が陳述し及び自己の立場を表明する十分な機会を確保するよう手続を定める。

第六条（紛争当事者の義務）紛争当事者は、仲裁裁判所の運営に便宜を与えるものとし、自国の法令に従い、すべての可能な手段を利用して、特に、次のことを行う。

(a)　すべての関連のある文書、便益及び情報を仲裁裁判所に提供すること。

(b)　必要に応じ、仲裁裁判所が、証人又は専門家を招致し及びこれらの者から証拠を入手すること並びに事件に関連のある場所を検証することができるようにすること。

第七条（費用）仲裁裁判所が事件の特別の事情により別段の決定を行う場合を除くほか、仲裁裁判所の費用（仲裁人の報酬を含む。）は、紛争当事者が均等に負担する。

第八条（決定に必要とされる多数）仲裁裁判所の決定は、仲裁人の過半数による議決で行う。仲裁人の半数未満が欠席し又は判断を回避することは、仲裁裁判所が決定を行うことを妨げるものではない。可否同数のときは、裁判長の決するところによる。

第九条（欠席）いずれかの紛争当事者が仲裁裁判所に出廷せず又は自己の立場を弁護しない場合には、他の紛争当事者は、仲裁裁判所に対し、手続を継続し及び仲裁判断を行うよう要請することができる。いずれかの紛争当事者が欠席し又は弁護を行わないことは、手続の進行を妨げるものではない。仲裁裁判所は、仲裁判断を行うに先立ち、仲裁裁判所が当該紛争について管轄権を有することのみならず、請求が事実及び法において十分な根拠を有することも確認しなければならない。

第一〇条（仲裁判断）仲裁裁判所の仲裁判断は、紛争の対象となっている事項にのみ及ぶものとする。仲裁判断には、その理由を明示するものとし、関与した仲裁人の氏名及び当該仲裁判断の日付を付する。いずれの仲裁人も、別個の意見又は反対意見を仲裁判断に付することができる。

第一一条（仲裁判断が最終的なものであること）紛争当事者が上訴の手続について事前に合意する場合を除くほか、仲裁判断は、最終的なものとし、上訴を許さない。紛争当事者は、当該仲裁判断に従う。

第一二条（仲裁判断の解釈又は履行）1　仲裁判断の解釈又は履行の方法に関し紛争当事者間で生ずる争いについては、いずれの紛争当事者も、当該仲裁判断を行った仲裁裁判所の決定を求めるため当該仲裁裁判所に付託することができる。このため、仲裁裁判所に空席が生じているときは、当該空席を生じさせた仲裁人の任命の場合と同様の方法によって補充する。

2　1に規定する争いについては、すべての紛争当事者の合意により、条約第二八七条に規定する他の裁判所に付託することができる。

第一三条（締約国以外の主体への適用）この附属書の規定は、締約国以外の主体が関係する紛争について準用する。

57　一九八二年一二月一〇日の海洋法に関する国際連合条約第一一部の規定の実施に関する協定（深海底制度実施協定）

採　　択　一九九四年七月二八日
　　　　　国際連合総会第四八回会期決議四八／二六三
効力発生　一九九六年七月二八日
暫定的適用　一九九四年一一月一六日
日 本 国　一九九四年七月二九日批准を条件とする署名、一二月一六日暫定的適用、一九九六年六月七日国会承認、六月二〇日批准書寄託、効力発生、七月一二日公布（条約第七号）、七月二八日効力発生

この協定の締約国は、

平和の維持、正義及び世界のすべての人民の進歩に対する一九八二年一二月一〇日の海洋法に関する国際連合条約（以下「条約」という。）の重要な貢献を認め、

国の管轄権の及ぶ区域の境界の外の海底及びその下（以下「深海底」という。）並びに深海底の資源が人類の共同の財産であることを再確認し、

海洋環境の保護及び保全に対する条約の重要性並びに地球環境に対する関心の高まりに留意し、

条約の第一一部及び関連する規定（以下「第一一部」という。）に関する未解決の問題について一九九〇年から一九九四年まで諸国間で行われた非公式の協議の結果に関する国際連合事務総長の報告を検討し、

第一一部の規定の実施に影響を及ぼす政治的及び経済的変化（市場指向の方向性を含む。）に留意し、

条約への普遍的な参加を促進することを希望し、

第一一部の規定の実施に関し協定を作成することが、

この目的に最もよく合致することを考慮して、次のとおり協定した。

第一条（第一一部の規定の実施） 1　この協定の締約国は、この協定に従って第一一部の規定を実施することを約束する。

2　附属書は、この協定の不可分の一部を成す。

第二条（この協定と第一一部の規定との関係） 1　この協定及び第一一部の規定は、単一の文書として一括して解釈され、かつ、適用される。この協定と第一一部の規定とが抵触する場合には、この協定が優先する。

2　条約の第三〇九条から第三一九条までの規定は、条約に適用するのと同様にこの協定について準用する。

第三条（署名） この協定は、その採択の日から一二箇月の間、国際連合本部において、条約第三〇五条1の(a)及び(c)から(f)までに定める国及び主体による署名のために開放しておく。

第四条（拘束されることについての同意） 1　この協定の採択後においては、条約の批准書、正式確認書又は加入書は、この協定にも拘束されることについての同意の表明とみなされる。

2　いかなる国又は主体も、条約に拘束されることについての同意を既に確定しているか又は当該同意を同時に確定しない限り、この協定に拘束されることについての同意を確定することができない。

3　前条に定める国又は主体は、次のいずれかの方法により、この協定に拘束されることについての同意を表明することができる。

(a)　批准、正式確認又は次条に定める手続を条件としない署名

(b)　批准又は正式確認を条件として署名した後に行われる批准又は正式確認

(c)　次条に定める手続を条件とする署名

(d)　加入

4　条約第三〇五条1(f)に定める主体による正式確認は、条約附属書Ⅸの規定に従う。

5　批准書、正式確認書又は加入書は、国際連合事務総長に寄託する。

第五条（簡易な手続） 1　この協定の採択の日前に条約の批准書、正式確認書又は加入書を寄託した国又は主体であって、前条3(c)の規定に従ってこの協定に署名したものは、当該国又は主体がこの条に定める簡易な手続を用いない旨の書面による通告をこの協定の採択の日の後一二箇月が経過する日前に寄託者に行わない限り、当該一二箇月が経過する日にこの協定に拘束されることについての同意を確定したものとみなされる。

2　1の通告が行われた場合には、この協定に拘束されることについての同意は、前条3(b)の規定に従って確定される。

第六条（効力発生） 1　この協定は、四〇の国が自国が拘束されることについての同意を前二条の規定に従って確定した日の後三〇日で効力を生ずる。ただし、第三次国際連合海洋法会議の決議Ⅱ（以下「決議Ⅱ」という。）1(a)に定める国のうち、少なくとも五の先進国を含む七以上の国が当該四〇の国に含まれていることを条件とする。効力発生のためのこれらの条件が一九九四年一一月一六日前に満たされる場合には、この協定は、同日に効力を生ずる。

2　1に定める要件が満たされた後にこの協定に拘束されることについての同意を確定する国又は主体については、この協定は、当該国又は主体が拘束されることについての同意を確定した日の後三〇日目の日に効力を生ずる。

第七条（暫定的適用） 1　この協定は、一九九四年一一月一六日に効力を生じていない場合には、効力が生ずるまでの間、次の国又は主体により暫定的に適用される。

(a)　国際連合総会においてこの協定の採択に同意した国。ただし、一九九四年一一月一六日前に、寄託者に対し、この協定を暫定的に適用しない旨又はその後の署名若しくは書面による通告によってのみ暫定的に適用することについての同意を表明する旨を書面によって通告した国を除く。

(b)　この協定に署名する国又は主体。ただし、この協定を暫定的に適用しない旨の書面による通告を署名の時に寄託者に行う国又は主体を除く。

(c)　寄託者に対する書面による通告により暫定的に適用することに同意した国又は主体

(d)　この協定に加入する国

2　1に定めるすべての国又は主体は、その国内法令又は内部の法令に従い、一九九四年一一月一六日又は署名、同意の通告若しくは加入の日のいずれか遅い日からこの協定を暫定的に適用する。

3　暫定的適用は、この協定が効力を生ずる日に終了する。いかなる場合にも、決議Ⅱ1(a)に定める国のうち、少なくとも五の先進国を含む七以上の国によるこの協定に拘束されることについての同意に関する前条1に定める要件が一九九八年一一月一六日前に満たされない場合には、暫定的適用は、同日に終了する。

第八条（締約国） 1　この協定の適用上、「締約国」とは、この協定に拘束されることに同意し、かつ、自国についてこの協定の効力が生じている国をいう。

2　この協定は、条約第三〇五条1の(c)から(f)までに定める主体であって、それぞれの主体に関連する条件に従ってこの協定の当事者となるものに準用する。この場合において、「締約国」とは、当該主体をいう。

第九条（寄託者） 国際連合事務総長をこの協定の寄託者とする。

第一〇条（正文） アラビア語、中国語、英語、フランス語、ロシア語及びスペイン語をひとしく正文とするこの協定の原本は、国際連合事務総長に寄託する。

以上の証拠として、下名の全権委員は、正当に委任

を受けてこの協定に署名した。

一九九四年七月二八日にニュー・ヨークで作成した。

附属書

第一節　締約国による費用の負担及び組織に関する規定

1　国際海底機構（以下「機構」という。）は、条約の締約国が、特に深海底の資源を管理することを目的として、第十一部の規定及びこの協定に基づいて設けられる深海底のための制度に従って深海底における活動を組織し及び管理するための機関である。機構の権限及び任務は、条約によって明示的に規定されるものとする。機構は、深海底における活動についての権限の行使及び任務の遂行に含まれ、かつ、必要である付随的な権限であって、条約に適合するものを有する。

2　締約国による費用の負担を最小にするため、条約及びこの協定に基づいて設置されるすべての機関及び補助的な組織は、費用対効果の大きいものとする。この原則は、会合の開催頻度、期間及び日程についても適用する。

3　機構の機関及び補助的な組織の設置及び任務については、これらの機関及び組織が深海底における活動の各段階において各自の責任を効果的に果たすことができるよう、これらの機関及び組織の任務の遂行の必要性を考慮して、必要に応じて発展させていくという取組方法に基づいたものとする。

4　条約が効力を生じた後の機構の当初の任務は、総会、理事会、事務局、法律・技術委員会及び財政委員会が遂行する。経済計画委員会の任務は、理事会が別段の決定を行う時まで又は開発のための最初の業務計画が承認される時まで、法律・技術委員会が遂行する。

5　条約が効力を生じてから開発のための最初の業務計画が承認されるまでの間、機構は、次の任務に専念する。

(a)　探査のための業務計画の承認のための申請について、第十一部の規定及びこの協定に従って行われる処理

(b)　条約第三〇八条5及び決議Ⅱの規定に基づき、国際海底機構及び国際海洋法裁判所のための準備委員会（以下「準備委員会」という。）の決定で登録された先行投資者及びその証明国（これらの者及び国の権利及び義務を含む。）に関連するものを実施すること。

(c)　契約の形式をとる承認された探査のための業務計画の遵守の監視

(d)　深海底における採鉱の活動に関する動向及び発展の監視及び検討（世界の金属市況、金属の価格並びにこれらに関する動向及び予測の定期的な分析を含む。）

(e)　深海底からの鉱物の生産により最も深刻な影響を受けることが予想される当該鉱物の陸上生産国である開発途上国の経済に対する当該生産の潜在的な影響の研究。当該研究は、これらの国の困難を最小のものとし、かつ、当該国の経済調整を援助することを目的とするものであり、準備委員会の関連する作業を考慮して行われる。

(f)　深海底における活動の実施に必要な規則及び手続を当該活動の進展に応じて採択すること。条約附属書Ⅲ第一七条2の(b)及び(c)の規定にかかわらず、当該規則及び手続は、この協定の規定、深海底における商業的な採鉱の開始の遅延及び深海底における活動の予想される進展の速度を考慮に入れるものとする。

(g)　海洋環境の保護及び保全のために適用される基準について定める規則及び手続の採択

(h)　深海底における活動に関連する海洋の科学的調査の実施の促進及び奨励並びに、利用可能な場合には、当該科学的調査及び分析の結果の収集及び普及。特に、深海底における活動の環境に対する影響に関連する調査に重点を置くものとする。

(i)　深海底における活動に関連する科学的知識の取得及び当該活動に関連する海洋技術（特に、海洋環境の保護及び保全に関するもの）の開発の状況の把握

(j)　概要調査及び探査に関する利用可能なデータの評価

(k)　開発のための規則及び手続（海洋環境の保護及び保全に関するものを含む。）の適時の作成

6(a)　探査のための業務計画の承認のための申請については、法律・技術委員会からの当該申請に関する勧告を受けて理事会が検討する。当該申請の処理は、次の規定に従うことを条件として、条約（附属書Ⅲを含む。）及びこの協定に従って行われるものとする。

(i)　決議Ⅱ1(a)の(ii)若しくは(iii)に定める国、主体若しくは当該主体の構成者であって、条約が効力を生ずる前に実質的な深海底における活動を既に行っているもの（登録された先行投資者を除く。）又はこれらの者の権利を承継する者のために提出される探査のための業務計画は、申請者が少なくとも三千万合衆国ドルに相当する額を研究及び探査の活動のために支出しており、かつ、業務計画が対象とする鉱区の位置の選定、調査及び評価のために当該額の一〇パーセント以上の額を支出していることを一又は二以上の保証国が証明する場合には、業務計画の承認のために必要な資金的及び技術的な基準を満たしているものとみなされる。当該業務計画は、条約並びに条約に基づいて採択される規則及び手続の要件を満たす場合には、契約の形式をとる

ものとして理事会によって承認される。第三節11の規定は、この(i)の規定に従い解釈され、かつ、適用される。

(ii) 決議Ⅱ8(a)の規定にかかわらず、登録された先行投資者は、条約が効力を生じてから三六箇月以内に、探査のための業務計画の承認を要請することができる。当該業務計画は、登録の前又は後に準備委員会に提出された文書、報告その他のデータから成るものとし、決議Ⅱ11(a)の規定に基づいて準備委員会によって発給される遵守の証明書（先行投資者に関する制度の下における義務の履行状況を記述した事実関係に関する報告から成る。）が添付されるものとする。このような業務計画は、承認されたものとみなされる。承認された業務計画は、第一部の規定及びこの協定に基づき、機構と登録された先行投資者との間で締結される契約の形式をとる。決議Ⅱ7(a)の規定に従って支払われた二五万合衆国ドルの手数料は、第八節3に規定する探査の段階に関する手数料とみなされる。第三節11の規定は、この(ii)の規定に従い解釈され、かつ、適用される。

(iii) (i)に定める国、主体又は当該主体の構成者との契約には、無差別の原則に従い、(ii)に定める登録された先行投資者との間で合意される措置と類似であり、かつ、当該措置よりも不利でない措置を含める。(i)に定める国、主体又は当該主体の構成者に対し一層有利な措置が認められる場合には、理事会は、(ii)に定める登録された先行投資者が有する権利及び義務に関し、当該一層有利な措置と類似であり、かつ、当該一層有利な措置よりも不利でない措置について取り決める。ただし、その取決めは、機構の利益に影響を与え又はこれを害するものであってはならない。

(iv) 締約国、第七条の規定に従ってこの協定を暫定的に適用している国又は12の規定に基づく機構の暫定的な構成国は、(i)又は(ii)の規定に従って業務計画の申請を保証することができる。

(v) 決議Ⅱ8(c)の規定は、(iv)の規定に従い解釈され、かつ、適用される。

(b) 探査のための業務計画の承認は、条約第一五三条3の規定に従って行われる。

7　業務計画の承認のための申請には、機構が採択する規則及び手続に従い、提案された活動の環境に及ぼす潜在的な影響についての評価並びに海洋学の研究及び環境の基本的な研究のための計画についての説明を添付する。

8　探査のための業務計画の承認のための申請は、6(a)の(i)又は(ii)の規定に従うことを条件として、第三節11に定める手続に従って処理される。

9　探査のための業務計画は、一五年の期間について承認される。探査のための業務計画が終了した場合において、契約者が開発のための業務計画の申請をしていないとき又は契約者の探査のための業務計画の延長が認められていないときは、当該契約者は、開発のための業務計画を申請する。契約者は、一回当たり五年を超えない期間について探査のための業務計画の延長を申請することができる。当該延長は、契約者が業務計画の要件を誠実に遵守するよう努力しているにもかかわらず、当該契約者にとってやむを得ない理由により、開発の段階への移行のための必要な準備作業を完了することができない場合又は延長の申請が行われた時点の経済状況のために開発の段階に移行しないことについて正当な理由がある場合には、承認されるものとする。

10　条約附属書Ⅲ第八条の規定に基づく機構のための留保鉱区の指定は、探査のための業務計画の申請の承認又は探査及び開発のための業務計画の申請の承認に関連して行われる。

11　9の規定にかかわらず、この協定を暫定的に適用する一以上の国によって保証されている承認された探査のための業務計画は、当該国がこの協定を暫定的に適用することを終止した場合において、当該国が12の規定に従って機構の暫定的な構成国とならず又は締約国とならないときは、終了する。

12　第七条の規定に従ってこの協定を暫定的に適用してきた第三条に定める国又は主体は、この協定が効力を生じた場合において、この協定の効力が当該国又は主体について生じていないときは、当該国又は主体についてこの協定の効力が生ずるまでの間、次の(a)から(c)までの規定により引き続き機構の暫定的な構成国となることができる。

(a) この協定が一九九六年一一月一六日前に効力を生ずる場合において、機構の暫定的な構成国として参加する意思を有する国又は主体がこの協定の寄託者にその旨を通告するときは、当該国又は主体は、引き続き機構の暫定的な構成国として参加する権利を有する。機構の暫定的な構成国としての地位は、一九九六年一一月一六日又はこの協定及び条約が当該構成国について効力を生ずる日のいずれか早い日に終了する。理事会は、当該国又は主体がこの協定及び条約を締結するために誠実に努力していると認める場合には、当該国又は主体の要請により、当該地位を合計二年を超えない期間延長することができる。

(b) この協定が一九九六年一一月一五日後に効力を生ずる場合には、国及び主体は、一九九八年一一月一六日までの期間について機構の暫定的な構成国としての地位を引き続き認めることを理事会に要請することができる。理事会は、当該国又は主体がこの協定及び条約を締結するために誠実に努力していると認める場合には、その要請が行われた日から当該地位を認める。

(c) (a)又は(b)の規定に従って機構の暫定的な構成

国となる国又は主体は、第一一部の規定及びこの協定をその国内法令又は内部の法令に従い、かつ、年次予算の範囲内で適用するものとし、また、次の権利及び義務を含む他の構成国と同一の権利及び義務を有する。

(i) 分担率に従って機構の運営予算に対する分担金を支払う義務

(ii) 探査のための業務計画の承認のための申請を保証する権利。二以上の国籍を有する自然人又は法人によって構成される主体については、当該主体を構成する自然人又は法人がその国籍を有するすべての国が締約国又は機構の暫定的な構成国である場合に限り、探査のための業務計画は、承認される。

(d) 9の規定にかかわらず、機構の暫定的な構成国である国によって(c)(ii)の規定に基づいて保証されている契約の形式による承認された探査のための業務計画は、当該暫定的な構成国としての地位が終了し、かつ、国又は主体が締約国とならない場合には、終了する。

(e) 機構の暫定的な構成国が、分担金を支払わない場合又はこの規定に基づく義務を遵守しない場合には、機構の暫定的な構成国としての地位は、終了する。

13 条約附属書Ⅲ第一〇条に規定する満足すべきものでない履行状況とは、承認された業務計画の要件を遵守すべきである旨の機構の書面による警告にもかかわらず、契約者が当該業務計画の要件を遵守しない状況をいう。

14 機構は、自己の予算を有する。この協定が効力を生ずる年の翌年の末までの間、機構の運営経費は、国際連合の予算から支弁する。その後は、条約の第一七一条(a)及び第一七三条の規定並びにこの協定に従い、機構がその運営経費に充てるための十分な資金を他の財源から得るようになるまでの間、機構の運営経費は、暫定的な構成国を含む機構の構成国の分担金をもって支弁する。機構は、その運営予算に充てるための借入れを行うために条約第一七四条1に定める権限を行使してはならない。

15 機構は、条約第一六二条2(o)(ii)の規定に従い、第二節及び第五節から第八節までに定める原則に基づく規則及び手続並びに探査又は開発のための業務計画の承認を促進するための追加的な規則及び手続を、次の(a)から(c)までの規定に従って作成し、採択する。

(a) 理事会がこれらの規則及び手続の全部若しくは一部が深海底における活動の実施のために必要であると認める場合若しくは商業的開発が目前であると決定する場合又は自国の国民が開発のための業務計画の承認のための申請を行う意図を有する国の要請がある場合には、理事会は、当該規則及び手続の作成を行うことができる。

(b) (a)に定める国の要請がある場合には、理事会は、条約第一六二条2(o)の規定に従い、当該要請があった時から二年以内に規則及び手続の採択を完了する。

(c) 理事会が所定の期間内に開発に関する規則及び手続の作成を完了しておらず、開発のための業務計画の承認のための申請が処理されない状況が続く場合には、理事会は、条約及び、理事会が暫定的に採択した規則及び手続に基づいて又は条約に含まれる規範、規則及び手続がある場合には、当該規則及び手続並びにこの附属書に含まれる条件及び原則並びに契約者の間における無差別の原則に基づいて、当該業務計画を審査し、暫定的に承認する。

16 準備委員会の報告及び勧告に含まれる第一一部の規定に関連する規則及び手続の案並びに勧告は、機構が第一一部の規定及びこの協定に従って規則及び手続を採択する際に考慮される。

17 第一一部第四節の関連する規定は、この協定に従い解釈され、かつ、適用される。

第二節 事業体

1 機構の事務局は、事業体が当該事務局から独立して運営を開始するまでの間、事業体の任務を遂行する。機構の事務局長は、事務局による当該任務の遂行を監督するため、機構の職員のうちから事業体の暫定的な事務局長を任命する。当該任務は、次のとおりとする。

(a) 深海底における採鉱の活動に関する動向及び発展の監視及び検討(世界の金属市況、金属の価格並びにこれらに関する動向及び予測の定期的な分析を含む。)

(b) 深海底における活動に関連する海洋の科学的調査の実施によって得られた結果の評価。特に、深海底における活動の環境に対する影響に関連する調査に重点を置くものとする。

(c) 概要調査及び探査に関する利用可能なデータの評価(これらの活動に適用される基準の評価を含む。)

(d) 深海底における活動に関連する技術(特に、海洋環境の保護及び保全に関するもの)の開発の評価

(e) 機構のために留保された鉱区に関する情報及びデータの評価

(f) 合弁事業によって操業を行うという取組方法についての評価

(g) 訓練された人的資源の利用可能性に関する情報の収集

(h) 事業体の操業のそれぞれ異なる段階における事業体の管理についての運営方針の選択肢に関する研究

2 事業体は、当初の深海底における採鉱の操業を合弁事業によって行う。事業体以外の主体による開発のための業務計画が承認されたとき又は事業体との合弁事業による操業のための申請が理事会によっ

て受理されたときは、理事会は、事業体を機構の事務局から独立して機能させることについての問題を取り上げる。事業体との合弁事業による操業が健全な商業上の原則に基づいている場合には、理事会は、条約第一七〇条2の規定に基づき、独立して機能することを指示する。

3　事業体の一の採鉱を行う場所に関し資金を供与するとの条約附属書Ⅳ第一一条3に規定する締約国の義務は、適用されないものとする。締約国は、事業体のいずれの採鉱を行う場所における操業又は合弁事業の取決めに基づく操業に対しても資金を供与するいかなる義務も負うものではない。

4　契約者に適用される義務は、事業体についても適用される。条約の第一五三条3及び附属書Ⅲ第三条5の規定にかかわらず、事業体の承認された業務計画は、機構と事業体との間で締結される契約の形式をとる。

5　機構に対して留保鉱区として特定の鉱区を提供した契約者は、当該留保鉱区における探査及び開発のための合弁事業の取決めを事業体と行うことについて優先権を有する。事業体が機構の事務局から独立して機能を開始した日又は当該留保鉱区が機構のために留保された日のいずれか遅い日から一五年以内に、事業体が当該留保鉱区における活動について業務計画の申請を提出しない場合には、当該留保鉱区を提供した契約者は、合弁事業への参加者として事業体を含めることを誠実に申し出ることを条件として、当該留保鉱区を対象とする業務計画を申請する権利を有する。

6　条約の第一七〇条4、附属書Ⅳ及び事業体に関連するその他の規定は、この節の規定に従い解釈され、かつ、適用される。

第三節　意思決定

1　機構の一般的な政策は、総会が理事会と協力して定める。

2　原則として、機構の機関の意思決定は、コンセンサス方式によって行うべきである。

3　コンセンサス方式によって決定を行うためのあらゆる努力が払われた場合には、手続問題についての総会における投票による決定は出席しかつ投票する構成国の過半数による議決で行い、実質問題についての決定は、条約第一五九条8の規定に従い、出席しかつ投票する構成国の三分の二以上の多数による議決で行う。

4　総会は、理事会が権限を有するあらゆる事項又は運営、予算若しくは財政に関するあらゆる事項について決定を行う場合には、理事会の勧告に基づいて行う。総会は、いずれかの事項について理事会の勧告を受け入れない場合には、当該事項を更に審議させるために理事会に差し戻す。理事会は、総会によって表明された意見に照らして当該事項について再検討を行う。

5　コンセンサス方式によって決定を行うためのあらゆる努力が払われた場合には、手続問題についての理事会における投票による決定は出席しかつ投票する理事国の過半数による議決で行い、実質問題についての決定は、条約がコンセンサス方式によって決定を行うことを定めている場合を除くほか、出席しかつ投票する理事国の三分の二以上の多数による議決で行う。ただし、9に定める区分のいずれにおいても当該区分を構成する理事国の過半数による反対がないことを条件とする。理事会は、決定を行うに当たり、機構のすべての構成国の利益を促進するよう努力する。

6　理事会は、問題についてコンセンサスに達するためのあらゆる努力が払われていないことが明らかな場合には、交渉の継続を促進するため、決定を延期することができる。

7　総会又は理事会による決定で財政上又は予算上の影響を伴うものは、財政委員会の勧告に基づいて行われるものとする。

8　条約第一六一条8の(b)及び(c)の規定は、適用しない。

9(a)　15の(a)から(c)までの規定に基づいて選出された国の各集団は、理事会における投票のためそれぞれ一の区分として扱われる。15の(d)及び(e)の規定に基づいて選出された開発途上国は、理事会における投票のため一の区分として扱われる。

(b)　理事国の選出に先立ち、総会は、15の(a)から(d)までに定める国の集団の構成国となるための基準を満たす国の表を作成する。ある国が二以上の集団の構成国となるための基準を満たす場合には、当該国は、理事国の選出のため一の集団によってのみ推薦されることができるものとし、理事会における投票においては、当該一の集団のみを代表する。

10　15の(a)から(d)までに定める国の集団は、それぞれ、当該集団が指名した理事国によって理事会において代表される。各集団は、当該集団が占める理事会の議席の数と同数の候補を指名する。15の(a)から(e)までに定める各集団における潜在的な候補の数が各集団に割り当てられた理事会の議席の数を超える場合には、原則として、輪番の原則を適用するものとし、各集団の構成国は、当該集団においてこの原則をどのように適用するかを決定する。

11(a)　理事会は、出席しかつ投票する理事国の三分の二以上の多数(理事会の各区分の理事国のうち出席しかつ投票するものの過半数を含むことを条件とする。)により業務計画を不承認とすることを決定しない限り、業務計画の承認のための法律・技術委員会の勧告を承認する。理事会が所定の期間内に業務計画の承認のための勧告についての決定を行わない場合には、当該勧告は、当該所定の期間の満了時に理事会によって承認されたものとみなす。所定の期間は、理事会が一層長い期間を定めない限り、原則として六〇日とする。理事会は、当該委員会が業務計画の不承認を勧告する場合又はいかなる勧告も行わない場合においても、実質問題についての意思決定のための理事会の手続規則に従い、当該業務計画を承認することができる。

(b) 条約第一六二条2(j)の規定は、適用しない。

12 業務計画の不承認に関連して紛争が生ずる場合には、当該紛争は、条約に定める紛争解決手続に付されるものとする。

13 法律・技術委員会における投票による決定は、出席しかつ投票する委員の過半数による議決で行う。

14 第一一部第四節のB及びCの規定は、この節の規定に従い解釈され、かつ、適用される。

15 理事会は、総会が選出する機構の三六の構成国で構成される。その選出については、次の順序によって行う。

(a) 統計が入手可能な最近の五年間に、深海底から採取される種類の鉱物から生産された産品について、世界全体の消費額の二パーセントを超える額を消費した締約国又は世界全体の輸入額の二パーセントを超える額を輸入した締約国のうちから四の理事国。ただし、東欧地域の国のうち国内総生産との関連で最大の経済の規模を有する一の国及び条約が効力を生ずる日において国内総生産との関連で最大の経済の規模を有する一の国がこの(a)に定める集団を代表することを希望する場合には、この四の理事国には、これらの国を含める。

(b) 直接に又はその国民を通じて、深海底における活動の準備及び実施に最大の投資を行っている八の締約国のうちから四の理事国

(c) その管轄の下にある地域における生産を基礎として、深海底から採取される種類の鉱物の主要な純輸出国である締約国のうちから四の理事国。ただし、少なくとも二の理事国は、自国による当該鉱物の輸出がその経済に重要な関係を有している開発途上国から選出する。

(d) 開発途上国である締約国のうちから特別の利益を代表する六の理事国。代表される当該特別の利益には、人口の多い国、内陸国又は地理的不利国、島嶼(しょ)国、深海底から採取される種類の鉱物の主要な輸入国、当該鉱物の潜在的な生産国及び後発開発途上国の利益を含む。

(e) 理事会全体の議席の衡平な地理的配分を確保するという原則に従って選出される一八の理事国。ただし、各地理的地域からこの(e)の規定により少なくとも一の理事国を選出するものとする。この規定の適用上、地理的地域とは、アフリカ、アジア、東欧、ラテン・アメリカ及びカリブ並びに西欧及びその他をいう。

16 条約第一六一条1の規定は、適用しない。

第四節　再検討のための会議

再検討のための会議に関する条約第一五五条の1、3及び4の規定は、適用しない。条約第三一四条2の規定にかかわらず、総会は、理事会の勧告に基づき、条約第一五五条1に規定する事項の再検討をいつでも行うことができる。この協定及び第一一部の規定に関する改正については、条約の第三一四条から第三一六条までに定める手続に従う。ただし、条約第一五五条2に定める原則、制度その他の条件は、維持されるものとし、また、同条5に規定する権利は、影響を受けないものとする。

第五節　技術の移転

1 第一一部の規定の適用上、技術の移転は、条約第一四四条の規定のほか、次の原則によって規律される。

(a) 事業体及び深海底における採鉱の技術の入手を希望する開発途上国は、公開の市場における公正かつ妥当な商業的条件で又は合弁事業の取決めを通じて当該技術を入手する。

(b) 事業体又は開発途上国が深海底における採鉱の技術を入手することができない場合には、機構は、事業体若しくはその合弁事業又は深海底における採鉱の技術を入手することを求める一若しくは二以上の開発途上国が、知的所有権の有効な保護と両立する公正かつ妥当な商業的条件で当該技術を入手することを促進するために、契約者の全部又は一部の者及びこれらの者の一又は二以上の保証国に対し協力を要請することができる。締約国は、この目的のために機構と十分かつ効果的に協力すること及び自国が保証する契約者が機構と十分に協力することを確保することを約束する。

(c) 原則として、締約国は、深海底における活動に関して、関係国間において協力することにより、又は海洋科学及び海洋技術並びに海洋環境の保護及び保全についての訓練、技術援助並びに科学に関する協力についての計画を作成することにより、技術及び科学に関する国際的な協力を促進する。

2 条約附属書Ⅲ第五条の規定は、適用しない。

第六節　生産政策

1 機構の生産政策は、次の原則に基づくものとする。

(a) 深海底の資源の開発は、健全な商業上の原則に従って行われる。

(b) 関税及び貿易に関する一般協定、その関連する協定及びこれらを承継し又はこれらに代わる協定の規定は、深海底における活動について適用する。

(c) 特に、深海底における活動に対する補助金は、(b)に定める協定に基づき認められる場合を除くほか、交付してはならない。この原則の適用上、補助金とは、当該協定において定義されているものと同一のものをいう。

(d) 深海底から採取された鉱物と他の供給源から

採取された鉱物との間に差別を設けてはならない。深海底から採取された鉱物又は当該鉱物から生産された産品で輸入されたものに関し、市場へのアクセスについて、特に、次に規定するものを含む優遇措置をとってはならない。

(i)　関税又は関税以外の障害の使用によるもの

(ii)　締約国により、当該締約国の国営企業若しくは当該締約国の国籍を有し若しくは当該締約国若しくは当該締約国の国民によって支配される自然人若しくは法人によって生産された当該鉱物又は当該鉱物から生産された産品に対して与えられるもの

(e)　各鉱区について機構が承認する開発のための業務計画は、当該業務計画に基づいて毎年生産される鉱物の最大生産量の見積りを含む予想される生産計画を明示するものとする。

(f)　(b)に定める協定に関する紛争の解決については、次の(i)及び(ii)の規定を適用する。

(i)　関係締約国が当該協定の当事国である場合には、当該協定の紛争解決手続を利用するものとする。

(ii)　関係締約国のうち一又は二以上の国が当該協定の当事国でない場合には、条約に定める紛争解決手続を利用するものとする。

(g)　(b)に定める協定に基づき、ある締約国が禁止されている補助金又は他の締約国の利益に悪影響をもたらす補助金を交付したとの決定が行われ、かつ、関係締約国により適当な措置がとられない場合には、締約国は、理事会に対し適当な措置をとることを要請することができる。

2　1に定める原則は、1(b)に定める協定、自由貿易に関する協定又は関税同盟に関する協定の当事国である締約国の間においては、これらの協定に基づく権利及び義務に対し影響を及ぼすものではない。

3　契約者が1(b)に定める協定に基づいて認められる補助金以外の補助金の交付を受けた場合には、当該契約者は、深海底における活動を行うための業務計画を構成する契約の基本的な条件に違反したものとされる。

4　いずれの締約国も、1の(b)から(d)まで又は3に定める義務に対する違反があったと信ずるに足りる理由がある場合には、1の(f)又は(g)の規定に即して紛争解決手続を開始することができる。

5　締約国は、1の(b)から(d)までに定める義務と両立しないと認める活動については、いつでも理事会の注意を喚起することができる。

6　機構は、この節の規定の実施を確保する規則及び手続(業務計画の承認を規律する規則及び手続を含む。)を作成する。

7　条約の第一五一条の1から7まで及び9、第一六二条2(q)、第一六五条2(n)並びに附属書Ⅲの第六条5及び第七条の規定は、適用しない。

第七節　経済援助

1　深海底における活動によって影響を受けた鉱物の価格の下落又は当該鉱物の輸出量の減少によりその輸出所得又は経済が深刻な悪影響を受ける開発途上国を、当該下落又は減少が深海底における活動によって生じた限度において援助するための機構の政策は、次の原則に基づくものとする。

(a)　機構は、その資金のうち運営経費に充てるために必要な額を超える部分をもって経済援助基金を設置する。この目的のために用いる額は、財政委員会の勧告に基づいて、理事会により随時決定される。経済援助基金の設置のためには、事業体を含む契約者から受けた支払及び任意の拠出からの資金のみを用いる。

(b)　深海底からの鉱物の生産によりその経済が深刻な影響を受けたと決定された陸上生産国である開発途上国は、機構の経済援助基金から援助を受ける。

(c)　機構は、影響を受けた陸上生産国である開発途上国に対して経済援助基金から援助を提供するに当たり、適当な場合には、そのような援助の計画を実施するための制度的基盤及び専門的知識を有する既存の世界的又は地域的な開発機関と協力する。

(d)　援助の規模及び期間は、事案ごとに決定される。その決定を行うに当たっては、影響を受けた陸上生産国である開発途上国が直面している問題の性質及び大きさに妥当な考慮を払う。

2　条約第一五一条10の規定は、1に規定する経済援助の措置によって実施される。条約の第一六〇条2(l)、第一六二条2(n)、第一六四条2(d)、第一七一条(f)及び第一七三条2(c)の規定については、1の規定に従って解釈する。

第八節　契約の財政的条件

1　契約の財政的条件に関する規則及び手続の作成については、次の原則に基づいて行う。

(a)　機構に対する支払に関する制度は、契約者及び機構の双方にとって公正であるものとし、また、契約者によって当該制度が遵守されているか否かを決定するための適切な手段を提供するものとする。

(b)　支払に関する制度の下における支払の率については、深海底において採鉱を行う者に対し、人為的な競争上の優位を与え又は競争上の不利益を課することのないように、同一又は類似の鉱物に係る陸上における採鉱についての一般的な支払の率の範囲内のものとしなければならない。

(c)　支払に関する制度は、複雑なものであるべきではなく、かつ、機構又は契約者に対して多額の事務費を課するものとすべきではない。ロイヤルティによる支払の制度又はロイヤルティによる

支払と利潤の配分による支払との組合せによる支払の制度の採用について検討すべきである。選択式による支払の制度の採用が決定される場合には、契約者は、自己の契約に適用される支払の制度を選択する権利を有する。選択した支払の制度がその後に変更されるときは、その変更は、機構と契約者との間の合意によって行われるものとする。

(d) 年間固定料金については、商業的生産の開始の日から支払う。年間固定料金は、(c)の規定に基づいて採用される支払の制度の下における他の支払に充てることができる。年間固定料金の額は、理事会が定める。

(e) 支払の制度については、事情の変化に照らして定期的に改定することができる。いかなる変更も、無差別に適用される。当該変更は、契約者が選択した時にのみ既存の契約に適用することができる。契約者がその選択をした場合において、その後当該選択を変更しようとするときは、その変更については、機構と契約者との間の合意によって行う。

(f) この1に定める原則に基づく規則の解釈又は適用に関する紛争は、条約に定める紛争解決手続に従うものとする。

2 条約附属書Ⅲ第一三条の3から10までの規定は、適用しない。

3 条約附属書Ⅲ第一三条2の規定の実施に関し、探査の段階又は開発の段階のいずれか一の段階に係る業務計画の承認のための申請を処理するための手数料は、二五万合衆国ドルとする。

第九節　財政委員会

1 財政委員会を設置する。財政委員会は、財政事項について適当な資格を有する一五人の委員で構成される。締約国は、最高水準の能力及び誠実性を有する候補者を指名する。

2 財政委員会の委員については、そのうちのいずれの二人も、同一の締約国の国民であってはならない。

3 財政委員会の委員は、総会が選出するものとし、その選出に当たっては、衡平な地理的配分及び特別の利益が代表されることの必要性に妥当な考慮が払われるものとする。第三節15の(a)から(d)までに定める国の集団は、それぞれ、少なくとも一人の委員によって財政委員会において代表される。機構が運営経費に充てるために十分な資金を分担金以外の財源から得るようになるまでの間、委員には、機構の運営予算に最も多い分担金の額を支払っている五の国の代表を含めるものとし、引き続いて行う各集団からの一人の委員の選出については、各集団の構成国による指名に基づいて行う。この場合において、各集団から当該一人の委員に加えて委員を選出することは妨げられない。

4 財政委員会の委員は、五年の任期を有する。委員は、一の任期について再選されることができる。

5 財政委員会の委員の任期満了前に、委員の死亡、心身の故障又は辞任があった場合には、総会は、当該委員と同一の地理的地域又は国の集団から、その残任期間について委員を任命する。

6 財政委員会の委員は、財政委員会が勧告を行う責任を有する事項に関するいかなる活動についても、金銭上の利害関係を有してはならない。委員は、機構における職務上知り得た秘密の情報をその職を退いた後も開示してはならない。

7 次の事項に関する総会又は理事会の決定については、財政委員会の勧告を考慮して行う。

(a) 機構の機関の財政上の規則及び手続の案並びに機構の財政管理及び機構の内部の財政運営

(b) 条約第一六〇条2(e)の規定による機構の運営予算に対する構成国の分担金の額の決定

(c) すべての関連する財政事項(条約第一七二条の規定に従って機構の事務局長が作成する年次予算案及び事務局の活動計画の実施の財政的な側面を含む。)

(d) 運営予算

(e) この協定及び第一部の規定の実施によって生ずる締約国の財政上の義務並びに機構の資金からの支出を伴う提案及び勧告が運営及び予算に及ぼす影響

(f) 深海底における活動から得られる金銭的利益その他の経済的利益の衡平な配分に関する規則及び手続並びに当該衡平な配分に関する決定

8 財政委員会における手続問題についての決定は、出席しかつ投票する委員の過半数による議決で行う。実質問題についての決定は、コンセンサス方式によって行う。

9 財政事項を取り扱う補助機関を設置するための条約第一六二条2(y)の規定は、この節の規定に基づいて財政委員会を設置することによって実施されたものとみなす。

58 分布範囲が排他的経済水域の内外に存在する魚類資源(ストラドリング魚類資源)及び高度回遊性魚類資源の保存及び管理に関する一九八二年一二月一〇日の海洋法に関する国際連合条約の規定の実施のための協定(国連公海漁業実施協定)

採　　択　一九九五年八月四日（ストラドリング魚類資源及び高度回遊性魚類資源に関する国際連合会議）
効力発生　二〇〇一年一二月一一日
日 本 国　一九九六年一一月一九日署名、二〇〇六年六月一日国会承認、八月七日批准書寄託、八月九日公布（条約第一〇号）、九月六日効力発生

この協定の締約国は、

一九八二年一二月一〇日の海洋法に関する国際連合条約の関連規定を想起し、

分布範囲が排他的経済水域の内外に存在する魚類資源（以下「ストラドリング魚類資源」という。）及び高度回遊性魚類資源の長期的な保存及び持続可能な利用を確保することを決意し、

この目的のために諸国間の協力を促進することを決意し、

旗国、寄港国及び沿岸国が、これらの資源について定められた保存管理措置について一層効果的な取締りを行うことを求め、

公海漁業の管理が多くの分野で不十分であり、いくつかの資源が過剰に利用されているとの国際連合環境開発会議において採択されたアジェンダ二一第一七章プログラムエリアCに明示された問題（規制されていない漁業、過剰な投資、過大な船団規模、規制を回避するための漁船の旗国変更、選別性の高い漁具の不十分さ、不正確なデータベース及び諸国間の十分な協力の欠如）に特に取り組むことを希望し、

責任ある漁業を行うことを約束し、

海洋環境に対する悪影響を回避し、生物の多様性を保全し、海洋生態系を本来のままの状態において維持し、及び漁獲操業が長期の又は回復不可能な影響を及ぼす危険性を最小限にする必要性を意識し、

開発途上国がストラドリング魚類資源及び高度回遊性魚類資源の保存、管理及び持続可能な利用への効果的な参加を可能にするための具体的な援助（財政的、科学的及び技術的援助を含む。）を必要としていることを認識し、

一九八二年一二月一〇日の海洋法に関する国際連合条約の関連規定の実施に関する合意が、これらの目的に最も寄与し、かつ、国際の平和及び安全の維持に資することを確信し、

一九八二年一二月一〇日の海洋法に関する国際連合条約又はこの協定によって規律されない事項は、一般国際法の規則及び原則により引き続き規律されることを確認して、

次のとおり協定した。

第一部　総　則

第一条（用語及び対象） 1　この協定の適用上、

(a)「条約」とは、一九八二年一二月一〇日の海洋法に関する国際連合条約をいう。

(b)「保存管理措置」とは、海洋生物資源の一又は二以上の種を保存し、及び管理するための措置であって、条約及びこの協定に反映されている国際法の関連規則に適合するように定められ、かつ、適用されるものをいう。

(c)「魚類」には、軟体動物及び甲殻類（条約第七七条に定める定着性の種族に属する種を除く。）を含む。

(d)「枠組み」とは、特に、小地域又は地域において一又は二以上のストラドリング魚類資源又は高度回遊性魚類資源についての保存管理措置を定めるため、二以上の国が条約及びこの協定に従って定める協力の仕組みをいう。

2 (a)「締約国」とは、この協定に拘束されることに同意し、かつ、自国についてこの協定の効力が生じている国をいう。

(b)　この協定は、次に掲げる主体であってこの協定の当事者となるものについて準用し、その限度において「締約国」というときは、当該主体を含む。

(i)　条約第三〇五条1(c)から(e)までに規定する主体

(ii)　条約の附属書Ⅸ第一条において「国際機関」と規定されている主体。ただし、第四七条に従うことを条件とする。

3　この協定は、その漁船が公海において漁業を行うその他の漁業主体についても準用する。

第二条（目的） この協定の目的は、条約の関連規定を効果的に実施することを通じてストラドリング魚類資源及び高度回遊性魚類資源の長期的な保存及び持続可能な利用を確保することにある。

第三条（適用範囲） 1　この協定は、別段の定めがある場合を除くほか、国の管轄の下にある水域を越える水域におけるストラドリング魚類資源及び高度回遊性魚類資源の保存及び管理について適用する。ただし、第六条及び第七条の規定は、条約が定める異なる法制度であって、国の管轄の下にある水域に適用されるもの及び国の管轄の下にある水域を越える水域に適用されるものに従うことを条件として、国の管轄の下にある水域内のこれらの資源の保存及び管理についても適用する。

2　沿岸国は、国の管轄の下にある水域内においてストラドリング魚類資源及び高度回遊性魚類資源を探査し、及び開発し、保存し、並びに管理するための主権的権利を行使するに際し、第五条に掲げる一般原則を準用する。

3　いずれの国も、開発途上国が自国の管轄の下にある水域内において第五条から第七条までの規定を適用するための能力及びこの協定が規定する開発途上国に対する援助の必要性に妥当な考慮を払う。このため、第七部の規定は、国の管轄の下にある水域について準用する。

第四条（この協定と条約との関係） この協定のいかなる

規定も、条約に基づく各国の権利、管轄権及び義務に影響を及ぼすものではない。この協定については、条約の範囲内で、かつ、条約と適合するように解釈し、及び適用する。

第二部 ストラドリング魚類資源及び高度回遊性魚類資源の保存及び管理

第五条（一般原則） 沿岸国及び公海において漁獲を行う国は、条約に従って協力する義務を履行するに当たり、ストラドリング魚類資源及び高度回遊性魚類資源を保存し、及び管理するために次のことを行う。

(a) ストラドリング魚類資源及び高度回遊性魚類資源の長期的な持続可能性を確保し、並びにこれらの資源の最適な利用という目的を促進するための措置をとること。

(b) (a)に規定する措置が、入手することのできる最良の科学的証拠に基づくこと並びに環境上及び経済上の関連要因（開発途上国の特別の要請を含む。）を勘案し、かつ、漁獲の態様、資源間の相互依存関係及び一般的に勧告される国際的な最低限度の基準（小地域的なもの、地域的なもの又は世界的なもののいずれであるかを問わない。）を考慮して、最大持続生産量を実現することのできる水準に資源量を維持し、又は回復できることを確保すること。

(c) 次条に従って予防的な取組方法を適用すること。

(d) 漁獲その他の人間の活動及び環境要因が、漁獲対象資源及び漁獲対象資源と同一の生態系に属する種又は漁獲対象資源に関連し、若しくは依存している種に及ぼす影響を評価すること。

(e) 漁獲対象資源と同一の生態系に属する種又は漁獲対象資源に関連し、若しくは依存している種の資源量をその再生産が著しく脅威にさらされることとならない水準に維持し、又は回復するために、必要な場合には、これらの種についての保存管理措置をとること。

(f) 選択性を有し、環境上安全で、かつ、費用対効果の大きい漁具及び漁法の開発及び使用を実行可能な範囲で含む措置をとることにより、汚染、浪費、投棄、紛失され又は遺棄された漁具による漁獲、非漁獲対象種（魚類であるか非魚類であるかを問わない。以下「非漁獲対象種」という。）の漁獲及び漁獲対象資源に関連し又は依存している種（特に絶滅のおそれがある種）への影響を最小限にすること。

(g) 海洋環境における生物の多様性を保全すること。

(h) 濫獲及び過剰な漁獲能力を防止し、又は排除するための措置並びに漁業資源の持続可能な利用に応じた漁獲努力量を超えない水準を確保するための措置をとること。

(i) 零細漁業者及び自給のための漁業者の利益を考慮に入れること。

(j) 漁獲活動に関する完全かつ正確なデータ（特に、附属書Ｉに規定する漁船の位置、漁獲対象種及び非漁獲対象種の漁獲量並びに漁獲努力量に関するもの）及び国内的又は国際的な調査計画からの情報を適時に収集し、及び共有すること。

(k) 漁業における保存及び管理を支援するため、科学的調査を促進し、及び実施すること並びに適当な技術を開発すること。

(l) 実効的な監視、規制及び監督を通じて、保存管理措置を実施し、及びこれについて取締りを行うこと。

第六条（予防的な取組方法の適用） １ いずれの国も、海洋生物資源の保護及び海洋環境の保全のために、予防的な取組方法をストラドリング魚類資源及び高度回遊性魚類資源の保存、管理及び開発について広く適用する。

２ いずれの国も、情報が不確実、不正確又は不十分である場合には、一層の注意を払うものとする。十分な科学的情報がないことをもって、保存管理措置をとることを延期する理由とし、又はとらないこととする理由としてはならない。

３ いずれの国も、予防的な取組方法を実施するに当たって、次のことを行う。

(a) 入手することのできる最良の科学的情報の入手及び共有により、並びに危険及び不確実性に対処するための改善された技術の実施により、漁業資源の保存及び管理のための意思決定を改善すること。

(b) 附属書Ⅱに規定する指針を適用すること並びに入手することのできる最良の科学的情報に基づいて、資源別の基準値及び漁獲量が当該基準値を超過した場合にとるべき措置を決定すること。

(c) 特に、資源の規模及び生産性に関連する不確実性、基準値、当該基準値に照らした資源の状態、漁獲量の水準及び分布、非漁獲対象種及び漁獲対象資源に関連し又は依存している種に漁獲活動が及ぼす影響並びに現在の又は予測される海洋、環境及び社会経済の状況を考慮に入れること。

(d) 非漁獲対象種及び漁獲対象資源に関連し又は依存している種並びにこれらの種の生息環境に漁獲が及ぼす影響を評価するためにデータの収集及び調査の計画を発展させること並びにこれらの種の保存を確保し、かつ、特別な懸念が生じている生息地を保護するために必要な計画を採用すること。

４ いずれの国も、漁獲量が基準値に接近している場合には、漁獲量が当該基準値を超過しないことを確保するための措置をとる。いずれの国も、漁獲量が当該基準値を超過した場合には、遅滞なく、資源を回復するために３(b)の規定に基づいて決定された措置をとる。

５ いずれの国も、漁獲対象資源、非漁獲対象種又は漁獲対象資源に関連し、若しくは依存している種の状態に懸念がある場合には、これらの資源又は種の状態及び保存管理措置の有効性を検討するために、これらの資源又は種の監視を強化する。いずれの国も、最新の情報に照らして当該保存管理措置を定期的に改定する。

6　いずれの国も、新規又は探査中の漁場については、できる限り速やかに注意深い保存管理措置（特に漁獲量の制限及び漁獲努力量の制限を含む。）をとる。当該保存管理措置は、資源の長期的な持続可能性に当該漁場が及ぼす影響についての評価を可能とするのに十分なデータが得られるまで効力を有するものとし、その影響についての評価が可能となった時点で、当該評価に基づく保存管理措置が実施される。当該評価に基づく保存管理措置については、適当な場合には、当該漁場の漸進的な開発を認めなければならない。

7　いずれの国も、自然現象がストラドリング魚類資源又は高度回遊性魚類資源の状態に著しい悪影響を及ぼす場合には、漁獲活動がそのような悪影響を増幅させないことを確保するために緊急の保存管理措置をとる。いずれの国も、漁獲活動がストラドリング魚類資源又は高度回遊性魚類資源の持続可能性に深刻な脅威となっている場合においても、緊急の保存管理措置をとる。緊急の保存管理措置は、一時的であり、かつ、入手することのできる最良の科学的証拠に基づかなければならない。

第七条（保存管理措置の一貫性）1　国の管轄の下にある水域内において海洋生物資源を探査し、及び開発し、保存し、並びに管理するための沿岸国の主権的権利であって条約に規定するもの並びに条約に従って公海において自国民を漁獲に従事させるすべての国の権利を害することなく、

(a)　ストラドリング魚類資源に関しては、関係する沿岸国及び当該沿岸国の管轄の下にある水域に接続する公海水域において自国民が当該資源を漁獲する国は、直接に又は第三部に規定する協力のための適当な仕組みを通じて、当該沿岸国の管轄の下にある水域に接続する公海水域における当該資源の保存のために必要な措置について合意するよう努める。

(b)　高度回遊性魚類資源に関しては、関係する沿岸国その他自国民がある地域において当該資源を漁獲する国は、国の管轄の下にある水域の内外を問わず、当該地域全体において当該資源の保存を確保し、かつ、当該資源の最適な利用という目的を促進するため、直接に又は第三部に規定する協力のための適当な仕組みを通じて協力する。

2　公海について定められる保存管理措置と国の管轄の下にある水域について定められる保存管理措置とは、ストラドリング魚類資源及び高度回遊性魚類資源全体の保存及び管理を確保するために一貫性のあるものでなければならない。このため、沿岸国及び公海において漁獲を行う国は、ストラドリング魚類資源及び高度回遊性魚類資源について一貫性のある措置を達成するために協力する義務を負う。いずれの国も、一貫性のある保存管理措置を決定するに当たって、次のことを行う。

(a)　沿岸国が自国の管轄の下にある水域において同一の資源に関し条約第六一条の規定に従って定め、及び適用している保存管理措置を考慮すること並びに当該資源に関し公海について定められる措置が当該保存管理措置の実効性を損なわないことを確保すること。

(b)　関係する沿岸国及び公海において漁獲を行う国が同一の資源に関し条約に従って公海について定め、及び適用している措置であって従前に合意されたものを考慮すること。

(c)　小地域的又は地域的な漁業管理のための機関又は枠組みが同一の資源に関し条約に従って定め、及び適用している措置であって従前に合意されたものを考慮すること。

(d)　ストラドリング魚類資源及び高度回遊性魚類資源の生物学的一体性その他の生物学的特性並びにこれらの資源の分布、漁場及び関係地域の地理的特殊性の間の関係（ストラドリング魚類資源及び高度回遊性魚類資源が国の管轄の下にある水域内において存在し、及び漁獲される程度を含む。）を考慮すること。

(e)　沿岸国及び公海において漁獲を行う国が関係の資源に依存している程度を考慮すること。

(f)　ストラドリング魚類資源及び高度回遊性魚類資源についての一貫性のある保存管理措置が海洋生物資源全体に対して有害な影響を及ぼす結果とならないことを確保すること。

3　いずれの国も、協力する義務を履行するに当たり、合理的な期間内に一貫性のある保存管理措置に合意するために、あらゆる努力を払う。

4　いずれの関係国も、合理的な期間内に合意に達することができない場合には、第八部に規定する紛争解決手続をとることができる。

5　関係国は、一貫性のある保存管理措置について合意に達するまでの間、理解及び協力の精神により、実際的な性質を有する暫定的な枠組みに合意するためにあらゆる努力を払う。暫定的な枠組みに合意することができない場合には、いずれの関係国も、暫定的な措置を得るため、第八部に規定する紛争解決手続に従って裁判所に紛争を付託することができる。

6　5の規定に基づいて設けられた暫定的な枠組み又は決定された暫定的な措置は、この部の規定を考慮し、並びにすべての関係国の権利及び義務に妥当な考慮を払ったものでなければならず、また、一貫性のある保存管理措置に関する最終的な合意への到達を危うくし、又は妨げ、及びいかなる紛争解決手続の確定的な結果にも影響を及ぼすものであってはならない。

7　沿岸国は、小地域又は地域の公海において漁獲を

行う国に対し、直接に又は適当な小地域的若しくは地域的な漁業管理のための機関若しくは枠組みその他適当な方法を通じて、当該沿岸国の管轄の下にある水域内のストラドリング魚類資源及び高度回遊性魚類資源に対してとった措置について定期的に通報する。

8 公海において漁獲を行う国は、関心を有する他の国に対し、直接に又は適当な小地域的若しくは地域的な漁業管理のための機関若しくは枠組みその他適当な方法を通じて、公海においてストラドリング魚類資源及び高度回遊性魚類資源を漁獲する自国を旗国とする漁船の活動を規制するためにとった措置について定期的に通報する。

第三部 ストラドリング魚類資源及び高度回遊性魚類資源に関する国際協力のための仕組み

第八条(保存及び管理のための協力) 1 沿岸国及び公海において漁獲を行う国は、ストラドリング魚類資源及び高度回遊性魚類資源の効果的な保存及び管理を確保するため、漁獲を行う小地域又は地域の特性を考慮しつつ、直接に又は適当な小地域的若しくは地域的な漁業管理のための機関若しくは枠組みを通じて、条約に従い、これらの資源に関して協力する。

2 いずれの国も、特に、関係するストラドリング魚類資源及び高度回遊性魚類資源が過度の開発の脅威にさらされているとの証拠が存在する場合又はこれらの資源について新規の漁場が開発されようとしている場合には、誠実に、かつ、遅滞なく協議する。このため、関心を有するいずれかの国の要請により、これらの資源の保存及び管理を確保するための適当な枠組みを設けるために協議を開始することができる。いずれの国も、そのような枠組みについて合意に達するまでの間、この協定の規定を遵守するものとし、また、他国の権利、利益及び義務に妥当な考慮を払いつつ、誠実に行動する。

3 小地域的又は地域的な漁業管理のための機関又は枠組みが特定のストラドリング魚類資源又は高度回遊性魚類資源についての保存管理措置を定める権限を有する場合には、公海においてこれらの資源を漁獲する国及び関係する沿岸国は、当該機関の加盟国若しくは当該枠組みの参加国となることにより、又は当該機関若しくは枠組みが定めた保存管理措置の適用に同意することにより、協力する義務を履行する。関係する漁業に現実の利害関係を有する国は、当該機関の加盟国又は当該枠組みの参加国となることができる。当該機関又は枠組みへの参加条件は、現実の利害関係を有する国が当該機関の加盟国又は当該枠組みの参加国となることを排除するものであってはならず、また、関係する漁業に現実の利害関係を有する国又は国の集団を差別するような方法により適用されてはならない。

4 小地域的若しくは地域的な漁業管理のための機関の加盟国若しくはそのような枠組みの参加国又は当該機関若しくは枠組みが定めた保存管理措置の適用に同意する国のみが、当該保存管理措置が適用される漁業資源を利用する機会を有する。

5 関係する沿岸国及び小地域又は地域の公海において特定のストラドリング魚類資源又は高度回遊性魚類資源を漁獲する国は、これらの資源の保存管理措置を定める小地域的又は地域的な漁業管理のための機関又は枠組みが存在しない場合には、これらの資源の保存及び管理を確保するため、そのような機関を設立し、又は他の適当な枠組みを設けるために協力し、及び当該機関又は枠組みの活動に参加する。

6 生物資源に関して権限を有する政府間機関が措置をとるべきであると提案しようとするいかなる国も、当該政府間機関のとる措置が権限のある小地域的又は地域的な漁業管理のための機関又は枠組みが既に定めた保存管理措置に著しい影響を及ぼす可能性がある場合には、当該機関又は当該枠組みを通じて、当該機関の加盟国又は当該枠組みの参加国と協議すべきである。そのような協議は、実行可能な限り、当該政府間機関への提案の提出に先立って行われるべきである。

第九条(小地域的又は地域的な漁業管理のための機関又は枠組み) 1 いずれの国も、ストラドリング魚類資源及び高度回遊性魚類資源につき、小地域的若しくは地域的な漁業管理のための機関を設立し、又はそのような枠組みを設けるに当たって、特に次の事項について合意する。

(a) 保存管理措置を適用する資源(当該資源の生物学的特性及び関連する漁業の性質を考慮に入れたもの)

(b) 保存管理措置を適用する地域(第七条1の規定並びに社会経済上、地理上及び環境上の要因を含む小地域又は地域の特性を考慮に入れたもの)

(c) 新たに設立される機関又は新たに設けられる枠組みの活動と、関係する既存の漁業管理のための機関又は枠組みの役割、目的及び業務との関係

(d) 新たに設立される機関又は新たに設けられる枠組みが科学的な助言を入手し、かつ、当該資源の状態を検討するための仕組み(適当な場合には、科学諮問機関の設立を含む。)

2 小地域的若しくは地域的な漁業管理のための機関を設立すること又はそのような枠組みを設けることに協力する国は、当該機関又は枠組みの活動に現実の利害関係を有していると認める他の国に対し、そのような協力について通報する。

第一〇条(小地域的又は地域的な漁業管理のための機関又は枠組みの役割) いずれの国も、小地域的又は地域的な漁業管理のための機関又は枠組みを通じて協力する義務を履行するに当たって、次のことを行う。

(a) ストラドリング魚類資源及び高度回遊性魚類資

源の長期的な持続可能性を確保するための保存管理措置について合意し、並びに当該保存管理措置を遵守すること。

(b) 適当な場合には、漁獲可能量又は漁獲努力量の割当てその他当該機関又は枠組みの当事者としての権利について合意すること。

(c) 漁獲操業の責任ある実施のために一般的に勧告された国際的な最低限度の基準を採用し、及び適用すること。

(d) 科学的な助言を入手し、及び評価すること、ストラドリング魚類資源及び高度回遊性魚類資源の状態を検討すること並びに非漁獲対象種及び漁獲対象資源に関連し、又は依存している種に漁獲が及ぼす影響を評価すること。

(e) ストラドリング魚類資源及び高度回遊性魚類資源を対象とする漁業に関するデータの収集、報告、検証及び交換のための基準について合意すること。

(f) 適当な場合には秘密を保持しつつ、最良の科学的証拠の入手を確保するため、附属書Iの規定に従って、正確かつ完全な統計的データを編集し、及び普及させること。

(g) ストラドリング魚類資源及び高度回遊性魚類資源の科学的評価及び関連する調査を促進し、及び実施し、並びにこれらの結果を普及させること。

(h) 効果的な監視、規制、監督及び取締りのための適当な協力の仕組みを設けること。

(i) 小地域的若しくは地域的な漁業管理のための機関の新たな加盟国又はそのような枠組みの新たな参加国の漁業上の利益に配慮するための方法について合意すること。

(j) 適時に、かつ、効果的に保存管理措置をとることを容易にする意思決定手続について合意すること。

(k) 第八部の規定に従い紛争の平和的解決を促進すること。

(l) 小地域的又は地域的な漁業管理のための機関又は枠組みの勧告及び決定の実施に当たって自国の関連する当局及び産業界の十分な協力を確保すること。

(m) 小地域的又は地域的な漁業管理のための機関又は枠組みが定めた保存管理措置を適当な方法で公表すること。

第一一条(新たな加盟国又は新たな参加国) いずれの国も、小地域的若しくは地域的な漁業管理のための機関の新たな加盟国又はそのような枠組みの新たな参加国としての権利の性質及び範囲を決定するに当たって、特に次の事項を考慮する。

(a) 漁場におけるストラドリング魚類資源及び高度回遊性魚類資源の状態及び現在の漁獲努力量

(b) 新たな及び既存の加盟国又は参加国のそれぞれの利益、漁獲の態様及び漁獲の慣行

(c) 新たな及び既存の加盟国又は参加国の資源の保存及び管理、正確なデータの収集及び提供並びに資源に関する科学的調査の実施に対するそれぞれの貢献

(d) 資源の漁獲に主として依存している沿岸漁業を営む地域の必要性

(e) 自国の経済が海洋生物資源の開発に依存する度合が極めて高い沿岸国の必要性

(f) 自国の管轄の下にある水域に資源の存在する開発途上国が当該小地域又は地域から得られる利益

第一二条(小地域的又は地域的な漁業管理のための機関又は枠組みの活動における透明性) 1　いずれの国も、小地域的又は地域的な漁業管理のための機関又は枠組みの意思決定その他の活動において透明性を確保する。

2　ストラドリング魚類資源及び高度回遊性魚類資源に関心を有する他の政府間機関及び非政府機関の代表は、オブザーバーその他の適当な資格で、小地域的又は地域的な漁業管理のための機関又は枠組みの手続に従って、当該機関又は枠組みの会合に参加する機会を与えられる。当該手続は、そのような会合への参加に関して不当に制限的であってはならない。当該政府間機関及び非政府機関は、小地域的又は地域的な漁業管理のための機関又は枠組みの記録及び報告の入手に関する手続規則に従って、当該機関又は枠組みの記録及び報告を適時に入手することができる。

第一三条(既存の機関又は枠組みの強化) いずれの国も、既存の小地域的又は地域的な漁業管理のための機関又は枠組みがストラドリング魚類資源及び高度回遊性魚類資源の保存管理措置を定め、及び実施するに当たってその実効性を高めるために、当該機関又は枠組みを強化することに協力する。

第一四条(情報の収集及び提供並びに科学的調査における協力) 1　いずれの国も、この協定に基づく自国の義務を履行するため、自国を旗国とする漁船が必要な情報を提供することを確保する。このため、いずれの国も、附属書Iの規定に従って次のことを行う。

(a) ストラドリング魚類資源及び高度回遊性魚類資源を対象とする漁業に関する科学的、技術的及び統計的なデータを収集し、及び交換すること。

(b) 効果的な資源評価を促進するために十分に詳細なデータが収集され、かつ、小地域的又は地域的な漁業管理のための機関又は枠組みの要請を満たすためにデータが適時に提供されることを確保すること。

(c) 当該データの正確性を検証するための適当な措置をとること。

2　いずれの国も、直接に又は小地域的若しくは地域的な漁業管理のための機関若しくは枠組みを通じ、協力して次のことを行う。

(a) ストラドリング魚類資源及び高度回遊性魚類資源の性質並びにこれらの資源を対象とする漁業の

性質を考慮し、小地域的又は地域的な漁業管理のための機関又は枠組みに対して提供するデータの明細及びその様式について合意すること。

(b) ストラドリング魚類資源及び高度回遊性魚類資源の保存及び管理のための措置を改善するための分析技術及び資源の評価方法を開発し、及び共有すること。

3 いずれの国も、条約第一三部の規定に従い、すべての者の利益に資するよう、漁業分野における科学的調査の能力を強化し、並びにストラドリング魚類資源及び高度回遊性魚類資源の保存及び管理に関連する科学的調査を促進するために、直接に又は権限のある国際機関を通じて協力する。このため、国の管轄の下にある水域を越える水域において当該調査を実施する国又は権限のある国際機関は、当該調査の結果並びにその目的及び方法に関する情報の公表及び関心を有する国への頒布を積極的に促進するものとし、また、実行可能な範囲で、関心を有する国の科学者が当該調査に参加することを促進する。

第一五条（閉鎖海又は半閉鎖海） いずれの国も、閉鎖海又は半閉鎖海においてこの協定の規定を実施するに当たり、これらの海の自然の特徴を考慮し、並びに条約第九部及び条約の他の関連規定に適合するように行動する。

第一六条（一の国の管轄の下にある水域によって完全に囲まれている公海水域） 1 一の国の管轄の下にある水域によって完全に囲まれている公海水域においてストラドリング魚類資源及び高度回遊性魚類資源の漁獲を行う国並びに当該一の国は、当該公海水域における当該資源についての保存管理措置を定めるために協力する。いずれの国も、当該公海水域の自然の特徴に配慮して、第七条の規定に従って当該資源について一貫性のある保存管理措置を定めることに特別な注意を払う。当該公海水域についてとられる保存管理措置は、条約に基づく沿岸国の権利、義務及び利益を考慮に入れ、入手することのできる最良の科学的証拠に基づくものとし、並びに当該沿岸国が自国の管轄の下にある水域において同一の資源に関し条約第六一条の規定に従って定め、及び適用している保存管理措置を考慮に入れる。いずれの国も、当該公海水域における当該保存管理措置の遵守を確保するために、監視、規制、監督及び取締りのための措置に合意する。

2 いずれの国も、第八条の規定に従い、誠実に行動し、及び1に定める水域における漁獲操業の実施に当たって適用される保存管理措置について遅滞なく合意するためにあらゆる努力を払う。関係する漁業国及び沿岸国は、そのような保存管理措置について合理的な期間内に合意することができない場合には、1の規定を考慮しつつ、暫定的な枠組み又は暫定的な措置に関する第七条4から6までの規定を適用する。そのような暫定的な枠組み又は暫定的な措置が定められるまでの間、関係する漁業国は、自国を旗国とする漁船が関係する資源を損なうような漁業に従事しないよう、当該漁船について措置をとる。

第四部 非加盟国又は非参加国

第一七条（機関の非加盟国又は枠組みの非参加国） 1 小地域的若しくは地域的な漁業管理のための機関の非加盟国又はそのような枠組みの非参加国であって、当該機関又は枠組みが定めた保存管理措置を適用することに別段の合意をしないものは、関係するストラドリング魚類資源及び高度回遊性魚類資源の保存及び管理に関し条約及びこの協定に従って協力する義務を免除されない。

2 1に規定する国は、自国を旗国とする漁船に対し、1に規定する機関又は枠組みが定めた保存管理措置の対象であるストラドリング魚類資源及び高度回遊性魚類資源の漁獲操業に従事することを許可してはならない。

3 小地域的若しくは地域的な漁業管理のための機関の加盟国又はそのような枠組みの参加国は、当該機関又は枠組みが定めた保存管理措置を関係する水域における漁獲活動にできる限り広範に事実上適用するため、第一条3に定める漁業主体であって当該関係する水域において操業する漁船を有するものに対し、当該保存管理措置の実施について当該機関又は枠組みに十分協力するよう個別に又は共同して要請する。当該漁業主体は、ストラドリング魚類資源及び高度回遊性魚類資源についての保存管理措置の遵守についての約束に応じて、漁場への参加による利益を享受する。

4 小地域的若しくは地域的な漁業管理のための機関の加盟国又はそのような枠組みの参加国は、当該機関の非加盟国又は当該枠組みの非参加国であって関係する資源の漁獲操業を行っているものを旗国とする漁船の活動に関する情報を交換する。いずれの国も、そのような漁船が小地域的又は地域的な保存管理措置の実効性を損なう活動を行うことを抑止するために、この協定及び国際法に適合する措置をとる。

第五部 旗国の義務

第一八条（旗国の義務） 1 自国の漁船が公海において漁獲を行う国は、自国を旗国とする漁船が小地域的又は地域的な保存管理措置を遵守すること及び当該保存管理措置の実効性を損なう活動に従事しないことを確保するために必要な措置をとる。

2 いずれの国も、条約及びこの協定に基づく自国を旗国とする漁船に関する責任を効果的に果たすことができる場合に限り、当該漁船を公海における漁獲のために使用することを許可する。

3 いずれの国も、自国を旗国とする漁船に関して、次の事項を含む措置をとる。

(a) 小地域的、地域的又は世界的に合意される関係手続に従い、漁獲の免許、許可又は承認によって公海上の自国を旗国とする漁船を管理すること。

(b) 次の事項を内容とする規則を定めること。

(i) 旗国がその小地域的、地域的又は世界的な義務を履行するのに十分な条件を免許、許可又は承認に付すること。

(ii) 漁獲のための免許若しくは許可を正当に与えられていない漁船又は免許、許可若しくは承認についての条件に従わない漁船が公海において漁獲を行うことを禁止すること。

(iii) 公海において漁獲を行う漁船に対し、常時船舶内に免許証、許可証又は承認証を備え置くこと及び正当な権限を与えられた者による検査の際に要請に応じてこれを提示することを義務付けること。

(iv) 自国を旗国とする漁船が他国の管轄の下にある水域において許可なく漁獲を行わないことを確保すること。

(c) 公海において漁獲を行う許可を与えた漁船に関する自国の記録を作成すること及び直接の利害関係を有する国が要請する場合には当該記録に含まれる情報を提供すること(ただし、そのような情報の開示に関する旗国の国内法を考慮する。)。

(d) 統一的であり、かつ、国際的に識別することのできる漁船及び漁具の標識制度(例えば、漁船の標識及び識別に関する国際連合食糧農業機関の標準仕様)に従った漁船及び漁具の識別のための標識を付することを義務付けること。

(e) データの収集に関する小地域的、地域的又は世界的な基準に従い、漁船の位置、漁獲対象種及び非漁獲対象種の漁獲量、漁獲努力量その他の漁業に関するデータを記録し、及び適時に報告することを義務付けること。

(f) オブザーバー計画、検査制度、陸揚げの報告、転載の監督並びに陸揚げされた漁獲物及び市場統計の監視等の方法によって漁獲対象種及び非漁獲対象種の漁獲量を確認することを義務付けること。

(g) 特に次の方法により、自国を旗国とする漁船、その漁獲操業及び関連する活動を監視し、規制し、及び監督すること。

(i) 自国の検査制度の実施並びに第二一条及び第二二条の規定に従った小地域又は地域における取締りのための協力制度の実施(他国の正当に権限を与えられた検査官による乗船及び検査を認めることを自国を旗国とする漁船に義務付けることを含む。)

(ii) 自国のオブザーバー計画の実施及び自国が参加している小地域的又は地域的なオブザーバー計画の実施(当該小地域的又は地域的なオブザーバー計画の下で合意された任務を遂行するための他国のオブザーバーの乗船等を認めることを自国を旗国とする漁船に義務付けることを含む。)

(iii) 自国の計画及び関係国間で小地域的、地域的又は世界的に合意した計画に基づく船舶監視システム(適当な場合には、衛星送信システムを含む。)の開発及び実施

(h) 保存管理措置の実効性が損なわれないことを確保するために公海における転載を規制すること。

(i) 小地域的、地域的又は世界的な保存管理措置の遵守を確保するために漁獲活動を規制(非漁獲対象種の漁獲量を最小とすることを目的とした規制を含む。)すること。

4 小地域的、地域的又は世界的に合意された監視、規制及び監督の制度が実施されている場合には、いずれの国も、自国を旗国とする漁船に対してとる措置が当該制度に適合するものであることを確保する。

第六部　遵守及び取締り

第一九条(旗国による遵守及び取締り) 1 いずれの国も、自国を旗国とする漁船がストラドリング魚類資源及び高度回遊性魚類資源についての小地域的又は地域的な保存管理措置を遵守することを確保する。このため、当該国は、次のことを行う。

(a) 当該保存管理措置に対する違反を取り締まること(違反が生ずる場所のいかんを問わない。)。

(b) 小地域的又は地域的な保存管理措置に対するいかなる違反の容疑についても、直ちに、かつ、十分に調査(関係する漁船に対する物理的な検査を含む。)を行い、違反を申し立てる国及び関係する小地域的又は地域的な機関又は枠組みに対して当該調査の進展及び結果を速やかに報告すること。

(c) 自国を旗国とするいかなる漁船に対しても、違反を申し立てられた水域における漁船の位置、漁獲量、漁具、漁獲操業及び関連する活動に関する情報を調査当局に提出するよう義務付けること。

(d) 違反の容疑につき十分な証拠が存在すると認める場合には、手続を開始するため自国の法律に従って遅滞なく自国の当局に事件を付託し、及び適当な場合には関係する漁船を抑留すること。

(e) 自国を旗国とする漁船が当該保存管理措置に対する重大な違反を行ったことが自国の法律によって確定した場合には、その漁船が当該違反について自国によって課されたすべての制裁に従うまでの間、公海における漁獲操業に従事しないことを確保すること。

2 すべての調査及び司法上の手続は、速やかに実施されるものとする。違反について適用される制裁は、遵守を確保する上で効果的であるため、及び場所のいかんを問わず違反を防止するため十分に厳格なものとし、また、違反を犯した者から違法な活動によって生ずる利益を没収するものとする。漁船の船長その他の上級乗組員について適用される措置は、特に船長又は上級乗組員として漁船で勤務するための承認の拒否、取消し又は停止を可能とする規定を含むものとする。

第二〇条（取締りのための国際協力） 1 いずれの国も、ストラドリング魚類資源及び高度回遊性魚類資源についての小地域的又は地域的な保存管理措置の遵守及びその違反に対する取締りを確保するために、直接に又は小地域的若しくは地域的な漁業管理のための機関若しくは枠組みを通じて協力する。

2 ストラドリング魚類資源又は高度回遊性魚類資源についての保存管理措置に対する違反の容疑につき調査を行っている旗国は、当該調査の実施のために他の国の協力が有益であると考える場合には、当該他の国の支援を要請することができる。すべての国は、当該調査に関連した旗国の合理的な要請に応ずるよう努力する。

3 旗国は、直接に、関心を有する他の国と協力して又は関係する小地域的若しくは地域的な漁業管理のための機関若しくは枠組みを通じて、そのような調査を実施することができる。当該調査の進展及び結果に関する情報については、ストラドリング魚類資源及び高度回遊性魚類資源についての保存管理措置に対する違反の容疑に利害関係を有するすべての国又は当該違反の容疑によって影響を受けるすべての国に提供する。

4 いずれの国も、小地域的、地域的又は世界的な保存管理措置の実効性を損なう活動に従事したと報告された漁船を特定するために相互に支援する。

5 いずれの国も、自国の国内法令によって認められた範囲内で、ストラドリング魚類資源及び高度回遊性魚類資源についての保存管理措置に対する違反の容疑に関連する証拠を他の国の検察当局に提供するための措置を定める。

6 公海上の漁船が沿岸国の管轄の下にある水域において許可なく漁獲を行ったと信ずるに足りる合理的な根拠がある場合には、当該漁船の旗国は、関係する沿岸国の要請により、直ちに、かつ、十分にこの事案を調査する。この場合において、旗国は、適当な取締りを行うことについて当該沿岸国と協力するものとし、また、当該沿岸国の関係当局に対し、公海上の当該漁船に乗船し、及びこれを検査することを認めることができる。この6の規定は、条約第一一一条の規定の適用を妨げるものではない。

7 小地域的若しくは地域的な漁業管理のための機関の加盟国又はそのような枠組みの参加国である締約国は、当該機関又は枠組みが定めた保存管理措置の実効性を損なう活動その他当該保存管理措置に違反する活動に従事した漁船が当該小地域又は地域の公海において漁獲を行うことを抑止するため、旗国が適当な措置をとるまでの間、国際法に基づいた措置（この目的のために定められた小地域又は地域の手続の利用を含む。）をとることができる。

第二一条（取締りのための小地域的又は地域的な協力）

1 小地域的又は地域的な漁業管理のための機関又は枠組みの対象水域である公海において、当該機関の加盟国又は当該枠組みの参加国である締約国は、当該機関又は枠組みが定めたストラドリング魚類資源及び高度回遊性魚類資源についての保存管理措置の遵守を確保するため、2の規定に従い、正当に権限を与えた自国の検査官により、この協定の他の締約国（当該機関の加盟国又は当該枠組みの参加国であるか否かを問わない。）を旗国とする漁船に乗船し、及びこれを検査することができる。

2 いずれの国も、小地域的又は地域的な漁業管理のための機関又は枠組みを通じ、1の規定に基づく乗船及び検査の手続並びにこの条の他の規定を実施するための手続を定める。この手続は、この条の規定及び次条に規定する基本的な手続に適合するものとし、また、当該機関の非加盟国又は当該枠組みの非参加国を差別するものであってはならない。乗船及び検査並びにその後の取締りは、そのような手続に従って行われる。いずれの国も、この2の規定に従って定められた手続を適当に公表する。

3 この協定の採択後二年以内に、小地域的又は地域的な漁業管理のための機関又は枠組みが2に定める手続を定めない場合には、当該手続が定められるまでの間、1の規定に基づく乗船及び検査並びにその後の取締りは、この条の規定及び次条に規定する基本的な手続に従って実施されるものとする。

4 検査国は、この条の規定に基づく措置をとるに先立ち、小地域又は地域の公海においてその漁船が漁獲を行っているすべての国に対し、直接に又は関係する小地域的若しくは地域的な漁業管理のための機関若しくは枠組みを通じ、正当に権限を与えた自国の検査官に発行した身分証明書の様式を通報する。乗船及び検査に用いられる船舶は、政府の公務に使用されていることが明らかに表示されており、かつ、識別されることができるものとする。いずれの国も、この協定の締結の際に、この条の規定に基づく通報を受領する適当な当局を指定するものとし、そのように指定した当局を関係する小地域的又は地域的な漁業管理のための機関又は枠組みを通じて適当に公表する。

5 乗船及び検査の結果、漁船が1に規定する保存管理措置に違反する活動に従事したと信ずるに足りる明白な根拠がある場合には、検査国は、適当なときは、証拠を確保し、及び旗国に対し違反の容疑を速やかに通報する。

6 旗国は、5に規定する通報に対し、その受領から三作業日以内又は2の規定に従って定められた手続に定める期間内に回答するものとし、次のいずれかのことを行う。

(a) 5に規定する漁船について調査し、及び証拠により正当化される場合には取締りを行うことにより第一九条に基づく義務を遅滞なく履行すること。この場合において、旗国は、調査の結果及び行った取締りについて検査国に速やかに通報する。

(b) 検査国が調査することを許可すること。

7　旗国が検査国に対して違反の容疑を調査することを許可する場合には、当該検査国は、当該旗国に対し調査結果を遅滞なく通報する。旗国は、証拠により正当化される場合には、5に規定する漁船について取締りを行うことにより義務を履行する。これに代えて、旗国は、検査国に対し、当該漁船に関して旗国が明示する取締りであってこの協定に基づく旗国の権利及び義務に反しないものをとることを許可することができる。

8　乗船及び検査の結果、漁船が重大な違反を行っていたと信ずるに足りる明白な根拠がある場合において、旗国が6又は7の規定に基づいて必要とされる回答を行わなかったとき、又は措置をとらなかったときは、検査官は、乗船を継続し、及び証拠を確保することができるものとし、また、船長に対し、更なる調査(適当な場合には、当該漁船を最も近い適当な港又は2の規定に従って定められた手続に定める港に遅滞なく移動させて行う調査を含む。)に協力することを要請することができる。検査国は、当該漁船が向かう港の名称を直ちに旗国に通報する。検査国、旗国及び適当な場合には寄港国は、乗組員の国籍のいかんを問わず、乗組員に対する良好な取扱いを確保するために必要なすべての措置をとる。

9　検査国は、旗国及び関係する機関又は関係する枠組みのすべての参加国に対し更なる調査の結果を通報する。

10　検査国は、自国の検査官に対し、船舶及び船員の安全に関する一般的に認められた国際的な規則、手続及び慣行を遵守すること、漁獲操業の妨げとなることを最小限にすること並びに船上の漁獲物の品質に悪影響を与えるような行動を実行可能な範囲で避けることを義務付ける。検査国は、乗船及び検査が漁船に対する不当な妨げとなるような方法で実施されないことを確保する。

11　この条の規定の適用上、「重大な違反」とは、次のいずれかのことをいう。

(a)　旗国が第一八条3(a)の規定に従って与える有効な免許、許可又は承認を得ることなく漁獲を行うこと。

(b)　関係する小地域的若しくは地域的な漁業管理のための機関若しくは枠組みによって義務付けられた漁獲量の正確な記録及び漁獲量に関連するデータを保持しないこと又は当該機関若しくは枠組みによって義務付けられた漁獲量報告に関して重大な誤りのある報告を行うこと。

(c)　禁漁区域において漁獲を行うこと、禁漁期において漁獲を行うこと及び関係する小地域的又は地域的な漁業管理のための機関又は枠組みが定めた漁獲割当てを有せずに又は当該漁獲割当ての達成後に漁獲を行うこと。

(d)　漁獲が一時的に停止されている資源又は漁獲が禁止されている資源を対象とする漁獲を行うこと。

(e)　禁止されている漁具を使用すること。

(f)　漁船の標識、識別又は登録を偽造し、又は隠ぺいすること。

(g)　調査に関連する証拠を隠ぺいし、改ざんし、又は処分すること。

(h)　全体として保存管理措置の重大な軽視となるような複数の違反を行うこと。

(i)　関係する小地域的又は地域的な漁業管理のための機関又は枠組みが定めた手続において重大な違反と明記するその他の違反を行うこと。

12　この条の他の規定にかかわらず、旗国は、いつでも、違反の容疑に関し、第一九条の規定に基づく義務を履行するための措置をとることができる。漁船が検査国の指示の下にある場合には、当該検査国は、旗国の要請により、自国が行った調査の進展及び結果に関する十分な情報と共に当該漁船を旗国に引き渡す。

13　この条の規定は、自国の法律に従って措置(制裁を課す手続を含む。)をとる旗国の権利を妨げるものではない。

14　この条の規定は、小地域的若しくは地域的な漁業管理のための機関の加盟国又はそのような枠組みの参加国である締約国が、この協定の他の締約国を旗国とする漁船が当該機関又は枠組みの対象水域である公海において1に規定する関係する保存管理措置に違反する活動に従事したと信ずるに足りる明白な根拠を有している場合において、当該漁船がその後、同一の漁獲のための航行中に、検査国の管轄の下にある水域に入ったときは、当該機関の加盟国又は当該枠組みの参加国である締約国が行う乗船及び検査について準用する。

15　小地域的又は地域的な漁業管理のための機関又は枠組みが、この協定に基づく当該機関の加盟国又は当該枠組みの参加国の義務であって当該機関又は枠組みの定めた保存管理措置の遵守の確保に係るものの効果的な履行を可能とするような代替的な仕組みを定めた場合には、当該機関の加盟国又は当該枠組みの参加国は、関係する公海水域について定められた保存管理措置に関し、これらの国々の間において1の規定の適用を制限することについて合意することができる。

16　旗国以外の国が小地域的又は地域的な保存管理措置に違反する活動に従事した漁船に対してとる措置は、違反の重大さと均衡がとれたものとする。

17　公海上の漁船が国籍を有していないことを疑うに足りる合理的な根拠がある場合には、いずれの国も、当該漁船に乗船し、及びこれを検査することができる。証拠が十分である場合には、当該国は、国際法に従って適当な措置をとることができる。

18　いずれの国も、この条の規定によりとった措置が違法であった場合又は入手可能な情報に照らしてこの条の規定を実施するために合理的に必要とされる限度を超えた場合には、当該措置に起因する損害又は損失であって自国の責めに帰すべきものについて責任を負う。

第二二条（前条による乗船及び検査のための基本的な手続） 1　検査国は、正当に権限を与えた自国の検査官が次のことを行うことを確保する。

(a) 船長に身分証明書を提示し、及び関係する保存管理措置又は問題となっている公海水域において有効な規則であって当該保存管理措置に基づくものの写しを提示すること。

(b) 乗船及び検査を行う時点において旗国への通報を開始すること。

(c) 乗船及び検査を行っている間、船長が旗国の当局と連絡を取ることを妨げないこと。

(d) 船長及び旗国の当局に乗船及び検査についての報告書（船長が希望する場合には、異議又は陳述を含める。）の写しを提供すること。

(e) 重大な違反の証拠が見つからない場合には、検査が終了した後、漁船から速やかに下船すること。

(f) 実力の行使を避けること。ただし、検査官がその任務の遂行を妨害される場合において、その安全を確保するために必要なときは、この限りでない。この場合において、実力の行使は、検査官の安全を確保するために及び状況により合理的に必要とされる限度を超えてはならない。

2　検査国が正当に権限を与えた検査官は、漁船、その免許、漁具、装置、記録、設備、漁獲物及びその製品並びに関係する保存管理措置の遵守を確認するために必要な関係書類を検査する権限を有する。

3　旗国は、船長が次のことを行うことを確保する。

(a) 検査官の迅速かつ安全な乗船を受け入れ、及び容易にすること。

(b) この条及び前条に規定する手続に従って実施される漁船に対する検査に協力し、及び支援すること。

(c) 検査官の任務の遂行に当たり、検査官に対し妨害、威嚇又は干渉を行わないこと。

(d) 乗船及び検査が行われている間、検査官が旗国の当局及び検査国の当局と連絡を取ることを認めること。

(e) 適当な場合には、食料及び宿泊施設を含む合理的な便益を検査官に提供すること。

(f) 検査官の安全な下船を容易にすること。

4　旗国は、船長がこの条及び前条の規定に基づく乗船及び検査の受入れを拒否する場合（海上における安全に関する一般的に認められた国際的な規則、手続及び慣行に従って乗船及び検査を遅らせる必要がある場合を除く。）には、当該船長に対し直ちに乗船及び検査を受け入れるよう指示する。当該船長が旗国のそのような指示にも従わない場合には、当該旗国は、当該漁船の漁獲のための許可を停止し、及び当該漁船に対して直ちに帰港するよう命ずる。当該旗国は、この4に規定する事態が発生した場合には、とった措置を検査国に通報する。

第二三条（寄港国がとる措置） 1　寄港国は、国際法に従って、小地域的、地域的又は世界的な保存管理措置の実効性を促進するための措置をとる権利及び義務を有する。寄港国は、当該措置をとる場合には、いずれの国の漁船に対しても法律上又は事実上の差別を行ってはならない。

2　寄港国は、漁船が自国の港又は沖合の係留施設に任意にとどまる場合には、特に、当該漁船上の書類、漁具及び漁獲物を検査することができる。

3　いずれの国も、漁獲物が公海における小地域的、地域的又は世界的な保存管理措置の実効性を損なう方法で漁獲されたと認める場合には、陸揚げ及び転載を禁止する権限を自国の関係当局に与えるための規則を定めることができる。

4　この条のいかなる規定も、国が国際法に従い自国の領域内の港において主権を行使することに影響を及ぼすものではない。

第七部　開発途上国の要請

第二四条（開発途上国の特別な要請の認識） 1　いずれの国も、ストラドリング魚類資源及び高度回遊性魚類資源の保存及び管理並びにこれらの資源についての漁場の開発に関する開発途上国の特別な要請を十分に認識する。このため、各国は、直接に又は国際連合開発計画、国際連合食糧農業機関その他の専門機関、地球環境基金、持続可能な開発のための委員会及び他の適当な国際的若しくは地域的な機関若しくは団体を通じて、開発途上国に援助を提供する。

2　いずれの国も、ストラドリング魚類資源及び高度回遊性魚類資源についての保存管理措置を定めることに協力する義務を履行するに当たり、特に次の事項に関する開発途上国の特別な要請を考慮する。

(a) 海洋生物資源の利用（自国民の全部又は一部の栄養上の要請を満たすためのものを含む。）に依存する開発途上国のぜい弱性

(b) 開発途上国（特に開発途上にある島嶼（しょ）国）において、自給のための漁業者、小規模漁業者、零細漁業者、女性の漁業労働者及び原住民に対する悪影響を回避し、並びにこれらの者の漁場の利用を確保する必要性

(c) 当該保存管理措置により保存活動に関する不均衡な負担が直接又は間接に開発途上国に転嫁されないことを確保する必要性

第二五条（開発途上国との協力の形態） 1　いずれの国も、直接に又は小地域的、地域的若しくは世界的な機関を通じて、協力して次のことを行う。

(a) ストラドリング魚類資源及び高度回遊性魚類資源の保存及び管理並びにこれらの資源に関する漁場の開発のための開発途上国（特に、後発開発途上国及び開発途上にある島嶼（しょ）国）の能力を高めること。

(b) 第五条及び第一一条の規定に従うことを条件

に、開発途上国(特に、後発開発途上国及び開発途上にある島嶼(しょ)国)がこれらの魚類資源を対象とした公海漁業に参加することができるように、開発途上国を援助すること(公海漁業への参加を容易にすることを含む。)。

(c)　小地域的又は地域的な漁業管理のための機関又は枠組みへの開発途上国の参加を促進すること。

2　この条に定める目的のための開発途上国との協力には、財政的援助、人的資源の開発に関する援助、技術援助、技術移転(合弁事業の取極によるものを含む。)並びに顧問サービス及び諮問サービスの提供を含む。

3　2に規定する援助は、特に次の事項を対象とする。

(a)　漁場のデータ及び関連する情報の収集、報告、検証、交換及び分析を通じたストラドリング魚類資源及び高度回遊性魚類資源の保存及び管理の改善

(b)　資源評価及び科学的調査

(c)　監視、規制、監督、遵守及び取締り(地方の段階における訓練及び能力の開発を含む。)、国の及び地域的なオブザーバー計画の開発並びにこれらの計画に対する資金供与並びに技術取得の機会及び設備の利用

第二六条(この協定の実施のための特別の援助)1　いずれの国も、開発途上国がこの協定を実施するための援助(開発途上国が当事者となる紛争解決手続に関係する費用に充てるための援助を含む。)に関する特別基金の設立に協力する。

2　いずれの国及び国際機関も、ストラドリング魚類資源及び高度回遊性魚類資源の保存及び管理に関し、開発途上国が新たに小地域的若しくは地域的な漁業管理のための機関を設立し若しくはそのような枠組みを設けること又は既存の機関若しくは枠組みを強化することを支援すべきである。

第八部　紛争の平和的解決

第二七条(平和的手段によって紛争を解決する義務)いずれの国も、交渉、審査、仲介、調停、仲裁、司法的解決、地域的機関又は地域的取極の利用その他当事者が選択する平和的手段によって紛争を解決する義務を負う。

第二八条(紛争の防止)いずれの国も、紛争を防止するために協力する。このため、いずれの国も、小地域的又は地域的な漁業管理のための機関又は枠組みにおける効率的かつ迅速な意思決定手続について合意するとともに、必要に応じて既存の意思決定手続を強化する。

第二九条(技術的な性質を有する紛争)紛争が技術的な性質を有する事項に関係する場合には、関係国は、関係国間で設置する特別の専門家委員会に当該紛争を付託することができる。当該専門家委員会は、関係国と協議し、及び紛争解決のための拘束力のある手続によることなく問題を速やかに解決するよう努める。

第三〇条(紛争解決手続)1　条約第一五部に定める紛争の解決に関する規定は、この協定の締約国(条約の締約国であるか否かを問わない。)間の紛争であって、この協定の解釈又は適用に関するものについて準用する。

2　条約第一五部に定める紛争の解決に関する規定は、この協定の締約国(条約の締約国であるか否かを問わない。)間の紛争であって、当該締約国が共に締結しているストラドリング魚類資源又は高度回遊性魚類資源に関する小地域的、地域的又は世界的な漁業協定の解釈又は適用に関するもの(これらの資源の保存及び管理に関するものを含む。)について準用する。

3　この協定の締約国であり、かつ、条約の締約国である国が条約第二八七条の規定に従って受け入れた手続は、この部に定める紛争の解決について適用する。ただし、そのような国が、この協定に署名し、これを批准し、若しくはこれに加入する時に又はその後いつでも、この部に定める紛争の解決のために同条の規定に従って同条に定める他の手続を受け入れた場合は、この限りでない。

4　この協定の締約国であるが条約の締約国でない国は、この協定に署名し、これを批准し、若しくはこれに加入する時に又はその後いつでも、書面による宣言を行うことにより、この部に定める紛争の解決のために条約第二八七条1に規定する手段のうち一又は二以上の手段を自由に選択することができる。同条の規定は、この協定の締約国であるが条約の締約国でない国がこのような宣言を行う場合及び当該国が効力を有する宣言の対象とならない紛争の当事者である場合についても適用する。条約の附属書V、附属書Ⅶ及び附属書Ⅷに従って調停及び仲裁を行うに当たって、当該国は、この部に定める紛争の解決のため、条約の附属書V第二条、附属書Ⅶ第二条及び附属書Ⅷ第二条に定める名簿に含まれる調停人、仲裁人及び専門家を指名することができる。

5　この部の規定に従って紛争が付託された裁判所は、関係するストラドリング魚類資源及び高度回遊性魚類資源の保存を確保するため、条約、この協定及び関係する小地域的、地域的又は世界的な漁業協定の関連規定、一般に認められた海洋生物資源の保存及び管理のための基準並びに条約に反しない国際法の他の規則を適用する。

第三一条(暫定的な措置)1　紛争がこの部の規定に従って解決されるまでの間、紛争当事者は、実際的な性質を有する暫定的な枠組みを設けるためにあらゆる努力を払う。

2　条約第二九〇条の規定にかかわらず、この部の規定に従って紛争が付託された裁判所は、第七条5及び第一六条2に定める状況において並びに紛争当事者のそれぞれの権利を保全し、又は問題となってい

る資源への損害を防止するため、状況に応じて適当と認める暫定的な措置を定めることができる。

3　条約第二九〇条5の規定にかかわらず、この協定の締約国であるが条約の締約国でない国は、国際海洋法裁判所が自国の同意なく暫定的な措置を定め、修正し、又は取り消す権限を有しないことを宣言することができる。

第三二条（紛争解決手続の適用の制限）条約第二九七条3の規定は、この協定について適用する。

第九部　この協定の非締約国

第三三条（この協定の非締約国）1　締約国は、この協定の非締約国に対し、この協定の締約国となり、かつ、この協定に適合する法令を制定するよう奨励する。

2　締約国は、非締約国を旗国とする漁船がこの協定の効果的な実施を損なう活動を行うことを抑止するため、この協定及び国際法に適合する措置をとる。

第一〇部　信義誠実及び権利の濫用

第三四条（信義誠実及び権利の濫用）締約国は、この協定に基づいて負う義務を誠実に履行するものとし、また、この協定により認められる権利を濫用とならないように行使する。

第一一部　責　任

第三五条（責任）締約国は、この協定に関して自国の責めに帰すべき損害又は損失につき、国際法に基づいて責任を負う。

第一二部　再検討のための会議

第三六条（再検討のための会議）1　国際連合事務総長は、この協定が効力を生ずる日の四年後に、ストラドリング魚類資源及び高度回遊性魚類資源の保存及び管理の確保についてのこの協定の実効性を評価するため、会議を招集する。同事務総長は、この会議にすべての締約国、この協定の締約国となる資格を有する国及び主体並びにオブザーバーとして参加する資格を有する政府間機関及び非政府機関を招請する。

2　1に規定する会議は、この協定の規定の妥当性を再検討し、及び評価するものとし、必要な場合には、ストラドリング魚類資源及び高度回遊性魚類資源の保存及び管理に関する継続的な問題に一層適切に対処するため、この協定の規定の内容及び実施手段を強化する方法を提案する。

第一三部　最終規定

第三七条（署名）この協定は、一九九五年一二月四日から一二箇月の間、国際連合本部において、すべての国及び第一条2(b)に規定するその他の主体による署名のために開放しておく。

第三八条（批准）この協定は、国及び第一条2(b)に規定するその他の主体によって批准されなければならない。批准書は、国際連合事務総長に寄託する。

第三九条（加入）この協定は、国及び第一条2(b)に規定するその他の主体による加入のために開放しておく。加入書は、国際連合事務総長に寄託する。

第四〇条（効力発生）1　この協定は、三〇番目の批准書又は加入書が寄託された日の後三〇日で効力を生ずる。

2　三〇番目の批准書又は加入書が寄託された後にこの協定を批准し、又はこれに加入する国については、この協定は、その批准書又は加入書の寄託の日の後三〇日目の日に効力を生ずる。

第四一条（暫定的な適用）1　この協定は、寄託者に対する書面による通告により暫定的な適用に同意した国又は主体によって暫定的に適用される。当該暫定的な適用は、当該通告の受領の日から有効となる。

2　国又は主体による暫定的な適用は、当該国若しくは主体についてこの協定が効力を生ずる時又は当該国若しくは主体が暫定的な適用を終了させる意思を寄託者に対して書面により通告した時に終了する。

第四二条（留保及び除外）この協定については、留保を付することも、また、除外を設けることもできない。

第四三条（宣言及び声明）前条の規定は、国又は主体がこの協定の署名若しくは批准又はこれへの加入の際に、特にその国内法令をこの協定の規定に調和させることを目的として、宣言又は声明（用いられる文言及び名称のいかんを問わない。）を行うことを排除しない。ただし、当該宣言又は声明は、これらを行った国又は主体についてこの協定を適用するに当たり、この協定の規定の法的効力を排除し、又は変更することを意味しない。

第四四条（他の協定との関係）1　この協定は、この協定と両立する他の協定の規定に基づく締約国の権利及び義務（他の締約国がこの協定に基づく権利を享受し、又は義務を履行することに影響を及ぼさないものに限る。）を変更するものではない。

2　二以上の締約国は、当該締約国間の関係に適用される限りにおいて、この協定の運用を変更し、又は停止する協定を締結することができる。ただし、そのような協定は、この協定の規定であってこれからの逸脱がこの協定の趣旨及び目的の効果的な実現と両立しないものに関するものであってはならず、また、この協定に定める基本原則の適用に影響を及ぼし、又は他の締約国がこの協定に基づく権利を享受し、若しくは義務を履行することに影響を及ぼすものであってはならない。

3　2に規定する協定を締結する意思を有する締約国は、他の締約国に対し、この協定の寄託者を通じて、2に規定する協定を締結する意思及び当該協定によるこの協定の変更又は停止を通報する。

第四五条（改正）1　締約国は、国際連合事務総長にあてた書面による通報により、この協定の改正案を提案し、及びその改正案を審議する会議の招集を要請することができる。同事務総長は、当該通報をすべての締約国に送付する。同事務総長は、当該通報の送付の日から六箇月以内に締約国の二分の一以上がその要請に好意的な回答を行った場合には、当該会議を招集する。

2　1の規定に基づき招集される改正に関する会議において用いられる決定手続は、この会議が別段の決定を行わない限り、ストラドリング魚類資源及び高度回遊性魚類資源に関する国際連合会議において用いられた決定手続と同一のものとする。改正に関する会議は、いかなる改正案についても、コンセンサス方式により合意に達するようあらゆる努力を払うものとし、コンセンサスのためのあらゆる努力が尽くされるまでは、改正案について投票を行わない。

3　この協定の改正は、採択された後は、改正自体に別段の定めがない限り、採択の日から一二箇月の間、国際連合本部において、締約国による署名のために開放しておく。

4　第三八条、第三九条、第四七条及び第五〇条の規定は、この協定のすべての改正について適用する。

5　この協定の改正は、当該改正を批准し、又はこれに加入する締約国については、三分の二の締約国が批准書又は加入書を寄託した日の後三〇日目の日に効力を生ずる。その後において、必要とされる数の批准書又は加入書が寄託された後に当該改正を批准し、又はこれに加入する締約国については、その批准書又は加入書の寄託の日の後三〇日目の日に効力を生ずる。

6　改正については、その効力発生のためにこの条に定める数よりも少ない数又は多い数の批准又は加入を必要とすることを定めることができる。

7　5の規定により改正が効力を生じた後にこの協定の締約国となる国は、別段の意思を表明しない限り、(a)改正された協定の締約国とされ、かつ、(b)当該改正によって拘束されない締約国との関係においては、改正されていない協定の締約国とされる。

第四六条（廃棄） 1　締約国は、国際連合事務総長にあてた書面による通告を行うことによってこの協定を廃棄することができるものとし、また、その理由を示すことができる。理由を示さないことは、廃棄の効力に影響を及ぼすものではない。廃棄は、一層遅い日が通告に明記されている場合を除くほか、その通告が受領された日の後一年で効力を生ずる。

2　廃棄は、この協定との関係を離れた国際法に基づく義務であってこの協定に具現されているものを締約国が履行する責務に何ら影響を及ぼすものではない。

第四七条（国際機関による参加） 1　条約の附属書Ⅸ第一条に規定する国際機関がこの協定によって規律されるすべての事項について権限を有しない場合には、条約の附属書Ⅸの規定は、当該附属書の次の規定を除き、当該国際機関のこの協定への参加について準用する。

(a)　第二条前段

(b)　第三条1

2　条約の附属書Ⅸ第一条に規定する国際機関がこの協定によって規律されるすべての事項について権限を有する場合には、次の(a)から(c)までの規定は、当該国際機関のこの協定への参加について適用する。

(a)　当該国際機関は、署名又は加入の時に、次のことを明示する宣言を行う。

(i)　当該国際機関がこの協定によって規律されるすべての事項について権限を有すること。

(ii)　(i)の理由により、当該国際機関の構成国が締約国とならないこと。ただし、当該国際機関が責任を有しない当該国際機関の構成国の領域に関しては、この限りでない。

(iii)　当該国際機関がこの協定に基づく国の権利及び義務を受け入れること。

(b)　当該国際機関の参加は、いかなる場合にも、当該国際機関の構成国に対しこの協定に基づく権利を与えるものではない。

(c)　この協定に基づく当該国際機関の義務と当該国際機関を設立する協定又はこれに関連する行為に基づく当該国際機関の義務とが抵触する場合には、この協定に基づく義務が優先する。

第四八条（附属書） 1　附属書は、この協定の不可分の一部を成すものとし、また、別段の明示の定めがない限り、「この協定」といい、又は第一部から第一三部までのいずれかの部を指していうときは、関連する附属書を含めていうものとする。

2　締約国は、附属書を随時改正することができる。改正は、科学的及び技術的考慮に基づくものとする。第四五条の規定にかかわらず、附属書の改正が締約国の会合においてコンセンサス方式によって採択される場合には、当該改正は、この協定に組み込まれ、その採択の日又は当該改正において指定されている他の日から効力を生ずる。締約国の会合において改正がコンセンサス方式によって採択されない場合には、同条に規定する改正手続を適用する。

第四九条（寄託者） この協定及びその改正の寄託者は、国際連合事務総長とする。

第五〇条（正文） この協定は、アラビア語、中国語、英語、フランス語、ロシア語及びスペイン語をひとしく正文とする。

附属書Ⅰ　データの収集及び共有のための標準的な要件

附属書Ⅱ　ストラドリング魚類資源及び高度回遊性魚類資源の保存及び管理における予防のための基準値の適用に関する指針

（略）

59 保存及び管理のための国際的な措置の公海上の漁船による遵守を促進するための協定（コンプライアンス協定／公海漁業保存措置遵守協定）

採　択　一九九三年一一月二四日国連食糧農業機関第二七回総会
効力発生　二〇〇三年四月二四日
日本国　一九九六年一一月一九日署名、二〇〇〇年五月一九日国会承認、六月二〇日受諾書寄託、二〇〇三年四月二四日効力発生、五月二一日公布（条約第二号）

この協定の締約国は、

海洋法に関する国際連合条約に反映されているように、国際法の関連規則に従うことを条件として自国民が公海において漁獲を行う権利をすべての国が有することを認識し、

さらに、海洋法に関する国際連合条約に反映されている国際法の下で、公海における生物資源の保存のために必要とされる措置を自国民についてとる義務及びその措置をとるに当たって他の国と協力する義務をすべての国が有することを認識し、

自国の政策に従って漁業部門を発展させることについてすべての国が権利及び利益を有すること並びに開発途上国との協力の促進が開発途上国のこの協定に基づく義務の履行の能力を向上させるために必要であることを認め、

国際連合環境開発会議で採択されたアジェンダ二一が、各国に対し、公海における漁獲活動に係る保存及び管理のための関連規則の遵守を回避する手段として自国民が船舶の国籍を変更することを抑止するため、国際法に合致する効果的な措置をとるよう要請していることを想起し、

さらに、責任ある漁業に関する国際会議で採択されたカンクン宣言も、各国に対し、この問題について措置をとるよう要請していることを想起し、

アジェンダ二一の下で、各国が公海における海洋生物資源の保存及び持続可能な利用について約束していることに留意し、

保存及び管理のための国際的な措置の遵守を達成するため、世界的、地域的又は小地域的な漁業機関又は漁業に関する取決めに参加していない国に対して、これらの漁業機関若しくは取決めに参加するよう、又は、適当な場合には、これらの漁業機関との間で若しくはこれらの漁業機関若しくは取決めの参加国との間で了解に達するよう要請し、

自国の旗を掲げる船舶（漁船及び漁獲物の積替えに従事する船舶を含む。）に対し有効に管轄権を行使し及び有効に規制を行うことがすべての国の義務であることを認識し、

海洋生物資源の保存及び管理のための国際的な措置の遵守を回避する手段として漁船の国籍の取得又は変更が用いられていること並びに自国の旗を掲げる権利を有する漁船に関する責任を旗国が果たさないことが、当該措置の実効性を著しく損なう要因に含まれていることに留意し、

自国の旗を掲げる権利を有し、かつ、公海において操業する漁船に関する旗国の責任（操業の承認を含む。）を明示することを通じ、及び公海における漁獲に関する情報の交換により国際協力を強化し、透明性を増大させることを通じて、この協定の目的が達成可能である旨を認識し、

この協定が、カンクン宣言によりその作成が要請された「責任ある漁業に関する国際的な行動規範」の不可分の一部を成すこととなることに留意し、

国際連合食糧農業機関憲章第一四条の規定に従い国際連合食糧農業機関（ＦＡＯ）の枠組みの下で国際協定を締結することを希望して、

次のとおり協定した。

第一条（定義）　この協定の適用上、

(a)「漁船」とは、海洋生物資源の商業上の採捕のために使用され又は使用されることを目的とする船舶（母船及びそのような採捕活動に直接従事する船舶を含む。）をいう。

(b)「保存及び管理のための国際的な措置」とは、海洋生物資源の一又は二以上の種の保存又は管理のための措置であって、一九八二年の海洋法に関する国際連合条約に反映されている国際法の関連規則に従って採択され、かつ、適用されるものをいう。この措置は、世界的、地域的若しくは小地域的な漁業機関によりその構成国の権利及び義務を害さないことを条件として採択されるか、又は条約その他の国際的な合意によって採択される。

(c)「長さ」とは、次のものをいう。

(i) 一九八二年七月一八日以降に建造された漁船については、キールの上面から測った最小型深さ八五パーセントの位置における喫水線の全長の九六パーセントの長さ又はその喫水線上における船首材の前面からラダー・ストックの中心線までの長さのうちいずれか大きいもの。傾斜したキールを有するように設計された船舶にあっては、長さを測るための喫水線は、計画喫水線に平行なものとする。

(ii) 一九八二年七月一八日前に建造された漁船については、船舶の国内登録上の原簿その他の漁船記録に記載されている国内登録上の長さ

(d)「漁船記録」とは、漁船についての関連する詳細を記載している記録をいう。この記録は、漁船のみを対象とするものでも又は船舶一般に係る記録の一部を構成するものでもよい。

(e)「地域的な経済統合のための機関」とは、その構

成国からこの協定の対象となっている事項に関する権限の委譲（これらの事項に関して当該機関がその構成国を拘束する決定を行う権限を与えられることを含む。）を受けた機関をいう。

(f)「自国の旗を掲げる権利を有する漁船」及び「国の旗を掲げる権利を有する漁船」には、地域的な経済統合のための機関の構成国の旗を掲げる権利を有する漁船を含む。

第二条（適用） 1　この協定は、2及び3の規定に従うことを条件として、公海における漁獲に使用され又は使用されることを目的とするすべての漁船について適用する。

2　締約国は、長さ二四メートル未満の漁船で自国の旗を掲げる権利を有するものについては、次のことを条件として、この協定の適用を免除することができる。ただし、適用の免除によりこの協定の趣旨及び目的が損なわれることとなると当該締約国が認める場合は、この限りでない。

(a)　締約国が3に規定する漁業地域の沿岸国である場合を除き、当該漁業地域において操業する漁船について、この協定を適用すること。

(b)　次条第1又は第六条7の規定に従って締約国が負う義務について、この協定を適用すること。

3　2の規定の適用を妨げることなく、沿岸国が排他的経済水域の設定又は同様の水域で漁業についての管轄権の行使のためのものの設定を宣言していない漁業地域においては、この協定の締約国である沿岸国は、これら沿岸国の間において直接に又は地域的な漁業機関で適当なものを通じて、これら沿岸国の旗を掲げる漁船で当該漁業地域のみにおいて操業するものに関し、その長さを下回る漁船にはこの協定を適用しないこととする「最小の長さ」を設定することに合意することができる。

第三条（旗国の責任） 1(a)　締約国は、自国の旗を掲げる権利を有する漁船が保存及び管理のための国際的な措置の実効性を損なう活動に従事しないことを確保するために必要な措置をとる。

(b)　締約国は、前条2の規定により長さ二四メートル未満の漁船で自国の旗を掲げる権利を有するものについてこの協定の適用を免除した場合においても、そのような漁船のうち保存及び管理のための国際的な措置の実効性を損なうものについては、効果的な措置をとる。この措置は、当該漁船が保存及び管理のための国際的な措置の実効性を損なう活動に従事しないことを確保するためのものとする。

2　特に、締約国は、自国の旗を掲げる権利を有する漁船のいずれについても、当該漁船が公海における漁獲に使用されることにつき自国の一又は二以上の適当な当局が承認を与えない限り、当該漁船が公海における漁獲に使用されることを認めない。当該当局により承認を受けた漁船は、当該承認の条件に従って漁獲を行う。

3　締約国は、自国の旗を掲げる権利を有する漁船のいずれについても、自国と当該漁船との間に存在する関係に留意しつつ、この協定の下での自国の責任を効果的に遂行することができるものと認めない限り、当該漁船が公海における漁獲に使用されることを承認してはならない。

4　公海における漁獲に使用されることについて締約国から承認を受けた漁船が当該締約国の旗を掲げる権利を失った場合には、当該承認は、取り消されたものとみなす。

5(a)　締約国は、次の条件が満たされない限り、以前に他の締約国の領域内において登録されていた漁船で、保存及び管理のための国際的な措置の実効性を損なったものが公海における漁獲に使用されることを承認しない。

(i)　当該漁船について、公海における漁獲に使用されることの承認の効力が当該他の締約国によって停止された期間が満了していること。

(ii)　当該漁船について、公海における漁獲に使用されることの承認を当該他の締約国が過去三年間のうちに拒否し又は取り消していないこと。

(b)　(a)の規定は、以前にこの協定の締約国でない国の領域内において登録されていた漁船についても、当該漁船に対する漁獲を行うことの承認が停止され、拒否され又は取り消された事情に関する十分な情報を締約国が利用することができる場合には、適用する。

(c)　(a)及び(b)の規定は、漁船の所有権が既に移転しており、かつ、従前の所有者又は操業者が当該漁船について法律上、利益配分上又は財務上の利害関係又は支配を既に有していないことを示す十分な証拠が新たな所有者によって提出された場合には、適用しない。

(d)　(a)及び(b)の規定にかかわらず、締約国は、これらの規定の対象となる漁船であっても、他の締約国又は非締約国による承認が拒否され又は取り消された事情を含むすべての関連する事実を考慮した上で、当該漁船が公海における漁獲に使用されることを承認したとしてもこの協定の趣旨及び目的を損なうこととはならないと認める場合には、当該漁船が公海における漁獲に使用されることを承認することができる。

6　締約国は、自国の旗を掲げる権利を有するすべての漁船で次条の規定に従って保持する記録に記載したものが、漁船の標識及び識別に関する国際連合食糧農業機関の標準仕様その他一般的に受け入れられている基準に従って、容易に当該漁船を識別することができるような標識を付することを確保する。

7　締約国は、自国の旗を掲げる権利を有する漁船から当該締約国に対し、当該漁船の操業に関する情報（特に操業区域並びに採捕及び陸揚げの量に関連するもの）で、この協定に基づく自国の義務を履行する上で必要なものが提供されることを確保する。

8　締約国は、自国の旗を掲げる権利を有する漁船でこの協定の規定に違反する行動をとるものに対する取締措置（適当な場合には、当該行動を自国の法令違反とすることを含む。）をとる。当該行動について適用する制裁は、この協定に定める要件の遵守を確保する上で効果的であり及び不法な活動を行った者から当該活動により生ずる利益を取り上げるほど重いものでなければならない。重大な違反に関しては、この制裁に、公海における漁獲を行うことの承認の拒否、停止又は取消しを含める。

第四条（漁船記録）締約国は、この協定の適用上、自国の旗を掲げる権利を有し、かつ、公海における漁獲に使用されることを承認された漁船を記載する漁船記録を保持するとともに、これらの漁船のすべてがその記録に記載されることを確保するために必要な措置をとる。

第五条（国際協力）1　締約国は、この協定の実施について適切に協力する。特に、いずれかの漁船が保存及び管理のための国際的な措置を損なう活動に従事した旨の報告があった場合には、その旗国が第三条の規定に基づく義務を履行する上で当該漁船を特定することを援助するため、当該漁船の活動に関連する情報の交換（証拠の提出を含む。）を行う。

2　漁船がその旗国以外のいずれかの締約国の港に任意に寄港する場合において、当該締約国は、当該漁船が保存及び管理のための国際的な措置の実効性を損なう活動に使用されたと信ずるに足りる合理的な理由を有するときは、旗国に対して速やかに通報を行う。関係する締約国の間においては、漁船がこの協定の規定に違反して使用された事実の有無を明らかにする上で必要な調査に関し、寄港国がこれを行うことについて取決めを行うことができる。

3　締約国は、適当な場合には、この協定の目的の達成を促進するため、世界的、地域的、若しくは小地域的な規模で又は二国間において、協力のための協定を締結し又は相互援助のための取決めを行う。

第六条（情報の交換）1　締約国は、第四条の規定に従って保持することが義務付けられる漁船記録に記載する漁船のそれぞれについて、次に掲げる情報を国際連合食糧農業機関の利用に供する。

(a)　船名、登録番号、過去の船名（判明している場合に限る。）及び船籍港

(b)　従前の国旗（該当する場合に限る。）

(c)　国籍無線通信呼出符号（該当する場合に限る。）

(d)　所有者の氏名及び住所

(e)　建造された場所及び時期

(f)　船の種類

(g)　長さ

2　締約国は、実行可能な限度において、第四条の規定に従って保持することが義務付けられる漁船記録に記載する漁船のそれぞれについて、次に掲げる追加的な情報を国際連合食糧農業機関の利用に供する。

(a)　操業者の氏名及び住所（該当する場合に限る。）

(b)　漁法の種類

(c)　型深さ

(d)　最大幅

(e)　登録総トン数

(f)　主たる推進機関の出力

3　締約国は、1及び2に掲げる情報について何らかの修正を行う場合には、当該修正を速やかに国際連合食糧農業機関に通報する。

4　国際連合食糧農業機関は、1から3までの規定に従って提供された情報を、すべての締約国に対して定期的に配布し及び各締約国に対し要請に応じて個別に提供する。また、同機関は、当該情報を、情報の配布に関して関係締約国が課する制限に従うことを条件として、世界的、地域的又は小地域的な漁業機関に対し要請に応じて個別に提供する。

5　さらに、締約国は、次の情報を速やかに国際連合食糧農業機関に通報する。

(a)　漁船記録への追加

(b)　次の理由による漁船記録からの削除

(i)　漁獲を行うことの承認又はその更新についての当該漁船の所有者又は操業者による任意の放棄

(ii)　当該漁船に対して与えられた漁獲を行うことの承認についての第三条8の規定に基づく取り消し。

(iii)　当該漁船が自国の旗を掲げる権利を失ったという事実

(iv)　当該漁船の解撤、操業の中止又は喪失

(v)　その他の理由

6　関係締約国は、5(b)の規定に従い国際連合食糧農業機関に対して情報を提供した場合には、同規定のいずれの理由が適用されるかを明示する。

7　締約国は、次の事項を国際連合食糧農業機関に通報する。

(a)　第二条2の規定に基づく免除並びに当該免除に係る漁船の数、種類及び操業の地理的区域

(b)　第二条3の規定に基づく合意

8(a)　締約国は、自国の旗を掲げる漁船による活動で保存及び管理のための国際的な措置の実効性を損なうものに関連するすべての情報（当該漁船の特定及び当該活動に対して自国がとった措置を含む。）を速やかに国際連合食糧農業機関に通報する。締約国がとった措置についての通報は、秘密扱い（特に、最終的なものでない措置についての秘密扱いを含む。）に係る国内法の規定に従ってこれを行うことができるものとする。

(b)　締約国は、自国の旗を掲げる権利を有しない漁船が保存及び管理のための国際的な措置の実効性を損なう活動に従事したと信ずるに足りる合理的な理由を有するに至った場合には、当該漁船の旗国の注意を喚起するものとし、また、適当と認めるときは、国際連合食糧農業機関の注意を喚起することができる。当該締約国は、当該旗国に対し

て十分な証拠を提供するものとし、また、同機関に対してその証拠の要約を提供することができる。同機関は、申し立てられた内容及びその証拠について当該旗国が意見を述べ又は異議を申し立てる機会を有するまでの間は、関連する情報を配布しない。

9　締約国は、第三条5(a)又は(b)の規定にかかわらず同条5(d)の規定に基づく承認を与えた場合には、その旨を国際連合食糧農業機関に通報する。その通報には、当該漁船及びその所有者又は操業者の識別を可能にする関連データ並びに、適当な場合には、当該承認の付与に関連する他の情報を含める。

10　国際連合食糧農業機関は、5から9までの規定に従って提供された情報を、すべての締約国に対して速やかに配布し及び各締約国に対し要請に応じて個別に提供する。また、同機関は、当該情報を、情報の配布に関して関係締約国が課する制限に従うことを条件として、世界的、地域的又は小地域的な漁業機関に対し要請に応じて個別かつ速やかに提供する。

11　締約国は、この協定の実施に関する情報の交換（国際連合食糧農業機関及び他の世界的、地域的又は小地域的な漁業機関で適当なものを通じた情報の交換を含む。）を行う。

第七条（開発途上国との協力）締約国は、開発途上国である締約国がこの協定の下での義務を履行することを支援するため、世界的、地域的若しくは小地域的な規模で又は二国間において、適当な場合には国際連合食糧農業機関及び他の国際的又は地域的な機関の支援を得て、当該開発途上国に対し、技術援助を含む援助を提供するために協力する。

第八条（非締約国）1　締約国は、この協定の締約国でない国に対してこの協定を受諾するよう奨励し、また、いずれの非締約国に対してもこの協定に合致する法令を制定するよう奨励する。

2　締約国は、この協定の締約国でない国の旗を掲げる権利を有する漁船が保存及び管理のための国際的な措置の実効性を損なう活動に従事しないように、この協定及び国際法に合致した方法で協力する。

3　締約国は、この協定の締約国でない国の旗を掲げる漁船の活動で保存及び管理のための国際的な措置の実効性を損なうものに関して、直接に又は国際連合食糧農業機関を通じて、締約国間で情報の交換を行う。

第九条（紛争の解決）1　いずれの締約国も、この協定の解釈又は適用に関する紛争について、相互に満足すべき解決をできる限り速やかに得るよう、他の締約国に対して協議を求めることができる。

2　1の協議によっても紛争が合理的な期間内に解決しなかった場合には、紛争当事国は、交渉、審査、仲介、調停、仲裁、司法的解決又は当事国が選択するその他の平和的手段により紛争を解決するため、できる限り速やかに、当時国間で協議する。

3　1及び2に規定する紛争でこれらの規定によっても解決されないものは、すべての紛争当事国の同意を得て、解決のため、国際司法裁判所、国際海洋法裁判所（一九八二年の海洋法に関する国際連合条約の効力発生を条件とする。）又は仲裁に付託する。国際司法裁判所、国際海洋法裁判所又は仲裁に付託することについて合意に達することができなかった場合においても、当事国は、海洋生物資源の保存に関する国際法の規則に従って紛争を解決するため、引き続き協議し及び協力する。

第一〇条（受諾）1　この協定は、国際連合食糧農業機関の加盟国又は準加盟国による受諾及び同機関の非加盟国のうち国際連合、その専門機関又は国際原子力機関の加盟国による受諾のために開放しておく。

2　この協定の受諾は、国際連合食糧農業機関事務局長（以下「事務局長」という。）に受諾書を寄託することによって行う。

3　事務局長は、すべての締約国、国際連合食糧農業機関のすべての加盟国及び準加盟国並びに国際連合事務総長に対して、すべての受諾書の受領について通報する。

4　地域的な経済統合のための機関がこの協定の締約国となる場合には、当該機関は、必要に応じ、国際連合食糧農業機関憲章第二条5の規定に従って提出したその権限に関する宣言についてこの協会の受諾に照らして必要となる修正を行い又は明確化を図る旨を、同憲章第二条7の規定に従って通報する。この協定のいずれの締約国も、いつでも、この協定の締約国である地域的な経済統合のための機関に対して、この協定の対象となる特定の事項の実施に関し、当該機関又はその構成国のうちいずれが責任を有するかについての情報を提供するよう要請することができる。当該機関は、合理的な期間内にこの情報を提供する。

第一一条（効力発生）1　この協定は、事務局長が二五番目の受諾書を受領した日に効力を生ずる。

2　この条の規定の適用上、地域的な経済統合のための機関によって寄託される文書は、当該機関の構成国によって寄託されたものに追加して数えてはならない。

第一二条（留保）締約国は、この協定の受諾に際し、留保を付することができる。留保は、すべての締約国による受諾が得られた場合においてのみ効力を生ずる。事務局長は、直ちに、当該留保をすべての締約国に通報する。その通報の日から三箇月以内に回答を行わなかった締約国は、当該留保を受諾したものとみなす。当該留保を付した国又は地域的な経済統合のための機関は、すべての締約国による当該留保の受諾が得られない場合には、この協定の締約国となることができない。

第一三条（改正）1　この協定の改正のための締約国の提案は、事務局長に通報する。

2　事務局長が締約国から受領したこの協定の改正案

は、国際連合食糧農業機関総会の通常会期又は特別会期に承認のために提出する。その改正案が重要な技術的変更を含み又は締約国に新たな義務を課するものである場合には、その改正案は、同総会に先立ち同機関が招集する専門家諮問委員会が審議する。

3 この協定の改正案は、その改正案が審議されるべき総会の会期の議事日程が発送される以前に事務局長が締約国に送付する。

4 この協定の改正は、総会の承認を必要とし、締約国の三分の二が受諾した後三〇日目の日に効力を生ずる。締約国に対する新たな義務を含む改正は、それを受諾した締約国についてのみ、その受諾の後三〇日目の日に効力を生ずる。改正は、総会がその承認に当たりコンセンサス方式により別の決定を行わない限り、締約国に対する新たな義務を含むものとみなす。

5 締約国に対する新たな義務を含む改正の受諾書は、事務局長に寄託する。事務局長は、すべての締約国に対して、受諾書の受領及び改正の効力発生について通報する。

6 この条の規定の適用上、地域的な経済統合のための機関によって寄託される文書は、当該機関の構成国によって寄託されたものに追加して数えてはならない。

第一四条（脱退） いずれの締約国も、この協定が自国について効力を生じた日から二年を経過した後いつでも、事務局長に対して書面による脱退の通告を行うことにより、この協定から脱退することができる。事務局長は、直ちに、すべての締約国並びに国際連合食糧農業機関のすべての加盟国及び準加盟国に対して、その脱退について通報する。脱退は、脱退の通告を事務局長が受領した年の次の年の終わりに効力を生ずる。

第一五条（寄託者の任務） 事務局長は、この協定の寄託者とする。寄託者は、次のことを行う。

(a) 国際連合食糧農業機関の加盟国及び準加盟国並びにこの協定の締約国となることができる同機関の非加盟国に対してこの協定の認証謄本を送付すること。

(b) この協定が効力を生じたときに、国際連合憲章第一〇二条の規定により、国際連合事務局にこの協定を登録すること。

(c) 国際連合食糧農業機関の加盟国及び準加盟国並びにこの協定の締約国となることができる同機関の非加盟国に対して次の事項を通報すること。

(i) 第一〇条の規定に基づく受諾書の寄託

(ii) 第一一条の規定によりこの協定が効力を生じた日

(iii) 第一三条の規定に基づくこの協定の改正のための提案及び改正の効力発生

(iv) 第一四条の規定に基づくこの協定からの脱退

第一六条（正文） この協定のアラビア語、中国語、英語、フランス語及びスペイン語は、ひとしく正文とする。

5 10 違法な漁業、報告されていない漁業及び規制されていない漁業を防止し、抑止し、及び排除するための寄港国の措置に関する協定（違法漁業防止寄港国措置協定）（略）

採 択 二〇〇九年一一月二二日（ローマ）
効力発生 二〇一六年六月五日
日本国 二〇一七年五月一〇日国会承認、二〇一七年五月一九日加入書寄託、二〇一七年五月二四日公布及び告示（条約第一一号及び外務省告示第一七八号）、二〇一七年六月一八日効力発生

前 文

この協定の締約国は、

違法な漁業、報告されていない漁業及び規制されていない漁業が継続していること、そのような漁業が魚類資源、海洋生態系及び合法的に漁業を営む者の生計に有害な影響を与えていること並びに世界的に食糧安全保障の必要性が増大していることを深く憂慮し、

海洋生物資源の持続可能な利用及び長期的な保存を促進するための効果的な措置を採用する際の寄港国の役割を意識し、

違法な漁業、報告されていない漁業及び規制されていない漁業と戦うための措置が、旗国の第一義的な責任に基づくべきこと及び国際法に従って全ての適用可能な管轄権を用いるべきこと（寄港国の措置、沿岸国の措置、市場に関連する措置並びに自国民が違法な漁業、報告されていない漁業及び規制されていない漁業を支援せず、又はそのような漁業に従事しないことを確保する措置を含む。）を認識し、

寄港国の措置が、違法な漁業、報告されていない漁業及び規制されていない漁業を防止し、抑止し、及び排除する強力で費用対効果の高い手段となることを認識し、

寄港国の措置を通じて、違法な漁業、報告されていない漁業及び規制されていない漁業と戦うための地域的な及び地域間の段階における調整を進めることが必要であることを認識し、

寄港国の措置を支える通信技術、データベース、ネットワーク及び世界的規模の記録制度が急速に発展して

いることを認め、開発途上国が寄港国の措置を採用し、及び実施するための支援が必要であることを認識し、

二〇〇一年の国際連合食糧農業機関（以下「ＦＡＯ」という。）の違法な漁業、報告されていない漁業及び規制されていない漁業を防止し、抑止し、及び排除するための国際行動計画及び二〇〇五年のＦＡＯの違法な漁業、報告されていない漁業及び規制されていない漁業と戦うための寄港国の措置に関する模範計画に基づき、寄港国の措置のための最低限度の基準に関する拘束力のある国際文書を求める国際連合及びその関連機関（国際連合総会及びＦＡＯの水産委員会を含む。）を通じた国際社会による要請に留意し、

自国の領域内の港において主権を行使するに当たり、諸国が国際法に従って一層厳しい措置を採用することができることに留意し、

一九八二年一二月一〇日の海洋法に関する国際連合条約（以下「条約」という。）の関連する規定を想起し、

一九九五年一二月四日の分布範囲が排他的経済水域の内外に存在する魚類資源（ストラドリング魚類資源）及び高度回遊性魚類資源の保存及び管理に関する一九八二年一二月一〇日の海洋法に関する国際連合条約の規定の実施のための協定、一九九三年一一月二四日の保存及び管理のための国際的な措置の公海上の漁船による遵守を促進するための協定及び一九九五年のＦＡＯの責任ある漁業に関する行動規範を想起し、

国際連合食糧農業機関憲章第一四条の規定に従いＦＡＯの枠組みの下で国際協定を締結することが必要であることを認識して、次のとおり協定した。

第一部　総則

第一条（用語）この協定の適用上、

(a)「保存管理措置」とは、海洋生物資源を保存し、及び管理するための措置であって、国際法の関連規則（条約に反映されたものを含む。）に適合するように定められ、及び適用されるものをいう。

(b)「魚類」とは、加工されたか否かを問わず、海洋生物資源の全ての種をいう。

(c)「漁獲」とは、魚類を探索し、引き寄せ、探知し、若しくは採捕すること又は魚類を引き寄せ、探知し、若しくは採捕する結果になると合理的に予想し得る活動をいう。

(d)「漁獲関連活動」とは、漁獲を補助し、又は準備するための作業（従前に港に陸揚げされていない魚類の陸揚げ、包装、加工、転載又は輸送並びに海上における人員、燃料、漁具及び他の物品の提供を含む。）をいう。

(e)「違法な漁業、報告されていない漁業及び規制されていない漁業」とは、二〇〇一年のＦＡＯの違法な漁業、報告されていない漁業及び規制されていない漁業を防止し、抑止し、及び排除するための国際行動計画の3に定める活動（以下「ＩＵＵ漁業」という。）をいう。

(f)「締約国」とは、この協定に拘束されることに同意し、かつ、自己についてこの協定の効力が生じている国又は地域的な経済統合のための機関をいう。

(g)「港」には、沖合の係留施設及び陸揚げ、転載、包装、加工又は補給（燃料補給を含む。）のための他の施設を含む。

(h)「地域的な経済統合のための機関」とは、その構成国からこの協定の対象となる事項に関する権限（当該事項に関してその構成国を拘束する決定を行う権限を含む。）の委譲を受けた地域的な経済統合のための機関をいう。

(i)「地域的な漁業管理のための機関」とは、漁業に関する政府間の機関又は枠組みをいい、適当な場合には、保存管理措置を定める権限を有するものをいう。

(j)「船舶」とは、漁獲又は漁獲関連活動のために使用され、使用されるために装備され、又は使用されることを目的とするあらゆる種類の船舶をいう。

第二条（目的）この協定の目的は、効果的な寄港国の措置の実施を通じて、ＩＵＵ漁業を防止し、抑止し、及び排除すること並びにこれにより海洋生物資源及び海洋生態系の長期的な保存及び持続可能な利用を確保することにある。

第三条（適用）1　各締約国は、自国の港に入ることを希望し、又は自国の港にある船舶であって自国の旗を掲げる権利を有しないものについて、寄港国としての資格においてこの協定を適用する。ただし、次の船舶を除く。

(a)　自給のための零細漁業に従事する隣接国の船舶（当該船舶がＩＵＵ漁業又はこれを補助する漁獲関連活動に従事しないことを確保するため、寄港国及び旗国が協力する場合に限る。）

(b)　魚類を積載していないコンテナ船又は積載している場合には従前に陸揚げされた魚類のみを積載するコンテナ船（そのようなコンテナ船がＩＵＵ漁業を補助する漁獲関連活動に従事したと疑うに足りる明白な根拠がない場合に限る。）

2　締約国は、自国の管轄の下にある区域において漁獲を行い、かつ、自国の権限の下で操業するためにのみ自国民によって借り上げられた船舶について、寄港国としての資格においてこの協定を適用しないことを決定することができる。当該船舶は、自国の旗を掲げる権利を有する船舶に関して適用される措置と同程度に効果的な当該締約国の措置に従うものとする。

3　この協定は、海域において行われる第一条(e)に定義するＩＵＵ漁業及びこれを補助する漁獲関連活動について適用する。

4　この協定は、公正で透明性のある、かつ、差別的でない態様で、国際法に反することなく適用される。

5　この協定は、全世界を適用範囲とし、全ての港に適用されることから、締約国は、他の全ての主体に

対し、この協定の規定に合致する措置を適用するよう奨励する。この協定の締約国になることができないものは、この協定の規定に即して行動する約束を表明することができる。

第四条（国際法及び他の国際文書との関係）1　この協定のいかなる規定も、国際法に基づく締約国の権利、管轄権及び義務に影響を及ぼすものではない。特に、この協定のいかなる規定も、次の事項について影響を及ぼすものと解してはならない。

(a)　内水、群島水域及び領海における締約国の主権並びに大陸棚及び排他的経済水域における締約国の主権的権利

(b)　締約国による国際法に基づいた自国の領域内の港における主権の行使（入港を拒否する権利及びこの協定に定める寄港国の措置よりも厳しい寄港国の措置（地域的な漁業管理のための機関の決定に従って採用されたものを含む。）を採用する権利を含む。）

2　締約国は、この協定を適用するに当たり、自国が構成国でない地域的な漁業管理のための機関の措置又は決定に拘束されるものではなく、また、当該措置又は決定を認めるものではない。

3　締約国は、地域的な漁業管理のための機関の措置又は決定が国際法に従って採択されたものでない場合には、いかなるときも、当該措置又は決定を実施することをこの協定により義務付けられるものではない。

4　この協定は、適用のある国際的な規則及び基準（国際海事機関を通じて定められたものを含む。）並びに他の国際文書を考慮した上で、国際法に従って解釈され、及び適用される。

5　締約国は、この協定に従って負う義務を誠実に履行するものとし、また、この協定により認められる権利をその濫用とならない態様で行使する。

第五条（国内における統合及び調整）各締約国は、最大限可能な範囲で次のことを行う。

(a)　漁業に関連する寄港国の措置を一層広範な寄港国による監督に関する制度と統合し、又は調整すること。

(b)　二〇〇一年のＦＡＯの違法な漁業、報告されていない漁業及び規制されていない漁業を防止し、抑止し、及び排除するための国際行動計画を適当なときは考慮した上で、寄港国の措置をＩＵＵ漁業及びこれを補助する漁獲関連活動を防止し、抑止し、及び排除するためのその他の措置に統合すること。

(c)　この協定を実施するに当たり、自国の関連する当局の間で情報を交換し、及びこれらの当局の活動を調整するための措置をとること。

第六条（協力及び情報の交換）1　締約国は、この協定の効果的な実施を促進するため、秘密の取扱いに係る適切な要件を十分に考慮した上で、関係国、ＦＡＯ、他の国際機関及び地域的な漁業管理のための機関と協力し、及び情報（地域的な漁業管理のための機関がこの協定の目的に関連して採択した措置に関するものを含む。）の交換を行う。

2　各締約国は、最大限可能な範囲で、他の国及び他の関連する国際機関が採択した保存管理措置を支援するための措置をとる。

3　締約国は、小地域的、地域的及び世界的な規模において、適当な場合にはＦＡＯ又は地域的な漁業管理のための機関及び枠組みを通じて、この協定の効果的な実施について協力する。

第二部　入　港

第七条（港の指定）1　各締約国は、船舶がこの協定に従って入港を要請することができる港を指定し、及び公表する。各締約国は、指定された港の一覧表をＦＡＯに提出するものとし、ＦＡＯは、当該一覧表を適当な方法で公表する。

2　各締約国は、最大限可能な範囲で、1の規定に従って指定し、及び公表した全ての港についてこの協定に従って検査を行う十分な能力を有することを確保する。

第八条（入港のための事前の要請）1　各締約国は、船舶に対して自国の港に入ることを許可する前に、最低限度の基準として附属書Ａにおいて求められる情報を提供することを要求する。

2　各締約国は、寄港国として1に規定する情報を審査するための十分な時間を確保するため、当該情報を十分な余裕をもって提供することを要求する。

第九条（入港、許可又は拒否）1　各締約国は、前条の規定に従って要求される関連する情報及び自国の港に入ることを要請する船舶がＩＵＵ漁業又はこれを補助する漁獲関連活動に従事したかどうかを決定するために必要となるその他の情報を受領した後、当該船舶の入港を許可するか拒否するかを決定するものとし、その決定を当該船舶又はその代表者に通知する。

2　入港が許可された場合には、船舶の船長又は代表者は、当該船舶が港に到着した時に、締約国の権限のある当局に対して入港についての許可書を提示することを要求される。

3　入港を拒否した場合には、各締約国は、船舶の旗国に対し、並びに適当な場合には、かつ、可能な限り、関係する沿岸国、地域的な漁業管理のための機関及び他の国際機関に対し、1の規定に従って行った決定を通報する。

4　締約国は、1の規定の適用を妨げることなく、入港を希望する船舶がＩＵＵ漁業又はこれを補助する漁獲関連活動に従事したことの十分な証拠を有する場合（特に、当該船舶が、関連する地域的な漁業管理のための機関により当該機関の規則及び手続並びに国際法に従って採択されたＩＵＵ漁業又はこれを補助する漁獲関連活動に従事した船舶の一覧表に含

まれている場合)には、第四条2及び3の規定を十分に考慮した上で、当該船舶の入港を拒否する。

5　締約国は、3及び4の規定にかかわらず、3及び4に規定する船舶を検査し、並びにIUU漁業及びこれを補助する漁獲関連活動を防止し、抑止し、及び排除するに当たり、入港の拒否と少なくとも同等の実効性を有する他の適当な措置を国際法に従ってとるためにのみ当該船舶の入港を認めることができる。

6　締約国は、4又は5に規定する船舶が何らかの理由により港にある場合には、魚類の陸揚げ、転載、包装及び加工のため、並びに他の港湾サービス(特に、補給(燃料補給を含む。)、保守及び入渠(きよ)を含む。)のために当該船舶が港を使用することを拒否する。この場合には、第一一条2及び3の規定を準用する。港の使用の拒否については、国際法に従って行う。

第一〇条(不可抗力又は遭難)この協定のいかなる規定も、船舶が不可抗力又は遭難を理由として国際法に従って入港することに影響を及ぼすものではなく、また、危険又は遭難に陥った人、船舶又は航空機に援助を与えるためにのみ船舶が入港することを寄港国が許可することを妨げるものではない。

第三部　港の使用

第一一条(港の使用)1　締約国は、船舶が自国の港に入った場合において、次のいずれかに該当するときは、自国の国内法令に従い、及びこの協定を含む国際法に反することなく、従前に陸揚げされていない魚類の陸揚げ、転載、包装及び加工のため、並びに他の港湾サービス(特に、補給(燃料補給を含む。)、保守及び入渠(きょ)を含む。)のために当該船舶が港を使用することを拒否する。

(a)　当該締約国が、旗国が要求する漁獲又は漁獲関連活動に従事するための有効で適当な許可書を当該船舶が有していないと認める場合

(b)　当該締約国が、沿岸国の管轄の下にある区域に関して当該沿岸国が要求する漁獲又は漁獲関連活動に従事するための有効で適当な許可書を当該船舶が有していないと認める場合

(c)　当該締約国が、船内の魚類が沿岸国の管轄の下にある区域に関して当該沿岸国により課される関係する要件に反して採捕されたものであることについての明白な証拠を入手した場合

(d)　旗国が、第四条2及び3の規定を十分に考慮した上で、寄港国の要請に応じ、船内の魚類が関連する地域的な漁業管理のための機関により課される関係する要件に従って採捕されたものであることを合理的な期間内に確認しない場合

(e)　当該締約国が、当該船舶がIUU漁業又はこれを補助する漁獲関連活動(第九条4に規定する船舶を補助するものを含む。)にその他の形態により従事したと信ずるに足りる合理的な根拠がある場合。ただし、当該船舶が次のいずれかを証明することができる場合を除く。

(i)　当該船舶が関連する保存管理措置に合致する態様により行動していたこと。

(ii)　海上において人員、燃料、漁具及び他の物品を提供した場合に、その提供を受けた船舶が提供を受けた時に第九条4に規定する船舶でなかったこと。

2　締約国は、1の規定にかかわらず、1に規定する船舶に対して次の港湾サービスの使用を拒否してはならない。

(a)　乗組員の安全若しくは健康又は船舶の安全に不可欠な港湾サービス。ただし、必要性が正当に証明される場合に限る。

(b)　適当な場合には、船舶の解撤のための港湾サービス

3　締約国は、この条の規定に従って自国の港の使用を拒否した場合には、旗国並びに適当なときは、関係する沿岸国、地域的な漁業管理のための機関及び他の関連する国際機関に対し、自国の決定を速やかに通報する。

4　締約国は、1の規定に従い船舶に対して自国の港の使用を拒否した場合において、港の使用を拒否した根拠が不十分な若しくは誤ったものであることについての十分な証拠があるとき、又は当該根拠がもはや妥当しないことについての十分な証拠があるときに限り、その拒否を撤回する。

5　締約国は、4の規定に従って拒否を撤回した場合には、3の規定に従って通報した国及び機関に対し、速やかに通報する。

第四部　検査及び事後の措置

第一二条(検査の水準及び優先事項)1　各締約国は、この協定の目的を達成する上で十分な年間の検査水準に達するために必要とされる数の自国の港にある船舶を検査する。

2　締約国は、適当な場合には、地域的な漁業管理のための機関、FAO又は他の機関若しくは枠組みを通じて、船舶の検査のための最低限度の水準について合意するよう努める。

3　締約国は、検査する船舶を決定するに当たり、次の船舶を優先する。

(a)　この協定に従って入港又は港の使用を拒否されたことがある船舶

(b)　他の関係する締約国、国又は地域的な漁業管理のための機関からの検査の要請があった特定の船舶(特に、当該船舶がIUU漁業又はこれを補助する漁獲関連活動に従事したことの証拠によって当該要請が裏付けられる場合)

(c)　IUU漁業又はこれを補助する漁獲関連活動に従事したことがあると疑うに足りる明白な根拠があるその他の船舶

第一三条（検査の実施）　１　各締約国は、最低限度の基準として自国の検査官が附属書Ｂに定める任務を遂行することを確保する。

２　各締約国は、自国の港において検査を実施するに当たり、次のことを行う。

(a)　特に第一七条の規定を考慮した上で、検査がその目的のための権限を与えられた適当な資格を有する検査官によって実施されることを確保すること。

(b)　検査を実施する前に、検査官が船舶の船長に対し自らの身分を証明する適切な書類を提示することを確保すること。

(c)　船舶の全ての関連する場所、船内の魚類、漁網その他の漁具、機材並びに関連する保存管理措置の遵守の検証に関連する船内の書類及び記録を検査官が検査することを確保すること。

(d)　全ての必要な支援及び情報を検査官に提供すること並びに必要とされる関連する資料及び書類又はそれらの証明された謄本を提示することを船舶の船長に要求すること。

(e)　船舶の旗国との間に適当な取決めがある場合には、検査に参加するよう当該旗国を招請すること。

(f)　支障及び不便（船内における検査官の不必要な立会いを含む。）を最小にして船舶の活動を不当に遅延させることを避けるため、並びに船内の魚類の品質に悪影響を与えるような行動を避けるため、あらゆる可能な努力を払うこと。

(g)　船舶の船長又は上級の乗組員との意思疎通を容易にするため、あらゆる可能な努力を払うこと（可能な場合において、必要なときは、検査官が通訳を伴うことを含む。）。

(h)　検査が、公正で透明性のある、かつ、差別的でない態様で実施されること及び船舶に対する不当な妨げとならないことを確保すること。

(i)　国際法に従い、船長が旗国の当局と連絡を取ることを妨げないこと。

第一四条（検査の結果）　各締約国は、最低限度の基準として、各検査の結果の書面による報告に附属書Ｃに定める情報を含める。

第一五条（検査の結果の送付）　各締約国は、各検査の結果をその検査を受けた船舶の旗国並びに適当な場合には次の国及び機関に送付する。

(a)　関係する締約国及び国（次の国を含む。）

(i)　検査の結果、その管轄の下にある水域内でＩＵＵ漁業又はこれを補助する漁獲関連活動に当該船舶が従事したことの証拠がある国

(ii)　当該船舶の船長が自国民である国

(b)　関連する地域的な漁業管理のための機関

(c)　ＦＡＯ及び他の関連する国際機関

第一六条　情報の電子的な交換
第一七条　検査官の訓練　（略）

第一八条（検査の後の寄港国の措置）　１　検査を行った締約国は、検査の後に、船舶がＩＵＵ漁業又はこれを補助する漁獲関連活動に従事したと信ずるに足りる明白な根拠がある場合には、次のことを行う。

(a)　旗国並びに適当な場合には、関係する沿岸国、地域的な漁業管理のための機関及び他の国際機関並びに当該船舶の船長が自国民である国に対し、検査結果を速やかに通報すること。

(b)　従前に陸揚げされていない魚類の陸揚げ、転載、包装及び加工のため、並びに他の港湾サービス（特に、補給（燃料補給を含む。）、保守及び入渠（きょ）を含む。）のために当該船舶が港を使用することを拒否する措置をとっていない場合には、第四条の規定を含むこの協定に合致する態様で当該船舶による港の使用を拒否すること。

２　締約国は、１の規定にかかわらず、１に規定する船舶に対し、乗組員の安全若しくは健康又は船舶の安全に不可欠な港湾サービスの使用を拒否してはならない。

３　この協定のいかなる規定も、締約国が、１及び２に定める措置に加えて、国際法に合致する措置（船舶の旗国が明示的に要請し、又は同意した措置を含む。）をとることを妨げるものではない。

第一九条（寄港国における訴えに関する情報）（略）

第五部　旗国の役割

第二〇条（旗国の役割）　１　各締約国は、自国の旗を掲げる権利を有する船舶に対し、この協定に従って実施される検査において寄港国と協力することを要求する。

２　締約国は、自国の旗を掲げる権利を有する船舶がＩＵＵ漁業又はこれを補助する漁獲関連活動に従事し、及び他の国の港に入ることを求めており、又は入港していると信ずるに足りる明白な根拠を有する場合において、適当なときは、当該他の国に対し、当該船舶を検査し、又はこの協定に合致する他の措置をとるよう要請する。

３　各締約国は、自国の旗を掲げる権利を有する船舶に対し、この協定に従って又はこの協定に合致する態様により行動している国の港における魚類の陸揚げ、転載、包装及び加工並びに他の港湾サービスの使用を奨励する。締約国は、この協定に従って又はこの協定に合致する態様により行動していない可能性のある国を特定するための公正で透明性のある、かつ、差別的でない手続を作成すること（地域的な漁業管理のための機関及びＦＡＯを通じて作成することを含む。）を奨励される。

４　旗国である締約国は、寄港国による検査の後、自国の旗を掲げる権利を有する船舶がＩＵＵ漁業又はこれを補助する漁獲関連活動に従事したと信ずるに足りる明白な根拠があることを示す検査の報告書を受領した場合には、この事案を直ちに、かつ、十分に調査するものとし、十分な証拠があるときは、自国の法令に従って遅滞なく取締りを行う。

5　各締約国は、他の締約国、関係する寄港国並びに適当な場合には、他の関係する国、地域的な漁業管理のための機関及びFAOに対し、自国の旗を掲げる権利を有する船舶であって、この協定に従ってとられた寄港国の措置の結果、IUU漁業又はこれを補助する漁獲関連活動に従事したと決定されたものに関してとった措置を旗国としての資格において報告する。

6　各締約国は、IUU漁業及びこれを補助する漁獲関連活動を防止し、抑止し、及び排除することに関し、自国の旗を掲げる権利を有する船舶について適用する措置が第三条1に規定する船舶について適用する措置と少なくとも同等の実効性を有することを確保する。

第六部　開発途上国の要請

第二一条（開発途上国の要請）1　締約国は、この協定に合致する寄港国の措置を実施することに関し、開発途上にある締約国の特別な要請を十分に認識する。このため、締約国は、直接に、又はFAO、国際連合の他の専門機関若しくは他の適当な国際機関及び団体（地域的な漁業管理のための機関を含む。）を通じて、特に次の目的のため、開発途上にある締約国に援助を提供する。

(a)　効果的な寄港国の措置の実施のための法的基盤及び能力を開発するため、開発途上にある締約国（特に、後発開発途上国及び開発途上にある島嶼（しょ）国）の能力を向上させること。

(b)　寄港国の措置の効果的な策定及び実施を推進する国際機関への開発途上にある締約国の参加を促進すること。

(c)　関連する国際的な仕組みと調整の上、開発途上にある締約国による寄港国の措置の策定及び実施を強化するために技術援助を促進すること。

2　締約国は、この協定の実施の結果として生ずる不均衡な負担が開発途上にある寄港国である締約国（特に、後発開発途上国及び開発途上にある島嶼（しょ）国）に直接又は間接に転嫁されないことを確保するため、当該開発途上にある寄港国である締約国の特別な要請を十分に考慮する。締約国は、不均衡な負担の転嫁が明らかになった場合には、関連する開発途上にある締約国によるこの協定に基づく特定の義務の履行を容易にするために協力する。

3　締約国は、直接に、又はFAOを通じて、この協定の実施に関する開発途上にある締約国の特別な要請を評価する。

4　締約国は、開発途上国がこの協定を実施することを支援するため、適当な資金供与の仕組みを設置するために協力する。当該仕組みは、特に次の事項を対象とする。

(a)　国内的及び国際的な寄港国の措置を策定すること。

(b)　能力（監視、規制及び監督のための能力並びに港湾管理者、検査官並びに取締り及び法律に携わる職員に対して国内的及び地域的な段階において訓練を行うための能力を含む。）を発展させ、及び向上させること。

(c)　寄港国の措置に関連する監視、規制、監督及び遵守に関する活動を行うこと（技術取得及び設備利用の機会を含む。）。

(d)　開発途上にある締約国に対し、当該開発途上にある締約国がこの協定に従ってとった措置の結果として生ずる紛争の解決のための手続に関係する費用を援助すること。

5　この条に定める目的のための開発途上にある締約国との協力及び開発途上にある締約国の間の協力には、二国間の、多数国間の及び地域的な経路（南南協力を含む。）を通じた技術援助及び資金援助の供与を含めることができる。

6　締約国は、資金供与の仕組み（資金の拠出、特定及び調達のための制度を含む。）の設置、実施の指針となる基準及び手続の作成並びに当該資金供与の仕組みの実施における進捗状況について、締約国に定期的に報告し、及び勧告を行う特別作業部会を設置する。当該特別作業部会は、この条に定める検討事項に加え、特に次の事項を考慮する。

(a)　開発途上にある締約国（特に、後発開発途上国及び開発途上にある島嶼（しょ）国）のニーズの評価

(b)　資金の利用可能性及び資金の適時の支払

(c)　資金調達及び配分に関する意思決定及び管理の過程の透明性

(d)　資金の合意された利用に関する受益する開発途上にある締約国による説明責任

締約国は、特別作業部会の報告及び勧告を考慮し、並びに適当な措置をとる。

第七部　紛争解決

第二二条（紛争の平和的解決）1　いずれの締約国も、この協定の解釈又は適用に関する紛争について、相互に満足すべき解決をできる限り速やかに得るよう、他の締約国に対して協議を求めることができる。

2　1の協議によっても紛争が合理的な期間内に解決しなかった場合には、紛争当事国は、交渉、審査、仲介、調停、仲裁、司法的解決又は当事国が選択するその他の平和的手段により紛争を解決するため、できる限り速やかに、当事国間で協議する。

3　1及び2に規定する紛争でこれらの規定によっても解決されないものは、全ての紛争当事国の同意を得て、解決のため、国際司法裁判所、国際海洋法裁判所又は仲裁に付託する。国際司法裁判所、国際海洋法裁判所又は仲裁に付託することについて合意に達することができなかった場合においても、当事国は、海洋生物資源の保存に関する国際法の規則に

従って紛争を解決するため、引き続き協議し、及び協力する。

第八部　非締約国

第二三条（この協定の非締約国） 1　締約国は、この協定の非締約国に対し、この協定の締約国となること並びにこの協定に合致するように法令を制定し、及び措置をとることを奨励する。

2　締約国は、非締約国によるこの協定の効果的な実施を損なう活動を抑止するため、この協定及び他の適用のある国際法に合致する公正で差別的でない、かつ、透明性のある措置をとる。

第九部　監視、検討及び評価

第二四条（監視、検討及び評価） 1　締約国は、FAO及びその関連機関の枠組みにおいて、この協定の実施に関する定期的及び組織的な監視及び検討を行うこと並びにこの協定の目的の達成に向けた進捗の評価を行うことを確保する。

2　FAOは、この協定の効力発生の四年後に、この協定の目的を達成するに当たり、この協定の実効性について検討し、及び評価するための締約国の会合を招集する。締約国は、必要に応じて、そのような会合を更に開催することを決定する。

第一〇部　最終規定

第二五条（署名） この協定は、二〇〇九年一一月二二日から二〇一〇年一一月二一日まで、FAOにおいて、全ての国及び地域的な経済統合のための機関による署名のために開放しておく。

第二六条（批准、受諾又は承認）
第二七条（加入）
第二八条（地域的な経済統合のための機関による参加）
第二九条（効力発生）
（略）

第三〇条（留保及び除外） この協定については、留保を付することも、また、除外を設けることもできない。

第三一条（宣言及び声明） 前条の規定は、国又は地域的な経済統合のための機関が、この協定の署名、批准、受諾若しくは承認又はこれへの加入の際に、特にその法令をこの協定に調和させることを目的として、宣言又は声明（用いられる文言及び名称のいかんを問わない。）を行うことを排除しない。ただし、当該宣言又は声明は、これらを行った国又は地域的な経済統合のための機関についてこの協定を適用するに当たり、この協定の法的効力を排除し、又は変更することを意味しない。

第三二条（暫定的な適用）
第三三条（改正）
（略）

第三四条（附属書） 1　附属書は、この協定の不可分の一部を成すものとし、「この協定」というときは、附属書を含めていうものとする。

2　この協定の附属書の改正については、附属書の改正案を審議する会合に出席する締約国の三分の二以上の多数による議決で採択することができる。もっとも、附属書のいかなる改正案についても、コンセンサス方式により合意に達するようあらゆる努力を払う。附属書の改正は、この協定に組み込まれるものとし、その受諾を表明した締約国については、当該改正が採択された日の締約国の数に基づき、寄託者がこの協定の三分の一の締約国から受諾の通告を受領する日から効力を生ずる。その後は、当該改正は、他の締約国につき、寄託者が当該他の締約国による受諾の通告を受領した時に効力を生ずる。

第三五条（脱退）
第三六条（寄託者）
第三七条（正文）
（略）

附属書A　入港することを要請する船舶が事前に提供する情報
附属書B　寄港国による検査手続
附属書C　検査の結果の報告書
附属書D　寄港国の措置に関する情報システム
附属書E　検査官の訓練のための指針
（略）

5 11　海洋法に関する国際連合条約に基づく国家管轄権外の区域における海洋の生物多様性の保全及び持続可能な利用に関する協定（BBNJ協定）

署　名　二〇二三年九月二〇日（ニューヨーク）
効力発生

前文

この協定の締約国は、

一九八二年一二月一〇日の海洋法に関する国際連合条約の関連する規定（海洋環境を保護し、及び保全する義務を含む。）を想起し、

一九八二年一二月一〇日の海洋法に関する国際連合条約に定める権利、義務及び利益の均衡を尊重する必要性を強調し、

特に海洋生態系に対する気候変動の影響（温暖化並びに海洋の貧酸素化及び海洋の酸性化を含む。）、及び汚染（プラスチック汚染を含む。）並びに持続可能でない利用に起因する海洋生物の多様性の喪失及び生態系の劣化に一貫した、かつ協力的な方法で対処する必要

性を認識し、
　国家管轄権外の区域における海洋生物の多様性の保全及び持続可能な利用に一層取り組むために、一九八二年一二月一〇日の海洋法に関する国際連合条約に基づく包括的な世界的制度の必要性を意識し、
　人類全体の利益及びニーズ、特に開発途上国(沿岸国であるか内陸国であるかを問わない。)の特別の利益及びニーズを考慮した公正かつ衡平な国際経済秩序の実現に貢献することの重要性を認識し、
　能力の開発並びに海洋技術の開発及び移転を通じた開発途上締約国への支援は、国家管轄権外の区域における海洋の生物の多様性の保全及び持続可能な利用という目的を達成するための不可欠な要素であると認識し、
　先住民族の権利に関する国際連合宣言を想起し、
　この協定のいかなる規定も、先住民族の既存の権利(先住民族の権利に関する国際連合宣言に規定される権利を含む。)又は、適当な場合は、地域社会の既存の権利を減じ、若しくは消滅させるものと解してはならないことを確認して、
　国の管轄又は管理の下における活動が実質的な海洋環境の汚染又は海洋環境に対する重大かつ有害な変化をもたらすおそれがあると信ずるに足りる合理的な理由がある場合には、そのような活動の海洋環境に対する潜在的な影響を実行可能な限り評価するという、一九八二年一二月一〇日の海洋法に関する国際連合条約に規定される義務を認識し、
　事件又は活動から生じる汚染が、一九八二年一二月一〇日の海洋法に関する国際連合条約に従って主権的権利が行使される区域を越えて拡大しないことを確保するために必要な全ての措置をとるという、同条約に規定されている義務に留意し、
　海洋環境を保護し、それに配慮し、その責任ある利用を確保し、海の生態系の本来のままの状態を維持し、国家管轄権外の区域の生物の多様性の固有の価値を保全することにより、現在及び将来の世代のために当該区域の海洋の管理者として行動することを希望し、
　国家管轄権外の区域の海洋遺伝資源に係るデジタル配列情報の創出、情報の取得の機会及びその利用が、その利用から生じる利益の公正かつ衡平な配分とともに、研究及びイノベーション、並びにこの協定の一般的目的に貢献することを認め、
　全ての国の主権、領土保全及び政治的独立を尊重し、条約法の規則が一九八二年一二月一〇日の海洋法に関する国際連合条約又はその他の関連する協定の非締約国の法的地位を規律することを想起し、
　一九八二年一二月一〇日の海洋法に関する国際連合条約に規定するように、いずれの国も、海洋環境の保護及び保全に関する自国の国際的義務を履行するものとし、国際法に基づいて責任を負うことを想起し、
　持続可能な開発を達成することを約束し、
　普遍的な参加を達成することを希求し、
　次のとおり協定した。

第一部　一般規定

第一条(用語) この協定の適用上、
1　「区域に基づく管理手段」とは、地理的に特定された区域のための手段(海洋保護区を含む。)であって、それによって一又は二以上の分野又は活動が、この協定に基づく特定の保全及び持続可能な利用の目的を達成するため、管理されるものをいう。
2　「国家管轄権外の区域」とは、公海及び深海底をいう。
3　「バイオテクノロジー」とは、製品又は方法を特定の用途のために作り出し、又は改変するため、生物システム、生物又はその派生物を利用する応用技術をいう。
4　「生息域内での採取」とは、海洋遺伝資源に関しては、国家管轄権外の区域における海洋遺伝資源の採取又は標本抽出をいう。
5　「条約」とは、一九八二年一二月一〇日の海洋法に関する国際連合条約をいう。
6　「累積的な影響」とは、異なる活動(過去及び現在に認識され、かつ、合理的に予見可能な活動を含む。)又は類似の活動の長期的な繰り返し並びに気候変動、海洋の酸性化及び関連する影響の結果に起因する複合的かつ増加的な影響をいう。
7　「環境影響評価」とは、意思決定の基礎とするため、活動の潜在的な影響を特定し、及び評価するための手続をいう。
8　「海洋遺伝資源」とは、現実の又は潜在的な価値を有する遺伝の機能的な単位を含む海洋の植物、動物、微生物その他に由来する素材をいう。
9　「海洋保護区域」とは、生物の多様性の長期的な保全のための特定の目的を達成するために指定され、及び管理されている地理的に特定された海域をいい、適当な場合には、保全のための目的と両立することを条件として、持続可能な利用を認めることができる。
10　「海洋技術」とは、特に、海洋科学並びに関連する海洋活動及び役務に係る、利用者に使いやすい様式で提供された、次の情報及びデータを含む。説明書、指針、基準及び参考資料、サンプリングの装置と方法、生息域及び実験室における観察、分析及び実験のための観測施設及び設備、コンピューター及びコンピューター・ソフトウェア(モデル及びモデル化技術を含む。)、関連するバイオテクノロジー、及び海洋生物の多様性の保全並びに持続可能な利用に関する専門知識、知識、技能、技術的、科学的及び法的な分析方法。
11　「締約国」とは、この協定に拘束されることに同意し、かつ、自己について、この協定の効力が生じている国又は地域的な経済統合のための機関をいう。
12　「地域的な経済統合のための機関」とは、特定の地域の主権国家によって構成される機関であって、そ

の構成国からこの協定が規律する事項に関し、権限の委譲を受け、かつ、その内部手続に従いこの協定の署名、批准、承認若しくは受諾又はこれへの加入について正当な委任を受けたものをいう。

13　「持続可能な利用」とは、生物の多様性の長期的な減少をもたらさない方法及び速度で生物の多様性の構成要素を利用し、もって、現在及び将来の世代の必要及び願望を満たすように生物の多様性の可能性を維持することをいう。

14　「海洋遺伝資源の利用」とは、海洋遺伝資源の遺伝的又は生化学的な構成に関する研究及び開発（本条第三項に定義するバイオテクノロジーを用いるものを含む。）を行うことをいう。

第二条（一般的目的）この協定は、条約の関連規定を効果的に実施すること、並びに一層の国際的な協力及び協調を通じて、国家管轄権外の区域の現在及び長期的な海洋の生物の多様性の保全及び持続的な利用を確保することを目的とする。

第三条（適用範囲）この協定は、国家管轄権外の区域について適用する。

第四条（除外）この協定は、軍艦、軍用航空機又は軍の支援船については、適用しない。第二部を除き、この協定は、締約国が所有し、又は運航する他の船舶若しくは航空機で政府の非商業的役務にのみ使用しているものについては、適用しない。ただし、いずれの締約国も、自国が所有し、又は運航するこれらの船舶又は航空機の運航若しくは運航能力を阻害しないような適当な措置をとることにより、これらの船舶又は航空機が、当該態様が合理的かつ実行可能である限り、この協定に即した態様で行動することを確保する。

第五条（この協定と条約、関連する法的文書及び法的枠組み並びに関連する世界的、地域的、小地域的な及び分野別機関との関係）1　この協定は、条約の文脈によりかつ条約に則した態様で解釈し、適用される。この協定のいかなる規定も、条約上の国家の権利、管轄権及び義務（排他的経済水域及び二〇〇海里内外の大陸棚に関するものを含む。）に影響を及ぼすものではない。

2　この協定については、関連する法的文書及び枠組み並びに世界的、地域的、小地域的な又は分野別機関を損なわず、並びに当該文書、枠組み及び機関との整合性及び調整を促進する態様で解釈し、適用される。

3　当該法的文書に関する条約及び他の関連する協定の非締約国の法的地位はこの協定によって影響を受けない。

第六条（無影響）この協定（締約国会議及びその補助的組織の決定又は勧告並びにそれらを基礎として実施される行為、措置又は活動を含む。）は、主権、主権的権利又は管轄権についてのいかなる請求権（これらに関連する紛争に関するものを含む。）に影響を及ぼすものではなく、及びそれらについて主張し、又は否認するための根拠とすることはできない。

第七条（一般原則及び取組方法）この協定の目的を達成するため、締約国は、次の原則及び取組方法を指針とする。

(a) 汚染者負担の原則、
(b) 条約に規定する人類の共同の財産の原則、
(c) 海洋の科学調査の自由及びその他の公海の自由、
(d) 衡平の原則及び利益の公正かつ衡平な配分、
(e) 予防原則、又は、適当な場合には、予防的な取組方法、
(f) 生態系を重視する取組方法、
(g) 海洋の管理のための統合的な取組方法、
(h) 生態系の強靱（じん）性（気候変動及び海洋の酸性化の悪影響へのものを含む。）を構築し、及び生態系の一体性（気候に関する海洋の役割を支える炭素循環サービスを含む。）を維持し、回復する取組方法
(i) 入手可能な最良の科学及び科学的な情報の利用、
(j) 利用可能な場合は、先住民族及び地域社会の関連する伝統的な知識の利用、
(k) 国家管轄権外の区域における海洋の生物の多様性の保全及び持続可能な利用に取り組むための行動をとる際に、該当する場合は、先住民族の権利、又は適当な場合には地域社会の権利に関するそれぞれの義務を尊重し、促進し、及び考慮すること、
(l) 海洋環境の汚染を防止し、軽減し、又は規制するための措置をとるに当たり、損害若しくは危険を一の区域から他の区域へ直接若しくは間接に移転させないこと、及び一の類型の汚染を他の類型の汚染に変えないこと、
(m) 開発途上にある島嶼（しょ）国及び後発開発途上国の特別の事情を十分に認識すること、
(n) 内陸国である開発途上国の特別の利益及びニーズの確認。

第八条（国際協力）1　締約国は、この協定の目的を達成するに当たって、国家管轄権外の区域における海洋の生物の多様性の保全及び持続可能な利用のためにこの協定に基づき協力する（関連する法的文書及び法的枠組み並びに世界的、地域的、小地域的な又は分野別機関との協力を強化し、及び向上させることを通じたものを含む。）。

2　締約国は、その他の関連する法的文書及び法的枠組み並びに世界的、地域的、小地域的な又は分野別機関に基づく意思決定に参加する際、適当な場合は、この協定の目的を促進するよう努める。

3　締約国は、この協定の目的を支援するに当たり、条約と適合する海洋の科学的調査並びに海洋技術の発展及び移転における国際協力を促進する。

第二部　海洋遺伝資源（利益の公正かつ衡平な配分を含む。）

第九条（目的）この部の規定は、次のことを目的とする。

(a) 国家管轄権外の区域における海洋遺伝資源及び海洋遺伝資源に係るデジタル配列情報に関する活動から生ずる利益を、国家管轄権外の区域における海洋の生物の多様性の保全及び持続可能な利用のために公正かつ衡平に配分すること。

(b) 締約国、特に開発途上国である締約国、とりわけ、後発開発途上国、内陸国である開発途上国、地理的不利国、開発途上にある島嶼(しょ)国である開発途上国、沿岸国であるアフリカ諸国、群島国及び開発途上の中所得国が、国家管轄権外の区域における海洋遺伝資源及び海洋遺伝資源に係るデジタル配列情報に関する活動を行うための能力を開発し、向上させること。

(c) この協定の実施に対する基本的な貢献として、知識、科学的理解及び技術革新(海洋の科学的調査の発展及び実施を通じてのものを含む。)を創造すること。

(d) この協定に従って、海洋技術を発展させ、及び移転すること。

第一〇条(適用) 1　この協定の規定は、各締約国へのこの協定の効力発生の後に採取された国家管轄権外の区域における海洋遺伝資源に関する活動並びにこの協定の効力発生後に作成された同区域における海洋遺伝資源に係るデジタル配列情報に関する活動に適用する。締約国がこの協定への署名、協定の批准、承認若しくは受諾又は協定への加入に際し、第七〇条の規定に基づく書面による除外を行う場合を除くほか、この協定の規定の適用は、効力発生の前に採取され又は作成された国家管轄権外の区域における海洋遺伝資源及び海洋遺伝資源に係るデジタル配列情報の利用に及ぶ。

2　この部の規定は、次のいずれかのものには、適用しない。

(a) 関連する国際法の下で規制されている漁業及び漁獲関連活動

(b) 漁業及び漁獲関連活動において国家管轄権外の区域から採捕されたことが知られている魚類又はその他の海洋生物資源。但し、当該魚類又はその他の海洋生物資源がこの部に基づく利用として規制されている場合は除く。

3　この部に規定する義務は、締約国の軍事的活動(非商業的役務に従事する政府の船舶及び航空機による軍事的活動を含む。)には適用しない。この部に規定する義務であって、国家管轄権外の区域における海洋遺伝資源及び海洋遺伝資源に係るデジタル配列情報の利用に関するものは、締約国の非軍事的活動に適用する。

第一一条(国家管轄権外の区域における海洋遺伝資源に関する活動) 1　国家管轄権外の区域における海洋遺伝資源及び海洋遺伝資源に係るデジタル配列情報に関する活動は、地理的位置にかかわらず、すべての締約国によって、及び締約国の管轄の下にある自然人又は法人によって実施することができる。当該活動は、この協定に従って実施するものとする。

2　締約国は、国家管轄権外の区域における海洋遺伝資源及び海洋遺伝資源に係るデジタル配列情報に関するすべての活動において協力を促進する。

3　国家管轄権外の区域における海洋遺伝資源の生息域内での採取は、条約に従って、沿岸国の管轄権の及ぶ区域における権利及び正当な利益に妥当な考慮を払って、並びに国家管轄権外の区域における他の国の利益に妥当な考慮を払って行う。このため、締約国は、この協定を実施するため、適当なときは、第五一条に基づき定められる情報交換の仕組みの運用のための特定の態様を通じることを含め、協力するよう努める。

4　いずれの国も、国家管轄権外の区域における海洋遺伝資源について主権若しくは主権的権利を主張し又は行使してはならない。このような主権若しくは主権的権利の主張又は行使は、認められない。

5　国家管轄権外の区域における海洋遺伝資源の生息域内での採取は、海洋環境又はその資源のいずれの部分に対するいかなる権利の主張の法的根拠も構成するものではない。

6　国家管轄権外の区域における海洋遺伝資源及び海洋遺伝資源に係るデジタル配列情報に関する活動は、開発途上国の利益及びニーズに特別の考慮を払って、すべての国の利益であり、また、人類全体の利益に、特に人類の科学的知識を促進し、並びに海洋の生物の多様性の保全及び持続可能な利用を促進するという利益に資するものである。

7　国家管轄権外の区域における海洋遺伝資源及び海洋遺伝資源に係るデジタル配列情報に関する活動は、専ら平和的目的のために実施するものとする。

第一二条(国家管轄権外の区域における海洋遺伝資源及び海洋遺伝資源に係るデジタル配列情報に関する活動についての通報) 1　締約国は、この部に従って情報が情報の交換の仕組みに通報されることを確保するために必要な立法上、行政上又は政策上の措置をとる。

2　次の情報は、国家管轄権外の区域における海洋遺伝資源の生息域内での採取の六箇月前又はできる限り早い時期に情報の交換の仕組みに通報される。

(a) 採取の性質及び目的(適当なときは、採取が含まれている計画を含む。)

(b) 研究の対象である事項又は、判明している場合には、対象とされ若しくは採取される海洋遺伝資源及び当該資源を採取する目的

(c) 採取が行われる地理的区域

(d) 採取のために使用する方法及び手段の要約(船舶の名称、トン数、種類、船級、科学的機材及び／又は用いられる研究方法を含む。)

(e) 主要な計画案へのその他の提案に関する情報

(f) 調査船の最初の到着予定日及び最終的な出発予定日又は、適当な場合には、機材の設置及び撤去

の予定日

(g) 出資機関の名称及び計画の担当者の氏名

(h) すべての国の科学者、特に、開発途上国からの科学者にとって計画に参加し又は関与するための機会

(i) 技術支援を必要とし及び要請することのある国(特に開発途上国)が計画に参加し又は代表を派遣することができると考えられる程度

(j) 現行の国際的な慣行を考慮し、開かれた責任あるデータ・ガバナンスに応じて準備されたデータ管理計画

3 前項に規定する通報が行われたときは、情報の交換の仕組みは〃BBNJ〃標準バッチ識別記号を自動的に創造する。

4 計画されている採取が行われる前に、情報の交換の仕組みに提供された情報に著しい変更が生じた場合には、実行可能なときは、更新された情報は、合理的な期間内に、及び生息域内での採取の開始までに、情報の交換の仕組みに通報されるものとする。

5 締約国は、次の情報を入手したときには直ちに、遅くとも国家管轄権外の区域の海洋遺伝資源の生息域内での採取の後一年以内に、〃BBNJ〃標準バッチ識別記号と共に情報の交換の仕組みに通報することを確保する。

(a) 海洋遺伝資源に係るデジタル配列情報が保管されている若しくは保管される予定の保管所又はデータベース

(b) 生息域内で採取されたすべての海洋遺伝資源があり、又は保管され若しくは保たれる予定の場所

(c) 海洋遺伝資源を採取した地理的区域(採取地の緯度、経度及び深度に関する情報を含む。)及び、入手可能な範囲内で、行われた活動から得られた所見についての報告書

(d) 第2項(j)に規定するデータ管理計画への必要な更新

6 締約国は、自国の管轄の下における保管所又はデータベース上にある国家管轄権外の区域における海洋遺伝資源の標本及び海洋遺伝資源に係るデジタル配列情報が国家管轄権外の区域の起源であると特定することができることを、現行の国際的な慣行に従って及び実行可能な範囲において確保する。

7 締約国は、実行可能な範囲において、自国の管轄の下における保管所及びデータベースが、二年単位で、〃BBNJ〃標準バッチ識別記号に関連付けられた海洋遺伝資源及びデジタル配列情報の取得の機会に関する集計報告書を準備し、その報告書を第一五条に基づき設置される取得の機会及び利益の配分に関する委員会が利用可能なものとすることを確保する。

8 国家管轄権外の区域における海洋遺伝資源及び、実行可能な場合には、当該資源に係るデジタル配列情報が自国の管轄の下における自然人又は法人によって利用(商業化を含む。)の対象になる場合、締約国は、可能な場合には、次の情報(〃BBNJ〃標準バッチ識別記号を含む。)を、当該情報を入手したときには直ちに情報の交換の仕組みに通報されることを確保する。

(a) 出版物、可能な場合にかつ可能な限り、与えられた特許、開発された製品等、利用の結果を見つけられる場所

(b) 可能な場合には、利用の対象となった海洋遺伝資源に関する情報の交換の仕組みへの採取後の通報の詳細

(c) 利用の対象である標本の原本が保管されている場所

(d) 利用されている海洋遺伝資源及び海洋遺伝資源に係るデジタル配列情報の取得の機会について定める態様並びにそれら同一の物のためのデータ管理計画

(e) 販売の開始後、入手可能な場合には、関連する製品の販売及び更なる開発に関する情報

第一三条(国家管轄権外の区域における海洋遺伝資源に関連する先住民族及び地域社会の伝統的な知識)

締約国は、関連し、かつ適当な場合には、国家管轄権外の区域における海洋遺伝資源に関連する伝統的な知識であって先住民族及び地域社会が有するものが、当該先住民族及び地域社会による自由な、事前の、かつ情報に基づく同意又は当該先住民及び地域社会による承認並びに関与を得て取得されることを確保することを目指して、立法上、行政上又は政策上の措置をとる。当該伝統的な知識の取得の機会は、情報の交換の仕組みにより促進することができる。当該伝統的な知識の取得の機会及び利用は、相互に合意する条件で行われる。

第一四条(利益の公正かつ衡平な配分) 1 国家管轄権外の区域における海洋遺伝資源及び海洋遺伝資源に係るデジタル配列情報に関する活動から生ずる利益は、この部に従って公正かつ衡平に配分し、国家管轄権外の区域における海洋の生物の多様性の保全及び持続可能な利用に資するものとする。

2 非金銭的な利益は、この協定に従って、特に次の形式で配分する。

(a) 現行の国際的な慣行に従った標本及び標本の収集の取得の機会

(b) 現行の国際的な慣行に従ったデジタル配列情報の取得の機会

(c) 検索可能、取得可能、相互運用可能、再利用可能(FAIR)な科学的データの、現行の国際的な慣行及び開かれた責任あるデータ・ガバナンスに従った自由な取得の機会

(d) 〃BBNJ〃標準バッチ識別記号と共に、公に検索可能及び取得可能な形式で、第一二条に従って提供される通報に含まれる情報

(e) この協定の第五部に規定する関連する態様に沿った海洋技術の移転

(f)　特に開発途上国のために、開発途上にある島嶼(しょ)開発途上国及び後発開発途上国の特別な事情を考慮して行われる能力の開発(調査計画への資金提供によるものを含む。)及び調査プロジェクトにおける科学者及び研究者に特に直接に関連する実質的なパートナーシップの機会、並びにそのために供される取組み

(g)　特に、開発途上国出身の科学者及び開発途上国の科学研究機関と行う技術的な及び科学的な協力の増強

(h)　締約国会議が、第一五条に基づき設置される取得の機会及び利益の配分に関する委員会の勧告を考慮し、決定するその他の形式の利益

3　締約国は、現行の国際的な慣行を考慮し、自国の管轄下にある自然人又は法人の利用の対象になる国家管轄権外の区域における海洋遺伝資源及び海洋遺伝資源に係るデジタル配列情報が、〝ＢＢＮＪ〟標準バッチ識別記号と共に、当該利用の開始後三年以内に、又は利用可能になり次第、国内で又は国際的に維持され公にアクセス可能な保管所及びデータベースに保管されることを確保するために必要な立法上、行政上又は政策上の措置をとる。

4　締約国の管轄下にある保管所及びデータベース上にある国家管轄権外の区域における海洋遺伝資源及び海洋遺伝資源に係るデジタル配列情報の取得の機会は、次のとおり、合理的な条件に従わせることができる。

(a)　海洋遺伝資源の物理的一体性を保存するための必要性

(b)　標本、データ又は情報が保管されている関連する遺伝子バンク、バイオレポジトリ又はデータベースの維持に関連する合理的な費用

(c)　海洋遺伝資源、データ又は情報の取得の機会の提供に関連する合理的な費用

(d)　この協定の目的に沿ったその他の合理的な条件

また、公正で最も有利な条件(緩和されたかつ特恵的な条件を含む。)での当該取得の機会は開発途上国出身の研究者及び研究機関に提供することができる。

5　国家管轄権外の区域における海洋遺伝資源及び海洋遺伝資源に係るデジタル配列情報の利用(商業化を含む。)からの金銭的な利益は、第五二条に基づき設置される資金供与の制度を通じて、国家管轄権外の区域における海洋の生物の多様性の保全及び持続可能な利用のために、公正かつ衡平に配分する。

6　先進国である締約国は、この協定の効力発生の後、第五二条に規定する特別基金に年次拠出金を支払う。締約国の分担率は、締約国会議が第四七条6(e)に基づき採択する予算への当該締約国の分担金の五〇パーセントとする。その支払いは、締約国会議が次項に基づく決定を行うまで継続する。

7　締約国会議は、国家管轄権外の区域における海洋遺伝資源及び海洋遺伝資源に係るデジタル配列情報の利用からの金銭的な利益の配分のための態様について、第一五条の下で設置される取得の機会及び利益の配分に関する委員会の勧告を考慮し、決定する。コンセンサスに達するためのあらゆる努力が尽くされた場合には、決定は、出席し、かつ、投票する締約国の四分の三以上の多数による議決で採択する。支払いは、第五二条に基づき設置される特別基金を通じて行う。その態様は、次のものを含めることができる。

(a)　マイルストーン払い

(b)　製品の商業化に関する支払い又は拠出金(製品の販売からの収入の歩合での支払いを含む。)

(c)　締約国による活動の総量を測定する指標に基づいた定期的に支払われる段階的な料金

(d)　締約国会議が、取得の機会及び利益の配分に関する委員会の勧告を考慮し、決定するその他の形式

8　締約国は、締約国会議がそれらの態様を採択する時に、必要な実施のための時間をとれるように、最長四年の期間、当該態様は当該締約国については効力を生じない旨の宣言を行うことができる。当該宣言を行う締約国は、新しい態様が効力を生じるまでの間、第六項に規定する支払いを継続する。

9　締約国会議は、第七項に基づき国家管轄権外の区域における海洋遺伝資源に係るデジタル配列情報の利用からの金銭的な利益の配分のための態様について決定するに当たり、当該態様は他の取得の機会及び利益の配分に関する文書と相互に補完的及び適合し得るものであるべきであることを認識し、取得の機会及び利益の配分に関する委員会の勧告を考慮する。

10　締約国会議は、国家管轄権外の区域における海洋遺伝資源及び海洋遺伝資源に係るデジタル配列情報の利用からの金銭的な利益について、第一五条に基づき設置される取得の機会及び利益の配分に関する委員会の勧告を考慮し、二年単位で再検討し、及び評価する。一回目の再検討は、この協定の効力発生の後五年以内に行う。再検討には、第六項に規定する年次拠出金の検討を含める。

11　締約国は、適当なときは、自国の管轄の下における自然人若しくは法人による国家管轄権外の区域における海洋遺伝資源及び海洋遺伝資源に係るデジタル配列情報に関する活動から生ずる利益が、この協定に従って配分されることを確保することを目指して、必要な立法上、行政上又は政策上の措置をとる。

第一五条(取得の機会及び利益の配分に関する委員会)

1　この協定により取得の機会及び利益の配分に関する委員会を設置する。同委員会は、透明性を提供し並びに金銭的及び非金銭的な利益双方の公正かつ衡平な配分を確保しつつ、第一四条に従って、特に、利益の配分のためのガイドラインを作成するための媒体としての役割を果たす。

2 取得の機会及び利益の配分に関する委員会は、委員会の任務の効果的な遂行を確保するため、関連する分野についての適当な資格を有する一五人の委員で構成される。委員は、締約国が指名し、締約国会議が男女間の均衡及び衡平な地理的配分を考慮し、委員会における開発途上国(後発開発途上国、開発途上にある島嶼(しょ)国及び内陸国である開発途上国を含む。)の代表性を確保し、選出する。委員会を運営するための付託事項及び態様は、締約国会議が決定する。

3 委員会は、この部に関連する事項(次の事項を含む。)について締約国会議に勧告を行うことができる。

(a) この部に従って行う国家管轄権外の区域における海洋遺伝資源及び海洋遺伝資源に係るデジタル配列情報に関する活動のためのガイドライン又は行動規範

(b) この部に従って行われる決定を実施するための措置

(c) 第一四条に従って行う金銭的な利益の配分のための割合又は仕組み

(d) 情報の交換の仕組みに関するこの部に関連する事項

(e) 第五二条に基づき設置される資金供与の制度に関するこの部に関連する事項

(f) この部に関連するその他の事項であって、締約国会議が取得の機会及び利益の配分に関する委員会に対処を要請することができるもの

4 締約国は、この協定により要求される情報を、情報の交換の仕組みを通じて、取得の機会及び利益の配分に関する委員会に対して利用可能にする。この情報には以下を含める。

(a) 取得の機会及び利益の配分に関する立法上、行政上並びに政策上の措置

(b) 中央連絡先に関する連絡先についての詳細及びその他の関連する情報

(c) 締約国会議による決定に従って必要とされるその他の情報

5 取得の機会及び利益の配分に関する委員会は、同委員会の権限の下での活動(利益の配分、海洋遺伝資源に係るデジタル配列情報の利用、最良の実践、手段及び方法、データ・ガバナンス並びに得られた教訓を含む。)について、関連する法的文書及び法的枠組み並びに関連する世界的、地域的、小地域的な又は分野別機関と協議を行い及び情報の交換を円滑にすることができる。

6 取得の機会及び利益の配分に関する委員会は、前項の下で得られた情報に関し、締約国会議に勧告を行うことができる。

第一六条(監視及び透明性) 1 国家管轄権外の区域における海洋遺伝資源及び海洋遺伝資源に係るデジタル配列情報に関する活動の監視及び透明性は、情報の交換の仕組みへの通報を通じ、この部に従って行われる〝BBNJ〟標準バッチ識別記号の利用を通じ、及び取得の機会及び利益の配分に関する委員会が勧告し締約国会議が採択する手続に応じて達成される。

2 締約国は、国家管轄権外の区域における海洋遺伝資源及び海洋遺伝資源に係るデジタル配列情報に関する活動及びそこから得られる利益の配分に関するこの部に従って行う実施に関し、取得の機会及び利益の配分に関する委員会に報告書を定期的に提出する。

3 取得の機会及び利益の配分に関する委員会は、情報の交換の仕組みを通じて受領した情報に基づく報告書を準備し及び締約国に利用可能なものとし、締約国は意見を提出することができる。取得の機会及び利益の配分に関する委員会は、報告書(受領した意見を含む。)を締約国会議の審査のため提出する。締約国会議は、取得の機会及び利益の配分に関する委員会の勧告を考慮し、この条の実施のための適当なガイドラインを決定することができる。このガイドラインは、各締約国の能力及び事情を考慮したものとする。

第三部 区域に基づく管理手段(海洋保護区を含む。)等の措置

第一七条(目的) この部の規定は、次のことを目的とする。

(a) 保護を必要とする区域を保全し及び持続可能であるように利用すること(生態学的に代表的であり連結された海洋保護区のネットワークを含む区域に基づく管理手段の包括的な制度の設定によるものを含む。)

(b) 国家、関連する法的文書及び法的枠組み並びに関連する世界的、地域的、小地域的な及び分野別機関の間の、区域に基づく管理手段(海洋保護区を含む。)の利用における協力及び調整を強化すること。

(c) 生物の多様性及び生態系を保護し、保全し、回復し及び維持すること(それらの生産力及び健康を増強することを含む。)、並びにストレス要因(気候変動、海洋の酸性化及び海洋汚染に関するものを含む。)に対する強靱(じん)性を強化すること。

(d) 食糧安全保障及びその他の社会経済的な目的(文化的価値の保護を含む。)を支援すること。

(e) 区域に基づく管理手段(海洋保護区を含む。)の作成、実施、監視、管理及び執行について、能力の開発及び海洋技術の発展及び移転を通じて、開発途上国である締約国、特に、後発開発途上国、内陸国である開発途上国、地理的不利国、開発途上にある島嶼(しょ)国、沿岸国であるアフリカ諸国、群島国及び開発途上の中所得国の特別な事情を考慮し、支援すること。

第一八条(適用区域) 区域に基づく管理手段(海洋保護区を含む。)の設定は、沿岸国の管轄権の及ぶいかなる区域をも含んではならず、また、主権、主権的権

利又は管轄権（これらに関するいかなる紛争をも含む。）に対するいかなる主張を行うため又は否定するための基礎である根拠としてはならない。締約国会議は、当該区域に基づく管理手段（海洋保護区を含む。）の設定のための提案を決定するために審議してはならず、いかなる場合にも、当該提案は、主権、主権的権利又は管轄権に対するいかなる主張をも承認し、又は否認するものと解釈されてはならない。

第一九条（提案）1　この部の規定に基づく区域に基づく管理手段（海洋保護区を含む。）の設定に関する提案は、締約国が単独で又は共同して事務局に提出する。

2　締約国は、この部に定めるとおり、提案を作成するために、適当なときは、関連する利害関係者（各国及び世界的、地域的、小地域的な又は分野別機関並びに市民社会、科学界、民間部門、先住民族及び地域社会を含む。）と協力し、協議を行う。

3　提案は、利用可能な最良の科学及び科学的な情報並びに、利用可能な場合には、先住民族及び地域社会の関連する伝統的な知識に基づいて予防的アプローチ及び生態系を重視するアプローチを考慮して作成する。

4　特定された区域についての提案には、次の主要な要素を含める。

(a)　附属書Ⅰの基準を用いて、提案の対象となっている区域の地理的又は空間的な説明

(b)　区域を特定するために適用される附属書Ⅰのいずれかの 基準並びに5の規定に従ってさらに作成され及び改正され得るいずれかの基準に関する情報

(c)　その区域における人間活動（先住民族及び地域社会による利用を含む。）及び当該人間活動が及ぼすおそれのある影響がある場合には、当該影響

(d)　特定された区域における海洋環境及び生物の多様性の状態の説明

(e)　その区域に適用される保全及び、適当な場合には、持続可能な利用の目的の説明

(f)　提案された措置を網羅し、特定の目的を達成するための提案された監視、研究及び再検討の活動の概要を示す管理計画案

(g)　提案された区域及び措置の期間がある場合には、当該期間

(h)　各国（隣接する沿岸国）及び／又は関連する世界的、地域的、小地域的な若しくは分野別機関と行った協議に関する情報がある場合には、当該情報

(i)　関連する法的文書及び法的枠組み並びに関連する世界的、地域的、小地域的な又は分野別機関が実施する区域に基づく管理手段（海洋保護区を含む。）に関する情報

(j)　関連する科学的な意見並びに、利用可能な場合には、先住民族及び地域社会の伝統的な知識に関する情報

5　当該区域の特定のための基準については、該当する場合には、附属書Ⅰの基準を含めなければならず、また、必要に応じ、科学技術機関が締約国会議による審査及び採択のために更に作成し、改定することができる。

6　提案の内容に関する追加的な要件（5の 基準の適用の 態様 を含む。）及び4(b)の提案に関する追加的な指針は、必要に応じ、科学技術機関が締約国会議による審査及び採択のために作成する。

第二〇条（提案の公表及び予備的な検討）事務局は、書面による提案を受領したときは、当該提案を一般に利用可能なものとし、予備的な検討のために科学技術機関に送付する。当該検討の目的は、当該提案が第一九条の規定に定める情報（この部及び附属書Ⅰに規定する基準を含む。）を含むことを確認することである。事務局は、その検討の結果を、一般に利用可能なものとし、また、提案国に送付する。提案国は、科学技術機関による予備的な検討を考慮し、当該提案を事務局に再送付する。事務局は、締約国に通報し、再送付された提案を一般に利用可能なものとし、第二一条の規定に基づき協議を促進する。

第二一条（提案に関する協議及び評価）1　第一九条の規定に基づいて提出された提案に関する協議は、包摂的で、透明性がなければならず、全ての関連する利害関係者（各国及び世界的、地域的、小地域的な又は分野別機関、並びに 市民社会、科学界、先住民族及び地域社会を含む。）に開放される。

2　事務局は、協議を促進し、次のとおり情報を収集する。

(a)　各国、特に近接する沿岸国は、通報を受け、特に次の事項を提出するよう招請される。

(i)　提案の利点及び地理的範囲に関する見解

(ii)　その他の関連する科学的な意見

(iii)　国の管轄の内外の近接する若しくは関連する区域における既存の措置又は活動に関する情報

(iv)　提案が沿岸国の管轄権の及ぶ区域に対して有する潜在的な影響に関する見解

(v)　その他の関連する情報

(b)　関連する法的文書及び法的枠組み並びに関連する世界的、地域的、小地域的な又は分野別機関は、通報を受け、特に次の事項を提出するよう招請される。

(i)　提案の利点に関する見解

(ii)　その他の関連する科学的な意見

(iii)　関連する区域又は近接する区域に対して当該法的文書、法的枠組み又は機関が採択した既存の措置に関する情報

(iv)　提案の中で特定された管理計画案のための措置及びその他の要素であって、当該機関の権限内にあるもののいずれかの側面に関する見解

(v)　いずれかの関連する追加的な措置であって、当該文書、枠組み又は機関の権限内にあるものに関する見解

(vi)　その他の関連する情報

(c) 関連する伝統的な知識を有する先住民族及び地域社会、科学界、市民社会並びにその他の関連する利害関係者は、特に次の事項を提出するよう招請される。

(i) 提案の利点に関する見解

(ii) その他の関連する科学的な情報

(iii) 先住民族及び地域社会の関連する伝統的な知識

(iv) その他の関連する情報

3 事務局は、2の規定に基づき受領した情報を一般に利用可能なものとする。

4 提案された措置が諸国の排他的経済水域によって完全に囲まれた区域に影響を及ぼす場合には、提案国は、次のことを行う。

(a) 当該諸国と、対象を特定した積極的な協議（事前通報を含む。）を実施する。

(b) 提案された措置に関する当該諸国の見解及び意見を検討し、当該見解及び意見に明示的に対処する書面により回答し、適当な場合には、これに応じて提案された措置を改定する。

5 提案国は、協議の期間の間に受領した情報並びに科学技術機関からの見解及び情報を検討し、適当なときは、これに応じて提案を改定し、又は提案に反映されていない実質的な情報に対応する。

6 協議は、定められた期限までに行う。

7 改定された提案は、科学技術機関に提出され、同機関は、同提案を評価し、締約国会議に勧告を行う。

8 協議及び評価に係る手続の態様（期間を含む。）については、締約国会議による審査及び採択のため、開発途上にある島嶼（しょ）国の特別な事情を考慮し、必要に応じ、科学技術機関がその第一回会合において更に定める。

第二二条（区域型管理手段（海洋保護区を含む。）の設定） 1 締約国会議は、この部の規定に基づき定められる協議の期間の間に受領した情報及び科学的な意見を考慮して、最終的な提案及び管理計画案並びに科学技術機関の科学上の助言及び勧告に基づいて、

(a) 区域に基づく管理手段（海洋保護区域を含む。）及び関連する措置の設定について決定を行う。

(b) 関連する法的文書及び法的枠組み並びに関連する世界的、地域的、小地域的な又は分野別機関により採択された措置と両立する措置についての決定を、それらの文書、枠組み及び機関との協力並びに調整の下で行うことができる。

(c) 提案された措置がその他の世界的、地域的、小地域的な又は分野別機関の権限の範囲内のものである場合には、この協定の締約国及び世界的、地域的、小地域的な又は分野別機関に対し、その権限に従って、当該文書、枠組み及び機関を通じて関連する措置の採択を促進するよう勧告を行うことができる。

2 締約国会議は、この条に基づく決定を行うに当たり、関連する法的文書及び法的枠組み並びに関連する世界的、地域的、小地域的な又は分野別機関の権限を尊重することとし、また、関連する法的文書及び法的枠組み並びに関連する世界的、地域的、小地域的な又は分野別機関を損なってはならない。

3 締約国会議は、区域に基づく管理手段（海洋保護区を含む。）について、関連する法的文書及び法的枠組み並びに関連する世界的、地域的、小地域的な又は分野別機関との、並びにこれら相互の間の協力及び調整、並びに、当該文書及び枠組みの下や当該機関によって採択された関連する措置についての調整を促進するため定期的な協議のための取極を締結する。

4 この部の目的及び実施の達成に必要な場合には、国家管轄権外の区域の海洋の生物の多様性の保全及び持続可能な利用についての国際的な協力及び調整を助長するため、締約国会議は、適当なときは、関連する法的文書及び法的枠組み又は関連する世界的、地域的、小地域的な若しくは分野別機関により採択された既存の区域に基づく管理手段（海洋保護区を含む。）に関する仕組みを作成することを検討することができ、また、この条の第1項及び第2項に従うことを条件として、決定することができる。

5 締約国会議がこの部に従って採択する決定及び勧告は、沿岸国の管轄権の及ぶ区域に関して採択された措置の効果を損なってはならず、また、条約に従って、すべての国の権利及び義務に妥当な考慮を払って行われなければならない。この部の規定基づき提案された措置が、沿岸国が条約に従って主権的権利を行使する海底の上部水域及び海底区域の下に影響を及ぼし、又は影響を及ぼすことが合理的に予測される場合には、当該措置は、当該沿岸国の主権的権利に妥当な考慮を払うものとする。このため、この部の規定に従って、協議を実施する。

6 この部の規定に基づき設定された区域に基づく管理手段（海洋保護区を含む。）が、その後、全体的に又は部分的に、沿岸国の管轄権の及ぶ範囲に含まれることとなった場合には、沿岸国の管轄権の及ぶ部分は、直ちに効力を失う。国家管轄権外の区域にとどまる部分は、締約国会議が次回の会合で、必要に応じ、区域に基づく管理手段（海洋保護区を含む。）を改正するか否か、又は廃止するか否かを再検討し決定するまで効力を有する。

7 関連する法的文書若しくは法的枠組み又は関連する世界的、地域的、小地域的な若しくは分野別機関が新たに設置され、又は、その権限が改正されたときは、締約国会議がこの部の規定に基づき採択した区域に基づく管理手段（海洋保護区を含む。）又は関連する措置であって、その後、全体的に又は部分的に、当該文書、枠組み若しくは機関の権限の範囲に含まれることとなったものは、適当なときは、締約国会議が、その文書、枠組み又は機関との緊密な協力及び調整の下で、その区域に基づく管理手段（海

洋保護区を含む。)及び関連する措置を維持し、改正し又は廃止することを再検討し決定するまで効力を有する。

第二三条(意思決定) 1　この部の規定に基づく決定及び勧告は、原則として、コンセンサス方式によって行う。

2　コンセンサスに達しない場合、この部の規定に基づく決定及び勧告は、締約国会議が、コンセンサスに達するためのあらゆる努力が払われたことを出席し、かつ、投票する締約国の三分の二以上の多数による議決で決定した後、出席し、かつ、投票する締約国の四分の三以上の多数による議決で行う。

3　この部の規定に基づき行われた決定は、その決定が行われた締約国会議の会合の後一二〇日で効力を生じ、すべての締約国を拘束する。

4　3に定める一二〇日の期間の間に、いずれの締約国も、事務局に書面による通報を行うことにより、この部の規定に基づき採択された決定に関する異議を申し立てることができ、その決定はその締約国を拘束しない。決定に対する異議は、いつでも事務局に書面による通報を行うことにより、取り消すことができ、その後、その決定は、その締約国を、異議を取り消す旨の通報がされた日の後九〇日で拘束する。

5　4の規定に基づく異議を申し立てる締約国は、異議を申し立てる時に、書面により、事務局にその異議の理由について説明を提供する。その理由は、次の一又二以上の理由に基づくものとする。

(a)　決定が、この協定又は異議を申し立てた締約国が条約に従って有する権利及び義務に反すること。

(b)　決定が、異議を申し立てた締約国に対して不当に法律上又は事実上の差別を行うこと。

(c)　その締約国は、すべての合理的な努力を払った後、異議を行う時に、実行可能性の観点から、決定を遵守することができないこと。

6　4の規定に基づく異議申立てを行う締約国は、自己が異議を申し立てた決定と同等の効果を有する代替的な措置又は取組方法を、実行可能な範囲において、採択する。また、自己が異議を申し立てた決定の効果を損なうような措置を採択し、又は、行動をとってはならない(但し、当該措置又は行動が異議を申し立てた締約国が条約に従って権利及び義務を行使するために必要不可欠である場合を除く。)

7　異議を申し立てた締約国は、4の規定の下での通報の後に行われる締約国会議の通常会期に、及びその後は定期的に、第二六条の下での監視及び再検討について情報提供するため、6の規定の実施に関して報告する。

8　決定に対して4の規定に従って行われた異議は、その決定が効力発生の後3年毎に、異議を申し立てた締約国が引き続き必要であると考える場合にのみ、事務局に書面による通報を行うことにより、更新することができる。当該書面による通報には、当初の異議の理由についての説明を含める。

9　8の規定に基づき更新の通報が受領されない場合、その異議は自動的に取り消されたものとし、その後、決定は、その異議が自動的に取り消された後一二〇日でその締約国を拘束力する。事務局は、その異議が自動的に取り消される日の六〇日前にその締約国に通報する。

10　事務局は、締約国会議がこの部の規定に基づき採択した決定及びそれらの決定に対する異議を一般に利用可能なものとし、また、すべての国並びに関連する法的文書及び法的枠組み並びに関連する世界的、地域的、小地域的な又は分野別機関に送付する。

第二四条(緊急措置) 1　自然現象又は人為的災害が国家管轄権外の区域の海洋の生物の多様性に深刻な若しくは回復不可能な害をもたらし、又はもたらすおそれがある場合、締約国会議は、必要な場合には、その深刻な又は回復不可能な害が悪化しないことを確保するために、国家管轄権外の区域に緊急に適用される措置を採択するための決定を行う。

2　この条に基づき採択される措置は、関連する法的文書若しくは法的枠組み又は関連する世界的、地域的、小地域的な若しくは分野別機関との協議の後、この協定の他の規定の適用を通じて、又は関連する法的文書若しくは法的枠組み若しくは関連する世界的、地域的、小地域的な若しくは分野別機関によって、深刻な又は回復不可能な害を適時に管理することができない場合にのみ、必要であると認められる。

3　緊急に採択される措置は、利用可能な最良の科学及び科学的な情報並びに、利用可能な場合には、先住民族及び地域社会の関連する伝統的な知識に基づくものとし、予防的な取組方法を考慮するものとする。締約国は当該措置を提案し、科学技術機関はこれらを勧告することができ、締約国会議の開催期間外にも採択することができる。それらの措置は一時的なものであり、その採択の後、次の締約国会議の会合において決定のために再検討される。

4　当該措置は、効力発生の後二年で終了する。但し、この部に従って設定された区域に基づく管理手段(海洋保護区を含む。)及び関連する措置若しくは関連する法的文書若しくは法的枠組み若しくは関連する世界的、地域的、小地域的な若しくは分野別機関が採択した措置に置き換えられる場合には締約国会議によって、又はその措置を必要としていた状況が存在しなくなった時に締約国会議の決定によって、それ以前に終了する。

5　緊急措置の設定のための手続及び指針(協議手続を含む。)は、必要に応じ、科学技術機関が締約国会議による審査及び採択のために最も早い機会に作成する。当該手続は、包摂的で透明性があるものとする。

第二五条(実施) 1　締約国は、国家管轄権外の区域で行われる自国の管轄又は管理の下における活動が、この部の規定に基づき採択された決定と整合的に行われることを確保する。

2　この協定のいかなる規定も、締約国が、国際法に従って、及びこの協定の目的を支援するために、自国の国民及び船舶につき、又は自国の管轄若しくは管理の下における活動について、この部の規定に基づき採択された措置に加え、より厳しい措置を採択することを妨げるものではない。

3　この部の規定に基づき採択された措置の実施は、開発途上にある島嶼（しょ）国又は後発開発途上国である締約国に、直接又は間接に、不均衡な負担を課すべきではない。

4　締約国は、この部の規定に基づき締約国会議が行う決定及び勧告の実施を支援するため、適当なときは、当該締約国が参加国である関連する法的文書及び法的枠組み並びに関連する世界的、地域的、小地域的な又は分野別機関において措置の採択を促進する。

5　締約国は、この協定の締約国となる資格を有する国、特に既に設定済みの区域に基づく管理手段（海洋保護区を含む。）の対象区域に自国の活動、船舶又は国民が操業する国が、この部の規定に基づき設定された区域に基づく管理手段（海洋保護を含む。）に関する締約国会議の決定及び勧告を支援する措置を採択することを奨励する。

6　関連する法的文書及び法的枠組みの非締約国若しくは非加盟国、又は関連する世界的、地域的、小地域的な若しくは分野別機関の非参加国であって、当該文書及び枠組みの下で並びに当該機関によって定められた措置を適用することに別段の合意をしない締約国は、国家管轄権外の区域の海洋の生物の多様性の保全及び持続可能な利用に関し条約及びこの協定に従って協力する義務を免除されない。

第二六条（監視及び再検討）1　締約国は、この部の規定に基づき設定された区域に基づく管理手段（海洋保護区を含む。）及び関連する措置の実施に関し、単独で又は共同して、締約国会議に報告する。事務局は、当該報告並びに2及び3にそれぞれ規定する情報及び再検討を一般に利用可能なものとする。

2　関連する法的文書及び法的枠組み並びに関連する世界的、地域的、小地域的な又は分野別機関は、この部の規定に基づき設定された区域に基づく管理手段（海洋保護区を含む。）の目的を達成するために当該関連する法的文書及び法的枠組み並びに関連する世界的、地域的、小地域的な又は分野別機関が採択した措置の実施に関する情報を締約国会議に提供するよう招請される。

3　この部の規定に基づき設定された区域に基づく管理手段（海洋保護区を含む。）は、関連する措置を含め、1及び2にそれぞれ規定する報告及び情報を考慮して、科学技術機関により監視され、定期的に再検討される。

4　科学技術機関は、3に規定する再検討において、関連する措置を含めこの部の規定に基づき設定された区域に基づく管理手段（海洋保護区を含む。）の効果及びそれらの目的を達成するために行われた進捗を評価し、締約国会議に助言と勧告を提供する。

5　再検討の後、締約国会議は、締約国会議が採択した区域に基づく管理手段（海洋保護区を含む。）及びいずれかの関連する措置の改正、延長又は廃止に関し、利用可能な最良の科学及び科学的な情報並びに、利用可能な場合には、先住民族及び地域社会の関連する伝統的な知識に基づいて、予防的アプローチ及び生態系を重視する取組方法を考慮して、必要に応じ、決定又は勧告を行う。

第四部　環境影響評価

第二七条（目的）この部の規定は、次のことを目的とする。

(a)　締約国が実施し、評価報告を行うための過程、閾値その他の要件を確立することにより、国家管轄権外の区域について条約の環境影響評価に関する規定を運用すること。

(b)　この部の規定が適用される活動が、海洋環境を保護し及び保全する目的で、著しい悪影響を防止し、緩和し及び管理するよう、評価され実施されることを確保すること。

(c)　累積的な影響及び沿岸国の管轄権の及ぶ区域における影響の検討を支援すること。

(d)　戦略的環境評価を定めること。

(e)　国家管轄権外の区域における活動について、一貫した環境影響評価の枠組みを実現すること。

(f)　締約国、特に開発途上締約国である締約国、とりわけ、後発開発途上締約国、内陸国である開発途上国、地理的不利国、開発途上にある島嶼（しょ）国、沿岸国であるアフリカ諸国、群島国、及び開発途上の中所得国が、環境影響評価及び戦略的環境影響評価を準備し実施し評価するため、この協定の目的を支援する能力を開発し、強化すること。

第二八条（環境影響評価を実施する義務）1　締約国は、国家管轄権外の区域で実施される自国の管轄又は管理の下における計画中の活動その海洋環境に対する潜在的な影響が、承認される前に、この部に定める方法で評価されることを確保する。

2　国の管轄権の及ぶ区域で実施される計画中の活動を管轄又は管理する締約国が、当該活動が国家管轄権外の区域で実質的な海洋環境の汚染又は海洋環境に対する重大かつ有害な変化をもたらすおそれがあると判断した場合には、当該締約国は、そのような活動の環境影響評価がこの部の規定に従って実施されること又は環境影響評価が締約国の国内手続に基づいて実施されることを確保する。自国の国内手続に基づく当該評価を実施する締約国は、次のことを行う。

(a)　国内手続において、情報の交換の仕組みを通じて、適時に関連情報を利用可能にする。

(b)　自国の国内手続の要求に適合する方法で当該活動を監視することを確保する。

(c)　環境影響評価報告書及び関連する監視報告書が、この協定に規定する情報の交換の仕組みを通じて利用可能とされるよう確保する。

3　2(a)の情報を受領した場合、科学技術機関は、計画中の活動を管轄又は管理する締約国に対し、意見を提出することができる。

第二九条（この協定とその他の関連する法的文書及び法的枠組み並びに関連する世界的、地域的、小地域的な及び分野別機関の下での環境影響評価手続との関係）1　締約国は、自国が加盟する関連する法的文書及び法的枠組み並びに関連する世界的、地域的、小地域的な及び分野別機関において、環境影響評価の利用及び第三八条の規定により作成された基準又は指針の採択及び実施を促進する。

2　締約国会議は、この部の規定に基づく科学技術機関が、国家管轄権外の区域での活動を規制し、又は海洋環境を保護する関連する法的文書及び法的枠組み並びに関連する世界的、地域的、小地域的な及び分野別機関と協力するための制度を作成する。

3　第三八条の規定に基づき、科学技術機関が、この協定の締約国が国家管轄権外の区域における活動の環境影響評価を実施するための基準又は指針を作成又は更新する場合、適当なときは、関連する法的文書及び法的枠組み並びに関連する世界的、地域的、小地域的な及び分野別機関と協力するものとする。

4　計画中の活動を管轄又は管理する締約国が、次のとおり決定する限りにおいて、国家管轄権外の区域における計画中の活動のスクリーニング又は環境影響評価を実施することは必要ないものとする。

(a)　計画中の活動又は同種の活動の潜在的な影響が、その他の関連する法的文書若しくは法的枠組みの要件に従って、又は関連する世界的、地域的、小地域的な若しくは分野別機関により評価されている。

(b)(i)　計画中の活動に対して既に実施された評価が、この部の規定に基づき要求されるものと同等であり、かつ、その評価の結果が考慮されている、又は、

(ii)　評価に基づいて策定された関連する法的文書若しくは法的枠組み、又は関連する世界的、地域的、小地域的な、若しくは分野別機関の規制又は基準が、潜在的な影響をこの部の規定に基づく環境影響評価の閾値よりも低く防止し、緩和し又は管理するように設計されており、かつそれらが遵守されている。

5　国家管轄権外の区域において計画中の活動に関する環境影響評価が、関連する法的文書及び法的枠組み、又は関連する世界的、地域的、小地域的な若しくは分野別機関の下で実施された場合、当該締約国は、環境影響評価報告書が情報の交換の仕組みを通じて公表されることを確保する。

6　4(b)(i)に定める基準を満たした計画中の活動が、関連する法的文書若しくは法的枠組み、又は関連する世界的、地域的、小地域的な若しくは分野別機関の下で監視及び再検討の対象とならない限り、締約国は、当該活動を監視し及び再検討し、監視及び再検討報告書が情報の交換の仕組みを通じて公表されることを確保する。

第三〇条（環境影響評価の閾値及び要素）1　計画中の活動が、海洋環境に軽微又は一時的な以上の影響を与えるおそれがある場合、又は活動の影響が不明若しくは十分に理解されていない場合、当該活動を管轄し又は管理する締約国は、2に規定する要素を用い、第三一条に基づく当該活動のスクリーニングを実施する。

(a)　スクリーニングは、計画中の活動が実質的な海洋環境の汚染又は海洋環境に対する重大かつ有害な変化をもたらすおそれがあると信ずるに足りる合理的な理由があるか否か当該締約国が評価するために十分詳細であるものとし、次を含む。

(i)　計画中の活動の記述（目的、場所、期間及び程度を含む。）

(ii)　潜在的な影響の当初の分析（累積的な影響の検討、かつ、適当なときは、計画中の活動の代替案の検討を含む。）

(b)　締約国が、スクリーニングに基づき、活動が実質的な海洋環境の汚染又は海洋環境に対する重大かつ有害な変化をもたらすおそれがあると信ずるに足りる合理的な理由があると判断した場合には、この部の規定に従って、環境影響評価を実施する。

2　締約国は、自国の管轄又は管理の下における計画中の活動が1に規定する閾値を満たすか否かを判断するに際し、次の要素（全てを網羅するものではない。）を検討する。

(a)　当該活動の種類、使用する技術及び実施方法

(b)　活動の期間

(c)　活動の場所

(d)　その場所（特に、生態学的又は生物学上の重要な価値又は脆弱性を有する区域を含む。）の特性及び生態系

(e)　活動の潜在的な影響（潜在的な累積的な影響及び沿岸国の管轄権の及ぶ区域の潜在的な影響を含む。）

(f)　当該活動の影響が、不明であるか又は十分に理解されていない程度

(g)　その他の関連する生態学的又は生物学上の基準

第三一条（環境影響評価のプロセス）1　締約国は、この部の規定に基づく環境影響評価を実施するためのプロセスに、以下の段階が含まれていることを確保する。

(a)　スクリーニング　締約国は、自国の管轄又は管理の下における、計画中の活動に関して環境影響評価が必要かどうかを決定するためのスクリーニングを、適時に、第三〇条に基づき行い、その決定を一般に利用可能なものとする。

(i) 締約国は、自国の管轄又は管理の下における計画中の活動について環境影響評価が不要であると決定した場合、第三〇条一項(a)を含む関連情報を本協定に基づく情報の交換の仕組みを通じて一般に利用可能なものとする。

(ii) 利用可能な最良の科学及び科学的な情報、並びに利用可能な場合には、先住民族及び地域社会の関連する伝統的な知識に基づき、締約国は、(a)(i)の規定に従って決定が行われた計画中の活動の潜在的な影響についての見解を、公表の四〇日以内に、決定した締約国及び科学技術機関に対して登録することができる。

(iii) 見解を登録した締約国が、決定が行われた計画中の活動の潜在的な影響について懸念を表明した場合、当該決定を行った締約国は、当該懸念を考慮するものとし、当該決定について再検討することができる。

(iv) (a)(ii)に基づき締約国が登録した懸念を考慮し、科学技術機関は、利用可能な最良の科学及び科学的な情報、並びに利用可能な場合には、関連する先住民族及び地域社会の伝統的な知識に基づく計画中の活動の潜在的な影響を検討しなければならず、評価することができ、適当なときは決定を行った締約国に登録された懸念へ回答する機会を付与するとともに当該回答を考慮したのちに、決定を行った締約国に勧告を行うことができる。

(v) (a)(i)に基づき、決定を行った締約国は、科学技術機関の勧告を考慮する。

(vi) 見解の登録及び科学技術機関の勧告は、一般に利用可能なもの(情報の交換の仕組みを通じたものを含む。)とする。

(b) スコーピング 締約国は、主要な環境上並びに経済的、社会的、文化的及び人の健康への影響といったあらゆる関連する影響(潜在的な累積的な影響、国の管轄権の及ぶ区域における影響を含む。)、並びに、この部の規定に基づき実施されるべき環境影響評価に含まれるべき計画中の活動の代替案がある場合には、当該代替案を特定することを確保する。その範囲は、利用可能な最良の科学及び科学的な情報、並びに利用可能な場合には、先住民族及び地域社会の関連する伝統的な知識を用いて定めなければならない。

(c) 影響の評価 締約国は、計画中の活動の影響(累積的な影響及び国の管轄権の及ぶ区域の活動を含む。)が、利用可能な最良の科学及び科学的な情報、並びに利用可能な場合には、先住民族及び地域社会の関連する伝統的な知識を用いて評価されることを確保する。

(d) 潜在的な悪影響の防止、緩和及び管理。締約国は、次を確保する。

(i) 著しい悪影響を回避するため、自国の管轄又は管理の下における計画中の活動の潜在的な悪影響を防止し、緩和し及び管理するための措置を、特定し分析する。当該措置には、自国の管轄又は管理の下における計画中の活動の代替案の検討を含めることができる。

(ii) 適当な場合には、これらの措置を環境管理計画に組み込むこと。

(e) 締約国は、第三二条の規定に従って告示及び公衆からの意見聴取を確保する。

(f) 締約国は、第三三条の規定に従って、環境影響評価報告書の作成及び公表を確保する。

2 締約国は、特に、開発途上にある島嶼(しょ)国の管轄又は管理の下における計画中の活動について、共同で環境影響評価を実施することができる。

3 専門家の名簿は、科学技術機関により作成される。能力に制約がある締約国は、自国の管轄又は管理の下における計画中の活動のスクリーニング及び環境影響評価を実施するために、名簿の専門家に助言と支援を要請することができる。専門家は、同じ活動の環境影響評価手続の他の部分に任命されることはできない。助言と支援を要請した締約国は、当該環境影響評価が検討及び意思決定のために当該締約国に提出されることを確保する。

第三二条(告示及び公衆からの意見聴取) 1 締約国は、計画中の活動(情報の交換の仕組み及び事務局を通じた公表を含む。)の適時の告示及び定められた期限での計画的で効果的な機会を、すべての国、特に近接する沿岸国及び潜在的に最も影響を受ける国であって活動に近接するその他の国、並びに環境影響評価手続における利害関係者の参加のために、実行可能な限り確保する。通報及び意見の提出を含む参加の機会は、環境影響評価手続全体を通じて、適当な場合に行うものとし、それには、第三一条1(b)の規定に基づく環境影響評価の範囲の特定時、及び第三三条の規定に基づき、活動を承認するか否かの決定に先立つ環境影響評価報告書の草案作成時を含めるものとする。

2 潜在的に最も影響を受ける国は、計画中の活動の海洋環境に対する性質と潜在的な影響を考慮した上で、決定されるものとし、次を含む。

(a) 天然資源を探査し、開発し、保存し又は管理するための主権的権利の行使が、当該活動によって影響を受けると合理的に信ずるに足りる沿岸国。

(b) 当該計画中の活動の区域において、影響を受けると合理的に信ずるに足りる人の活動(経済活動を含む。)を実施している国。

3 本手続の利害関係者には、関連する伝統的な知識を有する先住民族及び地域社会、関連する世界的、地域的、小地域的な又は分野別機関、市民社会、科学界、並びに公衆を含む。

4 告示及び公衆からの意見聴取は、第四八条三項の規定に従って、包摂的かつ透明であり、適時に行われ、開発途上にある島嶼(しょ)国が関係する場合、対象を絞った積極的なものとする。

5　協議プロセス中に受領した実質的な意見（近接する沿岸国、及び計画された活動に近接するその他の国で、潜在的に最も影響を受ける国から提出されたものを含む。）は、締約国によって、考慮され、対応又は対処される。締約国は、国の管轄権の及ぶ区域における潜在的な影響に関する意見を特に考慮し、適切な場合には、当該意見に具体的に対処した書面による回答（当該潜在的な影響に対処することを意図した追加措置を含む。）を行う。締約国は、受領した意見及びそれに対する回答又は対処した方法の説明を公表する。

6　計画中の活動が、国家の排他的経済水域に完全に囲まれた公海の水域に影響を与える場合、締約国は次のことを行う。

(a)　当該周辺国と、対象を絞った積極的な協議（事前通報を含む。）を行う。

(b)　計画中の活動に関する当該周辺国の見解と意見を検討し、当該見解及び意見に具体的に対応する書面による回答を行い、また、適当なときは、これに応じて計画中の活動を改訂する。

7　締約国は、本協定に基づく環境影響評価手続に関連する情報の取得の機会を確保する。本項の規定にかかわらず、締約国は、秘密の情報又は専有する情報の開示を要求されない。ただし、秘密の情報又は専有する情報が除外された事実は、公文書において示されるものとする。

第三三条（環境影響評価に関する報告書）1　締約国は、この部の規定に基づき実施されるいかなる環境影響評価についても報告書の作成を確保する。

2　環境影響評価報告書には、少なくとも次の情報を含める。計画中の活動の説明（場所を含む。）、スコーピング実施の結果の説明、影響を受ける可能性のある海洋環境のベースライン評価、潜在的な影響の説明（潜在的な累積影響及び国の管轄権の及ぶ区域内のあらゆる影響を含む。）、潜在的な予防、緩和及び管理措置の説明、知識の不確実性と不足の説明、公衆との協議手続に関する情報、計画中の活動に対する合理的代替案の検討の説明、フォローアップ措置の説明（環境管理計画を含む。）及び平易な要約。

3　締約国は、公衆からの意見聴取の間、科学技術機関が当該報告書を検討し評価する機会が得られるように、情報の交換の仕組みを通じて当該環境影響評価報告書案を利用可能なものとする。

4　科学技術機関は、適当な場合、及び適時に、環境影響評価報告書案に意見を述べることができる。締約国は、科学技術機関の意見を考慮する。

5　締約国は、環境影響評価報告書を公表する（情報の交換の仕組みを通じてのものを含む。）。事務局は、情報の交換の仕組みを通じて報告書が公表された場合、適時に、すべての締約国に対して通報することを確保する。

6　最終の環境影響評価報告書は、指針を作成する目的のため（最良の実践を特定することを含む。）、本協定の下、関連する慣行、手続及び知識に基づき、科学技術機関によって検討される。

7　第三〇条及び第三一条の規定に従って、環境影響評価の実施の可否を決定するためのスクリーニングの過程で使用された公開情報の選択についても、指針の作成を目的として（最良の実践を特定することを含む。）、本協定の下で、関連する慣行、手続及び知識に基づき、科学技術機関によって検討され、見直される。

第三四条（意思決定）1　計画中の活動が自国の管轄又は管理下にある締約国は、当該活動の実施を承認するか否かを決定する責任を負う。

2　この部の規定に基づき、計画中の活動を実施するか否かを決定する際には、この部の規定に従って実施された環境影響評価を十分に考慮する。締約国の管轄下又は管理の下における計画中の活動を承認する決定は、緩和又は管理措置を考慮し、当該締約国が海洋環境に対する著しい悪影響の防止に反しない方法で当該活動を実施することを確保するためにあらゆる妥当な努力を行ったと判断した場合にのみ行う。

3　意思決定に係る文書は、緩和措置とフォローアップの必要に関連する承認条件があれば明確に規定する。意思決定に係る文書（情報の交換の仕組みによるものを含む。）は公表される。

4　締約国の要請により、締約国会議は、自国の管轄又は管理の下における計画中の活動を実施できるか否かを決定する際に、当該締約国に助言及び支援を提供することができる。

第三五条（承認された活動の影響の監視）締約国は、利用可能な最良の科学並びに科学的な情報、利用可能な場合には、先住民族並びに地域社会の関連する伝統的な知識を用いて、海洋環境を汚染し又は悪影響を及ぼすおそれがあるかどうかを判断するために、締約国が許可し又は関与する国家管轄権外の区域における活動の影響を監視下に置く。特に、各締約国は、自国の管轄又は管理の下における承認された活動の環境並びに経済的、社会的、文化的及び人の健康への影響等関連する影響を、当該活動の承認に規定する条件にしたがって監視する。

第三六条（承認された活動の影響に関する報告）1　締約国は、単独で又は共同で行動するかを問わず、承認された活動の影響及び第三五条の規定に基づき要求される監視の結果について、定期的に報告する。

2　監視報告書（情報の交換の仕組みを通じた場合を含む。）は、公表されなければならず、科学技術機関は、監視報告書を検討し評価することができる。

3　監視報告書は、承認された活動の影響の監視に関する指針を作成する目的で（最良の実践を特定することを含む。）、この協定の下で、関連する慣行、手続及び知識に基づき、科学技術機関により検討される。

**第三七条（承認された活動及び当該活動の影響の再検

討）1　締約国は、承認され、第三五条の規定に基づき監視された活動の影響が再検討されることを確保する。

2　活動を管轄又は管理する締約国が、性質上若しくは深刻さにおいて環境影響評価では予見されなかったか、又は活動の承認に規定する条件のいずれかの違反から生じる著しい悪影響を確認した場合、当該締約国は、活動を承認する決定を再検討し、締約国会議、他の締約国及び公衆に通知（情報の交換の仕組みを通じた場合を含む。）する。

(a)　これらの影響を防止し、緩和し、又は管理するための措置を提案し実施することを要求すること、若しくは適切な場合、他の必要な行動を実施し、又は活動を停止すること。

(b)　(a)に基づき実施された措置又は行動について、適時に評価する。

3　第三六条に基づき受領した報告書に基づいて、科学技術機関は、当該活動が環境影響評価において予見しなかったか又は承認された活動の許可条件の違反から生じる著しい悪影響を有する可能性があると考える場合には、当該活動を承認した締約国に通知し、適切な場合には、当該締約国に対し勧告を行うことができる。

4(a)　利用可能な最良の科学及び科学的な情報並びに利用可能な場合には、先住民族及び地域社会の関連する伝統的な知識に基づき、締約国は、活動を承認した締約国及び科学技術機関に対し、承認された活動が、性質上若しくは深刻さにおいて、環境影響評価で予測されなかったか、又は承認された活動の許可条件の違反から生じる著しい悪影響を及ぼし得るという懸念を登録できる。

(b)　当該活動を承認した締約国は、そのような懸念を考慮する。

(c)　締約国が登録した懸念を考慮し、科学技術機関は、利用可能な最良の科学及び科学的な情報、並びに利用可能な場合には、先住民族及び地域社会の関連する伝統的な知識に基づき、当該事項を検討し及び評価し、並びに当該活動が、環境影響評価において予見されなかったか又は承認された活動の許可条件の違反から生じる著しい悪影響を及ぼす可能性があると科学技術機関が考える場合、当該活動を承認した締約国に通報することができる。同機関はまた、当該締約国に登録された懸念に回答する機会を与え、当該回答を考慮した上で、適当なときには、承認された活動の締約国に勧告を行うことができる。

(d)　懸念の登録、科学技術機関により発出された通報、および勧告は、一般に利用可能なもの（情報の交換の仕組みを通じたものを含む。）とする。

(e)　活動を承認した締約国は、科学技術機関が発出した通報及び勧告を考慮する。

5　すべての国、特に近接する沿岸国、及び潜在的に最も影響を受ける国である場合に当該活動に近接するその他の国、並びに利害関係者は、情報の交換の仕組みを通じて情報を与えられ、この協定に基づき承認された活動に関する監視、報告及び再検討の手続において協議を受けることができる。

6　締約国は、以下を公表する（情報の交換の仕組みを通じたものを含む。）。

(a)　承認された活動の影響の再検討に関する報告

(b)　意思決定に係る文書（締約国が当該活動を承認する決定を変更した場合、締約国による決定の理由の記録を含む。）

第三八条（環境影響評価に関連して科学技術機関が作成する基準及び／又は指針）1　科学技術機関は、締約国会議による審査及び採択のために、次の事項に関する基準又は指針を作成する。

(a)　第三〇条に基づくスクリーニング又は環境影響評価の実施のための閾値が、計画中の活動（同条2に規定する非網羅的要因に基づくものを含む。）に対して満たされているか又は超えているかの判断

(b)　国家管轄権外の区域における累積的な影響評価及びそれらの影響を環境影響評価の実施過程においてどのように考慮するべきか。

(c)　国家管轄権外の区域における計画中の活動が、国の管轄権の及ぶ区域に及ぼす影響の評価及びそれらの影響を環境影響評価の実施過程においてどのように考慮すべきか。

(d)　第三二条の規定に基づく告示及び公衆との協議の手続（何が秘密情報又は専有の情報であるかの判断を含む。）

(e)　環境影響評価報告書及び第三三条に規定に基づきスクリーニングの手続において使用される公開情報（最良の実践を含む。）に必要とされる内容

(f)　第三五条及び第三六条に規定する承認された活動（最良の実践の特定を含む。）の影響の監視及び報告

(g)　戦略的環境アセスメントの実施

2　科学技術機関は、以下の事項に関しても、締約国会議による審査と採択のために基準と指針を作成することができる。

(a)　環境影響評価を必要とする活動、又は必要としない活動、及びそれらの活動に関連する基準を示す一覧（全てを網羅するものではないもの）であって定期的に更新されるもの

(b)　保護又は特別の注意を必要とする区域における本協定の締結国による環境影響評価の実施

3　いかなる基準も、第七四条に従って、本協定の附属書で定める。

第三九条（戦略的環境アセスメント）1　締約国は、単独で又は他の締約国と協力して、自国の管轄又は管理の下における活動に関する計画及びプログラムのうち、国家管轄権外の区域で実施されるものについて、その計画、プログラム又はその代替案が海洋環

境に及ぼす潜在的な影響を評価するために、戦略的環境アセスメントの実施を検討する。

2　締約国会議は、ある区域又は地域について入手可能な最善の情報を照合し、総合し、現在及び潜在的な将来の影響を評価し、データの不足及び研究の優先順位を特定するために、区域又は地域の戦略的環境アセスメントを実施することができる。

3　締約国は、この部の規定に基づく環境影響評価を実施する際、可能な場合には、1及び2に基づき実施された関連する戦略的環境アセスメントの結果を考慮する。

4　締約国会議は、本条に記載された戦略的環境アセスメントの各区分の実施に関する指針を作成する。

第五部　能力の開発及び海洋技術の移転

第四〇条（目的）この部の規定は、次のことを目的とする。

(a)　締約国（特に開発途上国である締約国）が、この協定の目的を達成するためにこの協定の規定を実施することを支援すること。

(b)　この協定に基づいて行われる活動への包摂的な、衡平なかつ効果的な協力及び参加を可能にすること。

(c)　国家管轄権外の区域の海洋の生物の多様性の保全及び持続可能な利用に関する研究を含む締約国（特に、開発途上国である締約国）の海洋科学並びに海洋技術の能力（開発途上国である締約国の海洋技術の取得の機会及び海洋技術の移転によるものを含む。）を発展させること。

(d)　国家管轄権外の区域の海洋の生物の多様性の保全及び持続可能な利用に関する知識を増進させ、普及させ、共有すること。

(e)　より具体的には、開発途上国である締約国（特に、後発開発途上国、内陸国である開発途上国、地理的不利国、開発途上にある島嶼（しょ）国、沿岸国であるアフリカ諸国、群島国及び開発途上の中所得国）に対し、この協定に基づく能力の開発並びに海洋技術の発展及び移転を通じ、次の事項に関する目的を達成するよう支援すること。

(i)　海洋遺伝資源（第九条の規定に反映されている利益の配分を含む。）

(ii)　第一七条の規定に反映されている区域に基づく管理手段（海洋保護区を含む。）

(iii)　第二七条の規定に反映されている環境影響評価

第四一条（能力の開発及び海洋技術の移転に関する協力）1　締約国は、能力の開発並びに海洋科学並びに海洋技術の発展及び移転を通じてこの協定の目的を達成するため、直接に、又は関連する法的文書及び法的枠組み並びに関連する世界的、地域的、小地域的な若しくは分野別機関を通じ、締約国（特に開発途上国である締約国）を支援するため協力する。

2　この協定の下で能力の開発及び海洋技術の移転を提供するに当たり、締約国は、すべての段階及びあらゆる形態で協力する（適当な場合には、民間部門、市民社会並びに伝統的知識を有する者としての先住民族及び地域社会等の全ての関連する利害関係者との連携、並びに関連する法的文書及び法的枠組み並びに関連する世界的、地域的、小地域的な又は分野別機関の間の協力及び調整の強化によるものを含む。）。

3　この部の規定の実施に当たって、締約国は、開発途上国である締約国（特に後発開発途上国、内陸国である開発途上国、地理的不利国、開発途上にある島嶼（しょ）国、沿岸国であるアフリカ諸国、群島国及び開発途上の中所得国）の特別な要請を十分に認識する。締約国は、能力の開発の提供及び海洋技術の移転が、負担の重い報告の義務を条件としないことを確保する。

第四二条（能力の開発及び海洋技術の移転のための態様）1　締約国は、その能力の範囲内で、開発途上にある島嶼（しょ）国及び後発開発途上国の特別な状況を考慮して、この協定の規定に従って、開発途上国である締約国の能力の開発を確保し、特に開発途上国である締約国であって海洋技術を必要とし及び要請する国に対する海洋技術の移転を達成するために協力する。

2　締約国は、その能力の範囲内で、自国の政策、優先度及び計画を考慮して、このような能力の開発並びに海洋技術の開発及び移転を支援するため並びに他の支援の提供元へのアクセスを促進するための資源を提供する。

3　能力の開発と海洋技術の移転は、各国主導で、透明性のある、効果的及び反復的な過程であって、参加型及び横断的であり、並びにジェンダーに配慮したものとすべきである。適当な場合には、既存のプログラムに立脚し、重複することなく、また、得られた教訓（関連する法的文書及び法的枠組み並びに関連する世界的、地域的、小地域的な又は分野別機関の下での能力の開発及び海洋技術の移転に関する活動から得られたものを含む。）を指針とする。効率及び成果を最大にするため、できる限りこれらの活動を考慮する。

4　能力の開発及び海洋技術の移転は、開発途上にある島嶼（しょ）国及び後発開発途上の特別な事情を考慮し、個々の、小地域又は地域の場合に応じたニーズ評価で特定した開発途上国である締約国のニーズ及び優先事項に基づき、並びにこれに対応するものとする。このようなニーズと優先事項は、自己評価によるか、能力の開発及び海洋技術の移転に関する委員会並びに情報の交換の仕組みを通じて促進することができる。

第四三条（海洋技術の移転に関する追加の態様）1　締約国は、この協定に基づき行われる活動への包摂的で、衡平で、効果的な協力及び参加、並びにこの協定の目的を十分に達成するために技術開発及び技術移転を十分に実現することについての重要性に関する長期的な展望を共有する。

2　この協定に基づき行われる海洋技術の移転は、公正で最も有利な条件（緩和されたかつ特恵的な条件を含む。）及び相互に合意する条件並びにこの協定の目的に従って実施される。

3　締約国は、開発途上にある島嶼（しょ）国及び後発開発途上国の特別な事情を考慮し、開発途上国である締約国に対する海洋技術の移転のための経済的及び法的な条件を促進し奨励する（企業及び機関に奨励措置を提供することを含むことができる。）。

4　海洋技術の移転は、当該技術についてのすべての権利を考慮し、すべての正当な利益（特に、海洋技術の所有者、提供者及び受領者の権利並びに義務を含む。）に妥当な考慮を払い、この協定の目的を達成するための開発途上国の利益及びニーズに特別の考慮を払って行う。

5　この部の規定に基づき移転される海洋技術は、適切で、関連性があり、かつ、可能な限り、信頼でき、負担しやすい費用で、最新で、環境上適正な、かつ、開発途上にある島嶼（しょ）国及び後発開発途上国の特別な事情を考慮して開発途上国である締約国が利用しやすい形式で利用可能なものとする。

第四四条（能力の開発及び海洋技術の移転の種類）1　第四〇条に定める目的を支援するに当たり、能力の開発及び海洋技術の移転の種類には、次のような締約国の人的、財政管理、科学的、技術的、組織的、制度的及びその他の資源に関する能力の創出又は向上のための支援を含めることができるが、これらに限定されない。

(a)　関連するデータ、情報、知識及び研究結果の共有並びに利用

(b)　先住民族及び適切な場合には地域社会の、自由で、情報に基づく事前の同意に従った、先住民族及び地域社会の関連する伝統的な知識を含む情報の普及及び啓発。

(c)　関連基盤の発展及び強化（設備及びその使用と維持のための要員の能力を含む。）

(d)　制度的能力及び国内の規制の枠組み又は制度の発展並びに強化

(e)　交流、研究協力、技術的な支援、教育及び訓練並びに海洋技術の移転を通じた人的及び財政管理資源能力並びに技術的な専門知識の発展並びに強化

(f)　手引書、指針及び基準の作成並びに共有

(g)　技術的、科学的及び研究開発計画の作成

(h)　この協定の範囲内の活動の効果的な監視、規制及び監督のための能力及び技術的手段の発展並びに強化

2　本条で特定された能力の開発及び海洋技術の移転の種類に関する更なる細目は附属書Ⅱに定める。

3　締約国会議は、能力の開発及び海洋技術の移転委員会の勧告を考慮しつつ、技術の進歩並びに技術革新を反映し並びに国、小地域及び地域のニーズの発展に対応し、適応するため、必要に応じ定期的に、附属書Ⅱに定められた能力の開発及び海洋技術の移転の種類の例示的かつ非網羅的な一覧表に関する指針を検討し、評価し、更に発展させ、提供する。

第四五条（監視及び検討）1　この部の規定に従って行われる能力の開発及び海洋技術の移転は、定期的に監視及び検討される。

2　1に規定する監視及び検討は、締約国会議の権限の下で能力の開発及び海洋技術の移転委員会により行い、次のことを目的とする。

(a)　能力の開発及び海洋技術の移転に関する開発途上国である締約国のニーズ及び優先事項を、第四二条四項に従い開発途上国である締約国の特別な要請並びに開発途上にある島嶼（しょ）国及び後発開発途上国の特別な要請に特別の考慮を払いつつ、評価及び検討する。

(b)　必要な支援及び提供され、動員された支援並びにこの協定に関する開発途上国である締約国の評価されたニーズを満たすための隔たりを検討すること。

(c)　能力の開発及び海洋技術の移転を発展させ、実施するための（ニーズ評価の実施のためのものを含む。）、第五二条の規定に基づいて設置された資金供与の制度に基づく資金の特定及び動員。

(d)　合意された指標に基づき履行を測定すること及び結果に基づく分析（この協定に基づく能力の開発及び海洋技術の移転の結果、成果、進捗状況及び実効性、並びに成功及び課題に関するものを含む。）を検討すること。

(e)　開発途上にある島嶼（しょ）国及び後発開発途上国の特別の事情を考慮し、この協定の目的を達成するため、開発途上国である締約国の履行を強化することを可能にするフォローアップ措置（能力の開発及び海洋技術の移転をいかなる方法で一層強化することができるかを含む。）のための勧告を行うこと。

3　能力の開発及び海洋技術の移転の監視並びに検討を支援するため、締約国は能力の開発及び海洋技術の移転委員会に報告を提出する。これらの報告は、能力の開発及び海洋技術の移転委員会の勧告を考慮し、締約国会議が決定する様式及び間隔で提出する。報告の提出に当たっては、適当な場合には、締約国は能力の開発及び海洋技術の移転に関する地域的並びに小地域的な機関からの意見も考慮する。締約国により提出された報告書並びに、能力の開発及び海洋技術の移転に関する地域並びに小地域的な機関からの意見は、一般に利用可能なものとする。締約国会議は、特に開発途上国である締約国の報告の要件を簡素化し、費用や時間に関するものを含め、負担の重い要件とならないことを確保する。

第四六条（能力の開発及び海洋技術の移転委員会）１　能力の開発及び海洋技術の移転委員会を設立する。

２　委員会は、この協定の最善の利益のために客観的に奉仕するための適当な資格及び専門的知識を有し、男女間の均衡及び衡平な地理的配分を考慮し、後発開発途上国、開発途上にある島嶼（しょ）国及び内陸国である開発途上国の代表を確保し、締約国によって指名され、締約国会議によって選出される委員により構成される。委員会の運営のための付託事項及び態様は、締約国会議がその第一回会合において決定する。

３　委員会は報告及び勧告を提出し、締約国会議はそれを検討し適当なときは措置をとる。

第六部　制度的な措置

第四七条（締約国会議）１　この協定により締約国会議を設置する。

２　締約国会議の第一回会合は、国際連合事務総長により、この協定の効力発生の後一年以内に招集される。その後は、締約国会議の通常会合は、締約国会議において決定する一定の間隔で開催する。その他の時期においても、手続規則に従い、締約国会議の特別会合を開催することができる。

３　締約国会議は、通常、事務局の所在地又は国際連合本部において会合する。

４　締約国会議は、コンセンサス方式により、その第一回会合において、締約国会議及びその補助機関の手続規則、締約国会議の資金及び事務局その他の補助機関の資金を規律する財政上の規則を採択し、その後は、同会議が設置する新たな補助機関の手続規則及び財政上の規則を採択する。手続規則が採択されるまでの間、海洋法に関する国際連合条約に基づく国家管轄権外の区域における海洋の生物の多様性の保全及び持続可能な利用に関する法的拘束力のある国際的な文書に関する政府間会議の手続規則が適用される。

５　締約国会議は、決定及び勧告をコンセンサス方式により採択するためにあらゆる努力を払う。この協定に別段の定めがある場合を除くほか、コンセンサスに達するためのあらゆる努力が尽くされた場合には、実質問題についての締約国会議の決定及び勧告は、出席し、かつ投票する締約国の三分の二以上の多数による議決で採択し、手続問題についての決定は、出席し、かつ投票する締約国の過半数による議決で採択する。

６　締約国会議は、この協定の実施を常に検討し、及び評価し、この目的のために次のことを行う。

(a)　この協定の実施に関連する決定及び勧告を採択すること。

(b)　この協定の実施に関連する締約国間の情報の交換を検討し、及び促進すること。

(c)　国の管轄外の区域の海洋生物の多様性の保全及び持続可能な利用に向けた取組の間の整合性を促進するために、関連する法的文書及び法的枠組み並びに関連する世界的、地域的、小地域的な、及び分野別機関との協力並びに調整、並びに関連する法的文書及び法的枠組み並びに関連する世界的、地域的、小地域的な、及び分野別機関の間の協力並びに調整を、促進すること（適当な手続を定めることを含む。）。

(d)　この協定の実施を支援するために必要と認められる補助機関を設置すること。

(e)　自己が決定する頻度及び会計期間の予算を、コンセンサスに達するためのあらゆる努力が尽くされた場合には、出席しかつ投票する締約国の四分の三以上の多数による議決で採択すること。

(f)　この協定が規定し、又は当該協定の実施のために必要なその他の任務を遂行すること。

７　締約国会議は、その権能の範囲内で、いずれかの問題について締約国会議に提出された提案とこの協定との適合性に関する法律問題に関し勧告的意見を与えるよう、国際海洋法裁判所に要請することを決定することができる。その他の世界的、地域的、小地域的又は分野別機関の権能の範囲内の問題、若しくは大陸又は島の領土に対する主権若しくはその他の権利若しくはそれらの主張若しくは国の管轄権の及ぶ区域の法的地位に関する紛争についての検討が同時に必要となる問題については、勧告的意見を要請してはならない。要請は、勧告的意見が求められている法律問題の範囲を示すものとする。締約国会議は、当該勧告的意見の付与について、緊急に処理を要する事項として取り扱われるよう要請することができる。

８　締約国会議は、この協定の効力発生から五年以内に、その後は、締約国会議が決定する一定の間隔で、この協定の規定の妥当性及び有効性を評価し、及び再検討し、必要な場合には、国家管轄権外の区域の海洋生物の多様性の保全及び持続可能な利用によりよく処するために、この協定の規定の実施を強化する方法を提案する。

第四八条（透明性）１　締約国会議は、この協定に基づき行われる意思決定手続その他の活動における透明性を促進する。

２　全ての締約国会議の会合及びその補助機関の会合は、締約国会議により別段の決定が行われる場合を除き、手続規則に従って参加するオブザーバーに開放される。締約国会議は、その決定の公的な記録を公表し、及び維持する。

３　締約国会議は、適当な場合には、この協定の規定に従い、この協定の実施における透明性を促進する（情報を公に普及させること、関連する世界的、地域的、小地域的及び分野別機関、関連する伝統的な知識を有する先住民族及び地域社会、科学界、市民社会並びにその他の利害関係者の参加を促進すること並びにそれらと協議することを含む。）。

４　この協定の非締約国、関連する世界的、地域的、小地域的な、及び分野別機関、関連する伝統的な知識を有する先住民族及び地域社会、科学界、市民社会並びにその他の利害関係者の代表者であって、締約国会議に関する事項に利害関係を有する者は、締約国会議の会合及びその補助機関の会合にオブザーバーとして参加することを要請することができる。締約国会議の手続規則は、そのような参加の方法について定めるものとし、当該会合への参加に関して不当に制限的であってはならない。さらに、手続規則は、当該代表が全ての関連する情報を適時に取得することができるよう定めるものとする。

第四九条(科学機関及び技術機関) 1 この協定により科学機関及び技術機関を設置する。

2 科学機関及び技術機関は、専門家の資格で、この協定の最善の利益のために職務を遂行する委員で構成される。当該委員は、学際的な専門知識(関連する科学的及び技術的専門知識並びに先住民族及び地域社会の関連する伝統的な知識に関する専門的知識を含む。)の必要性、男女間の均衡及び衡平な地理的代表を考慮して、適当な資格を有し、締約国によって指名され、締約国会議によって選出される。科学機関及び技術機関の付託事項及び運営の方法(その選出の手続及び委員の任務の期間を含む。)は、締約国会議の第一回会合において決定する。

3 科学機関及び技術機関は、必要に応じて関連する法的文書及び法的枠組み並びに関連する世界的、地域的、小地域的な及び分野別機関並びにその他の科学者及び専門家からの適当な助言を参考とすることができる。

4 科学機関及び技術機関は、締約国会議の権限及び指導の下、2に規定する学際的な専門的知識を考慮し、締約国会議に対して科学上及び技術上の助言を行い、この協定に基づき与えられる任務及び締約国会議が決定するその他の任務を遂行し、及びその活動について締約国会議に報告する。

第五〇条(事務局) 1 この協定により事務局を設置する。締約国会議は、その第一回会合において、事務局の任務の遂行のための措置(事務局の所在地の決定を含む。)を決定する。

2 事務局がその任務を開始する時までの間、国際連合事務総長が国際連合事務局法務部海事海洋法課を通じて、この協定に基づく事務局の任務を遂行する。

3 事務局及び接受国は、本部協定を締結することができる。事務局は接受国の領域内において法律上の能力を享受し、その任務の遂行に必要な特権及び免除を接受国から与えられる。

4 事務局は、次のことを行う。

(a) この協定の実施のため、締約国会議及びその補助機関に対し、行政上の支援及び事務的支援を提供すること。

(b) 締約国会議並びにこの協定に基づき、又は締約国会議によって設置されるその他の機関の会合を準備し、及び役務を提供すること。

(c) この協定の実施に関する情報を適時に送付すること(締約国会議の決定を公に入手可能なものとし、並びに全ての締約国並びに関連する法的文書及び法的枠組み並びに世界的、地域的、小地域的な、及び分野別機関に送付することを含む。)。

(d) 適当な場合には、他の関連する国際機関の事務局との協力及び調整を促進し、特に、締約国会議の承認を条件として、その目的のための、及びその任務を効果的に遂行するために必要な事務上の、及び契約上の取決めを締結すること。

(e) この協定に基づく任務の遂行に関する報告書を作成し、及びこれを締約国会議に提出すること。

(f) この協定の実施に伴う援助を提供し、及び締約国会議が決定し、又はこの協定に基づき与えられるその他の任務を遂行すること。

第五一条(情報の交換の仕組み) 1 この協定により情報の交換の仕組みを設置する。

2 情報の交換の仕組みは、主として自由にアクセス可能なプラットフォームにより構成される。情報の交換の仕組みの具体的な運用方法は、締約国会議が決定する。

3 情報の交換の仕組みは次のことを行う。

(a) この協定の規定に従い行われる活動に関して、締約国が情報の取得、提供及び配布をおこなうことができるようにするための単一のプラットフォームとしての役割を果たすこと。当該情報には次の事項に関する情報が含まれる。

(i) この協定の第二部に定める国家管轄権外の区域の海洋の遺伝資源

(ii) 区域に基づく管理手段(海洋保護区域を含む。)の設置及び実施

(iii) 環境影響評価

(iv) 能力の開発及び海洋技術の移転に関する要請並びにそれらに関する機会(研究協力及び訓練の機会、海洋技術の移転のための技術的情報及びデータの情報源並びに利用可能性に関する情報、海洋技術の容易にされた取得の機会並びに資金の利用可能性を含む。)

(b) 能力の開発のニーズを、利用可能な支援及び海洋技術の移転の提供者(海洋技術の移転の拠出者として参加することに関心を有する政府機関、非政府機関又は民間団体を含む。)と結び付けることを容易にし、並びに関連するノウハウ及び専門知識の取得を容易にすること。

(c) 関連する世界的、地域的、小地域的、国家的及び分野別情報の交換の仕組み並びにその他のジーンバンク、保管所及びデータベース(先住民族及び地域社会の関連する伝統的な知識に関するものを含む。)との関係を確立し、及び、可能な場合には、公に利用可能な情報交換のための民間及び非政府機関のプラットフォームとの関係を促進すること。

(d) 世界的な情報の交換の仕組みの下で地域的及び

小地域的な当該仕組みを設ける場合には、適当なときは、世界的、地域的及び小地域的な情報の交換機関を基礎とすること。

(e)　強化された透明性を促進すること（締約国とその他の利害関係者との間で国家管轄権外の区域の海洋生物の多様性の保全及び持続可能な利用に関連する環境に関する基準値のデータ及び情報の共有を促進することによるものを含む。）。

(f)　国際協力を促進すること（科学的及び技術的協力を含む。）。

(g)　締約国会議が決定し、又はこの協定に基づき課されるその他の任務を遂行する。

4　情報の交換の仕組みは、締約国会議が決定するその他の関連する法的文書及び法的枠組み並びに世界的、地域的、小地域的な及び分野別機関（国際連合教育科学文化機関政府間海洋学委員会、国際海底機構、国際海事機関及び国際連合食糧農業機関を含む。）とのあり得る協力を妨げることなく、事務局が管理する。

5　情報の交換の仕組みの管理に当たっては、開発途上締約国の特別な要請及び開発途上にある島嶼（しょ）締約国の特別な事情を十分に認識し、当該国が不当な障害又は行政上の負担なく利用することができるよう、当該仕組みの利用を促進する。情報には、当該国内において、当該国とともに情報の共有、啓発及び周知を促進し、並びに当該国に具体的な計画を提供するための活動に関するものが含まれるものとする。

6　この協定に基づき提供される情報の秘密性及び当該情報に対する権利は尊重されるものとする。この協定に基づくいかなる規定も、締約国の国内法令又は他の適用のある法令に基づき開示から保護される情報の共有を要求するものと解してはならない。

第七部　資源及び資金供与の制度

第五二条（資金供与）　1　各締約国は、自国の政策、優先度及び計画を考慮し、その能力の範囲内で、この協定の目的を達成するための活動に関して資金を提供する。

2　この協定に基づき設置される機関は、締約国の分担金をもって支弁する。

3　この協定により、この協定に基づく適当な、利用可能な、新たな、かつ、追加的な、及び予測可能な資金供与の制度を設立する。当該制度は、開発途上締約国によるこの協定の実施を支援し（能力の開発及び海洋技術の移転を支援する資金供与を通じて行うことを含む。）、及び海洋生物の多様性の保全及び持続可能な利用のためにこの条に定めるその他の任務を遂行する。

4　当該制度には次のことを含める。

(a)　開発途上国締約国（特に後発開発途上国、内陸国である開発途上国及び開発途上にある島嶼（しょ）国）の代表者の、この協定に基づいて設置される機関の会合への参加を促進するために、締約国会議が設置する任意の信託基金

(b)　次のいずれかの資金をもって支弁する特別基金

(i)　第一四条六項の規定に基づく年次拠出金

(ii)　第一四条七項の規定に基づく支払

(iii)　国家管轄権外の区域の海洋の生物の多様性の保全及び持続可能な利用を支援するための資金の提供を希望する締約国及び民間団体からの追加的拠出金

(c)　地球環境基金の信託基金

5　締約国会議は、資金供与の制度の一部として、国家管轄権外の区域の海洋生物の多様性の保全及び持続可能な利用を支援し、国家管轄権外の区域の海洋生物の多様性の機能の修復及び生態学的な復元のための資金を供与するための、追加的な基金を設置する可能性を検討することができる。

6　特別基金及び地球環境基金の信託基金は次の目的のため使用する。

(a)　この協定に基づく能力の開発事業（海洋生物の多様性の保全及び持続可能な利用に関する効果的な事業を含む。）並びに活動及び計画（海洋技術の移転に関する訓練を含む。）に資金を供与すること。

(b)　この協定を実施するに当たり、開発途上締約国を支援すること。

(c)　伝統的な知識を有する者としての先住民族及び地域社会による保全及び持続可能な利用計画を支援すること。

(d)　国、小地域及び地域の段階における公衆からの意見聴取を支援すること。

(e)　締約国会議が決定するその他の活動の実施のために資金を供与すること。

7　資金供与の制度は、当該制度の枠内で資金の利用の重複を避け、並びに補完性及び整合性を促進することを確保するよう努めるべきである。

8　この協定の実施を支援するに当たり調達される資金には、国内的か国際的かを問わず官民の資金源を通じて提供された資金（国、国際金融機関、世界的及び地域的文書に基づく既存の資金供与の制度、援助機関、政府間機関、非政府機関並びに自然人及び法人からの拠出金を含むが、これらに限定されない。）並びに官民間の連携を通じて提供された資金を含めることができる。

9　当該制度は、この条約の目的のため、締約国会議の権限の下に、及び、適当な場合には、その指導の下に機能し、締約国会議に対して責任を負う。締約国会議は、全般的な戦略、政策、計画の優先度並びに資金へのアクセス及び資金の利用のための資格に関する手引を提供する。

10　締約国会議及び地球環境基金は、締約国会議の第一回会合において、前記の規定を実施するための取決めについて合意する。

11　国家管轄権外の区域の海洋の生物の多様性の保全

及び持続可能な利用に取り組む緊急性に鑑み、締約国会議は、特に、特別基金の制度の態様並びに能力の開発及び海洋技術の移転委員会を通じて提供される情報を考慮して、特別基金に対する全ての資金源からの二〇三〇年までの当初の資金調達目標を決定する。

12　この協定に基づく資金へのアクセスのための資格は、ニーズに基づいて開発途上締約国に開放される。特別基金に基づく資金は、特別な要請を有する締約国(特に後発開発途上国、内陸国である開発途上国、地理的不利国、開発途上にある島嶼(しょ)国、沿岸国であるアフリカ諸国、群島国及び中所得国)の支援のニーズを考慮して、並びに開発途上にある島嶼(しょ)国及び後発開発途上国の特別な状況を考慮して、衡平な配分基準に基づいて配分する。特別基金は、簡素化された申請及び承認の手続並びに受入準備のための強化された支援により、当該開発途上締約国のための資金への効率的なアクセスを確保することを目的とする。

13　締約国は、国際機関に対し、国家管轄権外の区域の海洋の生物の多様性の保全及び持続可能な利用のため、能力の制約に照らし、適当な資金及び技術支援並びに国際機関の専門的役務の利用の割当てに当たり、開発途上にある島嶼(しょ)国及び後発開発途上国の特別な状況を考慮しつつ、開発途上国締約国(特に、後発開発途上国、内陸国である開発途上国及び開発途上にある島嶼(しょ)国)に対し優先的待遇を与え、及びこれらの国の個別のニーズ及び特別な要請を検討することを奨励する。

14　締約国会議は、資金に関する財政委員会を設置する。財政委員会は、男女間の均衡と衡平な地理的配分を考慮して、適当な資格及び専門知識を有する委員で構成する。委員会の付託事項及び運営の態様は締約国会議が決定する。委員会は、当該制度に基づく資金の特定及び調達について定期的に報告し、及び勧告を行う。委員会は、この協定の目的の達成に直接又は間接に寄与しているその他の制度及び文書に基づく資金についても情報を収集し、及び報告する。委員会は、この条に定める検討事項に加え、特に次の事項を検討する。

(a)　締約国(特に開発途上締約国)のニーズの評価

(b)　資金の利用可能性及び資金の適時の支払

(c)　資金の調達及び配分に関する意思決定及び管理過程の透明性

(d)　合意された資金の利用に関する受益する開発途上国締約国による説明責任

15　締約国会議は、財政委員会の報告及び勧告について検討し、並びに適当な措置をとる。

16　さらに、締約国会議は、特に開発途上締約国のため、資金の妥当性、有効性及び利用可能性を評価するために、資金供与の制度(能力の開発の提供及び海洋技術の移転のための制度を含む。)について定期的な審査を実施する。

第八部　実施及び遵守

第五三条(実施)締約国は、この協定の実施を確保するために、適宜、必要な立法上、行政上又は政策上の措置をとる。

第五四条(実施の監視)各締約国は、この協定に基づく自国の義務の実施を監視し、並びに、この協定を実施するための措置につき、締約国会議が決定する形式及び一定の間隔で、締約国会議に報告する。

第五五条(実施及び遵守に関する委員会)1　この協定により、この協定の規定の実施を促進し、かつ検討し、及びこの協定の規定の遵守を促進するため、実施及び遵守に関する委員会を設置する。実施及び遵守に関する委員会は、促進的な性格を有し、並びに透明性があり、敵対的でなく、及び懲罰的でない方法によって機能する。

2　実施及び遵守に関する委員会は、男女間の均衡及び衡平な地理的配分に妥当な考慮を払った上で、締約国によって指名され、締約国会議によって選出される適当な資格及び経験を有する委員で構成される。

3　実施及び遵守に関する委員会は、締約国会議が第一回会合において採択する態様及び手続規則に従って運営される。実施及び遵守に関する委員会は、特に、個別の及び組織的な段階において実施及び遵守に関する事項を検討し、適当な場合には、各国の事情を認識しつつ、締約国会議に定期的に報告を行い、及び勧告する。

4　実施及び遵守に関する委員会は、その任務の過程において、必要に応じて、この協定に基づき設置される機関並びに関連する法的文書及び法的枠組み並びに世界的、地域的、小地域的な及び分野別機関からの適当な情報を利用することができる。

第九部　紛争の解決

第五六条(紛争の防止)締約国は、紛争を防止するために協力する。

第五七条(平和的手段によって紛争を解決する義務)締約国は、この協定の解釈又は適用に関する紛争を、交渉、審査、仲介、調停、仲裁、司法的解決、地域的機関若しくは地域的取決めの利用又は当該締約国が選択するその他の平和的手段によって解決する義務を負う。

第五八条(紛争当事者が選択する平和的手段による紛争の解決)この部のいかなる規定も、この協定の解釈又は適用に関するこの協定の締約国間の紛争を当該締約国が選択する平和的手段によって解決することにつき当該締約国がいつでも合意する権利を害するものではない。

第五九条(技術的な性質を有する紛争)紛争が技術的な性質を有する事項に関係する場合には、関係締約国は、当該締約国間で設置する特別の専門家委員会に当該紛争を付託することができる。当該専門家委員会は、関係締約国と協議し、次条に規定する紛争解決のための拘束力のある手続によることなく、当該紛争を速やかに解決するよう努める。

第六〇条（紛争解決手続） 1　この協定の解釈又は適用に関する紛争は、条約の第一五部に定める紛争解決のための規定に従って解決する。

2　この協定の締約国であって、条約の締約国ではない国が関係する紛争解決のため、条約の第一五部並びに同条約附属書Ⅴ、附属書Ⅵ、附属書Ⅶ及び附属書Ⅷの規定を複製して適用するものとする。

3　この協定の締約国であり、かつ、条約の締約国である国が条約第二八七条の規定に従って受け入れた手続は、この部に定める紛争解決について適用する。ただし、そのような国がこの協定に署名し、これを批准し、承認し、受諾し、若しくはこれに加入する時に、又はその後いつでもこの部に定める紛争解決のために同条の規定に従って同条に定める他の手続を受け入れた場合は、この限りでない。

4　この協定の締約国であり、かつ条約の締約国である国が条約の第二九八条の規定に従って行われた宣言は、この部に定める紛争解決について適用する。ただし、そのような国がこの協定に署名し、これを批准し、承認し、受諾し、若しくはこれに加入する時に、又はその後いつでもこの部に定める紛争解決のために同条の規定に従って同条に定める異なる宣言が行われたた場合はこの限りではない。

5　第二項の規定に従って、この協定の締約国であって条約の締約国でない国は、この協定に署名し、これを批准し、承認し、受諾し、若しくはこれに加入する時に、又はその後いつでも、寄託者に対し書面による宣言を行うことにより、この協定の解釈又は適用に関する紛争の解決のための次の手段のうち一又は二以上の手段を自由に選択することができる。

(a)　国際海洋法裁判所
(b)　国際司法裁判所
(c)　条約の附属書Ⅶの仲裁裁判所
(d)　条約の附属書Ⅷに規定する一又は二以上の種類の紛争のための特別仲裁裁判所

6　この協定の締約国であって、条約の締約国ではない国のうち、宣言を行っていない締約国については、第五項(c)に規定する選択肢を受け入れたものとみなされる。紛争当事者が紛争の解決のために同一の手続を受け入れている場合には、当該紛争については、紛争当事者が別段の合意をしない限り、当該手続にのみ付することができる。紛争当事者が紛争の解決のために同一の手続を受け入れていない場合には、当該紛争については、紛争当事者が別段の合意をしない限り、条約の附属書Ⅶに基づく仲裁にのみ付することができる。第五項の規定に基づいて行われた宣言には、条約の第二八七条6から8までが適用される。

7　この協定の締約国であって、条約の締約国ではない国は、この協定に署名し、これを批准し、承認し、受諾し、若しくはこれに加入する時に、又はその後いつでも、この部の規定に従って生ずる義務に影響を及ぼすことなく、この部に基づく紛争解決のために、条約の第二九八条に定める種類の紛争のうち一又は二以上の紛争について、条約の第一五部第二節に定める手続のうち一又は二以上の手続を受け入れないことを書面によって宣言することができる。当該宣言には条約の第二九八条が適用される。

8　この条の規定は、紛争当事者が、関連する法的文書及び法的枠組みの参加国として、又は関連する世界的、地域的、小地域的な若しくは分野別機関の加盟国として合意した当該法的文書及び枠組みの解釈又は適用に関する紛争解決手続に影響を及ぼすものではない。

9　この協定のいかなる規定も、国の管轄権の及ぶ区域の法的地位に関係し、若しくは当該地位についての検討が必要となる紛争、大陸若しくは島の領土に対する主権若しくはその他の権利に関する紛争又はこれらに対するこの協定の締約国の主張について裁判所に管轄権を与えるものと解してはならない。ただし、この項のいかなる規定も、条約の第一五部第二節の規定に基づく裁判所の管轄権を制限するものと解してはならない。

10　この協定のいかなる規定も、陸域若しくは海域における主権、主権的権利又は管轄権（関連する紛争に関するものを含む。）についての請求権を主張し、又は否認する根拠としてはならないことが確認される。

第六一条（暫定的な取極） 紛争がこの部の規定に従って解決されるまでの間、紛争当事者は、実際的な性質を有する暫定的な取極を締結するためにあらゆる努力を払う。

第一〇部　この協定の非締約国

第六二条（この協定の非締約国） 締約国は、この協定の非締約国に対し、この協定の締約国となり、かつ、この協定に適合する法令を制定するよう奨励する。

第一一部　信義誠実及び権利の濫用

第六三条（信義誠実及び権利の濫用） 締約国は、この協定により負う義務を誠実に履行するものとし、また、この協定により認められる権利を権利の濫用とならないように行使する。

第一二部　最終規定

第六四条（投票権） 1　この協定の各締約国は、2に規定する場合を除くほか、一の票を有する。

2　この協定の締約国である地域的な経済統合のための機関は、その権限の範囲内の事項について、この協定の締約国であるその構成国の数と同数の票を投ずる権利を行使する。地域的な経済統合のための機関は、その構成国が自国の投票権を行使する場合には、投票権を行使してはならない。その逆の場合も、同様とする。

第六五条（署名）この協定は、二〇二三年九月二〇日から全ての国及び地域的な経済統合のための機関による署名のために開放され、二〇二五年九月二〇日までニューヨークにある国際連合本部において、署名のために開放しておく。

第六六条（批准、承認、受諾及び加入）この協定は、国及び地域的な経済統合のための機関により批准され、承認され、又は受諾されなければならない。この協定は、この協定の署名のための期間の終了日の後は、国及び地域的な経済統合のための機関による加入のために開放しておく。批准書、承認書、受諾書又は加入書は、国際連合事務総長に寄託する。

第六七条（この協定の規律する事項に関する地域的な経済統合のための機関及びその構成国の権限の分担）1　この協定の締約国となる地域的な経済統合のための機関であってそのいずれの構成国も締約国となっていないものは、この協定に基づく全ての義務を負う。そのような機関の一又は二以上の構成国がこの協定の締約国である場合は、当該地域的な経済統合のための機関及びその構成国は、この協定に基づく義務の履行につきそれぞれの責任を決定する。この場合において、当該地域的な経済統合のための機関及びその構成国は、この協定に基づく権利を同時に行使することができない。

2　地域的な経済統合のための機関は、この協定の規律する事項に関する自己の権限の範囲をこの協定の批准書、承認書、受諾書又は加入書において宣言する。また、地域的な経済統合のための機関は、その権限の範囲に関連する変更を寄託者に通報し、寄託者は、これを締約国に通報する。

第六八条（効力発生）1　この協定は、六〇番目の批准書、承認書、受諾書又は加入書が寄託された日の後百二〇日で効力を生ずる。

2　六〇番目の批准書、承認書、受諾書又は加入書が寄託された後にこの協定を批准、承認若しくは受諾する又はこれに加入する国又は地域的な経済統合のための機関については、この協定は、1の規定に従うことを条件として、その批准書、承認書、受諾書又は加入書の寄託の日の後三〇日目の日に効力を生ずる。

3　地域的な経済統合のための機関によって寄託される文書は、1及び2の規定の適用上、当該機関の構成国によって寄託されたものに追加して数えてはならない。

第六九条（暫定的な適用）1　この協定は、署名時又は批准書、承認書、受諾書若しくは加入書の寄託時に、寄託者に対する書面による通告により暫定的な適用に同意した国又は地域的な経済統合のための機関によって暫定的に適用することができる。当該暫定的な適用は、寄託者が当該通告を受領した日から有効となる。

2　国又は地域的な経済統合のための機関による暫定的な適用は、この協定が当該国若しくは地域的な経済統合のための機関について効力を生ずる時、又は当該国若しくは地域的な経済統合のための機関が暫定的な適用を終了させる意思を寄託者に対して書面により通告した時に終了する。

第七〇条（留保及び除外）この協定については、他の条の規定により明示的に認められている場合を除くほか、留保を付することも、また、除外を設けることもできない。

第七一条（宣言及び声明）第七〇条の規定は、国又は地域的な経済統合のための機関がこの協定の署名若しくは批准、承認、受諾又はこれへの加入の際に、特にその国内法令をこの協定の規定に調和させることを目的として、宣言又は声明（用いられる文言及び名称のいかんを問わない。）を行うことを排除しない。ただし、当該宣言又は声明は、これらを行った国又は地域的な経済統合のための機関についてこの協定を適用するに当たり、この条約の規定の法的効力を排除し、又は変更することを意味しない。

第七二条（改正）1　締約国は、事務局にあてた書面による通報により、この協定の改正案を提案することができる。事務局は、当該通報を全ての締約国に送付する。当該通報の送付の日から六箇月以内に締約国の二分の一以上がその要請に好意的な回答を行った場合には、次回の締約国会議において当該改正案を審議する。

2　第四七条の規定に従って採択されたこの協定の改正は、寄託者が全ての締約国に対し、批准、承認又は受諾のために送付する。

3　この協定の改正は、当該改正の採択時の締約国の数の三分の二の数の締約国による批准書、承認書又は受諾書の寄託の後三〇日目の日に、改正を批准し、承認し、又は受諾する締約国について効力を生ずる。その後は、必要とされる数の改正の批准書、承認書又は受諾書が寄託された後に改正の批准書、承認書又は受諾書を寄託する締約国については、改正は、その批准書、承認書又は受諾書の寄託の日の後三〇日目の日に効力を生ずる。

4　改正については、その効力発生のためにこの条に定める数よりも少ない若しくは多い数の批准、承認又は受諾を必要とすることを、その採択の際に定めることができる。

5　地域的な経済統合のための機関によって寄託される文書は、3及び4の規定の適用上、当該機関の構成国によって寄託されたものに追加して数えてはならない。

6　3の規定により改正が効力を生じた後にこの協定の締約国となる国又は地域的な経済統合のための機関は、別段の意思を表明しない限り、

(a)　改正された協定の締約国とされ、

(b)　当該改正によって拘束されない締約国との関係においては、改正されていない協定の締約国とされる。

第七三条（廃棄） 1　締約国は、国際連合事務総長にあてた書面による通告を行うことによってこの協定を廃棄することができるものとし、また、その理由を示すことができる。理由を示さないことは、廃棄の効力に影響を及ぼすものではない。廃棄は、一層遅い日が通告に明記されている場合を除くほか、その通告が受領された日の後一年で効力を生ずる。

2　廃棄は、この協定との関係を離れた国際法に基づく義務であってこの協定に具現されているものを締約国が履行する責務に何ら影響を及ぼすものではない。

第七四条（附属書） 1　附属書は、この協定の不可分の一部を成すものとし、また、別段の明示の定めがない限り、「この協定」といい、又は第一部から第一二部までのいずれかの部を指していうときは、関連する附属書を含めていうものとする。

2　この協定の改正に関する第七二条の規定は、この協定の新たな附属書の提案、採択及び効力発生についても適用される。

3　締約国は、締約国会議の次回の会合における審査のために、この協定の附属書の改正を提案することができる。締約国会議は、附属書を改正することができる。第七二条の規定にかかわらず、この協定の附属書の改正に関連して次の規定が適用される。

(a)　改正案は、会合の少なくとも一五〇日前に事務局に通告する。事務局は、改正案を受領した場合には、これを締約国に送付する。事務局は、必要に応じ、関連する補助機関と協議し、及び会合の三〇日前までに回答をすべての締約国に通告する。

(b)　4の規定に従い異義を申し立てた締約国を除くほか、会合で採択された改正は、当該会合の終了の後一八〇日で、全ての締約国に対し効力を生ずる。

4　いずれの締約国も、3(b)に規定する一八〇日間の期間内に寄託者への書面による通知を行うことにより、改正について異義を申し立てることができる。当該異議は、寄託者に対して書面で通知することより、いつでも撤回することができるものとし、この場合において、附属書の改正は異議を撤回した日の後三〇日目の日に当該締約国について効力を生ずる。

第七五条（寄託者） この協定及びその改正の寄託者は、国際連合事務総長とする。

第七六条（正文） この協定のアラビア語、中国語、英語、フランス語、ロシア語及びスペイン語をひとしく正文とする。

5

12　海洋航行の安全に対する不法な行為の防止に関する条約（海洋航行不法行為防止条約）（抄）

署　名　一九八八年三月一〇日（ローマ）
効力発生　一九九二年三月一日
日本国　一九九八年三月三一日国会承認、一九九八年四月二四日加入書寄託、公布（条約第二号）、一九九八年七月二三日効力発生

改正議定書［注：この改正議定書は、日本国が未批准であるため、本文に改正は反映させず、改正議定書により追加される条文の内、特に重要なものを挿入した。］
作　成　二〇〇五年一〇月一四日（ロンドン）
効力発生　二〇一〇年七月二八日

前文（略）

第一条【「船舶」の定義】 この条約の適用上、「船舶」とは、海底に恒久的に取り付けられていないすべての型式の船をいい、動的に支持される機器、潜水船その他の浮遊機器を含む。

第二条【本条約の不適用】 1　この条約は、次の船舶には適用しない。

(a)　軍艦

(b)　国が所有し又は運航する船舶であって軍の支援船として又は税関若しくは警察のために使用されるもの

(c)　航行の用に供されなくなった船舶又は係船中の船舶

2　この条約のいかなる規定も、軍艦及び非商業的目的のために運航する政府船舶に与えられる免除に影響を及ぼすものではない。

第三条【犯罪行為】 1　不法かつ故意に行う次の行為は、犯罪とする。

(a)　暴力、暴力による脅迫その他の威嚇手段を用いて船舶を奪取し又は管理する行為

(b)　船舶内の人に対する暴力行為（当該船舶の安全な航行を損なうおそれがあるものに限る。）

(c)　船舶を破壊し、又は船舶若しくはその積荷に対し当該船舶の安全な航行を損なうおそれがある損害を与える行為

(d)　手段のいかんを問わず、船舶に、当該船舶を破壊するような装置若しくは物質若しくは当該船舶若しくはその積荷にその安全な航行を損ない若しくは損なうおそれがある損害を与えるような装置若しくは物質を置き、又はそのような装置若しくは物質が置かれるようにする行為

(e)　海洋航行に関する施設を破壊し若しくは著しく損傷し、又はその運用を著しく妨害する行為（船舶の安全な航行を損なうおそれがあるものに限る。）

(f)　虚偽と知っている情報を通報し、それにより船舶の安全な航行を損なう行為

(g) (a)から(f)までに定める犯罪及びその未遂に関連して人に傷害を与え又は人を殺害する行為

2 次の行為も、犯罪とする。

(a) 1に定める犯罪の未遂

(b) 1に定める犯罪の教唆そのほかの当該犯罪に加担する行為

(c) 1の(b)、(c)及び(e)に定める犯罪を行うとの脅迫（船舶の安全な航行を損なうおそれがあるものに限る。）。何らかの行為を行うこと又は行わないことを自然人又は法人に強要する目的で行われることを要件とするか否かについては、国内法の定めるところによる。

注：二〇〇五年の改正議定書による追加条文。

第三条の2

1 不法かつ故意に行う次の行為は、この条約において犯罪とする。

(a) 行為の性質若しくは状況から、住民を脅迫し、又は政府若しくは国際機関に何らかの行為を行うこと若しくは行わないことを強要する目的で行う次の行為

(i) 爆発性物質、放射性物質若しくはBCN兵器（生物、化学又は核兵器）を、船舶に対して若しくは船上で使用し、又は船舶から排出すること（死亡又は重大な傷害若しくは損害を生じさせる又は生じさせるおそれのある方法で行う場合に限る。）。

(ii) 船上から油、液化天然ガス若しくはその他有害危険物質を排出すること（死亡又は重大な傷害若しくは損害を生じさせる又は生じさせるおそれのある量若しくは濃度で排出する場合に限る。）。

(iii) 死亡又は重大な傷害若しくは損害を生じさせる方法で船舶を使用すること。

(iv) (i)、(ii)又は(iii)に定める犯罪を行うと脅迫すること（要件を追加するか否かについては、国内法の定めるところによる。）。

(b) 船舶による次の物質の輸送

(i) 爆発性物質又は放射性物質。ただし、当該物質が、住民を脅迫し、又は政府若しくは国際機関に何らかの行為を行うこと若しくは行わないことを強要する目的で、死亡又は重大な傷害若しくは損害を生じさせるために、又は生じさせると脅迫するために（要件を追加するか否かについては、国内法の定めるところによる。）使用される予定であることを知っている場合に限る。

(ii) BCN兵器。ただし、第一条に定めるBCN兵器であることを知っている場合に限る。

(iii) 原料物質、特殊核分裂性物質、又は特殊核分裂性物質を処理、利用若しくは生産するために特別に設計若しくは作成された設備若しくは資材。ただし、これらの物質が国際原子力機関の包括的保障協定に基づく保障措置の下で行われるものではない核爆発活動若しくはその他のあらゆる原子力活動において使用される予定であることを知っている場合に限る。

(iv) BCN兵器の設計、製造若しくは運搬に重要な役割を果たす設備、資材若しくはソフトウェア若しくは関連技術。ただし、これらがそのような目的のために使用される予定である場合に限る。

2 1(b)(iii)に定める品目若しくは資材、又は核兵器その他の核爆発装置に関する限り1(b)(iv)に定める品目若しくは資材の輸送は、当該品目若しくは資材が核兵器の不拡散に関する条約の締約国の領域に向けて、若しくは締約国の領域から行われる場合、又はその他の締約国の管理下で行われる場合には、この条約における犯罪を構成しないものとする。ただし、次の場合に限る。

(a) 当該品目又は資材の移送又は受領（国内における移送又は受領を含む。）が、核兵器の不拡散に関する条約に定める締約国の義務に反するものではないこと。

(b) 当該品目又は資材を、核兵器の不拡散に関する条約の締約国が保有する核兵器その他の核爆発装置の運搬手段とすることを意図している場合には、当該兵器又は装置の所有が当該条約に定める締約国の義務に反するものではないこと。

第四条【条約適用の範囲】 1 この条約は、船舶が一の国の領海の外側の限界若しくは隣接国との境界を越えた水域に向かって若しくは当該水域から航行し若しくは航行する予定である場合又は当該水域を航行し若しくは航行する予定である場合に適用する。

2 この条約は、1の規定によりこの条約が適用されない場合においても、犯人又は容疑者が1に規定する国以外の締約国の領域内で発見されたときは、適用する。

第五条【重大性を考慮した適当な刑罰】 締約国は、第三条、第三条の2、第三条の3及び第三条の4に定める犯罪について、その重大性を考慮した適当な刑罰を科することができるようにする。

第五条の2

注：二〇〇五年の改正議定書による追加条文。

1 締約国は、自国の領域内に所在しているか又は自国の法律に基づき組織された法人の経営又は管理に責任を有する者がその資格においてこの条約に定める犯罪を行った場合には、自国の国内法の原則に従い、当該法人が責任を負うことを可能とするために必要な措置をとる。当該責任は、刑事上、民事上又は行政上のものとすることができる。

2 前項の責任を負うことは、犯罪を行った個人の刑事上の責任に影響を及ぼすものではない。

3 締約国は、特に、1の規定に従って責任を負う法人に対し、効果的で、均衡がとれたかつ抑止力のある刑事上、民事上又は行政上の制裁が科され

ることを確保する。当該制裁には、金銭的制裁を含めることができる。

第六条【裁判権の設定】1　締約国は、次の場合において第三条に定める犯罪についての自国の裁判権を設定するため、必要な措置をとる。

(a) 犯罪が、当該犯罪の時に自国を旗国とする船舶に対し又はその船舶内で行われる場合

(b) 犯罪が自国の領域(領海を含む。)内で行われる場合

(c) 犯罪が自国の国民によって行われる場合

2　締約国は、次の場合において第三条に定める犯罪についての自国の裁判権を設定することができる。

(a) 犯罪が自国内に常居所を有する無国籍者によって行われる場合

(b) 犯罪の過程において自国の国民が逮捕され、脅迫され、傷害を受け又は殺害される場合

(c) 犯罪が、何らかの行為を行うこと又は行わないことを自国に対して強要する目的で行われる場合

3　2に定める裁判権を設定した締約国は、その旨を国際海事機関事務局長(以下「事務局長」という。)に通報する。当該締約国は、その後に当該裁判権を廃止した場合には、その旨を事務局長に通報する。

4　締約国は、容疑者が自国の領域内に所在し、かつ、自国が1又は2の規定に従って裁判権を設定したいずれかの締約国に対しても当該容疑者の引渡しを行わない場合において第三条に定める犯罪についての自国の裁判権を設定するため、必要な措置をとる。

5　この条約は、国内法に従って行使される刑事裁判権を排除するものではない。

第七条【犯人所在国の措置】（略）

第八条【船長による引渡し】1　締約国(「旗国」)の船舶の船長は、第三条に定める犯罪のいずれかを行ったと信ずるに足りる相当な理由がある者を、他の締約国(「受取国」)の当局に引き渡すことができる。

2　旗国は、自国の船舶の船長が、実行可能な時点において(可能なときは、1の規定に基づいて引き渡そうとする者を乗せて受取国の領海に入る前に)、当該受取国の当局に対し、その者を引き渡す意図を有する旨及びその理由を通報することを確保する。

3　受取国は、引渡しの原因となった行為にこの条約が適用されないと考える理由がある場合を除くほか、当該引渡しを受け入れるものとし、前条の規定に従って手続をとる。引渡しを受け入れない場合には、その理由を明らかにする。

4　旗国は、自国の船舶の船長が犯罪に関し所持する証拠を受取国の当局に提供することを確保する。

5　3の規定に従って1に規定する者の引渡しを受け入れた受取国は、旗国に対し、当該者の旗国への引渡しを受け入れるよう要請することができる。旗国は、その要請に考慮を払うものとし、要請に応ずる場合には、前条の規定に従って手続をとる。要請に応じない場合には、受取国に対してその理由を明らかにする。

注：二〇〇五年の改正議定書による追加条文。

第八条の2

1　締約国は、国際法に従い、本条約に規定する不法な行為を防止し及び抑止するため最大限度の協力を行うものとし、本条の規定による要請について、可能な限り迅速に回答しなければならない。

2　本条に基づく要請は、可能な場合、不審船の名称、国際海事機関(IMO)認識番号、船籍港、出発港及び目的港その他関係情報を含むものとする。当該要請が口頭で伝えられた場合には、要請国は、当該要請をできる限り速やかに書面にて確認しなければならない。被要請国は、書面又は口頭によるあらゆる要請の受領を即座に知らせるものとする。

3　締約国は、海上における乗船及び貨物の捜索に伴う危険と困難を考慮に入れ、関係国の間で合意された他の適当な手段を次の寄港地その他の場所でより安全にとることができるかどうかについて考慮する。

4　締約国が、自国を旗国とする船舶に関して、第三条、第三条の2、第三条の3又は第三条の4に規定する犯罪が行われたか、現に行われているか、又はまさに行われようとしていると疑うに足りる合理的な理由を有する場合には、当該犯罪の防止又は抑制について他の締約国の支援を要請することができる。要請を受けた締約国は、可能な手段の範囲内で当該支援を行うために最大の努力を行うものとする。

5　締約国(「要請国」)の法執行機関又はその権限を与えられた他の公務員が、あらゆる国の領海外に位置する、他の締約国(「国籍被表示国」)の旗を掲げ又は船籍を表示する船舶に遭遇し、要請国に当該船舶又は船舶内の人が第三条、第三条の2、第三条の3又は第三条の4に定める犯罪の実行に関与したことがあり、関与し、又は関与しようとしていると疑うに足りる合理的な理由があり、かつ、要請国が乗船を要望する場合には、

(a) 要請国は、1及び2に従って、国籍被表示国が国籍についての主張を確認するよう要請するものとする。

(b) 国籍が確認された場合には、要請国は国籍被表示国(以下「旗国」という。)に対して、当該船舶に乗船し、かつ当該船舶について適当な措置をとるための授権を求めるものとする。当該措置には、第三条、第三条の2、第三条の3又は第三条の4に定める犯罪が行われたか、現に行われているか、又はまさに行われようとしているかを決定するためになされる当該船舶の停船、乗船、臨検、及びその積荷若しくは船舶内の人の捜索、並びに船舶内の人に対する質問を含む。

(c) 旗国は、次のいずれかの行動をとるものとする。

(i) 7に従って課すことができるあらゆる条件に従い、要請国に対して、乗船し、かつ(b)に規定

する適当な手段をとることを授権すること。

(ii) 自国の法執行機関又は他の公務員による乗船及び捜索を実施すること。

(iii) 7に従って課すことができるあらゆる条件に従い、要請国とともに乗船及び捜索を実施すること。

(iv) 乗船及び捜索の授権を拒否すること。

要請国は、旗国からの明示的な授権なしに、乗船し、若しくは(b)に定める措置をとることはできない。

(d) 批准書、受諾書、承認書若しくは加入書を寄託する際に又は寄託した後に、締約国は、事務局長に対し、当該締約国の旗を掲げ又は船籍を表示する船舶について、要請国は、国籍確認に係る要請の受領を了知したときから四時間以内に国籍被表示国からの回答がない場合には、当該船舶の国籍証書の所在確認及び調査をし、第三条、第三条の2、第三条の3又は第三条の4に定める犯罪が行われたか、現に行われているか、又はまさに行われようとしているかを決定するために、当該船舶への乗船、臨検、及び、その積荷若しくは船舶内の人の捜索、並びに船舶内の人に対する質問を授権されていることを通告することができる。

(e) 批准書、受諾書、承認書若しくは加入書を寄託する際に又は寄託した後に、締約国は、事務局長に対し、当該締約国の旗を掲げ又は船籍を表示する船舶について、要請国は、第三条、第三条の2、第三条の3又は第三条の4に定める犯罪が行われたか、現に行われているか、又はまさに行われようとしているかを決定するために、当該船舶への乗船、臨検、及び、その積荷若しくは船舶内の人の捜索、並びに船舶内の人に対する質問を授権されていることを通告することができる。

この規定による通告は、いつでも撤回することができる。

6 本条に従って実施された乗船の結果、第三条、第三条の2、第三条の3又は第三条の4に定める犯罪の証拠が発見された場合には、旗国は、要請国に対して、旗国から処置に関する指示を受けるまで、当該船舶、積荷及び船舶内の人を拘留することを授権することができる。要請国は、旗国に対して、本条に従って行われた乗船、捜索及び拘留の結果を速やかに通知するものとする。また、要請国は、旗国に対して、この条約の対象ではない違法な行為の証拠が発見されたことを速やかに通知するものとする。

7 旗国は、この条約の他の規定に反することなく、5及び6の下で授権を行うにあたり、要請国から追加的な情報の提供を受けることを含む条件、及びとられる措置についての責任並びにその措置の範囲に関する条件を付すことができる。人の生命に対する急迫した危険を避けるために必要な場合、又は関係する二国間又は多国間の協定の下で許容される措置を除くほか、旗国からの明示的な授権なしに、追加的な措置をとることができない。

8 本条に従って授権されたあらゆる乗船について、旗国は、拘留された船舶、積荷若しくは他の品目及び船舶内の人に対して管轄権を執行する権利(拿捕し、押収し、逮捕し、かつ、訴追する権利を含む。)を有する。ただし、旗国は、その憲法及び国内法に従って、第六条に基づいて管轄権を有する他の国が管轄権を行使することに同意することができる。

9 本条に基づき授権された活動を実施するに際して、その公務員及び船舶内の人の安全を確保するために必要がある場合、若しくは公務員が授権された活動の遂行を妨げられた場合を除くほか、武器の使用は回避されなければならない。本条に従った武器の使用は、状況から判断して必要かつ合理的な最低限度の実力の範囲を超えてはならない。

10〜15 (略)

第九条【旗国でない船舶内の管轄権】 この条約のいかなる規定も、自国を旗国としない船舶内において捜査又は取締りのための裁判権を行使する各国の権限に関する国際法の規則に影響を及ぼすものではない。

第一〇条【引渡すか訴追するかの義務】 1 犯人又は容疑者が領域内で発見された締約国は、第六条の規定が適用される場合において、当該犯人又は容疑者を引き渡さないときは、犯罪が自国の領域内で行われたものであるか否かを問わず、いかなる例外もなしに、自国の法令による手続を通じて訴追のため遅滞なく自国の権限のある当局に事件を付託する義務を負う。その当局は、自国の法令に規定する他の重大な犯罪の場合と同様の方法で決定を行う。

2 いずれの者も、自己につき第三条に定める犯罪のいずれかに関して訴訟手続がとられている場合には、そのすべての段階において公正な取扱い(当該者がその領域内に所在する国の法令においてそのような訴訟手続のために規定するすべての権利及び保障の享受を含む。)を保障される。

第一一条【犯罪人引渡】
第一二条【司法共助】 (略)

第一三条【相互協力】 1 締約国は、特に次の方法により、第三条に定める犯罪の防止について協力する。

(a) 自国の領域内又は領域外で行われる犯罪の自国の領域内における準備を防止するためあらゆる実行可能な措置をとること。

(b) 自国の国内法に従って情報を交換し、かつ、第三条に定める犯罪を防止するために適宜とる行政上の措置その他の措置を調整すること。

2 第三条に定める犯罪が行われたために船舶の通航が遅延し又は中断した場合には、当該船舶又はその旅客若しくは乗組員が領域内に所在する締約国は、当該船舶並びにその旅客、乗組員及び積荷を不当に抑留し又は遅延させることがないようあらゆる可能な努力を払う。

第一四条【関係国への情報提供】
第一五条【国際海事機関への情報提供】
第一六条【紛争解決】
第一七条【署名、批准等】
第一八条【効力発生】
第一九条【廃棄】
第二〇条【改正】
第二一条【寄託者の職務】
第二二条【正文】
（略）

5 13　国際捕鯨取締条約

署　　名　一九四六年一二月二日（ワシントン）
効力発生　一九四八年一一月一〇日
日 本 国　一九五一年二月二〇日内閣加入決定、三月二三日国会承認、四月二一日加入書寄託、七月一七日公布（条約第二号）、二〇一八年一二月二六日脱退通告、二〇一九年六月三〇日効力発生
改　　正　一九五九年五月一六日
　　　　　一九九一年一月二二日

正当な委任を受けた自己の代表者がこの条約に署名した政府は、

鯨族という大きな天然資源を将来の世代のために保護することが世界の諸国の利益であることを認め、

捕鯨の歴史が一区域から他の区域への濫獲及び一鯨種から他の鯨種への濫獲を示しているためにこれ以上の濫獲からすべての種類の鯨を保護することが緊要であることにかんがみ、

鯨族が捕獲を適当に取り締まれば繁殖が可能であること及び鯨族が繁殖すればこの天然資源をそこなわないで捕獲できる鯨の数を増加することができることを認め、

広範囲の経済上及び栄養上の困窮を起さずにできるだけすみやかに鯨族の最適の水準を実現することが共通の利益であることを認め、

これらの目的を達成するまでは、現に数の減ったある種類の鯨に回復期間を与えるため、捕鯨作業を捕獲に最もよく耐えうる種類に限らなければならないことを認め、

一九三七年六月八日にロンドンで署名された国際捕鯨取締協定並びに一九三八年六月二四日及び一九四五年一一月二六日にロンドンで署名された同協定の議定書の規定に具現された原則を基礎として鯨族の適当で有効な保存及び増大を確保するため、捕鯨業に関する国際取締制度を設けることを希望し、且つ、

鯨族の適当な保存を図って捕鯨産業の秩序のある発展を可能にする条約を締結することに決定し、

次のとおり協定した。

第一条【適用範囲】1　この条約は、その不可分の一部を成す附表を含む。すべて「条約」というときは、現在の辞句における、又は第五条の規定に従って修正されたこの附表を含むものと了解する。

2　この条約は、締約政府の管轄下にある母船、鯨体処理場及び捕鯨船並びにこれらの母船、鯨体処理場及び捕鯨船によって捕鯨が行われるすべての水域に適用する。

第二条【用語】この条約で用いるところでは、

1　「母船」とは、船内又は船上で鯨を全部又は一部処理する船舶をいう。

2　「鯨体処理場」とは、鯨を全部又は一部処理する陸上の工場をいう。

3　「捕鯨船」とは、鯨の追尾、捕獲、殺害、引寄せ、緊縛又は探索の目的に用いるヘリコプターその他の航空機又は船舶をいう。

4　「締約政府」とは、批准書を寄託し、又はこの条約への加入を通告した政府をいう。

第三条【捕鯨委員会の構成と表決】1　締約政府は、各締約政府の一人の委員から成る国際捕鯨委員会（以下「委員会」という。）を設置することに同意する。各委員は、一個の投票権を有し、且つ、一人以上の専門家及び顧問を同伴することができる。

2　委員会は、委員のうちから一人の議長及び副議長を選挙し、且つ、委員会の手続規則を定める。委員会の決定は、投票する委員の単純多数決で行う。但し、第五条による行動については、投票する委員の四分の三の多数を要する。手続規則は、委員会の会合における決定以外の決定について規定することができる。

3　委員会は、その書記長及び職員を任命することができる。

4　委員会は、その委任する任務の遂行のために望ましいと認める小委員会を、委員会の委員及び専門家又は顧問で設置することができる。

5　委員会の各委員並びにその専門家及び顧問の費用は、各自の政府が決定し、且つ、支払う。

6　国際連合と連携する専門機関が捕鯨業の保存及び発展と捕鯨業から生ずる生産物とに関心を有することを認め、且つ、任務の重複を避けることを希望し、締約政府は、委員会を国際連合と連携する一の専門機関の機構のうちに入れるべきかどうかを決定するため、この条約の実施後二年以内に相互に協議するものとする。

7　それまでの間、グレート・ブリテン及び北部アイルランド連合王国政府は、他の締約政府と協議して、委員会の第一回会合の招集を取りきめ、且つ、前記の第六項に掲げた協議を発議する。

8　委員会のその後の会合は、委員会が決定するところに従って招集する。

第四条【研究・調査】1　委員会は、独立の締約政府間機関若しくは他の公私の機関、施設若しくは団体と

共同して、これらを通じて、又は単独で、次のことを行うことができる。

(a)鯨及び捕鯨に関する研究及び調査を奨励し、勧告し、又は必要があれば組織すること。

(b)鯨族の現状及び傾向並びにこれらに対する捕鯨活動の影響に関する統計的資料を集めて分析すること。

(c)鯨族の数を維持し、及び増加する方法に関する資料を研究し、審査し、及び頒布すること。

2　委員会は、事業報告の刊行を行う。また、委員会は、適当と認めた報告並びに鯨及び捕鯨に関する統計的、科学的及び他の適切な資料を、単独で、又はノールウェー国サンデフョルドの国際捕鯨統計局並びに他の団体及び機関と共同して刊行することができる。

第五条【附表の修正・異議申立】1　委員会は、鯨資源の保存及び利用について、(a)保護される種類及び保護されない種類、(b)解禁期及び禁漁期、(c)解禁水域及び禁漁水域(保護区域の指定を含む。)、(d)各種類についての大きさの制限、(e)捕鯨の時期、方法及び程度(一漁期における鯨の最大捕獲量を含む。)、(f)使用する漁具、装置及び器具の型式及び仕様、(g)測定方法、(h)捕獲報告並びに他の統計的及び生物学的記録並びに(i)監督の方法に関して規定する規則の採択によって、附表の規定を随時修正することができる。

2　附表の前記の修正は、(a)この条約の目的を遂行するため並びに鯨資源の保存、開発及び最適の利用を図るために必要なもの、(b)科学的認定に基くもの、(c)母船又は鯨体処理場の数又は国籍に対する制限を伴わず、また母船若しくは鯨体処理場又は母船群若しくは鯨体処理場群に特定の割当をしないもの並びに(d)鯨の生産物の消費者及び捕鯨産業の利益を考慮に入れたものでなければならない。

3　前記の各修正は、締約政府については、委員会が各締約政府に修正を通告した後九〇日で効力を生ずる。但し、(a)いずれかの政府がこの九〇日の期間の満了前に修正に対して委員会に異議を申し立てたときは、この修正は、追加の九〇日間は、いずれの政府についても効力を生じない。(b)そこで、他の締約政府は、この九〇日の追加期間の満了期日又はこの九〇日の追加期間中に受領された最後の異議の受領の日から三〇日の満了期日のうちいずれか遅い方の日までに、この修正に対して異議を申し立てることができる。また、(c)その後は、この修正は、異議を申し立てなかったすべての締約政府について効力を生ずるが、このように異議を申し立てた政府については、異議の撤回の日まで効力を生じない。委員会は、異議及び撤回の各を受領したときは直ちに各締約政府に通告し、且つ、各締約政府は、修正、異議及び撤回に関するすべての通告の受領を確認しなければならない。

4　いかなる修正も、一九四九年七月一日の前には、効力を生じない。

第六条【勧告】委員会は、鯨又は捕鯨及びこの条約の目的に関する事項について、締約政府に随時勧告を行うことができる。

第七条【通告・資料の伝達】締約政府は、この条約が要求する通告並びに統計的及び他の資料を、委員会が定める様式及び方法で、ノールウェー国サンデフョルドの国際捕鯨統計局又は委員会が指定する他の団体にすみやかに伝達することを確保しなければならない。

第八条【特別許可書】1　この条約の規定にかかわらず、締約政府は、同政府が適当と認める数の制限及び他の条件に従って自国民のいずれかが科学的研究のために鯨を捕獲し、殺し、及び処理することを認可する特別許可書をこれに与えることができる。また、この条の規定による鯨の捕獲、殺害及び処理は、この条約の適用から除外する。各締約政府は、その与えたすべての前記の認可を直ちに委員会に報告しなければならない。各締約政府は、その与えた前記の特別許可書をいつでも取り消すことができる。

2　前記の特別許可書に基いて捕獲した鯨は、実行可能な限り加工し、また、収得金は、許可を与えた政府の発給した指令書に従って処分しなければならない。

3　各締約政府は、この条の第一項及び第四条に従って行われた研究調査の結果を含めて鯨及び捕鯨について同政府が入手しうる科学的資料を、委員会が指定する団体に、実行可能な限り、且つ、一年をこえない期間ごとに送付しなければならない。

4　母船及び鯨体処理場の作業に関連する生物学的資料の継続的な収集及び分析が捕鯨業の健全で建設的な運営に不可欠であることを認め、締約政府は、この資料を得るために実行可能なすべての措置を執るものとする。

第九条【侵犯に対する措置】1　各締約政府は、この条約の規定の適用とその政府の管轄下の人又は船舶が行う作業におけるこの条約の規定の侵犯の処罰とを確保するため、適当な措置を執らなければならない。

2　この条約が捕獲を禁止した鯨については、捕鯨船の砲手及び乗組員にその仕事の成績との関係によって計算する賞与又は他の報酬を支払ってはならない。

3　この条約に対する侵犯又は違反は、その犯罪について管轄権を有する政府が起訴しなければならない。

4　各締約政府は、その監督官が報告したその政府の管轄下の人又は船舶によるこの条約の規定の各侵犯の完全な詳細を委員会に伝達しなければならない。この通知は、侵犯の処理のために執った措置及び科した刑罰の報告を含まなければならない。

第一〇条【批准・効力発生】1　この条約は、批准され、批准書は、アメリカ合衆国政府に寄託する。

2　この条約に署名しなかった政府は、この条約が効力を生じた後、アメリカ合衆国政府に対する通告書によってこの条約に加入することができる。

3　アメリカ合衆国政府は、寄託された批准書及び受領した加入書のすべてを他のすべての署名政府及びすべての加入政府に通告する。

4　この条約は、オランダ国、ノールウェー国、ソヴィエト社会主義共和国連邦、グレート・ブリテン及び北部アイルランド連合王国並びにアメリカ合衆国の政府を含む少くとも六の署名政府が批准書を寄託したときにこれらの政府について効力を生じ、また、その後に批准し又は加入する各政府については、その批准書の寄託の日又はその加入通告書の受領の日に効力を生ずる。

5　附表の規定は、一九四八年七月一日の前には、適用しない。第五条に従って採択した附表の修正は、一九四九年七月一日の前には、適用しない。

第一一条【脱退】締約政府は、いずれかの年の一月一日以前に寄託政府に通告することによって、その年の六月三〇日にこの条約から脱退することができる。寄託政府は、この通告を受領したときは、直ちに他の締約政府に通報する。他の締約政府は、寄託政府から前記の通告の謄本を受領してから一箇月以内に、同様に脱退通告を行うことができる。この場合には、条約は、この脱退通告を行った政府についてその年の六月三〇日に効力を失う。

この条約は、署名のために開かれた日の日付を附され、且つ、その後一四日の間署名のために開いて置く。

附　表（抄）

I　解　釈（略）

II　漁　期

母船式操業

2 (a)　南緯四〇度以南の水域においては、ミンク鯨を除くひげ鯨を捕獲し、又は処理する目的で母船又はこれに附属する捕鯨船を使用することは、禁止する。ただし、一二月一二日から四月七日までの期間(両日を含む。)については、この限りではない。

(b)　まっこう鯨又はミンク鯨を捕獲し、又は処理する目的で母船又はこれに附属する捕鯨船を使用することは、(c)及び(d)並びに5の規定に従って締約政府が許可する場合を除くほか、禁止する。

(c)　各締約政府は、その管轄下にあるすべての母船及びこれらに附属する捕鯨船に対して、捕鯨船によるまっこう鯨の捕獲又は殺害が許される一又は二以上の解禁期であっていずれの一二箇月の期間についても八箇月を超えないものを宣言する。ただし、各母船及びこれに附属する捕鯨船に対して、別個の解禁期を宣言することができる。

(d)　各締約政府は、その管轄下にあるすべての母船及びこれらに附属する捕鯨船に対し、捕鯨船によるミンク鯨の捕獲又は殺害が許される一の継続的な解禁期であっていずれの一二箇月の期間についても六箇月を超えないものを宣言する。ただし、

(1)　各母船及びこれに附属する捕鯨船に対し、別個の解禁期を宣言することができる。

(2)　ミンク鯨についての解禁期は、(a)の規定に従って他のひげ鯨について宣言される期間の全部又は一部を含む必ずしも含む必要はない。

3　ミンク鯨を除くひげ鯨を処理する目的で南緯四〇度以南の水域において一の解禁期中に使用した母船を当該解禁期の終了から一年以内に同一の目的のために他の区域(北太平洋及びその附属水域において12及び16に規定する捕獲枠が設定されることを条件として北太平洋及び赤道以北のその附属水域を除く。)において使用することは、禁止する。ただし、この3の規定は、鯨の肉又は臓物を人間の食料又は動物の飼料として冷凍し、又は塩蔵する目的のためにのみ解禁期間中に使用した船舶については、適用しない。

鯨体処理場の操業

4 (a)　ひげ鯨及びまっこう鯨を殺し、又は殺そうとする目的で鯨体処理場に附属する捕獲船を使用することは、(b)から(d)までの規定に従って締約政府が許可する場合を除くほか、禁止する。

(b)　各締約政府は、その管轄下にある全ての鯨体処理場及びこれらの鯨体処理場に附属する捕鯨船に対し、捕鯨船によるミンク鯨を除くひげ鯨の捕獲又は殺害が許される一の解禁期を宣言する。この解禁期は、いずれの一二箇月の期間についても継続的な六箇月を超えない期間とし、当該締約政府の管轄下にある全ての鯨体処理場に適用する。ただし、ミンク鯨を除くひげ鯨の捕獲又は処理に使用する鯨体処理場であってミンク鯨を除くひげ鯨の捕獲又は処理に使用する同一の締約政府の管轄下にある最寄りの鯨体処理場から千マイルを超える場所にあるものに対しては、別個の解禁期を宣言することができる。

(c)　各締約政府は、その管轄下にある全ての鯨体処理場及びこれらの鯨体処理場に附属する捕鯨船に対し、捕鯨船によるまっこう鯨の捕獲又は殺害が許される一の解禁期であっていずれの一二箇月の期間についても継続的な八箇月を超えないものを宣言する。ただし、まっこう鯨の捕獲又は処理に使用する同一の締約政府の管轄下にある最寄りの鯨体処理場から千マイルを超える場所にあるまっこう鯨の捕獲又は処理に使用する鯨体処理場に対しては、別個の解禁期を宣言することができる。

(d)　各締約政府は、その管轄下にある全ての鯨体処理場及びこれらの鯨体処理場に附属する捕鯨船に対し、捕鯨船によるミンク鯨の捕獲又は殺害が許される一の解禁期であっていずれの一二箇月の期間についても継続的な六箇月を超えないものを宣言する。(この期間は、他のひげ鯨についても宣言される(b)に定める期間と必ずしも一致する必要

はない。）ただし、ミンク鯨の捕獲又は処理に使用する同一の締約政府の管轄下にある最寄りの鯨体処理場から千マイルを超える場所にあるミンク鯨の捕獲又は処理に使用する鯨体処理場に対しては、別個の解禁期を宣言することができる。

もっとも、ミンク鯨の捕獲又は処理に使用する鯨体処理場であってその位置する区域の海洋学的状態がミンク鯨の捕獲又は処理に使用する同一の締約政府の管轄下にある他の解体処理場の位置する区域の海洋学的状態と明らかに区別できるものに対しては、別個の解禁期を宣言することができる。ただし、この(d)の規定による別個の解禁期の宣言は、同一の締約政府によって宣言される諸解禁期を通ずる期間がいずれの一二箇月の期間についても継続的な九箇月を超えるようにするものであってはならない。

(e) この4に規定する禁止は、一九四六年の捕鯨条約第二条に定義するすべての鯨体処理場に適用する。

その他の操業

5 各締約政府は、その管轄下にある捕鯨船であって母船又は鯨体処理場と連携して作業しない全てのものに対し、当該捕鯨船によるミンク鯨の捕獲又は殺害が許される一の継続的な解禁期であっていずれの一二箇月の期間についても六箇月を超えないものを宣言する。この規定にかかわらず、グリーンランドに関する限り、九箇月を超えない一の継続的な解禁期を実施することができる。

III 捕獲（抄）

6 商業的な目的のために非破裂銛（もり）を使用してミンク鯨を除く鯨を殺すことは、一九八〇年から一九八一年までの遠洋捕鯨の解禁期及び一九八一年の沿岸捕鯨の解禁期の開始の時から禁止する。商業的な目的のために非破裂銛（もり）を使用してミンク鯨を殺すことは、一九八二年から一九八三年までの遠洋捕鯨の解禁期及び一九八三年の沿岸捕鯨の解禁期の開始の時から禁止する。

7(a) 条約第五条1(c)に基づき、商業的捕鯨は、遠洋の操業によるものであるか鯨体処理場からのものであるかを問わず、インド洋保護区として指定された区域においては、禁止する。この保護区は、北半球のアフリカの海岸から東経一〇〇度までの水域（紅海、アラビア海及びオマーン湾を含む。）及び南半球の南緯五五度を南方限界とする東経二〇度から東経一三〇度までの水域から成る。その禁止は、ひげ鯨又は歯鯨につき委員会によって随時決定される捕獲枠にかかわりなく適用する。その禁止は、委員会が二〇〇二年の年次会合において検討する。

(b) 条約第五条1(c)に基づき、商業的捕鯨は、遠洋の操業によるものであるか鯨体処理場からのものであるかを問わず、南大洋保護区として指定された区域においては、禁止する。この保護区は、南半球の南緯四〇度、西経五〇度との交点を始点とし、そこから真東に東経二〇度まで、そこから真南に南緯五五度まで、そこから真東に東経一三〇度まで、そこから真北に南緯四〇度まで、そこから真東に西経一三〇度まで、そこから真南に南緯六〇度まで、そこから真東に西経五〇度まで、そこから真北に始点までの線以南の水域から成る。その禁止は、委員会によって随時決定される当該保護区内のひげ鯨及び歯鯨の資源保存状態にかかわりなく適用する。ただし、その禁止は、委員会が最初の採択から一〇年後に、また、その後一〇年ごとに再検討するものとし、委員会は、検討の際にこの禁止を修正することができる。この(b)の規定は、南極地域の特別の法的及び政治的地位を害することを意図するものではない。

母船に関する区域の制限

8〜9 （略）

資源の分類

10 全ての鯨資源は、科学小委員会の助言に基づいて次の三の種類のうちいずれか一の種類に分類する。

(a) 維持管理資源（SMS）とは、最大持続的生産量（以下「MSY」という。）を実現する資源水準を一〇パーセント下回る水準以上で、かつ、二〇パーセント上回る水準を超えない資源をいう。MSYは、鯨の数を基礎として決定する。

資源は、ほぼ一定した捕獲の制度の下で相当の期間にわたって安定した水準を維持している場合において、他の種類に分類すべき積極的な証拠がない限り、維持管理資源に分類する。

商業的捕鯨は、科学小委員会の助言に基づき、維持管理資源について許可する。当該維持管理資源については、第一表から第三表までに掲げる。

MSYを実現する資源水準以上の資源について許容される捕獲量は、MSYの九〇パーセントを超えてはならない。MSYを実現する資源水準と当該資源水準を一〇パーセント下回る水準との間にある資源について許容される捕獲量は、MSYの九〇パーセントを捕獲して得られる数を超えてはならず、また、当該資源がMSYを実現する資源水準を一パーセント下回るごとにMSYの九〇パーセントを捕獲して得られる数からその一〇パーセントずつを減ずることにより得られる数を超えてはならない。

(b) 初期管理資源（IMS）とは、MSYを実現する資源水準を二〇パーセント上回る水準を超える資源をいう。商業的捕鯨は、効果的な方法により及び最適の水準を下回る水準に減少させることなく初期管理資源をMSYを実現する資源水準に引き下げた後に最適の水準とするための必要な措置に関する科学小委員会の助言に基づき、初期管理資源について許可する。この資源について許容される捕獲量は、MSYが判明している場合には、M

SYの九〇パーセントを超えてはならない。捕獲努力量を制限することがより適切な場合には、捕獲努力量は、MSYを実現する資源水準にある資源についてMSYの九〇パーセントを捕獲するものに制限する。

継続的な一層高い比率による捕獲が資源をMSYを実現する資源水準を下回る水準に減少させることがないという積極的な証拠がない場合には、いずれの一年においても、推定される開発可能な初期資源の五パーセントを超えて捕獲してはならない。開発は、科学小委員会が満足する推定資源量が得られるまで開始してはならない。初期管理資源に分類される資源については、第一表から第三表までに掲げる。

(c)　保護資源(PS)とは、MSYを達成する資源水準を一〇パーセント下回る水準を下回る資源をいう。

商業的捕鯨は、保護資源については、禁止する。保護資源に分類される資源については、第一表から、第三表までに掲げる。

(d)　この10の他の規定にかかわらず、母船又はこれに附属する捕鯨船によりミンク鯨を除く鯨を捕獲し、殺し、又は処理することは、停止する。この停止は、まっこう鯨及びしゃち並びにミンク鯨を除くひげ鯨に適用する。

(e)　この10の他の規定にかかわらず、全ての資源についての商業的な目的のための鯨の殺害に関する捕獲枠は、一九八六年の沿岸捕鯨の解禁期及び一九八五年から一九八六年までの遠洋捕鯨の解禁期について並びにそれ以降の解禁期について零とする。この(e)の規定は、最良の科学的助言に基づいて常に検討されるものとし、委員会は、遅くとも一九九〇年までに、この(e)に定める決定の鯨資源に与える影響につき包括的な評価を行うとともにこの(e)の規定の修正及び他の捕鯨枠の設定につき検討する。

11〜29　(略)

30　締約政府は、科学的研究に対する許可の計画を、当該許可を与える前に科学委員会が当該許可について検討し、及び意見を表明することができるよう、十分な時間的余裕をもつて委員会の書記長に提供する。当該許可の計画には、次の事項を明記すべきである。

(a)　研究の目的

(b)　捕獲する動物の数、性別、大きさ及び資源

(c)　他の国の科学者が研究に参加する機会

(d)　資源の保存に及ぼし得る影響

科学委員会は、可能な場合には、年次会合において当該許可の計画について検討し、及び意見を表明する。当該許可が次回の年次会合に先立つて与えられるときは、書記長は、当該許可の計画を科学委員会の委員に対し、検討及び意見の表明のため、郵便で送付する。当該許可による研究の暫定的な結果については、科学委員会の次回の年次会合において入手可能とすべきである。

31　(略)

〈参考〉日本の第二期南極海鯨類捕獲調査計画(JARPAⅡ)に関する決議(国際捕鯨委員会決議二〇〇五―一(二〇〇五年七月四日採択))(抜粋)

国際捕鯨取締条約第八条が、鯨の科学的研究のために特別許可書を与えることを締約政府に認めていることを認識し、

商業捕鯨モラトリアムが一九八五年から一九八六年の漁期に発効して以来、国際捕鯨委員会が特別許可書に基づく捕鯨は終了されるべきこと、科学的調査は非致死的手法のみに限るべきこと(決議二〇〇三―二)、特別保護区での鯨類の殺害を含むことを差し控えるべきこと(決議一九九八―四)、個体数の回復が妨げられないことを確保すべきこと(決議一九八七)、科学委員会の見解を考慮に入れるべきこと(決議一九八七)との意見を一般的に表明する、特別許可書に基づく鯨類捕獲に関する三〇を超える決議を採択していることを想起し、

また、科学委員会が特別許可書に基づく日本の南極海鯨類捕獲調査計画(JARPA)の綿密な検討を完了するまでは、追加的なJARPA計画を検討しないという決議二〇〇三―三を想起し、

さらに、本年すでに日本国政府が南極海における特別許可書に基づく一八年にわたる鯨の調査計画を完了したことを想起し、

JARPA計画の結果が本年科学委員会によって検討されていないことに留意し、

(中略)

したがって委員会はここに、

科学委員会に対して、日本の南極海鯨類捕獲調査計画(JARPA)の成果をできる限り速やかに検討することを要請し、かつ、

日本国政府に対して、JARPAⅡを撤回するか、又は、提案に述べられた目的に合致するのに必要な情報を非致死的手法によって入手するように計画を修正することを要請する。

(注：日本国政府が二〇〇五年秋から実施を計画していたJARPAⅡに対する本決議は、賛成三〇、反対二七、棄権一で採択されたが、法的拘束力はない。)

第2節 地域

5-14 みなみまぐろの保存のための条約（抜粋）

署　名　一九九三年五月一〇日（キャンベラ）
効力発生　一九九四年五月二〇日
日本国　一九九四年四月八日批准書寄託、五月一九日公布（条約第三号）、五月二〇日効力発生

第一条【適用対象】この条約は、みなみまぐろ（トゥヌス・マコイイ）について適用する。

第三条【目的】この条約の目的は、みなみまぐろの保存及び最適利用を適当な管理を通じて確保することにある。

第六条【保存委員会】1 締約国は、この条約によりみなみまぐろ保存委員会（以下「委員会」という。）を設置する。締約国は、委員会を維持することに合意する。

2 各締約国は、委員会において三人以下の代表により代表されるものとする。これらの代表は、専門家及び顧問を同伴することができる。

3 委員会は、毎年八月一日の前に又は委員会が決定する他の時期に年次会合を開催する。

4 委員会は、各年次会合において、代表のうちから議長及び副議長を選出する。議長及び副議長は、異なる締約国から選出されるものとし、後任者がその次の年次会合において選出されるまでの間在任する。代表は、議長として行動する場合には、投票権を有しない。

5 委員会の特別会合は、いずれかの締約国の要請により、かつ、その要請が少なくとも他の二の締約国の支持を得た場合に、議長が招集する。

6 特別会合は、この条約に関連するすべての事項を審議することができる。

7 委員会の会合の定足数は、締約国の総数の三分の二とする。

8 委員会は、その第一回会合において委員会の任務の遂行に必要な手続規則その他の運営上の内部規則を決定する。委員会は、必要な場合には、これらの規則を改正することができる。

9 委員会は、法人格を有するものとし、他の国際機関との関係において及び締約国の領域において、その任務の遂行及びその目的の達成のために必要な法律上の能力を有する。締約国の領域における委員会及びその職員の特権及び免除は、委員会と関係締約国との間で合意するところによる。

10 委員会は、第一〇条1の規定に基づき事務局を設置する時に委員会の本部の所在地を決定する。

11 委員会の公用語は、日本語及び英語とする。提案及び資料は、いずれの国語によっても委員会に提出することができる。

第七条【決定】各締約国は、委員会において一の票を有する。委員会の決定は、委員会の会合に出席する締約国の全会一致の投票によって行う。

第八条【保存委員会の任務・権限】1 委員会は、次に掲げる情報を収集し、及び蓄積する。

(a) みなみまぐろ及び生態学上関連する種に関する科学的情報、統計資料その他の情報
(b) みなみまぐろ漁業に係る法令及び行政措置に関する情報
(c) みなみまぐろに関するその他の情報

2 委員会は、次に掲げる事項について審議する。

(a) この条約及びこの条約の規定に基づいて採択する措置の解釈及び実施
(b) みなみまぐろの保存、管理及び最適利用のための規制措置
(c) 次条に定める科学委員会によって報告される事項
(d) 次条に定める科学委員会に委託する事項
(e) 第一〇条に定める事務局に委託する事項
(f) この条約の規定を実施するために必要なその他の活動

3 みなみまぐろの保存、管理及び最適利用のため、

(a) 委員会は、次条2(c)及び(d)に規定する科学委員会の報告及び勧告に基づき他の適当な措置を決定しない限り、総漁獲可能量及び締約国に対する割当量を決定する。
(b) 委員会は、必要な場合には、その他の追加的な措置を決定することができる。

4 委員会は、3の規定に基づき締約国に対する割当量を決定する際に、次の事項を考慮する。

(a) 関連する科学的な証拠
(b) みなみまぐろ漁業の秩序ある持続的発展の必要性
(c) みなみまぐろが自国の排他的経済水域又は漁業水域を通過して回遊する締約国の利益
(d) みなみまぐろの漁獲に従事する船舶の所属する締約国（歴史的に当該漁獲に従事してきた締約国及び自国のみなみまぐろ漁業が開発途上にある締約国を含む。）の利益
(e) みなみまぐろの保存、増殖及び科学的調査に対する各締約国の寄与
(f) 委員会が適当と認めるその他の事項

5 委員会は、この条約の目的の達成を促進するため、締約国に対する勧告を決定することができる。

6 委員会は、3の規定に基づく措置及び5の規定に基づく勧告を決定する際に、次条2(c)及び(d)に基づく科学委員会の報告及び勧告を十分に考慮する。

7 3の規定に基づいて決定されるすべての措置は、締約国を拘束する。

8 委員会は、その決定する措置及び勧告をすべての締約国に速やかに通告する。

9 委員会は、みなみまぐろの保存及び管理に必要な科学的知識を増進するため並びにこの条約及びこの

条約の規定に基づいて採択する措置の効果的な実施を達成するため、できる限り早期にかつ国際法に反することなく、みなみまぐろに関連するすべての漁獲の活動の状況を把握する制度を開発する。

10　委員会は、その任務の遂行上望ましいと認める補助機関を設置することができる。

第一六条【紛争解決】 1　この条約の解釈又は実施に関して二以上の締約国間に紛争が生じたときは、これらの締約国は、交渉、審査、仲介、調停、仲裁、司法的解決又はこれらの締約国が選択するその他の平和的手段により紛争を解決するため、これらの締約国間で協議する。

2　1に規定する紛争で1の規定によって解決されなかったものは、それぞれの場合にすべての紛争当事国の同意を得て、解決のため国際司法裁判所又は仲裁に付託する。もっとも、紛争当事国は、国際司法裁判所又は仲裁に付託することについて合意に達することができなかった場合においても、1に規定する各種の平和的手段のいずれかにより紛争を解決するため引き続き努力する責任を免れない。

3　紛争が仲裁に付託される場合には、仲裁裁判所は、この条約の附属書の定めるところにより構成される。附属書は、この条約の不可分の一部を成す。

5 15　漁業に関する日本国と大韓民国との間の協定(日韓漁業協定)(抄)

署　名　一九九八年一一月二八日(鹿児島)
効力発生　一九九九年一月二二日
日本国　一九九八年一二月一一日国会承認、一九九九年一月二〇日内閣批准、同日批准書認証、一月二二日批准書交換、一月二二日公布(条約第三号)

前　文 (略)

第一条【協定水域】 この協定は、日本国の排他的経済水域及び大韓民国の排他的経済水域(以下「協定水域」という。)に適用する。

第二条【漁業許可】 各締約国は、互恵の原則に立脚して、この協定及び自国の関係法令に従い、自国の排他的経済水域において他方の締約国の国民及び漁船が漁獲を行うことを許可する。

第三条【操業条件の決定】 1　各締約国は、自国の排他的経済水域における他方の締約国の国民及び漁船の漁獲が認められる魚種、漁獲割当量、操業区域その他の操業に関する具体的な条件を毎年決定し、その決定を他方の締約国に書面により通報する。

2　各締約国は、1の決定を行うに当たり、第一二条の規定に基づいて設置される日韓漁業共同委員会の協議の結果を尊重し、及び自国の排他的経済水域における海洋生物資源の状態、自国の漁獲能力、相互入会いの状況その他の関係する要因を考慮する。

第四条【許可証の発給】 1　各締約国の権限のある当局は、他方の締約国から前条に規定する決定について書面による通報を受けた後、他方の締約国の排他的経済水域において漁獲を行うことを希望する自国の国民及び漁船に対する許可証の発給を他方の締約国の権限のある当局に申請する。当該他方の締約国の権限のある当局は、この協定及び漁業に関する自国の関係法令に従って、この許可証を発給する。

2　許可を受けた漁船は、許可証を操舵室の見やすい場所に掲示し、及び漁船の標識を明確に表示して操業する。

3　各締約国の権限のある当局は、許可証の申請及び発給、漁獲実績に関する報告、漁船の標識並びに操業日誌の記載に関する規則を含む手続規則を他方の締約国の権限のある当局に書面により通報する。

4　各締約国の権限のある当局は、入漁料及び許可証の発給に関する妥当な料金を徴収することができる。

第五条【法令遵守の義務】 1　各締約国の国民及び漁船は、他方の締約国の排他的経済水域において漁獲を行うときには、この協定及び漁業に関する他方の締約国の関係法令を遵守する。

2　各締約国は、自国の国民及び漁船が他方の締約国の排他的経済水域において漁獲を行うときには、第三条の規定に従い他方の締約国が決定する他方の締約国の排他的経済水域における操業に関する具体的な条件及びこの協定の規定を遵守するよう、必要な措置をとる。この措置は、他方の締約国の排他的経済水域における自国の国民及び漁船に対する臨検、停船その他の取締りを含まない。

第六条【拿捕・抑留】 1　各締約国は、他方の締約国の国民及び漁船が自国の排他的経済水域において漁獲を行うときには、第三条の規定に従い自国が決定する自国の排他的経済水域における操業に関する具体的な条件及びこの協定の規定を遵守するよう、国際法に従い、自国の排他的経済水域において必要な措置をとることができる。

2　各締約国の権限のある当局は、1の措置として、他方の締約国の漁船及びその乗組員を拿捕し又は抑留した場合には、とられた措置及びその後科された罰について、外交上の経路を通じて他方の締約国に迅速に通報する。

3　拿捕され又は抑留された漁船及びその乗組員は、適切な担保金又はその提供を保証する書面を提供した後に速やかに釈放される。

4　各締約国は、漁業に関する自国の関係法令に定める海洋生物資源の保存措置その他の条件を他方の締約国に遅滞なく通報する。

第七条【漁業暫定線の設定】 1　各締約国は、次の点を順次に直線により結ぶ線より自国側の協定水域において漁業に関する主権的権利を行使するものとし、第二条から前条までの規定の適用上もこの水域を自国の排他的経済水域とみなす。

(以下、略)

2　各締約国は、1の線より他方の締約国側の協定水域において漁業に関する主権的権利を行使しないものとし、第二条から前条までの規定の適用上もこの水域を他方の締約国の排他的経済水域とみなす。

第八条【適用除外】 第二条から第六条までの規定は、協定水域のうち次の(1)及び(2)の水域には適用しない。

(1)　次条1に定める水域

(2)　次条2に定める水域

第九条【暫定水域の設定】 1　次の各点を順次に直線により結ぶ線によって囲まれる水域においては、附属書Ⅰの2の規定を適用する。

(以下、略)

2　次の各線によって囲まれる水域であって、大韓民国の排他的経済水域の最南端の緯度線以北の水域においては、附属書Ⅰの3の規定を適用する。

(以下、略)

第一〇条【相互協力】 両締約国は、協定水域における海洋生物資源の合理的な保存及び管理並びに最適利用に関し相互に協力する。この協力は、当該海洋生物資源の統計学的な情報及び水産業資料の交換を含む。

第一一条【自国民・漁船に対する国内措置】 1　両締約国は、それぞれ自国の国民及び漁船に対して、航行に関する国際法規の遵守、両締約国の漁船間の操業の安全及び秩序の維持並びに海上における両締約国の漁船間の事故の円滑かつ迅速な解決のため、適切な措置をとる。

2　1に掲げる目的のため、両締約国の関係当局は、できる限り緊密に相互に連絡し、及び協力する。

第一二条【日韓漁業共同委員会】 1　両締約国は、この協定の目的を効率的に達成するため、日韓漁業共同委員会(以下「委員会」という。)を設置する。

2　委員会は、両締約国の政府がそれぞれ任命する一人の代表及び一人の委員で構成されるものとし、必要な場合には、専門家で構成する下部機構を設置することができる。

3　委員会は、毎年一回、両国で交互に開催するものとし、両締約国が合意する場合には、臨時に開催することができる。2の下部機構が設置される場合には、当該下部機構は、委員会の両締約国の政府の代表の合意により、いつでも開催することができる。

4　委員会は、次の事項に関し協議し、協議の結果を両締約国に勧告する。両締約国は、委員会の勧告を尊重する。

(1)　第三条に規定する操業に関する具体的な条件に関する事項

(2)　操業の秩序の維持に関する事項

(3)　海洋生物資源の実態に関する事項

(4)　両国の間の漁業の分野における協力に関する事項

(5)　第九条1に定める水域における海洋生物資源の保存及び管理に関する事項

(6)　その他この協定の実施に関連する事項

5　委員会は、第九条2に定める水域における海洋生物資源の保存及び管理に関する事項に関し協議し、決定する。

6　委員会のすべての勧告及び決定は、両締約国の政府の代表の合意によってのみ行う。

第一三条【紛争の解決】 1　この協定の解釈及び適用に関する両締約国間の紛争は、まず、協議によって解決する。

2　1にいう紛争が協議により解決されない場合には、そのような紛争は、両締約国の同意により、次に定める手続に従い解決する。

(1)　いずれか一方の締約国の政府が他方の締約国の政府から紛争の原因が記載された当該紛争の仲裁を要請する公文を受領した場合において、その要請に応ずる旨の通報を他方の締約国の政府に対して行うときには、当該紛争は、当該通報が受領された日から三〇日の期間内に各締約国政府が任命する各一人の仲裁委員と、こうして選定された二人の仲裁委員が当該期間の後三〇日以内に合意する第三の仲裁委員又は当該期間の後三〇日以内にその二人の仲裁委員が合意する第三国の政府が指名する第三の仲裁委員との三人の仲裁委員から構成される仲裁委員会に決定のため付託される。ただし、第三の仲裁委員は、いずれの一方の締約国の国民であってもならない。

(2)　いずれか一方の締約国の政府が(1)に定める期間内に仲裁委員を任命しなかった場合又は第三の仲裁委員若しくは第三国について(1)に定める期間内に合意されなかった場合には、仲裁委員会は、いずれかの場合における所定の期間の後三〇日以内に各締約国政府が選定する国の政府が指名する各一人の仲裁委員とそれらの政府が協議により決定する第三国の政府が指名する第三の仲裁委員をもって構成される。

(3)　各締約国は、自国の政府が任命した仲裁委員又は自国の政府が選定する国の政府が指名した仲裁委員に関する費用及び自国の政府が仲裁に参加する費用をそれぞれ負担する。第三の仲裁委員がその職務を遂行するための費用は、両締約国が折半して負担する。

(4)　両締約国政府は、この条の規定に基づく仲裁委員会の多数決による決定に服する。

第一四条【附属書の地位】(略)

第一五条【漁業事項以外の国際法との関係】 この協定のいかなる規定も、漁業に関する事項以外の国際法上の問題に関する各締約国の立場を害するものとみなしてはならない。

第一六条【批准、効力発生及び有効期間】
第一七条【一九六五年協定の失効】｝（略）

附属書Ⅰ

1　両締約国は、排他的経済水域の早急な境界画定のため、誠意をもって交渉を継続する。

2　両締約国は、この協定の第九条1に定める水域で海洋生物資源の維持が過度な開発により脅かされないようにするため、次の規定に従い協力する。

(1)　各締約国は、この水域で他方の締約国の国民及び漁船に対して漁業に関する自国の関係法令を適用しない。

(2)　各締約国は、この協定の第一二条の規定に基づき設置される日韓漁業共同委員会（以下「委員会」という。）における協議の結果による勧告を尊重して、この水域における海洋生物資源の保存及び漁業種類別の漁船の最高操業隻数を含む適切な管理に必要な措置を、自国の国民及び漁船に対してとる。

(3)　各締約国は、この水域でそれぞれ自国の国民及び漁船に実施している措置を他方の締約国に通報するものとし、両締約国は、委員会の自国の政府の代表を(2)の勧告のための協議に参加させるに当たってその通報された内容に十分配慮する。

(4)　各締約国は、この水域で漁獲を行う自国の国民及び漁船による漁業種類別及び魚種別の漁獲量その他の関連情報を他方の締約国に提供する。

(5)　一方の締約国は、他方の締約国の国民及び漁船がこの水域において他方の締約国が(2)の規定に従い実施する措置に違反していることを発見した場合には、その事実及び関連状況を他方の締約国に通報することができる。当該他方の締約国は、自国の国民及び漁船を取り締まるに当たり、その通報と関連する事実を確認して必要な措置をとった後、その結果を当該一方の締約国に通報する。

3　両締約国は、この協定の第九条2に定める水域で海洋生物資源の維持が過度な開発により脅かされないようにするため、次の規定に従い協力する。

(1)　各締約国は、この水域で他方の締約国の国民及び漁船に対して漁業に関する自国の関係法令を適用しない。

(2)　各締約国は、委員会の決定に従い、この水域における海洋生物資源の保存及び漁業種類別の漁船の最高操業隻数を含む適切な管理に必要な措置を、自国の国民及び漁船に対してとる。

(3)　各締約国は、この水域でそれぞれ自国の国民及び漁船に実施している措置を他方の締約国に通報するものとし、両締約国は、委員会の自国の政府の代表を(2)の決定のための協議に参加させるに当たってその通報された内容に十分配慮する。

(4)　各締約国は、この水域で漁獲を行う自国の国民及び漁船による漁業種類別及び魚種別の漁獲量その他の関連情報を他方の締約国に提供する。

(5)　一方の締約国は、他方の締約国の国民及び漁船がこの水域において他方の締約国が(2)の規定に従い実施する措置に違反していることを発見した場合には、その事実及び関連状況を他方の締約国に通報することができる。当該他方の締約国は、自国の国民及び漁船を取り締まるに当たり、その通報と関連する事実を確認して必要な措置をとった後、その結果を当該一方の締約国に通報する。

附属書Ⅱ

1　各締約国は、この協定の第九条1及び2に定める水域より自国側の協定水域において漁業に関する主権的権利を行使するものとし、この協定の第二条から第六条までの規定の適用上もこの水域を自国の排他的経済水域とみなす。

2　各締約国は、この協定の第九条1及び2に定める水域より他方の締約国側の協定水域において漁業に関する主権的権利を行使しないものとし、この協定の第二条から第六条までの規定の適用上もこの水域を他方の締約国の排他的経済水域とみなす。

3　1及び2の規定は、次の各点を順次に直線により結ぶ線より北西側の水域の一部の協定水域には適用しない。また、各締約国は、この水域においては、漁業に関する自国の関係法令を他方の締約国の国民及び漁船に対して適用しない。

(1)　北緯三八度三七・〇分、東経一三一度四〇・〇分の点

(2)　北緯三八度三七・〇分、東経一三二度五九・八分の点

(3)　北緯三九度五一・七五分、東経一三四度一一・五分の点

〈参考〉日本国と大韓民国との間の漁業に関する協定（旧日韓漁業協定）（抜粋）

署　名　一九六五年六月二二日（東京）
効力発生　一九六五年一二月一八日

第一条【漁業水域】1　両締約国は、それぞれの締約国が自国の沿岸の基線から測定して一二海里までの水域を自国が漁業に関して排他的管轄権を行使する水域（以下「漁業に関する水域」という。）として設定する権利を有することを相互に認める。ただし、一方の締約国がこの漁業に関する水域の設定に際し直線

基線を使用する場合には、その直線基線は、他方の締約国と協議の上決定するものとする。

2　両締約国は、一方の締約国が自国の漁業に関する水域において他方の締約国の漁船が漁業に従事することを排除することについて、相互に異議を申し立てない。

3　両締約国の漁業に関する水域が重複する部分については、その部分の最大の幅を示す直線を二等分する点とその重複する部分が終わる二点とをそれぞれ結ぶ直線により二分する。

第四条【取締】1　漁業に関する水域の外側における取締り(停船及び臨検を含む。)及び裁判管轄権は、漁船の属する締約国のみが行ない、及び行使する。

2　いずれの締約国も、その国民及び漁船が暫定的漁業規制措置を誠実に遵守することを確保するため適切な指導及び監督を行ない、違反に対する適当な罰則を含む国内措置を実施する。

5 16 漁業に関する日本国と中華人民共和国との間の協定(日中漁業協定)(抄)

署　名　一九九七年一一月一一日(東京)
効力発生　二〇〇〇年六月一日
日本国　一九九八年四月三〇日国会承認、二〇〇〇四年四月五日公布(条約第二号)

前　文(略)

第一条【協定水域】この協定が適用される水域(以下「協定水域」という。)は、日本国の排他的経済水域及び中華人民共和国の排他的経済水域とする。

第二条【漁獲の許可】1　各締約国は、相互利益の原則に立って、この協定及び自国の関係法令に従い、自国の排他的経済水域において他方の締約国の国民及び漁船が漁獲を行うことを許可する。

2　各締約国の権限のある当局は、この協定の附属書Ⅰの規定に基づき、他方の締約国の国民及び漁船に対し入漁に関する許可証を発給する。当該権限のある当局は、許可証の発給に関し妥当な料金を徴収することができる。

3　各締約国の国民及び漁船は、他方の締約国の排他的経済水域において、この協定及び当該他方の締約国の関係法令に従って漁獲を行う。

第三条【操業の条件】各締約国は、自国の排他的経済水域における資源状況、自国の漁獲能力、伝統的な漁業活動及び相互入会いの状況その他の関連する要因を考慮し、自国の排他的経済水域における他方の締約国の国民及び漁船の漁獲が認められる魚種、漁獲割当量、操業区域その他の操業の条件を毎年決定する。この決定は、第一一条の規定に基づいて設置される日中漁業共同委員会における協議の結果を尊重して行われる。

第四条【協定及び相手国法令の遵守】1　各締約国は、自国の国民及び漁船が他方の締約国の排他的経済水域において漁獲を行うときは、この協定の規定及び他方の締約国の関係法令に定める海洋生物資源の保存措置その他の条件を遵守することを確保するために必要な措置をとる。

2　各締約国は、他方の締約国に対し、自国の関係法令に定める海洋生物資源の保存措置その他の条件につき、遅滞なく通報を行う。

第五条【拿捕又は抑留】1　各締約国は、自国の関係法令に定める海洋生物資源の保存措置その他の条件を他方の締約国の国民及び漁船が遵守することを確保するために、国際法に従い、自国の排他的経済水域において、必要な措置をとることができる。

2　拿捕又は抑留された漁船及びその乗組員は、適当な担保又はその他の保証の提供の後に速やかに釈放される。

3　各締約国の権限のある当局は、他方の締約国の漁船及びその乗組員を拿捕し又は抑留した場合には、とられた措置及びその後科された罰について、適当な経路を通じて他方の締約国に速やかに通報する。

第六条【協定外の水域】第二条から前条までの規定は、協定水域のうち次の(a)及び(b)の水域を除く部分について適用する。

(a)　第七条1に定める水域

(b)　北緯二七度以南の東海の協定水域及び東海より南の東経一二五度三〇分以西の協定水域(南海における中華人民共和国の排他的経済水域を除く。)

第七条【暫定措置水域】1　次に掲げる各点を順次に直線で結ぶ線によって囲まれる水域(以下「暫定措置水域」という。)においては、2及び3の規定を適用する。

(以下、略)

2　両締約国は、第一一条の規定に基づいて設置される日中漁業共同委員会における決定に従い、暫定措置水域において、各締約国の伝統的な漁業活動への影響を考慮しつつ、海洋生物資源の維持が過度の開発によって脅かされないことを確保するため、適当な保存措置及び量的な管理措置をとる。

3　各締約国は、暫定措置水域において漁獲を行う自国の国民及び漁船に対し、取締りその他の必要な措置をとる。各締約国は、当該水域において漁獲を行う他方の締約国の国民及び漁船に対し、取締りその他の措置をとらない。ただし、一方の締約国は、他方の締約国の国民及び漁船が第一一条の規定に基づいて設置される日中漁業共同委員会が決定する操業についての規制に違反していることを発見した場合には、その事実につき当該国民及び漁船の注意を喚起するとともに、当該他方の締約国に対し、その事実及び関連する状況を通報することができる。当該他方の締約国は、その通報を尊重して必要な措置をとった後、その結果を当該一方の締約国に対して通報する。

第八条【安全確保、秩序維持】各締約国は、自国の国民及び漁船に対し、航行及び操業の安全の確保、海上における正常な操業の秩序の維持並びに海上における事故の円滑かつ迅速な処理のため、指導その他の必要な措置をとる。

第九条【緊急事態】1　いずれか一方の締約国の国民及び漁船が他方の締約国の沿岸において海難その他の緊急事態に遭遇した場合には、他方の締約国は、できる限りの援助及び保護を与えるとともに、当該一方の締約国の関係当局にこれらに関する状況を速やかに通報する。

2　いずれか一方の締約国の国民及び漁船は、荒天その他の緊急事態のため避難する必要がある場合には、この協定の附属書Ⅱの規定に従って他方の締約国の関係当局に連絡した後、当該他方の締約国の港等に避難することができる。この場合において、当該国民及び漁船は、当該他方の締約国の関係法令及び関係当局の指示に従わなければならない。

第一〇条【資源保存協力】両締約国は、漁業に関する科学的研究及び海洋生物資源の保存のための協力を行う。

第一一条【漁業委員会】1　両締約国は、この協定の目的を達成するため、日中漁業共同委員会（以下「漁業委員会」という。）を設置する。漁業委員会は、両締約国の政府が任命するそれぞれ二人の委員で構成する。

2　漁業委員会の任務は、次のとおりとする。

(1)　第三条の規定に関する事項及び第六条(b)の水域に関する事項について協議し、各締約国の政府に勧告する。これらの協議を行う事項には、次のものが含まれる。

(a)　第三条に規定する他方の締約国の国民及び漁船の漁獲が認められる魚種、漁獲割当量その他の具体的な操業の条件に関する事項

(b)　操業の秩序の維持に関する事項

(c)　海洋生物資源の状況及び保存に関する事項

(d)　両締約国間の漁業についての協力に関する事項

(2)　第七条の規定に関する事項について協議し、決定する。

(3)　必要に応じ、この協定の附属書の修正に関し、両締約国の政府に勧告する。

(4)　この協定の実施状況その他のこの協定に関する事項について検討する。

3　漁業委員会のすべての勧告及び決定は、双方の委員の合意によってのみ行う。

4　両締約国の政府は、2(1)の勧告を尊重し及び2(2)の決定に従って必要な措置をとる。

5　漁業委員会は、毎年一回、日本国又は中華人民共和国で交互に会合する。漁業委員会は、必要に応じ、両締約国の間の合意により臨時に会合することができる。

第一二条【締約国の立場】
第一三条【附属書の地位】（略）
第一四条【効力発生】

附属書Ⅰ

各締約国は、この協定の第二条2の規定に基づき、許可に関する次の措置をとる。

1　各締約国の権限のある当局は、他方の締約国の権限のある当局からこの協定の第三条に規定する決定についての書面による通報を受領した後、当該他方の締約国の権限のある当局に対し、当該他方の締約国の排他的経済水域において漁獲を行うことを希望する自国の国民及び漁船に対する許可証の発給のための申請を行う。当該他方の締約国の権限のある当局は、この協定及び自国の関係法令に従って、この許可証の発給を行う。

2　各締約国の権限のある当局は、他方の締約国の権限のある当局に対し、入漁に関する手続規則（許可証の申請及び発給、漁獲に関する情報の提出、漁船の標識並びに操業日誌の記載に関する手続規則を含む。）を書面により通報する。

3　許可を受けた漁船は、許可証を操舵室の見やすい場所に掲示し、他方の締約国の定める漁船の標識を明確に表示しなければならない。

附属書Ⅱ

この協定の第九条2の規定の実施に関しては、次に定めるところによる。

1　日本国政府が指定する連絡先は、避難する港等を管轄する海上保安庁の各管区海上保安本部とする。中華人民共和国政府が指定する連絡先は、関係港を管轄する港務監督部門とする。

2　具体的な連絡方法については、この協定の第一一条の規定に基づいて設置される日中漁業共同委員会において相互に通報する。

3　一方の締約国の漁船が他方の締約国の指定する連絡先に連絡する内容は次のとおりとする。

船名、識別信号、現在位置（緯度、経度）、船籍港、総トン数及び全長、船長の氏名、乗組員数、避難の理由、避難を求める目的地、到着予定時刻並びに通信連絡の方法

5 17 アジアにおける海賊行為及び船舶に対する武装強盗との戦いに関する地域協力協定（アジア海賊対策協定）（抄）

採 択 二〇〇四年一一月一一日（東京）
効力発生 二〇〇六年九月四日
日 本 国 二〇〇五年四月二八日署名、通告書を寄託

前 文（略）

第一部 序

第一条（定義） 1 この協定の適用上、「海賊行為」とは、次の行為をいう。

(a) 私有の船舶又は航空機の乗組員又は旅客が私的目的のために行うすべての不法な暴力行為、抑留又は略奪行為であって、次のものに対して行われるもの

(i) 公海における他の船舶又は当該船舶内にある人若しくは財産

(ii) いずれの国の管轄権にも服さない場所にある船舶、人又は財産

(b) いずれかの船舶又は航空機を海賊船舶又は海賊航空機とする事実を知って当該船舶又は航空機の運航に自発的に参加するすべての行為

(c) (a)又は(b)に規定する行為を扇動し、又は故意に助長するすべての行為

2 この協定の適用上、「船舶に対する武装強盗」とは、次の行為をいう。

(a) 私的目的のために船舶又は当該船舶内にある人若しくは財産に対して行われるすべての不法な暴力行為、抑留又は略奪行為であって、締約国がそのような犯罪について管轄権を有する場所において行われるもの

(b) いずれかの船舶を船舶に対する武装強盗を行うための船舶とする事実を知って当該船舶の運航に自発的に参加するすべての行為

(c) (a)又は(b)に規定する行為を扇動し、又は故意に助長するすべての行為

第二条（総則） 1 締約国は、自国の国内法令に従い、かつ、利用可能な資源又は能力の範囲内で、最大限可能な限りこの協定を実施する（海賊行為及び船舶に対する武装強盗を防止し、及び抑止することを含む。）。

2 この協定のいかなる規定も、締約国が当事国である国際協定（国連海洋法条約を含む。）及び国際法の関連規則に基づく当該締約国の権利及び義務に影響を及ぼすものではない。

3 この協定のいかなる規定も、軍艦及び非商業的目的のために運航するその他の政府船舶に与えられる免除に影響を及ぼすものではない。

4 この協定のいかなる規定又はこの協定の下で行われるいかなる行為若しくは活動も、領域主権に関する紛争又は海洋法に関する問題についてのいずれの締約国の立場も害するものではない。

5 この協定のいかなる規定も、締約国に対し、他の締約国の領域内において、当該他の締約国の当局がその国内法により専ら有する裁判権を行使する権利及び任務を遂行する権利を与えるものではない。

6 締約国は、第一条1の規定の適用に当たり、第三者の権利を害することなく、国連海洋法条約の関連規定に妥当な考慮を払う。

第三条（一般的義務） 1 締約国は、次の事項について効果的な措置をとるため、自国の国内法令及び適用可能な国際法の諸規則に従ってあらゆる努力を払う。

(a) 海賊行為及び船舶に対する武装強盗を防止し、及び抑止すること。

(b) 海賊又は船舶に対する武装強盗を行った者を逮捕すること。

(c) 海賊行為又は船舶に対する武装強盗に用いられた船舶又は航空機を拿捕すること、海賊又は船舶に対する武装強盗を行った者によって奪取され、かつ、それらの者の支配下にある船舶を拿捕すること及び当該船舶内の財産を押収すること。

(d) 海賊行為又は船舶に対する武装強盗の被害船舶及び被害者を救助すること。

2 この条のいかなる規定も、締約国がその領土において(a)から(d)までの規定について追加的な措置をとることを妨げるものではない。

第二部 情報共有センター

第四条（構成） 1 海賊行為及び船舶に対する武装強盗を防止し、及び抑止することについて締約国間の緊密な協力を促進するため、情報共有センター（以下「センター」という。）を設立する。

2 センターは、シンガポールに置く。

3 センターは、総務会及び事務局で構成する。

4 総務会は、各締約国の一人の代表者で構成する。
総務会は、総務会が別段の決定を行わない限り、少なくとも毎年一回シンガポールで会合する。

5 総務会は、センターのすべての事項に関する政策を立案し、及び議長の選出方法を含む総務会の手続規則を採択する。

6 総務会は、コンセンサス方式により決定を行う。

7 事務局は、職員の補佐を受ける事務局長を長とする。事務局長は、総務会が選出する。

8 事務局長は、総務会が決定する政策及びこの協定に従ってセンターの管理上、運営上及び財政上の事項について責任を負うものとし、総務会が決定する他の事項についても責任を負う。

9 事務局長は、センターを代表する。事務局長は、総務会の承認を得て、事務局の規則を作成する。

第五条（本部協定）1　センターは、この協定の締約国から成る国際機関として、その任務の遂行に必要な法律上の能力、特権及び免除をセンターの接受国において享有する。

2　事務局長及び事務局の職員は、その任務の遂行に必要な特権及び免除を接受国において与えられる。

3　センターは、1及び2に規定するものを含む諸事項について接受国と協定を締結する。

第六条（財政）1　センターの経費は、総務会が決定する予算において規定され、次のものを財源とする。

(a)　接受国による資金供与及び支援

(b)　締約国からの任意拠出金

(c)　総務会が採択する関連基準に従った国際機関その他の団体からの任意拠出金

(d)　総務会が合意する他の任意拠出金

2　センターの財政上の事項は、総務会が採択する財政規則によって規律する。

3　総務会によって任命される独立の会計検査専門家が、毎年、センターの会計検査を行う。検査報告は、財政規則に従い、総務会に提出され、及び公表される。

第七条（任務）センターの任務は、次のとおりとする。

(a)　締約国間の海賊行為及び船舶に対する武装強盗の事件に関する情報の迅速な流れを管理し、及び維持すること。

(b)　締約国が伝達する海賊行為及び船舶に対する武装強盗に関する情報（海賊行為及び船舶に対する武装強盗を行う個人及び国際的かつ組織的な犯罪集団に関する他の関連情報がある場合には、当該関連情報を含む。）を収集し、取りまとめ、及び分析すること。

(c)　(b)の規定に従って収集され、及び分析された情報に基づいて統計及び報告を作成し、並びにそれらを締約国に配布すること。

(d)　海賊行為及び船舶に対する武装強盗の脅威が急迫していると信ずるに足りる相当な理由がある場合には、可能なときはいつでも、締約国に適当な警報を発出すること。

(e)　第一〇条に規定する要請及び第一一条に規定する措置でとられたものに関連する情報を締約国に通報すること。

(f)　(b)の規定に従って収集され、及び分析された情報に基づいて秘密でない統計及び報告を作成し、並びにそれらを海運業界及び国際海事機関に配布すること。

(g)　海賊行為及び船舶に対する武装強盗を防止し、及び抑止するため、総務会が合意する他の任務を遂行すること。

第八条（運営）1　センターの日常の運営は、事務局が行う。

2　センターは、その任務の遂行に当たり、締約国が提供する情報の秘密性を尊重し、また、当該締約国の同意が事前に与えられない限り当該情報を開示し、又は配布しない。

3　センターは、総務会が立案する政策に従って効果的で透明性のある態様で運営されるものとし、また、締約国間の既存の活動との重複を避ける。

第三部　情報共有センターを通ずる協力

第九条（情報の共有）1　締約国は、センターとの連絡に責任を有する中央連絡先を指定し、及び第一八条に規定する署名又は通告書の寄託の際に当該中央連絡先の指定について表明する。

2　締約国は、センターの要請に基づき、センターから伝達される情報の秘密性を尊重する。

3　締約国は、自国の指定された中央連絡先と他の権限のある国内当局（救助調整本部を含む。）及び関係非政府機関との間の円滑かつ効果的な連絡を確保する。

4　締約国は、海賊行為又は船舶に対する武装強盗の事件を関係国内当局（中央連絡先を含む。）及び適当な場合にはセンターに速やかに通報するよう自国の船舶、船舶所有者又は船舶運航者に対して要求するため、あらゆる努力を払う。

5　海賊行為又は船舶に対する武装強盗の急迫した脅威又はそれらの事件に関する情報を受領し、又は入手した締約国は、自国の指定された中央連絡先を通じて、関連情報をセンターに速やかに通報する。

6　締約国は、第七条(d)の規定により海賊行為又は船舶に対する武装強盗の急迫した脅威に関するセンターの警報を受領した場合には、このような急迫した脅威が存在する地域内に所在する船舶に対し、速やかに当該警報を周知する。

第一〇条（協力の要請）1　締約国は、センターを通じて又は直接に、他の締約国に対し、次に掲げる者、船舶又は航空機を発見することについて協力するよう要請することができる。

(a)　海賊

(b)　船舶に対する武装強盗を行った者

(c)　海賊行為又は船舶に対する武装強盗に用いられた船舶又は航空機、並びに海賊又は船舶に対する武装強盗を行った者によって奪取され、かつ、それらの者の支配下にある船舶

(d)　海賊行為又は船舶に対する武装強盗の被害船舶及び被害者

2　締約国は、センターを通じて又は直接に、他の締約国に対し、国内法令及び適用可能な国際法の諸規則が許容する範囲内で1(a)、(b)又は(c)に規定する者又は船舶に対して逮捕又は拿捕を含む適当な措置をとるよう要請することができる。

3　締約国は、センターを通じて又は直接に、他の締約国に対し、海賊行為又は船舶に対する武装強盗の被害船舶及び被害者を救助するため効果的な措置をとるよう要請することができる。

4　1から3までの規定に基づき直接に協力の要請を行った締約国は、当該要請をセンターに速やかに通報する。

5　犯罪人引渡し又は刑事問題に関する法律上の相互援助を伴う協力についての締約国の要請は、他の締約国に対して直接に行われる。

第一一条（要請を受けた締約国の協力）1　締約国は、第一〇条の規定に基づく要請を受けた場合には、第二条1の規定に従うことを条件として、当該要請を実施するため効果的かつ実行可能な措置をとるようあらゆる努力を払う。

2　締約国は、第一〇条の規定に基づく要請を受けた場合には、当該要請を実施するため、当該要請を行った締約国に対し追加的な情報の提供を求めることができる。

3　締約国は、1に規定する措置をとった場合には、とられた措置に関連する情報をセンターに速やかに通報する。

第四部　協力

第一二条（犯罪人引渡し）締約国は、自国の国内法令に従うことを条件として、自国の領域内に所在する海賊又は船舶に対する武装強盗を行った者を、それらの者に対する裁判権を有する他の締約国の要請に基づき、当該他の締約国に引き渡すよう努める。

第一三条（法律上の相互援助）締約国は、自国の国内法令に従うことを条件として、他の締約国の要請に基づき、刑事問題に関する法律上の相互援助（海賊行為及び船舶に対する武装強盗に関する証拠の提出を含む。）を行うよう努める。

第一四条（能力の開発）1　締約国は、海賊行為及び船舶に対する武装強盗を防止し、及び抑止する締約国の能力を向上させるため、協力又は援助を要請する他の締約国と最大限可能な限り協力するよう努める。

2　センターは、能力の開発のための援助を提供することについて最大限可能な限り協力するよう努める。

3　能力の開発のための協力には、経験及び最良の慣行を共有するための教育及び訓練に関する計画等の技術援助を含めることができる。

第一五条（協力のための措置）適当な場合には、関係締約国間で、合同訓練その他の形態の協力等の協力のための措置について合意することができる。

第一六条（船舶の防護措置）各締約国は、関連する国際的な基準及び慣行（特に、国際海事機関が採択する勧告）を考慮して、適当な場合には、船舶、船舶所有者又は船舶運航者が海賊行為及び船舶に対する武装強盗に対する防護措置をとるよう奨励する。

第五部　最終規定

第一七条（紛争の解決）この協定の解釈又は適用から生ずる紛争（第一〇条2の規定に基づいて行った要請又は第一一条1の規定に従ってとられた措置によりもたらされた損失又は損害に対する責任に関する紛争を含む。）は、適用可能な国際法の諸規則に従い、関係締約国間の交渉によって友好的に解決する。

第一八条（署名及び効力発生）1　この協定は、2に規定する寄託者において、バングラデシュ人民共和国、ブルネイ・ダルサラーム国、カンボジア王国、中華人民共和国、インド共和国、インドネシア共和国、日本国、大韓民国、ラオス人民民主共和国、マレーシア、ミャンマー連邦、フィリピン共和国、シンガポール共和国、スリランカ民主社会主義共和国、タイ王国及びベトナム社会主義共和国による署名のために開放しておく。

2　シンガポール政府は、この協定の寄託者とする。

3　この協定は、1に掲げる国がその国内手続を完了した旨を通告する一〇番目の通告書が寄託者に寄託された日の後九〇日目の日に効力を生ずる。その後は、この協定は、1に掲げる他の国が通告書を寄託者に寄託した後三〇日目の日に、当該他の国について効力を生ずる。

4　寄託者は、1に掲げるすべての国に対し、3の規定によるこの協定の効力の発生について通報する。

5　この協定は、効力を生じた後、1に掲げる国以外の国の加入のために開放しておく。この協定への加入を希望する国は、その旨を寄託者に通報することができるものとし、寄託者は、そのような通報を受領したことを速やかに他のすべての締約国に対し通報する。当該加入を希望する国は、寄託者が当該通報を受領した後九〇日以内に締約国から書面による異議が申し立てられない場合には、加入書を寄託者に寄託することができるものとし、当該加入書の寄託の後六〇日目の日にこの協定の締約国となることができる。

第一九条（改正）1　締約国は、この協定が効力を生じた後はいつでも、この協定の改正を提案することができる。当該改正は、すべての締約国の同意を得て採択される。

2　改正は、すべての締約国による受諾の後九〇日目の日に効力を生ずる。受諾書は、寄託者に寄託されるものとし、寄託者は、他のすべての締約国に対し当該受諾書の寄託について速やかに通報する。

第二〇条（脱退）
第二一条（正文）（略）
第二二条（登録）

第3節 国内法

518 海洋基本法

公布 二〇〇七(平成一九)年四月二七日(法律第三三号)
施行 二〇〇七(平成一九)年七月二〇日

第一章 総則

第一条(目的) この法律は、地球の広範な部分を占める海洋が人類をはじめとする生物の生命を維持する上で不可欠な要素であるとともに、海に囲まれた我が国において、海洋法に関する国際連合条約その他の国際約束に基づき、並びに海洋の持続可能な開発及び利用を実現するための国際的な取組の中で、我が国が国際的協調の下に、海洋の平和的かつ積極的な開発及び利用と海洋環境の保全との調和を図る新たな海洋立国を実現することが重要であることにかんがみ、海洋に関し、基本理念を定め、国、地方公共団体、事業者及び国民の責務を明らかにし、並びに海洋に関する基本的な計画の策定その他海洋に関する施策の基本となる事項を定めるとともに、総合海洋政策本部を設置することにより、海洋に関する施策を総合的かつ計画的に推進し、もって我が国の経済社会の健全な発展及び国民生活の安定向上を図るとともに、海洋と人類の共生に貢献することを目的とする。

第二条(海洋の開発及び利用と海洋環境の保全との調和) 海洋については、海洋の開発及び利用が我が国の経済社会の存立の基盤であるとともに、海洋の生物の多様性が確保されることその他の良好な海洋環境が保全されることが人類の存続の基盤であり、かつ、豊かで潤いのある国民生活に不可欠であることにかんがみ、将来にわたり海洋の恵沢を享受できるよう、海洋環境の保全を図りつつ海洋の持続的な開発及び利用を可能とすることを旨として、その積極的な開発及び利用が行われなければならない。

第三条(海洋の安全の確保) 海洋については、海に囲まれた我が国にとって海洋の安全の確保が重要であることにかんがみ、その安全の確保のための取組が積極的に推進されなければならない。

第四条(海洋に関する科学的知見の充実) 海洋の開発及び利用、海洋環境の保全等が適切に行われるためには海洋に関する科学的知見が不可欠である一方で、海洋については科学的に解明されていない分野が多いことにかんがみ、海洋に関する科学的知見の充実が図られなければならない。

第五条(海洋産業の健全な発展) 海洋の開発、利用、保全等を担う産業(以下「海洋産業」という。)については、我が国の経済社会の健全な発展及び国民生活の安定向上の基盤であることにかんがみ、その健全な発展が図られなければならない。

第六条(海洋の総合的管理) 海洋の管理は、海洋資源、海洋環境、海上交通、海洋の安全等の海洋に関する諸問題が相互に密接な関連を有し、及び全体として検討される必要があることにかんがみ、海洋の開発、利用、保全等について総合的かつ一体的に行われるものでなければならない。

第七条(海洋に関する国際的協調) 海洋が人類共通の財産であり、かつ、我が国の経済社会が国際的な密接な相互依存関係の中で営まれていることにかんがみ、海洋に関する施策の推進は、海洋に関する国際的な秩序の形成及び発展のために先導的な役割を担うことを旨として、国際的協調の下に行われなければならない。

第八条(国の責務) 国は、第二条から前条までに定める基本理念(以下「基本理念」という。)にのっとり、海洋に関する施策を総合的かつ計画的に策定し、及び実施する責務を有する。

第九条(地方公共団体の責務) 地方公共団体は、基本理念にのっとり、海洋に関し、国との適切な役割分担を踏まえて、その地方公共団体の区域の自然的社会的条件に応じた施策を策定し、及び実施する責務を有する。

第一〇条(事業者の責務) 海洋産業の事業者は、基本理念にのっとりその事業活動を行うとともに、国又は地方公共団体が実施する海洋に関する施策に協力するよう努めなければならない。

第一一条(国民の責務) 国民は、海洋の恵沢を認識するとともに、国又は地方公共団体が実施する海洋に関する施策に協力するよう努めなければならない。

第一二条(関係者相互の連携及び協力) 国、地方公共団体、海洋産業の事業者、海洋に関する活動を行う団体その他の関係者は、基本理念の実現を図るため、相互に連携を図りながら協力するよう努めなければならない。

第一三条(海の日の行事) 国及び地方公共団体は、国民の祝日に関する法律(昭和二三年法律第一七八号)第二条に規定する海の日において、国民の間に広く海洋についての理解と関心を深めるような行事が実施されるよう努めなければならない。

第一四条(法制上の措置等) 政府は、海洋に関する施策を実施するため必要な法制上、財政上又は金融上の措置その他の措置を講じなければならない。

第一五条(資料の作成及び公表) 政府は、海洋の状況及び政府が海洋に関して講じた施策に関する資料を作成し、適切な方法により随時公表しなければならない。

第二章 海洋基本計画

第一六条1 政府は、海洋に関する施策の総合的かつ計画的な推進を図るため、海洋に関する基本的な計画(以下「海洋基本計画」という。)を定めなければならない。

2 海洋基本計画は、次に掲げる事項について定めるものとする。
一 海洋に関する施策についての基本的な方針
二 海洋に関する施策に関し、政府が総合的かつ計画的に講ずべき施策
三 前二号に掲げるもののほか、海洋に関する施策を総合的かつ計画的に推進するために必要な事項
3 内閣総理大臣は、海洋基本計画の案につき閣議の決定を求めなければならない。
4 内閣総理大臣は、前項の規定による閣議の決定があったときは、遅滞なく、海洋基本計画を公表しなければならない。
5 政府は、海洋に関する情勢の変化を勘案し、及び海洋に関する施策の効果に関する評価を踏まえ、おおむね五年ごとに、海洋基本計画の見直しを行い、必要な変更を加えるものとする。
6 第三項及び第四項の規定は、海洋基本計画の変更について準用する。
7 政府は、海洋基本計画について、その実施に要する経費に関し必要な資金の確保を図るため、毎年度、国の財政の許す範囲内で、これを予算に計上する等その円滑な実施に必要な措置を講ずるよう努めなければならない。

第三章 基本的施策

第一七条(海洋資源の開発及び利用の推進) 国は、海洋環境の保全並びに海洋資源の将来にわたる持続的な開発及び利用を可能とすることに配慮しつつ海洋資源の積極的な開発及び利用を推進するため、水産資源の保存及び管理、水産動植物の生育環境の保全及び改善、漁場の生産力の増進、海底又はその下に存在する石油、可燃性天然ガス、マンガン鉱、コバルト鉱等の鉱物資源の開発及び利用の推進並びにそのための体制の整備その他の必要な措置を講ずるものとする。

第一八条(海洋環境の保全等) 1 国は、海洋が地球温暖化の防止等の地球環境の保全に大きな影響を与えること等にかんがみ、生育環境の保全及び改善等による海洋の生物の多様性の確保、海洋に流入する水による汚濁の負荷の低減、海洋への廃棄物の排出の防止、船舶の事故等により流出した油等の迅速な防除、海洋の自然景観の保全その他の海洋環境の保全を図るために必要な措置を講ずるものとする。
2 国は、前項の措置については、科学的知見を踏まえつつ、海洋環境に対する悪影響を未然に防止する観点から、これを実施するとともに、その適切な見直しを行うよう努めるものとする。

第一九条(排他的経済水域等の開発等の推進) 国は、排他的経済水域等(排他的経済水域及び大陸棚に関する法律(平成八年法律第七四号)第一条第一項の排他的経済水域及び同法第二条の大陸棚をいう。以下同じ。)の開発、利用、保全等(以下「排他的経済水域等の開発等」という。)に関する取組の強化を図ることの重要性にかんがみ、海域の特性に応じた排他的経済水域等の開発等の推進、排他的経済水域等における我が国の主権的権利を侵害する行為の防止その他の排他的経済水域等の開発等の推進のために必要な措置を講ずるものとする。

第二〇条(海上輸送の確保) 国は、効率的かつ安定的な海上輸送の確保を図るため、日本船舶の確保、船員の育成及び確保、国際海上輸送網の拠点となる港湾の整備その他の必要な措置を講ずるものとする。

第二一条(海洋の安全の確保) 1 国は、海に囲まれ、かつ、主要な資源の大部分を輸入に依存する我が国の経済社会にとって、海洋資源の開発及び利用、海上輸送等の安全が確保され、並びに海洋における秩序が維持されることが不可欠であることにかんがみ、海洋について、我が国の平和及び安全の確保並びに海上の安全及び治安の確保のために必要な措置を講ずるものとする。
2 国は、津波、高潮等による災害から国土並びに国民の生命、身体及び財産を保護するため、災害の未然の防止、災害が発生した場合における被害の拡大の防止及び災害の復旧(以下「防災」という。)に関し必要な措置を講ずるものとする。

第二二条(海洋調査の推進) 1 国は、海洋に関する施策を適正に策定し、及び実施するため、海洋の状況の把握、海洋環境の変化の予測その他の海洋に関する施策の策定及び実施に必要な調査(以下「海洋調査」という。)の実施並びに海洋調査に必要な監視、観測、測定等の体制の整備に努めるものとする。
2 国は、地方公共団体の海洋に関する施策の策定及び実施並びに事業者その他の者の活動に資するため、海洋調査により得られた情報の提供に努めるものとする。

第二三条(海洋科学技術に関する研究開発の推進等) 国は、海洋に関する科学技術(以下「海洋科学技術」という。)に関する研究開発の推進及びその成果の普及を図るため、海洋科学技術に関し、研究体制の整備、研究開発の推進、研究者及び技術者の育成、国、独立行政法人(独立行政法人通則法(平成一一年法律第一〇三号)第二条第一項に規定する独立行政法人をいう。以下同じ。)、都道府県及び地方独立行政法人(地方独立行政法人法(平成一五年法律第一一八号)第二条第一項に規定する地方独立行政法人をいう。以下同じ。)の試験研究機関、大学、民間等の連携の強化その他の必要な措置を講ずるものとする。

第二四条(海洋産業の振興及び国際競争力の強化) 国は、海洋産業の振興及びその国際競争力の強化を図るため、海洋産業に関し、先端的な研究開発の推進、技術の高度化、人材の育成及び確保、競争条件の整備等による経営基盤の強化及び新たな事業の開拓その他の必要な措置を講ずるものとする。

第二五条(沿岸域の総合的管理) 1 国は、沿岸の海域の諸問題がその陸域の諸活動等に起因し、沿岸の海域について施策を講ずることのみでは、沿岸の海域

の資源、自然環境等がもたらす恵沢を将来にわたり享受できるようにすることが困難であることにかんがみ、自然的社会的条件からみて一体的に施策が講ぜられることが相当と認められる沿岸の海域及び陸域について、その諸活動に対する規制その他の措置が総合的に講ぜられることにより適切に管理されるよう必要な措置を講ずるものとする。

2　国は、前項の措置を講ずるに当たっては、沿岸の海域及び陸域のうち特に海岸が、厳しい自然条件の下にあるとともに、多様な生物が生息し、生育する場であり、かつ、独特の景観を有していること等にかんがみ、津波、高潮、波浪その他海水又は地盤の変動による被害からの海岸の防護、海岸環境の整備及び保全並びに海岸の適正な利用の確保に十分留意するものとする。

第二六条（離島の保全等）国は、離島が我が国の領海及び排他的経済水域等の保全、海上交通の安全の確保、海洋資源の開発及び利用、海洋環境の保全等に重要な役割を担っていることにかんがみ、離島に関し、海岸等の保全、海上交通の安全の確保並びに海洋資源の開発及び利用のための施設の整備、周辺の海域の自然環境の保全、住民の生活基盤の整備その他の必要な措置を講ずるものとする。

第二七条（国際的な連携の確保及び国際協力の推進）

1　国は、海洋に関する国際約束等の策定に主体的に参画することその他の海洋に関する国際的な連携の確保のために必要な措置を講ずるものとする。

2　国は、海洋に関し、我が国の国際社会における役割を積極的に果たすため、海洋資源、海洋環境、海洋調査、海洋科学技術、海上における犯罪の取締り、防災、海難救助等に係る国際協力の推進のために必要な措置を講ずるものとする。

第二八条（海洋に関する国民の理解の増進等）1　国は、国民が海洋についての理解と関心を深めることができるよう、学校教育及び社会教育における海洋に関する教育の推進、海洋法に関する国際連合条約その他の国際約束並びに海洋の持続可能な開発及び利用を実現するための国際的な取組に関する普及啓発、海洋に関するレクリエーションの普及等のために必要な措置を講ずるものとする。

2　国は、海洋に関する政策課題に的確に対応するために必要な知識及び能力を有する人材の育成を図るため、大学等において学際的な教育及び研究が推進されるよう必要な措置を講ずるよう努めるものとする。

第四章　総合海洋政策本部

第二九条（設置）海洋に関する施策を集中的かつ総合的に推進するため、内閣に、総合海洋政策本部（以下「本部」という。）を置く。

第三〇条（所掌事務）本部は、次に掲げる事務をつかさどる。

一　海洋基本計画の案の作成及び実施の推進に関すること。

二　関係行政機関が海洋基本計画に基づいて実施する施策の総合調整に関すること。

三　前二号に掲げるもののほか、海洋に関する施策で重要なものの企画及び立案並びに総合調整に関すること。

第三一条（組織）本部は、総合海洋政策本部長、総合海洋政策副本部長及び総合海洋政策本部員をもって組織する。

第三二条（総合海洋政策本部長）1　本部の長は、総合海洋政策本部長（以下「本部長」という。）とし、内閣総理大臣をもって充てる。

2　本部長は、本部の事務を総括し、所部の職員を指揮監督する。

第三三条（総合海洋政策副本部長）1　本部に、総合海洋政策副本部長（以下「副本部長」という。）を置き、内閣官房長官及び海洋政策担当大臣（内閣総理大臣の命を受けて、海洋に関する施策の集中的かつ総合的な推進に関し内閣総理大臣を助けることをその職務とする国務大臣をいう。）をもって充てる。

2　副本部長は、本部長の職務を助ける。

第三四条（総合海洋政策本部員）1　本部に、総合海洋政策本部員（以下「本部員」という。）を置く。

2　本部員は、本部長及び副本部長以外のすべての国務大臣をもって充てる。

第三五条（資料の提出その他の協力）1　本部は、その所掌事務を遂行するため必要があると認めるときは、関係行政機関、地方公共団体、独立行政法人及び地方独立行政法人の長並びに特殊法人（法律により直接に設立された法人又は特別の法律により特別の設立行為をもって設立された法人であって、総務省設置法（平成一一年法律第九一号）第四条第一五号の規定の適用を受けるものをいう。）の代表者に対して、資料の提出、意見の表明、説明その他必要な協力を求めることができる。

2　本部は、その所掌事務を遂行するために特に必要があると認めるときは、前項に規定する者以外の者に対しても、必要な協力を依頼することができる。

第三六条（事務）本部に関する事務は、内閣官房において処理し、命を受けて内閣官房副長官補が掌理する。

第三七条（主任の大臣）本部に係る事項については、内閣法（昭和二二年法律第五号）にいう主任の大臣は、内閣総理大臣とする。

第三八条（政令への委任）この法律に定めるもののほか、本部に関し必要な事項は、政令で定める。

附　則

1（施行期日）　この法律は、公布の日から起算して三月を超えない範囲内において政令で定める日から施行する。

2（検討）　本部については、この法律の施行後五年を目途として総合的な検討が加えられ、その結果に基づいて必要な措置が講ぜられるものとする。

519 領海及び接続水域に関する法律

公布 一九七七(昭和五二)年五月二日(法律第三〇号)
施行 一九七七(昭和五二)年七月一日(政令第二〇九号)
改正 一九九六(平成八)年六月一四日(法律第七三号〔領海法を改称〕)

第一条(領海の範囲)1 我が国の領海は、基線からその外側一二海里の線(その線が基線から測定して中間線を超えているときは、その超えている部分については、中間線(我が国と外国との間で合意した中間線に代わる線があるときは、その線)とする。)までの海域とする。

2 前項の中間線は、いずれの点をとっても、基線上の最も近い点からの距離と、我が国の海岸と向かい合っている外国の海岸に係るその外国の領海の幅を測定するための基線上の最も近い点からの距離とが等しい線とする。

第二条(基線)1 基線は、低潮線、直線基線及び湾口若しくは湾内又は河口に引かれる直線とする。ただし、内水である瀬戸内海については、他の海域との境界として政令で定める線を基線とする。

2 前項の直線基線は、海洋法に関する国際連合条約(以下「国連海洋法条約」という。)第七条に定めるところに従い、政令で定める。

3 前項に定めるもののほか、第一項に規定する線を基線として用いる場合の基準その他基線を定めるに当たって必要な事項は、政令で定める。

第三条(内水又は領海からの追跡に関する我が国の法令の適用)我が国の内水又は領海から行われる国連海洋法条約第一一一条に定めるところによる追跡に係る我が国の公務員の職務の執行及びこれを妨げる行為については、我が国の法令(罰則を含む。第五条において同じ。)を適用する。

第四条(接続水域)1 我が国が国連海洋法条約第三三条1に定めるところにより我が国の領域における通関、財政、出入国管理及び衛生に関する法令に違反する行為の防止及び処罰のために必要な措置を執る水域として、接続水域を設ける。

2 前項の接続水域(以下単に「接続水域」という。)は、基線からその外側二四海里の線(その線が基線から測定して中間線(第一条第二項に規定する中間線をいう。以下同じ。)を超えているときは、その超えている部分については、中間線(我が国と外国との間で合意した中間線に代わる線があるときは、その線)とする。)までの海域(領海を除く。)とする。

3 外国との間で相互に中間線を超えて国連海洋法条約第三三条1に定める措置を執ることが適当と認められる海域の部分においては、接続水域は、前項の規定にかかわらず、政令で定めるところにより、基線からその外側二四海里の線までの海域(外国の領海である海域を除く。)とすることができる。

第五条(接続水域における我が国の法令の適用)前条第一項に規定する措置に係る接続水域における我が国の公務員の職務の遂行(当該職務の執行に関して接続水域から行われる国連海洋法条約第一一一条に定めるところによる追跡に係る職務の執行を含む。)及びこれを妨げる行為については、我が国の法令を適用する。

附 則

1(施行期日)(略)

2(特定海域に係る領海の範囲)当分の間、宗谷海峡、津軽海峡、対馬海峡東水道、対馬海峡西水道及び大隅海峡(これらの海域にそれぞれ隣接し、かつ、船舶が通常航行する経路からみてこれらの海域とそれぞれ一体をなすと認められる海域を含む。以下「特定海域」という。)については、第一条の規定は適用せず、特定海域に係る領海は、それぞれ、基線からその外側三海里の線及びこれと接続して引かれる線までの海域とする。

520 排他的経済水域及び大陸棚に関する法律

公布 一九九六(平成八)年六月一四日(法律第七四号)
施行 一九九六(平成八)年七月二〇日

第一条(排他的経済水域)我が国が海洋法に関する国際連合条約(以下「国連海洋法条約」という。)に定めるところにより国連海洋法条約第五部に規定する沿岸国の主権的権利その他の権利を行使する水域として、排他的経済水域を設ける。

2 前項の排他的経済水域(以下単に「排他的経済水域」という。)は、我が国の基線(領海及び接続水域に関する法律(昭和五二年法律第三〇号)第二条第一項に規定する基線をいう。以下同じ。)から、いずれの点をとっても我が国の基線上の最も近い点からの距離が二〇〇海里である線(その線が我が国の基線から測定して中間線(いずれの点をとっても、我が国の基線上の最も近い点からの距離と、我が国の海岸と向かい合っている外国の海岸に係るその外国の領海の幅を測定するための基線上の最も近い点からの距離とが等しい線をいう。以下同じ。)を超えているときは、その超えている部分については、中間線（我が国と外国との間で合意した中間線に代わる線があるときは、その線）とする。）までの海域（領海を除く。）並びにその海底及びその下とする。

第二条（大陸棚）我が国が国連海洋法条約に定めるところにより沿岸国の主権的権利その他の権利を行使する大陸棚（以下単に「大陸棚」という。）は、次に掲げる海域の海底及びその下とする。

一　我が国の基線から、いずれの点をとっても我が国の基線上の最も近い点からの距離が二〇〇海里である線（その線が我が国の基線から測定して中間線を超えているときは、その超えている部分については、中間線（我が国と外国との間で合意した中間線に代わる線があるときは、その線及びこれと接続して引かれる政令で定める線）とする。）までの海域（領海を除く。）

二　前号の海域（いずれの点をとっても我が国の基線上の最も近い点からの距離が二〇〇海里である線によってその限界が画される部分に限る。）の外側に接する海域であって、国連海洋法条約第七六条に定めるところに従い、政令で定めるもの

第三条（我が国の法令の適用）次に掲げる事項については、我が国の法令（罰則を含む。以下同じ。）を適用する。

一　排他的経済水域又は大陸棚における天然資源の探査、開発、保存及び管理、人工島、施設及び構築物の設置、建設、運用及び利用、海洋環境の保護及び保全並びに海洋の科学的調査

二　排他的経済水域における経済的な目的で行われる探査及び開発のための活動（前号に掲げるものを除く。）

三　大陸棚の掘削（第一号に掲げるものを除く。）

四　前三号に掲げる事項に関する排他的経済水域又は大陸棚に係る水域における我が国の公務員の職務の執行（当該職務の執行に関してこれらの水域から行われる国連海洋法条約第一一一条に定めるところによる追跡に係る職務の執行を含む。）及びこれを妨げる行為

2　前項に定めるもののほか、同項第一号の人工島、施設及び構築物については、国内に在るものとみなして、我が国の法令を適用する。

3　前二項の規定による我が国の法令の適用に関しては、当該法令が適用される水域が我が国の領域外であることその他当該水域における特別の事情を考慮して合理的に必要と認められる範囲内において、政令で、当該法令の適用関係の整理又は調整のため必要な事項を定めることができる。

第四条（条約の効力）この法律に規定する事項に関して条約に別段の定めがあるときは、その定めるところによる。

5

21　海洋構築物等に係る安全水域の設定等に関する法律

公布　二〇〇七（平成一九）年四月二七日（法律第三四号）
施行　二〇〇七（平成一九）年七月二〇日
改正　二〇二二（令和四）年六月一七日（法律第六八号）

第一条（趣旨）この法律は、海洋構築物等の安全及び当該海洋構築物等の周辺の海域における船舶の航行の安全を確保するため、海洋法に関する国際連合条約に定めるところにより、海洋構築物等に係る安全水域の設定等について必要な措置を定めるものとする。

第二条（定義）1　この法律において「海洋構築物等」とは、排他的経済水域及び大陸棚に関する法律（平成八年法律第七四号）第一条第一項の排他的経済水域又は同法第二条の大陸棚（以下「大陸棚」という。）における同法第三条第一項第一号から第三号までに規定する行為（以下「特定行為」という。）に係る工作物（その新設又は除去に関する工事の途中のものを含む。）及び大陸棚の掘削に従事する船舶（掘削をするために進行を停止しているものに限る。）をいう。

2　この法律において「安全水域」とは、海洋法に関する国際連合条約第六〇条4（同条約第八〇条において準用する場合を含む。）に規定する安全水域であって、海洋構築物等の周辺に次条第一項の規定により設定されるものをいう。

3　この法律において「特定行政機関の長」とは、海洋構築物等に係る特定行為を行う事業者の事業を所管する行政機関の長をいう。

第三条（安全水域の設定等）1　国土交通大臣は、海洋構築物等の安全及び当該海洋構築物等の周辺の海域における船舶の航行の安全を確保するため、海洋法に関する国際連合条約に定めるところにより、安全水域を設定することができる。

2　前項に規定する安全水域の設定は、特定行政機関の長の要請に基づき行うものとする。

3　国土交通大臣は、安全水域を設定しようとするときは、外務大臣、農林水産大臣、経済産業大臣、防衛大臣その他の関係行政機関の長に協議しなければならない。これを廃止しようとするときも、同様とする。

4　安全水域は、海洋構築物等の性質及び機能に応じ合理的に必要とされるものでなければならない。

5　安全水域の幅は、海洋構築物等の外縁のいずれの点から測定した距離についても五百メートルを超えるものであってはならない。

6　安全水域は、国際航行に不可欠と認められた航行帯の使用の妨げとなるような海域に設定してはなら

ない。

第四条1　国土交通大臣は、安全水域を設定したときは、遅滞なく、当該安全水域の位置及びその範囲を告示しなければならない。これを廃止したときも、同様とする。

2　国土交通大臣は、安全水域を設定したときは、当該安全水域に係る前条第二項に規定する要請を行った特定行政機関の長に対し、当該安全水域の付近を航行する船舶に当該安全水域の位置及びその範囲を周知させるために必要な措置を講ずべきことを要請することができる。

第五条（安全水域への入域の禁止等）1　何人も、国土交通省令で定めるところにより、国土交通大臣の許可を受けなければ、安全水域に入域してはならない。ただし、次の各号のいずれかに該当する場合は、この限りでない。

一　船舶の運転の自由を失った場合

二　人命又は急迫した危険のある船舶の救助に従事する場合

三　国又は都道府県の機関が海上の安全及び治安の確保のための業務を実施する場合

四　当該安全水域に係る海洋構築物等の業務に従事する場合

2　国土交通大臣は、前項の許可の申請があった場合において、海洋構築物等の安全の確保に支障がないと認められるとき、又は災害の復旧その他公益上必要やむを得ず、かつ、一時的なものと認められるときでなければ、同項の許可をしてはならない。

3　国土交通大臣は、第一項の許可をしようとするときは、あらかじめ、当該安全水域に係る第三条第二項に規定する要請を行った特定行政機関の長に協議しなければならない。

4　国土交通大臣は、第一項の許可に、必要な条件を付することができる。

5　国の機関又は地方公共団体が安全水域に入域しようとする場合（第一項ただし書に規定する場合を除く。）においては、当該国の機関又は地方公共団体と国土交通大臣との協議が成立することをもって第一項の許可があったものとみなす。

6　第三項の規定は、国土交通大臣が前項の規定による協議を受けた場合について準用する。

第六条（国際約束の誠実な履行）この法律の施行に当たっては、我が国が締結した条約その他の国際約束の誠実な履行を妨げることがないよう留意しなければならない。

第七条（罰則）次の各号のいずれかに該当する者は、一年以下の拘禁刑又は五十万円以下の罰金に処する。

一　第五条第一項の規定に違反した者

二　第五条第四項の規定により国土交通大臣が付した条件に違反した者

2　法人の代表者又は法人若しくは人の代理人、使用人その他の従業者が、その法人又は人の業務に関し、前項の違反行為をしたときは、行為者を罰するほか、その法人又は人に対して同項の罰金刑を科する。

附　則

この法律は、公布の日から起算して三月を超えない範囲内において政令で定める日から施行する。

5 22 海上保安庁法（抄）

公　布　一九四八（昭和二三）年四月二七日（法律第二八号）

施　行　一九四八（昭和二三）年五月一日（政令第九六号）

最終改正　二〇二二（令和四）年六月一七日（法律第六八号）

第一章　組　織

第一条【海上保安庁の設置、港と河川との境界】海上において、人命及び財産を保護し、並びに法律の違反を予防し、捜査し、及び鎮圧するため、国家行政組織法（昭和二三年法律第一二〇号）第三条第二項の規定に基づいて、国土交通大臣の管理する外局として海上保安庁を置く。

2　河川の口にある港と河川との境界は、港則法（昭和二三年法律第一七四号）第二条の規定に基づく政令で定めるところによる。

第二条【任務】海上保安庁は、法令の海上における励行、海難救助、海洋の汚染の防止、海上における船舶の航行の秩序の維持、海上における犯罪の予防及び鎮圧、海上における犯人の捜査及び逮捕、海上における船舶交通に関する規制、水路、航路標識に関する事務その他海上の安全の確保に関する事務並びにこれらに附帯する事項に関する事務を行うことにより、海上の安全及び治安の確保を図ることを任務とする。

2　従来運輸大臣官房、運輸省海運総局の長官官房、海運局、船舶局及び船員局、海難審判所の理事官、灯台局、水路部並びにその他の行政機関の所掌に属する事務で前項の事務に該当するものは、海上保安庁の所掌に移るものとする。

第三条　削除

第四条【船舶及び航空機】海上保安庁の船舶及び航空機は、航路標識を維持し、水路測量及び海象観測を行い、海上における治安を維持し、遭難船員に援助を与え、又は海難に際し人命及び財産を保護するのに適当な構造、設備及び性能を有する船舶及び航空機でなければならない。

2　海上保安庁の船舶は、番号及び他の船舶と明らかに識別し得るような標識を附し、国旗及び海上保安庁の旗を掲げなければならない。

3　海上保安庁の航空機は、番号及び他の航空機と明らかに識別し得るような標識を附さなければならない。

第五条【所掌事務】海上保安庁は、第二条第一項の任務を達成するため、次に掲げる事務をつかさどる。

一　法令の海上における励行に関すること。
二　海難の際の人命、積荷及び船舶の救助並びに天災事変その他救済を必要とする場合における援助に関すること。
三　遭難船舶の救護並びに漂流物及び沈没品の処理に関する制度に関すること。
四　海難の調査（海難審判庁の行うものを除く。）に関すること。
五　船舶交通の障害の除去に関すること。
六　海上保安庁以外の者で海上において人命、積荷及び船舶の救助を行うもの並びに船舶交通に対する障害を除去するものの監督に関すること。
七　旅客又は貨物の海上運送に従事する者に対する海上における保安のため必要な監督に関すること。
八　航法及び船舶交通に関する信号に関すること。
九　港則に関すること。
一〇　船舶交通がふくそうする海域における船舶交通の安全の確保に関すること。
一一　海洋の汚染等（海洋汚染等及び海上災害の防止に関する法律（昭和四五年法律第一三六号）第三条第一五号の二に規定する海洋汚染等をいう。）及び海上災害の防止に関すること。
一二　海上における船舶の航行の秩序の維持に関すること。
一三　沿岸水域における巡視警戒に関すること。
一四　海上における暴動及び騒乱の鎮圧に関すること。
一五　海上における犯罪の予防及び鎮圧に関すること。
一六　海上における犯人の捜査及び逮捕に関すること。
一七　留置業務に関すること。
一八　国際捜査共助に関すること。
一九　警察庁及び都道府県警察（以下「警察行政庁」という。）、税関、検疫所その他の関係行政庁との間における協力、共助及び連絡に関すること。
二〇　国際緊急援助隊の派遣に関する法律（昭和六二年法律第九三号）に基づく国際緊急援助活動に関すること。
二一　水路の測量及び海象の観測に関すること。
二二　水路図誌及び航空図誌の調製及び供給に関すること。
二三　船舶交通の安全のために必要な事項の通報に関すること。
二四　灯台その他の航路標識の建設、保守、運用及び用品に関すること。
二五　灯台その他の航路標識の附属の設備による気象の観測及びその通報に関すること。
二六　海上保安庁以外の者で灯台その他の航路標識の建設、保守又は運用を行うものの監督に関すること。
二七　所掌事務に係る国際協力に関すること。
二八　政令で定める文教研修施設において所掌事務に関する研修を行うこと。
二九　所掌事務を遂行するために使用する船舶及び航空機の建造、維持及び運用に関すること。
三〇　所掌事務を遂行するために使用する通信施設の建設、保守及び運用に関すること。
三一　前各号に掲げるもののほか、第二条第一項に規定する事務

第六条〜第九条　削除

第一〇条【長官】海上保安庁の長は、海上保安庁長官とする。

2　海上保安庁長官は、国土交通大臣の指揮監督を受け、庁務を統理し、所部の職員を指揮監督する。ただし、国土交通大臣以外の大臣の所管に属する事務については、各々その大臣の指揮監督を受ける。

第一一条　削除

第一二条【海上保安管区・管区海上保安部】
第一三条【管区海上保安部の事務所】　（略）

第一四条【海上保安官・保安官補】海上保安庁に海上保安官及び海上保安官補を置く。

2　海上保安官及び海上保安官補の階級は、政令でこれを定める。

3　海上保安官は、上官の命を受け、第二条第一項に規定する事務を掌る。

4　海上保安官補は、海上保安官の職務を助ける。

第一五条【海上保安官の地位】海上保安官がこの法律の定めるところにより法令の励行に関する事務を行う場合には、その権限については、当該海上保安官は、各々の法令の施行に関する事務を所管する行政官庁の当該官吏とみなされ、当該法令の励行に関する事務に関し行政官庁の制定する規則の適用を受けるものとする。

第一六条【協力の要求】（略）

第一七条【書類の提出命令・立入検査・質問、服制】海上保安官は、その職務を行うため必要があるときは、船長又は船長に代わって船舶を指揮する者に対し、法令により船舶に備え置くべき書類の提出を命じ、船舶の同一性、船籍港、船長の氏名、直前の出発港又は出発地、目的港又は目的地、積荷の性質又は積荷の有無その他船舶、積荷及び航海に関し重要と認める事項を確かめるため船舶の進行を停止させて立入検査をし、又は乗組員及び旅客並びに船舶の所有者若しくは賃借人又は用船者その他海上の安全及び治安の確保を図るため重要と認める事項について知っていると認められる者に対しその職務を行うために必要な質問をすることができる。

2　海上保安官は、前項の規定により立入検査をし、

又は質問するときは、制服を着用し、又はその身分を示す証票を携帯しなければならない。

3　海上保安官の服制は、国土交通省令で定める。

第一八条【強制的措置】海上保安官は、海上における犯罪が正に行われようとするのを認めた場合又は天災事変、海難、工作物の損壊、危険物の爆発等危険な事態がある場合であって、人の生命若しくは身体に危険が及び、又は財産に重大な損害が及ぶおそれがあり、かつ、急を要するときは、他の法令に定めのあるもののほか、次に掲げる措置を講ずることができる。

一　船舶の進行を開始させ、停止させ、又はその出発を差し止めること。

二　航路を変更させ、又は船舶を指定する場所に移動させること。

三　乗組員、旅客その他船内にある者（以下「乗組員等」という。）を下船させ、又はその下船を制限し、若しくは禁止すること。

四　積荷を陸揚げさせ、又はその陸揚げを制限し、若しくは禁止すること。

五　他船又は陸地との交通を制限し、又は禁止すること。

六　前各号に掲げる措置のほか、海上における人の生命若しくは身体に対する危険又は財産に対する重大な損害を及ぼすおそれがある行為を制止すること。

2　海上保安官は、船舶の外観、航海の態様、乗組員等の異常な挙動その他周囲の事情から合理的に判断して、海上における犯罪が行われることが明らかであると認められる場合その他海上における公共の秩序が著しく乱されるおそれがあると認められる場合であって、他に適当な手段がないと認められるときは、前項第一号又は第二号に掲げる措置を講ずることができる。

第一九条【武器の携帯】海上保安官及び海上保安官補は、その職務を行うため、武器を携帯することができる。

第二〇条【武器の使用】海上保安官及び海上保安官補の武器の使用については、警察官職務執行法（昭和二三年法律第一三六号）第七条の規定を準用する。

2　前項において準用する警察官職務執行法第七条の規定により武器を使用する場合のほか、第一七条第一項の規定に基づき船舶の進行の停止を繰り返し命じても乗組員等がこれに応ぜずなお海上保安官又は海上保安官補の職務の執行に対して抵抗し、又は逃亡しようとする場合において、海上保安庁長官が当該船舶の外観、航海の態様、乗組員等の異常な挙動その他周囲の事情及びこれらに関連する情報から合理的に判断して次の各号の全てに該当する事態であると認めたときは、海上保安官又は海上保安官補は、当該船舶の進行を停止させるために他に手段がないと信ずるに足りる相当な理由のあるときには、その事態に応じ合理的に必要と判断される限度において、武器を使用することができる。

一　当該船舶が、外国船舶（軍艦及び各国政府が所有し又は運航する船舶であって非商業的目的のみに使用されるものを除く。）と思料される船舶であって、かつ、海洋法に関する国際連合条約第一九条に定めるところによる無害通航でない航行を我が国の内水又は領海において現に行っていると認められること（当該航行に正当な理由がある場合を除く。）。

二　当該航行を放置すればこれが将来において繰り返し行われる蓋然性があると認められること。

三　当該航行が我が国の領域内において死刑又は無期若しくは長期三年以上の拘禁刑に当たる凶悪な罪（以下「重大凶悪犯罪」という。）を犯すのに必要な準備のため行われているのではないかとの疑いを払拭することができないと認められること。

四　当該船舶の進行を停止させて立入検査をすることにより知り得べき情報に基づいて適確な措置を尽くすのでなければ将来における重大凶悪犯罪の発生を未然に防止することができないと認められること。

第二一条【港長】（略）

第二二条　削除

第二三条【職員の服装】
第二四条【船舶の基地及び担任区域】｝（略）

第二五条【解釈規定】この法律のいかなる規定も海上保安庁又はその職員が軍隊として組織され、訓練され、又は軍隊の機能を営むことを認めるものとこれを解釈してはならない。

第二章　削除

第二六条　削除

第三章　共助等

第二七条【関係行政庁との連絡等】海上保安庁及び警察行政庁、税関その他の関係行政庁は、連絡を保たなければならず、又、犯罪の予防若しくは鎮圧又は犯人の捜査及び逮捕のため必要があると認めるときは、相互に協議し、且つ、関係職員の派遣その他必要な協力を求めることができる。

2　前項の規定による協力を求められた海上保安庁、警察行政庁、税関その他の関係行政庁は、できるだけその求に応じなければならない。

第二八条【派遣職員の指揮】（略）

第二八条の二【離島犯罪への対処】海上保安官及び海上保安官補は、本土から遠隔の地にあることその他の理由により警察官が速やかに犯罪に対処することが困難であるものとして海上保安庁長官及び警察庁長官が告示する離島において、海上保安庁長官が警察庁長官に協議して定めるところにより、当該離島における犯罪に対処することができる。

2　警察官職務執行法第二条、第五条並びに第六条第一項、第三項及び第四項の規定は、前項の規定による海上保安官及び海上保安官補の職務の執行について準用する。この場合において、同法第二条第二項中「警察署、派出所又は駐在所」とあるのは、「海上保安庁の施設、船舶又は航空機」と、同条第三項中「警察署、派出所若しくは駐在所」とあるのは「海上保安庁の施設、船舶若しくは航空機」と読み替えるものとする。

第二八条の三【国際平和協力業務】海上保安庁長官は、国際連合平和維持活動等に対する協力に関する法律（平成四年法律第七九号）の定めるところにより、海上保安庁の任務遂行に支障を生じない限度において、その船舶又は航空機の乗組員たる海上保安庁の職員に、国際平和協力業務を行わせ、及び輸送の委託を受けてこれを実施させることができる。

第四章　補　則

第二九条【職権の委任】海上保安庁長官は、その職権（第二〇条第二項に規定するものを除く。）の一部を所部の職員に委任することができる。

第三〇条【長官の職務の代行】（略）

第三一条【司法警察職員としての地位】海上保安官及び海上保安官補は、海上における犯罪について、海上保安庁長官の定めるところにより、刑事訴訟法（昭和二三年法律第一三一号）の規定による司法警察職員として職務を行う。

2　海上保安官及び海上保安官補は、第二八条の二第一項に規定する場合において、同項の離島における犯罪について、海上保安庁長官が警察庁長官に協議して定めるところにより、刑事訴訟法の規定による司法警察職員として職務を行う。

第三二条～第三三条の二（略）

附則抄（略）

5

23　領海等における外国船舶の航行に関する法律（抄）

公　布　二〇〇八（平成二〇）年六月一一日（法律第六四号）
施　行　二〇〇八（平成二〇）年七月一日
最終改正　二〇二二（令和四）年六月一七日（法律第六八号）

第一章　総　則

第一条（目的）この法律は、海に囲まれた我が国にとって海洋の安全を確保することが我が国の安全を確保する上で重要であることにかんがみ、領海等における外国船舶の航行の規制に関する措置その他の必要な事項を定めることにより、領海等における外国船舶の航行の秩序を維持するとともにその不審な行動を抑止し、もって領海等の安全を確保することを目的とする。

第二条（定義）この法律において、次の各号に掲げる用語の意義は、それぞれ当該各号に定めるところによる。

一　領海等　我が国の領海及び内水をいう。

二　新内水　我が国の内水のうち、領海及び接続水域に関する法律（昭和五二年法律第三〇号）第二条第一項に規定する直線基線により新たに我が国の内水となった部分をいう。

三　外国船舶　船舶法（明治三二年法律第四六号）第一条に規定する日本船舶以外の船舶（軍艦及び各国政府が所有し又は運航する船舶であって非商業的目的のみに使用されるものを除く。）をいう。

四　船長等　船長又は船長に代わって船舶を指揮する者をいう。

五　水域施設　我が国の港にある泊地その他の船舶の停留又はびょう泊の用に供する施設又は場所として国土交通省令で定めるものをいう。

六　係留施設　我が国の港にある岸壁その他の船舶の係留の用に供する施設又は場所として国土交通省令で定めるものをいう。

七　水域施設等　水域施設又は係留施設をいう。

第二章　外国船舶の航行方法等

第三条（領海等における外国船舶の航行方法）領海等における外国船舶の航行は、通過（内水においては、新内水に係るものに限る。）又は水域施設等との往来を目的として継続的かつ迅速に行われるものでなければならない。

第四条（同）外国船舶の船長等は、領海等において、当該外国船舶に次に掲げる行為（以下「停留等」という。）を伴う航行をさせてはならない。ただし、当該停留等について荒天、海難その他の危難を避ける場合、人命、他の船舶又は航空機を救助する場合、海上衝突予防法（昭和五二年法律第六二号）その他の法令の規定を遵守する場合その他の国土交通省令で定めるやむを得ない理由がある場合は、この限りでない。

一　停留（水域施設におけるものを除く。）

二　びょう泊（水域施設におけるものを除く。）

三　係留（係留施設にするものを除く。）

四　はいかい等（気象、海象、船舶交通の状況、進路前方の障害物の有無その他周囲の事情に照らして、船舶の航行において通常必要なものとは認められない進路又は速力による進行をいう。）

2　前項に定めるもののほか、外国船舶の船長等は、内水（新内水を除く。以下同じ。）において、当該外国船舶に水域施設等に到着し、又は水域施設等から出発するための航行以外の航行（以下「通過航行」という。）をさせてはならない。ただし、同項ただし書に規定する場合は、この限りでない。

第五条（外国船舶の通報義務）外国船舶の船長等は、領海等において当該外国船舶に停留等をさせ、又は内水において当該外国船舶に通過航行をさせる必要があるときは、国土交通省令で定めるところにより、あらかじめ、当該外国船舶の名称、船籍港、停留等又は通過航行をさせようとする理由その他の国土交通省令で定める事項（次項において「通報事項」という。）を最寄りの海上保安庁の事務所に通報しなければならない。ただし、停留等又は通過航行をさせようとする理由が明らかである場合として国土交通省令で定める場合は、この限りでない。

2　前項の場合において、急迫した危険を避けるためあらかじめ通報することができないときは、外国船舶の船長等は、当該危険を避けた後直ちに、通報事項を最寄りの海上保安庁の事務所に通報しなければならない。

3　前二項の規定により外国船舶の船長等がしなければならない通報は、当該外国船舶の所有者又は船長等若しくは所有者の代理人もすることができる。

4　第一項又は第二項の規定による通報（前項の規定によりされたものを含む。次条第一項において同じ。）を受けた海上保安庁の事務所の長は、必要があると認めるときは、当該通報に係る外国船舶の船長等に対して、助言又は指導をするものとする。

第六条（外国船舶に対する立入検査） 海上保安庁長官は、領海等において現に停留等を伴う航行を行っており、又は内水において現に通過航行を行っている外国船舶と思料される船舶があり、当該停留等又は当該通過航行について、前条第一項若しくは第二項の規定による通報がされておらず、又はその通報の内容に虚偽の事実が含まれている疑いがあると認められる場合において、周囲の事情から合理的に判断して、当該船舶の船長等が第四条の規定に違反している疑いがあると認められ、かつ、この法律の目的を達成するため、当該船舶が当該停留等を伴う航行又は当該通過航行を行っている理由を確かめる必要があると認めるときは、海上保安官に、当該船舶に立ち入り、書類その他の物件を検査させ、又は当該船舶の乗組員その他の関係者に質問させることができる。

2　前項の規定による立入検査をする海上保安官は、制服を着用し、又はその身分を示す証明書を携帯し、かつ、関係者の請求があるときは、これを提示しなければならない。

3　第一項の規定による立入検査の権限は、犯罪捜査のために認められたものと解釈してはならない。

第七条（外国船舶に対する勧告） 海上保安官は、領海等において現に停留等を伴う航行を行っている外国船舶と認められる船舶があり、当該船舶の外観、航海の態様、乗組員等の挙動その他周囲の事情から合理的に判断して、当該船舶の船長等が第四条第一項の規定に違反していることが明らかであると認められるときは、当該船長等に対し、領海等において当該船舶に停留等を伴わない航行をさせるべきことを勧告することができる。

第八条（外国船舶に対する退去命令） 海上保安庁長官は、第六条第一項の規定による立入検査の結果、当該船舶の船長等が第四条の規定に違反していると認めるときは、当該船長等に対し、当該船舶を領海等から退去させるべきことを命ずることができる。

2　海上保安庁長官は、前条の勧告を受けた船長等が当該勧告に従わない場合であって、領海等における外国船舶の航行の秩序を維持するために必要があると認めるときは、当該船長等に対し、当該船舶を領海等から退去させるべきことを命ずることができる。

第三章　雑　則

第九条（権限の委任） この法律の規定により海上保安庁長官の権限に属する事項は、国土交通省令で定めるところにより、管区海上保安本部長に行わせることができる。

第一〇条（行政手続法の適用除外） 第七条の規定による命令については、行政手続法（平成五年法律第八八号）第三章の規定は、適用しない。

第一一条（国際約束の誠実な履行） この法律の施行に当たっては、我が国が締結した条約その他の国際約束の誠実な履行を妨げることがないよう留意しなければならない。

第四章　罰　則

第一二条・第一三条（略）

附　則（略）

5 24 海賊行為の処罰及び海賊行為への対処に関する法律（海賊対処法）（抄）

公　布　二〇〇九（平成二一）年六月二四日（法律第五五号）
施　行　二〇〇九（平成二一）年七月二四日
最終改正　二〇二二（令和四）年六月一七日（法律第六八号）

第一条（目的） この法律は、海に囲まれ、かつ、主要な資源の大部分を輸入に依存するなど外国貿易の重要度が高い我が国の経済社会及び国民生活にとって、海上輸送の用に供する船舶その他の海上を航行する船舶の航行の安全の確保が極めて重要であること、並びに海洋法に関する国際連合条約においてすべての国が最大限に可能な範囲で公海等における海賊行為の抑止に協力するとされていることにかんがみ、海賊行為の処罰について規定するとともに、我が国が海賊行為に適切かつ効果的に対処するために必要な事項を定め、もって海上における公共の安全と秩序の維持を図ることを目的とする。

第二条（定義） この法律において「海賊行為」とは、船舶（軍艦及び各国政府が所有し又は運航する船舶を除く。）に乗り組み又は乗船した者が、私的目的で、公海（海洋法に関する国際連合条約に規定する排他的経済水域を含む。）又は我が国の領海若しくは内水において行う次の各号のいずれかの行為をいう。

一　暴行若しくは脅迫を用い、又はその他の方法により人を抵抗不能の状態に陥れて、航行中の他の船舶を強取し、又はほしいままにその運航を支配する行為

二　暴行若しくは脅迫を用い、又はその他の方法により人を抵抗不能の状態に陥れて、航行中の他の船舶内にある財物を強取し、又は財産上不法の利益を得、若しくは他人にこれを得させる行為

三　第三者に対して財物の交付その他義務のない行為をすること又は権利を行わないことを要求するための人質にする目的で、航行中の他の船舶内にある者を略取する行為

四　強取され若しくはほしいままにその運航が支配された航行中の他の船舶内にある者又は航行中の他の船舶内において略取された者を人質にして、第三者に対し、財物の交付その他義務のない行為をすること又は権利を行わないことを要求する行為

五　前各号のいずれかに係る海賊行為をする目的で、航行中の他の船舶に侵入し、又はこれを損壊する行為

六　第一号から第四号までのいずれかに係る海賊行為をする目的で、船舶を航行させて、航行中の他の船舶に著しく接近し、若しくはつきまとい、又はその進行を妨げる行為

七　第一号から第四号までのいずれかに係る海賊行為をする目的で、凶器を準備して船舶を航行させる行為

第三条（海賊行為に関する罪） 1　前条第一号から第四号までのいずれかに係る海賊行為をした者は、無期又は五年以上の拘禁刑に処する。

2　前項の罪（前条第四号に係る海賊行為に係るものを除く。）の未遂は、罰する。

3　前条第五号又は第六号に係る海賊行為をした者は、五年以下の拘禁刑に処する。

4　前条第七号に係る海賊行為をした者は、三年以下の拘禁刑に処する。ただし、第一項又は前項の罪の実行に着手する前に自首した者は、その刑を減軽し、又は免除する。

第四条（同） 前条第一項又は第二項の罪を犯した者が、人を負傷させたときは無期又は六年以上の拘禁刑に処し、死亡させたときは死刑又は無期拘禁刑に処する。

2　前項の罪の未遂は、罰する。

第五条（海上保安庁による海賊行為への対処） 海賊行為への対処は、この法律、海上保安庁法（昭和二三年法律第二八号）その他の法令の定めるところにより、海上保安庁がこれに必要な措置を実施するものとする。

2　前項の規定は、海上保安庁法第五条第一九号に規定する警察行政庁が関係法令の規定により海賊行為への対処に必要な措置を実施する権限を妨げるものと解してはならない。

第六条（同） 海上保安官又は海上保安官補は、海上保安庁法第二〇条第一項において準用する警察官職務執行法（昭和二三年法律第一三六号）第七条の規定により武器を使用する場合のほか、現に行われている第三条第三項の罪に当たる海賊行為（第二条第六号に係るものに限る。）の制止に当たり、当該海賊行為を行っている者が、他の制止の措置に従わず、なお船舶を航行させて当該海賊行為を継続しようとする場合において、当該船舶の進行を停止させるために他に手段がないと信ずるに足りる相当な理由のあるときには、その事態に応じ合理的に必要と判断される限度において、武器を使用することができる。

第七条（海賊対処行動） 防衛大臣は、海賊行為に対処するため特別の必要がある場合には、内閣総理大臣の承認を得て、自衛隊の部隊に海上において海賊行為に対処するため必要な行動をとることを命ずることができる。この場合においては、自衛隊法（昭和二九年法律第一六五号）第八二条の規定は、適用しない。

2　防衛大臣は、前項の承認を受けようとするときは、関係行政機関の長と協議して、次に掲げる事項について定めた対処要項を作成し、内閣総理大臣に提出しなければならない。ただし、現に行われている海賊行為に対処するために急を要するときは、必要となる行動の概要を内閣総理大臣に通知すれば足りる。

一　前項の行動（以下「海賊対処行動」という。）の必要性

二　海賊対処行動を行う海上の区域

三　海賊対処行動を命ずる自衛隊の部隊の規模及び構成並びに装備並びに期間

四　その他海賊対処行動に関する重要事項

3　内閣総理大臣は、次の各号に掲げる場合には、当該各号に定める事項を、遅滞なく、国会に報告しなければならない。

一　第一項の承認をしたときその旨及び前項各号に掲げる事項

二　海賊対処行動が終了したときその結果

第八条（海賊対処行動時の自衛隊の権限） 海上保安庁法第一六条、第一七条第一項及び第一八条の規定は、海賊対処行動を命ぜられた海上自衛隊の三等海曹以上の自衛官の職務の執行について準用する。

2　警察官職務執行法第七条の規定及び第六条の規定

は、海賊対処行動を命ぜられた自衛隊の自衛官の職務の執行について準用する。この場合において、同条中「海上保安庁法第二〇条第一項」とあるのは、「第八条第二項」と読み替えるものとする。

3 自衛隊法第八九条第二項の規定は、前項において準用する警察官職務執行法第七条及び同項において準用する第六条の規定により自衛官が武器を使用する場合について準用する。

第九条（我が国の法令の適用） 第五条から前条までに定めるところによる海賊行為への対処に関する日本国外における我が国の公務員の職務の執行及びこれを妨げる行為については、我が国の法令（罰則を含む。）を適用する。

第一〇条（関係行政機関の協力） 関係行政機関の長は、第一条の目的を達成するため、海賊行為への対処に関し、海上保安庁長官及び防衛大臣に協力するものとする。

第一一条（国等の責務） 国は、海賊行為による被害の防止を図るために必要となる情報の収集、整理、分析及び提供に努めなければならない。

2 海上運送法（昭和二四年法律第一八七号）第二三条の三第二項に規定する船舶運航事業者その他船舶の運航に関係する者は、海賊行為による被害の防止に自ら努めるとともに、海賊行為に係る情報を国に適切に提供するよう努めなければならない。

第一二条（国際約束の誠実な履行等） この法律の施行に当たっては、我が国が締結した条約その他の国際約束の誠実な履行を妨げることがないよう留意するとともに、確立された国際法規を遵守しなければならない。

第一三条（政令への委任）（略）

附 則 抄

第一条（施行期日）（略）

第二条 削除

第三条（経過措置） 第三条第四項ただし書の規定は、この法律の施行後に自首した者がその施行前にした行為についても、適用する。

第四条 この法律の施行の際現に自衛隊法第八二条の規定により行動を命ぜられている自衛隊の部隊の当該行動については、第七条第一項後段の規定は、適用しない。

5 25 海賊多発海域における日本船舶の警備に関する特別措置法（日本船舶警備特措法）（抄）

公 布 二〇一三（平成二五）年一一月二〇日（法律第七五号）
施 行 二〇一三（平成二五）年一一月三〇日
改 正 二〇二二（令和四）年六月一七日（法律第六八号）

第一章 総則

第一条（趣旨） この法律は、海賊多発海域において、原油その他の国民生活に不可欠な物資であって輸入に依存するものの輸送の用に供する日本船舶の航行に危険が生じていることに鑑み、その航行の安全を確保するため、国土交通大臣の認定を受けた計画に係る日本船舶において、特定警備を実施することができる等の特別の措置について定めるものとする。

第二条（定義） この法律において、次の各号に掲げる用語の意義は、それぞれ当該各号に定めるところによる。

一 海賊行為 船舶（軍艦及び各国政府が所有し又は運航する船舶を除く。）に乗り組み又は乗船した者が、私的目的で、公海（海洋法に関する国際連合条約に規定する排他的経済水域を含む。）において行う海賊行為の処罰及び海賊行為への対処に関する法律（平成二一年法律第五五号。第一五条第四項において「海賊処罰対処法」という。）第二条各号のいずれかの行為をいう。

二 海賊多発海域 海賊行為が多発している海域のうち、海賊行為による日本船舶の被害の防止を図ることが特に必要なものとして政令で定める海域をいう。

三 日本船舶 船舶法（明治三二年法律第四六号）第一条に規定する日本船舶をいう。

四 特定日本船舶 原油その他の国民生活に不可欠であり、かつ、輸入に依存する物資として政令で定めるものの輸送の用に供する日本船舶であって、当該船舶の速力、船舷の高さその他の当該船舶に関する事項が海賊行為の対象となるおそれが大きいものとして国土交通省令で定める要件に適合し、かつ、当該船舶において乗組員及び乗船している者が避難するための設備の設置その他の国土交通省令で定める海賊行為による被害を低減するために必要な措置を講じているものをいう。

五 特定警備 海賊多発海域において、海賊行為による被害を防止するために特定日本船舶において小銃を用いて実施される警備をいう。

第二章 特定警備実施要領

第三条 国土交通大臣は、特定警備がその目的の達成に必要な範囲内において適正に実施されることを確保するために遵守すべき事項を定めた特定警備実施要領を策定するものとする。
2　特定警備実施要領に定める事項は、次のとおりとする。
一　特定警備の実施に関する基本原則
二　小銃の使用その他の海賊行為の態様に応じてとるべき特定警備の具体的内容及びその手順に関する事項
三　特定警備の用に供する小銃及び実包（以下「小銃等」という。）の管理に関する事項
四　海賊行為により航行に危険が生じた場合その他の緊急の場合における関係機関との連絡に関する事項
五　前各号に掲げるもののほか、特定警備がその目的の達成に必要な範囲内において適正に実施されることを確保するために必要な事項
3　国土交通大臣は、特定警備実施要領を策定する場合には、あらかじめ、関係行政機関の長（関係行政機関が国家公安委員会である場合にあっては、国家公安委員会）に協議しなければならない。
4　国土交通大臣は、特定警備実施要領を策定したときは、遅滞なく、これを公表しなければならない。
5　前二項の規定は、特定警備実施要領の変更について準用する。

第三章　特定警備計画の認定

第四条（特定警備計画の認定）特定日本船舶の所有者は、国土交通省令で定めるところにより、当該特定日本船舶における特定警備に関する計画（以下「特定警備計画」という。）を船舶ごとに作成し、これを国土交通大臣に提出して、当該特定警備計画が適当である旨の認定を受けることができる。
2　特定警備計画には、次に掲げる事項を記載しなければならない。
一　申請者の氏名又は名称及び住所並びに法人にあっては、その代表者の氏名
二　特定日本船舶の名称及び船種
三　特定警備の用に供する小銃等の保管のための設備及びその管理の方法（当該小銃等を管理することとなる船長の選任に関する事項を含む。）
四　申請者の依頼を受けて特定警備を実施する事業者に関する事項
五　特定警備の実施の方法
六　その他国土交通省令で定める事項
3　国土交通大臣は、第一項の認定の申請があった場合において、その特定警備計画が次に掲げる要件の全てに適合すると認めるときでなければ、その認定をしてはならない。
一　特定警備実施要領に照らし適切なものであること。
二　前項第三号に掲げる事項が、小銃等の管理が適切に行われるために必要なものとして国土交通省令で定める基準に適合するものであること。
三　前項第四号に規定する事業者が、特定警備を適確に実施するに足りる能力を有する者として国土交通省令で定める基準に適合する者であること。
四　申請者が次のいずれにも該当しないこと。
イ　この法律又はこれに基づく命令の規定に違反し、罰金以上の刑に処せられ、その執行を終わり、又は執行を受けることがなくなった日から起算して二年を経過しない者
ロ　第六条の規定により第一項の認定を取り消され、その取消しの日から起算して二年を経過しない者
ハ　法人であって、その業務を行う役員のうちにイ又はロのいずれかに該当する者があるもの
五　その他特定警備が適正に実施されるものとして国土交通省令で定める基準に適合するものであること。

第五条（特定警備計画の変更）前条第一項の認定を受けた特定日本船舶の所有者（以下「認定船舶所有者」という。）は、当該認定に係る特定警備計画を変更しようとするときは、国土交通省令で定めるところにより、国土交通大臣の認定を受けなければならない。ただし、国土交通省令で定める軽微な変更については、この限りでない。
2　認定船舶所有者は、前項ただし書の国土交通省令で定める軽微な変更をしようとするときは、国土交通省令で定めるところにより、あらかじめ、その旨を国土交通大臣に届け出なければならない。
3　前条第三項の規定は、第一項の規定による変更の認定について準用する。

第六条（認定の取消し）国土交通大臣は、次の各号のいずれかに該当すると認めるときは、第四条第一項の認定を取り消すことができる。
一　認定船舶所有者又は第四条第二項第四号に規定する事業者が、同条第一項の認定に係る特定警備計画（前条第一項の規定による変更又は同条第二項の規定による届出に係る変更があったときは、その変更後のもの。以下「認定計画」という。）に従って特定警備を実施させ、又は実施していないとき。
二　第四条第二項第三号に掲げる事項が、同条第三項第二号の国土交通省令で定める基準に適合しなくなったとき。
三　第四条第二項第四号に規定する事業者が、同条第三項第三号の国土交通省令で定める基準に適合しなくなったとき。
四　認定船舶所有者が、第四条第三項第四号イ又はハに該当するに至ったとき。
五　第四条第三項第五号の国土交通省令で定める基準に適合しなくなったとき。
六　前各号に掲げるもののほか、認定船舶所有者が、この法律若しくはこれに基づく命令の規定又はこれらの規定に基づく処分に違反したとき。

第四章　特定警備に従事する者の確認等

第七条（特定警備に従事する者の確認）認定船舶所有者は、認定計画に記載された第四条第二項第四号に規定する事業者（以下「特定警備事業者」という。）に当該認定計画に係る特定警備を実施させようとするときは、当該特定警備事業者に雇用されている者であって当該特定警備に従事するものが次に掲げる要件の全てに適合することについて、国土交通省令で定めるところにより、国土交通大臣の確認を受けなければならない。
一　特定警備を適正に行うために必要な小銃等の取扱いに関する知識及び技能を有する者として国土交通省令で定める基準に適合する者であること。
二　（略）

第八条（変更の届出）認定船舶所有者は、前条の確認を受けた特定警備に従事する者（以下「確認特定警備従事者」という。）について、次の各号のいずれかに該当する事実が生じたときは、国土交通省令で定めるところにより、遅滞なく、その旨を国土交通大臣に届け出なければならない。
一　前条第一号の国土交通省令で定める基準に適合しなくなったとき。
二　前条第二号ロからニまで、ト、チ又はヌからワまでのいずれかに該当するに至ったとき。
三　特定警備事業者に雇用されなくなったとき。
四　その他国土交通省令で定めるとき。

第九条（確認の取消し）｝（略）
第一〇条（確認の失効）

第五章　特定警備の実施等

第一節　通　則

第一一条（特定警備の適正な実施）認定船舶所有者は、特定警備実施要領及び認定計画に従って、特定警備事業者に特定警備を実施させなければならない。
2　認定船舶所有者は、確認特定警備従事者以外の者を特定警備に従事させてはならない。
3　認定船舶所有者は、確認特定警備従事者が、特定警備実施要領に従って特定警備を行うことを確保するために必要な措置を講じなければならない。

第一二条　確認特定警備従事者は、特定警備実施要領に従って特定警備を行わなければならない。

第二節　特定警備の実施

第一三条（特定警備実施計画）認定船舶所有者は、特定警備事業者に認定計画に係る特定警備を実施させようとするときは、国土交通省令で定めるところにより、当該特定警備を実施させようとする航海ごとに、次に掲げる事項を記載した特定警備の実施に関する計画を定め、あらかじめ、国土交通大臣に届け出なければならない。これを変更しようとするときも、同様とする。
一　特定日本船舶の名称
二　特定警備を実施する特定警備事業者の氏名又は名称
三　確認特定警備従事者の氏名
四　特定警備の実施期間
五　積み込まれる予定の小銃等の数量
六　その他国土交通省令で定める事項

第一四条（小銃等の所持）確認特定警備従事者は、認定計画に係る特定警備に従事するため特定日本船舶に乗船している場合には、当該特定日本船舶が海賊多発海域（通過海域（海賊多発海域が外国の領海により二以上の海域に隔てられている場合において、当該領海のうち当該特定日本船舶が当該海域相互間を航行するために通過する必要があるものとして政令で定めるものをいう。）を含む。）にあるときに限り、小銃等を所持することができる。
2　第一六条第一項の規定による小銃等の保管の委託を受けた者は、その委託に係る小銃等を同条第二項の規定による保管のため所持することができる。

第一五条（小銃等の所持の態様についての制限）確認特定警備従事者は、小銃等の積卸しを行う場合並びに第三項、第四項及び第六項の規定による場合を除いては、小銃等を携帯してはならない。
2　確認特定警備従事者は、次項、第四項及び第六項の規定による場合を除いては、小銃を発射してはならない。
3　確認特定警備従事者は、海賊多発海域において、当該特定日本船舶において次項又は第六項の規定による小銃の発射を安全かつ適確に行うために必要な最小限度の範囲に限り、周囲に他の船舶がないことを確認した上で、海面に向けて小銃を試験的に発射することができる。
4　確認特定警備従事者は、海賊多発海域において、海賊行為（海賊処罰対処法第二条第一号から第四号までのいずれかに係るものに限る。）をする目的で、船舶を航行させて、航行中の当該特定日本船舶に著しく接近し、若しくはつきまとい、又はその進行を妨げる行為であって、現に行われているものの制止に当たり、当該行為を行っている者が、他の制止の措置に従わず、なお船舶を航行させて当該行為を継続しようとする場合において、当該船舶の進行を停止させるために他に手段がないと信ずるに足りる相当な理由のあるときには、その事態に応じ警告を行うため合理的に必要と判断される限度において、当該者が乗り組み又は乗船している船舶に向けて小銃を所持していることを顕示し、小銃を構え、又は当該船舶の上空若しくは海面に向けて小銃を発射することができる。
5　確認特定警備従事者は、前二項の規定により小銃を発射する場合においては、あらかじめ周囲の確認その他の必要な措置を講ずることにより、人の生命、身体又は財産に危害を及ぼさないよう注意しなければならない。

6　第四項に規定するもののほか、確認特定警備従事者は、同項に規定する場合において、自己又は自己と共に乗船し、若しくは当該特定日本船舶に乗り組んでいる者の生命又は身体を防護するためやむを得ない必要があると認める相当な理由のあるときには、その事態に応じ合理的に必要と判断される限度において、小銃を使用することができる。

7　確認特定警備従事者は、前項の規定により小銃を発射する場合においては、刑法（明治四〇年法律第四五号）第三六条又は第三七条に該当する場合のほか、人に危害を与えてはならない。

8　確認特定警備従事者は、第三項、第四項及び第六項の規定により小銃を発射する場合を除き、当該小銃に実包を装てんしておいてはならない。

第一六条（小銃等の保管の委託等）確認特定警備従事者は、前条第一項の規定により携帯する場合を除き、特定日本船舶の船長（船長以外の者が船長に代わってその職務を行うべきときは、その者。以下単に「船長」という。）に小銃等の保管を委託しなければならない。

2　船長は、前項の規定により委託を受けて保管する小銃等を、国土交通省令で定める基準に適合する設備及び方法により保管しなければならない。

3　船長は、認定計画に係る特定警備が実施されている特定日本船舶内において、小銃等が亡失し、又は盗み取られた場合においては、国土交通省令で定めるところにより、直ちにその旨を国土交通大臣に届け出なければならない。

4　国土交通大臣は、前項の規定による届出を受けたときは、国土交通省令・内閣府令で定めるところにより、速やかに、その旨を都道府県公安委員会に通知しなければならない。

第一七条（措置命令）国土交通大臣は、特定警備の適正な実施に支障を生ずるおそれがあると認めるときは、認定船舶所有者に対し、特定警備の停止その他危害予防上必要な措置をとるべきことを命ずることができる。

第三節　雑　則

第一八条（記録簿）（略）

第一九条（入港時の確認）認定計画に係る特定警備の実施後初めて本邦の港に入港をしようとする特定日本船舶については、当該特定日本船舶内に小銃等が存在しないことについての国土交通大臣の確認を受けた後でなければ、何人も、当該特定日本船舶から本邦に上陸し、又は物を陸揚げしてはならない。ただし、小銃等が本邦に陸揚げされるおそれがないものとして国土交通省令で定める場合に該当するときは、この限りでない。

第二〇条（他の法律の適用除外）特定日本船舶において実施される認定計画に係る特定警備については、警備業法（昭和四七年法律第一一七号）の規定は、適用しない。

2　認定計画に係る特定警備の用に供する小銃については、銃砲刀剣類所持等取締法第二八条の規定は、適用しない。

第六章　雑　則

第二一条（報告の徴収）
第二二条（立入検査）
第二三条（国土交通省令への委任）
（略）

第七章　罰　則

第二四条
第二五条
第二六条
第二七条
（略）

附　則（略）

5 26　安全保障理事会決議一八一六（二〇〇八）（ソマリア沖海賊行為非難）

採　択　二〇〇八年六月二日

安全保障理事会は、

ソマリアの状況に関するこれまでの決議及び安全保障理事会議長の声明を想起し、

海賊行為及び船舶に対する武装強盗の行為がソマリアへの迅速、安全かつ効果的な人道援助の提供、商業用の海上ルートの安全及び国際航行にもたらす脅威を深く憂慮し、

特にソマリア沖の海域において海賊行為及び武装強盗が続いていることの証拠を提供している、二〇〇五年以降の国際海事機関（IMO）による季刊の報告書の内容に懸念を表明し、

一九八二年一二月一〇日の海洋法に関する国際連合条約（以下「条約」という。）に示されている国際法が、他の海洋における活動についてと同様に、海賊行為及び武装強盗と戦うために適用可能な法的枠組を規定していることを確認し、

海賊行為の抑止に関する国際法（条約を含む。）の関連する規定を再確認し、また、これらの規定は、海賊行為に従事しているか若しくはその疑いのある船舶に乗船し、捜索し、かつ、拿捕すること、並びに、公海

上又はいずれの国の管轄権も及ばないその他の場所における海賊行為の抑止(そのような行為に従事した者を訴追する目的でなされる逮捕を含む。)についての最大限可能な範囲の協力についての指導的な原則を提供していることを想起し、

ソマリアの主権、領土保全、政治的独立及び統一の尊重を再確認し、

ソマリアの危機的状況、及び、海賊を阻止すること又はソマリア沖の国際航路若しくはソマリアの領海をパトロールし、かつ、その安全を確保することについて、暫定連邦政府(TFG)の能力の欠如を考慮し、

世界食糧計画が運航していた船舶及び多数の商業用船舶に対する攻撃及びハイジャックを含む、ソマリアの領海内及びソマリア沖の公海上での船舶に対する攻撃及びハイジャックの最近の事案、並びに、ソマリアの人民への迅速、安全かつ効果的な食料援助及びその他の人道支援の提供に対するこれらの攻撃がもたらす深刻な悪影響、並びに、これらの攻撃が船舶、乗組員、乗客及び貨物に対してもたらす重大な危険を遺憾とし、

ソマリア沖の海賊問題に関する二〇〇七年七月五日付け及び二〇〇七年九月一八日付けの事務総長宛のIMO事務局長の書簡、及び、各国政府に対して、国際法の規定の範囲内において、その発生地を問わず、海賊行為及び船舶に対する武装強盗を防止し、かつ、抑止するために更なる努力を求めているIMO総会決議A.一〇〇二(二五)に留意し、また、二〇〇七年七月一〇日のIMOと世界食糧計画の共同声明を想起し、

ソマリアの暫定連邦政府(TFG)が問題に対処するために国際的な支援を必要とし、かつ、歓迎していることを報告する二〇〇七年一一月九日の安全保障理事会議長宛の事務総長書簡に留意し、

さらに、海上輸送及び航海を安全に実施する目的でなされるソマリアの領海及びソマリア沖の国際海域の安全を確保するための緊急支援に対するTFGの同意を安全保障理事会に伝える二〇〇八年二月二七日付けの安全保障理事会議長宛のソマリア共和国国際連合常駐代表の書簡に留意し、

ソマリアの領海及びソマリア沖の公海上における海賊行為及び船舶に対する武装強盗の事案はソマリアの状況を悪化させており、このことは、地域における国際の平和及び安全にとって引き続き脅威となるものであることを決定し、

国際連合憲章第7章に基づいて行動して、

1　ソマリアの領海内及びソマリア沖の公海上でのあらゆる海賊行為及び船舶に対する武装強盗を非難し、かつ、遺憾とする。

2　ソマリア沖の公海上及びその上空で活動する軍艦及び軍用航空機を有する国に対して、海賊行為及び武装強盗を警戒することを求め、また、この文脈において、特にソマリア沖の商業用の海上ルートの利用に関心をもつ国に対して、TFGと協力して海賊行為及び海上武装強盗を抑止するために更なる努力を行い、かつ、調整を行うことを奨励する。

3　すべての国に対して、相互に、IMOと、また、適当な場合には、関連する地域的な組織と協力し、ソマリアの領海内及びソマリア沖の公海上での海賊行為及び武装強盗に関する情報を共有し、かつ、関連する国際法に従って、海賊又は武装強盗に脅かされているか若しくは攻撃されている船舶に対して支援を与えることを求める。

4　さらに、各国に対して、IMOを含む関心をもつ組織と協力して活動し、かつ、自国の旗を掲げる権利を有する船舶が回避し、逃走し、かつ、防御するための技術についての適切な指導及び訓練を受けることを確保し、できる限りその地域を回避することを求める。

5　各国及びIMOを含む関心をもつ組織に対して、ソマリア及び近隣の沿岸国が沿岸及び海上の安全を確保する能力(ソマリア及び近隣の海岸の沖での海賊行為及び武装強盗と戦う能力を含む。)を向上させたいと要望している場合には、これらの国に技術支援を提供することを求める。

6　決議七三三号(一九九二)の5によって課され、さらに決議一四二五号(二〇〇二)の1及び2によって詳細に定められた措置は、決議一七七二号(二〇〇七)の11(b)及び12において規定された手続に従って、これらの措置から除外されている前記5に規定された目的のみを対象とするソマリアへの技術援助の提供には適用されないことを確認する。

7　ソマリア沖の海賊行為及び海上武装強盗に対する戦いでTFGと協力する国は、この決議の日付より六カ月間については、事前の通報がTFGから事務総長に対して提出されていることにより、次のことを行うことができることを決定する。

(a)　関連する国際法に基づき、海賊行為に関して公海上で許容されている活動と両立する方法で、海賊行為及び海上武装強盗を抑止するためにソマリアの領海に入ること。

(b)　ソマリアの領海内で、関連する国際法に基づき、海賊行為に関して公海上で許容されている活動と両立する方法で、海賊行為及び武装強盗を抑止するために、あらゆる必要な手段を用いること。

8　協力する国が7による授権に従ってとる行動が、第三国の船舶の有する無害通航権を否定し又は阻害するような実際上の効果をもたらすことがないことを確保するために、協力する国に対して適当な措置を講じることを要請する。

9　この決議による授権はソマリアの状況についてのみ適用され、その他の状況については、国際法上加盟国が有する権利又は義務若しくは責任(条約に基づくあらゆる権利又は義務を含む。)に影響を及ぼすものではないことを確認し、特に、慣習国際法を形成するものとみなされてはならないことを強調し、さらに、この授権は、TFGの同意を伝える

二〇〇八年二月二七日付けの安全保障理事会議長宛のソマリア共和国国際連合常駐代表の書簡を受領した後に与えられたことを確認する。

10 各国に対して、前記5及び7に従って他の参加国と共にとられる行動について調整を行うことを求める。

11 あらゆる国、特に、旗国、寄港国及び沿岸国、被害者及び犯人又は海賊行為及び武装強盗の国籍国、並びに、国際法及び国内法令上関連する裁判権を有する他の国に対して、いずれの国が裁判権を行使するかを決定するに際して協力し、国際人権法を含む適用可能な国際法と両立する方法で、ソマリア沖の海賊行為及び武装強盗に責任のある者を捜査し、訴追するに際して協力し、かつ、被害者、証人、及びこの決議に基づき実施された作戦の結果として抑留された者など、これらの国の管轄及び支配の下にある者に対して、とりわけその処分及び処遇に関する支援を供与することにより援助を行うことを求める。

12 TFGと協力する国に対して、前記7によって与えられた権限を行使するに際してとられた行動の進展を安全保障理事会に三カ月以内に通知することを要請する。

13 事務総長に対して、この決議の履行及びソマリアの領海及びソマリア沖の公海上における海賊行為及び武装強盗に関する状況について、この決議の採択から五カ月以内に安全保障理事会に報告することを要請する。

14 IMO事務局長に対して、影響を受けるすべての沿岸国の合意によって事務局長の注意を喚起した事件に基づき、かつ、既存の二国間及び地域の協力の取極を適切に考慮した上で、海賊行為及び武装強盗に関する状況について、IMOの理事会に説明することを要請する。

15 状況を再調査し、かつ、適当な場合には、TFGの要請に基づいて追加される期間において、前記7において与えられた権限の更新を検討する意思のあることを表明する。

16 この問題に引き続き取り組むことを決定する。

第4節 一九五八年海洋法条約

5 27 領海及び接続水域に関する条約(領海条約)(抜粋)

署名 一九五八年四月二九日(ジュネーヴ)
効力発生 一九六四年九月一〇日
日本国 一九六八年五月八日国会承認、六月一〇日加入書寄託、六月二一日公布(条約第一一号)、七月一〇日効力発生

第一部 領海

第三章 無害通航権

A すべての船舶に適用される規則

第一四条【無害通航権】 1 この条約の規定に従うことを条件として、沿岸国であるかどうかを問わず、すべての国の船舶は、領海において無害通航権を有する。

2 通航とは、内水に入ることなく領海を通過するため、内水に入るため、又は内水から公海に向かうために領海を航行することをいう。

3 停船及び投錨は、航海に通常附随するものである場合又は不可抗力若しくは遭難により必要とされる場合に限り、通航に含まれる。

4 通航は、沿岸国の平和、秩序又は安全を害しない限り、無害とされる。無害通航は、この条約の規定及び国際法の他の規則に従って行なわなければならない。

5 沿岸国がその領海における外国漁船の漁獲を防止するために制定して公布する法令に外国漁船が従わないときは、その外国漁船の通航は、無害とはされ

ない。

6　潜水船は、海面上を航行し、かつ、その旗を掲げなければならない。

第一五条【沿岸国の義務】 1　沿岸国は、領海の無害通航を妨害してはならない。

2　沿岸国は、その領域内における航行上の危険で自国が知っているものを適当に公表しなければならない。

第一六条【沿岸国の権利】 1　沿岸国は、無害でない通航を防止するため、その領海内において必要な措置を執ることができる。

2　沿岸国は、また、船舶が内水に向かって航行している場合には、その船舶が内水に入るために従うべき条件に違反することを防止するため、必要な措置を執る権利を有する。

3　4の規定に従うことを条件として、沿岸国は、自国の安全の保護のため不可欠である場合には、その領海内の特定の区域において、外国船舶の間に差別を設けることなく、外国船舶の無害通航を一時的に停止することができる。このような停止は、適当な方法で公表された後においてのみ、効力を有するものとする。

4　外国船舶の無害通航は、公海の一部分と公海の他の部分又は外国の領海との間における国際航行に使用される海峡においては、停止してはならない。

第一七条【通航船舶の義務】 無害通航権を行使する外国船舶は、沿岸国がこの条約の規定及び国際法の他の規則に従って制定した法令、特に運送及び航行に関する法令に従わなければならない。

B　商船に適用される規則

第一八条【課徴金】 1　外国船舶に対しては、領海の通航のみを理由とするいかなる課徴金をも課することができない。

2　領海を通航する外国船舶に対しては、その船舶に提供された特定の役務の対価としてのみ、課徴金を課することができる。これらの課徴金は、差別なく課するものとする。

第一九条【刑事裁判権】 1　沿岸国の刑事裁判権は、次の場合を除き、領海を通航している外国船舶内において、その通航中に当該船舶内で行なわれた犯罪に関連していずれかの者を逮捕し、又は捜査を行なうために行使してはならない。

(a)　犯罪の結果が沿岸国に及ぶ場合

(b)　犯罪が沿岸国の平和又は領海の秩序を乱す性質のものである場合

(c)　当該船舶の船長又は当該船舶の旗国の領事が沿岸国の当局に対して援助を要請した場合

(d)　麻薬の不法な取引を抑止するために必要である場合

2　1の規定は、沿岸国が、内水を出て領海を通航している外国船舶内において逮捕又は捜査を行なうため、自国の法令で認められている措置を執る権利に影響を及ぼすものではない。

3　1及び2に定める場合においては、沿岸国は、船長の要請があるときは、措置を執る前に当該船舶の旗国の領事当局に通告し、かつ、その当局と当該船舶の乗組員との間の連絡を容易にするものとする。緊急の場合には、この通告は、措置を執っている間に行なうことができる。

4　沿岸国の当局は、逮捕を行なうべきかどうか、また、いかなる方法によって逮捕を行なうべきかを考慮するにあたり、航行の利益に対して妥当な考慮を払わなければならない。

5　沿岸国は、外国の港を出て内水に入ることなしに単に領海を通航している外国船舶内において、その船舶が領海に入る前に行なわれた犯罪に関連していずれかの者を逮捕し、又は捜査を行なうため、いかなる措置をも執ることができない。

第二〇条【民事裁判権】 1　沿岸国は、領海を通航している外国船舶内にある人に関して民事裁判権を行使するために当該船舶を停止させ、又はその航路を変更させてはならない。

2　沿岸国は、船舶が沿岸国の水域を航行している間に又はその水域を航行するためにその船舶について生じた債務又は責任に関する場合を除き、その船舶に対し民事上の強制執行又は保全処分を行なうことができない。

3　2の規定は、沿岸国が、領海に停泊しているか又は内水を出て領海を通航している外国船舶に対し、自国の法令に従って民事上の強制執行又は保全処分を行なう権利を害するものではない。

C　軍艦以外の政府船舶に適用される規則

第二一条【商業的目的の政府船舶】 この章のA及びBの規定は、また、商業的目的のために運航する政府船舶についても適用する。

第二二条【非商業的目的の政府船舶】 1　この章のA及び第一八条の規定は、非商業的目的のために運航する政府船舶について適用する。

2　1に掲げる規定による例外を除き、この条約のいかなる規定も、前記の船舶がこの条約の規定又は国際法の他の規則に基づいて享有する免除に影響を及ぼすものではない。

D　軍艦に適用される規則

第二三条【軍艦】 軍艦が領海の通航に関する沿岸国の規則を遵守せず、かつ、その軍艦に対して行なわれた遵守の要請を無視した場合には、沿岸国は、その軍艦に対し領海から退去することを要求することができる。

5 28 公海に関する条約（公海条約）（抜粋）

署　名　一九五八年四月二九日（ジュネーヴ）
効力発生　一九六二年九月三〇日
日本国　一九六八年四月二六日国会承認、六月一〇日加入書寄託、六月二一日公布（条約第一〇号）、七月一〇日効力発生

この条約の当事国は、
公海に関する国際法の規則を法典化することを希望し、
一九五八年二月二四日から四月二七日までジュネーヴで開催された海洋法に関する国際連合の会議が、国際法の確立した原則を一般的に宣言しているものとして次の規定を採択したことを認めて、
次のとおり協定した。

第一条【公海の定義】「公海」とは、いずれの国の領海又は内水にも含まれない海洋のすべての部分をいう。

第二条【公海の自由】公海は、すべての国民に開放されているので、いかなる国も、公海のいずれかの部分をその主権の下におくことを有効に主張することができない。公海の自由は、この条約の規定及び国際法の他の規則で定める条件に従って行使される。この公海の自由には、沿岸国についても、非沿岸国についても、特に次のものが含まれる。
(1)　航行の自由
(2)　漁獲の自由
(3)　海底電線及び海底パイプラインを敷設する自由
(4)　公海の上空を飛行する自由
これらの自由及び国際法の一般原則により承認されたその他の自由は、すべての国により、公海の自由を行使する他国の利益に合理的な考慮を払って、行使されなければならない。

第一一条【事故の刑事裁判権】1　公海上の船舶につき衝突その他の航行上の事故が生じた場合において、船長その他当該船舶に勤務する者の刑事上又は懲戒上の責任が問われるときは、これらの者に対する刑事上又は懲戒上の手続は、当該船舶の旗国又はこれらの者が属する国の司法当局又は行政当局においてのみ執ることができる。
2　懲戒上の問題に関しては、船長免状その他の資格又は免許の証明書を交付した国のみが、交付された者がその国の国民でない場合においても、法律上の正当な手続を経てそれらを取り消す権限を有する。
3　船舶の拿捕又は抑留は、調査の手段としても、旗国の当局以外の当局が命令してはならない。

第一四条【海賊行為の抑止】すべての国は、可能な最大限度まで、公海その他いずれの国の管轄権にも服さない場所における海賊行為の抑止に協力するものとする。

第一五条【海賊行為の定義】海賊行為とは、次の行為をいう。
(1)　私有の船舶又は航空機の乗組員又は旅客が私的目的のために行なうすべての不法な暴力行為、抑留又は略奪行為であって次のものに対して行なわれるもの
(a)　公海における他の船舶若しくは航空機又はこれらの内にある人若しくは財産
(b)　いずれの国の管轄権にも服さない場所にある船舶、航空機、人又は財産
(2)　当該船舶又は航空機を海賊船舶又は海賊航空機とするような事実を知ってその船舶又は航空機の運航に自発的に参加するすべての行為
(3)　(1)又は(2)に規定する行為を扇動し又は故意に助長するすべての行為

第一六条【乗組員の反乱】第一五条に定義する海賊行為であって、乗組員が反乱を起こして支配している軍艦又は政府の船舶若しくは航空機が行なうものは、私有の船舶が行なう行為とみなされる。

第一七条【海賊船舶と海賊航空機】船舶又は航空機であって、これを実効的に支配している者が第一五条に規定するいずれかの行為を行なうために使用することを意図しているものは、海賊船舶又は海賊航空機とみなされる。前記のいずれかの行為を行なうために使用された船舶又は航空機で、当該行為につき有罪とされる者により引き続き支配されているものについても、同様とする。

第一八条【海賊船舶の国籍】船舶又は航空機は、海賊船舶又は海賊航空機となった場合にも、その国籍を保持することができる。国籍の保持又は喪失は、当該国籍を与えた国の法律によって決定される。

第一九条【拿捕と処罰】いずれの国も、公海その他いずれの国の管轄権にも服さない場所において、海賊船舶、海賊航空機又は海賊行為によって奪取され、かつ、海賊の支配下にある船舶を拿捕し、及び当該船舶又は航空機内の人又は財産を逮捕し又は押収することができる。拿捕を行なった国の裁判所は、課すべき刑罰を決定することができ、また、善意の第三者の権利を尊重することを条件として、当該船舶、航空機又は財産について執るべき措置を決定することができる。

第二〇条【拿捕国の責任】海賊行為の嫌疑に基づく船舶又は航空機の拿捕が十分な根拠なしに行なわれた場合には、拿捕を行なった国は、その船舶又は航空機がその国籍を有する国に対し、その拿捕によって生じたいかなる損失又は損害についても責任を負う。

第二一条【拿捕権の行使】海賊行為を理由とする拿捕は、軍艦若しくは軍用航空機により、又は政府の公務に使用されているその他の船舶若しくは航空機でこのための権限を与えられたものによってのみ行なうことができる。

第二二条【臨検】1　条約上の権限に基づく干渉行為の場合を除き、公海において外国商船に遭遇した軍艦がその商船を臨検することは、次のいずれかのこと

を疑うに足りる十分な根拠がない限り、正当と認められない。

(a) その船舶が海賊行為を行なっていること。

(b) その船舶が奴隷取引に従事していること。

(c) その船舶が外国の旗を掲げているか又はその船舶の旗を示すことを拒否したが、実際にはその軍艦と同一の国籍を有すること。

2 軍艦は、1(a)、(b)又は(c)に定める場合において、当該船舶がその旗を掲げる権利を確認することができる。このため、軍艦は、嫌疑がある船舶に対し士官の指揮の下にボートを派遣することができる。書類を検閲した後もなお嫌疑があるときは、軍艦は、その船舶内においてさらに検査を行なうことができるが、その検査は、できる限り慎重に行なわなければならない。

3 嫌疑に根拠がないことが証明され、かつ、臨検を受けた船舶が嫌疑を正当とするいかなる行為をも行なっていなかった場合には、その船舶は、被った損失又は損害に対する補償を受けるものとする。

第二三条【追跡権】1 沿岸国の権限のある当局は、外国船舶が自国の法令に違反したと信ずるに足りる十分な理由があるときは、その外国船舶の追跡を行なうことができる。この追跡は、外国船舶又はそのボートが追跡国の内水、領海又は接続水域にある時に開始しなければならず、また、中断されない限り、領海又は接続水域の外において引き続き行なうことができる。領海又は接続水域にある外国船舶が停船命令を受ける時に、その命令を発する船舶も同様に領海又は接続水域にあることは、必要でない。外国船舶が領海及び接続水域に関する条約第二四条に定める接続水域にあるときは、追跡は、当該接続水域の設定によって保護しようとする権利の侵害があった場合に限り、行なうことができる。

2 追跡権は、被追跡船舶がその旗国又は第三国の領海に入ると同時に消滅する。

3 追跡は、被追跡船舶又はそのボート若しくは被追跡船舶を母船としてこれと一団となって作業する舟艇が領海又は場合により接続水域にあることを追跡船舶がその場における実行可能な手段により確認しない限り、開始されたものとみなされない。追跡は、視覚的又は聴覚的停止信号を当該外国船舶が視認し又は聞くことができる距離から発した後にのみ、開始することができる。

4 追跡権は、軍艦若しくは軍用航空機又は政府の公務に使用されているその他の船舶若しくは航空機で特にこのための権限を与えられたもののみが行使することができる。

5 追跡が航空機によって行なわれる場合には、

(a) 1から3までの規定を準用する。

(b) 停船命令を発した航空機は、船舶を自ら拿捕することができる場合を除き、自己が呼び寄せた沿岸国の船舶又は航空機が到着して追跡を引き継ぐまで、その船舶を自ら積極的に追跡しなければならない。当該船舶が停船命令を受け、かつ、当該航空機又は追跡を中断することなく引き続き行なう他の航空機若しくは船舶によって追跡されたのでない限り、当該航空機がその船舶を違反を犯したもの又は違反の疑いがあるものとして発見しただけでは、公海における拿捕を正当とするために十分ではない。

6 いずれかの国の管轄区域内で拿捕され、かつ、権限のある当局の審理を受けるためその国の港に護送される船舶は、事情により護送の途中において公海の一部を航行することが必要である場合に、そのような公海の航行のみを理由として釈放を要求することができない。

7 追跡権の行使が正当とされない状況の下に公海において船舶が停止され、又は拿捕されたときは、その船舶は、これにより被った損失又は損害に対する補償を受けるものとする。

第二四条【海水汚濁の防止】すべての国は、海水の汚濁の防止に関する現行の条約の規定を考慮にいれて、船舶若しくはパイプラインからの油の排出又は海底及びその下の開発及び探査により生ずる海水の汚濁の防止のための規則を作成するものとする。

第二五条【放射性物質による汚染の防止】1 すべての国は、権限のある国際機関が作成する基準及び規則を考慮に入れて、放射性廃棄物の廃棄による海水の汚染を防止するための措置を執るものとする。

2 すべての国は、放射性物質その他の有害な物質の使用を伴う活動により生ずる海水又はその上空の汚染を防止するための措置を執るにあたり、権限のある国際機関と協力するものとする。

5 29 大陸棚に関する条約(大陸棚条約)(抜粋)

署　名　一九五八年四月二九日(ジュネーヴ)
効力発生　一九六四年六月一〇日
日本国

第一条【定義】この条約の規定の適用上、「大陸棚」とは、(a)海岸に隣接しているが領海の外にある海底区域の海底及びその下であって上部水域の水深が二〇〇メートルまでのもの、又はその限度を越える場合には上部水域の水深が前記の海底区域の天然資源の開発を可能にする限度までのもの、並びに(b)島の海岸に隣接している同様の海底区域の海底及びその下をいう。

第二条【沿岸国の権利】1 沿岸国は、大陸棚に対し、大陸棚を探査し及びその天然資源を開発するための主権的権利を行使する。

2　1にいう権利は、沿岸国がその大陸棚を探査しておらず又はその天然資源を開発していない場合にも、他のいかなる国も、当該沿岸国の明示的な同意を得ないでこれらの活動を行ない又は当該大陸棚に対して権利を主張することができないという意味において、排他的である。

3　大陸棚に対する沿岸国の権利は、実効的な若しくは観念的な先占又は明示的な宣言に依存するものではない。

4　この条約にいう天然資源とは、海底及びその下の鉱物その他の非生物資源並びに定着種族に属する生物、すなわち、収穫期において海底の表面若しくは下部で静止しており又は海底若しくはその下に絶えず接触していなければ動くことができない生物をいう。

第三条【上部水域の法的地位】沿岸国の大陸棚に対する権利は、その上部水域の公海としての法的地位又はその上空の法的地位に影響を及ぼすものではない。

第六条【大陸棚の境界】1　相対する海岸を有する二以上の国の領域に同一の大陸棚が隣接している場合には、これらの国に属するその大陸棚の境界は、それらの国の間の合意によって決定される。合意がない場合には、境界は、特別の事情により他の境界線が正当と認められない限り、いずれの点をとってもそれぞれの国の領海の幅員測定の起点となる基線上の最も近い点から等しい距離にある中間線とする。

2　二つの隣接する国の領域に同一の大陸棚が隣接している場合には、その大陸棚の境界は、それらの国の間の合意によって決定される。合意がない場合には、境界は、特別の事情により他の境界線が正当と認められない限り、それぞれの国の領海の幅員測定の起点となる基線上の最も近い点から等しい距離にあるという原則を適用して決定するものとする。

3　大陸棚の境界画定に際し、1及び2に定める原則に従って引かれる線は、特定の日に存在する海図及び地形を参照して定めなければならず、また陸上の固定した恒久的な識別しうる地点に関連しなければならない。

第一二条【留保】1　いずれの国も、署名、批准又は加入の時に、第一条から第三条までの規定を除くこの条約の規定について留保を行うことができる。

2　1の規定に従って留保を行ったいずれの締約国も、国際連合事務総長にあてた通告を行うことにより、いつでも当該留保を撤回することができる。

6章 空域・宇宙空間

本章の構成

地球上の空は、二〇世紀初頭における航空機の出現をきっかけとして、領空とそれ以外の空域に区分されるようになった。本章は、第1節「民間航空」、第2節「宇宙」および第3節「国内法」から成る。第1節に収録の**国際民間航空条約（6 1）**は、国際航空に関する基本条約としての性格を有しており、締約国にこの条約と両立しない個別の条約を結ぶことを禁じている。この条約は、領空主権の原則を確認し、民間航空機の法的地位を詳しく定め、また、国際民間航空機関（ＩＣＡＯ）を設立して、国際航空の原則や技術を発展させる任務を与えている。なお、民間航空機による領空侵犯について、軍用航空機によるそれとは明確に区別する観点から、武器の使用を差し控えることを明確にする規定が、一九八四年の改正により追加された。すなわち、「第三条の二」がそれであって、締約国は民間航空機に対して武器の使用を差し控えなければならず、要撃の場合に航空機内の人命および航空機の安全を危うくしてはならない。ちなみに、国際民間航空条約は、不定期航空に限って「空の自由」を認めるものであるため、各国は、民間航空機の定期的な乗り入れについては、二国間条約を締結して相互にそれを認め合っている。

人類の活動範囲が宇宙空間にまで及ぶようになったのは、一九五七年に当時のソ連が人工衛星の打上げに成功してからである。国連は、翌五八年に宇宙空間平和利用委員会を設け、宇宙において適用される国際法について審議を積み重ねてきた。現在では、宇宙空間はその下の空域とは異なる法秩序に服するところであるとの見方が確立し、宇宙法と呼ばれる一群の国際法規が形成されるにいたっている。第2節の最初に収録する**宇宙条約（6 2）**は、宇宙空間における国家活動を律する基本法として、国連で最初に採択された条約である。この条約の主要規定は、すでに短期間の内に慣習法化したとみなされている。もっとも、宇宙条約に定められた基本原則の中には、実際の宇宙活動に適用していくためには、もう少し詳密に定める必要のあるものもあった。宇宙条約の採択後、そうした考慮に基づいて採択されたのが、次の三つの条約である（これらは宇宙条約と合わせて宇宙四条約と呼ばれる）。**宇宙救助返還協定**（⑥3）は、宇宙条約の第五条・第八条に対応したもので、遭難した宇宙飛行士の救助・送還や宇宙物体の返還方法などを定めている。**宇宙損害責任条約**（⑥4）は、宇宙条約の第六条・第七条に対応したもので、打上げ国は、その宇宙物体が地表で引き起こした損害または飛行中の航空機に与えた損害について、無過失の賠償責任を負うものとしている。**宇宙物体登録条約**（⑥5）は、右の諸条約を円滑に実施するため、宇宙物体の登録と識別のための手続を整備している。以上に対して、**月協定**（⑥6）は、一九六九年のアメリカによる月面着陸の成功をきっかけにして採択されたもので、天体の非軍事化を徹底するとともに、宇宙条約には直接関連する規定のない宇宙の資源問題を扱っているが、前の三つの条約とは異なり、締約国が少なくその普遍性に難点がある。

第2節の最後に収録した一九九八年の**宇宙基地協定**（⑥7）は、有人の宇宙基地の開発・利用に関する国際協力を推進しようというアメリカ大統領の呼びかけ（一九八四年）に応じて、欧州宇宙機関の加盟国、カナダ、日本およびアメリカの間で締結された協定（一九八八年）を基礎にして、ソ連崩壊後のロシアを新たに加えたものである。この協定に基づき、高度約四〇〇キロメートルの地球周回軌道上に平和的目的のための常時有人の民生用国際宇宙基地を構築し、宇宙環境を利用した種々の実験、地球・天体観測を行う計画がすすめられている。宇宙法は、こうして急速に整備されてきているが、しかし他面では、領空と宇宙空間の境界を明確にする課題や、宇宙空間そのものの軍事利用を禁止する課題など、従来より懸案となっている問題が未解決のままに残されている。また、宇宙活動参加国の増大や宇宙の商業利用の拡大に伴って、宇宙四条約中の基本原則の強化や履行確保も喫緊の課題となっている。この点については、国連総会決議や二〇二〇年のアルテミス合意（宇宙探査・利用の基本原則に関する政府間宣言で、日本も参加）など、非拘束的規範の活用が注目される。

第3節には国内法を収録した。二〇〇八年の**宇宙基本法**（⑥8）は、宇宙の開発・利用を包括的に規律した初めての国内法である。民間企業による宇宙関連活動の拡大に対応して、二〇一六年には**宇宙活動法**（⑥9）と**衛星リモートセンシング法**（⑥10）が制定された。さらに二〇二一年には、宇宙資源の探査及び開発に関する事業活動の促進に関する法律（宇宙資源法）が制定され、民間企業が宇宙空間で採掘した資源について、所有の意思を持って占有することにより、所有権を取得することが認められることとなった。

第1節　民間航空

61　国際民間航空条約（抄）

作成　一九四四年一二月七日（シカゴ）
効力発生　一九四七年四月四日
改正　一九五四年六月一四日、一九六一年六月二一日、一九六二年九月一五日、一九七一年三月一二日、七月七日、一九七四年一〇月一四日、一九八〇年一〇月六日、一九八四年五月一〇日、一九九〇年一〇月二六日
日本国　一九五三年八月七日国会承認、九月八日加入通告、一〇月八日効力発生、公布（条約第二一号）

前文（略）

第一部　航空

第一章　一般原則及び条約の適用

第一条（主権）締約国は、各国がその領域上の空間において完全且つ排他的な主権を有することを承認する。

第二条（領域）この条約の適用上、国の領域とは、その国の主権、宗主権、保護又は委任統治の下にある陸地及びこれに隣接する領水をいう。

第三条（民間航空機及び国の航空機）(a)　この条約は、民間航空機のみに適用するものとし、国の航空機には適用しない。

(b)　軍、税関及び警察の業務に用いる航空機は、国の航空機とみなす。

(c)　締約国の国の航空機は、特別協定その他の方法による許可を受け、且つ、その条件に従うのでなければ、他の国の領域の上空を飛行し、又はその領域に着陸してはならない。

(d)　締約国は、自国の国の航空機に関する規制を設けるに当り、民間航空機の航行の安全について妥当な考慮を払うことを約束する。

第三条の二【武器の不使用】(a)　締約国は、各国が飛行中の民間航空機に対して武器の使用に訴えることを差し控えなければならず及び、要撃の場合には、航空機内における人命を脅かし又は航空機の安全を損なってはならないことを承認する。この規定は、国際連合憲章に定める国の権利及び義務を修正するものと解してはならない。

(b)　締約国は、各国がその主権の行使として、その領域の上空を許可なく飛行する民間航空機に対し又はその領空の上空を飛行する民間航空機であってこの条約と両立しない目的のために使用されていると結論するに足りる十分な根拠があるものに対し指定空港に着陸するよう要求する権利を有し及びこれらの民間航空機に対しそのような違反を終止させるその他の指示を与えることができることを承認する。このため、締約国は、国際法の関連規則（この条約の関連規定、特に(a)の規定を含む。）に適合する適当な手段をとることができる。各締約国は、民間航空機に対する要撃についての現行の自国の規則を公表することに同意する。

(c)　すべての民間航空機は、(b)の規定に基づいて発せられる命令に従う。このため、各締約国は、自国において登録された民間航空機又は自国内に主たる営業所若しくは住所を有する運航者によって運航される民間航空機が当該命令に従うことを義務とするために必要なすべての規定を自国の国内法令において定める。各締約国は、そのような関係法令の違反について重い制裁を課することができるようにするものとし、自国の法令に従って自国の権限のある当局に事件を付託する。

(d)　各締約国は、自国において登録された民間航空機又は自国内に主たる営業所若しくは住所を有する運航者によって運航される民間航空機がこの条約の目的と両立しない目的のために意図的に使用されることを禁止するために適当な措置をとる。この規定は、(a)の規定に影響を及ぼすものではなく、また、(b)及び(c)の規定を害するものではない。

第四条（民間航空の濫用）各締約国は、この条約の目的と両立しない目的のために民間航空を使用しないことに同意する。

第二章　締約国の領域の上空の飛行

第五条（不定期飛行の権利）各締約国は、他の締約国の航空機で定期国際航空業務に従事しないものが、すべて、事前の許可を得ることを必要としないで、且つ、その航空機が上空を飛行する国の着陸要求権に従うことを条件として、その国の領域内への飛行又は同領域の無着陸横断飛行をし、及び運輸以外の目的での着陸をする権利を、この条約の条項を遵守することを条件として有することに同意する。但し、各締約国は、飛行の安全のため、近づき難い地域又は適当な航空施設のない地域の上空の飛行を希望する航空機に対し、所定の航空路を飛行すること又はこのような飛行のために特別の許可を受けることを要求する権利を留保する。

前記の航空機は、定期国際航空業務としてではなく有償又は貸切で行う旅客、貨物又は郵便物の運送に従事する場合には、第七条の規定に従うことを条件として、旅客、貨物又は郵便物の積込又は積卸をする特権をも有する。但し、積込又は積卸が行われる国は、その望ましいと認める規制、条件又は制限を課する権利を有する。

第六条（定期航空業務）定期国際航空業務は、締約国の特別の許可その他の許可を受け、且つ、その許可の条件に従う場合を除く外、その締約国の領域の上空を通って又はその領域に乗り入れて行うことができない。

第七条（国内営業）各締約国は、他の締約国の航空機に

対し、有償又は貸切で自国の領域内の他の地点に向けて運送される旅客、郵便物及び貨物をその領域内において積み込む許可を与えない権利を有する。各締約国は、他の国又は他の国の航空企業に対して排他的な基礎の上にそのような特権を特に与える取極をしないこと及び他の国からそのような排他的な特権を獲得しないことを約束する。

第八条（無操縦者航空機）（略）

第九条（禁止区域）(a)　各締約国は、軍事上の必要又は公共の安全のため、他の国の航空機が自国の領域内の一定の区域の上空を飛行することを一律に制限し、又は禁止することができる。但し、このことに関しては、当該領域の属する国の航空機で定期国際航空業務に従事するものと他の締約国の航空機で同様の業務に従事するものとの間に差別を設けてはならない。この禁止区域は、航空を不必要に妨害することのない適当な範囲及び位置のものでなければならない。締約国の領域内におけるこの禁止区域の明細及びその後のその変更は、できる限りすみやかに他の締約国及び国際民間航空機関に通知しなければならない。

(b)　各締約国は、また、特別の事態において若しくは緊急の期間又は公共の安全のため、即時、その領域の全部又は一部の上空の飛行を一時的に制限し、又は禁止する権利を留保する。但し、その制限又は禁止は、他のすべての国の航空機に対し、国籍のいかんを問わず適用するものでなければならない。

(c)　各締約国は、その設ける規制に基き、前記の(a)又は(b)に定める区域に入る航空機に対し、その後できる限りすみやかにその領域内の指定空港に着陸するよう要求することができる。

第一〇条（税関空港への着陸）航空機がこの条約の条項又は特別の許可の条件に基いて締約国の領域の無着陸横断を許されている場合を除く外、締約国の領域に入るすべての航空機は、その国の規制が要求するときは、税関検査その他の検査を受けるため、その国が指定する空港に着陸しなければならない。その航空機は、締約国の領域からの出発に当っては、同様に指定される税関空港から出発しなければならない。指定されるすべての税関空港の詳細は、その国が発表しなければならず、且つ、他のすべての締約国への通知のため、この条約の第二部に基いて設立される国際民間航空機関に伝達しなければならない。

第一一条（航空に関する規制の適用）締約国の法令で、国際航空に従事する航空機の当該締約国の領域への入国若しくはそこからの出国又は同領域内にある間の運航及び航空に関するものは、この条約の規定に従うことを条件として、国籍のいかんを問わずすべての締約国の航空機に適用されるものとし、また、その国の領域への入国若しくはそこからの出国に当り、又は同領域内にある間、当該航空機によって遵守されなければならない。

第一二条（航空規則）各締約国は、その領域の上空を飛行し、又は同領域内で作動するすべての航空機及び、所在のいかんを問わず、その国籍記号を掲げるすべての航空機が当該領域に施行されている航空機の飛行又は作動に関する規則に従うことを確保する措置を執ることを約束する。各締約国は、これらの点に関する自国の規則をこの条約に基いて随時設定される規則にできる限り一致させることを約束する。公海の上空においては、施行される規則は、この条約に基いて設定されるものでなければならない。各締約国は、適用される規則に違反したすべての者の訴追を確保することを約束する。

第一三条（入国及び出国に関する規制）締約国の法令で、航空機の旅客、乗組員又は貨物の当該締約国の領域への入国又はそこからの出国に関するもの、たとえば、入国、出国、移民、旅券、税関及び検疫に関する規制は、その国の領域への入国若しくはそこからの出国に当り、又は同領域内にある間、その旅客、乗組員若しくは貨物によって又はそれらの名において遵守されなければならない。

第一四条（疫病まん延の防止）
第一五条（空港の使用料金その他の使用料金）（略）

第一六条（航空機の検査）各締約国の当局は、不当に遅滞することなく、他の締約国の航空機を着陸又は出発の際に検査し、及びこの条約で定める証明書その他の書類を検閲する権利を有する。

第三章　航空機の国籍

第一七条（航空機の国籍）航空機は、登録を受けた国の国籍を有する。

第一八条（二重登録）航空機は、二以上の国で有効に登録を受けることができない。但し、その登録は、一国から他国に変更することができる。

第一九条（登録に関する国内法）（略）

第二〇条（記号の表示）国際航空に従事するすべての航空機は、その適正な国籍及び登録の記号を掲げなければならない。

第二一条（登録の報告）（略）

第四章　航空を容易にする措置

第二二条（手続の簡易化）各締約国は、締約国の領域の間における航空機の航行を容易にし、且つ、迅速にするため、並びに特に入国、検疫、税関及び出国に関する法令の施行に当って航空機、乗組員、旅客及び貨物に対して生ずる不必要な遅延を防止するため、特別の規制の設定その他の方法によってすべての実行可能な措置を執ることに同意する。

第二三条（税関及び出入国の手続）各締約国は、実行可能と認める限り、この条約に基いて随時設定され又は勧告される方式に従い、国際航空に関する税関及び出入国の手続を定めることを約束する。この条約のいかなる規定も、自由空港の設置を妨げるものと解釈してはならない。

第二四条（関税）(a)　他の締約国の領域へ飛行し、同領域から飛行し、又は同領域を横断して飛行する航空機は、その国の税関の規制に従うことを条件として、暫定的に関税の免除を認められる。締約国の航空機が他の締約国の領域に到着した際に積載している燃料、潤滑油、予備部品、正規の装備品及び航空機貯蔵品で、その国の領域から出発する際にも積載するものは、関税、検査手数料又はそれらに類似する国若しくは地方公共団体が課する租税その他の課徴金を免除される。この免除は、荷卸された量又は物品には適用しない。但し、その量又は物品を税関の監視下に置くことを要求するその国の税関の規制に従う場合は、この限りでない。

(b) 国際航空に従事する他の締約国の航空機に取り付けるため、又はその航空機で使用するため締約国の領域に輸入される予備部品及び装備品は、それらの物品を税関の監視及び管理の下に置くことを規定する関係国の規制に従うことを条件として、関税の免除を認められる。

第二五条（遭難航空機）
第二六条（事故の調査）
第二七条（特許権に基いて請求される差押の免除）
第二八条（航空施設及び標準様式）
（略）

第五章　航空機について備えるべき要件

第二九条（航空機が携行する書類）国際航空に従事する締約国のすべての航空機は、この条約で定める要件に合致する次の書類を携行しなければならない。

(a) 登録証明書
(b) 耐空証明書
(c) 各乗組員の適当な免状
(d) 航空日誌
(e) 無線機を装備するときは、航空機局免許状
(f) 旅客を運送するときは、その氏名、乗込地及び目的地の表
(g) 貨物を運送するときは、積荷目録及び貨物の細目申告書

第三〇条（航空機の無線装備）
第三一条（耐空証明書）
第三二条（航空従事者の免状）
第三三条（証明書及び免状の承認）
第三四条（航空日誌）
（略）

第三五条（貨物の制限）(a) 軍需品又は軍用器材は、締約国の許可を受けた場合を除く外、国際航空に従事する航空機でその国の領域内又は領域の上空を運送してはならない。各国は、統一を期するため、国際民間航空機関が随時行う勧告に対して妥当な考慮を払った上、本条にいう軍需品又は軍用器材とは何かを規則によって決定しなければならない。

(b) 各締約国は、公の秩序及び安全のため、(a)に掲げる物品以外の物品をその領域内又は領域の上空を運送することを制限し、又は禁止する権利を留保する。但し、この点については、国際航空に従事する自国の航空機と他の締約国の同様の航空機との間に差別を設けてはならず、また、航空機の運航若しくは航行又は乗組員若しくは旅客の安全のため必要な装置の携行及び航空機上におけるその使用を妨げる制限を課してはならない。

第三六条（写真機）各締約国は、その領域の上空にある航空機において写真機を使用することを禁止し、又は制限することができる。

第六章　国際標準及び勧告方式

第三七条（国際の標準及び手続の採択）各締約国は、航空機、航空従事者、航空路及び附属業務に関する規則、標準、手続及び組織の実行可能な最高度の統一を、その統一が航空を容易にし、且つ、改善するすべての事項について確保することに協力することを約束する。

このため、国際民間航空機関は、次の事項に関する国際標準並びに勧告される方式及び手続を必要に応じて随時採択し、及び改正する。

(a) 通信組織及び航空保安施設（地上標識を含む。）
(b) 空港及び着陸場の性質
(c) 航空規則及び航空交通管制方式
(d) 運航関係及び整備関係の航空従事者の免許
(e) 航空機の耐空性
(f) 航空機の登録及び識別
(g) 気象情報の収集及び交換
(h) 航空日誌
(i) 航空地図及び航空図
(j) 税関及び出入国の手続
(k) 遭難航空機及び事故の調査

並びに航空の安全、正確及び能率に関係のあるその他の事項で随時適当と認めるもの

第三八条（国際の標準及び手続からの背離）
第三九条（証明書及び免状の裏書）
第四〇条（裏書された証明書及び免状の効力）
第四一条（耐空性の現行標準の承認）
第四二条（航空従事者の技能の現行標準の承認）
（略）

第二部　国際民間航空機関

第七章　機　関

第四三条（名称及び構成）この条約により、国際民間航空機関という機関を組織する。この機関は、総会、理事会その他の必要な機関からなる。

第四四条（目的）この機関の目的は、次のことのため、国際航空の原則及び技術を発達させ、並びに国際航空運送の計画及び発達を助長することである。

(a) 世界を通じて国際民間航空の安全な且つ整然たる発展を確保すること。
(b) 平和的目的のために航空機の設計及び運航の技術を奨励すること。
(c) 国際民間航空のための航空路、空港及び航空保

安施設の発達を奨励すること。

(d) 安全な、正確な、能率的な、且つ、経済的な航空運送に対する世界の諸国民の要求に応ずること。

(e) 不合理な競争によって生ずる経済的浪費を防止すること。

(f) 締約国の権利が充分に尊重されること及びすべての締約国が国際航空企業を運営する公正な機会をもつことを確保すること。

(g) 締約国間の差別待遇を避けること。

(h) 国際航空における飛行の安全を増進すること。

(i) 国際民間航空のすべての部面の発達を全般的に促進すること。

第四五条（恒久的所在地）
第四六条（総会の第一回会合）（略）

第四七条（法律上の行為能力）この機関は、各締約国の領域内で、任務の遂行に必要な法律上の行為能力を享有する。この機関は、関係国の憲法及び法律と両立する限り、完全な法人格を付与される。

第八章　総会

第四八条（総会の会合及び表決）(a) 総会は、少くとも三年に一回会合するものとし、理事会が適当な時及び場所に招集する。臨時総会は、理事会の招集又は締約国の総数の五分の一以上からの事務局長にあてた要請があったときは、いつでも開催することができる。

(b) すべての締約国は、総会の会合に代表者を出す平等な権利を有し、各締約国は、一個の投票権を有する。締約国を代表する代表は、技術顧問の援助を受けることができる。技術顧問は、会合に参加することができるが、投票権を有しない。

(c) 総会の会合の定足数を構成するためには、締約国の過半数を必要とする。総会の決定は、この条約に別段の定がない限り、投票の過半数によって行われる。

第四九条（総会の権限及び任務）（略）

第九章　理事会

第五〇条（理事会の構成及び選挙）(a) 理事会は、総会に対して責任を負う常設機関とする。理事会は、総会が選挙する三六の締約国からなる。選挙は、総会の第一回会合で行い、その後は、三年ごとに行う。このようにして選挙された理事会の構成員は、次の選挙まで在任する。

(b) 理事会の構成員の選挙に当って、総会は、(1)航空運送において最も重要な国、(2)(1)又は(3)に含まれない国で国際民間航空のための施設の設置に最大の貢献をするもの及び(3)(1)又は(2)に含まれない国で、その国を指名すれば世界のすべての主要な地理的地域が理事会に確実に代表されることとなるようなものが、適当に代表されるようにしなければならない。理事会の空席は、総会ができる限りすみやかに補充しなければならない。このようにして理事会に選挙された締約国は、前任者の残任期間中在任する。

(c) 理事会を構成する締約国の代表者は、国際航空業務の運営に積極的に参与し、又はその業務に財政的に関係してはならない。

第五一条（理事会の議長）（略）

第五二条（理事会における表決）理事会の決定は、その構成員の過半数の承認を必要とする。理事会は、特定の事項に関する権限をその構成員からなる委員会に委任することができる。理事会の委員会の決定については、利害関係のある締約国が理事会に異議を申し立てることができる。

第五三条（投票権を伴わない参加）締約国は、自国の利害に特に影響する問題について理事会及びその委員会が行う審議に投票権なしで参加することができる。理事会の構成員は、自国が当事者である紛争について理事会が行う審議においては、投票権を有しない。

第五四条（理事会の義務的任務）理事会は、次のことを行わなければならない。

(a) 総会に年次報告を提出すること。

(b) 総会の指令を遂行し、並びにこの条約で課せられる任務及び義務を履行すること。

(c) その組織及び手続規則を決定すること。

(d) 航空運送委員会を設置し、及びその任務を定めること。その委員会の委員は、理事会の構成員の代表者の中から選ばれ、その委員会は、理事会に対して責任を負うものとする。

(e) 第一〇章の規定に従って航空委員会を設置すること。

(f) 第一二章及び第一五章の規定に従ってこの機関の会計を管理すること。

(g) 理事会の議長の報酬を決定すること。

(h) 第一一章の規定に従い、事務局長と呼ばれる首席行政官を任命し、及びその他の必要な職員の任命に関する規定を作成すること。

(i) 航空の進歩及び国際航空業務の運営に関する情報を要請し、収集し、審査し、及び公表すること。その情報には、運営の費用に関する情報及び公の資金から航空企業に支払われた補助金の明細に関する情報を含む。

(j) この条約の違反及び理事会の勧告又は決定の不履行を締約国に報告すること。

(k) この条約の違反の通告の後相当な期間内に締約国が適当な措置を執らなかった場合には、その違反を総会に報告すること。

(l) この条約の第六章の規定に従って国際標準及び勧告方式を採択し、便宜上、それらをこの条約の附属書とし、且つ、執った措置をすべての締約国に通告すること。

(m) 附属書の改正についての航空委員会の勧告を審議し、且つ、第二〇章の規定に従って措置を執ること。

(n) この条約に関して締約国が付託する問題を審議

すること。

第五五条（理事会の任意的任務）（略）

第一〇章　航空委員会

第五六条（委員の指名及び任務）航空委員会は、締約国が指名する者の中から理事会が任命する一九人の委員からなる。締約国が指名する者は、航空の理論及び実際について適当な資格及び経験を有する者でなければならない。理事会は、すべての締約国に対して被指名者名簿の提出を要請する。航空委員会の委員長は、理事会が任命する。

第五七条（委員会の任務）航空委員会は、次のことを行わなければならない。

(a) この条約の附属書の修正を審議し、及びその採択を理事会に勧告すること。

(b) 望ましいと認める場合には、いかなる締約国も代表者を出すことができる専門部会を設置すること。

(c) 航空の進歩に必要且つ有用であると認めるすべての情報の収集及び締約国への通知に関して理事会に助言すること。

第一一章　職　員

第五八条（職員の任命）（略）

第五九条（職員の国際的性質）理事会の議長、事務局長その他の職員は、その責任の遂行に関し、この機関外のいかなる当局からも指示を求め、又は受けてはならない。各締約国は、職員の責任の国際的性質を充分に尊重すること及び自国民がその責任を遂行するに当ってこれを左右しようとしないことを約束する。

第六〇条（職員の免除及び特権）各締約国は、その憲法上の手続に基いて可能である限り、理事会の議長、事務局長その他のこの機関の職員に対し、他の公的国際機関の相当職員に付与されている免除及び特権を付与することを約束する。国際的文官の免除及び特権に関する一般的国際協定が締結された場合には、議長、事務局長その他のこの機関の職員に付与される免除及び特権は、その一般的国際協定に基いて付与される免除及び特権でなければならない。

第一二章　会　計

第六一条（予算及び経費の割当）
第六二条（投票権の停止）
第六三条（代表団その他の代表者の経費）｝（略）

第一三章　他の国際取極

第六四条（安全保障取極）
第六五条（他の国際団体との取極）
第六六条（他の協定に関する任務）｝（略）

第三部　国際航空運送

第一四章　情報及び報告

第六七条（理事会への報告の提出）（略）

第一五章　空港その他の航空施設

第六八条（航空路及び空港の指定）
第六九条（航空施設の改善）
第七〇条（航空施設の費用の負担）
第七一条（理事会による施設の設置及び維持）
第七二条（土地の取得又は使用）
第七三条（資金の支出及び割当）
第七四条（技術的援助及び収入の利用）
第七五条（理事会からの施設の引継）
第七六条（資金の返済）｝（略）

第一六章　共同運営組織及び共同計算業務

第七七条（共同運営組織の許可）
第七八条（理事会の任務）｝（略）

第七九条（運営組織への参加）（略）

第四部　最終規定

第一七章　他の航空協定及び航空取極

第八〇条（パリ条約及びハバナ条約）
第八一条（現在協定の登録）｝（略）

第八二条（両立しない取極の廃止）締約国は、この条約がこの条約の条項と両立しない相互間のすべての義務及び了解を廃止するものであることを承認し、且つ、そのような義務及び了解を成立させないことを約束する。この機関の加盟国となる前にこの条約の条項と両立しない義務を非締約国に対し、又は締約国若しくは非締約国の国民に対して約束した締約国は、その義務を免かれる措置を直ちに取らなければならない。締約国の航空企業がこのような両立しない義務を負担している場合には、この企業の国籍の属する国は、直ちにこの義務を終止することを確保するために最善の努力をし、且つ、いかなる場合にも、この義務を終止させる措置がこの条約の効力発生の後適法に可能となったときは、直ちにこの措置を執らなければならない。

第八三条（新たな取極の登録）締約国は、前条の規定に従うことを条件として、この条約の規定に反しない取極を結ぶことができる。この取極は、直ちに理事会に登録しなければならず、理事会は、できる限りすみやかにこれを公表しなければならない。

第八三条の二（一定の任務及び義務の移転）(a) 締約国において登録された航空機が他の締約国内に主たる営業所（主たる営業所を有しないときは、住所）を有する運航者によってリース、チャーター若しくは引継運航又はこれらに類する手配の取決めに従って運航される場合には、第一二条、第三〇条、第三一条及び第三二条(a)の規定にかかわらず、登録国は、当該他の締約国との協定により、これらの規定に基づく当該航空機に係る登録国の任務及び義務の全部又は一部を当該他の締約国に移転することができる。登録国は、移転された任務及び義務についての責任を解除される。

(b)　移転は、当該移転について定める国家間の協定が第八三条の規定に従って理事会に登録され及び公表されるまで他の締約国について、又は当該協定のいずれかの当事国が他の関係締約国の当局に対して当該協定の存在及び適用範囲を直接通告するまで当該他の関係締約国について、効力を生じない。

(c)　(a)及び(b)の規定は、第七七条の規定の適用を受ける場合についても、適用する。

第一八章　紛争及び違約

第八四条（紛争の解決）この条約及び附属書の解釈又は適用に関する二以上の締約国間の意見の相違が交渉によって解決されない場合には、その意見の相違は、それに関係のある国の申請に基き、理事会が解決する。理事会の構成員は、自国が当事者である紛争について理事会が行う審議においては、投票権を有しない。締約国は、第八五条に従うことを条件として、理事会の決定について、他の紛争当事者と協定する特別仲裁裁判所又は常設国際司法裁判所に提訴することができる。この提訴は、理事会の決定の通告の受領の日から六〇日以内に理事会に通告しなければならない。

第八五条（仲裁手続）紛争当事者たるいずれかの締約国でその紛争に関する理事会の決定について提訴されているものが常設国際司法裁判所規程を受諾しておらず、且つ、紛争当事者たる締約国が仲裁裁判所の選定について合意することができない場合には、紛争当事者たる各締約国は、一人の仲裁委員を指名しなければならない。これらの仲裁委員は、一人の審判委員を指名するものとする。その紛争の当事者たるいずれかの締約国が提訴の日から三箇月の期間内に仲裁委員を指名しなかった場合には、仲裁委員は、理事会が備えている有資格者の現在員名簿の中から、理事会の議長がその国に代って指名しなければならない。仲裁委員が審判委員について三〇日以内に合意することができなかった場合には、理事会の議長は、前記の名簿の中から審判委員を指名しなければならない。次に、仲裁委員及び審判委員は、仲裁裁判所を共同で構成しなければならない。本条又は前条に基いて設置される仲裁裁判所は、その手続を定め、且つ、多数決によって決定を行わなければならない。但し、理事会は、著しい遅延があると認める場合には、手続問題を決定することができる。

第八六条（提訴）理事会が別に定める場合を除く外、国際航空企業がこの条約の規程に従って運営されているかどうかについての理事会の決定は、提訴に基いて破棄されない限り、引き続き有効とする。その他の事項については、理事会の決定は、これについて提訴された場合には、その提訴が決定されるまでの間停止しなければならない。常設国際司法裁判所及び仲裁裁判所の決定は、最終的とし、且つ、拘束力を有する。

第八七条（航空企業の違反に対する制裁）各締約国は、自国の領域上の空間を通過する締約国の航空企業が前条に従って行われた最終的決定に違反していると理事会が決定した場合には、その航空企業の運営を許可しないことを約束する。

第八八条（国の違反に対する制裁）総会は、本章の規定に基いて違約国と認められた締約国の総会及び理事会における投票権を停止しなければならない。

第一九章　戦　争

第八九条（戦争及び緊急状態）この条約の規定は、戦争の場合には、交戦国であると中立国であるとを問わず、関係締約国の行動の自由に影響を及ぼすものではない。同一の原則は、国家緊急事態を宣言してその事実を理事会に通告した締約国の場合にも、適用する。

第二〇章　附属書

第九〇条（附属書の採択及び改正）(a)　第五四条(1)に掲げる理事会による附属書の採択は、そのために招集された会合における理事会の三分の二の投票を必要とし、次に、理事会が各締約国に送付しなければならない。その附属書又は附属書の改正は、各締約国への送付の日の後三箇月以内に、又は理事会が定めるそれ以上の期間の終了の時に、効力を生ずる。但し、締約国の過半数がこの期間内にその不承認を理事会に届け出た場合は、この限りでない。

(b)　理事会は、附属書又はその改正の効力の発生をすべての締約国に直ちに通告しなければならない。

第二一章　批准、加入、改正及び廃棄

第九一条（条約の批准）（略）

第九二条（条約への加入）(a)　この条約は、連合国及びこれらと連合している国並びに今次世界戦争の間中立であった国の加入のために開放される。

(b)　加入は、アメリカ合衆国政府にあてた通告によって行い、且つ、アメリカ合衆国政府が通告を受領した日から三〇日目に効力を生ずる。同政府は、すべての締約国にその旨を通告する。

第九三条（その他の国の加入承認）第九一条及び第九二条(a)に規定する国以外の国は、世界の諸国が平和を維持するために設立する一般的な国際機構の承認を得ることを条件として、総会の五分の四の投票により、且つ、総会が定める条件で、この条約に加入することを承認される。但し、各場合において、承認を求める国によって今次戦争の間に侵略され、又は攻撃された国の同意を必要とする。

第九四条（条約の改正）(a)　この条約の改正案は、総会の三分の二の投票によって承認されなければならず、

また、総会が定める数の締約国が批准した時に、その改正を批准した国について効力を生ずる。総会が定める数は、締約国の総数の三分の二未満であってはならない。

(b)　総会は、前記の改正の性質上正当と認める場合には、採択を勧告する決議において、改正の効力発生の後所定の期間内に批准しなかった国が直ちにこの機関の加盟国及びこの条約の当事国でなくなることを規定することができる。

第九五条（条約の廃棄）(a)　締約国は、この条約の効力発生の後三年を経過したときは、アメリカ合衆国政府にあてた通告により、この条約の廃棄の通告をすることができる。同政府は、直ちに各締約国にその旨を通報する。

(b)　廃棄は、その通告の受領の日から一年で効力を生じ、且つ、廃棄を行った国についてのみ有効とする。

第二二章　定　義

第九六条　この条約の適用上、

(a)「航空業務」とは、旅客、郵便物又は貨物の公衆用の運送のために航空機で行う定期航空業務をいう。

(b)「国際航空業務」とは、二以上の国の領域上の空間にわたって行う航空業務をいう。

(c)「航空企業」とは、国際航空業務を提供し、又は運営する航空運送企業をいう。

(d)「運輸以外の目的での着陸」とは、旅客、貨物又は郵便物の積込又は積卸以外の目的で着陸することをいう。

第2節　宇　宙

62　月その他の天体を含む宇宙空間の探査及び利用における国家活動を律する原則に関する条約（宇宙条約）（抄）

採　択　一九六六年一二月一九日　国際連合総会第二一回会期決議二二二二(XXI)附属書
効力発生　一九六七年一〇月一〇日
日本国　一九六七年一月二七日署名、七月一九日国会承認、一〇月一〇日批准書寄託、効力発生、一〇月一一日公布（条約第一九号）

この条約の当事国は、

人間の宇宙空間への進入の結果、人類の前に展開する広大な将来性に鼓舞され、

平和的目的のための宇宙空間の探査及び利用の進歩が全人類の共同の利益であることを認識し、

宇宙空間の探査及び利用がすべての人民のために、その経済的又は科学的発展の程度にかかわりなく行なわれなければならないことを信じ、

平和的目的のための宇宙空間の探査及び利用の科学面及び法律面における広範な国際協力に貢献することを希望し、

この国際協力が諸国間及び諸人民間の相互理解の増進及び友好関係の強化に貢献することを信じ、

一九六三年一二月一三日に国際連合総会が全会一致で採択した決議第一九六二号（第一八回会期）「宇宙空間の探査及び利用における国家活動を律する法的原則の宣言」を想起し、

核兵器若しくは他の種類の大量破壊兵器を運ぶ物体を地球を回る軌道に乗せること又はこれらの兵器を天体に設置することを慎むように諸国に要請する一九六三年一〇月一七日の国際連合総会の全会一致の採択による決議第一八八四号（第一八回会期）を想起し、

平和に対する脅威、平和の破壊又は侵略行為を誘発し若しくは助長することを意図し、又はこれらを誘発し若しくは助長するおそれのある宣伝を非難する一九四七年一一月三日の国際連合総会決議第一一〇号（第二回会期）を考慮し、かつ、この決議が宇宙空間に適用されることを考慮し、

月その他の天体を含む宇宙空間の探査及び利用における国家活動を律する原則に関する条約が国際連合憲章の目的及び原則を助長するものであることを確信して、

次のとおり協定した。

第一条【探査利用の自由】月その他の天体を含む宇宙空間の探査及び利用は、すべての国の利益のために、その経済的又は科学的発展の程度にかかわりなく行なわれるものであり、全人類に認められる活動分野である。

月その他の天体を含む宇宙空間は、すべての国がいかなる種類の差別もなく、平等の基礎に立ち、かつ、国際法に従って、自由に探査し及び利用することができるものとし、また、天体のすべての地域への立入りは、自由である。

月その他の天体を含む宇宙空間における科学的調査は、自由であり、また、諸国は、この調査における国際協力を容易にし、かつ奨励するものとする。

第二条【領有の禁止】月その他の天体を含む宇宙空間は、主権の主張、使用若しくは占拠又はその他のいかなる手段によっても国家による取得の対象とはならない。

第三条【国際法の適用】条約の当事国は、国際連合憲章を含む国際法に従って、国際の平和及び安全の維持並びに国際間の協力及び理解の促進のために、月その他の天体を含む宇宙空間の探査及び利用における

活動を行なわなければならない。

第四条【軍事的利用の禁止】条約の当事国は、核兵器及び他の種類の大量破壊兵器を運ぶ物体を地球を回る軌道に乗せないこと、これらの兵器を天体に設置しないこと並びに他のいかなる方法によってもこれらの兵器を宇宙空間に配置しないことを約束する。

月その他の天体は、もっぱら平和的目的のために、条約のすべての当事国によって利用されるものとする。天体上においては、軍事基地、軍事施設及び防備施設の設置、あらゆる型の兵器の実験並びに軍事演習の実施は、禁止する。科学的研究その他の平和的目的のために軍の要員を使用することは、禁止しない。月その他の天体の平和的探査のために必要なすべての装備又は施設を使用することも、また、禁止しない。

第五条【宇宙飛行士に対する援助】条約の当事国は、宇宙飛行士を宇宙空間への人類の使節とみなし、事故、遭難又は他の当事国の領域若しくは公海における緊急着陸の場合には、その宇宙飛行士にすべての可能な援助を与えるものとする。宇宙飛行士は、そのような着陸を行なったときは、その宇宙飛行機の登録国へ安全かつ迅速に送還されるものとする。

いずれかの当事国の宇宙飛行士は、宇宙空間及び天体上において活動を行なうときは、他の当事国の宇宙飛行士にすべての可能な援助を与えるものとする。

条約の当事国は、宇宙飛行士の生命又は健康に危険となるおそれのある現象を月その他の天体を含む宇宙空間に発見したときは、直ちに、これを条約の他の当事国又は国際連合事務総長に通報するものとする。

第六条【国家の責任】条約の当事国は、月その他の天体を含む宇宙空間における自国の活動について、それが政府機関によって行なわれるか非政府団体によって行なわれるかを問わず、国際的責任を有し、自国の活動がこの条約の規定に従って行なわれることを確保する国際的責任を有する。月その他の天体を含む宇宙空間における非政府団体の活動は、条約の関係当事国の許可及び継続的監督を必要とするものとする。国際機関が月その他の天体を含む宇宙空間において活動を行なう場合には、その国際機関及びこれに参加する条約の当事国の双方がこの条約を遵守する責任を有する。

第七条【国の賠償責任】条約の当事国は、月その他の天体を含む宇宙空間に物体を発射し若しくは発射させる場合又はその領域若しくは施設から物体が発射される場合には、その物体又はその構成部分が地球上、大気空間又は月その他の天体を含む宇宙空間において条約の他の当事国又はその自然人若しくは法人に与える損害について国際的に責任を有する。

第八条【管轄権と管理】宇宙空間に発射された物体が登録されている条約の当事国は、その物体及びその乗員に対し、それらが宇宙空間又は天体上にある間、管轄権及び管理の権限を保持する。宇宙空間に発射された物体（天体上に着陸させられ又は建造された物体を含む。）及びその構成部分の所有権は、それらが宇宙空間若しくは天体上にあること又は地球に帰還することによって影響を受けない。これらの物体又は構成部分は、物体が登録されている条約の当事国の領域外で発見されたときは、その当事国に返還されるものとする。その当事国は、要請されたときは、それらの物体又は構成部分の返還に先だち、識別のための資料を提供するものとする。

第九条【宇宙活動の協力】条約の当事国は、月その他の天体を含む宇宙空間の探査及び利用において、協力及び相互援助の原則に従うものとし、かつ、条約の他のすべての当事国の対応する利益に妥当な考慮を払って、月その他の天体を含む宇宙空間におけるすべての活動を行なうものとする。条約の当事国は、月その他の天体を含む宇宙空間の有害な汚染及び地球外物質の導入から生ずる地球の環境の悪化を避けるように月その他の天体を含む宇宙空間の研究及び探査を実施し、かつ、必要な場合には、このための適当な措置を執るものとする。条約の当事国は、自国又は自国民によって計画された月その他の天体を含む宇宙空間における活動又は実験が月その他の天体を含む宇宙空間の平和的な探査及び利用における他の当事国の活動に潜在的に有害な干渉を及ぼすおそれがあると信ずる理由があるときは、その活動又は実験が行なわれる前に、適当な国際的協議を行なうものとする。条約の当事国は、他の当事国が計画した月その他の天体を含む宇宙空間における活動又は実験が月その他の天体を含む宇宙空間の平和的な探査及び利用における活動に潜在的に有害な干渉を及ぼすおそれがあると信ずる理由があるときは、その活動又は実験に関する協議を要請することができる。

第一〇条【観測の機会】条約の当事国は、月その他の天体を含む宇宙空間の探査及び利用における国際協力をこの条約の目的に従って促進するために、条約の他の当事国が打ち上げる宇宙物体の飛行を観測する機会を与えられることについての当該他の当事国の要請に対し、平等の原則に基づいて考慮を払うものとする。

その観測の機会の性質及びその機会が与えられる条件は、関係国間の合意により決定されるものとする。

第一一条【情報の提供】月その他の天体を含む宇宙空間における活動を行なう条約の当事国は、宇宙空間の平和的な探査及び利用における国際協力を促進するために、その活動の性質、実施状況、場所及び結果について、国際連合事務総長並びに公衆及び国際科学界に対し、実行可能な最大限度まで情報を提供することに同意する。国際連合事務総長は、この情報を受けたときは、それが迅速かつ効果的に公表されるようにするものとする。

第一二条【査察】月その他の天体上のすべての基地、施設、装備及び宇宙飛行機は、相互主義に基づいて、条約の他の当事国の代表者に開放される。これらの代表者は、適当な協議が行なわれるため及び訪問する施設等における安全を確保し、かつ、そこでの正常な作業に対する干渉を避けるように最大限の予防措置が執られるために、計画された訪問につき合理的な予告を行なうものとする。

第一三条【条約の対象】この条約の規定は、月その他の天体を含む宇宙空間の探査及び利用における条約の当事国の活動に適用するものとし、それらの活動が条約の一当事国により行なわれる場合であるか他の国家と共同で行なわれる場合(政府間国際機関の枠内で行なわれる場合を含む。)であるかを問わない。

月その他の天体を含む宇宙空間の探査及び利用における政府間国際機関が行なう活動に関連して生ずる実際的問題は、条約の当事国が、当該国際機関又はその加盟国でこの条約の当事国である一若しくは二以上の国と共同して解決するものとする。

第一四条【署名、批准、加入、効力発生】1　この条約は、署名のためすべての国に開放される。この条約が3の規定に従って効力を生ずる前にこの条約に署名しない国は、いつでも、この条約に加入することができる。

2　この条約は、署名国により批准されなければならない。批准書及び加入書は、寄託国政府として指定されたアメリカ合衆国、グレート・ブリテン及び北部アイルランド連合王国及びソヴィエト社会主義共和国連邦の政府に寄託するものとする。

3　この条約は、この条約により寄託国政府として指定された政府を含む五の政府が批准書を寄託した時に効力を生ずる。

4　この条約の効力発生後に批准書又は加入書を寄託する国については、この条約は、その批准書又は加入書の寄託の日に効力を生ずる。

5　寄託国政府は、すべての署名国及び加入国に対し、署名の日、この条約の批准書及び加入書の寄託の日、この条約の効力発生の日その他についてすみやかに通報するものとする。

6　この条約は、寄託国政府が国際連合憲章第一〇二条の規定に従って登録するものとする。

第一五条【改正】条約のいずれの当事国も、この条約の改正を提案することができる。改正は、条約の当事国の過半数がこれを受諾した時に、その改正を受諾した条約の当事国について効力を生じ、その後は、条約の他の各当事国については、その国による受諾の日に効力を生ずる。

第一六条【脱退】条約のいずれの当事国も、この条約の効力発生の後一年を経過したときは、寄託国政府にあてた通告書により、条約からの脱退を通告することができる。その脱退は、通告書の受領の日から一年で効力を生ずる。

第一七条【正文】(略)

⑥3　宇宙飛行士の救助及び送還並びに宇宙空間に打ち上げられた物体の返還に関する協定(宇宙救助返還協定)(抄)

署　名　一九六八年四月二二日(ロンドン・モスクワ・ワシントン)
効力発生　一九六八年一二月三日
日本国　一九八三年五月一三日国会承認、六月七日内閣加入決定、六月二〇日加入書寄託、効力発生、公布(条約第五号)

前　文(略)

第一条【緊急着陸の通報】締約国は、宇宙船の乗員が、事故に遭遇し若しくは遭難した旨又は自国の管轄の下にある領域、公海若しくはいずれの国の管轄の下にもないその他の地域において緊急の若しくは意図しない着陸をした旨の情報を入手した場合又はこれらの事実を知った場合には、直ちに、

(a)　打上げ機関に通報するものとし、又は打上げ機関が不明である場合及び打上げ機関に直ちに連絡をとることができない場合には、利用することができるすべての適当な通信手段により、これらの情報を公表する。

(b)　国際連合事務総長に通報するものとし、また、同事務総長は、利用することができるすべての通信手段により、遅滞なくこれらの情報を公表するものとする。

第二条【乗員の捜索救助】事故、遭難又は緊急の若しくは意図しない着陸により宇宙船の乗員がいずれかの締約国の管轄の下にある領域に着陸した場合には、当該締約国は、直ちに、乗員の救助のためにすべての可能な措置をとるものとし、すべての必要な援助を与える。当該締約国は、打上げ機関及び国際連合事務総長に対し、そのとっている措置及びその実施状況を通報する。打上げ機関による援助が迅速な救助を実施する上で役立つ場合又は当該援助が捜索救助活動の効果的な実施に実質的に寄与する場合には、打上げ機関は、捜索救助活動の効果的な実施のため、当該締約国に協力する。当該捜索救助活動は、当該締約国の指揮及び監督の下に実施されるものとし、当該締約国は、打上げ機関との緊密かつ継続的な協議の下に行動する。

第三条【捜索救助活動への援助】宇宙船の乗員が公海又はいずれの国の管轄の下にもないその他の地域に着

陸した旨の情報を入手した場合又はその事実を知った場合には、迅速に乗員を救助するために捜索救助活動を与えることができる締約国は、必要があるときは、そのための援助を与える。援助を与える締約国は、打上げ機関及び国際連合事務総長に対し、そのとっている措置及びその実施状況を通報する。

第四条【乗員の引渡し】宇宙船の乗員は、事故、遭難又は緊急の若しくは意図しない着陸によりいずれかの締約国の管轄の下にある領域、公海又はいずれの国の管轄の下にもないその他の地域に着陸した場合には、安全かつ迅速に打上げ機関の代表者に引き渡される。

第五条【宇宙物体の降下通報、回収、返還】1　締約国は、宇宙物体又はその構成部分が自国の管轄の下にある領域、公海又はいずれの国の管轄の下にもないその他の地域に降下した旨の情報を入手した場合又はその事実を知った場合には、打上げ機関及び国際連合事務総長に対し、その旨を通報する。

2　宇宙物体又はその構成部分が発見された領域について管轄権を有する締約国は、打上げ機関の要請に応じ、また、必要な場合には打上げ機関の援助を受けて、当該宇宙物体又はその構成部分を回収するため、実行可能と認める措置をとる。

3　宇宙空間に打ち上げられた物体又はその構成部分であって打上げ機関の領域外で発見されたものは、打上げ機関の要請に応じ、打上げ機関の代表者に引き渡されるか又はその処理にゆだねられる。打上げ機関は、当該物体又はその構成部分の返還に先立ち、要請に応じ、当該物体又はその構成部分の識別のための資料を提供する。

4　2及び3の規定にかかわらず、締約国は、自国の管轄の下にある領域において発見し又はその他の場所において回収した宇宙物体又はその構成部分が、危険又は害をもたらすものであると信ずるに足りる理由がある場合には、打上げ機関にその旨を通知することができる。この場合において、打上げ機関は、発生するおそれのある危害を除去するため、当該締約国の指揮及び監督の下に、直ちに、効果的な措置をとる。

5　2及び3の規定により宇宙物体又はその構成部分を回収し及び返還する義務を履行するために要した費用は、打ち上げ機関が負担する。

第六条【打上げ機関】この協定の適用上、「打上げ機関」とは、打上げについて責任を有する国又は、国際的な政府間機関が打上げについて責任を有する場合には、当該政府間機関をいう。ただし、当該政府間機関がこの協定の定める権利及び義務の受諾を宣言し、かつ、当該政府間機関の加盟国の過半数がこの協定及び月その他の天体を含む宇宙空間の探査及び利用における国家活動を律する原則に関する条約の締約国である場合に限る。

第七条～第一〇条（略）

64 宇宙物体により引き起こされる損害についての国際的責任に関する条約（宇宙損害責任条約）（抄）

署　　名　一九七二年三月二九日（ロンドン・モスクワ・ワシントン）
効力発生　一九七二年九月一日
日 本 国　一九八三年五月一三日国会承認、六月二〇日加入書寄託、効力発生、公布（条約第六号）

前　文（略）

第一条【定義】この条約の適用上、
(a)「損害」とは、人の死亡若しくは身体の傷害その他の健康の障害又は国、自然人、法人若しくは国際的な政府間機関の財産の滅失若しくは損傷をいう。
(b)「打上げ」には、成功しなかった打上げを含む。
(c)「打上げ国」とは、次の国をいう。
(i)　宇宙物体の打上げを行い、又は行わせる国
(ii)　宇宙物体が、その領域又は施設から打ち上げられる国
(d)「宇宙物体」には、宇宙物体の構成部分並びに宇宙物体の打上げ機及びその部品を含む。

第二条【地表における損害】打上げ国は、自国の宇宙物体が、地表において引き起こした損害又は飛行中の航空機に与えた損害の賠償につき無過失責任を負う。

第三条【地表外での損害】損害が一の打上げ国の宇宙物体又はその宇宙物体内の人若しくは財産に対して他の打上げ国の宇宙物体により地表以外の場所において引き起こされた場合には、当該他の打上げ国は、当該損害が自国の過失又は自国が責任を負うべき者の過失によるものであるときに限り、責任を負う。

第四条【衝突による第三者損害】1　損害が一の打上げ国の宇宙物体又はその宇宙物体内の人若しくは財産に対して他の打上げ国の宇宙物体により地表以外の場所において引き起こされ、その結果、損害が第三国又はその自然人若しくは法人に対して引き起こされた場合には、これらの二の打上げ国は、当該第三国に対し、次に定めるところにより連帯して責任を負う。
(a)　損害が当該第三国に対して地表において又は飛行中の航空機について引き起こされた場合には、当該二の打上げ国は、当該第三国に対し無過失責任を負う。

(b) 損害が当該第三国の宇宙物体又はその宇宙物体内の人若しくは財産に対して地表以外の場所において引き起こされた場合には、当該二の打上げ国は、当該第三国に対し、いずれか一方の打上げ国又はいずれか一方の打ち上げ国が責任を負うべき者に過失があるときに限り、責任を負う。

2　1に定める連帯責任が生ずるすべての場合において、損害の賠償についての責任は、1に規定する二の打上げ国がそれぞれの過失の程度に応じて分担する。当該二の打上げ国のそれぞれの過失の程度を確定することができない場合には、損害の賠償についての責任は、当該二の打上げ国が均等に分担する。もっとも、責任の分担についてのこの規定は、連帯して責任を負ういずれか一の打上げ国又はすべての打上げ国に対し、第三国がこの条約に基づいて支払われるべき賠償の全額を請求する権利を害するものではない。

第五条【共同打上げの場合】1　二以上の国が共同して宇宙物体を打ち上げる場合には、これらの国は、引き起こされるいかなる損害についても連帯して責任を負う。

2　損害について賠償を行った打上げ国は、共同打上げに参加した他の国に対し、求償する権利を有する。共同打上げの参加国は、その履行について連帯して責任を負う金銭上の債務の分担につき、取極を締結することができる。もっとも、この取極は、連帯して責任を負ういずれか一の打上げ国又はすべての打上げ国に対し、損害を被った国がこの条約に基づいて支払われるべき賠償の全額を請求する権利を害するものではない。

3　宇宙物体がその領域又は施設から打ち上げられる国は、共同打上げの参加国とみなす。

第六条【無過失責任の免除】1　損害の全部又は一部が請求国又は請求国により代表される自然人若しくは法人の重大な過失又は作為若しくは不作為（損害を引き起こすことを意図した作為若しくは不作為に限る。）により引き起こされたことを打上げ国が証明した場合には、その限度において無過失責任が免除される。ただし、2の規定が適用される場合は、この限りでない。

2　打上げ国の活動であって国際法（特に、国際連合憲章及び月その他の天体を含む宇宙空間の探査及び利用における国家活動を律する原則に関する条約を含む。）に適合しないものにより損害が引き起こされた場合には、いかなる免責も認められない。

第七条【適用除外】この条約は、打上げ国の宇宙物体により次の者に対して引き起こされた損害については、適用しない。

(a)　打上げ国の国民

(b)　宇宙物体の運行に参画している外国人（宇宙物体の打上げの時からその落下の時までの間のいずれの段階で参画しているかを問わない。）又は宇宙物体の打上げ国の招請により打上げ予定地域若しくは回収予定地域に隣接する地域に滞在している外国人

第八条【請求国】1　損害を被った国又は自国の自然人若しくは法人が損害を被った国は、当該損害の賠償につき、打上げ国に対し請求を行うことができる。

2　損害を被った自然人又は法人の国籍国が請求を行わない場合には、他の国は、その領域において当該自然人又は法人が被った損害につき、打上げ国に対し請求を行うことができる。

3　損害を被った自然人若しくは法人の国籍国又は自国の領域において損害が生じた国のいずれもが請求を行わない場合又は請求を行う意思を通告しない場合には、他の国は、自国に永住する者が被った当該損害につき、打上げ国に対し請求を行うことができる。

第九条【請求手続】損害の賠償についての請求は、外交上の経路を通じて打上げ国に対し行われる。当該打上げ国との間に外交関係がない国は、当該請求を当該打上げ国に提出すること又は他の方法によりこの条約に基づく自国の利益を代表することを他の国に要請することができる。当該打上げ国との間に外交関係がない国は、また、国際連合事務総長を通じて自国の請求を提出することができる（請求国及び打上げ国の双方が国際連合の加盟国である場合に限る。）。

第一〇条【請求期限】1　損害の賠償についての請求は、損害の発生の日又は損害につき責任を有する打上げ国を確認した日の後一年以内に限り、打上げ国に対し行うことができる。

2　1の規定にかかわらず、損害の発生を知らなかった国又は損害につき責任を有する打上げ国を確認することができなかった国は、その事実を知った日の後一年以内に限り、請求を行うことができる。ただし、請求を行うことができる期間は、いかなる場合にも、相当な注意を払うことによりその事実を当然に知ることができたと認められる日の後一年を超えないものとする。

3　期間に関する1及び2の規定は、損害の全体が判明しない場合においても、適用する。この場合において、請求国は、1及び2に定める期間が満了した後においても損害の全体が判明した後一年を経過するまでの間は、請求を修正し及び追加の文書を提出することができる。

第一一条【国内的救済との関係】1　この条約に基づき打上げ国に対し損害の賠償についての請求を行う場合には、これに先立ち、請求国又は請求国により代表される自然人若しくは法人が利用することができるすべての国内的な救済措置を尽くすことは、必要としない。

2　この条約のいかなる規定も、国又は国により代表されることのある自然人若しくは法人が、打上げ国の裁判所、行政裁判所又は行政機関において損害の賠償についての請求を行うことを妨げるものではな

い。当該請求が打上げ国の裁判所、行政裁判所若しくは行政機関において又は関係当事国を拘束する他の国際取極に基づいて行われている間は、いずれの国も、当該損害につき、この条約に基づいて請求を行うことはできない。

第一二条【賠償額】打上げ国が損害につきこの条約に基づいて支払うべき賠償額は、請求に係る自然人、法人、国又は国際的な政府間機関につき当該損害が生じなかったとしたならば存在したであろう状態に回復させる補償が行われるよう、国際法並びに正義及び衡平の原則に従って決定される。

第一三条【金銭賠償】賠償は、損害につきこの条約に基づいて賠償を行うべき国と請求国との間に他の形態による賠償の支払についての合意が成立する場合を除くほか、請求国の通貨により又は、請求国の要請がある場合には、損害につき賠償を行うべき国の通貨により支払う。

第一四条【請求委員会】請求についての解決が、請求の文書を送付した旨を請求国が打上げ国に通報した日から一年以内に第九条に定める外交交渉により得られない場合には、関係当事国は、いずれか一方の当事国の要請により請求委員会を設置する。

第一五条【委員の任命】1　請求委員会は、三人の委員で構成する。一人は請求国により、また、一人は打上げ国により任命されるものとし、議長となる第三の委員は、双方の当事国により共同で選定される。各当事国は、同委員会の設置の要請の日から二箇月以内に委員の任命を行う。

2　請求委員会の設置の要請の日から四箇月以内に議長の選定につき合意に達しない場合には、いずれの当事国も、国際連合事務総長に対し、二箇月以内に議長を任命するよう要請することができる。

第一六条【委員会の組織・手続】1　いずれか一方の当事国が所定の期間内に委員の任命を行わない場合には、議長は、他方の当事国の要請により、自己を委員とする一人の委員から成る請求委員会を組織する。

2　請求委員会に生ずる空席（理由のいかんを問わない。）は、最初の委員の任命の際の手続と同様の手続により補充する。

3　請求委員会は、その手続規則を定める。

4　請求委員会は、会合の開催場所その他のすべての事務的な事項について決定する。

5　一人の委員から成る請求委員会が行う決定及び裁定の場合を除くほか、請求委員会のすべての決定及び裁定は、過半数による議決で行う。

第一七条【委員数】請求委員会の委員の数は、二以上の請求国又は二以上の打上げ国が同委員会の手続の当事国となることを理由として、増加させてはならない。複数の請求国が同委員会の手続の当事国となる場合には、請求国が一である場合と同様の方法及び条件で一人の委員を共同して任命する。二以上の打上げ国が同委員会の手続の当事国となる場合にも、同様に一人の委員を共同して任命する。同委員会の手続の当事国となる複数の請求国又は打上げ国が所定の期間内に委員の任命を行わない場合には、議長は、自己を委員とする一人の委員から成る請求委員会を組織する。

第一八条【権限】請求委員会は、損害の賠償についての請求の当否を決定するものとし、また、賠償を行うべきであると認めた場合には、その額を決定する。

第一九条【決定の効力】1　請求委員会は、第一二条に定めるところに従って活動する。

2　請求委員会の決定は、当事国が合意している場合には、最終的なかつ拘束力のあるものとする。当事国が合意していない場合には、同委員会は、最終的で勧告的な裁定を示すものとし、また、当事国は、裁定を誠実に検討する。同委員会は、決定又は裁定につきその理由を述べる。

3　請求委員会は、できる限り速やかに、いかなる場合にもその設置の日から一年以内に決定又は裁定を行う。ただし、同委員会がこの期間の延長を必要であると認める場合は、この限りでない。

4　請求委員会は、決定又は裁定を公表する。同委員会は、決定又は裁定の認証謄本を各当事国及び国際連合事務総長に送付する。

第二〇条【費用】請求委員会に係る費用は、同委員会が別段の決定を行わない限り、当事国が均等に分担する。

第二一条【被害国への援助】宇宙物体により引き起こされた損害が、人命に対して大規模な危険をもたらすもの又は住民の生活環境若しくは中枢部の機能を著しく害するものである場合において、損害を被った国が要請するときは、締約国（特に打上げ国）は、損害を被った国に対して適当かつ迅速な援助を与えることの可能性の有無について検討する。もっとも、この条の規定は、この条約に基づく締約国の権利又は義務に影響を及ぼすものではない。

第二二条【政府間機関への適用】1　この条約において国に言及している規定は、第二四条から第二七条までの規定を除くほか、宇宙活動を行ういずれの国際的な政府間機関にも適用があるものとする。ただし、当該政府間機関がこの条約の定める権利及び義務の受諾を宣言し、かつ、当該政府間機関の加盟国の過半数がこの条約及び月その他の天体を含む宇宙空間の探査及び利用における国家活動を律する原則に関する条約の締約国である場合に限る。

2　この条約の締約国であって1の政府間機関の加盟国であるものは、当該政府間機関が1の規定による宣言を行うことを確保するため、すべての適当な措置をとる。

3　国際的な政府間機関が損害につきこの条約に基づいて責任を負うこととなる場合には、当該政府間機関及び当該政府間機関の加盟国であってこの条約の締約国であるものは、次に定めるところにより連帯して責任を負う。

(a)　損害の賠償についての請求は、最初に当該政府間機関に対し行われるものとする。
(b)　損害の賠償として支払うことが合意され又は決定された金額を当該政府間機関が六箇月以内に支払わなかった場合に限り、請求国は、当該政府間機関の加盟国であってこの条約の締約国であるものに対し当該金額の支払を求めることができる。

4　1の規定による宣言を行った政府間機関に与えた損害の賠償についての請求であってこの条約に基づいて行われるものは、当該政府間機関の加盟国であってこの条約の締約国であるものが行う。

第二三条【他の国際取極】
第二四条【署名・批准・発効】
第二五条【改正】
第二六条【再検討】
第二七条【脱退】
第二八条【正文】
（略）

65　宇宙空間に打ち上げられた物体の登録に関する条約（宇宙物体登録条約）（抄）

採　　択　一九七四年一一月一二日
効力発生　一九七六年九月一五日
日 本 国　一九八三年五月一三日国会承認、六月二〇日加入書寄託、効力発生、公布（条約第七号）

前　文（略）

第一条【定義】この条約の適用上、
(a)　「打上げ国」とは、次の国をいう。
(i)　宇宙物体の打上げを行い、又は行わせる国
(ii)　宇宙物体が、その領域又は施設から打ち上げられる国
(b)　「宇宙物体」には、宇宙物体の構成部分並びに宇宙物体の打上げ機及びその部品を含む。
(c)　「登録国」とは、次条の規定により宇宙物体が登録されている打上げ国をいう。

第二条【宇宙物体の登録】1　宇宙物体が地球を回る軌道に又は地球を回る軌道の外に打ち上げられたときは、打上げ国は、その保管する適当な登録簿に記入することにより当該宇宙物体を登録する。打上げ国は、国際連合事務総長に登録簿の設置を通報する。

2　地球を回る軌道に又は地球を回る軌道の外に打ち上げられた宇宙物体について打上げ国が二以上ある場合には、これらの打上げ国は、月その他の天体を含む宇宙空間の探査及び利用における国家活動を律する原則に関する条約第八条の規定に留意し、宇宙物体及びその乗員に対する管轄権及び管理の権限に関して当該打上げ国の間で既に締結された又は将来締結される適当な取極の適用を妨げることなく、1の規定により当該宇宙物体を登録するいずれか一の国を共同して決定する。

3　登録簿の内容及び保管の条件は、登録国が決定する。

第三条【登録簿の保管と公開】1　国際連合事務総長は、次条の規定により提供される情報を記録する登録簿を保管する。

2　1の登録簿に記載されているすべての情報は、公開される。

第四条【登録国による情報提供】1　登録国は、登録したそれぞれの宇宙物体に関し、できる限り速やかに国際連合事務総長に次の情報を提供する。
(a)　打上げ国の国名
(b)　宇宙物体の適当な標識又は登録番号
(c)　打上げの行われた日及び領域又は場所
(d)　次の事項を含む基本的な軌道要素
(i)　周期
(ii)　傾斜角
(iii)　遠地点
(iv)　近地点
(e)　宇宙物体の一般的機能

2　登録国は、登録した宇宙物体に関する追加の情報を随時国際連合事務総長に提供することができる。

3　登録国は、従前に情報を提供した物体であって地球を回る軌道に存在しなくなったものについて、実行可能な最大限度においてかつできるだけ速やかに、国際連合事務総長に通報する。

第五条【標識と登録番号の通知】地球を回る軌道に又は地球を回る軌道の外に打ち上げられた宇宙物体に前条1(b)の標識若しくは登録番号又はその双方が表示されている場合には、登録国は、同条の規定により宇宙物体に関する情報を提供する際に、国際連合事務総長にその旨を通知する。通知を受けた場合には、同事務総長は、登録簿に当該通知につき記録する。

第六条【宇宙物体の識別のための援助】いずれかの締約国が、自国又は自国の自然人若しくは法人に対して損害を与えた宇宙物体又は危険若しくは害をもたらすおそれのある宇宙物体を、この条約の規定を適用した場合においても識別することができないときは、他の締約国（特に、宇宙物体の監視及び追跡のための施設を有する国を含む。）は、公平かつ合理的な条件で、当該締約国により又は当該締約国のために国際連合事務総長を通じて行われる当該宇宙物体の識別についての援助の要請に実行可能な最大限度において応ずる。その要請を行う締約国は、要請を行う契機となった事件について、時刻、性質及び状況に関する情報を実行可能な最大限度において提供する。援助の態様は、関係当事国間の合意により定める。

第七条【政府間機関への適用】1　この条約において国

に言及している規定は、次条から第一二条までの規定を除くほか、宇宙活動を行ういずれの国際的な政府間機関にも適用があるものとする。ただし、当該政府間機関がこの条約の定める権利及び義務の受諾を宣言し、かつ、当該政府間機関の加盟国の過半数がこの条約及び月その他の天体を含む宇宙空間の探査及び利用における国家活動を律する原則に関する条約の締約国である場合に限る。

2　この条約の締約国であって1の政府間機関の加盟国であるものは、当該政府間機関が1の規定による宣言を行うことを確保するため、すべての適当な措置をとる。

第八条・第九条（略）

第一〇条【検討会議】この条約の効力発生の十年後に、この条約の過去における適用状況に照らしてこの条約の改正が必要であるかないかを審議するため、この条約の検討の問題を、国際連合総会の仮議事日程に含める。ただし、この条約の効力発生の後五年を経過した後はいつでも、締約国の三分の一以上の要請により、締約国の過半数の同意を得て、この条約を検討するための締約国の会議が招集される。検討に当たっては、宇宙物体の識別に関する技術その他の関連技術の進歩を特に考慮する。

第一一条・第一二条（略）

⑥ 6　月その他の天体における国家活動を律する協定（月協定）（抄）

採　択　一九七九年一二月五日　国際連合総会第三四回会期決議三四／六八附属書
効力発生　一九八四年七月一一日
日本国

前　文（略）

第一条【適用範囲】1　この協定の月に関する規定は、その天体のいずれかに関する特別の法規範が効力を生ずる場合を除き、地球以外の太陽系の他の天体にも適用する。

2　この協定の適用上、月には、月を周回する軌道又は月に到達し若しくは月を周回するその他の飛行経路を含む。

3　この協定は、自然に地球の表面に到達する地球外物質には適用しない。

第二条【国際法の適用】月の探査及び利用を含む月におけるすべての活動は、国際法、特に国際連合憲章に従い、国際の平和及び安全を維持し、かつ、国際協力及び相互理解を促進するために、一九七〇年一〇月二四日に国際連合総会が採択した国際連合憲章に従った諸国間の友好関係及び協力についての国際法の原則に関する宣言を考慮し、他のすべての当事国の対応する利益に妥当な考慮を払って実施される。

第三条【平和的利用】1　月は、もっぱら平和的目的のために、すべての当事国によって利用される。

2　月におけるいかなる武力による威嚇、武力の行使その他のいかなる敵対行為又は敵対行為の威嚇も、禁止する。地球、月、宇宙船、宇宙船の乗員若しくは人工の宇宙物体に関していずれかのこれらの行為を行い又はいずれかのこれらの威嚇に従事するために月を利用することも同じく禁止する。

3　当事国は、核兵器若しくはその他の種類の大量破壊兵器を運ぶ物体を月を周回する軌道又は月に到達し若しくは月を周回するその他の飛行経路に乗せず、これらの兵器を月面上若しくは月内部に配置し又は月面上若しくは月内部で使用しない。

4　月面上における軍事基地、軍事施設及び防備施設の設置、あらゆる型の兵器の実験並びに軍事演習の実施は禁止する。科学的研究のため又はその他の平和的目的のために軍の要員を使用することは禁止しない。月の平和的探査及び利用のために必要なすべての装備又は設備を使用することも、また禁止しない。

第四条【探査と利用の原則】1　月の探査及び利用は、全人類に認められる活動分野であり、すべての国の利益のために、その経済的又は科学的発展の程度にかかわりなく行われるものである。国際連合憲章に従って現在及び将来の世代の利益に対して並びに一層高度な生活水準及び経済的社会的進歩発展の条件を促進する必要性に対して妥当な考慮を払う。

2　当事国は、月の探査及び利用に関するすべての活動において、協力及び相互援助の原則に従う。この協定を実施する際の国際協力は、可能な限り広範に行われ、かつ、多国間若しくは二国間の基礎で又は政府間国際機関を通じて行われる。

第五条【情報の提供】1　当事国は、国際連合事務総長並びに公衆及び国際科学界に対し、実行可能な最大限度まで月の探査及び利用に関する自国の活動についての情報を提供するものとする。月に向かう各飛行任務について、時間、目的、場所、軌道要素及び期間に関する情報は、打上げ後可能な限り速やかに提供する。ただし、科学的成果を含む各飛行任務の成果についての情報は、飛行任務の完了後に提供する。三〇日間を超える飛行任務の場合には、科学的成果を含む飛行任務の実施状況についての情報は、三〇日ごとに定期的に提供する。六箇月間を超える飛行任務については、当初の六箇月を経過した後において、重要な追加情報に限って、報告を必要とする。

2　当事国は、他の当事国が月の同一区域、月を周回する同一の軌道又は月に到達し若しくは月を周回する同一の飛行経路において同時に作業を計画していることを知ったときは、速やかに当該他の当事国に自国の作業の時期及び計画を通報する。

3　当事国は、この協定に基づく活動を実施する上で、自国が月を含む宇宙空間において発見した人間の生命又は健康に危害を与えるおそれのある現象、並びに生体の兆候について、直ちに国際連合事務総長並びに公衆及び国際科学界に通報する。

第六条【科学的調査】1　月における科学的調査は、すべての当事国がいかなる種類の差別もなく、平等の基礎に立ち、かつ、国際法に従って自由に行うことができる。

2　科学的調査を実施する上で、また、この協定の規定を促進する上で、当事国は、月の鉱物その他の物質の標本を月面上において採取し月から持ち去る権利を有する。そのような標本は、標本を採取させた当事国の処分にゆだねられ、その国は、当該標本を科学的目的のために利用することができる。当事国は、科学的調査のため他の関心を有する当事国及び国際科学界にこのような標本の一部を利用させることが望ましいとの事情を考慮する。当事国は、また、科学的調査の過程において、自国の飛行任務の支援のために適量の月の鉱物その他の物質を利用することができる。

3　当事国は、実行可能な最大限度まで月に派遣された科学的要員及びその他の要員の交流又は月面上の施設の交換が望ましいことに合意する。

第七条【環境の保全】1　当事国は、月を探査し及び利用するに当って、月の環境の悪化をもたらすことによるか、環境外物質の導入による月の有害な汚染又はその他の方法によるものであるかを問わず、月の環境の現存する均衡の破壊を防止する措置をとる。当事国は、また、地球外物質の持込みその他の方法による地球の環境への有害な影響を避けるための措置をとる。

2　当事国は、国際連合事務総長に対し、1に従って自国がとる措置を通報し、また、実行可能な最大限度まで、月において自国が行うすべての放射性物質の配置及びその配置目的について事前に通報する。

3　当事国は、他の当事国の権利を侵害することなく、特別な科学的関心を有する月の区域について、国際連合の権限のある機関と協議した上で特別な保護措置が合意されることとなる国際的科学的保存地域として指定されることに考慮が払われるよう、他の当事国及び国際連合事務総長に対し報告する。

第八条【探査と利用の活動】1　当事国は、この協定の規定に従うことを条件として、月の表面又はその下におけるいずれの場所においても月の探査及び利用について自国の活動を行うことができる。

2　これらの目的のため、当事国は、特に、

(a)　自国の宇宙物体を月に着陸させ及び月から打ち上げることができる。

(b)　自国の要員、宇宙機器、装備、設備、基地及び施設を月の表面又はその下のいずれの場所にも配置することができる。

要員、宇宙機器、装備、設備、基地及び施設は、月の表面又はその下を自由に移動し、又は移動させることができる。

3　1及び2に従って行う当事国の活動は、月における他の当事国の活動に干渉してはならない。そのような干渉が生じた場合には、関係当事国は、この協定の第一五条2及び3に従って協議を行う。

第九条【基地の設置】1　当事国は、月に有人及び無人の基地を設置することができる。基地を設置する当事国は、その基地が必要とする区域に限って使用し、直ちに当該基地の場所及び目的を国際連合事務総長に通報する。当該当事国はその後、一年ごとに、当該基地が継続して使用され、その目的が変更されたかどうかについて同様に、国際連合事務総長に通報する。

2　基地は、この協定又は月その他の天体を含む宇宙空間の探査及び利用における国家活動を律する原則に関する条約第一条の規定に従って、月における活動を行う他の当事国の要員、機器及び装備による月のすべての地域への自由な立入りを妨げないように、設置される。

第一〇条【月にいる者の保護】1　当事国は、月にいる者の生命及び健康を保護するため実行可能なすべての措置をとる。このために、当事国は、月にいるすべての者を月その他の天体を含む宇宙空間の探査及び利用における国家活動を律する原則に関する条約第五条にいう宇宙飛行士、並びに宇宙飛行士の救助及び送還並びに宇宙空間に打ち上げられた物体の返還に関する協定にいう宇宙船の乗員の一部とみなす。

2　当事国は、月における遭難に陥った者に対し自国の基地、施設、機器及びその他の設備において避難所を提供する。

第一一条【人類の共同の財産】1　月及びその天然資源は、人類の共同の財産であり、この協定の規定、特に5の規定に表明される。

2　月は、いかなる主権の主張、使用若しくは占拠又はその他のいかなる手段によっても国家による取得の対象とはならない。

3　月の表面若しくは表面下又は月若しくは賦存する天然資源のいかなる部分も、いずれの国家、政府間国際機関、非政府間国際機関、国家機関、非政府団体又はいずれの自然人の所有にも帰属しない。月の表面又はその下に対する要員、宇宙機器、装備、設備、基地、施設(月の表面又は表面下と接続する構築物を含む。)の配置は、月の表面又は表面下若しくはそのいずれの区域に対する所有権をも生ずるものではない。前記の諸規定は、5に定める国際制度を害するものではない。

4　当事国は、いかなる種類の差別もなく、平等の基礎に立ち、かつ、国際法及びこの協定の条項に従っ

て、月の探査及び利用の権利を有する。

5　この協定の当事国は、月の天然資源の開発が間もなく実行可能となったときには、適当な手続を含め、月の天然資源の開発を律する国際制度を設立することをここに約束する。この規定は、この協定の第一八条に従って実施される。

6　5に掲げる国際制度の設立を促進するため、当事国は、月において発見するすべての天然資源について国際連合事務総長並びに公衆及び国際科学界に対し、実行可能な最大限度まで通報する。

7　設立される国際制度の主要な目的には、次のものを含む。

(a)　月の天然資源の秩序ある、かつ安全な開発

(b)　月の天然資源の合理的な管理

(c)　月の天然資源の使用の機会の増大

(d)　月の天然資源から得られる利益のすべての当事国による公平な分配。この分配には、開発途上国の利益及び必要並びに月の探査に直接又は間接に貢献する国家の努力に特別な考慮が払われる。

8　月の天然資源に関するすべての活動は、7に明記する諸目的及びこの協定の第六条2の規定に適合する方法で実施される。

第一二条【管轄権と管理】1　当事国は、月における自国の要員、機器、装備、設備、基地及び施設に対する管轄権及び管理の権限を保持する。宇宙機器、装備、設備、基地及び施設の所有権は、それらが月にあることによって影響を受けない。

2　機器、施設及び装備又はそれらの構成部分は、意図された場所以外の場所で発見されたときは、宇宙飛行士の救助及び送還並びに宇宙空間に打ち上げられた物体の返還に関する協定第五条に従って取り扱われる。

3　当事国は、人命に対する脅威を含む緊急事態の場合には、月における他の当事国の装備、機器、設備、施設又は供給物資を使用することができる。そのような使用は、国際連合事務総長又は関係当事国に速やかに通報する。

第一三条【意図しない着陸】
第一四条【国際的責任】
第一五条【施設の開放、当事国の協議】
第一六条【政府間機関への適用】
第一七条【改正】
（略）

第一八条【検討会議】この協定の効力発生の一〇年後に、この協定の過去の適用状況に照らして協定の改正が必要であるかないかを審議するため、この協定の検討の問題を、国際連合総会の仮議事日程に含める。ただし、この協定の効力発生の後五年を経過した後はいつでも、協定の当事国の三分の一の要請により、かつ、当事国の過半数の同意を得て、国際連合事務総長は、寄託者としてこの協定を検討するための当事国の会議を招集する。検討会議は、また、第一一条1に定める原則を基礎とし、関係の技術的発展を特に考慮して同条5の実施の問題を審議する。

第一九条〜第二一条（略）

67　民生用国際宇宙基地のための協力に関するカナダ政府、欧州宇宙機関の加盟国政府、日本国政府、ロシア連邦政府及びアメリカ合衆国政府の間の協定（宇宙基地協定）（抄）

作　成　一九九八年一月二九日（ワシントン）
効力発生　二〇〇一年三月二七日
日 本 国　一九九八年四月二四日国会承認、一一月一七日内閣受諾決定、同日受諾書寄託、二〇〇一年四月一三日公布（条約第二号）

カナダ政府（以下「カナダ」ともいう。）、

欧州宇宙機関の加盟国であるベルギー王国、デンマーク王国、フランス共和国、ドイツ連邦共和国、イタリア共和国、オランダ王国、ノールウェー王国、スペイン王国、スウェーデン王国、スイス連邦及びグレート・ブリテン及びアイルランド連合王国の政府（以下「欧州諸国政府」又は「欧州参加主体」と総称する。）、

日本国政府（以下「日本国」ともいう。）、

ロシア連邦政府（以下「ロシア」ともいう。）並びに、

アメリカ合衆国政府（以下「合衆国政府」又は「合衆国」ともいう。）は、

一九八四年一月に、合衆国大統領が、航空宇宙局（NASA）に対して常時有人の宇宙基地を開発し及び軌道に乗せるよう指示するとともに合衆国の友好国及び同盟国に対して同基地の開発及び利用に参加し、当該開発及び利用の利益を共有するよう招請したことを想起し、

（中略）

一九八八年九月二九日にワシントンで作成された常時有人の民生用宇宙基地の詳細設計、開発、運用及び利用における協力に関するアメリカ合衆国政府、欧州宇宙機関の加盟国政府、日本国政府及びカナダ政府の間の協定（以下「一九八八年の協定」という。）により並びにNASAとカナダ科学技術者（MOSST）との間、NASAとESAとの間及びNASAと日本国政府との間の関連の了解覚書により構築された協力関係を想起し、

（中略）

有人かつ長期間の宇宙飛行の分野におけるロシア連

邦の独特の経験及び実績(ロシアのミール宇宙基地の成功裡の長期間の運用を含む。)にかんがみ、宇宙基地計画における協力関係へのロシアの参加により、宇宙基地の能力が著しく向上し、これがすべての参加主体の利益となることを確信し、

一九九三年一二月六日にカナダ政府、欧州諸国政府、日本国政府及び合衆国政府が、ロシア連邦政府に対し、宇宙基地に関する取極によって確立された枠組みにおいて宇宙基地の詳細設計、開発、運用及び利用の参加主体となるよう招請したこと並びに一九九三年一二月一七日にロシア連邦政府がその招請に対して積極的に回答したことを想起し、

(中略)

民生用国際宇宙基地に関して共同して活動することにより、長期間の相互に有益な関係の確立を通ずる協力が更に拡大され並びに宇宙空間の探査及び平和利用における協力が更に促進されることを確信し、

この協定の政府間交渉に関連してNASAとCSAとの間、NASAとESAとの間、NASAと日本国政府との間及びNASAとロシア宇宙庁(RSA)との間の了解覚書(以下「了解覚書」という。)が準備されたこと並びにこれらの了解覚書にこの協定の実施に関する詳細が規定されていることを認識し、

前記に照らして、カナダ政府、欧州諸国政府、日本国政府、ロシア連邦政府及び合衆国政府の間で宇宙基地の設計、開発、運用及び利用のための枠組みを確立することが望ましいことを認識して、

次のとおり協定した。

第一条【目的及び範囲】1　この協定は、国際法に従って平和的目的のために常時有人の民生用国際宇宙基地の詳細設計、開発、運用及び利用を行うことに関する参加主体間の長期的な国際協力の枠組みを、真の協力関係を基礎として、確立することを目的とする。この民生用国際宇宙基地は、宇宙空間の科学的、技術的及び商業的利用を促進する。この協定は、この協力関係の性格(この国際協力における参加主体の権利及び義務を含む。)及び民生用国際宇宙基地の計画について規定する。この協定は、更に、この協定の目的が実現されることを確保するための仕組み及び措置について定める。

2　参加主体は、全体的な運営及び調整に関する合衆国の指導的役割の下に、統合された国際宇宙基地を建設するための活動に参加する。合衆国及びロシアは、有人宇宙飛行における広範な経験を活用して、国際宇宙基地の基礎となる要素を実現する。欧州参加主体及び日本国は、宇宙基地の能力を著しく向上させる要素を実現する。カナダの貢献は、宇宙基地の不可欠な一部を成す。国際宇宙基地を形成するために参加主体が提供する要素は、この協定の附属書に掲げる。

3　常時有人の民生用国際宇宙基地(以下「宇宙基地」という。)は低軌道上の多目的施設であり、すべての参加主体によって提供される飛行要素及び宇宙基地専用の地上要素から成る。各参加主体は、宇宙基地の飛行要素を提供することにより、この協定、了解覚書及び実施取決めに従い、宇宙基地を利用する一定の権利を取得し、及び宇宙基地の運営に参加する。

4　宇宙基地は、発展性を有する。第一四条に定めるところに従い、発展に関する参加国の権利及び義務は、特別の規定に服する。

第二条【国際的な権利及び義務】1　宇宙基地は、国際法(宇宙条約、救助協定、責任条約及び登録条約を含む。)に従って開発し、運用し、及び利用する。

2　この協定のいかなる規定も、次のことを意味するものと解してはならない。

(a)　第一六条に別段の定めがある場合を除くほか、1の条約又は協定に定める参加国の権利又は義務(他の参加国に対するものであるか参加国でない国に対するものであるかを問わない。)を修正すること。

(b)　宇宙基地と関係のない活動において宇宙空間の探査又は利用を行う場合(一の国のみが行う場合であるか他の国と協力して行う場合であるかを問わない。)の参加国の権利又は義務に影響を及ぼすこと。

(c)　宇宙空間又は宇宙空間のいずれかの部分に対する国家による取得の主張を行うための基礎を成すこと。

第三条【定義】この協定の適用上、

(a)　「この協定」とは、この協定(附属書を含む。)をいう。

(b)　「参加主体」(又は、適当な場合には、「各参加主体」)とは、カナダ政府、この協定の前文に掲げる欧州諸国政府及び第二五条3の規定に従ってこの協定に加入することのある欧州のその他の政府であって一の参加主体として集団的に行動するもの、日本国政府、ロシア連邦政府並びに合衆国政府をいう。

(c)　「参加国」とは、第二五条の規定に従ってこの協定が効力を生じた締約国をいう。

第四条【協力機関】1　参加主体は、カナダ政府についてはカナダ宇宙庁(以下「CSA」という。)を、欧州諸国政府については欧州宇宙機関(以下「ESA」という。)を、ロシアについてはロシア宇宙庁(以下「RSA」という。)を、また、合衆国政府については航空宇宙局(以下「NASA」という。)を、宇宙基地協力の実施について責任を有する協力機関とすることに合意する。宇宙基地協力の実施のための日本国政府の協力機関の指定は、2のNASAと日本国政府との間の了解覚書において行う。

2　協力機関は、この協定の関連規定、民生用国際宇宙基地のための協力に関するNASAとCSAとの間、NASAとESAとの間、NASAと日本国政府との間又はNASAとRSAとの間の了解覚書及び了解覚書を実施するためのNASAと他の協力機

関との間の二者間又は多数者間の取決め(実施取決め)に従って、宇宙基地協力を実施する。了解覚書はこの協定に従い、また、実施取決めは了解覚書に合致するものとしかつ従う。

3　了解覚書のいずれかの規定が、当該了解覚書の当事者でない協力機関(日本国については、日本国政府)によって受け入れられた権利又は義務を規定している場合には、当該規定は、当該協力機関(日本国については、日本国政府)の書面による同意なしに改正することができない。

第五条【登録、管轄権及び管理の権限】1　各参加主体は、登録条約第二条の規定に従い、附属書に掲げる飛行要素であって自己が提供するものを宇宙物体として登録する。欧州参加主体は、当該参加主体の名において、かつ、当該参加主体のために行動するESAに対し、登録の責任を委任している。

2　各参加主体は、宇宙条約第八条及び登録条約第二条の規定に従って、1の規定により自己が登録する要素及び自国民である宇宙基地上の人員に対し、管轄権及び管理の権限を保持する。当該管轄権及び管理の権限の行使は、この協定、了解覚書及び実施取決めの関連規定(これらの文書に定める関連の手続上の仕組みを含む。)に従う。

第六条【要素及び装置の所有権】1　この協定に別段の定めがある場合を除くほか、カナダ、欧州参加主体、ロシア及び合衆国は、それぞれの協力機関を通じ、また、日本国については第二五条2の批准書、受諾書、承認書又は加入書の寄託の時に日本国が指定する機関が、附属書に掲げる要素であって自己が提供するものを所有する。参加主体は、自己の協力機関を通じ、宇宙基地上の装置の所有権に関して相互に通報する。

2　欧州参加主体は、自己が提供する要素についての所有権並びに宇宙基地又はその運用若しくは利用に対する貢献としてESAの計画の下で開発され及び資金を負担されたその他の装置についての所有権を、当該参加主体の名において、かつ、当該参加主体のために行動するESAに対し、委託する。

3　附属書に掲げる要素又は宇宙基地上の装置の所有権の移転は、この協定、了解覚書及び実施取決めに基づく参加主体の権利及び義務に影響を及ぼすものではない。

4　参加主体は、他の参加主体の事前の同意なしに、宇宙基地上の装置を参加主体以外の国又は当該国の管轄下にある民間主体に所有させてはならず、また、附属書に掲げる要素の所有権をこれらの者に移転してはならない。附属書に掲げる要素の所有権のいかなる移転も他の参加主体に対する事前の通報を必要とする。

5　利用者が提供する装置又は物質の所有権は、当該装置又は物質が単に宇宙基地上にあることによっては影響を受けない。

6　要素の所有権若しくは登録又は装置の所有権は、それ自体では、宇宙基地上で活動が行われた結果生ずる物質又はデータの所有権を示すものではない。

7　要素及び装置の所有権の行使は、この協定、了解覚書及び実施取決めの関連規定(これらの文書に定める関連の手続上の仕組みを含む。)に従う。

第七条【運営】1　宇宙基地の運営は、多数者間で行うことを基礎とする。協力機関を通じて行動する参加主体は、この条に定めるところに従い、了解覚書及び実施取決めに従って設立される運営組織に参加し、及びこれらの運営組織において責任を遂行する。運営組織は、この協定及び了解覚書に定めるところに従い、宇宙基地の設計及び開発並びにその安全で効率的かつ効果的な運用及び利用に影響を与える活動を計画し、及び調整する。運営組織においては、コンセンサス方式による意思決定を目標とする。協力機関がコンセンサスに達することができない場合における運営組織内の意思決定の仕組みは、了解覚書で定める。自己が提供する要素について参加主体及びその協力機関が有する意思決定の責任は、この協定及び了解覚書に規定する。

2　NASAを通じて行動する合衆国は、了解覚書及び実施取決めに従い、自国の利用活動を含む自国の計画を運営する責任を有する。NASAを通じて行動する合衆国は、また、了解覚書及び実施取決めに従い、この条及び了解覚書に別段の定めがある場合を除くほか、宇宙基地計画に関する全体的な運営及び調整を行う責任を有する。NASAを通じて行動する合衆国は、更に、了解覚書及び実施取決めに従い、全体的なシステム・エンジニアリング及びシステム統合を行う責任、全体的な安全要求及び安全計画を設定する責任並びに宇宙基地全体の統合的な運用の実施に関する全体的な計画立案及び調整を行う責任を有する。

3　協力機関を通じて行動するカナダ、欧州参加主体、日本国及びロシアは、了解覚書及び実施取決めに従い、自己の利用活動を含む自己の計画を運営する責任、自己が提供する要素のシステム・エンジニアリング及びシステム統合を行う責任、自己が提供する要素に関する詳細な安全要求及び安全計画を作成し及び実施する責任並びに合衆国がその全体的な責任を果たすことを2の規定に合致する方法で支援する責任(宇宙基地の統合的な運用の実施に関する計画立案及び調整に参加する責任を含む。)を有する。

4　設計上及び開発上の問題が、カナダ、欧州参加主体、日本国又はロシアが提供する宇宙基地の要素のみに関係し、かつ、了解覚書に規定する合意された計画文書に定められていない場合には、その限度において、協力機関を通じて行動する参加主体は、自己の要素に関する決定を行うことができる。

第八条【詳細設計及び開発】(略)

第九条【利用】1　参加主体は、利用要素、基盤要素又はその双方を提供することにより利用要素の利用権を得る。宇宙基地の利用要素を提供する参加主体は、この1に別段の定めがある場合を除くほか、その要素の利用権を保持する。宇宙基地を運用し及び利用するための資源であって宇宙基地の基盤要素から得られるものを提供する参加主体は、引換えに、特定の利用要素の利用権の一定割合を得る。宇宙基地の利用要素の利用権及び宇宙基地の基盤施設から得られる資源の参加主体間における具体的な配分は、了解覚書及び実施取決めで定める。

2　参加主体は、自己の配分のいかなる部分についても、交換又は売却を行う権利を有する。交換又は売却の条件は、取引の当事者が案件ごとに決定する。

3　各参加主体は、この協定の目的並びに了解覚書及び実施取決めに合致するいかなる目的のためにも、自己の配分を利用し及びその利用者を選択することができる。ただし、次のことを条件とする。

(a)　参加主体以外の国又は当該国の管轄下にある民間主体に利用要素を利用させる場合には、協力機関を通じて、すべての参加主体に対して事前の通報を行い、かつ、適時にそのコンセンサスを得ることを必要とする。

(b)　要素の企図されている利用が平和的目的のためのものであるかないかについては、当該要素を提供している参加主体が決定する。もっとも、この(b)の規定は、宇宙基地の基盤施設から得られる資源のいずれかの参加主体による利用を妨げるために援用されてはならない。

4　各参加主体は、その協力機関を通じ、宇宙基地を利用するに当たり、他の参加主体による宇宙基地の利用に重大な悪影響を及ぼすことを避けるよう、了解覚書に定める仕組みを通じて努力する。

5　各参加主体は、宇宙基地の自己の要素について、他の参加主体によるアクセス及び利用を当該他の参加主体のそれぞれの配分に応じて確保する。

6　この条の規定の適用上、ＥＳＡの加盟国は、「参加主体以外の国」としない。

第一〇条【運用】（略）

第一一条【搭乗員】1　各参加主体は、衡平な分配に基づき宇宙基地搭乗員として従事する有資格者を提供する権利を有する。参加主体の搭乗員の選抜及びその飛行割当てに関する決定は、了解覚書及び実施取決めに定める手続に従って行う。

2　宇宙基地搭乗員についての行動規範は、すべての参加主体がそれぞれの内部手続及び了解覚書に従って作成し、及び承認する。参加主体は、宇宙基地搭乗員を提供する前に行動規範を承認しなければならない。各参加主体は、搭乗員を提供する権利の行使に当たり、当該搭乗員が行動規範を遵守することを確保する。

第一二条【輸送】1　各参加主体は、それぞれの政府及び民間部門の宇宙輸送システムが宇宙基地に適合する場合には、当該システムを利用して宇宙基地に発着する権利を有する。合衆国、ロシア、欧州参加主体及び日本国は、それぞれの協力関係を通じ、宇宙輸送システム、例えば、合衆国のスペース・シャトル、ロシアのプロトン及びソユーズ、欧州のアリアン—5又は日本国のH—IIを利用することにより、宇宙基地のための打上げ及び回収の輸送業務を利用可能にする。当初は、宇宙基地のための打上げ及び回収の輸送業務を提供するため、合衆国及びロシアの宇宙輸送システムが利用され、更に、他の宇宙輸送システムが利用可能になったときには、当該他の宇宙輸送システムも利用される。宇宙基地への発着並びに宇宙基地のための打上げ及び回収の輸送業務は、関連の了解覚書及び実施取決めに従って行われる。

2　実費弁償の原則又は他の原則により打上げ及び回収の輸送業務を提供する参加主体は、関連の了解覚書及び実施取決めに定める条件に従い、これらの輸送業務を、他の参加主体及び他の参加主体にとっての利用者に提供する。実費弁償の原則により打上げ及び回収の輸送業務を提供する参加主体は、他の参加主体又は他の参加主体にとっての利用者に対し、これらの輸送業務を、当該他の参加者とは別の参加主体又は当該別の参加主体にとっての利用者に対して同様の状況において提供する場合と同一の条件で提供する。参加主体は、他の参加主体から申込みのあった要求及び他の参加主体の飛行計画に応ずるよう最善の努力を払う。

3　合衆国は、了解覚書及び実施取決めに定めるところに従い、ＮＡＳＡを通じ、運営組織において他の参加主体の協力機関と協力して、輸送についての統合的な計画立案手続により宇宙基地のための打上げ及び回収の輸送業務を計画し、及び実施する。

4　各参加主体は、自己の宇宙輸送システムによって輸送されるデータ及び物品であって適切な表示がされているものについての所有権的権利及び秘密を尊重する。

第一三条【通信】1　合衆国及びロシアは、それぞれの協力機関を通じて、宇宙基地の要素及び搭載物に対する指令、これらの要素及び搭載物の管制及び運用並びに宇宙基地へのその他の通信の目的のため、データ中継システムによる二の主たる宇宙・地上通信網を提供する。他の参加主体は、宇宙基地に適合し、かつ、これらの二の主たる通信網の宇宙基地における利用と両立する場合に、データ中継衛星システムによる宇宙・地上通信網を提供することができる。宇宙基地における通信の提供は、関連の了解覚書及び実施取決めに従って行う。

2　協力機関は、関連の了解覚書及び実施取決めに定める条件に従い、それぞれの通信システムについて、実費弁償の原則により、他の協力機関の宇宙基地関連の具体的な要求に応ずるよう最善の努力を払う。

3　合衆国は、了解覚書及び実施取決めに定めるところに従い、ＮＡＳＡを通じ、運営組織において他の参加主体の協力機関と協力して、関連の計画文書により宇宙基地のための宇宙及び地上の通信業務を計画し、及び調整する。

4　宇宙基地情報システム及び宇宙基地に関連して利用されている他の通信システムを通過中の利用データの秘密を確保するための措置は、了解覚書に定めるところに従い、実施することができる。各参加主体は、他の参加主体に対して通信業務を提供する場合には、自己の通信システム（自己の地上網及び自己の契約者の通信システムを含む。）を通過中の利用データの所有権的権利及び秘密を尊重する。

第一四条【発展】1　参加主体は、宇宙基地が能力の追加を通じて発展することを意図し、また、その発展がすべての参加主体からの貢献を通じて実現される可能性を最大にするよう努力する。このため、各参加主体は、適当な場合には、能力の追加に関する自己の提案に協力する機会を他の参加主体に対して与えるよう努力する。能力が追加された宇宙基地は、引き続き民生用の基地とし、また、その運用及び利用は、国際法に従って平和的目的のために行われる。

2　この協定は、附属書に掲げる要素のみに関する権利及び義務を定める。ただし、この条及び第一六条の規定は、いかなる能力の追加にも適用する。この協定は、いずれの参加国に対しても能力の追加に参加することを義務付けず、また、いずれの参加主体に対しても能力の追加に伴う権利を付与しない。

3　発展に関する参加主体のそれぞれの研究の調整及び能力の追加に関する具体的な提案の検討のための手続は、了解覚書で定める。

4　能力の追加についての分担に関する参加主体間の協力には、3に定める調整及び検討の後、この協定の改正又は別の取極を必要とする。この別の取極は、追加が全体的な計画と両立することを確保するために合衆国をその当事者の一とし、また、運用上又は技術上の影響を受ける宇宙基地要素又は宇宙輸送システムを提供する他の参加主体もその当事者の一とする。

5　3に定める調整及び検討の後、一の参加主体が能力の追加を行う場合には、他の参加主体に対する事前の通報を必要とし、また、追加が全体的な計画と両立することを確保するために合衆国を当事者の一とし、かつ、運用上又は技術上の影響を受ける宇宙基地要素又は宇宙輸送システムを提供する他の参加主体も当事者の一とする取極を必要とする。

6　4又は5に定める能力の追加によって影響を受けることのある参加主体は、第二三条の規定により他の参加主体との協議を要請することができる。

7　能力の追加は、影響を受ける参加国が別段の合意をしない限り、いかなる場合にも、附属書に掲げる要素に関するこの協定又は了解覚書上のいずれの参加国の権利又は義務も修正するものではない。

第一五条【資金】1　各参加主体は、了解覚書及び実施取決めに定めるところに従い、宇宙基地全体の運用に係る合意された経費又は活動であってシステム運用に共通のものを衡平に分担することを含め、この協定に基づくそれぞれの責任を果たすための経費を負担する。

2　この協定に基づく各参加主体の資金上の義務は、自己の予算手続及び利用可能な予算に従う。各参加主体は、宇宙基地協力の重要性を認識し、それぞれの予算手続に従い、資金上の義務を履行するために必要な資金について承認を得るよう最善の努力を払うことを約束する。

3　いずれかの参加主体について、宇宙基地協力におけるその責任を果たすための能力に影響を及ぼす可能性のある予算上の問題が生じた場合には、協力機関を通じて行動する当該参加主体は、他の協力機関に通報し及びこれと協議する。参加主体も、必要に応じ、相互に協議することができる。

4　参加主体は、宇宙基地の運用経費を最小限にとどめるよう努力する。特に、参加主体は、その協力機関を通じ、了解覚書に従い、システム運用に共通の経費及び活動が承認された見積りを超えないことを目的とした手続を作成する。

5　参加主体は、宇宙基地協力の実施に当たり、例えば、了解覚書及び実施取決めに定めるところに従って特定の運用活動を行うことにより又は関係の参加主体が合意する場合には交換を利用することにより、資金の授受を最小限にとどめるよう努力する。

第一六条【責任に関する相互放棄】1　この条の目的は、宇宙基地を通じての宇宙空間の探査、開発及び利用への参加を助長するため、損害賠償責任に関する請求の参加国及び関係者による相互放棄を確立することにある。この目的を達成するため、当該相互放棄は、広く解釈するものとする。

2　この条の規定の適用上、

(a)　「参加国」には、その協力機関を含む。「参加国」には、また、ＮＡＳＡと日本国政府との間の了解覚書において当該了解覚書の実施について日本国政府の協力機関を援助するものと規定される機関を含む。

(b)　「関係者」とは、次の者をいう。

(1)　参加国との契約者又はその下請契約者（あらゆる段階の下請契約者を含む。）

(2)　参加国にとっての利用者又は顧客（あらゆる段階の利用者又は顧客を含む。）

(3)　参加国にとっての利用者若しくは顧客（あらゆる段階の利用者又は顧客を含む。）との契約者又はその下請契約者（あらゆる段階の下請契約者を含む。）

この(b)の規定は、いずれかの国又はその政府機関若しくは団体であって、(1)から(3)までのいずれかの者と同一の形態により参加国との関係を有するもの又はその他の形態により(f)に定義する保護される宇宙作業の実施に従事するものについても適用する。

「契約者」及び「下請契約者」には、あらゆる種類の供給者を含む。

(c)「損害」とは、次のものをいう。

(1) 人の身体の傷害その他の健康の障害又は死亡

(2) 財産の損傷若しくは滅失又はその利用価値の喪失

(3) 収入又は収益の喪失

(4) 他の直接的、間接的又は二次的な損害

(d)「打上げ機」とは、搭載物若しくは人を運ぶ物体(若しくはその一部)であって、打上げ予定のもの、地球から打ち上げられたもの又は地球に帰還しつつあるものをいう。

(e)「搭載物」とは、打上げ機に搭載され又は打上げ機で使用されるすべての財産及び宇宙基地上に搭載され又は宇宙基地上で使用されるすべての財産をいう。

(f)「保護される宇宙作業」とは、この協定、了解覚書及び実施取決めの実施として地球上若しくは宇宙空間で行い又は地球と宇宙空間との間を移動中に行う打上げ機、宇宙基地及び搭載物に係るすべての活動をいう。「保護される宇宙作業」には、少なくとも次の活動を含む。

(1) 打上げ機、移動機、宇宙基地、搭載物又はこれらに関連する支援のための装置、設備若しくは役務の研究、設計、開発、試験、製造、組立て、統合、運用又は利用

(2) 地上支援、試験、訓練、模擬実験、誘導・制御装置又はこれらに関連する設備若しくは役務に係るすべての活動

「保護される宇宙作業」には、また、第一四条に定めるところに従い、宇宙基地の発展に係るすべての活動を含む。「保護される宇宙作業」には、搭載物を宇宙基地から回収した後に地上で行う活動であって、この協定の実施としての宇宙基地関連活動以外の活動における使用を目的として当該搭載物の生産物又は当該搭載物内の作業方法を更に開発するために行うものを含まない。

3(a) 参加国は、責任に関する相互放棄に合意し、これによって、保護される宇宙作業から生ずる損害についての請求であって、次の(1)から(3)までに掲げる者に対するものをすべて放棄する。この相互放棄は、損害を引き起こした者又は財産が保護される宇宙作業に関係しており、かつ、損害を受けた者又は財産が保護される宇宙作業に関係していたために当該損害を受けた場合に限り適用する。この相互放棄は、次に掲げる者に対する損害賠償請求に適用し、当該請求の法的基礎がいかなるものであるかを問わない。

(1) 他の参加国

(2) 他の参加国の関係者

(3) (1)又は(2)の被雇用者

(b) 更に、参加国は、自己の関係者に対し契約その他の方法によって次のことを要求することにより、(a)に規定する責任に関する相互放棄を自己の関係者に及ぼす。

(1) (a)の(1)から(3)までに掲げる者に対するすべての請求を放棄すること。

(2) 次の段階の関係者に対し、(a)の(1)から(3)までに掲げる者に対するすべての請求を放棄するよう要求すること。

(c) この相互放棄には、損害を引き起こした者又は財産が保護される宇宙作業に関係しており、かつ、損害を受けた者又は財産が保護される宇宙作業に関係していたために当該損害を受けた場合に責任条約から生ずる責任に関する相互放棄を含むことが確認される。

(d) この条の他の規定にかかわらず、この相互放棄は、次の請求には適用しない。

(1) 参加国と当該参加国の関係者との間又は同一の参加国の関係者の間の請求

(2) 自然人の身体の傷害その他の健康の障害又は死亡について当該自然人又はその遺産管理人、遺族若しくは代位権者(代位権者が参加国である場合を除く。)によって行われる請求

(3) 悪意によって引き起こされた損害についての請求

(4) 知的所有権に係る請求

(5) 参加国が責任に関する相互放棄を(b)の規定に従って自己の関係者に及ぼすことができなかったことから生ずる損害についての請求

(e) (d)(2)の規定に関し、日本国政府が代位する請求が国家公務員災害補償法に基づかない場合には、日本国政府は、2(a)に規定する援助する機関が3(a)の(1)から(3)までに掲げる者に対し当該請求から生ずる債務を前条2の規定に合致する方法で及び日本国の関係法令に従って補てんすることを確保することにより、当該請求を放棄する義務を履行する。この条のいかなる規定も、日本国政府が当該請求を放棄することを妨げるものではない。

(f) この条のいかなる規定も、請求又は訴えの基礎を創設するものと解してはならない。

第一七条【責任条約】 1　前条に別段の定めがある場合を除くほか、参加国及びＥＳＡは、責任条約に従って引き続き責任を負う。

2　責任条約に基づく請求が行われた場合には、参加主体(及び、適当な場合には、ＥＳＡ)は、負うことのある場合、当該責任の分担及び当該請求に対する防御について速やかに協議する。

3　第一二条2に定める打上げ及び回収の業務の提供に関し、関係の参加主体(及び、適当な場合には、ＥＳＡ)は、責任条約に基づいて負うことのある連帯責任の分担について別の取極を締結することができる。

第一八条【関税及び出入国】 1　参加国は、自国の法令に従うことを条件として、人及び物品の自国の領域

への又は自国の領域からの移動であって、この協定の実施のために必要なものを容易にする。

2　参加国は、自国の法令に従うことを条件として、この協定の実施のために必要な任務を遂行する目的で自国の領域に出入し又は滞在する他の参加国の国民及びその家族に対し入国及び滞在に関する所要の文書が発給されることを容易にする。

3　参加国は、この協定の実施のために必要な物品及びソフトウエアについて、自国の領域への輸入又は自国の領域からの輸出に対して課される関税を免除し、及び税関当局によって徴収されるその他の税を免除することを確保する。この3の規定は、これらの物品及びソフトウエアの原産国を考慮することなく実施される。

第一九条【データ及び物品の交換】1　この1に別段の定めがある場合を除くほか、協力機関を通じて行動する各参加主体は、関連の了解覚書及び実施取決めに基づく自己の協力機関の責任を果たすために(移転に係る双方の当事者によって)必要と認められるすべての技術データ及び物品を移転する。各参加主体は、宇宙基地協力のために他の参加主体の協力機関が行う技術データ又は物品についての要請を迅速に処理することを約束する。この条の規定は、参加国に対し、自国の国内法令に反して技術データ及び物品を移転することを要求するものではない。

2　参加主体は、参加主体及びその協力機関以外の者による技術データ及び物品の移転(例えば、将来増加が見込まれる企業間の技術データ及び物品の交換)に係る許可の要請を迅速に処理するよう最善の努力を払うものとし、また、この協定に基づく宇宙基地協力に関連して行われるそのような移転を奨励し、及び容易にする。当該移転には、この2の規定を除くほか、この条の規定を適用しない。当該移転には、国内法令を適用する。

3　参加主体は、この協定の下での技術データ及び物品の移転がこの3に規定する制限に従うことに合意する。技術データは、インタフェース、統合及び安全に関する参加主体の責任を遂行する目的のために移転される場合には、通常、この3に規定する制限の対象とはならない。詳細設計、製造及び加工に関するデータ及び関連のソフトウエアは、インタフェース、統合及び安全のために必要である場合には、1の規定に従って移転される。ただし、これらのデータ及びソフトウエアについては、(a)から(c)までに定めるところにより、適切に表示が行われることがある。この3に規定する制限の対象とならない技術データ及び物品は、国内法令によって別段の制限を受ける場合を除くほか、制限を受けることなく移転される。

(a)　提供側の協力機関は、輸出管理上保護されるべき技術データ又は物品については、表示を行うことその他の方法による特別の指定を行う。このような表示等による指定においては、受領側の協力機関並びにその契約者及び下請契約者が当該技術データ及び物品を利用するに当たっての具体的な条件を示すものとする。その条件には、次のことを含む。

(1)　当該技術データ又は物品が、この協定及び関連の了解覚書に基づく受領側の協力機関の責任を果たす目的のためにのみ利用されること。

(2)　当該技術データ及び物品が、協力機関を通じて行動する提供側の参加国による事前の書面による許可なしに、受領側の協力機関並びにその契約者及び下請契約者以外の者によつて利用されてはならず、また、(1)の目的以外のいかなる目的のためにも利用されてはならないこと。

(b)　提供側の協力機関は、所有権的権利上保護されるべき技術データについては、表示を行う。この表示においては、受領側の協力機関並びにその契約者及び下請契約者が当該技術データを利用するに当たっての具体的な条件を示すものとする。その条件には、次のことを含む。

(1)　当該技術データが、この協定及び関連の了解覚書に基づく受領側の協力機関の責任を果たす目的のためにのみ利用され、複写され又は開示されること。

(2)　当該技術データが、協力機関を通じて行動する提供側の参加国による事前の書面による許可なしに、受領側の協力機関並びにその契約者及び下請契約者以外の者によって利用されてはならず、また、(1)の目的以外のいかなる目的のためにも利用されてはならないこと。

(c)　この協定の下で移転されるいずれかの技術データ又は物品が秘密の指定を受けている場合には、提供側の協力機関は、当該技術データ又は物品について表示を行うことその他の方法による特別の指定を行う。要請される側の参加国は、秘密の指定を受けている技術データ又は物品の移転及び保護に係る条件について定める情報保護のための取極又は取決めに基づいて、当該技術データ又は物品の移転が行われることを要求することができる。受領側の参加国が、国家安全保障上の目的のために秘密の指定を受け又は他の方法により秘密に保持されている情報を含む特許出願の秘密に対し保護を与えていない場合には、移転を行うことを必要としない。双方の当事者が移転に合意しない限り、秘密の指定を受けているいかなる技術データ又は物品も、この協定の下で移転されてはならない。

4　参加国は、3の(a)から(b)までの規定の下で自国が受領する技術データ又は物品が、受領側の参加国、その協力機関及び当該技術データ又は物品の二次的な移転を受ける他の者(契約者及び下請契約者を含む。)により、表示等による指定において示されている条件に従って取り扱われることを確保するため、すべての必要な措置をとる。参加国及び協力機関は、当該技術データ又は物品の認められていない利用、開示又は再移転を防ぐため及び当該技術データ又は物品に対する認められていないアクセスを防ぐため、合理的に判断して必要と認められるすべての措置(自己の契約及び下請契約において適当な契約条件を確保する措置を含む。)をとる。3(c)の規定の下で受領する技術データ又は物品については、受領側の参加国又は協力機関は、当該技術データ又は物品に対して提供側の参加国又は協力機関が与える保護の水準と少なくとも同等の水準の保護を与える。

5　参加主体は、受領者に対し、受領した技術データ又は物品をこの条の規定の下で課される条件に従って利用し、開示し及び再移転する権利を超えるいかなる権利もこの協定又は関連の了解覚書を通じて与えることを意図しない。

6　第二八条の規定による脱退の取極で別段の合意がされる場合を除くほか、参加国によるこの協定からの脱退は、当該脱退に先立ってこの協定の下で移転された技術データ及び物品の保護に関する権利又は義務に影響を及ぼすものではない。

7　この条の規定の適用上、協力機関からESAへの技術データ及び物品の移転は、当該移転の時に特段の条件が付されない限り、ESA及びすべての欧州参加国並びに宇宙基地に関連してESAが指定する契約者及び下請契約者に対して行われるものとみなす。

8　参加主体は、その協力機関を通じて、情報保護のための指針を作成する。

第二〇条【移動中のデータ及び物品の取扱い】宇宙基地の継続的な運用及び十分な国際的利用の重要性を認識し、参加国は、自国の関係法令の範囲内で、他の参加主体並びにその協力機関及び利用者のデータ及び物品の迅速な移動を認める。この条の規定は、データ及び物品の宇宙基地への又は宇宙基地からの移動(少なくとも自国の国境と自国の領域内の打上げ地又は着陸地との間の移動及び打上げ地又は着陸地と宇宙基地との間の移動を含む。)にのみ適用する。

第二一条【知的所有権】1　この協定の適用上、「知的所有権」とは、一九六七年七月一四日にストックホルムで作成された世界知的所有権機関を設立する条約第二条に規定する意味を有するものと了解する。

2　この条の規定に従うことを条件として、知的所有権に係る法律の適用上、宇宙基地の飛行要素上において行われる活動は、当該要素の登録を行った参加国の領域においてのみ行われたものとみなす。ただし、ESAが登録した要素については、いかなる欧州参加国も、当該活動が自国の領域内で行われたものとみなすことができる。参加国又はその協力機関若しくは関係者による他の参加主体の宇宙基地の飛行要素上における活動への参加は、それ自体では、この2に規定する当該活動に対する管轄権を変更し又はこれに影響を及ぼさないことが確認される。

3　参加国は、宇宙基地の飛行要素上において自国の国民及び居住者以外の者が行った発明について、他の参加国であって国家安全保障上の目的のために秘密の指定を受け又は他の方法により保護されている情報を含む特許出願の秘密に対し保護を与えている国における特許出願を(例えば、延期を強制し又は事前の許可の取得を要求することにより)妨げるために、発明の秘密に関する自国の法律を適用してはならない。この規定は、(a)特許出願が最初に行われた参加国が当該特許出願の秘密を管理し若しくは当該特許出願のその後の出願を制限する権利又は(b)出願がその後に行われた他の参加国が国際的な義務に基づいて出願の開示を制限する権利を害するものではない。

4　二以上の欧州参加国で保護されている知的所有権を有する者は、ESAの登録要素上において行われた当該知的所有権に係る同一の権利に対する同一の侵害行為については、当該欧州参加国のいずれか一の国においてのみ救済を受けることができる。二以上の欧州参加国がESAの登録要素上における同一の侵害行為を自国の領域において行われたものとみなした結果当該侵害行為について知的所有権の二以上の異なる所有者による訴訟が提起された場合には、裁判所は、先に提起された訴訟における結果が出るまで、後に提起された訴訟の手続を一時的に中止することができる。二以上の訴訟が提起された場合において、いずれか一の訴訟において損害について下された判決の内容が実現されたときは、同一の侵害行為に基づく侵害に関する係争中の又は将来の訴訟によって更に損害を回復することはできない。

5　ESAの登録要素上において行われる活動については、いずれの欧州参加国も、知的所有権の実施のための許諾がいずれかの欧州参加国の法律に基づきその有効性を認められている場合には、当該許諾の有効性を認めなければならず、また、当該許諾の条件が遵守されている限り、いずれの欧州参加国においても侵害の救済を受けることができない。

6　地球上の地点と参加国又はESAによって登録される宇宙基地の飛行要素との間を移動中の物品(飛行要素の構成物を含む。)の他の参加国の領域における一時的な存在は、それ自体では、当該他の参加国における特許侵害についての手続の基礎とはならない。

第二二条【刑事裁判権】宇宙におけるこの国際協力の独特の及び先例のない性格を考慮し、

1　カナダ、欧州参加国、日本国、ロシア及び合衆国は、いずれかの飛行要素上の人員であって自国民である者について刑事裁判権を行使することができる。

2　自国民が容疑者である参加国は、軌道上の違法な行為であって、(a)他の参加国の国民の生命若しくは安全に影響を及ぼすもの又は(b)他の参加国の飛行要素上で発生し若しくは当該飛行要素に損害を及ぼすものに係る事件において、影響を受けた参加国の要請により、当該影響を受けた参加国と訴追に対してそれぞれの国が有する関心について協議を行う。この協議の後、影響を受けた参加国は、この協議の終了の日から九〇日以内に又は相互に合意されたその他の期間内に次のいずれかの条件が満たされる場合に限り、この事件の容疑者について刑事裁判権を行使することができる。

(1) 自国民が容疑者である参加国が当該刑事裁判権の行使に同意すること。

(2) 自国民が容疑者である参加国が訴追のため自国の権限のある当局に事件を付託するとの保証を与えないこと。

3　条約の存在を犯罪人引渡しの条件とする参加国は、自国との間に犯罪人引渡条約を締結していない他の参加国から犯罪人引渡しの請求を受けた場合には、随意にこの協定を軌道上で犯したとされる違法な行為に関する犯罪人引渡しのための法的根拠とみなすことができる。この犯罪人引渡しは、請求を受けた参加国の法令に定める手続及び他の条件に従う。

4　参加国は、自国の国内法令に従い、軌道上で犯したとされる違法な行為に関し、他の参加主体に対して援助を与える。

5　この条の規定は、宇宙基地上の秩序の維持及び搭乗員の行動に関して第一一条の規定によって行動規範に定める権限及び手続を制限することを意図しない。行動規範は、この条の適用を制限することを意図しない。

第二三条【協議】1　自己の協力機関を通じて行動する参加主体は、宇宙基地協力から生ずるいかなる問題についても相互に協議することができる。参加主体は、了解覚書に定める手続に従い、協力機関の間の協議を通じて問題を解決するため、最善の努力を払う。

2　参加主体は、宇宙基地協力から生ずるいかなる問題についても、他の参加主体との政府間協議の開催を要請することができる。要請を受けた参加主体は、これに速やかに応じる。要請を行う参加主体が、当該協議の対象がすべての参加主体による検討に適していることを合衆国に通報する場合には、合衆国は、実行可能な最も早い時に多数国間の協議を招集し、これにすべての参加主体を招請する。

3　参加主体は、飛行要素の設計について他の参加主体に影響を及ぼす可能性のある重要な変更を行うことを意図する場合には、できる限り早い機会に、他の参加主体に対してその旨を通報する。通報された参加主体は、通報された問題が1及び2の規定により協議に付されることを要請することができる。

4　協議を通じて解決することができなかった問題がなお解決を必要とする場合には、関係の参加主体は、合意された紛争解決手続、例えば、調停、仲介又は仲裁に当該問題を付することができる。

第二四条【宇宙基地協力の検討】この協定の下での協力が、長期間の複雑かつ発展的な性格のものであることを考慮し、参加主体は、この協力に影響を及ぼすことのある事態の進展について随時相互に通報する。一九九九年及びその後三年ごとに、参加主体は、その協力に係る問題を取り扱うために並びに宇宙基地協力について検討し及びこれを促進するために会合する。

第二五条【効力発生】1　この協定は、前文に掲げる国による署名のために開放しておく。

2　この協定は、批准され、受諾され、承認され又は加入されなければならない。批准、受諾、承認又は加入は、それぞれの国が自国の憲法上の手続に従って行う。批准書、受諾書、承認書又は加入書は、ここに寄託者として指定される合衆国政府に寄託する。

3(a)　この協定は、日本国、ロシア及び合衆国の批准書、受諾書又は承認書のうち最後の文書が寄託された日に効力を生ずる。寄託者は、この協定の効力発生をすべての署名国に通報する。

(b)　この協定は、欧州参加主体について効力を生ずるまでは、欧州参加国について効力を生じない。この協定は、少なくとも四の欧州の署名国又は加入国からの批准書、受諾書、承認書又は加入書及びＥＳＡの理事会の議長による公式の通告を寄託者が受領した後に欧州参加主体について効力を生ずる。

(c)　この協定が欧州参加主体について効力を生じた後は、この協定は、前文に掲げる欧州の国であって批准書、受諾書又は承認書を寄託していないものについては、その寄託の時に効力を生ずる。前文に掲げられていないＥＳＡの加盟国は、寄託者への加入書の寄託によりこの協定に加入することができる。

4　この協定の効力が生じた時に、一九八八年の協定は、効力を失う。

5　合衆国は、この協定がいずれかの参加主体についてその署名の後二年以内に効力を生じていない場合には、このような状況に対処するためにいかなる措置(この協定の修正を含む。)が必要であるかを検討するため、この協定の署名国の会議を召集することができる。

第二六条【特定の締約国の間において生ずる効果】この協定は、前条3(a)の規定にかかわらず、合衆国及びロシアが批准書、受諾書又は承認書を寄託することによりこの協定に拘束されることについての同意を表明した日に両国の間で効果を生ずる。寄託者は、この協定がこの条の規定に基づいて合衆国とロシアとの間で効果を生じたときは、すべての署名国へその旨を通報する。

第二七条【改正】この協定(附属書を含む。)は、この協定が効力を生じている参加国の政府の書面による合意によって改正することができる。この協定の改正(附属書のみについての改正を除く。)は、これらの国により、それぞれ自国の憲法上の手続に従って批准され、受諾され、承認され又は加入されなければならない。附属書のみについての改正は、この協定が効力を生じている参加国の政府の書面による合意のみを要する。

第二八条【脱退】1　参加国は、寄託者に対して少なくとも一年前に書面による通告を行うことにより、いつでもこの協定から脱退することができる。いずれかの欧州参加国の脱退は、この協定に基づく欧州参加主体の権利又は義務に影響を及ぼすものではない。

2　参加主体は、いずれかの参加主体がこの協定からの脱退の通告を行う場合には、全体的な計画の継続を確保するため、脱退の効力発生の日前に当該参加主体の脱退の条件について合意に達するよう努力する。

3　(a)　カナダは、その貢献が宇宙基地の不可欠な一部であるので、脱退に際し、附属書に掲げるカナダの要素が合衆国によって効果的に使用され及び運用されるよう確保する。このため、カナダは、機械設備、図面、文書、ソフトウェア、予備品、工具、特殊試験装置その他合衆国によって要請される必要な物品を迅速に提供する。

(b)　合衆国及びカナダは、カナダの脱退の通告に際し、脱退の取極について迅速に交渉を行う。当該取極は、全体的な計画の継続のために必要な要素の合衆国への移転について規定する場合には、合衆国がこの移転のための適正な補償をカナダに与えることについても規定する。

4　いずれかの参加主体がこの協定からの脱退の通告を行う場合には、その協力機関は、この協定からの当該参加主体の脱退の日と同一の日にNASAとの了解覚書から脱退したものとみなす。

5　いずれかの参加国の脱退は、2又は3の規定による脱退の取極に別段の合意がある場合を除くほか、第一六条、第一七条及び第一九条の規定に基づく当該参加国の権利又は義務の存続に影響を及ぼすものではない。

附属書　参加主体が提供する宇宙基地の要素

参加主体が提供する宇宙基地の要素の概要は、次のとおりであり、その詳細は、了解覚書で定める。

1　カナダ政府は、CSAを通じて次のものを提供する。

宇宙基地の基盤要素として、移動型サービス施設(MSC)

追加的な飛行要素として、特殊目的精密マニピュレーター

これらの飛行要素に加えて、宇宙基地専用の地上要素

2　欧州諸国政府は、ESAを通じて次のものを提供する。

利用要素として、欧州与圧実験室(基本的な機能装備品を含む。)

宇宙基地に補給を行い及び追加的に推力を提供するその他の飛行要素

これらの飛行要素に加えて、宇宙基地専用の地上要素

3　日本政府は、次のものを提供する。

利用要素として、日本実験棟(基本的な機能装備品並びに曝露部及び補給部を含む。)

宇宙基地に補給を行うその他の飛行要素

これらの飛行要素に加えて、宇宙基地専用の地上要素

4　ロシア政府は、RSAを通じて次のものを提供する。

サービス棟及び他の棟を含む宇宙基地の基盤要素

利用要素として、実験棟(基本的な機能装備品を含む。)及び取付型搭載物の装着設備

宇宙基地に補給を行い及び追加的に推力を提供するその他の飛行要素

これらの飛行要素に加えて、宇宙基地専用の地上要素

5　合衆国政府は、NASAを通じて次のものを提供する。

居住棟を含む宇宙基地の基盤要素

利用要素として、実験棟(基本的な機能装備品を含む。)及び取付型搭載物の装着設備

宇宙基地に補給を行うその他の飛行要素

これらの飛行要素に加えて、宇宙基地専用の地上要素

第3節　国内法

68　宇宙基本法

公　布　二〇〇八年五月二八日(法律第四三号)
施　行　二〇〇八年八月二七日

第一章　総　則

第一条(目的)　この法律は、科学技術の進展その他の内外の諸情勢の変化に伴い、宇宙の開発及び利用(以下「宇宙開発利用」という。)の重要性が増大していることにかんがみ、日本国憲法の平和主義の理念を踏まえ、環境との調和に配慮しつつ、我が国において宇宙開発利用の果たす役割を拡大するため、宇宙開発利用に関し、基本理念及びその実現を図るために基本となる事項を定め、国の責務等を明らかにし、並びに宇宙基本計画の作成について定めるとともに、宇宙開発戦略本部を設置すること等により、宇宙開発利用に関する施策を総合的かつ計画的に推進し、もって国民生活の向上及び経済社会の発展に寄与するとともに、世界の平和及び人類の福祉の向上に貢献することを目的とする。

第二条(宇宙の平和的利用)　宇宙開発利用は、月その他の天体を含む宇宙空間の探査及び利用における国家活動を律する原則に関する条約等の宇宙開発利用に関する条約その他の国際約束の定めるところに従い、日本国憲法の平和主義の理念にのっとり、行われるものとする。

第三条(国民生活の向上等)　宇宙開発利用は、国民生活の向上、安全で安心して暮らせる社会の形成、災害、貧困その他の人間の生存及び生活に対する様々な脅威の除去、国際社会の平和及び安全の確保並びに我が国の安全保障に資するよう行われなければならない。

第四条（産業の振興）宇宙開発利用は、宇宙開発利用の積極的かつ計画的な推進、宇宙開発利用に関する研究開発の成果の円滑な企業化等により、我が国の宇宙産業その他の産業の技術力及び国際競争力の強化をもたらし、もって我が国産業の振興に資するよう行われなければならない。

第五条（人類社会の発展）宇宙開発利用は、宇宙に係る知識の集積が人類にとっての知的資産であることにかんがみ、先端的な宇宙開発利用の推進及び宇宙科学の振興等により、人類の宇宙への夢の実現及び人類社会の発展に資するよう行われなければならない。

第六条（国際協力等）宇宙開発利用は、宇宙開発利用に関する国際協力、宇宙開発利用に関する外交等を積極的に推進することにより、我が国の国際社会における役割を積極的に果たすとともに、国際社会における我が国の利益の増進に資するよう行われなければならない。

第七条（環境への配慮）宇宙開発利用は、宇宙開発利用が環境に及ぼす影響に配慮して行われなければならない。

第八条（国の責務）国は、第二条から前条までに定める宇宙開発利用に関する基本理念（以下「基本理念」という。）にのっとり、宇宙開発利用に関する総合的な施策を策定し、及び実施する責務を有する。

第九条（地方公共団体の努力義務）地方公共団体は、基本理念にのっとり、宇宙開発利用に関し、国との適切な役割分担を踏まえて、その地方公共団体の区域の特性を生かした自主的な施策を策定し、及び実施するよう努めなければならない。

第一〇条（連携の強化）国は、国、地方公共団体、大学、民間事業者等が相互に連携を図りながら協力することにより、宇宙開発利用の効果的な推進が図られることにかんがみ、これらの者の間の連携の強化に必要な施策を講ずるものとする。

第一一条（法制上の措置等）政府は、宇宙開発利用に関する施策を実施するため必要な法制上、財政上、税制上又は金融上の措置その他の措置を講じなければならない。

第一二条（行政組織の整備等）国は、宇宙開発利用に関する施策を講ずるにつき、行政組織の整備及び行政運営の改善に努めるものとする。

第二章　基本的施策

第一三条（国民生活の向上等に資する人工衛星の利用）国は、国民生活の向上、安全で安心して暮らせる社会の形成並びに災害、貧困その他の人間の生存及び生活に対する様々な脅威の除去に資するため、人工衛星を利用した安定的な情報通信ネットワーク、観測に関する情報システム、測位に関する情報システム等の整備の推進その他の必要な施策を講ずるものとする。

第一四条（国際社会の平和及び安全の確保並びに我が国の安全保障）国は、国際社会の平和及び安全の確保並びに我が国の安全保障に資する宇宙開発利用を推進するため、必要な施策を講ずるものとする。

第一五条（人工衛星等の自立的な打上げ等）国は、人工衛星等の開発、打上げ、追跡及び運用を自立的に行う能力を我が国が有することの重要性にかんがみ、これらに必要な機器（部品を含む。）、技術等の研究開発の推進及び設備、施設等の整備、我が国が宇宙開発利用に関し使用できる周波数の確保その他の必要な施策を講ずるものとする。

第一六条（民間事業者による宇宙開発利用の促進）国は、宇宙開発利用において民間が果たす役割の重要性にかんがみ、民間における宇宙開発利用に関する事業活動（研究開発を含む。）を促進し、我が国の宇宙産業その他の産業の技術力及び国際競争力の強化を図るため、自ら宇宙開発利用に係る事業を行うに際しては、民間事業者の能力を活用し、物品及び役務の調達を計画的に行うよう配慮するとともに、打上げ射場（ロケットの打上げを行う施設をいう。）、試験研究設備その他の設備及び施設等の整備、宇宙開発利用に関する研究開発の成果の民間事業者への移転の促進、民間における宇宙開発利用に関する研究開発の成果の企業化の促進、宇宙開発利用に関する事業への民間事業者による投資を容易にするための税制上及び金融上の措置その他の必要な施策を講ずるものとする。

第一七条（信頼性の維持及び向上）国は、宇宙開発利用に関する技術の信頼性の維持及び向上を図ることの重要性にかんがみ、宇宙開発利用に関する基礎研究及び基盤的技術の研究開発の推進その他の必要な施策を講ずるものとする。

第一八条（先端的な宇宙開発利用等の推進）国は、宇宙の探査等の先端的な宇宙開発利用及び宇宙科学に関する学術研究等を推進するために必要な施策を講ずるものとする。

第一九条（国際協力の推進等）国は、宇宙開発利用の分野において、我が国の国際社会における役割を積極的に果たすとともに、国際社会における我が国の利益を増進するため、宇宙開発利用に関し、研究開発のための国際的な連携、国際的な技術協力その他の国際協力を推進するとともに、我が国の宇宙開発利用に対する諸外国の理解を深めるために必要な施策を講ずるものとする。

第二〇条（環境の保全）１　国は、環境との調和に配慮した宇宙開発利用を推進するために必要な施策を講ずるものとする。

２　国は、宇宙の環境を保全するための国際的な連携を確保するように努めるものとする。

第二一条（人材の確保等）国は、宇宙開発利用を推進するため、大学、民間事業者等と緊密な連携協力を図りながら、宇宙開発利用に係る人材の確保、養成及び資質の向上のために必要な施策を講ずるものとする。

第二二条（教育及び学習の振興等）国は、国民が広く宇宙開発利用に関する理解と関心を深めるよう、宇宙開発利用に関する教育及び学習の振興、広報活動の充実その他の必要な施策を講ずるものとする。

第二三条（宇宙開発利用に関する情報の管理）国は、宇宙開発利用の特性にかんがみ、宇宙開発利用に関する情報の適切な管理のために必要な施策を講ずるものとする。

第三章　宇宙基本計画

第二四条　1　宇宙開発戦略本部は、宇宙開発利用に関する施策の総合的かつ計画的な推進を図るため、宇宙開発利用に関する基本的な計画（以下「宇宙基本計画」という。）を作成しなければならない。

2　宇宙基本計画は、次に掲げる事項について定めるものとする。

一　宇宙開発利用の推進に関する基本的な方針

二　宇宙開発利用に関し政府が総合的かつ計画的に実施すべき施策

三　前二号に定めるもののほか、宇宙開発利用に関する施策を政府が総合的かつ計画的に推進するために必要な事項

3　宇宙基本計画に定める施策については、原則として、当該施策の具体的な目標及びその達成の期間を定めるものとする。

4　宇宙開発戦略本部は、第一項の規定により宇宙基本計画を作成したときは、遅滞なく、これをインターネットの利用その他適切な方法により公表しなければならない。

5　宇宙開発戦略本部は、適時に、第三項の規定により定める目標の達成状況を調査し、その結果をインターネットの利用その他適切な方法により公表しなければならない。

6　宇宙開発戦略本部は、宇宙開発利用の進展の状況、政府が宇宙開発利用に関して講じた施策の効果等を勘案して、適宜、宇宙基本計画に検討を加え、必要があると認めるときには、これを変更しなければならない。この場合においては、第四項の規定を準用する。

7　政府は、宇宙基本計画について、その実施に要する経費に関し必要な資金の確保を図るため、毎年度、国の財政の許す範囲内で、これを予算に計上する等その円滑な実施に必要な措置を講ずるよう努めなければならない。

第四章　宇宙開発戦略本部

第二五条（設置）宇宙開発利用に関する施策を総合的かつ計画的に推進するため、内閣に、宇宙開発戦略本部（以下「本部」という。）を置く。

第二六条（所掌事務）本部は、次に掲げる事務をつかさどる。

一　宇宙基本計画を作成し、及びその実施を推進すること。

二　前号に掲げるもののほか、宇宙開発利用に関する施策で重要なものの企画に関する調査審議、その施策の実施の推進及び総合調整に関すること。

第二七条（組織）本部は、宇宙開発戦略本部長、宇宙開発戦略副本部長及び宇宙開発戦略本部員をもって組織する。

第二八条（宇宙開発戦略本部長）1　本部の長は、宇宙開発戦略本部長（以下「本部長」という。）とし、内閣総理大臣をもって充てる。

2　本部長は、本部の事務を総括し、所部の職員を指揮監督する。

第二九条（宇宙開発戦略副本部長）1　本部に、宇宙開発戦略副本部長（以下「副本部長」という。）を置き、内閣官房長官及び宇宙開発担当大臣（内閣総理大臣の命を受けて、宇宙開発利用に関し内閣総理大臣を助けることをその職務とする国務大臣をいう。）をもって充てる。

2　副本部長は、本部長の職務を助ける。

第三〇条（宇宙開発戦略本部員）1　本部に、宇宙開発戦略本部員（以下「本部員」という。）を置く。

2　本部員は、本部長及び副本部長以外のすべての国務大臣をもって充てる。

第三一条（資料の提出その他の協力）1　本部は、その所掌事務を遂行するため必要があると認めるときは、関係行政機関、地方公共団体及び独立行政法人（独立行政法人通則法（平成一一年法律第一〇三号）第二条第一項に規定する独立行政法人をいう。）の長並びに特殊法人（法律により直接に設立された法人又は特別の法律により特別の設立行為をもって設立された法人であって、総務省設置法（平成一一年法律第九一号）第四条第一五号の規定の適用を受けるものをいう。）の代表者に対して、資料の提出、意見の開陳、説明その他必要な協力を求めることができる。

2　本部は、その所掌事務を遂行するため特に必要があると認めるときは、前項に規定する者以外の者に対しても、必要な協力を依頼することができる。

第三二条（事務）本部に関する事務は、内閣官房において処理し、命を受けて内閣官房副長官補が掌理する。

第三三条（主任の大臣）本部に係る事項については、内閣法（昭和二二年法律第五号）にいう主任の大臣は、内閣総理大臣とする。

第三四条（政令への委任）この法律に定めるもののほか、本部に関し必要な事項は、政令で定める。

第五章　宇宙活動に関する法制の整備

第三五条　1　政府は、宇宙活動に係る規制その他の宇宙開発利用に関する条約その他の国際約束を実施するために必要な事項等に関する法制の整備を総合的、計画的かつ速やかに実施しなければならない。

2　前項の法制の整備は、国際社会における我が国の利益の増進及び民間における宇宙開発利用の推進に資するよう行われるものとする。

附　則　（略）

69 人工衛星等の打上げ及び人工衛星の管理に関する法律（宇宙活動法）（抄）

公　布　二〇一六（平成二八）年一一月一六日（法律第七六号）
施　行　二〇一七（平成二九）年一一月一五日（部分施行）、二〇一八年一一月一五日（全面施行）

第一章　総　則

第一条（目的） この法律は、宇宙基本法（平成二〇年法律第四三号）の基本理念（以下単に「基本理念」という。）にのっとり、我が国における人工衛星等の打上げ及び人工衛星の管理に係る許可に関する制度並びに人工衛星等の落下等により生ずる損害の賠償に関する制度を設けることにより、宇宙の開発及び利用に関する諸条約を的確かつ円滑に実施するとともに、公共の安全を確保し、あわせて、当該損害の被害者の保護を図り、もって国民生活の向上及び経済社会の発展に寄与することを目的とする。

第二条（定義） この法律において、次の各号に掲げる用語の意義は、それぞれ当該各号に定めるところによる。

一　宇宙の開発及び利用に関する諸条約　月その他の天体を含む宇宙空間の探査及び利用における国家活動を律する原則に関する条約（第二二条第二号において「宇宙空間探査等条約」という。）、宇宙飛行士の救助及び送還並びに宇宙空間に打ち上げられた物体の返還に関する協定、宇宙物体により引き起こされる損害についての国際的責任に関する条約及び宇宙空間に打ち上げられた物体の登録に関する条約をいう。

二　人工衛星　地球を回る軌道若しくはその外に投入し、又は地球以外の天体上に配置して使用する人工の物体をいう。

三　人工衛星等　人工衛星及びその打上げ用ロケットをいう。

四　打上げ施設　人工衛星の打上げ用ロケットを発射する機能を有する施設をいう。

五　人工衛星等の打上げ　自ら又は他の者が管理し、及び運営する打上げ施設を用いて、人工衛星の打上げ用ロケットに人工衛星を搭載した上で、これを発射して加速し、一定の速度及び高度に達した時点で当該人工衛星を分離することをいう。

六　人工衛星管理設備　人工衛星に搭載された無線設備（電磁波を利用して、符号を送り、又は受けるための電気的設備及びこれと電気通信回線で接続した電子計算機をいう。以下この号及び第六条第二号において同じ。）から送信された当該人工衛星の位置、姿勢及び状態を示す信号を直接若しくは他の無線設備を経由して電磁波を利用して受信する方法により把握し、又は当該人工衛星に向けて信号を直接若しくは他の無線設備を経由して送信し、反射される信号を直接若しくは他の無線設備を経由して受信する方法その他の方法によりその位置を把握するとともに、人工衛星の位置、姿勢及び状態を制御するための信号を当該人工衛星に搭載された無線設備に直接又は他の無線設備を経由して電磁波を利用して送信する機能を有する無線設備をいう。

七　人工衛星の管理　人工衛星管理設備を用いて、人工衛星の位置、姿勢及び状態を把握し、これらを制御することをいう。

八　ロケット落下等損害　人工衛星の打上げ用ロケットが発射された後の全部若しくは一部の人工衛星が正常に分離されていない状態における人工衛星等又は全部の人工衛星が正常に分離された後の人工衛星の打上げ用ロケットの落下、衝突又は爆発により、地表若しくは水面又は飛行中の航空機その他の飛しょう体において人の生命、身体又は財産に生じた損害をいう。ただし、当該人工衛星等の打上げを行う者の従業者その他の当該人工衛星等の打上げを行う者と業務上密接な関係を有する者として内閣府令で定める者がその業務上受けた損害を除く。

九　ロケット落下等損害賠償責任保険契約　人工衛星等の打上げを行う者のロケット落下等損害（テロリズムの行為その他その発生を保険契約における財産上の給付の条件とした場合に適正な保険料を算出することが困難なものとして内閣府令で定める事由を主たる原因とする人工衛星等の落下、衝突又は爆発によるロケット落下等損害（第九条第二項及び第四〇条第一項において「特定ロケット落下等損害」という。）を除く。）の賠償の責任が発生した場合において、これをその者が賠償することにより生ずる損失を保険者（保険業法（平成七年法律第一〇五号）第二条第四項に規定する損害保険会社又は同条第九項に規定する外国損害保険会社等で、責任保険の引受けを行う者に限る。以下同じ。）が埋めることを約し、保険契約者が保険者に保険料を支払うことを約する契約をいう。

一〇　ロケット落下等損害賠償補償契約　人工衛星等の打上げを行う者のロケット落下等損害の賠償の責任が発生した場合において、ロケット落下等損害賠償責任保険契約その他のロケット落下等損害を賠償するための措置によっては埋めることができないロケット落下等損害をその者が賠償することにより生ずる損失を政府が補償することを約する契約をいう。

一一　人工衛星落下等損害　人工衛星の打上げ用ロケットから正常に分離された人工衛星の落下又は爆発により、地表若しくは水面又は飛行中の航空機その他の飛しょう体において人の生命、身体又は財産に生じた損害をいう。ただし、当該人工衛星の管理を行う者の従業者その他の当該人工衛星の管理を行う者と業務上密接な関係を有する者として内閣府令で定める者がその業務上受けた損害を除く。

第三条（この法律の施行に当たっての配慮）国は、この法律の施行に当たっては、宇宙基本法第一六条に規定する民間事業者による宇宙開発利用の促進に関する施策の一環として、我が国の人工衛星等の打上げ及び人工衛星の管理に関係する産業の技術力及び国際競争力の強化を図るよう適切な配慮をするものとする。

第二章　人工衛星等の打上げに係る許可等

第一節　人工衛星等の打上げに係る許可

第四条（許可）国内に所在し、又は日本国籍を有する船舶若しくは航空機に搭載された打上げ施設を用いて人工衛星等の打上げを行おうとする者は、その都度、内閣総理大臣の許可を受けなければならない。

2　前項の許可を受けようとする者は、内閣府令で定めるところにより、次に掲げる事項を記載した申請書に内閣府令で定める書類を添えて、これを内閣総理大臣に提出しなければならない。

一　氏名又は名称及び住所

二　人工衛星の打上げ用ロケットの設計（第一三条第一項の型式認定を受けたものにあってはその型式認定番号、人工衛星の打上げ用ロケットの飛行経路及び打上げ施設の周辺の安全を確保する上で我が国と同等の水準にあると認められる人工衛星の打上げ用ロケットの設計の認定の制度を有している国として内閣府令で定めるものの政府による当該認定（以下「外国認定」という。）を受けたものにあっては外国認定を受けた旨）

三　打上げ施設の場所（船舶又は航空機に搭載された打上げ施設にあっては、当該船舶又は航空機の名称又は登録記号）、構造及び設備（第一六条第一項の適合認定を受けた打上げ施設にあっては、その適合認定番号）

四　人工衛星等の打上げを予定する時期、人工衛星の打上げ用ロケットの飛行経路並びに当該飛行経路及び打上げ施設の周辺の安全を確保する方法を含む人工衛星等の打上げの方法を定めた計画（以下「ロケット打上げ計画」という。）

五　人工衛星の打上げ用ロケットに搭載される人工衛星の数並びにそれぞれの人工衛星の利用の目的及び方法

六　その他内閣府令で定める事項

第五条（欠格事由）（略）

第六条（許可の基準）内閣総理大臣は、第四条第一項の許可の申請が次の各号のいずれにも適合していると認めるときでなければ、同項の許可をしてはならない。

一　人工衛星の打上げ用ロケットの設計が、人工衛星の打上げ用ロケットの飛行経路及び打上げ施設の周辺の安全を確保するための人工衛星の打上げ用ロケットの安全に関する基準として内閣府令で定める基準（以下「ロケット安全基準」という。）に適合していること又は第一三条第一項の型式認定若しくは外国認定を受けたものであること。

二　打上げ施設が、次のイ及びロに掲げる無線設備を備えていることその他の人工衛星の打上げ用ロケットの飛行経路及び打上げ施設の周辺の安全を確保するための打上げ施設の安全に関する基準として人工衛星の打上げ用ロケットの型式に応じて内閣府令で定める基準（以下「型式別施設安全基準」という。）に適合していること又は第一六条第一項の適合認定を受けたものであること。

イ　人工衛星の打上げ用ロケットに搭載された無線設備から送信された当該人工衛星の打上げ用ロケットの位置、姿勢及び状態を示す信号を直接若しくは他の無線設備を経由して電磁波を利用して受信する方法により把握し、又は当該人工衛星の打上げ用ロケットに向けて信号を直接若しくは他の無線設備を経由して送信し、反射される信号を直接若しくは他の無線設備を経由して受信する方法によりその位置を把握する機能を有する無線設備

ロ　人工衛星の打上げ用ロケットが予定された飛行経路を外れた場合その他の異常な事態が発生した場合における当該人工衛星の打上げ用ロケットの破壊その他の飛行を中断する措置（次号及び第一六条第二項第四号において「飛行中断措置」という。）を講ずるために必要な信号を当該人工衛星の打上げ用ロケットに搭載された無線設備に直接又は他の無線設備を経由して電磁波を利用して送信する機能を有する無線設備

三　ロケット打上げ計画において、飛行中断措置その他の人工衛星の打上げ用ロケットの飛行経路及び打上げ施設の周辺の安全を確保する方法が定められているほか、その内容が公共の安全を確保する上で適切なものであり、かつ、申請者が当該ロケット打上げ計画を実行する十分な能力を有すること。

四　人工衛星の打上げ用ロケットに搭載される人工衛星の利用の目的及び方法が、基本理念に則したものであり、かつ、宇宙の開発及び利用に関する諸条約の的確かつ円滑な実施及び公共の安全の確保に支障を及ぼすおそれがないものであること。

第七条（変更の許可等）
第八条（設計合致義務等）｝（略）

第九条（損害賠償担保措置を講ずべき義務）打上げ実施者は、損害賠償担保措置を講じていなければ、第四条第一項の許可を受けた人工衛星等の打上げを行ってはならない。

2　前項に規定する「損害賠償担保措置」とは、ロケット落下等損害賠償責任保険契約及びロケット落下等損害賠償補償契約（特定ロケット落下等損害に係るものに限る。）の締結若しくは供託であって、その措置により、人工衛星の打上げ用ロケットの設計、打上げ施設の場所その他の事情を勘案し、ロケット落下等損害の被害者の保護を図る観点から適切なものとして内閣府令で定める金額（第四〇条第一項及び第二項において「賠償措置額」という。）をロケット落下等損害の賠償に充てることができるものとして内閣総理大臣の承認を受けたもの又はこれらに相当する措置であって内閣総理大臣の承認を受けたもの（同条第二項において「相当措置」という。）をいう。

第一〇条（承継）
第一一条（死亡等による許可の失効）
第一二条（許可の取消し）
（略）

第二節　人工衛星の打上げ用ロケットの型式認定
第三節　打上げ施設の適合認定
第四節　国立研究開発法人宇宙航空研究開発機構による申請手続の特例
（略）

第三章　人工衛星の管理に係る許可等

第二〇条（許可） 国内に所在する人工衛星管理設備を用いて人工衛星の管理を行おうとする者は、人工衛星ごとに、内閣総理大臣の許可を受けなければならない。

2　前項の許可を受けようとする者は、内閣府令で定めるところにより、次に掲げる事項を記載した申請書に内閣府令で定める書類を添えて、これを内閣総理大臣に提出しなければならない。
一　氏名又は名称及び住所
二　人工衛星管理設備の場所
三　人工衛星を地球を回る軌道に投入して使用する場合には、その軌道
四　人工衛星の利用の目的及び方法
五　人工衛星の構造
六　人工衛星の管理の終了に伴い講ずる措置（以下「終了措置」という。）の内容
七　前号に掲げるもののほか、人工衛星の管理の方法を定めた計画（以下「管理計画」という。）
八　申請者が個人である場合には、申請者が死亡したときにその者に代わって人工衛星の管理を行う者（以下「死亡時代理人」という。）の氏名又は名称及び住所
九　その他内閣府令で定める事項

第二一条（欠格事由）（略）

第二二条（許可の基準） 内閣総理大臣は、第二〇条第一項の許可の申請が次の各号のいずれにも適合していると認めるときでなければ、同項の許可をしてはならない。
一　人工衛星の利用の目的及び方法が、基本理念に則したものであり、かつ、宇宙の開発及び利用に関する諸条約の的確かつ円滑な実施及び公共の安全の確保に支障を及ぼすおそれがないものであること。
二　人工衛星の構造が、その人工衛星を構成する機器及び部品の飛散を防ぐ仕組みが講じられていることその他の宇宙空間探査等条約第九条に規定する月その他の天体を含む宇宙空間の有害な汚染並びにその平和的な探査及び利用における他国の活動に対する潜在的に有害な干渉（次号及び第四号ニにおいて「宇宙空間の有害な汚染等」という。）の防止並びに公共の安全の確保に支障を及ぼすおそれがないものとして内閣府令で定める基準に適合するものであること。
三　管理計画において、他の人工衛星との衝突を避けるための措置その他の宇宙空間の有害な汚染等を防止するために必要なものとして内閣府令で定める措置及び終了措置を講ずることとされており、かつ、申請者（個人にあっては、死亡時代理人を含む。）が当該管理計画を実行する十分な能力を有すること。
四　終了措置の内容が次のイからニまでのいずれかに該当するものであること。
イ　人工衛星の位置、姿勢及び状態を制御することにより、当該人工衛星の高度を下げて空中で燃焼させること（これを構成する機器の一部を燃焼させることなく地表又は水面に落下させて回収することを含む。）であって、当該人工衛星の飛行経路及び当該機器の一部の着地又は着水が予想される地点の周辺の安全を確保して行われるもの
ロ　人工衛星の位置、姿勢及び状態を制御することにより、当該人工衛星の高度を上げて時の経過により高度が下がることのない地球を回る軌道に投入することであって、他の人工衛星の管理に支障を及ぼすおそれがないもの
ハ　人工衛星の位置、姿勢及び状態を制御することにより、当該人工衛星を地球以外の天体を回る軌道に投入し、又は当該天体に落下させることであって、当該天体の環境を著しく悪化させるおそれがないもの
ニ　イからハまでに掲げる措置を講ずることができない場合において、誤作動及び爆発の防止その他の宇宙空間の有害な汚染等を防止するために必要なものとして内閣府令で定める措置を講じ、並びに人工衛星の位置、姿勢及び状態を内閣総理大臣に通知した上で、その制御をやめること。

第二三条（変更の許可等）
第二四条（管理計画の遵守）
（略）

第二五条（事故時の措置） 人工衛星管理者は、第二〇条第一項の許可に係る人工衛星の他の物体との衝突そ

の他の事故の発生により、同項の許可に係る終了措置を講ずることなく人工衛星の管理ができなくなり、かつ、回復する見込みがないときは、内閣府令で定めるところにより、速やかに、その旨、当該事故の状況及び当該事故の発生後の人工衛星の位置の特定に資するものとして内閣府令で定める事項を内閣総理大臣に届け出なければならない。この場合において、同項の許可は、その効力を失う。

第二六条（承継）
第二七条（死亡の届出等）
第二八条（終了措置）
第二九条（解散の届出等）
第三〇条（許可の取消し等）（略）

第四章　内閣総理大臣による監督

第三一条（立入検査等）内閣総理大臣は、この法律の施行に必要な限度において、打上げ実施者、第一三条第一項の型式認定を受けた者、第一六条第一項の適合認定を受けた者若しくは人工衛星管理者に対し必要な報告を求め、又はその職員に、これらの者の事務所その他の事業所に立ち入り、これらの者の帳簿、書類その他の物件を検査させ、若しくは関係者に質問させることができる。
2　前項の規定による立入検査をする職員は、その身分を示す証明書を携帯し、関係者の請求があったときは、これを提示しなければならない。
3　第一項の規定による立入検査の権限は、犯罪捜査のために認められたものと解してはならない。

第三二条（指導等）
第三三条（是正命令）
第三四条（許可等の条件）（略）

第五章　ロケット落下等損害の賠償

第一節　ロケット落下等損害賠償責任

第三五条（無過失責任）国内に所在し、又は日本国籍を有する船舶若しくは航空機に搭載された打上げ施設を用いて人工衛星等の打上げを行う者は、当該人工衛星等の打上げに伴いロケット落下等損害を与えたときは、その損害を賠償する責任を負う。

第三六条（責任の集中）前条の場合において、同条の規定により損害を賠償する責任を負うべき人工衛星等の打上げを行う者以外の者は、その損害を賠償する責任を負わない。
2　ロケット落下等損害については、製造物責任法（平成六年法律第八五号）の規定は、適用しない。
3　第一項の規定は、原子力損害の賠償に関する法律（昭和三六年法律第一四七号）の適用を排除するものと解してはならない。

第三七条（賠償についてのしん酌）前二条の規定にかかわらず、ロケット落下等損害の発生に関して天災その他の不可抗力が競合したときは、裁判所は、損害賠償の責任及び額を定めるについて、これをしん酌することができる。

第三八条（求償権）第三五条の場合において、他にその損害の発生の原因について責任を負うべき者があるときは、同条の規定により損害を賠償した者は、その者に対して求償権を有する。ただし、当該責任を負うべき者が当該人工衛星等の打上げの用に供された資材その他の物品又は役務の提供をした者（当該人工衛星等の打上げの用に供された打上げ施設を管理し、及び運営する者を除く。）であるときは、当該損害がその者又はその者の従業者の故意により生じたものである場合に限り、その者に対して求償権を有する。
2　前項の規定は、求償権に関し書面による特約をすることを妨げない。

第二節　ロケット落下等損害賠償責任保険契約

第三九条　ロケット落下等損害の被害者は、その損害賠償請求権に関し、ロケット落下等損害賠償責任保険契約の保険金について、他の債権者に先立って弁済を受ける権利を有する。
2　被保険者は、ロケット落下等損害の被害者に対する損害賠償額について、自己が支払った限度又は当該被害者の承諾があった限度においてのみ、保険者に対して保険金の支払を請求することができる。
3　ロケット落下等損害賠償責任保険契約の保険金請求権は、これを譲り渡し、担保に供し、又は差し押さえることができない。ただし、ロケット落下等損害の被害者がその損害賠償請求権に関し差し押さえる場合は、この限りでない。

第三節　ロケット落下等損害賠償補償契約

第四〇条（ロケット落下等損害賠償補償契約）政府は、打上げ実施者を相手方として、打上げ実施者の特定ロケット落下等損害の賠償の責任が発生した場合において、これを打上げ実施者が賠償することにより生ずる損失を当該特定ロケット落下等損害の賠償に充てられる第九条第二項に規定する損害賠償担保措置（以下単に「損害賠償担保措置」という。）の賠償措置額に相当する金額を超えない範囲内で政府が補償することを約するロケット落下等損害賠償補償契約を締結することができる。
2　前項に定めるもののほか、政府は、打上げ実施者を相手方として、打上げ実施者のロケット落下等損害の賠償の責任が発生した場合において、ロケット落下等損害賠償責任保険契約、同項のロケット落下等損害賠償補償契約その他のロケット落下等損害を賠償するための措置によっては埋めることができないロケット落下等損害を打上げ実施者が賠償することにより生ずる損失を、我が国の人工衛星等の打上げに関係する産業の国際競争力の強化の観点から措置することが適当なものとして内閣府令で定める金額から当該打上げ実施者のロケット落下等損害の賠償に充てられる損害賠償担保措置の賠償措置額に相当する金額（当該ロケット落下等損害について相当措置が講じられている場合にあっては、当該賠償措置額に相当する金額又は当該相当措置により当該ロケット落下等損害の賠償に充てることができる金額のいずれか多い金額）を控除した金額を超えない範囲内で政府が補償することを約するロケット落下等損害賠償補償契約を締結することができる。

3　前条の規定は、ロケット落下等損害賠償補償契約に基づく補償金について準用する。

第四一条（ロケット落下等損害賠償補償契約の期間）（略）

第四二条（補償金）政府がロケット落下等損害賠償補償契約により補償する金額は、当該ロケット落下等損害賠償補償契約の期間内における人工衛星等の打上げにより与えたロケット落下等損害を打上げ実施者が賠償することにより生ずる損失について当該ロケット落下等損害賠償補償契約に係る契約金額までとする。

第四三条（ロケット落下等損害賠償補償契約の締結の限度）
第四四条（時効）
第四五条（代位）
第四六条（補償金の返還）
第四七条（業務の管掌）
第四八条（業務の委託）
（略）

第四節　供託（略）

第六章　人工衛星落下等損害の賠償

第五三条（無過失責任）国内に所在する人工衛星管理設備を用いて人工衛星の管理を行う者は、当該人工衛星の管理に伴い人工衛星落下等損害を与えたときは、その損害を賠償する責任を負う。

第五四条（賠償についてのしん酌）前条の規定にかかわらず、人工衛星落下等損害の発生に関して天災その他の不可抗力が競合したときは、裁判所は、損害賠償の責任及び額を定めるについて、これをしん酌することができる。

第七章　雑則
第八章　罰則
（略）

附　則（略）

6　10　衛星リモートセンシング記録の適正な取扱いの確保に関する法律（衛星リモートセンシング法）（抜粋）

公　布　二〇一六（平成二八）年一一月一六日（法律第七七号）
施　行　二〇一七（平成二九）年一一月一五日

第一章　総　則

第一条（趣旨）この法律は、宇宙基本法（平成二〇年法律第四三号）の基本理念にのっとり、我が国における衛星リモートセンシング記録の適正な取扱いを確保するため、国の責務を定めるとともに、衛星リモートセンシング装置の使用に係る許可制度を設け、あわせて、衛星リモートセンシング記録保有者の義務、衛星リモートセンシング記録を取り扱う者の認定、内閣総理大臣による監督その他の衛星リモートセンシング記録の取扱いに関し必要な事項を定めるものとする。

第二条（定義）この法律において、次の各号に掲げる用語の意義は、それぞれ当該各号に定めるところによる。

一　人工衛星　地球を回る軌道若しくはその外に投入し、又は地球以外の天体上に配置して使用する人工の物体をいう。

二　衛星リモートセンシング装置　地球を回る軌道に投入して使用する人工衛星（以下「地球周回人工衛星」という。）に搭載されて、地表若しくは水面（これらに近接する地中又は水中を含む。）又はこれらの上空に存在する物により放射され、又は反射された電磁波（以下「地上放射等電磁波」という。）を検出し、その強度、周波数及び位相に関する情報並びにその検出した時の当該地球周回人工衛星の位置その他の状態に関する情報（次号において「検出情報」という。）を電磁的記録（電子的方式、磁気的方式その他人の知覚によっては認識することができない方式で作られる記録であって、電子計算機による情報処理の用に供されるものをいう。以下同じ。）として記録し、並びにこれを地上に送信する機能を有する装置であって、これらの機能を適切な条件の下で作動させた場合に地上において受信した当該電磁的記録を電子計算機の映像面上において視覚により認識することができる状態にしたときに判別ができる物の程度（以下この条及び第二一条第一項において「対象物判別精度」という。）が車両、船舶、航空機その他の移動施設の移動を把握するに足りるものとして内閣府令で定める基準に該当し、かつ、これらの機能を作動させ、又は停止させるために必要な信号及び当該電磁的記録を他の無線設備（電磁波を利用して、符号を送り、又は受けるための電気的設備及びこれと電気通信回線で接続した電子計算機をいう。以下同じ。）との間で電磁波を利用して送信し、又は受信することのできる無線設備を備えるものをいう。

三　操作用無線設備　衛星リモートセンシング装置の地上放射等電磁波を検出する機能を作動させる時間、検出情報が記録された電磁的記録（以下「検出情報電磁的記録」という。）を地上に送信する時間、その送信の際に用いる通信の方法及び対象物判別精度の決定及び変更その他の衛星リモートセンシング装置の操作を行うために必要な信号を当該衛星リモートセンシング装置に直接又は他の無線設備を経由して電磁波を利用して送信する機能を有する無線設備をいう。

四　衛星リモートセンシング装置の使用　自ら又は他の者が管理する操作用無線設備から衛星リモートセンシング装置にその操作を行うために必要な信号を送信する方法を設定した上で、当該操作用無線設備を用いて、地球周回人工衛星に搭載された当該衛星リモートセンシング装置の操作を行い、検出情報電磁的記録を地上に送信することをいう。

五　特定使用機関　衛星リモートセンシング装置の使用を適正に行うことができるものとして政令で定める国又は地方公共団体の機関をいう。

六　衛星リモートセンシング記録　特定使用機関以外の者による国内に所在する操作用無線設備を用いた衛星リモートセンシング装置の使用により地上に送信された検出情報電磁的記録及び当該検出情報電磁的記録に加工を行った電磁的記録のうち、対象物判別精度、その加工により変更が加えられた情報の範囲及び程度、当該検出情報電磁的記録が記録されてから経過した時間その他の事情を勘案して、その利用により宇宙基本法第一四条に規定する国際社会の平和及び安全の確保並びに我が国の安全保障（以下「国際社会の平和の確保等」という。）に支障を及ぼすおそれがあるものとして内閣府令で定める基準に該当するもの並びにこれらを電磁的記録媒体（電磁的記録に係る記録媒体をいう。）に複写したものをいう。

七　特定取扱機関　特定使用機関及び衛星リモートセンシング記録の取扱いを適正に行うことができるものとして政令で定める国若しくは地方公共団体の機関又は外国（本邦の域外にある国又は地域をいう。以下同じ。）の政府機関をいう。

八　衛星リモートセンシング記録保有者　衛星リモートセンシング記録を保有する者（特定取扱機関を除く。）をいう。

第三条（国の責務等）国は、国際社会の平和の確保等に資する宇宙開発利用に関する施策の一環として、衛星リモートセンシング装置の使用を行う者及び衛星リモートセンシング記録保有者がこの法律の規定により遵守すべき義務が確実に履行されるよう必要な施策を講ずる責務を有する。

2　国は、前項の施策を講ずるに当たっては、衛星リモートセンシング装置の使用により生み出された価値を利用する諸活動の健全な発達が確保されるよう適切な配慮をするものとする。

第二章　衛星リモートセンシング装置の使用に係る許可等

第四条（許可）国内に所在する操作用無線設備を用いて衛星リモートセンシング装置の使用を行おうとする者（特定使用機関を除く。）は、衛星リモートセンシング装置ごとに、内閣総理大臣の許可を受けなければならない。

2　前項の許可を受けようとする者は、内閣府令で定めるところにより、次に掲げる事項を記載した申請書に内閣府令で定める書類を添えて、これを内閣総理大臣に提出しなければならない。

一　氏名又は名称及び住所

二　衛星リモートセンシング装置の種類、構造及び性能

三　衛星リモートセンシング装置が搭載された地球周回人工衛星の軌道

四　操作用無線設備及び衛星リモートセンシング装置の操作を行うために必要な信号を他の無線設備を経由して送信する際に経由する無線設備（第六条第一号において「操作用無線設備等」という。）の場所、構造及び性能並びにこれらの管理の方法

五　衛星リモートセンシング装置から送信された検出情報電磁的記録を受信するために必要な無線設備（受信する際に経由するものを含む。以下「受信設備」という。）の場所、構造及び性能並びにその管理の方法

六　衛星リモートセンシング記録の管理の方法

七　申請者が個人である場合には、申請者が死亡したときにその者に代わって衛星リモートセンシング装置の使用を行う者（以下「死亡時代理人」という。）の氏名又は名称及び住所

八　その他内閣府令で定める事項

第六条（許可の基準）内閣総理大臣は、第四条第一項の許可の申請が次の各号のいずれにも適合していると認めるときでなければ、同項の許可をしてはならない。

一　当該衛星リモートセンシング装置の構造及び性能、当該衛星リモートセンシング装置が搭載された地球周回人工衛星の軌道並びに操作用無線設備等及び受信設備の場所、構造及び性能並びにこれらの管理の方法が、申請者以外の者が衛星リモートセンシング装置の使用を行うことを防止するために必要かつ適切な措置が講じられていることその他の国際社会の平和の確保等に支障を及ぼすおそれがないものとして内閣府令で定める基準に適合していること。

二　衛星リモートセンシング記録の漏えい、滅失又は毀損の防止その他の当該衛星リモートセンシン

グ記録の安全管理のために必要かつ適切なものとして内閣府令で定める措置が講じられていること。

三　申請者（個人にあっては、死亡時代理人を含む。）が、第一号に規定する申請者以外の者が衛星リモートセンシング装置の使用を行うことを防止するための措置及び前号に規定する衛星リモートセンシング記録の安全管理のための措置を適確に実施するに足りる能力を有すること。

四　その他当該衛星リモートセンシング装置の使用が国際社会の平和の確保等に支障を及ぼすおそれがないものであること。

第三章　衛星リモートセンシング記録の取扱いに関する規制

第一八条（衛星リモートセンシング記録の提供の制限）衛星リモートセンシング記録保有者は、衛星リモートセンシング記録の取扱いについて第二一条第一項の認定を受けた者に当該衛星リモートセンシング記録を提供するときは、内閣府令で定めるところにより、当該提供の相手方に対し、同条第四項の認定証の提示を求めてその者が当該認定を受けた者であることを確認した上で、当該衛星リモートセンシング記録に係る同条第一項の内閣府令で定める区分を明示するとともに、暗号その他その内容を容易に復元することができない通信の方法その他の当該提供の相手方以外の者が当該衛星リモートセンシング記録を取得して利用することを防止するために必要かつ適切なものとして内閣府令で定める方法により、これを行わなければならない。

2　衛星リモートセンシング記録保有者は、衛星リモートセンシング装置使用者（当該衛星リモートセンシング装置の使用について第四条第一項の許可を受けた者に限る。）又は特定取扱機関に当該衛星リモートセンシング記録を提供するときは、内閣府令で定めるところにより、当該提供の相手方に対し、当該衛星リモートセンシング記録に係る第二一条第一項の内閣府令で定める区分を明示するとともに、前項の内閣府令で定める方法により、これを行わなければならない。

3　衛星リモートセンシング記録保有者は、前二項の規定により、各議院若しくは各議院の委員会若しくは参議院の調査会が国会法（昭和二二年法律第七九号）第一〇四条第一項（同法第五四条の四第一項において準用する場合を含む。）若しくは議院における証人の宣誓及び証言等に関する法律（昭和二二年法律第二二五号）第一条の規定により行う審査若しくは調査、訴訟手続その他の裁判所における手続、裁判の執行、刑事事件の捜査若しくは会計検査院の検査その他これらに準ずるものとして政令で定める公益上の必要により、又は人命の救助、災害の救援その他非常の事態への対応のため緊急の必要により行う場合を除き、当該衛星リモートセンシング記録を提供してはならない。

第一九条（衛星リモートセンシング記録の提供の禁止の命令）内閣総理大臣は、衛星リモートセンシング記録の利用が国際社会の平和の確保等に支障を及ぼすおそれがあると認めるに足りる十分な理由があるときは、衛星リモートセンシング記録保有者（国内に住所若しくは居所を有しない自然人又は国内に主たる事務所を有しない法人その他の団体であって、外国において衛星リモートセンシング記録を取り扱う者（以下「外国取扱者」という。）を除く。）に対して、衛星リモートセンシング記録の範囲及び期間を定めて、その提供の禁止を命ずることができる。

2　前項の規定による禁止の命令は、国際社会の平和の確保等のために必要な最小限度のものでなければならない。

3　前二項の規定は、衛星リモートセンシング記録保有者（外国取扱者に限る。）について準用する。この場合において、第一項中「提供の禁止を命ずる」とあるのは「提供をしないことを請求する」と、前項中「禁止の命令」とあるのは「請求」と読み替えるものとする。

第二〇条（衛星リモートセンシング記録の安全管理措置）衛星リモートセンシング記録保有者は、衛星リモートセンシング記録の漏えい、滅失又は毀損の防止その他の当該衛星リモートセンシング記録の安全管理のために必要かつ適切なものとして内閣府令で定める措置を講じなければならない。

第四章　衛星リモートセンシング記録を取り扱う者の認定

第二一条（認定）衛星リモートセンシング記録を取り扱う者（特定取扱機関を除く。）は、申請により、対象物判別精度、検出情報電磁的記録の加工により変更が加えられた情報の範囲及び程度、当該検出情報電磁的記録が記録されてから経過した時間その他の事情を勘案して内閣府令で定める衛星リモートセンシング記録の区分に従い、衛星リモートセンシング記録を適正に取り扱うことができるものと認められる旨の内閣総理大臣の認定を受けることができる。

2　前項の認定を受けようとする者は、内閣府令で定めるところにより、次に掲げる事項を記載した申請書に、次項各号に掲げる認定の基準に適合していることを証する書類その他内閣府令で定める書類を添えて、これを内閣総理大臣に提出しなければならない。

一　氏名又は名称及び住所

二　衛星リモートセンシング記録の区分

三　衛星リモートセンシング記録の利用の目的及び方法

四　衛星リモートセンシング記録の管理の方法

五　衛星リモートセンシング記録を受信設備で受

信する場合には、その場所

六　その他内閣府令で定める事項

3　内閣総理大臣は、第一項の認定の申請が次に掲げる基準に適合すると認めるときは、同項の認定をしなければならない。

一　申請者が次のいずれにも該当しないこと。

イ　この法律その他国際社会の平和の確保等に支障を及ぼすおそれがある行為の規制に関する法律で政令で定めるもの若しくはこれらの法律に基づく命令又はこれらに相当する外国の法令の規定に違反し、罰金以上の刑（これに相当する外国の法令による刑を含む。）に処せられ、その執行を終わり、又は執行を受けることがなくなった日から五年を経過しない者

ロ　第一七条第一項の規定により許可を取り消され、又は第二五条第一項若しくは第二六条第一項の規定により認定を取り消され、その取消しの日から三年を経過しない者

ハ　国際テロリスト

ニ　成年被後見人又は外国の法令上これと同様に取り扱われている者

ホ　法人であって、その業務を行う役員又は内閣府令で定める使用人のうちにイからニまでのいずれかに該当する者があるもの

ヘ　個人であって、その内閣府令で定める使用人のうちにイからニまでのいずれかに該当する者があるもの

二　申請者が当該申請に係る区分に属する衛星リモートセンシング記録を取り扱うことについて、申請者による衛星リモートセンシング記録の利用の目的及び方法、衛星リモートセンシング記録の分析又は加工を行う能力、衛星リモートセンシング記録の安全管理のための措置その他の事情を勘案して、国際社会の平和の確保等に支障を及ぼすおそれがないものとして内閣府令で定める基準に適合していること。

4（以下略）

第五章　内閣総理大臣による監督

第二七条（立入検査等）　内閣総理大臣は、この法律の施行に必要な限度において、衛星リモートセンシング装置使用者若しくは衛星リモートセンシング記録保有者（外国取扱者を除く。）に対し必要な報告を求め、又はその職員に、これらの者の事務所その他の事業所に立ち入り、これらの者の帳簿、書類その他の物件を検査させ、若しくは関係者に質問させることができる。

2　前項の規定による立入検査をする職員は、その身分を示す証明書を携帯し、関係者の請求があったときは、これを提示しなければならない。

3　第一項の規定による立入検査の権限は、犯罪捜査のために認められたものと解してはならない。

7章
国際化地域

本章の構成

地球上には現在、国際化地域と呼べるところがいくつかある。国際化の目的と形態はそれぞれの地域で異なっているが、南極(第1節)、国際運河(第2節)および国際河川(第3節)の三つは、国際化された地域として説明可能な代表的なところといえる。北極(第4節)は、「スピッツベルゲン」ニ関スル条約に基づき、締約国の経済活動の自由が認められているノルウェー領のスヴァールバル諸島を除いて国際化されたとは言えないが、近年北極評議会を中心に国際協力が進んでいる。本章には、これらの地域に関する主要な条約・文書を収録する。

第1節の**南極条約(7 1)**は、一九五七年から五八年の地球観測年を契機にして高まった国際協力の気運を背景に、南極の扇形地域に領有権を主張していた七カ国のほかに、アメリカ、旧ソ連、日本などを加えた一二カ国の間で締結されたものである。南極地域に対する領土権・請求権を承認も否認もせずに、南極の非軍事化や査察制度に関して重要な制度を設けている。その後、南極地域に関しては、一九六四年に南極動物相・植物相の保存に関する合意措置が、七二年には南極あざらし保存条約が採択されている。**南極海洋生物資源保存条約(7 2)**は、南極地域で漁獲されるオキアミの保存を念頭において一九八〇年に採択されたものであるが、現在では高級魚のマゼランアイナメ(メロ)の保存管理でも重要な役割を担っている。この条約は、南極条約の適用範囲を南極収束線まで拡大して南極海洋生態系を全体として保存することを目的としており、この条約の下、二〇一六年にはロス海に広大な海洋保護区(MPA)が設置されている。他方、一九八八年には、南極鉱物資源活動規制条約が採択されたが、この条約は環境保護を重視する立場からの反対を受け、その発効は事実上見込めない状況が生み出された。**南極環境議定書(7 3)**は、こうした状況の下で採択されたもので、南極の環境とこれに依存する生態系を包括的に保護するために、南極地域を平和および科学に貢献する自然保護地域に指定した。南極での鉱物資源活動は、この議定書の発効後少なくとも五〇年間、全面的に禁止される。二〇〇五年には議定書の第六番目の附属書「環境上の緊急事態から生じる責任」が採択された。

公海と公海を結び、国際交通の要路になっている運河においては、領域国の管轄権の行使を制限して、外国船舶の自由航行を認めることが要請される。この要請に従い、条約により国際化された運河を国際運河という。第2節の**スエズ運河の自由航行に関する条約(7 4)**は、一八六九年に開通したスエズ運河の自由な通航をすべての国に認め、運河の中立化を実現したものである。一九一四年に開通したパナマ運河については、一九七七年に**パナマ運河の永久中立と運営に関する条約(7 5)**と同条約の**附属議定書(7 6)**が締結された。これらによって、運河地帯に対するパナマの領域主権が回復するとともに、運河の中立化が実現され、すべての国の船舶の平和的通航が可能になった。なお、附属議定書は、その締約国が運河の永久中立制度を承認し、遵守することを約束するもので、すべての国の加入のために開放されている。

第3節の**国際関係を有する可航水路の制度に関する条約及び規程(7 7)**は、国際連盟期のものであるが、数カ国を貫流し国際交通の要路となっている国際河川について、航行の自由や平等待遇の原則を定めることなどを通じて、その一般的制度を樹立しようとしたものである。他方、二〇一四年に発効した**国際水路の非航行的利用の法に関する条約(7 8)**は、国際法委員会の作成した条約案にもとづき、一九九七年の国連総会で採択されたもので、国際水路の最適でかつ持続可能な利用を確保することを目的としており、環境保護の観点に立脚した枠組条約の一つということもできる。

第4節には北極に関わる文書を収録した。北極は、近年海氷の減退で航路利用が現実となり、他方で地球温暖化の影響をより強く受ける脆弱な地域であり、国際協力のさらなる進展が必要な地域として注目されている。北極における国際協力は、一九九一年の北極環境保護戦略に始まるが、一九九六年北極圏八カ国は**北極評議会設立宣言(7 9)**を採択し、北極国際協力のための定期的な協議の場を設けた。北極評議会はその後も組織構造や機能を拡張し、二〇一一年に常設事務局を設置し、二〇一三年には日本などを加えて北極評議会のオブザーバー国は現在一三カ国である。さらに、北極評議会は北極に係わる条約交渉を行う場としても活用されるに至っており、二〇一八年五月には**北極に関する国際科学協力を促進するための協定(7 10)**が、評議会の下で交渉された三番目の条約として発効している。

第1節 南極

71 南極条約

署　　名 一九五九年一二月一日(ワシントン)
効力発生 一九六一年六月二三日
日 本 国 一九五九年一二月一日署名、一九六〇年七月一五日国会承認、八月四日批准書寄託、一九六一年六月二三日効力発生、六月二四日公布(条約第五号)

アルゼンティン、オーストラリア、ベルギー、チリ、フランス共和国、日本国、ニュー・ジーランド、ノールウェー、南アフリカ連邦、ソヴィエト社会主義共和国連邦、グレート・ブリテン及び北部アイルランド連合王国及びアメリカ合衆国の政府は、

南極地域がもっぱら平和的目的のため恒久的に利用され、かつ、国際的不和の舞台又は対象とならないことが、全人類の利益であることを認め、

南極地域における科学的調査についての国際協力が、科学的知識に対してもたらした実質的な貢献を確認し、

国際地球観測年の間に実現された南極地域における科学的調査の自由を基礎とする協力を継続し、かつ、発展させるための確固たる基礎を確立することが、科学上の利益及び全人類の進歩に沿うものであることを確信し、

また、南極地域を平和的目的のみに利用すること及び南極地域における国際間の調和を継続することを確保する条約が、国際連合憲章に掲げられた目的及び原則を助長するものであることを確信して、

次のとおり協定した。

第一条【平和的利用】1　南極地域は、平和的目的のみに利用する。軍事基地及び防備施設の設置、軍事演習の実施並びにあらゆる型の兵器の実験のような軍事的性質の措置は、特に、禁止する。

2　この条約は、科学的研究のため又はその他の平和的目的のために、軍の要員又は備品を使用することを妨げるものではない。

第二条【科学的調査】国際地球観測年の間に実現された南極地域における科学的調査の自由及びそのための協力は、この条約の規定に従うことを条件として、継続するものとする。

第三条【科学的調査についての国際協力】1　締約国は、第二条に定めるところにより南極地域における科学的調査についての国際協力を促進するため、実行可能な最大限度において、次のことに同意する。

(a)　南極地域における科学的計画の最も経済的なかつ能率的な実施を可能にするため、その計画に関する情報を交換すること。

(b)　南極地域において探検隊及び基地の間で科学要員を交換すること。

(c)　南極地域から得られた科学的観測及びその結果を交換し、及び自由に利用することができるようにすること。

2　この条の規定を実施するに当たり、南極地域に科学的又は技術的な関心を有する国際連合の専門機関及びその他の国際機関との協力的活動の関係を設定することを、あらゆる方法で奨励する。

第四条【領土権及び請求権】1　この条約のいかなる規定も、次のことを意味するものと解してはならない。

(a)　いずれかの締約国が、かつて主張したことがある南極地域における領土主権又は領土についての請求権を放棄すること。

(b)　いずれかの締約国が、南極地域におけるその活動若しくはその国民の活動の結果又はその他の理由により有する南極地域における領土についての請求権の基礎の全部又は一部を放棄すること。

(c)　他の国の南極地域における領土主権、領土についての請求権又はその請求権の基礎を承認し、又は否認することについてのいずれかの締約国の地位を害すること。

2　この条約の有効期間中に行なわれた行為又は活動は、南極地域における領土についての請求権を主張し、支持し、若しくは否認するための基礎をなし、又は南極地域における主権を設定するものではない。南極地域における領土についての新たな請求権又は既存の請求権の拡大は、この条約の有効期間中は、主張してはならない。

第五条【核爆発及び放射性廃棄物の処分の禁止】1　南極地域におけるすべての核の爆発及び放射性廃棄物の同地域における処分は、禁止する。

2　核の爆発及び放射性廃棄物の処分を含む核エネルギーの利用に関する国際協定が、第九条に定める会合に代表者を参加させる権利を有するすべての締約国を当事国として締結される場合には、その協定に基づいて定められる規則は、南極地域に適用する。

第六条【適用地域】この条約の規定は、南緯六〇度以南の地域(すべての氷だなを含む。)に適用する。ただし、この条約のいかなる規定も、同地域内の公海に関する国際法に基づくいずれの国の権利又は権利の行使をも害するものではなく、また、これらにいかなる影響をも及ぼすものではない。

第七条【査察】1　この条約の目的を促進し、かつ、その規定の遵守を確保するため、第九条にいう会合に代表者を参加させる権利を有する各締約国は、この条に定める査察を行なう監視員を指名する権利を有する。監視員は、その者を指名する締約国の国民でなければならない。監視員の氏名は、監視員を指名する権利を有する他のすべての締約国に通報し、また、監視員の任務の終了についても、同様の通告を行なう。

2　1の規定に従って指名された各監視員は、南極地域のいずれかの又はすべての地域にいつでも出入する完全な自由を有する。

3　南極地域のすべての地域(これらの地域におけるすべての基地、施設及び備品並びに南極地域における貨物又は人員の積卸し又は積込みの地点にあるす

べての船舶及び航空機を含む。）は、いつでも、1の規定に従って指名される監視員による査察のため開放される。

4　監視員を指名する権利を有するいずれの締約国も、南極地域のいずれか又はすべての地域の空中監視をいつでも行うことができる。

5　各締約国は、この条約がその国について効力を生じた時に、他の締約国に対し、次のことについて通報し、その後は、事前に通告を行う。

(a)　自国の船舶又は国民が参加する南極地域向けの又は同地域にあるすべての探検隊及び自国の領域内で組織され、又は同領域から出発するすべての探検隊

(b)　自国の国民が占拠する南極地域におけるすべての基地

(c)　第一条2に定める条件に従って南極地域に送り込むための軍の要員又は備品

第八条【裁判権】1　この条約に基づく自己の任務の遂行を容易にするため、第七条1の規定に基づいて指名された監視員及び第三条1(b)の規定に基づいて交換された科学要員並びにこれらの者に随伴する職員は、南極地域におけるその他のすべての者に対する裁判権についての締約国のそれぞれの地位を害することなく、南極地域にある間に自己の任務を遂行する目的をもって行なったすべての作為又は不作為については、自己が国民として所属する締約国の裁判権にのみ服する。

2　1の規定を害することなく、南極地域における裁判権の行使についての紛争に関係する締約国は、第九条1(e)の規定に従う措置が採択されるまでの間、相互に受諾することができる解決に到達するため、すみやかに協議する。

第九条【締約国の会合】1　この条約の前文に列記する締約国の代表者は、情報を交換し、南極地域に関する共通の利害関係のある事項について協議し、並びに次のことに関する措置を含むこの条約の原則及び目的を助長する措置を立案し、審議し、及びそれぞれの政府に勧告するため、この条約の効力発生の日の後二箇月以内にキャンベラで、その後は、適当な間隔を置き、かつ、適当な場所で、会合する。

(a)　南極地域を平和的目的のみに利用すること。

(b)　南極地域における科学的研究を容易にすること。

(c)　南極地域における国際間の科学的協力を容易にすること。

(d)　第七条に定める査察を行なう権利の行使を容易にすること。

(e)　南極地域における裁判権の行使に関すること。

(f)　南極地域における生物資源を保護し、及び保存すること。

2　第一三条の規定に基づく加入によりこの条約の当事国となった各締約国は、科学的基地の設置又は科学的探検隊の派遣のような南極地域における実質的な科学的研究活動の実施により、南極地域に対する自国の関心を示している間は、1にいう会合に参加する代表者を任命する権利を有する。

3　第七条にいう監視員からの報告は、1にいう会合に参加する締約国の代表者に送付する。

4　1にいう措置は、その措置を審議するために開催された会合に代表者を参加させる権利を有したすべての締約国により承認された時に効力を生ずる。

5　この条約において設定されたいずれかの又はすべての権利は、この条に定めるところによりその権利の行使を容易にする措置が提案され、審議され、又は承認されたかどうかを問わず、この条約の効力発生の日から行使することができる。

第一〇条【原則又は目的の確保】各締約国は、いかなる者も南極地域においてこの条約の原則又は目的に反する活動を行なわないようにするため、国際連合憲章に従った適当な努力をすることを約束する。

第一一条【紛争の解決】1　この条約の解釈又は適用に関して二以上の締約国間に紛争が生じたときは、それらの締約国は、交渉、審査、仲介、調停、仲裁裁判、司法的解決又はそれらの締約国が選択するその他の平和的手段により紛争を解決するため、それらの締約国間で協議する。

2　前記の方法により解決されないこの種の紛争は、それぞれの場合にすべての紛争当事国の同意を得て、解決のため国際司法裁判所に付託する。もっとも、紛争当事国は、国際司法裁判所に付託することについて合意に達することができなかったときにも、1に掲げる各種の平和的手段のいずれかにより紛争を解決するため、引き続き努力する責任を免れない。

第一二条【修正、改正】1(a)　この条約は、第九条に定める会合に代表者を参加させる権利を有する締約国の一致した合意により、いつでも修正し、又は改正することができる。その修正又は改正は、これを批准した旨の通告を寄託政府が前記のすべての締約国から受領した時に、効力を生ずる。

(b)　その後、この条約の修正又は改正は、他の締約国については、これを批准した旨の通告を寄託政府が受領した時に、効力を生ずる。他の締約国のうち、(a)の規定に従って修正又は改正が効力を生じた日から二年の期間内に批准の通告が受領されなかったものは、その期間の満了の日に、この条約から脱退したものとみなされる。

2(a)　この条約の効力発生の日から三〇年を経過した後、第九条に定める会合に代表者を参加させる権利を有するいずれかの締約国が寄託政府あての通報により要請するときは、この条約の運用について検討するため、できる限りすみやかにすべての締約国の会議を開催する。

(b)　前記の会議において、その会議に出席する締約国の過半数(ただし第九条に定める会合に代表者を参加させる権利を有する締約国の過半数を含むものとする。)により承認されたこの条約の修正又

は改正は、その会議の終了後直ちに寄託政府によりすべての締約国に通報され、かつ、1の規定に従って効力を生ずる。

(c)　前記の修正又は改正がすべての締約国に通報された日の後二年の期間内に1(a)の規定に従って効力を生じなかったときは、いずれの締約国も、その期間の満了の後はいつでも、この条約から脱退する旨を寄託政府に通告することができる。その脱退は、寄託政府が通告を受領した後二年で効力を生ずる。

第一三条【批准、加入、効力発生、登録】1　この条約は、署名国によって批准されるものとする。この条約は、国際連合加盟国又は第九条に定める会合に代表者を参加させる権利を有するすべての締約国の同意を得てこの条約に加入するよう招請されるその他の国による加入のため開放される。

2　この条約の批准又はこれへの加入は、それぞれの国がその憲法上の手続に従って行なう。

3　批准書及び加入書は、寄託政府として指定されたアメリカ合衆国政府に寄託する。

4　寄託政府は、すべての署名国及び加入国に対し、批准書又は加入書の寄託日並びにこの条約及びその修正又は改正の効力発生の日を通報する。

5　この条約は、すべての署名国が批准書を寄託した時に、それらの国及び加入書を寄託している国について、効力を生ずる。その後、この条約は、いずれの加入国についても、その加入書の寄託の時に効力を生ずる。

6　この条約は、寄託政府が国際連合憲章第一〇二条の規定に従って登録する。

第一四条【正文】この条約は、ひとしく正文である英語、フランス語、ロシア語、及びスペイン語により作成し、アメリカ合衆国政府の記録に寄託する。同政府は、その認証謄本を署名国政府及び加入国政府に送付する。

72　南極の海洋生物資源の保存に関する条約(南極海洋生物資源保存条約)

作　　成　一九八〇年五月二〇日(キャンベラ)
効力発生　一九八二年四月七日
日 本 国　一九八〇年九月一二日署名、一九八一年四月二四日国会承認、五月一五日内閣受諾決定、五月二六日受諾書寄託、一九八二年四月三日公布(条約第三号)、四月七日効力発生

締約国は、

南極大陸を囲む海洋の環境を保全すること及び当該海洋の生態系を本来のままの状態において保護することの重要性を認識し、

南極水域において海洋生物資源の集中が見られること及びこれらの資源を蛋(たん)白質源として利用する可能性に対する関心が増大していることに留意し、

南極の海洋生物資源の確実な保存の緊急性を意識し、採捕についての決定が正しい科学的情報に基づいて行われるよう南極の海洋生態系及びその構成要素に関する知識を増すことが重要であることを考慮し、

南極の海洋生物資源の保存に当たっては、南極条約に妥当な考慮を払って行われ、また、南極水域において調査活動又は採捕活動に従事しているすべての国が積極的に参加する国際協力が必要であることを信じ、

南極の環境の保全について南極条約協議国が負っている主要な責任、特に、南極地域における生物資源の保護及び保存に関する南極条約第九条1(f)の規定に基づく責任を認識し、

南極条約協議国により既にとられた措置、特に、南極の動物相及び植物相の保存のための合意された措置並びに南極のあざらしの保存に関する条約を想起し、

南極条約協議国が第九回南極条約協議国会議において表明した南極の海洋生物資源の保存に対する関心及びこの条約を作成する起因となった勧告IX―2の重要性に留意し、

南極大陸を囲む水域を平和的目的のみに利用するよう維持すること及びこの水域が国際的不和の舞台又は対象となることを防止することが、全人類の利益であることを信じ、

このため、南極の海洋生物の保存を確保するために必要な措置及び科学的研究を勧告し、促進し、決定し及び調整するための適当な機構の設立が望ましいことを認識して、

次のとおり協定した。

第一条【適用範囲、定義】1　この条約は、南緯六〇度以南の地域における南極の海洋生物資源及び南緯六〇度と南極収束線との間の地域における南極の海洋生態系に属する南極の海洋生物資源について適用する。

2　南極の海洋生物資源とは、ひれを有する魚類、軟体動物、甲殻類その他の南極収束線以南に存在するすべての種類の生物(鳥類を含む。)である資源をいう。

3　南極の海洋生態系とは、南極の海洋生物資源の相互の関係及び南極の海洋生物資源とこれらの資源を含む自然環境との関係が複合しているものをいう。

4　1の南極収束線とみなす線は、緯度線及び子午線に沿って次の点を結ぶ線とする。

南緯五〇度経度零度、南緯五〇度東経三〇度、南緯四五度東経三〇度、南緯四五度東経八〇度、南緯五五度東経八〇度、南緯五五度東経一五〇度、南緯六〇度東経一五〇度、南緯六〇度西経五〇度、南緯五〇度西経五〇度及び南緯五〇度経度零度

第二条【目的】1　この条約の目的は、南極の海洋生物資源を保存することにある。

2　この条約の適用上、「保存」には、合理的な利用を含む。

3　この条約の適用される地域における採捕及びこれに関連する活動は、この条約及び保存に関する次の原則に従って行う。

(a) 採捕の対象となる資源について、その量が当該資源の安定した加入を確保する水準を下回ることとなることを防ぐこと。このため、資源の量は、最大の年間純加入量を確保する水準に近い水準以下に減少させてはならない。

(b) 南極の海洋生物資源のうちの採捕の対象となる資源、これに依存する資源及び採捕の対象となる資源と関係のある資源の間の生態学的関係を維持すること並びに枯渇した資源についてその量を(a)前段に規定する水準に回復させること。

(c) 南極の海洋生物資源の持続的保存を可能にするため、採捕の直接的及び間接的な影響、外来種の導入の及ぼす影響、採捕に関連する活動の海洋生態系に及ぼす影響並びに環境の変化の及ぼす影響に関する利用可能な知識の確実性の度合を考慮に入れて、海洋生態系の復元が二〇年若しくは三〇年にわたり不可能となるおそれのある海洋生態系における変化が生ずることを防止すること又はこれらの変化が生ずる危険性を最小限にすること。

第三条【南極条約の拘束性】締約国は、南極条約の締約国であるかないかを問わず、南極条約地域において南極条約の原則及び目的に反する活動を行わないこと並びに相互の関係において南極条約第一条及び第五条に定めるところの義務に拘束されることに同意する。

第四条【領土権・沿岸国管轄権】1　南極条約地域については、すべての締約国は、南極条約の締約国であるかないかを問わず、相互の関係において南極条約第四条及び第六条の規定に拘束される。

2　この条約のいかなる規定も、及びこの条約の有効期間中に行われるいかなる行為又は活動も、

(a) 南極条約地域における領土についての請求権を主張し、支持し若しくは否認するための基礎を成し又は南極条約地域における主権を設定するものではない。

(b) この条約の適用される地域において国際法に基づく沿岸国の管轄権を行使する権利若しくは当該管轄権を行使することについての請求権若しくは請求権の基礎をいずれかの締約国に対し放棄させ若しくは縮小させ又はこれらの権利、権利請求若しくは請求権の基礎を害するものと解してはならない。

(c) (b)に規定する権利、請求権又は請求権の基礎を承認し又は否認することについてのいずれかの締約国の地位を害するものと解してはならない。

(d) 南極条約の有効期間中は南極地域における領土についての新たな請求権又は既存の請求権の拡大を主張してはならないことを定めている南極条約第四条2の規定に影響を及ぼすものではない。

第五条【南極条約協議国の措置】1　南極条約の締約国でないこの条約の締約国は、南極条約地域の環境の保全についての南極条約協議国の特別の義務及び責任を認める。

2　南極条約の締約国でないこの条約の締約国は、南極条約地域におけるその活動につき、適当と認めるときは南極の動物相及び植物相の保存のための合意された措置及び南極条約協議国が人間の及ぼすあらゆる形態の有害な影響から南極の環境を保全する責任を果たすに当たって勧告した他の措置を遵守することを合意する。

3　この条約の適用上、「南極条約協議国」とは、その代表者が南極条約第九条に定める会合に参加する南極条約の締約国をいう。

第六条【国際捕鯨・あざらし条約との関係】この条約のいかなる規定も、この条約の締約国が国際捕鯨取締条約及び南極のあざらしの保存に関する条約に基づき有する権利を害し及びこれらの条約に基づき負う義務を免れさせるものではない。

第七条【委員会の構成国】1　締約国は、この条約により南極の海洋生物資源の保存に関する委員会（以下「委員会」という。）を設置するものとし、これを維持することを合意する。

2　委員会の構成国は、次のとおりとする。

(a) この条約を採択した会合に参加した各締約国は、委員会の構成国となる。

(b) 第二九条の規定に基づいてこの条約に加入した各国は、当該加入国がこの条約の適用の対象となる海洋生物資源に関する調査活動又は採捕活動に従事している間、委員会の構成国となる資格を有する。

(c) 第二九条の規定に基づいてこの条約に加入した地域的な経済統合のための各機関は、機関の構成国が委員会の構成国となる資格を有する間、委員会の構成国となる資格を有する。

(d) (b)及び(c)の規定に基づき委員会の作業に参加することを求める締約国は、委員会の構成国となることを求める根拠及びその時において有効な保存措置を受諾する意思を寄託政府に通告する。寄託政府は、その通告及びこれに添付された情報を委員会の各構成国に通報する。委員会のいずれの構成国も、寄託政府からその通報を受けた後二箇月以内に、この問題を検討するための委員会の特別会合を開くよう要請することができる。その要請があったときは、寄託政府は、特別会合を招集する。特別会合の招集の要請がなかったときは、当該通告を行った締約国は、委員会の構成国となるための要件を満たしたものとみなされる。

3　委員会の各構成国は、一人の代表により代表される。代表は、代表代理及び随員を同伴することができる。

第八条【委員会の地位】委員会は、法人格を有するものとし、各締約国の領域において、その任務の遂行及びこの条約の目的の達成のために必要な法律上の能力を有する。締約国の領域における委員会及びその職員の特権及び免除は、委員会と当該締約国との間の合意によって決定する。

第九条【委員会の任務】1　委員会は、第二条に定める目的及び原則を実施する任務を有する。委員会は、このため、次のことを行う。

(a)　南極の海洋生物資源及び南極の海洋生態系に関する調査及び包括的な研究を促進すること。

(b)　南極の海洋生物資源の量の状態及び変化に関する資料並びに採捕の対象となる種又はこれに依存し若しくは採捕の対象となる種と関係のある種若しくは個体群の分布、豊度及び生産性に影響を及ぼす要素に関する資料を取りまとめること。

(c)　採捕の対象となる資源についての採捕量及び採捕努力量に関する統計の入手を確保すること。

(d)　(b)及び(c)の規定に基づき得た情報並びに科学委員会の報告を分析し、普及させ及び刊行すること。

(e)　保存の必要性を明らかにし及び保存措置の効果について分析すること。

(f)　5の規定に従うことを条件として、利用可能な最良の科学的証拠に基づいた保存措置を作成し、採択し及び修正すること。

(g)　第二四条の規定に基づいて設けられた監視及び検査の制度を実施すること。

(h)　この条約の目的を達成するために必要な他の活動を行うこと。

2　1(f)に規定する保存措置には、次のことを含む。

(a)　この条約の適用される地域において採捕することのできる種別の量を指定すること。

(b)　南極の海洋生物資源の分布に基づいて区域及び小区域を指定すること。

(c)　区域及び小区域において採捕することのできる資源の量を指定すること。

(d)　保護される種を指定すること。

(e)　採捕することのできる種の大きさ、年齢及び、適当な場合には、性別を指定すること。

(f)　採捕の解禁期及び禁止期を指定すること。

(g)　採捕が科学的研究及び保存のために解禁され及び禁止される地域、区域及び小区域を指定すること(保護及び科学的研究のための特別区域を指定することを含む。)。

(h)　いずれの区域又は小区域においても採捕の集中が過度になることを特に避けるため、採捕努力量及び採捕の方法(漁具を含む。)について規制すること。

(i)　委員会がこの条約の目的を達成するために必要と認めるその他の保存措置(採捕及びこれに関連する活動が採捕の対象となる資源以外の海洋生態系の構成要素に与える影響に関する措置を含む。)をとること。

3　委員会は、すべての有効な保存措置についての記録を刊行し、常時整備する。

4　委員会は、1に定める任務を遂行するに当たり、科学委員会の勧告及び助言を十分に考慮する。

5　委員会は、南極条約第九条の規定に基づく南極条約協議国会議又はこの条約の適用される地域に入ってくる種について責任を有する漁業委員会が作成し又は勧告したすべての関連措置又は規制の下での締約国の権利及び義務と、委員会の採択する保存措置の下での締約国の権利及び義務とが抵触しないようにするため、これらの関連措置又は規則を十分に考慮する。

6　委員会の構成国は、この条約に従って委員会が採択した保存措置を次の方法により実施する。

(a)　委員会は、委員会のすべての構成国に対し保存措置について通告する。

(b)　保存措置は、(c)及び(d)の場合を除くほか、(a)に規定する通告の後一八〇日で委員会のすべての構成国について拘束力を生ずる。

(c)　委員会のいずれかの構成国が(a)に規定する通告の後九〇日以内に保存措置の全体又は一部を受諾することができない旨を委員会に通告した場合には、当該構成国は、その通告により表明した範囲において保存措置に拘束されない。

(d)　委員会のいずれかの構成国が(c)の規定による手続を援用した場合には、委員会は、委員会のいかなる構成国の要請によっても、当該保存措置について検討するために会合する。その会合の時に及びその会合の後三〇日以内に、委員会のいかなる構成国も、当該保存措置を受諾することができなくなった旨を宣言する権利を有する。その宣言が行われた場合には、当該構成国は、当該保存措置に拘束されない。

第一〇条【委員会による注意喚起】1　委員会は、この条約の締約国でない国の国民又は船舶による活動であってこの条約の目的の達成に影響を及ぼすと委員会が認めるものについて、当該国の注意を喚起する。

2　委員会は、すべての締約国に対し、締約国による活動であって当該締約国によるこの条約の目的の達成又はこの条約に基づく当該締約国の義務の履行に影響を及ぼすと委員会が認めるものについて注意を喚起する。

第一一条【委員会の協力】委員会は、この条約の適用される地域及び当該地域に近接する海域であっていずれかの締約国が管轄権を行使することのできるものの双方において発生する種又はこれと密接な関係のある種の系群の保存について当該締約国と協力するよう努めるものとし、これらの系群に関してとられた保存に係る措置の調和を図るものとする。

第一二条【委員会の表決】1　実質事項に関する委員会の決定は、意見の一致によって行う。ある事項が実質事項であるかないかの問題は、実質事項として取り扱う。

2　1の事項以外の事項に関する決定は、出席しかつ投票する委員会の構成国の単純多数による議決で行う。

3　委員会において決定を必要とする議題の検討が行われる場合には、地域的な経済統合のための機関が当該決定に参加するか参加しないか及び、参加するときは、当該機関のいずれの構成国が同時に参加するかが明らかにされなければならない。当該決定にこのようにして参加する締約国の数は、委員会の構成国である当該機関の構成国の数を超えてはならない。

4　この条の規定に従って決定が行われる場合には、地域的な経済統合のための機関は、一の票のみを有する。

第一三条【委員会の本部・会合・役員・手続】1　委員会の本部は、オーストラリアのタスマニア州ホバートに置く。

2　委員会は、年次通常会合を開催する。その他の会合は、構成国の三分の一の要請により及びこの条約の他の規定に定めるところにより開催する。委員会は、その第一回会合を、この条約の適用される地域において採捕活動を行っている国のうち少なくとも二の国が締約国に含まれていることを条件として、この条約の効力発生の後三箇月以内に開催するものとし、また、いかなる場合にも、この条約の効力発生の後一年以内に開催する。寄託政府は、委員会の実効的な運営のためにできる限り多数の署名国が委員会に代表されることの必要性を考慮に入れ、委員会の第一回会合に関して署名国と協議を行う。

3　寄託政府は、委員会の本部において委員会の第一回会合を招集する。その後の委員会の会合も、委員会が別段の決定を行わない限り、委員会の本部において開催する。

4　委員会は、構成国の代表のうちから議長及び副議長を選出する。議長及び副議長は、それぞれ二年の任期で在任するものとし、さらに一の任期につき再選される資格を有する。もっとも、最初の議長は、最初の任期を三年として選出される。議長及び副議長は、同じ締約国の代表であってはならない。

5　委員会は、前条に規定する事項に関するものを除くほか、その会合の運営に関する手続規則を採択し及び必要に応じて改正する。

6　委員会は、その任務の遂行に必要な補助機関を設けることができる。

第一四条【科学委員会の構成国】1　締約国は、委員会の協議機関として、この条約により南極の海洋生物資源の保存のための科学委員会（以下「科学委員会」という。）を設置する。科学委員会は、別段の決定を行わない限り、通常、委員会の本部において会合する。

2　委員会の構成国は、科学委員会の構成国となるものとし、適当な科学上の資格を有する代表を任命する。代表は、他の専門家及び顧問を同伴することができる。

3　科学委員会は、必要に応じて特別に、他の科学者及び専門家の助言を求めることができる。

第一五条【科学委員会の任務】1　科学委員会は、この条約の適用の対象となる海洋生物資源に係る情報の収集、研究及び交換に関する協議及び協力のための場を設け並びに南極の海洋生態系に属する海洋生物資源に関する知識を広めるための科学的調査の分野における協力を奨励し及び促進する。

2　科学委員会は、委員会がこの条約の目的を達成するために指示を与える活動を行うものとし、また、次のことを行う。

(a)　第九条に規定する保存措置に関する決定のために用いられる基準及び方法を定めること。

(b)　南極の海洋生物資源の量の状態及び傾向を定期的に評価すること。

(c)　採捕が南極の海洋生物資源に対し及ぼす直積的及び間接的な影響に関する資料を分析すること。

(d)　採捕の方法又は規模について提案された変更及び提案された保存措置の効果を評価すること。

(e)　この条約の目的を達成するための措置及び調査に関し、要請に応じて又は自己の発意により、評価、分析、報告及び勧告を委員会に送付すること。

(f)　南極の海洋生物資源についての国際的な又は一国による調査計画の実施のための提案を作成すること。

3　科学委員会は、その任務の遂行に当たり、他の適切な技術的及び科学的機関の作業並びに南極条約の枠組みにおいて行われる科学的活動を考慮する。

第一六条【科学委員会の会合・手続】1　科学委員会は、その第一回会合を委員会の第一回会合の後三箇月以内に開催するものとし、その後は、その任務の遂行上の必要に応じて会合する。

2　科学委員会は、その手続規則を採択し及び必要に応じて改正する。手続規則及びその改正は、委員会により承認されなければならない。手続規則には、少数派によって作成された報告を提出するための手続を含む。

3　科学委員会は、委員会の承認を得て、その任務の遂行に必要な補助機関を設けることができる。

第一七条【事務局】1　委員会は、委員会の決定する手続及び条件に従い、委員会及び科学委員会の活動のために事務局長を任命する。事務局長の任期は、四年とし、また、事務局長は、再任されることができる。

2　委員会は、必要な事務局の組織を認めるものとし、事務局長は、委員会の決定する規則、手続及び条件に従い、事務局の職員を任命し、指揮し及び監督する。

3　事務局長及び事務局は、委員会の委託する任務を遂行する。

第一八条【公用語】委員会及び科学委員会の公用語は、英語、フランス語、ロシア語及びスペイン語とする。

第一九条【予算・財政制度】1　各年時会合において、

委員会は、意見の一致により、自己の予算及び科学委員会の予算を採択する。

2　事務局長は、委員会、科学委員会及び補助機関の予算案を作成し、委員会の年次会合の六〇日前までに委員会の構成国に送付する。

3　委員会の各構成国は、予算に係る分担金を支払う。この条約の効力発生の後五年を経過するまでは、委員会の各構成国の分担金の額は、均等なものとする。その後の分担金の額は、採捕量と委員会のすべての構成国間の均等負担の原則との二の基準に基づいて決定する。委員会は、意見の一致により、この二の基準をいかなる割合により適用するかを決定する。

4　委員会及び科学委員会の財政活動は、委員会の採択する財政規則に従って行われるものとし、委員会の選任する独立の会計検査専門家による年次検査を受ける。

5　委員会の各構成国は、委員会及び科学委員会の会合への出席に係る自国の経費を負担する。

6　連続した二年の間分担金を支払わない委員会の構成国は、その債務を履行しない間委員会において決定に参加する権利を有しない。

第二〇条【情報・資料の提供】1　委員会の構成国は、委員会及び科学委員会がそれぞれの任務の遂行に当たって必要とする統計上、生物学上その他の資料及び情報を最大限度可能な範囲で委員会及び科学委員会に毎年提供する。

2　委員会の構成国は、信頼し得る採捕量及び採捕努力量に関する統計を取りまとめることができるようにするため、自国の採捕活動に関する情報（採捕地域及び船舶に関する情報を含む。）につき、定められた方法及び間隔で提供する。

3　委員会の構成国は、委員会の採択した保存措置を実施するためにとった措置に関する情報を定められた間隔で委員会に提供する。

4　委員会の構成国は、採捕の影響を評価するために必要な資料を自国の採捕活動を利用して収集することに同意する。

第二一条【国内措置】1　各締約国は、この条約の規定及び委員会の採択した保存措置であって第九条の定めるところにより自国が拘束されるものの遵守を確保するため、その権限の範囲内で適当な措置をとる。

2　各締約国は、1の規定に基づいてとった措置（違反に対する制裁を含む。）に関する情報を委員会に送付する。

第二二条【条約目的に違反する活動の防止】1　各締約国は、いかなる者もこの条約の目的に反する活動を行わないようにするため、国際連合憲章に従った適当な努力をすることを約束する。

2　各締約国は、自国の知ったこの条約の目的に反するいかなる活動についても、委員会に通告する。

第二三条【他の国際機関との協力】1　委員会及び科学委員会は、南極条約協議国の権限内にある事項について南極条約協議国と協力する。

2　委員会及び科学委員会は、適当な場合には、国際連合食糧農業機関その他の専門機関と協力する。

3　委員会及び科学委員会は、適当な場合には、その作業に貢献することのできる政府間の及び非政府の機関（南極研究科学委員会、海洋研究科学委員会及び国際捕鯨委員会を含む。）との作業上の協力関係を発展させるよう努める。

4　委員会は、この条に規定する機関及び、適当な場合には、他の機関と取決めを行うことができる。委員会及び科学委員会は、これらの機関に対し、委員会、科学委員会及びこれらの補助機関の会合にオブザーバーを派遣するよう招請することができる。

第二四条【監視・検査制度】1　この条約の目的を推進し、かつ、この条約が遵守されることを確保するため、締約国は、監視及び検査の制度を設けることを合意する。

2　委員会は、次の原則を基礎として監視及び検査の制度を組織する。

(a)　締約国は、既存の国際慣行を考慮しつつ、監視及び検査の制度の効果的な実施を確保するために相互に協力する。この制度には、特に、委員会の構成国の指名する監視員及び検査員による乗船及び検査に関する手続並びに乗船及び検査の結果得られた証拠に基づいて旗国が行う訴追及び制裁に関する手続を含める。行った訴追及び課した制裁についての報告は、第二一条に規定する情報に含める。

(b)　この条約の定めるところによりとられた措置の遵守を確認するため、監視及び検査は、委員会の構成国の指名する監視員及び検査員が、委員会の定める条件に従い、この条約の適用される地域における海洋生物資源の科学的調査又は採捕に従事する船舶に乗船することにより実施する。

(c)　指名された監視員及び検査員は、自己が国籍を有する締約国の管轄の下に置かれる。監視員及び検査員は、自己を指名した委員会の構成国に対し報告を行い、当該構成国は、委員会に対し報告を行う。

3　委員会の構成国は、監視及び検査の制度が組織されるまでの間、監視員及び検査員を指名するための暫定的措置をとるよう努めるものとし、このようにして指名された監視員及び検査員は、2に定める原則に基づいて検査を実施する権限を与えられる。

第二五条【紛争の解決】1　この条約の解釈又は適用に関して二以上の締約国間に紛争が生じたときは、これらの締約国は、交渉、審査、仲介、調停、仲裁、司法的解決又はこれらの締約国が選択するその他の平和的手段により紛争を解決するため、これらの締約国間で協議する。

2　1に規定する紛争で1の規定によって解決されなかったものは、それぞれの場合にすべての紛争当事国の同意を得て、解決のため国際司法裁判所又は仲裁に付託する。もっとも、紛争当事国は、国際司法裁判所又は仲裁に付託することについて合意に達することができなかった場合においても、1に規定する各種の平和的手段のいずれかにより紛争を解決するため引き続き努力する責任を免れない。

3　紛争が仲裁に付託される場合には、仲裁裁判所は、この条約の附属書の定めるところにより構成する。

第二六条【署名】1　この条約は、一九八〇年八月一日から一二月三一日まで、キャンベラにおいて、同年五月七日から五月二〇日までキャンベラで開催された南極の海洋生物資源の保存に関する会議に参加した国による署名のために開放しておく。

2　1の規定により署名する国は、この条約の原署名国とする。

第二七条【批准・受諾・承認】1　この条約は、署名国によって批准され、受諾され又は承認されなければならない。

2　批准書、受諾書又は承認書は、この条約において寄託政府として指定されるオーストラリア政府に寄託する。

第二八条【効力発生】1　この条約は、第二六条1に規定する国による八番目の批准書、受諾書又は承認書が寄託された日の後三〇日目の日に効力を生ずる。

2　この条約は、その効力発生の日の後に批准書、受諾書、承認書又は加入書を寄託する国又は地域的な経済統合のための機関については、その批准書、受諾書、承認書又は加入書の寄託の後三〇日目の日に効力を生ずる。

第二九条【加入】1　この条約は、この条約の適用の対象となる海洋生物資源に関する調査活動又は採捕活動に関心を有する国による加入のために開放しておく。

2　この条約は、主権国家により構成される地域的な経済統合のための機関であって、当該機関の一又は二以上の構成国が委員会の構成国であり、かつ、当該機関の構成国がこの条約の適用の対象となる事項に関する権限の全部又は一部を当該機関に委譲したものによる加入のために開放しておく。地域的な経済統合のための機関の加入については、委員会の構成国の間で協議されなければならない。

第三〇条【改正】1　この条約は、いつでも改正することができる。

2　寄託政府は、委員会の構成国の三分の一の要請がある場合には、改正案を討議するための会合を招集する。

3　改正は、寄託政府が委員会のすべての構成国から改正の批准書、受諾書又は承認書を受領した時に効力を生ずる。

4　その後は、改正は、他の締約国による改正の批准、受諾又は承認の通告を寄託政府が受領した時に当該他の締約国について効力を生ずる。3の規定による改正の効力発生の日から一年以内に他の締約国がいずれの通告も行わなかった場合には、当該他の締約国は、この条約から脱退したものとみなされる。

第三一条【脱退】1　いずれの締約国も、いずれかの年の一月一日以前に寄託政府に書面による通告を行うことにより当該いずれかの年の六月三〇日にこの条約から脱退することができるものとし、寄託政府は、通告を受領したときは、直ちにその旨を他の締約国に通報する。

2　いずれの他の締約国も、寄託政府から1の規定による脱退の通告の写しを受領した時から六〇日以内に、寄託政府に書面による脱退の通告を行うことができるものとし、この場合において、この条約は、脱退の通告を行った締約国について1の当該いずれかの年の六月三〇日に効力を失う。

3　委員会のいずれかの構成国によるこの条約からの脱退は、この条約に基づく当該構成国の資金的な義務に影響を及ぼすものではない。

第三二条【寄託政府】寄託政府は、すべての締約国に対し、次の事項を通報する。

(a)　この条約の署名及び批准書、受諾書、承認書又は加入書の寄託

(b)　この条約の効力発生の日及びこの条約の改正の効力発生の日

第三三条【正文】1　この条約は、英語、フランス語、ロシア語及びスペイン語をひとしく正文とし、オーストラリア政府に寄託する。同政府は、この条約の認証謄本をすべての署名国及び加入国に送付する。

2　この条約は、寄託政府が国際連合憲章第一〇二条の規定により登録する。

一九八〇年五月二〇日にキャンベラで作成した。

仲裁裁判所に関する附属書

1　第二五条3にいう仲裁裁判所は、次のとおり任命される三人の仲裁人により構成する。

(a)　訴訟手続を開始する紛争当事国は、他の紛争当事国に仲裁人の氏名を通報するものとし、他の紛争当事国は、その通報を受けた後四〇日以内に第二の仲裁人の氏名を通報する。紛争当事国は、第二の仲裁人が任命された後六〇日以内に、いずれの紛争当事国の国民でもなく、かつ、最初の二人の仲裁人の有している国籍のいずれをも有していない第三の仲裁人を任命する。第三の仲裁人が、仲裁裁判を主宰する。

(b)　第二の仲裁人が所定の期間内に任命されなかった場合又は第三の仲裁人の任命について紛争当事国が所定の期間内に合意に達しなかった場合には、当該第二又は第三の仲裁人は、いずれかの紛争当事国の要請により、この条約の締約国である国の国籍を有していない国際的に名声のある者のうちから常設仲裁裁判所事務総長が任命する。

2　仲裁裁判所は、その本部の場所を決定するものとし、また、その手続規則を採択する。

3　仲裁裁判所の判断は、その構成員の多数決により行われるものとし、構成員は、投票に際し棄権することができない。

4　紛争当事国でないいずれの締約国も、仲裁裁判所の同意を得て訴訟手続に参加することができる。

5　仲裁裁判所の判断は、最終的なものとし、すべての紛争当事国及び訴訟手続に参加するいずれの国も拘束する。これらの国は、直ちにその判断に従うものとする。仲裁裁判所は、一の紛争当事国又は訴訟手続に参加するいずれかの国の要請により、判断について解釈を行う。

6　特別な事情のある訴訟であることを理由として仲裁裁判所が別段の決定を行う場合を除くほか、仲裁裁判所の経費（その構成員の報酬を含む。）は、紛争当事国が均等に負担する。

73　環境保護に関する南極条約議定書（南極環境議定書）（抄）

作　成　一九九一年一〇月四日（マドリッド）
効力発生　一九九八年一月一四日
日 本 国　一九九二年九月二九日署名、一九九七年四月三日国会承認、一二月一五日受諾書寄託、一二月一八日公布（条約第一四号）

この南極条約議定書の締約国（以下「締約国」という。）は、

南極の環境並びにこれに依存し及び関連する生態系の保護を促進する必要性を確信し、

南極地域が専ら平和的目的のため恒久的に利用され、かつ、国際的不和の舞台又は対象とならないことを確保するため南極条約体制を強化する必要性を確信し、

南極地域の特別な法的及び政治的地位並びに南極地域におけるすべての活動が南極条約の目的及び原則に適合することを確保することについての南極条約協議国の特別の責任に留意し、

南極地域が特別保存地域として指定されたこと並びに南極の環境並びにこれに依存し及び関連する生態系を保護するため南極条約体制の下で採択された他の措置を想起し、

更に、南極地域が地球的及び地域的規模において重要な環境の科学的監視及び調査の独特の機会を提供することを確認し、

南極の海洋生物資源の保存に関する条約の保存に関する原則を再確認し、

南極の環境並びにこれに依存し及び関連する生態系の保護のための包括的な制度を発展させることが人類全体の利益であることを確信し、

このため、南極条約を補足することを希望して、

次のとおり協定した。

第一条（定義）　この議定書の適用上、

(a)　「南極条約」とは、一九五九年一二月一日にワシントンで作成された南極条約をいう。

(b)　「南極条約地域」とは、南極条約第六条の規定に従い同条約の適用される地域をいう。

(c)　「南極条約協議国会議」とは、南極条約第九条に定める会合をいう。

(d)　「南極条約協議国」とは、南極条約第九条に定める会合に参加する代表者を任命する権利を有する同条約の締約国をいう。

(e)　「南極条約体制」とは、南極条約、同条約に基づく有効な措置、同条約に関連する別個の有効な国際文書及びこれらの国際文書に基づく有効な措置をいう。

(f)　「仲裁裁判所」とは、この議定書の不可分の一部を成す付録によって設置される仲裁裁判所をいう。

(g)　「委員会」とは、第一一条の規定によって設置される環境保護委員会をいう。

第二条（目的及び指定）　締約国は、南極の環境並びにこれに依存し及び関連する生態系を包括的に保護することを約束し、この議定書により、南極地域を平和及び科学に貢献する自然保護地域として指定する。

第三条（環境に関する原則）　1　南極の環境並びにこれに依存し及び関連する生態系の保護並びに南極地域の固有の価値（原生地域としての価値、芸術上の価値及び科学的調査（特に、地球環境の理解のために不可欠な調査）を実施するための地域としての価値を含む。）の保護は、南極条約地域におけるすべての活動を計画し及び実施するに当たり考慮すべき基本的な事項とする。

2　このため、

(a)　南極条約地域における活動は、南極の環境並びにこれに依存し及び関連する生態系に対する悪影響を限定するように計画し及び実施する。

(b)　南極条約地域における活動については、次のことを回避するように計画し及び実施する。

(i)　気候又は天候に対する悪影響

(ii)　大気の質又は水質に対する著しい悪影響

(iii)　大気、陸上（陸水を含む。）、氷河又は海洋における環境の著しい変化

(iv)　動物及び植物の種又は種の個体群の分布、豊度又は生産性の有害な変化

(v)　絶滅のおそれがあり若しくは脅威にさらされている種又はこのような種の個体群を更に危険な状態にすること。

(vi)　生物学上、科学上、歴史上、芸術上又は原生地域として重要な価値を有する地域の価値を減じ又はこれらの地域を相当な危険にさらすこと。

(c)　南極条約地域における活動については、南極の環境並びにこれに依存し及び関連する生態系並び

に南極地域の科学的調査を実施する地域としての価値に対して当該活動が及ぼすおそれのある影響につき事前の評価を可能にする十分な情報に基づき及びこの影響を知った上での判断に基づき、計画し及び実施する。このような判断に当たっては、次の事項を十分に考慮する。

(i) 活動の範囲(地域、期間及び程度を含む。)

(ii) 活動の累積的な影響(当該活動自体によるもの及び南極条約地域における他の活動の影響との複合によるものの双方)

(iii) 活動が南極条約地域における他の活動に、有害な影響を及ぼすか否か。

(iv) 環境上問題を生じさせないように作業を行うための技術及び手順が利用可能であるか否か。

(v) 活動が及ぼす悪影響を特定し及び早期に警告を与えるために主要な環境上の指標及び生態系の構成要素を監視する能力の有無並びに南極の環境並びにこれに依存し及び関連する生態系に関する監視の結果又は知識の増進に照らして必要となる作業手順の修正を行うための能力の有無

(vi) 事故(特に、環境に影響を及ぼすおそれのあるもの)に対し迅速かつ効果的に対応する能力の有無

(d) 実施中の活動の影響についての評価(予測された影響の検証を含む。)を行うため、定期的かつ効果的な監視を行う。

(e) 南極条約地域の内外で実施される活動が南極の環境並びにこれに依存し及び関連する生態系に及ぼす予測されなかった影響を早期に探知することを容易にするため、定期的かつ効果的な監視を行う。

3 南極条約地域における活動については、科学的調査を優先するよう及び南極地域の科学的調査(地球環境の理解のために不可欠な調査を含む。)を実施する地域としての価値を保護するように計画し及び実施する。

4 南極条約地域において科学的調査の計画に基づき実施される活動、同地域における観光並びに政府及び非政府の他のすべての活動であって、南極条約第七条5の規定に従い事前の通告を必要とするもの(関連する後方支援活動を含む。)については、

(a) この条に定める原則に適合する方法で行う。

(b) この条に定める原則に反して南極の環境又はこれに依存し若しくは関連する生態系に影響を及ぼし又は及ぼすおそれがある場合には、修正し、停止し又は取りやめる。

第四条(南極条約体制における他の構成要素との関係) 1 この議定書は、南極条約を補足するものとし、同条約を修正し又は改正するものではない。

2 この議定書のいかなる規定も、締約国が南極条約体制における他の有効な国際文書に基づき有する権利を害し及びこれらの国際文書に基づき負う義務を免れさせるものではない。

第五条(南極条約体制における他の構成要素との整合性) 締約国は、この議定書の目的及び原則の達成を確保するため並びに南極条約体制における他の有効な国際文書の目的及び原則の達成に影響を及ぼすことを回避し又はこれらの国際文書の実施とこの議定書の実施との間の抵触を回避するため、これらの国際文書の締約国及びこれらの国際文書に基づいて設置された機関と協議し及び協力する。

第六条(協力) 1 締約国は、南極条約地域における活動を計画し及び実施するに当たり、協力する。このため、各締約国は、次のことを行うよう努力する。

(a) 南極の環境並びにこれに依存し及び関連する生態系の保護に関し、科学上、技術上及び教育上の価値を有する協力計画を促進すること。

(b) 他の締約国に対し、環境影響評価の実施について適当な援助を与えること。

(c) 要請により、他の締約国に対し、環境に対する潜在的な危険に関する情報を提供すること並びに南極の環境又はこれに依存し及び関連する生態系に損害を与えるおそれのある事故の影響を最小にするための援助を与えること。

(d) 場所のいかんを問わず過度の集中によって生ずる累積的な影響を回避するため、将来設置される基地その他の施設の場所の選択に関し他の締約国と協議すること。

(e) 適当な場合には、合同で探検を行うこと及び基地その他の施設を共同で使用すること。

(f) 南極条約協議国会議が合意する措置をとること。

2 各締約国は、南極の環境並びにこれに依存し及び関連する生態系を保護するため、他の締約国が南極条約地域における活動を計画し及び実施するに当たり当該他の締約国にとって有用な情報を可能な範囲で提供することを約束する。

3 締約国は、南極条約地域における活動が同地域に近接する地域の環境に悪影響を及ぼさないことを確保するため、当該近接する地域において管轄権を行使する締約国と協力する。

第七条(鉱物資源に関する活動の禁止) 鉱物資源に関するいかなる活動も、科学的調査を除くほか、禁止する。

第八条(環境影響評価) 1 2に規定する活動が計画される場合には、当該活動は、次のいずれの影響を及ぼすと判断されるかに応じ、南極の環境又はこれに依存し若しくは関連する生態系に及ぼす影響についての事前の評価のための手続であって附属書Ⅰに規定するものに従うものとする。

(a) 軽微な又は一時的な影響を下回る影響

(b) 軽微な又は一時的な影響

(c) 軽微な又は一時的な影響を上回る影響

2 各締約国は、附属書Ⅰに規定する評価の手続が、南極条約地域において科学的調査の計画に基づき実施されるすべての活動、同地域における観光並びに

政府及び非政府の他のすべての活動であって、南極条約第七条5の規定に従い事前の通告を必要とするもの（関連する後方支援活動を含む。）に関する決定に至るまでの立案過程において適用されることを確保する。

3　附属書Ⅰに規定する評価の手続は、活動のいかなる変更（既存の活動の拡大若しくは縮小、活動の追加、施設の廃棄又はその他の理由のいずれによって生ずるかを問わない。）についても適用する。

4　二以上の締約国が共同で活動を計画する場合には、関係締約国は、附属書Ⅰに規定する環境影響評価の手続の実施を調整する一の締約国を指定する。

第九条（附属書）1　この議定書の附属書は、この議定書の不可分の一部を成す。

2　附属書Ⅰから附属書Ⅳまでの附属書のほかに追加される附属書は、南極条約第九条の規定に従って採択され、効力を生ずる。

3　附属書の改正及び修正は、南極条約第九条の規定に従って採択され、効力を生ずる。ただし、いかなる附属書も、その附属書自体に改正及び修正が速やかに効力を生ずるための規定を定めることができる。

4　2及び3の規定に従って効力を生じた附属書並びに附属書の改正及び修正は、附属書自体に改正又は修正の効力発生について別段の定めがない限り、南極条約協議国でない南極条約の締約国又は採択の時に南極条約協議国でなかった南極条約の締約国については、寄託政府が当該締約国の承認の通告を受領した時に効力を生ずる。

5　附属書に別段の定めがある場合を除くほか、附属書は、第一八条から第二〇条までに規定する紛争解決のための手続の適用を受ける。

第一〇条（南極条約協議国会議）1　南極条約協議国会議は、利用可能な最善の科学上及び技術上の助言を参考として、次のことを行う。

(a)　この議定書の規定に従い、南極の環境並びにこれに依存し及び関連する生態系の包括的な保護についての一般的な政策を定めること。

(b)　この議定書の実施のため、南極条約第九条の規定に基づく措置をとること。

2　南極条約協議国会議は、委員会によって行われた作業を検討するものとし、1に規定する任務を遂行するに当たり、委員会の助言及び勧告並びに南極研究科学委員会の助言を十分に参考とする。

第一一条（環境保護委員会）1　この議定書により環境保護委員会を設置する。

2　各締約国は、委員会の構成国となる権利及び代表を任命する権利を有する。代表は、専門家及び顧問を伴うことができる。

3　委員会におけるオブザーバーとしての地位は、この議定書の締約国でない南極条約のすべての締約国に開放される。

4　委員会は、南極研究科学委員会の委員長及び南極の海洋生物資源の保存のための科学委員会の議長に対しオブザーバーとして委員会の会合に参加するよう招請する。委員会は、更に、南極条約協議国会議の承認を得て、委員会の作業に貢献することができる他の適切な科学的機関、環境に関する機関及び技術的機関に対し委員会の会合にオブザーバーとして参加するよう招請することができる。

5　委員会は、その会合の報告書を南極条約協議国会議に提出する。当該報告書は、委員会の会合で審議されたすべての問題を対象とし、及びその会合で表明された見解を反映するものとする。当該報告書は、その会合に出席した締約国及びオブザーバーに送付し、その後一般に利用可能なものとする。

6　委員会は、南極条約協議国会議による承認を条件として、委員会の手続規則を採択する。

第一二条（委員会の任務）1　委員会の任務は、附属書の運用を含むこの議定書の実施に関し南極条約協議国会議における審議のため締約国に対して助言を与え及び勧告を行うこと並びに同会議によって委員会に委任されるその他の任務を遂行することとする。特に、委員会は、次の事項に関して助言を与える。

(a)　この議定書に従ってとられる措置の効果

(b)　この議定書に従ってとられる措置を状況に応じて改定し、強化し又は改善する必要性

(c)　適当な場合には、追加的な措置（附属書の追加を含む。）の必要性

(d)　第八条及び附属書Ⅰに規定する環境影響評価の手続の適用及び実施

(e)　南極条約地域における活動の環境に対する影響を最小にし又は緩和する方法

(f)　緊急措置を必要とする事態についての手続（環境上の緊急事態における対応措置を含む。）

(g)　南極保護地区制度の運用及び改善

(h)　査察の手続（査察の報告書の様式及び査察の実施のための点検項目の一覧表を含む。）

(i)　環境保護に関する情報の収集、蓄積、交換及び評価

(j)　南極の環境の状態

(k)　この議定書の実施に関連する科学的調査（環境の監視を含む。）の必要性

2　委員会は、その任務を遂行するに当たり、適当な場合には、南極研究科学委員会、南極の海洋生物資源の保存のための科学委員会並びに他の適切な科学的機関、環境に関する機関及び技術的機関と協議する。

第一三条（この議定書の遵守）1　各締約国は、この議定書の遵守を確保するため、その権限の範囲内で適当な措置（法令の制定、行政措置及び執行措置を含む。）をとる。

2　各締約国は、いかなる者もこの議定書に反する活動を行わないようにするため、国際連合憲章に従った適当な努力をする。

3　各締約国は、1及び2の規定に従ってとる措置を

他のすべての締約国に通報する。

4　各締約国は、この議定書の目的及び原則の実施に影響を及ぼすと認めるすべての活動につき他のすべての締約国の注意を喚起する。

5　南極条約協議国会議は、この議定書の締約国でない国に対し、当該国又はその機関、自然人、法人若しくは船舶、航空機その他の輸送手段によって実施される活動であってこの議定書の目的及び原則の実施に影響を及ぼすすべてのものについて注意を喚起する。

第一四条（査察）1　南極条約協議国は、南極の環境並びにこれに依存し及び関連する生態系の保護を促進し並びにこの議定書の遵守を確保するため、単独で又は共同して、南極条約第七条の規定に従って行われる監視員による査察のための措置をとる。

2　監視員は、次の者とする。

(a)　いずれかの南極条約協議国によって指名される当該南極条約協議国の国民である監視員

(b)　南極条約協議国会議の定める手続に従い査察を行うため同会議で指名される監視員

3　締約国は、査察を行う監視員と十分に協力するものとし、査察の間、南極条約第七条3の規定に基づく査察のために開放されている基地、施設、備品、船舶及び航空機のすべての部分並びにこの議定書により要請されるすべての保管されたこれらに関する記録について監視員によるアクセスが認められることを確保する。

4　査察の報告書については、自国の基地、施設、備品、船舶又は航空機がその査察の報告書の対象となっている締約国に送付する。当該締約国が意見を述べる機会を与えられた後、当該査察の報告書及び意見は、すべての締約国及び委員会に送付され、並びに次の南極条約協議国会議で審議されるものとし、その後、当該査察の報告書及び意見は、一般に利用可能なものとする。

第一五条（緊急時における対応措置）1　南極条約地域における環境上の緊急事態に対応するため、各締約国は、次のことに同意する。

(a)　南極条約地域における科学的調査の計画、観光並びに政府及び非政府の他のすべての活動であって、南極条約第七条5の規定に従い事前の通告を必要とするもの（関連する後方支援活動を含む。）の実施から生ずる緊急事態に対し迅速かつ効果的な対応措置をとること。

(b)　南極の環境又はこれに依存し及び関連する生態系に悪影響を及ぼすおそれのある事件に対応するための緊急時計画を作成すること。

2　このため、締約国は、

(a)　1(b)の緊急時計画の作成及び実施について協力する。

(b)　環境上の緊急事態につき速やかに通報を行うため及び協力して対応するための手段を定める。

3　この条の規定の実施において、締約国は、適当な国際機関の助言を参考とする。

第一六条（責任）締約国は、南極の環境並びにこれに依存し及び関連する生態系の包括的な保護についてのこの議定書の目的に従い、南極条約地域において実施され、かつ、この議定書の適用を受ける活動から生ずる損害についての責任に関する規則及び手続を作成することを約束する。当該規則及び手続については、第九条2の規定に従って採択される一又は二以上の附属書に含める。

第一七条（締約国による年次報告）1　各締約国は、この議定書の実施のためにとった措置を毎年報告する。その報告書には、第一三条3の規定に従って行われる通報、第一五条の規定に従って作成される緊急時計画並びにこの議定書に従って必要とされる他のすべての通告及び通報であって情報の送付及び交換に関し他に規定がないものを含める。

2　1の規定に従って作成される報告書は、すべての締約国及び委員会に送付され、並びに次の南極条約協議国会議で審議されるものとし、更に、当該報告書は、一般に利用可能なものとする。

第一八条（紛争解決）この議定書の解釈又は適用に関して紛争が生じた場合には、紛争当事国は、いずれかの紛争当事国の要請により、交渉、審査、仲介、調停、仲裁、司法的解決又は紛争当事国が合意するその他の平和的手段により紛争を解決するため、できる限り速やかに紛争当事国間で協議する。

第一九条（紛争解決手続の選択）1　各締約国は、この議定書に署名し、これを批准し、受諾し若しくは承認し若しくはこれに加入する時に又はその後いつでも、書面による宣言を行うことにより、第七条、第八条及び第一五条の規定、附属書の規定（附属書に別段の定めがある場合を除く。）並びにこれらの規定に関連する第一三条の規定の解釈又は適用についての紛争の解決に関し、次の手段の一方又は双方を選択することができる。

(a)　国際司法裁判所

(b)　仲裁裁判所

2　1の規定に基づいて行われる宣言は、前条及び次条2の規定の適用に影響を及ぼすものではない。

3　1の規定による宣言を行わなかった締約国又は当該宣言が有効でなくなった締約国は、仲裁裁判所の管轄権を受け入れているものとみなされる。

4　紛争当事国が紛争の解決のために同一の手段を受け入れている場合には、当該紛争については、紛争当事国が別段の合意をしない限り、その手続にのみ付することができる。

5　紛争当事国が紛争の解決のために同一の手段を受け入れていない場合又は双方の紛争当事国が双方の手段を受け入れている場合には、当該紛争については、紛争当事国が別段の合意をしない限り、仲裁裁判所にのみ付託することができる。

6　1の規定に基づいて行われる宣言は、当該宣言の期間が満了するまで又は書面による当該宣言の撤回の通告が寄託政府に寄託された後三箇月が経過するまでの間、効力を有する。

7　新たな宣言、宣言の撤回の通告又は宣言の期間の終了は、紛争当事国が別段の合意をしない限り、国際司法裁判所又は仲裁裁判所において進行中の手続に何ら影響を及ぼすものではない。

8　この条に規定する宣言及び通告については、寄託政府に寄託するものとし、寄託政府は、その写しをすべての締約国に送付する。

第二〇条（紛争解決手続） 1　第七条、第八条若しくは第一五条の規定、附属書の規定（附属書に別段の定めがある場合を除く。）又はこれらの規定に関連する第一三条の規定の解釈又は適用についての紛争の当事国が第一八条の規定に従って協議を要請した後一二箇月以内に紛争解決のための手段について合意しない場合には、当該紛争は、いずれかの紛争当事国の要請により、前条の4及び5の規定により決定される紛争解決手続に従って解決を図る。

2　仲裁裁判所は、南極条約第四条の規定の範囲内にある問題について決定する権限を有しない。更に、この議定書のいかなる規定も、国際司法裁判所又は締約国間で紛争解決のために設置される他の裁判所に対し、同条の規定の範囲内にあるいずれの問題についても決定する権限を与えるものと解してはならない。

第二一条（署名）
第二二条（批准、受諾、承認又は加入）｝（略）

第二三条（効力発生） 1　この議定書は、その採択の日に南極条約協議国であるすべての国による批准書、受諾書、承認書又は加入書が寄託された日の後三〇日目の日に効力を生ずる。

2　この議定書は、その効力発生の日の後に批准書、受諾書、承認書又は加入書を寄託する南極条約の締約国については、その批准書、受諾書、承認書又は加入書の寄託の後三〇日目の日に効力を生ずる。

第二四条（留保） この議定書に対する留保は、認められない。

第二五条（修正又は改正） 1　第九条の規定の適用を妨げることなく、この議定書は、南極条約第一二条1の(a)及び(b)に規定する手続に従い、いつでも修正し又は改正することができる。

2　この議定書の効力発生の日から五〇年を経過した後、いずれかの南極条約協議国が寄託政府あての通報により要請する場合には、この議定書の運用について検討するため、できる限り速やかに会議を開催する。

3　2の規定によって招請される検討のための会議において提案された修正又は改正については、この議定書の締約国の過半数（この議定書の採択の時に南極条約協議国である国の四分の三を含む。）による議決で採択する。

4　3の規定に従って採択された修正又は改正は、南極条約協議国の四分の三による批准、受諾、承認又は加入（この議定書の採択の時に南極条約協議国であるすべての国による批准、受諾、承認又は加入を含む。）の時に効力を生ずる。

5 (a)　第七条の規定に関し、同条に規定する南極地域における鉱物資源に関する活動の禁止は、当該活動についての拘束力のある法制度（特定の活動が認められるか否か及び、認められる場合には、どのような条件の下で認められるかを決定するための合意された手段を含む。）が効力を生じない限り、継続する。この法制度は、南極条約第四条に規定するすべての国の利益を保護するものとし、同条に定める原則の適用を受ける。第七条の規定の修正又は改正が2に規定する検討のための会議において提案された場合には、当該修正又は改正には、当該活動についての拘束力のある法制度を含める。

(b)　(a)の修正又は改正がその採択の日から三年以内に効力を生じなかった場合には、いずれの締約国も、その後いつでも、この議定書から脱退する旨を寄託政府に通告することができる。脱退は、寄託政府がその通告を受領した後二年で効力を生ずる。

2（略）

第二六条（寄託政府による通報）（略）

第二七条（正文及び国際連合への登録） 1　この議定書は、ひとしく正文である英語、フランス語、ロシア語及びスペイン語により作成し、アメリカ合衆国政府に寄託する。同政府は、この議定書の認証謄本を南極条約のすべての締約国に送付する。

附録　仲　裁（略）

附属書Ⅰ　環境影響評価
附属書Ⅱ　南極の動物相及び植物相の保存
附属書Ⅲ　廃棄物の処分及び廃棄物の管理
附属書Ⅳ　海洋汚染の防止
附属書Ⅴ　地区の保護及び管理
附属書Ⅵ　環境上の緊急事態から生じる責任
｝（略）

第2節　国際運河

74　スエズ運河の自由航行に関する条約(スエズ運河条約)

署　名　一八八八年一〇月二九日(コンスタンティノープル)
効力発生　一八八八年一二月二二日
日本国

前　文(略)

第一条【航行の自由】スエズ海水運河は、国旗の区別なくすべての商船及び軍艦に対し、平時においても戦時においても、常に自由であり、かつ、開放される。よって締約国は、平時においても戦時においても、運河の自由な使用をいかなる方法をもっても阻害しないことを約束する。

運河は、絶対に封鎖権の行使に服せしめられることはない。

第二条【運河の安全】締約国は、淡水運河が海水運河に欠くことができないものであることを認め、淡水運河に関するエジプト国王殿下の万国スエズ運河会社に対する約束を了承する。右の約束は、一八六三年三月一八日付の条約中に規定され、序文及び四箇条からなる。

締約国は、その機能がいかなる妨害計画の対象ともされてはならない右の運河及びその支線の安全を、いかなる方法をもっても侵害しないことを約束する。

第三条【諸施設の尊重】締約国はまた、海水運河及び淡水運河の材料、設備、建物及び工事を尊重することを約束する。

第四条【敵対行為の禁止】海水運河は、この条約の第一条の規定により戦時においても自由航路として交戦国の軍艦に対して依然として開放されるので、締約国は、たとえトルコ帝国が交戦国の一となる場合でも、運河及びその出入港並びに出入港から三海里の範囲内で、いかなる交戦権もいかなる敵対行為も又運河の自由航行の妨害を目的とするいかなる行為も行わないことを約束する。

交戦国の軍艦は、運河及びその出入港内で、糧食又は需品を補給することができない。ただし、厳に必要な範囲内で行うときは、この限りではない。このような軍艦は、現行規則に従い最も速やかに運河を通過しなければならず、荷役の必要に基づく場合の外は、停止することができない。

前記の軍艦のポートサイド及びスエズ停泊所内での滞留は、二四時間を越えることができない。ただし、海難の場合には、この限りでない。この場合でもなるべく速やかに出発しなければならない。一の出入港からの交戦国の船舶の出発とその敵国に属する船舶の出発との間には、常に二四時間の間隔を保たなければならない。

第五条【戦時における軍用のための陸揚】戦時においては、交戦国は、運河及びその出入港内で軍隊、武器又は軍用材料を陸揚げ又は搭載することができない。ただし、運河内で不時の障害を生じた場合には、一千名を越えない部隊に分れた軍隊をこれに伴う軍用材料とともに搭載し又は陸揚げすることができる。

第六条【捕獲された船舶の待遇】捕獲された船舶は、すべての関係において交戦国の軍艦と同一の制度に従うものとする。

第七条【軍艦の滞留】各国は、運河の水流(タムサ湖及びビッター湖を含む。)内にいかなる軍艦も止めておくことができない。

ただし、ポートサイド及びスエズの出入港内には、各国二隻を越えない数の軍艦を止めおくことができる。

右の権利は、交戦国によって行使されることができない。

第八条【署名国代表者の任務】この条約の署名国のエジプトにある代表者は、この条約の執行を監視する任務を有する。運河の安全又は自由な通航が脅威を受けるすべての場合には、右の代表者は、その中の三名の招集により首席代表者の司会の下に会合して、必要な検証手続を行わなければならない。右の代表者は、その知ることができた危険をエジプト国政府に通知し、同政府をして運河の保護及び自由な使用を確保するのに適当な措置をとらせなければならない。

右の代表者は、条約の適当な執行を確かめるために、いかなる事情があっても、一年に一回会議を開かなければならない。右の会議は、トルコ帝国政府がそのために任命した特別委員によって司会される。エジプト国代表者もまた右の会議に参加し、トルコ帝国委員の欠席した場合には、これを司会することができる。

右の代表者は、特に運河の各岸におけるすべての工事又は会合であってその目的又は結果が航行の自由及び完全な安全を阻害するものの差止め又は解散を要求しなければならない。

第九条【エジプト国政府の責任】エジプト国政府は、トルコ帝国皇帝陛下の命令に基づくその機能の範囲内で、かつこの条約により規定された条件により、この条約の執行を尊重させるために必要な措置をとらなければならない。

エジプト国政府は、そのとるべき十分な方法を有しないときは、トルコ帝国政府に訴えなければならず、トルコ帝国政府は、この訴に応ずるために必要な措置をとり、かつ、一八八五年三月一七日のロンドン宣言の他の署名国にこれを通知し、必要に応じこの問題についてそれらの諸国と協議しなければならない。

第四条、第五条、第七条及び第八条の規定は、この条によってとるべき措置を妨げるものではない。

第一〇条【兵力行使の範囲】同様に第四条、第五条、第七条及び第八条の規定は、トルコ帝国皇帝陛下及びエジプト国王殿下が、トルコ帝国皇帝陛下の名においてかつトルコ帝国皇帝陛下の命令の範囲内で、各自の兵力により、エジプト国の防衛及び公の秩序の維持を確保するために、必要に応じてとるべき措置を妨げるものではない。

トルコ帝国皇帝陛下又はエジプト国王殿下がこの条により規定された除外例を用いることを必要と認めた場合には、トルコ帝国政府は、これをロンドン宣言の署名国に通知しなければならない。

同様に前記四条の規定は、いかなる場合にも、トルコ帝国政府がその紅海の東岸にある他の領地の防衛を自己の兵力により確保するためにとることを必要と信ずる措置を妨げるものではない。

第一一条【兵力行使の制限】この条約の第九条及び第一〇条により規定された場合にとられるべき措置は、運河の自由な使用を妨げることができない。

同一の場合において、第八条の規定に反する永久的要塞の建設は、禁止される。

第一二条【特権の禁止】締約国は、この条約の基礎の一をなす主義である運河の自由な使用に関する平等主義の適用により、いずれの締約国も、運河に関し将来締結されることがある国際協定において、領土上又は商業上の利益若しくは特権を求めないことを約束する。もとより、領有国としてのトルコ帝国の権利は、留保する。

第一三条【エジプト国の権利】この条約の条項により明定された義務の外は、トルコ帝国皇帝陛下の主権及びトルコ帝国皇帝陛下の命令に基づくエジプト国王殿下の権利及び特権は、何らの影響をも受けることはない。

第一四条【特許条例の存続期間と条約の効力】締約国は、この条約に基づく約束が万国スエズ運河会社特許条例の存続期間によって制限されないことを約束する。

第一五条【衛生措置】この条約の規定は、エジプトにおいて施行中の衛生上の措置を妨げるものではない。

第一六条【加入】締約国は、この条約をこれに署名しなかった諸国に通知して、その加入を勧誘することを約束する。

第一七条【批准】この条約は、批准しなければならず、批准書は、一箇月以内に又はなるべく速やかにコンスタンティノープルにおいて交換しなければならない。

75　パナマ運河の永久中立と運営に関する条約（パナマ運河永久中立条約）

署　名　一九七七年九月七日（ワシントン）
効力発生　一九七九年一〇月一日

アメリカ合衆国とパナマ共和国は、次のとおり合意した。

第一条【運河の永久中立】パナマ共和国は、パナマ運河が国際水路として、この条約に基づき設立される制度に従って永久に中立であることを宣言する。この中立制度は、パナマ共和国の領域内に全部又は一部が建設される他の国際水路にも適用される。

第二条【運河の中立宣言】パナマ共和国は、運河が平時においても戦時においても、すべての国の船舶の平和的通航に対して、完全な平等の条件の下に安全に開放されるために、パナマ運河の中立を宣言する。従って、通航の条件又は料金に関し、あるいはその他の理由により、いずれの国又はその国民に対しても差別がなされてはならず、また、パナマ運河及びパナマ地峡は世界の他の諸国間のいかなる武力紛争においても復仇の目標にされてはならない。ただし、次の条件に従わなければならない。

(a)　第三条(c)に従って定められる通航及びそれに付随する役務に対する通航料その他の料金の支払

(b)　第三条に従って適用される規則及び規制の遵守

(c)　通航中の船舶がパナマ運河内でいかなる敵対行為も行わないという条件

(d)　この条約で定められるその他の条件及び制限

第三条【運河の安全と整備】1　パナマ運河の安全、能率及び正常な整備のために、次の規則が適用される。

(a)　パナマ運河は、運河の通航に関する条件、並びに、公正で衡平かつ合理的な規則及び規制であって運河の安全な航行と効率的衛生的な運営に不可欠なものに従い、能率的に運営されなければならない。

(b)　パナマ運河の通航に必要な付随的な役務は、提供される。

(c)　通航とそれに付随する役務に対する通航料及びその他の料金は、公正で合理的かつ衡平なものであり、国際法の諸原則に合致したものでなければならない。

(d)　通航の前提条件として、船舶に対し、パナマ運河の通航中に当該船舶の作為又は怠慢から生ずる損害について、国際的な慣行及び基準に合致した合理的で適切な賠償金を支払うための財政上の責任及び保証を明確に示すよう要求することができる。国が所有若しくは運用し又は国が責任を負うことを認めた船舶の場合には、パナマ運河の通航中に当該船舶の作為又は怠慢から生ずる損害につき賠償金を支払う国際法上の義務を遵守する旨の当該国家の証明は、前記の財政上の責任を立証するために十分なものとみなされる。

(e) すべての国の軍艦及び補助艦船は、その艦内管理、推進方法、出発地、目的地又は装備のいかんにかかわりなく、また、通航の条件として、検査、捜索又は監視をうけることなく、いつでもパナマ運河を通航することができるものとする。ただし、これらの艦船に対し、保健、衛生及び検疫に関し適用されるすべての規制に従っていることを証明するよう求めることができる。更に、これらの艦船は、その艦内管理、出発地、装備、貨物又は目的地を明かにするのを拒否することができるものとする。ただし、補助艦船に対し、それが当該政府によって所有又は運用されており、かつ、この場合には政府の非商業的役務にのみ使用されている旨、免除を要請する国の政府の高官が証明する書面による保証の提示を求めることができる。

2 この条約の適用上、「パナマ運河」、「軍艦」、「補助艦船」、「艦内管理」、「装備」及び「検査」の文言は、この条約付属書Aで示される意味をもつ。

第四条【運河の中立維持】アメリカ合衆国とパナマ共和国は、この条約に基づき設立される中立制度を維持することに合意する。この中立制度は、両締約国が締結した他のいずれの条約の効力終了にかかわりなく、パナマ運河が永久に中立の地位に止まるために維持される。

第五条【運河条約失効後の運営】パナマ運河条約の効力終了後は、パナマ共和国のみがパナマ運河を運営し、その国家領域内に軍隊、防衛基地及び軍事施設を維持する。

第六条【両国軍艦の自由通航】1 パナマ運河の建設、運営、整備及び保護並びに防衛に対しアメリカ合衆国とパナマ共和国が貴重な貢献をしたことを承認し、両国の軍艦と補助艦船は、この条約の他のいずれの規定にかかわりなく、その艦内管理、推進方法、出発地、目的地、装備又は積載貨物のいかんにかかわらずパナマ運河を通航することができるものとする。これらの軍艦と補助艦船は、パナマ運河を迅速に通航することができる。

2 アメリカ合衆国は、自国がパナマ運河の運営に責任を負っている期間中、コロンビア共和国に対してその軍隊、船舶及び軍用資材のパナマ運河の無料通航を引き続き認めることができる。それ以後においては、パナマ共和国がコロンビア共和国及びコスタリカ共和国に対して無料通航権を与えることができる。

第七条【附属議定書の取扱】1 アメリカ合衆国とパナマ共和国は、すべての署名国がこの条約の目的を支持し、条約で規定された中立制度を尊重することに同意するこの条約の議定書を、世界のすべての国の加入に開放する旨の決議を米州機構において共同で提案する。

2 米州機構は、この条約とその関連文書の寄託者として行動する。

第八条【批准、効力発生】この条約は、両締約国の憲法上の手続に従って批准される。この条約の批准書は、本日署名されたパナマ運河条約の批准書の交換と同時にパナマで交換される。この条約は、批准書交換の日から六個月後にパナマ運河条約と同時に効力を発生する。

附属書（略）

76 パナマ運河の永久中立と運営に関する条約の附属議定書

日本国

前　文（略）

第一条【運河の永久中立の承認】締約国は、パナマ運河の永久中立と運営に関する条約に基づき設立されるパナマ運河の永久中立制度をここに承認し、その目的に賛同する。

第二条【永久中立の尊重と自国船の遵守確保】締約国は、戦時においても平時においても、パナマ運河の永久中立制度を遵守し尊重すること、並びに、自国に登録された船舶が適用される規則を忠実に遵守するよう確保することに同意する。

第三条【加入、効力発生】この議定書は、世界のすべての国の加入のために開放され、加入書を米州機構事務総長に寄託した時にその国について効力を発生する。

第3節　国際河川

7　国際関係を有する可航水路の制度に関する条約（バルセロナ条約）（抄）

署　名　一九二一年四月二〇日（バルセロナ）
効力発生　一九二二年一〇月三一日
日本国

アルバニア国（以下締約国名略）は、内国水路における航行に関し、一世紀以上も前に始まりかつ多くの条約において厳粛に確認された国際制度を一層発展させることを希望し、

他の諸国が後日加入することのできる一般的条約が、国際連盟規約第二三条（ホ）の目的を達成する最良の方法となることを考慮し、

世界の各地域に存在する四一国により作成された規程において、航行の自由の原則を新たに確認することは、国の主権又は権力を何ら害することなく、国家間の協力の達成に向けて新しいかつ重要な段階を構成するものであることを特に認め、

一九二一年三月一〇日にバルセロナにおいて開催された会議に参加するための国際連盟の招請を受諾し、かつ、右の会議の最終議定書に留意し、

右の会議において採択された国際関係を有する可航水路の制度に関する規程の条項を直ちに実施することを切望し、

この目的のために条約を締結することを希望し、締約国は、その全権委員を次のように任命した。

（全権委員名略）

右の各員は、その全権委任状を示し、これが良好妥当であることを認めた後、次のとおり協定した。

第一条【附属規程の受諾】締約国は、一九二一年四月一九日にバルセロナ会議により採択された、この条約に附属する国際関係を有する可航水路の制度に関する規程を受諾することを宣言する。

右の規程は、この条約の不可分の一部を構成するものとみなされる。したがって、締約国は、同規程に定める条項及び条件に従い、同規程の義務及び約束を受諾することをここに宣言する。

第二条～第九条（略）

国際関係を有する可航水路の制度に関する規程（抜粋）

第一条【可航水路の定義】この規程の適用上、次のものを国際関係を有する可航水路と宣言する。

1　海洋へ及び海洋から自然的に航行できる道程において数国の境界を成し又は数国を貫流する水路の場合には、この水路の海洋へ及び海洋から自然的に航行しうるすべての部分、並びに、海洋へ及び海洋から自然的に航行しうるその他の水路で数国の境界をなし又は数国を貫流する自然的に航行しうる水路を海洋と連結する部分。ただし、次のように了解する。

(a)　一船舶から他船舶への積換は、「海洋へ及び海洋から航行しうる」という語句によって除外されない。

(b)　自然的水路又は自然的水路の部分は、通常の商業的航行に現に使用され又はその自然的条件によって右の航行に使用されうる場合は、「自然的に航行しうる」という。「通常の商業的航行」とは、沿河国の経済的条件に照らして商業的でありかつ通常実行しうる航行をいう。

(c)　支流は、別個の水路とみなす。

(d)　前記の水路の不備を補うために開削された傍系の運河は、その水路と同視する。

(e)　国際関係を有する可航水路及び国際関係を有するその支流が数国の境界を成し又は数国を貫流する場合は、その国を沿河国とみなす。

2　自然的又は人工的な水路又はその部分であって、その水路又はその部分において主権又は権力を行使する国の単独の法令により又は特にこのような国の同意に基づき締結された協定により、国際関係を有する可航水路に関する一般条約の制度に従うと明示的に宣言されたもの。

第二条【特別の可航水路】この規程の第五条、第一〇条、第一二条及び第一四条の適用上、次のものは、国際関係を有する可航水路の中で特別の種類に属するものとする。

(a)　非沿河国の代表が出ている国際委員会のある可航水路

(b)　主権又は権力を行使する国の単独の法令により又は特にこのような国の同意に基づき締結された協定により、その後にこの特別の種類に属させられる可航水路

第三条【航行の自由】各締約国は、第五条及び第一七条の規定に従うことを条件として、その主権又は権力の下にある前記の可航水路の各部分において、いずれかの他の締約国の国旗を掲げる船舶に対して航行の自由の行使を認める。

第四条【平等待遇】前記の航行を行う場合、すべての締約国の国民、財産及び船舶は、すべての関係において完全な平等の基礎の下で扱われる。それぞれの可航水路の部分において主権又は権力を行使する沿河国を含む各沿河国の国民、財産及び船舶の間には、いかなる差別も設けることができない。同様に、沿河国と非沿河国の国民、財産及び船舶の間にも、いかなる差別も設けることができない。したがって、前記の可航水路においては、会社又は私人に対して航行の排他的な権利を認めることはできない。

前記の航行については、出発地、到着地又は運輸の方向を理由として、いかなる差別も設けることができない。

第五条【沿岸貿易】前二条の例外として、かつ、反対の

条約又は義務がない場合、

1　沿河国は、その主権又は権力の下にある一港において乗船し又は積み込み、かつ、その主権又は権力の下にある他港において下船し又は荷下ろす旅客及び貨物の輸送を、自国の船舶に留保する権利を有する。ただし、この輸送を自国の船舶に留保しない国は、これを留保する同一水路の沿河国に対し、この輸送に関する平等待遇の利益を拒絶することができる。

第二条に掲げる可航水路においては、沿河国の航行に関する法令により、旅客又は国産物若しくは国産となった貨物の地方的輸送を留保する権利のみが認められる。ただし、それより以前の航行に関する法令により、一層広い航行の自由が既に認められている場合には、この自由は縮小されてはならない。

2　国際関係を有する可航水路の自然的水系であって、第二条に掲げる種類の水路を含まないものが、二国のみの国境を成し又は二国のみを貫流している場合は、この二国は、相互の取決めにより、その水系の一港において乗船し又は積み込み、かつ、同一水系の他港において下船し又は荷下ろす旅客及び貨物の輸送を、それぞれの国の船舶に留保する権利を有する。ただし、この輸送が同一国の主権又は権力の下にない二港間に行われるものであって、その航行の道程において、前記のいずれの国の領域においても積換えを行わず、かつ、海洋の通過又はその水系に属さない国際関係を有する可航水路の通過を含む場合は、この限りでない。

第六条【沿河国の権利】各締約国は、その主権又は権力の下にある第一条に掲げる可航水路又は可航水路の部分において、領土の警備をするために、並びに、関税、公衆衛生、動植物の疾病予防、人の移出又は移入及び禁制品の輸入又は輸出に関する法令を適用するために、必要な法律を制定しかつ必要な措置をとる既存の権利を保持する。ただし、この法律及び措置は、妥当であることを要し、これを定める国を含むすべての締約国の国民、財産及び船舶の間で絶対的な平等の基礎の下に適用されることを要し、かつ、正当な理由なしに航行の自由を阻害するものであってはならない。

第一〇条【水路の保全】1　各沿河国は、水路の可航状態を阻害し又は航行の便益を低減するようなすべての措置を避けるとともに、航行に対し発生しうる障害及び危険を除去するために必要なすべての手段をできる限り速やかにとる義務がある。

2　水路の定期的な保全が航行のために必要である場合には、各沿河国は、なるべく速やかにその目的のために必要な手段をとり、かつ、その領域内において必要な工事を実行する義務を、他の沿河国に対して負う。ただし、常に航行の状況及び可航水路の通じる地方の経済状態を考慮するものとする。

反対の取決めがない限り、いずれの沿河国も、確実な理由を示して、他の沿河国に対し、保全費の相当な分担を求める権利を有する。

3　沿河国（領土的に利害関係を有する国を含む。）の一の反対がその領土内における現実の可航状態に基づくか、又はその他の利益、特に通常の水流状態の維持、灌漑の必要、水力の使用若しくは他の一層有利な交通路を建造する必要に基づく正当な理由を有しない限り、沿河国は、他の沿河国が工事費の支払及び追加保全費の公正な分担をすることを申し出て、可航状態の改良に必要な工事の実行を要求する場合には、これを拒絶することができない。もっとも、この工事が行われる地域を領有する国が、緊切な利害を理由としてこれに反対する限り、工事に着手することはできないものとする。

4　反対の取決めがない限り、保全工事を実行する義務のある国は、共同沿河国の一又は二以上がすべての共同沿河国の同意を得て、その工事を右の国に代わって実行することに同意した場合には、その義務から免れることができる。改良工事に関しては、それを実行する義務のある国は、その工事を代わって実行することを要求した国に許可した場合には、その義務から免れる。領土的に利害関係を有する国以外の国による工事の実行又は工事費の分担については、領土的に利害関係を有する国のその工事に対する監督及び行政的取締に関する権利又はその可航水路に対する主権及び権力を害さないように調整される。

5　第二条の水路については、この条の規定は、工事に関する国際委員会の権能及び責任を決定する条約、協約又は航行に関する法令の規定に従って適用する。現存するか又は締結される見込みのある前記の条約、協約又は航行に関する法令の中の特別の規定に従って、

(a)　工事に関する決定は、委員会が行う。

(b)　この決定の結果として生じる紛争については、第二二条に定める条件に従って、その決定が権限を超過しているか又は可航水路を規律する国際条約に違反しているとの理由に基づき、その解決を常に要求することができる。その他の理由に基づく、右の条件に従った解決の要求は、領土的に利害関係を有する国だけが行うことができる。

この委員会の決定は、この条の規定に従うものとする。

6　この条の1の規定にもかかわらず、沿河国は、反対の取決めがない限り、すべての沿河国の同意を得て、又は第二条に掲げる可航水路の場合には、国際委員会に代表者を送るすべての国の同意を得て、航行に対し水路の全部又は一部を閉鎖することができる。

例外の場合として、第二条に掲げられていない国際関係を有する可航水路の沿河国の一は、その水路の航行が重要ではない場合で、かつ、その国が航行の利益よりも明らかに一層大きな経済的利益を理

由として閉鎖が正当であることを証明する場合には、航行に対してその水路を閉鎖することができる。この場合、航行に対する閉鎖は、必ず一年の予告をもって行われ、かつ、第二二条に定める条件に従い他のいずれかの沿河国において提訴できることを条件にして行われる。必要があれば、判決では、航行に対する閉鎖を実施する条件を定める。

7　国際関係を有する可航水路がいずれも同一国の領域内にある数多の支流を経由して海洋に通ずる場合には、この条の1、2及び3の規定は、海洋に自由に出入りするために必要であると認められる主要な諸支流にのみ適用する。

第一二条【水路の行政】関税上及び警察上の措置並びに衛生的予防に関する現行条約のような特別の取決め又は条約の中に反対の規定がない限り、国際関係を有する可航水路の行政は、その水路において主権又は権力を行使する各沿河国が行う。各沿河国は、特にその水路の航行に関する規則を公布し、かつ、その実施をはかる権能及び義務を有する。その規則は、この規程に定める条件に基づく自由な航行を容易にするように制定し、かつ、適用しなければならない。

航行に関する違法行為の調査、起訴及び処罰のような事項を処理する手続規則は、なるべく迅速な解決を促すものとしなければならない。

もっとも、締約国は、沿河国が可航水路の行政に関し、また特に、可航水路の全道程を通じて各地の事情の違いが許す限り、同じ性質を有する航行規則の採択に関し、協定することが極めて望ましいことを認める。

航行の実行を容易にするため、独占事業の形式をもって、ひき船又はその他の船をひく手段に関する公共業務を設置することができる。ただし、沿河国のすべての同意、又は第二条に掲げる可航水路の場合には、国際委員会に代表を送る諸国のすべての同意があることを条件とする。

第一四条【国際河川委員会】第二二条に掲げた特別の取決め又は条約のいずれかが、沿河国以外の国の代表者を含む国際委員会に一定の職務を委任しているか又は将来委任するような場合には、右の委員会は、第一〇条の規定に従って、もっぱら航行の利益に留意する義務があり、また、右の委員会は、国際連盟規約第二四条に定める機関の一とみなされる。したがって、右の委員会は、連盟及びその機関と有益な情報を直接に交換し、かつ、連盟に年次報告書を提出する。

前項に定める委員会の権能及び義務は、それぞれの可航水路の航行に関する法令において規定され、かつ、少なくとも次の内容を含むものとする。

(a)　委員会は、自ら起草することを必要と認める航行規則を起草する権能を有し、かつ、その他のすべての航行規則の通知を受ける。

(b)　委員会は、工作物の保全及び可航状態の維持のために有益な行動を沿河国に指示する。

(c)　委員会は、水路の改良に関するすべての計画について、各沿河国から公式の情報の提供を受ける。

(d)　委員会は、航行に関する法令が料金の徴収に関し特別規則を含んでいない場合には、この規程の第七条の規定に従ってその料金及び課金の徴収を認可する権能を有する。

第一五条【戦時における効力】この規程は、戦時における交戦国及び中立国の権利及び義務を規定するものではない。もっとも、この規程は、右の権利及び義務が許す限りにおいて、戦時においても効力を持続する。

第一七条【軍艦と公船への不適用】領土的に利害関係を有する国が当事国であるか又は当事国となることのできる取決めに反対の規定がない場合、この規程は、軍艦又は警察上若しくは行政上の職務を執行する船舶又は一般に何らかの公権を行使する船舶の航行には適用しない。

第一八条【非締約国の待遇】各締約国は、国際関係を有する可航水路の航行に関する待遇であって、締約国相互間においてはこの規程の条項に触れることになるものを、取決め又はその他の方法により非締約国に対し許与しないことを約束する。

第一九条【緊急措置】国家の安全又は緊切な利益に影響が及ぶ緊急時において、締約国がとることを余儀なくされる一般的又は特別な性格を有する措置については、例外としてかつなるべく短期間に限って、前記の諸条から逸脱することを認められる。ただし、航行の自由の原則及び特に沿河国と海洋との間の交通は、最大限可能な範囲で維持されなければならない。

第二二条【紛争の解決】この規程の解釈又は適用に関する国家間の紛争であって、直接に当事者間で解決されないものは、第一〇条5の規定を害さないことを条件として、常設国際司法裁判所に付託される。ただし、特別協定又は一般的仲裁裁判条項に基づき、仲裁裁判又はその他の方法により紛争解決のための措置がとられる場合には、この限りでない。

手続は、常設国際司法裁判所規程第四〇条に定める方法により開始される。

ただし、締約国は、右の紛争をできる限り友好的方法により解決するため、司法手続に訴えるのに先立ち、かつ、連盟総会及び連盟理事会の権能及び職権を害することなく、交通及び通過の問題に関する連盟国の勧告的及び専門的な機関として連盟により設立されるいずれかの機関に、その意見を徴するために右の紛争を付託することを約束する。緊急の場合には、仮の意見として、紛争の原因となった行為又は事実以前に存在した航行の自由の便益を回復することを特に目的とする、暫定的な措置を勧告することができる。

78　国際水路の非航行的利用の法に関する条約（抄）

採択　一九九七年五月二一日
国際連合総会第五一回会期決議五一／二二九附属書
効力発生　二〇一四年八月一七日
日本国

この条約の締約国は、
世界の多くの地域における国際水路及びその非航行的利用の重要性を認識し、
総会は国際法の漸進的発達及び法典化を奨励するために研究を発議し、勧告をすると定める国連憲章第一三条1(a)に留意し、
国際水路の非航行的利用に関する国際法の法典化と漸進的発達の成功が、国連憲章第一条及び第二条に定める目的及び原則の促進と実施に有益であることを想起し、
多くの国際水路に影響を与える問題、とりわけ、需要と汚染の増大の結果生じている問題を考慮し、
枠組条約が、国際水路の利用、開発、保全、管理及び保護、並びに現在及び将来世代のための最適かつ持続可能な利用の促進を確保するという確信を表明し、
この分野における国際協力と善隣関係の重要性を認め、
途上国の特別な事情とニーズを考慮し、
一九九二年の国連環境発展会議が採択したリオ宣言とアジェンダ二一における原則と勧告を想起し、
また、国際水路の非航行的利用に関する現行の二国間及び多数国間条約を想起し、
政府間及び非政府間の国際組織がこの分野における国際法の法典化及び漸進的発達に対して与える貴重な貢献に留意し、
国際水路の非航行的利用の法に関する国際法委員会の作業を評価し、
一九九四年一二月九日の国連総会決議四九／五二に留意し、
次のとおり協定した。

第Ｉ部　序

第一条（条約の適用範囲）1　この条約は、国際水路とその水の航行以外の目的での利用、及び国際水路とその水の利用に関連する保護、保存及び管理のための措置に適用する。
2　航行のための国際水路の利用は、他の利用が航行に影響を与え又は航行によって影響を受ける場合を除いて、この条約の適用範囲には含まれない。

第二条（定義）この条約の適用上、
(a)　「水路」とは、地表水及び地下水であって、その物理的関連性により一つのまとまりをなし、通常は共通の最終的な流出点に到達する水系をいう。
(b)　「国際水路」とは、その一部が複数の異なる国家に所在する水路をいう。
(c)　「水路国」とは、この条約の締約国であって、国際水路の一部がその領域に所在する国、又は地域的な経済統合のための組織であって、その一又は複数の加盟国の領域に国際水路の一部が所在しているものをいう。
(d)　「地域的な経済統合のための組織」とは、特定の地域の主権国家によって構成される組織であって、この条約により規律される事項に関して加盟国から権限の委譲を受け、かつ、その内部手続に従ってこの条約の署名、批准、受諾、承認又はこれへの加入の正当な委任を受けたものをいう。

第三条（水路協定）1　別段の合意がない場合には、この条約のいかなる規定も、この条約の締約国となった日に効力を有する協定に基づく水路国の権利又は義務に影響を及ぼすものではない。
2　1の規定にかかわらず、同項にいう協定の締約国は、必要な場合には、当該協定をこの条約の基本原則に調和させることを検討することができる。
3　水路国は、特定の国際水路又はその一部の特徴及び利用について、この条約の規定を適用しかつ調整する一又は二以上の協定（以下、「水路協定」という。）を締結することができる。
4　水路協定が二以上の水路国の間で締結される場合には、当該協定の適用を受ける水域を定める。そのような協定は、国際水路の全体又はそのいずれかの部分について、若しくは特定の事業、計画又は利用について締結することができる。ただし、一又は二以上の他の水路国による当該水路の利用に関して、それら水路国の明示の同意なく重大な悪影響を及ぼす場合を除く。
5　水路国が特定の国際水路の特徴及び利用のためにこの協定の規定を調整しかつ適用する必要があると考える場合には、水路国は水路協定を締結することを目的として誠実に交渉するために協議する。
6　特定の国際水路について、すべてではないが複数の水路国が協定の締約国である場合には、当該協定の規定はその締約国ではない水路国のこの条約に基づく権利又は義務に影響を及ぼすものではない。

第四条（水路協定の締約国）1　すべての水路国は、国際水路の全体に適用される水路協定について、その交渉に参加し、かつ、その締約国となることができ、関連するいずれの協議にも参加することができる。
2　水路国による国際水路の利用が、水路の一部又は特定の事業、計画又は利用にのみ適用されることを予定する水路協定の実施によって重大な影響を受ける場合には、その水路国は当該協定に関する協議に参加することができ、また適当な場合には、その実施により自らの利用が影響を受ける限りにおいて、その締約国になるために当該協定に関する交渉に参加することができる。

第Ⅱ部　一般原則

第五条（衡平かつ合理的な利用と参加）1　水路国はそれぞれの領域において国際水路を衡平かつ合理的な方法で利用する。とくに水路国は、関係する水路国の利益を考慮しつつ、水路の適切な保護と両立する利用及びそこから生ずる便益を最適かつ持続可能なものとなるように水路を利用し、その開発を行う。

2　水路国は衡平かつ合理的な方法による国際水路の利用、開発及び保護に参加する。そのような参加には、この条約が規定する水路を利用する権利並びにその保護及び開発に協力する義務の双方を伴う。

第六条（衡平かつ合理的な利用に関連する要素）1　第五条の意味における衡平かつ合理的な方法による国際水路の利用は、次に掲げる事項を含むすべての関連する要素と事情を考慮することを要する。

(a)　地理的、水路的、水文的、気候的、生態的その他の自然的性質を有する要素
(b)　関係する水路国の社会的及び経済的ニーズ
(c)　各水路国における当該水路に依存している人口
(d)　一の水路国による水路の利用が他の水路国に与える影響
(e)　水路の現在の利用及び潜在的に可能な利用
(f)　水路の水資源の保全、保護、開発及び効率的利用とそのためにとられる措置の費用
(g)　特定の計画中の利用又は現行の利用に準ずる価値を有する代替策の利用可能性

2　第五条又は本条1を適用するにあたり、関係する水路国は、必要な場合には協力の精神の下で協議に入る。

3　各々の要素に与えられる重要性は、他の関連する要素の重要性と比較することにより決定される。合理的かつ衡平な利用の内容を決定する際には、すべての関連する要素を共に考慮し、全体を基礎として結論を下さなければならない。

第七条（重大な害を生じさせない義務）1　水路国は、その領域において国際水路を利用するにあたり、他の水路国に重大な害を生じさせることを防止するためにすべての適切な措置をとる。

2　それにもかかわらず他の水路国に重大な害が発生した場合には、水路の利用によりその害を生じさせた国は、そのような利用に関して合意がない場合には、第五条及び第六条の規定を適切に尊重しつつ、影響を受けた国と協議の上で、その害を除去し又は緩和するために、及び適当な場合には補償の問題を検討するために、すべての適当な措置をとる。

第八条（一般的協力義務）1　水路国は、主権平等、領土保全、互恵及び信義誠実を基礎として、国際水路の最適な利用と適切な保護を達成するために協力する。

2　そのような協力の方法を決定するにあたり、水路国は、さまざまな地域にすでに存在する共同の機構及び委員会における協力を通じて得られた経験に照らして、関連する措置と手続に関する協力を促進するため、必要と考える共同の機構又は委員会の設置を検討することができる。

第九条（データ及び情報の定期的な交換）1　水路国は、第八条に従って、水路の状態に関して容易に利用可能なデータ及び情報、とりわけ水文学的、気候学的、水路学的及び生態学的性質の情報であって水質並びに関連する予測に関するものを定期的に交換する。

2　水路国が他の水路国からただちに利用可能ではないデータ又は情報の提供を要請された場合には、当該要請に従うために最善の努力を払う。ただし、当該要請に応じるにあたって、そのようなデータ又は情報の収集、及び適当な場合にはそれらの処理に要する合理的な費用を要請国が支払うことを条件とすることができる。

3　水路国は、データ及び情報の伝達先となる他の水路国による利用を促進する方法でそれらを収集し、かつ、適当な場合には処理するよう、最善の努力を払う。

第一〇条（異なる種類の利用の間の関係）1　別段の合意又は慣習がない場合には、国際水路のいかなる利用も他の利用に対する固有の優先権を有しない。

2　国際水路の複数の利用の間で抵触が生ずる場合には、人間の死活的なニーズの充足に特別の考慮を払いつつ、第五条から第七条に照らして解決される。

第Ⅲ部　計画措置

第一一条（計画措置に関する情報）水路国は、国際水路の状態に関して計画措置が及ぼす可能性のある影響について情報を交換し、相互に協議し、また必要がある場合には交渉を行う。

第一二条（悪影響を与える可能性がある計画措置に関する通報）水路国は、他の水路国に重大な悪影響を与える可能性のある計画措置については、それを実施し又は許可する前に、その影響を受ける国に対して時宜を得た通報を行う。この通報には、通報を受ける国が計画措置の影響を評価することができるようにするため、環境影響評価の結果を含む利用可能な技術上のデータ及び情報を付けるものとする。

第一三条（通報に対する回答期間）別段の合意がない限り、

(a)　第一二条に基づき通報を行う水路国は、被通報国に対して六箇月の期間を与え、被通報国はその期間内に計画措置の影響を調査し、及び評価し、その結果を水路国に通達する。
(b)　この期間は、計画措置の評価が被通報国にとって特別な困難を提起する場合には、その要請により六箇月間延長される。

第一四条（回答期間における通報国の義務）第一三条に定める期間において、通報国は、

(a)　被通報国に対して、その要請にもとづき、正確な評価のために利用可能でかつ必要な追加的な

データ及び情報を提供することにより協力し、また、

(b) 被通報国の同意なしに計画措置を実施せず、又は実施を許可しない。

第一五条（通報に対する回答） 被通報国は、第一三条に従って定められる期間内にできる限り速やかに、通報国に調査結果を通達する。被通報国は、計画措置の実施が第五条又は第七条の規定に合致しないと考える場合には、その判断理由を示した書面を調査結果に添付する。

第一六条（通報に対する回答がない場合） 1　通報国は、第一三条に従って定められる期間内において、第一五条に基づくいかなる通達も受領しない場合、第五条及び第七条に基づく義務に服することを条件に、通報及び被通報国に提供されるその他のデータと情報に従い、計画措置の実施に着手することができる。

2　第一三条に従って定められる期間内に回答しなかった被通報国が行う補償請求は、通報国が回答期間の満了後に着手する行為（被通報国が回答期間内に異議申し立てをしていれば着手されなかったであろう行為）に対して負担する費用によって相殺される。

第一七条（計画措置に関する協議及び交渉） 1　計画措置の実施が第五条又は第七条の規定に合致しないという通達が第一五条に基づいて行われた場合には、通報国とその通達を行う国は協議を行い、また必要な場合には、事態の衡平な解決に到達するための交渉を行う。

2　協議と交渉は、各国が他国の権利及び正当な利益に合理的な考慮を誠実に払わなければならないという見地に立って行われる。

3　協議と交渉の期間中、通報国は、被通報国が通達を行う時点で要請した場合には、別段の合意がない限り六箇月の間、計画措置の実施又は実施の許可を差し控える。

第一八条（通報がない場合の手続） 1　水路国は、自国に重大な悪影響を与える措置を他の水路国が計画していると信じるに足る合理的理由を有する場合には、当該他の水路国に対して、第一二条の規定の適用を要請することができる。かかる要請にはその理由を示した書面が添付される。

2　ただし、措置を計画する国は、第一二条に基づく通報を提供する義務はないと認める場合には、かかる調査結果の理由を示した書面を付して、他国にその旨を通知する。この調査結果が他国を満足させない場合には、当該他国の要請に基づき、両国は第一七条1及び2の指示する方法で速やかに協議と交渉を行う。

3　協議と交渉の期間中、措置を計画する国は、協議と交渉の開始の要請時に当該他国から要請がある場合には、別段の合意がない限り六箇月の間、かかる措置の実施又は実施の許可を差し控える。

第一九条（計画措置の緊急実施） 1　計画措置の実施が公衆衛生、公共の安全又はその他の同等に重要な利益を保護するために緊急に必要である場合には、措置を計画する国は、第一四条及び第一七条3の規定にもかかわらず、第五条及び第七条に従い、直ちに実施に着手することができる。

2　このような場合には、措置の緊急性に関する正式の宣言が、関連するデータ及び情報と共に、第一二条にいう他の水路国に対して遅滞なく通達される。

3　措置を計画する国は、2にいう国の要請に基づき、第一七条1及び2に示す方法により、速やかに要請国と協議及び交渉を行う。

第Ⅳ部　保護、保全及び管理

第二〇条（生態系の保護及び保存） 水路国は、単独で、また適当な場合には共同で、国際水路の生態系を保護し、かつ、保全する。

第二一条（汚染の防止、軽減及び制御） 1　本条の適用上、「国際水路の汚染」とは、人間の活動から直接又は間接に生ずる国際水路の水の構成又は質を損なう変化をいう。

2　水路国は、他の水路国又はその環境に対して、人の健康若しくは安全、水路の有益な目的のための利用若しくはその生物資源に対する害を含む重大な害を生じさせ得る国際水路の汚染を、単独で、また適当な場合には共同で、防止し、軽減し、かつ制御する。水路国は、汚染に関連するこれらの政策を調和させるための措置をとる。

3　水路国は、いずれかの国が要請する場合には、国際水路の汚染を防止し、軽減しかつ制御するために、次に掲げる措置及び方法について相互に合意に達することを目的として協議する。

(a) 共同の水質目標及び基準の設定

(b) 点汚染源及び面汚染源からの汚染に対処するための技術及び訓練の確立

(c) 国際水路への導入が禁止、制限、調査又は監視されなければならない物質の一覧表の作成

第二二条（外来種又は新種の導入） 水路国は、水路の生態系に有害な影響を及ぼすものであって、他の水路国に重大な害を生じさせる外来種又は新種の国際水路への導入を防ぐために必要なすべての措置をとる。

第二三条（海洋環境の保護及び保全） 水路国は、単独で、又は適当な場合には他国と協力して、一般的に受け入れられている国際的な規則及び基準を考慮しつつ、河口を含む海洋環境の保護及び保全に必要な国際水路に関するすべての措置をとる。

第二四条（管理） 1　水路国は、いずれかの国が要請する場合には、共同管理機構を設立する可能性を含めて、国際水路の管理に関する協議に入る。

2　本条の適用上、「管理」とは、とくに次のことをいう。

(a) 国際水路の持続可能な開発を計画すること、及び採択された計画を実施するために必要な措置をとること

(b) 合理的かつ最適な水路の利用、保護及び制御を促進するその他の措置をとること

第二五条(規制) 1　水路国は、適当な場合には、国際水路の水流を規制する必要又は機会に対応するために協力する。

2　別段の合意がない限り、水路国がそのような規制事業の実施に合意する場合には、水路国は当該事業の建設及び維持又は費用の支払いについて衡平を基礎として参加する。

3　本条の適用上、「規制」とは、水流事業又はその他の継続的な措置であって、国際水路の水流を変化させ、変更し、又はその他の方法で制御するためにとられる措置をいう。

第二六条(施設) 1　水路国は、それぞれの領域内において、国際水路に関連する施設、設備及びその他の工作物を維持しかつ保護するために最善の努力を行う。

2　水路国は、重大な悪影響を受けると信ずる合理的な理由を有するいずれかの国が要請する場合には、次の事項に関して協議に入る。

(a) 国際水路に関連する施設、設備その他の工作物の安全な運用及び維持

(b) 故意若しくは過失ある行為又は自然の力からの施設、設備その他の工作物の保護

第V部　有害な状態及び緊急事態

第二七条(有害な状態の防止と軽減) 水路国は、単独で、また適当な場合には共同で、国際水路に関連するものであって、自然的原因によるものであるか人間の活動によるものであるかにかかわらず、洪水、結氷状態、水媒介性疾患、沈積、浸食、塩水浸入、旱魃又は砂漠化など、他の水路国にとって有害な状態を防止し又は緩和するためにすべての適切な措置をとる。

第二八条(緊急事態) 1　本条の適用上、「緊急事態」とは、水路国又はその他の国に深刻な害を生じさせ、若しくはその差し迫ったおそれのある事態であって、洪水、氷解、地滑り又は地震などの自然的原因又は産業事故などの人間活動により、突発的に生ずるものをいう。

2　水路国は、その領域内で発生した緊急事態につき、利用可能な最も迅速な手段により、影響を受ける可能性のある他国及び権限ある国際組織に遅滞なく通報する。

3　その領域内で緊急事態が発生した水路国は、影響を受ける可能性のある国、また適当な場合には権限ある国際組織と協力して、直ちに当該緊急事態の有害な影響を防止し、緩和しかつ除去するために、状況に応じて必要とされるすべての実行可能な措置をとる。

4　水路国は、必要な場合には、緊急事態に対応するための緊急時の計画を、適当な場合には影響を受ける可能性のある他国及び権限ある国際組織と協力して、共同で作成する。

第VI部　雑　則(第二九条～第三三条)(略)

第VII部　最終条項(第三四条～第三七条)(略)

附属書　仲　裁(略)

第4節　北　極

79　北極評議会設立宣言

採　択　一九九六年九月一九日(オタワ)

カナダ、デンマーク、フィンランド、アイスランド、ノルウェー、ロシア共和国、スウェーデン、アメリカ合衆国(以下、北極国)の政府の代表はオタワでの会合において、

先住人民とその社会が北極に特別の関係を有し固有の貢献をしてきたことを承認することを含め、北極住民の福利に対する我々の約束を確認し、

北極域における経済的・社会的発展、より良い衛生条件及び文化的福利を含む持続可能な開発に対する我々の約束を確認し、

同時に、北極生態系の健全さ、北極域の生物多様性の維持及び天然資源の保全と持続的利用を含む北極環境の保護に対する我々の約束を確認し、

北極環境保護戦略(AEPS)がこれら約束に果たした貢献を認め、

北極の先住人民とその社会が有する伝統的な知識を認めると共にその重要性に留意し、加えて、北極における科学と研究が北極圏に関する総合的理解にとって重要であることに留意し、

さらに、極圏の協力が必要な北極の諸課題に対応するための協力的活動を促進する手段を提供すること、そしてその活動において北極の先住人民とその社会及びその他の住民との十分な協議と十分な関与を確保することを切望し、

北極評議会の設立に対するイヌイット極域会議、サーミ評議会、ロシア共和国シベリア北方及び極東先住少数民族協会の有益な貢献と支援を認め、

北極の諸課題に関する定期的な政府間の検討と協議の機会を提供することを切望して、

ここに以下の通り宣言する。

1【北極評議会の設立】北極評議会は、以下を行う高級レベルのフォーラムとして設立される。

(a) 北極の共通の諸課題(注1)、特に北極における持続可能な開発と環境保護に関する諸課題につき、北極先住民社会その他北極住民の関与を得て北極国の間で協力、調整と相互作用を促進する手段を提供すること。

注1 北極評議会は軍事上の安全保障に関わる問題を扱うべきではない。

(b) AEPSの下で設立された以下の諸活動を監督し調整すること。北極監視評価計画(AMAP)、北極動植物相保全(CAFF)、北極海洋環境保護(PAME)、緊急事態防止・準備及び対応(EPPR)。

(c) 持続可能な開発に関する計画につきその綱領を採択し、同計画を監督しかつ調整すること。

(d) 北極関連の諸課題につき情報を普及し、教育を奨励し、そして関心を高めること。

2【構成】北極評議会の構成国は、カナダ、デンマーク、フィンランド、アイスランド、ノルウェー、ロシア共和国、スウェーデン、アメリカ合衆国(北極国(the Arctic States))である。

イヌイット極域会議、サーミ評議会、ロシア共和国シベリア北方及び極東先住少数民族協会は、北極評議会の常時参加者(permanent participants)である。その他の先住人民(注2)の北極組織で北極の先住民の構成が多数でかつ以下を代表するものに、常時参加が開放される。

注2 この宣言で使用される人民(peoples)という用語は、その用語に国際法によって付与されうる権利に関しいかなる含意があるものとしても解釈されてはならない。

(a) 複数の北極国に居住する単一の先住人民

(b) 単一の北極国に居住する複数の北極先住人民

かかる組織が上記の条件を満たしたかの認定は、北極評議会の決定による。常時参加者の数は、いかなる場合にも評議会構成国の数より少なくなるべきである。

常時参加者という分類は、北極先住民の代表が北極評議会において積極的に参加し十分な協議を得るために創設される。

3【オブザーバー】北極評議会のオブザーバーの地位は、評議会がその作業に貢献できると認定する以下のものに開放される。

(a) 非北極国

(b) 政府間組織及び議員間組織(普遍的ないし地域的なもの)

(c) 非政府組織

4【会合】評議会は、連絡と調整を行うため、通常隔年に開催し、上級実務者の会合はより頻繁に開催される。北極国はそれぞれ北極評議会に関する事項を扱う連絡先を指定すべきである。

5【会合事務】事務的支援を含む北極評議会の会合を主催する責任は、北極国の間で順番に持ち回りにすべきである。

6 北極評議会は、その最初の議題として、その会合及び作業部会の会合に関する手続規則を採択すべきである。

7 北極評議会の決定は、その構成国のコンセンサスによって行われる。

8 AEPSの下で設置された先住人民事務局は、北極評議会の枠組においても維持される。

9 北極評議会は、そのプログラムや関連する体制に関する優先順位と予算につき、定期的に再検討すべきである。

よって、以下に署名した我々政府の代表者は、北極評議会の政治的重要性を認識し、その成果を促進させることを意図して、この宣言に署名をした。

署名(略)

北極評議会の設立に関する北極諸国の共同コミュニケ(略)

7 10 北極に関する国際科学協力を促進するための協定(北極科学協力協定)(抄)

署　名　二〇一七年五月一一日(フェアバンクス)
効力発生　二〇一八年五月二三日

カナダ、デンマーク王国、フィンランド共和国、アイスランド、ノルウェー王国、ロシア連邦、スウェーデン王国及びアメリカ合衆国の政府(以下、締約国)は、

(中略)

意思決定のために利用可能な最良の知識を用いることの重要性を強調し、

そのための国際的な科学協力の重要性に留意し、

一九八二年の海洋法に関する国際連合条約の関連する規定、特にその第一三部の海洋の科学的調査に定める規定のうち、平和的目的の海洋の科学的調査の発展と実施を促進し及び容易にすることに関連するものを十分に考慮し、

(中略)

非締約国、特に北極評議会の常時参加者及びオブザーバーが有する重要な科学的専門性とこれまでの科学的活動に対する貴重な貢献を認め、

(中略)

既存の協力に貢献しそれを積み上げ、国際的な北極科学協力の発展と拡大のために努力することを希望し、次のとおり協定した。

第一条（用語及び定義）この協定の適用上、

「容易にする」とは、すべての必要な手続を遂行すること（適時の考慮をはらい可能な限り迅速に決定を行うことを含む）をいう。

「参加者」とは、締約国の科学技術に関わる省庁、研究所、大学及び専門学校に加えて、一の締約国ないし複数の締約国と共に又はその代理として行動する契約者、受託者及びその他のパートナーで、この協定にいう科学的活動に関与しているものをいう。

「科学的活動」とは、科学的調査、モニタリング及び評価を通じて、北極に関する理解を向上させる努力をいう。これらの活動には、以下を含むがこれらに限定されるものではない。科学的調査のプロジェクトないしプログラムの計画と実施、観測隊の派遣、観測、モニタリング活動、測量、モデリング及び評価。職員研修。科学的セミナー、シンポジウム、会議、ワークショップ及び会合の企画と開催。科学的データや着想、結果、方法、経験並びに伝統的及び地域的な知識の収集、処理、分析及び共有。サンプリングに関する方法論や手法の開発。成果公表の準備。研究のための後方支援及び研究設備の開発、実施及び利用。

「指定された地理的区域」とは、附属書Ⅰに記載される区域をいう。

第二条（目的）この協定の目的は、北極にまつわる科学的な知識の発展を効果的かつ効率的に向上させるため、科学的活動における協力を促進することにある。

第三条（知的財産及びその他の事項）（略）

第四条（人、機材及び資材の出入国）各締約国は、この協定の目的を進展させる必要に応じて、参加者を構成する人並びに参加者の研究に必要なプラットフォーム、資材、試料、データ及び機材につき、その領域への入国及び持込み並びに当該領域からの出国及び持出しを容易にするよう最善の努力を尽くす。

第五条（研究設備及び施設へのアクセス）締約国は、この協定に基づく指定された地理的区域における科学的活動を実施する目的のために、国が有する民生用の研究設備及び施設、輸送並びに機材及び資材の保管のような後方支援役務への参加者によるアクセスを容易にするよう最善の努力を尽くす。

第六条（調査区域への出入り）1　締約国は、国際法に適合して、科学的活動を実施する目的で、指定された地理的区域の陸域、沿岸域、空域及び海域に参加者が出入りすることを容易にする。

2　締約国は、一九八二年の海洋法に関する国際連合条約に適合して、この協定に基づく海洋の科学的調査を実施するための申請を処理することを容易にする。

3　締約国は更に、指定された地理的区域での空中の科学的データの収集を要する共同の科学的活動で、当該活動に関して締約国又は参加者が締結する具体的な実施協定ないし取極に従い行われるものを容易にする。

第七条（データへのアクセス）1　締約国は、この協定に基づく科学的活動に関わる科学的情報へのアクセスを容易にする。

2　締約国は、科学的なメタデータに関する完全かつオープンなアクセスを支持し、科学的データ、データ成果物及び公表結果については、最低限度の遅延で、なるべくオンラインで、かつ、無償又は複写と郵送に要する費用のみで、オープンアクセスにすることを奨励する。

3　締約国は、科学的データとメタデータを頒布し共有することを容易にする。その際、適当な場合かつ実行可能な限りにおいて、共通に受け入れられている基準、様式、手順及び報告方法に従う。

第八条（教育、職業開発及び訓練の機会）（略）

第九条（伝統的及び地域的な知識）1　締約国は、この協定に基づく科学的活動の計画及び実施において、適当な場合には、参加者が伝統的及び地域的な知識を利用することを奨励する。

2　締約国は、適当な場合には、伝統的及び地域的な知識の所有者とこの協定に基づく科学的活動を実施する参加者との間で交信することを奨励する。

3　締約国は、適当な場合には、伝統的及び地域的な知識の所有者がこの協定に基づく科学的活動に参加することを奨励する。

第一〇条（法律、規制、手続及び政策）
第一一条（資源）　｝（略）

第一二条（協定の検討）1　締約国は、この協定の効力発生後一年以内に、その後は締約国が決定するところにより、寄託者が招集して会合する。締約国は、当該会合につき、傍聴及び情報提供のため北極評議会の常時参加者及びオブザーバーを招へいすることを含め北極評議会の会合と併せて招集することができる。この協定の実施を検討する際、北極科学に関する非締約国との科学的な協力活動につき考慮することができる。

2　当該会合において、締約国は、この協定の実施につき検討し、そこには成功例及び実施における障害、並びに協定の実効性及び実施を改善する方法を含める。

第一三条（当局及び連絡窓口）（略）

第一四条（附属書）1　第一条に規定する附属書Ⅰは、この協定の不可分の一部を構成するものとし、法的拘束力を有する。

2　第一三条に規定する附属書Ⅱは、この協定の不可分の一部を構成せず、法的拘束力を有しない。

3　第一二条に規定する締約国の会合において、締約国は法的拘束力を有しない追加的な附属書を採択することができる。第一三条に規定する附属書Ⅱは、同条に定めるところに従い修正されうる。

第一五条（紛争解決）
第一六条（他の国際協定との関係）　（略）

第一七条（非締約国との協力）　1　締約国は、北極科学に関する非締約国との協力を継続して促進し容易にすることができる。

2　締約国は、その裁量において、この協定に規定する協力を非締約国と行い、この協定に規定する措置と適合する措置を、非締約国と協力して適用することができる。

3　この協定のいかなる規定も、非締約国との協定に基づく締約国の権利及び義務に影響をおよぼすものではなく、また締約国と非締約国との間の協力を妨げるものでもない。

第一八条（協定の改正）
第一九条（暫定的な適用、発効及び脱退）　（略）
第二〇条（寄託者）

附属書Ⅰ　指定された地理的区域

この協定の目的において指定された地理的区域とは、各締約国が以下に定めた区域であって、国際法に適合して、この協定の締約国が主権、主権的権利又は管轄権を行使する区域であり、その区域における陸地及び内水並びに隣接する領海、排他的経済水域及び大陸棚を含む。更に指定された地理的区域は、北緯六二度より北にある公海における国家管轄権の外の区域を含む。

締約国は、指定された地理的区域がこの協定の目的のためだけに定められていることに合意する。この協定のいかなる規定も、国際法に基づく海洋権原の存在ないし画定又は国家間の境界に関する画定に影響を及ぼすものではない。

カナダ　ユーコン、ノースウェスト準州及びヌナブトの領土、並びにそれに接続するカナダの海域

デンマーク王国　グリーンランドとフェロー諸島を含むデンマーク王国の領土及びその海域でグリーンランドの排他的経済水域とフェロー諸島の漁業水域の南端より北の海域

フィンランド　フィンランドの領土及びその海域

アイスランド　アイスランドの領土及びその海域

ノルウェー　北緯六二度以北の海域及び北極圏（北緯六六・六度）以北の陸域

ロシア連邦

一　ムルマンスク州の領土
二　ネネツ自治管区の領土
三　チュクチ自治管区の領土
四　ヤマロ・ネネツ自治管区の領土
五　地方自治体「ヴォルクタ」の領土（コミ共和国）
六　アライホフ地区、アナバル・ナショナル（ドルガノ・エヴェンキ）地区、ブルン地区、ニジニコリムスク地区、及び、ウスチ・ヤン地区の領土（サハ共和国（ヤクーチア））
七　ノリリスク、タイミル・ドルガン・ネネツ市区、及びトゥルハン地区の市街地の領土（クラスノヤルスク地方）
八　「アルハンゲリスク市」、「メゼニ地区」、「ノヴァヤゼムリャ」、「ノヴォドヴィンスク市」、「オネガ市区」、「プリモルスキー市区」、及び「セヴェロドヴィンスク」の地方自治体の領土（アルハンゲリスク州）
九　「ソヴィエト社会主義共和国連邦の領土として北極海に位置する陸域及び島の布告に関する」ソヴィエト社会主義共和国連邦中央執行委員会による一九二六年四月一五日の決議、及び、ソヴィエト社会主義共和国連邦の他の立法行為において指定された北極海の陸域及び島並びに、これらに接続する海域

注釈：上記項目五から八に列挙される地方自治体の領土は、二〇一四年四月一日現在の境界の内側と指定

スウェーデン　北緯六〇・五度より北のスウェーデンの領土及びその海域

アメリカ合衆国　北極圏以北及びポーキュパン川、ユーコン川及びカスコクウィム川により北側と西側を画定されるすべての米国領、アリューシャン諸島、並びにそれに接続する北極海、ボーフォート海、ベーリング海及びチュクチ海の海域

附属書Ⅱ　当局及び連絡窓口（略）

署　名（略）

8章 環境

本章の構成

本章には、環境保護を目的とする国際条約と宣言を収録する。一九七二年に開催された国連人間環境会議は、**人間環境宣言（８ 1）**と行動計画を採択した。一九八〇年代以降の地球的規模の環境問題に対処するため一九九二年にリオ・デ・ジャネイロで開催された国連環境発展会議は、**環境及び発展に関するリオ宣言（８ 2）**、アジェンダ二一および森林原則声明という三つの文書を採択し、**気候変動枠組条約（８ 7）**と**生物多様性条約（８ 11）**を署名のために開放した。リオ宣言は、環境と発展の関係に関する基本理念として「持続可能な開発」（原則四）という概念を掲げるとともに、環境の保全と回復のために「共通に有しているが差異のある責任」（原則七）の原則を採用し、「予防的措置」（原則一五）をとること等を各国に呼びかけている。二〇〇二年にリオ宣言の進捗状況を検討したヨハネスブルグ政治宣言が採択されたが、具体性や実効性の乏しいものにとどまっている。その後、持続可能な開発の概念は、経済、社会及び環境の三側面を統合するものとして展開し、ミレニアム開発目標（ＭＤＧｓ）を経て、二〇一五年、持続可能な開発目標（ＳＤＧｓ）が、**われわれの世界を変革する：持続可能な開発のための二〇三〇アジェンダ（８ 3）**の中で明記されている。

オゾン層の保護に関しては、国連環境計画（ＵＮＥＰ）が中心となって、一九八五年に**オゾン層保護ウィーン条約（８ 4）**を採択した。同条約は、締約国がオゾン層保護の一般的義務を負うと定める枠組条約である。当該一般義務を具体化する基準は、一九八七年の**オゾン層破壊物質モントリオール議定書（８ 5）**で定められた。同議定書では、議定書附属書に定めるオゾン層破壊物質の消費量や生産量を同議定書の基準に従って削減・撤廃することを義務づけ、附属書の改正や規制措置の調整により規制対象物質を拡大し規制内容を随時強化してきた。また、非締約国との間での規制物質やそれを用いた製品の輸出入を禁止または制限している。なお、途上国については、義務の実施を一定期間猶予し、規制措置実施のための資金援助や技術移転のための規定を設けている。二〇一六年一〇月には、オゾン層破壊物質ではないがその代替物質であり強力な温室効果ガスであるハイドロフルオロカーボン（ＨＦＣ）を規制対象とする改正が採択された。同議定書の第四回締約国会合で採択された**不遵守手続**（8 6）が効果的に運用されている。

地球温暖化対策として採択された気候変動枠組条約は、気候系の保護を「共通に有しているが差異のある責任」に基づいて実施し、特に先進国が率先してそれに対処すべきであると規定する。先進国と市場経済移行国に対して二〇〇八年から二〇一二年までの第一約束期間に一九九〇年比で附属書に定める割合の温室効果ガスの削減を義務づける**京都議定書**（8 8）が二〇〇五年に発効した。二〇一二年一二月、二〇二〇年までの第二約束期間における削減義務を定める京都議定書の改正が採択されたが、日本は義務を負わないと宣言した。二〇一六年一一月四日に発効した**パリ協定**（8 9）は、京都議定書に代わる二〇二〇年以降の温室効果ガス排出削減等のための新たな法的枠組であり、世界共通の長期目標として平均気温の上昇を工業化以前と比較して摂氏2度未満に抑えることとし、途上国を含む全ての国が緩和のための目標として「国が決定する貢献」を提出し、その実施状況を国際的に検討する（資料17 9も参照）。モントリオール議定書の不遵守手続は資料17 8を、京都議定書とパリ協定の遵守手続の比較は資料17 10を参照のこと。なお、国際法委員会が二〇一三年から検討を開始し、二〇二一年に作業を完了した**大気の保護に関する指針**（8 10）は、大気の汚染や劣化から大気を保護するための義務や環境影響評価などについて確認する。

生物多様性条約は、生物の多様性の保全とその持続可能な利用および遺伝資源の利用から得た利益の衡平な配分を目的とする包括的枠組条約である。生物の多様性における遺伝子改変生物の取扱いについては、二〇〇〇年に**バイオセーフティに関するカルタヘナ議定書**（8 12）が採択された。さらに、遺伝資源のアクセスと利益配分（ABS）については、二〇一〇年に**名古屋議定書**（8 13）が採択され、二〇一四年一〇月に発効し、日本も二〇一七年に締約国となった。同議定書は、遺伝資源の利用を促すべく、アクセスに係る事前同意制度の導入と相互合意条件に基づく利益配分を規定した。なお、生態系の保全の分野では、一九七三年に、絶滅のおそれのある野性動植物の商業取引を規制ないし原則禁止する**ワシントン野性動植物取引規制条約**（8 14）が締結された。このほか、一九七二年、自然遺産を含め文化遺産の保全と将来世代への承継を目的とした**世界遺産条約**（8 15）が締結された。

一方、産業活動に起因する有害廃棄物の越境移動の問題に対処するため、一九八九年に、**有害廃棄物の規制に関するバーゼル条約**（8 16）が採択された。同条約は、有害廃棄物の輸出の際には、輸入国および通過国に事前に通報し同意を得ること、そのような同意なしに行われた不法取引の際には輸出国が廃棄物を引き取ることなどを義務づけた。主にOECD諸国からそれ以外の国への有害廃棄物の輸出を原則禁止する一九九五年のBAN改正が、二〇一九年一二月に発効した。また、プラスチック汚染に関する国際的関心の高まりを受け、二〇一九年五月にプラスチックゴミを「他の廃棄物」として条約対象にする附属書Ⅱの改正が決定された。原子力の分野では、一九八六年のチェルノブイリ原発事故を契機に、国際原子力機関（IAEA）は、原子力事故が発生した場合の通報、情報提供および協議義務を定めた**原子力事故早期通報条約**（8 17）と**原子力事故援助条約**（8 18）を採択した。原子力事故時の損害賠償について、日本は二〇一四年一一月に**原子力損害補完的補償条約**（8 19）を締結し、同条約は二〇一五年四月一五日に発効した。

第1節　基本的文書

81　国際連合人間環境会議の宣言（人間環境宣言／ストックホルム宣言）

採　択　一九七二年六月一六日
国際連合人間環境会議（ストックホルム）

国際連合人間環境会議は、

一九七二年六月五日から一六日までストックホルムにおいて会合し、

人間環境の保全及び向上に関して、世界の人民を鼓舞し指導する共通の展望と共通の原則が必要であることを考慮して、

Ⅰ

次のとおり宣言する。

一　人は、その人間環境の被造者であると同時にその形成者でもある。環境は、人の生命を支え、人に知的、道徳的、社会的及び精神的成長の機会を与えている。この地球における人類の長く苦難に満ちた進化のなかで、科学技術のますます急速な発展によって、人は、その環境を無数の方法で、かつ、先例のない規模で変革する力を獲得する段階に到達した。人間環境の二つの側面、すなわち自然的側面及び人工的側面は、人の福祉にとって、また基本的人権―生存権そのものでさえ―の享受にとって、不可欠のものである。

二　人間環境の保護及び改善は、世界中の人民の福祉及び経済発展に影響を及ぼす主要な課題である。それは、全世界の人民の願望であり、すべての政府の義務である。

三　人は、常にその経験を総合し、発見、発明、創造及び進歩を続けなければならない。われわれの時代においては、自分をとりまく環境を変革する人の能力は、賢明に用いられるならば、すべての人民に発展の恩恵及び生活の質を向上させる機会を与えることができる。誤って、あるいは不注意に用いられるならば、同じ力は、人間及び人間環境にとってはかりしれない禍害をもたらしうる。われわれは、地球上の多くの地域において、われわれの周囲に人工の禍害がますます増大しつつあることを知っている。すなわち、水、空気、土地及び生物の危険なレベルの汚染、生物圏の生態学的均衡に対する大きくかつ望ましくない撹乱、かけがえのない資源の破壊及び枯渇、並びに人工の環境、とりわけ生活環境及び労働環境における、人の肉体的、精神的及び社会的健康に害を及ぼす重大な欠陥、がそれである。

四　発展途上国においては、環境問題の大部分は、低開発から生じている。幾百万の人々が、十分な食糧及び衣服、住居及び教育、健康及び衛生を奪われて、人間らしい最低の生活水準よりはるかに低い生活を続けている。したがって、発展途上国は、自国の優先順位及び環境を保護し改善する必要性を考慮に入れて、その努力を発展に向けなければならない。同じ目的のために、先進工業国は、自国と発展途上国との格差をうめる努力を行うべきである。先進工業国においては、環境問題は、一般に工業化及び技術発展と関係している。

五　人口の自然的増加は、たえず環境の保全に関して難問題を提起しており、この難問題に対処するため、必要な場合には適切な政策及び措置が採用されるべきである。世界のすべてのもののなかで、人民がもっとも貴重なものである。社会進歩を推進し、社会的富を創造し、科学技術を発展させ、そして勤勉な労働によって人間環境を常に変革するのは、人民である。社会進歩並びに生産力及び科学技術の発展にともなって、環境を改善する人の能力は日ごとに向上している。

六　歴史は、一つの転換点に到達した。われわれは、世界中で、環境に対する影響をより慎重に考慮して行動しなければならない。われわれは、無知又は無関心によって、われわれの生命及び福祉がそれに依存している地球の環境に、重大でとりかえしのつかない害を与えることがありうる。逆に、より十分な知識及びより賢明な行動によって、われわれは、われわれ自身及びわれわれの子孫のために、人間のニーズ及び希望に一層調和した環境において、よりよい生活を達成することができる。環境の質の向上及びよき生活の創造にとって、広大な展望が開けている。必要とされているのは、熱烈だが冷静な精神と、激しいが秩序立った仕事である。自然の世界において自由を達成するためには、人は、自然と協調して、よりよい環境を建設するために知識を用いなければならない。現在及び将来の世代のために人間環境を保護し改善することは、人類にとっての至上の目標、すなわち平和及び世界的な規模での経済的、社会的発展という確立した基本的目標とともに、またこれらの目標との調和のもとに追求されるべき目標となった。

七　この環境上の目標を達成するためには、市民及び社会、あらゆるレベルの企業及び団体が、責任を引き受け、すべてのものが共通の努力に衡平に参与することが必要とされよう。すべての職業の個人並びに多くの分野の団体は、その価値観及びその行動の総体によって将来の世界の環境を形作るであろう。地方自治体及び国の政府は、各々の管轄権内における大規模な環境政策及び行動にとってもっとも大きな責任を負うであろう。発展途上国がこの分野においてその責任を果たすのを支援する目的で資源を調達するために、国際協力もまた必要とされる。ますます多くの種類の環境問題が、範囲において地域的

又は世界的であるので、あるいは、共有の国際公域に影響を及ぼすために、共通の利益に基づく諸国間の広範な協力並びに国際機構の行動を必要とするであろう。国際連合人間環境会議は、すべての政府及び人民に対して、すべての人民及びその子孫のために、人間環境を保全し改善するための共通の努力を払うように、要請するものである。

II 原 則

次のような共通の確信を表明する。

原則一【環境に関する人の権利及び義務】人は、尊厳及び福祉の生活を可能とする質の環境において、自由、平等及び適切な生活水準への基本的権利を有するとともに、現在及び将来の世代のために環境を保全し改善する厳粛な責任を負う。これに関して、アパルトヘイト、人種的隔離、差別、植民地的及びその他の形態の抑圧、並びに外国の支配を促進し又は永続化する政策は、非難され、除去されなければならない。

原則二【天然資源の保護】空気、水、土地、動植物及びとりわけ自然の生態系の代表的なものを含む地球の天然資源は、現在及び将来の世代のために、注意深い計画又は管理によって、適切に保護されなければならない。

原則三【地球の天然資源産出能力の保護】再生可能な重要な天然資源を産出する地球の能力は、維持され、実行可能な場合には回復され又は改善されなければならない。

原則四【野生生物の保護】人は、有害な諸要素の組合わせによって今や重大な脅威にさらされている、野生生物及びその生息地という遺産を保護し賢明に管理する、特別の責任を負っている。したがって、野生生物を含む自然の保護は、経済発展の計画立案にさいして重視されなければならない。

原則五【再生不可能な資源の保護】再生不可能な地球の資源は、その将来の枯渇の危険から保護し、及びその利用の恩恵がすべての人類にひとしく享受されることを確保するような方法で、利用されなければならない。

原則六【有害物質などの排出の規制】環境の無害化能力を越えるような量又は濃度における有害物質又はその他の物質の排出及び熱の放出は、生態系に重大な又は回復不可能な損害を与えることがないよう確保するため、停止されなければならない。汚染に反対するすべての国の人民の正当な闘争は、支持されるべきである。

原則七【海洋汚染の防止】国は、人の健康に危険をもたらし、生物資源及び海洋生物に害を与え、海洋の快適性を損ない、又は海洋のその他の適法な利用を妨げるおそれのある物質による海洋の汚染を防止するため、すべての可能な措置をとる。

原則八【経済的及び社会的発展の必要性】経済的及び社会的発展は、人にとって好ましい生活環境及び労働環境を確保し、かつ生活の質の改善に必要な条件を地上に作り出すために、不可欠である。

原則九【発展途上国の発展のための援助】低開発状態及び自然災害がもたらす環境の欠陥は、重大な問題となっており、発展途上国の国内努力を補足するための相当量の財政的及び技術的援助、並びに必要とされる時宜を得た援助の供与によって促進される発展により、もっともよく対処することができる。

原則一〇【一次産品の価格安定】発展途上国にとっては、一次産品及び原料の価格の安定及びそれによる十分な収益は、生態学的プロセスとならんで経済的要素を考慮に入れなければならないため、環境の管理にとって不可欠である。

原則一一【環境政策と発展途上国の発展の関係】すべての国の環境政策は、発展途上国の現在又は将来の発展の潜在力を高めるべきであって、これに悪影響を与えてはならず、すべての者のためのよりよい生活条件の達成を妨げてはならない。すべての国及び国際機構は、環境上の措置から生じることのある国内的及び国際的な経済的結果に対処することについて合意に達するために、適切な措置をとるべきである。

原則一二【発展途上国の環境保護のための援助】発展途上国の状態と特別の必要性、発展計画の立案に環境保護を組み込むことから生じることのある費用、及び要請に応じてこの目的のために発展途上国に追加的な国際的技術並びに財政援助を利用可能とする必要性に考慮を払って、環境を保全し改善するために資源が利用可能とされるべきである。

原則一三【発展と環境の調和】資源のより合理的な管理を実現して環境を改善するために、国は発展がその住民の利益のために人間環境を保護し改善する必要性と両立するよう確保する目的で、発展計画の立案に際して総合的で調和のとれたアプローチを行うべきである。

原則一四【発展と環境の調和のための合理的な計画】発展の必要性と環境を保護し改善する必要との間の矛盾を解決するためには、合理的な計画立案が不可欠の手段である。

原則一五【環境保護のための住居及び都市計画】人間の住居及び都市化に関して、環境への悪影響を避け、すべての者のために最大限の社会的、経済的及び環境的利益を確保することを目的に、計画が行われなければならない。これに関して、植民地主義及び人種差別主義的支配を目的として立案された計画は、放棄されなければならない。

原則一六【環境保護のための人口政策】人口増加率若しくは過度の人口集中が環境若しくは発展に悪影響を及ぼす可能性がある地域、又は人口過疎が人間環境の改善を妨げ発展を阻害することのある地域においては、基本的人権を損なうことなく関係政府が適当とみなす人口計画が実施されるべきである。

原則一七【環境保護のための国の機関】国の適当な機関に対して、環境の質を向上させることを目的に、国の環境資源について立案し、これを管理し又は規制する任務が委ねられなければならない。

原則一八【環境問題解決のための科学技術の応用】科学技術は、経済的及び社会的発展への貢献の一環として、環境への危険を同定し回避し及び管理するために、環境問題を解決するために、並びに人類の共通の利益のために、応用されなければならない。

原則一九【環境教育】恵まれない人々の立場を十分に配慮した環境問題に関する青少年教育及び成人教育は、人間的な意味における環境の保護及び改善に当たって、個人、企業及び地域の啓発された意見並びに責任ある行動の基礎を拡大するために、不可欠のものである。同様に、マス・メディアが環境の悪化に手を貸すことなく、逆に人間がすべての面において発展することが可能となるよう、環境の保護及び改善の必要性について教育的性質の情報を普及することが、不可欠である。

原則二〇【環境保護のための科学技術の交流】環境問題における国内の及び国境を越えた科学研究並びに開発は、すべての国において、とりわけ発展途上国において促進されなければならない。これに関して、最新の科学情報の自由な交流と経験の移転は、環境問題の解決を容易にするために支持し援助されなければならず、環境技術は発展途上国の経済負担となることなくその広範な普及を奨励するような条件のもとに、発展途上国に利用させるべきである。

原則二一【環境に関する国の権利及び責任】国は、国際連合憲章及び国際法原則に従って、自国の資源をその環境政策に基づいて開発する主権的権利を有し、また、自国の管轄又は管理下の活動が他の国の環境又は国の管轄権の範囲外の区域の環境に損害を及ぼさないように確保する責任を有する。

原則二二【国際法の発展のための協力】国は、自国の管轄又は管理下の活動がその管轄権を越えた区域にもたらす汚染その他の環境損害の犠牲者のための賠償責任及び補償に関する国際法を一層発展させるために、協力する。

原則二三【各国の価値体系の尊重】国際社会が合意することのある基準又は国が決定するべき準則を損なうことなく、各国において優越的な価値体系を考慮し、及びもっとも発展した諸国にとっては有効であるが発展途上国にとっては不適切であり不当な社会的費用を要するような準則の適用可能性の程度を考慮することは、すべての場合に不可欠であろう。

原則二四【環境問題における国際協力】環境の保護及び改善に関する国際問題は、大小を問わずすべての国により、平等を基礎として協力の精神によって取り扱われるべきである。多数国間若しくは二国間の取極又はその他の適切な手段による協力は、すべての分野において行われる諸活動から生じる環境への悪影響を、すべての国の主権及び利益に妥当な考慮を払った方法で、効果的に管理し、防止し、減少させ及び除去するために不可欠である。

原則二五【国際機構の役割】国は、環境の保護及び改善のために、国際機構が調整された、能率的で精力的な役割を果たすことを確保する。

原則二六【核兵器などの廃絶】人及びその環境は、核兵器及びその他すべての大量破壊手段の影響から、保護されなければならない。国は関連国際機関において、このような兵器の除去及び完全な廃絶について速やかに合意に達するよう努力しなければならない。

8 2　環境及び発展に関するリオ宣言(リオ宣言)

採　択　一九九二年六月一四日
国際連合環境発展会議(リオ・デ・ジャネイロ)

環境及び発展に関する国際連合会議は、一九九二年六月三日から一四日までリオ・デ・ジャネイロで会合し、

一九七二年六月一六日にストックホルムで採択された国際連合人間環境会議の宣言を再確認するとともにこれを発展させることを求め、

国、社会の重要部門及び国民の間の新たな水準の協力を作りだすことによって、新しい衡平な地球的規模のパートナーシップを構築することを目的とし、

すべての者のための利益を尊重し、かつ地球的規模の環境及び発展のシステムの一体性を保護する国際的合意を目指して作業し、

われわれの家である地球の不可分性と相互依存性を認識し、

次のとおり宣言する。

原則一【人の権利】人は、持続可能な開発への関心の中心にある。人は、自然と調和しつつ健康で生産的な生活への権利を有する。

原則二【環境に関する国の権利及び責任】国は、国際連合憲章及び国際法の諸原則に従って、自国の資源をその環境政策及び発展政策に基づいて開発する主権的権利を有し、また、自国の管轄又は管理下の活動が他の国の環境又は国の管轄権の範囲外の区域の環境に損害を与えないように確保する責任を有する。

原則三【発展の権利】発展の権利は、現在及び将来の世代の発展上及び環境上のニーズを衡平に満たすことができるよう行使されなければならない。

原則四【持続可能な開発】持続可能な開発を達成するため、環境保護は発展過程の不可分の一部を構成し、それから切り離して考えることはできないものである。

原則五【貧困の撲滅】すべての国及びすべての人民は、生活水準の格差を減少し、世界の大多数の人民のニーズをより良く満たすため、持続可能な開発に必要不可欠なものとして、貧困の撲滅という不可欠の課題において協力する。

原則六【途上国の特別な状況】発展途上国、特に後発発展途上国及び環境上最も脆弱な国の特別な状況及びニーズに対して、特別の優先度を与える。また、環境及び発展の分野における国際的行動は、すべての国の利益及びニーズに対処するべきである。

原則七【共通に有しているが差異のある責任】国は、地球の生態系の健全性及び一体性を保存し、保護し及び回復するために地球的規模のパートナーシップの精神により協力する。地球環境の悪化への相異なる加担にかんがみて、各国は、共通に有しているが差異のある責任を有する。先進諸国は、彼らの社会が地球環境にかけている圧力並びに彼らの支配している技術及び財源の観点から、持続可能な開発の国際的な追求において負う責任を認識する。

原則八【生産消費様式、人口政策】国は、持続可能な開発及びすべての人民のより質の高い生活を達成するために、持続可能でない生産及び消費の様式を減少させ除去し、また適切な人口政策を推進するべきである。

原則九【科学的理解の改善】国は、科学的及び技術的な知見の交換を通じて科学的な理解を改善することにより、また、新しくかつ革新的なものを含む技術の開発、応用、普及及び移転を促進することにより、持続可能な開発のための内発的な対応能力を強化するために協力するべきである。

原則一〇【市民参加、救済手続】環境問題は、それぞれのレベルで、関心のあるすべての市民が参加することにより最も適切に扱われる。国内レベルにおいては、各個人が、有害物質及び地域社会における活動の情報を含めて、公共機関が有している環境関連情報を適正に入手し、また、意思決定過程に参加する機会を有するものとする。国は、情報を広く利用可能とすることにより、国民の啓発と参加を促進し、かつ奨励する。賠償及び救済を含む司法上及び行政上の手続に対する実効的なアクセスの機会が与えられなければならない。

原則一一【環境立法】国は、実効的な環境法令を制定する。環境基準、管理目的及び優先順位は、それらが適用される環境及び発展の状況を反映するべきである。一部の国が適用する基準は、他の国、特に発展途上国にとって不適切であり、正当化されない経済的及び社会的な負担をもたらすことがある。

原則一二【環境と貿易】国は、環境の悪化の問題により適切に対処するため、すべての国における経済成長と持続可能な開発をもたらすような協力的で開かれた国際経済システムの促進に協力するべきである。環境目的のための貿易措置は、国際貿易に対する恣意的な若しくは正当と認められない差別待遇又は国際貿易の偽装された制限の手段とされるべきではない。輸入国の管轄権外の環境問題に対処する一方的な行動は避けるべきである。国境を越える、あるいは地球規模の環境問題に対処する環境措置は、可能な限り国際的なコンセンサスに基づくべきである。

原則一三【賠償責任に関する国内法の整備と国際法の発展】国は、汚染及びその他の環境損害の被害者への賠償責任及び補償に関する国内法を整備する。国はまた、自国の管轄又は管理下の活動がその管轄権の範囲外の区域に及ぼす環境損害の悪影響に対する賠償責任及び補償に関する国際法を一層発展させるために、迅速かつより断固とした方法で協力する。

原則一四【有害物質の移転防止】国は、深刻な環境悪化を引き起こすか又は人の健康に有害であると認めるいかなる活動及び物質も、他の国への移動及び移転を阻止し又は防止するために効果的に協力するべきである。

原則一五【予防的な取組方法】環境を保護するため、国により、予防的な取組方法がその能力に応じて広く適用されなければならない。深刻な又は回復不可能な損害のおそれがある場合には、完全な科学的確実性の欠如を、環境悪化を防止するための費用対効果の大きい対策を延期する理由として援用してはならない。

原則一六【汚染者負担】国の機関は、汚染者が原則として汚染による費用を負担するべきであるというアプローチを考慮して、また、公益に適切に配慮して、国際的な貿易及び投資を歪めることなく、環境費用の内部化と経済的手段の使用の促進に努めるべきである。

原則一七【環境影響評価】環境に重大な悪影響を及ぼすおそれがあり、かつ権限のある国の機関の決定に服する計画された活動に対しては、国の手段としての環境影響評価を実施する。

原則一八【緊急事態の通報、支援】国は、他の国の環境に対して突発の有害な影響をもたらすおそれがある自然災害又はその他の緊急事態を、当該の国に直ちに通報する。被災した国を支援するため、国際社会によるあらゆる努力がなされなければならない。

原則一九【事前通報、情報提供】国は、国境を越えた環境への重大な悪影響をもたらしうる活動について、潜在的に影響を被るおそれのある国に対し、事前の時宜にかなった通報と関連情報の提供を行い、当該の国と早期にかつ誠実に協議を行う。

原則二〇【女性の役割】女性は、環境管理及び発展において必須の役割を有する。したがって女性の十分な参加は、持続可能な開発の達成のために不可欠である。

原則二一【青年の役割】持続可能な開発を達成し、すべての者のためのより良い将来を確保するため、世界の青年の創造力、理想及び勇気が、地球的規模のパートナーシップを創出するよう結集されるべきである。

原則二二【先住人民の役割】先住人民とその社会及びその他の地域社会は、その知識及び伝統のために、環境管理と発展において必須の役割を有する。国は、彼らの個性、文化及び利益を認め、適切に支持し、持続可能な開発の達成への彼らの効果的参加を可能とするべきである。

原則二三【抑圧下にある人民の保護】抑圧、支配及び占領の下にある人民の環境及び天然資源は、保護されなければならない。

原則二四【武力紛争時の環境保護】戦争行為は、本質的に持続可能な発展を破壊する性格を有する。したがって国は、武力紛争時における環境保護を規定する国際法を尊重し、必要に応じてその一層の発展のため協力する。

原則二五【相互依存性】平和、発展及び環境保護は、相互依存的であり、不可分である。

原則二六【紛争の平和的解決】国は、すべての環境紛争を国際連合憲章に従って、平和的に、かつ、適切な手段により解決しなければならない。

原則二七【国際協力】国及び人民は、この宣言に具現された原則の実施及び持続可能な発展の分野における国際法の一層の発展のため、誠実に、かつ、パートナーシップの精神で協力する。

8

3 われわれの世界を変革する：持続可能な開発のための二〇三〇アジェンダ（ＳＤＧｓ）（抜粋）

採　択　二〇一五年九月二五日（ニューヨーク）国際連合総会第七〇回会期決議七〇／一

総会は、

以下のポスト二〇一五年発展アジェンダを採択するための国連首脳会議の成果文書を採択する。

われわれの世界を変革する：持続可能な開発のための二〇三〇アジェンダ

前　文　このアジェンダは、人民、地球及び繁栄のための行動計画である。これはまた、より大きな自由の中での普遍的な平和の強化を求めるものでもある。われわれは、極端な貧困を含む、あらゆる形態と規模の貧困を撲滅することが最大の世界全体の課題であり、持続可能な開発のため必要不可欠であると認める。

すべての国及びすべてのステークホルダーは、協同的なパートナーシップの下、この計画を実施する。われわれは、人類を貧困及び欠乏の専制から解き放ち、地球を癒やし、安全にすることを決意する。われわれは、世界を持続的かつ強靱な道筋に移行させるために緊急に必要な、大胆かつ変革的な手段をとることを決意する。われわれはこの共同の旅路に乗り出すにあたり、誰一人取り残さないことを誓う。

今日われわれが発表する一七の持続可能な開発のための目標と一六九のターゲットは、この新しい普遍的なアジェンダの規模と野心を証明している。これらはミレニアム開発目標を基にしつつそれが達成できなかったものを全うすることを目指す。これらは、すべての人の人権を実現し、ジェンダーの平等とすべての女子の権利拡大を達成することを目指す。これらは統合され不可分のものであり、持続可能な開発の三側面、すなわち経済、社会及び環境の三側面を調和させるものである。

これらの目標及びターゲットは、人類及び地球にとり決定的に重要な分野で、向こう一五年間にわたり行動を活性化させるものになる。

人　民　われわれは、あらゆる形態及び側面において貧困と飢餓に終止符を打ち、すべての人が尊厳と平等の下に、そして健康な環境の下に、その持てる潜在能力を発揮することができることを確保することを決意する。

地　球　われわれは、地球が現在及び将来の世代のニーズを支えることができるように、持続可能な消費及び生産、天然資源の持続可能な管理並びに気候変動に関する緊急の行動をとることを含めて、地球をその悪化から保護することを決意する。

繁　栄　われわれは、すべての人が豊かで満たされた生活を享受することができること、また、経済的、社会的及び技術的な進歩が自然との調和のうちになされることを確保することを決意する。

平　和　われわれは、恐怖及び暴力のない、平和的で公正な包摂的な社会を育んでいくことを決意する。平和なくしては持続可能な開発はあり得ず、持続可能な開発なくして平和もあり得ない。

パートナーシップ　われわれは、強化された世界的な連帯の精神に基づき、最も貧しく最も脆弱な人のニーズに特に焦点をあて、すべての国、すべてのステークホルダー及びすべての人民の参加を得て、活性化された持続可能な開発のためのグローバル・パートナーシップを通じてこのアジェンダを実施するに必要とされる手段を動員することを決意する。

持続可能な開発目標の相互関連性及び統合された性質は、この新たなアジェンダの目的が実現されることを確保する上で極めて重要である。もしわれわれがこのアジェンダのすべての範囲にわたり自らの野心を実現することができれば、すべての人の生活は大いに改善され、われわれの世界はより良いものへと変革されるであろう。

宣言

導入

1 われわれ国家元首、政府の長その他の代表は、国連が七〇周年を迎えるにあたり、二〇一五年九月二五日から二七日までニューヨークの国連本部で会合し、今日、新たな世界的な持続可能な開発目標を決定した。

2 われわれが奉仕する人民に代わり、われわれは、包括的、遠大かつ人民中心な一連の普遍的かつ変革的な目標とターゲットを採択する歴史的な決定を行った。われわれは、このアジェンダを二〇三〇年までに完全に実施するために休みなく取り組むことを約束する。われわれは、極端な貧困を含むあらゆる形態と規模の貧困を撲滅することが最大の世界的な挑戦であり、持続可能な開発のために必要不可欠であると認識する。われわれは、持続可能な開発を、経済、社会及び環境という三つの側面において、調和がとれ統合された形で達成することを約束する。われわれはまた、ミレニアム開発目標の達成を基にしつつ、その未完の課題に取り組むことを求める。

われわれのビジョン

8 われわれは、人権及び人間の尊厳、法の支配、正義、平等並びに差別のないことに対して普遍的な尊重がなされる世界を思い描く。人種、種族及び文化的多様性に対して尊重がなされる世界。人間の潜在力を完全に実現し、繁栄を共有することができるよう平等な機会が与えられる世界。児童に投資し、すべての児童が暴力及び搾取のない環境で成長する世界。すべての女子が完全なジェンダーの平等を享受し、その権利拡大を阻むすべての法的、社会的、経済的な障壁が取り除かれる世界。そして、最も脆弱な人々のニーズが満たされる、公正かつ衡平で、寛容で開かれた、そして社会的に包摂的な世界。

9 われわれは、すべての国が継続的かつ包摂的で持続可能な経済成長と働きがいのある人間らしい仕事を享受できる世界を思い描く。消費と生産パターン、そして空気、土地、河川、湖、帯水層、海洋といったすべての天然資源の利用が持続可能である世界。民主主義、グッド・ガバナンス及び法の支配、並びにそれらを可能にする国内及び国際環境が、持続可能な開発(継続的で包摂的な経済成長、社会発展、環境保護並びに貧困及び飢餓の撲滅を含む)にとって不可欠とされる世界。技術開発とその応用が気候変動に配慮しており、生物多様性を尊重し、強靭なものである世界。人類が自然と調和し、野生生物その他の種が保護される世界。

われわれが共有する原則と約束

10 新アジェンダは、国際法の尊重を含め、国際連合憲章の目的と原則によって導かれる。世界人権宣言、国際人権諸条約、ミレニアム宣言及び二〇〇五年サミット成果文書にも基礎を置く。また、発展の権利に関する宣言などその他の文書も参照される。

12 われわれは、環境及び発展に関するリオ宣言のすべての原則、例えばその第七原則に規定された共通に有しているが差異のある責任の原則を再確認する。

今日の世界

新アジェンダ

18 本日、われわれが発表する一七の持続可能な開発目標と一六九の関連づけられたターゲットは、統合され不可分のものである。このような広範で普遍的な政策目標について、世界の指導者が共通の行動と努力を表明したことは未だかつてなかった。われわれは、持続可能な開発に向けた道を共に進み、すべての国と世界のあらゆる地域に大きな利得をもたらすことができる世界的な発展と「ウィン・ウィン」の協力を集団として求めることに自らを捧げる。すべての国家はその富、天然資源及び経済活動に対して永久的主権を有しており、またその権利を自由に行使することを確認する。われわれはすべての者の十分な利益、現在及び将来の世代のためにこのアジェンダを実施する。その際われわれは、国際法に対する約束を再確認し、このアジェンダが国際法上の国家の権利義務と両立するように実施されることを強調する。

21 新たな目標とターゲットは二〇一六年一月一日から実施され、向こう一五年間におけるわれわれの決定を導く。われわれは、各国の異なる現実、能力、発展段階及び関連する政策や優先事項を考慮して、このアジェンダを自国内、地域的及び世界的レベルで実施するよう取り組む。われわれは、関連する国際規則や約束と適合することを維持しつつ、特に発展途上国について、継続的かつ包摂的で持続可能な経済成長における各国の政策の余地を尊重する。また、持続可能な開発においては、地域的及び小地域的な側面、地域的な経済統合並びに相互連結性の重要性を確認する。地域的及び小地域的な枠組みは、持続可能な開発に関する政策を国レベルでの具体的な行動へと効果的に翻訳することを容易にすることができる。

31 われわれは、気候変動に関する国際連合枠組条約が、気候変動に対する世界全体の対応を交渉するための主要な国際的、政府間フォーラムであることを確認する。われわれは、気候変動及び環境悪化によって引き起こされる脅威に取り組むことを決意する。気候変動が世界的な性格を有することから、世界全体で温室効果ガスの排出を削減することを加速し、気候変動の悪影響への適応に取り組むための可能な限り広範な国際協力が求められる。われわれは、二〇二〇年までの世界全体の年間温室効果ガスの排出量から見た締約国による緩和に関する約束の効果の合計と、世界全体の平均気温の上昇を工業化以前よりも摂氏二度又は一・五度高い水準を下回るものに抑える可能性がある排出量の合計の道筋との間に著しい隔たりがあることについて、深刻な懸念をもって留意する。

33　われわれは、社会的及び経済的発展が地球の天然資源の持続可能な管理に依存していると認める。よってわれわれは、海洋、淡水資源の他、森林、山岳地及び乾燥地を保全し持続的に利用すること、並びに生物多様性、生態系及び野生生物を保護することを決意する。また、われわれは、持続可能な観光業を促進し、水不足及び水質汚染に立ち向かい、砂漠化、砂塵嵐、土壌劣化及び干ばつへの協力を強化し、並びに強靭性及び災害リスクの削減を促進することを決意する。この関係でわれわれは、メキシコで開催される生物多様性条約第一三回締約国会議に期待を寄せている。

実施の手段

39　新アジェンダの規模及び野心は、その実施を確保するための活性化されたグローバル・パートナーシップを必要とする。われわれは全面的にこれを約束する。このパートナーシップは、世界的な連帯、特に最も貧しい人及び脆弱な状況下にある人民との連帯の精神の下で機能する。それは、政府、民間部門、市民社会、国際連合システム及びその他の主体を結集し、並びに利用可能なあらゆる資源を動員して、すべての目標及びターゲットの実施のための集中的な世界的な取組を容易にする。

41　われわれは、それぞれの国が自国の経済的及び社会的発展のための主要な責任を有するということを認める。新アジェンダは、その目標とターゲットの実施に必要な手段を定める。われわれは、これらの実施手段が、発展途上国にとって相互に合意された有利な条件（譲許的かつ特恵的な条件を含む）に基づく財政的資源の動員の他、能力の開発及び環境上適正な技術の移転を含むことを認める。国内的及び国際的な公的資金は、不可欠な役務及び公共財の供給並びに他の資金源の呼び込みの上で重要な役割を果たす。われわれは、新アジェンダの実施において、小規模企業から協同組合及び多国籍企業におよぶ多様な民間部門並びに市民社会団体及び慈善団体の役割を確認する。

フォローアップと検討

47　次の一五年に向けた目標とターゲットの実施における進捗に関連し、われわれの政府が、国、地域的及び世界的レベルでのフォローアップ及び検討の主要な責任を有する。市民への説明責任を果たすため、われわれは、このアジェンダ及びアディス・アベバ行動アジェンダに定めるとおり様々なレベルでの体系的なフォローアップ及び検討を行う。また、国連総会及び経済社会理事会の下で開催されるハイレベル政治フォーラムが、世界的レベルでのフォロー　アップ及び検討を監督する中心的役割を担う。

世界を変えるための行動への呼びかけ

持続可能な開発目標

目標一　あらゆる場所のあらゆる形態の貧困を終わらせる

目標二　飢餓を終わらせ、食料の安全保障及び栄養の改善を実現し、持続可能な農業を促進する

目標三　あらゆる年齢のすべての人の健康的な生活を確保し、福祉を促進する

目標四　すべての人に包摂的で衡平な質の高い教育を確保し、生涯学習の機会を促進する

目標五　ジェンダーの平等を達成し、すべての女子の権利拡大を行う

目標六　すべての人に水と衛生の利用可能性と持続可能な管理を確保する

目標七　すべての人に手頃な価格で信頼できる持続可能で近代的なエネルギーの利用の機会を確保する

目標八　継続的かつ包括的で持続可能な経済成長、並びにすべての人の完全かつ生産的な雇用及び働きがいのある人間らしい仕事を促進する

目標九　強靭なインフラを造り、包摂的かつ持続可能な産業化を促進し、イノベーションを育む

目標一〇　国内及び国家間の不平等を削減する

目標一一　都市及び人間の居住を包摂的で安全で強靭で持続可能なものにする

目標一二　持続可能な生産及び消費の形態を確保する

目標一三　気候変動及びその影響に対処する緊急の行動を講じる

目標一四　持続可能な開発のために海洋と海洋資源を保全し、持続可能な形で利用する

目標一五　陸域生態系を保護し回復し及び持続可能な利用を促進し、森林を持続可能な形で管理し、砂漠化に対処し、土壌劣化を阻止し回復し、並びに生物多様性の損失を阻止する

目標一六　持続可能な開発のため平和的で包摂的な社会を促進し、すべての人に司法へのアクセスを提供し、あらゆるレベルにおいて効果的で説明責任のある包摂的な制度を構築する

目標一七　持続可能な開発のための実施手段を強化し、グローバル・パートナーシップを活性化する

第2節 大気

84 オゾン層の保護のためのウィーン条約（抄）

採択 一九八五年三月二二日（ウィーン）
効力発生 一九八八年九月二二日
日本国 一九八八年四月二七日国会承認、九月三〇日加入書寄託、一二月二七日公布（条約第八号）、一二月二九日効力発生

前文

この条約の締約国は、

オゾン層の変化が人の健康及び環境に有害な影響を及ぼすおそれのあることを認識し、

国際連合人間環境会議の宣言の関連規定特に、「諸国は、国際連合憲章及び国際法の諸原則に基づき、自国の資源をその環境政策に従って開発する主権的権利を有し、及び自国の管轄又は管理の下における活動が他国の環境又は国の管轄の外の区域の環境を害しないことを確保することについて責任を有する」と規定する原則を想起し、

開発途上国の事情及び特別な必要を考慮し、

国際機関及び国内機関において進められている作業及び研究、特に国際連合環境計画のオゾン層に関する世界行動計画に留意し、

国内的及び国際的に既にとられているオゾン層の保護のための予防措置に留意し、

人の活動に起因するオゾン層の変化を防止するための措置は、国際的な協力及び活動を必要とすること並びに関連のある科学的及び技術的考慮に基づくべきであることを認識し、

オゾン層及びその変化により生ずるおそれのある悪影響についての科学的知識を一層増進させるため、一層の研究及び組織的観測が必要であることを認識し、

オゾン層の変化により生ずる悪影響から人の健康及び環境を保護することを決意して、

次のとおり協定した。

第一条（定義） この条約の適用上、

1 「オゾン層」とは、大気境界層よりも上の大気オゾンの層をいう。

2 「悪影響」とは、自然環境又は生物相の変化（気候の変化を含む。）であって、人の健康、自然の生態系及び管理された生態系の構成、回復力及び生産力又は人類に有用な物質に対し著しく有害な影響を与えるものをいう。

3 「代替技術」又は「代替装置」とは、その使用により、オゾン層に悪影響を及ぼし又は及ぼすおそれのある物質の放出を削減し又は実質的に無くすことを可能にする技術又は装置をいう。

4 「代替物質」とは、オゾン層に対する悪影響が削減され、除去され又は回避される物質をいう。

5 「締約国」とは、文脈により別に解釈される場合を除くほか、この条約の締約国をいう。

6 「地域的な経済統合のための機関」とは、特定の地域の主権国家によって構成され、この条約又はその議定書が規律する事項に関して権限を有し、かつ、その内部手続に従ってこの条約若しくはその議定書の署名、批准、受諾、承認又はこの条約若しくはその議定書への加入が正当に委任されている機関をいう。

7 「議定書」とは、この条約の議定書をいう。

第二条（一般的義務） 1 締約国は、この条約及び自国が締約国であり、かつ、効力が生じている議定書に基づき、オゾン層を変化させ又は変化させるおそれのある人の活動の結果として生じ又は生ずるおそれのある悪影響から人の健康及び環境を保護するために適当な措置をとる。

2 締約国は、この目的のため、利用することができる手段により及び自国の能力に応じ、

(a) 人の活動がオゾン層に及ぼす影響並びにオゾン層の変化が人の健康及び環境に及ぼす影響を一層理解し及び評価するため、組織的観測、研究及び情報交換を通じて協力する。

(b) 自国の管轄又は管理の下における人の活動がオゾン層を変化させ又は変化させるおそれがあり、その変化により悪影響が生じ又は生ずるおそれのあることが判明した場合には、当該活動を規制し、制限し、縮小し又は防止するため、適当な立法措置又は行政措置をとり及び適当な政策の調整に協力する。

(c) 議定書及び附属書の採択を目的として、この条約の実施のための合意された措置、手続及び基準を定めることに協力する。

(d) この条約及び自国が締約国である議定書を効果的に実施するため、関係国際団体と協力する。

3 この条約は、締約国が1及び2の措置のほかに追加的な国内措置を国際法に従ってとる権利に影響を及ぼすものではなく、また、締約国により既にとられている追加的な国内措置に影響を及ぼすものではない。ただし、当該追加的な国内措置は、この条約に基づく締約国の義務に抵触するものであってはならない。

4 この条の規定は、関連のある科学的及び技術的考慮に基づいて適用する。

第三条（研究及び組織的観測） 1 締約国は、適宜、直接に又は関係国際団体を通じて次の事項並びに附属書I及び附属書IIに定める事項に関する研究及び科学的評価に着手すること並びにその実施に協力することを約束する。

(a) オゾン層に影響を及ぼす可能性のある物理学的及び化学的過程

(b) オゾン層の変化が及ぼす人の健康に対する影響その他の生物学的影響、特に、生物学的影響のあ

る太陽紫外放射（ＵＶ―Ｂ）の変化が及ぼす影響

(c) オゾン層の変化が及ぼす気候的影響

(d) オゾン層の変化及びそれに伴うＵＶ―Ｂの変化が人類に有用な天然及び合成の物質に及ぼす影響

(e) オゾン層に影響を及ぼす可能性のある物質、習慣、製法及び活動並びにこれらの累積作用

(f) 代替物質及び代替技術

(g) 関連のある社会経済問題

2　締約国は、附属書Ｉに定めるオゾン層の状態及び他の関連要素の組織的観測のための共同の又は相互に補完的な計画を、直接に又は関係国際団体を通じ、国内法並びに国内的及び国際的に行われている関連活動を十分に考慮して適宜推進し又は策定することを約束する。

3　締約国は、適当な世界的な資料センターを通じた研究資料及び観測資料の収集、確認及び送付が定期的かつ適時に行われることを確保するため直接に又は関係国際団体を通じて協力することを約束する。

第四条（法律、科学及び技術の分野における協力）1　締約国は、附属書IIに定めるところにより科学、技術、社会経済、商業及び法律に関する情報であってこの条約に関連のあるものの交換を円滑にし及び奨励する。当該情報は、締約国の合意する団体に提供する。当該団体は、情報を提供する締約国により秘密とされた情報を提供された場合には、当該情報がすべての締約国により入手可能となるまで、その秘密性を保護するため、当該情報を開示しないことを確保し、一括して保管する。

2　締約国は、自国の法令及び慣行に従い、開発途上国の必要を特に考慮して、技術及び知識の発展及び移転を直接に又は関係国際団体を通じて促進することに協力する。その協力は、特に次の手段を通じて実施する。

(a) 他の締約国による代替技術の取得の円滑化

(b) 代替技術及び代替装置に関する情報及び特別の手引書又は案内書の提供

(c) 研究及び組織的観測に必要な装置及び設備の提供

(d) 科学上及び技術上の要員の適当な訓練

第五条（情報の送付）締約国は、次条の規定に基づいて設置される締約国会議に対し、事務局を通じて、この条約及び自国が締約国である議定書の実施のためにとった措置に関する情報を、この条約又は関連議定書の締約国の会合が決定する書式及び間隔で送付する。

第六条（締約国会議）1　この条約により締約国会議を設置する。締約国会議の第一回会合は、次条の規定により暫定的に指定される事務局がこの条約の効力発生の後一年以内に招集する。その後は、締約国会議の通常会合は、第一回会合において決定する一定の間隔で開催する。

2　締約国会議の特別会合は、締約国会議が必要と認めるとき又は締約国から書面による要請のある場合において事務局がその要請を締約国に通報した後六箇月以内に締約国の少なくとも三分の一がその要請を支持するとき、開催する。

3　締約国会議は、締約国会議及び締約国会議が設置する補助機関の手続規則及び財政規則並びに事務局の任務の遂行のための財政規定をコンセンサス方式により合意し及び採択する。

4　締約国会議は、この条約の実施状況を絶えず検討し、更に次のことを行う。

(a) 前条の規定に従って提出される情報の送付のための書式及び間隔を決定すること並びに当該情報及び補助機関により提出される報告を検討すること。

(b) オゾン層、生ずる可能性のあるオゾン層の変化及びその変化により生ずる可能性のある影響に関する科学上の情報を検討すること。

(c) オゾン層を変化させ又は変化させる可能性のある物質の放出を最小にするための適当な政策、戦略及び措置の調整を第二条の規定に基づき促進すること並びにこの条約に関連のある他の措置に関して勧告を行うこと。

(d) 第三条及び第四条の規定に基づき、研究、組織的観測、科学上及び技術上の協力、情報の交換並びに技術及び知識の移転のための計画を採択すること。

(e) 必要に応じ、第九条及び第一〇条の規定に基づいてこの条約及びその附属書の改正を検討し及び採択すること。

(f) 議定書及びその附属書の改正を検討すること並びに改正が決定された場合には、当該議定書の締約国に対し当該改正を採択するよう勧告すること。

(g) 必要に応じ、第一〇条の規定に基づいてこの条約の追加附属書を検討し及び採択すること。

(h) 必要に応じ、第八条の規定に基づいて議定書を検討し及び採択すること。

(i) この条約の実施に必要と認められる補助機関を設置すること。

(j) 適当な場合には、関係国際団体及び科学委員会、特に世界気象機関、世界保健機関及びオゾン層調整委員会に対し、科学的研究、組織的観測その他この条約の目的に関連する活動に係る役務の提供を求めること並びに適宜これらの団体及び委員会からの情報を利用すること。

(k) この条約の目的の達成のために必要な追加的な行動を検討し及びとること。

5　国際連合、その専門機関及び国際原子力機関並びにこの条約の締約国でない国は、締約国会議の会合にオブザーバーを出席させることができる。オゾン層の保護に関連のある分野において認められた団体又は機関（国内若しくは国際の又は政府若しくは非政府のもののいずれであるかを問わない。）であって、締約国会議の会合にオブザーバーを出席させることを希望する旨事務局に通報した

ものは、当該会合に出席する締約国の三分の一以上が反対しない限り、オブザーバーを出席させることを認められる。オブザーバーの出席及び参加は、締約国会議が採択する手続規則の適用を受ける。

第七条（事務局） 1 事務局は、次の任務を遂行する。

(a) 前条及び次条から第一〇条までに規定する会合を準備し及びその会合のための役務を提供すること。

(b) 第四条及び第五条の規定により受領した情報並びに前条の規定により設置される補助機関の会合から得られる情報に基づく報告書を作成し及び送付すること。

(c) 議定書により課された任務を遂行すること。

(d) この条約に基づく任務を遂行するために行った活動に関する報告書を作成し及びその報告書を締約国会議に提出すること。

(e) 他の関係国際団体との必要な調整を行うこと。特に、その任務の効果的な遂行のために必要な事務的な及び契約上の取決めを行うこと。

(f) 締約国会議が決定する他の任務を遂行すること。

2 事務局の任務は、前条の規定に従って開催される締約国会議の第一回通常会合が終了するまでは、国際連合環境計画が暫定的に遂行する。締約国会議は、第一回通常会合において、この条約に基づく事務局の任務を遂行する意思を表明した既存の関係国際機関の中から事務局を指定する。

第八条（議定書の採択） 1 締約国会議は、その会合において、第二条の規定により議定書を採択することができる。

2 議定書案は、締約国会議の会合の少なくとも六箇月前に事務局が締約国に通報する。

第九条（この条約及び議定書の改正） 1 締約国は、この条約及び議定書の改正を提案することができる。改正に当たっては、特に、関連のある科学的及び技術的考慮を十分に払うこととする。

2 この条約の改正は、締約国会議の会合において採択する。議定書の改正は、当該議定書の締約国の会合において採択する。この条約及び議定書の改正案は、当該議定書に別段の定めがある場合を除くほか、その採択が提案される会合の少なくとも六箇月前に事務局が締約国に通報する。事務局は、改正案をこの条約の署名国にも参考のために通報する。

3 締約国は、この条約の改正案につき、コンセンサス方式により合意に達するようあらゆる努力を払う。コンセンサスのためのあらゆる努力にもかかわらず合意に達しない場合には、改正案は、最後の解決手段として、当該会合に出席しかつ投票する締約国の四分の三以上の多数票による議決で採択するものとし、寄託者は、これをすべての締約国に対し批准、承認又は受諾のために送付する。

4 3の手続は、議定書の改正について準用する。ただし、議定書の改正案の採択は、当該会合に出席しかつ投票する当該議定書の締約国の三分の二以上の多数票による議決で足りる。

5 改正の批准、承認又は受諾は、寄託者に対して書面により通告する。3又は4の規定に従って採択された改正は、この条約の締約国の少なくとも四分の三又は関連議定書の締約国の少なくとも三分の二の批准、承認又は受諾の通告を寄託者が受領した後九〇日目の日に、当該改正を批准し、承認し又は受諾した締約国の間で効力を生ずる。その後は、改正は、他の締約国が当該改正の批准書、承認書又は受諾書を寄託した後九〇日目の日に当該他の締約国について効力を生ずる。ただし、関連議定書に改正の発効要件について別段の定めがある場合を除く。

6 この条の規定の適用上、「出席しかつ投票する締約国」とは、出席しかつ賛成票又は反対票を投ずる締約国をいう。

第一〇条（附属書の採択及び改正） 1 この条約の附属書又は議定書の附属書は、それぞれ、この条約又は当該議定書の不可分の一部を成すものとし、「この条約」又は「議定書」というときは、別段の明示の定めがない限り、附属書を含めていうものとする。附属書は、科学的、技術的及び管理的な事項に限定される。

2 この条約の追加附属書又は議定書の附属書の提案、採択及び効力発生については、次の手続を適用する。ただし、議定書に当該議定書の附属書に関して別段の定めがある場合を除く。

(a) この条約の附属書は前条の2及び3に定める手続を準用して提案され及び採択され、議定書の附属書は同条の2及び4に定める手続を準用して提案され及び採択される。

(b) 締約国は、この条約の追加附属書又は自国が締約国である議定書の附属書を承認することができない場合には、その旨を、寄託者が採択を通報した日から六箇月以内に寄託者に対して書面により通告する。寄託者は、受領した通告をすべての締約国に遅滞なく通報する。締約国は、いつでも、先に行った異議の宣言に代えて受諾を行うことができるものとし、この場合において、附属書は、当該締約国について効力を生ずる。

(c) 附属書は、寄託者による採択の通報の送付の日から六箇月を経過した時に、(b)の規定に基づく通告を行わなかったこの条約又は関連議定書のすべての締約国について効力を生ずる。

3 この条約の附属書及び議定書の附属書の改正の提案、採択及び効力発生は、この条約の附属書及び議定書の附属書の提案、採択及び効力発生と同一の手続に従う。附属書の作成及び改正に当たっては、特に、関連のある科学的及び技術的考慮を十分に払うこととする。

4 附属書の追加又は改正がこの条約又は議定書の改正を伴うものである場合には、追加され又は改正された附属書は、この条約又は当該議定書の改正が効力を生ずる時まで効力を生じない。

第一一条（紛争の解決）1　この条約の解釈又は適用に関して締約国間で紛争が生じた場合には、紛争当事国は、交渉により紛争の解決に努める。

2　紛争当事国は、交渉により合意に達することができなかった場合には、第三者によるあっせん又は仲介を共同して求めることができる。

3　国及び地域的な経済統合のための機関は、1又は2の規定により解決することができなかった紛争について、次の紛争解決手段の一方又は双方を義務的なものとして受け入れることをこの条約の批准、受諾、承認若しくはこれへの加入の際に又はその後いつでも、寄託者に対し書面により宣言することができる。

(a)　締約国会議が第一回通常会合において採択する手続に基づく仲裁

(b)　国際司法裁判所への紛争の付託

4　紛争は、紛争当事国が3の規定に従って同一の紛争解決手段を受け入れている場合を除くほか、当該紛争当事国が別段の合意をしない限り、5の規定により調停に付する。

5　いずれかの紛争当事国の要請があったときは、調停委員会が設置される。調停委員会は、各紛争当事国が指名する同数の委員及び指名された委員が共同で選出する委員長によって構成される。調停委員会は、最終的かつ勧告的な裁定を行い、紛争当事国は、その裁定を誠実に検討する。

6　この条の規定は、別段の定めがある議定書を除くほか、すべての議定書について準用する。

第一二条（署名）
第一三条（批准、受諾又は承認）
第一四条（加入）
（略）

第一五条（投票権）1　この条約又は議定書の各締約国は、一の票を有する。

2　地域的な経済統合のための機関は、1の規定にかかわらず、その権限の範囲内の事項について、この条約又は関連議定書の締約国であるその構成国の数と同数の票を投票する権利を行使する。当該機関は、その構成国が自国の投票権を行使する場合には、投票権を行使してはならない。その逆の場合も、同様とする。

第一六条（この条約と議定書との関係）1　国及び地域的な経済統合のための機関は、この条約の締約国である場合又は同時にこの条約の締約国となる場合を除くほか、議定書の締約国となることができない。

2　議定書に関する決定は、当該議定書の締約国が行う。

第一七条（効力発生）1　この条約は、二〇番目の批准書、受諾書、承認書又は加入書の寄託の日の後九〇日目の日に効力を生ずる。

2　議定書は、当該議定書に別段の定めがある場合を除くほか、一一番目の批准書、受諾書、承認書又は加入書の寄託の日の後九〇日目の日に効力を生ずる。

3　この条約は、二〇番目の批准書、受諾書、承認書又は加入書の寄託の後にこれを批准し、受諾し、承認し又はこれに加入する締約国については、当該締約国による批准書、受諾書、承認書又は加入書の寄託の日の後九〇日目の日に効力を生ずる。

4　議定書は、当該議定書に別段の定めがある場合を除くほか、2の規定に基づいて効力が生じた後にこれを批准し、受諾し、承認し又はこれに加入する締約国については、当該締約国が批准書、受諾書、承認書又は加入書を寄託した日の後九〇日目の日又はこの条約が当該締約国について効力を生ずる日のいずれか遅い日に効力を生ずる。

5　地域的な経済統合のための機関によって寄託される文書は、1及び2の規定の適用上、当該機関の構成国によって寄託されたものに追加して数えてはならない。

第一八条（留保）この条約については、留保は、付することができない。

第一九条（脱退）1　締約国は、自国についてこの条約が効力を生じた日から四年を経過した後いつでも、寄託者に対して書面による脱退の通告を行うことにより、この条約から脱退することができる。

2　議定書の締約国は、当該議定書に別段の定めがある場合を除くほか、自国について当該議定書が効力を生じた日から四年を経過した後いつでも、寄託者に対して書面による脱退の通告を行うことにより、当該議定書から脱退することができる。

3　1及び2の脱退は、寄託者が脱退の通告を受領した日の後一年を経過した日又はそれよりも遅い日であって脱退の通告において指定されている日に効力を生ずる。

4　この条約から脱退する締約国は、自国が締約国である議定書からも脱退したものとみなす。

第二〇条（寄託者）
第二一条（正文）
附属書Ⅰ　研究及び組織的観測
附属書Ⅱ　情報の交換
（略）

85　オゾン層を破壊する物質に関するモントリオール議定書（モントリオール議定書）（抄）

採択　一九八七年九月一六日（モントリオール）
効力発生　一九八九年一月一日
改正　一九九〇年六月二九日（ロンドン）、

一九九二年八月一〇日効力発生
一九九二年一一月二五日(コペンハーゲン)、一九九四年六月一四日効力発生、一九九七年九月一七日(モントリオール)、一九九九年一一月一〇日効力発生、一九九九年一二月三日(北京)、二〇〇二年二月二五日効力発生、二〇一六年一〇月一五日(キガリ)、二〇一九年一月一日効力発生

日本国　一九八八年四月二七日国会承認、九月三〇日受諾書寄託、一二月二七日公布(条約第九号)、一九八九年一月一日効力発生
改正・一九九二年七月一七日公布(条約第五号)、八月一〇日効力発生、一九九四年一二月二六日公布(条約第一四号)、一九九五年三月二〇日効力発生、二〇〇二年九月九日公布(条約第一二号・第一三号)、一一月二八日効力発生
調整・一九九一年二月一三日公布(外務省告示第六七号)、三月七日効力発生、一九九三年八月二四日公布(外務省告示第四〇四号)、九月二三日効力発生、一九九六年八月六日公布(外務省告示第三七七号)、八月五日効力発生、一九九八年六月五日公布(外務省告示第一九七号)、六月五日効力発生、二〇〇〇年七月一七日公布(外務省告示第三一三号)、七月二八日効力発生、二〇〇八年四月一四日公布(外務省告示第二四三号)、五月一四日効力発生、二〇一八年一二月二一日公布(外務省告示第三九八号)、二〇二〇年一月一日効力発生

この議定書の締約国は、
オゾン層の保護のためのウィーン条約の締約国として、
同条約に基づく、オゾン層を変化させ又は変化させるおそれのある人の活動の結果として生じ又は生ずるおそれのある悪影響から人の健康及び環境を保護するために適当な措置をとる義務があることに留意し、
ある種の物質の世界的規模における放出が、人の健康及び環境に悪影響を及ぼすおそれのある態様でオゾン層の著しい破壊その他の変化を生じさせる可能性のあることを認識し、
この物質の放出が気候に及ぼす潜在的な影響を意識し、
オゾン層を保護するための措置が、技術的及び経済的考慮を払ったものであり、かつ、関連のある科学的知識に基づいたものであるべきことを認識し、
技術的及び経済的考慮を払い、かつ、開発途上国の開発の必要に留意しつつ、科学的知識の発展の成果に基づきオゾン層を破壊する物質の放出を無くすことを最終の目標として、この物質の世界における総放出量を衡平に規制する予防措置をとることによりオゾン層を保護することを決意し、
開発途上国の必要を満たすため、追加的な財源及び関連のある技術の利用に関する措置を含む特別な措置が必要であることを確認し、また、必要な資金の規模が予測できること並びにこの資金が科学的に確認されたオゾン層の破壊及びその有害な影響の問題に取り組むための世界の能力を実質的に高めることが期待できることに留意し、
国内的及び地域的に既にとられているある種のクロロフルオロカーボンの放出を規制する予防措置に留意し、
開発途上国の必要に特に留意しつつ、オゾン層を破壊する物質の放出の規制及び削減に関連のある代替技術の研究、開発及び移転における国際協力を推進することが重要であることを考慮して、
次のとおり協定した。

第一条(定義) この議定書の適用上、
1 「条約」とは、一九八五年三月二二日に採択されたオゾン層の保護のためのウィーン条約をいう。
2 「締約国」とは、文脈により別に解釈される場合を除くほか、この議定書の締約国をいう。
3 「事務局」とは、条約の事務局をいう。
4 「規制物質」とは、附属書A、附属書B、附属書C、附属書E又は附属書Fに掲げる物質(他の物質と混合してあるかないかを問わない。)をいい、関係附属書に別段の定めがない限り、当該物質の異性体を含む。ただし、製品(輸送又は貯蔵に使用する容器を除く。)の中にあるものを除く。
5 「生産量」とは、規制物質の生産された量から締約国により承認された技術によって破壊された量及び他の化学物質の製造のための原料として完全に使用された量を減じた量をいう。再利用された量は、「生産量」とはみなされない。
6 「消費量」とは、生産量に規制物質の輸入量を加え、輸出量を減じた量をいう。
7 生産量、輸入量、輸出量及び消費量の「算定値」とは、第三条の規定に従って決定される値をいう。
8 「産業合理化」とは、経済効率を高めること又は工場閉鎖の結果として予想される供給の不足に対応することを目的として、生産量の算定値の全部又は一部をいずれかの締約国から他の締約国に移転することをいう。

第二条(規制措置) 1〜4 削除
5 締約国は、一又は二以上の規制期間において、第二条のAから第二条のFまで、第二条のH及び第二条のJに定める生産量の算定値の一部又は全部を他の締約国に移転することができる。ただし、規制物質のグループごとの関係締約国の生産量の算定値の合計がグループごとにこれらの条に定める生産量の算定値の限度を超えないことを条件とする。関係締約国は、この生産量の移転を、その移転の条件及び対象となる期間を示して、事務局に通報する。
5の二 議定書第五条1の規定の適用を受けない締約国は、一又は二以上の規制期間において、第二条のFに定める消費量の算定値の一部又は全部を議定書第五条1の規定の適用を受けない他の締約国に移転することができる。ただし、当該消費量の算定値

の一部又は全部の移転を受ける締約国の附属書AのグループⅠに属する規制物質の消費量の算定値が一九八九年において一人当たり〇・二五キログラムを超えていないこと及び関係締約国の消費量の算定値の合計が第二条のFに定める消費量の算定値の限度を超えないことを条件とする。関係締約国は、この消費量の算定値の移転を、その移転の条件及び対象となる期間を示して、事務局に通報する。

6　第五条の規定の適用を受けない締約国は、一九八七年一月一日前に国内法に基づき計画された施設のうち附属書A又は附属書Bに掲げる規制物質の生産のためのもので同年九月一六日前に着工し又は契約したものを有する場合には、一九八六年の生産量の算定値を決定するに当たり、当該物質の同年の生産量に当該施設の生産量を加えることができる。ただし、当該施設が一九九〇年一二月三一日までに完成し、かつ、当該施設の生産量を加えた場合にも当該締約国の規制物質の消費量の算定値が一人当たり〇・五キログラムを超えないことを条件とする。

7　生産量の5の規定に基づく移転及び6の規定に基づく追加は、当該移転又は追加の時までに事務局に通報する。

8(a)　条約第一条6に定義する地域的な経済統合のための機関の構成国である締約国は、この条から第二条のJまでに定める消費量に関する義務を共同して履行することを合意することができる。ただし、当該締約国の消費量の算定値の合計がこれらの条に定める限度を超えないことを条件とする。その合意には、第二条のJに定める消費量又は生産量に関する義務を含めることができる。ただし、関係締約国の消費量又は生産量の算定値の合計が同条に定める限度を超えないことを条件とする。

(b)　(a)の合意を行った締約国は、当該合意に係る消費量の削減の日前に当該合意の内容を事務局に通報する。

(c)　(a)の合意は、地域的な経済統合のための機関のすべての構成国及び当該機関がこの議定書の締約国となり、かつ、当該締約国の実施の方法を事務局に通報した場合にのみ、実施可能となる。

9(a)　締約国は、第六条の評価に基づいて、次の事項を決定することができる。

(i)　附属書A、附属書B、附属書C又は附属書Eに掲げるオゾン破壊係数を調整すること及び調整する場合にはその内容

(ii)　附属書AのグループⅠ、附属書C及び附属書Fに掲げる地球温暖化係数を調整すること並びに調整する場合にはその内容

(iii)　規制物質の生産量又は消費量を更に調整し又は削減すること並びに調整し又は削減する場合にはその範囲、量及び時期

(b)　(a)の(i)から(iii)までの調整に関する提案は、その採択が提案される締約国の会合の少なくとも六箇月前に事務局が締約国に通報する。

(c)　締約国は、(a)の決定を行うに当たり、コンセンサス方式により合意に達するようあらゆる努力を払う。コンセンサスのためのあらゆる努力にもかかわらず合意に達しない場合には、当該決定は、最後の解決手段として、出席しかつ投票する締約国の三分の二以上の多数であって出席しかつ投票する第五条1の規定の適用を受ける締約国の過半数及び出席しかつ投票する同条1の規定の適用を受けない締約国の過半数を代表するものによる議決で採択する。

(d)　この9の決定は、すべての締約国を拘束するものとし、寄託者は、これを直ちに締約国に通告する。当該決定は、当該決定に別段の定めがある場合を除くほか、寄託者による通告の送付の日から六箇月を経過した時に効力を生ずる。

10　締約国は、第六条の評価に基づき及び条約第九条に定める手続に従って、次の事項を決定することができる。

(i)　いずれかの物質をこの議定書の附属書に追加し又は当該附属書から削除すること。

(ii)　(i)の規定に基づいて追加し又は削除する物質に適用すべき規制措置の仕組み、範囲及び時期

11　締約国は、この条から第二条のJまでの規定にかかわらず、これらの条に定める措置よりも厳しい措置をとることができる。

第二条のA（クロロフルオロカーボン）
第二条のB（ハロン）
第二条のC（他の完全にハロゲン化されたクロロフルオロカーボン）
第二条のD（四塩化炭素）
第二条のE（一・一・一―トリクロロエタン（メチルクロロホルム））
（略）

第二条のF（ハイドロクロロフルオロカーボン）

1　締約国は、一九九六年一月一日に始まる一二箇月の期間及びその後の一二箇月の期間ごとの附属書CのグループⅠに属する規制物質の消費量の算定値が次の(a)と(b)との和を超えないことを確保する。

(a)　附属書AのグループⅠに属する規制物質の一九八九年における消費量の算定値の二・八パーセント

(b)　附属書CのグループⅠに属する規制物質の一九八九年における消費量の算定値

2　附属書CのグループⅠに属する規制物質の一又は二以上を生産する締約国は、二〇〇四年一月一日に始まる一二箇月の期間及びその後の一二箇月の期間ごとの当該物質の生産量の算定値が次の(a)と(b)との平均値を超えないことを確保する。ただし、当該締約国の生産量の算定値は、第五条1の規定の適用を受ける締約国の基礎的な国内需要を満たすため、附属書CのグループⅠに属する規制物質のこの2の規定で定義された生産量の算定値の一五パーセントを限度として当該算定値を超えることができる。

(a) 附属書CのグループⅠに属する規制物質の一九八九年における消費量の算定値と附属書AのグループⅠに属する規制物質の一九八九年における消費量の算定値の二・八パーセントとの和

(b) 附属書CのグループⅠに属する規制物質の一九八九年における生産量の算定値と附属書AのグループⅠに属する規制物質の一九八九年における生産量の算定値の二・八パーセントとの和

3 締約国は、二〇〇四年一月一日に始まる一二箇月の期間及びその後の一二箇月の期間ごとの附属書CのグループⅠに属する規制物質の消費量の算定値が1に定める和の六五パーセントを超えないことを確保する。

4 締約国は、二〇一〇年一月一日に始まる一二箇月の期間及びその後の一二箇月の期間ごとの附属書CのグループⅠに属する規制物質の消費量の算定値が1に定める和の二五パーセントを超えないことを確保する。当該物質の一又は二以上を生産する締約国は、これらの期間ごとの附属書CのグループⅠに属する規制物質の生産量の算定値が2に定める算定値の二五パーセントを超えないことを確保する。ただし、当該締約国の生産量の算定値は、第五条1の規定の適用を受ける締約国の基礎的な国内需要を満たすため、附属書CのグループⅠに属する規制物質の2に定める生産量の算定値の一〇パーセントを限度として当該算定値の二五パーセントを超えることができる。

5 締約国は、二〇一五年一月一日に始まる一二箇月の期間及びその後の一二箇月の期間ごとの附属書CのグループⅠに属する規制物質の消費量の算定値が1に定める和の一〇パーセントを超えないことを確保する。当該物質の一又は二以上を生産する締約国は、これらの期間ごとの附属書CのグループⅠに属する規制物質の生産量の算定値が2に定める算定値の一〇パーセントを超えないことを確保する。ただし、当該締約国の生産量の算定値は、第五条1の規定の適用を受ける締約国の基礎的な国内需要を満たすため、附属書CのグループⅠに属する規制物質の2に定める生産量の算定値の一〇パーセントを限度として当該算定値の一〇パーセントを超えることができる。

6 締約国は、二〇二〇年一月一日に始まる一二箇月の期間及びその後の十二箇月の期間ごとの附属書CのグループⅠに属する規制物質の消費量の算定値が零を超えないことを確保する。当該物質の一又は二以上を生産する締約国は、これらの期間ごとの附属書CのグループⅠに属する規制物質の生産量の算定値が零を超えないことを確保する。ただし、

(a) 締約国は、二〇三〇年一月一日前に終了する一二箇月の期間ごとにおいて、この消費量が二〇二〇年一月一日時点で存在する冷却用機器及びエアコンディショナー機器への提供に限定されることを条件に、1に定める和の〇・五パーセントを限度として零を超えることができる。

(b) 締約国は、二〇三〇年一月一日前に終了する一二箇月の期間ごとにおいて、この生産量が二〇二〇年一月一日時点で存在する冷却用機器及びエアコンディショナー機器への提供に限定されることを条件に、2に定める平均の〇・五パーセントを限度として零を超えることができる。

7 締約国は、一九九六年一月一日以降次のことを確保するよう努める。

(a) 附属書CのグループⅠに属する規制物質は、より環境に適切な他の代替物質又は代替技術が利用可能でない場合に限って使用すること。

(b) 附属書CのグループⅠに属する規制物質は、人命又は人の健康を保護するための極めて限られた場合を除くほか、附属書A、附属書B及び附属書Cに掲げる規制物質が現在使用されている用途以外の用途に使用しないこと。

(c) 附属書CのグループⅠに属する規制物質は、オゾンの破壊を最小限にするように、かつ、他の環境、安全及び経済上の考慮にも適合するように使用するため選択すること。

第二条のG（ハイドロブロモフルオロカーボン） 締約国は、一九九六年一月一日に始まる一二箇月の期間及びその後の一二箇月の期間ごとの附属書CのグループⅡに属する規制物質の消費量の算定値が零を超えないことを確保する。当該物質を生産する締約国は、これらの期間ごとの当該物質の生産量の算定値が零を超えないことを確保する。この条の規定は、不可欠なものとして合意された用途を満たすために必要であると締約国が認めた生産量及び消費量については、適用しない。

第二条のH（臭化メチル） 1 締約国は、一九九五年一月一日に始まる一二箇月の期間及びその後の一二箇月の期間ごとの附属書Eに掲げる規制物質の消費量の算定値が一九九一年における当該物質の消費量の算定値を超えないことを確保する。当該物質を生産する締約国は、これらの期間ごとの当該物質の生産量の算定値が一九九一年の生産量の算定値を超えないことを確保する。ただし、当該締約国の生産量の算定値は、第五条1の規定の適用を受ける締約国の基礎的な国内需要を満たすため、一九九一年の生産量の算定値の一〇パーセントを限度として当該算定値を超えることができる。

2 締約国は、一九九九年一月一日に始まる一二箇月の期間及びその後の一二箇月の期間の附属書Eに掲げる規制物質の消費量の算定値が一九九一年における当該物質の消費量の算定値の七五パーセントを超えないことを確保する。当該物質を生産する締約国は、これらの期間ごとの当該物質の生産量の算定値が一九九一年の生産量の算定値の七五パーセントを超えないことを確保する。ただし、当該締約国の生産量の算定値は、第五条1の規定の適用を受ける締約国の基礎的な国内需要を満たすため、一九九一年の生産量の算定値の一〇パーセントを限度として当

該算定値を超えることができる。

3　締約国は、二〇〇一年一月一日に始まる一二箇月の期間及びその後の一二箇月の期間の附属書Eに掲げる規制物質の消費量の算定値が一九九一年における当該物質の消費量の算定値の五〇パーセントを超えないことを確保する。当該物質を生産する締約国は、これらの期間ごとの当該物質の生産量の算定値が一九九一年の生産量の算定値の五〇パーセントを超えないことを確保する。ただし、当該締約国の生産量の算定値は、第五条1の規定の適用を受ける締約国の基礎的な国内需要を満たすため、一九九一年の生産量の算定値の一〇パーセントを限度として当該算定値を超えることができる。

4　締約国は、二〇〇三年一月一日に始まる一二箇月の期間及びその後の一二箇月の期間の附属書Eに掲げる規制物質の消費量の算定値が一九九一年における当該物質の消費量の算定値の三〇パーセントを超えないことを確保する。当該物質を生産する締約国は、これらの期間ごとの当該物質の生産量の算定値が一九九一年の生産量の算定値の三〇パーセントを超えないことを確保する。ただし、当該締約国の生産量の算定値は、第五条1の規定の適用を受ける締約国の基礎的な国内需要を満たすため、一九九一年の生産量の算定値の一〇パーセントを限度として当該算定値を超えることができる。

5　締約国は、二〇〇五年一月一日に始まる一二箇月の期間及びその後の一二箇月の期間ごとの附属書Eに掲げる規制物質の消費量の算定値が零を超えないことを確保する。当該物質を生産する締約国は、これらの期間ごとの当該物質の生産量の算定値が零を超えないことを確保する。ただし、当該締約国の生産量の算定値は、第五条1の規定の適用を受ける締約国の基礎的な国内需要を満たすため、二〇〇二年一月一日までは一九九一年の生産量の算定値の一五パーセントを限度として当該算定値を超えることができる。その後は、当該締約国の生産量の算定値は、一九九五年から一九九八年までの各年の当該需要向けの附属書Eに掲げる規制物質の生産量の平均値に等しい量を限度として当該算定値を超えることができる。この5の規定は、不可欠なものとして合意された用途を満たすために必要であると締約国が認めた生産量及び消費量については、適用しない。

5の二　締約国は、二〇〇五年一月一日に始まる一二箇月の期間及びその後の一二箇月の期間ごとの第五条1の規定の適用を受ける締約国の基礎的な国内需要向けの附属書Eに掲げる規制物質の生産量の算定値が一九九五年から一九九八年までの各年の当該需要向けの当該物質の生産量の平均値の八〇パーセントを超えないことを確保する。

5の三　締約国は、二〇一五年一月一日に始まる一二箇月の期間及びその後の一二箇月の期間ごとの第五条1の規定の適用を受ける締約国の基礎的な国内需要向けの附属書Eに掲げる規制物質の生産量の算定値が零を超えないことを確保する。

6　この条に規定する消費量及び生産量の算定値には、締約国が検疫、及び出荷前の処理のために使用する量を含めない。

第二条のI（ブロモクロロメタン）　締約国は、二〇〇二年一月一日に始まる一二箇月の期間及びその後の一二箇月の期間ごとの附属書CのグループⅢに属する規制物質の消費量及び生産量の算定値が零を超えないことを確保する。この条の規定は、不可欠なものとして合意された用途を満たすために必要であると締約国が認めた生産量及び消費量については、適用しない。

第二条のJ（ハイドロフルオロカーボン）　1　締約国は、二〇一九年一月一日に始まる一二箇月の期間及びその後の一二箇月の期間ごとの附属書Fに掲げる規制物質の消費量の算定値（二酸化炭素換算で表示されたもの）が、附属書Fに掲げる規制物質の二〇一一年から二〇一三年までの各年の消費量の算定値の平均値に附属書CのグループⅠに属する規制物質の第二条のF1に定める消費量の算定値の一五パーセントを加えた値（二酸化炭素換算で表示されたもの）に対して、次の年ごとに定める比率を超えないことを確保する。

(a)　二〇一九年から二〇二三年までは、九〇パーセント
(b)　二〇二四年から二〇二八年までは、六〇パーセント
(c)　二〇二九年から二〇三三年までは、三〇パーセント
(d)　二〇三四年及び二〇三五年は、二〇パーセント
(e)　二〇三六年以降は、一五パーセント

2　1の規定にかかわらず、締約国は、二〇二〇年一月一日に始まる一二箇月の期間及びその後の一二箇月の期間ごとの附属書Fに掲げる規制物質の消費量の算定値（二酸化炭素換算で表示されたもの）が、附属書Fに掲げる規制物質の二〇一一年から二〇一三年までの各年の消費量の算定値の平均値に附属書CのグループⅠに属する規制物質の第二条のF1に定める消費量の算定値の二五パーセントを加えた値（二酸化炭素換算で表示されたもの）に対して、次の年ごとに定める比率を超えないことを、特定の締約国が確保することを決定することができる。

(a)　二〇二〇年から二〇二四年までは、九五パーセント
(b)　二〇二五年から二〇二八年までは、六五パーセント
(c)　二〇二九年から二〇三三年までは、三〇パーセント
(d)　二〇三四年及び二〇三五年は、二〇パーセント
(e)　二〇三六年以降は、一五パーセント

3　附属書Fに掲げる規制物質を生産する締約国は、二〇一九年一月一日に始まる一二箇月の期間及びそ

の後の一二箇月の期間ごとの附属書Fに掲げる規制物質の生産量の算定値（二酸化炭素換算で表示されたもの）が、附属書Fに掲げる規制物質の二〇一一年から二〇一三年までの各年の生産量の算定値の平均値に附属書CのグループIに属する規制物質の第二条のF2に定める生産量の算定値の一五パーセントを加えた値（二酸化炭素換算で表示されたもの）に対して、次の年ごとに定める比率を超えないことを確保する。

(a) 二〇一九年から二〇二三年までは、九〇パーセント
(b) 二〇二四年から二〇二八年までは、六〇パーセント
(c) 二〇二九年から二〇三三年までは、三〇パーセント
(d) 二〇三四年及び二〇三五年は、二〇パーセント
(e) 二〇三六年以降は、一五パーセント

4　3の規定にかかわらず、締約国は、二〇二〇年一月一日に始まる一二箇月の期間及びその後の一二箇月の期間ごとの附属書Fに掲げる規制物質の生産量の算定値（二酸化炭素換算で表示されたもの）が、附属書Fに掲げる規制物質の二〇一一年から二〇一三年までの各年の生産量の算定値の平均値に附属書CのグループIに属する規制物質の第二条のF2に定める生産量の算定値の二五パーセントを加えた値（二酸化炭素換算で表示されたもの）に対して、次の年ごとに定める比率を超えないことを、附属書Fに掲げる規制物質を生産する締約国が確保することを決定することができる。

(a) 二〇二〇年から二〇二四年までは、九五パーセント
(b) 二〇二五年から二〇二八年までは、六五パーセント
(c) 二〇二九年から二〇三三年までは、三〇パーセント
(d) 二〇三四年及び二〇三五年は、二〇パーセント
(e) 二〇三六年以降は、一五パーセント

5　1から4までの規定は、適用が除外されるものとして合意された用途を満たすために必要であると締約国が認めた生産量及び消費量については、適用しない。

6　附属書CのグループIに属する規制物質又は附属書Fに掲げる規制物質を製造する締約国は、二〇二〇年一月一日に始まる一二箇月の期間及びその後の一二箇月の期間ごとの附属書CのグループIに属する規制物質又は附属書Fに掲げる規制物質を製造する各生産施設において発生し及び放出された附属書FのグループIIに属する規制物質が、実行可能な範囲において、締約国により承認された技術を用いてその放出と同一の一二箇月の期間内に破壊されることを確保する。

7　締約国は、附属書CのグループIに属する規制物質又は附属書Fに掲げる規制物質を生産する施設において発生した附属書FのグループIIに属する規制物質の破壊が、締約国により承認された技術によってのみ行われることを確保する。

第三条（規制値の算定）　締約国は、第二条から第二条のJまで及び第五条の規定の適用上、附属書A、附属書B、附属書C、附属書E又は附属書Fのグループごとに自国についての算定値を次の方法により決定する。

(a) 生産量の算定値については、
(i) 2に別段の定めがある場合を除くほか、各規制物質の年間生産量に附属書A、附属書B、附属書C又は附属書Eに定める当該物質のオゾン破壊係数を乗じ、
(ii) (i)の規定により得られた数値を合計する。
(b) 輸入量及び輸出量の算定値については、それぞれ、(a)の規定を準用して計算する。
(c) 消費量の算定値については、(a)の規定により決定される生産量の算定値に(b)の規定により決定される輸入量の算定値を加え、(b)の規定により決定される輸出量の算定値を減ずる。ただし、非締約国への規制物質の輸出量は、一九九三年一月一日以降は、当該輸出を行う締約国の消費量の算定に当たり減ずることができない。
(d) 附属書CのグループIに属する規制物質又は附属書Fに掲げる規制物質を発生させる各施設において発生した附属書FのグループIIに属する規制物質の放出量の算定値については、特に、装置からの漏出、工程における排気及び破壊装置の利用による放出量を含み、使用、破壊又は貯蔵のために回収された量を除く。

2　第二条5、第二条のJ及び1(d)の規定の適用上、附属書CのグループIに属する規制物質及び附属書Fに掲げる規制物質の二酸化炭素換算で表示された生産量、消費量、輸入量、輸出量及び放出量を算定する場合には、締約国は、附属書AのグループI、附属書C及び附属書Fに掲げる規制物質の地球温暖化係数を用いる。

第四条（非締約国との貿易の規制）　1　締約国は、一九九〇年一月一日以降この議定書の締約国でない国から附属書Aに掲げる規制物質を輸入することを禁止するものとする。

1の二　締約国は、この議定書の締約国でない国から附属書Bに掲げる規制物質を輸入することをこの1の二の規定の効力発生の日から一年以内に禁止するものとする。

1の三　締約国は、この議定書の締約国でない国から附属書CのグループIIに属する規制物質を輸入することをこの1の三の規定の効力発生の日から一年以内に禁止するものとする。

1の四　締約国は、この議定書の締約国でない国から附属書Eに掲げる規制物質を輸入することをこの1の四の規定の効力発生の日から一年以内に禁止するものとする。

1の五　締約国は、二〇〇四年一月一日以降この議定書の締約国でない国から附属書CのグループⅠに属する規制物質を輸入することを禁止するものとする。

1の六　締約国は、この議定書の締約国でない国から附属書CのグループⅢに属する規制物質を輸入することをこの1の六の規定の効力発生の日から一年以内に禁止するものとする。

1の七　締約国は、この議定書の締約国でない国から附属書Fに掲げる規制物質を輸入することをこの1の七の規定の効力発生の時から禁止するものとする。

2　締約国は、一九九三年一月一日以降この議定書の締約国でない国に対し附属書Aに掲げる規制物質を輸出することを禁止するものとする。

2の二　締約国は、この2の二の規定の効力発生の日の後一年を経過した日以降この議定書の締約国でない国に対し附属書Bに掲げる規制物質を輸出することを禁止するものとする。

2の三　締約国は、この2の三の規定の効力発生の日の後一年を経過した日以降この議定書の締約国でない国に対し附属書CのグループⅡに属する規制物質を輸出することを禁止するものとする。

2の四　締約国は、この2の四の規定の効力発生の日の後一年を経過した日以降この議定書の締約国でない国に対し附属書Eに掲げる規制物質を輸出することを禁止するものとする。

2の五　締約国は、二〇〇四年一月一日以降この議定書の締約国でない国に対し附属書CのグループⅠに属する規制物質を輸出することを禁止するものとする。

2の六　締約国は、この議定書の締約国でない国に対し附属書CのグループⅢに属する規制物質を輸出することをこの2の六の規定の効力発生の日から一年以内に禁止するものとする。

2の七　締約国は、この議定書の締約国でない国に対し附属書Fに掲げる規制物質を輸出することをこの2の七の規定の効力発生の時から禁止するものとする。

3　締約国は、一九九二年一月一日までに、条約第一〇条に定める手続に従って、附属書Aに掲げる規制物質を含んでいる製品の表を附属書として作成するものとする。当該附属書に対し当該手続に従って異議の申立てを行わなかった締約国は、この議定書の締約国でない国から当該製品を輸入することを当該附属書の効力発生の日から一年以内に禁止するものとする。

3の二　締約国は、この3の二の規定の効力発生の日から三年以内に、条約第一〇条に定める手続に従って、附属書Bに掲げる規制物質を含んでいる製品の表を附属書として作成するものとする。当該附属書に対し当該手続に従って異議の申立てを行わなかった締約国は、この議定書の締約国でない国から当該製品を輸入することを当該附属書の効力発生の日から一年以内に禁止するものとする。

3の三　締約国は、この3の三の規定の効力発生の日から三年以内に、条約第一〇条に定める手続に従って、附属書CのグループⅡに属する規制物質を含んでいる製品の表を附属書として作成するものとする。当該附属書に対し当該手続に従って異議の申立てを行わなかった締約国は、この議定書の締約国でない国から当該製品を輸入することを当該附属書の効力発生の日から一年以内に禁止するものとする。

4　締約国は、一九九四年一月一日までに、この議定書の締約国でない国から附属書Aに掲げる規制物質を用いて生産された製品(規制物質を含まないものに限る。)を輸入することを禁止し又は制限することの実行可能性について決定するものとする。締約国は、実行可能であると決定した場合には、条約第一〇条に定める手続に従って、当該製品の表を附属書として作成する。当該附属書に対し当該手続に従って異議の申立てを行わなかった締約国は、この議定書の締約国でない国から当該製品を輸入することを当該附属書の効力発生の日から一年以内に禁止し又は制限するものとする。

4の二　締約国は、この4の二の規定の効力発生の日から五年以内に、この議定書の締約国でない国から附属書Bに掲げる規制物質を用いて生産された製品(規制物質を含まないものに限る。)を輸入することを禁止し又は制限することの実行可能性について決定するものとする。締約国は、実行可能であると決定した場合には、条約第一〇条に定める手続に従って、当該製品の表を附属書として作成する。当該附属書に対し当該手続に従って異議の申立てを行わなかった締約国は、この議定書の締約国でない国から当該製品を輸入することを当該附属書の効力発生の日から一年以内に禁止し又は制限するものとする。

4の三　締約国は、この4の三の規定の効力発生の日から五年以内に、この議定書の締約国でない国から附属書CのグループⅡに属する規制物質を用いて生産された製品(規制物質を含まないものに限る。)を輸入することを禁止し又は制限することの実行可能性について決定するものとする。締約国は、実行可能であると決定した場合には、条約第一〇条に定める手続に従って、当該製品の表を附属書として作成する。当該附属書に対し当該手続に従って異議の申立てを行わなかった締約国は、この議定書の締約国でない国から当該製品を輸入することを当該附属書の効力発生の日から一年以内に禁止し又は制限するものとする。

5　締約国は、附属書A、附属書B、附属書C、附属書E及び附属書Fに掲げる規制物質を生産し及び利用するための技術をこの議定書の締約国でない国に対し輸出することをできる限り抑制することを約束する。

6　締約国は、附属書A、附属書B、附属書C、附属書E及び附属書Fに掲げる規制物質の生産に役立つ製品、装置、工場又は技術をこの議定書の締約国でない国に輸出するための新たな補助金、援助、信用、保証又は保険の供与を行わないようにする。

7 5及び6の規定は、附属書A、附属書B、附属書C、附属書E及び附属書Fに掲げる規制物質の封じ込め、回収、再利用若しくは破壊の方法を改善し、代替物質の開発を促進し又は他の方法により附属書A、附属書B、附属書C、附属書E及び附属書Fに掲げる規制物質の放出の削減に寄与する製品、装置、工場及び技術については、適用しない。

8 この条の規定にかかわらず、この議定書の締約国でない国からの輸入及びこれらの国への輸出であって、1から4の三までに規定するものについては、当該国が第二条から第二条のJまで及びこの条の規定を完全に遵守していると締約国の会合において認められ、かつ、これらの条の規定を完全に遵守していることを示す資料を第七条の規定に基づいて提出している場合には、許可することができる。

9 この条の規定の適用上、「この議定書の締約国でない国」とは、国又は地域的な経済統合のための機関であって、特定の規制物質に関して当該規制物質に適用される規制措置に拘束されることについて同意していないものをいう。

10 締約国は、一九九六年一月一日までに、この条に定める措置を締約国とこの議定書の締約国でない国との間の附属書CのグループIに属する規制物質及び附属書Eに掲げる規制物質の貿易に適用するためにこの議定書を改正するかしないかを検討する。

第四条のA（締約国との貿易の規制） 1 締約国は、議定書に基づく自国の義務を履行するためにあらゆる実行可能な措置をとったにもかかわらず、特定の規制物質の生産量の算定値が零を超えないことを確保する期間の開始日（自国について適用されるもの）を経過した後においても、国内消費のために当該物質の生産量（締約国により不可欠なものとして合意された用途を満たすための量を除く。）の算定値が零を超えないことを確保することができない場合には、当該物質で使用済みのもの、再利用されるもの及び再生されたものの輸出を禁止する。ただし、破壊の目的で輸出する場合は、この限りでない。

2 1の規定は、条約第十一条の運用及び議定書第八条の規定により定められる違反に関する手続の運用を妨げることなく適用する。

第四条のB（ライセンスの制度）（略）

第五条（開発途上国の特別な事情） 1 開発途上国である締約国で、当該締約国の附属書Aに掲げる規制物質の消費量の算定値が当該締約国についてこの議定書が効力を生ずる日において又はその後一九九九年一月一日までのいずれかの時点において一人当たり〇・三キログラム未満であるものは、基礎的な国内需要を満たすため、第二条のAから第二条のEまでに定める規制措置の実施時期を一〇年遅らせることができる。ただし、一九九〇年六月二九日にロンドンにおける締約国の第二回会合において採択された調整又は改正に対するその後の調整又は改正は、8に規定する検討が行われた後に、かつ、当該検討の結論に従って、この1の規定の適用を受ける締約国に適用する。

1の二 締約国は、一九九六年一月一日までに、8に規定する検討、第六条の規定に従って行われる評価及び他の関連情報を考慮し、第二条9に定める手続に従って、1の規定の適用を受ける締約国に適用する次の事項を決定する。

(a) 第二条のF1から6までの規定に関しては、附属書CのグループIに属する規制物質の消費量について、基準となる年、基準となる算定値、規制の計画及び算定値が零を超えないことを確保する期間の開始日

(b) 第二条のGの規定に関しては、附属書CのグループIIに属する規制物質の生産量及び消費量の算定値が零を超えないことを確保する期間の開始日

(c) 第二条のHの規定に関しては、附属書Eに掲げる規制物質の消費量及び生産量について、基準となる年、基準となる算定値及び規制の計画

2 1の場合において、1の規定の適用を受ける締約国は、附属書Aに掲げる規制物質の消費量の算定値が一人当たり〇・三キログラムを超えないようにし、かつ、附属書Bに掲げる規制物質の消費量の算定値が一人当たり〇・二キログラムを超えないようにする。

3 1の規定の適用を受ける締約国は、第二条のAから第二条のEまでに定める規制措置を実施する場合には、当該規制措置を遵守するための基準として次の値を使用することができる。

(a) 附属書Aに掲げる規制物質の消費については、一九九五年から一九九七年までの各年の消費量の算定値の平均値又は消費量の算定値が一人当たり〇・三キログラムとなる値のいずれか低い値

(b) 附属書Bに掲げる規制物質の消費については、一九九八年から二〇〇〇年までの各年の消費量の算定値の平均値又は消費量の算定値が一人当たり〇・二キログラムとなる値のいずれか低い値

(c) 附属書Aに掲げる規制物質の生産については、一九九五年から一九九七年までの各年の生産量の算定値の平均値又は生産量の算定値が一人当たり〇・三キログラムとなる値のいずれか低い値

(d) 附属書Bに掲げる規制物質の生産については、一九九八年から二〇〇〇年までの各年の生産量の算定値の平均値又は生産量の算定値が一人当たり〇・二キログラムとなる値のいずれか低い値

4 1の規定の適用を受ける締約国は、第二条のAから第二条のJまでに定める規制措置が自国について適用されるまでの間のいずれかの時点において規制物質の供給を十分に得ることができないと認める場合には、その旨を事務局に通報することができる。事務局は、その通報の写しを直ちに締約国に送付するものとし、締約国は、その後の最初の会合においてこれについて検討し、とるべき適当な措置を決定する。

5 1の規定の適用を受ける締約国が第二条のAから

第二条のEまで、第二条のI及び第二条のJに定める規制措置及び1の二の規定に従って決定される第二条のFから第二条のHまでの規定に係る規制措置に従う義務を履行する能力を増大させ、当該規制措置を実施していくことは、第一〇条に定める資金協力及び第一〇条のAに定める技術移転の効果的な実施に依存する。

6　1の規定の適用を受ける締約国は、すべての実行可能な措置をとったにもかかわらず、第一〇条及び第一〇条のAの規定の不十分な実施のため第二条のAから第二条のEまで、第二条のI及び第二条のJに定める義務又は1の二の規定に従って決定される第二条のFから第二条のHまでの規定に係る義務の一部又は全部を履行することができない場合には、その旨をいずれの時点においても書面により事務局に通報することができる。事務局は、その通報の写しを直ちに締約国に送付するものとし、締約国は、その後の最初の会合において、5の規定に十分留意しつつこれについて検討し、とるべき適当な措置を決定する。

7　6の通報から適当な措置が決定される締約国の会合までの期間又は当該締約国の会合が一層長い期間を決定する場合にはその期間、違反についての第八条の手続は、当該通報を行った締約国については、適用しない。

8　締約国の会合は、一九九五年までに、1の規定の適用を受ける締約国の状況(当該締約国に対する資金協力及び技術移転の効果的な実施を含む。)を検討し、当該締約国に適用される規制措置の計画に関して必要な修正を採択する。

8の二　8に規定する検討の結果に基づき、

(a)　附属書Aに掲げる規制物質に関し、1の規定の適用を受ける締約国は、基礎的な国内需要を満たすため、一九九〇年六月二九日にロンドンにおける締約国の第二回会合において採択された規制措置の実施時期を一〇年遅らせることができるものとし、よって議定書の第二条のA及び第二条のBの規定を読み替える。

(b)　附属書Bに掲げる規制物質に関し、1の規定の適用を受ける締約国は、基礎的な国内需要を満たすため、一九九〇年六月二九日にロンドンにおける締約国の第二回会合において採択された規制措置の実施時期を一〇年遅らせることができるものとし、よって議定書の第二条のCから第二条のEまでの規定を読み替える。

8の三　1の二の規定に従って、次のとおり決定する。

(a)　1の規定の適用を受ける締約国は、二〇一三年一月一日に始まる一二箇月の期間及びその後の一二箇月の期間ごとの附属書CのグループIに属する規制物質の消費量の算定値が二〇〇九年及び二〇一〇年における当該物質の消費量の算定値の平均を超えないことを確保する。1の規定の適用を受ける締約国は、二〇一三年一月一日に始まる一二箇月の期間及びその後の一二箇月の期間ごとの附属書CのグループIに属する規制物質の生産量の算定値が二〇〇九年及び二〇一〇年における当該物質の生産量の算定値の平均を超えないことを確保する。

(b)　1の規定の適用を受ける締約国は、二〇一五年一月一日に始まる一二箇月の期間及びその後の一二箇月の期間ごとの附属書CのグループIに属する規制物質の消費量の算定値が二〇〇九年及び二〇一〇年における当該物質の消費量の算定値の平均の九〇パーセントを超えないことを確保する。当該物質の一又は二以上を生産する1の規定の適用を受ける締約国は、これらの期間ごとの附属書CのグループIに属する規制物質の生産量の算定値が二〇〇九年及び二〇一〇年における当該物質の生産量の算定値の平均の九〇パーセントを超えないことを確保する。

(c)　1の規定の適用を受ける締約国は、二〇二〇年一月一日に始まる一二箇月の期間及びその後の一二箇月の期間ごとの附属書CのグループIに属する規制物質の消費量の算定値が二〇〇九年及び二〇一〇年における当該物質の消費量の算定値の平均の六五パーセントを超えないことを確保する。当該物質の一又は二以上を生産する1の規定の適用を受ける締約国は、これらの期間ごとの附属書CのグループIに属する規制物質の生産量の算定値が二〇〇九年及び二〇一〇年における当該物質の生産量の算定値の平均の六五パーセントを超えないことを確保する。

(d)　1の規定の適用を受ける締約国は、二〇二五年一月一日に始まる一二箇月の期間及びその後の一二箇月の期間ごとの附属書CのグループIに属する規制物質の消費量の算定値が二〇〇九年及び二〇一〇年における当該物質の消費量の算定値の平均の三二・五パーセントを超えないことを確保する。当該物質の一又は二以上を生産する1の規定の適用を受ける締約国は、これらの期間ごとの附属書CのグループIに属する規制物質の生産量の算定値が二〇〇九年及び二〇一〇年における当該物質の生産量の算定値の平均の三二・五パーセントを超えないことを確保する。

(e)　1の規定の適用を受ける締約国は、二〇三〇年一月一日に始まる一二箇月の期間及びその後の一二箇月の期間ごとの附属書CのグループIに属する規制物質の消費量の算定値が零を超えないことを確保する。当該物質の一又は二以上を生産する1の規定の適用を受ける締約国は、これらの期間ごとの附属書CのグループIに属する規制物質の生産量の算定値が零を超えないことを確保する。ただし、

(i)　1の規定の適用を受ける締約国は、二〇四〇年一月一日前に終了する一二箇月の期間ごとにおいて、二〇三〇年一月一日から二〇四〇年

一月一日までの一〇年の期間の消費量の算定値の和を一〇で除したものが二〇〇九年及び二〇一〇年における当該物質の消費量の算定値の平均の二・五パーセントを超えない限り、この消費量が二〇三〇年一月一日時点で存在する冷却用機器及びエアコンディショナー機器への提供に限定されることを条件に、零を超えることができる。

(ii) 1の規定の適用を受ける締約国は、二〇四〇年一月一日前に終了する一二箇月の期間ごとにおいて、二〇三〇年一月一日から二〇四〇年一月一日までの一〇年の期間の生産量の算定値の和を一〇で除したものが二〇〇九年及び二〇一〇年における当該物質の生産量の算定値の平均の二・五パーセントを超えない限り、この生産量が二〇三〇年一月一日時点で存在する冷却用機器及びエアコンディショナー機器への提供に限定されることを条件に、零を超えることができる。

(f) 1の規定の適用を受ける締約国は、第二条のGの規定を遵守する。

(g) 附属書Eに掲げる規制物質については、

(i) 二〇〇二年一月一日以降、1の規定の適用を受ける締約国は、第二条のH1に規定する規制措置を遵守するものとし、当該規制措置を遵守するための基準として、一九九五年から一九九八年までの各年の消費量及び生産量の算定値の平均値を使用する。

(ii) 1の規定の適用を受ける締約国は、二〇〇五年一月一日に始まる一二箇月の期間及びその後の一二箇月の期間ごとの附属書Eに掲げる規制物質の消費量及び生産量の算定値が、一九九五年から一九九八年までの各年の消費量及び生産量の算定値の平均値の八〇パーセントを超えないことを確保する。

(iii) 1の規定の適用を受ける締約国は、二〇一五年一月一日に始まる一二箇月の期間及びその後の一二箇月の期間ごとの附属書Eに掲げる規制物質の消費量及び生産量の算定値が、零を超えないことを確保する。この(iii)の規定は、不可欠なものとして合意された用途を満たすために必要であると締約国が認めた生産量及び消費量については、適用しない。

(iv) (i)に規定する消費量及び生産量の算定値には、締約国が検疫、及び出荷前の処理のために使用する量を含めない。

8の四(a) 1の規定の適用を受ける締約国は、第二条のJの規制措置について行われる第二条9の規定に基づく調整に従うことを条件として、第二条のJ1(a)から(e)まで及び3(a)から(e)までに定める規制措置の実施時期を遅らせ並びに当該規制措置を次のように修正することができる。

(i) 二〇二四年から二〇二八年までは、一〇〇パーセント

(ii) 二〇二九年から二〇三四年までは、九〇パーセント

(iii) 二〇三五年から二〇三九年までは、七〇パーセント

(iv) 二〇四〇年から二〇四四年までは、五〇パーセント

(v) 二〇四五年以降は、二〇パーセント

(b) (a)の規定にかかわらず、締約国は、1の規定の適用を受ける締約国が、第二条のJの規制措置について行われる第二条9の規定に基づく調整に従うことを条件として、第二条のJ1(a)から(e)まで及び3(a)から(e)までに定める規制措置の実施時期を遅らせ並びに当該規制措置を次のように修正することができることを決定することができる。

(i) 二〇二八年から二〇三一年までは、一〇〇パーセント

(ii) 二〇三二年から二〇三六年までは、九〇パーセント

(iii) 二〇三七年から二〇四一年までは、八〇パーセント

(iv) 二〇四二年から二〇四六年までは、七〇パーセント

(v) 二〇四七年以降は、一五パーセント

(c) 1の規定の適用を受ける締約国は、第二条のJの規定に基づく消費量の基準値を算定するため、附属書Fに掲げる規制物質の二〇二〇年から二〇二二年までの消費量の算定値の平均値に附属書CのグループIに属する規制物質の8の三に定める消費量の基準値の六五パーセントを加えた値を使用することができる。

(d) (c)の規定にかかわらず、締約国は、1の規定の適用を受ける締約国が、第二条のJの規定に基づく消費量の基準値を算定するため、附属書Fに掲げる規制物質の二〇二四年から二〇二六年までの消費量の算定値の平均値に附属書CのグループIに属する規制物質の8の三に定める消費量の基準値の六五パーセントを加えた値を使用することができることを決定することができる。

(e) 1の規定の適用を受ける締約国であって附属書Fに掲げる規制物質を生産するものは、第二条のJの規定に基づく生産量の基準値を算定するため、附属書Fに掲げる規制物質の二〇二〇年から二〇二二年までの生産量の算定値の平均値に附属書CのグループIに属する規制物質の8の三に定める生産量の基準値の六五パーセントを加えた値を使用することができる。

(f) (e)の規定にかかわらず、締約国は、1の規定の適用を受ける締約国であって附属書Fに掲げる規制物質を生産するものが、第二条のJの規定に基づく生産量の基準値を算定するため、附属書Fに掲げる規制物質の二〇二四年から二〇二六年まで

の生産量の算定値の平均値に附属書CのグループIに属する規制物質の8の三に定める生産量の基準値の六五パーセントを加えた値を使用することができることを決定することができる。

(g)　(a)から(f)までの規定は、締約国が決定する基準に従って高温地域除外が適用される生産量及び消費量の算定値については、適用しない。

9　4、6及び7の規定に基づく締約国の決定は、第一〇条の規定に基づいて行う決定に適用される手続と同じ手続に従って行う。

第六条（規制措置の評価及び再検討）締約国は、一九九〇年に及び同年以降少なくとも四年ごとに、科学、環境、技術及び経済の分野の入手し得る情報に基づいて、第二条から第二条のJまでに定める規制措置を評価する。締約国は、その評価の少なくとも一年前に、当該分野において認められた専門家から成る適当な委員会を招集し並びに委員会の構成及び付託事項を決定する。委員会は、その招集の日から一年以内に、その結論を事務局を通じて締約国に報告する。

第七条（資料の提出）1　締約国は、一九八六年における附属書Aに掲げる規制物質ごとの自国の生産量、輸入量及び輸出量に関する統計資料又は、当該統計資料が得られない場合には、その最良の推定値を締約国となった日から三箇月以内に事務局に提出する。

2　締約国は、次に掲げる年における附属書Bに掲げる規制物質、附属書CのグループI及びグループIIに属する規制物質並びに附属書E及び附属書Fに掲げる規制物質ごとの自国の生産量、輸入量及び輸出量に関する統計資料又は、当該統計資料が得られない場合には、その最良の推定値を、附属書B、附属書C、附属書E及び附属書Fに掲げる規制物質に関する規定がそれぞれ自国について効力を生じた日の後三箇月以内に事務局に提出する。

附属書Bに掲げる規制物質並びに附属書CのグループI及びグループIIに属する規制物質については、一九八九年

附属書Eに掲げる規制物質については、一九九一年

附属書Fに掲げる規制物質については、二〇一一年から二〇一三年まで。ただし、第五条1の規定の適用を受ける締約国については、二〇二〇年から二〇二二年までの当該統計資料を提出する。同条1の規定の適用を受ける締約国のうち同条8の四(d)及び(f)の規定が適用される締約国については、二〇二四年から二〇二六年までの当該統計資料を提出する。

3　締約国は、附属書A、附属書B、附属書C、附属書E及び附属書Fに掲げる規制物質に関する規定がそれぞれ自国について効力を生じた年及びその後の各年につき、附属書A、附属書B、附属書C、附属書Eに及び附属書F掲げる規制物質ごとの自国の年間生産量（第一条5に定義されるもの）及び次の量に関する統計資料を事務局に提出する。

原料として使用された量

締約国により承認された技術によって破壊された量

締約国及び非締約国それぞれとの間の輸入量及び輸出量

締約国は、検疫、及び出荷前の処理のための附属書Eに掲げる規制物質の年間使用量に関する統計資料を事務局に提出する。

統計資料は、当該統計資料に係る年の末から遅くとも九箇月以内に送付する。

3の二　締約国は、附属書AのグループII及び附属書CのグループIに属する規制物質であって、再利用されたものについて、当該規制物質ごとの自国の年間の輸入量及び輸出量の統計資料を事務局に提出する。

3の三　締約国は、附属書FのグループIIに属する規制物質の第三条1(d)の規定に基づく施設ごとの自国の年間放出量に関する統計資料を事務局に提出する。

4　第二条8(a)の規定の適用を受ける締約国については、関係する地域的な経済統合のための機関が当該機関と当該機関の構成国でない国との間の輸入量及び輸出量並びに生産量に関する統計資料を提出する場合には、輸入量及び輸出量並びに生産量に関する統計資料についての1から3の二までに定める義務は、履行されたものとする。

第八条（違反）締約国は、その第一回会合において、この議定書に対する違反の認定及び当該認定をされた締約国の処遇に関する手続及び制度を検討し及び承認する。

第九条（研究、開発、周知及び情報交換）1　締約国は、自国の法令及び慣行に従い、開発途上国の必要を特に考慮して、次の事項に関する研究、開発及び情報交換を直接に又は関係国際団体を通じて促進することに協力する。

(a)　規制物質の封じ込め、回収、再利用若しくは破壊の方法を改善し又は他の方法により規制物質の放出を削減するための最良の技術

(b)　規制物質、規制物質を含んでいる製品及び規制物質を用いて製造された製品の代替品

(c)　関連のある規制のための戦略の費用及び利益

2　締約国は、個々に、共同で又は関係国際団体を通じ、規制物質及びオゾン層を破壊する他の物質の放出が環境に及ぼす影響について周知を図ることに協力する。

3　締約国は、この議定書の効力発生の日から二年以内に、及びその後二年ごとに、この条の規定に基づいて実施した活動の概要を事務局に提出する。

第一〇条（資金供与の制度）1　締約国は、第五条1の規定の適用を受ける締約国による第二条のAから第二条のEまで、第二条のI及び第二条のJに定める規制措置並びに第五条1の二の規定に従って決定される第二条のFから第二条のHまでの規定に係る規

制措置の実施を可能とするために、当該締約国に対し資金協力及び技術協力（技術移転を含む。）を行うことを目的とする制度を設ける。当該制度に対する拠出は、当該締約国に対する他の資金の移転とは別に追加的に行われるものとし、当該制度は、当該締約国によるこの議定書に定める規制措置の実施を可能とするためにすべての合意された増加費用を賄うものとする。増加費用の種類を示す表は、締約国がその会合において決定する。第五条1の規定の適用を受ける締約国が、合意された増加費用の一部を賄うことにつながり得る他の資金供与の制度を利用することを選択する場合には、当該増加費用の一部については、この条の規定に基づく資金供与の制度によっては賄われない。

2 1の規定に基づき設けられる制度は、多数国間基金を含むものとする。また、当該制度は、多数国間協力、地域的協力及び二国間協力による他の手段を含むことができる。

3 多数国間基金は、次のことを行う。

(a) 贈与又は緩和された条件により、かつ、締約国が決定する基準に従い、合意された増加費用を賄うこと。

(b) 次に掲げる情報交換及び情報提供に関する活動に対して資金供与を行うこと。

(i) 国別調査その他の技術協力の実施を通じて第五条1の規定の適用を受ける締約国が協力を必要とする事項を特定することを支援すること。

(ii) (i)の規定により特定された事項のための技術協力を促進すること。

(iii) 開発途上国である締約国のため、前条の規定に従い情報及び関連資料を配布し、研究集会及び研修会を開催し並びにその他の関連する活動を行うこと。

(iv) 開発途上国である締約国が利用することができる他の多数国間協力、地域的協力及び二国間協力を促進し及び把握すること。

(c) 多数国間基金のための事務的役務に要する費用及びこれに関連する経費を賄うこと。

4 多数国間基金は、締約国の管理の下に運営され、締約国は、基金の運営に関する一般的な方針を決定する。

5 締約国は、多数国間基金の目的を達成するため、資金の支出に関するものを含め、具体的な運営方針、運営指針及び事務上の取決めを策定し並びにそれらの実施状況を監視するための執行委員会を設置する。執行委員会は、国際復興開発銀行、国際連合環境計画、国際連合開発計画又は専門知識に応じたその他の適当な機関の協力及び援助を得て、締約国が合意した付託事項に定める役務及び責任を遂行する。執行委員会の構成国は、第五条1の規定の適用を受ける締約国及び同条1の規定の適用を受けない締約国が衡平に代表されるように選出され、締約国がこれを承認する。

6 多数国間基金は、国際連合の分担率を基礎として、交換可能な通貨又は特定の場合には現物若しくは自国通貨により、第五条1の規定の適用を受けない締約国の拠出によって賄われる。他の締約国からの拠出も、勧奨される。二国間協力及び、締約国の決定によって合意される特別な場合には、地域的協力のための支出は、締約国の決定によって定められる比率まで、締約国の決定によって定められる基準に従って、かつ、当該協力が少なくとも次の要件を満たすことを条件として、多数国間基金への拠出とみなすことができる。

(a) 厳密な意味で議定書の規定の遵守に関連すること。

(b) 追加的な資金を供与すること。

(c) 合意された増加費用を賄うこと。

7 締約国は、財政期間ごとに多数国間基金の予算及び当該予算に対する各締約国の拠出の比率を決定する。

8 多数国間基金の資金は、受益国となる締約国の同意の下に支出する。

9 この条の規定に基づく締約国の決定は、可能な限りコンセンサス方式によって行う。コンセンサスのためのあらゆる努力にもかかわらず合意に達しない場合には、当該決定は、出席しかつ投票する締約国の三分の二以上の多数であって出席しかつ投票する第五条1の規定の適用を受ける締約国の過半数及び出席しかつ投票する同条1の規定の適用を受けない締約国の過半数を代表するものによる議決で採択する。

10 この条に定める資金供与の制度は、他の環境問題に関して策定される将来の取極に影響を及ぼすものではない。

第一〇条のA（技術移転） 締約国は、次のことを確保するため、資金供与の制度によって支援される計画に合致したすべての実行可能な措置をとるものとする。

(a) 最も有効で環境上安全な代替品及び関連技術を第五条1の規定の適用を受ける締約国に対し速やかに移転すること。

(b) (a)の移転が公正で最も有利な条件の下に行われること。

第一一条（締約国の会合） 1 締約国は、定期的に会合を開催する。事務局は、この議定書の効力発生の日の後一年以内に（その期間内に条約の締約国会議の会合が予定されている場合には、当該会合と併せて）締約国の第一回会合を招集する。

2 締約国のその後の通常会合は、締約国が別段の決定を行わない限り、条約の締約国会議の会合と併せて開催する。締約国の特別会合は、締約国がその会合において必要と認めるとき又は締約国から書面による要請のある場合において事務局がその要請を締約国に通報した後六箇月以内に締約国の少なくとも三分の一がその要請を支持するとき、開催する。

3 締約国は、その第一回会合において、次のことを行う。

(a) 締約国の会合の手続規則をコンセンサス方式により採択すること。

(b) 第一三条2の財政規則をコンセンサス方式により採択すること。
(c) 第六条の委員会を設置し及びその付託事項を決定すること。
(d) 第八条の手続及び制度を検討し及び承認すること。
(e) 前条3の規定に従って作業計画の準備を開始すること。

4 締約国の会合は、次の任務を遂行する。
(a) この議定書の実施状況を検討すること。
(b) 第二条9の調整及び削減について決定すること。
(c) 第二条10の規定に基づき附属書への物質の追加及び附属書からの物質の削除並びに関連のある規制措置について決定すること。
(d) 必要な場合には、第七条及び第九条3に規定する情報の提出のための指針又は手続を定めること。
(e) 前条2の規定に基づいて提出される技術援助の要請を検討すること。
(f) 次条(c)の規定に基づいて事務局が作成する報告書を検討すること。
(g) 規制措置を第六条の規定に従って評価すること。
(h) 必要に応じ、この議定書及び附属書の改正の提案並びに新たな附属書の提案を検討し及び採択すること。
(i) この議定書の実施のための予算を検討し及び採択すること。
(j) この議定書の目的を達成するために必要となる追加的な活動を検討し及び行うこと。

5 国際連合、その専門機関及び国際原子力機関並びにこの議定書の締約国でない国は、締約国の会合にオブザーバーを出席させることができる。オゾン層の保護に関連のある分野において認められた団体又は機関(国内若しくは国際の又は政府若しくは非政府のもののいずれであるかを問わない。)であって、締約国の会合にオブザーバーを出席させることを希望する旨事務局に通報したものは、当該会合に出席する締約国の三分の一以上が反対しない限り、オブザーバーを出席させることを認められる。オブザーバーの出席及び参加は、締約国が採択する手続規則の適用を受ける。

第一二条(事務局) この議定書の適用上、事務局は、次の任務を遂行する。
(a) 前条に定める締約国の会合を準備し及びその会合のための役務を提供すること。
(b) 第七条の規定に基づいて提出された資料を受領し及び締約国の要請があったときはその利用に供すること。
(c) 第七条及び第九条の規定により受領する情報に基づいて定期的に報告書を作成し、締約国に配布すること。
(d) 第一〇条の規定により受ける技術援助の要請を、当該技術援助の供与を促進するため締約国に通報すること。
(e) 非締約国に対し、締約国の会合にオブザーバーを出席させ及びこの議定書に沿って行動するよう奨励すること。
(f) 非締約国のオブザーバーに適宜(c)の情報を提供し及び(d)の要請を通報すること。
(g) この議定書の目的を達成するため、締約国により課される他の任務を遂行すること。

第一三条(財政規定) 1 この議定書の実施に必要な資金(この議定書に関する事務局の任務に必要なものを含む。)には、専ら締約国の分担金を充てる。

2 締約国は、その第一回会合において、この議定書の実施のための財政規則をコンセンサス方式により採択する。

第一四条(この議定書と条約との関係) 条約における議定書に関する規定は、この議定書に別段の定めがある場合を除くほか、この議定書について適用する。

第一五条(署名)(略)

第一六条(効力発生) 1 この議定書は、一一以上の国または地域的な経済統合のための機関であって、規制物質の一九八六年における推定消費量の合計が同年における世界の推定消費量の少なくとも三分の二を代表するものによりこの議定書の批准書、受諾書、承認書又は加入書が寄託されていること及び条約第一七条1に規定する要件が満たされていることを条件として、一九八九年一月一日に効力を生ずる。同日までに当該条件が満たされなかった場合には、この議定書は、当該条件が満たされた日の後九〇日目の日に効力を生ずる。

2 地域的な経済統合のための機関によって寄託される文書は、1の規定の適用上、当該機関の構成国によって寄託されたものに追加して数えてはならない。

3 この議定書の効力発生の後は、国又は地域的な経済統合のための機関は、その批准書、受諾書、承認書又は加入書の寄託の日の後九〇日目の日にこの議定書の締約国となる。

第一七条(効力発生の後に参加する締約国) 第五条の規定の適用を受ける場合を除くほか、この議定書の締約国となる国又は地域的な経済統合のための機関は、当該国又は機関が締約国となった日においてこの議定書の効力発生の日から締約国であった国又は地域的な経済統合のための機関が負っている第二条から第二条のJまで及び第四条の規定に基づくすべての義務と同一の義務を直ちに履行する。

第一八条(留保) この議定書については、留保は、付することができない。

第一九条(脱退) 締約国は、第二条のA1に定める義務を四年間負った後いつでも、寄託者に対して書面による通告を行うことにより、この議定書から脱退することができる。脱退は、寄託者が脱退の通告を受領した日の後一年を経過した日又はそれよりも遅い日であって脱退の通告において指定されている日に効力を生ずる。

第二〇条(正文)(略)
附属書A 規制物質
附属書B 規制物質
附属書C 規制物質
附属書D 附属書Aに掲げる規制物質を含んでいる製品の表
附属書E 規制物質
附属書F 規制物質
(略)

86 モントリオール議定書不遵守手続

決定 一九九二年一一月二五日 第四回締約国会合(コペンハーゲン) Dec.IV/5
改訂 一九九八年一一月二四日 第一〇回締約国会合(カイロ) Dec.X/10

第四回締約国会合は以下の通り決定する。

一 モントリオール議定書の不遵守に関するアドホック法律専門家作業部会の作業を評価しそれに留意し、
二 第四回締約国会合報告書の附属Ⅳに掲載された不遵守手続を採択し、
三 第四回締約国会合報告書の附属Ⅴに掲載された不遵守についてとられることのある措置の例示リストを採択し、
四 オゾン層保護に関するウィーン条約第九条に規定する改正手続を迅速化する必要はないとする勧告を受諾し、
五 議定書の法的解釈の責任は究極的には締約国自身にあるという見解を採択する。

Ⅳ 不遵守手続

次の手続は、モントリオール議定書第八条に基づいて作成された。この手続は、ウィーン条約第一一条に定める紛争解決手続の適用を妨げることなく適用する。

1 締約国は、他の締約国の議定書に基づく義務の履行につき疑念を有する場合、この懸念を書面で事務局に提出することができる。この通報は、それを証明する情報によって裏付けられるものとする。

2 事務局は、通報を受理した後二週間以内に、議定書の特定の条項の履行が争われている締約国に対して当該通報の写しを送付する。回答及びそれを裏付ける情報は、送付の日から三箇月以内に又はこれを超えて当該事案の事情が必要とする期間内に事務局及び関係締約国に提出する。事務局は、当初の通報を送付して三箇月経過後も締約国から回答を受理していない場合には、回答を提供しなければならない旨の督促を送付する。事務局は、締約国の回答及び情報を入手した後できる限り速やかに(ただし、通報の受理後六箇月以内に)、通報、回答及び締約国が提供した情報がある場合にはそれを5に定める履行委員会に回付し、履行委員会は当該事案を実行可能な限り速やかに検討する。

3 事務局が事務局の報告を準備する過程で議定書に基づく義務のいずれかの締約国による不履行の可能性を認める場合には、事務局は、その締約国に当該事案に関する必要な情報を提供するように要請することができる。当該締約国から三箇月以内に若しくは当該事案の事情が必要とするこれを超える期間内に回答がない場合又は当該事案が行政的措置若しくは外交的接触を通じて解決されない場合、事務局は、議定書第一二条cに従って締約国の会合に提出する事務局の報告に当該事案を含め及び履行委員会に通知するものとし、履行委員会は当該事案を実行可能な限り速やかに検討する。

4 締約国は、その最大の善意の努力にもかかわらず議定書に基づく義務を十分に履行することができないと結論する場合には、事務局に対し書面で通報することができるものとし、当該通報では、特に、締約国が不遵守の原因と考える特定の事情を説明する。事務局は、その通報を履行委員会に回付し、履行委員会はそれを実行可能な限り速やかに検討する。

5 履行委員会を設置する。履行委員会は、衡平な地理的配分に基づいて二年の任期で締約国会合が選出した一〇の締約国で構成する。委員会に選出された各締約国は選出の後二箇月以内に国を代表する個人の氏名を事務局に通知するように要請され、並びに、任期中の全期間を通じて同一の個人が代表としてとどまることを確保するよう努力する。期間の満了する締約国は、それに引き続く一期の期間につき再選することができる。委員会の構成国として連続する任期の二期目の二年を終了する締約国は、委員会の構成国を一年離れた後にのみ再選される資格を有する。委員会は、委員長と副委員長を選出する。委員長及び副委員長の任期は、一期一年とする。また副委員長は、委員会の報告者を務める。

6 履行委員会は、別段の決定をする場合を除き、一年に二回会合をもつ。事務局は、会合を準備し役務を提供する。

7 履行委員会の任務は、次のものとする。
(a) 1、2及び4に基づく通報を受理し、検討し及び報告を作成すること
(b) 議定書第一二条(c)に定める報告の準備に関連して事務局が提出する情報又は見解、並びに、議定書の履行に関して事務局が受理し及び事務局が提出する他の情報を受理し、検討し及び報告を作成すること

(c) 必要と考える場合には、事務局を通じて検討中の事案に関する追加情報を要請すること

(d) 委員会に付託される不遵守の個々の事例についての事実及びありうる原因を特定し、並びに、締約国の会合に適当な勧告を行うこと

(e) 委員会の任務を遂行するために、関係締約国の招聘に基づいて、当該締約国の領域内で情報収集を行うこと

(f) 特に委員会の勧告を起草するために、財政的及び技術的協力の提供(議定書第五条1が適用される締約国への技術移転を含む。)に関連した情報の交換を多数国間基金執行委員会との間で維持すること

8 履行委員会は、議定書の規定の尊重を基礎として事案の友好的解決を確保するために7に定める通報、情報及び見解を検討する。

9 履行委員会は、締約国の会合に委員会が適当と考える勧告を含めて報告する。報告は、締約国の会合の六週間前までに締約国に送付する。締約国は、委員会の報告を受領した後、事案の事情を考慮して、議定書を十分に履行するための措置(締約国による議定書の履行を援助する措置を含む。)ならびに議定書の目的を促進する措置を決定し及び要請することができる。

10 履行委員会の構成国でない締約国が1に定める通報で指摘される場合又は構成国でない締約国が自ら通報を行う場合、その締約国は、委員会による当該通報の検討に参加する権利を有する。

11 履行委員会が検討中の事案に関係するいかなる締約国も、履行委員会の構成国であるかどうかを問わず、委員会の報告に含められる当該事案に関する勧告の作成及び採択に参加してはならない。

12 1、3及び4に定める事案に関係する締約国は、事務局を通じて締約国の会合に対して、生じうる不履行について条約第一一条に基づきとられる手続の結果、その結果の実施状況及び9に基づく締約国の決定の実施状況を報告する。

13 締約国の会合は、条約第一一条に基づき開始された手続が完了するまでは、暫定的要請及び/又は勧告を行うことができる。

14 締約国の会合は、履行委員会に対して、ありうる不履行の事案の会合による検討を援助するために勧告を行うように要請することができる。

15 履行委員会の構成国及び履行委員会の討議に関与するいずれの締約国も、非公開で受領した情報の機密を保護しなければならない。

16 報告(非公開で受領した情報を含めてはならない。)は、要請に基づきすべての者に提供される。履行委員会により又は履行委員会と交換される情報であって締約国の会合に対する委員会の勧告に関係するものはすべて、要請に基づき事務局からすべての締約国に提供される。ただし、この情報を提供された締約国は、非公開で受領した情報の機密を確保しなければならない。

V 議定書の不遵守について締約国の会合によりとられることのある措置の例示リスト

A 適当な援助(データの収集と報告、技術援助、技術移転と財政援助、情報移転と訓練を含む。)

B 警告の発付

C 条約の運用停止に関する国際法の適用可能な規則に従って、議定書に基づく特定の権利及び特権(産業の合理化、生産、消費、取引、技術移転、財政的措置及び制度的調整に関するものを含む)の期限付き又は無期限の停止

87 気候変動に関する国際連合枠組条約(気候変動枠組条約)(抄)

採択 一九九二年五月九日(ニュー・ヨーク)
効力発生 一九九四年三月二一日
改正 一九九七年一二月一一日(4/CP.3)、一九九八年八月一三日効力発生、二〇〇一年一一月一〇日(26/CP.7)、二〇〇二年六月二八日効力発生、二〇〇九年一二月一九日(3/CP.15)、二〇一〇年一〇月二六日効力発生
日本国 一九九三年五月一四日国会承認、五月二八日受諾書寄託、一九九四年三月二一日効力発生、六月二一日公布(条約第六号)
改正・二〇〇一年一二月一七日(外務省告示第四七三号)、二〇〇三年一月二一日(外務省告示第一五号)、二〇一〇年一〇月二六日(外務省告示四五三号)

この条約の締約国は、

地球の気候の変動及びその悪影響が人類の共通の関心事であることを確認し、

人間活動が大気中の温室効果ガスの濃度を著しく増加させてきていること、その増加が自然の温室効果を増大させていること並びにこのことが、地表及び地球の大気を全体として追加的に温暖化することとなり、自然の生態系及び人類に悪影響を及ぼすおそれがあることを憂慮し、

過去及び現在における世界全体の温室効果ガスの排出量の最大の部分を占めるのは先進国において排出されたものであること、開発途上国における一人当たりの排出量は依然として比較的少ないこと並びに世界全体の排出量において開発途上国における排出量が占める割合はこれらの国の社会的な及び開発のためのニーズに応じて増加していくことに留意し、

温室効果ガスの吸収源及び貯蔵庫の陸上及び海洋の生態系における役割及び重要性を認識し、

気候変動の予測には、特に、その時期、規模及び地域的な特性に関して多くの不確実性があることに留意し、

気候変動が地球的規模の性格を有することから、すべての国が、それぞれ共通に有しているが差異のある責任、各国の能力並びに各国の社会的及び経済的状況に応じ、できる限り広範な協力を行うこと及び効果的かつ適当な国際的対応に参加することが必要であることを確認し、

一九七二年六月一六日にストックホルムで採択された国際連合人間環境会議の宣言の関連規定を想起し、

諸国は、国際連合憲章及び国際法の諸原則に基づき、その資源を自国の環境政策及び開発政策に従って開発する主権的権利を有すること並びに自国の管轄又は管理の下における活動が他国の環境又はいずれの国の管轄にも属さない区域の環境を害さないことを確保する責任を有することを想起し、

気候変動に対処するための国際協力における国家の主権の原則を再確認し、

諸国が環境に関する効果的な法令を制定すべきであること、環境基準、環境の管理に当たっての目標及び環境問題における優先度はこれらが適用される環境及び開発の状況を反映すべきであること、並びにある国の適用する基準が他の国(特に開発途上国)にとって不適当なものとなり、不当な経済的及び社会的損失をもたらすものとなるおそれがあることを認め、

国際連合環境開発会議に関する一九八九年一二月二二日の国際連合総会決議第二二八号(第四四回会期)並びに人類の現在及び将来の世代のための地球的規模の気候の保護に関する一九八八年一二月六日の国際連合総会決議第五三号(第四三回会期)、一九八九年一二月二二日の同決議第二〇七号(第四四回会期)、一九九〇年一二月二一日の同決議第二一二号(第四五回会期)及び一九九一年一二月一九日の同決議第一六九号(第四六回会期)を想起し、

海面の上昇が島及び沿岸地域(特に低地の沿岸地域)に及ぼし得る悪影響に関する一九八九年一二月二二日の国際連合総会決議第二〇六号(第四四回会期)の規定及び砂漠化に対処するための行動計画の実施に関する一九八九年一二月一九日の国際連合総会決議第一七二号(第四四回会期)の関連規定を想起し、

更に、一九八五年のオゾン層の保護のためのウィーン条約並びに一九九〇年六月二九日に調整され及び改正された一九八七年のオゾン層を破壊する物質に関するモントリオール議定書(以下「モントリオール議定書」という。)を想起し、

一九九〇年一一月七日に採択された第二回世界気候会議の閣僚宣言に留意し、

多くの国が気候変動に関して有益な分析を行っていること並びに国際連合の諸機関(特に、世界気象機関、国際連合環境計画)その他の国際機関及び政府間機関が科学的研究の成果の交換及び研究の調整について重要な貢献を行っていることを意識し、

気候変動を理解し及びこれに対処するために必要な措置は、関連する科学、技術及び経済の分野における考察に基礎を置き、かつ、これらの分野において新たに得られた知見に照らして絶えず再評価される場合には、環境上、社会上及び経済上最も効果的なものになることを認め、

気候変動に対処するための種々の措置は、それ自体経済的に正当化し得ること及びその他の環境問題の解決に役立ち得ることを認め、

先進国が、明確な優先順位に基づき、すべての温室効果ガスを考慮に入れ、かつ、それらのガスがそれぞれ温室効果の増大に対して与える相対的な影響を十分に勘案した包括的な対応戦略(地球的、国家的及び合意がある場合には地域的な規模のもの)に向けた第一歩として、直ちに柔軟に行動することが必要であることを認め、

更に、標高の低い島嶼(しょ)国その他の島嶼国、低地の沿岸地域、乾燥地域若しくは半乾燥地域又は洪水、干ばつ若しくは砂漠化のおそれのある地域を有する国及びぜい弱な山岳の生態系を有する開発途上国は、特に気候変動の悪影響を受けやすいことを認め、

経済が化石燃料の生産、使用及び輸出に特に依存している国(特に開発途上国)について、温室効果ガスの排出抑制に関してとられる措置の結果特別な困難が生ずることを認め、

持続的な経済成長の達成及び貧困の撲滅という開発途上国の正当かつ優先的な要請を十分に考慮し、気候変動への対応については、社会及び経済の開発に対する悪影響を回避するため、これらの開発との間で総合的な調整が図られるべきであることを確認し、

すべての国(特に開発途上国)が社会及び経済の持続可能な開発の達成のための資源の取得の機会を必要としていること、並びに開発途上国がそのような開発の達成という目標に向かって前進するため、一層高いエネルギー効率の達成及び温室効果ガスの排出の一般的な抑制の可能性(特に、新たな技術が経済的にも社会的にも有利な条件で利用されることによるそのような可能性)をも考慮に入れつつ、そのエネルギー消費を増加させる必要があることを認め、

現在及び将来の世代のために気候系を保護することを決意して、

次のとおり協定した。

第一条(定義)(注)

注　各条の表題は、専ら便宜のために付するものである。

この条約の適用上、

1　「気候変動の悪影響」とは、気候変動に起因する自然環境又は生物相の変化であって、自然の及び管理された生態系の構成、回復力若しくは生産力、社会及び経済の機能又は人の健康及び福祉に対し著しく有害な影響を及ぼすものをいう。

2　「気候変動」とは、地球の大気の組成を変化させ

る人間活動に直接又は間接に起因する気候の変化であって、比較可能な期間において観測される気候の自然な変動に対して追加的に生ずるものをいう。

3　「気候系」とは、気圏、水圏、生物圏及び岩石圏の全体並びにこれらの間の相互作用をいう。

4　「排出」とは、特定の地域及び期間における温室効果ガス又はその前駆物質の大気中への放出をいう。

5　「温室効果ガス」とは、大気を構成する気体(天然のものであるか人為的に排出されるものであるかを問わない。)であって、赤外線を吸収し及び再放射するものをいう。

6　「地域的な経済統合のための機関」とは、特定の地域の主権国家によって構成され、この条約又はその議定書が規律する事項に関して権限を有し、かつ、その内部手続に従ってこの条約若しくはその議定書の署名、批准、受諾若しくは承認又はこの条約若しくはその議定書への加入が正当に委任されている機関をいう。

7　「貯蔵庫」とは、温室効果ガス又はその前駆物質を貯蔵する気候系の構成要素をいう。

8　「吸収源」とは、温室効果ガス、エーロゾル又は温室効果ガスの前駆物質を大気中から除去する作用、活動又は仕組みをいう。

9　「発生源」とは、温室効果ガス、エーロゾル又は温室効果ガスの前駆物質を大気中に放出する作用又は活動をいう。

第二条(目的)　この条約及び締約国会議が採択する関連する法的文書は、この条約の関連規定に従い、気候系に対して危険な人為的干渉を及ぼすこととならない水準において大気中の温室効果ガスの濃度を安定化させることを究極的な目的とする。そのような水準は、生態系が気候変動に自然に適応し、食糧の生産が脅かされず、かつ、経済開発が持続可能な態様で進行することができるような期間内に達成されるべきである。

第三条(原則)　締約国は、この条約の目的を達成し及びこの条約を実施するための措置をとるに当たり、特に、次に掲げるところを指針とする。

1　締約国は、衡平の原則に基づき、かつ、それぞれ共通に有しているが差異のある責任及び各国の能力に従い、人類の現在及び将来の世代のために気候系を保護すべきである。したがって、先進締約国は、率先して気候変動及びその悪影響に対処すべきである。

2　開発途上締約国(特に気候変動の悪影響を著しく受けやすいもの)及びこの条約によって過重又は異常な負担を負うこととなる締約国(特に開発途上締約国)の個別のニーズ及び特別な事情について十分な考慮が払われるべきである。

3　締約国は、気候変動の原因を予測し、防止し又は最小限にするための予防措置をとるとともに、気候変動の悪影響を緩和すべきである。深刻な又は回復不可能な損害のおそれがある場合には、科学的な確実性が十分にないことをもって、このような予防措置をとることを延期する理由とすべきではない。もっとも、気候変動に対処するための政策及び措置は、可能な限り最小の費用によって地球的規模で利益がもたらされるように費用対効果の大きいものとすることについても考慮を払うべきである。このため、これらの政策及び措置は、社会経済状況の相違が考慮され、包括的なものであり、関連するすべての温室効果ガスの発生源、吸収源及び貯蔵庫並びに適応のための措置を網羅し、かつ、経済のすべての部門を含むべきである。気候変動に対処するための努力は、関心を有する締約国の協力によっても行われ得る。

4　締約国は、持続可能な開発を促進する権利及び責務を有する。気候変動に対処するための措置をとるためには経済開発が不可欠であることを考慮し、人に起因する変化から気候系を保護するための政策及び措置については、各締約国の個別の事情に適合したものとし、各国の開発計画に組み入れるべきである。

5　締約国は、すべての締約国(特に開発途上締約国)において持続可能な経済成長及び開発をもたらし、もって締約国が一層気候変動の問題に対処することを可能にするような協力的かつ開放的な国際経済体制の確立に向けて協力すべきである。気候変動に対処するためにとられる措置(一方的なものを含む。)は、国際貿易における恣(し)意的若しくは不当な差別の手段又は偽装した制限となるべきではない。

第四条(約束)　1　すべての締約国は、それぞれ共通に有しているが差異のある責任、各国及び地域に特有の開発の優先順位並びに各国特有の目的及び事情を考慮して、次のことを行う。

(a)　締約国会議が合意する比較可能な方法を用い、温室効果ガス(モントリオール議定書によって規制されているものを除く。)について、発生源による人為的な排出及び吸収源による除去に関する自国の目録を作成し、定期的に更新し、公表し及び第十二条の規定に従って締約国会議に提供すること。

(b)　自国の(適当な場合には地域の)計画を作成し、実施し、公表し及び定期的に更新すること。この計画には、気候変動を緩和するための措置(温室効果ガス(モントリオール議定書によって規制されているものを除く。)の発生源による人為的な排出及び吸収源による除去を対象とするもの)及び気候変動に対する適応を容易にするための措置を含めるものとする。

(c)　エネルギー、運輸、工業、農業、林業、廃棄物の処理その他すべての関連部門において、温室効果ガス(モントリオール議定書によって規制されているものを除く。)の人為的な排出を抑制し、削減し又は防止する技術、慣行及び方法の開発、利用及び普及(移転を含む。)を促進し、並びにこれらについて協力すること。

(d)　温室効果ガス(モントリオール議定書によって

規制されているものを除く。）の吸収源及び貯蔵庫（特に、バイオマス、森林、海その他陸上、沿岸及び海洋の生態系）の持続可能な管理を促進すること並びにこのような吸収源及び貯蔵庫の保全（適当な場合には強化）を促進し並びにこれらについて協力すること。

(e) 気候変動の影響に対する適応のための準備について協力すること。沿岸地域の管理、水資源及び農業について、並びに干ばつ及び砂漠化により影響を受けた地域（特にアフリカにおける地域）並びに洪水により影響を受けた地域の保護及び回復について、適当かつ総合的な計画を作成すること。

(f) 気候変動に関し、関連する社会、経済及び環境に関する自国の政策及び措置において可能な範囲内で考慮を払うこと。気候変動を緩和し又はこれに適応するために自国が実施する事業又は措置の経済、公衆衛生及び環境に対する悪影響を最小限にするため、自国が案出し及び決定する適当な方法（例えば影響評価）を用いること。

(g) 気候変動の原因、影響、規模及び時期並びに種々の対応戦略の経済的及び社会的影響についての理解を増進し並びにこれらについて残存する不確実性を減少させ又は除去することを目的として行われる気候系に関する科学的、技術的、社会経済的研究その他の研究、組織的観測及び資料の保管制度の整備を促進し、並びにこれらについて協力すること。

(h) 気候系及び気候変動並びに種々の対応戦略の経済的及び社会的影響に関する科学上、技術上、社会経済上及び法律上の情報について、十分な、開かれた及び迅速な交換を促進し、並びにこれらについて協力すること。

(i) 気候変動に関する教育、訓練及び啓発を促進し、これらについて協力し、並びにこれらへの広範な参加（民間団体の参加を含む。）を奨励すること。

(j) 第一二条の規定に従い、実施に関する情報を締約国会議に送付すること。

2 附属書Ｉに掲げる先進締約国その他の締約国（以下「附属書Ｉの締約国」という。）は、特に、次に定めるところに従って約束する。

(a) 附属書Ｉの締約国は、温室効果ガスの人為的な排出を抑制すること並びに温室効果ガスの吸収源及び貯蔵庫を保護し及び強化することによって気候変動を緩和するための自国の政策を採用し、これに沿った措置をとる(注)。これらの政策及び措置は、温室効果ガスの人為的な排出の長期的な傾向をこの条約の目的に沿って修正することについて、先進国が率先してこれを行っていることを示すこととなる。二酸化炭素その他の温室効果ガス（モントリオール議定書によって規制されているものを除く。）の人為的な排出の量を一九九〇年代の終わりまでに従前の水準に戻すことは、このような修正に寄与するものであることが認識される。また、附属書Ｉの締約国の出発点、対処の方法、経済構造及び資源的基盤がそれぞれ異なるものであること、強力かつ持続可能な経済成長を維持する必要があること、利用可能な技術その他の個別の事情があること、並びにこれらの締約国がこの条約の目的のための世界的な努力に対して衡平かつ適当な貢献を行う必要があることについて、考慮が払われる。附属書Ｉの締約国が、これらの政策及び措置を他の締約国と共同して実施すること並びに他の締約国によるこの条約の目的、特に、この(a)の規定の目的の達成への貢献について当該他の締約国を支援することもあり得る。

注 これらの政策及び措置には、地域的な経済統合のための機関がとるものが含まれる。

(b) (a)の規定の目的の達成を促進するため、附属書Ｉの締約国は、(a)に規定する政策及び措置並びにこれらの政策及び措置をとった結果(a)に規定する期間について予測される二酸化炭素その他の温室効果ガス（モントリオール議定書によって規制されているものを除く。）の発生源による人為的な排出及び吸収源による除去に関する詳細な情報を、この条約が自国について効力を生じた後六箇月以内に及びその後は定期的に、第一二条の規定に従って送付する。その送付は、二酸化炭素その他の温室効果ガス（モントリオール議定書によって規制されているものを除く。）の人為的な排出の量を個別に又は共同して一九九〇年の水準に戻すという目的をもって行われる。締約国会議は、第七条の規定に従い、第一回会合において及びその後は定期的に、当該情報について検討する。

(c) (b)の規定の適用上、温室効果ガスの発生源による排出の量及び吸収源による除去の量の算定に当たっては、入手可能な最良の科学上の知識（吸収源の実効的な能力及びそれぞれの温室効果ガスの気候変動への影響の度合に関するものを含む。）を考慮に入れるべきである。締約国会議は、この算定のための方法について、第一回会合において検討し及び合意し、その後は定期的に検討する。

(d) 締約国会議は、第一回会合において、(a)及び(b)の規定の妥当性について検討する。その検討は、気候変動及びその影響に関する入手可能な最良の科学的な情報及び評価並びに関連する技術上、社会上及び経済上の情報に照らして行う。締約国会議は、この検討に基づいて適当な措置（(a)及び(b)に定める約束に関する改正案の採択を含む。）をとる。締約国会議は、また、第一回会合において、(a)に規定する共同による実施のための基準に関する決定を行う。(a)及び(b)の規定に関する二回目の検討は、一九九八年一二月三一日以前に行い、その後は締約国会議が決定する一定の間隔で、この条約の目的が達成されるまで行う。

(e) 附属書Ｉの締約国は、次のことを行う。

(i) 適当な場合には、この条約の目的を達成するために開発された経済上及び行政上の手段を他の附属書Iの締約国と調整すること。

(ii) 温室効果ガス（モントリオール議定書によって規制されているものを除く。）の人為的な排出の水準を一層高めることとなるような活動を助長する自国の政策及び慣行を特定し及び定期的に検討すること。

(f) 締約国会議は、関係する締約国の承認を得て附属書I及び附属書IIの一覧表の適当な改正について決定を行うために、一九九八年一二月三一日以前に、入手可能な情報について検討する。

(g) 附属書Iの締約国以外の締約国は、批准書、受諾書、承認書若しくは加入書において又はその後いつでも、寄託者に対し、自国が(a)及び(b)の規定に拘束される意図を有する旨を通告することができる。寄託者は、他の署名国及び締約国に対してその通告を通報する。

3　附属書IIに掲げる先進締約国（以下「附属書IIの締約国」という。）は、開発途上締約国が第一二条1の規定に基づく義務を履行するために負担するすべての合意された費用に充てるため、新規のかつ追加的な資金を供与する。附属書IIの締約国は、また、1の規定の対象とされている措置であって、開発途上締約国と第一一条に規定する国際的組織との間で合意するものを実施するためのすべての合意された増加費用を負担するために開発途上締約国が必要とする新規のかつ追加的な資金（技術移転のためのものを含む。）を同条の規定に従って供与する。これらの約束の履行に当たっては、資金の流れの妥当性及び予測可能性が必要であること並びに先進締約国の間の適当な責任分担が重要であることについて考慮を払う。

4　附属書IIの締約国は、また、気候変動の悪影響を特に受けやすい開発途上締約国がそのような悪影響に適応するための費用を負担することについて、当該開発途上締約国を支援する。

5　附属書IIの締約国は、他の締約国（特に開発途上締約国）がこの条約を実施することができるようにするため、適当な場合には、これらの他の締約国に対する環境上適正な技術及びノウハウの移転又は取得の機会の提供について、促進し、容易にし及び資金を供与するための実施可能なすべての措置をとる。この場合において、先進締約国は、開発途上締約国の固有の能力及び技術の開発及び向上を支援する。技術の移転を容易にすることについてのこのような支援は、その他の締約国及び機関によっても行われ得る。

6　締約国会議は、附属書Iの締約国のうち市場経済への移行の過程にあるものによる2の規定に基づく約束の履行については、これらの締約国の気候変動に対処するための能力を高めるために、ある程度の弾力的適用（温室効果ガス（モントリオール議定書によって規制されているものを除く。）の人為的な排出の量の基準として用いられる過去の水準に関するものを含む。）を認めるものとする。

7　開発途上締約国によるこの条約に基づく約束の効果的な履行の程度は、先進締約国によるこの条約に基づく資金及び技術移転に関する約束の効果的な履行に依存しており、経済及び社会の開発並びに貧困の撲滅が開発途上締約国にとって最優先の事項であることが十分に考慮される。

8　締約国は、この条に規定する約束の履行に当たり、気候変動の悪影響又は対応措置の実施による影響（特に、次の(a)から(i)までに掲げる国に対するもの）に起因する開発途上締約国の個別のニーズ及び懸念に対処するためにこの条約の下でとるべき措置（資金供与、保険及び技術移転に関するものを含む。）について十分な考慮を払う。

(a) 島嶼国

(b) 低地の沿岸地域を有する国

(c) 乾燥地域、半乾燥地域、森林地域又は森林の衰退のおそれのある地域を有する国

(d) 自然災害が起こりやすい地域を有する国

(e) 干ばつ又は砂漠化のおそれのある地域を有する国

(f) 都市の大気汚染が著しい地域を有する国

(g) ぜい弱な生態系（山岳の生態系を含む。）を有する地域を有する国

(h) 化石燃料及び関連するエネルギー集約的な製品の生産、加工及び輸出による収入又はこれらの消費に経済が大きく依存している国

(i) 内陸国及び通過国

更に、この8の規定に関しては、適当な場合には締約国会議が措置をとることができる。

9　締約国は、資金供与及び技術移転に関する措置をとるに当たり、後発開発途上国の個別のニーズ及び特別な事情について十分な考慮を払う。

10　締約国は、第一〇条の規定に従い、この条約に基づく約束の履行に当たり、気候変動に対応するための措置の実施による悪影響を受けやすい経済を有する締約国（特に開発途上締約国）の事情を考慮に入れる。この場合において、特に、化石燃料及び関連するエネルギー集約的な製品の生産、加工及び輸出による収入若しくはこれらの消費にその経済が大きく依存している締約国又は化石燃料の使用にその経済が大きく依存し、かつ、代替物への転換に重大な困難を有する締約国の事情を考慮に入れる。

第五条（研究及び組織的観測）
第六条（教育、訓練及び啓発）（略）

第七条（締約国会議） 1　この条約により締約国会議を設置する。

2　締約国会議は、この条約の最高機関として、この条約及び締約国会議が採択する関連する法的文書の実施状況を定期的に検討するものとし、その権限の範囲内で、この条約の効果的な実施を促進するために必要な決定を行う。このため、締約国会議は、次

のことを行う。

(a) この条約の目的、この条約の実施により得られた経験並びに科学上及び技術上の知識の進展に照らして、この条約に基づく締約国の義務及びこの条約の下における制度的な措置について定期的に検討すること。

(b) 締約国の様々な事情、責任及び能力並びにこの条約に基づくそれぞれの締約国の約束を考慮して、気候変動及びその影響に対処するために締約国が採用する措置に関する情報の交換を促進し及び円滑にすること。

(c) 二以上の締約国の要請に応じ、締約国の様々な事情、責任及び能力並びにこの条約に基づくそれぞれの締約国の約束を考慮して、気候変動及びその影響に対処するために締約国が採用する措置の調整を円滑にすること。

(d) 締約国会議が合意することとなっている比較可能な方法、特に、温室効果ガスの発生源による排出及び吸収源による除去に関する目録を作成するため並びに温室効果ガスの排出の抑制及び除去の増大に関する措置の効果を評価するための方法について、この条約の目的及び規定に従い、これらの開発及び定期的な改善を促進し及び指導すること。

(e) この条約により利用が可能となるすべての情報に基づき、締約国によるこの条約の実施状況、この条約に基づいてとられる措置の全般的な影響(特に、環境、経済及び社会に及ぼす影響並びにこれらの累積的な影響)及びこの条約の目的の達成に向けての進捗(ちょく)状況を評価すること。

(f) この条約の実施状況に関する定期的な報告書を検討し及び採択すること並びに当該報告書の公表を確保すること。

(g) この条約の実施に必要な事項に関する勧告を行うこと。

(h) 第四条の3から5までの規定及び第一一条の規定に従って資金が供与されるよう努めること。

(i) この条約の実施に必要と認められる補助機関を設置すること。

(j) 補助機関により提出される報告書を検討し、及び補助機関を指導すること。

(k) 締約国会議及び補助機関の手続規則及び財政規則をコンセンサス方式により合意し及び採択すること。

(l) 適当な場合には、能力を有する国際機関並びに政府間及び民間の団体による役務、協力及び情報の提供を求め及び利用すること。

(m) その他この条約の目的の達成のために必要な任務及びこの条約に基づいて締約国会議に課されるすべての任務を遂行すること。

3 締約国会議は、第一回会合において、締約国会議及びこの条約により設置される補助機関の手続規則を採択する。この手続規則には、この条約において意思決定手続が定められていない事項に関する意思決定手続を含む。この手続規則には、特定の決定の採択に必要な特定の多数を含むことができる。

4 締約国会議の第一回会合は、第二一条に規定する暫定的な事務局が招集するものとし、この条約の効力発生の日の後一年以内に開催する。その後は、締約国会議の通常会合は、締約国会議が別段の決定を行わない限り、毎年開催する。

5 締約国会議の特別会合は、締約国会議が必要と認めるとき又はいずれかの締約国から書面による要請のある場合において事務局がその要請を締約国に通報した後六箇月以内に締約国の少なくとも三分の一がその要請を支持するときに開催する。

6 国際連合、その専門機関、国際原子力機関及びこれらの国際機関の加盟国又はオブザーバーであってこの条約の締約国でないものは、締約国会議の会合にオブザーバーとして出席することができる。この条約の対象とされている事項について認められた団体又は機関(国内若しくは国際の又は政府若しくは民間のもののいずれであるかを問わない。)であって、締約国会議の会合にオブザーバーとして出席することを希望する旨事務局に通報したものは、当該会合に出席する締約国の三分の一以上が反対しない限り、オブザーバーとして出席することを認められる。オブザーバーの出席については、締約国会議が採択する手続規則に従う。

第八条(事務局)(略)

第九条(科学上及び技術上の助言に関する補助機関)

1 この条約により科学上及び技術上の助言に関する補助機関を設置する。当該補助機関は、締約国会議及び適当な場合には他の補助機関に対し、この条約に関連する科学的及び技術的な事項に関する時宜を得た情報及び助言を提供する。当該補助機関は、すべての締約国による参加のために開放するものとし、学際的な性格を有する。当該補助機関は関連する専門分野に関する知識を十分に有している政府の代表者により構成する。当該補助機関は、その活動のすべての側面に関して、締約国会議に対し定期的に報告を行う。

2 1の補助機関は、締約国会議の指導の下に及び能力を有する既存の国際団体を利用して次のことを行う。

(a) 気候変動及びその影響に関する科学上の知識の現状の評価を行うこと。

(b) この条約の実施に当たってとられる措置の影響に関する科学的な評価のための準備を行うこと。

(c) 革新的な、効率的な及び最新の技術及びノウハウを特定すること並びにこれらの技術の開発又は移転を促進する方法及び手段に関する助言を行うこと。

(d) 気候変動に関する科学的な計画、気候変動に関する研究及び開発における国際協力並びに開発途上国の固有の能力の開発を支援する方法及び手段に関する助言を行うこと。

(e) 締約国会議及びその補助機関からの科学、技術及び方法論に関する質問に回答すること。

3 1の補助機関の任務及び権限については、締約国会議が更に定めることができる。

第一〇条（実施に関する補助機関） 1 この条約により実施に関する補助機関を設置する。当該補助機関は、この条約の効果的な実施について評価し及び検討することに関して締約国会議を補佐する。当該補助機関は、すべての締約国による参加のために開放するものとし、気候変動に関する事項の専門家である政府の代表者により構成する。当該補助機関は、その活動のすべての側面に関して、締約国会議に対し定期的に報告を行う。

2 1の補助機関は、締約国会議の指導の下に、次のことを行う。

(a) 気候変動に関する最新の科学的な評価に照らして、締約国によってとられた措置の影響を全体として評価するため、第一二条1の規定に従って送付される情報を検討すること。

(b) 締約国会議が第四条2(d)に規定する検討を行うことを補佐するため、第一二条2の規定に従って送付される情報を検討すること。

(c) 適当な場合には、締約国会議の行う決定の準備及び実施について締約国会議を補佐すること。

第一一条（資金供与の制度） 1 贈与又は緩和された条件による資金供与（技術移転のためのものを含む。）のための制度についてここに定める。この制度は、締約国会議の指導の下に機能し、締約国会議に対して責任を負う。締約国会議は、この条約に関連する政策、計画の優先度及び適格性の基準について決定する。当該制度の運営は、一又は二以上の既存の国際的組織に委託する。

2 1の資金供与の制度については、透明な管理の仕組みの下に、すべての締約国から衡平なかつ均衡のとれた形で代表されるものとする。

3 締約国会議及び1の資金供与の制度の運営を委託された組織は、1及び2の規定を実施するための取決めについて合意する。この取決めには、次のことを含む。

(a) 資金供与の対象となる気候変動に対処するための事業が締約国会議の決定する政策、計画の優先度及び適格性の基準に適合していることを確保するための方法

(b) 資金供与に関する個別の決定を(a)の政策、計画の優先度及び適格性の基準に照らして再検討するための方法

(c) 1に規定する責任を果たすため、当該組織が締約国会議に対し資金供与の実施に関して定期的に報告書を提出すること。

(d) この条約の実施のために必要かつ利用可能な資金の額について、予測し及び特定し得るような方法により決定すること、並びにこの額の定期的な検討に関する要件

4 締約国会議は、第一回会合において、第二一条3に定める暫定的措置を検討し及び考慮して、1から3までの規定を実施するための措置をとり、及び当該暫定的措置を維持するかしないかを決定する。締約国会議は、その後四年以内に、資金供与の制度について検討し及び適当な措置をとる。

5 先進締約国は、また、二国間の及び地域的その他の多数国間の経路を通じて、この条約の実施に関連する資金を供与することができるものとし、開発途上締約国は、これを利用することができる。

第一二条（実施に関する情報の送付） 1 締約国は、第四条1の規定に従い、事務局を通じて締約国会議に対して次の情報を送付する。

(a) 温室効果ガス（モントリオール議定書によって規制されているものを除く。）の発生源による人為的な排出及び吸収源による除去に関する自国の目録。この目録は、締約国会議が合意し及び利用を促進する比較可能な方法を用いて、自国の能力の範囲内で作成する。

(b) この条約を実施するために締約国がとり又はとろうとしている措置の概要

(c) その他この条約の目的の達成に関連を有し及び通報に含めることが適当であると締約国が認める情報（可能なときは、世界全体の排出量の傾向の算定に関連する資料を含む。）

2 附属書Ⅰの締約国は、送付する情報に次の事項を含める。

(a) 第四条2の(a)及び(b)の規定に基づく約束を履行するために採用した政策及び措置の詳細

(b) (a)に規定する政策及び措置が、温室効果ガスの発生源による人為的な排出及び吸収源による除去に関して第四条2(a)に規定する期間についてもたらす効果の具体的な見積り

3 更に、附属書Ⅱの締約国は、第四条の3から5までの規定に従ってとる措置の詳細を含める。

4 開発途上締約国は、任意に、資金供与の対象となる事業を提案することができる。その提案には、当該事業を実施するために必要な特定の技術、資材、設備、技法及び慣行を含めるものとし、可能な場合には、すべての増加費用、温室効果ガスの排出の削減及び除去の増大並びにこれらに伴う利益についての見積りを含める。

5 附属書Ⅰの締約国は、この条約が自国について効力を生じた後六箇月以内に最初の情報の送付を行う。附属書Ⅰの締約国以外の締約国は、この条約が自国について効力を生じた後又は第四条3の規定に従い資金が利用可能となった後三年以内に最初の情報の送付を行う。後発開発途上国である締約国は、最初の情報の送付については、その裁量によることができる。すべての締約国がその後行う送付の頻度は、

この5に定める送付の期限の差異を考慮して、締約国会議が決定する。

6 事務局は、この条の規定に従って締約国が送付した情報をできる限り速やかに締約国会議及び関係する補助機関に伝達する。締約国会議は、必要な場合には、情報の送付に関する手続について更に検討することができる。

7 開発途上締約国が、この条の規定に従って情報を取りまとめ及び送付するに当たり並びに第四条の規定に基づいて提案する事業及び対応措置に必要な技術及び資金を特定するに当たり、締約国会議は、第一回会合の時から、開発途上締約国に対しその要請に応じ技術上及び財政上の支援が行われるよう措置をとる。このような支援は、適当な場合には、他の締約国、能力を有する国際機関及び事務局によって行われる。

8 この条の規定に基づく義務を履行するための情報の送付は、締約国会議が採択した指針に従うこと及び締約国会議に事前に通報することを条件として、二以上の締約国が共同して行うことができる。この場合において、送付する情報には、当該二以上の締約国のこの条約に基づくそれぞれの義務の履行に関する情報を含めるものとする。

9 事務局が受領した情報であって、締約国会議が定める基準に従い締約国が秘密のものとして指定したものは、情報の送付及び検討に関係する機関に提供されるまでの間、当該情報の秘密性を保護するため、事務局が一括して保管する。

10 9の規定に従うことを条件として、かつ、締約国が自国の送付した情報の内容をいつでも公表することができることを妨げることなく、事務局は、この条の規定に従って送付される締約国の情報について、締約国会議に提出する時に、その内容を公に利用可能なものとする。

第一三条（実施に関する問題の解決） 締約国会議は、第一回会合において、この条約の実施に関する問題の解決のための多数国間の協議手続（締約国がその要請により利用することができるもの）を定めることを検討する。

第一四条（紛争の解決） 1 この条約の解釈又は適用に関して締約国間で紛争が生じた場合には、紛争当事国は、交渉又は当該紛争当事国が選択するその他の平和的手段により紛争の解決に努める。

2 地域的な経済統合のための機関でない締約国は、この条約の解釈又は適用に関する紛争について、同一の義務を受諾する締約国との関係において次の一方又は双方の手段を当然にかつ特別の合意なしに義務的であると認めることをこの条約の批准、受諾若しくは承認若しくはこれへの加入の際に又はその後いつでも、寄託者に対し書面により宣言することができる。

(a) 国際司法裁判所への紛争の付託

(b) 締約国会議ができる限り速やかに採択する仲裁に関する附属書に定める手続による仲裁

地域的な経済統合のための機関である締約国は、(b)に規定する手続による仲裁に関して同様の効果を有する宣言を行うことができる。

3 2の規定に基づいて行われる宣言は、当該宣言の期間が満了するまで又は書面による当該宣言の撤回の通告が寄託者に寄託された後三箇月が経過するまでの間、効力を有する。

4 新たな宣言、宣言の撤回の通告又は宣言の期間の満了は、紛争当事国が別段の合意をしない限り、国際司法裁判所又は仲裁裁判所において進行中の手続に何ら影響を及ぼすものではない。

5 2の規定が適用される場合を除くほか、いずれかの紛争当事国が他の紛争当事国に対して紛争が存在する旨の通告を行った後一二箇月以内にこれらの紛争当事国が1に定める手段によって当該紛争を解決することができなかった場合には、当該紛争は、いずれかの紛争当事国の要請により調停に付される。

6 いずれかの紛争当事国の要請があったときは、調停委員会が設置される。調停委員会は、各紛争当事国が指名する同数の委員及び指名された委員が共同で選任する委員長によって構成される。調停委員会は、勧告的な裁定を行い、紛争当事国は、その裁定を誠実に検討する。

7 1から6までに定めるもののほか、調停に関する手続は、締約国会議ができる限り速やかに採択する調停に関する附属書に定める。

8 この条の規定は、締約国会議が採択する関連する法的文書に別段の定めがある場合を除くほか、当該法的文書について準用する。

第一五条（この条約の改正） 1 締約国は、この条約の改正を提案することができる。

2 この条約の改正は、締約国会議の通常会合において採択する。この条約の改正案は、その採択が提案される会合の少なくとも六箇月前に事務局が締約国に通報する。事務局は、また、改正案をこの条約の署名国及び参考のために寄託者に通報する。

3 締約国は、この条約の改正案につき、コンセンサス方式により合意に達するようあらゆる努力を払う。コンセンサスのためのあらゆる努力にもかかわらず合意に達しない場合には、改正案は、最後の解決手段として、当該会合に出席しかつ投票する締約国の四分の三以上の多数による議決で採択する。採択された改正は、事務局が寄託者に通報するものとし、寄託者がすべての締約国に対し受諾のために送付する。

4 改正の受諾書は、寄託者に寄託する。3の規定に従って採択された改正は、この条約の締約国の少なくとも四分の三の受諾書を寄託者が受領した日の後九〇日目の日に、当該改正を受諾した締約国について効力を生ずる。

5 改正は、他の締約国が当該改正の受諾書を寄託者に寄託した日の後九〇日目の日に当該他の締約国について効力を生ずる。

6 この条の規定の適用上、「出席しかつ投票する締約国」とは、出席しかつ賛成票又は反対票を投ずる締約国をいう。

第一六条（この条約の附属書の採択及び改正） 1 この条約の附属書は、この条約の不可分の一部を成すものとし、「この条約」というときは、別段の明示の定めがない限り、附属書を含めていうものとする。附属書は、表、書式その他科学的、技術的、手続的又は事務的な性格を有する説明的な文書に限定される（ただし、第一四条の2(b)及び7の規定については、この限りでない。）。

2 この条約の附属書は、前条の2から4までに定める手続を準用して提案され及び採択される。

3 2の規定に従って採択された附属書は、寄託者がその採択を締約国に通報した日の後六箇月で、その期間内に当該附属書を受諾しない旨を寄託者に対して書面により通告した締約国を除くほか、この条約のすべての締約国について効力を生ずる。当該附属書は、当該通告を撤回する旨の通告を寄託者が受領した日の後九〇日目の日に、当該通告を撤回した締約国について効力を生ずる。

4 この条約の附属書の改正の提案、採択及び効力発生は、2及び3の規定によるこの条約の附属書の提案、採択及び効力発生と同一の手続に従う。

5 附属書の採択又は改正がこの条約の改正を伴うものである場合には、採択され又は改正された附属書は、この条約の改正が効力を生ずる時まで効力を生じない。

第一七条（議定書） 1 締約国会議は、その通常会合において、この条約の議定書を採択することができる。

2 議定書案は、1の通常会合の少なくとも六箇月前に事務局が締約国に通報する。

3 議定書の効力発生の要件は、当該議定書に定める。

4 この条約の締約国のみが、議定書の締約国になることができる。

5 議定書に基づく決定は、当該議定書の締約国のみが行う。

第一八条（投票権）
第一九条（寄託者）
第二〇条（署名）
第二一条（暫定的措置）
第二二条（批准、受諾、承認又は加入）
（略）

第二三条（効力発生） この条約は、五〇番目の批准書、受諾書、承認書又は加入書の寄託の日の後九〇日目の日に効力を生ずる。

2 この条約は、五〇番目の批准書、受諾書、承認書又は加入書の寄託の後にこれを批准し、受諾し若しくは承認し又はこれに加入する国又は地域的な経済統合のための機関については、当該国又は機関による批准書、受諾書、承認書又は加入書の寄託の日の後九〇日目の日に効力を生ずる。

3 地域的な経済統合のための機関によって寄託される文書は、1及び2の規定の適用上、当該機関の構成国によって寄託されたものに追加して数えてはならない。

第二四条（留保） この条約には、いかなる留保も付することができない。

第二五条（脱退）
第二六条（正文）
（略）

附属書I

オーストラリア、オーストリア、*ベラルーシ、ベルギー、*ブルガリア、カナダ、*クロアチア、*チェコ共和国、デンマーク、欧州連合、*エストニア、フィンランド、フランス、ドイツ、ギリシャ、*ハンガリー、アイスランド、アイルランド、イタリア、日本国、*ラトヴィア、リヒテンシュタイン、*リトアニア、ルクセンブルグ、マルタ、モナコ、オランダ、ニュー・ジーランド、ノルウェー、*ポーランド、ポルトガル、*ルーマニア、*ロシア連邦、*スロバキア、*スロベニア、スペイン、スウェーデン、スイス、トルコ、*ウクライナ、グレート・ブリテン及び北部アイルランド連合王国、アメリカ合衆国

* 市場経済への移行の過程にある国

（一九九八年八月一三日、二〇一〇年一〇月二六日改正）

附属書II

オーストラリア、オーストリア、ベルギー、カナダ、デンマーク、欧州連合、フィンランド、フランス、ドイツ、ギリシャ、アイスランド、アイルランド、イタリア、日本国、ルクセンブルグ、オランダ、ニュー・ジーランド、ノルウェー、ポルトガル、スペイン、スウェーデン、スイス、グレート・ブリテン及び北部アイルランド連合王国、アメリカ合衆国

（二〇〇二年六月二八日改正）

8 気候変動に関する国際連合枠組条約の京都議定書（京都議定書）（抄）

採択 一九九七年一二月一一日（京都）
効力発生 二〇〇五年二月一六日
改正 二〇〇六年一一月一七日採択（10/CMP.2）（未発効）、二〇一二年一二月八日採択（1/CMP.8）二〇二〇年一二月三一日効力発生
日本国 一九九八年四月二八日署名、二〇〇二年五月三一日国会承認、六月四日受諾書寄託、二〇〇五年一月二〇日公布（条約第一

号）

この議定書の締約国は、

気候変動に関する国際連合枠組条約（以下「条約」という。）の締約国として、

条約第二条に定められた条約の究極的な目的を達成するため、

条約を想起し、

条約第三条の規定を指針とし、

条約の締約国会議における第一回会合の決定第一号（第一回会合）により採択されたベルリン会合における授権に関する合意に従って、

次のとおり協定した。

第一条【定義】この議定書の適用上、条約第一条の定義を適用する。さらに、

1 「締約国会議」とは、条約の締約国会議をいう。

2 「条約」とは、一九九二年五月九日にニュー・ヨークで採択された気候変動に関する国際連合枠組条約をいう。

3 「気候変動に関する政府間パネル」とは、一九八八年に世界気象機関及び国際連合環境計画が共同で設置した気候変動に関する政府間パネルをいう。

4 「モントリオール議定書」とは、一九八七年九月一六日にモントリオールで採択され並びにその後調整され及び改正されたオゾン層を破壊する物質に関するモントリオール議定書をいう。

5 「出席しかつ投票する締約国」とは、出席しかつ賛成票又は反対票を投ずる締約国をいう。

6 「締約国」とは、文脈により別に解釈される場合を除くほか、この議定書の締約国をいう。

7 「附属書Ⅰに掲げる締約国」とは、条約附属書Ⅰ（その最新のもの）に掲げる締約国又は条約第四条2(g)の規定に基づいて通告を行った締約国をいう。

第二条【政策措置】1 附属書Ⅰに掲げる締約国は、次条の規定に基づく排出の抑制及び削減に関する数量化された約束の達成に当たり、持続可能な開発を促進するため、次のことを行う。

(a) 自国の事情に応じて、次のような政策及び措置について実施し又は更に定めること。

(i) 自国の経済の関連部門におけるエネルギー効率を高めること。

(ii) 関連の環境に関する国際取極に基づく約束を考慮に入れた温室効果ガス（モントリオール議定書によって規制されているものを除く。）の吸収源及び貯蔵庫の保護及び強化並びに持続可能な森林経営の慣行、新規植林及び再植林の促進

(iii) 気候変動に関する考慮に照らして持続可能な形態の農業を促進すること。

(iv) 新規のかつ再生可能な形態のエネルギー、二酸化炭素隔離技術並びに進歩的及び革新的な環境上適正な技術を研究し、促進し、開発し、及びこれらの利用を拡大すること。

(v) すべての温室効果ガス排出部門における市場の不完全性、財政による奨励、内国税及び関税の免除並びに補助金であって条約の目的に反するものの漸進的な削減又は段階的な廃止並びに市場を通じた手段の適用

(vi) 温室効果ガス（モントリオール議定書によって規制されているものを除く。）の排出を抑制し又は削減する政策及び措置を促進することを目的として関連部門において適当な改革を奨励すること。

(vii) 運輸部門における温室効果ガス（モントリオール議定書によって規制されているものを除く。）の排出を抑制し又は削減する措置

(viii) 廃棄物の処理並びにエネルギーの生産、輸送及び分配における回収及び使用によりメタンの排出を抑制し又は削減すること。

(b) 条約第四条2(e)(i)の規定に従い、この条の規定に基づいて採用される政策及び措置の個別の及び組み合わせた効果を高めるため、他の附属書Ⅰに掲げる締約国と協力すること。このため、附属書Ⅰに掲げる締約国は、当該政策及び措置について、経験を共有し及び情報を交換するための措置（政策及び措置の比較可能性、透明性及び効果を改善する方法の開発を含む。）をとる。この議定書の締約国の会合としての役割を果たす締約国会議は、第一回会合において又はその後できる限り速やかに、すべての関連する情報を考慮して、そのような協力を促進する方法について検討する。

2 附属書Ⅰに掲げる締約国は、国際民間航空機関及び国際海事機関を通じて活動することにより、航空機用及び船舶用の燃料からの温室効果ガス（モントリオール議定書によって規制されているものを除く。）の排出の抑制又は削減を追求する。

3 附属書Ⅰに掲げる締約国は、条約第三条の規定を考慮して、悪影響（気候変動の悪影響、国際貿易への影響並びに他の締約国（特に開発途上締約国とりわけ条約第四条8及び9に規定する国）に対する社会上、環境上及び経済上の影響を含む。）を最小限にするような方法で、この条の規定に基づく政策及び措置を実施するよう努力する。この議定書の締約国の会合としての役割を果たす締約国会議は、適当な場合には、この3の規定の実施を促進するため、追加の措置をとることができる。

4 この議定書の締約国の会合としての役割を果たす締約国会議は、各国の異なる事情及び潜在的な影響を考慮して1(a)に規定する政策及び措置を調整することが有益であると決定する場合には、当該政策及び措置の調整を実施する方法及び手段を検討する。

第三条【排出抑制削減目標】1 附属書Ⅰに掲げる締約国は、附属書Ⅰに掲げる締約国により排出される附属書Aに掲げる温室効果ガスの全体の量を二〇〇八年から二〇一二年までの約束期間中に一九九〇年の水準より少なくとも五パーセント削減することを目的として、個別に又は共同して、当該

温室効果ガスの二酸化炭素に換算した人為的な排出量の合計が、附属書Bに記載する排出の抑制及び削減に関する数量化された約束に従って並びにこの条の規定に従って算定される割当量を超えないことを確保する。

［注］　次三項は、二〇一二年改正による追加テキスト

1の二　附属書Ⅰに掲げる締約国は、附属書Ⅰに掲げる締約国により排出される附属書Aに掲げる温室効果ガスの全体の量を二〇一三年から二〇二〇年までの約束期間中に一九九〇年の水準より少なくとも一八パーセント削減することを目的として、個別に又は共同して、当該温室効果ガスの二酸化炭素に換算した人為的な排出量の合計が、附属書Bにある表の第三欄に記載する排出の抑制及び削減に関する数量化された約束に従って並びにこの条の規定に従って算定される割当量を超えないことを確保する。

1の三　附属書Bに掲げる締約国は、附属書Bにある表の第三欄に記載するその締約国の排出の抑制及び削減に関する数量化された約束に関わる附属書Bの第三欄に記載された百分率を下げる調整をするよう提案することができる。調整に関する提案は、その採択が提案されるこの議定書の締約国の会合としての役割を果たす締約国会議の会合の少なくとも三箇月前に事務局が締約国に通報する。

1の四　本条1の三に従いなされた附属書Ⅰに掲げる締約国の排出の抑制及び削減に関する数量化された約束に関わる野心を向上する当該締約国により提案された調整は、出席し投票する締約国の四分の三以上がその採択に反対しない限り、この議定書の締約国の会合としての役割を果たす締約国会議において採択されたものとする。採択された調整は、事務局により寄託者に通報され、寄託者は全ての締約国にそれを送付し、寄託者が通報した後の年の一月一日に効力を生じる。当該調整は、締約国を拘束する。

2　附属書Ⅰに掲げる締約国は、二〇〇五年までに、この議定書に基づく約束の達成について明らかな前進を示す。

3　土地利用の変化及び林業に直接関係する人の活動（一九九〇年以降の新規植林、再植林及び森林を減少させることに限る。）に起因する温室効果ガスの発生源による排出量及び吸収源による除去量の純変化（各約束期間における炭素蓄積の検証可能な変化量として計測されるもの）は、附属書Ⅰに掲げる締約国がこの条の規定に基づく約束を履行するために用いられる。これらの活動に関連する温室効果ガスの発生源による排出及び吸収源による除去については、透明性のあるかつ検証可能な方法により報告し、第七条及び第八条の規定に従って検討する。

4　附属書Ⅰに掲げる締約国は、この議定書の締約国の会合としての役割を果たす締約国会議の第一回会合に先立ち、科学上及び技術上の助言に関する補助機関による検討のため、一九九〇年における炭素蓄積の水準を設定し及びその後の年における炭素蓄積の変化量に関する推計を可能とするための資料を提供する。この議定書の締約国の会合としての役割を果たす締約国会議は、第一回会合において又はその後できる限り速やかに、不確実性、報告の透明性、検証可能性、気候変動に関する政府間パネルによる方法論に関する作業、第五条の規定に従い科学上及び技術上の助言に関する補助機関により提供される助言並びに締約国会議の決定を考慮に入れて、農用地の土壌並びに土地利用の変化及び林業の区分における温室効果ガスの発生源による排出量及び吸収源による除去量の変化に関連する追加的な人の活動のいずれに基づき、附属書Ⅰに掲げる締約国の割当量をどのように増加させ又は減ずるかについての方法、規則及び指針を決定する。この決定は、二回目及びその後の約束期間について適用する。締約国は、当該決定の対象となる追加的な人の活動が一九九〇年以降に行われたものである場合には、当該決定を一回目の約束期間について適用することを選択することができる。

5　附属書Ⅰに掲げる締約国のうち市場経済への移行の過程にある国であって、当該国の基準となる年又は期間が締約国会議の第二回会合の決定第九号（第二回会合）に従って定められているものは、この条の規定に基づく約束の履行のために当該基準となる年又は期間を用いる。附属書Ⅰに掲げる締約国のうち市場経済への移行の過程にある他の締約国であって、条約第一二条の規定に基づく一回目の自国の情報を送付していなかったものも、この議定書の締約国の会合としての役割を果たす締約国会議に対して、この条の規定に基づく約束の履行のために一九九〇年以外の過去の基準となる年又は期間を用いる意図を有する旨を通告することができる。この議定書の締約国の会合としての役割を果たす締約国会議は、当該通告の受諾について決定する。

6　この議定書の締約国の会合としての役割を果たす締約国会議は、条約第四条6の規定を考慮して、附属書Ⅰに掲げる締約国のうち市場経済への移行の過程にある国によるこの議定書に基づく約束（この条の規定に基づくものを除く。）の履行については、ある程度の弾力的適用を認める。

7　附属書Ⅰに掲げる締約国の割当量は、排出の抑制及び削減に関する数量化された約束に係る一回目の期間（二〇〇八年から二〇一二年まで）においては、一九九〇年又は5の規定に従って決定される基準となる年若しくは期間における附属書Aに掲げる温室効果ガスの二酸化炭素に換算した人為的な排出量の合計に附属書Bに記載する百分率を乗じたものに五を乗じて得た値に等しいものとする。土地利用の変化及び林業が一九九〇年において温室効果ガスの排出の純発生源を成す附属書Ⅰに掲げる締約国は、自

国の割当量を算定するため、一九九〇年又は基準となる年若しくは期間における排出量に、土地利用の変化に起因する一九九〇年における二酸化炭素に換算した発生源による人為的な排出量の合計であって吸収源による除去量を減じたものを含める。

［注］次二項は、二〇一二年改正による追加テキスト

7の二　附属書Iに掲げる締約国の割当量は、排出の抑制及び削減に関する数量化された約束に係る第二期間（二〇一三年から二〇二〇年まで）においては、一九九〇年又は5の規定に従って決定される基準となる年若しくは期間における附属書Aに掲げる温室効果ガスの二酸化炭素に換算した人為的な排出量の合計に附属書Bにある表の第三欄に記載する百分率を乗じたものに八を乗じて得た値に等しいものとする。土地利用の変化及び林業が一九九〇年において温室効果ガスの排出の純発生源を成す附属書Iに掲げる締約国は、自国の割当量を算定するため、一九九〇年又は基準となる年若しくは期間における排出量に、土地利用の変化に起因する一九九〇年における二酸化炭素に換算した発生源による人為的な排出量の合計であって吸収源による除去量を減じたものを含める。

7の三　附属書Iに掲げる締約国の第二約束期間における割当量と直前の約束期間の最初の三年の年間排出量の平均に八を乗じたものとの正の差は、当該締約国の取引口座に移転される。

8　附属書Iに掲げる締約国は、7［「及び7の二」を追加—二〇一二年改正テキスト］に規定する算定のため、ハイドロフルオロカーボン、パーフルオロカーボン及び六ふっ化硫黄について基準となる年として一九九五年を用いることができる。

［注］次項は、二〇一二年改正による追加テキスト

8の二　附属書Iに掲げる締約国は、7の二に規定する算定のため、三ふっ化窒素について基準となる年として一九九五年又は二〇〇〇年を用いることができる。

9　附属書Iに掲げる締約国のその後の期間に係る約束については、第二一条7の規定に従って採択される附属書Bの改正において決定する。この議定書の締約国の会合としての役割を果たす締約国会議は、1に定める一回目の約束期間が満了する少なくとも七年前に当該約束の検討を開始する。

10　第六条又は第一七条の規定に基づいて一の締約国が他の締約国から取得する排出削減単位又は割当量の一部は、取得する締約国の割当量に加える。

11　第六条又は第一七条の規定に基づいて一の締約国が他の締約国に移転する排出削減単位又は割当量の一部は、移転する締約国の割当量から減ずる。

12　第一二条の規定に基づいて一の締約国が他の締約国から取得する認証された排出削減量は、取得する締約国の割当量に加える。

［注］次二項は、二〇一二年改正による追加テキスト

12の二　条約又はその文書において設立された市場原理を活用した仕組みにより生じたいかなる単位も、附属書Iに掲げた締約国が第三条に基づくその排出の抑制及び削減に関する数量化された約束の遵守の達成を支援するために利用することができる。条約の他の締約国から一の締約国が取得する当該単位は、取得する締約国の割当量に加えられ、移転する締約国の単位の量から減じる。

12の三　この議定書の締約国の会合としての役割を果たす締約国会議は、12の二にいう市場原理を活用した仕組みにおいて承認される活動から得られる単位が附属書Iに掲げる締約国により第三条に基づくその排出の抑制及び削減に関する数量化された約束の遵守の達成を支援するために利用される際、当該単位が第一七条の下で取得される場合には、当該単位の一部が、運営経費を支弁するために及び気候変動の悪影響を特に受けやすい開発途上締約国が適応するための費用を負担することについて支援するために用いられることを確保する。

13　一の附属書Iに掲げる締約国の約束期間における排出量がこの条の規定に基づく割当量より少ない場合には、その量の差は、当該附属書Iに掲げる締約国の要請により、その後の約束期間における当該附属書Iに掲げる締約国の割当量に加える。

14　附属書Iに掲げる締約国は、開発途上締約国（特に条約第四条8及び9に規定する国）に対する社会上、環境上及び経済上の悪影響を最小限にするような方法で、1に規定する約束を履行するよう努力する。条約第四条8及び9の規定の実施に関する締約国会議の関連する決定に従い、この議定書の締約国の会合としての役割を果たす締約国会議は、第一回会合において、条約第四条8及び9に規定する締約国に対する気候変動の悪影響又は対応措置の実施による影響を最小限にするためにとるべき措置について検討する。検討すべき問題には、資金供与、保険及び技術移転の実施を含める。

第四条【共同達成方式】1　前条の規定に基づく約束を共同で履行することについて合意に達した附属書Iに掲げる締約国は、附属書Aに掲げる温室効果ガスの二酸化炭素に換算した人為的な排出量の合計についての当該附属書Iに掲げる締約国の総計が、附属書Bに記載する排出の抑制及び削減に関する数量化された約束に従って並びに前条の規定に従って算定された割当量について当該附属書Iに掲げる締約国の総計を超えない場合には、約束を履行したものとみなされる。当該附属書Iに掲げる締約国にそれぞれ割り当てられる排出量の水準は、当該合意で定める。

2　1の合意に達した締約国は、この議定書の批准書、受諾書若しくは承認書又はこの議定書への加入書の寄託の日［「又は、第三条9に従い附属書Bの改正の受諾書の寄託の日に」を追加—二〇一二年改正テキスト］に、事務局に対し当該合意の条件を通報する。

事務局は、当該合意の条件を条約の締約国及び署名国に通報する。

3　1の合意は、前条7［「前条の関連規定に規定する」に差し替える―二〇一二年改正テキスト］に規定する約束期間を通じて維持される。

4　共同して行動する締約国が地域的な経済統合のための機関の枠組みにおいて、かつ、当該地域的な経済統合のための機関と共に行動する場合には、この議定書の採択の後に行われる当該地域的な経済統合のための機関の構成のいかなる変更も、この議定書に基づく既存の約束に影響を及ぼすものではない。当該地域的な経済統合のための機関の構成のいかなる変更も、その変更の後に採択される前条の規定に基づく約束についてのみ適用する。

5　1の合意に達した締約国が排出削減量について当該締約国の総計の水準を達成することができない場合には、当該締約国は、当該合意に規定する自国の排出量の水準について責任を負う。

6　共同して行動する締約国が、この議定書の締約国である地域的な経済統合のための機関の枠組みにおいて、かつ、当該地域的な経済統合のための機関と共に行動する場合において、排出削減量の総計の水準を達成することができないときは、当該地域的な経済統合のための機関の構成国は、個別に、かつ、第二四条の規定に従って行動する当該地域的な経済統合のための機関と共に、この条の規定に従って通報した自国の排出量の水準について責任を負う。

第五条【推計のための国家制度】1　附属書Ｉに掲げる締約国は、一回目の約束期間の開始の遅くとも一年前までに、温室効果ガス（モントリオール議定書によって規制されているものを除く。）について、発生源による人為的な排出量及び吸収源による除去量について推計を行うための国内制度を設ける。その国内制度のための指針（2に規定する方法を含める。）は、この議定書の締約国の会合としての役割を果たす締約国会議の第一回会合において決定する。

2　温室効果ガス（モントリオール議定書によって規制されているものを除く。）の発生源による人為的な排出量及び吸収源による除去量について推計を行うための方法は、気候変動に関する政府間パネルが受諾し、締約国会議が第三回会合において合意したものとする。当該推計を行うための方法が使用されない場合には、この議定書の締約国の会合としての役割を果たす締約国会議の第一回会合において合意される方法に従って適当な調整が適用される。この議定書の締約国の会合としての役割を果たす締約国会議は、特に気候変動に関する政府間パネルの作業並びに科学上及び技術上の助言に関する補助機関によって行われる助言に基づき、締約国会議の関連する決定を十分に考慮して、これらの方法及び調整について定期的に検討し、並びに適当な場合にはこれらを修正する。方法又は調整のいかなる修正も、その修正の後に採択される約束期間における第三条の規定に基づく約束の遵守を確認するためにのみ用いる。

3　附属書Ａに掲げる温室効果ガスの発生源による人為的な排出及び吸収源による除去の二酸化炭素換算量を算定するために用いられる地球温暖化係数は、気候変動に関する政府間パネルが受諾し、締約国会議が第三回会合において合意したものとする。この議定書の締約国の会合としての役割を果たす締約国会議は、特に気候変動に関する政府間パネルの作業並びに科学上及び技術上の助言に関する補助機関によって行われる助言に基づき、締約国会議の関連する決定を十分に考慮して、附属書Ａに掲げる温室効果ガスの地球温暖化係数を定期的に検討し、及び適当な場合にはこれらを修正する。地球温暖化係数のいかなる修正も、その修正の後に採択される約束期間における第三条の規定に基づく約束についてのみ適用する。

第六条【共同実施】1　附属書Ｉに掲げる締約国は、第三条の規定に基づく約束を履行するため、次のことを条件として、経済のいずれかの部門において温室効果ガスの発生源による人為的な排出を削減し又は吸収源による人為的な除去を強化することを目的とする事業から生ずる排出削減単位を他の附属書Ｉに掲げる締約国に移転し又は他の附属書Ｉに掲げる締約国から取得することができる。

(a)　当該事業が関係締約国の承認を得ていること。

(b)　当該事業が発生源による排出の削減又は吸収源による除去の強化をもたらすこと。ただし、この削減又は強化が当該事業を行わなかった場合に生ずるものに対して追加的なものである場合に限る。

(c)　当該附属書Ｉに掲げる締約国が前条及び次条の規定に基づく義務を遵守していない場合には、排出削減単位を取得しないこと。

(d)　排出削減単位の取得が第三条の規定に基づく約束を履行するための国内の行動に対して補足的なものであること。

2　この議定書の締約国の会合としての役割を果たす締約国会議は、第一回会合において又はその後できる限り速やかに、この条の規定の実施（検証及び報告を含む。）のための指針を更に定めることができる。

3　附属書Ｉに掲げる締約国は、自国の責任において、法人がこの条の規定に基づく排出削減単位の発生、移転又は取得に通ずる行動に参加することを承認することができる。

4　附属書Ｉに掲げる締約国によるこの条の規定の実施上の問題が第八条の関連規定に従って明らかになる場合において、その後も排出削減単位の移転及び取得を継続することができる。ただし、締約国は、遵守に関する問題が解決されるまで、第三条の規定に基づく約束を履行するために当該排出削減単位を用いることはできない。

第七条【情報の送付】1　附属書Ｉに掲げる締約国は、

締約国会議の関連する決定に従って提出する温室効果ガス(モントリオール議定書によって規制されているものを除く。)の発生源による人為的な排出及び吸収源による除去に関する自国の年次目録に、第三条の規定の遵守を確保するために必要な補足的な情報であって4の規定に従って決定されるものを含める。

2 附属書Ⅰに掲げる締約国は、条約第一二条の規定に基づいて提出する自国の情報に、この議定書に基づく約束の遵守を示すために必要な補足的な情報であって4の規定に従って決定されるものを含める。

3 附属書Ⅰに掲げる締約国は、1の規定によって必要とされる情報を毎年提出する。ただし、この提出は、この議定書が自国について効力を生じた後の約束期間の最初の年について条約に基づき提出する最初の目録から開始する。附属書Ⅰに掲げる締約国は、2の規定によって必要とされる情報を、この議定書が自国について効力を生じた後及び4に規定する指針が採択された後に条約に基づいて送付する最初の自国の情報の一部として、提出する。この条の規定によって必要とされる情報のその後の提出の頻度は、締約国会議が決定する各国の情報の送付の時期を考慮して、この議定書の締約国の会合としての役割を果たす締約国会議が決定する。

4 この議定書の締約国の会合としての役割を果たす締約国会議は、締約国会議が採択した附属書Ⅰに掲げる締約国による自国の情報の作成のための指針を考慮して、第一回会合において、この条の規定によって必要とされる情報の作成のための指針を採択し、その後定期的に検討する。また、この議定書の締約国の会合としての役割を果たす締約国会議は、一回目の約束期間に先立ち、割当量の計算方法を決定する。

第八条【検討】1 附属書Ⅰに掲げる締約国が前条の規定に基づいて提出する情報は、締約国会議の関連する決定に従い、かつ、この議定書の締約国の会合としての役割を果たす締約国会議が4の規定に基づいて採択する指針に従い、専門家検討チームによって検討される。附属書Ⅰに掲げる締約国が前条1の規定に基づいて提出する情報は、排出の目録及び割当量に関する毎年の取りまとめ及び計算の一部として検討される。さらに、附属書Ⅰに掲げる締約国が前条2の規定に基づいて提出する情報は、専門家検討チームが行う情報の検討の一部として検討される。

2 専門家検討チームは、締約国会議がその目的のために与える指導に従い、事務局が調整し、並びに条約の締約国及び適当な場合には政府間機関が指名する者の中から選定される専門家で構成する。

3 検討の過程においては、締約国によるこの議定書の実施状況に関するすべての側面について十分かつ包括的な技術的評価を行う。専門家検討チームは、この議定書の締約国の会合としての役割を果たす締約国会議に提出する報告書であって、締約国の約束の履行状況を評価し並びに約束の履行に関する潜在的な問題及び約束の履行に影響を及ぼす要因を明らかにするものを作成する。当該報告書については、事務局が条約のすべての締約国に送付する。事務局は、この議定書の締約国の会合としての役割を果たす締約国会議が更に検討するために当該報告書に記載された実施上の問題の一覧表を作成する。

4 この議定書の締約国の会合としての役割を果たす締約国会議は、第一回会合において、締約国会議の関連する決定を考慮して、専門家検討チームがこの議定書の実施状況を検討するための指針を採択し、その後定期的に検討する。

5 この議定書の締約国の会合としての役割を果たす締約国会議は、実施に関する補助機関並びに適当な場合には科学上及び技術上の助言に関する補助機関の支援を得て、次のことについて検討する。

(a) 前条の規定に基づいて締約国が提出する情報及びその情報に関しこの条の規定に基づいて行われる専門家による検討に関する報告書

(b) 3の規定に基づいて事務局が列記する実施上の問題及び締約国が提起する問題

6 この議定書の締約国の会合としての役割を果たす締約国会議は、5に規定する情報の検討に基づき、この議定書の実施に必要とされる事項について決定を行う。

第九条【議定書の見直し】1 この議定書の締約国の会合としての役割を果たす締約国会議は、気候変動及びその影響に関する入手可能な最良の科学的情報及び評価並びに関連する技術上、社会上及び経済上の情報に照らして、この議定書を定期的に検討する。その検討は、条約に基づく関連する検討(特に条約第四条2(d)及び第七条2(a)の規定によって必要とされる検討)と調整する。この議定書の締約国の会合としての役割を果たす締約国会議は、その検討に基づいて適当な措置をとる。

2 一回目の検討は、この議定書の締約国の会合としての役割を果たす締約国会議の第二回会合において行う。その後の検討は、一定の間隔でかつ適切な時期に行う。

第一〇条【締約国の義務】すべての締約国は、それぞれ共通に有しているが差異のある責任並びに各国及び地域に特有の開発の優先順位、目的及び事情を考慮し、附属書Ⅰに掲げる締約国以外の締約国に新たな約束を導入することなく、条約第四条1の規定に基づく既存の約束を再確認し、持続可能な開発を達成するためにこれらの約束の履行を引き続き促進し、また、条約第四条3、5及び7の規定を考慮して、次のことを行う。

(a) 締約国会議が合意する比較可能な方法を用い、また、締約国会議が採択する各国の情報の作成のための指針に従い、温室効果ガス(モントリオール議定書によって規制されているものを除く。)の発生源による人為的な排出及び吸収源による除去に関する自国の目録を作成し及び定期的に更新するため、締約国の社会経済状況を反映する国内の排出係数、活動データ又はモデルの質を向上させる費用対効果の大きい自国（適当な場合には地域）の計画を適当な場合において可能な範囲で作成すること。

(b)　気候変動を緩和するための措置及び気候変動に対する適応を容易にするための措置を含む自国（適当な場合には地域）の計画を作成し、実施し、公表し及び定期的に更新すること。

(i)　当該計画は、特に、エネルギー、運輸及び工業の部門、農業、林業並びに廃棄物の処理に関するものである。さらに、適応の技術及び国土に関する計画を改善するための方法は、気候変動に対する適応を向上させるものである。

(ii)　附属書Ⅰに掲げる締約国は、第七条の規定に従い、この議定書に基づく行動に関する情報（自国の計画を含む。）を提出する。他の締約国は、自国の情報の中に、適当な場合には、気候変動及びその悪影響への対処に資すると認める措置（温室効果ガスの排出の増加の抑制、吸収源の強化及び吸収源による除去、能力の開発並びに適応措置を含む。）を内容とする計画に関する情報を含めるよう努める。

(c)　気候変動に関連する環境上適正な技術、ノウハウ、慣行及び手続の開発、利用及び普及のための効果的な方法の促進について特に開発途上国と協力し、並びに適当な場合には気候変動に関連する環境上適正な技術、ノウハウ、慣行及び手続の特に開発途上国に対する移転又は取得の機会の提供について、促進し、容易にし及び資金を供与するための実施可能なすべての措置（公の所有に属し又は公共のものとなった環境上適正な技術を効果的に移転し並びに民間部門による環境上適正な技術の移転及び取得の機会の提供の促進及び拡充を可能とする環境を創出するための政策及び計画を作成することを含む。）をとること。

(d)　条約第五条の規定を考慮して、気候系、気候変動の悪影響並びに種々の対応戦略の経済的及び社会的影響に関する不確実性を減少させるため、科学的及び技術的研究に協力し、組織的観測の体制の維持及び発展並びに資料の保管制度の整備を促進し、並びに研究及び組織的観測に関する国際的な及び政府間の努力、計画及び協力網に参加するための固有の能力の開発及び強化を促進すること。

(e)　教育訓練事業の計画（自国の能力（特に人的及び制度的能力）の開発の強化及び教育訓練専門家を養成する者の交流又は派遣（特に開発途上国のためのもの）に関するものを含む。）の作成及び実施について、国際的に及び適当な場合には既存の団体を活用して協力し及び促進し、並びに国内的な規模で気候変動に関する啓発及び情報の公開を円滑にすること。これらの活動を実施するための適切な方法は、条約第六条の規定を考慮して、条約の関連機関を通じて作成されるべきである。

(f)　締約国会議の関連する決定に従い、自国の情報の中にこの条の規定に基づいて行われる計画及び活動に関する情報を含めること。

(g)　この条の規定に基づく約束の履行に当たり、条約第四条8の規定について十分な考慮を払うこと。

第一一条【資金供与の制度】 1　締約国は、前条の規定の実施に当たり、条約第四条4、5及び7から9までの規定について考慮を払う。

2　条約附属書Ⅱに掲げる先進締約国は、条約第四条1の規定の実施との関連において、条約第四条3及び第一一条の規定に従い、また、条約の資金供与の制度の運営を委託された組織を通じて、次のことを行う。

(a)　条約第四条1(a)の規定に基づく既存の約束であって前条(a)の規定の対象となるものの履行を促進するために開発途上締約国が負担するすべての合意された費用に充てるため、新規のかつ追加的な資金を供与すること。

(b)　条約第四条1の規定に基づく既存の約束であって、前条の規定の対象となり、かつ、開発途上締約国と条約第一一条に規定する国際的組織との間で合意するものについて、その履行を促進するためのすべての合意された増加費用を負担するために開発途上締約国が必要とする新規のかつ追加的な資金（技術移転のためのものを含む。）を条約第一一条の規定に従って供与すること。

これらの既存の約束の履行に当たっては、資金の流れの妥当性及び予測可能性が必要であること並びに先進締約国の間の適当な責任分担が重要であることについて考慮を払う。締約国会議の関連する決定（この議定書の採択前に合意されたものを含む。）における条約の資金供与の制度の運営を委託された組織に対する指導は、この2の規定について準用する。

3　条約附属書Ⅱに掲げる先進締約国は、また、二国間の及び地域的その他の多数国間の経路を通じて、前条の規定を実施するための資金を供与することができるものとし、開発途上締約国は、これを利用することができる。

第一二条【クリーン開発メカニズム】 1　低排出型の開発の制度についてここに定める。

2　低排出型の開発の制度は、附属書Ⅰに掲げる締約国以外の締約国が持続可能な開発を達成し及び条約の究極的な目的に貢献することを支援すること並びに附属書Ⅰに掲げる締約国が第三条の規定に基づく排出の抑制及び削減に関する数量化された約束の遵守を達成することを支援することを目的とする。

3　低排出型の開発の制度の下で、

(a)　附属書Ⅰに掲げる締約国以外の締約国は、認証された排出削減量を生ずる事業活動から利益を得る。

(b) 附属書Iに掲げる締約国は、第三条の規定に基づく排出の抑制及び削減に関する数量化された約束の一部の遵守に資するため、(a)の事業活動から生ずる認証された排出削減量をこの議定書の締約国の会合としての役割を果たす締約国会議が決定するところに従って用いることができる。

4 低排出型の開発の制度は、この議定書の締約国の会合としての役割を果たす締約国会議の権限及び指導に従い、並びに低排出型の開発の制度に関する理事会の監督を受ける。

5 事業活動から生ずる排出削減量は、次のことを基礎として、この議定書の締約国の会合としての役割を果たす締約国会議が指定する運営組織によって認証される。

(a) 関係締約国が承認する自発的な参加

(b) 気候変動の緩和に関連する現実の、測定可能なかつ長期的な利益

(c) 認証された事業活動がない場合に生ずる排出量の削減に追加的に生ずるもの

6 低排出型の開発の制度は、必要に応じて、認証された事業活動に対する資金供与の措置をとることを支援する。

7 この議定書の締約国の会合としての役割を果たす締約国会議は、第一回会合において、事業活動の検査及び検証が独立して行われることによって透明性、効率性及び責任を確保することを目的として、方法及び手続を定める。

8 この議定書の締約国の会合としての役割を果たす締約国会議は、認証された事業活動からの収益の一部が、運営経費を支弁するために及び気候変動の悪影響を特に受けやすい開発途上締約国が適応するための費用を負担することについて支援するために用いられることを確保する。

9 低排出型の開発の制度の下での参加(3(a)に規定する活動及び認証された排出削減量の取得への参加を含む。)については、民間の又は公的な組織を含めることができるものとし、及び低排出型の開発の制度に関する理事会が与えるいかなる指導にも従わなければならない。

10 二千年から一回目の約束期間の開始までの間に得られた認証された排出削減量は、一回目の約束期間における遵守の達成を支援するために利用することができる。

第一三条【締約国会合】 1―3 (89第一六条1―3と同じ。ただし「協定」を「議定書」と読み替える)

4 この議定書の締約国の会合としての役割を果たす締約国会議は、この議定書の実施状況を定期的に検討するものとし、その権限の範囲内で、この議定書の効果的な実施を促進するために必要な決定を行う。この議定書の締約国の会合としての役割を果たす締約国会議は、この議定書により課された任務を遂行し、及び次のことを行う。

(a) この議定書により利用が可能となるすべての情報に基づき、締約国によるこの議定書の実施状況、この議定書に基づいてとられる措置の全般的な影響(特に、環境、経済及び社会に及ぼす影響並びにこれらの累積的な影響)及び条約の目的の達成に向けての進捗状況を評価すること。

(b) 条約第四条2(d)及び第七条2に規定する検討を十分に勘案して、条約の目的、条約の実施により得られた経験並びに科学上及び技術上の知識の進展に照らして、この議定書に基づく締約国の義務について定期的に検討すること。このことに関して、この議定書の実施状況に関する定期的な報告書を検討し及び採択すること。

(c) 締約国の様々な事情、責任及び能力並びにこの議定書に基づくそれぞれの締約国の約束を考慮して、気候変動及びその影響に対処するために締約国が採用する措置に関する情報の交換を促進し及び円滑にすること。

(d) 二以上の締約国の要請に応じ、締約国の様々な事情、責任及び能力並びにこの議定書に基づくそれぞれの締約国の約束を考慮して、気候変動及びその影響に対処するために締約国が採用する措置の調整を円滑にすること。

(e) この議定書の締約国の会合としての役割を果たす締約国会議が合意することとなっているこの議定書の効果的な実施のための比較可能な方法について、条約の目的及びこの議定書の規定に従い、また、締約国会議の関連する決定を十分に考慮して、これらの開発及び定期的な改善を促進し及び指導すること。

(f) この議定書の実施に必要な事項に関する勧告を行うこと。

(g) 第一一条2の規定に従って追加的な資金が供与されるよう努めること。

(h) この議定書の実施に必要と認められる補助機関を設置すること。

(i) 適当な場合には、能力を有する国際機関並びに政府間及び民間の団体による役務、協力及び情報の提供を求め及び利用すること。

(j) その他この議定書の実施のために必要な任務を遂行し、及び締約国会議の決定により課される任務について検討すること。

5―8 (89第一六条5―8を参照)

第一四条【事務局】(89第一七条を参照)

第一五条【科学上及び技術上の助言並びに実施に関する補助機関】(89第一八条と同じ。ただし「協定」を「議定書」と読み替える)

第一六条【実施に関する問題の解決】 この議定書の締約国の会合としての役割を果たす締約国会議は、締約国会議が行う関連する決定に照らして、条約第一三条に規定する多数国間の協議手続をこの議定書につ

いて適用することをできる限り速やかに検討し、及び適当な場合には当該協議手続を修正する。この議定書について適用する多数国間の協議手続は、第一八条の規定に従って設ける手続及び制度の実施を妨げることなく、運用される。

第一七条【排出量取引】締約国会議は、排出量取引(特にその検証、報告及び責任)に関する原則、方法、規則及び指針を定める。附属書Bに掲げる締約国は、第三条の規定に基づく約束を履行するため、排出量取引に参加することができる。排出量取引は、同条の規定に基づく排出の抑制及び削減に関する数量化された約束を履行するための国内の行動に対して補足的なものとする。

第一八条【不遵守】　この議定書の締約国の会合としての役割を果たす締約国会議は、第一回会合において、不遵守の原因、種類、程度及び頻度を考慮して、この議定書の規定の不遵守の事案を決定し及びこれに対処すること(不遵守に対する措置を示す表の作成を通ずるものを含む。)のための適当かつ効果的な手続及び制度を承認する。この条の規定に基づく手続及び制度であって拘束力のある措置を伴うものは、この議定書の改正によって採択される。

第一九条【紛争の解決】(89第二四条と同じ。ただし「協定」を「議定書」と読み替える)

第二〇条【議定書の改正】1　締約国は、この議定書の改正を提案することができる。

2　この議定書の改正は、この議定書の締約国の会合としての役割を果たす締約国会議の通常会合において採択する。この議定書の改正案は、その採択が提案される会合の少なくとも六箇月前に事務局が締約国に通報する。また、事務局は、改正案を条約の締約国及び署名国並びに参考のために寄託者に通報する。

3　締約国は、この議定書の改正案につき、コンセンサス方式により合意に達するようあらゆる努力を払う。コンセンサスのためのあらゆる努力にもかかわらず合意に達しない場合には、改正案は、最後の解決手段として、その採択が提案される会合に出席しかつ投票する締約国の四分の三以上の多数による議決で採択する。採択された改正は、事務局が寄託者に通報するものとし、寄託者がすべての締約国に対し受諾のために送付する。

4　改正の受諾書は、寄託者に寄託する。3の規定に従って採択された改正は、この議定書の締約国の少なくとも四分の三の受諾書を寄託者が受領した日の後九〇日目の日に、当該改正を受諾した締約国について効力を生ずる。

5　改正は、他の締約国が当該改正の受諾書を寄託者に寄託した日の後九〇日目の日に当該他の締約国について効力を生ずる。

第二一条【附属書の改正】1　この議定書の附属書は、この議定書の不可分の一部を成すものとし、「この議定書」というときは、別段の明示の定めがない限り、附属書を含めていうものとする。この議定書が効力を生じた後に採択される附属書は、表、書式その他科学的、技術的、手続的又は事務的な性格を有する説明的な文書に限定される。

2―7　(略)

第二二条【投票権】(89第二五条と同じ。ただし「協定」を「議定書」と読み替える)

第二三条【寄託者】(89第二六条と同じ。ただし「協定」を「議定書」と読み替える)

第二四条【署名、批准、受諾、承認、加入】(89第二〇条を参照)

第二五条【効力発生】1　この議定書は、五五以上の条約の締約国であって、附属書Iに掲げる締約国の一九九〇年における二酸化炭素の総排出量のうち少なくとも五五パーセントを占める二酸化炭素を排出する附属書Iに掲げる締約国を含むものが、批准書、受諾書、承認書又は加入書を寄託した日の後九〇日目の日に効力を生ずる。

2　この条の規定の適用上、「附属書Iに掲げる締約国の一九九〇年における二酸化炭素の総排出量」とは、附属書Iに掲げる締約国がこの議定書の採択の日以前の日に、条約第一二条の規定に従って送付した一回目の自国の情報において通報した量をいう。

3―4　(89第二一条3―4を参照)

第二六条【留保】(89第二七条と同じ。ただし「協定」を「議定書」と読み替える)

第二七条【脱退】(89第二八条と同じ。ただし「協定」を「議定書」と読み替える)

第二八条【正文】(89第二九条と同じ。ただし「協定」を「議定書」と読み替える)

附属書A

温室効果ガス
二酸化炭素(CO_2)
メタン(CH_4)
一酸化二窒素(N_2O)
ハイドロフルオロカーボン(HFCs)
パーフルオロカーボン(PFCs)
六ふっ化硫黄(SF_6)
[注　次の物質は二〇一二年改正により追加
三ふっ化窒素(NF_3)(注1)]
(注1)　第二約束期間からのみ適用される。

部門及び発生源の区分
エネルギー
燃料の燃焼
エネルギー産業
製造業及び建設
運輸
その他の部門
その他
燃料からの漏出
固形燃料
石油及び天然ガス

その他
産業の工程
　鉱物製品
　化学産業
　金属の生産
　その他の生産
　ハロゲン元素を含む炭素化合物及び六ふっ化硫黄の生産
　ハロゲン元素を含む炭素化合物及び六ふっ化硫黄の消費
　その他
溶剤及びその他の製品の利用
農業
　消化管内発酵
　家畜排せつ物の管理
　稲作
　農用地の土壌
　サバンナを計画的に焼くこと。
　野外で農作物の残留物を焼くこと。
　その他
廃棄物
　固形廃棄物の陸上における処分
　排水の処理
　廃棄物の焼却
　その他

附属書B
次頁参照

京都議定書改正を採択した決定1/CMP8の関連規定（抜粋）

五　締約国は、改正が京都議定書第二〇条及び第二一条に基づき発効するまでの間改正を暫定的に適用することができることを承認し、締約国は当該暫定的な適用につき寄託者に通告することを決定する。

六　締約国は、第五項に基づき改正を暫定的に適用しない締約国は、第二約束期間に関連する約束及びその他の責任を、二〇一三年一月一日より改正が京都議定書第二〇条及び第二一条に基づき発効するまでの間、その国内法ないし国内手続に適合する方法にて実施するようにすることを決定する。

七　附属書Ⅰに掲げる締約国は、第二約束期間におけるその排出の抑制及び削減に関する数量化された約束を遅くとも二〇一四年までに再検討することを決定する。これら締約国は、その約束をより野心的なものとするため、附属書Bの第三欄に記載された排出の抑制及び削減に関する数量化された約束の百分率を下げ、モントリオール議定書により管理されていない温室効果ガスの附属書Ⅰに掲げる締約国の排出量の合計が、二〇二〇年までに一九九〇年の水準より少なくとも二五から四〇パーセント削減されるようにすることを決定する。

一三　二〇一三年一月一日から始まる第二約束期間につき、附属書Ⅰに掲げる締約国は第一二条に定める現在進行中の事業活動及び二〇一二年一二月三一日以降に登録された事業計画に引き続き参加することができる。しかし、本決定附属Ⅰにある附属書Bの第三欄に排出の抑制及び削減に関する数量化された約束が記載された締約国に限り、決定 3/CMP.1及び下記の第一五項に従い認証された排出削減量(CERs)を移転し取得する資格を有することを、明らかにする。

一五　京都議定書第六条に規定する共同実施及び第一七条に規定する排出量取引につき、以下のとおり決定する。
(a)　二〇一三年一月一日より、本決定附属Ⅰにある附属書Bの第三欄に約束が記載された締約国で一回目の約束期間において決定11/CMP.1の附属第三項の規定に従いその資格が確立している国に限り、CERs 及び割当量単位(AAUs)、排出削減単位(ERUs)、そして除去量単位(RMUs)で京都議定書第一七条に従い第二約束期間に有効であるものを、決定11/CMP.1の附属第三項(b)の規定に従い、移転し取得する資格を有する。
(b)　決定11/CMP.1の附属第二項(b)は、第二約束期間における割当量が計算され記録されてからのみ当該締約国に適用される。

京都議定書の附属書B

1	2	3	4	5	6
締約国	排出の抑制及び削減に関する数量化された約束(2008 ～ 2012)(基準となる年又は期間に乗ずる百分率)	排出の抑制及び削減に関する数量化された約束(2013 ～ 2020)(基準となる年又は期間に乗ずる百分率)	参照年[1]	排出の抑制及び削減に関する数量化された約束(2013 ～ 2020)(参照年に乗ずる百分率として表現)	2020年までに温室効果ガス排出を削減するとの誓約(参照年に乗じる百分率)[2]
オーストラリア	108	99.5	2000	98	-5から-15%又は-25%
オーストリア	92	80	NA	NA	
ベラルーシ*		88	1990	NA	-8%
ベルギー	92	80	NA	NA	
ブルガリア*	92	80	NA	NA	
クロアチア*	95	80	NA	NA	-20%/-30%
キプロス		80	NA	NA	
チェコ共和国*	92	80	NA	NA	
デンマーク	92	80	NA	NA	
エストニア*	92	80	NA	NA	
欧州連合	92	80	1990	NA	-20%/-30%[7]
フィンランド	92	80	NA	NA	
フランス	92	80	NA	NA	
ドイツ	92	80	NA	NA	
ギリシャ	92	80	NA	NA	
ハンガリー*	94	80	NA	NA	
アイスランド	110	80	NA	NA	
アイルランド	92	80	NA	NA	
イタリア	92	80	NA	NA	
カザフスタン*		95	1990	95	-7%
ラトビア*	92	80	NA	NA	
リヒテンシュタイン	92	84	1990	84	-20%/-30%
リトアニア	92	80	NA	NA	
ルクセンブルグ	92	80	NA	NA	
マルタ		80	NA	NA	
モナコ	92	78	1990	78	-30%
オランダ	92	80	NA	NA	
ノルウェー	101	84	1990	84	-30%から-40%
ポーランド*	94	80	NA	NA	
ポルトガル	92	80	NA	NA	
ルーマニア*	92	80	NA	NA	
スロバキア*	92	80	NA	NA	
スロベニア*	92	80	NA	NA	
スペイン	92	80	NA	NA	
スウェーデン	92	80	NA	NA	
スイス	92	84.2	1990	NA	-20%から-30%
ウクライナ*	100	76	1990	NA	-20%
イギリス	92	80	NA	NA	

締約国	排出の抑制及び削減に関する数量化された約束(2008 ～ 2012)(基準となる年又は期間に乗ずる百分率)
カナダ[13]	94
日本国[14]	94
ニュージーランド[15]	100
ロシア連邦[16]	100

NA：適用なし

*　市場経済への移行の過程にある国

すべての脚注は、1、2及び5を除き、いずれも関係締約国から通報により提供されたものである。

1 参照年は、締約国が定める目的のために選択的な基準として使用することができ、当該年の排出量に乗じる百分率として表現される排出の抑制及び削減に関する数量化された約束(QELRC)であり、京都議定書上国際的な拘束力を有さないもの。これは、国際的な拘束力を有するこの表の第2欄及び第3欄にある基準となる年に関するQELRCのリストに追加されるものである。
2 これら誓約の追加的な情報は以下の文書に掲載。FCCC/SB/2011/INF.1/Rev.1 及び FCCC/KP/AWG/2012/MISC.1. Add.1 and Add.2。
7 2012年を越える期間のグローバルで包括的な合意の一部として、欧州連合は、他の先進国が匹敵する排出削減を約束し、開発途上国がその責任及び各国の能力に従い十分に寄与することを条件として、2020年までに1990年比で30パーセント削減することを条件付きで提案することを繰り返す。
13 2011年12月15日に寄託者は、カナダの京都議定書からの脱退に関する書面による通告を受理した。この行為はカナダにつき2012年12月15日に効力を生じる。
14 2010年12月10日の通報において、日本国は2013年以降、京都議定書の第二約束期間において義務を負ういかなる意図も有しないことを指摘した。
15 ニュージーランドは京都議定書の締約国で有り続ける。ニュージーランドは、気候変動枠組条約の下で2013年から2020年の間に経済全体での排出の削減に関する数量化された目標を採用するであろう。
16 2010年12月9日に事務局が受理した2010年12月8日付けの通報において、ロシア連邦は第二約束期間において排出の抑制ないし削減の数量化された約束を引き受ける意図がないことを指摘した。

［注］ 脚注は一部のみ記載した。

89 パリ協定

採択 二〇一五年一二月一二日(パリ)
効力発生 二〇一六年一一月四日
日本国 二〇一六年四月二二日署名、一一月八日国会承認、一一月八日受諾書寄託、一一月一四日公布(条約第一六号)、一二月八日効力発生

この協定の締約国は、

気候変動に関する国際連合枠組条約(以下「条約」という。)の締約国として、

条約の締約国会議第一七回会合における決定第一号(第一七回会合)によって設けられた強化された行動のためのダーバン・プラットフォームに従い、

条約の目的を達成するため、また、条約の諸原則(衡平の原則並びに各国の異なる事情に照らした共通に有しているが差異のある責任及び各国の能力に関する原則を含む。)を指針とし、

気候変動という緊急の脅威に対し、利用可能な最良の科学上の知識に基づき効果的かつ進歩的に対応することが必要であることを認め、

条約に定めるところに従い、開発途上締約国(特に気候変動の悪影響を著しく受けやすいもの)のまた、個別のニーズ及び特別な事情を認め、

資金供与及び技術移転に関し、後発開発途上国の個別のニーズ及び特別な事情について十分な考慮を払い、

締約国が気候変動のみでなく、気候変動に対応してとられる措置によっても影響を受けるおそれがあることを認め、

気候変動に対処するための行動、気候変動に対する対応及び気候変動の影響と持続可能な開発のための衡平な機会及び貧困の撲滅との間に存在する内在的な関係を強調し、

食糧安全保障及び飢餓の撲滅という基本的な優先事項並びに気候変動の悪影響に対する食糧生産体系の著しいぜい弱性を認め、

自国が定める開発の優先順位に基づく労働力の公正な移動並びに適切な仕事及び質の高い雇用の創出が必要不可欠であることを考慮し、

気候変動が人類の共通の関心事であることを確認しつつ、締約国が、気候変動に対処するための行動をとる際に、人権、健康についての権利、先住民、地域社会、移民、児童、障害者及び影響を受けやすい状況にある人々の権利並びに開発の権利に関するそれぞれの締約国の義務の履行並びに男女間の平等、女子の自律的な力の育成及び世代間の衡平を尊重し、促進し、及び考慮すべきであり、

条約に規定する温室効果ガスの吸収源及び貯蔵庫を保全し、及び適当な場合には強化することの重要性を認め、

気候変動に対処するための行動をとる際に、全ての生態系(海洋を含む。)の本来のままの状態における保全及び生物の多様性の保全(「母なる地球」として一部の文化によって認められるもの)を確保することの重要性に留意し、並びに「気候の正義」の概念の一部の者にとっての重要性に留意し、

この協定において取り扱う事項に関するあらゆる段階における教育、訓練、啓発、公衆の参加、情報の公開及び協力の重要性を確認し、

締約国のそれぞれの国内法令に従い、全ての段階の政府及び種々の関係者が気候変動への対処に従事することの重要性を認め、

また、持続可能な生活様式並びに消費及び生産の持続可能な態様が、気候変動への対処において、先進締約国が率先することにより、重要な役割を果たすことを認めて、

次のとおり協定した。

第一条【用語】 この協定の適用上、条約第一条の定義を

適用する。さらに、

(a)「条約」とは、一九九二年五月九日にニューヨークで採択された気候変動に関する国際連合枠組条約をいう。

(b)「締約国会議」とは、条約の締約国会議をいう。

(c)「締約国」とは、この協定の締約者をいう。

第二条【目的】 1　この協定は、条約(その目的を含む。)の実施を促進する上で、持続可能な開発及び貧困を撲滅するための努力の文脈において、気候変動の脅威に対する世界全体での対応を、次のことによるものを含め、強化することを目的とする。

(a)　世界全体の平均気温の上昇を工業化以前よりも摂氏二度高い水準を十分に下回るものに抑えること並びに世界全体の平均気温の上昇を工業化以前よりも摂氏一・五度高い水準までのものに制限するための努力を、この努力が気候変動のリスク及び影響を著しく減少させることとなるものであることを認識しつつ、継続すること。

(b)　食糧の生産を脅かさないような方法で、気候変動の悪影響に適応する能力並びに気候に対する強靱性を高め、及び温室効果ガスについて低排出型の発展を促進する能力を向上させること。

(c)　温室効果ガスについて低排出型であり、及び気候に対して強靱である発展に向けた方針に資金の流れを適合させること。

2　この協定は、衡平並びに各国の異なる事情に照らした共通に有しているが差異のある責任及び各国の能力に関する原則を反映するように実施される。

第三条【一般規定】 全ての締約国は、気候変動に対する世界全体での対応に向けた自国が決定する貢献(以下「国が決定する貢献」という。)に関し、前条に規定するこの協定の目的を達成するため、次条、第七条、第九条から第一一条まで及び第一三条に定める野心的な努力に取り組み、並びにその努力を通報する。全ての締約国の努力については、この協定の効果的な実施のために開発途上締約国を支援することの必要性についての認識の下で、時間とともに前進を示すものとなる。

第四条【緩和】 1　締約国は、第二条に定める長期的な気温に関する目標を達成するため、衡平に基づき並びに持続可能な開発及び貧困を撲滅するための努力の文脈において、今世紀後半に温室効果ガスの人為的な発生源による排出量と吸収源による除去量との間の均衡を達成するために、開発途上締約国の温室効果ガスの排出量がピークに達するまでには一層長い期間を要することを認識しつつ、世界全体の温室効果ガスの排出量ができる限り速やかにピークに達すること及びその後は利用可能な最良の科学に基づいて迅速な削減に取り組むことを目的とする。

2　各締約国は、自国が達成する意図を有する累次の国が決定する貢献を作成し、通報し、及び維持する。締約国は、当該国が決定する貢献の目的を達成するため、緩和に関する国内措置を遂行する。

3　各締約国による累次の国が決定する貢献については、各締約国によるその直前の国が決定する貢献を超える前進を示し、並びに各国の異なる事情に照らした共通に有しているが差異のある責任及び各国の能力を考慮しつつ、各締約国のできる限り高い野心を反映するものとなる。

4　先進締約国は、経済全体における排出の絶対量の削減目標に取り組むことによって、引き続き先頭に立つべきである。開発途上締約国は、自国の緩和に関する努力を引き続き強化すべきであり、各国の異なる事情に照らして経済全体における排出の削減目標又は抑制目標に向けて時間とともに移行していくことが奨励される。

5　開発途上締約国に対しては、開発途上締約国に対する強化された支援がその行動を一層野心的なものにすることを可能にするとの認識の下で、この条の規定を実施するための支援を第九条から第一一条までの規定に従って提供する。

6　後発開発途上国及び開発途上にある島嶼国は、温室効果ガスについて低排出型の発展のための戦略、計画及び行動であって、自国の特別な事情を反映するものを作成し、及び通報することができる。

7　締約国の適応に関する行動又は経済の多角化に関する計画により副次的に生ずる緩和についての利益は、この条の規定に基づく緩和の成果に寄与することができる。

8　全ての締約国は、国が決定する貢献の通報に際し、締約国会議第二一回会合における決定第一号(第二一回会合)及びこの協定の締約国の会合としての役割を果たす締約国会議における関連の決定に従い、明確性、透明性及び理解のために必要な情報を提供する。

9　各締約国は、締約国会議第二一回会合における決定第一号(第二一回会合)及びこの協定の締約国の会合としての役割を果たす締約国会議における関連の決定に従い、国が決定する貢献を五年ごとに通報する。第一四条に規定する世界全体としての実施状況の検討の結果については、各締約国に対し、情報が提供される。

10　この協定の締約国の会合としての役割を果たす締約国会議は、第一回会合において、国が決定する貢献に係る共通の期間について検討する。

11　締約国は、この協定の締約国の会合としての役割を果たす締約国会議が採択する指針に従い、既存の国が決定する貢献について、その野心の水準を高めるためにいつでも調整することができる。

12　締約国が通報する国が決定する貢献については、事務局が管理する公的な登録簿に記録する。

13　締約国は、国が決定する貢献の計算を行う。締約国は、国が決定する貢献に関し、人為的な排出量及び除去量の計算を行うに際しては、この協定の締約国の会合としての役割を果たす締約国会議が採択する指針に従い、環境の保全、透明性、正確性、完全性、比較可能性及び整合性を促進し、並びに二重の計上の回避を確保する。

14 13の規定に照らし、人為的な排出及び除去に係る緩和に関する行動を確認し、及び実施する際に、適当なときは、条約に基づく既存の方法及び指針を考慮に入れるべきである。

15 締約国は、この協定の実施に際し、対応措置により最も影響を受ける経済を有する締約国(特に開発途上締約国)の懸念を考慮に入れる。

16 2の規定の下で共同して行動することについて合意に達した締約国(地域的な経済統合のための機関及びその構成国を含む。)は、国が決定する貢献を通報する際に、事務局に対し、当該合意の条件(各締約国に割り当てられた該当する期間内の排出量の水準を含む。)を通報する。事務局は、条約の締約国及び署名国に対し、当該合意の条件を通報する。

17 16に規定する合意に達した各締約国は、13及び14の規定並びに第一三条及び第一五条の規定に従い、当該合意に定める自国の排出量の水準について責任を負う。

18 共同して行動する締約国がこの協定の締約国である地域的な経済統合のための機関の枠組みにおいて、かつ、当該地域的な経済統合のための機関と共に行動する場合には、当該地域的な経済統合のための機関の構成国は、個別に、かつ、当該地域的な経済統合のための機関と共に、13及び14の規定並びに第一三条及び第一五条の規定に従い、16の規定に基づいて通報した合意に定める自国の排出量の水準について責任を負う。

19 全ての締約国は、各国の異なる事情に照らした共通に有しているが差異のある責任及び各国の能力を考慮しつつ、第二条の規定に留意して、温室効果ガスについて低排出型の発展のための長期的な戦略を立案し、及び通報するよう努力すべきである。

第五条【吸収源及び貯蔵庫】1 締約国は、条約第四条1(d)に規定する温室効果ガスの吸収源及び貯蔵庫(森林を含む。)を保全し、及び適当な場合には強化するための行動をとるべきである。

2 締約国は、開発途上国における森林の減少及び劣化から生ずる排出の削減に関連する活動並びに開発途上国における森林の保全、持続可能な森林経営及び森林の炭素蓄積の向上が果たす役割に関する政策上の取組及び積極的な奨励措置について並びに総合的かつ持続可能な森林経営のための緩和及び適応の一体的な取組等の代替的な政策上の取組についての既存の枠組みであって、条約に基づいて既に合意された関連の指針及び決定に定めるものを、これらの取組に関連する非炭素の便益を適宜奨励することの重要性を再確認しつつ、実施し、及び支援する(成果に基づく支払により行うことを含む。)ための行動をとることが奨励される。

第六条【市場及び非市場の取組】1 締約国は、一部の締約国が、国が決定する貢献の実施に際し、緩和及び適応に関する行動を一層野心的なものにすることを可能にし、並びに持続可能な開発及び環境の保全を促進するため、任意の協力を行うことを選択することを認識する。

2 締約国は、国際的に移転される緩和の成果を国が決定する貢献のために利用することを伴う協力的な取組に任意に従事する際には、持続可能な開発を促進し、並びに環境の保全及び透明性(管理におけるものを含む。)を確保するものとし、この協定の締約国の会合としての役割を果たす締約国会議が採択する指針に適合する確固とした計算方法(特に二重計上の回避を確保するためのもの)を適用する。

3 国が決定する貢献を達成するための国際的に移転される緩和の成果のこの協定に基づく利用については、任意によるものとし、参加する締約国が承認する。

4 温室効果ガスの排出に係る緩和に貢献し、及び持続可能な開発を支援する制度を、締約国が任意で利用するため、この協定により、この協定の締約国の会合としての役割を果たす締約国会議の権限及び指導の下で設立する。当該制度は、この協定の締約国の会合としての役割を果たす締約国会議が指定する機関の監督を受けるものとし、次のことを目的とする。

(a) 持続可能な開発を促しつつ、温室効果ガスの排出に係る緩和を促進すること。

(b) 締約国により承認された公的機関及び民間団体が温室効果ガスの排出に係る緩和に参加することを奨励し、及び促進すること。

(c) 受入締約国(他の締約国が国が決定する貢献を履行するために用いることもできる排出削減量を生ずる緩和に関する活動により利益を得ることとなるもの)における排出量の水準の削減に貢献すること。

(d) 世界全体の排出における総体的な緩和を行うこと。

5 受入締約国は、4に規定する制度から生ずる排出削減量について、他の締約国が国が決定する貢献を達成したことを証明するために用いる場合には、当該受入締約国が国が決定する貢献を達成したことを証明するために用いてはならない。

6 この協定の締約国の会合としての役割を果たす締約国会議は、4に規定する制度に基づく活動からの収益の一部が、運営経費を支弁するために及び気候変動の悪影響を著しく受けやすい開発途上締約国の適応に係る費用の負担を支援するために用いられることを確保する。

7 この協定の締約国の会合としての役割を果たす締約国会議は、第一回会合において、4に規定する制度に関する規則、方法及び手続を採択する。

8 締約国は、持続可能な開発及び貧困の撲滅の文脈において、調整が図られかつ効果的な方法(適当な場合には、特に、緩和、適応、資金、技術移転及び能力の開発によるものを含む。)により締約国による国が決定する貢献の実施に資するための総合的及び全体的であり、並びに均衡のとれた非市場の取組であって、締約国に利用可能なものの重要性を認める。この取組は、次のことを目的とする。

(a)　緩和及び適応に関する野心の向上を促すこと。

(b)　公的部門及び民間部門が国が決定する貢献の実施に参加することを促進すること。

(c)　手段及び関連の制度的な措置に関する調整のための機会を与えること。

9　8に規定する非市場の取組を促進するため、この協定により、持続可能な開発のための非市場の取組に関する枠組みを定める。

第七条【適応】1　締約国は、第二条に定める気温に関する目標の文脈において、持続可能な開発に貢献し、及び適応に関する適当な対応を確保するため、この協定により、気候変動への適応に関する能力の向上並びに気候変動に対する強靱性の強化及びぜい弱性の減少という適応に関する世界全体の目標を定める。

2　締約国は、気候変動の悪影響を著しく受けやすい開発途上締約国の緊急かつ即時のニーズを考慮しつつ、適応が地区、地方、国及び地域の規模並びに国際的な規模で全ての者が直面する世界全体の課題であること並びに適応が人、生活の手段及び生態系を守るための気候変動に対する長期的な世界全体での対応の重要な構成要素であり、かつ、当該対応に貢献するものであることを認識する。

3　開発途上締約国の適応に関する努力については、この協定の締約国の会合としての役割を果たす締約国会議が第一回会合において採択する方法に従って確認する。

4　締約国は、現時点における適応の必要性が顕著であること及び一層高い水準の緩和が適応に関する追加的な努力の必要性を低減し得ることを認識し、並びに一層高い適応の必要性が一層高い適応に係る費用を伴い得ることを認識する。

5　締約国は、適応に関する行動について、影響を受けやすい集団、地域社会及び生態系を考慮に入れた上で、各国主導であり、ジェンダーに配慮した、参加型であり、及び十分に透明性のある取組によるものとすべきであること並びに適宜適応を関連の社会経済及び環境に関する政策及び行動に組み入れるため、利用可能な最良の科学並びに適当な場合には伝統的な知識、先住民の知識及び現地の知識の体系に基づき、並びにこれらを指針とするものとすべきであることを確認する。

6　締約国は、適応に関する努力に対する支援及び適応に関する努力についての国際協力の重要性並びに開発途上締約国(特に気候変動の悪影響を著しく受けやすいもの)のニーズを考慮に入れることの重要性を認める。

7　締約国は、カンクン適応枠組みを考慮に入れつつ、適応に関する行動の強化についての協力(次のことに関するものを含む。)を拡充すべきである。

(a)　情報、良い事例、経験及び得られた教訓(適当な場合には、適応に関する行動に関連する科学、計画、政策及び実施に関するものを含む。)を共有すること。

(b)　関連の情報及び知識の統合並びに締約国に対する技術的な支援及び指針の提供を支援するための制度的な措置(条約に基づく措置であって、この協定のためにその役割を果たすものを含む。)を強化すること。

(c)　気候サービスに情報を提供し、及び意思決定を支援するような方法で、気候に関する科学上の知識(研究、気候系の組織的観測及び早期警戒体制を含む。)を拡充すること。

(d)　開発途上締約国が、奨励される良い事例に適合するような方法で、適応に関する効果的な事例、適応のニーズ、優先事項、適応に関する行動及び努力のために提供され、及び受領される支援並びに課題及び隔たりを特定することができるよう支援すること。

(e)　適応に関する行動の有効性及び持続性を向上させること。

8　国際連合の専門機関は、5の規定を考慮しつつ、締約国が7に規定する行動を実施するために行う努力を支援することが奨励される。

9　各締約国は、適当な場合には、適応に関する計画の作成の過程及び行動の実施(関連の計画、政策又は貢献の作成又は強化を含み、及び次の事項を含むことができる。)に関与する。

(a)　適応に関する行動、取組又は努力の実施

(b)　自国の適応に関する計画を立案し、及び実施する過程

(c)　自国が決定する優先的な行動を立案するために行う気候変動の影響及び気候変動に対するぜい弱性の評価(影響を受けやすい人々、場所及び生態系を考慮に入れたもの)

(d)　適応に関する計画、政策、プログラム及び行動のモニタリング及び評価並びにこれらからの学習

(e)　社会経済システム及び生態系の強靱性の構築(経済の多角化及び天然資源の持続可能な管理によるものを含む。)

10　各締約国は、適当な場合には、開発途上締約国に追加の負担を生じさせることなく、適応に関する情報(自国の優先事項、実施及び支援の必要性、計画並びに行動に関するものを含むことができる。)を定期的に提出し、及び更新すべきである。

11　10に規定する適応に関する情報については、適当な場合には、他の情報若しくは文書(自国の適応に関する計画、第四条2に規定する国が決定する貢献又は自国の情報を含む。)の構成要素として又はこれらと併せて、定期的に提出し、及び更新する。

12　10に規定する適応に関する情報については、事務局が管理する公的な登録簿に記録する。

13　開発途上締約国に対しては、7及び9から11まで

の規定を実施するための継続的であり、及び強化された国際的な支援を第九条から第十一条までの規定に従って提供する。

14　第一四条に規定する世界全体としての実施状況の検討においては、特に、次のことを行う。

(a)　開発途上締約国の適応に関する努力を確認すること。

(b)　10に規定する適応に関する情報を考慮しつつ、適応に関する行動の実施を促進すること。

(c)　適応及び適応のために提供された支援の妥当性及び有効性を検討すること。

(d)　1に規定する適応に関する世界全体の目標の達成に向けた全体としての進捗状況を検討すること。

第八条【損失及び損害】1　締約国は、気候変動の悪影響(気象についての極端な事象及び緩やかに進行する事象を含む。)に伴う損失及び損害を回避し、及び最小限にし、並びにこれらに対処することの重要性を認め、並びに損失及び損害の危険性を減少させる上での持続可能な開発の役割を認識する。

2　気候変動の影響に伴う損失及び損害に関するワルシャワ国際制度(以下「ワルシャワ国際制度」という。)は、この協定の締約国の会合としての役割を果たす締約国会議の権限及び指導に従うものとし、この協定の締約国の会合としての役割を果たす締約国会議が決定するところに従って改善し、及び強化することができる。

3　締約国は、気候変動の悪影響に伴う損失及び損害に関し、協力及び促進に基づき、適当な場合には、例えばワルシャワ国際制度を通じ、理解を増進し、並びに行動及び支援を強化すべきである。

4　3に規定する理解の増進並びに行動及び支援の強化のための協力及び促進の分野には、次のものを含むことができる。

(a)　早期警戒体制

(b)　緊急事態のための準備

(c)　緩やかに進行する事象

(d)　回復不可能及び半永久的な損失及び損害を伴い得る事象

(e)　包括的なリスクの評価及び管理

(f)　リスクに対処する保険の制度、気候リスクの共同管理その他保険による解決

(g)　経済外の損失

(h)　地域社会、生活の手段及び生態系の強靭性

5　ワルシャワ国際制度は、この協定の下にある既存の機関及び専門家団体並びにこの協定の外にある関連の機関及び専門家団体と協力する。

第九条【資金】1　先進締約国は、条約に基づく既存の義務を継続するものとして、緩和及び適応に関し、開発途上締約国を支援するため、資金を供与する。

2　1に規定する支援について、他の締約国は、任意に、提供すること又は引き続き提供することが奨励される。

3　先進締約国は、世界全体の努力の一環として、開発途上締約国のニーズ及び優先事項を考慮しつつ、種々の行動(各国主導の戦略を支援することを含む。)を通じ、公的資金の重要な役割に留意して、多様な資金源及び経路から並びに多様な手段により気候に関する資金を動員することに引き続き率先して取り組むべきである。そのような気候に関する資金の動員については、従前の努力を超える前進を示すものとすべきである。

4　規模を拡大して行われる資金の供与については、適応のために公的でかつ贈与に基づく資金が必要であることを考慮しつつ、各国主導の戦略並びに開発途上締約国(特に、気候変動の悪影響を著しく受けやすく、及び著しく能力に制約があるもの。例えば、後発開発途上国及び開発途上にある島嶼国)の優先事項及びニーズを考慮に入れて、適応と緩和との間の均衡を達成することを目的とすべきである。

5　先進締約国は、適当な場合には、1及び3の規定に関連する情報であって、定量的及び定性的に示されるもの(可能な場合には、開発途上締約国に供与される公的資金の予定された水準を含む。)を二年ごとに通報する。資金を供与する他の締約国は、任意に当該情報を二年ごとに通報することが奨励される。

6　第一四条に規定する世界全体としての実施状況の検討においては、気候に関する資金に関連する努力についての先進締約国又はこの協定の機関が提供する関連の情報を考慮する。

7　先進締約国は、第一三条に定めるところによりこの協定の締約国の会合としての役割を果たす締約国会議が第一回会合において採択する方法、手続及び指針に従い、開発途上締約国のために提供され、及び公的な関与を通じて動員された支援に関する透明性及び一貫性のある情報を二年ごとに提供する。他の締約国は、同様に当該情報を提供することが奨励される。

8　条約の資金供与の制度(運営組織を含む。)は、この協定の資金供与の制度としての役割を果たす。

9　この協定のためにその役割を果たす組織(条約の資金供与の制度の運営組織を含む。)は、開発途上締約国(特に後発開発途上国及び開発途上にある島嶼国)の気候に関する戦略及び計画の文脈において、簡素化された承認の手続及び受入準備のための強化された支援により、当該開発途上締約国のため資金を効率的に利用する機会を確保することを目的とする。

第一〇条【技術開発及び技術移転】1　締約国は、気候変動に対する強靭性を向上させ、及び温室効果ガスの排出を削減するために技術開発及び技術移転を十分に実現することについての重要性に関する長期的な展望を共有する。

2　締約国は、この協定に基づく緩和及び適応に関する行動を実施するための技術の重要性に留意しつつ、技術の導入及び普及に関して既に行われている努力を認識して、技術開発及び技術移転に関する協力的な行動を強化する。

3　条約に基づいて設立された技術に関する制度は、この協定のためにその役割を果たす。

4　1に規定する長期的な展望の達成に向け、この協定の実施を支援するため、技術開発及び技術移転に関する強化された行動を促進し、及び円滑化するに当たり、この協定により、技術に関する制度における活動に包括的な指針を与える技術に関する枠組みを設定する。

5　イノベーションを加速し、奨励し、及び可能にすることは、気候変動に対する効果的及び長期的な世界全体での対応並びに経済成長及び持続可能な開発の促進のために不可欠である。このような努力に対しては、適当な場合には、研究及び開発に関する協調的な取組のため並びに開発途上締約国が特に技術の周期の初期の段階において技術を利用する機会を得やすくするため、支援（技術に関する制度による支援及び条約の資金供与の制度による資金上の手段を通じた支援を含む。）を行う。

6　開発途上締約国に対しては、緩和のための支援と適応のための支援との間の均衡を達成することを目指し、この条の規定の実施（技術の周期の種々の段階における技術開発及び技術移転に関する協力的な行動の強化を含む。）のための支援（資金上の支援を含む。）を提供する。第一四条に規定する世界全体としての実施状況の検討においては、開発途上締約国に対する技術開発及び技術移転のための支援に関する努力についての入手可能な情報を考慮する。

第一一条【能力の開発】1　この協定に基づく能力の開発については、気候変動に対処するための効果的な行動（特に適応及び緩和に関する行動を実施するためのものを含む。）をとるため、開発途上締約国、特に最も能力に制約がある国（例えば、後発開発途上国）及び気候変動の悪影響を著しく受けやすい国（例えば、開発途上にある島嶼国）の能力を向上させるものとすべきであり、並びに技術開発、技術の普及及び導入、気候に関する資金を利用する機会、教育、訓練及び啓発における関連の側面並びに透明性のある方法による適時のかつ正確な情報の通報を容易にするものとすべきである。

2　能力の開発については、各国主導であり、各締約国のニーズに基づきかつ対応し、及び締約国、特に開発途上締約国の当事者意識（国、地方及び地区の段階におけるものを含む。）を育成するものとすべきである。能力の開発については、得られた教訓（条約に基づく能力の開発に関する活動から得られたものを含む。）を指針とすべきであり、並びに効果的及び反復的な過程であって、参加型及び横断的であり、並びにジェンダーに配慮したものとすべきである。

3　全ての締約国は、この協定を実施するための開発途上締約国の能力を向上させるために協力すべきである。先進締約国は、開発途上締約国における能力の開発に関する行動に対する支援を強化すべきである。

4　この協定を実施するための開発途上締約国の能力の向上（地域的な取組並びに二国間及び多数国間の取組によるものを含む。）に取り組む全ての締約国は、その取組における能力の開発に関する行動又は措置について定期的に通報する。開発途上締約国は、この協定を実施するための能力の開発に関する計画、政策、行動又は措置の実施に関する進捗状況を定期的に通報すべきである。

5　能力の開発に関する活動は、この協定の実施を支援するための適当な制度的な措置（条約に基づいて設けられた適当な制度的な措置であって、この協定のためにその役割を果たすものを含む。）により促進する。この協定の締約国の会合としての役割を果たす締約国会議は、第一回会合において、能力の開発のための最初の制度的な措置に関する決定について検討し、採択する。

第一二条【教育、訓練、啓発及び公衆参加】締約国は、気候変動に関する教育、訓練、啓発、公衆の参加及び情報の公開を強化するための措置のこの協定に基づく行動の強化における重要性を認識しつつ、適当な場合には、当該措置をとることについて協力する。

第一三条【透明性】1　相互の信用及び信頼を構築し、並びに効果的な実施を促進するため、この協定により、行動及び支援に関する強化された透明性の枠組みであって、締約国の異なる能力を考慮し、及び全体としての経験に立脚した内在的な柔軟性を備えるものを設定する。

2　透明性の枠組みにおいて、開発途上締約国が自国の能力に照らしてこの条の規定の実施について柔軟性を必要とする場合には、当該開発途上締約国に対し、当該柔軟性を与える。13に規定する方法、手続及び指針には、当該柔軟性を反映する。

3　透明性の枠組みについては、後発開発途上国及び開発途上にある島嶼国の特別な事情についての認識の下で、条約に基づく透明性に関する措置に立脚し、及び当該措置を強化するものとし、各締約国の主権を尊重しつつ、促進的であり、干渉的でなく、及び懲罰的でない方法で実施し、並びに締約国に対して過度の負担を生じさせることを回避する。

4　条約に基づく透明性に関する措置（各締約国による自国の情報、二年ごとの報告書及び二年ごとに更新される報告書、国際的な評価及び検討並びに国際的な協議及び分析を含む。）は、13の規定に基づく方法、手続及び指針を作成するために活用する経験の一部を構成する。

5　行動に関する透明性の枠組みの目的は、次条の規定に基づく世界全体としての実施状況の検討に情報を提供するため、条約第二条に規定する条約の目的に照らして、気候変動に対処するための行動についての明確な理解（締約国による第四条の規定に基づく個別の国が決定する貢献及び締約国による第七条の規定に基づく適応に関する行動（良い事例、優先事項、ニーズ及び隔たりを含む。）の達成に向けての明確性の確保及び進捗状況の追跡を含む。）を提供することである。

6 支援に関する透明性の枠組みの目的は、次条の規定に基づく世界全体としての実施状況の検討に情報を提供するため、第四条、第七条及び第九条から第一一条までの規定に基づく気候変動に対処するための行動の文脈において個別の関連の締約国によって提供され、及び受領される支援について明確性を与え、並びに可能な範囲で、提供された資金上の支援の合計について十分な概要を提供することである。

7 各締約国は、定期的に次の情報を提供する。

(a) 温室効果ガスの人為的な発生源による排出及び吸収源による除去に関する自国の目録に係る報告書であって、気候変動に関する政府間パネルが受諾し、この協定の締約国の会合としての役割を果たす締約国会議が合意する良い事例に基づく方法を用いて作成されたもの

(b) 第四条の規定に基づく国が決定する貢献の実施及び達成における進捗状況を追跡するために必要な情報

8 各締約国は、更に、適当な場合には、第七条の規定に基づく気候変動の影響及び適応に関する情報を提供すべきである。

9 先進締約国は、第九条から第一一条までの規定に基づいて開発途上締約国に提供される資金上の支援、技術移転に関する支援及び能力の開発に関する支援についての情報を提供する。また、支援を提供する他の締約国は、当該情報を提供すべきである。

10 開発途上締約国は、資金上の支援、技術移転に関する支援及び能力の開発に関する支援であって、第九条から第一一条までの規定に基づいて必要とし、及び受領したものについての情報を提供すべきである。

11 各締約国が7及び9の規定に基づいて提供する情報は、締約国会議第二一回会合における決定第一号(第二一回会合)に従い技術専門家による検討を受ける。能力の開発に関するニーズを特定するための支援を開発途上締約国が自国の能力に照らして必要とする場合には、当該検討の過程には、当該支援を含む。さらに、各締約国は、第九条の規定に基づく努力並びに国が決定する貢献の実施及び達成に関する進捗状況ついての促進的な多数国間の検討に参加する。

12 この12の規定に基づく技術専門家による検討については、該当する場合には締約国が提供する支援に関する検討並びに国が決定する貢献の実施及び達成に関する検討によって構成する。また、当該技術専門家による検討については、2の規定に基づいて当該締約国に与えられる柔軟性を考慮しつつ、当該締約国が改善すべき分野を特定するものとし、7及び9の規定に基づいて提供する情報と13に規定する方法、手続及び指針との整合性に関する検討を含む。当該技術専門家による検討においては、各開発途上締約国の能力及び事情に特別の注意を払う。

13 この協定の締約国の会合としての役割を果たす締約国会議は、第一回会合において、適当な場合には、条約に基づく透明性に関する措置から得られた経験に立脚しつつ、この条の規定を十分に考慮して、行動及び支援の透明性のための共通の方法、手続及び指針を採択する。

14 開発途上締約国に対しては、この条の規定を実施するための支援を提供する。

15 開発途上締約国に対しては、また、その透明性に関する能力を開発するための支援を継続的に提供する。

第一四条【世界全体としての実施状況の検討】 1 この協定の締約国の会合としての役割を果たす締約国会議は、この協定の目的及び長期的な目標の達成に向けた全体としての進捗状況を評価するためのこの協定の実施状況に関する定期的な検討(この協定において「世界全体としての実施状況の検討」という。)を行う。この協定の締約国の会合としての役割を果たす締約国会議は、包括的及び促進的な方法で、緩和、適応並びに実施及び支援の手段を考慮して並びに衡平及び利用可能な最良の科学に照らして、世界全体としての実施状況の検討を行う。

2 この協定の締約国の会合としての役割を果たす締約国会議は、この協定の締約国の会合としての役割を果たす締約国会議が別段の決定を行わない限り、最初の世界全体としての実施状況の検討を二〇二三年に行い、その後は五年ごとに行う。

3 世界全体としての実施状況の検討の結果については、各締約国が、この協定の関連の規定に従い自国が決定する方法によって自国の行動及び支援を更新し、及び強化するに当たり並びに気候に関する行動のための国際協力を強化するに当たり、締約国に対し、情報が提供される。

第一五条【実施及び遵守を促進するための制度】 1 この協定により、この協定の規定の実施及び遵守を促進するための制度を設立する。

2 1に規定する制度は、専門家により構成され、かつ、促進的な性格を有する委員会であって、透明性があり、敵対的でなく、及び懲罰的でない方法によって機能するものから成る。当該委員会は、各締約国の能力及び事情に特別の注意を払う。

3 2に規定する委員会は、この協定の締約国の会合としての役割を果たす締約国会議が第一回会合において採択する方法及び手続に従って運営し、並びにこの協定の締約国の会合としての役割を果たす締約国会議に対し毎年報告を行う。

第一六条【締約国会合】 1 条約の最高機関である締約国会議は、この協定の締約国の会合としての役割を果たす。

2 条約の締約国であってこの協定の締約国でないものは、この協定の締約国の会合としての役割を果たす締約国会議の会合の審議にオブザーバーとして参加することができる。締約国会議がこの協定の締約国の会合としての役割を果たす場合には、この協定に基づく決定は、この協定の締約国のみによって行

われる。

3　締約国会議がこの協定の締約国の会合としての役割を果たす場合には、締約国会議の議長団の構成員であってその時点でこの協定の締約国でない条約の締約国を代表するものは、この協定の締約国により及びこの協定の締約国の中から選出される追加的な構成員に交代する。

4　この協定の締約国の会合としての役割を果たす締約国会議は、この協定の実施状況を定期的に検討するものとし、その権限の範囲内で、この協定の効果的な実施を促進するために必要な決定を行う。この協定の締約国の会合としての役割を果たす締約国会議は、この協定により課された任務を遂行し、及び次のことを行う。

(a)　この協定の実施に必要と認められる補助機関を設置すること。

(b)　その他この協定の実施のために必要な任務を遂行すること。

5　締約国会議の手続規則及び条約の下で適用する財政手続は、この協定の締約国の会合としての役割を果たす締約国会議がコンセンサス方式により別段の決定を行う場合を除くほか、この協定の下で準用する。

6　この協定の締約国の会合としての役割を果たす締約国会議の第一回会合は、この協定の効力発生の日の後に予定されている締約国会議の最初の会合と併せて事務局が招集する。この協定の締約国の会合としての役割を果たす締約国会議のその後の通常会合は、この協定の締約国の会合としての役割を果たす締約国会議が別段の決定を行わない限り、締約国会議の通常会合と併せて開催する。

7　この協定の締約国の会合としての役割を果たす締約国会議の特別会合は、この協定の締約国の会合としての役割を果たす締約国会議が必要と認めるとき、又はいずれかの締約国から書面による要請のある場合において、事務局がその要請を締約国に通報した後六箇月以内に締約国の少なくとも三分の一がその要請を支持するときに開催する。

8　国際連合、その専門機関、国際原子力機関及びこれらの国際機関の加盟国又はオブザーバーであって条約の締約国でないものは、この協定の締約国の会合としての役割を果たす締約国会議の会合にオブザーバーとして出席することができる。この協定の対象とされている事項について認められた団体又は機関（国内若しくは国際の又は政府若しくは民間のもののいずれであるかを問わない。）であって、この協定の締約国の会合としての役割を果たす締約国会議の会合にオブザーバーとして出席することを希望する旨事務局に通報したものは、当該会合に出席する締約国の三分の一以上が反対しない限り、オブザーバーとして出席することを認められる。オブザーバーの出席については、5に規定する手続規則に従う。

第一七条【事務局】1　条約第八条の規定によって設置された事務局は、この協定の事務局としての役割を果たす。

2　事務局の任務に関する条約第八条2の規定及び事務局の任務の遂行のための措置に関する条約第八条3の規定は、この協定について準用する。さらに、事務局は、この協定に基づき及びこの協定の締約国の会合としての役割を果たす締約国会議によって課される任務を遂行する。

第一八条【科学上及び技術上の助言並びに実施に関する補助機関】1　条約第九条及び第一〇条の規定によって設置された科学上及び技術上の助言に関する補助機関並びに実施に関する補助機関は、それぞれこの協定の科学上及び技術上の助言に関する補助機関並びに実施に関する補助機関としての役割を果たす。これらの二の機関の任務の遂行に関する条約の規定は、この協定について準用する。この協定の科学上及び技術上の助言に関する補助機関並びに実施に関する補助機関の会合は、それぞれ条約の科学上及び技術上の助言に関する補助機関並びに実施に関する補助機関の会合と併せて開催する。

2　条約の締約国であってこの協定の締約国でないものは、補助機関の会合の審議にオブザーバーとして参加することができる。補助機関がこの協定の補助機関としての役割を果たす場合には、この協定に基づく決定は、この協定の締約国のみによって行われる。

3　条約第九条及び第一〇条の規定によって設置された補助機関がこの協定に関係する事項に関して任務を遂行する場合には、補助機関の議長団の構成員であってその時点でこの協定の締約国でない条約の締約国を代表するものは、この協定の締約国により及びこの協定の締約国の中から選出される追加的な構成員に交代する。

第一九条【補助機関及び制度的な措置】1　条約によって設置された補助機関又は設けられた他の制度的な措置であって、この協定に規定する補助機関又は他の制度的な措置以外のものは、この協定の締約国の会合としての役割を果たす締約国会議の決定に基づき、この協定のためにその役割を果たす。この協定の締約国の会合としての役割を果たす締約国会議は、当該補助機関又は措置によって遂行される任務を特定する。

2　この協定の締約国の会合としての役割を果たす締約国会議は、1に規定する補助機関又は制度的な措置に対し、追加的な指針を与えることができる。

第二〇条【署名及び批准、受諾、承認又は加入】1　この協定は、条約の締約国である国及び地域的な経済統合のための機関による署名のために開放されるものとし、批准され、受諾され、又は承認されなければならない。この協定は、二〇一六年四月二二日から二〇一七年四月二一日までニューヨークにある国際連合本部において、署名のために開放しておく。その後は、この協定は、この協定の署名のための期間の終了の日の翌日から加入のために開放しておく。批准書、受諾書、承認書又は加入書は、寄託者に寄託する。

2 この協定の締約国となる地域的な経済統合のための機関であってそのいずれの構成国も締約国となっていないものは、この協定に基づく全ての義務を負う。この協定の締約国である一又は二以上の構成国を有する地域的な経済統合のための機関がこの協定の締約国となる場合には、当該地域的な経済統合のための機関及びその構成国は、この協定に基づく義務の履行につきそれぞれの責任を決定する。この場合において、当該地域的な経済統合のための機関及びその構成国は、この協定に基づく権利を同時に行使することができない。

3 地域的な経済統合のための機関は、この協定の規律する事項に関するその権限の範囲をこの協定の批准書、受諾書、承認書又は加入書において宣言する。また、当該地域的な経済統合のための機関は、その権限の範囲の実質的な変更を寄託者に通報し、寄託者は、これを締約国に通報する。

第二一条【効力発生】1 この協定は、五五以上の条約の締約国であって、世界全体の温室効果ガスの総排出量のうち推計で少なくとも五五パーセントを占める温室効果ガスを排出するものが、批准書、受諾書、承認書又は加入書を寄託した日の後三〇日目の日に効力を生ずる。

2 専ら1の規定を適用する限りにおいて、「世界全体の温室効果ガスの総排出量」とは、条約の締約国がこの協定の採択の日以前の日に通報した最新の量をいう。

3 この協定は、1に規定する効力発生のための要件を満たした後にこれを批准し、受諾し、若しくは承認し、又はこれに加入する国又は地域的な経済統合のための機関については、当該国又は地域的な経済統合のための機関による批准書、受諾書、承認書又は加入書の寄託の日の後三〇日目の日に効力を生ずる。

4 地域的な経済統合のための機関によって寄託される文書は、1の規定の適用上、その構成国によって寄託されたものに追加して数えてはならない。

第二二条【この協定の改正】条約の改正の採択に関する条約第一五条の規定は、この協定について準用する。

第二三条【この協定の附属書の採択及び改正】1 条約の附属書の採択及び改正に関する条約第一六条の規定は、この協定について準用する。

2 この協定の附属書は、この協定の不可分の一部を成すものとし、「この協定」というときは、別段の明示の定めがない限り、附属書を含めていうものとする。附属書は、表、書式その他科学的、技術的、手続的又は事務的な性格を有する説明的な文書に限定される。

第二四条【紛争の解決】紛争の解決に関する条約第一四条の規定は、この協定について準用する。

第二五条【投票権】1 各締約国は、2に規定する場合を除くほか、一の票を有する。

2 地域的な経済統合のための機関は、その権限の範囲内の事項について、この協定の締約国であるその構成国の数と同数の票を投ずる権利を行使する。地域的な経済統合のための機関は、その構成国が自国の投票権を行使する場合には、投票権を行使してはならない。その逆の場合も、同様とする。

第二六条【寄託者】国際連合事務総長は、この協定の寄託者とする。

第二七条【留保】この協定には、いかなる留保も付することができない。

第二八条【脱退】1 締約国は、この協定が自国について効力を生じた日から三年を経過した後いつでも、寄託者に対して書面による脱退の通告を行うことにより、この協定から脱退することができる。

2 1に規定する脱退は、寄託者が脱退の通告を受領した日から一年を経過した日又はそれよりも遅い日であって脱退の通告において指定されている日に効力を生ずる。

3 条約から脱退する締約国は、この協定からも脱退したものとみなす。

第二九条【正文】アラビア語、中国語、英語、フランス語、ロシア語及びスペイン語をひとしく正文とするこの協定の原本は、国際連合事務総長に寄託する。

8 10 大気の保護に関する指針

採択 二〇二一年国連国際法委員会第七二回会期。同年国際連合総会第七六回会期決議七六／一一二によりテーク・ノート

前 文（略）

指針一（用語）本指針の適用上、

(a)「大気」とは、地球を取り囲む気体の層をいう。

(b)「大気の汚染」とは、人間が、直接又は間接に、重大かつ有害な影響を与える物質又はエネルギーを大気に対して導入し、又は放出することにより、人間の生命及び健康並びに地球の自然環境を危険に晒すような性質の起源を、発生国を越えて拡大させることをいう。

(c)「大気の劣化」とは、人間が、直接又は間接に、大気条件の変更をおこなうことにより、人間の生

命及び健康並びに地球の自然環境を危険に晒すような性質を持つ重大かつ有害な影響を与えることをいう。

指針二（適用範囲）1　本指針は、大気の汚染及び大気の劣化からの大気の保護に関するものである。

2　本指針は、汚染者負担原則、予防原則、及び共通に有しているが差異のある責任原則に関する問題を取り扱うものではなく、これらの原則に関する問題に影響を与えるものではない。

3　本指針のいずれも、その画定を含めて、国際法に基づく空域の地位や、宇宙空間に関する問題に影響を及ぼすものではない。

指針三（大気を保護する義務）国は、大気の汚染及び大気の劣化を防止し、削減し、又は管理するために、国際法の適用可能な規則に従い、適当な措置を取るにあたり、相当の注意を払うことによって、大気を保護する義務を負う。

指針四（環境影響評価）国は、自国の管轄又は管理の下で、大気に重大な悪影響を与えるおそれのある活動が提案された場合には、大気の汚染又は大気の劣化について、環境影響評価がおこなわれるよう確保する義務を負う。

指針五（大気の持続可能な利用）1　大気が同化能力に限界を有する天然資源であることを踏まえれば、その利用は、持続可能な方法でおこなわれるべきである。

2　大気の持続可能な利用は、経済発展を大気の保護に調和させる必要性を含む。

指針六（大気の衡平かつ合理的な利用）大気は、現在及び将来世代の利益を十分に考慮して、衡平かつ合理的な方法で利用されるべきである。

指針七（大気の意図的かつ大規模な改変）大気の意図的で大規模な改変を目的とする活動は、慎重さと注意深さをもってのみおこなわれるべきであり、環境影響評価に関するものを含めて、国際法の適用可能な規制に従うべきである。

指針八（国際協力）1　国は、大気の汚染及び大気の劣化から大気を保護するために、相互に及び関連する国際機関と適切に協力する義務を負う。

2　国は、大気の汚染及び大気の劣化の原因及び結果に関する科学的及び技術的な知見をさらに強化するために協力すべきである。協力は、情報交換及び共同監視を含む。

指針九（関連規則の相互関係）1　大気の保護に関する国際法の規則及び国際法の他の関連する規則、特に、国際貿易投資法、海洋法及び国際人権法の諸規則は、可能な限り、両立可能な義務の統合を図るために、調和と体系的統合性の原則に従い、かつ、抵触を避ける観点から、同定し、解釈し、及び適用されるべきである。これは、条約法に関するウィーン条約第三〇条及び第三一条3(c)を含む同条約規定の関連規則並びに慣習国際法の原則及び規則に従って行われるべきである。

2　国は、大気の保護に関する新たな国際法の規則及び他の国際法の関連規則を発展させる場合には、可能な限り、調和的な方法でこれを行うように努めるべきである。

3　1及び2の適用に当たっては、大気の汚染及び大気の劣化に特に脆弱な状況にある個人及び集団に特別の考慮を払うべきである。そのような集団は、特に、先住人民、後発開発途上国の人々、並びに海面上昇により影響を受ける低地沿岸地域及び島嶼の開発途上国の人々が含まれる。

指針一〇（実施）1　大気の汚染及び大気の劣化からの大気の保護に関する国際法に基づく義務の国内実施は、本指針に規定されているものを含め、立法、行政、司法その他の行為の形式を取ることができる。

2　国は、本指針に含まれる勧告の実現に努めるべきである。

指針一一（遵守）1　国は、自国が当事国となっている関連協定の規則及び手続を遵守することを含め、大気の汚染及び大気の劣化からの大気の保護に関する国際法上の義務に誠実に従う必要がある。

2　遵守を達成するために、関連協定に従って、促進手続又は執行手続を、適切な形で利用することができる。

(a)　促進手続は、不遵守の場合に、関係国が、その能力と特別の事情を考慮しつつ、国際法に基づく義務を遵守することを確保するために、透明性があり、非敵対的かつ非懲罰的な方法による当該国への支援の提供を含むことができる。

(b)　執行手続は、不遵守の警告の通告、関連協定に基づく権利及び特権の停止、並びにその他の執行措置を含むことができる。

指針一二（紛争解決）1　大気の汚染及び大気の劣化から生じる大気の保護に関する国家間の紛争は、平和的手段によって解決されるものとする。

2　そのような紛争は、事実に重点を置き、科学に依存する性質を有するものであり得ることから、科学上及び技術上の専門家の活用に適切な考慮が払われるべきである。

第3節 生物多様性・動植物保護

8 11 生物の多様性に関する条約(生物多様性条約)(抄)

署名 一九九二年六月五日(リオ・デ・ジャネイロ)
効力発生 一九九三年一二月二九日
日本国 一九九三年五月一四日国会承認、五月二八日受諾書寄託、一二月二一日公布(条約第九号)、一二月二九日効力発生

前 文

締約国は、

生物の多様性が有する内在的な価値並びに生物の多様性及びその構成要素が有する生態学上、遺伝上、社会上、経済上、科学上、教育上、文化上、レクリエーション上及び芸術上の価値を意識し、

生物の多様性が進化及び生物圏における生命保持の機構の維持のため重要であることを意識し、

生物の多様性の保全が人類の共通の関心事であることを確認し、

諸国が自国の生物資源について主権的権利を有することを再確認し、

諸国が、自国の生物の多様性の保全及び自国の生物資源の持続可能な利用について責任を有することを再確認し、

生物の多様性がある種の人間活動によって著しく減少していることを懸念し、

生物の多様性に関する情報及び知見が一般的に不足していること並びに適当な措置を計画し及び実施するための基本的な知識を与える科学的、技術的及び制度的能力を緊急に開発する必要があることを認識し、

生物の多様性の著しい減少又は喪失の根本原因を予想し、防止し及び取り除くことが不可欠であることに留意し、

生物の多様性の著しい減少又は喪失のおそれがある場合には、科学的な確実性が十分にないことをもって、そのようなおそれを回避し又は最小にするための措置をとることを延期する理由とすべきではないことに留意し、

更に、生物の多様性の保全のための基本的な要件は、生態系及び自然の生息地の生息域内保全並びに存続可能な種の個体群の自然の生息環境における維持及び回復であることに留意し、

更に、生息域外における措置も重要な役割を果たすこと及びこの措置は原産国においてとることが望ましいことに留意し、

伝統的な生活様式を有する多くの原住民の社会及び地域社会が生物資源に緊密にかつ伝統的に依存していること並びに生物の多様性の保全及びその構成要素の持続可能な利用に関して伝統的な知識、工夫及び慣行の利用がもたらす利益を衡平に配分することが望ましいことを認識し、

生物の多様性の保全及び持続可能な利用において女子が不可欠の役割を果たすことを認識し、また、生物の多様性の保全のための政策の決定及び実施のすべての段階における女子の完全な参加が必要であることを確認し、

生物の多様性の保全及びその構成要素の持続可能な利用のため、国家、政府間機関及び民間部門の間の国際的、地域的及び世界的な協力が重要であること並びにそのような協力の促進が必要であることを強調し、

新規のかつ追加的な資金の供与及び関連のある技術の取得の適当な機会の提供が生物の多様性の喪失に取り組むための世界の能力を実質的に高めることが期待できることを確認し、

更に、開発途上国のニーズに対応するため、新規のかつ追加的な資金の供与及び関連のある技術の取得の適当な機会の提供を含む特別な措置が必要であることを確認し、

この点に関して後発開発途上国及び島嶼(しょ)国の特別な事情に留意し、

生物の多様性を保全するため多額の投資が必要であること並びに当該投資から広範な環境上、経済上及び社会上の利益が期待されることを確認し、

経済及び社会の開発並びに貧困の撲滅が開発途上国にとって最優先の事項であることを認識し、

生物の多様性の保全及び持続可能な利用が食糧、保健その他増加する世界の人口の必要を満たすために決定的に重要であること、並びにこの目的のために遺伝資源及び技術の取得の機会の提供及びそれらの配分が不可欠であることを認識し、

生物の多様性の保全及び持続可能な利用が、究極的に、諸国間の友好関係を強化し、人類の平和に貢献することに留意し、

生物の多様性の保全及びその構成要素の持続可能な利用のための既存の国際的な制度を強化し及び補完することを希望し、

現在及び将来の世代のため生物の多様性を保全し及び持続可能であるように利用することを決意して、

次のとおり協定した。

第一条(目的) この条約は、生物の多様性の保全、その構成要素の持続可能な利用及び遺伝資源の利用から生ずる利益の公正かつ衡平な配分をこの条約の関係規定に従って実現することを目的とする。この目的は、特に、遺伝資源の取得の適当な機会の提供及び関連のある技術の適当な移転(これらの提供及び移転は、当該遺伝資源及び当該関連のある技術についてのすべての権利を考慮して行う。)並びに適当な資金供与の方法により達成する。

第二条(用語) この条約の適用上、

「生物の多様性」とは、すべての生物(陸上生態系、

海洋その他の水界生態系、これらが複合した生態系その他生息又は生育の場のいかんを問わない。）の間の変異性をいうものとし、種内の多様性、種間の多様性及び生態系の多様性を含む。

「生物資源」には、現に利用され若しくは将来利用されることがある又は人類にとって現実の若しくは潜在的な価値を有する遺伝資源、生物又はその部分、個体群その他生態系の生物的な構成要素を含む。

「バイオテクノロジー」とは、物又は方法を特定の用途のために作り出し又は改変するため、生物システム、生物又はその派生物を利用する応用技術をいう。

「遺伝資源の原産国」とは、生息域内状況において遺伝資源を有する国をいう。

「遺伝資源の提供国」とは、生息域内の供給源（野生種の個体群であるか飼育種又は栽培種の個体群であるかを問わない。）から採取された遺伝資源又は生息域外の供給源から取り出された遺伝資源（自国が原産国であるかないかを問わない。）を提供する国をいう。

「飼育種又は栽培種」とは、人がその必要を満たすため進化の過程に影響を与えた種をいう。

「生態系」とは、植物、動物及び微生物の群集とこれらを取り巻く非生物的な環境とが相互に作用して一の機能的な単位を成す動的な複合体をいう。

「生息域外保全」とは、生物の多様性の構成要素を自然の生息地の外において保全することをいう。

「遺伝素材」とは、遺伝の機能的な単位を有する植物、動物、微生物その他に由来する素材をいう。

「遺伝資源」とは、現実の又は潜在的な価値を有する遺伝素材をいう。

「生息地」とは、生物の個体若しくは個体群が自然に生息し若しくは生育している場所又はその類型をいう。

「生息域内状況」とは、遺伝資源が生態系及び自然の生息地において存在している状況をいい、飼育種又は栽培種については、当該飼育種又は栽培種が特有の性質を得た環境において存在している状況をいう。

「生息域内保全」とは、生態系及び自然の生息地を保全し、並びに存続可能な種の個体群を自然の生息環境において維持し及び回復することをいい、飼育種又は栽培種については、存続可能な種の個体群を当該飼育種又は栽培種が特有の性質を得た環境において維持し及び回復することをいう。

「保護地域」とは、保全のための特定の目的を達成するために指定され又は規制され及び管理されている地理的に特定された地域をいう。

「地域的な経済統合のための機関」とは、特定の地域の主権国家によって構成される機関であって、この条約が規律する事項に関しその加盟国から権限の委譲を受け、かつ、その内部手続に従ってこの条約の署名、批准、受諾若しくは承認又はこれへの加入の正当な委任を受けたものをいう。

「持続可能な利用」とは、生物の多様性の長期的な減少をもたらさない方法及び速度で生物の多様性の構成要素を利用し、もって、現在及び将来の世代の必要及び願望を満たすように生物の多様性の可能性を維持することをいう。

「技術」には、バイオテクノロジーを含む。

第三条（原則）諸国は、国際連合憲章及び国際法の諸原則に基づき、自国の資源をその環境政策に従って開発する主権的権利を有し、また、自国の管轄又は管理の下における活動が他国の環境又はいずれの国の管轄にも属さない区域の環境を害さないことを確保する責任を有する。

第四条（適用範囲）この条約が適用される区域は、この条約に別段の明文の規定がある場合を除くほか、他国の権利を害さないことを条件として、各締約国との関係において、次のとおりとする。

(a)　生物の多様性の構成要素については、自国の管轄の下にある区域

(b)　自国の管轄又は管理の下で行われる作用及び活動（それらの影響が生ずる場所のいかんを問わない。）については、自国の管轄の下にある区域及びいずれの国の管轄にも属さない区域

第五条（協力）締約国は、生物の多様性の保全及び持続可能な利用のため、可能な限り、かつ、適当な場合には、直接に又は適当なときは能力を有する国際機関を通じ、いずれの国の管轄にも属さない区域その他相互に関心を有する事項について他の締約国と協力する。

第六条（保全及び持続可能な利用のための一般的な措置）締約国は、その個々の状況及び能力に応じ、次のことを行う。

(a)　生物の多様性の保全及び持続可能な利用を目的とする国家的な戦略若しくは計画を作成し、又は当該目的のため、既存の戦略若しくは計画を調整し、特にこの条約に規定する措置で当該締約国に関連するものを考慮したものとなるようにすること。

(b)　生物の多様性の保全及び持続可能な利用について、可能な限り、かつ、適当な場合には、関連のある部門別の又は部門にまたがる計画及び政策にこれを組み入れること。

第七条（特定及び監視）締約国は、可能な限り、かつ、適当な場合には、特に次条から第一〇条までの規定を実施するため、次のことを行う。

(a)　附属書Ⅰに列記する区分を考慮して、生物の多様性の構成要素であって、生物の多様性の保全及び持続可能な利用のために重要なものを特定すること。

(b)　生物の多様性の構成要素であって、緊急な保全措置を必要とするもの及び持続可能な利用に最大の可能性を有するものに特別の考慮を払いつつ、

標本抽出その他の方法により、(a)の規定に従って特定される生物の多様性の構成要素を監視すること。

(c) 生物の多様性の保全及び持続可能な利用に著しい悪影響を及ぼし又は及ぼすおそれのある作用及び活動の種類を特定し並びに標本抽出その他の方法によりそれらの影響を監視すること。

(d) (a)から(c)までの規定による特定及び監視の活動から得られる情報を何らかの仕組みによって維持し及び整理すること。

第八条(生息域内保全) 締約国は、可能な限り、かつ、適当な場合には、次のことを行う。

(a) 保護地域又は生物の多様性を保全するために特別の措置をとる必要がある地域に関する制度を確立すること。

(b) 必要な場合には、保護地域又は生物の多様性を保全するために特別の措置をとる必要がある地域の選定、設定及び管理のための指針を作成すること。

(c) 生物の多様性の保全のために重要な生物資源の保全及び持続可能な利用を確保するため、保護地域の内外を問わず、当該生物資源について規制を行い又は管理すること。

(d) 生態系及び自然の生息地の保護並びに存続可能な種の個体群の自然の生息環境における維持を促進すること。

(e) 保護地域における保護を補強するため、保護地域に隣接する地域における開発が環境上適正かつ持続可能なものとなることを促進すること。

(f) 特に、計画その他管理のための戦略の作成及び実施を通じ、劣化した生態系を修復し及び復元し並びに脅威にさらされている種の回復を促進すること。

(g) バイオテクノロジーにより改変された生物であって環境上の悪影響(生物の多様性の保全及び持続可能な利用に対して及び得るもの)を与えるおそれのあるものの利用及び放出に係る危険について、人の健康に対する危険も考慮して、これを規制し、管理し又は制御するための手段を設定し又は維持すること。

(h) 生態系、生息地若しくは種を脅かす外来種の導入を防止し又はそのような外来種を制御し若しくは撲滅すること。

(i) 現在の利用が生物の多様性の保全及びその構成要素の持続可能な利用と両立するために必要な条件を整えるよう努力すること。

(j) 自国の国内法令に従い、生物の多様性の保全及び持続可能な利用に関連する伝統的な生活様式を有する原住民の社会及び地域社会(indigenous and local communities)の知識、工夫及び慣行を尊重し、保存し及び維持すること、そのような知識、工夫及び慣行を有する者の承認及び参加を得てそれらの一層広い適用を促進すること並びにそれらの利用がもたらす利益の衡平な配分を奨励すること。

(k) 脅威にさらされている種及び個体群を保護するために必要な法令その他の規制措置を定め又は維持すること。

(l) 前条の規定により生物の多様性に対し著しい悪影響があると認められる場合には、関係する作用及び活動の種類を規制し又は管理すること。

(m) (a)から(l)までに規定する生息域内保全のための財政的な支援その他の支援(特に開発途上国に対するもの)を行うことについて協力すること。

第九条(生息域外保全) 締約国は、可能な限り、かつ、適当な場合には、主として生息域内における措置を補完するため、次のことを行う。

(a) 生物の多様性の構成要素の生息域外保全のための措置をとること。この措置は、生物の多様性の構成要素の原産国においてとることが望ましい。

(b) 植物、動物及び微生物の生息域外保全及び研究のための施設を設置し及び維持すること。その設置及び維持は、遺伝資源の原産国において行うことが望ましい。

(c) 脅威にさらされている種を回復し及びその機能を修復するため並びに当該種を適当な条件の下で自然の生息地に再導入するための措置をとること。

(d) (c)の規定により生息域外における特別な暫定的措置が必要とされる場合を除くほか、生態系及び生息域内における種の個体群を脅かさないようにするため、生息域外保全を目的とする自然の生息地からの生物資源の採取を規制し及び管理すること。

(e) (a)から(d)までに規定する生息域外保全のための財政的な支援その他の支援を行うことについて並びに開発途上国における生息域外保全のための施設の設置及び維持について協力すること。

第一〇条(生物の多様性の構成要素の持続可能な利用) 締約国は、可能な限り、かつ、適当な場合には、次のことを行う。

(a) 生物資源の保全及び持続可能な利用についての考慮を自国の意思決定に組み入れること。

(b) 生物の多様性への悪影響を回避し又は最小にするため、生物資源の利用に関連する措置をとること。

(c) 保全又は持続可能な利用の要請と両立する伝統的な文化的慣行に沿った生物資源の利用慣行を保護し及び奨励すること。

(d) 生物の多様性が減少した地域の住民による修復のための作業の準備及び実施を支援すること。

(e) 生物資源の持続可能な利用のための方法の開発について、自国の政府機関と民間部門との間の協力を促進すること。

第一一条(奨励措置) 締約国は、可能な限り、かつ、適当な場合には、生物の多様性の構成要素の保全及び持続可能な利用を奨励することとなるような経済的及び社会的に健全な措置をとる。

第一二条（研究及び訓練） 締約国は、開発途上国の特別のニーズを考慮して、次のことを行う。

(a) 生物の多様性及びその構成要素の特定、保全及び持続可能な利用のための措置に関する科学的及び技術的な教育訓練事業のための計画を作成し及び維持すること並びに開発途上国の特定のニーズに対応するためこのような教育及び訓練を支援すること。

(b) 特に科学上及び技術上の助言に関する補助機関の勧告により締約国会議が行う決定に従い、特に開発途上国における生物の多様性の保全及び持続可能な利用に貢献する研究を促進し及び奨励すること。

(c) 第一六条、第一八条及び第二〇条の規定の趣旨に沿い、生物資源の保全及び持続可能な利用のための方法の開発について、生物の多様性の研究における科学の進歩の利用を促進し及びそのような利用について協力すること。

第一三条（公衆のための教育及び啓発） 締約国は、次のことを行う。

(a) 生物の多様性の保全の重要性及びその保全に必要な措置についての理解、各種の情報伝達手段によるその理解の普及並びにこのような題材の教育事業の計画への導入を促進し及び奨励すること。

(b) 適当な場合には、生物の多様性の保全及び持続可能な利用に関する教育啓発事業の計画の作成に当たり、他国及び国際機関と協力すること。

第一四条（影響の評価及び悪影響の最小化） 1　締約国は、可能な限り、かつ、適当な場合には、次のことを行う。

(a) 生物の多様性への著しい悪影響を回避し又は最小にするため、そのような影響を及ぼすおそれのある当該締約国の事業計画案に対する環境影響評価を定める適当な手続を導入し、かつ、適当な場合には、当該手続への公衆の参加を認めること。

(b) 生物の多様性に著しい悪影響を及ぼすおそれのある計画及び政策の環境への影響について十分な考慮が払われることを確保するため、適当な措置を導入すること。

(c) 適宜、二国間の、地域的な又は多数国間の取極を締結することについて、これを促進することにより、自国の管轄又は管理の下における活動であって、他国における又はいずれの国の管轄にも属さない区域における生物の多様性に著しい悪影響を及ぼすおそれのあるものに関し、相互主義の原則に基づき、通報、情報の交換及び協議を行うことを促進すること。

(d) 自国の管轄又は管理の下で生ずる急迫した又は重大な危険又は損害が他国の管轄の下にある区域又はいずれの国の管轄にも属さない区域における生物の多様性に及ぶ場合には、このような危険又は損害を受ける可能性のある国に直ちに通報すること及びこのような危険又は損害を防止し又は最小にするための行動を開始すること。

(e) 生物の多様性に重大なかつ急迫した危険を及ぼす活動又は事象（自然に発生したものであるかないかを問わない。）に対し緊急に対応するための国内的な措置を促進し及びそのような国内的な努力を補うための国際協力（適当であり、かつ、関連する国又は地域的な経済統合のための機関の同意が得られる場合には、共同の緊急時計画を作成するための国際協力を含む。）を促進すること。

2　締約国会議は、今後実施される研究を基礎として、生物の多様性の損害に対する責任及び救済（原状回復及び補償を含む。）についての問題を検討する。ただし、当該責任が純粋に国内問題である場合を除く。

第一五条（遺伝資源の取得の機会） 1　各国は、自国の天然資源に対して主権的権利を有するものと認められ、遺伝資源の取得の機会につき定める権限は、当該遺伝資源が存する国の政府に属し、その国の国内法令に従う。

2　締約国は、他の締約国が遺伝資源を環境上適正に利用するために取得することを容易にするような条件を整えるよう努力し、また、この条約の目的に反するような制限を課さないよう努力する。

3　この条約の適用上、締約国が提供する遺伝資源でこの条、次条及び第一九条に規定するものは、当該遺伝資源の原産国である締約国又はこの条約の規定に従って当該遺伝資源を獲得した締約国が提供するものに限る。

4　取得の機会を提供する場合には、相互に合意する条件で、かつ、この条の規定に従ってこれを提供する。

5　遺伝資源の取得の機会が与えられるためには、当該遺伝資源の提供国である締約国が別段の決定を行う場合を除くほか、事前の情報に基づく当該締約国の同意を必要とする。

6　締約国は、他の締約国が提供する遺伝資源を基礎とする科学的研究について、当該他の締約国の十分な参加を得て及び可能な場合には当該他の締約国において、これを準備し及び実施するよう努力する。

7　締約国は、遺伝資源の研究及び開発の成果並びに商業的利用その他の利用から生ずる利益を当該遺伝資源の提供国である締約国と公正かつ衡平に配分するため、次条及び第一九条の規定に従い、必要な場合には第二〇条及び第二一条の規定に基づいて設ける資金供与の制度を通じ、適宜、立法上、行政上又は政策上の措置をとる。その配分は、相互に合意する条件で行う。

第一六条（技術の取得の機会及び移転） 1　締約国は、

技術にはバイオテクノロジーを含むこと並びに締約国間の技術の取得の機会の提供及び移転がこの条約の目的を達成するための不可欠の要素であることを認識し、生物の多様性の保全及び持続可能な利用に関連のある技術又は環境に著しい損害を与えることなく遺伝資源を利用する技術について、他の締約国に対する取得の機会の提供及び移転をこの条の規定に従って行い又はより円滑なものにすることを約束する。

2　開発途上国に対する1の技術の取得の機会の提供及び移転については、公正で最も有利な条件(相互に合意する場合には、緩和されたかつ特恵的な条件を含む。)の下に、必要な場合には第二〇条及び第二一条の規定に基づいて設ける資金供与の制度に従って、これらを行い又はより円滑なものにする。特許権その他の知的所有権によって保護される技術の取得の機会の提供及び移転については、当該知的所有権の十分かつ有効な保護を承認し及びそのような保護と両立する条件で行う。この2の規定は、3から5までの規定と両立するように適用する。

3　締約国は、遺伝資源を利用する技術(特許権その他の知的所有権によって保護される技術を含む。)について、当該遺伝資源を提供する締約国(特に開発途上国)が、相互に合意する条件で、その取得の機会を与えられ及び移転を受けられるようにするため、必要な場合には第二〇条及び第二一条の規定の適用により、国際法に従い並びに4及び5の規定と両立するような形で、適宜、立法上、行政上又は政策上の措置をとる。

4　締約国は、開発途上国の政府機関及び民間部門の双方の利益のために自国の民間部門が1の技術の取得の機会の提供、共同開発及び移転をより円滑なものにするよう、適宜、立法上、行政上又は政策上の措置をとり、これに関し、1から3までに規定する義務を遵守する。

5　締約国は、特許権その他の知的所有権がこの条約の実施に影響を及ぼす可能性があることを認識し、そのような知的所有権がこの条約の目的を助長しかつこれに反しないことを確保するため、国内法令及び国際法に従って協力する。

第一七条(情報の交換)　1　締約国は、開発途上国の特別のニーズを考慮して、生物の多様性の保全及び持続可能な利用に関連する公に入手可能なすべての情報源からの情報の交換を円滑にする。

2　1に規定する情報の交換には、技術的、科学的及び社会経済的な研究の成果の交換を含むものとし、また、訓練計画、調査計画、専門知識、原住民が有する知識及び伝統的な知識に関する情報並びに前条1の技術と結び付いたこれらの情報の交換を含む。また、実行可能な場合には、情報の還元も含む。

第一八条(技術上及び科学上の協力)　1　締約国は、必要な場合には適当な国際機関及び国内の機関を通じ、生物の多様性の保全及び持続可能な利用の分野における国際的な技術上及び科学上の協力を促進する。

2　締約国は、この条約の実施に当たり、特に自国の政策の立案及び実施を通じ、他の締約国(特に開発途上国)との技術上及び科学上の協力を促進する。この協力の促進に当たっては、人的資源の開発及び組織の整備という手段によって、各国の能力を開発し及び強化することに特別の考慮を払うべきである。

3　締約国会議は、その第一回会合において、技術上及び科学上の協力を促進し及び円滑にするために情報の交換の仕組みを確立する方法について決定する。

4　締約国は、この条約の目的を達成するため、自国の法令及び政策に従い、技術(原住民が有する技術及び伝統的な技術を含む。)の開発及び利用についての協力の方法を開発し並びにそのような協力を奨励する。このため、締約国は、また、人材の養成及び専門家の交流についての協力を促進する。

5　締約国は、相互の合意を条件として、この条約の目的に関連のある技術の開発のための共同研究計画の作成及び合弁事業の設立を促進する。

第一九条(バイオテクノロジーの取扱い及び利益の配分)　1　締約国は、バイオテクノロジーの研究のために遺伝資源を提供する締約国(特に開発途上国)の当該研究の活動への効果的な参加(実行可能な場合には当該遺伝資源を提供する締約国における参加)を促進するため、適宜、立法上、行政上又は政策上の措置をとる。

2　締約国は、他の締約国(特に開発途上国)が提供する遺伝資源を基礎とするバイオテクノロジーから生ずる成果及び利益について、当該他の締約国が公正かつ衡平な条件で優先的に取得する機会を与えられることを促進し及び推進するため、あらゆる実行可能な措置をとる。その取得の機会は、相互に合意する条件で与えられる。

3　締約国は、バイオテクノロジーにより改変された生物であって、生物の多様性の保全及び持続可能な利用に悪影響を及ぼす可能性のあるものについて、その安全な移送、取扱い及び利用の分野における適当な手続(特に事前の情報に基づく合意についての規定を含むもの)を定める議定書の必要性及び態様について検討する。

4　締約国は、3に規定する生物の取扱いについての自国の規則(利用及び安全に係るもの)並びに当該生物が及ぼす可能性のある悪影響に関する入手可能な情報を当該生物が導入される締約国に提供する。その提供は、直接に又は自国の管轄の下にある自然人若しくは法人で当該生物を提供するものに要求することにより、行う。

第二〇条(資金)　1　締約国は、その能力に応じ、自国の計画及び優先度に従い、この条約の目的を達成するための各国の活動に関して財政的に支援し及び奨励することを約束する。

2　先進締約国は、開発途上締約国が、この条約に基づく義務を履行するための措置の実施に要するすべての合意された増加費用を負担すること及びこの条約の適用から利益を得ることを可能にするため、新規のかつ追加的な資金を供与する。その増加費用は、締約国会議が立案する政策、戦略、計画の優先度、適格性の基準及び増加費用の一覧表に従い、開発途上締約国と次条に規定する制度的組織との間で合意される。先進締約国以外の締約国（市場経済への移行の過程にある国を含む。）は、先進締約国の義務を任意に負うことができる。この条の規定の適用のため、締約国会議は、その第一回会合において、先進締約国及び先進締約国の義務を任意に負うその他の締約国の一覧表を作成する。締約国会議は、定期的に当該一覧表を検討し、必要に応じて改正する。その他の国及び資金源からの任意の拠出も勧奨される。これらの約束は、資金の妥当性、予測可能性及び即応性が必要であること並びに当該一覧表に掲げる拠出締約国の間の責任分担が重要であることを考慮して履行する。

3　先進締約国は、また、二国間の及び地域的その他の多数国間の経路を通じて、この条約の実施に関連する資金を供与することができるものとし、開発途上締約国は、これを利用することができる。

4　開発途上締約国によるこの条約に基づく約束の効果的な履行の程度は、先進締約国によるこの条約に基づく資金及び技術の移転に関する約束の効果的な履行に依存しており、経済及び社会の開発並びに貧困の撲滅が開発途上締約国にとって最優先の事項であるという事実が十分に考慮される。

5　締約国は、資金供与及び技術の移転に関する行動をとるに当たり、後発開発途上国の特定のニーズ及び特別な状況を十分に考慮に入れる。

6　締約国は、開発途上締約国（特に島嶼国）における生物の多様性への依存並びに生物の多様性の分布及び所在から生ずる特別な事情も考慮に入れる。

7　開発途上国（特に、環境上最も害を受けやすいもの、例えば、乾燥地帯、半乾燥地帯、沿岸地域及び山岳地域を有するもの）の特別な状況も考慮に入れる。

第二一条（資金供与の制度） 1　この条約の目的のため、贈与又は緩和された条件により開発途上締約国に資金を供与するための制度を設けるものとし、その制度の基本的な事項は、この条に定める。この条約の目的のため、当該制度は、締約国会議の管理及び指導の下に機能し、締約国会議に対して責任を負う。当該制度は、締約国会議がその第一回会合において決定する制度的組織によって運営する。この条約の目的のため、締約国会議は、第一文の資金の利用（その機会の提供を含む。）についての政策、戦略、計画の優先度及び適格性の基準を決定する。拠出については、締約国会議が定期的に決定する必要な資金の額に基づき、前条に規定する資金の予測可能性、妥当性及び即応性が必要であること並びに同条2に規定する一覧表に掲げる拠出締約国の間の責任分担が重要であることを考慮に入れる。先進締約国その他の国及び資金源から任意の拠出を行うこともできる。当該制度は、民主的で透明な管理の仕組みの下で運営する。

2　締約国会議は、この条約の目的を達成するため、その第一回会合において、資金の利用（その機会の提供を含む。）についての政策、戦略及び計画の優先度並びに適格性の詳細な基準及び指針に関する決定（資金の利用を定期的に監視し及び評価することについてのものを含む。）を行う。締約国会議は、資金供与の制度の運営を委託された制度的組織との協議の後、1の規定を実施するための取決めを決定する。

3　締約国会議は、この条約の効力発生の日から少なくとも二年を経過した日及びその後は定期的に、この条の規定に基づいて設けられる制度の有効性（2の基準及び指針の有効性を含む。）について検討するものとし、その検討に基づき、必要に応じ、当該制度の有効性を高めるために適当な措置をとる。

4　締約国は、生物の多様性の保全及び持続可能な利用のための資金を供与するため、既存の資金供与の制度を強化することについて検討する。

第二二条（他の国際条約との関係） 1　この条約の規定は、現行の国際協定に基づく締約国の権利及び義務に影響を及ぼすものではない。ただし、当該締約国の権利の行使及び義務の履行が生物の多様性に重大な損害又は脅威を与える場合は、この限りでない。

2　締約国は、海洋環境に関しては、海洋法に基づく国家の権利及び義務に適合するようこの条約を実施する。

第二三条（締約国会議） 1　この条約により締約国会議を設置する。締約国会議の第一回会合は、国際連合環境計画事務局長がこの条約の効力発生の後一年以内に招集する。その後は、締約国会議の通常会合は、第一回会合において決定する一定の間隔で開催する。

2　締約国会議の特別会合は、締約国会議が必要と認めるとき又はいずれかの締約国から書面による要請のある場合において事務局がその要請を締約国に通報した後六箇月以内に締約国の少なくとも三分の一がその要請を支持するときに開催する。

3　締約国会議は、締約国会議及び締約国会議が設置する補助機関の手続規則並びに事務局の予算を規律する財政規則をコンセンサス方式により合意し及び採択する。締約国会議は、通常会合において、次の通常会合までの会計期間の予算を採択する。

4　締約国会議は、この条約の実施状況を常時検討し、このため、次のことを行う。

(a)　第二六条の規定に従って提出される情報の送付のための形式及び間隔を決定すること並びにそのような情報及び補助機関により提出される報告を

検討すること。

(b) 第二五条の規定に従って提供される生物の多様性に関する科学上及び技術上の助言を検討すること。

(c) 必要に応じ、第二八条の規定に基づいて議定書を検討し及び採択すること。

(d) 必要に応じ、第二九条及び第三〇条の規定に基づいてこの条約及びその附属書の改正を検討し及び採択すること。

(e) 議定書及びその附属書の改正を検討すること並びに改正が決定された場合には、当該議定書の締約国に対し当該改正を採択するよう勧告すること。

(f) 必要に応じ、第三〇条の規定に基づいてこの条約の追加附属書を検討し及び採択すること。

(g) 特に科学上及び技術上の助言を行うため、この条約の実施に必要と認められる補助機関を設置すること。

(h) この条約が対象とする事項を扱っている他の条約の執行機関との間の協力の適切な形態を設定するため、事務局を通じ、当該執行機関と連絡をとること。

(i) この条約の実施から得られる経験に照らして、この条約の目的の達成のために必要な追加的行動を検討し及びとること。

5 国際連合、その専門機関及び国際原子力機関並びにこの条約の締約国でない国は、締約国会議の会合にオブザーバーとして出席することができる。生物の多様性の保全及び持続可能な利用に関連のある分野において認められた団体又は機関（政府又は民間のもののいずれであるかを問わない。）であって、締約国会議の会合にオブザーバーとして出席することを希望する旨事務局に通報したものは、当該会合に出席する締約国の三分の一以上が反対しない限り、オブザーバーとして出席することを認められる。オブザーバーの出席については、締約国会議が採択する手続規則に従う。

第二四条（事務局） 1 この条約により事務局を設置する。事務局は、次の任務を遂行する。

(a) 前条に規定する締約国会議の会合を準備し及びその会合のための役務を提供すること。

(b) 議定書により課された任務を遂行すること。

(c) この条約に基づく任務の遂行に関する報告書を作成し及びその報告書を締約国会議に提出すること。

(d) 他の関係国際機関との調整を行うこと。特に、その任務の効果的な遂行のために必要な事務的な及び契約上の取決めを行うこと。

(e) その他締約国会議が決定する任務を遂行すること。

2 締約国会議は、その第一回通常会合において、この条約に基づく事務局の任務を遂行する意思を表明した能力を有する国際機関の中から事務局を指定する。

第二五条（科学上及び技術上の助言に関する補助機関）（略）

第二六条（報告） 締約国は、締約国会議が決定する一定の間隔で、この条約を実施するためにとった措置及びこの条約の目的を達成する上での当該措置の効果に関する報告書を締約国会議に提出する。

第二七条（紛争の解決） 1 この条約の解釈又は適用に関して締約国間で紛争が生じた場合には、紛争当事国は、交渉により紛争の解決に努める。

2 紛争当事国は、交渉により合意に達することができなかった場合には、第三者によるあっせん又は仲介を共同して求めることができる。

3 いずれの国又は地域的な経済統合のための機関も、1又は2の規定により解決することができなかった紛争について、次の紛争解決手段の一方又は双方を義務的なものとして受け入れることをこの条約の批准、受諾若しくは承認若しくはこれへの加入の際に又はその後いつでも、寄託者に対し書面により宣言することができる。

(a) 附属書II第一部に規定する手続による仲裁

(b) 国際司法裁判所への紛争の付託

4 紛争は、紛争当事国が3の規定に従って同一の紛争解決手段を受け入れている場合を除くほか、当該紛争当事国が別段の合意をしない限り、附属書II第二部の規定により調停に付する。

5 この条の規定は、別段の定めがある議定書を除くほか、すべての議定書について準用する。

第二八条（議定書の採択） 1 締約国は、この条約の議定書の作成及び採択について協力する。

2 議定書は、締約国会議の会合において採択する。

3 議定書案は、2の会合の少なくとも六箇月前に事務局が締約国に通報する。

第二九条（この条約及び議定書の改正）
第三〇条（附属書の採択及び改正）
第三一条（投票権）
（略）

第三二条（この条約と議定書との関係） 1 いずれの国又は地域的な経済統合のための機関も、この条約の締約国である場合又は同時にこの条約の締約国となる場合を除くほか、議定書の締約国となることができない。

2 議定書に基づく決定は、当該議定書の締約国のみが行う。当該議定書の批准、受諾又は承認を行わなかったこの条約の締約国は、当該議定書の締約国の会合にオブザーバーとして参加することができる。

第三三条（署名）
第三四条（批准、受諾又は承認）
第三五条（加入）
（略）

第三六条（効力発生） 1 この条約は、三〇番目の批准書、受諾書、承認書又は加入書の寄託の日の後九〇日目の日に効力を生ずる。

2 議定書は、当該議定書に規定する数の批准書、受諾書、承認書又は加入書が寄託された日の後九〇日目の日に効力を生ずる。

3 この条約は、三〇番目の批准書、受諾書、承認書又は加入書の寄託の後にこれを批准し、受諾し若しくは承認し又はこれに加入する締約国については、当該締約国による批准書、受諾書、承認書又は加入書の寄託の日の後九〇日目の日に効力を生ずる。

4　議定書は、当該議定書に別段の定めがある場合を除くほか、2の規定に基づいて効力が生じた後にこれを批准し、受諾し若しくは承認し又はこれに加入する締約国については、当該締約国が批准書、受諾書、承認書又は加入書を寄託した日の後九〇日目の日又はこの条約が当該締約国について効力を生ずる日のいずれか遅い日に効力を生ずる。

5　地域的な経済統合のための機関によって寄託される文書は、1及び2の規定の適用上、当該機関の構成国によって寄託されたものに追加して数えてはならない。

第三七条（留保） この条約には、いかなる留保も付することができない。

第三八条（脱退）
第三九条（資金供与に関する暫定的措置）
第四〇条（事務局に関する暫定的措置）
第四一条（寄託者）
第四二条（正文）
（略）

附属書Ⅰ　特定及び監視

1　生態系及び生息地
高い多様性を有するもの、固有の若しくは脅威にさらされた種を多く有するもの又は原生地域を有するもの
移動性の種が必要とするもの
社会的、経済的、文化的又は科学的に重要であるもの
代表的であるもの、特異なもの又は重要な進化上その他生物学上の過程に関係しているもの

2　種及び群集
脅威にさらされているもの
飼育種又は栽培種と近縁の野生のもの
医学上、農業上その他経済上の価値を有するもの
社会的、科学的又は文化的に重要であるもの
指標種のように生物の多様性の保全及び持続可能な利用に関する研究のために重要であるもの

3　社会的、科学的又は経済的に重要であり、かつ、記載がされたゲノム及び遺伝子

附属書Ⅱ

第一部　仲裁
第二部　調停
（略）

8
12　生物の多様性に関する条約のバイオセーフティに関するカルタヘナ議定書（カルタヘナ議定書）（抄）

採択　二〇〇〇年一月二九日
効力発生　二〇〇三年九月一一日
日本国　二〇〇三年五月二一日国会承認、二〇〇三年一一月二一日加入書寄託（条約第七号）、二〇〇四年二月一九日効力発生

前　文（略）

第一条（目的） この議定書は、環境及び開発に関するリオ宣言の原則15に規定する予防的な取組方法に従い、特に国境を越える移動に焦点を合わせて、現代のバイオテクノロジーにより改変された生物であって生物の多様性の保全及び持続可能な利用に悪影響（人の健康に対する危険も考慮したもの）を及ぼす可能性のあるものの安全な移送、取扱い及び利用の分野において十分な水準の保護を確保することに寄与することを目的とする。

第二条（一般規定） 1　締約国は、この議定書に基づく義務を履行するため、必要かつ適当な法律上の措置、行政上の措置その他の措置をとる。

2　締約国は、人の健康に対する危険も考慮して、改変された生物の作成、取扱い、輸送、利用、移送及び放出が生物の多様性に対する危険を防止し又は減少させる方法で行われることを確保する。

3　この議定書のいかなる規定も、国際法に従って確立している領海に対する国の主権、国際法に従い排他的経済水域及び大陸棚において国が有する主権的権利及び管轄権並びに国際法に定められ及び関連する国際文書に反映されている航行上の権利及び自由をすべての国の船舶及び航空機が行使することに何ら影響を及ぼすものではない。

4　この議定書のいかなる規定も、締約国が生物の多様性の保全及び持続可能な利用につきこの議定書に定める措置に比し一層の保護を与える措置をとる権利を制限するものと解してはならない。ただし、そのような措置がこの議定書の目的及び規定に適合し、かつ、国際法に基づく当該締約国の他の義務に従うものであることを条件とする。

5　締約国は、専門知識、文書及び人の健康に対する危険の分野において権限を有する国際的な場で行われる作業であって利用可能なものを適宜考慮することを奨励される。

第三条（用語） この議定書の適用上、
(a)「締約国会議」とは、条約の締約国会議をいう。
(b)「拡散防止措置の下での利用」とは、施設、設備その他の物理的な構造物の中で行われる操作であって、外部の環境との接触及び外部の環境に対する影響を効果的に制限する特定の措置によって

制御されている改変された生物に係るものをいう。

(c) 「輸出」とは、一の締約国から他の締約国への意図的な国境を越える移動をいう。

(d) 「輸出者」とは、改変された生物の輸出を行う法人又は自然人であって輸出締約国の管轄の下にあるものをいう。

(e) 「輸入」とは、一の締約国への他の締約国からの意図的な国境を越える移動をいう。

(f) 「輸入者」とは、改変された生物の輸入を行う法人又は自然人であって輸入締約国の管轄の下にあるものをいう。

(g) 「改変された生物」とは、現代のバイオテクノロジーの利用によって得られる遺伝素材の新たな組合せを有する生物をいう。

(h) 「生物」とは、遺伝素材を移転し又は複製する能力を有するあらゆる生物学上の存在(不稔《ねん》性の生物、ウイルス及びウイロイドを含む。)をいう。

(i) 「現代のバイオテクノロジー」とは、自然界における生理学上の生殖又は組換えの障壁を克服する技術であって伝統的な育種及び選抜において用いられない次のものを適用することをいう。

a 生体外における核酸加工の技術(組換えデオキシリボ核酸(組換えDNA)の技術及び細胞又は細胞小器官に核酸を直接注入することを含む。)

b 異なる分類学上の科に属する生物の細胞の融合

(j) 「地域的な経済統合のための機関」とは、特定の地域の主権国家によって構成される機関であって、この議定書が規律する事項に関しその加盟国から権限の委譲を受け、かつ、その内部手続に従いこの議定書の署名、批准、受諾若しくは承認又はこれへの加入について正当な委任を受けたものをいう。

(k) 「国境を越える移動」とは、第一七条及び第二四条の規定の適用上締約国と非締約国との間の移動について適用される場合を除くほか、改変された生物の一の締約国から他の締約国への移動をいう。

第四条(適用範囲) この議定書は、生物の多様性の保全及び持続可能な利用に悪影響(人の健康に対する危険も考慮したもの)を及ぼす可能性のあるすべての改変された生物の国境を越える移動、通過、取扱い及び利用について適用する。

第五条(医薬品)
第六条(通過及び拡散防止措置の下での利用) (略)

第七条(事前の情報に基づく合意の手続の適用) 1 次条から第一〇条まで及び第一二条に定める事前の情報に基づく合意の手続は、第五条及び前条の規定に従うことを条件として、輸入締約国の環境への意図的な導入を目的とする改変された生物の最初の意図的な国境を越える移動に先立って適用する。

2 1にいう「環境への意図的な導入」は、食料若しくは飼料として直接利用し又は加工することを目的とする改変された生物についていうものではない。

3 食料若しくは飼料として直接利用し又は加工することを目的とする改変された生物については、その最初の国境を越える移動に先立って、第一一条の規定を適用する。

4 事前の情報に基づく合意の手続は、この議定書の締約国の会合としての役割を果たす締約国会議の決定により、生物の多様性の保全及び持続可能な利用に悪影響(人の健康に対する危険も考慮したもの)を及ぼすおそれがないものとして特定された改変された生物の意図的な国境を越える移動については、適用しない。

第八条(通告) 1 輸出締約国は、前条1の規定の対象となる改変された生物の意図的な国境を越える移動に先立ち、輸入締約国の権限のある当局に対して書面により当該移動について通告し、又は輸出者がその通告を確実に行うよう義務付ける。その通告には、少なくとも附属書Ⅰに定める情報を含める。

2 輸出締約国は、輸出者の提供する情報を正確なものとするための法的要件を設けることを確保する。

第九条(通告の受領の確認) 1 輸入締約国は、通告を受領してから九〇日以内に、当該通告をした者に対して書面により当該通告の受領を確認する。

2 1に規定する確認には、次の事項を記載する。

(a) 通告の受領の日

(b) 通告が前条に規定する情報を一応含むものであるか否か。

(c) 輸入締約国の国内規制の枠組み又は次条に定める手続のいずれに従って処理するか。

3 2(c)の国内規制の枠組みは、この議定書に適合するものでなければならない。

4 輸入締約国が通告の受領を確認しないことは、当該輸入締約国が意図的な国境を越える移動について同意することを意味するものではない。

第一〇条(決定手続) 1 輸入締約国による決定は、第一五条の規定に従って行う。

2 輸入締約国は、前条に定める期間内に、通告をした者に対して次のいずれかのことを書面により通報する。

(a) 自国が書面による同意を与えた後においてのみ、意図的な国境を越える移動を行うことができること。

(b) 少なくとも九〇日を経過した後、その後の書面による同意なしに意図的な国境を越える移動を行うことができること。

3 輸入締約国は、2(a)の通報を行ったときは、通告の受領の日から二七〇日以内に、次のいずれかの決定につき、通告をした者及びバイオセーフティに関する情報交換センターに対して書面により通報する。

(a) 条件付又は無条件で輸入を承認すること(この決定が同一の改変された生物の二回目以降の輸入についてどのように適用されるかということを含

む。）。

(b)　輸入を禁止すること。

(c)　自国の国内規制の枠組み又は附属書Ⅰの規定に基づいて追加的な関連情報を要請すること。この場合において、輸入締約国が回答すべき期限の計算に当たっては、当該輸入締約国が追加的な関連情報を待たなければならない日数は、算入しない。

(d)　通告をした者に対しこの3に定める期限を特定の期間延長することを通報すること。

4　3に規定する決定には、無条件の同意である場合を除くほか、その決定の理由を明示する。

5　輸入締約国が通告の受領の日から二七〇日以内にその決定を通報しないことは、当該輸入締約国が意図的な国境を越える移動について同意することを意味するものではない。

6　改変された生物が輸入締約国における生物の多様性の保全及び持続可能な利用に及ぼす可能性のある悪影響（人の健康に対する危険も考慮したもの）の程度に関し、関連する科学的な情報及び知識が不十分であるために科学的な確実性のないことは、当該輸入締約国がそのような悪影響を回避し又は最小にするため、適当な場合には、当該改変された生物の輸入について3に規定する決定を行うことを妨げるものではない。

7　この議定書の締約国の会合としての役割を果たす締約国会議は、その第一回会合において、輸入締約国の意思決定を容易にするための適当な手続及び制度について決定する。

第一一条（食料若しくは飼料として直接利用し又は加工することを目的とする改変された生物のための手続）
第一二条（決定の再検討）
第一三条（簡易な手続）
第一四条（二国間の、地域的な及び多数国間の協定及び取決め）
（略）

第一五条（危険性の評価）
第一六条（危険の管理）
第一七条（意図的でない国境を越える移動及び緊急措置）
（略）

第一八条（取扱い、輸送、包装及び表示） 1　締約国は、生物の多様性の保全及び持続可能な利用に及ぼす悪影響（人の健康に対する危険も考慮したもの）を回避するため、関連する国際的な規則及び基準を考慮して、意図的な国境を越える移動の対象となる改変された生物であってこの議定書の対象とされるものが安全な状況の下で取り扱われ、包装され及び輸送されることを義務付けるために必要な措置をとる。

2　締約国は、次のことを義務付ける措置をとる。

(a)　食料若しくは飼料として直接利用し又は加工することを目的とする改変された生物に添付する文書において、改変された生物を「含む可能性がある」こと及び環境への意図的な導入を目的とするものではないこと並びに追加的な情報のための連絡先を明確に表示すること。このため、この議定書の締約国の会合としての役割を果たす締約国会議は、この議定書の効力発生の日から二年以内に、これらの改変された生物の識別についての情報及び統一された識別記号を明記することを含む表示に関する詳細な要件について決定する。

(b)　拡散防止措置の下での利用を目的とする改変された生物に添付する文書において、これらが改変された生物であることを明確に表示し、並びに安全な取扱い、保管、輸送及び利用に関する要件並びに追加的な情報のための連絡先（これらの改変された生物の仕向先である個人又は団体の氏名又は名称及び住所を含む。）を明記すること。

(c)　輸入締約国の環境への意図的な導入を目的とする改変された生物及びこの議定書の対象とされるその他の改変された生物に添付する文書において、これらが改変された生物であることを明確に表示し、並びにその識別についての情報及び関連する形質又は特性、安全な取扱い、保管、輸送及び利用に関する要件、追加的な情報のための連絡先並びに適当な場合には輸入者及び輸出者の氏名又は名称及び住所を明記し、また、当該文書にこれらの改変された生物の移動が輸出者に適用されるこの議定書の規定に従って行われるものである旨の宣言を含めること。

3　この議定書の締約国の会合としての役割を果たす締約国会議は、他の関連する国際機関と協議して、表示、取扱い、包装及び輸送の方法に関する基準を作成する必要性及び態様について検討する。

第一九条（国内の権限のある当局及び中央連絡先）
第二〇条（情報の共有及びバイオセーフティに関する情報交換センター）
第二一条（秘密の情報）
第二二条（能力の開発）
第二三条（公衆の啓発及び参加）
第二四条（非締約国）
（略）

第二五条（不法な国境を越える移動） 1　締約国は、この議定書を実施するための自国の国内措置に違反して行われる改変された生物の国境を越える移動を防止し及び適当な場合には処罰するための適当な国内措置をとる。そのような移動は、不法な国境を越える移動とする。

2　不法な国境を越える移動があった場合には、その影響を受けた締約国は、当該移動が開始された締約国に対し、当該改変された生物を当該移動が開始された締約国の負担で適宜送り返し又は死滅させることによって処分することを要請することができる。

3　締約国は、自国についての不法な国境を越える移動の事例に関する情報をバイオセーフティに関する情報交換センターに対して利用可能にする。

第二六条（社会経済上の配慮）（略）

第二七条（責任及び救済） この議定書の締約国の会合と

しての役割を果たす締約国会議は、その第一回会合において、改変された生物の国境を越える移動から生ずる損害についての責任及び救済の分野における国際的な規則及び手続を適宜作成することに関する方法を、これらの事項につき国際法の分野において進められている作業を分析し及び十分に考慮しつつ採択し、並びにそのような方法に基づく作業を四年以内に完了するよう努める。

第二八条(資金供与の制度及び資金)
第二九条(この議定書の締約国の会合としての役割を果たす締約国会議)
第三〇条(補助機関)
第三一条(事務局)
第三二条(条約との関係)
第三三条(監視及び報告)
第三四条(遵守)
第三五条(評価及び再検討)
第三六条(署名)
第三七条(効力発生)
第三八条(留保)
第三九条(脱退)
第四〇条(正文)
(略)

附属書I〜III(略)

8 13 生物の多様性に関する条約の遺伝資源の取得の機会及びその利用から生ずる利益の公正かつ衡平な配分に関する名古屋議定書(名古屋議定書)(抄)

作成 二〇一〇年一〇月二九日(名古屋)
効力発生 二〇一四年一〇月一二日
日本国 二〇一一年五月一一日署名、二〇一七年五月一〇日国会承認、五月二二日受諾書寄託、八月二〇日効力発生、八月二四日公布(条約一〇号)

この議定書の締約国は、

生物の多様性に関する条約(以下「条約」という。)の締約国として、

遺伝資源の利用から生ずる利益の公正かつ衡平な配分が条約の三つの中核的な目的の一つであることを想起し、及びこの議定書が条約の枠組みにおけるこの目的の実現を追求することを認識し、

諸国が自国の天然資源に対して及び条約に基づいて有する主権的権利を再確認し、

さらに、条約第一五条の規定を想起し、

(中略)

世界保健機関の国際保健規則(二〇〇五年)並びに公衆衛生に係る準備及び対応のために人の病原体の取得の機会を確保することの重要性に留意し、

取得の機会及び利益の配分に関連する他の国際的な場において進められている作業を認め、

食料及び農業のための植物遺伝資源に関する国際条約の下で設立された取得の機会及び利益の配分に関する多数国間の制度が条約と調和する方法によって設けられたことを想起し、

取得の機会及び利益の配分に関する国際文書が条約の目的を達成するために相互に補完的であるべきことを認識し、

(中略)

次のとおり協定した。

第一条(目的) この議定書は、遺伝資源の利用から生ずる利益を公正かつ衡平に配分し(遺伝資源及び関連のある技術についての全ての権利を考慮に入れた上での当該遺伝資源の取得の適当な機会及び当該関連のある技術の適当な移転並びに適当な資金供与によって配分することを含む。)、これによって生物の多様性の保全及びその構成要素の持続可能な利用に貢献することを目的とする。

第二条(用語) 条約第二条に定義する用語は、この議定書に適用する。さらに、この議定書の適用上、

(a)「締約国会議」とは、条約の締約国会議をいう。

(b)「条約」とは、生物の多様性に関する条約をいう。

(c)「遺伝資源の利用」とは、遺伝資源の遺伝的又は生化学的な構成に関する研究及び開発(条約第二条に定義するバイオテクノロジーを用いるものを含む。)を行うことをいう。

(d)条約第二条に定義する「バイオテクノロジー」とは、物又は方法を特定の用途のために作り出し、又は改変するため、生物システム、生物又はその派生物を利用する応用技術をいう。

(e)「派生物」とは、天然に存在する生化学的化合物であって、生物資源又は遺伝資源の遺伝的な発現又は代謝の結果として生ずるもの(遺伝の機能的な単位を有していないものを含む。)をいう。

第三条(適用範囲) この議定書は、条約第一五条の規定の範囲内の遺伝資源及びその利用から生ずる利益について適用する。この議定書は、遺伝資源に関連する伝統的な知識であって条約の範囲内のもの及び当該伝統的な知識の利用から生ずる利益についても適用する。

第四条（国際協定及び国際文書との関係）1　この議定書は、現行の国際協定に基づく締約国の権利及び義務に影響を及ぼすものではない。ただし、当該締約国の権利の行使及び義務の履行が生物の多様性に重大な損害又は脅威を与える場合は、この限りでない。この1の規定は、この議定書と他の国際文書との間に序列を設けることを意図するものではない。

2　この議定書のいかなる規定も、締約国が他の関連する国際協定（取得の機会及び利益の配分に関する他の専門的な協定を含む。）を作成し、及び実施することを妨げるものではない。ただし、当該国際協定が条約及びこの議定書の目的を助長し、かつ、これらに反しない場合に限る。

3　この議定書は、この議定書に関連する他の国際文書と相互に補完的な方法で実施する。当該国際文書及び関連する国際機関の下での有用なかつ関連する実施中の作業又は慣行に対して、妥当な考慮が払われるべきである。ただし、当該作業又は当該慣行が条約及びこの議定書の目的を助長し、かつ、これらに反しない場合に限る。

4　この議定書は、条約の取得の機会及び利益の配分に関する規定を実施するための文書である。取得の機会及び利益の配分に関する専門的な国際文書であって、条約及びこの議定書の目的と適合し、かつ、これらに反しないものが適用される場合には、この議定書は、当該国際文書が対象とし、及び適用される特定の遺伝資源に関しては、当該国際文書の当事国については、適用しない。

第五条（公正かつ衡平な利益の配分）1　遺伝資源の利用並びにその後の応用及び商業化から生ずる利益は、条約第一五条3及び7の規定に従い、当該遺伝資源を提供する締約国（当該遺伝資源の原産国であるもの又は条約の規定に従って当該遺伝資源を獲得した締約国であるものに限る。）と公正かつ衡平に配分する。その配分は、相互に合意する条件に基づいて行う。

2　締約国は、遺伝資源についての先住民の社会及び地域社会の確立された権利に関する国内法令に従って先住民の社会及び地域社会が保有する遺伝資源の利用から生ずる利益が、相互に合意する条件に基づいて、当該先住民の社会及び地域社会と公正かつ衡平に配分されることを確保することを目指して、適宜、立法上、行政上又は政策上の措置をとる。

3　締約国は、1の規定を実施するため、適宜、立法上、行政上又は政策上の措置をとる。

4　利益には、金銭的及び非金銭的な利益（附属書に掲げるものを含むが、これらに限らない。）を含めることができる。

5　締約国は、遺伝資源に関連する伝統的な知識の利用から生ずる利益が当該伝統的な知識を有する先住民の社会及び地域社会と公正かつ衡平に配分されるよう、適宜、立法上、行政上又は政策上の措置をとる。その配分は、相互に合意する条件に基づいて行う。

第六条（遺伝資源の取得の機会）1　遺伝資源の利用のための取得の機会が与えられるためには、当該遺伝資源を提供する締約国（当該遺伝資源の原産国であるもの又は条約の規定に従って当該遺伝資源を獲得した締約国であるものに限る。）が、天然資源に対する主権的権利の行使として、かつ、取得の機会及び利益の配分に関する国内の法令又は規則に従い、情報に基づいて事前に同意することを必要とする。ただし、当該締約国が別段の決定を行う場合を除く。

2　締約国は、先住民の社会及び地域社会が遺伝資源の取得の機会を与える確立された権利を有する場合における当該遺伝資源の取得の機会について、当該先住民の社会及び地域社会の情報に基づく事前の同意又は当該先住民の社会及び地域社会の承認及び関与が得られることを確保することを目指して、適宜、国内法令に従って措置をとる。

3　情報に基づく事前の同意を得ることを要求する締約国は、1の規定に従い、次のことを行うため、適宜、必要な立法上、行政上又は政策上の措置をとる。

(a)　取得の機会及び利益の配分に関する国内の法令又は規則の法的な確実性、明確性及び透明性を確保すること。

(b)　遺伝資源の取得の機会に関する公正な、かつ、恣意的でない規則及び手続を定めること。

(c)　情報に基づく事前の同意を申請する方法に関する情報を提供すること。

(d)　自国の権限のある当局が費用対効果の大きい方法で、かつ、合理的な期間内に、明確な、かつ、透明性のある決定であって書面によるものを行うことについて定めること。

(e)　情報に基づく事前の同意を与えるとの決定及び相互に合意する条件の設定を証明するものとして取得の機会の提供の際に許可証又はこれに相当するものを発給することについて定め、並びに取得の機会及び利益の配分に関する情報交換センターに通報すること。

(f)　該当する場合には、遺伝資源の取得の機会について先住民の社会及び地域社会の情報に基づく事前の同意又は先住民の社会及び地域社会の承認及び関与を得るための基準又は手続を国内法令に従って定めること。

(g)　相互に合意する条件を要求し、及び設定するための明確な規則及び手続を確立すること。当該条件は、書面により明示されなければならず、及び特に次の事項を含むことができる。

(i)　紛争解決条項

(ii)　利益の配分に関する条件（知的財産権に関するものを含む。）

(iii)　第三者によるその後の利用がある場合には、当該利用に関する条件

(iv)　該当する場合には、目的の変更に関する条件

第七条（遺伝資源に関連する伝統的な知識の取得の機会）締約国は、遺伝資源に関連する伝統的な知識で

あって先住民の社会及び地域社会が有するものが当該先住民の社会及び地域社会の情報に基づく事前の同意又は当該先住民の社会及び地域社会の承認及び関与を得て取得されること並びに相互に合意する条件が設定されていることを確保することを目指して、適宜、国内法令に従って措置をとる。

第八条（特別の考慮事項）締約国は、取得の機会及び利益の配分に関する自国の法令又は規則を定め、及び実施するに当たり、次のことを行う。

(a) 特に開発途上国において、生物の多様性の保全及び持続可能な利用に貢献する研究を促進し、及び奨励するための条件（非商業的な目的の研究のための取得の機会について、当該研究の目的の変更に対処する必要性を考慮しつつ、簡易な措置によることとすることを含む。）を整えること。

(b) 人、動物又は植物の健康に脅威又は損害を与える現在の又は差し迫った緊急事態であると国内で又は国際的に認められた事態に妥当な考慮を払うこと。締約国は、遺伝資源の迅速な取得の機会及び当該遺伝資源の利用から生ずる利益の迅速で公正かつ衡平な配分（特に開発途上国において、治療を必要とする者が負担しやすい費用で治療を受けることができることを含む。）の必要性を考慮することができる。

(c) 食料及び農業のための遺伝資源の重要性並びにそれらが食糧安全保障に果たす特別な役割を考慮すること。

第九条（保全及び持続可能な利用への貢献）締約国は、利用者及び提供者に対し、遺伝資源の利用から生ずる利益を生物の多様性の保全及びその構成要素の持続可能な利用に充てるよう奨励する。

第一〇条（地球的規模の多数国間の利益の配分の仕組み）締約国は、遺伝資源及び遺伝資源に関連する伝統的な知識であって、国境を越えた状況で存在するもの又は情報に基づく事前の同意を与えること若しくは得ることができないものの利用から生ずる利益の公正かつ衡平な配分に対処するため、地球的規模の多数国間の利益の配分の仕組みの必要性及び態様について検討する。遺伝資源及び遺伝資源に関連する伝統的な知識の利用者がこの仕組みを通じて配分する利益は、生物の多様性の保全及びその構成要素の持続可能な利用を地球的規模で支援するために利用される。

第一一条（国境を越える協力）（略）

第一二条（遺伝資源に関連する伝統的な知識）1 締約国は、この議定書に基づく義務の履行に当たり、遺伝資源に関連する伝統的な知識について、該当する場合には先住民の社会及び地域社会の慣習法、規範及び手続を国内法令に従って考慮する。

2 締約国は、関係する先住民の社会及び地域社会の効果的な参加を得て、遺伝資源に関連する伝統的な知識の潜在的な利用者に対し当該潜在的な利用者の義務（伝統的な知識の取得の機会及び当該伝統的な知識の利用から生ずる利益の公正かつ衡平な配分に関する措置であって、取得の機会及び利益の配分に関する情報交換センターを通じて参照することができるものを含む。）を知らせるための仕組みを設ける。

3 締約国は、適当な場合には、先住民の社会及び地域社会（これらの社会に属する女性を含む。）が次のことを行うことを支援するよう努める。

(a) 遺伝資源に関連する伝統的な知識の取得の機会及び当該伝統的な知識の利用から生ずる利益の公正かつ衡平な配分に関する規範を定めること。

(b) 遺伝資源に関連する伝統的な知識の利用から生ずる利益の公正かつ衡平な配分を確保するための相互に合意する条件に関する最低限の要件を定めること。

(c) 遺伝資源に関連する伝統的な知識の利用から生ずる利益の配分のための契約の条項のひな型を作成すること。

4 締約国は、この議定書の実施に当たり、条約の目的に従い、先住民の社会及び地域社会の内部並びにこれらの社会の間における遺伝資源及び関連する伝統的な知識の利用慣行及び交換をできる限り制限しない。

第一三条（中央連絡先及び権限のある当局）
第一四条（取得の機会及び利益の配分に関する情報交換センター及び情報の共有）（略）

第一五条（取得の機会及び利益の配分に関する国内の法令又は規則の遵守）1 締約国は、取得の機会及び利益の配分に関する他の締約国の国内の法令又は規則に従い、自国の管轄内で利用される遺伝資源が情報に基づく事前の同意によって取得されており、及び相互に合意する条件が設定されていることとなるよう、適当で効果的な、かつ、相応と認められる立法上、行政上又は政策上の措置をとる。

2 締約国は、1の規定に従ってとった措置の不遵守の状況に対処するため、適当で効果的な、かつ、相応と認められる措置をとる。

3 締約国は、1に規定する取得の機会及び利益の配分に関する他の締約国の国内の法令又は規則の違反が申し立てられた事案について、可能かつ適当な場合には協力する。

第一六条（遺伝資源に関連する伝統的な知識の取得の機会及び利益の配分に関する国内の法令又は規則の遵守）1 締約国は、先住民の社会及び地域社会が所在する他の締約国の国内の法令又は規則であって取得の機会及び利益の配分に関するものに従い、遺伝資源に関連する伝統的な知識であって自国の管轄内で利用されるものが当該先住民の社会及び地域社会の情報に基づく事前の同意又は当該先住民の社会及び地域社会の承認及び関与によって取得されており、並びに相互に合意する条件が設定されていることとなるよう、適当な場合には、適当で効果的な、かつ、相応と認められる立法上、行政上又は政策上の措置をとる。

2　締約国は、1の規定に従ってとった措置の不遵守の状況に対処するため、適当で効果的な、かつ、相応と認められる措置をとる。

3　締約国は、1に規定する取得の機会及び利益の配分に関する他の締約国の国内の法令又は規則の違反が申し立てられた事案について、可能かつ適当な場合には協力する。

第一七条（遺伝資源の利用の監視） 1　締約国は、遵守を支援するため、適宜、遺伝資源の利用について監視し、及び透明性を高めるための措置をとる。当該措置には、次のことを含める。

(a)　次のことを踏まえ、一又は二以上の確認のための機関を指定すること。

(i)　指定された確認のための機関は、適宜、情報に基づく事前の同意、遺伝資源の出所、相互に合意する条件の設定又は遺伝資源の利用に関する関連情報を収集し、又は受領すること。

(ii)　締約国は、適当な場合には、指定された確認のための機関の性格に応じて、遺伝資源の利用者に対し、(i)に規定する関連情報を指定された確認のための機関に提供することを要求すること。締約国は、不遵守の状況に対処するため、適当で効果的な、かつ、相応と認められる措置をとること。

(iii)　(i)に規定する関連情報（利用可能な場合には、国際的に認められた遵守の証明書から得られる情報を含む。）は、秘密の情報の保護を妨げられることなく、適当な場合には、関連する国内当局、情報に基づく事前の同意を与える締約国及び取得の機会及び利益の配分に関する情報交換センターに提供すること

(iv)　確認のための機関は、効果的なものでなければならず、及びこの(a)の規定の実施に関連する機能を有すべきであること。確認のための機関は、遺伝資源の利用又は関連情報（特に、研究、開発、イノベーション、商業化前又は商業化の全ての段階に関連するもの）の収集と関連を有しているべきであること。

(b)　遺伝資源の利用者及び提供者に対し、相互に合意する条件に当該条件の実施に関する情報の共有（報告の義務によるものを含む。）のための規定を含めるよう奨励すること。

(c)　費用対効果の大きい通信手段及び通信システムの利用を奨励すること。

2　第六条3(e)の規定に従って発給され、及び取得の機会及び利益の配分に関する情報交換センターに提供された許可証又はこれに相当するものは、国際的に認められた遵守の証明書とする。

3　国際的に認められた遵守の証明書は、情報に基づく事前の同意を与えた締約国の国内の法令又は規則であって取得の機会及び利益の配分に関するものに従い、当該証明書が対象とする遺伝資源が情報に基づく事前の同意によって取得されており、及び相互に合意する条件が設定されていることを証明する役割を果たす。

4　国際的に認められた遵守の証明書には、少なくとも次の情報を含める。ただし、当該情報が秘密のものでない場合に限る。

(a)　発給した当局
(b)　発給日
(c)　提供者
(d)　当該証明書の固有の識別記号
(e)　情報に基づく事前の同意が与えられた個人又は団体
(f)　当該証明書が対象とする事項又は遺伝資源
(g)　相互に合意する条件が設定されたことの確認
(h)　情報に基づく事前の同意が得られたことの確認
(i)　商業的又は非商業的な利用

第一八条（相互に合意する条件の遵守） 1　締約国は、第六条3(g)(i)及び第七条の規定の実施に当たり、遺伝資源の提供者及び利用者に対し、次の(a)から(c)までに規定するものを含む紛争解決に関する規定を適当な場合には相互に合意する条件に含めるよう奨励する。

(a)　紛争解決手続において提供者及び利用者が服する管轄権
(b)　準拠法
(c)　仲介、仲裁その他の紛争解決の選択肢

2　締約国は、相互に合意する条件から紛争が生ずる場合には、自国の法制度の下で、適用される管轄権に係る要件に従って訴訟を提起することができることを確保する。

3　締約国は、適当な場合には、次の事項について効果的な措置をとる。

(a)　司法手続の利用
(b)　外国における判決及び仲裁判断の相互承認及び執行に関する制度の利用

4　この条の規定の有効性は、第三一条の規定に従い、この議定書の締約国の会合としての役割を果たす締約国会議が再検討する。

第一九条（契約の条項のひな型）
第二〇条（行動規範、指針及び最良の実例又は基準）
第二一条（啓発）
（略）

第二二条（能力） 1　締約国は、開発途上締約国（特にこれらの締約国のうちの後発開発途上国及び島嶼（しょ）国）及び移行経済締約国におけるこの議定書の効果的な実施のため、既存の世界的な、地域的な、小地域的な及び国内の団体及び組織を通ずる方法等により、能力の開発及び向上並びに人的資源及び制度的能力の強化について協力する。このため、締約国は、先住民の社会及び地域社会並びに関係する利害関係者（非政府機関及び民間部門を含む。）の関与を容易にすべきである。

2　条約の関連規定に基づく資金に関する開発途上締

約国(特にこれらの締約国のうちの後発開発途上国及び島嶼(しょ)国)及び移行経済締約国のニーズは、この議定書の実施のための能力の開発及び向上に当たり十分に考慮される。

3 この議定書の実施に関連する適当な措置の基礎として、開発途上締約国(特にこれらの締約国のうち後発開発途上国及び島嶼(しょ)国)及び移行経済締約国は、自国の能力の自己評価を通じて、自国の能力に関するニーズ及び優先事項を特定すべきである。これを行うに当たり、これらの開発途上締約国及び移行経済締約国は、女性の能力に関するニーズ及び優先事項に重点を置きつつ、先住民の社会及び地域社会並びに関係する利害関係者の能力に関するニーズ及び優先事項であって、これらの社会及び利害関係者によって特定されたものについて支援すべきである。

4 この議定書の実施を支援するに当たり、能力の開発及び向上については、特に次の重要な分野を取り扱うことができる。

(a) この議定書を実施し、及びこの議定書の義務を履行する能力
(b) 相互に合意する条件について交渉する能力
(c) 取得の機会及び利益の配分に関する国内の立法上、行政上又は政策上の措置を策定し、実施し、及び執行する能力
(d) 自国の遺伝資源に価値を付加するための自国の固有の研究の能力を向上させるための国の能力

5 1から4までの規定に基づく措置には、特に、次の事項を含めることができる。

(a) 法令及び制度の整備
(b) 交渉における衡平及び公正の促進(例えば、相互に合意する条件について交渉するための訓練)
(c) 遵守の監視及び確保
(d) 取得の機会及び利益の配分に関する活動のための利用可能な最良の通信手段及びインターネット・システムの利用
(e) 評価方法の開発及び利用
(f) 生物内の有用な資源の探査、関連する調査及び分類の研究
(g) 技術移転並びに技術移転を持続可能にするための基盤及び技術的能力
(h) 取得の機会及び利益の配分に関する活動が生物の多様性の保全及びその構成要素の持続可能な利用に果たす貢献の増進
(i) 取得の機会及び利益の配分に関して、関係する利害関係者の能力を向上させるための特別な措置
(j) 遺伝資源又は遺伝資源に関連する伝統的な知識の取得の機会に関し、先住民の社会及び地域社会に属する女性の能力の強化に重点を置きつつ、これらの社会の能力を向上させるための特別な措置

6 能力の開発及び向上に関する取組であって1から5までの規定に従って国内で、地域的に及び国際的に実施されるものに関する情報は、取得の機会及び利益の配分に関する能力の開発及び向上についての相乗作用及び調整を促進するため、取得の機会及び利益の配分に関する情報交換センターに提供されるべきである。

第二三条(技術移転、共同及び協力) 締約国は、条約第一五条、第一六条、第一八条及び第一九条の規定に従い、この議定書の目的を達成する手段として、技術的及び科学的な研究開発計画(バイオテクノロジーの研究活動を含む。)において共同して行動し、及び協力する。締約国は、条約及びこの議定書の目的を達成するための健全かつ存立可能な技術的及び科学的基礎の構築及び強化を可能とするため、開発途上締約国(特にこれらの締約国のうちの後発開発途上国及び島嶼(しょ)国)及び移行経済締約国に対する技術の取得の機会の提供及び技術移転を促進し、及び奨励することを約束する。そのような共同の活動は、可能かつ適当な場合には、遺伝資源を提供する締約国(当該遺伝資源の原産国であるもの又は条約の規定に従って当該遺伝資源を獲得した締約国であるものに限る。)において当該締約国と共に実施される。

第二四条(非締約国) 締約国は、非締約国に対し、この議定書に参加し、及び適当な情報を取得の機会及び利益の配分に関する情報交換センターに提供するよう奨励する。

第二五条(資金供与の制度及び資金)
第二六条(この議定書の締約国の会合としての役割を果たす締約国会議)
第二七条(補助機関)
第二八条(事務局)
第二九条(監視及び報告)
第三〇条(この議定書の遵守を促進するための手続及び制度)
第三一条(評価及び再検討)
第三二条(署名)
第三三条(効力発生)
第三四条(留保)
第三五条(脱退)
第三六条(正文)

附属書(金銭的及び金銭以外の利益) (略)

8

14　絶滅のおそれのある野生動植物の種の国際取引に関する条約(ワシントン野生動植物取引規制条約)(抄)

採択　一九七三年三月三日(ワシントン)
効力発生　一九七五年七月一日
改正　一九七九年六月二二日(ボン)、一九八七年四月一三日効力発生
(附属書I、II及びIIIの改正については省略)
日本国　一九八〇年四月二五日国会承認、八月六日受諾書寄託、八月二三日公布(条約第二五号)、一一月四日効力発生
改正・一九八七年四月一〇日公布(条約第一号)、四月一三日効力発生

締約国は、

美しくかつ多様な形体を有する野生動植物が現在及び将来の世代のために保護されなければならない地球の自然の系のかけがえのない一部をなすものであることを認識し、

野生動植物についてはその価値が芸術上、科学上、文化上、レクリエーション上及び経済上の見地から絶えず増大するものであることを意識し、

国民及び国家がそれぞれの国における野生動植物の最良の保護者であり、また、最良の保護者でなければならないことを認識し、

更に、野生動植物の一定の種が過度に国際取引に利用されることのないようこれらの種を保護するために国際協力が重要であることを認識し、

このため、適当な措置を緊急にとる必要があることを確信して、

次のとおり協定した。

第一条(定義) この条約の適用上、文脈によって別に解釈される場合を除くほか、

(a) 「種」とは、種若しくは亜種又は種若しくは亜種に係る地理的に隔離された個体群をいう。

(b) 「標本」とは、次のものをいう。

(i) 生死の別を問わず動物又は植物の個体

(ii) 動物にあっては、附属書I若しくは附属書IIに掲げる種の個体の部分若しくは派生物であって容易に識別することができるもの、又は附属書IIIに掲げる種の個体の部分若しくは派生物であって容易に識別することができるもののうちそれぞれの種について附属書IIIにより特定されるもの

(iii) 植物にあっては、附属書Iに掲げる種の個体の部分若しくは派生物であって容易に識別することができるもの、又は附属書II若しくは附属書IIIに掲げる種の個体の部分若しくは派生物であって容易に識別することができるもののうちそれぞれの種について附属書II若しくは附属書IIIにより特定されるもの

(c) 「取引」とは、輸出、再輸出、輸入又は海からの持込みをいう。

(d) 「再輸出」とは、既に輸入されている標本を輸出することをいう。

(e) 「海からの持込み」とは、いずれの国の管轄の下にもない海洋環境において捕獲され又は採取された種の標本をいずれかの国へ輸送することをいう。

(f) 「科学当局」とは、第九条の規定により指定される国の科学機関をいう。

(g) 「管理当局」とは、第九条の規定により指定される国の管理機関をいう。

(h) 「締約国」とは、その国についてこの条約が効力を生じている国をいう。

第二条(基本原則) 1　附属書Iには、絶滅のおそれのある種であって取引による影響を受けており又は受けることのあるものを掲げる。これらの種の標本の取引は、これらの種の存続を更に脅かすことのないよう特に厳重に規制するものとし、取引が認められるのは、例外的な場合に限る。

2　附属書IIには、次のものを掲げる。

(a) 現在必ずしも絶滅のおそれのある種ではないが、その存続を脅かすこととなる利用がされないようにするためにその標本の取引を厳重に規制しなければ絶滅のおそれのある種となるおそれのある種

(b) (a)の種以外の種であって、aの種の標本の取引を効果的に取り締まるために規制しなければならない種

3　附属書IIIには、いずれかの締約国が、捕獲又は採取を防止し又は制限するための規制を自国の管轄内において行う必要があると認め、かつ、取引の取締りのために他の締約国の協力が必要であると認める種を掲げる。

4　締約国は、この条約に定めるところによる場合を除くほか、附属書I、附属書II及び附属書IIIに掲げる種の標本の取引を認めない。

第三条(附属書Iに掲げる種の標本の取引に対する規制) 1　附属書Iに掲げる種の標本の取引は、この条に定めるところにより行う。

2　附属書Iに掲げる種の標本の輸出については、事前に発給を受けた輸出許可書を事前に提出することを必要とする。輸出許可書は、次の条件が満たされた場合にのみ発給される。

(a) 輸出国の科学当局が、標本の輸出が当該標本に係る種の存続を脅かすこととならないと助言したこと。

(b) 輸出国の管理当局が、標本が動植物の保護に関する自国の法令に違反して入手されたものでないと認めること。

(c) 生きている標本の場合には、輸出国の管理当局が、傷を受け、健康を損ね若しくは生育を害し又は虐待される危険性をできる限り小さくするよう

に準備され、かつ、輸送されると認めること。

(d) 輸出国の管理当局が、標本につき輸入許可書の発給を受けていると認めること。

3 附属書Ⅰに掲げる種の標本の輸入については、事前に発給を受けた輸入許可書及び輸出許可書又は再輸出証明書を事前に提出することを必要とする。輸入許可書は、次の条件が満たされた場合にのみ発給される。

(a) 輸入国の科学当局が、標本の輸入が当該標本に係る種の存続を脅かす目的のために行われるものでないと助言したこと。

(b) 生きている標本の場合には、輸入国の科学当局が、受領しようとする者がこれを収容し及びその世話をするための適当な設備を有していると認めること。

(c) 輸入国の管理当局が、標本が主として商業的目的のために使用されるものでないと認めること。

4 附属書Ⅰに掲げる種の標本の再輸出については、事前に発給を受けた再輸出証明書を事前に提出することを必要とする。再輸出証明書は、次の条件が満たされた場合にのみ発給される。

(a) 再輸出国の管理当局が、標本がこの条約に定めるところにより自国に輸入されたと認めること。

(b) 生きている標本の場合には、再輸出国の管理当局が、傷を受け、健康を損ね若しくは生育を害し又は虐待される危険性をできる限り小さくするように準備され、かつ、輸送されると認めること。

(c) 生きている標本の場合には、再輸出国の管理当局が、輸入許可書の発給を受けていると認めること。

5 附属書Ⅰに掲げる種の標本の海からの持込みについては、当該持込みがされる国の管理当局から事前に証明書の発給を受けていることを必要とする。証明書は、次の条件が満たされた場合にのみ発給される。

(a) 当該持込みがされる国の科学当局が、標本の持込みが当該標本に係る種の存続を脅かすこととならないと助言していること。

(b) 生きている標本の場合には、当該持込みがされる国の管理当局が、受領しようとする者がこれを収容し及びその世話をするための適当な設備を有していると認めること。

(c) 当該持込みがされる国の管理当局が、標本が主として商業的目的のために使用されるものでないと認めること。

第四条(附属書Ⅱに掲げる種の標本の取引に対する規制) 1 附属書Ⅱに掲げる種の標本の取引は、この条に定めるところにより行う。

2 附属書Ⅱに掲げる種の標本の輸出については、事前に発給を受けた輸出許可書を事前に提出することを必要とする。輸出許可書は、次の条件が満たされた場合にのみ発給される。

(a) 輸出国の科学当局が、標本の輸出が当該標本に係る種の存続を脅かすこととならないと助言したこと。

(b) 輸出国の管理当局が、標本が動植物の保護に関する自国の法令に違反して入手されたものでないと認めること。

(c) 生きている標本の場合には、輸出国の管理当局が、傷を受け、健康を損ね若しくは生育を害し又は虐待される危険性をできる限り小さくするように準備され、かつ、輸送されると認めること。

3 締約国の科学当局は、附属書Ⅱに掲げる種の標本に係る輸出許可書の自国による発給及びこれらの標本の実際の輸出について監視する。科学当局は、附属書Ⅱに掲げるいずれかの種につき、その属する生態系における役割を果たすことのできる個体数の水準を及び附属書Ⅰに掲げることとなるような当該いずれかの種の個体数の水準よりも十分に高い個体数の水準を当該いずれかの種の分布地域全体にわたって維持するためにその標本の輸出を制限する必要があると決定する場合には、適当な管理当局に対し、その標本に係る輸出許可書の発給を制限するためにとるべき適当な措置を助言する。

4 附属書Ⅱに掲げる種の標本の輸入については、輸出許可書又は再輸出証明書を事前に提出することを必要とする。

5 附属書Ⅱに掲げる種の標本の再輸出については、事前に発給を受けた再輸出証明書を事前に提出することを必要とする。再輸出証明書は、次の条件が満たされた場合にのみ発給される。

(a) 再輸出国の管理当局が、標本がこの条約に定めるところにより自国に輸入されたと認めること。

(b) 生きている標本の場合には、再輸出国の管理当局が、傷を受け、健康を損ね若しくは生育を害し又は虐待される危険性をできる限り小さくするように準備され、かつ、輸送されると認めること。

6 附属書Ⅱに掲げる種の標本の海からの持込みについては、当該持込みがされる国の管理当局から事前に証明書の発給を受けていることを必要とする。証明書は、次の条件が満たされた場合にのみ発給される。

(a) 当該持込みがされる国の科学当局が、標本の持込みが当該標本に係る種の存続を脅かすこととならないと助言していること。

(b) 生きている標本の場合には、当該持込みがされる国の管理当局が、傷を受け、健康を損ね若しくは生育を害し又は虐待される危険性をできる限り小さくするように取り扱われると認めること。

7 6の証明書は、科学当局が自国の他の科学機関及び適当な場合には国際科学機関と協議の上行う助言に基づき、一年を超えない期間につきその期間内に持込みが認められる標本の総数に限り発給することができる。

第五条(附属書Ⅲに掲げる種の標本の取引に対する規制) 1 附属書Ⅲに掲げる種の標本の取引は、この条に定めるところにより行う。

2　附属書Ⅲに掲げる種の標本の輸出で附属書Ⅲに当該種を掲げた国から行われるものについては、事前に発給を受けた輸出許可書を事前に提出することを必要とする。輸出許可書は、次の条件が満たされた場合にのみ発給される。

(a)　輸出国の管理当局が、標本が動植物の保護に関する自国の法令に違反して入手されたものでないと認めること。

(b)　生きている標本の場合には、輸出国の管理当局が、傷を受け、健康を損ね若しくは生育を害し又は虐待される危険性をできる限り小さくするように準備され、かつ、輸送されると認めること。

3　附属書Ⅲに掲げる種の標本の輸入については、4の規定が適用される場合を除くほか、原産地証明書及びその輸入が附属書Ⅲに当該種を掲げた国から行われるものである場合には輸出許可書を事前に提出することを必要とする。

4　輸入国は、再輸出に係る標本につき、再輸出国内で加工された標本であること又は再輸出される標本であることを証する再輸出国の管理当局が発給した証明書をこの条約が遵守されている証拠として認容する。

第六条（許可書及び証明書）（略）

第七条（取引に係る免除等に関する特別規定）1　第三条から第五条までの規定は、標本が締約国の領域を通過し又は締約国の領域において積み替えられる場合には、適用しない。ただし、これらの標本が税関の管理の下にあることを条件とする。

2　第三条から第五条までの規定は、標本につき、この条約が当該標本に適用される前に取得されたものであると輸出国又は再輸出国の管理当局が認める場合において、当該管理当局がその旨の証明書を発給するときは、適用しない。

3　第三条から第五条までの規定は、手回品又は家財である標本については、適用しない。ただし、次の標本（標本の取得がこの条約の当該標本についての適用前になされたと管理当局が認める標本を除く。）については、適用する。

(a)　附属書Ⅰに掲げる種の標本にあっては、その所有者が通常居住する国の外において取得して当該通常居住する国へ輸入するもの

(b)　附属書Ⅱに掲げる種の標本にあっては、(i)その所有者が通常居住する国以外の国（その標本が野生の状態で捕獲され又は採取された国に限る。）において取得し、(ii)当該所有者が通常居住する国へ輸入し、かつ、(iii)その標本が野生の状態で捕獲され又は採取された国においてその輸出につき輸出許可書の事前の発給が必要とされているもの

4　附属書Ⅰに掲げる動物の種の標本であって商業的目的のため飼育により繁殖させたもの又は附属書Ⅰに掲げる植物の種の標本であって商業的目的のため人工的に繁殖させたものは、附属書Ⅱに掲げる種の標本とみなす。

5　動物の種の標本が飼育により繁殖させたものであり若しくは植物の種の標本が人工的に繁殖させたものであり又は動物若しくは植物の種の標本がこれらの繁殖させた標本の部分若しくは派生物であると輸出国の管理当局が認める場合には、当該管理当局によるその旨の証明書は、第三条から第五条までの規定により必要とされる許可書又は証明書に代わるものとして認容される。

6　第三条から第五条までの規定は、管理当局が発給し又は承認したラベルの付された腊（さく）葉標本その他の保存され、乾燥され又は包埋された博物館用の標本及び当該ラベルの付された生きている植物が、管理当局に登録されている科学者又は科学施設の間で商業的目的以外の目的の下に貸与され、贈与され又は交換される場合には、適用しない。

7　管理当局は、移動動物園、サーカス、動物展、植物展その他の移動する展示会を構成する標本の移動について第三条から第五条までの要件を免除し、許可書又は証明書なしにこれらの標本の移動を認めることができる。ただし、次のことを条件とする。

(a)　輸出者又は輸入者が、標本の詳細について管理当局に登録すること。

(b)　標本が2又は5のいずれかに規定する標本に該当するものであること。

(c)　生きている標本の場合には、管理当局が、傷を受け、健康を損ね若しくは生育を害し又は虐待される危険性をできる限り小さくするように輸送され及び世話をされると認めること。

第八条（締約国のとる措置）1　締約国は、この条約を実施するため及びこの条約に違反して行われる標本の取引を防止するため、適当な措置をとる。この措置には、次のことを含む。

(a)　違反に係る標本の取引若しくは所持又はこれらの双方について処罰すること。

(b)　違反に係る標本の没収又はその輸出国への返送に関する規定を設けること。

2　締約国は、1の措置に加え、必要と認めるときは、この条約を適用するためにとられた措置に違反して行われた取引に係る標本の没収の結果負うこととなった費用の国内における求償方法について定めることができる。

3　締約国は、標本の取引上必要な手続が速やかに完了することをできる限り確保する。締約国は、その手続の完了を容易にするため、通関のために標本が提示される輸出港及び輸入港を指定することができる。締約国は、また、生きている標本につき、通過、保管又は輸送の間に傷を受け、健康を損ね若しくは生育を害し又は虐待される危険性をできる限り小さくするように適切に世話をすることを確保する。

4　1の措置がとられることにより生きている標本が没収される場合には、

(a)　当該標本は、没収した国の管理当局に引き渡さ

れる。

(b) (a)の管理当局は、当該標本の輸出国との協議の後、当該標本を、当該輸出国の負担する費用で当該輸出国に返送し又は保護センター若しくは管理当局の適当かつこの条約の目的に沿うと認める他の場所に送る。

(c) (a)の管理当局は、(b)の規定に基づく決定(保護センター又は他の場所の選定に係る決定を含む。)を容易にするため、科学当局の助言を求めることができるものとし、望ましいと認める場合には、事務局と協議することができる。

5 4にいう保護センターとは、生きている標本、特に、没収された生きている標本の健康を維持し又は生育を助けるために管理当局の指定する施設をいう。

6 締約国は、附属書Ⅰ、附属書Ⅱ及び附属書Ⅲに掲げる種の標本の取引について次の事項に関する記録を保持する。

(a) 輸出者及び輸入者の氏名又は名称及び住所

(b) 発給された許可書及び証明書の数及び種類、取引の相手国、標本の数又は量及び標本の種類、附属書Ⅰ、附属書Ⅱ及び附属書Ⅲに掲げる種の名称並びに可能な場合には標本の大きさ及び性別

7 締約国は、この条約の実施に関する次の定期的な報告書を作成し、事務局に送付する。

(a) 6(b)に掲げる事項に関する情報の概要を含む年次報告書

(b) この条約を実施するためにとられた立法措置、規制措置及び行政措置に関する二年ごとの報告書

8 7の報告書に係る情報は、関係締約国の法令に反しない限り公開される。

第九条(管理当局及び科学当局) 1 この条約の適用上、各締約国は、次の当局を指定する。

(a) 自国のために許可書又は証明書を発給する権限を有する一又は二以上の管理当局

(b) 一又は二以上の科学当局

2 批准書、受諾書、承認書又は加入書を寄託する国は、これらの寄託の際に、他の締約国及び事務局と連絡する権限を有する一の管理当局の名称及び住所を寄託政府に通報する。

3 締約国は、1の規定による指定及び2の規定による通報に係る変更が他のすべての締約国に伝達されるようにこれらの変更を事務局に通報する。

4 2の管理当局は、事務局又は他の締約国の管理当局から要請があったときは、許可書又は証明書を認証するために使用する印章その他のものの図案を通報する。

第一〇条(この条約の締約国でない国との取引) 締約国は、この条約の締約国でない国との間で輸出、輸入又は再輸出を行う場合においては、当該この条約の締約国でない国の権限のある当局が発給する文書であって、その発給の要件がこの条約の許可書又は証明書の発給の要件と実質的に一致しているものを、この条約にいう許可書又は証明書に代わるものとして認容することができる。

第一一条(締約国会議) 1 事務局は、この条約の効力発生の後二年以内に、締約国会議を招集する。

2 その後、事務局は、締約国会議が別段の決定を行わない限り少なくとも二年に一回通常会合を招集するものとし、締約国の少なくとも三分の一が書面により要請する場合にはいつでも特別会合を招集する。

3 締約国は、通常会合又は特別会合のいずれにおいてであるかを問わず、この条約の実施状況を検討するものとし、次のことを行うことができる。

(a) 事務局の任務の遂行を可能にするために必要な規則を作成すること及び財政規則を採択すること。

(b) 第一五条の規定に従って附属書Ⅰ及び附属書Ⅱの改正を検討し及び採択すること。

(c) 附属書Ⅰ、附属書Ⅱ及び附属書Ⅲに掲げる種の回復及び保存に係る進展について検討すること。

(d) 事務局又は締約国の提出する報告書を受領し及び検討すること。

(e) 適当な場合には、この条約の実効性を改善するための勧告を行うこと。

4 締約国は、通常会合において、2の規定により開催される次回の通常会合の時期及び場所を決定することができる。

5 締約国は、いずれの会合においても、当該会合のための手続規則を制定することができる。

6 国際連合、その専門機関及び国際原子力機関並びにこの条約の締約国でない国は、締約国会議の会合にオブザーバーを出席させることができる。オブザーバーは、出席する権利を有するが、投票する権利は有しない。

7 野生動植物の保護、保存又は管理について専門的な能力を有する次の機関又は団体であって、締約国会議の会合にオブザーバーを出席させることを希望する旨事務局に通報したものは、当該会合に出席する締約国の少なくとも三分の一が反対しない限り、オブザーバーを出席させることを認められる。

(a) 政府間又は非政府のもののいずれであるかを問わず国際機関又は国際団体及び国内の政府機関又は政府団体

(b) 国内の非政府機関又は非政府団体であって、その所在する国によりこの条約の目的に沿うものであると認められたもの

これらのオブザーバーは、出席することを認められた場合には、出席する権利を有するが、投票する権利は有しない。

第一二条(事務局) 1 事務局の役務は、この条約の効力発生に伴い、国際連合環境計画事務局長が提供する。同事務局長は、適当と認める程度及び方法で、野生動植物の保護、保存及び管理について専門的な能力を有する政府間の若しくは非政府の適当な国際機関若しくは国際団体又は政府の若しくは非政府の適当な国内の機関若しくは団体の援助を受けること

ができる。

2　事務局は、次の任務を遂行する。

(a)　締約国の会合を準備し及びその会合のための役務を提供すること。

(b)　第一五条及び第一六条の規定により与えられる任務を遂行すること。

(c)　締約国会議の承認する計画に従い、この条約の実施に寄与する科学的及び技術的研究(生きている標本につき適切に準備し、輸送するための基準に関する研究及び標本の識別方法に関する研究を含む。)を行うこと。

(d)　締約国の報告書を研究すること及び締約国の報告書に関する追加の情報であってこの条約の実施を確保するために必要と認めるものを当該締約国に要請すること。

(e)　この条約の目的に関連する事項について締約国の注意を喚起すること。

(f)　最新の内容の附属書Ⅰ、附属書Ⅱ及び附属書Ⅲをこれらの附属書に掲げる種の標本の識別を容易にする情報とともに定期的に刊行し、締約国に配布すること。

(g)　締約国の利用に供するため事務局の業務及びこの条約の実施に関する年次報告書を作成し並びに締約国がその会合において要請する他の報告書を作成すること。

(h)　この条約の目的を達成し及びこの条約を実施するための勧告を行うこと(科学的及び技術的性格の情報を交換するよう勧告を行うことを含む。)。

(i)　締約国の与える他の任務を遂行すること。

第一三条(国際的な措置)　1　事務局は、受領した情報を参考にして、附属書Ⅰ又は附属書Ⅱに掲げる種がその標本の取引によって望ましくない影響を受けていると認める場合又はこの条約が効果的に実施されていないと認める場合には、当該情報を関係締約国の権限のある管理当局に通告する。

2　締約国は、1の通告を受けたときは、関連する事実を自国の法令の認める限度においてできる限り速やかに事務局に通報するものとし、適当な場合には、是正措置を提案する。当該締約国が調査を行うことが望ましいと認めるときは、当該締約国によって明示的に権限を与えられた者は、調査を行うことができる。

3　締約国会議は、締約国の提供した情報又は2の調査の結果得られた情報につき、次回の会合において検討するものとし、適当と認める勧告を行うことができる。

第一四条(国内法令及び国際条約に対する影響)　1　この条約は、締約国が次の国内措置をとる権利にいかなる影響も及ぼすものではない。

(a)　附属書Ⅰ、附属書Ⅱ及び附属書Ⅲに掲げる種の標本の取引、捕獲若しくは採取、所持若しくは輸送の条件に関する一層厳重な国内措置又はこれらの取引、捕獲若しくは採取、所持若しくは輸送を完全に禁止する国内措置

(b)　附属書Ⅰ、附属書Ⅱ及び附属書Ⅲに掲げる種以外の種の標本の取引、捕獲若しくは採取、所持若しくは輸送を制限し又は禁止する国内措置

2　この条約は、標本の取引、捕獲若しくは採取、所持又は輸送についてこの条約に定めているもの以外のものを定めている条約又は国際協定であって締約国について現在効力を生じており又は将来効力を生ずることのあるものに基づく国内措置又は締約国の義務にいかなる影響も及ぼすものではない。これらの国内措置又は義務には、関税、公衆衛生、動植物の検疫の分野に関するものを含む。

3　この条約は、共通の対外関税規制を設定し若しくは維持し、かつ、その構成国間の関税規制を撤廃する同盟若しくは地域的な貿易機構を創設する条約若しくは国際協定であって現在締結されており若しくは将来締結されることのある条約若しくは国際協定の規定のうち又はこれらの条約若しくは国際協定に基づく義務のうち、これらの同盟又は地域的な貿易機構の構成国間の貿易に関するものにいかなる影響も及ぼすものではない。

4　この条約の締約国は、自国がその締約国である他の条約又は国際協定がこの条約の効力発生の時に有効であり、かつ、当該他の条約又は国際協定に基づき附属書Ⅱに掲げる海産の種に対し保護を与えている場合には、自国において登録された船舶が当該他の条約又は国際協定に基づいて捕獲し又は採取した附属書Ⅱに掲げる種の標本の取引についてこの条約に基づく義務を免除される。

5　4の規定により捕獲され又は採取された標本の輸出については、第三条から第五条までの規定にかかわらず、当該標本が4に規定する他の条約又は国際協定に基づいて捕獲され又は採取された旨の持込みがされた国の管理当局の発給する証明書のみを必要とする。

6　この条約のいかなる規定も、国際連合総会決議第二七五〇号C(第二五回会期)に基づいて招集される国際連合海洋法会議による海洋法の法典化及び発展を妨げるものではなく、また、海洋法に関し並びに沿岸国及び旗国の管轄権の性質及び範囲に関する現在又は将来におけるいずれの国の主張及び法的見解も害するものではない。

第一五条(附属書Ⅰ及び附属書Ⅱの改正)　1　締約国会議の会合において附属書Ⅰ及び附属書Ⅱの改正をする場合には、次の規定を適用する。

(a)　締約国は、会合における検討のため、附属書Ⅰ又は附属書Ⅱの改正を提案することができる。改正案は、会合の少なくとも一五〇日前に事務局に通告する。事務局は、改正案の他の締約国への通告及び改正案についての関係団体との協議については、2(b)又は2(c)の規定を準用するものとし、会合の遅くとも三〇日前に改正案に係る回答をすべての締約国に通告する。

(b)　改正は、出席しかつ投票する締約国の三分の

二以上の多数による議決で採択する。この1(b)の規定の適用上、「出席しかつ投票する締約国」とは、出席しかつ賛成票又は反対票を投ずる締約国をいう。投票を棄権する締約国は、改正の採択に必要な三分の二に算入しない。

(c) 会合において採択された改正は、会合の後九〇日ですべての締約国について効力を生ずる。ただし、3の規定に基づいて留保を付した締約国については、この限りでない。

2 締約国会議の会合と会合との間において附属書Ⅰ及び附属書Ⅱの改正をする場合には、次の規定を適用する。

(a) 締約国は、会合と会合との間における検討のため、この2に定めるところにより、郵便手続による附属書Ⅰ又は附属書Ⅱの改正を提案することができる。

(b) 事務局は、海産の種に関する改正案を受領した場合には、直ちに改正案を締約国に通告する。事務局は、また、当該海産の種に関連を有する活動を行っている政府間団体の提供することができる科学的な資料の入手及び当該政府間団体の実施している保存措置との調整の確保を特に目的として、当該政府間団体と協議する。事務局は、当該政府間団体の表明した見解及び提供した資料を事務局の認定及び勧告とともにできる限り速やかに締約国に通告する。

(c) 事務局は、海産の種以外の種に関する改正案を受領した場合には、直ちに改正案を締約国に通告するものとし、その後できる限り速やかに自己の勧告を締約国に通告する。

(d) 締約国は、事務局が(b)又は(c)の規定に従ってその勧告を締約国に通告した日から六〇日以内に、関連する科学的な資料及び情報とともに改正案についての意見を事務局に送付することができる。

(e) 事務局は、(d)の規定に基づいて受領した回答を自己の勧告とともにできる限り速やかに締約国に通告する。

(f) 事務局が(e)の規定により回答及び勧告を通告した日から三〇日以内に改正案に対する異議の通告を受領しない場合には、改正は、その後九〇日ですべての締約国について効力を生ずる。ただし、3の規定に基づいて留保を付した締約国については、この限りでない。

(g) 事務局がいずれかの締約国による異議の通告を受領した場合には、改正案は、(h)から(j)までの規定により郵便投票に付される。

(h) 事務局は、異議の通告を受領したことを締約国に通報する。

(i) 事務局が(h)の通報の日から六〇日以内に受領した賛成票、反対票及び棄権票の合計が締約国の総数の二分の一に満たない場合には、改正案は、更に検討の対象とするため締約国会議の次回の会合に付託する。

(j) 受領した票の合計が締約国の総数の二分の一に達した場合には、改正案は、賛成票及び反対票を投じた締約国の三分の二以上の多数による議決で採択される。

(k) 事務局は、投票の結果を締約国に通報する。

(l) 改正案が採択された場合には、改正は、事務局によるその旨の通報の日の後九〇日ですべての締約国について効力を生ずる。ただし、3の規定に基づいて留保を付した締約国については、この限りでない。

3 いずれの締約国も、1(c)又は2(l)に規定する九〇日の期間内に寄託政府に対し書面による通告を行うことにより、改正について留保を付することができる。締約国は、留保を撤回するまでの間、留保に明示した種に係る取引につきこの条約の締約国でない国として取り扱われる。

第一六条(附属書Ⅲ及びその改正) 1 締約国は、いつでも、その種について第二条3にいう規制を自国の管轄内において行う必要があると認める種を記載した表を事務局に提出することができる。附属書Ⅲには、附属書Ⅲに掲げるべき種を記載した表を提出した締約国の国名、これらの種の学名及び第一条(b)の規定の適用上これらの種の個体の部分又は派生物であってそれぞれの種について特定されたものを掲げる。

2 事務局は、1の規定により提出された表を受領した後できる限り速やかに当該表を締約国に送付する。当該表は、その送付の日の後九〇日で附属書Ⅲの一部として効力を生ずる。締約国は、当該表の受領の後いつでも、寄託政府に対して書面による通告を行うことにより、いずれの種又はいずれの種の個体の部分若しくは派生物についても留保を付することができる。締約国は、留保を撤回するまでの間、留保に明示した種又は種の個体の部分若しくは派生物に係る取引につきこの条約の締約国でない国として取り扱われる。

3 附属書Ⅲに掲げるべき種を記載した表を提出した締約国は、事務局に対して通報を行うことによりいつでも特定の種の記載を取り消すことができるものとし、事務局は、その取消しをすべての締約国に通告する。取消しは、通告の日の後三〇日で効力を生ずる。

4 1の規定により表を提出する締約国は、当該表に記載された種の保護について適用されるすべての国内法令の写しを、自国がその提出を適当と認める解釈又は事務局がその提出を要請する解釈とともに事務局に提出する。締約国は、自国の表に記載された種が附属書Ⅲに掲げられている間、当該記載された種に係る国内法令の改正が採択され又は当該国内法令の新しい解釈が採用されるごとにこれらの改正又は解釈を提出する。

第一七条(この条約の改正) 1 事務局は、締約国の少なくとも三分の一からの書面による要請があるときは、この条約の改正を検討し及び採択するため、締約国会議の特別会合を招集する。改正は、出席しかつ投票する締約国の三分の二以上の多数による議決で採択する。この1の規定の適用上、「出席しかつ投票する締約国」とは、出席しかつ賛成票又は反対票を投ずる締約国をいう。投票を棄権する締約国は、改正の採択に必要な三分の二に算入しない。

2 事務局は、1の特別会合の少なくとも九〇日前に改正案を締約国に通告する。

3 改正は、締約国の三分の二が改正の受諾書を寄託政府に寄託した後六〇日で、改正を受諾した締約国について効力を生ずる。その後、改正は、他の締約国についても、当該他の締約国が改正の受諾書を寄託した後六〇日で、効力を生ずる。

第一八条（紛争の解決） 1 締約国は、この条約の解釈又は適用について他の締約国との間に紛争が生じた場合には、当該紛争について当該他の締約国と交渉する。

2 締約国は、1の規定によっても紛争を解決することができなかった場合には、合意により当該紛争を仲裁、特に、ヘーグ常設仲裁裁判所の仲裁に付することができる。紛争を仲裁に付した締約国は、仲裁裁定に従うものとする。

第一九条（署名）
第二〇条（批准、受諾及び承認）
第二一条（加入）
第二二条（効力発生）
（略）

第二三条（留保） 1 この条約については、一般的な留保は、付することができない。特定の留保は、この条、第一五条及び第一六条の規定に基づいて付することができる。

2 いずれの国も、批准書、受諾書、承認書又は加入書を寄託する際に、次のものについて特定の留保を付することができる。

(a) 附属書Ⅰ、附属書Ⅱ又は附属書Ⅲに掲げる種

(b) 附属書Ⅲに掲げる種の個体の部分又は派生物であって附属書Ⅲにより特定されるもの

3 締約国は、この条の規定に基づいて付した留保を撤回するまでの間、留保に明示した特定の種又は特定の種の個体の部分若しくは派生物に係る取引につきこの条約の締約国でない国として取り扱われる。

第二四条（廃棄） いずれの締約国も、寄託政府に対して書面による通告を行うことにより、この条約をいつでも廃棄することができる。廃棄は、寄託政府が通告を受領した後一二箇月で効力を生ずる。

第二五条（寄託政府）（略）

附属書Ⅰ～Ⅳ（略）

第4節 世界遺産

8 15 世界の文化遺産及び自然遺産の保護に関する条約（世界遺産条約）（抄）

採　択　一九七二年一一月一六日（パリ）
効力発生　一九七五年一二月一七日
日本国　一九九二年六月一九日国会承認、六月三〇日受諾書寄託、九月二八日公布（条約第七号）、九月三〇日効力発生

国際連合教育科学文化機関の総会は、一九七二年一〇月一七日から一一月二一日までパリにおいてその第一七回会期として会合し、

文化遺産及び自然遺産が、衰亡という在来の原因によるのみでなく、一層深刻な損傷又は破壊という現象を伴って事態を悪化させている社会的及び経済的状況の変化によっても、ますます破壊の脅威にさらされていることに留意し、

文化遺産及び自然遺産のいずれの物件が損壊し又は滅失することも、世界のすべての国民の遺産の憂うべき貧困化を意味することを考慮し、

これらの遺産の国内的保護に多額の資金を必要とするため並びに保護の対象となる物件の存在する国の有する経済的、学術的及び技術的な能力が十分でないため、国内的保護が不完全なものになりがちであることを考慮し、

国際連合教育科学文化機関憲章が、同機関が世界の遺産の保存及び保護を確保し、かつ、関係諸国民に対して必要な国際条約を勧告することにより、知識を維持し、増進し及び普及することを規定していることを想起し、

文化財及び自然の財に関する現存の国際条約、国際

的な勧告及び国際的な決議が、この無類の及びかけがえのない物件（いずれの国民に属するものであるかを問わない。）を保護することが世界のすべての国民のために重要であることを明らかにしていることを考慮し、

文化遺産及び自然遺産の中には、特別の重要性を有しており、したがって、人類全体のための世界の遺産の一部として保存する必要があるものがあることを考慮し、

このような文化遺産及び自然遺産を脅かす新たな危険の大きさ及び重大さにかんがみ、当該国がとる措置の代わりにはならないまでも有効な補足的手段となる集団的な援助を供与することによって、顕著な普遍的価値を有する文化遺産及び自然遺産の保護に参加することが、国際社会全体の任務であることを考慮し、

このため、顕著な普遍的価値を有する文化遺産及び自然遺産を集団で保護するための効果的な体制であって、常設的に、かつ、現代の科学的方法により組織されたものを確立する新たな措置を、条約の形式で採択することが重要であることを考慮し、

総会の第一六回会期においてこの問題が国際条約の対象となるべきことを決定して、

この条約を一九七二年一一月一六日に採択する。

I 文化遺産及び自然遺産の定義

第一条【文化遺産の定義】この条約の適用上、「文化遺産」とは、次のものをいう。

記念工作物 建築物、記念的意義を有する彫刻及び絵画、考古学的な性質の物件及び構造物、金石文、洞穴住居並びにこれらの物件の組合せであって、歴史上、芸術上又は学術上顕著な普遍的価値を有するもの

建造物群 独立し又は連続した建造物の群であって、その建築様式、均質性又は景観内の位置のために、歴史上、芸術上又は学術上顕著な普遍的価値を有するもの

遺跡 人工の所産（自然と結合したものを含む。）及び考古学的遺跡を含む区域であって、歴史上、芸術上、民族学上又は人類学上顕著な普遍的価値を有するもの

第二条【自然遺産の定義】この条約の適用上、「自然遺産」とは、次のものをいう。

無生物又は生物の生成物又は生成物群から成る特徴のある自然の地域であって、観賞上又は学術上顕著な普遍的価値を有するもの

地質学的又は地形学的形成物及び脅威にさらされている動物又は植物の種の生息地又は自生地として区域が明確に定められている地域であって、学術上又は保存上顕著な普遍的価値を有するもの

自然の風景地及び区域が明確に定められている自然の地域であって、学術上、保存上又は景観上顕著な普遍的価値を有するもの

第三条【認定】前二条に規定する種々の物件で自国の領域内に存在するものを認定し及びその区域を定めることは、締約国の役割である。

II 文化遺産及び自然遺産の国内的及び国際的保護

第四条【締約国の義務】締約国は、第一条及び第二条に規定する文化遺産及び自然遺産で自国の領域内に存在するものを認定し、保護し、保存し、整備し及び将来の世代へ伝えることを確保することが第一義的には自国に課された義務であることを認識する。このため、締約国は、自国の有するすべての能力を用いて並びに適当な場合には取得し得る国際的な援助及び協力、特に、財政上、芸術上、学術上及び技術上の援助及び協力を得て、最善を尽くすものとする。

第五条【締約国の措置】締約国は、自国の領域内に存在する文化遺産及び自然遺産の保護、保存及び整備のための効果的かつ積極的な措置がとられることを確保するため、可能な範囲内で、かつ、自国にとって適当な場合には、次のことを行うよう努める。

(a) 文化遺産及び自然遺産に対し社会生活における役割を与え並びにこれらの遺産の保護を総合的な計画の中に組み入れるための一般的な政策をとること。

(b) 文化遺産及び自然遺産の保護、保存及び整備のための機関が存在しない場合には、適当な職員を有し、かつ、任務の遂行に必要な手段を有する一又は二以上の機関を自国の領域内に設置すること。

(c) 学術的及び技術的な研究及び調査を発展させること並びに自国の文化遺産又は自然遺産を脅かす危険に対処することを可能にする実施方法を開発すること。

(d) 文化遺産及び自然遺産の認定、保護、保存、整備及び活用のために必要な立法上、学術上、技術上、行政上及び財政上の適当な措置をとること。

(e) 文化遺産及び自然遺産の保護、保存及び整備の分野における全国的又は地域的な研修センターの設置又は発展を促進し、並びにこれらの分野における学術的調査を奨励すること。

第六条【協力・援助義務】1 締約国は、第一条及び第二条に規定する文化遺産及び自然遺産が世界の遺産であること並びにこれらの遺産の保護について協力することが国際社会全体の義務であることを認識する。この場合において、これらの遺産が領域内に存在する国の主権は、これを十分に尊重するものとし、また、国内法令に定める財産権は、これを害するものではない。

2 締約国は、この条約に従い、第一一条の2及び4に規定する文化遺産及び自然遺産の認定、保護、保存及び整備につき、当該遺産が領域内に存在する国の要請に応じて援助を与えることを約束する。

3 締約国は、第一条及び第二条に規定する文化遺産及び自然遺産で他の締約国の領域内に存在するものを直接又は間接に損傷することを意図した措置をと

らないことを約束する。

第七条【国際的保護】この条約において、世界の文化遺産及び自然遺産の国際的保護とは、締約国がその文化遺産及び自然遺産を保存し及び認定するために努力することを支援するための国際的な協力及び援助の体制を確立することであると了解される。

Ⅲ　世界の文化遺産及び自然遺産の保護のための政府間委員会

第八条【政府間委員会】1　この条約により国際連合教育科学文化機関に、顕著な普遍的価値を有する文化遺産及び自然遺産の保護のための政府間委員会(以下「世界遺産委員会」という。)を設置する。同委員会は、同機関の総会の通常会期の間に開催される締約国会議において締約国により選出される一五の締約国によって構成される。同委員会の構成国の数は、この条約が少なくとも四〇の国について効力を生じた後における最初の総会の通常会期からは二一とする。

2　世界遺産委員会の構成国の選出に当たっては、世界の異なる地域及び文化が衡平に代表されることを確保する。

3　世界遺産委員会の会議には、文化財の保存及び修復の研究のための国際センター(ローマ・センター)の代表一人、記念物及び遺跡に関する国際会議(ICOMOS)の代表一人及び自然及び天然資源の保全に関する国際同盟(IUCN)の代表一人が、顧問の資格で出席することができるものとし、国際連合教育科学文化機関の総会の通常会期の間に開催される締約国会議における締約国の要請により、同様の目的を有する他の政府間機関又は非政府機関の代表も、顧問の資格で出席することができる。

第九条【構成国の任期】1　世界遺産委員会の構成国の任期は、当該構成国が選出された時に開催されている国際連合教育科学文化機関の総会の通常会期の終わりから当該通常会期の後に開催される三回目の通常会期の終わりまでとする。

2　もっとも、最初の選挙において選出された世界遺産委員会の構成国の三分の一の任期は当該選挙が行われた総会の通常会期の後に開催される最初の通常会期の終わりに、また、同時に選出された構成国の他の三分の一の任期は当該選挙が行われた総会の通常会期の後に開催される二回目の通常会期の終わりに、終了する。これらの構成国は、最初の選挙の後に国際連合教育科学文化機関の総会議長によりくじ引で選ばれる。

3　世界遺産委員会の構成国は、自国の代表として文化遺産又は自然遺産の分野において資格のある者を選定する。

第一〇条【委員会の権限】1　世界遺産委員会は、その手続規則を採択する。

2　世界遺産委員会は、特定の問題について協議するため、公私の機関又は個人に対し会議に参加するよういつでも招請することができる。

3　世界遺産委員会は、その任務を遂行するために同委員会が必要と認める諮問機関を設置することができる。

第一一条【目録】1　締約国は、できる限り、文化遺産又は自然遺産の一部を構成する物件で、自国の領域内に存在し、かつ、2に規定する一覧表に記載することが適当であるものの目録を世界遺産委員会に提出する。この目録は、すべてを網羅したものとはみなされないものとし、当該物件の所在地及び重要性に関する資料を含む。

2　世界遺産委員会は、1の規定に従って締約国が提出する目録に基づき、第一条及び第二条に規定する文化遺産又は自然遺産の一部を構成する物件であって、同委員会が自己の定めた基準に照らして顕著な普遍的価値を有すると認めるものの一覧表を「世界遺産一覧表」の表題の下に作成し、常時最新のものとし及び公表する。最新の一覧表は、少なくとも二年に一回配布される。

3　世界遺産一覧表に物件を記載するに当たっては、当該国の同意を必要とする。二以上の国が主権又は管轄権を主張している領域内に存在する物件を記載することは、その紛争の当事国の権利にいかなる影響も及ぼすものではない。

4　世界遺産委員会は、事情により必要とされる場合には、世界遺産一覧表に記載されている物件であって、保存のために大規模な作業が必要とされ、かつ、この条約に基づいて援助が要請されているものの一覧表を「危険にさらされている世界遺産一覧表」の表題の下に作成し、常時最新のものとし及び公表する。危険にさらされている世界遺産一覧表には、当該作業に要する経費の見積りを含むものとし、文化遺産又は自然遺産の一部を構成する物件であって、重大かつ特別な危険にさらされているもののみを記載することができる。このような危険には、急速に進む損壊、大規模な公共事業若しくは民間事業又は急激な都市開発事業若しくは観光開発事業に起因する滅失の危険、土地の利用又は所有権の変更に起因する破壊、原因が不明である大規模な変化、理由のいかんを問わない放棄、武力紛争の発生及びそのおそれ、大規模な災害及び異変、大火、地震及び地滑り、噴火並びに水位の変化、洪水及び津波が含まれる。同委員会は、緊急の必要がある場合にはいつでも、危険にさらされている世界遺産一覧表に新たな物件の記載を行うことができるものとし、その記載について直ちに公表することができる。

5　世界遺産委員会は、文化遺産又は自然遺産を構成する物件が2及び4に規定するいずれかの一覧表に記載されるための基準を定める。

6　世界遺産委員会は、2及び4に規定する一覧表のいずれかへの記載の要請を拒否する前に、当該文化遺産又は自然遺産が領域内に存在する締約国と協議する。

7 世界遺産委員会は、当該国の同意を得て、2及び4に規定する一覧表の作成に必要な研究及び調査を調整し及び奨励する。

第一二条【一覧表未記載の効果】 文化遺産又は自然遺産を構成する物件が前条の2及び4に規定する一覧表のいずれにも記載されなかったという事実は、いかなる場合においても、これらの一覧表に記載されることによって生ずる効果については別として、それ以外の点について顕著な普遍的価値を有しないという意味に解してはならない。

第一三条【国際的援助】 1 世界遺産委員会は、文化遺産又は自然遺産の一部を構成する物件であって、締約国の領域内に存在し、かつ、第一一条の2及び4に規定する一覧表に記載されており又は記載されることが適当であるがまだ記載されていないものにつき、当該締約国が表明する国際的援助の要請を受理し、検討する。当該要請は、当該物件を保護し、保存し、整備し又は活用することを確保するために行うことができる。

2 1の国際的援助の要請は、また、予備調査の結果更に調査を行うことが必要と認められる場合には、第一条及び第二条に規定する文化遺産及び自然遺産を認定するためにも行うことができる。

3 世界遺産委員会は、これらの要請についてとられる措置並びに適当な場合には援助の性質及び範囲を決定するものとし、同委員会のための当該政府との間の必要な取極の締結を承認する。

4 世界遺産委員会は、その活動の優先順位を決定するものとし、その優先順位の決定に当たり、保護を必要とする物件が世界の文化遺産及び自然遺産において有する重要性、自然環境又は世界の諸国民の特質及び歴史を最もよく代表する物件に対して国際的援助を与えることの必要性、実施すべき作業の緊急性並びに脅威にさらされている物件が領域内に存在する国の利用し得る能力、特に、当該国が当該物件を自力で保護することができる程度を考慮する。

5 世界遺産委員会は、国際的援助が供与された物件の一覧表を作成し、常時最新のものとし及び公表する。

6 世界遺産委員会は、第一五条の規定によって設立される基金の資金の使途を決定する。同委員会は、当該資金を増額するための方法を追求し、及びこのためすべての有用な措置をとる。

7 世界遺産委員会は、この条約の目的と同様の目的を有する政府間国際機関及び国際的な非政府機関並びに国内の政府機関及び非政府機関と協力する。同委員会は、その計画及び事業を実施するため、これらの機関、特に、文化財の保存及び修復の研究のための国際センター(ローマ・センター)、記念物及び遺跡に関する国際会議(ICOMOS)及び自然及び天然資源の保全に関する国際同盟(IUCN)、公私の機関並びに個人の援助を求めることができる。

8 世界遺産委員会の決定は、出席しかつ投票する構成国の三分の二以上の多数による議決で行う。同委員会の会合においては、過半数の構成国が出席していなければならない。

第一四条【事務局の補佐】 1 世界遺産委員会は、国際連合教育科学文化機関事務局長が任命する事務局の補佐を受ける。

2 国際連合教育科学文化機関事務局長は、文化財の保存及び修復の研究のための国際センター(ローマ・センター)、記念物及び遺跡に関する国際会議(ICOMOS)及び自然及び天然資源の保全に関する国際同盟(IUCN)の各自の専門の分野及び能力の範囲における活動を最大限度に利用して、世界遺産委員会の書類及び会議の議事日程を作成し、並びに同委員会の決定の実施について責任を負う。

IV 世界の文化遺産及び自然遺産の保護のための基金

第一五条【世界遺産基金】 1 この条約により顕著な普遍的価値を有する世界の文化遺産及び自然遺産の保護のための基金(以下「世界遺産基金」という。)を設立する。

2 世界遺産基金は、国際連合教育科学文化機関の財政規則に基づく信託基金とする。

3 世界遺産基金の資金は、次のものから成る。

(a) 締約国の分担金及び任意拠出金

(b) 次の者からの拠出金、贈与又は遺贈

(i) 締約国以外の国

(ii) 国際連合教育科学文化機関、国際連合の他の機関(特に国際連合開発計画)又は他の政府間機関

(iii) 公私の機関又は個人

(c) 同基金の資金から生ずる利子

(d) 募金によって調達された資金及び同基金のために企画された行事による収入

(e) 世界遺産委員会が作成する同基金の規則によって認められるその他のあらゆる資金

4 世界遺産基金に対する拠出及び世界遺産委員会に対するその他の形式による援助は、同委員会が決定する目的にのみ使用することができる。同委員会は、特定の計画又は事業に用途を限った拠出を受けることができる。ただし、同委員会が当該計画又は事業の実施を決定している場合に限る。同基金に対する拠出には、いかなる政治的な条件も付することができない。

第一六条【分担金】 1 締約国は、追加の任意拠出金とは別に、二年に一回定期的に世界遺産基金に分担金を支払うことを約束する。分担金の額は、国際連合教育科学文化機関の総会の間に開催される締約国会議がすべての締約国について適用される同一の百分率により決定する。締約国会議におけるこの決定には、会議に出席しかつ投票する締約国(2の宣言を行っていない締約国に限る。)の過半数による議決を

必要とする。締約国の分担金の額は、いかなる場合にも、同機関の通常予算に対する当該締約国の分担金の額の一パーセントを超えないものとする。

2　もっとも、第三一条及び第三二条に規定する国は、批准書、受諾書又は加入書を寄託する際に、1の規定に拘束されない旨を宣言することができる。

3　2の宣言を行った締約国は、国際連合教育科学文化機関事務局長に通告することにより、いつでもその宣言を撤回することができる。この場合において、その宣言の撤回は、当該締約国が支払うべき分担金につき、その後の最初の締約国会議の日まで効力を生じない。

4　2の宣言を行った締約国の拠出金は、世界遺産委員会がその活動を実効的に計画することができるようにするため、少なくとも二年に一回定期的に支払う。その拠出金の額は、1の規定に拘束される場合に支払うべき分担金の額を下回ってはならない。

5　当該年度及びその直前の暦年度についての分担金又は任意拠出金の支払が延滞している締約国は、世界遺産委員会の構成国に選出される資格を有しない。ただし、この規定は、最初の選挙については適用しない。支払が延滞している締約国であって、同委員会の構成国であるものの任期は、第八条1に規定する選挙の時に終了する。

第一七条【財団等の設立】締約国は、第一条及び第二条に規定する文化遺産及び自然遺産の保護のための寄附を求めることを目的とする国の財団又は団体及び公私の財団又は団体の設立を考慮し又は奨励する。

第一八条【募金への便宜】締約国は、世界遺産基金のため国際連合教育科学文化機関の主催の下に組織される国際的な募金運動に対して援助を与えるものとし、このため、第一五条3に規定する機関が行う募金について便宜を与える。

Ⅴ　国際的援助の条件及び態様

第一九条【援助の要請】いかなる締約国も、顕著な普遍的価値を有する文化遺産又は自然遺産の一部を構成する物件で自国の領域内に存在するもののため、国際的援助を要請することができる。締約国は、当該要請を行う場合には、自国が所有しており、かつ、世界遺産委員会が決定を行う上で必要とされる第二一条に規定する情報及び資料を提出する。

第二〇条【援助の条件】この条約に規定する国際的援助は、第一三条2、第二二条c及び第二三条の規定が適用される場合を除くほか、文化遺産又は自然遺産を構成する物件であって、世界遺産委員会が第一一条の2及び4に規定する一覧表のいずれかに記載することを決定し又は決定することとなっているものにのみ与えることができる。

第二一条【援助の検討】1　世界遺産委員会は、国際的援助の要請を検討する手続及び要請書の記載事項を定める。要請書は、作業計画、必要な作業、作業に要する経費の見積り、緊急度及び援助を要請する国の資力によってすべての経費を賄うことができない理由を明らかにするものとする。要請書は、できる限り、専門家の報告書によって裏付けられなければならない。

2　天災その他の災害に起因する要請は、緊急な作業を必要とすることがあるため、世界遺産委員会が直ちにかつ優先的に考慮するものとし、同委員会は、このような不測の事態に備えて同委員会が使用することができる予備基金を設けるものとする。

3　世界遺産委員会は、決定に先立ち、同委員会が必要と認める研究及び協議を行う。

第二二条【援助の形態】世界遺産委員会は、次の形態の援助を供与することができる。

(a)　第一一条の2及び4に規定する文化遺産及び自然遺産の保護、保存、整備及び活用において生ずる芸術上、学術上及び技術上の問題に関する研究

(b)　同委員会が承認した作業が正しく実施されることを確保するための専門家、技術者及び熟練工の提供

(c)　文化遺産及び自然遺産の認定、保護、保存、整備及び活用の分野におけるあらゆる水準の職員及び専門家の養成

(d)　当該国が所有せず又は入手することができない機材の供与

(e)　長期で返済することができる低利又は無利子の貸付け

(f)　例外的かつ特別の理由がある場合における返済を要しない補助金の供与

第二三条【研修センターへの援助】世界遺産委員会は、また、文化遺産及び自然遺産の認定、保護、保存、整備及び活用の分野におけるあらゆる水準の職員及び専門家のための全国的又は地域的な研修センターに対して国際的援助を与えることができる。

第二四条【学術的その他の研究】大規模な国際的援助の供与に先立ち、詳細な学術的、経済的及び技術的な研究が行われなければならない。これらの研究は、文化遺産及び自然遺産の保護、保存、整備及び活用のための最も進歩した技術を利用するものとし、この条約の目的に適合するものでなければならない。これらの研究は、また、当該国が利用し得る能力を合理的に用いる方法を追求するものとする。

第二五条【経費の負担】国際社会は、原則として、必要な作業に要する経費の一部のみを負担する。国際的援助を受ける国は、財政的に不可能な場合を除くほか、各計画又は事業に充てられる資金のうち相当な割合の額を拠出する。

第二六条【協定の締結】世界遺産委員会及び国際的援助を受ける国は、両者の間で締結する協定において、この条約に基づいて国際的援助が与えられる計画又は事業の実施条件を定める。当該国際的援助を受ける国は、当該協定に定める条件に従い、このようにして保護される物件を引き続き保護し、保存し及び

整備する責任を負う。

VI　教育事業計画

第二七条【教育事業計画】1　締約国は、あらゆる適当な手段を用いて、特に教育及び広報事業計画を通じて、自国民が第一条及び第二条に規定する文化遺産及び自然遺産を評価し及び尊重することを強化するよう努める。

2　締約国は、文化遺産及び自然遺産を脅かす危険並びにこの条約に従って実施される活動を広く公衆に周知させることを約束する。

第二八条【広報活動】この条約に基づいて国際的援助を受ける締約国は、援助の対象となった物件の重要性及び当該国際的援助の果たした役割を周知させるため、適当な措置をとる。

VII　報　告

第二九条【報告制度】1　締約国は、国際連合教育科学文化機関の総会が決定する期限及び様式で同総会に提出する報告において、この条約を適用するために自国がとった立法措置、行政措置その他の措置及びこの分野で得た経験の詳細に関する情報を提供する。

2　1の報告については、世界遺産委員会に通知する。

3　世界遺産委員会は、その活動に関する報告書を国際連合教育科学文化機関の総会の通常会期ごとに提出する。

VIII　最終条項

第三〇条【正文】
第三一条【批准、受諾】
第三二条【加入】
第三三条【効力発生】　（略）

第三四条【連邦制国家への適用】次の規定は、憲法上連邦制又は非単一制をとっている締約国について適用する。

(a)　この条約の規定であって連邦又は中央の立法機関の立法権の下で実施されるものについては、連邦又は中央の政府の義務は、連邦制をとっていない締約国の義務と同一とする。

(b)　この条約の規定であって邦、州又は県の立法権の下で実施されるものであり、かつ、連邦の憲法制度によって邦、州又は県が立法措置をとることを義務付けられていないものについては、連邦の政府は、これらの邦、州又は県の権限のある機関に対し、採択についての勧告を付してその規定を通報する。

第三五条【廃棄】
第三六条【廃棄等通報】　（略）

第三七条【改正】1　この条約は、国際連合教育科学文化機関の総会において改正することができる。その改正は、改正条約の当事国となる国のみを拘束する。

2　総会がこの条約の全部又は一部を改正する条約を新たに採択する場合には、その改正条約に別段の規定がない限り、批准、受諾又は加入のためのこの条約の開放は、その改正条約が効力を生ずる日に終止する。

第三八条【登録】この条約は、国際連合教育科学文化機関事務局長の要請により、国際連合憲章第一〇二条の規定に従って、国際連合事務局に登録する。

第5節　有害廃棄物・原子力

8 16　有害廃棄物の国境を越える移動及びその処分の規制に関するバーゼル条約（バーゼル条約）（抄）

採　択　一九八九年三月二二日（バーゼル）
効力発生　一九九二年五月五日
改　正　一九九五年九月二二日採択(Dec. III/1)、二〇一九年一二月五日効力発生、一九九八年二月二七日採択(Dec. IV/9)、一九九八年一一月六日効力発生、二〇〇二年一二月一三日採択(Dec. VI/35)、二〇〇三年一一月二〇日効力発生、二〇〇四年一〇月二九日採択(Dec. VII/19)、二〇〇五年一〇月八日効力発生、二〇一一年一〇月一〇日採択(Dec. BC-11/6)、二〇一四年五月二七日効力発生、二〇一九年五月一〇日採択(Dec. BC-14/12)
日本国　一九九二年一二月一〇日国会承認、一九九三年九月一七日加入書寄託、一二月六日公布（条約第七号）、一二月一六日効力発生
一九九五年改正：
一九九八年以降の改正：一九九八年一一月六日（外務省告示第五〇四号）、同日効力発生、二〇〇五年六月三〇日（外務省告示第五五九号）、同年一〇月八日効力発生、二〇〇五年七月二二日（外務省告示六七八号）、同日効力発生、二〇一四年五月二〇日（外務省告示第一七二号）、同年五月二六日効力発生

※一九九五年改正は、二〇二〇年一月現在、日本については未発効であるが、その重要性に鑑み細字でテキストに挿入した。

前文

この条約の締約国は、

有害廃棄物並びにこれらの廃棄物の国境を越える移動によって引き起こされる人の健康及び環境に対する損害の危険性を認識し、

有害廃棄物及び他の廃棄物の発生の増加及び一層の複雑化並びにこれらの廃棄物の国境を越える移動によってもたらされる人の健康及び環境に対する脅威の増大に留意し、

これらの廃棄物によってもたらされる危険から人の健康及び環境を保護する最も効果的な方法は、これらの廃棄物の発生を量及び有害性の面から最小限度とすることであることに留意し、

諸国が、処分の場所のいかんを問わず、有害廃棄物及び他の廃棄物の処理(国境を越える移動及び処分を含む。)を人の健康及び環境の保護に適合させるために必要な措置をとるべきであることを確信し、

諸国が、処分の場所のいかんを問わず、発生者が有害廃棄物及び他の廃棄物の運搬及び処分に関する義務を環境の保護に適合する方法で履行することを確保すべきであることに留意し、

いずれの国も、自国の領域において外国の有害廃棄物及び他の廃棄物の搬入又は処分を禁止する主権的権利を有することを十分に認め、

有害廃棄物の国境を越える移動及びその処分を他国特に開発途上国において行うことを禁止したいとの願望が増大していることを認め、

[注] 一九九五年改正による追加前文

有害廃棄物の越境移動、特に途上国への移動は、この条約が求める有害廃棄物の環境上適正な処理とはならない高い危険性があることを認め、

有害廃棄物及び他の廃棄物は、環境上適正かつ効率的な処理と両立する限り、これらの廃棄物の発生した国において処分されるべきであることを確信し、

これらの廃棄物の発生した国から他の国への国境を越える移動は、人の健康及び環境を害することのない条件並びにこの条約の規定に従う条件の下で行われる場合に限り許可されるべきであることを認識し、

有害廃棄物及び他の廃棄物の国境を越える移動の規制を強化することが、これらの廃棄物を環境上適正に処理し、及びその国境を越える移動の量を削減するための誘因となることを考慮し、

諸国が、有害廃棄物及び他の廃棄物の国境を越える移動に関する適当な情報交換及び規制を行うための措置をとるべきであることを確信し、

種々の国際的及び地域的な協定が危険物の通過に関する環境の保護及び保全の問題を取り扱っていることに留意し、

国際連合人間環境会議の宣言(一九七二年ストックホルム)、国際連合環境計画(UNEP)管理理事会が一九八七年六月一七日の決定一四―三〇により採択した有害廃棄物の環境上適正な処理のためのカイロ・ガイドライン及び原則、危険物の運搬に関する国際連合専門家委員会の勧告(一九五七年に作成され、その後二年ごとに修正されている。)、国際連合及びその関連機関において採択された関連する勧告、宣言、文書及び規則並びに他の国際的及び地域的な機関において行われた活動及び研究を考慮し、

第三七回国際連合総会(一九八二年)において人間環境の保護及び自然資源の保全に関する倫理的規範として採択された世界自然憲章の精神、原則、目的及び機能に留意し、

諸国が、人の健康の保護並びに環境の保護及び保全に関する国際的義務の履行に責任を有し、並びに国際法に従って責任を負うことを確認し、

この条約又はこの条約の議定書の規定に対する重大な違反があった場合には、条約に関する関連国際法が適用されることを認め、

有害廃棄物及び他の廃棄物の発生を最小限度とするため、環境上適正な廃棄物低減技術、再生利用の方法並びに良好な管理及び処理の体制の開発及び実施を引き続き行うことの必要性を認識し、

有害廃棄物及び他の廃棄物の国境を越える移動を厳重に規制することの必要性について国際的な関心が高まっていること並びに可能な限りそのような移動を最小限度とすることの必要性を認識し、

有害廃棄物及び他の廃棄物の国境を越える不法な取引の問題について懸念し、

有害廃棄物及び他の廃棄物を処理する開発途上国の能力に限界があることを考慮し、

現地で発生する有害廃棄物及び他の廃棄物の適正な処理のため、カイロ・ガイドライン及び環境保護に関する技術の移転の促進に関するUNEP管理理事会の決定一四―一六の精神に従い、特に開発途上国に対する技術移転を促進することの必要性を認め、

有害廃棄物及び他の廃棄物が、関連する国際条約及び国際的な勧告に従って運搬されるべきであることを認め、

有害廃棄物及び他の廃棄物の国境を越える移動は、これらの廃棄物の運搬及び最終的な処分が環境上適正である場合に限り許可されるべきであることを確信し、

有害廃棄物及び他の廃棄物の発生及び処理から生ずることがある悪影響から人の健康及び環境を厳重な規制によって保護することを決意して、

次のとおり協定した。

第一条(条約の適用範囲) 1　この条約の適用上、次の廃棄物であって国境を越える移動の対象となるものは、「有害廃棄物」とする。

(a)　附属書Iに掲げるいずれかの分類に属する廃棄物(附属書IIIに掲げるいずれの特性も有しないものを除く。)

(b)　(a)に規定する廃棄物には該当しないが、輸出国、輸入国又は通過国である締約国の国内法令に

より有害であると定義され又は認められている廃棄物

2　この条約の適用上、附属書Ⅱに掲げるいずれかの分類に属する廃棄物であって国境を越える移動の対象となるものは、「他の廃棄物」とする。

3　放射能を有することにより、特に放射性物質について適用される国際文書による規制を含む他の国際的な規制の制度の対象となる廃棄物は、この条約の適用範囲から除外する。

4　船舶の通常の運航から生ずる廃棄物であってその排出について他の国際文書の適用があるものは、この条約の適用範囲から除外する。

第二条（定義）　この条約の適用上、

1　「廃棄物」とは、処分がされ、処分が意図され又は国内法の規定により処分が義務付けられている物質又は物体をいう。

2　「処理」とは、有害廃棄物又は他の廃棄物の収集、運搬及び処分をいい、処分場所の事後の管理を含む。

3　「国境を越える移動」とは、有害廃棄物又は他の廃棄物が、その移動に少なくとも二以上の国が関係する場合において、一の国の管轄の下にある地域から、他の国の管轄の下にある地域へ若しくは他の国の管轄の下にある地域を通過して、又はいずれの国の管轄の下にもない地域へ若しくはいずれの国の管轄の下にもない地域を通過して、移動することをいう。

4　「処分」とは、附属書Ⅳに掲げる作業をいう。

5　「承認された場所又は施設」とは、場所又は施設が存在する国の関係当局により、有害廃棄物又は他の廃棄物の処分のための作業を行うことが認められ又は許可されている場所又は施設をいう。

6　「権限のある当局」とは、締約国が適当と認める地理的区域内において、第六条の規定に従って有害廃棄物又は他の廃棄物の国境を越える移動に関する通告及びこれに関係するすべての情報を受領し並びに当該通告に対し回答する責任を有する一の政府当局として締約国によって指定されたものをいう。

7　「中央連絡先」とは、第一三条及び第一六条に規定する情報を受領し及び提供する責任を有する第五条に規定する締約国の機関をいう。

8　「有害廃棄物又は他の廃棄物の環境上適正な処理」とは、有害廃棄物又は他の廃棄物から生ずる悪影響から人の健康及び環境を保護するような方法でこれらの廃棄物が処理されることを確保するために実行可能なあらゆる措置をとることをいう。

9　「一の国の管轄の下にある地域」とは、人の健康又は環境の保護に関し、国際法に従って一の国が行政上及び規制上の責任を遂行する陸地、海域又は空間をいう。

10　「輸出国」とは、有害廃棄物又は他の廃棄物の自国からの国境を越える移動が計画され又は開始されている締約国をいう。

11　「輸入国」とは、自国における処分を目的として又はいずれの国の管轄の下にもない地域における処分に先立つ積込みを目的として、有害廃棄物又は他の廃棄物の自国への国境を越える移動が計画され又は行われている締約国をいう。

12　「通過国」とは、輸出国又は輸入国以外の国であって、自国を通過する有害廃棄物又は他の廃棄物の国境を越える移動が計画され又は行われているものをいう。

13　「関係国」とは、締約国である輸出国又は輸入国及び締約国であるかないかを問わず通過国をいう。

14　「者」とは、自然人又は法人をいう。

15　「輸出者」とは、有害廃棄物又は他の廃棄物の輸出を行う者であって輸出国の管轄の下にあるものをいう。

16　「輸入者」とは、有害廃棄物又は他の廃棄物の輸入を行う者であって輸入国の管轄の下にあるものをいう。

17　「運搬者」とは、有害廃棄物又は他の廃棄物の運搬を行う者をいう。

18　「発生者」とは、その活動が有害廃棄物又は他の廃棄物を発生させる者をいい、その者が不明であるときは、当該有害廃棄物又は他の廃棄物を保有し又は支配している者をいう。

19　「処分者」とは、有害廃棄物又は他の廃棄物がその者に対し運搬される者であって当該有害廃棄物又は他の廃棄物の処分を行うものをいう。

20　「政治統合又は経済統合のための機関」とは、主権国家によって構成される機関であって、この条約が規律する事項に関しその加盟国から権限の委譲を受け、かつ、その内部手続に従ってこの条約の署名、批准、受諾、承認若しくは正式確認又はこれへの加入の正当な委任を受けたものをいう。

21　「不法取引」とは、第九条に規定する有害廃棄物又は他の廃棄物の国境を越える移動をいう。

第三条（有害廃棄物に関する国内の定義）　1　締約国は、この条約の締約国となった日から六箇月以内に、条約の事務局に対し、附属書Ⅰ及び附属書Ⅱに掲げる廃棄物以外に自国の法令により有害であると認められ又は定義されている廃棄物を通報し、かつ、その廃棄物について適用する国境を越える移動の手続に関する要件を通報する。

2　締約国は、更に、1の規定に従って提供した情報に関する重要な変更を事務局に通報する。

3　事務局は、1及び2の規定に従って受領した情報を直ちにすべての締約国に通報する。

4　締約国は、3の規定に従い事務局によって送付された情報を自国の輸出者に対し利用可能にする責任を有する。

第四条（一般的義務）

1 (a)　有害廃棄物又は他の廃棄物の処分のための輸入を禁止する権利を行使する締約国は、第一三条の規定に従ってその決定を他の締約国に通報する。

(b)　締約国は、(a)の規定に従って通報を受けた場合には、有害廃棄物及び他の廃棄物の輸入を禁止している締約国に対する当該有害廃棄物及び他の廃棄物の輸出を許可せず、又は禁止する。

(c)　締約国は、輸入国が有害廃棄物及び他の廃棄物の輸入を禁止していない場合において当該輸入国がこれらの廃棄物の特定の輸入につき書面により同意しないときは、その輸入の同意のない廃棄物の輸出を許可せず、又は禁止する。

2　締約国は、次の目的のため、適当な措置をとる。

(a)　社会的、技術的及び経済的側面を考慮して、国内における有害廃棄物及び他の廃棄物の発生を最小限度とすることを確保する。

(b)　有害廃棄物及び他の廃棄物の環境上適正な処理のため、処分の場所のいかんを問わず、可能な限り国内にある適当な処分施設が利用できるようにすることを確保する。

(c)　国内において有害廃棄物又は他の廃棄物の処理に関与する者が、その処理から生ずる有害廃棄物及び他の廃棄物による汚染を防止するため、並びに汚染が生じた場合には、人の健康及び環境についてその影響を最小のものにとどめるために必要な措置をとることを確保する。

(d)　有害廃棄物及び他の廃棄物の国境を越える移動が、これらの廃棄物の環境上適正かつ効率的な処理に適合するような方法で最小限度とされ、並びに当該移動から生ずる悪影響から人の健康及び環境を保護するような方法で行われることを確保する。

(e)　締約国特に開発途上国である国又は国家群(経済統合又は政治統合のための機関に加盟しているもの)に対する有害廃棄物又は他の廃棄物の輸出は、これらの国若しくは国家群が国内法令によりこれらの廃棄物のすべての輸入を禁止した場合又はこれらの廃棄物が締約国の第一回会合において決定される基準に従う環境上適正な方法で処理されないと信ずるに足りる理由がある場合には、許可しない。

(f)　計画された有害廃棄物及び他の廃棄物の国境を越える移動が人の健康及び環境に及ぼす影響を明らかにするため、当該移動に関する情報が附属書ＶＡに従って関係国に提供されることを義務付ける。

(g)　有害廃棄物及び他の廃棄物が環境上適正な方法で処理されないと信ずるに足りる理由がある場合には、当該有害廃棄物及び他の廃棄物の輸入を防止する。

(h)　有害廃棄物及び他の廃棄物の環境上適正な処理を改善し及び不法取引の防止を達成するため、有害廃棄物及び他の廃棄物の国境を越える移動に関する情報の提供その他の活動について、直接及び事務局を通じ、他の締約国及び関係機関と協力する。

3　締約国は、有害廃棄物又は他の廃棄物の不法取引を犯罪性のあるものと認める。

4　締約国は、この条約の規定を実施するため、この条約の規定に違反する行為を防止し及び処罰するための措置を含む適当な法律上の措置、行政上の措置その他の措置をとる。

5　締約国は、有害廃棄物又は他の廃棄物を非締約国へ輸出し又は非締約国から輸入することを許可しない。

6　締約国は、国境を越える移動の対象となるかならないかを問わず、南緯六〇度以南の地域における処分のための有害廃棄物又は他の廃棄物の輸出を許可しないことに合意する。

7　締約国は、更に、次のことを行う。

(a)　有害廃棄物又は他の廃棄物の運搬又は処分を行うことが認められ又は許可されている者を除くほか、その管轄の下にあるすべての者に対し、当該運搬又は処分を行うことを禁止すること。

(b)　国境を越える移動の対象となる有害廃棄物及び他の廃棄物が、こん包、表示及び運搬の分野において一般的に受け入れられかつ認められている国際的規則及び基準に従ってこん包され、表示され及び運搬されること並びに国際的に認められている関連する慣行に妥当な考慮が払われることを義務付けること。

(c)　有害廃棄物及び他の廃棄物には、国境を越える移動が開始される地点から処分の地点まで移動書類が伴うことを義務付けること。

8　締約国は、輸出されることとなる有害廃棄物又は他の廃棄物が輸入国又は他の場所において環境上適正な方法で処理されることを義務付ける。この条約の対象となる廃棄物の環境上適正な処理のための技術上の指針は、締約国の第一回会合において決定する。

9　締約国は、有害廃棄物及び他の廃棄物の国境を越える移動が次のいずれかの場合に限り許可されることを確保するため、適当な措置をとる。

(a)　輸出国が当該廃棄物を環境上適正かつ効率的な方法で処分するための技術上の能力及び必要な施設、処分能力又は適当な処分場所を有しない場合

(b)　当該廃棄物が輸入国において再生利用産業又は回収産業のための原材料として必要とされている場合

(c)　当該国境を越える移動が締約国全体として決定する他の基準に従って行われる場合。ただし、当該基準がこの条約の目的に合致することを条件とする。

10　有害廃棄物及び他の廃棄物を発生させた国がこの条約の下において負う当該有害廃棄物及び他の廃棄物を環境上適正な方法で処理することを義務付ける義務は、いかなる状況においても、輸入国又は通過

国へ移転してはならない。

11 この条約のいかなる規定も、締約国が人の健康及び環境を一層保護するためこの条約の規定に適合しかつ国際法の諸規則に従う追加的な義務を課することを妨げるものではない。

12 この条約のいかなる規定も、国際法に従って確立している領海に対する国の主権、国際法に従い排他的経済水域及び大陸棚において国が有する主権的権利及び管轄権並びに国際法に定められ及び関連する国際文書に反映されている航行上の権利及び自由をすべての国の船舶及び航空機が行使することに何ら影響を及ぼすものではない。

13 締約国は、他の国特に開発途上国に対して輸出される有害廃棄物及び他の廃棄物の量及び汚染力を減少させる可能性について定期的に検討する。

［注］一九九五年改正による追加条文

第四条A 1 附属書Ⅶに列挙された締約国は、附属書Ⅶに列挙されていない国への附属書ⅣAの作業を行うための有害廃棄物のすべての越境移動を禁止する。

2 附属書Ⅶに列挙された締約国は、附属書Ⅶに列挙されていない国への附属書ⅣBの作業を行うための条約第一条1(a)に規定する有害廃棄物のすべての越境移動を、一九九七年一二月三一日までに終了し、その後は禁止する。当該越境移動は、問題となる廃棄物が条約に基づき有害な特性を有しない限り禁止されない。

第五条（権限のある当局及び中央連絡先の指定） 締約国は、この条約の実施を円滑にするため、次のことを行う。

1 一又は二以上の権限のある当局及び一の中央連絡先を指定し又は設置すること。通過国の場合において通告を受領するため、一の権限のある当局を指定すること。

2 自国についてこの条約が効力を生じた日から三箇月以内に、中央連絡先及び権限のある当局としていずれの機関を指定したかを事務局に対し通報すること。

3 2の規定に従い行った指定に関する変更をその決定の日から一箇月以内に事務局に対し通報すること。

第六条（締約国間の国境を越える移動） 1 輸出国は、書面により、その権限のある当局の経路を通じ、有害廃棄物又は他の廃棄物の国境を越える移動の計画を関係国の権限のある当局に対し通告し又は発生者若しくは輸出者に通告させる。その通告は、輸入国の受け入れ可能な言語により記載された附属書ⅤAに掲げる申告及び情報を含む。各関係国に対し送付する通告は、一通のみで足りる。

2 輸入国は、通告をした者に対し、書面により、移動につき条件付若しくは無条件で同意し、移動に関する許可を拒否し又は追加的な情報を要求する旨を回答する。輸入国の最終的な回答の写しは、締約国である関係国の権限のある当局に送付する。

3 輸出国は、次の事項を書面により確認するまでは、発生者又は輸出者が国境を越える移動を開始することを許可してはならない。

(a) 通告をした者が輸入国の書面による同意を得ていること。

(b) 通告をした者が、廃棄物について環境上適正な処理がされることを明記する輸出者と処分者との間の契約の存在につき、輸入国から確認を得ていること。

4 締約国である通過国は、通告をした者に対し通告の受領を速やかに確認する。当該通過国は、更に、通告をした者に対し、六〇日以内に、移動につき条件付若しくは無条件で同意し、移動に関する許可を拒否し又は追加的な情報を要求する旨を書面により回答する。輸出国は、当該通過国の書面による同意を得るまでは、国境を越える移動を開始することを許可してはならない。ただし、いかなる時点においても、締約国が、有害廃棄物又は他の廃棄物の通過のための国境を越える移動に関し、書面による事前の同意を一般的に若しくは特定の条件の下において義務付けないことを決定し、又は事前の同意に係る要件を変更する場合には、当該締約国は、第一三条の規定に従い他の締約国に直ちにその旨を通報する。事前の同意を義務付けない場合において通過国が通告を受領した日から六〇日以内に輸出国が当該通過国の回答を受領しないときは、当該輸出国は、当該通過国を通過して輸出を行うことを許可することができる。

5 特定の国によってのみ有害であると法的に定義され又は認められている廃棄物の国境を越える移動の場合において、

(a) 輸出国によってのみ定義され又は認められているときは、輸入者又は処分者及び輸入国について適用する9の規定は、必要な変更を加えて、それぞれ輸出者及び輸出国について適用する。

(b) 輸入国によってのみ又は輸入国及び締約国である通過国によってのみ定義され又は認められているときは、輸出者及び輸出国について適用する1、3、4及び6の規定は、必要な変更を加えて、それぞれ輸入者又は処分者及び輸入国について適用する。

(c) 締約国である通過国によってのみ定義され又は認められているときは、4の規定を当該通過国について適用する。

6 輸出国は、同一の物理的及び化学的特性を有する有害廃棄物又は他の廃棄物が、輸出国の同一の出国税関及び輸入国の同一の入国税関を経由して、並びに通過のときは通過国の同一の入国税関及び出国税関を経由して、同一の処分者に定期的に運搬される場合には、関係国の書面による同意を条件として、発生者又は輸出者が包括的な通告を行うことを許可することができる。

7　関係国は、運搬される有害廃棄物又は他の廃棄物に関する一定の情報(正確な量、定期的に作成する一覧表等)が提供されることを条件として、6に規定する包括的な通告を行うことにつき書面により同意することができる。

8　6及び7に規定する包括的な通告及び書面による同意は、最長一二箇月の期間における有害廃棄物又は他の廃棄物の二回以上の運搬について適用することができる。

9　締約国は、有害廃棄物又は他の廃棄物の国境を越える移動に責任を有するそれぞれの者が当該有害廃棄物又は他の廃棄物の引渡し又は受領の際に移動書類に署名することを義務付ける。締約国は、また、処分者が、輸出者及び輸出国の権限のある当局の双方に対し、当該有害廃棄物又は他の廃棄物を受領したことを通報し及び通告に明記する処分が完了したことを相当な期間内に通報することを義務付ける。これらの通報が輸出国において受領されない場合には、輸出国の権限のある当局又は輸出者は、その旨を輸入国に通報する。

10　この条の規定により義務付けられる通告及び回答は、関係締約国の権限のある当局又は非締約国の適当と認める政府当局に送付する。

11　有害廃棄物又は他の廃棄物の国境を越えるいかなる移動も、輸入国又は締約国である通過国が義務付けることのある保険、供託金その他の保証によって担保する。

第七条(締約国から非締約国を通過して行われる国境を越える移動)　前条1の規定は、必要な変更を加えて、締約国から非締約国を通過して行われる有害廃棄物又は他の廃棄物の国境を越える移動について適用する。

第八条(再輸入の義務)　この条約の規定に従うことを条件として関係国の同意が得られている有害廃棄物又は他の廃棄物の国境を越える移動が、契約の条件に従って完了することができない場合において、輸入国が輸出国及び事務局に対してその旨を通報した時から九〇日以内に又は関係国が合意する他の期間内に当該有害廃棄物又は他の廃棄物が環境上適正な方法で処分されるための代替措置をとることができないときは、輸出国は、輸出者が当該有害廃棄物又は他の廃棄物を輸出国内に引き取ることを確保する。このため、輸出国及び締約国である通過国は、当該有害廃棄物又は他の廃棄物の輸出国への返還に反対し、及びその返還を妨害し又は防止してはならない。

第九条(不法取引)　1　この条約の適用上、次のいずれかに該当する有害廃棄物又は他の廃棄物の国境を越える移動は、不法取引とする。

(a)　この条約の規定に従う通告がすべての関係国に対して行われていない移動

(b)　関係国からこの条約の規定に従う同意が得られていない移動

(c)　関係国の同意が偽造、虚偽の表示又は詐欺により得られている移動

(d)　書類と重要な事項において不一致がある移動

(e)　この条約の規定及び国際法の一般原則に違反して有害廃棄物又は他の廃棄物を故意に処分すること(例えば、投棄すること。)となる移動

2　有害廃棄物又は他の廃棄物の国境を越える移動が輸出者又は発生者の行為の結果として不法取引となる場合には、輸出国は、輸出国に当該不法取引が通報された時から三〇日以内又は関係国が合意する他の期間内に、当該有害廃棄物又は他の廃棄物に関し次のことを確保する。

(a)　輸出者若しくは発生者若しくは必要な場合には輸出国が自国に引き取ること又はこれが実際的でないときは、

(b)　この条約の規定に従って処分されること。

このため、関係締約国は、当該有害廃棄物又は他の廃棄物の輸出国への返還に反対し、及びその返還を妨害し又は防止してはならない。

3　有害廃棄物又は他の廃棄物の国境を越える移動が輸入者又は処分者の行為の結果として不法取引となる場合には、輸入国は、当該不法取引を輸入国が知るに至った時から三〇日以内又は関係国が合意する他の期間内に、輸入者若しくは処分者又は必要なときは輸入国が当該有害廃棄物又は他の廃棄物を環境上適正な方法で処分することを確保する。このため、関係締約国は、必要に応じ、当該有害廃棄物又は他の廃棄物を環境上適正な方法で処分することについて協力する。

4　不法取引の責任を輸出者若しくは発生者又は輸入者若しくは処分者のいずれにも帰することができない場合には、関係締約国又は適当なときは他の締約国は、協力して、輸出国若しくは輸入国又は適当なときは他の場所において、できる限り速やかに当該有害廃棄物又は他の廃棄物を環境上適正な方法で処分することを確保する。

5　締約国は、不法取引を防止し及び処罰するため、適当な国内法令を制定する。締約国は、この条の目的を達成するため、協力する。

第一〇条(国際協力)　1　締約国は、有害廃棄物及び他の廃棄物の環境上適正な処理を改善し及び達成するため、相互に協力する。

2　締約国は、この目的のため、次のことを行う。

(a)　要請に応じ、二国間であるか多数国間であるかを問わず、有害廃棄物及び他の廃棄物の環境上適正な処理(有害廃棄物及び他の廃棄物の適切な処理のための技術上の基準及び実施方法の調整を含む。)を促進するため、情報を利用できるようにすること。

(b)　有害廃棄物の処理が人の健康及び環境に及ぼす影響を監視することについて協力すること。

(c) 有害廃棄物及び他の廃棄物の発生を実行可能な限り除去するため、並びに有害廃棄物及び他の廃棄物の環境上適正な処理を確保する一層効果的かつ効率的な方法（新たな又は改善された技術の採用が経済上、社会上及び環境上及ぼす影響についての研究を含む。）を確立するため、新たな環境上適正な廃棄物低減技術の開発及び実施並びに既存の技術の改善につき、自国の法令及び政策に従って協力すること。

(d) 有害廃棄物及び他の廃棄物の環境上適正な処理に関係する技術及び処理方式の移転につき、自国の法令及び政策に従って積極的に協力すること。また、締約国、特にこの分野において技術援助を必要とし及び要請する締約国の技術上の能力の開発について協力すること。

(e) 適当な技術上の指針又は実施基準の開発について協力すること。

3 締約国は、第四条2の(a)から(d)までの規定の実施について開発途上国を援助するため、適当な協力のための手段を用いる。

4 開発途上国の必要を考慮して、公衆の意識の向上、有害廃棄物及び他の廃棄物の適正な処理の発展並びに新たな廃棄物低減技術の採用を特に促進するため、締約国と関係国際機関との間の協力が奨励される。

第一一条（二国間の、多数国間の及び地域的な協定）

1 第四条5の規定にかかわらず、締約国は、締約国又は非締約国との間で有害廃棄物又は他の廃棄物の国境を越える移動に関する二国間の、多数国間の又は地域的な協定又は取決めを締結することができる。ただし、当該協定又は取決めは、この条約により義務付けられる有害廃棄物及び他の廃棄物の環境上適正な処理を害するものであってはならない。当該協定又は取決めは、特に開発途上国の利益を考慮して、この条約の定める規定以上に環境上適正な規定を定めるものとする。

2 締約国は、1に規定する協定又は取決め及びこの条約が自国に対し効力を生ずるに先立ち締結した二国間の、多数国間の又は地域的な協定又は取決めであって、これらの協定又は取決めの締約国間でのみ行われる有害廃棄物及び他の廃棄物の国境を越える移動を規制する目的を有するものを事務局に通告する。この条約のいかなる規定も、これらの協定又は取決めがこの条約により義務付けられる有害廃棄物及び他の廃棄物の環境上適正な処理と両立する限り、これらの協定又は取決めに従って行われる国境を越える移動に影響を及ぼすものではない。

第一二条（損害賠償責任に関する協議） 締約国は、有害廃棄物及び他の廃棄物の国境を越える移動及び処分から生ずる損害に対する責任及び賠償の分野において適当な規則及び手続を定める議定書をできる限り速やかに採択するため、協力する。

第一三条（情報の送付） 1 締約国は、有害廃棄物又は他の廃棄物の国境を越える移動又はその処分が行われている間に、他の国の人の健康及び環境に危害を及ぼすおそれがある事故が発生した場合において、その事故を知るに至ったときはいつでも、当該他の国が速やかに通報を受けることを確保する。

2 締約国は、相互に、事務局を通じ、次の通報を行う。

(a) 権限のある当局又は中央連絡先の指定の変更に関する第五条の規定による通報

(b) 有害廃棄物の国内の定義の変更に関する第三条の規定による通報

また、できる限り速やかに、次の事項を通報する。

(c) 自国の管轄の下にある地域における有害廃棄物又は他の廃棄物の処分を目的とする輸入につき全面的又は部分的に同意しない旨の決定

(d) 有害廃棄物又は他の廃棄物の輸出を制限し又は禁止する旨の決定

(e) 4の規定に従って送付の義務を負うその他の情報

3 締約国は、自国の法令に従い、事務局を通じ、第一五条の規定により設置する締約国会議に対し、各暦年の終わりまでに、次の情報を含む前暦年に関する報告を送付する。

(a) 第五条の規定に従い締約国によって指定された権限のある当局及び中央連絡先

(b) 締約国が関係する有害廃棄物又は他の廃棄物の国境を越える移動に関する次の事項を含む情報

(i) 輸出された有害廃棄物及び他の廃棄物の量、分類、特性、目的地及び通過国並びに通告に対する回答に記載された処分の方法

(ii) 輸入された有害廃棄物及び他の廃棄物の量、分類、特性、発生地及び処分の方法

(iii) 予定されたとおりに行われなかった処分

(iv) 国境を越える移動の対象となる有害廃棄物及び他の廃棄物の量の削減を達成するための努力

(c) この条約の実施のために締約国がとった措置に関する情報

(d) 有害廃棄物又は他の廃棄物の発生、運搬及び処分が人の健康及び環境に及ぼす影響について締約国が作成した提供可能かつ適切な統計に関する情報

(e) 第一一条の規定に従って締結した二国間の、多数国間の及び地域的な協定及び取決めに関する情報

(f) 有害廃棄物及び他の廃棄物の国境を越える移動及び処分が行われている間に発生した事故並びにその事故を処理するためにとられた措置に関する情報

(g) 管轄の下にある地域において用いられた処分の方法に関する情報

(h) 有害廃棄物及び他の廃棄物の発生を削減し又は無くすための技術の開発のためにとられた措置に関する情報

(i) 締約国会議が適当と認めるその他の事項

4 特定の有害廃棄物又は他の廃棄物の国境を越える移動により自国の環境が影響を受けるおそれがあると認めるいずれかの締約国が要請した場合には、締約国は、自国の法令に従い、当該移動に関する通告及びその通告に対する回答の写しを事務局に対し送付することを確保する。

第一四条(財政的な側面)(略)

第一五条(締約国会議) 1 この条約により締約国会議を設置する。締約国会議の第一回会合は、UNEP事務局長がこの条約の効力発生の後一年以内に招集する。その後は、締約国会議の通常会合は、第一回会合において決定する一定の間隔で開催する。

2 締約国会議の特別会合は、締約国会議が必要と認めるとき又はいずれかの締約国から書面による要請のある場合において事務局がその要請を締約国に通報した後六箇月以内に締約国の少なくとも三分の一がその要請を支持するときに開催する。

3 締約国会議は、締約国会議及び締約国会議が設置する補助機関の手続規則並びに特にこの条約に基づく締約国の財政的な参加について定める財政規則をコンセンサス方式により合意し及び採択する。

4 締約国は、その第一回会合において、この条約の規定の範囲内で海洋環境の保護及び保全に関する責任を果たす上で役立つ必要な追加的措置を検討する。

5 締約国会議は、この条約の効果的な実施について絶えず検討し及び評価し、更に、次のことを行う。

(a) 有害廃棄物及び他の廃棄物による人の健康及び環境に対する害を最小のものにとどめるための適当な政策、戦略及び措置の調整を促進すること。

(b) 必要に応じ、利用可能な科学、技術、経済及び環境に関する情報を特に考慮して、この条約及びその附属書の改正を検討し及び採択すること。

(c) この条約の実施並びに第一一条に規定する協定及び取決めの実施から得られる経験に照らして、この条約の目的の達成のために必要な追加的行動を検討し及びとること。

(d) 必要に応じ、議定書を検討し及び採択すること。

(e) この条約の実施に必要と認められる補助機関を設置すること。

6 国際連合及びその専門機関並びにこの条約の締約国でない国は、締約国会議の会合にオブザーバーを出席させることができる。有害廃棄物又は他の廃棄物に関連のある分野において認められた団体又は機関(国内若しくは国際の又は政府若しくは非政府のもののいずれであるかを問わない。)であって、締約国会議の会合にオブザーバーを出席させることを希望する旨事務局に通報したものは、当該会合に出席する締約国の三分の一以上が反対しない限り、オブザーバーを出席させることを認められる。オブザーバーの出席及び参加は、締約国会議が採択する手続規則の適用を受ける。

7 締約国会議は、この条約の効力発生の三年後に及びその後は少なくとも六年ごとに、この条約の有効性について評価を行い、並びに必要と認める場合には、最新の科学、環境、技術及び経済に関する情報に照らして有害廃棄物及び他の廃棄物の国境を越える移動の完全な又は部分的な禁止措置の採用について検討を行う。

第一六条(事務局) 1 事務局は、次の任務を遂行する。

(a) 前条及び次条に規定する会合を準備し及びその会合のための役務を提供すること。

(b) 第三条、第四条、第六条、第一一条及び第一三条の規定により受領した情報、前条の規定により設置される補助機関の会合から得られる情報並びに適当な場合には関連する政府間機関及び非政府機関により提供される情報に基づく報告書を作成し及び送付すること。

(c) この条約に基づく任務を遂行するために行った活動に関する報告書を作成し及びその報告書を締約国会議に提出すること。

(d) 他の関係国際団体との必要な調整を行うこと。特に、その任務の効果的な遂行のために必要な事務的な及び契約上の取決めを行うこと。

(e) 第五条の規定に従い締約国が指定した中央連絡先及び権限のある当局との間の連絡を行うこと。

(f) 国内の有害廃棄物及び他の廃棄物の処分のために利用可能な締約国の認められた場所及び施設に関する情報を収集し及びその情報を締約国に送付すること。

(g) 要請に応じ、締約国を援助するため、次の情報を締約国から受領し、締約国に伝達すること。

技術援助及び訓練の提供元

利用可能な技術上及び科学上のノウハウ

助言及び専門的知識の提供元

資源の利用可能性

前記の援助は、次のような分野を対象とする。

この条約の通告制度の運用

有害廃棄物及び他の廃棄物の処理

有害廃棄物及び他の廃棄物に関する環境上適正な技術(例えば、廃棄物低減技術及び廃棄物無発生化技術)

処分能力及び処分場所の評価

有害廃棄物及び他の廃棄物の監視

緊急事態への対応

(h) 締約国が、有害廃棄物又は他の廃棄物が環境上適正な方法で処理されないと信ずるに足りる理由がある場合において要請するときは、国境を越える移動に関する通告、当該有害廃棄物若しくは他の廃棄物の運搬が通告に従っていること又は当該有害廃棄物若しくは他の廃棄物のために予定されている処分施設が環境上適正であることを審査することにつき当該締約国を援助することができ、かつ、必要な技術能力を有するコンサルタント又はコンサルタント会社に関する情報を当該締約国に提供すること。このような審査の費用は、事務局が負担するものではない。

(i) 不法取引の事実を確認するため要請に応じ締約国を援助し及び不法取引に関して入手した情報を関係締約国に対し直ちに送付すること。

(j) 緊急事態が発生した国に対し迅速な援助を行うため、専門家及び機材の提供につき締約国及び権限のある関係国際機関と協力すること。

(k) 締約国会議が決定するところに従い、この条約の目的に関係する他の任務を遂行すること。

2 事務局の任務は、前条の規定に従って開催される締約国会議の第一回会合が終了するまでは、UNEPが暫定的に遂行する。

3 締約国会議は、第一回会合において、この条約に基づく事務局の任務を遂行する意思を表明した既存の適当な政府間機関の中から事務局を指定する。締約国会議は、また、同会合において、暫定の事務局が課された任務、特に1に規定する任務の実施状況を評価し、及びこれらの任務に適した組織を決定する。

第一七条（この条約の改正） 1 締約国は、この条約の改正を提案することができるものとし、また、議定書の締約国は、当該議定書の改正を提案することができる。改正に当たっては、特に、関連のある科学的及び技術的考慮を十分に払うこととする。

2 この条約の改正は、締約国会議の会合において採択する。議定書の改正は、当該議定書の締約国の会合において採択する。この条約及び議定書の改正案は、当該議定書に別段の定めがある場合を除くほか、その採択が提案される会合の少なくとも六箇月前に事務局が締約国に通報する。事務局は、改正案をこの条約の署名国にも参考のために通報する。

3 締約国は、この条約の改正案につき、コンセンサス方式により合意に達するようあらゆる努力を払う。コンセンサスのためのあらゆる努力にもかかわらず合意に達しない場合には、改正案は、最後の解決手段として、当該会合に出席しかつ投票する締約国の四分の三以上の多数票による議決で採択するものとし、寄託者は、これをすべての締約国に対し批准、承認、正式確認又は受諾のために送付する。

4 3に定める手続は、議定書の改正について準用する。ただし、議定書の改正案の採択は、当該会合に出席しかつ投票する当該議定書の締約国の三分の二以上の多数票による議決で足りる。

5 改正の批准書、承認書、正式確認書又は受諾書は、寄託者に寄託する。3又は4の規定に従って採択された改正は、改正を受け入れた締約国の少なくとも四分の三又は改正を受け入れた関連議定書の締約国の少なくとも三分の二の批准書、承認書、正式確認書又は受諾書を寄託者が受領した後九〇日目の日に、当該改正を受け入れた締約国の間で効力を生ずる。改正は、他の締約国が当該改正の批准書、承認書、正式確認書又は受諾書を寄託した後九〇日目の日に当該他の締約国について効力を生ずる。ただし、関連議定書に改正の発効要件について別段の定めがある場合を除く。

6 この条の規定の適用上、「出席しかつ投票する締約国」とは、出席しかつ賛成票又は反対票を投ずる締約国をいう。

第一八条（附属書の採択及び改正） 1 この条約の附属書又は議定書の附属書は、それぞれ、この条約又は当該議定書の不可分の一部を成すものとし、「この条約」又は「議定書」というときは、別段の明示の定めがない限り、附属書を含めていうものとする。附属書は、科学的、技術的及び事務的な事項に限定される。

2 この条約の追加附属書又は議定書の附属書の提案、採択及び効力発生については、次の手続を適用する。ただし、議定書に当該議定書の附属書に関して別段の定めがある場合を除く。

(a) この条約の追加附属書及び議定書の附属書は、前条の2から4までに定める手続を準用して提案され及び採択される。

(b) 締約国は、この条約の追加附属書又は自国が締約国である議定書の附属書を受諾することができない場合には、その旨を、寄託者が採択を通報した日から六箇月以内に、寄託者に対して書面により通告する。寄託者は、受領した通告をすべての締約国に遅滞なく通報する。締約国は、いつでも、先に行った異議の宣言に代えて受諾を行うことができるものとし、この場合において、これらの附属書は、当該締約国について効力を生ずる。

(c) これらの附属書は、寄託者による採択の通報の送付の日から六箇月を経過した時に、(b)の規定に基づく通告を行わなかったこの条約又は関連議定書のすべての締約国について効力を生ずる。

3 この条約の附属書及び議定書の附属書の改正の提案、採択及び効力発生は、この条約の附属書及び議定書の附属書の提案、採択及び効力発生と同一の手続に従う。附属書の作成及び改正に当たっては、特に、関連のある科学的及び技術的考慮を十分に払うこととする。

4 附属書の追加又は改正がこの条約又は議定書の改正を伴うものである場合には、追加され又は改正された附属書は、この条約又は当該議定書の改正が効力を生ずる時まで効力を生じない。

第一九条（検証） いずれの締約国も、他の締約国がこの条約に基づく義務に違反して行動し又は行動したと信ずるに足りる理由がある場合には、その旨を事務局に通報することができるものとし、その通報を行うときは、同時かつ速やかに、直接又は事務局を通じ、申立ての対象となった当該他の締約国にその旨を通報する。すべての関連情報は、事務局が締約国に送付するものとする。

第二〇条（紛争の解決）1　この条約又は議定書の解釈、適用又は遵守に関して締約国間で紛争が生じた場合には、当該締約国は、交渉又はその選択する他の平和的手段により紛争の解決に努める。

2　関係締約国が1に規定する手段により紛争を解決することができない場合において紛争当事国が合意するときは、紛争は、国際司法裁判所に付託し又は附属書Ⅵに規定する条件に従い仲裁に付する。もっとも、紛争を国際司法裁判所へ付託し又は仲裁に付することについて合意に達しなかった場合においても、当該締約国は、1に規定する手段のいずれかにより紛争を解決するため引き続き努力する責任を免れない。

3　国及び政治統合又は経済統合のための機関は、この条約の批准、受諾、承認若しくは正式確認若しくはこれへの加入の際に又はその後いつでも、同一の義務を受諾する締約国との関係において紛争の解決のための次のいずれかの手段を当然にかつ特別の合意なしに義務的であると認めることを宣言することができる。

(a)　国際司法裁判所への紛争の付託

(b)　附属書Ⅵに規定する手続に従う仲裁

その宣言は事務局に対し書面によって通告するものとし、事務局は、これを締約国に送付する。

第二一条（署名）
第二二条（批准、受諾、正式確認又は承認）
第二三条（加入）
第二四条（投票権）
（略）

第二五条（効力発生）1　この条約は、二〇番目の批准書、受諾書、正式確認書、承認書又は加入書の寄託の日の後九〇日目の日に効力を生ずる。

2　この条約は、二〇番目の批准書、受諾書、承認書、正式確認書又は加入書の寄託の後にこれを批准し、受諾し、承認し若しくは正式確認し又はこれに加入する国及び政治統合又は経済統合のための機関については、当該国又は当該機関による批准書、受諾書、承認書、正式確認書又は加入書の寄託の日の後九〇日目の日に効力を生ずる。

3　政治統合又は経済統合のための機関によって寄託される文書は、1及び2の規定の適用上、当該機関の構成国によって寄託されたものに追加して数えてはならない。

第二六条（留保及び宣言）1　この条約については、留保を付することも、また、適用除外を設けることもできない。

2　1の規定は、この条約の署名、批准、受諾、承認若しくは正式確認又はこれへの加入の際に、国及び政治統合又は経済統合のための機関が、特に当該国又は当該機関の法令をこの条約に調和させることを目的として、用いられる文言及び名称のいかんを問わず、宣言又は声明を行うことを排除しない。ただし、このような宣言又は声明は、当該国に対するこの条約の適用において、この条約の法的効力を排除し又は変更することを意味しない。

第二七条（脱退）1　締約国は、自国についてこの条約が効力を生じた日から三年を経過した後いつでも、寄託者に対して書面による脱退の通告を行うことにより、この条約から脱退することができる。

2　脱退は、寄託者が脱退の通告を受領した後一年を経過した日又はそれよりも遅い日であって脱退の通告において指定されている日に効力を生ずる。

第二八条（寄託者）
第二九条（正文）
（略）

附属書Ⅰ　規制する廃棄物の分類

廃棄の経路

Y1〜45（略）

(a)　この条約の適用を容易にするため、並びに(b)、(c)及び(d)の規定に従うことを条件として、附属書Ⅷに掲げる廃棄物は、この条約第一条1(a)の規定に従い有害な特性を有するものとし、及び附属書Ⅸに掲げる廃棄物は、この条約第一条1(a)の規定の適用を受けない。

(b)　附属書Ⅷに掲げる廃棄物への指定は、特別の場合には、当該廃棄物がこの条約第一条1(a)の規定に従い有害でないことを証明するために附属書Ⅲを利用することを排除しない。

(c)　附属書Ⅸに掲げる廃棄物への指定は、特別の場合において、当該廃棄物が附属書Ⅲの特性を示す程度に附属書Ⅰの物を含むときは、この条約第一条1(a)の規定に従い、当該廃棄物が有害な特性を有するものであるとすることを排除しない。

(d)　附属書Ⅷ及び附属書Ⅸは、廃棄物の特性を明らかにすることを目的とするこの条約第一条1(a)の規定の適用に影響を及ぼすものではない。

附属書Ⅱ　特別の考慮を必要とする廃棄物の分類

Y46〜47（略）

附属書Ⅲ　有害な特性の表（略）

附属書Ⅳ　処分作業

A　資源回収、再生利用、回収利用、直接利用又は代替的利用の可能性に結びつかない作業

D1〜15（略）

B　資源回収、再生利用、回収利用、直接再利用又は代替的利用に結びつく作業

R1〜13（略）

附属書Ⅴ

A　通告の際に提供する情報

1〜21（略）

B　移動書類に記載する情報

1〜14(略)

附属書VI 仲 裁 (略)

[注] 一九九五年改正による追加附属書

附属書VII

経済協力開発機構(OECD)の加盟国である締約国及びその他の国、欧州共同体、リヒテンシュタイン

附属書VIII

A表

この附属書に掲げる廃棄物は、この条約第一条1(a)の規定に従い有害な特性を有する。この附属書に掲げる廃棄物への指定は、当該廃棄物が有害でないことを証明するために附属書IIIを利用することを排除しない。

A1 金属の廃棄物及び金属を含有する廃棄物

A一〇一〇〜一一八〇(略)

A2 無機物を主成分とし、金属及び有機物を含む可能性を有する廃棄物

A二〇一〇〜二〇六〇(略)

A3 有機物を主成分とし、金属及び無機物を含む可能性を有する廃棄物

A三〇一〇〜三一九〇(略)

A4 無機物又は有機物のいずれかを成分として含む可能性を有する廃棄物

A四〇一〇〜四一六〇(略)

附属書IX

B表

この附属書に掲げる廃棄物は、附属書IIIの特性を示す程度に附属書Iの物を含む場合を除くほか、この条約第一条1(a)に規定する廃棄物に該当しない。

B1 金属の廃棄物及び金属を含有する廃棄物

B一〇一〇〜一二四〇(略)

B2 無機物を主成分とし、金属及び有機物を含む可能性を有する廃棄物

B二〇一〇〜二一二〇(略)

B3 有機物を主成分とし、金属及び無機物を含む可能性を有する廃棄物

B三〇一〇〜三一四〇(略)

B4 無機物又は有機物のいずれかを成分として含む可能性を有する廃棄物

B四〇一〇〜四〇三〇(略)

8 17 原子力事故の早期通報に関する条約(原子力事故早期通報条約)(抄)

署　　名　一九八六年九月二六日(ウィーン)
効力発生　一九八六年一〇月二七日
日 本 国　一九八七年三月六日署名、五月二七日国会承認、六月九日受諾書寄託、七月一日公布(条約第九号)、七月一〇日効力発生

この条約の締約国は、

原子力活動が多数の国において行われていることを認識し、

原子力事故を防止すること及びいかなる原子力事故が発生した場合にもその影響を最小のものにとどめることを目的として、原子力活動における高い水準の安全性を確保するために、広範な措置がとられてきたこと、また、とられつつあることに留意し、

原子力の安全な開発及び利用における国際協力を一層強化することを希望し、

国境を越えて及ぼされる放射線の影響が最小のものにとどめられるよう、各国が原子力事故についての関連情報を可能な限り早期に提供することが必要であることを確信し、

この分野における情報交換に関する二国間及び多数国間取極が有用であることに留意して、

次のとおり協定した。

第一条(適用範囲) 1 この条約は、締約国又はその管轄若しくは管理の下にある自然人若しくは法人の2に定める施設又は活動に関係する事故であって、放射性物質を放出しており又は放出するおそれがあり、かつ、他国に対し放射線安全に関する影響を及ぼし得るような国境を越える放出をもたらしており又はもたらすおそれがある事故の場合に適用する。

2 1の施設及び活動は、次のものとする。

(a) すべての原子炉(所在のいかんを問わない。)
(b) すべての核燃料サイクル施設
(c) すべての放射性廃棄物取扱施設
(d) 核燃料又は放射性廃棄物の輸送及び貯蔵
(e) 農業、工業、医療、科学及び研究の目的のための放射性同位元素の製造、利用、貯蔵、廃棄及び輸送
(f) 宇宙物体における発電のための放射性同位元素の利用

第二条(通報及び情報) 前条に規定する事故(以下「原子力事故」という。)が発生した場合には、同条に規定する締約国は、

(a) 直接に又は国際原子力機関(以下「機関」という。)を通じて前条に定める物理的な影響を受けており又は受けるおそれがある国に対し、及び機関に対し、原子力事故の発生した事実、その種類、発生時刻及び適当な場合にはその正確な場所を直ちに通報する。

(b) 直接に又は機関を通じて(a)に規定する国に対し、及び機関に対し、その国における放射線の

影響を最小のものにとどめるための提供可能な情報であって第五条に定めるものを速やかに提供する。

第三条（他の原子力に関する事故） 締約国は、放射線の影響を最小のものにとどめるため、第一条に規定する事故以外の原子力に関する事故の場合にも通報をすることができる。

第四条（機関の任務） 機関は、

(a) 締約国、加盟国、第一条に定める物理的な影響を受けており又は受けるおそれがあるその他の国及び関係する政府間国際機関（以下「国際機関」という。）に対し、第二条(a)の規定により受領した通報を直ちに伝達する。

(b) いずれの締約国、加盟国又は関係する国際機関に対しても、その要請に応じ、第二条(b)の規定により受領した情報を速やかに提供する。

第五条（提供される情報） 1　第二条(b)の規定により提供される情報は、次のデータのうちその時点で通報締約国が利用し得るものから成る。

(a) 原子力事故の発生時刻、適当な場合にはその正確な場所及びその種類

(b) 原子力事故に関係する施設又は活動

(c) 国境を越える放射性物質の放出に関係する原子力事故について想定され又は確定した原因及び予想される進展

(d) 放射性物質の放出の全般的な特徴（実行可能なかつ適当な限り、放射性物質の放出の性質、予想される物理的又は化学的形態、量、構成及び有効高さを含む。）

(e) 提供の時点までの及び予測される気象学的又は水文学的条件に関する情報であって、国境を越える放射性物質の放出を予測するために必要なもの

(f) 国境を越える放射性物質の放出に関する環境の監視の結果

(g) 既にとられ又は計画されている敷地外の防護措置

(h) 放射性物質の放出の挙動で予見されるもの

2　1の情報は、緊急事態の進展（緊急事態の終結の予想又は事実を含む。）に関する追加的な情報により適当な間隔で補足する。

3　第二条(b)の規定により受領された情報は、当該情報が通報締約国により秘密のものとして提供された場合を除き、取扱いに関する制限なしに用いられる。

第六条（協議） 第二条(b)の規定に従い情報を提供する締約国は、影響を受ける締約国が自国における放射線の影響を最小のものにとどめるため追加的な情報の提供又は協議を求めて行う要請に対し、合理的に実行可能な限り、速やかに応ずる。

第七条（権限のある当局及び連絡上の当局） 1　締約国は、機関に対し及び直接に又は機関を通じて他の締約国に対し、自国の権限のある当局並びに第二条に規定する通報及び情報の発出及び受領について責任を有する連絡上の当局を通知する。当該連絡上の当局及び機関内の中央連絡先は、常に連絡が可能でなければならない。

2　締約国は、1の規定に従って通知した事項についてて生ずるすべての変更を機関に対し速やかに通知する。

3　機関は、各国の1に規定する権限のある当局及び連絡上の当局並びに関係する国際機関の連絡先に関する最新の一覧表を保持し、これを締約国、加盟国及び関係する国際機関に提供する。

第八条（締約国に対する援助） 機関は、その憲章に従い、かつ、自国では原子力活動を行っていない締約国であって現に遂行中の原子力計画を有している非締約国に接しているものの要請に応じ、この条約の目的の達成を容易にするため、適当な放射線監視体制の実現可能性及び確立に関する調査を行う。

第九条（二国間及び多数国間取極） 締約国は、相互の利益の一層の促進のため、適当と認められる場合には、この条約の対象となっている事項に関する二国間又は多数国間取極を締結することを考慮することができる。

第一〇条（他の国際協定との関係） この条約は、この条約の対象となっている事項に関する現行の国際協定又はこの条約の趣旨及び目的に従って締結される将来の国際協定に基づく締約国の相互の権利及び義務に影響を及ぼすものではない。

第一一条（紛争の解決） 1　この条約の解釈又は適用に関して締約国間又は締約国と機関との間に紛争が生じた場合には、紛争当事者は、交渉又は紛争当事者が受け入れることができるその他の平和的紛争解決手段により紛争を解決するため、協議する。

2　締約国間の1に規定する紛争であって1の規定に基づく協議の要請から一年以内に解決することができないものは、いずれかの紛争当事国の要請により、決定のため仲裁又は国際司法裁判所に付託する。紛争が仲裁に付託された場合において、要請の日から六箇月以内に仲裁の組織について紛争当事国が合意に達しないときは、いずれの紛争当事国も、国際司法裁判所長又は国際連合事務総長に対し、一人又は二人以上の仲裁人の指名を要請することができる。紛争当事国の要請が抵触する場合には、国際連合事務総長に対する要請が優先する。

3　締約国は、この条約の署名、批准、受諾若しくは承認又はこの条約への加入の際に、2に定める紛争解決手続の一方又は双方に拘束されない旨を宣言することができる。他の締約国は、そのような宣言が効力を有している締約国との関係において、2に定める当該紛争解決手続に拘束されない。

4　3の規定に基づいて宣言を行った締約国は、寄託者に対する通告により、いつでもその宣言を撤回することができる。

第一二条(効力発生)
第一三条(暫定的適用)
第一四条(改正)
第一五条(廃棄)
第一六条(寄託者)
第一七条(正文及び認証謄本)
(略)

8 18 原子力事故又は放射線緊急事態の場合における援助に関する条約(原子力事故援助条約)(抄)

署名 一九八六年九月二六日(ウィーン)
効力発生 一九八七年二月二六日
日本国 一九八七年三月六日署名、五月二七日国会承認、六月九日受諾書寄託、七月一日公布(条約第一〇号)、七月一〇日効力発生

第一条(一般規定) 1 締約国は、原子力事故又は放射線緊急事態の場合において、その影響を最小のものにとどめ並びに放射性物質の放出の影響から生命、財産及び環境を保護するための迅速な援助を容易にするため、この条約に従い、締約国間で及び国際原子力機関(以下「機関」という。)と協力する。

2 1の協力を容易にするため、締約国は、原子力事故又は放射線緊急事態の場合に生ずることがある傷害及び損害を防止し又は最小のものにとどめるために二国間若しくは多数国間取極について又は適当な場合にはこれらを組み合わせたものについて合意することができる。

3 締約国は、国際原子力機関憲章の枠内で活動する機関に対し、この条約に定める締約国間の協力を促進し、容易にし及び支援するためこの条約に従い最善の努力を払うよう要請する。

第二条(援助の提供) 1 締約国は、原子力事故又は放射線緊急事態の場合(当該事故又は緊急事態が当該締約国の領域内又はその管轄若しくは管理下で発生したものであるかないかを問わない。)において、援助を必要とするときは、直接に若しくは機関を通じて他の締約国に対し、又は機関若しくは適当な場合には他の政府間国際機関(以下「国際機関」という。)に対し、援助を要請することができる。

2 援助を要請する締約国は、必要な援助の範囲及び種類を特定し、並びに、実行可能な場合には、援助提供者に対し、当該援助提供者が要請に応じ得る程度を決定するために必要となり得る情報を提供する。必要な援助の範囲及び種類を要請締約国が特定することができない場合には、要請締約国及び援助提供者は、協議を行い、必要な援助の範囲及び種類を決定する。

3 援助の要請を受けた締約国は、速やかに、要請された援助を与えることができるかできないか並びに与え得る援助の範囲及び条件を決定し、直接に又は機関を通じて要請締約国に通報する。

4 締約国は、可能な範囲内で、原子力事故又は放射線緊急事態の場合における他の締約国に対する援助の提供のため利用可能となることがあり得る専門家、機材及び資材を、当該援助を提供し得る条件、特に財政的条件とともに明らかにし、機関に通報する。

5 いずれの締約国も、原子力事故又は放射線緊急事態の影響を受けた者の他の締約国の領域内での治療又は他の締約国の領域内への一時的な移転に関して援助を要請することができる。

6 機関は、その憲章に従い、かつ、この条約に従い、次の方法により、原子力事故又は放射線緊急事態の場合における要請締約国又は加盟国の援助の要請に応ずる。

(a) この目的のため配分された適当な資源を利用可能とすること。

(b) 他の国及び国際機関であって、機関の情報により、必要な資源を有する可能性があると認められるものに対し、当該要請を速やかに伝達すること。

(c) 要請国の要請があるときは、(a)又は(b)の規定により提供可能となり得る援助を国際的に調整すること。

第三条(援助の指導及び管理) 別段の合意がない限り、

(a) 援助の全般的な指導、管理、調整及び監視は、要請国の領域内においては、要請国の任務とする。援助提供者は、援助に人員を必要とする場合には、要請国と協議した上で、援助提供者が提供する人員及び機材の作業上の直接的な監視を担当する者を指名するものとし、指名された者は、要請国の関係当局と協力してその監視をするものとする。

(b) 要請国は、可能な範囲内で、援助の適切かつ効果的な実施のため現地の施設及び役務を提供する。要請国は、また、援助の目的のため援助提供者により又は援助提供者のために要請国の領域内に派遣される人員並びに持ち込まれる機材及び資材の保護を確保する。

(c) 援助の期間中要請国又は援助提供者が提供する機材及び資材の所有権は、影響を受けないものとし、当該機材及び資材の返還は、確保される。

(d) 前条5の要請に応じて援助を提供する締約国は、自国の領域内において援助を調整する。

第四条(権限のある当局及び連絡上の当局) 1 締約国は、機関に対し及び直接に又は機関を通じて他の締

約国に対し、自国の権限のある当局並びに援助の要請を行い、援助の要請を受領し及び援助の申出を受理する責任を有する連絡上の当局を通知する。当該連絡上の当局及び機関内の中央連絡先は、常に連絡が可能でなければならない。

2　締約国は、1の規定に従って通知した事項について生ずるすべての変更を機関に対し速やかに通知する。

3　機関は、1及び2の規定により通知された事項を締約国、加盟国及び関係する国際機関に対し規則的かつ速やかに伝達する。

第五条（機関の任務）締約国は、第一条3の規定に従い、かつ、この条約の他の規定の適用を妨げることなく、機関に対し、次のことを要請する。

(a)　次の事項に関する情報を収集し、締約国及び加盟国に提供すること。

(i)　原子力事故又は放射線緊急事態の場合において利用可能となることがあり得る専門家、機材及び資材

(ii)　原子力事故又は放射線緊急事態への対応に関する方法、技術及び利用可能な研究成果

(b)　次の事項その他適当な事項について要請がある場合には、締約国又は加盟国を援助すること。

(i)　原子力事故及び放射線緊急事態の場合における緊急計画並びに適当な法令の準備

(ii)　原子力事故及び放射線緊急事態の処理をする人員のための適当な訓練計画の作成

(iii)　原子力事故又は放射線緊急事態の場合における援助の要請及び関連情報の伝達

(iv)　放射線監視に関する適当な計画、手続及び基準の作成

(v)　適当な放射線監視体制の確立の実現可能性に関する調査の実施

(c)　原子力事故又は放射線緊急事態の場合において援助を要請する締約国又は加盟国のために、その事故又は緊急事態の当初の評価のため配分された適当な資源を利用可能とすること。

(d)　原子力事故又は放射線緊急事態の場合において締約国及び加盟国のためにあっせんを行うこと。

(e)　関連のある情報及びデータの入手及び交換のため関係する国際機関との連絡を確立し及び維持し、並びに当該機関の一覧表を締約国、加盟国及び関係する国際機関に提供すること。

第六条（秘密性及び公表）1　要請国及び援助提供者は、原子力事故又は放射線緊急事態の場合における援助に関連して入手し得た秘密情報の秘密性を保護するものとし、当該情報は、合意された援助のためにのみ用いられる。

2　援助提供者は、原子力事故又は放射線緊急事態に関して提供した援助に関する情報を公開するに先立って、要請国と調整を行うためあらゆる努力を払う。

第七条（経費の償還）1　援助提供者は、要請国に対し、援助を無償で提供することができる。援助の提供を無償でするかしないかについて検討するに当たり、援助提供者は、次の事項を考慮する。

(a)　原子力事故又は放射線緊急事態の種類

(b)　原子力事故又は放射線緊急事態の発生の場所

(c)　開発途上国の必要

(d)　原子力施設を有しない国の特別の必要

(e)　その他の関連要因

2　援助が全部又は一部について有償で提供される場合には、要請国は、援助提供者のために行動する者（団体を含む。）が提供する役務に要する経費及び援助に関係するすべての経費（当該要請国が直接支払っていない部分に限る。）を援助提供者に償還する。別段の合意がない限り、償還は、援助提供者が要請国に請求をした後、速やかに行われなければならず、また、現地の経費以外の経費の償還は、自由に移転することができるもので行われなければならない。

3　2の規定にかかわらず、援助提供者は、いつでも、経費の全部又は一部について、償還の請求を放棄し又は償還の延期に同意することができる。この放棄又は延期を検討するに当たり、援助提供者は、開発途上国の必要に十分な考慮を払う。

第八条（特権、免除及び便益）1　要請国は、援助提供者の人員及び援助提供者のために行動する人員に対し、援助の任務の遂行のために必要な特権、免除及び便益を与える。

2　要請国は、援助提供者の人員及び援助提供者のために行動する人員であって当該要請国に対し正当に通知され、かつ、当該要請国が受け入れたものに対し、次の特権及び免除を与える。

(a)　当該人員の任務の遂行中の作為又は不作為に関し、抑留、拘禁及び訴訟手続の免除（刑事裁判権、民事裁判権及び行政裁判権からの免除を含む。）

(b)　援助の任務の遂行に関し、内国税、関税その他の課徴金（商品の価格に通常含められるもの及び提供される役務に対して支払われるものを除く。）の免除

3　要請国は、

(a)　援助提供者に対し、援助提供者が援助のために要請国の領域内に持ち込んだ機材及び財産に関する内国税、関税その他の課徴金を免除する。

(b)　(a)の機材及び財産の押収、差押え及び徴発を免除する。

4　要請国は、3の機材及び財産の返還を確保するものとし、また、援助提供者の要請があるときは、援助に使用された機材で再使用が可能なものに関しその返還前に必要な汚染の除去が行われるよう、可能な範囲内で措置する。

5　要請国は、2の規定により通知された人員並びに援助に使用される機材及び財産について、その領域への入国、その領域における滞在及びその領域から

の出国を容易にする。

6 この条のいかなる規定も、要請国に対し、前各項に定める特権及び免除を自国民又は自国に通常居住している者に与えることを求めるものではない。

7 この条の規定に基づく特権及び免除を享受するすべての者は、特権及び免除を害されることなく、要請国の法令を尊重する義務を負う。これらの者は、また、要請国の国内問題に介入しない義務を負う。

8 この条のいかなる規定も、他の国際協定又は国際慣習法の諸規則に基づいて与えられる特権及び免除に関する権利及び義務を害するものではない。

9 いずれの国も、この条約の署名、批准、受諾若しくは承認又はこの条約への加入の際に、2及び3の規定の全部又は一部に拘束されない旨を宣言することができる。

10 9の規定に基づいて宣言を行った締約国は、寄託者に対する通告により、いつでもその宣言を撤回することができる。

第九条（人員、機材及び財産の通過） 締約国は、要請国又は援助提供者の要請があるときは、正当に通知された人員並びに援助に使用される機材及び財産が要請国に入国し及び要請国から出国する際に当該締約国の領域を通過することを容易にするよう努める。

第一〇条（請求及び補償） 1 締約国は、この条の規定により訴訟及び請求の解決を容易にするため密接に協力する。

2 要請国は、別段の合意がない限り、要請された援助の提供中に自国の領域内又はその管轄若しくは管理の下にある他の区域内において引き起こされた人の死亡若しくは身体の傷害、財産の損傷若しくは滅失又は環境に対する損害に関し、

(a) 援助提供者又はそのために行動する者（法人を含む。）に対し、いかなる訴訟も提起しない。

(b) 援助提供者又はそのために行動する者（法人を含む。）に対する第三者からの訴訟及び請求を処理する責任を負う。

(c) (b)に規定する訴訟及び請求に関し、援助提供者又はそのために行動する者（法人を含む。）に損害を与えないようにする。

(d) 援助提供者及びそのために行動する者（法人を含む。）に対し、次の事項について補償をする。

(i) 援助提供者の人員及び援助提供者のために行動する人員の死亡及び傷害

(ii) 援助に使用される非消耗機材及び資材の滅失及び損傷

ただし、死亡、傷害、滅失又は損害を引き起こした個人に悪意があった場合を除く。

3 この条の規定は、適用することができるいずれかの国際協定又はいずれかの国の国内法の定めるところにより可能となる補償及び賠償を妨げるものではない。

4 この条のいかなる規定も、要請国に対し、2の規定のいずれをも自国民又は自国に通常居住している者について適用することを求めるものではない。

5 いずれの国も、この条約の署名、批准、受諾若しくは承認又はこの条約への加入の際に、次の事項について宣言をすることができる。

(a) 2の規定の全部又は一部に拘束されないこと。

(b) 死亡、傷害、滅失又は損害を引き起こした個人に重大な過失があった場合には、2の規定の全部又は一部を適用しないこと。

6 5の規定に基づいて宣言を行った締約国は、寄託者に対する通告により、いつでもその宣言を撤回することができる。

第一一条（援助の終了） 要請国及び援助提供者は、いつでも、適当な協議の後書面による通告を行うことにより、この条約に基づき受け入れられ又は提供された援助の終了を要請することができる。関係当事者は、この要請が行われた場合には、援助を適切に終了させるための措置をとるため協議する。

第一二条（他の国際協定との関係）
第一三条（紛争の解決）
第一四条（効力発生）
第一五条（暫定的適用）
第一六条（改正）
第一七条（廃棄）
第一八条（寄託者）
第一九条（正文及び認証謄本）
（略）

8 19 原子力損害の補完的な補償に関する条約（原子力損害補完的補償条約）（抄）

採択 一九九七年九月一二日（ウィーン）
効力発生 二〇一五年四月一五日
日本国 二〇一四年一一月一九日国会承認、二〇一五年一月一五日署名・受託書寄託、一月一六日公布（条約第一号）、四月一五日効力発生

前文（略）

第一章 総則

第一条（定義） この条約の適用上、

(a) 「ウィーン条約」とは、一九六三年五月二一日の原子力損害についての民事責任に関するウィーン条約（同条約の改正であって、この条約の締約国について効力を有しているものを含む。）をいう。

(b) 「パリ条約」とは、一九六〇年七月二九日の原子力の分野における第三者に対する責任に関す

るパリ条約(同条約の改正であって、この条約の締約国について効力を有しているものを含む。)をいう。

(c)「特別引出権」(以下「SDR」という。)とは、国際通貨基金の定める計算単位であって、同基金がその操作及び取引のために使用するものをいう。

(d)「原子炉」とは、核燃料を収納する構造物であって、中性子源を追加することなく自己維持的な核分裂の連鎖の過程が内部で起こり得る仕組みのものをいう。

(e)原子力施設について「施設国」とは、当該原子力施設が自国の領域内に所在する締約国をいい、当該原子力施設がいずれの国の領域内にも所在しない場合には、当該原子力施設の事業を行う締約国又は当該原子力施設の事業が自国の権限の下で行われる締約国をいう。

(f)「原子力損害」とは(i)及び(ii)に掲げる損害並びに権限のある裁判所が属する国の法令によりその範囲が決定される(iii)から(vii)までに掲げる損害をいう。この場合において、(i)から(v)まで及び(vii)に掲げる損害については、原子力施設内部の放射線源、原子力施設内の核燃料、放射性生成物若しくは放射性廃棄物又は原子力施設から搬出され、原子力施設に由来し、若しくは原子力施設に送付される核物質から放出される電離放射線により生じ、又は起因するもの(当該損害が、それらの物の放射性により生じたか、それらの物の放射性とそれらの物の有毒性、爆発性その他の有害性との組合せにより生じたかを問わない。)に限る。

(i)人の死亡又は人的な損害

(ii)財産の滅失又は損傷

(iii)(i)又は(ii)に掲げる損害から生ずる経済的損失。ただし、(i)又は(ii)に掲げる損害に関して請求権を有する者が受けたものについては、(i)又は(ii)に掲げる損害に含まれないものに限る。

(iv)環境の悪化(重大でないものを除く。)に対する回復措置の費用。ただし、実際にとられた措置又はとられる措置の費用であって、(ii)に掲げる損害に含まれないものに限る。

(v)環境の利用又は享受に係る経済的利益から生ずる収入の喪失であって、その環境の重大な悪化の結果として生ずるもの。ただし、(ii)に掲げる損害に含まれないものに限る。

(vi)防止措置の費用及び防止措置により生ずる損害

(vii)その他経済的損失。ただし、環境の悪化によるものを除き、権限のある裁判所が属する国の民事責任に関する一般法により認められるものに限る。

(g)「回復措置」とは、措置がとられる国の権限のある当局により承認された合理的な措置であって、損害を受け、若しくは破壊された環境の構成要素を回復し、若しくは修復すること又は合理的な場合には当該構成要素に相当するものを環境に導入することを目的とするものをいう。当該合理的な措置をとることができる者については、損害が生じた国の法令により定める。

(h)「防止措置」とは、(f)(i)から(v)まで又は(vii)に掲げる損害を防止し、又は最小限にするため、原子力事故が生じた後にいずれかの者によりとられる合理的な措置をいう。ただし、当該合理的な措置がとられる国の法令により必要とされる権限のある当局の承認を条件とする。

(i)「原子力事故」とは、一の出来事又は同一の原因による一連の出来事であって、原子力損害を生じさせるもの又は防止措置のみに関しては原子力損害をもたらす重大かつ急迫の脅威を生じさせるものをいう。

(j)「原子力設備容量」とは、各締約国について、第四条2に規定する計算式により得られる単位数の合計をいい、「熱出力」とは、権限のある国内当局により認可された最大熱出力をいう。

(k)「権限のある裁判所が属する国の法令」とは、この条約に従い管轄権を有する裁判所が属する国の法令(法の抵触に関する規則を含む。)をいう。

(l)「合理的な措置」とは、権限のある裁判所が属する国の法令の下で、次に掲げる事情その他の全ての事情について考慮した場合において、適切かつ相応と認められる措置をいう。

(i)生じた損害の性質及び程度。防止措置の場合には、損害の危険性の性質及び程度

(ii)措置がとられる時点において予想される当該措置の有効性の程度

(iii)関連する科学的及び技術的な知見

第二条(目的及び適用)1　この条約は、次に掲げる国内法令により設けられる賠償又は補償の制度を補完することを目的とする。

(a)前条(a)及び(b)に定義する条約のいずれかを実施する国内法令

(b)この条約の附属書の規定に適合する国内法令

2　この条約の制度は、締約国の領域内に所在し、かつ、平和的目的のために使用される原子力施設の事業者が前条に定義する条約のいずれか又は1(b)に規定する国内法令の下で責任を負う原子力損害に適用する。

3　1(b)に規定する附属書は、この条約の不可分の一部を成す。

第二章　賠償又は補償

第三条(約束)1　一の原子力事故当たりの原子力損害に関する賠償又は補償は、次に掲げる措置により確保される。

(a)(i)施設国は、三億SDR若しくはこれよりも高い特定の金額であって原子力事故に先立ついずれ

かの時点において寄託者に明示するもの又は(ii)の規定に基づき暫定的に設定する金額を利用可能とすることを確保する。

(ii) 締約国は、この条約が署名のために開放された日から最長一〇年の間については、その期間内に生ずる原子力事故に関し、一億五千万SDR以上の金額を暫定的に設定することができる。

(b) (a)の規定に従って利用可能とされる金額に加え、締約国は、次条に規定する計算式に従って算定される公的資金の金額を利用可能とする。

2(a) 1(a)の規定に基づく原子力損害の賠償又は補償は、国籍、住所又は居所による差別なく、かつ、公平に分配される。ただし、施設国の法令において、原子力に関する責任に係る他の条約に基づく当該施設国の義務に従うことを条件として、非締約国において生じた原子力損害を対象から除外することができる。

(b) 1(b)の規定に基づく原子力損害の補償は、第五条及び第一一条1(b)の規定に従うことを条件として、国籍、住所又は居所による差別なく、かつ、公平に分配される。

3 賠償又は補償が行われる原子力損害について、1(b)に規定する資金の総額が必要でない場合には、拠出金は、これに応じて減額される。

4 原子力損害の賠償又は補償の請求の訴えにおいて裁判所が裁定する利息及び費用は、1(a)及び(b)の規定に従って提供される金額に加えて、責任を負う事業者、当該事業者の原子力施設が自国の領域内に所在する締約国及びその他の締約国が1(a)及び(b)の規定に従って支払う実際の拠出金の金額にそれぞれ比例して、それらにより共同で支払われる。

第四条（拠出金の計算）（略）

第五条（地理的な適用範囲） 1 第三条1(b)に規定する資金は、締約国の裁判所が第一三条の規定に従って管轄権を有することを条件として、次に掲げる原子力損害に使用する。

(a) 締約国の領域内において生ずる原子力損害

(b) 締約国の領海を越える海域又はその上空において生ずる原子力損害（この条約の締約国でない国の領海又はその上空で生ずる損害を除く。）であって、次に掲げるもの

(i) 締約国を旗国とする船舶内において生じ、若しくは当該船舶が受ける原子力損害、締約国の領域で登録された航空機内において生じ、若しくは当該航空機が受ける原子力損害又は締約国の管轄の下にある人工島、施設若しくは構築物において生じ、若しくはこれらが受ける原子力損害

(ii) 締約国の国民が受ける原子力損害

(c) 締約国の排他的経済水域若しくはその上空又は締約国の大陸棚において、当該排他的経済水域又は当該大陸棚の天然資源の開発又は探査に関連して生ずる原子力損害

2 いずれの署名国又は加入国も、この条約への署名若しくは加入の際又は批准書の寄託の際に、1(b)(ii)の規定の適用上、自国の領域内に常居所を有すると自国の国内法令の下で認められる個人又はそのうちの一定の範囲の者を自国の国民とみなすことを宣言することができる。

3 この条において「締約国の国民」とは、締約国若しくはその行政区画又は組合若しくは公私の団体（締約国の領域において設立されたものに限り、法人であるかどうかを問わない。）を含むものとする。

第三章 補完的な資金調達の制度

第六条（原子力損害の通報）
第七条（資金の要請）
第八条（原子力施設の一覧表）（略）

第九条（求償権） 1 締約国は、責任を負う事業者の原子力施設が自国の領域内に所在する締約国及び第三条1(b)に規定する拠出金を支払ったその他の締約国が、第一条に定義する条約のいずれか又は第二条1(b)に規定する国内法令に基づいて当該事業者が有する求償権の範囲内において、かつ、締約国が支払った拠出金の限度において、当該事業者が有する求償権から受益することができるようにするため、法令を制定する。

2 責任を負う事業者の原子力施設が自国の領域内に所在する締約国は、損害が当該事業者の過失の結果生ずる場合には、この条約に従って利用可能とされる公的資金を当該事業者から回収することについて法令で定めることができる。

3 自国の裁判所が管轄権を有する締約国は、拠出金を支払った他の締約国に代わって1及び2に規定する求償権を行使することができる。

第一〇条（資金の使用及び手続） 1 第三条1の規定に従って利用可能とされる資金の使用の制度及び当該資金の分配の制度は、自国の裁判所が管轄権を有する締約国の制度とする。

2 締約国は、損害を受けた者が賠償又は補償のために提供される資金の財源に応じて個別の手続をとることなく当該賠償又は補償を受ける権利を行使することができること及び責任を負う事業者に対する手続に締約国が参加することができることを確保する。

3 いずれの締約国も、第三条1(a)に規定する資金により賠償又は補償の請求が満たされる場合には、同条1(b)に規定する公的資金を利用可能とすることを要求されない。

第一一条（資金の分配）（略）

第四章 選択権の行使

第一二条（略）

第五章 管轄権及び準拠法

第一三条（管轄権） 1 この条に別段の定めがある場合

を除くほか、原子力事故による原子力損害に関する訴えの管轄権は、当該原子力事故が自国内で生じた締約国の裁判所に専属する。

2　原子力事故が、締約国の排他的経済水域又は排他的経済水域を設定していない締約国については仮に当該締約国が排他的経済水域を設定した場合における当該排他的経済水域の限界を越えない水域において生じた場合には、当該原子力事故による原子力損害に関する訴えの管轄権は、この条約の適用上、その締約国の裁判所に専属する。前段の規定は、当該締約国が原子力事故に先立ってそれらの水域を寄託者に通報した場合に適用する。この2のいかなる規定も、海洋法に関する国際連合条約を含む海洋に関する国際法に反する方法で管轄権を行使することを認めるものと解してはならない。もっとも、この条約の締約国でない国との関係において、締約国による同段に規定する管轄権の行使がウィーン条約第一一条又はパリ条約第一三条の規定に基づく当該締約国の義務に反する場合には、管轄権は、これらの規定に従って決定される。

3　原子力事故が生じた場所が締約国の領域若しくは2の規定に従って通報された水域でない場合又は原子力事故が生じた場所を確定することができない場合には、当該原子力事故による原子力損害に関する訴えの管轄権は、施設国の裁判所に専属する。

4　二以上の締約国の裁判所が原子力損害に関する訴えの管轄権を有する可能性がある場合には、当該二以上の締約国は、いずれの締約国の裁判所が管轄権を有するかを合意により決定する。

5　管轄権を有する締約国の裁判所が下した判決であって、再び通常の方式で審理されることがないものは、次に掲げる場合を除くほか、承認される。

(a)　当該判決が詐欺により得られた場合

(b)　当該判決を言い渡された当事者が自己の主張を陳述するための公平な機会を与えられなかった場合

(c)　当該判決の承認が自国の領域内で求められる締約国において、当該判決が当該締約国の公の秩序に反する場合又は司法の基本的な基準に合致しない場合又は司法の基本的な基準に合致しない場合

6　5の規定に従って承認される判決は、執行が求められる締約国の法令により必要とされる手続に従って執行が求められる場合には、当該締約国の裁判所の判決とみなされ、執行力を付与される。判決が下された請求の当否は、更なる手続の対象としてはならない。

7　第三条1(b)に規定する公的資金による賠償又は補償の支払に関して行われる処分であって、国内法令が定める条件に基づくものは、他の締約国により承認される。

第一四条（準拠法）1　一の原子力事故については、ウィーン条約若しくはパリ条約又はこの条約の附属書のいずれかが、場合に応じ他を排除して適用される。

2　この条約、ウィーン条約又はパリ条約のいずれかの規定が場合に応じ適用される場合を除くほか、準拠法は、権限のある裁判所が属する国の法令とする。

第一五条（国際法）　この条約は、国際法の一般原則に基づく締約国の権利及び義務に影響を及ぼすものではない。

第六章　紛争解決

第一六条　1　この条約の解釈又は適用に関して締約国間に紛争が生じた場合には、紛争当事国は、交渉又は当該紛争当事国が受け入れることができるその他の平和的な紛争解決手段により紛争を解決するために協議する。

2　1に規定する紛争が1の規定に基づく協議の要請から六ヶ月以内に解決することができない場合には、当該紛争についていずれかの紛争当事国の要請により、決定のため仲裁に付託され又は国際司法裁判所に付託する。当該要請の日から六ヶ月以内に仲裁の組織について紛争当事国が合意に達しないときは、いずれの紛争当事国も、国際司法裁判所長又は国際連合事務総長に対し、一人又は二人以上の仲裁人の指名を要請することができる。紛争当事国の要請が抵触する場合には、国際連合事務総長に対する要請が優先する。

3　締約国は、この条約の批准、受諾若しくは承認又はこの条約への加入の際に、2に規定する紛争解決手続の一方又は双方に拘束されない旨を宣言することができる。他の締約国は、その宣言が効力を有している締約国との関係において、2に規定する紛争解決手続に拘束されない。

4　3の規定に基づいて宣言を行った締約国は、寄託者に対する通告により、いつでも当該宣言を撤回することができる。

第七章　最終条項

第一七条（署名）
第一八条（批准、受諾及び承認）
第一九条（加入）
第二〇条（効力発生）
第二一条（廃棄）
第二二条（終了）
第二三条（従前の権利及び義務の継続）
第二四条（改正）
第二五条（簡易な手続による改正）
第二六条（寄託者の任務）
第二七条（正文）
（略）

附属書

この条約の締約国であって、条約第一条(a)又は(b)に定義する条約のいずれの締約国でもないものは、この附属書の規定で当該締約国において直接適用されないものについて、自国の国内法令がこの附属書の規定に適合することを確保する。自国の領域内に原子力施設を有しない締約国は、この条約に基づく自国の義務を実施するために必要な国内法令を定めることのみが求められる。

第一条(定義) 1 この附属書の適用上、条約第一条に規定する定義に加えて、次に掲げる定義を適用する。

(a) 「核燃料」とは、自己維持的な核分裂の連鎖の過程によりエネルギーを生産することができる物質をいう。

(b) 「原子力施設」とは、次に掲げるものをいう。ただし、施設国は、一の事業者の複数の原子力施設であって同一の敷地内に所在するものを一の原子力施設とみなす旨を決定することができる。

(i) 原子炉(推進の目的であるか他の目的であるかを問わず、動力源として用いるため海上輸送又は航空輸送の手段に設置するものを除く。)

(ii) 核物質の生産のために核燃料を使用する工場又は核物質の処理のための工場(照射済核燃料の再処理のための工場を含む。)

(iii) 核物質を貯蔵する施設(核物質の輸送に付随して貯蔵する施設を除く。)

(c) 「核物質」とは、次に掲げるものをいう。

(i) 原子炉の外部において、単独で又は他の物質との組合せにより、自己維持的な核分裂の連鎖の過程によりエネルギーを生産することができる核燃料(天然ウラン及び劣化ウランを除く。)

(ii) 放射性生成物又は放射性廃棄物

(d) 原子力施設について「事業者」とは、当該原子力施設の事業者として施設国が指定し、又は承認した者をいう。

(e) 「放射性生成物又は放射性廃棄物」とは、核燃料の生産若しくは利用の際に生産された放射性物質又は核燃料の生産若しくは利用に付随する放射線の照射により放射性を帯びた物質をいう。ただし、科学、医療、農業、商業又は工業の目的で利用することができるように加工の最終段階に達している放射性同位元素を除く。

2 施設国は、原子力施設又は少量の核物質について、関連する危険の程度が小さいという理由により正当であると認める場合には、次に掲げることを条件として、この条約の適用を除外することができる。国際原子力機関の理事会は、この条約の適用を除外する原子力施設についての基準及び少量の核物質についての最大限度について定期的に検討する。

(a) 原子力施設に関しては、この条約の適用を除外するための基準が国際原子力機関の理事会により定められており、かつ、施設国によるこの条約の適用の除外が当該基準に適合していること。

(b) 少量の核物質に関しては、この条約の適用を除外する核物質の量の最大限度が国際原子力機関の理事会により定められており、かつ、施設国によるこの条約の適用の除外が当該最大限度の範囲内であること。

第二条(法令の適合性) 1 締約国の国内法令は、一九九五年一月一日の時点において次に掲げる規定を含み、及び引き続き当該規定を含む場合には、次条から第五条まで及び第七条の規定に適合するものとみなす。

(a) 原子力施設の敷地外において著しい原子力損害が生ずる原子力事故が生じた場合における無過失責任を定める規定

(b) 事業者であって原子力損害について責任を負うもの以外の者が補償を行う法的な責任を負う範囲内において補償を行うことを義務付ける規定

(c) (b)に規定する補償のため、民生用の原子力発電所については一〇億SDR以上の金額を利用可能とすること及び他の民生用の原子力施設については三億SDR以上の金額を利用可能とすることを確保する規定

2 1の規定に従って締約国の国内法令が次条から第五条まで及び第七条の規定に適合するものとみなされる場合には、当該締約国は、次に掲げることを行うことができる。

(a) 条約第一条(f)に規定する損害及び他の損害(原子力施設内の核燃料、放射性生成物又は放射性廃棄物若しくは原子力施設から搬出され、原子力施設に由来し、若しくは原子力施設に送付される核物質の放射性、それらの物の放射性とそれらの物の有毒性、爆発性その他の有害性との組合せ又は原子力施設内部のあらゆる放射線源から放出される他の電離放射線により生じ、又は起因する損害に限る。)を含む原子力損害の定義を適用すること。ただし、その適用が条約第三条に基づく当該締約国の約束に影響を及ぼさないことを条件とする。

(b) 原子力施設に関し、前条1(b)の定義の適用を除外して3の定義を適用すること。

3 2(b)の規定の適用上、「原子力施設」とは、次に掲げるものをいう。

(a) 民生用原子炉(推進の目的であるか他の目的であるかを問わず、動力源として用いるため海上輸送又は航空輸送の手段に設置するものを除く。)

(b) 次に掲げる物の加工、再処理又は貯蔵のための民生用施設

(i) 照射済核燃料

(ii) 次に掲げる放射性生成物又は放射性廃棄物

(1) 照射済核燃料の再処理の結果生ずるものであって、相当の量の核分裂生成物を含有する

もの

(2)　九二よりも大きな原子番号の元素を一グラム当たり一〇ナノキュリーを超える濃度で含有するもの

(c)　その他核物質の加工、再処理又は貯蔵のための民生用施設。ただし、締約国が、当該施設に関連する危険の程度が小さいという理由により当該施設をこの定義の適用から除外することが正当であると決定するものを除く。

4　1の規定に適合する締約国の国内法令が当該締約国の領域外で生ずる原子力事故について適用されない場合において、条約第一三条の規定に従って当該締約国の裁判所が当該原子力事故についての管轄権を有するときは、次条から第一一条までの規定が当該原子力事故について適用されるものとし、次条から第一一条までの規定は、それらの規定に抵触する関係国内法令の規定に優先するものとする。

第三条（事業者の責任）1　原子力施設の事業者は、原子力損害が次のいずれかの原子力事故により生じたことが立証される場合には、当該原子力損害について責任を負う。ただし、当該原子力損害が、当該原子力施設内における原子力事故であって、核物質の輸送に付随して当該原子力施設内に貯蔵されている当該核物質に係るものにより生ずる場合において、(b)又は(c)の規定により他の事業者又は他の者のみが責任を負うときは、(a)の規定は、適用しない。

(a)　当該原子力施設内における原子力事故

(b)　当該原子力施設から搬出され、又は当該原子力施設に由来する核物質に係る原子力事故であって、次のいずれかの時期に生ずるもの

(i)　書面による契約の明示的な条件に従い、他の原子力施設の事業者が当該核物質に係る原子力事故についての責任を負うこととなる前

(ii)　(i)に規定する明示的な条件がない場合には、他の原子力施設の事業者が当該核物質を管理することとなる前

(iii)　推進の目的であるか他の目的であるかを問わず、動力源として用いるため輸送手段に設置する原子炉において当該核物質が使用される予定である場合には、当該原子炉の運転について正当に権限を与えられた者が当該核物質を管理することとなる前

(iv)　(i)から(iii)までの規定にかかわらず、この条約の非締約国の領域内の者に当該核物質が送付される場合には、当該非締約国の領域内に到着した輸送手段から当該核物質が取り卸される前

(c)　当該原子力施設に送付される核物質に係る原子力事故であって、次のいずれかの時期に生ずるもの

(i)　書面による契約の明示的な条件に従い、当該原子力施設の事業者が当該核物質に係る原子力事故についての責任を他の原子力施設の事業者から引き継いだ後

(ii)　(i)に規定する明示的な条件がない場合には、当該原子力施設の事業者が当該核物質を管理することとなった後

(iii)　推進の目的であるか他の目的であるかを問わず、動力源として用いるため輸送手段に設置する原子炉を運転する者から当該原子力施設の事業者が当該核物質の管理を引き継いだ後

(iv)　(i)から(iii)までの規定にかかわらず、当該原子力施設の事業者の書面による同意を得てこの条約の非締約国の領域内の者から当該核物質が送付される場合には、当該非締約国の領域から当該核物質を輸送する輸送手段に当該核物質が積み込まれた後

2　施設国は、国内法令により、その定める条件に従い、核物質を輸送する者又は放射性廃棄物を取り扱う者を、それらの者の要請及び関係する事業者の同意がある場合には、それぞれ当該核物質又は当該放射性廃棄物について関係する当該事業者に代わる事業者として指定し、又は承認することができる。この場合において、当該核物質を輸送する者又は当該放射性廃棄物を取り扱う者は、この条約の適用上、当該施設国の領域内に所在する原子力施設の事業者とみなされる。

3　事業者は、原子力損害について無過失責任を負う。

4　一の原子力損害及び原子力損害以外の損害の双方が、一の原子力事故又は一の原子力事故及び一若しくは二以上の他の出来事の双方により生ずる場合には、当該原子力損害以外の損害は、当該原子力損害と合理的に分割することができない限りにおいて、当該原子力事故により生じた原子力損害とみなす。ただし、損害が、この附属書の規定の適用を受ける一の原子力事故及びこの附属書の規定の適用を受けない電離放射線の放出の双方により生ずる場合には、この附属書のいかなる規定も、当該電離放射線の放出に関連して責任を負い得る者の責任であって、当該原子力損害を受けた者に関するもの若しくは求償若しくは拠出の方法によるものを制限し、又は当該責任に影響を及ぼすものではない。

5　(a)事業者は、武力紛争、敵対行為、内乱又は暴動に直接起因する原子力事故により生ずる原子力損害について責任を負わない。

(b)　施設国の法令に別段の定めがある場合を除くほか、事業者は、重大な自然災害であって例外的な性質を有するものに直接起因する原子力事故により生ずる原子力損害について責任を負わない。

6　原子力損害の全部又は一部が当該原子力損害を受けた者の重大な過失又は損害を生じさせることを意図した当該原子力損害を受けた者の作為若しくは不作為により生じたことを事業者が証明した場合には、当該事業者が当該原子力損害を受けた者の受けた原子力損害の賠償又は補償を行う義務

の全部又は一部は、国内法令により免除することができる。

7 事業者は、次に掲げる原子力損害について責任を負わない。

(a) 原子力施設自体及び当該原子力施設が所在する敷地内に所在する他の原子力施設(建設中のものを含む。)に生ずる原子力損害

(b) 原子力施設と同一の敷地にある財産であって、当該原子力施設に関連して使用されているもの又は使用される予定のものに生ずる原子力損害

(c) 国内法令に別段の定めがある場合を除くほか、原子力事故が生じた時に当該原子力事故に関係する核物質が置かれていた輸送手段に生ずる原子力損害。事業者が当該原子力損害について責任を負うことが国内法令により定められている場合には、当該原子力損害の賠償又は補償は、他の損害について事業者が負う責任の額を一億五千万SDR又は締約国の国内法令により設定されるこれよりも高い金額よりも低い額に減少させることとなってはならない。

8 この条約のいかなる規定も、7(c)の規定に従いこの条約の下で事業者が責任を負わない原子力損害について、この条約の範囲外において当該事業者が負う責任に影響を及ぼすものではない。

9 原子力損害の賠償又は補償を受ける権利は、責任を負う事業者に対してのみ行使することができる。ただし、事業者以外の者の財源からの資金を利用することにより賠償又は補償を確保するため、国内法令の規定に従って利用可能とされる資金の提供者に対して請求する直接の権利が国内法令により認められる場合は、この限りでない。

10 事業者は、原子力事故により生ずる損害について、この条約に基づく国内法令の規定の範囲外において責任を負わない。

第四条(責任の額) 1 条約第三条1(a)(ii)の規定が適用される場合を除くほか、施設国は、一の原子力事故について事業者が負う責任の額を次のいずれかの金額に制限することができる。

(a) 三億SDR以上の金額

(b)(a) 一億五千万SDR以上の金額。ただし、施設国が、原子力損害の補償を行うため、三億SDR以上の金額を上限として当該一億五千万SDR以上の金額を超える範囲について公的資金を利用可能とする場合に限る。

2 1の規定にかかわらず、施設国は、原子力施設又は関連する核物質の性質及びそれらに起因する事故により見込まれる影響を考慮して、事業者が負う責任の額についてより低い金額を設定することができる。ただし、いかなる場合にも当該金額が五〇〇〇万SDR以上であること及び1の規定により設定される上限の金額まで施設国が公的資金を利用可能とすることを確保することを条件とする。

3 責任を負う事業者について、施設国が1及び2の規定並びに前条7(c)に規定する締約国の法令に従って設定する金額は、原子力事故が生ずる場所のいかんを問わず適用される。

第五条(金銭上の保証) 1 (a) 事業者は、原子力損害についての自己の責任を担保するため、施設国が定める金額、種類及び条件の保険その他の金銭上の保証を有し、及び維持しなければならない。施設国は、当該保険その他の金銭上の保証から得られる金額が、当該事業者に対する確定された原子力損害についての賠償又は補償の請求を満たすために十分でない場合には、前条の規定により設定する上限(該当する場合に限る。)を超えない範囲において必要な資金を提供することにより、当該請求についての支払が行われることを確保する。施設国は、事業者が負う責任の額に上限がない場合には、責任を負う事業者の金銭上の保証の上限(三億SDR以上のものに限る。)を設定することができる。施設国は、当該金銭上の保証から得られる金額が、当該事業者に対する確定された原子力損害についての賠償又は補償の請求を満たすために十分でない場合には、この1の規定により定める金銭上の保証の額を超えない範囲において当該請求についての支払が行われることを確保する。

(b) (a)の規定にかかわらず、施設国は、原子力施設又は関連する核物質の性質及びそれらに起因する事故により見込まれる影響を考慮して、事業者の金銭上の保証についてより低い金額を設定することができる。ただし、いかなる場合にも当該金額が五〇〇〇万SDR以上であること及び保険その他の金銭上の保証から得られる金額が当該事業者に対する確定された原子力損害についての賠償又は補償の請求を満たすために十分でない場合には、施設国が(a)に規定する金銭上の保証の上限まで必要な資金を提供することにより当該請求についての支払が行われることを確保することを条件とする。

2 1の規定は、締約国又はその行政区画に対し、事業者として負う自己の責任を担保するために保険その他の金銭上の保証を維持することを求めるものではない。

3 1又は前条1(b)の規定に従って保険その他の金銭上の保証又は施設国により提供される資金は、この附属書に基づいて支払われる賠償又は補償にのみ充てる。

4 保険者その他の金銭上の保証を提供する者は、1の規定により提供する保険その他の金銭上の保証を停止し、又は取り消す場合には、その停止又は取消しの少なくとも二ヶ月前に権限のある当局に対して書面により通知するものとし、また、当該保険その他の金銭上の保証が核物質の輸送に関するものである場合には、当該輸送の期間中は、当該保証を停止し、又は取り消してはならない。

第六条(輸送) (略)

第七条（二以上の事業者の責任）
第八条（国内法令に基づく賠償又は補償）
第九条（消滅の期間）
第十条（求償権）
第一一条（準拠法）
（略）

9章
国際経済

本章の構成

本章には、国境を越える取引や投資など国際経済関係を規律する国際文書を収録する。この分野は、伝統的に二国間の通商航海条約によって規律されてきたが、第二次大戦後はそれに加えて、一九四七年にジュネーヴで署名された関税貿易一般協定（ガット）を中心とする多数国間条約によって普遍的な規制が行われるようになった。

ウルグアイ・ラウンド（一九八六～一九九四年）の多角的貿易交渉の結果締結された**WTO協定（91）**は、ガットに代わってより強力かつより広範な権限を有する世界貿易機関を設立した。第1節はこの世界貿易機関に関連する協定を収めた。この協定の本文自体は、主として組織に関するわずか一六条の規定からなり、ぼう大な実体的規定はすべて附属書に収められている。このうち、附属書一A**物品貿易多角的協定（92）**、附属書一B**サービス貿易一般協定（94）**、附属書一C**TRIPS協定（95）**、附属書二**紛争解決了解（96）**、附属書三貿易政策検討制度は、協定の不可分の一部を構成し、すべての加盟国を拘束する（附属書四複数国間貿易協定の四つの協定は、当該協定の締約国のみに適用される）。

このうち、附属書一Aは、一九九四年のガットと、これを補完・修正する農業に関する協定等一二の協定からなる。そして、一九九四年のガットは、**一九四七年のガット（93）**と若干の関連議定書・決定・了解からなり、実質的に一九四七年のガットと同一であるが、法的には両者は別個のものとされている。また、従来のガットの紛争解決手続は、コンセンサス方式のため決定ができない場合もあり、米国通商法第三〇一条等による一方的制裁措置の口実となっていたが、附属書二による新しい手続は、逆コンセンサス方式の導入や上級委員会の設置などにより司法的解決の色彩を強めより有効なものになった。なお、発展途上国・後発発展途上国におけるHIV／AIDS薬の需要にかんがみ、二〇〇一年のWTO閣僚会議はドーハ宣言を採択してTRIPS協定との調整をはかった。このドーハ宣言を受けて二〇〇五年にはTRIPS協定の三一条の二及び付属書を追加する形式の改正議定書が採択されていたが、二〇一七年にようやく発効した。

国際経済関係の普遍的・多角的規制が進んでも、今後とも二国間または数国間での規制の必要性がなくなるわけではない。第2節は二国間および地域の経済協定を収めた。まず伝統的な通商（航海）条約として**日米通商航海条約（9 7）**を掲載した。本条約は、対日平和条約（16 7）発効後最初に締結された通商条約で、前文にある通り無条件に与えられる最恵国待遇と内国民待遇の原則を基礎としている。なお、二〇一五年版まで掲載していた一九五七年の日ソ通商条約は旧社会主義国との条約であり、関税、内国税、船舶について最恵国待遇を与えているが、日米通商条約にあるような入国・在留の自由、投資の保護、事業活動の自由、財産権の取得、工業所有権等についての規定はないという特徴がある。本条約は、ソ連邦消滅後も、ロシア連邦がソ連邦を継続する国家であるとの日ロ両国の了解のもとに、ロシア連邦との間に引きつづき適用されている。

　地域貿易協定（自由貿易協定、関税同盟など）は、大戦間のブロック経済の反省からガット時代には否定的・消極的に考えられていたが、今日ではむしろWTOを中心とする多角的貿易システムを補完する手段として積極的に評価されるようになり、二〇二三年一一月三〇日現在でガット・WTOに通知された地域貿易協定は五九六となっている。欧州連合条約（1 12）はその代表例である。

　日本は、二〇〇二年一月にシンガポールとの間で経済連携協定を締結したのを皮切りに、二〇〇四年九月にメキシコと、その後はマレーシア、フィリピン、タイ、インドネシアなどと二国間の経済連携協定を締結した。また二〇〇八年三月から四月にかけてASEANとの包括的経済連携協定に署名するなど（インドネシアを除いて発効）、二国間、多数国間の協定締結に積極的に取り組んでいる。さらに二〇一九年にはEUとの間でも経済連携協定が発効した。

　一二カ国で構成される**TPP（環太平洋パートナーシップ）協定（9 8）**もその一つである。しかし二〇一七年に発足したアメリカのトランプ政権はTPP協定からの離脱を決定したため、現協定のままでの発効のめどは立たなくなった。そこで規定の一部凍結を行うことによって一一カ国で大枠を維持した**環太平洋パートナーシップに関する包括的及び先進的な協定（CPTPP・TPP11）（9 9）**を発効させた。本章ではCPTPP及びそのもととなったTPPを掲載した。もっとも、TPPは、附属書などを含めて三〇〇〇頁近くにのぼる文書であるので、本章では経済協定に重要な規定および労働や環境などWTO協定に規定されていないものなどを抜粋した。また、協定全体の構成が理解できるよう、各章・節の柱書は残した。二国間協定を中心に広がった経済協定も、地域の多数の国家を巻き込んだものも増加しているのが特徴である。なお日本は、二〇一八年九月の日米首脳会談での共同声明で貿易交渉をすすめることに合意し、二〇一九年一〇月には日本がTPPで負っている義務の水準を維持する内容の日米貿易協定が署名された。また同日、電子商取引のルールを規定する日米デジタル貿易協定についても署名がなされた。今後は、サービス貿易なども含む包括的な貿易協定についても協議が行われる。

　また、通商関係全体にわたるものではないが、とくに投資を保護・促進するために投資協定が締結されることも多い。日本の場合、右の包括的な経済連携協定を締結する前段階として位置づけられるものと、相手国での投資環境整備を目的としたものに分けることができる。前者について、二〇一四年に発効した日中韓投資協定があるが、二〇二二年一月にこの三国とオーストラリア、ニュージーランド、アセアン諸国を含んだ**地域的な包括的経済連携（RCEP）協定**（⑨10）が発効したので抜粋、掲載した。他方でこの協定交渉中にインドが離脱したことも注目される。また、後者については**日本・アラブ首長国連邦投資協定**（⑨11）を掲載した。いずれも収用の際の補償について従来先進資本主義国が主張してきた「十分、有効、迅速な補償」に対応する規定を定め、「天然資源に対する永久的主権」決議（②4）が掲げた「適当な補償を支払われる」とはなっていないことが注目される。また近年の特徴は、投資受入国と他国の投資企業との紛争解決手続を詳細に規定していることである。

　また公正な市場競争を確保するための独占禁止法の適用は、しばしば国境を越えて執行され国家間の紛争となってきた。そのため何らかの調整が必要とされ、日本は米、EU、加との間で競争法の適用に関連した協力協定を結んでいる。ここでは**日米独禁協力協定**（⑨12）を掲げた。

　さらに本章には、**日印原子力協定**（⑨13）を収める。日印間の経済的な協力の一環として位置づけられることから本章においた。他方で、核物質の移転など原子力科学技術の平和的利用が問題となるため、核不拡散条約（⑭3）の非締約国であるインドとの関係で、どのようにして軍事的利用を防止するかということが課題である。日本は、これまで米国や中国など一三カ国および欧州原子力共同体と原子力協定を締結してきた。また、インドは米仏など九カ国と原子力協定を締結している。

　以上みたような貿易協定や投資協定で言及されるのが**投資紛争解決条約（ICSID条約）**（⑨14）であり、第3節に収めた。これは国と他国の企業などの間で紛争が生じた場合の解決を予定するもので、条約に基づいて設立された投資紛争解決センターが、紛争解決手段として注目されてきた。しかし今日では、当該センターに寄せられる紛争が増大し、むしろ実際の活動内容に焦点が当てられるようになっている。

第1節　世界貿易機関

9 1　世界貿易機関を設立するマラケシュ協定(世界貿易機関協定)(WTO協定)(抄)

作成　一九九四年四月一五日(マラケシュ)
効力発生　一九九五年一月一日
改正　TRIPS協定改正議定書二〇〇五年一二月六日採択、二〇一七年一月二三日
日本国　一九九四年一二月八日国会承認、一二月二七日受諾書寄託、一二月二八日公布(条約第一五号)、原加盟国として一九九五年一月一日より効力発生、二〇一七年一月二三日TRIPS協定改正議定書効力発生

この協定の締約国は、

貿易及び経済の分野における締約国間の関係が、生活水準を高め、完全雇用並びに高水準の実質所得及び有効需要並びにこれらの着実な増加を確保し並びに物品及びサービスの生産及び貿易を拡大する方向に向けられるべきであることを認め、他方において、経済開発の水準が異なるそれぞれの締約国のニーズ及び関心に沿って環境を保護し及び保全し並びにそのための手段を拡充することに努めつつ、持続可能な開発の目的に従って世界の資源を最も適当な形で利用することを考慮し、

更に、成長する国際貿易において開発途上国特に後発開発途上国がその経済開発のニーズに応じた貿易量を確保することを保証するため、積極的に努力する必要があることを認め、

関税その他の貿易障害を実質的に軽減し及び国際貿易関係における差別待遇を廃止するための相互的かつ互恵的な取極を締結することにより、前記の目的の達成に寄与することを希望し、

よって、関税及び貿易に関する一般協定、過去の貿易自由化の努力の結果及びウルグァイ・ラウンドの多角的貿易交渉のすべての結果に立脚する統合された一層永続性のある多角的貿易体制を発展させることを決意し、

この多角的貿易体制の基礎を成す基本原則を維持し及び同体制の基本目的を達成することを決意して、

次のとおり協定する。

第一条(機関の設立) この協定により世界貿易機関(WTO)を設立する。

第二条(世界貿易機関の権限) 1　世界貿易機関は、附属書に含まれている協定及び関係文書に関する事項について、加盟国間の貿易関係を規律する共通の制度上の枠組みを提供する。

2　附属書一、附属書二及び附属書三に含まれている協定及び関係文書(以下「多角的貿易協定」という。)は、この協定の不可分の一部を成し、すべての加盟国を拘束する。

3　附属書四に含まれている協定及び関係文書(以下「複数国間貿易協定」という。)は、これらを受諾した加盟国についてはこの協定の一部を成し、当該加盟国を拘束する。複数国間貿易協定は、これらを受諾していない加盟国の義務又は権利を創設することはない。

4　附属書一Aの一九九四年の関税及び貿易に関する一般協定(以下「一九九四年のガット」という。)は、国際連合貿易雇用会議準備委員会第二会期の終了時に採択された最終議定書に附属する一九四七年一〇月三〇日付けの関税及び貿易に関する一般協定がその後訂正され、改正され又は修正されたもの(以下「一九四七年のガット」という。)と法的に別個のものである。

第三条(世界貿易機関の任務) 1　世界貿易機関は、この協定及び多角的貿易協定の実施及び運用を円滑にし並びにこれらの協定の目的を達成するものとし、また、複数国間貿易協定の実施及び運用のための枠組みを提供する。

2　世界貿易機関は、附属書に含まれている協定で取り扱われる事項に係る多角的貿易関係に関する加盟国間の交渉のための場を提供する。同機関は、また、閣僚会議の決定するところに従い、多角的貿易関係に関する加盟国間の追加的な交渉のための場及びこれらの交渉の結果を実施するための枠組みを提供することができる。

3　世界貿易機関は、附属書二の紛争解決に係る規則及び手続に関する了解(以下「紛争解決了解」という。)を運用する。

4　世界貿易機関は、附属書三の貿易政策検討制度を運用する。

5　世界貿易機関は、世界的な経済政策の策定が一層統一のとれたものとなるようにするため、適当な場合には、国際通貨基金並びに国際復興開発銀行及び同銀行の関連機関と協力する。

第四条(世界貿易機関の構成) 1　すべての加盟国の代表で構成する閣僚会議を設置するものとし、同会議は、少なくとも二年に一回会合する。閣僚会議は、世界貿易機関の任務を遂行し、そのために必要な措置をとる。閣僚会議は、加盟国から要請がある場合には、意思決定につきこの協定及び関連する多角的貿易協定に特に定めるところに従い、多角的貿易協定に関するすべての事項について決定を行う権限を有する。

2　すべての加盟国の代表で構成する一般理事会を設置するものとし、同理事会は、適当な場合に会合する。閣僚会議の会合から会合までの間においては、その任務は、一般理事会が遂行する。一般理事会は、また、この協定によって自己に与えられる任務を遂行する。一般理事会は、その手続規則を定め、及び7に規定する委員会の手続規則を承認する。

3　一般理事会は、紛争解決了解に定める紛争解決機関としての任務を遂行するため、適当な場合に会合

する。紛争解決機関に、議長を置くことができるものとし、同機関は、その任務を遂行するために必要と認める手続規則を定める。

4　一般理事会は、貿易政策検討制度に定める貿易政策検討機関としての任務を遂行するため、適当な場合に会合する。貿易政策検討機関に、議長を置くことができるものとし、同機関は、その任務を遂行するために必要と認める手続規則を定める。

5　物品の貿易に関する理事会、サービスの貿易に関する理事会及び知的所有権の貿易関連の側面に関する理事会（以下「貿易関連知的所有権理事会」という。）を設置するものとし、これらの理事会は、一般理事会の一般的な指針に基づいて活動する。物品の貿易に関する理事会は、附属書一Aの多角的貿易協定の実施に関することをつかさどる。サービスの貿易に関する理事会は、サービスの貿易に関する一般協定（以下「サービス貿易一般協定」という。）の実施に関することをつかさどる。貿易関連知的所有権理事会は、知的所有権の貿易関連の側面に関する協定（以下「貿易関連知的所有権協定」という。）の実施に関することをつかさどる。これらの理事会は、それぞれの協定及び一般理事会によって与えられる任務を遂行する。これらの理事会は、一般理事会の承認を条件として、それぞれの手続規則を定める。これらの理事会の構成員の地位は、すべての加盟国の代表に開放する。これらの理事会は、その任務を遂行するため、必要に応じて会合する。

6　物品の貿易に関する理事会、サービスの貿易に関する理事会及び貿易関連知的所有権理事会は、必要に応じて補助機関を設置する。これらの補助機関は、それぞれの理事会の承認を条件として、それぞれの手続規則を定める。

7　閣僚会議は、貿易及び開発に関する委員会、国際収支上の目的のための制限に関する委員会及び予算、財政及び運営に関する委員会を設置する。これらの委員会は、この協定及び多角的貿易協定によって与えられる任務並びに一般理事会によって与えられる追加的な任務を遂行する。また、閣僚会議は、適当と認める任務を有する追加的な委員会を設置することができる。貿易及び開発に関する委員会は、その任務の一部として、定期的に、多角的貿易協定の後発開発途上加盟国のための特別な規定を検討し、適当な措置について一般理事会に報告する。これらの委員会の構成員の地位は、すべての加盟国の代表に開放する。

8　複数国間貿易協定に定める機関は、これらの協定によって与えられる任務を遂行するものとし、世界貿易機関の制度上の枠組みの中で活動する。これらの機関は、その活動について一般理事会に定期的に通報する。

第五条（他の機関との関係）1　一般理事会は、世界貿易機関の任務と関連する任務を有する他の政府間機関との効果的な協力のために、適当な取決めを行う。

2　一般理事会は、世界貿易機関の取り扱う事項に関係のある非政府機関との協議及び協力のために、適当な取決めを行うことができる。

第六条（事務局）1　事務局長を長とする世界貿易機関事務局（以下「事務局」という。）を設置する。

2　閣僚会議は、事務局長を任命し、並びに事務局長の権限、任務、勤務条件及び任期を定める規則を採択する。

3　事務局長は、閣僚会議が採択する規則に従い、事務局員を任命し、並びにその任務及び勤務条件を決定する。

4　事務局長及び事務局員の責任は、専ら国際的な性質のものとする。事務局長及び事務局員は、その任務の遂行に当たって、いかなる政府からも又は世界貿易機関外のいかなる当局からも指示を求め又は受けてはならない。事務局長及び事務局員は、国際公務員としての立場を損なうおそれのあるいかなる行動も慎まなければならない。同機関の加盟国は、事務局長及び事務局員の責任の国際的な性質を尊重するものとし、これらの者が任務を遂行するに当たってこれらの者を左右しようとしてはならない。

第七条（予算及び分担金）1　事務局長は、予算、財政及び運営に関する委員会に対し世界貿易機関の年次予算見積り及び会計報告を提出する。予算、財政及び運営に関する委員会は、事務局長が提出した年次予算見積り及び会計報告を審査し、一般理事会に対しこれらに関する勧告を行う。年次予算見積りについては、一般理事会の承認を得なければならない。

2　予算、財政及び運営に関する委員会は、次の事項に関する規定を含む財政規則を一般理事会に提案する。財政規則は、実行可能な限り一九四七年のガットの規則及び慣行に基づくものでなければならない。

(a)　世界貿易機関の経費を加盟国間で割り当てるための分担率

(b)　分担金を滞納している加盟国についてとる措置

3　一般理事会は、過半数の加盟国を含む三分の二以上の多数による議決で財政規則及び年次予算見積りを採択する。

4　各加盟国は、一般理事会が採択した財政規則に従い、世界貿易機関の経費に係る自国の分担金を速やかに同機関に支払う。

第八条（世界貿易機関の地位）1　世界貿易機関は、法人格を有するものとし、その任務の遂行のために必要な法律上の能力を各加盟国によって与えられる。

2　世界貿易機関は、その任務の遂行のために必要な特権及び免除を各加盟国によって与えられる。

3　2と同様に、世界貿易機関の職員及び加盟国の代表は、同機関に関連する自己の任務を独立に遂行するために必要な特権及び免除を各加盟国によって与えられる。

4　世界貿易機関、その職員及びその加盟国の代表に対して加盟国が与える特権及び免除は、一九四七年一一月二一日に国際連合総会が採択した専門機関の特権及び免除に関する条約に定める特権及び免除と同様のものとする。

5　世界貿易機関は、本部協定を締結することができる。

第九条（意思決定） 1　世界貿易機関は、一九四七年のガットの下でのコンセンサス方式による意思決定の慣行（注1）を維持する。コンセンサス方式によって決定することができない場合には、問題となっている事項は、別段の定めがある場合を除くほか、投票によって決定する。世界貿易機関の各加盟国は、閣僚会議及び一般理事会の会合において一の票を有する。欧州共同体が投票権を行使する場合には、同共同体は、世界貿易機関の加盟国であるその構成国の数と同数の票を有する（注2）。閣僚会議及び一般理事会の決定は、この協定又は関連する多角的貿易協定に別段の定めがある場合を除くほか、投じられた票の過半数による議決で行う（注3）。

注1　いずれかの内部機関がその審議のために提出された事項について決定を行う時にその会合に出席しているいずれの加盟国もその決定案に正式に反対しない場合には、当該内部機関は当該事項についてコンセンサス方式によって決定したものとみなす。

注2　欧州共同体及びその構成国の有する票数は、いかなる場合にも同共同体の構成国の数を超えないものとする。

注3　一般理事会が紛争解決機関として会合する場合には、その決定は、紛争解決了解第二条4の規定にのみ従って行う。

2　閣僚会議及び一般理事会は、この協定及び多角的貿易協定の解釈を採択する排他的権限を有する。附属書一の多角的貿易協定の解釈については、閣僚会議及び一般理事会は、当該協定の実施に関することをつかさどる理事会の勧告に基づいてその権限を行使する。解釈を採択する決定は、加盟国の四分の三以上の多数による議決で行う。この2の規定は、改正に関する次条の規定を害するように用いてはならない。

3　閣僚会議は、例外的な場合には、この協定又はいずれかの多角的貿易協定によって加盟国に課される義務を免除することを決定することができる。その決定は、この3に別段の定めがない限り、加盟国の四分の三（注）による議決で行う。

(a)　この協定に関する免除の要請は、審議（コンセンサス方式による意思決定の慣行に従う。）のため、閣僚会議に提出される。閣僚会議は、その要請を審議するために、九〇日を超えない範囲でその期間を定める。その期間内にコンセンサスに達しない場合には、免除の決定は、加盟国の四分の三（注）による議決で行う。

(b)　附属書一A、附属書一B又は附属書一Cの多角的貿易協定及びこれらの協定の附属書に関する免除の要請は、審議（その期間は、九〇日を超えないものとする。）のため、まず、物品の貿易に関する理事会、サービスの貿易に関する理事会又は貿易関連知的所有権理事会にそれぞれ提出する。当該理事会は、審議の期間の終了に当たって、閣僚会議に報告を提出する。

注　経過期間又は段階的な実施のための期間が設けられている義務であって、その免除を要請する加盟国が当該期間の終了までに履行しなかったものに関する免除の決定は、コンセンサス方式によってのみ行う。

4　閣僚会議による免除の決定には、その決定を正当化する例外的な事情、免除の適用に関する条件及び免除が終了する日を示すものとする。免除の期間が一年を超える場合には、当該免除の開始後一年以内に、及びその後は当該免除が終了するまで毎年、閣僚会議の審査を受ける。閣僚会議は、審査において、免除を正当化する例外的な事情が引き続き存在するかしないか及び免除に付された条件が満たされているかいないかを検討する。閣僚会議は、毎年の審査に基づき、免除を延長し、変更し又は終了させることができる。

5　複数国間貿易協定に関する決定（解釈及び免除に関する決定を含む。）については、当該協定の定めるところによる。

第一〇条（改正） 1　世界貿易機関の加盟国は、この協定又は附属書一の多角的貿易協定を改正する提案を、閣僚会議に提出することによって行うことができる。第四条5に規定する理事会も、自己が実施に関することをつかさどる附属書一の多角的貿易協定を改正する提案を閣僚会議に提出することができる。改正案を加盟国に対し受諾のために送付することについての閣僚会議の決定は、同会議が一層長い期間を定めない限り、提案が正式に同会議に提出された後九〇日の間にコンセンサス方式によって行う。2、5又は6の規定が適用される場合を除くほか、当該決定には、3又は4のいずれの規定が適用されるかを明示するものとする。コンセンサスに達した場合には、閣僚会議は、直ちに改正案を加盟国に対し受諾のために送付する。定められた期間内にコンセンサスに達しない場合には、閣僚会議は、加盟国の三分の二以上の多数による議決で、改正案を加盟国に対し受諾のために送付するかしないかを決定する。2、5又は6の規定が適用される場合を除くほか、3の規定が改正案について適用される。ただし、閣僚会議が加盟国の四分の三以上の多数による議決で4の規定が適用されると決定する場合は、この限りでない。

2　この条及び次に掲げる規定の改正は、すべての加盟国が受諾した時に効力を生ずる。

この協定の第九条

一九九四年のガットの第一条及び第二条

サービス貿易一般協定第二条1

貿易関連知的所有権協定第四条

3　この協定又は附属書一A及び附属書一Cの多角的貿易協定の改正（2及び6に掲げる規定の改正を除く。）であって、加盟国の権利及び義務を変更する性質のものは、加盟国の三分の二が受諾した時に当該改正を受諾した加盟国について効力を生じ、その後は、その他の各加盟国について、それぞれによる受諾の時に効力を生ずる。閣僚会議は、加盟国の四分の三以上の多数による議決で、この3の規定に基づいて効力を生じた改正が、それぞれの場合について閣僚会議の定める期間内に当該改正を受諾しなかった加盟国が世界貿易機関から脱退し又は閣僚会議の同意を得て加盟国としてとどまり得る性質のものである旨を決定することができる。

4　この協定又は附属書一A及び附属書一Cの多角的貿易協定の改正（2及び6に掲げる規定の改正を除く。）であって、加盟国の権利及び義務を変更しない性質のものは、加盟国の三分の二が受諾した時にすべての加盟国について効力を生ずる。

5　2の規定が適用される場合を除くほか、サービス貿易一般協定の第一部から第三部までの規定及び同協定の各附属書の改正は、加盟国の三分の二が受諾した時に当該改正を受諾した加盟国について効力を生じ、その後は、その他の加盟国について、それぞれによる受諾の時に効力を生ずる。閣僚会議は、加盟国の四分の三以上の多数による議決で、前段の規定に基づいて効力を生じた改正が、それぞれの場合について閣僚会議の定める期間内に当該改正を受諾しなかった加盟国が世界貿易機関から脱退し又は閣僚会議の同意を得て加盟国としてとどまり得る性質のものである旨を決定することができる。サービス貿易一般協定の第四部から第六部までの規定及び同協定の各附属書の改正は、加盟国の三分の二が受諾した時にすべての加盟国について効力を生ずる。

6　この条の他の規定にかかわらず、貿易関連知的所有権協定の改正であって同協定第七一条2の要件を満たすものは、閣僚会議が採択することができるものとし、その後の正式な受諾の手続を要しない。

7　この協定又は附属書一の多角的貿易協定の改正を受諾する加盟国は、閣僚会議が定める受諾の期間内に受諾書を世界貿易機関事務局長に寄託する。

8　世界貿易機関の加盟国は、附属書二及び附属書三の多角的貿易協定を改正する提案を、閣僚会議に提出することによって行うことができる。附属書二の多角的貿易協定の改正を承認する決定は、コンセンサス方式によって行うものとし、当該改正は、閣僚会議が承認した時にすべての加盟国について効力を生ずる。附属書三の多角的貿易協定の改正を承認する決定は、閣僚会議が承認した時にすべての加盟国について効力を生ずる。

9　閣僚会議は、いずれかの貿易協定の締約国である加盟国の要請に基づき、当該協定を附属書四に追加することをコンセンサス方式によってのみ決定することができる。閣僚会議は、いずれかの複数国間貿易協定の締約国である加盟国の要請に基づき、当該協定を附属書四から削除することを決定することができる。

10　複数国間貿易協定の改正については、当該協定の定めるところによる。

第一一条（原加盟国）1　この協定が効力を生ずる日における一九四七年のガットの締約国及び欧州共同体であって、この協定及び多角的貿易協定を受諾し、かつ、一九九四年のガットに自己の譲許表が附属され及びサービス貿易一般協定に自己の特定の約束に係る表が附属されているものは、世界貿易機関の原加盟国となる。

2　国際連合が後発開発途上国として認める国は、個別の開発上、資金上及び貿易上のニーズ又は行政上及び制度上の可能性と両立する範囲において、約束及び譲許を行うことを要求される。

第一二条（加入）1　すべての国又は対外通商関係その他この協定及び多角的貿易協定に規定する事項の処理について完全な自治権を有する独立の関税地域は、自己と世界貿易機関との間において合意した条件によりこの協定に加入することができる。加入は、この協定及び多角的貿易協定の双方に係るものとする。

2　加入に関する決定は、閣僚会議が行う。閣僚会議は、世界貿易機関の加盟国の三分の二以上の多数による議決で、加入の条件に関する合意を承認する。

3　複数国間貿易協定への加入については、当該協定の定めるところによる。

第一三条（特定の加盟国の間における多角的貿易協定の不適用）1　いずれかの加盟国が加盟国となった時に、当該いずれかの加盟国又はその他のいずれかの加盟国が、これらの加盟国の間におけるこの協定並びに附属書一及び附属書二の多角的貿易協定の適用に同意しなかった場合には、これらの協定は、これらの加盟国の間においては適用されない。

2　1の規定は、一九四七年のガットの締約国であった世界貿易機関の原加盟国の間において適用することができる。ただし、一九四七年のガット第三五条の規定が、当該締約国の間において、当該締約国についてこの協定の効力発生前に適用され、かつ、効力発生時に有効であった場合に限る。

3　1の規定は、いずれかの加盟国と前条の規定に従って加入したその他のいずれかの加盟国との間においては、加入の条件に関する合意が閣僚会議によって承認される前にこれらの加盟国のいずれかが同会議に対し1に規定する協定の適用に同意しない旨を通報した場合に限り、適用する。

4　閣僚会議は、加盟国の要請に基づいて、特定の事案におけるこの条の規定の運用を検討し、適当な勧告を行うことができる。

5　複数国間貿易協定の締約国の間における当該協定の不適用については、当該協定の定めるところによる。

第一四条(受諾、効力発生及び寄託)1　この協定は、第一一条の規定に基づき世界貿易機関の原加盟国となる資格を有する一九四七年のガットの締約国及び欧州共同体が署名その他の方法によって行う受諾のために開放しておく。受諾は、この協定及び多角的貿易協定の双方に係るものとする。この協定及び多角的貿易協定は、ウルグァイ・ラウンドの多角的貿易交渉の結果を収録する最終文書の3に従って閣僚が決定する日に効力を生ずるものとし、閣僚が別段の決定を行う場合を除くほか、効力を生じた日の後二年間受諾のために開放しておく。この協定が効力を生じた後の受諾は、受諾の日の後三〇日目に効力を生ずる。

2　この協定が効力を生じた後にこの協定を受諾する加盟国は、この協定が効力を生じた日に受諾したならば実施すべき多角的貿易協定上の譲許及び義務(この協定が効力を生じた日に開始する期間に係るもの)を実施する。

3　この協定が効力を生ずるまでの間、この協定及び多角的貿易協定の原本は、一九四七年のガットの締約国団の事務局長に寄託する。同事務局長は、この協定を受諾した政府及び欧州共同体に対し、この協定及び多角的貿易協定の認証謄本並びにこの協定の受諾に関する通告書を速やかに送付する。この協定が効力を生じたときは、この協定及び多角的貿易協定並びにこれらの改正は、世界貿易機関事務局長に寄託する。

4　複数国間貿易協定の受諾及び効力発生については、当該協定の定めるところによる。複数国間貿易協定は、一九四七年のガットの締約国団の事務局長に寄託する。この協定が効力を生じたときは、複数国間貿易協定は、世界貿易機関事務局長に寄託する。

第一五条(脱退)1　加盟国は、この協定から脱退することができる。脱退は、この協定及び多角的貿易協定の双方に係るものとし、世界貿易機関事務局長が書面による脱退の通告を受領した日から六箇月を経過した時に、効力を生ずる。

2　複数国間貿易協定からの脱退については、当該協定の定めるところによる。

第一六条(雑則)1　世界貿易機関は、この協定又は多角的貿易協定に別段の定めがある場合を除くほか、一九四七年のガットの締約国団及び一九四七年のガットの枠組みの中で設置された機関が従う決定、手続及び慣行を指針とする。

2　実行可能な範囲において、一九四七年のガットの事務局は、世界貿易機関の事務局となるものとし、かつ、一九四七年のガットの締約国団の事務局長は、第六条2の規定に従って閣僚会議が事務局長を任命する時まで、世界貿易機関の事務局長としての職務を遂行する。

3　この協定の規定といずれかの多角的貿易協定の規定とが抵触する場合には、抵触する限りにおいて、この協定の規定が優先する。

4　加盟国は、自国の法令及び行政上の手続を附属書の協定に定める義務に適合したものとすることを確保する。

5　留保は、この協定のいかなる規定についても付することができない。多角的貿易協定の規定についての留保は、これらの協定に定めがある場合に限り、その限度において付することができる。複数国間貿易協定の規定についての留保は、当該協定の定めるところによる。

6　この協定は、国際連合憲章第一〇二条の規定に従って登録する。

一九九四年四月一五日にマラケシュで、ひとしく正文である英語、フランス語及びスペイン語により本書一通を作成した。

注釈

この協定及び多角的貿易協定において用いられる「国」には、世界貿易機関の加盟国である独立の関税地域を含む。

この協定及び多角的貿易協定において「国」を含む表現(例えば、「国内制度」、「内国民待遇」)は、世界貿易機関の加盟国である独立の関税地域については、別段の定めがある場合を除くほか、当該関税地域に係るものとして読むものとする。

附属書の一覧表

附属書一

附属書一A　物品の貿易に関する多角的協定

一九九四年の関税及び貿易に関する一般協定
農業に関する協定
衛生植物検疫措置の適用に関する協定
繊維及び繊維製品(衣類を含む。)に関する協定(二〇〇五年一月一日終了)
貿易の技術的障害に関する協定
貿易に関連する投資措置に関する協定
一九九四年の関税及び貿易に関する一般協定第六条の実施に関する協定
一九九四年の関税及び貿易に関する一般協定第七条の実施に関する協定
船積み前検査に関する協定
原産地規則に関する協定
輸入許可手続に関する協定
補助金及び相殺措置に関する協定
漁業補助金に関する協定(未発効)
セーフガードに関する協定
貿易の円滑化に関する協定(二〇一七年二月二二日効力発生)

附属書一B　サービスの貿易に関する一般協定

附属書一C　知的所有権の貿易関連の側面に関する協定(二〇一七年一月二三日TRIPS協定改正議定書効力発生)

附属書二

紛争解決に係る規則及び手続に関する了解

附属書三

貿易政策検討制度
附属書四　複数国間貿易協定
民間航空機貿易に関する協定
政府調達に関する協定
国際酪農品協定（一九九七年末終了）
国際牛肉協定（一九九七年末終了）

９２　物品の貿易に関する多角的協定（ＷＴＯ協定附属書一Ａ）（抄）

附属書一Ａに関する解釈のための一般的注釈

一九九四年の関税及び貿易に関する一般協定の規定と世界貿易機関を設立する協定（附属書一Ａの協定において「世界貿易機関協定」という。）附属書一Ａのその他の協定の規定とが抵触する場合には、抵触する限りにおいて、当該その他の協定の規定が優先する。

一九九四年の関税及び貿易に関する一般協定（一九九四年のガット）

1　一九九四年の関税及び貿易に関する一般協定（一九九四年のガット）は、次のものにより構成される。

(a)　国際連合貿易雇用会議準備委員会第二会期の終了の時に採択された最終議定書（暫定的適用に関する議定書を除く。）に附属する一九四七年一〇月三〇日付けの関税及び貿易に関する一般協定（世界貿易機関協定の効力発生の日前に効力を生じた法的文書により訂正され、改正され又は修正されたもの）

(b)　世界貿易機関協定の効力発生の日前に一九四七年のガットの下で効力を生じた次に掲げる法的文書

(i)　関税譲許に関連する議定書及び確認書

(ii)　加入議定書（暫定的適用に関する規定（当該加入議定書の日付の日に有効な法令に反しない最大限度において一九四七年のガット第二部の規定を暫定的に適用する旨定める規定を含む。）及び暫定的適用の撤回に関する規定を除く。）

(iii)　義務の免除に関する決定（一九四七年のガット第二五条の規定に基づいて行われたものであって、世界貿易機関協定の効力発生の日に効力を有しているもの(注)（注―略）

(iv)　その他一九四七年のガットの締約国団が行った決定

(c)　次に掲げる了解

(i)　一九九四年の関税及び貿易に関する一般協定第二条1(b)の解釈に関する了解

(ii)　一九九四年の関税及び貿易に関する一般協定第一七条の解釈に関する了解

(iii)　一九九四年の関税及び貿易に関する一般協定の国際収支に係る規定に関する了解

(iv)　一九九四年の関税及び貿易に関する一般協定第二四条の解釈に関する了解

(v)　一九九四年の関税及び貿易に関する一般協定に基づく義務の免除に関する了解

(vi)　一九九四年の関税及び貿易に関する一般協定第二八条の解釈に関する了解

(d)　一九九四年の関税及び貿易に関する一般協定のマラケシュ議定書

2　注釈

(a)　一九九四年のガットの規定中「締約国」とあるのは「加盟国」と、「低開発締約国」及び「先進締約国」とあるのはそれぞれ「開発途上加盟国」及び「先進加盟国」と、「書記局長」とあるのは「世界貿易機関事務局長」と読み替えるものとする。

(b)　一九九四年のガットの第一五条の1、2及び8の規定、第三八条の規定、附属書Ｉ（注釈及び補足規定）の「第一二条について」及び「第一八条について」の規定並びに第一五条の2、3、6、7及び9における特別為替取極に関する規定中「締約国団」（共同して行動する締約国をいう。）とあるのは、「世界貿易機関」と読み替えるものとする。一九九四年のガットが定める締約国団のその他の任務については、閣僚会議が割り振る。

(c)(i)　一九九四年のガットの条約文は、英語、フランス語及びスペイン語を正文とする。

(ii)　一九九四年のガットのフランス語による条約文は、文書番号ＭＴＮ・ＴＮＣ―四一の文書の附属書Ａの規定に従って訂正される。

(iii)　ガット基本文書選集（Ｂ―ＳＤ）第四巻に含まれている条約文が文書番号ＭＴＮ・ＴＮＣ―四一の文書の附属書Ｂの規定に従って訂正されたものを、一九九四年のガットのスペイン語による正文とする。

3（略）

一九九四年の関税及び貿易に関する六つの了解（1(c)に掲げられた了解）（略）

一九九四年の関税及び貿易に関する一般協定のマラケシュ議定書

加盟国は、

ウルグァイ・ラウンドに関する閣僚宣言に従って一九四七年のガットの枠組みにおいて交渉を行い、ここに、次のとおり協定する。

1　この議定書に附属する加盟国の譲許表は、世界貿易機関協定が当該加盟国について効力を生じた日から、一九九四年のガットに附属する当該加盟国の譲許表となる。後発開発途上国に対する優遇措置に関する閣僚決定に基づいて提出される譲許表は、この議定書に附属するものとみなす。

2〜9(略)

(各国譲許表略)

(以下、附属書一Aの農業に関する協定等一四の協定省略)

⑨3 一九四七年の関税及び貿易に関する一般協定(一九四七年のガット)(抄)

署　名　一九四七年一〇月三〇日(ジュネーヴ)
効力発生　一九四八年一月一日暫定的適用
改　正　一九五七年一〇月七日(前文、第二部、第三部)
　　　　一九六六年六月二七日(第四部追加)
日本国　一九五五年九月一〇日加入

オーストラリア連邦(以下二二カ国の締約国名略)の政府は、

貿易及び経済の分野における締約国間の関係が、生活水準を高め、完全雇用並びに高度のかつ着実に増加する実質所得及び有効需要を確保し、世界の資源の完全な利用を発展させ、並びに貨物の生産及び交換を拡大する方向に向けられるべきであることを認め、

関税その他の貿易障害を実質的に軽減し、及び国際通商における差別待遇を廃止するための相互的かつ互恵的な取極を締結することにより、これらの目的に寄与することを希望して、

それぞれの代表者を通じて次のとおり協定した。

第一部

第一条(一般的最恵国待遇) 1　いずれかの種類の関税及び課徴金で、輸入若しくは輸出について若しくはそれらに関連して課され、又は輸入若しくは輸出のための支払手段の国際的移転について課せられるものに関し、それらの関税及び課徴金の徴収の方法に関し、輸入及び輸出に関連するすべての規則及び手続に関し、並びに第三条2及び4に掲げるすべての事項に関しては、いずれかの締約国が他国の原産の産品又は他国に仕向けられる産品に対して許与する利益、特典、特権又は免除は、他のすべての締約国の領域の原産の同種の産品又はそれらの領域に仕向けられる同種の産品に対して、即時かつ無条件に許与しなければならない。

2　前項の規定は、輸入税又は輸入に関する課徴金についての特恵で、4に定める限度をこえずかつ次に掲げるところに該当するものの廃止を要求するものではない。

(a)　附属書Aに掲げる地域のうちの二以上の地域の間にのみ有効な特恵。ただし、同附属書に定める条件に従わなければならない。

(b)　一九三九年七月一日に共通の主権又は保護関係若しくは宗主権関係によって結合されていた二以上の地域で、附属書B、C及びDに掲げるものの間にのみ有効な特恵。ただし、それらの附属書に定める条件に従わなければならない。

(c)　アメリカ合衆国とキューバ共和国との間にのみ有効な特恵

(d)　附属書E及びFに掲げる隣接国の間にのみ有効な特恵

3　1の規定は、以前オットマン帝国の一部であり、かつ、一九二三年七月二四日に同帝国から分離した諸国間の特恵には適用しない。ただし、その特恵は、この点について第二九条1の規定に照らして適用される第二五条5(a)の規定に基いて承認されなければならない。

4　2の規定に基いて特恵を許与される産品に対する特恵の最高限度は、この協定に附属する該当の譲許表に特恵の最高限度が明示的に定められていない場合には、次のものをこえてはならない。

(a)　前記の譲許表に掲げる産品に対する輸入税又は課徴金については、その譲許表に定める最恵国税率と特恵税率との間の差。特恵税率が定められていない場合には、特恵税率は、この4の規定の適用上、一九四七年四月一〇日に有効であったものとし、また、最恵国税率が定められていない場合には、その限度は、一九四七年四月一〇日における最恵国税率と特恵税率との間の差をこえてはならない。

(b)　該当の譲許表に掲げられていない産品に対する輸入税又は課徴金については、一九四七年四月一〇日における最恵国税率と特恵税率との間の差

附属書Gに掲げる締約国の場合には、(a)及び(b)の一九四七年四月一〇日という日付は、同附属書に定めるそれぞれの日付と置き替える。

第二条(譲許表) 1(a)　各締約国は、他の締約国の通商に対し、この協定に附属する該当の譲許表の該当の部に定める待遇より不利でない待遇を許与するものとする。

(b)　いずれかの締約国の譲許表の第一部に掲げる産品に該当する他の締約国の領域の産品は、その譲許表が関係する領域への輸入に際し、その譲許表に定める条件又は制限に従うことを条件として、その譲許表に定める関税をこえる通常の関税を免除される。これらの産品は、また、輸入について

又は輸入に関連して課せられるその他のすべての種類の租税又は課徴金で、この協定の日付の日に課せられているものをこえるもの又はその日にその輸入領域において有効である法令によりその後課することを直接にかつ義務的に要求されているものをこえるものを免除される。

(c)　いずれかの締約国の譲許表の第二部に掲げる産品に該当するもので、その譲許表が関係する領域への輸入に際して特恵待遇を受ける権利を前条の規定によって与えられている領域の産品であるものは、その輸入領域への輸入に際し、その譲許表に定める条件又は制限に従うことを条件として、その譲許表の第二部に定める関税をこえる通常の関税を免除される。これらの産品は、また、輸入について又は輸入に関連して課せられるその他のすべての種類の租税又は課徴金で、この協定の日付の日に課せられているものをこえるもの又はその日にその輸入領域において有効である法令によりその後課することを直接にかつ義務的に要求されているものをこえるものを免除される。この条のいかなる規定も、特恵税率による産品の輸入のための適格要件については、締約国がこの協定の日付の日に存在する要件を維持することを妨げるものではない。

2　この条のいかなる規定も、締約国が産品の輸入に際して次のものを随時課することを妨げるものではない。

(a)　同種の国内産品について、又は当該輸入産品の全部若しくは一部がそれから製造され若しくは生産されている物品について次条2の規定に合致して課せられる内国税に相当する課徴金

(b)　第六条の規定に合致して課せられるダンピング防止税又は相殺関税

(c)　提供された役務の費用に相応する手数料その他の課徴金

3　締約国は、課税価額の決定の方法又は通貨換算の方法をこの協定に附属する該当の譲許表に定める譲許の価値を減ずるように変更してはならない。

4　締約国が、この協定に附属する該当の譲許表に掲げるいずれかの産品の輸入の独占を、正式に又は事実上、設定し、維持し、又は認可するときは、その独占は、その譲許表に別段の定がある場合又は直接に当該譲許を交渉した当事国の間に別段の取極がある場合を除くほか、その譲許表に定める保護の量を平均してこえるように運用してはならない。この項の規定は、締約国がこの協定の他の規定により認められるいずれかの形式の援助を国内生産者に与えることを制限するものではない。

5　締約国は、他の締約国が、いずれかの産品に対して、この協定に附属する該当の譲許表に定める譲許によって意図されていると考えられる待遇を与えていないと認めるときは、その問題について直接にその締約国の注意を喚起しなければならない。その締約国が、注意を喚起した締約国の要求に同意はするが、その締約国の関税に関する法律に基いてこの協定に意図された待遇を許与するように当該産品を分類することができないと裁判所その他の権限のある機関が裁定したためにその待遇を許与することができないと宣言するときは、これらの二締約国及び実質的に利害関係を有するその他の締約国は、その問題の補償的調整のための交渉を直ちに開始しなければならない。

6 (a)　国際通貨基金の加盟国たる締約国の譲許表に含まれている従量税及び従量課徴金並びにそれらの締約国が維持する従量税及び従量課徴金に関する特恵の限度は、この協定の日付の日に同基金が受諾し又は暫定的に認めた平価における該当の通貨により表示する。したがって、その平価が国際通貨基金協定に従って二〇パーセントをこえて引き下げられる場合には、その従量税及び従量課徴金並びに特恵の限度は、その引下げを考慮して調整することができる。ただし、締約国団(第二五条の規定に従って共同して行動する締約国をいう。)が、その調整の必要性又は緊急性に影響を及ぼすすべての要素を考慮に入れた上、その調整が該当の譲許表又はこの協定の他の部分に定める譲許の価値を減じないものであることを条件とする。

(b)　同基金の加盟国でない締約国は、同基金の加盟国となる日又はその締約国が第一五条に従って特別為替取極を締結する日から、(a)の規定の適用を受ける。

7　協定附属譲許表は、この協定の第一部の不可分の一体をなす。

第二部

第三条(内国の課税及び規則に関する内国民待遇)

1　締約国は、内国税その他の内国課徴金と、産品の国内における販売、販売のための提供、購入、輸送、分配又は使用に関する法令及び要件並びに特定の数量又は割合による産品の混合、加工又は使用を要求する内国の数量規則は、国内生産に保護を与えるように輸入産品又は国内産品に適用してはならないことを認める。

2　いずれかの締約国の領域の産品で他の締約国の領域に輸入されるものは、同種の国内産品に直接又は間接に課せられるいかなる種類の内国税その他の内国課徴金をこえる内国税その他の内国課徴金も、直接であると間接であるとを問わず、課せられることはない。さらに、締約国は、前項に定める原則に反するその他の方法で内国税その他の内国課徴金を輸入産品又は国内産品に課してはならない。

3　現行の内国税で、前項の規定に反するが、一九四七年四月一〇日に有効であり、かつ、当該課税産品に対する輸入税を引き上げないように固定している貿易協定に基いて特に認められているものに

関しては、それを課している締約国は、その貿易協定の義務を免除されてその内国税の保護的要素を撤廃する代償として必要な限度までその輸入税を引き上げることができるようになるまでは、その内国税に対する前項の規定の適用を延期することができる。

4　いずれかの締約国の領域の産品で他の締約国の領域に輸入されるものは、その国内における販売、販売のための提供、購入、輸送、分配又は使用に関するすべての法令及び要件に関し、国内原産の同種の産品に許与される待遇より不利でない待遇を許与される。この項の規定は、輸送手段の経済的運用にのみ基き産品の国籍には基いていない差別的国内輸送料金の適用を妨げるものではない。

5　締約国は、特定の数量又は割合による産品の混合、加工又は使用に関する内国の数量規則で、産品の特定の数量又は割合を国内の供給源から供給すべきことを直接又は間接に要求するものを設定し、又は維持してはならない。さらに、締約国は、1に定める原則に反するその他の方法で内国の数量規則を適用してはならない。

6　前項の規定は、締約国の選択により、一九三九年七月一日、一九四七年四月一〇日又は一九四八年三月二四日にいずれかの締約国の領域において有効である内国の数量規則には適用されない。ただし、これらの規則で前項の規定に反するものは、輸入に対する障害となるように修正してはならず、また、交渉上は関税とみなして取り扱うものとする。

7　特定の数量又は割合による産品の混合、加工又は使用に関する内国の数量規則は、その数量又は割合を国外の供給源別に割り当てるような方法で適用してはならない。

8(a)　この条の規定は、商業的再販売のため又は商業的販売のための貨物の生産に使用するためではなく政府用として購入する産品の政府機関による調達を規制する法令又は要件には適用しない。

(b)　この条の規定は、国内生産者のみに対する補助金（この条の規定に合致して課せられる内国税又は内国課徴金の収入から国内生産者に交付される補助金及び政府の国内産品購入の方法による補助金を含む。）の交付を妨げるものではない。

9　締約国は、内国の最高価格統制措置が、この条の他の規定に合致していてもなお、輸入産品を供給する締約国の利益に不利な影響を及ぼすことがあることを認める。よって、その措置を執っている締約国は、その不利な影響をできる限り避けるため、輸出締約国の利益を考慮しなければならない。

10　この条の規定は、締約国が、露出済映画フィルムに関する内国の数量規制で第四条の要件に合致するものを設定し、又は維持することを妨げるものではない。

第四条（露出済映画フィルムに関する特別規定）
第五条（通過の自由）
（略）

第六条（ダンピング防止税及び相殺関税）1　締約国は、ある国の産品をその正常の価額より低い価額で他国の商業へ導入するダンピングが締約国の領域における確立された産業に実質的な損害を与え若しくは与えるおそれがあり、又は国内産業の確立を実質的に遅延させるときは、そのダンピングを非難すべきものと認める。この条の規定の適用上、ある国から他国へ輸出される産品の価格が次のいずれかの価格より低いときは、その産品は、正常の価額より低い価額で輸入国の産業に導入されるものとみなす。

(a)　輸出国における消費に向けられる同種の産品の通常の商取引における比較可能の価格

(b)　前記の国内価格がない場合には、

(i)　第三国に輸出される同種の産品の通常の商取引における比較可能の最高価格

(ii)　原産国における産品の生産費に妥当な販売経費及び利潤を加えたもの

販売条件の差異、課税上の差異及び価格の比較に影響を及ぼすその他の差異に対しては、それぞれの場合について妥当な考慮を払わなければならない。

2　締約国は、ダンピングを相殺し又は防止するため、ダンピングされた産品に対し、その産品に関するダンピングの限度をこえない金額のダンピング防止税を課することができる。この条の適用上、ダンピングの限度とは、1の規定に従って決定される価格差をいう。

3　いずれかの締約国の領域の産品で他の締約国の領域に輸入されるものは、原産国又は輸出国においてその産品の製造、生産又は輸出について直接又は間接に与えられていると認められる奨励金又は補助金（特定の産品の輸送に対する特別の補助金を含む。）の推定額に等しい金額をこえる相殺関税を課せられることはない。「相殺関税」とは、産品の製造、生産又は輸出について直接又は間接に与えられる奨励金又は補助金を相殺する目的で課する特別の関税をいう。

4　いずれかの締約国の領域の産品で他の締約国の領域に輸入されるものは、その産品が原産国若しくは輸出国における消費に向けられる同種の産品が課せられる租税を免除されることを理由として、又はその租税の払いもどしを受けることを理由としてダンピング防止税又は相殺関税を課せられることはない。

5　いずれかの締約国の領域の産品で他の締約国の領域に輸入されるものは、ダンピング又は輸出補助金から生ずる同一の事態を補償するためにダンピング防止税と相殺関税とを併課されることはない。

6(a)　締約国は、他の締約国のダンピング又は補助金の影響が、自国の確立された国内産業に実質的な損害を与え若しくは与えるおそれがあり、又は自国の国内産業の確立を実質的に遅延させるものであると決定する場合を除くほか、当該他の国の領域の産品の輸入についてダンピング防止税又は相殺関税を課してはならない。

(b) 締約国団は、締約国が、輸入締約国の領域に当該産品を輸出する第三国たる締約国の領域における産業に実質的な損害を与え又は与えるおそれがあるダンピング又は補助金の交付を相殺するため当該産品の輸入にダンピング防止税又は相殺関税を課することができるように、(a)の要件を免除することができる。締約国団は、補助金が輸入締約国の領域に当該産品を輸出する第三国たる締約国の領域における産業に実質的な損害を与え又は与えるおそれのあると認める場合には、相殺関税を課することができるように、(a)の要件を免除しなければならない。

(c) もっとも、遅延すれば回復しがたい損害を生ずるような特別の場合においては、締約国は、(b)の目的のため、締約国団の事前の承認を得ないで相殺関税を課することができる。ただし、この措置は、直ちに締約国団に報告しなければならず、かつ、締約国団が否認するときは、相殺関税は、直ちに撤回されるものとする。

7 輸出価格の変動に関係なく、一次産品の国内価格又は国内生産者の収入を安定させるための制度であって、同種の産品についての国内市場の買手に対する比較可能の価格より低い価格で当該産品を輸出のために販売することがあるものは、当該産品について実質的な利害関係を有する締約国間の協議によって次の事実が確定されるときは、前項の規定の意味において実質的な損害を与えることになるものとみなさない。

(a) その制度が、また、同種の産品についての国内市場の買手に対する比較可能の価格より高い価格で当該産品を輸出のため販売することにもなったこと及び

(b) その制度が、生産の実効的な規制その他の方法により不当に輸出を促進しないように、又はその他の締約国の利益を著しく害しないように運用されていること。

第七条（関税上の評価） 1 締約国は、次の諸項に定める関税上の評価の一般原則が妥当であることを認め、かつ、輸入及び輸出に関する関税その他の課徴金又は制限で価額に基くか又は何らかの方法で価額によって規制されるものを課せられるすべての産品について、それらの原則を実施することを約束する。さらに、締約国は、他の締約国の要請を受けたときは、関税上の価額に関する法令の実施について、前記の原則に照らして検討しなければならない。締約国団は、締約国に対し、この条の規定に従って締約国が執った措置に関する報告を提出するように要請することができる。

2(a) 輸入貨物の関税上の価額は、関税を課せられる輸入貨物又は同種の貨物の実際の価額に基くものでなければならず、国内原産の産品の価額又は任意の若しくは架空の価額に基くものであってはならない。

(b)「実際の価額」とは、輸入国の法令で定める時に、及びその法令で定める場所で、その貨物又は同種の貨物が通常の商取引において完全な競争的条件の下に販売され、又は販売のために提供される価格をいう。その貨物又は同種の貨物の価格が特定の取引の数量によって支配される限り、考慮される価格は、(i)比較可能の数量又は(ii)輸出国と輸入国との間の貿易において一層多量の貨物が販売される場合の数量より輸入業者にとって不利でない数量のいずれかに関連を有するものでなければならない。

(c) 実際の価額を(b)の規定に従って確定することができないときは、関税上の価額は、その価額に最も近い相当額に基くものでなければならない。

3 輸入産品の関税上の価額は、原産国又は輸出国において課せられる内国税で、当該輸入産品が免除されたもの又は払いもどしを受けたもの若しくはその後受けるものの金額を含まないものでなければならない。

4(a) この4に別段の定がある場合を除くほか、2の規定の適用上締約国が他国の通貨により表示された価格を自国の通貨に換算することを必要とする場合には、使用すべき為替換算率は、各関係通貨につき、国際通貨基金協定に従って設定された平価、同基金により認められた為替相場又はこの協定の第一五条の規定に基いて締結される特別為替取極に従って設定された平価に基くものでなければならない。

(b) 前記の平価が設定されておらず、また、前記の為替相場が認められていないときは、換算率は、商取引における当該通貨の現在の価値を実効的に反映したものでなければならない。

(c) 締約国団は、国際通貨基金との取極により、国際通貨基金協定に合致して維持されている複数為替相場に基き締約国が行う外国通貨の換算を規制する規則を定めなければならない。締約国は、その外国通貨に関し、2の規定の適用上、平価を基礎とする代りに、その規則を適用することができる。締約国団がその規則を採択するまでの間、締約国は、その外国通貨に関し、2の規定の適用上、商取引におけるその外国通貨の価値を実効的に反映させるような換算規則を適用することができる。

(d) この4のいかなる規定も、この協定の日付の日に締約国の領域において適用されている関税上の通貨換算方法の変更が関税の額を全般的に増加する効果を有する場合には、その変更を締約国に要求するものと解してはならない。

5 価額に基くか又は何らかの方法で価額によって規制される関税その他の課徴金又は制限を課せられる産品の価額を決定するための基準及び方法は、安定したものでなければならず、また、貿易業者が相当の確実性をもって関税上の価額を推定することがで

きるように十分に公表されなければならない。

第八条（輸入及び輸出に関する手数料及び手続）（略）

第九条（原産地表示）1　各締約国は、他の締約国の領域の産品の表示の要件に関し、第三国の同種の産品に許与する待遇より不利でない待遇を許与しなければならない。

2　締約国は、原産地表示に関する法令の制定及び実施に当り、虚偽の表示又は誤解のおそれのある表示から消費者を保護する必要について妥当な考慮を払った上で、そのような措置が輸出国の商業及び産業にもたらす困難及び不便を局限しなければならないことを認める。

3　締約国は、行政上可能なときはいつでも、所定の原産地表示を輸入の時に附することを許可しなければならない。

4　輸入産品の表示に関する締約国の法令は、産品に著しい損害を与えることなく、その価値を実質的に減ずることなく、又はその価格を過度に引き上げることなく、遵守することができるものでなければならない。

5　締約国は、表示の訂正が不当に遅延し、虚偽の表示が附され、又は所定の表示が故意に省かれた場合を除くほか、輸入前に表示の要件に従わなかったことに対しては、原則として、特別税又は罰を課してはならない。

6　締約国は、産品の真の原産地を誤認させるような方法、すなわち、他の締約国の領域の産品の特殊の地方的の又は地理的の名称でその国の法令によって保護されているものを侵害するような方法による商標の使用を防止するため相互に協力しなければならない。各締約国は、他の締約国が自国に通告した産品の名称に対する前記の侵害に関して当該他の締約国が行う要請又は申入れに対して、十分かつ好意的な考慮を払わなければならない。

第一〇条（貿易規則の公表及び施行）1、2（略）

3(a)　各締約国は、1に掲げる種類のすべての法令、判決及び決定を一律の公平かつ合理的な方法で実施しなければならない。

(b)　各締約国は、特に、関税事項に関する行政上の措置をすみやかに審査し、及び是正するため、司法裁判所、調停裁判所若しくは行政裁判所又はそれらの訴訟手続を維持し、又はできる限りすみやかに設定しなければならない。これらの裁判所又は訴訟手続は、行政上の実施の任に当る機関から独立していなければならず、その判決は、輸入業者がその控訴のために定められた期間内に上級の裁判所に控訴しない限り、前記の機関により実施されるものとし、また、前記の機関の行動を規制するものとする。ただし、その機関の中央行政官庁は、その決定を法令の確立された原則又は事実と一致しないと信ずる十分な理由があるときは、その問題について他の手続による審査を受けるため措置を執ることができる。

(c)　(b)の規定は、この協定の日付の日に締約国の領域において有効である訴訟手続で、行政上の実施の任に当る機関から完全に又は正式に独立していないが行政上の措置の客観的なかつ公平な審査について事実上規定しているものの廃止又は代替を要求するものではない。その訴訟手続を採用している締約国は、要請を受けたときは、その訴訟手続がこの(c)の要件に合致するかどうかを締約国団が決定することができるように、その訴訟手続に関する完全な情報を締約国団に提供しなければならない。

第一一条（数量制限の一般的廃止）1　締約国は、他の締約国の領域の産品の輸入について、又は他の締約国の領域に仕向けられる産品の輸出若しくは輸出のための販売について、割当によると、輸入又は輸出の許可によると、その他の措置によるとを問わず、関税その他の課徴金以外のいかなる禁止又は制限も新設し、又は維持してはならない。

2　前項の規定は、次のものには適用しない。

(a)　輸出の禁止又は制限で、食糧その他輸出締約国にとって不可欠の産品の危機的な不足を防止し、又は緩和するために一時的に課するもの

(b)　輸入及び輸出の禁止又は制限で、国際貿易における産品の分類、格付又は販売に関する基準又は規則の適用のために必要なもの

(c)　農業又は漁業の産品に対して輸入の形式のいかんを問わず課せられる輸入制限で、次のことを目的とする政府の措置の実施のために必要なもの

(i)　販売若しくは生産を許された同種の国内産品の数量又は、同種の産品の実質的な国内生産がないときは、当該輸入産品をもって直接に代替することができる国内産品の数量を制限すること。

(ii)　同種の国内産品の一時的な過剰又は、同種の産品の実質的な国内生産がないときは、当該輸入産品をもって直接に代替することができる国内産品の一時的な過剰を、無償で又は現行の市場価格より低い価格で一定の国内消費者の集団に提供することにより、除去すること。

(iii)　生産の全部又は大部分を輸入産品に直接に依存する動物産品について、当該輸入産品の国内生産が比較的わずかなものである場合に、その生産許可量を制限すること。

この(c)の規定に従って産品の輸入について制限を課している締約国は、将来の特定の期間中に輸入することを許可する産品の総数量又は総価額及びその数量又は価額の変更を公表しなければならない。さらに、(i)の規定に基いて課せられる制限は、輸入の総計と国内生産の総計との割合を、その制限がない場合に両者の間に成立すると合理的に期待される割合より小さくするものであってはならない。締約国は、この割合を決定するに当り、過去の代表的な期間に存在していた割合について、及び当該産品の取

引に影響を及ぼしたか又は影響を及ぼしている特別の要因について、妥当な考慮を払わなければならない。

第一二条（国際収支の擁護のための制限）1　前条1の規定にかかわらず、締約国は、自国の対外資金状況及び国際収支を擁護するため、この条の次の諸項の規定に従うことを条件として、輸入を許可する商品の数量又は価額を制限することができる。

2(a)　この条の規定に基いて締約国が新設し、維持し、又は強化する輸入制限は、次のいずれかの目的のために必要な限度をこえてはならない。

(i)　自国の貨幣準備の著しい減少の急迫した脅威の予防又はそのような減少の阻止

(ii)　きわめて低い貨幣準備を有する締約国の場合には、その貨幣準備の合理的な率による増加

前記のいずれの場合においても、当該締約国の貨幣準備又はその貨幣準備の必要性に影響を及ぼしていると思われる特別の要因（その締約国が外国の特別の信用その他の資金を利用することができる場合には、その信用又は資金の適当な使用のための準備の必要性を含む。）について妥当な考慮を払わなければならない。

(b)　(a)の規定に基く制限を課している締約国は、(a)に定める状態がその制限を課することを正当とする限度においてのみこれを維持するものとし、その状態が改善されるにしたがってその制限を漸次緩和しなければならない。その締約国は、(a)の規定に基く制限の新設又は維持をもはや正当としないような状態になったときは、その制限を廃止しなければならない。

3(a)　締約国は、国内政策の実施に当り、自国の国際収支の均衡を健全かつ永続的な基礎の上に維持し、又は回復することの必要性について、及び生産資源の非経済的利用を防止することが望ましいことについて、妥当な考慮を払うことを約束する。締約国は、この目的を達成するため、国際貿易の縮小ではなくその拡大のための措置をできる限り採用することが望ましいことを認める。

(b)　この条の規定に基く制限を課している締約国は、一層重要な産品の輸入に優先権を与えるように、産品別又は産品の種類別に輸入に対する制限の範囲を定めることができる。

(c)　この条の規定に基く制限を課している締約国は、次のことを約束する。

(i)　他の締約国の商業上又は経済上の利益に対する不必要な損害を避けること。

(ii)　いずれかの種類の貨物の商業上の最少限度の数量の輸入でそれを排除すれば正常な交易を阻害することとなるものを不当に妨げるような制限を課さないこと。

(iii)　商業上の見本の輸入を妨げ、又は特許権、商標権若しくは著作権に関する手続若しくは他の類似の手続に従うことを妨げるような制限を課さないこと。

(d)　締約国は、完全かつ生産的な雇用の達成及び維持又は経済資源の開発をめざす国内政策の結果として、いずれかの締約国において、2(a)にいうような貨幣準備に対する脅威をもたらす高水準の輸入需要が生ずることがあることを認める。よって、この条の規定に従っている締約国は、これらの政策を変更すればこの条の規定に基いて自国が課している制限が不必要になるであろうということを理由として制限を撤回し又は修正するように要求されることはない。

4(a)　新たな制限を課し、又は、この条の規定に基いて適用している措置の実質的な強化により、自国の現行の制限の全般的水準を引き上げる締約国は、その制限を新設し、若しくは強化した後直ちに（又は事前の協議が実際上可能な場合には、その制限を新設し、若しくは強化する前に）、自国の国際収支上の困難の性質、執ることができる代りの是正措置及びその制限が他の締約国の経済に及ぼす影響について、締約国団と協議しなければならない。

(b)　締約国団は、締約国団が定める日に、この条の規定に基いてその日に課せられているすべての制限を審査しなければならない。この条の規定に基く輸入制限を課している締約国は、前記の日から一年が経過した後は、毎年、(a)の規定の例による協議を締約国団と行わなければならない。

(c)(i)　締約国団は、(a)又は(b)の規定に基く締約国との協議において、制限がこの条又は第一三条の規定（第一四条の規定を留保する。）に合致しないと認めるときは、その不一致の性質を指摘しなければならず、また、その制限を適当に修正するように助言することができる。

(ii)　もっとも、締約国団は、協議の結果、制限がこの条又は第一三条の規定（第一四条の規定を留保する。）に著しく反するような方法で課せられており、かつ、それがいずれかの締約国の貿易に損害を与え又は与えるおそれがあると決定するときは、その制限を課している締約国にその旨を通報し、かつ、その締約国が特定の期間内に前記の規定に従うようにするため適当な勧告を行わなければならない。その締約国が特定の期間内に前記の勧告に従わなかったときは、締約国団は、その制限により貿易に悪影響を受けた締約国について、その制限を課している締約国に対するこの協定に基く義務で締約国団が状況により適当であると決定するものを免除することができる。

(d)　締約国団は、この条の規定に基く制限を課している締約国に対し、その制限がこの条又は第一三条の規定（第一四条の規定を留保する。）に反すること及びそれにより自国の貿易が悪影響を受けて

いることを一見して明白に立証することができる他の締約国から要請を受けたときは、締約国団と協議するように勧誘しなければならない。もっとも、この勧誘は、関係締約国間の直接の討議が成功しなかったことを締約国団が確認した場合でなければ行うことはできない。締約国団との協議の結果、合意に達することができず、かつ、制限が前記の規定に反して課せられていること及びその制限がこの手続を開始した締約国の貿易に損害を与え又は与えるおそれがあることを締約国団が決定するときは、締約国団は、その制限の撤回又は修正を勧告しなければならない。締約国団が定める期間内に制限が撤回され、又は修正されないときは、締約国団は、この手続を開始した締約国について、当該制限を課している締約国に対するこの協定に基く義務で締約国団が状況により適当であると決定するものを免除することができる。

(e) 締約国団は、この4の規定に基く手続を執るに際し、制限を課している締約国の輸出貿易に悪影響を及ぼしている特別の外的要因に妥当な考慮を払わなければならない。

(f) この4の規定に基く決定は、すみやかに、できれば協議の開始の日から六〇日以内に行わなければならない。

5 この条の規定に基く輸入制限が持続的かつ広範囲に課せられており、国際貿易を制限するような一般的不均衡の存在を示しているときは、締約国団は、不均衡の根本原因を除去する目的をもって、国際収支が逆調に向っている締約国、国際収支が異常に順調に向っている締約国又は適当な政府間機関のいずれかが他の措置を執りうるかどうかについて考慮するための討議を開始しなければならない。締約国は、締約国団の勧誘を受けたときは、その討議に参加しなければならない。

第一三条（数量制限の無差別適用） 1 締約国は、他の締約国の領域の産品の輸入又は他の締約国の領域に仕向けられる産品の輸出について、すべての第三国の同種の産品の輸入又はすべての第三国に仕向けられる同種の産品の輸出が同様に禁止され、又は制限される場合を除くほか、いかなる禁止又は制限も課してはならない。

2 締約国は、産品に対して輸入制限を課するに当り、その制限がない場合に諸締約国が獲得すると期待される取分にできる限り近づくようにその産品の貿易量を配分することを目標としなければならず、このため次の規定を遵守しなければならない。

(a) 可能なときはいつでも、輸入許可品の総量を表わす割当量（供給国間に割り当てられているかどうかを問わない。）を決定し、かつ、その総量を3(b)の規定に従って公表しなければならない。

(b) 割当量の決定が不可能である場合には、割当量を定めない輸入の許可又は免許によって制限を課することができる。

(c) 締約国は、(d)の規定に従って割り当てられる割当量を実施する場合を除くほか、当該産品を特定の国又は供給源から輸入するために輸入の許可又は免許を利用することを要求してはならない。

(d) 供給国間に割当量を割り当てる場合には、制限を課している締約国は、割当量の割当について、当該産品の供給について実質的な利害関係を有する他のすべての締約国と合意することができる。この方法が事実上実行不可能な場合には、関係締約国は、その産品の供給について実質的な利害関係を有する締約国に対し、その産品の貿易に影響を及ぼしたか又は及ぼしているすべての特別の要因に妥当な考慮を払い、過去の代表的な期間中にその締約国がその産品の輸入の総数量又は総価額に対して供給した割合に基いてその産品の取分を割り当てなければならない。いずれかの締約国が前記の総数量又は総価額のうち自国に割り当てられた取分の全部を使用することを妨げるような条件又は手続は、課してはならない。ただし、輸入が当該割当量に関する所定の期間内に行われることを条件とする。

3 (a) 輸入制限に関連して輸入許可証を発給する場合には、制限を課している締約国は、当該産品の貿易について利害関係を有する締約国の要請があったときは、その制限の実施、最近の期間について与えられた輸入許可証及び供給国間におけるその許可証の配分に関するすべての関係情報を提供しなければならない。ただし、輸入又は供給を行なう企業の名称に関する情報を提供する義務を負わない。

(b) 輸入制限が割当量の決定を伴う場合には、制限を課している締約国は、将来の特定の期間中に輸入することを許可する産品の総数量又は総価額及びその総数量又は総価額の変更を公表しなければならない。公表が行われた時に輸送の途中にあった当該産品の輸入は、拒否してはならない。ただし、実行可能な場合には、当該期間中に輸入することを許可する数量からこれを差し引いて計算することができ、また、必要な場合には、その次の一又は二以上の期間中に輸入することを許可する数量からこれを差し引いて計算することもできる。さらに、締約国が、前記の公表の日の後三〇日の期間内に消費のため輸入され、又は消費のため保税倉庫から引き取られる産品について、慣習的に前記の制限を免除するときは、その慣習は、この(b)の規定に完全に合致するものと認める。

(c) 供給国間に割当量を割り当てる場合には、制限を課している締約国は、その時に供給国間に割り当てた割当量の取分の数量又は価額を当該産品の供給について利害関係を有する他のすべての締約国に直ちに通報しなければならず、かつ、これを公表しなければならない。

4　2(d)の規定又は第二条2(c)の規定に基いて課せられる制限に関し、産品に関する代表的な期間の選定及び産品の貿易に影響を及ぼしている特別の要因の評価は、当該制限を課している締約国が最初に行わなければならない。ただし、その締約国は、その産品の供給について実質的な利害関係を有する他の締約国又は締約国団の要請を受けたときは、決定した割当若しくは選定した基準期間の調整の必要について、関係のある特別の要因の再評価の必要について、又は適当な割当量の割当若しくはその割当の無期限使用に関して一方的に設定した条件、手続その他の規定の廃止の必要について、当該他の締約国又は締約国団と直ちに協議しなければならない。

5　この条の規定は、締約国が設定し、又は維持する関税割当に適用するものとし、この条の原則は、できる限り輸出制限にも適用するものとする。

第一四条（無差別待遇の原則の例外） 1　第一三条又は第一八条Bの規定に基く制限を課する締約国は、その制限を課するに当り、国際通貨基金協定第八条若しくは第一四条の規定に基き又はこの協定の第一五条6の規定により締結した特別為替取極の類似の規定に基き当該時にその締約国が経常的国際取引のための支払及び資金移動について課することができる制限と等しい効果を有するような方法で、第一三条の規定から逸脱することができる。

2　第一二条又は第一八条Bの規定に基く輸入制限を課している締約国は、自国の対外貿易の一小部分に関し、関係締約国の受ける利益が他の締約国の貿易に与える損害より実質的に大きいときは、締約国団の同意を得て、一時的に第一三条の規定から逸脱することができる。

3　第一三条の規定は、国際通貨基金において共同の割当額をもつ一群の地域が、相互間の輸入にではなく他国からの輸入に対し、第一二条又は第一八条Bの規定に従って制限を課することを妨げるものではない。ただし、その制限は、他のすべての点で第一三条の規定に合致するものでなければならない。

4　第一二条又は第一八条Bの規定に基く輸入制限を課している締約国は、第一三条の規定から逸脱しないで使用しうる通貨の獲得を増加するように自国の輸出を導く措置を実施することを、この協定の第一一条から第一五条までの規定又は第一八条Bの規定によって妨げられることはない。

5　締約国は、次のいずれかの数量制限を課することを、この協定の第一一条から第一五条までの規定又は第一八条Bの規定によって、妨げられることはない。

(a)　国際通貨基金協定第七条第三項(b)の規定に基いて許可された為替制限と等しい効果を有する数量制限

(b)　この協定の附属書Aに定める交渉が成立するまでの間、同附属書に定める特恵取極に基く数量制限

第一五条（為替取極）（略）

第一六条（補助金）

A　補助金一般

1　締約国は、補助金（なんらかの形式による所得又は価格の支持を含む。）で、直接又は間接に自国の領域からの産品の輸出を増加させ又は自国の領域への産品の輸入を減少させるものを許与し、又は維持するときは、当該補助金の交付の範囲及び性格について、自国の領域に輸入され又は自国の領域から輸出される産品の数量に対して当該補助金の交付が及ぼすと推定される効果について、並びにその補助金の交付を必要とする事情について、書面により締約国団に通告しなければならない。その補助金が他の締約国の利益に重大な損害を与え、又は与えるおそれがあると決定された場合には、補助金を許与している締約国は、要請を受けたときは、その補助金を制限する可能性について他の関係締約国又は締約国団と討議しなければならない。

B　輸出補助金に関する追加規定

2　締約国団は、締約国によるいずれかの産品に対する輸出補助金の許与が、他の輸入締約国及び輸出締約国に有害な影響を与え、それらの締約国の通常の商業上の利益に不当な障害をもたらし、及びこの協定の目的の達成を阻害することがあることを認める。

3　よって、締約国は、一次産品の輸出補助金の許与を避けるように努めなければならない。ただし、締約国が自国の領域からの一次産品の輸出を増加するようないずれかの形式の補助金を直接又は間接に許与するときは、その補助金は、過去の代表的な期間における当該産品の世界輸出貿易におけるその締約国の取分及びこのような貿易に影響を与えたか又は与えていると思われる特別の要因を考慮して、当該産品の世界輸出貿易における当該締約国の衡平な取分をこえて拡大するような方法で与えてはならない。

4　さらに、締約国は、一九五八年一月一日に、又はその後のできる限り早い日に、一次産品以外の産品の輸出に対し、国内市場の買手が負担する同種の産品の比較可能な価格より低い価格で当該産品を輸出のため販売することとなるようないかなる形式の補助金も、直接であると間接であるとを問わず、許与することを終止するものとする。締約国は、一九五七年一二月三一日までの間、補助金の交付の範囲を補助金を新設することにより、又は現行の補助金を拡大することにより、一九五五年一月一日現在の補助金の交付の範囲をこえて拡大してはならない。

5　締約国団は、この条の規定が、この協定の目的の助長に対し、及び締約国の貿易又は利益に著しく有害な補助金の交付の防止に対し、有効であるかどうかを実際の経験に照らして審査するため、その規定の運用を随時検討しなければならない。

第一七条（国家貿易企業）1(a)　各締約国は、所在地のいかんを問わず国家企業を設立し、若しくは維持し、又はいずれかの企業に対して排他的な若しくは特別の特権を正式に若しくは事実上許与するときは、その企業を、輸入又は輸出のいずれかを伴う購入又は販売に際し、民間貿易業者が行う輸入又は輸出についての政府の措置に関してこの協定に定める無差別待遇の一般原則に合致する方法で行動させることを約束する。

(b)　(a)の規定は、前記の企業が、この協定の他の規定に妥当な考慮を払った上で、商業的考慮（価格、品質、入手の可能性、市場性、輸送等の購入又は販売の条件に対する考慮をいう。）のみに従って前記の購入又は販売を行い、かつ、他の締約国の企業に対し、通常の商慣習に従って前記の購入又は販売に参加するために競争する適当な機会を与えることを要求するものと了解される。

(c)　締約国は、自国の管轄権の下にある企業（(a)に定める企業であるかどうかを問わない。）が(a)及び(b)の原則に従って行動することを妨げてはならない。

2　1の規定は、再販売するため又は販売のための貨物の生産に使用するための産品ではなく政府が直接に又は最終的に消費するための産品の輸入には、適用しない。その輸入については、各締約国は、他の締約国の貿易に対して公正かつ衡平な待遇を許与しなければならない。

3　締約国は、1(a)に定める種類の企業の運営が貿易に著しい障害を与えることがあること、よって、その障害を制限し、又は減少するための相互的かつ互恵的な基礎における交渉が国際貿易の拡大のため重要であることを認める。

4(a)　締約国は、1(a)に定める種類の企業により自国の領域に輸入され、又はそこから輸出される産品を締約国団に通告しなければならない。

(b)　第二条の規定に基く譲許の対象とならない産品について輸入独占を設定し、維持し、又はその特権を与える締約国は、当該産品について実質的数量の貿易を行う他のいずれかの締約国の要請を受けたときは、最近の代表的な期間における当該産品の輸入差益を締約国団に通報しなければならず、その通報を行うことが不可能なときは、当該産品の再販売に当り課せられる価格を通報しなければならない。

(c)　締約国団は、この協定に基く自国の利益が1(a)に定める種類の企業の運営により悪影響を受けていると信ずべき根拠を有する締約国から要請を受けたときは、その企業を設立し、維持し、又はこれに特権を与えている締約国に対し、その企業の運営に関する情報でこの協定の規定の実施に関連のあるものを提供するように要請することができる。

(d)　この4の規定は、締約国に対し、法令の実施を妨げ、公共の利益に反し、又は特定の企業の正当な商業上の利益を害することとなるような秘密の情報の提供を要求するものではない。

第一八条（経済開発に対する政府の援助）1　締約国は、この協定の目的の達成が、締約国、特に、経済が低生活水準を維持することができるにすぎず、かつ、開発の初期の段階にある締約国の経済の漸進的開発により容易にされることを認める。

2　締約国は、さらに、これらの締約国が、その国民の一般的生活水準を引き上げるための経済開発の計画及び政策を実施するため、輸入に影響する保護措置その他の措置を必要とする場合があること並びにそれらの措置が、この協定の目的の達成を容易にする限り、正当とされることを認める。よって、締約国は、前記の締約国が、(a)特定の産業の確立のため必要な関税上の保護を与えることができるように、自国の関税構造に十分な弾力性を維持すること及び(b)自国の経済開発計画の実施により予想される継続的な高度の輸入需要を十分に考慮して国際収支のための数量制限を課することを可能ならしめる追加的便益を享有することに同意する。

3　締約国は、最後に、A及びBに定める追加的便益が与えられれば、この協定の規定が締約国にとってその経済開発の要件を満たすために通常十分であることを認める。もっとも、締約国は、経済開発の過程にある締約国がその国民の一般的生活水準の引上げの意図をもってする特定の産業の確立を促進するため必要な政府援助を許与するためには、A及びBの規定に合致するいかなる措置も実際上執りえないような事態が存在するかもしれないことに同意する。このような事態に対処するため、C及びDに特別の手続を定める。

4(a)　よって、経済が低生活水準を維持することができるにすぎず、かつ、開発の初期の段階にある締約国は、A、B及びCに定めるとおり、この協定の他の条項の規定から一時的に逸脱することができるものとする。

(b)　経済が開発の過程にあるが(a)の規定の範囲内にはいらない締約国は、締約国団に対し、Dの規定に基く申請を行うことができる。

5　締約国は、経済が4(a)及び(b)にいう形態をそなえ、かつ、少数の一次産品の輸出に依存する締約国の輸出収入が、その産品の販売の低下により、著しく減少することがあることを認める。よって、このような締約国は、自国の一次産品の輸出が他の締約国の執った措置により著しい影響を受けるときは、この協定の第二二条の協議規定を援用することができる。

6　締約国団は、毎年、C及びDの規定に従って執られるすべての措置を審査しなければならない。

A

7(a)　4(a)の規定の範囲内にはいる締約国は、その国民の一般的生活水準を引き上げる意図をもって特定の産業の確立を促進するため、この協定に附属する該当の譲許表に含まれる譲許を修正し、又は撤回することが望ましいと考えるときは、その旨を締約国団に通告し、かつ、その譲許について直接に交渉を行った締約国及びその譲許について実質的な利害関係を有すると締約国団により決定された他の締約国と交渉を行わなければならない。これらの関係締約国の間で合意が成立したときは、これらの締約国は、その合意（関係する補償的調整を含む。）を実施するため、この協定の該当の譲許表に基く譲許を修正し、又は撤回することができるものとする。

(b)　(a)に定める通告の日の後六〇日以内に合意が成立しなかったときは、譲許の修正又は撤回を申し出た締約国は、その問題を締約国団に付託することができ、締約国団は、直ちにその問題を審査しなければならない。譲許の修正又は撤回を申し出た締約国が合意に達するためあらゆる努力を払ったこと及びその締約国が提案する補償的調整が適当なものであることを締約国団が認めるときは、その締約国は、同時にその補償的調整を実施することを条件として、その譲許を修正し、又は撤回することができるものとする。締約国団が、譲許の修正又は撤回を申し出た締約国の提案する補償が適当なものであるとは認めないが、その締約国が適当な補償を提案するためあらゆる妥当な努力を払ったことを認めるときは、その締約国は、その修正又は撤回を行うことができるものとする。このような措置が執られたときは、(a)に掲げる他のいずれの締約国も、その措置を執った締約国と直接に交渉した譲許のうちその措置と実質的に等価値の譲許を修正し、又は撤回することができるものとする。

B

8　締約国は、4(a)の規定の範囲内にはいる締約国が急速な開発過程にあるときは、そのような締約国においては、その国内市場を拡大するための努力及びその交易条件の不安定性から主として起る国際収支上の困難が生ずることを認める。

9　4(a)の規定の範囲内にはいる締約国は、自国の対外資金状況を擁護するため、及び自国の経済開発計画の実施のために十分な貨幣準備を確保するため、10から12までの規定に従うことを条件として、輸入を許可される商品の数量又は価格を制限することにより輸入の全般的水準を統制することができる。ただし、このようにして新設され、維持され、又は強化される輸入制限は、次のいずれかの目的のために必要な限度をこえてはならない。

(a)　自国の貨幣準備の著しい減少の脅威の予防又はそのような減少の阻止

(b)　十分な貨幣準備を有しない締約国の場合には、その貨幣準備の合理的な率による増加

前記のいずれの場合においても、当該締約国の貨幣準備又はその貨幣準備の必要性に影響を及ぼしていると思われる特別の要因（その締約国が外国の特別の信用その他の資金を利用することができる場合には、その信用又は資金の適当な使用のための準備の必要性を含む。）について妥当な考慮を払わなければならない。

10　締約国は、これらの制限を課するに当り、自国の経済開発政策に照らして一層重要な産品の輸入に優先権を与えるように、産品別又は産品の種類別の輸入に対する制限の範囲を定めることができる。ただし、その制限は、他の締約国の商業上又は経済上の利益に対する不必要な損害を避けるように、かつ、いずれかの種類の貨物の商業上の最少限度の数量の輸入でそれを排除すれば正常な交易を阻害することとなるものを不当に妨げないように課さなければならず、また、商業上の見本の輸入を妨げ、又は特許権、商標権若しくは著作権に関する手続若しくは他の類似の手続に従うことを妨げるように課してはならない。

11　締約国は、国内政策の実施に当り、自国の国際収支の均衡を健全かつ永続的な基礎の上に回復することの必要性について、及び生産資源の経済的利用を確保することが望ましいことについて、妥当な考慮を払わなければならない。締約国は、このBの規定に基いて課する制限を、9の条件に基き必要とされる限度においてのみ維持するものとし、状態が改善されるにしたがって漸次緩和しなければならず、また、その制限の維持をもはや正当としないような状態になったときは、その制限を廃止しなければならない。ただし、締約国は、その開発政策を変更すればこのBの規定に基いて自国が課している制限が不必要になるであろうということを理由としてその制限を撤回し又は修正するように要求されることはない。

12(a)　新たな制限を課し、又は、このBの規定に基いて適用している措置の実質的な強化により、自国の現行の制限の全般的水準を引き上げる締約国は、その制限を新設し、若しくは強化した後直ちに（又は事前の協議が実際上可能な場合には、その制限を新設し、若しくは強化する前に）、自国の国際収支上の困難の性質、執ることができる代りの是正措置及びその制限が他の締約国の経済に及ぼす影響について、締約国団と協議しなければならない。

(b)　締約国団は、締約国団が定める日に、このBの規定に基いてその日に課せられているすべての制限を審査しなければならない。このBの規定に基く制限を課している締約国は、前記の日から二年を経過した後は、締約国団が毎年作成する計画に従って大体二年ごとに（その間隔は、二年より短くてはならない。）、(a)の規定の例による協議を締

約国団と行わなければならない。ただし、この(b)の規定に基く協議は、この12の他の規定に基く一般的性質の協議の終結の後二年以内に行うことはできない。

(c)(i) 締約国団は、(a)又は(b)の規定に基く締約国との協議において、制限がこのB又は第一三条の規定(第一四条の規定を留保する。)に合致しないと認めるときは、その不一致の性質を指摘しなければならず、また、その制限を適当に修正するように助言することができる。

(ii) もっとも、締約国団は、協議の結果、制限がこのB又は第一三条の規定(第一四条の規定を留保する。)に著しく反するような方法で課せられており、かつ、それがいずれかの締約国の貿易に損害を与え又は与えるおそれがあると決定するときは、その制限を課している締約国にその旨を通報し、かつ、その締約国が特定の期間内に前記の規定に従うようにするため適当な勧告を行わなければならない。その締約国が特定の期間内に前記の勧告に従わなかったときは、締約国団は、その制限により貿易に悪影響を受けた締約国について、当該制限を課している締約国に対するこの協定に基く義務で締約国団が状況により適当であると決定するものを免除することができる。

(d) 締約国団は、このBの規定に基く制限を課している締約国に対し、その制限がこのB又は第一三条の規定(第一四条の規定を留保する。)に反すること及びそれにより自国の貿易が悪影響を受けていることを一見して明白に立証することができる他の締約国から要請を受けたときは、締約国団と協議するように勧誘しなければならない。もっとも、この勧誘は、関係締約国間の直接の討議が成功しなかったことを締約国団が確認した場合でなければ行うことはできない。締約国団との協議の結果、合意に達することができず、かつ、制限が前記の規定に反して課せられていること及びその制限がこの手続を開始した締約国の貿易に損害を与え又は与えるおそれがあることを締約国団が決定するときは、締約国団は、その制限の撤回又は修正を勧告しなければならない。締約国団が定める期間内に制限が撤回され、又は修正されないときは、締約国団は、この手続を開始した締約国について、当該制限を課している締約国に対するこの協定に基く義務で締約国団が状況により適当であると決定するものを免除することができる。

(e) (c)(i)又は(d)のいずれかの最後の文の規定に従って執られた措置の適用を受けている締約国は、締約国団が認める義務の免除により自国の経済開発の計画及び政策の運営が悪影響を受けると認めるときは、その措置が執られた後六〇日以内に、締約国団の書記局長に対し、この協定から脱退する意思を書面により通告することができるものとし、その脱退は、同書記局長がその通告書を受領した日の後六〇日目に効力を生ずる。

(f) 締約国団は、この12の規定に基く手続を執るに際し、2に掲げる要因に妥当な考慮を払わなければならない。この12の規定に基く決定は、すみやかに、できれば協議の開始の日から六〇日以内に行わなければならない。

C

13 4(a)の規定の範囲内にはいる締約国は、その国民の一般的生活水準を引き上げる意図をもって特定の産業の確立を促進するため、政府の援助が必要であるが、この目的のためにはこの協定の他の規定に合致するいかなる措置も実際上執りえないと認めるときは、このCの規定及び手続を援用することができる。

14 締約国は、13に定める目的を達成するに当って生ずる特別の困難を締約国団に通告しなければならず、かつ、その困難を除去するために自国が執ることを申し出る特別の措置で輸入に影響を及ぼすものを示さなければならない。その締約国は、前記の措置を、15若しくは17に定める期間の満了前には、又は、その措置がこの協定に附属する該当の譲許表に含まれる譲許の対象たる産品の輸入に影響を及ぼすものであるときは、18の規定に従い締約国団の同意を得ない限り、執ることができない。ただし、援助を受けている産業がすでに生産を開始しているときは、当該締約国は、締約国団に通報した後、当該産品の輸入が通常の水準をこえて実質的に増加することを防ぐための措置を必要とする期間中執ることができる。

15 前記の措置の通告の日の後三〇日以内に、締約国団が当該締約国に対して締約国団と協議するように要請しなかったときは、その締約国は、申し出た措置を執るために必要な限度において、この協定の他の条項の該当の規定から逸脱することができるものとする。

16 締約国団の要請を受けたときは、当該締約国は、申し出た措置の目的、この協定に基いて執ることができる代りの措置並びに申し出た措置が他の締約国の商業上及び経済上の利益に及ぼす影響について、締約国団と協議しなければならない。その協議の結果、締約国団が、この協定の他の規定に合致する措置で13に定める目的の達成のために実際上執ることができるものがないことを認め、かつ、申し出られた措置に同意するときは、当該締約国は、その措置を執るために必要な限度において、この協定の他の条項の該当の規定に基く義務を免除されるものとする。

17 14の規定に基く申し出られた措置の通告の日の後九〇日以内に、締約国団がその措置に同意しないときは、当該締約国は、締約国団に通報した後、申し出た措置を執ることができる。

18　申し出た措置がこの協定に附属する該当の譲許表に含まれる譲許の対象たる産品に影響を及ぼすものであるときは、当該締約国は、その締約国及びその譲許について直接に交渉を行った他の締約国及びその譲許について実質的な利害関係を有すると締約国団により決定された他の締約国と協議を行わなければならない。締約国団は、この協定の他の規定に合致する措置で13に定める目的の達成のために実際上執ることができるものがないこと及び次のいずれかのことを認めるときは、前記の措置に同意しなければならない。

(a)　前記の協議の結果、これらの他の締約国との合意が成立したこと。

(b)　締約国団がに定める通告を受領した日の後六〇日以内に、合意が成立しなかったときは、このCの規定を援用する締約国が合意に達するためあらゆる妥当な努力を払ったこと及び他の締約国の利益が十分に擁護されていること。

このCの規定を援用する締約国は、前記の措置を執るために必要な限度において、この協定の他の条項の該当の規定に基く義務を免除される。

19　13の規定の例による申し出られた措置が、この協定の該当の規定に基いて関係締約国が国際収支上の目的で課した制限によって附随的に与えられた保護によりその確立が初期において容易にされた産業に関係があるときは、その締約国は、このCの規定及び手続を援用することができる。ただし、その締約国は、締約国団の同意がなければ、申し出た措置を執ってはならない。

20　このCの前諸項のいかなる規定も、この協定の第一条、第二条及び第一三条の規定からの逸脱を認めるものではない。10のただし書は、このCの規定に基くすべての制限に適用する。

21　17の規定に基く措置が執られている間はいつでも、その措置により実質的な影響を受けた締約国は、このCの規定を援用している締約国の貿易に対し、この協定に基く実質的に等価値の譲許その他の義務であってその適用の停止を締約国団が否認しないものの適用を停止することができる。ただし、影響を受ける締約国に実質的に不利となるように前記の措置が執られ、又は変更された後六箇月以内に、その停止について六〇日の事前の通告を締約国団に対して行わなければならない。この停止を行う締約国は、この協定の第二二条の規定に従い協議のための適当な機会を与えなければならない。

D

22　4の(b)の規定の範囲内にはいる締約国は、自国の経済の開発のため、特定の産業の確立に関し13の規定の例による措置を執ることを希望するときは、その措置について承認を得るため締約国団に申請することができる。締約国団は、当該締約国と直ちに協議しなければならず、また、決定を下すに当っては、16に定める事項について考慮を払わなければならない。申し出られた措置に締約国団が同意したときは、当該締約国は、その措置を執るために必要な限度において、この協定の他の条項の該当の規定に基く義務を免除される。申し出られた措置が、この協定に附属する該当の譲許表に含まれる譲許の対象たる産品に影響を及ぼすものであるときは、18の規定が適用される。

23　このDの規定に基いて執られる措置は、20の規定に従わなければならない。

第一九条（特定の産品の輸入に対する緊急措置）1(a)　締約国は、事情の予見されなかった発展の結果及び自国がこの協定に基いて負う義務（関税譲許を含む。）の効果により、産品が、自国の領域内における同種の産品又は直接的競争産品の国内生産者に重大な損害を与え又は与えるおそれがあるような増加した数量で、及びそのような条件で、自国の領域内に輸入されているときは、その産品について、前記の損害を防止し又は救済するために必要な限度及び期間において、その義務の全部若しくは一部を停止し、又はその譲許を撤回し、若しくは修正することができる。

(b)　特恵譲許の対象となっている産品が締約国の領域内に(a)に定める事情の下に輸入され、その結果、その特恵を受けているか又は受けていた他の締約国の領域内における同種の産品又は直接的競争産品の国内生産者に重大な損害を与え又は与えるおそれがある場合において、当該他の締約国の要請を受けたときは、輸入締約国は、当該産品について、前記の損害を防止し又は救済するために必要な限度及び期間において、該当の義務の全部若しくは一部を停止し、又は譲許を撤回し、若しくは修正することができる。

2　締約国は、1の規定に従って措置を執るに先だち、提案する措置についてできる限り早目に書面により締約国団に通告しなければならず、また、自国と協議する機会を、締約国団及び当該産品の輸出国として実質的に利害関係を有する締約国に与えなければならない。特恵譲許について前記の通告を行うときは、その通告には、その措置を要請した締約国の名を掲げなければならない。遅延すれば回復し難い損害を生ずるような急迫した事態においては、1の規定に基く措置は、事前の協議を行うことなく暫定的に執ることができる。ただし、その措置を執った後直ちに協議を行うことを条件とする。

3(a)　前記の措置について関係締約国間に合意が成立しなかった場合にも、締約国は、希望するときは、その措置を執り、又は継続することができる。また、その措置が執られ、又は継続されるときは、それによって影響を受ける締約国は、その措置が執られた後九〇日以内に、かつ、締約国団が停止の通告書を受領した日から三〇日の期間が経過した時に、その措置を執っている締約国の貿易に対し、又は1(b)に定める場合にはその措置を要請している締約国の貿易に対し、この協定の基く実質的に等価値の譲許その他の義務で締約国団が否認しないものの適用を停止することができる。

(b) (a)の規定にかかわらず、締約国は、事前の協議を行うことなく2の規定に基いて措置が執られ、かつ、その措置がその影響を受ける産品の国内生産者に対して自国の領域内において重大な損害を与え又は与えるおそれがある場合において、遅延すれば回復し難い損害を生ずるおそれがあるときは、その措置が執られると同時に、及び協議の期間を通じて、損害を防止し又は救済するために必要な譲許その他の義務を停止することができる。

第二〇条(一般的例外) この協定の規定は、締約国が次のいずれかの措置を採用すること又は実施することを妨げるものと解してはならない。ただし、それらの措置を、同様の条件の下にある諸国の間において恣意的な若しくは正当と認められない差別待遇の手段となるような方法で、又は国際貿易の偽装された制限となるような方法で、適用しないことを条件とする。

(a) 公徳の保護のために必要な措置

(b) 人、動物又は植物の生命又は健康の保護のために必要な措置

(c) 金又は銀の輸入又は輸出に関する措置

(d) この協定の規定に反しない法令(税関行政に関する法令、第二条4及び第一七条の規定に基いて運営される独占の実施に関する法令、特許権、商標権及び著作権の保護に関する法令並びに詐欺的慣行の防止に関する法令を含む。)の遵守を確保するために必要な措置

(e) 刑務所労働の産品に関する措置

(f) 美術的、歴史的又は考古学的価値のある国宝の保護のために執られる措置

(g) 有限天然資源の保存に関する措置。ただし、この措置が国内の生産又は消費に対する制限と関連して実施される場合に限る。

(h) 締約国団に提出されて否認されなかった基準に合致する政府間商品協定又は締約国団に提出されて否認されなかった政府間商品協定のいずれかに基く義務に従って執られる措置

(i) 国内原料の価格が政府の安定計画の一部として国際価格より低位に保たれている期間中、国内の加工業に対してその原料の不可欠の数量を確保するために必要な国内原料の輸出に制限を課する措置。ただし、この制限は、国内産業の産品の輸出を増加するように、又は国内産業に与えられる保護を増大するように運用してはならず、また、無差別待遇に関するこの協定の規定から逸脱してはならない。

(j) 一般的に又は地方的に供給が不足している産品の獲得又は分配のために不可欠の措置。ただし、このような措置は、すべての締約国が当該産品の国際的供給について衡平な取分を受ける権利を有するという原則に合致するものでなければならず、また、この協定の他の規定に反するこのような措置は、それを生ぜしめた条件が存在しなくなったときは、直ちに終止しなければならない。締約国団は、一九六〇年六月三〇日以前に、このjの規定の必要性について検討しなければならない。

第二一条(安全保障のための例外) この協定のいかなる規定も、次のいずれかのことを定めるものと解してはならない。

(a) 締約国に対し、発表すれば自国の安全保障上の重大な利益に反するとその締約国が認める情報の提供を要求すること。

(b) 締約国が自国の安全保障上の重大な利益の保護のために必要であると認める次のいずれかの措置を執ることを妨げること。

(i) 核分裂性物質又はその生産原料である物質に関する措置

(ii) 武器、弾薬及び軍需品の取引並びに軍事施設に供給するため直接又は間接に行なわれるその他の貨物及び原料の取引に関する措置

(iii) 戦時その他の国際関係の緊急時に執る措置

(c) 締約国が国際の平和及び安全の維持のため国際連合憲章に基く義務に従う措置を執ることを妨げること。

第二二条(協議) 1 各締約国は、この協定の運用に関して他の締約国が行う申立に対し好意的な考慮を払い、かつ、その申立に関する協議のため適当な機会を与えなければならない。

2 締約国団は、いずれかの締約国の要請を受けたときは、前項の規定に基く協議により満足しうる解決が得られなかった事項について、いずれかの一又は二以上の締約国と協議することができる。

第二三条(無効化又は侵害) 1 締約国は、(a)他の締約国がこの協定に基く義務の履行を怠った結果として、(b)他の締約国が、この協定の規定に抵触するかどうかを問わず、何らかの措置を適用した結果として、又は(c)その他の何らかの状態が存在する結果として、この協定に基き直接若しくは間接に自国に与えられた利益が無効にされ、若しくは侵害され、又はこの協定の目的の達成が妨げられていると認めるときは、その問題について満足しうる調整を行うため、関係があると認める他の締約国に対して書面により申立又は提案をすることができる。この申立又は提案を受けた締約国は、その申立又は提案に対して好意的な考慮を払わなければならない。

2 妥当な期間内に関係締約国間に満足しうる調整が行われなかったとき、又は困難が前項cに掲げるものに該当するときは、その問題を締約国団に付託することができる。締約国団は、このようにして付託された問題を直ちに調査し、かつ、関係があると認める締約国に対して適当な勧告を行い、又はその問

題について適当に決定を行わなければならない。締約国団は、必要と認めるときは、締約国、国際連合経済社会理事会及び適当な政府間機関と協議することができる。締約国団は、事態が重大であるためそのような措置が正当とされると認めるときは、締約国に対し、この協定に基く譲許その他の義務でその事態にかんがみて適当であると決定するものの他の締約国に対する適用の停止を許可することができる。当該他の締約国に対するいずれかの譲許その他の義務の適用が実際に停止されたときは、その締約国は、停止の措置が執られた後六〇日以内に、この協定から脱退する意思を書面により締約国団の書記局長に通告することができ、この脱退は、同書記局長がその脱退通告書を受領した日の後六〇日目に効力を生ずる。

第三部

第二四条（適用地域―国境貿易―関税同盟及び自由貿易地域）1　この協定の規定は、締約国の本土関税地域及び第二六条の規定に基いてこの協定が受諾され、又は第三三条の規定に基いて若しくは暫定的適用に関する議定書に従ってこの協定が適用されている他の関税地域に適用する。これらの関税地域は、この協定の適用地域に関する場合に限り、それぞれ一締約国として取り扱うものとする。ただし、この項の規定は、単一の締約国が第二六条の規定に基いてこの協定を受諾しており、又は第三三条の規定に基いて若しくは暫定的適用に関する議定書に従ってこの協定を適用している二以上の関税地域の間に何らかの権利又は義務を発生させるものと解してはならない。

2　この協定の適用上、関税地域とは、当該地域とその他の地域との間の貿易の実質的な部分に対して独立の関税その他の通商規則を維持している地域をいう。

3　この協定の規定は、次のものを妨げるものと解してはならない。

(a)　締約国が国境貿易を容易にするため隣接国に与える利益

(b)　トリエステ自由地域の隣接国が同地域との貿易に与える利益。ただし、その利益が第二次世界戦争の結果締結された平和条約に抵触しないことを条件とする。

4　締約国は、任意の協定により、その協定の当事国間の経済の一層密接な統合を発展させて貿易の自由を増大することが望ましいことを認める。締約国は、また、関税同盟又は自由貿易地域の目的が、その構成領域間の貿易を容易にすることにあり、そのような領域と他の締約国との間に貿易に対する障害を引き上げることにはないことを認める。

5　よって、この協定の規定は、締約国の領域の間で、関税同盟を組織し、若しくは自由貿易地域を設定し、又は関税同盟の組織若しくは自由貿易地域の設定のために必要な中間協定を締結することを妨げるものではない。ただし、次のことを条件とする。

(a)　関税同盟又は関税同盟の組織のための中間協定に関しては、当該関税同盟の創設又は当該中間協定の締結の時にその同盟の構成国又はその協定の当事国でない締約国との貿易に適用される関税その他の通商規則は、全体として、当該関税同盟の組織又は当該中間協定の締結の前にその構成地域において適用されていた関税の全般的な水準及び通商規則よりそれぞれ高度なものであるか又は制限的なものであってはならない。

(b)　自由貿易地域又は自由貿易地域の設定のための中間協定に関しては、各構成地域において維持されている関税その他の通商規則で、その自由貿易地域の設定若しくはその中間協定の締結の時に、当該地域に含まれない締約国又は当該協定の当事国でない締約国の貿易に適用されるものは、自由貿易地域の設定又は中間協定の締結の前にそれらの構成地域に存在していた該当の関税その他の通商規則よりそれぞれ高度なものであるか又は制限的なものであってはならない。

(c)　(a)及び(b)に掲げる中間協定は、妥当な期間内に関税同盟を組織し、又は自由貿易地域を設定するための計画及び日程を含むものでなければならない。

6　5(a)の要件を満たすに当り、締約国が第二条の規定に反して税率を引き上げることを提案したときは、第二八条に定める手続を適用する。補償的調整を決定するに当っては、関税同盟の他の構成国の対応する関税の引下げによって既に与えられた補償に対して妥当な考慮を払わなければならない。

7(a)　関税同盟若しくは自由貿易地域又は関税同盟の組織のため若しくは自由貿易地域の設定のために締結される中間協定に参加することを決定する締約国は、その旨を直ちに締約国団に通告し、かつ、締約国団が適当と認める報告及び勧告を締約国に対して行うことができるようにその関税同盟又は自由貿易地域に関する情報を締約国団に提供しなければならない。

(b)　締約国団は、5に掲げる中間協定に含まれる計画及び日程をその中間協定の当事国と協議して検討し、かつ、(a)の規定に従って提供された情報に妥当な考慮を払った後、その協定の当事国の意図する期間内に関税同盟が組織され若しくは自由貿易地域が設定される見込がないか又はその期間が妥当でないと認めたときは、その協定の当事国に対して勧告を行わなければならない。当事国は、その勧告に従ってその中間協定を修正する用意がないときは、それを維持し、又は実施してはならない。

(c)　5(c)に掲げる計画又は日程の実質的な変更は、締約国団に通報しなければならない。締約国団は、その変更が関税同盟の組織又は自由貿易地域の設定を危くし、又は不当に遅延させるものであると認めるときは、関係締約国に対し、締約国団と協議するように要請することができる。

8　この協定の適用上、

(a)　関税同盟とは、次のことのために単一の関税地域をもって二以上の関税地域に代えるものをいう。

(i)　関税その他の制限的通商規制（第一一条、第一二条、第一三条、第一四条、第一五条及び第二〇条の規定に基いて認められるもので必要とされるものを除く。）を同盟の構成地域間の実質上のすべての貿易について、又は少くともそれらの地域の原産の実質上のすべての貿易について、廃止すること。

(ii)　9の規定に従うことを条件として、同盟の各構成国が、実質的に同一の関税その他の通商規則をその同盟に含まれない地域の貿易に適用すること。

(b)　自由貿易地域とは、関税その他の制限的通商規則（第一一条、第一二条、第一三条、第一四条、第一五条及び第二〇条の規定に基いて認められるもので必要とされるものを除く。）がその構成地域の原産の産品の構成地域間における実質上のすべての貿易について廃止されている二以上の関税地域の集団をいう。

9　第一条2に掲げる特恵は、関税同盟の組織又は自由貿易地域の設定によって影響を受けるものではないが、これによって影響を受ける締約国との交渉によって廃止し、又は調整することができる。影響を受ける締約国とのこの交渉の手続は、特に、8(a)(i)及び(b)の規定に合致するために必要とされる特恵の廃止に適用するものとする。

10　締約国団は、5から9までに定める要件に完全には合致しない提案を三分の二の多数によって承認することができる。ただし、その提案は、この条の規定の意味における関税同盟の組織又は自由貿易地域の設定のためのものでなければならない。

11　締約国は、インド及びパキスタンの独立国としての確立の結果生ずる例外的な事態を考慮し、かつ、両国が長期にわたって単一の経済単位を構成してきたことを認めるので、両国間の貿易関係が確定的な基礎の上に確立されるまでの間は、この協定の規定が両国間の貿易に関する両国間の特別の取極の締結を妨げるものではないことに同意する。

12　各締約国は、自国の領域内の地域的な及び地方的な政府及び機関によるこの協定の規定の遵守を確保するため、執ることができる妥当な措置を講ずるものとする。

第二五条（締約国の共同行動）1　締約国の代表者は、この協定の規定であって、共同行動を伴うものを実施するため、並びに一般にこの協定の運用を容易にし、及びその目的を助長するため、随時会合しなければならない。この協定において、共同して行動する締約国を指すときはいつでも、締約国団という。

2　国際連合事務総長は、締約国団の第一回会合を招集するように要請される。その会合は、一九四八年三月一日以前に行うものとする。

3　各締約国は、締約国団のすべての会合において、一個の投票権を有する。

4　この協定に別段の定がある場合を除くほか、締約国団の決定は、投票の過半数によって行うものとする。

5　締約国団は、この協定に規定されていない例外的な場合には、この協定により締約国に課せられる義務を免除することができる。ただし、その決定が、投票の三分の二の多数により承認されること及びその多数には半数をこえる締約国を含むことを条件とする。締約国団は、また、このような表決方法により、次のことを行うことができる。

(i)　義務の免除のため他の投票の要件が適用されるべき例外的な場合の若干の種類を定めること。

(ii)　この5の規定の適用のため必要な規準を定めること。

第二六条（受諾、効力発生及び登録）1　この協定の日付は、一九四七年一〇月三〇日とする。

2　この協定は、一九五五年三月一日にこの協定の締約国であったか、又はこの協定への加入のため交渉を行っていた締約国による受諾のため、開放される。

3　この協定は、ともに正文である英語及びフランス語の原本一通により作成され、国際連合事務総長に寄託されるものとし、同事務総長は、その認証謄本をすべての関係政府に送付するものとする。

4　この協定を受諾する各政府は、締約国団の書記局長に受諾書を寄託しなければならず、同書記局長は、各受諾書の寄託の日及びこの協定が6の規定に基いて効力を生ずる日をすべての関係政府に通報するものとする。

5　(a)　この協定を受諾する各政府は、その本土領域及びその政府が国際的責任を有する他の地域についてこの協定を受諾するものとする。ただし、受諾の時に締約国団の書記局長に通告される独立の関税地域は、除外する。

(b)　(a)のただし書に基いて同書記局長に前記の通告を行った政府は、自国の受諾が、除外された独立の関税地域のいずれかについて適用される旨をいつでも同書記局長に通告することができ、その通告は、同書記局長がそれを受領した日の後三〇日目に効力を生ずる。

(c)　いずれかの関税地域で締約国がそれについてこの協定を受諾しているものは、その対外通商関係及びこの協定で定める他の事項の処理について完全な自治権を保持しているか又は取得したときは、責任を有する締約国の当該事実を確証する宣言による提唱に基いて締約国とみなされる。

6　この協定は、附属書Hの該当の欄の百分率に従って算定して、同附属書に掲げる政府の領域の対外貿易総額の八五パーセントを占める政府により受諾書が締約国団の書記局長に寄託された日の後三〇日目に、この協定を受諾している政府の間で効力を生ずる。その他の各政府の受諾書は、それが寄託された日の後三〇日目に効力を生ずる。

7　国際連合は、この協定が効力を生じた後直ちに、この協定を登録する権限を有する。

第二七条（譲許の停止又は撤回）締約国は、この協定に附属する該当の譲許表に定める譲許で、締約国とならなかった政府又は締約国でなくなった政府と直接に交渉した譲許であると決定するものについては、いつでもその全部又は一部を停止し、又は撤回することができる。この措置を執る締約国は、その旨を締約国団に通告しなければならず、また、要請を受けたときは、当該産品について実質的な利害関係を有する締約国と協議しなければならない。

第二八条（譲許表の修正）1　締約国（以下この条において「申請締約国」という。）は、この協定に附属する該当の譲許表に含まれる譲許を、その譲許について直接に交渉した締約国及び主要供給国としての利害関係を有すると締約国団により決定された他の締約国（これらの二種類の締約国は、申請締約国とともに、以下この条において「主要関係締約国」という。）と交渉し、かつ、合意することにより、及びその譲許について実質的な利害関係を有すると締約国団が決定する他の締約国と協議することを条件として、一九五八年一月一日から始まる各三年の期間の最初の日（又は締約国団が投票の三分の二の多数決により定めるその他の期間の最初の日）に、修正し、又は撤回することができる。

2　前記の交渉及び合意（他の産品に関する補償的調整の規定を含むことができる。）において、関係締約国は、その交渉前におけるこの協定に定められた水準より貿易にとって不利でない相互的かつ互恵的な譲許の一般的水準を維持するように努めなければならない。

3(a)　一九五八年一月一日前に、又は1にいう期間の満了前に、主要関係締約国の間に合意が成立しなかった場合においても、前記の譲許の修正又は撤回を申し出る締約国は、その修正又は撤回を行うことができ、この措置が執られた場合には、その譲許について直接に交渉した締約国、1の規定に基き主要供給国としての利害関係を有すると決定された締約国及び1の規定に基き実質的な利害関係を有すると決定された締約国は、申請締約国と直接に交渉した譲許のうちその措置と実質的に等価値の譲許の撤回を行うことができる。ただし、その措置が執られた後六箇月以内に、その撤回について、締約国団が三〇日の事前の通告書を受領していることを条件とする。

(b)　主要関係締約国の間に合意が成立した場合において、1の規定に基き実質的な利害関係を有すると決定された他の締約国がそれに満足しないときは、当該他の締約国は、申請締約国と直接に交渉した譲許のうち実質的に等価値の譲許の撤回を行うことができる。ただし、前記の合意に基く措置が執られた後六箇月以内に、その撤回について、締約国団が三〇日の事前の通告書を受領していることを条件とする。

4　締約国団は、特別の事情があるときはいつでも、次の手続及び条件に従うことを条件として、締約国が、この協定に附属する該当の譲許表に含まれる譲許の修正又は撤回のための交渉を開始することを承認することができる。

(a)　この交渉及びそれに関連する協議は、1及び2の規定に従って行わなければならない。

(b)　交渉において主要関係締約国の間に合意が成立したときは、3(b)の規定が適用される。

(c)　交渉を開始することが承認された日の後六〇日の期間内に又は締約国団が定めるそれより長い期間内に主要関係締約国の間に合意が成立しなかったときは、申請締約国は、その問題を締約国団に付託することができる。

(d)　締約国団は、前記の問題を付託されたときは、直ちにその問題を審査し、かつ、解決を得るため に締約国団の見解を主要関係締約国に提示しなければならない。解決が得られたときは、主要関係締約国の間で合意が成立した場合と同様に、3(b)の規定が適用される。主要関係締約国の間で解決が得られなかったときは、申請締約国は、適当な補償を提案しなかったことが不当であると締約国団により決定されない限り、当該譲許を修正し、又は撤回することができる。この措置が執られたときは、その譲許について直接に交渉した締約国、(a)の規定に基き主要供給国としての利害関係を有すると決定された締約国及び(a)の規定に基き実質的な利害関係を有すると決定された締約国は、申請締約国と直接に交渉した譲許のうちその措置と実質的に等価値の譲許の修正又は撤回を行うことができる。ただし、その措置が執られた後六箇月以内に、その修正又は撤回について、締約国団が三〇日の事前の通告書を受領していることを条件とする。

5　締約国は、締約国団に通告することにより、一九五八年一月一日前に、又は1にいう期間の満了前に、該当の譲許表を、次の期間中、1から3までに定める手続に従って修正する権利を留保することができる。いずれかの締約国がこの権利を留保するときは、他の締約国は、当該期間中、その締約国と直接に交渉した譲許を、同一の手続に従って修正し、又は撤回する権利を有する。

第二八条の二（関税交渉）1　締約国は、関税がしばしば貿易に対する著しい障害となること、したがって、関税その他輸入及び輸出に関する課徴金の一般的水準の実質的な引下げ、特に、最少限度の数量の輸入をも阻害するような高関税の引下げをめざし、かつ、この協定の目的及び各締約国の異なる必要に妥当な考慮を払って行われる相互的かつ互恵的な交渉が国際貿易の拡大のためきわめて重要であることを認める。よって、締約国団は、このような交渉を随時主催することができる。

2(a)　この条の規定に基く交渉は、個個の産品について、又は関係締約国が受諾する多角的手続を適用して、行うことができる。この交渉は、関税の引下げ、関税の現行水準におけるすえ置又は個個の関税若しくは特定の部類の産品に対する平均関税が特定の水準をこえてはならないという約束を目的とすることができる。低関税又は無税のすえ置は、原則として、高関税の引下げと等価値の譲許とみなされる。

(b)　締約国は、多角的交渉の成功が、相互間で行う貿易が自国の対外貿易の相当の部分を占めるすべての締約国の参加に依存するものであることを認める。

3　交渉は、次のことを十分に考慮して行わなければならない。

(a)　各締約国及び各産業の必要

(b)　低開発国がその経済開発を助長するため関税による保護を一層弾力的に利用することの必要及びこれらの国が歳入上の目的で関税を維持することの特別の必要

(c)　その他関連のあるすべての事情（関係締約国の財政上、開発上、戦略上その他の必要を含む。）

第二九条（この協定とハヴァナ憲章との関係）1　締約国は、自国の憲法上の手続に従ってハヴァナ憲章を受諾するまでの間、同憲章の第一章から第六章まで及び第九章の一般原則を行政上の権限の最大限度まで遵守することを約束する。

2　この協定の第二部は、ハヴァナ憲章が効力を生ずる日に停止する。

3　一九四九年九月三〇日までにハヴァナ憲章が効力を生じなかったときは、締約国は、この協定を改正し、補足し、又は維持すべきかどうかについて合意するため、一九四九年一二月三一日前に会合しなければならない。

4　ハヴァナ憲章が効力を失ったときはいつでも、締約国は、この協定を補足し、改正し、又は維持すべきかどうかについて合意するため、その後できる限りすみやかに会合しなければならない。その合意が成立するまでの間、この協定の第二部の協定は、再び効力を生ずる。ただし、第二三条の規定以外の第二部の規定は、必要な修正を加えて、当該時におけるハヴァナ憲章の本文と置き替えるものとし、また、締約国は、ハヴァナ憲章が効力を失った時に自国を拘束していなかった規定によって拘束されることはない。

5　ハヴァナ憲章が効力を生ずる日までにいずれかの締約国が同憲章を受諾していないときは、締約国団は、この協定がその締約国と他の締約国との関係に影響を及ぼす限り、この協定を補足し、又は改正すべきかどうかについて、また、補足し、又は改正すべきであればその方法について合意するため、協議しなければならない。その合意が成立するまでの間、この協定の第二部の規定は、2の規定にかかわらず、前記の締約国と他の締約国との間に引き続き適用される。

6　国際貿易機関の加盟国たる締約国は、ハヴァナ憲章の規定の適用を妨げるようにこの協定を援用してはならない。国際貿易機関の加盟国ではない締約国に対するこの項の原則の適用については、前項の規定に基く合意によって定めるものとする。

第三〇条（改正）1　この協定に修正のための別段の定めがある場合を除く外、この協定の第一部の規定又は第二九条若しくはこの条の規定の改正は、すべての締約国がそれを受諾した時に効力を生ずる。この協定のその他の改正は、締約国の三分の二がその改正を受諾した時に、それを受諾した締約国について効力を生じ、その後は、他の各締約国についてその受諾の時に効力を生ずる。

2　この協定の改正を受諾する締約国は、締約国団が定める期間内に、国際連合事務総長に受諾書を寄託しなければならない。締約国団は、この条の規定に基いて効力を生じた改正が、締約国団の定める期間内にそれを受諾しなかった締約国がこの協定から脱退しうる性格のものであるか、又は締約国団の同意を得て締約国としてとどまりうることができる性格のものであるかを決定することができる。

第三一条（脱退）締約国は、第一八条、第二三条又は第三〇条2の規定の適用を妨げることなく、この協定から脱退し、又は自国が国際的責任を有しかつ当該時に対外通商関係及びこの協定で定めるその他の事項の処理について完全な自治権を有する独立の関税地域のために各別に脱退することができる。脱退は、国際連合事務総長が脱退通告書を受領した日から六箇月が経過した時に効力を生ずる。

第三二条（締約国）1　この協定の締約国とは、第二六条若しくは第三三条の規定に基いて又は暫定的適用に関する議定書に従ってこの協定の規定を適用している政府をいう。

2　第二六条4の規定に従ってこの協定を受諾した締約国は、この協定が第二六条6の規定に従って効力を生じた後はいつでも、この協定を受諾しなかった締約国が締約国でなくなることを決定することができる。

第三三条（加入）この協定の当事国でない国の政府又は対外通商関係及びこの協定で定めるその他の事項の処理について完全な自治権を有する独立の関税地域のために行動する政府は、その政府自身のため、又は当該関税地域のために、その政府と締約国団との間で合意される条件によりこの協定に加入することができる。この条の規定に基く締約国団の決定は、締約国の三分の二の多数により行われる。

第三四条（附属書）この協定の附属書は、この協定と不可分の一体をなす。

第三五条（特定締約国間における協定の不適用）１ この協定又はこの協定の第二条の規定は、次の場合には、いずれかの締約国と他のいずれかの締約国との間には適用されないものとする。

(a) 両締約国が相互間の関税交渉を開始しておらず、かつ、

(b) 両締約国の一方が締約国となる時にそのいずれかの締約国がその適用に同意しない場合。

２ 締約国団は、締約国の要請を受けたときは、特定の場合におけるこの条の規定の運用を検討し、及び適当な勧告をすることができる。

第四部 貿易及び開発〈六六年追加〉

第三六条（原則及び目的）１ 締約国は、

(a) この協定の基本的な目的がすべての締約国の生活水準の引上げ及び経済の漸進的開発を含むことを想起し、また、この目的の達成が低開発締約国にとって特に緊急なものであることを考慮し、

(b) 低開発締約国の輸出収入がこれらの締約国の経済開発において決定的な役割を果たすことができること並びにこの寄与の程度が低開発締約国により不可欠な輸入に対して支払われる価格、これらの締約国の輸出の数量及びこれらの輸出に対して支払われる価格にかかっていることを考慮し、

(c) 低開発国における生活水準と他の国における生活水準との間に大きい格差があることに留意し、

(d) 低開発締約国の経済開発を促進し、かつ、これらの国における生活水準の急速な引上げをもたらすため、個別行動及び共同行動が不可欠であることを認め、

(e) 経済的及び社会的な発展を達成する手段としての国際貿易が、この条に定める目的に合致する規則及び手続並びにそのような規則及び手続に適合する措置によって規律されるべきであることを認め、

(f) 低開発締約国がその貿易及び開発を促進するための特別の措置を執ることを締約国団が認めることができることに留意して、次のとおり協定する。

２ 低開発締約国の輸出収入の急速かつ持続的な増大が、必要である。

３ 成長する国際貿易において低開発締約国がその経済開発上の必要に相応した取分を占めることを確保することを意図した積極的な努力が、必要である。

４ 多くの低開発締約国が限られた範囲の一次産品の輸出に引き続き依存しているので、これらの産品の世界市場への進出のための一層有利な条件であって受諾可能なものを可能な最大限度において設けることが必要であり、また、適当な場合にはいつでも、経済開発のための一層多くの資源をこれらの国に提供するために世界の貿易及び需要の拡大並びにこれらの国の実質的な輸出収入の不断のかつ着実な増大を可能にするように、これらの産品についての世界市場の条件の安定及び改善を意図した措置（特に、価格を安定した、衡平な、かつ、採算のとれるものにすることを意図した措置を含む。）を講ずることが必要である。

５ 低開発締約国の経済の急速な拡大は、その経済構造の多様化及び一次産品の輸出に対する過度の依存の回避によって容易にされる。したがって、低開発締約国が輸出について特別の関心を現に有し又は将来有することがある加工品及び製品の有利な条件による市場への進出を可能な最大限度において増進することが、必要である。

６ 低開発締約国における輸出収入その他の外国為替収入の慢性的な不足のため、貿易と開発のための資金上の援助との間には、重要な相互関係がある。したがって、締約国団及び国際的な融資機関が、これらの低開発締約国によるその経済開発のための負担を軽減するために最も効果的に貢献することができるように、緊密かつ継続的な協力を行うことが、必要である。

７ 締約国団並びに低開発国の貿易及び経済開発に関連がある活動を行っている他の政府間機関及び国際連合の諸機関が適切な協力を行うことが、必要である。

８ 先進締約国は、貿易交渉において行った関税その他低開発締約国の貿易に対する障害の軽減又は廃止に関する約束について相互主義を期待しない。

９ これらの原則及び目的を具体化するための措置を執ることは、締約国が個個に、及び共同して、目的意識をもって努力すべき問題である。

第三七条（約束）１ 先進締約国は、可能な最大限度において、すなわち、やむを得ない理由（法的な理由を含む。）によって不可能である場合を除くほか、次の規定を実施しなければならない。

(a) 低開発締約国が輸出について特別の関心を現に有し又は将来有することがある産品についての障害（加工されていない産品と加工された産品との間に不当な差別を設けるような関税その他の制限を含む。）の軽減及び廃止に高度の優先権を与えること。

(b) 低開発締約国が輸出について特別の関心を現に有し又は将来有することがある産品について関税又は関税以外の輸入障害を新設し又は強化することを差し控えること。

(c) 全部又は大部分が低開発締約国の領域内で生産される一次産品（加工されているといないとを問わない。）の消費の増大を著しく阻害する財政措置で特にこれらの産品に適用されるものについて、

(i) そのような財政措置を新たに執ることを差し

控えること。

(ii)　財政政策の調整の際に、そのような財政措置の軽減及び廃止に高度の優先権を与えること。

2 (a)　1(a)、(b)又は(c)のいずれかの規定が実施されていないと認められるときはいつでも、その問題は、当該規定を実施していない締約国又は他の関係締約国によって締約国団に報告されなければならない。

(b)(i)　締約国団は、いずれかの関係締約国から要請を受けたときは、この問題に関し、当該関係締約国及び他のすべての関係締約国と、第三六条に定める目的を助長するためにすべての関係締約国にとって満足な解決に到達することを目的として、協議しなければならない。

この協議は、二国間協議を妨げるものではない。これらの協議においては、1(a)、(b)又は(c)の規定が実施されなかった場合におけるその理由が検討されるものとする。

(ii)　他の先進締約国と共同で行動することによって1(a)、(b)又は(c)の規定の個個の締約国による実施が一層容易に達成される場合があるので、前記の協議は、適当な場合には、そのような行動を目的として行うことができる。

(iii)　締約国団による協議は、また、適当な場合には、第二五条1に定めるこの協定の目的を助長するための共同行動についての合意を目的として行うことができる。

3　先進締約国は、

(a)　全部又は大部分が低開発締約国の領域内で生産される産品の再販売価格を政府が直接又は間接に決定する場合には、販売差益を衡平な水準に維持するため、あらゆる努力を払わなければならない。

(b)　低開発締約国からの輸入の増進の可能性を増大させることを意図した他の措置を執ることを積極的に検討し、かつ、このため、適切な国際活動を行うことに協力しなければならない。

(c)　特定の問題に対処するためにこの協定によって許されている他の措置を執ることを検討する場合には、低開発締約国の貿易上の利益を特に考慮しなければならず、また、これらの措置がこれらの締約国の重大な利益に影響を及ぼすようなものであるときは、これを執るに先だって、可能なすべての建設的な救済措置を検討しなければならない。

4　低開発締約国は、第四部の規定の実施にあたり、過去における貿易の推移及び低開発締約国全体の貿易上の利害関係を考慮して、現在及び将来における自国の開発上、資金上及び貿易上の必要に合致する限りにおいて、他の低開発締約国の貿易上の利益のために適切な措置を執ることに同意する。

5　各締約国は、1から4までに規定する約束の実施にあたり、生ずることがある問題又は困難に関してこの協定の通常の手続による協議を行う十分な機会を直ちに他の関係締約国に与えなければならない。

第三八条（共同行動） 1　締約国は、第三六条に定める目的を助長するため、この協定の枠内で、又は適当な場合には他の態様で、共同して行動しなければならない。

2　特に、締約国団は、

(a)　適当な場合には、低開発締約国が特別の関心を有する一次産品の世界市場への進出のための改善された条件であって受諾可能なものを設けるため、並びにこれらの産品についての世界市場の条件の安定及び改善を意図した措置（これらの産品の輸出のための価格を安定した、衡平な、かつ、採算のとれるものにすることを意図した措置を含む。）を講ずるための行動（国際取極による行動を含む。）をしなければならない。

(b)　貿易及び開発の政策の問題に関し、国際連合及びその諸機関（国際連合貿易開発会議の勧告に従って設立される機関を含む。）と適切な協力を行うように努めなければならない。

(c)　個個の低開発締約国の開発の計画及び政策を分析すること並びに潜在的な輸出能力の開発を促進し、及びそのようにして開発された産業の産品の輸出市場への進出を容易にするための具体的な措置を講ずるために貿易と援助との関係を検討することに協力しなければならず、また、この点に関し、個個の低開発締約国の貿易と援助との関係の組織的研究であって、潜在的な輸出能力、市場の見通し及びさらに必要となることがある行動を明確に分析することを目的とするものにおいて、各国政府及び国際機関（特に、経済開発のための資金上の援助に関して権威のある機関）と適切な協力を行うように努めなければならない。

(d)　低開発締約国の貿易の成長率を特に考慮しつつ世界貿易の推移を絶えず検討し、かつ、締約国に対し、その状況において適当と認められる勧告を行わなければならない。

(e)　各国の政策及び規則の国際的な調和及び調整により、生産、輸送及び市場取引に関する技術上及び商業上の基準の設定により、並びに貿易に関する情報の供給の増大及び市場調査の発達のための措置を通ずる輸出の促進によって経済開発のために貿易を拡大することにつき、実行可能な方法を求めることに協力しなければならない。

(f)　第三六条に定める目的を助長し、かつ、この部の規定を実施するために必要な制度上の措置を講じなければならない。

附属書A～I（略）

94 サービスの貿易に関する一般協定（WTO協定附属書一B）（サービス貿易一般協定）

加盟国は、

世界経済の成長及び発展にとってサービスの貿易の重要性が増大していることを認め、

透明性及び漸進的な自由化を確保しつつサービスの貿易を拡大することを目的として、また、すべての参加国の経済成長及び開発途上国の発展を促進する手段として、サービスの貿易に関する原則及び規則の多角的枠組みを設定することを希望し、

すべての参加国の利益を互恵的な基礎の上に増進し、かつ、権利及び義務の全体的な均衡を確保することを目的として引き続き行われる多角的交渉のラウンドを通じ、国家の政策目的に十分な考慮を払いつつ、漸進的かつ早期に一層高い水準のサービスの貿易の自由化を達成することを希望し、

国家の政策目的を実現するため自国の領域内におけるサービスの提供に関して規制を行い又は新たな規制を導入する権利を有すること及びサービスの規制に係る発展の程度に関して国の間に存在する不均衡にかんがみ開発途上国にはこの権利を行使する必要が特にあることを認め、

特に開発途上国の国内のサービスに関する能力並びにその効率性及び競争力を強化することにより、開発途上国のサービスの貿易への参加の増大及びサービスの輸出の拡大を促進することを希望し、

後発開発途上国の特別な経済的事情並びにこれらの国の開発上、貿易上及び資金上のニーズにかんがみ、後発開発途上国が重大な困難を有することに特に留意して、

ここに、次のとおり協定する。

第一部　適用範囲及び定義

第一条（適用範囲及び定義） 1　この協定は、サービスの貿易に影響を及ぼす加盟国の措置について適用する。

2　この協定の適用上、「サービスの貿易」とは、次の態様のサービスの提供をいう。

(a) いずれかの加盟国の領域から他の加盟国の領域へのサービスの提供

(b) いずれかの加盟国の領域内におけるサービスの提供であって他の加盟国のサービス消費者に対して行われるもの

(c) いずれかの加盟国のサービス提供者によるサービスの提供であって他の加盟国の領域内の業務上の拠点を通じて行われるもの

(d) いずれかの加盟国のサービス提供者によるサービスの提供であって他の加盟国の領域内の加盟国の自然人の存在を通じて行われるもの

3　この協定の適用上、

(a)「加盟国の措置」とは、次の措置をいう。

(i) 中央、地域又は地方の政府及び機関がとる措置

(ii) 非政府機関が中央、地域又は地方の政府又は機関によって委任された権限を行使するに当たってとる措置

加盟国は、この協定に基づく自国の義務及び約束を履行するに当たり、自国の領域内の地域及び地方の政府及び機関並びに非政府機関による当該義務及び約束の遵守を確保するため、利用し得る妥当な措置をとる。

(b)「サービス」とは、政府の権限の行使として提供されるサービス以外のすべての分野におけるすべてのサービスをいう。

(c)「政府の権限の行使として提供されるサービス」とは、商業的な原則に基づかず、かつ、一又は二以上のサービス提供者との競争を行うことなく提供されるサービスをいう。

第二部　一般的な義務及び規律

第二条（最恵国待遇） 1　加盟国は、この協定の対象となる措置に関し、他の加盟国のサービス及びサービス提供者に対し、他の国の同種のサービス及びサービス提供者に与える待遇よりも不利でない待遇を即時かつ無条件に与える。

2　加盟国は、1の規定に合致しない措置であっても、「第二条の免除に関する附属書」に掲げられ、かつ、同附属書に定める要件を満たす場合においては、当該措置を維持することができる。

3　この協定の規定は、特定の地域で生産され、かつ、消費されるサービスを国境に隣接する地域に限定して交換することを容易にするため、加盟国が隣接国に対して有利な待遇を与えることを妨げるものと解してはならない。

第三条（透明性） 1　加盟国は、一般に適用されるすべての措置であってこの協定の運用に関連を有し又は影響を及ぼすものを速やかに、かつ、緊急の場合を除くほか遅くとも当該措置が効力を生ずる時までに公表する。サービスの貿易に関連を有し又は影響を及ぼす国際協定であって加盟国が締約国であるものも公表する。

2　1に規定する情報の公表が実行可能でない場合には、当該情報は、他の方法により公に利用可能なものとする。

3　加盟国は、この協定に基づく自国の特定の約束の対象となるサービスの貿易に対して著しい影響を及ぼす法令又は行政上の指針の導入又は変更を速やかに、かつ、少なくとも毎年、サービスの貿易に関する理事会に通報する。

4　加盟国は、1に規定する一般に適用される自国の措置又は国際協定に関する特定の情報についての

他の加盟国の要請に対し速やかに応ずる。加盟国は、また、これらのすべての事項及び3に規定する通報の義務の対象となる事項に関する特定の情報を要請に応じて他の加盟国に提供するための一又は二以上の照会所を設置する。当該照会所は、世界貿易機関を設立する協定（この協定において「世界貿易機関協定」という。）が効力を生ずる日から二年以内に設置する。個々の開発途上加盟国について、当該照会所を設置する期限に関し適当と認める猶予について合意することができる。当該照会所は、法令の寄託所であることを要しない。

5　いずれの加盟国も、この協定の運用に影響を及ぼすと認める他の加盟国の措置をサービスの貿易に関する理事会に通報することができる。

第三条の二（秘密の情報の開示）　この協定のいかなる規定も、加盟国に対し、その開示が法令の実施を妨げる等公共の利益に反することとなり又は公私の特定の企業の正当な商業上の利益を害することとなる秘密の情報の提供を要求するものではない。

第四条（開発途上国の参加の増大）　1　世界貿易における開発途上加盟国の参加の増大については、第三部及び第四部の規定に従い加盟国が行う交渉に基づく次の事項に関連する特定の約束を通じて促進する。

(a)　特に商業的な原則に基づく技術の利用による開発途上加盟国の国内のサービスに関する能力並びにその効率性及び競争力の強化

(b)　開発途上加盟国による流通経路及び情報網の利用の改善

(c)　開発途上加盟国が輸出について関心を有する分野及び提供の態様における市場アクセスの自由化

2　先進加盟国及び可能な限り他の加盟国は、自国の市場に関連した次の事項に関する情報の開発途上加盟国のサービス提供者による利用を容易にするため、世界貿易機関協定が効力を生ずる日から二年以内に連絡所を設置する。

(a)　サービスの提供の商業的及び技術的側面

(b)　職業上の資格の登録、承認及び取得

(c)　サービスに係る技術の利用可能性

3　1及び2の規定の実施に当たっては、後発開発途上加盟国を特に優先する。後発開発途上国の特別な経済的事情並びにこれらの国の開発上、貿易上及び資金上のニーズにかんがみ、交渉に基づく特定の約束を受け入れるに際して後発開発途上国が重大な困難を有することを特に考慮する。

第五条（経済統合）　1　この協定は、いずれの加盟国についても、締約国間でサービスの貿易を自由化する協定の締約国であること又は当該協定を締結することを妨げるものではない。ただし、当該協定が次の(a)及び(b)の要件を満たす場合に限る。

(a)　相当な範囲の分野を対象とすること（注）。

注　この要件は、分野の数、影響を受ける貿易の量及び提供の態様により理解する。この要件を満たすためには、当該協定は、いずれの提供の態様についてもあらかじめ排除することを定めるものであってはならない。

(b)　第一一条、第一二条、第一四条及び第一四条の二の規定により認められる措置を除くほか、(a)の分野において、当該締約国間で第一七条の規定の意味における実質的にすべての差別が次の措置により当該協定の効力発生時に存在しないこと又は合理的な期間において撤廃されることを定めること。

(i)　現行の差別的な措置の撤廃

(ii)　新たな又は一層差別的な措置の禁止

2　1(b)の要件が満たされているかいないかを評価するに当たっては、1に規定する協定と関係国間の経済統合又は貿易の自由化の一層広範な進展との関係を考慮することができる。

3(a)　開発途上国が1に規定する協定の締約国である場合には、分野全体及び個々の分野における当該開発途上国の発展の水準に従い、1に定める要件、特に1(b)の要件を弾力的に適用する。

(b)　6の規定にかかわらず、開発途上国のみが関係する1に規定する協定については、当該協定の締約国の自然人が所有し又は支配する法人に対して一層有利な待遇を与えることができる。

4　1に規定する協定は、当該協定の締約国間の貿易を容易にすることを目的とするものとし、当該協定の締約国でない加盟国に対し、それぞれの分野におけるサービスの貿易に対する障害の一般的水準を当該協定が効力を生ずる前に適用されていた水準よりも引き上げるものであってはならない。

5　加盟国は、1に規定する協定の締結、拡大又は重大な修正を行うに当たり自国の特定の約束に係る表（この協定において「約束表」という。）に定める条件に反するような特定の約束の撤回又は修正を行おうとの意図を有する場合には、その意図を当該撤回又は修正の少なくとも九〇日前までに通報する。この場合において、第二一条の2から4までに定める手続を適用する。

6　1に規定する協定のいずれかの締約国の法律に基づいて設立された法人である他の加盟国のサービス提供者は、当該協定の締約国の領域内で実質的な業務を行っている場合には、当該協定に基づいて与えられる待遇を享受する権利を有する。

7(a)　1に規定する協定の締約国である加盟国は、当該協定及びその拡大又は重大な修正をサービスの貿易に関する理事会に対して速やかに通報する。当該加盟国は、また、同理事会の要請する関連情報を同理事会に提供する。同理事会は、当該協定又はその拡大若しくは修正について検討するため及びこれがこの条の規定に適合するかしないかについて同理事会に報告するための作業部会を設置することができる。

(b)　1に規定する協定であって締約国間の差別の撤

廃が特定の期間において実施されるものの締約国である加盟国は、その実施につきサービスの貿易に関する理事会に対して定期的に報告する。同理事会は、必要と認める場合には、その報告を検討するための作業部会を設置することができる。

(c) サービスの貿易に関する理事会は、適当と認める場合には、(a)及び(b)に規定する作業部会の報告に基づき1に規定する協定の締約国に対して勧告を行うことができる。

8　1に規定する協定の締約国である加盟国は、当該協定により他の加盟国に与えられる貿易上の利益について補償を求めてはならない。

第五条の二(労働市場の統合のための協定) この協定は、いずれの加盟国についても、締約国間で労働市場の完全な統合(注)を行うための協定の締約国であることを妨げるものではない。ただし、当該協定が次の(a)及び(b)の要件を満たす場合に限る。

注　典型的な例として、この統合は、締約国の雇用市場に自由に進出する機会を関係締約国の国民に与え、給与条件その他の雇用及び社会的給付についての条件に関する措置を含む。

(a) 当該協定の締約国の国民に対し、居住及び就労の許可のための要件の適用を免除すること。

(b) サービスの貿易に関する理事会に通報されること。

第六条(国内規制) 1　加盟国は、特定の約束を行った分野において、一般に適用されるすべての措置であってサービスの貿易に影響を及ぼすものが合理的、客観的かつ公平な態様で実施されることを確保する。

2(a) 加盟国は、影響を受けたサービス提供者の要請に応じサービスの貿易に影響を及ぼす行政上の決定について速やかに審査し及び正当とされる場合には適当な救済を与える司法裁判所、仲裁裁判所若しくは行政裁判所又はそれらの訴訟手続を維持し、又は実行可能な限り速やかに設定する。加盟国は、当該訴訟手続が当該行政上の決定を行う機関から独立していない場合には、当該訴訟手続が客観的かつ公平な審査を実際に認めるものであることを確保する。

(b) (a)の規定は、加盟国に対し、その憲法上の構造又は法制の性質に反するような裁判所又は訴訟手続の設定を要求するものと解してはならない。

3　特定の約束が行われたサービスの提供のために許可が必要な場合には、加盟国の権限のある当局は、国内法令に基づき完全であると認められる申請が提出された後合理的な期間内に、当該申請に関する決定を申請者に通知する。加盟国の権限のある当局は、申請者の要請に応じ、当該申請の処理状況に関する情報を不当に遅滞することなく提供する。

4　サービスの貿易に関する理事会は、資格要件、資格の審査に係る手続、技術上の基準及び免許要件に関連する措置がサービスの貿易に対する不必要な障害とならないことを確保するため、同理事会が設置する適当な機関を通じて必要な規律を作成する。当該規律は、これらの要件、手続及び基準が特に次の基準に適合することを確保することを目的とする。

(a) 客観的な、かつ、透明性を有する基準(例えば、サービスを提供する能力)に基づくこと。

(b) サービスの質を確保するために必要である以上に大きな負担とならないこと。

(c) 免許の手続については、それ自体がサービスの提供に対する制限とならないこと。

5(a) 加盟国は、特定の約束を行った分野において、当該分野に関し4の規定に従って作成される規律が効力を生ずるまでの間、次のいずれかの態様により当該特定の約束を無効にし又は侵害する免許要件、資格要件及び技術上の基準を適用してはならない。

(i) 4の(a)、(b)又は(c)に規定する基準に適合しない態様

(ii) 当該分野において特定の約束が行われた時に、当該加盟国について合理的に予想され得なかった態様

(b) 加盟国が(a)に基づく義務を遵守しているかいないかを決定するに当たり、当該加盟国が適用する関係国際機関(注)の国際的基準を考慮する。

注　「関係国際機関」とは、少なくとも世界貿易機関のすべての加盟国の関係機関が参加することのできる国際機関をいう。

6　加盟国は、自由職業サービスに関して特定の約束を行った分野において、他の加盟国の自由職業家の能力を確認するための適当な手続を定める。

第七条(承認) 1　加盟国は、サービス提供者に対し許可、免許又は資格証明を与えるための自国の基準が全部又は一部について満たされることを認める目的をもって、3に規定する義務に従い、いずれかの国において得られた教育若しくは経験、満たされた要件又は与えられた免許若しくは資格証明を承認することができる。その承認は、措置の調和その他の方法により行うことができるものとし、当該いずれかの国との間の協定若しくは取決めに基づいて又は自主的に行うことができる。

2　1に規定する協定又は取決めの当事者である加盟国は、当該協定又は取決めが現行のものであるか将来のものであるかを問わず、関心を有する他の加盟国が当該協定若しくは取決めへの自国の加入について交渉し又はこれと同等の協定若しくは取決めについて交渉するための機会を十分に与える。加盟国は、承認を自主的に与える場合には、他の加盟国に対し、当該他の加盟国の領域内で得られた教育、経験、免許若しくは資格証明又は満たされた要件が承認されるべきであることを明らかにするための機会を十分に与える。

3　加盟国は、サービス提供者に対し許可、免許又は資格証明を与えるための自国の基準を適用するに当

たり、国の間を差別する手段又はサービスの貿易に対する偽装した制限となるような態様で承認を与えてはならない。

4　加盟国は、次のことを行う。

(a)　世界貿易機関協定が自国について効力を生ずる日から一二箇月以内に、承認のための現行の措置をサービスの貿易に関する理事会に通報し、及び当該措置が1に規定する協定又は取決めに基づくものであるかどうかを表明すること。

(b)　1に規定する協定又は取決めの交渉が実質的な段階に入る前に他の加盟国が当該交渉に参加することについての関心を示すための機会を十分に与えるため、当該交渉の開始をできる限り早期にサービスの貿易に関する理事会に対して速やかに通報すること。

(c)　承認のための新たな措置を採用し又は承認のための現行の措置の重大な修正を行った場合には、当該措置をサービスの貿易に関する理事会に対して速やかに通報し、及び当該措置が1に規定する協定又は取決めに基づくものであるかどうかを表明すること。

5　1の承認は、適当な場合には、多数国間で合意された基準に基づくべきである。加盟国は、適当な場合には、承認のための共通の国際的基準並びに自由職業等のサービスの業務のための共通の国際的基準を確立し及び採用するため、関連する政府間機関及び非政府機関と協力して作業を行う。

第八条（独占及び排他的なサービス提供者）1　加盟国は、その領域内の独占的なサービス提供者が関連する市場において独占的なサービスを提供するに当たり第二条の規定及び特定の約束に基づく自国の義務に反する態様で活動しないことを確保する。

2　加盟国の独占的なサービス提供者が自己の独占権の範囲外のサービスであって当該加盟国の特定の約束に基づくものを提供するに当たって直接に又は提携する会社を通じて競争する場合には、加盟国は、当該サービス提供者が自国の領域内で当該約束に反する態様で活動することにより自己の独占的地位を濫用しないことを確保する。

3　サービスの貿易に関する理事会は、加盟国が他の加盟国の独占的なサービス提供者が1又は2の規定に反する態様で活動していると信ずるに足りる理由がある場合には、当該加盟国の要請に応じ、当該サービス提供者を設立し、維持し又は許可した加盟国に対し、関連業務に関する特定の情報の提供を要請することができる。

4　加盟国は、世界貿易機関協定が効力を生ずる日の後に自国の特定の約束の対象となるサービスの提供に関して独占権を与える場合には、当該独占権を与える予定の遅くとも三箇月前までにサービスの貿易に関する理事会に通報する。この場合において、第二一条の2から4までの規定を適用する。

5　この条の規定は、排他的なサービス提供者の場合、すなわち、加盟国が法令上又は事実上(a)少数のサービス提供者を許可し又は設立し、かつ、(b)自国の領域内でこれらのサービス提供者の間の競争を実質的に妨げる場合にも適用する。

第九条（商慣習）1　加盟国は、サービス提供者の一定の商慣習（前条の規定に該当するものを除く。）が競争を抑制し及びこれによりサービスの貿易を制限することのあることを認める。

2　加盟国は、他の加盟国の要請に応じ、1の商慣習を撤廃することを目的として協議を行う。要請を受けた加盟国は、当該要請に対し十分かつ好意的な考慮を払うものとし、問題となっている事項を関連する秘密でない情報で公に利用可能なものを提供することにより協力する。要請を受けた加盟国は、また、その国内法に従い、かつ、要請をした加盟国による情報の秘密の保護に関し適切な協定が締結されることを条件として、利用可能な他の情報を当該要請をした加盟国に提供する。

第一〇条（セーフガード措置）1　セーフガード措置の問題につき無差別の原則に基づいて多角的交渉を行う。この交渉の結果は、世界貿易機関協定が効力を生ずる日から三年以内に効力を生ずる。

2　加盟国は、1に規定する交渉の結果が効力を生ずる前の期間において、特定の約束の修正又は撤回を第二一条1に規定する三年の期間の経過を待って行うことができない理由をサービスの貿易に関する理事会に示す場合には、同条1の規定にかかわらず、当該約束が効力を生ずる日から一年の期間の経過の後に当該約束を修正し又は撤回するとの自国の意図を同理事会に通報することができる。

3　2の規定は、世界貿易機関協定が効力を生ずる日の後三年で適用されなくなる。

第一一条（支払及び資金移動）1　加盟国は、次条に規定する場合を除くほか、自国の特定の約束に関連する経常取引のための国際的な資金移動及び支払に対して制限を課してはならない。

2　この協定のいかなる規定も、国際通貨基金協定の規定に適合する為替の利用を含め、同協定に基づく国際通貨基金の加盟国の権利及び義務に影響を及ぼすものではない。もっとも、加盟国は、次条の規定に基づく場合又は同基金の要請による場合を除くほか、資本取引に関する自国の特定の約束に反するような制限を資本取引に対して課してはならない。

第一二条（国際収支の擁護のための制限）1　国際収支及び対外資金に関して重大な困難が生じている場合又は生ずるおそれのある場合には、加盟国は、特定の約束を行ったサービスの貿易に対する制限（当該約束に関連する取引のための支払又は資金移動に対するものを含む。）を課し又は維持することができる。経済発展又は経済の移行の過程にある加盟国の国際収支に対する圧力により、特に経済発展又は経済の移行に係る当該加盟国の計画の実施のために十分な資金準備の水準を維持することを確保するために制限を課することが必要となり得ることが認められる。

2　1の制限は、次の(a)から(e)までの要件を満たすものとする。

(a)　加盟国間で差別しないものであること。

(b)　国際通貨基金協定の規定に適合するものであること。

(c)　他の加盟国の商業上、経済上又は資金上の利益に対し不必要な損害を与えることを避けるものであること。

(d)　1に規定する状況に対処するために必要な制限を超えないものであること。

(e)　一時的なものであり、1に規定する状況が改善するに伴い漸進的に廃止されるものであること。

3　加盟国は、1の制限を決定するに当たり、自国の経済又は開発の計画にとって一層重要なサービスの提供を優先させることができる。ただし、特定のサービスの分野を保護するために当該制限を採用し又は維持してはならない。

4　1の規定に基づいて採用し若しくは維持する制限又はその変更については、一般理事会に対して速やかに通報する。

5(a)　この条の規定を適用する加盟国は、この条の規定に基づいて採用した制限について、国際収支上の目的のための制限に関する委員会と速やかに協議する。

(b)　閣僚会議は、関係加盟国に対し適当と認める勧告を行うことができるようにすることを目的として、定期的な協議のための手続(注)を定める。

注　この5の規定に基づく手続は、一九九四年のガットの手続と同一であると了解する。

(c)　(a)の協議においては、特に次の事項に考慮を払い、関係加盟国の国際収支の状況及びこの条の規定に基づいて採用し又は維持する制限を評価する。

(i)　国際収支及び対外資金の困難の性質及び程度

(ii)　協議を行う加盟国の経済及び貿易の対外的な環境

(iii)　利用可能な代替的な是正措置

(d)　(a)の協議においては、1の制限の2の規定(特に当該制限が2(e)の規定に従って漸進的に廃止されるとの要件)との適合性を取り扱う。

(e)　(a)の協議においては、国際通貨基金が提出する外国為替、資金準備及び国際収支に関連する統計その他の事実のすべての調査結果を受理するものとし、協議を行う加盟国の国際収支及び対外資金の状況についての同基金の評価に基づいて結論を出す。

6　国際通貨基金の加盟国でないこの協定の加盟国がこの条の規定を適用することを希望する場合には、閣僚会議は、検討のための手続その他の必要な手続を定める。

第一三条(政府調達)　1　第二条、第一六条及び第一七条の規定は、政府機関が政府用として購入するサービスの調達(商業的再販売を行うこと又は商業的販売のためのサービスの提供に利用することを目的として購入するものを除く。)を規律する法令及び要件については、適用しない。

2　この協定に基づくサービスの政府調達に関する多角的交渉を世界貿易機関協定が効力を生ずる日から二年以内に行う。

第一四条(一般的例外)　この協定のいかなる規定も、加盟国が次のいずれかの措置を採用すること又は実施することを妨げるものと解してはならない。ただし、それらの措置を、同様の条件の下にある国の間において恣(し)意的若しくは不当な差別の手段となるような態様で又はサービスの貿易に対する偽装した制限となるような態様で適用しないことを条件とする。

(a)　公衆の道徳の保護又は公の秩序(注)の維持のために必要な措置

注　公の秩序を理由とする例外は、社会のいずれかの基本的な利益に対し真正かつ重大な脅威がもたらされる場合に限り、適用する。

(b)　人、動物又は植物の生命又は健康の保護のために必要な措置

(c)　この協定の規定に反しない法令の遵守を確保するために必要な措置。この措置には、次の事項に関する措置を含む。

(i)　欺まん的若しくは詐欺的な行為の防止又はサービスの契約の不履行がもたらす結果の処理

(ii)　個人の情報を処理し及び公表することに関連する私生活の保護又は個人の記録及び勘定の秘密の保護

(iii)　安全

(d)　取扱いの差異が他の加盟国のサービス又はサービス提供者に関する直接税の公平な又は効果的な(注)賦課又は徴収を確保することを目的とする場合には、第一七条の規定に合致しない措置

注　直接税の公平な又は効果的な賦課又は徴収を確保することを目的とする措置には、加盟国がその税制の下でとる次の措置を含む。

(i)　非居住者の租税に係る義務が当該加盟国の領域内に源泉のある又は所在する課税項目に関して決定されるという事実にかんがみ、非居住者であるサービス提供者に適用する措置

(ii)　当該加盟国の領域内における租税の賦課又は徴収を確保するため、非居住者に適用する措置

(iii)　租税の回避又は脱税を防止するため、非居住者又は居住者に適用する措置(租税に係る義務の遵守のための措置を含む。)

(iv)　当該加盟国の領域内の源泉に基づき他の加盟国の領域内で又は他の加盟国の領域から提供されるサービスの消費者に対して課される租税の賦課又は徴収を確保するため、当該サービスの消費者に適用する措置

(v) 全世界の課税項目に対する租税が課されるサービス提供者と他のサービス提供者との間の課税の基盤の性質の差異にかんがみ、両者を区別する措置

(vi) 当該加盟国の課税の基盤を擁護するため、居住者若しくは支店について又は関連者の間若しくは同一の者の支店の間において所得、利得、収益、損失、所得控除又は税額控除を決定し、配分し又は割り当てる措置

この(d)及び注に規定する租税に関連する用語又は概念は、(i)から(vi)までのいずれかの措置をとる加盟国の国内法に基づく租税に関する定義及び概念又はこれらと同等の若しくは同様の定義及び概念に従って決定する。

(e) 取扱いの差異が加盟国の拘束される二重課税の回避に関する協定又は他の国際協定若しくは国際取極における二重課税の回避についての規定の結果による場合には、第二条の規定に合致しない措置

第一四条の二(安全保障のための例外) 1　この協定のいかなる規定も、次のいずれかのことを定めるものと解してはならない。

(a) 加盟国に対し、その開示が自国の安全保障上の重大な利益に反すると当該加盟国が認める情報の提供を要求すること。

(b) 加盟国が自国の安全保障上の重大な利益の保護のために必要であると認める次のいずれかの措置をとることを妨げること。

(i) 軍事施設のため直接又は間接に行われるサービスの提供に関する措置

(ii) 核分裂性物質若しくは核融合性物質又はこれらの生産原料である物質に関する措置

(iii) 戦時その他の国際関係の緊急時にとる措置

(c) 加盟国が国際の平和及び安全の維持のため国際連合憲章に基づく義務に従って措置をとることを妨げること。

2　サービスの貿易に関する理事会は、1の(b)及び(c)の規定に基づいてとられる措置並びにその終了について最大限に可能な範囲で通報を受ける。

第一五条(補助金) 1　加盟国は、補助金が一定の状況においてサービスの貿易を歪(ゆが)めるような影響を及ぼすことのあることを認める。加盟国は、このような貿易を歪(ゆが)めるような影響を回避するために必要な多角的規律を作成することを目的として交渉を行う(注)。この交渉においては、相殺措置の妥当性も取り扱うものとし、また、開発途上国の開発計画に対する補助金の役割を認め、及び加盟国、特に開発途上加盟国が補助金の分野において柔軟性を必要とすることを考慮する。加盟国は、当該交渉のため、国内のサービス提供者に対して与えるサービスの貿易に関連するすべての補助金に関する情報を交換する。

注　将来の作業計画は、多角的規律についての交渉を行う方法及び期間を定める。

2　他の加盟国の補助金によって悪影響を受けていると認める加盟国は、当該他の加盟国に対し、その問題について協議を行うよう要請することができる。その要請に対しては、好意的な考慮を払うものとする。

第三部　特定の約束

第一六条(市場アクセス) 1　加盟国は、第一条に規定するサービスの提供の態様による市場アクセスに関し、他の加盟国のサービス及びサービス提供者に対し、自国の約束表において合意し、特定した制限及び条件に基づく待遇よりも不利でない待遇を与える(注)。

注　加盟国は、第一条2(a)に規定する提供の態様によるサービスの提供に関し市場アクセスに係る約束を行う場合において、国境を越える資本の移動が当該サービス自体の重要な部分であるときは、当該約束をもって当該資本の移動を認めることを約束したこととする。加盟国は、同条2(c)に規定する提供の態様によるサービスの提供に関し市場アクセスに係る約束を行う場合には、当該約束をもって自国の領域への関連する資本の移動を認めることを約束したこととする。

2　加盟国は、市場アクセスに係る約束を行った分野において、自国の約束表において別段の定めをしない限り、小地域を単位とするか自国の全領域を単位とするかを問わず次の措置を維持し又はとってはならない。

(a) サービス提供者の数の制限(数量割当て、経済上の需要を考慮するとの要件、独占又は排他的なサービス提供者のいずれによるものであるかを問わない。)

(b) サービスの取引総額又は資産総額の制限(数量割当てによるもの又は経済上の需要を考慮するとの要件によるもの)

(c) サービスの事業の総数又は指定された数量単位によって表示されたサービスの総産出量の制限(数量割当てによるもの又は経済上の需要を考慮するとの要件によるもの)(注)

注　この(c)の規定には、サービスの提供のための投入を制限する加盟国の措置を含まない。

(d) 特定のサービスの分野において雇用され又はサービス提供者が雇用する自然人であって、特定のサービスの提供に必要であり、かつ、その提供に直接関係するものの総数の制限(数量割当てによるもの又は経済上の需要を考慮するとの要件によるもの)

(e) サービスが合弁企業等の法定の事業体を通じてサービス提供者によって提供される場合において、当該法定の事業体について特定の形態を制限し又は要求する措置

(f) 外国資本の参加の制限(外国の株式保有比率又

は個別の若しくは全体の外国投資の総額の比率の上限を定めるもの）

第一七条（内国民待遇）１　加盟国は、その約束表に記載した分野において、かつ、当該約束表に定める条件及び制限に従い、サービスの提供に影響を及ぼすすべての措置に関し、他の加盟国のサービス及びサービス提供者に対し、自国の同種のサービス及びサービス提供者に与える待遇よりも不利でない待遇を与える（注）。

注　この条の規定に基づいて行われる特定の約束は、加盟国に対し、関連するサービス又はサービス提供者が自国のものでないことにより生ずる競争上の固有の不利益を補償することを要求するものと解してはならない。

２　加盟国は、他の加盟国のサービス及びサービス提供者に対し自国の同種のサービス及びサービス提供者に与える待遇と形式的に同一の待遇を与えるか形式的に異なる待遇を与えるかを問わず、１の義務を履行することができる。

３　加盟国が他の加盟国のサービス又はサービス提供者に対して与える形式的に同一の又は形式的に異なる待遇により競争条件が当該他の加盟国の同種のサービス又はサービス提供者と比較して当該加盟国のサービス又はサービス提供者にとって有利となる場合には、当該待遇は、当該加盟国のサービス又はサービス提供者に与える待遇よりも不利であると認める。

第一八条（追加的な約束）加盟国は、第一六条又は前条の規定に基づく約束表への記載の対象となっていないサービスの貿易に影響を及ぼす措置（資格、基準又は免許についての事項に関するものを含む。）に関する約束について交渉することができる。当該約束については、加盟国の約束表に記載する。

第四部　漸進的な自由化

第一九条（特定の約束についての交渉）１　加盟国は、この協定の目的に従い及び漸進的に一層高い水準の自由化を達成するため、世界貿易機関協定が効力を生ずる日から五年以内に引き続き交渉のラウンドを開始し、その後も定期的に行う。当該交渉は、効果的な市場アクセスを与える手段として、加盟国の措置がサービスの貿易に及ぼす悪影響を軽減し又は除去することを目的とする。この漸進的な自由化の過程は、すべての参加国の利益を互恵的な基礎の上に増進し、かつ、権利及び義務の全体的な均衡を確保することを目的として進める。

２　自由化の過程は、国家の政策目的並びに分野全体及び個々の分野における個々の加盟国の発展の水準に十分な考慮を払いつつ進める。個々の開発途上加盟国には、より少ない分野を開放し、より少ない種類の取引を自由化し及び自国の発展の状況に従い漸進的に市場アクセスを拡大すること並びに、外国のサービス提供者に対し自国における市場アクセスを認める場合には、第四条に規定する目的を達成するための条件を当該市場アクセスに付することについて適当な柔軟性が認められる。

３　ラウンドごとに、交渉の指針及び手続を定める。サービスの貿易に関する理事会は、当該指針を定めるため、この協定の目的（第四条１に規定するものを含む。）に照らして、サービスの貿易の全体の及び分野ごとの評価を行う。当該指針は、前回の交渉の後に加盟国が自主的に行った自由化の取扱い及び同条３の規定に基づく後発開発途上加盟国に対する特別の待遇の態様を定める。

４　漸進的な自由化の過程は、各ラウンドにおいて、この協定に基づいて加盟国が行う特定の約束の一般的水準を引き上げることを目的とする二国間、複数国間又は多数国間の交渉により進める。

第二〇条（特定の約束に係る表）１　加盟国は、第三部の規定に基づいて行う特定の約束を約束表に記載する。その約束表は、当該約束を行った分野に関し、次の事項を特定する。

(a)　市場アクセスの条件及び制限
(b)　内国民待遇についての条件及び制限
(c)　追加的な約束
(d)　適当な場合には、当該約束の履行のための期間
(e)　当該約束が効力を生ずる日

２　第一六条及び第一七条の規定の双方に合致しない措置は、第一六条に関する欄に記載する。この場合において、その記載は、第一七条の規定についての条件又は制限でもあるとみなす。

３　約束表は、この協定に附属するものとし、この協定の不可分の一部を成す。

第二一条（特定の約束に係る表の修正）１(a)　加盟国（この条において「修正を行う加盟国」という。）は、その約束表における約束が効力が生ずる日から三年の期間の経過の後いずれの時においても、この条の規定に従い、当該約束を修正し又は撤回することができる。

(b)　修正を行う加盟国は、この条の規定に従って約束を修正し又は撤回するとの自国の意図をその修正又は撤回の実施が予定される日の遅くとも三箇月前までにサービスの貿易に関する理事会に通報する。

２(a)　この協定に基づく自国の利益が１(b)の規定に従って通報された修正又は撤回の提案によって影響を受け得る加盟国（この条において「影響を受ける加盟国」という。）の要請に応じ、修正を行う加盟国は、必要な補償的な調整について合意に達することを目的として交渉を行う。これらの交渉及び合意において、関係加盟国は、当該交渉の前に約束表において与えられた水準よりもサービスの貿易にとって不利とならない互恵的な約束の一般的水準を維持するよう努める。

(b)　補償的な調整は、最恵国待遇の原則に基づいて

行う。

3(a)　修正を行う加盟国と影響を受ける加盟国との間で交渉のために与えられる期間の満了までに合意が成立しなかった場合には、当該影響を受ける加盟国は、その問題を裁定に付することができる。影響を受ける加盟国は、補償を受ける権利を行使することを希望する場合には、裁定に参加しなければならない。

(b)　いずれの影響を受ける加盟国も裁定を要請しない場合には、修正を行う加盟国は、提案した修正又は撤回を自由に実施することができる。

4(a)　修正を行う加盟国は、裁定の決定に従って補償的な調整を行うまでの間自国の約束を修正し又は撤回してはならない。

(b)　修正を行う加盟国が提案した修正又は撤回を実施する場合において裁定の決定に従わないときは、当該裁定に参加した影響を受ける加盟国は、当該決定に適合して実質的に等価値の利益を変更し又は撤回することができる。第二条の規定にかかわらず、その変更又は撤回は、当該修正を行う加盟国についてのみ実施することができる。

5　サービスの貿易に関する理事会は、約束表の訂正又は修正のための手続を定める。自国の約束表に記載した約束をこの条の規定に基づいて修正し又は撤回する加盟国は、当該手続に従い自国の約束表を修正する。

第五部　制度に関する規定

第二二条（協議） 1　加盟国は、この協定の運用に影響を及ぼす問題に関し他の加盟国が行う申立てに好意的な考慮を払うものとし、その申立てに関する協議を行うための機会を十分に与える。紛争解決了解は、当該協議について適用する。

2　サービスの貿易に関する理事会又は紛争解決機関は、1の規定に基づく協議により満足すべき解決が得られなかった問題について、加盟国の要請に応じいずれの加盟国とも協議することができる。

3　加盟国は、自国と他の加盟国との間の二重課税の回避に関する国際協定の対象となる当該他の加盟国の措置に関し、この条又は次条の規定を援用することができない。いずれかの措置が加盟国間の二重課税の回避に関する国際協定の対象となるかならないかについて当該加盟国間に意見の相違がある場合には、いずれか一方の加盟国は、その問題をサービスの貿易に関する理事会に付託することができる(注)。同理事会は、その問題を仲裁に付する。仲裁人の決定は、最終的なものとし、加盟国を拘束する。

注　世界貿易機関協定が効力を生ずる日に存在する二重課税の回避に関する協定については、この問題は、当該協定の両当事者の同意がある場合に限り、サービスの貿易に関する理事会に付託することができる。

第二三条（紛争解決及び実施） 1　加盟国は、他の加盟国がこの協定に基づく義務又は特定の約束を履行していないと認める場合には、その問題について相互に満足すべき解決を図るため、紛争解決了解を適用することができる。

2　紛争解決機関は、いずれかの加盟国においてその義務又は特定の約束の履行の停止を正当とするほど重大な事態が存在すると認める場合には、紛争解決了解第二二条の規定に従い、当該加盟国の義務又は特定の約束の他の加盟国に対する履行を停止することを承認することができる。

3　加盟国は、第三部の規定に基づく他の加盟国の特定の約束に従って自国に与えられることが当然に予想された利益がこの協定の規定に反しない当該他の加盟国の措置の適用の結果無効にされ又は侵害されていると認める場合には、紛争解決了解を適用することができる。当該措置が当該利益を無効にし又は侵害したと紛争解決機関によって決定された場合には、影響を受けた加盟国は、第二一条2の規定に基づき相互に満足すべき調整（当該措置の変更又は撤回を含むことができる。）を行う権利を有する。関係加盟国間で合意が成立しなかった場合には、紛争解決了解第二二条の規定を適用する。

第二四条（サービスの貿易に関する理事会） 1　サービスの貿易に関する理事会は、この協定の運用を容易にし及びこの協定の目的を達成するために与えられた任務を遂行する。同理事会は、その任務を効果的に遂行するため、適当と認める下部機関を設置することができる。

2　サービスの貿易に関する理事会及び同理事会が別段の決定をしない限りその下部機関への参加は、すべての加盟国の代表に開放する。

3　加盟国は、サービスの貿易に関する理事会の議長を選出する。

第二五条（技術上の協力） 1　技術上の援助を必要とする加盟国のサービス提供者は、第四条2の連絡所を利用することができる。

2　開発途上国に対する技術上の援助は、世界貿易機関事務局が多角的に提供するものとし、サービスの貿易に関する理事会が決定する。

第二六条（他の国際機関との関係） 一般理事会は、国際連合及びその専門機関並びにサービスに関する他の政府間機関との協議及び協力のための適当な取決めを行う。

第六部　最終規定

第二七条（利益の否認） 加盟国は、次の場合に、サービスの提供又はサービス提供者に対し、この協定の利益を否認することができる。

(a)　サービスが非加盟国の領域若しくは自国が世界貿易機関協定を適用しない加盟国の領域から又はこれらの領域内で提供されていることを証明する場合

(b)　海上運送サービスの提供については、そのサービスが次の船舶によって、かつ、次の者によって提供されていることを証明する場合
(i)　非加盟国の法律又は自国が世界貿易機関協定を適用しない加盟国の法律に従って登録されている船舶
(ii)　(i)の船舶を運航し又はその船舶の全体若しくは一部を利用する非加盟国の又は自国が世界貿易機関協定を適用しない加盟国の者
(c)　法人であるサービス提供者が他の加盟国のサービス提供者でないこと又は自国が世界貿易機関協定を適用しない加盟国のサービス提供者であることを証明する場合

第二八条（定義）この協定の適用上、
(a)「措置」とは、加盟国の措置（法令、規則、手続、決定、行政上の行為その他のいずれの形式であるかを問わない。）をいう。
(b)「サービスの提供」には、サービスの生産、流通、マーケティング、販売及び納入を含む。
(c)「サービスの貿易に影響を及ぼす加盟国の措置」には、次の措置を含む。
(i)　サービスの購入、支払又は利用に係る措置
(ii)　サービスの提供に関連して、加盟国が公衆一般に提供されることを要求しているサービスへのアクセス及び当該サービスの利用に係る措置
(iii)　加盟国の領域内におけるサービスの提供のための他の加盟国の者の存在（業務上の拠点を含む。）に係る措置
(d)「業務上の拠点」とは、業務を行うための又は自由職業のための事業所をいい、これらの事業所には、サービスの提供を目的として加盟国の領域内で行われる次のいずれかの行為により置かれるものを含む。
(i)　法人の設立、取得又は維持
(ii)　支店又は代表事務所の設置又は維持

(e)　サービスの「分野」とは、次のものをいう。
(i)　特定の約束に関し、加盟国の約束表に特定された当該サービスの一若しくは二以上の又はすべての小分野
(ii)　当該サービス分野全体（当該サービス分野のすべての小分野を含む。）
(f)「他の加盟国のサービス」とは、次のいずれかのサービスをいう。
(i)　他の加盟国の領域から又は領域内で提供されるサービス。ただし、海上運送については、他の加盟国の法律に従って登録されている船舶が提供するサービス又は船舶を運航し若しくは船舶の全体若しくは一部を利用することによってサービスを提供する他の加盟国の者が提供するサービス
(ii)　業務上の拠点又は自然人の存在を通じてサービスが提供される場合には、他の加盟国のサービス提供者が提供するサービス
(g)「サービス提供者」とは、サービスを提供する者をいう(注)。

注　サービスが法人によって直接提供されず、支店、代表事務所その他の形態の業務上の拠点を通じて提供される場合であっても、サービス提供者（すなわち、当該法人）に対し、当該業務上の拠点を通じこの協定に基づきサービス提供者に与えられる待遇が与えられる。当該待遇は、当該業務上の拠点に及ぼされるものとし、サービスが提供される領域の外に所在する当該サービス提供者の部分には及ぼされる必要はない。

(h)「独占的なサービス提供者」とは、加盟国がその領域の関連市場においてサービスの唯一の提供者として法令上又は事実上許可し又は設立する者（公私を問わない。）をいう。
(i)「サービス消費者」とは、サービスを受け又は利用する者をいう。

(j)「者」とは、自然人又は法人のいずれかをいう。
(k)「他の加盟国の自然人」とは、他の加盟国又は当該他の加盟国以外の加盟国の領域内に居住する自然人であって、当該他の加盟国の法律の下で次のいずれかの要件を満たすものをいう。
(i)　当該他の加盟国の国民であること。
(ii)　当該他の加盟国が次に掲げるいずれかの加盟国である場合には、当該他の加盟国において永住する権利を有すること。
1　国民を有しない加盟国
2　世界貿易機関協定の受諾又は加入に際して通報するところに従い、自国の永住者に対し、サービスの貿易に影響を及ぼす措置に関し自国民に与える待遇と実質的に同一の待遇を与える加盟国。ただし、いかなる加盟国も、当該永住者に対し、当該他の加盟国が当該永住者に与えることとなる待遇よりも有利な待遇を与える義務を負うものではない。その通報には、当該他の加盟国が自国の法令に従い自国民に対して負う責任と同一の責任を自国の永住者に対して負うことの保証を含む。
(l)「法人」とは、営利目的であるかないか、また、民間の所有であるか政府の所有であるかを問わず、関係法に基づいて適正に設立され又は組織される法定の事業体（社団、信託、組合、合弁企業、個人企業及び団体を含む。）をいう。
(m)「他の加盟国の法人」とは、次のいずれかの法人をいう。
(i)　他の加盟国の法律に基づいて設立され又は組織される法人であって、当該他の加盟国又は当該他の加盟国以外の加盟国の領域内で実質的な業務に従事しているもの
(ii)　業務上の拠点を通じてサービスが提供される場合には、次のいずれかの者が所有し又は支配する法人

1　他の加盟国の自然人

2　(i)に規定する他の加盟国の法人

(n)(i)　法人が加盟国の者によって「所有」されるとは、当該加盟国の者が当該法人の五〇パーセントを超える持分を受益者として所有する場合をいう。

(ii)　法人が加盟国の者によって「支配」されるとは、当該加盟国の者が当該法人の役員の過半数を指名し又は当該法人の活動を法的に管理する権限を有する場合をいう。

(iii)　法人が他の者と「提携」するとは、当該法人が当該他の者を支配し若しくは当該他の者によって支配される場合又は当該法人及び当該他の者の双方が同一の者によって支配される場合をいう。

(o)「直接税」とは、所得若しくは財産の全部又は所得若しくは財産の要素に対するすべての租税(財産の譲渡によって生ずる収益に対する租税、遺産、相続及び贈与に対する租税、企業が支払う賃金又は給与の総額に対する租税並びに財産の価額の上昇に対する租税を含む。)をいう。

第二九条(附属書)この協定の附属書は、この協定の不可分の一部を成す。

第二条の免除に関する附属書

適用範囲

1　この附属書は、この協定が効力を生ずる時に加盟国が第二条1の規定に基づく義務から免除される要件を定める。

2　世界貿易機関協定が効力を生ずる日の後に適用される新しい免除については、同協定第九条3の規定に従って取り扱う。

審　議

3　サービスの貿易に関する理事会は、免除の期間が五年を超えるすべての免除を審議するものとし、第一回目の審議を世界貿易機関協定が効力を生じた後五年以内に行う。

4　サービスの貿易に関する理事会は、3の審議において次のことを行う。

(a)　免除の必要性を生じさせた条件が引き続き存在しているかいないかを審議すること。

(b)　次回の審議を行う日を決定すること。

終　了

5　個々の措置に関する第二条1の規定に基づく加盟国の義務の免除は、当該免除に定める日に終了する。

6　免除の期間は、原則として一〇年を超えてはならない。いかなる場合にも、免除は、引き続き行われる貿易自由化のラウンドにおける交渉の対象となる。

7　免除の期間が満了する時に、加盟国は、第二条1の規定に合致しなかった措置が同条1の規定に合致するようになったことをサービスの貿易に関する理事会に通報する。

この協定に基づきサービスを提供する自然人の移動に関する附属書

1　この附属書は、サービスの提供に関し、加盟国のサービス提供者である自然人及び加盟国のサービス提供者が雇用する加盟国の自然人に影響を及ぼす措置について適用する。

2　この協定は、加盟国の雇用市場への進出を求める自然人に影響を及ぼす措置及び永続的な市民権、居住又は雇用に関する措置については、適用しない。

3　加盟国は、第三部及び第四部の規定に従い、この協定に基づきサービスを提供するすべての種類の自然人の移動に適用される特定の約束について交渉することができる。特定の約束の対象とされる自然人については、当該約束の条件に従ってサービスを提供することを認める。

4　この協定は、加盟国がその領域への自然人の入国又は当該領域内における自然人の一時的な滞在を規制するための措置(自国の国境を保全し及び自国の国境を越える自然人の秩序ある移動を確保するために必要な措置を含む。)を適用することを妨げるものではない。ただし、当該措置が特定の約束の条件に従って加盟国に与えられる利益を無効にし又は侵害するような態様で適用されないことを条件とする(注)。

注　特定の加盟国の自然人に対しては査証を要求し、他の加盟国の自然人に対しては要求しないという事実のみをもって、特定の約束に基づく利益が無効にされ又は侵害されているとはみなさない。

航空運送サービスに関する附属書

1　この附属書は、航空運送サービス(定期のものであるか不定期のものであるかを問わない。)及び航空運送の補助的なサービスの貿易に影響を及ぼす措置について適用する。この協定に基づく特定の約束又は義務は世界貿易機関協定が効力を生ずる日に効力を有する二国間又は多数国間の協定に基づく加盟国の義務を軽減し又は当該義務に影響を及ぼすものではないことが確認される。

2　この協定(紛争解決手続を含む。)は、3に規定する場合を除くほか、次のいずれかの事項に影響を及ぼす措置については、適用しない。

(a)　運輸権(いかなる方法で与えられるものであるかを問わない。)

(b)　運輸権の行使に直接関係するサービス

3　この協定は、次の事項に影響を及ぼす措置について適用する。

(a)　航空機の修理及び保守のサービス

(b)　航空運送サービスの販売及びマーケティング

(c)　コンピュータ予約システム(CRS)サービス

4　この協定の紛争解決手続は、関係加盟国が義務を負い又は特定の約束を行った場合において、二国間及び他の多数国間の協定又は取決めの紛争解決手続が尽くされたときに限り、適用することができる。

5　サービスの貿易に関する理事会は、航空運送の分野におけるこの協定の適用の更なる可能性を検討することを目的として、定期的に、かつ、少なくとも五年ごとに、この分野における進展及びこの附属書の運用について検討する。

6　定義

(a)　「航空機の修理及び保守のサービス」とは、航空機がサービスを提供していない間に当該航空機又はその一部に対して行われる活動をいい、いわゆるライン・メンテナンスを含まない。

(b)　「航空運送サービスの販売及びマーケティング」とは、関係する航空運送人が自己の航空運送サービスの販売及びマーケティング（市場調査、広告、流通等のすべての分野を含む。）を自由に行う機会をいう。これらの活動には、航空運送サービスの価格の決定及びサービスに適用される条件を含まない。

(c)　「コンピュータ予約システム（CRS）サービス」とは、航空機の発着予定、空席状況、料金及び料金規則に関する情報が組み込まれたコンピュータ・システムを通じて予約を行い又は発券を行うことによってそのシステムが提供するサービスをいう。

(d)　「運輸権」とは、いずれかの加盟国の領域から、当該領域に向けて、当該領域内で又は当該領域の上空において、運航し又は有償若しくは貸切りで、旅客、貨物若しくは郵便物を運送する定期又は不定期のサービスのための権利（運航地点、運営路線、運送するものの種類、提供する輸送力、運賃及びその条件並びに数、所有、支配等航空企業を指定するための基準を含む。）をいう。

金融サービスに関する附属書

1　適用範囲及び定義

(a)　この附属書は、金融サービスの提供に影響を及ぼす措置について適用する。この附属書において「金融サービスの提供」というときは、第一条2に規定するサービスの提供をいう。

(b)　第一条3(b)の規定の適用上、「政府の権限の行使として提供されるサービス」とは、次の活動をいう。

(i)　中央銀行又は金融当局が行う活動及びその他の公的機関が金融政策又は為替政策を遂行するために行う活動

(ii)　社会保障又は公的年金計画に係る法律上の制度の一部を形成する活動

(iii)　公的機関が政府の勘定のために若しくは政府の保証の下に又は政府の財源を使用して行うその他の活動

(c)　加盟国が自国の金融サービス提供者に対し(b)の(ii)又は(iii)に規定するいずれかの活動について公的機関又は金融サービス提供者との競争を行うことを認める場合には、第一条3(b)の規定の適用上、「サービス」には、当該活動を含む。

(d)　第一条3(c)の規定は、この附属書の対象となるサービスについては、適用しない。

2　国内規制

(a)　この協定の他の規定にかかわらず、加盟国は、信用秩序の維持のための措置（投資者、預金者、保険契約者若しくは信託上の義務を金融サービス提供者が負う者を保護し又は金融体系の健全性及び安定性を確保するための措置を含む。）をとることを妨げられない。当該措置については、この協定の規定に適合しない場合には、この協定に基づく当該加盟国の約束又は義務を回避するための手段として用いてはならない。

(b)　この協定のいかなる規定も、加盟国に対し、個々の顧客に関する事項及び勘定に関連する情報、公的機関が所有する秘密の情報又は公的機関が専有する情報の開示を要求するものと解してはならない。

3　承認

(a)　加盟国は、金融サービスに関連する自国の措置の適用方法を決定するに当たり、信用秩序の維持のための他の国の措置を承認することができる。その承認は、措置の調和その他の方法により行うことができるものとし、当該他の国との間の協定若しくは取決めに基づいて又は自主的に行うことができる。

(b)　(a)に規定する協定又は取決めの当事者である加盟国は、当該協定又は取決めが現行のものであるか将来のものであるかを問わず、関心を有する他の加盟国に対し、同様の規制及び監督が存在し、その規制が同様に実施され並びに、適当な場合には、当該協定又は取決めの当事者間の情報の共有に関する手続と同様の手続が存在することが可能な状況の下で、当該協定若しくは取決めへの自国の加入について交渉し又はこれと同等の協定若しくは取決めについて交渉するための機会を十分に与える。加盟国は、承認を自主的に与える場合には、他の加盟国に対し、当該状況が存在することを明らかにするための機会を十分に与える。

(c)　加盟国が信用秩序の維持のための他の国の措置を承認することを検討している場合には、第七条4(b)の規定は、適用しない。

4　紛争解決

信用秩序の維持の問題その他の金融の問題に関する紛争のための小委員会は、紛争の対象となっている特定の金融サービスに関して必要な専門的知識を有するものとする。

5　定義

この附属書の適用上、

(a)　「金融サービス」とは、金融の性質を有するすべてのサービスであって加盟国の金融サービス提供者が提供するものをいう。金融サービスは、すべての保険及び保険関連のサービス並びにすべての銀行サービスその他の金融サービス(保険及び保険関連のサービスを除く。)から成り、次の活動を含む。

保険及び保険関連のサービス

(i) 元受保険(共同して行う保険を含む。)

(a) 生命保険

(b) 生命保険以外の保険

(ii) 再保険及び再々保険

(iii) 保険仲介業(例えば、保険仲立業、代理店業)

(iv) 保険の補助的なサービス(例えば、相談サービス、保険数理サービス、危険評価サービス、請求の処理サービス)

銀行サービスその他の金融サービス(保険及び保険関連のサービスを除く。)

(v) 公衆からの預金その他払戻しを要する資金の受入れ

(vi) すべての種類の貸付け(消費者信用、不動産担保貸付け、債権買取り及び商業取引に係る融資を含む。)

(vii) ファイナンス・リース

(viii) すべての支払及び送金のサービス(クレジット・カード、旅行小切手及び銀行小切手を含む。)

(ix) 保証

(x) 自らの又は顧客のために行う次のものの取引(取引所取引、店頭取引その他の方法のいずれで行われるかを問わない。)

(a) 短期金融市場商品(小切手、手形及び預金証書を含む。)

(b) 外国為替

(c) 派生商品(先物及びオプションを含む。)

(d) 為替及び金利の商品(スワップ、金利先渡取引等の商品を含む。)

(e) 譲渡可能な有価証券

(f) その他の譲渡可能な証書及び金融資産(金銀を含む。)

(xi) すべての種類の有価証券の発行への参加(公募で行うか私募で行うかを問わず委託を受けた者として行う引受け及び売付け並びに当該発行に関連するサービスの提供を含む。)

(xii) 資金媒介業

(xiii) 資産運用(例えば、現金又はポートフォリオの運用、すべての形態の集合投資運用、年金基金運用、保管、預託及び信託のサービス)

(xiv) 金融資産(有価証券、派生商品その他の譲渡可能な証書を含む。)のための決済及び清算のサービス

(xv) 他の金融サービスを提供する者による金融情報の提供及び移転、金融データの処理並びに関連ソフトウェア

(xvi) (v)から(xv)までに規定するすべての活動についての助言、仲介その他の補助的な金融サービス(信用照会及び分析、投資及びポートフォリオの調査並びにこれらについての助言並びに企業の取得、再編及び戦略についての助言を含む。)

(b) 「金融サービス提供者」とは、金融サービスを提供することを希望し又は提供している加盟国の自然人又は法人をいう。ただし、金融サービス提供者には、公的機関を含まない。

(c) 「公的機関」とは、次のものをいう。

(i) 加盟国の政府、中央銀行若しくは金融当局又は加盟国が所有し若しくは支配する機関であって主として政府の機能の遂行若しくは政府のための活動の実施に従事するもの(主として商業的な条件に基づき金融サービスの提供に従事する機関を除く。)

(ii) 中央銀行又は金融当局が通常遂行する機能を遂行している私的機関。ただし、当該機能を遂行している時に限る。

金融サービスに関する第二附属書

1　第二条の規定並びに「第二条の免除に関する附属書」の1及び2の規定にかかわらず、加盟国は、世界貿易機関協定が効力を生ずる日の四箇月後から始まる六〇日の期間において、第二条1の規定に合致しない金融サービスに関する措置を同附属書に掲げることができる。

2　第二一条の規定にかかわらず、加盟国は、世界貿易機関協定が効力を生ずる日の四箇月後から始まる六〇日の期間において、自国の約束表に記載した金融サービスに係る特定の約束のすべて又は一部を改善し、修正し又は撤回することができる。

3　サービスの貿易に関する理事会は、1及び2の規定の適用のために必要な手続を定める。

海上運送サービスの交渉に関する附属書

1　第二条の規定及び「第二条の免除に関する附属書」の規定(最恵国待遇に合致しない措置であって加盟国が維持しようとするものを同附属書に掲げるための要件を含む。)は、外航海運、補助サービス並びに港湾施設へのアクセス及びこれの利用について次のいずれかの日に効力を生ずる。

(a) 海上運送サービスの交渉に関する閣僚決定4の規定に従って決定される実施の日

(b) 海上運送サービスの交渉が成功しなかった場合には、(a)の閣僚決定に規定する海上運送サービスに関する交渉部会の最終報告が行われる日

2　1の規定は、加盟国の約束表に記載されている海上運送サービスに係る特定の約束については、適用しない。

3　第二一条の規定にかかわらず、加盟国は、1に規定する交渉の終了から1(a)の実施の日の前までに、補償することなく海上運送サービスの分野における自国の特定の約束のすべて又は一部を改善し、修正し又は撤回することができる。

電気通信に関する附属書

1　目的

加盟国は、電気通信サービスの分野の特性並びに特に、この分野が経済活動の一の分野として及び他の経済活動の基礎となる伝送手段としての二重の役割を有することを認め、公衆電気通信の伝送網及び伝送サービスへのアクセス並びに当該伝送網及び伝送サービスの利用に影響を及ぼす措置に関し、この協定の規定に基づいて詳細に定めることを目的として次のとおり合意した。したがって、この附属書は、この協定の注釈及び補足規定を定める。

2　適用範囲

(a)　この附属書は、公衆電気通信の伝送網及び伝送サービスへのアクセス並びに当該伝送網及び伝送サービスの利用に影響を及ぼす加盟国のすべての措置について適用する(注)。

注　この(a)の規定は、加盟国が必要なすべての措置をとることにより、この附属書の義務が公衆電気通信の伝送網及び伝送サービスの提供者に関して履行されることを確保することを意味するものと了解する。

(b)　この附属書は、ラジオ番組又はテレビジョン番組の有線放送又は無線放送に影響を及ぼす措置については、適用しない。

(c)　この附属書のいかなる規定も、次のことを要求するものと解してはならない。

(i)　加盟国が、他の加盟国のサービス提供者に対し、当該加盟国の約束表に記載する以外の電気通信の伝送網又は伝送サービスを設置し、建設し、取得し、賃貸し、運用し又は提供することを許可すること。

(ii)　加盟国が公衆一般に提供されない電気通信の伝送網若しくは伝送サービスを設置し、建設し、取得し、賃貸し、運用し若しくは提供すること又は加盟国がこれらを自国の管轄の下にあるサービス提供者に義務付けること。

3　定義

この附属書の適用上、

(a)　「電気通信」とは、電磁的手段による信号の送信及び受信をいう。

(b)　「公衆電気通信の伝送サービス」とは、加盟国が公衆一般に提供されることを明示的に又は事実上要求している電気通信の伝送サービスをいう。当該伝送サービスには、特に、顧客が提供する情報を二以上の地点の間で、当該情報の形態又は内容の終端における変更を伴わずに、実時間で伝送することを典型的に行う電信、電話、テレックス及びデータ伝送を含む。

(c)　「公衆電気通信の伝送網」とは、伝送網の定められた終端地点の間での電気通信を可能とする公衆電気通信の基盤をいう。

(d)　「企業内通信」とは、会社内で若しくは当該会社とその子会社、支店若しくは、加盟国の国内法令の範囲内において、提携する会社との間で又はこれらの子会社、支店若しくは、加盟国の国内法令の範囲内において、提携する会社の間で行う電気通信をいう。この(d)の規定の適用上、「子会社」、「支店」及び適用のある場合には「提携する会社」とは、加盟国の定義によるものとする。この附属書に規定する「企業内通信」には、関連の子会社、支店又は提携する会社以外の会社に提供される商業的又は非商業的なサービス及び顧客又は潜在的な顧客に提供される商業的又は非商業的なサービスを含まない。

(e)　この附属書の項又は号に言及するときは、その細分されたすべての規定を含む。

4　透明性

加盟国は、第三条の規定を適用するに当たり、公衆電気通信の伝送網及び伝送サービスへのアクセス並びに当該伝送網及び伝送サービスの利用に影響を及ぼす条件に関する情報が公に利用可能であることを確保する。当該情報には、料金その他のサービスの条件、公衆電気通信の伝送網及び伝送サービスとの技術的インタフェースの仕様、当該アクセス及び利用に影響を及ぼす標準の作成及び採択について責任を有する機関に関する情報、端末その他の機器の接続に適用される条件並びに届出、登録又は免許の要件を含む。

5　公衆電気通信の伝送網及び伝送サービスへのアクセス並びに当該伝送網及び伝送サービスの利用

(a)　加盟国は、その約束表に記載するサービスの提供に関し、他の加盟国のサービス提供者が合理的な、かつ、差別的でない条件で公衆電気通信の伝送網及び伝送サービスへのアクセス並びに当該伝送網及び伝送サービスの利用が認められることを確保する。この義務は、特に、(b)から(f)までの規定を通じて履行する(注)。

注　「差別的でない」とは、この協定に規定する最恵国待遇及び内国民待遇をいい、分野に特定して用いる場合には、「同様の状況において同種の公衆電気通信の伝送網又は伝送サービスの他の利用者に与えられる条件よりも不利でない条件」を指すものと了解する。

(b)　加盟国は、他の加盟国のサービス提供者について、当該加盟国内で又は当該加盟国の国境を越えて提供される公衆電気通信の伝送網及び伝送サービス（当該伝送網及び伝送サービスには、専用回線を含む。）へのアクセス並びに当該伝送網及び伝送サービスの利用を確保するものとし、このため、(e)及び(f)の規定に従い、当該サービス提供者が次のことについて許可されることを確保する。

(i)　当該サービス提供者が当該伝送網に接続される端末その他の機器であってサービスの提供に必要なものを購入し又は貸借し及び接続すること。

(ii)　当該サービス提供者が専用回線又は自営回線を公衆電気通信の伝送網及び伝送サービスと又は他のサービス提供者の専用回線若しくは自営回線

回線と相互に接続すること。

(iii) 当該サービス提供者がサービスの提供に当たり、自己の選択する運用のプロトコル(電気通信の伝送網及び伝送サービスを公衆一般にとって利用可能とすることを確保するために必要なプロトコル以外のもの)を利用すること。

(c) 加盟国は、他の加盟国のサービス提供者が国境内の及び国境を越える情報の移動(当該サービス提供者の企業内通信を含む。)のため並びにいずれかの加盟国の領域内でデータベースに含まれ又は機械による判読が可能な他の形態で蓄積された情報へのアクセスのために公衆電気通信の伝送網及び伝送サービスを利用することができることを確保する。その利用に著しい影響を及ぼす加盟国の新たな又は改正された措置については、この協定の関連規定に従い、通報し、協議に付するものとする。

(d) (c)の規定にかかわらず、加盟国は、通信の安全及び秘密を確保するために必要な措置をとることができる。ただし、当該措置を、恣(し)意的若しくは不当な差別の手段となるような態様で又はサービスの貿易に対する偽装した制限となるような態様で適用しないことを条件とする。

(e) 加盟国は、次のいずれかの場合を除くほか、公衆電気通信の伝送網及び伝送サービスへのアクセス並びに当該伝送網及び伝送サービスの利用に条件が課されないことを確保する。

(i) 公衆電気通信の伝送網及び伝送サービスの提供者の公衆サービスとしての責任、特に、当該提供者の伝送網及び伝送サービスを公衆一般にとって利用可能なものとする能力を確保するために必要な場合

(ii) 公衆電気通信の伝送網及び伝送サービスの技術的な統一性を保護するために必要な場合

(iii) 自国の約束表における約束に基づいて他の加盟国のサービス提供者がサービスを提供することが認められない場合において、当該サービスを提供しないことを確保するために必要なとき

(f) (e)に定める基準を満たす場合に、公衆電気通信の伝送網及び伝送サービスへのアクセス並びに当該伝送網及び伝送サービスの利用の条件には、次の事項を含むことができる。

(i) 公衆電気通信の伝送サービスの再販売又は共同利用の制限

(ii) 公衆電気通信の伝送網及び伝送サービスと相互に接続するために特定の技術的インタフェース(インタフェースのプロトコルを含む。)を利用するとの要件

(iii) 必要な場合には、公衆電気通信の伝送サービスの相互運用性のための要件及び7(a)に規定する目標の達成を促進するとの要件

(iv) 公衆電気通信の伝送網に接続される端末その他の機器の型式認定及び当該伝送網への当該機器の接続に関連する技術上の要件

(v) 専用回線又は自営回線を公衆電気通信の伝送網及び伝送サービスと又は他のサービス提供者の専用回線若しくは自営回線と相互に接続することの制限

(vi) 届出、登録及び免許

(g) (a)から(f)までの規定にかかわらず、開発途上加盟国は、その発展の水準に従い、国内の電気通信の基盤及びサービスに関する能力を強化し並びに電気通信サービスの国際貿易における自国の参加を増大させるために必要な合理的な条件を公衆電気通信の伝送網及び伝送サービスへのアクセス並びに当該伝送網及び伝送サービスの利用に課することができるものとし、当該条件を自国の約束表に特定する。

6　技術上の協力

(a) 加盟国は、それぞれの国(特に、開発途上国)において効率的な及び進歩した電気通信の基盤が存在することが当該国のサービスの貿易の拡大にとって重要であることを認める。このため、加盟国は、先進国及び開発途上国並びにこれらの国の公衆電気通信の伝送網及び伝送サービスの提供者その他の事業体が、実行可能な限り、国際機関(国際電気通信連合、国際連合開発計画及び国際復興開発銀行を含む。)及び地域的機関の開発計画に参加することを支持し及び奨励する。

(b) 加盟国は、電気通信の分野における開発途上国間の国際的及び地域的協力を奨励し及び支援する。

(c) 加盟国は、実行可能な場合には、関係国際機関と協力して、開発途上国の国内の電気通信サービスの分野の強化を援助するため、国際電気通信サービス並びに電気通信技術及び情報技術の進展に関する情報を当該開発途上国にとって利用可能なものとする。

(d) 加盟国は、後発開発途上国がその電気通信の基盤の発展及び電気通信サービスの貿易の拡大を支援する技術移転、訓練その他の活動を援助するよう電気通信サービスの外国の提供者に奨励する機会について特に考慮する。

7　国際機関及び国際協定との関係

(a) 加盟国は、電気通信網及び電気通信サービスの世界的な互換性及び相互運用性のための国際的標準が重要であることを認め、関係国際機関(国際電気通信連合及び国際標準化機構を含む。)の作業を通じて当該国際的標準を促進することを約束する。

(b) 加盟国は、国内の及び世界的な電気通信サービスの効率的な運用を確保するに当たり、政府間又は非政府の機関又は合意、特に、国際電気通信連合が果たす役割を認め、適当な場合には、この附属書の実施から生ずる問題をこれらの機関と協議するための適当な取決めを行う。

基本電気通信の交渉に関する附属書

1　第二条の規定及び「第二条の免除に関する附属書」の規定（最恵国待遇に合致しない措置であって加盟国が維持しようとするものを同附属書に掲げるための要件を含む。）は、基本電気通信について次のいずれかの日に効力を生ずる。

(a)　基本電気通信の交渉に関する閣僚決定5の規定に従って決定される実施の日

(b)　基本電気通信の交渉が成功しなかった場合には、(a)の閣僚決定に規定する基本電気通信に関する交渉部会の最終報告が行われる日

2　1の規定は、加盟国の約束表に記載されている基本電気通信に係る特定の約束については、適用しない。

95　知的所有権の貿易関連の側面に関する協定（WTO協定附属書一C）（TRIPS協定）

加盟国は、

国際貿易にもたらされる歪（ゆが）み及び障害を軽減させることを希望し、並びに知的所有権の有効かつ十分な保護を促進し並びに知的所有権の行使のための措置及び手続自体が正当な貿易の障害とならないことを確保する必要性を考慮し、

このため、(a)一九九四年のガット及び知的所有権に関する関連国際協定又は関連条約の基本原則の適用可能性、(b)貿易関連の知的所有権の取得可能性、範囲及び使用に関する適当な基準及び原則の提供、(c)国内法制の相違を考慮した貿易関連の知的所有権の行使のための効果的かつ適当な手段の提供、(d)政府間の紛争を多数国間で防止し及び解決するための効果的かつ迅速な手続の提供並びに(e)交渉の成果への最大限の参加を目的とする経過措置に関し、新たな規則及び規律の必要性を認め、

不正商品の国際貿易に関する原則、規則及び規律の多数国間の枠組みの必要性を認め、

知的所有権が私権であることを認め、

知的所有権の保護のための国内制度における基本的な開発上及び技術上の目的その他の公の政策上の目的を認め、

後発開発途上加盟国が健全かつ存立可能な技術的基礎を創設することを可能とするために、国内における法令の実施の際の最大限の柔軟性に関するこれらの諸国の特別のニーズを認め、

貿易関連の知的所有権に係る問題に関する紛争を多数国間の手続を通じて解決することについての約束の強化を達成することにより緊張を緩和することの重要性を強調し、

世界貿易機関と世界知的所有権機関（この協定において「WIPO」という。）その他の関連国際機関との間の相互の協力関係を確立することを希望して、

ここに、次のとおり協定する。

第一部　一般規定及び基本原則

第一条（義務の性質及び範囲）1　加盟国は、この協定を実施する。加盟国は、この協定の規定に反しないことを条件として、この協定において要求される保護よりも広範な保護を国内法令において実施することができるが、そのような義務を負わない。加盟国は、国内の法制及び法律上の慣行の範囲内でこの協定を実施するための適当な方法を決定することができる。

2　この協定の適用上、「知的所有権」とは、第二部の第一節から第七節までの規定の対象となるすべての種類の知的所有権をいう。

3　加盟国は、他の加盟国の国民(注1)に対しこの協定に規定する待遇を与える。該当する知的所有権に関しては、「他の加盟国の国民」とは、世界貿易機関のすべての加盟国が一九六七年のパリ条約、一九七一年のベルヌ条約、ローマ条約又は集積回路についての知的所有権に関する条約の締約国であるとしたならばそれぞれの条約に規定する保護の適格性の基準を満たすこととなる自然人又は法人をいう(注2)。ローマ条約の第五条3又は第六条2の規定を用いる加盟国は、知的所有権の貿易関連の側面に関する理事会（貿易関連知的所有権理事会）に対し、これらの規定に定めるような通告を行う。

注1　この協定において「国民」とは、世界貿易機関の加盟国である独立の関税地域については、当該関税地域に住所を有しているか又は現実かつ真正の工業上若しくは商業上の営業所を有する自然人又は法人をいう。

注2　この協定において、「パリ条約」とは、工業所有権の保護に関するパリ条約をいい、「一九六七年のパリ条約」とは、パリ条約の一九六七年七月一四日のストックホルム改正条約をいい、「ベルヌ条約」とは、文学的及び美術的著作物の保護に関するベルヌ条約をいい、「一九七一年のベルヌ条約」とは、ベルヌ条約の一九七一年七月二四日のパリ改正条約をいい、「ローマ条約」とは、一九六一年一〇月二六日にローマで採択された実演家、レコード製作者及び放送機関の保護に関する国際条約をいい、「集積回路についての知的所有権に関する条約」（IPIC条約）とは、一九八九年五月二六日にワシントンで採択された集積回路についての知的所有権に関する条約をいい、「世界貿易機関協定」とは、世界貿易機関を設立する協定をいう。

第二条（知的所有権に関する条約）1　加盟国は、第二部から第四部までの規定について、一九六七年のパリ条約の第一条から第一二条まで及び第一九条の規定を遵守する。

2　第一部から第四部までの規定は、パリ条約、ベルヌ条約、ローマ条約及び集積回路についての知的所有権に関する条約に基づく既存の義務であって加盟国が相互に負うことのあるものを免れさせるものではない。

第三条（内国民待遇）1　各加盟国は、知的所有権の保護（注）に関し、自国民に与える待遇よりも不利でない待遇を他の加盟国の国民に与える。ただし、一九六七年のパリ条約、一九七一年のベルヌ条約、ローマ条約及び集積回路についての知的所有権に関する条約に既に規定する例外については、この限りでない。実演家、レコード製作者及び放送機関については、そのような義務は、この協定に規定する権利についてのみ適用する。ベルヌ条約第六条及びローマ条約第一六条1(b)の規定を用いる加盟国は、貿易関連知的所有権理事会に対し、これらの規定に定めるような通告を行う。

注　この条及び次条に規定する「保護」には、知的所有権の取得可能性、取得、範囲、維持及び行使に関する事項並びにこの協定において特に取り扱われる知的所有権の使用に関する事項を含む。

2　加盟国は、司法上及び行政上の手続（加盟国の管轄内における送達の住所の選定又は代理人の選任を含む。）に関し、1の規定に基づいて認められる例外を援用することができる。ただし、その例外がこの協定に反しない法令の遵守を確保するために必要であり、かつ、その例外の実行が貿易に対する偽装された制限とならない態様で適用される場合に限る。

第四条（最恵国待遇）知的所有権の保護に関し、加盟国が他の国の国民に与える利益、特典、特権又は免除は、他のすべての加盟国の国民に対し即時かつ無条件に与えられる。加盟国が与える次の利益、特典、特権又は免除は、そのような義務から除外される。

(a)　一般的な性格を有し、かつ、知的所有権の保護に特に限定されない司法共助又は法の執行に関する国際協定に基づくもの

(b)　内国民待遇ではなく他の国において与えられる待遇に基づいて待遇を与えることを認める一九七一年のベルヌ条約又はローマ条約の規定に従って与えられるもの

(c)　この協定に規定していない実演家、レコード製作者及び放送機関の権利に関するもの

(d)　世界貿易機関協定の効力発生前に効力を生じた知的所有権の保護に関する国際協定に基づくもの。ただし、当該国際協定が、貿易関連知的所有権理事会に通報されること及び他の加盟国の国民に対し恣（し）意的又は不当な差別とならないことを条件とする。

第五条（保護の取得又は維持に関する多数国間協定）前二条の規定に基づく義務は、知的所有権の取得又は維持に関してＷＩＰＯの主催の下で締結された多数国間協定に規定する手続については、適用しない。

第六条（消尽）この協定に係る紛争解決においては、第三条及び第四条の規定を除くほか、この協定のいかなる規定も、知的所有権の消尽に関する問題を取り扱うために用いてはならない。

第七条（目的）知的所有権の保護及び行使は、技術的知見の創作者及び使用者の相互の利益となるような並びに社会的及び経済的福祉の向上に役立つ方法による技術革新の促進並びに技術の移転及び普及に資するべきであり、並びに権利と義務との間の均衡に資するべきである。

第八条（原則）1　加盟国は、国内法令の制定又は改正に当たり、公衆の健康及び栄養を保護し並びに社会経済的及び技術的発展に極めて重要な分野における公共の利益を促進するために必要な措置を、これらの措置がこの協定に適合する限りにおいて、とることができる。

2　加盟国は、権利者による知的所有権の濫用の防止又は貿易を不当に制限し若しくは技術の国際的移転に悪影響を及ぼす慣行の利用の防止のために必要とされる適当な措置を、これらの措置がこの協定に適合する限りにおいて、とることができる。

第二部　知的所有権の取得可能性、範囲及び使用に関する基準

第一節　著作権及び関連する権利

第九条（ベルヌ条約との関係）1　加盟国は、一九七一年のベルヌ条約の第一条から第二一条まで及び附属書の規定を遵守する。ただし、加盟国は、同条約第六条の二の規定に基づいて与えられる権利又はこれから派生する権利については、この協定に基づく権利又は義務を有しない。

2　著作権の保護は、表現されたものに及ぶものとし、思想、手続、運用方法又は数学的概念自体には及んではならない。

第一〇条（コンピュータ・プログラム及びデータの編集物）1　コンピュータ・プログラム（ソース・コードのものであるかオブジェクト・コードのものであるかを問わない。）は、一九七一年のベルヌ条約に定める文学的著作物として保護される。

2　素材の選択又は配列によって知的創作物を形成するデータその他の素材の編集物（機械で読取可能なものであるか他の形式のものであるかを問わない。）は、知的創作物として保護される。その保護は、当該データその他の素材自体には及んではならず、また、当該データその他の素材自体について存在する著作権を害するものであってはならない。

第一一条（貸与権）少なくともコンピュータ・プログラム及び映画の著作物については、加盟国は、著作者及びその承継人に対し、これらの著作物の原作品

又は複製物を公衆に商業的に貸与することを許諾し又は禁止する権利を与える。映画の著作物については、加盟国は、その貸与が自国において著作者及びその承継人に与えられる排他的複製権を著しく侵害するような当該著作物の広範な複製をもたらすものでない場合には、この権利を与える義務を免除される。コンピュータ・プログラムについては、この権利を与える義務は、当該コンピュータ・プログラム自体が貸与の本質的な対象でない場合には、適用されない。

第一二条(保護期間) 著作物(写真の著作物及び応用美術の著作物を除く。)の保護期間は、自然人の生存期間に基づき計算されない場合には、権利者の許諾を得た公表の年の終わりから少なくとも五〇年とする。著作物の製作から五〇年以内に権利者の許諾を得た公表が行われない場合には、保護期間は、その製作の年の終わりから少なくとも五〇年とする。

第一三条(制限及び例外) 加盟国は、排他的権利の制限又は例外を著作物の通常の利用を妨げず、かつ、権利者の正当な利益を不当に害しない特別な場合に限定する。

第一四条(実演家、レコード(録音物)製作者及び放送機関の保護) 1　レコードへの実演の固定に関し、実演家は、固定されていない実演の固定及びその固定物の複製が当該実演家の許諾を得ないで行われる場合には、これらの行為を防止することができるものとする。実演家は、また、現に行っている実演について、無線による放送及び公衆への伝達が当該実演家の許諾を得ないで行われる場合には、これらの行為を防止することができるものとする。

2　レコード製作者は、そのレコードを直接又は間接に複製することを許諾し又は禁止する権利を享有する。

3　放送機関は、放送の固定、放送の固定物の複製及び放送の無線による再放送並びにテレビジョン放送の公衆への伝達が当該放送機関の許諾を得ないで行われる場合には、これらの行為を禁止する権利を有する。加盟国は、この権利を放送機関に与えない場合には、一九七一年のベルヌ条約の規定に従い、放送の対象物の著作権者が前段の行為を防止することができるようにする。

4　第一一条の規定(コンピュータ・プログラムに係るものに限る。)は、レコード製作者及び加盟国の国内法令で定めるレコードに関する他の権利者について準用する。加盟国は、一九九四年四月一五日においてレコードの貸与に関し権利者に対する衡平な報酬の制度を有している場合には、レコードの商業的貸与が権利者の排他的複製権の著しい侵害を生じさせていないことを条件として、当該制度を維持することができる。

5　実演家及びレコード製作者に対するこの協定に基づく保護期間は、固定又は実演が行われた年の終わりから少なくとも五〇年とする。3の規定に基づいて与えられる保護期間は、放送が行われた年の終わりから少なくとも二〇年とする。

6　1から3までの規定に基づいて与えられる権利に関し、加盟国は、ローマ条約が認める範囲内で、条件、制限、例外及び留保を定めることができる。ただし、一九七一年のベルヌ条約第一八条の規定は、レコードに関する実演家及びレコード製作者の権利について準用する。

第二節　商　標

第一五条(保護の対象) 1　ある事業に係る商品若しくはサービスを他の事業に係る商品若しくはサービスから識別することができる標識又はその組合せは、商標とすることができるものとする。その標識、特に単語(人名を含む。)、文字、数字、図形及び色の組合せ並びにこれらの標識の組合せは、商標として登録することができるものとする。標識自体によっては関連する商品又はサービスを識別することができない場合には、加盟国は、使用によって獲得された識別性を商標の登録要件とすることができる。加盟国は、標識を視覚によって認識することができることを登録の条件として要求することができる。

2　1の規定は、加盟国が他の理由により商標の登録を拒絶することを妨げるものと解してはならない。ただし、その理由が一九六七年のパリ条約に反しないことを条件とする。

3　加盟国は、使用を商標の登録要件とすることができる。ただし、商標の実際の使用を登録出願の条件としてはならない。出願は、意図された使用が出願日から三年の期間が満了する前に行われなかったことのみを理由として拒絶されてはならない。

4　商標が出願される商品又はサービスの性質は、いかなる場合にも、その商標の登録の妨げになってはならない。

5　加盟国は、登録前又は登録後速やかに商標を公告するものとし、また、登録を取り消すための請求の合理的な機会を与える。更に、加盟国は、商標の登録に対し異議を申し立てる機会を与えることができる。

第一六条(与えられる権利) 1　登録された商標の権利者は、その承諾を得ていないすべての第三者が、当該登録された商標に係る商品又はサービスと同一又は類似の商品又はサービスについて同一又は類似の標識を商業上使用することの結果として混同を生じさせるおそれがある場合には、その使用を防止する排他的権利を有する。同一の商品又はサービスについて同一の標識を使用する場合は、混同を生じさせるおそれがある場合であると推定される。そのような排他的権利は、いかなる既得権も害するものであってはならず、また、加盟国が使用に基づいて権利を認める可能性に影響を及ぼすものであってはならない。

2　一九六七年のパリ条約第六条の二の規定は、サービスについて準用する。加盟国は、商標が広く認識されているものであるかないかを決定するに当たっては、関連する公衆の有する当該商標についての知識（商標の普及の結果として獲得された当該加盟国における知識を含む。）を考慮する。

3　一九六七年のパリ条約第六条の二の規定は、登録された商標に係る商品又はサービスと類似していない商品又はサービスについて準用する。ただし、当該類似していない商品又はサービスについての当該登録された商標の使用が、当該類似していない商品又はサービスと当該登録された商標の権利者との間の関連性を示唆し、かつ、当該権利者の利益が当該使用により害されるおそれがある場合に限る。

第一七条（例外）加盟国は、商標権者及び第三者の正当な利益を考慮することを条件として、商標により与えられる権利につき、記述上の用語の公正な使用等限定的な例外を定めることができる。

第一八条（保護期間）商標の最初の登録及び登録の更新の存続期間は、少なくとも七年とする。商標の登録は、何回でも更新することができるものとする。

第一九条（要件としての使用）1　登録を維持するために使用が要件とされる場合には、登録は、少なくとも三年間継続して使用しなかった後においてのみ、取り消すことができる。ただし、商標権者が、その使用に対する障害の存在に基づく正当な理由を示す場合は、この限りでない。商標権者の意思にかかわりなく生ずる状況であって、商標によって保護されている商品又はサービスについての輸入制限又は政府の課する他の要件等商標の使用に対する障害となるものは、使用しなかったことの正当な理由として認められる。

2　他の者による商標の使用が商標権者の管理の下にある場合には、当該使用は、登録を維持するための商標の使用として認められる。

第二〇条（その他の要件）商標の商業上の使用は、他の商標との併用、特殊な形式による使用又はある事業に係る商品若しくはサービスを他の事業に係る商品若しくはサービスと識別する能力を損なわせる方法による使用等特別な要件により不当に妨げられてはならない。このことは、商品又はサービスを生産する事業を特定する商標を、その事業に係る特定の商品又はサービスを識別する商標と共に、それと結び付けることなく、使用することを要件とすることを妨げるものではない。

第二一条（使用許諾及び譲渡）加盟国は、商標の使用許諾及び譲渡に関する条件を定めることができる。もっとも、商標の強制使用許諾は認められないこと及び登録された商標の権利者は、その商標が属する事業の移転が行われるか行われないかを問わず、その商標を譲渡する権利を有することを了解する。

第三節　地理的表示

第二二条（地理的表示の保護）1　この協定の適用上、「地理的表示」とは、ある商品に関し、その確立した品質、社会的評価その他の特性が当該商品の地理的原産地に主として帰せられる場合において、当該商品が加盟国の領域又はその領域内の地域若しくは地方を原産地とするものであることを特定する表示をいう。

2　地理的表示に関して、加盟国は、利害関係を有する者に対し次の行為を防止するための法的手段を確保する。

(a)　商品の特定又は提示において、当該商品の地理的原産地について公衆を誤認させるような方法で、当該商品が真正の原産地以外の地理的区域を原産地とするものであることを表示し又は示唆する手段の使用

(b)　一九六七年のパリ条約第一〇条の二に規定する不正競争行為を構成する使用

3　加盟国は、職権により（国内法令により認められる場合に限る。）又は利害関係を有する者の申立てにより、地理的表示を含むか又は地理的表示から構成される商標の登録であって、当該地理的表示に係る領域を原産地としない商品についてのものを拒絶し又は無効とする。ただし、当該加盟国において当該商品に係る商標中に当該地理的表示を使用することが、真正の原産地について公衆を誤認させるような場合に限る。

4　1から3までの規定に基づく保護は、地理的表示であって、商品の原産地である領域、地域又は地方を真正に示すが、当該商品が他の領域を原産地とするものであると公衆に誤解させて示すものについて適用することができるものとする。

第二三条（ぶどう酒及び蒸留酒の地理的表示の追加的保護）1　加盟国は、利害関係を有する者に対し、真正の原産地が表示される場合又は地理的表示が翻訳された上で使用される場合若しくは「種類」、「型」、「様式」、「模造品」等の表現を伴う場合においても、ぶどう酒又は蒸留酒を特定する地理的表示が当該地理的表示によって表示されている場所を原産地としないぶどう酒又は蒸留酒に使用されることを防止するための法的手段を確保する(注)。

注　加盟国は、これらの法的手段を確保する義務に関し、第四二条第一段の規定にかかわらず、民事上の司法手続に代えて行政上の措置による実施を確保することができる。

2　一のぶどう酒又は蒸留酒を特定する地理的表示を含むか又は特定する地理的表示から構成される商標の登録であって、当該一のぶどう酒又は蒸留酒と原産地を異にするぶどう酒又は蒸留酒についてのものは、職権により（加盟国の国内法令により認められる場合に限る。）又は利害関係を有する者の申立てにより、拒絶し又は無効とする。

3　二以上のぶどう酒の地理的表示が同一の表示であ

る場合には、前条4の規定に従うことを条件として、それぞれの地理的表示に保護を与える。各加盟国は、関係生産者の衡平な待遇及び消費者による誤認防止の確保の必要性を考慮し、同一である地理的表示が相互に区別されるような実際的条件を定める。

4　ぶどう酒の地理的表示の保護を促進するため、ぶどう酒の地理的表示の通報及び登録に関する多数国間の制度であって、当該制度に参加する加盟国において保護されるぶどう酒の地理的表示を対象とするものの設立について、貿易関連知的所有権理事会において交渉を行う。

第二四条（国際交渉及び例外）1　加盟国は、前条の規定に基づく個々の地理的表示の保護の強化を目的とした交渉を行うことを合意する。4から8までの規定は、加盟国が交渉の実施又は二国間若しくは多数国間協定の締結を拒否するために用いてはならない。このような交渉において、加盟国は、当該交渉の対象となった使用に係る個々の地理的表示についてこれらの規定が継続して適用されることを考慮する意思を有するものとする。

2　貿易関連知的所有権理事会は、この節の規定の実施について検討する。一回目の検討は、世界貿易機関協定の効力発生の日から二年以内に行う。この節の規定に基づく義務の遵守に影響を及ぼすいかなる事項についても、同理事会の注意を喚起することができる。同理事会は、加盟国の要請に基づき、関係加盟国による二国間又は複数国間の協議により満足すべき解決が得られなかった事項について加盟国と協議を行う。同理事会は、この節の規定の実施を容易にし及びこの節に定める目的を達成するために合意される行動をとる。

3　この節の規定の実施に当たり、加盟国は、世界貿易機関協定の効力発生の日の直前に当該加盟国が与えていた地理的表示の保護を減じてはならない。

4　加盟国の国民又は居住者が、ぶどう酒又は蒸留酒を特定する他の加盟国の特定の地理的表示を、(a)一九九四年四月一五日前の少なくとも一〇年間又は(b)同日前に善意で、当該加盟国の領域内においてある商品又はサービスについて継続して使用してきた場合には、この節のいかなる規定も、当該加盟国に対し、当該国民又は居住者が当該地理的表示を同一の又は関連する商品又はサービスについて継続してかつ同様に使用することを防止することを要求するものではない。

5　次のいずれかの日の前に、商標が善意に出願され若しくは登録された場合又は商標の権利が善意の使用によって取得された場合には、この節の規定を実施するためにとられる措置は、これらの商標が地理的表示と同一又は類似であることを理由として、これらの商標の登録の適格性若しくは有効性又はこれらの商標を使用する権利を害するものであってはならない。

(a)　第六部に定めるところに従い、加盟国においてこの節の規定を適用する日

(b)　当該地理的表示がその原産国において保護される日

6　この節のいかなる規定も、加盟国に対し、商品又はサービスについての他の加盟国の地理的表示であって、該当する表示が当該商品又はサービスの一般名称として日常の言語の中で自国の領域において通例として用いられている用語と同一であるものについて、この節の規定の適用を要求するものではない。この節のいかなる規定も、加盟国に対し、ぶどう生産物についての他の加盟国の地理的表示であって、該当する表示が世界貿易機関協定の効力発生の日に自国の領域に存在するぶどうの品種の通例として用いられている名称と同一であるものについて、この節の規定の適用を要求するものではない。

7　加盟国は、商標の使用又は登録に関してこの節の規定に基づいてされる申立てが、保護されている地理的表示の不当な使用が自国において一般的に知られるようになった日の後又は、当該日よりも登録の日が早い場合には、商標が当該登録の日までに公告されることを条件として、当該登録の日の後五年以内にされなければならないことを定めることができる。ただし、当該地理的表示の使用又は登録が悪意で行われたものでないことを条件とする。

8　この節の規定は、自己の氏名若しくは名称又は事業の前任者の氏名若しくは名称が公衆を誤認させるように用いられる場合を除くほか、これらの氏名又は名称を商業上使用する者の権利にいかなる影響も及ぼすものではない。

9　加盟国は、原産国において保護されていない若しくは保護が終了した地理的表示又は当該原産国において使用されなくなった地理的表示を保護する義務をこの協定に基づいて負わない。

第四節　意　匠

第二五条（保護の要件）1　加盟国は、独自に創作された新規性又は独創性のある意匠の保護について定める。加盟国は、意匠が既知の意匠又は既知の意匠の主要な要素の組合せと著しく異なるものでない場合には、当該意匠を新規性又は独創性のある意匠でないものとすることを定めることができる。加盟国は、主として技術的又は機能的考慮により特定される意匠については、このような保護が及んではならないことを定めることができる。

2　加盟国は、繊維の意匠の保護を確保するための要件、特に、費用、審査又は公告に関する要件が保護を求め又は取得する機会を不当に害しないことを確保する。加盟国は、意匠法又は著作権法によりそのような義務を履行することができる。

第二六条（保護）1　保護されている意匠の権利者は、その承諾を得ていない第三者が、保護されている意匠の複製又は実質的に複製である意匠を用いており

又は含んでいる製品を商業上の目的で製造し、販売し又は輸入することを防止する権利を有する。

2　加盟国は、第三者の正当な利益を考慮し、意匠の保護について限定的な例外を定めることができる。ただし、保護されている意匠の通常の実施を不当に妨げず、かつ、保護されている意匠の権利者の正当な利益を不当に害さないことを条件とする。

3　保護期間は、少なくとも一〇年とする。

第五節　特　許

第二七条（特許の対象）1　2及び3の規定に従うことを条件として、特許は、新規性、進歩性及び産業上の利用可能性(注)のあるすべての技術分野の発明（物であるか方法であるかを問わない。）について与えられる。第六五条4、第七〇条8及びこの条の3の規定に従うことを条件として、発明地及び技術分野並びに物が輸入されたものであるか国内で生産されたものであるかについて差別することなく、特許が与えられ、及び特許権が享受される。

注　この条の規定の適用上、加盟国は、「進歩性」及び「産業上の利用可能性」の用語を、それぞれ「自明のものではないこと」及び「有用性」と同一の意義を有するとみなすことができる。

2　加盟国は、公の秩序又は善良の風俗を守ること（人、動物若しくは植物の生命若しくは健康を保護し又は環境に対する重大な損害を回避することを含む。）を目的として、商業的な実施を自国の領域内において防止する必要がある発明を特許の対象から除外することができる。ただし、その除外が、単に当該加盟国の国内法令によって当該実施が禁止されていることを理由として行われたものでないことを条件とする。

3　加盟国は、また、次のものを特許の対象から除外することができる。

(a)　人又は動物の治療のための診断方法、治療方法及び外科的方法

(b)　微生物以外の動植物並びに非生物学的方法及び微生物学的方法以外の動植物の生産のための本質的に生物学的な方法。ただし、加盟国は、特許若しくは効果的な特別の制度又はこれらの組合せによって植物の品種の保護を定める。この(b)の規定は、世界貿易機関協定の効力発生の日から四年後に検討されるものとする。

第二八条（与えられる権利）1　特許は、特許権者に次の排他的権利を与える。

(a)　特許の対象が物である場合には、特許権者の承諾を得ていない第三者による当該物の生産、使用、販売の申出若しくは販売又はこれらを目的とする輸入を防止する権利(注)

注　輸入を防止する権利は、物品の使用、販売、輸入その他の頒布に関してこの協定に基づいて与えられる他のすべての権利と同様に第六条の規定に従う。

(b)　特許の対象が方法である場合には、特許権者の承諾を得ていない第三者による当該方法の使用を防止し及び当該方法により少なくとも直接的に得られた物の使用、販売の申出若しくは販売又はこれらを目的とする輸入を防止する権利

2　特許権者は、また、特許を譲渡し又は承継により移転する権利及び実施許諾契約を締結する権利を有する。

第二九条（特許出願人に関する条件）1　加盟国は、特許出願人に対し、その発明をその技術分野の専門家が実施することができる程度に明確かつ十分に開示することを要求する。加盟国は、特許出願人に対し、出願日又は、優先権が主張される場合には、当該優先権に係る出願の日において、発明者が知っている当該発明を実施するための最良の形態を示すことを要求することができる。

2　加盟国は、特許出願人に対し、外国における出願及び特許の付与に関する情報を提供することを要求することができる。

第三〇条（与えられる権利の例外）加盟国は、第三者の正当な利益を考慮し、特許により与えられる排他的権利について限定的な例外を定めることができる。ただし、特許の通常の実施を不当に妨げず、かつ、特許権者の正当な利益を不当に害さないことを条件とする。

第三一条（特許権者の許諾を得ていない他の使用）加盟国の国内法令により、特許権者の許諾を得ていない特許の対象の他の使用（政府による使用又は政府により許諾された第三者による使用を含む。）(注)を認める場合には、次の規定を尊重する。

注　「他の使用」とは、前条の規定に基づき認められる使用以外の使用をいう。

(a)　他の使用は、その個々の当否に基づいて許諾を検討する。

(b)　他の使用は、他の使用に先立ち、使用者となろうとする者が合理的な商業上の条件の下で特許権者から許諾を得る努力を行って、合理的な期間内にその努力が成功しなかった場合に限り、認めることができる。加盟国は、国家緊急事態その他の極度の緊急事態の場合又は公的な非商業的使用の場合には、そのような要件を免除することができる。ただし、国家緊急事態その他の極度の緊急事態を理由として免除する場合には、特許権者は、合理的に実行可能な限り速やかに通知を受ける。公的な非商業的使用を理由として免除する場合において、政府又は契約者が、特許の調査を行うことなく、政府により又は政府のために有効な特許が使用されていること又は使用されるであろうことを知っており又は知ることができる明らかな理由を有するときは、特許権者は、速やかに通知を受ける。

(c)　他の使用の範囲及び期間は、許諾された目的に対応して限定される。半導体技術に係る特許につ

いては、他の使用は、公的な非商業的目的のため又は司法上若しくは行政上の手続の結果反競争的と決定された行為を是正する目的のために限られる。

(d) 他の使用は、非排他的なものとする。

(e) 他の使用は、当該他の使用を享受する企業又は営業の一部と共に譲渡する場合を除くほか、譲渡することができない。

(f) 他の使用は、主として当該他の使用を許諾する加盟国の国内市場への供給のために許諾される。

(g) 他の使用の許諾は、その許諾をもたらした状況が存在しなくなり、かつ、その状況が再発しそうにない場合には、当該他の使用の許諾を得た者の正当な利益を適切に保護することを条件として、取り消すことができるものとする。権限のある当局は、理由のある申立てに基づき、その状況が継続して存在するかしないかについて検討する権限を有する。

(h) 許諾の経済的価値を考慮し、特許権者は、個々の場合における状況に応じ適当な報酬を受ける。

(i) 他の使用の許諾に関する決定の法的な有効性は、加盟国において司法上の審査又は他の独立の審査(別個の上級機関によるものに限る。)に服する。

(j) 他の使用について提供される報酬に関する決定は、加盟国において司法上の審査又は他の独立の審査(別個の上級機関によるものに限る。)に服する。

(k) 加盟国は、司法上又は行政上の手続の結果反競争的と決定された行為を是正する目的のために他の使用が許諾される場合には、(b)及び(f)に定める条件を適用する義務を負わない。この場合には、報酬額の決定に当たり、反競争的な行為を是正する必要性を考慮することができる。権限のある当局は、その許諾をもたらした状況が再発するおそれがある場合には、許諾の取消しを拒絶する権限を有する。

(l) 他の特許(次の(i)から(iii)までの規定において「第一特許」という。)を侵害することなしには実施することができない特許(これらの規定において「第二特許」という。)の実施を可能にするために他の使用が許諾される場合には、次の追加的条件を適用する。

(i) 第二特許に係る発明には、第一特許に係る発明との関係において相当の経済的重要性を有する重要な技術の進歩を含む。

(ii) 第一特許権者は、合理的な条件で第二特許に係る発明を使用する相互実施許諾を得る権利を有する。

(iii) 第一特許について許諾された使用は、第二特許と共に譲渡する場合を除くほか、譲渡することができない。

第三一条の二【医薬品についての加盟国の義務の不適用】

1 前条(f)に規定する輸出加盟国の義務は、この協定の附属書の2に定める条件に従い、医薬品を生産し、及びそれを輸入する資格を有する加盟国に輸出するために必要な範囲において当該輸出加盟国が与える強制実施許諾については、適用しない。

2 この条及びこの協定の附属書に規定する制度の下で輸出加盟国が強制実施許諾を与える場合には、当該輸出加盟国において許諾されている使用が輸入する資格を有する加盟国にとって有する経済的価値を考慮して、当該輸出加盟国において前条(h)の規定に基づく適当な報酬が支払われる。輸入する資格を有する加盟国において同一の医薬品について強制実施許諾を与える場合には、同条(h)に規定する当該輸入する資格を有する加盟国の義務は、輸出加盟国において前段の規定に従って報酬が支払われる当該医薬品については、適用しない。

3 医薬品の購買力を高め、及びその現地生産を促進するために規模の経済を活用することを目的として、開発途上国又は後発開発途上国である世界貿易機関の加盟国が、一九九四年のガット第二四条及び異なるかつ一層有利な待遇、相互主義及び開発途上国の一層完全な参加に関する一九七九年一一月二八日付けの決定(文書番号L/四九〇三)に規定する地域貿易協定であって、その締約国の少なくとも半数が国際連合の後発開発途上国の一覧表に現に記載されている国から成るものの締約国である場合には、前条(f)に規定する当該加盟国の義務は、当該加盟国における強制実施許諾に基づいて生産し、又は輸入した医薬品を、関係する健康に関する問題を共有する当該地域貿易協定の他の開発途上締約国又は後発開発途上締約国の市場に輸出することができるようにするために必要な範囲においては、適用しない。このことは、関係する特許権の属地的な性格に影響を及ぼすものではないと了解する。

4 加盟国は、この条及びこの協定の附属書の規定に従ってとられる措置に対し、一九九四年のガット第二三条1(b)及び(c)の規定に基づいて異議を申し立ててはならない。

5 この条及びこの協定の附属書の規定は、加盟国がこの協定の規定(前条(f)及び(h)の規定を除く。)に基づいて有する権利、義務及び柔軟性(知的所有権の貿易関連の側面に関する協定及び公衆の健康に関する宣言(文書番号WT/MIN(〇一)/DEC/二)において再確認されたものを含む。)並びにそれらの解釈に影響を及ぼすものではない。この条及びこの協定の附属書の規定は、強制実施許諾に基づいて生産される医薬品を前条(f)の規定に基づいて輸出することができる範囲に影響を及ぼすものではない。

第三二条【取消し又は消滅】特許を取り消し又は特許権を消滅させる決定については、司法上の審査の機会が与えられる。

第三三条【保護期間】保護期間は、出願日から計算して二〇年の期間が経過する前に終了してはならない(注)。

注　特許を独自に付与する制度を有していない加盟国については、保護期間を当該制度における出願日から起算することを定めることができるものと了解する。

第三四条（方法の特許の立証責任）1　第二八条1(b)に規定する特許権者の権利の侵害に関する民事上の手続において、特許の対象が物を得るための方法である場合には、司法当局は、被申立人に対し、同一の物を得る方法が特許を受けた方法と異なることを立証することを命ずる権限を有する。このため、加盟国は、少なくとも次のいずれかの場合には、特許権者の承諾を得ないで生産された同一の物について、反証のない限り、特許を受けた方法によって得られたものと推定することを定める。

(a)　特許を受けた方法によって得られた物が新規性のあるものである場合

(b)　同一の物が特許を受けた方法によって生産された相当の可能性があり、かつ、特許権者が妥当な努力により実際に使用された方法を確定できなかった場合

2　加盟国は、1の(a)又は(b)のいずれかに定める条件が満たされる場合に限り、侵害したと申し立てられた者に対し1に規定する立証責任を課することを定めることができる。

3　反証の提示においては、製造上及び営業上の秘密の保護に関する被申立人の正当な利益を考慮する。

第六節　集積回路の回路配置

第三五条（集積回路についての知的所有権に関する条約との関係）加盟国は、集積回路の回路配置（この協定において「回路配置」という。）について、集積回路についての知的所有権に関する条約の第二条から第七条まで（第六条(3)の規定を除く。）、第一二条及び第一六条(3)並びに次条から第三八条までの規定に従って保護を定めることに合意する。

第三六条（保護の範囲）次条1の規定に従うことを条件として、加盟国は、保護されている回路配置、保護されている回路配置を組み込んだ集積回路又は当該集積回路を組み込んだ製品（違法に複製された回路配置が現に含まれている場合に限る。）の輸入、販売その他の商業上の目的のための頒布が権利者(注)の許諾を得ないで行われる場合には、これらの行為を違法とする。

注　この節の規定において「権利者」とは、集積回路についての知的所有権に関する条約に定める「権利者」と同一の意味を有するものと了解する。

第三七条（権利者の許諾を必要としない行為）1　前条の規定にかかわらず、加盟国は、同条に規定するいずれかの行為を行い又は命ずる者が、違法に複製された回路配置を組み込んだ集積回路又は当該集積回路を組み込んだ製品を取得した時において、当該集積回路又は当該製品が違法に複製された回路配置を組み込んでいたことを知らず、かつ、知ることができる合理的な理由を有しなかった場合には、当該集積回路又は当該製品に関する当該行為の遂行を違法としてはならない。加盟国は、当該者が、回路配置が違法に複製されたものであることを十分に説明する通知を受領した後も手持ちの又はその受領以前に注文された在庫について当該行為を行うことができること及び、この場合において、当該回路配置について自由に交渉された利用許諾契約に基づいて支払われる合理的な利用料と同等の金額を権利者に支払わなければならないことを定める。

2　第三一条の(a)から(k)までに定める条件は、回路配置の強制利用許諾又は権利者の許諾を得ない政府による又は政府のための使用の場合について準用する。

第三八条（保護期間）1　保護の条件として登録を要求する加盟国においては、回路配置の保護期間は、登録出願の日又は世界における最初の商業的利用の日から一〇年の期間の満了する前に終了してはならない。

2　保護の条件として登録を要求しない加盟国においては、回路配置の保護期間は、世界における最初の商業的利用の日から少なくとも一〇年とする。

3　1及び2の規定にかかわらず、加盟国は、回路配置の創作後一五年で保護が消滅することを定めることができる。

第七節　開示されていない情報の保護

第三九条1　一九六七年のパリ条約第一〇条の二に規定する不正競争からの有効な保護を確保するために、加盟国は、開示されていない情報を2の規定に従って保護し、及び政府又は政府機関に提出されるデータを3の規定に従って保護する。

2　自然人又は法人は、合法的に自己の管理する情報が次の(a)から(c)までの規定に該当する場合には、公正な商慣習に反する方法(注)により自己の承諾を得ないで他の者が当該情報を開示し、取得し又は使用することを防止することができるものとする。

注　この2の規定の適用上、「公正な商慣習に反する方法」とは、少なくとも契約違反、信義則違反、違反の教唆等の行為をいい、情報の取得の際にこれらの行為があったことを知っているか又は知らないことについて重大な過失がある第三者による開示されていない当該情報の取得を含む。

(a)　当該情報が一体として又はその構成要素の正確な配列及び組立てとして、当該情報に類する情報を通常扱う集団に属する者に一般的に知られておらず又は容易に知ることができないという意味において秘密であること。

(b)　秘密であることにより商業的価値があること。

(c)　当該情報を合法的に管理する者により、当該情報を秘密として保持するための、状況に応じた合理的な措置がとられていること。

3　加盟国は、新規性のある化学物質を利用する医

薬品又は農業用の化学品の販売の承認の条件として、作成のために相当の努力を必要とする開示されていない試験データその他のデータの提出を要求する場合には、不公正な商業的使用から当該データを保護する。更に、加盟国は、公衆の保護に必要な場合又は不公正な商業的使用から当該データが保護されることを確保するための措置がとられる場合を除くほか、開示されることから当該データを保護する。

第八節 契約による実施許諾等における反競争的行為の規制

第四〇条1 加盟国は、知的所有権に関する実施許諾等における行為又は条件であって競争制限的なものが貿易に悪影響を及ぼし又は技術の移転及び普及を妨げる可能性のあることを合意する。

2 この協定のいかなる規定も、加盟国が、実施許諾等における行為又は条件であって、特定の場合において、関連する市場における競争に悪影響を及ぼすような知的所有権の濫用となることのあるものを自国の国内法令において特定することを妨げるものではない。このため、加盟国は、自国の関連法令を考慮して、このような行為又は条件(例えば、排他的なグラント・バック条件、有効性の不争条件及び強制的な一括実施許諾等を含むことができる。)を防止し又は規制するため、この協定の他の規定に適合する適当な措置をとることができる。

3 加盟国は、当該加盟国の国民又は居住者である知的所有権の保有者がこの節の規定の対象とする事項に関する他の加盟国の法令に違反する行為を行っていると信ずる理由を有している当該他の加盟国が、当該法令の遵守を確保することを望む場合には、要請に応じ、当該他の加盟国と協議を行う。この場合において、いずれの加盟国も、自国の法令に基づく措置をとり及び完全に自由に最終決定を行うことを妨げられない。要請を受けた加盟国は、要請を行った加盟国との協議に対し、十分かつ好意的な考慮を払い、適当な機会を与える。当該要請を受けた加盟国は、国内法令に従うこと及び当該要請を行った加盟国による秘密の保護についての相互に満足すべき合意がされることを条件として、当該事案に関連する公に入手可能な秘密でない情報その他当該要請を受けた加盟国により入手可能な情報を提供することにより協力する。

4 加盟国は、自国の国民又は居住者がこの節の規定の対象とする事項に関する他の加盟国の法令に違反すると申し立てられて手続に服している場合には、要請に基づき、3に定める条件と同一の条件に基づいて当該他の加盟国と協議を行う機会を与えられる。

第三部 知的所有権の行使

第一節 一般的義務

第四一条1 加盟国は、この部に規定する行使手続によりこの協定が対象とする知的所有権の侵害行為に対し効果的な措置(侵害を防止するための迅速な救済措置及び追加の侵害を抑止するための救済措置を含む。)がとられることを可能にするため、当該行使手続を国内法において確保する。このような行使手続は、正当な貿易の新たな障害となることを回避し、かつ、濫用に対する保障措置を提供するような態様で適用する。

2 知的所有権の行使に関する手続は、公正かつ公平なものとする。この手続は、不必要に複雑な又は費用を要するものであってはならず、また、不合理な期限を付され又は不当な遅延を伴うものであってはならない。

3 本案についての決定は、できる限り、書面によって行い、かつ、理由を示す。この決定は、少なくとも手続の当事者に対しては不当に遅延することなく提供される。本案についての決定は、当事者が意見を述べる機会を与えられた証拠にのみ基づく。

4 手続の当事者は、最終的な行政上の決定について及び、事件の重要性に係る加盟国の国内法上の管轄に関する規定に従い、本案についての最初の司法上の決定の少なくとも法律面について、司法当局による審査の機会を有する。ただし、刑事事件の無罪判決に関し審査の機会を与える義務を負わない。

5 この部の規定は、一般的な法の執行のための司法制度とは別の知的所有権に関する執行のための司法制度を設ける義務を生じさせるものではなく、また、一般的に法を執行する加盟国の権能に影響を及ぼすものでもない。この部のいかなる規定も、知的所有権に関する執行と一般的な法の執行との間の資源の配分に関して何ら義務を生じさせるものではない。

第二節 民事上及び行政上の手続及び救済措置

第四二条(公正かつ公平な手続) 加盟国は、この協定が対象とする知的所有権の行使に関し、民事上の司法手続を権利者(注)に提供する。被申立人は、十分に詳細な内容(主張の根拠を含む。)を含む書面による通知を適時に受ける権利を有する。当事者は、独立の弁護人を代理人とすることが認められるものとし、また、手続においては、義務的な出頭に関して過度に重い要件を課してはならない。手続の当事者は、その主張を裏付けること及びすべての関連する証拠を提出することについての正当な権利を有する。手続においては、現行の憲法上の要請に反しない限り、秘密の情報を特定し、かつ、保護するための手段を提供する。

注 この部の規定の適用上、「権利者」には、権利を主張する法的地位を有する連合及び団体を含む。

第四三条(証拠)1 一方の当事者がその主張を十分裏付ける合理的に入手可能な証拠を提出し、かつ、他方の当事者の有する当該主張の裏付けに関連する証拠を特定した場合には、司法当局は、適当な事案において秘密の情報の保護を確保することを条件として、他方の当事者にその特定された証拠の提示を命ずる権限を有する。

2　手続の一方の当事者が必要な情報の利用の機会を故意にかつ十分な理由なしに拒絶し若しくは合理的な期間内に必要な情報を提供せず又は行使に関連する手続を著しく妨げる場合には、加盟国は、双方の当事者が主張又は証拠に関し意見を述べる機会を与えられることを条件として、提供された情報（情報の利用の機会の拒絶によって悪影響を受けた他方の当事者が提示した申立て又は主張を含む。）に基づいて、暫定的及び最終的な決定（肯定的であるか否定的であるかを問わない。）を行う権限を司法当局に与えることができる。

第四四条（差止命令） 1　司法当局は、当事者に対し、知的所有権を侵害しないこと、特に知的所有権を侵害する輸入物品の管轄内の流通経路への流入を通関後直ちに防止することを命ずる権限を有する。加盟国は、保護の対象であって、その取引が知的所有権の侵害を伴うことを関係者が知るか又は知ることができる合理的な理由を有することとなる前に当該関係者により取得され又は注文されたものに関しては、当該権限を与える義務を負わない。

2　政府又は政府の許諾を受けた第三者が権利者の許諾を得ないで行う使用については、当該使用を明示的に定める第二部の規定に従うことを条件として、加盟国は、この部の他の規定にかかわらず、当該使用に対する救済措置を、第三一条(h)の規定による報酬の支払に限定することができる。当該使用であってそのような救済措置の限定の対象とならないものについては、この部に定める救済措置が適用され、又は、当該救済措置が国内法令に抵触する場合には、宣言的判決及び適当な補償が行われるものとする。

第四五条（損害賠償） 1　司法当局は、侵害活動を行っていることを知っていたか又は知ることができる合理的な理由を有していた侵害者に対し、知的所有権の侵害によって権利者が被った損害を補償するために適当な賠償を当該権利者に支払うよう命ずる権限を有する。

2　司法当局は、また、侵害者に対し、費用（適当な弁護人の費用を含むことができる。）を権利者に支払うよう命ずる権限を有する。適当な場合において、加盟国は、侵害者が侵害活動を行っていることを知らなかったか又は知ることができる合理的な理由を有していなかったときでも、利益の回復又は法定の損害賠償の支払を命ずる権限を司法当局に与えることができる。

第四六条（他の救済措置） 侵害を効果的に抑止するため、司法当局は、侵害していると認めた物品を、権利者に損害を与えないような態様でいかなる補償もなく流通経路から排除し又は、現行の憲法上の要請に反しない限り、廃棄することを命ずる権限を有する。司法当局は、また、侵害物品の生産のために主として使用される材料及び道具を、追加の侵害の危険を最小とするような態様でいかなる補償もなく流通経路から排除することを命ずる権限を有する。このような申立てを検討する場合には、侵害の重大さと命ぜられる救済措置との間の均衡の必要性及び第三者の利益を考慮する。不正商標商品については、例外的な場合を除くほか、違法に付された商標の単なる除去により流通経路への商品の流入を認めることはできない。

第四七条（情報に関する権利） 加盟国は、司法当局が、侵害の重大さとの均衡を失しない限度で、侵害者に対し、侵害物品又は侵害サービスの生産又は流通に関与した第三者を特定する事項及び侵害物品又は侵害サービスの流通経路を権利者に通報するよう命ずる権限を有することを定めることができる。

第四八条（被申立人に対する賠償） 1　司法当局は、当事者に対し、その申立てにより措置がとられ、かつ、当該当事者が行使手続を濫用した場合には、その濫用により不法に要求又は制約を受けた当事者が被った損害に対する適当な賠償を支払うよう命ずる権限を有する。司法当局は、また、申立人に対し、費用（適当な弁護人の費用を含むことができる。）を被申立人に支払うよう命ずる権限を有する。

2　知的所有権の保護又は行使に係る法の運用に関し、加盟国は、当該法の運用の過程において措置が誠実にとられ又はとることが意図された場合に限り、公の機関及び公務員の双方の適当な救済措置に対する責任を免除する。

第四九条（行政上の手続） 民事上の救済措置が本案についての行政上の手続の結果として命ぜられる場合には、その手続は、この節に定める原則と実質的に同等の原則に従う。

第三節　暫定措置

第五〇条 1　司法当局は、次のことを目的として迅速かつ効果的な暫定措置をとることを命ずる権限を有する。

(a)　知的所有権の侵害の発生を防止すること。特に、物品が管轄内の流通経略へ流入することを防止すること（輸入物品が管轄内の流通経路へ流入することを通関後直ちに防止することを含む。）。

(b)　申し立てられた侵害に関連する証拠を保全すること。

2　司法当局は、適当な場合には、特に、遅延により権利者に回復できない損害が生ずるおそれがある場合又は証拠が破棄される明らかな危険がある場合には、他方の当事者に意見を述べる機会を与えることなく、暫定措置をとる権限を有する。

3　司法当局は、申立人が権利者であり、かつ、その権利が侵害されていること又は侵害の生ずる差し迫ったおそれがあることを十分な確実性をもって自ら確認するため、申立人に対し合理的に入手可能な証拠を提出するよう要求し、並びに被申立人を保護し及び濫用を防止するため、申立人に対し十分な担保又は同等の保証を提供することを命ずる権限を有する。

4 暫定措置が他方の当事者が意見を述べる機会を与えられることなくとられた場合には、影響を受ける当事者は、最も遅い場合においても、当該暫定措置の実施後遅滞なく通知を受ける。暫定措置の通知後合理的な期間内に、当該暫定措置を変更するか若しくは取り消すか又は確認するかの決定について、被申立人の申立てに基づき意見を述べる機会の与えられる審査を行う。

5 暫定措置を実施する機関は、申立人に対し、関連物品の特定に必要な情報を提供するよう要求することができる。

6 1及び2の規定に基づいてとられる暫定措置は、本案についての決定に至る手続が、合理的な期間（国内法令によって許容されるときは、暫定措置を命じた司法当局によって決定されるもの。その決定がないときは、二〇執務日又は三一日のうちいずれか長い期間を超えないもの）内に開始されない場合には、被申立人の申立てに基づいて取り消され又は効力を失う。ただし、4の規定の適用を妨げるものではない。

7 暫定措置が取り消された場合、暫定措置が申立人の作為若しくは不作為によって失効した場合又は知的所有権の侵害若しくはそのおそれがなかったことが後に判明した場合には、司法当局は、被申立人の申立てに基づき、申立人に対し、当該暫定措置によって生じた損害に対する適当な賠償を支払うよう命ずる権限を有する。

8 暫定措置が行政上の手続の結果として命ぜられる場合には、その手続は、この節に定める原則と実質的に同等の原則に従う。

第四節 国境措置に関する特別の要件（注）

注 加盟国は、関税同盟を構成する他の加盟国との国境を越える物品の移動に関するすべての管理を実質的に廃止している場合には、その国境においてこの節の規定を適用することを要求されない。

第五一条（税関当局による物品の解放の停止） 加盟国は、この節の規定に従い、不正商標商品又は著作権侵害物品（注1）が輸入されるおそれがあると疑うに足りる正当な理由を有する権利者が、これらの物品の自由な流通への解放を税関当局が停止するよう、行政上又は司法上の権限のある当局に対し書面により申立てを提出することができる手続（注2）を採用する。加盟国は、この節の要件を満たす場合には、知的所有権のその他の侵害を伴う物品に関してこのような申立てを可能とすることができる。加盟国は、自国の領域から輸出されようとしている侵害物品の税関当局による解放の停止についても同様の手続を定めることができる。

注1 この協定の適用上、

(a) 「不正商標商品」とは、ある商品について有効に登録されている商標と同一であり又はその基本的側面において当該商標と識別できない商標を許諾なしに付した、当該商品と同一の商品（包装を含む。）であって、輸入国の法令上、商標権者の権利を侵害するものをいう。

(b) 「著作権侵害物品」とは、ある国において、権利者又は権利者から正当に許諾を受けた者の承諾を得ないである物品から直接又は間接に作成された複製物であって、当該物品の複製物の作成が、輸入国において行われたとしたならば、当該輸入国の法令上、著作権又は関連する権利の侵害となったであろうものをいう。

注2 権利者によって若しくはその承諾を得て他の国の市場に提供された物品の輸入又は通過中の物品については、この手続を適用する義務は生じないと了解する。

第五二条（申立て） 前条の規定に基づく手続を開始する権利者は、輸入国の法令上、当該権利者の知的所有権の侵害の事実があることを権限のある当局が一応確認するに足りる適切な証拠を提出し、及び税関当局が容易に識別することができるよう物品に関する十分詳細な記述を提出することが要求される。権限のある当局は、申立てを受理したかしなかったか及び、権限のある当局によって決定される場合には、税関当局が措置をとる期間について、合理的な期間内に申立人に通知する。

第五三条（担保又は同等の保証） 1 権限のある当局は、申立人に対し、被申立人及び権限のある当局を保護し並びに濫用を防止するために十分な担保又は同等の保証を提供するよう要求する権限を有する。担保又は同等の保証は、手続の利用を不当に妨げるものであってはならない。

2 意匠、特許、回路配置又は開示されていない情報が用いられている物品に関して、この節の規定に基づく申立てに従い、当該物品の自由な流通への解放が司法当局その他の独立した当局以外の権限のある当局による決定を根拠として税関当局によって停止された場合において、第五五条に規定する正当に権限を有する当局による暫定的な救済が与えられることなく同条に規定する期間が満了したときは、当該物品の所有者、輸入者又は荷受人は、侵害から権利者を保護するために十分な金額の担保の提供を条件として当該物品の解放についての権利を有する。ただし、輸入のための他のすべての条件が満たされている場合に限る。当該担保の提供により、当該権利者が利用し得る他の救済措置が害されてはならず、また、権利者が合理的な期間内に訴えを提起する権利を行使しない場合には、担保が解除されることを了解する。

第五四条（物品の解放の停止の通知） 輸入者及び申立人は、第五一条の規定による物品の解放の停止について速やかに通知を受ける。

第五五条（物品の解放の停止の期間）申立人が物品の解放の停止の通知の送達を受けてから一〇執務日（適当な場合には、この期間は、一〇執務日延長することができる。）を超えない期間内に、税関当局が、本案についての決定に至る手続が被申立人以外の当事者により開始されたこと又は正当に権限を有する当局が物品の解放の停止を延長する暫定措置をとったことについて通報されなかった場合には、当該物品は、解放される。ただし、輸入又は輸出のための他のすべての条件が満たされている場合に限る。本案についての決定に至る手続が開始された場合には、合理的な期間内に、解放の停止を変更するか若しくは取り消すか又は確認するかの決定について、被申立人の申立てに基づき意見を述べる機会の与えられる審査を行う。第一段から第三段までの規定にかかわらず、暫定的な司法上の措置に従って物品の解放の停止が行われ又は継続される場合には、第五〇条6の規定を適用する。

第五六条（物品の輸入者及び所有者に対する賠償）関係当局は、物品の不法な留置又は前条の規定に従って解放された物品の留置によって生じた損害につき、申立人に対し、物品の輸入者、荷受人及び所有者に適当な賠償を支払うよう命ずる権限を有する。

第五七条（点検及び情報に関する権利）秘密の情報の保護を害することなく、加盟国は、権限のある当局に対し、権利者が自己の主張を裏付けるために税関当局により留置された物品を点検するための十分な機会を与える権限を付与する。当該権限のある当局は、輸入者に対しても当該物品の点検のための同等の機会を与える権限を有する。本案についての肯定的な決定が行われた場合には、加盟国は、権限のある当局に対し、当該物品の荷送人、輸入者及び荷受人の名称及び住所並びに当該物品の数量を権利者に通報する権限を付与することができる。

第五八条（職権による行為）加盟国において、権限のある当局が、ある物品について知的所有権が侵害されていることを伺わせる証拠を得た際に職権により行動して当該物品の解放を停止する制度がある場合には、

(a)　当該権限のある当局は、いつでも権限の行使に資することのある情報の提供を権利者に求めることができる。

(b)　輸入者及び権利者は、速やかにその停止の通知を受ける。輸入者が権限のある当局に対し当該停止に関して異議を申し立てた場合には、当該停止については、第五五条に定める条件を準用する。

(c)　加盟国は、措置が誠実にとられ又はとることが意図された場合に限り、公の機関及び公務員の双方の適当な救済措置に対する責任を免除する。

第五九条（救済措置）権利者の他の請求権を害することなく及び司法当局による審査を求める被申立人の権利に服することを条件として、権限のある当局は、第四六条に規定する原則に従って侵害物品の廃棄又は処分を命ずる権限を有する。不正商標商品については、例外的な場合を除くほか、当該権限のある当局は、変更のない状態で侵害商品の積戻しを許容し又は異なる税関手続に委ねてはならない。

第六〇条（少量の輸入）加盟国は、旅行者の手荷物に含まれ又は小型貨物で送られる少量の非商業的な性質の物品については、この節の規定の適用から除外することができる。

第五節　刑事上の手続

第六一条　加盟国は、少なくとも故意による商業的規模の商標の不正使用及び著作物の違法な複製について適用される刑事上の手続及び刑罰を定める。制裁には、同様の重大性を有する犯罪に適用される刑罰の程度に適合した十分に抑止的な拘禁刑又は罰金を含む。適当な場合には、制裁には、侵害物品並びに違反行為のために主として使用される材料及び道具の差押え、没収及び廃棄を含む。加盟国は、知的所有権のその他の侵害の場合、特に故意にかつ商業的規模で侵害が行われる場合において適用される刑事上の手続及び刑罰を定めることができる。

第四部　知的所有権の取得及び維持並びにこれらに関連する当事者間手続

第六二条1　加盟国は、第二部の第二節から第六節までに規定する知的所有権の取得又は維持の条件として、合理的な手続及び方式に従うことを要求することができる。この手続及び方式は、この協定に合致するものとする。

2　知的所有権の取得について権利が登録され又は付与される必要がある場合には、加盟国は、権利の取得のための実体的な条件が満たされていることを条件として、保護期間が不当に短縮されないように、権利の登録又は付与のための手続を合理的な期間内に行うことを確保する。

3　一九六七年のパリ条約第四条の規定は、サービス・マークについて準用する。

4　知的所有権の取得又は維持に関する手続並びに、加盟国の国内法令が定める場合には、行政上の取消し及び異議の申立て、取消し、無効等の当事者間手続は、第四一条の2及び3に定める一般原則により規律される。

5　4に規定する手続における最終的な行政上の決定は、司法当局又は準司法当局による審査に服する。ただし、退けられた異議の申立て又は行政上の取消しに係る決定については、これらの手続を求めた理由に基づき無効確認手続を行うことができることを条件として、当該審査の機会を与える義務を負わない。

第五部　紛争の防止及び解決

第六三条（透明性の確保）1　この協定が対象とする事

項(知的所有権の取得可能性、範囲、取得、行使及び濫用の防止)に関し加盟国が実施する法令、最終的な司法上の決定及び一般に適用される行政上の決定は、各国政府及び権利者が知ることができるような方法により当該加盟国の国語で公表し又は、公表が実際的でない場合には、公に利用可能なものとする。各加盟国の政府又は政府機関の間において有効なこの協定が対象とする事項に関する合意も公表する。

2　加盟国は、この協定の実施について貿易関連知的所有権理事会が検討することに資するために1に規定する法令を同理事会に通報する。同理事会は、その義務の履行について加盟国の負担を最小とするよう努めるものとし、また、当該法令についての共通の登録制度の設立に関するWIPOとの協議が成功する場合には、当該法令を同理事会に直接通報する義務を免除することを決定することができる。この関連において、同理事会は、一九六七年のパリ条約第六条の三に基づくこの協定上の義務に従って行われる通知について、必要となる措置を検討する。

3　各加盟国は、他の加盟国からの書面による要請に応じて、1に規定する種類の情報を提供することができるように準備する。加盟国は、知的所有権の分野に関する特定の司法上若しくは行政上の決定又は二国間協定がこの協定に基づく自国の権利に影響を及ぼすと信ずるに足りる理由を有する場合には、当該特定の司法上若しくは行政上の決定若しくは二国間協定を利用すること又はこれらの十分詳細な情報を得ることを書面により要請することができる。

4　1から3までの規定は、加盟国に対し、法令の実施を妨げる等公共の利益に反し又は公私の特定の企業の正当な商業上の利益を害することとなるような秘密の情報の開示を要求するものではない。

第六四条(紛争解決) 1　この協定に別段の定めがある場合を除くほか、紛争解決了解によって詳細に定められて適用される一九九四年のガットの第二二条及び第二三条の規定は、この協定に係る協議及び紛争解決について準用する。

2　一九九四年のガット第二三条1の(b)及び(c)の規定は、世界貿易機関協定の効力発生の日から五年間、この協定に係る紛争解決については、準用しない。

3　2に規定する期間の間、貿易関連知的所有権理事会は、一九九四年のガット第二三条1の(b)及び(c)に規定する種類の苦情であってこの協定に従って申し立てられるものの範囲及び態様を検討し、並びに承認のため閣僚会議に勧告を提出する。この勧告の承認又は2に規定する期間の延長は、閣僚会議がコンセンサス方式によってのみ決定する。承認された勧告は、その後の正式な受諾手続なしにすべての加盟国について効力を生ずる。

第六部　経過措置

第六五条(経過措置) 1　2から4までの規定に従うことを条件として、加盟国は、世界貿易機関協定の効力発生の日の後一年の期間が満了する前にこの協定を適用する義務を負わない。

2　開発途上加盟国は、1に定めるところによりこの協定を適用する日から更に四年の期間、この協定(第三条から第五条までの規定を除く。)の適用を延期することができる。

3　中央計画経済から市場自由企業経済への移行過程にある加盟国であって、知的所有権制度の構造的な改革を行い、かつ、知的所有権法令の準備及び実施において特別な問題に直面しているものも、2に規定する延期の期間を享受することができる。

4　開発途上加盟国は、2に規定するこの協定の当該開発途上加盟国への一般的な適用の日において、この協定により物質特許の保護をその領域内で物質特許によって保護していない技術分野に拡大する義務を負う場合には、第二部第五節の物質特許に関する規定の当該技術分野への適用を更に五年の期間延期することができる。

5　1から4までに規定する経過期間を援用する加盟国は、当該経過期間の間の国内法令及び慣行の変更がこの協定との適合性の程度を少なくすることとはならないことを確保する。

第六六条(後発開発途上加盟国) 1　後発開発途上加盟国は、その特別のニーズ及び要求、経済上、財政上及び行政上の制約並びに存立可能な技術的基礎を創設するための柔軟性に関する必要にかんがみ、前条1に定めるところによりこの協定を適用する日から一〇年の期間、この協定(第三条から第五条までの規定を除く。)を適用することを要求されない。貿易関連知的所有権理事会は、後発開発途上加盟国の正当な理由のある要請に基づいて、この期間を延長することを認める。

2　先進加盟国は、後発開発途上加盟国が健全かつ存立可能な技術的基礎を創設することができるように技術の移転を促進し及び奨励するため、先進加盟国の領域内の企業及び機関に奨励措置を提供する。

第六七条(技術協力) この協定の実施を促進するため、先進加盟国は、開発途上加盟国及び後発開発途上加盟国のために、要請に応じ、かつ、相互に合意した条件により、技術協力及び資金協力を提供する。その協力には、知的所有権の保護及び行使並びにその濫用の防止に関する法令の準備についての支援並びにこれらの事項に関連する国内の事務所及び機関の設立又は強化についての支援(人材の養成を含む。)を含む。

第七部　制度上の措置及び最終規定

第六八条(知的所有権の貿易関連の側面に関する理事会) 貿易関連知的所有権理事会は、この協定の実施、特に、加盟国のこの協定に基づく義務の遵守を監視し、及び加盟国に対し、知的所有権の貿易関連の側面に関する事項について協議の機会を与える。同理事会は、加盟国により与えられる他の任務を遂行し、特に、紛争解決手続において加盟国が要請する支援を提供する。その任務を遂行するに当たって、同理事会は、適当と認める者と協議し、情報の提供を求めることができる。ＷＩＰＯと協議の上、同理事会は、その一回目の会合から一年以内に、ＷＩＰＯの内部機関と協力するための適当な取決めを作成するよう努める。

第六九条（国際協力） 加盟国は、知的所有権を侵害する物品の国際貿易を排除するため、相互に協力することを合意する。このため、加盟国は、国内行政機関に連絡先を設け、これを通報し、及び侵害物品の貿易に関して情報を交換することができるように準備する。加盟国は、特に、不正商標商品及び著作権侵害物品の貿易に関して、税関当局間で情報の交換及び協力を促進する。

第七〇条（既存の対象の保護） 1　この協定は、加盟国がこの協定を適用する日の前に行われた行為に関し、当該加盟国について義務を生じさせるものではない。

2　この協定に別段の定めがある場合を除くほか、この協定は、加盟国のこの協定を適用する日における既存の保護の対象であって、当該加盟国において同日に保護されており又はこの協定に基づく保護の基準を満たし若しくは後に満たすようになるものに関し、当該加盟国について義務を生じさせる。この2から4までの規定について、既存の著作物についての著作権に関する義務は、一九七一年のベルヌ条約第一八条の規定に基づいてのみ決定されるものとし、また、既存のレコードに関するレコード製作者及び実演家の権利に関する義務は、第一四条6の規定に従って準用される同条約第一八条の規定に基づいてのみ決定される。

3　加盟国がこの協定を適用する日に公共のものとなっている保護の対象については、保護を復活する義務を負わない。

4　保護の対象を含む特定の物に関する行為がこの協定に合致する加盟国の国内法令に基づき初めて侵害行為となる場合であって、当該行為が世界貿易機関協定を当該加盟国が受諾する日の前に開始されたとき又は当該行為について当該日の前に相当な投資が行われたときは、加盟国は、この協定を適用する日の後継続して行われる当該行為に関し権利者が利用し得る救済措置の制限を定めることができる。ただし、その場合には、加盟国は、少なくとも、衡平な報酬の支払を定める。

5　加盟国は、この協定を適用する日の前に購入された著作物の原作品又は複製物については、第一一条及び第一四条4の規定を適用する義務を負わない。

6　加盟国は、この協定が知られる日の前に使用の許諾が政府によって与えられた場合には、権利者の許諾を得ない使用について、第三一条の規定又は特許権が技術分野について差別することなく享受されるとの第二七条1の要件を適用することを要求されない。

7　加盟国において登録が保護の条件となっている知的所有権の場合には、当該加盟国がこの協定を適用する日に係属中の保護の出願については、この協定に規定する一層広範な保護を請求するために補正をすることを認める。当該補正には、新たな事項を含まない。

8　加盟国が世界貿易機関協定の効力発生の日に第二七条の規定に基づく義務に応じた医薬品及び農業用の化学品の特許の保護を認めていない場合には、当該加盟国は、

(a)　第六部の規定にかかわらず、同協定の効力発生の日から、医薬品及び農業用の化学品の発明の特許出願をすることができるよう措置をとる。

(b)　(a)の特許出願について、出願日又は、優先権が利用可能であり、かつ、主張される場合には、当該優先権に係る出願の日にこの協定に定める特許の対象に関する基準を適用していたものとして、この協定を適用する日に当該基準を適用する。

(c)　(a)の特許出願であって、(b)の基準を満たすものについて、特許の付与の日以後、第三三条の規定に従い(a)の特許出願の出願日から計算した特許期間の残りの期間この協定に従って特許の保護を与える。

9　加盟国において、ある物質が8(a)の規定に従ってされた特許出願の対象である場合には、第六部の規定にかかわらず、当該加盟国において販売の承認を得た日から五年間又は当該日から当該加盟国において物質特許が与えられ若しくは拒絶されるまでの期間のいずれか短い期間排他的販売権を認める。ただし、世界貿易機関協定が効力を生じた後他の加盟国において当該物質について特許出願がされ、特許が与えられ及び販売の承認が得られている場合に限る。

第七一条（検討及び改正） 1　貿易関連知的所有権理事会は、第六五条2に規定する経過期間が満了した後この協定の実施について検討する。同理事会は、この協定の実施により得られた経験を考慮に入れ、当該経過期間の満了の日から二年後及びその後も同一の間隔で検討を行う。同理事会は、また、この協定の修正又は改正を正当化する関連する新たな進展を考慮して検討を行うことができる。

2　他の多数国間協定で達成され、かつ、効力を有する知的所有権の一層高い保護の水準であって、世界貿易機関のすべての加盟国により当該協定に基づき受け入れられたものに適合するためのみの改正は、貿易関連知的所有権理事会のコンセンサス方式によって決定された提案に基づき、世界貿易機関協定第一〇条6の規定に従い閣僚会議が行動するために閣僚会議に付することができる。

第七二条（留保） この協定のいかなる規定についても、他のすべての加盟国の同意なしには、留保を付する

ことができない。

第七三条（安全保障のための例外）この協定のいかなる規定も、次のいずれかのことを定めるものと解してはならない。

(a) 加盟国に対し、その開示が自国の安全保障上の重大な利益に反するとその加盟国が認める情報の提供を要求すること。

(b) 加盟国が自国の安全保障上の重大な利益の保護のために必要と認める次のいずれかの措置をとることを妨げること。

(i) 核分裂性物質又はその生産原料である物質に関する措置

(ii) 武器、弾薬及び軍需品の取引並びに軍事施設に供給するため直接又は間接に行われるその他の物品及び原料の取引に関する措置

(iii) 戦時その他の国際関係の緊急時にとる措置

(c) 加盟国が国際の平和及び安全の維持のため国際連合憲章に基づく義務に従って措置をとることを妨げること。

附属書【医薬品についての加盟国の義務の不適用】（略）

96 紛争解決に係る規則及び手続に関する了解（WTO協定附属書二）（紛争解決了解）

加盟国は、ここに、次のとおり協定する。

第一条（適用対象及び適用）1　この了解に定める規則及び手続は、附属書一に掲げる協定（この了解において「対象協定」という。）の協議及び紛争解決に関する規定に従って提起される紛争について適用する。この了解に定める規則及び手続は、また、世界貿易機関を設立する協定（この了解において「世界貿易機関協定」という。）及びこの了解に基づく権利及び義務に関する加盟国間の協議及び紛争解決（その他の対象協定に基づく権利及び義務にも係るものとして行われるものであるかないかを問わない。）について適用する。

2　この了解に定める規則及び手続の適用は、対象協定に含まれている紛争解決に関する特別又は追加の規則及び手続（附属書二に掲げるもの）の適用がある場合には、これに従う。この了解に定める規則及び手続と同附属書に掲げる特別又は追加の規則及び手続とが抵触する場合には、同附属書に掲げる特別又は追加の規則及び手続が優先する。二以上の対象協定に定める規則及び手続に関する紛争において、検討される当該二以上の対象協定に定める特別又は追加の規則及び手続が相互に抵触する場合であって、紛争当事国が小委員会の設置から二〇日以内に規則及び手続について合意することができないときは、次条1に定める紛争解決機関の議長は、いずれかの加盟国の要請の後一〇日以内に、紛争当事国と協議の上、従うべき規則及び手続を決定する。議長は、特別又は追加の規則及び手続が可能な限り用いられるべきであり、かつ、この了解に定める規則及び手続は抵触を避けるために必要な限度において用いられるべきであるという原則に従う。

第二条（運用）1　この了解に定める規則及び手続並びに対象協定の協議及び紛争解決に関する規定を運用するため、この了解により紛争解決機関を設置する。ただし、対象協定に係る運用について当該対象協定に別段の定めがある場合には、これによる。同機関は、小委員会を設置し、小委員会及び上級委員会の報告を採択し、裁定及び勧告の実施を継続的に監視し並びに対象協定に基づく譲許その他の義務の停止を承認する権限を有する。対象協定のうち複数国間貿易協定であるものの下で生ずる紛争に関し、この了解において「加盟国」とは、当該複数国間貿易協定の締約国である加盟国のみをいう。同機関がいずれかの複数国間貿易協定の紛争解決に関する規定を運用する場合には、当該協定の締約国である加盟国のみが、当該紛争に関する同機関の決定又は行動に参加することができる。

2　紛争解決機関は、世界貿易機関の関連する理事会及び委員会に対し各対象協定に係る紛争における進展を通報する。

3　紛争解決機関は、その任務をこの了解に定める期間内に遂行するため、必要に応じて会合する。

4　この了解に定める規則及び手続に従って紛争解決機関が決定を行う場合には、その決定は、コンセンサス方式による（注）。

注　紛争解決機関がその審議のために提出された事項について決定を行う時にその会合に出席しているいずれの加盟国もその決定案に正式に反対しない場合には、同機関は、当該事項についてコンセンサス方式によって決定したものとみなす。

第三条（一般規定）1　加盟国は、一九四七年のガットの第二二条及び第二三条の規定の下で適用される紛争の処理の原則並びにこの了解によって詳細に定められ、かつ、修正された規則及び手続を遵守することを確認する。

2　世界貿易機関の紛争解決制度は、多角的貿易体制に安定性及び予見可能性を与える中心的な要素である。加盟国は、同制度が対象協定に基づく加盟国の権利及び義務を維持し並びに解釈に関する国際法上の慣習的規則に従って対象協定の現行の規定の解釈を明らかにすることに資するものであることを認識

する。紛争解決機関の勧告及び裁定は、対象協定に定める権利及び義務に新たな権利及び義務を追加し、又は対象協定に定める権利及び義務を減ずることはできない。

3　加盟国が、対象協定に基づき直接又は間接に自国に与えられた利益が他の加盟国がとる措置によって侵害されていると認める場合において、そのような事態を迅速に解決することは、世界貿易機関が効果的に機能し、かつ、加盟国の権利と義務との間において適正な均衡が維持されるために不可欠である。

4　紛争解決機関が行う勧告又は裁定は、この了解及び対象協定に基づく権利及び義務に従って問題の満足すべき解決を図ることを目的とする。

5　対象協定の協議及び紛争解決に関する規定に基づいて正式に提起された問題についてのすべての解決（仲裁判断を含む。）は、当該協定に適合するものでなければならず、また、当該協定に基づきいずれかの加盟国に与えられた利益を無効にし若しくは侵害し、又は当該協定の目的の達成を妨げるものであってはならない。

6　対象協定の協議及び紛争解決に関する規定に基づいて正式に提起された問題についての相互に合意された解決は、紛争解決機関並びに関連する理事会及び委員会に通報される。いずれの加盟国も、同機関並びに関連する理事会及び委員会において、当該解決に関する問題点を提起することができる。

7　加盟国は、問題を提起する前に、この了解に定める手続による措置が有益なものであるかないかについて判断する。紛争解決制度の目的は、紛争に関する明確な解決を確保することである。紛争当事国にとって相互に受け入れることが可能であり、かつ、対象協定に適合する解決は、明らかに優先されるべきである。相互に合意する解決が得られない場合には、同制度の第一の目的は、通常、関係する措置がいずれかの対象協定に適合しないと認められるときに当該措置の撤回を確保することである。代償に関する規定は、当該措置を直ちに撤回することが実行可能でない場合に限り、かつ、対象協定に適合しない措置を撤回するまでの間の一時的な措置としてのみ、適用すべきである。紛争解決手続を利用する加盟国は、この了解に定める最後の解決手段として、紛争解決機関の承認を得て、他の加盟国に対し対象協定に基づく譲許その他の義務の履行を差別的に停止することができる。

8　対象協定に基づく義務に違反する措置がとられた場合には、当該措置は、反証がない限り、無効化又は侵害の事案を構成するものと認められる。このことは、対象協定に基づく義務についての違反は当該対象協定の締約国である他の加盟国に悪影響を及ぼすとの推定が通常存在することを意味する。この場合において、違反の疑いに対し反証を挙げる責任は、申立てを受けた加盟国の側にあるものとする。

9　この了解の規定は、世界貿易機関協定又は対象協定のうち複数国間貿易協定であるものに基づく意思決定により対象協定について権威のある解釈を求める加盟国の権利を害するものではない。

10　調停及び紛争解決手続の利用についての要請は、対立的な行為として意図され又はそのような行為とみなされるべきでない。紛争が生じた場合には、すべての加盟国は、当該紛争を解決するために誠実にこれらの手続に参加する。また、ある問題についての申立てとこれに対抗するために行われる別個の問題についての申立てとは、関連付けられるべきでない。

11　この了解は、世界貿易機関協定が効力を生ずる日以後に対象協定の協議規定に基づいて行われた協議のための新たな要請についてのみ適用する。世界貿易機関協定が効力を生ずる日前に一九四七年のガット又は対象協定の前身であるその他の協定に基づいて協議の要請が行われた紛争については、世界貿易機関協定が効力を生ずる日の直前に有効であった関連する紛争解決に係る規則及び手続を引き続き適用する（注）。

注　この11の規定は、小委員会の報告が採択されず又は完全に実施されなかった紛争についても適用する。

12　11の規定にかかわらず、対象協定のいずれかに基づく申立てが開発途上加盟国により先進加盟国に対してされる場合には、当該開発途上加盟国は、次条から第六条まで及び第一二条の規定に代わるものとして、一九六六年四月五日の決定（ガット基本文書選集（BISD）追録第一四巻一八ページ）の対応する規定を適用する権利を有する。ただし、小委員会が、同決定の7に定める期間がその報告を作成するために不十分であり、かつ、当該開発途上加盟国の同意を得てその期間を延長することができると認める場合は、この限りでない。次条から第六条まで及び第一二条に定める規則及び手続と同決定に定める対応する規則及び手続とが抵触する場合には、抵触する限りにおいて、後者が優先する。

第四条（協議）1　加盟国は、加盟国が用いる協議手続の実効性を強化し及び改善する決意を確認する。

2　各加盟国は、自国の領域においてとられた措置であっていずれかの対象協定の実施に影響を及ぼすものについて他の加盟国がした申立てに好意的な考慮を払い、かつ、その申立てに関する協議のための機会を十分に与えることを約束する（注）。

注　加盟国の領域内の地域又は地方の政府又は機関によってとられる措置に関する他の対象協定の規定がこの2の規定と異なる規定を含む場合には、当該他の対象協定の規定が優先する。

3　協議の要請が対象協定に従って行われる場合には、当該要請を受けた加盟国は、相互間の別段の合意がない限り、当該要請を受けた日の後一〇日以内に当該要請に対して回答し、かつ、相互に満足すべき解決を得るため、当該要請を受けた日の後三〇日以内に誠実に協議を開始する。当該加盟国が当該要請を受けた日の後一〇日以内に回答せず又は当該要請を受けた日の後三〇日以内若しくは相互に合意した期間内に協議を開始しない場合には、当該要請を行った加盟国は、直接小委員会の設置を要請することができる。

4　すべての協議の要請は、協議を要請する加盟国が紛争解決機関並びに関連する理事会及び委員会に通報する。協議の要請は、書面によって提出され、並びに要請の理由、問題となっている措置及び申立ての法的根拠を示すものとする。

5　加盟国は、この了解に基づいて更なる措置をとる前に、対象協定の規定に従って行う協議において、その問題について満足すべき調整を行うよう努めるべきである。

6　協議は、秘密とされ、かつ、その後の手続においていずれの加盟国の権利も害するものではない。

7　協議の要請を受けた日の後六〇日の期間内に協議によって紛争を解決することができない場合には、申立てをした紛争当事国（この了解において「申立国」という。）は、小委員会の設置を要請することができる。協議を行っている国が協議によって紛争を解決することができなかったと共に認める場合には、申立国は、当該六〇日の期間内に小委員会の設置を要請することができる。

8　緊急の場合（腐敗しやすい物品に関する場合等）には、加盟国は、要請を受けた日の後一〇日以内に協議を開始する。要請を受けた日の後二〇日以内に協議によって紛争を解決することができなかった場合には、申立国は、小委員会の設置を要請することができる。

9　緊急の場合（腐敗しやすい物品に関する場合等）には、紛争当事国、小委員会及び上級委員会は、最大限可能な限り、手続が速やかに行われるようあらゆる努力を払う。

10　加盟国は、協議の間、開発途上加盟国の特有の問題及び利益に特別の注意を払うべきである。

11　協議を行っている加盟国以外の加盟国が、一九九四年のガット第二二条1、サービス貿易一般協定第二二条1又はその他の対象協定の対応する規定(注)によって行われている協議について実質的な貿易上の利害関係を有すると認める場合には、当該加盟国は、当該規定による協議の要請の送付の日の後一〇日以内に、協議を行っている加盟国及び紛争解決機関に対し、その協議に参加することを希望する旨を通報することができる。その通報を行った加盟国は、実質的な利害関係に関する自国の主張が十分な根拠を有することについて協議の要請を受けた加盟国が同意する場合には、協議に参加することができる。この場合において、両加盟国は、同機関に対しその旨を通報する。協議への参加の要請が受け入れられなかった場合には、要請を行った加盟国は、一九九四年のガットの第二二条1若しくは第二三条1、サービス貿易一般協定の第二二条1若しくは第二三条1又はその他の対象協定の対応する規定により協議を要請することができる。

注　対象協定の対応する協議規定は、次に掲げるとおりである。
農業に関する協定第一九条
衛生植物検疫措置の適用に関する協定第一一条1
繊維及び繊維製品（衣類を含む。）に関する協定第八条4
貿易の技術的障害に関する協定第一四条1
貿易に関する投資措置に関する協定第八条
一九九四年の関税及び貿易に関する一般協定第六条の実施に関する協定第一七条2
一九九四年の関税及び貿易に関する一般協定第七条の実施に関する協定第一九条2
船積み前検査に関する協定第七条
原産地規則に関する協定第七条
輸入許可手続に関する協定第六条
補助金及び相殺措置に関する協定第三〇条
セーフガードに関する協定第一四条
知的所有権の貿易関連の側面に関する協定第六四条1
各複数国間貿易協定の権限のある内部機関が指定し、かつ、紛争解決機関に通報した当該協定の対応する協議規定

第五条（あっせん、調停及び仲介）1　あっせん、調停及び仲介は、紛争当事国の合意がある場合において任意に行われる手続である。

2　あっせん、調停及び仲介に係る手続の過程（特にこれらの手続の過程において紛争当事国がとる立場）は、秘密とされ、かつ、この了解に定める規則及び手続に従って進められるその後の手続においていずれの当事国の権利も害するものではない。

3　いずれの紛争当事国も、いつでも、あっせん、調停又は仲介を要請し並びに開始し及び終了することができる。あっせん、調停又は仲介の手続が終了した場合には、申立国は、小委員会の設置を要請することができる。

4　あっせん、調停又は仲介が協議の要請を受けた日の後六〇日の期間内に開始された場合には、申立国は、当該六〇日の期間内においては、小委員会の設置を要請することができない。紛争当事国があっせん、調停又は仲介の手続によって紛争を解決することができなかったことを共に認める場合には、申立国は、当該六〇日の期間内に小委員会の設置を要請することができる。

5　紛争当事国が合意する場合には、小委員会の手続が進行中であっても、あっせん、調停又は仲介の手続を継続することができる。

6　事務局長は、加盟国が紛争を解決することを援助するため、職務上当然の資格で、あっせん、調停又は仲介を行うことができる。

第六条（小委員会の設置）1　申立国が要請する場合には、小委員会を設置しないことが紛争解決機関の会合においてコンセンサス方式によって決定されない限り、遅くとも当該要請が初めて議事日程に掲げられた同機関の会合の次の会合において、小委員会を設置する(注)。

注　申立国が要請する場合には、紛争解決機関の会合は、その要請から一五日以内にこの目的のために開催される。この場合において、少なくとも会合の一〇日前に通知が行われる。

2　小委員会の設置の要請は、書面によって行われる。この要請には、協議が行われたという事実の有無及び問題となっている特定の措置を明示するとともに、申立ての法的根拠についての簡潔な要約(問題を明確に提示するために十分なもの)を付する。申立国が標準的な付託事項以外の付託事項を有する小委員会の設置を要請する場合には、書面による要請には、特別な付託事項に関する案文を含める。

第七条（小委員会の付託事項）1　小委員会は、紛争当事国が小委員会の設置の後二〇日以内に別段の合意をする場合を除くほか、次の付託事項を有する。

「(紛争当事国が引用した対象協定の名称)の関連規定に照らし(当事国の名称)により文書(文書番号)によって紛争解決機関に付された問題を検討し、及び同機関が当該協定に規定する勧告又は裁定を行うために役立つ認定を行うこと。」

2　小委員会は、紛争当事国が引用した対象協定の関連規定について検討する。

3　小委員会の設置に当たり、紛争解決機関は、その議長に対し、1の規定に従い紛争当事国と協議の上小委員会の付託事項を定める権限を与えることができる。このようにして定められた付託事項は、すべての加盟国に通報される。標準的な付託事項以外の付託事項について合意がされた場合には、いずれの加盟国も、同機関においてこれに関する問題点を提起することができる。

第八条（小委員会の構成）1　小委員会は、次に掲げる者その他の十分な適格性を有する者(公務員であるかないかを問わない。)で構成する。

小委員会の委員を務め又は小委員会において問題の提起に係る陳述を行ったことがある者

加盟国又は一九四七年のガットの締約国の代表を務めたことがある者

対象協定又はその前身である協定の理事会又は委員会への代表を務めたことがある者

事務局において勤務したことがある者

国際貿易に関する法律又は政策について教授し又は著作を発表したことがある者

加盟国の貿易政策を担当する上級職員として勤務したことがある者

2　小委員会の委員は、委員の独立性、多様な経歴及び広範な経験が確保されるように選任されるべきである。

3　紛争当事国又は第一〇条2に定める第三国である加盟国の国民(注)は、紛争当事国が別段の合意をする場合を除くほか、当該紛争に関する小委員会の委員を務めることはできない。

注　関税同盟又は共同市場が紛争当事国である場合には、この3の規定は、当該関税同盟又は共同市場のすべての構成国の国民について適用する。

4　事務局は、小委員会の委員の選任に当たって参考となるようにするため、1に規定する資格を有する公務員及び公務員以外の者の候補者名簿を保持し、適当な場合には、その名簿から委員を選ぶことができるようにする。その名簿には、一九八四年一一月三〇日に作成された公務員以外の者である委員の登録簿(ガット基本文書選集(ＢＩＳＤ)追録第三一巻九ページに規定するもの)並びに対象協定に基づいて作成されるその他の登録簿及び候補者名簿を含めるものとし、世界貿易機関協定が効力を生ずる時におけるこれらの登録簿及び候補者名簿の氏名を継続して掲載する。加盟国は、第一段の候補者名簿に掲げるために公務員及び公務員以外の者の氏名を定期的に提案し、並びに国際貿易及び対象協定の分野又はその対象とする問題に関するこれらの者の知識についての関連情報を提供することができる。これらの氏名は、紛争解決機関が承認した時に当該候補者名簿に追加される。当該候補者名簿には、掲載される者について、対象協定の分野又はその対象とする問題における経験又は専門知識の具体的分野を記載する。

5　小委員会は、三人の委員で構成する。ただし、紛争当事国が小委員会の設置の後一〇日以内に合意する場合には、小委員会は、五人の委員で構成することができる。加盟国は、小委員会の構成について速やかに通報を受ける。

6　事務局は、紛争当事国に対し小委員会の委員の指名のための提案を行う。紛争当事国は、やむを得ない理由がある場合を除くほか、指名に反対してはならない。

7　小委員会の設置の日の後二〇日以内に委員について合意がされない場合には、事務局長は、いずれか一方の紛争当事国の要請に基づき、紛争当事国と協議の後、紛争解決機関の議長及び関連する理事会又は委員会の議長と協議の上、紛争において問題となっている対象協定に定める関連する特別又は追加の規則及び手続に従い、自らが最も適当と認める委員を任命することによって、小委員会の構成を決定する。同機関の議長は、当該要請を受けた日の後一〇日以内に、このようにして組織された小委員会の構成を加盟国に対して通報する。

8　加盟国は、原則として、自国の公務員が小委員会の委員を務めることを認めることを約束する。

9　小委員会の委員は、政府又は団体の代表としてではなく、個人の資格で職務を遂行する。したがって、加盟国は、小委員会に付託された問題につき、小委員会の委員に指示を与えてはならず、また、個人として活動するこれらの者を左右しようとしてはならない。

10　紛争が開発途上加盟国と先進加盟国との間のものである場合において、開発途上加盟国が要請するときは、小委員会は、少なくとも一人の開発途上加盟国出身の委員を含むものとする。

11　小委員会の委員の旅費、滞在費その他の経費は、予算、財政及び運営に関する委員会の勧告に基づいて一般理事会が採択する基準に従い、世界貿易機関の予算から支弁する。

第九条（複数の加盟国の申立てに関する手続）1　二以上の加盟国が同一の問題について小委員会の設置を要請する場合には、すべての関係加盟国の権利を考慮した上、これらの申立てを検討するために単一の小委員会を設置することができる。実行可能な場合には、このような申立てを検討するために単一の小委員会を設置すべきである。

2　単一の小委員会は、別々の小委員会が申立てを検討したならば紛争当事国が有したであろう権利がいかなる意味においても侵害されることのないように、検討を行い、かつ、認定を紛争解決機関に提出する。一の紛争当事国が要請する場合には、小委員会は、自己の取り扱う紛争について別々の報告を提出する。いずれの申立国も、他の申立国の意見書を入手することができるものとし、かつ、他の申立国が小委員会において意見を表明する場合には、当該小委員会に出席する権利を有する。

3　同一の問題に関する申立てを検討するために二以上の小委員会が設置される場合には、最大限可能な限り、同一の者がそれぞれの小委員会の委員を務めるものとし、そのような紛争における小委員会の検討の日程については、調整が図られるものとする。

第一〇条（第三国）1　問題となっている対象協定に係る紛争当事国その他の加盟国の利害関係は、小委員会の手続において十分に考慮される。

2　小委員会に付託された問題について実質的な利害関係を有し、かつ、その旨を紛争解決機関に通報した加盟国（この了解において「第三国」という。）は、小委員会において意見を述べ及び小委員会に対し意見書を提出する機会を有する。意見書は、紛争当事国にも送付され、及び小委員会の報告に反映される。

3　第三国は、小委員会の第一回会合に対する紛争当事国の意見書の送付を受ける。

4　第三国は、既に小委員会の手続の対象となっている措置がいずれかの対象協定に基づき自国に与えられた利益を無効にし又は侵害すると認める場合には、この了解に基づく通常の紛争解決手続を利用することができる。そのような紛争は、可能な場合には、当該小委員会に付される。

第一一条（小委員会の任務）小委員会の任務は、この了解及び対象協定に定める紛争解決機関の任務の遂行について同機関を補佐することである。したがって、小委員会は、自己に付託された問題の客観的な評価（特に、問題の事実関係、関連する対象協定の適用の可能性及び当該協定との適合性に関するもの）を行い、及び同機関が対象協定に規定する勧告又は裁定を行うために役立つその他の認定を行うべきである。小委員会は、紛争当事国と定期的に協議し、及び紛争当事国が相互に満足すべき解決を図るための適当な機会を与えるべきである。

第一二条（小委員会の手続）1　小委員会は、紛争当事国と協議の上別段の決定を行う場合を除くほか、附属書三に定める検討手続に従う。

2　小委員会の手続は、その報告を質の高いものとするために十分に弾力的なものであるべきであるが、小委員会の検討の進行を不当に遅延させるべきでない。

3　小委員会の委員は、紛争当事国と協議の上、適当な場合には第四条9の規定を考慮して、実行可能な限り速やかに、可能な場合には小委員会の構成及び付託事項について合意がされた後一週間以内に、小委員会の検討の日程を定める。

4　小委員会は、その検討の日程を決定するに当たり、紛争当事国に対し、自国の意見を準備するために十分な時間を与える。

5　小委員会は、当事国による意見書の提出について明確な期限を定めるべきであり、当事国は、その期限を尊重すべきである。

6　各紛争当事国は、意見書を事務局に提出するものとし、事務局は、当該意見書を速やかに小委員会及びその他の紛争当事国に送付する。申立国は、申立てを受けた当事国が最初の意見書を提出する前に自国の最初の意見書を提出する。ただし、小委員会が、3の検討の日程を定めるに当たり、紛争当事国と協議の上、紛争当事国がその最初の意見書を同時に提出すべきである旨を決定する場合は、この限りでない。最初の意見書の提出について順序がある場合には、小委員会は、申立てを受けた当事国の意見書を当該小委員会が受理するための具体的な期間を定める。二回目以降の意見書は、同時に提出される。

7　紛争当事国が相互に満足すべき解決を図ることができなかった場合には、小委員会は、その認定を報告書の形式で紛争解決機関に提出する。この場合において、小委員会の報告には、事実認定、関連規定の適用の可能性並びに自己が行う認定及び勧告の基本的な理由を記載する。紛争当事国間で問題が解決された場合には、小委員会の報告は、当該問題に関する簡潔な記述及び解決が得られた旨の報告に限定される。

8　小委員会の検討期間（小委員会の構成及び付託事項について合意がされた日から最終報告が紛争当事国に送付される日まで）は、手続を一層効率的にするため、原則として六箇月を超えないものとする。

緊急の場合（腐敗しやすい物品に関する場合等）には、小委員会は、三箇月以内に紛争当事国に対しその報告を送付することを目標とする。

9　小委員会は、六箇月以内又は緊急の場合は三箇月以内に報告を送付することができないと認める場合には、報告を送付するまでに要する期間の見込みと共に遅延の理由を書面により紛争解決機関に通報する。小委員会の設置から加盟国への報告の送付までの期間は、いかなる場合にも、九箇月を超えるべきでない。

10　当事国は、開発途上加盟国がとった措置に係る協議において、第四条の7及び8に定める期間を延長することについて合意することができる。当該期間が満了した場合において、協議を行っている国が協議が終了したことについて合意することができないときは、紛争解決機関の議長は、当該協議を行っている国と協議の上、当該期間を延長するかしないか及び、延長するときは、その期間を決定する。更に、小委員会は、開発途上加盟国に対する申立てを検討するに当たり、開発途上加盟国に対し、その立論を準備し及び提出するために十分な時間を与える。第二〇条及び第二一条4の規定は、この10の規定の適用によって影響を受けるものではない。

11　一又は二以上の当事国が開発途上加盟国である場合には、小委員会の報告には、紛争解決手続の過程で当該開発途上加盟国が引用した対象協定の規定であって、開発途上加盟国に対する異なるかつ一層有利な待遇に関するものについていかなる考慮が払われたかを明示するものとする。

12　小委員会は、申立国の要請があるときはいつでも、一二箇月を超えない期間その検討を停止することができる。この場合には、8及び9、第二〇条並びに第二一条4に定める期間は、その検討が停止された期間延長されるものとする。小委員会の検討が一二箇月を超えて停止された場合には、当該小委員会は、その設置の根拠を失う。

第一三条（情報の提供を要請する権利）1　各小委員会は、適当と認めるいかなる個人又は団体に対しても情報及び技術上の助言の提供を要請する権利を有する。この場合において、小委員会は、いずれかの加盟国の管轄内にある個人又は団体に対して情報又は助言の提供を要請するに先立ち、当該加盟国の当局にその旨を通報する。加盟国は、小委員会が必要かつ適当と認める情報の提供を要請した場合には、速やかかつ完全に応ずるべきである。提供された秘密の情報は、当該情報を提供した個人、団体又は加盟国の当局の正式の同意を得ないで開示してはならない。

2　小委員会は、関連を有するいかなる者に対しても情報の提供を要請し、及び問題の一定の側面についての意見を得るために専門家と協議することができる。小委員会は、一の紛争当事国が提起した科学上又は技術上の事項に関する事実に係る問題については、専門家検討部会からの書面による助言的な報告を要請することができる。専門家検討部会の設置のための規則及び同部会の手続は、附属書四に定める。

第一四条（秘密性）1　小委員会の審議は、秘密とされる。

2　小委員会の報告は、提供された情報及び行われた陳述を踏まえて起草されるものとし、その起草に際しては、紛争当事国の出席は、認められない。

3　小委員会の報告の中で各委員が表明した意見は、匿名とする。

第一五条（検討の中間段階）1　小委員会は、書面及び口頭陳述による反論を検討した後、その報告案のうち事実及び陳述に関する説明部分を紛争当事国に送付する。当事国は、小委員会が定める期間内に、自国の意見を書面により提出する。

2　小委員会は、紛争当事国からの意見の受理に係る定められた期間の満了の後、中間報告（説明部分並びに小委員会の認定及び結論から成る。）を当事国に送付する。当事国は、小委員会が加盟国に最終報告を送付する前に中間報告の特定の部分を検討するよう要請することができる。その要請は、小委員会が定める期間内に、書面によって行われる。小委員会は、当事国の要請がある場合には、その書面の中で明示された事項に関し、当事国との追加的な会合を開催する。要請のための期間内にいずれの当事国も要請を行わなかった場合には、中間報告は、小委員会の最終報告とみなされ、速やかに加盟国に送付される。

3　小委員会の最終報告の認定には、検討の中間段階で行われた陳述における議論を含める。中間段階での検討は、第一二条8に定める期間内に行う。

第一六条（小委員会の報告の採択）1　小委員会の報告は、加盟国にその検討のための十分な時間を与えるため、報告が加盟国に送付された日の後二〇日間は紛争解決機関により採択のために検討されてはならない。

2　小委員会の報告に対して異議を有する加盟国は、少なくとも一〇日前に、当該異議の理由を説明する書面を提出する。

3　紛争当事国は、紛争解決機関による小委員会の報告の検討に十分に参加する権利を有するものとし、当該紛争当事国の見解は、十分に記録される。

4　小委員会の報告は、加盟国への送付の後六〇日以内に、紛争解決機関の会合において採択される（注）。ただし、紛争当事国が上級委員会への申立ての意思を同機関に正式に通報し又は同機関が当該報告を採択しないことをコンセンサス方式によって決定する場合は、この限りでない。紛争当事国が上級委員会への申立ての意思を通報した場合には、小委員会の報告は、上級委員会による検討が終了するまでは、同機関により採択のために検討されてはならない。この4に定める採択択の手続は、小委員会の報告について見解を表明する加盟国の権利を害するものではない。

注　紛争解決機関の会合が1及びこの4に定める要件を満たす期間内に予定されていない場合には、この目的のために開催される。

第一七条（上級委員会による検討）

常設の上級委員会

1　紛争解決機関は、常設の上級委員会を設置する。上級委員会は、小委員会が取り扱った問題についての申立てを審理する。上級委員会は、七人の者で構成するものとし、そのうちの三人が一の問題の委員を務める。上級委員会の委員は、順番に職務を遂行する。その順番は、上級委員会の検討手続で定める。

2　紛争解決機関は、上級委員会の委員を四年の任期で任命するものとし、各委員は、一回に限り、再任されることができる。ただし、世界貿易機関協定が効力を生じた後直ちに任命される七人の者のうちの三人の者の任期は、二年で終了するものとし、これらの三人の者は、くじ引で決定される。空席が生じたときは、補充される。任期が満了しない者の後任者として任命された者の任期は、前任者の任期の残余の期間とする。

3　上級委員会は、法律、国際貿易及び対象協定が対象とする問題一般についての専門知識により権威を有すると認められた者で構成する。上級委員会の委員は、いかなる政府とも関係を有してはならず、世界貿易機関の加盟国を広く代表する。上級委員会のすべての委員は、いつでも、かつ、速やかに勤務することが可能でなければならず、また、世界貿易機関の紛争解決に関する活動その他関連する活動に常に精通していなければならない。上級委員会の委員は、直接又は間接に自己の利益との衝突をもたらすこととなる紛争の検討に参加してはならない。

4　紛争当事国のみが、小委員会の報告について上級委員会への申立てをすることができる。第一〇条2の規定に基づき小委員会に提起された問題について実質的な利害関係を有する旨を紛争解決機関に通報した第三国は、上級委員会に意見書を提出することができるものとし、また、上級委員会において意見を述べる機会を有することができる。

5　紛争当事国が上級委員会への申立ての意思を正式に通報した日から上級委員会がその報告を送付する日までの期間は、原則として六〇日を超えてはならない。上級委員会は、その検討の日程を定めるに当たり、適当な場合には、第四条9の規定を考慮する。上級委員会は、六〇日以内に報告を作成することができないと認める場合には、報告を送付するまでに要する期間の見込みと共に遅延の理由を書面により紛争解決機関に通報する。第一段に定める期間は、いかなる場合にも、九〇日を超えてはならない。

6　上級委員会への申立ては、小委員会の報告において対象とされた法的な問題及び小委員会が行った法的解釈に限定される。

7　上級委員会は、必要とする適当な運営上の及び法律問題に関する援助を受ける。

8　上級委員会の委員の旅費、滞在費その他の経費は、予算、財政及び運営に関する委員会の勧告に基づいて一般理事会が採択する基準に従い、世界貿易機関の予算から支弁する。

上級委員会による検討に関する手続

9　上級委員会は、紛争解決機関の議長及び事務局長と協議の上、検討手続を作成し、加盟国に情報として送付する。

10　上級委員会による検討は、秘密とされる。上級委員会の報告は、提供された情報及び行われた陳述を踏まえて起草されるものとし、その起草に際しては、紛争当事国の出席は、認められない。

11　上級委員会の報告の中で各委員が表明した意見は、匿名とする。

12　上級委員会は、その検討において、6の規定に従って提起された問題を取り扱う。

13　上級委員会は、小委員会の法的な認定及び結論を支持し、修正し又は取り消すことができる。

上級委員会の報告の採択

14　紛争解決機関は、上級委員会の報告を、加盟国への送付の後三〇日以内に採択し(注)、紛争当事国は、これを無条件で受諾する。ただし、同機関が当該報告を採択しないことをコンセンサス方式によって決定する場合は、この限りでない。このに定める採択の手続は、上級委員会の報告について見解を表明する加盟国の権利を害するものではない。

注　紛争解決機関の会合がこの期間内に予定されていない場合には、この目的のために開催される。

第一八条（小委員会又は上級委員会との接触）1　小委員会又は上級委員会により検討中の問題に関し、小委員会又は上級委員会といずれか一方の紛争当事国のみとの間で接触があってはならない。

2　小委員会又は上級委員会に対する意見書は、秘密のものとして取り扱われるものとするが、紛争当事国が入手することができるようにする。この了解のいかなる規定も、紛争当事国が自国の立場についての陳述を公開することを妨げるものではない。加盟国は、他の加盟国が小委員会又は上級委員会に提出した情報であって当該他の加盟国が秘密であると指定したものを秘密のものとして取り扱う。紛争当事国は、また、加盟国の要請に基づき、意見書に含まれている情報の秘密でない要約であって公開し得るものを提供する。

第一九条（小委員会及び上級委員会の勧告）1　小委員会又は上級委員会は、ある措置がいずれかの対象協定に適合しないと認める場合には、関係加盟国(注1)に対し当該措置を当該協定に適合させるよう勧告する(注2)。小委員会又は上級委員会は、更に、当該関係加盟国がその勧告を実施し得る方法を提案することができる。

注1　「関係加盟国」とは、小委員会又は上級委員会の勧告を受ける紛争当事国をいう。

注2　一九九四年のガットその他の対象協定についての違反を伴わない問題に関する勧告については、第二六条を参照。

2　小委員会及び上級委員会は、第三条2の規定に従うものとし、その認定及び勧告において、対象協定に定める権利及び義務に新たな権利及び義務を追加し、又は対象協定に定める権利及び義務を減ずることはできない。

第二〇条（紛争解決機関による決定のための期間）　紛争解決機関が小委員会を設置した日から同機関が小委員会又は上級委員会の報告を採択するために審議する日までの期間は、紛争当事国が別段の合意をする場合を除くほか、原則として、小委員会の報告につき上級委員会への申立てがされない場合には九箇月、申立てがされる場合には一二箇月を超えてはならない。

　小委員会又は上級委員会が第一二条9又は第一七条5の規定に従い報告を作成するための期間を延長する場合には、追加的に要した期間が、前段に定める期間に加算される。

第二一条（勧告及び裁定の実施の監視）　1　紛争解決機関の勧告又は裁定の速やかな実施は、すべての加盟国の利益となるような効果的な紛争解決を確保するために不可欠である。

2　紛争解決の対象となった措置に関し、開発途上加盟国の利害関係に影響を及ぼす問題については、特別の注意が払われるべきである。

3　関係加盟国は、小委員会又は上級委員会の報告の採択の日の後三〇日以内に開催される紛争解決機関の会合において、同機関の勧告及び裁定の実施に関する自国の意思を通報する（注）。勧告及び裁定を速やかに実施することができない場合には、関係加盟国は、その実施のための妥当な期間を与えられる。妥当な期間は、次の(a)から(c)までに定めるいずれかの期間とする。

注　紛争解決機関の会合がこの期間内に予定されていない場合には、この目的のために開催される。

(a)　関係加盟国が提案する期間。ただし、紛争解決機関による承認を必要とする。

(b)　(a)の承認がない場合には、勧告及び裁定の採択の日の後四五日以内に紛争当事国が合意した期間

(c)　(b)の合意がない場合には、勧告及び裁定の採択の日の後九〇日以内に拘束力のある仲裁によって決定される期間（注1）。仲裁が行われる場合には、仲裁人（注2）に対し、小委員会又は上級委員会の勧告を実施するための妥当な期間がその報告の採択の日から一五箇月を超えるべきではないとの指針が与えられるべきである。この一五箇月の期間は、特別の事情があるときは、短縮し又は延長することができる。

注1　紛争当事国が問題を仲裁に付した後一〇日以内に仲裁人について合意することができない場合には、事務局長は、一〇日以内に、当該当事国と協議の上仲裁人を任命する。

注2　仲裁人は、個人であるか集団であるかを問わない。

4　紛争解決機関による小委員会の設置の日から妥当な期間の決定の日までの期間は、小委員会又は上級委員会が第一二条9又は第一七条5の規定に従いその報告を作成する期間を延長した場合を除くほか、一五箇月を超えてはならない。ただし、紛争当事国が別段の合意をする場合は、この限りでない。小委員会又は上級委員会がその報告を作成する期間を延長する場合には、追加的に要した期間が、この一五箇月の期間に加算される。ただし、合計の期間は、紛争当事国が例外的な事情があることについて合意する場合を除くほか、一八箇月を超えてはならない。

5　勧告及び裁定を実施するためにとられた措置の有無又は当該措置と対象協定との適合性について意見の相違がある場合には、その意見の相違は、この了解に定める紛争解決手続の利用によって解決される。この場合において、可能なときは、当該勧告及び裁定の対象となった紛争を取り扱った小委員会（この了解において「最初の小委員会」という。）にその意見の相違を付することができる。最初の小委員会は、その問題が付された日の後九〇日以内にその報告を加盟国に送付する。最初の小委員会は、この期間内に報告を作成することができないと認める場合には、報告を送付するまでに要する期間の見込みと共に遅延の理由を書面により紛争解決機関に通報する。

6　紛争解決機関は、採択された勧告又は裁定の実施を監視する。加盟国は、勧告又は裁定が採択された後いつでも、これらの実施の問題を同機関に提起することができる。勧告又は裁定の実施の問題は、同機関が別段の決定を行う場合を除くほか、3の規定に従って妥当な期間が定められた日の後六箇月後に同機関の会合の議事日程に掲げられるものとし、当該問題が解決されるまでの間同機関の会合の議事日程に引き続き掲げられる。関係加盟国は、これらの各会合の少なくとも一〇日前に、勧告又は裁定の実施の進展についての状況に関する報告を書面により同機関に提出する。

7　問題が開発途上加盟国によって提起されたものである場合には、紛争解決機関は、同機関がその状況に応じて更にいかなる適当な措置をとり得るかを検討する。

8　問題が開発途上加盟国によって提起されたものである場合には、紛争解決機関は、同機関がいかなる適当な措置をとり得るかを検討するに当たり、申し立てられた措置の貿易に関する側面のみでなく、関係を有する開発途上加盟国の経済に及ぼす影響も考慮に入れる。

第二二条（代償及び譲許の停止）　1　代償及び譲許そ

の他の義務の停止は、勧告及び裁定が妥当な期間内に実施されない場合に利用することができる一時的な手段であるが、これらのいずれの手段よりも、当該勧告及び裁定の対象となった措置を対象協定に適合させるために勧告を完全に実施することが優先される。代償は、任意に与えられるものであり、また、代償が与えられる場合には、対象協定に適合するものでなければならない。

2　関係加盟国は、対象協定に適合しないと認定された措置を当該協定に適合させ又は前条3の規定に従って決定された妥当な期間内に勧告及び裁定に従うことができない場合において、要請があるときは、相互に受け入れることができる代償を与えるため、当該妥当な期間の満了までに申立国と交渉を開始する。当該妥当な期間の満了の日の後二〇日以内に満足すべき代償について合意がされなかった場合には、申立国は、関係加盟国に対する対象協定に基づく譲許その他の義務の適用を停止するために紛争解決機関に承認を申請することができる。

3　申立国は、いかなる譲許その他の義務を停止するかを検討するに当たり、次に定める原則及び手続を適用する。

(a)　一般原則として、申立国は、まず、小委員会又は上級委員会により違反その他の無効化又は侵害があると認定された分野と同一の分野に関する譲許その他の義務の停止を試みるべきである。

(b)　申立国は、同一の分野に関する譲許その他の義務を停止することができず又は効果的でないと認める場合には、同一の協定のその他の分野に関する譲許その他の義務の停止を試みることができる。

(c)　申立国は、同一の協定のその他の分野に関する譲許その他の義務を停止することができず又は効果的でなく、かつ、十分重大な事態が存在すると認める場合には、その他の対象協定に関する譲許その他の義務の停止を試みることができる。

(d)　(a)から(c)までの原則を適用するに当たり、申立国は、次の事項を考慮する。

(i)　小委員会又は上級委員会により違反その他の無効化又は侵害があると認定された分野又は協定に関する貿易及び申立国に対するその貿易の重要性

(ii)　(i)の無効化又は侵害に係る一層広範な経済的要因及び譲許その他の義務の停止による一層広範な経済的影響

(e)　申立国は、(b)又は(c)の規定により譲許その他の義務を停止するための承認を申請することを決定する場合には、その申請においてその理由を示すものとする。当該申請は、紛争解決機関への提出の時に、関連する理事会に対しても及び、(b)の規定による申請の場合には、関連する分野別機関にも提出する。

(f)　この3の規定の適用上、

(i)　物品に関しては、すべての物品を一の分野とする。

(ii)　サービスに関しては、現行の「サービス分野分類表」に明示されている主要な分野(注)のそれぞれを一の分野とする。

注　サービス分野分類表(文書番号MTN・GNS—W—一二〇の文書中の表)は、一一の主要な分野を明示している。

(iii)　貿易関連の知的所有権に関しては、貿易関連知的所有権協定の第二部の第一節から第七節までの規定が対象とする各種類の知的所有権のそれぞれ並びに第三部及び第四部に定める義務のそれぞれを一の分野とする。

(g)　この3の規定の適用上、

(i)　物品に関しては、世界貿易機関協定附属書一Aの協定の全体(紛争当事国が複数国間貿易協定の締約国である場合には、当該複数国間貿易協定を含む。)を一の協定とする。

(ii)　サービスに関しては、サービス貿易一般協定を一の協定とする。

(iii)　知的所有権に関しては、貿易関連知的所有権協定を一の協定とする。

4　紛争解決機関が承認する譲許その他の義務の停止の程度は、無効化又は侵害の程度と同等のものとする。

5　紛争解決機関は、対象協定が禁じている譲許その他の義務の停止を承認してはならない。

6　2に規定する状況が生ずる場合には、申請に基づき、紛争解決機関は、同機関が当該申請を却下することをコンセンサス方式によって決定する場合を除くほか、妥当な期間の満了の後三〇日以内に譲許その他の義務の停止を承認する。ただし、関係加盟国が提案された停止の程度について異議を唱える場合又は申立国が3の(b)若しくは(c)の規定により譲許その他の義務を停止するための承認を申請するに当たり3に定める原則及び手続を遵守していなかったと関係加盟国が主張する場合には、その問題は、仲裁に付される。仲裁は、最初の小委員会(その委員が職務を遂行することが可能である場合)又は事務局長が任命する仲裁人(注)によって行われるものとし、妥当な期間が満了する日の後六〇日以内に完了する。譲許その他の義務は、仲裁の期間中は停止してはならない。

注　仲裁人は、個人であるか集団であるかを問わない。

7　6の規定に従って職務を遂行する仲裁人(注)は、停止される譲許その他の義務の性質を検討してはならないが、その停止の程度が無効化又は侵害の程度と同等であるかないかを決定する。仲裁人は、また、提案された譲許その他の義務の停止が対象協定の下で認められるものであるかないかを決定することができる。ただし、3に定める原則及び手続が遵守されていなかったという主張が仲裁に付された問題に含まれている場合には、仲裁人は、当該主張について検討する。当該原則及び手続が遵守されていなかった旨を仲裁人が決定する場合には、中立国は、3の規定に適合するように当該原則及び手続を適用する。当事国は、仲裁人の決定を最終的なものとして受け入れるものとし、関係当事国は、他の仲裁を求めてはならない。紛争解決機関は、仲裁人の決定について速やかに通報されるものとし、申請に基づき、当該申請が仲裁人の決定に適合する場合には、譲許その他の義務の停止を承認する。ただし、同機関が当該申請を却下することをコンセンサス方式によって決定する場合は、この限りでない。

注　仲裁人は、個人、集団又は最初の小委員会の委員（仲裁人の資格で職務を遂行する。）のいずれであるかを問わない。

8　譲許その他の義務の停止は、一時的なものとし、対象協定に適合しないと認定された措置が撤回され、勧告若しくは裁定を実施しなければならない加盟国により利益の無効化若しくは侵害に対する解決が提供され又は相互に満足すべき解決が得られるまでの間においてのみ適用される。紛争解決機関は、前条6の規定に従い、採択した勧告又は裁定の実施の監視を継続する。代償が与えられ又は譲許その他の義務が停止されたが、措置を対象協定に適合させるための勧告が実施されていない場合も、同様とする。

9　対象協定の紛争解決に関する規定は、加盟国の領域内の地域又は地方の政府又は機関によるこれらの協定の遵守に影響を及ぼす措置について適用することができる。紛争解決機関が対象協定の規定が遵守されていない旨の裁定を行う場合には、責任を有する加盟国は、当該協定の遵守を確保するために利用することができる妥当な措置をとる。代償及び譲許その他の義務の停止に関する対象協定及びこの了解の規定は、対象協定の遵守を確保することができなかった場合について適用する(注)。

注　加盟国の領域内の地域又は地方の政府又は機関がとる措置に関するいずれかの対象協定の規定が、この9の規定と異なる規定を含む場合には、当該対象協定の規定が優先する。

第二三条（多角的体制の強化）1　加盟国は、対象協定に基づく義務についての違反その他の利益の無効化若しくは侵害又は対象協定の目的の達成に対する障害について是正を求める場合には、この了解に定める規則及び手続によるものとし、かつ、これらを遵守する。

2　1の場合において、加盟国は、

(a)　この了解に定める規則及び手続に従って紛争解決を図る場合を除くほか、違反が生じ、利益が無効にされ若しくは侵害され又は対象協定の目的の達成が妨げられている旨の決定を行ってはならず、また、紛争解決機関が採択する小委員会又は上級委員会の報告に含まれている認定又はこの了解に従って行われた仲裁判断に適合する決定を行う。

(b)　関係加盟国が勧告及び裁定を実施するための妥当な期間の決定に当たっては、第二一条に定める手続に従う。

(c)　譲許その他の義務の停止の程度の決定に当たっては、前条に定める手続に従うものとし、関係加盟国が妥当な期間内に勧告及び裁定を実施しないことに対応して対象協定に基づく譲許その他の義務を停止する前に、同条に定める手続に従って紛争解決機関の承認を得る。

第二四条（後発開発途上加盟国に係る特別の手続）1　後発開発途上加盟国に係る紛争の原因の決定及び紛争解決手続のすべての段階において、後発開発途上加盟国の特殊な状況に特別の考慮が払われるものとする。加盟国は、特に、この了解に定める手続に従って、後発開発途上加盟国に係る問題を提起することについて妥当な自制を行う。無効化又は侵害が後発開発途上加盟国によってとられた措置に起因すると認定される場合には、中立国は、この了解に定める手続に従って代償を要求し又は譲許その他の義務の履行を停止するための承認を申請することについて、妥当な自制を行う。

2　後発開発途上加盟国に係る紛争解決の事案において、満足すべき解決が協議によって得られなかった場合には、事務局長又は紛争解決機関の議長は、後発開発途上加盟国の要請に基づき、小委員会の設置の要請が行われる前に、当事国が紛争を解決することを援助するために、あっせん、調停又は仲介を行う。事務局長又は同機関の議長は、その援助を与えるに当たり、適当と認めるいかなる者とも協議することができる。

第二五条（仲裁）1　紛争解決の代替的な手段としての世界貿易機関における迅速な仲裁は、両当事国によって明示された問題に関する一定の紛争の解決を容易にすることを可能とするものである。

2　仲裁に付するためには、この了解に別段の定めがある場合を除くほか、当事国が合意しなければならず、当該当事国は、従うべき手続について合意する。仲裁に付することについての合意は、仲裁手続が実際に開始される前に十分な余裕をもってすべての加盟国に通報される。

3　他の加盟国は、仲裁に付することについて合意した当事国の合意によってのみ仲裁手続の当事国となることができる。仲裁手続の当事国は、仲裁判断に服することについて合意する。仲裁判断は、紛争解決機関及び関連する協定の理事会又は委員会（加盟国が仲裁判断に関する問題点を提起することができる理事会又は委員会）に通報される。

4　第二一条及び第二二条の規定は、仲裁判断について準用する。

第二六条【非違反措置及びその他の何らかの状態の場合】1　一九九四年のガット第二三条1(b)に規定する類型の非違反措置に関する申立て

一九九四年のガット第二三条1(b)の規定がいずれ

かの対象協定について適用され又は準用される場合において、小委員会又は上級委員会は、紛争当事国が、いずれかの加盟国が何らかの措置（当該対象協定に抵触するかしないかを問わない。）を適用した結果として、当該対象協定に基づき直接若しくは間接に自国に与えられた利益が無効にされ若しくは侵害されており又は当該対象協定の目的の達成が妨げられていると認めるときに限り、裁定及び勧告を行うことができる。問題が同条1(b)の規定の適用又は準用に係る対象協定に抵触しない措置に関するものである旨を当該紛争当事国が認め、かつ、小委員会又は上級委員会がその旨を決定する場合には、その限度において、この了解に定める手続は、次の規定に従って適用される。

(a) 申立国は、当該対象協定に抵触しない措置に関する申立てを正当化するための詳細な根拠を提示する。

(b) ある措置が当該対象協定に違反することなく、当該対象協定に基づく利益を無効にし若しくは侵害し又は当該対象協定の目的の達成を妨げていることが認定された場合には、関係加盟国は、当該措置を撤回する義務を負わない。この場合において、小委員会又は上級委員会は、当該関係加盟国に対し相互に満足すべき調整を行うよう勧告する。

(c) 第二一条3に規定する仲裁は、同条の規定にかかわらず、いずれかの当事国の要請に基づき、無効にされ又は侵害された利益の程度についての決定を含むことができるものとし、かつ、相互に満足すべき調整を行う方法及び手段を提案することができる。これらの提案は、紛争当事国を拘束するものであってはならない。

(d) 代償は、第二二条1の規定にかかわらず、紛争の最終的解決としての相互に満足すべき調整の一部とすることができる。

2 一九九四年のガット第二三条1(c)に規定する類型に関する申立て

一九九四年のガット第二三条1(c)の規定がいずれかの対象協定について適用され又は準用される場合において、小委員会は、当事国が、同条1の(a)及び(b)の規定が適用される状態以外の状態が存在する結果として、当該対象協定に基づき直接若しくは間接に自国に与えられた利益が無効にされ若しくは侵害されており又は当該対象協定の月的の達成が妨げられていると認めるときに限り、裁定及び勧告を行うことができる。問題がこの2の規定の対象となる旨を当該当事国が認め、かつ、小委員会がその旨を決定する場合には、その限度において、この了解の手続は、小委員会の報告が加盟国に送付される時以前のものに限って適用される。勧告及び裁定の採択のための検討、監視及び実施については、一九八九年四月一二日の決定（ガット基本文書選集（BISD）追録第三六巻六一ページから六七ページまで）に含まれている紛争解決の規則及び手続が適用される。次の規定も、また、適用される。

(a) 申立国は、この2の規定が対象とする問題に関して行われる陳述を正当化するための詳細な根拠を提示する。

(b) 小委員会は、この2の規定が対象とする問題に係る紛争解決の事案において、当該事案がこの2の規定が対象とする問題以外の問題に関係すると認める場合には、それぞれの問題に関する別個の報告を紛争解決機関に送付する。

第二七条（事務局の任務）1 事務局は、取り扱う問題の特に法律上、歴史上及び手続上の側面について小委員会を援助し並びに事務局としての支援及び技術的支援を提供する任務を有する。

2 事務局は、加盟国の要請に基づき紛争解決に関し加盟国を援助するに当たり、開発途上加盟国に対し紛争解決に関する追加的な法律上の助言及び援助を与える必要が生ずる可能性がある。事務局は、このため、要請を行う開発途上加盟国に対し、世界貿易機関の技術協力部門の能力を有する法律専門家による援助を利用することができるようにする。この専門家は、事務局の公平性が維持されるような方法で開発途上加盟国を援助する。

3 事務局は、関心を有する加盟国のために、当該加盟国の専門家が紛争解決のための手続及び慣行に関して理解を深めることができるように、これらに関する特別の研修を実施する。

附属書一　この了解が対象とする協定

(a) 世界貿易機関を設立する協定

(b) 多角的貿易協定

附属書一A　物品の貿易に関する多角的協定

附属書一B　サービスの貿易に関する一般協定

附属書一C　知的所有権の貿易関連の側面に関する協定

附属書二　紛争解決に係る規則及び手続に関する了解

(c) 複数国間貿易協定

附属書四　民間航空機貿易に関する協定

政府調達に関する協定

国際酪農品協定

国際牛肉協定

この了解は、複数国間貿易協定については、各協定についてのこの了解の適用の条件（附属書二に規定する特別又は追加の規則及び手続等）に関し当該協定の締約国が採択する決定に従って適用されるものとし、その決定は、紛争解決機関に通報される。

附属書二　対象協定に含まれている特別又は追加の規則及び手続

協定	規則及び手続
衛生植物検疫措置の適用に関する協定	第一一条2

繊維及び繊維製品（衣類を含む。）に関する協定
　第二条の14及び21、第四条4、第五条の2、4及び6、第六条の9から11まで、第八条の1から12まで
貿易の技術的障害に関する協定
　第一四条の14・2から14・4まで、附属書二
一九九四年のガット第六条の実施に関する協定
　第一七条の17・4から17・7まで
一九九四年のガット第七条の実施に関する協定
　第一九条の3から5まで、附属書Ⅱの2(f)、3、9及び21
補助金及び相殺措置に関する協定
　第四条の4・2から4・12まで、第六条6・6、第七条の7・2から7・10まで、第八条8・5、第一〇条注、第二四条24・4、第二七条27・7、附属書Ⅴ
サービスの貿易に関する一般協定
　第二二条3、第二三条3
金融サービスに関する附属書　4
航空運送サービスに関する附属書　4
サービス貿易一般協定に係る特定の紛争解決手続に関する決定　1から5まで

この附属書に掲げる規則及び手続は、その一部のみが対象協定に含まれている特別又は追加の規則及び手続に該当し得るものを含む。

複数国間貿易協定の特別又は追加の規則及び手続は、各協定の権限を有する内部機関が決定し、かつ、紛争解決機関に通報する規則及び手続とする。

附属書三　検討手続

1　小委員会は、その検討において、この了解の関連規定に従う。更に、次の検討手続が適用される。

2　小委員会の会合は、非公開とする。紛争当事国及び利害関係を有する当事国は、小委員会により出席するよう招請された場合に限り、その会合に出席する。

3　小委員会の審議及び小委員会に提出された文書は、秘密のものとして取り扱われる。この了解のいかなる規定も、紛争当事国が自国の立場についての陳述を公開することを妨げるものではない。加盟国は、他の加盟国が小委員会に提出した情報であって当該他の加盟国が秘密であると指定したものを秘密のものとして取り扱う。紛争当事国は、秘密の意見書を小委員会に提出した場合には、加盟国の要請に基づき、当該意見書に含まれている情報の秘密でない要約であって公開し得るものを提供する。

4　紛争当事国は、小委員会が当該紛争当事国との間で行う第一回の実質的な会合の前に、問題の事実関係及び自国の主張を示す意見書を小委員会に提出する。

5　小委員会は、当事国との間で行う第一回の実質的な会合において、申立国に自国の立場を表明するよう求める。申立てを受けた当事国は、その後、同一の会合において、自国の立場を表明することを求められる。

6　すべての第三国（紛争について利害関係を有することを紛争解決機関に通報した加盟国）は、小委員会の第一回の実質的な会合中に特別に開催される会議において自国の立場を表明するよう、書面によって招請される。すべての第三国は、当該特別に開催される会議の全期間出席することができる。

7　正式の反論は、小委員会の第二回の実質的な会合において行われる。申立てを受けた当事国は、最初に発言する権利を有し、その後に申立国が続く。当事国は、反論を、当該会合の前に書面によって小委員会に提出する。

8　小委員会は、いつでも、当事国との会合において又は書面により、当事国に質問し及び当事国に説明を求めることができる。

9　紛争当事国及び第一〇条の規定に従って自国の立場を表明するよう要請された第三国は、その口頭による陳述を書面にしたものを小委員会が入手することができるようにする。

10　5から9までに規定する表明、反論及び陳述は、透明性を確保するために、当事国の出席しているところで行われる。更に、各当事国の意見書（小委員会の報告の説明部分に関する意見、小委員会による質問に対する回答等から成る。）については、他の当事国が入手することができるようにする。

11　（小委員会に関する特別の追加の手続がある場合には、その手続）

12　小委員会の検討の日程案
(a)　当事国の最初の意見書の受理
　(1)　申立国　三週間から六週間
　(2)　申立てを受ける当事国　二週間から三週間
(b)　当事国との間で行う第一回の実質的な会合及び第三国のために特別に開催される会議の日時及び場所　一週間から二週間
(c)　当事国の書面による反論の受理　二週間から三週間
(d)　当事国との間で行う第二回の実質的な会合の日時及び場所　一週間から二週間
(e)　報告の説明部分の当事国への送付　二週間から四週間
(f)　報告の説明部分についての当事国の意見の受理　二週間
(g)　中間報告（認定、結論等から成る。）の当事国への送付　二週間から四週間
(h)　当事国が中間報告の一部を検討するよう要請するための期限　一週間
(i)　小委員会による検討（当事国との間で行うことのある追加の会合を含む。）の期間　二週間

(j) 最終報告の紛争当事国への送付　二週間
(k) 最終報告の加盟国への送付　三週間

(a)から(k)までに定める日程は、予見されなかった事態の進展を踏まえて変更することができる。要請がある場合には、当事国との追加の会合が予定される。

附属書四　専門家検討部会

第一三条2の規定に基づいて設置される専門家検討部会（この附属書において「部会」という。）については、次に定める規則及び手続を適用する。

1 部会は、小委員会の権限の下に置かれる。部会の付託事項及び詳細な作業手続は、小委員会が決定するものとし、また、部会は、小委員会に対して報告を行う。

2 部会には、問題となっている分野において専門的な能力及び経験を有する者のみが参加することができる。

3 紛争当事国の国民は、紛争当事国の合意がある場合を除くほか、部会の構成員となることはできない。ただし、他の者では遂行することができない特別な科学上の専門知識が必要であると小委員会が認める場合は、この限りでない。紛争当事国の公務員は、部会の構成員となることはできない。部会の構成員は、政府又は団体の代表としてではなく、個人の資格で職務を遂行する。したがって、政府又は団体は、部会に付託された問題につき、部会の構成員に指示を与えてはならない。

4 部会は、適当と認めるいかなる者とも協議し、並びにこれらの者に対して情報及び技術上の助言の提供を要請することができる。部会は、いずれかの加盟国の管轄内にある者に対して情報又は助言の提供を要請するに先立ち、当該加盟国の政府にその旨を通報する。加盟国は、部会が必要かつ適当と認める情報の提供を要請した場合には、速やかかつ完全に応ずる。

5 紛争当事国は、部会に提供されるすべての関連情報（秘密の性質を有するものを除く。）を取得する機会を有する。部会に提供された秘密の情報は、当該情報を提供した政府、団体又は個人の正式の同意を得ないで開示してはならない。当該情報の開示が部会に対して要求された場合において、当該情報の部会による開示について同意が得られないときは、当該情報を提供した政府、団体又は個人は、当該情報の秘密でない要約を提供する。

6 部会は、紛争当事国に対し、適当な場合には、その意見を得るために報告案を送付し、最終報告（小委員会に提出される際に紛争当事国にも送付される。）において当該意見を考慮に入れる。部会の最終報告は、助言的なものにとどまる。

第2節　地域・二国間協定

97 日本国とアメリカ合衆国との間の友好通商航海条約（日米通商航海条約）

署　名　一九五三年四月二日（東京）
効力発生　一九五三年一〇月三〇日
日本国　一九五三年八月七日国会承認、九月三〇日批准書交換、一〇月二八日公布（条約第二七号）

日本国及びアメリカ合衆国は、両国の間に伝統的に存在する平和及び友好の関係を強化し、並びに両国の国民の間の一層緊密な経済的及び文化的関係を促進することを希望し、また、相互に有利な通商関係を助長し、相互に有益な投資を促進し、並びに相互の権利及び特権を定める取極によってそれらの目的の達成に寄与することができることを認識しているので、無条件に与えられる最恵国待遇及び内国民待遇の原則を一般的に基礎とする友好通商航海条約を締結することに決定し、そのため、次のとおりそれぞれの全権委員を任命した。

（委員名略）

これらの全権委員は、互にその全権委任状を示し、それが妥当であると認められた後、次の諸条を協定した。

第一条【入国と在留】 1　いずれの一方の締約国の国民も、(a)両締約国の領域の間における貿易を営み、若しくはこれに関連する商業活動を行う目的をもって、(b)当該国民が相当な額の資本を投下した企業若しくは当該国民が現に相当な額の資本を投下する過程にある企業を発展させ、若しくはその企業の運営を指揮する目的をもって、又は(c)外国人の入国及び在留に関する法令の認めるその他の目的をもって、他方の締約国の領域に入り、及びその領域に在留することを許される。

2　いずれの一方の締約国の国民も、他方の締約国の領域内において、(a)自由に旅行し、及び自己が選んだ場所に居住し、(b)良心の自由を享有し、(c)公私の宗教上の儀式を行い、(d)国外の公衆に周知させるため資料を収集し、及び送付し、並びに(e)当該領域の内外にある他の者と郵便、電信その他一般に公衆の用に供される手段によって通信することを許される。

3　本条の規定は、公の秩序を維持し、及び公衆の健康、道徳又は安全を保護するため必要な措置を執る締約国の権利の行使を妨げるものではない。

第二条【身体の保護】 1　いずれの一方の締約国の国民も、他方の締約国の領域内において、いかなる種類の不法な迫害も受けることはなく、且つ、いかなる場合にも国際法の要求する保護及び保障よりも少くない不断の保護及び保障を受けるものとする。

2　いずれか一方の締約国の領域内で他方の締約国の国民が抑留された場合には、その者の要求に基き、もよりの地にあるその者の本国の領事官に直ちに通告されるものとする。その者は、(a)相当且つ人道的な待遇を受け、(b)自己に対する被疑事実を正式に且つ直ちに告げられ、(c)自己の防ぎょのための適当な準備に支障がない限りすみやかに裁判に付され、及び(d)自己の防ぎょに当然必要なすべての手段(自己が選任する資格のある弁護人の役務を含む。)を与えられる。

第三条【労働者災害保障と社会保障】 1　いずれの一方の締約国の国民も、他方の締約国の領域内において、雇用されている間に業務の結果生じた疾病、負傷若しくは死亡又は業務の性質に起因する疾病、負傷若しくは死亡を理由として行う金銭上の補償その他の給付又は役務の提供を定める法令の適用について、内国民待遇を与えられる。

2　本条1に規定する権利及び特権の外、いずれの一方の締約国の国民も、他方の締約国の領域内において、(a)老齢、失業、疾病若しくは身体障害による賃金若しくは所得の喪失又は(b)父、夫その他自己を扶養する者の死亡による経済的扶助の喪失に対し経済上の需要を個別的に審査しないで給付を行う強制的な社会保障制度を定める法令の適用について、内国民待遇を与えられる。

第四条【裁判を受ける権利と商事仲裁】 1　いずれの一方の締約国の国民及び会社も、その権利の行使及び擁護については、他方の締約国の領域内ですべての審級の裁判所の裁判を受け、及び行政機関に対して申立をする権利に関して、内国民待遇及び最恵国待遇を与えられる。いずれか一方の締約国の会社で他方の締約国の領域内で活動を行っていないものは、その領域内において、登記その他これに類する要件を課されないで、それらの裁判を受け、及び申立をする権利を有するものとする。

2　一方の締約国の国民又は会社と他方の締約国の国民又は会社との間に締結された仲裁による紛争の解決を規定する契約は、いずれの一方の締約国の領域内においても、仲裁手続のために指定された地がその領域外にあるという理由又は仲裁人のうちの一人若しくは二人以上がその締約国の国籍を有しないという理由だけでは、執行することができないものと認めてはならない。その契約に従って正当にされた判断で、判断がされた地の法令に基いて確定しており、且つ、執行することができるものは、公の秩序及び善良の風俗に反しない限り、いずれの一方の締約国の管轄裁判所に提起される執行判決を求める訴に関しても既に確定しているものとみなされ、且つ、その判断についてその裁判所から執行判決の言渡を受けることができる。その言渡があった場合には、その判断に対しては、その地でされる判断に対して与える特権及び執行の手段と同様の特権及び執行の手段を与えるものとする。アメリカ合衆国の領域外でされた判断は、アメリカ合衆国のいずれの州のいずれの裁判所においても、他の諸州でされる判断が受ける承認と同様の限度においてのみ、承認を受けることができるものとする。

第五条【企業、資本、技術に関する権利保護】 1　いずれの一方の締約国も、他方の締約国の国民又は会社がその設立した企業、その資本又はその提供した技能、技芸若しくは技術に関し適法に取得した権利又は利益で当該一方の締約国の領域内にあるものを害する虞がある不当な又は差別的な措置を執ってはならない。いずれの一方の締約国も、他方の締約国の国民及び会社が自国の経済的発展のため必要な資本、技能、技芸及び技術を衡平な条件で取得することを不当に妨げてはならない。

2　両締約国は、特にそれぞれの領域内における生産力の増進及び生活水準の向上のため、科学及び技術に関する知識の交換及び利用を促進することに協力することを約束する。

第六条【財産の保護、収用の際の補償】 1　いずれの一方の締約国の国民及び会社の財産も、他方の締約国の領域内において、不断の保護及び保障を受けるものとする。

2　いずれの一方の締約国の国民及び会社も、その住居、事務所、倉庫、工場その他の建造物で他方の締約国の領域内にあるものについては、不法な侵入及び妨害を受けないものとする。当該建造物及びその中にある物件について必要がある場合に行う当局の捜索及び検査は、占有者の便宜及び業務の遂行に周到な考慮を払い、法令に従ってのみ行うものとする。

3　いずれの一方の締約国の国民及び会社の財産も、他方の締約国の領域内において、公共のためにする場合を除く外、収用し、又は使用してはならず、また、正当な補償を迅速に行わないで収用し、又は使用してはならない。その補償は、実際に換価することができるもので行わなければならず、また、収用し、又は使用した財産に充分相当する価額のものでなければならない。その補償を決定し、及び実施するため、収用若しくは使用の際又はその前に、適当な準備をしなければならない。

4　いずれの一方の締約国の国民及び会社も、他方の締約国の領域内において、本条2及び3に規定する事項に関しては、いかなる場合にも、内国民待遇及び最恵国待遇よりも不利でない待遇を与えられる。更に、いずれか一方の締約国の国民又は会社が実質的な利益を有する企業は、他方の締約国の領域内において、私有企業を公有に移し、又は公の管理の下に置くことに関するすべての事項について、内国民待遇及び最恵国待遇よりも不利でない待遇を与えられる。

第七条【事業活動の自由】1　いずれの一方の締約国の国民及び会社も、直接であると、代理人によってであると、又は何らかの形態の適法な団体を通じてであるとを問わず、他方の締約国の領域内ですべての種類の商業、工業、金融業その他の事業の活動を行うこと、従って、(a)支店、代理店、事務所、工場その他その事業の遂行のため適当な施設を設置し、及び維持し、(b)会社に関する当該他方の締約国の一般法に基いて会社を組織し、及び当該他方の締約国の会社における過半数の利益を取得し、並びに(c)自己が設立し、又は取得した企業を支配し、及び経営することに関して、内国民待遇を与えられる。更に、当該国民又は会社が支配する企業は、個人所有の形式であると、会社の形式その他のいずれの形式であるとを問わず、その事業の遂行に関連するすべての事項について、当該他方の締約国の国民又は会社が支配する同様の企業が与えられる待遇よりも不利でない待遇を与えられる。

2　各締約国は、外国人が、その締約国の領域内で公益事業を行う企業若しくは造船、航空運送、水上運送、銀行業務(預金業務又は信託業務に限る。)若しくは土地その他の天然資源の開発を行う企業を設立し、当該企業における利益を取得し、又は当該企業を営むことができる限度を定める権利を留保する。但し、いずれか一方の締約国が、その領域内でそれらの事業を営むことに関して外国人に内国民待遇を与える限度について新たに行う制限は、その実施の際その領域内でそれらの事業を行っており、且つ、他方の締約国の国民又は会社が所有し、又は支配している企業に対しては、適用しない。更に、いずれの一方の締約国も、他方の締約国の運送事業、通信事業又は銀行業を営む会社に対し、その会社が行うことを許される本質的に国際的な業務に必要な機能を営むための支店及び代理店を維持する権利を否認してはならない。

3　本条1の規定は、いずれか一方の締約国が外国人の支配する企業の自国領域内における設立に関して特別の手続を定めることを妨げるものではない。但し、その手続は、本条1に規定する権利を実質的に害するものであってはならない。

4　各締約国の国民及び会社並びに当該国民又は会社が支配する企業は、本条に規定する事項については、いかなる場合にも、最恵国待遇を与えられる。

第八条【自由職業と非営利活動】1　いずれの一方の締約国の国民及び会社も、他方の締約国の領域内において、自己が選んだ会計士その他の技術者、高級職員、弁護士、代理を業とする者その他の専門家を用いることを許される。更に、当該国民及び会社は、当該領域内における自己の企業又は自己が財政的利益を有する企業の企画及び運営に関し、もっぱら自己のために検査、監査及び技術的調査を行わせ、並びに自己に報告させるという特定の目的で、当該領域内で自由職業に従事するための資格のいかんを問わず、会計士その他の技術者を用いることを許される。

2　いずれの一方の締約国の国民も、外国人たることのみを理由としては、他方の締約国の領域内で自由職業に従事することを禁止されることはない。当該国民は、資格、居住及び権限に関する要件で当該他方の締約国の国民に対して適用されるものに従うことを条件として、当該領域内で自由職業に従事することを許される。

3　いずれの一方の締約国の国民及び会社も、他方の締約国の領域内で学術、教育、宗教及び慈善の活動を行うことに関して、内国民待遇及び最恵国待遇を与えられ、且つ、その活動を行うため当該他方の締約国の法令に基いて団体を組織する権利を与えられる。

第九条【財産権の取得と処分】1　いずれの一方の締約国の国民及び会社も、他方の締約国の領域内において、(a)第七条又は第八条に基いて行うことを許される活動の遂行及び居住のため適当な土地、建物その他の不動産を賃借し、占有し、及び使用することに関する内国民待遇並びに(b)他方の締約国の関係法令で認められる不動産に関するその他の権利を与えられる。

2　いずれの一方の締約国の国民及び会社も、他方の締約国の領域内において、すべての種類の動産(無体財産を含む。)を購入、賃借その他の方法によって取得し、所有し、及び占有することに関して、内国民待遇及び最恵国待遇を与えられる。但し、いずれの一方の締約国も、公共の安全の見地から危険と認められる物及び第七条2の第一文に掲げる活動を行う企業における利益を外国人が所有することについては、第七条その他この条約の規定によって保障される特権を害しない範囲内において、制限することができる。

3　いずれの一方の締約国の国民及び会社も、他方の締約国の領域内にある財産を遺言によると否とを問わず遺産として取得することに関し、当該国民又は会社が外国人又は外国の会社であるという理由で内国民待遇を与えられない場合には、その財産を自由に処分することを許され、且つ、その処分をするため五年を下らない期間を与えられる。

4　いずれの一方の締約国の国民及び会社も、他方の締約国の領域内において、すべての種類の財産の処分に関して、内国民待遇及び最恵国待遇を与えられる。

第一〇条【工業所有権】いずれの一方の締約国の国民及び会社も、他方の締約国の領域内において、特許権の取得及び保有並びに商標、営業用の名称及び営業用の標章に関する権利並びにすべての種類の工業所有権に関して、内国民待遇及び最恵国待遇を与えられる。

第一一条【租税と課徴金】1　いずれか一方の締約国の国民で他方の締約国の領域内に居住するもの及びいずれか一方の締約国の国民又は会社で他方の締約国の領域内で貿易その他の営利的活動又は学術、教育、宗教若しくは慈善の活動を行うものは、当該領域内において、所得、資本、取引、活動その他の客体について課される租税、手数料その他の課徴金又はその賦課及び徴収に関する要件について、当該他方の締約国の国民又は会社が負担する課徴金又は要件よりも重い課徴金又は要件を課されることはない。

2　いずれか一方の締約国の国民で他方の締約国の領域内に居住せず、且つ、貿易その他の営利的活動を行わないもの及びいずれか一方の締約国の会社で他方の締約国の領域内で貿易その他の営利的活動を行わないものに関しては、当該他方の締約国は、本条1に規定する原則を一般に適用することを目標としなければならない。

3　いずれの一方の締約国の国民及び会社も、他方の締約国の領域内において、所得、資本、取引、活動その他の客体について課される租税、手数料その他の課徴金又はその賦課及び徴収に関する要件について、いかなる場合にも、第三国の国民、第三国に居住する者及び第三国の会社が負担する課徴金又は要件よりも重い課徴金又は要件を課されることはない。

4　いずれか一方の締約国の会社で他方の締約国の領域内で貿易その他の営利的活動を行うもの及びいずれか一方の締約国の国民で他方の締約国の領域内で貿易その他の営利的活動を行うが当該領域内に居住しないものについては、当該他方の締約国は、所得、資本その他の標準による租税、手数料その他の課徴金で当該領域に対して適正に割り当てられ、又はあん分される課徴金をこえるものを課してはならず、また、当該領域に対して適正に割り当てられ、又はあん分される額に達しない額の控除及び免除を認めてはならない。もっぱら学術、教育、宗教又は慈善の目的のため組織され、且つ、運営される会社についても、また、同様とする。

5　各締約国は、(a)相互主義に基いて租税に関する特定の利益を与える権利、(b)二重課税の防止又は歳入の相互的保護のための協定に基いて租税に関する特別の利益を与える権利並びに(c)自国民及び隣接国に居住する者に対し所得に関する租税及び相続税に関する個人的な免除で自国に居住しないその他の者に認める当該免除よりも有利なものを認める権利を留保する。

第一二条【為替制限】1　いずれの一方の締約国の国民及び会社も、両締約国の領域の間及び他方の締約国の領域と第三国の領域との間における支払、送金及び資金又は金銭証券の移転に関して、当該他方の締約国により内国民待遇及び最恵国待遇を与えられる。

2　いずれの一方の締約国も、その通貨準備の水準が著しく低下することを防止し、又は著しく低い通貨準備を適度に増加するため必要な範囲内で行う場合を除く外、本条5に定める為替制限を行ってはならない。本条の規定は、いずれか一方の締約国が国際通貨基金に対して負う義務を変更するものではなく、また国際通貨基金が特定の為替制限を行うことを締約国に特に認め、又は要請する場合にその為替制限を行うことを妨げるものではない。

3　いずれの一方の締約国も、前記の2に従って為替制限を行う場合には、自国民の保健及び福祉に欠くことができない貨物及び役務のための外国為替の利用を確保するため必要なすべての準備をした後、(a)第六条3に掲げる補償として支払われた額、(b)給与、利子、配当金、手数料、権利の使用料、技術的役務に対する報酬その他の所得の額並びに(c)借入金の償還、直接投下資本の償却及び資本の移転に係る額の、他方の締約国の通貨で表示された外国為替による回収について、その他の取引のための特別の需要を考慮して適当な準備をしなければならない。二以上の為替相場が実施されている場合には、当該回収に適用される相場は、国際通貨基金によって当該取引のため特に承認された相場又は、その承認された相場がないときは、正当な実効相場(為替の取引についての租税又は手数料を含む。)でなければならない。

4　為替制限は、いずれの一方の締約国も、他方の締約国の国民及び会社の請求権、投資、運送、貿易その他の利益又は競争的地位に対して不必要に有害な又はし意的に差別的な方法で行ってはならない。

5　本条において「為替制限」とは、いずれか一方の締約国が課するすべての制限、規制、課徴金、租税その他の要件で、両締約国の領域の間における支払、送金又は資金若しくは金銭証券の移転について負担又は妨害となるものをいう。

第一三条【代理商業旅行者に対する関税と業務規制】いずれか一方の締約国の国民及び会社で当該締約国の領域内で事業を行うものを代理する商業旅行者は、他方の締約国の領域に入り、及びその領域から出る際並びにその領域に在留する間、関税その他の事項(第一一条5に規定する例外に従うことを条件として、当該商業旅行者、その携帯する見本及び注文の取集めについて課される租税その他の課徴金を含む。）及びその業務の遂行を規律する規制に関して、最恵国待遇を与えられる。

第一四条【輸出入産品に対する関税と数量制限】 1 各締約国は、いずれの場所から到着したかを問わず、また、運送手段の種類のいかんを問わず、他方の締約国の産品に対し、並びに、径路及び運送手段の種類のいかんを問わず、他方の締約国の領域への輸出に向けられる産品に対し、輸出若しくは輸入に対し若しくはこれに関連して課され、又は輸出品若しくは輸入品のための支払手段の国際的移転に対して課されるすべての種類の関税及び課徴金、当該関税及び課徴金の賦課の方法並びに輸出及び輸入に関連するすべての規則及び手続に関して、最恵国待遇を与える。

2 いずれの一方の締約国も、他方の締約国の産品の輸入又は他方の締約国の領域への産品の輸出について制限又は禁止をしてはならない。但し、すべての第三国の同様の産品の輸入又はすべての第三国への同様の産品の輸出が同様に制限され、又は禁止される場合はこの限りでない。

3 いずれの一方の締約国も、他方の締約国が重大な利害関係を有する産品の輸出又は輸入について量的制限をする場合には、

(a) 当該一方の締約国は、特定の期間中に輸出し、又は輸入することができる産品の総数量又は総価額及びその総数量若しくは総価額又は期間の変更について、原則として事前に公表しなければならない。

(b) 当該一方の締約国は、いずれかの第三国に割当を行うときは、その産品の貿易に影響を与える特別の要因に妥当な考慮を払った上で、他方の締約国が以前の代表的な期間中に供給し、又は供給された産品の総数量又は総価額に比例する割当を当該他方の締約国に与えなければならない。

4 いずれの一方の締約国も、衛生上の理由その他商業的性質を有しない慣習上の理由により、又は詐欺的の若しくは不公正な慣行を防止するため、禁止又は制限をすることができる。但し、その禁止又は制限は、他方の締約国の通商に対してし意的な差別をするものであってはならない。

5 いずれの一方の締約国の国民及び会社も、輸出及び輸入に関するすべての事項について、他方の締約国により内国民待遇及び最恵国待遇を与えられる。

6 本条の規定は、いずれか一方の締約国が与える次の利益には適用しない。

(a) 内国漁業の産品に与える利益

(b) 国境貿易を容易にするため隣接国に与える利益

(c) 当該一方の締約国が加盟国となる関税同盟又は構成地域となる自由貿易地域の存在に基いて与える利益。但し、当該一方の締約国が、自国の計画を他方の締約国に通報し、且つ、協議のための適当な機会を当該他方の締約国に与える場合に限る。

7 本条2及び3（(a)を除く。）の規定にかかわらず、締約国は、貨物の輸出及び輸入について、第一二条に従って行われる為替制限と同等の効果を有し、又はその為替制限を効果的にするため必要とされる制限又は統制をすることができる。但し、その制限又は統制は、それらの規定から不必要に逸脱してはならず、また、外国との間の非差別的な貿易の最大限度の発展を助長し、並びにその制限の必要を除去するに足りる国際収支状況及び通貨準備をもたらすための政策に適合するものでなければならない。

第一五条【関税行政】 1 各締約国は、法令及び一般に適用する行政上の決定で、関税、租税その他の課徴金の額、関税のための品目分類並びに輸出品及び輸入品若しくはそのための支払手段の移転についての要件若しくは制限に関するもの又は輸出品及び輸入品の販売、分配若しくは使用に影響を与えるものをすみやかに公表し、並びにその法令及び決定を一律、公平且つ適切に実施しなければならない。行政上新たに定められる要件又は制限で輸入品に影響を与えるものは、衛生上又は公共の安全上の理由で課するものを除く外、一般の慣行として、公表後三〇日を経過するまでの間は実施せず、又は公表の際輸送中である産品には適用しないものとする。

2 各締約国は、他方の締約国の国民及び会社並びに他方の締約国の産品を輸入する者が関税に関する事項に関する行政処分（過料を科し、その他不利益処分を行うこと、没取並びに行政機関が行う関税のための分類及び評価の問題についての決定を含む。）について迅速且つ公平な審査を受け、及び正当と認められた場合にその是正を求めることができる訴願及び出訴の手続を定めなければならない。関税及び海運に関する法令に対する違反で書類の作成に関するものを理由とする不利益処分は、当該違反が記載上の過誤から生じた場合又は善意によることが証明された場合には、単に警告として行うため必要な限度をこえるものであってはならない。

3 各締約国は、一方の締約国の産品を輸出し、又は輸入する者がその産品をいずれか一方の締約国の会社の海上保険に付することを妨げる差別的措置を執ってはならない。この規定は第一二条の規定の適用を妨げるものではない。

第一六条【輸入品と外国系会社製品の国内待遇】 1 いずれの一方の締約国の産品も、他方の締約国の領域内において、国内における課税、販売、分配、保管及び使用に影響があるすべての事項に関して、内国民待遇及び最恵国待遇を与えられる。

2 いずれか一方の締約国の国民若しくは会社又はいずれか一方の締約国の国民若しくは会社の支配する他方の締約国の会社が当該他方の締約国の領域内で生産する物品は、その領域内において、輸出、課税、販売、分配、保管及び使用に影響があるすべての事

項に関して、生産する者又は会社のいかんを問わず内国原産の同様の物品が与えられる待遇よりも不利でない待遇を与えられる。

第一七条【国家貿易】1　各締約国は、(a)その政府が所有し、又は支配する企業及びその領域内で排他的の又は特別の特権を与えられた独占企業又は機関が、他方の締約国の通商に影響を与える輸出又は輸入を伴う販売又は購入を商業的考慮(価格、品質、入手可能性、市場性、運送その他販売又は購入の条件等に関する考慮をいう。)によってのみ行うべきこと並びに(b)他方の締約国の国民、会社及び通商が、(a)に規定する販売又は購入に参加するため競争する適当な機会を通常の商慣行に従って与えられるべきことを約束する。

2　各締約国は、他方の締約国の国民、会社及び通商に対し、(a)政府による需品の購入、(b)特権の賦与その他政府による契約及び(c)政府又は排他的の若しくは特別の特権を与えられた独占企業若しくは機関が行う役務の販売に関しては、第三国の国民、会社及び通商に与える待遇と比べて公正且つ衡平な待遇を与えなければならない。

第一八条【制限的、独占的商慣行の排除】1　両締約国は、競争を制限し、市場への参加を制限し、又は独占的支配を助長する事業上の慣行で商業を行う一若しくは二以上の公私の企業又はそれらの企業の間における結合、協定その他の取極により行われるものが、それぞれの領域の間における通商に有害な影響を与えることがあることについて、一致した意見を有する。従って、各締約国は他方の締約国の要請があるときは、それらのいかなる事業上の慣行に関しても協議し、及びその有害な影響を除去するため適当と認める措置を執ることに同意する。

2　いずれの一方の締約国の公の所有又は支配に属する企業(社団法人、団体及び政府機関を含む。)も、他方の締約国の領域内で商業、工業、海運業その他の事業の活動を行う場合には、自己又は自己の財産のため、私の所有又は支配に属する企業が課税され、訴えられ、又は裁判の執行を受けることその他当該領域内で負う義務を当該領域内で免除されることを請求し、又はその免除を享有しないものとする。

第一九条【船舶の待遇】1　両締約国の領域の間においては、通商及び航海の自由があるものとする。

2　いずれか一方の締約国の国旗を掲げる船舶で、国籍の証明のため当該締約国の法令により要求される書類を備えているものは、公海並びに他方の締約国の港、場所及び水域において、当該一方の締約国の船舶と認められる。

3　いずれの一方の締約国の船舶も、他方の締約国の船舶及び第三国の船舶と均等の条件で、外国との間における通商及び航海のため開放された他方の締約国のすべての港、場所及び水域に積荷とともに入る自由を有する。その船舶及び積荷は、当該他方の締約国の港、場所及び水域において、すべての事項に関して内国民待遇及び最恵国待遇を与えられる。

4　いずれの一方の締約国の船舶も、他方の締約国の領域に又はその領域から船舶で輸送することができるすべての産品を輸送する権利に関して、当該他方の締約国によって内国民待遇及び最恵国待遇を与えられる。それらの産品は、(a)関税その他の課徴金、(b)税関事務及び(c)奨励金、関税の払いもどしその他この種の特権に関して、当該他方の締約国の船舶で輸送される同様の産品が与えられる待遇よりも不利でない待遇を与えられる。

5　いずれの一方の締約国の船舶も、難破し、座礁し、又は他方の締約国の港、場所若しくは水域(外国との間における通商及び航海のため開放されているかどうかを問わない。)にやむを得ず入った場合には、当該他方の締約国又は第三国の船舶が同様の場合に受ける援助及び保護と同様の援助及び保護を受けるものとし、また、当該他方の締約国又は第三国の船舶が同様の場合に支払うべき租税その他の課徴金と異なる租税その他の課徴金を課されないものとする。いずれか一方の締約国の当該船舶の積荷及びその船舶から救い上げられたすべての物品は、他方の締約国の領域内における消費のため搬入された場合を除く外、関税を免除されるものとする。但し消費以外の目的のため搬入された物品については、それが当該他方の締約国から搬出されるまでは、歳入の保護のための措置を執ることができる。

6　この条約の他のいかなる規定にもかかわらず、各締約国は、沿岸貿易、内国漁業及び内水航行に関して自国の船舶のため排他的の権利及び特権を留保し、又は相互主義に基く限り外国の船舶に沿岸貿易、内国漁業及び内水航行を許すことができる。

7　本条において「船舶」とは、私の所有又は運航に係るものであると、公の所有又は運航に係るものであるとを問わず、すべての種類の船舶をいう。但し、本条2及び5の場合を除く外、漁船及び軍艦を含まないものとする。

第二〇条【領域通過】次の人及び物については、国際通過のため最も便利な径路により各締約国の領域を通過する自由があるものとする。

(a)　他方の締約国の国民及びその手荷物

(b)　他方の締約国の領域への又はその領域からの途中にあるその他の者及びその手荷物

(c)　他方の締約国の領域への又はその領域からの途中にある産品(原産地のいかんを問わない。)

それらの通過中の人及び物は、関税、通過を理由として課される租税並びに不当な課徴金及び要件を免除されるものとし、また、不必要に遅延させられず、及び不必要な制限を受けないものとする。但し、それらの人及び物は、第一条3に掲げる措置及び通過の特権の濫用を防止するため必要な非差別的な規制に服するものとする。

第二一条【例外】1　この条約は、次の措置を執ることを妨げるものではない。

(b)(a) 金又は銀の輸出又は輸入を規制する措置

核分裂性物質、核分裂性物質の利用若しくは加工による放射性副産物又は核分裂性物質の原料となる物質に関する措置

(c) 武器、弾薬及び軍需品の生産若しくは取引又は軍事施設に供給するため直接若しくは間接に行われるその他の物資の取引を規制する措置

(d) 国際の平和及び安全の維持若しくは回復に関する自国の義務を履行し、又は自国の重大な安全上の利益を保護するため必要な措置

(e) 第三国の国民がその所有又は管理について直接又は間接に支配的利益を有する会社に対してこの条約に定める利益（法律上の地位を認めること並びに裁判所の裁判を受け、及び行政機関に対して申立をする権利を除く。）を拒否する措置

2　この条約中の貨物に関する最恵国待遇の規定は、アメリカ合衆国又はその準州若しくは属地が相互に与え、又はキューバ共和国、フィリピン共和国、太平洋諸島の信託統治地域若しくはパナマ運河地帯に与える利益については、適用しないものとする。

3　この条約中の貨物の待遇に関する規定は、いずれか一方の締約国が関税及び貿易に関する一般協定の当事国である間は、その締約国が同協定で要求され、又は特に許される措置を執ることを妨げるものではない。更に、いずれの一方の締約国も、その意思によって同協定の当事国となっていない国に対しては、同協定に基いて取り極めた利益を与えなくてもよい。

4　いずれか一方の締約国の国民で特定の目的のため他方の締約国の領域に入ることを許されるものは、その入国許可の条件として法令により明示的に課される制限に反して営利的職業に従事する権利を有しない。

5　この条約のいかなる規定も、政治的活動を行う権利を与え、又は認めるものと解してはならない。

第二二条【用語の定義】1　「内国民待遇」とは、一締約国の領域内で与えられる待遇で、当該締約国のそれぞれ国民、会社、産品、船舶又はその他の対象が同様の場合にその領域内で与えられる待遇よりも不利でないものをいう。

2　「最恵国待遇」とは、一締約国の領域内で与えられる待遇で、第三国のそれぞれ国民、会社、産品、船舶又はその他の対象が同様の場合にその領域内で与えられる待遇よりも不利でないものをいう。

3　この条約において「会社」とは、有限責任のものであるかどうかを問わず、また、金銭的利益を目的とするものであるかどうかを問わず、社団法人、組合、会社その他の団体をいう。いずれか一方の締約国の領域内で関係法令に基いて成立した会社は、当該締約国の会社と認められ、且つ、その法律上の地位を他方の締約国の領域内で認められる。

4　この条約の規定に基いて日本国の会社に与えられる内国民待遇は、アメリカ合衆国のいずれの州、準州又は属地においても、当該地域においてアメリカ合衆国の他の州、準州又は属地で創設され、又は組織される会社に与えられる待遇とする。

第二三条【適用地域】この条約の適用を受ける領域は、各締約国の主権又は権力の下にある陸地及び水域のすべての区域とする。但し、パナマ運河地帯及び太平洋諸島の信託統治地域（アメリカ合衆国大統領が宣言によりこの条約の規定を適用する当該信託統治地域の部分を除く。）を除く。

第二四条【協議と紛争解決】1　各締約国は、他方の締約国がこの条約の実施に関する事項について行う申入れに対しては、好意的考慮を払い、且つ、その申入れに関する協議のため適当な機会を与えなければならない。

2　この条約の解釈又は適用に関する両締約国の間の紛争で外交交渉により満足に調整されないものは、両締約国が何らかの平和的手段による解決について合意しなかったときは、国際司法裁判所に付託するものとする。

第二五条【効力発生、期間、終了】1　この条約は、批准されなければならない。批准書は、できるだけすみやかにワシントンで交換されるものとする。

2　この条約は、批准書の交換の日の後一箇月で効力を生ずる。この条約は、一〇年間効力を有し、その後は、本条で定めるところにより終了するまで効力を存続する。

3　いずれの一方の締約国も、他方の締約国に対し一年前に文書による予告を与えることによって、最初の一〇年の期間の満了の際又はその後いつでもこの条約を終了させることができる。

議定書（略）

留保に関する交換公文（略）

98　環太平洋パートナーシップ協定（TPP協定）（抜粋）

署　名　二〇一六年二月四日
効力発生
日本国　二〇一六年一二月九日国会承認、二〇一七年一月二〇日国内手続の完了に関する通報

第一章　冒頭の規定及び一般的定義

第A節　冒頭の規定

第一・一条　自由貿易地域の設定

締約国は、一九九四年のガット第二四条及びサービス貿易一般協定第五条の規定に従い、ここにこの協定の規定に基づいて自由貿易地域を設定する。

第一・二条　他の協定との関係

1　各締約国は、この協定と締約国の現行の国際協定とを共存させるとの締約国の意図を認めつつ、次の権利及び義務を確認する。

(a)　全ての締約国が締結している現行の国際協定（世界貿易機関設立協定を含む。）との関係において、他の締約国に対して当該各締約国が有する現行の権利及び義務

(b)　当該各締約国及び少なくとも一の他の締約国が締結している現行の国際協定との関係において、当該他の締約国に対して当該各締約国が有する現行の権利及び義務

2　締約国がこの協定の規定について当該締約国及び少なくとも一の他の締約国が締結している他の協定の規定と抵触していると認める場合において、当該締約国が要請するときは、当該他の協定を締結している関係する締約国は、相互に満足すべき解決を得るために協議する。この2の規定は、第二八章（紛争解決）の規定に基づく締約国の権利及び義務に影響を及ぼすものではない。

第B節　一般的定義

第二章　内国民待遇及び物品の市場アクセス

第A節　定義及び適用範囲

第B節　内国民待遇及び物品の市場アクセス

第二・三条　内国民待遇

1　各締約国は、一九九四年のガット第三条の規定（その解釈に係る注釈を含む。）の例により、他の締約国の産品に対して内国民待遇を与える。このため、同条の規定及びその解釈に係る注釈は、必要な変更を加えた上で、この協定に組み込まれ、この協定の一部を成す。

2　1の規定に従って締約国が与える内国民待遇は、地域政府については、当該地域政府が属する締約国の産品であって、輸入産品と同種のもの、直接に競合するもの又は代替可能なものに対して当該地域政府が与える最も有利な待遇よりも不利でない待遇とする。

3　1の規定は、附属書二A（内国民待遇並びに輸入及び輸出の制限）に掲げる措置については、適用しない。

第二・四条　関税の撤廃

1　いずれの締約国も、この協定に別段の定めがある場合を除くほか、原産品について、現行の関税を引き上げ、又は新たな関税を採用してはならない。

2　各締約国は、この協定に別段の定めがある場合を除くほか、原産品について、附属書二D（関税に係る約束）の自国の表に従って、漸進的に関税を撤廃する。

第二・一二条　輸入許可手続

1　いずれの締約国も、輸入許可手続に関する協定に適合しない措置を採用し、又は維持してはならない。

2　締約国は、自国の現行の輸入許可手続が存在する場合には当該輸入許可手続について、この協定が自国について効力を生じた後速やかに他の締約国に通報する。その通報には、輸入許可手続に関する協定第五条2に規定する情報及び6の規定によって必要とされる情報を含む。

5　各締約国は、自国が採用する新たな輸入許可手続及び自国が現行の輸入許可手続について行った変更について、可能な場合には、当該新たな輸入許可手続又は当該変更が効力を生ずる六〇日前までに、他の締約国に通報する。締約国は、いかなる場合にも、その公表の日の後六〇日以内にその通報を行う。当該通報には、6の規定によって要求される情報を含める。締約国は、新たな輸入許可手続又は現行の輸入許可手続の変更を輸入許可手続に関する協定第五条1から3までのいずれかの規定に従ってWTOの輸入許可に関する委員会に通報し、かつ、その通報に6の規定に従い他の締約国に通報することが要求される情報を含めた場合には、この要件を遵守しているものとみなされる。

7　各締約国は、許可に関する規則及び輸入許可の申請書の提出に関する手続（申請をする個人、企業及び団体の資格を含む。）、申請者が赴くべき行政機関並びに輸入許可の対象とされる産品の表に関する他の締約国からの合理的な照会に対し、六〇日以内に回答する。

第二・一三条　輸出許可手続の透明性

1　この条の規定の適用上、「輸出許可手続」とは、締約国が採用し、又は維持する要件であって、輸出者が当該締約国の領域からの産品の輸出の条件として、一又は二以上の行政機関に対して申請書その他の書類を提出しなければならないものをいい、通常の貿易において要求される関税に関連する書類又は当該締約国の領域内で産品を商取引に導入する前に満たすべき要件を含まない。

2　各締約国は、この協定が自国について効力を生ずる日から三〇日以内に、輸出許可手続が存在する場合には、当該手続が記載されている出版物（関連する政府のウェブサイトのアドレスを含む。）について書面により他の締約国に通報する。その後、各締約国は、自国が採用する新たな輸出許可手続又は輸出許可手続の変更について、実行可能な限り速やかに、遅くとも当該新たな輸出許可手続又は当該変更が効力を生じた後三〇日以内に、通報を行った当該出版

物及び当該ウェブサイトにおいて公表する。

第C節　農業

第二・二七条　現代のバイオテクノロジーによる生産品の貿易

1　締約国は、現代のバイオテクノロジーによる生産品の貿易に関する透明性、協力及び情報交換の重要性を確認する。

2　この条のいかなる規定も、締約国が世界貿易機関設立協定又はこの協定の他の規定に基づく自国の権利及び義務に基づいて措置を採用することを妨げるものではない。

3　この条のいかなる規定も、締約国に対し、自国の領域において現代のバイオテクノロジーによる生産品を規制するための自国の法令及び政策を採用し、又は修正することを求めるものではない。

4　各締約国は、可能な場合には、自国の法令及び政策に従うことを条件として、次のものを公に利用可能なものとする。

(a)　現代のバイオテクノロジーによる生産品の承認のための申請を完了させるための書類に係る要件

(b)　危険性又は安全性の評価であって現代のバイオテクノロジーによる生産品の承認をもたらしたものの概要

(c)　自国の領域において承認された現代のバイオテクノロジーによる生産品の一覧表

第D節　関税割当ての運用

第三章　原産地規則及び原産地手続

第A節　原産地規則

第B節　原産地手続

第C節　その他の事項

第四章　繊維及び繊維製品

第五章　税関当局及び貿易円滑化

第六章　貿易上の救済

第A節　セーフガード措置

第B節　ダンピング防止税及び相殺関税

第七章　衛生植物検疫措置

第七・七条　有害動植物又は病気の無発生地域及び低発生地域その他の地域的な状況に対応した調整

1　締約国は、地域的な状況に対応した調整（地域ごと、区域ごと及び施設群ごとの調整を含む。）が貿易を円滑にする重要な方法であることを認める。

2　締約国は、WTOの衛生植物検疫委員会の関連する指針並びに国際的な基準、指針及び勧告を考慮する。

3　締約国は、有害動植物又は病気の無発生地域及び低発生地域の認定のために各締約国が従う手続に対する信頼を得ることを目的として、有害動植物又は病気の無発生地域及び低発生地域の認定について協力することができる。

第七・八条　措置の同等

1　締約国は、衛生植物検疫措置の同等の認定が貿易を円滑にする重要な手段であることを認識する。締約国は、衛生植物検疫措置の適用に関する協定第四条の規定を適用するほか、実行可能かつ適当な範囲内で、一群の措置又は制度全体に対し措置の同等を適用する。各締約国は、特定の衛生植物検疫措置、一群の措置又は制度全体について同等を決定するに当たり、WTOの衛生植物検疫委員会の関連する指針並びに国際的な基準、指針及び勧告を考慮する。

第七・九条　科学及び危険性の分析

1　締約国は、自国の衛生植物検疫措置が科学的な原則に基づいていることを確保することの重要性を認める。

2　各締約国は、衛生植物検疫措置の適用に関する協定第五条の規定に基づく危険性の評価に関する締約国の義務を認めつつ、自国の衛生植物検疫措置が関連する国際的な基準、指針若しくは勧告に適合していること又は自国の衛生植物検疫措置が国際的な基準、指針若しくは勧告に適合していない場合には当該衛生植物検疫措置に合理的に関連する記録された客観的で科学的な証拠に基づいていることを確保する。（注）

注　いずれの締約国も、この2の規定について、第二八章（紛争解決）の規定による紛争解決を求めてはならない。

第八章　貿易の技術的障害

第九章　投資

第A節

第九・六条　待遇に関する最低基準（注）

注　この条の規定は、附属書九A（国際慣習法）の規定に従って解釈する。

1　各締約国は、対象投資財産に対し、適用される国際慣習法上の原則に基づく待遇（公正かつ衡平な待遇並びに十分な保護及び保障を含む。）を与える。

2　1の規定は、対象投資財産に与えられるべき待遇の基準として、外国人の待遇に関する国際慣習法上の最低基準を用いることについて定めたものである。「公正かつ衡平な待遇」及び「十分な保護及び保障」の概念は、当該基準が要求する待遇以上の待遇を与えることを求めるものではなく、かつ、追加の実質的な権利を創設するものではない。1に規定する義務は、次のとおりである。

(a)　「公正かつ衡平な待遇」には、世界の主要な法制に具現された正当な手続の原則に従った刑事上若しくは民事上の訴訟手続又は行政上の裁決手続における裁判を行うことを拒否しないとの義務を含む。

(b)　「十分な保護及び保障」の要件により、各締約国は、国際慣習法上求められる程度の警察の保護を与えることが義務付けられる。

第九・八条　収用及び補償(注)

注　この条の規定は、附属書九Ｂ(収用)の規定に従って解釈するものとし、かつ、附属書九Ｃ(土地に関する収用)の規定に従うものとする。

1　いずれの締約国も、対象投資財産について、直接的に、又は収用若しくは国有化と同等の措置を通じて間接的に、収用又は国有化(以下この章において「収用」という。)を実施してはならない。ただし、次の全ての要件を満たす場合は、この限りでない。

(a)　公共の目的のためのものであること。

(b)　差別的なものでないこと。

(c)　2から4までの規定に従い迅速、適当かつ実効的な補償の支払を伴うものであること。

(d)　正当な法の手続に従って行われるものであること。

2　補償は、次の全ての要件を満たすものとする。

(a)　遅滞なく支払われるものであること。

(b)　収用が行われた時(以下この条において「収用の日」という。)の直前における収用された投資財産の公正な市場価格に相当するものであること。

(c)　予定された収用が事前に公に知られることにより生じた市場価格の変化を反映させないものであること。

(d)　完全に換価することができ、かつ、自由に移転することができるものであること。

3　公正な市場価格が自由利用可能通貨で表示される場合には、支払われる補償は、収用の日における公正な市場価格に、収用の日から支払の日までに発生した利子であって、当該自由利用可能通貨についての商業的に妥当な金利に基づくものを加えた額を下回らないものとする。

4　公正な市場価格が自由利用可能通貨でない通貨で表示される場合には、支払われる補償は、(a)に(b)を加えた額を支払の日の市場における為替相場により当該自由利用可能通貨でない通貨に換算した額を下回らないものとする。

(a)　収用の日における公正な市場価格であって、その日の市場における為替相場により自由利用可能通貨に換算したもの

(b)　収用の日から支払の日までに発生した利子であって、(a)の自由利用可能通貨についての商業的に妥当な金利に基づくもの

第九・一三条　代位

締約国又はその指定する機関、組織、法令に基づく団体若しくは社団が、自国の投資家に対し、対象投資財産に関して行った保証、保険契約その他の形態の損害の塡補に基づいて支払を行う場合には、当該対象投資財産への投資がその領域内で行われた他の締約国は、代位がないとしたならばこの章の規定に基づき当該投資家が保有していたであろう権利の代位又は移転を承認するものとし、当該投資家は、当該代位の限度において、当該権利を行使することを妨げられる。

第九・一七条　企業の社会的責任

締約国は、各締約国が自国の領域において活動する企業又は自国の管轄の下にある企業に対し、企業の社会的責任に関する国際的に認められた基準、指針及び原則であって、自国が承認したもの又は支持しているものを自発的に当該企業内の政策に取り入れるよう奨励することの重要性を再確認する。

第Ｂ節　投資家と国との間の紛争解決

第九・一八条　協議及び交渉

1　投資紛争が生ずる場合には、申立人及び被申立人は、まず、協議及び交渉(あっせん、調停、仲介等の拘束力を有しない第三者による手続の利用を含めることができる。)を通じて、当該投資紛争を解決するよう努めるべきである。

2　申立人は、被申立人に対し、問題となっている措置に関する事実の簡潔な記述を記載した書面による協議の要請を送付する。

3　協議及び交渉の開始を、裁判所の管轄権の承認と解してはならない。

第九・一九条　請求の仲裁への付託

1　前条(協議及び交渉)2の規定に従って被申立人が書面による協議の要請を受領した日から六箇月以内に投資紛争が解決されなかった場合には、申立人は、次のことを行うことができる。

(a)　自己のために、次の(i)及び(ii)の事項から成る請求をこの節の規定による仲裁に付託すること。

(i)　被申立人が次のいずれかに違反したこと。

(A)　前節の規定に基づく義務

(B)　投資の許可

(C)　投資に関する合意

(ii)　(i)に定める違反を理由とする又はその違反から生ずる損失又は損害を申立人が被ったこと。

(b)　(略)

4　申立人は、1に規定する請求を次のいずれかに付託することができる。

(a)　ＩＣＳＩＤ条約及びＩＣＳＩＤの仲裁手続に関する手続規則による仲裁。ただし、被申立人及び申立人の締約国の双方がＩＣＳＩＤ条約の当事国である場合に限る。

(b)　ＩＣＳＩＤ追加的制度規則による仲裁。ただし、被申立人又は申立人の締約国のいずれか一方のみ

がＩＣＳＩＤ条約の当事国である場合に限る。

(c) ＵＮＣＩＴＲＡＬ仲裁規則による仲裁

(d) 申立人及び被申立人が合意する場合には、他の仲裁機関による仲裁又は他の仲裁規則による仲裁

第九・二二条　仲裁人の選定

1 裁判所は、紛争当事者が別段の合意をする場合を除くほか、紛争当事者それぞれが任命する各一人の仲裁人及び紛争当事者の合意により任命されて裁判所の長となる第三の仲裁人から成る三人の仲裁人により構成する。

2 事務局長は、この節の規定による仲裁に関する仲裁人任命権者としての役割を果たす。

3 事務局長は、請求がこの節の規定による仲裁に付託された日の後七五日の期間内に裁判所が設置されない場合には、一方の紛争当事者の要請に応じ、いまだ任命されていない一人又は二人以上の仲裁人を自己の裁量によって任命する。事務局長は、紛争当事者が別段の合意をする場合を除くほか、被申立人の国民又は申立人の締約国の国民を裁判所の長となる仲裁人として任命してはならない。

4 ＩＣＳＩＤ条約第三九条及びＩＣＳＩＤ追加的制度規則付表Ｃ第七条の規定の適用上、国籍以外の理由による仲裁人への異議を妨げることなく、

(a) 被申立人は、ＩＣＳＩＤ条約又はＩＣＳＩＤ追加的制度規則により設置される裁判所の個々の仲裁人の任命に同意する。

(b) 第九・一九条（請求の仲裁への付託）1(a)に規定する申立人は、書面により裁判所の個々の仲裁人の任命に同意することのみを条件として、ＩＣＳＩＤ条約又はＩＣＳＩＤ追加的制度規則により、この節の規定による仲裁に請求を付託し、又は請求を継続することができる。

(c) 第九・一九条（請求の仲裁への付託）1(b)に規定する申立人は、当該申立人及び同条1(b)に規定する企業が書面により裁判所の個々の仲裁人の任命に同意することのみを条件として、ＩＣＳＩＤ条約又はＩＣＳＩＤ追加的制度規則により、この節の規定による仲裁に請求を付託し、又は請求を継続することができる。

5 各紛争当事者は、第九・一九条（請求の仲裁への付託）1(a)(i)(B)、(b)(i)(B)、(a)(i)(C)又は(b)(i)(C)の規定により付託される請求に係る仲裁廷の仲裁人の任命に当たっては、第九・二五条（準拠法）2に規定する関連する準拠法についての特定の候補者の専門知識又は関連する経験を考慮する。事務局長は、紛争当事者が裁判所の長となる仲裁人の任命に同意することができない場合には、同条2に規定する関連する準拠法に関する特定の候補者の専門知識又は関連する経験を考慮する。

6 締約国は、この協定の効力発生の前に、投資家と国との間の紛争解決のための裁判所の職務を遂行するためにこの条の規定に従って選定される仲裁人に対する第二八章（紛争解決）の規定に基づく紛争解決手続のための行動規範を適用するための指針（投資家と国との間の紛争解決の文脈に適合するために必要な当該行動規範の修正を含む。）を定める。締約国は、また、国際的な仲裁における利益相反に関する他の関連する規則又は指針の適用についての指針を定める。仲裁人は、仲裁人の独立性及び公平性に関する適用される仲裁規則に加え、これらの指針に従う。

附属書九―Ａ　国際慣習法

締約国は、「国際慣習法」全般及び特に第九・六条（待遇に関する最低基準）に規定する「国際慣習法」が、各国が法的義務であるとの認識により従う各国の一般的なかつ一貫した慣行から生ずるとの理解を共有していることを確認する。外国人の待遇に関する国際慣習法上の最低基準とは、外国人の投資財産を保護するためのあらゆる国際慣習法上の原則をいう。

第一〇章　国境を越えるサービスの貿易

第一一章　金融サービス

第一二章　ビジネス関係者の一時的な入国

第一三章　電気通信

第一四章　電子商取引

第一四・二条　適用範囲及び一般規定

1 締約国は、電子商取引によって経済的な成長及び機会がもたらされることを認め、また、電子商取引における消費者の信頼を促進する枠組みの重要性並びに電子商取引の利用及び発展に対する不必要な障害を回避することの重要性を認める。

2 この章の規定は、締約国が採用し、又は維持する措置であって、電子的手段による貿易に影響を及ぼすものについて適用する。

3 この章の規定は、次のものについては、適用しない。

(a) 政府調達

(b) 締約国により若しくは締約国のために保有され、若しくは処理される情報又は当該情報に関連する措置（当該情報の収集に関連する措置を含む。）

4 電子的に納入され、又は遂行されるサービスの提供に影響を及ぼす措置は、第九章（投資）、第一〇章（国境を越えるサービスの貿易）及び第一一章（金融サービス）の関連する規定に含まれる義務（この協定に定める例外又は適合しない措置であって、当該義務について適用されるものを含む。）に従う。

5 第一四・四条（デジタル・プロダクトの無差別待遇）、第一四・一一条（情報の電子的手段による国境を越える移転）、第一四・一三条（コンピュータ関連設備の設置）及び第一四・一七条（ソース・コード）の

規定に含まれる義務については、

(a) 第九章(投資)、第一〇章(国境を越えるサービスの貿易)及び第一一章(金融サービス)の関連する規定並びにこれらの章の例外及び適合しない措置に関する規定を適用する。

(b) この協定の他の関連する規定と併せて解釈される。

6 第一四・四条(デジタル・プロダクトの無差別待遇)、第一四・一一条(情報の電子的手段による国境を越える移転)及び第一四・一三条(コンピュータ関連設備の設置)の規定に含まれる義務は、第九・一二条(適合しない措置)、第一〇・七条(適合しない措置)又は第一一・一〇条(適合しない措置)の規定に従って採用され、又は維持される措置の適合しない点については、適用しない。

第一四・三条　関税

1 いずれの締約国も、締約国の者と他の締約国の者との間の電子的な送信(電子的に送信されるコンテンツを含む。)に対して関税を課してはならない。

2 1の規定は、締約国が電子的に送信されるコンテンツに対して内国税、手数料その他の課徴金を課することを妨げるものではない。ただし、これらの税、手数料又は課徴金がこの協定に適合する方法で課されることを条件とする。

第一四・四条　デジタル・プロダクトの無差別待遇

1 いずれの締約国も、他の締約国の領域において創作され、生産され、出版され、契約され、委託され、若しくは商業的な条件に基づき最初に利用可能なものとなったデジタル・プロダクト又はその著作者、実演家、制作者、開発者若しくは所有者が他の締約国の者であるデジタル・プロダクトに対し、他の同種のデジタル・プロダクトに与える待遇よりも不利な待遇を与えてはならない。(注)

注　非締約国のデジタル・プロダクトは、同種のデジタル・プロダクトである限りにおいて、この1の規定の適用上、「他の同種のデジタル・プロダクト」に該当する。

2 1の規定は、第一八章(知的財産)に規定する権利及び義務に抵触する部分については、適用しない。

3 締約国は、一の締約国によって交付される補助金又は行われる贈与(公的に支援される借款、保証及び保険を含む。)については、この条の規定を適用しないことを了解する。

4 この条の規定は、放送については、適用しない。

第一五章　政府調達

第一六章　競争政策

第一七章　国有企業及び指定独占企業

第一八章　知的財産

第A節　一般規定

第一八・二条　目的

知的財産権の保護及び行使は、技術的知見の創作者及び使用者の相互の利益となるように、かつ、社会的及び経済的福祉の向上をもたらす方法により、技術革新を促進すること並びに技術を移転し、及び普及することに資するべきであり、並びに権利と義務との間の均衡に資するべきである。

第一八・七条　国際協定

1 各締約国は、次に掲げる協定を締結したことを確認する。

(a) 一九七九年九月二八日に修正された特許協力条約

(b) パリ条約

(c) ベルヌ条約

2 各締約国は、次に掲げる協定の締約国となっていない場合には、この協定が当該締約国について効力を生ずる日までに、これらの協定を締結する。

(a) マドリッド議定書

(b) ブダペスト条約

(c) シンガポール条約(注)

注　締約国は、マドリッド議定書又はシンガポール条約のいずれかを締結することにより、(a)及びこの(c)に規定する義務を満たすことができる。

(d) 一九九一年のUPOV条約(注)

注　附属書一八A(第一八・七条(国際協定)2の附属書)は、この(d)の規定について適用する。

(e) WIPO著作権条約

(f) WIPO実演・レコード条約

第B節　協力

第C節　商標

第D節　国名

第E節　地理的表示

第F節　特許及び開示されていない試験データその他のデータ

第A款　一般的な特許

第一八・三七条　特許を受けることができる対象事項

1 各締約国は、3及び4の規定に従うことを条件として、新規性、進歩性及び産業上の利用可能性(注)のある全ての技術分野の発明(物であるか方法であるかを問わない。)について特許を取得することができるようにする。

注　この節の規定の適用上、締約国は、「進歩性」及び「産業上の利用可能性」の用語を、それぞれ「自明のものではないこと」及び「有用性」と同一の意義を有するものとみなすことができる。各締約国は、進歩性又は自明のものではないことに関する判断に当たり、請求の範囲に記載されている発明が、当該技術分野の専門家又は当該技術分野における通常の技能を有する者にとって先行技術からみて自明のものであったかどうかを検討する。

2　各締約国は、3及び4の規定に従うことを条件として、かつ、1の規定に適合する方法で、少なくとも既知の物の新たな用途又は既知の物を使用する新たな方法のうちいずれかとして請求の範囲に記載されている発明について特許が与えられることを確認する。締約国は、当該新たな方法について、当該物の用途自体を請求の範囲に記載していないものに限定することができる。

3　締約国は、公の秩序又は善良の風俗を守ること（人、動物若しくは植物の生命若しくは健康を保護し、又は自然若しくは環境に対する重大な損害を回避することを含む。）を目的として、商業的な実施を自国の領域において防止する必要がある発明を特許の対象から除外することができる。ただし、その除外が、単に当該締約国の法令によって当該実施が禁止されていることを理由として行われるものでないことを条件とする。締約国は、また、次のものを特許の対象から除外することができる。

(a)　人又は動物の治療のための診断方法、治療方法及び外科的方法

(b)　微生物以外の動物並びに非生物学的な方法及び微生物学的な方法以外の動植物の生産のための本質的に生物学的な方法

4　締約国は、また、微生物以外の植物を特許の対象から除外することができる。もっとも、各締約国は、1の規定に適合する方法で、かつ、3の規定に従うことを条件として、少なくとも植物に由来する発明について特許が与えられることを確認する。

第B款　農業用の化学品に関する措置

第C款　医薬品に関する措置

第一八・四八条　不合理な短縮についての特許期間の調整

1　各締約国は、不合理又は不必要な遅延を回避することを目的として、効率的かつ適時に医薬品の販売承認の申請を処理するため最善の努力を払う。

2　各締約国は、特許の対象となっている医薬品については、販売承認の手続の結果として生じた有効な特許期間の不合理な短縮について特許権者に補償するため特許期間の調整を利用可能なものとする。

3　各締約国は、この条に定める義務を履行するに当たり、当該各締約国がこの条の規定を引き続き実施することを条件として、条件及び制限を定めることができる。

4　締約国は、有効な特許期間の不合理な短縮を回避することを目的として、販売承認の申請の処理を迅速に行うための手続を採用し、又は維持することができる。

第一八・五〇条　開示されていない試験データその他のデータの保護

1(a)　締約国は、新規の医薬品の販売承認を与える条件として、当該医薬品の安全性及び有効性に関する開示されていない試験データその他のデータの提出を要求する場合には、当該締約国の領域における当該新規の医薬品の販売承認の日から少なくとも五年間、以前にそのような情報を提出した者の承諾を得ないで、第三者が次のいずれかの情報に基づき同一又は類似の製品を販売することを認めてはならない。

(i)　当該そのような情報

(ii)　当該そのような情報を提出した者に与えられる販売承認

(b)　締約国が、新規の医薬品の販売承認を与える条件として、他の国又は地域の領域における当該医薬品の先行する販売承認についての証拠の提出を認める場合には、当該締約国の領域における当該新規の医薬品の販売承認の日から少なくとも五年間、当該医薬品の安全性及び有効性に関する開示されていない試験データその他のデータに係る情報を以前に提出した者の承諾を得ないで、第三者が当該他の国又は地域の領域における先行する販売承認に関する証拠に基づき同一又は類似の製品を販売することを認めてはならない。

第G節　意匠

第H節　著作権及び関連する権利

第I節　権利行使

第J節　インターネット・サービス・プロバイダ

第K節　最終規定

第一九章　労働

第一九・二条　共通の約束の表明

1　締約国は、労働者の当該締約国の領域における権利に関するＩＬＯの加盟国としての義務（ＩＬＯ宣言で述べられているものを含む。）を確認する。

2　締約国は、ＩＬＯ宣言の5に述べられているとおり、保護主義的な貿易の目的のために労働基準を用いるべきでないことを認める。

第一九・三条　労働者の権利

1　各締約国は、自国の法律及び規則並びに当該法律及び規則に基づく慣行において、ＩＬＯ宣言に述べられている次の権利を採用し、及び維持する。（注1、注2）

注1　この条に規定する義務は、ＩＬＯに関係する限りにおいては、ＩＬＯ宣言にのみ関連するものとする。

注2　締約国は、この1又は2の規定に基づく義務の違反を確定するためには、他の締約国が法律、規則又は慣行を採用せず、又は維持しなかったことが締約国間の貿易又は投資に影響を及ぼす態様であったことを示さなければならない。

(a)　結社の自由及び団体交渉権の実効的な承認
(b)　あらゆる形態の強制労働の撤廃
(c)　児童労働の実効的な廃止及びこの協定の適用上、最悪の形態の児童労働の禁止
(d)　雇用及び職業に関する差別の撤廃

2　各締約国は、法律及び規則並びに当該法律及び規則に基づく慣行であって、最低賃金、労働時間並びに職業上の安全及び健康に関する受入れ可能な労働条件を規律するものを採用し、及び維持する。

第一九・九条　公衆の意見の提出

1　各締約国は、第一九・一三条(連絡部局)の規定に従って指定する自国の連絡部局を通じ、自国の国内手続に従い、この章の規定に関連する事項について、締約国の者から意見書を受領し、及び検討することを定める。各締約国は、意見書の受領及び検討のための手続(期限を含む。)を容易に利用することができるようにし、かつ、公に入手可能なものとする。

第一九・一二条　労働評議会

1　締約国は、ここに各締約国が指名する大臣又は他の地位の政府の上級の代表者から成る労働評議会(以下この章において「評議会」という。)を設置する。

2　評議会は、この協定の効力発生の日から一年以内に会合する。評議会は、その後は、締約国が別段の決定をする場合を除くほか、二年ごとに会合する。

3　評議会は、次のことを行う。
(a)　この章の規定に関連する事項を検討すること。
(b)　第一九・一〇条(協力)2に規定する原則を考慮しつつ、この章の規定に従って行われる労働に関する協力及び能力開発の活動についての締約国による決定の指針となる優先事項を定め、及び見直すこと。
(c)　(b)の規定に従って定められる優先事項に基づく一般的な作業計画について合意すること。
(d)　一般的な作業計画を監督し、及び評価すること。
(e)　次条(連絡部局)の規定に従って指定する連絡部局からの報告を検討すること。
(f)　共通の関心事項について討議すること。
(g)　公衆の参加及びこの章の規定の実施に関する啓発を促進すること。
(h)　締約国が決定するその他の任務を遂行すること。

4　評議会は、この協定の効力発生の日の後五年目の年に又は締約国の別段の決定に従い、評議会の効果的な運営を確保するためにこの章の規定の実施について検討し、その結果及び勧告を委員会に報告する。

5　評議会は、締約国の合意に従い、その後の見直しを行うことができる。

第二〇章　環境

第二〇・二条　目的

1　この章の規定は、相互に補完的な貿易及び環境に関する政策を促進すること、高い水準の環境の保護及び効果的な環境法令の執行を促進すること並びに貿易に関連する環境問題に対処するための締約国の能力を高めること(協力を通じて行うことを含む。)を目的とする。

2　締約国は、自国の優先事項及び事情を考慮しつつ、環境を保護し、及び保全し、並びに自国の天然資源を持続可能な方法で管理するために協力を推進することが、持続可能な開発に貢献し、環境の管理を強化し、及びこの協定の目的を補完することができるという利益をもたらすことを認める。

3　締約国は、更に、締約国間の貿易又は投資に対する偽装した制限となるような態様により、自国の環境法令その他の措置を定め、又は用いることが適当でないことを認める。

第二〇・三条　一般的な約束

1　締約国は、持続可能な開発を促進するに当たり環境の保護を改善するため、相互に補完的な貿易及び環境に関する政策及び慣行の重要性を認める。

2　締約国は、環境に関する自国の保護の水準及び優先事項を定め、並びにそれらに従って自国の環境法令及び環境に関する政策を定め、採用し、又は修正する各締約国の主権的権利を認める。

3　各締約国は、自国の環境法令及び環境に関する政策が高い水準の環境の保護について定め、及びこれを奨励することを確保するよう努め、並びに環境の保護に関する自国の水準を引き続き向上させるよう努める。

4　いずれの締約国も、この協定が自国について効力を生ずる日の後、一連の作為又は不作為を締約国間の貿易又は投資に影響を及ぼす態様で継続し、又は反復することにより、自国の環境法令の効果的な執行を怠ってはならない。

5　締約国は、(a)調査、訴追、規制及び遵守に関する事項について、並びに(b)一層高い優先度を有すると決定される他の環境法令に対して環境に関する執行に係る資源を配分することについて、各締約国が裁量を行使し、及び決定を行う権利を保持することを認める。このため、締約国は、一の締約国による環境法令の執行についての一連の作為又は不作為が、当該裁量の合理的な行使を反映し、又は当該一の締約国の環境法令の執行のための優先度に基づく当該資源の配分に関する誠実な決定によって生ずる場合には、当該一の締約国が4の規定を遵守しているものと了解する。

6　2の規定の適用を妨げることなく、締約国は、各締約国の環境法令において与えられる保護を弱め、又は低下させることにより、貿易又は投資を奨励することが適当でないことを認める。このため、締約

国は、締約国間の貿易又は投資を奨励する目的で、自国の環境法令において与えられる保護を弱め、又は低下させる態様により、当該環境法令について免除その他の逸脱措置をとってはならず、又はとる旨提案してはならない。

7　この章のいかなる規定も、締約国の当局に対し、他の締約国の領域において環境法令の執行活動を行う権限を与えるものと解してはならない。

第二〇・八条　公衆の参加のための機会

1　各締約国は、自国によるこの章の規定の実施に関する情報の要請に応ずるよう努める。

2　各締約国は、この章の規定の実施に関連する事項について意見を求めるため、現行の協議の仕組みを利用し、又は新たな協議の仕組みを設ける（例えば、国内の諮問委員会を利用し、又は設ける。）。これらの仕組みは、適当な場合には、関連する経験（ビジネス、天然資源の保存及び管理又は他の環境に関する事項についての経験を含む。）を有する者を含めることができる。

第二〇・一六条　海洋における捕獲漁業

1　締約国は、水産物の主要な消費国、生産国及び貿易国としての自国の役割並びに自国の発展及び漁業社会（零細漁業又は小規模漁業を含む。）の生計にとっての海洋漁業分野の重要性を認識する。締約国は、また、海洋における捕獲漁業の運命が国際社会が直面する資源に関する緊急の問題であることを認識する。このため、締約国は、漁業の保存及び持続可能な管理を目的とする措置をとることの重要性を認める。

2　これに関し、締約国は、不十分な漁業管理、漁業に関する補助金であって濫獲及び過剰な漁獲能力に寄与するもの並びに違法な漁業、報告されていない漁業及び規制されていない漁業（以下この条において「ＩＵＵ漁業」という。）が貿易、開発及び環境に著しい悪影響を及ぼし得ることを認識し、並びに濫獲及び持続可能でない漁業資源の利用の問題に対処するための個々の及び共同の行動が必要であることを認める。

第二一章　協力及び能力開発

第二二章　競争力及びビジネスの円滑化

第二三章　開発

第二四章　中小企業

第二五章　規制の整合性

第二六章　透明性及び腐敗行為の防止

第Ａ節　定義

第Ｂ節　透明性

第Ｃ節　腐敗行為の防止

第二七章　運用及び制度に関する規定

第二八章　紛争解決

第Ａ節　紛争解決

第二八・二条　協力

締約国は、この協定の解釈及び適用について合意するよう常に努めるものとし、この協定の運用又は適用に影響を及ぼす可能性のある問題について相互に満足すべき解決を得るため、協力及び協議を通じてあらゆる努力を払うものとする。

第二八・四条　場の選択

1　申立国は、この協定及び紛争当事国が締結している他の国際貿易協定（世界貿易機関設立協定を含む。）の下でいずれかの問題に関する紛争が生ずる場合には、紛争を解決するための場を選択することができる。

2　紛争当事国は、申立国がパネル若しくは1に規定する協定に基づく他の裁判所の設置を要請した場合又はパネル若しくは当該裁判所に問題を付託した場合には、選択した場以外の場を利用してはならない。

第二八・六条　あっせん、調停及び仲介

1　締約国は、紛争解決の代替的な方法（あっせん、調停、仲介等）を任意にとることをいつでも合意することができる。

2　あっせん、調停又は仲介に関する手続は、秘密とされるものとし、その他の手続における締約国の権利を害さないものとする。

3　この条の規定による手続に参加する締約国は、いつでも当該手続を停止し、又は終了することができる。

4　あっせん、調停又は仲介については、紛争当事国が合意する場合には、次条（パネルの設置）の規定に従って設置されるパネルにおける紛争解決手続の進行中においても、継続することができる。

第二八・七条　パネルの設置

1　第二八・五条（協議）1の規定に基づいて協議を要請した締約国は、協議国が問題を次のいずれかの期間内に解決することができない場合には、被申立国に宛てた書面による通報によりパネルの設置を要請することができる。

(a)　第二八・五条（協議）1の規定に基づく協議の要請の受領の日の後六〇日の期間

(b)　腐敗しやすい物品に関する問題については、第二八・五条（協議）1の規定に基づく協議の要請の受領の日の後三〇日の期間

(c)　協議国が合意するその他の期間

2　申立国は、第二七・五条（連絡部局）1の規定に従っ

て指定される総合的な連絡部局を通じて、1の規定に基づく要請を全ての締約国に対して同時に送付する。

3　申立国は、パネルの設置の要請に、問題となっている措置その他の事項の特定及び問題を明確に提示するために十分な申立ての法的根拠の簡潔な要約を含める。

4　パネルは、要請の到達の時に設置する。

5　パネルは、紛争当事国が別段の合意をする場合を除くほか、この章及び手続規則の規定に適合する方法で構成する。

6　一の問題についてパネルが設置され、他の締約国が同一の問題についてパネルの設置を要請する場合において、実行可能なときは、これらの申立てを検討するために単一のパネルを設置すべきである。

7　パネルは、措置の案を審査するために設置してはならない。

第二八・一二条　パネルの任務

1　パネルの任務は、パネルに付託される問題の客観的な評価(事実関係の調査並びにこの協定の適用の可能性及びこの協定との適合性に関する調査を含む。)を行うこと並びにパネルの付託事項に定める認定、決定及び勧告であって紛争の解決のために必要なものを行うことである。

2　パネルは、紛争当事国が別段の合意をする場合を除くほか、この章及び手続規則の規定に適合する方法により、任務を遂行し、及び手続を実施する。

3　パネルは、一九六九年の条約法に関するウィーン条約第三一条及び第三二条の規定に反映されている国際法上の解釈の規則に従って、この協定について検討する。パネルは、また、この協定に組み込まれた世界貿易機関設立協定の規定に関し、WTOの紛争解決機関によって採択される小委員会及び上級委員会の報告における関連する解釈について検討する。パネルの認定、決定及び勧告は、この協定に基づく締約国の権利及び義務に新たな権利及び義務を追加してはならず、並びにこの協定に基づく締約国の権利及び義務を減じてはならない。

4　パネルは、コンセンサス方式によって決定を行う。ただし、パネルは、コンセンサスに達することができない場合には、過半数による議決によって決定を行うことができる。

第二八・一七条　最初の報告書

1　パネルは、締約国の参加なしに報告書を起草する。

2　パネルは、この協定の関連する規定、紛争当事国及び第三国の意見及び主張並びに第二八・一五条(専門家の役割)の規定によって提供される情報又は助言に基づき報告書を作成する。パネルは、紛争当事国の共同の要請に応じ、紛争解決のための勧告を行うことができる。

3　パネルは、パネルの最後の構成員の任命の日の後一五〇日以内に最初の報告書を紛争当事国に提示する。パネルは、緊急の場合(腐敗しやすい物品に関する場合を含む。)には、パネルの最後の構成員の任命の日の後一二〇日以内に最初の報告書を紛争当事国に提示するよう努める。

4　最初の報告書には、次の事項を含める。

(a)　事実認定

(b)　次のいずれかの事項に関するパネルの決定

(i)　問題となっている措置がこの協定に基づく義務に適合しないかどうか。

(ii)　締約国がこの協定に基づく義務を履行しなかったかどうか。

(iii)　問題となっている措置が第二八・三条(適用範囲)1(c)の規定の意味における無効化又は侵害を引き起こしているかどうか。

(c)　付託事項において要請されるその他の決定

(d)　紛争当事国が共同で紛争の解決のための勧告を要請した場合には、当該勧告

(e)　認定及び決定の理由

5　パネルは、3に定める期間内に最初の報告書を公表することができないと認める例外的な場合には、最初の報告書を発出する時期の見込みと共に、遅延の理由を書面により紛争当事国に通報する。遅延は、紛争当事国が別段の合意をする場合を除くほか、三〇日の追加的な期間を超えてはならない。

6　パネルの構成員は、全会一致の合意が得られない問題について、別個の意見を表明することができる。

7　紛争当事国は、最初の報告書の提示の後一五日以内又は紛争当事国が合意するその他の期間内に、パネルに対し、最初の報告書に関する書面による意見を提出することができる。

8　パネルは、最初の報告書に関する紛争当事国の書面による意見を検討した後、最初の報告書を修正し、及び適当と認める更なる検討を行うことができる。

第二八・一八条　最終報告書

1　パネルは、紛争当事国が別段の合意をする場合を除くほか、最初の報告書の提示の後三〇日以内に、紛争当事国に対し、最終報告書(全会一致の合意が得られない問題に関する別個の意見を含む。)を提示する。紛争当事国は、秘密の情報を保護する手段をとった後、当該最終報告書の提示の後一五日以内に当該最終報告書を公表する。

2　パネルは、最初の報告書又は最終報告書のいずれにおいても、いずれのパネルの構成員が多数意見又は少数意見に関係しているかを開示してはならない。

第二八・一九条　最終報告書の実施

1　締約国は、紛争の明確な解決を確保するための、この章に定める紛争解決手続の目的を達成する上で、パネルが前条(最終報告書)の規定に従って行う決定の速やかな履行の重要性を認める。

2　被申立国は、パネルが最終報告書において次のいずれかのことを決定する場合には、可能な限り、その違反又は無効化若しくは侵害を除去する。

(a)　問題となっている措置がこの協定に基づく締約

国の義務に適合しないこと。

(b) 締約国がこの協定に基づく義務を履行しなかったこと。

(c) 問題となっている措置が第二八・三条(適用範囲)1(c)の規定の意味における無効化又は侵害を引き起こしていること。

3 被申立国は、違反又は無効化若しくは侵害を直ちに除去することができない場合には、紛争当事国が別段の合意をする場合を除くほか、これらを除去するための合理的な期間を与えられる。

4 紛争当事国は、3に規定する合理的な期間について合意するよう努める。紛争当事国が前条(最終報告書)1の規定に基づく最終報告書の提示の後四五日の期間内に当該合理的な期間について合意することができない場合には、いずれの紛争当事国も、当該合理的な期間を仲裁によって決定するため、同条1の規定に基づく最終報告書の提示の後六〇日以内にその問題を議長に付託することができる。

5 議長は、3に規定する合理的な期間が前条(最終報告書)1の規定に基づく最終報告書の提示から一五箇月を超えるべきでないことを指針として考慮する。もっとも、この一五箇月の期間は、特別の事情がある場合には、短縮し、又は延長することができる。

6 議長は、4の規定に基づく議長への付託の日の後九〇日以内に、3に規定する合理的な期間を決定する。

7 紛争当事国は、3に規定する合理的な期間の決定のため、4から6までに定める手続を変更することについて合意することができる。

第二八・二〇条　未実施(代償及び利益の停止)

1 被申立国は、次のいずれかの場合において、一又は二以上の申立国からの要請があるときは、当該要請の受領の後一五日以内に、相互に受け入れることができる代償を策定するため、当該一又は二以上の申立国と交渉を開始する。

(a) 被申立国が違反又は無効化若しくは侵害を除去する意図を有しないことを当該一又は二以上の申立国に通報した場合

(b) 前条(最終報告書の実施)の規定に従って定める合理的な期間の満了後、被申立国が違反又は無効化若しくは侵害を除去したかどうかについて紛争当事国間に意見の相違がある場合

2 申立国は、次のいずれかの場合には、3の規定に基づいて利益を停止することができる。

(a) 当該申立国及び被申立国が、代償を策定するための期間が開始した後三〇日の期間内に当該代償について合意することができなかった場合

(b) 当該申立国及び被申立国が代償について合意したが、被申立国がその合意の条件を遵守しなかったと関係する申立国が認める場合

3 申立国は、自国について2に規定する条件が満たされた後はいつでも、同等の効果を有する利益を停止する意図を被申立国に対して書面により通報することができる。その通報は、当該申立国が停止することを提案する利益の程度を特定する。当該申立国は、場合に応じ、当該申立国がこの3の規定に基づいて通報する日又はパネルが5の規定に従って決定を行う日のいずれか遅い日の後三〇日目の日に、利益の停止を開始することができる。

4 申立国は、3の規定に基づいていかなる利益を停止するかを検討するに当たり、次に定める原則及び手続を適用する。

(a) 当該申立国は、まず、パネルが違反又は無効化若しくは侵害が存在すると決定した対象事項と同一の対象事項における利益の停止を試みるべきである。

(b) 当該申立国は、同一の対象事項における利益を停止することが実際的又は効果的でなく、かつ、事態が十分重大であると認める場合には、異なる対象事項における利益を停止することができる。当該申立国は、3に規定する書面による通報において、異なる対象事項における利益の停止の決定の根拠となる理由を示すものとする。

(c) 当該申立国は、(a)及び(b)に定める原則を適用するに当たり、次の事項を考慮する。

(i) パネルが違反又は無効化若しくは侵害を認定した物品の貿易、サービスの提供その他の対象事項及びこれらの貿易の当該申立国にとっての重要性

(ii) 物品、第一一章(金融サービス)の規定の対象となる全ての金融サービス、当該金融サービス以外のサービス及び第一八章(知的財産)各節がそれぞれ別個の対象事項であること。

(iii) 無効化又は侵害に関連するより広範な経済的要因及び利益の停止のより広範な経済的影響

5 被申立国は、次のいずれかのことを認める場合には、申立国が3の規定に基づいて行う書面による通報の到達の日から三〇日以内に、問題を検討するためにパネルを再招集するよう要請することができる。

(a) 停止することが提案される利益の程度が明らかに過大であること又は当該申立国が4に定める原則及び手続に従わなかったこと。

(b) 被申立国が、パネルが存在すると決定した違反又は無効化若しくは侵害を除去したこと。

被申立国は、書面により当該申立国にその要請を送付する。パネルは、当該要請の到達の日の後できる限り速やかに再招集されるものとし、(a)若しくは(b)の規定に基づく要請を検討するためにパネルが再招集された後九〇日以内又は(a)及び(b)の規定に基づく要請のためにパネルが再招集された後百二〇日以内に、その決定を紛争当事国に提示するものとする。パネルは、申立国が停止することを提案する利益の程度が明らかに過大であると決定する場合には、同等の効果を有すると認める利益の程度を決定する。

第二八・二一条　履行状況の審査

1　被申立国は、パネルによって認定された違反又は無効化若しくは侵害を除去したと認める場合には、前条（未実施（代償及び利益の停止））に規定する手続を妨げることなく、一又は二以上の申立国に対する書面による通報により、問題をパネルに付託することができる。パネルは、被申立国が書面による通報を行った後九〇日以内に当該問題に関する報告書を発出する。

2　一又は二以上の申立国は、被申立国が違反又は無効化若しくは侵害を除去したとパネルが決定する場合には、前条（未実施（代償及び利益の停止））の規定に基づく利益の停止を速やかに解除する。

第Ｂ節　国内手続及び民間の商事紛争の解決

第二八・二二条　私権

いずれの締約国も、自国の法令において、他の締約国の措置がこの協定に基づく当該他の締約国の義務に適合しないこと又は他の締約国がこの協定に基づく当該他の締約国の義務を履行しなかったことを理由としてこれらの他の締約国に対して訴えを提起する権利を定めてはならない。

第二八・二三条　代替的な紛争解決

1　各締約国は、可能な最大限の範囲において、民間の当事者間の自由貿易地域における国際的な商事紛争を解決するための仲裁その他の代替的な紛争解決手段の利用を奨励し、及び円滑にする。

2　各締約国は、1に規定する目的のため、仲裁の合意の遵守を確保するため並びに1に規定する紛争における仲裁判断の承認及び執行のための適当な手続を定める。

3　締約国は、一九五八年六月一〇日にニューヨークで作成された国際連合の外国仲裁判断の承認及び執行に関する条約を締結し、かつ、遵守している場合には、2の規定を遵守しているものとみなされる。

第二九章　例外及び一般規定

第Ａ節　例外

第二九・二条　安全保障のための例外

この協定のいかなる規定も、次のいずれかのことを定めるものと解してはならない。

(a)　締約国に対し、その開示が自国の安全保障上の重大な利益に反すると当該締約国が決定する情報の提供又はそのような情報へのアクセスを要求すること。

(b)　締約国が国際の平和若しくは安全の維持若しくは回復に関する自国の義務の履行又は自国の安全保障上の重大な利益の保護のために必要であると認める措置を適用することを妨げること。

第Ｂ節　一般規定

第三〇章　最終規定

第三〇・一条　附属書、付録及び注

この協定の附属書、付録及び注は、この協定の不可分の一部を成す。

第三〇・二条　改正

締約国は、この協定の改正につき書面により合意することができる。改正は、全ての締約国によって合意され、かつ、各締約国の関係する国内法上の手続に従って承認される場合には、全ての締約国がそれぞれの関係する国内法上の手続に従って当該改正の承認を書面により寄託者に通報した日の後六〇日で、又は締約国が合意する他の日に効力を生ずる。

第三〇・三条　世界貿易機関設立協定の改正

締約国は、締約国がこの協定に組み込んだ規定が世界貿易機関設立協定の改正により改正される場合には、この協定に別段の定めがあるときを除くほか、この協定を改正するかどうかについて協議する。

第三〇・四条　加入

1　この協定は、この協定に基づく義務ｓを履行する用意がある次の国又は独立の関税地域による加入のために開放しておく。加入は、当該国又は独立の関税地域と締約国との間で合意する条件に従うものとし、かつ、各締約国及び加入しようとする国又は独立の関税地域（以下この条において「加入候補国」という。）の関係する国内法上の手続による承認の後に行われるものとする。

(a)　ＡＰＥＣに参加する国又は独立の関税地域

(b)　締約国が合意する他の国又は独立の関税地域

第三〇・五条　効力発生

1　この協定は、全ての原署名国がそれぞれの関係する国内法上の手続を完了した旨を書面により寄託者に通報した日の後六〇日で効力を生ずる。

2　この協定は、この協定の署名の日から二年の期間内に全ての原署名国がそれぞれの関係する国内法上の手続を完了した旨を書面により寄託者に通報しなかった場合において、少なくとも六の原署名国であって、これらの二〇一三年における国内総生産の合計が原署名国の二〇一三年における国内総生産の合計の八五パーセント以上を占めるものが当該期間内にそれぞれの関係する国内法上の手続を完了した旨を書面により寄託者に通報したときは、当該期間の満了の後六〇日で効力を生ずる。

3　この協定は、1又は2の規定に従って効力を生じない場合には、少なくとも六の原署名国であって、これらの二〇一三年における国内総生産の合計が原署名国の二〇一三年における国内総生産の合計の八五パーセント以上を占めるものがそれぞれの関係する国内法上の手続を完了した旨を書面により寄託者に通報した日の後六〇日で効力を生ずる。

4　2又は3の規定に基づくこの協定の効力発生の日の後、この協定が自国について効力を生じていない原署名国は、自国の関係する国内法上の手続を完了した旨及びこの協定の締約国となる意図を締約国に通報する。委員会は、当該原署名国による通報の日から三〇日以内に、当該通報を行った原署名国についてこの協定が効力を生ずるかどうかを決定する。

5　この協定は、委員会と4に規定する通報を行った原署名国とが別段の合意をする場合を除くほか、委員会が肯定的な決定を行った日の後三〇日で当該通報を行った原署名国について効力を生ずる。

第三〇・六条　脱退

1　締約国は、書面により寄託者に対して脱退の通告を行うことにより、この協定から脱退することができる。脱退する締約国は、同時に、第二七・五条（連絡部局）の規定に従って指定される総合的な連絡部局を通じて、他の締約国に対して自国の脱退を通報する。

2　脱退は、締約国が異なる期間について合意する場合を除くほか、いずれかの締約国が1の規定に従って書面により寄託者に対して通告を行った後六箇月で効力を生ずる。この協定は、いずれかの締約国が脱退する場合には、残余の締約国について引き続き効力を有する。

99　環太平洋パートナーシップに関する包括的及び先進的な協定（CPTPP・TPP11）（抄）

署　　名　二〇一八年三月八日
効力発生　二〇一八年一二月三〇日
日 本 国　二〇一八年七月六日国内手続の完了に関する通報　二〇一八年一二月二七日公布（条約第一六号）、二〇一八年一二月三〇日効力発生

第一条（環太平洋パートナーシップ協定の組込み）1　締約国は、二〇一六年二月四日にオークランドで作成された環太平洋パートナーシップ協定（ＴＰＰ）（第三〇・四条（加入）、第三〇・五条（効力発生）、第三〇・六条（脱退）及び第三〇・八条（正文）を除く。）の規定が、この協定の規定に従い、必要な変更を加えた上で、この協定に組み込まれ、この協定の一部を成すことをここに合意する（注）。

注　この協定の規定は、この協定の非締約国に対していかなる権利も与えるものではない。

2　この協定の適用上、ＴＰＰにおける署名の日については、この協定の署名の日を意味するものとする。

3　ＴＰＰが効力を有する場合において、この協定とＴＰＰとが抵触するときは、その抵触の限りにおいて、この協定が優先する。

第二条（特定の規定の適用の停止）締約国は、この協定の効力発生の日に、この協定の附属書に掲げる規定の適用を停止する。締約国は、これらの規定のうち一又は二以上の規定の適用の停止を終了させることに締約国が合意する時まで、当該規定の適用を停止する（注）。

注　適用の停止を終了させるための締約国によるいかなる合意も、一の締約国の関係する国内法上の手続の完了後にのみ、当該締約国について適用する。

第三条（効力発生）1　この協定は、この協定の署名国のうち少なくとも六又は少なくとも半数のいずれか少ない方の国がそれぞれの関係する国内法上の手続を完了した旨を書面により寄託者に通報した日の後六〇日で効力を生ずる。

2　この協定は、1の規定に従ってこの協定が自国について効力を生じていないこの協定の署名国については、当該署名国が自国の関係する国内法上の手続を完了した旨を書面により寄託者に通報した日の後六〇日で効力を生ずる。

第四条（脱退）1　締約国は、書面により寄託者に対して脱退の通告を行うことにより、この協定から脱退することができる。脱退する締約国は、同時に、ＴＰＰ第二七・五条（連絡部局）の規定に従って指定される総合的な連絡部局を通じて、他の締約国に対して自国の脱退を通報する。

2　脱退は、締約国が異なる期間について合意する場合を除くほか、いずれかの締約国が1の規定に従って書面により寄託者に対して通告を行った後六箇月で効力を生ずる。この協定は、いずれかの締約国が脱退する場合には、残余の締約国について引き続き効力を有する。

第五条（加入）国又は独立の関税地域は、この協定の効力発生の日の後、締約国と当該国又は独立の関税地域との間で合意する条件に従ってこの協定に加入することができる。

第六条（環太平洋パートナーシップに関する包括的及び先進的な協定の見直し）締約国は、ＴＰＰ第二七・二条（委員会の任務）の規定を適用するほか、ＴＰＰの効力発生が差し迫っている場合又はＴＰＰが効力を生ずる見込みがない場合には、いずれかの締約国の要請に応じ、この協定の改正及び関係する事項を検討するため、この協定の運用を見直す。

第七条（正文）（略）

附属書

1　第五章（税関当局及び貿易円滑化）中次に掲げる規定（略）

2　第九章（投資）のうち次に掲げる規定

(a)　(i)　第九・一条（定義）中次に掲げる規定
「投資に関する合意」の定義（注を含む。）に係る規定
(ii)　「投資の許可」の定義（注を含む。）に係る規定

(b)　第九・一九条（請求の仲裁への付託）のうち次に掲げる規定

(i) 第九・一九条(請求の仲裁への付託)1中次に掲げる規定
(A) 第九・一九条(請求の仲裁への付託)1(a)(i)(B)(注を含む。)の規定
(B) 第九・一九条(請求の仲裁への付託)1(a)(i)(C)の規定
(C) 第九・一九条(請求の仲裁への付託)1(b)(i)(B)の規定
(D) 第九・一九条(請求の仲裁への付託)1(b)(i)(C)の規定
(E) 第九・一九条(請求の仲裁への付託)1ただし書(「ただし、申立人は、請求の対象である事項及び請求に係る損害が、関連する投資に関する合意に依拠して設立され、若しくは取得された又は設立され、若しくは取得されようとした対象投資財産に直接関連する場合にのみ、(a)(i)(C)又は(b)(i)(C)の規定に従い当該投資に関する合意に対する違反についての請求を付託することができる。」)の規定
(ii) 第九・一九条(請求の仲裁への付託)2(注を含む。)の規定
(iii) 第九・一九条(請求の仲裁への付託)3(b)中「投資の許可又は投資に関する合意」の規定
(c) 第九・二二条(仲裁人の選定)5の規定
(d) 第九・二五条(準拠法)2(注を含む。)の規定
(e) 附属書九―L(投資に関する合意)の規定
3 第一〇章(国境を越えるサービスの貿易)のうち次に掲げる規定(略)
4 第一一章(金融サービス)のうち次に掲げる規定(略)
5 第一三章(電気通信)中次に掲げる規定(略)
6 第一五章(政府調達)のうち次に掲げる規定(略)
7 第一八章(知的財産)のうち次に掲げる規定
(a) 第一八・八条(内国民待遇)1の注2第三文及び第四文の規定
(b) 第一八・三七条(特許を受けることができる対象事項)中次に掲げる規定
(i) 第一八・三七条(特許を受けることができる対象事項)2の規定
(ii) 第一八・三七条(特許を受けることができる対象事項)4第二文の規定
(c) 第一八・四六条(特許を与える当局の不合理な遅延についての特許期間の調整)(注を含む。)の規定
(d) 第一八・四八条(不合理な短縮についての特許期間の調整)(注を含む。)の規定
(e) 第一八・五〇条(開示されていない試験データその他のデータの保護)(注を含む。)の規定
(f) 第一八・五一条(生物製剤)(注を含む。)の規定
(g) 第一八・六三条(著作権及び関連する権利の保護期間)(注を含む。)の規定
(h) 第一八・六八条(技術的保護手段)(注を含む。)の規定
(i) 第一八・六九条(権利管理情報)(注を含む。)の規定
(j) 第一八・七九条(衛星放送用及びケーブル放送用の暗号化された番組伝送信号の保護)(注を含む。)の規定
(k) 第一八・八二条(法的な救済措置及び免責)(注を含む。)の規定
(l) 附属書一八―E(第J節(インターネット・サービス・プロバイダ)の附属書)の規定
(m) 附属書一八―F(第J節(インターネット・サービス・プロバイダ)の附属書)の規定
8 第二〇章(環境)のうち次に掲げる規定
第二〇・一七条(保存及び貿易)5中「又は他の関係法令」(注2を含む。)の規定
9 第二六章(透明性及び腐敗行為の防止)中次に掲げる規定(略)
10 附属書Ⅱのうち次に掲げる規定(略)
11 附属書Ⅳのうち次に掲げる規定(略)

10 地域的な包括的経済連携協定(RCEP協定)(抜粋)

署名　二〇二〇年一一月一五日
効力発生　二〇二二年一月一日
日本国　二〇二一年四月二八日国会承認、二〇二一年六月二五日受諾書の寄託、二〇二二年一月一四日公布(条約第七号)、二〇二二年一月一日効力発生

前文

……

締約国間の既存の経済上の相互関係を基礎とするこの協定を通じて、地域における経済統合を拡大し、及び深化すること、経済成長及び衡平な経済発展を強化すること並びに経済協力を推進することを希望し、

……

各締約国の権利及び義務であって、一九九四年四月一五日にマラケシュで作成された世界貿易機関を設立するマラケシュ協定並びにASEANの構成国とその自由貿易パートナー、すなわち、オーストラリア、中国、日本国、韓国及びニュージーランドとの間の現行の自由貿易協定に基づくものを基礎とし、

締約国間の異なる開発の水準、特別のかつ異なる待遇のための規定を含む適当な形態の柔軟性(特に、適当な場合にはカンボジア、ラオス、ミャンマー及びベトナムのためのもの)の必要性及び後発開発途上締約国のための追加的な柔軟性を考慮し、

……

次のとおり協定した。

第一章　冒頭の規定及び一般的定義

第一・一条　地域的な包括的経済連携の自由貿易地域としての設定

締約国は、一九九四年のガット第二四条及びサービス貿易一般協定第五条の規定に従い、この協定の規定に基づいて地域的な包括的経済連携を自由貿易地域としてここに設定する。

第一・二条　一般的定義

この協定に別段の定めがある場合を除くほか、この協定の適用上、

(a)～(i)　略

(j)「統一システム」とは、商品の名称及び分類についての統一システム（解釈に関する通則、各部の注釈、各類の注釈及び各号の注釈を含む。）（世界税関機構により採用され、及び運用されるもの）であって一九八三年六月一四日にブリュッセルで作成された商品の名称及び分類についての統一システムに関する国際条約（その改正を含む。）附属書において定められ、並びに締約国によりそれぞれの国内法令の下で採用され、及び実施されるものをいう。

(k)～(v)　略

(w)「RCEP」とは、地域的な包括的経済連携をいう。

(x)「RCEP合同委員会」とは、第一八・二条（RCEP合同委員会の設置）の規定に基づいて設置されるRCEP合同委員会をいう。

(y)～(ii)　略

第一・三条　目的

(a)締約国、特に後発開発途上締約国の発展段階及び経済上のニーズを考慮しつつ、地域的な貿易及び投資の拡大を促進し、並びに世界的な経済成長及び発展に貢献するため、現代的な、包括的な、質の高い、及び互恵的な経済上の連携の枠組みを設定すること。

(b)特に締約国間の実質的に全ての物品の貿易に対する関税及び非関税障壁の漸進的な撤廃を通じて、締約国間の物品の貿易を漸進的に自由化し、及び円滑化すること。

(c)締約国間のサービスの貿易に関して制限及び差別的な措置の実質的な撤廃を達成するため、相当な範囲の分野を対象として締約国間のサービスの貿易を漸進的に自由化すること。

(d)自由、促進的及び競争的な投資環境であって、投資の機会を拡大させ、並びに締約国間の投資の促進、保護、円滑化及び自由化を強化するものを地域において創出すること。

第二章　物品の貿易

第三章　原産地規則

附属書三A（品目別規則）

附属書三B（必要的記載事項）

第四章　税関手続及び貿易円滑化

附属書四A（約束の実施のための期間）

第五章　衛生植物検疫措置

第六章　任意規格、強制規格及び適合性評価手続

第七章　貿易上の救済

附属書七A（ダンピング防止税及び相殺関税の手続に関する慣行）

第八章　サービスの貿易

附属書八A（金融サービス）

附属書八B（電気通信サービス）

附属書八C（自由職業サービス）

第九章　自然人の一時的な移動

第一〇章　投資

第一〇・一条　定義

この章の規定の適用上、

(a)「対象投資財産」とは、締約国について、当該締約国の領域にある他の締約国の投資家の投資財産であって、この協定が効力を生ずる日に存在しているもの又はその後に設立され、取得され、若しくは拡張されるものをいい、適当な場合には、投資を受け入れる締約国の関係する法令及び政策に従って許可された（注1、注2）ものをいう。（注3）

注1　マレーシア及びタイについては、この章の規定に基づく保護は、適当な場合には、それぞれの法令及び政策に従って保護のためそれぞれの権限のある当局によって書面により個別に承認された対象投資財産に与えられる。

注2　カンボジア、インドネシア及びベトナムについては、「許可された」とは、「場合に応じて、書面により個別に登録され、又は承認された」ことをいう。

注3　この定義の適用上、「政策」とは、投資財産に影響を及ぼす政策であって、締約国の政府により書面によって承認され、及び公表され、並びに書面により公に利用可能とされたものをいう。

第一〇・四条　最恵国待遇（注1、注2）

注1　この条の規定は、カンボジア、ラオス、ミャンマー及びベトナムについては、適用しない。この条の規定に基づく待遇は、カンボジア、ラオス、ミャンマー及びベトナムの投資家及びその対象投資財産には与えられない。

注2　待遇がこの条に規定する「同様の状況」において与えられるものであるかどうかは、状況の全体（当該待遇が公共の福祉に係る正当な目的に基づいて投資家又は投資財産を区別するものであるかどうかを含む。）によって判断する。

1　各締約国は、自国の領域における投資財産の設立、取得、拡張、経営、管理、運営及び売却その他の処分に関し、他の締約国の投資家に対し、同様の状況においてその他のいずれかの締約国の投資家又は非締約国の投資家に与える待遇よりも不利でない待遇を与える。

2　各締約国は、投資財産の設立、取得、拡張、経営、管理、運営及び売却その他の処分に関し、対象投資財産に対し、同様の状況において自国の領域にあるその他のいずれかの締約国の投資家又は非締約国の

投資家の投資財産に与える待遇よりも不利でない待遇を与える。

第一〇・五条　投資財産に関する待遇（注）

注　この条の規定は、附属書一〇Ａ（国際慣習法）の規定に従って解釈する。

1　各締約国は、対象投資財産に対し、外国人の待遇に関する国際慣習法上の最低基準に従って、公正かつ衡平な待遇並びに十分な保護及び保障を与える。

2(a)　各締約国は、公正かつ衡平な待遇の要件により、法律上又は行政上の手続における裁判を行うことを拒否しないことを義務付けられる。

(b)　各締約国は、十分な保護及び保障の要件により、対象投資財産の物理的な保護及び保障を確保するために合理的に必要とされる措置をとることを義務付けられる。

(c)　公正かつ衡平な待遇並びに十分な保護及び保障の概念は、対象投資財産に対して外国人の待遇に関する国際慣習法上の最低基準が要求する待遇以上の待遇を与えることを求めるものではなく、また、追加の実質的な権利を創設するものではない。

3　この協定の他の規定又は他の国際協定に対する違反があった旨の決定が行われることは、この条の規定に対する違反があったことを証明するものではない。

附属書一〇Ａ（国際慣習法）

締約国は、「国際慣習法」全般及び特に第一〇・五条（投資財産に関する待遇）に規定する「国際慣習法」が、外国人の待遇に関する国際慣習法上の最低基準に関連するものを含め、各国が法的義務であるとの認識により従う各国の一般的なかつ一貫した慣行から生ずるとの理解を共有していることを確認する。

附属書一〇Ｂ（収用）

締約国は、次の理解を共有していることを確認する。

1　締約国による一の行為又は一連の関連する行為は、対象投資財産における有体又は無体の財産権又は財産権の持分（注）を害しない限り、収用を構成しない。

注　この附属書の規定の適用上、「財産権の持分」とは、当該締約国の法令に基づいて認められる財産権の持分をいう。

2　第一〇・一三条（収用）の規定は、次の二の事態を取り扱う。

(a)　第一の事態は、直接的な収用である。直接的な収用とは、対象投資財産が正式な権原の移転又は明白な差押えを通じて国有化され、又は他の方法により直接的に収用される場合をいう。

(b)　第二の事態は、締約国による一の行為又は一連の関連する行為が正式な権原の移転又は明白な差押えなしに直接的な収用と同等の効果を有する場合である。

3　締約国による一の行為又は一連の関連する行為が特定の事実関係において2(b)に規定する類型の収用を構成するかどうかを決定するに当たっては、特に次の事項を考慮し、事案ごとに、事実に基づいて調査するものとする。

(a)　政府の行為の経済的な影響。ただし、締約国による一の行為又は一連の関連する行為が投資財産の経済的価値に悪影響を及ぼすという事実のみをもって当該収用が行われたことが確定するものではない。

(b)　投資家に対する政府の拘束力のある書面による事前の約束（契約、免許その他の法的文書によるものかどうかを問わない。）の当該政府の行為による違反の有無

(c)　政府の行為の性質（その行為の目的及び文脈を含む。）（注）

注　韓国については、投資家又は投資財産が公共の利益のために負担することが期待されるべき限度を超えた不均衡な負担（例えば、特別な犠牲）を当該投資家が負担するかどうかを適切に考慮することができる。この注の規定は、他の締約国の政府の行為の性質を決定するに当たっては、影響を及ぼさない。

4　公共の福祉に係る正当な目的（公衆の衛生、安全、公衆の道徳及び環境の保護、不動産価格の安定化等）を達成するために立案され、及び適用される締約国による差別的でない規制措置は、2(b)に規定する類型の収用を構成しない。

第一一章　知的財産

附属書一一Ａ（締約国別の経過期間）

附属書一一Ｂ（技術援助に係る要請の一覧）

第一二章　電子商取引

第一三章　競争

附属書一三Ａ（第一三・三条（反競争的行為に対する適当な措置）及び第一三・四条（協力）の規定のブルネイ・ダルサラーム国についての適用）

附属書一三Ｂ（第一三・三条（反競争的行為に対する適当な措置）及び第一三・四条（協力）の規定のカンボジアについての適用）

附属書一三Ｃ（第一三・三条（反競争的行為に対する適当な措置）及び第一三・四条（協力）の規定のラオスについての適用）

附属書一三Ｄ（第一三・三条（反競争的行為に対する適当な措置）及び第一三・四条（協力）の規定のミャンマーについての適用）

第一四章　中小企業

第一五章　経済協力及び技術協力

第一六章　政府調達

附属書一六Ａ（透明性に関する情報を公表

するために締約国が用いる紙面又は電子的手段）

第一七章　一般規定及び例外

第一七・一二条　一般的例外

1　第二章（物品の貿易）、第三章（原産地規則）、第四章（税関手続及び貿易円滑化）、第五章（衛生植物検疫措置）、第六章（任意規格、強制規格及び適合性評価手続）、第一〇章（投資）及び第一二章（電子商取引）の規定の適用上、一九九四年のガット第二〇条の規定は、必要な変更を加えた上で、この協定に組み込まれ、この協定の一部を成す。（注）

注　締約国は、一九九四年のガット第二〇条(b)に規定する措置には、人、動物又は植物の生命又は健康の保護のために必要な環境に関する措置が含まれること並びに同条(g)の規定が有限天然資源（生物資源であるかどうかを問わない。）の保存に関する措置について適用されることを了解する。

2　第八章（サービスの貿易）、第九章（自然人の一時的な移動）、第一〇章（投資）及び第一二章（電子商取引）の規定の適用上、サービス貿易一般協定第一四条（注を含む。）の規定は、必要な変更を加えた上で、この協定に組み込まれ、この協定の一部を成す。（注）

注　締約国は、サービス貿易一般協定第十四条(b)に規定する措置には、人、動物又は植物の生命又は健康の保護のために必要な環境に関する措置が含まれることを了解する。

第一七・一三条　安全保障のための例外

この協定のいかなる規定も、次のいずれかのことを定めるものと解してはならない。

(a)　締約国に対し、その開示が自国の安全保障上の重大な利益に反すると当該締約国が認める情報の提供を要求すること。

(b)　締約国が自国の安全保障上の重大な利益の保護のために必要であると認める次のいずれかの措置をとることを妨げること。

(i)　核分裂性物質若しくは核融合性物質又はこれらの生産原料である物質に関する措置

(ii)　武器、弾薬及び軍需品の取引並びに軍事施設に供給するため直接若しくは間接に行われるその他の貨物及び原料の取引に関する措置又は軍事施設のため直接若しくは間接に行われるサービスの提供に関する措置

(iii)　通信、電力及び水道の基盤を含む中枢的な公共基盤（注）を防護するためにとる措置

注　中枢的な公共基盤は、公有のものであるか私有のものであるかを問わない。

(iv)　国家の緊急時又は戦時その他の国際関係の緊急時にとる措置

(c)　締約国が国際の平和及び安全の維持のため国際連合憲章に基づく義務に従って措置をとることを妨げること。

第一八章　制度に関する規定

附属書一八Ａ（ＲＣＥＰ合同委員会の補助機関の任務）

第一九章　紛争解決

第一九・四条　一般規定

1　この協定は、解釈に関する国際法上の慣習的規則に従って解釈する。

2　パネルは、また、この協定に組み込まれた世界貿易機関設立協定の規定に関し、ＷＴＯの紛争解決機関によって採択されるＷＴＯの小委員会及び上級委員会の報告における関連する解釈について検討する。パネルの認定及び決定は、この協定に基づく権利及び義務に新たな権利及び義務を追加し、又はこの協定に基づく権利及び義務を減ずることはできない。（注）

注　この協定に組み込まれていない世界貿易機関設立協定の規定に関し、締約国は、この2の第一文の規定が、パネルがＷＴＯの紛争解決機関によって採択されるＷＴＯの小委員会及び上級委員会の報告における関連する解釈について検討することを妨げるものではないことを確認する。

第一九・五条　場の選択

1　紛争が、この協定に基づく権利及び義務に関するものであり、かつ、全紛争当事国が締結している他の国際貿易協定又は国際投資協定に基づく権利及び義務であってこの協定に基づく権利及び義務と実質的に同等のものに関するものである場合には、申立国は、当該紛争を解決するための場を選択することができるものとし、また、その選択した場以外の場を利用してはならない。

第一九・一二条　パネルの任務

1　パネルは、自己に付託された事案の客観的な評価を行う。当該客観的な評価には、次の事項に関するものを含む。

(a)　問題の事実関係

(b)　全紛争当事国が引用するこの協定の規定の適用可能性

(c)　次のいずれかの事項

(i)　問題となっている措置がこの協定に基づく義務に適合しないかどうか。

(ii)　被申立国がこの協定に基づく義務を履行しなかったかどうか。

2　パネルは、全紛争当事国が当該パネルの設置の日から二〇日以内に別段の合意をする場合を除くほか、次の付託事項を有する。

「この協定の関連規定に照らし、第一九・八条（パネルの設置の要請）1の規定に基づいて行われたパ

ネル設置要請において付託された事案を検討し、この協定に定めるところにより認定及び決定を行う。」

3　パネルは、報告書において次の事項を記載する。

(a)　全紛争当事国及び第三国の主張を要約した説明部分

(b)　問題の事実関係及びこの協定の規定の適用可能性についての認定

(c)　次のいずれかの事項に関する自己の決定

(i)　問題となっている措置がこの協定に基づく義務に適合しないかどうか。

(ii)　被申立国がこの協定に基づく義務を履行しなかったかどうか。

第二〇章　最終規定

附属書Ｉ関税に係る約束の表

附属書IIサービスに関する特定の約束に係る表

附属書IIIサービス及び投資に関する留保及び適合しない措置に係る表

附属書IV自然人の一時的な移動に関する特定の約束に係る表

9 11　投資の促進及び保護に関する日本国とアラブ首長国連邦との間の協定（日本・アラブ首長国連邦投資協定）（抄）

署　名　二〇一八年四月三〇日

効力発生　二〇二〇年八月二六日

日本国　二〇二〇年七月二七日公文交換、七月二八日公布（条約第一三号）

前文（略）

第一条（定義）

この協定の適用上、

(a)　「投資財産」とは、投資家が直接又は間接に所有し、又は支配する全ての種類の資産であって、投資としての性質（例えば、資本その他の資源の約束、収益若しくは利得についての期待又は危険の負担）を有するものをいい、次のものを含む。

(i)　企業及び企業の支店

(ii)　株式、出資その他の形態の企業の持分（その持分から派生する権利を含む。）

(iii)　債券、社債、貸付金その他の債務証書（その債務証書から派生する権利を含む。）

(iv)　契約（完成後引渡し、建設、経営、生産又は利益配分に関する契約を含む。）に基づく権利

(v)　金銭債権及び金銭的価値を有する契約に基づく給付の請求権

(vi)　知的財産権（著作権及び関連する権利、特許権並びに実用新案、商標、意匠、集積回路の回路配置、植物の新品種、営業用の名称、原産地表示又は地理的表示及び開示されていない情報に関する権利を含む。）

(vii)　法令又は契約によって与えられる権利（例えば、特許、免許、承認、許可）

(viii)　他の全ての資産（有体であるか無体であるかを問わず、また、動産であるか不動産であるかを問わない。）及び賃借権、抵当権、先取特権、質権その他の関連する財産権

投資財産には、投資財産から生ずる価値、特に、利益、利子、資本利得、配当、使用料及び手数料を含む。投資され、又は再投資される資産の形態の変更は、その投資財産としての性質に影響を及ぼすものではない。ただし、当該変更が、投資又は再投資が行われる締約国の法令に反しないことを条件とする。

天然資源は、この協定の対象とならない。

(b)　「締約国の投資家」とは、次の者であって、他方の締約国の区域において投資を行おうとし、行っており、又は既に行ったものをいう。

(i)　締約国

(ii)　締約国の関係法令によりその国籍を有する自然人

(iii)　締約国の企業

(c)　「締約国の企業」とは、営利目的であるかどうかを問わず、また、民間又は政府のいずれが所有し、又は支配しているかを問わず、締約国の関係法令に基づいて適正に設立され、又は組織される法人その他の事業体（社団、信託、組合、個人企業、合弁企業、団体、組織及び会社を含む。）をいう。

(d)(i)　企業が投資家によって「所有」されるとは、当該投資家が当該企業の五〇パーセントを超える持分を所有する場合をいう。

(ii)　企業が投資家によって「支配」されるとは、当該投資家が当該企業の役員の過半数を指名し、又は当該企業の活動につき法的に指示する権限を有する場合をいう。

(e)　「区域」とは、

(i)　日本国については、その領域並びに日本国が国際法に従い主権的権利又は管轄権を行使する排他的経済水域及び大陸棚をいう。

(ii)　アラブ首長国連邦については、アラブ首長国連邦の領域であってその主権の下にあるもの（領海及び空間を含む。）並びに海面下の区域であって、アラブ首長国連邦が天然資源の探査又は採掘に関して行われる活動について国際法及びアラブ首長国連邦の法令に従い主権的権利を

行使するものをいう。

(e)　「自由利用可能通貨」とは、国際通貨基金協定に定義する自由利用可能通貨をいう。

(g)　「世界貿易機関設立協定」とは、一九九四年四月一五日にマラケシュで作成された世界貿易機関を設立するマラケシュ協定をいう。

第二条（投資の促進及び許可）
第三条（内国民待遇）
第四条（最恵国待遇）
（略）

第五条（一般的待遇及び投資環境の整備） 1　一方の締約国は、自国の区域において、他方の締約国の投資家の投資財産に対し、国際慣習法に基づく待遇（公正かつ衡平な待遇並びに十分な保護及び保障を含む。）を与える。「公正かつ衡平な待遇」及び「十分な保護及び保障」の概念は、外国人の待遇に関する国際慣習法上の最低基準が要求する待遇以上の待遇を与えることを求めるものではない。

2　いずれの一方の締約国も、自国の区域において、恣意的な措置により、他方の締約国の投資家の投資財産の運営、経営、維持、使用、享有及び売却その他の処分をいかなる意味においても阻害してはならない。

3　一方の締約国は、他方の締約国の投資家の投資財産並びにその運営、経営、維持、使用、享有及び売却その他の処分に関して義務を負うこととなった場合には、当該義務を遵守する。

4　一方の締約国は、他方の締約国の投資家及びその投資財産の利益のため、自国の区域内の投資環境を一層整備するために適当な措置をとるよう努める。

第六条（裁判所の裁判を受ける権利）
第七条（特定措置の履行要求の禁止）
第八条（透明性）
第九条（公衆による意見提出の手続）
第一〇条（腐敗行為の防止に関する措置）
第一一条（投資家の入国、滞在及び居住）
（略）

第一二条（収用及び補償） 1　いずれの一方の締約国も、自国の区域にある他方の締約国の投資家の投資財産の収用若しくは国有化又はこれに対する収用若しくは国有化と同等の措置（以下「収用」という。）を実施してはならない。ただし、次の全ての要件を満たす場合は、この限りでない。

(a)　公共の目的のためのものであること。
(b)　差別的なものでないこと。
(c)　2から4までの規定に従って行われる迅速、適当かつ実効的な補償の支払を伴うものであること。
(d)　正当な法の手続に従って実施するものであること。

2　補償は、収用が公表された時又は収用が行われた時のいずれか早い方の時における収用された投資財産の公正な市場価格に相当するものでなければならない。公正な市場価格には、収用が事前に公に知られることにより生じた価格の変化を反映させてはならない。

3　補償については、遅滞なく支払うものとし、支払の時までの期間を考慮した商業的に妥当な金利に基づく利子を含める。当該補償については、実際に換価すること、自由に移転すること並びに収用の日の市場における為替相場により関係する投資家の締約国の通貨及び自由利用可能通貨に自由に交換することができるものとする。

4　収用の影響を受ける投資家は、当該投資家の事案及び補償の額に関し、この条に定める原則に従って速やかな審査を受けるため、収用を行う締約国の裁判所の裁判を受け、又はその行政機関に対して申立てをする権利を有する。ただし、第一七条の規定の適用を妨げない。

第一三条（争乱からの保護）
第一四条（代位）
第一五条（資金の移転）
（略）

第一六条（両締約国間の紛争の解決） 1　一方の締約国は、この協定の解釈及び実施に影響を及ぼす問題に関して他方の締約国が行う申入れに対し十分な考慮を払うものとし、かつ、当該申入れに関する協議のための適当な機会を与える。

2　この協定の解釈及び適用に関する両締約国間の紛争であって、外交交渉によっても満足な調整に至らなかったものは、仲裁委員会に決定のため付託する。仲裁委員会は、いずれか一方の締約国が他方の締約国から当該紛争の仲裁を要請する公文を受領した日から六〇日の期間内に各締約国が任命する各一人の仲裁委員と、このようにして選定された二人の仲裁委員が仲裁委員長となる者としてその後の六〇日の期間内に合意する第三の仲裁委員との三人の仲裁委員から成る。この場合において、第三の仲裁委員は、いずれの締約国の国民でもない者とする。

3　各締約国が任命した仲裁委員が2に規定するその後の六〇日の期間内に第三の仲裁委員について合意しなかった場合には、両締約国は、国際司法裁判所長に対し、両締約国が共に外交関係を有する第三国の国民である第三の仲裁委員を任命するよう要請する。国際司法裁判所長がいずれかの締約国の国民である場合又は他の理由によりこの任務を遂行することができない場合には、国際司法裁判所次長が必要な任命を行うよう要請される。同次長がいずれかの締約国の国民である場合又は同次長も当該任務を遂行することができない場合には、国際司法裁判所の裁判官のうちいずれの締約国の国民でもない次の席次の者が必要な任命を行うよう要請される。

4　仲裁委員会は、自己の手続を定めるものとし、合理的な期間内に、投票の過半数による議決で決定を行う。当該決定は、最終的なものであり、かつ、両締約国を拘束する。別段の合意がある場合を除くほか、当該決定は、第三の仲裁委員の任命の後四箇月以内に行う。

5　各締約国は、自国が選定した仲裁委員に係る費用及び自国が仲裁に参加する費用を負担する。仲裁委員長がその職務を遂行するための費用及び仲裁委員会の残余の費用は、両締約国が均等に負担する。

第一七条（一方の締約国と他方の締約国の投資家との間の投資紛争の解決）1　この条の規定の適用上、「投資紛争」とは、一方の締約国と他方の締約国の投資家との間の紛争であって、当該他方の締約国の投資家の投資財産について、この協定に基づく当該一方の締約国の義務についての申し立てられた違反により損失又は損害が生じているものをいう。

2　5(b)の規定に従うことを条件として、この条のいかなる規定も、投資紛争の当事者である投資家（以下この条において「紛争投資家」という。）が、投資紛争の当事者である締約国（以下この条において「紛争締約国」という。）において、行政的解決又は司法的解決を求めることを妨げるものと解してはならない。

3　投資紛争は、可能な限り、紛争投資家及び紛争締約国（以下この条において「紛争当事者」という。）の間の友好的な協議又は交渉によって解決する。

4　紛争投資家は、紛争締約国に対して書面による協議又は交渉の要請を行った日から六箇月以内に当該協議又は交渉により投資紛争が解決されない場合には、5(a)の規定に従うことを条件として、当該投資紛争を次のいずれかの国際的な仲裁に付託することができる。

(a)　国家と他の国家の国民との間の投資紛争の解決に関する条約（以下この条において「ＩＣＳＩＤ条約」という。）による仲裁。ただし、ＩＣＳＩＤ条約が両締約国間で効力を有する場合に限る。

(b)　投資紛争解決国際センターに係る追加的な制度についての規則による仲裁。ただし、いずれか一方の締約国のみがＩＣＳＩＤ条約の当事国である場合に限る。

(c)　国際連合国際商取引法委員会の仲裁規則による仲裁

(d)　紛争締約国と合意する場合には、他の仲裁規則による仲裁

5(a)　投資紛争が司法裁判所、行政裁判所、行政機関その他の紛争締約国の法令に基づいて設立される拘束力を有する紛争解決のための制度に付託された場合には、そのような国内的な救済手段において最終決定が行われる前に紛争投資家が紛争締約国の法令に従ってその請求を取り下げるときに限り、4に規定する仲裁を求めることができる。

(b)　投資紛争が4に規定する仲裁のいずれかに解決のため付託された場合には、当該投資紛争は、司法裁判所、行政裁判所、行政機関その他の紛争締約国の法令に基づいて設立される拘束力を有する紛争解決のための制度に解決のため付託してはならない。

6　適用される仲裁規則は、この条の規定によって修正する部分を除くほか、4に規定する仲裁を規律する。

7　4の規定に従い投資紛争を仲裁に付託しようとする紛争投資家は、紛争締約国に対し、請求が付託される少なくとも九〇日前に書面によりその旨の通知を行う。当該通知には、次の事項を明記する。

(a)　当該紛争投資家の氏名又は名称及び住所

(b)　当該紛争締約国の問題となる特定の措置並びに問題の所在を明確にする上で十分な当該投資紛争に係る事実及び法的根拠の簡潔な要約（この協定のいずれの義務について違反があったとされるかについての特定を含む。）

(c)　4に規定する仲裁のうち当該紛争投資家が選択するもの

(d)　当該紛争投資家が求める救済手段及び損害賠償請求額の概算

8(a)　各締約国は、紛争投資家が投資紛争を4に規定する仲裁であって当該紛争投資家が選択するものに付託することに同意する。

(b)　(a)の規定による同意及び紛争投資家による仲裁への請求の付託は、次の(i)及び(ii)の規定の要件を満たさなければならない。

(i)　紛争当事者の書面による同意に関するＩＣＳＩＤ条約第二章の規定又は投資紛争解決国際センターに係る追加的な制度についての規則の規定

(ii)　書面による合意に関する外国仲裁判断の承認及び執行に関する条約（以下「ニューヨーク条約」という。）第二条の規定

9　8の規定にかかわらず、4に規定する仲裁への請求の付託は、紛争投資家が1に規定する損失又は損害を被ったことを知った日又は知るべきであった最初の日のいずれか早い方の日から五年が経過した場合には、行うことができない。

10　5の規定にかかわらず、紛争投資家は、紛争締約国の法律の下にある行政裁判所又は司法裁判所において、暫定的な差止めによる救済（損害賠償の支払を伴わないものに限る。）の申立てを行い、又は当該申立てに係る手続を継続することができる。

11　4の規定により設置される仲裁廷は、紛争当事者が別段の合意をする場合を除くほか、紛争当事者それぞれが任命する各一人の仲裁人及び紛争当事者の合意により任命されて仲裁廷の長となる第三の仲裁人から成る三人の仲裁人により構成する。投資紛争が仲裁に付託された日から九〇日以内に紛争投資家又は紛争締約国が一人又は二人以上の仲裁人を任命しない場合には、紛争当事者のいずれも、12及び13に規定する要件に従うことを条件として、投資紛争解決国際センター（以下この条において「ＩＣＳＩＤ」という。）の事務局長に対し、ＩＣＳＩＤの仲裁人の名簿から、いまだ任命されていない一人又は二人以上の仲裁人を任命するよう要請することができる。

12　第三の仲裁人は、紛争当事者が別段の合意をする

場合を除くほか、いずれの締約国の国民であってもならず、いずれの締約国にも日常の住居を有してはならず、いずれの紛争当事者によっても雇用されてはならず、また、いかなる資格においても対象となる投資紛争を取り扱ったことがあってはならない。

13　各紛争当事者は、4に規定する仲裁の場合には、それぞれ、任命される仲裁人の国籍として受け入れられない国籍を三を上限として指定することができる。この場合において、ＩＣＳＩＤの事務局長に対し、いずれかの紛争当事者によって指定された国籍の者を仲裁人に任命しないよう要請することができる。

14　仲裁は、紛争当事者が別段の合意をする場合を除くほか、ニューヨーク条約の当事国において行う。

15　4の規定により設置される仲裁廷は、この協定及び関係する国際法の規則に従って、係争中の事案について決定する。

16　紛争締約国は、他方の締約国に次のものを送付する。

(a)　仲裁に付託された請求についての書面による通知（当該請求が付託された日の後六〇日以内に送付する。）

(b)　仲裁において提出された全ての主張書面の写し

17　紛争の当事者でない締約国は、紛争当事者への書面による通知を行った上で、この協定の解釈に関する問題につき仲裁廷に対して意見を提出することができる。

18　仲裁廷は、紛争投資家の権利を保全し、又は仲裁手続の進行を容易にするため、暫定的な保全措置（紛争当事者のいずれかが所持し、又は管理する証拠を保全するための命令を含む。）を命ずることができる。仲裁廷は、差押えを命じ、又は1に規定する違反を構成するとされる措置の差止めを命じてはならない。

19　仲裁廷が下す裁定には、次の事項を含める。

(a)　紛争締約国が、紛争投資家及びその投資財産に関し、この協定に基づく義務に違反したかどうか。

(b)　違反があった場合には、その救済措置。ただし、当該救済措置は、次の(i)及び(ii)に規定するものの一方又は双方に限られる。

(i)　損害賠償及び適当な利子の支払

(ii)　原状回復。この場合の裁定においては、紛争締約国が原状回復に代えて損害賠償及び適当な利子を支払うことができることを定めるものとする。

仲裁廷は、仲裁に係る費用についても、関係する仲裁規則に従って裁定を下すことができる。

20　紛争締約国は、次に掲げる情報を除くほか、4の規定により設置される仲裁廷に提出され、又は当該仲裁廷が発する全ての文書（裁定を含む。）を時宜を失することなく公に入手可能なものとすることができる。

(a)　業務上の秘密の情報

(b)　いずれかの締約国の関係法令により、特に秘密とされ、又は他の方法により開示から保護される情報

(c)　紛争締約国が適用される仲裁規則に従って不開示としなければならない情報

21　19の規定に従って下される裁定は、最終的なものであり、かつ、紛争当事者を拘束する。紛争締約国は、裁定を遅滞なく実施し、及び自国の関係法令に従い当該裁定を執行する。

22　いずれの一方の締約国も、他方の締約国及び当該一方の締約国の投資家が4に規定する仲裁に付託することに同意し、又は付託した投資紛争に関し、外交上の保護を与えてはならず、又は国家間の請求を行ってはならない。ただし、当該他方の締約国が当該投資紛争について下された裁定に従わなかった場合は、この限りでない。この22の規定の適用上、外交上の保護には、投資紛争の解決を容易にすることのみを目的とする非公式の外交交渉を含めない。

第一八条（安全保障のための例外）　この協定のいかなる規定（第一三条の規定を除く。）も、一方の締約国が次の措置を採用し、又は実施することを妨げるものと解してはならない。ただし、これらの措置を、他方の締約国に対する恣意的若しくは不当な差別の手段又は自国の区域における他方の締約国の投資家の投資財産に対する偽装した制限となることとなる態様で適用しないことを条件とする。

(a)　自国の安全保障上の重大な利益の保護のために必要であると認める次の措置

(i)　戦時、武力紛争の時その他の自国又は国際関係における緊急時にとる措置

(ii)　兵器の不拡散に係る国内政策又は国際協定の実施に関連してとる措置

(b)　国際の平和及び安全の維持のため国際連合憲章に基づく義務に従ってとる措置

第一九条（一時的なセーフガード措置）
第二〇条（信用秩序の維持のための措置）
第二一条（知的財産権）
第二二条（租税）
第二三条（合同委員会）
第二四条（健康、安全及び環境に関する措置並びに労働基準）
第二五条（利益の否認）
第二六条（見直し）
（略）

第二七条（見出し）　この協定中の条の見出しは、引用上の便宜のためにのみ付されたものであって、この協定の解釈に影響を及ぼすものではない。

第二八条（最終規定）（略）

⑨12 反競争的行為に係る協力に関する日本国政府とアメリカ合衆国政府との間の協定（日米独禁協力協定）（抄）

署　名　一九九九年一〇月七日
効力発生　一九九九年一〇月七日
日本国　二〇〇〇年一月六日公布、外務省告示（第三号）

日本国政府及びアメリカ合衆国政府（以下「両締約国政府」という。）は、

世界の経済、特に日本国及びアメリカ合衆国の経済の相互関連が一層強まりつつあることを認識し、

それぞれの国の競争法の健全かつ効果的な執行が、それぞれの国の市場の効率的な機能及び両国間の貿易にとって重要であることに留意し、

それぞれの国の競争法の健全かつ効果的な執行が、競争法の適用における両締約国政府の間の協力及び適切な場合に行われる調整によって強化されることに留意し、

両締約国政府の間に、それぞれの国の競争法の適用に関する相違が随時生じることがあることに留意し、

競争法の適用においてそれぞれの締約国政府の重要な利益を慎重に考慮すると両締約国政府が誓約することに留意し、

一九五三年四月二日に署名された日本国とアメリカ合衆国との間の友好通商航海条約第一八条、一九九五年七月二七日及び二八日に修正された国際貿易に影響のある反競争的慣行に係る加盟国の間の協力に関する経済協力開発機構理事会の勧告並びに一九九八年三月二五日に採択されたハード・コア・カルテルを防止するための効果的な行動に関する経済協力開発機構理事会の勧告を考慮して、

次のとおり協定した。

第一条【目的および定義】1　この協定は、両締約国政府の競争当局の間の協力関係の進展を通じて、それぞれの国の競争法の効果的な執行に貢献することを目的とする。両締約国政府の競争当局は、この協定に従い、その執行活動において、それぞれの締約国政府の重要な利益に合致する限り、互いに協力し及び支援を提供する。

2　この協定の適用上、

(a)　「反競争的行為」とは、いずれか一方の国の競争法の下で刑罰又は救済措置の対象となることのある行動又は取引をいう。

(b)　「競争当局」とは、

(i)　アメリカ合衆国にあっては合衆国司法省及び連邦取引委員会をいい、

(ii)　日本国にあっては公正取引委員会をいう。

(c)　「競争法」とは、

(i)　アメリカ合衆国にあっては、シャーマン法（合衆国法律集第一五巻一から七）、クレイトン法（合衆国法律集第一五巻一二から二七）、ウィルソン関税法（合衆国法律集第一五巻八から一一）及び不公正な競争方法に適用される限りにおける連邦取引委員会法（合衆国法律集第一五巻四一から五八）並びにこれらの法律の実施のための規則をいい、

(ii)　日本国にあっては、私的独占の禁止及び公正取引の確保に関する法律（一九四七年四月一四日の法律第五四号）（以下「独占禁止法」という。）及びその実施について定める命令及び規則をいう。

(d)　「執行活動」とは、締約国政府が自国の競争法に関連して行うあらゆる審査若しくは捜査又は手続であって、次のものに該当しないものをいう。

(i)　事業活動の監視又は通常の届出、報告若しくは申請の審査

(ii)　全般的な経済状況又は特定の産業の全般的な状況を調べることを目的とする研究、検討又は調査

第二条【執行活動の通報】1　それぞれの締約国政府の競争当局は、他方の締約国政府の重要な利益に影響を及ぼすことがあると認める自国政府の執行活動について、他方の締約国政府の競争当局に通報する。

2　他方の締約国政府の重要な利益に影響を及ぼすことがある執行活動は、次のものを含む。

(a)　他方の締約国政府の執行活動に関連する執行活動

(b)　他方の国の国民に対して行う執行活動又は他方の国の領域内における関係法令に基づいて設立され若しくは組織された会社に対して行う執行活動

(c)　企業結合以外の反競争的行為であって、その実質的な部分が他方の国の領域において行われるものに関する執行活動

(d)　企業結合であって、当事者の一若しくは二以上又は当事者の一若しくは二以上を支配する会社が他方の国の領域内における関係法令に基づいて設立され又は組織された会社であるものに関する執行活動

(e)　通報する競争当局が、他方の締約国政府が要求し、奨励し又は承認したと認める行為に関する執行活動

(f)　他方の国の領域における行為を要求し又は禁止する救済措置を含む執行活動

3　1の規定による通報は、一方の締約国政府の執行活動が他方の締約国政府の重要な利益に影響を及ぼすことがあることを当該一方の締約国政府の競争当局が了知した場合にできる限り速やかに、かつ、いかなる場合にも4及び5の規定に従って行う。

4　企業結合に関して1の規定による通報が必要となる場合には、この通報は次の時点までに行われる。

(a) アメリカ合衆国の競争当局にあっては、一の競争当局が一九七六年ハート・スコット・ロディーノ反トラスト強化法(合衆国法律集第一五巻一八a(e))、連邦取引委員会法(合衆国法律集第一五巻四九、五七b‐1)又は反トラスト民事手続法(合衆国法律集第一五巻一三一二)に従って、企業結合計画に関する情報又は文書資料を求める時。
(b) 日本国の競争当局にあっては、
(i) 競争当局が、企業結合計画に関する文書、報告その他の情報の提出を独占禁止法に従って求める時、又は、
(ii) 競争当局が、当初の企業結合計画に独占禁止法上の重大な問題があることを企業結合のいずれかの当事者に対し通知する時(ただし、その通知の時点においていずれの当事者も当該企業結合を公表していない場合には、いずれかの当事者が当該企業結合又は企業結合計画を公表した後できる限り早い時)、
のうちいずれか早い時点。

5 企業結合以外の事項について1の規定に従って通報を行うことが必要となる場合において、次の措置の通報は、当該措置を執るに先立ち、実行可能な限り早期に行う。
(a) アメリカ合衆国政府にあっては、
(i) 刑事手続の開始
(ii) 民事又は行政上の措置の開始(暫定的差止命令及び予備的差止命令の申立てを含む。)
(iii) 同意判決又は排除措置命令の確定
(iv) ビジネス・レビュー又は勧告的意見であって競争当局によって最終的に公表されるものの発出
(b) 日本国政府にあっては、
(i) 刑事告発
(ii) 緊急停止命令の申立て
(iii) 勧告又は審判開始決定
(iv) 課徴金納付命令(ただし、納付者に対して事前の勧告が発出されていない場合に限る。)
(v) 事前相談への回答であって競争当局が最終的には公表するものの発出
(vi) 警告

6 それぞれの締約国政府の競争当局は、他方の締約国政府の重要な利益に影響を及ぼすことがあると認める調査を開始する場合には、他方の締約国政府の競争当局に通報する。

7 それぞれの締約国政府の競争当局は、競争法又は競争政策に係る問題に関連して、当該国の行政手続、規制に関する手続又は司法手続(当該競争当局が開始したものを除く。)に公に参加する場合であって、当該手続において取り上げられる問題が他方の締約国政府の重要な利益に影響を与えることがあると認めるときは、他方の締約国政府の競争当局に通報する。この通報は、そのような手続への参加の時又はその後できる限り速やかに行われる。

8 それぞれの締約国政府は、他方の国の競争法に違反することを根拠として金銭賠償その他の救済措置を求めるために、当該他方の国の裁判所において私人に対する民事訴訟を提起する場合には、他方の締約国政府に対して通報する。

9 通報の内容は、通報を受けた競争当局がその締約国政府の重要な利益への影響について当初の評価を行うことができるよう、十分詳細に行う。

10(a) それぞれの締約国政府の競争当局は、自国の競争法の改正について他方の締約国政府の競争当局に速やかに通報する。
(b) それぞれの締約国政府の競争当局は、当該競争当局が当該国の競争法に関連して発出し公表したガイドライン、規則又は政策声明の写しを他方の締約国政府の競争当局に提供する。
(c) それぞれの締約国政府の競争当局は、当該国の競争法に関連するガイドライン、規則又は政策声明に係る提案であって一般に入手可能なものの写しを他方の締約国政府の競争当局に提供する。このガイドライン、規則又は政策声明に関する意見を提出する機会を一般の公衆に与える場合には、それぞれの締約国政府の競争当局は、当該ガイドライン、規則又は政策声明を確定するに先立って他方の締約国政府が提出する意見を受領し、その意見に適切な考慮を払う。

第三条【執行活動の支援】 1 それぞれの締約国政府の競争当局は、自国の法令及び自国政府の重要な利益に合致する限りにおいて、かつ、自己の合理的に利用可能な資源の範囲内で、他方の締約国政府の競争当局に対しその執行活動について支援を提供する。

2 それぞれの締約国政府の競争当局は、自国の法令及び自国政府の重要な利益に合致する限りにおいて、次のことを行う。
(a) 他方の国の領域内における競争に対しても悪影響を及ぼすことがあると認める反競争的行為に係る自己の執行活動に関して他方の締約国政府の競争当局に通知すること
(b) 自己が保有し、かつ、気付くに至った反競争的行為に関する重要な情報であって他方の締約国政府の競争当局の執行活動に関連し又はかかる執行活動を正当化することがあると認めるものを当該他方の締約国政府の競争当局に対し提供すること
(c) 要請に応じ、かつ、この協定の規定に従い、自己の保有する情報であって他方の締約国政府の競争当局の執行活動に関連するものを当該他方の締約国政府の競争当局に提供すること

第四条【執行活動の調整】 1 両締約国政府の競争当局は、関連する事案に関して執行活動を行おうとする場合には、その執行活動の調整を検討する。

2 特定の執行活動について調整を行うべきかどうかを検討するに当たり、両締約国政府の競争当局は、特に次の要素を考慮すべきである。
(a) 当該執行活動の目的を達成するための両締約国

政府の競争当局の能力に対して調整が及ぼす影響

(b)　当該執行活動に必要な情報を入手するために両締約国政府の競争当局が有する相対的な能力

(c)　いずれか一方の締約国政府の競争当局が、関連する反競争的行為に対する有効な救済措置を確保することのできる程度

(d)　両締約国政府及び当該執行活動の対象者が削減することのできる費用

(e)　救済措置が調整された場合に両締約国政府及び当該執行活動の対象者に及ぼす潜在的利益

3　いかなる執行活動の調整を行う場合にも、それぞれの締約国政府の競争当局は他方の締約国政府の競争当局の執行活動の目的に慎重な考慮を払って執行活動を行うよう努める。

4　両締約国政府の競争当局が関連する事案に関して執行活動を行おうとする場合には、それぞれの締約国政府の競争当局は、他方の締約国政府の競争当局の要請により、自国政府の重要な利益に合致する限りにおいて、当該執行活動に関連して秘密の情報を提供した者が当該他方の締約国政府の競争当局が当該情報を共有することに同意するかどうかを照会することを検討する。

5　いずれの一方の締約国政府の競争当局も、他方の締約国政府の競争当局に適切な通報を行うことを条件として、執行活動の調整をいつでも限定し又は終了し、執行活動を独自に行うことができる。

第五条【相手国に対する執行活動の要請】1　締約国政府の競争当局は、他方の国の領域において行われた反競争的行為が自国政府の重要な利益に悪影響を及ぼすと信ずる場合には、管轄権に関する紛争を回避することの重要性及び他方の締約国政府の競争当局が当該反競争的行為に関してより効果的な執行活動を行うことができる可能性があることに留意しつつ、当該他方の締約国政府の競争当局に対して適切な執行活動を開始するよう要請することができる。この要請は、当該反競争的行為の性質及び要請する競争当局の締約国政府の重要な利益に対して当該反競争的行為が及ぼす影響に関してできる限り具体的なものとし、当該要請する競争当局が提供することのできる追加情報及び他の協力に関する申出を含むものとする。

2　要請を受けた競争当局は、当該要請において特定される反競争的行為に関し、執行活動を開始するかどうか、又は現に行われている執行活動を拡大するかどうかについて注意深く検討する。要請を受けた競争当局は、要請を行った競争当局に対し、実行可能な限り速やかに自己の決定を通知する。執行活動を開始する場合には、要請を受けた競争当局は、要請を行った競争当局に対し、当該執行活動の結果を通知し、可能な範囲で重要な進捗(ちょく)状況を通知する。

第六条【執行活動の際の配慮】1　それぞれの締約国政府は、執行活動のあらゆる局面(執行活動の開始、執行活動の範囲及びそれぞれの事案において求められる刑罰又は救済措置の性格に関する決定を含む。)において他方の締約国政府の重要な利益に慎重な考慮を払う。

2　いずれか一方の締約国政府が、他方の締約国政府に対し、当該他方の締約国政府による特定の執行活動が自国政府の重要な利益に影響を及ぼすことがあることを通知したときは、当該他方の締約国政府は、当該執行活動の重要な進展について適時に通報するよう努める。

3　一方の締約国政府の執行活動が他方の締約国政府の重要な利益に悪影響を及ぼすおそれがあるといずれかの締約国政府が認める場合には、両締約国政府は、その競合する利益の適切な調整を図るに当たって、状況に応じて関連することのある他の要素に加えて次の要素を考慮すべきである。

(a)　他方の国の領域内において生じている行動又は取引と比較したときに執行する側の締約国政府の国の領域内において生じている行動又は取引が当該反競争的行為に対して有する相対的な重要性

(b)　当該反競争的行為がそれぞれの締約国政府の重要な利益に及ぼす相対的な影響

(c)　当該反競争的行為に関与している者が、執行活動を行う締約国政府の国の領域内における消費者、供給者又は競争相手に影響を及ぼす意図を有することに関する証拠の存否

(d)　当該反競争的行為がそれぞれの国の市場における競争を実質的に減殺する程度

(e)　一方の締約国政府による執行活動と他方の国の法律又は他方の締約国政府の政策若しくは重要な利益との間の抵触又は一致の程度

(f)　私人(自然人か法人かを問わない。)が両締約国政府による相反する要求の下に置かれるかどうか

(g)　関連する資産及び取引の当事者の所在地

(h)　当該反競争的行為に対する締約国政府の当該執行活動によって効果的な刑罰又は救済措置が確保される程度

(i)　同一の者(自然人か法人かを問わない。)に関する他方の締約国政府の執行活動が影響を受ける程度

第七条【外交上の協議】
第八条【競争当局間の協議】(略)

第九条【情報の使用目的限定および秘密保持】1(a)　この協定に従って一方の締約国政府から他方の締約国政府に伝達された情報(公開情報を除く。)は、当該情報を提供した締約国政府が別段の承認を行った場合を除くほか、当該情報を入手した締約国政府により、第一条1に定める目的のためにのみ使用される。

(b)　この協定に従って競争当局又は関連する法執行当局から提供された情報(公開情報を除く。)は、当該情報を提供した競争当局又は関連する法執行

当局が別段の承認を行った場合を除くほか、第三者又は他の当局に伝達されてはならない。

2　1(b)の規定にかかわらず、この協定に従って伝達された情報を入手した競争当局は、情報を提供する競争当局が別段の通知を行う場合を除くほか、当該情報を競争法の執行のために自国政府の関連する法執行当局に提供することができる。当該法執行当局は、次条に定める条件に従って当該情報を使用することができる。

3　それぞれの締約国政府は、自国の法令に従い、この協定に従って他方の締約国政府から秘密として伝達されたあらゆる情報の秘密を保持する。ただし、他方の締約国政府が当該情報の開示に同意した場合はこの限りでない。

4　それぞれの締約国政府は、秘密の保持又は情報の使用目的の限定に関して自国政府が要請する保証を他方の締約国政府が与えることができない場合には、他方の締約国政府に伝達する情報を限定することができる。

5　この協定の他のいかなる規定にもかかわらず、いずれの締約国政府も、自国の法令によって禁止されている場合又は自国政府の重要な利益と両立しない場合には、他方の締約国政府に情報を伝達することを要しない。

6　この条は、情報を入手した締約国政府の国の法令に基づき義務付けられている限度において、情報が使用され又は開示されることを妨げない。当該締約国政府は、可能な限り、情報を提供した締約国政府に対し当該使用又は開示について事前に通知する。

第一〇条【刑事手続における情報の取扱い】1　この協定に従って一方の締約国政府から他方の締約国政府に伝達された情報（公開情報を除く。）は、刑事手続において大陪審又は裁判所若しくは裁判官に提示されてはならない。

2　この協定に基づき一方の締約国政府から他方の締約国政府に伝達された情報（公開情報を除く。）を、刑事手続において大陪審又は裁判所若しくは裁判官に提示することが必要とされる場合には、当該他方の締約国政府は、当該一方の締約国政府に当該情報に対する要請を外交上の経路又は要請を受ける国の法律に従って定められた他の経路を通じて提出する。要請を受ける締約国政府は、要請に基づき、要請する締約国政府が示す正当な期限までに迅速に回答するよう最善の努力を払う。

第一一条【協定の実施】
第一二条【連絡】　}（略）

第一三条【効力発生、終了、運用の検討】1　この協定は、署名により効力を生ずる。

2　いずれの一方の締約国政府も、外交上の経路を通じて、二箇月前に他方の締約国政府に対して文書による通告を与えることにより、この協定を終了させることができる。

3　両締約国政府は、この協定が効力を生じる日から五年以内に、この協定の運用について検討する。

末　文（略）

署　名（略）

⑨13 原子力の平和的利用における協力のための日本国政府とインド共和国政府との間の協定（日印原子力協定）（抄）

署名　二〇一六年一一月一一日
効力発生　二〇一七年七月二〇日
日本国　二〇一七年六月七日国会承認、二〇一七年七月二〇日公布及び告示（条約第二五号及び外務省告示第二六〇号）

日本国政府及びインド共和国政府（以下「両締約国政府」という。）は、

日本国とインド共和国との間に存在する特別戦略的グローバル・パートナーシップを強化することを希望し、

原子力が、安全な、環境を害しない及び持続可能なエネルギー源を提供し、並びにエネルギー安全保障にも貢献することに留意し、

日本国及びインド共和国が両国の国民の福祉に貢献することができる原子力科学技術の平和的利用における高度な能力を有することを認識し、

また、両国がイーター国際核融合エネルギー機構を含む多数国間の場を通じてこの分野において協力してきたことを認識し、

日本国が一九六八年七月一日に作成された核兵器の不拡散に関する条約の当事国であることを考慮し、

日本国及びインド共和国の双方が国際原子力機関（以下「機関」という。）の原加盟国であることを認識し、

機関の目的並びに日本国及びインド共和国のそれぞれに適用される機関の保障措置制度に対する両国の支持並びに平和的目的のための原子力の開発及び利用についての国際的な協力における機関の重要性を再確認し、（中略）

原子力の平和的利用における核不拡散、原子力の安全及び核セキュリティについての両国の誓約（効果的な国内の輸出管理及び核物質の適切な防護を含む。）に留意し、（中略）

安定性、信頼性及び予見可能性を基礎として平和的目的のための原子力の開発及び利用における両国間の

十分な協力を促進することを希望して、
次のとおり協定した。

第一条【定義】 この協定の適用上、

(a)「認められた者」とは、一方の締約国政府の国の管轄内にある個人又は団体であって、当該一方の締約国政府により、この協定の下での協力(核物質、核物質ではない資材、設備及び技術を供給し、又は受領すること並びに役務を提供し、又は受領することを含む。)を行うことを認められたものをいう。ただし、両締約国政府を含まない。

(b)「核物質」とは、次に規定する(i)原料物質又は(ii)特殊核分裂性物質をいう。(以下、略)

(c)―(i)(略)

(j)「回収され又は副産物として生産された核物質」とは、次の核物質をいう。

(i) この協定に基づいて移転された核物質から得られた核物質

(ii) この協定に基づいて移転された核物質ではない資材又は設備を用いて行う一又は二以上の処理によって得られた核物質

(iii) この協定に基づいて移転された技術を用いて得られたものとして両締約国政府が合意する核物質

第二条【協力】 1 平和的非爆発目的のための原子力の利用における両締約国政府の間の協力は、この協定の規定に従うものとする。各締約国政府は、適用のある条約及びそれぞれの国において効力を有する国内法令(平和的目的のための原子力の利用に関する許可要件を含む。)に従ってこの協定を実施する。この協定は、誠実に、かつ、国際法の原則に従って実施される。

2 両国におけるこの協定の下での協力は、次の方法及び両締約国政府により合意されるその他の方法により行うことができる。

(a) 科学、技術その他の分野の専門家を交換すること(これらの者のこの条に規定する活動への参加を含む。)。

(b) 両締約国政府の間、各締約国政府の認められた者の間又は一方の締約国政府と他方の締約国政府の認められた者との間の合意によって定める条件で、いずれか一方の締約国政府が国家安全保障上の理由により秘密として指定する情報以外の情報を交換すること。

(c) 供給者と受領者との間の合意によって定める条件であってこの協定に適合するものにより、一方の締約国政府又はその認められた者から他方の締約国政府又はその認められた者に対し、核物質、核物質ではない資材、設備及び技術(第三国における使用が予定されるものを含む。)を供給すること。

(d) この協定の範囲内の事項について、提供者と受領者との間の合意によって定める条件であってこの協定に適合するものにより、一方の締約国政府又はその認められた者が役務を提供し、及び他方の締約国政府又はその認められた者がこれを受領すること。

3 2に規定する協力は、次の分野及び両締約国政府により合意されるその他の分野において行うことができる。

(a) 適当な規制に従って行われる原子炉の設計、建設、運転のための補助的役務、保守活動及び廃止措置

(b) 核燃料サイクルの全ての側面であって、(a)に規定する活動に関連するもの(核燃料加工並びに放射性廃棄物の処理及び管理を含む。)

(c) 相互に関心を有する原子力の安全に係る事項(放射線防護及び環境保護、原子力事故及び放射線に係る緊急事態の防止並びに当該緊急事態への対応を含む。)

(d) 両締約国政府により合意される分野における共同研究開発を含む原子力の平和的利用の分野における科学上及び技術上の協力

(e) 農業、医学、工業及び環境の分野における放射性同位元素及び放射線の研究及び応用

(f) 相互に関心を有する核セキュリティに係る事項における経験の共有

4 2及び3の規定にかかわらず、ウランの濃縮、使用済核燃料の再処理、プルトニウムの転換及び核物質ではない資材の生産のための技術及び設備並びにプルトニウムは、この協定がこれらの移転を可能にするように改正された場合に限り、この協定の下で移転することができる。

5 この協定に基づく協力に伴い2(a)に規定する専門家の交換が行われる場合には、両締約国政府は、それぞれの国において効力を有する法令に従い、これらの専門家の自国の領域への入国及び自国の領域における滞在を容易にすることができる。

第三条【平和的目的】 1 この協定の下での協力は、平和的非爆発目的に限って行う。

2 この協定に基づいて移転された核物質、核物質ではない資材、設備及び技術、技術に基づく設備並びに回収され又は副産物として生産された核物質は、平和的目的以外の目的で使用してはならず、また、いかなる核爆発装置のためにも又はいかなる核爆発装置の研究若しくは開発のためにも使用してはならない。

第四条【保障措置】 1 この協定の下での協力は、日本国と機関との間及びインド共和国と機関との間の関係する協定に従って両国について適用される機関の保障措置が適用されていることを要件として行う。

2 この協定に基づいて移転された核物質、核物質ではない資材及び設備、技術に基づく設備並びに回収され又は副産物として生産された核物質は、

(a) 日本国内においては、一九九八年一二月四日に作成された追加議定書により補足された一九七七

年三月四日に作成された核兵器の不拡散に関する条約第三条1及び4の規定の実施に関する日本国政府と国際原子力機関との間の協定に従って適用される機関の保障措置の適用を常に受ける。

(b)　インド共和国内においては、二〇〇九年五月一五日に作成された追加議定書により補足された同年二月二日に作成された民生用の原子力施設への保障措置の適用のためのインド共和国政府と国際原子力機関との間の協定に従って適用される機関の保障措置の適用を常に受ける。

3　機関が2の規定の下で必要とされる機関の保障措置の適用が可能でないと決定した場合には、両締約国政府は、適当な検証のための措置について協議し、及び合意する。

第五条【計量管理】
第六条【原子力安全条約】
第七条【核物質の防護】　(略)
第八条【情報及び技術の保護】

第九条【原子力分野の取引】1　両締約国政府は、一方の締約国政府又は当該一方の締約国政府の認められた者が最終使用者として予定されるこの協定の適用を受ける品目に関する原子力分野における取引であって、両締約国政府の間又はそれぞれの認められた者の間で行われるもの及び適当な場合には他方の締約国政府又は当該他方の締約国政府の認められた者と第三者との間で行われるものを容易にするような態様で、この協定を実施する。

2　締約国政府は、商業上の利益を確保するために又は他方の締約国政府の商業上の関係を妨害するためにこの協定の規定を利用してはならない。

第一〇条【再移転】この協定に基づいて移転された核物質、核物質ではない資材、設備及び技術、技術に基づく設備並びに回収され又は副産物として生産された核物質は、供給締約国政府の書面による事前の同意が得られる場合を除くほか、受領締約国政府の国の管轄の外(供給締約国政府の国の管轄内を除く。)に移転され、又は再移転されない。

第一一条【濃縮・再処理】1　この協定に基づいて移転されたウラン及びこの協定に基づいて移転された設備において使用され、又は当該設備の使用を通じて生産されたウランは、同位元素ウラン二三五の濃縮度が二〇パーセント未満である範囲で濃縮することができる。この協定に基づいて移転されたウラン及びこの協定に基づいて移転された設備において使用され、又は当該設備の使用を通じて生産されたウランの同位元素ウラン二三五の濃縮度が二〇パーセント以上になる濃縮は、供給締約国政府の書面による同意が得られた場合に限り行うことができる。

2　この協定に基づいて移転された核物質及び回収され又は副産物として生産された核物質は、この協定の附属書Bの規定に従い、インド共和国の管轄内において再処理することができる。

3　2の規定は、次の(a)から(c)までに掲げることを条件として適用する。

(a)　二〇〇九年五月一五日に作成された追加議定書により補足された同年二月二日に作成された民生用の原子力施設への保障措置の適用のためのインド共和国政府と国際原子力機関との間の協定がインド共和国について効力を有していること。

(b)　分離され得るいかなる特殊核分裂性物質も、インド共和国の平和的目的のための予定された原子力計画を実施するための施設であって、機関の保障措置の下にある同国に所在するもののための核燃料を生産する目的のためにのみ貯蔵され、又は使用されること。

(c)　この協定の附属書Bに定める条件が引き続き適用されていること。

第一二条【核物質等の移転】
第一三条【協議】　(略)

第一四条【終了及び協力の停止】1　各締約国政府は、この協定の有効期間の満了前に、他の締約国政府に対して一年前に書面による通告を行うことによりこの協定を終了させる権利を有する。終了の通告を行う締約国政府は、終了を求める理由を示す。この協定は、当該書面による通告の日から一年で終了する。ただし、当該通告を行った締約国政府がこの協定の終了の日に先立ち書面により当該通告を撤回した場合又は両締約国政府が別段の合意をする場合は、この限りでない。

2　両締約国政府は、この協定が1の規定に基づいて終了する前に、関連する状況に考慮を払い、かつ、終了を求める締約国政府が示した理由を取り扱うために速やかに協議する。この協定の終了を求める締約国政府は、未解決の問題について相互に受け入れることができる解決が得られなかった旨又は協議により解決することができない旨を当該締約国政府が決定する場合には、この協定の下でのその後の協力の全部又は一部を停止する権利を有する。両締約国政府は、この協定の終了又はこの協定の下での協力の停止をもたらし得る状況について慎重な考慮を払う。両締約国政府は、更に、この協定の終了又はこの協定の下での協力の停止をもたらし得る状況が、安全保障上の環境の変化についての一方の締約国政府の重大な懸念から、又は国家安全保障に影響を及ぼすおそれのある他の国による同様の行為への対応として、生じたものであるか否かについて考慮を払うことを合意する。

3　終了を求める締約国政府が終了を求める通告の理由としてこの協定の違反を示す場合には、両締約国政府は、行動が意図せずに生じたものであるか否か及び当該違反が重大であると認められるものであるか否かについて考慮を払う。いかなる違反も、条約法に関するウィーン条約における重大な違反の定義に相当する場合でない限り、重大なものであるとみなすことはできない。終了を求める締約国政府が終了を求める通告の理由として機関との保障措置協定の違反を示す場合には、機関の理事会が違反の認定を行ったか否かが重要な要素の一つである。

4　この協定の下での協力の停止の後に、締約国政府は、この協定に基づいて移転された核物質、核物質ではない資材又は設備及び回収され又は副産物として生産された特殊核分裂性物質の他方の締約国政府による返還を要求する権利を有する。返還を要求する権利を主張する締約国政府の書面による通告については、この協定が終了する日以前に他方の締約国政府に送付する。当該通告には、締約国政府が返還を要求する品目の記載を含む。第一七条3に規定する場合を除くほか、この協定に定めるその他の全ての法的義務は、この協定の終了の時に、各締約国政府の領域内にあるこの協定の適用を受けている核物質、核物質ではない資材、設備及び技術について適用されなくなる。

5　両締約国政府は、4の規定に基づいて返還を要求する権利を行使することが両締約国政府間の関係に重大な影響を及ぼすことを認識する。いずれか一方の締約国政府が当該権利を行使することを求める場合には、当該一方の締約国政府は、4に規定するこの協定に基づいて移転された核物質、核物質ではない資材又は設備及び回収され又は副産物として生産された特殊核分裂性物質の他方の締約国政府の領域又は管理からの移動に先立ち、当該他方の締約国政府と協議を行う。その協議においては、エネルギー安全保障を達成する方法としての平和的目的のための原子力の利用可能性に関し、関係締約国政府の原子炉の継続した運転の重要性に特に考慮を払う。両締約国政府は、この協定の終了が、この協定の下で開始された実施中の契約及び事業であって各締約国政府の原子力計画にとって重要なものに及ぼす潜在的な悪影響に考慮を払う。

6　いずれか一方の締約国政府が4の規定に基づいて返還を要求する権利を行使する場合には、当該一方の締約国政府は、返還されることとなる品目を他方の締約国政府の領域又は管理から移動させるに先立ち、当該他方の締約国政府に対し、それらの公正な市場価額及び当該移動のために生じた費用について速やかに補償する。両締約国政府は、当該返還のための方法及び手続、返還されることとなる品目の数量並びに返還を要求する権利を行使する締約国政府が支払うべき補償の額について合意する。

7　この協定に基づいて移転された核物質、核物質ではない資材又は設備及び回収され又は副産物として生産された特殊核分裂性物質の返還に先立ち、両締約国政府は、それぞれの国において効力を有する法令に従って十分な安全、放射線防護及び核物質防護のための措置が確保されていること並びに当該返還に係る移転がいずれの締約国政府、返還されることとなる品目が通過する国及び地球環境へ不当な危険を与えず、かつ、現行の国際的な規則に従っていることを確認する。

8　4の規定に基づいて返還を要求する権利を行使する締約国政府は、当該返還のための時期、方法及び手続が5から7までの規定に従うことを確保する。この点に関して、両締約国政府間の協議は、インド共和国が同国への燃料の信頼性のある供給に関して民生用の原子力協力を行う他の主体との間で有する約束及び了解に考慮を払う。

9　第一一条の規定に基づく再処理は、この協定の附属書Bに規定する施設におけるこの協定の適用を受ける核物質の再処理の継続が自国の国家安全保障に対する重大な脅威を生じさせるおそれがある又は当該施設の防護に対する重大な脅威が存在するといずれか一方の締約国政府が判断する場合に限られる例外的な状況において、いずれか一方の締約国政府により停止される。両締約国政府の間で行われる未解決の問題についての相互に受入れ可能な解決を得ることを目的とする協議の後に行う停止のための決定は、当該例外的な状況に関する再処理施設に適用され、かつ、当該例外的な状況に対処するために必要とされる最小限の範囲及び最小限の期間に限られるものとし、三箇月を超えない期間とする(ただし、当該停止を行う締約国政府が他方の締約国政府に対して書面によって提出する特定の理由のために延長される場合を除く。)。そのような決定については、平和的目的のための原子力を提供する原子炉の継続的な運転への当該停止による影響、当該停止によるインドの経済への損失の可能性及び当該停止によるエネルギー安全保障への影響に考慮を払う。当該停止が六箇月の期間を超える場合には、両締約国政府は、発電の中断がインドの経済に及ぼす悪影響についての補償及び契約上の義務の中断を理由とする損失についての補償につき協議する。

第一五条【協定の適用範囲】この協定のいかなる規定も、両締約国政府が生産し、取得し、又は開発した核物質、核物質ではない資材、設備及び技術であってこの協定の下での協力の適用範囲外であるものについて適用される両締約国政府の権利及び義務に影響を及ぼすものと解してはならない。

第一六条【改正・修正】(略)

第一七条【効力発生】1　この協定は、両締約国政府がこの協定の効力発生のために必要なそれぞれの国内手続を完了したことを相互に通告する外交上の公文を交換した日に効力を生ずる。

2　この協定は、四〇年間効力を有するものとし、その後は、いずれか一方の締約国政府がこの協定の有効期間の満了する日の遅くとも六箇月前までに他方の締約国政府に対し、外交上の経路を通じて、この協定を終了させる意思を書面により通告しない限り、自動的に一〇年間ずつ延長されるものとする。

3　この協定の下での協力の停止又はこの協定の終了の後においても、第一条、第三条、第四条、第五条

1、第六条、第七条、第一〇条、第一一条、第一二条3、第一三条及び第一四条の規定は、引き続き効力を有する。

附属書A（略）

附属書B　インド共和国の管轄内にあるこの協定に基づいて移転された核物質及び回収され又は副産物として生産された核物質の再処理（略）

見解及び了解に関する公文

一　本日署名された原子力の平和的利用における協力のための日本国政府とインド共和国政府との間の協定（以下「協定」という。）に関連し、下名は、次のとおり記録する。

(i)　日本側代表団の代表は、当時のインド共和国外務大臣プラナーブ・ムカジー氏が二〇〇八年九月五日に行った声明（以下「九月五日の声明」という。）が協定の下での両国間の協力の不可欠の基礎を成す旨述べた。

(ii)　協定一四条の規定を実施するに当たり、日本側代表団の代表は、(i)に規定する基礎に何らかの変更がある場合には、日本国政府が同条に規定する権利を行使し、及び同条に定める手続を開始することができる旨述べた。

(iii)　日本側代表団の代表は、九月五日の声明に違反するインドの行動は通常の状況からの深刻な逸脱とみなされることとなる旨述べた。そのような場合において、協定の適用を受ける核物質の再処理は、協定一四条9の規定に従って停止される。

(iv)　日本側代表団の代表は、更に、そのような場合において、発電の中断がインドの経済に及ぼす悪影響についての補償及び契約上の義務の中断を理由とする損失についての補償に関するインドの請求に対し、日本国が協定一四条9に規定する協議を通じて異議を申し立てる権利を留保する旨述べた。

(v)　インド側代表団の代表は、九月五日の声明をインド共和国政府が再確認する旨述べた。

二　前記については、両国の見解の正確な反映であることが了解される。

第3節　投資紛争解決

⑨14　国家と他の国家の国民との間の投資紛争の解決に関する条約（投資紛争解決条約、ＩＣＳＩＤ条約）（抄）

署名　一九六五年三月一八日（ワシントン）
効力発生　一九六六年一〇月一四日
日本国　一九六七年七月二一日国会承認、八月一七日批准書寄託、八月二五日公布（条約第一〇号）、九月一六日効力発生

前文

締約国は、

経済開発のための国際協力の必要性及びこの分野における国際的な民間投資の役割を考慮し、

締約国と他の締約国の国民との間でこの投資に関連して随時紛争が生ずる可能性に留意し、

これらの紛争が通常は国内の訴訟手続に従うものであるが、場合によっては、国際的な解決方法も適当であることを認め、

締約国及び他の締約国の国民が、希望するときは、これらの紛争を付託することができる国際的な調停又は仲裁のための施設を利用することができるようになることを特に重視し、

国際復興開発銀行の主唱により前記の施設を設けることを希望し、

前記の施設を通じてこれらの紛争を調停又は仲裁に付託する旨の両当事者の同意が、調停人のいかなる勧告に対しても妥当な考慮を払うこと又はいかなる仲裁判断にも服することが特に要求される拘束力のある合

意を構成することを認め、また、

いかなる締約国も、その同意なしに、単にこの条約の批准、受諾又は承認の事実のみによっては、特定の紛争を調停又は仲裁に付託する義務を負うものとはみなされないことを宣言して、

次のとおり協定した。

第一章　投資紛争解決国際センター

第一節　設立及び組織

第一条【センターの設立と目的】1　投資紛争解決国際センター（以下「センター」という。）をここに設立する。

2　センターの目的は、締約国と他の締約国の国民との間の投資紛争をこの条約の規定に従って解決するための調停及び仲裁のための施設を提供することである。

第二条【センターの所在地】センターの所在地は、国際復興開発銀行（以下「銀行」という。）の主たる事務所とする。所在地は、理事会がその構成員の三分の二以上の多数をもって採択する決定により、他の場所に移すことができる。

第三条【センターの構成】センターに、理事会及び事務局を設置し、並びに調停人名簿及び仲裁人名簿を常備する。

第二節　理事会

第四条【理事会の構成】1　理事会は、各締約国の一人の代表者で構成する。代表者代理は、代表者が会合に欠席しているか又は職務を行なうことができないときは、代表者の職務を行なうことができる。

2　締約国が任命する銀行の総務及び総務代理は、別段の指名がないときは、職務上当然にそれぞれその締約国の代表者及び代表者代理となる。

第五条【理事会の議長】銀行の総裁は、職務上当然に理事会の議長（以下「議長」という。）となるが、投票権を有しない。銀行の総裁が不在であるか若しくは職務を行なうことができない間又はその欠員の間は、総裁の職務を行なう者が理事会の議長の職務を行なう。

第六条【理事会の権限と任務】1　理事会は、この条約の他の規定により理事会に与えられる権限及び任務のほか、次のことを行なう。

(a)　センターの管理規則及び財務規則を採択すること。

(b)　調停及び仲裁の開始のための手続規則を採択すること。

(c)　調停のための手続規則及び仲裁のための手続規則（以下「調停規則」及び「仲裁規則」という。）を採択すること。

(d)　銀行の設備及び役務の利用に関する銀行との間の取極を承認すること。

(e)　事務局長及び事務局次長の勤務条件を定めること。

(f)　センターの収入及び支出に関する年次予算を採択すること。

(g)　センターの業務に関する年次報告を承認すること。

(a)、(b)、(c)及び(f)に掲げる決定は、理事会の構成員の三分の二以上の多数により採択されなければならない。

2　理事会は、必要と認める委員会を設けることができる。

3　理事会は、また、この条約の規定の実施のために必要と決定するときは、その他の権限を行使し、かつ、その他の任務を遂行する。

第七条【理事会の会合と投票】1　理事会は、年次会合のほか、理事会が定める会合又は議長が招集し、若しくは理事会の五人以上の構成員の要請により事務局長が招集する会合を開く。

2　理事会の各構成員は、一個の投票権を有する。この条約に別段の定めがある場合を除き、理事会に付託されるすべての問題は、投票の過半数によって決定する。

3　理事会の会合の定足数は、その構成員の過半数とする。

4　理事会は、その構成員の三分の二以上の多数により、議長が理事会の会合を招集することなしにその表決を求めることができる手続を定めることができる。この表決は、理事会の構成員の過半数がこの手続に定める期限までに各自の投票を行なう場合に限り、有効とみなされる。

第八条【報酬】理事会の構成員及び議長は、センターから報酬を受けないで勤務する。

第三節　事務局（略）

第四節　調停人名簿及び仲裁人名簿

第一二条【名簿の構成】調停人名簿及び仲裁人名簿は、それぞれ、次の規定に従って指名される適格者で、これらの名簿に登載されることを受諾するものをもって構成する。

第一三条【名簿のための指名】1　各締約国は、各名簿のためにそれぞれ四人を指名することができる。もっとも、それらの者は、当該国の国民であることを要しない。

2　議長は、各名簿のためにそれぞれ一〇人を指名することができる。このようにしていずれか一の名簿のために指名される者は、それぞれ異なる国籍を有する者でなければならない。

第一四条【被指名者の資格】1　名簿に登載されるために指名される者は、徳望高く、かつ、法律、商業、産業又は金融の分野で有能の名のある者であって、独立の判断力を行使することができると信頼されるものでなければならない。仲裁人名簿に登載される者については、法律の分野で有能であることが特に重要である。

2　議長は、さらに、名簿に登載される者を指名するにあたっては、世界の主要法系及び経済活動の主要形態が名簿の上で代表されるように確保することの重要性についても、十分な考慮をはらわなければならない。

第一五条【名簿の構成員の任期】1　名簿の構成員の任期は、六年とし、更新することができる。
2　名簿の構成員の死亡又は辞任の場合には、その構成員を指名した当局は、その構成員の残任期間中在任する他の者を指名する権利を有する。
3　名簿の構成員は、後任者が指名されるまで在任する。
第一六条【名簿への登載】1　一人の者が双方の名簿に登載されることができる。
2　一人の者が二以上の締約国により又は一若しくは二以上の締約国及び議長により、同一の名簿に登載されるために指名された場合には、その者は、これを最初に指名した当局により指名されたものとみなす。ただし、これらの当局の一がその者の国籍の属する締約国であるときは、その締約国により指名されたものとみなす。
3　すべての指名は、事務局長に通告されるものとし、その通告が受領された日から効力を生ずる。

第五節　センターの財政

第一七条【締約国によるセンターの経費負担】センターの経費がその施設の利用に対する料金その他の収入を超過するときは、その超過額については、銀行の加盟国である締約国は、銀行の資本に対するそれぞれの応募額に比例して負担し、銀行の加盟国でない締約国は、理事会により採択される規則に従って負担する。

第六節　地位、免除及び特権　(略)

第二章　センターの管轄

第二五条【センターの管轄】1　センターの管轄は、締約国(その行政区画又は機関でその締約国がセンターに対して指定するものを含む。)と他の締約国の国民との間で投資から直接生ずる法律上の紛争であって、両紛争当事者がセンターに付託することにつき書面により同意したものに及ぶ。両当事者が同意を与えた後は、いずれの当事者も、一方的にその同意を撤回することはできない。
2　「他の締約国の国民」とは、次の者をいう。
(a)　両当事者が紛争を調停又は仲裁に付託することに同意した日及び第二八条3又は第三六条3の規定に基づいて請求が登録された日に紛争当事者である国以外の締約国の国籍を有していた自然人。ただし、そのいずれかの日に紛争当事者である締約国の国籍をも有していた者は、含まれない。
(b)　両当事者が紛争を調停又は仲裁に付託することに同意した日に紛争当事者である国以外の締約国の国籍を有していた法人及びその日に紛争当事者である締約国の国籍を有していた法人であって外国人が支配しているために両当事者がこの条約の適用上他の締約国の国民として取り扱うことに合意したもの。
3　締約国の行政区画又は機関の同意は、その国の承認を必要とする。ただし、その国がその承認を必要としない旨をセンターに通告する場合は、この限りでない。
4　締約国は、この条約の批准、受諾若しくは承認の時に、又はその後いつでも、センターの管轄に属させることを考慮し又は考慮しない紛争の種類をセンターに通告することができる。事務局長は、その通告を直ちにすべての締約国に通知する。この通告は、1に規定する同意とはならない。
第二六条【他の救済手段の排除】この条約に基づく仲裁に付託する旨の両当事者の同意は、別段の意思が表示されない限り、他のいかなる救済手段をも排除してその仲裁に付託することの同意とみなされる。締約国は、この条約に基づく仲裁に付託する旨の同意の条件として、その締約国における行政上又は司法上の救済手段を尽くすことを要求することができる。

第二七条【外交的保護の排除】1　いかなる締約国も、その国民及び他の締約国がこの条約に基づく仲裁に付託することに同意し又は付託した紛争に関し、外交上の保護を与え、又は国家間の請求を行なうことができない。ただし、当該他の締約国がその紛争について行なわれた仲裁判断に服さなかった場合は、この限りでない。
2　1の規定の適用上、外交上の保護には、紛争の解決を容易にすることのみを目的とする非公式の外交上の交渉を含まない。

第三章　調　停

第一節　調停の請求

第二八条【調停手続の開始】1　調停手続を開始することを希望する締約国又は締約国の国民は、事務局長に対し書面によりその旨の請求を行なうものとし、事務局長は、その請求の謄本を他方の当事者に送付する。
2　前記の請求は、紛争の争点、両当事者の表示並びに調停及び仲裁の開始のための手続規則に従って調停に付託する旨の両当事者の同意に関する情報を含むものとする。
3　事務局長は、請求に含まれた情報に基づいて紛争が明らかにセンターの管轄外のものであると認めない限り、その請求を登録する。事務局長は、登録又は登録の拒否を直ちに両当事者に通告する。

第二節　調停委員会の構成

第二九条【調停委員会の構成】1　調停委員会(以下「委員会」という。)は、第二八条の規定に基づいて請求が登録された後、できる限りすみやかに構成されなければならない。

2(a)　委員会は、両当事者の合意により任命された単独の調停人又は奇数の調停人により構成される。
(b)　委員会は、両当事者が調停人の数及びその任命の方法について合意に達しないときは、各当事者が任命する各一人の調停人と、両当事者の合意により任命され、委員長となる第三の調停人との三人の調停人により構成される。

第三〇条【議長による調停人の任命】議長は、第二八条3の規定に従って事務局長が請求の登録の通告を発した後九〇日以内又は両当事者が別に合意する期間内に委員会が構成されなかったときは、いずれか一方の当事者の要請により、かつ、できる限り両当事者と協議した後、まだ任命されていない一人又は二人以上の調停人を任命する。

第三一条【名簿以外からの調停人の任命】1　調停人は、第三〇条の規定に基づいて議長が任命する場合を除き、調停人名簿以外から任命することができる。

2　調停人名簿以外から任命される調停人は、第一四条1に定める資質を有しなければならない。

第三節　調停手続

第三二条【委員会の管轄判断】1　委員会は、自己の管轄について判断するものとする。

2　紛争がセンターの管轄に属しない旨又はその他の理由により委員会の管轄に属しない旨の紛争当事者の抗弁は、委員会が審理するものとし、委員会は、これを先決問題として取り扱うか又は紛争の本案に併合させるかを決定する。

第三三条【調停規則による実施】調停手続は、この節の規定及び、両当事者が別段の合意をする場合を除き、両当事者が調停への付託に同意した日に効力を有する調停規則に従って実施する。委員会は、この節の規定若しくは調停規則又は両当事者が合意する規則に定めのない手続問題が生じたときは、その問題について決定を行なう。

第三四条【委員会の任務】1　委員会は、当事者間の紛争の争点を明らかにすること及び相互に受諾することができる条件による当事者間の合意をもたらすように努力することを任務とする。このため、委員会は、手続のいかなる段階においても、かつ、幾度でも、解決の条件を両当事者に勧告することができる。両当事者は、委員会がその職務を遂行することができるように、誠意をもって委員会に協力しなければならず、また、その勧告に真剣な考慮を払わなければならない。

2　委員会は、両当事者が合意に達したときは、紛争の争点及び当事者間の合意を記録した調書を作成する。委員会は、手続のいずれかの段階において、当事者間に合意が成立する見込みがないと判断するときは、手続を終結し、紛争が付託されたこと及び両当事者が合意に達しなかったことを記録した調書を作成する。委員会は、いずれかの当事者が出頭しないか又は手続に参加しないときは、手続を終結し、その当事者が出頭しなかったこと又は参加しなかったことを記録した調書を作成する。

第三五条【調停手続の当事者】両紛争当事者が別段の合意をする場合を除き、調停手続のいずれの当事者も、その調停手続において他方の当事者が表明した意見若しくはその者が行なった陳述、容認若しくは解決の提議又は委員会の調書若しくは勧告を、仲裁人の面前においてであるか法廷その他においてであるかを問わず、他の手続において援用してはならない。

第四章　仲　裁

第一節　仲裁の請求

第三六条【仲裁手続の開始】1　仲裁手続を開始することを希望する締約国又は締約国の国民は、事務局長に対し書面によりその旨の請求を行なうものとし、事務局長は、その請求の謄本を他方の当事者に送付する。

2　前記の請求は、紛争の争点、両当事者の表示並びに調停及び仲裁の開始のための手続規則に従って仲裁に付託する旨の両当事者の同意に関する情報を含むものとする。

3　事務局長は、請求に含まれた情報に基づいて紛争が明らかにセンターの管轄外のものであると認めない限り、その請求を登録する。事務局長は、登録又は登録の拒否を直ちに両当事者に通告する。

第二節　裁判所の構成

第三七条【裁判所の構成】1　仲裁裁判所（以下「裁判所」という。）は、第三六条の規定に基づいて請求が登録された後、できる限りすみやかに構成されなければならない。

2(a)　裁判所は、両当事者の合意により任命された単独の仲裁人又は奇数の仲裁人により構成される。

(b)　裁判所は、両当事者が仲裁人の数及びその任命の方法について合意に達しないときは、各当事者が任命する各一人の仲裁人と、両当事者の合意により任命され、裁判長となる第三の仲裁人との三人の仲裁人により構成される。

第三八条【議長による仲裁人の任命】議長は、第三六条3の規定に従って事務局長が請求の登録の通告を発した後九〇日以内又は両当事者が別に合意する期間内に裁判所が構成されなかったときは、いずれか一方の当事者の要請により、かつ、できる限り両当事者と協議した後、まだ任命されていない一人又は二人以上の仲裁人を任命する。この条の規定に基づいて議長により任命される仲裁人は、紛争当事者である締約国又は紛争当事者の国籍の属する締約国の国民であってはならない。

第三九条【仲裁人の国籍】仲裁人の過半数は、紛争当事者である締約国及び紛争当事者の国籍の属する締約国以外の国の国民でなければならない。ただし、単独の仲裁人又は裁判所のすべての構成員が両当事者の合意により任命された場合は、この限りでない。

第四〇条【名簿以外からの仲裁人の任命】1　仲裁人は、

第三八条の規定に基づいて議長が任命する場合を除き、仲裁人名簿以外から任命することができる。

2　仲裁人名簿以外から任命される仲裁人は、第一四条1に定める資質を有しなければならない。

第三節　裁判所の権限及び任務

第四一条【裁判所の管轄】1　裁判所は、自己の管轄について判断するものとする。

2　紛争がセンターの管轄に属しない旨又はその他の理由により裁判所の管轄に属しない旨の紛争当事者の抗弁は、裁判所が審理するものとし、裁判所は、これを先決問題として取り扱うか又は紛争の本案に併合させるかを決定する。

第四二条【裁判所が適用する法規】1　裁判所は、両当事者が合意する法規に従って紛争について決定を行なう。この合意がない場合には、裁判所は、紛争当事者である締約国の法（法の抵触に関するその締約国の規則を含む。）及び該当する国際法の規則を適用するものとする。

2　裁判所は、法の沈黙又は法の不明確を理由として裁判拒否の決定を行なってはならない。

3　1及び2の規定は、両当事者が合意する場合には、裁判所が衡平及び善に基づき紛争について決定を行なう権限を害するものではない。

第四三条【検証又は調査】裁判所は、両当事者が別段の合意をする場合を除き、手続のいかなる段階においても、必要と認めるときは、次のことを行なうことができる。

(a)　当事者に対し文書その他の証拠の提出を要求すること。

(b)　紛争に関連のある場所を検証し、かつ、適当と認める調査をその場所で行なうこと。

第四四条【仲裁手続】仲裁手続は、この節の規定及び、両当事者が別段の合意をする場合を除き、両当事者が仲裁への付託に同意した日に効力を有する仲裁規則に従って実施する。裁判所は、この節の規定又は仲裁規則若しくは両当事者が合意する規則に定めのない手続問題が生じたときは、その問題について決定を行なう。

第四五条【欠席当事者に対する措置】1　一方の当事者が出廷しないか又は自己の立場を表明しないときでも、その当事者は、他方の当事者の主張を認めたものとはみなされない。

2　一方の当事者が出廷しないか又は手続のいずれかの段階において自己の立場を表明しないときは、他方の当事者は、裁判所に対し、提出された問題を審理し、仲裁判断を行なうように要請することができる。裁判所は、仲裁判断を行なうに先だち、出廷しなかったか又は自己の立場を表明しなかった当事者に対し通告を行ない、及び猶予期間を与えるものとする。ただし、その当事者が出廷し、又は自己の立場を表明する意思を有しないことが明らかであると認められる場合は、この限りでない。

第四六条【紛争の対象に直接関連ある請求】裁判所は、両当事者が別段の合意をする場合を除き、いずれか一方の当事者の要請があるときは、紛争の対象に直接関連する附随的な若しくは追加の請求又は反対請求について、それらが両当事者の同意の範囲内にあり、かつ、センターの管轄に属することを条件として、決定を行なうものとする。

第四七条【保全措置】裁判所は、両当事者が別段の合意をする場合を除き、事情により必要と認めるときは、各当事者の権利を保全するために執られるべき保全措置を勧告することができる。

第四節　仲裁判断

第四八条【仲裁判断】1　裁判所は、そのすべての構成員の投票の過半数により問題について決定を行なう。

2　裁判所の仲裁判断は、書面によるものとし、賛成の投票を行なった裁判所の構成員がこれに署名するものとする。

3　仲裁判断は、裁判所に提出されたすべての問題を処理するものとし、その仲裁判断の基礎となった理由を述べるものとする。

4　裁判所の構成員は、各自の意見（多数意見に同意しないものであるかどうかを問わない。）又はその不同意の表明を仲裁判断に添附することができる。

5　センターは、両当事者の同意を得ないで仲裁判断を公表してはならない。

第四九条【仲裁判断の認証謄本】1　事務局長は、仲裁判断の認証謄本をすみやかに両当事者に発送する。仲裁判断は、認証謄本が発送された日に行なわれたものとみなす。

2　裁判所は、仲裁判断が行なわれた日の後四五日以内に行なわれるいずれか一方の当事者の要請に基づき、他方の当事者に通告を行なった後、仲裁判断において脱落した問題について決定を行ない、及び仲裁判断における書損、違算その他これに類する誤りを訂正する。これらの決定は、仲裁判断の一部となり、それと同じ方法で両当事者に通告される。第五一条2及び第五二条2に定める期間は、これらの決定が行なわれた日から起算する。

第五節　仲裁判断の解釈、再審及び取消し

第五〇条【仲裁判断の解釈】1　仲裁判断の意味又は範囲に関し当事者間に紛争が生じたときは、いずれの一方の当事者も、事務局長にあてた書面により、その仲裁判断の解釈を請求することができる。

2　その請求は、可能なときは、当該仲裁判断を行なった裁判所に付託する。これが不可能なときは、新たな裁判所がこの章の第二節の規定に従って構成される。裁判所は、事情により必要と認めるときは、決定を行なうまで仲裁判断の執行を停止することができる。

第五一条【仲裁判断の再審】1　いずれの一方の当事者も、仲裁判断に決定的な影響を及ぼす性質の事実

の発見を理由として、事務局長にあてた書面により、仲裁判断の再審を請求することができる。ただし、仲裁判断が行なわれた時にその事実が裁判所及び再審の請求者に知られておらず、かつ、再審の請求者がその事実を知らなかったことが過失によらなかった場合に限る。

2　その請求は、当該事実の発見の後九〇日以内に行なわなければならず、かつ、いかなる場合にも、仲裁判断が行なわれた日の後三年以内に行なわなければならない。

3　その請求は、可能なときは、当該仲裁判断を行なった裁判所に付託する。これが不可能なときは、新たな裁判所がこの章の第二節の規定に従って構成される。

4　裁判所は、事情により必要と認めるときは、決定を行なうまで仲裁判断の執行を停止することができる。再審の請求者がその請求において仲裁判断の執行の停止を要請するときは、執行は、裁判所がその要請について裁定を行なうまで暫定的に停止される。

第五二条【仲裁判断の取消し】1　いずれの一方の当事者も、次の一又は二以上の理由に基づき、事務局長にあてた書面により、仲裁判断の取消しを請求することができる。

(a)　裁判所が正当に構成されなかったこと。
(b)　裁判所が明らかにその権限をこえていること。
(c)　裁判所の構成員に不正行為があったこと。
(d)　手続の基本原則からの重大な離反があったこと。
(e)　仲裁判断において、その仲裁判断の基礎となった理由が述べられていないこと。

2　その請求は、仲裁判断が行なわれた日の後一二〇日以内に行なわなければならない。ただし、その請求は、不正行為を理由として取消しが請求されるときは、不正行為の発見の後一二〇日以内に行なわなければならず、また、いかなる場合にも、仲裁判断が行なわれた日の後三年以内に行なわなければならない。

3　議長は、その請求を受けたときは、直ちに、仲裁人名簿のうちから三人の者を任命して、特別委員会を構成する。特別委員会の委員は、仲裁判断を行なった裁判所の構成員、これらの構成員と同一の国籍を有する者、紛争当事国若しくは紛争当事者の国籍の属する国の国民、これらの国のいずれかによって仲裁人名簿のために指名された者又は当該紛争について調停人として行動した者であってはならない。特別委員会は、1に掲げるいずれかの理由により仲裁判断又はその一部の取消しを行なう権限を有する。

4　第四一条から第四五条まで、第四八条、第四九条、第五三条及び第五四条並びに第六章及び第七章の規定は、特別委員会の手続について準用する。

5　特別委員会は、事情により必要と認めるときは、決定を行なうまで仲裁判断の執行を停止することができる。仲裁判断の取消しの請求者がその請求において仲裁判断の執行の停止を要請するときは、執行は、特別委員会がその要請について裁定を行なうまで暫定的に停止される。

6　仲裁判断が取り消されたときは、紛争は、いずれか一方の当事者の要請により、この章の第二節の規定に従って構成される新たな裁判所に付託されるものとする。

第六節　仲裁判断の承認及び執行

第五三条【仲裁判断の拘束力】1　仲裁判断は、両当事者を拘束し、この条約に規定しないいかなる上訴その他の救済手段も、許されない。各当事者は、執行がこの条約の関係規定に従って停止された場合を除き、仲裁判断の条項に服さなければならない。

2　この節の規定の適用上、「仲裁判断」には、第五〇条、第五一条又は第五二条の規定に基づく仲裁判断の解釈、再審又は取消しの決定が含まれるものとする。

第五四条【仲裁判断の承認と執行】1　各締約国は、この条約に従って行なわれた仲裁判断を拘束力があるものとして承認し、また、その仲裁判断を自国の裁判所の確定判決とみなしてその仲裁判断によって課される金銭上の義務をその領域において執行するものとする。連邦制の締約国は、連邦裁判所により当該仲裁判断を執行することができ、また、連邦裁判所が当該仲裁判断を州裁判所の確定判決とみなして取り扱うことを定めることができる。

2　いずれかの締約国の領域において仲裁判断の承認及び執行を求める当事者は、その締約国がこのために定める管轄裁判所その他権限のある当局に対し、事務局長により証明された仲裁判断の謄本を提出しなければならない。各締約国は、このための管轄裁判所その他権限のある当局の指定及びその後日の変更を事務局長に通告する。

3　仲裁判断の執行は、執行が求められている領域の属する国で現に適用されている判決の執行に関する法令に従って行なわれる。

第五五条【国の執行からの免除】第五四条のいかなる規定も、いずれかの締約国の現行法令でその締約国又は外国を執行から免除することに関するものに影響を及ぼすものと解してはならない。

第五章　調停人及び仲裁人の交代及び失格

第五六条【委員会又は裁判所の構成の変更又は欠員の補充】1　委員会又は裁判所が構成され、かつ、手続が開始された後は、その委員会又は裁判所の構成を変更してはならない。もっとも、調停人又は仲裁人が死亡し、職務を行なうことができなくなり、又は辞任した場合には、その結果生じた欠員は、第三章第二節又は第四章第二節の規定に従って補充しなければならない。

2　委員会又は裁判所の構成員は、調停人名簿又は仲裁人名簿の構成員でなくなった場合にも委員会又は裁判所の構成員の資格において引き続き在任するものとする。

3　議長は、当事者により任命された調停人又は仲裁人がその属する委員会又は裁判所の同意を得ることなく辞任した場合には、その結果生じた欠員を補充するため、調停人名簿又は仲裁人名簿から後任者を任命しなければならない。

第五七条【構成員の失格提案】当事者は、委員会又は裁判所のいずれかの構成員が第一四条1の規定により必要とされる資質を明らかに欠いていることを示す事実を理由として、その構成員の失格を委員会又は裁判所に提案することができる。仲裁手続の当事者は、さらに、仲裁人が第四章第二節の規定に基づいて裁判所に任命されるための資格のないことを理由として、その仲裁人の失格を提案することができる。

第五八条【失格についての決定】調停人又は仲裁人の失格の提案についての決定は、それぞれ当該委員会又は裁判所の他の構成員が行なうものとする。ただし、それらの構成員の賛否が同数に分かれた場合又は単独の調停人若しくは仲裁人の失格若しくは過半数の調停人若しくは仲裁人の失格が提案された場合には、決定は、議長が行なうものとする。提案が理由あるものと決定されたときは、その決定に係る調停人又は仲裁人は、第三章第二節又は第四章第二節の規定に従って、交代させられる。

第六章　手続の費用（略）

第七章　手続の場所

第六二条【手続の場所】調停手続及び仲裁手続は、次条で定める場合を除き、センターの所在地で行なうものとする。

第六三条【手続の場所の選定】調停手続及び仲裁手続は、両当事者が合意するときは、次のいずれかの場所で行なうことができる。

(a)　常設仲裁裁判所の所在地又はセンターがそのために取極を行なったその他の適当な公私の機関の所在地

(b)　委員会又は裁判所が事務局長と協議した後承認するその他の場所

第八章　締約国間の紛争

第六四条【締約国間の紛争】この条約の解釈又は適用に関して締約国間に生ずる紛争で交渉により解決されないものは、関係国が他の解決方法について合意しない限り、その紛争のいずれかの当事国の請求により、国際司法裁判所に付託されるものとする。

第九章　改　正

第六五条【改正の手続】いずれの締約国も、この条約の改正を提案することができる。改正の案文は、その改正が審議される理事会の会合の少なくとも九〇日前に事務局長に通報されなければならず、事務局長は、直ちに、その案文を理事会のすべての構成員に伝達しなければならない。

第六六条【改正案の効力発生】1　改正案は、理事会がその構成員の三分の二以上の多数によりそのように決定するときは、批准、受諾又は承認のため、すべての締約国に配布される。改正は、この条約の寄託者がすべての締約国によるその改正の批准、受諾又は承認が行なわれた旨の通告を締約国に発した日の後三〇日で効力を生ずる。

2　改正は、いずれかの締約国、その行政区画若しくは機関又はその国民のこの条約に基づく権利及び義務で、その改正の効力発生の日よりも前に与えられたセンターの管轄についての同意から生じたものには、いかなる影響も及ぼさない。

第一〇章　最終規定（略）

10章
外交機関

本章の構成

本章には、外交関係、領事関係など国際関係において国家事務にあたる機関に関係する文書を収録する。

第1節は主に外交関係を扱う。国家が相互に外交使節を派遣し、これに特別の待遇を与えることは古代から行われていたが、常置外交使節の派遣が認められるようになるのは、一三世紀頃からといわれる。常置外交使節が一般化するにつれ使節に各等級が設けられ、席次の主張について紛議が生じるようになった。これを防止するため一八一五年のウィーン会議で**外交使節の席次に関する規則(10 3)**が作成された。**外交関係条約(10 1)**は、国連国際法委員会(ＩＬＣ)の法典化作業にもとづき、一九六一年のウィーン外交会議で採択された。同条約は、外交関係の開設、使節団の任務、派遣・接受の方式、外交特権、任務の始期と終期などについて規定しており、その多くは慣習国際法を法典化したものである。民事請求権に関する裁判権免除については、会議で意見が分かれたために、決議が採択された。この条約の解釈・適用から生じる紛争は、**紛争の義務的解決に関する選択議定書(10 2)**に基づき処理される。在テヘラン米国大使館事件では、この議定書が国際司法裁判所による管轄権行使の一根拠となった。国家間の一時的使節についても、ＩＬＣの作業にもとづき、一九六九年に「特別使節に関する条約」が採択されているし、国際機構への国家代表についても、ＩＬＣでの作業をもとに一九七五年に「普遍的性格の国際機構との関係における国家代表に関する条約」が採択されている(本書には掲載していない)。外交官や国際的に保護された人の安全を損なう犯罪は通常の国際関係の維持に対する重大な脅威を構成するため、この犯罪の防止・抑圧のために作成されたのが**外交官等保護条約(10 4)**である。同条約に定める「国際的に保護される者」には、元首、政府の長、国の代表者、または職員などが含まれるが、外交官がその重要な保護対象となっているので、この節に収録した。

第2節は、領事関係の文書を扱う。領事関係も古くから存在する。領事関係については、従来二国間の領事条約や通商条約で規律されることも少なくなかった。領事条約等の内容には多くの共通点が見られるし、領事の法的地位や特権免除に関してもある程度慣習化した規則が認められる。ＩＬＣの作業にもとづき一九六三年のウィーン会議で採択された**領事関係条約(10 5)**は、領事関係の開設、領事任務、領事機関の長の階級、派遣・接受の方式、領事特権などについて規定する。なお、日本が締結している領事条約の典型例として、**日米領事条約(10 6)**と**日中領事協定(10 7)**を掲載した。

第3節は、外交関係、領事関係等に関連する日本の国内法として、**外務省設置法(10 8)**を収録し、主に外務省の任務や、外交機関・領事機関に関連する条文を掲載している。

第1節　外交関係

10 1　外交関係に関するウィーン条約（外交関係条約）（抄）

署　名　一九六一年四月一八日（ウィーン）
効力発生　一九六四年四月二四日
日本国　一九六二年三月二八日署名、一九六四年五月八日国会承認、五月二九日内閣批准、六月八日批准書寄託、六月二六日公布（条約第一四号）、七月八日効力発生

この条約の当事国は、
すべての国の国民が古くから外交官の地位を承認してきたことを想起し、
国の主権平等、国際の平和及び安全の維持並びに諸国間の友好関係の促進に関する国際連合憲章の目的及び原則に留意し、
外交関係並びに外交上の特権及び免除に関する国際条約が、国家組織及び社会制度の相違にかかわらず、諸国間の友好関係の発展に貢献するであろうことを信じ、
このような特権及び免除の目的が、個人に利益を与えることにあるのではなく、国を代表する外交使節団の任務の能率的な遂行を確保することにあることを認め、
この条約の規定により明示的に規制されていない問題については、引き続き国際慣習法の諸規則によるべきことを確認して、
次のとおり協定した。

第一条【定義】この条約の適用上、
(a)「使節団の長」とは、その資格において行動する任務を派遣国により課せられた者をいう。
(b)「使節団の構成員」とは、使節団の長及び使節団の職員をいう。
(c)「使節団の職員」とは、使節団の外交職員、事務及び技術職員並びに役務職員をいう。
(d)「外交職員」とは、使節団の職員で外交官の身分を有するものをいう。
(e)「外交官」とは、使節団の長又は使節団の外交職員をいう。
(f)「事務及び技術職員」とは、使節団の職員で使節団の事務的業務又は技術的業務のために雇用されているものをいう。
(g)「役務職員」とは、使節団の職員で使節団の役務に従事するものをいう。
(h)「個人的使用人」とは、使節団の構成員の家事に従事する者で派遣国が雇用する者でないものをいう。
(i)「使節団の公館」とは、所有者のいかんを問わず、使節団のために使用されている建物又はその一部及びこれに附属する土地（使節団の長の住居であるこれらのものを含む。）をいう。

第二条【外交関係の開設】諸国間の外交関係の開設及び常駐の使節団の設置は、相互の同意によって行なう。

第三条【使節団の任務】1　使節団の任務は、特に、次のことから成る。
(a)接受国において派遣国を代表すること。
(b)接受国において、国際法が認める範囲内で派遣国及びその国民の利益を保護すること。
(c)接受国の政府と交渉すること。
(d)接受国における諸事情をすべての適法な手段によって確認し、かつ、これらについて派遣国の政府に報告すること。
(e)派遣国と接受国との間の友好関係を促進し、かつ、両国の経済上、文化上及び科学上の関係を発展させること。
2　この条約のいかなる規定も、使節団による領事任務の遂行を妨げるものと解してはならない。

第四条【アグレマン】1　派遣国は、自国が使節団の長として接受国に派遣しようとする者について接受国のアグレマンが与えられていることを確認しなければならない。
2　接受国は、アグレマンの拒否について、派遣国に対し、その理由を示す義務を負わない。

第五条【複数国への派遣】
第六条【複数国を代表する使節】｝（略）

第七条【職員の任命】第五条、第八条、第九条及び第一一条の規定に従うことを条件として、派遣国は、使節団の職員を自由に任命することができる。使節団付きの陸軍駐在官、海軍駐在官又は空軍駐在官の任命については、接受国は、承認のため、あらかじめその氏名を申し出ることを要求することができる。

第八条【外交職員の国籍】1　使節団の外交職員は、原則として、派遣国の国籍を有する者でなければならない。
2　使節団の外交職員は、接受国の国籍を有する者の中から任命してはならない。ただし、接受国が同意した場合は、この限りでない。接受国は、いつでも、この同意を撤回することができる。
3　接受国は、派遣国の国民でない第三国の国民についても、同様の権利を留保することができる。

第九条【ペルソナ・ノン・グラータ】1　接受国は、いつでも、理由を示さないで、派遣国に対し、使節団の長若しくは使節団の外交職員である者がペルソナ・ノン・グラータであること又は使節団のその他の職員である者が受け入れ難い者であることを通告することができる。その通告を受けた場合には、派遣国は、状況に応じ、その者を召還し、又は使節団におけるその者の任務を終了させなければならない。接受国は、いずれかの者がその領域に到着する前においても、その者がペルソナ・ノン・グラータであること又は受け入れ難い者であることを明らかにすることができる。
2　派遣国が1に規定する者に関するその義務を履行することを拒否した場合又は相当な期間内にこれを

履行しなかった場合には、接受国は、その者を使節団の構成員と認めることを拒否することができる。

第一〇条【接受国に対する通告】（略）

第一一条【使節団の規模】 1 使節団の職員の数に関して特別の合意がない場合には、接受国は、使節団の職員の数を接受国が自国内の諸事情及び当該使節団の必要を考慮して合理的かつ正常と認める範囲内のものとすることを要求することができる。

2 接受国は、また、同様の制限の下に、かつ、無差別の原則の下に、特定の職種の職員を受け入れることを拒否することができる。

第一二条【事務所設置の制限】（略）

第一三条【任務の開始】 1 使節団の長は、接受国において一律に適用されるべき一般的な習律に従い、自己の信任状を提出した時又は自己の到着を接受国の外務省に通告し、かつ、自己の信任状の真正な写しを外務省に提出した時において接受国における自己の任務を開始したものとみなされる。

2 信任状又はその真正な写しを提出する順序は、使節団の長の到着の日時によって決定する。

第一四条【階級】 1 使節団の長は、次の三の階級に分かたれる。

(a) 国の元首に対して派遣された大使又はローマ法王の大使(nuncios)及びこれらと同等の地位を有する他の使節団の長

(b) 国の元首に対して派遣された公使及びローマ法王の公使(internuncios)

(c) 外務大臣に対して派遣された代理公使

2 席次及び儀礼に関する場合を除くほか、階級によって使節団の長を差別してはならない。

第一五条【階級に関する合意】 使節団の長に与える階級は、関係国の間で合意するところによる。

第一六条【席次】 1 使節団の長は、それぞれの階級においては、第一三条の規定による任務開始の日時の順序に従って席次を占めるものとする。

2 使節団の長の信任状の変更で階級の変更を伴わないものは、その使節団の長の席次に影響を及ぼさないものとする。

3 この条の規定は、ローマ法王の代表者の席次に関する習律で接受国が容認するものに影響を及ぼすものではない。

第一七条【外交職員の席次】 使節団の外交職員の席次は、使節団の長が接受国の外務省に通告するものとする。

第一八条【接受方式】 使節団の長の接受に関しよるべき手続は、当該接受国において、それぞれの階級につき同一でなければならない。

第一九条【臨時代理大(公)使】 1 使節団の長が欠けた場合又は使節団の長がその任務を遂行することができない場合には、臨時代理大使又は臨時代理公使(chargé d'affaires ad interim)が暫定的に使節団の長として行動するものとする。その臨時代理大使又は臨時代理公使の氏名は、使節団の長又は、使節団の長がすることが不可能な場合には、派遣国の外務省が接受国の外務省に通告するものとする。

2 派遣国は、その使節団の外交職員が接受国にいない場合には、接受国の同意を得て、事務及び技術職員を使節団の日常の管理的事務の担当者に指定することができる。

第二〇条【国旗と国章】 使節団及び使節団の長は、使節団の公館(使節団の長の住居を含む。)及び使節団の長の輸送手段に派遣国の国旗及び国章を掲げる権利を有する。

第二一条【公館設置のための便宜】 1 接受国は、派遣国が自国の使節団のために必要な公館を接受国の法令に従って接受国の領域内で取得することを容易にし、又は派遣国が取得以外の方法で施設を入手することを助けなければならない。

2 接受国は、また、必要な場合には、使節団が使節団の構成員のための適当な施設を入手することを助けなければならない。

第二二条【公館の不可侵】 1 使節団の公館は、不可侵とする。接受国の官吏は、使節団の長が同意した場合を除くほか、公館に立ち入ることができない。

2 接受国は、侵入又は損壊に対し使節団の公館を保護するため及び公館の安寧の妨害又は公館の威厳の侵害を防止するため適当なすべての措置を執る特別の責務を有する。

3 使節団の公館、公館内にある用具類その他の財産及び使節団の輸送手段は、捜索、徴発、差押え又は強制執行を免除される。

第二三条【公館に対する課税免除】 1 派遣国及び使節団の長は、使節団の公館(所有しているものであると賃借しているものであるとを問わない。)について、国又は地方公共団体のすべての賦課金及び租税を免除される。ただし、これらの賦課金又は租税であって、提供された特定の役務に対する給付としての性質を有するものは、この限りでない。

2 この条に規定する賦課金又は租税の免除は、派遣国又は使節団の長と契約した者が接受国の法律に従って支払うべき賦課金又は租税については適用しない。

第二四条【公文書の不可侵】 使節団の公文書及び書類は、いずれの時及びいずれの場所においても不可侵とする。

第二五条【便宜の供与】 接受国は、使節団に対し、その任務の遂行のため十分な便宜を与えなければならない。

第二六条【移動の自由】 接受国は、国の安全上の理由により立入りが禁止され又は規制されている地域に関する法令に従うことを条件として、使節団のすべての構成員に対し、自国の領域内における移動の自由及び旅行の自由を確保しなければならない。

第二七条【通信の自由】 1 接受国は、すべての公の目的のためにする使節団の自由な通信を許し、かつ、これを保護しなければならない。使節団は、自国の政府並びに、いずれの場所にあるかを問わず、自国の他の使節団及び領事館と通信するにあたり、外交伝書使及び暗号又は符号による通信文を含むすべての適当な手段を用いることができる。ただし、使節団が、無線送信機を設置し、かつ、使用するには、接受国の同意を得なければならない。
2　使節団の公用通信は、不可侵とする。公用通信とは、使節団及びその任務に関するすべての通信をいう。
3　外交封印袋は、開き又は留置することができない。
4　外交封印袋である包みには、外交封印袋であることを外部から識別しうる記号を附さなければならず、また、外交上の書類又は公の使用のための物品のみを入れることができる。
5　外交伝書使は、自己の身分及び外交封印袋である包みの数を示す公文書が交付されていることを要し、その任務の遂行について接受国により保護されるものとする。その外交伝書使は、身体の不可侵を享有し、いかなる方法によってもこれを抑留し又は拘禁することができない。
6　派遣国又はその使節団は、臨時の外交伝書使を指名することができる。その場合には、5の規定の適用があるものとする。ただし、5に規定する免除は、その外交伝書使が自己の管理の下にある外交封印袋を受取人に交付した時に、適用されなくなるものとする。
7　外交封印袋は、公認の入国空港に着陸することになっている商業航空機の機長にその輸送を委託することができる。その機長は、外交封印袋である包みの数を示す公文書を交付されるが、外交伝書使とはみなされない。使節団は、その機長から直接にかつ自由に外交封印袋を受領するため、使節団の構成員を派遣することができる。

第二八条【手数料に対する課税免除】使節団がその公の任務にあたって課する手数料及び料金は、すべての賦課金及び租税を免除される。

第二九条【身体の不可侵】外交官の身体は、不可侵とする。外交官は、いかなる方法によっても抑留し又は拘禁することができない。接受国は、相応な敬意をもって外交官を待遇し、かつ、外交官の身体、自由又は尊厳に対するいかなる侵害をも防止するためすべての適当な措置を執らなければならない。

第三〇条【住居の不可侵】1　外交官の個人的住居は、使節団の公館と同様の不可侵及び保護を享有する。
2　外交官の書類、通信及び、第三一条3の規定による場合を除くほか、その財産も、同様に、不可侵を享有する。

第三一条【裁判権からの免除】1　外交官は、接受国の刑事裁判権からの免除を享有する。外交官は、また、次の訴訟の場合を除くほか、民事裁判権及び行政裁判権からの免除を享有する。
(a)　接受国の領域内にある個人の不動産に関する訴訟(その外交官が使節団の目的のため派遣国に代わって保有する不動産に関する訴訟を含まない。)
(b)　外交官が、派遣国の代表者としてではなく個人として、遺言執行者、遺産管理人、相続人又は受遺者として関係している相続に関する訴訟
(c)　外交官が接受国において自己の公の任務の範囲外で行なう職業活動又は商業活動に関する訴訟
2　外交官は、証人として証言を行なう義務を負わない。
3　外交官に対する強制執行の措置は、外交官の身体又は住居の不可侵を害さないことを条件として、1(a)、(b)又は(c)に規定する訴訟の場合にのみ執ることができる。
4　外交官が享有する接受国の裁判権からの免除は、その外交官を派遣国の裁判権から免れさせるものではない。

第三二条【免除の放棄】1　派遣国は、外交官及び第三七条の規定に基づいて免除を享有する者に対する裁判権からの免除を放棄することができる。
2　放棄は、常に明示的に行なわなければならない。
3　外交官又は第三七条の規定に基づいて裁判権からの免除を享有する者が訴えを提起した場合には、本訴に直接に関連する反訴について裁判権からの免除を援用することができない。
4　民事訴訟又は行政訴訟に関する裁判権からの免除の放棄は、その判決の執行についての免除の放棄をも意味するものとみなしてはならない。判決の執行についての免除の放棄のためには、別にその放棄をすることを必要とする。

第三三条【社会保障に係る免除】1　外交官は、3の規定に従うことを条件として、派遣国のために提供された役務について、接受国で施行されている社会保障規程の適用を免除される。
2　1に規定する免除は、また、次のことを条件として専ら外交官に雇用されている個人的使用人にも適用される。
(a)　その使用人が、接受国の国民でないこと、又は接受国内に通常居住していないこと。
(b)　その使用人が派遣国又は第三国で施行されている社会保障規程の適用を受けていること。
3　2に規定する免除が適用されない者を雇用している外交官は、接受国の社会保障規程が雇用者に課する義務に従わなければならない。
4　1及び2に規定する免除は、接受国における社会保障制度への自発的な参加を妨げるものではない。ただし、その参加には、接受国の許可を必要とする。
5　この条の規定は、社会保障に関する二国間又は多数国間の協定ですでに締結されたものに影響を及ぼすものではなく、また、将来におけるこのような協定の締結を妨げるものではない。

第三四条【課税の免除】外交官は、次のものを除くほか、人、動産又は不動産に関し、国又は地方公共団体のすべての賦課金及び租税を免除される。
(a)　商品又は役務の価格に通常含められるような間接税

(b) 接受国の領域内にある個人の不動産に対する賦課金及び租税(その外交官が使節団の目的のため派遣国に代わって保有する不動産に対する賦課金及び租税を含まない。)

(c) 第三九条4の規定に従うことを条件として、接受国によって課される遺産税又は相続税

(d) 接受国内に源泉がある個人的所得に対する賦課金及び租税並びに接受国内の商業上の企業への投資に対する資本税

(e) 給付された特定の役務に対する課徴金

(f) 第二三条の規定に従うことを条件として、登録税、裁判所手数料若しくは記録手数料、担保税又は印紙税であって、不動産に関するもの

第三五条【役務の免除】 接受国は、外交官に対し、すべての人的役務、種類のいかんを問わないすべての公的役務並びに徴発、軍事上の金銭的負担及び宿舎割当てに関する義務のような軍事上の義務を免除する。

第三六条【関税と検査の免除】 1 接受国は、自国が制定する法令に従って、次の物品の輸入を許可し、かつ、それらについてすべての関税、租税及び関係がある課徴金を免除する。ただし、倉入れ、運搬及びこれらに類似する役務に対する課徴金は、この限りでない。

(a) 使節団の公の使用のための物品

(b) 外交官又はその家族の構成員でその世帯に属するものの個人的な使用のための物品(外交官の居住のための物品を含む。)

2 外交官の手荷物は、検査を免除される。ただし、手荷物中に1に掲げる免除の適用を受けない物品又は輸出入が接受国の法律によって禁止されており若しくはその検疫規則によって規制されている物品が含まれていると推定すべき重大な理由がある場合は、この限りでない。その場合には、検査は、当該外交官又は当該外交官が委任した者の立会いの下においてのみ行なわれなければならない。

第三七条【特権免除を享有する者】 1 外交官の家族の構成員でその世帯に属するものは、接受国の国民でない場合には、第二九条から第三六条までに規定する特権及び免除を享有する。

2 使節団の事務及び技術職員並びにその家族の構成員でその世帯に属するものは、接受国の国民でない場合又は接受国に通常居住していない場合には、第二九条から第三五条までに規定する特権及び免除を享有する。ただし、第三一条1に規定する接受国の民事裁判権及び行政裁判権からの免除は、その者が公の任務の範囲外で行なった行為に及ばない。前記の者は、また、最初の到着にあたって輸入する物品について、第三六条1に規定する特権を享有する。

3 使節団の役務職員であって、接受国の国民でないもの又は接受国に通常居住していないものは、その公の任務の遂行にあたって行なった行為についての裁判権からの免除、自己が雇用されていることによって受ける報酬に対する賦課金及び租税の免除並びに第三三条に規定する免除を享有する。

4 使節団の構成員の個人的使用人は、接受国の国民でない場合又は接受国に通常居住していない場合には、自己が雇用されていることによって受ける報酬に対する賦課金及び租税を免除される。その他の点については、その者は、接受国によって認められている限度まで特権及び免除を享有する。もっとも、接受国は、その者に対して裁判権を行使するには、使節団の任務の遂行を不当に妨げないような方法によらなければならない。

第三八条【接受国の国民である構成員】 1 接受国の国民である外交官又は接受国に通常居住している外交官は、その任務の遂行にあたって行なった行為についてのみ裁判権からの免除及び不可侵を享有する。ただし、接受国によってそれ以上の特権及び免除が与えられる場合は、この限りでない。

2 外交職員以外の使節団の職員又は個人的使用人であって、接受国の国民であるもの又は接受国内に通常居住しているものは、接受国によって認められている限度まで特権及び免除を享有する。もっとも、接受国は、その者に対して裁判権を行使するには、使節団の任務の遂行を不当に妨げないような方法によらなければならない。

第三九条【特権免除の享有期間】 1 特権及び免除を受ける権利を有する者は、赴任のため接受国の領域に入った時又は、すでに接受国の領域内にある場合には、自己の任命が外務省に通告された時から、特権及び免除を享有する。

2 特権及び免除を享有する者の任務が終了した場合には、その者の特権及び免除は、通常その者が接受国を去る時に、又は、接受国を去るために要する相当な期間が経過したときは、その時に消滅する。ただし、その時までは、その特権及び免除は、武力抗争が生じた場合においても存続するものとし、また、前記の者が使節団の構成員として任務を遂行するにあたって行なった行為についての裁判権からの免除は、その者の特権及び免除の消滅後も引き続き存続するものとする。

3 使節団の構成員が死亡した場合において、その家族は、接受国を去るために要する相当な期間が経過する時まで、自己が受ける権利を有する特権及び免除を引き続き享有する。

4 使節団の構成員であって、接受国の国民でないもの若しくは接受国に通常居住していないもの又はそれらの者の家族の構成員であって、その世帯に属するものが死亡した場合において、接受国は、その者が接受国内で取得した財産で死亡の時に輸出を禁止されていたものを除くほか、その者の動産の持出しを許可するものとする。その者が使節団の構成員又はその家族として接受国にあったことのみに基づいて接受国に所在する動産に対しては、遺産税及び相続税を課さない。

第四〇条【第三国の義務】1　外交官が赴任、帰任又は帰国の途中において、旅券査証が必要な場合にその査証を与えた第三国の領域を通過している場合又はその領域内にある場合には、その第三国は、その外交官に、不可侵及びその通過又は帰還を確実にするため必要な他の免除を与えなければならない。外交官の家族で特権若しくは免除を享有するものがその外交官と同行する場合又はその外交官のもとにおもむくために若しくは帰国するために別個に旅行中である場合についても、同様とする。

2　1に規定する場合と同様の場合において、第三国は、使節団の事務及び技術職員若しくは役務職員又はそれらの者の家族が当該第三国の領域を通過することを妨げてはならない。

3　第三国は、暗号又は符号による通信文を含む通過中のすべての公用通信に対し、接受国が与えるべき自由及び保護と同様の自由及び保護を与えなければならない。第三国は、旅券査証が必要な場合にその査証を与えられた通過中の外交伝書使及び通過中の外交封印袋に対し、接受国が与えるべき不可侵及び保護と同様の不可侵及び保護を与えなければならない。

4　1、2及び3の規定に基づき第三国が有する義務は、それらの項に規定する者並びに公用通信及び外交封印袋が不可抗力によって当該第三国の領域にはいった場合についても、また、同様とする。

第四一条【接受国の法令の尊重】1　特権及び免除を害することなく、接受国の法令を尊重することは、特権及び免除を享有するすべての者の義務である。それらの者は、また、接受国の国内問題に介入しない義務を有する。

2　派遣国がその使節団に課した接受国を相手方とするすべての公の職務は、接受国の外務省を相手方として、又は接受国の外務省を通じて、行なうものとする。

3　使節団の公館は、この条約、一般国際法の他の規則又は派遣国と接受国との間で効力を有する特別の合意により定める使節団の任務と両立しない方法で使用してはならない。

第四二条【営利活動の禁止】外交官は、接受国内で、個人的な利得を目的とするいかなる職業活動又は商業活動をも行なってはならない。

第四三条【任務の終了】外交官の任務は、特に、次の時において終了する。

(a)　派遣国が、接受国に対し、その外交官の任務が終了した旨の通告を行なった時

(b)　接受国が、派遣国に対し、第九条2の規定に従って、その外交官を使節団の構成員と認めることを拒否する旨の通告を行なった時

第四四条【退去の便宜】接受国は、武力抗争が生じた場合においても、特権及び免除を享有する者で接受国の国民でないもの及びその家族（国籍のいかんを問わない。）ができる限り早い時期に退去できるように便宜を与えなければならない。特に、接受国は、必要な場合には、それらの者及びその財産のために必要な輸送手段を提供しなければならない。

第四五条【派遣国の利益の保護】二国間で外交関係が断絶した場合又は使節団が永久的に若しくは一時的に召還された場合には、

(a)　接受国は、武力抗争が生じたときにおいても、使節団の公館並びに使節団の財産及び公文書を尊重し、かつ、保護しなければならない。

(b)　派遣国は、接受国が容認することができる第三国に、使節団の公館並びに財産及び公文書の管理を委託することができる。

(c)　派遣国は、接受国が容認することができる第三国に、自国の利益及び自国民の利益の保護を委託することができる。

第四六条【第三国の利益の保護】派遣国は、接受国に使節団を設置していない第三国の要請に基づき、接受国の事前の同意を得て、当該第三国及びその国民の利益を一時的に保護することができる。

第四七条【無差別待遇】1　接受国は、この条約の規定を適用するにあたって、国家間に差別をしてはならない。

2　もっとも、次の場合には、差別が行なわれているものとはみなされない。

(a)　この条約のいずれかの規定が、派遣国において、接受国の使節団に対して制限的に適用されていることを理由として、接受国が当該いずれかの規定を制限的に適用する場合

(b)　諸国が、慣習又は合意により、この条約の規定が定める待遇よりも一層有利な待遇を相互に与えている場合

第四八条【署名】
第四九条【批准】
第五〇条【加入】
第五一条【効力発生】
第五二条【通報】
第五三条【正文】
（略）

会議で採択された決議

民事請求権の考慮

外交関係及び特権免除に関する国際連合の会議は、

会議で採択された外交関係に関するウィーン条約が、派遣国の外交使節団の構成員に対して接受国の裁判権からの免除を定めていることに注目し、

前記の免除が派遣国により放棄されうるものであることを想起し、

さらに、当該免除の目的が個人に利益を与えることにあるのではなく、外交使節団の任務の能率的な遂行を確保することにあると条約の前文で述べていることを想起し、

外交特権に基づく免除の主張は、若干の場合におい

ては、接受国にある者が法律により受けることができる救済をその者から奪うものであるとの会議の審議中に表明された憂慮に留意して、

派遣国は、自国の外交使節団の任務の遂行が妨げられないときは、接受国にある者の民事請求権について自国の外交使節団の構成員の免除を放棄するよう、また、免除が放棄されないときは、当該請求権の正当な解決をもたらすことに最善の努力を払うよう勧告する。

102　外交関係に関するウィーン条約の紛争の義務的解決に関する選択議定書（抄）

採　択　一九六一年四月一八日（ウィーン）
効力発生　一九六四年四月二四日
日本国　一九六二年三月二八日署名、一九六四年五月八日国会承認、五月二九日内閣批准、六月八日批准書寄託、六月二六日公布（条約第一五号）、七月八日効力発生

この議定書及び一九六一年三月二日から同年四月一四日までウィーンで開催された国際連合の会議において採択された外交関係に関するウィーン条約（以下「条約」という。）の当事国は、

条約の解釈又は適用から生ずるあらゆる紛争を、自国に関するものである限り、他の解決方法が当事国により合理的な期間内に合意される場合を除くほか、国際司法裁判所の義務的管轄に付託する希望を有することを表明して、

次のとおり協定した。

第一条【紛争の国際司法裁判所への付託】条約の解釈又は適用から生ずる紛争は、国際司法裁判所の義務的管轄の範囲内に属するものとし、したがって、これらの紛争は、この議定書の当事国である紛争のいずれかの当事国が行なう請求により、国際司法裁判所に付託することができる。

第二条【紛争の仲裁裁判所への付託】両当事国は、一方の当事国が、他方の当事国に対し、紛争が存在する旨の見解を通告した後二箇月の期間内に、その紛争を国際司法裁判所にではなく仲裁裁判所に付託することにつき合意することができる。前記の期間が経過した後は、いずれか一方の当事国は、請求により、当該紛争を国際司法裁判所に付託することができる。

第三条【調停手続に関する合意、調停委員会の勧告】

1　両当事国は、第二条に規定する二箇月の期間内においては、国際司法裁判所に付託する前に調停手続を執ることにつき、合意することができる。

2　調停委員会は、その構成の後五箇月以内に勧告を行なわなければならない。勧告が行なわれた後二箇月以内に紛争の当事国がその勧告を受諾しない場合には、いずれか一方の当事国は、請求により、当該紛争を国際司法裁判所に付託することができる。

第四条〜第一〇条（略）

103　外交使節の席次に関する規則

署　名　一八一五年三月一九日（ウィーン）

前　文（略）

第一条【階級】外交使節は、次の三の階級に分かたれる。
大使とローマ法王使節（**légats, ou nonces**）
公使、その他主権者にあてて派遣された者
外務大臣にあてて派遣された代理公使

第二条【代表的資格】大使とローマ法王使節のみは、代表的資格を有する。

第三条【特派使節】特命を帯びる外交使節は、この資格では、なんら上位の席次を有しない。

第四条【席次】各級の外交使節相互間の席次は、その着任の正式通知の日に従って定める。

この規則は、ローマ法王使節に関しては、なんらの変更を及ぼすものではない。

第五条【外交使節の接受】各国は、各級の外交使節の接受に関し、一定の規程を設ける。

第六条【席次の不可変性】宮廷間の親籍又は姻籍の関係は、その外交使節の席次になんら影響がない。

政治的同盟の場合も、同じである。

第七条【署名の順序】交互順位を認める多数国間の協定又は条約においては、署名の順序は、使節間で抽せんによって定める。

この規則は、パリ条約の八署名国の全権委員の、一八一五年三月一九日の会議の議事録に附属する。

104 国際的に保護される者（外交官を含む。）に対する犯罪の防止及び処罰に関する条約（外交官等保護条約）（抄）

採　択　一九七三年一二月一四日
国際連合総会第二八回会期決議三一六六（XXVIII）附属書
効力発生　一九七七年二月二〇日
日本国　一九八七年五月二七日国会承認、六月八日加入書寄託、六月一八日公布（条約第三号）、七月八日効力発生

前　文（略）

第一条【定義】この条約の適用上、

1　「国際的に保護される者」とは、次の者をいう。

(a)　国の元首（当該国の憲法に基づき元首の任務を遂行する団体の構成員を含む。）、政府の長及び外務大臣であって外国にあるもの並びにこれらの者に同行している家族

(b)　国の代表者又は職員及び政府間国際機関の職員又は委託を受けた者であって、これらの者又はその公的施設、個人的施設若しくは輸送手段に対する犯罪が行われる時及び場所において、国際法に基づき、身体、自由又は尊厳に対するあらゆる侵害からの特別の保護を受ける権利を有するもの並びにその世帯に属する家族

2　「容疑者」とは、次条に定める一若しくは二以上の犯罪を行い又はこれに加担したと一応判断するに十分な証拠のある者をいう。

第二条【犯罪行為】1　締約国は、自国の国内法により、故意に行う次の行為を犯罪とする。

(a)　国際的に保護される者を殺し又は誘拐すること及びその者の身体又は自由に対するその他の侵害行為

(b)　国際的に保護される者の公的施設、個人的施設又は輸送手段に対する暴力的侵害行為であって、その者の身体又は自由を害するおそれのあるもの

(c)　これらの行為を行うとの脅迫

(d)　これらの行為の未遂

(e)　これらの行為に加担する行為

2　締約国は、1の犯罪について、その重大性を考慮した適当な刑罰を科することができるようにする。

3　1及び2の規定は、いかなる意味においても、国際的に保護される者の身体、自由又は尊厳に対するその他の侵害を防止するためすべての適当な措置をとるという国際法に基づく締約国の義務を免れさせるものではない。

第三条【裁判権の設定】1　締約国は、次の場合において前条に定める犯罪についての自国の裁判権を設定するため、必要な措置をとる。

(a)　犯罪が自国の領域内で又は自国において登録された船舶若しくは航空機内で行われる場合

(b)　容疑者が自国の国民である場合

(c)　犯罪が、自国のために遂行する任務に基づき第一条に定義する国際的に保護される者としての地位を有する者に対して行われる場合

2　締約国は、容疑者が自国の領域内に所在し、かつ、自国が1のいずれの締約国に対しても第八条の規定による当該容疑者の引渡しを行わない場合において前条に定める犯罪についての自国の裁判権を設定するため、同様に、必要な措置をとる。

3　この条約は、国内法に従って行使される刑事裁判権を排除するものではない。

第四条【防止措置】締約国は、特に次の方法により、第二条に定める犯罪の防止について協力する。

(a)　自国の領域内又は領域外で行われる犯罪の自国の領域内における準備を防止するためあらゆる実行可能な措置をとること。

(b)　犯罪を防止するため、適当な場合には、情報を交換し及び行政上の措置その他の措置を調整すること。

第五条【情報の提供】1　第二条に定める犯罪のいずれかが自国において行われた締約国は、容疑者が自国の領域から逃亡したと信ずるに足りる理由がある場合には、当該犯罪に関するすべての関連事実及び当該容疑者の特定に関するすべての入手可能な情報を、直接に又は国際連合事務総長を通じて他のすべての関係国に通報する。

2　国際的に保護される者に対して第二条に定める犯罪のいずれかが行われた場合には、この被害者及び当該犯罪の状況に関する情報を有する締約国は、当該者が任務をそのために遂行していた締約国に対し、自国の国内法に規定する条件に従い、十分かつ速やかに当該情報を伝達するよう努める。

第六条【犯人所在国の措置】1　容疑者が領域内に所在する締約国は、状況によって正当であると認める場合には、訴追又は引渡しのために当該容疑者の所在を確実にするため、自国の国内法により適当な措置をとる。この措置は、直接に又は国際連合事務総長を通じて次の国及び機関に遅滞なく通報する。

(a)　犯罪が行われた国

(b)　容疑者の国籍国又は容疑者が無国籍者である場合には当該容疑者が通常居住している国

(c)　当該国際的に保護される者の国籍国及び当該国際的に保護される者が任務をそのために遂行していた国

(d)　その他のすべての関係国

(e)　当該国際的に保護される者がその職員又は委託を受けた者である国際機関

2　いずれの者も、自己について1の措置がとられている場合には、次の権利を有する。

(a)　当該者の国籍国その他当該者の権利を保護する資格を有する国又は当該者が無国籍者である場合には当該者の要請に応じてその権利を保護する意思を有する国の最寄りの適当な代表と遅滞なく連絡を取る権利

(b)　(a)の国の代表の訪問を受ける権利

第七条【引渡すか訴追するかの義務】容疑者が領域内に所在する締約国は、当該容疑者を引き渡さない場合には、いかなる例外もなしに、かつ、不当に遅滞することなく、自国の法令による手続を通じて訴追のため自国の権限のある当局に事件を付託する。

第八条【犯罪人引渡し】1　第二条に定める犯罪は、締約国間の現行の犯罪人引渡条約に引渡犯罪として掲げられていない場合には、当該条約における引渡犯罪とみなされる。締約国は、相互間で将来締結されるすべての犯罪人引渡条約に同条に定める犯罪を引渡犯罪として含めることを約束する。

2　条約の存在を犯罪人引渡しの条件とする締約国は、自国との間に犯罪人引渡条約を締結していない他の締約国から犯罪人引渡しの請求を受けた場合において引き渡すことを決定するときは、この条約を第二条に定める犯罪に関する犯罪人引渡しのための法的根拠とみなすことができる。この犯罪人引渡しは、請求を受けた国の法令に定める手続規定及びその他の条件に従う。

3　条約の存在を犯罪人引渡しの条件としない締約国は、犯罪人引渡しの請求を受けた国の法令に定める手続規定及びその他の条件に従い、相互間で、第二条に定める犯罪を引渡犯罪と認める。

4　第二条に定める犯罪は、締約国間の犯罪人引渡しに関しては、当該犯罪が発生した場所のみでなく、第三条1の規定に従って裁判権を設定しなければならない国の領域内においても行われたものとみなされる。

第九条【公正な取扱い】いずれの者も、自己につき第二条に定める犯罪のいずれかに関して訴訟手続がとられている場合には、そのすべての段階において公正な取扱いを保障される。

第一〇条【司法共助】1　締約国は、第二条に定める犯罪についてとられる刑事訴訟手続に関し、相互に最大限の援助(当該訴訟手続に必要であり、かつ、自国が提供することができるすべての証拠の提供を含む。)を与える。

2　1の規定は、他の条約に規定する司法上の相互援助に関する義務に影響を及ぼすものではない。

第一一条【訴訟手続の通報】容疑者を訴追した締約国は、訴訟手続の確定的な結果を国際連合事務総長に通報する。同事務総長は、当該情報を他の締約国に伝達する。

第一二条【庇護権】この条約は、その採択の日に効力を有する庇護に関する諸条約の当事国間における当該諸条約の適用に影響を及ぼすものではない。もっとも、この条約の締約国は、当該諸条約の当事国でない他の締約国に対して当該諸条約を援用することができない。

第一三条【紛争の解決】
第一四条【署名】
第一五条【批准】
第一六条【加入】
第一七条【効力発生】
第一八条【廃棄】
第一九条【通報】
（略）

第2節　領事関係

105　領事関係に関するウィーン条約(領事関係条約)(抄)

署　　名　一九六三年四月二四日(ウィーン)
効力発生　一九六七年三月一九日
日 本 国　一九八三年五月一三日国会承認、九月二七日加入内閣決定、一〇月三日加入書寄託、一〇月一一日公布(条約第一四号)、一一月二日効力発生

この条約の締約国は、

領事関係が古くから諸国民の間に設定されてきたことを想起し、

国の主権平等、国際の平和及び安全の維持並びに諸国間の友好関係の促進に関する国際連合憲章の目的及び原則に留意し、

外交関係及び外交上の免除に関する国際連合の会議が、一九六一年四月一八日に外交関係に関するウィーン条約を採択し、署名のために開放したことを考慮し、

領事関係並びに領事上の特権及び免除に関する国際条約も、国(憲法体制及び社会体制のいかんを問わない。)の間の友好関係の発展に貢献することを信じ、

領事上の特権及び免除の目的が、個人に利益を与えることにあるのではなく、領事機関が自国のために行う任務の能率的な遂行を確保することにあることを認め、

この条約により明示的に規律されない問題については、引き続き国際慣習法の規則により規律されることを確認して、

次のとおり協定した。

第一条(定義)1　この条約の適用上、

(a)　「領事機関」とは、総領事館、領事館、副領事館又は代理領事事務所をいう。

(b) 「領事管轄区域」とは、領事機関について領事任務の遂行のために定められた地域をいう。
(c) 「領事機関の長」とは、その資格において行動する責務を有する者をいう。
(d) 「領事官」とは、その資格において領事任務を遂行する者(領事機関の長を含む。)をいう。
(e) 「事務技術職員」とは、領事機関の事務的業務又は技術的業務のために雇用されている者をいう。
(f) 「役務職員」とは、領事機関の役務のために雇用されている者をいう。
(g) 「領事機関の構成員」とは、領事官、事務技術職員及び役務職員をいう。
(h) 「領事機関の職員」とは、領事機関の長以外の領事官、事務技術職員及び役務職員をいう。
(i) 「個人的使用人」とは、専ら領事機関の構成員の個人的な役務のために雇用されている者をいう。
(j) 「領事機関の公館」とは、建物又はその一部及びこれに附属する土地であって、専ら領事機関のために使用されているもの(所有者のいかんを問わない。)をいう。
(k) 「領事機関の公文書」には、領事機関に属するすべての書類、文書、通信文、書籍、フィルム、テープ及び登録簿並びに符号及び暗号、索引カード並びにこれらを保護し又は保管するための家具を含む。

2 領事官は、二の種類の者、すなわち、本務領事官及び名誉領事官とする。第二章の規定は、本務領事官を長とする領事機関に適用するものとし、第三章の規定は、名誉領事官を長とする領事機関を規律する。

3 領事機関の構成員であって接受国の国民であるもの又は接受国に通常居住しているものの地位については、第七一条に定める。

第一章 領事関係一般

第一節 領事関係の開設及び運営

第二条(領事関係の開設) 1 国の間の領事関係の開設は、相互の同意によって行う。

2 二国間の外交関係の開設についての同意は、別段の意思表示がない限り、領事関係の開設についての同意をも意味する。

3 外交関係の断絶自体は、領事関係の断絶をもたらすものではない。

第三条(領事任務の遂行) 領事任務は、領事機関によって遂行される。領事任務は、また、この条約の定めるところにより、外交使節団によっても遂行される。

第四条(領事機関の設置) 1 領事機関は、接受国の同意がある場合にのみ、接受国の領域内に設置することができる。

2 領事機関の所在地及び種類並びに領事管轄区域は、派遣国が決定するものとし、接受国の承認を受けなければならない。

3 領事機関の所在地及び種類並びに領事管轄区域の派遣国によるその後の変更は、接受国の同意がある場合にのみ行うことができる。

4 総領事館又は領事館がその所在地以外の場所に副領事館又は代理領事事務所を開設することを希望する場合にも、接受国の同意を必要とする。

5 既に存在する領事機関の所在地以外の場所に当該領事機関の一部を構成する事務所を開設する場合にも、接受国の事前の明示の同意を必要とする。

第五条(領事任務) 領事任務は、次のことから成る。
(a) 接受国において、国際法の認める範囲内で派遣国及びその国民(自然人であるか法人であるかを問わない。)の利益を保護すること。
(b) この条約の定めるところにより、派遣国と接受国との間の通商上、経済上、文化上及び科学上の関係の発展を助長することその他両国間の友好関係を促進すること。
(c) 接受国の通商上、経済上、文化上及び科学上の活動の状況及び進展を適法なすべての手段によって把握し、当該状況及び進展について派遣国の政府に報告し並びに関心を有する者に情報を提供すること。
(d) 派遣国の国民に対し旅券又は渡航文書を発給し及び派遣国への渡航を希望する者に対し査証又は適当な文書を発給すること。
(e) 派遣国の国民(自然人であるか法人であるかを問わない。)を援助すること。
(f) 接受国の法令に反対の規定がないことを条件として、公証人若しくは身分事項登録官としての資格又はこれに類する資格において行動し及び行政的性質を有する一定の任務を遂行すること。
(g) 死亡を原因とする相続が接受国の領域内で行われる場合に、派遣国の国民(自然人であるか法人であるかを問わない。)の利益を接受国の法令の定めるところにより保護すること。
(h) 派遣国の国民である未成年者その他の無能力者の利益を、特にこれらの者について後見又は財産管理が必要な場合に、接受国の法令の定める範囲内で保護すること。
(i) 派遣国の国民が不在その他の理由で適切な時期に自己の権利及び利益を守ることができない場合に、当該権利及び利益を保全するために接受国の法令の定めるところにより暫定的措置がとられるようにするため、接受国の裁判所その他の当局において当該国民を代理し又は当該国民が適当に代理されるよう取り計らうこと。ただし、接受国の慣行及び手続に従うことを条件とする。
(j) 現行の国際取極に従い又は、国際取極がない場合には、接受国の法令に合致する方法により、裁判上若しくは裁判外の文書を送達し又は派遣国の裁判所のために証拠調べの嘱託状若しくは委任状を執行すること。

(k)　派遣国の国籍を有する船舶及び派遣国に登録された航空機並びにこれらの船舶及び航空機の乗組員につき、派遣国の法令の定める監督及び検査の権利を行使すること。

(l)　(k)に規定する船舶及び航空機並びにこれらの乗組員に援助を与え、船舶の航海に関する報告を受理し、船舶の書類を検査し及びこれに押印し、接受国の当局の権限を害することなく、航海中に生じた事故を調査し並びに船長、職員及び部員の間のあらゆる種類の紛争を派遣国の法令により認められる限度において解決すること。

(m)　派遣国が領事機関に委任した他の任務であって、接受国の法令により禁止されていないもの、接受国が異議を申し立てないもの又は派遣国と接受国との間で効力を有する国際取極により定められたものを遂行すること。

第六条（領事管轄区域外における領事任務の遂行）
第七条（第三国における領事任務の遂行）
第八条（第三国のための領事任務の遂行）
（略）

第九条（領事機関の長の階級）1　領事機関の長は、次の四の階級に分けられる。

(a)　総領事
(b)　領事
(c)　副領事
(d)　代理領事

2　1の規定は、領事機関の長以外の領事官の名称を定める締約国の権利を何ら制限するものではない。

第一〇条（領事機関の長の任命及び承認）1　領事機関の長は、派遣国によって任命され、接受国により任務の遂行を承認される。

2　この条約に従うことを条件として、領事機関の長の任命の手続は派遣国の法令及び慣行により定められ、領事機関の長の承認の手続は接受国の法令及び慣行により定められる。

第一一条（領事委任状又は任命通知書）1　領事機関の長は、その資格を証明しかつ原則として氏名、種類及び階級並びに領事管轄区域及び領事機関の所在地を示した委任状又はこれに類する文書を任命の都度派遣国から付与される。

2　派遣国は、領事機関の長がその領域において任務を遂行することとなる国の政府に対し、外交上その他の適当な経路を通じて委任状又はこれに類する文書を送付する。

3　派遣国は、接受国の同意がある場合には、委任状又はこれに類する文書に代えて、1に定める細目を記載した通知書を接受国に送付することができる。

第一二条（認可状）1　領事機関の長は、認可状と称する接受国の許可書（様式のいかんを問わない。）により任務の遂行を承認される。

2　認可状の付与を拒否する国は、派遣国に対し拒否の理由を示す義務を負わない。

3　次条及び第一五条の規定が適用される場合を除くほか、領事機関の長は、認可状を付与されるまでは、任務の遂行を開始してはならない。

第一三条（領事機関の長の暫定的承認）
第一四条（領事管轄区域内の当局に対する通知）
第一五条（領事機関の長の任務の暫定的な遂行）
第一六条（領事機関の長の席次）
（略）

第一七条（領事官による外交活動の遂行）1　領事官は、派遣国が外交使節団を有しておらず、かつ、第三国の外交使節団によっても代表されていない国においては、接受国の同意を得て、領事官としての地位に影響を受けることなく外交活動を遂行することを認められる。領事官による外交活動の遂行は、当該領事官に外交上の特権及び免除を要求する権利を与えるものではない。

2　領事官は、接受国に対し通告を行った後、政府間機関における派遣国の代表として行動することができる。領事官は、そのような代表として行動する場合には、国際慣習法又は国際取極によりそのような代表に与えられる特権及び免除を享受する権利を有する。もっとも、領事官は、領事任務の遂行において、裁判権につき、この条約に定める免除よりも広範な免除を享受することはできない。

第一八条（同一の者についての二以上の国による領事官としての任命）二以上の国は、接受国の同意を得て、同一の者を接受国におけるそれぞれの国の領事官として任命することができる。

第一九条（領事機関の職員の任命）1　派遣国は、次条、第二二条及び第二三条の規定に従うことを条件として、領事機関の職員を自由に任命することができる。

2　領事機関の長以外の領事官の氏名、種類及び階級は、接受国が希望する場合には第二三条3に定める接受国の権利を行使することができるよう、十分な時間的余裕をもって派遣国が接受国に通告する。

3　派遣国は、自国の法令に定めがある場合には、領事機関の長以外の領事官に認可状を付与するよう接受国に要請することができる。

4　接受国は、自国の法令に定めがある場合には、領事機関の長以外の領事官に認可状を付与することができる。

第二〇条（領事機関の職員の数）
第二一条（一の領事機関に属する領事官の間の席次）
第二二条（領事官の国籍）
（略）

第二三条（ペルソナ・ノン・グラータであると宣言された者）1　接受国は、いつでも、派遣国に対し、領事官である者がペルソナ・ノン・グラータであること又は領事機関の他の職員である者が受け入れ難い者であることを通告することができる。派遣国は、その通告を受けた場合には、状況に応じ、その者を召還し又は領事機関におけるその者の任務を終了させる。

2　派遣国が1の規定による義務を履行することを拒

否した場合又は相当な期間内に履行しなかった場合には、接受国は、状況に応じ、1の規定に該当する者の認可状を撤回すること又はその者を領事機関の職員として認めることをやめることができる。

3　接受国は、領事機関の構成員として任命された者について、接受国の領域に到着する前に又は既に接受国にあるときは領事機関における任務を開始する前に、受け入れ難い者であることを宣言することができる。この場合には、派遣国は、その者の任命を取り消す。

4　1及び3の場合において、接受国は、派遣国に対し自国の決定の理由を示す義務を負わない。

第二四条（任命、到着及び出発の接受国に対する通告）（略）

第二節　領事任務の終了

第二五条（領事機関の構成員の任務の終了） 領事機関の構成員の任務は、特に、次の時に終了する。

(a) 派遣国が、接受国に対し、当該構成員の任務が終了した旨の通告を行った時

(b) 認可状が撤回された時

(c) 接受国が、派遣国に対し、当該構成員を領事機関の職員として認めることをやめた旨の通告を行った時

第二六条（接受国の領域からの退去） 接受国は、武力紛争が生じた場合においても、接受国の国民でない領事機関の構成員及び個人的使用人並びにこれらの世帯に属する家族（国籍のいかんを問わない。）に対し、これらの者が出発を準備し及び当該構成員又は当該個人的使用人の任務の終了の後できる限り早い時期に退去することができるよう、必要な時間的余裕及び便益を与える。特に、接受国は、必要な場合には、これらの者及びその財産（接受国内で取得した財産で出発の時に輸出を禁止されているものを除く。）のために必要な輸送手段を提供する。

第二七条（例外的な状況における領事機関の公館及び公文書並びに派遣国の利益の保護） 1　二国間の領事関係が断絶した場合には、

(a) 接受国は、武力紛争が生じたときであっても、領事機関の公館並びに領事機関の財産及び公文書を尊重し、かつ、保護する。

(b) 派遣国は、接受国の容認する第三国に対し、領事機関の公館の管理とともに当該公館内にある財産及び領事機関の公文書の管理を委託することができる。

(c) 派遣国は、接受国の容認する第三国に対し、自国の利益及び自国民の利益の保護を委託することができる。

2　いずれかの領事機関が一時的又は永久的に閉鎖された場合には、1(a)の規定を準用するものとし、更に、

(a) 派遣国が、接受国において外交使節団によって代表されていない場合においても、接受国の領域内に他の領事機関を有しているときは、当該他の領事機関に対し、閉鎖された領事機関の公館の管理とともに当該公館内にある財産及び領事機関の公文書の管理を委託することができるものとし、また、接受国の同意を得て、当該閉鎖された領事機関の管轄区域における領事任務の遂行を委託することができる。

(b) 派遣国が接受国内に外交使節団を有しておらず、かつ、他の領事機関も有していない場合には、1(b)及び(c)の規定を準用する。

第二章　領事機関及び本務領事官その他の領事機関の構成員に係る便益、特権及び免除

第一節　領事機関に係る便益、特権及び免除

第二八条（領事機関の活動に関する便益） 接受国は、領事機関の任務の遂行のため十分な便益を与える。

第二九条（国旗及び紋章の使用） 1　派遣国は、この条の定めるところにより、接受国において自国の国旗及び紋章を使用する権利を有する。

2　領事機関の占有する建物及びその入口並びに領事機関の長の住居及び領事機関の長の使用する輸送手段（公用で使用される場合のものに限る。）には、派遣国の国旗及び紋章を掲げることができる。

3　この条に定める権利の行使に当たっては、接受国の法令及び慣行に対して考慮を払う。

第三〇条（施設） 1　接受国は、派遣国が自国の領事機関のために必要な公館を接受国の法令の定めるところにより接受国の領域内で取得することを容易にし、又は派遣国が取得以外の方法で施設を入手することを助ける。

2　接受国は、また、必要な場合には、領事機関がその構成員のための適当な施設を入手することを助ける。

第三一条（領事機関の公館の不可侵） 1　領事機関の公館は、この条に定める限度において不可侵とする。

2　接受国の当局は、領事機関の長若しくはその指名した者又は派遣国の外交使節団の長の同意がある場合を除くほか、領事機関の公館で専ら領事機関の活動のために使用される部分に立ち入ってはならない。ただし、火災その他迅速な保護措置を必要とする災害の場合には、領事機関の長の同意があったものとみなす。

3　接受国は、2の規定に従うことを条件として、領事機関の公館を侵入又は損壊から保護するため及び領事機関の安寧の妨害又は領事機関の威厳の侵害を防止するためすべての適当な措置をとる特別の責務を有する。

4　領事機関の公館及びその用具類並びに領事機関の財産及び輸送手段は、国防又は公共事業の目的のためのいかなる形式の徴発からも免除される。この目的のために収用を必要とする場合には、領事任務の

遂行の妨げとならないようあらゆる可能な措置がとられるものとし、また、派遣国に対し、迅速、十分かつ有効な補償が行われる。

第三二条(領事機関の公館に対する課税の免除)1　派遣国又は派遣国のために行動する者が所有し又は賃借する領事機関の公館及び本務領事官である領事機関の長の住居は、国又は地方公共団体のすべての賦課金及び租税を免除される。ただし、賦課金又は租税であって、提供された特定の役務に対する給付としての性質を有するものについては、この限りでない。

2　1に定める賦課金又は租税の免除は、派遣国又は派遣国のために行動する者と契約した者が接受国の法令の定めるところにより支払う賦課金又は租税については、適用しない。

第三三条(領事機関の公文書及び書類の不可侵)領事機関の公文書及び書類は、いずれの時及びいずれの場所においても不可侵とする。

第三四条(移動の自由)接受国は、国の安全上の理由により立入りが禁止され又は規制されている地域に関する法令に従うことを条件として、領事機関のすべての構成員に対し、自国の領域内における移動の自由及び旅行の自由を確保する。

第三五条(通信の自由)1　接受国は、すべての公の目的のためにする領事機関の自由な通信を許し、かつ、保護する。領事機関は、自国の政府並びに、いずれの場所にあるかを問わず、自国の他の外交使節団及び他の領事機関との通信に当たり、外交伝書使又は領事伝書使、外交封印袋又は領事封印袋及び暗号又は符号による通信文を含むすべての適当な手段を用いることができる。ただし、領事機関が、無線送信機を設置し、かつ、使用するには、接受国の同意を得なければならない。

2　領事機関の公用通信は、不可侵とする。公用通信とは、領事機関及びその任務に関するすべての通信をいう。

3　領事封印袋は、開封し又は留置することができない。もっとも、接受国の権限のある当局は、封印袋が4に規定する通信、書類又は物品以外のものを含んでいると信ずる十分な理由がある場合には、派遣国の委任を受けた代表によって当該当局の立会いの下に当該封印袋が開封されることを要求することができる。要求が派遣国の当局によって拒否された場合には、当該封印袋は、発送地に返送される。

4　領事封印袋である包みには、領事封印袋であることを外部から識別し得る記号を付するものとし、公用通信、公の書類及び専ら公に使用するための物品のみを入れることができる。

5　領事伝書使は、自己の身分及び領事封印袋である包みの数を示す公文書を交付されていなければならない。領事伝書使は、接受国の国民であってはならず、また、派遣国の国民である場合を除くほか、接受国に通常居住している者であってはならない。ただし、接受国の同意がある場合は、この限りでない。領事伝書使は、任務の遂行について接受国により保護される。領事伝書使は、身体の不可侵を享受するものとし、いかなる方法によってもこれを抑留されず又は拘禁されない。

6　派遣国並びにその外交使節団及び領事機関は、臨時の領事伝書使を指名することができる。この場合には、5の規定が適用される。ただし、5に定める免除は、臨時の領事伝書使が自己の管理の下にある領事封印袋を受取人に交付した時に適用されなくなる。

7　領事封印袋は、公認の入国港又は入国空港に到着予定の船舶又は商業航空機の長に輸送を委託することができる。当該船舶又は商業航空機の長は、領事封印袋である包みの数を示す公文書を交付されるが、領事伝書使とはみなされない。領事機関は、適当な地方当局との取決めにより、当該船舶又は商業航空機の長から直接にかつ自由に領事封印袋を受領するため、領事機関の構成員を派遣することができる。

第三六条(派遣国の国民との通信及び接触)1　派遣国の国民に関する領事任務の遂行を容易にするため、

(a)　領事官は、派遣国の国民と自由に通信し及び面接することができる。派遣国の国民も、同様に、派遣国の領事官と通信し及び面接することができる。

(b)　接受国の権限のある当局は、領事機関の領事管轄区域内で、派遣国の国民が逮捕された場合、留置された場合、裁判に付されるため勾(こう)留された場合又は他の事由により拘禁された場合において、当該国民の要請があるときは、その旨を遅滞なく当該領事機関に通報する。逮捕され、留置され、勾留され又は拘禁されている者から領事機関にあてたいかなる通信も、接受国の権限のある当局により、遅滞なく送付される。当該当局は、その者がこの(b)の規定に基づき有する権利について遅滞なくその者に告げる。

(c)　領事官は、留置され、勾留され又は拘禁されている派遣国の国民を訪問し、当該国民と面談し及び文通し並びに当該国民のために弁護人をあっせんする権利を有する。領事官は、また、自己の管轄区域内で判決に従い留置され、勾留され又は拘禁されている派遣国の国民を訪問する権利を有する。ただし、領事官が当該国民のために行動することに対し、当該国民が明示的に反対する場合には、領事官は、そのような行動を差し控える。

2　1に定める権利は、接受国の法令に反しないように行使する。もっとも、当該法令は、この条に定める権利の目的とするところを十分に達成するようなものでなければならない。

第三七条(死亡、後見又は財産管理並びに難破及び航空事故の場合の通報)接受国の権限のある当局は、関係のある情報を入手した場合には、次の責務を有する。

(a) 派遣国の国民が領事機関の領事管轄区域内で死亡した場合には、その旨を遅滞なく当該領事機関に通報すること。

(b) 後見人又は財産管理人を任命することが、派遣国の国民である未成年者その他の無能力者の利益に合致すると認められる場合には、その旨を遅滞なく権限のある領事機関に通報すること。もっとも、その通報は、後見人又は財産管理人の任命に関する接受国の法令の実施を妨げるものではない。

(c) 派遣国の国籍を有する船舶が接受国の領海若しくは内水において難破し若しくは座礁した場合又は派遣国に登録された航空機が接受国の領域内で事故を起こした場合には、その旨を遅滞なく事故発生地の最寄りの地にある領事機関に通報すること。

第三八条（接受国の当局との通信） 領事官は、任務の遂行に当たり、次の当局にあてて通信することができる。

(a) 領事管轄区域内の権限のある地方当局

(b) 接受国の権限のある中央当局。ただし、中央当局にあてた通信は、接受国の法令及び慣行又は関係のある国際取極によって許容される範囲内のものとする。

第三九条（領事事務に係る手数料及び料金） 1　領事機関は、接受国の領域内で、領事事務につき、派遣国の法令の定める手数料及び料金を徴収することができる。

2　1に規定する手数料及び料金の形式で徴収された金額並びにこれらの領収証は、接受国におけるすべての賦課金及び租税を免除される。

第二節　本務領事官その他の領事機関の構成員に係る便益、特権及び免除

第四〇条（領事官の保護） 接受国は、相応の敬意をもって領事官を待遇するとともに、領事官の身体、自由又は尊厳に対するいかなる侵害も防止するためすべての適当な措置をとる。

第四一条（領事官の身体の不可侵） 1　領事官は、抑留されず又は裁判に付されるため拘禁されない。ただし、重大な犯罪の場合において権限のある司法当局の決定があったときを除く。

2　領事官は、最終的効力を有する司法上の決定の執行の場合を除くほか、拘禁されず又は身体の自由に対する他のいかなる制限も課されない。ただし、1のただし書に該当する場合を除く。

3　領事官は、自己について刑事訴訟手続が開始された場合には、権限のある当局に出頭しなければならない。もっとも、刑事訴訟手続は、領事官としての公の地位に相当の敬意を払いつつ行うものとし、1のただし書に該当する場合を除くほか、領事任務の遂行をできる限り妨げない方法で行う。1のただし書に該当する場合において領事官を拘禁したときは、当該領事官についての訴訟手続は、できる限り遅滞なく開始する。

第四二条（抑留、拘禁又は訴追の通告） 領事機関の職員が抑留された場合若しくは裁判に付されるため拘禁された場合又は当該職員につき刑事訴訟手続が開始された場合には、接受国は、その旨を速やかに当該領事機関の長に通報する。領事機関の長自身が前段に定める措置の対象となる場合には、接受国は、外交上の経路を通じて派遣国に通報する。

第四三条（裁判権からの免除） 1　領事官及び事務技術職員は、領事任務の遂行に当たって行った行為に関し、接受国の司法当局又は行政当局の裁判権に服さない。

2　もっとも、1の規定は、次の民事訴訟については、適用しない。

(a) 領事官又は事務技術職員が、派遣国のためにする旨を明示的にも黙示的にも示すことなく締結した契約に係る民事訴訟

(b) 接受国において車両、船舶又は航空機により引き起こされた事故による損害について第三者の提起する民事訴訟

第四四条（証言の義務） 1　領事機関の構成員に対しては、司法上又は行政上の手続において証人として出頭するよう要求することができる。事務技術職員又は役務職員は、3に定める場合を除くほか、証言を拒否してはならない。領事官については、出頭又は証言を拒否した場合においても、いかなる強制的措置又は刑罰も適用しない。

2　領事官の証言を要求する当局は、領事官の任務の遂行を妨げないようにする。当該当局は、可能な場合には、領事官の住居において若しくは領事機関内で証言を録取すること又は書面による領事官の供述を受理することができる。

3　領事機関の構成員は、任務の遂行に関連する事項に関し証言を行う義務並びに当該事項に関する公の通信文及び公の書類を提出する義務を負わない。領事機関の構成員は、また、派遣国の法令に関し鑑定人として証言を行うことを拒否する権利を有する。

第四五条（特権及び免除の放棄） 1　派遣国は、領事機関の構成員について、第四一条、第四三条及び前条に定める特権及び免除を放棄することができる。

2　放棄は、3に定める場合を除くほか、すべての場合において明示的に行うものとし、接受国に対し書面により通告する。

3　領事官又は事務技術職員は、第四三条の規定により裁判権からの免除を享受する事項について訴えを提起した場合には、本訴に直接係る反訴について裁判権からの免除を援用することができない。

4　民事訴訟又は行政訴訟に関する裁判権からの免除の放棄は、当該訴訟の判決の執行についての免除の放棄を意味するものとはみなされない。判決の執行についての免除の放棄のためには、別個の放棄を必要とする。

第四六条（外国人登録及び在留許可に係る免除）1　領事官及び事務技術職員並びにこれらの世帯に属する家族は、外国人登録及び在留許可に関する接受国の法令に基づくすべての義務を免除される。

2　もっとも、1の規定は、事務技術職員であって派遣国の臨時的職員であるもの若しくは接受国内で収入を伴う私的な職業に従事するもの又はその家族については、適用しない。

第四七条（就労許可に係る免除）1　領事機関の構成員は、派遣国のために提供する役務について、外国人労働者の雇用に関する接受国の法令により課される就労許可に係るいかなる義務も免除される。

2　領事官及び事務技術職員の個人的使用人は、接受国内で収入を伴う他の職業に従事していない場合には1に規定する義務を免除される。

第四八条（社会保障に係る免除）1　領事機関の構成員は、派遣国のために提供する役務について、接受国で施行されている社会保障に関する規定の適用を免除されるものとし、また、当該構成員の世帯に属する家族も、これらの規定の適用を免除される。このことは、3の規定の適用を妨げるものではない。

2　1に定める免除は、また、次のことを条件として、専ら領事機関の構成員に雇用されている個人的使用人についても適用される。

(a)　当該個人的使用人が接受国の国民でないこと又は接受国に通常居住している者でないこと。

(b)　当該個人的使用人が派遣国又は第三国で施行されている社会保障に関する規定の適用を受けていること。

3　2に定める免除が適用されない者を雇用している領事機関の構成員は、接受国の社会保障に関する規定により雇用者に課される義務を負う。

4　1及び2に定める免除は、接受国における社会保障制度への自発的参加を妨げるものではない。ただし、接受国がそのような参加を認める場合に限る。

第四九条（課税の免除）1　領事官及び事務技術職員並びにこれらの世帯に属する家族は、人、動産又は不動産に関し、国又は地方公共団体のすべての賦課金及び租税を免除される。ただし、次のものを除く。

(a)　商品又は役務の価格に通常含められるような間接税

(b)　第三二条の規定に従うことを条件として、接受国の領域内にある個人の不動産に対する賦課金及び租税

(c)　第五一条(b)の規定に従うことを条件として、接受国によって課される遺産税又は相続税及び財産の移転に係る租税

(d)　接受国内に源泉がある個人的所得（譲渡収益を含む。）に課される賦課金及び租税並びに接受国内の商業上又は金融上の企業への投資に対する資本税

(e)　提供された特定の役務に対する課徴金

(f)　第三二条の規定に従うことを条件として、登録税、裁判所手数料又は記録手数料、担保税及び印紙税

2　役務職員は、自己の役務について受領する賃金に対する賦課金及び租税を免除される。

3　領事機関の構成員は、自己の雇用する者の賃金又は俸給が接受国において所得税の免除を受けられない場合には、所得税の課税に関し接受国の法令により雇用者に課される義務を負う。

第五〇条（関税及び税関検査の免除）1　接受国は、自国の法令の定めるところにより、次の物品の輸入を許可し、かつ、これらについてすべての関税、租税及び関係のある課徴金を免除する。ただし、蔵入れ、運搬及びこれらに類する役務に対する課徴金については、この限りでない。

(a)　領事機関の公の使用のための物品

(b)　領事官又はその世帯に属する家族の個人的な使用のための物品（領事官の居住のための物品を含む。）。もっとも、消費に充てられる物品は、その者の直接の使用に必要な数量を超えるものであってはならない。

2　事務技術職員は、着任の際に輸入する物品について1に定める特権及び免除を享受する。

3　領事官及びその世帯に属する家族が携行する個人用の荷物は、検査を免除される。ただし、1(b)に掲げる物品以外の物品又は輸出入が接受国の法令によって禁止されており若しくは接受国の検疫法令によって規制されている物品が当該荷物中に含まれていると信ずる十分な理由がある場合は、この限りでない。この場合には、検査は、当該領事官又は当該家族の立会いの下に行われる。

第五一条（領事機関の構成員又はその家族の遺産）（略）

第五二条（人的役務及び金銭的負担の免除）接受国は、領事機関の構成員及びその世帯に属する家族に対し、すべての人的役務、すべての公的役務（種類のいかんを問わない。）並びに徴発、軍事上の金銭的負担及び宿舎割当てに関する義務のような軍事上の義務を免除する。

第五三条（領事上の特権及び免除の享受の開始及び終了）1　領事機関の構成員は、赴任のため接受国の領域に入った時又は、既に接受国の領域内にある場合には、領事機関における自己の任務に就く時から、この条約に定める特権及び免除を享受する。

2　領事機関の構成員の世帯に属する家族又は当該構成員の個人的使用人は、当該構成員が1の規定により特権及び免除を享受する日又は当該家族若しくは当該個人的使用人が接受国の領域に入った日若しくはその地位を得た日のうち最も遅い日からこの条約に定める特権及び免除を享受する。

3　領事機関の構成員の任務が終了した場合には、当該構成員、その世帯に属する家族又は当該構成員の個人的使用人の特権及び免除は、通常、その者が接受国を去る時又は接受国を去るために要する相当な

期間が経過した時のいずれか早い時に消滅する。当該特権及び免除は、武力紛争が生じた場合においても、第一文に規定する時まで存続する。2に規定する家族及び個人的使用人の特権及び免除は、これらの者が領事機関の構成員の世帯に属する者でなくなり又は領事機関の構成員のために役務を行わなくなった時に消滅する。ただし、これらの者が相当な期間内に接受国を去る意思を有する場合には、これらの者の特権及び免除は、退去の時まで存続する。

4　もっとも、領事官又は事務技術職員が任務の遂行に当たって行った行為についての裁判権からの免除は、無期限に存続する。

5　領事機関の構成員が死亡した場合には、その世帯に属する家族は、接受国を去る時又は接受国を去るために要する相当な期間が経過した時のいずれか早い時まで、与えられた特権及び免除を引き続き享受する。

第五四条（第三国の義務）（略）

第五五条（接受国の法令の尊重） 1　特権及び免除を享受するすべての者は、特権及び免除を害されることなく、接受国の法令を尊重する義務を負う。これらの者は、また、接受国の国内問題に介入しない義務を負う。

2　領事機関の公館は、領事任務の遂行と相いれない方法で使用してはならない。

3　2の規定は、領事機関の公館のある建物の一部に他の機関又は団体の事務所が設置されることを排除するものではない。ただし、当該事務所に充てられる部分が領事機関の使用する部分と区分されることを条件とする。このような場合には、当該事務所は、この条約の適用上、領事機関の公館の一部を成すものとはみなされない。

第五六条（第三者の損害に対する保険） 領事機関の構成員は、車両、船舶又は航空機の使用から生ずる第三者の損害に対する保険について接受国の法令により課される義務を負う。

第五七条（収入を伴う私的な職業に関する特別規定） 1　本務領事官は、接受国内で、個人的な利得を目的とするいかなる職業活動又は商業活動も行ってはならない。

2　この章に定める特権及び免除は、次の者には与えられない。

(a)　接受国内で収入を伴う私的な職業に従事する事務技術職員又は役務職員

(b)　(a)に掲げる職員の家族又は個人的使用人

(c)　領事機関の構成員の家族であって、接受国内で収入を伴う私的な職業に従事するもの

第三章　名誉領事官及び名誉領事官を長とする領事機関に関する制度

第五八条（便益、特権及び免除に関する一般規定） 1　第二八条から第三〇条まで、第三四条から第三九条まで、第五四条3並びに第五五条2及び3の規定は、名誉領事官を長とする領事機関について準用する。当該領事機関の便益、特権及び免除は、更に、次条から第六二条までの規定により規律される。

2　第四二条、第四三条、第四四条3、第四五条、第五三条及び第五五条1の規定は、名誉領事官について準用する。名誉領事官の便益、特権及び免除は、更に、第六三条から第六七条までの規定により規律される。

3　この条約に定める特権及び免除は、名誉領事官の家族又は名誉領事官を長とする領事機関に雇用される事務技術職員の家族には与えられない。

4　それぞれ異なる国にある名誉領事官を長とする二の領事機関の間で行う領事封印袋の交換は、当該二の領事機関の接受国の同意がない場合には、認められない。

第五九条（領事機関の公館の保護）
第六〇条（領事機関の公館に対する課税の免除）
（略）

第六一条（領事機関の公文書及び書類の不可侵）
第六二条（関税の免除）
第六三条（刑事訴訟手続）
第六四条（名誉領事官の保護）
第六五条（外国人登録及び在留許可に係る免除）
第六六条（課税の免除）
第六七条（人的役務及び金銭的負担の免除）
第六八条（名誉領事官の制度の任意的性格）
（略）

第四章　一般規定

第六九条（領事機関の長でない代理領事）（略）

第七〇条（外交使節団による領事任務の遂行） 1　この条約は、文脈上許容される範囲内で、外交使節団による領事任務の遂行についても、適用する。

2　外交使節団の構成員であって、外交使節団の領事部に配属されたもの又は他の方法により領事任務の遂行を命ぜられたものの氏名は、接受国の外務省又はその指定する当局に通告する。

3　外交使節団は、領事任務の遂行に当たり、次の当局にあてて通信することができる。

(a)　領事管轄区域内の地方当局

(b)　接受国の中央当局によって許容される場合には、接受国の法令及び慣行又は関係のある国際取極

4　2に規定する外交使節団の構成員の特権及び免除は、外交関係に関する国際法の規則により引き続き規律される。

第七一条（接受国の国民又は接受国に通常居住する者） 1　領事官であって接受国の国民であるもの又は接受国に通常居住しているものは、任務の遂行に当たって行った公の行為についての裁判権からの免除及び身体の不可侵並びに第四四条3に規定する特権のみを享受する。ただし、接受国によってその他の便益、特権及び免除が与えられる場合は、この限りでない。接受国は、当該領事官に関し、第四二条に定める義務を負う。当該領事官について刑事訴訟手続が開始

された場合には、刑事訴訟手続は、当該領事官が抑留され又は拘禁されている場合を除くほか、領事任務の遂行をできる限り妨げない方法で行う。
2　領事官以外の領事機関の構成員であって接受国の国民であるもの又は接受国に通常居住しているもの及びその家族並びに1に規定する領事官の家族は、接受国により認められている限度において便益、特権及び免除を享受する。領事機関の構成員の家族及び個人的使用人であって、接受国の国民であるもの又は接受国に通常居住しているものも、接受国により認められている限度において便益、特権及び免除を享受する。もっとも、接受国は、これらの者に対して裁判権を行使するには、領事機関の任務の遂行を不当に妨げないような方法によらなければならない。

第七二条（無差別待遇）1　接受国は、この条約の適用に当たり、国の間に差別をしてはならない。
2　もっとも、次の場合には、差別がされているものとはみなされない。
(a)　この条約のいずれかの規定が、派遣国にある接受国の領事機関に対して制限的に適用されていることを理由として、接受国が当該いずれかの規定を制限的に適用する場合
(b)　諸国が、慣習又は合意により、この条約に定める待遇よりも有利な待遇を相互に与えている場合

第七三条（この条約と他の国際取極との関係）1　この条約は、他の国際取極であってその締約国の間において効力を有するものに影響を及ぼすものではない。
2　この条約のいかなる規定も、諸国が、この条約の規定を確認し、補足し、拡大し又は拡充する国際取極を締結することを妨げるものではない。

第五章　最終規定（略）

10 6　日本国とアメリカ合衆国との間の領事条約（日米領事条約）（抄）

署　　名　一九六三年三月二二日（東京）
効力発生　一九六四年八月一日
日 本 国　一九六四年五月二九日国会承認、七月二日批准書交換、七月一七日公布（条約第一六号）、八月一日効力発生

前　文（略）

第一部　適用及び定義

第一条【条約の適用地域】この条約の規定が適用される締約国の領域は、各締約国の主権又は権力の下にあるすべての陸地及び水域（パナマ運河地帯を除く。）から成るものとする。

第二条【定義】この条約の適用上、
(1)「派遣国」とは、領事官を任命する締約国をいう。
(2)「接受国」とは、派遣団の領事官がその職務を遂行する領域が属する締約国をいう。
(3)「国民」とは、
(a)　アメリカ合衆国については、合衆国のすべての市民及び合衆国の保護の下にあるすべての者（文脈上許容されるときは、この条約が適用される合衆国のいずれかの領域において又はその領域の法令に基づいて正当に設立されたすべての法人を含む。）をいう。
(b)　日本国については、日本国の国籍を有するすべての者（文脈上許容されるときは、日本国の法令に基づいて正当に設立されたすべての法人を含む。）をいう。
(4)「者」とは、個人又は法人をいう。
(5)「船舶」とは、別段の定めがある場合を除くほか、この条約が適用される派遣国の領域の法令に基づき登録されているすべての船又は船艇をいう。
(6)「領事事務所」とは、有体財産を指称するため用いられるときは、公の領事事務を遂行するため派遣国が使用する土地及び建物をいうものとする。
(7)「領事施設」とは、領事事務所にあてるため、一人若しくは二人以上の領事官若しくは領事館職員の住居にあてるため、又は関連のある目的のため派遣国が使用し又は保有するすべての不動産、それらの不動産の造作、設備及び運営に必要とされるすべての動産並びに、一般的に、領事職務を効果的に遂行するために必要なすべての財産（車両、船舶及び航空機を含む。）をいう。
(8)「領事官」とは、派遣国が領事職務を遂行する権限を与えた個人で接受国の当局が認可状、臨時の許可又はその他の許可を与えたものをいう。
(9)「領事館職員」とは、領事官以外の個人で領事事務所の事務的若しくは技術的業務を行なうもの又は領事事務所の役務職員をいう。ただし、その者の氏名が第六条(2)の規定に従って接受国の関係当局に正当に通知されたことを条件とする。
(10)「公文書」とは、公の通信文、書類、書籍、記録、現金、印紙類、印章、記録保管用キャビネット、金庫その他公の目的のため保有され又は使用される類似の物をいう。
(11)「地方公共団体」とは、一方の締約国の政治上又は行政上の地方団体（たとえば、州、県、郡又は市町村を含むが、これらに限定されない。）をいう。
(12)「接受国の当局」とは、接受国及びその地方公共団体の諸当局をいう。
(13)「法令」とは、締約国の領域又はその地方公共団体において法としての効力を有する法律、政令、規則、命令及びこれらに類する規程を含むものとする。

第二部　任命及び管轄区域

第三条【領事事務所の設置と管轄区域】(1) 派遣国は、接受国の領域内において、接受国が設置に同意するいかなる場所にも領事事務所を設置し、かつ、維持することができる。

(2) 派遣国は、接受国が異議を申し入れる権利を有することを条件として、接受国内における領事管轄区域の範囲を定めることができるものとし、かつ、その範囲を接受国に通報しておくものとする。

(3) 領事官は、接受国が通告を受けて異議の申入れを行なわなかったときは、その領事管轄区域外においても領事職務を遂行することができる。

第四条【領事官の任命と認可状】(1) 派遣国は、接受国内にある自国の領事事務所に、必要と認める数及び階級の領事官を任命することができる。派遣国は、接受国内にある領事事務所への領事官の任命について接受国に書面で通告しなければならない。

(2) 接受国は、領事官の委任状又はその他の任命通告書が提出されたときは、領事職務を遂行するための認可状又はその他の許可をその領事官に、できる限りすみやかにかつ無料で、与えなければならない。

接受国は、必要があるときは、認可状又はその他の許可を与えるまでの間、臨時の許可を与えなければならない。

(3) 接受国は、正当な理由がない限り、認可状又はその他の許可を与えることを拒否してはならない。

(4) 接受国は、この条約に別段の定めがある場合を除くほか、認可状、臨時の許可又はその他の許可を与えるまでの間は、領事官が領事官として行動することに対して同意を与え又はこの条約に基づく利益をその領事官に及ぼしたものとはみなされない。

第五条【領事官の権利と認可状の取消し】(1) 接受国は、要請があったときは、この条約に基づいて行動する権利を有する領事官の氏名を、遅滞なく、自国の関係当局に通報しなければならない。

(2) 領事官は、派遣国の公の代表機関として、特別の保護及び自己が公の交渉を有する接受国のすべての公務員による十分な配慮を受ける権利を有する。

(3) 接受国は、重大な苦情申入れの事由となる行為を行なった領事官の認可状又はその他の許可を取り消すことができる。この取消しの理由は、要請があったときは、外交上の経路を通じて派遣国に提示しなければならない。

第六条【領事官任務の代行と領事館職員の数】(略)

第三部　法律上の権利及び免除

第七条【土地・建物等の取得】(1) 派遣国は、その領事事務所にあてるため、領事官若しくは領事館職員の住居にあてるため、又は派遣国の領事施設の運営から生じ、かつ、接受国が異議を申し入れないその他の目的のため、派遣国が必要とする接受国内の土地及び建物、建物の一部その他の工作物を、派遣国が選択する保有形式(貸借契約によると、所有によると、又は接受国の法令に基づいて認められるその他の保有形式によるとを問わない。)により取得し、かつ、派遣国又は派遣国のために行動する一若しくは二以上の者の名において、保有し及び占有することができる。接受国の法令により、このような取得のための条件として、接受国の当局の許可が必要とされるときは、その許可は、要請に応じて与えられるものとする。

(2) 派遣国は、自国がこのようにして所有し又は貸借する土地に、領事施設の一部として、建物その他の工作物を設置する権利を有する。

(3) 派遣国は、当該土地が所在する地域のすべての土地について適用される建築、土地区画整理又は都市計画に関する地方的規制に服することを免除されないことが了解される。

(4) この条及び第一二条において「派遣国のために行動する一若しくは二以上の者」とは、信託上の又はこれに類似の資格において派遣国のために財産を保有する一又は二以上の者をいうものとする。

第八条【公館・公文書の不可侵等】(1) 館長である領事官は、領事事務所の外部に、派遣国の紋章又は国家標識及び派遣国の公用語で領事事務所を示す適当な標識を掲げることができる。

(2) 館長である領事官は、派遣国の国旗及び領事旗を領事事務所に掲げることができる。いずれの領事官も、その任務の遂行のため使用する車両、船舶及び航空機に、派遣国の紋章又は国家標識を付し、かつ、派遣国の国旗及び領事旗を掲げることができる。これらの旗は、適当な場合には、館長である領事官の住居にも掲げることができ、また、緊急事態に際しては、いずれの領事官の住居にも掲げることができる。

(3)(a) 領事事務所の公文書は、領事官及び領事館職員の私的の又は営業上の書類が保管されている場所から完全に区別された場所に保管しなければならない。この規定は、領事事務所が外交使節団の一部をなす場合には、外交上の公文書を領事館の公文書と区別しておくことを要求するものではない。

(b) 派遣国の領事事務所に保管される公文書は、常に不可侵とし、接受国の当局は、いかなる理由によっても、これらを検閲し又は押収することができない。

(4) 接受国の警察その他の当局は、領事事務所に立ち入ってはならない。ただし、責任のある領事官の同意を得て立ち入る場合は、この限りでないものとし、この同意が得られなかった場合において、適当な令状若しくは手続により、かつ、日本国が接受国であるときは外務大臣の同意を得て、また、アメリカ合衆国が接受国であるときは国務長官の同意を得て立ち入るときも、また、同様とする。火災その他の災害の場合又は身体若しくは財産に対する暴力を伴う犯罪が、領事事務所内で、既に行なわれ、現に行なわれており、若しくは行なわれようとしていることを接受国の当局が信ずるに足りる合理的な理由がある場合には、責任のある領事官の同意があったものとみなす。

(5) 領事事務所は、逃亡犯罪人に避難所を与えるために使用してはならない。領事官が接受国の当局の適法な要求に対して逃亡犯罪人の引渡しを拒否するときは、その当局は、(4)に定める手続に従い、その逃亡犯罪人を逮捕するため、領事事務所に立ち入ることができる。

(6) (4)及び(5)の規定に基づいて領事事務所に立ち入り、又はこれを捜索するときは、領事事務所の公文書の不可侵に対して妥当な考慮を払わなければならない。

第九条【徴発等からの免除】(1) 派遣国は、接受国における自国の領事施設の一部をなす財産(すべての車両、船舶及び航空機を含む。)について、すべての軍事上の徴発、金銭的負担又は宿舎割当てを免除される。ただし、不動産は、接受国の法令に従い、国防又は公共事業のため差し押え又は収用することができる。

(2) 領事官又は領事館職員は、その保有し又は占有する私的住居、家具その他の家庭用品並びにすべての車両、船舶及び航空機についてすべての軍事上の徴発、金銭的負担又は宿舎割当てを免除される。ただし、この私的住居は、接受国の法令に従い、国防又は公共事業のため差し押え又は収用することができる。

(3) (1)又は(2)の規定により差押え又は収用を行なう場合においては、領事職務の遂行の妨げとなることを避けるよう、あらゆる努力を払わなければならない。

(4) 派遣国、領事官又は領事館職員は、差し押えられ又は収用されたすべてのこのような財産につき、正当な補償を受けるものとする。補償金は、その額が最終的に決定した日から三箇月以内に、派遣国の通貨に容易に交換することができ、かつ、派遣国に移転することができるような形態により、支払われるものとする。

第一〇条【通信】(1) 領事官は、本国政府、接受国内にある派遣国の外交使節団及び領事事務所又は派遣国の他の外交使節団及び領事事務所とすべての公共の通信手段を使用して通信することができ、この場合において、暗号を使用して通信する権利を有する。また、領事官は、平文又は暗号による公の書類を、伝書使により、又は公用の封印袋その他の容器を使用して、発受することができる。領事官は、領事封印袋を郵便機関を通じて発受するに際し、接受国の郵便に関する法令に従わなければならない。ただし、このことは、この項の規定に影響を及ぼすものではない。

(2) この条にいう公の書類は、不可侵とし、接受国の当局は、これを検閲し、又は押収してはならない。公用の封印袋その他の容器は、公の書類のみを収めていることを派遣国の責任のある公務員が証明するときは、不可侵とする。

(3) 接受国が武力抗争に巻きこまれている間は、通信の権利は、領事官とその本国政府との間及び領事官と接受国内にある派遣国の外交使節団との間の通信に関する権利を除くほか、接受国による合理的な制限を受けることがあるものとする。

第一一条【裁判権等からの免除】(1)(a) 領事官又は領事館職員は、公の資格で行なった行為でこの条約に基づく領事官の職務の範囲内にあるものについては、派遣国が接受国に対し、外交上の経路を通じて、同意の旨を書面で通告する場合を除くほか、接受国の裁判所の管轄権に服さない。ただし、接受国の裁判所は、悪意又は重大な過失による行為について、接受国の国民である領事館職員に対して管轄権を行使することを妨げられないものとする。

(b) 領事官は、有罪であれば一年以上の禁錮刑に処せられることがある罪に問われる場合を除くほか、接受国内で逮捕され又は訴追されることを免除される。

(2) (1)(a)の規定は、個人の資格で、かつ、公務の範囲外で締結した契約に係る民事訴訟において、領事官又は領事官職員が義務を負うものとされることを妨げるものでないこと及び(5)(b)の規定は、領事官又は領事官職員に対し、このような契約に関して書類を提示し又は証言を行なうことを拒否する権利を与えるものでないことが了解される。

(3) 接受国は、領事官又は領事館職員に対して自国の裁判権を行使することを認められたときは、領事職務の遂行を不当に妨げないようにこれを行使しなければならない。

(4) 領事官又は領事館職員は、陸軍、海軍、空軍、警察、行政又は陪審に関するあらゆる種類の役務及びそれらの役務に代わる金銭的負担を免除される。

(5)(a) (b)に定める場合を除くほか、領事官又は領事館職員に対し、民事事件又は刑事事件において証言を行なうことを要求することができる。証言を要求する行政当局又は司法当局は、その領事官又は領事館職員の公務の遂行を妨げないようすべての合理的な措置を執り、かつ、可能な場合又は許される場合には、その事務所又は住居において口頭又は書面によるその証言を録取するよう取り計らうものとする。

(b) 領事官又は領事館職員は、領事館の公文書に属する書類を提示し又は自己の公務の範囲内の事項に関して証言を行なうことを接受国の行政当局又は司法当局から要請されたときは、これを拒否する権利を有する。ただし、派遣国の利益を害することなくこの要請に応ずることが可能であるときは、正義のためこれに応じなければならない。領事官又は領事館職員は、また、派遣国の法令に関する鑑定人として証言を行なうことを拒否する権利を有する。

(6) 領事官又は領事館職員及びその家族の構成員でその世帯に属するものは、接受国内において、在留許可の取得及び外国人登録に関するいかなる要件をも免除される。領事官又は領事館職員の家族の構成員でその世帯に属するものが接受国において有給で雇用されるときは、この項の規定の利益を受けないものとする。

(7) 領事官は、認可状、臨時の許可又はその他の許可を保有する間は、退去強制を受けないものとする。

(8) 派遣国によって所有され、かつ、領事目的のために使用されるすべての車両、船舶及び航空機並びに派遣国の領事官又は領事館職員によって所有されるすべての車両、船舶及び航空機は、第三者の損害に関し、接受国内において業務を行なうことを認可されて実際に業務を行なっている保険会社の十分な保険に付しておかなければならない。このような保険証書に基づくいかなる請求も、民事訴訟上の義務を(2)の規定により生じさせることがある契約から生ずるものとみなす。

第四部　財政上の特権

第一二条【領事施設の租税等からの免除】(1) 派遣国又は派遣国のために行動する一若しくは二以上の者は、接受国内にある派遣国の領事施設に関し、接受国又はその地方公共団体が課するあらゆる種類の租税又はこれに類する課徴金で派遣国又は派遣国のために行動する一若しくは二以上の者が本来は法律上納付の義務を負うもののうち、次のものに関して課されるものの納付を免除される。

(a) 派遣国が所有し、又は他の方法で保有し若しくは占有し、かつ、もっぱら第七条(1)に定めるいずれかの目的のためにのみ使用する不動産の取得、所有、使用又は占有。ただし、これらの不動産が役務又は地方的公共改良事業によって利益を受けるときは、その利益を受ける限度において、その役務又は地方的公共改良事業に関し課される租税又は他の公課を除く。

(b) 派遣国がもっぱら第七条(1)に定めるいずれかの目的のためにのみ所有し又は使用する動産(車両、船舶及び航空機を含む。)の取得、所有、占有又は使用

(c) 領事事務の代償として受領する手数料及びその手数料の支払に対する領収書

(d) その他のすべての行為又は取引(役務の調達及び提供を含む。)で派遣国の領事施設の運営に伴うもの

(2) (1)(d)の規定は、次の場合を除くほか、派遣国又は派遣国のために行動する一若しくは二以上の者に対し、領事官若しくは領事館職員の住居にあてるため又は関連のある目的のため使用され又は保有される領事施設における電気又はガスの使用に対して課される電気ガス税を免除するものと解してはならない。

(a)(i) 派遣国が前記の領事施設を所有する場合又は

(ii) 派遣国が前記の領事施設を、その居住者の変更に関係なく、一年以上、貸借契約により使用し若しくは保有する場合及び

(b) 派遣国が電気又はガスの使用に関する契約の当事者であり、かつ、電気又はガスの料金を支払う義務を負う場合

(3) 前記の諸免除は、租税又はこれに類する課徴金の負担が派遣国又は派遣国のために行動する一若しくは二以上の者に移転される場合であっても、これらの者以外の者が法律上納付の義務を負う租税又はこれに類する課徴金については、適用しない。

第一三条【領事官・領事館職員の租税等からの免除】(1) 派遣国の国民である領事官又は領事館職員は、派遣国以外の国の国民であるかどうかを問わず、派遣国から受領する公の給与、俸給、賃金又は手当に対し接受国又はその地方公共団体が課するすべての種類の租税又はこれに類する課徴金の納付を免除される。

(2)(a) (3)に別段の定めがある場合を除くほか、領事官又は事務的若しくは技術的業務を行ない、かつ、役務職員でない領事館職員は、その所有する車両の使用許可、所有、登録、使用及び運転に伴う租税又はこれに類する課徴金を含めて、接受国又はその地方公共団体が課するすべての種類の租税又はこれに類する課徴金で本来は自己が法律上納付の義務を負うものの納付を免除される。この免除を受ける車両の数は、接受国の法令の定めるところによる。ただし、このような領事官又は領事館職員は、少なくとも一台の車両について、この免除を受ける権利を有するものとする。輸入品に対する租税又はこれに類する課徴金の免除は、第一四条に定めるところによる。

(b) 前記の免除は、租税又はこれに類する課徴金の負担が当該領事官又は当該領事館職員に移転される場合であっても、当該領事官又は当該領事館職員以外の者が法律上納付の義務を負う租税又はこれに類する課徴金については、適用しない。

(3) (2)(a)の規定は、次の租税については、適用しない。

(a) 接受国内にある不動産の取得、所有又は占有に対して課される租税

(b) 接受国内に源泉がある所得に対して課される租税((1)に規定する租税を除く。)

(c) 財産の移転に関して課され若しくは徴収される印紙税その他の租税で取引を有効なものとする証書に対して課されるもの又は有価証券の移転に対して課される租税

(d) 娯楽施設利用税、料理飲食等消費税及び旅館税を含む遊興税、入湯税、通行税、電気ガス税並びに軽油引取税

(e) 接受国内にある財産の贈与による移転を理由として又はそのような移転に伴って課される租税

(f) 遺産税、相続税その他の租税で接受国内にある財産の死亡に基づく移転を理由として又はそのような移転に伴って課されるもの

(4)(a) (1)、(2)及び(3)の規定にかかわらず、接受国又はその地方公共団体は、領事官又は領事館職員の

死亡の時に接受国内にあった動産で、その死亡した領事官又は領事館職員がもっぱらその公務の遂行に関連して接受国内に所有していたもののうち、その領事官又は領事館職員がその死亡の直前の年に受領した公の給与、俸給及び手当の総額の二倍をこえない価額に相当する部分に関しては、その動産の移転を理由として又はその移転に伴って、遺産税、相続税その他の租税を課し又は徴収してはならない。

(b) (4)(a)の規定の適用上、及び同規定の制限に従うことを条件として、死亡した領事官又は領事館職員の家財、所持品、個人的に所有する車両及び要求払いの預金に係る債権又は一年未満の定期預金に係る債権は、その領事官又は領事館職員がもっぱらその公務の遂行に関連して所有する財産を構成するものとする。

第一四条【関税等からの免除】(1) 派遣国は、第七条(1)に定めるいずれかの目的に関連する接受国内における公の使用のためのすべての物品(車両、船舶及び航空機を含む。)を、輸入に対し又は輸入を理由として接受国又はその地方公共団体が課するすべての関税、内国税その他の租税の免除を受けて、接受国に輸入することができる。

(2) 領事官は、自己又はその家族の構成員でその世帯に属するものがもっぱら個人的に使用するため必要とする合理的な量の荷物、所持品その他の物品(車両、船舶及び航空機を含む。)を、輸入に対し又は輸入を理由として接受国又はその地方公共団体が課するすべての関税、内国税その他の租税の免除を受けて、接受国に輸入することができる。これらの関税その他の租税の免除は、次の物品について、当該領事官が接受国内において勤務する全期間を通じて与えられる。

(a) 当該領事官がその任地への最初の到着又はその後の到着の際に携行する物品

(b) 前記の使用のための物品で当該領事官にあてて送られ又は当該領事官が保税地域から引き取るもの

(3) 事務的又は技術的業務を行ない、かつ、役務職員でない領事館職員も、また、その最初の到着にあたって輸入する物品について、(2)に定める特権を享有するものとする。

(4) もっとも、次のことが了解される。

(a) 接受国は、この条に定める免除を与えるための条件として、すべての輸入について、自国が定める様式で通告を行なうことを要求することができる。

(b) この条に定める免除は、もっぱら公の又は個人的な使用を目的として輸入される物品に関するものであるので、その他の物品、たとえば、他の者の便宜のため又は販売その他の商業上の目的のために輸入される物品には、適用しない。ただし、商業的産品の見本としてもっぱら領事事務所内で展示するために輸入される物品は、この条に定める免除の適用から除外されないものとする。

(c) 接受国は、自国内で栽培され、生産され、又は製造された物品でそれが輸入されなければ課されるはずである租税又は国税を支払わないで又はその払いもどしを受けて輸出されたものについて、この条に定める免除を適用しないことを決定することができる。

(d) この条のいかなる規定も、税関手続を遵守することを免除し、又は接受国の法令が輸入を禁止している特定の物品を接受国内に持ち込むことを許すものと解してはならない。

(e) (1)、(2)及び(3)の規定に基づいて輸入された物品の処分については、接受国の法令の適用があるものとする。

(f) (1)及び第一七条(5)の規定は、領事事務所のための映画フィルム(学術的又は文化的な目的に使用するためのフィルム及び現実に記録映画又はニュース映画であるフィルムでもっぱら公の使用に供するために輸入されるものを除く。)の輸入に関する接受国の法令の適用を妨げるものと解してはならない。

第五部　領事職務一般

第一五条【領事職務】(1) 領事官は、その領事管轄区域内において、次のことを行なう権利を有する。

(a) 派遣国のいかなる国民とも面会し、通信し、並びにこれに援助及び助言を与えること。

(b) 派遣国のいずれかの国民の利益に影響を及ぼす事件が発生した場合にこれを調査すること。

(c) 接受国の当局の下における訴訟その他の手続に関し、又は接受国の当局との関係について、派遣国のいかなる国民をも援助し、及び、必要な場合には、その国民のために法律的援助をあっせんすること。

(2) 領事官は、派遣国の国民並びにその財産及び利益を保護するため、その領事管轄区域内において、関係がある接受国の当局(中央政府の関係部局を含む。)に対して申入れを行ない、かつ、これと通信する権利を有する。ただし、領事官は、派遣国の外交代表がいない場合を除くほか、日本国が接受国であるときは外務省と、また、アメリカ合衆国が接受国であるときは国務省と通信し、又はこれに対して外交上の申入れを行なう権利を有しない。

(3) 領事官は、また、その権限内の他のすべての事項に関し、その領事管轄区域内にある接受国の当局と通信することができる。

(4) 派遣国の国民は、いつでも、適当な領事官と通信し、及び、適法に拘禁されている場合を除くほか、領事事務所に領事官を訪問する権利を有する。

第一六条【派遣国の国民との通信及び接触等】(1) 関係がある接受国の当局は、派遣国の領事官の領事管轄区域内において、裁判に付されるために抑留され、又はその他の場合において拘禁されている派遣国の国民の要請があったときは、直ちに当該領事官に通報しなければならない。領事官は、このように抑留され、又は拘禁されている派遣国の国民を遅滞なく訪問し、その国民と立会人なしで面談し、及びその国民のために弁護人をあっせんすることを許される。その国民から領事官にあてたいかなる通信も、接受国の当局により、不当に遅滞することなく、送付されなければならない。

(2) 派遣国の国民が有罪の判決を受けて禁錮刑に服している場合には、その国民が刑に服している場所を管轄する領事官は、関係がある接受国の当局に通告した上で、その国民を監獄に訪問する権利を有する。このような訪問は、すべて、監獄の規則に従って行なわれなければならない。その規則は、合理的な限度内で、このような国民と面接することを許し、かつ、そのような国民と面談する機会を与えるものでなければならない。領事官は、また、監獄の規則に従うことを条件として、在監者と他の者との間において通信の伝達を行なうことを許される。

第一七条【派遣国国民に対する法律行為】(1) 領事官は、その領事管轄区域内において、次のことを行なうことができる。

(a) 国籍に関する派遣国の法令に基づいて行なうことを要求される届出を受理すること。

(b) 国民的服役義務に関する派遣国の法令により必要とされるところに従い、派遣国の国民に対し通知を発し、その国民から届出を受理し、及びその国民の身体検査を行なうこと。

(c) 派遣国の法令により必要とされるところに従い、派遣国の国民を登録し、派遣国の国民の出生又は死亡の通告を登録し又は受理し、接受国内で挙行された婚姻で少なくとも当事者の一方が派遣国の国民であるものを記録し、及び派遣国の国民の親族関係に関する届出を受理すること。

(d) 査証及び旅券その他これに類する書類を、派遣国の法令に従って、発給し、修正し、更新し、有効にし、及び無効にすること。

(e) 派遣国の法令に従い、かつ、接受国の法令に反しないような方法で、接受国内にあるすべての者に関し、

(i) 派遣国の裁判所のために、その者に裁判上の文書を送達すること。

(ii) 派遣国の裁判所その他の司法当局のために、その者が自発的に提供する証言を録取すること。

(iii) その者に宣誓を行なわせること。

(f) 公の記録所の文書の写し又は抜粋を入手すること。

(g) 商品に関し、派遣国内において使用するための原産地証明書及びその他の必要な書類を発給すること。

(2) 出生又は死亡の通告の領事官による登録又は受理、接受国の法令に基づいて挙行された婚姻の領事官による記録及び親族関係に関する届出の領事官による受理は、いかなる場合にも、関係がある接受国の当局に対する出生、死亡、婚姻又は親族関係に関するその他の事項についての通告又は登録に関し接受国の法令が定める義務を、当該者について、免除するものではないことが了解される。

(3) 領事官は、また、その領事管轄区域内において、次のことを行なうことができる。

(a) 署名を認証し、又は証明すること。

(b) 一方の締約国の国語で作成されたいかなる種類の証書及び文書をも他方の締約国の国語に翻訳し、及びその翻訳が正確であることを証明すること。

(c) 法律的な性質を有する証書、文書又は書類(届出、財産処分に関する遺言及び契約書を含む。)及びそれらの写しを作成し、公証し、それらについての承認書を受領し、証明し、認証し、及び法律上正当なものとし、並びに、一般に、それらを完全なものにし、又は有効にするため必要な措置を執ること。

(4) 領事官は、(3)に掲げる事務が、派遣国の国民により接受国の領域外における使用のため要求されるとき、いずれかの者により派遣国の領域内における使用のため要求されるとき、又は派遣国が国外にあるその国民の保護のため若しくはその法令の適正な運用のために定めた手続で接受国の法令により禁止されていないものに従って行なわれるものであるときは、いつでも、その事務を遂行することができる。

(5) 領事官は、派遣国の文化、芸術、学術、商業、職業及び教育に関する利益を助長することができる。

第六部　遺産及び財産の移転

第一八条【遺産及び財産の移転】（略）

第七部　海運

第一九条【自国船舶への援助】（略）

第二〇条【自国船舶の検査等】(1) 領事官は、船舶の長及び乗組員を尋問し、その船舶の書類を検査し、その船舶の航行及び目的地に関する供述を行なわせ、並びに、一般に、その船舶の入港及び出港について便宜を与えることができる。ただし、領事官は、税関貨物取扱人又は船舶会社代理人を利用することができるときは、通常それらの者の活動の範囲内にある事項については、その職務を行なわないものとする。

(2) 領事官又は領事館職員は、船舶の長又は乗組員とともに地方の行政当局及び司法当局に出頭し、並びに、必要な場合に船舶の長又は乗組員と前記の当局との間の問題に関し法律的援助をあっせんし、かつ、通訳として行動することを含め、援助を与えることができる。

(3) 領事官は、接受国の司法当局が第二一条の規定に従って管轄権を行使しないときは、船舶の長とその乗組員との間の紛争(賃金及び労務契約に関する紛

争を含む。)の解決について派遣国の法令に従つて決定し又はあっせんし、船舶の長及び乗組員の雇用及び解雇に関してあっせんし、並びに船舶上の秩序及び紀律の維持のための措置を執ることができる。

(4) 領事官は、派遣国の船舶関係法令を実施するための措置を執ることができる。

(5) 領事官は、必要があるときは、船舶の長、乗組員又は旅客の送還及び病院における治療に関してあっせんすることができる。

第二一条【派遣国船舶に対する接受国の管轄権】(1) 接受国の行政当局は、領事官の要請又は同意がある場合を除くほか、船舶の内部管理に関するいかなる事項にも関与してはならない。ただし、接受国の司法当局は、船舶の長とその乗組員との間の賃金及び労務契約に関する紛争に関し、接受国の法令に基づいて有する管轄権を行使することができる。行政当局及び司法当局は、規律違反のため船舶で乗組員の拘禁が行なわれる場合において、その拘禁が派遣国の法令により適法であり、また、不当に過酷又は非人道的でない限り、これに干渉してはならない。

(2) 接受国の行政当局が、領事官の要請又は同意がある場合を除くほか、次のことを行なってはならないということは、両締約国の共通の意思である。もっとも、船舶が接受国の港若しくは水域内にあるときにその船舶上で行なわれた犯罪若しくは違反を確認し、又はその港若しくは水域内にある各国の船舶若しくはその船舶上にある者及び財産に適用される接受国の法令を実施することについての接受国の行政当局及び司法当局の権利は、害されないものとする。

(a) 平和及び秩序の維持又は公衆の衛生若しくは安全のために行なう場合を除くほか、船舶内で起こった問題に関与すること。

(b) 接受国の港又は水域内にある船舶上で行なわれた犯罪又は違反に関し、その犯罪又は違反が重大な性質のもの又は港の静穏に影響を及ぼすものである場合及びその犯罪又は違反が乗組員(接受国の国民である乗組員を除く。)以外の者により又はその者に対して行なわれたものである場合を除くほか、訴追を行なうこと。接受国の港又は水域内にある船舶上で行なわれた公衆衛生、税関又は出入国管理に関する接受国の法令に対する犯罪又は違反は、港の静穏に影響を及ぼす犯罪又は違反であるものとみなす。

(3) (2)の規定は、領海を通航する船舶の無害通航権を害するものと解してはならない。この権利に関しては、国際法の定めるところによる。

(4) 接受国の当局が、(2)に掲げる権利を行使するため、船舶上でいずれかの財産を押収し、又はなんらかの正式の取調べを行なおうとするときは、船舶の長又はこれに代わって行動するその他の職員は、領事官に通報する機会を与えられるものとし、この通報する機会は、緊急事態のために不可能である場合を除くほか、領事官又はその指揮下にある領事館職員が、領事官の希望があれば、現場に立ち会うことができるだけの時間的余裕があるように、与えられなければならない。領事官は、自己が立ち会わず又は代表されなかった場合には、要請を行なうことにより、接受国の当局からどのようなことを行なったかについての十分な情報を受ける権利を有する。この項の規定は、税関、衛生及び外国人の入国許可に関し接受国の当局が行なう通常の検査並びに接受国の裁判所における民事訴訟又は商事訴訟に起因する船舶又はその貨物の一部の留置には、適用しない。

第二二条【派遣国へ向かう船舶への訪問権】(1) 領事官は、派遣国の港に向かういずれかの国の国旗を掲げる船舶が派遣国の港に入るための条件として派遣国の法令により要求される書類の準備及び作成に必要な情報を入手するため、並びに権限がある派遣国の当局にその必要とする衛生その他の事項に関する情報を提供するため、当該船舶の長の要請により又はその同意を得て、自己の領事管轄区域内の港において当該船舶を訪問することができる。

(2) 領事官は、この条の規定によって与えられる権利を行使するにあたり、できる限り迅速に行動しなければならない。

第二三条【難破】(略)

第二四条【航空機】第一九条から第二三条までの規定の適用上、「船舶」には航空機を含むものとみなし、「船舶関係法令」とは、航空機についていうときは、航空関係法令をいい、「水域」とは、航空機についていうときは、接受国の領域をいうものと解するものとする。

第八部　最終規定

第二五条【特権免除の適用範囲】(略)

第二六条【領事官の条約で規定する以外の職務】(1) 領事官が遂行することができる職務は、第一五条から第二三条までに定めるものに限定されない。領事官は、接受国の法令に抵触しないその他の職務で、接受国において認められている領事官に関する国際法若しくは国際慣行に適合しているもの又は接受国により異議を申し入れられていない行為であるものを遂行することを許される。

(2) この条約のいずれかの規定が、領事官に対し、なんらかの職務を遂行する権利を与えているいかなる場合においても、当該領事官がその権利を行使する限度について決定を行なうのは派遣国であることが了解される。

(3) この条約のいかなる規定も、この条約により与えられている権利、免除又は特権を、この条約によりそれらの利益が与えられている目的以外の目的のために、領事官又は領事館職員が利用することを許すものと解してはならない。

(4) 領事官は、派遣国が領事事務の遂行に関して定める手数料を徴収することができる。

第二七条【批准・効力発生】（略）

10 7 領事関係に関する日本国と中華人民共和国との間の協定（日中領事協定）（抄）

署　名　二〇〇八年一〇月二四日（北京）
効力発生　二〇一〇年二月一六日
日本国　二〇〇九年七月三日国会承認、二〇一〇年一月一七日批准書交換、二〇一〇年一月一八日公布（条約第一号）

前　文（略）

第一条【定義】この協定の適用上、

(a) 「領事機関」とは、総領事館、領事館、副領事館又は代理領事事務所をいう。

(b) 「領事管轄区域」とは、領事機関について領事任務の遂行のために定められた地域をいう。

(c) 「領事機関の長」とは、その資格において行動する責務を有する者をいう。

(d) 「領事官」とは、その資格において領事任務を遂行する者（領事機関の長を含む。）をいう。

(e) 「領事機関の公館」とは、建物又はその一部及びこれに附属する土地であって、専ら領事機関のために使用されているもの（所有者のいかんを問わない。）をいう。

(f) 「領事機関の公文書」には、領事機関に属するすべての書類、文書、通信文、書籍、フィルム、テープ及び登録簿並びに符号及び暗号、索引カード、記憶媒体に蔵置された情報並びにこれらを保護し又は保管するための家具を含む。

第二条【領事任務の遂行】領事任務は、領事機関によって遂行される。領事任務は、また、この協定の定めるところにより、外交使節団によっても遂行される。

第三条【領事任務】領事任務は、次のことから成る。

(a) 接受国において、国際法の認める範囲内で派遣国及びその国民（自然人であるか法人であるかを問わない。）の利益を保護すること。

(b) 両締約国の間の経済上、通商上、文化上、科学上及び技術上の関係の発展を助長することその他両国間の友好関係を促進すること。

(c) 接受国の経済上、通商上、文化上、科学上及び技術上の活動の状況及び進展を適法なすべての手段によって把握し、当該状況及び進展について派遣国の政府に報告し、並びに関心を有する者に情報を提供すること。

(d) 派遣国の国民の旅券その他の渡航文書の申請を受理し、又は派遣国の国民に対してこれらを発給し、派遣国へ渡航し若しくは派遣国を通過することを希望する者の査証及び適当な文書の申請を受理し、又はこのような者に対してこれらを発給し、並びに前記の旅券、査証及び文書に修正若しくは追記を加え、又はこれらを無効にすること。

(e) 派遣国の国民（自然人であるか法人であるかを問わない。）を援助すること。

(f) 接受国の法令に反対の規定がないことを条件として、公証人若しくは身分事項登録官としての資格又はこれに類する資格において行動し及び行政的性質を有する一定の任務を遂行すること。

(g) 死亡を原因とする相続が接受国の領域内で行われる場合に、派遣国の国民（自然人であるか法人であるかを問わない。）の利益を接受国の法令の定めるところにより保護すること。

(h) 派遣国の国民である未成年者その他の無能力者の利益を、特にこれらの者について後見又は財産管理が必要な場合に、接受国の法令の定める範囲内で保護すること。

(i) 派遣国の国民が不在その他の理由で適切な時期に自己の権利及び利益を保全することができない場合に、当該権利及び利益を保全するために接受国の法令の定めるところにより暫定的措置がとられるようにするため、接受国の裁判所その他の当局において当該国民を代理し又は当該国民が適当に代理されるよう取り計らうこと。ただし、接受国の慣行及び手続に従うことを条件とする。

(j) 両締約国の間で効力を有する国際取極に従い又は、このような国際取極がない場合には、接受国の法令に合致する方法により、裁判上若しくは裁判外の文書を送達し、又は派遣国の裁判所のために証拠調べの嘱託状若しくは委任状を執行すること。

(k) 派遣国の国籍を有する船舶及び派遣国に登録された航空機並びにこれらの船舶及び航空機の乗組員につき、派遣国の法令の定める監督及び検査の権利を行使すること。

(l) (k)に規定する船舶及び航空機並びにこれらの乗組員に援助を与え、船舶及び航空機の航行に関する報告を受理し、船舶及び航空機の書類を検査し及びこれに押印し、接受国の当局の権限を害することなく、航行中に生じた事故を調査し、並びにこれらの乗組員の間に係る紛争を派遣国の法令により認められる限度において解決すること。

(m) 派遣国が領事機関に委任した他の任務であって、接受国の法令により禁止されていないもの又は接受国が異議を申し立てないもの又は両締約国の間で効力を有する国際取極により定められたものを遂行すること。

第四条【領事管轄区域内の当局に対する通知】（略）

第五条【領事機関の活動に関する便益】接受国は、領事機関の任務の遂行のため、十分な便益を与える。

第六条【領事機関の公館の不可侵】1　領事機関の公館は、不可侵とする。

2　接受国の当局は、領事機関の長若しくはその指名した者又は派遣国の外交使節団の長若しくはその指名した者の同意がある場合を除くほか、領事機関の公館に立ち入ってはならない。

3　接受国は、2の規定に従うことを条件として、領事機関の公館を侵入又は損壊から保護するため、及び領事機関の安寧の妨害又は領事機関の威厳の侵害を防止するため、すべての適当な措置をとる特別の責務を有する。

4　領事機関の公館及びその用具類並びに領事機関の財産及び輸送手段は、国防又は公共事業の目的のためのいかなる形式の徴発からも免除される。この目的のために収用を必要とする場合には、領事任務の遂行の妨げとならないようあらゆる可能な措置がとられるものとし、また、派遣国に対し、迅速、十分かつ有効な補償が行われる。

5　領事官の住居は、領事機関の公館と同様の不可侵及び保護を享有する。

第七条【領事機関の公文書及び書類の不可侵】領事機関の公文書及び書類は、いずれの時及びいずれの場所においても、不可侵とする。

第八条【派遣国の国民との通信及び接触】1　派遣国の国民に関する領事任務の遂行を容易にするため、

(a)　領事官は、派遣国の国民と自由に通信し及び面接することができる。派遣国の国民も、同様に、派遣国の領事官と通信し及び面接することができる。接受国は、派遣国の国民が領事官と接触すること及び領事機関の公館に入ることを妨げてはならない。

(b)　接受国の権限のある当局は、領事機関の領事管轄区域内で、派遣国の国民(別段の証明がなされる場合を除くほか、自らが派遣国の国民であると主張する者を含む。)が逮捕された場合、留置された場合、裁判に付されるため勾留された場合又は他の事由により拘禁された場合には、当該国民の要請があるか否かにかかわらず、そのような事実及びその理由を、遅滞なく、遅くともこれらの逮捕、留置、勾留又は拘禁の日から四日以内に、当該領事機関に通報する。ただし、通信上の障害のために当該領事機関に通報することができない場合には、接受国の権限のある当局は、派遣国の外交使節団に通報する。

(c)　領事官は、その領事管轄区域内で逮捕され、留置され、裁判に付されるため勾留され、又は他の事由により拘禁されている派遣国の国民を訪問し、自己の選択する言語で当該国民と面談し及び文通し、並びに当該国民のために弁護人をあっせんする権利を有する。接受国の言語以外の言語で面談する場合においては、領事官は、接受国の権限のある当局の要請があるときは、面談の内容を接受国の言語に翻訳して当該当局に口頭で告げる。接受国の権限のある当局は、領事官の要請があるときは、遅滞なく、領事官が派遣国の国民を訪問するための措置をとる。領事官は、また、その領事管轄区域内で判決に従い留置され、拘留され又は拘禁されている派遣国の国民を訪問し、並びに当該国民と面談し及び文通する権利を有する。ただし、領事官が当該国民のために行動することに対し、当該国民が反対する意思を書面により表明し、かつ、接受国の権限のある当局がその書面を領事官に提示する場合には、領事官は、そのような行動を差し控える。

(d)　逮捕され、留置され、裁判に付されるため勾留され、判決に従い拘留され、又は他の事由により拘禁されている派遣国の国民と領事機関との間のいかなる通信も、接受国の権限のある当局により、遅滞なく送付される。

(e)　接受国の権限のある当局は、逮捕され、留置され、裁判に付されるため勾留され、判決に従い拘留され、又は他の事由により拘禁されている派遣国の国民に対し、当該国民が(b)から(d)までの規定に基づいて有する権利について遅滞なく告げる。

2　1に定める権利は、接受国の法令に反しないように行使する。もっとも、当該法令は、この条に定める権利の目的とするところを十分に達成するようなものでなければならない。

第九条【死亡、後見又は財産管理並びに難破及び航空事故の場合の通報】接受国の権限のある当局は、関係のある情報を入手した場合には、次の責務を有する。

(a)　派遣国の国民が領事機関の領事管轄区域内で死亡した場合には、その旨を遅滞なく当該領事機関に通報すること。

(b)　後見人又は財産管理人を任命することが、派遣国の国民である未成年者その他の無能力者の利益に合致すると認められる場合には、その旨を遅滞なく権限のある領事機関に通報すること。もっとも、その通報は、後見人又は財産管理人の任命に関する接受国の法令の実施を妨げるものではない。

(c)　派遣国の国籍を有する船舶が接受国の領海若しくは内水において難破し若しくは座礁した場合又は派遣国に登録された航空機が接受国の領域内で事故を起こした場合には、その旨を遅滞なく事故発生地の最寄りの地にある領事機関に通報すること。

第一〇条【接受国の当局との通信】
第一一条【外交使節団による領事任務の遂行】（略）

第一二条【領事関係条約との関係】1　この協定は、一九六三年四月二四日にウィーンで作成された領事関係に関するウィーン条約(以下「ウィーン条約」という。)第七三条2の規定に基づき、ウィーン条約の規定を確認し、補足し、拡大し、及び拡充する。

2　この協定により明示的に規律されない事項については、ウィーン条約により引き続き規律される。

3　この協定のいかなる規定も、締約国のこの協定及びウィーン条約以外の国際取極に基づく権利及び義務に影響を及ぼすものではない。

4　この協定のいかなる規定も、いずれかの締約国と第三国との間のウィーン条約に基づく権利及び義務に影響を及ぼすものではない。

第一三条【領域的適用】この協定は、同時に、中華人民共和国香港特別行政区及び中華人民共和国マカオ特別行政区に適用する。

第一四条【協議】両締約国の代表者は、共通の関心事である領事に関する事項（この協定の解釈又は実施に係る事項を含む。）について相互に協議するために随時会合する。

第一五条【批准及び批准書交換、効力発生及び終了】

（略）

第3節　国内法

108　外務省設置法（抄）

公　布　一九九九（平成一一）年七月一六日法律第九四号
施　行　二〇〇一（平成一三）年一月六日
最終改正　二〇一五（平成二七）年九月一一日法律第六六号
施　行　二〇一六（平成二八）年四月一日

第一章　総　則

第一条（目的）この法律は、外務省の設置並びに任務及びこれを達成するため必要となる明確な範囲の所掌事務を定めるとともに、その所掌する行政事務を能率的に遂行するため必要な組織を定めることを目的とする。

第二章　外務省の設置並びに任務及び所掌事務

第一節　外務省の設置

第二条（設置）国家行政組織法（昭和二三年法律第一二〇号）第三条第二項の規定に基づいて、外務省を設置する。

2　外務省の長は、外務大臣とする。

第二節　外務省の任務及び所掌事務

第三条（任務）外務省は、平和で安全な国際社会の維持に寄与するとともに主体的かつ積極的な取組を通じて良好な国際環境の整備を図ること並びに調和ある対外関係を維持し発展させつつ、国際社会における日本国及び日本国民の利益の増進を図ることを任務とする。

2　前項に定めるもののほか、外務省は、同項の任務に関連する特定の内閣の重要政策に関する内閣の事務を助けることを任務とする。

3　外務省は、前項の任務を遂行するに当たり、内閣官房を助けるものとする。

第四条（所掌事務）外務省は、前条第一項の任務を達成するため、次に掲げる事務をつかさどる。

一　次のイからニまでに掲げる事項その他の事項に係る外交政策に関すること。
　イ　日本国の安全保障
　ロ　対外経済関係
　ハ　経済協力
　ニ　文化その他の分野における国際交流
二　日本国政府を代表して行う外国政府との交渉及び協力その他外国（本邦の域外にある国又は地域をいう。以下同じ。）に関する政務の処理に関すること。
三　日本国政府を代表して行う国際連合その他の国際機関及び国際会議その他国際協調の枠組み（以下「国際機関等」という。）への参加並びに国際機関等との協力に関すること。
四　条約その他の国際約束の締結に関すること。
五　条約その他の国際約束及び確立された国際法規の解釈及び実施に関すること。
六　日本国政府として処理する必要のある渉外法律事項に関すること。
七　国際情勢に関する情報の収集及び分析並びに外国及び国際機関等に関する調査に関すること。
八　日本国民の海外における法律上又は経済上の利益その他の利益の保護及び増進に関すること。
九　海外における邦人の生命及び身体の保護その他の安全に関すること。
一〇　海外における邦人の身分関係事項に関すること。
一一　身分関係事項その他の事実について内外の公の機関が発給した文書の内外にわたる証明に関すること。
一二　旅券の発給並びに海外渡航及び海外移住に関すること。
一三　査証に関すること。
一四　本邦に在留する外国人の待遇に関する関係行

政機関の事務の連絡調整に関すること。
一五　海外事情についての国内広報その他啓発のための措置及び日本事情についての海外広報その他啓発のための措置に関すること。
一六　外国における日本文化の紹介に関すること。
一七　外交文書の発受その他の外交上の通信に関すること。
一八　外交官及び領事官の派遣に関すること。
一九　外交官及び領事官の接受並びに国際機関の要員の受入れに関すること。
二〇　外国の勲章又は記章の日本国民による受領に関しあっせんを行うこと並びに外国人及び外国に居住する邦人に対する栄典の授与に関し推薦及びあっせんを行うこと。
二一　前三号に掲げるもののほか、儀典その他の外交上の儀礼に関すること。
二二　外交史料の編さんに関すること。
二三　外地整理事務に関すること。
二四　政府開発援助全体に共通する方針に関する関係行政機関の行う企画の調整に関すること。
二五　政府開発援助のうち有償の資金供与による協力に関する関係行政機関の行う企画及び立案の調整に関すること。
二六　政府開発援助のうち技術協力に関する関係行政機関の行う企画及び立案の調整に関すること。
二七　前各号に掲げるもののほか、対外関係事務の処理及び総括を行うこと。
二八　政令で定める文教研修施設において所掌事務に関する研修を行うこと。
二九　前各号に掲げるもののほか、法律（法律に基づく命令を含む。）に基づき外務省に属させられた事務

2　前項に定めるもののほか、外務省は、前条第二項の任務を達成するため、同条第一項の任務に関連する特定の内閣の重要政策について、当該重要政策に関して閣議において決定された基本的な方針に基づいて、行政各部の施策の統一を図るために必要となる企画及び立案並びに総合調整に関する事務をつかさどる。

第三章　外務省に置かれる職及び機関

第一節　特別な職

第五条　外務省に、外務審議官二人を置く。

2　外務審議官は、命を受けて、外務省の所掌事務に係る重要な政策に関する事務を総括整理する。

第二節　特別の機関

第六条（設置）外務省に、在外公館を置く。

2　在外公館の種類は、大使館、公使館、総領事館、領事館及び政府代表部とする。

3　前項に定めるもののほか、別に法律で定めるところにより外務省に置かれる在外公館は、日本政府在外事務所とする。

第七条（所掌事務）次項に定める場合を除くほか、在外公館は、外国において外務省の所掌事務を行う。

2　日本政府在外事務所の所掌事務については、日本政府在外事務所設置法（昭和二五年法律第一〇五号。これに基づく命令を含む。）の定めるところによる。

第八条（名称及び位置）在外公館（第六条第二項に定めるものに限る。以下同じ。）の名称及び位置は、別に法律で定める。

2　特別の必要がある場合においては、政令で定めるところにより、予算の範囲内において、前項の法律で定めるもののほか、在外公館を増置することができる。

3　既に設置されている在外公館の種類を変更する必要がある場合において、特別の事情があるときは、政令で定めるところにより、当該在外公館の種類を変更することができる。

4　特別の必要がある場合においては、大使館の一部としてその分館を置くことができる。

5　前項に定める分館の名称及び位置は、第一項の法律で定める。

第九条（在外公館長）在外公館に、長（以下「在外公館長」という。）を置く。

2　大使館、公使館、総領事館、領事館及び政府代表部の長は、それぞれ特命全権大使、特命全権公使、総領事、領事及び特命全権大使とする。

3　在外公館長は、外務大臣の命を受けて、在外公館の事務を統括する。

4　在外公館長に事故があり、又は在外公館長が欠けた場合においては、あらかじめ外務大臣が指定する職員が、その事務を代理する。

第一〇条（領事館及び領事官）この法律（これに基づく命令を含む。以下同じ。）及び他の法令中領事官の職務に関する規定において、「領事館」とは、法律又は政令に別段の定めがある場合を除くほか、総領事館及び領事館をいうものとする。

2　この法律及び他の法令中領事官の職務に関する規定において、「領事」又は「領事官」とは、法律又は政令に別段の定めがある場合を除くほか、領事館の長又はその事務を代理する者をいうものとする。

3　大使館若しくは第八条第四項に定めるその分館又は公使館の所在地に領事館が設置されていない場合その他特に必要がある場合には、外務大臣は、領事官の職務を、当該大使館若しくは公使館の長又はその事務を代理する者に行わせることができる。

第一一条（領事官の徴収する手数料）
第一二条（手数料の免除及び減額）　（略）

第四章　名誉総領事及び名誉領事

第一三条　外務大臣は、外国において外務省の所掌事務の一部を遂行するため必要と認めるときは、名誉総領事又は名誉領事を任命し、これを所要の地に置くことができる。

2　名誉総領事及び名誉領事の職務その他に関し必要な事項は、外務大臣の定めるところによる。

附　則（略）

11章 国際犯罪

本章の構成

本章は「国際犯罪」と題するが、狭い意味での国際犯罪だけでなく、広く犯罪の国際化への対応を目的とする各種の文書を収録する。

第1節は、犯罪人の引渡しに関連する。犯罪人の引渡しを相互に約束してその条件や手続などを定める犯罪人引渡し条約は、二国間においては古くから締結されてきており、第二次世界大戦後は多数国間条約が、ヨーロッパ（一九五七年）および米州（一九八一年）で締結されている。日本については**日米犯罪人引渡条約（11 1）**。旧条約は一八八六年）が長年にわたって唯一のこの種の条約だったが、二〇〇二年には**日韓犯罪人引渡条約（11 2）**が締結された。**逃亡犯罪人引渡法（11 3）**は犯罪人引渡しに関する国内的な手続等を定める日本の国内法で、条約上の引渡し義務に応じる場合のほか相互主義にもとづいても引渡しを行うことができる旨を定める。最近の犯罪人引渡し条約の傾向を示すものとして、一九九七年に改正された**犯罪人引渡しに関するモデル条約（11 4）**をここに掲げる。それは、死刑の存続や政治的等の理由による迫害のおそれなどを引渡し拒否理由に挙げるなど、引渡しを求められる者の人権への配慮を厚くする一方、伝統的な政治犯の不引渡しについては、制限的な規定を盛り込んでいる。この文書は国連犯罪防止拘禁者処遇会議のイニシアチブにより総会が採択したもので、国がこの種の二国間条約の締結を進めることを期待してそのモデルとして起草されたものである。

第2節には、国境を越える組織犯罪の防止を目的に国連総会が作成した**国連組織犯罪防止条約（11 5）**とその三つの**議定書（11 6〜8）**を収録する。この目的のために各種の国際協力を規定するが、「引渡すか訴追するかの義務」（左記を参照）については、第3節収録の諸条約と比べて限定的である。また、**人身取引防止議定書（11 6）**は被害者の保護を強調することを特徴とする。**サイバー犯罪条約（11 9）**も犯罪のグローバル化への対応といえるため、この節に収録したが、欧州評議会で採択されたこと、越境犯罪捜査権など強力な捜査権限を定めていることなどの特徴を有する。

次いで第3節は、国際テロリズムと呼ばれる犯罪を対象とする。これらの犯罪は、各国の共通の法益を侵害するだけでなくそれ自体として国境を越える要素を含むため、これらの抑止と処罰のためには条約による国際協力が不可欠となる。これらの条約では、条約自体に各犯罪の構成要件を定めてそれらの防止と処罰のための協力を約束するほか、当該犯罪について裁判権を設定する、被疑者が領域内にある場合引渡し請求に応じないなら訴追のために権限のある当局に事件を付託する（これを「引渡すか訴追するかの義務」という）、当該犯罪を犯罪人引渡し条約の引渡し犯罪と見なすなど、いくつかの共通の規定をおく。もっとも政治犯不引渡原則をはじめ各条約の規定は微妙に異なっていることに注意が必要であり、この点については、17章の10を参照されたい。**航空機の強取等の処罰に関する法律（11 11）**は、**航空機不法奪取防止条約（11 10）**を国内的に実施するために制定された。なお、**安全保障理事会決議一三七三（11 17）**は、9・11事件を契機として安全保障理事会決議一三六八（13 12）につづき採択されたものの一つであり、当時未発効であった**テロ資金供与防止条約（11 16）**の内容を先取りして「すべての国」に義務づけた点が注目される。イスラム国（ＩＳ）などで従軍する外国人テロリスト戦闘員問題に対処するために採択された**安全保障理事会決議二一七八（11 18）**は、安保理の対テロ枠組みを、彼らとその支援者にも適用しようとするものであるが、刑事犯罪化を求める規定を含むことから、便宜上ここに収録する。

他方、第4節は、本来の意味における国際犯罪を対象とするものである。元来は侵略戦争の違法化に伴うもので、国際社会全体の法益を侵害するものと観念されている。**ヴェルサイユ条約第二二七条（11 20）**は、この種の文書の最初のものであるが、ヴィルヘルム二世の引渡しを亡命先のオランダが拒否したため実施にはいたらなかった。第二次世界大戦後には、ニュルンベルグと東京に設置された国際軍事裁判所がドイツと日本の戦争犯罪人を平和に対する犯罪、人道に対する犯罪および通例の戦争犯罪の三つの訴因で処罰した（日本の場合は、人道に対する犯罪で有罪とされた者はない）。**極東国際軍事裁判所条例（11 21）**は、このうち東京裁判の基礎となったものである。ニュルンベルグと東京の裁判所条例および判決に盛られた考えは、「ニュルンベルグ原則」として一九四六年の国連総会決議九五（Ｉ）により国際法の原則であることを確認され、その後の国際犯罪概念の発展の基礎となった。ここでは、それを国際法委員会が簡潔に定式化し一九五〇年に採択した文書（**ニュルンベルグ原則の定式化、11 22**）を収録した。**ジェノサイド条約（11 23）**は、人道に対する犯罪の一つの類型と考えられるナチスによるユダヤ人迫害のような集団殺害の再現を防ぐことを目的としたが、裁判を行為地国の国内裁判所または当時は未成立の国際刑事裁判所に委ねることとしたことなどが原因となって実効性を欠いてきた。国際刑事裁判所の設置についてはその後断続的に議論されてきたが、一九九〇年代になって多発する地域紛争における国際人道法違反等を処罰するために、安全保障理事会が、憲章第七章にもとづく拘束力ある決議によって、旧ユーゴ(**旧ユーゴ国際刑事裁判所規程、11 24**)およびルワンダに関して国際刑事裁判所を設置した。また、これらの出来事を契機に高まった国際世論を背景に、一九九八年には**国際刑事裁判所(ICC)規程(11 25)**がローマにおいて採択され、同規程は二〇〇二年七月一日に効力を発生した。ICCは集団殺害、人道に対する犯罪、重大な性質の戦争犯罪および侵略犯罪について、原則として犯罪行為地国または被疑者の国籍国が締約国である場合に管轄権を行使する。二〇一〇年のローマ規程検討会議(カンパラ)は、当初実際の管轄権行使が先送りされていた侵略犯罪についても、管轄権行使の条件等を定める規程改正を採択した。この改正は、二〇一七年の締約国会議の決議により、二〇一八年七月一七日に有効化された(ただし日本については効力が及ばないと解される)。ICCに対して、非締約国にとどまることを明確にしていた米国は、同規程第九八条を根拠として、自国関係者のICCへの引渡しないし移送を阻止するため、いくつかの規程締約国と協定を結んでおり、**米・ウズベキスタン九八条協定(11 29)**は、その例である。第九八条との関係では、また、スーダンのアル・バシール大統領(当時)を引き渡す義務が締約国にあるかどうかについて、アフリカ諸国とICCとの間で対立が続いている。なお、同規程第一六条の規定に従って、国連により設置又は許可された作戦活動に参加した同規程非締約国出身の要員に対するICCの裁判権は、二〇〇四年まで免除されていた(**安全保障理事会決議一四八七、11 27**)。他方、安保理は、非締約国領域内で非締約国民によって犯されたとされる犯罪が関わる事態をもICCに付託する権能を有し、それを行使した例として**安全保障理事会決議一五九三(11 28)**がある。旧ユーゴ国際刑事裁判所は、二〇一七年一二月に閉所したが、今後安保理は、刑事訴追が必要と考える事態については、自ら裁判所を設置するのではなく、この権能を行使してICCに当該事態を付託する。二〇〇七年、日本は国際刑事裁判所(ICC)規程に加入し、その国内実施のために**国際刑事裁判所(ICC)協力法(11 26)**を制定した。国際社会全体の法益侵害を取り扱うことを反映して、逃亡犯罪人引渡法とは異なる規定を含む。

最後の第5節は、一定の国外犯に対して管轄権を及ぼす日本の刑法の**国外犯関連規定(11 30)**であり、章全体、とりわけ第1〜3節と関連するためここに収録した。このうち第四条の二は、日本が外交官等保護条約(10 4)と**人質をとる行為に関する国際条約(11 13)**の締約国となるのに伴って新設されたものであり、第三条の二は二〇〇三年の改正によって加えられたもので、人の国際的移動の日常化に伴い日本国民が国外で犯罪の被害者となる場合に対処することを目的とする。

第1節　犯罪人引渡し

11-1 日本国とアメリカ合衆国との間の犯罪人引渡しに関する条約（日米犯罪人引渡条約）

署　　名　一九七八年三月三日（東京）
効力発生　一九八〇年三月二六日
日 本 国　一九七八年四月二一日国会承認、一九八〇年二月二五日批准書交換、三月五日公布（条約第三号）

日本国及びアメリカ合衆国は、
犯罪の抑圧のための両国の協力を一層実効あるものとすることを希望して、
次のとおり協定した。

第一条【引渡義務】各締約国は、第二条1に規定する犯罪について訴追し、審判し、又は刑罰を執行するために他方の締約国からその引渡しを求められた者であってその領域において発見されたものを、この条約の規定に従い当該他方の締約国に引き渡すことを約束する。当該犯罪が請求国の領域の外において行われたものである場合には、特に、第六条1に定める条件が適用される。

第二条【引渡犯罪】1　引渡しは、この条約の規定に従い、この条約の不可分の一部をなす付表に掲げる犯罪であって両締約国の法令により死刑又は無期若しくは長期一年を超える拘禁刑に処することとされているものについて並びに付表に掲げる犯罪以外の犯罪であって日本国の法令及び合衆国の連邦法令により死刑又は無期若しくは長期一年を超える拘禁刑に処することとされているものについて行われる。
前記犯罪の一が実質的な要素をなしている犯罪については、合衆国政府に連邦管轄権を認めるために州際間の輸送又は郵便その他州際間の設備の使用が特定の犯罪の要件とされている場合であっても、引渡しを行う。
2　引渡しを求められている者が1の規定の適用を受ける犯罪について請求国の裁判所により刑の言渡しを受けている場合には、その者が死刑の言渡しを受けているとき又は服すべき残りの刑が少なくとも四箇月あるときに限り、引渡しを行う。

第三条【理由、証拠】引渡しは、引渡しを求められている者が被請求国の法令上引渡しの請求に係る犯罪を行ったと疑うに足りる相当な理由があること又はその者が請求国の裁判所により有罪の判決を受けた者であることを証明する十分な証拠がある場合に限り、行われる。

第四条【不引渡犯罪】1　この条約の規定に基づく引渡しは、次のいずれかに該当する場合には、行われない。
(1)　引渡しの請求に係る犯罪が政治犯罪である場合又は引渡しの請求が引渡しを求められている者を政治犯罪について訴追し、審判し、若しくはその者に対し刑罰を執行する目的で行われたものと認められる場合。この規定の適用につき疑義が生じたときは、被請求国の決定による。
(2)　引渡しを求められている者が被請求国において引渡しの請求に係る犯罪について訴追されている場合又は確定判決を受けた場合。
(3)　日本国からの引渡しの請求にあっては、合衆国の法令によるならば時効の完成によって引渡しの請求に係る犯罪について訴追することができないとき。
(4)　合衆国からの引渡しの請求にあっては、次のいずれかに該当する場合であって、日本国の法令によるならば時効の完成その他の事由によって引渡しの請求に係る犯罪について刑罰を科し又はこれを執行することができないとき。
(a)　日本国が当該犯罪に対する管轄権を有するとした場合
(b)　日本国がその管轄権を現に有しており、かつ、その審判が日本国の裁判所において行われたとした場合
2　被請求国は、引渡しを求められている者が引渡しの請求に係る犯罪について第三国において無罪の判決を受け又は刑罰の執行を終えている場合には、引渡しを拒むことができる。
3　被請求国は、引渡しを求められている者が被請求国の領域において引渡しの請求に係る犯罪以外の犯罪について訴追されているか又は刑罰の執行を終えていない場合には、審判が確定するまで又は科されるべき刑罰若しくは科された刑罰の執行が終わるまで、その引渡しを遅らせることができる。

第五条【自国民の引渡し】被請求国は、自国民を引き渡す義務を負わない。ただし、被請求国は、その裁量により自国民を引き渡すことができる。

第六条【領域外犯罪】1　引渡しの請求に係る犯罪が請求国の領域の外において行われたものである場合には、被請求国は、自国の法令が自国の領域の外において行われたそのような犯罪を罰することとしているとき又は当該犯罪が請求国の国民によって行われたものであるときに限り、引渡しを行う。
2　この条約の適用上、締約国の領域とは、当該締約国の主権又は権力の下にあるすべての陸地、水域及び空間をいい、当該締約国において登録された船舶及び当該締約国において登録された航空機であって飛行中のものを含む。この規定の適用上、航空機は、そのすべての乗降口が乗機の後に閉ざされた時からそれらの乗降口のうちいずれか一が降機のために開かれる時まで、飛行中のものとみなす。

第七条【犯罪者の処罰】1　請求国は、次のいずれかに該当する場合を除くほか、この条約の規定に従って引き渡された者を、引渡しの理由となった犯罪以外の犯罪について拘禁し、訴追し、審判し、若しく

はその者に対し刑罰を執行しないものとし、又はその者を第三国に引き渡さない。ただし、この規定は、引渡しの後に行われた犯罪については、適用しない。

(1) 引き渡された者が引渡しの後に請求国の領域から離れて当該請求国の領域に自発的に戻ってきたとき。

(2) 引き渡された者が請求国の領域から自由に離れることができるようになった日から四五日以内に請求国の領域から離れなかったとき。

(3) 被請求国が、引き渡された者をその引渡しの理由となった犯罪以外の犯罪について拘禁し、訴追し、審判し、若しくはその者に対し刑罰を執行すること又はその者を第三国に引き渡すことに同意したとき。

2 請求国は、引渡しの理由となった犯罪を構成する基本的事実に基づいて行われる限り、第二条1の規定に従い引渡しの理由となるべきいかなる犯罪についても、この条約の規定に従って引き渡された者を拘禁し、訴追し、審判し、又はその者に対し刑罰を執行することができる。

第八条【引渡請求手続】1 引渡しの請求は、外交上の経路により行う。

2 引渡しの請求には、次に掲げるものを添える。

(a) 引渡しを求められている者を特定する事項を記載した文書

(b) 犯罪事実を記載した書面

(c) 引渡しの請求に係る犯罪の構成要件及び罪名を定める法令の条文

(d) 当該犯罪の刑罰を定める法令の条文

(e) 当該犯罪の訴追又は刑罰の執行に関する時効を定める法令の条文

3 引渡しの請求が有罪の判決を受けていない者について行われる場合には、次に掲げるものを添える。

(a) 請求国の裁判官その他の司法官憲が発した逮捕すべき旨の令状の写し

(b) 引渡しを求められている者が逮捕すべき旨の令状にいう者であることを証明する証拠資料

(c) 引渡しの請求に係る犯罪を行ったと疑うに足りる相当な理由があることを示す証拠資料

4 引渡しの請求が有罪の判決を受けた者について行われる場合には、次に掲げるものを添える。

(a) 請求国の裁判所が言い渡した判決の写し

(b) 引渡しを求められている者が当該判決にいう者であることを証明する証拠資料

(c)(i) 有罪の判決を受けた者が刑の言渡しを受けていないときは、逮捕すべき旨の令状の写し

(ii) 有罪の判決を受けた者が刑の言渡しを受けているときは、刑の言渡し書の写し及び当該刑の執行されていない部分を示す書面

5 引渡しの請求には、被請求国の法令により必要とされるその他の資料を添える。

6 この条約の規定に従い請求国が提出するすべての文書は、被請求国の法令の要求するところに従い正当に認証されるものとし、これらの文書には被請求国の国語による正当に認証された翻訳文を添付する。

7 被請求国の行政当局は、引渡しを求められている者の引渡請求の裏付けとして提出された資料がこの条約の要求するところを満たすのに十分でないと認める場合には、自国の裁判所に当該引渡請求を付託するかどうかを決定する前に請求国が追加の資料を提出することができるようにするため、請求国に対しその旨を通知する。被請求国の行政当局は、その資料の提出につき期限を定めることができる。

第九条【緊急時の仮拘禁】1 緊急の場合において、請求国が外交上の経路により、被請求国に対し、引渡しを求める者につき第二条1の規定に従い引渡しの理由となる犯罪について逮捕すべき旨の令状が発せられ又は刑の言渡しがされていることの通知を行い、かつ、引渡しの請求を行うべき旨を保証して仮拘禁の要請を行ったときは、被請求国は、その者を仮に拘禁することができる。仮拘禁の要請においては、引渡しを求める者を特定する事項及び犯罪事実を明らかにするものとし、被請求国の法令により必要とされるその他の情報を含める。

2 仮拘禁が行われた日から四五日以内に請求国が引渡しの請求を行わない場合には、仮に拘禁された者は、釈放される。ただし、この規定は、被請求国がその後において引渡しの請求を受けた場合に、引渡しを求められる者を引き渡すための手続を開始することを妨げるものではない。

第一〇条【引渡手続の促進】被請求国は、引渡しを求められている者が、被請求国の裁判所その他の権限のある当局に対し、その引渡しのために必要とされる国内手続における権利を放棄する旨を申し出た場合には、被請求国の法令の許す範囲内において、引渡しを促進するために必要なすべての措置をとる。

第一一条【第三国からの引渡請求】被請求国は、同一の又は異なる犯罪につき同一の者について他方の締約国及び第三国から引渡しの請求を受けた場合には、いずれの請求国にその者を引き渡すかを決定する。

第一二条【引渡しの実行】1 被請求国は、請求国に対し、外交上の経路により引渡しの請求についての決定を速やかに通知する。

2 被請求国は、その権限のある当局が引渡状を発したにもかかわらず、その法令により定められた期限内に請求国が引渡しを求めている者の引渡しを受けない場合には、その者を釈放し、その後において同一の犯罪についてその者の引渡しを拒むことができる。請求国は、引渡しを受けた者を被請求国の領域から速やかに出国させる。

第一三条【証拠物の引渡し】引渡しが行われる場合において、犯罪行為の結果得られたすべての物又は証拠として必要とされるすべての物は、被請求国の法令の許す範囲内において、かつ、第三者の権利を害さ

ないことを条件として、これを引き渡す。

第一四条【引渡費用】1　被請求国は、引渡しの請求に起因する国内手続（引渡しを求められている者の拘禁を含む。）について必要なすべての措置をとるものとし、そのための費用を負担する。ただし、引渡しを命ぜられた者の護送に要した費用は、請求国が支払う。

2　被請求国は、請求国に対し、引渡しを求められた者がこの条約の規定に従い拘禁され、審問され、又は引き渡されたことによりその者が受けた損害につきその者に支払った賠償金を理由とする金銭上の請求を行わない。

第一五条【引渡犯罪者の護送通過】1　各締約国は、外交上の経路により請求が行われた場合には、次のいずれかに該当する場合を除くほか、第三国から他方の締約国に対し引き渡された者をその領域を経由の上護送する権利を他方の締約国に認める。

(1)　引渡しの原因となった犯罪行為が通過を求められている締約国の法令によるならば犯罪を構成しないとき。

(2)　引渡しの原因となった犯罪行為が政治犯罪であるとき又は引渡しの請求が引き渡された者を政治犯罪について訴追し、審判し、若しくはその者に対し刑罰を執行する目的で行われたものと認められるとき。この規定の適用につき疑義が生じたときは、通過を求められている締約国の決定による。

(3)　通過により公共の秩序が乱されると認められるとき。

2　1の場合において、引渡しを受けた締約国は、その領域を経由の上護送が行われた締約国に対し、護送に関連してその要した費用を償還する。

第一六条【批准、遡及効、旧条約、廃棄】1　この条約は、批准されなければならず、批准書は、できる限り速やかにワシントンで交換されるものとする。この条約は、批准書の交換の日の後三〇日目の日に効力を生ずる。

2　この条約は、第二条1に規定する犯罪であってこの条約の効力発生前に行われたものについても適用する。

3　日本国とアメリカ合衆国との間で一八八六年四月二九日に東京で署名された犯罪人引渡条約及び一九〇六年五月一七日に東京で署名された追加犯罪人引渡条約は、この条約の効力発生の時に終了する。ただし、この条約の効力発生の際に被請求国において係属している引渡しに係る事件は、前記の犯罪人引渡条約及び追加犯罪人引渡条約に定める手続に従う。

4　いずれの一方の締約国も、他方の締約国に対し六箇月前に文書による予告を与えることによっていつでもこの条約を終了させることができる。

付　表

1　殺人、傷害致死又は重過失致死（自殺の教唆又はほう助を含む。）
2　人を殺す意図をもって行われた暴行
3　悪質な傷害、重過失致傷又は暴行
4　堕胎
5　遺棄致死傷
6　略取、誘かい又は不法な逮捕若しくは監禁に関する罪
7　脅迫
8　強かん、強制わいせつ
9　いん行勧誘又は売春に関する罪
10　わいせつ物に関する罪
11　重婚
12　住居侵入
13　強盗
14　窃盗
15　恐かつ
16　詐欺（欺もう的手段により財物、金銭、有価証券その他の経済的価値を有するものを取得すること）
17　横領、背任
18　ぞう物に関する罪
19　財物、文書又は施設の損壊に関する罪
20　工業所有権又は著作権の保護に関する法令に違反する罪
21　暴行又は脅迫による業務妨害
22　放火、重過失による失火
23　騒じょうの主導、指揮又はせん動
24　公衆の健康の保護に関する法令に違反する罪
25　激発力、水力その他の破壊的手段により公共の危険を生じさせる罪
26　国際法上の海賊
27　列車、航空機、船舶その他の交通手段の不法な奪取又は管理に関する罪
28　列車、航空機、船舶その他の交通手段の正常な運行を妨げ又はこれに危険を生じさせる罪
29　爆発物、火炎装置又は危険な若しくは禁止された武器の規制に関する法令に違反する罪
30　麻薬、大麻、向精神薬若しくはコカイン又はそれらの原料若しくは派生物その他の危険な薬品若しくは化学製品の規制に関する法令に違反する罪
31　毒物その他の健康に有害な物質の規制に関する法令に違反する罪
32　偽造に関する罪
33　とばく又は富くじの規制に関する法令に違反する罪
34　公務執行妨害、職務強要
35　虚偽報告に関する罪
36　偽証に関する罪
37　この条約の第二条1に規定する犯罪を行ったことによって拘禁され又は刑に服している者の逃走に関する罪
38　犯人蔵匿、証拠隠滅その他の司法作用の妨害に関する罪

39 贈賄、収賄
40 職権濫用に関する罪
41 公職の選挙又は政治資金の規制に関する法令に違反する罪
42 脱税に関する罪
43 会社その他の法人の規制に関する法令に違反する罪
44 破産又は会社更生に関する法令に違反する罪
45 私的独占又は不公正な商取引の禁止に関する法令に違反する罪
46 輸出入又は資金の国際移動の規制に関する法令に違反する罪
47 前記の各罪の未遂、共謀、ほう助、教唆又は予備

交換公文（略）

11 2　犯罪人引渡しに関する日本国と大韓民国との間の条約（日韓犯罪人引渡条約）

署名　二〇〇二年四月八日（ソウル）
効力発生　二〇〇二年六月二一日
日本国　二〇〇二年五月二九日国会承認、六月六日批准書交換、六月七日公布（条約第四号）

前文（略）

第一条（引渡しの義務） 一方の締約国は、引渡犯罪について訴追し、審判し、又は刑罰を執行するために他方の締約国からその引渡しを求められた者であって当該一方の締約国の領域において発見されたものを、この条約の規定に従い当該他方の締約国に引き渡すことに同意する。

第二条（引渡犯罪） 1　この条約の適用上、両締約国の法令における犯罪であって、死刑又は無期若しくは長期一年以上の拘禁刑に処することとされているものを引渡犯罪とする。

2　引渡しを求められている者が引渡犯罪について請求国の裁判所により刑の言渡しを受けている場合には、その者が死刑の言渡しを受けているとき又は服すべき残りの刑が少なくとも四箇月あるときに限り、引渡しを行う。

3　この条の規定の適用において、いずれかの犯罪が両締約国の法令における犯罪であるかどうかを決定するに当たっては、次の(a)及び(b)に定めるところによる。

(a)　当該いずれかの犯罪を構成する行為が、両締約国の法令において同一の区分の犯罪とされていること又は同一の罪名を付されていることを要しない。

(b)　引渡しを求められている者が犯したとされる行為の全体を考慮するものとし、両締約国の法令上同一の構成要件により犯罪とされることを要しない。

4　3の規定にかかわらず、租税、関税その他の歳入事項又は外国為替に係る規制に関する法令上の犯罪について引渡しの請求が行われる場合にあっては、同一の種類の租税、関税その他の歳入事項又は外国為替に係る規制について当該犯罪に相当する犯罪が被請求国の法令において規定されている場合に限り、両締約国の法令における犯罪とされる。

5　そのいずれもが両締約国の法令における犯罪である複数の犯罪について引渡しの請求が行われる場合には、そのうち一部の犯罪が1又は2に規定する条件を満たしていないときであっても、被請求国は、少なくとも一の引渡犯罪について引渡しを行うことを条件として、当該一部の犯罪について引渡しを行うことができる。

第三条（引渡しを当然に拒むべき事由） この条約に基づく引渡しは、次のいずれかに該当する場合には、行われない。

(a)　引渡しを求められている者が請求国において引渡しの請求に係る犯罪について有罪の判決を受けていない場合にあっては、被請求国の法令上当該犯罪をその者が行ったと疑うに足りる相当な理由がない場合

(b)　引渡しを求められている者に裁判が行われることが十分に通知されておらず、又は法廷における防御の機会を与えられておらず、かつ、自ら出席して再審を受ける機会を与えられておらず、又はそのような機会を今後与えられることのない場合において、その者が請求国において引渡しの請求に係る犯罪について欠席裁判により有罪の判決を受けているとき。

(c)　引渡しの請求に係る犯罪が政治犯罪であると被請求国が認める場合又は引渡しの請求が引渡しを求められている者を政治犯罪について訴追し、審判し、若しくはその者に対し刑罰を科する目的で行われたものと被請求国が認める場合。この場合において、次の犯罪は、それ自体を政治犯罪と解してはならない。

(i)　いずれかの締約国の元首若しくは政府の長若しくはそれらの家族に対し、そのような者であることを知りながら行った殺人その他故意に行う暴力的犯罪又はそれらの犯罪の未遂（当該未遂が犯罪とされる場合に限る。）

(ii)　両締約国が当事国である多数国間の条約により、引渡犯罪に含めることを両締約国が義務付

けられている犯罪

(d)　引渡しを求められている者が被請求国において引渡しの請求に係る犯罪について訴追されている場合又は確定判決を受けた場合

(e)　引渡しの請求に係る犯罪について、被請求国の法令によるならば時効の完成その他の事由によって引渡しを求められている者に対し刑罰を科し又はこれを執行することができないと認められる場合（当該犯罪についての管轄権を有しないことが理由である場合を除く。）

(f)　引渡しを求められている者を人種、宗教、国籍、民族的出身、政治的意見若しくは性を理由に訴追し若しくは刑罰を科する目的で引渡しの請求がなされていると、又はその者の地位がそれらの理由により害されるおそれがあると被請求国が認めるに足る十分な理由がある場合

第四条（引渡しを裁量により拒むことのできる事由）　この条約に基づく引渡しは、次のいずれかに該当する場合には、拒むことができる。

(a)　被請求国の法令により、引渡しの請求に係る犯罪の全部又は一部が被請求国の領域又は船舶若しくは航空機において犯されたものと認められる場合

(b)　引渡しを求められている者が第三国において引渡しの請求に係る犯罪について無罪の判決を受けた場合又は有罪の判決を受け、科された刑罰の執行を終えているか若しくは執行を受けないこととなった場合

(c)　引渡しを求められている者の年齢、健康その他個人的な事情にかんがみ、引渡しを行うことが人道上の考慮に反すると被請求国が認める場合

(d)　引渡しを求められている者に関し、引渡しの請求に係る犯罪について訴追をしないこと又は訴えを取り消すことを被請求国が決定した場合

第五条（手続の延期）　被請求国は、引渡しを求められている者が自国において引渡しの請求に係る犯罪以外の犯罪について訴追されているか又は刑罰の執行を終えていない場合には、審判が確定するまで又は科されるべき刑罰若しくは科された刑罰の執行を終えるまで若しくは執行を受けないこととなるまで、引渡しを遅らせることができる。

第六条（自国民の引渡し）　1　被請求国は、この条約に基づいて自国民を引き渡す義務を負うものではない。もっとも、被請求国は、その裁量により自国民を引き渡すことができる。

2　被請求国は、引渡しを求められている者が自国民であることのみを理由として引渡しを拒んだ場合であって、請求国の求めのあるときは、被請求国の法令の範囲内において、訴追のためその当局に事件を付託する。

第七条（領域外の犯罪）　引渡しの請求に係る犯罪が請求国の領域の外において行われたものであって、請求国の船舶又は航空機の中において行われたものでない場合には、被請求国は、自国の法令が自国の領域の外において行われたそのような犯罪を罰することとしているとき又は当該犯罪が請求国の国民によって行われたものであるときに限り、引渡しを行う。もっとも、被請求国の法令がそのように規定しておらず、かつ、当該犯罪が請求国の国民でない者によって行われたものである場合であっても、被請求国は、その裁量により、この条約の規定に従って引渡しを行うことができるものとする。

第八条（特定性の原則）　1　請求国は、次のいずれかに該当する場合を除くほか、引渡しの理由となった犯罪以外の犯罪であって引渡しの前に行われたものについて、この条約の規定に従って引き渡された者を拘禁し、訴追し、若しくは審判し、又はその者に対し刑罰を執行してはならず、また、その者を第三国に引き渡してはならない。

(a)　引き渡された者が、引渡しの後に請求国の領域から離れて、当該領域に自発的に戻ってきた場合

(b)　引き渡された者が、請求国の領域から自由に離れることができるようになった後四五日以内に当該領域から離れなかった場合

(c)　被請求国が、引き渡された者をその引渡しの理由となった犯罪以外の犯罪について拘禁し、訴追し、審判し、若しくはその者に対し刑罰を執行すること又はその者を第三国に引き渡すことに同意した場合。この(c)の規定の適用上、被請求国は、次条に掲げる文書に類する文書及び引き渡された者が当該犯罪について行った供述の記録がある場合において、当該記録の提出を求めることができる。

2　請求国は、引渡しの理由となった犯罪を構成する基本的事実に基づいて行われる限り、いかなる引渡犯罪についても、この条約の規定に従って引き渡された者を拘禁し、訴追し、審判し、又はその者に対し刑罰を執行することができる。

第九条（引渡手続及び必要な文書）　1　引渡しの請求は、外交上の経路により書面で行う。

2　引渡しの請求には、次に掲げるものを添える。

(a)　引渡しを求められている者を特定する事項及びその者の予想される所在地を記載した文書

(b)　犯罪事実を記載した書面

(c)　引渡しの請求に係る犯罪の構成要件及び罪名を定める法令の条文

(d)　当該犯罪の刑罰を定める法令の条文

(e)　当該犯罪の訴追又は刑罰の執行に関する時効を定める法令の条文

3　引渡しの請求が有罪の判決を受けていない者について行われる場合には、次に掲げるものを添える。

(a)　請求国の裁判官その他の司法官憲が発した逮捕すべき旨の令状の写し

(b)　引渡しを求められている者が逮捕すべき旨の令状にいう者であることを証明する情報

(c) 引渡しを求められている者が被請求国の法令上引渡しの請求に係る犯罪を行ったと疑うに足りる相当な理由があることを示す情報

4 引渡しの請求が有罪の判決を受けた者について行われる場合には、次に掲げるものを添える。

(a) 請求国の裁判所が言い渡した判決の写し

(b) 引渡しを求められている者が当該判決にいう者であることを証明する情報

(c) 言い渡された刑の執行されていない部分を示す書面

5 請求の裏付けとしてこの条約の規定に従い請求国が提出することを求められるすべての文書は、認証され、被請求国の国語による翻訳文が添付されるものとする。

6(a) 被請求国は、引渡請求の裏付けとして提供された情報が、引渡しを行う上でこの条約上の要求を十分に満たしていないと認める場合には、自らが定める期限内に追加的な情報を提供するよう要求することができる。

(b) 被請求国は、引渡しを求められている者を拘禁している場合であっても、追加的な情報が期限内に提供されず、又は提供された情報がこの条約上の要求を十分に満たすこととならなくなったときは、その者を釈放することができる。

(c) 被請求国は、(b)の規定に従い当該者を釈放した場合には、請求国に対し、できる限り速やかにその旨を通知しなければならない。

第一〇条（仮拘禁） 1 緊急の場合において、締約国は、外交上の経路により、引渡しを求められることとなる者につき引渡しの請求に係る犯罪について逮捕すべき旨の令状が発せられ又は刑の言渡しがされていることの通知を行い、かつ、引渡しの請求を行う旨を保証して、仮拘禁の請求を行うことができる。

2 仮拘禁の請求は、書面によるものとし、次の事項を含める。

(a) 引渡しを求められることとなる者についての記述

(b) 引渡しを求められることとなる者の予想される所在地

(c) 犯罪事実についての簡潔な説明（可能な場合には、犯罪の行われた時期及び場所についての記述を含む。）

(d) 違反した法令についての記述

(e) 引渡しを求められることとなる者につき逮捕すべき旨の令状又は有罪の判決がある旨の記述

(f) 引渡しを求められることとなる者につき引渡しの請求を行う旨の保証

3 被請求国は、自国の法令に基づき仮拘禁請求についての決定を行い、請求国に対し速やかにその結果を通知する。

4 仮拘禁が行われた日から四五日以内に請求国が引渡しの請求を行わない場合には、仮に拘禁された者は、釈放されるものとする。ただし、この4の規定は、被請求国がその後において引渡しの請求を受けた場合に、引渡しを求められている者を引き渡すための手続を開始することを妨げるものではない。

第一一条（引渡請求の競合） 1 同一の又は異なる犯罪に関し、同一の者について他方の締約国及び第三国から引渡しの請求を受けた場合において、いずれの請求国にその者を引き渡すかについては、被請求国が、これを決定する。

2 被請求国は、引渡しを求められている者をいずれの国に引き渡すかを決定するに当たっては、次に掲げる事項その他関連するすべての事情を考慮する。

(a) 関係する犯罪の行われた時期及び場所

(b) 犯罪の重大性

(c) それぞれの請求の日付

(d) 引渡しを求められている者の国籍及び通常の居住地

(e) 条約に基づく請求であるかどうか。

第一二条（引渡しの決定及び実施） 1 被請求国は、外交上の経路により、引渡しの請求についての決定を請求国に対し速やかに通知する。引渡しの請求の全部又は一部を拒む場合には、この条約中の関係規定を特定して、理由を示すものとする。

2 被請求国は、被請求国の領域内の、かつ、両締約国にとり受入れ可能な場所において、引渡しを求められている者を請求国の適当な当局に引き渡す。

3 被請求国は、その権限のある当局が引渡状を発したにもかかわらず、引渡しを求められている者の引渡しを被請求国の法令により定められた期限内に請求国が受けない場合には、その者を釈放し、その後において当該引渡しに係る犯罪についてその者の引渡しを拒むことができる。

第一三条（物の提供） 1 引渡しが行われる場合において、犯罪行為の結果得られた又は証拠として必要とされるすべての物は、請求国の求めのあるときは、被請求国の法令の範囲内において、かつ、第三者の権利を十分に尊重し、その権利を害さないことを条件として、これを提供するものとする。引渡しを求められている者の逃走によりその者の引渡しを行うことができない場合にあっても、同様とする。

2 1の規定により提供された物は、被請求国の求めのある場合は、関係手続の終了後に請求国による経費の負担において被請求国に返還されるものとする。

第一四条（経費） 1 被請求国は、引渡しの請求に起因する国内手続について必要なすべての措置をとるものとし、そのためのすべての経費を負担する。

2 被請求国は、特に、引渡しを求められている者を拘禁し、その者を請求国の指名する者に引き渡すときまで抑留するために被請求国の領域において生ずる経費を負担する。

3 請求国は、引き渡された者を被請求国の領域から移送するための経費を負担する。

第一五条(通過) 1　一方の締約国は、外交上の経路により請求が行われた場合には、次のいずれかに該当するときを除くほか、他方の締約国に対し、第三国から当該他方の締約国に引き渡された者を当該一方の締約国の領域を経由の上護送する権利を認める。
(a)　引渡しの原因となった犯罪行為が、通過を求められている締約国の法令によるならば犯罪を構成しない場合
(b)　引渡しの原因となった犯罪行為が政治犯罪である場合又は引渡しの請求が引き渡された者を政治犯罪について訴追し、審判し、若しくはその者に対し刑罰を執行する目的で行われたものと認められる場合。この規定の適用につき疑義が生じたときは、通過を求められている締約国の決定による。
(c)　通過により公共の秩序が害される場合
2　1の規定により護送が行われる場合において、その領域を経由の上護送が行われた締約国が当該護送に関連して要した費用については、引渡しを受けた締約国が、これを償還する。

第一六条(協議) 1　両締約国は、いずれか一方の締約国の要請により、この条約の解釈及び適用に関し協議する。
2　日本国の権限のある当局及び大韓民国法務部は、個別の事案の処理に関連して、並びにこの条約を実施するための手続の維持及び改善を促進するため、直接に相互間の協議を行うことができる。

第一七条(最終規定) 1　この条約中の条の見出しは、引用上の便宜のためにのみ付されたものであって、この条約の解釈に影響を及ぼすものではない。
2　この条約は、批准されなければならず、批准書は、できる限り速やかに東京で交換されるものとする。この条約は、批准書の交換の日の後一五日目の日に効力を生ずる。
3　この条約は、この条約の効力発生の日以後に行われた引渡しの請求(当該請求がこの条約の効力発生の日の前に行われた犯罪に係るものである場合を含む。)について適用する。
4　いずれの一方の締約国も、他方の締約国に対し書面による通告を行うことにより、いつでもこの条約を終了させることができる。この条約の終了は、通告が行われた日の後六箇月で効力を生ずる。

11 3　逃亡犯罪人引渡法（抄）

公　布　一九五三(昭和二八)年七月二一日(法律第六八号)
主要改正　一九六四(昭和三九)年法律第八六号
一九七八(昭和五三)年法律第七〇号
最終改正　二〇〇七(平成一九)年法律第三七号
施　行　一九五三(昭和二八)年七月二一日

第一条(定義) 1　この法律において「引渡条約」とは、日本国と外国との間に締結された犯罪人の引渡しに関する条約をいう。
2　この法律において「請求国」とは、日本国に対して犯罪人の引渡しを請求した外国をいう。
3　この法律において「引渡犯罪」とは、請求国からの犯罪人の引渡しの請求において当該犯罪人が犯したとする犯罪をいう。
4　この法律において「逃亡犯罪人」とは、引渡犯罪について請求国の刑事に関する手続が行なわれた者をいう。

第二条(引渡に関する制限) 左の各号の一に該当する場合には、逃亡犯罪人を引き渡してはならない。但し、第三号、第四号、第八号又は第九号に該当する場合において、引渡条約に別段の定があるときは、この限りでない。
一　引渡犯罪が政治犯罪であるとき。
二　引渡しの請求が、逃亡犯罪人の犯した政治犯罪について審判し、又は刑罰を執行する目的でなされたものと認められるとき。
三　引渡犯罪が請求国の法令により死刑又は無期若しくは長期三年以上の拘禁刑にあたるものでないとき。
四　引渡犯罪に係る行為が日本国内において行なわれたとした場合において、当該行為が日本国の法令により死刑又は無期若しくは長期三年以上の懲役若しくは禁錮に処すべき罪にあたるものでないとき。
五　引渡犯罪に係る行為が日本国内において行われ、又は引渡犯罪に係る裁判が日本国の裁判所において行われたとした場合において、日本国の法令により逃亡犯罪人に刑罰を科し、又はこれを執行することができないと認められるとき。
六　引渡犯罪について請求国の有罪の裁判がある場合を除き、逃亡犯罪人がその引渡犯罪に係る行為を行ったことを疑うに足りる相当な理由がないとき。
七　引渡犯罪に係る事件が日本国の裁判所に係属するとき、又はその事件について日本国の裁判所において確定判決を経たとき。
八　逃亡犯罪人の犯した引渡犯罪以外の罪に係る事件が日本国の裁判所に係属するとき、又はその事件について逃亡犯罪人が日本国の裁判所において刑に処せられ、その執行を終らず、若しくは執行を受けないこととなっていないとき。
九　逃亡犯罪人が日本国民であるとき。

第三条(引渡しの請求を受けた外務大臣の措置) 外務大臣は、逃亡犯罪人の引渡しの請求があったときは、次の各号の一に該当する場合を除き、引渡請求書又は外務大臣の作成した引渡しの請求があったことを証明する書面に関係書類を添付し、これを法務大臣

に送付しなければならない。

一　請求が引渡条約に基づいて行なわれたものである場合において、その方式が引渡条約に適合しないと認めるとき。

二　請求が引渡条約に基づかないで行なわれたものである場合において、請求国から日本国が行なう同種の請求に応ずべき旨の保証がなされないとき。

第四条（法務大臣の措置）１　法務大臣は、外務大臣から前条の規定による引渡しの請求に関する書面の送付を受けたときは、次の各号の一に該当する場合を除き、東京高等検察庁検事長に対し関係書類を送付して、逃亡犯罪人を引き渡すことができる場合に該当するかどうかについて東京高等裁判所に審査の請求をなすべき旨を命じなければならない。

一　明らかに逃亡犯罪人を引き渡すことができない場合に該当すると認めるとき。

二　第二条第八号又は第九号に該当する場合には逃亡犯罪人を引き渡すかどうかについて日本国の裁量に任せる旨の引渡条約の定めがある場合において、明らかに同条第八号又は第九号に該当し、かつ、逃亡犯罪人を引き渡すことが相当でないと認めるとき。

三　前号に定める場合のほか、逃亡犯罪人を引き渡すかどうかについて日本国の裁量に任せる旨の引渡条約の定めがある場合において、当該定めに該当し、かつ、逃亡犯罪人を引き渡すことが相当でないと認めるとき。

四　引渡しの請求が引渡条約に基づかないで行われたものである場合において、逃亡犯罪人を引き渡すことが相当でないと認めるとき。

２　法務大臣は、前項第三号又は第四号の認定をしようとするときは、あらかじめ外務大臣と協議しなければならない。

３　法務大臣は、第一項の規定による命令その他、逃亡犯罪人の引渡しに関する措置をとるため必要があると認めるときは、逃亡犯罪人の所在その他必要な事項について調査を行うことができる。

第五条（逃亡犯罪人の拘禁）
第六条【拘禁許可状による拘束】
第七条【検察官による取り調べ】
（略）

第八条（審査の請求）１　東京高等検察庁の検察官は、第四条第一項の規定による法務大臣の命令があったときは、逃亡犯罪人の現在地が判らない場合を除き、すみやかに、東京高等裁判所に対し、逃亡犯罪人を引き渡すことができる場合に該当するかどうかについて審査の請求をしなければならない。拘禁許可状により逃亡犯罪人を拘束し、又は拘禁許可状により拘禁された逃亡犯罪人を受け取ったときは、拘束した時又は受け取った時から二四時間以内に審査の請求をしなければならない。

２　前項の審査の請求は書面で行い、これに関係書類を添附しなければならない。

３　東京高等検察庁の検察官は、第一項の請求をしたときは、逃亡犯罪人に前項の請求書の謄本を送付しなければならない。

第九条（東京高等裁判所の審査）１　東京高等裁判所は、前条の審査の請求を受けたときは、すみやかに、審査を開始し、決定をするものとする。逃亡犯罪人が拘禁許可状により拘禁されているときは、おそくとも、拘束を受けた日から二箇月以内に決定をするものとする。

２　逃亡犯罪人は、前項の審査に関し、弁護士の補佐を受けることができる。

３　東京高等裁判所は、第一項の決定をする前に、逃亡犯罪人及びこれを補佐する弁護士に対し、意見を述べる機会を与えなければならない。但し、次条第一項第一号又は第二号の決定をする場合は、この限りでない。

４　東京高等裁判所は、第一項の審査をするについて必要があるときは、証人を尋問し、又は鑑定、通訳若しくは翻訳を命ずることができる。この場合においては、その性質に反しない限り、刑事訴訟法第一編第一一章から第一三章まで及び刑事訴訟費用に関する法令の規定を準用する。

第一〇条（東京高等裁判所の決定）１　東京高等裁判所は、前条第一項の規定による審査の結果に基づいて、左の区別に従い、決定をしなければならない。

一　審査の請求が不適法であるときは、これを却下する決定

二　逃亡犯罪人を引き渡すことができない場合に該当するときは、その旨の決定

三　逃亡犯罪人を引き渡すことができる場合に該当するときは、その旨の決定

２　前項の決定は、その主文を東京高等検察庁の検察官に通知することによって、その効力を生ずる。

３　東京高等裁判所は、第一項の決定をしたときは、すみやかに、東京高等検察庁の検察官及び逃亡犯罪人に裁判書の謄本を送達し、東京高等検察庁の検察官にその提出した関係書類を返還しなければならない。

第一一条（審査請求命令の取消）
第一二条（逃亡犯罪人の釈放）
第一三条（裁判書の謄本等の法務大臣への提出）
（略）

第一四条（引渡に関する法務大臣の命令等）１　法務大臣は、第一〇条第一項第三号の決定があった場合において、逃亡犯罪人を引き渡すことが相当であると認めるときは、東京高等検察庁検事長に対し逃亡犯罪人の引渡を命ずるとともに、逃亡犯罪人にその旨を通知し、逃亡犯罪人を引き渡すことが相当でないと認めるときは、直ちに、東京高等検察庁検事長及び逃亡犯罪人にその旨を通知するとともに、東京高等検察庁検事長に対し拘禁許可状により拘禁されている逃亡犯罪人の釈放を命じなければならない。

２　東京高等検察庁の検察官は、前項の規定による釈放の命令があったとき、又は第一〇条第三項の規定に

より同条第一項第三号の決定の裁判書の謄本の送達を受けた日から一〇日以内に前項の規定による引渡の命令がないときは、直ちに、拘禁許可状により拘禁されている逃亡犯罪人を釈放しなければならない。

3　法務大臣は、第一項の規定により逃亡犯罪人を引き渡すことが相当でないと認める旨の通知をした後は、当該引渡請求につき逃亡犯罪人の引渡を命ずることができない。但し、第二条第八号の場合に関し引渡条約に別段の定がある場合において、同条同号に該当するため逃亡犯罪人を引き渡すことが相当でないと認める旨の通知をした後同条同号に該当しないこととなったときは、この限りでない。

第一五条【引渡の場所及び期限】
第一六条【引渡に関する措置】
第一七条【東京高等検察庁検事長による引渡の指揮】
第一八条【法務大臣による外務大臣への通知】
第一九条【外務大臣による請求国への通知】
第二〇条【監獄の長による引渡】
第二一条【請求国の官憲による逃亡犯罪人の護送】
第二二条【拘禁の停止】
（略）

第二三条【仮拘禁に関する請求等】 1　外務大臣は、引渡条約に基づき、締約国から引渡条約により日本国に対し引渡しの請求をすることができる犯罪人が犯した犯罪（引渡条約において締約国が日本国に対し犯罪人の引渡しを請求することができるものとして掲げる犯罪に限る。）についてその者を仮に拘禁することの請求があったときは、次の各号の一に該当する場合を除き、その請求があったことを証明する書面に関係書類を添付し、これを法務大臣に送付しなければならない。

一　請求に係る者を逮捕すべき旨の令状が発せられ又は刑の言渡しがなされていることの通知がないとき。

二　請求に係る者の引渡しの請求を行うべき旨の保証がなされないとき。

2　引渡条約に基づかないで犯罪人を仮に拘禁することの請求があったときは、当該請求をした外国から日本国が行う同種の請求に応ずべき旨の保証がなされた場合に限り、前項と同様とする。

第二四条【仮拘禁に関する措置】
第二五条【東京高等検察庁検事長による仮拘禁】
第二六条【審査請求を行わない場合の釈放の命令】
第二七条【東京高等検察庁検事長による引渡請求の告知】
第二八条【引渡請求がない場合の釈放】
第二九条【監獄の長による釈放】
第三〇条【拘禁停止の規定の準用】
第三一条【最高裁判所の規則】
第三二条【東京高等裁判所の管轄区域の特例】
（略）

第三三条【引渡条約発効前に犯された犯罪に関する引渡の請求】 日本国と外国との新たに引渡条約が締結された場合においては、引渡条約に締結国が日本国に対し当該引渡条約の効力発生前に犯された犯罪については犯罪人の引渡を請求することができない旨の定がある場合を除き、この法律中引渡条約に基づく引渡しの請求に関する規定は、当該引渡条約の効力発生前に犯された犯罪につきその効力発生後になされた引渡の請求に関しても、適用されるものとする。

第三四条【通過護送の承認に関する法務大臣の措置】

1　法務大臣は、外国から外交機関を経由して当該外国の官憲が他の外国から引渡しを受けた者を日本国内を通過して護送することの承認の請求があったときは、次の各号の一に該当する場合を除き、これを承認することができる。

一　請求に係る者の引渡しの原因となった行為が日本国内において行われたとした場合において、当該行為が日本国の法令により罪となるものでないとき。

二　請求に係る者の引渡しの原因となった犯罪が政治犯罪であるとき、又は当該引渡しの請求が政治犯罪について審判し、若しくは刑罰を執行する目的で行われたものと認められるとき。

三　請求が引渡条約に基づかないで行われたものである場合において、請求に係る者が日本国民であるとき。

2　法務大臣は、前項の承認をするかどうかについてあらかじめ外務大臣と協議しなければならない。

第三五条【行政手続法の適用例外】（略）

11 4　犯罪人引渡しに関するモデル条約

採　択　一九九〇年一二月一四日
　　　　国際連合総会第四五回会期決議四五／一一六附属書
改　正　一九九七年一二月一二日
　　　　国際連合総会第五二回会期決議五二／八八附属書

……国と……国は、

犯罪人引渡しに関する条約を締結することにより、犯罪の規制における二国間の協力をいっそう実効あるものとすることを希望して、

次のとおり協定した。

第一条（引渡義務） 各締約国は、請求に基づきかつこの条約の規定に従って、引渡犯罪の訴追のため又は引渡犯罪に関して刑の宣告若しくは執行のため請求国において指名手配されている者を当該他の締約国に引き渡すことに同意する。

（注　刑の宣告についてふれることは、すべての国に

とって必要であるとはいえないかもしれない。）

第二条（引渡犯罪）１　この条約の適用上、引渡犯罪とは、双方の締約国の法律により少なくとも〔一年／二年〕の長期の拘禁刑その他の自由剥奪の刑又はより厳しい刑罰に処することとされている犯罪をいう。犯罪人引渡しの請求が、このような犯罪により拘禁刑その他の自由剥奪の刑を執行するために指名手配されている者に関して行われる場合には、犯罪人引渡しは、このような刑の服役期間が少なくとも〔四箇月／六箇月〕以上残っている場合にのみ行われる。

２　犯罪が双方の締約国の法律により処罰できる犯罪であるかどうかを決定する際には、次のことを問題にしてはならない。

(a)　双方の締約国の法律が、犯罪を構成する作為若しくは不作為を同一の犯罪の範疇に含めているかどうか、又は、当該の犯罪を同一の用語で呼称しているかどうか。

(b)　双方の締約国の法律により当該の犯罪の構成要件が異なっているかどうか。請求国により提示された作為又は不作為の全体が考慮されなければならないことを了解する。

３　租税、関税、為替管理その他の歳入事項に関する法律に違反する犯罪によりある者の引渡しが求められている場合には、犯罪人引渡しは、被請求国の法律が同種の租税若しくは関税を課していないこと又は請求国の法律と同種の租税、関税若しくは為替管理に関する規制を行っていないことを理由として拒否することができない。

（注　若干の国は、この項を削除すること又は第四条の下での選択的な拒否事由に定めることを希望するかもしれない。）

４　犯罪人引渡しの請求が数個の別個の犯罪を含み、そのそれぞれが双方の締約国の法律により処罰できるものであるが、そのいくつかについてはこの条の１に定める他の条件が満たされない場合には、被請求国は、当該犯罪についても引渡しすることができる。ただし、引渡しを求められた者が少なくとも一の引渡犯罪により引渡されるべきことを条件とする。

第三条（義務的な拒否事由）犯罪人引渡しは、次のいずれかの事情がある場合には行ってはならない。

(a)　引渡しが求められている犯罪が被請求国により政治的性質の犯罪とみなされる場合。政治的性質の犯罪には、双方の締約国が、多数国間条約に基づいて、引渡しをしない場合には訴追を行う義務を引き受けた犯罪、及び、犯罪人引渡しの適用上政治的性質の犯罪ではないと双方の締約国が合意したその他の犯罪を含まない。

（注　国は、ある種の行為、たとえば、人の生命、身体的完全性または自由に対する暴力行為を伴う重大な犯罪のような暴力行為を、政治犯罪の概念から除外することを希望するかもしれない。）

(b)　被請求国が、引渡しの請求が引渡しを求められている者を人種、宗教、国籍、種族的出身、政治的意見、性若しくは地位に基づいて迫害し若しくは処罰する目的で行われたか、又は、それらの理由により引渡しを求められた者の地位が損なわれるおそれがあると信じる実質的な理由を有している場合

(c)　引渡しが求められている犯罪が軍法上の犯罪であって、かつ通常の刑法上の犯罪にはならない場合

(d)　被請求国において、その者の引渡しが求められている犯罪についてその者に対する最終的な判決が下されている場合

(e)　引渡しを求められている者が、いずれかの締約国の法律に基づいて、いずれかの理由（時の経過又は恩赦を含む。）により訴追又は処罰を免れることになった場合

（注　若干の国は、この項を第四条の下での選択的な拒否事由にすることを希望するかもしれない。国は、請求国の法律に基づいてのみ時の経過の問題を考慮すること、又は、請求国における中断行為は被請求国において承認されるべきだと規定することを希望するかもしれない。）

(f)　引渡しを求められている者が、請求国において、拷問又は残酷な、非人道的な若しくは品位を傷つける取扱い又は刑罰を受けたか又は受ける場合、あるいは当該の者が市民的及び政治的権利に関する国際規約の第一四条に定める刑事手続の最低限度の保障を受けなかったか又は受けない場合

(g)　請求国の判決が欠席裁判において下され、有罪宣告を受けた者が審理の十分な通知を受けておらず又は自己の防御のため準備の機会を与えられず並びに事件を自らの出席の下で再審理される機会を与えられなかったか若しくは与えられない場合

（注　若干の国は、第三条に次の拒否事由を追加することを希望するかもしれない。「被請求国の証拠基準に基づいて、引渡しを求められている者が犯罪の当事者であるとの不十分な証拠しかない場合」）

第四条（選択的な拒否事由）犯罪人引渡しは、次のいずれかの事情がある場合には、拒否することができる。

(a)　引渡しを求められている者が、被請求国の国民である場合。この理由により引渡しが拒否される場合は、被請求国は、他方の国が要求する場合には、その者に対し引渡しが求められている犯罪について適当な措置をとるために、権限のある当局に事案を付託する。

（注　若干の国は、犯罪者が国籍に基づいて処罰を免れることのないことを確保するため、とりわけ、重大な犯罪についての身柄移送を可能にする、あるいは、裁判のために身柄を一時的に移送し、刑をつとめるために被請求国に身柄を戻すことを可能にする規定を設けるといった、他の手段を国内法システムの枠内で検討することを希望するかもしれない。）

(b)　被請求国の権限のある当局が、引渡しが求められている犯罪についてその者に対する手続を開始しないか又は終了することを決定した場合

(c) 引渡しが求められた犯罪の訴追が、引渡しを求められた者に対して被請求国において係属している場合

(d) 引渡しが求められている犯罪が、請求国の法律により死刑を伴う場合。ただし、被請求国が死刑は科されないか又は科されたとしても執行されないことにつき十分と考える保証を請求国が与える場合はこの限りではない。この理由により引渡しが拒否される場合には、被請求国は、他方の国が要求する場合には、その者に対し引渡しが求められている犯罪について適当な措置をとるために、権限のある当局に事案を付託する。

（注　若干の国は、同一の制限を終身刑又は不定期刑を伴う場合に適用することを希望するかもしれない。）

(e) 引渡しが求められた犯罪が、一方の国の領域外で行われかつ被請求国の法律が同様の事情においてその領域外で行われたこのような犯罪に対して管轄権を付与していない場合

(f) 引渡しが求められた犯罪が、被請求国の法律により犯罪の全部又は一部が被請求国において行われたとみなされる場合。この理由により引渡しが拒否される場合は、被請求国は、他方の国が要求する場合には、その者に対し引渡しが求められている犯罪について適当な措置をとるために、権限のある当局に事案を付託する。

（注　若干の国は、当該の犯罪が行われた時にその国の法律によりその国が旗国となる船舶又はその国が登録国となる航空機について特別に定めることを希望するかもしれない。）

(g) 引渡しを求められた者が、請求国において特別の又は臨時の法廷又は裁判所で刑を宣告されたか又は裁判を受け若しくは刑を宣告されることになる場合

(h) 被請求国が、犯罪の性質及び請求国の利益を考慮に入れても、事案の事情により、その者の引渡しが年齢、健康その他その者の個人的な事情に基づいて人道的な考慮と両立しないと考える場合

第五条（通知の経路、必要な文書）（注　国は、請求の通知のための最先端の技術、及び、請求国から発出された文書が真正のものであることを証明しうる手段を、含めることを検討することを希望するかもしれない。）1　犯罪人引渡しの請求は、書面で行われる。請求、請求を正当化する文書及びその後の通知は、外交経路を通じて、司法省又は双方の締約国が指定する他の当局の間で直接に送付される。

2　犯罪人引渡しの請求には、次のものを付す。

(a) すべての場合に、

(i) 引渡しを求める者についてのできる限り正確な記述、並びに、その者の身元、国籍及び所在を確認するための助けとなるその他の情報

(ii) 犯罪を定める法律の関係する規定の本文又は、必要な場合、犯罪に関連する法律についての記載及び当該犯罪に対して科すことができる刑罰の記載

(b) 引渡しを求められた者が罪に問われている場合には、裁判所その他の権限のある司法当局の発したその者に対する逮捕状又は当該逮捕状の認証された写し、引渡しが求められた犯罪についての記載及びその犯罪を構成する作為又は不作為の記述（犯罪を行った時及び場所を示すことを含む。）

（注　引渡請求のための証拠を要求する国は、引渡しのための基準を満たすために必要な証拠上の要件を定義するよう希望するかもしれない。その場合には、かかる国は、実効的な国際協力を促進する必要を考慮に入れるべきである。）

(c) 引渡しを求められた者が犯罪につき有罪判決を受けている場合には、引渡しが求められた犯罪の記載及び当該犯罪を構成する作為又は不作為、並びに、判決の原本若しくは認証された写し又は有罪判決及び科された刑罰を記載したその他の文書、刑罰が執行できる事実並びに刑罰に服する残余の期間

(d) 引渡しを求められた者が欠席したまま有罪判決を受けた場合には、この条の2(c)に定める文書に追加して、その者が自己の防御を準備するため又は自己の出席の下で再審理されるために利用できる法的手段に関する記載

(e) 引渡しを求められた者が有罪判決を受けたがまだ刑罰を宣告されていない場合には、引渡しが求められている犯罪の記載及び当該犯罪を構成する作為又は不作為の記述、並びに、有罪判決について記載した文書及び刑罰を科す意図があることを確認する記述

3　犯罪人引渡しの請求を正当化するために提出される文書には、被請求国の言語又はその国が認める他の言語への翻訳を付す。

第六条（犯罪人引渡しの略式手続）（注　国は、略式の犯罪人引渡しの場合には、特定性の要件を課さないと規定することを希望するかもしれない。）被請求国は、その国の法律により禁止されていない場合には、引渡しを求められた者が権限のある当局の前で明示に同意することを条件として、仮拘禁の請求を受領した後に引渡しを行うことができる。

第七条（証明、認証）この条約に別段の定めがある場合を除き、犯罪人引渡しの請求及びそれを正当化する文書並びにこの請求に応じて提供される文書その他の資料は、証明又は認証を必要としない。

（注　若干の国の法律は、他の国から送付された文書が自国の裁判所で認められるために認証を必要としており、従って、必要な認証を定める条項を要求するであろう。）

第八条（追加情報）被請求国が犯罪人引渡しの請求を正当化するために提供された情報を十分でないと考える場合には、その国が指定する合理的期間内に追加情報を提供するよう要求することができる。

第九条（仮拘禁）1　緊急の場合には、請求国は、犯罪人引渡しの請求を提出する以前に引渡しを求める者の仮拘禁を求めることができる。当該請求は、国際刑事警察機構の便宜を通じて、郵便、電報その他書

面で記録に残る方法で送付される。

2　請求には、仮拘禁を請求する者の記載、犯罪人引渡しの請求が行われる旨の記述、その者の身柄を拘束する権限を与えるこの条約の第五条2に定める文書の一が存在すること、犯罪に対して科すことのできるか若しくは既に科された刑罰(刑罰の残された服役期間及び事案の事実の簡潔な記述を含む。)の記述、並びに、知っている場合にはその者の所在の記述を含む。

3　被請求国は、国内法に基づいて請求に関する決定を行い及びその決定を遅滞なく請求国に通知する。

4　この請求に基づいて拘禁された者は、この条約の第五条2に定められた関係文書により正当化される犯罪人引渡しの請求が受領されない場合には、拘禁開始の日から[四〇]日の経過により釈放される。この項は、[四〇]日の経過以前にその者を条件付きで釈放する可能性を排除するものではない。

5　この条の4に基づく仮拘禁者の釈放は、その後に請求及びそれを正当化する文書が受領された場合に引渡しを求められた者を引き渡す目的で再拘禁し及び手続を開始することを妨げるものではない。

第一〇条(請求に関する決定)1　被請求国は、犯罪人引渡しの請求をその国の法律の定める手続に従って処理し並びにその決定を請求国に速やかに通知する。

2　請求の全部又は一部の拒否がある場合には、その理由を通知する。

第一一条(身柄の引渡し)1　引渡しが認められる旨の通知があった場合には、双方の締約国は、不当な遅滞なく、引渡しを求められた者の身柄の引渡しのために取決めを行うものとし、並びに、被請求国は、その者を身柄引渡しのために拘禁しておく期間を請求国に通知する。

2　引き渡される者は、被請求国が指定する合理的な期間内に被請求国の領域から出国させるものとし、並びに、その者が当該の期間内に出国させられない場合には、被請求国は、その者を釈放し及びその者を同一の犯罪について引き渡すことを拒否することができる。

3　締約国が自ら支配できない事情により引き渡されるべき者の身柄の引渡し又は出国を行うことができない場合には、他の締約国にその旨を通知する。双方の締約国は、相互間で身柄引渡しのための新たな期日を決定し並びにこの条の2の規定を適用する。

第一二条(身柄引渡しの延期又は条件付き身柄引渡し)

1　被請求国は、犯罪人引渡しの請求について決定を行った後、引き渡される者に対する手続を進行させるため又は、その者が既に有罪判決を受けている場合には、引渡しが求められた犯罪以外の犯罪に対して科された刑罰の執行のためにその者の身柄の引渡しを延期することができる。この場合には、被請求国はその旨を請求国に通報する。

2　被請求国は、身柄の引渡しを延期する代わりに、双方の締約国の間で決定される条件に基づいて、引き渡される者の身柄を請求国に一時的に引渡すことができる。

第一三条(財産の引渡し)1　被請求国の法律が認める限度において及び第三者の権利が適正に尊重されるべきことを条件として、犯罪の結果取得され又は証拠として必要とされることのある被請求国内で発見されたすべての財産は、請求国が要求する場合には、犯罪人引渡しが認められる場合には引き渡されるものとする。

2　当該の財産は、請求国が要求する場合には、合意された犯罪人引渡しが実施できない場合にも請求国に引き渡すことができる。

3　当該財産が被請求国において押収又は没収の対象となる場合には、被請求国はその財産を自国に留置し又は一時的に引き渡すことができる。

4　被請求国の法律又は第三者の権利の保護が必要とする場合には、引き渡された財産は、被請求国が要求する場合には手続の終了後無料で被請求国に返還される。

第一四条(特定性の原則)1　この条約に基づいて引き渡された者は、引渡しの前に行われた次の犯罪以外の犯罪により請求国の領域で手続を行い、刑を宣告し、拘禁し、第三国に再引渡しを行い又は身体の自由に対するその他の制限を課してはならない。

(a)　それにつき犯罪人引渡しが行われた犯罪

(注　国はまた、特定性の原則は、引渡犯罪と同一の事実について同一のまたはより軽い刑罰を科す証明しうる引渡し可能な犯罪には適用しないと規定することを希望するかもしれない。)

(b)　被請求国が同意したその他の犯罪。同意は、同意を求められた犯罪それ自体がこの条約に基づいて犯罪人引渡しに服する場合には与えられる。

(注　若干の国は、第三の場合として引き渡される者が明示に同意した場合を追加することを希望するかもしれない。

若干の国は、同意を与える義務を受諾することを希望せず、同意を与えるかどうかを決定するために他の理由を含めることを希望するかもしれない。)

2　この条に基づく被請求国の同意の請求には、この条約の第五条2に定める文書及び当該犯罪に関して引き渡される者が行った陳述の法的な記録を付すものとする。

(注　国は、これらの文書のうちのあるもの、またはすべてについて提出しなくてもよいと規定することを希望するかもしれない。)

3　この条の1は、引き渡される者が請求国を去る機会を有しかつその者の引渡し犯罪に関する最終的な釈放から[三〇／四五]日以内に請求国の領域を去らなかった場合又はその者が請求国の領域を去った後自発的に戻った場合には適用されない。

第一五条(通過)1　引き渡される者が第三国から他方の締約国の領域を通過して一方の締約国に引き渡される場合には、その者の引渡しを受ける締約国は、他方の締約国に対してその者がその領域を通過する許可を求めなければならない。この規定は、空路による輸送が行われかつ他方の締約国への着陸が予定されていない場合には適用されない。

2　関連する情報を記載した当該の請求を受領した場合、請求を受けた国は、この請求をその国の法律の定める手続に基づいて処理する。請求を受けた国は、当該国の本質的利益がそれにより損なわれる場合を除き、当該の請求を速やかに認める。

（注　若干の国は、犯罪人引渡しの拒否事由ともなる、犯罪の性質（例えば政治的、財政的、軍事的）又は個人の地位（例えば自国民）に関連した他の拒否事由について同意することを希望するかもしれない。他方で、国は、通過は国籍を理由にして拒否されるべきではないと規定することを希望するかもしれない。）

3　通過国は、通過中移送者の拘束を可能とする法律の規定が存在することを確保する。

4　予定外の着陸の場合には、通過の許可を求められた締約国は、護送官の要請に基づいて、この条の1に基づいて通過の請求が受領されるまで、［四八］時間移送者を拘束することができる。

第一六条（競合する請求）締約国が同一の者につき他の締約国及び第三国から犯罪人引渡しの請求を受領した場合には、当該締約国は、裁量により、これらの国のいずれかにその者を引き渡すかを決定する。

第一七条（費用）1　被請求国は、犯罪人引渡しの請求から生ずるその国の管轄権内の手続の費用を負担する。

2　被請求国は、また、財産の押収及び引渡し又は引渡しを求められている者の逮捕及び拘禁に関連して領域内で要した費用を負担する。

（注　若干の国は、引渡し又は仮拘禁の請求の撤回の結果として、要した費用の償還を考慮することを希望するかもしれない。また、とくに、請求国と被請求国とで利用できる資源に著しい差がある複雑な場合、例外的な経費の請求国による支払いについて、両国の間で協議が求められる場合がありうる。）

3　請求国は、被請求国の領域からその者を輸送するために要した費用（通過の費用を含む。）を負担する。

第一八条（最終条項）（略）

第2節　国際組織犯罪

115　国際的な組織犯罪の防止に関する国際連合条約（国連国際組織犯罪防止条約）（抄）

採　　択　二〇〇〇年一一月一五日
国際連合総会第五五回会期決議五五／二五附属書一
効力発生　二〇〇三年九月二九日
日 本 国　二〇〇〇年一二月一二日署名、二〇〇三年五月一四日国会承認、二〇一七年七月一一日受諾書寄託、七月一四日公布（条約第二一号）、八月一〇日効力発生

第一条（目的）この条約の目的は、一層効果的に国際的な組織犯罪を防止し及びこれと戦うための協力を促進することにある。

第二条（用語）この条約の適用上、

(a)　「組織的な犯罪集団」とは、三人以上の者から成る組織された集団であって、一定の期間存在し、かつ、金銭的利益その他の物質的利益を直接又は間接に得るため一又は二以上の重大な犯罪又はこの条約に従って定められる犯罪を行うことを目的として一体として行動するものをいう。

(b)　「重大な犯罪」とは、長期四年以上の自由を剥（はく）奪する刑又はこれより重い刑を科することができる犯罪を構成する行為をいう。

(c)　「組織された集団」とは、犯罪の即時の実行のために偶然に形成されたものではない集団をいい、その構成員について正式に定められた役割、その構成員の継続性又は発達した構造を有しなくてもよい。

(d)　「財産」とは、有体物であるか無体物であるか、動産であるか不動産であるか及び有形であるか無形であるかを問わず、あらゆる種類の財産及びこれらの財産に関する権原又は権利を証明する法律上の書類又は文書をいう。

(e)　「犯罪収益」とは、犯罪の実行により生じ又は直接若しくは間接に得られた財産をいう。

(f)　「凍結」又は「押収」とは、裁判所その他の権限のある当局が出した命令に基づき財産の移転、転換、処分若しくは移動を一時的に禁止すること又は当該命令に基づき財産の一時的な保管若しくは管理を行うことをいう。

(g)　「没収」とは、裁判所その他の権限のある当局の命令による財産の永久的な剥（はく）奪をいう。

(h)　「前提犯罪」とは、その結果として第六条に規定する犯罪の対象となり得る収益が生じた犯罪をいう。

(i)　「監視付移転」とは、犯罪を捜査するため及び犯罪を実行し又はその実行に関与した者を特定するため、一又は二以上の国の権限のある当局が、事情を知りながら、かつ、その監視の下に、不正な又はその疑いがある送り荷が当該一又は二以上の国の領域を出、これを通過し又はこれに入ることを認めることとする方法をいう。

(j)　「地域的な経済統合のための機関」とは、特定の地域の主権国家によって構成される機関であって、この条約が規律する事項に関しその加盟国から権限の委譲を受け、かつ、その内部手続に従ってこの条約の署名、批准、受諾若しくは承認又はこれへの加入の正当な委任を受けたものをいう。この条約において「締約国」についての規定は、これらの機関の権限の範囲内でこれらの機関について適用する。

第三条（適用範囲）1　この条約は、別段の定めがある場合を除くほか、次の犯罪であって、性質上国際的なものであり、かつ、組織的な犯罪集団が関与するものの防止、捜査及び訴追について適用する。

(a) 第五条、第六条、第八条及び第二三条の規定に従って定められる犯罪
(b) 前条に定義する重大な犯罪

2　1の規定の適用上、次の場合には、犯罪は、性質上国際的である。
(a) 二以上の国において行われる場合
(b) 一の国において行われるものであるが、その準備、計画、指示又は統制の実質的な部分が他の国において行われる場合
(c) 一の国において行われるものであるが、二以上の国において犯罪活動を行う組織的な犯罪集団が関与する場合
(d) 一の国において行われるものであるが、他の国に実質的な影響を及ぼす場合

第四条（主権の保護） 1　締約国は、国の主権平等及び領土保全の原則並びに国内問題への不干渉の原則に反しない方法で、この条約に基づく義務を履行する。

2　この条約のいかなる規定も、締約国に対し、他の国の領域内において、当該他の国の当局がその国内法により専ら有する裁判権［jurisdiction］を行使する権利及び任務を遂行する権利を与えるものではない。

第五条（組織的な犯罪集団への参加の犯罪化） 1　締約国は、故意に行われた次の行為を犯罪とするため、必要な立法その他の措置をとる。
(a) 次の一方又は双方の行為（犯罪行為の未遂又は既遂に係る犯罪とは別個の犯罪とする。）
(i) 金銭的利益その他の物質的利益を得ることに直接又は間接に関連する目的のため重大な犯罪を行うことを一又は二以上の者と合意することであって、国内法上求められるときは、その合意の参加者の一人による当該合意の内容を推進するための行為を伴い又は組織的な犯罪集団が関与するもの
(ii) 組織的な犯罪集団の目的及び一般的な犯罪活動又は特定の犯罪を行う意図を認識しながら、次の活動に積極的に参加する個人の行為
a　組織的な犯罪集団の犯罪活動
b　組織的な犯罪集団のその他の活動（当該個人が、自己の参加が当該犯罪集団の目的の達成に寄与することを知っているときに限る。）
(b) 組織的な犯罪集団が関与する重大な犯罪の実行を組織し、指示し、ほう助し、教唆し若しくは援助し又はこれについて相談すること。

2　1に規定する認識、故意、目的又は合意は、客観的な事実の状況により推認することができる。

3　1(a)(i)の規定に従って定められる犯罪に関し自国の国内法上組織的な犯罪集団の関与が求められる締約国は、その国内法が組織的な犯罪集団の関与するすべての重大な犯罪を適用の対象とすることを確保する。当該締約国及び1(a)(i)の規定に従って定められる犯罪に関し自国の国内法上合意の内容を推進するための行為が求められる締約国は、この条約の署名又は批准書、受諾書、承認書若しくは加入書の寄託の際に、国際連合事務総長にその旨を通報する。

第六条（犯罪収益の洗浄の犯罪化） 1　締約国は、自国の国内法の基本原則に従い、故意に行われた次の行為を犯罪とするため、必要な立法その他の措置をとる。
(a)(i) その財産が犯罪収益であることを認識しながら、犯罪収益である財産の不正な起源を隠匿し若しくは偽装する目的で又は前提犯罪を実行し若しくはその実行に関与した者がその行為による法律上の責任を免れることを援助する目的で、当該財産を転換し又は移転すること。
(ii) その財産が犯罪収益であることを認識しながら、犯罪収益である財産の真の性質、出所、所在、処分、移動若しくは所有権又は当該財産に係る権利を隠匿し又は偽装すること。
(b) 自国の法制の基本的な概念に従うことを条件として、
(i) その財産が犯罪収益であることを当該財産を受け取った時において認識しながら、犯罪収益である財産を取得し、所持し又は使用すること。
(ii) この条の規定に従って定められる犯罪に参加し、これを共謀し、これに係る未遂の罪を犯し、これをほう助し、教唆し若しくは援助し又はこれについて相談すること。

2　1の規定の実施上又は適用上、
(a) 締約国は、最も広範囲の前提犯罪について1の規定を適用するよう努める。
(b) 締約国は、第二条に定義するすべての重大な犯罪並びに前条、第八条及び第二三条の規定に従って定められる犯罪を前提犯罪に含める。自国の法律が特定の前提犯罪を列記している締約国の場合には、その列記には、少なくとも、組織的な犯罪集団が関連する犯罪を包括的に含める。
(c) (b)の規定の適用上、前提犯罪には、締約国の管轄の内外のいずれで行われた犯罪も含まれる。ただし、締約国の管轄外で行われた犯罪は、当該犯罪に係る行為がその行為の行われた国の国内法に基づく犯罪であり、かつ、この条の規定を実施し又は適用する締約国において当該行為が行われた場合にその行為が当該締約国の国内法に基づく犯罪となるときに限り、前提犯罪を構成する。
(d) 締約国は、この条の規定を実施する自国の法律の写し及びその法律に変更があった場合にはその変更後の法律の写し又はこれらの説明を国際連合事務総長に提出する。
(e) 締約国は、自国の国内法の基本原則により必要とされる場合には、1に規定する犯罪についての規定を前提犯罪を行った者について適用しないことを定めることができる。
(f) 1に規定する犯罪の要件として求められる認識、故意又は目的は、客観的な事実の状況により推認

することができる。

第七条（資金洗浄と戦うための措置） 1　締約国は、次の措置をとる。

(a)　すべての形態の資金洗浄を抑止し及び探知するため、その権限の範囲内で、銀行及び銀行以外の金融機関並びに適当な場合には特に資金洗浄が行われやすい他の機関についての包括的な国内の規制制度及び監督制度を設けること。これらの制度は、顧客の身元確認、記録保存及び疑わしい取引の報告を求めることに重点を置くものとする。

(b)　第一八条及び第二七条の規定の適用を妨げることなく、資金洗浄との戦いに従事する行政当局、規制当局、法執行当局その他の当局（国内法に基づき適当な場合には、司法当局を含む。）が、自国の国内法に定める条件の範囲内で、国内的及び国際的に協力し及び情報を交換するための能力を有することを確保し、並びにそのために潜在的な資金洗浄に関する情報の収集、分析及び提供についての自国の中心としての役割を果たす金融情報機関の設立を考慮すること。

2　締約国は、情報の適正な使用を確保するための保障を条件とし、かつ、合法的な資本の移動を何ら妨げることなく、現金及び適当な譲渡可能な証書の国境を越えた移動を探知し及び監視するための実行可能な措置をとることを考慮する。これらの措置には、相当な量の現金及び適当な譲渡可能な証書の国境を越える移送について報告することを個人及び企業に求めることを含めることができる。

3　締約国は、この条の規定に基づき国内の規制制度及び監督制度を設けるに当たり、他の条の規定の適用を妨げることなく、地域機関、地域間機関及び多数国間機関であって資金洗浄と戦うためのものが行った関係する提案を指針として使用するよう求められる。

4　締約国は、資金洗浄と戦うため、司法当局、法執行当局及び金融規制当局の間の世界的、地域的及び小地域的な協力並びに二国間の協力を発展させ及び促進するよう努める。

第八条（腐敗行為の犯罪化） 1　締約国は、故意に行われた次の行為を犯罪とするため、必要な立法その他の措置をとる。

(a)　公務員に対し、当該公務員が公務の遂行に当たって行動し又は行動を差し控えることを目的として、当該公務員自身、他の者又は団体のために不当な利益を直接又は間接に約束し、申し出又は供与すること。

(b)　公務員が、自己の公務の遂行に当たって行動し又は行動を差し控えることを目的として、当該公務員自身、他の者又は団体のために不当な利益を直接又は間接に要求し又は受領すること。

2　締約国は、外国公務員又は国際公務員が関与する1に規定する行為を犯罪とするため、必要な立法その他の措置をとることを考慮する。締約国は、同様に、他の形態の腐敗行為を犯罪とすることを考慮する。

3　締約国は、また、この条の規定に従って定められる犯罪に加担する行為を犯罪とするために必要な措置をとる。

4　1及び次条の規定の適用上、「公務員」とは、その者が職務を遂行する締約国の国内法において定義され、かつ、当該締約国の刑事法の適用を受ける公務員その他の公的役務を提供する者をいう。

第九条（腐敗行為に対する措置） 1　締約国は、前条に規定する措置に加え、適当なかつ自国の法制に適合する範囲内で、公務員の誠実性を高め並びに公務員の腐敗行為を防止し、探知し及び処罰するため、立法上、行政上その他の効果的な措置をとる。

2　締約国は、公務員の腐敗行為の防止、探知及び処罰について、自国の当局による効果的な活動を確保するための措置（当該当局の活動に対して不適当な影響が及ぼされることを抑止するために当該当局に十分な独立性を与えることを含む。）をとる。

第一〇条（法人の責任） 1　締約国は、自国の法的原則に従い、組織的な犯罪集団が関与する重大な犯罪への参加並びに第五条、第六条、第八条及び第二三条の規定に従って定められる犯罪について法人の責任を確立するために必要な措置をとる。

2　法人の責任は、締約国の法的原則に従って、刑事上、民事上又は行政上のものとすることができる。

3　法人の責任は、犯罪を行った自然人の刑事上の責任に影響を及ぼすものではない。

4　締約国は、特に、この条の規定に従って責任を負う法人に対し、効果的な、均衡のとれたかつ抑止力のある刑罰又は刑罰以外の制裁（金銭的制裁を含む。）が科されることを確保する。

第一一条（訴追、裁判及び制裁） 1　締約国は、第五条、第六条、第八条及び第二三条の規定に従って定められる犯罪の実行につき、これらの犯罪の重大性を考慮した制裁を科する。

2　締約国は、この条約の対象となる犯罪を行った者の訴追に関する国内法における法律上の裁量的な権限が、これらの犯罪に関する法の執行が最大の効果を上げるように、かつ、これらの犯罪の実行を抑止することの必要性について妥当な考慮を払って、行使されることを確保するよう努める。

3　締約国は、第五条、第六条、第八条及び第二三条の規定に従って定められる犯罪については、自国の国内法に従い、かつ、防御の権利に妥当な考慮を払って、裁判までの間又は上訴までの間に行われる釈放の決定に関連して課される条件においてその後の刑事手続への被告人の出頭を確保する必要性が考慮されることを確保するよう努めるため、適当な措置をとる。

4　締約国は、裁判所その他の権限のある当局が、この条約の対象となる犯罪について有罪とされた者の早期釈放又は仮釈放の可否を検討するに当たり、このような犯罪の重大性に留意することを確保する。

5　締約国は、適当な場合には、自国の国内法により、この条約の対象となる犯罪につき、公訴を提起することができる長期の出訴期間を定めるものとし、また、容疑者が裁判を逃れているときは、一層長期の期間を定める。

6　この条約のいかなる規定も、この条約に従って定められる犯罪並びに適用可能な法律上の犯罪阻却事由及び行為の合法性を規律する他の法的原則は締約国の国内法により定められるという原則並びにこれらの犯罪は締約国の国内法に従って訴追され及び処罰されるという原則に影響を及ぼすものではない。

第一二条（没収及び押収）1　締約国は、次のものの没収を可能とするため、自国の国内法制において最大限度可能な範囲で必要な措置をとる。

(a)　この条約の対象となる犯罪により生じた犯罪収益又はその収益に相当する価値を有する財産

(b)　この条約の対象となる犯罪において、用い又は用いることを予定していた財産、装置又は他の道具

2　締約国は、1に規定するものを最終的に没収するために特定し、追跡し及び凍結し又は押収することができるようにするため、必要な措置をとる。

3　犯罪収益の一部又は全部が他の財産に変形し又は転換した場合には、当該犯罪収益に代えて当該他の財産につきこの条に規定する措置をとることができるものとする。

4　犯罪収益が合法的な出所から取得された財産と混同した場合には、凍結又は押収のいかなる権限も害されることなく、混同した当該犯罪収益の評価価値を限度として、混同が生じた財産を没収することができるものとする。

5　犯罪収益、犯罪収益が変形し若しくは転換した財産又は犯罪収益が混同した財産から生じた収入その他の利益については、犯罪収益と同様の方法により及び同様の限度において、この条に規定する措置をとることができるものとする。

6　この条及び次条の規定の適用上、締約国は、自国の裁判所その他の権限のある当局に対し、銀行、財務又は商取引の記録の提出又は押収を命令する権限を与える。締約国は、銀行による秘密の保持を理由としては、この6の規定に基づく行動をとることを拒否することができない。

7　締約国は、自国の国内法の原則及び司法その他の手続の性質に適合する範囲内で、犯人に対し、没収の対象となる疑いがある犯罪収益その他の財産の合法的な起源につき明らかにするよう要求することの可能性を検討することができる。

8　この条の規定は、善意の第三者の権利を害するものと解してはならない。

9　この条のいかなる規定も、この条に規定する措置が締約国の国内法に従って、かつ、これを条件として定められ及び実施されるという原則に影響を及ぼすものではない。

第一三条（没収のための国際協力）1　締約国は、前条1に規定する犯罪収益、財産、装置又は他の道具が自国の領域内にある場合において、この条約の対象となる犯罪についての裁判権を有する他の締約国から没収の要請を受けたときは、自国の国内法制において最大限度可能な範囲で、次のいずれかの措置をとる。

(a)　没収についての命令を得るため、当該要請を自国の権限のある当局に提出し、当該命令が出されたときは、これを執行すること。

(b)　当該要請を行った締約国の領域内にある裁判所により出された前条1の規定に基づく没収についての命令が自国の領域内にある同条1に規定する犯罪収益、財産、装置又は他の道具に関するものであるときは、要請される範囲内で当該命令を執行するため、自国の権限のある当局にこれを提出すること。

2　締約国は、この条約の対象となる犯罪についての裁判権を有する他の締約国による要請を受けた場合には、当該他の締約国又は1に規定する要請に従い自国が没収についての命令を最終的に出すために前条1に規定する犯罪収益、財産、装置又は他の道具を特定し、追跡し及び凍結し又は押収することができるようにするための措置をとる。

3　第一八条の規定は、この条の規定を適用する場合について準用する。この条に規定する要請には、第一八条15に規定する情報のほか、次の事項を含む。

(a)　1(a)の規定に関する要請にあっては、没収されるべき財産についての記載及び当該要請を行った締約国が基礎とする事実であって、当該要請を受けた締約国がその国内法に従い命令を求めることを可能とするに足りるものの記述

(b)　1(b)の規定に関する要請にあっては、当該要請を行った締約国が出した当該要請に係る没収についての命令の法律上認められる謄本、事実の記述及び命令の執行が要請される範囲に関する情報

(c)　2の規定に関する要請にあっては、当該要請を行った締約国が基礎とする事実の記述及び要請する措置についての記載

4　1及び2に規定する処分又は行為は、要請を受けた締約国の国内法及び手続規則又は当該要請を受けた締約国を当該要請を行った締約国との関係において拘束する二国間若しくは多数国間の条約、協定若しくは取極に従って、かつ、これらを条件として行う。

5　締約国は、この条の規定を実施する自国の法令の写し及びその法令に変更があった場合にはその変更後の法令の写し又はこれらの説明書を国際連合事務総長に提出する。

6　関連する条約の存在を1及び2の措置をとるための条件とする締約国は、この条約を必要かつ十分な根拠となる条約として取り扱う。

7　締約国は、要請に係る犯罪がこの条約の対象となる犯罪でない場合には、この条の規定に基づく協力を拒否することができる。

8　この条の規定は、善意の第三者の権利を害するものと解してはならない。

9　締約国は、この条の規定に基づく国際協力の実効性を高めるため、二国間又は多数国間の条約、協定又は取極を締結することを考慮する。

第一四条（没収した犯罪収益又は財産の処分）1　締約国が第一二条又は前条1の規定に基づいて没収した犯罪収益又は財産は、当該締約国の国内法及び行政手続に従って処分する。

2　締約国は、前条の規定に基づく他の締約国の要請により行動する場合において、没収した犯罪収益又は財産を当該要請を行った締約国に返還するよう求められたときは、当該要請を行った締約国が犯罪の被害者に補償し又は当該犯罪収益若しくは財産をその正当な所有者に返還することができるようにするため、自国の国内法により認められる範囲内で、当該犯罪収益又は財産を当該要請を行った締約国に返還することを優先的に考慮する。

3　締約国は、前二条に規定する他の締約国の要請により行動する場合には、次のことについての協定又は取極を締結することを特に考慮することができる。

(a)　没収した犯罪収益若しくは財産の価値、没収した犯罪収益若しくは財産の売却により生じた資金又はこれらの価値若しくは資金の一部を、第三〇条2(c)に規定する指定された口座に支払い、又は組織犯罪の防止に専ら取り組んでいる政府間機関に寄附すること。

(b)　定期的に又は個々の場合に応じて、没収した犯罪収益若しくは財産又はこれらの売却により生じた資金を自国の国内法又は行政手続に従い他の締約国との間で配分すること。

第一五条（裁判権）1　締約国は、次の場合において第五条、第六条、第八条及び第二三条の規定に従って定められる犯罪についての自国の裁判権を設定するため、必要な措置をとる。

(a)　犯罪が自国の領域内で行われる場合

(b)　犯罪が、当該犯罪の時に自国を旗国とする船舶内又は自国の法律により登録されている航空機内で行われる場合

2　締約国は、第四条の規定に従うことを条件として、次の場合において1に規定する犯罪についての自国の裁判権を設定することができる。

(a)　犯罪が自国の国民に対して行われる場合

(b)　犯罪が自国の国民又は自国の領域内に常居所を有する無国籍者によって行われる場合

(c)　次の場合

(i)　第五条1の規定に従って定められる犯罪が、重大な犯罪を自国の領域内において行うために、自国の領域外において行われる場合

(ii)　第六条1(b)(ii)の規定に従って定められる犯罪が、同条1の(a)(i)若しくは(ii)又は(b)(i)の規定に従って定められる犯罪を自国の領域内において行うために、自国の領域外において行われる場合

3　次条10の規定の適用上、締約国は、容疑者が自国の領域内に所在し、かつ、容疑者が自国の国民であることのみを理由として当該容疑者の引渡しを行わない場合においては、この条約の対象となる犯罪についての自国の裁判権を設定するため、必要な措置をとる。

4　締約国は、容疑者が自国の領域内に所在し、かつ、当該容疑者の引渡しを行わない場合においては、この条約の対象となる犯罪についての自国の裁判権を設定するため、必要な措置をとることができる。

5　1又は2の規定に基づいて裁判権を行使する締約国が、一又は二以上の他の締約国が同一の行為に関して捜査、訴追又は司法手続を行っていることを通報され又はその他の方法で知った場合には、これらの締約国の権限のある当局は、それぞれの行動を調整するため、相互に適宜協議する。

6　この条約は、一般国際法の規範が適用される場合を除くほか、締約国が自国の国内法に従って設定した刑事裁判権の行使を排除するものではない。

第一六条（犯罪人引渡し）1　この条の規定は、第三条1(a)又は(b)に規定する犯罪であって組織的な犯罪集団が関与し、かつ、犯罪人引渡しの請求の対象となる者が当該請求を受けた締約国の領域内に所在するもの及びこの条約の対象となる犯罪について適用する。ただし、当該請求に係る犯罪が当該請求を行った締約国及び当該請求を受けた締約国の双方の国内法に基づいて刑を科することができる犯罪であることを条件とする。

2　犯罪人引渡しの請求が二以上の別個の重大な犯罪に係るものである場合において、これらの犯罪の一部についてこの条の規定が適用されないときは、当該請求を受けた締約国は、そのような犯罪についてもこの条の規定を適用することができる。

3　この条の規定の適用を受ける犯罪は、締約国間の現行の犯罪人引渡条約における引渡犯罪とみなされる。締約国は、相互間で将来締結されるすべての犯罪人引渡条約にこの条の規定の適用を受ける犯罪を引渡犯罪として含めることを約束する。

4　条約の存在を犯罪人引渡しの条件とする締約国は、自国との間に犯罪人引渡条約を締結していない他の締約国から犯罪人引渡しの請求を受けた場合には、この条約をこの条の規定の適用を受ける犯罪に関する犯罪人引渡しのための法的根拠とみなすことができる。

5　条約の存在を犯罪人引渡しの条件とする締約国は、次の措置をとる。

(a)　この条約の批准書、受諾書、承認書又は加入書の寄託の際に、国際連合事務総長に対し、この条

約を他の締約国との間における犯罪人引渡しに関する協力のための法的根拠とするか否かを通報すること。

(b) この条約を犯罪人引渡しに関する協力のための法的根拠としない場合において、適当なときは、この条の規定を実施するため、他の締約国と犯罪人引渡しに関する条約を締結するよう努めること。

6　条約の存在を犯罪人引渡しの条件としない締約国は、相互間で、この条の規定の適用を受ける犯罪を引渡犯罪と認める。

7　犯罪人引渡しは、請求を受けた締約国の国内法に定める条件又は適用可能な犯罪人引渡条約に定める条件に従う。これらの条件には、特に、犯罪人引渡しのために最低限度必要とされる刑に関する条件及び請求を受けた締約国が犯罪人引渡しを拒否することができる理由を含む。

8　締約国は、自国の国内法に従うことを条件として、この条の規定の適用を受ける犯罪につき、犯罪人引渡手続を迅速に行うよう努めるものとし、また、この手続についての証拠に関する要件を簡易にするよう努める。

9　請求を受けた締約国は、状況が正当かつ緊急であると認められる場合において、当該請求を行った締約国の請求があるときは、自国の国内法及び犯罪人引渡条約に従うことを条件として、その引渡しが求められている自国の領域内に所在する者を抑留することその他犯罪人引渡手続へのその者の出頭を確保するための適当な措置をとることができる。

10　容疑者が自国の領域内において発見された締約国は、この条の規定の適用を受ける犯罪につき当該容疑者が自国の国民であることのみを理由として引渡しを行わない場合には、犯罪人引渡しの請求を行った締約国からの要請により、不当に遅滞することなく、訴追のため自国の権限のある当局に事件を付託する義務を負う。当該権限のある当局は、自国の国内法に規定する重大性を有する他の犯罪の場合と同様の方法で決定を行い、及び手続を実施する。関係締約国は、このような訴追の効率性を確保するため、特に手続及び証拠に係る側面に関して相互に協力する。

11　締約国は、自国の国内法が、引渡しの請求に係る裁判又は手続の結果科された刑に服するために自国の国民が自国に送還されるとの条件下においてのみ当該自国の国民の引渡しを認める場合において、当該引渡しの請求を行う締約国との間でそのような方法をとること及び他の適当と認める条件について合意するときは、そのような条件付の引渡しによって10に規定する義務を履行することができる。

12　請求を受けた締約国は、刑の執行を目的とする犯罪人引渡しをその引渡しの対象となる者が自国の国民であるという理由により拒否した場合において、当該請求を行った締約国からの申出があるときは、自国の国内法が認め、かつ、その法律の要件に適合する限りにおいて、当該請求を行った締約国の国内法に従って言い渡された刑又はその残余の執行について考慮する。

13　いずれの者も、自己につきこの条の規定の適用を受ける犯罪のいずれかに関して訴訟手続がとられている場合には、そのすべての段階において公正な取扱い(当該者が領域内に所在する締約国の国内法に定められたすべての権利及び保障の享受を含む。)を保障される。

14　この条約のいかなる規定も、犯罪人の引渡しの請求を受けた締約国が、性、人種、宗教、国籍、民族的出身若しくは政治的意見を理由として当該請求の対象となる者を訴追し若しくは処罰するために当該請求が行われたと信じ又は当該請求に応ずることにより当該者の地位がこれらの理由によって害されると信ずるに足りる実質的な根拠がある場合には、引渡しを行う義務を課するものと解してはならない。

15　締約国は、犯罪が財政上の問題にも関連すると考えられることのみを理由として、犯罪人引渡しの請求を拒否することはできない。

16　犯罪人引渡しの請求を受けた締約国は、その引渡しを拒否する前に、適当な場合には、請求を行った締約国がその意見を表明し及びその主張に関する情報を提出する機会を十分に与えるため、当該請求を行った締約国と協議する。

17　締約国は、犯罪人引渡しを行い又はその実効性を高めるための二国間又は多数国間の協定又は取極を締結するよう努める。

第一七条（刑を言い渡された者の移送）（略）

第一八条（法律上の相互援助） 1　締約国は、第三条に規定するこの条約の対象となる犯罪に関する捜査、訴追及び司法手続において、最大限の法律上の援助を相互に与え、また、同条1(a)又は(b)に規定する犯罪が性質上国際的であり(当該犯罪の被害者、証人、収益、道具又は証拠が要請を受けた締約国内に所在する場合を含む。)、かつ、当該犯罪に組織的な犯罪集団が関与していると要請を行う締約国が疑うに足りる合理的な理由がある場合には、同様の援助を相互に与える。

2　法律上の相互援助は、要請を行う締約国において第一〇条の規定に基づいて法人が責任を負う可能性のある犯罪に関して行われる捜査、訴追及び司法手続について、要請を受けた締約国の関連する法律、条約、協定及び取極の下で、最大限度可能な範囲で与えられる。

3　この条の規定に従って与えられる法律上の相互援助については、次の事項のために要請することができる。

(a) 供述の取得
(b) 裁判上の文書の送達の実施
(c) 捜索、押収及び凍結の実施
(d) 物及び場所の見分

(e) 情報、証拠物及び鑑定の提供
(f) 関連する文書及び記録(政府、銀行、財務、法人又は業務の記録を含む。)の原本又は証明された謄本の提供
(g) 証拠のための犯罪収益、財産及び道具その他の物の特定又は追跡
(h) 要請を行った締約国において人が任意に出頭することの促進
(i) その他の種類の援助であって要請を受けた締約国の国内法に違反しないもの

4 締約国の権限のある当局は、刑事問題に関する情報が、他の締約国の権限のある当局が調査及び刑事手続を行い若しくはこれらを成功裡(り)に完了させるための援助となり得るものであると信じ又は当該他の締約国がこの条約に基づいて援助の要請を行うことにつながり得るものであると信ずる場合には、事前の要請がないときでも、自国の国内法の範囲内で当該情報を当該他の締約国の権限のある当局に送付することができる。

5 4の規定に基づく情報の送付は、当該情報を提供する権限のある当局の国における調査及び刑事手続を妨げるものではない。当該情報を受領した権限のある当局は、当該情報を秘密とすること(一時的に秘密とすることを含む。)の要請又はその使用の制限に従う。ただし、このことは、情報を受領した締約国が自国の手続において被告人の無罪の立証に資するような情報を開示することを妨げるものではない。この場合において、情報を受領した締約国は、情報を送付した締約国に対し、その開示に先立って通報し、及び要請があったときは当該情報を送付した締約国と協議する。例外的に事前の通報が不可能であった場合には、情報を受領した締約国は、情報を送付した締約国に対し遅滞なくその開示について通報する。

6 この条の規定は、法律上の相互援助について全面的又は部分的に定める現行の又は将来締結される二国間又は多数国間の他の条約に基づく義務に影響を及ぼすものではない。

7 9から29までの規定は、関係締約国が法律上の相互援助に関する条約によって拘束されていない場合には、この条の規定に従って行われる要請について適用する。当該関係締約国がそのような条約によって拘束されている場合には、そのような条約の対応する規定は、当該関係締約国がこれらの規定に代えて9から29までの規定を適用することに合意する場合を除くほか、適用する。締約国は、9から29までの規定が協力を促進する場合には、これらの規定を適用することを強く奨励される。

8 締約国は、銀行による秘密の保持を理由としては、この条の規定に基づく法律上の相互援助を与えることを拒否することができない。

9 締約国は、双罰性が満たされないことを理由としてこの条の規定に基づく法律上の相互援助を与えることを拒否することができる。ただし、要請を受けた締約国は、適当と認める場合には、当該要請に係る行為が自国の国内法により犯罪を構成するか否かを問わず、その裁量により決定する範囲内で、援助を提供することができる。

10 一の締約国の領域内において拘禁され又は刑に服している者については、当該者が確認、証言その他援助であってこの条約の対象となる犯罪に関する捜査、訴追又は司法手続のための証拠の収集に係るものの提供のために他の締約国において出頭することが要請された場合において、次の条件が満たされるときは、移送することができる。
(a) 当該者が事情を知らされた上で任意に同意を与えること。
(b) 双方の締約国の権限のある当局がこれらの締約国の適当と認める条件に従って合意すること。

11 10の規定の適用上、
(a) 10に規定する者が移送された締約国は、当該者を移送した締約国が別段の要請を行わず又は承認を与えない限り、移送された当該者を抑留する権限を有し及び義務を負う。
(b) 10に規定する者が移送された締約国は、自国及び当該者を移送した締約国の双方の権限のある当局による事前又は別段の合意に従い、移送された当該者をその移送した締約国による抑留のために送還する義務を遅滞なく履行する。
(c) 10に規定する者が移送された締約国は、当該者を移送した締約国に対し、当該者の送還のために犯罪人引渡手続を開始するよう要求してはならない。
(d) 移送された者が移送された締約国において抑留された期間は、当該者を移送した国における当該者の刑期に算入する。

12 移送された者は、10及び11の規定に従って当該者を移送する締約国が同意しない限り、その国籍のいかんを問わず、当該者を移送した国の領域を出発する前の行為、不作為又は有罪判決につき、当該者が移送された国の領域内において、訴追されず、拘禁されず、処罰されず又は身体の自由についての他のいかなる制限も課されない。

13 締約国は、法律上の相互援助の要請を受領し及び当該要請を実施し又は当該要請をその実施のために権限のある当局に送付する責任及び権限を有する中央当局を指定する。締約国は、法律上の相互援助につき別個の制度を有する特別の地域又は領域を有する場合には、当該特別の地域又は領域に関し同じ任務を有する別個の中央当局を指定することができる。中央当局は、受領した要請の迅速かつ適切な実施又は送付を確保する。中央当局は、受領した要請をその実施のために権限のある当局に送付する場合には、その要請が当該権限のある当局によって迅速かつ適切に実施されるよう奨励する。締約国は、この条約

の批准書、受諾書、承認書又は加入書を寄託する際に、指定した中央当局を国際連合事務総長に通報する。法律上の相互援助の要請及びこれに関連する連絡は、締約国が指定した中央当局に対して行う。この規定は、このような要請及び連絡が外交上の経路により又は緊急の状況において関係締約国が合意しかつ可能な場合には国際刑事警察機構を通じて行われることを要求する締約国の権利を害するものではない。

14　要請は、当該要請を受けた締約国が受け入れることができる言語による書面又は可能な場合には文書による記録を作成することのできる手段により、当該締約国がその真正を確認することができる条件の下で行う。締約国は、この条約の批准書、受諾書、承認書又は加入書を寄託する際に、自国が受け入れることができる一又は二以上の言語を国際連合事務総長に通報する。緊急の状況において関係締約国が合意する場合には、要請は、口頭によって行うことができるが、直ちに書面によって確認する。

15　法律上の相互援助の要請には、次の事項を含む。

(a)　要請を行う当局の特定

(b)　要請に係る捜査、訴追又は司法手続の対象及びその性質並びにこれらの捜査、訴追又は司法手続を行う当局の名称及び任務

(c)　関連する事実の概要(裁判上の文書の送達のための要請の場合を除く。)

(d)　要請する援助についての記載及び要請を行った締約国がとられることを希望する特別の手続の詳細

(e)　可能な場合には、関係者の特定、居所及び国籍

(f)　証拠、情報又は措置が求められる目的

16　要請を受けた締約国は、追加の情報が自国の国内法に従って当該要請を実施するために必要と認める場合又は追加の情報が当該要請の実施を容易にする場合には、当該追加の情報を求めることができる。

17　要請は、当該要請を受けた締約国の国内法に従って実施し、並びに当該締約国の国内法に違反しない範囲内で及び可能な場合には当該要請において明示された手続に従って実施する。

18　一の締約国の司法当局が他の締約国の領域内に所在する個人を証人又は専門家として尋問する必要がある場合において、当該個人が当該一の締約国の領域に直接出頭することが不可能であるか又は望ましくないときは、当該個人がその領域内に所在する当該他の締約国は、当該一の締約国の要請により、可能な限り、かつ、自国の国内法の基本原則に従って、ビデオ会議によって尋問を行うことを認めることができる。締約国は、要請を行った締約国の司法当局が尋問を実施し及び要請を受けた締約国の司法当局がこれに立ち会うことを合意することができる。

19　要請を行った締約国は、当該要請を受けた締約国が提供した情報又は証拠を、当該要請を受けた締約国の事前の同意なしに、当該要請において明記された捜査、訴追又は司法手続以外のもののために送付してはならず、又は利用してはならない。この19の規定は、要請を行った締約国が自国の手続において被告人の無罪の立証に資するような情報又は証拠を開示することを妨げるものではない。この場合において、要請を行った締約国は、要請を受けた締約国に対してその開示に先立って通報し、及び要請があったときは当該要請を受けた締約国と協議する。例外的に事前の通報が不可能であった場合には、要請を行った締約国は、要請を受けた締約国に対し遅滞なくその開示について通報する。

20　要請を行った締約国は、当該要請を受けた締約国が当該要請の実施に必要な範囲を除くほか当該要請の事実及び内容を秘密のものとして取り扱うことを求めることができる。当該要請を受けた締約国が秘密のものとして取り扱うことができない場合には、当該要請を受けた締約国は、速やかにその旨を当該要請を行った締約国に通報する。

21　法律上の相互援助については、次の場合には、拒否することができる。

(a)　要請がこの条の規定に従って行われていない場合

(b)　要請を受けた締約国が当該要請の実施により自国の主権、安全、公の秩序その他の重要な利益を害されるおそれがあると認める場合

(c)　要請を受けた締約国の当局が、当該要請に係る犯罪と同様の犯罪について捜査、訴追又は司法手続が当該当局の管轄内において行われているとした場合において、要請された措置をとることを自国の国内法により禁止されているとき。

(d)　要請を受け入れることが当該要請を受けた締約国の法律上の相互援助に関する法制に違反することとなる場合

22　締約国は、犯罪が財政上の問題にも関連すると考えられることのみを理由として、法律上の相互援助の要請を拒否することはできない。

23　法律上の相互援助を拒否する場合には、その理由を示さなければならない。

24　要請を受けた締約国は、法律上の相互援助の要請を可能な限り速やかに実施し、及び要請を行った締約国が理由を付して示す期限(その理由は当該要請において示されることが望ましい。)について可能な限り十分に考慮する。要請を受けた締約国は、要請を行った締約国による当該要請の取扱いの進展についての合理的な要望に応ずる。要請を行った締約国は、要請された援助が必要でなくなった場合には、要請を受けた締約国に速やかに通報する。

25　要請を受けた締約国は、進行中の捜査、訴追又は司法手続が法律上の相互援助により妨げられることを理由として、その援助を延期することができる。

26　要請を受けた締約国は、21の規定に基づいて要請

を拒否し又は25の規定に基づいて要請の実施を延期する前に、自国が必要と認める条件に従って援助を行うか否かについて検討するために当該要請を行った締約国と協議する。当該要請を行った締約国は、当該条件に従って援助を受ける場合には、その条件に従う。

27　12の規定の適用を妨げることなく、要請を行った締約国の当該要請に基づき当該要請を行った締約国の領域内で司法手続において証言を行い又は捜査、訴追若しくは司法手続に協力することに同意する証人、専門家その他の者は、当該要請を受けた締約国の領域を出発する前の行為、不作為又は有罪判決につき、当該要請を行った締約国の領域において訴追されず、拘禁されず、処罰されず又は身体の自由についての他のいかなる制限も課されない。このような保証措置は、当該証人、専門家その他の者が、当該要請を行った締約国の司法当局により出頭することを要求されなくなったことを公式に伝えられた日から引き続く一五日の期間(当該両締約国が合意する期間がある場合には、その期間)内において当該要請を行った締約国の領域から離れる機会を有していたにもかかわらず当該要請を行った締約国の領域内に任意に滞在していたときにあっては当該期間が満了した時に又は当該領域から離れた後自己の自由意思で当該領域に戻ってきたときにあってはその時に、それぞれ終了する。

28　要請の実施に要する通常の費用は、関係締約国間において別段の合意がある場合を除くほか、当該要請を受けた締約国が負担する。要請を実施するために高額な経費又は特別の性質の経費が必要であり又は必要となる場合には、関係締約国は、当該要請を実施する条件及び費用の負担の方法を決定するために協議する。

29　要請を受けた締約国は、

(a)　自国が保有する政府の記録文書、文書又は情報であって自国の国内法上公衆が入手することができるものの写しを要請を行った締約国に提供する。

(b)　裁量により、自国が保有する政府の記録文書、文書又は情報であって自国の国内法上公衆が入手することができないものの写しの全部又は一部を適当と認める条件に従い要請を行った締約国に提供することができる。

30　締約国は、必要な場合には、この条の規定の目的に寄与し、この条の規定を実際に実施し又はこの条の規定の効果を高めるための二国間又は多数国間の協定又は取極の締結の可能性を考慮する。

第一九条(共同捜査)
第二〇条(特別な捜査方法)
第二一条(刑事手続の移管)
第二二条(犯罪記録の作成)　(略)

第二三条(司法妨害の犯罪化)　締約国は、故意に行われた次の行為を犯罪とするため、必要な立法その他の措置をとる。

(a)　この条約の対象となる犯罪に関する手続において虚偽の証言をさせるために、又は証言すること若しくは証拠を提出することを妨害するために、暴行を加え、脅迫し若しくは威嚇し又は不当な利益を約束し、申し出若しくは供与すること。

(b)　裁判官又は法執行の職員によるこの条約の対象となる犯罪に関する公務の遂行を妨害するために、暴行を加え、脅迫し又は威嚇すること。前段の規定は、締約国が裁判官及び法執行の職員以外の公務員を保護する法律を定めることを妨げるものではない。

第二四条(証人の保護)　1　締約国は、その有する手段の範囲内で、この条約の対象となる犯罪に関する刑事手続において証言する証人及び適当な場合にはその親族その他密接な関係を有する者について、生じ得る報復又は威嚇からその者を効果的に保護するため、適当な措置をとる。

2　1に規定する措置には、被告人の権利(適正な手続についての権利を含む。)に影響を及ぼすことなく、特に次のことを含めることができる。

(a)　1に規定する者の身体の保護のための手続を定めること。例えば、必要かつ実行可能な範囲内で、当該者の居所を移転し、又は適当な場合にはその身元及び所在に関する情報を開示せず若しくは開示を制限することを認めること。

(b)　証人の安全を確保する方法で証人が証言することを認めるための証拠に関する規則を定めること。例えば、ビデオリンク等の通信技術その他の適当な手段の利用を通じて証言することを認めること。

3　締約国は、1に規定する者の居所の移転に関し、他の国と協定又は取極を締結することを考慮する。

4　この条の規定は、被害者に対しても、当該者が証人である限りにおいて適用する。

第二五条(被害者に対する援助及び保護の提供)　1　締約国は、その有する手段の範囲内で、この条約の対象となる犯罪の被害者に対し、特に報復又は威嚇のおそれがある場合には、援助及び保護を与えるための適当な措置をとる。

2　締約国は、この条約の対象となる犯罪の被害者が損害賠償及び原状回復を受けられるよう適当な手続を定める。

3　締約国は、自国の国内法に従うことを条件として、防御の権利を害しない方法で被害者の意見及び懸念が犯人に対する刑事手続の適当な段階において表明され及び考慮されることを可能とする。

第二六条(法執行当局との協力を促進するための措置)　1　締約国は、組織的な犯罪集団に参加している者又は参加した者に対して次のことを奨励するための適当な措置をとる。

(a)　権限のある当局にとって捜査及び立証のために有用な情報で次のような事項に関するものを提供すること。

(i) 組織的な犯罪集団の特定、性格、構成、組織、所在地又は活動

(ii) 他の組織的な犯罪集団との連携(国際的な連携を含む。)

(iii) 組織的な犯罪集団が行った又は行う可能性のある犯罪

(b) 事実に基づく具体的な援助であって組織的な犯罪集団から資源又は犯罪収益を剥(はく)奪することに貢献し得るものを権限のある当局に提供すること。

2 締約国は、適当な場合には、この条約の対象となる犯罪の捜査又は訴追において実質的に協力する被告人の処罰を軽減することを可能とすることについて考慮する。

3 締約国は、自国の国内法の基本原則に従い、この条約の対象となる犯罪の捜査又は訴追において実質的に協力する者の訴追を免除することを可能とすることについて考慮する。

4 2及び3に規定する者の保護については、第二四条に定めるところに従う。

5 1に規定する者であって一の締約国に所在するものが他の締約国の権限のある当局に実質的に協力することができる場合には、関係締約国は、自国の国内法に従い、当該他の締約国が当該者について2及び3に規定する取扱いを行うことの可能性に関する協定又は取極を締結することを考慮することができる。

第二七条(法執行のための協力)
第二八条(組織犯罪の性質に関する情報の収集、交換及び分析)
第二九条(訓練及び技術援助)
(略)

第三〇条(その他の措置(経済的な発展及び技術援助を通じたこの条約の実施)) 1 締約国は、組織犯罪が社会一般、特に持続的な発展に及ぼす悪影響を考慮し、国際協力を通じ、可能な範囲内で、この条約の最も適当な実施に貢献する措置をとる。

2 締約国は、相互に並びに国際機関及び地域機関と調整の上、可能な範囲内で次の事項のために具体的な努力を払う。

(a) 国際的な組織犯罪を防止し及びこれと戦うための開発途上国の能力を強化するため、様々なレベルにおける開発途上国との間の協力を促進すること。

(b) 国際的な組織犯罪と効果的に戦うための開発途上国の努力を支援し及び開発途上国がこの条約を成功裡(り)に実施することを援助するため、財政的及び物質的な援助を促進すること。

(c) 開発途上国及び移行経済国がこの条約を実施する上での必要性を満たすことができるよう援助するため、これらの国に技術援助を与えること。このため、締約国は、国際連合の資金調達の仕組みにおけるこの目的のために特に指定された口座に十分かつ定期的に任意の拠出を行うよう努める。また、締約国は、自国の国内法及びこの条約に従い、この条約に従って没収された金銭又は犯罪収益若しくは財産の価額の一定の割合を当該口座に拠出することを特に考慮することができる。

(d) 他の国及び金融機関に対し、締約国がこの条の規定の下で行う努力に参加すること(特に、開発途上国がこの条約の目的を達成することを援助するためにより多くの訓練計画及び最新の装置を開発途上国に提供すること)を適宜奨励し及び説得すること。

3 この条に規定する措置は、可能な限り、現行の対外援助の約束及びその他の資金協力に関する二国間の、地域的な又は国際的な取極に影響を及ぼさないようなものとする。

4 締約国は、この条約に定める国際協力の手段を効果的なものとするため並びに国際的な組織犯罪の防止、探知及び取締りのため必要な財政上の取極を考慮に入れて、物的援助及び業務上の援助に関する二国間又は多数国間の協定又は取極を締結することができる。

第三一条(防止) 1 締約国は、国際的な組織犯罪の防止のため、国内の事業計画を作成し及び評価し並びに最善の措置及び政策を策定し及び推進するよう努める。

2 締約国は、自国の国内法の基本原則に従い、適当な立法上、行政上その他の措置を通じて、組織的な犯罪集団が犯罪収益を用いて合法的な市場に参加する現在及び将来の機会を減少させるよう努める。これの措置は、次のものに焦点を合わせるべきである。

(a) 法執行機関又は検察官と関連する民間の団体(産業界を含む。)との間の協力の強化

(b) 公的団体及び関連する民間の団体の誠実性を保障するための基準及び手続並びに関連する職業、特に、弁護士、公証人、税理士及び会計士のための行動規範の作成の促進

(c) 公の当局が行う入札手続並びに公の当局が商業活動のために交付する補助金及び免許を組織的な犯罪集団が悪用することの防止

(d) 組織的な犯罪集団による法人の悪用の防止。そのための措置には、次のものを含めることができる。

(i) 法人の設立、管理及び資金調達に関与する法人及び自然人についての公的な記録の作成

(ii) 裁判所の命令又は適当な手段により、この条約の対象となる犯罪について有罪とされた者から、自国の管轄内に設立された法人の役員として活動する資格を合理的な期間にわたって剥(はく)奪することを可能とすること。

(iii) 法人の役員として活動する資格を剥(はく)奪された者に関する国の記録の作成

(iv) 他の締約国の権限のある当局との間における(i)及び(iii)に規定する記録に含まれる情報の交換

3　締約国は、この条約の対象となる犯罪について有罪とされた者の社会復帰を促進するよう努める。

4　締約国は、組織的な犯罪集団により悪用されやすい点を探知するため、現行の関連する法的文書及び行政措置を定期的に評価するよう努める。

5　締約国は、国際的な組織犯罪の存在、原因及び重大性並びに国際的な組織犯罪によってもたらされる脅威に関する啓発の促進に努める。締約国は、適当な場合には、マスメディアを通じて情報を普及させることができるものとし、当該情報には、国際的な組織犯罪の防止及びこれとの戦いへの公衆の参加を促進するための措置を含むものとする。

6　締約国は、他の締約国が国際的な組織犯罪を防止するための措置を開発するに当たり援助することができる自国の当局の名称及び所在地を国際連合事務総長に通報する。

7　締約国は、適当な場合には、相互に並びに関連する国際機関及び地域機関と協力して、この条に規定する措置を推進し及び開発する。この協力には、国際的な組織犯罪の防止（例えば、社会的に疎外された集団を国際的な組織犯罪の行為の害を受けやすいものとしている状況を改善することによるもの）を目的とする国際的な事業計画への参加を含む。

第三二条（締約国会議）1　この条約により、国際的な組織犯罪と戦う締約国の能力を向上させるため並びにこの条約の実施を促進し及び検討するため締約国会議を設置する。

2　国際連合事務総長は、この条約の効力発生の後一年以内に締約国会議を招集する。締約国会議は、手続規則並びに3及び4に規定する活動を規律するための規則（これらの活動に要する経費の支払に関する規則を含む。）を採択する。

3　締約国会議は、1に規定する目的を達成するための仕組みについて合意する。この仕組みには、次のことを含む。

(a)　第二九条から前条までに規定する締約国の活動を促進すること（任意の拠出の調達を促進することによるものを含む。）。

(b)　国際的な組織犯罪の形態及び傾向並びに国際的な組織犯罪との戦いにおいて成功した措置に関する締約国間の情報の交換を促進すること。

(c)　関連する国際機関、地域機関及び非政府機関と協力すること。

(d)　この条約の実施状況を定期的に検討すること。

(e)　この条約及びその実施の改善のための勧告を行うこと。

4　3(d)及び(e)の規定の適用上、締約国会議は、締約国が提供する情報及び締約国会議が設ける補足的な検討の仕組みを通じて、この条約の実施に当たり締約国がとった措置及びその際に直面した困難に関する必要な知識を得る。

5　締約国は、締約国会議から要請があったときは、この条約を実施するための計画及び実行並びに立法上及び行政上の措置に関する情報を締約国会議に提供する。

第三三条（事務局）1　国際連合事務総長は、締約国会議のために必要な事務局の役務を提供する。

2　事務局は、次の任務を遂行する。

(a)　締約国会議が前条に規定する活動を行うに当たり、締約国会議を補佐し、その会合を準備し、及びこれに必要な役務を提供すること。

(b)　締約国が前条5に規定する締約国会議への情報の提供を行う際に、要請により、当該締約国を補佐すること。

(c)　関連する国際機関及び地域機関の事務局と必要な調整を行うこと。

第三四条（条約の実施）1　締約国は、この条約に定める義務の履行を確保するため、自国の国内法の基本原則に従って、必要な措置（立法上及び行政上の措置を含む。）をとる。

2　第五条、第六条、第八条及び第二三条の規定に従って定められる犯罪については、各締約国の国内法において、第三条1に定める国際的な性質又は組織的な犯罪集団の関与とは関係なく定める。ただし、第五条の規定により組織的な犯罪集団の関与が要求される場合は、この限りでない。

3　締約国は、国際的な組織犯罪を防止し及びこれと戦うため、この条約に定める措置よりも精細な又は厳しい措置をとることができる。

第三五条（紛争の解決）1　締約国は、この条約の解釈又は適用に関する紛争を交渉によって解決するよう努める。

2　この条約の解釈又は適用に関する締約国間の紛争で交渉によって合理的な期間内に解決することができないものは、いずれかの紛争当事国の要請により、仲裁に付される。仲裁の要請の日の後六箇月で仲裁の組織について紛争当事国が合意に達しない場合には、いずれの紛争当事国も、国際司法裁判所規程に従って国際司法裁判所に紛争を付託することができる。

3　締約国は、この条約の署名、批准、受諾若しくは承認又はこの条約への加入の際に、2の規定に拘束されない旨を宣言することができる。他の締約国は、そのような留保を付した締約国との関係において2の規定に拘束されない。

4　3の規定に基づいて留保を付した締約国は、国際連合事務総長に対する通告により、いつでもその留保を撤回することができる。

第三六条（署名、批准、受諾、承認及び加入）1　この条約は、二〇〇〇年一二月一二日から一五日まではイタリアのパレルモにおいて、その後は、二〇〇二年一二月一二日までニューヨークにある国際連合本部において、すべての国による署名のために開放しておく。

2　この条約は、また、地域的な経済統合のための機関の構成国のうち少なくとも一の国が1の規定に従ってこの条約に署名していることを条件として、当該機関による署名のために開放しておく。

3　この条約は、批准され、受諾され又は承認されなければならない。批准書、受諾書又は承認書は、国際連合事務総長に寄託する。地域的な経済統合のための機関は、その構成国のうち少なくとも一の国が批准書、受諾書又は承認書を寄託している場合には、当該機関の批准書、受諾書又は承認書を寄託することができる。当該機関は、当該批准書、受諾書又は承認書において、この条約の規律する事項に関する自己の権限の範囲を宣言する。また、当該機関は、自己の権限の範囲の変更で関連するものを寄託者に通報する。

4　この条約は、すべての国又は地域的な経済統合のための機関であってその構成国のうち少なくとも一の国がこの条約の締約国であるものによる加入のために開放しておく。加入書は、国際連合事務総長に寄託する。地域的な経済統合のための機関は、その加入の際に、この条約の規律する事項に関する自己の権限の範囲を宣言する。また、当該機関は、自己の権限の範囲の変更で関連するものを寄託者に通報する。

第三七条（議定書との関係）1　この条約は、一又は二以上の議定書により補足することができる。

2　国又は地域的な経済統合のための機関は、議定書の締約国となるためにこの条約の締約国でなければならない。

3　この条約の締約国は、議定書に従ってその締約国とならない限り、当該議定書によって拘束されない。

4　この条約の議定書は、その目的を考慮しつつ、この条約とともに解釈される。

第三八条（効力発生）1　この条約は、四〇番目の批准書、受諾書、承認書又は加入書が寄託された日の後九〇日目の日に効力を生ずる。この1の規定の適用上、地域的な経済統合のための機関によって寄託される文書は、当該機関の構成国によって寄託されたものに追加して数えてはならない。

2　四〇番目の批准書、受諾書、承認書又は加入書が寄託された後にこの条約を批准し、受諾し、承認し又はこれに加入する国又は地域的な経済統合のための機関については、この条約は、当該国又は地域的な経済統合のための機関によりこれらの文書が寄託された日の後三〇日目の日に効力を生ずる。

第三九条（改正）1　締約国は、この条約の効力発生から五年を経過した後は、改正を提案し及び改正案を国際連合事務総長に提出することができる。同事務総長は、直ちに、締約国及び締約国会議に対し、改正案をその審議及び決定のために送付する。締約国会議は、各改正案につき、コンセンサス方式により合意に達するようあらゆる努力を払う。コンセンサスのためのあらゆる努力にもかかわらず合意に達しない場合には、改正案は、その採択のため、最後の解決手段として、締約国会議の会合に出席しかつ投票する締約国の三分の二以上の多数による議決を必要とする。

2　地域的な経済統合のための機関は、その権限の範囲内の事項について、この条約の締約国であるその構成国の数と同数の票を投票する権利を行使する。当該機関は、その構成国が自国の投票権を行使する場合には、投票権を行使してはならない。その逆の場合も、同様とする。

3　1の規定に従って採択された改正は、締約国によって批准され、受諾され又は承認されなければならない。

4　1の規定に従って採択された改正は、締約国が国際連合事務総長に当該改正の批准書、受諾書又は承認書を寄託した日の後九〇日で当該締約国について効力を生ずる。

5　改正は、効力を生じたときは、その改正に拘束されることについての同意を表明した締約国を拘束する。他の締約国は、改正前のこの条約の規定（批准し、受諾し又は承認した従前の改正を含む。）により引き続き拘束される。

第四〇条（廃棄）1　締約国は、国際連合事務総長に対して書面による通告を行うことにより、この条約を廃棄することができる。廃棄は、同事務総長がその通告を受領した日の後一年で効力を生ずる。

2　地域的な経済統合のための機関は、当該機関のすべての構成国がこの条約を廃棄した場合には、この条約の締約国でなくなる。

3　1の規定に従って行われたこの条約の廃棄は、この条約の議定書の廃棄を伴う。

第四一条（寄託者及び言語）1　国際連合事務総長は、この条約の寄託者に指定される。

2　アラビア語、中国語、英語、フランス語、ロシア語及びスペイン語をひとしく正文とするこの条約の原本は、国際連合事務総長に寄託する。

11 6　国際的な組織犯罪の防止に関する国際連合条約を補足する人、特に女性及び児童の取引を防止し、抑止し及び処罰するための議定書（人身取引防止議定書）（抄）

採　択　二〇〇〇年一一月一五日
国際連合総会第五五回会期決議五五／二五附属書二

効力発生　二〇〇三年一二月二五日
日本国　二〇〇二年一二月九日署名、二〇〇五年六月八日国会承認、二〇一七年七月一一日受諾書寄託、七月一四日公布（条約第二二号）、八月一〇日効力発生

前文（略）

I　一般規定

第一条（国際的な組織犯罪の防止に関する国際連合条約との関係）1　この議定書は、国際的な組織犯罪の防止に関する国際連合条約を補足する。この議定書は、同条約とともに解釈される。
2　同条約の規定は、この議定書に別段の定めがある場合を除くほか、この議定書について準用する。
3　第五条の規定に従って定められる犯罪は、同条約に従って定められる犯罪とみなす。

第二条（目的）この議定書は、次のことを目的とする。
(a)　女性及び児童に特別の考慮を払いつつ、人身取引を防止し及びこれと戦うこと。
(b)　人身取引の被害者の人権を十分に尊重しつつ、これらの者を保護し及び援助すること。
(c)　これらの目的を達成するため、締約国間の協力を促進すること。

第三条（用語）この議定書の適用上、
(a)　「人身取引」とは、搾取の目的で、暴力若しくはその他の形態の強制力による脅迫若しくはこれらの行使、誘拐、詐欺、欺もう、権力の濫用若しくは弱い立場の悪用又は他人を支配下に置く者の同意を得る目的で行う金銭若しくは利益の授受の手段を用いて、人を徴募し、運搬し、移送し、蔵匿し又は収受することをいう。搾取には、少なくとも、他人を売春させて搾取すること若しくはその他の形態の性的搾取、強制的な労働若しくは役務の提供、奴隷若しくはこれに類する行為、隷属又は臓器摘出を含める。
(b)　(a)に規定する手段が用いられた場合には、人身取引の被害者が(a)に規定する搾取についての同意をしているか否かを問わない。
(c)　搾取の目的で児童を徴募し、運搬し、移送し、蔵匿し又は収受することは、(a)に規定するいずれの手段が用いられない場合であっても、人身取引とみなされる。
(d)　「児童」とは、一八歳未満のすべての者をいう。

第四条（適用範囲）この議定書は、この議定書に別段の定めがある場合を除くほか、次条の規定に従って定められる犯罪であって、性質上国際的なものであり、かつ、組織的な犯罪集団が関与するものの防止、捜査及び訴追並びに当該犯罪の被害者の保護について適用する。

第五条（犯罪化）1　締約国は、故意に行われた第三条に規定する行為を犯罪とするため、必要な立法その他の措置をとる。
2　締約国は、また、次の行為を犯罪とするため、必要な立法その他の措置をとる。
(a)　自国の法制の基本的な概念に従うことを条件として、1の規定に従って定められる犯罪の未遂
(b)　1の規定に従って定められる犯罪に加担すること。
(c)　1の規定に従って定められる犯罪を行わせるために他の者を組織し又は他の者に指示すること。

II　人身取引の被害者の保護

第六条（人身取引の被害者に対する援助及びその者の保護）1　締約国は、適当な場合には、かつ、国内法において可能な範囲内で、人身取引の被害者の私生活及び人定事項を保護する。この保護には、特に、人身取引に関する法的手続を秘密とすることを含む。
2　締約国は、適当な場合には、自国の法律上又は行政上の制度に人身取引の被害者に対して次のものを提供する措置を含めることを確保する。
(a)　関連する訴訟上及び行政上の手続に関する情報
(b)　犯人に対する刑事手続の適当な段階において、防御の権利を妨げない方法で被害者の意見及び関心が表明され及びこれらについて考慮されることを可能にするための援助
3　締約国は、適当な場合には、非政府組織その他の関連団体及び市民社会の他の要素と協力して、特に、次のものの提供を含む人身取引の被害者の身体的、心理的及び社会的な回復のための措置をとることを考慮する。
(a)　適当な住居
(b)　人身取引の被害者が理解することのできる言語によるカウンセリング及び情報で特に当該者の法的な権利に関するもの
(c)　医学的、心理的及び物的援助
(d)　雇用、教育及び訓練の機会
4　締約国は、この条の規定を適用するに当たり、人身取引の被害者の年齢、性別及び特別のニーズ（適当な住居、教育及び養護を含む。）、特に児童の特別のニーズを考慮する。
5　締約国は、人身取引の被害者が当該締約国の領域内にいる間その身体の安全を確保するよう努める。
6　締約国は、人身取引の被害者が被った損害の賠償を受けることを可能とする措置を自国の国内法制に含めることを確保する。

第七条（受入国における人身取引の被害者の地位）1　締約国は、前条の規定に基づく措置をとることに加え、適当な場合には、人身取引の被害者が一時的又は恒久的に当該締約国の領域内に滞在することを認める立法又はその他の適当な措置をとることを考慮する。
2　締約国は、1に規定する措置を実施するに当たり、人道的な及び情状上の要素に適当な考慮を払う。

第八条（人身取引の被害者の送還）1　締約国は、人身

取引の被害者であって自国の国民であるもの又は受入締約国の領域に入った時点で自国の永住権を有していたものの送還を、不当又は不合理に遅滞することなく、当該者の安全に妥当な考慮を払いつつ、容易にし及び受け入れる。

2　締約国がその人身取引の被害者が自国の国民である締約国又はその者が受入締約国の領域に入った時点で永住権を有していた締約国に当該者を送還する場合には、その送還については、当該者の安全及び当該者が人身取引の被害者であるという事実に関連するあらゆる法的手続の状況に妥当な考慮が払われるものとし、かつ、任意で行われることが望ましい。

3　受入締約国の要請がある場合には、要請を受けた締約国は、不当又は不合理に遅滞することなく、人身取引の被害者が自国の国民であるか否か又は受入締約国の領域に入った時点で自国の領域内における永住権を有していたか否かを確認する。

4　適当な文書を所持していない人身取引の被害者の送還を容易にするため、その者が自国の国民である締約国又は受入締約国の領域に当該者が入った時点で永住権を有していた締約国は、受入締約国の要請がある場合には、当該者が自国の領域に渡航し及び再入国することができるようにするために必要な旅行証明書又はその他の許可証を当該者に対し発給することに同意する。

5　この条の規定は、受入締約国の国内法によって人身取引の被害者に与えられるいかなる権利も害するものではない。

6　この条の規定は、人身取引の被害者の送還を全面的又は部分的に定める適用可能な二国間又は多数国間のいかなる協定又は取極の適用も妨げるものではない。

III　防止、協力及びその他の措置

第九条（人身取引の防止）1　締約国は、次の事項についての包括的な政策、計画その他の措置を定める。

(a)　人身取引を防止し及びこれと戦うこと。

(b)　人身取引の被害者、特に女性及び児童を再び被害を受けることから保護すること。

2　締約国は、人身取引を防止し及びこれと戦うため、調査、情報提供、マスメディアを通じての活動、社会的及び経済的な自発的活動等の措置をとるよう努める。

3　この条の規定に従って定める政策、計画その他の措置は、適当な場合には、非政府組織その他の関連団体及び市民社会の他の要素との協力を含むものとする。

4　締約国は、人、特に女性及び児童について人身取引の害を受けやすくする要因（貧困、低開発及び平等な機会の欠如を含む。）を軽減する措置（二国間又は多数国間の協力によるものを含む。）をとり又は強化する。

5　締約国は、人、特に女性及び児童に対するあらゆる形態の搾取であって人身取引の起因となるものを助長する需要を抑制するため、教育的、社会的又は文化的な措置等の立法その他の措置（二国間及び多数国間の協力によるものを含む。）をとり又は強化する。

第一〇条（情報交換及び訓練）（略）

第一一条（境界に関する措置）1　締約国は、人の移動の自由に関する国際的な約束の適用を妨げることなく、人身取引を防止し及び探知するために必要な境界管理を可能な範囲内で強化する。

2　締約国は、商業運送業者によって用いられる輸送手段が第五条の規定に従って定められる犯罪に利用されることを可能な範囲内で防止するため、立法その他の適当な措置をとる。

3　2の措置には、適当な場合には及び適用可能な国際条約の適用を妨げることなく、商業運送業者（あらゆる運輸業者又は輸送手段の所有者若しくは運航者を含む。）がすべての乗客が受入国への入国に必要な旅行証明書を所持していることを確認する義務を定めることを含む。

4　締約国は、自国の国内法に従い、3に規定する義務についての違反があった場合の制裁を定めるために必要な措置をとる。

5　締約国は、自国の国内法に従い、この議定書に従って定められる犯罪に関与した者の入国を拒否し又は査証を取り消すことを可能とする措置をとることを検討する。

6　締約国は、国際的な組織犯罪の防止に関する国際連合条約第二七条の規定の適用を妨げることなく、特に、直接の連絡経路を設け及び維持することにより、境界管理当局の相互間の協力を強化することを検討する。

第一二条（文書の安全及び管理）
第一三条（文書の正当性及び有効性）｝（略）

IV　最終規定

第一四条（保留条項）1　この議定書のいかなる規定も、国際法（国際人道法及び人権に関する国際法、特に適用可能な場合には難民の地位に関する一九五一年の条約及び一九六七年の議定書並びにこれらに含まれるノン・ルフールマン原則を含む。）の下における国及び個人の権利、義務及び責任に影響を及ぼすものではない。

2　この議定書に規定する措置は、人身取引の被害者であることを理由に人を差別的に取り扱うことがないように解釈され、かつ、適用される。これらの措置の解釈及び適用は、国際的に認められた無差別の原則に従う。

第一五条（紛争の解決）（11 5第三五条参照）

第一六条（署名、批准、受諾、承認及び加入）（11 5第三六条参照）

第一七条（効力発生）1　この議定書は、四〇番目の批准書、受諾書、承認書又は加入書が寄託された日の後九〇日目の日に効力を生ずる。ただし、この議定

書は、国際的な組織犯罪の防止に関する国際連合条約の効力発生前に効力を生ずることはない。この1の規定の適用上、地域的な経済統合のための機関によって寄託される文書は、当該機関の構成国によって寄託されたものに追加して数えてはならない。

2　四〇番目の批准書、受諾書、承認書又は加入書が寄託された後にこの議定書を批准し、受諾し、承認し又はこれに加入する国又は地域的な経済統合のための機関については、この議定書は、当該国又は地域的な経済統合のための機関によりこれらの文書が寄託された日の後三〇日目の日又は1の規定によりこの議定書が効力を生ずる日のうちいずれか遅い日に効力を生ずる。

第一八条（改正）（11 5第三九条参照）

第一九条（廃棄）（11 5第四〇条参照）

第二〇条（寄託者及び言語）（11 5第四一条参照）

11 7 国際的な組織犯罪の防止に関する国際連合条約を補足する陸路、海路及び空路により移民を密入国させることの防止に関する議定書（移民密入国防止議定書）（抄）

採　択　二〇〇〇年一一月一五日　国際連合総会第五五回会期決議五五／二五附属書三

効力発生　二〇〇四年一月二八日

日本国　二〇〇二年一二月九日署名、二〇〇五年六月八日国会承認、二〇一七年七月一一日受諾書寄託、七月一四日公布（条約第二三号）、八月一〇日効力発生

前　文（略）

I　一般規定

第一条（国際的な組織犯罪の防止に関する国際連合条約との関係）（11 6第一条参照）

第二条（目的）この議定書の目的は、密入国させられた移民の権利を保護しつつ、移民を密入国させることを防止し及びこれと戦い、並びにその目的のために締約国間の協力を促進することにある。

第三条（用語）この議定書の適用上、

(a)「移民を密入国させること」とは、金銭的利益その他の物質的な利益を直接又は間接に得るため、締約国の国民又は永住者でない者を当該締約国に不法入国させることをいう。

(b)「不法入国」とは、受入国への適法な入国のために必要な条件を遵守することなく境界を越えることをいう。

(c)「不正な旅行証明書又は身分証明書」とは、次のいずれかの旅行証明書又は身分証明書をいう。

(i) ある国のために旅行証明書又は身分証明書を作成し又は発給する権限を適法に与えられた者又は機関以外の者により、偽造され又は著しく改変されたもの

(ii) 虚偽の表示、腐敗、強迫その他不法な態様により、不正に発給され又は取得されたもの

(iii) 正当な所持者以外の者によって使用されているもの

(d)「船舶」とは、水上輸送の用に供され又は供することができるすべての型式の船舶類（無排水量船及び水上航空機を含む。）をいう。ただし、軍艦、軍の補助艦又は政府が所有し若しくは運航する他の船舶で当面において政府の非商業的役務にのみ使用しているものを除く。

第四条（適用範囲）この議定書は、この議定書に別段の定めがある場合を除くほか、第六条の規定に従って定められる犯罪であって、性質上国際的なものであり、かつ、組織的な犯罪集団が関与するものの防止、捜査及び訴追並びに当該犯罪の対象となった者の権利の保護について適用する。

第五条（移民の刑事責任）移民は、次条に規定する行為の対象となった事実により、この議定書に基づいて刑事訴追されることはない。

第六条（犯罪化）1　締約国は、故意に行われ、かつ、金銭的利益その他の物質的な利益を直接又は間接に得ることを目的とする次の行為を犯罪とするため、必要な立法その他の措置をとる。

(a) 移民を密入国させること。

(b) 移民を密入国させることを可能にする目的で、

(i) 不正な旅行証明書又は身分証明書を製造すること。

(ii) 不正な旅行証明書又は身分証明書を入手し、提供し又は所持すること。

(c) (b)に規定する手段又は他の不法な手段により、当該国の国民又は永住者でない者が、適法に滞在するために必要な条件を遵守することなく当該国に滞在することを可能にすること。

2　締約国は、また、次の行為を犯罪とするため、必要な立法その他の措置をとる。

(a) 自国の法制の基本的な概念に従うことを条件として、1の規定に従って定められる犯罪の未遂

(b) 1(a)、(b)(i)又は(c)の規定に従って定められる犯罪に加担すること及び自国の法制の基本的な概念に従うことを条件として1(b)(ii)の規定に従って定められる犯罪に加担すること。

(c) 1の規定に従って定められる犯罪を行わせるた

めに他の者を組織し又は他の者に指示すること。

3　締約国は、1(a)、(b)(i)及び(c)の規定に従って定められる犯罪並びに自国の法制の基本的な概念に従うことを条件として、2(b)及び(c)の規定に従って定められる犯罪について、次の事由を刑を加重する情状とするため、必要な立法その他の措置をとる。

(a)　関係する移民の生命又は安全を危うくし又は危うくするおそれがあること。

(b)　関係する移民に対する非人道的な又は品位を傷つける取扱い（搾取のためのものを含む。）を伴うこと。

4　この議定書のいかなる規定も、締約国が自国の国内法上犯罪を構成する行為を行った者に対して措置をとることを妨げるものではない。

II　海路により移民を密入国させること

第七条（協力）締約国は、海洋に関する国際法に従い、海路により移民を密入国させることを防止し及び抑止するため可能な最大限度の協力を行う。

第八条（海路により移民を密入国させることに対する措置）1　締約国は、自国の旗を掲げ若しくは自国の登録を主張している船舶、国籍を有していない船舶又は外国の旗を掲げているか若しくはその船舶の旗を示すことを拒否したが実際には自国の国籍を有する船舶が、移民の海路による密入国に関与していると疑うに足りる合理的な理由を有する場合には、移民を密入国させることのためにこれらの船舶が用いられることを防止するに当たり、他の締約国の援助を要請することができる。要請を受けた締約国は、その有する手段により可能な範囲内で援助を行う。

2　締約国は、国際法に基づく航行の自由を行使する船舶であって他の締約国の旗を掲げ又は登録標識を表示するものが移民の海路による密入国に関与していると疑うに足りる合理的な理由を有する場合には、その旨を旗国に通報し及び登録の確認を要請することができるものとし、これが確認されたときは、当該船舶について適当な措置をとることの許可を旗国に要請することができる。旗国は、要請を行った国に対し、特に、次のことについて許可を与えることができる。

(a)　当該船舶に乗船すること。

(b)　当該船舶を捜索すること。

(c)　当該船舶が移民の海路による密入国に関与していることの証拠が発見された場合には、旗国の許可により、当該船舶並びにその乗船者及び積荷について適当な措置をとること。

3　2の規定に従って措置をとる締約国は、その措置の結果を速やかに関係旗国に通報する。

4　締約国は、自国の登録を主張する船舶又は自国の旗を掲げる船舶について自国の登録を主張することが許されているかいないか又は自国の旗を掲げることが許されているかいないかを確定するための他の締約国からの要請及び2の規定に従って与えられる許可についての要請に対し、速やかに回答する。

5　旗国は、前条の規定に適合する範囲内で、2に規定する許可に自国と要請を行った国との間において合意される条件（責任及びとられる効果的な措置の範囲に関する条件を含む。）を付することができる。締約国は、人の生命に対する急迫した危険を除去するために必要な措置又は関連する二国間若しくは多数国間の協定に由来する措置を除くほか、旗国の明示の許可なしに追加の措置をとってはならない。

6　締約国は、援助の要請、船舶の登録又は自国の旗を掲げる権利の確認の要請及び適当な措置をとることの許可の要請を受け並びにこれらの要請に回答する一の当局又は必要な場合には二以上の当局を指定する。その指定については、その指定の後一箇月以内に事務総長を通じて他のすべての締約国に通報する。

7　締約国は、船舶が移民を海路により密入国させており、かつ、国籍を有しないか又は国籍を有しないとみなされるものであると疑うに足りる合理的な理由を有する場合には、当該船舶に乗船し及びこれを捜索することができる。当該締約国は、疑いを裏付ける証拠が発見された場合には、関連する国内法及び国際法に従って適当な措置をとる。

第九条（セーフガード条項）1　締約国は、前条の規定に従って船舶に対する措置をとる場合には、次のことを行う。

(a)　乗船者の安全及び人道的な取扱いを確保すること。

(b)　船舶又はその積荷の安全を危うくすることのないよう妥当な考慮を払うこと。

(c)　旗国その他の関係国の商取引上又は法律上の利益を害することのないよう妥当な考慮を払うこと。

(d)　利用可能な手段の範囲内で、船舶に関してとられるいかなる措置も環境上適正なものであることを確保すること。

2　船舶は、前条の規定に基づいてとられた措置の根拠がないことが証明された場合には、当該措置を正当化するいかなる行為も行っていなかったことを条件に、被ることのある損失又は損害に対する補償を受ける。

3　このIIの規定に従って、とり、採用し又は実施する措置については、次の事項を妨げ又はこれらに影響を及ぼすことのないよう妥当な考慮を払う。

(a)　海洋に関する国際法に基づく沿岸国の権利及び義務並びに管轄権の行使

(b)　船舶に関する行政上、技術上及び社会上の事項についての旗国の管轄及び管理の権限

4　このIIの規定に基づいて海上においてとられる措置は、軍艦若しくは軍用航空機又は他の船舶若しくは航空機であって政府の公務に使用されていることが明らかに表示されており、かつ、識別することのできるものであり及びそのための権限を与えられているもののみが実施する。

III　防止、協力その他の措置

第一〇条（情報）（略）

第一一条（境界に関する措置）（⑪6第一一条参照）

第一二条（文書の安全及び管理）
第一三条（文書の正当性及び有効性）
第一四条（訓練及び技術協力）
第一五条（その他の防止措置）
｝（略）

第一六条（保護及び援助措置） 1　締約国は、この議定書の実施に当たり、国際法に基づく義務に適合する範囲内で、第六条に規定する行為の対象となった者の権利であって適用可能な国際法によって与えられるもの、特に、生命に対する権利及び拷問又は他の残虐な、非人道的な若しくは品位を傷つける取扱い若しくは刑罰を受けない権利を保持し及び保護するため、すべての適当な措置（必要な場合には、立法措置を含む。）をとる。

2　締約国は、第六条に規定する行為の対象であるという理由によって個人又は集団から加えられる暴力からの適当な保護を移民に与えるための適当な措置をとる。

3　締約国は、第六条に規定する行為の対象であるという理由によってその生命又は安全が危険にさらされている移民に適当な援助を与える。

4　締約国は、この条の規定を適用するに当たり、女性及び児童の特別のニーズを考慮する。

5　締約国は、第六条に規定する行為の対象となった者を拘禁する場合には、領事関係に関するウィーン条約に基づく義務（適用可能な場合には、領事官に対する通告及び当該領事官との通信に関する規定について当該者に遅滞なく通報する義務を含む。）を遵守する。

第一七条（協定及び取極）（略）

第一八条（密入国させられた移民の送還） 1　締約国は、第六条に規定する行為の対象となった者であって、自国の国民であるもの又は送還時に自国の領域において永住権を有するものの送還を、不当又は不合理に遅滞することなく、容易にし及び受け入れることに同意する。

2　締約国は、第六条に規定する行為の対象となった者であって、受入国に入った時点で自国の国内法の規定に従いその領域内における永住権を有していたものの送還を容易にし及び受け入れる可能性を検討する。

3　受入締約国の要請がある場合には、要請を受けた締約国は、不当又は不合理に遅滞することなく、第六条に規定する行為の対象となった者が自国の国民であるか否か又は自国の領域内における永住権を有するか否かを確認する。

4　第六条に規定する行為の対象となった者であって適当な文書を所持していないものの送還を容易にするため、その者が自国の国民である締約国又は永住権を有する締約国は、受入締約国の要請がある場合には、当該者が自国の領域に渡航し及び再入国することができるようにするために必要な旅行証明書又はその他の許可証を当該者に対し発給することに同意する。

5　第六条に規定する行為の対象となった者の送還に関与する締約国は、秩序ある方法で、かつ、その者の安全及び尊厳に妥当な考慮を払いつつその送還を行うためにすべての適当な措置をとる。

6　締約国は、この条の規定の実施において、関係する国際機関と協力することができる。

7　この条の規定は、受入締約国の国内法によって第六条に規定する行為の対象となった者に与えられるいかなる権利も害するものではない。

8　この条の規定は、第六条に規定する行為の対象となった者の送還を全面的又は部分的に定める他の適用可能な二国間若しくは多数国間条約又は他の適用可能な運用上の協定若しくは取極に基づく義務に影響を及ぼすものではない。

IV　最終規定

第一九条（保留条項）（⑪6第一四条参照）

第二〇条（紛争の解決）（⑪5第三五条参照）

第二一条（署名、批准、受諾、承認及び加入）（⑪5第三六条参照）

第二二条（効力発生）（⑪6第一七条参照）

第二三条（改正）（⑪5第三九条参照）

第二四条（廃棄）（⑪5第四〇条参照）

第二五条（寄託者及び言語）（⑪5第四一条参照）

⑪8　国際的な組織犯罪の防止に関する国際連合条約を補足する銃器並びにその部品及び構成部分並びに弾薬の不正な製造及び取引の防止に関する議定書（銃器不正取引防止議定書）（抄）

採　択　二〇〇一年五月三一日　国際連合総会第五五回会期決議五五／二五五附属書
効力発生　二〇〇五年七月三日
日本国　二〇〇二年一二月九日署名

前　文（略）

I　一般規定

第一条（国際的な組織犯罪の防止に関する国際連合条約との関係）（Ⅱ6第一条参照）

第二条（目的）この議定書の目的は、銃器並びにその部品及び構成部分並びに弾薬の不正な製造及び取引を防止し、これらと戦い及びこれらを撲滅するため、締約国間の協力を促進し、容易にし及び強化することにある。

第三条（用語）この議定書の適用上、

(a)「銃器」とは、持運び可能な銃身のある武器であって、爆発の作用により、弾丸、銃弾又は発射体を発射し、発射するよう設計されており又は発射するよう容易に転換することができるもの（古式銃又はその複製品を除く。）をいう。ただし、古式銃及びその複製品は、国内法に従い定義する。古式銃には、いかなる場合にも、一八九九年以後に製造された銃器を含まない。

(b)「部品及び構成部分」とは、銃器のために特に設計され、かつ、その作動に不可欠な要素又は代替品（銃身、機関部体若しくはレシーバー、スライド若しくは回転弾倉、ボルト又はブリーチブロックを含む。）及び銃器の発射によって生ずる音を減ずるために設計され又は改造された装置をいう。

(c)「弾薬」とは、銃器に用いられる完全な実包又はその構成部分（薬きょう、雷管、発射火薬、銃弾又は発射体を含む。）をいう。ただし、当該構成部分は、それ自体が締約国内で許可の対象であることを条件とする。

(d)「不正な製造」とは、銃器並びにその部品及び構成部分並びに弾薬の製造又は組立てであって次に掲げる条件を満たすものをいう。

(i)不正に取引された部品及び構成部分から成るもの

(ii)製造又は組立てが行われる締約国の権限のある当局から免許又は許可を受けることなく行われるもの

(iii)製造時に第八条の規定に従い銃器に刻印されていないもの

部品及び構成部分の製造の免許及び許可は、国内法に従う。

(e)「不正な取引」とは、銃器並びにその部品及び構成部分並びに弾薬を一の締約国の領域から他の締約国の領域へ又は一の締約国を通過して他の締約国の領域へ輸入し、輸出し、取得し、販売し、運搬し、移動し及び移転することをいう。ただし、いずれかの関係締約国がこの議定書の規定に従って許可しない場合又は第八条の規定に従い銃器に刻印されていない場合に限る。

(f)「追跡」とは、締約国の権限のある当局が不正な製造及び取引を探知し、捜査し及び分析することを支援するため、銃器並びに可能な場合にはその部品及び構成部分並びに弾薬の製造者から購入者までを系統的に追跡することをいう。

第四条（適用範囲）1　この議定書は、この議定書に別段の定めがある場合を除くほか、銃器並びにその部品及び構成部分並びに弾薬の不正な製造及び取引の防止並びに次条の規定に従って定められる犯罪であって性質上国際的なものであり、かつ、組織的な犯罪集団が関与するものの捜査及び訴追について適用する。

2　この議定書は、その適用が国際連合憲章に従って国家の安全保障上の利益のために行動する締約国の権利を妨げる場合には、国家間の取引又は国家への移転については適用しない。

第五条（犯罪化）1　締約国は、故意に行われた次の行為を犯罪とするため、必要な立法その他の措置をとる。

(a)銃器並びにその部品及び構成部分並びに弾薬の不正な製造

(b)銃器並びにその部品及び構成部分並びに弾薬の不正な取引

(c)第八条の規定に従って定められる銃器の刻印の偽造又は不正な抹消、削除若しくは変更

2　締約国は、また、次の行為を犯罪とするため、必要な立法その他の措置をとる。

(a)自国の法制の基本的な概念に従うことを条件として、1の規定に従って定められる犯罪の未遂の罪を犯し又はその犯罪に加担すること。

(b)1の規定に従って定められる犯罪の実行を組織し、指示し、ほう助し、教唆し若しくは援助し又はこれについて相談すること。

第六条（没収、押収及び処分）1　締約国は、国際的な組織犯罪の防止に関する国際連合条約第一二条の規定の適用を妨げることなく、自国の国内法制において最大限度可能な範囲で、不正に製造され又は取引された銃器並びにその部品及び構成部分並びに弾薬の没収を可能とするため、必要な措置をとる。

2　締約国は、自国の国内法制の範囲で、不正に製造され又は取引された銃器並びにその部品及び構成部分並びに弾薬を押収し及び破壊することにより、そのような銃器並びにその部品及び構成部分並びに弾薬が許可を受けていない者の手に渡ることを防ぐため、必要な措置をとる。ただし、他の処分について銃器が刻印され並びに銃器及び弾薬の処分の方法が記録されることを条件として公式に許可された場合は、この限りでない。

Ⅱ　防止

第七条（記録保存）締約国は、不正に製造され又は取引された銃器並びに適当かつ可能な場合にはその部品及び構成部分並びに弾薬を追跡し及び特定し並びにそのような活動を防止し及び探知するために必要な銃器並びに適当かつ可能な場合にはその部品及び構成部分並びに弾薬に関する情報を一〇年以上の期間維持することを確保する。そのような情報には、次の事項を含む。

(b)(a)　次条の規定に従って定められる適当な刻印
　銃器並びにその部品及び構成部分並びに弾薬の国際的な取引に係る場合には、適当な免許又は許可の発行日及び満了日、輸出国、輸入国、適当な場合には通過国、最終の受領者並びに物品の種類及び数量

第八条（銃器の刻印）1　締約国は、銃器を特定し及び追跡するため、次のことを行う。

(a)　銃器の製造時に、製造者名、製造国若しくは製造地及び番号を記載する固有の刻印を押すこと又はこれに替えてすべての国による製造国の容易な特定を可能とする簡易な幾何学的記号（数字及び英数字の双方又はいずれか一方による符号の組合せ）を有する固有な使いやすい刻印を維持すること。

(b)　輸入された銃器について、輸入国及び可能な場合には輸入年の特定を可能とし並びに輸入国の権限のある当局が当該銃器を追跡することができるようにする適当で簡易な刻印を押すこと並びに当該銃器に固有の刻印が付されていない場合には、そのような刻印を押すこと。このことは、確認可能で合法的な目的のための銃器の一時的な輸入については適用しない。

(c)　銃器を政府の在庫から恒久的な民生用の用途へ移転する際に、すべての締約国による移転国の特定を可能とする適当な固有の刻印を確保すること。

2　締約国は、銃器製造産業に対し、刻印の削除又は変更の防止の措置を開発するよう奨励する。

第九条（銃器の無作動化）自国の国内法に従い無作動銃を銃器として認めない締約国は、無作動銃の不正な再可動化を防止するため、次に掲げる無作動化の一般原則に適合する必要な措置（適当な場合には、特定の犯罪を定めることを含む。）をとる。

(a)　無作動銃のすべての主要な部品について永久的にその機能を失わせ、かつ、方法のいかんを問わず当該無作動銃の再可動を可能とするような除去、交換又は改造を永久的に不可能とする。

(b)　銃器の改造が永久的にその銃器の機能を失わせることを確保するため、無作動化の措置が、適当な場合には、権限のある当局によって確認されるような措置をとる。

(c)　権限のある当局による確認は、銃器の無作動化を証明する証明書若しくは記録又はその旨が明らかに識別し得る銃器に押された刻印を含む。

第一〇条（輸出、輸入及び通過の免許又は許可の制度に関する一般的要件）1　締約国は、銃器並びにその部品及び構成部分並びに弾薬の移転のため、輸出及び輸入の免許又は許可並びに国際的な通過に関する措置の効果的な制度を設け又は維持する。

2　締約国は、銃器並びにその部品及び構成部分並びに弾薬の輸送のための輸出の免許又は許可を発行する前に次のことを確認する。

(a)　輸入国が輸入の免許又は許可を発行したこと。

(b)　内陸国に有利な二国間又は多数国間の協定又は取極の適用を妨げることなく、通過国が少なくとも通過に異議がないことを輸送の前に書面により通知したこと。

3　輸出及び輸入の免許又は許可並びにその添付書類には、少なくとも、発行の場所及び日付、満了日、輸出国、輸入国、最終の受領者並びに銃器並びにその部品及び構成部分並びに弾薬の種類及び数量並びに通過がある場合には通過国を含む情報を記載する。輸入免許において記載された情報は、事前に通過締約国に提供されなければならない。

4　輸入締約国は、要請に応じ、発送された銃器並びにその部品及び構成部分並びに弾薬の輸送の受領を輸出締約国に通知する。

5　締約国は、利用可能な手段の範囲内で、免許又は許可の手続が確実に行われ、かつ、免許又は許可の文書が真正であることが確認され又は有効であることを確保するために必要な措置をとる。

6　締約国は、狩猟、競技射撃、評価、展示、修理等の確認が可能で合法的な目的のための銃器並びにその部品及び構成部分並びに弾薬の一時的な輸入及び輸出並びに通過について、簡易な手続をとることができる。

第一一条（安全及び防止措置）
第一二条（情報）
第一三条（協力）
第一四条（訓練及び技術援助）
第一五条（仲介業者及び仲介業）
（略）

Ⅲ　最終条項

第一六条（紛争の解決）（11 5第三五条参照）
第一七条（署名、批准、受諾、承認及び加入）（11 5第三六条参照）
第一八条（効力発生）（11 6一七条参照）
第一九条（改正）（11 5第三九条参照）
第二〇条（廃棄）（11 5第四〇条参照）
第二一条（寄託者及び言語）（11 5第四一条参照）

11 9　サイバー犯罪に関する条約（サイバー犯罪条約）（抄）

採　　択　二〇〇一年一一月八日（欧州評議会閣僚委員会、ストラスブール）
署　　名　二〇〇一年一一月二三日（ブダペスト）
効力発生　二〇〇四年七月一日
日 本 国　二〇〇一年一一月二三日署名、二〇〇四年四月二一日国会承認、二〇一二年七月

三日受諾書寄託、七月四日公布（条約第七号）、一一月一日効力発生

前文（略）

第一章　用語

第一条（定義）この条約の適用上、

a 「コンピュータ・システム」とは、プログラムに従ってデータの自動処理を行う装置又は相互に接続され若しくは関連する一群の装置であってそのうちの一若しくは二以上の装置がプログラムに従ってデータの自動処理を行うものをいう。

b 「コンピュータ・データ」とは、コンピュータ・システムにおける処理に適した形式によって事実、情報又は概念を表したものをいい、コンピュータ・システムに何らかの機能を実行させるための適当なプログラムを含む。

c 「サービス・プロバイダ」とは、次のものをいう。

i そのサービスの利用者に対しコンピュータ・システムによって通信する能力を提供する者（公私を問わない。）

ii iに規定する通信サービス又はその利用者のために、コンピュータ・データを処理し又は蔵置するその他の者

d 「通信記録」とは、コンピュータ・システムによる通信に関するコンピュータ・データであって、通信の連鎖の一部を構成するコンピュータ・システムによって作り出され、かつ、通信の発信元、発信先、経路、時刻、日付、規模若しくは継続時間又は通信の基礎となるサービスの種類を示すものをいう。

第二章　国内的にとる措置

第一節　刑事実体法

第一款　コンピュータ・データ及びコンピュータ・システムの秘密性、完全性及び利用可能性に対する犯罪

第二条（違法なアクセス）締約国は、コンピュータ・システムの全部又は一部に対するアクセスが、権限なしに故意に行われることを自国の国内法上の犯罪とするため、必要な立法その他の措置をとる。締約国は、このようなアクセスが防護措置を侵害することによって行われること、コンピュータ・データを取得する意図その他不正な意図をもって行われること又は他のコンピュータ・システムに接続されているコンピュータ・システムに関連して行われることをこの犯罪の要件とすることができる。

第三条（違法な傍受）締約国は、コンピュータ・システムへの若しくはそこからの又はその内部におけるコンピュータ・データの非公開送信（コンピュータ・データを伝送するコンピュータ・システムからの電磁的放射を含む。）の傍受が、技術的手段によって権限なしに故意に行われることを自国の国内法上の犯罪とするため、必要な立法その他の措置をとる。締約国は、このような傍受が不正な意図をもって行われること又は他のコンピュータ・システムに接続されているコンピュータ・システムに関連して行われることをこの犯罪の要件とすることができる。

第四条（データの妨害）1　締約国は、コンピュータ・データの破損、削除、劣化、改ざん又は隠ぺいが権限なしに故意に行われることを自国の国内法上の犯罪とするため、必要な立法その他の措置をとる。

2　締約国は、1に規定する行為が重大な損害を引き起こすことをこの犯罪の要件とする権利を留保することができる。

第五条（システムの妨害）締約国は、コンピュータ・データの入力、送信、破損、削除、劣化、改ざん又は隠ぺいによりコンピュータ・システムの機能に対する重大な妨害が権限なしに故意に行われることを自国の国内法上の犯罪とするため、必要な立法その他の措置をとる。

第六条（装置の濫用）1　締約国は、権限なしに故意に行われる次の行為を自国の国内法上の犯罪とするため、必要な立法その他の措置をとる。

a　第二条から前条までの規定に従って定められる犯罪を行うために使用されることを意図して、次のものを製造し、販売し、使用のために取得し、輸入し、頒布し又はその他の方法によって利用可能とすること。

i　第二条から前条までの規定に従って定められる犯罪を主として行うために設計され又は改造された装置（コンピュータ・プログラムを含む。）

ii　コンピュータ・システムの全部又は一部にアクセス可能となるようなコンピュータ・パスワード、アクセス・コード又はこれらに類するデータ

b　第二条から前条までの規定に従って定められる犯罪を行うために使用されることを意図して、a i又はiiに規定するものを保有すること。締約国は、自国の法令により、これらのものの一定数の保有を刑事上の責任を課するための要件とすることができる。

2　この条の規定は、1に規定する製造、販売、使用のための取得、輸入、頒布若しくはその他の方法によって利用可能とする行為又は保有が、第二条から前条までの規定に従って定められる犯罪を行うことを目的としない場合（例えば、コンピュータ・システムの正当な試験又は保護のために行われる場合）に刑事上の責任を課するものと解してはならない。

3　締約国は、1の規定を適用しない権利を留保することができる。ただし、その留保が1 a iiに規定するものの販売、頒布又はその他の方法によって利用可能とする行為に関するものでない場合に限る。

第二款　コンピュータに関連する犯罪

第七条（コンピュータに関連する偽造） 締約国は、コンピュータ・データの入力、改ざん、削除又は隠ぺいにより、真正でないコンピュータ・データ（直接読取りが可能であるか否か及び直接理解が可能であるか否かを問わない。）を生じさせる行為が、当該データが法律上真正であるとみなされ又は扱われることを意図して権限なしに故意に行われることを自国の国内法上の犯罪とするため、必要な立法その他の措置をとる。締約国は、詐取する意図又はこれに類する不正な意図を刑事上の責任を課するための要件とすることができる。

第八条（コンピュータに関連する詐欺） 締約国は、自己又は他人のために権限なしに経済的利益を得るという詐欺的な又は不正な意図をもって、権限なしに故意に次の行為が行われ、他人に対し財産上の損害が加えられることを自国の国内法上の犯罪とするため、必要な立法その他の措置をとる。

a コンピュータ・データの入力、改ざん、削除又は隠ぺい

b コンピュータ・システムの機能に対する妨害

第三款 特定の内容に関連する犯罪

第九条（児童ポルノに関連する犯罪） 1 締約国は、権限なしに故意に行われる次の行為を自国の国内法上の犯罪とするため、必要な立法その他の措置をとる。

a コンピュータ・システムを通じて頒布するために児童ポルノを製造すること。

b コンピュータ・システムを通じて児童ポルノの提供を申し出又はその利用を可能にすること。

c コンピュータ・システムを通じて児童ポルノを頒布し又は送信すること。

d 自己又は他人のためにコンピュータ・システムを通じて児童ポルノを取得すること。

e コンピュータ・システム又はコンピュータ・データ記憶媒体の内部に児童ポルノを保有すること。

2 1の規定の適用上、「児童ポルノ」とは、次のものを視覚的に描写するポルノをいう。

a 性的にあからさまな行為を行う未成年者

b 性的にあからさまな行為を行う未成年者であると外見上認められる者

c 性的にあからさまな行為を行う未成年者を表現する写実的影像

3 2の規定の適用上、「未成年者」とは、一八歳未満のすべての者をいう。もっとも、締約国は、より低い年齢（一六歳を下回ってはならない。）の者のみを未成年者とすることができる。

4 締約国は、1d及びe並びに2b及びcの規定の全部又は一部を適用しない権利を留保することができる。

第四款 著作権及び関連する権利の侵害に関連する犯罪

第一〇条（著作権及び関連する権利の侵害に関連する犯罪） 1 締約国は、文学的及び美術的著作物の保護に関するベルヌ条約の一九七一年七月二四日のパリ改正条約、知的所有権の貿易関連の側面に関する協定及び著作権に関する世界知的所有権機関条約に基づく義務に従って自国の法令に定める著作権（これらの条約によって付与された人格権を除く。）の侵害が故意に、商業的規模で、かつ、コンピュータ・システムによって行われることを自国の国内法上の犯罪とするため、必要な立法その他の措置をとる。

2 締約国は、実演家、レコード製作者及び放送機関の保護に関する国際条約（ローマ条約）、知的所有権の貿易関連の側面に関する協定及び実演及びレコードに関する世界知的所有権機関条約に基づく義務に従って自国の法令に定める関連する権利（これらの条約によって付与された人格権を除く。）の侵害が故意に、商業的規模で、かつ、コンピュータ・システムによって行われることを自国の国内法上の犯罪とするため、必要な立法その他の措置をとる。

3 締約国は、限定的な状況において、1及び2の規定に基づく刑事上の責任を課さない権利を留保することができる。ただし、他の効果的な救済手段が利用可能であり、かつ、その留保が1及び2に規定する国際文書に定める締約国の国際的義務に違反しない場合に限る。

第五款 付随的責任及び制裁

第一一条（未遂及びほう助又は教唆）（略）

第一二条（法人の責任） 1 締約国は、単独で又は法人の機関の一部として活動する自然人であって当該法人内部で指導的地位にあるものが、次のいずれかの権限に基づき、かつ、当該法人の利益のためにこの条約に従って定められる犯罪を行う場合に当該犯罪についての責任を当該法人に負わせ得ることを確保するため、必要な立法その他の措置をとる。

a 法人の代表権

b 法人のために決定を行う権限

c 法人内部で管理を行う権限

2 1に規定する場合に加え、締約国は、法人の権限に基づき活動する自然人が当該法人の利益のためにこの条約に従って定められる犯罪を行う場合において、当該犯罪の実行が1に規定する自然人による監督又は管理の欠如によるものであるときは、当該法人に責任を負わせ得ることを確保するため、必要な措置をとる。

3 法人の責任は、締約国の法的原則に従って、刑事上、民事上又は行政上のものとすることができる。

4 法人の責任は、犯罪を行った自然人の刑事上の責任に影響を及ぼすものではない。

第一三条（制裁及び措置）（略）

第二節 手続法

第一款 共通規定

第一四条（手続規定の適用範囲） 1 締約国は、特定の捜査又は刑事訴訟のためにこの節に定める権限及び手続を設定するため、必要な立法その他の措置をとる。

2　第二一条に別段の定めがある場合を除くほか、締約国は、次の事項について1に規定する権限及び手続を適用する。

a　第二条から第一一条までの規定に従って定められる犯罪

b　コンピュータ・システムによって行われる他の犯罪

c　犯罪に関する電子的形態の証拠の収集

3 a　締約国は、留保において特定する犯罪又は犯罪類型についてのみ第二〇条に定める措置を適用する権利を留保することができる。ただし、当該犯罪又は犯罪類型の範囲が、第二一条に定める措置を適用する犯罪の範囲よりも制限的とならない場合に限る。締約国は、第二〇条に定める措置を最も幅広く適用することができるように留保を制限することを考慮する。

b　締約国は、この条約の採択の時に有効な法令における制限により次のi及びiiのシステムを有するサービス・プロバイダのコンピュータ・システムの内部における通信に第二〇条及び第二一条に定める措置を適用することができない場合には、そのような通信にこれらの措置を適用しない権利を留保することができる。

i　閉鎖されたグループの利用者のために運営されているシステム

ii　公共通信ネットワークを利用せず、かつ、他のコンピュータ・システム(公的なものであるか私的なものであるかを問わない。)に接続されていないシステム

締約国は、第二〇条及び第二一条に定める措置を最も幅広く適用することができるように留保を制限することを考慮する。

第一五条(条件及び保障措置)1　締約国は、この節に定める権限及び手続の設定、実施及び適用が、自国の国内法に定める条件及び保障措置であって、一九五〇年に欧州評議会で採択された人権及び基本的自由の保護に関する条約、一九六六年に国際連合で採択された市民的及び政治的権利に関する国際規約その他の適用される人権に関する国際文書に基づく義務に従って生ずる権利その他の人権及び自由の適当な保護を規定しており、かつ、比例原則を含むものに従うことを確保する。

2　1に規定する条件及び保障措置には、該当する権限又は手続の性質にかんがみ適当な場合には、特に、司法上の又は他の独立した監督、適用を正当化する事由並びに当該権限又は手続の適用範囲及び期間に関する制限を含む。

3　締約国は、公共の利益、特に司法の健全な運営に反しない限り、この節に定める権限及び手続が第三者の権利、責任及び正当な利益に及ぼす影響を考慮する。

第二款　蔵置されたコンピュータ・データの迅速な保全

第一六条(蔵置されたコンピュータ・データの迅速な保全)1　締約国は、特に、自国の権限のある当局がコンピュータ・システムによって蔵置された特定のコンピュータ・データ(通信記録を含む。)が特に滅失しやすく又は改変されやすいと信ずるに足りる理由がある場合には、当該権限のある当局が当該コンピュータ・データについて迅速な保全を命令すること又はこれに類する方法によって迅速な保全を確保することを可能にするため、必要な立法その他の措置をとる。

2　締約国は、ある者が保有し又は管理している特定の蔵置されたコンピュータ・データを保全するよう当該者に命令することによって1の規定を実施する場合には、自国の権限のある当局が当該コンピュータ・データの開示を求めることを可能にするために必要な期間(九〇日を限度とする。)、当該コンピュータ・データの完全性を保全し及び維持することを当該者に義務付けるため、必要な立法その他の措置をとる。締約国は、そのような命令を引き続き更新することができる旨定めることができる。

3　締約国は、コンピュータ・データを保全すべき管理者その他の者に対し、1又は2に定める手続がとられていることについて、自国の国内法に定める期間秘密のものとして取り扱うことを義務付けるため、必要な立法その他の措置をとる。

4　この条に定める権限及び手続は、前二条の規定に従うものとする。

第一七条(通信記録の迅速な保全及び部分開示)1　締約国は、前条の規定に基づいて保全される通信記録について、次のことを行うため、必要な立法その他の措置をとる。

a　通信の伝達に関与したサービス・プロバイダが一であるか二以上であるかにかかわらず、通信記録の迅速な保全が可能となることを確保すること。

b　当該サービス・プロバイダ及び通信が伝達された経路を自国が特定することができるようにするために十分な量の通信記録が、自国の権限のある当局又は当該権限のある当局によって指名された者に対して迅速に開示されることを確保すること。

2　この条に定める権限及び手続は、第一四条及び第一五条の規定に従うものとする。

第三款　提出命令

第一八条(提出命令)1　締約国は、自国の権限のある当局に対し次のことを行う権限を与えるため、必要な立法その他の措置をとる。

a　自国の領域内に所在する者に対し、当該者が保有し又は管理している特定のコンピュータ・データであって、コンピュータ・システム又はコンピュータ・データ記憶媒体の内部に蔵置されたものを提出するよう命令すること。

b　自国の領域内でサービスを提供するサービス・プロバイダに対し、当該サービス・プロバイダが保有し又は管理している当該サービスに関連する

加入者情報を提出するよう命令すること。

2　この条に定める権限及び手続は、第一四条及び第一五条の規定に従うものとする。

3　この条の規定の適用上、「加入者情報」とは、コンピュータ・データという形式又はその他の形式による情報のうち、サービス・プロバイダが保有するサービス加入者に関連する情報（通信記録及び通信内容に関連するものを除く。）であって、それにより次のことが立証されるものをいう。

a　利用された通信サービスの種類、当該サービスのためにとられた技術上の措置及びサービスの期間

b　加入者の身元、郵便用あて名又は住所及び電話番号その他のアクセスのための番号並びに料金の請求及び支払に関する情報であって、サービスに関する契約又は取決めに基づいて利用可能なもの

c　通信設備の設置場所に関するその他の情報であってサービスに関する契約又は取決めに基づいて利用可能なもの

第四款　蔵置されたコンピュータ・データの捜索及び押収

第一九条（蔵置されたコンピュータ・データの捜索及び押収）1　締約国は、自国の権限のある当局に対し、自国の領域内において次のものに関し捜索又はこれに類するアクセスを行う権限を与えるため、必要な立法その他の措置をとる。

a　コンピュータ・システムの全部又は一部及びその内部に蔵置されたコンピュータ・データ

b　コンピュータ・データを蔵置することができるコンピュータ・データ記憶媒体

2　締約国は、自国の権限のある当局が1aの規定に基づき特定のコンピュータ・システムの全部又は一部に関し捜索又はこれに類するアクセスを行う場合において、当該捜索等の対象となるデータが自国の領域内にある他のコンピュータ・システムの全部又は一部の内部に蔵置されていると信ずるに足りる理由があり、かつ、当該データが当該特定のコンピュータ・システムから合法的にアクセス可能であるか又は入手可能であるときは、当該権限のある当局が当該他のコンピュータ・システムに関し捜索又はこれに類するアクセスを速やかに行うことができることを確保するため、必要な立法その他の措置をとる。

3　締約国は、自国の権限のある当局に対し、1又は2の規定に基づきアクセスしたコンピュータ・データの押収又はこれに類する確保を行う権限を与えるため、必要な立法その他の措置をとる。これらの措置には、次のことを行う権限を与えることを含む。

a　コンピュータ・システムの全部若しくは一部又はコンピュータ・データ記憶媒体の押収又はこれに類する確保を行うこと。

b　当該コンピュータ・データの複製を作成し及び保管すること。

c　関連する蔵置されたコンピュータ・データの完全性を維持すること。

d　アクセスしたコンピュータ・システムの内部の当該コンピュータ・データにアクセスすることができないようにすること又は当該コンピュータ・データを移転すること。

4　締約国は、自国の権限のある当局に対し、1又は2に定める措置をとることを可能にするために必要な情報を合理的な範囲で提供するようコンピュータ・システムの機能又はコンピュータ・システムの内部のコンピュータ・データを保護するために適用される措置に関する知識を有する者に命令する権限を与えるため、必要な立法その他の措置をとる。

5　この条に定める権限及び手続は、第一四条及び第一五条の規定に従うものとする。

第五款　コンピュータ・データのリアルタイム収集

第二〇条（通信記録のリアルタイム収集）1　締約国は、自国の権限のある当局に対し、コンピュータ・システムによって伝達される自国の領域内における特定の通信に係る通信記録についてリアルタイムで次のことを行う権限を与えるため、必要な立法その他の措置をとる。

a　自国の領域内にある技術的手段を用いることにより、当該通信記録を収集し又は記録すること。

b　サービス・プロバイダに対し、その既存の技術的能力の範囲内で次のいずれかのことを行うよう強制すること。

i　自国の領域内にある技術的手段を用いることにより、当該通信記録を収集し又は記録すること。

ii　当該権限のある当局が当該通信記録を収集し又は記録するに当たり、これに協力し及びこれを支援すること。

2　締約国は、自国の国内法制の確立された原則により1aに定める措置をとることができない場合には、当該措置に代えて、自国の領域内にある技術的手段を用いることにより、自国の領域内において伝達される特定の通信に係る通信記録をリアルタイムで収集し又は記録することを確保するため、必要な立法その他の措置をとることができる。

3　締約国は、サービス・プロバイダに対し、この条に定める権限の行使の事実及び当該権限の行使に関する情報について秘密のものとして取り扱うことを義務付けるため、必要な立法その他の措置をとる。

4　この条に定める権限及び手続は、第一四条及び第一五条の規定に従うものとする。

第二一条（通信内容の傍受）1　締約国は、自国の権限のある当局に対し、自国の国内法に定める範囲の重大な犯罪に関して、コンピュータ・システムによって伝達される自国の領域内における特定の通信の通信内容についてリアルタイムで次のことを行う権限を与えるため、必要な立法その他の措置をとる。

a　自国の領域内にある技術的手段を用いることに

より、当該通信内容を収集し又は記録すること。

b　サービス・プロバイダに対し、その既存の技術的能力の範囲内で次のいずれかのことを行うよう強制すること。

i　自国の領域内にある技術的手段を用いることにより、当該通信内容を収集し又は記録すること。

ii　当該権限のある当局が当該通信内容を収集し又は記録するに当たり、これに協力し及びこれを支援すること。

2　締約国は、自国の国内法制の確立された原則により1aに定める措置をとることができない場合には、当該措置に代えて、自国の領域内にある技術的手段を用いることにより、自国の領域内における特定の通信の通信内容をリアルタイムで収集し又は記録することを確保するため、必要な立法その他の措置をとることができる。

3　締約国は、サービス・プロバイダに対し、この条に定める権限の行使の事実及び当該権限の行使に関する情報について秘密のものとして取り扱うことを義務付けるため、必要な立法その他の措置をとる。

4　この条に定める権限及び手続は、第一四条及び第一五条の規定に従うものとする。

第三節　裁判権

第二二条（裁判権）1　締約国は、次の場合において第二条から第一一条までの規定に従って定められる犯罪についての自国の裁判権を設定するため、必要な立法その他の措置をとる。

a　犯罪が自国の領域内で行われる場合

b　犯罪が自国を旗国とする船舶内で行われる場合

c　犯罪が自国の法令により登録されている航空機内で行われる場合

d　犯罪が行われた場所の刑事法に基づいて刑を科することができる場合又は犯罪がすべての国の領域的管轄の外で行われる場合において、当該犯罪が自国の国民によって行われるとき。

2　締約国は、1bからdまでの全部若しくは一部に定める裁判権に関する規則を適用しない権利又は特定の場合若しくは状況においてのみ当該規則を適用する権利を留保することができる。

3　締約国は、容疑者が自国の領域内に所在し、かつ、引渡しの請求を受けたにもかかわらず当該容疑者の国籍のみを理由として他の締約国に当該容疑者の引渡しを行わない場合において第二四条1に定める犯罪についての裁判権を設定するため、必要な措置をとる。

4　この条約は、締約国が自国の国内法に従って行使する刑事裁判権を排除するものではない。

5　この条約に従って定められる犯罪が行われたとされる場合において、二以上の締約国が裁判権を主張するときは、関係締約国は、適当な場合には、訴追のために最も適した裁判権を有する国を決定するために協議する。

第三章　国際協力

第一節　一般原則

第一款　国際協力に関する一般原則

第二三条（国際協力に関する一般原則）締約国は、この章の規定に従い、かつ、刑事問題についての国際協力に関する関連の国際文書、統一的又は相互主義的な法令を基礎として合意された取極及び国内法の適用を通じ、コンピュータ・システム及びコンピュータ・データに関連する犯罪に関する捜査若しくは刑事訴訟のため又は犯罪に関する電子的形態の証拠の収集のために、できる限り広範に相互に協力する。

第二款　犯罪人引渡しに関する原則

第二四条（犯罪人引渡し）1a　この条の規定は、第二条から第一一条までの規定に従って定められる犯罪（双方の締約国の法令において長期一年以上自由をはく奪する刑又はこれよりも重い刑を科することができるものに限る。）に関する締約国間の犯罪人引渡しについて適用する。

b　統一的若しくは相互主義的な法令を基礎として合意された取極又は二以上の締約国間で適用可能な犯罪人引渡条約（犯罪人引渡しに関する欧州条約（ETS第二四号）等）に基づいて適用される最も軽い刑罰が異なる場合には、当該取極又は条約に定める最も軽い刑罰を適用する。

2　1に定める犯罪は、締約国間の現行の犯罪人引渡条約における引渡犯罪とみなされる。締約国は、締約国間で将来締結されるすべての犯罪人引渡条約に1に定める犯罪を引渡犯罪として含めることを約束する。

3　条約の存在を犯罪人引渡しの条件とする締約国は、自国との間に犯罪人引渡条約を締結していない他の締約国から犯罪人引渡しの請求を受けた場合には、この条約を1に定める犯罪に関する犯罪人引渡しのための法的根拠とみなすことができる。

4　条約の存在を犯罪人引渡しの条件としない締約国は、相互間で、1に定める犯罪を引渡犯罪と認める。

5　犯罪人引渡しは、請求を受けた締約国の法令に定める条件又は適用可能な犯罪人引渡条約に定める条件に従う。これらの条件には、請求を受けた締約国が犯罪人引渡しを拒否することができる理由を含む。

6　請求を受けた締約国は、1に定める犯罪に関する犯罪人引渡しにつき、引渡しを求められている者の国籍のみを理由として又は自国が当該犯罪について裁判権を有すると認めることを理由として拒否する場合には、請求を行った締約国からの要請により訴追のため自国の権限のある当局に事件を付託するものとし、適当な時期に確定的な結果を当該請求を行った締約国に報告する。当該権限のある当局は、自国の法令に定めるこれと同様の性質を有する他の犯罪の場合と同様の方法で、決定、捜査及び刑事訴訟を行う。

7a　締約国は、署名の際又は批准書、受諾書、承認書若しくは加入書の寄託の際に、欧州評議会事務局長に対し、犯罪人引渡条約が存在しない場合に犯罪人引渡し又は仮拘禁のための請求を行い又は受けることについて責任を有する当局の名称及び所在地を通報する。

b　欧州評議会事務局長は、締約国によって指定された当局の登録簿を作成し、これを常に最新のものとする。締約国は、登録簿に記載された事項が常に正確であることを確保する。

第三款　相互援助に関する一般原則

第二五条（相互援助に関する一般原則）1　締約国は、コンピュータ・システム及びコンピュータ・データに関連する犯罪に関する捜査若しくは刑事訴訟のため又は犯罪に関する電子的形態の証拠の収集のために、できる限り広範に相互に援助を提供する。

2　締約国は、第二七条から第三五条までに定める義務を履行するため、必要な立法その他の措置をとる。

3　締約国は、緊急の状況においては、ファクシミリ、電子メール等の緊急の通信手段が適当な水準の安全性及び認証を提供する限り（必要な場合には、暗号の使用を含む。）、このような手段により相互援助の要請又はこれに関連する通報を行うことができる。この場合において、要請を受けた締約国が要求するときは、その後正式な確認を行う。要請を受けた締約国は、このような緊急の通信手段による要請を受け入れ、そのような手段によりこれに回答する。

4　この章に別段の定めがある場合を除くほか、相互援助は、要請を受けた締約国の法令に定める条件又は適用可能な相互援助条約に定める条件に従う。これらの条件には、当該締約国が協力を拒否することができる理由を含む。当該締約国は、要請が財政に係る犯罪と認められる犯罪に関係することのみを理由として、第二条から第一一条までに定める犯罪について相互援助を拒否する権利を行使してはならない。

5　要請を受けた締約国がこの章の規定に基づき双罰性を相互援助の条件とする場合において、援助が求められている犯罪の基礎を成す行為が当該締約国の法令によって犯罪とされているものであるときは、当該援助が求められている犯罪が、当該締約国の法令により、要請を行った締約国における犯罪類型と同一の犯罪類型に含まれるか否か又は同一の用語で定められているか否かにかかわらず、この条件が満たされているものとみなす。

第二六条（自発的な情報提供）（略）

第四款　適用される国際協定が存在しない場合の相互援助の要請に関する手続（略）

第二節　特別規定

第一款　暫定措置に関する相互援助（略）

第二款　捜査の権限に関する相互援助

第三一条（蔵置されたコンピュータ・データに対するアクセスに関する相互援助）1　締約国は、他の締約国に対し、コンピュータ・システムによって蔵置されたコンピュータ・データ（第二九条の規定に従って保全されたデータを含む。）であって当該他の締約国の領域内に所在するものの捜索若しくはこれに類するアクセス、その押収若しくはこれに類する確保又はその開示を要請することができる。

2　要請を受けた締約国は、第二三条に規定する国際文書、取極及び法令の適用を通じ、かつ、この章の他の関連する規定に従って、当該要請に応じなければならない。

3　要請を受けた締約国は、次の場合には、迅速に当該要請に応じなければならない。

a　関連するデータが特に滅失しやすく又は改変されやすいと信ずるに足りる理由がある場合

b　2に規定する国際文書、取極及び法令に迅速な協力について別段の定めがある場合

第三二条（蔵置されたコンピュータ・データに対する国境を越えるアクセス（当該アクセスが同意に基づく場合又は当該データが公に利用可能な場合））締約国は、他の締約国の許可なしに、次のことを行うことができる。

a　公に利用可能な蔵置されたコンピュータ・データにアクセスすること（当該データが地理的に所在する場所のいかんを問わない。）。

b　自国の領域内にあるコンピュータ・システムを通じて、他の締約国に所在する蔵置されたコンピュータ・データにアクセスし又はこれを受領すること。ただし、コンピュータ・システムを通じて当該データを自国に開示する正当な権限を有する者の合法的なかつ任意の同意が得られる場合に限る。

第三三条（通信記録のリアルタイム収集に関する相互援助）
第三四条（通信内容の傍受に関する相互援助）（略）

第三款　二四／七ネットワーク（略）

第四章　最終規定

第三六条（署名及び効力発生）1　この条約は、欧州評議会の加盟国及びこの条約の作成に参加した欧州評議会の非加盟国による署名のために開放しておく。

2　この条約は、批准され、受諾され又は承認されなければならない。批准書、受諾書又は承認書は、欧州評議会事務局長に寄託する。

3　この条約は、五の国（欧州評議会の加盟国の少なくとも三の国を含むことを要する。）が、この条約に拘束されることに同意する旨を1及び2の規定に従って表明した日の後三箇月の期間が満了する日の属する月の翌月の初日に効力を生ずる。

4　この条約は、この条約に拘束されることに同意する旨をその後表明する署名国については、その旨を1及び2の規定に従って表明した日の後三箇月の期間が満了する日の属する月の翌月の初日に効力を生ずる。

第三七条（この条約への加入）1　この条約の効力発生の後、欧州評議会閣僚委員会は、この条約の締約国と協議してすべての締約国の同意を得た後に、この条約の作成に参加しなかった欧州評議会の非加盟国に対してこの条約に加入するよう招請することができる。決定は、欧州評議会規程第二〇条dに定める多数による議決であって同委員会に出席する資格を有するすべての締約国の代表の賛成票を含むものによって行う。

2　この条約は、1の規定によりこの条約に加入する国については、加入書を欧州評議会事務局長に寄託した日の後三箇月の期間が満了する日の属する月の翌月の初日に効力を生ずる。

第三八条（適用領域）
第三九条（この条約の効果）（略）

第四〇条（宣言）いずれの国も、欧州評議会事務局長にあてた書面による通告により、署名の際又は批准書、受諾書、承認書若しくは加入書の寄託の際に、第二条、第三条、第六条1b、第七条、第九条3及び第二七条9eに定める追加的な要件を課することを宣言することができる。

第四一条（連邦条項）（略）

第四二条（留保）いずれの国も、欧州評議会事務局長にあてた書面による通告により、署名の際又は批准書、受諾書、承認書若しくは加入書の寄託の際に、第四条2、第六条3、第九条4、第一〇条3、第一一条3、第一四条3、第二二条2、第二九条4及び第四一条1に定める留保を付する旨を宣言することができる。その他のいかなる留保も、付することができない。

第四三条（留保の撤回）
第四四条（改正）（略）

第四五条（紛争の解決）1　犯罪問題に関する欧州委員会（CDPC）は、この条約の解釈及び適用に関して常時通報を受ける。

2　この条約の解釈又は適用に関して締約国間で紛争が生じた場合には、当該締約国は、交渉又はその選択する他の平和的手段（関係締約国間の合意に基づき、当該紛争をCDPC、締約国を拘束する決定を行う仲裁裁判所又は国際司法裁判所に付託すること等）により紛争の解決に努める。

第四六条（締約国間の協議）1　締約国は、適当な場合には、次のことを促進するため定期的に協議する。

a　この条約の効果的な活用及び実施（これらに関する問題の特定及びこの条約に基づいて行われた宣言又は留保の効果を含む。）

b　サイバー犯罪及び電子的形態の証拠の収集に関連する法律上、政策上又は技術上の著しい進展に関する情報の交換

c　この条約の補足又は改正の検討

2　犯罪問題に関する欧州委員会（CDPC）は、1に規定する協議の結果に関して定期的に通報を受ける。

3　CDPCは、適当な場合には、1に規定する協議を促進するものとし、締約国がこの条約の補足又は改正のために努力することを支援するために必要な措置をとる。CDPCは、この条約が効力を生じた後三年以内に、締約国と協力してこの条約のすべての規定を再検討し、必要な場合には、適当な改正を勧告する。

4　1の規定の実施に要する費用は、欧州評議会が負担する場合を除くほか、締約国が決定する方法で締約国が負担する。

5　締約国は、この条の規定に基づく任務を遂行するに当たり、欧州評議会事務局の支援を受ける。

第四七条（廃棄）1　いずれの締約国も、欧州評議会事務局長にあてた通告により、いつでもこの条約を廃棄することができる。

2　廃棄は、欧州評議会事務局長が通告を受領した日の後三箇月の期間が満了する日の属する月の翌月の初日に効力を生ずる。

第四八条（通報）（略）

末　文（略）

第3節　国際テロリズム犯罪

11 10　航空機の不法な奪取の防止に関する条約（航空機不法奪取防止条約）（抄）

署　　名　一九七〇年一二月一六日（ヘーグ）
効力発生　一九七一年一〇月一四日
日 本 国　一九七〇年一二月一六日署名、一九七一年三月二九日国会承認、四月一九日批准書寄託、一〇月一一日公布（条約第一九号）、一〇月一四日効力発生

前　文（略）

第一条【犯罪行為】飛行中の航空機内における次の行為は、犯罪とする。その行為は、以下「犯罪行為」という。

(a)　暴力、暴力による脅迫その他の威嚇手段を用いて当該航空機を不法に奪取し又は管理する行為（未遂を含む。）

(b)　(a)の行為（未遂を含む。）に加担する行為

第二条【厳重な処罰】各締約国は、犯罪行為について重い刑罰を科することができるようにすることを約束する。

第三条【条約適用の期間と範囲】1　この条約の適用上、航空機は、そのすべての乗降口が乗機の後に閉ざされた時から、それらの乗降口のうちいずれか一が降機のために開かれる時まで、飛行中のものとみなす。また、不時着の場合には、権限のある当局が当該航空機並びにその機内の人及び財産に関する責任を引き継ぐ時まで、飛行中のものとみなす。

2　この条約は、軍隊、税関又は警察の役務に使用される航空機については適用しない。

3　この条約は、機内で犯罪行為の行なわれた航空機

（その飛行が国際飛行であるか国内飛行であるかを問わない。）の離陸地又は実際の着陸地が当該航空機の登録国の領域外にある場合にのみ、適用する。

4　この条約は、第五条の場合において、機内で犯罪行為の行なわれた航空機の離陸地と実際の着陸地とが同一の国の領域内にあり、かつ、その国が同条第一文の締約国のいずれか一であるときは、適用しない。

5　3及び4の規定にかかわらず、第六条から第八条まで及び第一〇条の規定は、犯罪行為の犯人又は容疑者が当該航空機の登録国以外の国の領域内で発見された場合には、当該航空機の離陸地又は実際の着陸地の場所のいかんを問わず適用する。

第四条【裁判権の設定】1　いずれの締約国も、次の場合には、犯罪行為及びその容疑者が犯罪行為の実行にあたり旅客又は乗組員に対して行なったその他のすべての暴力行為につき、自国の裁判権を設定するために必要な措置をとる。

(a)　犯罪行為が当該締約国において登録された航空機内で行なわれた場合

(b)　機内で犯罪行為の行なわれた航空機が容疑者を乗せたまま当該締約国の領域内に着陸する場合

(c)　犯罪行為が、当該締約国内に主たる営業所を有する賃借人又は主たる営業所を有しないが当該締約国内に住所を有する賃借人に対して乗組員なしに賃貸された航空機内で行なわれた場合

2　犯罪行為の容疑者が領域内に所在する締約国は、1(a)、(b)又は(c)の場合に該当する他のいずれの締約国に対しても第八条の規定に従ってその容疑者を引き渡さない場合に当該犯罪行為につき自国の裁判権を設定するため、必要な措置をとる。

3　この条約は、国内法に従って行使される刑事裁判権を排除するものではない。

第五条【共同運航と裁判権】共同の又は国際的な登録が行なわれている航空機を運航する共同の航空運送運営組織又は国際運営機関を設立する二以上の締約国は、適当な方法により、当該航空機のそれぞれにつきそれらの締約国のうちいずれか一国を、この条約の適用上裁判権を有しかつ登録国とみなされるものとして指定するものとし、これを国際民間航空機関に通告する。国際民間航空機関は、その通告をすべての締約国に通知する。

第六条【犯人の所在国の措置】1　犯罪行為の犯人又は容疑者が領域内に所在する締約国は、状況によって正当であると認める場合には、その者の所在を確実にするため抑留その他の措置をとる。この措置は、当該締約国の法令に定めるところによるものとするが、刑事訴訟手続又は犯罪人引渡手続を開始するために必要とする期間に限って継続することができる。

2　1の措置をとった締約国は、事実について直ちに予備調査を行なう。

3　1の規定に基づいて抑留された者は、その国籍国のもよりの適当な代表と直ちに連絡をとるための援助を与えられる。

4　いずれの国も、この条の規定に基づいていずれかの者を抑留する場合には、航空機の登録国、第四条1(c)の場合に該当する国、抑留された者の国籍国及び適当と認めるときはその他の利害関係国に対し、その者が抑留されている事実及びその抑留が正当とされる事情を直ちに通告する。2の予備調査を行なった国は、その結果をこれらの国に対して直ちに報告するものとし、かつ、自国が裁判権を行使する意図を有するかどうかを明示する。

第七条【引渡すか訴追するかの義務】犯罪行為の容疑者が領域内で発見された締約国は、その容疑者を引き渡さない場合には、その犯罪行為が自国の領域内で行なわれたものであるかどうかを問わず、いかなる例外もなしに、訴追のため自国の権限のある当局に事件を付託する義務を負う。その当局は、自国の法令に規定する通常の重大な犯罪の場合と同様の方法で決定を行なう。

第八条【犯罪人引渡】1　犯罪行為は、締約国間の現行の犯罪人引渡条約における引渡犯罪とみなす。締約国は、相互間で将来締結されるすべての犯罪人引渡条約に犯罪行為を引渡犯罪として含めることを約束する。

2　条約の存在を犯罪人引渡しの条件とする締約国は、自国との間に犯罪人引渡条約を締結していない他の締約国から犯罪人引渡しの請求を受けた場合には、随意にこの条約を犯罪行為に関する犯罪人引渡しのための法的基礎とみなすことができる。その犯罪人引渡しは、その請求を受けた国の法令に定めるその他の条件に従うものとする。

3　条約の存在を犯罪人引渡しの条件としない締約国は、犯罪人引渡しの請求を受けた国の法令に定める条件に従い、相互間で、犯罪行為を引渡犯罪と認める。

4　犯罪行為は、締約国間の犯罪人引渡しに関しては、当該犯罪行為が行なわれた場所のみでなく、第四条1の規定に従って裁判権を設定すべき国の領域内においても行なわれたものとみなす。

第九条【管理の回復】1　第一条(a)に規定する奪取又は管理が行なわれ又は行なわれようとしている場合には、締約国は、当該航空機の管理をその適法な機長に回復させ又は保持させるため、あらゆる適当な措置をとる。

2　1の場合において、当該航空機又はその旅客若しくは乗組員が所在する締約国は、その旅客及び乗組員ができる限りすみやかに旅行を継続することができるように便宜を与えるものとし、また、占有権を有する者に対し遅滞なく当該航空機及びその貨物を返還する。

第一〇条【司法共助】1　締約国は、犯罪行為及び第四条1の暴力行為についてとられる刑事訴訟手続に関し、相互に最大限の援助を与える。この場合において、援助を求められた締約国の法令が適用される。

2 1の規定は、刑事問題に関する相互援助を全面的又は部分的に規定する現行の又は将来締結される二国間又は多数国間の他の条約に基づく義務に影響を及ぼすものではない。

第一一条【通報】 各締約国は、国内法に従い、できる限りすみやかに、次の事項に関して有する関係情報を国際民間航空機関の理事会に通報する。

(a) 犯罪行為の状況

(b) 第九条の規定に従ってとった措置

(c) 犯罪行為の犯人又は容疑者に対してとった措置、特に犯罪人引渡手続その他の法的手続の帰結

第一二条【紛争の解決】 1 この条約の解釈又は適用に関する締約国間の紛争で交渉によって解決することができないものは、それらの締約国のうちいずれか一国の要請によって仲裁に付託される。紛争当事国が仲裁の要請の日から六箇月以内に仲裁の組織について合意に達しない場合には、それらの紛争当事国のうちいずれの一国も、国際司法裁判所規程に従って国際司法裁判所に紛争を付託することができる。

2 各国は、この条約の署名若しくは批准又はこの条約への加入の時に、1の規定に拘束されないことを宣言することができる。他の締約国は、そのような留保をした締約国との関係において1の規定に拘束されない。

3 2の規定に基づいて留保をした締約国は、寄託国政府に対する通告によっていつでもその留保を撤回することができる。

第一三条【署名、批准、効力発生】(略)

第一四条【廃棄】 1 いずれの締約国も、寄託国政府にあてた通告書によってこの条約を廃棄することができる。

2 廃棄は、寄託国政府がその通告を受領した日の後六箇月で効力を生ずる。

11 11 航空機の強取等の処罰に関する法律

公　布 一九七〇(昭和四五)年五月一八日(法律第六八号)
最終改正 一九七八(昭和五三)年法律第四八号
施　行 一九七〇(昭和四五)年六月七日

第一条(航空機の強取等) 1 暴行若しくは脅迫を用い、又はその他の方法により人を抵抗不能の状態に陥れて、航行中の航空機を強取し、又はほしいままにその運航を支配した者は、無期又は七年以上の懲役に処する。

2 前項の未遂罪は、罰する。

第二条(航空機強取等致死) 前項の罪を犯し、よって人を死亡させた者は、死刑又は無期懲役に処する。

第三条(航空機強取等予備) 第一条第一項の罪を犯す目的で、その予備をした者は、三年以下の懲役に処する。ただし、実行に着手する前に自首した者は、その刑を軽減し、又は免除する。

第四条(航空機の運航阻害) 偽計又は威力を用いて、航行中の航空機の針路を変更させ、その他その正常な運航を阻害した者は、一年以上一〇年以下の懲役に処する。

第五条(国外犯) 前四条の罪は、刑法(明治四〇年法律第四五号)第二条の例に従う。

附　則(略)

11 12 民間航空の安全に対する不法な行為の防止に関する条約(民間航空不法行為防止条約)(抄)／モントリオール条約

署　名 一九七一年九月二三日(モントリオール)
効力発生 一九七三年一月二六日
日本国 一九七四年五月一七日国会承認、六月一二日加入書寄託、六月一九日公布(条約第五号)、七月一二日効力発生

前　文(略)

第一条【犯罪行為】 1 不法かつ故意に行う次の行為は、犯罪とする。

(a) 飛行中の航空機内の人に対する暴力行為(当該飛行中の航空機の安全を損なうおそれがあるものに限る。)

(b) 業務中の航空機を破壊し、又は業務中の航空機に対しその飛行を不能にする損害若しくは飛行中のその安全を損なうおそれがある損害を与える行為

(c) 手段のいかんを問わず、業務中の航空機に、当該業務中の航空機を破壊するような装置若しくは物質若しくは当該業務中の航空機に対しその飛行を不能にする損害若しくは飛行中のその安全を損なうおそれがある損害を与えるような装置若しくは物質を置き、又はそのような装置若しくは物質が置かれるようにする行為

(d) 航空施設を破壊し若しくは損傷し、又はその運用を妨害する行為(飛行中の航空機の安全を損なうおそれがあるものに限る。)

(e) 虚偽と知っている情報を通報し、それにより飛

行中の航空機の安全を損なう行為

2　次の行為も、犯罪とする。

(a)　1に定める犯罪行為の未遂

(b)　1に定める犯罪行為（未遂を含む。）に加担する行為

第二条【条約適用の期間】この条約の適用上、

(a)　航空機は、そのすべての乗降口が乗機の後に閉ざされた時から、それらの乗降口のうちいずれか一が降機のために開かれる時まで、また、不時着の場合には、権限のある当局が当該航空機並びにその機内の人及び財産に関する責任を引き継ぐ時まで、飛行中のものとみなす。

(b)　航空機は、ある特定の飛行のため地上業務員又は乗組員により当該航空機の飛行前の準備が開始された時から、着陸の後二四時間を経過する時まで、業務中のものとみなす。この業務の期間は、いかなる場合にも、当該航空機が(a)の規定によって飛行中とされる全期間に及ぶ。

第三条【厳重な処罰】各締約国は、第一条に定める犯罪行為について重い刑罰を科することができるようにすることを約束する。

第四条【条約適用の範囲】1　この条約は、軍隊、税関又は警察の役務に使用される航空機については適用しない。

2　この条約は、第一条1(a)から(c)まで及び(e)に定める犯罪行為については、当該航空機の飛行が国際飛行であるか国内飛行であるかを問わず、次のいずれかの場合にのみ、適用する。

(a)　当該航空機の実際の又は予定された離陸地又は着陸地が当該航空機の登録国の領域外にある場合

(b)　犯罪行為が当該航空機の登録国以外の国の領域内で行われた場合

3　この条約は、2の規定にかかわらず、第一条1(a)から(c)まで及び(e)に定める犯罪行為については、犯人又は容疑者が当該航空機の登録国以外の国の領域内で発見された場合にも、適用する。

4　この条約は、第九条第一文の締約国に関する限り、第一条1(a)から(c)まで及び(e)に定める犯罪行為については、2(a)に規定する離陸地と着陸地とが同一の国の領域内にあり、かつ、その国が第九条第一文の締約国のいずれか一である場合には、適用しない。ただし、その国以外の国の領域内で犯罪行為が行われ又は犯人若しくは容疑者が発見されたときは、この限りでない。

5　この条約は、第一条1(d)に定める犯罪行為については、当該航空施設が国際航空に使用されている場合にのみ、適用する。

6　2から5までの規定は、第一条2に定める犯罪行為についても適用する。

第五条【裁判権の設定】1　いずれの締約国も、次の場合には、犯罪行為につき自国の裁判権を設定するために必要な措置をとる。

(a)　犯罪行為が当該締約国の領域内において行われた場合

(b)　犯罪行為が当該締約国において登録された航空機に対し又はその機内で行われた場合

(c)　機内で犯罪行為の行われた航空機が容疑者を乗せたまま当該締約国の領域内に着陸する場合

(d)　犯罪行為が、当該締約国内に主たる営業所を有する賃借人若しくは主たる営業所を有しないが当該締約国内に住所を有する賃借人に対して乗組員なしに賃貸された航空機に対し又はその機内で行われた場合

2　容疑者が領域内に所在する締約国は、1(a)、(b)、(c)又は(d)の場合に該当する他のいずれの締約国に対しても第八条の規定に従ってその容疑者を引き渡さない場合に第一条1(a)から(c)までに定める犯罪行為及びこれらの犯罪行為に係る同条2に定める犯罪行為につき自国の裁判権を設定するため、必要な措置をとる。

3　この条約は、国内法に従って行使される刑事裁判権を排除するものではない。

第六条【犯人所在国の措置】（略）

第七条【引渡すか訴追するかの義務】容疑者が領域内で発見された締約国は、当該犯罪行為が自国の領域内で行われたものであるかどうかを問わず、いかなる例外もなしに、訴追のため自国の権限のある当局に事件を付託する義務を負う。その当局は、自国の法令に規定する通常の重大な犯罪の場合と同様の方法で決定を行う。

第八条【犯罪人引渡】1　犯罪行為は、締約国間の現行の犯罪人引渡条約における引渡犯罪とみなす。締約国は、相互間で将来締結されるすべての犯罪人引渡条約に犯罪行為を引渡犯罪として含めることを約束する。

2　条約の存在を犯罪人引渡しの条件とする締約国は、自国との間に犯罪人引渡条約を締結していない他の締約国から犯罪人引渡しの請求を受けた場合には、随意にこの条約を犯罪行為に関する犯罪人引渡しのための法的基礎とみなすことができる。その犯罪人引渡しは、その請求を受けた国の法令に定めるその他の条件に従うものとする。

3　条約の存在を犯罪人引渡しの条件としない締約国は、犯罪人引渡しの請求を受けた国の法令に定める条件に従い、相互間で、犯罪行為を引渡犯罪と認める。

4　各犯罪行為は、締約国間の犯罪人引渡しに関しては、当該犯罪行為が行われた場所のみでなく、第五条1(b)、(c)又は(d)の規定に従って裁判権を設定すべき国の領域内においても行われたものとみなす。

第九条【共同運航と裁判権】（略）

第一〇条【旅客と貨物等に対する措置】1　締約国は、国際法及び国内法に従い、第一条に定める犯罪行為を防止するためあらゆる実行可能な措置をとるように努力する。

2　第一条に定める犯罪行為の一が行われたために飛

行が遅延し又は中断した場合には、当該航空機又はその旅客若しくは乗組員が領域内に所在する締約国は、その旅客及び乗組員ができる限り速やかに旅行を継続することができるように便宜を与えるものとし、また、占有権を有する者に対し遅滞なく当該航空機及びその貨物を返還する。

第一一条【司法共助】（略）

第一二条【関係情報の提供】第一条に定める犯罪行為の一が行われるであろうと信ずるに足りる理由を有する締約国は、国内法に従い、第五条1(a)、(b)、(c)又は(d)の場合に該当する国となるであろうと認める国に対し、自国が有する関係情報を提供する。

第一三条【通報】（略）

第一四条【紛争の解決】1　この条約の解釈又は適用に関する締約国間の紛争で交渉によって解決することができないものは、それらの締約国のうちいずれか一国の要請によって仲裁に付託される。紛争当事国が仲裁の要請の日から六箇月以内に仲裁の組織について合意に達しない場合には、それらの紛争当事国のうちいずれの一国も、国際司法裁判所規程に従って国際司法裁判所に紛争を付託することができる。

2　各国は、この条約の署名若しくは批准又はこの条約への加入の時に、1の規定に拘束されないことを宣言することができる。他の締約国は、そのような留保をした締約国との関係において1の規定に拘束されない。

3　2の規定に基づいて留保をした締約国は、寄託国政府に対する通告によっていつでもその留保を撤回することができる。

第一五条【署名、批准、効力発生】
第一六条【廃棄】（略）

11 13 人質をとる行為に関する国際条約（抄）

採　択　一九七九年一二月一七日
国際連合総会第三四回会期決議三四／一四六附属書
署名開放　一九七九年一二月一八日（ニュー・ヨーク）
効力発生　一九八三年六月三日
日本国　一九八〇年一二月二二日署名、一九八七年五月二七日国会承認、六月八日批准書寄託、六月一八日公布（条約第四号）、七月八日効力発生

前　文（略）

第一条【犯罪行為】1　人を逮捕し又は拘禁し及び当該逮捕され又は拘禁された者（以下「人質」という。）の殺害、傷害又は拘禁の継続をもって脅迫をする行為であって、人質の解放のための明示的又は黙示的な条件として何らかの行為を行うこと又は行わないことを第三者（国、政府間国際機関、自然人若しくは法人又は人の集団）に対して強要する目的で行うものは、この条約にいう人質をとる行為とし、犯罪とする。

2　次の行為も、この条約において犯罪とする。

(a)　人質をとる行為の未遂

(b)　人質をとる行為（未遂を含む。）に加担する行為

第二条【適当な処罰】締約国は、前条に定める犯罪について、その重大性を考慮した適当な刑罰を科することができるようにする。

第三条【人質解放に必要な措置】1　犯人が領域内で人質を捕らえている締約国は、人質の事態を緩和するため、特に、人質の解放を確保するため及び必要な場合には人質の解放の後その出国を容易にするため、適当と認めるすべての措置をとる。

2　締約国は、人質をとる行為の結果として犯人が取得した物件を保管しているときは、場合に応じて人質若しくは第一条に規定する第三者に対し、又はこれらの者の関係する適当な当局に対し、当該物件をできる限り速やかに返還する。

第四条【防止措置】締約国は、特に次の方法により、第一条に定める犯罪の防止について協力する。

(a)　自国の領域内又は領域外で行われる犯罪の自国の領域内における準備を防止するためあらゆる実行可能な措置（人質をとる行為を助長し、扇動し、組織し又は行う個人、集団及び団体が行う不正な活動を自国の領域内において禁止する措置を含む。）をとること。

(b)　犯罪を防止するため、適当な場合には、情報を交換し及び行政上の措置その他の措置を調整すること。

第五条【裁判権の設定】1　締約国は、次の場合において第一条に定める犯罪についての自国の裁判権を設定するため、必要な措置をとる。

(a)　犯罪が自国の領域内で又は自国において登録された船舶若しくは航空機内で行われる場合

(b)　犯罪が自国の国民によって行われる場合及び自国が適当と認めるときは犯罪が自国の領域内に常居所を有する無国籍者によって行われる場合

(c)　犯罪が、何らかの行為を行うこと又は行わないことを自国に対して強要する目的で行われる場合

(d)　自国が適当と認めるときは、犯罪が自国の国民を人質として行われる場合

2　締約国は、容疑者が自国の領域内に所在し、かつ、自国が1のいずれかの締約国に対しても当該容疑者の引渡しを行わない場合において第一条に定める犯罪についての自国の裁判権を設定するため、同様に、必要な措置をとる。

3　この条約は、国内法に従って行使される刑事裁判権を排除するものではない。

第六条【犯人所在国の措置】1　容疑者が領域内に所在する締約国は、状況によって正当であると認める場合には、刑事訴訟手続又は犯罪人引渡手続を開始するために必要とする期間、当該容疑者の所在を確実にするため、自国の法令に従って抑留その他の措置をとる。当該締約国は、事実について直ちに予備調査を行う。

2　1の抑留その他の措置は、直接に又は国際連合事務総長を通じて次の国及び機関に遅滞なく通報する。

(a)　犯罪が行われた国

(b)　強要の対象とされ又はされようとした国

(c)　強要の対象とされ又はされようとした自然人又は法人の国籍国

(d)　人質の国籍国及び人質が領域内に常居所を有する国

(e)　容疑者の国籍国又は容疑者が無国籍者である場合には当該容疑者が領域内に常居所を有する国

(f)　強要の対象とされ又はされようとした政府間国際機関

(g)　その他のすべての関係国

3　いずれの者も、自己について1の措置がとられている場合には、次の権利を有する。

(a)　当該者の国籍国その他当該者と連絡を取る資格を有する国又は当該者が無国籍者である場合には当該者が領域内に常居所を有する国の最寄りの適当な代表と遅滞なく連絡を取る権利

(b)　(a)の国の代表の訪問を受ける権利

4　3に定める権利は、容疑者が領域内に所在する締約国の法令に反しないように行使する。もっとも、当該法令は、3に定める権利の目的とするところを十分に達成するようなものでなければならない。

5　3及び4の規定は、前条1(b)の規定に従って裁判権を設定した締約国が、赤十字国際委員会に対し容疑者と連絡を取り又は容疑者を訪問するよう要請する権利を害するものではない。

6　1の予備調査を行う国は、その結果を2の国及び機関に対して速やかに報告するものとし、また、自国が裁判権を行使する意図を有するか有しないかを明らかにする。

第七条【訴訟手続の通報】容疑者を訴追した締約国は、自国の法令に従い、訴訟手続の確定的な結果を国際連合事務総長に通報する。同事務総長は、当該情報を他の関係国及び関係する政府間国際機関に伝達する。

第八条【引渡すか訴追するかの義務】1　容疑者が領域内で発見された締約国は、当該容疑者を引き渡さない場合には、犯罪が自国の領域内で行われたものであるかないかを問わず、いかなる例外もなしに、自国の法令による手続を通じて訴追のため自国の権限のある当局に事件を付託する義務を負う。その当局は、自国の法令に規定する通常の重大な犯罪の場合と同様の方法で決定を行う。

2　いずれの者も、自己につき第一条に定める犯罪のいずれかに関して訴訟手続がとられている場合には、そのすべての段階において公正な取扱い（当該者が領域内に所在する国の法令に規定するすべての権利及び保障の享受を含む。）を保障される。

第九条【不引渡の場合】1　この条約による容疑者の引渡しの請求を受けた締約国は、次の場合には、当該請求に応じてはならない。

(a)　第一条に定める犯罪に関する犯罪人引渡しの請求が、人種、宗教、国籍、民族的出身又は政治的意見を理由として当該容疑者を訴追し又は処罰するために行われたと信ずるに足りる実質的な根拠がある場合

(b)　当該容疑者の地位が次の理由により害されるおそれがあると信ずるに足りる実質的な根拠がある場合

(i)　(a)に掲げるいずれかの理由

(ii)　保護権を行使する資格を有する国の適当な当局が当該容疑者と連絡を取ることができないという理由

2　締約国間で適用されるすべての犯罪人引渡条約及び犯罪人引渡取極は、この条約に定める犯罪について、この条約と両立しない限度において当該締約国間で修正される。

第一〇条【犯罪人引渡】1　第一条に定める犯罪は、締約国間の現行の犯罪人引渡条約における引渡犯罪とみなされる。締約国は、相互間で将来締結されるすべての犯罪人引渡条約に同条に定める犯罪を引渡犯罪として含めることを約束する。

2　条約の存在を犯罪人引渡しの条件とする締約国は、自国との間に犯罪人引渡条約を締結していない他の締約国から犯罪人引渡しの請求を受けた場合には、随意にこの条約を第一条に定める犯罪に関する犯罪人引渡しのための法的根拠とみなすことができる。この犯罪人引渡しは、請求を受けた国の法令に定めるその他の条件に従う。

3　条約の存在を犯罪人引渡しの条件としない締約国は、犯罪人引渡しの請求を受けた国の法令に定める条件に従い、相互間で、第一条に定める犯罪を引渡犯罪と認める。

4　第一条に定める犯罪は、締約国間の犯罪人引渡しに関しては、当該犯罪が発生した場所のみでなく、第五条1の規定に従って裁判権を設定しなければならない国の領域内においても行われたものとみなされる。

第一一条【司法共助】1　締約国は、第一条に定める犯罪についてとられる刑事訴訟手続に関し、相互に最大限の援助（当該訴訟手続に必要であり、かつ、自国が提供することができるすべての証拠の提供を含む。）を与える。

2　1の規定は、他の条約に規定する司法上の相互援助に関する義務に影響を及ぼすものではない。

第一二条【ジュネーヴ諸条約との関係】この条約は、戦

争犠牲者の保護に関する一九四九年のジュネーヴ諸条約又は同諸条約の追加議定書に規定する武力紛争(一九七七年の追加議定書Ⅰ第一条4に規定する武力紛争、すなわち、国際連合憲章及び国際連合憲章による諸国間の友好関係及び協力についての国際法の諸原則に関する宣言にうたう人民の自決の権利の行使として人民が植民地支配、外国による占領及び人種差別体制に対して戦うものを含む。)において行われた人質をとる行為については、当該人質をとる行為について同諸条約又は同諸条約の追加議定書が適用され、かつ、この条約の締約国が当該人質をとる行為を行った者を訴追し又は引き渡すことを同諸条約により義務付けられる限り、適用しない。

第一三条【適用除外】この条約は、犯罪が単一の国において行われ、人質及び容疑者が当該国の国民であり、かつ、当該容疑者が当該国の領域内で発見された場合には、適用しない。

第一四条【領土保全、政治的独立の尊重】この条約のいかなる規定も、国の領土保全又は政治的独立に対する侵害であって国際連合憲章に違反するものを正当化するものと解してはならない。

第一五条【庇護権】この条約は、その採択の日に効力を有する庇護に関する諸条約の当事国間における当該諸条約の適用に影響を及ぼすものではない。もっとも、この条約の締約国は、当該諸条約の当事国でない他の締約国に対して当該諸条約を援用することができない。

第一六条【紛争の解決】
第一七条【署名、批准】
第一八条【効力発生】
第一九条【廃棄】
第二〇条【正文】
(略)

11-14 核物質及び原子力施設の防護に関する条約(抄)

署　名　一九八〇年三月三日(ウィーン、ニューヨーク)
効力発生　一九八七年二月八日
改　正　二〇〇五年七月八日(ウィーン)、二〇一六年五月八日効力発生
日本国　一九八八年五月一一日国会承認、一〇月二八日加入書寄託、一一月七日公布(条約第六号)、一一月二七日効力発生、二〇〇五年七月八日の改正につき、二〇一四年六月四日国会承認、六月二七日受諾書寄託、二〇一六年五月二日公布(条約第七号)、五月八日効力発生

前　文(略)

第一条【定義】この条約の適用上、

(a)「核物質」とは、プルトニウム(プルトニウム二三八の同位体濃度が八〇パーセントを超えるものを除く。)、ウラン二三三、同位元素ウラン二三五又は二三三の濃縮ウラン、ウランの同位元素の天然の混合率から成るウラン(鉱石又は鉱石の残滓の状態のものを除く。)及びこれらの物質の一又は二以上を含有している物質をいう。

(b)「同位元素ウラン二三五又は二三三の濃縮ウラン」とは、同位元素ウラン二三五若しくは二三三又はこれらの双方を含有しているウランであって、同位元素ウラン二三八に対するこれらの二同位元素の合計の含有率が、天然ウランにおける同位元素ウラン二三八に対する同位元素ウラン二三五の率より大きいものをいう。

(c)「国際核物質輸送」とは、最初の積込みが行われる国の領域外への核物質の輸送(輸送手段のいかんを問わない。)であって、当該国内の荷送人の施設からの出発をもって開始し最終仕向国内の荷受人の施設への到着をもって終了するものをいう。

(d)「原子力施設」とは、核物質を生産し、処理し、使用し、取り扱い、貯蔵し、又は処分する施設(関連する建物及び設備を含む。)であって、当該施設に対する損害又は妨害が相当の量の放射線又は放射性物質の放出をもたらすおそれがあるものをいう。

(e)「妨害行為」とは、原子力施設又は使用され、貯蔵され、若しくは輸送されている核物質に対して故意に行う行為であって、放射線への曝(ばく)露又は放射性物質の放出の影響により職員の健康及び安全、公衆又は環境を直接又は間接に脅かすおそれがあるものをいう。

第一条のA【目的】この条約の目的は、平和的目的のために使用される核物質及び原子力施設の効果的な防護を世界的規模で達成し、及び維持すること、当該核物質及び原子力施設に関連する犯罪を世界的規模で防止し、並びに当該犯罪と世界的規模で戦うこと並びにこれらのことを目的とする締約国間の協力を容易にすることにある。

第二条【適用対象】1　この条約は、平和的目的のために使用される核物質であって、使用され、貯蔵され、又は輸送されているもの及び平和的目的のために使用される原子力施設について適用する。ただし、第三条、第四条及び第五条4の規定は、平和的目的のために使用される核物質であって国際核物質輸送中のものについてのみ適用する。

2　締約国内において防護の制度を確立し、実施し、及び維持する全ての責任は、当該締約国が負う。

3　この条約により締約国が明示的に負う義務を除くほか、この条約のいかなる規定も、締約国の主権的権利に影響を及ぼすものと解してはならない。

4 (a)　この条約のいかなる規定も、国際法(特に国際

連合憲章の目的及び原則並びに国際人道法）に基づいて締約国が有する他の権利、義務及び責任に影響を及ぼすものではない。

(b)　国際人道法の下で武力紛争における軍隊の活動とされている活動であって、国際人道法によって規律されるものは、この条約によって規律されない。また、国の軍隊がその公務の遂行に当たって行う活動であって、他の国際法の規則によって規律されるものは、この条約によって規律されない。

(c)　この条約のいかなる規定も、平和的目的のために使用される核物質又は原子力施設に対して武力を行使し、又は武力を行使するとの威嚇を行うことに法に基づく権限を与えるものと解してはならない。

(d)　この条約のいかなる規定も、不法な行為を容認し、又は合法化するものではなく、また、他の法規によって訴追することを妨げるものではない。

5　この条約は、軍事的目的のために使用され、又は保有される核物質及び当該核物質を保有する原子力施設については、適用しない。

第二条のA【締約国の一般的義務】1　締約国は、次のことを目的として、自国の管轄下にある核物質及び原子力施設について適用される適当な防護の制度を確立し、実施し、及び維持する。

(a)　使用され、貯蔵され、又は輸送されている核物質を窃取その他の不法な取得から防護すること。

(b)　紛失し、又は盗取された核物質の所在を特定し、及び適当な場合には当該核物質を回収するための迅速かつ包括的な措置の実施を確保すること。当該核物質が締約国の領域外にある場合には、当該締約国は、第五条の規定に従って行動する。

(c)　核物質及び原子力施設を妨害行為から防護すること

(d)　妨害行為による放射線の影響を緩和し、又は最小にすること

2　1の規定を実施するに当たり、締約国は、次のことを行う

(a)　防護を規律するため、法令上の枠組みを定め、及び維持すること

(b)　(a)に規定する法令上の枠組みの実施について責任を有する一又は二以上の権限のある当局を設立し、又は指定すること

(c)　核物質及び原子力施設の防護のために必要なその他の適当な措置をとること

3　1及び2の規定に基づく義務を履行するに当たり、締約国は、この条約の他の規定の適用を妨げることなく、次に掲げる核物質及び原子力施設の防護に関する基本原則を合理的かつ実行可能である限りにおいて適用する

基本原則A　国の責任

国において防護の制度を確立し、実施し、及び維持する全ての責任は、当該国が負う

基本原則B　国際輸送中の責任

核物質の適切な防護を確保する国の責任は、核物質の国際輸送に及び、適当な場合には、当該責任が適切に他の国に移転されるまで存続する。

基本原則C　法令上の枠組み

国は、防護を規律する法令上の枠組みを定め、及び維持する責任を負う当該枠組みは、適用される防護の要件を定めることを規定し、並びに評価の制度及び許可その他の承認を与える手続を含むべきである。当該枠組みは、原子力施設及び輸送に係る検査の制度であって、適用される要件及び許可証その他の承認の文書の条件の遵守を検証し、並びに適用される要件及び条件を実施させるための手段（効果的な制裁を含む）を定めるためのものを含むべきである。

基本原則D　権限のある当局

国は、防護を規律する法令上の枠組みの実施について責任を有する権限のある当局であって、その任務を遂行するための適当な権限、財源及び人的資源を与えられたものを設立し、又は指定すべきである。国は、当該権限のある当局の任務とその他の組織であって原子力の利用又はその促進を担当するものの任務とが効果的及び相互に独立していることを確保するための措置をとるべきである。

基本原則E　許可証の所持者の責任

国において防護の種々の要素を実施する責任は、明確に特定されるべきである。国は、核物質又は原子力施設の防護を実施する主要な責任は関連の許可証その他の承認の文書の所持者（例えば、事業者、荷送人）が負うことを確保すべきである。

基本原則F　セキュリティの文化

防護の実施に関係する全ての組織は、セキュリティの文化並びに当該文化を組織全体で効果的に実践するために必要な当該文化の発展及び維持に妥当な優先順位を与えるべきである。

基本原則G　脅威

国における防護は、当該国によって行われる脅威についてのその時の評価に基づくべきである。

基本原則H　段階的な手法

防護の要件は、脅威についてのその時の評価、相対的な誘引の程度、核物質の性質並びに核物質の許可のない持出し及び核物質に係る妨害行為又は原子力施設に対する妨害行為に関連して生じ得る結果を考慮して、段階的な手法に基づくべきである。

基本原則I　深層防護

国における防護の要件は、敵対者がその目的を果たすために乗り越え、又は回避しなければならない。防護の複数の層及び方法（構造的な

ものその他の技術的なもの、人的なもの及び組織的なもの)に関する概念を反映すべきである。

基本原則J　品質保証

防護にとって重要な全ての活動のための特定の要件が満たされていることについて信頼を得るため、品質保証に関する政策及び計画を策定し、及び実施すべきである。

基本原則K　緊急時計画

核物質の許可のない持出し、原子力施設に対する妨害行為及び核物質に係る妨害行為並びにこれらの未遂に対応するための緊急時計画が、全ての許可証の所持者及び関係当局により作成され、及び適切に実施されるべきである。

基本原則L　秘密性

国は、認められていない開示により核物質及び原子力施設の防護を低下させるおそれのある情報の秘密性を保護するための要件を定めるべきである。

4(a) この条の規定は、核物質であって、当該核物質の性質、量及び相対的な誘引の程度、当該核物質に対する許可のない行為に関連して生じ得る放射線の影響その他の影響並びに当該核物質に対する脅威についてのその時の評価を考慮して、1の規定に従って確立された防護の制度の下に置く必要がないことを締約国が合理的に決定するものについては、適用しない。

(b) (a)の規定によりこの条の規定が適用されない核物質については、管理についての慎重な慣行に従って防護するものとする。

第三条【防護措置】締約国は、国際核物質輸送中の核物質が、自国の領域内にある場合又は自国へ向けて若しくは自国から出発して輸送を行っている自国の管轄下にある船舶若しくは航空機に積載されている場合に附属書Ⅰに定める水準で防護されることを実行可能な限り確保するため、自国の国内法の枠内で、かつ、国際法に適合する範囲内で適当な措置をとる。

第四条【輸出入と通過】1　締約国は、国際核物質輸送中の核物質が附属書Ⅰに定める水準で防護される保証を得られない限り、核物質を輸出し又はその輸出を許可してはならない。

2　締約国は、国際核物質輸送中の核物質が附属書Ⅰに定める水準で防護される保証を得られない限り、この条約の非締約国から核物質を輸入し又はその輸入を許可してはならない。

3　締約国は、この条約の非締約国間における国際核物質輸送中の核物質が附属書Ⅰに定める水準で防護される保証を得られない限り、核物質が自国の陸地若しくは内水又は空港若しくは海港を経由して自国の領域を通過することを認めてはならない。ただし、当該保証を得ることが実行可能でない場合は、この限りではない。

4　締約国は、国内のある地点から他の地点まで国際的な水域又は空間を通過して輸送される核物質について、附属書Ⅰに定める防護の水準を自国の国内法の枠内で適用する。

5　1から3までの規定に従い核物質が附属書Ⅰに定める水準で防護される保証を取得すべき責任を負う締約国は、核物質が陸地若しくは内水を通過し又は空港若しくは海港に入ることが予定される国を事前に明らかにし、これに通報する。

6　1の保証を取得すべき責任は、合意によって、輸入国として輸送に関係する締約国に負わせることができる。

7　この条のいかなる規定も、国の領域(領空及び領海を含む。)に対する主権及び管轄権に影響を及ぼすものと解してはならない。

第五条【国際原子力機関への通報】1　締約国は、この条約の範囲内の事項に関する自国の連絡上の当局を明らかにし、直接に又は国際原子力機関を通じて相互に通知する。

2　核物質が窃取され、強取され、若しくはその他の方法で不法に取得された場合又はその現実的な脅威が存在する場合には、締約国は、自国の国内法に従い、要請する国に対し、当該核物質の回収及び防護について可能な最大限度において協力し、及び援助するものとし、特に次のことを行う。

(a)　締約国は、核物質が窃取され、強取され、若しくはその他の方法で不法に取得されたこと又はその現実的な脅威が存在することについて、関係すると認める他の国にできる限り速やかに通報し、及び適当な場合には国際原子力機関その他の関係国際機関に通報するため、適当な措置をとる。

(b)　そのような協力及び援助を行うに当たり、関係する締約国は、適当な場合には、脅威にさらされた核物質を防護し、輸送容器及びコンテナーの健全性を確認し、又は不法に取得された核物質を回収することを目的として相互に及び国際原子力機関その他の関係国際機関と情報を交換するものとし、次のことを行う。

(i)　外交上の経路その他の合意された経路を通じて、それぞれの活動を調整すること。

(ii)　要請される場合には、援助すること。

(iii)　前記の事態の結果として取得され、又は紛失していた核物質であって回収されたものの返還を確保すること。

関係する締約国は、この2に規定する協力の実施手段を決定する

3　締約国は、核物質に係る妨害行為の現実的な脅威が存在する場合又は当該妨害行為が行われた場合には、自国の国内法に従い、かつ、国際法に基づく関連する義務に従い、可能な最大限度において、次のとおり協力する。

(a)　締約国は、他の国において核物質に係る妨害行為又は原子力施設に対する妨害行為の現実的な脅威が存在することを知った場合には、これらの妨

害行為を防止するため、当該脅威について、当該他の国にできる限り速やかに通報し、及び適当な場合には国際原子力機関その他の関係国際機関に通報するために適当な措置をとることを決定する

(b) 締約国は、自国において核物質に係る妨害行為又は原子力施設に対する妨害行為が行われた場合において、他の国が放射線の影響を受けるおそれがあると認めるときは、放射線の影響を最小にし、又は緩和するため、放射線の影響を受けるおそれがある国にできる限り速やかに通報し、及び適当な場合には国際原子力機関その他の関係国際機関に通報するため、国際法に基づく他の義務に影響を及ぼすことなく、適当な措置をとる。

(c) (a)及び(b)の規定に関し、締約国が援助を要請した場合には、その要請を受けた締約国は、速やかに、当該援助を与えることができるか否か並びに与え得る援助の範囲及び条件を決定し、直接に又は国際原子力機関を通じて、要請した締約国に通報する。

(d) (a)から(c)までの規定に基づく協力についての調整は、外交上の経路その他の合意された経路を通じて行う。関係する締約国は、当該協力の実施手段を二国間又は多数国間で決定する。

4 締約国は、適当な場合には、国際輸送中の核物質の防護の方式を立案し、維持し、及び改善することについて指針を得るため、直接に又は国際原子力機関その他の関係国際機関を通じて、相互に協力し、及び協議する。

5 締約国は、適当な場合には、国内において使用され、貯蔵され、又は輸送されている核物質及び原子力施設の防護に係る自国の方式を立案し、維持し、及び改善することについて指針を得るため、直接に又は国際原子力機関その他の関係国際機関を通じて、相互に協議し、及び協力することができる。

第六条【秘密の保護】1 締約国は、この条約の規定に基づき他の締約国から、又はこの条約の実施のために行われる活動に参加することにより、秘密のものとして受領する情報の秘密性を保護するため、自国の国内法に適合する範囲内で適当な措置をとる。締約国は、国際機関又はこの条約の非締約国に対し情報を秘密のものとして提供する場合には、当該情報の秘密性が保護されることを確保するための措置をとる。他の締約国から情報を秘密のものとして受領した締約国は、当該他の締約国の同意がある場合にのみ、当該情報を第三者に提供することができる。

2 締約国は、この条約により、国内法上伝達が認められていない情報及び関係国の安全保障又は核物質若しくは原子力施設の防護を害する情報の提供を要求されるものではない。

第七条【犯罪行為】1 締約国は、自国の国内法により、故意に行う次の行為を処罰すべき犯罪とする。

(a) 法律に基づく権限なしに行う核物質の受領、所持、使用、移転、変更、処分又は散布であって、人の死亡若しくは重大な傷害又は財産若しくは環境に対する著しい損害を引き起こし、又は引き起こすおそれがあるもの

(b) 核物質の窃取及び強取

(c) 核物質の横領及び詐取

(d) 法律に基づく権限なしに行う核物質のある国への又はある国からの運搬、送付又は移動

(e) 原子力施設に対して行われる行為又は原子力施設の運転を妨害する行為であって、これらの行為を行う者が、放射線への曝(ばく)露若しくは放射性物質の放出の影響により、人の死亡若しくは重大な傷害若しくは財産若しくは環境に対する著しい損害を引き起こす意図をもって行うもの又はこれらを引き起こすおそれがあると知りながら行うもの。ただし、それらの原子力施設が自国の領域内に所在する締約国の国内法に従って行われる行為を除く。

(f) 脅迫、暴行その他の威嚇手段を用いて核物質を要求する行為

(g)(i) 核物質を使用して人の死亡若しくは重大な傷害若しくは財産若しくは環境に対する著しい損害を引き起こすとの脅迫又は(e)に定める犯罪を行うとの脅迫

(ii) (b)又は(c)に定める犯罪を行うとの脅迫であって、何らかの行為を行うこと又は行わないことを自然人若しくは法人、国際機関又は国に対し強要する目的で行うもの

(h) (a)から(e)までに定める行為の未遂

(i) (a)から(h)までに定める行為に加担する行為

(j) (a)から(h)までに定める犯罪を行わせるために他の者を組織し、又は他の者に指示する行為

(k) 共通の目的をもって行動する人の集団が(a)から(h)までに定める犯罪を実行することに対して寄与する行為。ただし、当該行為が故意に行われ、かつ、次のいずれかに該当する場合に限る。

(i) 当該集団の犯罪活動又は犯罪目的の達成を助長するために行われる場合。もっとも、当該犯罪活動又は犯罪目的が(a)から(g)までに定める犯罪の実行に関係するときに限る。

(ii) (a)から(g)までに定める犯罪を実行するという当該集団の意図を知りながら行われる場合

2 締約国は、1の犯罪について、その重要性を考慮した適当な刑罰を科することができるようにする。

第八条【裁判権の設定】1 締約国は、次の場合において前条に定める犯罪についての自国の裁判権を設定するため、必要な措置をとる。

(a) 犯罪が自国の領域内で又は自国において登録された船舶若しくは航空機内で行われる場合

(b) 容疑者が自国の国民である場合

2 締約国は、容疑者が自国の領域内に所在し、かつ、自国が1のいずれの締約国に対しても第一一条の規

定による当該容疑者の引渡しを行わない場合において前条に定める犯罪についての自国の裁判権を設定するため、同様に、必要な措置をとる。

3　この条約は、国内法に従って行使される刑事裁判権を排除するものではない。

4　1及び2の締約国のほか、国際核物質輸送における輸出国又は輸入国である締約国は、国際法に適合する範囲内で、前条に定める犯罪についての自国の裁判権を設定することができる。

第九条【犯人所在国の措置】容疑者が領域内に所在する締約国は、状況によって正当であると認める場合には、訴追又は引渡しのために当該容疑者の所在を確実にするため、自国の国内法により適当な措置（拘禁を含む。）をとる。この条の規定によりとられた措置は、前条の規定に従って裁判権を設定しなければならない国及び適当な場合には他のすべての関係国に対し、遅滞なく通報する。

第一〇条【引渡すか訴追するかの義務】容疑者が領域内に所在する締約国は、当該容疑者を引き渡さない場合には、いかなる例外もなしに、かつ、不当に遅滞することなく、自国の法令による手続を通じて訴追のため自国の権限のある当局に付託する。

第一一条【犯罪人引渡】1　第七条に定める犯罪は、締約国間の現行の犯罪人引渡条約における引渡犯罪とみなされる。締約国は、相互間で将来締結されるすべての犯罪人引渡条約に同条に定める犯罪を引渡犯罪として含めることを約束する。

2　条約の存在を犯罪人引渡しの条件とする締約国は、自国との間に犯罪人引渡条約を締結していない他の締約国から犯罪人引渡しの請求を受けた場合には、随意にこの条約を第七条に定める犯罪に関する犯罪人引渡しのための法的根拠とみなすことができる。この犯罪人引渡しは、請求を受けた国の法令に定めるその他の条件に従う。

3　条約の存在を犯罪人引渡しの条件としない締約国は、犯罪人引渡しの請求を受けた国の法令に定める条件に従い、相互間で、第七条に定める犯罪を引渡犯罪と認める。

4　第七条に定める犯罪は、締約国間の犯罪人引渡しに関しては、当該犯罪が発生した場所のみでなく、第八条1の規定に従って裁判権を設定しなければならない締約国の領域内においても行われたものとみなされる。

第一一条のA【政治犯罪性の否定】第七条に定める犯罪は、犯罪人引渡し又は法律上の相互援助に関しては、政治犯罪、政治犯罪に関連する犯罪又は政治的な動機による犯罪とみなしてはならない。したがって、政治犯罪、政治犯罪に関連する犯罪又は政治的な動機による犯罪に関係することのみを理由として、同条に定める犯罪に関する犯罪人引渡しの請求又は法律上の相互援助の要請を拒否することはできない。

第一一条のB【差別的引渡の拒否権】この条約のいかなる規定も、第七条に定める犯罪に関する犯罪人引渡しの請求又は法律上の相互援助の要請を受けた締約国がこれらの請求若しくは要請が人種、宗教、国籍、民族的出身若しくは政治的意見を理由としてこれらの請求若しくは要請の対象となる者を訴追し、若しくは処罰するために行われたと信じ、又はこれらの請求若しくは要請に応ずることにより当該者の地位がこれらの理由によって害されると信ずるに足りる実質的な根拠がある場合には、引渡しを行い、又は法律上の相互援助を与える義務を課するものと解してはならない。

第一二条【公正な取扱い】何人も、自己につき第七条に定める犯罪のいずれかに関して訴訟手続がとられている場合には、そのすべての段階において公正な取扱いを保障される。

第一三条【司法共助】1　締約国は、第七条に定める犯罪についてとられる刑事訴訟手続に関し、相互に最大限の援助（当該訴訟手続に必要であり、かつ、自国が提供することができる証拠の提供を含む。）を与える。この場合において、援助を要請された締約国の法令が適用される。

2　1の規定は、刑事問題に関する相互援助を全面的又は部分的に定める現行の又は将来締結される二国間又は多数国間の他の条約に基づく義務に影響を及ぼすものではない。

第一三条のA【平和目的技術移転の留保】この条約のいかなる規定も、核物質及び原子力施設の防護を強化するために行われる平和的目的のための原子力技術の移転に影響を及ぼすものではない。

第一四条【関係情報の提供】1　締約国は、この条約を実施する自国の法令を寄託者に通報する。寄託者は、当該情報をすべての締約国に定期的に伝達する。

2　容疑者を訴追した締約国は、実行可能な場合には、まず、訴訟手続の確定的な結果を直接の関係国に通報する。当該締約国は、また、当該確定的な結果を寄託者に通報するものとし、寄託者は、すべての国にこれを伝達する。

3　この条約のいかなる規定も、国内において使用され、貯蔵され、若しくは輸送されている核物質に関して犯罪が行われた場合において容疑者及び核物質が当該犯罪の行われた締約国の領域内に引き続き所在するとき、又は原子力施設に関して犯罪が行われた場合において容疑者が当該犯罪の行われた締約国の領域内に引き続き所在するときは、それらの締約国に対しそれらの犯罪の刑事訴訟手続に関する情報の提供を要求するものと解してはならない。

第一五条【附属書】この条約の附属書は、この条約の不可分の一部をなす。

第一六条【検討会議】1　寄託者は、二〇〇五年七月八日に採択された改正の効力発生の五年後に、この条約の実施状況並びにその時の状況に照らしてこの条約の前文、本文及び附属書の妥当性を検討するため、締約国の会議を招集する。

2　その後は、締約国の過半数による寄託者に対する提案に基づき、五年以上の間隔を置いて1に規定する会議と同様の目的を有する会議を更に招集することができる。

第一七条【紛争の解決】
第一八条【署名、批准】
第一九条【効力発生】
第二〇条【改正】
第二一条【廃棄】
第二二条【通報】
第二三条【正文】
（略）

附属書（略）

11 15　テロリストによる爆弾使用の防止に関する国際条約（爆弾テロ防止条約）

採　択　一九九七年一二月一五日　国際連合総会第五二回会期決議五二／一六四附属書
効力発生　二〇〇一年五月二三日
日本国　一九九八年四月一七日署名、二〇〇一年一一月九日国会承認、一一月一六日受託書寄託、一一月二一日公布（条約第一〇号）、一二月一六日効力発生

この条約の締約国は、
国際の平和及び安全の維持並びに善隣主義、諸国間の友好関係及び諸国間の協力の促進に関する国際連合憲章の目的及び原則に留意し、
あらゆる形態のテロリズムの行為が世界的規模で増大していることを深く憂慮し、
一九九五年一〇月二四日の国際連合五〇周年記念宣言を想起し、
また、「国際連合加盟国は、テロリズムのあらゆる行為、方法及び実行（諸国及び諸国民の間の友好関係を害し並びに国の領土保全及び安全を脅かすものを含む。）を、行われた場所及び行った者のいかんを問わず、犯罪でありかつ正当化することができないものとして無条件に非難することを厳粛に再確認する」一九九四年一二月九日の国際連合総会決議第六〇号（第四九回会期）に附属する国際的なテロリズムを廃絶するための措置に関する宣言を想起し、
また、同宣言が諸国に対し、「この問題のすべての側面に関する包括的な法的枠組みが存在することを確保するため、あらゆる形態のテロリズムの防止、抑止及び廃絶に関する既存の国際的な法規の範囲を早急に見直す」ことを奨励していることに留意し、
さらに、一九九六年一二月一七日の国際連合総会決議第二一〇号（第五一回会期）及び同決議に附属する一九九四年の国際的なテロリズムを廃絶するための措置に関する宣言を補足する宣言を想起し、
また、爆発物その他の致死装置によるテロリストの攻撃が一層広範に行われるようになったことに留意し、
さらに、既存の多数国間の法規がこれらの攻撃について十分に対処していないことに留意し、
このようなテロリズムの行為の防止並びにこのような行為を行った者の訴追及び処罰のための効果的かつ実行可能な措置を立案し及びとるに当たって諸国間の国際協力を強化することが急務であることを確信し、
このような行為の発生が国際社会全体にとって重大な関心事であることを考慮し、
国の軍隊の活動がこの条約の枠組みの範囲外にある国際法の規則によって規律されること及びこの条約の適用範囲から一定の行為が除外されることが不法な行為を容認し又は合法化するものではなく、かつ、他の法規によって訴追することを妨げるものではないことに留意して、
次のとおり協定した。

第一条【定義】この条約の適用上、
1　「国又は政府の施設」には、国の代表者、政府、立法機関若しくは司法機関の構成員、国その他公の当局若しくは団体の職員若しくは被用者又は政府間機関の被用者若しくは職員がその公務に関連して使用し又は占有する常設又は臨時の施設及び輸送機関を含む。
2　「基盤施設」とは、上水、下水、エネルギー、燃料、通信等に係る役務を公共の利益のために提供し又は配分する公有又は私有の施設をいう。
3　「爆発物その他の致死装置」とは、次のものをいう。
(a)　死、身体の重大な傷害若しくは著しい物的損害を引き起こすように設計され又はそのような能力を有する爆発する兵器若しくは装置又は焼夷(イ)兵器若しくは焼夷(イ)装置
(b)　毒性化学物質、生物剤、毒素その他これらに類するもの、放射線又は放射性物質の放出、発散又は影響によって死、身体の重大な傷害若しくは著しい物的損害を引き起こすように設計され又はそのような能力を有する兵器又は装置
4　「国の軍隊」とは、国の防衛又は安全保障を主たる目的としてその国内法に基づいて組織され、訓練され及び装備された国の軍隊並びにその正式な指揮、管理及び責任の下で当該軍隊を支援するために行動する者をいう。
5　「公共の用に供される場所」とは、建物、土地、道路、水路その他の場所のうち、継続的に、定期的に又は随時、公衆に対して利用する機会が与えられ又は開放されている部分をいい、公衆に対してそのように利用する機会が与えられ又は開放されている

商業、業務、文化、歴史、教育、宗教、行政、娯楽、レクリエーションに係る場所その他これらに類する場所を含む。

6　「公共の輸送機関」とは、公有であるか私有であるかを問わず、人若しくは貨物の輸送のための役務であって公共の用に供するもののために又はそのような役務において使用されるすべての施設、輸送機関及び手段をいう。

第二条【犯罪行為】1　次の意図をもって、公共の用に供される場所、国若しくは政府の施設、公共の輸送機関及び基盤施設の中で、これらの中に又はこれらに対して、不法かつ故意に、爆発物その他の致死装置を到達させ、設置し若しくは爆発させる行為又は爆発物その他の致死装置から発散させる行為は、この条約上の犯罪とする。

(a)　死又は身体の重大な傷害を引き起こす意図

(b)　これらの場所、施設又は機関の広範な破壊を引き起こす意図。ただし、そのような破壊が重大な経済的損失をもたらし又はもたらすおそれのある場合に限る。

2　1に定める犯罪の未遂も、犯罪とする。

3　次の行為も、犯罪とする。

(a)　1又は2に定める犯罪に加担する行為

(b)　1又は2に定める犯罪を行わせるために他の者を組織し又は他の者に指示する行為

(c)　共通の目的をもって行動する人の集団が1又は2に定める犯罪の一又は二以上を実行することに対し、その他の方法で寄与する行為。ただし、故意に、かつ、当該集団の一般的な犯罪活動若しくは犯罪目的の達成を助長するために又は当該一若しくは二以上の犯罪を実行するという当該集団の意図を知りながら、寄与する場合に限る。

第三条【条約の不適用】この条約は、犯罪が単一の国において行われ、容疑者及び被害者が当該国の国民であり、当該容疑者が当該国の領域内で発見され、かつ、他のいずれの国も第六条1又は2の規定に基づいて裁判権を行使する根拠を有しない場合には、適用しない。ただし、第一〇条から第一五条までの規定は、適当なときはこれらの場合についても適用する。

第四条【適当な処罰】締約国は、次のことのために必要な措置をとる。

(a)　第二条に定める犯罪を自国の国内法上の犯罪とすること。

(b)　(a)の犯罪について、その重大性を考慮した適当な刑罰を科することができるようにすること。

第五条【犯罪行為正当化の不許容】締約国は、この条約の適用の対象となる犯罪行為、特に一般大衆又は人若しくは特定の人の集団に恐怖の状態を引き起こすことを意図し又は計画して行われる犯罪行為が政治的、哲学的、思想的、人種的、民族的、宗教的又は他の同様の考慮によっていかなる場合にも正当化されないこと及び当該犯罪行為についてその重大性に適合する刑罰が科されることを確保するため、必要な措置（適当な場合には、国内立法を含む。）をとる。

第六条【裁判権の設定】1　締約国は、次の場合において第二条に定める犯罪についての自国の裁判権を設定するため、必要な措置をとる。

(a)　犯罪が自国の領域内で行われる場合

(b)　犯罪が、当該犯罪の時に自国を旗国とする船舶内又は自国の法律により登録されている航空機内で行われる場合

(c)　犯罪が自国の国民によって行われる場合

2　締約国は、次の場合において第二条に定める犯罪についての自国の裁判権を設定することができる。

(a)　犯罪が自国の国民に対して行われる場合

(b)　犯罪が国外にある自国の国又は政府の施設（大使館その他外交機関及び領事機関の公館を含む。）に対して行われる場合

(c)　犯罪が自国の領域内に常居所を有する無国籍者によって行われる場合

(d)　犯罪が、何らかの行為を行うこと又は行わないことを自国に対して強要する目的で行われる場合

(e)　犯罪が自国の政府の運航する航空機内で行われる場合

3　締約国は、この条約を批准し、受諾し若しくは承認し又はこの条約に加入する際、自国の国内法により2の規定に従って設定した裁判権について国際連合事務総長に通報する。当該裁判権の変更を行った締約国は、その旨を国際連合事務総長に直ちに通報する。

4　締約国は、容疑者が自国の領域内に所在し、かつ、自国が1又は2の規定に従って裁判権を設定したいずれの締約国に対しても当該容疑者の引渡しを行わない場合において第二条に定める犯罪についての自国の裁判権を設定するため、同様に、必要な措置をとる。

5　この条約は、締約国が自国の国内法に従って設定した刑事裁判権の行使を排除するものではない。

第七条【犯人所在国の措置】1　第二条に定める犯罪を行った者又はその疑いのある者が自国の領域内に所在している可能性があるとの情報を受領した締約国は、その情報に含まれている事実について調査するため、自国の国内法により必要な措置をとる。

2　犯人又は容疑者が領域内に所在する締約国は、状況によって正当であると認める場合には、訴追又は引渡しのために当該犯人又は容疑者の所在を確実にするため、自国の国内法により適当な措置をとる。

3　いずれの者も、自己について2の措置がとられている場合には、次の権利を有する。

(a)　当該者の国籍国その他当該者の権利を保護する資格を有する国又は当該者が無国籍者である場合には当該者が領域内に常居所を有する国の最寄りの適当な代表と遅滞なく連絡を取る権利

(b)　(a)の国の代表の訪問を受ける権利

(c) (a)及び(b)に定める自己の権利について告げられる権利

4　3に定める権利は、犯人又は容疑者が領域内に所在する国の法令に反しないように行使する。当該法令は、3に定める権利の目的とするところを十分に達成するようなものでなければならない。

5　3及び4の規定は、前条1(c)又は2(c)の規定に従って裁判権を設定した締約国が、赤十字国際委員会に対し容疑者と連絡を取り又は容疑者を訪問するよう要請する権利を害するものではない。

6　いずれの締約国も、この条の規定に基づいていずれかの者を抑留した場合には、前条1及び2の規定に従って裁判権を設定した締約国並びに適当と認めるときは利害関係を有するその他の締約国に対し、直接又は国際連合事務総長を通じて、当該者が抑留されている事実及びその抑留が正当とされる事情を直ちに通報する。1の調査を行った国は、その結果をこれらの締約国に対して速やかに通報し、かつ、自国が裁判権を行使する意図を有するか否かを明らかにする。

第八条【引渡すか訴追するかの義務】1　容疑者が領域内に所在する締約国は、第六条の規定が適用される場合において、当該容疑者を引き渡さないときは、犯罪が自国の領域内で行われたものであるか否かを問わず、いかなる例外もなしに、かつ、不当に遅滞することなく、自国の法令による手続を通じて訴追のため自国の権限のある当局に事件を付託する義務を負う。その当局は、自国の法令に規定する他の重大な犯罪の場合と同様の方法で決定を行う。

2　締約国は、自国の国内法が、引渡しの請求に係る裁判又は手続の結果科された刑に服するために自国民が自国に送還されるとの条件下においてのみ当該自国民の引渡しを認める場合において、当該引渡しの請求を行う国との間でそのような方法をとること及び他の適当と認める条件について合意するときは、そのような条件付の引渡しによって1に規定する義務を履行することができる。

第九条【犯罪人引渡】1　第二条に定める犯罪は、この条約が効力を生ずる前に締約国間に存在する犯罪人引渡条約における引渡犯罪とみなされる。締約国は、相互間でその後締結されるすべての犯罪人引渡条約に同条に定める犯罪を引渡犯罪として含めることを約束する。

2　条約の存在を犯罪人引渡しの条件とする締約国は、自国との間に犯罪人引渡条約を締結していない他の締約国から犯罪人引渡しの請求を受けた場合には、随意にこの条約を第二条に定める犯罪に関する犯罪人引渡しのための法的根拠とみなすことができる。この犯罪人引渡しは、請求を受けた国の法令に定める他の条件に従う。

3　条約の存在を犯罪人引渡しの条件としない締約国は、犯罪人引渡しの請求を受けた国の法令に定める条件に従い、相互間で、第二条に定める犯罪を引渡犯罪と認める。

4　第二条に定める犯罪は、締約国間の犯罪人引渡しに関しては、必要な場合には、当該犯罪が発生した場所のみでなく、第六条1又は2の規定に従って裁判権を設定した国の領域内においても行われたものとみなされる。

5　締約国間のすべての犯罪人引渡条約及び犯罪人引渡取極は、第二条に定める犯罪について、この条約と両立しない限度において当該締約国間で修正されたものとみなされる。

第一〇条【司法共助】1　締約国は、第二条に定める犯罪について行われる捜査、刑事訴訟又は犯罪人引渡しに関する手続について、相互に最大限の援助（これらの手続に必要であり、かつ、自国が提供することができる証拠の収集に係る援助を含む。）を与える。

2　締約国は、相互間に法律上の相互援助に関する条約又は他の取極が存在する場合には、当該条約又は他の取極に合致するように、1に規定する義務を履行する。締約国は、そのような条約又は取極が存在しない場合には、国内法に従って相互に援助を与える。

第一一条【政治犯罪性の否定】第二条に定める犯罪は、犯罪人引渡し又は法律上の相互援助に関しては、政治犯罪、政治犯罪に関連する犯罪又は政治的な動機による犯罪とみなしてはならない。したがって、政治犯罪、政治犯罪に関連する犯罪又は政治的な動機による犯罪に関係することのみを理由として、同条に定める犯罪を根拠とする犯罪人引渡しの請求又は法律上の相互援助の要請を拒否することはできない。

第一二条【不引渡の場合】この条約のいかなる規定も、第二条に定める犯罪に関する犯罪人引渡しの請求又は法律上の相互援助の要請を受けた締約国がこれらの請求若しくは要請が人種、宗教、国籍、民族的出身若しくは政治的意見を理由としてこれらの請求若しくは要請の対象となる者を訴追し若しくは処罰するために行われたと信じ又はこれらの請求若しくは要請に応ずることにより当該者の地位がこれらの理由によって害されると信ずるに足りる実質的な根拠がある場合には、引渡しを行い又は法律上の相互援助を与える義務を課するものと解してはならない。

第一三条【犯人の移送】1　一の締約国の領域内において抑留され又は刑に服している者については、当該者が証言、確認その他援助であってこの条約に基づく犯罪の捜査又は訴追のための証拠の収集に係るものの提供のために他の締約国において出頭することが要請された場合において、次の条件が満たされるときは、移送することができる。

(a)　当該者が事情を知らされた上で任意に同意を与えること。

(b)　双方の国の権限のある当局がこれらの国の適当と認める条件に従って合意すること。

2　この条の規定の適用上、

(a) 1に定める者が移送された国は、当該者を移送した国が別段の要請を行わず又は承認を与えない限り、移送された当該者を抑留する権限を有し及び義務を負う。

(b) 1に定める者が移送された国は、自国及び当該者を移送した国の双方の権限のある当局による事前又は別段の合意に従い、移送された当該者をその移送した国による抑留のために送還する義務を遅滞なく履行する。

(c) 1に定める者が移送された国は、当該者を移送した国に対し、当該者の送還のために犯罪人引渡手続を開始するよう要求してはならない。

(d) 移送された者が移送された国において抑留された期間は、当該者を移送した国における当該者の刑期に算入する。

3 移送された者は、この条の規定に従って当該者を移送する締約国が同意しない限り、その国籍のいかんを問わず、当該者を移送した国の領域を出発する前の行為又は有罪判決につき、当該者が移送された国の領域内において、訴追されず若しくは抑留されず、又は身体の自由についての他のいかなる制限も課せられない。

第一四条【公正な取扱い】いずれの者も、この条約に従って抑留され又は他の措置若しくは手続がとられている場合には、公正な取扱い（当該者が領域内に所在する国の法令及び人権に関する国際法を含む国際法の関係規定に基づくすべての権利及び保障の享受を含む。）を保障される。

第一五条【犯罪防止のための協力】締約国は、特に次の方法により、第二条に定める犯罪の防止について協力する。

(a) 自国の領域内又は領域外で行われる犯罪の自国の領域内における準備を防止し及びこれに対処するため、必要な場合には国内法令を適合させることを含むあらゆる実行可能な措置（同条に定める犯罪の実行について助長し、扇動し若しくは組織し、事情を知りながら当該犯罪のために資金を提供し又は当該犯罪を実行する個人、集団及び団体が行う不法な活動を自国の領域内において禁止する措置を含む。）をとること。

(b) 自国の国内法に従って正確なかつ確認された情報を交換し、かつ、同条に定める犯罪を防止するために適宜とる行政上の措置その他の措置を調整すること。

(c) 適当な場合には、死又は身体の傷害を引き起こすことができる爆発物その他の有害な物質を探知する方法を研究し及び開発し、爆発物につきその爆発後の調査においてその製造の場所を特定するためにとる識別措置に関する基準の作成について協議し、防止措置に関する情報を交換し、並びに技術、装置及び関連する物質について協力し及びこれらを移転すること。

第一六条【国連事務総長への通報】容疑者を訴追した締約国は、自国の法令又は関係手続に従い、訴訟手続の確定的な結果を国際連合事務総長に通報する。同事務総長は、その情報を他の締約国に伝達する。

第一七条【主権平等等の尊重】締約国は、国の主権平等及び領土保全の原則並びに国内問題への不干渉の原則に反しない方法で、この条約に基づく義務を履行する。

第一八条【他の締約国の領域内における管轄権行使の不許容】この条約のいかなる規定も、締約国に対し、他の締約国の領域内において、当該他の締約国の当局がその国内法により専ら有する裁判権〔jurisdiction〕を行使する権利及び任務を遂行する権利を与えるものではない。

第一九条【留保条項】1 この条約のいかなる規定も、国際法、特に国際連合憲章の目的及び原則並びに国際人道法に基づいて国及び個人が有する他の権利、義務及び責任に影響を及ぼすものではない。

2 国際人道法の下で武力紛争における軍隊の活動とされている活動であって、国際人道法によって規律されるものは、この条約によって規律されない。また、国の軍隊がその公務の遂行に当たって行う活動であって、他の国際法の規則によって規律されるものは、この条約によって規律されない。

第二〇条【紛争解決】1 この条約の解釈又は適用に関する締約国間の紛争で合理的な期間内に交渉によって解決することができないものは、いずれかの紛争当事国の要請により、仲裁に付される。仲裁の要請の日から六箇月以内に仲裁の組織について紛争当事国が合意に達しない場合には、いずれの紛争当事国も、国際司法裁判所規程に従って請求を行うことにより、国際司法裁判所に紛争を付託することができる。

2 各国は、この条約の署名、批准、受諾若しくは承認又はこの条約への加入の際に、1の規定に拘束されない旨を宣言することができる。他の締約国は、そのような留保を付した締約国との関係において1の規定に拘束されない。

3 2の規定に基づいて留保を付したいずれの国も、国際連合事務総長に対する通告により、いつでもその留保を撤回することができる。

第二一条【署名、批准、受諾又は承認】1 この条約は、一九九八年一月一二日から一九九九年一二月三一日まで、ニュー・ヨークにある国際連合本部において、すべての国による署名のために開放しておく。

2 この条約は、批准され、受諾され又は承認されなければならない。批准書、受諾書又は承認書は、国際連合事務総長に寄託する。

3 この条約は、すべての国による加入のために開放しておく。加入書は、国際連合事務総長に寄託する。

第二二条【効力発生】1 この条約は、二二番目の批准書、受諾書、承認書又は加入書が国際連合事務総長に寄託された日の後三〇日目の日に効力を生ずる。

2　二二番目の批准書、受諾書、承認書又は加入書が寄託された後にこの条約を批准し、受諾し若しくは承認し又はこれに加入する国については、この条約は、その批准書、受諾書、承認書又は加入書の寄託の後三〇日目の日に効力を生ずる。

第二三条【廃棄】1　いずれの締約国も、国際連合事務総長に対して書面による通告を行うことにより、この条約を廃棄することができる。

2　廃棄は、国際連合事務総長が1の通告を受領した日の後一年で効力を生ずる。

第二四条【正文】アラビア語、中国語、英語、フランス語、ロシア語及びスペイン語をひとしく正文とするこの条約の原本は、国際連合事務総長に寄託する。同事務総長は、その認証謄本をすべての国に送付する。

11 16 テロリズムに対する資金供与の防止に関する国際条約（テロ資金供与防止条約）（抄）

採　択　一九九九年一二月九日
国際連合総会第五四回会期決議五四／一〇九附属書
効力発生　二〇〇二年四月一〇日
日本国　二〇〇一年一〇月三〇日署名、二〇〇二年五月一七日国会承認、六月一一日受諾書寄託、六月一七日公布（条約第六号）、七月一一日効力発生

前　文（略）

第一条【定義】この条約の適用上、

1　「資金」とは、有形であるか無形であるか、動産であるか不動産であるか及び取得の方法のいかんを問わず、あらゆる種類の財産及びこれらの財産に関する権原又は権利を証明するあらゆる形式の法律上の書類又は文書（電子的な又はデジタル式のものを含む。）をいう。これらの書類又は文書には、少なくとも銀行信用状、旅行小切手、銀行小切手、為替証書、株券、有価証券、債券、手形及び信用状を含む。

2　「国又は政府の施設」とは、国の代表者、政府、立法機関若しくは司法機関の構成員、国その他公の当局若しくは団体の職員若しくは被用者又は政府間機関の被用者若しくは職員がその公務に関連して使用し又は占有する常設又は臨時の施設及び輸送機関をいう。

3　「収益」とは、第二条に定める犯罪の実行により生じ又は直接若しくは間接に得られた資金をいう。

第二条【犯罪行為】1　その全部又は一部が次の行為を行うために使用されることを意図して又は知りながら、手段のいかんを問わず、直接又は間接に、不法かつ故意に、資金を提供し又は収集する行為は、この条約上の犯罪とする。

(a)　附属書に掲げるいずれかの条約の適用の対象となり、かつ、当該いずれかの条約に定める犯罪を構成する行為

(b)　文民又はその他の者であって武力紛争の状況における敵対行為に直接に参加しないものの死又は身体の重大な傷害を引き起こすことを意図する他の行為。ただし、当該行為の目的が、その性質上又は状況上、住民を威嚇し又は何らかの行為を行うこと若しくは行わないことを政府若しくは国際機関に対して強要することである場合に限る。

2(a)　附属書に掲げるいずれかの条約の締約国でない締約国は、批准書、受諾書、承認書又は加入書の寄託に際し、この条約の自国についての適用上、当該いずれかの条約が1(a)に規定する附属書に含まれないものとみなすことを宣言することができる。その宣言は、当該いずれかの条約が当該締約国について効力を生じた後直ちに効力を失う。当該締約国は、この事実を寄託者に通報する。

(b)　締約国は、附属書に掲げるいずれかの条約の締約国でなくなる場合には、当該いずれかの条約について、この条に定める宣言を行うことができる。

3　1に定める行為が犯罪を構成するためには、資金が1(a)又は(b)に定める犯罪を実行するために実際に使用されたことを要しない。

4　1に定める犯罪の未遂も、犯罪とする。

5　次の行為も、犯罪とする。

(a)　1又は4に定める犯罪に加担する行為

(b)　1又は4に定める犯罪を行わせるために他の者を組織し又は他の者に指示する行為

(c)　共通の目的をもって行動する人の集団が1又は4に定める犯罪の一又は二以上を実行することに対して寄与する行為。ただし、故意に行われ、かつ、次のいずれかに該当する場合に限る。

(i)　当該集団の犯罪活動又は犯罪目的の達成を助長するために寄与する場合。もっとも、当該犯罪活動又は犯罪目的が1に定める犯罪の実行に関係するときに限る。

(ii)　1に定める犯罪を実行するという当該集団の意図を知りながら寄与する場合

第三条【条約の不適用】この条約は、犯罪が単一の国において行われ、容疑者が当該国の国民であり、当該容疑者が当該国の領域内に所在し、かつ、他のいずれの国も第七条1又は2の規定に基づいて裁判権を行使する根拠を有しない場合には、適用しない。ただし、第一二条から第一八条までの規定は、適当なときはこれらの場合についても適用する。

第四条【適当な処罰】（11 15第四条と同じ）

第五条【法人の責任】1　締約国は、自国の領域内に所在しており又は自国の法令の下で組織された法人

の経営又は管理に責任を有する者がその資格において第二条に定める犯罪を行った場合には、自国の法的原則に従い、当該法人が責任を負うことを可能とするために必要な措置をとる。当該責任は、刑事上、民事上又は行政上のものとすることができる。

2　1の責任を負うことは、犯罪を行った個人の刑事上の責任に影響を及ぼすものではない。

3　締約国は、特に、1の規定に従って責任を負う法人に対し、効果的な、均衡がとれたかつ抑止力のある刑事上、民事上又は行政上の制裁が科されることを確保する。当該制裁には、金銭的制裁を含めることができる。

第六条【犯罪行為正当化の不許容】締約国は、この条約の適用の対象となる犯罪行為が政治的、哲学的、思想的、人種的、民族的、宗教的又は他の同様の考慮によっていかなる場合にも正当化されないことを確保するため、必要な措置（適当な場合には、国内立法を含む。）をとる。

第七条【裁判権の設定】1　締約国は、次の場合において第二条に定める犯罪についての自国の裁判権を設定するため、必要な措置をとる。

(a)　犯罪が自国の領域内で行われる場合

(b)　犯罪が、当該犯罪の時に自国を旗国とする船舶内又は自国の法律により登録されている航空機内で行われる場合

(c)　犯罪が自国の国民によって行われる場合

2　締約国は、次の場合においても第二条に定める犯罪についての自国の裁判権を設定することができる。

(a)　犯罪が、同条1(a)若しくは(b)に定める犯罪であって自国の領域内で若しくは自国の国民に対して行われるものの実行のために行われ、又は当該実行をもたらした場合

(b)　犯罪が、同条1(a)若しくは(b)に定める犯罪であって国外にある自国の国若しくは政府の施設（自国の外交機関及び領事機関の公館を含む。）に対して行われるものの実行のために行われ、又は当該実行をもたらした場合

(c)　犯罪が、同条1(a)若しくは(b)に定める犯罪であって何らかの行為を行うこと若しくは行わないことを自国に対して強要する目的で行われるもののために行われ、又は当該犯罪をもたらした場合

(d)　犯罪が自国の領域内に常居所を有する無国籍者によって行われる場合

(e)　犯罪が自国の政府の運航する航空機内で行われる場合

3　締約国は、この条約を批准し、受諾し若しくは承認し又はこの条約に加入する際、2の規定に従って設定した裁判権について国際連合事務総長に通報する。当該裁判権の変更を行った締約国は、その旨を同事務総長に直ちに通報する。

4　締約国は、容疑者が自国の領域内に所在し、かつ、自国が1又は2の規定に従って裁判権を設定したいずれの締約国に対しても当該容疑者の引渡しを行わない場合において第二条に定める犯罪についての自国の裁判権を設定するため、同様に、必要な措置をとる。

5　二以上の締約国が第二条に定める犯罪についての裁判権を主張する場合には、関係締約国は、特に訴追の条件及び法律上の相互援助の方法に関して適切に行動を調整するよう努力する。

6　この条約は、一般国際法の規範が適用される場合を除くほか、締約国が自国の国内法に従って設定した刑事裁判権の行使を排除するものではない。

第八条【資金の没収等】1　締約国は、自国の法的原則に従い、第二条に定める犯罪の実行を目的として使用され又は配分されたあらゆる資金及び当該犯罪から生じた収益について、没収を行い得るようにするために特定し、発見し及び凍結し又は押収するための適当な措置をとる。

2　締約国は、自国の法的原則に従い、第二条に定める犯罪の実行を目的として使用され又は配分された資金及び当該犯罪から生じた収益を没収するための適当な措置をとる。

3　関係締約国は、この条に規定する没収から生じた資金を定期的に又は個々の場合に応じて他の締約国との間で配分することについて協定を締結することを考慮することができる。

4　締約国は、この条に規定する没収から生じた資金を第二条1(a)若しくは(b)に定める犯罪の被害者又はその家族に対する補償のために使用する仕組みを確立することを考慮する。

5　この条の規定は、善意の第三者の権利を害することなく実施する。

第九条【犯人所在国の措置】1　第二条に定める犯罪を行った者又はその疑いのある者が自国の領域内に所在している可能性があるとの情報を受領した締約国は、その情報に含まれている事実について調査するため、自国の国内法により必要な措置をとる。

2　犯人又は容疑者が領域内に所在する締約国は、状況によって正当であると認める場合には、訴追又は引渡しのために当該犯人又は容疑者の所在を確実にするため、自国の国内法により適当な措置をとる。

3　いずれの者も、自己について2の措置がとられている場合には、次の権利を有する。

(a)　当該者の国籍国その他当該者の権利を保護する資格を有する国又は当該者が無国籍者である場合には当該者が領域内に常居所を有する国の最寄りの適当な代表と遅滞なく連絡を取る権利

(b)　(a)の国の代表の訪問を受ける権利

(c)　(a)及び(b)に定める自己の権利について告げられる権利

4　3に定める権利は、犯人又は容疑者が領域内に所在する国の法令に反しないように行使する。当該法令は、3に定める権利の目的とするところを十分に達成するようなものでなければならない。

5　3及び4の規定は、第七条1(c)又は2(d)の規定に従って裁判権を設定した国が、赤十字国際委員会に対し容疑者と連絡を取り又は容疑者を訪問するよう要請する権利を害するものではない。

6　いずれの締約国も、この条の規定に基づいていずれかの者を抑留した場合には、第七条1又は2の規定に従って裁判権を設定した締約国及び適当と認めるときは利害関係を有するその他の締約国に対し、直接又は国際連合事務総長を通じて、当該者が抑留されている事実及びその抑留が正当とされる事情を直ちに通報する。1の調査を行った国は、その結果をこれらの締約国に対して速やかに通報し、かつ、自国が裁判権を行使する意図を有するか否かを明らかにする。

第一〇条【引渡すか訴追するかの義務】（Ⅱ15第八条と同じ。ただし、1の「第六条」を「第七条」と読み替える）

第一一条【犯罪人引渡】（Ⅱ15第九条と同じ。ただし、4の「第六条」を「第七条」と読み替える）

第一二条【司法共助】1　締約国は、第二条に定める犯罪について行われる捜査、刑事訴訟又は犯罪人引渡しに関する手続について、相互に最大限の援助（これらの手続に必要であり、かつ、自国が所持する証拠の収集に係る援助を含む。）を与える。

2　締約国は、銀行による秘密の保持を理由としては、法律上の相互援助の要請を拒否することができない。

3　要請を行った締約国は、当該要請を受けた締約国が提供した情報又は証拠を、当該要請を受けた締約国の事前の同意なしに、当該要請において明記された捜査、訴追又は司法手続以外のもののために送付し又は利用してはならない。

4　締約国は、第五条の規定に従って刑事上、民事上又は行政上の責任を確立するために必要な情報又は証拠を他の締約国との間で共有する仕組みを確立することを考慮することができる。

5　締約国は、相互間に法律上の相互援助又は情報の交換に関する条約又は他の取極が存在する場合には、当該条約又は他の取極に合致するように、1及び2に規定する義務を履行する。締約国は、そのような条約又は取極が存在しない場合には、国内法に従って相互に援助を与える。

第一三条【財政犯罪性の否定】第二条に定める犯罪は、犯罪人引渡し又は法律上の相互援助に関しては、財政に係る犯罪とみなしてはならない。したがって、締約国は、財政に係る犯罪に関係することのみを理由として、犯罪人引渡しの請求又は法律上の相互援助の要請を拒否することはできない。

第一四条【政治犯罪性の否定】（Ⅱ15第一一条と同じ）

第一五条【不引渡の場合】（Ⅱ15第一二条と同じ）

第一六条【犯人の移送】（Ⅱ15第一三条を参照）

第一七条【公正な取扱い】（Ⅱ15第一四条を参照）

第一八条【犯罪防止のための協力】1　締約国は、自国の領域内又は領域外で行われる第二条に定める犯罪の自国の領域内における準備を防止し及びこれに対処するため、必要な場合には国内法令を適合させることを含むあらゆる実行可能な措置をとることにより、当該犯罪の防止について協力する。これらの措置には、次のものを含む。

(a)　事情を知りながら当該犯罪の実行について助長し、扇動し若しくは組織し又は当該犯罪を実行する個人及び団体が行う不法な活動を自国の領域内において禁止する措置

(b)　金融機関その他金融取引に関係する職業に従事する者に対し、その通常又は臨時の顧客及び口座を開設している顧客の身元を確認するために利用し得る最も効率的な措置をとること並びに通常と異なる又は疑わしい取引に対して特別な注意を払い及び犯罪活動から生じた疑いのある取引を報告することを要求する措置。このため、締約国は、次のことを考慮する。

(i)　名義人若しくは受益者が確認されていない又はこれを確認することのできない口座の開設を禁止する規則を定めること、及び当該機関が当該開設に係る取引についての真の権利者の身元を確認することを確保する措置をとること。

(ii)　法人の身元の確認に関し、必要な場合には、法人の設立の証拠（当該法人である顧客の名称、法的形態、所在地、取締役及び当該法人を拘束する権限を規律する規定に関する情報を含む。）を公の登録簿若しくは当該法人である顧客から又はこれらの双方から得ることにより、当該法人である顧客の法的な存在及び構成を確認する措置をとることを金融機関に要求すること。

(iii)　金融機関に対し、明白な、かつ、経済的又は明らかに合法的な目的を有しないすべての複雑な、通常と異なるかつ大規模な取引及び通常と異なる取引の形態を権限のある当局に速やかに報告する義務を課する規則を定めること。金融機関は、善意によりその疑いを報告する場合には、情報の開示に関するいかなる制限の違反についても、刑事上又は民事上の責任を問われない。

(iv)　金融機関に対し、取引（国内取引及び国際取引の双方）に関するすべての必要な記録を少なくとも五年間保持するよう要求すること。

2　締約国は、次の措置を考慮することにより、第二条に定める犯罪の防止について更に協力する。

(a)　送金に係るすべての機関を監督するための措置（例えば許可制度を含む。）

(b)　現金及び持参人による譲渡可能な証書の物理的に国境を越える輸送を発見し又は監視するための実行可能な措置。ただし、情報の適正な使用を確保するための厳格な保障を条件とし、かつ、資本の自由な移動を何ら妨げないものとする。

3　締約国は、自国の国内法に従って正確なかつ確認

された情報を交換し、かつ、第二条に定める犯罪を防止するために適宜とる行政上の措置その他の措置を調整すること、特に次のことにより、当該犯罪の防止について更に協力する。

(a) 当該犯罪のすべての側面に関する情報の確実かつ迅速な交換を促進するため、権限のある機関相互間の連絡の経路を設け及び維持すること。

(b) 当該犯罪について次の事項に関する照会を行うに当たり、相互に協力すること。

(i) 当該犯罪に関係しているとの十分な疑いがある者の特定、所在及び活動

(ii) 当該犯罪の実行に関連する資金の移動

4 締約国は、国際刑事警察機構を通じて情報を交換することができる。

第一九条【国連事務総長への通報】（11 15第一六条と同じ）

第二〇条【主権平等等の尊重】（11 15第一七条と同じ）

第二一条【留保条項】（11 15第一九条1と同じ）

第二二条【他の締約国の領域内における裁判権行使の不許容】（11 15第一八条と同じ）

第二三条【改正】 1 附属書は、次の要件を満たす関連条約を加えることによる改正を行うことができる。

(a) すべての国に開放されていること。

(b) 効力を生じていること。

(c) この条約の締約国のうち少なくとも二二の国が批准し、受諾し、承認し又は加入していること。

2 いずれの締約国も、この条約が効力を生じた後は、1の改正を提案することができる。改正のための提案については、寄託者に対し書面により送付する。寄託者は、1の要件を満たす提案をすべての締約国に通報し、提案された改正を採択すべきかどうかについて締約国の見解を求める。

3 提案された改正は、その通報の後一八〇日以内に締約国の三分の一が書面による通告を行うことによって反対しない限り、採択されたものとする。

4 採択された附属書の改正は、当該改正についての二二番目の批准書、受諾書又は承認書が寄託された後三〇日で、これらの文書を寄託したすべての締約国について効力を生ずる。当該改正についての二二番目の批准書、受諾書又は承認書が寄託された後に当該改正を批准し、受諾し又は承認する締約国については、当該改正は、その批准書、受諾書又は承認書を当該締約国が寄託した後三〇日目の日に効力を生ずる。

第二四条【紛争解決】（11 15第二〇条と同じ）

第二五条【署名、批准、受諾又は承認】（11 15第二一条を参照）

第二六条【効力発生】（11 15第二二条と同じ）

第二七条【廃棄】（11 15第二三条と同じ）

第二八条【正文】（11 15第二四条と同じ）

附属書

1 航空機の不法な奪取の防止に関する条約（一九七〇年一二月一六日にヘーグにおいて作成）

2 民間航空の安全に対する不法な行為の防止に関する条約（一九七一年九月二三日にモントリオールにおいて作成）

3 国際的に保護される者（外交官を含む。）に対する犯罪の防止及び処罰に関する条約（一九七三年一二月一四日に国際連合総会において採択）

4 人質をとる行為に関する国際条約（一九七九年一二月一七日に国際連合総会において採択）

5 核物質の防護に関する条約（一九八〇年三月三日にウィーンにおいて採択）

6 民間航空の安全に対する不法な行為の防止に関する条約を補足する国際民間航空に使用される空港における不法な暴力行為の防止に関する議定書（一九八八年二月二四日にモントリオールにおいて作成）

7 海洋航行の安全に対する不法な行為の防止に関する条約（一九八八年三月一〇日にローマにおいて作成）

8 大陸棚に所在する固定プラットフォームの安全に対する不法な行為の防止に関する議定書（一九八八年三月一〇日にローマにおいて作成）

9 テロリストによる爆弾使用の防止に関する国際条約（一九九七年一二月一五日に国際連合総会において採択）

11 17 安全保障理事会決議一三七三（二〇〇一）（テロ行為による国際の平和と安全に対する脅威）

採　択　二〇〇一年九月二八日（全会一致）

安全保障理事会は、

一九九九年一〇月一九日の決議一二六九（一九九九）及び二〇〇一年九月一二日の決議一三六八（二〇〇一）を再確認し、

また、二〇〇一年九月一一日にニューヨーク、ワシントンDC及びペンシルベニアで発生したテロの攻撃に対する明確な非難を再確認し、すべてのそのような行為を防止することについての同理事会の決意を表明し、

さらに、そのような行為は、国際テロリズムのあらゆる行為と同様に、国際の平和及び安全に対する脅威であることを再確認し、

決議一三六八（二〇〇一）において改めて表明されたとおり、国際連合憲章によって認められた個別的又は集団的自衛の固有の権利を再確認し、

テロ行為によって引き起こされた国際の平和及び安

全に対する脅威に対して、国際連合憲章に従って、あらゆる手段を用いて闘う必要性があることを再確認し、

世界の様々な地域において、不寛容又は過激主義に動機付けられたテロリズムの行為が増大していることを深く懸念し、

各国に対し、一層協力すること及びテロリズムに関する関係国際諸条約の完全に実施することなどにより、テロ行為を防止し抑止するために、緊急に共同して取り組むことを求め、

各国が、適法なすべての手段を通じ、あらゆるテロリズムの行為に対する資金供与及び準備を自国の領域内において防止し抑止するための追加的な措置をとることによって、国際協力を補完する必要があることを認識し、

総会によって一九七〇年一〇月の同総会宣言(決議二六二五(XXV))によって確立され、また、安全保障理事会によって一九九八年八月一三日の同理事会決議一一八九号(一九九八)によって改めて表明された原則、すなわち、いずれの国も、他国においてテロ行為を組織し、教唆し、援助し若しくはそれに参加し、又は、このような行為を行うことを目的とした自国の領域内における組織的活動を黙認することを慎む義務を負うとの原則を再確認し、

国際連合憲章第七章の下に行動して、

一　すべての国が次のことを行うことを決定する。

a　テロ行為への資金提供を防止しまた抑止すること。

b　自国民による行為又は自国の領域内における行為であって、テロ行為を実施するために使用されることを意図して又は使用されることを知りながら、手段のいかんを問わず、直接又は間接に、資金を故意に提供し又は収集する行為を犯罪化すること。

c　テロ行為を行い若しくは行うことを試みた者の又はテロ行為の実行に参加し若しくは便宜を図る者の資金その他の金融資産又は経済資源、そのような者により直接又は間接に所有され又は支配されている団体の資金その他の金融資産又は経済資源並びにそのような者及び団体に代わって又はそのような者及び団体の指示により行動する者及び団体の資金その他の金融資産又は経済資源(これらの者及びこれらの者と関係を有する個人及び団体により直接又は間接に所有され又は支配されている財産から生ずる資金を含む。)を遅滞なく凍結すること。

d　自国民又は自国領域内のいかなる者及び団体に対しても、テロ行為を実行し若しくは実行を試み又はテロ行為の実行に便宜を図り若しくは参加する者の利益のために、そのような者により直接若しくは間接に所有され又は支配されている団体の利益のために及びそのような者に代わって又はそのような者の指示により行動する個人及び団体の利益のために、すべての資金、金融資産若しくは経済資源又は金融その他の役務を、直接又は間接に利用可能にすることを禁止すること。

二　また、すべての国が次のことを行うことを決定する。

a　テロ行為に関与する団体又は者に対して、能動的であれ受動的であれ、テロリスト集団のメンバーの採用の抑止、及びテロリストへの武器の供与の廃絶を含む、いかなる形態の支援を行うことも慎むこと。

b　情報交換による他国への早期警報の提供を含むテロ行為の実行を防止するための必要な措置をとること。

c　テロ行為に対し資金を供与し、テロ行為を計画し、支援し若しくは実行する者又は安全な避難所を提供する者に対し安全な避難所を提供することを拒否すること。

d　テロ行為に対し資金を供与し、テロ行為を計画し、テロ行為に便宜を図り又はテロ行為を実行する者が、他国又はその市民に対してこれらの行為を行うために自国の領域を使用することを防止すること。

e　テロ行為に対する資金の供与、計画、準備若しくは実行又はテロ行為の支援に参加するすべての者を法に照らして裁くことを確保すると共に、テロ行為に対するその他の措置に加えて、そのようなテロ行為が自国の国内法令において重大な犯罪とされ、刑罰がそのようなテロ行為の重大さを適切に反映していることを確保すること。

f　テロ行為に対する資金供与又はテロ行為の支援に関する犯罪捜査あるいは刑事訴訟手続に関連して、最大限の支援措置(各国が保有する刑事訴訟手続に必要な証拠の入手についての支援を含む。)を相互に提供すること。

g　国境並びに身分証明書及び旅行証明書の発行についての効果的な管理により並びに身分証明書及び旅行証明書の変造、偽造及び不正使用の防止措置を通じて、テロリスト及びテロリスト集団の移動を防止すること。

三　すべての国に対し、次のことを行うことを求める。

a　活動情報(特に、テロリスト個人又はテロリスト集団の活動又は動静、偽造又は変造された旅行証明書、武器、爆発物又は機微な物質の輸送、テロリスト集団による通信技術の使用及びテロリスト集団による大量破壊兵器の保有により生じる脅威に関連する情報)の交換を強化しかつ加速するための方途を見つけること。

b　国際法及び国内法に従って情報交換を行うとともに、テロ行為の実行を防止するために行政上の及び司法上の事項に関し協力すること。

c　テロ攻撃を防止しかつ抑止し、かかる行為の犯人に対して行動をとるために、特に二国間又は多国間の取決め又は協定を通じて協力すること。

d　できるだけ早期に、一九九九年一二月九日のテロリズムに対する資金供与の防止に関する国際条

約を含め、テロリズムに関連する国際条約及び議定書の締約国となること。

e　協力を強化し、関連する国際条約及び議定書並びに安全保障理事会決議第一二六九号(一九九九)及び決議一三六八号(二〇〇一)を完全に実施すること。

f　庇護を求める者がテロ行為を計画し、テロ行為に便宜を図り又はテロ行為に参加していないことを確保するために、これらの者に難民の地位を付与するに先立ち、関連する国内法及び国際法(人権の国際的な基準を含む。)に合致する、適当な手段をとること。

g　難民の地位が、テロ行為の犯人、組織者又は助長者により濫用されないこと及び政治的動機の主張がテロ行為の容疑者の引渡し請求の拒否の理由として認められないことを、国際法に従って、確保すること。

四　国際テロリズムと国際組織犯罪、麻薬、資金洗浄、武器の不法取引並びに核・化学・生物その他潜在的に致死性を有する物質の不法な移動との間の緊密な関連を懸念をもって留意し、この観点から、国際の安全に対する重大な挑戦と脅威に対するグローバルな対応を強化するため、国内的、準地域的、地域的及び国際的レベルにおける努力の調整を高める必要性を強調する。

五　テロリズムの行為、方法及び慣行は国際連合の目的及び原則に反するものであること並びに意図的にテロ行為に対し資金提供し、テロ行為を計画し、教唆することも国際連合の目的と原則に反することを宣言する。

六　安全保障理事会仮手続規則の規則二八に従って、適切な専門的知見の支援を得ながら、この決議の実施を監視するため、安全保障理事会のすべての理事国により構成される安全保障理事会の委員会を設置することを決定するとともに、すべての国は、この決議を実施するためにとった措置について、この決議の採択の日から九〇日以内に、かつ、その後は委員会によって提案される日程に従って、委員会に対して報告するよう要請する。

七　委員会に対し、事務総長と協議しつつ、その任務の概要を策定し、この決議の採択後三〇日以内に作業計画を提出し、委員会が必要とする支援を検討するよう命ずる。

八　憲章の下で同理事会の責任に従って、この決議の完全な実施を確保するため、すべての必要な措置をとる決意を表明する。

九　この問題に引き続き関与することを決定する。

1118　安全保障理事会決議二一七八(二〇一四)(外国人テロリスト戦闘員から生ずる脅威への対処)

採　択　二〇一四年九月二四日(全会一致)

安全保障理事会は、

あらゆる形態と表現のテロリズムが、国際の平和と安全に対するもっとも深刻な脅威の一つを構成すること、及び、いかなるテロ行為も、その動機のいかんを問わず、また、いつ誰によって行われたかを問わず、犯罪であり正当化されないことを再確認し、並びに、グローバルなレベルでこの災厄と闘う全般的努力の実効性を高めることにさらに貢献することを引き続き決意し、

テロリズムの脅威が、不寛容又は過激主義を動機とするものも含めテロ行為の世界のさまざまな地域での頻発とともに、より拡散してきていることに、懸念しつつ留意し、

テロリズムの拡散に導く条件に対処する必要性に留意し、テロリズムによる拡大しつつある脅威によりよく対処する目的で、紛争を解決するため、及びテロリスト集団が根を下ろし安全な避難所を打ち立てることができないようにするために、可能な限りのすべてのことをなしつづけるという加盟国の決意を確認し、

テロリズムは、いかなる宗教、民族性又は文明とも結びつきえないし、結びつくべきではないことを強調し、

国際協力、及び、テロリズムを防止しそれと闘ういかなる加盟国の措置も、国際連合憲章に完全に従うものでなければならないことを認め、

憲章に従って、すべての国家の主権、領土保全及び政治的独立を安全保障理事会が尊重することを再確認し、

テロリズムと対処するためにとられるいかなる措置も、国際法、とりわけ国際人権法、国際難民法及び国際人道法上のあらゆる加盟国の義務にも従うものであることを当該加盟国は確保しなければならないことを再確認し、人権の尊重、基本的自由及び法の支配は、実効的な対テロ措置と補完的で相互に強化しあうものであり、成功する対テロ措置の本質的な一部であることを強調し、法の支配の尊重がテロリズムを実効的に防止しそれと闘うために重要であることに留意し、国際連合憲章上のものを含むこれらやその他の国際義務に従わないことが、過激化を促進する一要素であり、罰を受けないですむという感覚を助長することに留意し、

外国人テロリスト戦闘員、すなわち、武力紛争との関連においてなされるものも含め、テロ行為を犯し、計画し若しくは準備する、又はテロリストの訓練を提供しまたは受ける目的で、居住国又は国籍国以外の国

に旅行する個人がもたらす厳しく深刻化する脅威に対する重大な懸念を表明し、この脅威に対処することを決意し、

外国人テロリスト戦闘員となるために旅行することを企てる者たちに対する重大な懸念を表明し、

外国人テロリスト戦闘員が、紛争の強度、期間及び扱いにくさを増大させ、出身国、通過国、目的地国、及び外国人テロリスト戦闘員が活動している武力紛争の地帯に隣接し深刻な安全保障上の負担に影響されている国に対して、深刻な脅威をもたらしうることを懸念し、外国人テロリスト戦闘員の脅威は、紛争地帯から遠く離れている場合でもすべての地域及び加盟国に影響を及ぼしうることに留意し、外国人テロリスト戦闘員がテロリズムを助長するためにその過激なイデオロギーを用いていることに重大な懸念を表明し、

外国人テロリスト戦闘員及び彼らを支援するための資源が行き帰りする経路となる国際的ネットワークが、テロリストおよびテロリスト実体によって、出身国、通過国及び目的地国の間に作られていることに対する懸念を表明し、

外国人テロリスト戦闘員が、イラクとレバントのイスラム国(ISIL)、アル・ヌスラ戦線(ANF)その他の決議一二六七(一九九九)及び一九八九(二〇一一)に従って設置された委員会で指定されたアルカイダの細胞、構成団体、分派又は派生集団のような実体により徴募されており、それらに参加していることに特別の懸念を表明し、外国人テロリスト戦闘員の脅威は、とくにアルカイダの及びその細胞、構成団体、分派及び派生集団の行為又は活動(かかる実体の行為又は活動のために徴募するか若しくは他の方法で支持することを含む)を支持する個人をも包含することを認め、この特別の懸念に対処する緊急の必要性を強調し、

外国人テロリスト戦闘員がもたらす脅威に対処することは、テロリズムの過激化を防止し、徴募を止め、外国人テロリスト戦闘員の旅行を禁止し、外国人テロリスト戦闘員への財政的支援を途絶させ、テロリズムに導きうる暴力的な過激主義に立ち向かい、過激主義及び不寛容により動機付けられたテロ行為の扇動に立ち向かい、政治的・宗教的寛容、経済発展、社会的な結束及び参加性を促進し、武力紛争を終わらせ解決し、並びに再統合及び復興を促進することなどによって、根底的な要因に包括的に対処することを要することを認め、

テロリズムは、軍事力、法執行措置及び情報作戦のみによっては打ち破られることはないこともまた認め、国際連合グローバル対テロ戦略(総会決議六〇／二八八)の第一の柱に概括された、テロリズムの拡大に導く諸条件に対処する必要性を強調し、

テロリズムを急進化し、インターネットを通じるなどによりテロ行為を犯すよう他人を徴募し扇動し、外国人テロリスト戦闘員の旅行及びそれに続く活動に資金を提供しまたはそれらを促進するために、テロリスト及びその支援者が通信テクノロジーを用いることが多くなっていることに懸念を表明し、人権及び基本的自由を尊重し並びに国際法上のその他の義務に従いつつ、テロ行為への支援を扇動するために、テロリストがテクノロジー、通信及び資源を用いることを防ぐよう、加盟国が協力して行動する必要性を強調し、

国際連合グローバル対テロ戦略を実施する上で、その要請に基づき加盟国を援助するための、国際連合の機関、とりわけ、国際連合薬物及び犯罪事務所、対テロ国際連合センター(UNCTT)を含む、対テロ実施タスクフォース(CTITF)の諸機関による能力開発の分野で取り組まれている諸活動と、並びに、対テロ委員会執行局(CTED)の、とりわけ能力開発援助の提供者と受領者との間の取り決めを、その他の国際的、地域的及び下位地域的機構と協調して進めることによる、技術的援助を促進する努力とに感謝しつつ留意し、

国際テロリズムを防止し抑圧する国際的、地域的及び下位地域的なレベルでの最近の発展とイニシアチブに留意し、グローバル対テロフォーラム(GCTF)の、国際連合対テロ法政策枠組みの実際的な実施について利害関係ある国を援助するための、またこの分野における関連国際連合対テロ機関の作業を補完するための、とくに暴力的過激主義、刑事司法、監獄、身代金目的の誘拐、テロリズム被害者への支援及び共同体志向の治安維持の分野などにおける、外国人テロリスト戦闘員現象に対処する包括的優良実行集の最近の採択及びその他の枠組文書および優良実行の公表といった作業に留意し、

インターポールの、その安全な通信ネットワーク、データベース、手配書の制度、盗難・偽造の身分証明書・旅行文書追跡手続、インターポール対テロフォーラ、並びに、外国人テロリスト戦闘員計画の利用により可能になった、グローバルな法執行情報共有によるなどの、外国人テロリスト戦闘員により生ずる脅威に対処する努力に、感謝しつつ留意し、

テロ行為又はテロリスト訓練の提供若しくは受領を行い、計画し、準備し又は参加するためにその国籍国へ旅行する重国籍者の状況を考慮しかつ強調し、その国内法及び国際人権法を含む国際法上の義務に従って、適当な場合、行動をとるよう国に促し、

難民の地位が、外国人テロリスト戦闘員を含むテロ行為の実行者、組織者又は幇助者によって濫用されないよう、国際法、とくに国際人権法及び国際難民法に従って、確保するよう、国に求め、

すべての国に対し、この事項についての地域的条約の締約国となっているかどうかに関わりなく、できるだけ早く国際対テロ諸条約の締約国となるように、及び、締約国となっているそれらの条約上の義務を完全に実施するように、という要求を再確認し、

テロリズムから生じている国際の平和及び安全に対する継続的脅威に留意し、国際連合憲章に従って、外国人テロリスト戦闘員が行うものも含む、テロ行為に

よって引き起こされた国際の平和と安全に対する脅威と、あらゆる手段により闘う必要性を確認し、

国際連合憲章第七章に基づき行動して、

1 テロリズム、セクトの暴力、及び外国人テロリスト戦闘員のテロ行為の遂行に貢献する暴力的過激主義を非難する。

2 すべての国が、実効的国境管理及び身分証明書・旅行文書発行管理により、並びに、身分証明書・旅行文書の偽造又は詐欺的使用を防止する措置によって、テロリスト又はテロリスト集団の移動を防止しなければならないことを確認し、この点で、関連国際義務に従って、外国人テロリスト戦闘員により生ずる脅威に対処する重要性を強調し、加盟国が、国際法により禁止された差別事由によるステレオタイプに基づくプロファイリングを行うことなく、旅行データの収集と分析を含む証拠に基づく旅行者危険評価選別手続を用いるよう奨励する。

3 加盟国に対して、国内法及び国際法に従って、外国人テロリスト戦闘員を含むテロリスト又はテロリストネットワークの行動又は移動に関する実用的な情報を、二国間又は多数国間のメカニズム、とくに国際連合を通じて、とりわけ彼らの居住国又は国籍国と交換するよう促す。

4 すべての加盟国に対し、その国際法上の義務に従って、テロリズムへの過激化及び児童を含む外国人テロリスト戦闘員の徴募を防止し、外国人テロリスト戦闘員がその境界を越えることを防ぎ、外国人テロリスト戦闘員に対する財政的支援を崩壊させ防止し、帰還した外国人テロリスト戦闘員に対する訴追・更生・再統合戦略を発展させ実施することなどによって、外国人テロリスト戦闘員から生ずる脅威に対処する努力に協力するよう求める。

5 加盟国は、国際人権法、国際難民法及び国際人道法と両立するように、テロ行為の実行、計画、準備若しくはそれへの参加のため、又は、テロリスト訓練の提供若しくは受領のために、居住国又は国籍国以外の国に旅行する個人を徴募し、組織し、輸送し又は装備すること、並びに、彼らの旅行及び活動に資金を提供することを防止し、抑圧しなければならないと決定する。

6 テロ行為への資金提供、その計画、準備又は実行に参加するいかなる者も、裁判にかけることをすべての加盟国が確保しなければならないという、決議一三七三における決定を想起し、すべての国が、その国内の法及び規則により、その犯罪の重大性を正当に反映する方法で、次の者又は行為を訴追し処罰することができるようにするに十分な重大な刑事犯罪が設定されることを確保しなければならないと決定する。

(a) テロ行為の実行、計画、準備、若しくはそれへの参加の目的で、又はテロリスト訓練の提供若しくは受領の目的で、居住国又は国籍国以外の国に旅行し又は旅行を企てる自国民、及び自らの居住国又は国籍国以外の国に自国領域から旅行し又は旅行を企てる個人

(b) テロ行為の実行、計画、準備、若しくはそれへの参加の目的で、又はテロリスト訓練の提供若しくは受領の目的で、自らの居住国又は国籍国以外の国へ旅行する個人の旅行に資金を提供するために、その基金が用いられるという意図をもって又は用いられるであろうことを知りつつ行われる、自国民による又はその領域内における基金の、いかなる方法によるのであれ、直接的か間接的であるかを問わず、意図的な設定又は募集

(c) テロ行為の実行、計画、準備、若しくはそれへの参加の目的で、又はテロリスト訓練の提供若しくは受領の目的で、居住国又は国籍国以外の国へ旅行する個人の旅行を、自国民が又はその領域内で組織し又は助長する行為(募集行為を含む)

7 インターネット、ソーシャルメディアその他の手段によるもののような、情報通信技術を用いるものも含め、アルカイダのために資金提供し、武装させ、計画し、徴募し又はその他彼らの行為若しくは活動を支援する、アルカイダと結びついた個人、集団、事業及び実体を、決議二一六一(二〇一四)に従ってリスト化するという強い決意を表明する。

8 外国人テロリスト戦闘員の逮捕又は拘禁に関連する手続の追行を含む、司法手続の追行に必要な入国又は通過を害することなく、加盟国は、第6項に挙げた行為(決議二一六一(二〇一四)第2項に述べられた、個人、集団、事業若しくは実体がアルカイダと結びついていることを示す行為又は活動を含む)への参加目的で自国に入国し若しくは自国を通過しようとしていると信ずる合理的な根拠を示す信頼できる情報を有しているいかなる個人の自国領域への入国又は自国領域の通過も防止しなければならないと決定する。ただし、本項は、いかなる意味でも、自国民若しくは自国の永住者が自国領域に入国することを拒み又は自国領域から出国することを要求するよう、いかなる国も義務づけるものではない。

9 加盟国に対し、自国領域内で運航している航空会社が、決議一二六七(一九九九)及び一九八九(二〇一一)に従って設置された委員会(以下「委員会」という)により指定された個人の、民間航空機を用いた、自国領域からの出国、自国領域への入国又は自国領域の通過を探知するために、事前に乗客の情報を適当な国内当局に提供するよう要求することを、求め、さらにまた、加盟国に対し、適当な場合かつ国内法及び国際義務に従って、自国領域からのかかる出国、自国領域へのかかる入国の試み又は自国領域のかかる通過を委員会に報告すること、及び居住国又は国籍国とこの情報を共有することを求める。

10 外国人テロリスト戦闘員に関してこの決議を完全かつ即時に実施する緊急の必要性を強調し、委員会

により指定されたＩＳＩＬ、ＡＮＦその他のアルカイダの細胞、構成団体、分派又は派生集団と結びついた外国人テロリスト戦闘員に関してこの決議を実施する特別のかつ緊急の必要性を強調し、第6項で特定された行為を行ったアルカイダと結びついた個人を、決議二一六一(二〇一四)に基づき指定しようというその決意を表明する。

国際協力

11　加盟国に対し、人権及び基本的自由を尊重しかつ他の国際法に基づく義務に従って、外国人テロリスト戦闘員の特定の目的での情報共有の促進により、最良実行の共有及び採用により、及び外国人テロリスト戦闘員の旅行のパターンの理解の促進などを通じて、自国領域からの及び自国領域を経由する外国人テロリスト戦闘員の旅行を防止する目的で、並びに、テロリストがテロ行為を扇動するためにテクノロジー、通信及び資源を用いることを加盟国が防止するために国内措置をとるときに協力して行動する目的で、適当な場合には二国間合意を通じて、国際的、地域的及び下位地域的協力を改善するよう、求める。

12　刑事手続に必要な自らが有する証拠を獲得するための援助も含め、テロ行為への資金援助又は支援に関連する刑事捜査又は手続との関連で、加盟国が最大限の援助を相互に提供しなければならないという、決議一三七三(二〇〇一)における決定を想起し、外国人テロリスト戦闘員が関わるかかる刑事捜査又は刑事手続との関連でこの義務を履行することの重要性を強調する。

13　インターポールに対し、外国人テロリスト戦闘員の脅威に関するその努力を強化するよう、また、外国人テロリスト戦闘員の通過を監視し防止するための国内的、地域的及び国際的措置を援助し促進するよう勧告し、外国人テロリスト戦闘員を含めるようインターポール特別手配書の使用を拡大することのような、追加的資源が用いることができるようにするよう、奨励する。

14　諸国に対し、外国人テロリスト戦闘員がその陸海の境界を越えて旅行することを防止し、禁止することを含む、外国人テロリスト戦闘員がもたらす脅威に対処する国の、とりわけ外国人テロリスト戦闘員のいる武力紛争地帯に隣接する国の能力を、構築することを援助するよう求める。

テロリズムを防止するための暴力的過激主義との対抗

15　急進化、個人のテロリスト集団への徴募及び動員並びに外国人テロリスト戦闘員となることの防止を含む、テロリズムに導きうる暴力的過激主義に対抗することは、外国人テロリスト戦闘員が生み出す国際の平和及び安全に対する脅威に対処する不可欠の要素であることを強調し、加盟国に対し、この種の暴力的過激主義に対抗するための努力を強めるよう求める。

16　加盟国に対し、テロ行為を扇動しうる暴力的過激主義の言説に対抗するための戦略を発展させる上で関連する地域共同体及び民間のアクターと関わり合うよう、青年、家族、女性、宗教上、文化的及び教育上の指導者、及び、市民社会のその他すべての関連集団のエンパワーメントによるものも含め、暴力的過激主義の拡大に導く条件への対処を行うよう、並びにこの種の暴力的過激主義への徴募に対抗し、及び社会的な参加及び結束を促進する状況に応じたアプローチをとるよう、奨励する。

17　即席爆発装置(ＩＥＤ)とアルカイダと結びついた個人、集団、事業及び実体に関する決議二一六一(二〇一四)第14項の決定を想起し、加盟国に対し、この関連で、人権及び基本的自由を尊重しかつその他の国際法上の義務に従って、テロリストがテロ行為への支援を扇動するために、聴覚視覚機器を含むテクノロジー、通信及び資源を使用することを防止する国内措置をとる場合に協力して行動するよう促す。

18　加盟国に対し、能力開発、計画と努力の調整及び教訓の共有を通じるなどして、テロリズムに導きうる暴力的過激主義に対抗するために協力し、そのための努力を相互に一貫して支援するよう求める。

19　この点で、テロリズムへの急進化の危険を小さくするため、影響を受けた個人及び地域共同体による紛争防止及び解決のために非暴力の代替的手段を発展させる加盟国の努力の、並びに、外国人テロリスト戦闘員により支持される暴力的言説への平和的代替手段を促進する努力の重要性を強調し、テロリストの言説と対抗する上で、教育が果たしうる役割を強調する。

外国人テロリスト戦闘員の脅威に関する国際連合の約束

20　外国人テロリスト戦闘員並びに彼らの旅行及びその後の活動に資金提供その他それらを助長する者は、アルカイダによる、彼らと結びついて、彼らの名前で、彼らのために、若しくは彼らの支持を得て行う行為若しくは活動への資金提供、それらの計画、助長、準備又は実行をする場合、又は、アルカイダ又はその細胞、構成団体、分派若しくは派生集団の行為若しくは活動に、武器及び関連資材を提供し、売却し、移転するか又はそれらの行為又は活動のために徴募するその他の支援を行う場合には、決議一二六七(一九九九)及び一九八九(二〇一一)に従って委員会が設置するアルカイダ制裁リストに登載しうることに留意する。

21　決議一二六七(一九九九)及び一九八九(二〇一一)

に従って設けられた委員会並びに分析支援制裁監視チームに対し、国際連合のすべての関連の対テロ機関、とりわけCTEDと緊密に協力して、ISIL、ANF、並びに、アルカイダと結びついたすべての集団、事業及び実体により徴募された、又はそれに参加している外国人テロリスト戦闘員から生ずる脅威に、とくに焦点を合わせるよう命ずる。

22 分析支援制裁監視チームに対し、外国人テロリスト戦闘員から生ずる脅威を監視し、それに対応する努力を、他の国際連合のすべての対テロ機関、とりわけCTITFと調整するよう奨励する。

23 分析支援制裁監視チームに対し、他の国際連合のすべての関連の対テロ機関と緊密に協力して、次の事項を含む、ISIL、ANF、及び、アルカイダと結びついたすべての集団、事業及び実体により徴募された、又はそれに参加している外国人テロリスト戦闘員から生ずる脅威に関して、決議一二六七(一九九九)及び一九八九(二〇一一)に従って設けられた委員会に一八〇日以内に報告すること、並びに、同委員会に予備的な口頭のアップデートを六〇日以内に提供することを、要請する。

(a) 外国人テロリスト戦闘員の助長者、最も影響を受けている地域、並びに、テロリズムへの急進化、助長、徴募、人口動態学及び資金提供における傾向を含む、外国人テロリスト戦闘員から生ずる脅威についての包括的評価

(b) これらの外国人テロリスト戦闘員から生ずる脅威に対する対応を向上させるためにとりうる行動についての勧告

24 対テロ委員会に対し、その現在の権限の範囲内でかつCTEDの援助を得て、安全保障理事会決議一三七三(二〇〇一)及び一六二四(二〇〇五)を実施する加盟国の能力における、外国人テロリスト戦闘員の流れを止める国の能力発揮を妨げうる主要なギャップを特定すること、並びに、決議一三七三(二〇〇一)及び一六二四(二〇〇五)を実施して外国人テロリスト戦闘員の流れを止める上での、及び、暴力的急進化及び外国人テロリスト戦闘員の流れに対抗することを含む包括的対テロ戦略の、能力開発援助の受領者の要請に基づく発展などを通じた、能力開発援助の供給者と受領者との間の取り決めを促進することによる、技術援助を促進する上での最良実行を特定することを要請する。

25 外国人テロリスト戦闘員から生ずる増大しつつある脅威は、決議二一二九(二〇一三)第5項において安全保障理事会がCTEDに特定するよう命じた、決議一三七三(二〇〇一)及び一六二四(二〇〇五)に関連する、生じつつある問題、傾向及び発展の一部であり、したがって、対テロ委員会がその権限内で特別な注意を払うに値することを強調する。

26 決議一二六七(一九九九)及び一九八九(二〇一一)に従って設置された委員会並びに対テロ委員会に対し、本決議に従ったそれぞれの努力について、安全保障理事会に最新情報を提供するよう、要請する。

27 本件に引き続き関与し続けることを決定する。

11 19 核によるテロリズムの行為の防止に関する国際条約（核テロ防止条約）(抄)

採　択　二〇〇五年四月一三日
　　　　国際連合総会第五九回会期決議五九／二九〇附属書
効力発生　二〇〇七年七月七日
日本国　二〇〇五年九月一五日署名、二〇〇七年六月一五日国会承認、二〇〇七年八月三日加入書寄託、八月八日公布(条約第七号)、九月二日効力発生

前　文（略）

第一条【定義】 この条約の適用上、

1 「放射性物質」とは、核物質その他の放射性を有する物質であって、自発的な壊変(アルファ粒子、ベータ粒子、中性子、ガンマ線等の一又は二以上の種類の電離放射線の放出を伴う作用をいう。)が起こる核種を含み、かつ、放射線を放出する特性又は核分裂する特性により死、身体の重大な傷害又は財産若しくは環境に対する実質的な損害を引き起こし得るものをいう。

2 「核物質」とは、プルトニウム(プルトニウム二三八の同位体濃度が八〇パーセントを超えるものを除く。)、ウラン二三三、同位元素ウラン二三五又は二三三の濃縮ウラン、ウランの同位元素の天然の混合率から成るウラン(鉱石又は鉱石の残滓の状態のものを除く。)及びこれらの物質の一又は二以上を含有している物質をいう。

「同位元素ウラン二三五又は二三三の濃縮ウラン」とは、同位元素ウラン二三五若しくは二三三又はこれらの双方を含有しているウランであって、同位元素ウラン二三八に対するこれらの二同位元素の合計の含有率が、天然ウランにおける同位元素ウラン二三八に対する同位元素ウラン二三五の率より大きいものをいう。

3 「原子力施設」とは、次のものをいう。

a 原子炉(船舶、車両、航空機又は宇宙物体を推進するためのエネルギー源としての使用その他の目的のため、船舶、車両、航空機又は宇宙物体に設置された炉を含む。)

b 放射性物質の製造、貯蔵、処理又は輸送に使用されている工場又は輸送機関

4 「装置」とは、次のものをいう。
a 核爆発装置
b 放射性物質を散布し、又は放射線を発散させる装置であって、放射線を発散させる特性により、死、身体の重大な傷害又は財産若しくは環境に対する実質的な損害を引き起こし得るもの

5 「国又は政府の施設」には、国の代表者、政府、立法機関若しくは司法機関の構成員、国その他公の当局若しくは団体の職員若しくは被用者又は政府間機関の被用者若しくは職員がその公務に関連して使用し又は占有する常設又は臨時の施設及び輸送機関を含む。

6 「国の軍隊」とは、国の防衛又は安全保障を主たる目的としてその国内法に基づいて組織され、訓練され及び装備された国の軍隊並びにその正式な指揮、管理及び責任の下で当該軍隊を支援するために行動する者をいう。

第二条【犯罪行為】1 不法かつ故意に行われる次の行為は、この条約上の犯罪とする。
a 次の意図をもって、放射性物質を所持し、又は装置を作製し若しくは所持すること。
i 死又は身体の重大な傷害を引き起こす意図
ii 財産又は環境に対する実質的な損害を引き起こす意図
b 次の意図をもって、放射性物質若しくは装置を使用すること(方法のいかんを問わない。)又は放射性物質を放出する方法若しくは放出するおそれのある方法で原子力施設を使用し若しくは損壊すること。
i 死又は身体の重大な傷害を引き起こす意図
ii 財産又は環境に対する実質的な損害を引き起こす意図
iii 特定の行為を行うこと又は行わないことを自然人若しくは法人、国際機関又は国に対し強要する意図

2 次の行為も、犯罪とする。
a 脅迫が信用し得るものであることを示唆する状況の下で、1に定める犯罪を行うとの脅迫を行うこと。
b 脅迫が信用し得るものであることを示唆する状況の下で脅迫を行い、又は暴行を用いて、不法かつ故意に放射性物質、装置又は原子力施設を要求すること。

3 1に定める犯罪の未遂も、犯罪とする。

4 次の行為も、犯罪とする。
a 1、2又は3に定める犯罪に加担する行為
b 1、2又は3に定める犯罪を行わせるために他の者を組織し、又は他の者に指示する行為
c 共通の目的をもって行動する人の集団が1、2又は3に定める犯罪の一又は二以上を実行することに対し、その他の方法で寄与する行為。ただし、故意に、かつ、当該集団の一般的な犯罪活動若しくは犯罪目的の達成を助長するため又は当該一若しくは二以上の犯罪を実行するという当該集団の意図を知りながら、寄与する場合に限る。

第三条【条約の不適用】この条約は、犯罪が単一の国において行われ、容疑者及び被害者が当該国の国民であり、当該容疑者が当該国の領域内で発見され、かつ、他のいずれの国も第九条1又は2の規定に基づいて裁判権を行使する根拠を有しない場合には、適用しない。ただし、第七条、第一二条及び第一四条から第一七条までの規定は、適当なときはこれらの場合についても適用する。

第四条【留保条項】1 この条約のいかなる規定も、国際法、特に国際連合憲章の目的及び原則並びに国際人道法に基づいて国及び個人が有する他の権利、義務及び責任に影響を及ぼすものではない。

2 国際人道法の下で武力紛争における軍隊の活動とされている活動であって、国際人道法によって規律されるものは、この条約によって規律されない。また、国の軍隊がその公務の遂行に当たって行う活動であって、他の国際法の規則によって規律されるものは、この条約によって規律されない。

3 2の規定は、不法な行為を容認し、又は合法化するものと解してはならず、また、他の法規によって訴追することを妨げるものと解してはならない。

4 この条約は、いかなる意味においても、国による核兵器の使用又は使用の脅威の合法性の問題を取り扱うものではなく、また、取り扱うものと解することはできない。

第五条【適当な処罰】(Ⅱ15第四条と同じ)

第六条【犯罪行為正当化の不許容】締約国は、この条約の適用の対象となる犯罪行為、特に一般大衆又は人若しくは特定の人の集団に恐怖の状態を引き起こすことを意図し、又は計画して行われる犯罪行為が政治的、哲学的、思想的、人種的、民族的、宗教的又は他の同様の考慮によっていかなる場合にも正当化されないこと及び当該犯罪行為についてその重大性に適合する刑罰が科されることを確保するため、必要な措置(適当な場合には、国内立法を含む。)を講ずる。

第七条【準備行為への対処及び情報交換】1 締約国は、次の方法により協力する。
a 自国の領域内又は領域外で行われる第二条に定める犯罪の自国の領域内における準備行為を防止し、及びこれに対処するため、必要な場合には国内法令を適合させることを含むあらゆる実行可能な措置(同条に定める犯罪の実行について助長し、扇動し若しくは組織し、事情を知りながら当該犯罪のために資金を提供し若しくは事情を知りながら技術上の援助若しくは情報を提供し、又は当該犯罪を実行する個人、集団及び団体が行う不法な活動を自国の領域内において禁止する措置を含む。)を講ずること。
b 自国の国内法並びにこの条約に定める方法及び

条件に従って正確なかつ確認された情報を交換すること、並びに第二条に定める犯罪を探知し、防止し、抑止し、及び捜査するため並びに当該犯罪を行った疑いのある者に対して刑事訴訟手続を開始するために適宜講ずる行政上の措置その他の措置を調整すること。特に、締約国は、第二条に定める犯罪が行われたこと及び自国が知った当該犯罪を行うための準備行為について、第九条の規定により他の国に遅滞なく通報するため、及び適当な場合には国際機関に通報するため、適当な措置を講ずる。

2　締約国は、他の締約国からこの条約に基づき、又はこの条約の実施のために行われる活動に参加することにより、秘密のものとして受領する情報の秘密性を保護するため、自国の国内法に適合する範囲内で適当な措置を講ずる。締約国は、国際機関に対し情報を秘密のものとして提供する場合には、当該情報の秘密性が保護されることを確保するため、措置を講ずる。

3　締約国は、この条約により、国内法上伝達が認められていない情報及び関係国の安全保障又は核物質の防護を害する情報の提供を要求されるものではない。

4　締約国は、国際連合事務総長に対し、この条に規定する情報の送付及び受領について責任を有する自国の権限のある当局及び連絡先を通報する。同事務総長は、すべての締約国及び国際原子力機関に対し、権限のある当局及び連絡先に関する情報を送付する。これらの権限のある当局及び連絡先は、常に連絡が可能でなければならない。

第八条【放射性物質防護措置】この条約上の犯罪を防止することを目的として、締約国は、関連する国際原子力機関の勧告及び任務を考慮しつつ、放射性物質の防護を確保するための適当な措置を講ずるためにあらゆる努力を払う。

第九条【裁判権の設定】（11 15第六条と同じ）

第一〇条【調査及び犯人所在国の措置】1　自国の領域内で第二条に定める犯罪が行われたか若しくは行われつつあるとの情報又は当該犯罪を行った者若しくはその疑いのある者が自国の領域内に所在している可能性があるとの情報を受領した締約国は、それらの情報に含まれている事実について調査するため、自国の国内法により必要な措置を講ずる。

2〜6（11 15第七条2〜6と同じ）

第一一条【引き渡すか訴追するかの義務】（11 15第八条と同じ。ただし、「第六条」を「第九条」と読み替える。）

第一二条【公正な取扱い】（11 15第一四条と同じ）

第一三条【犯罪人引渡】（11 15第九条と同じ。ただし、「第六条」を「第九条」と読み替える）

第一四条【司法共助】（11 15第一〇条と同じ）

第一五条【政治犯罪性の否定】（11 15第一一条と同じ）

第一六条【不引渡の場合】（11 15第一二条と同じ）

第一七条【犯人の移送】（11 15第一三条と同じ）

第一八条【放射性物質等の処理】1　締約国は、第二条に定める犯罪が行われた後に放射性物質、装置又は原子力施設を押収し、又はその他の方法で管理下に置いた場合には、これらを保有するに当たり、次のことを行う。

a　当該放射性物質、装置又は原子力施設を無害化するための措置を講ずること。

b　いかなる核物質も、適用される国際原子力機関の保障措置に従って保有されることを確保すること。

c　国際原子力機関が公表する核物質の防護に係る勧告並びに保健上及び安全上の基準に考慮を払うこと。

2　いかなる放射性物質、装置又は原子力施設も、第二条に定める犯罪に関連する手続の完了後又は国際法により必要とされる場合には当該手続の完了前に、国際かつ、関係締約国との協議（特に、返還及び貯蔵の方法に関するもの）を行った上で、当該放射性物質、装置又は原子力施設の帰属する締約国、これらを所有する自然人若しくは法人が自国の国民若しくは居住者である締約国又は自国の領域からこれらが盗取され若しくはその他の方法で不法に取得された締約国に返還される。

3　a　締約国が放射性物質、装置若しくは原子力施設を返還すること若しくは受領することを国内法若しくは国際法によって禁止されているとき、又は関係締約国が合意するときは、bの規定に従うことを条件として、当該放射性物質、装置又は原子力施設を保有している締約国は、1に定める措置を講ずることを継続する。この場合には、当該放射性物質、装置又は原子力施設は、平和的目的のためにのみ使用される。

b　放射性物質、装置又は原子力施設を保有している締約国にとって、これらの保有が合法的でない場合には、当該締約国は、当該放射性物質、装置又は原子力施設の無害化のため、これらの保有が合法的である国であって、適当なときは当該締約国との協議により1に定める要件を満たす保証を与えたものにより、できる限り速やかにこれらが保有されることを確保する。この場合には、当該放射性物質、装置又は原子力施設は、平和的目的のためにのみ使用される。

4　1及び2に規定する放射性物質、装置又は原子力施設が、いずれの締約国若しくは締約国の国民若しくは居住者にも帰属せず若しくは締約国の領域から盗取され若しくはその他の方法で不法に取得されたものでない場合又はいずれの国もこれらを3の規定により受領する意思を有しない場合には、3bの規定に従うことを条件として、関係国と関係国際機関との間の協議を経て、これらの処分について別途の決定が行われる。

5　1から4までの規定の適用に当たり、放射性物質、装置又は原子力施設を保有している締約国は、他の締約国(特に、関係締約国)及び関係国際機関(特に、国際原子力機関)の援助及び協力を要請することができる。締約国及び関係国際機関は、この5の規定に従って、可能な最大限度まで援助を提供することを奨励される。

6　この条の規定に従って放射性物質、装置又は原子力施設の処分又は保有に関与した締約国は、国際原子力機関事務局長に対し、これらが処分され、又は保有された態様について通報する。同事務局長は、その情報を他の締約国に伝達する。

7　第二条に定める犯罪に関連していかなる発散が生ずる場合においても、この条のいかなる規定も、原子力損害に関する損害賠償責任について規律する国際法の規則又はその他の国際法の規則に何ら影響を及ぼすものではない。

第一九条【国連事務総長への通報】(Ⅱ15第一六条と同じ)

第二〇条【協議】締約国は、この条約の効果的な実施を確保するため、必要に応じて国際機関の支援を得つつ、直接又は国際連合事務総長を通じて相互に協議する。

第二一条【主権平等等の尊重】(Ⅱ15第一七条と同じ)

第二二条【他の締約国の領域内における管轄権行使の不許容】(Ⅱ15第一八条と同じ)

第二三条【紛争解決】(Ⅱ15第二〇条と同じ)

第二四条【署名、批准、受諾又は承認】(略)

第二五条【効力発生】(Ⅱ15第二二条と同じ)

第二六条【改正】1　締約国は、この条約の改正を提案することができる。改正案は、寄託者に提出するものとし、寄託者は、これをすべての締約国に対し、直ちに送付する。

2　締約国の過半数が寄託者に対し改正案の審議のための会議の招集を要請した場合には、寄託者は、当該会議に出席するようすべての締約国を招請するものとし、当該会議は、招請状の発送から三箇月以後に開催される。

3　2の会議は、改正がコンセンサス方式により採択されることを確保するため、あらゆる努力を払う。コンセンサス方式による採択が可能でない場合には、改正は、すべての締約国の三分の二以上の多数による議決で採択する。寄託者は、この会議において採択された改正をすべての締約国に対し速やかに送付する。

4　3の規定に従って採択された改正は、その批准書、受諾書、加入書又は承認書を寄託した締約国について、締約国の三分の二がこれらの文書を寄託した日の後三〇日目の日に効力を生ずる。その後は、改正は、これらの文書を寄託するいずれの締約国についても、その寄託の日の後三〇日目の日に効力を生ずる。

第二七条【廃棄】(Ⅱ15第二三条と同じ)

第二八条【正文】(Ⅱ15第二四条と同じ)

第4節　国際社会全体の法益を害する犯罪

Ⅱ20　同盟及聯合國ト獨逸國トノ平和條約(ヴェルサイユ講和条約)第二二七条

署　名　一九一九年六月二八日(ヴェルサイユ)
効力発生　一九二〇年一月一〇日

同盟及連合国ハ、国際道義ニ反シ条約ノ神聖ヲ涜シタル重大ノ犯行ニ付、前独逸皇帝「ホーヘンツォルレルン」家ノ維廉(ウィルヘルム)二世ヲ訴追ス。

右被告審理ノ為、特別裁判所ヲ設置シ、被告ニ対シ弁護権ニ必要ナル保障ヲ与フ。該裁判所ハ、五名ノ裁判官ヲ以テ之ヲ構成シ、亜米利加(アメリカ)合衆国、大不列顛(グレート・ブリテン)国、仏蘭西(フランス)国、伊太利(イタリア)国及日本国各一名ノ裁判官ヲ任命ス。

右裁判所ハ、国際間ノ約諾ニ基ク厳正ナル義務ト国際道義ノ厳存(げんそん)トヲ立証セムカ為、国際政策ノ最高動機ノ命スル所ニ従ヒ判決スヘシ。其ノ至当ト認ムル刑罰ヲ決定スルハ、該裁判所ノ義務ナリトス。

同盟及連合国ハ、審理ノ為前皇帝ノ引渡ヲ和蘭(オランダ)国政府ニ要求スヘシ。

11 21 極東国際軍事裁判所条例

公布　一九四六年一月一九日
改正　一九四六年四月二六日

第一章　裁判所の構成

第一条（裁判所の設置）極東に於ける重大戦争犯罪人の公正且つ迅速なる審理及び処罰の為め、茲に極東国際軍事裁判所を設置す。裁判所の常設地は東京とす。

第二条（裁判官）本裁判所は、降伏文書の署名国並にインド、フィリッピン国により申出でられたる人名中より、聯合国軍最高司令官の任命する六名以上十一名以内の裁判官を以て構成す。

第三条（上級職員及び書記局）(イ)　裁判長　聯合国軍最高司令官は、裁判官中の一名を裁判長に任命す。

(ロ)　書記局

(一)　裁判所書記局は、聯合国軍最高司令官の任命に係る書記長の外、必要員数の副書記長、書記、通事其の他の職員を以て構成す。

(二)　書記長は、書記局の事務を編成し、之を指揮す。

(三)　書記局は、本裁判所に宛てられたる一切の文書を受理し、裁判所の記録を保管し、裁判所及び裁判官に対し必要なる書記事務を提供し、其の他裁判所の指示する職務を遂行す。

第四条（開廷及び定足数、投票及び欠席）(イ)　開廷及び定足数　裁判官六名が出廷せる時、該裁判官は、裁判所の正式開廷を宣することを得。全裁判官の過半数の出席を以て定足数の成立要件とす。

(ロ)　投票　有罪の認定及び刑の量定其の他本裁判所の為す一切の決定並に裁判は、出席裁判官の投票の過半数を以て決す。賛否同数なる場合に於ては、裁判長の投票を以て之を決す。

(ハ)　欠席　裁判官にして万一欠席することあるも、爾後出席し得るに至りたる場合に於ては、其の後の凡ての審理に参加すべきものとす。但、公開の法廷に於て其の欠席中行はれたる審理に通暁せざるの理由により、自己の無資格を宣言したる場合に於ては、此の限りに非ず。

第二章　管轄及び一般規定

第五条（人並に犯罪に関する管轄）本裁判所は、平和に対する罪を包含せる犯罪に付個人として又は団体員として訴追せられたる極東戦争犯罪人を審理し、処罰するの権限を有す。左に掲ぐる一又は数個の行為は、個人責任あるものとし、本裁判所の管轄に属する犯罪とす。

(イ)　平和に対する罪　即ち、宣戦を布告せる又は布告せざる侵略戦争、若は国際法、条約、協定又は誓約に違反せる戦争の計画、準備、開始、又は遂行、若は右諸行為の何れかを達成する為の共通の計画又は共同謀議への参加。

(ロ)　通例の戦争犯罪　即ち、戦争の法規又は慣例の違反。

(ハ)　人道に対する罪　即ち、戦前又は戦時中為されたる殺人、殲滅、奴隷的虐使、追放其の他の非人道的行為、若は犯行地の国内法違反たると否とを問はず、本裁判所の管轄に属する犯罪の遂行として又は之に関聯して為されたる政治的又は人種的理由に基く迫害行為。

上記犯罪の何れかを犯さんとする共通の計画又は共同謀議の立案又は実行に参加せる指導者、組織者、教唆者及び共犯者は、斯かる計画の遂行上為されたる一切の行為に付、其の何人に依りて為されたるとを問はず、責任を有す。

第六条（被告人の責任）何時たるとを問はず被告人が保有せる公務上の地位、若は被告人が自己の政府又は上司の命令に従ひ行動せる事実は、何れも夫れ自体当該被告人をして其の起訴せられたる犯罪に対する責任を免れしむるに足らざるものとす。但、斯かる事情は本裁判所に於て正義の要求上必要ありと認むる場合に於ては、刑の軽減の為め考慮することを得。

第七条（手続規定）本裁判所は本条例の基本規定に準拠し手続規定を制定し又は之を修正することを得。

第八条（検察官）(イ)　主席検察官　聯合国軍最高司令官の任命に係る主席検察官は、本裁判所の管轄に属する戦争犯罪人に対する被疑事実の調査及び訴追を為すの職責を有するものとし、且つ右最高司令官に対し適当なる法律上の助力を為すものとす。

(ロ)　参与検察官　日本と戦争状態に在りし各連合国は、主席検察官を輔佐する為め、参与検察官一名を任命することを得。

第三章　被告人に対する公正なる審理

第九条（公正なる審理の為めの手続）被告人に対する公正なる審理を確保する為め、左記の手続を遵守すべきものとす。

(イ)　起訴状　起訴状には平易、簡単且つ適切に各起訴事実の記載を為すべきものとす。各被告人は防禦の為め十分なる時期に於て、被告人が諒解し得る国語を以て記載せられたる起訴状及びその修正文並に本条例の各写を交付せらるべきものとす。

(ロ)　用語　審理並に之に関聯せる手続は、英語及び被告人の国語を以て行はるべきものとす。文書其の他の書類の翻訳文は必要なる場合請求に応じ提供せらるべきものとす。

(ハ)　被告人のための弁護人　各被告人はその選択にかかる弁護人に依り代理せらるる権利を有す。但し本裁判所は何時にても右弁護人を否認することを得。被告人は本裁判所の書記長に其の弁護人の氏名を届出づべし。若し被告人が弁護人に依り代理せらるることなく、且つ公開の法廷に於て弁護人の任命を要求せしときは、本裁判所は、右被告人の為めに弁護人を選任すべし。斯かる要求なき場合に於ても、本裁判所は、若し斯かる任命が公正なる裁判を行ふに付き必要なりと認むるときは、被告人の為めに弁護人を選任することを得。

(ニ)　防禦の為めの証拠　被告人は自ら又は弁護人に依り(但し両者に依るを得ず)凡ての人証を訊問する権利を含め防禦を為すの権利を有す。但し当裁判所が定むるところの適当なる制限に従ふものとす。

(ホ)　防禦の為めの証拠の顕出　被告人は本裁判所に対し書面を以て人証又は文書の顕出を申請することを得。右申請書には人証又は文書の所在すと思料せらるる場所を記載すべし。尚右申請書には人証又は文書に依り立証せんとする事実並に斯かる事実と防禦との関連性を記載すべし。本裁判所が右申請を許可したる場合に於ては、本裁判所は右証拠の顕出を得るに付情況上必要とする助力を与へらるべきものとす。

第一〇条(審理前に於ける申請又は動議)審理の開始に先立ち本裁判所に対して為さるる動議、申請其の他の請求は総て書面を以て為さるべきものとし、且つ本裁判所の処置を仰ぐ為め之を本裁判所書記長に提出すべきものとす。

第四章　裁判所の権限及び審理の執行

第一一条(権限)本裁判所は左記の権限を有す。

(イ)　人証を召喚し、其の出廷及び証言を命じ、且つ之を訊問すること。

(ロ)　各被告人を訊問し、且つ被告人が訊問に対する答弁を拒否したる場合に於て右拒否に関する訴訟関係人の論評を許可すること。

(ハ)　文書其の他の証拠資料の提出を命ずること。

(ニ)　各人証に対し宣誓、誓言、又は其の本国の慣習に依る宣言を為すべきことを命じ、且つ宣誓を執行すること。

(ホ)　本裁判所の指示する事務を遂行する為めの職員を任命すること、これには嘱託による証拠入手の権限を含む。

第一二条(審理の執行)本裁判所は左記の各項を遵守すべし。

(イ)　審理を起訴事実に付生じたる争点の迅速なる取調に厳格に限定すること。

(ロ)　不当に審理を遅延せしむるが如き行為を防止する為め厳重なる手段を執り、且つ其の如何なる種類たるとを問はず、起訴事実に関聯なき争点及び陳述を排除すること。

(ハ)　審理に於ける秩序の維持を図り、法廷に於ける不服従行為に付之を即決し、且つ爾後の審理の全部又は一部に付被告人又は其の弁護人の退廷を命ずる等適当な制裁を課すること。但し之が為め起訴事実の判定に偏頗なる影響を及ぼすこと無きを要す。

(ニ)　被告人に付審理に応ずべき精神的及び肉体的能力の有無を決定すること。

第一三条(証拠)(イ)　証拠能力　本裁判所は証拠に関する専門技術的規則に拘束せらるることなし。本裁判所は迅速且つ適宜の手続を最大限度に採用且つ適用すべく、本裁判所に於て証明力ありと認むる限り如何なる証拠をも受理するものとす。被告人の為したるものと称せらるる容認又は陳述は総て証拠として受理することを得。

(ロ)　証拠の関聯性　本裁判所は証拠の関聯性の有無を判定する為め、証拠の提出前其の性質に付説明を徴することを得。

(ハ)　採用し得べき具体的証拠の例示　特に左に掲ぐるものは、証拠として受理することを得。但し前記の一般原則の範囲を何等制限するものにあらず。

(一)　機密上の区分如何に拘らず、且つ発行又は署名に関する証明の有無を問はず、何れかの政府の官吏、官庁、機関又は軍の構成員の発行又は署名に係るものと本裁判所に於て認めらるる文書。

(二)　報告書にして、国際赤十字社又は其の社員、医師又は医務従事者、調査員又は情報官、其の他右報告書に記載せられたる事項を直接知得せりと本裁判所に認めらるる者の署名又は発行に係るものと本裁判所に於て認めらるるもの。

(三)　宣誓口供書、供述書、其の他署名ある陳述書。

(四)　本裁判所に於て起訴事実に関係ある資料を包含すと認めらるる日記、書状又は宣誓又は非宣誓陳述を含む其の他の文書。

(五)　原本を即時提出し得ざる場合に於ては、文書の写、其の他原本の内容を第二次的に証明する証拠物。

(ニ)　裁判所に顕著なる事項　本裁判所は公知の事実、又は何れかの或国家の公文書及び報告書の真実性若は何れかの連合国の軍事機関又は其の他の機関の作製に係る調書、記録及び判定書の真実性に付ては、其の立証を要求せざるものとす。

(ホ)　記録、証拠物及び文書　審理記録の謄本、法廷証、及び裁判所に提出せられたる文書は本裁判所の書記長に付託せられ、法廷記録の一部を構成するものとす。

第一四条(裁判の場所)最初の裁判は東京に於て之を行ふべく、爾後行はるることあるべき裁判は本裁判所の決定する場所に於て之を行ふものとす。

第一五条(裁判手続の進行)本裁判所に於ける手続は左記の過程を経べきものとす。

(イ)　起訴状は法廷に於て朗読せらるべし。但し被告人全員が其の省略に同意したる場合は此の限にあらず。

(ロ)　裁判所は各被告人に対し「有罪」を認むるや又は「無罪」を主張するやを質すべし。

(ハ)　検察官並に各被告人(代理せられ居る場合は弁護人に限り)は、簡単なる冒頭陳述を為すことを得。

(ニ) 検察官及び弁護人は証拠の提出を為すことを得べく、裁判所は右証拠の受理如何に付決定すべし。

(ホ) 検察官並に各被告人(代理せられ居る場合は弁護人に限り)は各人証及び証言を為す各被告人を訊問することを得。

(ヘ) 被告人(代理せられ居る場合は弁護人に限り)は裁判所に対し陳述を為すことを得。

(ト) 検察官は裁判所に対し陳述を為すことを得。

(チ) 裁判所は判決を下し、刑を宣告す。

第五章 判決及び刑の宣告

第一六条(刑罰) 本裁判所は有罪の認定を為したる場合に於ては、被告人に対し死刑又は其の他本裁判所が正当と認むる刑罰を課する権限を有す。

第一七条(判決及び審査) 判決は公開の法廷に於て宣告せらるべく、且つ之に判決理由を附すべし。裁判の記録は連合国最高司令官の処置を仰ぐ為め直に同司令官に送付せらるべし。刑は連合国最高司令官の命令に従ひ執行せらるべし。連合国最高司令官は何時にても刑に付之を軽減し又は其の他の変更を加ふることを得。但し刑を加重することを得ず。

11 22 ニュルンベルク裁判所条例および同裁判所の判決において認められた国際法の諸原則(ニュルンベルク諸原則の定式化)

一九五〇年採択(国際法委員会第二会期)

第一原則 国際法上の犯罪を構成する行為を犯したいかなる者も、それについて責任を負い、処罰されなければならない。

第二原則 国際法上の犯罪を構成する行為に対して国内法が刑罰を科していないという事実により、当該行為を犯した者が、国際法上の責任を免れることはない。

第三原則 国際法上の犯罪を構成する行為を犯した者が、元首又は責任ある政府職員として行為したという事実により、その者が、国際法上の責任を免れることはない。

第四原則 ある者が政府又は上官の命令により行為したという事実により、その者が国際法上の責任を免れることはない。ただし、その者にとって、道義的選択が実際に可能であったことを条件とする。

第五原則 国際法上の犯罪について容疑をかけられているいかなる者も、事実及び法について公正な裁判を受ける権利を有する。

第六原則 以下に掲げる犯罪は、国際法上の犯罪として処罰することができる。

(a) 平和に対する犯罪

(i) 侵略戦争又は国際的条約、協定若しくは保証に反する戦争の計画、準備、開始又は遂行

(ii) (i)にいう行為の実行についての共同計画又は共同謀議への参加

(b) 戦争犯罪

戦争の法規又は慣例の違反。次のものを含むがこれに限定されない。いかなる目的によるのであれ文民の殺人、虐待若しくは奴隷労働のための移送、又は占領地におけるそれらの行為、又は、捕虜若しくは海上のある者の殺人若しくは虐待、人質の殺人、公有若しくは私有財産の掠奪、都市、街若しくは村落の放縦な破壊、又は軍事的必要により正当化されない荒廃化

(c) 人道に対する罪

文民に対して行われた殺人、殲滅、奴隷化、強制移送その他の非人道的行為、又は政治的、人種的若しくは宗教的理由による迫害。ただし、これらの行為がいずれかの平和に対する犯罪又は戦争犯罪の遂行中に又はそれらと関連して実行された場合に限る。

第七原則 第六原則に掲げる平和に対する犯罪、戦争犯罪または人道に対する犯罪を犯すことについての共同謀議は、国際法上の犯罪である。

11 23 集団殺害犯罪の防止及び処罰に関する条約(ジェノサイド条約)

採択 一九四八年一二月九日 国際連合総会第三回会期決議二六〇A(Ⅲ)
効力発生 一九五一年一月一二日
日本国

締約国は、

集団殺害は、国際連合の精神及び目的に反し、かつ文明世界によって罪悪と認められた国際法上の犯罪であるという、国際連合総会が一九四六年一二月一一日の決議九六(Ⅰ)で行った宣言を考慮し、

歴史上のあらゆる時期に、集団殺害が人類に対し重大な損失を被らせたことを認め、及び、

人類をこのいまわしい苦悩から解放するためには、国際協力が必要であることを確信して、

ここに、次に規定するとおり協定する。

第一条【国際法上の犯罪】締約国は、集団殺害が平時に行われるか戦時に行われるかを問わず、国際法上の犯罪であることを確認し、これを防止し処罰することを約束する。

第二条【定義】この条約では、集団殺害とは、国民的、種族的、人種的又は宗教的〔**a national, ethnical, racial or religious**〕集団を全部又は一部破壊する意図をもって行われた次の行為のいずれをも意味する。

a　集団構成員を殺すこと。
b　集団構成員に対して重大な肉体的又は精神的な危害を加えること。
c　全部又は一部に肉体的破壊をもたらすことを意図した生活条件を集団に対して故意に課すること。
d　集団内における出生を妨げることを意図する措置を課すること。
e　集団の児童を他の集団に強制的に移すこと。

第三条【処罰する行為】次の行為は、処罰する。

a　集団殺害
b　集団殺害の共謀
c　集団殺害の直接かつ公然の扇動
d　集団殺害の未遂
e　集団殺害の共犯

第四条【犯罪者の身分】集団殺害又は第三条に列挙する他の行為のいずれかを犯す者は、憲法上の責任のある統治者であるか、公務員であるか又は私人であるかを問わず、処罰する。

第五条【国内立法】締約国は、それぞれ自国の憲法に従って、この条約の規定を実施するために、特に集団殺害又は第三条に列挙する他の行為のいずれかを犯した者に対する有効な刑罰を規定するために、必要な立法を行うことを約束する。

第六条【管轄裁判所】集団殺害又は第三条に列挙する他の行為のいずれかの罪に問われている者は、行為がなされた地域の属する国の権限のある裁判所により、又は国際刑事裁判所の管轄権を受諾する締約国に対しては管轄権を有する国際刑事裁判所により裁判を受ける。

第七条【犯罪人引渡しとの関係】集団殺害及び第三条に列挙する他の行為は、犯罪人引渡しについては政治的犯罪とみなされない。

締約国は、この場合、自国の法律及び効力を有する条約に従って、犯罪人引渡しを行うことを誓約する。

第八条【国際連合による措置】締約国は、国際連合の権限のある機関が集団殺害又は第三条に列挙する他の行為のいずれかを防止し又は抑圧するために適当と認める国際連合憲章に基づく措置をとるように、これらの機関に要求することができる。

第九条【紛争の解決】この条約の解釈、適用又は履行に関する締約国間の紛争は、集団殺害又は第三条に列挙する他の行為のいずれかに対する国の責任に関するものを含め、紛争当事国のいずれかの請求により国際司法裁判所に付託する。

第一〇条【正文】この条約は、中国語、英語、フランス語、ロシア語及びスペイン語の本文をひとしく正文とし、一九四八年一二月九日の日付を有する。

第一一条【署名、批准、加入】この条約は、国際連合の加盟国及び総会が署名するよう招請する非加盟国による署名のために、一九四九年一二月三一日まで開放しておく。

この条約は、批准されなければならず、批准書は、国際連合事務総長に寄託する。

一九五〇年一月一日以後は、国際連合の加盟国及び前記の招請を受けた非加盟国は、この条約に加入することができる。

加入書は、国際連合事務総長に寄託する。

第一二条【適用地域の拡張】締約国は、国際連合事務総長にあてた通告により、自国が外交関係の遂行に責任を有する地域の全部又は一部に対し、いつでもこの条約の適用を拡張することができる。

第一三条【調書、効力発生】最初の二〇の批准書又は加入書が寄託された日に、事務総長は、調書を作成し、その写しを国際連合の各加盟国及び第一一条に規定する非加盟国に送付する。

この条約は、二〇番目の批准書又は加入書が寄託された日の後、九〇日目に効力を生ずる。

右の日の後に行われた批准又は加入は、批准書又は加入書の寄託後九〇日目に効力を生ずる。

第一四条【有効期間、廃棄】この条約は、効力発生の日から一〇年間効力を有する。

有効期間の満了の少なくとも六箇月前に廃棄しなかった締約国に対しては、この条約は、その後五年間ずつ引き続き効力を有する。

廃棄は、国際連合事務総長にあてた文書による通告により行う。

第一五条【失効】廃棄の結果この条約の当事国の数が一六未満になるときは、この条約は、廃棄の最後のものが効力を生ずる日から効力を終止する。

第一六条【改正】この条約の改正の要請は、締約国が、事務総長にあてた文書による通告により、いつでも行うことができる。

総会は、前記の要請について執るべき措置があるときは、これを決定する。

第一七条【国際連合事務総長による通報】国際連合事務総長は、国際連合のすべての加盟国及び第一一条に規定する非加盟国に対し、次の事項を通告する。

a　第一一条に従って受領する署名、批准及び加入
b　第一二条に従って受領する通告
c　第一三条に従ってこの条約が効力を生ずる日
d　第一四条に従って受領する廃棄
e　第一五条によるこの条約の失効
f　第一六条に従って受領する通告

第一八条【原本と認証謄本】この条約の原本は、国際連合の記録に寄託する。

この条約の認証謄本は、国際連合の各加盟国及び第一一条に規定する各非加盟国に送付する。

第一九条【登録】 この条約は、その効力発生の日に国際連合事務総長が登録する。

11 24 一九九一年以後旧ユーゴスラビアの領域内で行われた国際人道法に対する重大な違反について責任を有する者の訴追のための国際裁判所規程（旧ユーゴ国際刑事裁判所規程）（抄）

採　択　一九九三年五月二五日
国際連合安全保障理事会決議八二七
（一九九三）
改　正　一九九八年五月一三日（安全保障理事会決議一一六六）
二〇〇〇年一一月三〇日（安全保障理事会決議一三二九）
二〇〇二年五月一七日（安全保障理事会決議一四一一）
二〇〇二年八月一四日（安全保障理事会決議一四三一）
二〇〇三年五月一九日（安全保障理事会決議一四八一）
二〇〇五年四月二〇日（安全保障理事会決議一五九七）
二〇〇六年二月二八日（安全保障理事会決議一六六〇）
二〇〇六年九月二九日（安全保障理事会決議一八三七）
二〇〇九年七月七日（安全保障理事会決議一八七七）
活動終了　二〇一七年一二月三一日（裁判所長の任期終了日）

一九九一年以後旧ユーゴスラビアの領域内で行われた国際人道法に対する重大な違反について責任を有する者の訴追のための国際裁判所（以下「国際裁判所」という。）は、国際連合憲章第七章の下に行動する安全保障理事会によって設置され、この規程に従って任務を遂行する。

第一条（国際裁判所の権限） 国際裁判所は、この規程に従い、一九九一年以後旧ユーゴスラビアの領域内で行われた国際人道法に対する重大な違反について責任を有する者を訴追する権限を有する。

第二条（一九四九年のジュネーヴ諸条約に対する重大な違反行為） 国際裁判所は、一九四九年八月一二日のジュネーヴ諸条約に対する重大な違反行為、すなわち、関連するジュネーヴ条約に基づいて保護される者又は財産に対する次の行為を行い又は行うことを命令した者を訴追する権限を有する。

(a) 殺人
(b) 拷問又は非人道的待遇（生物学的実験を含む。）
(c) 身体又は健康に対して故意に重い苦痛を与え又は重大な傷害を加えること。
(d) 軍事上の必要によって正当化されない不法かつ恣（し）意的な財産の広範な破壊又は徴発
(e) 捕虜又は文民を強制して敵対する勢力の軍隊で服務させること。
(f) 捕虜又は文民から公正なかつ正式の裁判を受ける権利を奪うこと。
(g) 文民を不法に追放し、移送し又は拘禁すること。
(h) 文民を人質にすること。

第三条（戦争の法規又は慣例に対する違反） 国際裁判所は、戦争の法規又は慣例に違反した者を訴追する権限を有する。その違反には、次のことが含まれるが、これらに限定されるものではない。

(a) 無用の苦痛を与えることを目的とする毒性の兵器その他の兵器を使用すること。
(b) 都市又は町村の恣意的な破壊を行うこと又は軍事上の必要によって正当化されない惨害をもたらすこと。
(c) 手段のいかんを問わず、無防備の町村、住宅又は建物を攻撃し又は砲撃すること。
(d) 宗教、慈善及び教育並びに芸術及び学術の用に供する施設、歴史上の記念建造物並びに芸術上及び学術上の作品を押収し、破壊し又は故意に損傷すること。
(e) 公共の又は私有の財産を略奪すること。

第四条（集団殺害） 1　国際裁判所は、2に規定する集団殺害を行った者又は3に掲げるその他の行為を行った者を訴追する権限を有する。

2　集団殺害とは、国民的、民族的、人種的又は宗教的集団の全部又は一部を破壊することを意図して行われる次の行為をいう。

(a) 集団の構成員を殺すこと。
(b) 集団の構成員の身体又は精神に重大な危害を加えること。
(c) 集団の全部又は一部の身体を破壊することを目的とする生活条件を当該集団に意図的に課すること。
(d) 集団内における出生を妨げることを意図する措置を課すること。
(e) 集団内の児童を他の集団に強制的に移送すること。

3　次の行為は、処罰するものとする。

(a) 集団殺害
(b) 集団殺害の共謀
(c) 集団殺害の直接かつ公然の扇動
(d) 集団殺害の未遂

(e)　集団殺害の共犯

第五条（人道に対する犯罪）国際裁判所は、武力紛争（国際的な性質のものであるかないかを問わない。）において文民に対して直接行われた次の犯罪について責任を有する者を訴追する権限を有する。

(a)　殺人
(b)　殲（せん）滅
(c)　奴隷の状態に置くこと。
(d)　追放
(e)　拘禁
(f)　拷問
(g)　強かん
(h)　政治的、人種的及び宗教的理由による迫害
(i)　その他非人道的行為

第六条（人に関する管轄権）国際裁判所は、この規程に従い、自然人について管轄権を有する。

第七条（個人の刑事上の責任）1　第二条から第五条までに定める犯罪の計画、準備又は実行について、計画し、扇動し、命令し、実行し又はほう助し若しくは教唆した者は、個人としてその犯罪について責任を負う。

2　被告人の公の地位（国の元首又は政府の長であるか責任を有する公務員であるかを問わない。）により、当該被告人の刑事上の責任は免除されず、また、刑罰は減軽されない。

3　上官は、部下が第二条から第五条までに定める行為を行おうとし又は行ったことを知り又は知る理由がある場合において、当該行為を防止するため又は当該行為を行った者を処罰するため必要かつ合理的な措置をとらなかったときは、当該行為が部下によって行われたという事実をもって、その刑事上の責任を免除されない。

4　被告人は、政府又は上官の命令に従って行動したという事実をもって、その刑事上の責任を免除されない。ただし、国際裁判所が正義のために必要であると決定する場合には、刑罰の減軽に当たりその事実を考慮することができる。

第八条（領域的管轄権及び時間的管轄権）国際裁判所は、領土、領空及び領水を含む旧ユーゴスラビア社会主義連邦共和国の領域について領域的管轄権を有し、一九九一年一月一日以降の期間について時間的管轄権を有する。

第九条（管轄権の競合）1　国際裁判所及び国内裁判所は、一九九一年一月一日以後旧ユーゴスラビアの領域内で行われた国際人道法に対する重大な違反について人を訴追することに関し、ともに管轄権を有する。

2　国際裁判所は、国内裁判所に優越する。国際裁判所は、国内裁判所に対し、手続のいかなる段階においても、この規程並びに国際裁判所の手続及び証拠に関する規則に従って、国際裁判所の権限に服することを正式に要請することができる。

第一〇条（一事不再理）1　いかなる者も、この規程に基づいて、国際人道法に対する重大な違反を構成する行為について国際裁判所で既に裁判を受けた場合には、国内裁判所で裁判を受けることはない。

2　国際人道法に対する重大な違反を構成する行為について国内裁判所で既に裁判を受けた者は、その後、次の場合に限り、国際裁判所による裁判を受けることがある。

(a)　その者が裁判を受ける原因となった行為が、通常の犯罪とされた場合
(b)　国内裁判所の手続が、公平な若しくは独立のものではなかった場合、国際的な刑事上の責任から被告人を保護することを意図したものであった場合又は訴追が誠実に行われなかった場合

3　国際裁判所は、この規程に基づいて有罪の判決を受けた者に科する刑罰を検討するに当たって、その者に対し同一の行為について国内裁判所が科した刑罰が既にどの程度執行されているかを考慮する。

第一一条（国際裁判所の組織）国際裁判所は、次の機関で構成する。

(a)　三の第一審裁判部及び一の上訴裁判部で構成する裁判部
(b)　検察官
(c)　裁判部及び検察官の双方に役務を提供する書記局

第一二条（裁判部の構成）1　裁判部は、最大一六人の独立の常任裁判官（そのうちのいずれの二人も同一の国の国民であってはならない）及び第一三条の三2に従って任命される一時において一二人の独立の臨時裁判官（そのうちのいずれも二人も同一の国の国民であってはならない）で構成する。

2　一時において最大三名の常任裁判官及び最大六名の臨時裁判官を、それぞれの第一審裁判部の構成員とする。臨時裁判官が配属された各第一審裁判部は、本条5に特定する状況の場合を除き常任裁判官と臨時裁判官の双方を含む、三人の裁判官の班に分割することができる。

3　七人の常任裁判官が、上訴裁判部の構成員となる。

4　二以上の国の国民と認められることのある者は、国際裁判所の裁判部の構成員としての地位については、その者が市民的及び政治的権利を通常行使する国の国民とみなす。

5　事務総長は、国際裁判所の所長の要請により、一三条の三に従って選出された臨時裁判官のうちから、補欠裁判官を指名することができる。補欠裁判官は、それに関して任命された裁判の各段階において出廷し、引き続いて裁判することができない裁判官に交代して裁判する。

6　本条2を害することなく、例外的な状況によって第一審裁判部の班において常任裁判官が交代し、班が臨時裁判官のみで構成されることになる場合にも、当該班は、構成員中に常任裁判官を含まないことにかかわらず、引き続き事件を審理することができる。

第一三条（裁判官の資格）（略）

第一三条の二（常任裁判官の選挙）
第一三条の三（臨時裁判官の選挙及び任命）
第一四条（裁判部の構成員）
第一五条（手続及び証拠に関する規則）
第一六条（検察官）
第一七条（書記局）
第一八条（捜査及び起訴状の準備）
第一九条（起訴状の審査）
第二〇条（公判手続の開始及び進行）
第二一条（被告人の権利）
第二二条（被害者及び証人の保護）
（略）

第二三条（判決） 1　第一審裁判部は、判決を宣告し、国際人道法に対する重大な違反について有罪の判決を受けた者に対し刑罰を科する。

2　判決は、第一審裁判部の裁判官の過半数によって決定され、第一審裁判部によって公開の場で言い渡される。判決には、書面による理由が付されるものとし、当該理由について個別の又は反対の意見を付することができる。

第二四条（刑罰） 1　第一審裁判部が科する刑罰は、拘禁刑に限られる。第一審裁判部は、拘禁の期間を決定するに当たり、旧ユーゴスラビアの裁判所における拘禁刑に関する一般慣行に依拠する。

2　第一審裁判部は、刑罰を科するに当たり、犯罪の重大さ、有罪の判決を受けた者の個別の事情等の要因を考慮すべきである。

3　第一審裁判部は、拘禁刑に加え、犯罪行為によって得た財産及び収益（強迫によって得たものを含む。）を正当な所有者に返還することを命令することができる。

第二五条（上訴の手続） 1　上訴裁判部は、第一審裁判部により有罪の判決を受けた者又は検察官からの次のいずれかの理由に基づく上訴を審理する。

(a)　法律問題に関する錯誤であって、決定を無効とするもの

(b)　事実の錯誤であって、誤審の原因となったもの

2　上訴裁判部は、第一審裁判部による決定を確認し、破棄し又は修正することができる。

第二六条（再審理の手続） 第一審裁判部又は上訴裁判部における手続中に知られておらず、かつ、決定に到達するに当たって決定的な要因となったであろう新たな事実が発見された場合には、有罪の判決を受けた者又は検察官は、国際裁判所に判決の再審理の請求を提出することができる。

第二七条（刑罰の執行） 拘禁刑は、有罪の判決を受けた者を受け入れる意図を安全保障理事会に表明した国の中から国際裁判所が指定した国で執行される。当該拘禁刑は、国際裁判所の監督の下で当該国の関係法令に従って執行される。

第二八条（恩赦又は減刑） 有罪の判決を受けた者が、拘禁される国の関係法令に基づいて恩赦又は減刑について適格である場合には、当該国は、国際裁判所にその旨を通報する。裁判所長は、裁判官と協議の上、司法の利益及び法の一般原則に基づいてその問題について決定する。

第二九条（協力及び司法上の援助） 1　諸国は、国際人道法に対する重大な違反について責任を問われている者の捜査及び訴追に関し、国際裁判所と協力する。

2　諸国は、第一審裁判部が発出する援助要請又は命令（次の事項が含まれるが、これらに限定されるものではない。）に対し不当に遅延することなく従う。

(a)　人及びその所在の特定
(b)　証言の録取及び証拠の提出
(c)　文書の送達
(d)　人の逮捕又は拘禁
(e)　国際裁判所への被告人の引渡し又は移送

第三〇条（国際裁判所の地位、特権及び免除）
第三一条（国際裁判所の所在地）
第三二条（国際裁判所の経費）
（略）

第三三条（用語）
第三四条（年次報告）
（略）

11 25　国際刑事裁判所に関するローマ規程（国際刑事裁判所（ＩＣＣ）規程）

採択　一九九八年七月一七日
国際刑事裁判所の設立に関する国際連合全権代表外交会議
署名　一九九八年七月一七日（ローマ）
効力発生　二〇〇二年七月一日
改正　二〇一〇年六月一〇日、ローマ規程検討会議（カンパラ）決議五、二〇一二年九月二六日効力発生
二〇一〇年六月一一日、同会議決議六、二〇一八年七月一七日同決議による改正について管轄権有効化（二〇一七年一二月一四日締約国会議第一六会期決議五）
二〇一五年一一月二六日、締約国会議第一四会期決議二（第一二四条削除、未発効）
二〇一七年一二月一四日、締約国会議第一六会期決議四（第八条）、二〇二〇年四月二日効力発生
二〇一九年一二月六日、締約国会議決議第一八会期決議五（第八条）、二〇二一年一〇月一四日効力発生
日本国　二〇〇七年四月二七日国会承認、二〇〇七年七月一七日加入書寄託、二〇〇七年七月二〇日公布（条約第六号）、二〇〇七年一〇月一日効力発生

※右に掲げた改正は、いずれも日本については未発効であるため、以下ではそれを反映させることはしていない。もっとも侵略犯罪に関

するローマ規程検討会議(カンパラ)決議六による改正については、その重要性に鑑み細字で条文を挿入した。

前　文

この規程の締約国は、

すべての人民が共通のきずなで結ばれており、その文化が共有された遺産によって継ぎ合わされていることを意識し、また、この繊細な継ぎ合わされたものがいつでも粉々になり得ることを懸念し、

二〇世紀の間に多数の児童、女性及び男性が人類の良心に深く衝撃を与える想像を絶する残虐な行為の犠牲者となってきたことに留意し、

このような重大な犯罪が世界の平和、安全及び福祉を脅かすことを認識し、

国際社会全体の関心事である最も重大な犯罪が処罰されずに済まされてはならないこと並びにそのような犯罪に対する効果的な訴追が国内的な措置をとり、及び国際協力を強化することによって確保されなければならないことを確認し、

これらの犯罪を行った者が処罰を免れることを終わらせ、もってそのような犯罪の防止に貢献することを決意し、

国際的な犯罪について責任を有する者に対して刑事裁判権を行使することがすべての国家の責務であることを想起し、

国際連合憲章の目的及び原則並びに特に、すべての国が、武力による威嚇又は武力の行使を、いかなる国の領土保全又は政治的独立に対するものも、また、国際連合の目的と両立しない他のいかなる方法によるものも慎まなければならないことを再確認し、

これに関連して、この規程のいかなる規定も、いずれかの国の武力紛争又は国内問題に干渉する権限を締約国に与えるものと解してはならないことを強調し、

これらの目的のため並びに現在及び将来の世代のために、国際連合及びその関連機関と連携関係を有し、国際社会全体の関心事である最も重大な犯罪について管轄権を有する独立した常設の国際刑事裁判所を設立することを決意し、

この規程に基づいて設立する国際刑事裁判所が国家の刑事裁判権を補完するものであることを強調し、

国際正義の永続的な尊重及び実現を保障することを決意して、

次のとおり協定した。

第一部　裁判所の設立

第一条(裁判所) この規程により国際刑事裁判所(以下「裁判所」という。)を設立する。裁判所は、常設機関とし、この規程に定める国際的な関心事である最も重大な犯罪を行った者に対して管轄権を行使する権限を有し、及び国家の刑事裁判権を補完する。裁判所の管轄権及び任務については、この規程によって規律する。

第二条(裁判所と国際連合との連携関係) 裁判所は、この規程の締約国会議が承認し、及びその後裁判所のために裁判所長が締結する協定によって国際連合と連携関係をもつ。

第三条(裁判所の所在地) 1　裁判所の所在地は、オランダ(以下「接受国」という。)のハーグとする。

2　裁判所は、接受国と本部協定を結ぶ。この協定は、締約国会議が承認し、その後裁判所のために裁判所長が締結する。

3　裁判所は、この規程に定めるところにより、裁判所が望ましいと認める場合に他の地で開廷することができる。

第四条(裁判所の法的地位及び権限) 1　裁判所は、国際法上の法人格を有する。また、裁判所は、任務の遂行及び目的の達成に必要な法律上の能力を有する。

2　裁判所は、この規程に定めるところによりいずれの締約国の領域においても、及び特別の合意によりその他のいずれの国の領域においても、任務を遂行し、及び権限を行使することができる。

第二部　管轄権、受理許容性及び適用される法

第五条(裁判所の管轄権の範囲内にある犯罪) 1　裁判所の管轄権は、国際社会全体の関心事である最も重大な犯罪に限定する。裁判所は、この規程に基づき次の犯罪について管轄権を有する。

(a)　集団殺害犯罪
(b)　人道に対する犯罪
(c)　戦争犯罪
(d)　侵略犯罪

2　第一二一条及び第一二三条の規定に従い、侵略犯罪を定義し、及び裁判所がこの犯罪について管轄権を行使する条件を定める規定が採択された後に、裁判所は、この犯罪について管轄権を行使する。この規定は、国際連合憲章の関連する規定に適合したものとする。

[注] ローマ規程検討会議決議六による改正により本項削除

第六条(集団殺害犯罪) この規程の適用上、「集団殺害犯罪」とは、国民的、民族的、人種的又は宗教的[a national, ethnical, racial or religious]な集団の全部又は一部に対し、その集団自体を破壊する意図をもって行う次のいずれかの行為をいう。

(a)　当該集団の構成員を殺害すること。
(b)　当該集団の構成員の身体又は精神に重大な害を与えること。
(c)　当該集団の全部又は一部に対し、身体的破壊をもたらすことを意図した生活条件を故意に課すること。
(d)　当該集団内部の出生を妨げることを意図する措置をとること。
(e)　当該集団の児童を他の集団に強制的に移すこと。

第七条(人道に対する犯罪) 1　この規程の適用上、「人道に対する犯罪」とは、文民たる住民に対する攻撃であって広範又は組織的なものの一部として、その

ような攻撃であると認識しつつ行う次のいずれかの行為をいう。

(a) 殺人
(b) 絶滅させる行為
(c) 奴隷化すること。
(d) 住民の追放又は強制移送
(e) 国際法の基本的な規則に違反する拘禁その他の身体的な自由の著しいはく奪
(f) 拷問
(g) 強姦(かん)、性的な奴隷、強制売春、強いられた妊娠状態の継続、強制断種その他あらゆる形態の性的暴力であってこれらと同等の重大性を有するもの
(h) 政治的、人種的、国民的、民族的、文化的又は宗教的な理由、3に定義する性に係る理由その他国際法の下で許容されないことが普遍的に認められている理由に基づく特定の集団又は共同体に対する迫害であって、この1に掲げる行為又は裁判所の管轄権の範囲内にある犯罪を伴うもの
(i) 人の強制失踪(そう)
(j) アパルトヘイト犯罪
(k) その他の同様の性質を有する非人道的な行為であって、身体又は心身の健康に対して故意に重い苦痛を与え、又は重大な傷害を加えるもの

2 1の規定の適用上、

(a) 「文民たる住民に対する攻撃」とは、そのような攻撃を行うとの国若しくは組織の政策に従い又は当該政策を推進するため、文民たる住民に対して1に掲げる行為を多重的に行うことを含む一連の行為をいう。
(b) 「絶滅させる行為」には、住民の一部の破壊をもたらすことを意図した生活条件を故意に課すること(特に食糧及び薬剤の入手の機会のはく奪)を含む。
(c) 「奴隷化すること」とは、人に対して所有権に伴ういずれか又はすべての権限を行使することをいい、人(特に女性及び児童)の取引の過程でそのような権限を行使することを含む。
(d) 「住民の追放又は強制移送」とは、国際法の下で許容されている理由によることなく、退去その他の強制的な行為により、合法的に所在する地域から関係する住民を強制的に移動させることをいう。
(e) 「拷問」とは、身体的なものであるか精神的なものであるかを問わず、抑留されている者又は支配下にある者に著しい苦痛を故意に与えることをいう。ただし、拷問には、専ら合法的な制裁に固有の又はこれに付随する苦痛が生ずることを含まない。
(f) 「強いられた妊娠状態の継続」とは、住民の民族的な組成に影響を与えること又は国際法に対するその他の重大な違反を行うことを意図して、強制的に妊娠させられた女性を不法に監禁することをいう。この定義は、妊娠に関する国内法に影響を及ぼすものと解してはならない。
(g) 「迫害」とは、集団又は共同体の同一性を理由として、国際法に違反して基本的な権利を意図的にかつ著しくはく奪することをいう。
(h) 「アパルトヘイト犯罪」とは、1に掲げる行為と同様な性質を有する非人道的な行為であって、一の人種的集団が他の一以上の人種的集団を組織的に抑圧し、及び支配する制度化された体制との関連において、かつ、当該体制を維持する意図をもって行うものをいう。
(i) 「人の強制失踪(そう)」とは、国若しくは政治的組織又はこれらによる許可、支援若しくは黙認を得た者が、長期間法律の保護の下から排除する意図をもって、人を逮捕し、拘禁し、又は拉(ら)致する行為であって、その自由をはく奪していることを認めず、又はその消息若しくは所在に関する情報の提供を拒否することを伴うものをいう。

3 この規程の適用上、「性」とは、社会の文脈における両性、すなわち、男性及び女性をいう。「性」の語は、これと異なるいかなる意味も示すものではない。

第八条(戦争犯罪) 1 裁判所は、戦争犯罪、特に、計画若しくは政策の一部として又は大規模に行われたそのような犯罪の一部として行われるものについて管轄権を有する。

2 この規程の適用上、「戦争犯罪」とは、次の行為をいう。

(a) 一九四九年八月一二日のジュネーヴ諸条約に対する重大な違反行為、すなわち、関連するジュネーヴ条約に基づいて保護される人又は財産に対して行われる次のいずれかの行為
(i) 殺人
(ii) 拷問又は非人道的な待遇(生物学的な実験を含む。)
(iii) 身体又は健康に対して故意に重い苦痛を与え、又は重大な傷害を加えること。
(iv) 軍事上の必要性によって正当化されない不法かつ恣(し)意的に行う財産の広範な破壊又は徴発
(v) 捕虜その他の被保護者を強制して敵国の軍隊において服務させること。
(vi) 捕虜その他の被保護者からの公正な正式の裁判を受ける権利のはく奪
(vii) 不法な追放、移送又は拘禁
(viii) 人質をとること。

(b) 確立された国際法の枠組みにおいて国際的な武力紛争の際に適用される法規及び慣例に対するその他の著しい違反、すなわち、次のいずれかの行為
(i) 文民たる住民それ自体又は敵対行為に直接参加していない個々の文民を故意に攻撃すること。
(ii) 民用物、すなわち、軍事目標以外の物を故意に攻撃すること。
(iii) 国際連合憲章の下での人道的援助又は平和維持活動に係る要員、施設、物品、組織又は車両であって、武力紛争に関する国際法の下で文民又は民用物に与えられる保護を受ける権利を有

するものを故意に攻撃すること。

(iv) 予期される具体的かつ直接的な軍事的利益全体との比較において、攻撃が、巻き添えによる文民の死亡若しくは傷害、民用物の損傷又は自然環境に対する広範、長期的かつ深刻な損害であって、明らかに過度となり得るものを引き起こすことを認識しながら故意に攻撃すること。

(v) 手段のいかんを問わず、防衛されておらず、かつ、軍事目標でない都市、町村、住居又は建物を攻撃し、又は砲撃し若しくは爆撃すること。

(vi) 武器を放棄して又は防衛の手段をもはや持たずに自ら投降した戦闘員を殺害し、又は負傷させること。

(vii) ジュネーヴ諸条約に定める特殊標章のほか、休戦旗又は敵国若しくは国際連合の旗若しくは軍隊の記章及び制服を不適正に使用して、死亡又は重傷の結果をもたらすこと。

(viii) 占領国が、その占領地域に自国の文民たる住民の一部を直接若しくは間接に移送すること又はその占領地域の住民の全部若しくは一部を当該占領地域の内において若しくはその外に追放し若しくは移送すること。

(ix) 宗教、教育、芸術、科学又は慈善のために供される建物、歴史的建造物、病院及び傷病者の収容所であって、軍事目標以外のものを故意に攻撃すること。

(x) 敵対する紛争当事国の権力内にある者に対し、身体の切断又はあらゆる種類の医学的若しくは科学的な実験であって、その者の医療上正当と認められるものでも、その者の利益のために行われるものでもなく、かつ、その者を死に至らしめ、又はその健康に重大な危険が生ずるものを受けさせること。

(xi) 敵対する紛争当事国又は軍隊に属する個人を背信的に殺害し、又は負傷させること。

(xii) 助命しないことを宣言すること。

(xiii) 敵対する紛争当事国の財産を破壊し、又は押収すること。ただし、戦争の必要性から絶対的にその破壊又は押収を必要とする場合は、この限りでない。

(xiv) 敵対する紛争当事国の国民の権利及び訴権が消滅したこと、停止したこと又は裁判所において受理されないことを宣言すること。

(xv) 敵対する紛争当事国の国民が戦争の開始前に本国の軍役に服していたか否かを問わず、当該国民に対し、その本国に対する軍事行動への参加を強制すること。

(xvi) 襲撃により占領した場合であるか否かを問わず、都市その他の地域において略奪を行うこと。

(xvii) 毒物又は毒を施した兵器を使用すること。

(xviii) 窒息性ガス、毒性ガス又はこれらに類するガス及びこれらと類似のすべての液体、物質又は考案物を使用すること。

(xix) 人体内において容易に展開し、又は扁(へん)平となる弾丸(例えば、外包が硬い弾丸であって、その外包が弾芯(しん)を全面的には被覆しておらず、又はその外包に切込みが施されたもの)を使用すること。

(xx) 武力紛争に関する国際法に違反して、その性質上過度の傷害若しくは無用の苦痛を与え、又は本質的に無差別な兵器、投射物及び物質並びに戦闘の方法を用いること。ただし、これらの兵器、投射物及び物質並びに戦闘の方法が、包括的な禁止の対象とされ、かつ、第一二一条及び第一二三条の関連する規定に基づく改正によってこの規程の附属書に含められることを条件とする。

(xxi) 個人の尊厳を侵害すること(特に、侮辱的で体面を汚す待遇)。

(xxii) 強姦(かん)、性的な奴隷、強制売春、前条2(f)に定義する強いられた妊娠状態の継続、強制断種その他あらゆる形態の性的暴力であって、ジュネーヴ諸条約に対する重大な違反行為を構成するものを行うこと。

(xxiii) 文民その他の被保護者の存在を、特定の地点、地域又は軍隊が軍事行動の対象とならないようにするために利用すること。

(xxiv) ジュネーヴ諸条約に定める特殊標章を国際法に従って使用している建物、物品、医療組織、医療用輸送手段及び要員を故意に攻撃すること。

(xxv) 戦闘の方法として、文民からその生存に不可欠な物品をはく奪すること(ジュネーヴ諸条約に規定する救済品の分配を故意に妨げることを含む。)によって生ずる飢餓の状態を故意に利用すること。

(xxvi) 一五歳未満の児童を自国の軍隊に強制的に徴集し若しくは志願に基づいて編入すること又は敵対行為に積極的に参加させるために使用すること。

(c) 国際的性質を有しない武力紛争の場合には、一九四九年八月一二日のジュネーヴ諸条約のそれぞれの第三条に共通して規定する著しい違反、すなわち、敵対行為に直接に参加しない者(武器を放棄した軍隊の構成員及び病気、負傷、抑留その他の事由により戦闘能力のない者を含む。)に対する次のいずれかの行為

(i) 生命及び身体に対し害を加えること(特に、あらゆる種類の殺人、身体の切断、虐待及び拷問)。

(ii) 個人の尊厳を侵害すること(特に、侮辱的で体面を汚す待遇)。

(iii) 人質をとること。

(iv) 一般に不可欠と認められるすべての裁判上の保障を与える正規に構成された裁判所の宣告する判決によることなく刑を言い渡し、及び執行すること。

(d) (c)の規定は、国際的性質を有しない武力紛争について適用するものとし、暴動、独立の又は散発

的な暴力行為その他これらに類する性質の行為等国内における騒乱及び緊張の事態については、適用しない。

(e) 確立された国際法の枠組みにおいて国際的性質を有しない武力紛争の際に適用される法規及び慣例に対するその他の著しい違反、すなわち、次のいずれかの行為

(i) 文民たる住民それ自体又は敵対行為に直接参加していない個々の文民を故意に攻撃すること。

(ii) ジュネーヴ諸条約に定める特殊標章を国際法に従って使用している建物、物品、医療組織、医療用輸送手段及び要員を故意に攻撃すること。

(iii) 国際連合憲章の下での人道的援助又は平和維持活動に係る要員、施設、物品、組織又は車両であって、武力紛争に関する国際法の下で文民又は民用物に与えられる保護を受ける権利を有するものを故意に攻撃すること。

(iv) 宗教、教育、芸術、科学又は慈善のために供される建物、歴史的建造物、病院及び傷病者の収容所であって、軍事目標以外のものを故意に攻撃すること。

(v) 襲撃により占領した場合であるか否かを問わず、都市その他の地域において略奪を行うこと。

(vi) 強姦(かん)、性的な奴隷、強制売春、前条2(f)に定義する強いられた妊娠状態の継続、強制断種その他あらゆる形態の性的暴力であって、ジュネーヴ諸条約のそれぞれの第三条に共通して規定する著しい違反を構成するものを行うこと。

(vii) 一五歳未満の児童を軍隊若しくは武装集団に強制的に徴集し若しくは志願に基づいて編入すること又は敵対行為に積極的に参加させるために使用すること。

(viii) 紛争に関連する理由で文民たる住民の移動を命ずること。ただし、その文民の安全又は絶対的な軍事上の理由のために必要とされる場合は、この限りでない。

(ix) 敵対する紛争当事者の戦闘員を背信的に殺害し、又は負傷させること。

(x) 助命しないことを宣言すること。

(xi) 敵対する紛争当事者の権力内にある者に対し、身体の切断又はあらゆる種類の医学的若しくは科学的な実験であって、その者の医療上正当と認められるものでも、その者の利益のために行われるものでもなく、かつ、その者を死に至らしめ、又はその健康に重大な危険が生ずるものを受けさせること。

(xii) 敵対する紛争当事者の財産を破壊し、又は押収すること。ただし、紛争の必要性から絶対的にその破壊又は押収を必要とする場合は、この限りでない。

(f) (e)の規定は、国際的性質を有しない武力紛争について適用するものとし、暴動、独立の又は散発的な暴力行為その他これらに類する性質の行為等国内における騒乱及び緊張の事態については、適用しない。同規定は、政府当局と組織された武装集団との間又はそのような集団相互の間の長期化した武力紛争がある場合において、国の領域内で生ずるそのような武力紛争について適用する。

3 2(c)及び(e)の規定は、あらゆる正当な手段によって、国内の法及び秩序を維持し若しくは回復し、又は国の統一を維持し、及び領土を保全するための政府の責任に影響を及ぼすものではない。

[注] ローマ規程検討会議決議六による追加条文

第八条の二(侵略犯罪) 1 本規程の適用上、「侵略犯罪」とは、国の政治的又は軍事的行動を実効的に支配し又は指揮する地位にある者による行為であって、その性質、重大性及び規模により国際連合憲章の明白な違反を構成する侵略行為の、計画、準備、開始又は実行をいう。

2 前項の適用上、「侵略行為」とは、国による他国の主権、領土保全若しくは政治的独立に対する、又は国際連合憲章と両立しないその他の方法による武力の行使をいう。次の行為はいずれも、一九七四年一二月一四日の国際連合総会決議三三一四(XXIX)に従って、宣戦布告の有無にかかわりなく、侵略行為とされる。

(a) 一国の軍隊による他国の領域に対する侵入若しくは攻撃、一時的なものであってもかかる侵入若しくは攻撃の結果もたらされる軍事占領、又は武力の行使による他国の領域の全部若しくは一部の併合

(b) 一国の軍隊による他国の領域に対する砲爆撃、又は一国による他国の領域に対する兵器の使用

(c) 一国の軍隊による他国の港又は沿岸の封鎖

(d) 一国の軍隊による他国の陸軍、海軍若しくは空軍又は船隊及び航空隊に対する攻撃

(e) 受入国との合意にもとづきその国の領域内にある軍隊の当該合意において定められている条件に反する使用、又は当該合意の終了後のかかる領域内における当該軍隊の駐留の継続

(f) 他国の使用に供した領域を、当該他国が第三国に対する侵略行為を行うために使用することを許容する国の行為

(g) 上記の諸行為に相当する重大性を有する武力行為を他国に対して実行する武装した集団、団体、不正規兵又は傭兵の国による若しくは国のための派遣、又はかかる行為に対する国の実質的関与

第九条(犯罪の構成要件に関する文書) 1 裁判所は、前三条の規定の解釈及び適用に当たり、犯罪の構成要件に関する文書を参考とする。犯罪の構成要件に関する文書は、締約国会議の構成国の三分の二以上の多数による議決で採択される。

2 犯罪の構成要件に関する文書の改正は、次の者が提案することができる。

(a)　締約国
(b)　絶対多数による議決をもって行動する裁判官
(c)　検察官

この改正は、締約国会議の構成国の三分の二以上の多数による議決で採択される。

3　犯罪の構成要件に関する文書及びその改正は、この規程に適合したものとする。

第一〇条　この部のいかなる規定も、この規程の目的以外の目的のために現行の又は発展する国際法の規則を制限し、又はその適用を妨げるものと解してはならない。

第一一条（時間についての管轄権）1　裁判所は、この規程が効力を生じた後に行われる犯罪についてのみ管轄権を有する。

2　いずれかの国がこの規程が効力を生じた後にこの規程の締約国となる場合には、裁判所は、この規程が当該国について効力を生じた後に行われる犯罪についてのみ管轄権を行使することができる。ただし、当該国が次条3に規定する宣言を行った場合は、この限りでない。

第一二条（管轄権を行使する前提条件）1　この規程の締約国となる国は、第五条に規定する犯罪についての裁判所の管轄権を受諾する。

2　裁判所は、次条(a)又は(c)に規定する場合において、次の(a)又は(b)に掲げる国の一又は二以上がこの規程の締約国であるとき又は3の規定に従い裁判所の管轄権を受諾しているときは、その管轄権を行使することができる。

(a)　領域内において問題となる行為が発生した国又は犯罪が船舶内若しくは航空機内で行われた場合の当該船舶若しくは航空機の登録国

(b)　犯罪の被疑者の国籍国

3　この規程の締約国でない国が2の規定に基づき裁判所の管轄権の受諾を求められる場合には、当該国は、裁判所書記に対して行う宣言により、問題となる犯罪について裁判所が管轄権を行使することを受諾することができる。受諾した国は、第九部の規定に従い遅滞なくかつ例外なく裁判所に協力する。

第一三条（管轄権の行使）裁判所は、次の場合において、この規程に基づき、第五条に規定する犯罪について管轄権を行使することができる。

(a)　締約国が次条の規定に従い、これらの犯罪の一又は二以上が行われたと考えられる事態を検察官に付託する場合

(b)　国際連合憲章第七章の規定に基づいて行動する安全保障理事会がこれらの犯罪の一又は二以上が行われたと考えられる事態を検察官に付託する場合

(c)　検察官が第一五条の規定に従いこれらの犯罪に関する捜査に着手した場合

第一四条（締約国による事態の付託）1　締約国は、裁判所の管轄権の範囲内にある犯罪の一又は二以上が行われたと考えられる事態を検察官に付託することができるものとし、これにより、検察官に対し、そのような犯罪を行ったことについて一人又は二人以上の特定の者が訴追されるべきか否かを決定するために当該事態を捜査するよう要請する。

2　付託については、可能な限り、関連する状況を特定し、及び事態を付託する締約国が入手することのできる裏付けとなる文書を添付する。

第一五条（検察官）1　検察官は、裁判所の管轄権の範囲内にある犯罪に関する情報に基づき自己の発意により捜査に着手することができる。

2　検察官は、取得した情報の重大性を分析する。このため、検察官は、国、国際連合の諸機関、政府間機関、非政府機関その他の自己が適当と認める信頼し得る情報源に対して追加的な情報を求めることができるものとし、裁判所の所在地において書面又は口頭による証言を受理することができる。

3　検察官は、捜査を進める合理的な基礎があると結論する場合には、収集した裏付けとなる資料とともに捜査に係る許可を予審裁判部に請求する。被害者は、手続及び証拠に関する規則に従い、予審裁判部に対して陳述をすることができる。

4　予審裁判部は、3に規定する請求及び裏付けとなる資料の検討に基づき、捜査を進める合理的な基礎があり、かつ、事件が裁判所の管轄権の範囲内にあるものと認める場合には、捜査の開始を許可する。ただし、この許可は、事件の管轄権及び受理許容性について裁判所がその後に行う決定に影響を及ぼすものではない。

5　予審裁判部が捜査を不許可としたことは、検察官が同一の事態に関し新たな事実又は証拠に基づいてその後に請求を行うことを妨げるものではない。

6　検察官は、1及び2の規定の下での予備的な検討の後、提供された情報が捜査のための合理的な基礎を構成しないと結論する場合には、その旨を当該情報を提供した者に通報する。このことは、検察官が同一の事態に関し新たな事実又は証拠に照らして自己に提供される追加的な情報を検討することを妨げるものではない。

［注］ローマ規程検討会議決議六による追加条文

第一五条の二（侵略犯罪に対する管轄権の行使―国による付託・検察官の自己の発意による付託）1　裁判所は、本条の規定を条件として、第一三条(a)および(c)の規定に従い侵略犯罪に対して管轄権を行使することができる。

2　裁判所は、三〇か国の締約国による本改正の批准又は受諾から一年を経過した後におかされた侵略犯罪についてのみ、管轄権を行使することができる。

3　裁判所は、本規程の改正の採択のために必要とされるものと同一の多数決により、二〇一七年一月一日以後に締約国により採択される決定を条件として、本条の規定に従い管轄権を行使しなければならない。

4　裁判所は、締約国による侵略行為から生ずる侵

略犯罪に対して、第一二条の規定に従って管轄権を行使することができる。ただし、当該締約国が、かかる管轄権を受諾しないことを宣言していた場合はこの限りではない。かかる宣言の撤回は、いつでも行うことができ、締約国は、三年以内に宣言の撤回を検討しなければならない。

5　裁判所は、本規程の締約国でない国に関しては、当該国の国民により又はその領域で犯された侵略犯罪に対して管轄権を行使してはならない。

6　検察官は、侵略犯罪に関して捜査をすすめる合理的な根拠があると結論する場合は、まず安全保障理事会が関係国により犯された侵略行為の決定をするかどうかを確かめなければならない。検察官は、あらゆる関連情報及び文書を含め、裁判所に付託される事態を国際連合事務総長に通告する。

7　安全保障理事会がかかる決定を行った場合は、検察官は侵略犯罪に関する捜査を進めることができる。

8　検察官は、6項にいう通告の後六か月以内にかかる決定がなされない場合は、侵略犯罪について捜査を進めることができる。ただし、予審裁判部が第一五条に規定する手続に従って侵略犯罪に関する捜査の開始を許可し、かつ、安全保障理事会が、第一六条に従って捜査の開始又は続行をしないよう要請しないことを条件とする。

9　裁判所外の機関による侵略行為の決定は、本規程に基づく裁判所の認定を害するものではない。

10　本条は、第五条にいう他の犯罪に関する管轄権の行使に関する規定を害しない。

第一五条の三（侵略犯罪に対する管轄権の行使―安全保障理事会による付託）1　裁判所は、本条の規定を条件として、第一三条(b)に従い侵略犯罪に対して管轄権を行使することができる。

2　裁判所は、三〇か国の締約国による本改正の批准又は受諾から一年を経過した後に犯された侵略犯罪に関してのみ管轄権を行使することができる。

3　裁判所は、本規程の改正の採択のために必要とされるものと同一の多数決により、二〇一七年一月一日以後に締約国により採択される決定を条件として、本条の規定に従い管轄権を行使しなければならない。

4　裁判所外の機関による侵略行為の決定は、本規程に基づく裁判所の認定を害するものではない。

5　本条は、第五条にいう他の犯罪に関する管轄権の行使に関する規定を害しない。

第一六条（捜査又は訴追の延期）　いかなる捜査又は訴追についても、安全保障理事会が国際連合憲章第七章の規定に基づいて採択した決議により裁判所に対してこれらを開始せず、又は続行しないことを要請した後一二箇月の間、この規程に基づいて開始し、又は続行することができない。安全保障理事会は、その要請を同一の条件において更新することができる。

第一七条（受理許容性の問題）1　裁判所は、前文の第一〇段落及び第一条の規定を考慮した上で、次の場合には、事件を受理しないことを決定する。

(a)　当該事件がそれについての管轄権を有する国によって現に捜査され、又は訴追されている場合。ただし、当該国にその捜査又は訴追を真に行う意思又は能力がない場合は、この限りでない。

(b)　当該事件がそれについての管轄権を有する国によって既に捜査され、かつ、当該国が被疑者を訴追しないことを決定している場合。ただし、その決定が当該国に訴追を真に行う意思又は能力がないことに起因する場合は、この限りでない。

(c)　被疑者が訴えの対象となる行為について既に裁判を受けており、かつ、第二〇条3の規定により裁判所による裁判が認められない場合

(d)　当該事件が裁判所による新たな措置を正当化する十分な重大性を有しない場合

2　裁判所は、特定の事件において捜査又は訴追を真に行う意思がないことを判定するため、国際法の認める適正な手続の原則を考慮した上で、妥当な場合には、次の一又は二以上のことが存在するか否かを検討する。

(a)　第五条に規定する裁判所の管轄権の範囲内にある犯罪についての刑事責任から被疑者を免れさせるために手続が行われた若しくは行われていること又はそのために国の決定が行われたこと。

(b)　その時の状況において被疑者を裁判に付する意図に反する手続上の不当な遅延があったこと。

(c)　手続が、独立して又は公平に行われなかった又は行われておらず、かつ、その状況において被疑者を裁判に付する意図に反する方法で行われた又は行われていること。

3　裁判所は、特定の事件において捜査又は訴追を真に行う能力がないことを判定するため、国が自国の司法制度の完全又は実質的な崩壊又は欠如のために、被疑者を確保し、若しくは必要な証拠及び証言を取得することができないか否か又はその他の理由から手続を行うことができないか否かを検討する。

第一八条（受理許容性についての予備的な決定）1　検察官は、事態が第一三条(a)の規定に従って裁判所に付託されており、かつ、捜査を開始する合理的な基礎があると決定している場合又は同条(c)及び第一五条の規定に従って捜査に着手する場合には、すべての締約国及び利用可能な情報を考慮して問題となる犯罪について裁判権を通常行使し得る国に通報する。検察官は、これらの国に対し情報を秘密のものとして通報することができるものとし、また、関係者を保護し、証拠の破壊を防止し、又は被疑者の逃亡を防止するために必要と認める場合には、これらの国に提供する情報の範囲を限定することができる。

2　国は、1に規定する通報を受領した後一箇月以内に、裁判所に対し、第五条に規定する犯罪を構成す

る可能性のある犯罪行為であって各国に対する通報において提供された情報に関連するものに関し、自国の裁判権の範囲内にある自国民その他の者を現に捜査しており、又は既に捜査した旨を通報することができる。検察官は、自己の請求に基づき予審裁判部が捜査を許可することを決定しない限り、当該国の要求により、これらの者に対する当該国が行う捜査にゆだねる。

3　国の行う捜査にゆだねたことについては、ゆだねた日の後六箇月を経過した後又は当該国に当該捜査を真に行う意思若しくは能力がないことに基づく著しい状況の変化があった場合にはいつでも、検察官が再検討することができる。

4　関係国又は検察官は、第八二条の規定に従い予審裁判部の決定に対して上訴裁判部に上訴をすることができる。当該上訴については、迅速に審理する。

5　検察官は、2の規定に従って関係国に捜査をゆだねた場合には、当該関係国に対しその捜査の進捗状況及びその後の訴追について定期的に自己に報告するよう要請することができる。締約国は、不当に遅延することなくその要請に応ずる。

6　検察官は、予審裁判部による決定がなされるまでの間において、又はこの条の規定に従って捜査をゆだねた場合にはいつでも、重要な証拠を得るための得難い機会が存在し、又はそのような証拠がその後に入手することができなくなる著しい危険が存在するときは、例外的に、証拠を保全するために必要な捜査上の措置をとることについて予審裁判部の許可を求めることができる。

7　この条の規定に従い予審裁判部の決定について上訴をした国は、追加的な重要な事実又は著しい状況の変化を理由として、次条の規定に従い事件の受理許容性について異議を申し立てることができる。

第一九条（裁判所の管轄権又は事件の受理許容性についての異議の申立て）1　裁判所は、提起された事件について管轄権を有することを確認する。裁判所は、職権により第一七条の規定に従って事件の受理許容性を決定することができる。

2　裁判所の管轄権についての異議の申立て又は第一七条の規定を理由とする事件の受理許容性についての異議の申立ては、次の者が行うことができる。

(a)　被告人又は第五八条の規定に従って逮捕状若しくは召喚状が発せられている者

(b)　当該事件について裁判権を有する国であって、当該事件を現に捜査し若しくは訴追しており、又は既に捜査し若しくは訴追したことを理由として異議の申立てを行うもの

(c)　第一二条の規定に従って裁判所の管轄権の受諾を求められる国

3　検察官は、管轄権又は受理許容性の問題に関して裁判所による決定を求めることができる。また、第一三条の規定に従って事態を付託した者及び被害者は、管轄権又は受理許容性に関する手続において、裁判所に対して意見を提出することができる。

4　裁判所の管轄権又は事件の受理許容性については、異議の申立てを2に規定する者が一回のみ行うことができる。異議の申立ては、公判の前又は開始時に行う。裁判所は、例外的な状況において、異議の申立てが二回以上行われること又は公判の開始時よりも遅い時に行われることについて許可を与えることができる。公判の開始時において又はその後に裁判所の許可を得て行われる事件の受理許容性についての異議の申立ては、第一七条1(c)の規定にのみ基づいて行うことができる。

5　2(b)及び(c)に掲げる国は、できる限り早い機会に異議の申立てを行う。

6　裁判所の管轄権についての異議の申立て又は事件の受理許容性についての異議の申立ては、犯罪事実の確認の前は予審裁判部に対して行い、犯罪事実の確認の後は第一審裁判部に対して行う。管轄権又は受理許容性に関する決定については、第八二条の規定に従い上訴裁判部に上訴をすることができる。

7　異議の申立てが2(b)又は(c)に掲げる国によって行われる場合には、検察官は、裁判所が第一七条の規定に従って決定を行うまでの間、捜査を停止する。

8　検察官は、裁判所が決定を行うまでの間、次のことについて裁判所の許可を求めることができる。

(a)　前条6に規定する措置と同種の必要な捜査上の措置をとること。

(b)　証人から供述若しくは証言を取得すること又は異議の申立てが行われる前に開始された証拠の収集及び見分を完了すること。

(c)　関係国との協力の下に、第五八条の規定に従って既に逮捕状を請求した者の逃亡を防止すること。

9　異議の申立ては、当該異議の申立てが行われる前に検察官が行ったいかなる行為又は裁判所が発したいかなる命令若しくは令状の有効性にも影響を及ぼすものではない。

10　裁判所が第一七条の規定に従って事件を受理しないことを決定した場合において、検察官は、先に同条の規定に従って事件を受理しないとされた根拠を否定する新たな事実が生じたと認めるときは、その決定の再検討を要請することができる。

11　検察官は、第一七条に規定する事項を考慮して関係国に捜査をゆだねる場合には、当該関係国に対して自己が手続に関する情報を入手することができるよう要請することができる。当該情報は、当該関係国の要請により、秘密とする。検察官は、その後捜査を続行することを決定するときは、その旨を当該関係国に通報する。

第二〇条（一事不再理）1　いかなる者も、この規程に定める場合を除くほか、自己が裁判所によって既に有罪又は無罪の判決を受けた犯罪の基礎を構成する行為について裁判所によって裁判されることはない。

2　いかなる者も、自己が裁判所によって既に有罪又

は無罪の判決を受けた第五条に規定する犯罪について他の裁判所によって裁判されることはない。

3　第六条から第八条までの規定によっても禁止されている行為について他の裁判所によって裁判されたいかなる者も、当該他の裁判所における手続が次のようなものであった場合でない限り、同一の行為について裁判所によって裁判されることはない。

(a)　裁判所の管轄権の範囲内にある犯罪についての刑事責任から当該者を免れさせるためのものであった場合

(b)　国際法の認める適正な手続の規範に従って独立して又は公平に行われず、かつ、その時の状況において当該者を裁判に付する意図に反するような態様で行われた場合

第二一条（適用される法）1　裁判所は、次のものを適用する。

(a)　第一に、この規程、犯罪の構成要件に関する文書及び手続及び証拠に関する規則

(b)　第二に、適当な場合には、適用される条約並びに国際法の原則及び規則（確立された武力紛争に関する国際法の原則を含む。）

(c)　(a)及び(b)に規定するもののほか、裁判所が世界の法体系の中の国内法から見いだした法の一般原則（適当な場合には、その犯罪について裁判権を通常行使し得る国の国内法を含む。）。ただし、これらの原則がこの規程、国際法並びに国際的に認められる規範及び基準に反しないことを条件とする。

2　裁判所は、従前の決定において解釈したように法の原則及び規則を適用することができる。

3　この条に規定する法の適用及び解釈は、国際的に認められる人権に適合したものでなければならず、また、第七条3に定義する性、年齢、人種、皮膚の色、言語、宗教又は信条、政治的意見その他の意見、国民的、民族的又は社会的出身、貧富、出生又は他の地位等を理由とする不利な差別をすることなく行われなければならない。

第三部　刑法の一般原則

第二二条（「法なくして犯罪なし」）1　いずれの者も、問題となる行為が当該行為の発生した時において裁判所の管轄権の範囲内にある犯罪を構成しない限り、この規程に基づく刑事上の責任を有しない。

2　犯罪の定義については、厳格に解釈するものとし、類推によって拡大してはならない。あいまいな場合には、その定義については、捜査され、訴追され、又は有罪の判決を受ける者に有利に解釈する。

3　この条の規定は、この規程とは別に何らかの行為を国際法の下で犯罪とすることに影響を及ぼすものではない。

第二三条（「法なくして刑罰なし」）裁判所によって有罪の判決を受けた者については、この規程に従ってのみ処罰することができる。

第二四条（人に関する不遡（そ）及）1　いかなる者も、この規程が効力を生ずる前の行為についてこの規程に基づく刑事上の責任を有しない。

2　確定判決の前にその事件に適用される法に変更がある場合には、捜査され、訴追され、又は有罪の判決を受ける者に一層有利な法が適用される。

第二五条（個人の刑事責任）1　裁判所は、この規程に基づき自然人について管轄権を有する。

2　裁判所の管轄権の範囲内にある犯罪を行った者は、この規程により、個人として責任を有し、かつ、刑罰を科される。

3　いずれの者も、次の行為を行った場合には、この規程により、裁判所の管轄権の範囲内にある犯罪について刑事上の責任を有し、かつ、刑罰を科される。

(a)　単独で、他の者と共同して、又は他の者が刑事上の責任を有するか否かにかかわりなく当該他の者を通じて当該犯罪を行うこと。

(b)　既遂又は未遂となる当該犯罪の実行を命じ、教唆し、又は勧誘すること。

(c)　当該犯罪の実行を容易にするため、既遂又は未遂となる当該犯罪の実行をほう助し、唆し、又はその他の方法で援助すること（実行のための手段を提供することを含む。）。

(d)　共通の目的をもって行動する人の集団による既遂又は未遂となる当該犯罪の実行に対し、その他の方法で寄与すること。ただし、故意に行われ、かつ、次のいずれかに該当する場合に限る。

(i)　当該集団の犯罪活動又は犯罪目的の達成を助長するために寄与する場合。ただし、当該犯罪活動又は犯罪目的が裁判所の管轄権の範囲内にある犯罪の実行に関係する場合に限る。

(ii)　当該犯罪を実行するという当該集団の意図を認識しながら寄与する場合

(e)　集団殺害犯罪に関し、他の者に対して集団殺害の実行を直接にかつ公然と扇動すること。

(f)　実質的な行為によって犯罪の実行を開始させる行動をとることにより当該犯罪の実行を試みること（その者の意図にかかわりない事情のために当該犯罪が既遂とならない場合を含む。）。ただし、当該犯罪を実行する試みを放棄し、又は犯罪の完遂を防止する者は、完全かつ自発的に犯罪目的を放棄した場合には、当該犯罪の未遂についてこの規程に基づく刑罰を科されない。

［注］ローマ規程検討会議決議六による改正による追加テキスト

3の2　侵略犯罪に関しては、本条の規定は、一国の政治的又は軍事的行動を実効的に支配又は指揮する地位にある者にのみ適用する。

4　個人の刑事責任に関するこの規程のいかなる規定も、国際法の下での国家の責任に影響を及ぼすものではない。

第二六条（一八歳未満の者についての管轄権の除外）裁

判所は、犯罪を実行したとされる時に一八歳未満であった者について管轄権を有しない。

第二七条（公的資格の無関係） 1 この規程は、公的資格に基づくいかなる区別もなく、すべての者についてひとしく適用する。特に、元首、政府の長、政府若しくは議会の一員、選出された代表又は政府職員としての公的資格は、いかなる場合にも個人をこの規程に基づく刑事責任から免れさせるものではなく、また、それ自体が減刑のための理由を構成するものでもない。

2 個人の公的資格に伴う免除又は特別な手続上の規則は、国内法又は国際法のいずれに基づくかを問わず、裁判所が当該個人について管轄権を行使することを妨げない。

第二八条（指揮官その他の上官の責任） 裁判所の管轄権の範囲内にある犯罪についての刑事責任であってこの規程に定める他の事由に基づくもののほか、

(a) 軍の指揮官又は実質的に軍の指揮官として行動する者は、その実質的な指揮及び管理の下にあり、又は状況に応じて実質的な権限及び管理の下にある軍隊が、自己が当該軍隊の管理を適切に行わなかった結果として裁判所の管轄権の範囲内にある犯罪を行ったことについて、次の(i)及び(ii)の条件が満たされる場合には、刑事上の責任を有する。

(i) 当該指揮官又は当該者が、当該軍隊が犯罪を行っており若しくは行おうとしていることを知っており、又はその時における状況によって知っているべきであったこと。

(ii) 当該指揮官又は当該者が、当該軍隊による犯罪の実行を防止し若しくは抑止し、又は捜査及び訴追のために事案を権限のある当局に付託するため、自己の権限の範囲内ですべての必要かつ合理的な措置をとることをしなかったこと。

(b) (a)に規定する上官と部下との関係以外の上官と部下との関係に関し、上官は、その実質的な権限及び管理の下にある部下が、自己が当該部下の管理を適切に行わなかった結果として裁判所の管轄権の範囲内にある犯罪を行ったことについて、次の(i)から(iii)までのすべての条件が満たされる場合には、刑事上の責任を有する。

(i) 当該上官が、当該部下が犯罪を行っており若しくは行おうとしていることを知っており、又はこれらのことを明らかに示す情報を意識的に無視したこと。

(ii) 犯罪が当該上官の実質的な責任及び管理の範囲内にある活動に関係していたこと。

(iii) 当該上官が、当該部下による犯罪の実行を防止し若しくは抑止し、又は捜査及び訴追のために事案を権限のある当局に付託するため、自己の権限の範囲内ですべての必要かつ合理的な措置をとることをしなかったこと。

第二九条（出訴期限の不適用） 裁判所の管轄権の範囲内にある犯罪は、出訴期限の対象とならない。

第三〇条（主観的な要素） 1 いずれの者も、別段の定めがある場合を除くほか、故意に及び認識して客観的な要素を実行する場合にのみ、裁判所の管轄権の範囲内にある犯罪について刑事上の責任を有し、かつ、刑罰を科される。

2 この条の規定の適用上、次の場合には、個人に故意があるものとする。

(a) 行為に関しては、当該個人がその行為を行うことを意図している場合

(b) 結果に関しては、当該個人がその結果を生じさせることを意図しており、又は通常の成り行きにおいてその結果が生ずることを意識している場合

3 この条の規定の適用上、「認識」とは、ある状況が存在し、又は通常の成り行きにおいてある結果が生ずることを意識していることをいう。「知っている」及び「知って」は、この意味に従って解釈するものとする。

第三一条（刑事責任の阻却事由） 1 いずれの者も、この規程に定める他の刑事責任の阻却事由のほか、その行為の時において次のいずれかに該当する場合には、刑事上の責任を有しない。

(a) 当該者が、その行為の違法性若しくは性質を判断する能力又は法律上の要件に適合するようにその行為を制御する能力を破壊する精神疾患又は精神障害を有する場合

(b) 当該者が、その行為の違法性若しくは性質を判断する能力又は法律上の要件に適合するようにその行為を制御する能力を破壊する酩酊（めいてい）又は中毒の状態にある場合。ただし、当該者が、酩酊（めいてい）若しくは中毒の結果として裁判所の管轄権の範囲内にある犯罪を構成する行為を行うおそれがあることを知っており、又はその危険性を無視したような状況において、自ら酩酊（めいてい）又は中毒の状態となった場合は、この限りでない。

(c) 当該者が、自己その他の者又は戦争犯罪の場合には自己その他の者の生存に不可欠な財産若しくは軍事上の任務の遂行に不可欠な財産を急迫したかつ違法な武力の行使から防御するため、自己その他の者又は財産に対する危険の程度と均衡のとれた態様で合理的に行動する場合。ただし、当該者が軍隊が行う防衛行動に関与した事実それ自体は、この(c)の規定に基づく刑事責任の阻却事由を構成しない。

(d) 裁判所の管轄権の範囲内にある犯罪を構成するとされる行為が、当該者又はその他の者に対する切迫した死の脅威又は継続的な若しくは切迫した重大な障害の脅威に起因する圧迫によって引き起こされ、かつ、当該者がこれらの脅威を回避するためにやむを得ずかつ合理的に行動する場合。ただし、当該者が回避しようとする損害よりも大きな損害を引き起こす意図を有しないことを条件とする。そのような脅威は、次のいずれかのものとする。

(i) 他の者により加えられるもの
(ii) その他の当該者にとってやむを得ない事情により生ずるもの
2 裁判所は、裁判所に係属する事件について、この規定に定める刑事責任の阻却事由の適用の可否を決定する。
3 裁判所は、裁判において、1に規定する刑事責任の阻却事由以外の刑事責任の阻却事由であって、第二一条に定める適用される法から見いだされるものを考慮することができる。そのような事由を考慮することに関する手続は、手続及び証拠に関する規則において定める。

第三二条(事実の錯誤又は法律の錯誤) 1 事実の錯誤は、犯罪の要件となる主観的な要素を否定する場合にのみ、刑事責任の阻却事由となる。
2 特定の類型の行為が裁判所の管轄権の範囲内にある犯罪であるか否かについての法律の錯誤は、刑事責任の阻却事由とならない。ただし、法律の錯誤は、その犯罪の要件となる主観的な要素を否定する場合又は次条に規定する場合には、刑事責任の阻却事由となり得る。

第三三条(上官の命令及び法律の規定) 1 裁判所の管轄権の範囲内にある犯罪が政府又は上官(軍人であるか文民であるかを問わない。)の命令に従ってある者によって行われたという事実は、次のすべての条件が満たされない限り、当該者の刑事責任を阻却するものではない。
(a) 当該者が政府又は当該上官の命令に従う法的義務を負っていたこと。
(b) その命令が違法であることを当該者が知らなかったこと。
(c) その命令が明白に違法ではなかったこと。
2 この条の規定の適用上、集団殺害犯罪又は人道に対する犯罪を実行するように命令することは、明白に違法である。

第四部 裁判所の構成及び運営

第三四条(裁判所の機関) 裁判所は、次の機関により構成される。
(a) 裁判所長会議
(b) 上訴裁判部門、第一審裁判部門及び予審裁判部門
(c) 検察局
(d) 書記局

第三五条(裁判官の職務の遂行) 1 すべての裁判官は、裁判所の常勤の裁判官として選出されるものとし、その任期の開始の時から常勤で職務を遂行することができるようにする。
2 裁判所長会議を構成する裁判官は、選任された後直ちに常勤で職務を遂行する。
3 裁判所長会議は、裁判所の仕事量に基づいて及び裁判所の裁判官と協議の上、他の裁判官がどの程度まで常勤で職務を遂行する必要があるかについて随時決定することができる。そのような措置は、第四〇条の規定の適用を妨げるものではない。
4 常勤で職務を遂行する必要のない裁判官のための財政措置については、第四九条の規定に従ってとるものとする。

第三六条(裁判官の資格、指名及び選挙) 1 裁判所の裁判官は、2の規定に従うことを条件として、一八人とする。

2(a) 裁判所を代表して行動する裁判所長会議は、1に定める裁判官の人数を増加させることを、それが必要かつ適当と認められる理由を示して提案することができる。裁判所書記は、その提案をすべての締約国に直ちに通報する。
(b) (a)に規定する提案は、その後、第一一二条の規定に従って召集される締約国会議の会合において検討される。当該提案は、当該会合において締約国会議の構成国の三分の二以上の多数による議決で承認される場合には採択されたものとし、締約国会議が定める時に効力を生ずる。
(c)(i) 裁判官の人数を増加させるための提案が(b)の規定に従って採択された後、追加的な裁判官の選挙は、3から8まで及び次条2の規定に従い締約国会議の次回の会合において行う。
(ii) 裁判官の人数を増加させるための提案が(b)及び(c)(i)の規定に従って採択され、及び効力を生じた後において、裁判所長会議は、裁判所の仕事量にかんがみて適当と認めるときは、裁判官の人数を減少させることをいつでも提案することができる。ただし、裁判官の人数は、1に定める人数を下回らないことを条件とする。その提案は、(a)及び(b)に定める手続に従って取り扱われる。当該提案が採択された場合には、裁判官の人数は、職務を遂行している裁判官の任期の終了に合わせて、必要とされる人数となるまで段階的に減少させる。
3(a) 裁判官は、徳望が高く、公平であり、誠実であり、かつ、各自の国で最高の司法官に任ぜられるのに必要な資格を有する者のうちから選出される。
(b) 裁判官の選挙のための候補者は、次のいずれかの能力及び経験を有する者とする。
(i) 刑事法及び刑事手続についての確立した能力並びに裁判官、検察官若しくは弁護士としての又は他の同様の資格の下での刑事手続における必要な関連する経験
(ii) 国際人道法、人権に関する法等の国際法に関連する分野における確立した能力及び法律に係る専門的な資格であって裁判所の司法業務に関連するものの下での広範な経験
(c) 裁判官の選挙のための候補者は、裁判所の常用語の少なくとも一について卓越した知識を有し、かつ、堪(たん)能でなければならない。
4(a) この規程のいずれの締約国も、裁判官の選挙のための候補者の指名を行うことができるものとし、

指名は、次のいずれかの手続によって行う。
(i) 当該締約国における最高の司法官に任ぜられる候補者を指名するための手続
(ii) 国際司法裁判所規程に定める国際司法裁判所の裁判官の候補者を指名するための手続
指名には、候補者が3に規定する要件をどのように満たしているかについて必要な程度に詳細に明記した説明を付する。
(b) 各締約国は、いずれの選挙にも一人の候補者を指名することができる。ただし、候補者は、必ずしも当該締約国の国民であることを要しないが、いかなる場合にも締約国の国民とする。
(c) 締約国会議は、適当な場合には、指名に関する諮問委員会の設置を決定することができる。この場合には、諮問委員会の構成及び権限については、締約国会議が定める。

5 選挙のための候補者の名簿は、次の二とする。
3(b)(i)に規定する資格を有する候補者の氏名を記載した名簿A
3(b)(ii)に規定する資格を有する候補者の氏名を記載した名簿B
両方の名簿に記載されるための十分な資格を有する候補者は、いずれの名簿に記載されるかを選択することができる。最初の裁判官の選挙において、名簿Aの中から少なくとも九人の裁判官及び名簿Bの中から少なくとも五人の裁判官を選出する。その後の選挙は、二の名簿に記載される資格を有する裁判官が裁判所において同様の割合で維持されるよう実施する。

6(a) 裁判官は、第一一二条の規定に従って選挙のために召集される締約国会議の会合において秘密投票によって選出される。7の規定に従うことを条件として、出席し、かつ、投票する締約国によって投じられた票の最多数で、かつ、三分の二以上の多数の票を得た一八人の候補者をもって、裁判官に選出された者とする。
(b) 一回目の投票において十分な数の裁判官が選出されなかった場合には、残りの裁判官が選出されるまで、(a)に定める手続に従って引き続き投票を行う。

7 裁判官については、そのうちのいずれの二人も、同一の国の国民であってはならない。裁判所の裁判官の地位との関連でいずれかの者が二以上の国の国民であると認められる場合には、当該者は、市民的及び政治的権利を通常行使する国の国民とみなされる。

8(a) 締約国は、裁判官の選出に当たり、裁判所の裁判官の構成において次のことの必要性を考慮する。
(i) 世界の主要な法体系が代表されること。
(ii) 地理的に衡平に代表されること。
(iii) 女性の裁判官と男性の裁判官とが公平に代表されること。
(b) 締約国は、特定の問題(特に、女性及び児童に対する暴力を含む。)に関する法的知見を有する裁判官が含まれる必要性も考慮する。

9(a) 裁判官は、(b)の規定に従うことを条件として九年間在任するものとし、(c)及び次条2の規定が適用される場合を除くほか、再選される資格を有しない。
(b) 最初の選挙において、くじ引による選定により、選出された裁判官のうち、三分の一は三年の任期で、また、三分の一は六年の任期で在任する。残りの裁判官は、九年の任期で在任する。
(c) (b)の規定によって三年の任期で在任することが選定された裁判官は、九年の任期で再選される資格を有する。

10 9の規定にかかわらず、第三九条の規定に従って第一審裁判部又は上訴裁判部に配属された裁判官は、これらの裁判部において審理が既に開始されている第一審又は上訴を完了させるために引き続き在任する。

第三七条(裁判官の空席) 1 裁判官の空席が生じた場合には、その空席を補充するために前条の規定に従って選挙を行う。

2 空席を補充するために選出された裁判官は、前任者の在任期間中在任するものとし、その残任期間が三年以下の場合には、前条の規定に従い九年の任期で再選される資格を有する。

第三八条(裁判所長会議) 1 裁判所長、裁判所第一次長及び裁判所第二次長は、裁判官の絶対多数による議決で選出される。これらの者は、それぞれ、三年の期間又は裁判官としてのそれぞれの任期の終了までの期間のいずれか早い満了の時まで在任するものとし、一回に限って再選される資格を有する。

2 裁判所第一次長は、裁判所長に支障がある場合又は裁判所長がその資格を失った場合には、裁判所長に代わって行動する。裁判所第二次長は、裁判所長及び裁判所第一次長の双方に支障がある場合又はこれらの者がその資格を失った場合には、裁判所長に代わって行動する。

3 裁判所長は、裁判所第一次長及び裁判所第二次長と共に裁判所長会議を構成するものとし、同会議は、次の事項について責任を有する。
(a) 裁判所(検察局を除く。)の適正な運営
(b) その他の任務であってこの規程によって裁判所長会議に与えられるもの

4 裁判所長会議は、3(a)の規定の下での責任を果たすに当たり、相互に関心を有するすべての事項について検察官と調整し、及びその同意を求める。

第三九条(裁判部) 1 裁判所は、裁判官の選挙の後できる限り速やかに、第三四条(b)に規定する裁判部門を組織する。上訴裁判部門は裁判所長及び他の四人の裁判官で、第一審裁判部門は六人以上の裁判官で、また、予審裁判部門は六人以上の裁判官で構成する。裁判官の裁判部門への配属は、各裁判部門が遂行する任務の性質並びに選出された裁判官の資格及び経験に基づき、刑事法及び刑事手続についての専門的

知識と国際法についての専門的知識とが各裁判部門において適当に組み合わされるように行う。第一審裁判部門及び予審裁判部門は、主として刑事裁判の経験を有する裁判官で構成する。

2(a)　裁判所の司法上の任務は、各裁判部門において遂行する。

(b)(i)　上訴裁判部は、上訴裁判部門のすべての裁判官で構成する。

(ii)　第一審裁判部の任務は、第一審裁判部門の三人の裁判官が遂行する。

(iii)　予審裁判部の任務は、この規程及び手続及び証拠に関する規則に従い予審裁判部門の三人の裁判官又は予審裁判部門の一人の裁判官が遂行する。

(c)　この2の規定は、裁判所の仕事量の効率的な管理に必要となる場合には、二以上の第一審裁判部又は予審裁判部を同時に設置することを妨げるものではない。

3(a)　第一審裁判部門又は予審裁判部門に配属された裁判官は、その裁判部門に三年間在任し、及びその後その裁判部門において審理が既に開始されている事件が完了するまで在任する。

(b)　上訴裁判部門に配属された裁判官は、その裁判部門に自己の任期の全期間在任する。

4　上訴裁判部門に配属された裁判官は、その裁判部門のみに在任する。この条のいかなる規定も、裁判所長会議が裁判所の仕事量の効率的な管理に必要と認める場合には、裁判官を第一審裁判部門から予審裁判部門に又は予審裁判部門から第一審裁判部門に一時的に配属することを妨げるものではない。ただし、いかなる場合にも、いずれかの事件の予審裁判段階に関与した裁判官は、当該事件の審理を行う第一審裁判部の一員となる資格を有しない。

第四〇条（裁判官の独立）1　裁判官は、独立してその任務を遂行する。

2　裁判官は、その司法上の任務を妨げ、又はその独立性についての信頼に影響を及ぼすおそれのあるいかなる活動にも従事してはならない。

3　裁判所の所在地において常勤で職務を遂行することを求められる裁判官は、他のいかなる職業的性質を有する業務にも従事してはならない。

4　2及び3の規定の適用に関する問題は、裁判官の絶対多数による議決で決定する。その問題が個々の裁判官に関係する場合には、当該裁判官は、その決定に参加してはならない。

第四一条（裁判官の回避及び除斥）1　裁判所長会議は、手続及び証拠に関する規則に従い、裁判官の要請により、当該裁判官をこの規程に定める任務の遂行から回避させることができる。

2(a)　裁判官は、何らかの理由により自己の公平性について合理的に疑義が生じ得る事件に関与してはならない。裁判官は、特に、裁判所に係属する事件又は被疑者若しくは被告人に係る国内における関連する刑事事件に何らかの資格において既に関与したことがある場合には、この2の規定に従い当該事件から除斥される。

(b)　検察官、被疑者又は被告人は、この2の規定に基づいて裁判官の除斥を申し立てることができる。

(c)　いずれかの裁判官の除斥に関する問題は、裁判官の絶対多数による議決で決定する。当該いずれかの裁判官は、この事項について意見を提出する権利を有するが、その決定に参加してはならない。

第四二条（検察局）1　検察局は、裁判所内の別個の組織として独立して行動する。検察局は、裁判所の管轄権の範囲内にある犯罪の付託及びその裏付けとなる情報の受理及び検討並びに捜査及び裁判所への訴追について責任を有する。検察局の構成員は、同局外から指示を求めてはならず、また、同局外からの指示に基づいて行動してはならない。

2　検察局の長は、検察官とする。検察官は、検察局（職員、設備その他資産を含む。）の管理及び運営について完全な権限を有する。検察官は、一人又は二人以上の次席検察官の補佐を受けるものとし、次席検察官は、この規程に基づき検察官に求められる行為を行う権限を有する。検察官と次席検察官とは、それぞれ異なる国籍を有する者とする。これらの者は、常勤で職務を遂行する。

3　検察官及び次席検察官は、徳望が高く、かつ、刑事事件の訴追又は裁判について高い能力及び広範な実務上の経験を有する者とし、裁判所の常用語の少なくとも一について卓越した知識を有し、かつ堪(たん)能でなければならない。

4　検察官は、秘密投票によって締約国会議の構成国の絶対多数による議決で選出される。次席検察官は、検察局が提供する候補者名簿の中から同様の方法によって選出される。検察官は、選出される次席検察官のそれぞれの職について三人の候補者を指名する。選挙の際に一層短い任期が決定されない限り、検察官及び次席検察官は、九年の任期で在任するものとし、再選される資格を有しない。

5　検察官及び次席検察官は、その訴追上の任務を妨げ、又はその独立性についての信頼に影響を及ぼすおそれのあるいかなる活動にも従事してはならないものとし、他のいかなる職業的性質を有する業務にも従事してはならない。

6　裁判所長会議は、検察局又は次席検察官の要請により、当該検察官又は次席検察官を特定の事件について任務の遂行から回避させることができる。

7　検察官及び次席検察官は、何らかの理由により自己の公平性について合理的に疑義が生じ得る事案に関与してはならない。検察官及び次席検察官は、特に、裁判所に係属する事件又は被疑者若しくは被告人に係る国内における関連する刑事事件に何らかの資格において既に関与したことがある場合には、この7の規定に従い当該事件から除斥される。

8　検察官又は次席検察官の特定の事件からの除斥に

関する問題は、上訴裁判部が決定する。

(a) 被疑者又は被告人は、この条に規定する理由に基づきいつでも検察官又は次席検察官の特定の事件からの除斥を申し立てることができる。

(b) (a)に規定する検察官又は次席検察官は、適当と認める場合には、この事項について意見を提出する権利を有する。

9 検察官は、特定の問題(特に、性的暴力及び児童に対する暴力を含む。)に関する法的知見を有する顧問を任命する。

第四三条(書記局) 1 書記局は、前条の規定に基づく任務及び権限を害することなく、裁判所の運営及び業務のうち司法の分野以外の分野について責任を有する。

2 書記局の長は、裁判所書記とするものとし、裁判所書記は、裁判所の首席行政官である。裁判所書記は、裁判所長から権限を与えられた任務を遂行する。

3 裁判所の書記及び次席書記は、徳望が高く、かつ、高い能力を有していなければならないものとし、裁判所の常用語の少なくとも一について卓越した知識を有し、かつ、堪(たん)能でなければならない。

4 裁判官は、締約国会議の勧告を考慮して、秘密投票によって絶対多数による議決で裁判所書記を選出する。裁判官は、裁判所次席書記の必要が生じた場合には、裁判所書記の勧告に基づいて、同様の方法によって裁判所次席書記を選出する。

5 裁判所書記は、五年の任期で在任し、及び一回のみ再選される資格を有するものとし、常勤で職務を遂行する。裁判所次席書記は、五年の任期又は裁判官の絶対多数による議決で決定される一層短い任期で在任するものとし、必要に応じて職務の遂行が求められることを前提として選出される。

6 裁判所書記は、書記局内に被害者・証人室を設置する。この室は、検察局と協議の上、証人、出廷する被害者その他証人が行う証言のために危険にさらされる者に対し、保護及び安全のための措置、カウンセリングその他の適当な援助を提供する。この室には、心的外傷(性的暴力の犯罪に関連するものを含む。)に関する専門的知識を有する職員を含める。

第四四条(職員) 1 検察官及び裁判所書記は、それぞれの局が必要とする資格を有する職員を任命する。検察官の場合には、その任命には、捜査官の任命を含む。

2 検察官及び裁判所書記は、職員の雇用に際し、最高水準の能率、能力及び誠実性を確保するものとし、第三六条8に定める基準を準用して考慮する。

3 裁判所書記は、裁判所長会議及び検察官の同意を得て、職員規則(裁判所職員の任命、報酬及び解雇に関する条件を含む。)を提案する。この職員規則については、締約国会議が承認する。

4 裁判所は、例外的な状況において、裁判所のいずれかの組織の業務を援助するため、締約国、政府間機関又は非政府機関により提供される無給の人員の専門的知識を用いることができる。検察官は、検察局のためにその提供を受け入れることができる。そのような無給の人員については、締約国会議が定める指針に従って雇用する。

第四五条(厳粛な約束) 裁判官、検察官、次席検察官、裁判所書記及び裁判所次席書記は、この規程の基づくそれぞれの職務に就く前に、公開の法廷において、公平かつ誠実にそれぞれの任務を遂行することを厳粛に約束する。

第四六条(解任) 1 裁判官、検察官、次席検察官、裁判所書記又は裁判所次席書記は、次の場合において、2の規定に従って解任の決定がなされたときは、解任される。

(a) 手続及び証拠に関する規則に定める重大な不当行為又はこの規程に基づく義務の重大な違反を行ったことが判明した場合

(b) この規程が求める任務を遂行することができない場合

2 1の規程に基づく裁判官、検察官又は次席検察官の解任についての決定は、締約国会議が秘密投票によって次の議決で行う。

(a) 裁判官については、他の裁判官の三分の二以上の多数による議決で採択される勧告に基づく締約国の三分の二以上の多数による議決

(b) 検察官については、締約国の絶対多数による議決

(c) 次席検察官については、検察官の勧告に基づく締約国の絶対多数による議決

3 裁判所の書記又は次席書記の解任についての決定は、裁判官の絶対多数による議決で行う。

4 この規程により求められる職務を遂行する行為及び能力についてこの条の規定により異議を申し立てられている裁判官、検察官、次席検察官裁判所書記又は裁判所次席書記は、手続及び証拠に関する規則に従い、証拠を提示し、及び入手し、並びに意見を述べる十分な機会を有する。異議を申し立てられた者は、その他の方法でこの問題の検討に参加してはならない。

第四七条(懲戒処分) 前条1に規定する不当行為よりも重大でない性質の不当行為を行った裁判官、検察官、次席検察官、裁判所書記又は裁判所次席書記は、手続及び証拠に関する規則に従って懲戒処分を受ける。

第四八条(特権及び免除) 1 裁判所は、その目的の達成に必要な特権及び免除を各締約国の領域において享有する。

2 裁判官、検察官、次席検察官及び裁判所書記は、裁判所の事務に従事する間又は裁判所の事務に関し、外交使節団の長に与えられる特権及び免除と同一の特権及び免除を享有する。また、任期の満了後、公的資格で行った口頭又は書面による陳述及び行為に関してあらゆる種類の訴訟手続からの免除を引き続き与えられる。

3　裁判所次席書記、検察局の職員及び書記局の職員は、裁判所の特権及び免除に関する協定により、任務の遂行に必要な特権、免除及び便宜を享有する。
4　弁護人、専門家、証人その他裁判所への出廷を求められる者は、裁判所の特権及び免除に関する協定により、裁判所の適切な任務の遂行に必要な待遇を与えられる。
5　特権及び免除に関し、
(a)　裁判官又は検察官については、裁判官の絶対多数による議決で放棄することができる。
(b)　裁判所書記については、裁判所長会議が放棄することができる。
(c)　次席検察官及び検察局の職員については、検察官が放棄することができる。
(d)　裁判所次席書記及び書記局の職員については、裁判所書記が放棄することができる。

第四九条（俸給、手当及び経費）　裁判官、検察官、次席検察官、裁判所書記及び裁判所次席書記は、締約国会議が決定する俸給、手当及び経費を受ける。これらの俸給及び手当については、任期中は減額してはならない。

第五〇条（公用語及び常用語）　1　裁判所の公用語は、アラビア語、中国語、英語、フランス語、ロシア語及びスペイン語とする。裁判所の判決その他裁判所における基本的な問題を解決するための決定は、公用語で公表する。裁判所長会議は、手続及び証拠に関する規則に定める基準に従い、この1の規程の適用上いずれの決定が基本的な問題を解決するためのものと認められるかを決定する。
2　裁判所の常用語は、英語及びフランス語とする。手続及び証拠に関する規則は、他の公用語を常用語として使用することのできる場合について定める。
3　裁判所は、手続の当事者又は手続への参加が認められる国の要請により、これらの当事者又は国が英語及びフランス語以外の言語を使用することを許可する。ただし、その許可は、裁判所が十分に正当な理由があると認める場合に限る。

第五一条（手続及び証拠に関する規則）　1　手続及び証拠に関する規則は、締約国会議の構成国の三分の二以上の多数による議決で採択された時に効力を生ずる。
2　手続及び証拠に関する規則の改正は、次の者が提案することができる。
(a)　締約国
(b)　絶対多数による議決をもって行動する裁判官
(c)　検察官
この改正は、締約国会議の構成国の三分の二以上の多数による議決で採択された時に効力を生ずる。
3　手続及び証拠に関する規則の採択後、同規則に定めていない緊急を要する特別の状況が裁判所において生じた場合には、裁判官は、三分の二以上の多数による議決で暫定的な規則を作成することができるものとし、締約国会議の次回の通常会合又は特別会合において採択され、改正され、又は否決されるまでこれを適用する。
4　手続及び証拠に関する規則及びその改正並びに暫定的な規則は、この規程に適合したものとする。手続及び証拠に関する規則の改正及び暫定的な規則は、捜査され、訴追され、又は有罪の判決を受けた者について不利に遡(そ)及して適用してはならない。
5　この規程と手続及び証拠に関する規則とが抵触する場合には、この規程が優先する。

第五二条（裁判所規則）　1　裁判官は、この規程及び手続及び証拠に関する規則に従い、裁判所の日常の任務の遂行に必要な裁判所規則を絶対多数による議決で採択する。
2　検察官及び裁判所書記は、裁判所規則の作成及びその改正に当たって協議を受ける。
3　裁判所規則及びその改正は、裁判官が別段の決定を行わない限り、採択された時に効力を生ずる。裁判所規則及びその改正は、採択後直ちに意見を求めるために締約国に通報されるものとし、六箇月以内に締約国の過半数から異議が申し立てられない場合には、引き続き効力を有する。

第五部　捜査及び訴追

第五三条（捜査の開始）　1　検察官は、入手することのできた情報を評価した後、この規程に従って手続を進める合理的な基礎がないと決定しない限り、捜査を開始する。検察官は、捜査を開始するか否かを決定するに当たり、次の事項を検討する。
(a)　利用可能な情報により、裁判所の管轄権の範囲内にある犯罪が行われた又は行われているとの信ずるに足りる合理的な基礎が認められるか否か。
(b)　事件について第一七条に規定する受理許容性があるか否か又は受理許容性があり得るか否か。
(c)　犯罪の重大性及び被害者の利益を考慮してもなお捜査が裁判の利益に資するものでないと信ずるに足りる実質的な理由があるか否か。
検察官は、手続を進める合理的な基礎がないと決定し、及びその決定が専ら(c)の規定の基づく場合には、予審裁判部に通知する。
2　検察官は、捜査に基づき、次のことを理由として訴追のための十分な根拠がないと結論する場合には、予審裁判部及び第一四条の規定に基づいて付託を行った国又は第一三条(b)に規定するときは安全保障理事会に対し、その結論及び理由を通報する。
(a)　第五八条の規定に基づく令状又は召喚状を求めるための法的な又は事実に係る根拠が十分でないこと。
(b)　事件について第一七条に規定する受理許容性がないこと。
(c)　すべての事情（犯罪の重大性、被害者の利益、被疑者の年齢又は心身障害及び被疑者が行ったとされる犯罪における当該者の役割を含む。）を考慮して、訴追が裁判の利益のためにならないこと。

3(a) 第一四条の規定に基づいて付託を行った国又は第一三条(b)に規定するときは安全保障理事会の要請により、予審裁判部は、手続を進めない旨の1又は2の規定に基づく検察官の決定を検討することができるものとし、検察官に対し当該決定を再検討するよう要請することができる。

(b) 予審裁判部は、手続を進めない旨の検察官の決定が専ら1(c)又は2(c)の規定の基づく場合には、職権によって当該決定を検討することができる。そのような場合には、検察官の決定は、予審裁判部が追認するときにのみ効力を有する。

4 検察官は、新たな事実又は情報に基づき、捜査又は訴追を開始するか否かの決定をいつでも再検討することができる。

第五四条(捜査についての検察官の責務及び権限)1 検察官は、次のことを行う。

(a) 真実を証明するため、この規程に基づく刑事責任があるか否かの評価に関連するすべての事実及び証拠を網羅するよう捜査を及ぼし、並びにその場所において罪があるものとする事情及び罪がないものとする事情を同等に捜査すること。

(b) 裁判所の管轄権の範囲内にある犯罪の効果的な捜査及び訴追を確保するために適切な措置をとり、その場合において被害者及び証人の利益及び個人的な事情(年齢、第七条3に定義する性及び健康を含む。)を尊重し、並びに犯罪(特に、性的暴力又は児童に対する暴力を伴う犯罪)の性質を考慮すること。

(c) この規程の基づく被疑者の権利を十分に尊重すること。

2 検察官は、次の(a)又は(b)の場合には、いずれかの国の領域において捜査を行うことができる。

(a) 第九部の規定に基づく場合

(b) 第五七条3(b)に基づく予審裁判部の許可がある場合

3 検察官は、次の行為を行うことができる。

(a) 証拠を収集し、及び検討すること。

(b) 被疑者、被害者及び証人の出頭を要請し、並びにこれらの者を尋問すること。

(c) 国若しくは政府間機関による協力又は政府間取極に基づくそれぞれの権限又は任務に基づくものを求めること。

(d) 国、政府間機関又は個人の協力を促進するために必要な取決め又は取極であってこの規程に反しないものを締結すること。

(e) 手続のいずれの段階においても、専ら新たな証拠を得るために秘密を条件として自己が入手する文書又は情報について、これらの情報の提供者が同意しない限り開示しないことに同意すること。

(f) 情報の秘密性、関係者の保護又は証拠の保全を確保するために必要な措置をとること又は必要な措置をとるよう要請すること。

第五五条(捜査における被疑者の権利)1 被疑者は、この規程による捜査に関し、次の権利を有する。

(a) 自己負罪又は有罪の自白を強要されないこと。

(b) あらゆる形態の強制、強迫若しくは脅迫、拷問又はその他のあらゆる形態の残虐な、非人道的な若しくは体面を汚す待遇若しくは処罰を与えられないこと。

(c) 自己が十分に理解し、かつ、話す言語以外の言語によって尋問される場合には、有能な通訳の援助及び公正の要件を満たすために必要な翻訳を無償で与えられること。

(d) 恣(し)意的に逮捕され、又は抑留されないこと。また、この規程に定める理由及び手続によらない限り、その自由を奪われないこと。

2 被疑者が裁判所の管轄権の範囲内にある犯罪を行ったと信ずるに足りる理由があり、かつ、当該被疑者が検察官により又は第九部の規定に基づく請求によって国内当局により尋問されようとしている場合には、当該被疑者は、次の権利も有するものとし、その旨を尋問に先だって告げられる。

(a) 尋問に先だち、当該被疑者が裁判所の管轄権の範囲内にある犯罪を行ったと信ずるに足りる理由があることを告げられること。

(b) 黙秘をすること。この黙秘は、有罪又は無罪の決定において考慮されない。

(c) 自ら選任する弁護人を持つこと。また、弁護人がおらず、かつ、裁判の利益のために必要な場合は、十分な支払手段を有しないときは自らその費用を負担することなく、弁護人を付されること。

(d) 自ら任意に弁護人に係る権利を放棄した場合を除くほか、弁護人の立会いの下に尋問されること。

第五六条(得難い捜査の機会に関する予審裁判部の役割)1(a) 検察官は、ある捜査が証人から証言若しくは供述を取得し、又は証拠を見分し、収集し若しくは分析するための得難い機会を提供するものであり、かつ、これらの証言、供述又は証拠を後に公判のために利用することができなくなるおそれがあると判断する場合には、その旨を予審裁判部に通知する。

(b) (a)に規定する通知があった場合には、予審裁判部は、検察官の要請により、手続の効率性及び信頼性を確保し、並びに特に被疑者の権利を保護するために必要な措置をとることができる。

(c) 検察官は、予審裁判部が別段の命令を発しない限り、(a)に規定する捜査に関連して逮捕された者又は召喚状に応じて出頭した者に対し、当該者がその事案について陳述を行うことができるように関連情報を提供する。

2 1(b)に規定する措置には、次のことを含めることができる。

(a) 従うべき手順に関して勧告し、又は命令すること。

(b) 手続の記録を作成するよう指示すること。
(c) 支援する専門家を任命すること。
(d) 逮捕された者若しくは召喚状に応じて裁判所に出頭した者のための弁護人が手続に参加することを許可すること又は逮捕若しくは出頭がいまだなされていない場合若しくは弁護人が指定されていない場合には、手続に参加し、及び被疑者の利益を代表する弁護人を任命すること。
(e) 証拠の収集及び保全並びに関係者の尋問について監視し、及び勧告又は命令を行うため、予審裁判部のうちから裁判官一人又は必要な場合には予審裁判部若しくは第一審裁判部門のうちから対応可能な裁判官一人を指名すること。
(f) 証拠を収集し、又は保全するために必要なその他の措置をとること。

3(a) 予審裁判部は、検察官がこの条の規定に基づく措置を求めなかった場合であっても、裁判において被告人のために不可欠であると認める証拠を保全するためにそのような措置をとることが必要であると判断するときは、検察官が当該措置をとることが必要であると判断するときは、検察官が当該措置を要請しなかったことに十分な理由があるか否かについて検察官と協議する。予審裁判部は、その協議により、検察官が当該措置を要請しなかったことが正当化されないと結論する場合には、職権によって当該措置をとることができる。
(b) 職権によって措置をとる旨のこの3の規定に基づく予審裁判部の決定について、検察官は、異議を申し立てることができる。その異議の申立てについては、迅速に審理する。

4 この条の規定に従って公判のために保全され若しくは収集される証拠又はその記録の許容性は、第六九条の規定に従って公判において規律され、及び第一審裁判部が決定する重要性を与えられる。

第五七条（予審裁判部の任務及び権限） 1 予審裁判部は、この規程に別段の定めがある場合を除くほか、この条の規定に従って任務を遂行する。

2(a) 第一五条、第一八条、第一九条、第五四条2、第六一条7及び第七二条の規定に従ってなされる予審裁判部の命令又は決定は、その裁判官の過半数の同意を得なければならない。
(b) (a)に規定する場合以外の場合には、手続及び証拠に関する規則に別段の定めがあるとき又は予審裁判部の過半数により別段の定めをするときを除くほか、予審裁判部の一人の裁判官がこの規程に定める任務を遂行することができる。

3 予審裁判部は、この規程に定める他の任務のほか、次の任務を遂行することができる。
(a) 検察官の要請により、捜査のために必要とされる命令及び令状を発すること。
(b) 逮捕された者又は次条の規定に基づく召喚状に応じて出頭した者の要請により、防御の準備において当該者を支援するために必要な命令（前条に規定する措置を含む。）を発し、又は第九部の規定に基づく協力を求めること。
(c) 必要な場合には、被害者及び証人の保護並びにこれらの者のプライバシーの保護、証拠の保全、逮捕された者又は召喚状に応じて出頭した者の保護並びに国家の安全保障に関する情報の保護のための措置をとること。
(d) 検察官に対し、第九部の規定に基づく締約国の協力を確保することなく当該締約国の領域内において特定の捜査上の措置をとることを許可すること。ただし、その事件について、可能な場合には、当該締約国の見解を考慮した上で、当該協力を実施する権限を有する当局又は司法制度の構成要素の欠如のために当該締約国が当該協力を明らかに実施することができない旨の決定を予審裁判部が行った場合に限る。
(e) 次条の規定に従って逮捕状又は召喚状が発せられている場合には、この規程及び手続及び証拠に関する規則の規定に従い、証拠の証明力及び関係当事者の権利を十分に考慮した上で、第九三条1(k)の規定に基づき締約国の協力を求めることにより、特に被害者の最終的な利益のために没収のための保全措置をとること。

第五八条（予審裁判部による逮捕状又は召喚状の発付） 1 予審裁判部は、捜査の開始後いつでも、検察官の請求により、当該請求及び検察官が提出した証拠その他の情報を検討した上で、次の(a)及び(b)の要件に該当していると認める場合には、被疑者に係る逮捕状を発する。
(a) 当該被疑者が裁判所の管轄権の範囲内にある犯罪を行ったと信ずるに足りる合理的な理由が存在すること。
(b) 当該被疑者の逮捕が次のいずれかのことに必要と認められること。
(i) 当該被疑者の出廷を確保すること。
(ii) 当該被疑者が捜査又は訴訟手続を妨害せず、又は脅かさないことを確保すること。
(iii) 妥当な場合には、当該被疑者が当該犯罪又は裁判所の管轄権の範囲内にあり、かつ、同一の状況から生ずる関連する犯罪を継続して行うことを防止すること。

2 検察官の請求には、次の事項を含める。
(a) 被疑者の指名その他当該被疑者を特定する関連情報
(b) 裁判所の管轄権の範囲内にある犯罪であって当該被疑者が行ったとされるものに関する具体的な言及
(c) 当該犯罪を構成するとされる事実の簡潔な説明
(d) 当該被疑者が当該犯罪を行ったと信ずるに足りる合理的な理由を証明する証拠その他の情報の要約
(e) 検察官が当該被疑者を逮捕することが必要であると信ずる理由

3　逮捕状には、次の事項を含める。
(a)　被疑者の氏名その他当該被疑者を特定する関連情報
(b)　裁判所の管轄権の範囲内にある犯罪であって当該被疑者の逮捕が求められているものに関する具体的な言及
(c)　当該犯罪を構成するとされる事実の簡潔な説明
4　逮捕状は、裁判所が別段の命令を発するまでの間、効力を有する。
5　裁判所は、逮捕状に基づき、第九部の規定により被疑者の仮逮捕又は逮捕及び引渡しを請求することができる。
6　検察官は、予審裁判部に対し、逮捕状に記載された犯罪を変更し、又はこれに追加することにより当該逮捕状を修正するよう要請することができる。予審裁判部は、変更され、又は追加された犯罪を被疑者が行ったと信ずるに足りる合理的な理由があると認める場合には、当該逮捕状をそのように修正する。
7　検察官は、逮捕状を求めることに代わるものとして、被疑者に出頭を命ずる召喚状を予審裁判部が発することを請求することができる。予審裁判部は、当該被疑者が行ったとされる犯罪を行ったと信ずるに足りる合理的な説明があり、かつ、その出頭を確保するために召喚状が十分なものであると認める場合には、当該被疑者に出頭を命ずる召喚状を発する(国内に定めがあるときは、自由を制限する条件(抑留を除く。)を付するか否かを問わない。)。召喚状には、次の事項を含めるものとし、これを当該被疑者に送付する。
(a)　当該被疑者の氏名その他当該被疑者を特定する関連情報
(b)　当該被疑者が出頭すべき特定の日
(c)　裁判所の管轄権の範囲内にある犯罪であって当該被疑者が行ったとされるものに関する具体的な言及
(d)　当該犯罪を構成するとされる事実の簡潔な説明

第五九条(拘束を行う国における逮捕の手続)　1　仮逮捕又は逮捕及び引渡しの請求を受けた締約国は、その国内法及び第九部の規定に従い、被疑者を逮捕するための措置を直ちにとる。
2　逮捕された者は、拘束を行う国の権限のある司法当局に遅滞なく引致されるものとし、当該司法当局は、自国の国内法に従って次のことを判断する。
(a)　当該者が逮捕状の対象とされていること。
(b)　当該者が適正な手続に従って逮捕されたこと。
(c)　当該者の権利が尊重されていること。
3　2に規定する者は、拘束を行う国の権限のある当局に対し、引渡しまでの間暫定的な釈放を請求する権利を有する。
4　拘束を行う国の権限のある当局は、3に規定する請求について決定を行うに当たり、行われたとされる犯罪の重大性にかんがみ、暫定的な釈放を正当化する緊急かつ例外的な状況が存在するか否か及び当該拘束を行う国が2に規定する者を裁判所に引き渡す義務を履行することができることを確保するために必要な保障措置が存在するか否かを検討する。当該当局は、逮捕状が前条1(a)及び(b)の規定に従って適切に発せられたか否かを検討することはできない。
5　予審裁判部は、暫定的な釈放の請求について通報されるものとし、拘束を行う国の権限のある当局に対して勧告を行う。当該当局は、その決定を行う前に、当該勧告(2に規定する者の逃亡を防止するための措置に関する勧告を含む。)に十分な考慮を払う。
6　2に規定する者に暫定的な釈放が認められた場合には、予審裁判部は、その暫定的な釈放の状況について定期的に報告するよう要請することができる。
7　2に規定する者は、拘束を行う国が引渡しを決定した後、できる限り速やかに裁判所に引き渡される。

第六〇条(裁判所における最初の手続)　1　被疑者が裁判所に引き渡され、又は自発的に若しくは召喚状に応じて出頭した場合には、予審裁判部は、当該被疑者が行ったとされる犯罪及びこの規程に基づく被疑者の権利(公判までの間暫定的な釈放を請求する権利を含む。)について、当該被疑者が告げられていることを確認する。
2　逮捕された者は、公判までの間暫定的な釈放を請求することができる。予審裁判部は、第五八条1に定める要件に該当していると認める場合には当該者を引き続き拘禁し、そのように認めない場合には条件付又は無条件で当該者を釈放する。
3　予審裁判部は、2に規定する者の拘禁又は釈放についての決定を定期的に再検討するものとし、また、検察官又は当該者の要請によっていつでもその決定を再検討することができる。予審裁判部は、そのような再検討に当たり、状況の変化によって必要と認める場合には、拘禁、釈放又は釈放の条件についての決定を修正することができる。
4　予審裁判部は、被疑者が検察官による許容されない遅延のために公判前に不合理な期間拘禁されないことを確保する。そのような遅延が生じた場合には、裁判所は、条件付又は無条件で当該被疑者を釈放することを検討する。
5　予審裁判部は、必要な場合には、釈放されたものの出頭を確保するために逮捕状を発することができる。

第六一条(公判前の犯罪事実の確認)　1　予審裁判部は、2の規定に従うことを条件として、被疑者の引渡し又は自発的な出頭の後合理的な期間内に、検察官が公判を求めようとしている犯罪事実を確認するための審理を行う。その審理は、検察官並びに訴追された者及びその弁護人の立会いの下に行う。
2　予審裁判部は、訴追された者の立会いがなくても、検察官の要請または自己の職権により、次の場合には、検察官が公判を求めようとしている犯罪事実を確認するために審理を行うことができる。
(a)　当該者が自己の立会いの権利を放棄した場合

(b) 当該者が逃亡した場合又は当該者を発見することができない場合であって、当該者の出頭を確保し、並びに当該者に対して犯罪事実及びその犯罪事実を確認するための審理が行われることを通知するためのすべての合理的な措置がとられたとき。

これらの場合において、予審裁判部が裁判の利益のためになると判断するときは、当該者は、弁護人によって代表される。

3　訴追された者に対しては、審理の前の合理的な期間内に、次のものを提供する。

(a) 検察官が当該者を裁判に付そうとしている犯罪事実を記載した文書の写し

(b) 審理において検察官が依拠しようとしている証拠についての通知

予審裁判部は、審理のための情報の開示に関する命令を発することができる。

4　審理の前、検察官は、捜査を継続し、及び犯罪事実の改定又は撤回を行うことができる。訴追された者は、審理の前に犯罪事実の改定又は撤回について妥当な通知を受ける。検察官は、犯罪事実を撤回する場合には、予審裁判部に対してその撤回の理由を通知する。

5　審理において、検察官は、訴追された者が訴追された犯罪を行ったと信ずるに足りる実質的な理由を証明するために十分な証拠をもってそれぞれの犯罪事実を裏付けなければならない。検察官は、証拠書類又はその要約に依拠することができるものとし、公判における証言が予定されている証人を招致する必要はない。

6　審理において、訴追された者は、次のことを行うことができる。

(a) 犯罪事実について異議を申し立てること。

(b) 検察官が提出する証拠について異議を申し立てること。

(c) 証拠を提出すること。

7　予審裁判部は、審理に基づき、訴追された者が訴追されたそれぞれの犯罪を行ったと信ずるに足りる実質的な理由を証明するために十分な証拠が存在するか否かを決定し、その決定に基づいて次のことを行う。

(a) 十分な証拠が存在すると決定した犯罪事実について確認し、及び確認された犯罪事実について当該者を公判のために第一審裁判部に送致すること。

(b) 十分な証拠が存在しないと決定した犯罪事実についての確認を拒否すること。

(c) 審理を延期し、かつ、検察官に対して次のことを検討するよう要請すること。

(i) 特定の犯罪事実について更なる証拠を提出し、又は更に捜査を行うこと。

(ii) 提出された証拠が裁判所の管轄権の範囲内にある異なる犯罪を証明すると認められることを理由として犯罪事実を改定すること。

8　検察官は、予審裁判部が犯罪事実についての確認を拒否する場合であっても、追加的な証拠によって要請が裏付けられるときは、その後に確認の要請を行うことを妨げられない。

9　検察官は、犯罪事実が確認されてから公判が開始されるまでの間、予審裁判部の許可を得て、かつ、被告人に通知した後に犯罪事実を改定することができる。検察官が追加的な犯罪事実を加え、又は一層重大な犯罪事実に改めることを求める場合には、これらの犯罪事実を確認するためのこの条の規定に基づく審理が行われなければならない。検察官は、公判の開始後、第一審裁判部の許可を得て犯罪事実を撤回することができる。

10　既に発せられたいかなる令状も、予審裁判部により確認されなかった犯罪事実又は検察官により撤回された犯罪事実について効力を失う。

11　この条の規定に従って犯罪事実が確認された後、裁判所長会議は、第一審裁判部を組織する。第一審裁判部は、9及び第六四条4の規定に従いその後の手続を行う責任を有するものとし、これらの手続において関連し、かつ、適用することができる予審裁判部の任務を遂行することができる。

第六部　公判

第六二条（公判の場所） 公判の場所は、別段の決定が行われる場合を除くほか、裁判所の所在地とする。

第六三条（被告人の在廷による公判） 1　被告人は、公判の間在廷するものとする。

2　第一審裁判部は、在廷している被告人が公判を妨害し続ける場合には、当該被告人を退廷させることができるものとし、必要な場合には通信技術を使用することにより、被告人が法廷の外から公判を観察し、及び弁護人に指示することができるようにするための措置をとる。このような措置については、ほかの合理的な代替措置が十分でないことが判明した後の例外的な状況においてのみ、かつ、真に必要な期間においてのみとるものとする。

第六四条（第一審裁判部の任務及び権限） 1　この条に規定する第一審裁判部の任務及び権限は、この規程及び手続及び証拠に関する規則に従って行使する。

2　第一審裁判部は、公判が、公正かつ迅速なものであること並びに被告人の権利を十分に尊重して、かつ、被害者及び証人の保護に十分な考慮を払って行われることを確保する。

3　この規程に従って事件の公判を割り当てられたときは、当該事件を取り扱う第一審裁判部は、次のことを行う。

(a) 当事者と協議し、公判手続の公正かつ迅速な実施を促進するために必要な手続を採用すること。

(b) 公判で使用する一又は二以上の言語を決定すること。

(c) この規程の他の関連する規定に従うことを条件として、事前に開示されていない文書又は情報を、公判のために十分な準備をすることができるよう公判の開始前に十分な余裕を持って開示するための措置をとること。

4　第一審裁判部は、効果的かつ公正な任務の遂行に必要な場合には、予備的な問題を予審裁判部に又は必要なときは予審裁判部門における対応可能な裁判官に付託することができる。

5　第一審裁判部は、適当な場合には、当事者に通知することにより、二人以上の被告人に対する犯罪事実に関して併合し、又は分離することを指示することができる。

6　第一審裁判部は、公判前に又はその過程において任務を遂行するに当たり、必要に応じて次のことを行うことができる。

(a)　第六一条11に規定する予審裁判部の任務を遂行すること。

(b)　必要な場合にはこの規程に基づき国の援助を得ることにより、証人の出席及び証言並びに文書その他の証拠の提出を求めること。

(c)　秘密の情報を保護するための措置をとること。

(d)　当事者が公判前に既に収集し、又は公判の間に提出した証拠に加え、証拠の提出を命ずること。

(e)　被告人、証人及び被害者を保護するための措置をとること。

(f)　その他の関連する事項について決定すること。

7　公判は、公開で行う。ただし、第一審裁判部は、第六八条に規定する目的のため又は証拠として提出される秘密の若しくは機微に触れる情報を保護するため、特別の事情により特定の公判手続を非公開とすることを決定することができる。

8(a)　公判の開始時において、第一審裁判部は、予審裁判部が事前に確認した犯罪事実を被告人に対して読み聞かせ、当該被告人が当該犯罪事実の性質を理解していることを確認する。第一審裁判部は、当該被告人に対し、次条の規定に従って有罪を自認する機会又は無罪の陳述をする機会を与える。

(b)　公判において、裁判長は、公判手続の実施（公正かつ公平な態様によって実施されることを確保することを含む。）について指示を与えることができる。当事者は、裁判長の指示に従うことを条件として、この規程に従って証拠を提出することができる。

9　第一審裁判部は、当事者の申立て又は自己の職権により、特に次のことを行う権限を有する。

(a)　証拠の許容性又は関連性を決定すること。

(b)　審理の過程において秩序を維持するために必要なすべての措置をとること。

10　第一審裁判部は、公判の完全な記録であって公判手続を正確に反映したものが作成され、及び裁判所書記によって保持され、かつ、保存されることを確保する。

第六五条（有罪の自認についての公判手続）1　第一審裁判部は、被告人が前条8(a)の規定に従って有罪を自認する場合には、次のことが認められるか否かを判断する。

(a)　被告人が有罪を自認することの性質及び結果を理解していること。

(b)　被告人が弁護人と十分に協議した後に自発的に自認していること。

(c)　有罪の自認が、次に掲げるものに含まれる事件の事実によって裏付けられていること。

(i)　検察官が提起し、かつ、被告人が自認した犯罪事実

(ii)　検察官が提示する資料であって、犯罪事実を補足し、かつ、被告人が受け入れるもの

(iii)　証人の証言等検察官又は被告人が提出するその他の証拠

2　第一審裁判部は、1に規定することが認められる場合には、提出された追加的な証拠とともに有罪の自認を当該有罪の自認に係る犯罪の立証に求められるすべての不可欠な事実を証明するものとして認めるものとし、被告人を当該犯罪について有罪と決定することができる。

3　第一審裁判部は、1に規定することが認められない場合には、有罪の自認がなされなかったものとみなす。この場合には、この規程に定める通常の公判手続に従って公判を続けることを決定するものとし、また、事件を他の第一審裁判部に移送することができる。

4　第一審裁判部は、裁判の利益、特に被害者の利益のために事件について一層完全な事実の提示が必要であると認める場合には、次のことを行うことができる。

(a)　検察官に対し、証人の証言を含む追加的な証拠の提出を求めること。

(b)　この規程に定める通常の公判手続に従って公判を続けることを決定すること。この場合には、有罪の自認がなされなかったものとみなし、事件を他の第一審裁判部に移送することができる。

5　検察官と被告人との間の協議であって、犯罪事実の改定、有罪の自認または科される刑罰に関するものは、裁判所を拘束しない。

第六六条（無罪の推定）1　いずれの者も、適用される法に基づいて裁判所において有罪とされるまでは無罪と推定される。

2　被告人の有罪を証明する責任は、検察官にある。

3　裁判所は、被告人を有罪と決定するためには、合理的な疑いを超えて当該被告人の有罪を確信していなければならない。

第六七条（被告人の権利）1　被告人は、犯罪事実の決定に当たり、この規程を考慮した上で、公開審理を受ける権利、公正かつ公平な審理を受ける権利及び少なくとも次の保障を十分に平等に受ける権利を有する。

(a)　自己が十分に理解し、かつ、話す言語で、犯罪事実の性質、理由及び内容を速やかにかつ詳細に

告げられること。

(b) 防御の準備のために十分な時間及び便益を与えられ、並びに自ら選任する弁護人と自由かつ内密に連絡を取ること。

(c) 不当に遅延することなく裁判に付されること。

(d) 第六三条2の規定に従うことを条件として、公判に出席すること、直接または自ら選任する弁護人を通じて防御を行うこと、弁護人がいない場合には弁護人を持つ権利を告げられること及び裁判の利益のために必要な場合には、十分な支払手段を有しないときは自らその費用を負担することなく、裁判所によって弁護人を付されること。

(e) 自己に不利な証人を尋問し、またはこれに対して尋問させること並びに自己に不利な証人と同じ条件で自己のための証人の出席及びこれに対する尋問を求めること。また、防御を行うこと及びこの規程に基づいて許容される他の証拠を提出すること。

(f) 裁判所の公判手続または裁判所に提示される文書が自己が十分に理解し、かつ、話す言語によらない場合には、有能な通訳の援助及び公正の要件を満たすために必要な翻訳を無償で与えられること。

(g) 証言又は有罪の自白を強要されないこと及び黙秘をすること。この黙秘は、有罪又は無罪の決定において考慮されない。

(h) 自己の防御において宣誓せずに口頭又は書面によって供述を行うこと。

(i) 自己に挙証責任が転換されず、又は反証の責任が課されないこと。

2 検察官は、この規程に定める他の開示のほか、被告人に対し、できる限り速やかに、自己が保持し、又は管理する証拠であって、当該被告人の無罪を示し若しくは無罪を示すことに資すると信じ若しくは当該被告人の罪を軽減することに資すると信ずるもの又は訴追に係る証拠の信頼性に影響を及ぼし得るものを開示する。この2の規定の適用について疑義がある場合には、裁判所が決定する。

第六八条（被害者及び証人の保護及び公判手続への参加） 1 裁判所は、被害者及び証人の安全、心身の健康、尊厳及びプライバシーを保護するために適切な措置をとる。裁判所は、その場合において、すべての関連する要因（年齢、第七条3に定義する性、健康及び犯罪（特に、性的暴力又は児童に対する暴力を伴う犯罪）の性質を含む。）を考慮する。検察官は、特にこれらの犯罪の捜査及び訴追の間このような措置をとる。当該措置は、被告人の権利及び公正かつ公平な公判を害するものであってはならず、また、これらと両立しないものであってはならない。

2 裁判所の裁判部は、前条に規定する公開審理の原則の例外として、被害者及び証人又は被告人を保護するため、公判手続のいずれかの部分を非公開で行い、又は証拠の提出を電子的手段その他特別な手段によって行うことを認めることができる。これらの措置については、特に、性的暴力の被害者である場合又は児童が被害者若しくは証人である場合には、裁判所が別段の命令を発する場合を除くほか、すべての事情、特に被害者又は証人の意見を尊重して実施する。

3 裁判所は、被害者の個人的な利益が影響を受ける場合には、当該被害者の意見及び懸念が、裁判所が適当と判断する公判手続の段階において並びに被告人の権利及び公正かつ公平な公判を害さず、かつ、これらと両立する態様で、提示され、及び検討されることを認める。これらの意見及び懸念は、裁判所が適当と認めるときは、手続及び証拠に関する規則に従い被害者の法律上の代理人が提示することができる。

4 被害者・証人室は、検察官及び裁判所に対し、第四三条6に規定する適当な保護及び安全のための措置、カウンセリングその他の援助について助言することができる。

5 この規程の基づく証拠又は情報の開示が証人又はその家族の安全に重大な危険をもたし得る場合には、検察官は、公判の開始前に行われるいかなる手続のためにも、当該証拠又は情報の提供を差し控え、これらに代えてその要約を提出することができる。これらの措置については、被告人の権利及び公正かつ公平な公判を害さず、かつ、これらと両立する態様で実施する。

6 国は、自国の職員又は代理人の保護及び秘密の又は機微に触れる情報の保護について必要な措置をとるよう要請することができる。

第六九条（証拠） 1 証人は、証言する前に、手続及び証拠に関する規則に従い、自己が真実の証拠を提供することを約束する。

2 公判における証人の証言は、前条又は手続及び証拠に関する規則に定める措置によって提供される場合を除くほか、証人自らが行う。裁判所は、この規程に従うことを条件として、かつ、手続及び証拠に関する規則に従い、ビデオ又はオーディオ技術の手段による証人の直接の又は記録された証言を提供すること及び文書又は反訳した文書を提出することを許可することができる。これらの措置は、被告人の権利を害するものであってはならず、また、これと両立しないものであってはならない。

3 当事者は、第六四条の規定に従って事件に関連する証拠を提出することができる。裁判所は、真実を確定するために必要と認めるすべての証拠の提出を求める権限を有する。

4 裁判所は、証拠の許容性及び関連性について、特に証拠の証明力及び証拠が公正な公判又は証人の証言の公正な評価に与え得る不利益を考慮して、手続及び証拠に関する規則に従って決定を行うことができる。

5 裁判所は、手続及び証拠に関する規則に定める秘密性に関する特権の定めを尊重し、及び遵守する。

6　裁判所は、公知の事実の立証を要求してはならないが、その事実を裁判上顕著なものと認めることができる。

7　この規程に違反する方法又は国際的に認められた人権を侵害する方法によって得られた証拠は、次の場合には、許容性がないものとする。

(a)　その違反又は侵害が当該証拠の信頼性に著しい疑いをもたらす場合。

(b)　当該証拠を許容することが公判手続の健全性にもとり、かつ、これを著しく害し得る場合

8　裁判所は、国が収集した証拠の許容性及び関連性を決定するに当たり、当該国の国内法の適用に関する決定を行わない。

第七〇条（裁判の運営に対する犯罪）1　裁判所は、その裁判の運営に対する次に掲げる犯罪であって故意に行われたものについて管轄権を有する。

(a)　前条1の規定に従って真実を述べる義務を有するにもかかわらず虚偽の証言を行うこと。

(b)　当事者が虚偽の又は偽造された証拠と知りながらこれを提出すること。

(c)　証人を買収し、証人の出席若しくは証言について妨害し若しくは干渉し、証言を行ったことに対して証人に報復を行い、証拠を破壊し若しくは改ざんし、又は証拠の収集を妨げること。

(d)　裁判所の構成員に対し、その職務を遂行しないこと又は不適正に遂行することを強要し、又は説得する目的で、妨害し、脅迫し、又は買収すること。

(e)　裁判所の構成員に対し、当該構成員又は他の構成員が職務を遂行したことに関して報復を行うこと。

(f)　裁判所の構成員がその公の職務に関連して賄賂(ろ)を要求し、又は受け取ること。

2　この条に規定する犯罪についての裁判所の管轄権の行使を規律する原則及び手続は、手続及び証拠に関する規則に定める原則及び手続とする。この条の規定に基づく手続に関し、裁判所に対して国際協力を提供する条件は、被請求国の国内法によって規律される。

3　裁判所は、有罪判決の場合には、五年を超えない期間の拘禁刑若しくは手続及び証拠に関する規則に定める罰金又はその双方を科することができる。

4(a)　締約国は、自国の捜査上又は司法上の手続の健全性に係る犯罪を処罰する自国の刑事法の適用範囲を、この条に規定する裁判の運営に対する犯罪であって自国の領域において又は自国民によって行われたものまで拡張する。

(b)　締約国は、裁判所が適当と認める場合にはその要請により、訴追のために自国の権限のある当局に事件を付託する。当該当局は、この事件を誠実に取り扱うものとし、これを効果的に処理することができるようにするために十分な資源を充てるものとする。

第七一条（裁判所における不当行為に対する制裁）1　裁判所は、在廷する者であって不当行為（公判手続を混乱させ、又は裁判所の指示に従うことを故意に拒否することを含む。）を行うものに対し、手続及び証拠に関する規則に定める一時的又は恒久的な退廷、科料その他これらに類する措置等拘禁以外の行政上の措置によって制裁を科することができる。

2　1に規定する措置の適用を規律する手続は、手続及び証拠に関する規則に定める手続とする。

第七二条（国家の安全保障に関する情報の保護）1　この条の規定は、国が、その情報又は文書の開示が自国の安全保障上の利益を害し得ると判断する案件について適用する。そのような案件には、第五六条2及び3、第六四条3、第六七条2、第六八条6、第八七条6並びに第九三条の規定の適用を受ける案件並びにそのような開示が問題となる案件であってその他の手続の段階において生ずるものを含む。

2　この条の規定は、情報又は証拠の提供を要請された者が、その開示がいずれかの国の安全保障上の利益を害し得ることを理由としてその提供を拒否し、又は当該国にその問題を付託する場合であって、当該国がその開示が自国の安全保障上の利益を害し得ると判断していることを確認するときについても、適用する。

3　この条のいかなる規定も、第五四条3(e)及び(f)の規定に基づいて適用される秘密性に関する要求又は次条の規定の適用を妨げるものではない。

4　いずれの国も、手続のいずれかの段階において、自国の情報又は文書が開示されていること又は開示されるおそれがあることを知り、かつ、その開示が自国の安全保障上の利益を害し得ると判断する場合には、この条の規定に従ってこの問題の解決を得るために手続に参加する権利を有する。

5　いずれの国も、情報の開示が自国の安全保障上の利益を害し得ると判断する場合には、この問題を協力的な手段によって解決するため、場合に応じて、検察官、被告人、予審裁判部又は第一審裁判部と共に行動して、これらの者が次に掲げるすべての合理的な措置をとるよう求める。

(a)　援助についての請求の修正又は明確化

(b)　求められる方法若しくは証拠の関連性についての裁判所の判断又は関連性がある場合であっても自国以外の情報源から証拠を入手することができるか否か若しくは既に入手しているか否かについての裁判所の判断

(c)　異なる情報源からの又は異なる形態による情報又は証拠の入手

(d)　援助を提供することができる条件（特に、要約又は編集した文書の提出、開示の制限、非公開による又はいずれか一方の当事者による手続の利用その他この規程及び手続及び証拠に関する規則に基づいて認められる保護措置を含む。）についての

同意の取得

6　いずれの国も、問題を協力的な手段によって解決するためのすべての合理的な措置をとった後、自国の安全保障上の利益を害することなく情報又は文書を提供し、又は開示し得る手段又は条件がないと認める場合には、検察官又は裁判所に対してその旨を具体的な理由を付して通報する。ただし、その理由を具体的に記載することそれ自体が自国の安全保障上の利益を必然的に害し得る結果となるときは、この限りでない。

7　その後に裁判所は、これらの証拠が関連性を有し、かつ、被告人の有罪又は無罪を証明するために必要であると判断する場合には、次の措置をとることができる。

(a)　情報又は文書の開示が第九部に規定する協力についての請求又は2に規定する状況において求められ、かつ、国が第九三条4に規定する拒否の理由を援用している場合には、次のことを行うことができる。

(i)　(ii)に規定する結論を出す前に、当該国の意見を検討するために更なる協議を要請すること。その協議には、適当な場合には、非公開かついずれか一方の当事者による審理を含む。

(ii)　その事件の状況にかんがみ被請求国が第九三条4に規定する拒否の理由を援用することによってこの規程の下での義務に従って行動していないとの結論を下す場合には、その理由を明示して第八七条7の規定に従って問題を付託すること。

(iii)　その状況において適当な場合には、事実の存否について被告人の公判において推定を行うこと。

(b)　(a)に規定する状況以外の状況においては、次のことを行うことができる。

(i)　情報又は文書の開示を命ずること

(ii)　情報又は文書の開示を命じない場合には、その状況において適当なときは、事実の存否について被告人の公判において推定を行うこと。

第七三条（第三者の情報又は文書）締約国は、自国が保管し、保有し、又は管理する文書又は情報であって、他の国、政府間機関又は国際機関より自国に対して秘密のものとして提供されたものの提出を裁判所により請求される場合には、当該文書又は情報の開示のためにその出所元の同意を求める。出所元が締約国である場合には、当該締約国は、当該文書若しくは情報の開示に同意し、又は前条の規定に従って開示の問題を裁判所との間で解決する。出所元が締約国ではなく、かつ、開示への同意を拒否する場合には、被請求国は、裁判所に対し、秘密性についての出所元に対する既存の義務のために当該文書又は情報を提供することができないことを通報する。

第七四条（判決のための要件）1　第一審裁判部のすべての裁判官は、公判の各段階に出席し、及び評議に終始参加する。裁判所長会議は、個々の事例の応じ、対応可能な場合には、一人又は二人以上の補充の裁判官を指名することができる。これらの補充の裁判官は、公判の各段階に出席するものとし、第一審裁判部の裁判官が出席し続けることができない場合には、当該第一審裁判部の裁判官と交代する。

2　第一審裁判部の判決は、証拠及び手続全体の評価に基づいて行う。判決は、犯罪事実及びその改定に記載された事実及び状況を超えるものであってはならない。裁判所は、公判において裁判所に提出され、かつ、裁判所において審理された証拠にのみ基づいて判決を行うことができる。

3　第一審裁判部の裁判官は、判決において全員一致の合意を得るよう努めるものとし、全員一致の合意が得られない場合には、判決は、第一審裁判部の裁判官の過半数をもって行う。

4　第一審裁判部の評議は、秘密とする。

5　判決については、書面によるものとし、第一審裁判部の証拠に関する認定及び結論についての十分な、かつ、詳しい理由を付した説明を記載する。第一審裁判部は、一の判決を行う。全員一致の合意が得られない場合には、第一審裁判部判決には、多数意見及び少数意見を記載する。判決又はその要約については、公開の法廷で言い渡す。

第七五条（被害者に対する賠償）1　裁判所は、被害者に対する又は被害者に係る賠償（原状回復、補償及びリハビリテーションの提供を含む。）に関する原則を確立する。その確立された原則に基づき、裁判所は、その判決において、請求により又は例外的な状況においては職権により、被害者に対する又は被害者に係る損害、損失及び障害の範囲及び程度を決定することができるものとし、自己の行動に関する原則を説明する。

2　裁判所は、有罪の判決を受けた者に対し、被害者に対する又は被害者に係る適切な賠償（原状回復、補償及びリハビリテーションの提供を含む。）を特定した命令を直接発することができる。

裁判所は、適当な場合には、第七九条に規定する信託基金を通じて賠償の裁定額の支払を命ずることができる。

3　裁判所は、この条の規定に基づき命令を発する前に、有罪の判決を受けた者、被害者その他の関係者若しくは関係国又はこれらの代理人の意見を求めることができるものとし、それらの意見を考慮する。

4　裁判所は、この条に基づく権限を行使するに当たり、いずれかの者が裁判所の管轄権の範囲内にある犯罪について有罪の判決を受けた後、この条の規定に基づいて発することができる命令を執行するため、第九三条1の規定に基づく措置を求めることが必要か否かを決定することができる。

5　締約国は、第一〇九条の規定の例により、この条の規定に基づく命令を執行する。

6　この条のいかなる規定も、国内法又は国際法に基づく被害者の権利を害するものと解してはならない。

第七六条（刑の言渡し）1　第一審裁判部は、有罪判決の場合には、科すべき適切な刑を検討するものとし、公判の間に提出された証拠及び述べられた意見であって刑に関連するものを考慮する。

2　第一審裁判部は、第六五条の規定が適用される場合を除くほか、公判の終了前に、手続及び証拠に関する規則に従い、刑に関連する追加的な証拠又は意見を審理するための追加的な審理を職権によって行うことができるものとし、検察官又は被告人の要請があるときは、当該追加的な審理を行うものとする。

3　2の規定の適用がある場合には、前条の規定に基づく意見は、2に規定する追加的な審理の間及び必要なときは更なる審理の間に審理される。

4　刑については、公開の場で及び可能な限り被告人の在廷の下に言い渡す。

第七部　刑　罰

第七七条（適用される刑罰）1　裁判所は、第一一〇条の規定に従うことを条件として、第五条に規定する犯罪についての有罪の判決を受けた者に対し、次のいずれかの刑罰を科することができる。

(a)　最長三〇年を超えない特定の年数の拘禁刑

(b)　犯罪の極度の重大さ及び当該有罪の判決を受けた者の個別の事情によって正当化されるときは終身の拘禁刑

2　裁判所は、拘禁刑のほか、次のものを命ずることができる。

(a)　手続及び証拠に関する規則に定める基準に基づく罰金

(b)　1に規定する犯罪によって直接又は間接に生じた収益、財産及び資産の没収。ただし、善意の第三者の権利を害することのないように行う。

第七八条（刑の量定）1　裁判所は、刑の量定に当たり、手続及び証拠に関する規則に従い、犯罪の重大さ、有罪の判決を受けた者の個別の事情等の要因を考慮する。

2　裁判所は、拘禁刑を科するに当たり、裁判所の命令に従って既に拘禁された期間がある場合にはその期間を刑期に算入するものとし、また、犯罪の基礎を構成する行為に関連する他の拘禁された期間を刑期に算入することができる。

3　一人の者が二以上の犯罪について有罪に判決を受けた場合には、裁判所は、各犯罪についての刑及びそれらを併合した刑（拘禁刑の全期間を特定したもの）を言い渡す。当該全期間は、少なくとも言い渡された各犯罪についての刑のうちの最長の期間とするものとし、三〇年の拘禁刑又は前条1(b)の規定に基づく終身の拘禁刑の期間を超えないものとする。

第七九条（信託基金）1　締約国会議の決定により、裁判所の管轄権の範囲内にある犯罪の被害者及びその家族のために信託基金を設置する。

2　裁判所は、その命令により、罰金として又は没収によって徴収された金銭その他の財産を信託基金に移転することを命ずることができる。

3　信託基金は、締約国会議が決定する基準に従って管理される。

第八〇条（国内における刑罰の適用及び国内法への影響の否定）この部のいかなる規定も、各国の国内法に定める刑罰の適用を妨げるものではなく、また、この部に規定する刑罰を定めていない国の法律に影響を及ぼすものでもない。

第八部　上訴及び再審

第八一条（無罪若しくは有罪の判決または刑の量定に対する上訴）1　第七四条の規定に基づく判決に対しては、手続及び証拠に関する規則に従い、次のとおり上訴をすることができる。

(a)　検察官は、次のいずれかを理由として上訴をすることができる。

(i)　手続上の誤り

(ii)　事実に関する誤り

(iii)　法律上の誤り

(b)　有罪の判決を受けた者又は当該者のために行動する検察官は、次のいずれかを理由として上訴をすることができる。

(i)　手続上の誤り

(ii)　事実に関する誤り

(iii)　法律上の誤り

(iv)　その他の理由であって手続又は判決の公正性又は信頼性に影響を及ぼすもの

2(a)　検察官又は有罪の判決を受けた者は、犯罪と刑との間の不均衡を理由として、手続及び証拠に関する規則に従って当該刑の量定に対して上訴をすることができる。

(b)　裁判所は、刑の量定に対する上訴に関し、有罪判決の全部又は一部を取り消し得る理由があると認める場合には、検察官及び有罪の判決を受けた者に対して1(a)又は(b)の規定に基づく理由の提示を求めることができるものとし、また、第八三条の規定に基づいて有罪判決に関する決定を行うことができる。

(c)　裁判所は、専ら1の規定に基づく有罪判決に対する上訴に関し、(a)の規定の下で減刑のための理由があると認める場合には、(b)に規定する手続と同一の手続を適用する。

3(a)　有罪の判決を受けた者は、第一審裁判部が別段の命令を発する場合を除くほか、上訴の手続の間、引き続き拘禁される。

(b)　有罪の判決を受けた者の拘禁の期間が科された拘禁刑の期間を超える場合には、当該者は、釈放される。ただし、検察官も上訴をしているときは、その釈放は、(c)に規定する条件に従って行われる。

(c)　無罪判決の場合には、被告人は、次の(i)及び(ii)の規定が適用されることを条件として、直ちに釈放される。

(i) 第一審裁判部は、例外的な状況において、特に、具体的な逃亡の危険性、訴追された犯罪の重大性及び上訴が認められる可能性を考慮した上で、検察官の要請により、上訴の手続の間、当該被告人の拘禁を継続することができる。

(ii) (i)の規定に基づく第一審裁判部の決定に対しては、手続及び証拠に関する規則に従って上訴をすることができる。

4　判決又は刑の執行は3(a)及び(b)の規定に従うことを条件として、上訴が許される期間及び上訴の手続の間、停止する。

第八二条（他の決定に対する上訴）1　いずれの当事者も、手続及び証拠に関する規則に従い、次の決定のいずれに対しても上訴をすることができる。

(a) 管轄権又は受理許容性に関する決定

(b) 捜査され、又は訴追されている者の釈放を認める又は認めない旨の決定

(c) 第五六条3の規定に基づいて職権によって措置をとるとの予審裁判部の決定

(d) 手続の公正かつ迅速な実施又は公判の結果に著しい影響を及ぼし得る問題に係る決定であって、上訴裁判部によって速やかに解決されることにより手続を実質的に進めることができると予審裁判部又は一審裁判部が認めるもの

2　関係国又は検察官は、予審裁判部の許可を得た上で第五七条3(b)の規定に基づく予審裁判部の決定に対して上訴をすることができる。当該上訴については、迅速に審理する。

3　上訴それ自体は、上訴裁判部が手続及び証拠に関する規則に基づく要請により別段の命令を発しない限り、手続の停止の効力を有しない。

4　被害者の法律上の代理人、有罪の判決を受けた者又は第七五条の規定に基づく命令によって不利な影響を受ける財産の善意の所有者は、手続及び証拠に関する規則に定めるところにより、賠償の命令に対して上訴をすることができる。

第八三条（上訴についての手続）1　上訴裁判部は、第八一条及びこの条の規定に基づく手続を行うに当たり、第一審裁判部のすべての権限を有する。

2　上訴裁判部は、上訴の対象となった手続が判決若しくは刑の量定の信頼性に影響を及ぼすほど不公正であったと認める場合又は上訴の対象となった判決若しくは刑の量定が事実に関する誤り、法律上の誤り若しくは手続上の誤りによって実質的に影響を受けたと認める場合には、次のいずれかのことを行うことができる。

(a) 判決又は刑の量定を破棄し、又は修正すること。

(b) 異なる第一審裁判部において新たに公判を行うことを命ずること。

これらの目的のため、上訴裁判部は、原判決をした第一審裁判部に対して事実に係る問題を決定させ、及びその決定を報告させるために当該問題を差し戻し、又は当該問題を決定するために自ら証拠を請求することができる。有罪の判決を受けた者又は当該者のために行動する検察官のみが判決又は刑の量定に対して上訴をしているときは、上訴裁判部は、当該判決又は刑の量定を当該者について不利に修正することができない。

3　上訴裁判部は、刑の量定に対する上訴において刑が犯罪に比して不均衡であると認める場合には、第七部の規定に従って当該刑を変更することができる。

4　上訴裁判部の判決については、裁判官の過半数をもって行い、公開の法廷で言い渡す。判決には、その理由を明示する。全員一致の合意が得られない場合には、上訴裁判部の判決には、多数意見及び少数意見を記載するが、いずれの裁判官も、法律問題に関して個別の意見又は反対意見を表明することができる。

5　上訴裁判部は、無罪の判決を受けた者又は有罪の判決を受けた者が在廷しない場合であっても、判決を言い渡すことができる。

第八四条（有罪判決又は刑の量定の再審）1　有罪の判決を受けた者若しくはその死亡後は配偶者、子、親若しくは当該有罪の判決を受けた者の死亡の時に存命していた者であって当該有罪の判決を受けた者から再審の請求を行うことについて書面による明示の指示を受けていたもの又は当該被告人のために行動する検察官は、有罪の確定判決又は刑の量定の再審を、次の理由に基づいて上訴裁判部に申し立てることができる。

(a) 次の(i)及び(ii)の条件を満たす新たな証拠が発見されたこと。

(i) 公判の時に利用することができず、かつ、そのことの全部又は一部が再審を申し立てる当事者の責めに帰すべきものではなかったこと。

(ii) 公判において証明されていたならば異なる判決となっていた可能性があるほど十分に重要なものであること。

(b) 公判において考慮され、かつ、有罪判決の依拠した決定的な証拠が虚偽の偽造された又は変造されたものであったことが新たに発見されたこと。

(c) 有罪判決又は犯罪事実の確認に参加した裁判官のうち一人又は二人以上が、その事件において、第四六条の規定に従ってこれらの裁判官の解任が正当化されるほどの重大な不当行為又は義務の重大な違反を行っていたこと。

2　上訴裁判部は、申立てに根拠がないと認める場合には、手続及び証拠に関する規則に定める態様によって各当事者からの聴取を行った後、判決を変更すべきか否かについての決定を行うため、必要に応じ、次のいずれかのことを行うことができる。

(a) 原判決をした第一審裁判部を再招集すること。

(b) 新たな第一審裁判部を組織すること。

(c) この事案について自己が管轄を保持すること。

第八五条（逮捕され、又は有罪の判決を受けた者に対

する補償）1　違法に逮捕され、又は拘禁されたものは、補償を受ける権利を有する。

2　確定判決によって有罪と決定された場合において、その後に、新たな事実又は新しく発見された事実により誤審のあったことが決定的に立証されたことを理由としてその有罪判決が破棄されたときは、当該有罪判決の結果として刑に服した者は、法律に基づいて補償を受ける。ただし、その知られなかった事実が適当なときに明らかにされなかったことの全部又は一部が当該者の責めに帰するものであることが証明される場合はこの限りでない。

3　裁判所は、重大かつ明白な誤審のあったことを立証する決定的な事実を発見するという例外的な状況において、無罪の確定判決又はそのような理由による公判手続の終了の後に釈放された者に対し、手続及び証拠に関する規則に定める基準に従い、自己の裁量によって補償を与えることができる。

第九部　国際協力及び司法上の援助

第八六条（協力を行う一般的義務）締約国は、この規程に従い、裁判所の管轄権の範囲内にある犯罪について裁判所が行う捜査及び訴追において、裁判所に対し十分に協力する。

第八七条（協力の請求についての一般規定）1(a)　裁判所は、締約国に対して協力を求める権限を有する。このような請求については、外交上の経路又は各締約国が批准、受諾、承認又は加入の際に指定する他の適当な経路を通じて送付する。

締約国は、その指定のその後の変更については、手続及び証拠に関する規則に従って行う。

(b)　請求については、適当な場合には、(a)の規定の適用を妨げない限りにおいて、国際刑事警察機構又は適当な地域的機関を通じて送付することができる。

2　協力の請求及び請求の裏付けとなる文書については、被請求国が批准、受諾、承認又は加入の際にした選択に従い、被請求国の公用語若しくは裁判所の常用語のうちの一によって行い、又はこれらの言語のうちの一による訳文を添付することによって行う。

その選択のその後の変更については、手続及び証拠に関する規則に従って行う。

3　被請求国は、協力の請求及び請求の裏付けとなる文書を秘密のものとして取り扱う。ただし、請求内容を実施するために開示が必要となる限度においては、この限りでない。

4　裁判所は、この部の規定に従って提供される援助を求めることとの関連で、被害者及び証人となる可能性のある者並びにこれらの者の家族の安全又は心身の健康を確保するために必要な措置（情報の保護に関する措置を含む。）をとることができる。裁判所は、この部の規定に基づいて入手することのできる情報が被害者及び証人となる可能性のある者並びにこれらの者の家族の安全又は心身の健康を保護する方法によって提供され、及び取り扱われるよう要請することができる。

5(a)　裁判所は、この規程の締約国でない国に対し、当該国との特別の取極又は協定その他の適当な根拠に基づき、この部の規定に従って援助を提供するよう求めることができる。

(b)　裁判所は、この規程の締約国でない国であって裁判所と特別の取極又は協定を締結したものがこれらの取極又は協定に基づく請求に協力しない場合には、締約国会議又はこの事案が安全保障理事会によって裁判所に付託されたものであるときは安全保障理事会に対し、その旨を通報することができる。

6　裁判所は、政府間機関に対して情報又は文書の提供を要請することができる。又、裁判所は、そのような機関の権限又は任務に基づくその他の形態の協力及び援助であって当該機関との合意によって定めるものを要請することができる。

7　締約国がこの規程に反して裁判所による協力の請求に応ぜず、それにより裁判所のこの規程に基づく任務及び権限の行使を妨げた場合には、裁判所は、その旨の認定を行うことができるものとし、締約国会議又はこの事案が安全保障理事会によって裁判所に付託されたものであるときは安全保障理事会に対し、その問題を付託することができる。

第八八条（国内法の手続の確保）締約国は、自国の国内法の手続がこの部の定めるすべての形態の協力のために利用可能であることを確保する。

第八九条（裁判所への人の引渡し）1　裁判所は、ある者の逮捕及び引渡しの請求を第九一条に規定するその裏付けとなる資料とともに、当該者がその領域に所在するとみられる国に対して送付することができるものとし、当該者の逮捕及び引渡しにおいて当該国の協力を求める。締約国は、この部の規定及び自国の国内法の手続に従って逮捕及び引渡しの請求に応ずる。

2　引渡しを求められた者が第二〇条に規定する一時不再理の原則に基づいて国内裁判所に異議の申立てを行う場合には、被請求国は、受理許容性について関連する決定が行われているか否かを確認するために直ちに裁判所と協議する。事件を受理することが決定されているときは、被請求国は、請求された引渡し実施を続行する。受理許容性についての決定がなされていないときは、被請求国は、裁判所が受理許容性についての決定を行うまで当該引渡しの実施を延期することができる。

3(a)　締約国は、他の国が裁判所に引き渡す者を自国の領域内を通過して護送することについて、自国内の通過が引渡しを妨げ、又は遅延させ得るものでない限り、自国の国内法の手続に従って承認する。

(b)　裁判所による通過についての請求は、第八七条の規定に従って送付される。通過についての請求には、次の事項を含める。

(i) 護送される者に関する記述。

(ii) 犯罪事実及びその法的な評価に関する簡潔な説明

(iii) 逮捕及び引渡しのための令状

(c) 護送される者は、通過の間抑留される。

(d) 護送される者が空路によって護送される場合において通過国の領域に着陸する予定がないときは、その承認は、必要とされない。

(e) 通過国は、その領域において予定外の着陸が行われる場合には、(b)に規定する裁判所による通過についての請求を求めることができる。通過国は、通過についての請求を受領して当該通過が行われるようになるまで護送される者を抑留する。ただし、この(e)に規定する目的のための抑留は、請求が予定外の着陸から九六時間以内に受領されない限り、当該時間を超える期間にわたることができない。

4　被請求国は、裁判所への引渡しを求められている者に関し、自国において引渡しを求められている犯罪とは異なる犯罪について訴訟手続がとられており、又は当該者が服役している場合には、請求を認める決定を行った後に裁判所と協議する。

第九〇条（請求の競合） 1　前条の規定に基づいて裁判所からある者の引渡しの請求を受ける締約国は、裁判所が当該者の引渡しを求める犯罪の基礎を構成する同一の行為に関し、他の国からも当該者について犯罪人引渡しの請求を受ける場合には、その事実を裁判所及び請求国に通報する。

2　請求国が締約国である場合には、被請求国は、次のときは、裁判所からの請求を優先する。

(a) 裁判所が、引渡しを求める事件を第一八条又は第一九条の規定に従って受理することを決定しており、かつ、その決定において請求国がその犯罪人引渡しの請求に関して行った捜査又は訴追を考慮しているとき。

(b) 裁判所が1の規定に基づく被請求国からの通報の後に(a)に規定する決定を行うとき。

3　被請求国は、2(a)に規定する決定が行われていない場合には、自国の裁量により、2(b)に規定する裁判所による決定がなされるまでの間、請求国からの犯罪人引渡しの請求についての処理を進めることができる者の、裁判所が事件を受理しないことを決定するまでは、1に規定する者についての犯罪人引渡しを行わないものとする。裁判所の決定は迅速に行う。

4　被請求国は、請求国がこの規程の締約国でない国であり、かつ、請求国に対して1に規定する者についての犯罪人引渡しを行う国際的な義務を有していない場合であって、裁判所が事件を受理することを決定しているときは、裁判所からの引渡しの請求を優先する。

5　4に規定する場合であって裁判所が事件を受理することを決定していないときは、被請求国は、自国の裁量により、請求国からの犯罪人引渡しの請求についての処理を進めることができる。

6　被請求国は、自国がこの規程の締約国でない請求国に対して1に規定する者についての犯罪人引渡しを行う国際的な義務を有する場合であって、裁判所が事件を受理することを決定しているときは、当該者を裁判所に引き渡すか又は請求国に対して当該者についての犯罪人引渡しを行うかを決定する。被請求国は、その決定に当たり、次の事項を含むすべての関連する事項を考慮する。

(a) それぞれの請求の日付

(b) 請求国の利益（適当な場合には、犯罪が請求国の領域内で行われたか否か並びに被害者及び引渡しを求められている者の国籍を含む。）

(c) 裁判所と請求国との間においてその後に引渡しが行われる可能性

7　被請求国は、裁判所が当該の引渡しを求める犯罪を構成する行為以外の行為に関して他の国から当該者についての犯罪人引渡しの請求を受ける場合には、次のことを行う。

(a) 請求国に対して当該者についての犯罪人引渡しを行う国際的な義務を有していない場合には、裁判所からの請求を優先すること。

(b) 請求国に対して当該者についての犯罪人引渡しを行う国際的な義務を有している場合には、当該者を裁判所に引き渡すか又は請求国に対して犯罪人引渡しを行うかを決定すること。被請求国は、その決定に当たり、6に規定する事項を含むすべての関連する事項を考慮するものとし、当該行為の相対的な重大性及び性質に特別の考慮を払う。

8　被請求国は、この条の規定に基づく通報の後に裁判所が事件を受理しないことを決定し、その後に自国が請求国への犯罪人引渡しを拒否する場合には、裁判所にその拒否の決定を通報する。

第九一条（逮捕及び引渡しの請求の内容） 1　逮捕及び引渡しの請求は、書面によって行う。緊急の場合には、請求は、第八七条1(a)に定める経路を通じて確認されることを条件として文書による記録を送付することができる媒体によって行うことができる。

2　第五八条の規定に従って予審裁判部により逮捕状が発せられている者の逮捕及び引渡しの請求の場合には、当該請求については、次のものを含め、又はこれらによって裏付ける。

(a) 引渡しを求める者について記載されている情報であって当該者の特定に十分なもの及び当該者の予想される所在地に関する情報

(b) 逮捕状の写し

(c) 被請求国における引渡しの手続に関する要件を満たすために必要な文書、説明又は情報。ただし、この要件は、被請求国と他の国との間の条約又は取極に基づく犯罪人引渡しの請求に適用される要件よりも負担を重くすべきではなく、また、可能なときは、裁判所の特性を考慮して軽くすべきである。

3　既に有罪の判決を受けた者の逮捕及び引渡しの請求の場合には、当該請求については、次のものを含め、又はこれらによって裏付ける。

(a)　当該者に係る逮捕状の写し

(b)　有罪判決の写し

(c)　引渡しを求める者が有罪判決にいう者であることを証明する情報

(d)　引渡しを求める者が刑の言渡しを受けている場合には、刑の言渡し書の写し並びに拘禁刑のときは既に刑に服した期間及び服すべき残りの期間に関する説明

4　締約国は、裁判所の要請により、2(c)の規定に基づいて適用する自国の国内法に定める要件に関し、一般的に又は個別の事項について裁判所と協議する。その協議の過程において、当該締約国は、自国の国内法に定める個別の要件を裁判所に通報する。

第九二条(仮逮捕)　1　裁判所は、緊急の場合において、引渡しを求める者について、前条に規定する引渡しの請求及びその請求の裏付けとなる文書を提出するまでの間、仮逮捕の請求を行うことができる。

2　仮逮捕の請求については、文書による記録を送付することができる媒体によって行い、次のものを含める。

(a)　引渡しを求める者について記述されている情報であって当該者の特定に十分なもの及び当該者の予想される所在地に関する情報

(b)　当該者の逮捕が求められる犯罪及びこれらの犯罪を構成するとされる事実(可能な場合には犯罪の日時及び場所を含む。)に関する簡潔な説明

(c)　当該者に係る逮捕状又は有罪判決が存在することに関する説明

(d)　当該者の引渡しの請求を行うこととなる旨の説明

3　被請求国は、前条に規定する引渡しの請求及びその請求の裏付けとなる文書を手続及び証拠に関する規則に定める期限までに受領しなかった場合には、仮に逮捕した者を釈放することができる。ただし、当該者は、被請求国の法律が許容する場合には、当該期限の満了前に引き渡されることに同意することができる。この場合において、被請求国は、できる限り速やかに当該者を裁判所に引き渡す。

4　引渡しを求められている者が3の規定に基づいて釈放されたことは、その後に引渡しの請求及びその請求の裏付けとなる文書が送付される場合において、当該者を逮捕し、引き渡すことを妨げるものではない。

第九三条(他の形態の協力)　1　締約国は、この部の規定及び国内法の手続に従い、捜査及び訴追に関する次の援助の提供についての裁判所による請求に応ずる。

(a)　人の特定及び人の所在又は物の所在地の調査

(b)　証拠(宣誓した上での証言を含む。)の取得及び証拠(裁判所にとって必要な専門家の意見及び報告を含む。)の提出

(c)　捜査され、又は訴追されている者に対する尋問

(d)　文書(裁判上の文書を含む。)の送達

(e)　証人又は専門家として個人が裁判所に自発的に出頭することを容易にすること。

(f)　7に規定する者の一時的な移送

(g)　場所の見分(墓所の発掘及び見分を含む。)

(h)　捜査及び差押えの実施

(i)　記録及び文書(公式の記録及び文書を含む。)の提供

(j)　被害者及び証人の保護並びに証拠の保全

(k)　善意の第三者の権利を害することなく、最終的な没収のために犯罪の収益、財産、資産及び道具を特定し、追跡し、及び凍結又は差押えをすること。

(l)　裁判所の管轄権の範囲内にある犯罪の捜査及び訴追を容易にするため、その他の形態の援助であって被請求国の法律が禁止していないものを行うこと。

2　裁判所は、裁判所に出頭する証人又は専門家に対し、これらの証人又は専門家が被請求国からの出国に先立ついかなる作為又は不作為についても裁判所によって訴追されず、拘束されず、又は身体の自由に対するいかなる制限も課されないとの保証を与える権限を有する。

3　1の規定に従って提出される請求に詳述されている援助に係る特定の措置の実施が、被請求国において一般的に適用される現行の基本的な法的原則に基づいて禁止されている場合には、被請求国は、問題の解決に努めるために裁判所と速やかに協議する。この協議においては、援助を他の方法によって又は条件を付して与えることができるか否かを考慮すべきである。協議を経ても問題を解決することができないときは、裁判所は、請求に対して必要な修正を行う。

4　締約国は、自国の安全保障に関連する文書の提出又は証拠の開示についての請求の場合にのみ、第七二条の規定に基づいて援助についての請求の全部又は一部を拒否することができる。

5　被請求国は、1(l)に規定する援助についての請求を拒否する前に、特定の条件を付して援助を提供することができるか否か又は後日若しくは他の方法によって援助を提供することができるか否かを検討する。裁判所又は検察官は、条件が付された援助を受け入れる場合には、その条件を遵守する。

6　被請求国は、援助についての請求を拒否する場合には、その拒否の理由を裁判所又は検察官に対して速やかに通報する。

7 (a)　裁判所は、特定、証言の取得その他の援助のため、拘禁されている者の一時的な移送を請求することができる。被請求国は、次の(i)及び(ii)の条件

が満たされる場合には、当該者を移送することができる。

(i) 当該者が移送について事情を知らされた上で任意に同意すること。

(ii) 被請求国が裁判所との間で合意する条件に従って移送することに同意すること。

(b) 移送される当該者は、引き続き拘禁される。裁判所は、移送による目的が満たされたときは、当該者を被請求国に遅滞なく送還する。

8 (a) 裁判所は、請求において記載されている捜査及び手続に必要となる場合を除くほか、文書及び情報の秘密を確保する。

(b) 被請求国は、必要な場合には、検察官に対し文書及び情報を秘密のものとして送付することができる。検察官は、これらの文書及び情報については新たな証拠を取得するためにのみ用いることができる。

(c) 被請求国は、その発意により又は検察官の要請により、その後にそのような文書又は情報を開示することに同意することができる。その場合には、これらの文書又は情報は、第五部及び第六部の規定並びに手続及び証拠に関する規則に従って証拠として用いることができる。

9 (a)(i) 締約国は、引渡し又は犯罪人引渡し以外に係る請求に関し、裁判所から受ける請求と国際的な義務に基づいて他の国から受ける請求とが競合する場合には、裁判所及び当該他の国と協議の上、必要に応じていずれかの請求を延期し、又はいずれかの請求に条件を付することによって双方の請求に応ずるよう努める。

(ii) (i)の規定による解決が得られないときは、競合する請求については、第九〇条に定める原則に従って解決する。

(b) 裁判所からの請求が国際約束によって第三国又は国際機関の管理の下にある情報、財産又は個人に関するものである場合には、被請求国は、その旨を裁判所に通報するものとし、裁判所は、その請求を当該第三国又は国際機関に対して行う。

10 (a) 裁判所は、締約国の請求により、裁判所の管轄権の範囲内にある犯罪を構成し、又は当該締約国の国内法に定める重大な犯罪を構成する行為について捜査又は裁判を行う当該締約国に協力し、及び援助を提供することができる。

(b)(i) (a)に規定する援助には、特に次のものを含む。

a 裁判所による捜査又は裁判の過程において得られた陳述、文書その他の形態の証拠の送付

b 裁判所の命令によって拘禁されている者に対する尋問

(ii) (i)aの規定に基づく援助の場合であって、

a 文書その他の形態の証拠がいずれかの国の援助によって得られたときは、その送付には、当該国の同意を必要とする。

b 陳述、文書その他の形態の証拠が証人又は専門家によって提供されたときは、その送付は、第六八条の規定に従って行う。

(c) 裁判所は、この10に定める条件の下で、この規程の締約国でない国からこの10に規定する援助についての請求に応ずることができる。

第九四条（進行中の捜査又は訴追に関する請求内容の実施の延期） 1 被請求国は、請求内容を即時に実施することが当該請求内容に係る事件と異なる事件について進行中の捜査又は訴追を妨げ得る場合には、当該請求内容の実施を裁判所と合意した期間延期することができる。ただし、その延期は、被請求国における当該捜査又は訴追を完了するために必要な期間を超えてはならない。被請求国は、延期の決定を行う前に、一定の条件を付して援助を直ちに提供することができるか否かを検討すべきである。

2 1の規定に従って延期の決定が行われる場合であっても、検察官は、前条1(j)の規定に基づき証拠を保全する措置を求めることができる。

第九五条（受理許容性についての異議の申立ての際の請求内容の実施の延期） 裁判所が第一八条又は第一九条の規定に従い受理許容性についての異議の申立てを審議している場合には、被請求国は、この部の規定に基づく請求内容の実施を裁判所による決定がなされるまでの間延期することができる。ただし、裁判所がこれらの条の規定に従い検察官が証拠の収集を行うことができることを特に決定している場合は、この限りでない。

第九六条（第九三条に規定する他の形態の援助についての請求の内容） 1 第九三条に規定する他の形態の援助についての請求は、書面によって行う。緊急の場合には、請求は、第八七条1(a)に定める経路を通じて確認されることを条件として、文書による記録を送付することができる媒体によって行うことができる。

2 請求については、該当する場合には、次のものを含め、又はこれらによって裏付ける。

(a) 請求の目的及び求める援助の簡潔な説明（請求の法的根拠及び理由を含む。）

(b) 求める援助が提供されるための可能な限り詳細な情報であって、発見し又は特定しなければならないいずれかの者又は場所の所在地又は特定に関するもの

(c) 請求の基礎となる重大な事実の簡潔な説明

(d) 従うべき手続又は要件の理由及び詳細

(e) 請求内容を実施するために被請求国の法律に従って必要とされる情報

(f) 求める援助が提供されるためのその他の関連情報

3 締約国は、裁判所の要請により、2(e)の規定に基づいて適用する自国の国内法に定める要件に関し、一般的に又は個別の事項について裁判所と協議する。その協議の過程において、当該締約国は、自国の国

内法に定める個別の要件を裁判所に通報する。

4　この条の規定は、必要な場合には、裁判所に対してなされる援助についての請求にも適用する。

第九七条（協議）締約国は、この部の規定に基づく請求であって、その関係において、その請求内容の実施を遅らせ、又は妨げるおそれのある問題があると認められるものを受けるときは、この事態を解決するために裁判所と遅滞なく協議する。この問題には、特に次のようなものを含めることができる。

(a)　当該請求内容を実施するためには情報が不十分であること。

(b)　引渡しの請求のときは、最善の努力にもかかわらず引渡しを求められている者を発見することができないという事実又は行われた捜査により被請求国にいる者が明らかに令状に示された者でないと判断されたという事実

(c)　被請求国が当該請求内容をそのままの形態によって実施することが他の国との関係において負っている既存の条約上の義務に違反し得るという事実

第九八条（免除の放棄及び引渡しへの同意に関する協力）1　裁判所は、被請求国に対して第三国の人又は財産に係る国家の又は外交上の免除に関する国際法に基づく義務に違反する行動を求めることとなり得る引渡し又は援助についての請求を行うことができない。ただし、裁判所が免除の放棄について当該第三国の協力をあらかじめ得ることができる場合は、この限りでない。

2　裁判所は、被請求国に対して派遣国の国民の裁判所への引渡しに当該派遣国の同意を必要とするという国際約束に基づく義務に違反する行動を求めることとなり得る引渡しの請求を行うことができない。ただし、裁判所が引渡しへの同意について当該派遣国の協力をあらかじめ得ることができる場合は、この限りでない。

第九九条（第九三条及び第九六条の規定に基づく請求内容の実施）1　援助についての請求は、被請求国の法律の関連する手続に従い、当該法律によって禁止されていない限り、請求において特定されている方法（請求において示されている手続に従うこと又は請求において特定されている者が実施の過程に立ち会い、及びこれを補助することを認めることを含む。）により実施する。

2　緊急の請求の場合には、これに応じて提供する文書又は証拠については、裁判所の要請により、早急に送付する。

3　被請求国の回答については、その国元来の言語及び様式により送付する。

4　検察官は、この部の他の条の規定の適用を妨げることなく、強制的な措置によることなく実施することができる請求内容（特に、個人の任意に基づき当該個人と面会し、又は当該個人から証拠を取得すること（当該請求内容を実施するために不可欠である場合には被請求国の当局の立会いを伴うことなくこれらを行うことを含む。）及び公共の場所を変更することなく見分を行うことを含む。）の効果的な実施に必要な場合には、いずれかの国の領域において当該請求内容を次のとおり直接実施することができる。

(a)　被請求国がその領域において犯罪が行われたとされる国であり、かつ、第一八条又は第一九条の規定に従って受理許容性の決定が行われている場合には、検察官は、被請求国とのすべての可能な協議の後、当該請求内容を直接実施することができる。

(b)　(a)に規定する場合以外の場合には、検察官は、被請求国との協議の後、当該請求国が提起する正当な条件又は関心に従って当該請求内容を実施することができる。被請求国は、この(b)の規定に基づく請求内容の実施について問題があると認めるときは、この事態を解決するために裁判所と遅滞なく協議する。

5　裁判所が聴取し、又は尋問した者に対して国家の安全保障に関連する秘密の情報の開示を防止するための制限を援用することを認める第七二条の規定は、この条の規定に基づく援助についての請求内容の実施についても、適用する。

第一〇〇条（費用）1　被請求国の領域内において請求内容の実施に要する通常の費用は、裁判所が負担する次の費用を除くほか、当該被請求国が負担する。

(a)　証人及び専門家の旅費及び安全に関する費用又は第九三条の規定に基づく拘禁されている者の移送に関する費用

(b)　翻訳、通訳及び反訳に係る費用

(c)　裁判官、検察官、次席検察官、裁判所書記、裁判所次席書記及び裁判所の機関の職員の旅費及び滞在費

(d)　裁判所が請求する専門家の意見又は報告に係る費用

(e)　拘束を行う国によって裁判所に引き渡される者の護送に関する費用

(f)　請求内容の実施から生ずる可能性のある特別の費用であって協議によって認められるもの

2　1の規定は、適当な場合には、締約国による裁判所に対する請求について適用する。この場合において、実施に要する通常の費用は、裁判所が負担する。

第一〇一条（特定性の原則）1　この規程に従って裁判所に引き渡された者は、行為又は一連の行為であって自己が引き渡された犯罪の基礎を構成するものを除き、引渡しの前に行った行為のために、訴訟手続に付されず、処罰されず、又は拘禁されない。

2　裁判所は、1に規定する者を裁判所に引き渡した国に対して1に規定する条件を放棄するよう要請することができるものとし、必要な場合には、第九一条の規定に従って追加的な情報を提供する。締約国

は、裁判所に対して放棄を行う権限を有するものとし、放棄を行うよう努めるべきである。

第一〇二条(用語) この規程の適用上、

(a) 「引渡し」とは、この規程に基づき、国がいずれかの者を裁判所に引き渡すことをいう。

(b) 「犯罪人引渡し」とは、条約、協定又は国内法に基づき、一の国がいずれかの者を他の国に引き渡すことをいう。

第一〇部　刑の執行

第一〇三条(拘禁刑の執行における国の役割) 1(a) 拘禁刑は、刑を言い渡された者を受け入れる意思を裁判所に対して明らかにした国の一覧表の中から裁判所が指定する国において執行される。

(b) 国は、刑を言い渡された者を受け入れる意思を宣言する際に、裁判所が同意し、かつ、この部の規定に適合した受入れについての条件を付することができる。

(c) 個別の事件に関して指定された国は、裁判所の指定を受け入れるか否かを裁判所に対して速やかに通報する。

2(a) 刑を執行する国は、拘禁の期間又は程度に実質的に影響を及ぼし得るあらゆる状況(1の規定に従って合意された条件の実施を含む。)を裁判所に通報する。裁判所に対する既知の又は予想し得るそのような状況についての通報は、少なくとも四五日前までに行う。その間、刑を執行する国は、第一一〇条に規定する義務に違反するおそれのある行動をとってはならない。

(b) 裁判所は、(a)に規定する状況について同意することができない場合には、その旨を刑を執行する国に通報するとともに、次条1の規定に基づいて手続を進める。

3 裁判所は、1の規定に基づく指定を行う裁量を行使するに当たり、次の事項を考慮する。

(a) 締約国が手続及び証拠に関する規則に定める衡平な配分の原則に従い拘禁刑を執行する責任を共有すべきであるとの原則

(b) 被拘禁者の処遇を規律する広く受け入れられている国際条約上の基準の適用

(c) 刑を言い渡された者の意見

(d) 刑を言い渡された者の国籍

(e) 犯罪若しくは刑を言い渡された者の事情又は効果的な刑の執行に関するその他の要素であって刑を執行する国を指定するに当たり適当と認めるもの

4 いずれの国にも1の規定に基づく指定がなされない場合には、拘禁刑は、第三条2に規定する本部協定に定める条件に従い、接受国が提供する刑務所において執行される。その場合には、拘禁刑の執行によって生ずる費用は、裁判所が負担する。

第一〇四条(刑を執行する国の指定の変更) 1 裁判所は、刑を言い渡された者を他の国の刑務所に移送することをいつでも決定することができる。

2 刑を言い渡された者は、裁判所に対し、刑を執行する国から移送されることをいつでも申し立てることができる。

第一〇五条(刑の執行) 1 拘禁刑は第一〇三条1(b)の規定により特定した条件に従うことを条件として、締約国に対して拘束力を有するものとし、締約国は、いかなる場合にも当該拘禁刑を修正してはならない。

2 裁判所のみが上訴及び再審の申立てについて決定する権限を有する。刑を執行する国は、刑を言い渡された者がそのような申立てを行うことを妨げてはならない。

第一〇六条(刑の執行の監督及び拘禁の条件) 1 拘禁刑の執行については、裁判所の監督の対象となるものとし、また、被拘禁者の処遇を規律する広く受け入れられている国際法上の基準に適合したものとする。

2 拘禁の条件は、刑を執行する国の法律によって規律され、かつ、被拘禁者の処遇を規律する広く受け入れられている国際法上の基準に適合したものとする。この条件は、いかなる場合にも刑を執行する国における同様の犯罪について有罪の判決を受けた被拘禁者に与えられる条件と同等のものとする。

3 刑を言い渡された者と裁判所との間の連絡は、妨げられず、かつ、秘密とされる。

第一〇七条(刑を終えた者の移送) 1 刑を終えた者であって刑を執行する国の国民でないものについては、当該刑の終了後、刑を執行する国の法律に従い、当該者を受け入れる義務を有する国又は当該者を受け入れることに同意する他の国に移送することができるものとし、その際、これらの国に移送されることとなる当該者の希望を考慮する。ただし、刑を執行する国が当該者に対してその領域内に引き続きとどまることを許可する場合は、この限りでない。

2 いずれの国も1に規定する者の1の規定に基づく他の国への移送に要する費用を負担しない場合には、その費用は、裁判所が負担する。

3 刑を執行する国は、次条の規定に従うことを条件として、その国内法に従い、1に規定する者について裁判又は刑の執行のために犯罪人引渡しを請求している国に犯罪人引渡しを行うことができる。

第一〇八条(他の犯罪の訴追又は処罰の権限) 1 刑を執行する国によって拘禁されている刑を言い渡された者は、当該者が当該刑を執行する国に移送される前に行った行為について訴追、処罰又は第三国への犯罪人引渡しの対象とされない。ただし、当該刑を執行する国の要請により、そのような訴追、処罰又は犯罪人引渡しが裁判所によって認められている場合は、この限りでない。

2 裁判所は、1に規定する者の意見を聴取した後に1に規定する事項を決定する。

3 1の規定は、1に規定する者が裁判所によって科された刑を終えた後に刑を執行する国の領域内に任意に三〇日を超えて滞在している場合又は当該国の領域から離れた後に当該国の領域に戻る場合には、適用しない。

第一〇九条（罰金及び没収に係る措置の実施）1　締約国は、自国の国内法の手続に従い、善意の第三者の権利を害することなく、第七部の規定に基づいて裁判所が発する罰金又は没収の命令を執行する。

2　締約国は、自国が没収の命令を執行することができない場合には、善意の第三者の権利を害することなく、裁判所が没収することを命じた収益、財産又は資産の価値を回復するための措置をとる。

3　財産又は不動産若しくは適当な場所にはその他の財産の売却による収益であって裁判所の判決を執行した結果として締約国が取得したものは、裁判所に移転される。

第一一〇条（減刑に関する裁判所の再審査）1　刑を執行する国は、裁判所が言い渡した刑期の終了前にその刑を言い渡された者を釈放してはならない。

2　裁判所のみが減刑を決定する権限を有する。裁判所は、1に規定する者の意見を聴取した後にこの事項についての決定を行う。

3　裁判所は、1に規定する者が刑期の三分の二の期間又は終身の拘禁刑の場合には二五年間刑に服した時に、減刑をすべきか否かを決定するためにこれらの刑を再審査する。このような再審査は、これらの時よりも前に行ってはならない。

4　裁判所は、3に規定する再審査に当たり、次の一又は二以上の要素が存在すると認める場合には、減刑をすることができる。

(a)　1に規定する者の裁判所の捜査及び訴追に協力するとの早い時期からの継続的な意思

(b)　1に規定する者の自発的な援助であって、他の事件における裁判所の判決及び命令の執行を可能にするもの。特に、被害者の利益のために用いられる罰金、没収又は賠償の命令の対象となる資産の発見のために提供する援助

(c)　手続及び証拠に関する規則に定めるその他の要素であって、減刑を正当化するのに十分な明白かつ重大な状況の変化を証明するもの

5　裁判所は、3の規定に基づく最初の再審査において減刑が適当でないと決定する場合であっても、その後、手続及び証拠に関する規則に定める間隔を置いて及び同規則に定める基準を適用して、減刑の問題を再審査する。

第一一一条（逃亡）有罪の判決を受けた者が拘禁を逃れ、刑を執行する国から逃亡する場合には、当該国は、裁判所と協議の上、現行の二国間又は多数国間の取極に基づき当該者が所在する国に対して当該者の引渡しを請求し、又は裁判所に対して第九部の規定に基づいて当該者の引渡しを求めるよう要請することができる。裁判所は、当該者が刑に服していた国又は裁判所が指定した他の国に当該者を引き渡すよう指示することができる。

第一一部　締約国会議

第一一二条（締約国会議）1　この規程によりこの規程の締約国会議を設置する。各締約国は、締約国会議において一人の代表を有するものとし、代表は、代表代理及び随員を伴うことができる。その他の国であってこの規程又は最終文書に署名したものは、締約国会議においてオブザーバーとなることができる。

2　締約国会議は、次の任務を遂行する。

(a)　適当な場合には、準備委員会の勧告を検討し、及び採択すること。

(b)　裁判所の運営に関して裁判所長会議、検察官及び裁判所書記に対する管理監督を行うこと。

(c)　3の規定により設置される議長団の報告及び活動を検討し、並びにこれらについて適当な措置をとること。

(d)　裁判所の予算を検討し、及び決定すること。

(e)　第三六条の規定に従い裁判官の人数を変更するか否かを決定すること。

(f)　第八七条5及び7に規定する請求に協力しないことに関する問題を検討すること。

(g)　その他の任務であってこの規程又は手続及び証拠に関する規則に適合するものを遂行すること。

3(a)　締約国会議には、三年の任期で締約国会議によって選出される一人の議長、二人の副議長及び一八人の構成員から成る議長団を置く。

(b)　議長団は、特に配分が地理的に衡平に行われること及び世界の主要な法体系が適切に代表されることを考慮して、代表としての性質を有するものとする。

(c)　議長団は、必要に応じ、少なくとも年一回会合する。議長団は、締約国会議が任務を遂行するに当たって同会議を補助する。

4　締約国会議は、裁判所の効率性及び経済性を高めるため、必要に応じ、補助機関（裁判所を検査し、評価し、及び調査するための独立した監督機関を含む。）を設置することができる。

5　裁判所長、検察官及び裁判所書記又はこれらの代理人は、適当な場合には、締約国会議及び議長団の会合に出席することができる。

6　締約国会議は、裁判所の所在地又は国際連合本部において年一回会合するものとし、必要な場合には、特別会合を開催する。この規程に特別の定めがある場合を除くほか、特別会合は、議長団の発意により又は締約国の三分の一の要請により召集される。

7　各締約国は、一の票を有する。締約国会議及び議長団においては、決定をコンセンサス方式によって行うようあらゆる努力を払う。コンセンサスに達することができない場合には、この規程に別段の定めがある時を除くほか、次のとおり決定を行う。

(a)　実質事項についての決定は、出席し、かつ、投票する締約国の三分の二以上の多数による議決で承認されることにより行われなければならない。

この場合において、締約国の絶対多数をもって投票のための定足数とする。

(b) 手続事項についての決定は、出席し、かつ、投票する締約国の単純多数による議決で行う。

8 裁判所の費用に対する分担金の支払が延滞している締約国は、その延滞金の額がその時まで満二年間に当該締約国が支払うべきであった分担金の額に等しいか又はこれを超える場合には、締約国会議及び議長団における投票権を失う。ただし、締約国会議は、支払の不履行が当該締約国にとってやむを得ない事情によると認めるときは、当該締約国に締約国会議及び議長団における投票を認めることができる。

9 締約国会議は、その手続規則を採択する。

10 締約国会議の公用語及び常用語は、国際連合総会の公用語及び常用語とする。

第一二部　財政

第一一三条（財政規則） 裁判所及び締約国会議（議長団及び補助機関を含む。）の会合に関するすべての財政事項については、明示的に別段の定めがある場合を除くほか、この規程及び締約国会議が採択する財政規則によって規律する。

第一一四条（費用の支払） 裁判所及び締約国会議（議長団及び補助機関を含む。）の費用については、裁判所の資金から支払う。

第一一五条（裁判所及び締約国会議の資金） 裁判所及び締約国会議（議長団及び補助機関を含む。）の費用は、締約国会議が決定する予算に定めるところに従い、次の財源より充てる。

(a) 締約国が支払う分担金

(b) 国際連合総会の承認を受けて国際連合が提供する資金。特に安全保障理事会による付託のために要する費用に関連する資金

第一一六条（任意拠出金） 裁判所は、前条の規定の適用を妨げることなく、追加的な資金として、締約国会議が採択する関連する基準に従い、政府、国際機関、個人、法人その他の主体からの任意拠出金を受領し、及び使用することができる。

第一一七条（分担金の額の決定） 締約国の分担金については、合意する分担率に従って決定する。合意する分担率は、国際連合がその通常予算のために採択した分担率を基礎とし、かつ、当該分担率が立脚する原則に従って調整される。

第一一八条（年次会計検査） 裁判所の記録、帳簿及び決算報告（年次会計報告を含む。）については、独立の会計検査専門家が毎年検査する。

第一三部　最終規定

第一一九条（紛争の解決） 1 裁判所の司法上の任務に関する紛争については、裁判所の決定によって解決する。

2 その他の二以上の締約国間の紛争であってこの規程の解釈又は適用に関するもののうち、交渉によってその開始から三箇月以内に解決されないものについては、締約国会議に付託する。締約国会議は、当該紛争を自ら解決するよう努め、又は当該紛争を解決するための追加的な方法（国際司法裁判所規程に基づく国際司法裁判所への付託を含む。）について勧告を行うことができる。

第一二〇条（留保） この規程には、いかなる留保も付することができない。

第一二一条（改正） 1 締約国は、この規程の効力発生から七年を経過した後、その改正を提案することができる。改正案については、国際連合事務総長に提出するものとし、同事務総長は、これをすべての締約国に対して速やかに通報する。

2 締約国会議は、通報の日から三箇月以後に開催するその次回の会合において、出席し、かつ、投票する締約国の過半数による議決で改正案を取り上げるか否かを決定する。締約国会議は、当該改正案を直接取り扱い、又は関係する問題により正当化される場合には、検討会議を招集することができる。

3 締約国会議の会合又は検討会議における改正の採択については、コンセンサスに達することができない場合には、締約国の三分の二以上の多数による議決を必要とする。

4 改正は、5に規定する場合を除くほか、国際連合事務総長に対する締約国の八分の七による批准書又は受諾書の寄託の後一年ですべての締約国について効力を生ずる。

5 第五条から第八条までの規定の改正は、当該改正を受諾した締約国については、その批准書又は受諾書の寄託の後一年で効力を発生する。当該改正を受諾していない締約国については、裁判所は、当該改正に係る犯罪であって、当該締約国の国民によって又は当該締約国の領域内において行われたものについて管轄権を行使してはならない。

6 改正が4の規定に従い締約国の八分の七によって受諾されたときは、当該改正を受諾していない締約国は、当該改正の効力発生の後一年以内に通告を行うことによってこの規程から脱退することができる。この脱退は、第一二七条1の規定にかかわらず、直ちに効力を生ずるが、同条2の規定に従うことを条件とする。

7 国際連合事務総長は、締約国会議の会合又は検討会議において採択された改正をすべての締約国に通報する。

第一二二条（制度的な性質を有する規定の改正） 1 いずれの締約国も、専ら制度的な性質を有する規定、すなわち、第三五条、第三六条8及び9、第三七条、第三八条、第三九条1（第一文及び第二文）、2及び4、第四二条4から9まで、第四三条2及び3、第四四条、第四六条、第四七条並びに第四九条の規定の改正について、前条1の規定にかかわらず、いつでも提案することができる。改正案については、国

際連合事務総長又は締約国会議が指名する他の者に対して提出するものとし、これらの者は、これをすべての締約国及び締約国会議に参加する他の者に対して速やかに通報する。

2　この条の規定に基づく改正については、コンセンサスに達することができない場合には、締約国会議又は検討会議が締約国の三分の二以上の多数による議決で採択する。その改正は、締約国会議又は検討会議による採択の後六箇月ですべての締約国について効力を生ずる。

第一二三条（この規程の検討） 1　国際連合事務総長は、この規程の効力発生の後七年目にこの規程の改正を審議するために検討会議を招集する。この規程の検討には、少なくとも第五条に規定する犯罪を含めることができる。検討会議は、締約国会議に参加する者に同一の条件で開放される。

2　その後いつでも、いずれかの締約国の要請があるときは、国際連合事務総長は、1に規定する目的のため、締約国の過半数による承認を得て検討会議を招集する。

3　第一二一条3から7までの規定は、検討会議において審議されるこの規程の改正の採択及びその効力発生について適用する。

第一二四条（経過規定） いずれの国も、第一二条1及び2の規定にかかわらず、この規程の締約国になる際、この規程が当該国について効力を生じてから七年の期間、ある犯罪が当該国の国民によって又は当該国の領域内において行われたとされる場合には、第八条に規定する犯罪類型に関して裁判所が管轄権を有することを受諾しない旨を宣言することができる。この条の規定に基づく宣言は、いつでも撤回することができる。この条の規定については、前条1の規定に従って召集される検討会議で審議する。

第一二五条（署名、批准、受諾、承認又は加入） 1　この規程は、一九九八年七月一七日に、ローマにある国際連合食糧農業機関本部において、すべての国による署名のために開放するものとし、その後は、一九九八年一〇月一七日まで、ローマにあるイタリア外務省において署名のために開放しておく。その日の後、この規程は、二〇〇〇年一二月三一日まで、ニューヨークにある国際連合本部において署名のために開放しておく。

2　この規程は、署名国によって批准され、受諾され、又は承認されなければならない。批准書、受諾書又は承認書は、国際連合事務総長に寄託する。

3　この規程は、すべての国による加入のために開放しておく。加入書は、国際連合事務総長に寄託する。

第一二六条（効力発生） 1　この規程は、六〇番目の批准書、受諾書、承認書又は加入書が国際連合事務総長に寄託された日の後六〇日目の日の属する月の翌月の初日に効力を生ずる。

2　六〇番目の批准書、受諾書、承認書又は加入書が寄託された後にこの規程を批准し、受諾し若しくは承認し、又はこれに加入する国については、この規程は、その批准書、受諾書、承認書又は加入書の寄託の後六〇日の日の属する月の翌月の初日に効力を生ずる。

第一二七条（脱退） 1　締約国は、国際連合事務総長にあてた書面による通告によってこの規程から脱退することができる。脱退は、一層遅い日が通告に明記されている場合を除くほか、その通告が受領された日の後一年で効力を生ずる。

2　いずれの国も、その脱退を理由として、この規程の締約国であった間のこの規程に基づく義務（その間に生じた財政上の義務を含む。）を免除されない。脱退は、脱退する国が協力する義務を有している捜査及び手続であって、当該脱退が効力を生ずる日の前に開始されたものに関する裁判所との協力に影響を及ぼすものではなく、また、当該脱退が効力を生ずる日の前に裁判所が既に審議していた問題について審議を継続することを妨げるものでもない。

第一二八条（正文） アラビア語、中国語、英語、フランス語、ロシア語及びスペイン語をひとしく正文とするこの規程の原本は、国際連合事務総長に寄託する。同事務総長は、その認証謄本をすべての国に送付する。

11 26　国際刑事裁判所に対する協力等に関する法律（国際刑事裁判所（ＩＣＣ）協力法）（抄）

公　　布　二〇〇七（平成一九）年五月一一日
最終改正　二〇一七（平成二九）年法律第六七号
施　　行　二〇〇七（平成一九）年一〇月一日

第一章　総　則

第一条（目的） この法律は、国際刑事裁判所に関するローマ規程（以下「規程」という。）が定める集団殺害犯罪その他の国際社会全体の関心事である最も重大な犯罪について、国際刑事裁判所の捜査、裁判及び刑の執行等についての必要な協力に関する手続を定めるとともに、国際刑事裁判所の運営を害する行為についての罰則を定めること等により、規程の的確な実施を確保することを目的とする。

第二条（定義） この法律において、次の各号に掲げる用語の意義は、それぞれ当該各号に定めるところによる。

一　国際刑事裁判所　規程第一条に規定する国際刑事裁判所をいう。

二　管轄刑事事件　規程第五条1及び第七〇条1の規定により国際刑事裁判所が管轄権を有する犯罪について国際刑事裁判所がその管轄権を行使する事件をいう。

三　重大犯罪　規程第五条1の規定により国際刑事裁判所が管轄権を有する国際社会全体の関心事である最も重大な犯罪として規程に定める犯罪をいう。

四　証拠の提供　規程第九三条1の規定による国際刑事裁判所の請求により、国際刑事裁判所の捜査又は裁判に係る手続（以下「国際刑事裁判所の手続」という。）に必要な証拠を国際刑事裁判所に提供することをいう。

五　裁判上の証拠調べ　規程第九三条1の規定による国際刑事裁判所の請求により、規程第三九条2に規定する上訴裁判部又は第一審裁判部が行う証拠調べについての援助として日本国の裁判所が行う証拠調べをいう。

六　書類の送達　規程第九三条1の規定による国際刑事裁判所の請求により、規程第三九条2に規定する上訴裁判部、第一審裁判部又は予審裁判部が行う書類の送達についての援助として日本国の裁判所が行う書類の送達をいう。

七　受刑者証人等移送　規程第九三条1及び7の規定による国際刑事裁判所の請求により、証人その他の国際刑事裁判所の手続における関係人（国際刑事裁判所の捜査又は裁判の対象とされる者を除く。）として出頭させることを可能とするため、国内受刑者（日本国において懲役刑若しくは禁錮刑又は国際受刑者移送法（平成一四年法律第六六号）第二条第二号に定める共助刑の執行として拘禁されている者をいう。以下同じ。）を移送することをいう。

八　引渡犯罪人の引渡し　規程第八九条1又は第一一一条の規定による国際刑事裁判所の引渡しの請求により、その引渡しの対象とされた者（以下「引渡犯罪人」という。）の引渡しをすることをいう。

九　仮拘禁　規程第九二条1の規定による国際刑事裁判所の仮逮捕の請求により、その仮逮捕の対象とされた者（以下「仮拘禁犯罪人」という。）を仮に拘禁することをいう。

一〇　執行協力　規程第七五条5若しくは第一〇九条1の規定により罰金刑（国際刑事裁判所が規程第七〇条3又は第七七条2(a)の規定により命ずる罰金をいう。以下同じ。）、没収刑（国際刑事裁判所が規程第七七条2(b)の規定により命ずる没収をいう。以下同じ。）若しくは被害回復命令（国際刑事裁判所が規程第七五条2の規定により発する命令をいう。以下同じ。）の確定裁判の執行をすること又は規程第七五条4若しくは第九三条1の規定により没収刑若しくは被害回復命令のための保全をすることをいう。

一一　協力　証拠の提供、裁判上の証拠調べ、書類の送達、受刑者証人等移送、引渡犯罪人の引渡し及び仮拘禁及び執行協力をいう。

一二　請求犯罪　協力（引渡犯罪人の引渡し及び仮拘禁を除く。）の請求において犯されたとされている犯罪をいう。

一三　引渡犯罪　引渡犯罪人の引渡し又は仮拘禁に係る協力の請求において当該引渡犯罪人又は仮拘禁犯罪人が犯したとされている犯罪をいう。

第二章　国際刑事裁判所に対する協力

第一節　通則

第三条（協力の請求の受理等） 国際刑事裁判所に対する協力に関する次に掲げる事務は、外務大臣が行う。

一　国際刑事裁判所からの協力の請求の受理

二　国際刑事裁判所との協議及び国際刑事裁判所に対して行うべき通報

三　国際刑事裁判所に対する証拠の送付及び罰金刑、没収刑又は被害回復命令の確定裁判の執行に係る財産の引渡し並びに書類の送達についての結果の通知

第四条（外務大臣の措置） 外務大臣は、国際刑事裁判所から協力の請求を受理したときは、請求の方式が規程に適合しないと認める場合を除き、国際刑事裁判所が発する協力請求書又は外務大臣の作成した協力の請求があったことを証明する書面に関係書類を添付し、意見を付して、これを法務大臣に送付するものとする。

第五条（国際刑事裁判所との協議） 1　外務大臣は、国際刑事裁判所に対する協力に関し、必要に応じ、国際刑事裁判所と協議するものとする。

2　法務大臣は、国際刑事裁判所に対する協力に関し、国際刑事裁判所との協議が必要であると認めるときは、外務大臣に対し、前項の規定による協議をすることを求めるものとする。

第二節　証拠の提供等

第一款　証拠の提供

第六条（法務大臣の措置） 1　法務大臣は、外務大臣から第四条の規定により証拠の提供に係る協力の請求に関する書面の送付を受けた場合において、次の各号のいずれにも該当しないときは、次項又は第三項に規定する措置をとるものとする。

一　当該協力の請求が国際捜査共助等に関する法律（昭和五五年法律第六九号）第一条第一号に規定する共助（以下この号及び第三九条第一項第二号において「捜査共助」という。）の要請と競合し、かつ、規程の定めるところによりその要請を優先させることができる場合において、当該捜査共助をすることが相当であると認めるとき。

二　当該協力の請求に応ずることにより、規程第

九八条1に規定する国際法に基づく義務に反することとなるとき。
三　当該協力の請求に応ずることにより、日本国の安全が害されるおそれがあるとき。
四　請求犯罪が規程第七〇条1に規定する犯罪である場合において、当該請求犯罪に係る行為が日本国内において行われたとした場合にその行為が日本国の法令によれば罪に当たるものでないとき。
五　当該協力の請求に応ずることにより、請求犯罪以外の罪に係る事件で日本国の検察官、検察事務官若しくは司法警察職員によって捜査され又は日本国の裁判所に係属しているものについて、その捜査又は裁判を妨げるおそれがあり、直ちに当該請求に応ずることが相当でないと認めるとき。
六　その他直ちに当該協力の請求に応じないことに正当な理由があるとき。

2　前項の規定により法務大臣がとる措置は、次項に規定する場合を除き、次の各号のいずれかとする。
一　相当と認める地方検察庁の検事正に対し、関係書類を送付して、証拠の提供に係る協力に必要な証拠の収集を命ずること。
二　国家公安委員会に証拠の提供に係る協力の請求に関する書面を送付すること。
三　海上保安庁長官その他の刑事訴訟法(昭和二三年法律第一三一号)第一九〇条に規定する司法警察職員として職務を行うべき者の置かれている国の機関の長に証拠の提供に係る協力の請求に関する書面を送付すること。

3　第一項に規定する協力の請求が裁判所、検察官又は司法警察員の保管する訴訟に関する書類の提供に係るものであるときは、法務大臣は、その書類の保管者に協力の請求に関する書面を送付するものとする。

4　法務大臣は、前二項に規定する措置その他の証拠の提供に係る協力に関する措置をとるため必要があると認めるときは、関係人の所在その他必要な事項について調査を行うことができる。

第七条(国家公安委員会の措置)　国家公安委員会は、前条第二項第二号の書面の送付を受けたときは、相当と認める都道府県警察に対し、関係書類を送付して、証拠の提供に係る協力に必要な証拠の収集を指示するものとする。

第八条(協力の実施)
第九条(虚偽の証明書の提出に対する罰則)
第一〇条(処分を終えた場合等の措置)
第一一条(証拠の提供の条件)
第一二条(協力をしない場合の通知)
(略)

第一三条(外務大臣等との協議)1　法務大臣は、次の各号のいずれかに該当する場合には、あらかじめ、外務大臣と協議するものとする。
一　第六条第一項第一号から第三号までのいずれかに該当することを理由として、証拠の提供に係る協力をしないこととするとき。
二　第六条第一項第五号又は第六号のいずれかに該当することを理由として、証拠の提供に係る協力をすることを留保するとき。
三　第一一条の条件を定めるとき。

2　国際捜査共助等に関する法律第一六条第二項の規定は、証拠の提供に係る協力の請求に関し法務大臣が第六条第二項各号の措置をとることとする場合について準用する。

第二款　裁判上の証拠調べ及び書類の送達

第一四条(法務大臣の措置)　法務大臣は、外務大臣から第四条の規定により裁判上の証拠調べ又は書類の送達に係る協力の請求に関する書面の送付を受けた場合において、第六条第一項各号のいずれにも該当しないときは、相当と認める地方裁判所に対し、当該協力の請求に関する書面を送付するものとする。

第一五条(裁判所の措置等)1　外国裁判所ノ嘱託ニ因ル共助法(明治三八年法律第六三号)第一条第二項、第一条ノ二第一項(第一号、第五号及び第六号を除く。)、第二条及び第三条の規定は、裁判上の証拠調べ又は書類の送達に係る協力について準用する。

2　(略)

第一六条(準用)　(略)

第三款　受刑者証人等移送

第一七条(受刑者証人等移送の決定等)1　法務大臣は、外務大臣から第四条の規定により受刑者証人等移送に係る協力の請求に関する書面の送付を受けた場合において、第六条第一項第四号及び次の各号のいずれにも該当せず、かつ、当該請求に応ずることが相当であると認めるときは、三〇日を超えない範囲内で国内受刑者を移送する期間を定めて、当該受刑者証人等移送の決定をするものとする。
一　国内受刑者の書面による同意がないとき。
二　国内受刑者が二〇歳に満たないとき。
三　国内受刑者の犯した罪に係る事件が日本国の裁判所に係属するとき。

2　法務大臣は、前項の決定をする場合において、必要があると認めるときは、受刑者証人等移送に関する条件を定めるものとする。

3　法務大臣は、第一項の請求に応ずることが相当でないと認めて受刑者証人等移送をしないこととするとき及び前項の条件を定めるときは、あらかじめ、外務大臣と協議するものとする。

4　国際捜査共助等に関する法律第一九条第三項の規定は、第一項の決定をした場合について準用する。

第一八条(国内受刑者の引渡しに関する措置等)　(略)

第三節　引渡犯罪人の引渡し等

第一款　引渡犯罪人の引渡し

第一九条(引渡犯罪人の引渡しの要件)1　引渡犯罪

人の引渡しは、引渡犯罪が重大犯罪である場合には、次の各号のいずれかに該当する場合を除き、これを行うことができる。

一　引渡犯罪に係る事件が日本国の裁判所に係属するとき。ただし、当該事件について、国際刑事裁判所において、規程第一七条1の規定により事件を受理する旨の決定をし、又は公判手続を開始しているときは、この限りでない。

二　引渡犯罪に係る事件について日本国の裁判所において確定判決を経たとき。ただし、当該事件について、国際刑事裁判所において、規程第一七条1の規定により事件を受理する旨の決定をし、又は有罪の判決の言渡しをしているときは、この限りでない。

三　引渡犯罪について国際刑事裁判所において有罪の判決の言渡しがある場合を除き、引渡犯罪人が引渡犯罪を行っていないことが明らかに認められるとき。

2　引渡犯罪人の引渡しは、引渡犯罪が規程第七〇条1に規定する犯罪である場合には、次の各号のいずれかに該当する場合を除き、これを行うことができる。

一　引渡犯罪に係る行為が日本国内において行われたとした場合において、当該行為が日本国の法令により死刑又は無期若しくは長期三年以上の懲役若しくは禁錮に処すべき罪に当たるものでないとき。

二　引渡犯罪に係る行為が日本国内において行われ、又は引渡犯罪に係る裁判が日本国の裁判所において行われたとした場合において、日本国の法令により引渡犯罪人に刑罰を科し、又はこれを執行することができないと認められるとき。

三　引渡犯罪について国際刑事裁判所において有罪の判決の言渡しがある場合を除き、引渡犯罪人がその引渡犯罪に係る行為を行ったことを疑うに足りる相当な理由がないとき。

四　引渡犯罪に係る事件が日本国の裁判所に係属するとき、又はその事件について日本国の裁判所において確定判決を経たとき。

五　引渡犯罪人の犯した引渡犯罪以外の罪に係る事件が日本国の裁判所に係属するとき、又はその事件について引渡犯罪人が日本国の裁判所において刑に処せられ、その執行を終わらず、若しくは執行を受けないこととなっていないとき。

六　引渡犯罪人が日本国民であるとき。

第二〇条（法務大臣の措置）1　法務大臣は、外務大臣から第四条の規定により引渡犯罪人の引渡しに係る協力の請求に関する書面の送付を受けたときは、次の各号のいずれかに該当する場合を除き、東京高等検察庁検事長に対し、関係書類を送付して、引渡犯罪人を引き渡すことができる場合に該当するかどうかについて東京高等裁判所に審査の請求をすべき旨を命ずるものとする。

一　明らかに前条第一項各号又は第二項各号のいずれかに該当すると認めるとき。

二　当該協力の請求が逃亡犯罪人引渡法（昭和二八年法律第六八号）第三条に規定する逃亡犯罪人の引渡しの請求又は同法第二三条第一項に規定する犯罪人を仮に拘禁することの請求と競合し、かつ、規程の定めるところによりこれらの請求を優先させることができる場合において、当該逃亡犯罪人の引渡し又は犯罪人を仮に拘禁することが相当であると認めるとき。

三　当該協力の請求に応ずることにより、規程第九八条に規定する国際法に基づく義務又は国際約束に基づく義務に反することとなるとき。

四　当該協力の請求に応ずることにより、引渡犯罪以外の罪に係る事件で日本国の検察官、検察事務官若しくは司法警察職員によって捜査されているもの又は引渡犯罪以外の罪に係る事件（引渡犯罪人以外の者が犯したものに限る。）で日本国の裁判所に係属しているものについて、その捜査又は裁判を妨げるおそれがあり、直ちに当該請求に応ずることが相当でないと認めるとき。

五　その他直ちに当該協力の請求に応じないことに正当な理由があるとき。

2　法務大臣は、前項の規定による命令その他引渡犯罪人の引渡しに関する措置をとるため必要があると認めるときは、引渡犯罪人の所在その他必要な事項について調査を行うことができる。

第二一条（引渡犯罪人の拘禁）（略）

第二二条（審査の請求）1　東京高等検察庁の検察官は、第二〇条第一項の規定による命令があったときは、引渡犯罪人の現在地が分からない場合を除き、速やかに、東京高等裁判所に対し、引渡犯罪人を引き渡すことができる場合に該当するかどうかについて審査の請求をしなければならない。

2　逃亡犯罪人引渡法第八条第一項後段、第二項及び第三項の規定は、引渡犯罪人の引渡しに係る前項の審査の請求について準用する。

第二三条（東京高等裁判所の審査）1　東京高等裁判所は、審査の結果に基づいて、次の各号に掲げる区分に応じ、当該各号に定める決定をしなければならない。

一　前条第一項の審査の請求が不適法であるとき　却下する決定

二　引渡犯罪人を引き渡すことができる場合に該当するとき　その旨の決定

三　引渡犯罪人を引き渡すことができる場合に該当しないとき　その旨の決定

2　逃亡犯罪人引渡法第九条の規定は前条第一項の審査の請求に係る東京高等裁判所の審査について、同法第一〇条第二項及び第三項の規定は前項の決定について、同法第一一条の規定は第二〇条第一項の規定による命令の取消しについて、同法第一二条の規定は引渡犯罪人の釈放について、同法第一三条の規定は当該審査に係る裁判書の謄本について、それぞれ準用する。この場合において、同法第九条第三項ただし書中「次条第一項第一号又は第二号」とあるのは「国際刑事裁判所に対する協力等に関する法律（平成一九年法律第三七号）第二三条第一項第一号又は第三号」と、同法第一一条第一項中「第三条の」とあるのは「国際刑事裁判所に対する協力等に関する法律第四条の」と、「請求国」とあるのは「国際刑事裁判所」と、「受け、又は第三条第二号に該当するに至つた」とあるのは「受けた」と、同条第二項中「第四条第一項の」とあるのは「国際刑事裁判所に対する協力等に関する法律第二〇条第一項の」と、「第四条第一項各号」とあるのは「同条第一項各号」と、「第八条第三項」とあるのは「同法第二二条第二項において準用する第八条第三項」と、同法第一一条中「第一〇条第一項第一号若しくは第二号」とあるのは「国際刑事裁判所に対する協力等に関する法律第二三条第一項第一号若しくは第三号」と読み替えるものとする。

第二四条（審査手続の停止）（略）

第二五条（引渡犯罪人の引渡しに関する法務大臣の命令等）1　法務大臣は、第二三条第一項第二号の決定があった場合において、第二〇条第一項第二号から第五号までのいずれにも該当しないと認めるときは、東京高等検察庁検事長に対し引渡犯罪人の引渡しを命ずるとともに、引渡犯罪人にその旨を通知しなければならない。この場合において、当該引渡犯罪人が拘禁許可状により拘禁されているときは、その引渡しの命令は、当該決定があった日から一〇日以内にしなければならない。

2　法務大臣は、前項に規定する決定があった場合において、第二〇条第一項第二号又は第三号のいずれかに該当すると認めるときは、直ちに東京高等検察庁検事長及び引渡犯罪人にその旨を通知するとともに、東京高等検察庁検事長に対し拘禁許可状により拘禁されている引渡犯罪人の釈放を命じなければならない。

3　東京高等検察庁の検察官は、前項の規定による命令があったときは、直ちに、拘禁許可状により拘禁されている引渡犯罪人を釈放しなければならない。

4　法務大臣は、第一項に規定する決定があった場合において、第二〇条第一項第四号又は第五号のいずれかに該当すると認めるときは、東京高等検察庁検事長に対し、その旨を通知するとともに、拘禁許可状により拘禁されている引渡犯罪人の拘禁の停止をするよう命じなければならない。

5　東京高等検察庁の検察官は、前項の規定による拘禁の停止の命令があったときは、直ちに、拘禁許可状により拘禁されている引渡犯罪人の拘禁の停止をしなければならない。この場合においては、前条第五項後段の規定を準用する。

6　法務大臣は、第四項の規定による拘禁の停止の命令をした後において、第二〇条第一項第四号及び第五号のいずれにも該当しないこととなったときは、第一項の規定による引渡しの命令をしなければならない。

7　東京高等検察庁の検察官は、前項の引渡しの命令があったときは、第五項の規定による拘禁の停止を取り消さなければならない。

8　逃亡犯罪人引渡法第二二条第三項から第六項までの規定は、前項の規定により引渡犯罪人の拘禁の停止を取り消した場合について準用する。

第二六条（引渡犯罪人の引渡しの命令の延期）1　法務大臣は、前条第一項に規定する場合（引渡犯罪が重大犯罪である場合に限る。）において、次の各号のいずれかに該当し、かつ、直ちに引渡犯罪人の引渡しをすることが相当でないと認めるときは、同項の規定にかかわらず、その引渡しの命令を延期することができる。

一　引渡犯罪人の犯した引渡犯罪以外の罪に係る事件が日本国の裁判所に係属するとき。

二　前号に規定する事件について、引渡犯罪人が日本国の裁判所において刑に処せられ、その執行を終わらず、又は執行を受けないこととなっていないとき。

2　法務大臣は、前項の規定により引渡犯罪人の引渡しの命令を延期するときは、東京高等検察庁検事長に対し、その旨を通知するとともに、拘禁許可状により拘禁されている引渡犯罪人の拘禁の停止をするよう命じなければならない。

3　東京高等検察庁の検察官は、前項の規定による命令があったときは、直ちに、拘禁許可状により拘禁されている引渡犯罪人の拘禁の停止をしなければならない。この場合においては、第二四条第五項後段の規定を準用する。

4　法務大臣は、第二項の規定による拘禁の停止の命令をした後において、第一項各号のいずれにも該当しないこととなったとき、又は当該引渡犯罪人を引き渡すことが相当でないと認める事由がなくなったときは、東京高等検察庁検事長に対し、前条第一項の規定による引渡しの命令をしなければならない。

5　東京高等検察庁の検察官は、前項の引渡しの命令があったときは、第三項の規定による拘禁の停止を取り消さなければならない。

6　逃亡犯罪人引渡法第二二条第三項から第六項までの規定は、前項の規定により引渡犯罪人の拘禁の停止を取り消した場合について準用する。

第二七条（拘禁が困難な場合における拘禁の停止及びその取消し）
第二八条（拘禁の停止中の失効）
第二九条（引渡犯罪人の引渡しの期限）
（略）

第三〇条（外務大臣との協議）法務大臣は、次の各号のいずれかに該当する場合には、あらかじめ、外務大臣と協議するものとする。

一　第二〇条第一項第一号（第一九条第一項に係る部分に限る。）に該当することを理由として、第二〇条第一項の規定による命令を留保するとき。

二　第二〇条第一項第二号又は第三号のいずれかに該当することを理由として、引渡犯罪人の引渡しに係る協力をしないこととするとき。
三　第二〇条第一項第四号又は第五号のいずれかに該当することを理由として、同項の規定による命令を留保し、又は第二五条第四項の規定による措置をとるとき。
四　第二六条第一項の規定により引渡犯罪人の引渡しの命令を延期するとき。

第三一条（引渡犯罪人の引渡しに関する措置）
第三二条
第三三条　（略）

第二款　仮拘禁

第三四条（仮拘禁の命令）法務大臣は、外務大臣から第四条の規定により仮拘禁に係る協力の請求に関する書面の送付を受けたときは、第二〇条第一項各号（第一号については、第一九条第一項第三号に係る部分を除く。）のいずれかに該当すると認める場合を除き、東京高等検察庁検事長に対し、仮拘禁をすべき旨を命じなければならない。

第三五条（仮拘禁に関する措置）（略）

第三款　雑則

第三六条（行政手続法等の適用除外）
第三七条（準用）　（略）

第三八条（執行協力の要件）1　執行協力は、請求犯罪が重大犯罪である場合には、次の各号のいずれかに該当する場合を除き、これを行うことができる。
一　没収刑のための保全に係る執行協力については、請求犯罪に係る事件が日本国の裁判所に係属するとき。ただし、当該事件について、国際刑事裁判所において、規程第一七条1の規定により事件を受理する旨の決定をし、又は公判手続を開始しているときは、この限りでない。
二　没収刑のための保全に係る執行協力については、請求犯罪に係る事件について日本国の裁判所において確定判決を経たとき。ただし、当該事件について、国際刑事裁判所において、規程第一七条1の規定により事件を受理する旨の決定をし、又は有罪の判決の言渡しをしているときは、この限りでない。
三　没収刑のための保全に係る執行協力については、請求犯罪につき日本国において刑罰を科すとした場合において、日本国の法令によれば当該執行協力の請求に係る財産が没収保全をすることができる財産に当たるものでないとき（当該請求に係る財産が、請求犯罪に係る行為によりその被害を受けた者から得た財産である場合には、その者又はその一般承継人に帰属することを理由として没収保全をすることができる財産に当たるものでないときを除く。）。
四　被害回復命令のための保全であってその内容及び性質を考慮して日本国の法令によれば没収の保全に相当するものに係る執行協力については、請求犯罪につき日本国において刑罰を科すとした場合において、日本国の法令によれば当該執行協力の請求に係る財産が没収保全をすることができる財産に当たるものでないとき（当該請求に係る財産が、重大犯罪に係る行為によりその被害を受けた者から得た財産であって、被害回復命令によりその者又はその一般承継人に返還すべきものである場合には、それらの者に帰属することを理由として没収保全をすることができる財産に当たるものでないときを除く。）。
五　被害回復命令のための保全であってその内容及び性質を考慮して日本国の法令によれば追徴の保全に相当するものに係る執行協力については、請求犯罪につき日本国において刑罰を科すとした場合において、日本国の法令によれば当該執行協力の請求に係る財産が追徴保全をすることができる財産に当たるものでないとき。
2　執行協力は、請求犯罪が規程第七〇条1に規定する犯罪である場合には、次の各号のいずれかに該当する場合を除き、これを行うことができる。
一　請求犯罪に係る行為が日本国内において行われたとした場合において、日本国の法令によればこれについて刑罰を科すことができないと認められるとき。
二　請求犯罪に係る事件が日本国の裁判所に係属するとき、又はその事件について日本国の裁判所において確定判決を経たとき。
三　没収刑のための保全に係る執行協力については、請求犯罪につき日本国において刑罰を科すとした場合において、日本国の法令によれば当該執行協力の請求に係る財産が没収保全をすることができる財産に当たるものでないとき（当該請求に係る財産が、請求犯罪に係る行為によりその被害を受けた者から得た財産である場合には、その者又はその一般承継人に帰属することを理由として没収保全をすることができる財産に当たるものでないときを除く。）。

第三九条（法務大臣の措置）1　法務大臣は、外務大臣から第四条の規定により執行協力の請求に関する書面の送付を受けたときは、次の各号のいずれかに該当する場合を除き、相当と認める地方検察庁の検事正に対し、関係書類を送付して、執行協力に必要な措置をとるよう命ずるものとする。
一　前条第一項各号又は第二項各号のいずれかに該当すると認めるとき。
二　執行協力の請求が組織的な犯罪の処罰及び犯罪収益の規制等に関する法律（平成一一年法律第一三六号。以下「組織的犯罪処罰法」という。）第五九条第一項の規定による共助、国際的な協力の下に規制薬物に係る不正行為を助長する行為等の防止を図るための麻薬及び向精神薬取締法等の特例等に関する法律（平成三年法律第九四号）第二一条の規定による共助又は捜査共助の要請と競合し、かつ、規程の定めるところによりその要請を優先させることができる場合において、当該要請に係る措置をとることが相当であると認めるとき。

三　執行協力の請求に応ずることにより、規程第九八条1に規定する国際法に基づく義務に反することとなるとき。

四　執行協力の請求に応ずることにより、請求犯罪以外の罪に係る事件で日本国の検察官、検察事務官若しくは司法警察職員によって捜査され又は日本国の裁判所に係属しているものについて、その捜査又は裁判を妨げるおそれがあり、直ちに当該請求に応ずることが相当でないと認めるとき。

五　その他直ちに執行協力の請求に応じないことに正当な理由があるとき。

2　法務大臣は、次の各号のいずれかに該当する場合には、あらかじめ、外務大臣と協議するものとする。

一　前項第二号又は第三号のいずれかに該当することを理由として、執行協力に係る協力をしないこととするとき。

二　前項第一号（前条第一項第一号及び第二号に係る部分に限る。）、第四号又は第五号のいずれかに該当することを理由として、前項の規定による命令を留保するとき。

3　第六条第四項の規定は、第一項の規定による命令その他執行協力に関する措置をとる場合について準用する。

第四〇条（検事正の措置及び審査の請求）1　前条第一項の規定による命令を受けた検事正は、その庁の検察官に執行協力に必要な措置をとらせ、執行協力の実施に係る財産を保管しなければならない。

2　前項の検察官は、執行協力の請求が罰金刑、没収刑又は被害回復命令の確定裁判の執行に係るものであるときは、裁判所に対し、執行協力をすることができる場合に該当するかどうかについて審査の請求をしなければならない。この場合において、当該請求が被害回復命令の確定裁判の執行に係るものであるときは、当該被害回復命令の確定裁判の内容及び性質を考慮し、これが日本国の法令によれば没収又は追徴の確定裁判のいずれに相当するかについて、意見を付さなければならない。

第四一条（裁判所の審査等）1　裁判所は、審査の結果に基づいて、次の各号に掲げる区分に応じ、当該各号に定める決定をしなければならない。

一　前条第二項の審査の請求が不適法であるとき　却下する決定

二　執行協力の請求に係る確定裁判の全部又は一部について執行協力をすることができる場合に該当するとき　その旨の決定

三　執行協力の請求に係る確定裁判の全部について執行協力をすることができる場合に該当しないとき　その旨の決定

2～8　（略）

第四二条（執行協力の実施に関する決定の効力等）1　次の各号に掲げる確定裁判の執行に係る執行協力の請求について、前条第一項第二号に定める決定が確定したときは、当該確定裁判は、執行協力の実施に関しては、それぞれ、当該各号に定める日本国の裁判所が言い渡した確定裁判とみなす。

一　罰金刑の確定裁判　罰金の確定裁判

二　没収刑及び前条第二項の規定により没収の確定裁判に相当する旨が示された被害回復命令の確定裁判（次号に掲げるものを除く。）　没収の確定裁判

三　没収刑又は前条第二項の規定により没収の確定裁判に相当する旨が示された被害回復命令であって、同条第四項から第六項までの規定により追徴すべき日本円の金額が示されたものの確定裁判　追徴の確定裁判

四　前条第二項の規定により追徴の確定裁判に相当する旨が示された被害回復命令の確定裁判　追徴の確定裁判

2　前項第二号に掲げる確定裁判についての執行協力を実施する場合において、その没収刑又は被害回復命令の目的とされている財産について、滅失、毀損その他の事由により当該確定裁判を執行することができないときは、同項の規定にかかわらず、当該確定裁判は、これを受けた者から前条第三項の規定により示された金額を追徴する旨の日本国の裁判所が言い渡した確定裁判とみなす。

3～5　（略）

第四三条（没収保全の請求）1　検察官は、執行協力の請求が、没収刑のための保全に係るものであるとき、又は被害回復命令のための保全に係るものであってその内容及び性質を考慮して日本国の法令によれば没収の保全に相当するものであると認めるときは、裁判官に、没収保全命令を発して当該請求に係る財産についてその処分を禁止することを請求しなければならない。この場合において、検察官は、必要と認めるときは、附帯保全命令を発して当該財産の上に存在する地上権、抵当権その他の権利の処分を禁止することを請求することができる。

2　第四〇条第二項の審査の請求があった後は、前項の没収刑又は被害回復命令のための保全に関する処分は、その審査の請求を受けた裁判所が行う。

第四四条（没収保全命令）1　裁判所又は裁判官は、前条第一項前段の規定による請求を受けた場合において、第三八条第一項各号及び第二項各号のいずれにも該当しないと認めるときは、没収保全命令を発して、当該請求に係る財産について、この節の定めるところにより、その処分を禁止するものとする。

2～6　（略）

第四五条（追徴保全の請求）1　検察官は、執行協力

の請求が、被害回復命令のための保全に係るものであってその内容及び性質を考慮して日本国の法令によれば追徴の保全に相当するものであると認めるときは、裁判官に、追徴保全命令を発して被害回復命令の裁判を受けるべき者に対しその財産の処分を禁止することを請求しなければならない。

2 第四三条第二項の規定は、前項の被害回復命令のための保全に関する処分について準用する。

第四六条（追徴保全命令） 1 裁判所又は裁判官は、前条第一項の規定による請求を受けた場合において、第三八条第一項各号及び第二項各号のいずれにも該当しないと認めるときは、追徴保全命令を発して、被害回復命令の裁判を受けるべき者に対し、その財産の処分を禁止するものとする。

2 （略）

第五節 雑則

第四七条（準用）
第四八条（政令への委任）｝（略）

第四九条（通過護送の承認） 外務大臣は、国際刑事裁判所から通過護送（外国の官憲又は国際刑事裁判所の指定する者（次条において「外国官憲等」という。）が規程第八九条1の規定による引渡しの対象となる者（次条において「引渡対象者」という。）を日本国内を通過して護送することをいう。次条において同じ。）の承認の請求があったときは、請求の方式が規程に適合しないと認める場合を除き、これを承認するものとする。

第五〇条（護送中の着陸があった場合の措置）
第五一条（最高裁判所規則）｝（略）

第三章 国際刑事警察機構に対する措置

第五二条 1 国家公安委員会は、国際刑事裁判所から国際刑事警察機構を通じて管轄刑事事件の捜査に関する措置の請求を受けたときは、第六条第一項第四号に該当する場合を除き、次の各号のいずれかの措置をとることができる。

一 相当と認める都道府県警察に必要な調査を指示すること。

二 第六条第二項第三号の国の機関の長に当該措置の請求に関する書面を送付すること。

2 （略）

第四章 国際刑事裁判所の運営を害する罪

第五三条（証拠隠滅等） 1 他人の管轄刑事事件に関する証拠を隠滅し、偽造し、若しくは変造し、又は偽造若しくは変造の証拠を使用した者は、三年以下の懲役又は三〇万円以下の罰金に処する。

2 犯人の親族が犯人の利益のために前項の罪を犯したときは、その刑を免除することができる。

第五四条（証人等威迫） 自己若しくは他人の管轄刑事事件の捜査若しくは裁判に必要な知識を有すると認められる者又はその親族に対し、その事件に関して、正当な理由がないのに面会を強請し、又は強談威迫の行為をした者は、二年以下の懲役又は三〇万円以下の罰金に処する。

第五五条（証人等買収）（削除）

第五六条（組織的な犯罪に係る証拠隠滅等） 1 規程が定める罪に当たる行為が、団体（共同の目的を有する多数人の継続的結合体であって、その目的又は意思を実現する行為の全部又は一部が組織（指揮命令に基づき、あらかじめ定められた任務の分担に従って構成員が一体として行動する人の結合体をいう。以下この項において同じ。）により反復して行われるものをいう。次項において同じ。）の活動として、当該行為を実行するための組織により行われた場合において、その罪に係る管轄刑事事件について前三条（第五三条第二項を除く。次項において同じ。）のいずれかに該当する行為をした者は、五年以下の懲役又は五〇万円以下の罰金に処する。

2 規程が定める罪が、団体に不正権益（団体の威力に基づく一定の地域又は分野における支配力であって、当該団体の構成員による犯罪その他の不正な行為により当該団体又はその構成員が継続的に利益を得ることを容易にすべきものをいう。以下この項において同じ。）を得させ、又は団体の不正権益を維持し、若しくは拡大する目的で犯された場合において、その罪に係る管轄刑事事件について前三条のいずれかに該当する行為をした者も、前項と同様とする。

第五七条（偽証等） 1 規程第六九条1に定めるところに従って宣誓した証人が虚偽の陳述をしたときは、三月以上一〇年以下の懲役に処する。

2 前項の罪を犯した者が、その証言をした管轄刑事事件について、その裁判が確定する前に自白したときは、その刑を減軽し、又は免除することができる。

3 国際刑事裁判所における手続に従って宣誓した鑑定人、通訳人又は翻訳人が虚偽の鑑定、通訳又は翻訳をしたときは、前二項の例による。

第五八条（収賄、受託収賄及び事前収賄） 1 国際刑事裁判所の裁判官、検察官その他の職員（以下「国際刑事裁判所職員」という。）が、その職務に関し、賄賂を収受し、又はその要求若しくは約束をしたときは、五年以下の懲役に処する。この場合において、請託を受けたときは、七年以下の懲役に処する。

2 国際刑事裁判所職員になろうとする者が、その担当すべき職務に関し、請託を受けて、賄賂を収受し、又はその要求若しくは約束をしたときは、国際刑事裁判所職員となった場合において、五年以下の懲役に処する。

第五九条（第三者供賄） 国際刑事裁判所職員が、その職務に関し、請託を受けて、第三者に賄賂を供与させ、又はその供与の要求若しくは約束をしたときは、五年以下の懲役に処する。

第六〇条（加重収賄及び事後収賄） 1 国際刑事裁判所職員が前二条の罪を犯し、よって不正な行為をし、又は相当の行為をしなかったときは、一年以上の有期懲役に処する。

2　国際刑事裁判所職員が、その職務上不正な行為をしたこと又は相当の行為をしなかったことに関し、賄賂を収受し、若しくはその要求若しくは約束をし、又は第三者にこれを供与させ、若しくはその供与の要求若しくは約束をしたときも、前項と同様とする。

3　国際刑事裁判所職員であった者が、その在職中に請託を受けて職務上不正な行為をしたこと又は相当の行為をしなかったことに関し、賄賂を収受し、又はその要求若しくは約束をしたときは、五年以下の懲役に処する。

第六一条（あっせん収賄）国際刑事裁判所職員が請託を受け、他の国際刑事裁判所職員に職務上不正な行為をさせるように、又は相当の行為をさせないようにあっせんをすること又はしたことの報酬として、賄賂を収受し、又はその要求若しくは約束をしたときは、五年以下の懲役に処する。

第六二条（没収及び追徴）犯人又は情を知った第三者が収受した賄賂は、没収する。その全部又は一部を没収することができないときは、その価額を追徴する。

第六三条（贈賄）第五八条から第六一条までに規定する賄賂を供与し、又はその申込み若しくは約束をした者は、三年以下の懲役又は二五〇万円以下の罰金に処する。

第六四条（職務執行妨害及び職務強要）1　国際刑事裁判所職員が職務を執行するに当たり、これに対して暴行又は脅迫を加えた者は、三年以下の懲役若しくは禁錮又は五〇万円以下の罰金に処する。

2　国際刑事裁判所職員に、ある処分をさせ、若しくはさせないため、又はその職を辞させるために、暴行又は脅迫を加えた者も、前項と同様とする。

第六五条（国民の国外犯）この章の罪は、刑法第三条の例に従う。

附　則（抄）

第一条（施行期日）（略）

第二条（経過措置）1　この法律の施行前に犯された請求犯罪又は引渡犯罪に係る協力の請求については、第二章の規定は、次の各号のいずれかに該当する場合を除き、適用しない。

一　国際刑事裁判所が規程第一三条(b)の規定により管轄権を行使するとき。

二　当該請求犯罪又は引渡犯罪が、規程の締約国である外国について規程が効力を生じた後に、当該外国内若しくはその国籍を有する船舶若しくは航空機内で犯され、又は当該外国の国籍を有する者により犯されたものであるとき。

三　当該請求犯罪又は引渡犯罪が、規程第一二条3の規定により当該請求犯罪若しくは引渡犯罪について国際刑事裁判所の管轄権の行使を受諾した国の国内若しくはその国籍を有する船舶若しくは航空機内で犯され、又は当該国の国籍を有する者により犯されたものであるとき。

2　前項の規定は、国際刑事警察機構を通じた管轄刑事事件の捜査に関する措置の請求に係る第三章の規定の適用について準用する。

第三条（略）

第四条

11 27　国際刑事裁判所に関する安保理決議一四八七（二〇〇三）（国連平和活動要員の免除）

採　択　二〇〇三年六月一二日（一二対〇、棄権三）

〔注〕本決議二項に基づく更新はなされていない。

安全保障理事会は、

一九九八年七月一七日にローマにおいて作成された国際刑事裁判所（ＩＣＣ）規程（ローマ規程）が、二〇〇二年七月一日に効力を発生したことに留意し、

国際の平和及び安全にとっての国際連合活動の重要性を強調し、

すべての国がローマ規程の締約国となっているわけではないことに注目し、

ローマ規程の締約国は、規程及びとりわけ補足性の原則にしたがってその管轄権を受諾したことに注目し、

ローマ規程の締約国でない国は、国際犯罪に関して自国の管轄圏内において引き続きその責任を履行するであろうことに注目し、

国際連合安全保障理事会によって設置され又は許可された活動は、国際の平和及び安全を維持し又は回復するために展開されているものであることを決定し、

また、国際連合安全保障理事会によって設置され又は許可された活動に貢献する加盟国の能力を促進することは、国際の平和及び安全にとって利益となることを決定し、

国際連合憲章第七章のもとで行動して、

一　ローマ規程第一六条の規定にしたがい、国際連合によって設置され又は許可された活動に関連する作為又は不作為について、ローマ規程の締約国でない派遣国出身の現在又は過去の職員又は兵員が関与する事件が発生する場合には、安全保障理事会が別の決定を行わない限り、ＩＣＣは二〇〇三年七月一日に始まる一二カ月の間捜査又は訴追を開始し又は遂行することがないよう、要請する。

二　必要とされる限り、毎年七月一日に第一項にいう要請を同じ条件のもとにさらに一二カ月間更新する意図を表明する。

三　加盟国が、第一項又はその国際的義務と両立しない行動を取ってはならないと、決定する。

四　事態を引き続き掌握することを決定する。

11 28　安全保障理事会決議一五九三（二〇〇五）（ダルフールICC付託）

採　択　二〇〇五年三月三一日（一一対〇、棄権四）

安全保障理事会は、

ダルフールにおける国際人道法及び人権法の違反に関する国際調査委員会の報告書（S／二〇〇五／六〇）に留意し、

いかなる捜査又は訴追も、安全保障理事会がそれらを開始せず又は続行しないことを要請した後一二箇月の間、開始又は続行することができないとするローマ規程第一六条を想起し、

ローマ規程第七五条及び第七九条をもまた想起し、また国際刑事裁判所被害者信託基金に諸国が拠出することを奨励し、

ローマ規程第九八条二項にいう合意が存在することに留意し、

スーダンにおける事態が引き続き国際の平和と安全に対する脅威を構成することを決定し、

国際連合憲章第七章の下で行動して、

一　二〇〇二年七月一日以降のダルフールにおける事態を国際刑事裁判所検察官に付託することを決定する。

二　スーダン政府その他ダルフール紛争のすべての当事者が、この決議に従って国際刑事裁判所および検察官に十分協力し、すべての必要な援助を提供しなければならない、と決定する。

また、ローマ規程の非当事国は、同規程に基づく義務をなんら負わないが、すべての国及び地域的その他の国際機構に対し、十分協力するよう促す。

三　国際刑事裁判所とアフリカ連合に対し、検察官及び国際刑事裁判所の作業を容易にする実際的取極めを討議するよう招請する。この取極めには、手続の当該地域内での遂行の可能性を含む。この措置は不処罰と闘う地域的努力に貢献するであろう。

四　また国際刑事裁判所に対して、必要に応じてかつローマ規程に従って、ダルフールにおける法の支配を促進し、人権を保護し及び不処罰と闘う国内的努力への国際的協力を支持するよう奨励する。

五　癒しと和解を促進する必要性をもまた強調し、及びこの点でアフリカ連合とともにまた必要なら国際的支援を得て司法過程を補完し、それによって永続的平和を回復する努力を強化するために、スーダン社会のすべての部分が関わる組織の創設を奨励する。

六　ローマ規程の当事国でないスーダン以外の派遣国の国民、現在又は元のその派遣職員及び要員は、安全保障理事会又はアフリカ連合により設置され又は許可された作戦行動から生じ又はそれに関係して行ったとされる作為又は不作為について、派遣国の排他的管轄権に服すると決定する。ただし、かかる排他的管轄権が派遣国により明示的に放棄された場合はこの限りでない。

七　この付託にかかる経費は、付託にかかる捜査又は訴追に関連する経費も含め、国際連合により負担されることはなく、かかる費用は、ローマ規程当事国及び自発的に拠出しようとする国により負担されるものであることを認める。

八　検察官に対し、本決議採択の日から三箇月以内に、及びその後六箇月毎に、本決議に従ってとられた行動について理事会に通知するよう招請する。

九　本件を引き続き取り扱うことを決定する。

11 29　アメリカ合衆国政府とウズベキスタン共和国政府との間の国際刑事裁判所への人の引渡しに関する協定（米・ウズベキスタン九八条協定）

署　名　二〇〇二年九月一八日（ワシントン）
効力発生　二〇〇三年一月七日

アメリカ合衆国政府とウズベキスタン共和国政府（以下、「当事国」という。）は、

集団殺害、人道に対する罪及び戦争犯罪を犯した者を裁判にかけることの重要性を再確認し、

国際刑事裁判所の設立に関する国際連合全権代表外交会議により一九九八年七月一七日にローマで作成された国際刑事裁判所ローマ規程が、国の刑事管轄権を補完するのであってそれに取って代わることを意図していないことを想起し、

当事国が、国際刑事裁判所の管轄内の関連ある行為が、自らの公務員、被用者、軍人その他の国民により犯されたと主張される場合には、捜査し訴追する自らの意図をそれぞれ表明したことを考慮し、

ローマ規程第九八条に留意して、

以下の通り協定した。

一　本協定の適用上、「人」とは、当事国の、現在の若しくはかつての公務員、被用者(請負人を含む。)若しくは軍人又は国民をいう。

二　一方の当事国の領域内にある他方当事国の人は、後者の明示の同意なく、

a　いかなる目的のためであれいかなる方法によるのであれ、国際刑事裁判所に引渡し又は移送されてはならない。

b　国際刑事裁判所への引渡し又は移送のために、いかなる他の実体若しくは第三国にいかなる方法によるのであれ引き渡し又は移送されてはならず、第三国に追放されてはならない。

三　合衆国がウズベキスタン共和国の人を第三国に引き渡し[**extradites, surrenders**]又は移送する場合、合衆国は、ウズベキスタン共和国政府の明示の同意なしに、第三国による当該人の国際刑事裁判所への引渡し又は移送に同意しない。

四　ウズベキスタン共和国政府がアメリカ合衆国の人を第三国に引き渡し[**extradites, surrenders**]又は移送する場合、ウズベキスタン共和国政府は、合衆国政府の明示の同意なしに、第三国による当該人の国際刑事裁判所への引渡し又は移送に同意しない。

五　本協定は、各当事国が本協定に効力を与えるために必要な国内の法的手続を終了したことを確認する公文の交換により効力を生ずる。本協定は、一方の当事国が本協定の終了の意図を他方に通告した日の後一年間は効力を維持する。本協定の規定は、終了が効力を生ずる前に生じたいかなる行為又は主張に関しても引き続き適用されるものとする。

二〇〇二年九月一八日、ワシントンにおいて、英語及びロシア語で二通作成した。解釈に相違が生ずる場合は、英語が優先するものとする。

［署名］(略)

第5節　刑法

Ⅱ30　刑法(国外犯関連規定)

公布　一九〇七(明治四〇)年四月二四日(法律第四五号)
施行　一九〇八(明治四一)年一〇月一日
最終改正　二〇一六(平成二八)年(法律第五四号)

第一条(国内犯)1　この法律は、日本国内において罪を犯したすべての者に適用する。

2　日本国外にある日本船舶又は日本航空機内において罪を犯した者についても、前項と同様とする。

第二条(すべての者の国外犯)この法律は、日本国外において次に掲げる罪を犯したすべての者に適用する。

一　〔削除〕

二　第七七条から第七九条まで(内乱、予備及び陰謀、内乱等幇助)の罪

三　第八一条(外患誘致)、第八二条(外患援助)、第八七条(未遂罪)及び第八八条(予備及び陰謀)の罪

四　第一四八条(通貨偽造及び行使等)の罪及びその未遂罪

五　第一五四条(詔書偽造等)、第一五五条(公文書偽造等)、第一五七条(公正証書原本不実記載等)、第一五八条(偽造公文書行使等)及び公務所又は公務員によって作られるべき電磁的記録に係る第一六一条の二(電磁的記録不正作出及び供用)の罪

六　第一六二条(有価証券偽造等)及び第一六三条(偽造有価証券行使等)の罪

七　第一六三条の二から第一六三条の五まで(支払用カード電磁的記録不正作出等、不正電磁的記録カード所持、支払用カード電磁的記録不正作出準備、未遂罪)の罪

八　第一六四条から第一六六条まで(御璽偽造及び不正使用等、公印偽造及び不正使用等、公記号偽造及び不正使用等)の罪並びに第一六四条第二項、第一六五条第二項及び第一六六条第二項の罪の未遂罪

第三条(国民の国外犯)この法律は、日本国外において次に掲げる罪を犯した日本国民に適用する。

一　第一〇八条(現住建造物等放火)及び第一〇九条第一項(非現住建造物等放火)の罪、これらの規定の例により処断すべき罪並びにこれらの罪の未遂罪

二　第一一九条(現住建造物等浸害)の罪

三　第一五九条から第一六一条まで(私文書偽造等、虚偽診断書等作成、偽造私文書等行使)及び前条第五号に規定する電磁的記録以外の電磁的記録に係る第一六一条の二の罪

四　第一六七条(私印偽造及び不正使用等)の罪及び同条第二項の罪の未遂罪

五　第一七六条から第一七九条まで(強制わいせつ、強姦、準強制わいせつ及び準強姦、未遂罪)、第一八一条(強制わいせつ等致死傷)及び第一八四条(重婚)の罪

六　第一九九条(殺人)の罪及びその未遂罪

七　第二〇四条(傷害)及び第二〇五条(傷害致死)の罪

八　第二一四条から第二一六条まで(業務上堕胎及び同致死傷、不同意堕胎、不同意堕胎致死傷)の罪

九　第二一八条(保護責任者遺棄等)の罪及び同条の罪に係る第二一九条(遺棄等致死傷)の罪

一〇　第二二〇条(逮捕及び監禁)及び第二二一条(逮捕等致死傷)の罪

一一　第二二四条から第二二八条まで(未成年者略取及び誘拐、営利目的等略取及び誘拐、身の代金目的略取等、国外移送目的略取等、被略取者収受等、未遂罪)の罪

一二　第二三〇条（名誉毀損）の罪

一三　第二三五条から第二三六条まで（窃盗、不動産侵奪、強盗）、第二三八条から第二四一条まで（事後強盗、昏睡強盗、強盗致死傷、強盗強姦及び同致死）及び第二四三条（未遂罪）の罪

一四　第二四六条から第二五〇条まで（詐欺、電子計算機使用詐欺、背任、準詐欺、恐喝、未遂罪）の罪

一五　第二五三条（業務上横領）の罪

一六　第二五六条第二項（盗品譲受け等）の罪

第三条の二（国民以外の者の国外犯）この法律は、日本国外において日本国民に対して次に掲げる罪を犯した日本国民以外の者に適用する。

一　第一七六条から第一七九条まで（強制わいせつ、強姦、準強制わいせつ及び準強姦、未遂罪）及び第一八一条（強制わいせつ等致死傷）の罪

二　第一九九条（殺人）の罪及びその未遂罪

三　第二〇四条（傷害）及び第二〇五条（傷害致死）の罪

四　第二二〇条（逮捕及び監禁）及び第二二一条（逮捕等致死傷）の罪

五　第二二四条から第二二八条まで（未成年者略取及び誘拐、営利目的等略取及び誘拐、身の代金目的略取等、国外移送目的略取等、被略取者収受等、未遂罪）の罪

六　第二三六条（強盗）及び第二三八条から第二四一条まで（事後強盗、昏酔強盗、強盗致死傷、強盗強姦及び同致死）の罪並びにこれらの罪の未遂罪

第四条（公務員の国外犯）この法律は、日本国外において次に掲げる罪を犯した日本国の公務員に適用する。

一　第一〇一条（看守者等による逃走援助）の罪及びその未遂罪

二　第一五六条（虚偽公文書作成等）の罪

三　第一九三条（公務員職権濫用）、第一九五条第二項（特別公務員暴行陵虐）及び第一九七条から第一九七条の四まで（収賄、受託収賄及び事前収賄、第三者収賄、加重収賄及び事後収賄、あっせん収賄）の罪並びに第一九五条第二項の罪に係る第一九六条（特別公務員職権濫用等致死傷）の罪

第四条の二（条約による国外犯）第二条から前条までに規定するもののほか、この法律は、日本国外において、第二編の罪であって条約により日本国外において犯したときであっても罰すべきものとされているものを犯したすべての者に適用する。

＊一九八七（昭和六二）年法律第五二号により本条追加

附　則（一九八七年法律第五二号）（抄）

（施行期日）

1　この法律は、公布の日から起算して二〇日を経過した日から施行する。ただし、第一条中刑法第四条の次に一条を加える改正規定、第二条及び第三条の規定並びに次項の規定及び附則第四項中新東京国際空港の安全確保に関する緊急措置法（昭和五三年法律第四二号）第二条第一項第一号の改正規定は、国際的に保護される者（外交官を含む。）に対する犯罪の防止及び処罰に関する条約又は人質をとる行為に関する国際条約が日本国について効力を生ずる日から施行する。

（経過措置）

2　刑法第四条の二の規定並びに人質による強要行為等の処罰に関する法律第五条及び暴力行為等処罰に関する法律第一条ノ二第三項の規定（刑法第四条の二に係る部分に限る。）は、前項ただし書に規定する規定の施行の日以後に日本国について効力を生ずる条約並びに戦地にある軍隊の傷者及び病者の状態の改善に関する一九四九年八月一二日のジュネーヴ条約、海上にある軍隊の傷者、病者及び難船者の状態の改善に関する一九四九年八月一二日のジュネーヴ条約、捕虜の待遇に関する一九四九年八月一二日のジュネーヴ条約及び戦時における文民の保護に関する一九四九年八月一二日のジュネーヴ条約により日本国外において犯したときであっても罰すべきものとされる罪に限り適用する。

第五条（外国判決の効力）外国において確定裁判を受けた者であっても、同一の行為について更に処罰することを妨げない。ただし、犯人が既に外国において言い渡された刑の全部又は一部の執行を受けたときは、刑の執行を減軽し、又は免除する。

12章 紛争の平和的解決

本章の構成

本章は国際紛争の平和的処理を目的とする諸文書を収録し、第2節には国際司法裁判所関係の文書をまとめ、第1節にはそれ以外の諸手段に関する文書を時系列に沿って掲載する。一八九九年にロシア皇帝の提案で開催された第一回ハーグ平和会議が採択した国際紛争平和的処理条約は、周旋、仲介(居中調停)、国際審査、および仲裁裁判について規定した。仲裁裁判は一七九四年の英米間のジェイ条約を契機に一般化してきたもので、特に一九世紀後半以降、欧米諸国の間で多くの個別的な仲裁裁判が行われるようになった。このような背景のもとに本条約は常設仲裁裁判所を設立したが、この裁判所は、常設とはいうものの事務局と裁判官名簿を有するだけであり、紛争ごとに設立される従来の仲裁裁判と本質的に変わるものではなかった。一九〇七年の第二回ハーグ平和会議は、この条約を基本的に踏襲する第二次の**国際紛争平和的処理条約(12 1)**を採択したが、裁判義務の設定と裁判所の常設化には成功しなかった。この条約はまた、一九〇四年のドッガーバンク事件を解決して著名となった国際審査について、第一次の条約と比べて規定を詳細なものとした。審査については、第一次世界大戦以前に米国が常設審査委員会の設置を目的とする一連のいわゆるブライアン諸条約を締結したが、ここには適用例をもつ唯一の条約である**チリとの条約(12 2)**を収録する。

第一次世界大戦の経験を経て設立された国際連盟は、その規約(1 3)において戦争違法化の第一歩を記すと同時に理事会および総会による紛争の政治的処理について規定したが、同時に、世界的な規模の真の意味での常設的な裁判所である常設国際司法裁判所を設立した。同裁判所は、国際連盟とは独立した機関であるが、連盟機関に対し勧告的意見を与える機能も有していた。第一次世界大戦後にはまた、調停や仲裁裁判について規定する多くの条約が結ばれたが、ここには独仏間の**ロカルノ仲裁条約(12 3)**と、国際連盟が採択した一九二八年の国際紛争平和的解決一般議定書は、調停、仲裁裁判および司法的解決を有機的に結合することを目的とし、第二次世界大戦後、国連総会によって国連体制に適合するように改正された。ここに収録する(12 4)は、この**国際紛争の平和的解決に関する改正一般議定書**である。

第二次世界大戦後は、国連憲章(1 1)によって武力行使が違法化されるとともに紛争の平和的解決が義務づけられた。憲章は連盟規約を受け継いで、総会、安保理事会および事務総長による紛争の政治的処理について規定する。この他、米州、アフリカ(アフリカ連合設立規約1 18を参照)およびヨーロッパにおいては地域的機関による紛争の平和的処理の手段が整備されている。現在では、紛争の平和的解決が一般国際法上の義務となったことは疑われていない。しかし、どのような解決手段を選ぶかは紛争当事者の選択に委ねられており(これを「手段選択の自由」という。)、強制管轄権を有しかつ結論が拘束力をもつ解決手段はほとんど存在しないのが現状である。

なお、第二次世界大戦後、おもにアジア・アフリカの発展途上国や旧社会主義国を中心に裁判以外の紛争処理手段の重要性を改めて見直す主張が登場したが、このような主張を反映するのが、友好関係宣言(1 2)の紛争処理条項と一九八二年の総会決議・**マニラ宣言**(**12 5**)である。同じく総会が「国連国際法の一〇年」の一環として採択した決議・**国際交渉の原則及び指針**(**12 6**)も、紛争処理手段としての交渉の重要性をクローズ・アップする。

司法的解決については、第二次世界大戦後は国際司法裁判所が常設国際司法裁判所を引き継いだ。国際司法裁判所は国際連合の主要な司法機関と位置づけられ、常設国際司法裁判所規程とほぼ同じ内容の**国際司法裁判所規程**(**12 7**)にしたがって、国家間紛争を争訟手続で解決する機能と、国連の機関の求めに応じ勧告的意見を与える機能を有する。裁判所規程は国連憲章と不可分一体の関係にあり、国連加盟国であれば当然に裁判所規程の当事国となる。国際司法裁判所は、世界の主要文明形態と主要法系を代表するように国連の総会および安保理事会が選挙する、九年の任期をもつ一五人の裁判官によって構成される。裁判手続の詳細は、裁判所規程に従い裁判所が定めた**裁判所規則**(**12 8**)に定められている。また、裁判所内部における評議は、**ICJの内部司法業務決議**(**12 9**)に従って行われる。裁判所の判決および勧告的意見については、巻末資料(17 12～15)を参照。

国際司法裁判所を含めて国際裁判の場合には、事件について裁判所が管轄権をもつためには、何らかの形で紛争当事国が裁判所への付託について合意する必要があり、この点で、いずれかの裁判所が必ず強制管轄権を有する国内裁判とは決定的に異なる。この問題に対処するために常設国際司法裁判所の時期から導入されているのが、規程第三六条2が定める選択条項の制度である。

すなわち、国際司法裁判所規程の当事国は、一定の事項に関する法律的紛争について、裁判所の管轄を当然にかつ特別の合意なしに義務的であると認める旨宣言することができ、この宣言を行った国の相互間においては、宣言が合致する範囲内で一種の強制管轄権が成立する。こうして、義務的裁判の理想が追求されたのである。しかし、選択条項の受諾状況は芳しくなく、受諾国自体が少ないだけではなく、多くの宣言には受諾を事実上無意味にするような留保が付されている。このような留保のうち、自国の判断によって国内問題とされる紛争について留保する「自動留保」を含む**合衆国の宣言**(**12 11**)(同国は、ニカラグア事件管轄権判決における敗訴の後に受諾宣言を撤回)を収録した。なお、宣言の受諾状況と留保については、巻末資料(17 16)を参照。豪州が日本の南極海における調査捕鯨は国際捕鯨取締条約に違反しているとして、ＩＣＪに訴えた南極捕鯨事件は、豪州と日本の選択条項受諾宣言をその管轄権の根拠とした。なお、本件での敗訴を受けて、日本は、海洋生物資源の調査、保存、管理または開発に関する紛争の裁判所の強制管轄権を認めないとの留保と、随時留保修正・終了権を追加した新たな選択条項受諾宣言を、二〇一五年に国連事務総長に寄託した(12 10)。

ところで、本書に収録する諸文書はもっぱら伝統的な国家間紛争を対象とするものであるが、最近では国際関係の複雑化・多様化を反映して国際紛争の性格も大きく変化し、国だけでなく個人、企業、国際機構などを当事者とする紛争も増大して、これらの紛争に対処することが必要となった。そのような紛争処理に関する新しい文書は他の章に収録されているので、それらの文書の参照も必要である。たとえば投資紛争解決条約(9 14)にもとづき設立された投資紛争解決国際センターや、アルジェ協定が設置したイラン・米国請求権裁判所は、おもに私人と国家の間の投資紛争の仲裁による解決を目的とする。この他近年では、国際紛争の性格変化を反映してさまざまな普遍的・地域的な紛争処理手段が出現しており、裁判ないし準司法的な手続に限って他の章に関連文書が収録されているものをあげれば、国際海洋法裁判所(5 4、5 5)、ＷＴＯ紛争解決了解(9 6)、国際刑事裁判所(11 25)、ＥＵ司法裁判所(1 13)、ヨーロッパ人権裁判所(3 24)などがある。このような紛争処理手段の増大は、ある意味では必然的なものであり、また紛争の効果的な解決という観点からは望ましいことであるといえるが、他方では、このような処理機関の拡散が国際法の分断化を招くのではないかという危惧が表明されていることにも留意しなければならない。

第1節 紛争の平和的解決手段の発展

12 1 国際紛争平和的処理条約

署　名　一九〇七年一〇月一八日（ハーグ）
効力発生　一九一〇年一月二六日
日本国　一九〇七年一〇月一八日署名、一九一一年一二月一三日批准書寄託、一九一二年一月一三日公布（条約第一号）、二月一一日効力発生

独逸皇帝普魯西〔プロシア〕国皇帝陛下（以下署名国元首名略）ハ、一般平和ノ維持ニ協力スルノ堅実ナル意思ヲ有シ、全力ヲ竭〔つく〕シテ国際紛争ノ友好的処理ヲ幇助スルニ決シ、文明国団ノ各員ヲ結合スル連帯責務ヲ認識シ、法ノ領域ヲ拡張スルト共ニ国際的正義ノ感ヲ鞏固ナラシメムコトヲ欲シ、諸独立国ノ間ニ於ケル各国ノ頼ルヲ得ヘキ仲裁裁判ノ常設制度カ右ノ目的ヲ達スルニ有効ナルヘキヲ確信シ、仲裁裁判手続ニ関スル一般且正則ナル組織ノ有益ナルコトヲ考慮シ、万国平和会議ノ至尊ナル発議者ト共ニ国安民福ノ基礎タル公平正理ノ原則ヲ国際的合意ニ依リテ定立スルノ須要ナルヲ認メ、之カ為審査委員会及仲裁裁判部ノ実地ノ運用ヲ一層確実ニ保障シ、且簡易ナル手続に依リ得ヘキ性質ノ紛争ヲ仲裁裁判ニ付スルコトヲ容易ナラシメムコトヲ希望シ、国際紛争平和的処理ニ関スル第一回平和会議ノ事業ニ若干ノ修正ヲ加ヘ、且之ヲ増補スルヲ必要ト認メタリ。締約国ハ、之カ為新ナル条約ヲ締結スルニ決シ、各左ノ全権委員ヲ任命セリ。

（委員名略）

因テ各全権委員ハ、其ノ良好妥当ナリト認メラレタル委任状ヲ寄託シタル後、左ノ条項ヲ協定セリ。

第一章　一般平和ノ維持

第一条【紛争の平和的処理の約束】国家間ノ関係ニ於テ兵力ニ訴フルコトヲ成ルヘク予防セムカ為、締約国ハ、国際紛争ノ平和的処理ヲ確保スルニ付、其ノ全力ヲ竭サムコトヲ約定ス。

第二章　周旋及居中調停

第二条【紛争当事国の義務】締約国ハ、重大ナル意見ノ衝突又ハ紛争ヲ生シタル場合ニ於テ、兵力ニ訴フルニ先チ、事情ノ許ス限其ノ交親国中ノ一国又ハ数国ノ周旋又ハ居中調停ニ依頼スルコトヲ約定ス。

第三条【第三国の自発的提供】締約国ハ、右依頼ニ関係ナク、紛争以外ニ立ツ一国又ハ数国カ、事情ノ許ス限、自己ノ発意ヲ以テ周旋又ハ居中調停ヲ紛争国ニ提供スルコトヲ有益ニシテ且希望スヘキコトト認ム。

紛争以外ニ立ツ国ハ、交戦中ト雖、其ノ周旋又ハ居中調停ヲ提供スルノ権利ヲ有ス。

紛争国ハ、右権利ノ行使ヲ友誼ニ戻レルモノト看做スコトヲ得ス。

第四条【調停者の本分】居中調停者ノ本分ハ、紛争国ノ主張ヲ調停シ、且其ノ間ニ悪感情ヲ生シタルトキ之ヲ融和スルニ在ルモノトス。

第五条【調停者の職務の終了】居中調停者ノ職務ハ、其ノ提供シタル調停方法ノ受諾セラレサルコトヲ紛争当事者ノ一方又ハ居中調停者ニ於テ認メタルトキ終止スルモノトス。

第六条【勧告的性質】周旋及居中調停ハ、紛争国ノ依頼ニ因ルト紛争以外ニ立ツ国ノ発意ニ出ツルトヲ問ハス、全ク勧告ノ性質ヲ有スルニ止リ、決シテ拘束力ヲ有スルコトナシ。

第七条【居中調停の受諾】居中調停ノ受諾ハ、反対ノ約定アルニ非サレハ、之カ為動員其ノ他戦争ノ準備ヲ中止シ遅延シ又ハ阻害スルノ結果ヲ生スルコトナシ。

開戦ノ後右ノ受諾アリタルトキハ、反対ノ約定アルニ非サレハ、之カ為進行中ノ軍事的行動ヲ中止スルコトナシ。

第八条【特別居中調停】締約国ハ、事情ノ許ス限左ノ手続ニ依ル特別居中調停ノ適用ヲ慫慂〔しょうよう〕スルコトニ一致ス。

平和ヲ破ルノ虞アル重大ナル紛争ヲ生シタル場合ニ於テハ、紛争国ハ、平和関係ノ断絶ヲ予防スル為、各一国ヲ選定シ、他方ノ選定シタル国ト直接ノ交渉ヲ開クノ任務ヲ委託ス。

右委任ノ期間ハ、反対ノ規定アルニ非サレハ、三〇日ヲ超エサルモノトシ、其ノ期間中、紛争国ハ、紛争事件ヲ居中調停国ニ一任シタルモノト看做シ、之ニ関スル一切ノ直接交渉ヲ中止ス。右居中調停国ハ、紛争ヲ処理スルニ全力ヲ竭スヘキモノトス。

平和関係ノ現実ニ断絶シタル場合ニ於テ、右居中調停国ハ、尚平和ヲ回復スルノ機会アル毎ニ之ヲ利用スルノ共同任務ヲ負フモノトス。

第三章　国際審査委員会

第九条【任務】締約国ハ、名誉又ハ重要ナル利益ニ関係セス、単ニ事実上ノ見解ノ異ナルヨリ生シタル国際紛争ニ関シ、外交上ノ手段ニ依リ妥協ヲ遂クルコト能ハサリシ当事者カ事情ノ許ス限国際審査委員会ヲ設ケ、之ヲシテ公平誠実ナル審理ニ依リテ事実問題ヲ明ニシ、右紛争ノ解決ヲ容易ニスルノ任ニ当ラシムルヲ以テ、有益ニシテ且希望スヘキコトト認ム。

第一〇条【審査条約】国際審査委員会ハ、紛争当事者間ノ特別条約ヲ以テ之ヲ構成ス。

審査条約ハ、審理スヘキ事実ヲ明定シ、委員会組織ノ方法及期限並委員ノ権限ヲ定ム。

審査条約ハ、又場合ニ依リ委員会ノ開会地及之ヲ変更スルノ権能、委員会ノ使用スヘキ国語、各当事者カ事実ノ説明書ヲ提出スヘキ期日其ノ他当事者間ニ約定セル一切ノ条件ヲ定ム。

当事者カ補助委員ノ任命ヲ必要ト認ムルトキハ、審査条約ヲ以テ其ノ任命方法及権限ヲ定ム。

第一一条【開会地】審査条約ヲ以テ委員会ノ開会地ヲ指定セサリシトキハ、海牙ニ於テ開会スルモノトス。
審査委員会ハ、当事者ノ承諾ヲ得ルニ非サレハ、一旦定メタル開会地ヲ変更スルコトヲ得ス。
審査条約ヲ以テ使用スヘキ国語ヲ定メサリシトキハ、委員会之ヲ定ム。

第一二条【委員会の構成】審査委員会ハ、反対ノ規定アルニ非サレハ、本条約第四五条及第五七条ニ定メタル方法ニ依リ之ヲ組織スルモノトス。

第一三条【委員の補充】委員ノ一人又ハ補助委員アル場合ニ於テ、其ノ一人死亡シ辞任シ又ハ原因ノ如何ニ拘ラス支障アルトキハ、其ノ任命ノ為ニ定メタル方法ニ依リ之ヲ補闕〔ほけつ〕ス。

第一四条【特別代理人、顧問、弁護人】当事者ハ、自己ヲ代表シ且自己ト審査委員会トノ間ノ媒介者タルヘキ特別代理人ヲ審査委員会ニ簡派スルコトヲ得。
当事者ハ、又顧問又ハ弁護人ヲ任命シテ、委員会ニ於イテ自己ノ利益ヲ開陳弁護セシムルコトヲ得。

第一五条【ハーグで開会する場合の書記局】常設仲裁裁判所国際事務局ハ、之ヲ海牙ニ開会スル委員会ノ書記局ニ充テ、且其ノ庁舎施設ヲ審査委員会執務ノ為締約国ノ用ニ供スヘシ。

第一六条【ハーグ以外で開会する場合の書記局】委員会ハ、海牙以外ノ地ニ開会スルトキハ、書記官長一人ヲ任命シ、其ノ事務所ヲ以テ委員会ノ書記局ニ充ツ。
書記局ハ、委員長ノ指揮ノ下ニ委員会会場ノ設備、調書ノ作成及審査継続中記録ノ保管ヲ掌リ、記録ハ、後之ヲ海牙国際事務局ニ引渡スヘキモノトス。

第一七条【審査手続】締約国ハ、審査委員会ノ設置及執務ヲ容易ナラシムル為、当事者ニ於テ別段ノ規則ヲ採用セサル限、左ノ規定ヲ審査手続ニ適用スルコトヲ慫慂ス。

第一八条【手続に関する委員会の権限】委員会ハ、特別審査条約又ハ本条約中ニ規定セサル手続ノ細目ヲ定メ、且証拠調ニ関スル一切ノ手続ヲ行フ。

第一九条【対審】審査ハ、対審ノ上之ヲ行フ。
各当事者ハ、予定ノ期日ニ於テ場合ニ依リ事実ノ説明書及如何ナル場合ニ於テモ事実ノ真相ヲ示スニ有益ナリト認メタル証書、文書其ノ他ノ書類並陳述ヲ為サシメムト欲スル証人及鑑定人ノ名簿ヲ委員会及他ノ当事者ニ送付スヘシ。

第二〇条【開会地の移転】委員会ハ、当事者ノ承諾ヲ得タル上、取調ノ為有益ナリト認メタル地ニ一時移転シ、又ハ一人若ハ数人ノ委員ヲ同地ニ派遣スルコトヲ得。但シ右取調ヲ為スヘキ地ノ所属国ノ許可ヲ得ルコトヲ要ス。

第二一条【検証と臨検】一切ノ事実上ノ検証及実地ノ臨検ハ、当事者ノ代理人及顧問出席ノ上又ハ之ニ対シ正式ニ呼出ヲ為シタル後之ヲ行フコトヲ要ス。

第二二条【説明と報告】委員会ハ、有益ナリト認ムル説明又ハ報告ヲ一方又ハ他方ノ当事者ニ請求スルコトヲ得。

第二三条【証拠の提供】当事者ハ、係争事実ヲ完全ニ知悉〔ちしつ〕シ且精確ニ会得スルニ必要ナル一切ノ方法及便宜ヲ其ノ為シ得ヘシト認ムル限充分ニ審査委員会ニ提供スヘキモノトス。
当事者ハ、委員会ノ呼出ヲ受ケタル自国領土ニ在ル証人又ハ鑑定人ノ出頭ヲ保障スル為、国内法規ニ依リ為シ得ル手段ヲ尽スヘキモノトス。
証人又ハ鑑定人ニシテ委員会ニ出頭スルコト能ハサルトキハ、当事者ハ、其ノ当該官憲ヲシテ之カ訊問ヲ為サシムヘシ。

第二四条【第三国に対する通告】委員会カ締約国タル第三国ノ領土ニ於テ為スコトアルヘキ一切ノ通告ハ、委員会ヨリ直接ニ当該国政府ニ宛テ之ヲ為スヘシ。実地ニ就キ一切ノ証拠蒐集手続ヲ行フトキ亦同シ。
右請求ヲ受ケタル国ハ、其ノ国内法規ニ遵ヒ為シ得ヘキ方法ニ依リ其ノ請求ヲ履行スヘク、且其ノ主権又ハ安寧ニ害アリト認ムル場合ヲ除クノ外之ヲ拒ムコトヲ得ス。
委員会ハ、又常ニ其ノ開会地ノ所属国ノ媒介ニ依頼スルコトヲ得。

第二五条【証人と鑑定人の呼出】証人及鑑定人ノ呼出ハ、当事者ノ請求ニ依リ又ハ職権ヲ以テ委員会之ヲ為シ、且如何ナル場合ニ於テモ証人及鑑定人所在地ノ所属国政府ノ媒介ニ依ルモノトス。
証人ノ訊問ハ、委員会ノ定ムル順序ニ従ヒ、代理人及顧問出席ノ上順次各別ニ之ヲ行フ。

第二六条【証人の訊問】証人ノ訊問ハ、委員長之ヲ行フ。
委員会ノ委員ハ、各証人ニ対シ、其ノ供述ヲ明瞭ナラシメ若ハ之ヲ補充スル為、又ハ事実ノ真相ヲ明ニスルニ必要ナル程度ニ於テ証人ニ関係アル一切ノ事項ヲ取調フル為、適当ナリト認ムル質問ヲ為スコトヲ得。
当事者ノ代理人及顧問ハ、証人ノ供述ヲ中断シ又ハ証人ニ直接ノ質問ヲ為スコトヲ得ス。但シ、其ノ有益ナリト認ムル補足的質問ヲ証人ニ対シ為サムコトヲ委員長ニ請求スルコトヲ得。

第二七条【証人の供述】証人ハ、供述ヲ為スニ当リ何等ノ文案ヲモ朗読スルコトヲ得ス。但シ、報告スヘキ事実ノ性質上覚書又ハ文書ヲ用ヰルコトヲ必要トスルトキハ、委員長ノ許可ヲ得テ之ヲ使用スルコトヲ得。

第二八条【供述調書】証人供述ノ調書ハ、即時ニ之ヲ作成シ、証人ニ読聞カスヘシ。証人ハ之ニ対シ所要ノ変更又ハ追加ヲ為スコトヲ得。右変更及追加ハ、之ヲ供述ノ次ニ記載ス。
供述ノ全部ヲ読聞カセタル後ハ、証人ヲシテ署名ヲ為サシムヘシ。

第二九条【代理人による書面の提出】代理人ハ、審査ノ進行中又ハ其ノ終ニ於テ、事実ノ真相ヲ知ル為、有益ナリト認ムル言明、請求又ハ事実ノ要領ヲ署名ヲ以テ委員会及相手方ニ提出スルコトヲ得。

第三〇条【決定】委員会ノ評議ハ、秘密会ニ於テ之ヲ行ヒ、且之ヲ秘密ニ付ス。

一切ノ決定ハ、委員会ノ多数決ニ依ル。

委員中投票ニ加ルコトヲ拒ム者アルトキハ、其ノ旨調書ニ記載スヘシ。

第三一条【非公開性】委員会ハ、公開セス、且審査ニ関スル調書其ノ他ノ文書ハ、当事者ノ同意ヲ得テ為シタル委員会ノ決定ニ依ルニ非サレハ、之ヲ公表セス。

第三二条【審査の終結】当事者ヨリ一切ノ説明及証拠ヲ提出シ、各証人ノ訊問終了シタルトキハ、委員長ハ、審査ノ終結ヲ宣告シ、委員会ハ、評議及報告書調製ノ為停会ス。

第三三条【報告書への署名】委員会ノ各委員ハ、報告書ニ署名ス。委員中署名ヲ拒ム者アルトキハ、其ノ旨ヲ記載ス。但シ、報告書ハ、之ニ拘ラス有効トス。

第三四条【報告書の朗読】委員会ノ報告書ハ、当事者ノ代理人及顧問出席ノ上又ハ之ニ対シ正式ニ呼出ヲ為シタル後、公開廷ニ於テ之ヲ朗読ス。

各当事者ニ報告書ノ謄本ヲ交付ス。

第三五条【報告書の効力】委員会ノ報告書ハ、単ニ事実ノ認定ニ止リ、仲裁判決ノ性質ヲ有スルコトナシ。右認定ニ対シ如何ナル結果ヲ付スヘキヤハ、全ク当事者ノ自由タルヘシ。

第三六条【費用】当事者ハ、各自ノ費用ヲ負担シ、且委員会ノ費用ヲ均等ニ分担ス。

第四章　国際仲裁裁判

第一節　仲裁裁判

第三七条【目的】国際仲裁裁判ハ、国家間ノ紛争ヲ其ノ選定シタル裁判官ヲシテ法ノ尊重ヲ基礎トシ処理セシムルコトヲ目的トス。

仲裁裁判ニ依頼スルコトハ、誠実ニ其ノ判決ニ服従スルノ約定ヲ包含ス。

第三八条【仲裁裁判への付託】締約国ハ、法律問題就中国際条約ノ解釈又ハ適用ノ問題ニ関シ、外交上ノ手段ニ依リ解決スルコト能ハサリシ紛争ヲ処理スルニハ、仲裁裁判ヲ以テ最有効ニシテ且最公平ナル方法ナリト認ム。

故ニ前記ノ問題ニ関スル紛争ヲ生シタルトキハ、締約国ニ於テ、事情ノ許ス限、仲裁裁判ニ依頼セムコトヲ希望ス。

第三九条【仲裁裁判条約】仲裁裁判条約ハ、既ニ生シタル又ハ将来生スルコトアルヘキ紛争ノ為ニ之ヲ締結ス。

仲裁裁判条約ハ、総テノ紛争又ハ特種ノ紛争ノミニ関スルコトヲ得。

第四〇条【仲裁裁判の普及】締約国間ニ仲裁裁判ニ依頼スヘキ義務ヲ現ニ規定シタル総括的又ハ特別的条約ノ有無ニ拘ラス、締約国ハ、仲裁裁判ニ付スルコトヲ得ヘシト認ムル一切ノ場合ニ、義務的仲裁裁判ヲ普及セシメムカ為、総括的又ハ特別的新協定ヲ締結スヘキコトヲ留保ス。

第二節　常設仲裁裁判所

第四一条【裁判所維持の約束】締約国ハ、外交上ノ手段ニ依リテ処理スルコト能ハサリシ国際紛争ヲ直ニ仲裁裁判ニ付スルヲ容易ナラシムルノ目的ヲ以テ、何時タリトモ依頼スルコトヲ得ヘク且当事者間ニ反対ノ規約ナキ限本条約ニ掲ケタル手続ニ依リテ其ノ職務ヲ行フヘキ常設仲裁裁判所ヲ第一回平和会議ニ依リ設置セラレタル侭維持スルコトヲ約定ス。

第四二条【管轄】常設裁判所ハ、特別裁判ヲ開クコトニ付、当事者間ニ協定アル場合ヲ除クノ外、一切ノ仲裁事件ヲ管轄スルモノトス。

第四三条【国際事務局】常設裁判所ハ、之ヲ海牙ニ置ク。

国際事務局ハ、之ヲ裁判所書記局ニ充テ、裁判開廷ニ関スル通信ヲ媒介シ、記録ヲ保管シ、及一切ノ事務ヲ処理ス。

締約国ハ、其ノ相互間ニ定メタル仲裁裁判ニ関スル一切ノ約款及自国ニ関シ特別裁判ニ於テ為シタル一切ノ仲裁判決ノ認証謄本ヲ成ルヘク速ニ事務局ニ送付スルコトヲ約定ス。

締約国ハ、又裁判所ノ下シタル判決ノ執行ヲ証スルニ足ルヘキ法律、規則及文書ヲ事務局ニ送付スルコトヲ約定ス。

第四四条【仲裁裁判官の任命】各締約国ハ、国際法上ノ問題ニ堪能ノ名アリテ徳望高ク且仲裁裁判官ノ任務ヲ受諾スルノ意アル者四人以下ヲ任命ス。

前項ニ依リ任命セラレタル者ハ、裁判所裁判官トシテ名簿ニ記入シ、右名簿ハ、事務局ヨリ之ヲ各締約国ニ通告スヘシ。

事務局ハ、仲裁裁判官ノ名簿ニ変更アル毎ニ之ヲ締約国ニ通告ス。

二国又ハ数国ハ、協議ノ上一人又ハ数人ノ裁判官ヲ共同ニ任命スルコトヲ得。

同一人ハ、数国ヨリ任命セラルルコトヲ得。

裁判所裁判官ノ任期ハ、六年トス。但シ、再任セラルルコトヲ得。

裁判所裁判官中死亡又ハ退職シタル者アルトキハ、其ノ任命ノ為ニ定メタル方法ニ依リ、更ニ六年ヲ任期トシテ之カ補闕ヲ行フ。

第四五条【仲裁裁判官の選定】締約国カ其ノ相互間ニ生シタル紛争ヲ処理セムカ為常設裁判所ニ訴ヘムト欲スル場合ニ於テ、其ノ紛争ヲ判定スルニ付当該裁判部ヲ組織スヘキ仲裁裁判官ノ選定ハ、裁判所裁判官ノ総名簿ニ就キテ之ヲ為スコトヲ要ス。

仲裁裁判部ノ構成ニ付、当事者ノ合意ナキ場合ニ於テハ、左ノ方法ニ依ル。

当事者ハ、各自二人ノ仲裁裁判官ヲ指定スヘシ。其ノ内一人ニ限リ、自国民又ハ自国カ常設裁判所裁判官トシテ任命シタル者ノ中ヨリ之ヲ選定スルコトヲ得。右仲裁裁判官ハ、合同シテ一人ノ上級仲裁裁判官ヲ選定ス。

投票相半シタル場合ニ於テハ、当事者ノ協議ヲ以テ指定シタル第三国ニ上級仲裁裁判官ノ選定ヲ委託ス。

右指定ニ関スル合意成立セサルトキハ、当事者ハ、各自異ナル一国ヲ指定シ、其ノ指定セラレタル国ハ、協議ヲ以テ上級仲裁裁判官ヲ選定ス。

二月ノ期間内ニ、右両国間ニ合意成立シ能ハサルトキハ、両国ハ、常設裁判所裁判官名簿ニ就キ当事者ノ指定シタル裁判官ニ非ス且当事者ノ孰レノ国民ニモ非サル者ノ中ヨリ各二人ノ候補者ヲ出シ、抽籤ヲ以テ該候補者中上級仲裁裁判官タルヘキ者ヲ定ム。

第四六条【仲裁契約】 裁判部構成セラレタルトキハ、当事者ハ、直ニ裁判所ニ訴フルノ決意、仲裁契約ノ正文及仲裁裁判官ノ氏名ヲ事務局ニ通告スヘシ。

事務局ハ、遅滞ナク各仲裁裁判官ニ対シ仲裁契約及其ノ裁判部ノ他ノ裁判官ノ氏名ヲ通知スヘシ。

裁判部ハ、当事者ノ定メタル期日ヲ以テ開廷シ、事務局ハ、其ノ準備ヲ為スヘシ。

裁判部裁判官ハ、其ノ職務ノ執行ニ関シ、自国以外ニ於テ外交官ノ特権及免除ヲ享有ス。

第四七条【事務局庁舎、非締約国との紛争】 事務局ハ、仲裁裁判ニ関スル一切ノ特別裁判ノ執務ノ為、其ノ庁舎及施設ヲ締約国ノ用ニ供スルコトヲ得。

常設裁判所ノ裁判権ハ、当事者カ其ノ裁判ニ訴フルコトヲ約定シタルトキハ、規則ニ定メタル条件ニ従ヒ、之ヲ非締約国間又ハ締約国ト非締約国トノ間ニ存スル紛争ニ及ホスコトヲ得。

第四八条【訴訟の勧告】 締約国ハ、其ノ二国又ハ数国ノ間ニ激烈ナル紛争ノ起ラムトスル場合ニ於テハ、常設仲裁裁判所ニ訴フルノ途アルコトヲ之ニ注意スルヲ以テ其ノ義務ナリト認ム。

故ニ締約国ハ、紛争当事者ニ対シ本条約ノ規定アルコトヲ注意シ、且平和ノ重要ナル利益ノ為常設裁判所ニ訴フヘキコトヲ勧告スルハ、全ク周旋ノ行為ニ外ナラサルモノト認ムヘキコトヲ宣言ス。

両国間ニ紛争ヲ生シタル場合ニ於テハ、其ノ一方ハ、何時ニテモ国際事務局ニ宛テ該紛争ヲ仲裁裁判ニ付スルノ意向アル旨ノ宣言ヲ含ム文書ヲ送ルコトヲ得。

事務局ハ、直ニ右宣言ヲ他ノ一方ニ通知スルコトヲ要ス。

第四九条【常設評議会】 常設評議会ハ、和蘭〔オランダ〕国ニ駐劄スル締約国ノ外交代表者及和蘭国外務大臣ヲ以テ組織シ、国際事務局ヲ指揮監督ス。和蘭国外務大臣ハ、議長ノ職務ヲ行フ。

評議会ハ、庶務規程其ノ他必要ナル諸規則ヲ定ム。

評議会ハ、裁判所ノ職務執行ニ関シテ生スルコトアルヘキ事務上ノ一切ノ問題ヲ決定ス。

評議会ハ、事務局ノ役員及雇員ノ任命、停職及罷免ニ関スル全権ヲ有ス。

評議会ハ俸給及手当ヲ定メ、且全般ノ支出ヲ監督ス。

評議会ハ、正式ニ召集セラレタル会合ニ於テ九人以上ノ出席者アルトキハ、有効ノ評議ヲ為スコトヲ得。決議ハ、多数決ニ依ル。

評議会ハ、其ノ採用シタル諸規則ヲ遅滞ナク締約国ニ通知シ、毎年裁判所ノ事業、事務ノ執行及支出ニ関スル報告書ヲ締約国ニ提出ス。報告書中ニハ又本条約第四三条第三項及第四項ニ基キ各国ヨリ事務局ニ送付スル書類中重要事項ノ要領ヲ掲クヘシ。

第五〇条【事務局の費用】 事務局ノ費用ハ、万国郵便連合総理局ノ為ニ定メタル比例ニ依リ、締約国之ヲ負担ス。

加盟国ノ負担スヘキ費用ハ、其ノ加盟カ効力ヲ生スル日ヨリ之ヲ計算ス。

第三節　仲裁裁判手続

第五一条【補充規則】 仲裁裁判ノ発達ヲ助クルノ目的ヲ以テ、締約国ハ、当事者カ別段ノ規則ヲ協定セサリシ場合ニ於テ仲裁裁判手続ニ適用スヘキ左ノ規則ヲ定ム。

第五二条【仲裁契約の記載事項】 仲裁裁判ニ依頼スル諸国ハ、其ノ紛争ノ目的、仲裁裁判官ヲ指定スヘキ期間、第六三条ノ送達ヲ為スヘキ方式、順序及期間並各当事者カ費用ノ予納金トシテ寄託スヘキ金額ヲ定メタル仲裁契約ニ記名ス。

仲裁契約ハ、又必要ニ応シ仲裁裁判官指定ノ方法、裁判部ノ有スルコトアルヘキ一切ノ特別権能、其ノ開廷地、其ノ使用スヘキ国語及裁判部ニ於テ使用スルコトヲ許スヘキ国語、其ノ他当事者間ニ約定セル一切ノ条件ヲ定ム。

第五三条【常設裁判所の権限】 常設裁判所ハ、当事者カ仲裁契約ノ作成ヲ該裁判所ニ委託スルコトニ一致シタルトキハ、之ヲ作成スルノ権限ヲ有ス。

裁判所ハ、左ノ場合ニ於テハ、外交上ノ手段ニ依リ合意ノ成立セサリシ後ハ、単ニ当事者ノ一方ヨリ請求アルトキニ於テモ、亦前項ノ権限ヲ有ス。

一　本条約実施後締結セラレ又ハ更新セラレタル総括的仲裁裁判条約ニシテ、各紛争ニ付仲裁契約ノ作成ヲ予見シ且明白ニモ又暗黙ニモ其ノ作成ニ関スル裁判所ノ権限ヲ否認セサルモノノ中ニ規定スル紛争ニ関スルトキ。但シ、他ノ当事者ニ於テ該紛争カ義務的仲裁裁判ニ付スヘキ紛争ノ種類ニ属セスト認ムルコトヲ宣言シタルトキハ、仲裁裁判条約カ此ノ先決問題ヲ決定スルノ権能ヲ仲裁裁判部ニ付与シタル場合ヲ除クノ外、裁判所ノ関与スル限ニ在ラス。

二　一国ニ対シ他ノ一国カ其ノ国民ニ支払ハルヘキモノトシテ請求スル契約上ノ債務ヨリ生シタル紛争ニシテ、其ノ解決ニ付仲裁裁判ノ提議カ受諾セラレタルモノニ関スルトキ。但シ、他ノ方法ニ依リ仲裁契約ヲ定ムルコトヲ受諾ノ条件トシタルトキハ、右規定ヲ適用セス。

第五四条【仲裁契約の作成】 前条ノ場合ニ於テハ、第四五条第三項乃至第六項ニ定メタル方法ニ依リテ指定セラルル五人ノ委員ヲ以テ組織スヘキ委員会ニ於テ、仲裁契約ヲ作成ス。

第五ノ委員ハ、当然委員長タルモノトス。

第五五条【仲裁裁判ノ職務】仲裁裁判ノ職務ハ、之ヲ当事者カ随意ニ指定シ又ハ本条約ニ依リテ設置シタル常設仲裁裁判所ノ裁判官中ヨリ選定シタル一人又ハ数人ノ仲裁裁判官ニ委託スルコトヲ得。

裁判部ノ構成ニ付、当事者ノ合意ナキトキハ、第四五条第三項乃至第六項ニ規定スル方法ニ従フモノトス。

第五六条【元首による仲裁裁判】君主其ノ他国ノ元首ニシテ仲裁者ニ選定セラレタルトキハ、仲裁裁判手続ハ、仲裁者之ヲ定ム。

第五七条【裁判長】上級仲裁裁判官ハ、当然裁判長タルモノトス。

裁判部ニ上級仲裁裁判官ナキトキハ、裁判部自ラ其ノ裁判長ヲ指定ス。

第五八条【仲裁裁判部】第五四条ニ規定スル委員会ニ於テ仲裁契約ヲ作成シタル場合ニハ、反対ノ規約アルニ非サレハ、該委員会自ラ仲裁裁判部ヲ組織ス。

第五九条【仲裁裁判官の補充】仲裁裁判官中死亡シ、辞職シ、又ハ原因ノ如何ニ拘ラス支障ヲ生シタル者アルトキハ、其ノ指定ノ為ニ定メタル方法ニ依リ之カ補闕ヲ行フ。

第六〇条【開廷地】裁判部ハ、当事者ニ於テ指定ヲ為ササルトキハ、之ヲ海牙ニ開ク。

裁判部ハ、第三国ノ領土ニ於テハ、其ノ同意ヲ得ルニ非サレハ、開廷スルコトヲ得ス。

裁判部ハ、当事者ノ承諾ヲ得ルニ非サレハ、一旦定メタル開廷地ヲ変更スルコトヲ得ス。

第六一条【用語】仲裁契約ヲ以テ使用スヘキ国語ヲ定メサリシトキハ、裁判部之ヲ定ム。

第六二条【特別代理人、顧問、弁護人】当事者ハ、自己ト裁判部トノ間ノ媒介者タルヘキ特別代理人ヲ裁判部ニ簡派スルコトヲ得。

当事者ハ、又顧問又ハ弁護人ヲ任命シ、裁判部ニ於テ其ノ権利及利益ヲ弁護セシムルコトヲ得。

常設裁判所裁判官ハ、之ヲ裁判所裁判官ニ任命シタル国ノ為ニスルノ外、代理人、顧問又ハ弁護人ノ職務ヲ行フコトヲ得ス。

第六三条【仲裁裁判手続】仲裁裁判手続ハ、原則トシテ準備書面提出及弁論ノ二段ニ分ツ。

準備書面提出トハ、各代理人ヨリ陳述書、答弁書及必要アルトキハ弁駁書ヲ裁判部裁判官及相手方ニ送達スルヲ謂フ。当事者ハ、右書面ニ其ノ申立中ニ援用シタル一切ノ文書其ノ他ノ書類ヲ添付ス。送達ハ、仲裁契約ヲ以テ定メタル順序及期間ニ於テ直接ニ又ハ国際事務局ヲ経テ之ヲ行フモノトス。

仲裁契約ヲ以テ定メタル期間ハ、合意アルトキハ当事者ニ於テ、又裁判部カ正当ナル決定ヲ与フル為必要アリト認ムルトキハ裁判部ニ於テ、之ヲ伸長スルコトヲ得。

弁論トハ、裁判部ニ於ケル当事者ノ事由ノ口頭演述ヲ謂フ。

第六四条【文書の送達】当事者ノ一方ヨリ提出シタル一切ノ文書ハ、其ノ認証謄本ヲ他ノ一方ニ送達スヘキモノトス。

第六五条【開廷の時期】特別ナル事情アル場合ヲ除クノ外、裁判部ハ、準備書面提出終結ノ後ニ非サレハ開廷セス。

第六六条【弁論】弁論ハ、裁判長之ヲ指揮ス。

弁論ハ、当事者ノ承諾ヲ経テ為シタル裁判部ノ決定ニ依ルノ外、之ヲ公開セス。

弁論ハ、之ヲ裁判長ノ任命スル書記官ノ作成スル調書ニ記載シ、裁判長及書記官ノ一名之ニ署名ス。此ノ調書ニ限公正ナル性質ヲ有ス。

第六七条【弁論の拒絶】裁判部ハ、準備書面提出終結ノ後ハ、当事者ノ一方ヨリ相手方ノ承諾ヲ得スシテ提出セムト欲スル新ナル一切ノ証書其ノ他ノ書類ニ付、弁論ヲ拒絶スルコトヲ得。

第六八条【新たな文書の参酌】裁判部ハ、当事者ノ代理人又ハ顧問カ其ノ注意ヲ求ムルコトアルヘキ新ナル証書其ノ他ノ書類ヲ参酌スルノ自由ヲ有ス。

右ノ場合ニ於テ、裁判部ハ、右証書其ノ他ノ書類ノ提出ヲ請求スルコトヲ得。但シ、其ノ旨相手方ニ通知スルコトヲ要ス。

第六九条【証書の提出】裁判部ハ、又当事者ノ代理人ニ一切ノ証書ノ提出ヲ請求シ、且必要ナル一切ノ説明ヲ求ムルコトヲ得。其ノ拒絶アリタル場合ニハ、其ノ旨ヲ記録ス。

第七〇条【口頭陳述】当事者ノ代理人及顧問ハ、其ノ申立ヲ弁護スル為有益ナリト認ムル一切ノ事由ヲ口頭ニテ仲裁裁判部ニ陳述スルコトヲ得。

第七一条【抗弁と中間争議】当事者ノ代理人及顧問ハ、抗弁ヲ為シ、又ハ中間争議ヲ起スコトヲ得。之ニ関スル裁判部ノ決定ハ、確定的ニシテ更ニ之ヲ論議スルヲ得サルモノトス。

第七二条【質問と説明要求】裁判部裁判官ハ、当事者ノ代理人及顧問ニ質問ヲ為シ、且疑ハシキ事項ニ関シテ説明ヲ求ムルコトヲ得。

弁論ノ進行中裁判部裁判官カ為シタル質問又ハ発言ハ、裁判部全体又ハ裁判官各員ノ意見ヲ表明シタルモノト認ムルコトヲ得ス。

第七三条【仲裁契約の解釈】裁判部ハ、仲裁契約及事件ニ関シテ援用シ得ヘキ其ノ他ノ証書及書類ヲ解釈シ、且法律上ノ原則ヲ適用シテ、自己ノ権限ヲ定ムルコトヲ得。

第七四条【裁判の指揮】裁判部ハ、裁判指揮ノ為手続上ノ命令ヲ発シ、各当事者カ弁論ヲ終結スヘキ方式、順序及期間ヲ定メ、且証拠調ニ関スル一切ノ手続ヲ行フコトヲ得。

第七五条【決定のために必要な方法の提出】当事者ハ、紛争決定ノ為必要ナル一切ノ方法ヲ其ノ為シ得ヘシト認ムル限充分ニ裁判部ニ提出スヘシ。

第七六条【第三国における調査】裁判部カ締約国タル第三国ノ領土ニ於テ為スヘキ一切ノ通告ハ、裁判部ヨリ直接ニ当該国政府ニ宛テ之ヲ為スヘシ。実地ニ就キ一切ノ証拠蒐集手続ヲ行フトキ亦同シ。

右ニ関スル請求ヲ受ケタル国ハ、其ノ国内法規ニ遵ヒ為シ得ヘキ方法ニ依リ其ノ請求ヲ履行スヘク、且其ノ主権又ハ安寧ニ害アリト認ムル場合ヲ除クノ外之ヲ拒ムコトヲ得ス。

裁判部ハ、又常ニ其ノ開廷地ノ所属国ノ媒介ニ依頼スルコトヲ得。

第七七条【弁論の終結】当事者ノ代理人及顧問カ各其ノ申立ヲ支持スル一切ノ説明及証拠提出ヲ終リタルトキハ、裁判長ハ、弁論ノ終結ヲ宣告ス。

第七八条【評議】裁判部ノ評議ハ、秘密会ニ於テ行ヒ、且之ヲ秘密ニ付ス。

一切ノ決定ハ、裁判官ノ多数決ニ依ル。

第七九条【仲裁判決】仲裁判決ニハ理由ヲ附シ、裁判官ノ氏名ヲ掲ケ、裁判長及裁判部書記局員又ハ其ノ職務ヲ行フ書記官之ニ署名ス。

第八〇条【判決の朗読】判決ハ、当事者ノ代理人及顧問出席ノ上又ハ之ニ対シ正式ノ呼出ヲ為シタル後、公開廷ニ於テ之ヲ朗読ス。

第八一条【判決の効力】正式ニ言渡ヲ為シ且当事者ノ代理人ニ通告シタル判決ハ、確定的ニ終審トシテ紛争ヲ決定ス。

第八二条【判決の解釈と執行に関する紛争】判決ノ解釈及執行ニ関シ当事者間ニ起ルコトアルヘキ一切ノ紛争ハ、反対ノ規約アルニ非サレハ、該判決ヲ言渡シタル裁判部ノ裁判ニ付スヘシ。

第八三条【再審】当事者ハ、仲裁契約ニ於テ仲裁判決ニ対スル再審ノ請求ヲ留保スルコトヲ得。

右ノ場合ニ於テハ、反対ノ規約アルニ非サレハ、判決ヲ為シタル裁判部ニ請求ヲ為スコトヲ要ス。右請求ハ、判決ニ対シ決定的影響ヲ与フヘキ性質ヲ有スル新事実ニシテ弁論終結ノトキ裁判部及再審ヲ請求スル当事者カ知ラサリシモノヲ発見シタル場合ニ限、之ヲ為スコトヲ得。

再審ノ手続ハ、裁判部ニ於テ特ニ新事実ノ存在ヲ確認シ、其ノ事実カ前項ニ掲クル特質ヲ有スルコトヲ認識シ、且之ニ因リ請求カ受理スヘキモノナルコトヲ宣言スル決定ヲ為スニ非サレハ、之ヲ開始スルコトヲ得ス。

再審ノ請求ヲ為スヘキ期間ハ、仲裁契約ニ於テ之ヲ定ム。

第八四条【仲裁判決の拘束力】仲裁判決ハ、紛争当事者ニ対シテノミ効力ヲ有ス。

若紛争当事者以外ノ諸国カ加リタル条約ノ解釈ニ関スルモノナルトキハ、紛争当事者ハ、適当ノ時期ニ之ヲ各記名国ニ通知スヘシ。右諸国ハ、各訴訟ニ参加スルノ権利ヲ有ス。一国又ハ数国カ此ノ権能ヲ利用シタルトキハ、判決中ニ包含スル解釈ハ、其ノ国ニ対シテモ亦等シク効力ヲ有スルモノトス。

第八五条【費用】当事者ハ各自ノ費用ヲ負担シ、且裁判部ノ費用ヲ均等ニ分担ス。

第四節　仲裁裁判簡易手続

第八六条【簡易手続の規則】締約国ハ、簡易ナル手続ニ依リ得ヘキ性質ノ紛争ニ関シ、仲裁裁判ノ運用ヲ容易ナラシムル為、別段ナル規約ナキ場合ニ適用スヘキ次ノ規定ヲ設ク。但シ、第三節ノ条項ニシテ右規定ニ牴触セサルモノハ、之ヲ適用ス。

第八七条【仲裁裁判官の選定】紛争当事者ハ、各一人ノ仲裁裁判官ヲ指定ス。右両人ノ仲裁裁判官ハ、一人ノ上級仲裁裁判官ヲ選定ス。若其選定ニ関シ合意成立セサルトキハ、仲裁裁判官ハ常設裁判所裁判官ノ総名簿ニ就キ各当事者ノ指定シタル裁判官ニ非ス且其ノ孰レノ国民ニモ非サル者ノ中ヨリ各二人ノ候補者ヲ出シ、抽籤ヲ以テ該候補者中上級仲裁裁判官タルヘキ者ヲ定ム。

上級仲裁裁判官ハ、裁判長ト為ル。裁判部ノ決定ハ、多数決ニ依ル。

第八八条【陳述書の提出期限】裁判部ハ、予メ何等ノ合意ナキトキハ、其ノ構成後直ニ当事者双方ヨリ陳述書ヲ提出スヘキ期間ヲ定ム。

第八九条【代理人】各当事者ハ、一人ノ代理人ヲシテ裁判部ニ於テ自己ヲ代表セシム。

右代理人ハ、裁判部ト之ヲ任命シタル政府トノ間ノ媒介者タルヘキモノトス。

第九〇条【裁判手続】裁判手続ハ、悉ク〔ことごとく〕書面ニ依ルモノトス。但シ、各当事者ハ、証人及鑑定人ノ出頭ヲ請求スルコトヲ得。裁判部ハ、当事者双方ノ代理人並出頭セシムルヲ有益ナリト認メタル鑑定人及証人ニ対シ口頭ノ説明ヲ求ムルコトヲ得。

第五章　附　則

第九一条【一八九九年の条約】本条約ハ、正式ニ批准セラレタル上、締約国間ノ関係ニ於テ一八九九年七月二九日ノ国際紛争平和的処理条約ニ代ルヘキモノトス。

第九二条【批准】本条約ハ、成ルヘク速ニ批准スヘシ。

批准書ハ、海牙ニ寄託ス。

第一回ノ批准書寄託ハ、之ニ加リタル諸国ノ代表者及和蘭国外務大臣ノ署名シタル調書ヲ以テ之ヲ証ス。

爾後の批准書寄託ハ、和蘭国政府ニ宛テ、且批准書ヲ添附シタル通告書ヲ以テ之ヲ為ス。

第一回ノ批准書寄託ニ関スル調書、前項ニ掲ケタル通告書及批准書ノ認証謄本ハ、和蘭国政府ヨリ、外交上ノ手続ヲ以テ、直ニ之ヲ第二回平和会議ニ招請セラレタル諸国及本条約ニ加盟スル他ノ諸国ニ交付スヘシ。前項ニ掲ケタル場合ニ於テハ、和蘭国政府ハ、同時ニ通告ヲ接受シタル日ヲ通知スルモノトス。

第九三条【第二回平和会議参加国の加入】第二回平和会議ニ招請セラレタル諸国ニシテ記名国ニ非サルモノハ、本条約ニ加盟スルコトヲ得。

加盟セムト欲スル国ハ、書面ヲ以テ其ノ意思ヲ和蘭国政府ニ通告シ、且加盟書ヲ送付シ、之ヲ和蘭国政府ノ文庫ニ寄託スヘシ。

和蘭国政府ハ、直ニ通告書及加盟書ノ認証謄本ヲ第二回平和会議ニ招請セラレタル爾余ノ諸国ニ送付シ、且通告書ヲ接受シタル日ヲ通知スヘシ。

第九四条【第二回平和会議不参加国の加入】第二回平和会議ニ招請セラレサリシ諸国カ本条約ニ加盟シ得ヘキ条件ハ、後日締約国間ノ協商ニ依リテ之ヲ定ム。

第九五条【効力発生】本条約ハ、第一回ノ批准書寄託ニ加リタル諸国ニ対シテハ、其ノ寄託ノ調書ノ日附ヨリ六〇日ノ後、又其ノ後ニ批准シ又ハ加盟スル諸国ニ対シテハ、和蘭国政府カ右批准又ハ加盟ノ通告ヲ接受シタルトキヨリ六〇日ノ後ニ、其ノ効力ヲ生スルモノトス。

第九六条【廃棄】締約国中本条約ヲ廃棄セムト欲スルモノアルトキハ、書面ヲ以テ其ノ旨和蘭国政府ニ通告スヘシ。和蘭国政府ハ直ニ通告書ノ認証謄本ヲ爾余ノ諸国ニ送付シ且通告書ヲ接受シタル日ヲ通告スヘシ。

廃棄ハ、其ノ通告カ和蘭国政府ニ到達シタルトキヨリ一年ノ後、右通告ヲ為シタル国ニ対シテノミ其ノ効力ヲ生スルモノトス。

第九七条【批准書寄託の帳簿】和蘭国外務省ハ、帳簿ヲ備ヘ置キ、第九二条第三項及第四項ニ依リ為シタル批准書寄託ノ日並加盟(第九三条第二項)又ハ廃棄(第九六条第一項)ノ通告ヲ接受シタル日ヲ記入スルモノトス。

各締約国ハ、右帳簿ヲ閲覧シ、且其ノ認証抄本ヲ請求スルコトヲ得。

12 2　常設審査委員会設置のためのチリと合衆国の間の条約（ブライアン条約）（抄）

署　名　一九一四年七月二四日（ワシントン）
効力発生　一九一六年一月一九日

第一条【紛争の審査委員会への付託及び敵対行為の禁止】締約国は、将来締約国間に生じることのあるすべての紛争を、外交的な調整の手段が失敗した場合には、調査及び報告のために、第二条に定める方法によって構成されるべき国際委員会に付託することに合意する。締約国は、そのような調査の期間中において、又は本条約が規定するすべての手段が不成功に終わったと認められるまでは、戦争を宣言せず又は敵対行為を開始しないことに合意する。

第二条【委員会の構成】国際委員会は、以下のように指名する五名の委員によって構成する。各政府は、二名の委員を指名し、その内一名のみが自国籍の者とする。第五の委員は両政府の合意によって選任し、すでに委員会に代表されているいずれかの者と国籍を同じくしないものと了解される。第五の委員が、委員長の職責を果たす。

各締約国は、調査が始まる以前においてはいつでも、自国が選任した委員を解任する権利を有し、それに伴って一又は二の後任者の指名が行われなければならない。同様に、各締約国は、第五の委員の承認を取り消す権利を有し、この場合には、取り消しの通知の後三〇日以内に、両政府の合意によって新しい第五の委員が指名される。このような合意が行われなければ、指名はスイス連邦大統領によって行われる。

右に規定する以外の理由によって生じることがある空席は、本条が定めるように補充する。

国際委員会は、本条約の批准書の交換の後四か月以内に構成されるものとし、設置の日を両政府に通知する。委員会は、その規則を制定する。委員会の決議及び最終報告書は、委員の過半数によって採択される。

委員会の費用は、両締約政府が等しい割合で負担する。

委員会は、調査のための便宜を考慮して、開催する国を決定する。

第三条【紛争の付託及び報告の期限】第一条が規定するように、締約国が外交的手段によって紛争を調整することに失敗した場合には、当該の紛争は、調査及び報告のために、直ちに国際委員会に付託される。いずれの締約政府も、委員会を招集することができる。締約国は、常設国際委員会に対して、調査及び報告のために必要とされるすべての手段及び便宜を提供することに合意する。

国際委員会の報告書は、委員会が調査の開始を宣言した日から一年以内に完成される。ただし、締約国が合意によってこれを延長する場合には、その限りではない。報告書は三部を作製するものとし、各一部を両政府に交付し、一部は委員会が保存する。

第四条【報告後の交渉及び仲裁への付託】両政府に報告書が交付された後、報告書の認定を考慮して紛争の解決をもたらすために、再交渉の期間を六か月おく。この新しい期間内に、両政府が友好的な取り決めに達することができない場合には、紛争はハーグにおかれる常設仲裁裁判所に付託される。

ただし、一又は双方の国の独立、名誉若しくは死活の利益、両国の憲法の諸規定、又は第三国の利益に影響を及ぼすことのあるいかなる問題も、右の又は他の何らかの仲裁には付託しない。

仲裁に付託する場合には、特別のかつ事前に合意された条約によって、紛争事項、仲裁者の権限、及び仲裁裁判所がその組織並びに手続（申述書、証拠及び請求の提出を含む。）を定める期間につき、詳細を定める。

第五条【批准、効力発生及び有効期限】（略）

12 3　ドイツ及びフランスの間の仲裁条約（ロカルノ仲裁条約）（抄）

署　名　一九二五年一〇月一六日（ロカルノ）
効力発生　一九二六年九月一四日

第一部　【常設調停委員会】

第一条【仲裁又は司法的解決への付託】性質の如何を問わずドイツとフランスの間のすべての紛争であって、当事者が互いに権利を争うものは、通常の外交的手続によって友好的に解決され得ない場合には、以下に規定するように、仲裁裁判所又は常設国際司法裁判所の裁判に付託する。右の紛争は、とりわけ国際連盟規約第一三条に規定する紛争を含むものと理解される。

この規定は、本条約に先立つ事実から生じる紛争であって、過去に属するものには適用しない。

ドイツ及びフランスの間に効力を有する他の条約が特別の解決手続を規定している紛争は、当該条約の規定に従って解決される。

第二条【常設調停委員会への付託】仲裁手続又は常設国際司法裁判所の手続に付託する前に、紛争は当事者間の合意によって、友好的な解決を求めて、本条約に従って構成される常設的な国際委員会（「常設調停委員会」と呼ぶ。）に付託することができる。

第三条【国内的救済の完了】紛争が、当事者の一の国内法によれば、その国内裁判所の管轄に属する事項から生じたものである場合には、権限ある国内裁判機関が合理的な期間内に確定判決を下すまでは、当該の紛争事項は本条約が定める手続に付託してはならない。

第四条【委員会の構成】第二条が規定する常設調停委員会は、以下のように指名する五名の委員によって構成する。ドイツ政府及びフランス政府は各自の国民から各一名の委員を指名し、合意によって第三国の国民から他の三名の委員を任命する。これらの三名の委員は異なった国籍を有するものとし、ドイツ及びフランスの政府はその中から委員長を任命する。

委員は三年の任期で選任され、任期は更新することができる。委員は交代まで残任し、いずれの場合も任期満了の時点において係属中であった作業の完了まで残任する。

死亡、辞任その他の理由によって生じることのある空席は、指名について定める方法によりできる限り速やかに補充する。

第五条【スイス大統領による委員の指名】常設調停委員会は、本条約の効力発生の後三か月以内に設置する。

合意によって任命されるべき委員の指名がこの期間内に行われない場合、又は空席が生じた後三か月以内にその補充が行われない場合には、別段の合意がなければ、スイス連邦大統領が必要な指名を行うように要請される。

第六条【紛争の付託】（12 4第七条と同じ）
第七条【委員の交替】（略）
第八条【委員会の任務】（12 4第一五条と同じ）
第九条【委員会の手続】（12 4第一一条1と同じ）
第一〇条【開会の場所】（略）
第一一条【作業の非公開】（12 4第一〇条と同じ）
第一二条【当事者の代表】（12 4第一一条2及び3と同じ）
第一三条【決定の採択】本条約が別に定めない限り、常設調停委員会の決定は過半数で行う。
第一四条【当事者の協力義務】（12 4第一三条参照）
第一五条【委員の給与】（略）
第一六条【常設国際司法裁判所への付託】常設調停委員会において和解が成立しなかった場合には、紛争は特別協定によって、常設国際司法裁判所規程が定める条件及び手続に従って同裁判所に付託されるか、又は、一九〇七年一〇月一八日のハーグ国際紛争平和的処理条約が定める条件及び手続に従って仲裁裁判所に付託される。

当事者が特別協定について合意できない場合には、一か月の予告をもって、いずれの当事者も請求によって紛争を常設国際司法裁判所に付託することができる。

第二部　【その他の手続によって解決できない問題】

第一七条【その他の手続によって解決できない問題】ドイツ及びフランスの政府が意見を異にするすべての問題であって、通常の外交的手続によって友好的な解決に達することができなかったものは、本条約第一条が規定するように裁判による解決を求めることができず、また、当事者間に効力を有するその他の条約がその解決手続を規定していない場合には、常設調停委員会に付託する。委員会は当事者に受諾可能な解決を提案し、いずれの場合にも報告書を提出する義務を負う。

本条約第六条ないし第一五条が規定する手続を適用する。

第一八条【連盟理事会への付託】常設調停委員会の作業が終了した後一か月以内に両当事者が合意に達さなければ、問題はいずれかの当事者の要請により国際連盟理事会に付託する。理事会は、連盟規約第一五条に従ってこれを処理する。

一般規定

第一九条【暫定措置】いずれの場合にも、とりわけ両当事者が意見を異にする問題がすでに行われたか又は行われつつある行為から生じるものであるときは、調停委員会、又は委員会に問題が付託されていない場合には仲裁裁判所若しくは常設国際司法裁判所は、規程第四一条に従って、できるだけ速やかに取られるべき暫定措置を指示する。問題が国際連盟理事会に付託された場合には、同様に適当な暫定措置を指示することは、理事会の義務である。ドイツ及びフランスの政府は、各々このような措置に従うことを約束し、また、決定の履行又は調停委員会若しくは国際連盟理事会が提案する取り決めに有害な影響を与えるかも知れないすべての措置を慎むこと、及び、一般に紛争を悪化させ又は拡大するようないかなる種類の行動をも慎むことを約束する。

第二〇条【第三国がかかわる紛争】本条約は、他の諸国もまた紛争に利害関係を有する場合であっても、ドイツとフランスの間に引き続き適用する。

第二一条【批准、効力発生及び有効期間】（略）

12 4 国際紛争の平和的解決に関する改正一般議定書（抄）

署　名　一九二八年九月二六日（ジュネーヴ）
効力発生　一九二九年八月一六日
改　正　一九四九年四月二八日（国連総会第三回会期決議二六八（III））、一九五〇年九月二〇日効力発生
日本国

第一章　調　停

第一条【調停に付託される紛争】この一般議定書に加入する二又はそれ以上の締約国間のすべての紛争で、外交手続により解決できなかったものは、第三九条によりなされる留保を除き、この章に規定する条件で調停手続に付される。

第二条【付託される調停委員会】前条に掲げた紛争は、紛争当事国によって構成される常設又は特別調停委員会に付託される。

第三条【調停委員会の設置】右の目的のため一の締約国が他の締約国に行った請求に基づき、常設調停委員会は、六箇月以内に構成される。

第四条【調停委員会の構成】関係当事国間に別段の合意がない限り、調停委員会は、次のように構成される。

一　委員会は、五名の委員から成る。当事国は、各その一名を任命し、右は、各当該当事国国民の中から選任することができる。他の三名の委員は、合意により、第三国の国民の中から選任される。この三名の委員は、異なる国籍の者であることを要し、当事国の領域に居所をもたず、また、その国に勤務していないことを要する。当事国は、右の三名の委員の中から、委員会議長を選任する。

二　委員は、三年の任期で任命され、かつ、再任される資格を有する。合意により任命された委員は、任期中は当事国の合意により交替させることができる。ただし、各当事国は、いつでもその任命した委員を交替することができる。交替にかかわらず、委員は、進行中の事務の終了まで在任するものとする。

三　死亡、辞任又はその他の故障により生ずることのある欠員の補充は、任命に対し定められた方法により、最短期間内に行われる。

第五条【特別委員会の設置】紛争が発生した場合に、紛争当事国により任命された常設調停委員会がなかったときは、当事国の一方が他方の当事国に請求を行った時から三箇月の期間内に、右の紛争の審査のため、特別委員会が構成される。当事国が別段の決定をしない限り、任命は、前条の規定によって行われる。

第六条【合意ができない場合の委員の任命】1　合意により選任すべき委員の任命が、第三条及び第五条所定の期間内に行われなかったときは、必要な任命措置は、当事国の合意により選定された第三国に、又は、当事国の請求があれば、国際連合総会議長、若しくは、総会が閉会中であるときは、最近の総会の議長に委嘱される。

2　右の手続のいずれに関しても合意が成立しなかったときは、各当事国は、異なった一国を選定し、任命は、このように選定された国の合意により行われる。

3　三箇月の期間内に右の二国が合意を得られなかったときは、右の二国はそれぞれ、選任すべき委員の数と同数の候補者を推薦する。このように推薦された候補者のうちから、抽せんにより、任命を決定する。

第七条【事件の付託】1　調停委員会は、合意によって行動する両当事国により又は右の合意がないときは当事国のいずれかの一方による議長に対する申請により、事件を付託される。

2　右の申請には、紛争の主題を略述し、友好的な解決に達するのに必要なすべての措置をとることを委員会に求める旨を記載する。

3　申請が当事国の一方のみから提出された場合には、申請書は、その当事国により、遅滞なく他の当事国に通告される。

第八条【委員の交替】
第九条【委員会の会合】（略）

第一〇条【審理の非公開】調停委員会の審理は、公開しない。ただし、両当事国の同意を得て、委員会が公開で行う旨の決定をした場合は別である。

第一一条【審理の手続】1　当事国間に別段の合意がない限り、調停委員会は、自らその手続を定め、その手続は、すべての場合において対審によることを要する。事実審査に関しては、委員会が全会一致をもっ

て別段の決定をしない限り、国際紛争平和的処理に関する一九〇七年一〇月一八日のハーグ条約の第三章の規定に従う。

2　当事国は、当事国と調停委員会との間の仲介者たるべき任務を有する代理人により、同委員会に代表される。なお、当事国は、補佐人及び鑑定人から援助を受けることができ、かつ、証言が当事国に有益であると認められるすべての者からの聴取を請求することができる。

3　委員会もまた、両当事国の代理人、補佐人及び鑑定人、並びに本国政府の同意を得て出頭させることが有益であると委員会が認めるすべての者に対し、口頭の説明を求める権能を有する。

第一二条【決定の方法】当事国間に別段の合意がない限り、調停委員会の決定は、過半数の票による。委員会は、全委員の出席がなければ、紛争の実質について、決定をすることができない。

第一三条【委員会に対する援助】当事国は、調停委員会の審理を容易にすること、特に、しかるべき資料及び情報を可能な限りすべて委員会に提出すること、並びに国内法に従い、自国領域内で、証人及び鑑定人の召喚及び聴聞を行うことができるよう、かつ実地検分を行うことができるよう、自己のとりうるあらゆる手段を講じることを約束する。

第一四条【委員会の経費】1　委員会の審査期間中、各委員は、両当事国の合意する額の報酬を受け取る。当事国は、それぞれ均等に分担する。

2　委員会の任務遂行より生じた一般経費は、同様の方法で分担される。

第一五条【委員会の任務】1　調停委員会は、紛争問題を明らかにすること、そのために事実審査又はその他の方法によってすべての有益な情報を集めること、及び、当事国を合意に達せしめるのに努めることを任務とする。委員会は、事件の審理後、適当と認める協定条件を当事国に提示し、かつ、当事国が意見を表示すべき期限を定めることができる。

2　委員会は事務終了に際し、場合により、当事国が合意に達したこと、及び、必要があるときは、その合意の条件、又は当事国が合意に達し得なかったことを確認する調書を作成する。調書は、委員会の決定が全会一致で行われたか又は多数決で行われたかを記載しない。

3　委員会の事務は、当事国が別段の合意をしない限り、委員会が紛争を委託された日から六箇月の期間内に終了する。

第一六条【調書】委員会の調書は、遅滞なく当事国に通知される。公表すべきかどうかは、当事国の決定による。

第二章　司法的解決

第一七条【国際司法裁判所に付託される紛争】すべての紛争でこれに関し当事国が互に権利を争うものは、第三九条の規定に従ってなされることのある留保を除き、裁判のために国際司法裁判所に付託される。ただし、当事国が後に規定する条件で仲裁裁判所に出訴することに同意した場合には、この限りでない。右の紛争は、特に国際司法裁判所規程第三六条記載の紛争を含むものとする。

第一八条【仲裁裁判所への付託】当事国は、前条に掲げた紛争を仲裁裁判所に付託することに同意したときは、仲裁契約を作成し、その契約において紛争の主題、仲裁裁判人の選定及び手続を決定する。仲裁契約中に十分な細目を欠くときは、必要な範囲において、国際紛争平和的処理に関する一九〇七年一〇月一八日のハーグ条約の規定を適用する。

仲裁裁判人により適用されるべき実質的規定について仲裁契約中に規定がないときは、裁判所は、国際司法裁判所規程第三八条に列記した実質的規定を適用する。

第一九条【国際司法裁判所への移管】前条に掲げた仲裁契約に関し当事国間に合意がない場合又は仲裁裁判人の選定がない場合には、三箇月の予告をもって、いずれの当事国も、国際司法裁判所に直接申請し紛争を付託する権能を有する。

第二〇条【調停との関係】1　第一条の規定にかかわらず、本章所定の義務を受諾している当事国間に生じた第一七条に掲げる紛争は、当事国の合意によるのでなければ調停手続に付せられない。

2　義務的調停手続は、第三九条所定の留保の適用によってのみ司法的解決から除外される紛争について適用されるものとする。

3　調停に訴えたがそれが成功しなかった場合には、いずれの当事国も、調停委員会の事務終了後一箇月の期間の満了前には、当該紛争を国際司法裁判所に提出し、又は第一八条に規定した仲裁裁判所の構成を要求することができない。

第三章　仲裁裁判

第二一条【仲裁裁判所に付託される紛争】第一七条に記載された紛争以外の一切の紛争で、第一章に規定した調停委員会の事務終了後一箇月以内に当事国が合意に達しなかったものは、第三九条によってなされる留保に従うことを条件に、仲裁裁判所に付託される。

第二二条【仲裁裁判所の構成】仲裁裁判所は、五名の裁判人から成る。当事国は、各その一名を任命し、右は、各当該当事国国民の中から選任することができる。他の二名の裁判人及び裁判長は、合意により、第三国国民の中から選任される。右の三名の者は、異なった国籍の者であることを要し、当事国の領域に常居所をもたず又はその国に勤務していないことを要する。

第二三条【裁判人の任命手続】1　当事国の一方が他方の当事国に対し仲裁裁判所の構成を請求した時から

三箇月の期間内に、右の裁判所の裁判人の任命が行われなかった場合には、必要な任命手続は、当事国間の合意により選ばれた第三国に委嘱される。

2　右に関し合意が成立しなかったときは、各当事国は、異なった一国を選定し、任命は、右のように選定された国の合意により行われる。

3　右のように選定された国が三箇月の期間内に合意に達することができなかったときは、必要な任命は、国際司法裁判所所長により行われる。裁判所所長に故障があるか、又は裁判所所長が当事国の一方の国民である場合には、右の任命は、裁判所次長により行われる。裁判所次長に故障があるか、又は裁判所次長が当事国の一方の国民である場合には、右の任命は、両当事国のいずれの国の国民でもない最年長の国際司法裁判所裁判官によって行われる。

第二四条【欠員の補充】（略）

第二五条【特別合意の作成】当事国は、紛争の主題及び手続を決定する特別合意を作成する。

第二六条【ハーグ条約の規定の適用】前条記載の諸点に関し特別合意が十分な細目を欠くときは、必要な範囲において、国際紛争平和的処理に関する一九〇七年一〇月一八日のハーグ条約の規定を適用する。

第二七条【申請による付託】仲裁裁判所が構成された時から三箇月の期間内に特別合意が締結されなかったときは、仲裁裁判所は、当事国の一方又は他方の申請により付託を受けることができる。

第二八条【仲裁裁判の準則】特別合意中に規定がないとき又は特別合意が締結されないときは、仲裁裁判所は、国際司法裁判所規程第三八条に列挙された実体規則を適用する。紛争に適用しうる右のような規則が存在しない場合には、仲裁裁判所は、衡平及び善に基づいて裁判を行う。

第四章　一般規定

第二九条【当事国間の現行諸協定との関係】1　紛争当事国間の他の現行条約により他に特別な解決手続が規定されている紛争は、右の条約の規定に従い解決される。

2　この一般議定書は、当事国間に調停手続を設ける現行諸協定又は紛争の処理を確保する仲裁裁判若しくは司法的解決に付託することを義務づける現行諸協定に影響を及ぼさない。ただし、現行諸協定が調停手続のみを規定し、当該手続が成功しなかった場合には、司法的解決又は仲裁裁判に関するこの一般議定書の規定は、当事国がこれらの規定に加入している限りにおいて適用される。

第三〇条【調停委員会の審理停止】調停委員会は、当事国の一方により他の当事国が当事国間に実施している条約に基づいて国際司法裁判所又は仲裁裁判所に提出した紛争について付託を受けた場合には、国際司法裁判所又は仲裁裁判所が管轄権に関する争いについて決定するまで、その紛争の審議を停止する。調停手続中に当事国の一方により国際司法裁判所又は仲裁裁判所に事件が付託された場合も、また同じとする。

第三一条【国内管轄権に属する紛争】1　対象が当事国の一方の国内法令によりその国の司法又は行政当局の権限に属する紛争の場合には、その当事国は、権限のある当局により相当の期間内に確定的決定が行われるまで、紛争をこの一般議定書に定める各種の手続に付することを拒絶することができる。

2　右の場合には、この議定書の定める手続によろうとする当事国は、その意向を前記の決定後一年の期間内に、他の当事国に通告する。

第三二条【判決の効力】司法又は仲裁判決が、紛争当事国の一方の裁判所又は他の当局の行った判決又は措置が全部又は一部国際法に違反していることを宣言し、かつ、当事国の憲法が右の判決又は措置の結果を取消すことを許さないか又は部分的にのみ取消すことを許すにとどまる場合には、当事国は、司法又は仲裁判決により、被害当事国に公正な満足を与えることに同意する。

第三三条【暫定措置】1　紛争が仲裁又は司法手続の対象となったすべての場合に、特に当事国の意見の一致を見なかった問題が既成行為又は既成に近い行為から生ずるものであるときは、規程第四一条に従って処理する国際司法裁判所又は仲裁裁判所は、とられるべき暫定措置をできる限り短期間内に指示する。紛争当事国は、この仮措置に従う義務を有するものとする。

2　調停委員会は、紛争の付託を受けたときは、有益であると認める暫定措置を当事国に勧告することができる。

3　当事国は、司法若しくは仲裁判決の執行又は調停委員会により提議される取決めに有害な影響を及ぼすおそれのあるすべての措置をとらないこと、及び、一般に紛争を重大化し又は拡大するおそれのある行為を、その性質のいかんを問わずとらないことを約束する。

第三四条【手続適用の態様】この一般議定書に加入した二以上の当事国間に紛争が発生した場合には、前掲の諸規定中に定めた手続の適用に関し、次の態様が遵守されなければならない。

(イ)　調停手続に関しては、常に特別委員会を構成する。同委員会の構成は、当事国がすべて異なった利害関係を有するか又は当事国中の二国若しくは数国が共通の利害関係を有するかにより異なる。

第一の場合には、当事国は、各一名の委員を任命し、かつ、共同して紛争当事国ではない第三国の国民たる委員を選任する。委員の数は、当事国により各別に任命された委員の数より常に一名多くする。

第二の場合には、共通の利害関係を有する当事国は、委員を共同に任命するために協定し、かつ、第三者たる委員の選任のため、他の一又は数当事国と協力する。

いずれの場合においても、当事国は、別段の合意をしない限り、この議定書の第五条以下の諸条を、これらの諸条がこの条の規定と両立しうる限度において適用する。

(ロ) 司法手続に関しては、国際司法裁判所規程を適用する。

(ハ) 仲裁手続に関しては、裁判所の構成に関し当事国の合意がない場合に第一七条所定の紛争に関するものであるときは、各当事国は、申請により、直接に当該紛争を国際司法裁判所に提出することができる。第二一条所定の紛争に関するものであるときは、第二二条以下の諸条を適用する。ただし、異なる利害関係を有する当事国は各々、一名の仲裁裁判人を任命し、かつ、当事国により各別に任命される仲裁裁判人の数は、他の仲裁裁判人の数より常に一名少くする。

第三五条【第三国に利害関係がある紛争】 1　この一般議定書は、第三国がこの議定書の加入国であるかどうかを問わず、紛争に利害関係を有する場合にも、この議定書に加入した当事国間に適用される。

2　調停手続において、当事国は、合意により、このような第三国を招請することができる。

第三六条【第三国の訴訟参加】 1　司法又は仲裁手続において、第三国は、自国が紛争に関する決定によって影響を受ける法律的性質の利害関係をもつと認める場合には、訴訟参加のための要請を国際司法裁判所又は仲裁裁判所に対し提出することができる。

2　国際司法裁判所又は仲裁裁判所は、右に対し決定をする。

第三七条【第三国の参加した条約の解釈】 1　紛争当事国以外の国が参加している条約の解釈に関する場合には、国際司法裁判所書記又は仲裁裁判所は、遅滞なくこれをそのような紛争当事国以外の国に通告する。

2　右の紛争当事国以外の国は、いずれも訴訟に参加する権利を有し、その国が右の権利を行使するときは、判決中によって与えられる解釈は、その国もひとしく拘束する。

第三八条【加入の形式】 この一般議定書に対する加入は、

(イ) 本議定書の全部(第一章、第二章、第三章及び第四章)、

(ロ) 又は単に調停及び司法的解決に関する規定(第一章及び第二章)並びにその手続に関する一般規定(第四章)、

(ハ) 又は単に調停に関する規定(第一章)及びその手続に関する一般規定(第四章)に適用することができる。

締約国は、自国が同一の義務を受諾した限度においてのみ、他の国家の加入を援用することができる。

第三九条【留保】 1　前条に掲げた権能とは別に、締約国は、この一般議定書への加入に際し、次項に制限的に列挙される留保を条件として、これを受諾することができる。この留保は、加入に際し指示されることを要する。

2　右の留保は、この議定書により定められた手続から、左記を排除するものとして行うことができる。

(イ) 留保する締約国の加入前又は右の締約国が紛争を有するに至った他の締約国の加入前の事実から生じた紛争

(ロ) 国際法が国の国内的管轄権に属するものとする問題に関する紛争

(ハ) 特定事件又は領土状態のように明白に定められた特別事項に関する紛争又は明確に定められた種類に属する紛争

3　紛争当事国の一方が留保した場合に、他の当事国は、右の当事国に対して同一の留保を援用することができる。

4　司法的解決又は仲裁裁判に関するこの議定書の規定に加入した締約国に関しては、その国の行った留保は、明示の記載がない限り、調停手続には及ばないものとみなされる。

第四〇条【加入範囲の拡大、留保の撤回】 加入が部分的であるか又は留保つきであるすべての締約国は、いつでも、単なる宣言の方法によって、自国の加入の範囲を拡大し、又は留保の全部若しくは一部を撤回することができる。

第四一条【解釈に関する紛争】 この一般議定書の解釈又は適用に関する紛争は、紛争の性質及びなされた留保の範囲に関する紛争を含めて、国際司法裁判所に付託される。

第四二条【日付】 この一般議定書は、一九四九年四月二八日の日付を有する。

第四三条【非締約国の加入】 1　この一般議定書は、国際連合の加盟国、国際司法裁判所規程の当事国となった非加盟国又は国際連合総会が特に謄本を送付した非加盟国の加入のため開放される。

2　加入書及び第四〇条に規定した追加宣言は、国際連合事務総長に送付され、同事務総長は、その受領をすべての加盟国及び前項に掲げた非加盟国に通告する。

3　この議定書の第三八条所定の三加入形式にそれぞれ相応しかつA、B、Cの文字で示される三個の表が、国際連合事務総長により作成される。この表には、締約国の加入及び追加宣言が記載される。この表は、たえず最近の事態を示し事務総長から国際連合総会に提出される年報中に公表される。

第四四条【効力発生】 1　この一般議定書は、国際連合事務総長が少くとも二締約国の加入を受領した後九〇日で効力を発生する。

2　前項によるこの議定書の効力発生後の各加入は、国際連合事務総長がその加入を受領した日の後九〇日で効力を生ずる。第四〇条所定の締約国の追加宣言に関しても、同様とする。

第四五条【有効期間、廃棄】 1　この一般議定書は、効

力発生の時から五年の期間存続する。

2　この議定書は、右の期間の満了の少くとも六箇月前に廃棄の通告をしなかった締約国に対し、引き続き五年ごとの期間有効とする。

3　廃棄の通告は、国際連合事務総長にあてた書面による通告で行われ、同事務総長は、すべての加盟国及び第四三条に掲げた非加盟国にこれを通告する。

4　廃棄の通告は、部分的に限ることができ、また、新たな留保の通告であることができる。

5　紛争に関係する締約国中の一国による廃棄の通告にかかわらず、一般議定書の期限の終了の時に既に着手されていたすべての手続は、その正規の終了まで継続される。

第四六条【記録所への寄託】
第四七条【登録】（略）

12 5 国際紛争の平和的解決に関するマニラ宣言（マニラ宣言）

採択　一九八二年一一月一五日
国際連合総会第三七会期決議三七／一〇附属書

前文（略）

I

一　すべての国は、国家間の友好関係に影響を与えるかも知れない相互間の紛争を回避し、こうして国際の平和及び安全の維持に貢献するために、誠実にかつ国際連合憲章に具現された目的及び原則に従って行動する。すべての国は、善良な隣人として互いに平和に生活し、かつ、国際の平和及び安全を強化するために意味のある措置を取るよう努力する。

二　すべての国は、その国際紛争をもっぱら平和的手段によって、国際の平和及び安全並びに正義を危うくしないように解決しなければならない。

三　国際紛争は、国の主権平等に基づき、国際連合憲章に従い手段選択の自由の原則を遵守して、また、正義及び国際法の原則を遵守して、解決されなければならない。国が当事者である現在又は将来の紛争に関して、自由に合意した解決手続に訴え又はこれを受諾することは、国の主権平等と両立しないものとみなされてはならない。

四　紛争当事者である国は、その相互関係において、国の主権、独立及び領土保全に関する国際法の基本原則のもとにおけるその義務、並びにその他の現代国際法の一般に承認された原則及び規則を、引き続き遵守する。

五　国は、誠実にかつ協力の精神をもって、以下のいずれかの諸手段によって、その国際紛争を速やかにかつ衡平に解決するよう努力する。交渉、審査、仲介、調停、仲裁裁判、司法的解決、地域的機関又は地域的取極の利用、その他周旋を含む当事者が選ぶ平和的手段。このような解決を求めるに当たって、当事者は、紛争の状況及び性格に適合するような平和的手段について、合意しなければならない。

六　地域的機関又は地域的取極の当事者である国は、地域的な紛争を安全保障理事会に付託する前に、これらの地域的機関又は地域的取極を通じて平和的に解決するよう、あらゆる努力を行わなければならない。このことは、国が何らかの紛争について、国際連合憲章に従い安全保障理事会又は総会の注意を促すことを妨げるものではない。

七　紛争当事者が右の諸手段のいずれかによって、これを速やかに解決することに失敗した場合には、当事者は引き続き平和的解決を求め、かつ、紛争を平和的に解決するための手段について相互に合意するため、直ちに協議を行わなければならない。国が、右の諸手段のいずれかによって、その継続が国際の平和及び安全の維持を危うくする虞のある紛争を解決できなかった場合には、当事者はこの紛争を国際連合憲章に従い安全保障理事会に付託しなければならない。ただしこのことは、憲章第六章の関連規定に定める理事会の職務及び権限を損なうものではない。

八　国際紛争の当事国及びその他の国は、状況を悪化させて国際の平和及び安全の維持を危うくし、紛争の平和的解決をさらに困難にし又は妨げるような、いかなる行為をも慎まなければならず、また、この点に関して国際連合の目的及び原則に従って行動しなければならない。

九　国は、相互間の紛争を平和的に解決するための協定を締結することを考慮するべきである。国はまた、締結されるべき二国間協定又は多数国間条約に、適当な場合にはその解釈又は適用から生じる紛争の平和的解決のための実効的な規定を含めるべきである。

一〇　国は、手段の自由な選択の権利を損なうことなく、直接交渉が紛争の平和的解決のための柔軟かつ効果的な手段であることに留意するべきである。直接交渉を行うことを選ぶ場合には、国は、当事者に受諾可能な速やかな解決を達成するために、意味のある交渉を行うべきである。国は、本宣言が定めるその他の方法によって紛争の解決を求めることにも、等しく備えるべきである。

一一　国は国際法に従い、紛争解決のために締結した協定のすべての条項を誠実に履行しなければならない。

一二　関係人民が、国際連合憲章に従った諸国間の友好関係と協力に関する国際法の諸原則についての宣言にいう自決の権利を行使することを促進するため、紛争当事者は、そのように合意しかつ適当な場合には、紛争の平和的解決のために本宣言が規定する関連手続を利用する可能性を有する。

一三　紛争の存在も、又は紛争の平和的解決手続の失敗も、紛争のいずれかの当事国が武力の行使または武力による威嚇を行うことを認めるものではない。

II

一　加盟国は、紛争の平和的解決に関して憲章が規定する手続及び手段、とりわけ第六章を含めて、国際連合憲章の諸条項を十分に利用するべきである。

二　加盟国は、国際連合憲章に従って引き受けた義務を、誠実に履行しなければならない。加盟国は憲章に従い、適当な場合には、紛争の平和的解決に関する安全保障理事会の勧告に、妥当な考慮を払うべきである。加盟国はまた、憲章に従い、適当な場合には、紛争の平和的解決の分野において総会が採択した勧告に、憲章第一一条および第一二条に従うことを条件として、妥当な考慮を払うべきである。

三　加盟国は、紛争の平和的解決の分野において、国際連合憲章が総会に付与した重要な役割を再確認し、総会がその責任を効果的に果たすことの必要性を強調する。したがって、加盟国は以下のことを行うべきである。

(a)　総会は、起因に関わりなく、一般的福祉又は諸国間の友好関係を害する虞があると認めるいかなる事態についても審議し、憲章第一二条に従うことを条件に、これを平和的に調整するための措置を勧告することができることに留意すること。

(b)　適切と認めるときには、国際的摩擦に導き又は紛争を発生させる虞のあるいかなる事態についても、総会の注意を促すことができる可能性を利用するよう考慮すること。

(c)　紛争の平和的解決のために、憲章上の職務を履行するに当たって総会が設置する補助機関を利用するよう考慮すること。

(d)　総会に対して注意が促された紛争の当事者である場合に、紛争の速やかな解決を促進することを目的に、総会の枠組の中における協議を利用するよう考慮すること。

四　加盟国は、安全保障理事会が国際連合憲章に従い、紛争の解決又はその継続が国際の平和及び安全の維持を危うくする虞がある事態の解決の分野において、その責任を十分にかつ効果的に果たすことができるように、理事会の主要な役割を強化するべきである。この目的のために、加盟国は以下のことを行うべきである。

(a)　自国が当事者である紛争を憲章第三三条が示す手段によって解決できなかった場合には、これを安全保障理事会に付託する義務を負うことを、十分に自覚すること。

(b)　国際的摩擦に導き又は紛争を生じる虞のあるいかなる事態についても、安全保障理事会の注意を促す可能性を、より活用すること。

(c)　その継続が国際の平和及び安全の維持を脅かす虞がある紛争又は事態を検討するために、安全保障理事会が憲章に規定する機会をより広く利用するよう奨励すること。

(d)　憲章に従った安全保障理事会の事実調査の権限を、よりよく利用するよう考慮すること。

(e)　紛争の平和的解決を促進する手段として、憲章上の職務を履行するに当たって安全保障理事会が設置する補助機関をより広く利用するよう奨励すること。

(f)　安全保障理事会は、憲章第三三条にいう性質の紛争又は同様の性格の事態のいかなる段階においても、適当な調整の手続又は方法を勧告することができることに留意すること。

(g)　安全保障理事会がその職務及び権限に従い、とりわけ国際紛争が武力紛争に至った場合には、遅滞なく行動するよう奨励すること。

五　国は、国際連合の主要機関である国際司法裁判所の役割を、十分に認識するべきである。とりわけ裁判所規則の改定以後、法律的紛争の解決のために国際司法裁判所が提供する便宜に、国の注意を促す。

国は、現存のまたは将来締結される協定によって、その他の裁判所にその紛争の解決を委ねることができる。

国は、以下のことに留意するべきである。

(a)　法律的紛争が、国際司法裁判所規程の規定に従い当事者によって原則として同裁判所に付託されなければならないこと。

(b)　国が以下のことを行うことが望ましいこと。

(i)　適切な場合にはいつでも、条約にその解釈又は適用に関して生じることのある紛争を、国際司法裁判所に付託することを規定する条項を挿入する可能性を考慮すること。

(ii)　主権の自由な行使として、規程第三六条に従い国際司法裁判所の管轄権を義務的と認める可能性について研究すること。

(iii)　国際司法裁判所を利用しうる事例を明らかにすることを検討すること。

国際連合の機関及び専門機関は、この権限を正規に認められていることを条件として、その活動の範囲内において生ずる法律的問題について国際司法裁判所に勧告的意見を要請する可能性を利用することの望ましさについて、研究を行うべきである。

法律的紛争の司法的解決への付託、とりわけ国際司法裁判所への付託は、国の間において非友好的な行為とみなされるべきではない。

六　事務総長は、事務総長に責任を委ねる国際連合憲章の諸条項を、十分に活用するべきである。事務総長は、国際の平和及び安全の維持を脅威すると認める事項について、安全保障理事会の注意を促すことができる。事務総長は、安全保障理事会又は総会が委託するその他の任務を遂行する。安全保障理事会又は総会が要請するときはいつでも、この点に関する報告が行われなければならない。

126　国際交渉の原則及び指針

採　択　一九九八年一二月八日
国際連合総会第五三回会期決議五三／一〇一

総会は、

（中略）

国際交渉は、とりわけ国の間の紛争の平和的解決及び新しい国際行為規範の創設のために、柔軟かつ効果的な手段であることを考慮し、

交渉に当たって、国は国際法の関連原則及び規則に導かれるべきであることに留意し、

憲章に具現され国際法が認めるように、紛争の平和的解決のためには異なる諸手段が存在することを自覚し、また、この文脈において、これらの手段の自由な選択の権利を再確認し、

建設的かつ効果的な交渉は、国際関係の処理、紛争の平和的解決及び国の新しい国際行為規範の創設に貢献することによって、憲章の目的を実現するに当たって重要な役割を果たしうることに留意し、

国際交渉に関わる原則及び指針を明らかにすることは、交渉当事者の予測可能性を向上させ、不確実さを減少させ、及び交渉における信頼の雰囲気を助長することに貢献しうることに留意し、

以下の規定は、交渉のための一般的かつ非包括的な引照枠組を提供しうることを承認して、

一　国際交渉に関連する、以下の国際法の諸原則を再確認する。

(a)　経済的、社会的、政治的又はその他の性質の違いにかかわらない、すべての国の主権平等

(b)　国は、国際連合憲章に従い、いずれかの国の国内管轄権内にある事項に干渉してはならない義務を負うこと。

(c)　国は、国際法のもとで有する義務を誠実に履行する義務を負うこと。

(d)　国は、その国際関係において、武力による威嚇又は武力の行使を、いかなる国の領土保全又は政治的独立に対するものも、また、国際連合の目的と両立しない他のいかなる方法によるものも慎まなければならない義務を負うこと。

(e)　いかなる合意も、憲章に具現される国際法の諸原則に違反する武力による威嚇又は武力の行使によって締結されたものである場合には、無効であること。

(f)　国は、政治的、経済的及び社会的体制の如何にかかわらず、国際の平和と安全を維持し、国際経済の安定と進歩、諸国の一般的福祉、及び右のような相違に基づく差別のない国際協力を促進するために、国際関係のさまざまな分野において相互に協力する義務を負うこと。

(g)　国は、その国際紛争を平和的手段によって国際の平和及び安全並びに正義を危うくしないように解決しなければならないこと。

二　国際法に従い、交渉の定められた目的と両立しかつその達成に導くような方法で、以下の指針に沿って交渉を行うことの重要性を確認する。

(a)　交渉は、誠実に行われるべきである。

(b)　国は国際交渉において、適切な方法で、当該の問題がその死活の利益に直接に影響を及ぼす国の参加を得ることの重要性に、正当な考慮を払うべきである。

(c)　すべての交渉の目的及び対象は、憲章の諸規定を含む国際法の原則及び規範と完全に両立するものでなければならない。

(d)　国は、相互に合意された交渉実施の枠組を遵守するべきである。

(e)　国は、交渉中において建設的な雰囲気を維持するように努力し、交渉及びその進展を損なうかも知れないあらゆる行動を慎むべきである。

(f)　国は、交渉の主要目的に常に集中することによって、交渉の遂行又は完了を促進するべきである。

(g)　交渉が手詰まりとなった場合には、国は、相互に受諾可能で正当な解決に向けて、作業を継続するよう最善の努力を行うべきである。

第2節　国際司法裁判所

127　国際司法裁判所規程

署　名　一九四五年六月二六日(サン・フランシスコ)
効力発生　一九四五年一〇月二四日
日本国　一九五四年三月一七日国会承認、四月二日受諾書寄託、効力発生、公布(条約第二号)

第一条【裁判所の地位】国際連合の主要な司法機関として国際連合憲章によって設置される国際司法裁判所は、この規程の規定に従って組織され、且つ、任務を遂行する。

第一章　裁判所の構成

第二条【裁判官の資格】裁判所は、徳望が高く、且つ、各自の国で最高の司法官に任ぜられるのに必要な資格を有する者又は国際法に有能の名のある法律家のうちから、国籍のいかんを問わず、選挙される独立の裁判官の一団で構成する。

第三条【裁判所の構成】1　裁判所は、一五人の裁判官で構成し、そのうちのいずれの二人も、同一国の国民であってはならない。
2　二以上の国の国民と認められることのある者は、裁判所における裁判官の地位については、私権及び公権を通常行使する国の国民とみなす。

第四条【裁判官候補者の指名権者】1　裁判所の裁判官は、常設仲裁裁判所の国別裁判官団によって指名される者の名簿の中から、以下の規定に従って総会及び安全保障理事会が選挙する。
2　常設仲裁裁判所に代表されない国際連合加盟国については、候補者は、国際紛争の平和的処理に関する一九〇七年のヘーグ条約の第四四条によって常設仲裁裁判所裁判官について規定される条件と同一の条件で政府が指名のために任命する国別裁判官団が指名する。
3　この規程の当事国であるが国際連合加盟国でない国が裁判所の裁判官の選挙に参加することができるための条件は、特別の協定がない場合には、安全保障理事会の勧告に基いて総会が定める。

第五条【候補者の指名】1　国際連合事務総長は、選挙の日の少くとも三箇月前に、この規程の当事国たる国に属する常設仲裁裁判所の裁判官及び第四条2に基いて任命される国別裁判官団の構成員に対して、裁判所の裁判官の任務を遂行する地位にある者の指名を一定の期間内に国別裁判官団ごとに行うことを書面で要請しなければならない。
2　いかなる国別裁判官団も、四人をこえて指名することができない。そのうち、自国の国籍を有する者は、二人をこえてはならない。いかなる場合にも、一国別裁判官団の指名する候補者の数は、補充すべき席の数の二倍をこえてはならない。

第六条【国内機関の意見の反映】各国別裁判官団は、この指名をする前に自国の最高司法裁判所、法律大学及び法律学校並びに法律研究に従事する学士院及び国際学士院の自国の部の意見を求めることを勧告される。

第七条【候補者名簿の作成】1　事務総長は、こうして指名されるすべての者のアルファベット順の名簿を作成する。第一二条2に規定する場合を除く外、これらの者のみが選挙される資格を有する。
2　事務総長は、この名簿を総会及び安全保障理事会に提出する。

第八条【裁判官の選挙】総会及び安全保障理事会は、各別に裁判所の裁判官の選挙を行う。

第九条【選挙人の留意事項】各選挙において、選挙人は、選挙されるべき者が必要な資格を各自に具備すべきものであることのみならず、裁判官全体のうちに世界の主要文明形態及び主要法系が代表されるべきものであることに留意しなければならない。

第一〇条【候補者の当選】1　総会及び安全保障理事会で投票の絶対多数を得た候補者は、当選したものとする。
2　安全保障理事会の投票は、裁判官の選挙のためのものであると第一二条に規定する協議会の構成員の任命のためのものであるとを問わず、安全保障理事会の常任理事国と非常任理事国との区別なしに行う。
3　同一国の国民の二人以上が総会及び安全保障理事会の双方の投票の絶対多数を得た場合には、最年長者だけを当選したものとする。

第一一条【選挙のための会】選挙のために開かれた第一回の会の後になお補充すべき一以上の席がある場合には、第二回の会を、また、必要があるときは第三回の会を開く。

第一二条【連合協議会】1　第三回の会の後に一以上の席がなお補充されないときは、なお空席たる各席について一人を総会及び安全保障理事会の各別の採択に付するために絶対多数の投票によって選出する目的で、三人は総会によって、三人は安全保障理事会によって任命される六人からなる連合協議会を総会又は安全保障理事会のいずれかの要請によっていつでも設けることができる。
2　必要な条件をみたす者について連合協議会が全会一致で合意した場合には、この者は、第七条に掲げる指名名簿に記載されていなかったときでも、協議会の名簿に記載されることができる。
3　連合協議会が当選者を確保することができないと認めるときは、既に選挙された裁判所の裁判官は、総会又は安全保障理事会のいずれかで投票を得た候補者のうちから選定して、安全保障理事会の定める期間内に空席の補充を行う。
4　裁判官の間で投票が同数である場合には、最年長の裁判官は、決定投票権を有する。

第一三条【裁判官の任期】1　裁判所の裁判官は、九年の任期で選挙され、再選されることができる。但し、第一回の選挙で選挙された裁判官のうち、五人の裁判官の任期は三年の終に終了し、他の五人の裁判官の任期は六年の終に終了する。
2　前記の最初の三年及び六年の期間の終に任期が終了すべき裁判官は、第一回の選挙が完了した後直ちに事務総長がくじで選定する。
3　裁判所の裁判官は、後任者の補充に至るまで職務の執行を継続し、補充後も、既に着手した事件を完結しなければならない。
4　裁判所の裁判官が辞任する場合には、辞表は、裁判所長に提出され、事務総長に転達される。この転達によって空席が生ずる。

第一四条【裁判官の補充】空席は、後段の規定に従うことを条件として、第一回の選挙について定める方法と同一の方法で補充しなければならない。事務総長は、空席が生じた時から一箇月以内に第五条に規定する招請状を発するものとし、選挙の日は、安全保障理事会が定める。

第一五条【後任裁判官の任期】任期がまだ終了しない裁判官の後任者として選挙される裁判所の裁判官は、前任者の残任期間中在任するものとする。

第一六条【兼業の禁止】1　裁判所の裁判官は、政治上又は行政上のいかなる職務を行うことも、職業的性質をもつ他のいかなる業務に従事することもできない。
2　この点に関する疑義は、裁判所の裁判で決定する。

第一七条【裁判事件への関与の禁止】1　裁判所の裁判官は、いかなる事件においても、代理人、補佐人又は弁護人として行動することができない。
2　裁判所の裁判官は、一方の当事者の代理人、補佐人若しくは弁護人として、国内裁判所若しくは国際裁判所の裁判官として、調査委員会の構成員として、又はその他の資格において干与したことのあるいかなる事件の裁判にも参与することができない。
3　この点に関する疑義は、裁判所の裁判で決定する。

第一八条【解任】1　裁判所の裁判官は、必要な条件をみたさないようになったと他の裁判官が全員一致で認める場合を除く外、解任することができない。
2　解任の正式の通告は、裁判所書記が事務総長に対して行う。
3　この通告によって空席が生ずる。

第一九条【特権免除】裁判所の裁判官は、裁判所の事務に従事する間、外交官の特権及び免除を享有する。

第二〇条【宣誓】裁判所の各裁判官は、職務をとる前に、公平且つ誠実にその職権を行使すべきことを公開の法廷で厳粛に宣言しなければならない。

第二一条【裁判所長、次長、書記】1　裁判所は、三年の任期で裁判所長及び裁判所次長を選挙する。裁判所長及び裁判所次長は、再選されることができる。
2　裁判所は、裁判所書記を任命するものとし、その他の必要な職員の任命について規定することができる。

第二二条【所在地】1　裁判所の所在地は、ヘーグとする。但し、裁判所が望ましいと認める場合に他の地で開廷して任務を遂行することを妨げない。
2　裁判所長及び裁判所書記は、裁判所の所在地に居住しなければならない。

第二三条【開廷、休暇】1　裁判所は、裁判所の休暇中を除く外、常に開廷され、休暇の時期及び期間は、裁判所が定める。
2　裁判所の裁判官は、定期休暇をとる権利を有する。その時期及び期間は、ヘーグと各裁判官の家庭との間の距離を考慮して、裁判所が定める。
3　裁判所の裁判官は、休暇の場合又は病気その他裁判所長が正当と認める重大な事由による故障の場合を除く外、常に裁判所の指示の下にある義務を負う。

第二四条【回避】1　裁判所の裁判官は、特別の理由によって特定の事件の裁判に自己が参与すべきでないと認めるときは、裁判所長にその旨を通報しなければならない。
2　裁判所長は、裁判所の裁判官が特別の理由によって特定の事件に参与すべきでないと認めるときは、その者にその旨を通告するものとする。
3　前記のいずれの場合においても、裁判所の裁判官及び裁判所長の意見が一致しないときは、裁判所の裁判で決定する。

第二五条【開廷の条件】1　この規定に別段の明文規定がある場合を除く外、裁判所は、全員が出席して開廷する。
2　裁判所を構成するために指示の下にある裁判官の数が一一人を下らないことを条件として、裁判所規則は、事情に応じ且つ順番に一人又は二人以上の裁判官の出席を免除することができる旨を規定することができる。
3　裁判所を成立させるに足りる裁判官の定足数は、九人とする。

第二六条【特別裁判部】1　裁判所は、特定の部類の事件、たとえば、労働事件並びに通過及び運輸通信に関する事件の処理のために、裁判所が決定するところにより三人以上の裁判官からなる一又は二以上の部を随時設けることができる。
2　裁判所は、特定の事件の処理のためにいつでも部を設けることができる。この部を構成する裁判官の数は、当事者の承認を得て裁判所が決定する。
3　当事者の要請があるときは、事件は、本条に規定する部が審理し、及び裁判する。

第二七条【部の判決の効力】第二六条及び第二九条に定める部のいずれかが言い渡す判決は、裁判所が言い渡したものとみなす。

第二八条【部の開廷地】第二六条及び第二九条に定める部は、当事者の同意を得てヘーグ以外の地で開廷して任務を遂行することができる。

第二九条【簡易手続部】事務の迅速な処理のために、裁判所は、当事者の要請によって簡易手続で事件を審理し、及び裁判をすることができる五人の裁判官からなる部を毎年設ける。なお、出席することができない裁判官に交替するために、二人の裁判官を選定する。

第三〇条【裁判所規則】1　裁判所は、その任務を遂行するために規則を定める。裁判所は、特に、手続規則を定める。

2　裁判所規則は、裁判所又はその部に投票権なしで出席する補佐員について規定することができる。

第三一条【国籍裁判官および特任裁判官】1　各当事者の国籍裁判官は、裁判所に係属する事件について出席する権利を有する。

2　裁判所がその裁判官席に当事者の一の国籍裁判官を有する場合には、他のいずれの当事者も、裁判官として出席する者一人を選定することができる。この者は、第四条及び第五条の規定により候補者として指名された者のうちから選定されることが望ましい。

3　裁判所が裁判官席に当事者の国籍裁判官を有しない場合には、各当事者は、本条2の規定により裁判官を選定することができる。

4　本条の規定は、第二六条及び第二九条の場合に適用する。この場合には、裁判所長は、部を構成する裁判官中の一人又は必要があるときは二人に対して、関係当事者の国籍裁判官のために、また、国籍裁判官がないとき又は出席することができないときは当事者が特に選定する裁判官のために、席を譲るように要請しなければならない。

5　多数当事者が同一利害関係にある場合には、その多数当事者は、前記の規定の適用上、一当事者とみなす。この点に関する疑義は、裁判所の裁判で決定する。

6　本条2、3及び4の規定によって選定される裁判官は、この規程の第二条、第一七条2、第二〇条及び第二四条が要求する条件をみたさなければならない。これらの裁判官は、その同僚と完全に平等の条件で裁判に参与する。

第三二条【裁判官と書記の待遇】1　裁判所の各裁判官は、年俸を受ける。

2　裁判所長は、特別の年手当を受ける。

3　裁判所次長は、裁判所長の職務をとる各日について特別の手当を受ける。

4　第三一条により選定される裁判官で裁判所の裁判官でないものは、その職務をとる各日について補償を受ける。

5　これらの俸給、手当及び補償は、総会が定めるものとし、任期中は減額してはならない。

6　裁判所書記の俸給は、裁判所の提議に基いて総会が定める。

7　裁判所の裁判官及び書記に恩給を支給する条件並びに裁判所の裁判官及び書記がその旅費の弁償を受ける条件は、総会が採択する規則によって定める。

8　前記の俸給、手当及び補償は、すべての租税を免除されなければならない。

第三三条【裁判所の費用】裁判所の費用は、総会が定める方法で国際連合が負担する。

第二章　裁判所の管轄

第三四条【裁判事件の当事者、国際機関との連携】1　国のみが、裁判所に係属する事件の当事者となることができる。

2　裁判所は、その規則で定める条件で、裁判所に係属する事件に関係のある情報を公的国際機関から請求することができ、また、同機関が自発的に提供するこのような情報を受領する。

3　公的国際機関の組織文書又はこの文書に基いて採択される国際条約の解釈が裁判所に係属する事件において問題となる場合には、裁判所書記は、当該公的国際機関にその旨を通告し、且つ、すべての書面手続の謄本を送付する。

第三五条【訴訟の当事国】1　裁判所は、この規程の当事国である諸国に開放する。

2　裁判所をその他の国に開放するための条件は、現行諸条約の特別の規定を留保して、安全保障理事会が定める。但し、この条件は、いかなる場合にも、当事者を裁判所において不平等の地位におくものであってはならない。

3　国際連合加盟国でない国が事件の当事者である場合には、裁判所は、その当事者が裁判所の費用について負担する額を定める。但し、この規定は、その国が裁判所の費用を分担しているときは、適用しない。

第三六条【裁判所の管轄】1　裁判所の管轄は、当事者が裁判所に付託するすべての事件及び国際連合憲章又は現行諸条約に特に規定するすべての事項に及ぶ。

2　この規程の当事国である国は、次の事項に関するすべての法律的紛争についての裁判所の管轄を同一の義務を受諾する他の国に対する関係において当然に且つ特別の合意なしに義務的であると認めることを、いつでも宣言することができる。

a　条約の解釈
b　国際法上の問題
c　認定されれば国際義務の違反となるような事実の存在
d　国際義務の違反に対する賠償の性質又は範囲

3　前記の宣言は、無条件で、多数の国若しくは一定の国との相互条件で、又は一定の期間を付して行うことができる。

4　その宣言書は、国際連合事務総長に寄託され、事務総長は、その謄本を規程の当事国及び裁判所書記に送付する。

5　常設国際司法裁判所規程第三六条に基いて行われた宣言でなお効力を有するものは、この規程の当事国の間では、宣言が今後存続すべき期間中及び宣言の条項に従って国際司法裁判所の義務的管轄を受諾しているものとみなす。

6　裁判所が管轄権を有するかどうかについて争がある場合には、裁判所の裁判で決定する。

第三七条【常設国際司法裁判所の管轄の継承】現行諸条約が国際連盟の設けた裁判所又は常設国際司法裁判所にある事項を付託することを規定している場合には、その事項は、この規程の当事国の間では国際司法裁判所に付託される。

第三八条【裁判の基準】1　裁判所は、付託される紛争を国際法に従って裁判することを任務とし、次のものを適用する。

a　一般又は特別の国際条約で係争国が明らかに認めた規則を確立しているもの

b　法として認められた一般慣行の証拠としての国際慣習

c　文明国が認めた法の一般原則

d　法則決定の補助手段としての裁判上の判決及び諸国の最も優秀な国際法学者の学説。但し、第五九条の規定に従うことを条件とする。

2　この規定は、当事者の合意があるときは、裁判所が衡平及び善に基いて裁判をする権限を害するものではない。

第三章　手　続

第三九条【用語】1　裁判所の公用語は、フランス語及び英語とする。事件をフランス語で処理することに当事者が同意したときは、判決は、フランス語で行う。事件を英語で処理することに当事者が同意したときは、判決は、英語で行う。

2　いずれの公用語を使用するかについて合意がないときは、各当事者は、その選択する公用語を争訟において使用することができ、裁判所の裁判は、フランス語及び英語で行う。この場合には、裁判所は、両本文中のいずれを正文とするかをあわせて決定する。

3　裁判所は、いずれかの当事者の要請があったときは、この当事者がフランス語又は英語以外の言語を使用することを許可しなければならない。

第四〇条【訴の提起】1　裁判所に対する事件の提起は、場合に応じて、特別の合意の通告によって、又は書面の請求によって、裁判所書記にあてて行う。いずれの場合にも、紛争の主題及び当事者が示されていなければならない。

2　裁判所書記は、この請求を直ちにすべての利害関係者に通知する。

3　裁判所書記は、また、事務総長を経て国際連合加盟国に、及び裁判所で裁判を受けることができる国に通告する。

第四一条【仮保全措置】1　裁判所は、事情によって必要と認めるときは、各当事者のそれぞれの権利を保全するためにとられるべき暫定措置を指示する権限を有する。

2　終結判決があるまでは、指示される措置は、直ちに当事者及び安全保障理事会に通告される。

第四二条【代理人、補佐人、弁護人】1　当事者は、代理人によって代表される。

2　当事者は、裁判所で補佐人又は弁護人の援助を受けることができる。

3　裁判所における当事者の代理人、補佐人及び弁護人は、その職務の独立の遂行に必要な特権及び免除を享有する。

第四三条【書面手続と口頭手続】1　手続は、書面及び口頭の二部分からなる。

2　書面手続とは、申述書、答弁書及び必要があるときは抗弁書並びに援用のためのすべての文書及び書類を裁判所及び当事者に送付することをいう。

3　この送付は、裁判所が定める順序及び期間内において、裁判所書記を経て行う。

4　一方の当事者から提出したすべての書類の認証謄本は、他方の当事者に送付する。

5　口頭手続とは、裁判所が証人、鑑定人、代理人、補佐人及び弁護人から行う聴取をいう。

第四四条【通告の送達】1　代理人、補佐人及び弁護人以外の者に対するすべての通告の送達については、裁判所は、その通告が送達されるべき地の属する国の政府にあてて直接に行う。

2　1の規定は、実地について証拠を収集するために手続を行うべきすべての場合に適用する。

第四五条【弁論の指揮】弁論は、裁判所長又は、所長が指揮することができないときは、裁判所次長の統制の下にあるものとし、所長及び次長がいずれも指揮することができないときは、出席する先任の裁判官が指揮するものとする。

第四六条【弁論の公開】裁判所における弁論は、公開とする。但し、裁判所が別段の決定をするとき、又は両当事者が公開としないことを請求したときは、この限りでない。

第四七条【調書】1　調書は、弁論ごとに作成し、裁判所書記及び裁判所長がこれに署名する。

2　この調書のみを公正の記録とする。

第四八条【事件の進行についての措置】裁判所は、事件の進行について命令を発し、各当事者が陳述を完結すべき方式及び時期を定め、且つ、証拠調に関するすべての措置をとる。

第四九条【書類の提出】裁判所は、弁論の開始前でも、書類を提出し、又は説明をするように代理人に要請することができる。拒絶があったときは、そのことを正式に記録にとどめる。

第五〇条【調査と鑑定の嘱託】裁判所は、その選択に従って、個人、団体、官公庁、委員会その他の機関に、取調を行うこと又は鑑定をすることをいつでも嘱託することができる。

第五一条【証人と鑑定人に対する質問】弁論中は、関係のある質問は、第三〇条に掲げる手続規則中に裁判所が定める条件に基いて、証人及び鑑定人に対して行われる。

第五二条【証拠と証言の受理】裁判所は、証拠及び証言を裁判所が定める期間内に受理した後は、一方の当事者の同意がない限り、他方の当事者が提出することを希望する新たな人証又は書証の受理を拒否することができる。

第五三条【欠席裁判】1　一方の当事者が出廷せず、又はその事件の防禦をしない場合には、他方の当事者は、自己の請求に有利に裁判するように裁判所に要請することができる。

2　裁判所は、この裁判をする前に、裁判所が第三六条及び第三七条に従って管轄権を有することのみならず、請求が事実上及び法律上充分に根拠をもつことを確認しなければならない。

第五四条【弁論の終結】1　裁判所の指揮の下に代理人、補佐人及び弁護人が事件の主張を完了したときは、裁判所長は、弁論の終結を言い渡す。

2　裁判所は、判決を議するために退廷する。

3　裁判所の評議は、公開せず、且つ、秘密とする。

第五五条【決定】1　すべての問題は、出席した裁判官の過半数で決定する。

2　可否同数のときは、裁判所長又はこれに代る裁判官は、決定投票権を有する。

第五六条【判決】1　判決には、その基礎となる理由を掲げる。

2　判決には、裁判に参与した裁判官の氏名を掲げる。

第五七条【個別意見】判決がその全部又は一部について裁判官の全員一致の意見を表明していないときは、いずれの裁判官も、個別の意見を表明する権利を有する。

第五八条【判決の朗読】判決には、裁判所長及び裁判所書記が署名する。判決は、代理人に正当に通告して公開の法廷で朗読する。

第五九条【裁判の拘束力】裁判所の裁判は、当事者間においで且つその特定の事件に関してのみ拘束力を有する。

第六〇条【判決の性質と解釈】判決は、終結とし、上訴を許さない。判決の意義又は範囲について争がある場合には、裁判所は、いずれかの当事者の要請によってこれを解釈する。

第六一条【再審】1　判決の再審の請求は、決定的要素となる性質をもつ事実で判決があった時に裁判所及び再審請求当事者に知られていなかったものの発見を理由とする場合に限り、行うことができる。但し、その事実を知らなかったことが過失によらなかった場合に限る。

2　再審の手続は、新事実の存在を確認し、この新事実が事件を再審に付すべき性質をもつものであることを認め、且つ、請求がこの理由から許すべきものであることを言い渡す裁判所の判決によって開始する。

3　裁判所は、再審の手続を許す前に、原判決の条項に予め従うべきことを命ずることができる。

4　再審の請求は、新事実の発見の時から遅くとも六箇月以内に行わなければならない。

5　判決の日から一〇年を経過した後は、いかなる再審の請求も、行うことができない。

第六二条【訴訟参加】1　事件の裁判によって影響を受けることのある法律的性質の利害関係をもつと認める国は、参加の許可の要請を裁判所に行うことができる。

2　裁判所は、この要請について決定する。

第六三条【第三国の加入している条約の解釈】1　事件に関係する国以外の国が当事国である条約の解釈が問題となる場合には、裁判所書記は、直ちにこれらのすべての国に通告する。

2　この通告を受けた各国は、手続に参加する権利を有するが、この権利を行使した場合には、判決によって与えられる解釈は、その国もひとしく拘束する。

第六四条【訴訟費用】裁判所が別段の決定をしない限り、各当事者は、各自の費用を負担する。

第四章　勧告的意見

第六五条【勧告的意見の要請】1　裁判所は、国際連合憲章によって又は同憲章に従って要請することを許可される団体の要請があったときは、いかなる法律問題についても勧告的意見を与えることができる。

2　裁判所の勧告的意見を求める問題は、意見を求める問題の正確な記述を掲げる請求書によって裁判所に提出するものとする。この請求書には、問題を明らかにすることができるすべての書類を添付するものとする。

第六六条【通告】1　裁判所書記は、勧告的意見の要請を、裁判所で裁判を受けることができるすべての国に直ちに通告する。

2　裁判所書記は、また、裁判所で裁判を受けることができる国又は国際機関で問題に関する資料を提供することができると裁判所又は、開廷中でないときは、裁判所長が認めるものに対して、裁判所が裁判所長の定める期間内にこの問題に関する陳述書を受理し、又は特に開かれる公開の法廷でこの問題に関する口頭陳述を聴取する用意があることを、特別の且つ直接の通知によって通告する。

3　裁判所で裁判を受けることができる前記の国は、本条2に掲げる特別の通知を受領しなかったときは、陳述書を提出し、又は聴取される希望を表明することができる。裁判所は、これについて決定する。

4　書面若しくは口頭の陳述又はこの双方の陳述を行った国及び機関は、裁判所又は、開廷中でないときは、裁判所長が各個の事件について決定する形式、範囲及び期間内において、他の国又は機関が行った陳述について意見を述べることを許される。このために、裁判所書記は、前記の書面の陳述を、同様の陳述を行った国及び機関に適当な時期に送付する。

第六七条【勧告的意見の発表】 裁判所は、事務総長並びに直接に関係のある国際連合加盟国、その他の国及び国際機関の代表者に通告した後に、公開の法廷で勧告的意見を発表する。

第六八条【裁判手続の準用】 勧告の任務の遂行については、以上の外、裁判所は、適用することができると認める範囲内で、係争事件に適用されるこの規程の規定による。

第五章　改　正

第六九条【改正】 この規程の改正は、国際連合憲章が同憲章の改正について規定する手続と同一の手続で行う。但し、総会がこの規程の当事国で国際連合加盟国でないものの参加に関して安全保障理事会の勧告に基いて採択することのある規定には従うものとする。

第七〇条【改正の提案】 裁判所は、必要と認めるこの規程の改正を、第六九条の規定による審議のために事務総長にあてた通告書で提案する権限を有する。

12-8　国際司法裁判所規則

採　　択　一九七八年四月一四日
効力発生　一九七八年九月一日＊
改　　正　二〇〇一年二月一日効力発生、二〇〇五年四月一四日効力発生、二〇〇五年九月二九日効力発生、二〇一九年一〇月二一日効力発生、二〇二〇年六月二五日効力発生

＊この日以降に改正された条項には星印を付し、改正を反映させた条文を収録した。

第一章　裁判所

第一節　裁判官及び補佐員

第一款　裁判所の構成員

第一条【裁判所の構成】 1　裁判所の構成員は、規程第二条から第一五条までの規定に従って選出された裁判官とする。

2　裁判所は、特定の事件のために、特任裁判官として出席する者であって規程第三一条の規定に基づいて選定された一人又は二人以上のものを裁判官席に着席させることができる。

3　次条以下の規則において、「裁判所の構成員」とは、選出された裁判官をいい、「裁判官」とは、裁判所の構成員及び特任裁判官をいう。

第二条【任期開始日】 1　三年ごとに行われる選挙において選出される裁判所の構成員の任期は、構成員が選出されるための空席が生ずる年の二月六日(注)から始まる。

2　任期終了前の構成員の後任のために選出された裁判所の構成員の任期は、その選挙の日から始まる。

(注)この日は、最初の選挙で選出された裁判所の構成員の任期が一九四六年に始まった日である。

第三条【席次】 1　裁判所の構成員は、その職務の遂行に当たっては、年齢、選挙の前後又は在職期間の長さにかかわりなく同等の地位を有する。

2　裁判所の構成員は、本条の4及び5に定める場合を除くほか、前条に定めるところにより、各自の任期開始の日の順序に従って席次を占める。

3　任期が同一の日に始まる裁判所の構成員は、その相互の間では年長順に席次を占める。

4　前の任期に継続して再選された裁判所の構成員は、元の席次を保持する。

5　裁判所長及び裁判所次長は、その地位にある間は、裁判所の他のすべての構成員に優先して席次を占める。

6　前各項の規定により裁判所長及び裁判所次長の次の席次を有する裁判所の構成員は、この規則において「上席裁判官」と指定される。当該構成員が職務を遂行することができない場合には、当該構成員の次の席次を占め、かつ、職務を遂行することができる裁判所の構成員を上席裁判官とみなす。

第四条【宣誓】 1　規程第二〇条の規定により裁判所の各構成員が行う宣言は、次のとおりとする。

「私は、名誉にかけて、誠実に、公平に、かつ、良心に従い、私の裁判官としての職務を遂行し及び職権を行使することを厳粛に宣言します。」

2　1の宣言は、裁判所の構成員が出席する最初の公開の法廷で行う。この法廷は、当該構成員の任期が始まった後できる限り速やかに開廷し、及び必要な場合には、この目的のために特別に法廷を開廷する。

3　再選された裁判所の構成員は、その新たな任期が前の任期に継続しない場合にのみ、新たに宣言を行う。

第五条【辞任】 1　辞任しようとする裁判所の構成員は、その旨を裁判所長に通知するものとし、辞任は、規程第一三条4に定めるところにより効力を生ずる。

2　辞任しようとする裁判所の構成員が裁判所長である場合には、その旨を裁判所に通知するものとし、辞任は、規程第一三条4に定めるところにより効力を生ずる。

第六条【解任】 規程第一八条の規定の適用が審議される場合には、当該の裁判所構成員は、裁判所長又は場合によっては裁判所次長から、その理由及び関係証拠を含む書面によりその旨を通報される。当該構成員は、このために特別に召集される裁判所の秘密会において釈明をし、自ら希望する情報を提供し又は説明を行い、かつ、自己に対して行われる質問に口頭又は書面で答弁する機会を与えられる。その問題は、当該構成員が出席することなく行われるその後の秘密会において討議される。裁判所の各構成員は、

意見を述べ、かつ、要求があった場合には投票を行う。

第二款　特任裁判官

第七条【特任裁判官の地位と席次】1　規程第三一条の規定により特定の事件のために選定された特任裁判官は、この規則の第一七条2、第三五条から第三七条まで、第九一条2及び第一〇二条3に定める各場合に、かつ各規定が定める手続に従って、裁判官席に着席することが認められる。

2　特任裁判官は、他の裁判官と完全に平等の条件で裁判官席につき、その事件に参与する。

3　特任裁判官は、裁判所の構成員の次に、かつ、年長順に席次を占める。

第八条【宣誓】1　規程第二〇条及び第三一条6の規定に従ってすべての特任裁判官が厳粛に行う宣言は、この規則の第四条1に定めるところによる。

2　1の宣言は、特任裁判官が参与する事件の公開の法廷で行う。事件が裁判所の部によって扱われる場合には、宣言は、当該部において同一の方法により行う。

3　特任裁判官は、過去の事件において既に宣言をしている場合においても、参与する事件ごとに宣言を行わなければならない。ただし、同一事件のその後の段階においては、新たに宣言を行う必要はない。

第三款　補佐員

第九条【任命、権限、宣誓】1　裁判所は、職権により又は書面手続の終結前に行われる要請により、係争事件又は勧告的意見の要請のために投票権を有することなく裁判所に出席する補佐員の任命を決定することができる。

2　裁判所が1の決定を行った場合には、裁判所長は補佐員の選定に関連あるすべての情報を得るために措置をとる。

3　補佐員は、当該の事件のために裁判所を構成する裁判官の無記名投票によりかつ過半数の票によって任命される。

4　規程第二六条及び二九条に定める部及びその長は同じ権限を有し、かつ同じ方法でこれを行使する。

5　補佐員は、その職務を開始する前に、公開の法廷において次の宣誓を行う。

「私は、名誉にかけて、公平に、かつ、良心に従い、私の補佐員としての職務を遂行し、及び裁判所規程及び規則のすべての規定を誠実に遵守することを厳粛に宣言します。」

第二節　裁判所長

第一〇条【裁判所長と次長の任期開始日】1　裁判所長及び裁判所次長の任期は、三年ごとに行われる選挙において選出される裁判所の構成員の任期が第二条の規定に従って始まる日に始まる。

2　裁判所長及び裁判所次長の選挙は、この期日に又はその後に速やかに行う。前裁判所長は、引き続き裁判所の構成員である場合には、裁判所長の選挙が行われるまで継続してその職務を遂行する。

第一一条【選挙の実施】1　前裁判所長は、裁判所長の選挙の期日において裁判所の構成員である場合には、選挙を実施する。前裁判所長がすでに裁判所の構成員ではないか、又はその職務を遂行することができない場合には、第一三条1に従って裁判所長の職務を遂行する裁判所の構成員が、選挙を実施する。

2　選挙は、選挙を主宰する裁判所の構成員が選挙に必要な賛成投票の数を宣言した後に、無記名投票で行う。指名は行わない。選挙のときにおいて裁判所を構成する構成員の過半数の票を得た裁判所の構成員は、当選したものとされ、それ以後その職務を行う。

3　新しい裁判所長は、同一の会合又は次回の会合において裁判所次長の選挙を実施する。2の規定を、この選挙にも等しく適用する。

第一二条【裁判所長の職務】裁判所長は、裁判所のすべての会議を主宰する。裁判所長は、裁判所の業務を指揮し、かつ、運営を監督する。

第一三条【所長職務の代行】1　裁判所長が欠員である場合又は裁判所長がその職務を行うことができない場合には、裁判所長の職務は、裁判所次長が遂行し、裁判所次長に支障がある場合には、上席裁判官が遂行する。

2　裁判所長は、規程又はこの規則の規定により、特定の事件に出席し又は主宰することができない場合にも、その事件を除くすべてについて裁判所長の職務を引き続き遂行する。

3　裁判所長は、裁判所の所在地において裁判所長の職務を継続して行うことができるようにするために必要な措置をとる。裁判所長は、不在の場合には、規程及びこの規則に一致する限りにおいて、裁判所次長に、裁判所次長に支障がある場合には、上席裁判官に職務を遂行させることができる。

4　裁判所長は、裁判所長の職を辞任しようとする場合には裁判所次長を、裁判所次長に支障がある場合には上席裁判官を通じて、裁判所にその旨を書面により通知する。裁判所次長は、その職を辞任しようとする場合には、裁判所長にその旨を通知する。

第一四条【所長と次長の空席の補充】裁判所長又は裁判所次長の空席が規程第二一条1及びこの規則の第一〇条1の規定に基づくその任期の終了前に生じた場合には、裁判所は、残任期間につき空席を補充するかしないかを決定する。

第三節　部

第一五条【簡易手続部】1　規程第二九条の規定により毎年設けられる簡易手続部は、職権により行動する裁判所長及び裁判所次長並びにこの規則の第一八条1の規定に従って選出される三人の裁判官から成る五人の裁判所の構成員で構成する。更に、二人の裁判所の構成員を予備として毎年選出する。

2　本条1にいう選挙は、毎年二月六日以後できる限り速やかに行う。部の裁判官は、選出された時に任務を開始し、次の選挙まで在任する。部の裁判官は、再選されることができる。

3　部の裁判官が理由のいかんを問わず担当の事件に出席できない場合には、当該事件について二人の予備の裁判官のうち上席の裁判官が交替する。

4　部の裁判官が辞任又は他の理由で部の裁判官ではなくなった場合には、二人の予備の裁判官のうち上席の裁判官がこれに替わり、当該裁判官は、部の正式の裁判官となる。当該裁判官に交替するために、新たに予備の裁判官が選出される。部の裁判官の欠員が現在の予備の裁判官の数を超えて生じた場合には、予備の裁判官が部の正式の裁判官になった後なお存在する欠員及び予備の裁判官の欠員に関してできる限り速やかに選挙を行う。

第一六条【特定部類事件裁判部】1　裁判所が規程第二六条1に定める一又は二以上の部を設けることを決定する場合には、当該各部が設けられるべき特定の部類の事件、部の裁判官の数、これらの裁判官が在任する期間及び任務に就く日を決定する。

2　部の裁判官は、事件を処理するためにその部が設けられる部類の事件に関し、裁判所の構成員の有する専門知識、専門能力又は以前の経験を考慮して、裁判所の構成員のうちから第一八条1の規定に従って選出される。

3　裁判所は、部の廃止を決定することができる。ただし、係属している事件を完結すべき当該部の任務を害してはならない。

第一七条【特定事件裁判部】1　規程第二六条2に定める特定の事件を処理する部を設けるための要請は、書面手続が終結するまでの間いつでも提出することができる。裁判所長は、一方の当事者から要請を受けた場合には、他方の当事者がそれに同意するかしないかを確認する。

2　裁判所長は、両当事者が同意した場合には、部の構成について両当事者の意見を確認するものとし、このことについて裁判所に報告する。裁判所長は、また、規程第三一条4の規定を実施するために必要となることのある措置をとる。

3　裁判所は、当事者の承認を得て部を構成する構成員の数を決定した場合には、第一八条1の規定に従って当該構成員の選挙を行う。部に生じた欠員の補充に関しても、同一の手続をとる。

4　この条の規定により設けられる部の構成員であって、任期の終了により規程第一三条の規定に従って退任するものは、事件がいかなる段階に達していても、当該事件のすべての段階について引き続き参与する。

第一八条【部の構成】1　すべての部の選挙は、無記名投票により行う。選挙のときに裁判所を構成する裁判所の構成員の過半数を成す最多数の投票を得た裁判所の構成員を当選者とする。欠員を補充するために必要な場合には、一回以上の投票が行われるものとし、その投票回数は、補充されるべき欠員の数を限度とする。

2　部が構成された場合において裁判所長若しくは裁判所次長又はその両者が含まれているときは、場合に応じ、裁判所長又は裁判所次長が当該部を主宰する。その他の場合には、部は、その長を無記名投票で、かつ、構成員の投票の過半数によって選出する。この2の規定に基づき部が構成されたときに部を主宰している裁判所の構成員は、当該部の裁判官である限り引き続き部を主宰する。

3　部の長は、当該部によって処理される事件に関しては、裁判所に付託される事件について裁判所長の有するすべての職務権限を行使する。

4　部の長が出席し又は長として職務を遂行することができない場合には、部の長の職務権限は、上席でかつ職務を遂行することができる部の裁判官によって行使される。

第四節　裁判所内部の職務

第一九条【内部規則】裁判所の司法業務は、規程及びこの規則の規定に反しない限り、裁判所がこの事項について採択する決議(注)により規律される。

(注)現在有効な決議は一九七六年四月一二日に採択された。

第二〇条【会議の定足数、裁判官の出席義務】1　規程第二五条3に定める定足数は、裁判所のすべての会合に適用する。

2　裁判所の構成員は、規程第二三条3の規定により常に裁判所の指示の下にあるべき義務を負う。このため、裁判所の構成員は、病気その他の重大な理由により出席できない場合を除くほか、すべての会合に出席することを要する。このような理由は裁判所長に遅滞なく説明するものとし、裁判所長は裁判所にこれを通報する。

3　同様に、特任裁判官は、裁判所の指示の下にあって、その参与する事件について開かれるすべての会合に出席する義務を負う。特任裁判官は、定足数の計算上数えないものとする。

4　裁判所は、総件名簿の状況及び当面の活動の必要性を考慮して、裁判所の休暇の期日及び期間並びに規程第二三条2の規定に従って裁判所の各構成員に与えられる休暇の期間及び条件を定める。

5　裁判所は、同様の考慮を条件として、裁判所の開廷地で慣行となっている公の休日を尊重する。

6　裁判所長は、緊急の場合には、いつでも裁判所を招集することができる。

第二一条【評議】1　裁判所の評議は、公開せず、かつ、秘密としておく。ただし、裁判所は、司法上の事項以外の事項の評議については、そのいずれかの部分を公表し又は公表を認可することをいつでも決定することができる。

2　裁判官及び若しおれば補佐員のみが、裁判所の司法上の評議に参与する。裁判所書記又は裁判所書記補及び必要とされるその他の書記局員が出席する。他のいかなる者も裁判所の許可がない限り出席を許されない。

3　裁判所の司法上の評議の調書には、評議の主題又は事項の件名若しくは性質及び表決の結果のみを記録する。調書には、評議の詳細又は表明された見解のいずれも記録しない。ただし、いずれの裁判官も自己の行った陳述を調書に挿入することを求めることができる。

第二章　書記局

第二二条＊【書記の選挙と任期】1　裁判所は、秘密投票により裁判所書記を選挙する。裁判所書記は、七年の任期で選出され、再選されることができる。

2　裁判所長は、裁判所書記の空席が生じた場合には直ちに、又はその空席が任期の終了により生ずる場合には少なくともその六箇月前に、空席又は予定される空席について公表する。裁判所は、候補者に関する情報を十分時間をもって受理することができるように候補者名簿の締切日を定める。関心がある者は、裁判所が定めた締切日までにその応募書類を提出するよう招請される。

3　応募書類には、候補者についての関連情報、特に候補者の年齢、国籍、現在の職業、学位、語学知識及び国際公法、外交又は国際機関や機構運営の業務上の経験に関する情報を記載する。

4　選挙のときに裁判所を構成する裁判所の構成員の過半数の票を得た候補者は、当選したものと宣言される。

第二三条＊【書記補】裁判所は、裁判所書記補を選出する。前条の規定は、裁判所書記補の選挙及び任期に適用する。

第二四条【書記の宣言】1　書記は、その職務を開始する前に、裁判所の会合において次の宣言を行う。

「私は、忠実に、慎重に、かつ良心にかけて、国際司法裁判所の書記としての私の職務を遂行し、及び裁判所規程及び規則のすべての規定を誠実に遵守することを厳粛に宣言します。」

2　書記補は、その職務を開始する前に、裁判所の会合において同様の宣言を行う。

第二五条【職員の任命および宣誓】1　書記局の職員は、書記の提案に基づき裁判所が任命する。ただし、裁判所が決定する職の任命は、裁判所長の承認のもとに書記が行うことができる。

2　すべての書記局構成員は、その職務を開始する前に、書記の同席のもとに裁判所長の前で次の宣言を行う。

「私は、忠実に、慎重に、かつ良心にかけて、国際司法裁判所の職員としての私の職務を遂行し、及び裁判所規程及び規則のすべての規定を誠実に遵守することを厳粛に宣言します。」

第二六条【書記の職務】1　裁判所書記は、次の職務を遂行する。

(a)　裁判所への通信の受領及び裁判所からの通信の発送を行うこと。特に規程又はこの規則により必要とされる一切の通信、通告及び文書の送達を行い、かつ、これらの発送及び受領の日付を直ちに確認できるようにしておくこと。

(b)　裁判所長の監督の下にかつ裁判所の定める形式で、訴訟を提起し又は勧告的意見を要請する文書を書記局が受領した日付順に記載し、かつ番号を付した、すべての事件の総件名簿を備えておくこと。

(c)　規程第三五条2の規定に基づき安全保障理事会が採択した決議(注)に従って規程の当事国でない国が行う裁判所の管轄を受諾する宣言を保管し、かつ、すべての規程の当事国、宣言を寄託しているその他のすべての国及び国際連合事務総長に対し、その宣言の謄本を送付すること。

(注)現在有効な決議は、一九四六年一〇月一五日に採択された。

(d)　書記局が受領したすべての訴答書面及び附属書類の謄本を当事者に送達すること。

(e)　裁判所又は部が開廷している国の政府及びその他のすべての関係することのある政府に対し、規程及び関連協定に基づき特権、免除又は便宜を受ける資格のある者についての必要な情報を随時提供すること。

(f)　裁判所及び部の会合に自ら又はその代理人が出席し、かつ、その会合の調書の作成に責任を負うこと。

(g)　裁判所が必要とする裁判所の公用語への翻訳及び通訳の設備及び検証の準備を行うこと。

(h)　裁判所のすべての判決、勧告的意見及び命令並びに(f)の調書に署名すること。

(i)　裁判所の判決、勧告的意見、命令、訴答書面及び陳述並びに各事件の公判の調書の印刷及び刊行並びに裁判所が刊行を指示することがあるその他の文書の印刷及び刊行に責任を負うこと。

(j)　一切の庶務、特に国際連合の財務手続に従って会計及び財務に責任を負うこと。

(k)　裁判所及びその活動に関する問合わせを処理すること。

(l)　裁判所と国際連合の他の機関、専門機関、国際法の法典化及び漸進的発達に関与する国際団体並びに会議との間の関係の維持を補佐すること。

(m)　裁判所及びその活動に関する情報を各国政府、各国の最高裁判所、法曹団体及び学術団体、法学部及び法学大学院並びに報道機関が入手し得るように措置をとること。

(n)　裁判所の紋章及び印章、裁判所の公文書並びに裁判所に寄託されるその他の公文書を保管すること(注)。

(注)書記局はまた、常設国際司法裁判所の公文書であって同裁判所の一九四五年一〇月の決定により本裁判所に寄託されたもの(『国際司法裁判所年鑑』一九四六―一九四七年二六頁)、及びニュルンベルグ国際軍事裁判所における主要戦争犯罪人の裁判

（一九四五－一九四六年）に関する公文書であって同裁判所の一九四六年一〇月一日の決定により本裁判所に寄託されたもの、をも保管する。裁判所は一九四九年一一月一九日の決定により、書記局が後者の公文書を受領することを許可した。

2　裁判所は、以上のほか、いつでも裁判所書記に追加の職務を委任することができる。

3　裁判所書記は、職務の遂行について裁判所に対し責任を負う。

第二七条【書記補の職務】1　裁判所書記補は、裁判所書記を補佐し、裁判所書記が不在の場合には裁判所書記として職務を行い、かつ、裁判所書記が欠員となった場合には新たに欠員が補充されるまで裁判所書記の職務を行う。

2　裁判所書記及び裁判所書記補のいずれもが裁判所書記の職務を遂行することができない場合には、裁判所長は、必要な期間、これらの職務を行う書記局職員一名を任命する。裁判所書記及び裁判所書記補の双方が同時に欠員の場合には、裁判所長は、裁判所の構成員と協議した後に、新たに裁判所書記が選任されるまで裁判所書記の職務を行う書記局職員一名を任命する。

第二八条【書記局の構成】1　書記局は、裁判所書記、裁判所書記補、及び裁判所書記がその職務の効果的な遂行のために必要とするその他の職員をもって構成する。

2　裁判所は書記局の組織を定め、この目的のために提案を行うように裁判所書記に要請する。

3　書記局に対する指示は裁判所書記が起草し、裁判所が承認する。

4　書記局の職員は、裁判所書記が起草し裁判所が承認する職員規定に従う。職員規定は、可能な限り国際連合の職員規定及び職員規則に準拠して起草する。

第二九条＊【解任】1　裁判所書記は、裁判所の構成員の三分の二の見解によれば、職務を遂行することが永続的に不可能となったか、又はその義務の重大な違反を犯した場合にのみ、解任することができる。その決定は、秘密投票により行われる。

2　この条に基づく決定を行う前に、裁判所書記は、裁判所長からその理由及び関係証拠を含む書面により取ろうとする措置について通報を受ける。裁判所書記は、裁判所の秘密会において釈明をし、自ら希望する情報を提供し又は説明を行い、かつ、自己に対して行われる質問に口頭又は書面で答弁する機会を与えられる。

3　裁判所書記補は、同じ理由により、かつ、同じ手続によってのみ、解任することができる。

第三章　係争事件の手続

第一節　裁判所に対する通知及び協議

第三〇条【裁判所への通知】この規則に基づき裁判所に対して行われるすべての通知は、別段の規定がある場合を除くほか、裁判所書記にあてて行う。当事者が行う一切の要請も、口頭手続中に公開廷において行われる場合を除くほか、同様に裁判所書記にあてて行う。

第三一条【手続問題の確認】裁判所長は、裁判所に付託される各事件において、手続問題に関する当事者の意見を確かめる。裁判所長は、このため、当事者の代理人が任命された後直ちに、かつ、その後も必要なときはいつでも当該代理人の出頭を求める。

第二節　特定の事件に関する裁判所の構成

第三二条【所長職の回避義務】1　裁判所長が事件の当事者の一方の国民である場合には、裁判所長は当該事件について裁判所長の職務を行使してはならない。裁判所次長又は上席裁判官が裁判所長として行動するように要請された場合には、同一の規則を適用する。

2　裁判所が口頭手続のために開廷する日に事件を主宰する裁判所の構成員は、その間に新たに裁判所長又は裁判所次長が選出されても、当該事件をその段階の完結まで引き続き主宰する。その構成員が主宰することができなくなった場合には、当該事件の裁判長は、第一三条の規定に従って、かつ、口頭手続のために開廷する日の裁判所の構成に基づいて決定される。

第三三条【退任裁判官の出席義務】第一七条に定める場合を除くほか、任期の終了により規程第一三条3の規定に従って退任する裁判所の構成員は、その退任の日以前に口頭手続のために裁判所が開廷した事件の一切の段階の完結まで、引き続き参与することにより同項の定める義務を果さなければならない。

第三四条【出席資格に関する疑義】1　規程第一七条2の規定の適用に関して疑義が生じた場合又は規程第二四条の規定の適用に関して意見が一致しない場合には、裁判所長は、決定が行われるべき裁判所の構成員に通告しなければならない。

2　当事者が1に定める規程の規定の適用に関連がありうると考え、かつ、裁判所に知られていないと信ずる事実に裁判所の注意を喚起しようとする場合には、当該当事者は、その事実を親書により裁判所長に通知する。

第三五条【特任裁判官の選任】1　当事者は、事件において特任裁判官を選定するための規程第三一条の規定により与えられた権利を行使しようとする場合には、できる限り速やかにその旨を裁判所に通知する。選定されるべき裁判官の氏名及び国籍をそのときに示すことができない場合には、当事者は、答弁書の提出のために定められた期限の二箇月前までに裁判所に対して選定した裁判官の氏名及び国籍を通知し、かつ簡潔な経歴書を提出する。特任裁判官は、その者を選定した当事者の国籍以外の者でもよい。

2　当事者は、他方の当事者が同様に差し控えることを条件に特任裁判官の選定を差し控えようとする場合には、裁判所に対しその旨通知する。この場合において、裁判所は、そのことを他方の当事者に通知する。その後に他方の当事者が特任裁判官を選定する意思を通知し又は選定した場合には、裁判所長は、裁判官の選定をあらかじめ差し控えていた当事者のために期限を延長することができる。

3　特任裁判官の選定に関する通知の謄本は、裁判所書記が他方の当事者に送付する。他方の当事者は、裁判所長が定める期限内に希望する意見を提出するよう要請される。当該期限内に他方の当事者から異議が申し立てられず、かつ、裁判所に何ら異議が生じない場合には、両当事者に、そのように通知する。

4　異議又は疑義が生じた場合には、その問題は、必要なときは当事者の意見を聴取した後に、裁判所が決定する。

5　任命を受諾した後に出席することができなくなった特任裁判官は、交代させることができる。

6　特任裁判官は、その参与する理由が存在しなくなったことが明らかとなった場合には、裁判官席に着席することをやめなければならない。

第三六条【同一利害関係にある当事者】1　二以上の当事者が同一の利害関係にあり、したがって、一当事者とみなされ、かつ、裁判官席にこれらの当事者のいずれかの国籍を有する裁判所の構成員がいないと裁判所が認める場合には、裁判所は、これらの当事者が共同して一人の特任裁判官を選定するための期限を定める。

2　同一の利害関係にあると裁判所が認めた当事者のいずれかが、固有の異なった利害関係が存在することを主張し又は他の何らかの異議を提起した場合には、その問題は、必要なときは当事者の意見を聴取した後に、裁判所が決定する。

第三七条【国籍裁判官と特任裁判官】1　当事者のいずれかの国籍を有する裁判所の構成員が事件のいずれかの段階において参与できず又は参与できなくなった場合には、当該当事者は、裁判所又は裁判所が開廷中でないときは裁判所長が定める期限内に特任裁判官を選定する権利を有する。

2　同一の利害関係にある当事者は、これらの国のいずれかの国籍を有する裁判所の構成員が事件のいずれかの段階において参与できず又は参与できなくなった場合には、裁判官席にこれらの国のいずれかの国籍を有する裁判官を有しないものとみなす。

3　当事者の国籍を有する裁判所の構成員が、事件の書面手続の段階においてその終了前に参与することができるようになった場合には、その構成員は、その事件において裁判官席に再びつくものとする。

第三節　裁判廷の手続

第一款　手続の開始

第三八条【請求による提起】1　裁判所の手続が規程第四〇条1に定める請求により開始される場合には、当該請求には、請求を提起する当事者、主張の相手当事者及び紛争の主題を示す。

2　請求には、裁判所の管轄権の根拠とされるべき法的理由をできる限り特定する。請求には、また、主張の性質を正確に記載し並びに主張の基礎となる事実及び理由を簡潔に記載する。

3　請求の原本には、これを提出する当事者の代理人若しくは裁判所の所在する国に駐在する当該当事者の外交代表又は正当に授権された他の者が署名する。請求が当事者の外交代表以外の者によって署名された場合には、その署名は、当事者の外交代表又は請求当事者の外務省の権限ある機関によって認証されなければならない。

4　裁判所書記は、請求の認証謄本一通を相手当事者に直ちに送付する。

5　請求が向けられた国がまだ同意を与え又は示すに至っていない合意に裁判所の管轄権を基礎づけることを請求当事者が提議する場合には、請求は、請求が向けられた国に送付する。ただし、請求が向けられた国が事件のための裁判所の管轄権に同意するまでは、総件名簿に記載してはならず、手続上いかなる措置もとってはならない。

第三九条【合意による付託】1　規程第四〇条1の規定に従い特別の合意の通告によって手続を裁判所に提起する場合には、当事者は、その通告を共同で又は一若しくは二以上で行うことができる。通告が共同で行われない場合には、裁判所書記は、通告の認証謄本一通を他方の当事者に直ちに送付する。

2　各場合において、通告には、特別の合意の原本又は認証謄本を添付する。通告には、また特別の合意において明らかでない場合には、紛争の正確な主題及び紛争の当事者を明示しなければならない。

第四〇条【代理人】1　第三八条5に定める場合を除くほか、手続が開始された以後の当事者のためのすべての措置は、代理人がこれを行う。代理人は、事件に関するすべての通知が送達されるべき住所を裁判所の所在地に有しなければならない。当事者の代理人にあてられた通知は、当該当事者にあてられたものとみなす。

2　請求によって手続を開始する場合には、請求当事者の代理人の氏名を記載する。相手当事者は、請求の認証謄本を受領すると同時に又はその後できる限り速やかに、代理人の氏名を裁判所に通知する。

3　特別の合意の通告によって手続を開始する場合には、通告を行う当事者は、その代理人の氏名を記載しなければならない。特別の合意の他のすべての当事者は、まだその代理人の氏名を通知していない場合には、当該通告の認証謄本を裁判所書記から受領すると同時に又はその後できる限り速やかに、その代理人の氏名を裁判所に通知する。

第四一条【規程非当事国による提起】規程の当事国でない国であって、規程第三五条2の規定に基づき安全保障理事会が採択した決議(注)に従って行った宣言により裁判所の管轄を受諾している国が手続を開始する場合において、当該宣言をあらかじめ裁判所書記に寄託していないときは、当該宣言を寄託しなければならない。当該宣言の有効性又は効力に関して問題が生じた場合には、裁判所が決定する。

(注)現在有効な決議は、一九四六年一〇月一五日に採択された決議である。

第四二条【謄本の送付】裁判所書記は、裁判所に手続を開始する請求又は特別の合意の通告の謄本を(a)国際連合事務総長、(b)国際連合加盟国及び(c)裁判所で裁判を受けることができるその他の国に送付する。

第四三条＊【条約の解釈に関する措置】1　事件に関係する国以外の国が当事者である条約の解釈が、規程第六三条1にいう意味で問題となる場合には、裁判所は、その問題についていかなる指示を裁判所書記に与えるかを検討する。

2　裁判所における事件で公的国際機関が当事者である条約の解釈が問題となる場合には、裁判所は、裁判所書記が当該の国際機関にその旨を通告するべきかどうかを検討する。裁判所書記による通告を受けたすべての公的国際機関は、当該の事件においてその解釈が問題となっている条約の特定の条項について、見解を提出することができる。

3　公的国際機関が前項にいう見解を提出することを望む場合には、この規則の第六九条2に定める手続に従う。

＊本条の改正は二〇〇五年九月二九日に効力を発生した。

第二款　書面手続

第四四条【訴答書面の提出】1　裁判所は、第三一条の規定に基づき裁判所長が入手した情報に照らして、特に、訴答書面の数及び提出順序並びに提出期限を決定するために必要な命令を発する。

2　本条1の規定による命令を発するに当たっては、不当な遅延を生じさせない当事者間のいかなる合意も考慮にいれなければならない。

3　裁判所は、関係当事者の要請があった場合において、その要請が十分に根拠をもつことが確認されたときは、期限を延長し又は定められた期限の終了後にとられたいずれの措置も有効とみなすことができる。いずれの場合にも、相手当事者は、その見解を述べる機会を与えられる。

4　裁判所が開廷中でないときは、この条の規定に基づく裁判所の権限は、裁判所の事後の決定を害しないことを条件として、裁判所長がこれを行使する。第三一条に定める意見の確認の結果、次条2又は第四六条2の規定の適用に関して、当事者の間に意見の相違が継続することが明らかとなった場合には、この問題を決定するために裁判所を招集する。

第四五条【請求による提起の場合】1　請求によって開始される事件の訴答書面は、原告の申述書及び被告の答弁書の順序をもって提出する。

2　裁判所は、当事者が合意し又は裁判所が職権により若しくは一方の当事者の要請によって原告の抗弁書及び被告の再抗弁書が必要なことを決定した場合には、これらの訴答書面の提出を許可し又は指示することができる。

第四六条【合意による付託の場合】1　特別の合意の通告によって開始される事件においては、訴答書面の数及び順序は、裁判所が当事者の意見を確認した後に別段の決定を行わない限り、当該合意の規定により規律する。

2　特別の合意が1にいう規定を有せず、かつ、当事者がその後訴答書面の数及び順序に関して合意するに至らない場合には、各当事者は、同一期限内に申述書及び答弁書を提出する。裁判所は、必要と認めない限り、抗弁書の提出を許可しない。

第四七条【事件の併合】裁判所は、二以上の事件において、手続を併合することをいつでも命令することができる。裁判所はまた、書面又は口頭手続を証人の召喚を含めて同時に行うことを指示することができる。また、裁判所は正式の併合を行うことなく、これらの手続のいかなる段階においても同時に手続を行うことを命令することができる。

第四八条【各段階の終了期限】手続における各段階の完了のための期限は、一定期間を指定して定めることができる。ただし、常に明確な日を指定しなければならない。この期限は、事件の性質が許す限り短かいものとする。

第四九条【訴答書面の記載事項】1　申述書には、関係事実の陳述、法律上の陳述及び申立てを記載する。

2　答弁書には、申述書に掲げられた事実の容認又は否認、必要なときは追加の事実、申述書中の法律上の陳述に関する意見、それに応答する法律上の陳述及び申立てを記載する。

3　裁判所の許可を得て提出される抗弁書及び再抗弁書は、当事者の主張を反復するだけではなく、当事者の主張がなお分かれる争点を明らかにするようにしなければならない。

4　いずれの訴答書面も、既に提出された弁論とは異なる、事件の当該段階における当事者の申立てを掲げ又は以前に行った申立てを確認するものとする。

第五〇条【附属書類】1　すべての訴答書面の原本には、訴答書面に記載した主張を支持するために引用した一切の関係書類の認証謄本を添付しなければならない。

2　書類の一部のみが関係がある場合には、訴答書面の目的に必要な部分のみの抜粋を添付することを要する。書類全体の謄本は、既に公表されており、かつ、容易に入手することができるものである場合を除くほか、書記局に寄託する。

3　訴答書面に添付する一切の書類の目録は、訴答書面を提出するときに提出する。

第五一条【訴答書面の言語】1　当事者が書面手続をすべて裁判所の二の公用語のうちの一で行うことに合

意した場合には、訴答書面は、当該公用語のみで提出する。当事者がこのような合意をしない場合には、いかなる訴答書面も又は訴答書面のいかなる部分も、いずれかの公用語で提出する。

2　規程第三九条3の規定に従ってフランス語又は英語以外の言語を使用する場合には、訴答書面を提出する当事者が正確なものと認証したフランス語又は英語の訳文を各訴答書面の原本に添付する。

3　訴答書面の附属書類が裁判所の公用語の一によるものでない場合には、訴答書面を提出する当事者が正確なものと認証した裁判所の公用語のうちのいずれか一の訳文を添付する。訳文は、附属書類の一部又は附属書類の抜粋に限ることができる。この場合には、どの部分の訳文であるかを示す説明を添付しなければならない。ただし、裁判所は、一層広範な又は完全な訳文を提出するよう要求することができる。

第五二条（注）＊**【書面提出に関する規則】**1　すべての訴答書面の原本は、代理人が署名し、書記局に提出する。この原本には、規程第四三条4の規定に従って他方の当事者に送付するための訴答書面の認証謄本、附属書類及び訳文を添付する。また、書記局が要求する数の謄本を追加して添付する。ただし、その後に必要が生じたときは、これらの数を増加することを妨げない。

2　すべての訴答書面には、日付を付する。訴答書面を一定の期日までに提出しなければならない場合に、裁判所が実際の日付とするのは、書記局において当該訴答書面を受理する日とする。

3　既に提出された書類中の誤りは、他方の当事者の同意又は裁判所所長の許可を得て、いつでも訂正することができる。このように行われた訂正は、訂正が関係する訴答書面と同一の方法で他方の当事者に通知する。

（注）当事者の代理人は、訴答書面の通常の形式について書記局に問い合わせるように要請される。

＊本条の改正は二〇〇五年四月一四日に効力を発生した。

第五三条【訴答書面の公表】1　裁判所又は裁判所が開廷中でないときは裁判所長は、当事者の意見を確認した後、訴答書面及び附属書類の謄本を、裁判所で裁判を受けることのできる国であってこのような謄本の提供を要請する国が入手できるようにいつでも決定することができる。

2　裁判所は、当事者の意見を確認した後、訴答書面及び附属書類の謄本を口頭手続の開始のときに又はその後に一般に入手できるように決定することができる。

第三款　口頭手続

第五四条【口頭手続の開始】1　事件は、書面手続の終結とともに弁論に付する用意ができたものとする。口頭手続の開始の日は、裁判所が定める。また、裁判所は、必要な場合には、口頭手続の開始又は続行を延期することを決定することができる。

2　裁判所は、口頭手続の開始の日を定め又は延期する場合には、第七四条の定める優先順位、及び特定の事件の緊急性を含めてその他の特別の事情を考慮する。

3　裁判所が開廷中でないときは、この条の規定に基づく裁判所の権限は、裁判所長が行使する。

第五五条【所在地以外での開廷】裁判所は、望ましいと認める場合には、規程第二二条1の規定に従って、事件のその後の手続の全部又は一部を裁判所の所在地以外の場所で行うことを決定することができる。裁判所は、この決定をする前に、当事者の意見を確認する。

第五六条【書面手続終結後の提出】1　いずれの当事者も、書面手続の終結後は、他方の当事者が同意する場合又は本条2に規定する場合を除くほか、追加して書類を裁判所に提出することができない。新たな書類の提出を希望する当事者は、当該書類の原本又は認証謄本に書記局が要求する数の謄本を添えて提出する。書記局は、他方の当事者にその旨通知する責任を負い、裁判所に通報しなければならない。他方の当事者は、当該書類の提出に異議を申し立てない場合には、同意したものとみなされる。

2　裁判所は、同意がない場合において、両当事者の意見を聴取した後、当該書類を必要と認めるときは、その提出を許可することができる。

3　新たな書類が本条1又は2の規定により提出される場合には、他方の当事者は、当該書類について意見を述べ、かつ、この意見を支持するための書類を提出する機会を与えられる。

4　規程第四三条又はこの条の規定に従って提出されたものではない書類については、その書類が容易に入手し得る刊行物の一部でない限り、口頭手続中その内容に言及することはできない。

5　この条の規定の適用は、それ自体、口頭手続の開始又は進行を遅延させる根拠とはならない。

第五七条【証人等の通知】各当事者は、書類の提出に関するこの規則の規定を妨げることなく、その提出しようとする証拠又は裁判所に対して入手を要請しようとする証拠に関する情報を口頭手続の開始前に十分な時間の余裕をもって裁判所書記に通知する。この通知には、当事者が召喚しようとする証人及び鑑定人の氏名、国籍、経歴及び住所を記載し、かつ、その証言の目的である一又は二以上の論点の要旨を併記する。更に、他方の当事者に送付するために当該通知の謄本一通を提出する。

第五八条【弁論方法等の決定】1　裁判所は、当事者が弁論を証拠の提出前に行うべきか又は提出後に行うべきかを決定する。ただし、当事者は、提出された証拠に関して意見を述べる権利を有する。

2　当事者が聴取を受ける順序、証拠を取扱う方法並びに証人及び鑑定人を尋問する方法並びに各当事者のために聴取を受ける補佐人及び弁護人の数は、第三一条の規定により当事者の意見を確認した後、裁判所が決定する。

第五九条＊【弁論の公開】 1　裁判所における聴取は、公開とする。ただし、裁判所が別段の決定をした場合又は両当事者が公開としないことを請求した場合は、この限りでない。この決定又は請求は、聴取の全部又は一部のいずれについても、いつでも行うことができる。

2　裁判所は、衛生、安全その他のやむを得ない理由のために、弁論の全部又は一部をビデオリンクにより行うことを決定することができる。両当事者は当該弁論の運営について協議を受けるものとする。

第六〇条【弁論の範囲と最終申立て】 1　各当事者のために行われる口頭陳述は、聴取における当該当事者の主張を十分に提示するために必要とされる限度内で、できる限り簡潔に行う。したがって、口頭陳述は、当事者の意見が依然として分かれる争点に向けられなければならず、訴答書面において取り扱った事項全般に言及し又は当該書面に掲げられた事実及び弁論を単に反復するものであってはならない。

2　聴取において当事者が行う最後の陳述を終了するに当たって、代理人は、弁論の要点を繰り返すことなく当該当事者の最終的申立てを朗読する。代理人が署名したこの申立ての原本の謄本は、裁判所に提出され、かつ、他方の当事者に送付される。

第六一条【指示、質問】 1　裁判所は、聴取前又は聴取中いつでも、裁判所が特に当事者による申述を希望するか又は既に十分に弁論し尽くされたと考える論点若しくは争点を指摘することができる。

2　裁判所は、聴取中、代理人、補佐人及び弁護人に質問を行い、かつ、これらの者に説明を求めることができる。

3　各裁判官は、質問を行う同様の権利を有する。ただし、各裁判官は、この権利を行使する前に、規程第四五条の規定により聴取を指揮する責任をもつ裁判所長にその意向を知らせなければならない。

4　代理人、補佐人及び弁護人は、直ちに又は裁判所長が定める期限内に答弁することができる。

第六二条【証拠の提出要請】 1　裁判所は、争点となっている問題のあらゆる側面を明らかにするために、裁判所が必要と考える証拠を提出し若しくは説明を行うように当事者にいつでも要請することができ又はこの目的のためにその他の情報を自ら収集することができる。

2　裁判所は、必要な場合には、手続中、証言を行うための証人又は鑑定人の出頭を求める措置をとることができる。

第六三条【証人と鑑定人の召喚】 1　当事者は、第五七条の規定に従って裁判所に通知された名簿に記載されているすべての証人又は鑑定人を召喚することができる。弁論中のいかなるときでも一方の当事者が、前記の名簿にその氏名が記載されていない証人又は鑑定人の召喚を要求する場合には、当該一方の当事者は、裁判所及び他方の当事者にその旨通告し、かつ同条の規定により要求される情報を通知する。当該証人又は鑑定人は、他方の当事者が異議を唱えず又はその証拠が関連性を有するであろうと裁判所が認める場合には、召喚されることができる。

2　裁判所又は裁判所が開廷中でないときは裁判所長は、一方の当事者の要請により又は職権により裁判所以外の場所で証人の尋問を行うため必要な措置をとる。

第六四条【証人と鑑定人の宣誓】 裁判所が、特別の事情のために異なる様式を決定しない限り、

(a)　すべての証人は証言を行う前に、次の宣言を行う。

「私は、真実を、すべての真実を、そして真実だけを陳述することを、私の名誉及び良心にかけて、厳粛に宣言します。」

(b)　すべての鑑定人は陳述を行う前に、次の宣言を行う。

「私は、真実を、すべての真実を、そして真実だけを陳述すること、及び私の陳述は私の偽りのない信念に基づくものであることを、私の名誉及び良心にかけて、厳粛に宣言します。」

第六五条【証人と鑑定人の尋問】 証人及び鑑定人は、裁判所長の指揮のもとに、両当事者の代理人、弁護人又は補佐人によって尋問される。裁判所長又は裁判官は、質問を行うことができる。証言を行う前には、証人は法廷の外にある。

第六六条【証拠の収集】 裁判所はいつでも、職権により又は当事者の要請に基づいて、証拠の収集に関する職務を、両当事者の見解を確かめた後に決定することがある条件に従って、事件が関係する場所又は地域において行使するよう、決定することができる。

第六七条【取調、鑑定意見】 1　裁判所は、取調又は鑑定意見のために措置を取ることが必要であると考える場合には、両当事者から聴取を行った後に、その旨の命令を行う。命令には、取調又は鑑定意見の主題を定め、取調の対象者又は鑑定人の数及び指名の方法を記載し、かつ、手続を規定する。裁判所は適当な場合には、取調の対象として又は鑑定意見を与えるものとして指名された者に、厳粛な宣言を行うように求めるものとする。

2　取調のすべての報告又は記録及びすべての鑑定意見は、両当事者に通知され、両当事者はそれに対して意見を述べる機会を与えられる。

第六八条【証人と鑑定人の手当】 第六二条2のもとで裁判所の召喚により出廷した証人並びに鑑定人、及び第六七条1のもとで取調を受け又は鑑定意見を与えるために指名された者は、適当な場合には、裁判所の財源から支払いを受ける。

第六九条【公的国際機関からの情報】 1　裁判所は、口頭手続の終結前のいかなるときにおいても、職権により又は第五七条に規定する通知を受けた一方の当事者の要請により、規程第三四条の規定に従って公的国際機関に対し、裁判所に係属する事件に関係のある情報を提供するよう請求することができる。裁判所は、当該機関の行政職員の長と協議の後、この情報が口頭で提出されるべきか又は書面で提出され

るべきか及びその提出期限を決定する。

2　公的国際機関は、裁判所に係属する事件に関係のある情報を自発的に提供することが適当であると認める場合には、申述書の形式で書面手続の終結前に書記局に提出する。裁判所は、裁判所が適当であると認めて行う質問に対する回答の形式で口頭又は書面によりこの情報を補足することを要求する権利を有し、また、当事者がこのように提供された情報に関して口頭又は書面により意見を述べることを許可する権利を有する。

3　裁判所書記は、規程第三四条3に定める場合において、裁判所又は裁判所が開廷中でないときは裁判所長の指示に基づき、同項に規定する手続をとる。裁判所又は裁判所が開廷中でないときは裁判所長は、裁判所書記が書面手続の謄本を送付した日から、かつ、公的国際機関の行政職員の長と協議の後、当該機関が意見を書面で裁判所に提出することができる期限を定める。この意見は、当事者に送付されるものとし、当事者及び当該機関の代表者は、口頭手続中に討議することができる。

4　本条1から3までにおいて、「公的国際機関」とは、国によって構成される国際機関をいう。

第七〇条【公用語への通訳】1　裁判所が反対の決定をしない限り、聴取において裁判所の一公用語で行われた発言、陳述及び証言は、すべて他の公用語に通訳される。この発言、陳述及び証言が公用語以外の言語で行われた場合には、裁判所の二の公用語に通訳される。

2　規程第三九条3の規定に従って、フランス語又は英語以外の言語が使用される場合には、二の公用語のうちの一に通訳するために必要な措置は、当事者がとる。ただし、裁判所書記は、当事者のために行われた証言につき当事者が提供した訳文を検証するために必要な措置をとる。裁判所の召喚により出頭する証人又は鑑定人の場合には、通訳のための措置は、書記局がとる。

3　当事者は、自己のために裁判所の公用語以外の言語で発言、陳述又は証言を行おうとする場合には、その旨を裁判所書記に対し、裁判所書記が必要な措置をとるのに十分な時間の余裕をもって通知する。

4　当事者が準備する通訳者は、事件において最初に通訳をする前に、公開の法廷で次の宣言を行わなければならない。

「私は、私の通訳が忠実かつ完全なものであることを私の名誉と良心にかけて厳粛に宣言します。」

第七一条【聴取の記録】1　すべての聴取の逐語記録は、用いられた裁判所の公用語により、裁判所書記が作成する。用いられた言語が裁判所の二の公用語の一でない場合には、逐語記録は裁判所の公用語の一によって作成する。

2　発言又は陳述が裁判所の公用語の一ではない言語によって行われる場合には、そのために発言又は陳述が行われる当事者は、公用語の一による発言又は陳述の本文を、事前に裁判所書記局に提供し、この本文が逐語記録の該当部分を構成する。

3　逐語記録の冒頭には、出廷する裁判官、及び当事者の代理人、弁護人並びに補佐人の氏名を記載する。

4　謄本の写しは、当該事件に参与する裁判官及び両当事者に配布する。両当事者は、裁判所の監督のもとに、当該当事者のために行われた発言又は陳述の謄本を修正することができるが、このような修正はいかなる場合においても、謄本の意味又は趣旨に影響するものであってはならない。同様に裁判官も、自ら行った発言の謄本を修正することができる。

5　証人及び鑑定人は、行った証言又は陳述に関係する謄本の部分を示されるものとし、両当事者と同じ方法で修正を行うことができる。

6　行われることがある修正を加えた謄本の認証された正本は、裁判所長及び裁判所書記が署名を行い、規程第四七条の目的のために当該の弁論の公正の記録とする。公開の聴取の記録は、裁判所が印刷し公刊する。

第七二条【口頭手続終了後の答弁書】第六一条のもとで行われた質問に対する当事者の書面による答弁又は第六二条のもとで当事者が提出する証拠若しくは説明であって、口頭手続終了後に裁判所が受領したものは、他方の当事者に通知され、他方の当事者はそれに関して意見を述べる機会を与えられる。必要な場合には、このために口頭手続を再開することができる。

第四節　付随手続

第一款　仮保全

第七三条【要請】1　暫定措置の指示を求める書面による要請は、その要請の関係する事件の手続中いつでも、一方の当事者が行うことができる。

2　その要請には、その理由、要請が認められなかった場合に生じ得る結果及び要請する措置を明示する。裁判所書記は、直ちに認証謄本一通を他方の当事者に送付する。

第七四条【手続の優先】1　暫定措置の指示の要請は、他のすべての事件に優先する。

2　裁判所は、要請が行われたときに裁判所が開廷中でない場合は、緊急事項としてこの要請に関する決定の手続を行うため直ちに招集される。

3　裁判所又は裁判所が開廷中でないときは裁判所長は、両当事者に申立ての機会を与える弁論の期日を定める。裁判所は、口頭手続の終結前に裁判所に提出される一切の意見を受理し、かつ、考慮にいれる。

4　裁判所の評議の間、裁判所長は、暫定措置の要請について裁判所が行うことがある一切の命令が適切な効果をもつことができるように行動するよう、両当事者に対し要請することができる。

第七五条【職権による指示】1　裁判所は、事件の状況が、いずれかの又はすべての当事者がとるか又は従うべき暫定措置の指示を必要としているかいないかを、職権により検討することをいつでも決定することができる。

2　裁判所は、暫定措置の要請があったときは、要請された措置とは全体的に若しくは部分的に異なる措置を指示し又は要請を行った当事者自身がとるか若しくは従うべき措置を指示することができる。

3　暫定措置の指示の要請の却下は、その要請を行った当事者が同一の事件において新事実に基づく新たな要請を行うことを妨げるものではない。

第七六条＊【撤回、修正】1　裁判所は、一方の当事者の要請により又は職権により、裁判所が事情の変更によって暫定措置に関する決定を撤回し又は修正することが正当であると判断する場合には、事件の終結判決の前の段階においていつでも、暫定措置を撤回し又は修正することができる。

2　撤回又は修正を提議する当事者の一切の請求は、関係があると考えられる事情の変更を明示しなければならない。

3　裁判所は、本条1に基づいて決定を行う前に、当事者に対してこの問題に関し自己の意見を提出する機会を与えなければならない。

第七七条【安全保障理事会への通知】この規則の第七三条及び第七四条の規定に従って裁判所が指示するすべての措置並びに前条1の規定に従って裁判所が行うすべての決定は、規程第四一条2の規定に従って安全保障理事会に通告するために、国際連合事務総長に直ちに通報する。

第七八条【履行に関する情報】裁判所は、裁判所が指示した暫定措置の履行に関連する一切の問題について、当事者から情報を求めることができる。

第二款　先決的抗弁

第七九条＊【先決的問題】1　裁判所は、請求の提出に引続き裁判長が両当事者と会見しかつ協議した後に、事情によって正当化される場合には、管轄権及び受理可能性に関するいずれかの問題を別個に決定するように定めることができる。

2　裁判所がそのように決定する場合には、両当事者は管轄権及び受理可能性に関する訴答書面を、裁判所が定める期間内にかつその定める順序に従い提出する。各訴答書面には、当事者が依拠する証拠を含む意見及び申立てを記載し、援用書類の写しを添付する。

第七九条の二＊【先決的抗弁】1　裁判所が、前条に基づく決定を行っていない場合、裁判所の管轄権若しくは請求の受理可能性についての被告による抗弁、又は本案手続に進む前に決定することを求めるその他の抗弁は、申述書の提出後三箇月以内に、できるだけ速やかに書面により提出する。被告以外の当事者によってなされる全ての抗弁は、当該当事者の最初の訴答書面の提出につき定められた期間内に提出する。

2　先決的抗弁には、抗弁の根拠とされる事実並びに法及び申立てを記載し、かつ、援用書類の目録を掲げる。更に、先決的抗弁には当事者が依拠する証拠を掲げ、援用書類の写しを添付する。

3　先決的抗弁を書記局が受領すると同時に、本案手続きは停止され、裁判所又は裁判所が開廷中でないときは裁判所長は、他方の当事者がその意見及び申立てについて書面による陳述を提出する期限を定める。右書面には援用書類を添付し、提出を希望する証拠を掲げる。

4　裁判所は、本条1に従って提出された抗弁が本案の枠内で意見聴取及び決定されるべき旨の当事者間の一切の合意を有効なものとする。

第七九条の三＊【審理手続】1　第七九条2又は前条1及び3の規定による先決的問題又は先決的抗弁に関する訴答書面は、先決的問題又は先決的抗弁に関係のある事項に限定するものとする。

2　裁判所が別段の決定をしない限り、その後の手続は口頭によって行う。

3　裁判所は、必要なときはいつでも、両当事者に対して、法及び事実に関する全ての問題を議論し、かつ、先決的問題又は先決的抗弁に関する全ての証拠を提示するよう要請することができる。

4　裁判所は、当事者の意見を聴取した後、先決的問題に決定を下し、又は先決的抗弁を認容し若しくは却下する。裁判所は、その事件の状況に鑑み、問題又は抗弁が専ら先決的な性質を有するものではないことを宣言することができる。

5　裁判所は、判決の形式で決定を下す。判決が事件を処理するものでなかった場合には、裁判所はその後の手続の期限を定める。

第三款　反　訴

第八〇条＊【反訴の提出】1　裁判所は、裁判所の管轄に属し、かつ、他方の当事者の主張の主題に直接に関係する場合にのみ、反訴を受理することができる。

2　反訴は答弁書において、そこに記載する申立ての一部を構成するものとして行う。第四五条2に従い裁判所が行うそれ以後の訴答書面の提出に関する決定にもかかわらず、追加的な訴答書面において反訴に関する見解を提出する他方の当事者の権利は保障される。

3　1の適用に関して異議が申し立てられ、又は裁判所が必要とみなすときはいつでも、裁判所は両当事者を聴取した後にこれに関して決定を行う。

＊本条の改正は二〇〇一年二月一日に効力を発生した。二〇〇一年二月一日以前に効力を有していた第八〇条は、この日の以前に裁判所に提起されたすべての事件を引き続き規律する。

第四款　参　加

第八一条【参加の要請】1　規程第六二条の規定に基

づく参加の許可を求める要請は、この規則の第三八条3に定める方法で署名され、できる限り速やかにかつ書面手続の終結前に提出されなければならない。ただし、例外的な事情がある場合には、その後の段階に提出された要請も認められることがある。

2　要請には、代理人の氏名を記載する。要請には、関係する事件を明記し、次の事項を記載する。

(a)　参加を要請する国がその事件の裁判によって影響を受けると考える法律的性質の利害関係

(b)　参加の明確な目的

(c)　参加を要請する国と事件の両当事者の間に存在すると主張される管轄権の一切の根拠

3　要請には、援用書類の目録を記載し、援用書類を添付する。

第八二条【条約の解釈の場合の参加】1　規程第六三条の規定により付与された参加の権利を援用しようとする国は、この規則の第三八条3に定める方法で署名したその旨の宣言書を提出する。当該宣言書は、できる限り速やかにかつ口頭手続の開始と定められた期日よりも前に提出されなければならない。ただし、例外的な事情がある場合には、その後の段階に提出された宣言書も認められることがある。

2　宣言書には、代理人の氏名を記載する。宣言書には、関係する事件及び条約を明記し並びに次の事項を記載する。

(a)　宣言書を提出する国が自ら条約の当事国であると考える詳細な根拠

(b)　その解釈が問題であると考える条約の特定の規定の明示

(c)　問題とする規定の解釈についての陳述

(d)　援用書類の目録。援用書類は添付するものとする。

3　この宣言書は、解釈が問題となっている条約の当事国であると自ら考える国で、規程第六三条に定める通告を受けなかった国も提出することができる。

第八三条【当事者への送付】1　規程第六二条の規定に基づく参加の許可を求める要請の認証謄本又は規程第六三条の規定に基づく参加の宣言書の認証謄本は、直ちに事件の当事者に送付する。当該事件の当事者は、裁判所又は裁判所が開廷中でないときは裁判所長が定める期限内に、自己の意見を書面で提出するよう要請されなければならない。

2　裁判所書記はまた、謄本を、(a)国際連合事務総長、(b)国際連合加盟国、(c)裁判所で裁判を受けることができるその他の国及び(d)規程第六三条の規定に基づいて通知を受けたその他の国に送付する。

第八四条【参加要請の取扱】1　裁判所は、規程第六二条の規定に基づく参加の許可を求める要請が許可されるかどうか及び規程第六三条の規定に基づく参加が許容されるかどうかを、裁判所が事件の状況を考慮して別段の決定をしない限り、優先事項として決定する。

2　前条の規定により定められた期限内に参加の許可を求める要請又は参加の宣言書の受理可能性について異議が生じた場合には、裁判所は、決定を行う前に、参加を要請する国及び両当事者の意見を聴取する。

第八五条【参加の許可】1　規程第六二条の規定に基づく参加の許可を求める要請が認められた場合には、参加する国は、訴答書面及び附属書類の謄本の提供を受け、かつ、裁判所が定める期限内に陳述を書面により提出することができる。この陳述について当事者が口頭手続の前に書面により意見を提出することを希望した場合には、その提出のための期限を定める。裁判所が開廷中でないときは、この期限は、裁判所長が定める。

2　前項の規定に基づいて定められる期限は、事件の訴答書面に関して既に定められている期限にできる限り一致させなければならない。

3　参加する国は、口頭手続中に、参加の主題に関し、意見を提出することができる。

第八六条【条約の解釈の場合】1　規程第六三条の規定に基づく参加が認められた場合には、参加する国は、訴答書面及び附属書類の謄本の提供を受け、かつ、裁判所又は裁判所が開廷中でないときは裁判所長が定める期限内に、参加の主題に関して自らの意見を書面で提出することができる。

2　この意見は、当事者及び参加を認められた他の国に通知される。参加する国は、口頭手続中に、参加の主題に関して自らの意見を提出することができる。

第五款　本裁判所への特別付託

第八七条【他の国際機関で取り扱われた事件】1　他の国際機関において手続の対象であった問題に関して、係争事件が現行の条約又は協定に従って本裁判所に提起された場合には、係争事件に関する規程及び規則の規定を適用する。

2　手続を開始する請求には、関係国際機関の決定又は他の行為を明記し、その謄本を添付する。この請求には、前段の決定又は行為に関して生じ、かつ、本裁判所に付託される紛争の主題である問題の明確な陳述を記載する。

第六款　訴の取下げ

第八八条【訴の取下げ、和解】1　本案に関する最終判決が言い渡される前に、当事者が訴の取下げに合意した旨を書面により、共同又は単独で、裁判所に通報した場合には、裁判所は、訴の取下げを記録し、かつ、事件を総件名簿から削除することを指示する命令を発する。

2　当事者が紛争の和解に達したことにより訴の取下げに合意し、かつ、当事者が希望するならば、裁判所は、総件名簿から当該事件を削除する命令にこの事実を記録し、その命令又は附属書類に和解条件を記載する。

3　裁判所が開廷中でないときは、この条の規定による命令は、裁判所長が発することができる。

第八九条【原告による取下げ】1　請求によって開始された手続中に原告が手続を続行しないことを裁判所に書面で通知し、かつ、書記局がこの通知を受領した日に被告がまだその手続において何らの措置もとっていなかった場合には、裁判所は、訴の取下げを公式に記録し、かつ、事件を総件名簿から削除することを指示する命令を発する。裁判所書記は、この命令の謄本を被告に送付する。

2　訴の取下げの通知を受領したときに被告が既に手続において何らかの措置をとっていた場合には、裁判所は、被告が訴の取下げに異議があるかないかを述べるべき期限を定める。この期限の終了前に訴の取下げに関して異議の申立てがないときは、黙認されたものとみなし、裁判所は、訴の取下げを公式に記録し、かつ、事件を総件名簿から削除することを指示する命令を発する。異議の申立てがあったときは、手続を続行する。

3　裁判所が開廷中でないときは、この条の規定に基づく裁判所の権限は、裁判所長が行使することができる。

第五節　部の手続

第九〇条【適用される規定】規程第二六条及び第二九条に掲げる部の手続は、規程及びこの規則、特に、部に関する規定に従うことを条件として、裁判所における係争事件に適用される第一章から第三章までの規定によって規律される。

第九一条【部による裁判の要請】1　規程第二六条1又は第二九条の規定に従って設けられる部の一により事件を処理することが望まれるときは、その旨の要請は、手続を開始する書類中で行うか又はその書類に添付する。両当事者が合意した場合には、この要請に即した措置をとるものとする。

2　裁判所長は、書記局がこの要請を受領すると同時に、その要請を関係の部の裁判官に通知する。裁判所長は、規程第三一条4の規定を実施するために必要な措置をとる。

3　裁判所長は、手続上の要件に合致する最も早い日に部を招集する。

第九二条【部における手続】1　部に係属する事件の書面手続は、双方の当事者の各一通のみの訴答書面からなる。請求によって開始される手続においては、訴答書面は、相次ぐ期限内に提出される。特別の合意の通告によって開始される手続においては、訴答書面は、当事者がこれらの訴答書面の相次ぐ提出について合意していない限り、同一の期限内に提出される。本項にいう期限は、部が既に設置されている場合には当該部と協議して、裁判所又は裁判所が開廷中でないときは裁判所長が定める。

2　部は、当事者が更に訴答書面が必要であることに合意し又は部が職権により若しくは一方の当事者の請求によりその旨を決定した場合には、これらの提出を許可し又は指示することができる。

3　当事者が口頭手続を省略することに合意し、かつ、部がこれに同意しない限り、口頭手続を行う。口頭手続が行われない場合においても、部は、当事者に対して口頭で情報を提供し又は説明を行うよう要請することができる。

第九三条【部の判決の言渡】部の判決は、当該部の公開廷で朗読する。

第六節　判決、解釈及び再審

第一款　判決

第九四条＊【判決の朗読、拘束力の発生】1　裁判所は、評議を完了し、判決を採択した場合には、当事者に判決を朗読する期日を通知する。

2　判決は、裁判所の公開廷で朗読される。裁判所は、衛生、安全その他のやむを得ない理由のため、判決をビデオリンクにより当事者及び公衆がアクセス可能な裁判所の法廷で意見を朗読することを決定することができる。判決は、朗読された日から当事者に対して拘束力を有する。

第九五条【判決の記載事項、個別意見】1　判決は、裁判所又は部のいずれが与えたかを明示し、次の事項を掲げる。

判決を朗読した日付
判決に参与した裁判官の氏名
当事者の表示
当事者の代理人、補佐人及び弁護人の氏名
手続の概要
当事者の申立
事実の陳述
法律上の理由
判決主文
費用に関する決定があった場合にはその決定
過半数を構成する裁判官の数及び氏名
正文である判決文の明示

2　いずれの裁判官も、多数意見に反対であると否とにかかわらず、希望するならば、自己の個別意見を判決に付記することができる。自己の理由を述べずに同意又は反対を記録することを望む裁判官は、宣言の形式でこれを行うことができる。同様のことを裁判所の命令にも適用する。

3　正式に署名捺印された判決の謄本の一通は、裁判所の公文書庫に保管され、他の謄本は、各当事者に交付される。裁判所書記は、謄本を、(a)国際連合事務総長、(b)国際連合加盟国及び(c)裁判所で裁判を受けることができるその他の国に送付する。

第九六条【判決の正文】当事者間の合意により、書面手続及び口頭手続が裁判所の二の公用語のうちの一つで行われ、かつ規程第三九条1の規定に従って判決が当該の公用語で言い渡される場合には、当該の公用語の判決文を正文とする。

第九七条【訴訟費用】裁判所は、規程第六四条の規定に基づき、当事者の費用の全額又は一部を他方の当事者が支払うべきことを決定した場合には、その決定を実施するために命令を発することができる。

第二款　判決の解釈又は再審の要請

第九八条【解釈要請の手続】1　判決の意義又は範囲について争いがある場合には、いずれの当事者も、原手続が請求によって開始されたか特別の合意の通告によって開始されたかを問わず、その判決の解釈の要請を行うことができる。
2　判決の解釈の要請は、請求によって又は当事者間のその旨の特別の合意の通告によって行うことができる。この請求又は特別の合意の通告には、判決の意義又は範囲に関する一又は二以上の争点が明確に示されなければならない。
3　解釈の要請が請求によって行われる場合には、要請を行う当事者の主張は、その請求の中で述べるものとし、他方の当事者は、裁判所又は裁判所が開廷中でないときは裁判所長が定める期限内に、これについて書面で意見を提出することができる。
4　裁判所は、要請が請求によって行われるか特別の合意の通告によって行われるかを問わず、必要な場合には、当事者に対し、書面又は口頭で説明を行う機会を与えることができる。

第九九条【再審要請の手続】1　判決の再審の要請は、請求によって行う。請求には、規程第六一条に定める条件を満たしていることを示すために必要な事項を掲げる。援用書類は、請求に添付する。
2　他方の当事者は、裁判所又は裁判所が開廷中でないときは裁判所長が定める期限内に、請求の受理可能性に関し書面で意見を提出することができる。この意見は、請求を行っている当事者に通知しなければならない。
3　裁判所は、請求の受理可能性について判決を与える前に、更にこのことについて意見を提出する機会を当事者に与えることができる。
4　裁判所は、請求を許容すべきものと認めた場合には、当事者の意見を確認した後に、請求の本案について必要と認めるその後の手続の期限を定める。
5　裁判所は、原判決にあらかじめ従うことを条件として再審の手続を許すと決定した場合には、そのための命令を発する。

第一〇〇条【取扱う法廷】1　再審又は解釈されるべき判決が裁判所の言い渡したものである場合には、その再審又は解釈の要請は、裁判所が処理する。判決が部の言い渡したものである場合には、その再審又は解釈の要請は、当該部が処理する。
2　判決の解釈又は再審の要請に関する裁判所又は部の決定は、それ自体判決の形式で言い渡す。

第七節　当事者の修正提案

第一〇一条【本規則に対する例外】事件の当事者は、この章に掲げる規則（第九三条から第九七条までの規定を除く。）に特別の修正又は追加を共同で提案することができる。裁判所又は部は、その事件の状況にかんがみて適当と認める場合には、当該修正又は追加を採用することができる。

第四章　勧告的意見の手続

第一〇二条【勧告的意見手続の適用規定】1　裁判所は、規程第六五条の規定に基づく勧告的意見の権限を行使するに当たっては、国際連合憲章第九六条及び規程第四章の規定のほか、この章の規定を適用する。
2　裁判所は、適用することができると認める範囲内で、係争事件に適用する規程及びこの規則の規定にも準拠するものとする。裁判所は、このため、とりわけ勧告的意見の要請が二以上の国の間で現に係争中の法律問題に関係するものであるかないかを検討する。
3　二以上の国の間で現に係争中の法律問題について勧告的意見が要請された場合には、規程第三一条の規定を、同条の適用に関するこの規則の規定とともに適用する。

第一〇三条【緊急の回答のための措置】国際連合憲章により又は同憲章に従って勧告的意見を要請することを許された機関が、裁判所に対してその要請は緊急の回答を必要とするものであることを通知し、又は裁判所が速やかな回答が望ましいと認める場合には、裁判所は、手続を促進するためにすべての必要な措置をとり、かつ、この要請について聴取及び評議の手続を行うためにできる限り速やかに招集されるものとする。

第一〇四条【意見要請の手続】すべての勧告的意見の要請は、国際連合事務総長又は、場合によっては、要請することを許可された機関の行政職員の長によって裁判所に提出される。規程第六五条2にいう書類は、要請と同時に又はその後できる限り速やかに、書記局が要求する数の謄本を添付して裁判所に提出されるものとする。

第一〇五条【陳述書の受理】1　裁判所書記は、裁判所に提出された陳述書を、すでに陳述書を提出しているすべての国及び機関に通知する。
2　裁判所又は裁判所が開廷中でないときは裁判所長は、
(a)　規程第六六条4に基づいて述べることを認められる意見を受理するための形式及び範囲を決定し、かつ、この書面による意見が提出されるための期限を定める。
(b)　規程第六六条の規定に基づいて陳述書及び意見を裁判所に提出できるよう口頭手続を行うか行わないかを決定し、この口頭手続の開始の期日を定める。

第一〇六条【陳述書の公開】裁判所又は裁判所が開廷中でないときは裁判所長は、陳述書及び附属書類を、口頭手続の開始のときに又はその後に、公開することを決定することができる。勧告的意見の要請が二以上の国の間で現に係争中の法律問題に関係するものである場合には、これらの国の意見をまず確認しなければならない。

第一〇七条【意見の朗読、記載事項】1　裁判所は、評議を完了し、かつ、勧告的意見を採択した場合には、意見を裁判所の公開廷で朗読する。

2　勧告的意見には、次の事項を掲げる。

勧告的意見を言い渡した日付
参与した裁判官の氏名
手続の概要
事実の陳述
法律上の理由
裁判所に提出された問題に対する回答
過半数を構成する裁判官の数及び氏名
正文である意見文の明示

3　いずれの裁判官も、多数意見に反対であるかないかにかかわらず、希望するならば、自己の個別意見を裁判所の勧告的意見に付記することができる。自己の理由を述べずに同意又は反対を記録することを望む裁判官は、宣言の形式でこれを行うことができる。

第一〇八条【朗読日の通知】裁判所書記は、国際連合事務総長及び、適当な場合には、勧告的意見を要請した機関の行政職員の長に対し、意見の朗読が行われる公開廷の日時について通報する。裁判所書記は、また、国際連合の加盟国の代表並びに直接に関係のあるその他の国、専門機関及び公的国際機関に対して通報する。

第一〇九条【意見の送付】正式に署名し及び捺印された勧告的意見の謄本一通は、裁判所の公文書庫に保管し、他の一通は、国際連合事務総長に、適当な場合には、三通目を裁判所の意見を要請した機関の行政職員の長に送付する。裁判所書記は、謄本を国際連合の加盟国並びに直接に関係のあるその他の国、専門機関及び公的国際機関に送付する。

12-9　裁判所の内部司法業務に関する決議（裁判所規則第一九条）（ＩＣＪ内部司法業務決議）

採　択　一九六八年七月五日
改　正　一九七六年四月一二日
二〇二〇年一二月二一日

裁判所は、一九六八年七月五日の裁判所の内部司法業務に関する決議を改正して、この決議に定める裁判所の内部司法業務に関する条文を採択することを決定する。裁判所は事情により正当と認める場合には、特定の事件においてこの決議又はそのいずれかの部分からいつでも離反することができる。

第一条【口頭手続の開始前の評議】(i)　書面手続の終結後口頭手続の開始前において評議を行い、裁判官は事件に関する見解を交換し、口頭手続において説明を求めることが必要となりうると考えるいかなる問題についても裁判所の注意を促す。

(ii)　二段階の口頭弁論を行う場合には、第一回の口頭弁論が終結した後に同じ目的でさらに評議を行う。

(iii)　裁判所はまた、裁判官が事件について見解を交換し、規則第六一条3のもとにおける権利を行使して質問を行う意図を有する問題について相互に通知することができるように、口頭手続の過程において随時非公開で会合する。

第二条【裁判官による弁論の研究期間】口頭弁論が終結した後に、裁判官が裁判所に提起された弁論を研究することができるように、適当な期間をおく。

第三条【暫定的な評議】(i)　第二条にいう期間が経過した後に評議を行い、裁判所長が裁判所による審理及び決定を要するであろうと考える争点の概略を示す。ついでいかなる裁判官も裁判所長の言明について意見を述べ、関連すると考えるいかなる争点又は問題についても注意を促すことができる。裁判官はこの評議の過程において又はその終結の時点において、新しい問題を記述するか又はすでに提起された問題の記述を改める文書を配布させることができる。

(ii)　この評議の過程においては、いかなる裁判官も事件において生じるいずれかの争点又は問題の適切性について意見を述べることができる。裁判所長はまた、いかなる争点又は問題についても暫定的な印象を述べるように裁判官に要請する。

(iii)　裁判官は、発言の希望を表明した順に裁判所長により指名される。

第四条【書面によるノート】(i)　第三条にいう評議の後適当な期間をおいて、各裁判官は書面によるノートを作成する。書面によるノートは、他の裁判官に配布される。

(ii)　書面によるノートには裁判官の事件に関する見解を記述し、とりわけ以下の事項を示す。

(a)　注意を促されたいずれかの問題が以後の審理から除外されるべきかどうか、又は裁判所によって決定されるべきでなく若しくは決定される必要がないかどうか、

(b)　裁判所が答えるべき正確な問題、

(c)　(b)にいう問題に与えられるべき答えに関する暫定的な意見及びその理由、

(d)　事件の正しい処理に関する暫定的な結論。

第五条【書面によるノートに関する評議】(i)　裁判官が書面によるノートを検討する機会を得た後にさらに評議を行い、すべての裁判官は原則として席次の逆順に裁判所長の指名を受けて、その見解を表明しなければならない。いずれの裁判官も、他の裁判官の見解の表明に関して意見を述べ又は追加の説明を求めることができる。

(ii)　この評議の過程において、いずれの裁判官も追加

の問題又はすでに提起された問題の記述を改めたものを配布することができる。

(iii)　いずれかの裁判官の要請を受けた場合には、裁判所長は裁判所に対していずれかの問題に関して投票を行うように求める。

第六条【起草委員会】(i)　評議において表明された見解及び書面によるノートに基づき、裁判所は秘密投票によりかつ出席する裁判官の絶対多数の票によって、起草委員会を選出する。口頭の言明及び書面によるノートが当時において存在すると思われる裁判所の多数意見をもっとも厳密にかつ効果的に反映する裁判官から、二名を選ぶ。

(ii)　裁判所長は、当時において存在すると思われる裁判所の多数意見を共有しないものでない限り、職務上当然に起草委員会の構成員となる。裁判所長が当時において存在すると思われる裁判所の多数意見を共有しない場合には、裁判所次長がこれに代わる。裁判所次長が同じ理由によって不適格である場合には、裁判所はすでに用いられた手続に従い第三の構成員の選出を行う。この場合には、選出された裁判官の先任者が起草委員会を主宰する。

(iii)　裁判所長が起草委員会の構成員でない場合には、委員会は裁判所に提出する前に草案について裁判所長と協議を行う。委員会が裁判所長が提案した修正案を受諾できないと判断する場合には、委員会は自らの草案とともに裁判所長の提案を裁判所に提出する。

第七条【第一読及び第二読】(i)　決定の予備草案は裁判官に配布され、裁判官は書面により修正案を提出することができる。起草委員会は、これらの修正案を検討した後に裁判所による第一読の審理のために改訂草案を提出する。

(ii)　個別意見又は反対意見を表明することを望む裁判官は、第一読の終結の後裁判所が定める期限内に、その文書を裁判所に利用可能とする。

(iii)　起草委員会は、第二読のために決定の修正草案を配布する。第二読において裁判所長は、いずれかの裁判官がさらに修正を提案することを望むかどうかを確かめる。

(iv)　個別意見又は反対意見を表明しようとする裁判官は、決定草案に変更が行われた範囲内においてのみ、自分の意見に変更又は追加を行うことができる。第二読の過程において、個別意見又は反対意見を表明しようとする裁判官は、右の理由のために行おうとする意見のいずれかの変更又は追加について裁判所に通知する。裁判所は、改訂された個別意見又は反対意見の文書を提出するべき期限を定め、その写しは裁判所に配布される。

第八条【票決】(i)　第二読の終結の時点において又はその後適当な期間をおいて、裁判所長は席次の逆順にかつこの条の(v)に定める方法により、関連の決定または結論に関して最終的な投票を行うように裁判官に求める。

(ii)　分割可能な争点に関する決定においては、裁判所は原則としてかつ特定の事件の事情が別途の手続を必要としない場合には、以下の手続に従う。

(a)　いかなる裁判官も、このようないずれかの争点について分割投票を求めることができる。

(b)　裁判所が管轄権を有するかどうか又は請求が受理可能かどうかが問題となっている時はいつでも、管轄権又は受理可能性に関する個別の問題に関するいずれかの分割投票(このような投票により若干の先決的抗弁が裁判所の規程又は規則のもとで十分な根拠を有することが示されない限り)に引き続き、裁判所が事件の本案の審理に進むことができるかどうかの問題の投票に進み、又はすでにこの段階を経過している場合には裁判所が終局的に管轄権を有するか若しくは請求が受理可能であるかどうかの全般的問題に関する投票に進む。

(iii)　この条の(ii)が適用される場合にはいつでも、又は裁判官の一がそのように要請するその他の事件においては、最終的な投票は分割投票の必要性に関する審理の後に、可能な場合にはこのような審理の後に適当な期間をおいて行う。

(iv)　この条の(ii)にいう分割投票が決定において記録されるべきかどうかというずれの問題も、裁判所が決定する。

(v)　すべての裁判官は、手続のいずれかの段階において最終的な投票を行うように裁判所長に求められた場合に、又は関連の決定若しくは結論の投票を行うことに関するいずれかの問題について投票するように裁判所長に求められた場合には、賛成票又は反対票によってのみ投票を行う。

第九条【裁判官の投票への参加】(i)　病気により又は裁判所長が適切と認めるその他の理由により、裁判官が公開の弁論又はこの決議の第一条から第七条までが規定する裁判所の内部手続の一部に出席できなかった場合にも、当該の裁判官は以下のことを条件として最終的な投票に参加することができる。

(a)　当該の裁判官が手続の大部分の過程において、裁判所の所在地又は裁判所が規程第二二条1のもとで開廷しその事件のために任務を遂行しているその他の地に所在し又は留まっていたこと、

(b)　公開の弁論に関しては、当該の裁判官が手続の謄本を読むことができたこと、

(c)　第一条から第七条までが規定する内部手続に関しては、当該の裁判官が書面によるノートを提出し、他の裁判官の書面によるノートを読み、及び起草委員会の草案を検討することができたこと、並びに、

(d)　手続全体に関しては、当該の裁判官がその事件の決定について不可欠な事実及び法に関するすべての争点の司法的決定を可能とする程度に、公開の弁論及び第一条から第七条までが規定する内部手続に十分に参加していたこと。

(ii) 最終的な投票に参加する資格を有する裁判官は、自ら投票を行わなければならない。投票を行う条件を満たしている裁判官が身体の故障又はその他のやむを得ない理由のために投票が行われるべき会合に出席できない場合には、投票は、もしも事情が許すならば当該の裁判官が出席できるまで延期する。裁判所の意見によれば事情が投票の延期を許さないか又は不得策とする場合には、裁判所は、当該の裁判官が投票を行うことを可能とするために、通常の会合場所とは異なる場所で会合するよう決定することができる。これらの方法のいずれもが実行できない場合には、当該の裁判官は、裁判所が規程と両立すると決定するその他のいずれかの方法で投票を行うことを許可されることができる。

(iii) この条の(i)及び(ii)が規定する状況のもとで裁判官が投票することができるかどうかについて疑義が生じ、かつこの疑義が審理により解決できない場合には、その問題は裁判所長の提案に基づき又は当該の裁判官以外の裁判所の構成員のいずれかの要請に基づいて、裁判所が決定する。

(iv) この条の(i)及び(ii)が規定する状況のもとで裁判官が最終的な投票を行う場合には、第八条(v)を適用する。

第一〇条【勧告手続への適用】 以上の規定は、裁判所における手続が係争手続であるか勧告手続であるかを問わず適用する。

第一一条【暫定措置実施監視委員会】 (i) 裁判所が暫定措置を指示した場合、裁判所は暫定措置の実施を監視するにあたって裁判所を補佐するための特別委員会を構成する三名の裁判官を選出する。当該委員会には、訴訟当事国の国籍裁判官および特任裁判官を含めてはならない。

(ii) 特別委員会は、暫定措置の実施に関して訴訟当事者が提出した情報を審査する。同委員会は、定期的に裁判所に報告し、取り得る選択肢を裁判所に勧告する。

(iii) 本事項に関するあらゆる決定は裁判所によって行われる。

12 10 国際司法裁判所規程第三六条2の規定に基づく国際司法裁判所の強制管轄を受諾する日本国の宣言

寄　託　二〇一五年一〇月六日
効力発生　二〇一五年一〇月六日

書簡をもって啓上いたします。本使は、外務大臣の命により、日本国が、国際司法裁判所規程第三六条2の規程に従い、一九五八年九月一五日以後の事態又は事実に関して同日以後に発生するすべての紛争であって他の平和的解決方法によって解決されないものについて、国際司法裁判所の管轄を、同一の義務を受諾する他の国に対する関係において、かつ、相互条件で、当然にかつ特別の合意なしに義務的であると認めることを日本国政府のために宣言する光栄を有します。

この宣言は、以下の紛争には適用がないものとします。

(1) 紛争の当事国が、最終的かつ拘束力のある決定のために、仲裁裁判又は司法的解決に付託することに合意したか又は合意する紛争

(2) 紛争の他のいずれかの当事国が当該紛争との関係においてのみ若しくは当該紛争を目的としてのみ国際司法裁判所の義務的管轄を受諾した紛争、又は紛争の他のいずれかの当事国による裁判所の義務的管轄の受諾についての寄託若しくは批准が当該紛争を裁判所に付託する請求の提出に先立つ一二か月未満の期間内に行われる場合の紛争

(3) 海洋生物資源の調査、保存、管理又は開発について、これから生ずる、これらに関係のある又はこれらに関する紛争

日本国政府は、いかなる時にも、国際連合事務総長に対する書面による通告によって、及びかかる通告の時点から効力を有するものとして、この宣言を修正し、又は廃棄する権利を留保します。

以上を申し進めるに際し、本使は、貴事務総長にむかって敬意を表します。

二〇一五年一〇月六日
国際連合日本政府代表部
特命全権大使　吉川元偉（署名）

国際連合事務総長
潘基文閣下

〈参考〉国際司法裁判所規程第三六条2の規定に基づく国際司法裁判所の強制管轄を受諾する日本国の宣言

寄　託　一九五八年九月一五日（国際連合事務総長宛）
効力発生　一九五八年年九月一五日

書簡をもって啓上いたします。本使は、外務大臣の命により、日本国が、国際司法

裁判所規程第三六条２の規定に従い、この宣言の日付以後の事態又は事実に関して同日以後に発生するすべての紛争であって他の平和的解決方法によって解決されないものについて、国際司法裁判所の管轄を、同一の義務を受諾する他の国に対する関係において、かつ、相互条件で、当然にかつ特別の合意なしに義務的であると認めることを日本国政府のために宣言する光栄を有します。

この宣言は、紛争の当事国が、最終的かつ拘束力のある決定のために、仲裁裁判又は司法的解決に付託することに合意したか又は合意する紛争には適用がないものとします。

この宣言は、五年の期間効力を有し、その後は、この宣言が書面による通告によって廃棄される時まで効力を有するものとします。

以上を申し進めるに際し、本使は、貴事務総長に向って敬意を表します。

一九五八年年九月一五日

国際連合日本政府代表部

特命全権大使　松平康東

国際連合事務総長

ダグ・ハマーショルド閣下

12 11 国際司法裁判所規程第三六条２の規定に基く国際司法裁判所の強制管轄を受諾するアメリカ合衆国の宣言及び廃棄

強制管轄権に関するアメリカ合衆国の宣言

アメリカ合衆国大統領ハリー・S・トルーマンは、国際司法裁判所規程第三六条２に基づき、かつ、アメリカ合衆国上院一九四六年八月二日決議(出席した上院議員の三分の二が同意)に従い、アメリカ合衆国が、次の事項に関する法律的紛争で今後生じるものすべてについて、国際司法裁判所の管轄権を、同一の義務を受諾する他の国に対する関係において当然にかつ特別の合意なしに義務的であると認めることを、アメリカ合衆国のために宣言するものです。

a　条約の解釈

b　国際法上の問題

c　認定されれば国際義務の違反となるような事実の存在

d　国際義務の違反に対する賠償の性質又は範囲

ただし、本宣言は、次の紛争に適用されるものではありません。

a　当事者が、すでに存在する条約又は将来締結される条約に基づき、他の裁判所に解決をゆだねた紛争

b　本質上アメリカ合衆国の国内管轄権内にあるとアメリカ合衆国が判断する事項に関する紛争

c　多数国間条約のもとで生じた紛争。ただし、１裁判の影響を受けるすべての条約当事国が裁判所の訴訟当事者となっている場合、又は、２アメリカ合衆国が管轄権に対し特別の同意を与えた場合を除きます。

この宣言は、五年間効力を有するものとし、その後は、通告を行うことによってこの宣言を終了させることができるものとします。ただし、通告後六箇月を経過するまで、この宣言は効力を有するものです。

一九四六年八月一四日　ワシントンにて

ハリー・S・トルーマン(署名)

一九八四年四月六日アメリカ合衆国宣言

本使は、一九四六年八月二六日付けアメリカ合衆国の国際司法裁判所強制的管轄権受諾宣言に言及し、この宣言が、中央アメリカのいかなる国との紛争にも、また中央アメリカにおける事態から生じた紛争にも、また中央アメリカにおける事態に関わる紛争にも適用されるものでないことを、アメリカ合衆国のために宣言する光栄を有します。これらの紛争は、紛争当事者が合意する方法で解決されるものであります。

上記宣言の文言にもかかわらず、本日の宣言は、即時に効力を発するものであり、二年間効力を有するものであります。これによって、政治、経済及び安全保障が絡み合った中央アメリカの諸問題について、交渉による解決を求めつつ、現在進められている地域的紛争解決プロセスを促進することになると思います。

アメリカ合衆国国務長官

ジョージ・P・シュルツ(署名)

裁判所強制管轄権からの脱退に関する一九八五年一〇月七日付けアメリカ合衆国書簡

本使は、一九四六年八月二六日付けアメリカ合衆国の国際司法裁判所強制的管轄権受諾宣言(一九八四年四月六日付け覚書により修正。)に言及し、この宣言が、本書簡の日付より六箇月間効力を有した後、終了するものであることを宣言する光栄を有します。

敬具

一九八五年一〇月七日　ニューヨーク

ジョージ・P・シュルツ(署名)

国際連合事務総長

ハビエル・ペレス・デクエヤル博士閣下

13章
安全保障

本章の構成

本章には、武力行使を制限、禁止することを目指した文書と、その実効性を確保するための安全保障に関する文書を収録する。全体を五つに分け、13 1～13 7は戦争の違法化に関する文書（第1節）、13 8～13 18は集団安全保障やPKOに関する総会・安保理決議（第2節）、13 19～13 21は地域的な安全保障に関する文書（第3節）、13 22～13 27は日米安全保障条約等に関する文書（第4節）、13 28～13 39は日本の関連国内法等（第5節）とする。

近代初頭の神学者や法学者が主張したいわゆる正戦論は、当時その姿を明確にしつつあった主権国家を単位とする国際社会の現実には適合せず、伝統的国際法は戦争原因の如何を問わず交戦者を平等に扱うという、いわゆる無差別戦争観をとった。一九〇七年の開戦ニ関スル条約（15 1）は、理由を付した開戦宣言または条件付きの最後通牒によるのでなければ戦争に訴えることを禁止したが、「理由」や「条件」がどのようなものでなければならないかについては規定しなかった。当時のヨーロッパで採用された安全保障の方式は、こうした戦争に訴える自由を前提として、対立する諸国家間の力の均衡によって国際平和と各国の独立を維持しようとするもので、勢力均衡政策と呼ばれた。

しかし、このような伝統的国際法のあり方に対しては、一九世紀の末頃から次第に批判の声があがるようになり、それを背景として戦争を制限、禁止しようとする動きが現れた。一九〇七年の第二回ハーグ平和会議が採択した**ポーター条約（13 1）**は、自国民が有する債権を回収するためのヨーロッパ諸国による武力干渉へのラテン・アメリカ諸国の抗議を背景としたが、それが禁止する武力行使の範囲はきわめて限られたものだった。また、米国が第一次世界大戦前に締結したいわゆるブライアン諸条約（12 2）は、一定の紛争を国際委員会の審査に付託することを義務付け、委員会の報告が出るまで兵力の使用を禁止することにより、連盟規約が定める「戦争のモラトリアム」の先駆となった。

国際連盟規約（1 3）は、一般的な条約として初めて戦争に訴えることを制限、禁止するとともに、集団安全保障を組織化したものとして歴史上重要な地位を占める。集団安全保障とは、右の勢力均衡政策が第一次世界大戦によって破綻したことを踏まえて、戦争に訴える自由を制限するとともに違法な戦争に対しては連盟国が集団的に対処するという方式である。しかし、連盟規約における戦争の違法化はいくつかの「抜け穴」を残す不徹底なものであり、またその集団安全保障体制も分権的なものに留まった。そこで、これらの欠点を補うための努力がさまざまな形で行われた。たとえば、一九二四年に連盟総会が採択した**ジュネーヴ議定書**(13 2)と一九二五年にドイツなどの諸国が締結した**ロカルノ保障条約**(13 3)は、戦争の禁止を拡大し集団安全保障を連盟理事会に集権化しようとしたが、前者は発効せず後者は少数の国の間の条約に留まった。両大戦間におけるこの点でのもっとも注目するべき条約は、一九二八年の**不戦条約**(13 4)である。本条約は、侵略戦争を禁止し紛争の平和的解決の義務を課したが、米国や英国などの「留保」が示すように自衛権の行使を禁止するものではない。不戦条約に加わらなかった国をも含めたその地域版が、**ラテン・アメリカ不戦条約**(13 6)である。また、連盟における議論を踏まえて、ソ連などの諸国は一九三三年に**侵略の定義のための条約**(13 5)を結んだ。

第二次世界大戦後、国連憲章(1 1)は、連盟の経験に対する反省に立って武力行使禁止原則を確立したが、他方ではその例外としての自衛権について明文の規定を置くとともに集団的自衛権という新概念を導入した。武力行使禁止原則を明確化するための試みが、友好関係宣言(1 2)の関連条項や、総会が一九七四年に採択した**侵略の定義に関する決議**(13 7)である。

冷戦期には米ソの対立のためにほとんど機能しなかった国連の集団安全保障は、冷戦終結後には、安保理事会における常任理事国の一致が得やすくなったため、にわかに「活性化」の様相を呈する。一九九〇年八月のイラクによるクウェート侵略に際して、理事会は**決議六六一**(13 8)によってイラクに対する経済制裁を決定、さらに多国籍軍に対して「すべての必要な手段」を許可する**決議六七八**(13 9)を採択した。この湾岸戦争の停戦決議が**決議六八七**(13 10)で、ここに定めるイラクによる大量破壊兵器廃棄義務の不履行が二〇〇三年の米国等による対イラク攻撃の根拠とされた。この攻撃の合法性は、基本的には**決議一四四一**(13 11)の解釈次第である。二〇〇一年の九・一一同時多発テロに対して理事会は**決議一三六八**(13 12)を採択した。他方、平和維持活動は、本来は関係国の同意に基づく非強制的な活動とされてきたが、ソマリアに関する**決議八一四**(13 13)では、第二次国連ソマリア活動に憲章第七章に基づく強制権限が付与された。二〇一一年に発生したアラブの春と呼ばれる国民の民主化要求に対するリビアのカダフィ政権による文民への暴力と武力の使用に対して、安保理は、**決議一九七〇**(13 14)で国際刑事裁判所付託、資産凍結等の措置を決定するとともに、**決議一九七三**(13 15)で武力行使を加盟国に許可した。また**決議一九八九**(13 16)は国際テロ組織であるアルカイダおよびそれと関連する個人、集団、企業または団体の資金等に狙いを定めた経済制裁のためのリストへの記載と削除に関する手続を精緻化した。二〇二二年二月に開始されたロシアによるウクライナ侵攻に関しては、ロシアの拒否権発動で機能麻痺に陥った安保理に代わり、国連総会が緊急特別総会を開催して、ウクライナに対する侵略に関する決議（13 17）、ウクライナの領土保全に関する決議（2 16）、**ウクライナに対する侵略の救済及び賠償の促進に関する決議**（**13 18**）などを採択した。

ところで冷戦期には、国連の集団安全保障の不機能を理由として、両陣営の諸国は憲章第五一条の集団的自衛権を根拠に軍事同盟を形成した。**NATO条約**（**13 19**）によって設立されたNATOはこうして設立された西側の軍事同盟であり、これに対抗して設置された東側のワルシャワ条約機構との対峙は冷戦の主要な構成要素だったが、冷戦終結以後、両機構の加盟国は欧州安全保障協力会議（CSCE）を通じてヨーロッパにおける新しい安全保障のあり方を追求しようとした。CSCEの基礎は**ヘルシンキ宣言**（**13 21**）に規定されていたが、CSCEはその後欧州安全保障協力機構（OSCE）として再編・強化されている。米州にも、集団的自衛権を根拠にした集団防衛条約として**米州相互援助条約**（**13 20**）がある。

日本についていえば、**旧日米安保条約**（**13 22**）は基地貸与条約としての性格が強いが、この条約の不平等性への批判を背景に一九六〇年に締結されたのが、憲章第五一条の集団的自衛権に基づく軍事同盟条約としての**日米安保条約**（**13 23**）である。この条約に基づいて日本に駐留する米軍の法的地位は**在日米軍の地位協定**（**13 24**）が定める。日米安保条約は一度も改定されたことはないが、国際情勢とこれに対する日米両国政府の認識の変化に伴って何度かの意味変化を遂げ、日本の軍事的役割が強化されてきた。一九七八年に結ばれた政治的約束である日米防衛協力のための指針は、冷戦後の国際情勢の変化に応じて、日本に対する武力攻撃だけでなく日本の安全に重大な影響を及ぼす周辺事態に対しても有効に対処することを目的として、一九九七年に新ガイドラインとして改定された。さらに、二一世紀の新たな国際情勢を踏まえて、同指針は**二〇一五年ガイドライン**として再改定されるとともに（**13 27**）、後述のように平和安全法制が整えられた。これらを受けて、二〇一六年には新たな**日米物品役務相互提供協定**（**13 25**）が署名され二〇一七年に効力を発生した。なお、秘密軍事情報の保護を目的として、二〇〇七年に日米秘密軍事情報保護協定、二〇一六年に**日韓秘密軍事情報保護協定**（**13 26**）がそれぞれ締結されている。二〇一九年八月二二日に韓国政府は日本政府に対して同協定第二一条三項に基づく終了通告を行ったが、協定終了直前の同年一一月二二日に協定終了通告の効力を停止することを通告したため、同協定の有効性は維持されている。

日本の国内法に目を移せば、安保理事会が決定する経済制裁等は、**外為法の経済制裁関連規定**（**13 28**）によって国内的に実施される。軍事的側面についていえば、自衛隊の任務、権限(治安出動時などにおける武器使用に関しては**警職法第七条(13 30)**を準用)などについて定めるのが**自衛隊法(13 29)**であり、この任務は後述の諸法によって順次拡大されてきた。二〇〇六年には従来の安全保障会議設置法を改正して国防の基本方針等について審議する国家安全保障会議を創設する**国家安全保障会議設置法(13 31)**が制定された。また二〇一四年には、世界の政治的軍事的状況の変化を受け、政府は**安全保障法制の整備に関する閣議決定(13 32)**に基づき自衛権の行使に関する従来の見解を変更した。この閣議決定および二〇一五年ガイドラインに沿って、二〇一五年に「平和安全法制」の整備が行われ(17 18『平和安全法制』の主要事項の関係」参照)、関連法一〇の法律改正と一の新規制定が行われた。本章では上記の自衛隊法と国家安全保障会議設置法を含め八つの法律を収録し、一つは15章(15 34海上輸送規制法)に収録した(特定公共施設利用法と捕虜取扱い法は収録していない)。さらに二〇二二年には**国家安全保障戦略(13 33)**、国家防衛戦略、防衛力整備計画のいわゆる安全保障三文書が同時に改定され、反撃能力の保有が明記されるなど日本の安全保障政策の大きな転換となった。日米安保条約関連では、一九七七年の新ガイドラインの後、日本の平和と安全に重大な影響を与える周辺事態に対処する周辺事態法(一九九九年)、船舶検査法(二〇〇〇年)、日本への直接の武力攻撃を想定した武力攻撃事態法(二〇〇三年)、米軍行動関連措置法(二〇〇四年)が制定され、これらの諸法律も、右の「平和安全法制」の整備によって改正された。武力攻撃事態法を改正した**事態対処法(13 34)**は、「武力攻撃事態」および新たに加えられた「存立危機事態」における日本の平和と安全の確保を規律対象とする。事態対処法を受けて**米軍行動関連措置法(13 35)**は、米軍および他の外国軍の行動に関連して日本が実施する措置を規律する。周辺事態法を改正する**重要影響事態安全確保法(13 36)**は、日本の周辺地域に限定せず日本の平和および安全に重要な影響を与える事態(「重要影響事態」)に対処するため日米安保条約に基づき活動する米軍および国連憲章に基づき行動する他の外国軍隊等に対する後方支援活動などについて定める。**船舶検査活動法(13 37)**は「重要影響事態」および「国際平和共同対処事態」(後述)に際して実施する船舶検査活動を規律する。**国際平和協力法(13 38)**は湾岸戦争以後の「国際貢献」の要請を受けて制定され、国連平和維持活動(PKO)等への自衛隊の参加を規定するが、「平和安全法制」の整備により、業務や武器使用権限が拡大され、国連以外の国際平和協力活動についても規定された。二〇一五年に新たに制定された**国際平和支援法(13 39)**は、国際社会の平和および安全を脅かす事態など国連決議に基づく「国際平和共同対処事態」がある場合に、当該活動を行う諸外国の軍隊等に対する協力支援活動等を定める。

第1節　戦争の違法化

13 1　契約上ノ債務回収ノ為ニスル兵力使用ノ制限ニ関スル条約（ポーター条約）（抄）

署　名　一九〇七年一〇月一八日（ハーグ）
効力発生　一九一〇年一月二六日
日本国　一九一一年一一月六日批准、一二月一三日批准書寄託、一九一二年一月一三日公布（条約第二号）、二月一二日効力発生

第一条【兵力使用の制限】締約国ハ、一国ノ政府ニ対シ他ノ一国ノ政府カ其ノ国民ニ支払ハルヘキモノトシテ請求スル契約上ノ債務ヲ回収スル為ニ、兵力ニ訴ヘサルコトヲ約定ス。

右規定ハ、債務国カ仲裁裁判ノ申出ヲ拒絶スルカ、之ニ対シテ回答ヲ与ヘサルカ、之ヲ受諾スルモ仲裁契約ノ作成ヲ不能ナラシムルカ、又ハ仲裁裁判ノ後其ノ判決ニ遵ハサル場合ニハ、其ノ適用ナキモノトス。

第二条【仲裁裁判】前条第二項ニ掲クル仲裁裁判ハ、国際紛争平和的処理ニ関スル海牙条約第四章第三節ニ規定セル手続ニヨルモノトス。仲裁裁判ノ判決ハ、当事者間ニ特別ナル取極アルニ非サレハ、請求ノ当否、債務ノ金額並支払ノ時期及方法ヲ定ム。

13 2　国際紛争の平和的解決に関するジュネーヴ議定書（ジュネーヴ議定書）（抄）

採　択　一九二四年一〇月二日（国際連盟総会）

前　文（略）

第一条【規約の改正】締約国は、連盟規約を以下の各条の諸条項に沿って改正するために、その権限内においてあらゆる努力を行うことを約束する。

締約国はその相互間においては、以下の諸条項は本議定書の効力発生の日から拘束力を有すること、及び締約国に関する限り、国際連盟総会及び理事会はその日以後、本議定書が付与するすべての権利を行使しすべての義務を履行する権限を有することに合意する。

第二条【自衛及び制裁を除く戦争の禁止】締約国は、侵略行為に抵抗する場合又は規約及び本議定書に従い国際連盟理事会若しくは総会と一致して行動する場合を除き、その相互間において、又はそのような状況が生じた場合には以下に規定するすべての義務を受諾する国に対して、いかなる場合においても戦争に訴えないことを約束する。

第三条【常設国際司法裁判所への付託】締約国は、常設国際司法裁判所の管轄権を、裁判所規程第三六条2が規定する事件において、当然にかつ特別の合意なしに義務的であると認めることを約束する。ただし、規程の同条に定められ一九二〇年一二月一六日に署名のために開放された特別議定書に加入するに際して、同条と両立する留保を行ういかなる国の権利も、損なうものではない。

一九二〇年一二月一六日に署名のために開放されたこの特別議定書への加入は、本議定書の効力発生の次の月内に行わなければならない。

本議定書に加入する国は、本議定書の効力発生の後、加入の次の月内に上の義務を履行しなければならない。

第四条【規約第一五条の規定を強化する手続】締約国は、規約第一五条4ないし7の諸規定をより完全なものとするために、次の手続に従うことに同意する。

1　理事会に提起された紛争が第一五条3に定めるように解決されない場合には、理事会は当事者が当該紛争を司法的解決又は仲裁に付託するよう説得に努力する。

2(a)　当事者がこれに合意できない場合には、少なくとも一の当事者の要請により、仲裁委員会を設置する。委員会は、可能な限り当事者の合意によって設置する。

(b)　理事会が定める期間内に、当事者が仲裁者の数、氏名並びに権限及び手続について全部又は一部合意できない場合は、理事会が合意を得られない事項を決定する。理事会は、できる限り速やかに、当事者と協議の上で、国籍、個人の性格及び経験から、能力及び公正さの上で最大の保障を与えると思われる者のうちから、仲裁者及び委員長を選任する。

(c)　当事者の請求が定式化された後、仲裁委員会はいずれかの当事者の要請により、理事会を通じて法律上の争点について常設国際司法裁判所に勧告的意見を求める。この場合には、常設国際司法裁判所はできる限り速やかに開廷する。

3　いずれの当事者も仲裁を要請しない場合には、理事会は再び当該紛争について審議を行う。理事会が、紛争当事者の代表者を除いて全会一致で報告書を採択する場合には、締約国はこの報告書に含まれる勧告に従うことに同意する。

13　安全保障

4　理事会は、紛争当事者の代表者を除いて全会一致の合意を得た報告書を採択できない場合には、紛争を仲裁に付託する。理事会は、仲裁委員会の構成、権限及び手続を自ら決定し、仲裁者の選定に際しては、2(b)に定める能力及び公正さの保障に留意する。

5　いかなる場合においても、すでに理事会の全会一致の勧告を得、かつ関係当事者の一が受諾した解決を、再審議することはできない。

6　締約国は、下されることのある司法判決又は仲裁裁定を誠実に履行すること、及び3が規定するように理事会が勧告する解決を遵守することを約束する。国が上の約束を履行しない場合には、理事会は遵守を確保するためにあらゆる影響力を行使する。理事会は、遵守を確保できない場合には、規約第一三条4の規定に従い、遵守を確保するために取られるべき措置について提案する。国が上の約束を無視して戦争に訴える場合には、本議定書が定めるように解釈された規約第一六条が規定する制裁が、当該の国に対して直ちに適用可能となる。

7　本条の諸規定は、一又は二以上の締約国が理事会又は総会と一致して取った戦争の措置の結果として生じる紛争の解決には、適用しない。

第五条【国内管轄事項に関する勧告的意見】規約第一五条8の規定は、理事会の手続に引続き適用する。

第四条に規定するような仲裁の過程において、当事者の一が紛争又はその一部が国際法上専ら当該当事者の管轄に属する事項について生じたものであると主張する場合には、仲裁者は理事会を通じて、この点に関して常設国際司法裁判所の助言を求める。裁判所の意見は仲裁者を拘束し、意見が肯定的である場合には、仲裁者は裁定においてその旨宣言するに留める。

裁判所又は理事会が、問題は専ら国の管轄に属する事項であると判断する場合には、この決定は理事会又は総会が規約第一一条のもとで状況を検討することを妨げるものではない。

第六条【規約第一五条の発展】規約第一五条9に従い紛争が総会に付託される場合には、総会は当該紛争の解決のために、規約第一五条1ないし3及び本議定書第四条1に従い理事会が当事者の和解をはかることについて付与されている、すべての権限を有する。

総会が友好的解決を達成できない場合には、当事者の一が仲裁を求めるならば、理事会は、本議定書第四条2(a)ないし(c)に定める方法により、仲裁委員会の設置を行う。

いずれの当事者も仲裁を求めなければ、総会は再び当該紛争について審議を行い、この点に関して理事会と同じ権限を有する。総会の報告書に含まれる勧告は、規約第一五条10末文に定める同意をえたものである場合には、本議定書に規定するすべての事項に関して、本議定書第四条3に定めるように採択された理事会の報告書に含まれる勧告と、同一の価値及び効果を有する。

必要な同意をえることができない場合には、紛争は仲裁に付託され、理事会は、第四条4に規定するように仲裁委員会の構成、権限及び手続を決定する。

第七条【軍備増強及び即応態勢の禁止】二又はそれ以上の締約国間に紛争が生じる場合には、紛争当事国は、紛争が平和的解決手続に付託される以前においても手続中においても、本議定書第一七条が規定する軍備縮小会議が樹立する状況を変化させるかも知れないような、何らかの軍備増強又は即応態勢を実施せず、陸海空軍、産業及び経済の動員の措置を取らず、また、一般に紛争を拡大し若しくは悪化させるようないかなる行動をもとらないことに合意する。

理事会は、一又は二以上の紛争当事者が行う右の約束の違反のいかなる申し立てについても、規約第一一条の規定に従って審議する義務を有する。理事会は、申し立てについて調査を行う必要があると判断する場合には、適当と認めるなら一又は二以上の関係国において審査及び調査を行うよう取り決める。このような審査及び調査は、できる限り速やかに行うものとし、締約国はその実施につきすべての便宜を与えることを約束する。

右に規定する理事会による措置の唯一の目的は、紛争の平和的解決を促進することであり、このような措置は、いかなる意味においても実際の解決を予断するものではない。

このような審査及び調査の結果、本条1の違反が証明される場合には、理事会は、違反に責任を有する一又はそれ以上の国に対して、これを終了させるように要請する義務を負う。当該の一又はそれ以上の国が理事会の要請に応じない場合には、理事会はこれらの国が規約又は本議定書に違反したものと宣言し、世界平和を脅かす性格の状況をできるだけ速やかに終わらせるために、取られるべき措置について決定する。

本条のための理事会の決定は、三分の二の多数によって行うことができる。

第八条【侵略の威嚇の禁止】締約国は、他の国に対する侵略の威嚇を構成するかも知れないいかなる行為をも、慎むことを約束する。

締約国の一は、他の国が戦争の準備を行いつつあると考える場合には、これを理事会に通知する権利を有する。

理事会は、事実が申し立ての通りであると確認する場合には、第七条2、4及び5が規定する措置を取る。

第九条【非武装地帯】非武装地帯の存在は、侵略を防止し、第一〇条が規定する性格の最終的な決定を促進することを目的とするものであるから、相互にこれに同意する国の間に非武装地帯を設置することは、本議定書の違反を避けるための手段として奨励される。

条約規定のもとですでに存在する非武装地帯、又は相互にこれに同意する国の間で将来設置されることのある非武装地帯は、一又は二以上の隣接国の要請によりその負担のもとに、理事会が組織する暫定的な又は永続的な監視制度のもとにおくことができる。

第一〇条【侵略者の認定】規約または本議定書に規定する約束に違反して戦争に訴えるすべての国は、侵略者である。非武装地帯のために定められた規則の違反は、戦争に訴えることに等しいものとみなす。

敵対行為が発生するなら、理事会が全会一致によって別の決定を行わない限り、すべての国は次の場合には侵略者と推定される。

1　国が、規約第一三条及び第一五条に規定し本議定書が明確化した平和的解決の手続に、紛争を付託することを拒否し、司法判決又は仲裁裁定若しくは理事会の全会一致の勧告に従うことを拒否し、又は、当該の国と他の交戦者との間の紛争が国際法上専ら後者の当事者の管轄に属する事項について生じたものであると認める、理事会の全会一致の報告書、司法判決又は仲裁裁定を無視した場合。ただし、最後の事例においては、国は、規定第一一条にしたがって事前に問題を理事会又は総会に付託しなかった場合にのみ、侵略者と推定される。

2　国が、本議定書第七条が規定するように、理事会が手続の進行中において命じる暫定措置に違反した場合。

本条1及び2が規定する事例を除いて、理事会が直ちに侵略者を決定できなかった場合には、理事会は、必要な場合には三分の二の多数で行動し、交戦者に対して休戦を命じなければならず、その条件を定め、かつ、その実施を監督する。

いかなる交戦者も、休戦の受諾を拒否し又はその条件に違反したなら、侵略者とみなされる。

理事会は、締約国に対して、本議定書第一一条が規定する制裁を直ちに侵略者に向けて適用するように要請するものとし、このような要請を受けたいずれの締約国も、それにより交戦者の権利を行使する資格を有する。

第一一条【制裁への協力義務】理事会が、本議定書第一〇条末文が規定するように、締約国に対して制裁を適用することを要請したなら、規約第一六条1及び2が定めるすべての種類の制裁に関して、このような制裁をそれ以後侵略者に向けて適用できるように、要請を受けた締約国の義務が直ちに効力を発生する。

これらの義務は、各締約国に対して、その地理的な位置及び軍備の特定の状況が許す限り、国際連盟規約を支持し侵略行為に抵抗して、忠実かつ実効的に協力することを義務づけるものと解釈する。

規約第一六条3に従い、締約国は、攻撃又は威嚇を受けた国を援助し、及び、原材料並びに各種の補給の供与、信用の開設、輸送及び通過に関して、便益及び交換を通じて相互に支持を与え、この目的のために攻撃又は威嚇を受けた国の陸海の交通手段の安全を確保するため能力に応じてすべての措置を取ることを、共同してかつ個別に約束する。

紛争の両当事者が第一〇条の意味における侵略者である場合には、経済上及び金融上の制裁は両者にともに適用する。

第一二条【経済上・金融上の制裁計画】理事会が、経済上及び金融上の制裁に関して本議定書第一一条にいう任務を実施する際の、諸条件の複雑さにかんがみ、また、本議定書が締約国に与える保障をより正確に決定するために、理事会は、国際連盟の経済金融機関に対して、規約第一六条及び本議定書第一一条が定める金融上及び経済上の制裁並びに協力の措置を実施するために取られるべき手段に関して、検討及び報告を行うように、直ちに依頼する。

理事会は、これに関する情報を得たなら、権限ある機関を通じて次のものを作成する。

1　侵略国に向けられた経済上及び金融上の制裁の適用のための行動計画

2　攻撃を受けた国とこれを援助するその他の国との間の、経済的及び金融的協力の計画。理事会は、これらの計画を連盟国及びその他の締約国に通知する。

第一三条【軍事的制裁の実施】規約第一六条及び本議定書第一一条が規定する、取られることのある陸海空軍による制裁に関して、理事会は、国が規約及び本議定書から生じる制裁に関する義務の実施を確保するために直ちに行動に移すことができる、陸海空軍の兵力を事前に定める約束を国から受ける権限を有する。

また、理事会が、第一〇条末文に規定するように、締約国に対して制裁を適用するように要請すると直ちに、当該の国は、事前に締結することがあるいずれかの協定に従い、その陸海空軍を侵略の犠牲者である特定の国への援助に供することができる。

前項にいう協定は、国際連盟事務局により登録され公刊される。これらの協定は、加入を希望するすべての連盟国のために開放しておく。

第一四条【制裁の終了】理事会だけが、制裁の適用が終了し正常な状態が回復したことを、宣言する権限を有する。

第一五条【費用及び損害の賠償】本議定書の精神に従い、締約国は、議定書の規定のもとに侵略の抑圧のために行われた陸海空軍の作戦のすべての費用、及び、文民であるか戦闘員であるかを問わずすべての個人が被った損害、並びに両当事者の作戦によって生じたすべての物質的損害への賠償は、その能力の最大限まで侵略者によって負担されるべきことに合意する。

ただし、規約第一〇条にかんがみ、侵略国の領土保全も政治的独立も、本議定書にいう制裁の適用の結果として、いかなる場合においても影響を受けるものではない。

第一六条【非締約国及び非連盟国との紛争】
第一七条【軍縮会議への参加の約束】
第一八条【理事会における紛争当事者の投票】
（略）

第一九条【規約への影響】本議定書は、明確に規定をおく場合を除いて、規約が定める連盟国の権利及び義務に、いかなる意味でも影響を与えるものではない。

第二〇条【常設国際司法裁判所による解釈】本議定書の解釈に関するすべての紛争は、常設国際司法裁判所に付託する。

第二一条【批准、効力発生及び終了】（略）

13 3　ドイツ、ベルギー、フランス、英国及びイタリーの間の相互保障条約（ロカルノ保障条約）（抄）

署　名　一九二五年一〇月一六日（ロカルノ）
効力発生　一九二六年九月一四日

第一条【国境の相互保障】締約国は、以下の諸条に規定する方法によって、ドイツ及びベルギー並びにドイツ及びフランスの間の国境から生じる領域的現状、及び、一九一九年六月二八日にヴェルサイユで署名された講和条約により又はそれに従って定められたこれらの国境の不可侵性を、また、非武装地帯に関する同条約第四二条及び第四三条の規定の遵守を、集団的及び個別的に保障する。

第二条【相互不可侵】ドイツ及びベルギー、また、ドイツ及びフランスは、いかなる場合においても相互に攻撃又は侵入を行わず、若しくは相互に戦争に訴えないことを、互いに約束する。

ただし、この規定は以下の場合には適用しない。

(1)　正当防衛の権利の行使、すなわち、前項の約束の違反、又は前記のヴェルサイユ条約の第四二条若しくは第四三条の明白な侵犯であって挑発されない侵略行為を構成し、非武装地帯における軍隊の集結の結果として直ちに行動することを要する場合

(2)　国際連盟規約第一六条に従う行動

(3)　国際連盟の総会若しくは理事会の決定の結果として、又は国際連盟規約第一五条7に従って、取られる行動。ただし、後者の場合は、最初に攻撃を行った国に対する行動の場合に限る。

第三条【紛争の平和的解決】（12 3を参照）

第四条【不可侵の約束の違反】(1)　一の締約国が、本条約第二条の違反、又はヴェルサイユ条約第四二条若しくは第四三条の侵犯が行われたか又は行われつつあると申し立てる場合には、その締約国は問題を直ちに国際連盟理事会に付託する。

(2)　国際連盟理事会は、このような違反又は侵犯が行われたと確認する場合には直ちに、その認定を本条約の締約国に通知する。締約国は個別に、このような場合には申し立てられた行為の対象となっている国を速やかに援助することを約束する。

(3)　締約国の一による、本条約第二条の明白な違反、又はヴェルサイユ条約第四二条若しくは第四三条の明白な侵犯の場合には、他の締約国の各々は、この違反は挑発されない侵略行為を構成し、及び越境又は敵対行為の発生若しくは非武装地帯における軍隊の集結のために直ちに行動をとることを要すると確認することができるやいなや、このような違反又は侵犯の対象となった締約国を直ちに援助することを、ここに約束する。ただし、本条の最初の項に従って問題を審議する国際連盟理事会は、その認定を公表し、理事会の勧告が敵対行為の当事者の代表を除きすべての理事国の同意を得たものである場合には、締約国はこの勧告に従って行動することを約束する。

第五条【第三条の保障】本条約第三条の諸規定は、以下の規定に定めるように締約国の保障のもとにおく。

第三条にいう国の一が、紛争を平和的解決に付託することを拒否し又は仲裁若しくは司法的決定を遵守することを拒否して、本条約第二条の違反又はヴェルサイユ条約第四二条若しくは第四三条の侵犯を行った場合には、本条約第四条の規定を適用する。

第三条にいう国の一が、本条約第二条の違反又はヴェルサイユ条約第四二条若しくは第四三条の侵犯を行うことなく、紛争を平和的解決に付託することを拒否し又は仲裁若しくは司法的決定を遵守することを拒否する場合には、他の締約国は問題を国際連盟理事会に付託し、理事会は、どのような措置が取られるべきかを提議する。締約国は、これらの提議を遵守する。

第六条【ヴェルサイユ条約上の権利義務】
第七条【国際連盟の義務】
第八条【登録及び有効期限】
第九条【英ドミニオン等の地位】
第一〇条【批准及び効力発生】
（略）

13 4　戦争抛棄ニ関スル条約（不戦条約）

署　名　一九二八年八月二七日（パリ）
効力発生　一九二九年七月二四日
日本国　一九二九年六月二七日批准、七月二四日批准書寄託、効力発生、七月二五日公布（条約第一号）

独逸国大統領、亜米利加合衆国大統領、白耳義国皇帝陛下、仏蘭西共和国大統領、「グレート、ブリテン」「アイルランド」及「グレート、ブリテン」海外領土皇帝印度皇帝陛下、伊太利国皇帝陛下、日本国皇帝陛下、波蘭共和国大統領、「チェッコスロヴァキア」共和国大統領ハ、

人類ノ福祉ヲ増進スベキ其ノ厳粛ナル責務ヲ深ク感銘シ、

其ノ人民間ニ現存スル平和及友好ノ関係ヲ永久ナラシメンガ為、国家ノ政策ノ手段トシテノ戦争ヲ卒直ニ抛棄スベキ時機ノ到来セルコトヲ確信シ、

其ノ相互関係ニ於ケル一切ノ変更ハ、平和的手段ニ依リテノミ之ヲ求ムベク、又平和的ニシテ秩序アル手続ノ結果タルベキコト、及今後戦争ニ訴ヘテ国家ノ利益ヲ増進セントスル署名国ハ、本条約ノ供与スル利益ヲ拒否セラルベキモノナルコトヲ確信シ、

其ノ範例ニ促サレ世界ノ他ノ一切ノ国ガ此ノ人道的努力ニ参加シ且本条約ノ実施後速ニ之ニ加入スルコトニ依リテ其ノ人民ヲシテ本条約ノ規定スル恩沢ニ浴セシメ、以テ国家ノ政策ノ手段トシテノ戦争ノ共同抛棄ニ世界ノ文明諸国ヲ結合センコトヲ希望シ、

茲ニ条約ヲ締結スルコトニ決シ、之ガ為左ノ如ク其ノ全権委員ヲ任命セリ。

〔全権委員名略〕

因テ各全権委員ハ、互ニ其ノ全権委任状ヲ示シ、之ガ良好妥当ナルヲ認メタル後、左ノ諸条ヲ協定セリ。

第一条【戦争放棄】締約国ハ、国際紛争解決ノ為戦争ニ訴フルコトヲ非トシ、且其ノ相互関係ニ於テ国家ノ政策ノ手段トシテノ戦争ヲ抛棄スルコトヲ其ノ各自ノ人民ノ名ニ於テ厳粛ニ宣言ス。

第二条【紛争の平和的解決】締約国ハ、相互間ニ起ルコトアルベキ一切ノ紛争又ハ紛議ハ、其ノ性質又ハ起因ノ如何ヲ問ハズ、平和的手段ニ依ルノ外之ガ処理又ハ解決ヲ求メザルコトヲ約ス。

第三条【批准、加入】本条約ハ、前文ニ掲ゲラルル締約国ニ依リ其ノ各自ノ憲法上ノ要件ニ従ヒ批准セラルベク、且各国ノ批准書ガ総テ「ワシントン」ニ於テ寄託セラレタル後直ニ締約国間ニ実施セラルベシ。

本条約ハ、前項ニ定ムル所ニ依リ実施セラレタルトキハ、世界ノ他ノ一切ノ国ノ加入ノ為必要ナル間開キ置カルベシ。一国ノ加入ヲ証スル各文書ハ、「ワシントン」ニ於テ寄託セラルベク、本条約ハ、右寄託ノ時ヨリ直ニ該加入国ト本条約ノ他ノ当事国トノ間ニ実施セラルベシ。

亜米利加合衆国政府ハ、前文ニ掲ゲラルル各国政府及爾後本条約ニ加入スル各国政府ニ対シ、本条約及一切ノ批准書又ハ加入書ノ認証謄本ヲ交付スルノ義務ヲ有ス。亜米利加合衆国政府ハ、各批准書又ハ加入書ガ同国政府ニ寄託アリタルトキハ、直ニ右諸国政府ニ電報ヲ以テ通告スルノ義務ヲ有ス。

右証拠トシテ、各全権委員ハ、仏蘭西語及英吉利語ヲ以テ作成セラレ両本文共ニ同等ノ効力ヲ有スル本条約ニ署名調印セリ。

一九二八年六月二三日

●アメリカ合衆国の解釈（一九二八年四月二八日の米国国際法学会におけるケロッグの講演を引用したアメリカ合衆国国務省の一四か国政府に宛てた同一の覚書）

「不戦条約の米国草案には、どのような形でも自衛権を制限しまたは害する何物をも含んではいない。その権利は、すべての主権国家に固有のものであり、すべての条約に暗黙に含まれている。すべての国は、どのような時でも、また条約の規定の如何を問わず、自国領域を攻撃または侵入から守る自由をもち、また、事態が自衛のための戦争に訴えることを必要ならしめるか否かを決定する権限を有する。国家が正当な理由を有しているならば、世界は、その国の行動を称賛し非難はしないであろう。しかしながら、この譲り渡すことのできない権利を条約が明示的に認めると、侵略を定義する試みで遭遇するのと同じ困難を生じさせることになる。それは、同一の問題を裏面から解こうとするものである。いかなる条約規定も自衛の自然権を拡張することはできないので、条約が自衛の法的概念を規定することは、平和のためにならない。何故ならば、破廉恥な人間が合意された定義に合致するような出来事を形作るのは、極めて容易だからである。」

●英国（チェンバレンからケロッグ宛て）口上書

一九二八年五月一九日

「……世界の或る地域は、われわれの平和と安全にとっては特別の且つ死活的利害関係を生ぜしめる。英国政府は、これらの地域への干渉を我慢できないことを、これまで苦労して明らかにしてきた。これらの地域を攻撃から護ることは、大英帝国にとっては一つの自衛の措置である。英国政府は新条約がこの点について政府の行動の自由を害するものでないという明確な了解にもとづいて新条約を受け入れるものであることを、明らかにしておかなければならない。」

13 5　侵略の定義のための条約（抄）

署　名　一九三三年七月三日
効力発生　一九三三年一〇月一六日

第一条【ポリティス報告書の侵略の定義の受諾】各締約国は、その相互関係において本条約の効力発生の日

から、軍備の縮小及び制限のための会議に提出された、安全保障問題委員会の一九三三年三月二四日付の報告書(ポリティス報告書)において説明された侵略の定義を、受諾することを約束する。この報告書は、ソヴェト代表団の提案に基づいて作成されたものである。

第二条【侵略の定義】したがって、紛争当事者の間に効力を有する協定に従うことを条件として、以下の行為のいずれかを最初に行った国は国際紛争における侵略者であるとみなされる。

(1)　他の国に対する宣戦の布告

(2)　宣戦の布告を行うと否とを問わず、他の国の領域への軍隊による侵入

(3)　宣戦の布告を行うと否とを問わず、他の国の領域、船舶又は航空機に対する、陸海空軍による攻撃

(4)　他の国の沿岸又は港湾の、海軍力による封鎖

(5)　自国の領域において組織され、他の国の領域に侵入した武装集団への、支援の供与、又は、侵入を受けた国の要請にもかかわらず、このような集団からすべての援助若しくは保護を奪うために、自国の領域において権限内にあるすべての措置を取ることの拒否

第三条【正当化の不許容】第二条にいう侵略を弁明し又は正当化するために、政治的、軍事的、経済的又はその他のいかなる考慮も、認められない。(たとえば、附属書を参照。)

第四条【批准及び効力発生】
第五条【署名】　(略)

侵略の定義に関する条約第三条への附属書

侵略の定義に関する条約に署名した締約国は、

本条約第三条に定める規則の絶対的な有効性をいかなる意味においても制限するものではないという明確な留保を条件として、侵略者を決定するために若干の指示を与えることを希望し、

本条約第二条の意味におけるいかなる侵略行為も、とりわけ以下のような理由のいずれによっても正当化されないものであることを確認する。

A　国の国内的な状況、たとえば、

国の政治的、経済的又は社会的構造、その統治における欠陥の主張、ストライキ、革命、反革命又は内戦による騒乱

B　国の国際的な行動、たとえば、

外国又はその国民の物質的若しくは精神的な権益の侵害又は侵害の脅威、外交的又は経済的関係の断絶、経済的又は金融的なボイコットの措置、外国に対する経済的、金融的又はその他の約束に関する紛争、第二条にいう侵略のいずれかの事例を構成しない国境事件

締約国はまた、本条約は、上記に列挙する状況が含意するかも知れないいかなる国際法の違反をも、決して正当化し得ないものであることを承認することに合意する。

13 6　不侵略及び調停に関する条約(ラテン・アメリカ不戦条約)(抄)

署　名　一九三三年一〇月一〇日
効力発生　一九三五年一一月一三日

前　文(略)

第一条【侵略戦争の禁止】締約国は、相互間の又は他国との関係における侵略戦争を非とし、各締約国間に生ずることのある各種の紛争又は論争の解決が国際法の是認した平和的手段によってのみなされるべきことを、厳粛に宣言する。

第二条【暴力による領土取得の不承認】締約国間においては、領土問題は、暴力によって解決されてはならないこと、並びに、平和的手段によって到達されたのではない領土的取極及び武力によって得られた領土の占有又は獲得の効力を承認しないことを宣言する。

第三条【第三国の役割】いずれかの紛争当事国が前二条の義務を遵守しない場合には、締約国は平和を維持するために、その権限内においてあらゆる努力を行うことを約束する。この目的のために、中立国としての性格において、締約国は共同の連帯した態度をとり、国際法が認める政治的、司法的又は経済的手段を行使し、世論が影響力を発揮するようにするが、いかなる場合においても外交的又は軍事的干渉に訴えてはならない。ただし、自国が署名国である他の集団的条約のもとで、加盟国がとらなければならない態度については、この限りではない。

第四条【調停への付託】締約国は、外交的経路を通じて合理的な期間内に解決されなかったすべての紛議に関して、特に規定された紛争及び相互間に生じることのあるその他のすべての紛争を、本条約が創設する調停手続に付託する義務を負い、次条に規定する以外の留保を付してはならない。

第五条【留保の制限】締約国、及び今後本条約に加入する国は、署名、批准又は加入の時において、調停手続に対して以下に規定する以外の留保を付してはならない。

(a)　その解決のために、平和的解決を目的とする何らかの条約又は協定が締結されている紛議。い

かなる場合においても本条約は、これらの条約又は協定に取って代わるものとみなされてはならず、平和の確保を目的とする限りにおいてこれらを補足するものとみなされなければならない。以前の諸条約によって解決された問題又は争点も、除外に含まれる。

(b)　当事者が、直接交渉による解決、又は相互の合意により仲裁若しくは司法手続への付託による解決を選ぶ紛争。

(c)　国際法が、各国の憲法体制のもとにおいて、排他的な国内管轄権に委ねる争点。この理由により、当事者は、国内の司法手続において最終的な決定が下される以前においては、これらの争点を調停手続に付託することに反対することができる。明白な裁判拒否又は司法手続の遅延の事例は除外され、これらの事例が生じる場合には、調停手続は遅くとも当該の年内に開始されねばならない。

(d)　紛争当事者の憲法規定に影響を及ぼす問題。疑問が生じる場合には、各自の法廷又は最高裁判所がそのための権限を付与されているときにはいつでも、当事者はこれらの法廷又は最高裁判所に対して、当該の問題について理由を付した意見を与えるように要請する。

締約国はいつでも、第一五条に規定する方法によって、ここに規定する調停手続に対する留保を、全部又は一部放棄する文書を通知することができる。

締約国は、いずれかが行った留保に関しては、本条約に規定する範囲内においてのみ、相互間においてこれに拘束されるものとみなす。

第六条【調停委員会の設置】常設調停委員会、又は現行条約においてそのような任務を付与された他の何らかの国際機関が存在しない場合には、締約国は、以下に規定される方法によって組織されるべき調停委員会に、検討及び審査を求めて紛議を付託することを約束する。ただし、各事例において両当事者が別途の合意を行う場合は、この限りではない。

調停委員会は、五名の委員をもって構成する。各紛争当事者は、一名の委員を指名し、この委員は自国民から選ぶことができる。残る三名の委員は、第三国の国民の中から両当事者の合意によって指名する。この三名は、異なった国籍を持たなければならず、当該当事者の領域に常居所を持つ者であってはならず、また、いずれかの当事者の公務に就く者であってもならない。両当事者は、この三名の委員の間から、調停委員会の委員長を選ぶ。

両当事者は、合意できない場合には、第三国又はいずれかの現存の国際機関に対して、これらの指名を行うように要請することができる。両当事者又はそのいずれかが、指名された者に反対する場合には、各当事者は空席と等しい数の氏名を記した名簿を提出し、調停委員会に席を占める者の氏名は、くじによって定める。

第七条【国内裁判所による代替】（略）

第八条【調停委員会の手続】調停委員会は、その手続規則を定める。手続規則は、いかなる場合においても両当事者からの聴取を規定しなければならない。

紛争当事者は、すべての必要な先例及び情報を提出することができ、委員会はこれらの提供を求めることができる。両当事者は代理人によって代表され、弁護人又は鑑定人の援助を受けることができる。両当事者はまた、あらゆる種類の証拠を提出することができる。

第九条【手続の非公開】両当事者の同意を得た別段の決定が行われない限り、調停委員会の手続及び審議は公開しない。

別段の規定がない限り、委員会はその決定を過半数の投票で行う。ただし、委員会は、すべての委員が出席しない限り、実質的な争点に関する決定を行うことはできない。

第一〇条【報告書】委員会は、付託された紛争を友好的に解決することを任務とする。

委員会は、紛争に含まれる諸問題を公平に審理した後に、その作業の結果を報告書に記載し、当事者に対して公正かつ衡平な解決の基礎について提案を行う。

委員会の報告書は、いかなる場合においても、事実の説明及び解釈についても、法的な考慮若しくは認定に関しても、判決又は仲裁裁定の性格を有さない。

第一一条【報告の提出期限】
第一二条【当事者による解決の期限】（略）

第一三条【解決を妨げる措置の禁止】当事者は、調停手続の開始から当事者による解決のために委員会が定める期限の終了に至るまで、委員会によって提案されるべき解決の実施を損なうかも知れないいずれかの措置を慎まなければならず、一般に紛争を悪化させ又は長引かせる可能性があるすべての行為を慎まなければならない。

第一四条【費用の負担】
第一五条【批准、寄託及び効力発生】
第一六条【加入】
第一七条【有効期間及び廃棄】（略）

137　侵略の定義に関する決議

採択　一九七四年一二月一四日
国際連合総会第二九回会期決議三三一四(XXIX)附属書

総会は、

（中略）

侵略行為が行われたかどうかという問題は、各特定の事例のすべての事情に照らして考察されなければならないが、それにもかかわらず、そのような決定のための指針として基本原則を定めることが望ましいと信じて、

以下の侵略の定義を採択する。

第一条【侵略の定義】侵略とは、国による他の国の主権、領土保全若しくは政治的独立に対する、又は国際連合憲章と両立しないその他の方法による武力の行使であって、この定義に述べられているものをいう。

（注）この定義において「国」という語は、

(a)　承認の問題又は、国が国際連合加盟国であるか否かとは関係なく用いられ、かつ、

(b)　適当である場合には、「国家群」という概念を含む。

第二条【武力の最初の行使】国による国際連合憲章に違反する武力の最初の行使は、侵略行為の一応の証拠を構成する。ただし、安全保障理事会は、国際連合憲章に従い、侵略行為が行われたとの決定が他の関連状況（当該行為又はその結果が十分な重大性を有するものではないという事実を含む。）に照らして正当化されないとの結論を下すことができる。

第三条【侵略行為】次に掲げる行為は、いずれも宣戦布告の有無にかかわりなく、第二条の規定に従うことを条件として、侵略行為とされる。

(a)　一国の軍隊による他国の領域に対する侵入若しくは攻撃、一時的なものであってもかかる侵入若しくは攻撃の結果もたらされる軍事占領、又は武力の行使による他国の領域の全部若しくは一部の併合

(b)　一国の軍隊による他国の領域に対する砲爆撃、又は一国による他国の領域に対する兵器の使用

(c)　一国の軍隊による他国の港又は沿岸の封鎖

(d)　一国の軍隊による他国の陸軍、海軍若しくは空軍又は船隊及び航空隊に対する攻撃

(e)　受入国との合意にもとづきその国の領域内にある軍隊の当該合意において定められている条件に反する使用、又は当該合意の終了後のかかる領域内における当該軍隊の駐留の継続

(f)　他国の使用に供した領域を、当該他国が第三国に対する侵略行為を行うために使用することを許容する国の行為

(g)　上記の諸行為に相当する重大性を有する武力行為を他国に対して実行する武装した集団、団体、不正規兵又は傭兵の国による若しくは国のための派遣、又はかかる行為に対する国の実質的関与

第四条【前条以外の行為】前条に列挙された行為は網羅的なものではなく、安全保障理事会は、その他の行為が、憲章の規定の下で侵略を構成すると決定することができる。

第五条【侵略の国際責任】政治的、経済的、軍事的又はその他のいかなる性質の事由も侵略を正当化するものではない。

侵略戦争は、国際の平和に対する犯罪である。侵略は国際責任を生じさせる。

侵略の結果もたらされるいかなる領域の取得又は特殊権益も合法的なものではなく、また合法的なものとして承認されてはならない。

第六条【憲章との関係】この定義中のいかなる規定も、武力の行使が合法的である場合に関する規定を含めて、憲章の範囲をいかなる意味においても拡大し、又は縮小するものと解してはならない。

第七条【自決権】この定義中のいかなる規定も、特に第三条は、「国際連合憲章に従った諸国間の友好関係と協力に関する国際法の諸原則についての宣言」に言及されている、その権利を強制的に奪われている人民の、特に植民地体制、人種差別体制その他の形態の外国支配の下にある人民の、憲章から導かれる自決、自由及び独立の権利を、また国際連合憲章の諸原則及び上記の宣言に従いその目的のために闘争し、支援を求め、かつ、これを受けるこれらの人民の権利を、いかなる意味においても害するものではない。

第八条【規定の解釈】上記の諸規定は、その解釈及び適用上、相互に関連するものであり、各規定は、他の規定との関連において解釈されなければならない。

第2節　国際連合総会・安全保障理事会決議

138　安全保障理事会決議六六一（一九九〇）（イラク経済制裁）

採　択　一九九〇年八月六日（一三対〇、棄権二）

安全保障理事会は、

同理事会の一九九〇年八月二日の決議六六〇（一九九〇）を再確認し、

同決議が実施されておらず、イラクのクウェートに対する侵略が更なる人命の喪失及び物質的破壊を伴いつつ継続していることに重大な懸念を有し、

イラクによるクウェートの侵略及び占領を終了させること及びクウェートの主権、独立及び領土保全を回復することを決意し、

クウェートの正統政府が決議六六〇（一九九〇）を遵守する用意のあることを表明したことに留意し、

国際連合憲章の下での国際の平和と安全を維持するその責任を考慮し、

イラクによるクウェートに対する武力攻撃に対する憲章第五一条に従った個別的又は集団的自衛の固有の権利を確認し、

国際連合憲章第七章の下に行動して、

一　イラクが決議六六〇（一九九〇）の第二項をこれまで遵守していないこと及びクウェートの正統政府の権威を侵害したことを決定する。

二　この結果、イラクによる決議六六〇（一九九〇）の第二項の遵守を確保し、クウェートの正統政府の権威を回復するため、以下の措置をとることを決定する。

三　すべての国家は次のことを防止しなければならない。

(a)　イラク又はクウェートを原産地とし、かつ、この決議の日の後にイラク又はクウェートから輸出されるすべての産品及び製品の自国の領域への輸入

(b)　イラク又はクウェートからの産品又は製品の輸出又は積み換えを促進する又は促進することを目的とする活動で自国民によって又は自国の領域において行われるもの、及びイラク又はクウェートを原産地とし、かつ、この決議の日の後にイラク又はクウェートから輸出される産品又は製品に係る取引で自国民若しくは自国籍船によって又は自国の領域において行われるもの（特に、そのような活動又は取引を目的とするイラク又はクウェートへの資金の移動を含む。）

(c)　イラク若しくはクウェートにおけるいずれかの者若しくは団体に対して、又はイラク若しくはクウェートにおいて若しくはイラク若しくはクウェートから運営される事業を目的としていずれかの者若しくは団体に対して行われる自国民による、自国の領域からの又は自国籍船の使用による産品又は製品（自国の領域を原産地とするかどうかを問わないが、兵器若しくはその他の軍事備品を含み、厳密に医療目的を対象とした供給品及び人道上の問題がある場合における食糧を含まない。）の販売又は供給及びそのような産品若しくは製品のそのような販売若しくは供給を促進する又は促進することを目的とする活動で自国民によって又は自国の領域において行われるもの

四　すべての国家が、イラク政府に対し、又はイラク若しくはクウェートにおける商業企業、工業企業若しくは公益企業に対し、いかなる資金又はその他のいかなる財政的若しくは経済的資源をも利用させてはならないこと、並びに、自国民及び自国の領域内のすべての者がそのような資金又は資源を自国の領域外へ移転し又はその他の方法で同国政府又はそのような企業に利用させること並びに、イラク又はクウェートにおける者又は団体に対し、もっぱら厳密に医療上又は人道上の目的のため及び人道上の問題がある場合における食糧のための支払を除き、その他の資金を送金することを防止することを決定する。

五　国際連合非加盟国を含むすべての国家に対し、この決議の日の前に締結された契約又は付与された許可にかかわらず、厳格にこの決議に従って行動することを要請する。

六　仮手続規則二八に従い、安全保障理事会のすべての理事国により構成される同理事会の委員会を設置することを決定する。同委員会は、次の任務を行い、かつ、意見及び勧告を付してその作業について同理事会に報告する。

(a)　事務総長により提出されるこの決議の実施の状況に関する報告を検討すること

(b)　この決議の規定の効果的実施のためにすべての国家によりとられた行動に関する一層の情報をそれらの国家から求めること

七　すべての国家に対し、この決議に従って同委員会により求められる情報を提供することを含め、同委員会がその任務を遂行することに十分に協力するよう要請する。

八　事務総長に対し、同委員会に必要なすべての援助を与え、この目的のために事務局において必要な手配をとるよう要請する。

九　第四項から第八項までにかかわらず、この決議のいかなる規定もクウェートの正統政府に対する援助を禁ずるものではないことを決定し、すべての国家に対して次のことを要請する。

(a)　クウェートの正統政府及びその機関の資産を保護するために適切な措置をとること

(b)　占領国によって設立されるいかなる政権も承認しないこと

一〇　事務総長に対し、この決議の実施の状況について安全保障理事会に報告する（その第一回の報告は三〇日以内に提出する）よう要請する。

一一　この議題を安全保障理事会の議事日程に掲げて

おき、また、イラクによる侵略の早期終了のためその努力を継続することを決定する。

13 9　安全保障理事会決議六七八（一九九〇）（イラク武力行使許可）

採択　一九九〇年一一月二九日（一二対二、棄権一）

安全保障理事会は、

一九九〇年八月二日の決議六六〇（一九九〇）（以下に、決議六六一、六六二、六六四、六六五、六六六、六六七、六六九、六七〇、六七四及び六七七を列記）を想起しかつ再確認し、

国際連合によるすべての努力にもかかわらず、安全保障理事会を極度に侮辱してイラクが決議六六〇及びその後の前記関連決議を実施する義務に従うことを拒否していることに留意し、

国際の平和と安全の維持及び保存について安全保障理事会が国際連合憲章に基づいて負っている義務及び責任を自覚し、

その諸決定の完全な遵守を確保することを決意し、

憲章第七章の下に行動して、

一　イラクが決議六六〇（一九九〇）及びその後のすべての関連決議を完全に履行することを要求し、かつ、善意の延長として安全保障理事会のすべての決定を維持しながら、イラクに遵守のための最後の一回の機会を与えることを決定する。

二　クウェート政府に協力している加盟国に対し、上の一項に述べたようにイラクが前記諸決議を一九九一年一月一五日以前に完全に実施しない場合には、決議六六〇（一九九〇）及びその後のすべての関連決議を支持し及び実施するために、並びに、その地域における国際の平和と安全を回復するために、すべての必要な手段を用いることを許可する。

三　すべての国に対し、本決議の第二項に従ってとられる行動に適切な支援を与えるよう要請する。

四　関係国に対し、本決議の第二項及び第三項に従ってとられた行動の進捗状況について定期的に安全保障理事会へ通知するよう要請する。

五　この問題に引き続き関与することを決定する。

13 10　安全保障理事会決議六八七（一九九一）（イラク停戦）（抄）

採択　一九九一年四月三日（一二対一、棄権二）

安全保障理事会は、

（前文・略）

憲章第七章の下に行動し、次の措置をとる必要性を認識して、

一　この決議の目的（正式な停戦を含む。）を達成するため、以下において明示的に変更されたものを除き、上記の一三の決議すべてを確認する。

A【国境の不可侵と国境線の画定】

二　イラク及びクウェートに対し、一九六三年一〇月四日にバグダッドにおいて両国によりその主権の行使として署名され、国際連合に登録された「友好関係の回復、承認及び関連事項に関するクウェート国及びイラク共和国の間の合意議事録」において定められた国境の不可侵性及び諸島の配分を尊重することを要請する。

三　事務総長に対し、グレートブリテン及び北部アイルランド連合王国の国連常駐代表から一九九一年三月二八日付の書簡とともに送付された地図を含む適当な資料を利用して、イラクとクウェートの間の国境を画定するために両国と取決めを行うよう支援すること及び一箇月以内に安全保障理事会に報告することを要請する。

四　上記の国境の不可侵性を保証すること及びそのために適当な場合には国際連合憲章に従ってあらゆる必要な措置をとることを決定する。

B【非武装地帯の設置と国連監視団の派遣】

五　事務総長に対し、イラク及びクウェートと協議した後、安全保障理事会の承認を得るために国際連合監視団を直ちに展開するための計画を三日以内に同理事会に提出することを要請する。同監視団は、コール・アブドッラー及び一九六三年一〇月四日の「友好関係の回復、承認及び関連事項に関するクウェート国及びイラク共和国の間の合意議事録」において言及されている国境からイラク側へ一〇キロメートル及びクウェート側へ五キロメートルの幅を有するものとしてこの決議により設定される非武装地帯を監視し、同地帯における自らの存在及び同地帯の監視を通じて国境の侵犯を抑止し、一方の国家の領域から他方の国家の領域に対して行われるあらゆる敵対行動又は潜在的な敵対行動を監視するものとする。さらに、事務総長に対し、定期的に及び同地帯の深刻な侵害又は平和に対する潜在的な脅威が存在する場合には直ちに、同監視団の活動について同理事会

に報告することを要請する。

六　事務総長が安全保障理事会に対して国際連合監視団の展開が完了したことを通報し次第、決議六七八(一九九〇)に従ってクウェートに協力している加盟国が決議六八六(一九九一)に即してイラクにおける自国の軍事的な存在を終了させるための条件が定められることに留意する。

C【大量破壊兵器の廃棄】

七　イラクに対し、一九二五年六月一七日にジュネーヴにおいて署名された窒息性ガス、毒性ガス又はこれらに類するガス及び細菌学的手段の戦争における使用の禁止に関する議定書の下での義務を無条件に再確認すること、及び一九七二年四月一〇日の細菌兵器(生物兵器)及び毒素兵器の開発、生産及び貯蔵の禁止並びに廃棄に関する条約を批准することを求める。

八　イラクが、国際的な監視の下で、次に掲げるものの廃棄、撤去又は無害化を無条件に受け入れることを決定する。

(a)　すべての化学兵器及び生物兵器、すべての化学剤及び生物剤の在庫、すべてのサブシステム及び構成部分並びにこれらの関するすべての研究、開発、支援及び製造のための施設。

(b)　射程距離一五〇キロメートルを超えるすべての弾道ミサイル、関連する主要部品並びに関連する修理及び生産のための施設。

九　第八項の実施のため、次のことを決定する。

(a)　イラクは、この決議の採択から一五日以内に、第八項において特定されたすべての品目の所在地、数量及び種類に関する申告書を事務総長に提出すること及び以下に定める緊急現地査察に同意すること。

(b)　事務総長は、適当な政府及び適当な場合には世界保健機関の事務局長と協議して、この決議の採択から四五日以内に、安全保障理事会の承認を得るため、当該承認から四五日以内に以下の行動の完了を求める計画を作成し同理事会に提出すること。

(i)　イラクの生物兵器、化学兵器及びミサイルの能力に関する即時の現地査察を実施する特別委員会を設置すること。(この査察は、イラクによる申告及び特別委員会自体による追加的な所在地の指定に基づいて行われる。)

(ii)　公共の安全の必要性を考慮しつつ廃棄、撤去又は無害化するため、イラクが、第八項(a)の下で特定されたすべての品目(第九項(b)(i)の下で特別委員会により指定された追加的な所在地にある品目を含む。)を特別委員会に譲り渡すこと、及びイラクが第八項(b)の下で特定されたすべてのミサイルの能力(発射装置を含む。)を特別委員会の監督の下で廃棄すること。

(iii)　特別委員会が、第一二項及び第一三項において要請される国際原子力機関の事務局長に対する援助及び協力を提供すること。

一〇　イラクが、第八項及び第九項において特定されたいずれの品目も使用、開発、建設又は取得しないことを無条件に約束することを決定し、事務総長に対し、特別委員会と協議して、イラクによるこの項の遵守を将来にわたって継続的に監視し及び検証するための計画を作成し、この決議の採択から一二〇日以内に、承認を得るために安全保障理事会に同計画を提出することを要請する。

一一　イラクに対し、一九六八年七月一日の核兵器の不拡散に関する条約の下での義務を無条件に再確認することを求める。

一二　イラクが、核兵器、核兵器に利用可能な物質、いかなるサブシステム若しくは構成部分又はこれらに関連するいかなる研究、開発、支援若しくは製造のための施設の取得又は開発も行わないこと、この決議の採択から一五日以内に、上記で特定されたすべての品目の所在地、数量及び種類に関する申告書を事務総長及び国際原子力機関の事務局長に提出すること、第九項(b)にいう事務総長の計画において定められる特別委員会の援助及び協力を得て、保管及び撤去のために核兵器に利用可能なすべての物質を国際原子力機関による排他的な管理の下に置くこと、第一三項に定める措置に従って、緊急現地査察及び上記で特定されたすべての品目を時宜により廃棄、撤去又は無害化することを受け入れること、並びに第一三項にいうイラクによるこれらの約束の遵守を将来にわたって継続的に監視し及び検証するための計画を受け入れることに無条件に同意することを決定する。

一三　事務総長を通じて国際原子力機関の事務局長に対し、第九項(b)の事務総長の計画において定められる特別委員会の援助及び協力を得て、イラクによる申告及び特別委員会による追加的な所在地の指定に基づいてイラクの核兵器の能力に関する即時の現地査察を実施すること、第一二項に掲げるすべての品目を時宜により廃棄、撤去又は無害化することを求める計画を安全保障理事会に提出するために四五日以内に作成すること、安全保障理事会による承認から四五日以内に同計画を実施すること、並びに核兵器の不拡散に関する条約の下でのイラクの権利及び義務に留意しつつ、イラクによる第一二項の遵守を将来にわたって継続的に監視し及び検証するための計画(国際原子力機関の保障措置がイラクにおけるすべての関連する原子力活動に及ぶことを確認するために同機関が行う検証及び査察の対象となるイラクにおけるすべての核物質の目録を含む。)を作成し、この決議の採択から一二〇日以内に、承認を得るために安全保障理事会に同計画を提出することを要請する。

一四　第八項ないし第一三項においてイラクによりと

られる行動は、大量破壊兵器及びそれらの運搬のためのいかなるミサイルもない地帯を中東において設立するという目標並びに化学兵器の世界的な禁止という目的に向けた段階となることに留意する。

D【クウェート財産返還の措置に関する事務総長の報告】（略）

E【イラクによる損害賠償】

一六　イラクが、一九九〇年八月二日前に発生した同国の債務及び義務であって、通常の仕組みを通じて対処されるものを害することなく、同国による違法なクウェートへの侵攻及び同国の占領の結果として外国の政府、国民及び法人に対して生じたいかなる直接の損失、損害（環境上の損害及び天然資源の枯渇を含む。）又は危害についても国際法上の責任を負うことを再確認する。

一七　イラクにより一九九〇年八月二日以後に行われた対外債務の支払いを拒絶するすべての声明は無効であることを決定し、イラクが対外債務の利子の支払い及び元本の返済に係るすべての義務を厳格に遵守することを要求する。

一八　また、第一六項に該当する請求に対する補償の支払いのための基金を創設すること及び同基金を管理する委員会を設置することを決定する。

一九【基金に関する事務総長の勧告】（略）

F【制裁の継続、緩和又は解除】

二〇　決議六六一（一九九〇）に定めるイラクに対する産品又は製品（医薬品及び保健医療資材を除く。）の販売又は供給の禁止及びこれに関連する金融取引の禁止は、決議六六一（一九九〇）により設置されたイラクとクウェートの間の事態に関する安全保障理事会の委員会に通報された食糧、又は一九九一年三月二〇日付の事務総長の報告若しくは同委員会による人道上の必要性に関する更なる検討結果において明らかにされた不可欠な民生用の必要を満たすための物資及び資材であって、簡素化され迅速化された「異議のないことを確認する」手続きの下で同委員会による承認を得たものには適用されないことを決定する。この決定は直ちに効力を生ずる。

二一　イラク政府の政策及び実行（安全保障理事会のすべての関連諸決議の実施を含む。）に照らし、第二〇項にいう禁止措置の軽減又は解除について決定するため、六〇日毎に同項の規定を再検討することを決定する。

二二　また、安全保障理事会が、第一九項において求められる計画を承認し及びイラクが第八項ないし第一三項にいうすべての行動を完了したことにつき同意したときは、決議六六一（一九九〇）にいうイラクを原産地とする産品及び製品の輸入の禁止並びにこれに関連する金融取引の禁止は、その後は効力を有しないことを決定する。

二三　第二二項の下での安全保障理事会の行動がとられるまでの間、決議六六一（一九九〇）により設置されたイラクとクウェートの間の事態に関する安全保障理事会の委員会は、第二〇項の下での諸活動を実施するためにイラク側に十分な資金を確保することが必要な場合に、イラクを原産地とする産品及び製品の輸入の禁止について例外を承認する権限を与えられることを決定する。

二四・二五【武器等の禁輸の継続】

二六・二七【事務総長によるガイドラインの作成】（略）

二八　イラクによるこの決議の遵守及び地域における軍備管理に向けた全般的な進捗状況を勘案し、第二二項ないし第二五項の決定（第八項及び第一二項において特定され及び定められた品目を除く。）を定期的に及びいかなる場合にもこの決議の採択から一二〇日後に再検討することに合意する。

二九　イラクを含むすべての国に対し、決議六六一（一九九〇）及び関連諸決議において安全保障理事会によってとられた措置によりその履行が影響を受けたいかなる契約その他の取引に関連して、イラク政府、イラクにおけるいかなる個人若しくは団体、又はそのような個人若しくは団体を通じて若しくはこれらの利益のために請求を行ういかなる個人の要求によっても、いかなる請求も受理されないことを確保するために必要な措置をとることを決定する。

G【クウェート人と第三国国民の帰国に関する赤十字国際委員会との協力】（略）

H【国際テロリズムの放棄】

三二　イラクに対し、いかなる国際的なテロリズム行為の遂行若しくは支援も行わないこと又はそのような行為の遂行を目的とするいかなる組織に対しても自国の領域内における活動を許さないことを安全保障理事会に通報すること、並びにすべてのテロリズムの行為、方法及び実行を無条件に非難し放棄することを要求する。

I【正式の停戦及び本決議の実施】

三三　上記の諸規定を受諾する旨のイラクによる事務総長及び安全保障理事会に対する公式の通報により、イラクとクウェート及び決議六七八（一九九〇）に従ってクウェートに協力している加盟国との間の正式な停戦が効力を生ずることを宣言する。

三四　この問題に引き続き関与し、この決議の履行並びに地域の平和及び安全の確保のために必要とされる場合には更なる措置をとることを決定する。

13 11 安全保障理事会決議一四四一（二〇〇二）（イラク軍縮義務違反・査察強化）（抄）

採　択　二〇〇二年一一月八日（全会一致）

安全保障理事会は、

（前文・略）

国際連合憲章第七章の下に行動して、

一　イラクが、とりわけ国際連合査察員及びIAEA（国際原子力機関）と協力しないことにより、また決議六八七（一九九一）の第八項から第一三項のもとで要求される行動を完了しないことによって、決議六八七（一九九一）を含む関連諸決議のもとにおけるその義務の重大な違反を継続してきていることを決定する。

二　上記第一項の認定にもかかわらず、イラクに対して本決議によって理事会関連諸決議のもとにおけるその軍備撤廃義務を遵守する最後の機会を与えることを決定する。したがって、決議六八七（一九九一）及びそれ以後の理事会諸決議が樹立した軍備撤廃の手順の完全かつ検証された完了をもたらす目的で、強化された査察体制を設立することを決定する。

三　その軍備撤廃義務の遵守を開始するために、イラク政府は、必要とされている半年ごとの申告書を提出することに加えて、UNMOVIC（国際連合監視検証査察委員会）、IAEA及び理事会に対して本決議の日付以後三〇日以内に、化学兵器、生物兵器、核兵器、弾道ミサイル及び無人航空機並びに航空機における使用を意図した散布システムのような、その他の運搬手段（そのような兵器、部品、コンポーネント、サブ・コンポーネント、原材料の在庫、関連物資及び装備のすべての保持及び正確な所在地を含む。）を開発するためのプログラムのすべての側面、研究、開発及び生産施設の場所及び作動、並びにその他すべての化学、生物及び核プログラム（イラクが兵器の生産又はそのための物質と無関係の目的のものと主張するものを含む。）に関する現状の正確、十分かつ完全な申告書を提出するように決定する。

四　本決議にしたがってイラクが提出する申告書における虚偽の言明又は欠落、及びイラクがいつであっても本決議を遵守せず並びに本決議の実施に十分に協力しないことは、イラクの義務の追加的な重大な違反を構成するものであり、下記の第一一項及び第一二項にしたがって評価のために理事会に報告されることを、決定する。

五　イラクがUNMOVIC及びIAEAに対して、それらが査察することを望むすべてのかついかなる区域、施設、建物、装備、記録及び輸送手段（地下のものを含む。）に対しても即時の、妨げられない、無条件かつ無制約のアクセスを与えること、UNMOVIC又はIAEAが面接することを望むすべての職員又は人物に対して、UNMOVIC又はIAEAがその任務のいずれかの側面にしたがって選択する方法又は場所において即時の、妨げられない、無条件かつ秘密のアクセスを与えることを決定する。さらに、UNMOVIC及びIAEAは裁量によりイラクの国内又は国外において面接を行うことができること、被面接者及び家族のイラク国外への旅行を容易にすることができること、及びもっぱらUNMOVIC及びIAEAの裁量によって、このような面接はイラク政府の立会人の出席なしに行うことができることを決定する。本決議採択後四五日以内に査察を再開し、その後六〇日目において理事会に対して報告を行うように、UNMOVICに指示しかつIAEAに要請する。

六　本決議に附属する、二〇〇二年一〇月八日付けのUNMOVIC執行委員長及びIAEA事務局長によるイラク政府のアル・サーディ将軍宛の書簡を是認し、書簡の内容はイラクを拘束するものと決定する。

七　さらに、UNMOVIC及びIAEAの現地における存在がイラクによって長期にわたって中断されたことにかんがみ、本決議及び以前のすべての関連諸決議が規定する任務をこれらが遂行できるようにするため、以前の約束に関わりなく、理事会はここにイラクにおける作業を促進するために以下のような改定された又は追加的な権限を付与し、これらはイラクを拘束するものと決定する。

（UNMOVICおよびIAEAの追加的な権限は、略）

八　さらに、イラクが国際連合若しくはIAEAのいずれかの代表若しくは職員に対して、又は理事会のいずれかの決議を支持するために行動する加盟国に対して、敵対的行為又はその威嚇を行うことがないように決定する。

九　事務総長に対して、イラクを拘束する本決議をただちに同国に通知するように要請する。イラクがこの通知後七日以内に、本決議を完全に遵守する意図を確認するよう要求する。さらに、イラクがUNMOVIC及びIAEAに対して即時、無条件かつ積極的に協力するように要求する。

一〇　すべての加盟国に対して、UNMOVIC及びIAEAの任務の遂行に十分な支持を与えるように要請する。このような支持は、禁止されたプログラム又はそれらの任務のその他の側面に関する情報（禁止された品目を取得しようとする、一九九八年以後のイラクの試みに関する情報を含む。）を提供すること、並びに、査察されるべき場所、面接するべき人物とその条件、及び収集されるべきデータの勧告を含む。このような支持の結果については、UNMOVIC及びIAEAによって理事会に報告される。

一一　UNMOVIC執行委員長及びIAEA事務局長に対して、査察活動へのイラクによるすべての干渉、及びその軍備撤廃義務（本決議のもとにおける査察に関する義務を含む。）のイラクによるすべての不遵守について、理事会にただちに報告するように指示する。

一二　上記第四項又は第一一項に基づく報告を受けた場合には、状況を検討する目的で、及び国際の平和及び安全を確保するために関連理事会諸決議のすべての完全な遵守の必要性を検討する目的で、ただちに開会することを決定する。

一三　この文脈において、理事会はイラクに対して繰り返して、同国はその義務の継続的な違反の結果として重大な帰結に直面するであろうと警告してきたことを、想起する。

一四　この問題に引き続き関与することを決定する。

〔付属文書は、略〕

13-12　安全保障理事会決議一三六八（二〇〇一）（九・一一テロ）

採択　二〇〇一年九月一二日（全会一致）

安全保障理事会は、

国際連合憲章の原則及び目的を再確認し、

テロリスト活動によって引き起こされた国際の平和及び安全に対する脅威とあらゆる手段を用いて闘うことを決意し、

憲章に従って、個別的及び集団的自衛の固有の権利を承認して、

一　二〇〇一年九月一一日に、ニューヨーク、ワシントンDC及びペンシルバニアにおいて生じた恐るべきテロリストの攻撃を強い言葉で明確に非難し、並びに、このような行為を、国際テロリズムのいかなる行為と同じく、国際の平和及び安全に対する脅威とみなす。

二　犠牲者及びその家族並びにアメリカ合衆国の人民及び政府に対する最も深い同情及び哀悼を表明する。

三　すべての国に、これらのテロリストの攻撃の実行者、組織者及び後援者を裁判に付するために速やかに共同して作業するように要請し、並びに、これらの行為の実行者、組織者及び後援者を援助し、支持し又は匿うことに責任のある者は、責任を負うことになることを強調する。

四　また、国際社会に対して、協力を強化することにより並びに関連するテロリストに反対する国際的諸条約及び安全保障理事会決議、特に一九九九年一〇月一九日の決議一二六九（一九九九）の完全な実施によることを含めて、テロリスト行為を防止し及び抑圧する努力を倍加するように要請する。

五　二〇〇一年九月一一日のテロリストの攻撃に対応し、並びに、国際連合憲章に基づく安全保障理事会の責任に従って、あらゆる形態のテロリズムと闘うために必要なあらゆる措置をとる用意があることを表明する。

六　この問題に引き続き関与する。

13-13　安全保障理事会決議八一四（一九九三）（ソマリアPKO）（抄）

採択　一九九三年三月二六日（全会一致）

安全保障理事会は、

（中略）

ソマリアにおける事態が、その地域の平和と安全を引き続き脅かしていると決定して、

A

一　一九九三年三月三日の事務総長の報告を承認する。

二、三（略）

四　事務総長に対し、その特別代表を通じて並びに、適当な場合には、すべての関連ある国際連合の団体、部局及び専門機関の援助を得て、一九九三年三月三日の報告に含まれている勧告に従って政治制度と経済を復興し並びに政治的解決と国民的和解を促進することについて、ソマリアの人民に特に次のものを含む人道的その他の援助を与えるよう要請する。

(a)～(g)（略）

B

国際連合憲章第七章に基づいて行動して、

五　一九九三年三月三日の事務総長報告の五六―八八項に含まれる勧告及びこの決議の規定に従ってUNOSOM（国連ソマリア活動）軍の規模及びその任務を拡大することを決定する。

六～九（略）

一〇　事務総長に対し、利用可能でかつ適当であれば、この決議が認めるUNOSOMⅡ軍を利用して、決議七三三（一九九二）が定める武器禁輸の実施をソマ

リア内部から支援し、かつ、この問題に関し、必要ならば一層効果的な措置とともに安全保障理事会へ報告するよう要請する。

一一　すべての国、特に隣接諸国に対し、決議七三三（一九九二）が定める武器禁輸の実施について協力するよう要請する。

一二　事務総長に対し、難民の送還及び避難民の支援再定住を援助するために、適当な場合にはＵＮＯＳＯＭⅡ軍を利用して、重大な不安定がその地域の平和と安全を引き続き脅かしている地区に特別の注意を払いながら、安全保障を与えるよう要請する。

一三　ソマリアのすべての当事者（運動団体及び党派を含む。）が直ちに停戦し国際人道法のすべての違反を停止すべしという安全保障理事会の要求を再び繰り返す。また、そのような違反行為について責任のある者は個人として責任を問われることになることを再確認する。

一四　事務総長に対し、その特別代表を通じて、各地区の特別状況を考慮しながら、一九九三年三月三日の報告に含まれる勧告に従って迅速に、ソマリア全土の安全な環境の強化、拡大及び維持について責任を持つようＵＮＯＳＯＭⅡの軍指揮官に指示し、この点でＵＮＩＴＡＦ（統一タスクフォース）からＵＮＯＳＯＭⅡへの迅速、円満かつ段階的な移行を実施するよう要請する。

C

一五　事務総長に対し、ＵＮＩＴＡＦ部隊の撤退後のＵＮＯＳＯＭⅡ軍を維持するための拠出金を受け入れるという追加的目的で及びソマリア警察を創設するために決議七九四（一九九二）に従って設けられる基金を維持するよう要請する。また、加盟国に対し、各自の割当分担金に加えて、この基金に拠出するよう要請する。

一六〜二〇（略）

【参考】

前記決議の五で言及されている事務総長報告の五六〜八八項のうちでＵＮＯＳＯＭⅡに関する主要な部分は、次のとおりである。

五七　一九九二年一二月八日のブッシュ大統領あての書簡で述べたように、ＵＮＯＳＯＭⅡの任務はソマリア全土に及びかつ武装解除をも含まなければならない、という私の強固な見解には変わりがない。そのうえ、一九九二年一二月一九日の私の報告（Ｓ／二四九九二）の中で示したように、ＵＮＯＳＯＭⅡの任務は、次の軍事的任務を含むことになるであろう。

(a)　すべての党派が敵対行為の停止及び彼らが合意した他の取極、特に一九九三年一月のアディスアベバ協定を引き続き尊重していることを監視すること

(b)　暴力の再発を防止し、かつ、必要な場合には、敵対行為の停止に違反し又は違反する恐れのある党派に対して適当な行動をとること

(c)　組織的党派の重火器で、最終的な破壊又は新設国軍への移管までの間国際管理の下に置かれるものを管理すること

(d)　すべての承認されていない武装勢力の小火器を押収し、そのような火器の登録及び保安を支援すること

(e)　人道的救援物資の配送に必要なすべての港、空港及び通信線について安全を確保し又は維持すること

(f)　次のような責任を果たし得る新しいソマリア警察が設置されるまでの間、必要な場合には、国際連合とその機関、赤十字国際委員会並びにＮＧＯの要員、設備及び装備を保護し、また、そのような施設及び要員を攻撃し又は攻撃する恐れのある武装勢力を無力化するために必要とされる強制的行動をとること

(g)　最も多く埋設された地区における地雷撤去計画を継続すること

(h)　ソマリア内での難民及び避難民の帰還を支援すること

(i)　安全保障理事会によって許可される他の任務を実施すること

五八　ソマリアにおける安全な環境を確立するためにＵＮＩＴＡＦが行った努力が完全なものとは程遠く、また、いずれにしてもソマリア全土にわたる事態に対処しようとしたものでなかったことは、私にもよく判っている。しかも、特に最近、若干の落胆するような逆の状況がみられた。そのため、安全保障理事会が決議七九四（一九九二）の前文三項で明らかにした国際の平和と安全に対する脅威が、なお存在している。従って、ＵＮＯＳＯＭⅡは、憲章第七章に基づく強制力を与えられなければ、前記の任務を実施できないであろう。

六三　武装解除の過程は、それが効果的であるためには強制的でなければならない。武装解除過程の予定表又は他の方式に従わない党派又は個人は、その武器及び装備を没収及び（又は）破壊されることになるであろう。

六四　アディスアベバ協定で要請されているように、停戦及び武装解除過程は、ソマリア自身が同意した方式に基づいて、ＵＮＯＳＯＭⅡの監督及び協力により実施されるべきである。

七九　ＵＮＯＳＯＭの軍事活動は、次の四段階に分けて実施されることになろう。

第一段階―ＵＮＩＴＡＦからの移行

第二段階―安全の強化及び拡張

第三段階―文民機構への移管

第四段階―部隊の撤退

この四段階は、ソマリア全体にわたって厳格に又は均一に適用されることを意味するのではなくて、単に一般的な順序を述べたにすぎない。例えば、或

る地区では第一段階又は第二段階がなお実施されているのに、他の地区では第三段階の活動が実施されていることもあるであろう。段階移行の正確な時期は、政治的調停努力及び復興計画によって殆ど決まってくるであろう。軍指揮官は、こうした変化する条件に適合するように、ソマリア国内で部隊を移動配備することができる。

13 14　安全保障理事会決議一九七〇(二〇一一)(リビア経済制裁)

採　択　二〇一一年二月二六日(全会一致)

安全保障理事会は、

リビアにおける情勢に対し深刻な懸念を表明し及び文民に対する暴力と武力の使用を非難し、

平和的な示威運動家に対する弾圧を含む重大で系統的な人権侵害を遺憾とし、文民の死に対する深い懸念を表明し、リビア政府の最高レベルからなされた文民たる住民に対する敵対行為と暴力の扇動を無条件に拒否し、

リビアにおいて行われている重大な人権侵害と国際人道法違反へのアラブ連盟、アフリカ連合及びイスラム諸国会議機構事務局長による非難を歓迎し、

二〇一一年二月二六日付けのリビア常駐代表から安全保障理事会議長宛ての書簡に留意し、

リビアにおけるすべての国際人権法違反の容疑について調査するために、また、そのような違反と実行された犯罪の事実と状況を立証し、可能な場合には責任者を特定するために、独立国際調査委員会を早急に派遣することの決定を含む二〇一一年二月二五日付けの人権理事会決議A/HRC/S―一五/二を歓迎し、

リビアにおいて現在行われている文民たる住民に対する広範で組織的な攻撃は、人道に対する犯罪に相当する可能性があることを考慮し、

リビアにおける暴力から逃れることを余儀なくされた難民の窮状に対し懸念を表明し、

負傷者を手当てするための医薬品が不足しているとの報告に対しても懸念を表明し、

住民を保護するリビア当局の責任を想起し、

報道の自由を含む平和的集会と表現の自由を尊重する必要性を強調し、

自らの監督の下にある部隊によるものも含め、文民に対する攻撃の責任者の責任を問うことの必要性を強調し、

いかなる捜査又は訴追についても、安全保障理事会がこれらを国際刑事裁判所によって開始せず、又は続行しないことを要請した後の一二箇月の間、開始し、又は継続することができないことを規定した国際刑事裁判所に関するローマ規程第一六条を想起し、

リビアにおける外国人の安全と権利への懸念を表明し、

リビアの主権、独立、領土保全及び国家の統一に対する強い約束を再確認し、

国際連合憲章の下での国際の平和及び安全の維持に関する安全保障理事会の主要な責任に留意し、

国際連合憲章第七章の下に行動し、同憲章第四一条に基づく措置をとって、

一　暴力を直ちに停止することを要求し、住民の正当な要求を満たすための措置を要請する。

二　リビア当局に対し次のことを要請する。

(a)　最大限の抑制をもって行動し、人権及び国際人道法を尊重し、並びに、国際人権監視要員が直ちにアクセスすることを認めること

(b)　すべての外国人及びその資産の安全を確保し、並びに、同国からの退去を希望する者の出国に便宜を与えること

(c)　人道及び医療物資並びに人道機関及び要員の同国の安全な通過を確保すること、並びに

(d)　あらゆる形態の報道に対する規制を即時に解除すること

三　すべての加盟国に対し、同国からの退去を希望する外国人の避難にできる限り協力するよう要請する。

国際刑事裁判所への付託

四　リビアにおける二〇一一年二月一五日以降の事態を、国際刑事裁判所の検察官に付託することを決定する。

五　リビア当局は、この決議に従って国際刑事裁判所及びその検察官に対し十分に協力し及びあらゆる必要な援助を提供することを決定し、並びに、ローマ規程の締約国でない国は当該規程に基づくいかなる義務をも負わないことを認めるが、すべての国並びに関係する地域機関及びその他の国際機関に対し、国際刑事裁判所及びその検察官と十分に協力するよう要請する。

六　国際刑事裁判所に関するローマ規程の締約国でないリビア以外の国の国民、現在若しくは以前の職員又は要員は、理事会がリビアにおいて設立又は許可する活動から生じ又はその活動と関係するすべての作為又は不作為について、当該国の排他的管轄権に服することを決定する。ただし、当該国がこの排他的管轄権を明示的に放棄する場合を除く。

七　国際刑事裁判所の検察官に対し、この決議に従ってとった措置について、この決議の採択から二箇月以内及びその後は六箇月ごとに、安全保障理事会に報告するよう招請する。

八　この付託と関係する捜査又は訴追に関係する経費を含め、付託と関連して要したいかなる経費も国際

連合が負担することはなく、そのような経費はローマ規程の締約国及び自発的に貢献することを希望する国が負担することを認める。

武器禁輸

九　すべての加盟国は、リビアに対する自国の領域からの若しくは自国の領域を通じた、又は、自国民による又は自国の旗を掲げる船舶若しくは自国に登録された航空機の使用によるあらゆる種類の武器及び関連物資(武器及び弾薬、軍用の車輌及び装備、準軍用の装備並びにこれらの予備部品を含む。)並びに軍事的活動又はいかなる武器及び関連物資の提供、維持若しくは使用に関連する技術援助、訓練、資金又はその他の援助(武装傭兵要員(自国の領域の出身であるか否かを問わない。)の提供を含む。)の直接若しくは間接の供給、販売又は移転をも防止するために必要な措置を直ちにとることを決定し、並びに、この措置が次のいずれにも適用されないことを決定する。

(a)　人道的な又は防護的な使用のみを目的とする非殺傷的な軍用装備の供給及び関連する技術援助又は訓練であって、下記第二四項に従って設立された委員会において事前に承認されたもの

(b)　国際連合要員、報道機関の代表並びに人道及び開発事業の要員並びにこれらの事業に関係する要員が個人的使用に限ってリビアに一時的に輸出する防護服(防弾衣及び軍用ヘルメットを含む。)、又は、

(c)　その他の武器及び関連物資の販売若しくは供給又は援助若しくは要員の提供であって、委員会において事前に承認されたもの

一〇　リビアは、すべての武器及び関連物資の輸出を停止すること、並びに、すべての加盟国は、自国民による又は自国の旗を掲げる船舶若しくは自国に登録された航空機の使用によるリビアからのそのような品目(リビアの領域を仕出地とするものであるか否かを問わない。)の調達を禁止することを決定する。

一一　すべての国、特にリビアの近隣国に対し、この決議の第九項及び第一〇項の厳格な履行を確保するためにその供給、販売、移転又は輸出が第九項又は第一〇項により禁止されている品目を貨物が含んでいると信ずる合理的な根拠があることを示す情報を当該国が有する場合には、国の権限及び立法に従い、かつ国際法、特に海洋法及び関連する国際的な民間航空協定に適合する範囲内で、自国の領域内(海港及び空港を含む)で、リビア向け及びリビアからのすべての貨物を検査することを要請する。

一二　すべての加盟国が、この決議の第九項又は第一〇項により禁止される品目を発見した場合、この決議の第九項又は一〇項により供給、販売、移転又は輸出が禁止されている品目を、押収し及び処分する(破壊すること、使用し得ない状態にすること、保管すること又は処分を目的として仕出国若しくは仕向国以外の国へ当該品目を移転することを通じること等による。)ことを許可すること及びすべての国がそうしなければならないことを決定し、さらに、すべての国がそのような努力に協力することを決定する。

一三　いかなる加盟国も、第一一項の規定に従って検査を行ったときは、特に、検査の根拠、当該検査の結果及び協力が得られたか否かの説明が含まれた書面による最初の報告を速やかに委員会に提出することを要求し、さらに、移転が禁止された品目が発見された場合には、当該加盟国に対し、検査、押収及び処分並びに移転に関する詳細(品目の記述、当該品目の仕出地及び意図された仕向地を含む。)を含んだ書面の報告を、この情報が最初の報告にない場合には、後の段階で委員会に対して提出することを要求する。

一四　加盟国に対し、自国民が、リビア当局のために人権侵害に合理的に寄与しうる活動に参加するためにリビアに渡航することを強く抑制するための措置をとることを奨励する。

渡航禁止

一五　すべての加盟国は、この決議の附属書Ⅰに掲載された、又は第二四項に従って設置される委員会によって指定された個人が自国の領域に入ること又は領域を通過することを防止するために必要な措置をとることを決定する。ただし、この項のいかなる規定も、自国民が自国の領域に入ることを拒否することを義務付けるものではない。

一六　第一五項の規定により課される措置は、次の場合には適用しないことを決定する。

(a)　委員会が、人道上の必要性(宗教上の義務を含む。)を理由として、そのような渡航が正当化されることを個別の事案に応じて決定する場合

(b)　入国又は通過が司法上の手続の実施のために必要である場合

(c)　委員会が、適用除外によりリビアにおける平和及び国民和解並びに地域の安定という目的が前進すると個別の事案に応じて決定する場合

(d)　ある国が、そのような入国又は通過がリビアの平和及び安定を前進させるために必要だと個別の事案に応じて決定し、かつ、この決定の後四八時間以内に当該国が委員会に対して通知する場合

資産凍結

一七　すべての加盟国は、自国の領域内に存在するすべての資金、その他の金融資産及び経済資源であって、この決議の附属書Ⅱに記載された個人若しくは団体、第二四項に従って設置された委員会によって指定された個人若しくは団体、それらのもののために若しくはそれらの指示により行動する個人若しくは団体、又は、それらにより所有され若しくは管理される団体により、直接的若しくは間接的に所有若

しくは管理されるものを遅滞なく凍結しなければならないことを決定する。さらに、すべての加盟国は、いかなる資金、金融資産又は経済資源も、自国の国民又はその領域内に所在する個人又は団体が、この決議の附属書Ⅱに記載した個人若しくは団体又は委員会によって指定された個人の利益のために利用されないように確保することを決定する。

一八　第一七項に基づいて凍結された資産が、その後の段階で、リビアの人民によって利用可能となり並びに利益となるように確保するとの理事会の意図を表明する。

一九　第一七項の規定により課される措置は、関係する加盟国により次のように決定された資金、その他の金融資産又は経済資源には適用しないことを決定する。

(a)　食糧、賃料又は抵当、医薬品及び医療、租税、保険料及び公共料金のための支払いを含む基礎的な経費として必要であると決定されたもの、又は国内法に基づく法的役務の提供に関連して生じる妥当な専門手数料及び発生した費用の払戻し若しくは凍結された資金、その他の金融資産及び経済資源の日常の保有若しくは維持のための国内法に基づく手数料若しくはサービス料のためにのみ充てられる支払いであると決定されたものであって、関係国により委員会に対し、適当と認められる場合に、そのような資金、その他の金融資産若しくは経済資源へのアクセスを認める意図が通知され、かつ、委員会がそのような通知がなされてから五作業日以内に否定的な決定を行わない場合

(b)　臨時経費として必要であると決定されたものであって、そのような決定が関係国又は加盟国から委員会に対し通知され、かつ、委員会によって承認された場合

(c)　司法、行政又は仲裁上の担保又は判決の対象であると決定され、当該資金、その他の金融資産及び経済資源がその担保又は判決を充足させるために使用されるものであって、その担保又は判決がこの決議の日よりも前に記録され、第一七項に従って指定される者又は団体の利益のためではなく、かつ、関係国又は加盟国により委員会に対し通知された場合

二〇　加盟国は、第一七項の規定に従って凍結された口座に対し、それらの口座に生ずる利子若しくはその他の収入又はそれらの口座がこの決議の規定の対象となる日よりも前に生じた契約、合意若しくは義務に基づいて行われる支払いを加算することを認めることができることを決定する。ただし、そのような利子、その他の収入及び支払いは引き続きこれらの規定の対象であり凍結される。

二一　第一七項に定める措置は、指定された者又は団体が、そのような者又は団体のリストへの記載よりも前に締結された契約に基づいて支払いを行うことを妨げないことを決定する。ただし、関係国が、その支払いが第一七項の規定に従って指定された者又は団体により直接又は間接に受領されるものでないことを決定し、当該関係国により委員会に対し、そのような支払いを行い若しくは受領する意図、又は、適当な場合にはこの目的のために資金、その他の金融資産若しくは経済資源の凍結の解除を認可する意図について、そのような認可の一〇作業日前までに通知がなされる場合に限る。

指定の基準

二二　第一五項及び第一七項の規定に含まれる措置を、それぞれ第二四項(b)及び(c)の規定により、委員会が指定する次のことを行った個人及び団体に適用することを決定する。

(a)　リビア国内の人々に対する重大な人権侵害を行うことを命令、監督、又は指示することに関与又は共謀すること（国際法に違反して、文民たる住民及び文民施設に対する攻撃（空爆を含む。）を計画、指揮、命令又は実行に関与又は共謀することを含む。）

(b)　(a)の規定により特定される個人又は団体のために又はその指示に基づき行動すること

二三　加盟国に対し、第二二項に定める基準に合致する個人の氏名を委員会に提出するよう、強く奨励する。

新たな制裁委員会

二四　安全保障理事会の仮手続規則の規則二八に従って、次の任務を遂行するために、同理事会のすべての理事国により構成される同理事会の委員会（以下「委員会」という。）を設置することを決定する。

(a)　第九項、第一〇項、第一五項及び第一七項により課される措置の実施を監視すること

(b)　第一五項により課される措置の対象となる個人を指定し、及び、第一六項に従って適用除外の要請を検討すること

(c)　第一七項により課される措置の対象となる個人を指定し、及び、第一九項及び第二〇項の規定に従って適用除外の要請を検討すること

(d)　上記において課される措置の実施を促進するために必要となるような指針を策定すること

(e)　安全保障理事会に対し、委員会の作業について、三〇日以内に第一回の報告を行い、その後は委員会が必要と認める場合に報告を行うこと

(f)　委員会と、関心のある加盟国特に当該地域の加盟国との間の対話を奨励すること（措置の実施について議論するため、そのような加盟国の代表者を委員会との会合に招待することを含む。）

(g)　上記において課される措置を効果的に実施するためすべての加盟国がとった行動について、委員会が有益と考えるあらゆる情報をすべての国から求めること

(h)　この決議に含まれる措置に対する違反又は不履行の主張に関する情報を審査し及び適切な行動をとること

二五　すべての加盟国に対し、第九項、第一〇項、第一五項及び第一七項を効果的に実施するためにとった措置について、この決議の採択の日から一二〇日以内に、委員会に報告するよう要請する。

人道支援

二六　すべての加盟国に対し、加盟国間で協働し及び事務総長と協力して行動しつつ、人道機関の帰還に便宜を与え及び支援すること、及び、リビアにおいて人道的及び関連する援助を利用できるようにすることを要請し、並びに、関係国に対し、この項に従ってとった行動の進展について理事会に定期的に報告するよう要請し、並びに、これを達成するため、必要に応じて、理事会として追加的な適当な措置をとることを検討する用意があることを表明する。

見直しの約束

二七　理事会は、リビア当局の行動を常時継続して見直すこと、及び、この決議の関連規定のリビア当局による履行状況に照らして必要とされるときにはいつでも、この決議に含まれる措置の適切性に関する再検討（措置の強化、修正、停止又は解除を含む。）を行う用意があることを確認する。

二八　この問題に引き続き積極的に関与することを決定する。

附属書Ｉ

渡航禁止

11.　カダフィ、ムアンマル・ムハンマド・アブミンヤール
生年：一九四二年、出生地：シルテ、リビア
革命指導者。軍の最高司令官。示威運動の弾圧及び人権侵害を命令した責任を有する。

（一件のみ例示・他は略）

附属書II

資産凍結

4.　カダフィ、ムアンマル・ムハンマド・アブミンヤール
（以下略）

（一件のみ例示・他は略）

13 15　安全保障理事会決議一九七三（二〇一一）（リビア武力行使許可）（抄）

採　択　二〇一一年三月一七日（一〇対〇、棄権五）

安全保障理事会は、

（前文・略）

国際連合憲章第七章の下に行動して、

一　停戦の即時確立並びに文民に対するすべての暴力及び攻撃並びに虐待の完全な停止を要求する。

二　リビア人民の正当な要求に対応する危機の解決策を見いだすための努力を強化する必要性を強調し、並びに、平和的で持続可能な解決策を見いだすために必要な政治改革につながる対話を促進することを目的とする国連事務総長による特使のリビアへの派遣及びアフリカ連合の平和及び安全保障理事会による特別上級委員会のリビアへの派遣の決定に留意する。

三　リビア当局が、国際法（国際人道法、人権法及び難民法を含む。）に基づく義務に従い、並びに、文民を保護し、文民の基本的な必要を満たし、及び人道支援の迅速で妨げられることのない通過を確保するためにすべての措置をとることを要求する。

文民の保護

四　国連事務総長に通知を行い、独自に又は地域的機関若しくは取極を通じて行動し、及び、国連事務総長と協力して行動する加盟国に対し、ベンガジを含むリビアにおいて攻撃の脅威の下にある文民及び文民居住地域を保護するために、決議一九七〇（二〇一一）の第九項の規定にかかわらず、すべての必要な措置をとることを許可する（ただし、リビア領域のいかなる部分におけるいかなる形態の外国占領軍も排除する。）。また、関係する加盟国に対し、この項によって付与された許可に基づきとった措置を直ちに国連事務総長に通報するよう要請し、これは直ちに安全保障理事会に報告されるものとする。

五　この地域における国際の平和及び安全の維持に関係する事項に関するアラブ連盟の重要な役割を認め、並びに、国際連合憲章第八章に留意して、第四項の規定の実施に当たり、アラブ連盟の加盟国が、他の国際連合加盟国と協力するよう要請する。

飛行禁止区域

六　文民保護に資するため、リビアの空域において、すべての飛行の禁止を設定することを決定する。

七　さらに、第六項の規定によって課される禁止は、医薬品、食糧、人道的要員を含む援助及びこれと関係する援助の提供又はその促進又はリビアからの外国人の避難といった人道的目的を唯一の目的とする

飛行には適用されず、また第四項又は第八項の規定によって許可された飛行及び第八項の規定による許可の下で行動する国がリビア人民の利益のために必要とみなすその他の飛行にも適用されないこと、並びに、これらの飛行は、第八項に基づき設置されるいかなるメカニズムとも調整しなければならないことを決定する。

八　国連事務総長及びアラブ連盟事務総長に通知を行い、独自に又は地域的機関若しくは取極を通じて行動する加盟国に対し、第六項によって課される飛行の禁止を遵守させるため、必要に応じ、すべての必要な措置をとることを許可することを決定し、並びに、関係国に対し、アラブ連盟と協力しつつ、第六項及び第七項の規定を実施するための適切なメカニズムを設置することによるものを含め、この禁止を実施するためにとっている措置について国連事務総長と緊密に調整するよう要請する。

九　独自に又は地域的機関若しくは取極を通じて行動しているすべての加盟国に対し、第四項、第六項、第七項及び第八項を実施する目的のため、必要ないかなる上空飛行の承認をも含む支援を提供するよう要請する。

一〇　関係する加盟国に対し、許可された人道的な飛行又は避難のための飛行の監視及び承認のための実際的な措置を含め、第四項、第六項、第七項及び第八項の規定を実施するためにとっている措置について、相互に及び国連事務総長と緊密に調整するよう要請する。

一一　関係する加盟国は、国連事務総長及びアラブ連盟事務総長に対し、第八項によって付与された権限を行使してとった措置について直ちに報告すること(作戦構想の提供を含む。)を決定する。

一二　国連事務総長に対し、関係する加盟国が第八項の規定によって付与された権限を行使してとったいかなる措置についても直ちに理事会に報告し、並びに、第六項によって課された飛行禁止のいかなる違反に関する情報も含め、この決議の実施について、七日以内に、及びその後は毎月、理事会に報告するよう要請する。

武器禁輸の実施

一三　決議一九七〇(二〇一一)の第一一項の規定を次のように改めることを決定する。

「独自に又は地域的機関若しくは取極を通じて行動するすべての加盟国、特に地域の国に対し、決議一九七〇(二〇一一)の第九項及び第一〇項の規定により定められた武器禁輸の厳格な履行を確保するため、当該貨物が、この決議により修正された決議一九七〇(二〇一一)の第九項又は第一〇項の規定により供給、販売、移転又は輸出が禁止されている品目(武装傭兵要員の提供を含む。)を含むと信じる合理的根拠があることを示す情報を当該国が有する場合には、海港及び空港を含む自国の領域内及び公海上で、リビア行き又はリビアからの船舶及び航空機を検査することを要請し、並びに、そのような船舶及び航空機のすべての旗国がそのような検査に協力することを要請し、並びに、加盟国がそのような検査を実施する具体的な状況に応じたあらゆる措置を用いることを許可する。」

一四　第一三項に基づき公海上で行動している加盟国に対し、相互に及び国連事務総長と密接に調整することを要求し、さらに、関係国に対し、国連事務総長及び決議一九七〇(二〇一一)の第二四項に従って設置された委員会(以下「委員会」という。)に対して第一三項に基づき付与された権限を行使してとった措置について直ちに報告することを要求する。

一五　いかなる加盟国も、独自に又は地域的機関若しくは取極を通じて行動するかを問わず、上記第一三項の規定に従って検査を行ったときは、特に、検査の根拠、当該検査の結果及び協力が得られたか否かの説明が含まれた書面による最初の報告を速やかに委員会に提出することを要求し、さらに、移転が禁止される品目が発見された場合には、当該加盟国に対し、その後の段階で、検査、押収及び処分に関する詳細並びに移転に関する詳細(品目の記述、当該品目の仕出地及び意図された仕向地を含む。)が最初の報告にない場合には、これらの情報が含まれたその後の書面による報告を委員会に対して提出することを要求する。

一六　リビアへの継続的な傭兵の流入を遺憾とし、及び、すべての加盟国に対し、リビアへの武装傭兵要員の提供を防止する決議一九七〇(二〇一一)の第九項に基づく義務を厳格に遵守することを要請する。

飛行の禁止

一七　すべての国は、リビアで登録され又はリビアの国民若しくは会社により所有され若しくは運航されるいかなる航空機に対しても、自国の領域内での離着陸若しくは上空通過の許可を拒否することを決定する。ただし、委員会が事前に特定の飛行を承認した場合又は緊急着陸の場合を除く。

一八　すべての国は、当該航空機が、この決議により修正された決議一九七〇(二〇一一)の第九項及び第一〇項の規定により、供給、販売、移転又は輸出が禁止されている品目(武装傭兵要員の提供を含む。)を含むと信じる合理的根拠があることを示す情報を当該国が有する場合には、自国の領域内でのいかなる航空機の離着陸若しくは上空通過の許可も拒否することを決定する。ただし、緊急着陸の場合を除く。

資産凍結

一九　決議一九七〇(二〇一一)の第一七項、第一九項、第二〇項及び第二一項の規定で課された資産凍結は、すべての加盟国の領域内に存在するすべての資金、その他の金融資産及び経済資源であって、委員会が指定するリビア当局により、又は委員会が指定するリビアのために若しくはその指示により行動する個人若しくは団体又はそれらにより所有され若しくは管理される団体により、直接的若しくは間接的に所有され又は管理されるものに適用されることを決定する。さらに、すべての国は、いかなる資金、金融資産又は経済資源も、自国の国民又はその領域内に所在する個人若しくは団体によって、委員会が指定するリビア当局、又は委員会が指定するリビアのために若しくはその指示により行動する個人若しくは団体又はそれらにより所有され若しくは管理される団体の利益のために利用可能となることのないように確保することを決定し、委員会に対し、この決議の採択の日から三〇日以内に、また、その後は必要に応じて、そのようなリビア当局、個人又は団体を指定するよう指示する。

二〇　決議一九七〇(二〇一一)の第一七項に従って凍結された資産が、その後の段階で、できる限り速やかにリビアの市民の利益のために利用可能となるよう確保するとの理事会の決定を確認する。

二一　すべての国は、当該取引が文民に対する暴力及び武力の行使に寄与し得ると信じる合理的根拠があることを示す情報を有する場合には、自国の国民、自国の管轄権に服する者及び自国の領域内で設立され又は自国の管轄権に服する会社に対し、リビアにおいて設立された又はリビアの管轄権に服する団体並びにリビアのために又はそれらの指示により行動する個人又は団体及びそれらにより所有され又は管理される団体とのそのような取引を行う際に、監視を行うよう要求することを決定する。

指　定

二二　附属書Ⅰに掲載された個人が、決議一九七〇(二〇一一)の第一五項及び第一六項により課される渡航制限の対象となることを決定し、及び、附属書Ⅱに掲載された個人及び団体が、決議一九七〇(二〇一一)の第一七項、第一九項、第二〇項及び第二一項の規定により課される資産凍結の対象となることを決定する。

二三　決議一九七〇(二〇一一)の第一五項、第一六項、第一七項、第一九項、第二〇項及び第二一項に特定される措置が、決議一九七〇(二〇一一)の規定、特に同決議の第九項及び第一〇項に違反した又は他の者が違反することを支援したと理事会又は委員会により決定された個人及び団体にも適用されることを決定する。

専門家パネル

二四・二五　(略)

二六　決議一九七〇(二〇一一)の第二四項で規定された委員会の任務は、この決議において決定された措置に対しても適用することを決定する。

二七　リビアを含むすべての国が、決議一九七〇(二〇一一)、この決議及び関連する決議によって安全保障理事会によりとられた措置を理由として、その履行が影響を受けたいかなる契約又はその他の取引に関連して、リビア当局、リビアにおけるいかなる者若しくは機関、又はそのような者若しくは機関を通じて若しくはこれらの利益のために請求を行ういかなる者の要請によっても、いかなる請求も受理されないことを確保するために必要な措置をとることを決定する。

二八　リビア当局の行動を常時継続して見直すとの理事会の意図を再確認し、リビア当局によるこの決議及び決議一九七〇(二〇一一)の履行状況に基づき、適切な場合には、措置の強化、停止又は解除を含め、この決議及び決議一九七〇(二〇一一)により課された措置をいつでも見直す用意があることを強調する。

二九　この問題に引き続き積極的に関与することを決定する。

附属書Ⅰ

渡航禁止(略)

附属書Ⅱ

資産凍結(略)

13 16　安全保障理事会決議一九八九(二〇一一)(アルカイダ)

採　択　二〇一一年六月一七日(全会一致)

安全保障理事会は、

(中略)

国際の平和及び安全の維持及び回復において、国際連合憲章の下では制裁が一つの重要な手段であることを強調し、この点でテロリストの活動との闘いにおける重要な手段として、この決議の一の措置を確固として実施する必要性を強調し、

すべての加盟国に対し、決議一二六七(一九九九)及び一三三三(二〇〇〇)に従って作成されたリスト(以下「統合リスト」という。)の維持及び更新に、現在のリスト記載に関係する追加的な情報の提供、適切な場合には削除要請の提出によって、及び、この決議の一に定める措置の対象とすべき追加的な個人、集団、企業及び団体のリスト記載のための特定及び指定を行うことによって、積極的に参加することを要求し、

決議一二六七(一九九九)に従って設置された委員会

(以下「委員会」という。)が、この決議で示されたリスト記載に関する基準を満たさなくなった個人及び団体を個別事案ごとに迅速に削除することを想起するよう求め、

この決議の一の下で加盟国によって実施される措置の法律上その他の課題を認識し、委員会の手続及び統合リストの質の改善を歓迎し、並びに、手続が公正で明確であることを確保するための努力を継続する意思を表明し、

決議一八二二(二〇〇八)の二五に従って、統合リストに記載されたすべての名称の見直しが成功裡に完了したこと及び統合リストの正確性を高める重大な進展がなされたことを特に歓迎し、

決議一九〇四(二〇〇九)に従ったオンブズパーソン事務所の設置及びその設置以降に同事務所が果たした役割を歓迎し、公正性及び透明性の改善におけるオンブズパーソンの重要な役割に留意し、オンブズパーソン事務所が、その任務に従って、引き続き効果的にその役割を遂行することを確保する安全保障理事会の確固たる誓約を想起し、並びに、二〇一一年二月二八日の安全保障理事会議長声明(**S/PRST/2011/5**)を想起し、

この決議の一に定める措置がその性質上予防的なものであって、国内法の下で設定された刑事上の基準に依存するものではないことを再度強調し、

二〇〇六年九月八日の国際連合グローバル・テロ対策戦略(**A/RES/60/288**)の国連総会による二〇一〇年九月の第二回レビュー及び国際連合制度のテロ対策努力における全体的な調整及び一貫性を確保するためのテロ対策実施タスクフォース(CTITF)の創設を歓迎し、

委員会、INTERPOL[国際刑事警察機構]、国際連合薬物犯罪事務所[UNODC]間の(特に技術支援及びキャパシティ・ビルディングに関して)、及びその他のあらゆる国連機関のとの間の継続的な協力を歓迎し、並びに、国際連合制度のテロ対策努力における全体的な調整及び一貫性を確保するためにCTITFとの一層の連携を奨励し、

組織犯罪(とりわけ薬物及びその化学前駆物質の不法な生産及び取引)による収益からのものを含むテロ活動及びテロ組織への資金供与を防止及び抑制するための措置をとる必要性及びその目的に向けた継続的な国際協力の重要性を認識し、

アルカイダ及びそれと関係を有する他の個人、集団、企業及び団体による国際の平和及び安全に対する継続的な脅威を懸念をもって留意し、その脅威のあらゆる側面に対処する決意を再確認し、並びに、加盟国がリストに記載されたタリバーンとリストに記載されたアルカイダ及びその系列組織の個人及び団体とを別個に取り扱うとの、一二六七委員会に対する第一一回報告書において行った一二六七モニタリング・チームの勧告に関する一二六七委員会の討議を考慮し、

一部の事例では、決議第一九八八(二〇一一)の三で設定したリスト記載のための基準を満たす一定の個人、集団、企業及び団体が、この決議の四で設定したリスト記載のための基準をも満たす場合があることに留意し、

国際連合憲章第七章の下に行動して、

措　置

一　すべての国が、決議一二六七(一九九九)及び一三三三(二〇〇〇)に従って作成された統合リストのセクションC(「アルカイダと関係を有する個人」)及びセクションD(「アルカイダと関係を有する団体その他の集団及び企業」)に記載されている者、並びに、この決議の採択の日以降に指定された者を含む、アルカイダ及びそれらと関係を有するその他の個人、集団、企業及び団体(以下「アルカイダ制裁リスト」という。)について、決議一三三三(二〇〇〇)の八(c)及び決議一三九〇(二〇〇二)の一及び二が以前に課した措置をとることを決定する。

(a)　これらの個人、集団、企業及び団体の資金その他の金融資産又は経済資源(これらの個人、集団、企業及び団体により又はそれらを代表し若しくはそれらの指示により行動する者により、直接又は間接的に所有され又は管理される財産から生ずる資金を含む。)を遅滞なく凍結し、これら又は他のいずれかの資金、金融資産又は経済資源が自国民又は自国領域内の者によって、直接又は間接にそのような者の利益のために利用可能となることがないように確保すること。

(b)　これらの個人が、自国の領域に入国し又は領域を通過することを防止すること。ただし、この規定は、いかなる国に対しても自国領域内への自国民の入国を拒否すること又は自国領域からの自国民の出国を要請することを義務づけるものではなく、また、この規定は、入国又は領域の通過が司法手続を実施するために必要である場合又は委員会が個別事案ごとに当該入国又は領域の通過のみが正当化されると決定した場合には適用されない。

(c)　これらの個人、集団、企業及び団体に対し、自国の領域からの又は自国の領域外にいる自国民による若しくは自国の旗を掲げる船舶又は自国に登録された航空機の使用による、すべての種類の武器及び関連物資(武器及び弾薬、軍用の車両及び装備品、準軍用装備品並びにこれらの予備部品を含む。)並びに軍事活動に関連する技術的助言、支援又は訓練の直接又は間接の供給、販売又は移転を防止すること。

二　決議一九八八(二〇一一)に従い、決議一二六七(一九九九)及び一三三三(二〇〇〇)に従って設置された委員会の統合リストのセクションA(「タリバーンと関係を有する個人」)及びセクションB(「タリバーンと関係を有する団体その他の集団及び企業」)に以前含まれていた、タリバーン及びそれらと関係を有するその他の個人、集団、企業及び団体はこの決

議によって規律されないことに留意し、アルカイダ制裁リストがアルカイダと関係を有する個人、団体、集団及び企業の名称のみを含めることを決定する。

三　委員会に対し、決議一九八八(二〇一一)が採択された時点で委員会において審理中であった、統合リストのすべての掲載要請、削除要請並びにセクションA(「タリバーンと関係を有する個人」)及びセクションB(「タリバーンと関係を有する団体、その他の集団及び企業」)に関係する既存の情報の更新要請を、決議一九八八(二〇一一)に従って設立された委員会が同決議に従ってそれらの問題を検討することができるようにするために、同委員会に送付することを指示する。

四　ある個人、集団、企業及び団体がアルカイダと関係を有することを示す行為又は活動には以下のものが含まれることを再確認する。

(a)　アルカイダによる、アルカイダと関係する、アルカイダの名の下の、アルカイダを代表する、又はアルカイダを支援する、行為又は活動の資金供与、計画、促進、準備又は実行に参画すること。

(b)　アルカイダに対して武器及び関連物資を供給、販売又は移転すること。

(c)　アルカイダ又はそのあらゆる下部組織、系列組織、分派集団又はそれらの派生団体のための人員募集、又は、アルカイダ又はそのあらゆる下部組織、系列組織、分派集団又はそれらの派生団体を支援するその他の行為若しくは活動。

五　さらに、アルカイダと関係を有する個人、集団、企業又は団体によって直接又は間接に所有又は管理される企業又は団体、又は、それらに対して支援を行う企業又は団体は、指定対象になることを再確認する。

六　上記一(a)に定められた要件は、アルカイダ及びそれらと関係を有するその他の個人、集団、企業及び団体に対する支援のために使用されるあらゆる種類の金融及び経済資源(インターネット・ホスティング又は関連サービスの提供に使用されるものを含むが、これらに限定されない。)に対して適用されることを確認する。

七　資金供与又は支援の方法は、麻薬及びその前駆物質の違法な耕作、生産及び取引を含む犯罪から生じる収益の使用を含むが、これらに限定されないことに留意する。

八　さらに、上記一(a)に定められた要件は、アルカイダ制裁リストに記載されている個人、集団、企業又は団体に対する身代金の支払いに対しても適用されることを確認する。

九　加盟国は、上記一の規定に従って凍結された口座に、リストに記載された個人、集団、企業又は団体のために行われたいずれかの支払いを、その支払いが引き続き上記一の規定の対象であって凍結されるものである場合には、追加することを認めることができる旨決定する。

一〇　加盟国に対し、決議一四五二(二〇〇二)の一及び二で設定され、決議一七三五(二〇〇六)により改正された上記一(a)の措置に対する利用可能な免除に関する規定を利用することを奨励し、委員会に対し、加盟国による免除の利用を促進するために委員会のガイドラインで設定された免除のための手続を見直すこと、並びに、免除が迅速かつ透明性をもって付与されることを引き続き確保することを指示する。

一一　委員会に対し、他の関連する安全保障理事会制裁委員会、特に決議第一九八八(二〇一一)に従って設置された同制裁委員会と協力することを指示する。

リストへの記載

一二　すべての加盟国に対し、決議一六一七(二〇〇五)の二に定められ及び上記四で再確認されたように、アルカイダ及びそれと関係を有する個人、集団、企業及び団体の行為又は活動に対する資金供与又は支援に何らかの手段で参加している個人、集団、企業及び団体の名称を、アルカイダ制裁リストに含めるために、委員会に対して提出することを奨励する。

一三　アルカイダ制裁リストに含めるために委員会に名称を提案する場合には、加盟国は、決議一七三五(二〇〇六)の五及び決議一八二二(二〇〇八)の一二に従って行動し、事案の詳細な説明を提供することを再確認し、さらに、当該加盟国が委員会に対して非公開として特定する部分を除いて、要請により公開可能なものとすること、並びに、一六に定めるリスト記載理由の説明要旨を作成するために使用できることを決定する。

一四　新たな指定を提案する加盟国及びこの決議の採択前にアルカイダ制裁リストに含めるため名称を提案した加盟国は、委員会、オンブズパーソン、事務局又は委員会のためのモニタリング・チームが、加盟国が指定要請国であることを公開することができるかどうかを指定しなければならないことを決定し、並びに、指定要請国に対し、この要請に積極的に応じることを強く奨励する。

一五　アルカイダ制裁リストに含めるため名称を委員会に提案する場合に、加盟国は、記載のための標準書式を使用し、提案した名称に関する可能な限り多くの関連情報、特に個人、集団、企業及び団体の正確かつ肯定的な特定を可能にする十分な識別情報、及び、可能な範囲で、特別通知(Special Notice)を発出するためにＩＮＴＥＲＰＯＬが要求する情報を委員会に提供することを決定し、並びに、委員会に対して、必要に応じて、リスト記載のための標準書式をこの決議の規定に従って更新することを指示し、さらに、モニタリング・チームに対して、識別情報を改善するためにとることのできる一層の措置について委員会に報告することを指示する。

一六　モニタリング・チームの支援を受け及び関係する指定要請国と協力して、名称がアルカイダ制裁リストに追加されると同時に当該新規事案のリスト記載理由の説明要旨を委員会のウェブサイト上で閲覧可能にする委員会による努力を歓迎し、並びに、委員会に対して、モニタリング・チームの支援を受け及び関係する指定要請国と協力して、すべての事案のリスト記載理由の説明要旨を委員会のウェブサイト上で閲覧可能にする努力を継続することを指示する。

一七　加盟国及び関係する国際機関及び団体に対して、委員会が対応する事案のリスト記載を見直し又は記載理由の説明要旨を更新する場合に考慮できるようにするために、関連する裁判所の決定及び訴訟手続を委員会に通知することを奨励する。

一八　委員会のすべての構成国及びモニタリング・チームに対して、加盟国からのリストへの記載要請に関して利用可能ないかなる情報も、当該情報が委員会の指定に関する決定のための参考となりかつ一六に定めるリスト記載理由の説明要旨のための追加的資料の提供に資するように、委員会と共有することを要請する。

一九　事務局は、公開後しかしある名称がアルカイダ制裁リストに追加されてから三営業日以内に、当該個人又は団体が所在していると信ずる国の常駐代表部、及び個人の場合は、その者の国籍国（この情報が判明した範囲で）に対して決議一七三五（二〇〇六）の一〇に従って通知することを再確認し、事務局に対して、ある名称がアルカイダ制裁リストに追加された後直ちにリスト記載理由の説明要旨を含むすべての関連する開示可能な情報を委員会のウェブサイト上で公開することを要請し、並びに、リスト記載理由の説明要旨をすべての国際連合の公用語でかつ時宜を得た方法で利用できるようにすることの重要性を強調する。

二〇　さらに、加盟国が、その国内法及び慣行に従って時宜を得た方法で指定された個人又は団体に当該指定を通知又は通報するため、並びに、リスト記載理由の説明要旨、関連諸決議に定める指名の効果に関する記載、リストからの削除要請（この決議の二一及び附属書IIに従ってオンブズパーソンに対してこの要請を提出する可能性を含む。）を検討するための委員会の手続及び利用可能な免除に関する決議一四五二（二〇〇二）の規定をこの通知に含めるために、すべての可能な措置をとることを求めた決議一八二二（二〇〇八）の一七の規定を再確認する。

リストからの削除／オンブズパーソン

二一　決議一九〇四（二〇〇九）によって設置されたオンブズパーソン事務所の権限を、この決議の付属書IIで説明した手続で示したように、この決議の採択の日から一八ヶ月間延長することを決定し、オンブズパーソンが引き続きアルカイダ制裁リストからの削除を求める個人、集団、企業又は団体からの要請を独立かつ公平な方法で受理し、並びに、いかなる政府からも指示を求め又は受領しないことを決定し、並びに、オンブズパーソンがオンブズパーソン事務所を通じてアルカイダ制裁リストからの削除を要請した個人、集団、企業又は団体のリストからの削除について、当該リスト記載を維持する勧告又は委員会がリスト削除と考える勧告のいずれかの所見及び勧告を委員会に提出しなければならないことを決定する。

二二　オンブズパーソンがリストからの削除要請について附属書IIに従ってオンブズパーソンの包括的報告書にリスト記載を維持することを勧告した場合には、この決議の一に定める措置をとることを国に求める要請は、当該の個人、集団、企業又は団体に関して効力を維持することを決定する。

二三　オンブズパーソンが委員会にリストからの削除の検討を勧告する場合には、加盟国に対するこの決議の一に定める措置をとる要請は、この決議の付属書II（六(h)を含む。）に従って委員会がオンブズパーソンの包括的な報告書の検討を完了した六〇日後に、当該個人、集団、企業又は団体について終了することを決定する。ただし、委員会が六〇日の期間の終了前にコンセンサスによって当該個人、集団、企業又は団体について、当該要請を引き続き維持することを決定する場合は、この限りではない。コンセンサスが存在しない場合、議長は、委員会の委員の要請に基づき当該個人、集団、企業又は団体を削除するか否かの問題を、六〇日以内に決定するために安全保障理事会に提出する。そのような要請がなされた場合、加盟国に対するこの決議の一に定める措置をとる要請は、当該問題が安全保障理事会によって決定されるまで当該個人、集団、企業又は団体について当該の期間効力を有する。

二四　事務総長に対して、オンブズパーソン事務所がその権限を効果的かつ時宜を得た方法で実行する継続的な力量を確保するための当該事務所の能力を強化することを要請する。

二五　加盟国に対して、適当な場合には、関連する秘密情報の提供を含むあらゆる関連情報をオンブズパーソンに提供することを強く要請し、並びに、オンブズパーソンは、情報を提供した加盟国が当該情報に付した守秘上の制限に従わなければならないことを確認する。

二六　加盟国及び関連する国際機関及び団体が、自己のリスト記載に対する申立てを検討しているか又は既に国及び地域の裁判所を通じて申立ての手続中である個人及び団体に対して、オンブズパーソン事務所にリストからの削除の請願を提出することによりアルカイダ制裁リストからの削除を求めることを奨励するように要請する。

二七　指定要請国がリストからの削除要請を提出する場合、加盟国に対するこの決議の一に定める措置をとる要請は、六〇日後に当該個人、集団、企業又は団体に対して終了することを決定する。ただし、委員会が六〇日の期間の終了前にコンセンサスによって当該個人、集団、企業又は団体に関して、当該要請が効力を維持することを決定した場合を除く。コンセンサスが存在しない場合、議長は、委員会の委員の要請に基づき、当該個人、集団、企業又は団体をリストから削除するか否かの問題を六〇日以内に決定するために安全保障理事会に提出する。そのような要請がなされた場合、加盟国に対する本決議の一に定める措置をとる要請は、当該問題が安全保障理事会によって決定されるまで、当該個人、集団、企業又は団体について当該の期間効力を有する。

二八　二七のリストからの削除要請を提出するためには、複数の指定要請国がある場合にはすべての指定要請国の間でコンセンサスが存在しなければならないことを決定し、さらに、リスト掲載要請の共同提案国は、二七の適用上指定要請国とみなさないことを決定する。

二九　指定要請国に対して、リストに記載された個人及び団体であってオンブズパーソンにリストからの削除申立てを提出したものに当該オンブズパーソンから当該国が指定要請国である旨を開示することを認めるように強く要請する。

三〇　委員会に対して、ガイドラインに従って、関連する決議及びこの決議の四で設定された基準を満たさなくなったと申し立てられている個人、集団、企業及び団体のアルカイダ制裁リストからの削除を求める加盟国の要請であって、委員会の委員の要請に基づいて委員会の議題とされるものについて検討する作業を継続するよう指示し、並びに、加盟国に対して、リストからの削除要請を提出する理由を提供するように奨励する。

三一　各国に対して、公式に死亡が確認された個人(特にいかなる資産も特定されなかった場合)、及び、存在しなくなったと報告される又は存在しなくなったことが確認された団体についてリストから削除要請を提出すること、それと同時に、当該の個人又は団体に属した資産がアルカイダ制裁リストのその他の個人、集団、企業及び団体に移転又は分配されていないこと又は将来的に移転又は分配されないことを確保するためのすべての合理的な措置をとることを奨励する。

三二　加盟国に対して、リストから削除する結果として死亡した個人又は存在しなくなったことが報告され又は確認された団体の資産の凍結を解除する場合には、決議一三七三(二〇〇一)で設定された義務を想起すること、並びに、特に凍結を解除された資産がテロリストの目的のために使用されることを防止することを奨励する。

三三　委員会に対して、リストからの削除要請を検討する場合には、委員会が決定するように指定要請国及び、居住国、国籍国、所在国又は法人設立国、及びその他の関連国の意見に妥当な考慮を払うことを要請し、委員会の委員に対して、削除の要請に異議が申し立てられた時には削除要請に異議を申し立てる理由を提供するよう指示し、並びに、委員会に対して、適当な場合には、その理由を関係加盟国並びに国及び地域の裁判所及び機関と共有するように要請する。

三四　指定要請国、居住国及び国籍国を含むすべての加盟国に対して、リストからの削除申立てについての委員会の審査に関連するすべての情報を提供し、並びに、要請がある場合には削除要請についての意見を伝えるために委員会と会合をもつことを奨励し、さらに、委員会に対して、適当な場合には、リストからの削除申立てについての関連情報を有する国又は地域の機関の代表と会合をもつことを奨励する。

三五　事務局は、アルカイダ制裁委員会から名称が削除された後三日以内に、その居住国、国籍国、所在国又は法人設立国の常駐代表部に(この情報が判明している範囲で)通知することを確認し、並びに、当該の通知を受領する国は、その国内法及び慣行に従って、時宜を得た方法で関係個人又は団体にリストからの削除を通知又は通報するための措置をとることを決定する。

アルカイダ制裁リストの見直し及び維持

三六　すべての加盟国、特に指定要請国及び居住国又は国籍国は、リストに記載されている個人、集団、企業及び団体についての特定のための及びその他の追加的な情報(リストに記載されている団体、集団及び企業の活動状況、リストに記載されている個人の活動、収監又は死亡並びにその他の重要な出来事に関する更新を含む。)が利用可能になったときには、当該情報を補足資料と共に、委員会に提出するように奨励する。

三七　モニタリング・チームに対して、アルカイダ制裁リスト上の個人及び団体であってその者の記載が彼らに対してとられた措置の効果的な実施を確保するために必要な特定識別情報を欠くもののリストを六ヶ月毎に回付するように要請し、並びに、委員会に対して、これらの記載が引き続き適切であるかどうかを決定するためにそれらを見直すよう指示する。

三八　モニタリング・チームが、死亡したと報告されたアルカイダ制裁リスト上の個人のリストを、死亡証明書、及び可能な範囲で、凍結した資産の状況及び所在地及び凍結を解除された資産を受領する立場にある個人又は団体の名称のような関連情報の評価とともに、委員会に六ヶ月毎に回付すべきことを再確認し、委員会に対して、これらの記載が引き続き適切であるかどうかを決定するために見直すように指示し、並びに、委員会に対して、死亡に関して信頼できる情報がある場合には、死亡した個人のリスト記載を削除するように要請する。

三九　モニタリング・チームが、存在しなくなったと報告又は確認されたアルカイダ制裁リスト上の団体のリストを、あらゆる関連する情報の評価とともに、委員会に六ヶ月毎に回付すべきことを再確認し、委員会に対して、これらの記載が引き続き適切であるかどうかを決定するために見直すように指示し、並びに、委員会に対して、信頼できる情報がある場合には、そのようなリスト記載を削除するように要請する。

四〇　さらに、委員会に対して、決議一八二二（二〇〇八）の二五に定める見直しの完了に照らして、適切でなくなったリスト記載を特定し及び記載が引き続き適切であることを確認することを通じて、アルカイダ制裁リストが可能な限り更新され正確であることを確保するために、委員会のガイドラインに定める手続に従って、指定要請国及び判明している場合には居住国、国籍国、所在国又は法人設立国に対して関連する名称が回付されるような、三年以上（「三年ごとの見直し」）の間見直しがなされていなかったアルカイダ制裁リスト上のすべての名称の年度毎の見直しを行うことを指示し、並びに、この決議の採択日の後の削除要請に関する委員会の検討は、この決議の付属書Ⅱで設定された手続に従って、決議一八二二（二〇〇八）の二六に従って行われる見直しと同等のものと考えるべきことに留意する。

措置の実施

四一　すべての国が一に定める措置のあらゆる側面を完全に実施する適切な手続を特定し及び必要な場合にはそれを導入することの重要性を想起し、並びに、決議一六一七（二〇〇五）の七を想起してすべての加盟国に対して、金融活動作業部会（ＦＡＴＦ）のマネーロンダリングに関する四〇の勧告及びテロリスト資金に関する九の特別勧告において具体化された包括的な国際的な基準を実施することを強く要請し、並びに、加盟国に対して、対テロリズム標的制裁の効果的な実施のための特別勧告Ⅲに定めるガイダンスを利用するように奨励する。

四二　委員会に対して、アルカイダリストに個人及び団体を記載し並びに削除し及び決議一四五二（二〇〇二）を通じて免除を与えるための公正で明確な手続が存在することを引き続き確保するように指示し、並びに、委員会に対して、これらの目的を支援するために積極的な見直しの下に委員会のガイドラインを維持するように指示する。

四三　委員会に対して、優先事項として、この決議の規定、特に一〇、一二、一四、一五、一七、二一、二三、二七、二八、三〇、三三、三七、及び四〇の規定に関して委員会のガイドラインを見直すことを指示する。

四四　加盟国（その代表部を経るものを含む。）及び関連する国際機関に対して、あらゆる関連する事項を深く議論するために、委員会と会合を開催することを奨励する

四五　委員会に対して、加盟国の実施の取組に関する意見を安全保障理事会に報告すること、並びに、実施を改善するために必要な方法を特定し及び勧告することを要請する。

四六　委員会に対して、一に従った措置の不遵守の可能性のある事案を特定し及び各事案に関する適切な行動方針を決定するように指示し、並びに、議長に対して、五五に従った理事会に対する定期的報告において、この問題に関する委員会の作業に関する進捗状況の報告を行うことを要請する。

四七　すべての加盟国に対して、一で設定した措置の実施において、不正な旅券、偽造旅券、盗難旅券、紛失旅券及びその他の旅行証明書を、国内法及び慣行に従って、可能な限り速やかに、無効にし及び流通から除外することを確保し、並びに、それらの文書に関する情報をＩＮＴＥＲＰＯＬのデータベースを通じて他の加盟国と共有することを要求する。

四八　加盟国に国内法及び慣行に従って自国の管轄に属する不正な、偽造された、盗まれた及び紛失した身分証明書又は旅行証明書に関する自国のデータベース上の情報を民間部門と共有すること、並びに、リストに記載されている関係者が不正な身分証明書を使用している（信用又は不正な旅行証明書を得ることを含む。）ことが判明した場合、これに関する情報を委員会に提供することを奨励する。

四九　委員会が事案ごとに委員会のガイドラインに従って特別な事情により検討のための追加的な時間が必要であると決定する場合を除いて、いかなる問題も、六ヶ月の期間を超えて委員会に係属させるべきではないことを確認する。

五〇　指定要請国に対して、国内裁判所又は他の法的当局が個人の事案を見直したかどうか、及び何らかの司法手続が開始されたかどうかについてモニタリング・チームに通知し、並びに、リスト記載のための標準書式を提出する場合にはその他の関連する情報を含めることを奨励する。

五一　委員会に対して、加盟国による要請に基づき、モニタリング・チーム又は国連の専門機関を通じて、措置の実施を強化するための能力向上の支援を促進することを要請する。

調整及びアウトリーチ

五二　委員会、テロ対策委員会（ＣＴＣ）及び決議一五四〇（二〇〇四）に従って設置された委員会並びにそれらの各専門家グループの間における継続中の協力（適当な場合には、情報共有の強化、それぞれの任務の範囲内での国別訪問の調整、技術援助の促進及び監視の調整、国際的及び地域的な機関との関係の調整並びに三つのすべての委員会に関連するその他の問題の調整によるものを含む。）を強化する必要性を想起し、並びに、それらの取組をより良く調整し及びそれらの協力をより良く促進するために共通の関心分野についてこれらの委員会にガイダンスを提供する意思を表明し、並びに、事務総長に対し

て、諸グループができる限り速やかに同じ場所に配置されるように必要な調整を行うことを要請する。

五三　モニタリング・チーム及び国連薬物犯罪事務所［UNODC］に対して、関連する決議に基づく義務を遵守するための取組において加盟国を援助するためにCTED及び一五四〇委員会の専門家と協力して共同活動（地域的及び準地域的なワークショップの開催によるものを含む。）を継続することを奨励する。

五四　委員会に対して、諸国がこの決議及び決議一二六七（一九九九）、一三三三（二〇〇〇）、一三九〇（二〇〇二）、一四五五（二〇〇三）、一五二六（二〇〇四）、一六一七（二〇〇五）、一七三五（二〇〇六）、一八二二（二〇〇八）及び一九〇四（二〇〇九）を完全に遵守するように奨励するため、一に定める措置の完全かつ効果的な実施を強化するために、適切な場所及び時期に、議長及び（又は）委員会の委員が選んだ国への訪問を検討することを要請する。

五五　委員会に対して、議長を通じて少なくとも一八〇日ごとに委員会及びモニタリング・チームの全体的な活動の状況に関して、並びに適当な場合には、CTC議長及び決議一五四〇（二〇〇四）に従って設置された委員会による報告とともに、理事会に口頭で報告することを要請し、さらに議長に対して、すべての利害関係加盟国に対して定期的なブリーフィングを行うことを要請する。

モニタリング・チーム

五六　委員会がその任務を遂行するのを援助するため並びにオンブズパーソンを支援するために、決議一五二六（二〇〇四）の七に従って設置されたニューヨークに本拠を置く現在のモニタリング・チーム及びその委員の任務を、付属書Iで記述された責任を有する委員会の指揮下で、更に一八ヶ月間延長することを決定し、並びに、事務総長に対して、このために必要な調整を行うことを要請する。

五七　モニタリング・チームに対して、決議一四五二（二〇〇二）に従って免除を与えるための委員会の手続を見直すこと並びに委員会がこの免除を与えるための手続をどのように改善できるかについての勧告を行うことを指示する。

五八　モニタリング・チームに対して、この決議において課された措置の不遵守の事例について引き続き委員会に情報を提供することを指示し、さらにモニタリング・チームに対して、不遵守に対処するためにとる行動について委員会に勧告を行うことを指示する。

見直し（略）

附属書I（モニタリング・チームの責務）（略）

附属書II（オンブズパーソン事務所の責務）

この決議の二一に従って、オンブズパーソン事務所は、アルカイダ制裁リスト上の個人、集団、企業若しくは団体により又はそれらのため又はそれらの法的代理人若しくは財産（以下「請願者」という。）により提出されたリスト削除の要請を受領した場合には次の任務を実行する権限を有する。

理事会は、加盟国が個人、集団、企業又は団体のためにリスト削除の請願をオンブズパーソン事務所に提出することは認められないことを想起する。

情報収集（四ヶ月）

一　（略）

二　請願者に戻されなかったリスト削除の要請について、オンブズパーソンは直ちにリスト削除の要請を委員会の委員、指定要請国、居住国、国籍国又は法人設立国、関連する国連機関及びオンブズパーソンが関係するとみなす他の諸国に送付する。オンブズパーソンは、これらの国又は関連する国連機関に、四ヶ月以内に、リスト削除の要請に関係するいかなる追加情報も提供するように求める。オンブズパーソンは、これらの国と次のことを決定するために対話を行うことができる。

(a) リスト削除の要請を与えるべきかどうかについてのこれらの国の意見

(b) リスト削除の要請に関して請願者に通知されることをこれらの国が希望する情報、質問又は説明の要請（リスト削除の要請を説明するためのあらゆる情報又は請願者がとることのあるあらゆる措置を含む。）

三　オンブズパーソンはまた、直ちにリスト削除の要請をモニタリング・チームに送付し、モニタリング・チームは、四ヶ月以内に、オンブズパーソンに次のものを提供する。

(a) モニタリング・チームが入手できるあらゆる情報であってリスト削除の要請に関連するもの（裁判所の決定及び手続、報道記事及び国又は関連国際機関が以前に委員会又はモニタリング・チームと共有していた情報を含む。）

(b) 請願者が提供した情報であってリスト削除の要請に関連するものについての事実に基づく評価

(c) リスト削除の要請について請願者にモニタリング・チームが尋ねたい質問又は説明の要請

四　この四ヶ月の情報収集の期間が満了したときは、オンブズパーソンは、その時点までの進捗状況について委員会に書面の最新情報（どの国が情報を提供したかについての詳細を含む。）を提出する。オンブズパーソンは、情報収集にさらに時間が必要だと判断した場合には、加盟国による情報提供のための追加時間の要請に対して適正な考慮を払って、この期間を一回最大二ヶ月まで延長することができる。

対話（二ヶ月）

五　情報収集期間の満了に伴い、オンブズパーソンは、二ヶ月の作業(engagement)期間を設け、それには請願者との対話を含める。追加期間の要請について適正に考慮し、オンブズパーソンは、作業及び七に定める包括的報告書の起草にさらに時間が必要だと判断した場合には、この期間を一回最大二ヶ月まで延長することができる。オンブズパーソンは、より少ない時間ですむと判断した場合にはこの時間を短縮することができる。

六　この作業期間中に、オンブズパーソンは、

(a)　請願者に対して、質問を行い又は要請の検討を助けることのある追加情報若しくは説明(関係国、委員会及びモニタリング・チームから受け取った質問又は情報要請を含む。)を要請することができる。

(b)　請願者から、アルカイダ又はそのあらゆる下部組織、系列組織、分派集団又はそれらの派生団体と関係を一切有しておらず、将来もアルカイダと関係をもたないことを宣言した署名入りの声明を要請すべきである。

(c)　請願者とできる限り会うべきである。

(d)　請願者からの回答を関係国、委員会及びモニタリング・チームに回送し、及び、請願者の不完全な回答については請願者の追跡調査を行わなければならない。

(e)　請願者の一層の調査又は請願者への対応について、国、委員会及びモニタリング・チームと調整を行わなければならない。

(f)　情報収集又は対話の期間中、オンブズパーソンは、情報を提供した国が同意した場合には、その国が提供した情報(リスト削除に関する当該国の立場を含む。)を関係諸国と共有することができる。

(g)　情報収集及び対話の過程及び報告書の準備において、オンブズパーソンは、非公開に基づいて国が提供したいかなる情報についても、当該国の明示の書面の同意なしに、開示してはならない。

(h)　対話期間中、オンブズパーソンは、指定要請国並びに関連情報を提供した他の加盟国特に最初の指定に導いた行為又は関係により最も影響を受けた加盟国の意見に対して真摯な考慮を払わなければならない。

七　前記の作業期間の満了に伴い、オンブズパーソンは、モニタリング・チームの助けを得て、委員会に対して専ら次のことを記載した包括的報告書を起草し及び送付する。

(a)　オンブズパーソンが利用できるリスト削除の要請に関連するすべての情報を要約し、適当な場合には、その情報源を特定したもの。報告書は、加盟国のオンブズパーソンとの情報交換における非公開の要素を尊重する。

(b)　このリスト削除の要請に関するオンブズパーソンの活動を記載したもの、及び、

(c)　オンブズパーソンが入手できるあらゆる情報の分析及びオンブズパーソンの勧告に基づいて、リスト削除の要請に関する主要な主張を委員会のために説明したもの。

委員会の討議

八　委員会が、国際連合のすべての公用語で書かれた包括的報告書を審査するために一五日を有した後、委員会の議長は、リスト削除の要請を検討のために議題にあげなければならない。

九　委員会がリスト削除の要請を検討するとき、オンブズパーソンは、モニタリング・チームの助けを受けて、適当な場合には、包括的報告書を直接説明し、並びに、要請に関する委員会の委員の質問に回答する。

一〇　包括的報告書の委員会による検討は、包括的報告者が審査のために委員会に提出される日から三〇日を超えない間に終了しなければならない。

一一　オンブズパーソンがリストに維持することを勧告する場合には、この決議の一に定める措置をとることを国に求める要請は、当該の個人、集団、企業又は団体に対して引き続き維持される。ただし、委員会の委員がリスト削除の要請を提出する場合にはこの限りではなく、委員会は、通常のコンセンサス手続の下で削除要請を検討する。

一二　オンブズパーソンが委員会にリスト削除を検討するよう勧告する場合には、この決議の一に定める手続をとることを求める国への要請は、委員会がこの附属書Ⅱに従ってオンブズパーソンの包括的報告書の検討を完了する六〇日後に当該の個人、集団、企業又は団体について終了する。ただし、委員会は、当該六〇日の期間の満了の前にコンセンサスによって当該の個人、集団、企業又は団体について要請が維持されると決定する場合には、この限りではない。コンセンサスがない場合には、議長は、委員会の委員の要請により、当該の個人、集団、企業又は団体をリストから削除するかどうかの問題を六〇日以内に決定するために安全保障理事会に付託しなければならない。この要請がなされる場合には、この決議の一に定める措置をとるよう求める国への要請は、この問題が安全保障理事会によって決定されるまでは当該の個人、集団、企業又は団体について引き続き効力を有する。

一三　委員会がリスト削除の要請を却下する場合には、委員会は、オンブズパーソンにその決定を伝えなければならず、決定にはその理由を述べ、委員会の決定についての追加的関連情報及びリスト記載理由の更新された説明要旨を含める。

一四　委員会がオンブズパーソンに対して委員会はリスト削除の要請を却下したことを通知した後、オンブズパーソンは、請願者に対して、委員会に送付された申入れの写しとともに、一五日以内に次の書簡を送付しなければならない。

(a)　リスト記載を継続する委員会の決定を通知する

書簡

(b) オンブズパーソンの包括的報告書、手続及びオンブズパーソンが収集した公表可能な事実情報についてできる限り記載し及び描写する書簡、及び

(c) 一三に従ってオンブズパーソンに提供される決定に関するあらゆる情報を委員会から転送する書簡

オンブズパーソン事務所の他の任務(略)

一五　請願者とのすべての通信において、オンブズパーソンは、委員会における討議の秘密及びオンブズパーソンと加盟国間の通信の秘密を尊重しなければならない。

13-17　ウクライナに対する侵略に関する国際連合総会決議

採　択　二〇二二年三月二日(賛成一四一、反対五、棄権三五)
国際連合総会第一一回緊急特別会期決議ES—一一／一(ウクライナに対する侵略)

総会は、

前文(略)

1　領水を含む国際的に認められた国境内におけるウクライナの主権、独立、統一及び領土保全に対する総会の関与を再確認する。

2　憲章第二条四項に違反したロシア連邦によるウクライナに対する侵略を最も強い表現で遺憾とする。

3　ロシア連邦に対し、ウクライナに対する武力の行使を直ちに停止し、いかなる加盟国に対するいかなるこれ以上の違法な武力による威嚇又は武力の行使も慎むよう要求する。

4　ロシア連邦に対し、国際的に認められた国境内におけるウクライナの領域からそのすべての軍隊を直ちに、完全かつ無条件に撤退させることをまた要求する。

5　ウクライナのドネツク及びルハンスク地域の一定の地区の地位に関するロシア連邦による二〇二二年二月二一日の決定をウクライナの領土保全及び主権の侵害でありかつ憲章の原則に合致しないものとして遺憾とする。

6　ロシア連邦に対し、ウクライナのドネツク及びルハンスク地域の一定の地区の地位に関する決定を直ちにかつ無条件に撤回するよう要求する。

7　ロシア連邦に対し、憲章及び友好関係に関する宣言に規定された原則を遵守するよう要請する。

8　当事者に対し、ミンスク合意を遵守し、ノルマンディー・フォーマット及び三者間コンタクトグループを含む関連する国際枠組においてその完全な履行に向けて建設的に作業するよう要請する。

9　すべての当事者に対し、ウクライナにおいてそれを必要としている人々に、ウクライナ国外の目的地への安全かつ制限のない通行を認めると共に、人道支援に対する迅速、安全かつ妨げられないアクセスを容易にし、人道要員並びに女子、高齢者、障碍者、先住人民、移民及び児童を含む脆弱な状況にある人々を含む文民を保護し、人権を尊重するよう要求する。

10　ウクライナに対する違法な武力の行使へのベラルーシの関与を遺憾とし、ベラルーシに対し、自らの国際義務を遵守するよう要請する。

11　国際人道法のすべての違反並びに人権の侵害及び蹂躙を非難し、すべての当事者に対し、適用可能な場合には一九四九年のジュネーヴ諸条約及び一九七七年の追加議定書Iを含む国際人道法の関連する規定を厳格に尊重し並びに国際人権法を尊重するよう要請し、この点に関して、すべての当事者が専ら医療上の任務に従事しているすべての医療要員及び人道要員、その輸送手段及び機器並びに病院その他の医療施設の尊重及び保護を確保することを更に要求する。

12　すべての当事者が文民たる住民及び民用物を保護する国際人道法に基づく義務を完全に遵守し、文民たる住民の生存に不可欠な物を攻撃し、破壊し、除去し、無用化することを差し控え、人道要員及び人道救援活動のために使用される委託貨物を尊重し及び保護するよう要求する。

13　緊急救援調整官に対し、この決議の採択の三〇日後にウクライナにおける人道状況と人道対応に関する報告書を提出するよう要請する。

14　ロシア連邦とウクライナとの間の紛争の政治的対話、交渉、仲介その他の平和的手段を通じた即時の平和的解決を要請する。

15　事務総長、加盟国、欧州安全保障協力機構その他の国際的及び地域的機関による現在の事態の鎮静化を支持する継続的な努力並びにロシア連邦による侵略が作り出した人道上及び難民の危機に対応するためのウクライナに関する国際連合危機調整官を含む国際連合及び人道機関の努力を歓迎すると共に要請する。

16　総会の第一一回緊急特別会期を一時的に休会すること、及び加盟国からの要請があれば、総会の議長に会合を再開する権限を与えることを決定する。

1318 ウクライナに対する侵略の救済及び賠償の促進に関する国際連合総会決議

採択 二〇二二年一一月一四日（賛成九四、反対一四、棄権七三）
国際連合総会第一一回緊急特別会期決議ES―一一／五（ウクライナに対する侵略の救済及び賠償の促進）

総会は、
前文（略）
1 ウクライナの主権、独立、統一及び領土保全に対する総会の関与並びにウクライナに対する武力の行使を直ちに停止するようにとのロシア連邦に対する要求及び領水を含む国際的に認められた国境内におけるウクライナの領域からそのすべての軍隊を直ちに、完全かつ無条件に撤退させるようにとのロシア連邦に対する要求を再確認する。
2 ロシア連邦が国際連合憲章に違反する侵略を含むウクライナにおける又はウクライナに対する国際法のいかなる違反並びに国際人道法及び国際人権法のいかなる違反にも説明責任が問われなければならないこと並びにロシア連邦が当該行為によって生じたいかなる損害も含む侵害に賠償を与えることを含め、すべての国際違法行為の法的帰結を引き受けなければならないことを認識する。
3 ウクライナにおける又はウクライナに対するロシア連邦の国際違法行為から生じる損害、損失又は侵害の賠償のための国際制度をウクライナとの協力により設置する必要もまた認識する。
4 加盟国に対し、ウクライナにおける又はウクライナに対するロシア連邦の国際違法行為によって生じたすべての関係する自然人及び法人並びにウクライナ国に対する損害、損失又は侵害に関する証拠及び請求の情報の文書の形式による記録として利用し並びに証拠収集を促進し及び調整するための国際損害登録所をウクライナとの協力によって設置することを勧告する。
5 総会の第一一回緊急特別会期を一時的に休会すること、及び加盟国からの要請があれば、総会の議長に会合を再開する権限を与えることを決定する。

第3節 地域的安全保障

1319 北大西洋条約（NATO条約）（抄）

署名 一九四九年四月四日（ワシントン）
効力発生 一九四九年八月二四日
修正 一九五一年一〇月二二日

第一条【紛争の平和的解決】締約国は、国際連合憲章の規定するところに従い、自国が巻きこまれることのあるいかなる国際紛争をも、国際の平和及び安全と正義とを危くすることのない方法で平和的手段によって解決すること、並びに、その国際関係において、国際連合の目的と両立しない何らかの方法による武力の威嚇又は行使を慎むことを約束する。

第二条【国際協力】締約国は、その自由な制度を強固にすることによって、またこの制度の基礎をなす原則の理解を促進することによって、更にまた安定と福祉の条件を助長することによって、平和的及び友好的な国際関係の一層の発展に貢献する。締約国は、その国際的経済政策上の衝突を除去することに努め、かつ、いずれかの又はすべての締約国との間の経済的協力を促進する。

第三条【武力攻撃に対する抵抗力の発展】この条約の目的を一層有効に達成するために、締約国は、単独に及び共同して、継続的かつ効果的な自助及び相互援助により、武力攻撃に抵抗する個別的の及び集団的の能力を維持し、かつ、発展させる。

第四条【協議】締約国は、いずれかの締約国の見解によれば、締約国の領土の保全、政治的独立又は安全が脅かされているときはいつでも、協議する。

第五条【武力攻撃に対する共同防衛】締約国は、ヨーロッパ又は北アメリカにおける一又は二以上の締約国に対する武力攻撃を、全締約国に対する攻撃とみなすことに同意する。従って、締約国は、当該武力攻撃が発生した場合には、各締約国が、国際連合憲章第五一条によって認められている個別的又は集団的自衛権を行使して、北大西洋地域の安全を回復し及び維持するために、兵力の使用を含めてその必要と認める行動を、個別的に及び他の締約国と共同して、直ちに執ることによって、当該攻撃を受けた一以上の締約国を援助することに同意する。

前記の武力攻撃及びその結果として執ったすべての措置は、直ちに安全保障理事会に報告しなければならない。その措置は、安全保障理事会が国際の平和及び安全を回復し及び維持するために必要な措置を執ったときは、終止しなければならない。

第六条【武力攻撃の対象】第五条の適用上、一又は二以上の締約国に対する武力攻撃は、次のものに対する武力攻撃を含むものとみなす。

1　ヨーロッパ若しくは北アメリカにおけるいずれかの締約国の領域、フランス領アルジェリアの諸県(注)、トルコの領域又は北回帰線以北の北大西洋地域におけるいずれかの締約国の管轄下にある島

注　一九六三年一月一六日に、北大西洋理事会は、旧フランス領アルジェリアの諸県に関する限り、本条約の関連規定は一九六二年七月三日以降不適用となったことを確認した。

2　いずれかの締約国の軍隊、船舶又は航空機で、それらのものが前記の領域、いずれかの締約国の占領軍が本条約の効力発生の日に駐留していたヨーロッパの他の地域、又は地中海若しくは北回帰線以北の北大西洋地域の中又は上空にあるとき

第七条【憲章に対する影響】この条約は、国際連合の加盟国たる締約国の憲章に基く権利及び義務に対しても、また国際の平和及び安全の維持のための安全保障理事会の主要な責任に対しても、何らの影響を及ぼすものではなく、かつ、及ぼすものと解釈してはならない。

第八条【他の協定との関係】各締約国は、自国と他のいずれかの締約国又はいずれかの第三国との間に現在有効であるいかなる国際約束も、この条約の規定に抵触しないことを宣言し、及び、この条約と抵触するいかなる国際約束をも締結しないことを約束する。

第九条【理事会】締約国は、ここに、この条約の実施に関する事項を審議するため、各締約国代表の参加する理事会を設立する。理事会は、いつでも迅速に会合しうるように組織するものとする。理事会は、必要とする補助機関を設置し、特に、第三条及び第五条の実施のための措置を勧告すべき防衛委員会を直ちに設置するものとする。

第一〇条【加入】締約国は、全会一致の合意によって、本条約の諸原則を促進し北大西洋地域の安全保障に貢献する立場にある、いずれかの他のヨーロッパの国を、本条約に加入するように招請することができる。招請されたいかなる国も、アメリカ合衆国政府に加入書を寄託することによって、条約の締約国となることができる。アメリカ合衆国政府は、各締約国に対して、このような加入書の寄託を通知する。

第一一条【批准、効力発生】
第一二条【再審議】
第一三条【廃棄】
第一四条【正文】　(略)

13 20　米州相互援助条約(リオ条約)

署　名　一九四七年九月二日(リオ・デ・ジャネイロ)
効力発生　一九四八年一二月三日
改　正　一九七五年七月二六日(サン・ホセ)未発効のため織込んでいない

各自の人民の名において、大陸の平和及び安全の維持に関する米州会議に代表者を出した各政府は、各自の間の友好及び善隣の関係を強固にしかつ強化することを希望し、

並びに、

メキシコ・シティに会合した戦争と平和の問題に関する米州会議決議第八が、アメリカ諸国のうちのいずれに対する侵略の威嚇及び侵略行為をも防止し、かつ、除去するための条約の締結を勧告したこと

締約国が、国際連合の目的及び原則と両立する米州の制度の下に引き続き結束する意思を再び明らかにし、及び、国際の平和及び安全の維持に関する事項であって地域的行動に適当であるものについて締約国の締結した協定の存在を再確認していること

締約国が、米州の連帯及び協力の原則、とくにチャプルテペック協定の前文及び宣言に掲げられ、そのすべてが締約国の相互の関係の基準及び米州の制度の法的基礎として受諾されるものと了解されるべき諸原則を各自が遵守することを再確認していること

アメリカの諸国が、各自の間の紛争の平和的解決に関する手続を改善するため、戦争と平和の問題に関する米州会議の決議第九及び第三九において想定されている米州の平和制度に関する条約を締結することを提案していること

アメリカの諸共和国の相互援助及び共同防衛の義務が、これらの諸国の民主的理想並びに平和政策の諸原則及び諸目的の遂行に恒久的に協力するというこれらの共和国の意思と本質上関係を有していること

アメリカの地域的共同体が、法的機関が平和及び安全の必要な前提条件であること、並びに、平和が正義及び道徳的秩序、したがって人権及び自由の国際的な承認と保護、人民の不可欠の福祉並びに正義及び安全

の国際的実現のための民主主義の実効性を基礎としていることを明白な真理として確認していることを考慮して、

前記の諸目的に従って、適当な手段によって平和を確保するため、アメリカのいずれの国に対する武力攻撃にも対抗する効果的な相互援助を定めるため、及びこれらの国のうちのいずれに対する侵略の威嚇にも対処するため、次の条約を締結することを決定した。

第一条【戦争の否認】締約国は、正式に戦争を否認し、及び各自の国際関係において、国際連合憲章又はこの条約の規定に合致しないいかなる方法による武力による威嚇又は武力の行使も慎むことを約束する。

第二条【紛争の平和的解決】前条に掲げる原則の結果として、締約国は、その相互の間に生じるあらゆる紛争を平和的解決手段に付託すること、及びそれらの紛争を、国際連合総会又は国際連合安全保障理事会に付託するに先だって、米州の制度において効力を有する手続によって相互に解決するよう努めることを約束する。

第三条【武力攻撃に対する措置】1　締約国は、アメリカの一国に対するいかなる国の武力攻撃も、アメリカのすべての国に対する攻撃とみなされることに合意する。したがって、各締約国は、国際連合憲章第五一条によって認められている個別的又は集団的自衛の固有の権利を行使して、当該攻撃に対抗するために援助することを約束する。

2　直接に攻撃を受けた一又は二以上の国の要請があった場合には、米州制度の協議機関の決定があるまでは、各締約国は、前項に掲げる義務の遂行として、かつ、大陸の連帯の原則に従って、自国が個別にとることができる即時の措置を決定することができる。協議機関は、これらの措置を検討し、かつ、とるべき集団的な性質を有する措置に合意する目的をもって遅滞なく会合する。

3　この条の規定は、第四条に定める地域内又はアメリカの一国の領域内で発生するいかなる武力攻撃の場合にも適用される。武力攻撃が右地域外で発生する場合には、第六条の規定が適用される。

4　この条に定める自衛措置は、国際連合安全保障理事会が、国際の平和及び安全の維持に必要な措置をとるまでの間とることができる。

第四条【適用地域】この条約にいう地域は、次のとおり画定される。すなわち北極に始まり、次いで真南に向かい、北緯七四度、西経一〇度の地点に至る。次いで航程線により、北緯四七度三〇分、西経五〇度の地点に至る。次いで航程線により、北緯三五度、西経六〇度の地点に至る。次いで真南に向かい、北緯二〇度の地点に至る。次いで航程線により、北緯五度、西経二四度の地点に至る。次いで真南に向かい、南極に至る。次いで真北に向かい、南緯三〇度、西経九〇度の地点に至る。次いで航程線により、赤道上の西経九七度の地点に至る。次いで航程線により、北緯一五度、西経一二〇度の地点に至る。次いで航程線により、北緯五〇度、東経一七〇度の地点に至る。次いで真北に向かい、北緯五四度の地点に至る。次いで航程線により、北緯六五度三〇分、西経一六八度五八分五秒の地点に至る。次いで真北に向かい、北極に至る。

第五条【自衛措置に関する情報】締約国は、自衛権の行使として又は米州の平和及び安全を維持するために、とられたか又は計画中である活動に関する完全な情報を、国際連合憲章第五一条及び第五四条に従って、国際連合安全保障理事会に直ちに送付する。

第六条【武力攻撃以外の場合の措置】アメリカのいずれかの国の領域の不可侵若しくは領土保全又はその主権若しくは政治的独立が、武力攻撃ではない侵略によって、大陸外若しくは大陸内の抗争によって又はアメリカの平和を危うくするおそれのある他の何らかの事実若しくは事態によって影響を受ける場合には、協議機関は、侵略の場合にはその侵略の犠牲国を援助するためにとられなければならない措置、又はいかなる場合でも共同防衛のため及び大陸の平和及び安全の維持のためにとるべき措置に合意するために、直ちに会合する。

第七条【アメリカ諸国間の抗争】アメリカの二以上の国の間の抗争の場合には、国際連合憲章第五一条に合致した自衛権を害することなしに、締約国は、協議のために会合し、抗争国に対し敵対行為を停止して事態を戦争前の原状(the status quo ante bellum)に回復することを求め、加えて、米州内の平和及び安全の再確立又は維持のため、及び抗争の平和的手段による解決のため、他のあらゆる必要な措置をとる。平和をもたらす行動を拒む行為は、侵略者の決定及び協議会合が合意する措置の適用にあたって考慮される。

第八条【協議機関が合意する措置】この条約の適用上、協議機関が合意する措置は、次の一又は二以上を含む。外交使節団の長の召還、外交関係の断絶、領事関係の断絶、経済関係又は鉄道、航海、航空、郵便、電信、電話及び無線電話若しくは無線電信による運輸通信の一部又は全部の停止、武力の行使。

第九条【侵略の定義】協議機関が侵略であるとする他の行為のほか、次の行為が侵略とみなされる。

(a)　一国による他国の領域、国民、又は陸軍、海軍若しくは空軍に対する挑発によらない武力攻撃。

(b)　条約、司法判決、若しくは仲裁裁定に従って画定された境界を越えることによって、一国の軍隊が行うアメリカの一国の領域への侵入、又はこのように画定された国境がない場合には、他国の実効的な管轄権の下にある地域に影響を与える侵入。

第一〇条【国際連合との関係】この条約のいずれの規定も、国際連合憲章に基づく締約国の権利及び義務を害するものと解釈してはならない。

第一一条【協議機関】この条約にいう協議は、この条約を批准したアメリカの諸共和国の外務大臣の会合又は将来合意されることのある方法若しくは機関によって行われなければならない。

第一二条【協議機関の代行】汎米連合理事会は、前条に掲げる協議機関の会合が行われるまでの間、暫定的に協議機関として行動することができる。

第一三条【協議の開始】協議は、条約を批准した署名国のうちのいずれかが汎米連合理事会に対して提出する要請によって開始される。

第一四条【投票】この条約に掲げる投票には、条約を批准した署名国の代表者だけが参加することができる。

第一五条【連絡機関】汎米連合理事会は、この条約に関する一切の事項について、この条約を批准した署名国相互の間及びこれらの国と国際連合との間の連絡機関として行動する。

第一六条【汎米連合理事会の決定方法】第一三条及び第一五条に定める汎米連合理事会の決定は、投票する権利を有する理事の絶対多数によって行われる。

第一七条【協議機関の決定方法】協議機関は、条約を批准した署名国の三分の二の投票によって決定を行う。

第一八条【当事国の除外】アメリカ諸国の間の事態又は紛争の場合には、直接に利害関係を有する当事国は、前二条に掲げられる投票から除外される。

第一九条【定足数】前諸条に掲げる一切の会合において定足数を確保するためには、代表者を出している国の数が、決定を行うために必要な票数と少なくとも等しくなければならない。

第二〇条【決定の拘束力】第八条に掲げる措置の適用を要求する決定は、この条約を批准したすべての署名国を拘束する。ただし、いかなる国も自国の同意なしに武力を行使することを求められることはない。

第二一条【合意された措置の実施】協議機関によって合意された措置は、現に存在しているか又は将来設定されることのある手続及び機関を通じて実施される。

第二二条【効力発生】この条約は、署名国の三分の二の批准書が寄託された時に、これを批准した国の間で効力を生ずる。

第二三条【批准】この条約は、リオ・デ・ジャネイロ市において、アメリカ諸国による署名のために開放され、署名国によって、各自の憲法上の手続に従ってできる限り速やかに批准される。批准書は、汎米連合に寄託され、また汎米連合は、各寄託を署名国に通告する。右通告は、批准書の交換とみなされる。

第二四条【登録】この条約は、署名国の三分の二が各自の批准書を寄託した時に、汎米連合を通じて、国際連合事務局に登録される。

第二五条【有効期間、廃棄】この条約は、無期限に効力を有する。ただし、いずれの締約国も、汎米連合にあてた文書による通告によってこれを廃棄することができる。汎米連合は、受領した廃棄通告を他のすべての締約国に通知する。いずれかの締約国の廃棄通告を汎米連合が受領した日から二年が経過した後は、この条約は、当該国に関して効力を失う。ただし、他のすべての締約国についてては引き続き完全に効力を有する。

第二六条【米州の制度との関係】この条約の原則及び基本規定は、米州の制度の組織規約に組み込まれれる。

13 21 ヨーロッパの安全保障及び協力に関する会議（CSCE）最終決定書（ヘルシンキ宣言）（抄）

採　択　一九七五年八月一日

（通称ヘルシンキ宣言と呼ばれるものは、ヘルシンキ最終決定書の中の「参加国の関係を律する諸原則に関する宣言」の部分をいう。ここでは、最終決定書全体の輪郭を示すとともに、ヘルシンキ宣言の部分を掲載する。）

前　文（略）

ヨーロッパの安全保障及び協力に関する諸問題

ヨーロッパの安全保障及び協力に関する会議の参加国は、

参加国の目的が参加国間の関係の改善を促進し、参加国の国民が、彼らの安全に対する脅威又は侵害なしに、真正かつ永続的な平和の中で生活できる条件を確保することにある旨を再確認し、

緊張緩和を全世界的な意味において持続的であるとともに徐々により活力に富みかつより包括的なプロセスとするために努力する必要性を確信し、ヨーロッパの安全保障及び協力に関する会議の成果の実施が、このプロセスに対する主要な貢献をなすことを確信し、

参加国の国民の間の連帯並びにヨーロッパの安全保障及び協力に関する会議の掲げる目的を達成しようとの参加国の共通の関心が、あらゆる分野における参加国のより良好かつ緊密な関係を発展させ、それにより参加国の過去の関係の性格から生ずる対決を克服しより良き相互の理解に導くものと考え、

参加国の共通の歴史を想起し、また参加国の伝統と価値に共通する要素の存在が参加国をしてその相互関係を発展せしめる上で助けとなりうることを認め、その立場と見解の個別性と多様性を十分に斟酌して、不信感を克服し、信頼感を増大させ、参加国を離反させている諸問題を解決し、かつ人類の利益のために協力するよう、参加国の努力を結集する可能性を探ることを希望し、

ヨーロッパの安全が不可分であること、並びにヨーロッパ全域を通じて、かつ参加国間での協力の発展に対し参加国が共通の関心をもつことを認めるとともに、その努力を継続する意向を表明し、

ヨーロッパ及び世界全域での平和と安全の間に存する緊密な絆を認め、参加国の各々が世界平和と安全の強化並びにすべての国民の基本的権利、経済的社会的な進歩及び福祉の伸長に貢献する必要性を自覚して、

次の事項を採択した。

1

(a)　参加国の関係を律する諸原則に関する宣言

参加国は、

平和、安全及び正義並びに友好関係及び協力の継続的な発展に対する責務を再確認し、

諸国民の関心と希求を反映するこの責務が、各参加国にとって過去の経験によって一層高められた現在及び将来における責任となることを認め、

参加国が、国際連合加盟国としての地位に応じ、かつ、国際連合の目的と原則に従い、国際連合に対し、また国際平和と安全及び正義を強化し、国際的な問題の解決を促進し、国家間の友好関係と協力を発展させる上での国際連合の役割と機能を強化することとに全面的かつ積極的な支持を再確認し、

国際連合憲章に合致する下記の諸原則に対する参加国の共通の支持、並びにこれらの諸原則の適用に当たって、国際連合憲章の目的と原則に従って行動する共通の意思を表明し、

参加国は、その各々が他のすべての参加国との関係において、政治、経済、社会体制並びにその国の規模、地理的位置、又は経済発展の水準のいかんにかかわらず、相互の関係を律する、すべての第一義的な重要性を有する次の諸原則を尊重し、これを実施する決意を宣言する。

I　主権平等、主権に固有の諸権利の尊重

参加国は、相互の主権平等と個別性、とりわけ法律上の平等、領土保全、自由と政治的独立を含む主権に固有の、かつこれに包含されるすべての権利を相互に尊重する。参加国は、また、参加国の各々が自らの政治的、社会的、経済的、文化的な制度を自由に選び、発展させる権利、並びにその法律、規則を制定する権利を尊重する。

国際法の範囲内において、すべての参加国は、平等な権利と義務を有する。参加国は、国際法に従い、かつこの宣言の精神に則り、自らの希望通りに他の国との関係を定め、実施する相互の権利を尊重する。参加国は、国際法に従い平和的手段と合意によって、国境が変更されうるものと考える。参加国は、また、国際機関に加盟するか否か、同盟条約の当事国となるか否かを含む二国間又は多数国間の条約の当事国となるか否かの権利を有する。参加国は、また、中立を保つ権利を有する。

II　武力による威嚇又は武力行使の抑制

参加国は、相互の関係及び国際関係一般において、武力による威嚇又は武力の行使を、いかなる国の領土保全又は政治的独立に対するものも、また、国際連合の目的及びこの宣言と両立しない他のいかなる方法によるものも慎む。この原則に違反して武力による威嚇又は武力の行使に訴えることを正当化するためのいかなる考慮も援用することはできない。

したがって、参加国は、他の参加国に対する武力による威嚇又は直接若しくは間接の武力の行使となるいかなる行動も慎む。同様に、参加国は、他の参加国に対しその主権の十分な行使を放棄させる目的で、武力を誇示することを慎む。同様に、参加国は、その相互関係において、武力によるあらゆる復仇行為をも慎む。

参加国間において紛争又は紛争にいたるおそれのある問題を解決する手段として、このような武力による威嚇又は武力の行使も用いられない。

III　国境の不可侵

参加国は、すべての参加国の相互の国境及びヨーロッパにおけるすべての国の国境が侵すことのできないものであるとみなし、現在及び将来にわたり、これらの国境に対する攻撃を慎む。

したがって、参加国は、また、他の参加国の領土の一部若しくは全部の併合又は略奪のためのいかなる要求又は行動も慎む。

IV　国家の領土保全

参加国は、それぞれの参加国の領土保全を尊重する。

したがって、参加国は、他の参加国の領土保全、政治的独立又は統一に対する国際連合憲章の目的及び原則に調和しないいかなる行動、特に、武力による威嚇又は武力の行使となる行動を慎む。

同様に、参加国は、相互の領土を国際法に違反する軍事占領又は他の直接若しくは間接の武力措置の対象とし、又はこのような措置若しくは威嚇によって占領又は領有の対象とすることを慎む。このような占領又は領有は、合法的なものと認められない。

V　紛争の平和的解決

参加国は、その紛争を平和的手段によって国際の平和及び安全並びに正義を危うくしないように解決する。

参加国は、誠実にかつ協力の精神をもって、国際法を基礎として迅速かつ公平な解決に達するよう努力する。

この目的のために、参加国は、交渉、事実審査、居中調停、調停、仲裁裁判、司法的解決又は参加国が当事国となる紛争に関して予め合意した解決手続を含め、自ら選択するその他の平和的手段などを用いる。

上記の平和的手段によって解決に達しない場合には、紛争当事国は、紛争を平和的に解決するためにある問題を解決する手段として、このような武力に

相互に合意する方法を引き続き探求する。

参加国は、紛争の当事国であるもの及び他の参加国も、国際の平和及び安全の維持を危うくし、紛争の平和的解決を一層困難にする程に事態を悪化させるいかなる行動も慎む。

Ⅵ　**内政事項への不干渉**

参加国は、その相互関係のいかんにかかわらず、他の参加国の国内管轄権に属する国内、対外事項に対する直接又は間接、単独又は集団のいかなる干渉も慎む。

したがって、参加国は、他の参加国に対するあらゆる形態の武力干渉、又はこのような干渉による威嚇を慎む。

同様に、参加国は、いかなる事情の下においても、他の参加国の主権に固有な権利の行使を自国の利益に従属させ、これにより何らかの利益を得ることを目的とする軍事的又は政治的、経済的若しくはその他のあらゆる強制行動を慎む。

したがって、参加国は、特に、他の参加国の体制を暴力的に転覆することに向けられるテロ活動、破壊活動、その他の活動を直接又は間接に援助することを慎む。

Ⅶ　**思想、良心、宗教又は信条の自由を含む、人権及び基本的自由の尊重**

参加国は、人種、性、言語又は宗教の差別なく、思想、良心、宗教又は信条の自由を含む、すべての者に対する人権及び基本的自由を尊重する。

参加国は、人間に固有の尊厳に由来し、人間の自由かつ完全な発展に不可欠な市民的、政治的、経済的、社会的、文化的及びその他の権利並びに自由の効果的な行使を伸長し及び奨励する。

この枠内において、参加国は、個人が自己の良心の命ずるところに従って行動し、単独に又は他の者と共同して、宗教又は信条を表明しかつ実行する自由をもつことを認め、尊重する。

その領域に少数民族が存在する参加国は、これらの少数民族に属する人の法の前の平等に対する権利を尊重し、人権及び基本的自由を実際に享受する完全な機会を彼らに与え、このようにしてこの分野における彼らの正当な利益を擁護する。

参加国は、その尊重が、参加国並びにすべての国家の間の友好関係及び協力の発展を確保するために必要な平和、正義及び福祉にとって基本的な要素となる人権及び基本的自由の普遍的な意義を認める。

参加国は、その相互関係において、これらの権利及び自由を絶えず尊重し、国際連合との協力を含め、共同及び個別に、これらの普遍的かつ効果的な尊重を伸長するよう努力する。

参加国は、この分野において個人がその権利及び義務を知り、これに基づいて行動する権利をもつことを確認する。

人権及び基本的自由の分野において、参加国は、国際連合憲章の目的及び原則並びに世界人権宣言に従って行動する。参加国は、また、特に、人権に関する国際規約を含め、自国を拘束するこの分野における国際的宣言及び取極に定められている義務を履行する。

Ⅷ　**人民の同権と自決権**

参加国は、常に国際連合憲章の目的及び原則並びに国の領土保全に関する規定を含む国際法の関連規則に従って行動し、人民の同権とその自決権を尊重する。

人民の同権と自決の原則により、すべての人民は、常に、外部の干与を受けることなく、完全に自由にその欲するときまた欲するようにその国内的及び対外的な政治的地位を決定し、かつその政治的、経済的、社会的及び文化的な発展をその望むように追求する権利を有する。

参加国は、参加国の間及びすべての国の間の友好関係を発展させるために、人民の同権と自決権を尊重し、それを効果的に行使することのもつ普遍的な意義を再確認する。参加国は、また、この原則のいかなるかたちの違反も排除することの重要性を想起する。

Ⅸ　**国家間の協力**

参加国は、国際連合憲章の目的及び原則に従い、すべての分野において、相互にかつすべての国と協力を発展させる。かかる協力を発展させるに当たって、参加国は、ヨーロッパの安全保障及び協力に関する会議の枠内で定められた分野に特別の重要性を付与し、それぞれ完全な平等の条件の下で、それに貢献する。

参加国は、平等なものとして、その協力を発展させるに際し、相互の間の相互理解と信頼、友好、善隣の関係、国際平和、安全及び正義を促進するように努力する。参加国は、また、その協力を発展させるに際して、特に、経済的、科学的、技術的、社会的、文化的及び人道的な分野における相互の知識の増進から生ずる利益を通じて、人民の福祉を増進し、その願望を満たすように貢献するよう努力する。参加国は、これらの利益をすべての人が享受しうる条件を促進するための措置をとる。参加国は、経済発展段階の格差を縮小させる上ですべての国、とりわけ、世界の発展途上国の利害関係を考慮に入れる。

参加国は、協力のこれらの目的を達成することに貢献する上で、政府、機関、組織及び個人が関連ある積極的な役割を果たすことを確認する。

参加国は、上に示された協力を増進するに際して、人民の利益のために改善されかつ永続的な基礎の上に立ち、相互間のより密接な関係を発展させるよう努力する。

Ⅹ　**国際法の義務の誠実な履行**

参加国は、国際法上の義務、すなわち、国際法の一般に認められた原則及び規則から生ずる義務並びに、自国が当事国である条約及びその他の協定から生ずる義務であって、国際法に合致するものを誠実に履行する。

参加国は、自国の法律、規則を決める権利を含め、主権を行使するに際し、国際法上の法的義務に従う。更に、参加国は、ヨーロッパの安全保障及び協力に関する会議の最終決定書の規定を十分に尊重し、実施する。

参加国は、国際連合憲章による国際連合加盟国の義務と条約又はその他の国際的な協定との間に抵触が生ずる場合には、国際連合憲章第一〇三条に従って国際連合憲章による義務が優先することを確認する。

上に示された原則は、すべて第一義的な重要性を有しており、したがって、これらの原則は、平等にかつ留保なしに適用され、それぞれは、他の原則を考慮に入れて解釈される。

参加国は、これらの原則がすべての参加国により尊重され、適用されることにより生ずる利益を各参加国に対して確保するため、その相互の関係及び協力に対して、あらゆる面において、この宣言に示されているこれらの諸原則を完全に尊重し、かつ適用する決意を表明する。

参加国は、上記の諸原則、特に、第一〇原則「国際法上の義務の誠実な履行」の第一節を十分に尊重し、この宣言が参加国の権利及び義務、またこれらに関する条約、協定及び取極に影響することのないことを認める。

参加国は、これらの原則を尊重することが、あらゆる分野における相互の間の正常かつ友好的な関係の発展並びに協力の進展を促進するとの確信を表明する。参加国は、また、これらの原則を尊重することが相互間の政治的接触の発展を促進し、その結果、それぞれの立場と見解についてのよりよい相互理解に貢献するとの確信を表明する。

参加国は、この宣言に含まれている原則の精神に従ってすべての他の国との関係を処理する意図を有することを宣言する。

(b)　上記諸原則のいくつかを実行することに関連する事項（略）

2　信頼醸成措置並びに安全保障及び軍縮の若干の側面に関する文書（略）

Ⅰ　主要な軍事演習の事前通告

Ⅱ　軍縮に関する問題

Ⅲ　一般的な考察

経済、科学技術及び環境の分野における協力（略）

1　貿易

2　産業協力及び共通の関心を有するプロジェクト

3　貿易及び産業の協力に関する条項

4　科学及び技術

5　環境

6　他の分野における協力

地中海の安全及び協力に関する問題（略）

人道及びその他の分野における協力（略）

1　人の接触

2　情報

3　文化の分野における協力及び交流

4　教育の分野における協力及び交流

会議のフォローアップ（抜粋）

4　フィンランド共和国政府は、この最終決定書が国際連合憲章第一〇二条に基づく登録の資格を有するものではないが、国際連合の公式文書として機関のすべての加盟国に配布するために最終決定書条文を国際連合事務総長に送付するよう要請される。

第4節　日米安全保障条約関係

13 22　日本国とアメリカ合衆国との間の安全保障条約（旧日米安保条約）

署　　名　一九五一年九月八日（サン・フランシスコ）
効力発生　一九五二年四月二八日
日 本 国　一九五一年一一月一八日国会承認、一九五二年四月二八日批准書交換、公布（条約第六号）
効力終了　一九六〇年六月二三日

日本国は、本日連合国との平和条約に署名した。日本国は、武装を解除されているので、平和条約の効力発生の時において固有の自衛権を行使する有効な手段をもたない。

無責任な軍国主義がまだ世界から駆逐されていないので、前記の状態にある日本国には危険がある。よって、日本国は、平和条約が日本国とアメリカ合衆国の間に効力を生ずるのと同時に効力を生ずべきアメリカ合衆国との安全保障条約を希望する。

平和条約は、日本国が主権国として集団的安全保障取極を締結する権利を有することを承認し、さらに、国際連合憲章は、すべての国が個別的及び集団的自衛の固有の権利を有することを承認している。

これらの権利の行使として、日本国は、その防衛のための暫定措置として、日本国に対する武力攻撃を阻止するため日本国内及びその附近にアメリカ合衆国がその軍隊を維持することを希望する。

アメリカ合衆国は、平和と安全のために、現在、若干の自国軍隊を日本国内及びその附近に維持する意思がある。但し、アメリカ合衆国は、日本国が、攻撃的な脅威となり又は国際連合憲章の目的及び原則に従って平和と安全を増進すること以外に用いられうべき軍備をもつことを常に避けつつ、直接及び間接の侵略に対する自国の防衛のため漸増的に自ら責任を負うことを期待する。

よって、両国は、次のとおり協定した。

第一条【駐留米軍の使用目的】平和条約及びこの条約の効力発生と同時に、アメリカ合衆国の陸軍、空軍及び海軍を日本国内及びその附近に配備する権利を、日本国は、許与し、アメリカ合衆国は、これを受諾する。この軍隊は、極東における国際の平和と安全の維持に寄与し、並びに、一又は二以上の外部の国による教唆又は干渉によって引き起された日本国における大規模の内乱及び騒じょうを鎮圧するため日本国政府の明示の要請に応じて与えられる援助を含めて、外部からの武力攻撃に対する日本国の安全に寄与するために使用することができる。

第二条【第三国の駐兵の禁止】第一条に掲げる権利が行使される間は、日本国は、アメリカ合衆国の事前の同意なくして、基地、基地における若しくは基地に関する権利、権力若しくは権能、駐兵若しくは演習の権利又は陸軍、空軍若しくは海軍の通過の権利を第三国に許与しない。

第三条【行政協定】アメリカ合衆国の軍隊の日本国内及びその附近における配備を規律する条件は、両政府間の行政協定で決定する。

第四条【効力終了】この条約は、国際連合又はその他による日本区域における国際の平和と安全の維持のため充分な定をする国際連合の措置又はこれに代る個別的若しくは集団的の安全保障措置が効力を生じたと日本国及びアメリカ合衆国の政府が認めた時はいつでも効力を失うものとする。

第五条【批准】この条約は、日本国及びアメリカ合衆国によって批准されなければならない。この条約は、批准書が両国によってワシントンで交換された時に効力を生ずる。

13 23 日本国とアメリカ合衆国との間の相互協力及び安全保障条約(日米安保条約)

署　名　一九六〇年一月一九日(ワシントン)
効力発生　一九六〇年六月二三日
日本国　一九六〇年六月一九日国会承認、六月二三日批准書交換、公布(条約第六号)

日本国及びアメリカ合衆国は、

両国の間に伝統的に存在する平和及び友好の関係を強化し、並びに民主主義の諸原則、個人の自由及び法の支配を擁護することを希望し、

また、両国の間の一層緊密な経済的協力を促進し、並びにそれぞれの国における経済的安定及び福祉の条件を助長することを希望し、

国際連合憲章の目的及び原則に対する信念並びにすべての国民及びすべての政府とともに平和のうちに生きようとする願望を再確認し、

両国が国際連合憲章に定める個別的又は集団的自衛の固有の権利を有していることを確認し、

両国が極東における国際の平和及び安全の維持に共通の関心を有することを考慮し、

相互協力及び安全保障条約を締結することを決意し、

よって、次のとおり協定する。

第一条【国連憲章との関係】締約国は、国際連合憲章に定めるところに従い、それぞれが関係することのある国際紛争を平和的手段によって国際の平和及び安全並びに正義を危うくしないように解決し、並びにそれぞれの国際関係において、武力による威嚇又は武力の行使を、いかなる国の領土保全又は政治的独立に対するものも、また、国際連合の目的と両立しない他のいかなる方法によるものも慎むことを約束する。

締約国は、他の平和愛好国と協同して、国際の平和及び安全を維持する国際連合の任務が一層効果的に遂行されるように国際連合を強化することに努力する。

第二条【経済的協力】締約国は、その自由な諸制度を強化することにより、これらの制度の基礎をなす原則の理解を促進することにより、並びに安定及び福祉の条件を助長することによって、平和的かつ友好的な国際関係の一層の発展に貢献する。締約国は、その国際経済政策におけるくい違いを除くことに努め、また、両国の間の経済的協力を促進する。

第三条【自助と相互援助】締約国は、個別的に及び相互に協力して、継続的かつ効果的な自助及び相互援助により、武力攻撃に抵抗するそれぞれの能力を、憲法上の規定に従うことを条件として、維持し発展させる。

第四条【協議】締約国は、この条約の実施に関して随時協議し、また、日本国の安全又は極東における国際の平和及び安全に対する脅威が生じたときはいつでも、いずれか一方の締約国の要請により協議する。

第五条【共同防衛】各締約国は、日本国の施政の下にある領域における、いずれか一方に対する武力攻撃が、自国の平和及び安全を危うくするものであることを認め、自国の憲法上の規定及び手続に従って共通の危険に対処するように行動することを宣言する。

前記の武力攻撃及びその結果として執ったすべての措置は、国際連合憲章第五一条の規定に従って直ちに国際連合安全保障理事会に報告しなければならない。その措置は、安全保障理事会が国際の平和及び安全を回復し及び維持するために必要な措置を執ったときは、終止しなければならない。

第六条【基地許与】日本国の安全に寄与し、並びに極東における国際の平和及び安全の維持に寄与するため、

アメリカ合衆国は、その陸軍、空軍及び海軍が日本国において施設及び区域を使用することを許される。

前記の施設及び区域の使用並びに日本国における合衆国軍隊の地位は、一九五二年二月二八日に東京で署名された日本国とアメリカ合衆国との間の安全保障条約第三条に基く行政協定(改正を含む。)に代わる別個の協定及び合意される他の取極により規律される。

第七条【国連加盟国たる地位との関係】この条約は、国際連合憲章に基づく締約国の権利及び義務又は国際の平和及び安全を維持する国際連合の責任に対しては、どのような影響も及ぼすものではなく、また、及ぼすものと解釈してはならない。

第八条【批准】この条約は、日本国及びアメリカ合衆国により各自の憲法上の手続に従って批准されなければならない。この条約は、両国が東京で批准書を交換した日に効力を生ずる。

第九条【安全保障条約の失効】一九五一年九月八日にサン・フランシスコ市で署名された日本国とアメリカ合衆国との間の安全保障条約は、この条約の効力発生の時に効力を失う。

第一〇条【効力終了】この条約は、日本区域における国際の平和及び安全の維持のため十分な定めをする国際連合の措置が効力を生じたと日本国政府及びアメリカ合衆国政府が認める時まで効力を有する。

もっとも、この条約が一〇年間効力を存続した後は、いずれの締約国も、他方の締約国に対しこの条約を終了させる意思を通告することができ、その場合には、この条約は、そのような通告が行なわれた後一年で終了する。

以上の証拠として、下名の全権委員は、この条約に署名した。

一九六〇年一月一九日にワシントンでひとしく正文である日本語及び英語により本書二通を作成した。

条約第六条の実施に関する交換公文

(内閣総理大臣から合衆国国務長官にあてた書簡)

書簡をもって啓上いたします。本大臣は、本日署名された日本国とアメリカ合衆国との間の相互協力及び安全保障条約に言及し、次のことが同条約第六条の実施に関する日本国政府の了解であることを閣下に通報する光栄を有します。

合衆国軍隊の日本国への配置における重要な変更、同軍隊の装備における重要な変更並びに日本国から行なわれる戦闘作戦行動(前記の条約第五条の規定に基づいて行なわれるものを除く。)のための基地としての日本国内の施設及び区域の使用は、日本国政府との事前の協議の主題とする。

本大臣は、閣下が、前記のことがアメリカ合衆国政府の了解でもあることを貴国政府に代わって確認されれば幸いであります。

本大臣は、以上を申し進めるに際し、ここに重ねて閣下に向かって敬意を表します。

一九六〇年一月一九日にワシントンで

岸　信介

アメリカ合衆国国務長官
クリスチャン・A・ハーター閣下

(合衆国国務長官から内閣総理大臣にあてた書簡)

書簡をもって啓上いたします。本長官は、本日付けの閣下の次の書簡を受領したことを確認する光栄を有します。

書簡をもって啓上いたします。本大臣は、本日署名された日本国とアメリカ合衆国との間の相互協力及び安全保障条約に言及し、次のことが同条約第六条の実施に関する日本国政府の了解であることを閣下に通報する光栄を有します。

合衆国軍隊の日本国への配置における重要な変更、同軍隊の装備における重要な変更並びに日本国から行なわれる戦闘作戦行動(前記の条約第五条の規定に基づいて行なわれるものを除く。)のための基地としての日本国内の施設及び区域の使用は、日本国政府との事前の協議の主題とする。

本大臣は、閣下が、前記のことがアメリカ合衆国政府の了解でもあることを貴国政府に代わって確認されれば幸いであります。

本大臣は、以上を申し進めるに際し、ここに重ねて閣下に向かって敬意を表します。

本長官は、前記のことがアメリカ合衆国政府の了解でもあることを本国政府に代わって確認する光栄を有します。

本長官は、以上を申し進めるに際し、ここに重ねて閣下に向かって敬意を表します。

一九六〇年一月一九日

アメリカ合衆国国務長官
クリスチャン・A・ハーター

日本国総理大臣　岸信介閣下

13 24 日本国とアメリカ合衆国との間の相互協力及び安全保障条約第六条に基づく施設及び区域並びに日本国における合衆国軍隊の地位に関する協定(在日米軍の地位協定)(抄)

署　名　一九六〇年一月一九日（ワシントン）
効力発生　一九六〇年六月二三日
日本国　一九六〇年六月一九日国会承認、六月二三日公文交換、公布（条約第七号）

日本国及びアメリカ合衆国は、一九六〇年一月一九日にワシントンで署名された日本国とアメリカ合衆国との間の相互協力及び安全保障条約第六条の規定に従い、次に掲げる条項によりこの協定を締結した。

第一条【定義】この協定において、
(a)「合衆国軍隊の構成員」とは、日本国の領域にある間におけるアメリカ合衆国の陸軍、海軍又は空軍に属する人員で現に服役中のものをいう。
(b)「軍属」とは、合衆国の国籍を有する文民で日本国にある合衆国軍隊に雇用され、これに勤務し、又はこれに随伴するもの（通常日本国に居住する者及び第一四条1に掲げる者を除く。）をいう。この協定のみの適用上、合衆国及び日本国の二重国籍者で合衆国が日本国に入れたものは、合衆国国民とみなす。
(c)「家族」とは、次のものをいう。
(1)配偶者及び二一才未満の子
(2)父、母及び二一才以上の子で、その生計費の半額以上を合衆国軍隊の構成員又は軍属に依存するもの

第二条【施設と区域】1(a) 合衆国は、相互協力及び安全保障条約第六条の規定に基づき、日本国内の施設及び区域の使用を許される。個個の施設及び区域に関する協定は第二五条に定める合同委員会を通じて両政府が締結しなければならない。「施設及び区域」には、当該施設及び区域の運営に必要な現存の設備、備品及び定着物を含む。
(b) 合衆国が日本国とアメリカ合衆国との間の安全保障条約第三条に基く行政協定の終了の時に使用している施設及び区域は、両政府が(a)の規定に従って合意した施設及び区域とみなす。
2 日本国政府及び合衆国政府は、いずれか一方の要請があるときは、前記の取極を再検討しなければならず、また、前記の施設及び区域を日本国に返還すべきこと又は新たに施設及び区域を提供することを合意することができる。
3 合衆国軍隊が使用する施設及び区域は、この協定の目的のため必要でなくなったときは、いつでも、日本国に返還しなければならない。合衆国は、施設及び区域の必要性を前記の返還を目的としてたえず検討することに同意する。
4(a) 合衆国軍隊が施設及び区域を一時的に使用していないときは、日本国政府は、臨時にそのような施設及び区域をみずから使用し、又は日本国民に使用させることができる。ただし、この使用が、合衆国軍隊による当該施設及び区域の正規の使用の目的にとって有害でないことが合同委員会を通じて両政府間に合意された場合に限る。
(b) 合衆国軍隊が一定の期間を限って使用すべき施設及び区域に関しては、合同委員会は、当該施設及び区域に関する協定中に、適用があるこの協定の規定の範囲を明記しなければならない。

第三条【合衆国の権利】1 合衆国は、施設及び区域内において、それらの設定、運営、警護及び管理のため必要なすべての措置を執ることができる。日本国政府は、施設及び区域の支持、警護及び管理のための合衆国軍隊の施設及び区域への出入の便を図るため、合衆国軍隊の要請があったときは、合同委員会を通ずる両政府間の協議の上で、それらの施設及び区域に隣接し又はそれらの近傍の土地、領水及び空間において、関係法令の範囲内で必要な措置を執るものとする。合衆国も、また、合同委員会を通ずる両政府間の協議の上で前記の目的のため必要な措置を執ることができる。
2 合衆国は、1に定める措置を、日本国の領域への、領域からの又は領域内の航海、航空、通信又は陸上交通を不必要に妨げるような方法によっては執らないことに同意する。合衆国が使用する電波放射の装置が用いる周波数、電力及びこれらに類する事項に関するすべての問題は、両政府の当局間の取極により解決しなければならない。日本国政府は、合衆国軍隊が必要とする電気通信用電子装置に対する妨害を防止し又は除去するためのすべての合理的な措置を関係法令の範囲内で執るものとする。
3 合衆国軍隊が使用している施設及び区域における作業は、公共の安全に妥当な考慮を払って行なわなければならない。

第四条【施設と区域の返還】1 合衆国は、この協定の終了の際又はその前に日本国に施設及び区域を返還するに当たって、当該施設及び区域をそれらが合衆国軍隊に提供された時の状態に回復し、又はその回復の代りに日本国に補償する義務を負わない。
2 日本国は、この協定の終了の際又はその前における施設及び区域の返還の際、当該施設及び区域に加えられている改良又はそこに残される建物若しくはその他の工作物について合衆国にいかなる補償をする義務も負わない。
3 前記の規定は、合衆国政府が日本国政府との特別取極に基づいて行なう建設には適用しない。

第五条【公の船舶と航空機の出入国】1 合衆国及び合衆国以外の国の船舶及び航空機で、合衆国によって、合衆国のために又は合衆国の管理の下に公の目的で運航されるものは、入港料又は着陸料を課されないで日本国の港又は飛行場に出入することができる。この協定による免除を与えられない貨物又は旅客がそれらの船舶又は航空機で運送されるときは、日本国の当局にその旨の通告を与えなければならず、その貨物又は旅客の日本国への入国及び同国からの出国は、日本国の法令による。

2　1に掲げる船舶及び航空機、合衆国政府所有の車両（機甲車両を含む。）並びに合衆国軍隊の構成員及び軍属並びにそれらの家族は、合衆国軍隊が使用している施設及び区域に出入し、これらのものの間を移動し、及びこれらのものと日本国の港又は飛行場との間を移動することができる。合衆国の軍用車両の施設及び区域への出入並びにこれらのものの間の移動には、道路使用料その他の課徴金を課さない。

3　1に掲げる船舶が日本国の港に入る場合には、通常の状態においては、日本国の当局に適当な通告をしなければならない。その船舶は、強制水先を免除される。もっとも、水先人を使用したときは、応当する料率で水先料を支払わなければならない。

第六条【航空と通信の協力】1　すべての非軍用及び軍用の航空交通管理及び通信の体系は緊密に協調して発達を図るものとし、かつ、集団安全保障の利益を達成するため必要な程度に整合するものとする。この協調及び整合を図るため必要な手続及びそれに対するその後の変更は、両政府の当局間の取極によって定める。

2　合衆国軍隊が使用している施設及び区域並びにそれらに隣接し又はそれらの近傍の領水に置かれ、又は設置される燈火その他の航行補助施設及び航空保安施設は、日本国で使用されている様式に合致しなければならない。これらの施設を設置した日本国及び合衆国の当局は、その位置及び特徴を相互に通告しなければならず、かつ、それらの施設を変更し、又は新たに設置する前に予告をしなければならない。

第七条【利用優先権】合衆国軍隊は、日本国政府の各省その他の機関に当該時に適用されている条件よりも不利でない条件で、日本国政府が有し、管理し、又は規制するすべての公益事業及び公共の役務を利用することができ、並びにその利用における優先権を享有するものとする。

第八条【気象業務の提供】日本国政府は、両政府の当局間の取極に従い、次の気象業務を合衆国軍隊に提供することを約束する。

(a)　地上及び海上からの気象観測（気象観測船からの観測を含む。）

(b)　気象資料（気象庁の定期的概報及び過去の資料を含む。）

(c)　航空機の安全かつ正確な運航のため必要な気象情報を報ずる電気通信業務

(d)　地震観測の資料（地震から生ずる津波の予想される程度及びその津波の影響を受ける区域の予報を含む。）

第九条【出入国】1　この条の規定に従うことを条件として、合衆国は、合衆国軍隊の構成員及び軍属並びにそれらの家族である者を日本国に入れることができる。

2　合衆国軍隊の構成員は、旅券及び査証に関する日本国の法令の適用から除外される。合衆国軍隊の構成員及び軍属並びにそれらの家族は、外国人の登録及び管理に関する日本国の法令の適用から除外される。ただし、日本国の領域における永久的な居所又は住所を要求する権利を取得するものとみなされない。

3　合衆国軍隊の構成員は、日本国への入国又は日本国からの出国に当たって、次の文書を携帯しなければならない。

(a)　氏名、生年月日、階級及び番号、軍の区分並びに写真を掲げる身分証明書

(b)　その個人又は集団が合衆国軍隊の構成員として有する地位及び命令された旅行の証明となる個別的又は集団的旅行の命令書

合衆国軍隊の構成員は、日本国にある間の身分証明のため、前記の身分証明書を携帯していなければならない。身分証明書は、要請があるときは日本国の当局に提示しなければならない。

4　軍属、その家族及び合衆国軍隊の構成員の家族は、合衆国の当局が発給した適当な文書を携帯し、日本国への入国若しくは日本国からの出国に当たって又は日本国にある間その身分を日本国の当局が確認することができるようにしなければならない。

5　1の規定に基づいて日本国に入国した者の身分に変更があってその者がそのような入国の資格を有しなくなった場合には、合衆国の当局は、日本国の当局にその旨を通告するものとし、また、その者が日本国から退去することを日本国の当局によって要求されたときは、日本国政府の負担によらないで相当の期間内に日本国から輸送することを確保しなければならない。

6　日本国政府が合衆国軍隊の構成員若しくは軍属の日本国の領域からの送出を要請し、又は合衆国軍隊の旧構成員若しくは旧軍属に対し若しくは旧軍属の家族に対し若しくは合衆国軍隊の構成員、軍属、旧構成員若しくは旧軍属の家族に対し退去命令を出したときは、合衆国の当局は、それらの者を自国の領域内に受け入れ、その他日本国外に送出することにつき責任を負う。この項の規定は、日本国民でない者で合衆国軍隊の構成員若しくは軍属として又は合衆国軍隊の構成員若しくは軍属となるために日本国に入国したもの及びそれらの者の家族に対してのみ適用する。

第一〇条【自動車】（略）

第一一条【税関】1　合衆国軍隊の構成員及び軍属並びにそれらの家族は、この協定中に規定がある場合を除くほか、日本国の税関当局が執行する法令に服さなければならない。

2　合衆国軍隊、合衆国軍隊の公認調達機関又は第一五条に定める諸機関が合衆国軍隊の公用のため又は合衆国軍隊の構成員及び軍属並びにそれらの家族の使用のため輸入するすべての資材、需品及び備品並びに合衆国軍隊が専用すべき資材、需品及び備品又は合衆国軍隊が使用する物品若しくは施設に最終的には合体されるべき資材、需品及び備品は、日本

国に入れることを許される。この輸入には、関税その他の課徴金を課さない。前記の資材、需品及び備品は、合衆国軍隊、合衆国軍隊の公認調達機関又は第一五条に定める諸機関が輸入するものである旨の適当な証明書(合衆国軍隊が専用すべき資材、需品及び備品又は合衆国軍隊が使用する物品若しくは施設に最終的には合体されるべき資材、需品及び備品にあっては、合衆国軍隊が前記の目的のために受領すべき旨の適当な証明書)を必要とする。

3　合衆国軍隊の構成員及び軍属並びにそれらの家族に仕向けられ、かつ、これらの者の私用に供される財産には、関税その他の課徴金を課する。ただし、次のものについては、関税その他の課徴金を課さない。

(a)　合衆国軍隊の構成員若しくは軍属が日本国で勤務するため最初に到着した時に輸入し、又はそれらの家族が当該合衆国軍隊の構成員若しくは軍属と同居するため最初に到着した時に輸入するこれらの者の私用のための家具及び家庭用品並びにこれらの者が入国の際持ち込む私用のための身回品

(b)　合衆国軍隊の構成員又は軍属が自己又はその家族の私用のため輸入する車両及び部品

(c)　合衆国軍隊の構成員及び軍属並びにそれらの家族の私用のため合衆国において通常日常用として購入される種類の合理的な数量の衣類及び家庭用品で、合衆国軍事郵便局を通じて日本国に郵送されるもの

4　2及び3で与える免除は、物の輸入の場合のみに適用するものとし、関税及び内国消費税がすでに徴収された物を購入する場合に当該物の輸入の際税関当局が徴収したその関税及び内国消費税を払いもどすものと解してはならない。

5　税関検査は、次のものの場合には行なわないものとする。

(a)　命令により日本国に入国し、又は日本国から出国する合衆国軍隊の部隊

(b)　公用の封印がある公文書及び合衆国軍事郵便路線上にある公用郵便物

(c)　合衆国政府の船荷証券により船積みされる軍事貨物

6　関税の免除を受けて日本国に輸入された物は、日本国及び合衆国の当局が相互間で合意する条件に従って処分を認める場合を除くほか、関税の免除を受けて当該物を輸入する権利を有しない者に対して日本国内で処分してはならない。

7　2及び3の規定に基づき関税その他の課徴金の免除を受けて日本国に輸入された物は、関税その他の課徴金の免除を受けて再輸出することができる。

8　合衆国軍隊は、日本国の当局と協力して、この条の規定に従って合衆国軍隊、合衆国軍隊の構成員及び軍属並びにそれらの家族に与えられる特権の濫用を防止するため必要な措置を執らなければならない。

9(a)　日本国の当局及び合衆国軍隊は、日本国政府の税関当局が執行する法令に違反する行為を防止するため、調査の実施及び証拠の収集について相互に援助しなければならない。

(b)　合衆国軍隊は、日本国政府の税関当局によって又はこれに代わって行なわれる差押えを受けるべき物件がその税関当局に引き渡されることを確保するため、可能なすべての援助を与えなければならない。

(c)　合衆国軍隊は、合衆国軍隊の構成員若しくは軍属又はそれらの家族が納付すべき関税、租税及び罰金の納付を確保するため、可能なすべての援助を与えなければならない。

(d)　合衆国軍隊に属する車両及び物件で、日本国政府の関税又は財務に関する法令に違反する行為に関連して日本国政府の税関当局が差し押えたものは、関係部隊の当局に引き渡さなければならない。

第一二条【調達】 1　合衆国は、この協定の目的のため又はこの協定で認められるところにより日本国で供給されるべき需品又は行なわれるべき工事のため、供給者又は工事を行なう者の選択に関して制限を受けないで契約することができる。そのような需品又は工事は、また、両政府の当局間で合意されるときは、日本国政府を通じて調達することができる。

2　現地で供給される合衆国軍隊の維持のため必要な資材、需品、備品及び役務でその調達が日本国の経済に不利な影響を及ぼすおそれがあるものは、日本国の権限のある当局との調整の下に、また、望ましいときは日本国の権限のある当局を通じて又はその援助を得て、調達しなければならない。

3　合衆国軍隊又は合衆国軍隊の公認調達機関が適当な証明書を附して日本国で公用のため調達する資材、需品、備品及び役務は、日本国の次の租税を免除される。

(a)　物品税

(b)　通行税

(c)　揮発油税

(d)　電気ガス税

最終的には合衆国軍隊が使用するため調達される資材、需品、備品及び役務は、合衆国軍隊の適当な証明書があれば、物品税及び揮発油税を免除される。両政府は、この条に明示していない日本の現在の又は将来の租税で、合衆国軍隊によって調達され、又は最終的には合衆国軍隊が使用するため調達される資材、需品、備品及び役務の購入価格の重要なかつ容易に判別することができる部分をなすと認められるものに関しては、この条の目的に合致する免税又は税の軽減を認めるための手続について合意するものとする。

4　現地の労務に対する合衆国軍隊及び第一五条に定める諸機関の需要は、日本国の当局の援助を得て充足される。

5　所得税、地方住民税及び社会保障のための納付金

を源泉徴収して納付するための義務並びに、相互間で別段の合意をする場合を除くほか、賃金及び諸手当に関する条件その他の雇用及び労働の条件、労働者の保護のための条件並びに労働関係に関する労働者の権利は、日本国の法令で定めるところによらなければならない。

6　合衆国軍隊又は、適当な場合には、第一五条に定める機関により労働者が解職され、かつ、雇用契約が終了していない旨の日本国の裁判所又は労働委員会の決定が最終的のものとなった場合には、次の手続が適用される。

(a)　日本国政府は、合衆国軍隊又は前記の機関に対し、裁判所又は労働委員会の決定を通報する。

(b)　合衆国軍隊又は前記の機関が当該労働者を就労させることを希望しないときは、合衆国軍隊又は前記の機関は、日本国政府から裁判所又は労働委員会の決定について通報を受けた後七日以内に、その旨を日本国政府に通告しなければならず、暫定的にその労働者を就労させないことができる。

(c)　前記の通告が行なわれたときは、日本国政府及び合衆国軍隊又は前記の機関は、事件の実際的な解決方法を見出すため遅滞なく協議しなければならない。

(d)　(c)の規定に基づく協議の開始の日から三〇日の期間内にそのような解決に到達しなかったときは、当該労働者は、就労することができない。このような場合には、合衆国政府は、日本国政府に対し、両政府間で合意される期間の当該労働者の雇用の費用に等しい額を支払わなければならない。

7　軍属は、雇用の条件に関して日本国の法令に服さない。

8　合衆国軍隊の構成員及び軍属並びにそれらの家族は、日本国における物品及び役務の個人的購入について日本国の法令に基づいて課される租税又は類似の公課の免除をこの条の規定を理由として享有することはない。

9　3に掲げる租税の免除を受けて日本国で購入した物は、日本国及び合衆国の当局が相互間で合意する条件に従って処分を認める場合を除くほか、当該租税の免除を受けて当該物を購入する権利を有しない者に対して日本国内で処分してはならない。

第一三条【課税】1　合衆国軍隊は、合衆国軍隊が日本国において保有し、使用し、又は移転する財産について租税又は類似の公課を課されない。

2　合衆国軍隊の構成員及び軍属並びにそれらの家族は、これらの者が合衆国軍隊に勤務し、又は合衆国軍隊若しくは第一五条に定める諸機関に雇用された結果受ける所得について、日本国政府又は日本国にあるその他の課税権者に日本の租税を納付する義務を負わない。この条の規定は、これらの者に対し、日本国の源泉から生ずる所得についての日本の租税の納付を免除するものではなく、また、合衆国の所得税のために日本国に居所を有することを申し立てる合衆国市民に対し、所得についての日本の租税の納付を免除するものではない。これらの者が合衆国軍隊の構成員若しくは軍属又はそれらの家族であるという理由のみによって日本国にある期間は、日本の租税の賦課上、日本国に居所又は住所を有する期間とは認めない。

3　合衆国軍隊の構成員及び軍属並びにそれらの家族は、これらの者が一時的に日本国にあることのみに基づいて日本国に所在する有体又は無体の動産の保有、使用、これらの者相互間の移転又は死亡による移転についての日本国における租税を免除される。ただし、この免除は、投資若しくは事業を行なうため日本国において保有される財産又は日本国において登録された無体財産権には適用しない。この条の規定は、私有車両による道路の使用について納付すべき租税の免除を与える義務を定めるものではない。

第一四条【特殊契約者】(略)

第一五条【販売】

第一六条【日本法令の尊重】日本国において、日本国の法令を尊重し、及びこの協定の精神に反する活動、特に政治的活動を慎むことは、合衆国軍隊の構成員及び軍属並びにそれらの家族の義務である。

第一七条【刑事裁判権】1　この条の規定に従うことを条件として、

(a)　合衆国の軍当局は、合衆国の軍法に服するすべての者に対し、合衆国の法令により与えられたすべての刑事及び懲戒の裁判権を日本国において行使する権利を有する。

(b)　日本国の当局は、合衆国軍隊の構成員及び軍属並びにそれらの家族に対し、日本国の領域内で犯す罪で日本国の法令によって罰することができるものについて、裁判権を有する。

2(a)　合衆国の軍当局は、合衆国の軍法に服する者に対し、合衆国の法令によって罰することができる罪で日本国の法令によっては罰することができないもの(合衆国の安全に関する罪を含む。)について、専属的裁判権を行使する権利を有する。

(b)　日本国の当局は、合衆国軍隊の構成員及び軍属並びにそれらの家族に対し、日本国の法令によって罰することができる罪で合衆国の法令によっては罰することができないもの(日本国の安全に関する罪を含む。)について、専属的裁判権を行使する権利を有する。

(c)　2及び3の規定の適用上、国の安全に関する罪は、次のものを含む。

(i)　当該国に対する反逆

(ii)　妨害行為(サボタージュ)、ちょう報行為又は当該国の公務上若しくは国防の秘密に関する法令の違反

3　裁判権を行使する権利が競合する場合には、次の規定が適用される。

(a)　合衆国の軍当局は、次の罪については、合衆国軍隊の構成員又は軍属に対して裁判権を行使する第一次の権利を有する。
(i)　もっぱら合衆国の財産若しくは安全のみに対する罪又はもっぱら合衆国軍隊の他の構成員若しくは軍属若しくは合衆国軍隊の構成員若しくは軍属の家族の身体若しくは財産のみに対する罪
(ii)　公務執行中の作為又は不作為から生ずる罪
(b)　その他の罪については、日本国の当局が、裁判権を行使する第一次の権利を有する。
(c)　第一次の権利を有する国は、裁判権を行使しないことに決定したときは、できる限りすみやかに他方の国の当局にその旨を通告しなければならない。第一次の権利を有する国の当局は、他方の国がその権利の放棄を特に重要であると認めた場合において、その他方の国の当局から要請があったときは、その要請に好意的考慮を払わなければならない。

4　前諸項の規定は、合衆国の軍当局が日本国民又は日本国に通常居住する者に対し裁判権を行使する権利を有することを意味するものではない。ただし、それらの者が合衆国軍隊の構成員であるときは、この限りでない。

5 (a)　日本国の当局及び合衆国の軍当局は、日本国の領域内における合衆国軍隊の構成員若しくは軍属又はそれらの家族の逮捕及び前諸項の規定に従って裁判権を行使すべき当局へのそれらの者の引渡しについて、相互に援助しなければならない。
(b)　日本国の当局は、合衆国の軍当局に対し、合衆国軍隊の構成員若しくは軍属又はそれらの家族の逮捕についてすみやかに通告しなければならない。
(c)　日本国が裁判権を行使すべき合衆国軍隊の構成員又は軍属たる被疑者の拘禁は、その者の身柄が合衆国の手中にあるときは、日本国により公訴が提起されるまでの間、合衆国が引き続き行なうものとする。

6 (a)　日本国の当局及び合衆国の軍当局は、犯罪についてのすべての必要な捜査の実施並びに証拠の収集及び提出（犯罪に関連する物件の押収及び相当な場合にはその引渡しを含む。）について、相互に援助しなければならない。ただし、それらの物件の引渡しは、引渡しを行なう当局が定める期間内に還付されることを条件として行なうことができる。
(b)　日本国の当局及び合衆国の軍当局は、裁判権を行使する権利が競合するすべての事件の処理について、相互に通告しなければならない。

7 (a)　死刑の判決は、日本国の法制が同様の場合に死刑を規定していない場合には、合衆国の軍当局が日本国内で執行してはならない。
(b)　日本国の当局は、合衆国の軍当局がこの条の規定に基づいて日本国の領域内で言い渡した自由刑の執行について合衆国の軍当局から援助の要請があったときは、その要請に好意的考慮を払わなければならない。

8　被告人がこの条の規定に従って日本国の当局又は合衆国の軍当局のいずれかにより裁判を受けた場合において、無罪の判決を受けたとき、又は有罪の判決を受けて服役しているとき、服役したとき、若しくは赦免されたときは、他方の国の当局は、日本国の領域内において同一の犯罪について重ねてその者を裁判してはならない。ただし、この項の規定は、合衆国の軍当局が合衆国軍隊の構成員を、その者が日本国の当局により裁判を受けた犯罪を構成した作為又は不作為から生ずる軍紀違反について、裁判することを妨げるものではない。

9　合衆国軍隊の構成員若しくは軍属又はそれらの家族は、日本国の裁判権に基づいて公訴を提起された場合には、いつでも、次の権利を有する。
(a)　遅滞なく迅速な裁判を受ける権利
(b)　公判前に自己に対する具体的な訴因の通知を受ける権利
(c)　自己に不利な証人と対決する権利
(d)　証人が日本国の管轄内にあるときは、自己のために強制的手続により証人を求める権利
(e)　自己の弁護のため自己の選択する弁護人をもつ権利又は日本国でその当時通常行なわれている条件に基づき費用を要しないで若しくは費用の補助を受けて弁護人をもつ権利
(f)　必要と認めたときは、有能な通訳を用いる権利
(g)　合衆国の政府の代表者と連絡する権利及び自己の裁判にその代表者を立ち会わせる権利

10 (a)　合衆国軍隊の正規に編成された部隊又は編成隊は、第二条の規定に基づき使用する施設及び区域において警察権を行なう権利を有する。合衆国軍隊の軍事警察は、それらの施設及び区域において、秩序及び安全の維持を確保するためすべての適当な措置を執ることができる。
(b)　前記の施設及び区域の外部においては、前記の軍事警察は、必ず日本国の当局との取極に従うことを条件とし、かつ、日本国の当局と連絡して使用されるものとし、その使用は、合衆国軍隊の構成員の間の規律及び秩序の維持のため必要な範囲内に限るものとする。

11　相互協力及び安全保障条約第五条の規定が適用される敵対行為が生じた場合には、日本国政府及び合衆国政府のいずれの一方も、他方の政府に対し六〇日前に予告を与えることによって、この条のいずれの規定の適用も停止させる権利を有する。この権利が行使されたときは、日本国政府及び合衆国政府は、適用を停止される規定に代わるべき適当な規定を合意する目的をもって直ちに協議しなければならない。

12　この条の規定は、この協定の効力発生前に犯したいかなる罪にも適用しない。それらの事件に対して

は、日本国とアメリカ合衆国との間の安全保障条約第三条に基く行政協定第一七条の当該時に存在した規定を適用する。

第一八条【請求権と民事裁判権】1　各当事国は、自国が所有し、かつ、自国の陸上、海上又は航空の防衛隊が使用する財産に対する損害については、次の場合には、他方の当事国に対するすべての請求権を放棄する。

(a)　損害が他方の当事国の防衛隊の構成員又は被用者によりその者の公務の執行中に生じた場合

(b)　損害が他方の当事国が所有する車両、船舶又は航空機でその防衛隊が使用するものの使用から生じた場合。ただし、損害を与えた車両、船舶若しくは航空機が公用のため使用されていたとき、又は損害が公用のため使用されている財産に生じたときに限る。

海難救助についての一方の当事国の他方の当事国に対する請求権は、放棄する。ただし、救助された船舶又は積荷が、一方の当事国が所有し、かつ、その防衛隊が公用のため使用しているものであった場合に限る。

2(a)　いずれか一方の当事国が所有するその他の財産で日本国内にあるものに対して1に掲げるようにして損害が生じた場合には、両政府が別段の合意をしない限り、(b)の規定に従って選定される一人の仲裁人が、他方の当事国の責任の問題を決定し、及び損害の額を査定する。仲裁人は、また同一の事件から生ずる反対の請求を裁定する。

(b)　(a)に掲げる仲裁人は、両政府間の合意によって、司法関係の上級の地位を現に有し、又は有したことがある日本国民の中から選定する。

(c)　仲裁人が行なった裁定は、両当事国に対して拘束力を有する最終的のものとする。

(d)　仲裁人が裁定した賠償の額は、5(e)(i)、(ii)及び(iii)の規定に従って分担される。

(e)　仲裁人の報酬は、両政府間の合意によって定め、両政府が、仲裁人の任務の遂行に伴う必要な費用とともに、均等の割合で支払う。

(f)　もっとも、各当事国は、いかなる場合においても一四〇〇合衆国ドル又は五〇万四〇〇〇円までの額については、その請求権を放棄する。これらの通貨の間の為替相場に著しい変動があった場合には、両政府は、前記の額の適当な調整について合意するものとする。

3　1及び2の規定の適用上、船舶について「当事国が所有する」というときは、その当事国が裸用船した船舶、裸の条件で徴発した船舶又は拿捕した船舶を含む。ただし、損失の危険又は責任が当該当事国以外の者によって負担される範囲については、この限りでない。

4　各当事国は、自国の防衛隊の構成員がその公務の執行に従事している間に被った負傷又は死亡については、他方の当事国に対するすべての請求権を放棄する。

5　公務執行中の合衆国軍隊の構成員若しくは被用者の作為若しくは不作為又は合衆国軍隊が法律上責任を有するその他の作為、不作為若しくは事故で、日本国において日本国政府以外の第三者に損害を与えたものから生ずる請求権(契約による請求権及び6又は7の規定の適用を受ける請求権を除く。)は、日本国が次の規定に従って処理する。

(a)　請求は、日本国の自衛隊の行動から生ずる請求権に関する日本国の法令に従って、提起し、審査し、かつ、解決し、又は裁判する。

(b)　日本国は、前記のいかなる請求をも解決することができるものとし、合意され、又は裁判により決定された額の支払を日本円で行なう。

(c)　前記の支払(合意による解決に従ってされたものであると日本国の権限のある裁判所による裁判に従ってされたものであるとを問わない。)又は支払を認めない旨の日本国の権限のある裁判所による確定した裁判は、両当事国に対し拘束力を有する最終的のものとする。

(d)　日本国が支払をした各請求は、その明細並びに(e)(i)及び(ii)の規定による分担案とともに、合衆国の当局に通知しなければならない。二箇月以内に回答がなかったときは、その分担案は、受諾されたものとみなす。

(e)　(a)から(d)まで及び2の規定に従い請求を満たすために要した費用は、両当事国が次のとおり分担する。

(i)　合衆国のみが責任を有する場合には、裁定され、合意され、又は裁判により決定された額は、その二五パーセントを日本国が、その七五パーセントを合衆国が分担する。

(ii)　日本国及び合衆国が損害について責任を有する場合には、裁定され、合意され又は裁判により決定された額は、両当事国が均等に分担する。損害が日本国又は合衆国の防衛隊によって生じ、かつ、その損害をこれらの防衛隊のいずれか一方又は双方の責任として特定することができない場合には、裁定され、合意され、又は裁判により決定された額は、日本国及び合衆国が均等に分担する。

(iii)　比率に基づく分担案が受諾された各事件について日本国が六箇月の期間内に支払った額の明細書は、支払要請書とともに、六箇月ごとに合衆国の当局に送付する。その支払は、できる限りすみやかに日本円で行なわなければならない。

(f)　合衆国軍隊の構成員又は被用者(日本の国籍のみを有する被用者を除く。)は、その公務の執行から生ずる事項については、日本国においてその者に対して与えられた判決の執行手続に服さない。

(g)　この項の規定は、eの規定が2に定める請求権に適用される範囲を除くほか、船舶の航行若しくは運用又は貨物の船積み、運送若しくは陸揚げから生じ、又はそれらに関連して生ずる請求権には適用しない。ただし、4の規定の適用を受けない死亡又は負傷に対する請求権については、この限りでない。

6　日本国内における不法の作為又は不作為で公務執行中に行なわれたものでないものから生ずる合衆国軍隊の構成員又は被用者(日本国民である被用者又は通常日本国に居住する被用者を除く。)に対する請求権は、次の方法で処理する。

(a)　日本国の当局は、当該事件に関するすべての事情(損害を受けた者の行動を含む。)を考慮して、公平かつ公正に請求を審査し、及び請求人に対する補償金を査定し、並びにその事件に関する報告書を作成する。

(b)　その報告書は、合衆国の当局に交付するものとし、合衆国の当局は、遅滞なく、慰謝料の支払を申し出るかどうかを決定し、かつ、申し出る場合には、その額を決定する。

(c)　慰謝料の支払の申出があった場合において、請求人がその請求を完全に満たすものとしてこれを受諾したときは、合衆国の当局は、みずから支払をしなければならず、かつ、その決定及び支払った額を日本国の当局に通知する。

(d)　この項の規定は、支払が請求を完全に満たすものとして行なわれたものでない限り、合衆国軍隊の構成員又は被用者に対する訴えを受理する日本国の裁判所の裁判権に影響を及ぼすものではない。

7　合衆国軍隊の車両の許容されていない使用から生ずる請求権は、合衆国軍隊が法律上責任を有する場合を除くほか、6の規定に従って処理する。

8　合衆国軍隊の構成員又は被用者の不法の作為又は不作為が公務執行中にされたものであるかどうか、また、合衆国軍隊の車両の使用が許容されていたものであるかどうかについて紛争が生じたときは、その問題は、2(b)の規定に従って選任された仲裁人に付託するものとし、この点に関する仲裁人の裁定は、最終的のものとする。

9(a)　合衆国は、日本国の裁判所の民事裁判権に関しては、5(f)に定める範囲を除くほか、合衆国軍隊の構成員又は被用者に対する日本国の裁判所の裁判権からの免除を請求してはならない。

(b)　合衆国軍隊が使用している施設及び区域内に日本国の法律に基づき強制執行を行なうべき私有の動産(合衆国軍隊が使用している動産を除く。)があるときは、合衆国の当局は、日本国の裁判所の要請に基づき、その財産を差し押えて日本国の当局に引き渡さなければならない。

(c)　日本国及び合衆国の当局は、この条の規定に基づく請求の公平な審理及び処理のための証拠の入手について協力するものとする。

10　合衆国軍隊による又は合衆国軍隊のための資材、需品、備品、役務及び労務の調達に関する契約から生ずる紛争でその契約の当事者によって解決されないものは、調停のため合同委員会に付託することができる。ただし、この項の規定は契約の当事者が有することのある民事の訴えを提起する権利を害するものではない。

11　この条にいう「防衛隊」とは、日本国についてはその自衛隊をいい、合衆国についてはその軍隊をいうものと了解される。

12　2及び5の規定は、非戦闘行為に伴って生じた請求権についてのみ適用する。

13　この条の規定は、この協定の効力発生前に生じた請求権には適用しない。それらの請求権は、日本国とアメリカ合衆国との間の安全保障条約第三条に基く行政協定第一八条の規定によって処理する。

第一九条【為替管理】
第二〇条【軍票】
第二一条【軍事郵便局】
(略)

第二二条【軍事訓練】合衆国は、日本国に在留する適格の合衆国市民で合衆国軍隊の予備役団体への編入の申請を行なうものを同団体に編入し、及び訓練することができる。

第二三条【安全措置】日本国及び合衆国は、合衆国軍隊、合衆国軍隊の構成員及び軍属並びにそれらの家族並びにこれらのものの財産の安全を確保するため随時に必要となるべき措置を執ることについて協力するものとする。日本国政府は、その領域において合衆国の設備、備品、財産、記録及び公務上の情報の十分な安全及び保護を確保するため、並びに適用されるべき日本国の法令に基づいて犯人を罰するため、必要な立法を求め、及び必要なその他の措置を執ることに同意する。

第二四条【経費負担】1　日本国に合衆国軍隊を維持することに伴うすべての経費は、2に規定するところにより日本国が負担すべきものを除くほか、この協定の存続期間中日本国に負担をかけないで合衆国が負担することが合意される。

2　日本国は、第二条及び第三条に定めるすべての施設及び区域並びに路線権(飛行場及び港における施設及び区域のように共同に使用される施設及び区域を含む。)をこの協定の存続期間中合衆国に負担をかけないで提供し、かつ、相当の場合には、施設及び区域並びに路線権の所有者及び提供者に補償を行なうことが合意される。

3　この協定に基づいて生ずる資金上の取引に適用すべき経理のため、日本国政府と合衆国政府との間に取極を行なうことが合意される。

第二五条【合同委員会】1　この協定の実施に関して相互間の協議を必要とするすべての事項に関する日本国政府と合衆国政府との間の協議機関として、合同委員会を設置する。合同委員会は、特に、合衆国が相互協力及び安全保障条約の目的の遂行に当たって使用するため必要とされる日本国内の施設及び区域を決定する協議機関として、任務を行なう。

2　合同委員会は、日本国政府の代表者一人及び合衆国政府の代表者一人で組織し、各代表者は、一人又は二人以上の代理及び職員団を有するものとする。合同委員会は、その手続規則を定め、並びに必要な補助機関及び事務機関を設ける。合同委員会は、日本国政府又は合衆国政府のいずれか一方の代表者の要請があるときはいつでも直ちに会合することができるように組織する。

3　合同委員会は、問題を解決することができないときは、適当な経路を通じて、その問題をそれぞれの政府にさらに考慮されるように移すものとする。

第二六条【効力発生】1　この協定は、日本国及び合衆国によりそれぞれの国内法上の手続に従って承認されなければならず、その承認を通知する公文が交換されるものとする。

2　この協定は、1に定める手続が完了した後、相互協力及び安全保障条約の効力発生の日に効力を生じ、一九五二年二月二八日に東京で署名された日本国とアメリカ合衆国との間の安全保障条約第三条に基く行政協定(改正を含む。)は、その時に終了する。

3　この協定の各当事国の政府は、この協定の規定中その実施のため予算上及び立法上の措置を必要とするものについて、必要なその措置を立法機関に求めることを約束する。

第二七条【改正】いずれの政府も、この協定のいずれの条についてもその改正をいつでも要請することができる。その場合には、両政府は、適当な経路を通じて交渉するものとする。

第二八条【終期】この協定及びその合意された改正は、相互協力及び安全保障条約が有効である間、有効とする。ただし、それ以前に両政府間の合意によって終了させたときは、この限りでない。

交換公文
合意議事録（略）

13 25 日本国の自衛隊とアメリカ合衆国軍隊との間における後方支援、物品又は役務の相互の提供に関する日本国政府とアメリカ合衆国政府との間の協定(日米物品役務相互提供協定)

署名　二〇一六年九月二六日(東京)
効力発生　二〇一七年四月二五日
日本国　二〇一七年四月一四日国会承認、四月二五日公文交換、公布(条約第七号)

日本国政府及びアメリカ合衆国政府(以下個別に「当事国政府」といい、「両当事国政府」と総称する。)は、日本国の自衛隊とアメリカ合衆国軍隊との間における後方支援、物品又は役務の相互の提供に関する枠組みを設けることが、日本国の自衛隊とアメリカ合衆国軍隊との間の緊密な協力を促進し、一九六〇年一月一九日にワシントンで署名された日本国とアメリカ合衆国との間の相互協力及び安全保障条約(以下「条約」という。)の円滑かつ効果的な運用に寄与することを認識し、

このような枠組みを設けることが、相互の後方支援について、日米防衛協力のための指針において言及されている二国間協力の実効性に寄与することを認識し、

このような枠組みを設けることが、日本国の自衛隊及びアメリカ合衆国軍隊が行う活動においてそれぞれの役割を一層効率的に果たすことを促進し、並びに国際の平和及び安全に積極的に寄与することを理解して、次のとおり協定した。

第一条【定義及び目的】1　この協定の適用上、次の用語は、次のとおり定義される。

a　「後方支援、物品又は役務」とは、後方支援において提供される物品又は役務をいう。この協定に基づいて提供される後方支援、物品又は役務は、次に掲げる区分に係るものとする。

食料、水、宿泊、輸送(空輸を含む。)、燃料・油脂・潤滑油、被服、通信業務、衛生業務、基地活動支援(基地活動支援に付随する建設を含む。)、保管業務、施設の利用、訓練業務、部品・構成品、修理・整備業務(校正業務を含む。)、空港・港湾業務及び弾薬

それぞれの区分に係る後方支援、物品又は役務の例については、付表1において定める。

i　後方支援、物品又は役務には、汎用車両その他の非致死性の軍事上の装備品の一時的な使用であって、それぞれ自国の国内法令により認められるものを含む。

ii　後方支援、物品又は役務の提供には、日本国の自衛隊による武器の提供又はアメリカ合衆国軍隊による武器システムの提供を含まない。

b　「重要影響事態」とは、日本国の平和及び安全に重要な影響を与える事態をいう。

c　「武力攻撃事態」とは、日本国に対する武力攻撃が発生した事態又は日本国に対する武力攻撃が発生する明白な危険が切迫していると認められるに至った事態をいう。

d　「武力攻撃予測事態」とは、武力攻撃事態には至っていないが、事態が緊迫し、日本国に対する武力攻撃が予測されるに至った事態をいう。

e　「存立危機事態」とは、日本国と密接な関係にあ

る国に対する武力攻撃が発生し、これにより日本国の存立が脅かされ、日本国民の生命、自由及び幸福追求の権利が根底から覆される明白な危険がある事態をいう。

2　この協定は、日本国の自衛隊及びアメリカ合衆国軍隊がそれぞれ自国の法令に従って行う活動であって、次条から第六条までに定めるもののための後方支援、物品又は役務の日本国の自衛隊とアメリカ合衆国軍隊との間における相互の提供に関する基本的な条件を定めることを目的とする。

3　この協定は、相互主義の原則に基づく後方支援、物品又は役務の提供のための枠組みについて定める。

4　この協定に基づいて提供される後方支援、物品又は役務の使用は、国際連合憲章その他の適用可能な国際法と両立するものでなければならない。

5　この協定に基づいて行われる後方支援、物品又は役務の要請、提供、受領及び決済については、日本国の自衛隊及びアメリカ合衆国軍隊（この協定の適用上、アメリカ合衆国国防省の全ての機関を含む。）が実施する。

第二条【共同訓練のための提供】いずれか一方の当事国政府が、日本国の自衛隊及びアメリカ合衆国軍隊の双方の参加を得て行われる訓練のための後方支援、物品又は役務の提供を他方の当事国政府に対してこの協定に基づいて要請する場合には、当該他方の当事国政府は、その権限の範囲内で、要請された後方支援、物品又は役務を提供することができる。

第三条【国際平和協力活動のための提供】1　a　いずれか一方の当事国政府が、日本国の自衛隊若しくはアメリカ合衆国軍隊が行う国際連合平和維持活動、国際連携平和安全活動若しくは人道的な国際救援活動又は大規模な災害に係る活動のための後方支援、物品又は役務の提供を他方の当事国政府に対してこの協定に基づいて要請する場合には、当該他方の当事国政府は、その権限の範囲内で、要請された後方支援、物品又は役務を提供することができる。

b　aに規定する大規模な災害に係る活動とは、アメリカ合衆国軍隊が災害救援活動を行い、かつ、日本国の自衛隊が国際連合平和維持活動等に対する協力に関する法律（平成四年法律第七九号）に定める業務を実施する場合における当該活動を意味する。

2　日本国の自衛隊が1の規定に基づいてアメリカ合衆国軍隊により後方支援、物品又は役務の提供を要請される場合には、日本国の自衛隊によるアメリカ合衆国軍隊に対する後方支援、物品又は役務の提供は、1bに規定する法律に従って行われるものと了解される。

第四条【重要影響事態における提供】1　いずれか一方の当事国政府が、重要影響事態に際して日本国の自衛隊又はアメリカ合衆国軍隊が行う活動であって、条約の目的の達成に寄与するもの又はその他の国際連合憲章の目的の達成に寄与するもののための後方支援、物品又は役務の提供を他方の当事国政府に対してこの協定に基づいて要請する場合には、当該他方の当事国政府は、その権限の範囲内で、要請された後方支援、物品又は役務を提供することができる。

2　日本国の自衛隊が1の規定に基づいてアメリカ合衆国軍隊により後方支援、物品又は役務の提供を要請される場合には、日本国の自衛隊によるアメリカ合衆国軍隊に対する後方支援、物品又は役務の提供は、重要影響事態に対処するための日本国の措置について定めた日本国の関連の法律に従って行われるものと了解される。

第五条【武力攻撃事態等における提供】1　いずれか一方の当事国政府が、日本国の自衛隊又はアメリカ合衆国軍隊が行う次の活動のための後方支援、物品又は役務の提供を他方の当事国政府に対してこの協定に基づいて要請する場合には、当該他方の当事国政府は、その権限の範囲内で、要請された後方支援、物品又は役務を提供することができる。

a　日本国に対する武力攻撃事態又は武力攻撃予測事態に際して、日本国に対する武力攻撃を排除するために必要な活動

b　存立危機事態に際して、日本国と密接な関係にある国に対する武力攻撃であって、これにより日本国の存立が脅かされ、日本国民の生命、自由及び幸福追求の権利が根底から覆される明白な危険があるものを排除するために必要な活動

2　日本国の自衛隊が1の規定に基づいてアメリカ合衆国軍隊により後方支援、物品又は役務の提供を要請される場合には、日本国の自衛隊によるアメリカ合衆国軍隊に対する後方支援、物品又は役務の提供は、武力攻撃事態、武力攻撃予測事態及び存立危機事態に対処するための日本国の措置について定めた日本国の関連の法律に従って行われるものと了解される。

第六条【その他の活動のための提供】1　いずれか一方の当事国政府が、第二条から前条までの規定の適用を受ける活動以外の活動であって、国際の平和及び安全に寄与するための国際社会の努力の促進、大規模災害への対処その他の目的のために日本国の自衛隊又はアメリカ合衆国軍隊が行うもののための後方支援、物品又は役務の提供を他方の当事国政府に対してこの協定に基づいて要請する場合には、当該他方の当事国政府は、その権限の範囲内で、要請された後方支援、物品又は役務を提供することができる。

2　日本国の自衛隊が1の規定に基づいてアメリカ合衆国軍隊により後方支援、物品又は役務の提供を要請される場合には、日本国の自衛隊によるアメリカ合衆国軍隊に対する後方支援、物品又は役務の提供は、国際社会の平和及び安全を脅かす事態であって、国際社会が共同して対処するものに対処するための日本国の措置について定めた日本国の関連の法律又は付表2に定める日本国の法律の規定であってその時に有効なものに従って行われるものと了解される。

第七条【提供に係る決算】1　この協定に基づく後方支援の提供に係る決済の手続は、次のとおりとする。

a　物品の提供については、

i　物品を受領した当事国政府（以下「受領当事国政府」という。）は、当該物品を提供した当事国政府（以下「提供当事国政府」という。）にとって満足のできる状態及び方法で当該物品を返還する。ただし、iiの規定の適用を妨げるものではない。

ii　提供された物品が消耗品である場合又は受領当事国政府が当該物品を提供当事国政府にとって満足のできる状態及び方法で返還することができない場合には、受領当事国政府は、同種、同等及び同量の物品を提供当事国政府にとって満足のできる状態及び方法で返還する。ただし、iiiの規定の適用を妨げるものではない。

iii　受領当事国政府が提供された物品と同種、同等及び同量の物品を提供当事国政府にとって満足のできる状態及び方法で返還することができない場合には、受領当事国政府は、提供当事国政府に対して提供当事国政府の指定する通貨により償還する。

b　役務の提供については、提供当事国政府の指定する通貨により提供された役務を償還するか又は同種であり、かつ、同等の価値を有する役務を提供することによって決済する。決済の方法については、当該役務が提供される前に両当事国政府の間で合意する。

2　両当事国政府は、それぞれの国の法律が許容する範囲内で又は適用される国際協定に基づき、この協定に基づいて提供される後方支援、物品又は役務に対していかなる税も課されないことを確保する。いずれの当事国政府も、この協定に基づいて提供される役務に対して内国消費税を課さないものとする。

第八条【価格の決定】前条1aiii及びbの規定に従って償還される後方支援、物品又は役務の価格は、第一〇条に規定する手続取極に定める関連規定に基づいて決定される。

第九条【移転の禁止】この協定に基づいて提供される後方支援、物品又は役務については、提供当事国政府の書面による事前の同意を得ないで、一時的であれ又は永続的であれ、いかなる手段によっても日本国の自衛隊又はアメリカ合衆国軍隊以外の者又は団体に移転してはならない。

第一〇条【手続取極】この協定に基づいて行われる後方支援、物品又は役務の要請、提供、受領及び決済の実施については、この協定の下で締結され、及びこの協定により規律され、並びに条件の補足的な細目及び手続であってこの協定を実施するためのものを定める手続取極にのみ従うものとする。手続取極は、日本国防衛省とアメリカ合衆国国防省との間で締結される。

第一一条【実施のための協議】1　この協定は、一九六〇年一月一九日にワシントンで署名された日本国とアメリカ合衆国との間の相互協力及び安全保障条約第六条に基づく施設及び区域並びに日本国における合衆国軍隊の地位に関する協定に基づく両当事国政府の権利及び義務に影響を及ぼすものではない。

2　両当事国政府は、この協定の実施に関し相互に緊密に協議する。

3　この協定及び手続取極の解釈又は適用に関するいかなる事項も、両当事国政府の間の協議によってのみ解決されるものとする。

第一二条【効力発生及び終了】1　この協定は、日本国及びアメリカ合衆国によりそれぞれの国内法上の手続に従って承認されなければならない。この協定は、その承認を通知する外交上の公文が交換された日に効力を生ずる。この協定は、一〇年間効力を有するものとし、その後は、いずれか一方の当事国政府がそれぞれの一〇年の期間が満了する少なくとも六箇月前に他方の当事国政府に対してこの協定を終了させる意思を書面により通告しない限り、順次それぞれ一〇年の期間、自動的に効力を延長されるものとする。

2　1の規定にかかわらず、各当事国政府は、他方の当事国政府に対して一年前に書面により通告することによって、いつでもこの協定を終了させることができる。この協定の終了の後においても、この協定の条件に従った財政上の義務及び合意された移転は、別段の合意がない限り、履行されるまで拘束力を有する。

3　この協定は、両当事国政府の書面による合意によって改正することができる。この協定の改正は、アメリカ合衆国政府が日本国政府から日本国が当該改正を承認した旨の書面による通告を受領した日に効力を生じ、この協定が有効である限り効力を有する。ただし、この協定の付表2は、両当事国政府の書面による合意により、この協定を改正することなく修正することができる。付表2の修正は、両当事国政府間の外交上の公文の交換によって確認された日に効力を生ずる。

4　一九九六年四月一五日に東京で署名された日本国の自衛隊とアメリカ合衆国軍隊との間における後方支援、物品又は役務の相互の提供に関する日本国政府とアメリカ合衆国政府との間の協定（一九九八年四月二八日及び二〇〇四年二月二七日にそれぞれ東京で署名された日本国の自衛隊とアメリカ合衆国軍隊との間における後方支援、物品又は役務の相互の提供に関する日本国政府とアメリカ合衆国政府との間の協定を改正する協定による改正を含む。）（以下「一九九六年協定」という。）は、この協定の効力発生の日に効力を失う。一九九六年協定の条件に従った財政上の義務及び合意された移転は、別段の合意がない限り、履行されるまで拘束力を有する。

付表1

区分	各区分の例
食料	食料、食事の提供、調理器具及びこれらに類するもの
水	水、給水、給水に必要な用具及びこれらに類するもの
宿泊	宿泊設備及び入浴設備の利用、寝具類並びにこれらに類するもの
輸送（空輸を含む。）	人又は物の輸送、輸送用資材及びこれらに類するもの
燃料・油脂・潤滑油	燃料、油脂及び潤滑油、給油、給油に必要な用具並びにこれらに類するもの
被服	被服、被服の補修及びこれらに類するもの
通信	通信設備の利用、通信業務、通信機器及びこれらに類するもの
衛生業務	診療、衛生器具及びこれらに類するもの
基地活動支援（基地活動支援に付随する建設を含む）	廃棄物の収集及び処理、洗濯、給電、環境面の支援、建設、消毒器具及び消毒並びにこれらに類するもの
保管業務	倉庫又は冷蔵貯蔵室における一時的保管及びこれらに類するもの
区分	各区分の例
施設の利用	建物、施設及び土地の一時的利用並びにこれらに類するもの
訓練業務	指導員の派遣、教育訓練用資材、訓練用消耗品及びこれらに類するもの
部品・構成品	軍用航空機、軍用車両及び軍用船舶の部品又は構成品並びにこれらに類するもの
修理・整備業務（校正業務を含む。）	修理及び整備、修理及び整備用機器並びにこれらに類するもの
空港・港湾業務	航空機の離発着及び艦船の出入港に対する支援、積卸作業並びにこれらに類するもの
弾薬	弾薬、弾薬の提供、弾薬の提供に必要な用具及びこれらに類するもの

付表2

日本国の法律の規定
自衛隊法（一九五四年法律第一六五号）第一〇〇条の六（同条第一項第一号に掲げるアメリカ合衆国の軍隊に対する物品又は役務の提供に係る部分を除く。）

13 26　秘密軍事情報の保護に関する日本国政府と大韓民国政府との間の協定（日韓秘密軍事情報保護協定）

署　　名　二〇一六年一一月二三日（ソウル）
効力発生　二〇一六年一一月二三日
日 本 国　外務省告示（第四五九号）二〇一六年一二月二日公布
韓　　国　二〇一九年八月二二日終了通告、二〇一九年一一月二二日終了通告の効力停止通告

日本国政府及び大韓民国政府（以下「両締約国政府」といい、個別に「締約国政府」という。）は、両締約国政府の間で交換される秘密軍事情報の相互保護を確保することを希望して、

次のとおり協定した。

第一条（目的）両締約国政府は、この協定の規定が各締約国政府の施行されている国内法令に合致する限り、当該規定に従って、秘密軍事情報の保護を確保する。

第二条（定義）この協定の適用上、

(a)　「秘密軍事情報」とは、日本国政府若しくは大韓民国政府の権限のある当局により作成され、それらの使用のために作成され、又はそれらにより保持されている防衛関連情報であって、各締約国政府の国家安全保障のために保護を必要とするものをいう。その情報には、秘密指定及び、必要な場合には、その情報が秘密軍事情報であることを識別するための適当な表示を付す。その情報は、口頭、映像、電子、磁気若しくは文書の形態又は装備若しくは技術の形態をとることができる。

(b)　「提供締約国政府」とは、秘密軍事情報を提供する締約国政府をいう。

(c)　「受領締約国政府」とは、提供締約国政府から提

供される秘密軍事情報を受領する締約国政府をいう。

(d)　「権限のある当局」とは、防衛関連情報の保護について責任を有する当局として、締約国政府によって指定される当該締約国政府の機関をいう。一方の締約国政府は、他方の締約国政府に対し、外交上の経路を通じて、その権限のある当局を通報する。

(e)　「秘密軍事情報取扱資格」とは、各締約国政府の適当な手続に従って個人に付与される適格性であって、秘密軍事情報を確実に取り扱うためのものをいう。

第三条（国内法令）　一方の締約国政府は、要請があったときは、他方の締約国政府に対し、秘密軍事情報の保護に関する自国の施行されている国内法令について通報する。一方の締約国政府は、この協定の下での秘密軍事情報の保護に影響を及ぼす当該国内法令のいかなる変更についても、他方の締約国政府に対して通報する。

第四条（秘密軍事情報の秘密指定及び表示）　1　秘密軍事情報には、次のいずれかの秘密指定を表示する。

(a)　日本国政府については、「極秘」、「特定秘密」又は「秘」

(b)　大韓民国政府については、「군사Ⅱ급비밀」又は「군사Ⅲ급비밀」

2　受領締約国政府は、提供された全ての秘密軍事情報に提供締約国政府名及び受領締約国政府の対応する秘密指定を表示する。対応する秘密指定は、次のとおりとする。

日本国	大韓民国	注　英語において相当する語
極秘／特定秘密	군사Ⅱ급비밀	SECRET
秘	군사Ⅲ급비밀	CONFIDENTIAL

3　受領締約国政府が作成する文書又は媒体であって、提供締約国政府から提供された秘密軍事情報を含むものには、適当な秘密指定を表示し、また、当該文書又は媒体が提供締約国政府から提供された秘密軍事情報を含むことを識別するための表示を付す。

第五条（補足実施取決め）　この協定に基づく補足実施取決めは、両締約国政府の権限のある当局により作成することができる。

第六条（秘密軍事情報を保護するための原則）　両締約国政府は、提供された秘密軍事情報を保護するため、次の事項を確保する。

(a)　受領締約国政府は、提供締約国政府の事前の書面による承認を得ることなく、第三国の政府、個人、企業、機関、組織又は他の団体に対し、当該秘密軍事情報を提供しないこと。

(b)　受領締約国政府は、自国の施行されている国内法令に従い、当該秘密軍事情報について提供締約国政府により与えられている保護と実質的に同等の保護を与えるために適当な措置をとること。

(c)　受領締約国政府は、提供締約国政府の事前の書面による承認を得ることなく、当該秘密軍事情報が提供された目的以外の目的のために、当該秘密軍事情報を使用しないこと。

(d)　受領締約国政府は、自国の施行されている国内法令に従い、当該秘密軍事情報に関係する特許権、著作権又は企業秘密のような知的財産権を遵守すること。

(e)　当該秘密軍事情報を取り扱う政府の各施設が、秘密軍事情報取扱資格を有し、かつ、当該秘密軍事情報にアクセスすることを許可されている個人の登録簿を保持すること。

(f)　各締約国政府は、当該秘密軍事情報の配布及び当該秘密軍事情報へのアクセスを管理するために、当該秘密軍事情報の識別、所在、目録及び管理の手続を設定すること。

(g)　提供締約国政府は、当該秘密軍事情報であって、受領締約国政府に対して以前に提供したものの秘密指定のいかなる変更についても、受領締約国政府に対して書面により速やかに通報すること。受領締約国政府は、提供締約国政府からのその通報に従い、当該秘密軍事情報の秘密指定を変更すること。

(h)　受領締約国政府は、当該秘密軍事情報が提供された目的のために必要とされなくなった場合において、適当なときは、次のいずれかの措置をとること。

(i)　当該秘密軍事情報を提供締約国政府に返還すること。

(ii)　第一三条の規定及び自国の施行されている国内法令に従って当該秘密軍事情報を破壊すること。

第七条（秘密軍事情報への職員のアクセス）　1　いかなる政府職員も、階級、地位又は秘密軍事情報取扱資格のみにより、提供された秘密軍事情報へのアクセスを認められてはならない。

2　提供された秘密軍事情報へのアクセスは、政府職員であって、職務上当該アクセスを必要とし、かつ、受領締約国政府の施行されている国内法令に従って秘密軍事情報取扱資格を付与されたものに対してのみ認められる。

3　両締約国政府は、政府職員に秘密軍事情報取扱資格を付与する決定が、国家安全保障上の利益と合致し、及び当該政府職員が提供された秘密軍事情報を取り扱うに当たり信用できかつ信頼し得るか否かを示す全ての入手可能な情報に基づき行われることを確保する。

4　提供された秘密軍事情報へのアクセスを認められる政府職員に関して、3に規定する基準が満たされていることを確保するために、適当な手続が、両締約国政府により自国の施行されている国内法令に従って実施される。

5　一方の締約国政府の代表者が他方の締約国政府の代表者に対し秘密軍事情報を提供する前に、受領締約国政府は、提供締約国政府に対し次の事項についての保証を与える。

(a) 受領締約国政府の代表者が、必要な水準の秘密軍事情報取扱資格を有すること。

(b) 受領締約国政府の代表者が、公用の目的でアクセスを必要とすること。

(c) 受領締約国政府は、自国の施行されている国内法令に従い、当該秘密軍事情報について提供締約国政府により与えられている保護と実質的に同等の保護を与えるために適当な措置をとること。

第八条（訪問） 一方の締約国政府の代表者が、他方の締約国政府の施設であって、秘密軍事情報へのアクセスを必要とするものを訪問するための許可は、公用の目的のために必要なものに限定される。一方の締約国政府の国の領域内に所在する施設を訪問するための許可は、当該一方の締約国政府のみにより与えられる。訪問を受ける締約国政府は、訪問先の施設に対し、訪問案、主題、範囲及び訪問者に対して提供することができる最も高い水準の秘密軍事情報について助言する責任を有する。両締約国政府の代表者による訪問のための申請は、訪問を行う締約国政府の関係する権限のある当局により、訪問を受ける締約国政府の関係する権限のある当局に対して提出される。

第九条（秘密軍事情報の送付） 秘密軍事情報は、政府間の経路を通じて両締約国政府間で送付される。受領締約国政府は、送付に際し、当該秘密軍事情報の保管、管理及び秘密保持について責任を負う。

第一〇条（施設の保安） 一方の締約国政府は、提供された秘密軍事情報が保管されている全ての政府の施設の保安に責任を有するとともに、各施設について、当該秘密軍事情報の管理及び保護の責任及び権限を有する適格な政府職員を指名することを確保する。

第一一条（保管） 両締約国政府は、第七条及び第一六条の規定に従ってアクセスを許可された個人のみがアクセスすることが確保されるような方法により、提供された秘密軍事情報を保管する。

第一二条（秘密軍事情報が送付される間の秘密保持の義務） 送付される間の秘密軍事情報の秘密保持に関する最低限の義務は、次のとおりとする。

(a) 秘密指定された文書及び媒体

(i) 秘密軍事情報を含む文書及び媒体は、二重の封印された封筒であって、内側の封筒に当該文書又は媒体の秘密指定及び受領することが予定される権限のある当局の住所のみを記載し、外側の封筒に当該権限のある当局の住所、提供する権限のある当局の住所及び適当な場合には登録番号を記載したものにより送付される。

(ii) 同封される文書又は媒体の秘密指定は、外側の封筒には表示してはならない。封印された封筒は、提供締約国政府の定められた規則及び手続に従って送付される。

(iii) 受領証が、両締約国政府間で送付される秘密指定された文書又は媒体を含む包みのために用意され、また、同封される文書又は媒体の受領証は、最終的に受領する権限のある当局により署名され、提供する権限のある当局に返送される。

(b) 秘密指定された装備

(i) 秘密指定された装備は、その細部が識別されることを防止するために、封印され、被覆された車両により送付され、又は確実に包装され、若しくは保護されるとともに、許可されていない個人によるアクセスを防止するために、継続的な管理の下に置かれる。

(ii) 発送を待つ間、一時的に保管されなければならない秘密指定された装備は、当該装備の秘密指定の水準に応じた保護を与える保管区域に置かれる。許可された職員のみが、当該保管区域へのアクセスを有するものとする。

(iii) 受領証は、秘密指定された装備が送付されている間にその管理者が変わる場合には、その都度取得される。

(iv) 受領証は、最終的に受領する権限のある当局により署名され、提供する権限のある当局に返送される。

(c) 電子的送付

電子的手段により送付される秘密軍事情報は、送付される間、当該秘密軍事情報の秘密指定の水準に照らし適当な暗号を使用することにより保護される。秘密軍事情報の処理、保管又は送付を行う情報制度は、当該制度を採用する締約国政府の適当な当局により、秘密保持についての認定を受ける。

第一三条（破壊） 1　両締約国政府は、焼却、破砕、パルプ化又は提供された秘密軍事情報の全部若しくは一部の復元を防止する他の方法により、秘密指定された文書及び媒体を破壊する。

2　両締約国政府は、提供された秘密軍事情報の全部又は一部の復元を防止するために、秘密指定された装備を見分けがつかないまでに破壊し、又は当該装備を変更する。

第一四条（複製） 両締約国政府は、秘密指定された文書又は媒体を複製するときは、これらに付されている全ての原本の秘密表示についても複製する。両締約国政府は、このような複製された秘密指定された文書又は媒体を、秘密指定された文書又は媒体の原本と同じ管理の下に置く。両締約国政府は、複製物の数を公用の目的のために必要とされる数に限定する。

第一五条（翻訳） 両締約国政府は、提供された秘密軍事情報の全ての翻訳が、第七条及び次条の規定に従って秘密軍事情報取扱資格を有する個人により行われることを確保する。両締約国政府は、複製物の数を最小限にとどめるとともに、その配布を管理する。当該翻訳には、適当な秘密指定を付すものとし、かつ、文書又は媒体が提供締約国政府の秘密軍事情報を含むことを示す適当な注釈を翻訳された後の言語により付すものとする。

第一六条（契約企業への秘密軍事情報の提供）受領締約国政府は、提供締約国政府から受領する秘密軍事情報を契約企業（下請契約企業を含む。以下同じ。）に対し提供する前に、自国の施行されている国内法令に従い、次の事項を確保するために適当な措置をとる。

(a)　いかなる個人も、階級、地位又は秘密軍事情報取扱資格のみにより、当該秘密軍事情報へのアクセスを認められないこと。

(b)　契約企業及び契約企業の施設が、当該秘密軍事情報を保護する能力を有すること。

(c)　職務上当該秘密軍事情報へのアクセスを必要とする全ての個人が、秘密軍事情報取扱資格を有すること。

(d)　秘密軍事情報取扱資格が、第七条に規定する方法と同様の方法により決定されること。

(e)　当該秘密軍事情報へのアクセスを認められる個人に関して、第七条3に規定する基準が満たされていることを保証するために、適当な手続が実施されること。

(f)　当該秘密軍事情報へのアクセスを有する全ての個人が、当該秘密軍事情報を保護するための責任について通知されること。

(g)　受領締約国政府は、当該秘密軍事情報がこの協定において求められているとおりに保護されることを確保するために、当該秘密軍事情報へのアクセスが行われ、又は当該秘密軍事情報が保管されている契約企業の各施設において、最初の及び定期的な保安検査を実施すること。

(h)　当該秘密軍事情報へのアクセスが、職務上当該アクセスを必要とする個人に限定されること。

(i)　秘密軍事情報取扱資格を有し、かつ、当該秘密軍事情報にアクセスすることを許可されている個人の登録簿が、各施設において保持されること。

(j)　当該秘密軍事情報の管理及び保護の責任及び権限を有する適格な個人が、指名されること。

(k)　当該秘密軍事情報が、第一一条に規定する方法と同様の方法により保管されること。

(l)　当該秘密軍事情報が、第九条及び第一二条に規定する方法と同様の方法により送付されること。

(m)　秘密指定された文書及び媒体並びに秘密指定された装備が、第一三条に規定する方法と同様の方法により破壊されること。

(n)　秘密指定された文書及び媒体が、第一四条に規定する方法と同様の方法により複製され、及び管理の下に置かれること。

(o)　当該秘密軍事情報の翻訳が、前条に規定する方法と同様の方法により行われ、かつ、複製物が、当該方法により取り扱われること。

第一七条（紛失及び漏せつ）提供締約国政府は、提供した秘密軍事情報のあらゆる紛失又は漏せつ及び紛失又は漏せつのあらゆる可能性について直ちに通知され、受領締約国政府は、状況を特定するために調査を開始する。受領締約国政府は、提供締約国政府に対し、当該調査の結果及び再発を防止するためにとられる措置に関する情報を送付する。

第一八条（秘密保持に係る代表者による訪問）前記の秘密保持に関する義務の履行は、両締約国政府の秘密保持に係る代表者による相互訪問を通じて促進することができる。このため、一方の締約国政府の秘密保持に係る代表者は、それぞれの秘密保持制度が合理的な程度に同等のものとなることを達成するために、秘密保持の手続について議論し、及びその実施を視察することを目的として、相互に合意する場所において、及び相互に満足する方法により、事前の協議の後に、他方の締約国政府を訪問することが許可される。一方の締約国政府は、他方の締約国政府により提供された秘密軍事情報が適切に保護されているか否かについて、秘密保持に係る代表者が決定するに当たり支援する。

第一九条（費用）各締約国政府は、自国の施行されている国内法令に従い、その予算の範囲内で、この協定の実施に要する各自の費用を負担する。

第二〇条（紛争解決）1　この協定の解釈又は適用に関するいかなる紛争も、両締約国政府間の協議によってのみ解決されるものとする。

2　1の規定による紛争の解決の間、両締約国政府は、提供された秘密軍事情報を引き続きこの協定に従って保護する。

第二一条（効力発生、改正、有効期間及び終了）1　この協定は、それぞれの締約国政府がこの協定の効力発生のために必要なそれぞれの国内法上の要件が満たされたことを確認する書面による通告を外交上の経路を通じて行った日のうち、いずれか遅い方の日に効力を生ずる。

2　この協定は、両締約国政府の書面による同意によりいつでも改正することができる。

3　この協定は、一年間効力を有し、一方の締約国政府が他方の締約国政府に対しこの協定を終了させる意思を九〇日前に外交上の経路を通じて書面により通告しない限り、その効力は、毎年自動的に延長される。

4　この協定の終了の後においても、この協定に従って提供された全ての秘密軍事情報は、引き続きこの協定の規定に従って保護される。

13 27 日米防衛協力のための指針（二〇一五年ガイドライン）

署名　二〇一五年四月二七日（日米安全保障協議委員会・ニューヨーク）

I 防衛協力と指針の目的

平時から緊急事態までのいかなる状況においても日本の平和及び安全を確保するため、また、アジア太平洋地域及びこれを越えた地域が安定し、平和で繁栄したものとなるよう、日米両国間の安全保障及び防衛協力は、次の事項を強調する。

・切れ目のない、力強い、柔軟かつ実効的な日米共同の対応
・日米両政府の国家安全保障政策間の相乗効果
・政府一体となっての同盟としての取組
・地域の及び他のパートナー並びに国際機関との協力
・日米同盟のグローバルな性質

日米両政府は、日米同盟を継続的に強化する。各政府は、その国家安全保障政策に基づき、各自の防衛態勢を維持する。日本は、「国家安全保障戦略」及び「防衛計画の大綱」に基づき防衛力を保持する。米国は、引き続き、その核戦力を含むあらゆる種類の能力を通じ、日本に対して拡大抑止を提供する。米国はまた、引き続き、アジア太平洋地域において即応態勢にある戦力を前方展開するとともに、それらの戦力を迅速に増強する能力を維持する。

日米防衛協力のための指針（以下「指針」という。）は、二国間の安全保障及び防衛協力の実効性を向上させるため、日米両国の役割及び任務並びに協力及び調整の在り方についての一般的な大枠及び政策的な方向性を示す。これにより、指針は、平和及び安全を促進し、紛争を抑止し、経済的な繁栄の基盤を確実なものとし、日米同盟の重要性についての国内外の理解を促進する。

II 基本的な前提及び考え方

指針並びにその下での行動及び活動は、次の基本的な前提及び考え方に従う。

A　日本国とアメリカ合衆国との間の相互協力及び安全保障条約（日米安全保障条約）及びその関連取極に基づく権利及び義務並びに日米同盟関係の基本的な枠組みは、変更されない。

B　日本及び米国により指針の下で行われる全ての行動及び活動は、紛争の平和的解決及び国家の主権平等に関するものその他の国際連合憲章の規定並びにその他の関連する国際約束を含む国際法に合致するものである。

C　日本及び米国により行われる全ての行動及び活動は、各々の憲法及びその時々において適用のある国内法令並びに国家安全保障政策の基本的な方針に従って行われる。日本の行動及び活動は、専守防衛、非核三原則等の日本の基本的な方針に従って行われる。

D　指針は、いずれの政府にも立法上、予算上、行政上又はその他の措置をとることを義務付けるものではなく、また、指針は、いずれの政府にも法的権利又は義務を生じさせるものではない。しかしながら、二国間協力のための実効的な態勢の構築が指針の目標であることから、日米両政府が、各々の判断に従い、このような努力の結果を各々の具体的な政策及び措置に適切な形で反映することが期待される。

III 強化された同盟内の調整

指針の下での実効的な二国間協力のため、平時から緊急事態まで、日米両政府が緊密な協議並びに政策面及び運用面の的確な調整を行うことが必要となる。

二国間の安全保障及び防衛協力の成功を確かなものとするため、日米両政府は、十分な情報を得て、様々なレベルにおいて調整を行うことが必要となる。この目標に向かって、日米両政府は、情報共有を強化し、切れ目のない、実効的な、全ての関係機関を含む政府全体にわたる同盟内の調整を確保するため、あらゆる経路を活用する。この目的のため、日米両政府は、新たな、平時から利用可能な同盟調整メカニズムを設置し、運用面の調整を強化し、共同計画の策定を強化する。

A 同盟調整メカニズム

持続する、及び発生する脅威は、日米両国の平和及び安全に対し深刻かつ即時の影響を与え得る。日米両政府は、日本の平和及び安全に影響を与える状況その他の同盟としての対応を必要とする可能性があるあらゆる状況に切れ目のない形で実効的に対処するため、同盟調整メカニズムを活用する。このメカニズムは、平時から緊急事態までのあらゆる段階において自衛隊及び米軍により実施される活動に関連した政策面及び運用面の調整を強化する。このメカニズムはまた、適時の情報共有並びに共通の情勢認識の構築及び維持に寄与する。日米両政府は、実効的な調整を確保するため、必要な手順及び基盤（施設及び情報通信システムを含む。）を確立するとともに、定期的な訓練・演習を実施する。

日米両政府は、同盟調整メカニズムにおける調整の手順及び参加機関の構成の詳細を状況に応じたものとする。この手順の一環として、平時から、連絡窓口に係る情報が共有され及び保持される。

B 強化された運用面の調整

柔軟かつ即応性のある指揮・統制のための強化された二国間の運用面の調整は、日米両国にとって決定的に重要な中核的能力である。この文脈において、日米両政府は、自衛隊と米軍との間の協力を強化するため、運用面の調整機能が併置されることが引き続き重要であることを認識する。

自衛隊及び米軍は、緊密な情報共有を確保し、平時から緊急事態までの調整を円滑にし及び国際的な活動を支援するため、要員の交換を行う。自衛隊及び米軍は、緊密に協力し及び調整しつつ、各々の指揮系統を通じて行動する。

C　共同計画の策定

日米両政府は、自衛隊及び米軍による整合のとれた運用を円滑かつ実効的に行うことを確保するため、引き続き、共同計画を策定し及び更新する。日米両政府は、計画の実効性及び柔軟、適時かつ適切な対処能力を確保するため、適切な場合に、運用面及び後方支援面の所要並びにこれを満たす方策をあらかじめ特定することを含め、関連情報を交換する。

日米両政府は、平時において、日本の平和及び安全に関連する緊急事態について、各々の政府の関係機関を含む改良された共同計画策定メカニズムを通じ、共同計画の策定を行う。共同計画は、適切な場合に、関係機関からの情報を得つつ策定される。日米安全保障協議委員会は、引き続き、方向性の提示、このメカニズムの下での計画の策定に係る進捗の確認及び必要に応じた指示の発出について責任を有する。日米安全保障協議委員会は、適切な下部組織により補佐される。

共同計画は、日米両政府双方の計画に適切に反映される。

Ⅳ　日本の平和及び安全の切れ目のない確保

持続する、及び発生する脅威は、日本の平和及び安全に対し深刻かつ即時の影響を与え得る。この複雑さを増す安全保障環境において、日米両政府は、日本に対する武力攻撃を伴わない時の状況を含め、平時から緊急事態までのいかなる段階においても、切れ目のない形で、日本の平和及び安全を確保するための措置をとる。この文脈において、日米両政府はまた、パートナーとの更なる協力を推進する。

日米両政府は、これらの措置が、各状況に応じた柔軟、適時かつ実効的な二国間の調整に基づいてとられる必要があること、及び同盟としての適切な対応のためには省庁間調整が不可欠であることを認識する。したがって、日米両政府は、適切な場合に、次の目的のために政府全体にわたる同盟調整メカニズムを活用する。

・状況を評価すること
・情報を共有すること、及び
・柔軟に選択される抑止措置及び事態の緩和を目的とした行動を含む同盟としての適切な対応を実施するための方法を立案すること

日米両政府はまた、これらの二国間の取組を支えるため、日本の平和及び安全に影響を与える可能性がある事項に関する適切な経路を通じた戦略的な情報発信を調整する。

A　平時からの協力措置

日米両政府は、日本の平和及び安全の維持を確保するため、日米同盟の抑止力及び能力を強化するための、外交努力によるものを含む広範な分野にわたる協力を推進する。

自衛隊及び米軍は、あらゆるあり得べき状況に備えるため、相互運用性、即応性及び警戒態勢を強化する。このため、日米両政府は、次のものを含むが、これに限られない措置をとる。

1　情報収集、警戒監視及び偵察

日米両政府は、日本の平和及び安全に対する脅威のあらゆる兆候を極力早期に特定し並びに情報収集及び分析における決定的な優越を確保するため、共通の情勢認識を構築し及び維持しつつ、情報を共有し及び保護する。これには、関係機関間の調整及び協力の強化を含む。

自衛隊及び米軍は、各々のアセットの能力及び利用可能性に応じ、情報収集、警戒監視及び偵察（ＩＳＲ）活動を行う。これには、日本の平和及び安全に影響を与え得る状況の推移を常続的に監視することを確保するため、相互に支援する形で共同のＩＳＲ活動を行うことを含む。

2　防空及びミサイル防衛

自衛隊及び米軍は、弾道ミサイル発射及び経空の侵入に対する抑止及び防衛態勢を維持し及び強化する。日米両政府は、早期警戒能力、相互運用性、ネットワーク化による監視範囲及びリアルタイムの情報交換を拡大するため並びに弾道ミサイル対処能力の総合的な向上を図るため、協力する。さらに、日米両政府は、引き続き、挑発的なミサイル発射及びその他の航空活動に対処するに当たり緊密に調整する。

3　海洋安全保障

日米両政府は、航行の自由を含む国際法に基づく海洋秩序を維持するための措置に関し、相互に緊密に協力する。自衛隊及び米軍は、必要に応じて関係機関との調整によるものを含め、海洋監視情報の共有を更に構築し及び強化しつつ、適切な場合に、ＩＳＲ及び訓練・演習を通じた海洋における日米両国のプレゼンスの維持及び強化等の様々な取組において協力する。

4　アセット（装備品等）の防護

自衛隊及び米軍は、訓練・演習中を含め、連携して日本の防衛に資する活動に現に従事している場合であって適切なときは、各々のアセット（装備品等）を相互に防護する。

5　訓練・演習

自衛隊及び米軍は、相互運用性、持続性及び即応性を強化するため、日本国内外双方において、実効的な二国間及び多国間の訓練・演習を実施する。適時かつ実践的な訓練・演習は、抑止を強化する。日米両政府は、これらの活動を支えるため、訓練場、施設及び関連装備品が利用可能、アクセス可能かつ現代的なものであることを確保するために協力する。

6 後方支援

日本及び米国は、いかなる段階においても、各々自衛隊及び米軍に対する後方支援の実施を主体的に行う。自衛隊及び米軍は、日本国の自衛隊とアメリカ合衆国軍隊との間における後方支援、物品又は役務の相互の提供に関する日本国政府とアメリカ合衆国政府との間の協定(日米物品役務相互提供協定)及びその関連取決めに規定する活動について、適切な場合に、補給、整備、輸送、施設及び衛生を含むが、これらに限らない後方支援を相互に行う。

7 施設の使用

日米両政府は、自衛隊及び米軍の相互運用性を拡大し並びに柔軟性及び抗たん性を向上させるため、施設・区域の共同使用を強化し、施設・区域の安全の確保に当たって協力する。日米両政府はまた、緊急事態へ備えることの重要性を認識し、適切な場合に、民間の空港及び港湾を含む施設の実地調査の実施に当たって協力する。

B 日本の平和及び安全に対して発生する脅威への対処

同盟は、日本の平和及び安全に重要な影響を与える事態に対処する。当該事態については地理的に定めることはできない。この節に示す措置は、当該事態にいまだ至ってない状況において、両国の各々の国内法令に従ってとり得るものを含む。早期の状況把握及び二国間の行動に関する状況に合わせた断固たる意思決定は、当該事態の抑止及び緩和に寄与する。

日米両政府は、日本の平和及び安全を確保するため、平時からの協力的措置を継続することに加え、外交努力を含むあらゆる手段を追求する。日米両政府は、同盟調整メカニズムを活用しつつ、各々の決定により、次に掲げるものを含むが、これらに限らない追加的措置をとる。

1 非戦闘員を退避させるための活動

日本国民又は米国国民である非戦闘員を第三国から安全な地域に退避させる必要がある場合、各政府は、自国民の退避及び現地当局との関係の処理について責任を有する。日米両政府は、適切な場合に、日本国民又は米国国民である非戦闘員の退避を計画するに当たり調整し及び当該非戦闘員の退避の実施に当たって協力する。これらの退避活動は、輸送手段、施設等の各国の能力を相互補完的に使用して実施される。日米両政府は、各々、第三国の非戦闘員に対して退避に係る援助を行うことを検討することができる。

日米両政府は、退避者の安全、輸送手段及び施設、通関、出入国管理及び検疫、安全な地域、衛生等の分野において協力を実施するため、適切な場合に、同盟調整メカニズムを通じ初期段階からの調整を行う。日米両政府は、適切な場合に、訓練・演習の実施によるものを含め、非戦闘員を退避させるための活動における調整を平時から強化する。

2 海洋安全保障

日米両政府は、各々の能力を考慮しつつ、海洋安全保障を強化するため、緊密に協力する。協力的措置には、情報共有及び国際連合安全保障理事会決議その他の国際法上の根拠に基づく船舶の検査を含み得るが、これらに限らない。

3 避難民への対応のための措置

日米両政府は、日本への避難民の流入が発生するおそれがある又は実際に始まるような状況に至る場合には、国際法上の関係する義務に従った人道的な方法で避難民を扱いつつ、日本の平和及び安全を維持するために協力する。当該避難民への対応については、日本が主体的に実施する。米国は、日本からの要請に基づき、適切な支援を行う。

4 捜索・救難

日米両政府は、適切な場合に、捜索・救難活動において協力し及び相互に支援する。自衛隊は、日本の国内法令に従い、適切な場合に、関係機関と協力しつつ、米国による戦闘捜索・救難活動に対して支援を行う。

5 施設・区域の警護

自衛隊及び米軍は、各々の施設・区域を関係当局と協力して警護する責任を有する。日本は、米国からの要請に基づき、米軍と緊密に協力し及び調整しつつ、日本国内の施設・区域の追加的な警護を実施する。

6 後方支援

日米両政府は、実効的かつ効率的な活動を可能とするため、適切な場合に、相互の後方支援(補給、整備、輸送、施設及び衛生を含むが、これらに限らない。)を強化する。これらには、運用面及び後方支援面の所要の迅速な確認並びにこれを満たす方策の実施を含む。日本政府は、中央政府及び地方公共団体の機関が有する権限及び能力並びに民間が有する能力を適切に活用する。日本政府は、自国の国内法令に従い、適切な場合に、後方支援及び関連支援を行う。

7 施設の使用

日本政府は、日米安全保障条約及びその関連取極に従い、必要に応じて、民間の空港及び港湾を含む施設を一時的な使用に供する。日米両政府は、施設・区域の共同使用における協力を強化する。

C 日本に対する武力攻撃への対処行動

日本に対する武力攻撃への共同対処行動は、引き続き、日米間の安全保障及び防衛協力の中核的要素である。

日本に対する武力攻撃が予測される場合、日米両政府は、日本の防衛のために必要な準備を行いつつ、武力攻撃を抑止し及び事態を緩和するための措置をとる。

日本に対する武力攻撃が発生した場合、日米両政府は、極力早期にこれを排除し及び更なる攻撃を抑止するため、適切な共同対処行動を実施する。日米両政府はまた、第Ⅳ章に掲げるものを含む必要な措置をとる。

1　日本に対する武力攻撃が予測される場合

日本に対する武力攻撃が予測される場合、日米両政府は、攻撃を抑止し及び事態を緩和するため、包括的かつ強固な政府一体となっての取組を通じ、情報共有及び政策面の協議を強化し、外交努力を含むあらゆる手段を追求する。

自衛隊及び米軍は、必要な部隊展開の実施を含め、共同作戦のための適切な態勢をとる。日本は、米軍の部隊展開を支援するための基盤を確立し及び維持する。日米両政府による準備には、施設・区域の共同使用、補給、整備、輸送、施設及び衛生を含むが、これらに限らない相互の後方支援及び日本国内の米国の施設・区域の警護の強化を含み得る。

2　日本に対する武力攻撃が発生した場合

a　整合のとれた対処行動のための基本的考え方

外交努力及び抑止にもかかわらず、日本に対する武力攻撃が発生した場合、日米両国は、迅速に武力攻撃を排除し及び更なる攻撃を抑止するために協力し、日本の平和及び安全を回復する。当該整合のとれた行動は、この地域の平和及び安全の回復に寄与する。

日本は、日本の国民及び領域の防衛を引き続き主体的に実施し、日本に対する武力攻撃を極力早期に排除するため直ちに行動する。自衛隊は、日本及びその周辺海空域並びに海空域の接近経路における防勢作戦を主体的に実施する。米国は、日本と緊密に調整し、適切な支援を行う。米軍は、日本を防衛するため、自衛隊を支援し及び補完する。米国は、日本の防衛を支援し並びに平和及び安全を回復するような方法で、この地域の環境を形成するための行動をとる。

日米両政府は、日本を防衛するためには国力の全ての手段が必要となることを認識し、同盟調整メカニズムを通じて行動を調整するため、各々の指揮系統を活用しつつ、各々政府一体となっての取組を進める。

米国は、日本に駐留する兵力を含む前方展開兵力を運用し、所要に応じその他のあらゆる地域からの増援兵力を投入する。日本は、これらの部隊展開を円滑にするために必要な基盤を確立し及び維持する。

日米両政府は、日本に対する武力攻撃への対処において、各々米軍又は自衛隊及びその施設を防護するための適切な行動をとる。

b　作戦構想

i　空域を防衛するための作戦

自衛隊及び米軍は、日本の上空及び周辺空域を防衛するため、共同作戦を実施する。

自衛隊は、航空優勢を確保しつつ、防空作戦を主体的に実施する。このため、自衛隊は、航空機及び巡航ミサイルによる攻撃に対する防衛を含むが、これに限られない必要な行動をとる。

米軍は、自衛隊の作戦を支援し及び補完するための作戦を実施する。

ii　弾道ミサイル攻撃に対処するための作戦

自衛隊及び米軍は、日本に対する弾道ミサイル攻撃に対処するため、共同作戦を実施する。

自衛隊及び米軍は、弾道ミサイル発射を早期に探知するため、リアルタイムの情報交換を行う。弾道ミサイル攻撃の兆候がある場合、自衛隊及び米軍は、日本に向けられた弾道ミサイル攻撃に対して防衛し、弾道ミサイル防衛作戦に従事する部隊を防護するための実効的な態勢を維持する。

自衛隊は、日本を防衛するため、弾道ミサイル防衛作戦を主体的に実施する。

米軍は、自衛隊の作戦を支援し及び補完するための作戦を実施する。

iii　海域を防衛するための作戦

自衛隊及び米軍は、日本の周辺海域を防衛し及び海上交通の安全を確保するため、共同作戦を実施する。

自衛隊は、日本における主要な港湾及び海峡の防備、日本周辺海域における艦船の防護並びにその他の関連する作戦を主体的に実施する。このため、自衛隊は、沿岸防衛、対水上戦、対潜戦、機雷戦、対空戦及び航空阻止を含むが、これに限られない必要な行動をとる。

米軍は、自衛隊の作戦を支援し及び補完するための作戦を実施する。

自衛隊及び米軍は、当該武力攻撃に関与している敵に支援を行う船舶活動の阻止において協力する。

こうした活動の実効性は、関係機関間の情報共有その他の形態の協力を通じて強化される。

iv　陸上攻撃に対処するための作戦

自衛隊及び米軍は、日本に対する陸上攻撃に対処するため、陸、海、空又は水陸両用部隊を用いて、共同作戦を実施する。

自衛隊は、島嶼に対するものを含む陸上攻撃を阻止し、排除するための作戦を主体的に実施する。必要が生じた場合、自衛隊は島嶼を奪回するための作戦を実施する。このため、自衛隊は、着上陸侵攻を阻止し排除するための作戦、水陸両用作戦及び迅速な部隊展開を含むが、これに限られない必要な行動をとる。

自衛隊はまた、関係機関と協力しつつ、潜入を伴うものを含め、日本における特殊作戦部隊による攻撃等の不正規型の攻撃を主体的に撃破する。

米軍は、自衛隊の作戦を支援し及び補完するための作戦を実施する。

v　領域横断的な作戦

除し及び更なる攻撃を抑止するため、領域横断的な共同作戦を実施する。これらの作戦は、複数の領域を横断して同時に効果を達成することを目的とする。

領域横断的な協力の例には、次に示す行動を含む。

自衛隊及び米軍は、適切な場合に、関係機関と協力しつつ、各々のISR態勢を強化し、情報共有を促進し及び各々のISRアセットを防護する。

米軍は、自衛隊を支援し及び補完するため、打撃力の使用を伴う作戦を実施することができる。米軍がそのような作戦を実施する場合、自衛隊は、必要に応じ、支援を行うことができる。これらの作戦は、適切な場合に、緊密な二国間調整に基づいて実施される。

日米両政府は、第Ⅵ章に示す二国間協力に従い、宇宙及びサイバー空間における脅威に対処するために協力する。

自衛隊及び米軍の特殊作戦部隊は、作戦実施中、適切に協力する。

c　作戦支援活動

日米両政府は、共同作戦を支援するため、次の活動において協力する。

i　通信電子活動

日米両政府は、適切な場合に、通信電子能力の効果的な活用を確保するため、相互に支援する。

自衛隊及び米軍は、共通の状況認識の下での共同作戦のため、自衛隊と米軍との間の効果的な通信を確保し、共通作戦状況図を維持する。

ii　捜索・救難

自衛隊及び米軍は、適切な場合に、関係機関と協力しつつ、戦闘捜索・救難活動を含む捜索・救難活動において、協力し及び相互に支援する。

iii　後方支援

作戦上各々の後方支援能力の補完が必要となる場合、自衛隊及び米軍は、各々の能力及び利用可能性に基づき、柔軟かつ適時の後方支援を相互に行う。

日米両政府は、支援を行うため、中央政府及び地方公共団体の機関が有する権限及び能力並びに民間が有する能力を適切に活用する。

iv　施設の使用

日本政府は、必要に応じ、日米安全保障条約及びその関連取極に従い、施設の追加提供を行う。日米両政府は、施設・区域の共同使用における協力を強化する。

v　CBRN（化学・生物・放射線・核）防護

日本政府は、日本国内でのCBRN事案及び攻撃に引き続き主体的に対処する。米国は、日本における米軍の任務遂行能力を主体的に維持し回復する。日本からの要請に基づき、米国は、日本の防護を確実にするため、CBRN事案及び攻撃の予防並びに対処関連活動において、適切に日本を支援する。

D　日本以外の国に対する武力攻撃への対処行動

日米両国が、各々、米国又は第三国に対する武力攻撃に対処するため、主権の十分な尊重を含む国際法並びに各々の憲法及び国内法に従い、武力の行使を伴う行動をとることを決定する場合であって、日本が武力攻撃を受けるに至っていないとき、日米両国は、当該武力攻撃への対処及び更なる攻撃の抑止において緊密に協力する。共同対処は、政府全体にわたる同盟調整メカニズムを通じて調整される。

日米両国は、当該武力攻撃への対処行動をとっている他国と適切に協力する。

自衛隊は、日本と密接な関係にある他国に対する武力攻撃が発生し、これにより日本の存立が脅かされ、国民の生命、自由及び幸福追求の権利が根底から覆される明白な危険がある事態に対処し、日本の存立を全うし、日本国民を守るため、武力の行使を伴う適切な作戦を実施する。

協力して行う作戦の例は、次に概要を示すとおりである。

1　アセットの防護

自衛隊及び米軍は、適切な場合に、アセットの防護において協力する。当該協力には、非戦闘員の退避のための活動又は弾道ミサイル防衛等の作戦に従事しているアセットの防護を含むが、これに限らない。

2　捜索・救難

自衛隊及び米軍は、適切な場合に、関係機関と協力しつつ、戦闘捜索・救難活動を含む捜索・救難活動において、協力し及び支援を行う。

3　海上作戦

自衛隊及び米軍は、適切な場合に、海上交通の安全を確保することを目的とするものを含む機雷掃海において協力する。

自衛隊及び米軍は、適切な場合に、関係機関と協力しつつ、艦船を防護するための護衛作戦において協力する。

自衛隊及び米軍は、適切な場合に、関係機関と協力しつつ、当該武力攻撃に関与している敵に支援を行う船舶活動の阻止において協力する。

4　弾道ミサイル攻撃に対処するための作戦

自衛隊及び米軍は、各々の能力に基づき、適切な場合に、弾道ミサイルの迎撃において協力する。日米両政府は、弾道ミサイル発射の早期探知を確実に行うため、情報交換を行う。

5　後方支援

作戦上各々の後方支援能力の補完が必要となる場合、自衛隊及び米軍は、各々の能力及び利用可能性に基づき、柔軟かつ適時に後方支援を相互に行う。

日米両政府は、支援を行うため、中央政府及び地方公共団体の機関が有する権限及び能力並びに民間が有する能力を適切に活用する。

E　日本における大規模災害への対処における協力

日本において大規模災害が発生した場合、日本は主体的に当該災害に対処する。自衛隊は、関係機関、地方公共団体及び民間主体と協力しつつ、災害救援活動を実施する。日本における大規模災害からの迅速な復旧が日本の平和及び安全の確保に不可欠であること、及び当該災害が日本における米軍の活動に影響を与える可能性があることを認識し、米国は、自国の基準に従い、日本の活動に対する適切な支援を行う。当該支援には、捜索・救難、輸送、補給、衛生、状況把握及び評価並びにその他の専門的能力を含み得る。日米両政府は、適切な場合に、同盟調整メカニズムを通じて活動を調整する。

日米両政府は、日本における人道支援・災害救援活動に際しての米軍による協力の実効性を高めるため、情報共有によるものを含め、緊密に協力する。さらに、米軍は、災害関連訓練に参加することができ、これにより、大規模災害への対処に当たっての相互理解が深まる。

V　地域の及びグローバルな平和と安全のための協力

相互の関係を深める世界において、日米両国は、アジア太平洋地域及びこれを越えた地域の平和、安全、安定及び経済的な繁栄の基盤を提供するため、パートナーと協力しつつ、主導的役割を果たす。半世紀をはるかに上回る間、日米両国は、世界の様々な地域における課題に対して実効的な解決策を実行するため協力してきた。

日米両政府の各々がアジア太平洋地域及びこれを越えた地域の平和及び安全のための国際的な活動に参加することを決定する場合、自衛隊及び米軍を含む日米両政府は、適切なときは、次に示す活動等において、相互に及びパートナーと緊密に協力する。この協力はまた、日米両国の平和及び安全に寄与する。

A　国際的な活動における協力

日米両政府は、各々の判断に基づき、国際的な活動に参加する。共に活動を行う場合、自衛隊及び米軍は、実行可能な限り最大限協力する。

日米両政府は、適切な場合に、同盟調整メカニズムを通じ、当該活動の調整を行うことができ、また、これらの活動において三か国及び多国間の協力を追求する。自衛隊及び米軍は、円滑かつ実効的な協力のため、適切な場合に、手順及びベストプラクティスを共有する。日米両政府は、引き続き、この指針に必ずしも明示的には含まれない広範な事項について協力する一方で、地域的及び国際的な活動における日米両政府による一般的な協力分野は次のものを含む。

1　平和維持活動

日米両政府が国際連合憲章に従って国際連合により権限を与えられた平和維持活動に参加する場合、日米両政府は、適切なときは、自衛隊と米軍との間の相互運用性を最大限に活用するため、緊密に協力する。日米両政府はまた、適切な場合に、同じ任務に従事する国際連合その他の要員に対する後方支援の提供及び保護において協力することができる。

2　国際的な人道支援・災害救援

日米両政府が、大規模な人道災害及び自然災害の発生を受けた関係国政府又は国際機関からの要請に応じて、国際的な人道支援・災害救援活動を実施する場合、日米両政府は、適切なときは、参加する自衛隊と米軍との間の相互運用性を最大限に活用しつつ、相互に支援を行うため緊密に協力する。協力して行う活動の例には、相互の後方支援、運用面の調整、計画策定及び実施を含み得る。

3　海洋安全保障

日米両政府が海洋安全保障のための活動を実施する場合、日米両政府は、適切なときは、緊密に協力する。協力して行う活動の例には、海賊対処、機雷掃海等の安全な海上交通のための取組、大量破壊兵器の不拡散のための取組及びテロ対策活動のための取組を含み得る。

4　パートナーの能力構築支援

パートナーとの積極的な協力は、地域及び国際の平和及び安全の維持及び強化に寄与する。変化する安全保障上の課題に対処するためのパートナーの能力を強化することを目的として、日米両政府は、適切な場合に、各々の能力及び経験を最大限に活用することにより、能力構築支援活動において協力する。協力して行う活動の例には、海洋安全保障、防衛医学、防衛組織の構築、人道支援・災害救援又は平和維持活動のための部隊の即応性の向上を含み得る。

5　非戦闘員を退避させるための活動

非戦闘員の退避のために国際的な行動が必要となる状況において、日米両政府は、適切な場合に、日本国民及び米国国民を含む非戦闘員の安全を確保するため、外交努力を含むあらゆる手段を活用する。

6　情報収集、警戒監視及び偵察

日米両政府が国際的な活動に参加する場合、自衛隊及び米軍は、各々のアセットの能力及び利用可能性に基づき、適切なときは、ＩＳＲ活動において協力する。

7　訓練・演習

自衛隊及び米軍は、国際的な活動の実効性を強化するため、適切な場合に、共同訓練・演習を実施し及びこれに参加し、相互運用性、持続性及び即応性を強化する。また、日米両政府は、引き続き、同盟との相互運用性の強化並びに共通の戦術、技術及び手順の構築に寄与するため、訓練・演習においてパートナーと協力する機会を追求する。

8 後方支援

日米両政府は、国際的な活動に参加する場合、相互に後方支援を行うために協力する。日本政府は、自国の国内法令に従い、適切な場合に、後方支援を行う。

B 三か国及び多国間協力

日米両政府は、三か国及び多国間の安全保障及び防衛協力を推進し及び強化する。特に、日米両政府は、地域の及び他のパートナー並びに国際機関と協力するための取組を強化し、並びにそのための更なる機会を追求する。

日米両政府はまた、国際法及び国際的な基準に基づく協力を推進すべく、地域及び国際機関を強化するために協力する。

Ⅵ 宇宙及びサイバー空間に関する協力

A 宇宙に関する協力

日米両政府は、宇宙空間の安全保障の側面を認識し、責任ある、平和的かつ安全な宇宙の利用を確実なものとするための両政府の連携を維持し及び強化する。

当該取組の一環として、日米両政府は、各々の宇宙システムの抗たん性を確保し及び宇宙状況監視に係る協力を強化する。日米両政府は、能力を確立し向上させるため、適切な場合に、相互に支援し、宇宙空間の安全及び安定に影響を与え、その利用を妨げ得る行動や事象についての情報を共有する。日米両政府はまた、宇宙システムに対して発生する脅威に対応するために情報を共有し、また、海洋監視並びに宇宙システムの能力及び抗たん性を強化する宇宙関係の装備・技術（ホステッド・ペイロードを含む。）における協力の機会を追求する。

自衛隊及び米軍は、各々の任務を実効的かつ効率的に達成するため、宇宙の利用に当たって、引き続き、早期警戒、ISR、測位、航法及びタイミング、宇宙状況監視、気象観測、指揮、統制及び通信並びに任務保証のために不可欠な関係する宇宙システムの抗たん性の確保等の分野において協力し、かつ政府一体となっての取組に寄与する。各々の宇宙システムが脅威にさらされた場合、自衛隊及び米軍は、適切なときは、危険の軽減及び被害の回避において協力する。被害が発生した場合、自衛隊及び米軍は、適切なときは、関係能力の再構築において協力する。

B サイバー空間に関する協力

日米両政府は、サイバー空間の安全かつ安定的な利用の確保に資するため、適切な場合に、サイバー空間における脅威及び脆弱性に関する情報を適時かつ適切な方法で共有する。また、日米両政府は、適切な場合に、訓練及び教育に関するベストプラクティスの交換を含め、サイバー空間における各種能力の向上に関する情報を共有する。日米両政府は、適切な場合に、民間との情報共有によるものを含め、自衛隊及び米軍が任務を達成する上で依拠する重要インフラ及びサービスを防護するために協力する。

自衛隊及び米軍は、次の措置をとる。

・各々のネットワーク及びシステムを監視する態勢を維持すること
・サイバーセキュリティに関する知見を共有し、教育交流を行うこと
・任務保証を達成するために各々のネットワーク及びシステムの抗たん性を確保すること
・サイバーセキュリティを向上させるための政府一体となっての取組に寄与すること
・平時から緊急事態までのいかなる状況においてもサイバーセキュリティのための実効的な協力を確実に行うため、共同演習を実施すること

自衛隊及び日本における米軍が利用する重要インフラ及びサービスに対するものを含め、日本に対するサイバー事案が発生した場合、日本は主体的に対処し、緊密な二国間調整に基づき、米国は日本に対し適切な支援を行う。日米両政府はまた、関連情報を迅速かつ適切に共有する。日本が武力攻撃を受けている場合に発生するものを含め、日本の安全に影響を与える深刻なサイバー事案が発生した場合、日米両政府は、緊密に協議し、適切な協力行動をとり対処する。

Ⅶ 日米共同の取組

日米両政府は、二国間協力の実効性を更に向上させるため、安全保障及び防衛協力の基盤として、次の分野を発展させ及び強化する。

A 防衛装備・技術協力

日米両政府は、相互運用性を強化し、効率的な取得及び整備を推進するため、次の取組を行う。

・装備品の共同研究、開発、生産、試験評価並びに共通装備品の構成品及び役務の相互提供において協力する。
・相互の効率性及び即応性のため、共通装備品の修理及び整備の基盤を強化する。
・効率的な取得、相互運用性及び防衛装備・技術協力を強化するため、互恵的な防衛調達を促進する。
・防衛装備・技術に関するパートナーとの協力の機会を探求する。

B 情報協力・情報保全

・日米両政府は、共通の情勢認識が不可欠であることを認識し、国家戦略レベルを含むあらゆるレベルにおける情報協力及び情報共有を強化する。
・日米両政府は、緊密な情報協力及び情報共有を可能とするため、引き続き、秘密情報の保護に関連した政策、慣行及び手続の強化における協力を推進する。
・日米両政府はまた、情報共有に関してパートナーとの協力の機会を探求する。

C 教育・研究交流

日米両政府は、安全保障及び防衛に関する知的協力の重要性を認識し、関係機関の構成員の交流を深

め、各々の研究・教育機関間の意思疎通を強化する。そのような取組は、安全保障・防衛当局者が知識を共有し協力を強化するための恒久的な基盤となる。

Ⅷ　見直しのための手順

日米安全保障協議委員会は、適切な下部組織の補佐を得て、この指針が変化する情況に照らして適切なものであるか否かを定期的に評価する。日米同盟関係に関連する諸情勢に変化が生じ、その時の状況を踏まえて必要と認める場合には、日米両政府は、適時かつ適切な形でこの指針を更新する。

第5節　国内法

13 28　外国為替及び外国貿易法（外為法）（抜粋）

公　　布　一九四九（昭和二四）年一二月一日（法律第二二八号）
最終改正　二〇二二（令和四）年一二月九日（法律第九七号）

第一条（目的） この法律は、外国為替、外国貿易その他の対外取引が自由に行われることを基本とし、対外取引に対し必要最小限の管理又は調整を行うことにより、対外取引の正常な発展並びに我が国又は国際社会の平和及び安全の維持を期し、もって国際収支の均衡及び通貨の安定を図るとともに我が国経済の健全な発展に寄与することを目的とする。

第五条（適用範囲） この法律は、本邦内に主たる事務所を有する法人の代表者、代理人、使用人その他の従業者が、外国においてその法人の財産又は業務についてした行為にも適用する。本邦内に住所を有する人又はその代理人、使用人その他の従業者が、外国においてその人の財産又は業務についてした行為についても、同様とする。

第一〇条【我が国の平和及び安全の維持のための措置】
1　我が国の平和及び安全の維持のため特に必要があるときは、閣議において、対応措置（この条の規定による閣議決定に基づき主務大臣により行われる第一六条第一項、第二一条第一項、第二三条第四項、第二四条第一項、第二五条第六項、第四八条第三項及び第五二条の規定による措置をいう。）を講ずべきことを決定することができる。
2　政府は、前項の閣議決定に基づき同項の対応措置を講じた場合には、当該対応措置を講じた日から二〇日以内に国会に付議して、当該対応措置を講じたことについて国会の承認を求めなければならない。ただし、国会が閉会中の場合又は衆議院が解散されている場合には、その後最初に召集される国会において、速やかに、その承認を求めなければならない。
3　政府は、前項の場合において不承認の議決があったときは、速やかに、当該対応措置を終了させなければならない。

第一六条（支払等） 1　主務大臣は、我が国が締結した条約その他の国際約束を誠実に履行するため必要があると認めるとき、国際平和のための国際的な努力に我が国として寄与するため特に必要があると認めるとき、又は第一〇条第一項の閣議決定が行われたときは、支払等が、これらと同一の見地から許可又は承認を受ける義務を課した取引又は行為に係る支払等である場合を除き、政令で定めるところにより、本邦から外国へ向けた支払をしようとする居住者若しくは非居住者又は非居住者との間で支払等をしようとする居住者に対し、当該支払又は支払等について、許可を受ける義務を課することができる。
2～5（略）

第二一条（財務大臣の許可を受ける義務を課する資本取引等） 1　財務大臣は、居住者又は非居住者による資本取引（第二〇条に規定する資本取引をいい、第二四条第一項に規定する特定資本取引に該当するものを除く。次条第一項、第五五条の三及び第七〇条第一項において同じ。）が何らの制限なしに行われた場合には、我が国が締結した条約その他の国際約束を誠実に履行することを妨げ、若しくは国際平和のための国際的な努力に我が国として寄与することを妨げることとなる事態を生じ、この法律の目的を達成することが困難になると認めるとき、又は第一〇条第一項の閣議決定が行われたときは、政令で定めるところにより、当該資本取引を行おうとする居住者又は非居住者に対し、当該資本取引を行うことについて、許可を受ける義務を課することができる。

2～6（略）

第二三条（対外直接投資）1～3（略）

4　財務大臣は、前項の届出に係る対外直接投資が行われた場合には、次に掲げるいずれかの事態を生じ、この法律の目的を達成することが困難になると認められるとき、又は第一〇条第一項の閣議決定が行われたときに限り、当該対外直接投資の届出をした者に対し、政令で定めるところにより、当該対外直接投資の内容の変更又は中止を勧告することができる。ただし、当該変更又は中止を勧告することができる期間は、当該届出を受理した日から起算して二〇日以内とする。

一　我が国経済の円滑な運営に著しい悪影響を及ぼすことになること。

二　国際的な平和及び安全を損ない、又は公の秩序の維持を妨げることになること。

5～11（略）

第二四条（経済産業大臣の許可を受ける義務を課する特定資本取引）1　経済産業大臣は、居住者による特定資本取引（第二〇条第二号に掲げる資本取引（同条第一二号の規定により同条第二号に準ずる取引として政令で定めるものを含む。）のうち、貨物を輸出し、又は輸入する者が貨物の輸出又は輸入に直接伴ってする取引又は行為として政令で定めるもの及び鉱業権、工業所有権その他これらに類する権利の移転又はこれらの権利の使用権の設定に係る取引又は行為として政令で定めるもの（短期の国際商業取引の決済のための取引として政令で定めるものを除く。）をいう。以下同じ。）が何らの制限なしに行われた場合には、我が国が締結した条約その他の国際約束を誠実に履行することを妨げ、若しくは国際平和のための国際的な努力に我が国として寄与することを妨げることとなる事態を生じ、この法律の目的を達成することが困難になると認めるとき、又は第一〇条第一項の閣議決定が行われたときは、政令で定めるところにより、当該特定資本取引を行おうとする居住者に対し、当該特定資本取引を行うことについて、許可を受ける義務を課することができる。

2～3（略）

第二五条（役務取引等）1　国際的な平和及び安全の維持を妨げることとなると認められるものとして政令で定める特定の種類の貨物の設計、製造若しくは使用に係る技術（以下「特定技術」という。）を特定の外国（以下「特定国」という。）において提供することを目的とする取引を行おうとする居住者若しくは非居住者又は特定技術を特定国の非居住者に提供することを目的とする取引を行おうとする居住者は、政令で定めるところにより、当該取引について、経済産業大臣の許可を受けなければならない。

2　経済産業大臣は、前項の規定の確実な実施を図るため必要があると認めるときは、特定技術を特定国以外の外国において提供することを目的とする取引を行おうとする居住者若しくは非居住者又は特定技術を特定国以外の外国の非居住者に提供することを目的とする取引を行おうとする居住者に対し、政令で定めるところにより、当該取引について、許可を受ける義務を課することができる。

3　経済産業大臣は、次の各号に掲げる場合には、当該各号に定める行為をしようとする者に対し、政令で定めるところにより、当該行為について、許可を受ける義務を課することができる。

一　第一項の規定の確実な実施を図るため必要があると認めるとき　同項の取引に関する次に掲げる行為

イ　特定国を仕向地とする特定技術を内容とする情報が記載され、又は記録された文書、図画又は記録媒体（以下「特定記録媒体等」という。）の輸出

ロ　特定国において受信されることを目的として行う電気通信（電気通信事業法（昭和五九年法律第八六号）第二条第一号に規定する電気通信をいう。以下同じ。）による特定技術を内容とする情報の送信（本邦内にある電気通信設備（同条第二号に規定する電気通信設備をいう。）からの送信に限る。以下同じ。）

二　前項の規定の確実な実施を図るため必要があると認めるとき　同項の取引に関する次に掲げる行為

イ　特定国以外の外国を仕向地とする特定記録媒体等の輸出

ロ　特定国以外の外国において受信されることを目的として行う電気通信による特定技術を内容とする情報の送信

4　居住者は、非居住者との間で、国際的な平和及び安全の維持を妨げることとなると認められるものとして政令で定める外国相互間の貨物の移動を伴う貨物の売買、貸借又は贈与に関する取引を行おうとするときは、政令で定めるところにより、当該取引について、経済産業大臣の許可を受けなければならない。

5　居住者は、非居住者との間で、役務取引（労務又は便益の提供を目的とする取引をいう。以下同じ。）であって、鉱産物の加工その他これに類するものとして政令で定めるもの（第三〇条第一項に規定する技術導入契約の締結等に該当するものを除く。）を行おうとするときは、政令で定めるところにより、当該役務取引について、主務大臣の許可を受けなければならない。ただし、次項の規定により主務大臣の許可を受ける義務が課された役務取引に該当するものについては、この限りでない。

6　主務大臣は、居住者が非居住者との間で行う役務取引（特定技術に係るもの及び第三〇条第一項に規定する技術導入契約の締結等に該当するものを除く。）又は外国相互間の貨物の移動を伴う貨物の売買、貸借若しくは贈与に関する取引（第四項に規定するものを除く。）（以下「役務取引等」という。）が何

らの制限なしに行われた場合には、我が国が締結した条約その他の国際約束を誠実に履行することを妨げ、若しくは国際平和のための国際的な努力に我が国として寄与することを妨げることとなる事態を生じ、この法律の目的を達成することが困難になると認めるとき、又は第一〇条第一項の閣議決定が行われたときは、政令で定めるところにより、当該役務取引等を行おうとする居住者に対し、当該役務取引等を行うことについて、許可を受ける義務を課することができる。

第四八条（輸出の許可等）1　国際的な平和及び安全の維持を妨げることとなると認められるものとして政令で定める特定の地域を仕向地とする特定の種類の貨物の輸出をしようとする者は、政令で定めるところにより、経済産業大臣の許可を受けなければならない。

2（略）

3　経済産業大臣は、前二項に定める場合のほか、特定の種類の若しくは特定の地域を仕向地とする貨物を輸出しようとする者又は特定の取引により貨物を輸出しようとする者に対し、国際収支の均衡の維持のため外国貿易及び国民経済の健全な発展のため、我が国が締結した条約その他の国際約束を誠実に履行するため、国際平和のための国際的な努力に我が国として寄与するため、又は第一〇条第一項の閣議決定を実施するために必要な範囲内で、政令で定めるところにより、承認を受ける義務を課することができる。

第五二条（輸入の承認）外国貿易及び国民経済の健全な発展を図るため、我が国が締結した条約その他の国際約束を誠実に履行するため、国際平和のための国際的な努力に我が国として寄与するため、又は第一〇条第一項の閣議決定を実施するため、貨物を輸入しようとする者は、政令で定めるところにより、輸入の承認を受ける義務を課せられることがある。

13 29 自衛隊法（抜粋）

公　布　一九五四（昭和二九）年六月九日（法律第一六五号）
施　行　一九五四（昭和二九）年七月一日
最終改正　二〇二三年（令和五）年五月二六日（法律第三四号）

第一章　総　則（抄）

第三条（自衛隊の任務）1　自衛隊は、我が国の平和と独立を守り、国の安全を保つため、我が国を防衛することを主たる任務とし、必要に応じ、公共の秩序の維持に当たるものとする。

2　自衛隊は、前項に規定するもののほか、同項の主たる任務の遂行に支障を生じない限度において、かつ、武力による威嚇又は武力の行使に当たらない範囲において、次に掲げる活動であって、別に法律で定めるところにより自衛隊が実施することとされるものを行うことを任務とする。

一　我が国の平和及び安全に重要な影響を与える事態に対応して行う我が国の平和及び安全の確保に資する活動

二　国際連合を中心とした国際平和のための取組への寄与その他の国際協力の推進を通じて我が国を含む国際社会の平和及び安全の維持に資する活動

3　陸上自衛隊は主として陸において、海上自衛隊は主として海において、航空自衛隊は主として空においてそれぞれ行動することを任務とする。

第二章　指揮監督（抄）

第七条（内閣総理大臣の指揮監督権）内閣総理大臣は、内閣を代表して自衛隊の最高の指揮監督権を有する。

第八条（防衛大臣の指揮監督権）防衛大臣は、この法律の定めるところに従い、自衛隊の隊務を統括する。ただし、陸上自衛隊、海上自衛隊又は航空自衛隊の部隊及び機関（以下「部隊等」という。）に対する防衛大臣の指揮監督は、次の各号に掲げる隊務の区分に応じ、当該各号に定める者を通じて行うものとする。

一　統合幕僚監部の所掌事務に係る陸上自衛隊、海上自衛隊又は航空自衛隊の隊務　統合幕僚長

二　陸上幕僚監部の所掌事務に係る陸上自衛隊の隊務　陸上幕僚長

三　海上幕僚監部の所掌事務に係る海上自衛隊の隊務　海上幕僚長

四　航空幕僚監部の所掌事務に係る航空自衛隊の隊務　航空幕僚長

第三章　部　隊
第四章　機　関
第五章　隊　員
（略）

第六章　自衛隊の行動（抄）

第七六条（防衛出動）1　内閣総理大臣は、次に掲げる事態に際して、我が国を防衛するため必要があると認める場合には、自衛隊の全部又は一部の出動を命ずることができる。この場合においては、武力攻撃事態等及び存立危機事態における我が国の平和と独立並びに国及び国民の安全の確保に関する法律（平成一五年法律第七九号）第九条の定めるところにより、国会の承認を得なければならない。

一　我が国に対する外部からの武力攻撃が発生した事態又は我が国に対する外部からの武力攻撃が発生する明白な危険が切迫していると認められるに至った事態

二　我が国と密接な関係にある他国に対する武力攻撃が発生し、これにより我が国の存立が脅かされ、

国民の生命、自由及び幸福追求の権利が根底から覆される明白な危険がある事態

2　内閣総理大臣は、出動の必要がなくなったときは、直ちに、自衛隊の撤収を命じなければならない。

第七七条（防衛出動待機命令）防衛大臣は、事態が緊迫し、前条第一項の規定による防衛出動命令が発せられることが予測される場合において、これに対処するため必要があると認めるときは、内閣総理大臣の承認を得て、自衛隊の全部又は一部に対し出動待機命令を発することができる。

第七七条の二（防御施設構築の措置）防衛大臣は、事態が緊迫し、第七六条第一項（第一号に係る部分に限る。以下この条において同じ。）の規定による防衛出動命令が発せられることが予測される場合において、同項の規定により出動を命ぜられた自衛隊の部隊を展開させることが見込まれ、かつ、防備をあらかじめ強化しておく必要があると認める地域（以下「展開予定地域」という。）があるときは、内閣総理大臣の承認を得た上、その範囲を定めて、自衛隊の部隊等に当該展開予定地域内において陣地その他の防御のための施設（以下「防御施設」という。）を構築する措置を命ずることができる。

第七七条の三（防衛出動下令前の行動関連措置）1　防衛大臣又はその委任を受けた者は、事態が緊迫し、第七六条第一項の規定による防衛出動命令が発せられることが予測される場合において、武力攻撃事態等及び存立危機事態におけるアメリカ合衆国の軍隊の行動に伴い我が国が実施する措置に関する法律（平成一六年法律第一一三号）の定めるところにより、行動関連措置としての物品の提供を実施することができる。

2　防衛大臣は、前項に規定する場合において、武力攻撃事態等及び存立危機事態におけるアメリカ合衆国の軍隊の行動に伴い我が国が実施する措置に関する法律の定めるところにより、防衛省の機関及び部隊等に行動関連措置としての役務の提供を行わせることができる。

第七七条の四（国民保護等派遣）1　防衛大臣は、都道府県知事から武力攻撃事態等における国民の保護のための措置に関する法律第一五条第一項の規定による要請を受けた場合において事態やむを得ないと認めるとき、又は事態対策本部長から同条第二項の規定による求めがあったときは、内閣総理大臣の承認を得て、当該要請又は求めに係る国民の保護のための措置を実施するため、部隊等を派遣することができる。

2　防衛大臣は、都道府県知事から武力攻撃事態等における国民の保護のための措置に関する法律第一八三条において準用する同法第一五条第一項の規定による要請を受けた場合において事態やむを得ないと認めるとき、又は緊急対処事態対策本部長から同法第一八三条において準用する同法第一五条第二項の規定による求めがあったときは、内閣総理大臣の承認を得て、当該要請又は求めに係る緊急対処保護措置を実施するため、部隊等を派遣することができる。

第七八条（命令による治安出動）1　内閣総理大臣は、間接侵略その他の緊急事態に際して、一般の警察力をもっては、治安を維持することができないと認められる場合には、自衛隊の全部又は一部の出動を命ずることができる。

2　内閣総理大臣は、前項の規定による出動を命じた場合には、出動を命じた日から二〇日以内に国会に付議して、その承認を求めなければならない。ただし、国会が閉会中の場合又は衆議院が解散されている場合には、その後最初に召集される国会において、すみやかに、その承認を求めなければならない。

3　内閣総理大臣は、前項の場合において不承認の議決があったとき、又は出動の必要がなくなったときは、すみやかに、自衛隊の撤収を命じなければならない。

第七九条（治安出動待機命令）1　防衛大臣は、事態が緊迫し、前条第一項の規定による治安出動命令が発せられることが予測される場合において、これに対処するため必要があると認めるときは、内閣総理大臣の承認を得て、自衛隊の全部又は一部に対し出動待機命令を発することができる。

2　前項の場合においては、防衛大臣は、国家公安委員会と緊密な連絡を保つものとする。

第七九条の二（治安出動下令前に行う情報収集）防衛大臣は、事態が緊迫し第七八条第一項の規定による治安出動命令が発せられること及び小銃、機関銃（機関けん銃を含む。）、砲、化学兵器、生物兵器その他その殺傷力がこれらに類する武器を所持した者による不法行為が行われることが予測される場合において、当該事態の状況の把握に資する情報の収集を行うため特別の必要があると認めるときは、国家公安委員会と協議の上、内閣総理大臣の承認を得て、武器を携行する自衛隊の部隊に当該者が所在すると見込まれる場所及びその近傍において当該情報の収集を行うことを命ずることができる。

第八〇条（海上保安庁の統制）1　内閣総理大臣は、第七六条第一項（第一号に係る部分に限る。）又は第七八条第一項の規定による自衛隊の全部又は一部に対する出動命令があった場合において、特別の必要があると認めるときは、海上保安庁の全部又は一部を防衛大臣の統制下に入れることができる。

2　内閣総理大臣は、前項の規定により海上保安庁の全部又は一部を防衛大臣の統制下に入れた場合には、政令で定めるところにより、防衛大臣にこれを指揮させるものとする。

3　内閣総理大臣は、第一項の規定による統制につき、その必要がなくなったと認める場合には、すみやかに、これを解除しなければならない。

第八一条（要請による治安出動）1　都道府県知事は、治安維持上重大な事態につきやむを得ない必要があると認める場合には、当該都道府県の都道府県公安委員会と協議の上、内閣総理大臣に対し、部隊等の

出動を要請することができる。

2　内閣総理大臣は、前項の要請があり、事態やむを得ないと認める場合には、部隊等の出動を命ずることができる。

3　都道府県知事は、事態が収まり、部隊等の出動の必要がなくなったと認める場合には、内閣総理大臣に対し、すみやかに、部隊等の撤収を要請しなければならない。

4　内閣総理大臣は、前項の要請があった場合又は部隊等の出動の必要がなくなったと認める場合には、すみやかに、部隊等の撤収を命じなければならない。

5　都道府県知事は、第一項に規定する要請をした場合には、事態が収った後、すみやかに、その旨を当該都道府県の議会に報告しなければならない。

6　第一項及び第三項に規定する要請の手続は、政令で定める。

第八一条の二（自衛隊の施設等の警護出動）1　内閣総理大臣は、本邦内にある次に掲げる施設又は施設及び区域において、政治上その他の主義主張に基づき、国家若しくは他人にこれを強要し、又は社会に不安若しくは恐怖を与える目的で多数の人を殺傷し、又は重要な施設その他の物を破壊する行為が行われるおそれがあり、かつ、その被害を防止するため特別の必要があると認める場合には、当該施設又は施設及び区域の警護のため部隊等の出動を命ずることができる。

一　自衛隊の施設

二　日本国とアメリカ合衆国との間の相互協力及び安全保障条約第六条に基づく施設及び区域並びに日本国における合衆国軍隊の地位に関する協定第二条第一項の施設及び区域（同協定第二五条の合同委員会において自衛隊の部隊等が警護を行うこととされたものに限る。）

2　内閣総理大臣は、前項の規定により部隊等の出動を命ずる場合には、あらかじめ、関係都道府県知事の意見を聴くとともに、防衛大臣と国家公安委員会との間で協議をさせた上で、警護を行うべき施設又は施設及び区域並びに期間を指定しなければならない。

3　内閣総理大臣は、前項の期間内であっても、部隊等の出動の必要がなくなったと認める場合には、速やかに、部隊等の撤収を命じなければならない。

第八二条（海上における警備行動）防衛大臣は、海上における人命若しくは財産の保護又は治安の維持のため特別の必要がある場合には、内閣総理大臣の承認を得て、自衛隊の部隊に海上において必要な行動をとることを命ずることができる。

第八二条の二（海賊対処行動）防衛大臣は、海賊行為の処罰及び海賊行為への対処に関する法律（平成二一年法律第五五号）の定めるところにより、自衛隊の部隊による海賊対処行動を行わせることができる。

第八二条の三（弾道ミサイル等に対する破壊措置）1　防衛大臣は、弾道ミサイル等（弾道ミサイルその他その落下により人命又は財産に対する重大な被害が生じると認められる物体であって航空機以外のものをいう。以下同じ。）が我が国に飛来するおそれがあり、その落下による我が国領域における人命又は財産に対する被害を防止するため必要があると認めるときは、内閣総理大臣の承認を得て、自衛隊の部隊に対し、我が国に向けて現に飛来する弾道ミサイル等を我が国領域又は公海（海洋法に関する国際連合条約に規定する排他的経済水域を含む。）の上空において破壊する措置をとるべき旨を命ずることができる。

2　防衛大臣は、前項に規定するおそれがなくなったと認めるときは、内閣総理大臣の承認を得て、速やかに、同項の命令を解除しなければならない。

3　防衛大臣は、第一項の場合のほか、事態が急変し同項の内閣総理大臣の承認を得るいとまがなく我が国に向けて弾道ミサイル等が飛来する緊急の場合における我が国領域における人命又は財産に対する被害を防止するため、防衛大臣が作成し、内閣総理大臣の承認を受けた緊急対処要領に従い、あらかじめ、自衛隊の部隊に対し、同項の命令をすることができる。この場合において、防衛大臣は、その命令に係る措置をとるべき期間を定めるものとする。

4　前項の緊急対処要領の作成及び内閣総理大臣の承認に関し必要な事項は、政令で定める。

5　内閣総理大臣は、第一項又は第三項の規定による措置がとられたときは、その結果を、速やかに、国会に報告しなければならない。

第八三条の二（地震防災派遣）防衛大臣は、大規模地震対策特別措置法（昭和五三年法律第七三号）第一一条第一項に規定する地震災害警戒本部長から同法第一三条第二項の規定による要請があった場合には、部隊等を支援のため派遣することができる。

第八三条の三（原子力災害派遣）防衛大臣は、原子力災害対策特別措置法（平成一一年法律第一五六号）第一七条第一項に規定する原子力災害対策本部長から同法第二〇条第四項の規定による要請があった場合には、部隊等を支援のため派遣することができる。

第八四条（領空侵犯に対する措置）防衛大臣は、外国の航空機が国際法規又は航空法（昭和二七年法律第二三一号）その他の法令の規定に違反してわが国の領域の上空に侵入したときは、自衛隊の部隊に対し、これを着陸させ、又はわが国の領域の上空から退去させるため必要な措置を講じさせることができる。

第八四条の二（機雷等の除去）海上自衛隊は、防衛大臣の命を受け、海上における機雷その他の爆発性の危険物の除去及びこれらの処理を行うものとする。

第八四条の三（在外邦人等の保護措置）1　防衛大臣は、外務大臣から外国における緊急事態に際して生命又は身体に危害が加えられるおそれがある邦人の警護、救出その他の当該邦人の生命又は身体の保護のための措置（輸送を含む。以下「保護措置」という。）を行うことの依頼があった場合において、外務大臣と協議し、次の各号のいずれにも該当すると認めるときは、内閣総理大臣の承認を得て、部隊等に当該保護措置を行わせることができる。

一　当該外国の領域の当該保護措置を行う場所において、当該外国の権限ある当局が現に公共の安全と秩序の維持に当たっており、かつ、戦闘行為（国際的な武力紛争の一環として行われる人を殺傷し又は物を破壊する行為をいう。第九五条の二第一項において同じ。）が行われることがないと認められること。

二　自衛隊が当該保護措置（武器の使用を含む。）を行うことについて、当該外国（国際連合の総会又は安全保障理事会の決議に従って当該外国において施政を行う機関がある場合にあっては、当該機関）の同意があること。

三　予想される危険に対応して当該保護措置をできる限り円滑かつ安全に行うための部隊等と第一号に規定する当該外国の権限ある当局との連携及び協力が確保されると見込まれること。

2　内閣総理大臣は、前項の規定による外務大臣と防衛大臣の協議の結果を踏まえて、同項各号のいずれにも該当すると認める場合に限り、同項の承認をするものとする。

3　防衛大臣は、第一項の規定により保護措置を行わせる場合において、外務大臣から同項の緊急事態に際して生命又は身体に危害が加えられるおそれがある外国人として保護することを依頼された者その他の当該保護措置と併せて保護を行うことが適当と認められる者（第九四条の五第一項において「その他の保護対象者」という。）の生命又は身体の保護のための措置を部隊等に行わせることができる。

第八四条の四（在外邦人等の輸送） 1　防衛大臣は、外務大臣から外国における災害、騒乱その他の緊急事態に際して生命又は身体の保護を要する邦人（邦人の配偶者若しくは子、外務公務員法（昭和二七年法律第四一号）第二四条に規定する名誉総領事若しくは名誉領事若しくは同法第二五条第二項の規定により採用された者又は独立行政法人との契約により外国において当該独立行政法人のために勤務する者として採用された者であって、日本の国籍を有しないものを含む。以下この項及び第九四条の六において同じ。）の輸送の依頼があった場合において、当該輸送において予想される危険及びこれを避けるための方策について外務大臣と協議し、当該方策を講ずることができると認めるときは、当該邦人の輸送を行うことができる。この場合において、防衛大臣は、外務大臣から当該緊急事態に際して生命若しくは身体の保護を要する外国人（邦人以外の者をいう。以下この項において同じ。）として同乗させることを依頼された者、当該外国との連絡調整その他の当該輸送の実施に伴い必要となる措置をとらせるため当該輸送の職務に従事する自衛官に同行させる必要があると認められる者又は当該邦人若しくは当該外国人の家族その他の関係者で当該邦人若しくは当該外国人に早期に面会させ、若しくは同行させることが適当であると認められる者を同乗させることができる。

2　前項の輸送は、次に掲げる航空機又は船舶により行うことができる。

一　輸送の用に主として供するための航空機

二　前項の輸送に適する船舶

三　前号に掲げる船舶に搭載された回転翼航空機で第一号に掲げる航空機以外のもの（当該船舶と陸地との間の輸送に用いる場合におけるものに限る。）

3　第一項の輸送は、前項に規定する航空機又は船舶のほか、特に必要があると認められるときは、当該輸送に適する車両（当該輸送のため借り受けて使用するものを含む。第九四条の六において同じ。）により行うことができる。

第八四条の五（後方支援活動等） 1　防衛大臣又はその委任を受けた者は、第三条第二項に規定する活動として、次の各号に掲げる法律の定めるところにより、それぞれ、当該各号に定める活動を実施することができる。

一　重要影響事態に際して我が国の平和及び安全を確保するための措置に関する法律（平成一一年法律第六〇号）　後方支援活動としての物品の提供

二　重要影響事態等に際して実施する船舶検査活動に関する法律（平成一二年法律第一四五号）　後方支援活動又は協力支援活動としての物品の提供

三　国際連合平和維持活動等に対する協力に関する法律（平成四年法律第七九号）　大規模な災害に対処するアメリカ合衆国、オーストラリア、英国、フランス、カナダ又はインドの軍隊に対する物品の提供

四　国際平和共同対処事態に際して我が国が実施する諸外国の軍隊等に対する協力支援活動等に関する法律（平成二七年法律第七七号）　協力支援活動としての物品の提供

2　防衛大臣は、第三条第二項に規定する活動として、次の各号に掲げる法律の定めるところにより、それぞれ、当該各号に定める活動を行わせることができる。

一　重要影響事態に際して我が国の平和及び安全を確保するための措置に関する法律　防衛省の機関又は部隊等による後方支援活動としての役務の提供及び部隊等による捜索救助活動

二　重要影響事態等に際して実施する船舶検査活動に関する法律　部隊等による船舶検査活動及びその実施に伴う後方支援活動又は協力支援活動としての役務の提供

三　国際緊急援助隊の派遣に関する法律（昭和六二年法律第九三号）　部隊等又は隊員による国際緊急援助活動及び当該活動を行う人員又は当該活動に必要な物資の輸送

四　国際連合平和維持活動等に対する協力に関する法律　部隊等による国際平和協力業務、委託に基づく輸送及び大規模な災害に対処するアメリカ合衆国、オーストラリア、英国、フランス又はカナダの軍隊に対する役務の提供

五　国際平和共同対処事態に際して我が国が実施する諸外国の軍隊等に対する協力支援活動等に関する法律　部隊等による協力支援活動としての役務の提供及び部隊等による捜索救助活動

第七章　自衛隊の権限（抄）

第八七条（武器の保有）自衛隊は、その任務の遂行に必要な武器を保有することができる。

第八八条（防衛出動時の武力行使）1　第七六条第一項の規定により出動を命ぜられた自衛隊は、わが国を防衛するため、必要な武力を行使することができる。

2　前項の武力行使に際しては、国際の法規及び慣例によるべき場合にあってはこれを遵守し、かつ、事態に応じ合理的に必要と判断される限度をこえてはならないものとする。

第八九条（治安出動時の権限）1　警察官職務執行法（昭和二三年法律第一三六号）の規定は、第七八条第一項又は第八一条第二項の規定により出動を命ぜられた自衛隊の自衛官の職務の執行について準用する。この場合において、同法第四条第二項中「公安委員会」とあるのは、「防衛大臣の指定する者」と読み替えるものとする。

2　前項において準用する警察官職務執行法第七条の規定により自衛官が武器を使用するには、刑法（明治四〇年法律第四五号）第三六条又は第三七条に該当する場合を除き、当該部隊指揮官の命令によらなければならない。

第九〇条（同）1　第七八条第一項又は第八一条第二項の規定により出動を命ぜられた自衛隊の自衛官は、前条の規定により武器を使用する場合のほか、次の各号の一に該当すると認める相当の理由があるときは、その事態に応じ合理的に必要と判断される限度で武器を使用することができる。

一　職務上警護する人、施設又は物件が暴行又は侵害を受け、又は受けようとする明白な危険があり、武器を使用するほか、他にこれを排除する適当な手段がない場合

二　多衆集合して暴行若しくは脅迫をし、又は暴行若しくは脅迫をしようとする明白な危険があり、武器を使用するほか、他にこれを鎮圧し、又は防止する適当な手段がない場合

三　前号に掲げる場合のほか、小銃、機関銃（機関けん銃を含む。）、砲、化学兵器、生物兵器その他その殺傷力がこれらに類する武器を所持し、又は所持していると疑うに足りる相当の理由のある者が暴行又は脅迫をし又はする高い蓋然性があり、武器を使用するほか、他にこれを鎮圧し、又は防止する適当な手段がない場合

2　前条第二項の規定は、前項の場合について準用する。

第九一条の二（警護出動時の権限）1　警察官職務執行法第二条、第四条並びに第六条第一項、第三項及び第四項の規定は、警察官がその場にいない場合に限り、第八一条の二第一項の規定により出動を命ぜられた部隊等の自衛官の職務の執行について準用する。この場合において、同法第四条第二項中「公安委員会」とあるのは、「防衛大臣の指定する者」と読み替えるものとする。

2　警察官職務執行法第五条及び第七条の規定は、第八一条の二第一項の規定により出動を命ぜられた部隊等の自衛官の職務の執行について準用する。

3　前項において準用する警察官職務執行法第七条の規定により武器を使用する場合のほか、第八一条の二第一項の規定により出動を命ぜられた部隊等の自衛官は、職務上警護する施設が大規模な破壊に至るおそれのある侵害を受ける明白な危険があり、武器を使用するほか、他にこれを排除する適当な手段がないと認める相当の理由があるときは、その事態に応じ合理的に必要と判断される限度で武器を使用することができる。

4　第一項及び第二項において準用する警察官職務執行法の規定による権限並びに前項の権限は、第八一条の二第二項の規定により指定された施設又は施設及び区域の警護のためやむを得ない必要があるときは、その必要な限度において、当該施設又は施設及び区域の外部においても行使することができる。

5　第八九条第二項の規定は、第二項において準用する警察官職務執行法第七条又は第三項の規定により自衛官が武器を使用する場合について準用する。

第九二条（防衛出動時の公共の秩序の維持のための権限）1　第七六条第一項（第一号に係る部分に限る。以下この条において同じ。）の規定により出動を命ぜられた自衛隊は、第八八条の規定により武力を行使するほか、必要に応じ、公共の秩序を維持するため行動することができる。

2　警察官職務執行法及び第九〇条第一項の規定は、第七六条第一項の規定により出動を命ぜられた自衛隊の自衛官が前項の規定により公共の秩序の維持のため行う職務の執行について、海上保安庁法第一六条、第一七条第一項及び第一八条の規定は、第七六条第一項の規定により出動を命ぜられた海上自衛隊の三等海曹以上の自衛官が前項の規定により公共の秩序の維持のため行う職務の執行について、同法第二〇条第二項の規定は、第七六条第一項の規定により出動を命ぜられた海上自衛隊の自衛官が前項の規定により公共の秩序の維持のため行う職務の執行について準用する。この場合において、警察官職務執行法第四条第二項中「公安委員会」とあるのは「防衛大臣の指定する者」と、海上保安庁法第二〇条第二項中「前項において準用する警察官職務執行法第七条」とあるのは「この項において準用する警察官職務執行法第七条及びこの法律第九〇条第一項」と、「第一七条第一項」とあるのは「この項において準用する第一七条第一項」と、「海上保安官又は海上保安官補の職務」とあるのは「第七六条第一項

（第一号に係る部分に限る。）の規定により出動を命ぜられた自衛隊の自衛官が公共の秩序の維持のため行う職務」と、「海上保安庁長官」とあるのは「防衛大臣」と読み替えるものとする。

3　第八九条第二項の規定は、前項において準用する警察官職務執行法第七条又はこの法律第九〇条第一項の規定により自衛官が武器を使用する場合及び前項において準用する海上保安庁法第二〇条第二項の規定により海上自衛隊の自衛官が武器を使用する場合について準用する。

4　第七六条第一項の規定により出動を命ぜられた自衛隊の自衛官のうち、第一項の規定により公共の秩序の維持のため行う職務に従事する者は、道路交通法（昭和三五年法律第一〇五号）第一一四条の五及びこれに基づく命令の定めるところにより、同条に規定する措置をとることができる。

第九二条の四（展開予定地域内における武器の使用）第七七条の二の規定による措置の職務に従事する自衛官は、展開予定地域内において当該職務を行うに際し、自己又は自己と共に当該職務に従事する隊員の生命又は身体の防護のためやむを得ない必要があると認める相当の理由がある場合には、その事態に応じ合理的に必要と判断される限度で武器を使用することができる。ただし、刑法第三六条又は第三七条に該当する場合のほか、人に危害を与えてはならない。

第九二条の五（治安出動下令前に行う情報収集の際の武器の使用）第七九条の二の規定による情報収集の職務に従事する自衛官は、当該職務を行うに際し、自己又は自己と共に当該職務に従事する隊員の生命又は身体の防護のためやむを得ない必要があると認める相当の理由がある場合には、その事態に応じ合理的に必要と判断される限度で武器を使用することができる。ただし、刑法第三六条又は第三七条に該当する場合のほか、人に危害を与えてはならない。

第九三条（海上における警備行動時の権限）1　警察官職務執行法第七条の規定は、第八二条の規定により行動を命ぜられた自衛隊の自衛官の職務の執行について準用する。

2　海上保安庁法第一六条、第一七条第一項及び第一八条の規定は、第八二条の規定により行動を命ぜられた海上自衛隊の三等海曹以上の自衛官の職務の執行について準用する。

3　海上保安庁法第二〇条第二項の規定は、第八二条の規定により行動を命ぜられた海上自衛隊の自衛官の職務の執行について準用する。この場合において、同法第二〇条第二項中「前項」とあるのは「第一項」と、「第一七条第一項」とあるのは「前項において準用する海上保安庁法第一七条第一項」と、「海上保安官又は海上保安官補の職務」とあるのは「第八二条の規定により行動を命ぜられた自衛隊の自衛官の職務」と、「海上保安庁長官」とあるのは「防衛大臣」と読み替えるものとする。

4　第八九条第二項の規定は、第一項において準用する警察官職務執行法第七条の規定により自衛官が武器を使用する場合及び前項において準用する海上保安庁法第二〇条第二項の規定により海上自衛隊の自衛官が武器を使用する場合について準用する。

第九三条の二（海賊対処行動時の権限）第八二条の二に規定する海賊対処行動を命ぜられた自衛隊の自衛官は、海賊行為の処罰及び海賊行為への対処に関する法律の定めるところにより、同法の規定による権限を行使することができる。

第九三条の三（弾道ミサイル等に対する破壊措置のための武器の使用）第八二条の三第一項又は第三項の規定により措置を命ぜられた自衛隊の部隊は、弾道ミサイル等の破壊のため必要な武器を使用することができる。

第九四条の五（在外邦人等の保護措置の際の権限）1　第八四条の三第一項の規定により外国の領域において保護措置を行う職務に従事する自衛官は、同項第一号及び第二号のいずれにも該当する場合であって、その職務を行うに際し、自己若しくは当該保護措置の対象である邦人若しくはその他の保護対象者の生命若しくは身体の防護又はその職務を妨害する行為の排除のためやむを得ない必要があると認める相当の理由があるときは、その事態に応じ合理的に必要と判断される限度で武器を使用することができる。ただし、刑法第三六条又は第三七条に該当する場合のほか、人に危害を与えてはならない。

2　第八九条第二項の規定は、前項の規定により自衛官が武器を使用する場合について準用する。

3　第一項に規定する自衛官は、第八四条の三第一項第一号に該当しない場合であっても、その職務を行うに際し、自己若しくは自己と共に当該職務に従事する隊員又はその職務を行うに伴い自己の管理の下に入った者の生命又は身体の防護のためやむを得ない必要があると認める相当の理由がある場合には、その事態に応じ合理的に必要と判断される限度で武器を使用することができる。ただし、刑法第三六条又は第三七条に該当する場合のほか、人に危害を与えてはならない。

第九四条の六（在外邦人等の輸送の際の権限）第八四条の四第一項の規定により外国の領域において同項の輸送の職務に従事する自衛官は、当該輸送に用いる航空機、船舶若しくは車両の所在する場所、輸送対象者（当該自衛官の管理の下に入った当該輸送の対象である邦人又は同項後段の規定により同乗させる者をいう。以下この条において同じ。）を当該航空機、船舶若しくは車両まで誘導する経路、輸送対象者が当該航空機、船舶若しくは車両に乗り込むために待機している場所又は輸送経路の状況の確認その他の当該車両の所在する場所を離れて行う当該車両による輸送の実施に必要な業務が行われる場所においてその職務を行うに際し、自己若しくは自己と共に当該輸送の職務に従事する隊員又は輸送対象者その他その職務を行うに伴い自己の管理の下に入った者の生命又は身体の防護のためやむを得ない必要があると認める相当の理由がある場合には、その事態に応じ合理的に必要と判断される限度で武器を使用することができる。ただし、刑法第三六条又は第三七条に該当する場合のほか、人に危害を与えてはならない。

第九四条の七（後方支援活動等の際の権限）第三条第二項に規定する活動に従事する自衛官又はその実施を命ぜられた部隊等の自衛官であって、次の各号に掲げるものは、それぞれ、当該各号に定める場合には、当該活動について定める法律の定めるところにより、武器を使用することができる。

一　第八四条の五第二項第一号に規定する後方支援活動としての役務の提供又は捜索救助活動の実施を命ぜられた部隊等の自衛官　自己又は自己と共に現場に所在する他の隊員若しくは当該職務を行うに伴い自己の管理の下に入った者若しくは自己と共にその宿営する宿営地（重要影響事態に際して我が国の平和及び安全を確保するための措置に関する法律第一一条第五項に規定する宿営地をいう。）に所在する者の生命又は身体を防護するためやむを得ない必要があると認める相当の理由がある場合

二　第八四条の五第二項第二号に規定する船舶検査活動の実施を命ぜられた部隊等の自衛官　自己又は自己と共に現場に所在する他の隊員若しくは当該職務を行うに伴い自己の管理の下に入った者の生命又は身体を防護するためやむを得ない必要があると認める相当の理由がある場合

三　第八四条の五第二項第四号に規定する国際平和協力業務に従事する自衛官（次号及び第五号に掲げるものを除く。）　自己又は自己と共に現場に所在する他の隊員（第二条第五項に規定する隊員をいう。）、国際平和協力隊の隊員（国際連合平和維持活動等に対する協力に関する法律第一〇条に規定する協力隊の隊員をいう。）若しくは当該職務を行うに伴い自己の管理の下に入った者若しくは自己と共にその宿営する宿営地（同法第二五条第七項に規定する宿営地をいう。）に所在する者の生命又は身体を防護するためやむを得ない必要があると認める相当の理由がある場合

四　第八四条の五第二項第四号に規定する国際平和協力業務であって国際連合平和維持活動等に対する協力に関する法律第三条第五号トに掲げるもの又はこれに類するものとして同号ナの政令で定めるものに従事する自衛官　前号に定める場合又はその業務を行うに際し、自己若しくは他人の生命、身体若しくは財産を防護し、若しくはその業務を妨害する行為を排除するためやむを得ない必要があると認める相当の理由がある場合

五　第八四条の五第二項第四号に規定する国際平和協力業務であって国際連合平和維持活動等に対する協力に関する法律第三条第五号ラに掲げるものに従事する自衛官　第三号に定める場合又はその業務を行うに際し、自己若しくはその保護しようとする活動関係者（同条第五号ラに規定する活動関係者をいう。）の生命若しくは身体を防護するためやむを得ない必要があると認める相当の理由がある場合

六　第八四条の五第二項第五号に規定する協力支援活動としての役務の提供又は捜索救助活動の実施を命ぜられた部隊等の自衛官　自己又は自己と共に現場に所在する他の隊員若しくは当該職務を行うに伴い自己の管理の下に入った者若しくは自己と共にその宿営する宿営地（国際平和共同対処事態に際して我が国が実施する諸外国の軍隊等に対する協力支援活動等に関する法律第一一条第五項に規定する宿営地をいう。）に所在する者の生命又は身体を防護するためやむを得ない必要があると認める相当の理由がある場合

第九四条の八（防衛出動時における海上輸送の規制のための権限）第七六条第一項の規定による出動を命ぜられた海上自衛隊の自衛官は、武力攻撃事態及び存立危機事態における外国軍用品等の海上輸送の規制に関する法律（平成一六年法律第一一六号）の定めるところにより、同法の規定による権限を行使することができる。

第九四条の九（捕虜等の取扱いの権限）自衛官は、武力攻撃事態及び存立危機事態における捕虜等の取扱いに関する法律の定めるところにより、同法の規定による権限を行使することができる。

第九五条（自衛隊の武器等の防護のための武器の使用）自衛官は、自衛隊の武器、弾薬、火薬、船舶、航空機、車両、有線電気通信設備、無線設備又は液体燃料（以下「武器等」という。）を職務上警護するに当たり、人又は武器等を防護するため必要であると認める相当の理由がある場合には、その事態に応じ合理的に必要と判断される限度で武器を使用することができる。ただし、刑法第三六条又は第三七条に該当する場合のほか、人に危害を与えてはならない。

第九五条の二（合衆国軍隊等の部隊の武器等の防護のための武器の使用）1　自衛官は、アメリカ合衆国の軍隊その他の外国の軍隊その他これに類する組織（次項において「合衆国軍隊等」という。）の部隊であって自衛隊と連携して我が国の防衛に資する活動（共同訓練を含み、現に戦闘行為が行われている現場で行われるものを除く。）に現に従事しているものの武器等を職務上警護するに当たり、人又は武器等を防護するため必要であると認める相当の理由がある場合には、その事態に応じ合理的に必要と判断される限度で武器を使用することができる。ただし、刑法第三六条又は第三七条に該当する場合のほか、人に危害を与えてはならない。

2　前項の警護は、合衆国軍隊等からの要請があった場合であって、防衛大臣が必要と認めるときに限り、

自衛官が行うものとする。

第九五条の三（自衛隊の施設の警護のための武器の使用）自衛官は、本邦内にある自衛隊の施設であって、自衛隊の武器等を保管し、収容し若しくは整備するための施設設備、営舎又は港湾若しくは飛行場に係る施設設備が所在するものを職務上警護するに当たり、当該職務を遂行するため又は自己若しくは他人を防護するため必要であると認める相当の理由がある場合には、当該施設内において、その事態に応じ合理的に必要と判断される限度で武器を使用することができる。ただし、刑法第三六条又は第三七条に該当する場合のほか、人に危害を与えてはならない。

第八章　雑　則（抄）

第一〇〇条の六（合衆国軍隊に対する物品又は役務の提供）１　防衛大臣又はその委任を受けた者は、次に掲げる合衆国軍隊（アメリカ合衆国の軍隊をいう。以下この条及び次条において同じ。）から要請があった場合には、自衛隊の任務遂行に支障を生じない限度において、当該合衆国軍隊に対し、自衛隊に属する物品の提供を実施することができる。

一　自衛隊及び合衆国軍隊の双方の参加を得て行われる訓練に参加する合衆国軍隊（重要影響事態に際して我が国の平和及び安全を確保するための措置に関する法律第三条第一項第一号に規定する合衆国軍隊等に該当する合衆国軍隊、武力攻撃事態等及び存立危機事態におけるアメリカ合衆国等の軍隊の行動に伴い我が国が実施する措置に関する法律第二条第六号に規定する特定合衆国軍隊、同条第七号に規定する外国軍隊に該当する合衆国軍隊及び国際平和共同対処事態に際して我が国が実施する諸外国の軍隊等に対する協力支援活動等に関する法律第三条第一項第一号に規定する諸外国の軍隊等に該当する合衆国軍隊を除く。次号から第四号まで及び第六号から第一一号までにおいて同じ。）

二　部隊等が第八一条の二第一項第二号に掲げる施設及び区域に係る同項の警護を行う場合において、当該部隊等と共に当該施設及び区域内に所在して当該施設及び区域の警護を行う合衆国軍隊

三　自衛隊の部隊が第八二条の二に規定する海賊対処行動を行う場合において、当該部隊と共に現場に所在して当該海賊対処行動と同種の活動を行う合衆国軍隊

四　自衛隊の部隊が第八二条の三第一項又は第三項の規定により弾道ミサイル等を破壊する措置をとるため必要な行動をとる場合において、当該部隊と共に現場に所在して当該行動と同種の活動を行う合衆国軍隊

五　天災地変その他の災害に際して、政府の要請に基づき災害応急対策のための活動を行う合衆国軍隊であって、第八三条第二項又は第八三条の三の規定により派遣された部隊等と共に現場に所在するもの

六　自衛隊の部隊が第八四条の二に規定する機雷その他の爆発性の危険物の除去及びこれらの処理を行う場合において、当該部隊と共に現場に所在してこれらの活動と同種の活動を行う合衆国軍隊

七　部隊等が第八四条の三第一項に規定する外国における緊急事態に際して同項の保護措置を行う場合又は第八四条の一項に規定する外国における緊急事態に際して同項の邦人の輸送を行う場合において、当該部隊等と共に現場に所在して当該保護措置又は当該輸送と同種の活動を行う合衆国軍隊

八　部隊等が第八四条の五第二項第三号に規定する国際緊急援助活動又は当該活動を行う人員若しくは当該活動に必要な物資の輸送を行う場合において、同一の災害に対処するために当該部隊等と共に現場に所在してこれらの活動と同種の活動を行う合衆国軍隊

九　自衛隊の部隊が船舶又は航空機により外国の軍隊の動向に関する情報その他の我が国の防衛に資する情報の収集のための活動を行う場合において、当該部隊と共に現場に所在して当該活動と同種の活動を行う合衆国軍隊

一〇　前各号に掲げるもののほか、訓練、連絡調整その他の日常的な活動のため、航空機、船舶又は車両により本邦内にある自衛隊の施設に到着して一時的に滞在する合衆国軍隊

一一　第一号から第九号までに掲げるもののほか、訓練、連絡調整その他の日常的な活動のため、航空機、船舶又は車両により合衆国軍隊の施設に到着して一時的に滞在する部隊等と共に現場に所在し、訓練、連絡調整その他の日常的な活動を行う合衆国軍隊

２　防衛大臣は、前項各号に掲げる合衆国軍隊から要請があった場合には、自衛隊の任務遂行に支障を生じない限度において、防衛省の機関又は部隊等に、当該合衆国軍隊に対する役務の提供を行わせることができる。

３　前二項の規定による自衛隊に属する物品の提供及び防衛省の機関又は部隊等による役務の提供として行う業務は、次の各号に掲げる合衆国軍隊の区分に応じ、当該各号に定めるものとする。

一　第一項第一号、第一〇号及び第一一号に掲げる合衆国軍隊　補給、輸送、修理若しくは整備、医療、通信、空港若しくは港湾に関する業務、基地に関する業務、宿泊、保管、施設の利用又は訓練に関する業務（これらの業務にそれぞれ附帯する業務を含む。）

二　第一項第二号から第九号に掲げる合衆国軍隊　補給、輸送、修理若しくは整備、医療、通信、空港若しくは港湾に関する業務、基地に関する業務、宿泊、保管又は施設の利用（これらの業務にそれぞれ附帯する業務を含む。）

４　第一項に規定する物品の提供には、武器の提供は含まないものとする。

第一〇〇条の七（合衆国軍隊に対する物品又は役務の提供に伴う手続）この法律又は他の法律の規定により、合衆国軍隊に対し、防衛大臣又はその委任を受けた者が自衛隊に属する物品の提供を実施する場合及び防衛省の機関又は部隊等が役務の提供を実施する場合における決済その他の手続については、法律に別段の定めがある場合を除き、日本国の自衛隊とアメリカ合衆国軍隊との間における後方支援、物品又は役務の相互の提供に関する日本国政府とアメリカ合衆国政府との間の協定の定めるところによる。

第一〇〇条の八（オーストラリア軍隊に対する物品又は役務の提供）１　防衛大臣又はその委任を受けた者は、次に掲げるオーストラリア軍隊（オーストラリアの軍隊をいう。以下この条及び次条において同じ。）から要請があった場合には、自衛隊の任務遂行に支障を生じない限度において、当該オーストラリア軍隊に対し、自衛隊に属する物品の提供を実施することができる。

一　自衛隊及びオーストラリア軍隊の双方の参加を得て行われる訓練に参加するオーストラリア軍隊（重要影響事態に際して我が国の平和及び安全を確保するための措置に関する法律第三条第一項第一号に規定する合衆国軍隊等に該当するオーストラリア軍隊、武力攻撃事態等及び存立危機事態におけるアメリカ合衆国等の軍隊の行動に伴い我が国が実施する措置に関する法律第二条第七号に規定する外国軍隊に該当するオーストラリア軍隊及び国際平和共同対処事態に際して我が国が実施する諸外国の軍隊等に対する協力支援活動等に関する法律第三条第一項第一号に規定する諸外国の軍隊等に該当するオーストラリア軍隊を除く。次号及び第四号から第九号までにおいて同じ。）

二　自衛隊の部隊が第八二条の二に規定する海賊対処行動を行う場合において、当該部隊と共に現場に所在して当該海賊対処行動と同様の行動を行うオーストラリア軍隊

三　天災地変その他の災害に際して、政府の要請に基づき災害応急対策のための活動を行うオーストラリア軍隊であって、第八三条第二項又は第八三条の三の規定により派遣された部隊等と共に現場に所在するもの

四　自衛隊の部隊が第八四条の二に規定する機雷その他の爆発性の危険物の除去及びこれらの処理を行う場合において、当該部隊と共に現場に所在してこれらの活動と同種の活動を行うオーストラリア軍隊

五　部隊等が第八四条の三第一項に規定する外国における緊急事態に際して同項の保護措置を行う場合又は第八四条の四第一項に規定する外国における緊急事態に際して同項の邦人の輸送を行う場合において、当該部隊等と共に現場に所在して当該保護措置又は当該輸送と同種の活動を行うオーストラリア軍隊

六　部隊等が第八四条の五第二項第三号に規定する国際緊急援助活動又は当該活動を行う人員若しくは当該活動に必要な物資の輸送を行う場合において、同一の災害に対処するために当該部隊等と共に現場に所在してこれらの活動と同種の活動を行うオーストラリア軍隊

七　自衛隊の部隊が船舶又は航空機により外国の軍隊の動向に関する情報その他の我が国の防衛に資する情報の収集のための活動を行う場合において、当該部隊と共に現場に所在して当該活動と同種の活動を行うオーストラリア軍隊

八　連絡調整その他の日常的な活動（訓練を除く。次号において同じ。）のため、航空機、船舶又は車両により本邦内にある自衛隊の施設に到着して一時的に滞在するオーストラリア軍隊

九　連絡調整その他の日常的な活動のため、航空機、船舶又は車両によりオーストラリア内にあるオーストラリア軍隊の施設に到着して一時的に滞在する部隊等と共に現場に所在し、連絡調整その他の日常的な活動を行うオーストラリア軍隊

２　防衛大臣は、前項各号に掲げるオーストラリア軍隊から要請があった場合には、自衛隊の任務遂行に支障を生じない限度において、防衛省の機関又は部隊等に、当該オーストラリア軍隊に対する役務の提供を行わせることができる。

３　前二項の規定による自衛隊に属する物品の提供及び防衛省の機関又は部隊等による役務の提供として行う業務は、次の各号に掲げるオーストラリア軍隊の区分に応じ、当該各号に定めるものとする。

一　第一項第一号に掲げるオーストラリア軍隊　補給、輸送、修理若しくは整備、医療、通信、空港若しくは港湾に関する業務、基地に関する業務、宿泊、保管、施設の利用又は訓練に関する業務（これらの業務にそれぞれ附帯する業務を含む。）

二　第一項第二号から第九号までに掲げるオーストラリア軍隊　補給、輸送、修理若しくは整備、医療、通信、空港若しくは港湾に関する業務、基地に関する業務、宿泊、保管又は施設の利用（これらの業務にそれぞれ附帯する業務を含む。）

４　第一項に規定する物品の提供には、武器の提供は含まないものとする。

第一〇〇条の九（オーストラリア軍隊に対する物品又は役務の提供に伴う手続）この法律又は他の法律の規定により、オーストラリア軍隊に対し、防衛大臣又はその委任を受けた者が自衛隊に属する物品の提供を実施する場合及び防衛省の機関又は部隊等が役務の提供を実施する場合における決済その他の手続については、法律に別段の定めがある場合を除き、日本国の自衛隊とオーストラリア国防軍との間における物品又は役務の相互の提供に関する日本国政府とオーストラリア政府との間の協定の定めるところ

による。

第一〇〇条の一〇（英国軍隊に対する物品又は役務の提供）（第一〇〇条の八参照）

第一〇〇条の一一（英国軍隊に対する物品又は役務の提供に伴う手続）（第一〇〇条の九参照）

第一〇〇条の一二（フランス軍隊に対する物品又は役務の提供）（第一〇〇条の八参照）

第一〇〇条の一三（フランス軍隊に対する物品又は役務の提供に伴う手続）（第一〇〇条の九参照）

第一〇〇条の一四（カナダ軍隊に対する物品又は役務の提供）（第一〇〇条の八参照）

第一〇〇条の一五（カナダ軍隊に対する物品又は役務の提供に伴う手続）（第一〇〇条の九参照）

第一〇〇条の一六（インド軍隊に対する物品又は役務の提供）（第一〇〇条の八参照）

第一〇〇条の一七（インド軍隊に対する物品又は役務の提供に伴う手続）（第一〇〇条の九参照）

第一〇一条（海上保安庁等との関係）1　自衛隊と海上保安庁、地方航空局、航空交通管制部、気象官署、国土地理院、旅客鉄道株式会社及び日本貨物鉄道株式会社に関する法律（昭和六一年法律第八八号）第一条第三項に規定する会社、東日本電信電話株式会社及び西日本電信電話株式会社（以下この条において「海上保安庁等」という。）は、相互に常に緊密な連絡を保たなければならない。

2　防衛大臣は、自衛隊の任務遂行上特に必要があると認める場合には、海上保安庁等に対し協力を求めることができる。この場合においては、海上保安庁等は、特別の事情のない限り、これに応じなければならない。

第一〇二条（自衛艦旗等）1　自衛艦その他の自衛隊の使用する船舶は、防衛大臣の定めるところにより、国旗及び第四条第一項の規定により交付された自衛艦旗その他の旗を掲げなければならない。

2　自衛隊の使用する航空機は、自衛隊の航空機であることを明らかに識別することができるような標識を付さなければならない。

3　自衛艦その他の自衛隊の使用する船舶又は自衛隊の使用する航空機以外の船舶又は航空機は、第一項に規定する旗若しくは前項に規定する標識又はこれらにまぎらわしい旗若しくは標識を掲げ、又は付してはならない。

4　自衛艦その他の自衛隊の使用する船舶の掲げる第四条第一項の規定により交付された自衛艦旗以外の旗及び自衛隊の使用する航空機の付する標識の制式は、防衛大臣が定め、官報で告示する。

第一〇三条（防衛出動時における物資の収用等）1　第七六条第一項（第一号に係る部分に限る。以下この条において同じ。）の規定により自衛隊が出動を命ぜられ、当該自衛隊の行動に係る地域において自衛隊の任務遂行上必要があると認められる場合には、都道府県知事は、防衛大臣又は政令で定める者の要請に基づき、病院、診療所その他政令で定める施設（以下この条において「施設」という。）を管理し、土地、家屋若しくは物資（以下本条中「土地等」という。）を使用し、物資の生産、集荷、販売、配給、保管若しくは輸送を業とする者に対してその取り扱う物資の保管を命じ、又はこれらの物資を収用することができる。ただし、事態に照らし緊急を要すると認めるときは、防衛大臣又は政令で定める者は、都道府県知事に通知した上で、自らこれらの権限を行うことができる。

2　第七六条第一項の規定により自衛隊が出動を命ぜられた場合においては、当該自衛隊の行動に係る地域以外の地域においても、都道府県知事は、防衛大臣又は政令で定める者の要請に基づき、自衛隊の任務遂行上特に必要があると認めるときは、防衛大臣が告示して定めた地域内に限り、施設の管理、土地等の使用若しくは物資の収用を行い、又は取扱物資の保管命令を発し、また、当該地域内にある医療、土木建築工事又は輸送を業とする者に対して、当該地域内においてこれらの者が現に従事している医療、土木建築工事又は輸送の業務と同種の業務で防衛大臣又は政令で定める者が指定したものに従事することを命ずることができる。

3　前二項の規定により土地を使用する場合において、当該土地の上にある立木その他土地に定着する物件（家屋を除く。以下「立木等」という。）が自衛隊の任務遂行の妨げとなると認められるときは、都道府県知事（第一項ただし書の場合にあつては、同項ただし書の防衛大臣又は政令で定める者。次項、第七項、第一三項及び第一四項において同じ。）は、第一項の規定の例により、当該立木等を移転することができる。この場合において、事態に照らし移転が著しく困難であると認めるときは、同項の規定の例により、当該立木等を処分することができる。

4　第一項の規定により家屋を使用する場合において、自衛隊の任務遂行上やむを得ない必要があると認められるときは、都道府県知事は、同項の規定の例により、その必要な限度において、当該家屋の形状を変更することができる。

5～19（略）

第九章　罰則（略）

附則（略）

1330 警察官職務執行法（警職法）第七条（抜粋）

公　布　一九四八（昭和二三）年七月一二日（法律第一三六号）
施　行　一九四八（昭和二三）年七月一二日
最終改正　二〇二二（令和四）年六月一七日（法律第六八号）

第七条（武器の使用） 警察官は、犯人の逮捕若しくは逃走の防止、自己若しくは他人に対する防護又は公務執行に対する抵抗の抑止のため必要であると認める相当な理由のある場合においては、その事態に応じ合理的に必要と判断される限度において、武器を使用することができる。但し、刑法（明治四〇年法律第四五号）第三六条（正当防衛）若しくは同法第三七条（緊急避難）に該当する場合又は左の各号の一に該当する場合を除いては、人に危害を与えてはならない。

一　死刑又は無期若しくは長期三年以上の懲役若しくは禁こにあたる兇悪な罪を現に犯し、若しくは既に犯したと疑うに足りる充分な理由のある者がその者に対する警察官の職務の執行に対して抵抗し、若しくは逃亡しようとするとき又は第三者がその者を逃がそうとして警察官に抵抗するとき、これを防ぎ、又は逮捕するために他に手段がないと警察官において信ずるに足りる相当な理由のある場合。

二　逮捕状により逮捕する際又は勾引状若しくは勾留状を執行する際その本人がその者に対する警察官の職務の執行に対して抵抗し、若しくは逃亡しようとするとき又は第三者がその者を逃がそうとして警察官に抵抗するとき、これを防ぎ、又は逮捕するために他に手段がないと警察官において信ずるに足りる相当な理由のある場合。

1331 国家安全保障会議設置法（抄）

公　布　一九八六（昭和六一）年五月二七日（法律第七一号）
施　行　一九八六（昭和六一）年七月一日
最終改正　二〇二二（令和四）年五月一八日（法律第四三号）

第一条（設置） 我が国の安全保障（以下「国家安全保障」という。）に関する重要事項を審議する機関として、内閣に、国家安全保障会議（以下「会議」という。）を置く。

第二条（所掌事務等） 1　会議は、次の事項について審議し、必要に応じ、内閣総理大臣に対し、意見を述べる。

一　国防の基本方針
二　防衛計画の大綱
三　前号の計画に関連する産業等の調整計画の大綱
四　武力攻撃事態等（武力攻撃事態及び武力攻撃予測事態をいう。以下この条において同じ。）又は存立危機事態への対処に関する基本的な方針
五　武力攻撃事態等又は存立危機事態への対処に関する重要事項
六　重要影響事態への対処に関する重要事項
七　国際平和共同対処事態への対処に関する重要事項
八　国際連合平和維持活動等に対する協力に関する法律（平成四年法律第七九号）第二条第一項に規定する国際平和協力業務の実施等に関する重要事項
九　自衛隊法（昭和二九年法律第一六五号）第六章に規定する自衛隊の行動に関する重要事項（第四号から前号までに掲げるものを除く。）
一〇　国防に関する重要事項（前各号に掲げるものを除く。）
一一　国家安全保障に関する外交政策、防衛政策及び経済政策の基本方針並びにこれらの政策に関する重要事項（前各号に掲げるものを除く。）
一二　重大緊急事態（武力攻撃事態等、存立危機事態、重要影響事態、国際平和共同対処事態及び次項の規定により第九号又は第一〇号に掲げる重要事項としてその対処措置につき諮るべき事態以外の緊急事態であって、我が国の安全に重大な影響を及ぼすおそれがあるもののうち、通常の緊急事態対処体制によっては適切に対処することが困難な事態をいう。第三項において同じ。）への対処に関する重要事項
一三　その他国家安全保障に関する重要事項

2　内閣総理大臣は、前項第一号から第四号まで及び次の各号に掲げる事項並びに同項第五号から第一〇号まで及び第一二号に掲げる事項（次の各号に掲げる事項を除く。）のうち内閣総理大臣が必要と認めるものについては、会議に諮らなければならない。

一　前項第八号に掲げる事項のうち次に掲げる措置に関するもの
イ　国際連合平和維持活動又は国際連携平和安全活動のために実施する国際平和協力業務であって国際連合平和維持活動等に対する協力に関する法律第三条第五号トに掲げるもの若しくはこれに類するものとして同号ナの政令で定めるもの又は同号ラに掲げるものの実施に係る国際平和協力業務実施計画の決定及び変更（当該業務の終了に係る変更を含む。）
ロ　人道的な国際救援活動のために実施する国際平和協力業務であって国際連合平和維持活動等に対する協力に関する法律第三条第五号ラに掲げるものの実施に係る国際平和協力業務実施計画の決定及び変更（当該業務の終了に係る変更を含む。）
ハ　国際連合平和維持活動等に対する協力に関す

る法律第二七条第一項の規定による自衛官の国際連合への派遣
二　前項第九号に掲げる事項のうち自衛隊法第八四条の三に規定する保護措置の実施に関するもの
3　第一項の場合において、会議は、武力攻撃事態等、存立危機事態、重要影響事態及び重大緊急事態に関し、同項第四号から第六号まで又は第一二号に掲げる事項について審議した結果、特に緊急に対処する必要があると認めるときは、迅速かつ適切な対処が必要と認められる措置について内閣総理大臣に建議することができる。

第三条（組織）　会議は、議長及び議員で組織する。

第四条（議長）　議長は、内閣総理大臣をもって充てる。
2　議長は、会務を総理する。
3　議長に事故があるとき、又は議長が欠けたときは、内閣法（昭和二二年法律第五号）第九条の規定によりあらかじめ指定された国務大臣（順位を定めて二以上の国務大臣が指定されているときは、最先順位の国務大臣）をもって充てられる議員がその職務を代理する。

第五条（議員）１　議員は、次の各号に掲げる事項の区分に応じ、当該各号に定める国務大臣をもって充てる。
一　第二条第一項第一号から第一〇号まで及び第一三号に掲げる事項　前条第三項に規定する国務大臣、総務大臣、外務大臣、財務大臣、経済産業大臣、国土交通大臣、防衛大臣、内閣官房長官及び国家公安委員会委員長
二　第二条第一項第一一号に掲げる事項　外務大臣、防衛大臣及び内閣官房長官
三　第二条第一項第一二号に掲げる事項　内閣官房長官及び事態の種類に応じてあらかじめ内閣総理大臣により指定された国務大臣
2　議長は、前項の規定にかかわらず、第二条第1項第四号から第六号までに掲げる事項に関し、事態の分析及び評価について特に集中して審議する必要があると認める場合には、議長、外務大臣、防衛大臣、内閣官房長官及び事態の種類に応じてあらかじめ内閣総理大臣により指定された国務大臣によって事案について審議を行うことができる。
3　議長は、必要があると認めるときは、前二項に規定する者のほか、これらの規定に規定する国務大臣以外の国務大臣を、議案を限って、議員として、臨時に会議に参加させることができる。
4　前三項の場合において、議員が不在のときは、緊急の場合その他やむを得ない事由のある場合に限り、そのあらかじめ指名する副大臣（内閣官房副長官を含む。第七条第二項において同じ。）がその職務を代行することができる。

第六条（資料提供等）内閣官房長官及び関係行政機関の長は、会議の定めるところにより、会議に対し、国家安全保障に関する資料又は情報であって、会議の審議に資するものを、適時に提供するものとする。
2　前項に定めるもののほか、内閣官房長官及び関係行政機関の長は、議長の求めに応じて、会議に対し、国家安全保障に関する資料又は情報の提供及び説明その他必要な協力を行わなければならない。

第七条（服務）議長及び議員は、非常勤とする。
2　議長及び議員並びに議長又は議員であった者、第五条第四項の規定により副大臣として議員の職務を代行した者、次条の規定により関係者として会議に出席した者並びに第九条第三項の委員長及び当該委員長であった者は、その職務に関して知ることのできた秘密を他に漏らしてはならない。

第八条（関係者の出席）
第九条（事態対処専門委員会）
第一〇条（幹事）
第一一条（議事）
第一二条（事務）
第一三条（主任の大臣）
第一四条（委任規定）
（略）

13 32　国の存立を全うし、国民を守るための切れ目のない安全保障法制の整備について（安全保障法制の整備に関する閣議決定）

二〇一四（平成二六）年七月一日（国家安全保障会議決定・臨時閣議決定）

我が国は、戦後一貫して日本国憲法の下で平和国家として歩んできた。専守防衛に徹し、他国に脅威を与えるような軍事大国とはならず、非核三原則を守るとの基本方針を堅持しつつ、国民の営々とした努力により経済大国として栄え、安定して豊かな国民生活を築いてきた。また、我が国は、平和国家としての立場から、国際連合憲章を遵守しながら、国際社会や国際連合を始めとする国際機関と連携し、それらの活動に積極的に寄与している。こうした我が国の平和国家としての歩みは、国際社会において高い評価と尊敬を勝ち得てきており、これをより確固たるものにしなければならない。

一方、日本国憲法の施行から六七年となる今日までの間に、我が国を取り巻く安全保障環境は根本的に変容するとともに、更に変化し続け、我が国は複雑かつ重大な国家安全保障上の課題に直面している。国際連合憲章が理想として掲げたいわゆる正規の「国連軍」は実現のめどが立っていないことに加え、冷戦終結後の四半世紀だけをとっても、グローバルなパワーバランスの変化、技術革新の急速な進展、大量破壊兵器や弾道ミサイルの開発及び拡散、国際テロなどの脅威により、アジア太平洋地域において問題や緊張が生み出されるとともに、脅威が世界のどの地域において発生しても、我が国の安全保障に直接的な影響を及ぼし得る

状況になっている。さらに、近年では、海洋、宇宙空間、サイバー空間に対する自由なアクセス及びその活用を妨げるリスクが拡散し深刻化している。もはや、どの国も一国のみで平和を守ることはできず、国際社会もまた、我が国がその国力にふさわしい形で一層積極的な役割を果たすことを期待している。

政府の最も重要な責務は、我が国の平和と安全を維持し、その存立を全うするとともに、国民の命を守ることである。我が国を取り巻く安全保障環境の変化に対応し、政府としての責務を果たすためには、まず、十分な体制をもって力強い外交を推進することにより、安定しかつ見通しがつきやすい国際環境を創出し、脅威の出現を未然に防ぐとともに、国際法にのっとって行動し、法の支配を重視することにより、紛争の平和的な解決を図らなければならない。

さらに、我が国自身の防衛力を適切に整備、維持、運用し、同盟国である米国との相互協力を強化するとともに、域内外のパートナーとの信頼及び協力関係を深めることが重要である。特に、我が国の安全及びアジア太平洋地域の平和と安定のために、日米安全保障体制の実効性を一層高め、日米同盟の抑止力を向上させることにより、武力紛争を未然に回避し、我が国に脅威が及ぶことを防止することが必要不可欠である。その上で、いかなる事態においても国民の命と平和な暮らしを断固として守り抜くとともに、国際協調主義に基づく「積極的平和主義」の下、国際社会の平和と安定にこれまで以上に積極的に貢献するためには、切れ目のない対応を可能とする国内法制を整備しなければならない。

五月一五日に「安全保障の法的基盤の再構築に関する懇談会」から報告書が提出され、同日に安倍内閣総理大臣が記者会見で表明した基本的方向性に基づき、これまで与党において協議を重ね、政府としても検討を進めてきた。今般、与党協議の結果に基づき、政府として、以下の基本方針に従って、国民の命と平和な暮らしを守り抜くために必要な国内法制を速やかに整備することとする。

1　武力攻撃に至らない侵害への対処

(1)　我が国を取り巻く安全保障環境が厳しさを増していることを考慮すれば、純然たる平時でも有事でもない事態が生じやすく、これにより更に重大な事態に至りかねないリスクを有している。こうした武力攻撃に至らない侵害に際し、警察機関と自衛隊を含む関係機関が基本的な役割分担を前提として、より緊密に協力し、いかなる不法行為に対しても切れ目のない十分な対応を確保するための態勢を整備することが一層重要な課題となっている。

(2)　具体的には、こうした様々な不法行為に対処するため、警察や海上保安庁などの関係機関が、それぞれの任務と権限に応じて緊密に協力して対応するとの基本方針の下、各々の対応能力を向上させ、情報共有を含む連携を強化し、具体的な対応要領の検討や整備を行い、命令発出手続を迅速化するとともに、各種の演習や訓練を充実させるなど、各般の分野における必要な取組を一層強化することとする。

(3)　このうち、手続の迅速化については、離島の周辺地域等において外部から武力攻撃に至らない侵害が発生し、近傍に警察力が存在しない場合や警察機関が直ちに対応できない場合(武装集団の所持する武器等のために対応できない場合を含む。)の対応において、治安出動や海上における警備行動を発令するための関連規定の適用関係についてあらかじめ十分に検討し、関係機関において共通の認識を確立しておくとともに、手続を経ている間に、不法行為による被害が拡大することがないよう、状況に応じた早期の下令や手続の迅速化のための方策について具体的に検討することとする。

(4)　さらに、我が国の防衛に資する活動に現に従事する米軍部隊に対して攻撃が発生し、それが状況によっては武力攻撃にまで拡大していくような事態においても、自衛隊と米軍が緊密に連携して切れ目のない対応をすることが、我が国の安全の確保にとっても重要である。自衛隊と米軍部隊が連携して行う平素からの各種活動に際して、米軍部隊に対して武力攻撃に至らない侵害が発生した場合を想定し、自衛隊法第九五条による武器等防護のための「武器の使用」の考え方を参考にしつつ、自衛隊と連携して我が国の防衛に資する活動(共同訓練を含む。)に現に従事している米軍部隊の武器等であれば、米国の要請又は同意があることを前提に、当該武器等を防護するための自衛隊法第九五条によるものと同様の極めて受動的かつ限定的な必要最小限の「武器の使用」を自衛隊が行うことができるよう、法整備をすることとする。

2　国際社会の平和と安定への一層の貢献

(1)　いわゆる後方支援と「武力の行使との一体化」

ア　いわゆる後方支援と言われる支援活動それ自体は、「武力の行使」に当たらない活動である。例えば、国際の平和及び安全が脅かされ、国際社会が国際連合安全保障理事会決議に基づいて一致団結して対応するようなときに、我が国が当該決議に基づき正当な「武力の行使」を行う他国軍隊に対してこうした支援活動を行うことが必要な場合がある。一方、憲法第九条との関係で、我が国による支援活動については、他国の「武力の行使と一体化」することにより、我が国自身が憲法の下で認められない「武力の行使」を行ったとの法的評価を受けることがないよう、これまでの法律においては、活動の地域を「後方地域」や、いわゆる「非戦闘地域」に限定するなどの法律上の枠組みを設定し、「武力の行使との一体化」の問題が生じないようにしてきた。

イ　こうした法律上の枠組みの下でも、自衛隊は、各種の支援活動を着実に積み重ね、我が国に対する期待と信頼は高まっている。安全保障環境が更に大きく変化する中で、国際協調主義に基づく「積極的平和主義」の立場から、国際社会の平和と安定のために、自衛隊が幅広い支援活動で十分に役割を果たすことができるようにすることが必要である。また、このような活動をこれまで以上に支障なくできるようにすることは、我が国の平和及び安全の確保の観点からも極めて重要である。

ウ　政府としては、いわゆる「武力の行使との一体化」論それ自体は前提とした上で、その議論の積み重ねを踏まえつつ、これまでの自衛隊の活動の実経験、国際連合の集団安全保障措置の実態等を勘案して、従来の「後方地域」あるいはいわゆる「非戦闘地域」といった自衛隊が活動する範囲をおよそ一体化の問題が生じない地域に一律に区切る枠組みではなく、他国が「現に戦闘行為を行っている現場」ではない場所で実施する補給、輸送などの我が国の支援活動については、当該他国の「武力の行使と一体化」するものではないという認識を基本とした以下の考え方に立って、我が国の安全の確保や国際社会の平和と安定のために活動する他国軍隊に対して、必要な支援活動を実施できるようにするための法整備を進めることとする。

(ア)　我が国の支援対象となる他国軍隊が「現に戦闘行為を行っている現場」では、支援活動は実施しない。

(イ)　仮に、状況変化により、我が国が支援活動を実施している場所が「現に戦闘行為を行っている現場」となる場合には、直ちにそこで実施している支援活動を休止又は中断する。

(2)　国際的な平和協力活動に伴う武器使用

ア　我が国は、これまで必要な法整備を行い、過去二〇年以上にわたり、国際的な平和協力活動を実施してきた。その中で、いわゆる「駆け付け警護」に伴う武器使用や「任務遂行のための武器使用」については、これを「国家又は国家に準ずる組織」に対して行った場合には、憲法第九条が禁ずる「武力の行使」に該当するおそれがあることから、国際的な平和協力活動に従事する自衛官の武器使用権限はいわゆる自己保存型と武器等防護に限定してきた。

イ　我が国としては、国際協調主義に基づく「積極的平和主義」の立場から、国際社会の平和と安定のために一層取り組んでいく必要があり、そのために、国際連合平和維持活動（ＰＫＯ）などの国際的な平和協力活動に十分かつ積極的に参加できることが重要である。また、自国領域内に所在する外国人の保護は、国際法上、当該領域国の義務であるが、多くの日本人が海外で活躍し、テロなどの緊急事態に巻き込まれる可能性がある中で、当該領域国の受入れ同意がある場合には、武器使用を伴う在外邦人の救出についても対応できるようにする必要がある。

ウ　以上を踏まえ、我が国として、「国家又は国家に準ずる組織」が敵対するものとして登場しないことを確保した上で、国際連合平和維持活動などの「武力の行使」を伴わない国際的な平和協力活動におけるいわゆる「駆け付け警護」に伴う武器使用及び「任務遂行のための武器使用」のほか、領域国の同意に基づく邦人救出などの「武力の行使」を伴わない警察的な活動ができるよう、以下の考え方を基本として、法整備を進めることとする。

(ア)　国際連合平和維持活動等については、ＰＫＯ参加五原則の枠組みの下で、「当該活動が行われる地域の属する国の同意」及び「紛争当事者の当該活動が行われることについての同意」が必要とされており、受入れ同意をしている紛争当事者以外の「国家に準ずる組織」が敵対するものとして登場することは基本的にないと考えられる。このことは、過去二〇年以上にわたる我が国の国際連合平和維持活動等の経験からも裏付けられる。近年の国際連合平和維持活動において重要な任務と位置付けられている住民保護などの治安の維持を任務とする場合を含め、任務の遂行に際して、自己保存及び武器等防護を超える武器使用が見込まれる場合には、特に、その活動の性格上、紛争当事者の受入れ同意が安定的に維持されていることが必要である。

(イ)　自衛隊の部隊が、領域国政府の同意に基づき、当該領域国における邦人救出などの「武力の行使」を伴わない警察的な活動を行う場合には、領域国政府の同意が及ぶ範囲、すなわち、その領域において権力が維持されている範囲で活動することは当然であり、これは、その範囲においては「国家に準ずる組織」は存在していないということを意味する。

(ウ)　受入れ同意が安定的に維持されているかや領域国政府の同意が及ぶ範囲等については、国家安全保障会議における審議等に基づき、内閣として判断する。

(エ)　なお、これらの活動における武器使用については、警察比例の原則に類似した厳格な比例原則が働くという内在的制約がある。

3　憲法第九条の下で許容される自衛の措置

(1)　我が国を取り巻く安全保障環境の変化に対応し、いかなる事態においても国民の命と平和な暮らしを守り抜くためには、これまでの憲法解釈のままでは必ずしも十分な対応ができないおそれがあることから、いかなる解釈が適切か検討してきた。その際、政府の憲法解釈には論理的整合性と法的安定性が求められる。したがって、従来の政府見解における憲法第九条の解釈の基本的な論理の枠内で、国民の命と平和な暮らしを守り抜くための論理的な帰結を導く必要がある。

(2)　憲法第九条はその文言からすると、国際関係における「武力の行使」を一切禁じているように見えるが、憲法前文で確認している「国民の平和的生存権」や憲法第一三条が「生命、自由及び幸福追求に対する国民の権利」は国政の上で最大の尊重を必要とする旨定めている趣旨を踏まえて考えると、憲法第九条が、我が国が自国の平和と安全を維持し、その存立を全うするために必要な自衛の措置を採ることを禁じているとは到底解されない。一方、この自衛の措置は、あくまで外国の武力攻撃によって国民の生命、自由及び幸福追求の権利が根底から覆されるという急迫、不正の事態に対処し、国民のこれらの権利を守るためのやむを得ない措置として初めて容認されるものであり、そのための必要最小限度の「武力の行使」は許容される。これが、憲法第九条の下で例外的に許容される「武力の行使」について、従来から政府が一貫して表明してきた見解の根幹、いわば基本的な論理であり、昭和四七年一〇月一四日に参議院決算委員会に対し政府から提出された資料「集団的自衛権と憲法との関係」に明確に示されているところである。

この基本的な論理は、憲法第九条の下では今後とも維持されなければならない。

(3)　これまで政府は、この基本的な論理の下、「武力の行使」が許容されるのは、我が国に対する武力攻撃が発生した場合に限られると考えてきた。しかし、冒頭で述べたように、パワーバランスの変化や技術革新の急速な進展、大量破壊兵器などの脅威等により我が国を取り巻く安全保障環境が根本的に変容し、変化し続けている状況を踏まえれば、今後他国に対して発生する武力攻撃であったとしても、その目的、規模、態様等によっては、我が国の存立を脅かすことも現実に起こり得る。

我が国としては、紛争が生じた場合にはこれを平和的に解決するために最大限の外交努力を尽くすとともに、これまでの憲法解釈に基づいて整備されてきた既存の国内法令による対応や当該憲法解釈の枠内で可能な法整備などあらゆる必要な対応を採ることは当然であるが、それでもなお我が国の存立を全うし、国民を守るために万全を期す必要がある。

こうした問題意識の下に、現在の安全保障環境に照らして慎重に検討した結果、我が国に対する武力攻撃が発生した場合のみならず、我が国と密接な関係にある他国に対する武力攻撃が発生し、これにより我が国の存立が脅かされ、国民の生命、自由及び幸福追求の権利が根底から覆される明白な危険がある場合において、これを排除し、我が国の存立を全うし、国民を守るために他に適当な手段がないときに、必要最小限度の実力を行使することは、従来の政府見解の基本的な論理に基づく自衛のための措置として、憲法上許容されると考えるべきであると判断するに至った。

(4)　我が国による「武力の行使」が国際法を遵守して行われることは当然であるが、国際法上の根拠と憲法解釈は区別して理解する必要がある。憲法上許容される上記の「武力の行使」は、国際法上は、集団的自衛権が根拠となる場合がある。この「武力の行使」には、他国に対する武力攻撃が発生した場合を契機とするものが含まれるが、憲法上は、あくまでも我が国の存立を全うし、国民を守るため、すなわち、我が国を防衛するためのやむを得ない自衛の措置として初めて許容されるものである。

(5)　また、憲法上「武力の行使」が許容されるとしても、それが国民の命と平和な暮らしを守るためのものである以上、民主的統制の確保が求められることは当然である。政府としては、我が国ではなく他国に対して武力攻撃が発生した場合に、憲法上許容される「武力の行使」を行うために自衛隊に出動を命ずるに際しては、現行法令に規定する防衛出動に関する手続と同様、原則として事前に国会の承認を求めることを法案に明記することとする。

4　今後の国内法整備の進め方

これらの活動を自衛隊が実施するに当たっては、国家安全保障会議における審議等に基づき、内閣として決定を行うこととする。こうした手続を含めて、実際に自衛隊が活動を実施できるようにするためには、根拠となる国内法が必要となる。政府として、以上述べた基本方針の下、国民の命と平和な暮らしを守り抜くために、あらゆる事態に切れ目のない対応を可能とする法案の作成作業を開始することとし、十分な検討を行い、準備ができ次第、国会に提出し、国会における御審議を頂くこととする。

13 33　国家安全保障戦略

二〇二二(令和四)年一二月一六日(国家安全保障会議決定・閣議決定)

I　策定の趣旨

国際社会は時代を画する変化に直面している。グローバリゼーションと相互依存のみによって国際社会の平和と発展は保証されないことが、改めて明らかになった。自由で開かれた安定的な国際秩序は、冷戦終焉以降に世界で拡大したが、パワーバランスの歴史的変化と地政学的競争の激化に伴い、今、重大な挑戦に晒されている。その中で、気候変動問題や感染症危機を始め、国境を越えて各国が協力して対応すべき諸課題も同時に生起しており、国際関係において対立と協力の様相が複雑に絡み合う時代になっている。

これまで、我が国を含む先進民主主義国は、自由、民主主義、基本的人権の尊重、法の支配といった普遍的価値を擁護し、共存共栄の国際社会の形成を主導してきた。途上国を含む国際社会の多くの国も、こうした国際秩序を前提に、グローバリゼーションの中で、国際社会の平和と安定と経済発展の果実を享受してきた。

しかし、同時に、拡大する経済格差等に起因する不満は、国内、更には国家間の関係において新たな緊張をもたらしている。普遍的価値を共有しない一部の国家は、独自の歴史観・価値観に基づき、既存の国際秩序の修正を図ろうとする動きを見せている。人類が過去一世紀近くにわたって築き上げてきた武力の行使の一般的禁止という国際社会の大原則が、国際社会の平和及び安全の維持に関する主要な責任を有する国際連合安全保障理事会(以下「国連安保理」という。)の常任理事国により、あからさまな形で破られた。また、海洋における一方的な現状変更及びその試みも継続している。そして、普遍的価値を共有しない一部の国家は、経済と科学技術を独自の手法で急速に発展させ、一部の分野では、学問の自由や市場経済原理を擁護してきた国家よりも優位に立つようになってきている。これらは、既存の国際秩序に挑戦する動きであり、国際関係において地政学的競争が激化している。このような状況において、多くの途上国等は地政学的競争に巻き込まれることを回避しようとしているが、中には普遍的価値を共有しない一部の国家に追随する国も出てきている。

このように地政学的競争が激化すると同時に、国際社会においては、国際社会全体の協力が不可欠な問題も生じてきている。気候変動、感染症危機等、国境を越えて人類の存在そのものを脅かす地球規模課題への対応のために、国際社会が価値観の相違、利害の衝突等を乗り越えて協力することが、かつてないほど求められている時代になっている。

我が国周辺に目を向ければ、我が国は戦後最も厳しく複雑な安全保障環境に直面している。ロシアによるウクライナ侵略により、国際秩序を形作るルールの根幹がいとも簡単に破られた。同様の深刻な事態が、将来、インド太平洋地域、とりわけ東アジアにおいて発生する可能性は排除されない。国際社会では、インド太平洋地域を中心に、歴史的なパワーバランスの変化が生じている。また、我が国周辺では、核・ミサイル戦力を含む軍備増強が急速に進展し、力による一方的な現状変更の圧力が高まっている。そして、領域をめぐるグレーゾーン事態、民間の重要インフラ等への国境を越えたサイバー攻撃、偽情報の拡散等を通じた情報戦等が恒常的に生起し、有事と平時の境目はますます曖昧になってきている。さらに、国家安全保障の対象は、経済、技術等、これまで非軍事的とされてきた分野にまで拡大し、軍事と非軍事の分野の境目も曖昧になっている。

国内に目を転じれば、我が国は、人口減少、少子高齢化、厳しい財政状況等の困難な課題に直面している。こうした我が国国内の困難な経済的・社会的課題を解決し、経済成長を実現していくためにも、産業に不可欠な物資、エネルギー、食料等の貿易や人の移動等の国境をまたぐ経済・社会活動が円滑になされる国際的な環境を確保しなければならない。

このような世界の歴史の転換期において、我が国は戦後最も厳しく複雑な安全保障環境のただ中にある。その中において、防衛力の抜本的強化を始めとして、最悪の事態をも見据えた備えを盤石なものとし、我が国の平和と安全、繁栄、国民の安全、国際社会との共存共栄を含む我が国の国益を守っていかなければならない。そのために、我が国はまず、我が国に望ましい安全保障環境を能動的に創出するための力強い外交を展開する。そして、自分の国は自分で守り抜ける防衛力を持つことは、そのような外交の地歩を固めるものとなる。

こうした目標を達成するためには、地政学的競争、地球規模課題への対応等、対立と協力が複雑に絡み合う国際関係全体を俯瞰し、外交力・防衛力・経済力・技術力・情報力を含む総合的な国力を最大限活用して、国家の対応を高次のレベルで統合させる戦略が必要である。このような視点に立ち、我が国の安全保障に関する最上位の政策文書となる国家安全保障戦略を定める。本戦略は、外交、防衛、経済安全保障、技術、サイバー、海洋、宇宙、情報、政府開発援助(ＯＤＡ)、エネルギー等の我が国の安全保障に関連する分野の諸政策に戦略的な指針を与えるものである。

二〇一三年一二月一七日国家安全保障会議決定及び閣議決定)が策定され、我が国は、国際協調を旨とする積極的平和主義の下での平和安全法制の制定等により、安全保障上の事態に切れ目なく対応できる枠組みを整えた。本戦略に基づく戦略的な指針と施策は、その枠組みに基づき、我が国の安全保障に関する基本的な原則を維持しつつ、戦後の我が国の安全保障政策を実践面から大きく転換するものである。

同時に、国家としての力の発揮は国民の決意から始まる。伝統的な外交・防衛の分野にとどまらない幅広い分野を対象とする本戦略を着実に実施していくためには、本戦略の内容と実施について国民の理解と協力を得て、国民が我が国の安全保障政策に自発的かつ主体的に参画できる環境を政府が整えることが不可欠である。

本戦略は、次のとおり構成される。

本戦略は、まず、国家の安全保障戦略を定める際の原点となるべき我が国の国益を示す。次に、その国益を踏まえ、我が国の戦後の安全保障の歴史と経験、国民の選択の中から培われてきた我が国の安全保障に関する基本的な原則を示す。さらに、現在の我が国を取り巻く安全保障環境と我が国の安全保障上の課題を示す。これらを踏まえて、我が国が達成すべき我が国の安全保障上の目標を設定し、この目標を我が国が総合的な国力を用いて達成するための手段と方法、すなわち戦略的なアプローチを明らかにする。さらに、戦略的なアプローチの実施を支える土台である我が国の様々な基盤を示す。

II　我が国の国益

我が国が守り、発展させるべき国益を以下に示す。

1　我が国の主権と独立を維持し、領域を保全し、国民の生命・身体・財産の安全を確保する。そして、我が国の豊かな文化と伝統を継承しつつ、自由と民主主義を基調とする我が国の平和と安全を維持し、その存立を全うする。また、我が国と国民は、世界で尊敬され、好意的に受け入れられる国家・国民であり続ける。

2　経済成長を通じて我が国と国民の更なる繁栄を実現する。そのことにより、我が国の平和と安全をより強固なものとする。そして、我が国の経済的な繁栄を主体的に達成しつつ、開かれ安定した国際経済秩序を維持・強化し、我が国と他国が共存共栄できる国際的な環境を実現する。

3　自由、民主主義、基本的人権の尊重、法の支配といった普遍的価値や国際法に基づく国際秩序を維持・擁護する。特に、我が国が位置するインド太平洋地域において、自由で開かれた国際秩序を維持・発展させる。

III　我が国の安全保障に関する基本的な原則

我が国の国益を守るための安全保障政策の遂行の前提として、我が国の安全保障に関する基本的な原則を以下に示す。

1　国際協調を旨とする積極的平和主義を維持する。その理念を国際社会で一層具現化しつつ、将来にわたって我が国の国益を守る。そのために、我が国を守る一義的な責任は我が国にあるとの認識の下、刻々と変化する安全保障環境を直視した上で、必要な改革を果断に遂行し、我が国の安全保障上の能力と役割を強化する。

2　自由、民主主義、基本的人権の尊重、法の支配といった普遍的価値を維持・擁護する形で、安全保障政策を遂行する。そして、戦後最も厳しく複雑な安全保障環境の中においても、世界的に最も成熟し安定した先進民主主義国の一つとして、普遍的価値・原則の維持・擁護を各国と協力する形で実現することに取り組み、国際社会が目指すべき範を示す。

3　平和国家として、専守防衛に徹し、他国に脅威を与えるような軍事大国とはならず、非核三原則を堅持するとの基本方針は今後も変わらない。

4　拡大抑止の提供を含む日米同盟は、我が国の安全保障政策の基軸であり続ける。

5　我が国と他国との共存共栄、同志国との連携、多国間の協力を重視する。

IV　我が国を取り巻く安全保障環境と我が国の安全保障上の課題

我が国の安全保障上の目標を定めるに当たり、我が国を取り巻く安全保障環境と我が国の安全保障上の課題を以下に示す。

1　グローバルな安全保障環境と課題

(1)　二〇一三年の国家安全保障戦略の策定以降も、グローバルなパワーの重心が、我が国が位置するインド太平洋地域に移る形で、国際社会は急速に変化し続けている。この変化は中長期的に続き、国際社会の在り様を変えるほどの歴史的な影響を与えるものとなる可能性が高い。

(2)　国際社会においては、経済発展、技術革新、人的交流、新たな文化の創出等の多くの機会と恩恵がもたらされている。しかし、同時に、我が国の同盟国であり世界最大の総合的な国力を有する米国や、G7等の国際的な枠組みが、国際社会におけるリスクを管理し、自由で開かれた国際秩序を維持・発展させることは、ますます難しくなってきている。国際社会全体の意思を具現すべき国連では、対立が目立ち、その機能が十分に果たせていない。これは、普遍的価値やそれに基づく政治・経済体制を共有しない国家が勢力を拡大し、国際社会におけるリスクが顕在化していることが大きな要因である。具体的には、他国の国益を減ずる形で自国の国益を増大させることも排除しない一部の国家が、軍事的・非軍事的な力を通じて、自国の勢力を拡大し、一方的な現状変更を試み、国際秩序に挑戦する動きを加速させている。このような動きが、軍事、外交、経済、技術等の幅広い分野での国家間の競争や対立を先鋭化させ、国際秩序の根幹を揺るがしている。その結果、現在の国際的な安全保障環境は、国家間の関係や利害がモザイクのように入り組む、複雑で厳しいものとなっている。

(3)　以下に、こうした現在の国際的な安全保障環境の複雑さ、厳しさを表す顕著な例を挙げる。

ア　他国の領域主権等に対して、軍事的及び非軍事的な手段を組み合わせる形で、力による一方的な現状変更及びその試みがなされている。特に、ロシアによるウクライナ侵略は、武力の行使を禁ずる国際法の深刻な違反であり、国際秩序の根幹を揺るがすものである。

イ　サイバー空間、海洋、宇宙空間、電磁波領域等において、自由なアクセスやその活用を妨げるリスクが深刻化している。特に、相対的に露見するリスクが低く、攻撃者側が優位にあるサイバー攻撃の脅威は急速に高まっている。サイバー攻撃による重要インフラの機能停止や破壊、他国の選挙への干渉、身代金の要求、機微情報の窃取等は、国家を背景とした形でも平素から行われている。そして、武力攻撃の前から偽情報の拡散等を通じた情報戦が展開されるなど、軍事目的遂行のために軍事的な手段と非軍事的な手段を組み合わせるハイブリッド戦が、今後更に洗練された形で実施される可能性が高い。

ウ　サプライチェーンの脆弱性、重要インフラへの脅威の増大、先端技術をめぐる主導権争い等、従来必ずしも安全保障の対象と認識されていなかった課題への対応も、安全保障上の主要な課題となってきている。その結果、安全保障の対象が経済分野にまで拡大し、安全保障の確保のために経済的手段が一層必要とされている。

エ　本来、相互互恵的であるべき国際貿易、経済協力の分野において、一部の国家が、鉱物資源、食料、産業・医療用の物資等の輸出制限、他国の債務持続性を無視した形での借款の供与等を行うことで、他国に経済的な威圧を加え、自国の勢力拡大を図っている。

オ　先端技術研究とその成果の安全保障目的の活用等について、主要国が競争を激化させる中で、一部の国家が、他国の民間企業や大学等が開発した先端技術に関する情報を不法に窃取した上で、自国の軍事目的に活用している。

カ　国際社会におけるパワーバランスの変化や価値観の多様化により、国際社会全体の統治構造において強力な指導力が失われつつある。その結果、気候変動、自由貿易、軍備管理・軍縮・不拡散、テロ、感染症対策を含む国際保健、食料、エネルギー等の国際社会共通の課題への対応において、国際社会が団結しづらくなっている。また、中東、アフリカ、太平洋島嶼部の脆弱な国が、例えば、気候変動がもたらす異常気象・国土面積の減少、感染症の世界的な拡大、食料・エネルギー不足等により、相対的に大きな被害を被っている。

2　インド太平洋地域における安全保障環境と課題

上記のグローバルな安全保障環境と課題は、我が国が位置するインド太平洋地域で特に際立っており、将来、更に深刻さを増す可能性がある。これを踏まえ、インド太平洋地域における安全保障環境と課題、特に注目すべき国・地域の動向を以下に示す。

(1)　インド太平洋地域における安全保障の概観

インド太平洋地域は、世界人口の半数以上を擁する世界の活力の中核であり、太平洋とインド洋の交わりによるダイナミズムは世界経済の成長エンジンとなっている。この地域にある我が国は、その恩恵を受けやすい位置にある。

同時に、インド太平洋地域は安全保障上の課題が多い地域でもある。例えば、核兵器を含む大規模な軍事力を有し、普遍的価値やそれに基づく政治・経済体制を共有しない国家や地域が複数存在する。さらには、歴史的な経緯を背景とする外交関係等が複雑に絡み合っている。また、東シナ海、南シナ海等における領域に関する一方的な現状変更及びその試み、海賊、テロ、大量破壊兵器の拡散、自然災害等の様々な種類と烈度の脅威や課題が存在する。

このようなインド太平洋地域において、我が国が、自由で開かれたインド太平洋（以下「ＦＯＩＰ」という。）というビジョンの下、同盟国・同志国等と連携し、法の支配に基づく自由で開かれた国際秩序を実現し、地域の平和と安定を確保していくことは、我が国の安全保障にとって死活的に重要である。

(2)　中国の安全保障上の動向

中国は、「中華民族の偉大な復興」、今世紀半ばまでの「社会主義現代化強国」の全面的完成、早期に人民解放軍を「世界一流の軍隊」に築き上げることを明確な目標としている。中国は、このような国家目標の下、国防費を継続的に高い水準で増加させ、十分な透明性を欠いたまま、核・ミサイル戦力を含む軍事力を広範かつ急速に増強している。

また、中国は、我が国の尖閣諸島周辺における領海侵入や領空侵犯を含め、東シナ海、南シナ海等における海空域において、力による一方的な現状変更の試みを強化し、日本海、太平洋等でも、我が国の安全保障に影響を及ぼす軍事活動を拡大・活発化させている。さらに、中国は、ロシアとの戦略的な連携を強化し、国際秩序への挑戦を試みている。

中国は、世界第二位の経済力を有し、世界経済を牽引する国としても、また、気候変動を含む地球規模課題についても、その国際的な影響力にふさわしい更なる取組が国際社会から強く求められている。しかし、中国は、主要な公的債権国が等しく参加する国際的な枠組み等にも参加しておらず、開発金融等に関連する活動の実態も十分な透明性を欠いている。また、経済面での安全を確立すべく、戦略的な取組を強化しており、他国の中国への依存を利用して、相手国に経済的な威圧を加える事例も起きている。

中国は、台湾について平和的統一の方針は堅持しつつも、武力行使の可能性を否定していない。さらに、中国は我が国近海への弾道ミサイル発射を含め台湾周辺海空域において軍事活動を活発化させており、台湾海峡の平和と安定については、我が国を含むインド太平洋地域のみならず、国際社会全体において急速に懸念が高まっている。

中国が、首脳レベルを含む様々なレベルでの意思疎通を通じて、国際社会と建設的な関係を構築すること、また、我が国を含む国際社会との対話と協力を重ねること等により、我が国と共にインド太平洋地域を含む国際社会の平和と安定に貢献することが期待されている。

しかしながら、現在の中国の対外的な姿勢や軍事動向等は、我が国と国際社会の深刻な懸念事項であり、我が国の平和と安全及び国際社会の平和と安定を確保し、法の支配に基づく国際秩序を強化する上で、これまでにない最大の戦略的な挑戦であり、我が国の総合的な国力と同盟国・同志国等との連携により対応すべきものである。

(3)　北朝鮮の安全保障上の動向

朝鮮半島においては、韓国と北朝鮮双方の大規模な軍事力が対峙している。北朝鮮は、累次の国連安保理決議に従った、全ての大量破壊兵器及びあらゆる射程の弾道ミサイルの完全な、検証可能な、かつ、不可逆的な方法での廃棄を依然として行っていない。現在も深刻な経済的困難に直面しており、人権状況も全く改善しない一方で、軍事面に資源を重点的に配分し続けている。

北朝鮮は、近年、かつてない高い頻度で、新たな態様での弾道ミサイルの発射等を繰り返し、急速にその能力を増強している。特に、米国本土を射程に含む大陸間弾道ミサイル（ＩＣＢＭ）級弾道ミサイルの発射、変則軌道で飛翔するミサイルを含む新たな態様での発射、発射台付き車両（ＴＥＬ）・潜水艦・鉄道といった様々なプラットフォームからの発射等により、ミサイル関連技術及び運用能力は急速に進展している。

さらに、北朝鮮は、核戦力を質的・量的に最大限のスピードで強化する方針であり、ミサイル関連技術等の急速な発展と合わせて考えれば、北朝鮮の軍事動向は、我が国の安全保障にとって、従前よりも一層重大かつ差し迫った脅威となっている。

北朝鮮による拉致問題は、我が国の主権と国民の生命・安全に関わる重大な問題であり、国の責任において解決すべき喫緊の課題である。また、基本的人権の侵害という国際社会の普遍的問題である。

(4) ロシアの安全保障上の動向

ロシアによるウクライナ侵略等、ロシアの自国の安全保障上の目的達成のために軍事力に訴えることを辞さない姿勢は顕著である。また、ロシアは核兵器による威嚇ともとれる言動を繰り返している。

ロシアは、我が国周辺における軍事活動を活発化させている。我が国固有の領土である北方領土でもロシアは軍備を強化しているが、これは、特にオホーツク海がロシアの戦略核戦力の一翼を担う戦略原子力潜水艦の活動領域であることが、その背景にあるとみられる。

さらに、ロシアは、中国との間で、戦略的な連携を強化してきている。特に、近年は、我が国周辺での中露両国の艦艇による共同航行や爆撃機による共同飛行等の共同演習・訓練を継続的に実施するなど、軍事面での連携が強化されている。

ロシアの対外的な活動、軍事動向等は、今回のウクライナ侵略等によって、国際秩序の根幹を揺るがし、欧州方面においては安全保障上の最も重大かつ直接の脅威と受け止められている。また、我が国を含むインド太平洋地域におけるロシアの対外的な活動、軍事動向等は、中国との戦略的な連携と相まって、安全保障上の強い懸念である。

Ⅴ　我が国の安全保障上の目標

以上のような我が国の安全保障上の課題が存在する中で、我が国が国益を確保できるようにするための我が国の安全保障上の目標を以下に示す。この目標は、上記Ⅲで示した我が国の安全保障に関する基本的な原則を踏まえたものである。

1　我が国の主権と独立を維持し、我が国が国内・外交に関する政策を自主的に決定できる国であり続け、我が国の領域、国民の生命・身体・財産を守る。そのために、我が国自身の能力と役割を強化し、同盟国である米国や同志国等と共に、我が国及びその周辺における有事、一方的な現状変更の試み等の発生を抑止する。万が一、我が国に脅威が及ぶ場合も、これを阻止・排除し、かつ被害を最小化させつつ、我が国の国益を守る上で有利な形で終結させる。

2　安全保障政策の遂行を通じて、我が国の経済が成長できる国際環境を主体的に確保する。それにより、我が国の経済成長が我が国を取り巻く安全保障環境の改善を促すという、安全保障と経済成長の好循環を実現する。その際、我が国の経済構造の自律性、技術等の他国に対する優位性、ひいては不可欠性を確保する。

3　国際社会の主要なアクターとして、同盟国・同志国等と連携し、国際関係における新たな均衡を、特にインド太平洋地域において実現する。それにより、特定の国家が一方的な現状変更を容易に行い得る状況となることを防ぎ、安定的で予見可能性が高く、法の支配に基づく自由で開かれた国際秩序を強化する。

4　国際経済や、気候変動、感染症等の地球規模課題への対応、国際的なルールの形成等の分野において、多国間の協力を進め、国際社会が共存共栄できる環境を実現する。

Ⅵ　我が国が優先する戦略的なアプローチ

我が国は、我が国の安全保障上の目標を達成するために、我が国の総合的な国力をその手段として有機的かつ効率的に用いて、戦略的なアプローチを実施する。

1　我が国の安全保障に関わる総合的な国力の主な要素

(1)　第一に外交力である。国家安全保障の基本は、法の支配に基づき、平和で安定し、かつ予見可能性が高い国際環境を能動的に創出し、脅威の出現を未然に防ぐことにある。我が国は、長年にわたり、国際社会の平和と安定、繁栄のための外交活動や国際協力を行ってきた。その伝統と経験に基づき、大幅に強化される外交の実施体制の下、今後も、多くの国と信頼関係を築き、我が国の立場への理解と支持を集める外交活動や他国との共存共栄のための国際協力を展開する。

(2)　第二に防衛力である。防衛力は、我が国の安全保障を確保するための最終的な担保であり、我が国を守り抜く意思と能力を表すものである。国際社会の現実を見れば、この機能は他の手段では代替できない。防衛力により、我が国に脅威が及ぶことを抑止し、仮に我が国に脅威が及ぶ場合にはこれを阻止し、排除する。そして、抜本的に強化される防衛力は、我が国に望ましい安全保障環境を能動的に創出するための外交の地歩を固めるものとなる。

(3)　第三に経済力である。経済力は、平和で安定した安全保障環境を実現するための政策の土台となる。我が国は、世界第三位の経済大国であり、開かれ安定した国際経済秩序の主要な担い手として、自由で公正な貿易・投資活動を行う。また、グローバル・サプライチェーンに不可欠な高付加価値のモノとサービスを提供し、我が国の経済成長を実現していく。

(4)　第四に技術力である。科学技術とイノベーションの創出は、我が国の経済的・社会的発展をもたらす源泉である。そして、技術力の適切な活用は、我が国の安全保障環境の改善に重要な役割を果たし、気候変動等の地球規模課題への対応にも不可欠である。我が国が長年にわたり培ってきた官民の高い技術力を、従来の考え方にとらわれず、安全保障分野に積極的に活用していく。

(5)　第五に情報力である。急速かつ複雑に変化する安全保障環境において、政府が的確な意思決定を行うには、質が高く時宜に適った情報収集・分析が不可欠である。そのために、政策部門と情報部門との緊密な連携の下、政府が保有するあらゆる情報収集の手段と情報源を活用した総合的な分析により、安全保障に関する情報を可能な限り早期かつ正確に把握し、政府内外での共有と活用を図る。また、我が国の安全保障上の重要な情報の漏洩を防ぐために、官民の情報保全に取り組む。

2　戦略的なアプローチとそれを構成する主な方策

(1)　危機を未然に防ぎ、平和で安定した国際環境を能動的に創出し、自由で開かれた国際秩序を強化するための外交を中心とした取組の展開

ア　日米同盟の強化

日米安全保障体制を中核とする日米同盟は、我が国の安全保障のみならず、インド太平洋地域を含む国際社会の平和と安定の実現に不可欠な役割を果たす。特に、インド太平洋地域において日米の協力を具体的に深化させることが、米国のこの地域へのコミットメントを維持・強化する上でも死活的に重要である。これらのことも念頭に、日米の戦略レベルで連携を図り、米国と共に、外交、防衛、経済等のあらゆる分野において、日米同盟を強化していく。

イ　自由で開かれた国際秩序の維持・発展と同盟国・同志国等との連携の強化

我が国は、インド太平洋地域に位置する国家として、日米同盟を基軸としつつ、日米豪印(クアッド)等の取組を通じて、同志国との協力を深化し、ＦＯＩＰの実現に向けた取組を更に進める。そのために、ＦＯＩＰというビジョンの国際社会における更なる普遍化、自由で公正な経済圏を広げるためのルール作り、連結性の向上、各国・国際機関のガバナンスの強化、海洋安全保障の確保等の取組を拡充していく。

また、経済的にも発展し、国際社会における影響力が高まっている途上国等への外交的な関与を更に強化する。そのことにより、できるだけ多くの国と共に、法の支配に基づく自由で開かれた国際秩序を強化する。

さらに、同盟国・同志国間のネットワークを重層的に構築するとともに、それを拡大し、抑止力を強化していく。そのために、日米韓、日米豪等の枠組みを活用しつつ、オーストラリア、インド、韓国、欧州諸国、東南アジア諸国連合(ＡＳＥＡＮ)諸国、カナダ、北大西洋条約機構(ＮＡＴＯ)、欧州連合(ＥＵ)等との安全保障上の協力を強化する。具体的には、二国間・多国間の対話を通じた同志国等のインド太平洋地域への関与の強化の促進、共同訓練、情報保護協定・物品役務相互提供協定(ＡＣＳＡ)・円滑化協定(ＲＡＡ)の締結、防衛装備品の共同開発、防衛装備品の移転、能力構築支援、戦略的コミュニケーション、柔軟に選択される抑止措置(ＦＤＯ)等の取組を進める。

ウ　我が国周辺国・地域との外交、領土問題を含む諸懸案の解決に向けた取組の強化

日中両国は、地域と国際社会の平和と繁栄にとって、共に重要な責任を有する。我が国は、中国との間で、様々なレベルの意思疎通を通じて、主張すべきは主張し、責任ある行動を求めつつ、諸懸案も含め対話をしっかりと重ね、共通の課題については協力をしていくとの「建設的かつ安定的な関係」を構築していく。このことは、インド太平洋地域を含む国際社会の平和と安定にとって不可欠である。

中国が力による一方的な現状変更の試みを拡大していることについては、これに強く反対し、そのような行為を行わないことを強く求め、冷静かつ毅然として対応する。また、中国の急速な軍事力の強化及び軍事活動の拡大に関しては、透明性等を向上させるとともに、国際的な軍備管理・軍縮等の努力に建設的な協力を行うよう同盟国・同志国等と連携し、強く働きかける。そして、日中間の信頼の醸成のため、中国との安全保障面における意思疎通を強化する。加えて、中国との間における不測の事態の発生を回避・防止するための枠組みの構築を含む日中間の取組を進める。

同時に、経済、人的交流等の分野において日中双方の利益となる形での協力は可能であり、我が国経済の発展と経済安全保障に資する形で、中国との適切な経済関係を構築しつつ、両国の人的交流を再活性化していく。また、同盟国・同志国や国際機関等と連携し、中国が、国際的なルール・基準を遵守し、自国の透明性と予見可能性を高め、地球規模課題等について協力すべきは協力しつつ、その国際的な影響力にふさわしい責任ある建設的

な役割を果たすように促す。

台湾との関係については、我が国は、一九七二年の日中共同声明を踏まえ、非政府間の実務関係として維持してきており、台湾に関する基本的な立場に変更はない。台湾は、我が国にとって、民主主義を含む基本的な価値観を共有し、緊密な経済関係と人的往来を有する極めて重要なパートナーであり、大切な友人である。また、台湾海峡の平和と安定は、国際社会の安全と繁栄に不可欠な要素であり、両岸問題の平和的解決を期待するとの我が国の立場の下、様々な取組を継続していく。

韓国は、地政学的にも我が国の安全保障にとっても極めて重要な隣国である。北朝鮮への対応等を念頭に、安全保障面を含め、日韓・日米韓の戦略的連携を強化していく。そのためにも、一九六五年の国交正常化以来築いてきた日韓の友好協力関係の基盤に基づき日韓関係を発展させていくべく、韓国側と緊密に意思疎通を図っていく。二国間の諸懸案については、我が国の一貫した立場に基づいて然るべく対応していく。我が国固有の領土である竹島の領有権に関する問題については、我が国の一貫した立場に基づき毅然と対応しつつ、国際法にのっとり、平和的に紛争を解決するとの方針に基づき、粘り強く外交努力を行う。

北朝鮮による核・ミサイル開発に関しては、米国及び韓国と緊密に連携しつつ、地域の抑止力の強化、国連安保理決議に基づくものを含む対北朝鮮制裁の完全な履行及び外交的な取組を通じ、六者会合共同声明や国連安保理決議に基づく北朝鮮の完全な非核化に向けた具体的行動を北朝鮮に対して求めていく。また、日朝関係については、日朝平壌宣言に基づき、拉致・核・ミサイルといった諸懸案の包括的な解決に向けて取り組んでいく。とりわけ、拉致問題については、時間的な制約のある深刻な人道問題であり、この問題の解決なくして北朝鮮との国交正常化はあり得ないとの基本認識の下、一日も早い全ての拉致被害者の安全確保及び即時帰国、拉致に関する真相究明、拉致実行犯の引渡しに向けて全力を尽くす。

ロシアとの関係については、インド太平洋地域の厳しい安全保障環境を踏まえ、我が国の国益を守る形で対応していく。また、同盟国・同志国等と連携しつつ、ロシアによる国際社会の平和と安定及び繁栄を損なう行動を防ぐ。対露外交上の最大の懸案である北方領土問題については、領土問題を解決して平和条約を締結するとの基本方針は不変である。

エ　軍備管理・軍縮・不拡散

我が国周辺における核兵器を含む軍備増強の傾向を止め、これを反転させ、核兵器による威嚇等の事態の生起を防ぐことで、我が国を取り巻く安全保障環境を改善し、国際社会の平和と安定を実現する。そのために、軍備管理・軍縮・不拡散の取組を一層強化する。具体的には、唯一の戦争被爆国として、「核兵器のない世界」の実現に向けた国際的な取組を主導する。北朝鮮、イラン等の地域の不拡散問題も踏まえ、核兵器不拡散条約（ＮＰＴ）を礎石とする国際的な核軍縮・不拡散体制を維持・強化し、現実の国際的な安全保障上の課題に適切に対処しつつ、実践的・現実的な取組を着実に進める。

また、武器や関連機微技術の拡散防止のための国際輸出管理レジームの維持・強化、我が国国内における不拡散措置の適切な実施や、各国の能力構築支援を柱として不拡散政策に取り組む。

生物兵器、化学兵器及び通常兵器についても、自律型致死兵器システム（ＬＡＷＳ）を含め、多国間での取組、ルール作り等に積極的に取り組む。

オ　国際テロ対策

テロはいかなる理由をもってしても正当化できず、強く非難されるべきものであり、国際社会と共に、断固とした姿勢を示し、テロ対策を講じていく。具体的には、国際テロ対策を推進し、また、原子力発電所等の重要な生活関連施設の安全確保に関する我が国国内での対策を徹底する。

さらに、在外邦人等の安全を確保するための情報の共有を始め、各国、民間企業等との協力体制を構築する。また、国際テロ情勢に関する情報収集・分析の体制や能力を強化する。

カ　気候変動対策

気候変動は、人類の存在そのものに関わる安全保障上の問題であり、気候変動がもたらす異常気象は、自然災害の多発・激甚化、災害対応の増加、エネルギー・食料問題の深刻化、国土面積の減少、北極海航路の利用の増加等、我が国の安全保障に様々な形で重大な影響を及ぼす。

同盟国・同志国を含むあらゆるステークホルダーと連携して、国内外での取組を主導していく。具体的には、二〇三〇年度において温室効果ガスを二〇一三年度から四六％削減、二〇五〇年までのカーボンニュートラル実現に向けた、再生可能エネルギーや原子力の最大限の活用を始めとするエネルギー・産業部門の構造転換、大胆な投資によるイノベーションの創出等を通じ、脱炭素社会の実現に向けて取り組む。

また、気候変動が国際的な安全保障環境に与える否定的な影響を最小限のものとするよう、国際社会での取組を主導する。その一環として、気候変動問題が切迫した脅威となっている島嶼国を始めとする途上国等に対して、持続可能で強靭な経済・社会を構築するための支援を行う。

キ　ＯＤＡを始めとする国際協力の戦略的な活用

ＦＯＩＰというビジョンの下、自由で開かれた国際秩序を維持・発展させ、国際社会の共存共栄を実現するためにＯＤＡを戦略的に活用していく。

具体的には、質の高いインフラ、人材育成等による連結性、海洋安全保障、法の支配、経済安全保障等の強化のための支援を行う。そのことにより、開発途上国等との信頼・協力関係を強化する。また、ＦＯＩＰというビジョンに賛同する幅広い国際社会のパートナーとの協力を進める。

そして、人間の安全保障の考え方の下、貧困削減、保健、気候変動、環境、人道支援等の地球規模課題の解決のための国際的な取組を主導する。

これらの取組を行うに当たり、我が国企業の海外展開の支援や、ＯＤＡとＯＤＡ以外の公的資金との連携等を強化する。さらに、国際機関・ＮＧＯを始めとする多様なステークホルダーとの連携を引き続き強化する。

同志国との安全保障上の協力を深化させるために、開発途上国の経済社会開発等を目的としたＯＤＡとは別に、同志国の安全保障上の能力・抑止力の向上を目的として、同志国に対して、装備品・物資の提供やインフラの整備等を行う、軍等が裨益者となる新たな協力の枠組みを設ける。これは、総合的な防衛体制の強化のための取組の一つである。

ク　人的交流等の促進

人と人、国と国の相互理解の増進は、国家間の緊張を緩和し、平和で安定した国際関係を築く土台となる。海外における日本への理解を促進し、我が国と国民が好意的に受け入れられる国際環境を醸成するために、人的交流、文化交流等に取り組む。具体的には、各国・地域の政府関係者、有識者、文化人等との交流、留学生交流、青少年交流、スポーツ交流等、様々なレベル・分野での人的交流を促進する。さらに、豊かな我が国の文化の海外への紹介、海外での日本語の普及に対する支援等を行う。

(2)　我が国の防衛体制の強化

ア　国家安全保障の最終的な担保である防衛力の抜本的強化

国際社会において、力による一方的な現状変更及びその試みが恒常的に生起し、我が国周辺における軍備増強が急速に拡大している。ロシアによるウクライナ侵略のように国際秩序の根幹を揺るがす深刻な事態が、将来、とりわけ東アジアにおいて発生することは排除されない。このような安全保障環境に対応すべく、防衛力を抜本的に強化していく。

そして、強力な軍事能力を持つ主体が、他国に脅威を直接及ぼす意思をいつ持つに至るかを正確に予測することは困難である。したがって、そのような主体の能力に着目して、我が国の安全保障に万全を期すための防衛力を平素から整備しなければならない。また、我が国の防衛力は、科学技術の進展等に伴う新しい戦い方にも対応できるものでなくてはならない。

このような視点に立ち、宇宙・サイバー・電磁波の領域及び陸・海・空の領域における能力を有機的に融合し、その相乗効果により自衛隊の全体の能力を増幅させる領域横断作戦能力に加え、侵攻部隊に対し、その脅威圏の外から対処するスタンド・オフ防衛能力等により、重層的に対処する。また、有人アセットに加え、無人アセット防衛能力も強化すること等により、様々な防衛能力が統合された防衛力を構築していく。さらに、現有装備品を最大限有効に活用するため、可動率向上や弾薬・燃料の確保、主要な防衛施設の強靭化により、防衛力の実効性を一層高めていくことを最優先課題として取り組む。

我が国への侵攻を抑止する上で鍵となるのは、スタンド・オフ防衛能力等を活用した反撃能力である。近年、我が国周辺では、極超音速兵器等のミサイル関連技術と飽和攻撃など実戦的なミサイル運用能力が飛躍的に向上し、質・量ともにミサイル戦力が著しく増強される中、ミサイルの発射も繰り返されており、我が国へのミサイル攻撃が現実の脅威となっている。こうした中、今後も、変則的な軌道で飛翔するミサイル等に対応し得る技術開発を行うなど、ミサイル防衛能力を質・量ともに不断に強化していく。

しかしながら、弾道ミサイル防衛という手段だけに依拠し続けた場合、今後、この脅威に対し、既存のミサイル防衛網だけで完全に対応することは難しくなりつつある。

このため、相手からミサイルによる攻撃がなされた場合、ミサイル防衛網により、飛来するミサイルを防ぎつつ、相手からの更なる武力攻撃を防ぐために、我が国から有効な反撃を相手に加える能力、すなわち反撃能力を保有する必要がある。

この反撃能力とは、我が国に対する武力攻撃が発生し、その手段として弾道ミサイル等による攻撃が行われた場合、武力の行使の三要件に基づき、そのような攻撃を防ぐのにやむを得ない必要最小限度の自衛の措置として、相手の領域において、我が国が有効な反撃を加えることを可能とする、スタンド・オフ防衛能力等を活用した自衛隊の能力をいう。

こうした有効な反撃を加える能力を持つことにより、武力攻撃そのものを抑止する。その上で、万一、相手からミサイルが発射される際にも、ミサイル防衛網により、飛来するミサイルを防ぎつつ、反撃能力により相手からの更なる武力攻撃を防ぎ、国民の命と平和な暮らしを守っていく。

この反撃能力については、一九五六年二月二九日に政府見解として、憲法上、「誘導弾等による攻撃を防御するのに、他に手段がないと認められる限り、誘導弾等の基地をたたくことは、法理的には自衛の範囲に含まれ、可能である」としたものの、これまで政策判断として保有することとしてこなかった能力に当たるものである。

この政府見解は、二〇一五年の平和安全法制に際して示された武力の行使の三要件の下で行われる自衛の措置にもそのまま当てはまるものであり、今般保有することとする能力は、この考え方の下で上記三要件を満たす場合に行使し得るものである。

この反撃能力は、憲法及び国際法の範囲内で、専守防衛の考え方を変更するものではなく、武力の行使の三要件を満たして初めて行使され、武力攻撃が発生していない段階で自ら先に攻撃する先制攻撃は許されないことはいうまでもない。

また、日米の基本的な役割分担は今後も変更はないが、我が国が反撃能力を保有することに伴い、弾道ミサイル等の対処と同様に、日米が協力して対処していくこととする。

さらに、有事の際の防衛大臣による海上保安庁に対する統制を含め、自衛隊と海上保安庁との連携・協力を不断に強化する。

また、政府横断的な連携を図る形での自衛隊のアセットを活用した柔軟に選択される抑止措置(FDO)等を実施する。

現下の我が国を取り巻く安全保障環境を踏まえれば、我が国の防衛力の抜本的強化は、速やかに実現していく必要がある。具体的には、本戦略策定から五年後の二〇二七年度までに、我が国への侵攻が生起する場合には、我が国が主たる責任をもって対処し、同盟国等の支援を受けつつ、これを阻止・排除できるように防衛力を強化する。さらに、おおむね一〇年後までに、より早期かつ遠方で我が国への侵攻を阻止・排除できるように防衛力を強化する。さらに、今後五年間の最優先課題として、現有装備品の最大限の有効活用と、将来の自衛隊の中核となる能力の強化に取り組む。

上記の自衛隊の体制整備や防衛に関する施策は、かつてない規模と内容を伴うものである。また、防衛力の抜本的強化は、一時的な支出増では対応できず、一定の支出水準を保つ必要がある。そのため、これら施策は、本戦略を踏まえ、国家防衛戦略及び防衛力整備計画に基づき実現するとともに、その財源についてしっかりした措置を講じ、これを安定的に確保していく。

このように、必要とされる防衛力の内容を積み上げた上で、同盟国・同志国等との連携を踏まえ、国際比較のための指標も考慮し、我が国自身の判断として、二〇二七年度において、防衛力の抜本的強化とそれを補完する取組をあわせ、そのための予算水準が現在の国内総生産(GDP)の二%に達するよう、所要の措置を講ずる。

イ　総合的な防衛体制の強化との連携等

我が国の防衛上の課題に対応する上で、防衛力の抜本的強化がその中核となる。しかし、安全保障の対象・分野が多岐にわたるため、防衛力のみならず、外交力・経済力を含む総合的な国力を活用し、我が国の防衛に当たる。このような考えの下、防衛力の抜本的強化を補完し、それと不可分一体のものとして、研究開発、公共インフラ整備、サイバー安全保障、我が国及び同志国の抑止力の向上等のための国際協力の四つの分野における取組を関係省庁の枠組みの下で推進し、総合的な防衛体制を強化する。

これに加え、地方公共団体を含む政府内外の組織との連携を進め、国全体の防衛体制を強化する。

ウ　いわば防衛力そのものとしての防衛生産・技術基盤の強化

我が国の防衛生産・技術基盤は、自国での防衛装備品の研究開発・生産・調達の安定的な確保等のために不可欠な基盤である。したがって、我が国の防衛生産・技術基盤は、いわば防衛力そのものと位置付けられるものであることから、その強化は必要不可欠である。具体的には、力強く持続可能な防衛産業を構築するために、事業の魅力化を含む各種取組を政府横断的に進めるとともに、官民の先端技術研究の成果の防衛装備品の研究開発等への積極的な活用、新たな防衛装備品の研究開発のための態勢の強化等を進める。

エ　防衛装備移転の推進

防衛装備品の海外への移転は、特にインド太平洋地域における平和と安定のために、力による一方的な現状変更を抑止して、我が国にとって望ましい安全保障環境の創出や、国際法に違反する侵略や武力の行使又は武力による威嚇を受けている国への支援等のための重要な政策的な手段となる。こうした観点から、安全保障上意義が高い防衛装備移転や国際共同開発を幅広い分野で円滑に行うため、防衛装備移転三原則や運用指針を始めとする制度の見直しについて検討する。その際、三つの原則そのものは維持しつつ、防衛装備移転の必要性、要件、関連手続の透明性の確保等について十分に検討する。

また、防衛装備移転を円滑に進めるための各種支援を行うこと等により、官民一体となって防衛装備移転を進める。

オ　防衛力の中核である自衛隊員の能力を発揮するための基盤の強化

防衛力の中核である自衛隊員が、その能力を一層発揮できるようにするため、人的基盤を強化する。そのために、より幅広い層から多様かつ優秀な人材の確保を図る。ハラスメントを一切許容しない組織環境や女性隊員が更に活躍できる環境を整備するとともに、隊員の処遇の向上を図り、そして、全ての自衛隊員が高い士気を維持し、自らの能力を十分に発揮できる環境を整備する。

(3)　米国との安全保障面における協力の深化

我が国の防衛力を抜本的に強化しつつ、米国との安全保障面における協力を深化すること等により、核を含むあらゆる能力によって裏打ちされた米国による拡大抑止の提供を含む日米同盟の抑止力と対処力を一層強化する。具体的には、日米の役割・任務・能力に関する不断の検討を踏まえ、日米の抑止力・対処力を強化するため、同盟調整メカニズム（ACM）等の調整機能を更に発展させつつ、領域横断作戦や我が国の反撃能力の行使を含む日米間の運用の調整、相互運用性の向上、サイバー・宇宙分野等での協力深化、先端技術を取り込む装備・技術面での協力の推進、日米のより高度かつ実践的な共同訓練、共同の柔軟に選択される抑止措置（FDO）、共同の情報収集・警戒監視・偵察（ISR）活動、日米の施設の共同使用の増加等に取り組む。その際、日米がその能力を十分に発揮できるよう、情報保全、サイバーセキュリティ等の基盤を強化する。

同時に、このような取組を進めつつ、沖縄を始めとする地元の負担軽減を図る観点から、普天間飛行場の移設を含む在日米軍再編を着実に実施する。

(4) 我が国を全方位でシームレスに守るための取組の強化

軍事と非軍事、有事と平時の境目が曖昧になり、ハイブリッド戦が展開され、グレーゾーン事態が恒常的に生起している現在の安全保障環境において、サイバー空間・海洋・宇宙空間、技術、情報、国内外の国民の安全確保等の多岐にわたる分野において、政府横断的な政策を進め、我が国の国益を隙なく守る。

ア　サイバー安全保障分野での対応能力の向上

サイバー空間の安全かつ安定した利用、特に国や重要インフラ等の安全等を確保するために、サイバー安全保障分野での対応能力を欧米主要国と同等以上に向上させる。

具体的には、まずは、最新のサイバー脅威に常に対応できるようにするため、政府機関のシステムを常時評価し、政府機関等の脅威対策やシステムの脆弱性等を随時是正するための仕組みを構築する。その一環として、サイバーセキュリティに関する世界最先端の概念・技術等を常に積極的に活用する。そのことにより、外交・防衛・情報の分野を始めとする政府機関等のシステムの導入から廃棄までのライフサイクルを通じた防御の強化、政府内外の人材の育成・活用の促進等を引き続き図る。

その上で、武力攻撃に至らないものの、国、重要インフラ等に対する安全保障上の懸念を生じさせる重大なサイバー攻撃のおそれがある場合、これを未然に排除し、また、このようなサイバー攻撃が発生した場合の被害の拡大を防止するために能動的サイバー防御を導入する。そのために、サイバー安全保障分野における情報収集・分析能力を強化するとともに、能動的サイバー防御の実施のための体制を整備することとし、以下の(ア)から(ウ)までを含む必要な措置の実現に向け検討を進める。

(ア) 重要インフラ分野を含め、民間事業者等がサイバー攻撃を受けた場合等の政府への情報共有や、政府から民間事業者等への対処調整、支援等の取組を強化するなどの取組を進める。

(イ) 国内の通信事業者が役務提供する通信に係る情報を活用し、攻撃者による悪用が疑われるサーバ等を検知するために、所要の取組を進める。

(ウ) 国、重要インフラ等に対する安全保障上の懸念を生じさせる重大なサイバー攻撃について、可能な限り未然に攻撃者のサーバ等への侵入・無害化ができるよう、政府に対し必要な権限が付与されるようにする。

能動的サイバー防御を含むこれらの取組を実現・促進するために、内閣サイバーセキュリティセンター（NISC）を発展的に改組し、サイバー安全保障分野の政策を一元的に総合調整する新たな組織を設置する。そして、これらのサイバー安全保障分野における新たな取組の実現のために法制度の整備、運用の強化を図る。これらの取組は総合的な防衛体制の強化に資するものとなる。

また、経済安全保障、安全保障関連の技術力の向上等、サイバー安全保障の強化に資する他の政策との連携を強化する。

さらに、同盟国・同志国等と連携した形での情報収集・分析の強化、攻撃者の特定とその公表、国際的な枠組み・ルールの形成等のために引き続き取り組む。

イ　海洋安全保障の推進と海上保安能力の強化

四方を海に囲まれ、世界有数の広大な管轄海域を有する海洋国家として、同盟国・同志国等と連携し、航行・飛行の自由や安全の確保、法の支配を含む普遍的価値に基づく国際的な海洋秩序の維持・発展に向けた取組を進める。具体的には、シーレーンにおける脅威に対応するための海洋状況監視、他国との積極的な共同訓練・演習や海外における寄港等を推進し、多国間の海洋安全保障協力を強化する。また、海上交通の安全を確保するために、海賊対処や情報収集活動等を実施する。

そして、これらの取組に関連する国際協力を進めつつ、南シナ海等における航行及び上空飛行の自由の確保、国際法に基づく紛争の平和的解決の推進、シーレーン沿岸国との関係の強化、北極海航路の利活用等を図る。さらに、シーレーンの安定的利用の確保等のためにも、ジブチにおける拠点を引き続き活用する。

我が国の安全保障において、海上法執行機関である海上保安庁が担う役割は不可欠である。尖閣諸島周辺を含む我が国領域の警備を万全にし、複数の重大事案発生時にも有効に対応していくため、我が国の海上保安能力を大幅に強化し、体制を拡充する。具体的には、新たな海上保安能力強化に関する方針に基づき、海上保安庁によるアセットの増強や新たな技術の導入、十分な運航費の確保や老朽船の更新、海上保安庁の職員の確保・育成等を速やかに図る。

また、有事の際の防衛大臣による海上保安庁に対する統制を含め、海上保安庁と自衛隊の連携・協力を不断に強化する。

さらに、米国、東南アジア諸国等の海上法執行機関との国際的な連携・協力も強化する。

ウ　宇宙の安全保障に関する総合的な取組の強化

経済・社会活動にとって不可欠な宇宙空間の安全かつ安定した利用等を確保するため、宇宙の安全保障の分野での対応能力を強化する。具体的には、自衛隊、海上保安庁等による宇宙空間の利用を強化しつつ、宇宙航空研究開発機構（ＪＡＸＡ）等と自衛隊の連携の強化等、我が国全体の宇宙に関する能力を安全保障分野で活用するための施策を進める。

また、不測の事態における政府の意思決定に関する体制の構築、宇宙領域の把握のための体制の強化、スペースデブリへの対応の推進、相手方の指揮統制・情報通信等を妨げる能力の整備の拡充、国際的な行動の規範策定を含む同盟国・同志国等との連携の強化を進める。

さらに、我が国の宇宙産業を支援・育成することで、衛星コンステレーションの構築を含め、我が国の民間の宇宙技術を我が国の防衛に活用する。そして、それが更に我が国の宇宙産業の発展を促すという好循環を実現する。

このような宇宙の安全保障の分野の課題と政策を具体化させる政府の構想を取りまとめた上で、それを宇宙基本計画等に反映させる。

エ　技術力の向上と研究開発成果の安全保障分野での積極的な活用のための官民の連携の強化

最先端の科学技術は加速度的に進展し、民生用の技術と安全保障用の技術の区別は実際には極めて困難となっている。このこと等を踏まえ、我が国の官民の高い技術力を幅広くかつ積極的に安全保障に活用するために、安全保障に活用可能な官民の技術力を向上させ、研究開発等に関する資金及び情報を政府横断的に活用するための体制を強化する。具体的には、総合的な防衛体制の強化に資する科学技術の研究開発の推進のため、防衛省の意見を踏まえた研究開発ニーズと関係省庁が有する技術シーズを合致させるとともに、当該事業を実施していくための政府横断的な仕組みを創設する。また、経済安全保障重要技術育成プログラムを含む政府全体の研究開発に関する資金及びその成果の安全保障分野への積極的な活用を進める。

さらに、先端重要技術の情報収集・開発・育成に向けた更なる支援の強化と体制の整備を図る。

そして、民間のイノベーションを推進し、その成果を安全保障分野において積極的に活用するため、関係者の理解と協力を得つつ、広くアカデミアを含む最先端の研究者の参画促進等に取り組む。また、防衛産業が他の民間のイノベーションの成果を十分に活かしていくための環境の整備に政府横断的に取り組む。

オ　我が国の安全保障のための情報に関する能力の強化

健全な民主主義の維持、政府の円滑な意思決定、我が国の効果的な対外発信に密接に関連する情報の分野に関して、我が国の体制と能力を強化する。具体的には、国際社会の動向について、外交・軍事・経済にまたがり幅広く、正確かつ多角的に分析する能力を強化するため、人的情報、公開情報、電波情報、画像情報等、多様な情報源に関する情報収集能力を大幅に強化する。特に、人的情報については、その収集のための体制の充実・強化を図る。

そして、画像情報については、情報収集衛星の機能の拡充・強化を図るとともに、内閣衛星情報センターと防衛省・自衛隊の協力・連携を強化するなどして、収集した情報の更なる効果的な活用を図る。

また、統合的な形での情報の集約を行うための体制を整備する。政策部門と情報部門の連携を強化し、情報部門については、人工知能（ＡＩ）等の新たな技術の活用も含め、政府が保有するあらゆる情報手段を活用した総合的な分析（オール・ソース・アナリシス）により、政策部門への高付加価値の分析結果の提供を行えるよう、情報分析能力を強化する。

そして、経済安全保障分野における新たなセキュリティ・クリアランス制度の創設の検討に関する議論等も踏まえつつ、情報保全のための体制の更なる強化を図る。

また、偽情報等の拡散を含め、認知領域における情報戦への対応能力を強化する。その観点から、外国による偽情報等に関する情報の集約・分析、対外発信の強化、政府外の機関との連携の強化等のための新たな体制を政府内に整備する。さらに、戦略的コミュニケーションを関係省庁の連携を図った形で積極的に実施する。

そして、地理空間情報の安全保障面での悪用を防ぐための官民の実効的な措置の検討を速やかに行う。

カ　有事も念頭に置いた我が国国内での対応能力の強化

我が国に直接脅威が及んだ場合も念頭に、我が国国内における幅広い分野での対応能力を強化する。具体的には、総合的な防衛体制の強化の一環として、自衛隊・海上保安庁による国民保護への対応、平素の訓練、有事の際の展開等を目的とした円滑な利用・配備のため、自衛隊・海上保安庁のニーズに基づき、空港・港湾等の公共インフラの整備や機能を強化する政府横断的な仕組みを創設する。あわせて、有事の際の対応も見据えた空港・港湾の平素からの利活用に関するルール作り等を行う。これらの取組は、地方公共団体、住民等の協力を得つつ、推進する。

自衛隊、米軍等の円滑な活動の確保のために、自衛隊の弾薬、燃料等の輸送・保管の制度の整備、民間施設等の自衛隊、米軍等の使用に関する関係者・団体との調整、安定的かつ柔軟な電波利用の確保、民間施設等によって自衛隊の施設や活動に否定的な影響が及ばないようにするための措置をとる。

原子力発電所等の重要な生活関連施設の安全確保対策、国境離島への不法上陸事案対策等に関し、武力攻撃事態のほか、それには至らない様々な態様・段階の危機にも切れ目なく的確に対処できるようにする。そのために、自衛隊、警察、海上保安庁等による連携枠組みを確立するとともに、装備・体制・訓練の充実など対処能力の向上を図る。

キ　国民保護のための体制の強化

国、地方公共団体、指定公共機関等が協力して、住民を守るための取組を進めるなど、国民保護のための体制を強化する。具体的には、武力攻撃より十分に先立って、南西地域を含む住民の迅速な避難を実現すべく、円滑な避難に関する計画の速やかな策定、官民の輸送手段の確保、空港・港湾等の公共インフラの整備と利用調整、様々な種類の避難施設の確保、国際機関との連携等を行う。

また、こうした取組の実効性を高めるため、住民避難等の各種訓練の実施と検証を行った上で、国、地方公共団体、指定公共機関等の連携を推進しつつ、制度面を含む必要な施策の検討を行う。

さらに、全国瞬時警報システム（J―ALERT）の情報伝達機能を不断に強化しつつ、弾道ミサイルを想定した避難行動に関する周知・啓発に取り組む。

ク　在外邦人等の保護のための体制と施策の強化

紛争、自然災害、感染症、テロ等の脅威から在外邦人を守るための体制と施策を強化する。具体的には、平素からの邦人に対する啓発、時宜に適った現地危険情報の提供、退避手段の確保、関係国との連携強化等のための取組を行う。

この関連で、在外邦人を保護する上で最も重要な拠点となる在外公館における領事業務に関する体制と能力の強化を図る。

同時に、在外邦人等の退避等のために、必要かつ可能な場合には、自衛隊等を迅速に活用することとし、その実現のための関係省庁間の連携を強化する。

さらに、ジブチ政府の理解を得つつ、在外邦人等の保護に当たっても、海賊対処のために運営されているジブチにある自衛隊の活動拠点を活用していく。

ケ　エネルギーや食料など我が国の安全保障に不可欠な資源の確保

我が国の経済・社会活動を国内外において円滑にし、また、有事の際の我が国の持続的な対応能力等を確保するとの観点から、国民の生活や経済・社会活動の基盤となるエネルギー安全保障、食料安全保障等、我が国の安全保障に不可欠な資源を確保するための政策を進める。

エネルギー安全保障の確保に向けては、資源国との関係強化、供給源の多角化、調達リスク評価の強化等の手法に加え、再生可能エネルギーや原子力といったエネルギー自給率向上に資するエネルギー源の最大限の活用、そのための戦略的な開発を強化する。同盟国・同志国や国際機関等とも連携しながら、我が国のエネルギー自給率向上に向けた方策を強化し、有事にも耐え得る強靱なエネルギー供給体制を構築する。

食料安全保障に関し、国際社会における食料の需給や貿易等をめぐる状況が不安定かつ不透明であり、食料や生産資材の多くを海外からの輸入に依存する我が国の食料安全保障上のリスクが顕在化している中、我が国の食料供給の構造を転換していくこと等が重要である。具体的には、安定的な輸入と適切な備蓄を組み合わせつつ、国内で生産できるものはできる限り国内で生産することとし、海外依存度の高い品目や生産資材の国産化を図る。その観点から、穀物等の生産拡大、飼料の増産、堆肥等の国内資源の利用拡大を進めるほか、国内で調達困難なものの安定的な輸入を確保するための対策や適切な備蓄等を併せて講ずることにより、国民への安定的な食料供給を確保し、我が国の食料安全保障の強化を図る。

そして、国際的な食料安全保障の危機に対応するために、同盟国・同志国や国際機関等と連携しつつ、食料供給に関する国際環境の整備、食料生産の向上及び脆弱な国への支援等を実施していく。

(5)　自主的な経済的繁栄を実現するための経済安全保障政策の促進

我が国の平和と安全や経済的な繁栄等の国益を経済上の措置を講じ確保することが経済安全保障であり、経済的手段を通じた様々な脅威が存在していることを踏まえ、我が国の自律性の向上、技術等に関する我が国の優位性、不可欠性の確保等に向けた必要な経済施策に関する考え方を整理し、総合的、効果的かつ集中的に措置を講じていく。

具体的には、経済安全保障政策を進めるための体制を強化し、同盟国・同志国等との連携を図りつつ、民間と協調し、以下を含む措置に取り組む。なお、取り組んでいく措置は不断に検討・見直しを行い、特に、各産業等が抱えるリスクを継続的に点検し、安全保障上の観点から政府一体となって必要な取組を行う。

ア　経済施策を一体的に講ずることによる安全保障の確保の推進に関する法律（令和四年法律第四三号。以下「推進法」という。）の着実な実施と不断の見直し、更なる取組を強化する。

イ　サプライチェーン強靱化について、特定国への過度な依存を低下させ、次世代半導体の開発・製造拠点整備、レアアース等の重要な物資の安定的な供給の確保等を進めるほか、重要な物資や技術を担う民間企業への資本強化の取組や政策金融の機能強化等を進める。

ウ　重要インフラ分野について、地方公共団体を含む政府調達の在り方や、推進法の事前審査制度の対象拡大の検討等を進める。

エ　データ・情報保護について、機微なデータのより適切な管理や情報通信技術サービスの安全性・信頼性確保に向けた更なる対策を講ずる。また、主要国の情報保全の在り方や産業界等のニーズも踏まえ、セキュリティ・クリアランスを含む我が国の情報保全の強化に向けた検討を進める。

オ　技術育成・保全等の観点から、先端重要技術の情報収集・開発・育成に向けた更なる支援強化・体制整備、投資審査や輸出管理の更なる強化、強制技術移転への対応強化、研究インテグリティの一層の推進、人材流出対策等について具体的な検討を進める。

カ　外国からの経済的な威圧に対する効果的な取組を進める。

(6)　自由、公正、公平なルールに基づく国際経済秩序の維持・強化

特定の国家による非軍事的な圧力により、国家の自主的な外交政策の意思決定や健全な経済発展が阻害されることを防ぎ、開かれ安定した国際経済秩序を維持・強化していく。具体的には、世界貿易機関(WTO)を中核とした多角的貿易体制の維持・強化を図りつつ、不公正な貿易慣行や経済的な威圧に対抗するために、我が国の対応策を強化しつつ、同盟国・同志国等と連携し国際規範の強化のために取り組んでいく。

また、インド太平洋地域の経済秩序の発展と持続可能で包摂的な経済成長を実現し、自由で公正な経済秩序を広げるために、環太平洋パートナーシップに関する包括的及び先進的な協定(CPTPP)の高いレベルの維持や、地域的な包括的経済連携(RCEP)協定の完全な履行の確保、その他の経済連携協定交渉、インド太平洋経済枠組み(IPEF)の具体化等に取り組む。

さらに、相互互恵的な経済協力の実施と国際的な枠組み・ルールの維持・強化を図る。具体的には、一部の国家等による不透明な形での途上国支援に起因して、被援助国が「債務の罠」に陥る状況を回避するために、各国等が国際的なルール・基準を遵守し、透明で公正な開発金融を行うよう、国際的な取組を主導する。

また、同盟国・同志国や開発金融機関等と協調した支援等を含め、途上国の自立性を高めるための能力強化支援や途上国の経済発展のための魅力ある選択肢の提示等を行う。

(7)　国際社会が共存共栄するためのグローバルな取組

我が国の安全保障は、国際社会の平和と安定があってこそ全うされる。国際社会との共存共栄を図っていくため、我が国の国際的な地位と経済力・技術力にふさわしい国際社会への協力を行う。

ア　多国間協力の推進、国際機関や国際的な枠組みとの連携の強化

我が国はこれまで様々な協力を通じて、政治・経済体制等の相違にかかわらず、多くの国との間で信頼関係を築いてきた。これを基礎として、多国間外交の場を通じて、これらの国との丁寧な意思疎通や国連を始めとする国際機関等との連携強化により、我が国が重視する目標の実現を図るとともに、国際社会の共存共栄のために協力していく。

特に国連は、紛争対処、人道支援、平和構築、人権の擁護・促進、気候変動、食料危機、自然災害、難民問題等の幅広い分野で役割を果たしており、国連及び国連をめぐる各国との協力を強化し、多国間協力を一層進める。同時に、国連安保理常任理事国が紛争当事者の場合には国連安保理が十分に機能しないなど、国連に内在する限界が顕在化していることを踏まえ、国連安保理の改革を含めた国連の機能強化に向けた取組を主導する。

国連を始めとする国際機関等で邦人が職員として更に活躍できるための取組を強化する。

イ　地球規模課題への取組

二〇一五年九月に国連で採択された持続可能な開発目標(以下「ＳＤＧｓ」という。)は、誰一人取り残すことなく、平和、法の支配や人権も含む、地球規模課題に統合的に取り組むための国際社会全体の目標である。各目標に個別に対処するのではなく、人間の安全保障の考え方に基づき、相互に関連する複合的リスクへの対応及び予防に取り組み、国際社会のＳＤＧｓ達成に貢献する。

また、我が国の安全保障に直接・間接に影響を及ぼしている気候変動、感染症、エネルギー・食料問題、環境等の地球規模課題について、同盟国・同志国のみならず、多くの国等との協力を広げ、国際的な取組を強化する。

感染症対策を含む国際保健が、経済・社会のみならず安全保障上の大きなリスクを包含する国際社会の重要課題であることを十分認識し、同盟国・同志国や国際機関等と連携し、新型コロナウイルスへの対応の経験を踏まえ、将来の感染症危機に対する予防、備えと対応を平素から万全にする。その際、同盟国・同志国や国際機関等と連携しつつ、感染症危機の初期段階から、国内における確実な医療の提供や、医薬品を含む感染症対策物資を確保できるようにしつつ、科学的知見等に基づく感染症対応能力の強化等に取り組む。そして、感染症危機に対応する司令塔機能の強化に取り組む。また、途上国等の感染症対応能力強化に資する保健システムや国際的な枠組みの強化等に取り組む。

そして、より強靱、より公平で、より持続可能なユニバーサル・ヘルス・カバレッジ(UHC)の実現に向けた国際的な取組を主導していく。

近年、世界中で急速に高まっている人道支援の需要に適切に対応すべく、迅速かつ十分な規模の人道支援を行うために必要な取組を強化する。さらに、外国における戦争、自然災害等のために発生した避難民を積極的に受け入れていく。

人権擁護は全ての国の基本的な責務であり、深刻な人権侵害には声を上げると同時に、様々な国と人権保護・促進に向けた対話と協力を重ねていく。

紛争下での女性の脆弱な立場を踏まえ、女性の人権保護・救済促進に向けた国際的な取組を主導する。また、あらゆる分野におけるジェンダー平等の実現と女性のエンパワーメントの促進のために国際的な取組を行っていく。

我が国が国連平和維持活動（ＰＫＯ）等の分野で長年貢献をしてきた国際平和協力は、国際社会の平和と安定に資するとともに、他の要員派遣国との連携促進及び我が国の人材の育成にも繋がるものである。要員派遣や能力構築支援の戦略的活用を含む多様な協力について引き続き積極的に取り組んでいく。

Ⅶ　我が国の安全保障を支えるために強化すべき国内基盤

1　経済財政基盤の強化

我が国の経済が成長できる安全保障環境を確保しつつ、経済成長が我が国の安全保障の更なる改善を促すという安全保障と経済成長の好循環を実現する。

また、幅広い分野において有事の際の持続的な対応能力を確保する。そのために、エネルギーや食料等の確保、インフラの整備、安全保障に不可欠な部品等の安定的なサプライチェーンの構築等のための官民の連携を強化する。

そして、我が国の経済は海外依存度が高いことから、有事の際の資源や防衛装備品等の確保に伴う財政需要の大幅な拡大に対応するためには、国際的な市場の信認を維持し、必要な資金を調達する財政余力が極めて重要となる。このように我が国の安全保障の礎である経済・金融・財政の基盤の強化に不断に取り組む。このことは、防衛力の抜本的強化を含む安全保障政策を継続的かつ安定的に実施していく前提でもある。

2　社会的基盤の強化

平素から国民や地方公共団体・企業を含む政府内外の組織が安全保障に対する理解と協力を深めるための取組を行う。また、諸外国やその国民に対する敬意を表し、我が国と郷土を愛する心を養う。そして、自衛官、海上保安官、警察官など我が国の平和と安全のために危険を顧みず職務に従事する者の活動が社会で適切に評価されるような取組を一層進める。さらに、これらの者の活動の基盤となる安全保障関連施設周辺の住民の理解と協力を確保するための施策にも取り組む。

また、領土・主権に関する問題、国民保護やサイバー攻撃等の官民にまたがる問題、自衛隊、在日米軍等の活動の現状等への理解を広げる取組を強化する。

そして、将来の感染症危機に備えた官民の対応能力の向上、防災・減災のための施策等を進める。

3　知的基盤の強化

安全保障における情報や技術の重要性が増しており、それらを生み出す知的基盤の強化は、安全保障の確保に不可欠である。

そのような観点から、安全保障分野における政府と企業・学術界との実践的な連携の強化、偽情報の拡散、サイバー攻撃等の安全保障上の問題への冷静かつ正確な対応を促す官民の情報共有の促進、我が国の安全保障政策に関する国内外での発信をより効果的なものとするための官民の連携の強化等の施策を進める。

Ⅷ　本戦略の期間・評価・修正

国家安全保障戦略は、その内容が実施されて、初めて完成する。本戦略に基づく施策は、国家安全保障会議の司令塔機能の下、戦略的かつ持続的な形で適時適切に実施される。さらに、安全保障環境や本戦略に基づく施策の実施状況等は、国家安全保障会議が定期的かつ体系的な評価を行う。本戦略はおおむね一〇年の期間を念頭に置き、安全保障環境等について重要な変化が見込まれる場合には必要な修正を行う。

Ⅸ　結語

歴史の転換期において、我が国は戦後最も厳しく複雑な安全保障環境の下に置かれることになった。将来の国際社会の行方を楽観視することは決してできない。

しかし、我々がこれまで築き上げてきた世界は、これからも、活力にあふれる貿易・投資活動から生まれる経済的な繁栄、異なる才能の国際的な交わりから生まれるイノベーション、そして、新しく魅力あふれる文化を生み出すことができる。我々は、このような希望を持ち続けるべきである。

我々は今、希望の世界か、困難と不信の世界のいずれかに進む分岐点にあり、そのどちらを選び取るかは、今後の我が国を含む国際社会の行動にかかっている。

我が国は、国際社会が対立する分野では、総合的な国力により、安全保障を確保する。国際社会が協力すべき分野では、諸課題の解決に向けて主導的かつ建設的な役割を果たし続けていく。我が国の国際社会におけるこのような行動は、我が国の国際的な存在感と信頼を更に高め、同志国等を増やし、我が国を取り巻く安全保障環境を改善することに繋がる。

希望の世界か、困難と不信の世界かの分岐点に立ち、戦後最も厳しく複雑な安全保障環境の下にあっても、安定した民主主義、確立した法の支配、成熟した経済、豊かな文化を擁する我が国は、普遍的価値に基づく政策を掲げ、国際秩序の強化に向けた取組を確固たる覚悟を持って主導していく。

13
34

武力攻撃事態等及び存立危機事態における我が国の平和と独立並びに国及び国民の安全の確保に関する法律（事態対処法）

公　布　二〇〇三（平成一五）年六月一三日（法律第七九号）
施　行　二〇〇三（平成一五）年六月一三日（第一四条～第一六条は二〇〇四（平成一六）年九月一七日）
最終改正　二〇二一年（令和三）年五月一九日（法律第三六号）、施行　二〇二一年（令和三）年九月一日

第一章　総　則

第一条（目的）この法律は、武力攻撃事態等（武力攻撃事態及び武力攻撃予測事態をいう。以下同じ。）及び存立危機事態への対処について、基本理念、国、地方公共団体等の責務、国民の協力その他の基本となる事項を定めることにより、武力攻撃事態等及び存立危機事態への対処のための態勢を整備し、もって我が国の平和と独立並びに国及び国民の安全の確保に資することを目的とする。

第二条（定義）この法律（第一号に掲げる用語にあっては、第四号及び第八号ハ(1)を除く。）において、次の各号に掲げる用語の意義は、それぞれ当該各号に定めるところによる。

一　武力攻撃　我が国に対する外部からの武力攻撃をいう。

二　武力攻撃事態　武力攻撃が発生した事態又は武力攻撃が発生する明白な危険が切迫していると認められるに至った事態をいう。

三　武力攻撃予測事態　武力攻撃事態には至っていないが、事態が緊迫し、武力攻撃が予測されるに至った事態をいう。

四　存立危機事態　我が国と密接な関係にある他国に対する武力攻撃が発生し、これにより我が国の存立が脅かされ、国民の生命、自由及び幸福追求の権利が根底から覆される明白な危険がある事態をいう。

五　指定行政機関　次に掲げる機関で政令で定めるものをいう。

イ　内閣府、宮内庁並びに内閣府設置法（平成一一年法律第八九号）第四九条第一項及び第二項に規定する機関、デジタル庁並びに国家行政組織法（昭和二三年法律第一二〇号）第三条第二項に規定する機関

ロ　内閣府設置法第三七条及び第五四条並びに宮内庁法（昭和二二年法律第七〇号）第一六条第一項並びに国家行政組織法第八条に規定する機関

ハ　内閣府設置法第三九条及び第五五条並びに宮内庁法第一六条第二項並びに国家行政組織法第八条の二に規定する機関

ニ　内閣府設置法第四〇条及び第五六条並びに国家行政組織法第八条の三に規定する機関

六　指定地方行政機関　指定行政機関の地方支分部局（内閣府設置法第四三条及び第五七条（宮内庁法第一八条第一項において準用する場合を含む。）並びに宮内庁法第一七条第一項並びに国家行政組織法第九条の地方支分部局をいう。）その他の国の地方行政機関で、政令で定めるものをいう。

七　指定公共機関　独立行政法人（独立行政法人通則法（平成一一年法律第一〇三号）第二条第一項に規定する独立行政法人をいう。）、日本銀行、日本赤十字社、日本放送協会その他の公共的機関及び電気、ガス、輸送、通信その他の公益的事業を営む法人で、政令で定めるものをいう。

八　対処措置　第九条第一項の対処基本方針が定められてから廃止されるまでの間に、指定行政機関、地方公共団体又は指定公共機関が法律の規定に基づいて実施する次に掲げる措置をいう。

イ　武力攻撃事態等を終結させるためにその推移に応じて実施する次に掲げる措置

(1)　武力攻撃を排除するために必要な自衛隊が実施する武力の行使、部隊等の展開その他の行動

(2)　(1)に掲げる自衛隊の行動、アメリカ合衆国の軍隊が実施する日本国とアメリカ合衆国との間の相互協力及び安全保障条約（以下「日米安保条約」という。）に従って武力攻撃を排除するために必要な行動及びその他の外国の軍隊が実施する自衛隊と協力して武力攻撃を排除するために必要な行動が円滑かつ効果的に行われるために実施する物品、施設又は役務の提供その他の措置

(3)　(1)及び(2)に掲げるもののほか、外交上の措置その他の措置

ロ　武力攻撃から国民の生命、身体及び財産を保護するため、又は武力攻撃が国民生活及び国民経済に影響を及ぼす場合において当該影響が最小となるようにするために武力攻撃事態等の推移に応じて実施する次に掲げる措置

(1)　警報の発令、避難の指示、被災者の救助、施設及び設備の応急の復旧その他の措置

(2)　生活関連物資等の価格安定、配分その他の措置

ハ　存立危機事態を終結させるためにその推移に応じて実施する次に掲げる措置

(1)　我が国と密接な関係にある他国に対する武力攻撃であって、これにより我が国の存立が脅かされ、国民の生命、自由及び幸福追求の権利が根底から覆される明白な危険があるも

の(以下「存立危機武力攻撃」という。)を排除するために必要な自衛隊が実施する武力の行使、部隊等の展開その他の行動

(2) (1)に掲げる自衛隊の行動及び外国の軍隊が実施する自衛隊と協力して存立危機武力攻撃を排除するために必要な行動が円滑かつ効果的に行われるために実施する物品、施設又は役務の提供その他の措置

(3) (1)及び(2)に掲げるもののほか、外交上の措置その他の措置

ニ　存立危機武力攻撃による深刻かつ重大な影響から国民の生命、身体及び財産を保護するため、又は存立危機武力攻撃が国民生活及び国民経済に影響を及ぼす場合において当該影響が最小となるようにするために存立危機事態の推移に応じて実施する公共的な施設の保安の確保、生活関連物資等の安定供給その他の措置

第三条(武力攻撃事態等及び存立危機事態への対処に関する基本理念)1　武力攻撃事態等及び存立危機事態への対処においては、国、地方公共団体及び指定公共機関が、国民の協力を得つつ、相互に連携協力し、万全の措置が講じられなければならない。

2　武力攻撃予測事態においては、武力攻撃の発生が回避されるようにしなければならない。

3　武力攻撃事態においては、武力攻撃の発生に備えるとともに、武力攻撃が発生した場合には、これを排除しつつ、その速やかな終結を図らなければならない。ただし、武力攻撃が発生した場合においてこれを排除するに当たっては、武力の行使は、事態に応じ合理的に必要と判断される限度においてなされなければならない。

4　存立危機事態においては、存立危機武力攻撃を排除しつつ、その速やかな終結を図らなければならない。ただし、存立危機武力攻撃を排除するに当たっては、武力の行使は、事態に応じ合理的に必要と判断される限度においてなされなければならない。

5　武力攻撃事態等及び存立危機事態への対処においては、日本国憲法の保障する国民の自由と権利が尊重されなければならず、これに制限が加えられる場合にあっても、その制限は当該武力攻撃事態等及び存立危機事態に対処するため必要最小限のものに限られ、かつ、公正かつ適正な手続の下に行われなければならない。この場合において、日本国憲法第一四条、第一八条、第一九条、第二一条その他の基本的人権に関する規定は、最大限に尊重されなければならない。

6　武力攻撃事態等及び存立危機事態においては、当該武力攻撃事態等及び存立危機事態並びにこれらへの対処に関する状況について、適時に、かつ、適切な方法で国民に明らかにされるようにしなければならない。

7　武力攻撃事態等及び存立危機事態への対処においては、日米安保条約に基づいてアメリカ合衆国と緊密に協力するほか、関係する外国との協力を緊密にしつつ、国際連合を始めとする国際社会の理解及び協調的行動が得られるようにしなければならない。

第四条(国の責務)1　国は、我が国の平和と独立を守り、国及び国民の安全を保つため、武力攻撃事態等において、我が国を防衛し、国土並びに国民の生命、身体及び財産を保護する固有の使命を有することから、前条の基本理念にのっとり、組織及び機能の全てを挙げて、武力攻撃事態等及び存立事態危機に対処するとともに、国全体として万全の措置が講じられるようにする責務を有する。

2　国は、前項の責務を果たすため、武力攻撃事態等及び存立危機事態への円滑かつ効果的な対処が可能となるよう、関係機関が行うこれらの事態への対処についての訓練その他の関係機関相互の緊密な連携協力の確保に資する施策を実施するものとする。

第五条(地方公共団体の責務)地方公共団体は、当該地方公共団体の地域並びに当該地方公共団体の住民の生命、身体及び財産を保護する使命を有することにかんがみ、国及び他の地方公共団体その他の機関と相互に協力し、武力攻撃事態等への対処に関し、必要な措置を実施する責務を有する。

第六条(指定公共機関の責務)指定公共機関は、国及び地方公共団体その他の機関と相互に協力し、武力攻撃事態等への対処に関し、その業務について、必要な措置を実施する責務を有する。

第七条(国と地方公共団体との役割分担)武力攻撃事態等への対処の性格にかんがみ、国においては武力攻撃事態等への対処に関する主要な役割を担い、地方公共団体においては武力攻撃事態等における当該地方公共団体の住民の生命、身体及び財産の保護に関して、国の方針に基づく措置の実施その他適切な役割を担うことを基本とするものとする。

第八条(国民の協力)国民は、国及び国民の安全を確保することの重要性に鑑み、指定行政機関、地方公共団体又は指定公共機関が武力攻撃事態等において対処措置を実施する際は、必要な協力をするよう努めるものとする。

第二章　武力攻撃事態等及び存立危機事態等への対処のための手続等

第九条(対処基本方針)1　政府は、武力攻撃事態等又は存立危機事態に至ったときは、武力攻撃事態等又は存立危機事態への対処に関する基本的な方針(以下「対処基本方針」という。)を定めるものとする。

2　対処基本方針に定める事項は、次のとおりとする。

一　対処すべき事態に関する次に掲げる事項

イ　事態の経緯、事態が武力攻撃事態であること、武力攻撃予測事態であること又は存立危機事態であることの認定及び当該認定の前提となった事実

ロ　事態が武力攻撃事態又は存立危機事態である

と認定する場合にあっては、我が国の存立を全うし、国民を守るために他に適当な手段がなく、事態に対処するため武力の行使が必要であると認められる理由

二　当該武力攻撃事態等又は存立危機事態への対処に関する全般的な方針

三　対処措置に関する重要事項

3　武力攻撃事態又は存立危機事態においては、対処基本方針には、前項第三号に定める事項として、次に掲げる内閣総理大臣の承認を行う場合はその旨を記載しなければならない。

一　防衛大臣が自衛隊法（昭和二九年法律第一六五号）第七〇条第一項又は第八項の規定に基づき発する同条第一項第一号に定める防衛招集命令書による防衛招集命令に関して同項又は同条第八項の規定により内閣総理大臣が行う承認

二　防衛大臣が自衛隊法第七五条の四第一項又は第六項の規定に基づき発する同条第一項第一号に定める防衛招集命令書による防衛招集命令に関して同項又は同条第六項の規定により内閣総理大臣が行う承認

三　防衛大臣が自衛隊法第七七条の規定に基づき発する防衛出動待機命令に関して同条の規定により内閣総理大臣が行う承認

四　防衛大臣が自衛隊法第七七条の二の規定に基づき命ずる防御施設構築の措置に関して同条の規定により内閣総理大臣が行う承認

五　防衛大臣が武力攻撃事態等及び存立危機事態におけるアメリカ合衆国等の軍隊の行動に伴い我が国が実施する措置に関する法律（平成一六年法律第一一三号）第一〇条第三項の規定に基づき実施を命ずる行動関連措置としての役務の提供に関して同項の規定により内閣総理大臣が行う承認

六　防衛大臣が武力攻撃事態及び存立危機事態における外国軍用品等の海上輸送の規制に関する法律（平成一六年法律第一一六号）第四条の規定に基づき命ずる同法第四章の規定による措置に関して同条の規定により内閣総理大臣が行う承認

4　武力攻撃事態又は存立危機事態においては、対処基本方針には、前項に定めるもののほか、第二項第三号に定める事項として、第一号に掲げる内閣総理大臣が行う国会の承認（衆議院が解散されているときは、日本国憲法第五四条に規定する緊急集会による参議院の承認。以下この条において同じ。）の求めを行う場合にあってはその旨を、内閣総理大臣が第二号に掲げる防衛出動を命ずる場合にあってはその旨を記載しなければならない。ただし、同号に掲げる防衛出動を命ずる旨の記載は、特に緊急の必要があり事前に国会の承認を得るいとまがない場合でなければ、することができない。

一　内閣総理大臣が防衛出動を命ずることについての自衛隊法第七六条第一項の規定に基づく国会の承認の求め

二　自衛隊法第七六条第一項の規定に基づき内閣総理大臣が命ずる防衛出動

5　武力攻撃予測事態においては、対処基本方針には、第二項第三号に定める事項として、次に掲げる内閣総理大臣の承認を行う場合はその旨を記載しなければならない。

一　防衛大臣が自衛隊法第七〇条第一項又は第八項の規定に基づき発する同条第一項第一号に定める防衛招集命令書による防衛招集命令（事態が緊迫し、同法第七六条第一項の規定による防衛出動命令が発せられることが予測される場合に係るものに限る。）に関して同法第七〇条第一項又は第八項の規定により内閣総理大臣が行う承認

二　防衛大臣が自衛隊法第七五条の四第一項又は第六項の規定に基づき発する同条第一項第一号に定める防衛招集命令書による防衛招集命令（事態が緊迫し、同法第七六条第一項の規定による防衛出動命令が発せられることが予測される場合に係るものに限る。）に関して同法第七五条の四第一項又は第六項の規定により内閣総理大臣が行う承認

三　防衛大臣が自衛隊法第七七条の規定に基づき発する防衛出動待機命令に関して同条の規定により内閣総理大臣が行う承認

四　防衛大臣が自衛隊法第七七条の二の規定に基づき命ずる防御施設構築の措置に関して同条の規定により内閣総理大臣が行う承認

五　防衛大臣が武力攻撃事態等及び存立危機事態におけるアメリカ合衆国の軍隊の行動に伴い我が国が実施する措置に関する法律第一〇条第三項の規定に基づき実施を命ずる行動関連措置としての役務の提供に関して同項の規定により内閣総理大臣が行う承認

6　内閣総理大臣は、対処基本方針の案を作成し、閣議の決定を求めなければならない。

7　内閣総理大臣は、前項の閣議の決定があったときは、直ちに、対処基本方針（第四項第一号に規定する国会の承認の求めに関する部分を除く。）につき、国会の承認を求めなければならない。

8　内閣総理大臣は、第六項の閣議の決定があったときは、直ちに、対処基本方針を公示してその周知を図らなければならない。

9　内閣総理大臣は、第七項の規定に基づく対処基本方針の承認があったときは、直ちに、その旨を公示しなければならない。

10　第四項第一号に規定する防衛出動を命ずることについての承認の求めに係る国会の承認が得られたときは、対処基本方針を変更して、これに当該承認に係る防衛出動を命ずる旨を記載するものとする。

11　第七項の規定に基づく対処基本方針の承認の求めに対し、不承認の議決があったときは、当該議決に係る対処措置は、速やかに、終了されなければならない。この場合において、内閣総理大臣は、第四項第二号に規定する防衛出動を命じた自衛隊について

は、直ちに撤収を命じなければならない。

12　内閣総理大臣は、対処措置を実施するに当たり、対処基本方針に基づいて、内閣を代表して行政各部を指揮監督する。

13　第六項から第九項まで及び第一一項の規定は、対処基本方針の変更について準用する。ただし、第一〇項の規定に基づく変更及び対処措置を構成する措置の終了を内容とする変更については、第七項、第九項及び第一一項の規定は、この限りでない。

14　内閣総理大臣は、対処措置を実施する必要がなくなったと認めるとき又は国会が対処措置を終了すべきことを議決したときは、対処基本方針の廃止につき、閣議の決定を求めなければならない。

15　内閣総理大臣は、前項の閣議の決定があったときは、速やかに、対処基本方針が廃止された旨及び対処基本方針に定める対処措置の結果を国会に報告するとともに、これを公示しなければならない。

第一〇条（対策本部の設置）1　内閣総理大臣は、対処基本方針が定められたときは、当該対処基本方針に係る対処措置の実施を推進するため、内閣法（昭和二二年法律第五号）第一二条第四項の規定にかかわらず、閣議にかけて、臨時に内閣に事態対策本部（以下「対策本部」という。）を設置するものとする。

2　内閣総理大臣は、対策本部を置いたときは、当該対策本部の名称並びに設置の場所及び期間を国会に報告するとともに、これを公示しなければならない。

第一一条（対策本部の組織）1　対策本部の長は、事態対策本部長（以下「対策本部長」という。）とし、内閣総理大臣（内閣総理大臣に事故があるときは、そのあらかじめ指名する国務大臣）をもって充てる。

2　対策本部長は、対策本部の事務を総括し、所部の職員を指揮監督する。

3　対策本部に、事態対策副本部長（以下「対策副本部長」という。）、事態対策本部員（以下「対策本部員」という。）その他の職員を置く。

4　対策副本部長は、国務大臣をもって充てる。

5　対策副本部長は、対策本部長を助け、対策本部長に事故があるときは、その職務を代理する。対策副本部長が二人以上置かれている場合にあっては、あらかじめ対策本部長が定めた順序で、その職務を代理する。

6　対策本部員は、対策本部長及び対策副本部長以外のすべての国務大臣をもって充てる。この場合において、国務大臣が不在のときは、そのあらかじめ指名する副大臣（内閣官房副長官を含む。）がその職務を代行することができる。

7　対策副本部長及び対策本部員以外の対策本部の職員は、内閣官房の職員、指定行政機関の長（国務大臣を除く。）その他の職員又は関係する指定地方行政機関の長その他の職員のうちから、内閣総理大臣が任命する。

第一二条（対策本部の所掌事務）対策本部は、次に掲げる事務をつかさどる。

一　指定行政機関、地方公共団体及び指定公共機関が実施する対処措置に関する対処基本方針に基づく総合的な推進に関すること。

二　前号に掲げるもののほか、法令の規定によりその権限に属する事務

第一三条（指定行政機関の長の権限の委任）1　指定行政機関の長（当該指定行政機関が内閣府設置法第四九条第一項若しくは第二項若しくは国家行政組織法第三条第二項の委員会若しくは第二条第五号ロに掲げる機関又は同号ニに掲げる機関のうち合議制のものである場合にあっては、当該指定行政機関。次項において同じ。）は、対策本部が設置されたときは、対処措置を実施するため必要な権限の全部又は一部を当該対策本部の職員である当該指定行政機関の職員又は当該指定地方行政機関の長若しくはその職員に委任することができる。

2　指定行政機関の長は、前項の規定による委任をしたときは、直ちに、その旨を公示しなければならない。

第一四条（対策本部長の権限）1　対策本部長は、対処措置を的確かつ迅速に実施するため必要があると認めるときは、対処基本方針に基づき、指定行政機関の長及び関係する指定地方行政機関の長並びに前条の規定により権限を委任された当該指定行政機関の職員及び当該指定地方行政機関の職員、関係する地方公共団体の長その他の執行機関並びに関係する指定公共機関に対し、指定行政機関、関係する地方公共団体及び関係する指定公共機関が実施する対処措置に関する総合調整を行うことができる。

2　前項の場合において、当該地方公共団体の長その他の執行機関及び指定公共機関（次条及び第一六条において「地方公共団体の長等」という。）は、当該地方公共団体又は指定公共機関が実施する対処措置に関して対策本部長が行う総合調整に関し、対策本部長に対して意見を申し出ることができる。

第一五条（内閣総理大臣の権限）1　内閣総理大臣は、国民の生命、身体若しくは財産の保護又は武力攻撃の排除に支障があり、特に必要があると認める場合であって、前条第一項の総合調整に基づく所要の対処措置が実施されないときは、対策本部長の求めに応じ、別に法律で定めるところにより、関係する地方公共団体の長等に対し、当該対処措置を実施すべきことを指示することができる。

2　内閣総理大臣は、次に掲げる場合において、対策本部長の求めに応じ、別に法律で定めるところにより、関係する地方公共団体の長等に通知した上で、自ら又は当該対処措置に係る事務を所掌する大臣を指揮し、当該地方公共団体又は指定公共機関が実施すべき当該対処措置を実施し、又は実施させることができる。

一　前項の指示に基づく所要の対処措置が実施されないとき。

二　国民の生命、身体若しくは財産の保護又は武力攻撃の排除に支障があり、特に必要があると認め

る場合であって、事態に照らし緊急を要すると認めるとき。

第一六条（損失に関する財政上の措置）政府は、第一四条第一項又は前条第一項の規定により、対処措置の実施に関し、関係する地方公共団体の長等に対する総合調整又は指示が行われた場合において、その総合調整又は指示に基づく措置の実施により当該地方公共団体又は指定公共機関が損失を受けたときは、その損失に関し、必要な財政上の措置を講ずるものとする。

第一七条（安全の確保）政府は、地方公共団体及び指定公共機関が実施する対処措置について、その内容に応じ、安全の確保に配慮しなければならない。

第一八条（国際連合安全保障理事会への報告）政府は、武力攻撃又は存立危機武力攻撃の排除に当たって我が国が講じた措置について、国際連合憲章第五一条（武力攻撃の排除に当たって我が国が講じた措置にあっては、同条及び日米安保条約第五条第二項）の規定に従って、直ちに国際連合安全保障理事会に報告しなければならない。

第一九条（対策本部の廃止）1　対策本部は、対処基本方針が廃止されたときに、廃止されるものとする。

2　内閣総理大臣は、対策本部が廃止されたときは、直ちに、その旨を公示しなければならない。

第二〇条（主任の大臣）対策本部に係る事項については、内閣法にいう主任の大臣は、内閣総理大臣とする。

第三章　緊急対処事態その他の緊急事態への対処のための措置

第二一条（その他の緊急事態対処のための措置）1　政府は、我が国の平和と独立並びに国及び国民の安全の確保を図るため、次条から第二四条までに定めるもののほか、武力攻撃事態等及び存立危機事態以外の国及び国民の安全に重大な影響を及ぼす緊急事態に的確かつ迅速に対処するものとする。

2　政府は、前項の目的を達成するため、武装した不審船の出現、大規模なテロリズムの発生等の我が国を取り巻く諸情勢の変化を踏まえ、次に掲げる措置その他の必要な施策を速やかに講ずるものとする。

一　情勢の集約並びに事態の分析及び評価を行うための態勢の充実

二　各種の事態に応じた対処方針の策定の準備

三　警察、海上保安庁等と自衛隊の連携の強化

第二二条（緊急対処事態対処方針）1　政府は、緊急対処事態（武力攻撃の手段に準ずる手段を用いて多数の人を殺傷する行為が発生した事態又は当該行為が発生する明白な危険が切迫していると認められるに至った事態（後日対処基本方針において武力攻撃事態であることの認定が行われることとなる事態を含む。）で、国家として緊急に対処することが必要なものをいう。以下同じ。）に至ったときは、緊急対処事態に関する対処方針（以下「緊急対処事態対処方針」という。）を定めるものとする。

2　緊急対処事態対処方針に定める事項は、次のとおりとする。

一　緊急対処事態であることの認定及び当該認定の前提となった事実

二　当該緊急対処事態への対処に関する全般的な方針

三　緊急対処措置に関する重要事項

3　前項第三号の緊急対処措置とは、緊急対処事態対処方針が定められてから廃止されるまでの間に、指定行政機関、地方公共団体又は指定公共機関が法律の規定に基づいて実施する次に掲げる措置をいう。

一　緊急対処事態を終結させるためにその推移に応じて実施する緊急対処事態における攻撃の予防、鎮圧その他の措置

二　緊急対処事態における攻撃から国民の生命、身体及び財産を保護するため、又は緊急対処事態における攻撃が国民生活及び国民経済に影響を及ぼす場合において当該影響が最小となるようにするために緊急対処事態の推移に応じて実施する警報の発令、避難の指示、被災者の救助、施設及び設備の応急の復旧その他の措置

4　内閣総理大臣は、緊急対処事態対処方針の案を作成し、閣議の決定を求めなければならない。

5　内閣総理大臣は、前項の閣議の決定があったときは、当該決定があった日から二〇日以内に国会に付議して、緊急対処事態対処方針につき、国会の承認を求めなければならない。ただし、国会が閉会中の場合又は衆議院が解散されている場合には、その後最初に召集される国会において、速やかに、その承認を求めなければならない。

6　内閣総理大臣は、第四項の閣議の決定があったときは、直ちに、緊急対処事態対処方針を公示してその周知を図らなければならない。

7　内閣総理大臣は、第五項の規定に基づく緊急対処事態対処方針の承認があったときは、直ちに、その旨を公示しなければならない。

8　第五項の規定に基づく緊急対処事態対処方針の承認の求めに対し、不承認の議決があったときは、当該議決に係る緊急対処措置は、速やかに、終了されなければならない。

9　内閣総理大臣は、緊急対処措置を実施するに当たり、緊急対処事態対処方針に基づいて、内閣を代表して行政各部を指揮監督する。

10　第四項から第八項までの規定は、緊急対処事態対処方針の変更について準用する。ただし、緊急対処措置を構成する措置の終了を内容とする変更については、第五項、第七項及び第八項の規定は、この限りでない。

11　内閣総理大臣は、緊急対処措置を実施する必要がなくなったと認めるとき又は国会が緊急対処措置を終了すべきことを議決したときは、緊急対処事態対処方針の廃止につき、閣議の決定を求めなければならない。

12　内閣総理大臣は、前項の閣議の決定があったときは、速やかに、緊急対処事態対処方針が廃止された旨及び緊急対処事態対処方針に定める緊急対処措置の結果を国会に報告するとともに、これを公示しなければならない。

第二三条（緊急対処事態対策本部の設置）１　内閣総理大臣は、緊急対処事態対処方針が定められたときは、当該緊急対処事態対処方針に係る緊急対処措置の実施を推進するため、内閣法第一二条第四項の規定にかかわらず、閣議にかけて、臨時に内閣に緊急対処事態対策本部を設置するものとする。

２　内閣総理大臣は、緊急対処事態対策本部を置いたときは、当該緊急対処事態対策本部の名称並びに設置の場所及び期間を国会に報告するとともに、これを公示しなければならない。

第二四条（準用）第三条（第二項、第三項ただし書、第四項及び第七項を除く。）、第四条から第八条まで、第一一条から第一三条まで、第一七条、第一九条及び第二〇条の規定は、緊急対処事態及び緊急対処事態対策本部について準用する。この場合において、第三条第三項中「、武力攻撃」とあるのは「、緊急対処事態における攻撃」と、第四条第一項中「我が国を防衛し」とあるのは「公共の安全と秩序を維持し」と、第八条、第一三条第一項及び第一七条中「対処措置」とあるのは「緊急対処措置」と、第一一条第一号中「対処措置に関する対処基本方針」とあるのは「緊急対処措置に関する緊急対処事態対処方針」と、第一九条第一項中「対処基本方針」とあるのは「緊急対処事態対処方針」と読み替えるものとする。

13 35 武力攻撃事態等及び存立危機事態におけるアメリカ合衆国等の軍隊の行動に伴い我が国が実施する措置に関する法律（米軍行動関連措置法）

公　布　二〇〇四（平成一六）年六月一八日（法律第一一三号）

施　行　二〇〇四（平成一六）年七月二九日（第一三条、第一四条一項二号、第一五条、第一七条、附則第四条は二〇〇四（平成一六）年九月一七日）

最終改正　二〇一五（平成二七）年九月三〇日（法律第七六号）、施行　二〇一六（平成二八）年三月二九日

第一条（目的）この法律は、武力攻撃事態等において日本国とアメリカ合衆国との間の相互協力及び安全保障条約（以下「日米安保条約」という。）に従って武力攻撃を排除するために必要なアメリカ合衆国の軍隊の行動が円滑かつ効果的に実施されるための措置、武力攻撃事態等又は存立危機事態において自衛隊と協力して武力攻撃又は存立危機武力攻撃を排除するために必要な外国軍隊の行動が円滑かつ効果的に実施されるための措置その他のこれらの行動に伴い我が国が実施する措置について定めることにより、我が国の平和と独立並びに国及び国民の安全の確保に資することを目的とする。

第二条（定義）この法律において、次の各号に掲げる用語の意義は、それぞれ当該各号に定めるところによる。

一　武力攻撃事態等　武力攻撃事態等及び存立危機事態における我が国の平和と独立並びに国及び国民の安全確保に関する法律（平成一五年法律第七九号。以下「事態対処法」という。）第一条に規定する武力攻撃事態等をいう。

二　武力攻撃　事態対処法第二条第一号に規定する武力攻撃をいう。

三　武力攻撃事態　事態対処法第二条第二号に規定する武力攻撃事態をいう。

四　存立危機事態　事態対処法第二条第四号に規定する存立危機事態をいう。

五　存立危機武力攻撃　事態対処法第二条第八号ハ(1)に規定する存立危機武力攻撃をいう。

六　特定合衆国軍隊　武力攻撃事態等において、日米安保条約に従って武力攻撃を排除するために必要な行動を実施しているアメリカ合衆国の軍隊をいう。

七　外国軍隊　武力攻撃事態等又は存立危機事態において、自衛隊と協力して武力攻撃又は存立危機武力攻撃を排除するために必要な行動を実施している外国の軍隊（特定合衆国軍隊を除く。）をいう。

八　行動関連措置　次に掲げる措置であって、対処基本方針（事態対処法第九条第一項に規定する対処基本方針をいう。以下同じ。）に基づき、自衛隊その他の指定行政機関（事態対処法第二条第五号に規定する指定行政機関をいう。以下同じ。）が実施するものをいう。

イ　武力攻撃事態等において、特定合衆国軍隊の行動（第六号に規定する行動（武力攻撃が発生した事態以外の武力攻撃事態等にあっては、日米安保条約に従って武力攻撃を排除するために必要な準備のための同号に規定する行動）をいう。以下同じ。）が円滑かつ効果的に実施されるための措置その他の特定合衆国軍隊の行動に伴い我が国が実施する措置

ロ　武力攻撃事態等又は存立危機事態において、外国軍隊の行動（前号に規定する行動（武力攻撃が発生した事態以外の武力攻撃事態等にあっては、自衛隊と協力して武力攻撃を排除するために必要な準備のための同号に規定する行動）をいう。以下同じ。）が円滑かつ効果的に実施され

るための措置その他の外国軍隊の行動に伴い我が国が実施する措置

第三条（政府の責務）政府は、武力攻撃事態等及び存立危機事態においては、的確かつ迅速に行動関連措置を実施し、我が国の平和と独立並びに国及び国民の安全の確保に努めるものとする。

第四条（行動関連措置の基本原則）行動関連措置は、武力攻撃及び存立危機武力攻撃を排除する目的の範囲内において、事態に応じ合理的に必要と判断される限度を超えるものであってはならない。

第五条（地方公共団体及び事業者の責務）地方公共団体及び事業者は、指定行政機関から武力攻撃事態等において行動関連措置に関し協力を要請されたときは、その要請に応じるよう努めるものとする。

第六条（合衆国政府等との連絡）1　政府は、第三条の責務を果たすため、武力攻撃事態等の状況の認識及び武力攻撃事態等への対処に関し、日米安保条約に基づき、アメリカ合衆国政府と常に緊密な連絡を保つよう努めるものとする。

2　前項に規定するもののほか、政府は、第三条の責務を果たすため、武力攻撃事態等又は存立危機事態の状況の認識及び武力攻撃事態等又は存立危機事態への対処に関し、関係する外国政府と緊密な連絡を保つよう努めるものとする。

第七条（情報の提供）政府は、武力攻撃事態等又は存立危機事態においては、国民に対し、特定合衆国軍隊の行動又は外国軍隊の行動（以下「特定合衆国軍隊等の行動」という。）に係る地域その他の特定合衆国軍隊等の行動に関する状況及び行動関連措置の実施状況について、必要な情報の提供を適切に行うものとする。

第八条（地方公共団体との連絡調整）政府は、特定合衆国軍隊等の行動又は行動関連措置の実施が地方公共団体の実施する対処措置（事態対処法第二条第八号に規定する対処措置をいう。）に影響を及ぼすおそれがあるときは、関係する地方公共団体との連絡調整を行うものとする。

第九条（特定合衆国軍隊の行為に係る通知）防衛大臣は、武力攻撃事態（自衛隊法（昭和二九年法律第一六五号）第七六条第一項の規定による防衛出動命令があった場合に限る。第一四条第一項において同じ。）において、特定合衆国軍隊から、同法第一一五条の一一第一項若しくは第二項又は第一一五条の一六第一項に規定する行為をし、又はした旨の連絡を受けたときは、これらの規定の例に準じて通知するものとする。

第一〇条（自衛隊による行動関連措置としての物品及び役務の提供の実施）1　防衛大臣又はその委任を受けた者は、行動関連措置としての自衛隊に属する物品の提供を実施することができる。

2　自衛隊法第七六条第一項の規定により出動を命ぜられた自衛隊は、行動関連措置としての役務の提供を実施することができる。

3　前項に規定するもののほか、防衛大臣は、内閣総理大臣の承認を得て、防衛省の機関又は自衛隊の部隊等（自衛隊法第八条に規定する部隊等をいう。以下同じ。）に、行動関連措置としての役務の提供の実施を命ずることができる。

4　第一項の規定による自衛隊に属する物品の提供及び前二項の規定による自衛隊による役務の提供として行う業務は、補給（武器の提供を行う補給を除く。）、輸送、修理若しくは整備、医療、通信、空港若しくは港湾に関する業務、基地に関する業務、宿泊、保管、施設の利用又は訓練に関する業務（これらの業務にそれぞれ附帯する業務を含む。）とする。

第一一条（指定行政機関による行動関連措置の実施）前二条に規定するもののほか、指定行政機関は、法令及び対処基本方針に基づき、必要な行動関連措置を実施するものとする。

第一二条（武器の使用）第一〇条第三項の規定により行動関連措置としての役務の提供の実施を命ぜられた自衛隊の部隊等の自衛官は、その職務を行うに際し、自己又は自己と共に当該職務に従事する自衛隊員若しくはその職務を行うに伴い自己の管理の下に入った者の生命又は身体の防護のためやむを得ない必要があると認める相当の理由がある場合には、その事態に応じ合理的に必要と判断される限度で武器を使用することができる。ただし、刑法（明治四〇年法律第四五号）第三六条又は第三七条に該当する場合のほか、人に危害を与えてはならない。

第一三条（行動関連措置に関する指針の作成）1　事態対策本部長（事態対処法第一一条第一項に規定する事態対策本部長をいう。）は、行動関連措置を的確かつ迅速に実施するため、対処基本方針に基づき、行動関連措置に関する指針を定めることができる。

2　指定行政機関は、前項に規定する指針が定められたときは、当該指針に基づき、必要な行動関連措置を適切に実施しなければならない。

第一四条（損失の補償）1　国は、特定合衆国軍隊の次の各号に掲げる行為により損失を受けた者がある場合においては、それぞれ当該各号に定める法律の規定の例により、その損失を補償しなければならない。

一　武力攻撃事態において、特定合衆国軍隊の行動に係る地域内を緊急に移動するに際して、通行に支障がある場所をう回するために行う自衛隊法第九二条の二前段に規定する場所の通行　同条後段

二　武力攻撃事態において、道路交通法（昭和三五年法律第一〇五号）第一一四条の五第一項の規定により同項に規定する自衛隊等の使用する車両以外の車両の道路における通行が禁止され、又は制限されている区域又は道路の区間を特定合衆国軍隊車両（特定合衆国軍隊の使用する車両をいう。以下この号において同じ。）により通行する場合において、車両その他の物件が通行の妨害となることにより特定合衆国軍隊の行動の実施に著しい支障を生ずるおそれがあり、かつ、警察官又は当該

車両その他の物件の占有者、所有者若しくは管理者のいずれもがその場にいないときに、特定合衆国軍隊車両の円滑な通行の確保に必要な措置をとるためやむを得ない限度において行う当該車両その他の物件の破損　災害対策基本法(昭和三六年法律第二二三号)第八二条第一項

2　前項の規定は、他の法律の規定により国が損害賠償又は損失補償の責めに任ずべき損失については、適用しない。

第一五条(土地の使用等)1　防衛大臣は、武力攻撃事態において、特定合衆国軍隊の用に供するため土地又は家屋(以下「土地等」という。)を緊急に必要とする場合において、その土地等を特定合衆国軍隊の用に供することが適正かつ合理的であり、かつ、武力攻撃を排除する上で不可欠であると認めるときは、その告示して定めた地域内に限り、日本国とアメリカ合衆国との間の相互協力及び安全保障条約第六条に基づく施設及び区域並びに日本国における合衆国軍隊の地位に関する協定の実施に伴う土地等の使用等に関する特別措置法(昭和二七年法律第一四〇号)の規定にかかわらず、期間を定めて、当該土地等を使用することができる。

2　前項の規定により土地を使用する場合において、当該土地の上にある立木その他土地に定着する物件(家屋を除く。以下「立木等」という。)が特定合衆国軍隊の行動の実施の妨げとなると認められるときは、防衛大臣は、当該立木等を移転することができる。この場合において、事態に照らし移転が著しく困難であると認めるときは、当該立木等を処分することができる。

3　第一項の規定により家屋を使用する場合において、特定合衆国軍隊の行動の実施のためやむを得ない必要があると認められるときは、防衛大臣は、その必要な限度において、当該家屋の形状を変更することができる。

4　自衛隊法第一〇三条第七項から第一〇項まで、第一七項及び第一八項の規定は前三項の規定により土地等を使用し、立木等を移転し、若しくは処分し、又は家屋の形状を変更する場合について、同条第一三項、第一五項及び第一六項の規定は第一項の規定により土地等を使用する場合について準用する。この場合において、同条第七項及び第一三項中「都道府県知事」とあるのは「防衛大臣」と、同条第一〇項中「都道府県(第一項ただし書の場合にあっては、国)」とあるのは「国」と、同条第一三項中「その職員」とあるのは「その指名する職員」と読み替えるものとする。

5　前各項の規定により防衛大臣の権限に属する事務は、政令で定めるところにより、その所属の職員に委任することができる。

第一六条(政令への委任)この法律に特別の定めがあるもののほか、この法律の実施のための手続その他この法律の施行に関し必要な事項は、政令で定める。

第一七条(罰則)1　第一五条第四項において読み替えて準用する自衛隊法第一〇三条第一三項の規定による立入検査を拒み、妨げ、又は忌避した者は、二〇万円以下の罰金に処する。

2　法人の代表者又は法人若しくは人の代理人、使用人その他の従業員が、その法人又は人の業務に関し前項の違反行為をしたときは、行為者を罰するほか、その法人又は人に対しても、同項の刑を科する。

13-36　重要影響事態に際して我が国の平和及び安全を確保するための措置に関する法律(重要影響事態安全確保法)

公　布　一九九九(平成一一)年五月二八日(法律第六〇号)
施　行　一九九九(平成一一)年八月二五日
最終改正　二〇二一年(令和三)年五月一九日(法律第三六号)、施行　二〇二一年(令和三)年九月一日

第一条(目的)この法律は、そのまま放置すれば我が国に対する直接の武力攻撃に至るおそれのある事態等我が国の平和及び安全に重要な影響を与える事態(以下「重要影響事態」という。)に際し、合衆国軍隊等に対する後方支援活動等を行うことにより、日本国とアメリカ合衆国との間の相互協力及び安全保障条約(以下「日米安保条約」という。)の効果的な運用に寄与することを中核とする重要影響事態に対処する外国との連携を強化し、我が国の平和及び安全の確保に資することを目的とする。

第二条(重要影響事態への対応の基本原則)1　政府は、重要影響事態に際して、適切かつ迅速に、後方支援活動、捜索救助活動、重要影響事態等に際して実施する船舶検査活動に関する法律(平成一二年法律第一四五号)第二条に規定する船舶検査活動(重要影響事態に際して実施するものに限る。以下「船舶検査活動」という。)その他の重要影響事態に対応するため必要な措置(以下「対応措置」という。)を実施し、我が国の平和及び安全の確保に努めるものとする。

2　対応措置の実施は、武力による威嚇又は武力の行使に当たるものであってはならない。

3　後方支援活動及び捜索救助活動は、現に戦闘行為(国際的な武力紛争の一環として行われる人を殺傷し又は物を破壊する行為をいう。以下同じ。)が行われている現場では実施しないものとする。ただし、第七条第六項の規定により行われる捜索救助活動については、この限りでない。

4　外国の領域における対応措置については、当該対応措置が行われることについて当該外国(国際連合の総会又は安全保障理事会の決議に従って当該外国

において施政を行う機関がある場合にあっては、当該機関）の同意がある場合に限り実施するものとする。

5　内閣総理大臣は、対応措置の実施に当たり、第四条第一項に規定する基本計画に基づいて、内閣を代表して行政各部を指揮監督する。

6　関係行政機関の長は、前条の目的を達成するため、対応措置の実施に関し、相互に協力するものとする。

第三条（定義等）1　この法律において、次の各号に掲げる用語の意義は、それぞれ当該各号に定めるところによる。

一　合衆国軍隊等　重要影響事態に対処し、日米安保条約の目的の達成に寄与する活動を行うアメリカ合衆国の軍隊及びその他の国際連合憲章の目的の達成に寄与する活動を行う外国の軍隊その他これに類する組織をいう。

二　後方支援活動　合衆国軍隊等に対する物品及び役務の提供、便宜の供与その他の支援措置であって、我が国が実施するものをいう。

三　捜索救助活動　重要影響事態において行われた戦闘行為によって遭難した戦闘参加者について、その捜索又は救助を行う活動（救助した者の輸送を含む。）であって、我が国が実施するものをいう。

四　関係行政機関　次に掲げる機関で政令で定めるものをいう。

イ　内閣府並びに内閣府設置法（平成一一年法律第八九号）第四九条第一項及び第二項に規定する機関、デジタル庁並びに国家行政組織法（昭和二三年法律第一二〇号）第三条第二項に規定する機関

ロ　内閣府設置法第四〇条及び第五六条並びに国家行政組織法第八条の三に規定する特別の機関

2　後方支援活動として行う自衛隊に属する物品の提供及び自衛隊による役務の提供（次項後段に規定するものを除く。）は、別表第一に掲げるものとする。

3　捜索救助活動は、自衛隊の部隊等（自衛隊法（昭和二九年法律第一六五号）第八条に規定する部隊等をいう。以下同じ。）が実施するものとする。この場合において、捜索救助活動を行う自衛隊の部隊等において、その実施に伴い、当該活動に相当する活動を行う合衆国軍隊等の部隊に対して後方支援活動として行う自衛隊に属する物品の提供及び自衛隊による役務の提供は、別表第二に掲げるものとする。

第四条（基本計画）1　内閣総理大臣は、重要影響事態に際して次に掲げる措置のいずれかを実施することが必要であると認めるときは、当該措置を実施すること及び対応措置に関する基本計画（以下「基本計画」という。）の案につき閣議の決定を求めなければならない。

一　前条第二項の後方支援活動

二　前号に掲げるもののほか、関係行政機関が後方支援活動として実施する措置であって特に内閣が関与することにより総合的かつ効果的に実施する必要があるもの

三　捜索救助活動

四　船舶検査活動

2　基本計画に定める事項は、次のとおりとする。

一　重要影響事態に関する次に掲げる事項

イ　事態の経緯並びに我が国の平和及び安全に与える影響

ロ　我が国が対応措置を実施することが必要であると認められる理由

二　前号に掲げるもののほか、対応措置の実施に関する基本的な方針

三　前項第一号又は第二号に掲げる後方支援活動を実施する場合における次に掲げる事項

イ　当該後方支援活動に係る基本的事項

ロ　当該後方支援活動の種類及び内容

ハ　当該後方支援活動を実施する区域の範囲及び当該区域の指定に関する事項

ニ　当該後方支援活動を自衛隊が外国の領域で実施する場合には、当該後方支援活動を外国の領域で実施する自衛隊の部隊等の規模及び構成並びに装備並びに派遣期間

ホ　その他当該後方支援活動の実施に関する重要事項

四　捜索救助活動を実施する場合における次に掲げる事項

イ　当該捜索救助活動に係る基本的事項

ロ　当該捜索救助活動を実施する区域の範囲及び当該区域の指定に関する事項

ハ　当該捜索救助活動の実施に伴う前条第三項後段の後方支援活動の実施に関する重要事項（当該後方支援活動を実施する区域の範囲及び当該区域の指定に関する事項を含む。）

ニ　当該捜索救助活動又はその実施に伴う前条第三項後段の後方支援活動を自衛隊が外国の領域で実施する場合には、これらの活動を外国の領域で実施する自衛隊の部隊等の規模及び構成並びに装備並びに派遣期間

ホ　その他当該捜索救助活動の実施に関する重要事項

五　船舶検査活動を実施する場合における重要影響事態等に際して実施する船舶検査活動に関する法律第四条第一項に規定する事項

六　前三号に掲げるもののほか、自衛隊が実施する対応措置のうち重要なものの種類及び内容並びにその実施に関する重要事項

七　第三号から前号までに掲げるもののほか、関係行政機関が実施する対応措置のうち特に内閣が関与することにより総合的かつ効果的に実施する必要があるものの実施に関する重要事項

八　対応措置の実施について地方公共団体その他の国以外の者に対して協力を求め又は協力を依頼する場合におけるその協力の種類及び内容並びにそ

の協力に関する重要事項
九　対応措置の実施のための関係行政機関の連絡調整に関する事項
3　前条第二項の後方支援活動又は捜索救助活動若しくはその実施に伴う同条第三項後段の後方支援活動を外国の領域で実施する場合には、当該外国（第二条第四項に規定する機関がある場合にあっては、当該機関）と協議して、実施する区域の範囲を定めるものとする。
4　第一項及び前項の規定は、基本計画の変更について準用する。

第五条（国会の承認）1　基本計画に定められた自衛隊の部隊等が実施する後方支援活動、捜索救助活動又は船舶検査活動については、内閣総理大臣は、これらの対応措置の実施前に、これらの対応措置を実施することにつき国会の承認を得なければならない。ただし、緊急の必要がある場合には、国会の承認を得ないで当該後方支援活動、捜索救助活動又は船舶検査活動を実施することができる。
2　前項ただし書の規定により国会の承認を得ないで後方支援活動、捜索救助活動又は船舶検査活動を実施した場合には、内閣総理大臣は、速やかに、これらの対応措置の実施につき国会の承認を求めなければならない。
3　政府は、前項の場合において不承認の議決があったときは、速やかに、当該後方支援活動、捜索救助活動又は船舶検査活動を終了させなければならない。

第六条（自衛隊による後方支援活動としての物品及び役務の提供の実施）1　防衛大臣又はその委任を受けた者は、基本計画に従い、第三条第二項の後方支援活動としての自衛隊に属する物品の提供を実施するものとする。
2　防衛大臣は、基本計画に従い、第三条第二項の後方支援活動としての自衛隊による役務の提供について、実施要項を定め、これについて内閣総理大臣の承認を得て、防衛省の機関又は自衛隊の部隊等にその実施を命ずるものとする。
3　防衛大臣は、前項の実施要項において、実施される必要のある役務の具体的内容を考慮し、防衛省の機関又は自衛隊の部隊等がこれを円滑かつ安全に実施することができるように当該後方支援活動を実施する区域（以下この条において「実施区域」という。）を指定するものとする。
4　防衛大臣は、実施区域の全部又は一部において、自衛隊の部隊等が第三条第二項の後方支援活動を円滑かつ安全に実施することが困難であると認める場合又は外国の領域で実施する当該後方支援活動についての第二条第四項の同意が存在しなくなったと認める場合には、速やかに、その指定を変更し、又はそこで実施されている活動の中断を命じなければならない。
5　第三条第二項の後方支援活動のうち我が国の領域外におけるものの実施を命ぜられた自衛隊の部隊等の長又はその指定する者は、当該後方支援活動を実施している場所又はその近傍において、戦闘行為が行われるに至った場合又は付近の状況等に照らして戦闘行為が行われることが予測される場合には、当該後方支援活動の実施を一時休止するなどして当該戦闘行為による危険を回避しつつ、前項の規定による措置を待つものとする。
6　第二項の規定は、同項の実施要項の変更（第四項の規定により実施区域を縮小する変更を除く。）について準用する。

第七条（捜索救助活動の実施等）1　防衛大臣は、基本計画に従い、捜索救助活動について、実施要項を定め、これについて内閣総理大臣の承認を得て、自衛隊の部隊等にその実施を命ずるものとする。
2　防衛大臣は、前項の実施要項において、実施される必要のある捜索救助活動の具体的内容を考慮し、自衛隊の部隊等がこれを円滑かつ安全に実施することができるように当該捜索救助活動を実施する区域（以下この条において「実施区域」という。）を指定するものとする。
3　捜索救助活動を実施する場合において、戦闘参加者以外の遭難者が在るときは、これを救助するものとする。
4　前条第四項の規定は、実施区域の指定の変更及び活動の中断について準用する。
5　前条第五項の規定は我が国の領域外における捜索救助活動の実施を命ぜられた自衛隊の部隊等の長又はその指定する者について準用する。この場合において、同項中「前項」とあるのは、「次条第四項において準用する前項」と読み替えるものとする。
6　前項において準用する前条第五項の規定にかかわらず、既に遭難者が発見され、自衛隊の部隊等がその救助を開始しているときは、当該部隊等の安全が確保される限り、当該遭難者に係る捜索救助活動を継続することができる。
7　第一項の規定は、同項の実施要項の変更（第四項において準用する前条第四項の規定により実施区域を縮小する変更を除く。）について準用する。
8　前条の規定は、捜索救助活動の実施に伴う第三条第三項後段の後方地域活動について準用する。

第八条（関係行政機関による対応措置の実施）前二条に定めるもののほか、防衛大臣及びその他の関係行政機関の長は、法令及び基本計画に従い、対応措置を実施するものとする。

第九条（国以外の者による協力等）1　関係行政機関の長は、法令及び基本計画に従い、地方公共団体の長に対し、その有する権限の行使について必要な協力を求めることができる。
2　前項に定めるもののほか、関係行政機関の長は、法令及び基本計画に従い、国以外の者に対し、必要な協力を依頼することができる。
3　政府は、前二項の規定により協力を求められ又は協力を依頼された国以外の者が、その協力により損失を受けた場合には、その損失に関し、必要な財政上の措置を講ずるものとする。

第一〇条（国会への報告）内閣総理大臣は、次の各号に掲げる事項を、遅滞なく、国会に報告しなければならない。

一　基本計画の決定又は変更があったときは、その内容

二　基本計画に定める対応措置が終了したときは、その結果

第一一条（武器の使用）1　第六条第二項（第七条第八項において準用する場合を含む。第五項及び第六項において同じ。）の規定により後方支援活動としての自衛隊の役務の提供の実施を命ぜられ、又は第七条第一項の規定により捜索救助活動の実施を命ぜられた自衛隊の部隊等の自衛官は、自己又は自己と共に現場に所在する他の自衛隊員（自衛隊法第二条第五項に規定する隊員をいう。第六項において同じ。）若しくはその職務を行うに伴い自己の管理下に入った者の生命又は身体の防護のためやむを得ない必要があると認める相当の理由がある場合には、その事態に応じ合理的に必要と判断される限度で武器（自衛隊が外国の領域で当該後方支援活動又は当該捜索救助活動を実施している場合については、第四条第二項第三号ニ又は第四号ニの規定により基本計画に定める装備に該当するものに限る。以下この条において同じ。）を使用することができる。

2　前項の規定による武器の使用は、当該現場に上官が在るときは、その命令によらなければならない。ただし、生命又は身体に対する侵害又は危難が切迫し、その命令を受けるいとまがないときは、この限りでない。

3　第一項の場合において、当該現場に在る上官は、統制を欠いた武器の使用によりかえって生命若しくは身体に対する危険又は事態の混乱を招くこととなることを未然に防止し、当該武器の使用が同項及び次項の規定に従いその目的の範囲内において適正に行われることを確保する見地から必要な命令をするものとする。

4　第一項の規定による武器の使用に際しては、刑法（明治四〇年法律第四五号）第三六条又は第三七条に該当する場合のほか、人に危害を与えてはならない。

5　第六条第二項の規定により後方支援活動としての自衛隊の役務の提供の実施を命ぜられ、又は第七条第一項の規定により捜索救助活動の実施を命ぜられた自衛隊の部隊等の自衛官は、外国の領域に設けられた当該部隊等の宿営する宿営地（宿営のために使用する区域であって、囲障が設置されることにより他と区別されるものをいう。以下この項において同じ。）であって合衆国軍隊等の要員が共に宿営するものに対する攻撃があった場合において、当該宿営地以外にその近傍に自衛隊の部隊等の安全を確保することができる場所がないときは、当該宿営地に所在する者の生命又は身体を防護するための措置をとる当該要員と共同して、第一項の規定による武器の使用をすることができる。この場合において、同項から第三項まで及び次項の規定の適用については、第一項中「現場に所在する他の自衛隊員（自衛隊法第二条第五項に規定する隊員をいう。第六項において同じ。）若しくはその職務を行うに伴い自己の管理の下に入った者」とあるのは「その宿営する宿営地（第五項に規定する宿営地をいう。次項及び第三項において同じ。）に所在する者」と、「その事態」とあるのは「第五項に規定する合衆国軍隊等の要員による措置の状況をも踏まえ、その事態」と、第二項及び第三項中「現場」とあるのは「宿営地」と、次項中「自衛隊員」とあるのは「自衛隊員（同法第二条第五項に規定する隊員をいう。）」とする。

六　自衛隊法第九六条第三項の規定は、第六条第二項の規定により後方支援活動としての自衛隊の役務の提供（我が国の領域外におけるものに限る。）の実施を命ぜられ、又は第七条第一項の規定により捜索救助活動（我が国の領域外におけるものに限る。）の実施を命ぜられた自衛隊の部隊等の自衛官については、自衛隊員以外の者の犯した犯罪に関しては適用しない。

第一二条（政令への委任）この法律に特別の定めがあるもののほか、この法律の実施のための手続その他この法律の施行に関し必要な事項は、政令で定める。

附　則（略）

別表第一（第三条関係）

種類	内容
補給	給水、給油、食事の提供並びにこれらに類する物品及び役務の提供
輸送	人員及び物品の輸送、輸送用資材の提供並びにこれらに類する物品及び役務の提供
修理及び整備	修理及び整備、修理及び整備用機器並びに部品及び構成品の提供並びにこれらに類する物品及び役務の提供
医療	傷病者に対する医療、衛生機具の提供並びにこれらに類する物品及び役務の提供
通信	通信設備の利用、通信機器の提供並びにこれらに類する物品及び役務の提供
空港及び港湾業務	航空機の離発着及び船舶の出入港に対する支援、積卸作業並びにこれらに類する物品及び役務の提供
基地業務	廃棄物の収集及び処理、給電並びにこれらに類する物品及び役務の提供
宿泊	宿泊設備の利用、寝具の提供並びにこれらに類する物品及び役務の提供

保管	倉庫における一時保管、保管容器の提供並びにこれらに類する物品及び役務の提供
施設の利用	土地又は建物の一時的な利用並びにこれらに類する物品及び役務の提供
訓練業務	訓練に必要な指導員の派遣、訓練用器材の提供並びにこれらの類する物品及び役務の提供
備考　物品の提供には、武器の提供を含まないものとする。	

別表第二（第三条関係）

種　類	内　　容
補給	給水、給油、食事の提供並びにこれらに類する物品及び役務の提供
輸送	人員及び物品の輸送、輸送用資材の提供並びにこれらに類する物品及び役務の提供
修理及び整備	修理及び整備、修理及び整備用機器並びに物品及び構成品の提供並びにこれらに類する物品及び役務の提供
医療	傷病者に対する医療、衛生機具の提供並びにこれらに類する物品及び役務の提供
通信	通信設備の利用、通信機器の提供並びにこれらに類する物品及び役務の提供
宿泊	宿泊設備の利用、寝具の提供並びにこれらに類する物品及び役務の提供
消毒	消毒、消毒機具の提供並びにこれらに類する物品及び役務の提供
備考　物品の提供には、武器の提供を含まないものとする。	

13-37 重要影響事態等に際して実施する船舶検査活動に関する法律（船舶検査活動法）

公　布　二〇〇〇（平成一二）年一二月六日（法律第一四五号）
施　行　二〇〇一（平成一三）年三月一日
最終改正　二〇一五（平成二七）年九月三〇日（法律第七六号）、施行　二〇一六（平成二八）年三月二九日

第一条（目的） この法律は、重要影響事態（重要影響事態に際して我が国の平和及び安全を確保するための措置に関する法律（平成一一年法律第六〇号。以下「重要影響事態安全確保法」という。）又は国際平和共同対処事態（国際平和共同対処事態に際して我が国が実施する諸外国の軍隊等に対する協力支援活動等に関する法律（平成二七年法律第七七号。以下「国際平和協力支援活動法」という。）第一条に規定する国際平和共同対処事態をいう。以下同じ。）に対応して我が国が実施する船舶検査活動に関し、その実施の態様、手続その他の必要な事項を定め、重要影響事態安全確保法及び国際平和協力支援活動法と相まって、我が国及び国際社会の平和及び安全の確保に資することを目的とする。

第二条（定義） この法律において「船舶検査活動」とは、重要影響事態又は国際平和共同対処事態に際し、貿易その他の経済活動に係る規制措置であって我が国が参加するものの厳格な実施を確保する目的で、当該厳格な実施を確保するために必要な措置を執ることを要請する国際連合安全保障理事会の決議に基づいて、又は旗国（海洋法に関する国際連合条約第九一条に規定するその旗を掲げる権利を有する国をいう。）の同意を得て、船舶（軍艦及び各国政府が所有し又は運航する船舶であって非商業的目的のみに使用されるもの（以下「軍艦等」という。）を除く。）の積荷及び目的地を検査し、確認する活動並びに必要に応じ当該船舶の航路又は目的港若しくは目的地の変更を要請する活動であって、我が国が実施するものをいう。

第三条（船舶検査活動の実施） 1　重要影響事態における船舶検査活動は、自衛隊の部隊等（自衛隊法（昭和二九年法律第一六五号）第八条に規定する部隊等をいう。以下同じ。）が実施するものとする。この場合において、重要影響事態における船舶検査活動を行う自衛隊の部隊等において、その実施に伴い、当該活動に相当する活動を行う合衆国軍隊等（重要影響事態安全確保法第三条第一項第一号に規定する合衆国軍隊等をいう。）の部隊に対して後方支援活動（同項第二号に規定する後方支援活動をいう。以下同じ。）として行う自衛隊に属する物品の提供及び自衛隊による役務の提供は、重要影響事態安全確保法別表第二に掲げるものとする。

2　国際平和共同対処事態における船舶検査活動は、自衛隊の部隊等が実施するものとする。この場合において、国際平和共同対処事態における船舶検査活動を行う自衛隊の部隊等において、その実施に伴い、当該活動に相当する活動を行う諸外国の軍隊等（国際平和協力支援活動法第三条第一項第一号に規定する諸外国の軍隊等をいう。）の部隊に対して協力支援活動（同項第二号に規定する協力支援活動をいう。以下同じ。）として行う自衛隊に属する物品の提供及び自衛隊による役務の提供は、国際平和協力支援活動法別表第二に掲げるものとする。

第四条（基本計画に定める事項） 1　重要影響事態における船舶検査活動の実施に際しては、次に掲げる事項を重要影響事態安全確保法第四条第一項に規定する基本計画に定めるものとする。

一　当該船舶検査活動に係る基本的事項
二　当該船舶検査活動を行う自衛隊の部隊等の規模及び構成並びに当該船舶検査活動又はその実施に

伴う前条第一項後段の後方支援活動を外国の領域で実施する場合には、これらの活動を外国の領域で実施する自衛隊の部隊等の装備及び派遣期間

三　当該船舶検査活動を実施する区域の範囲及び当該区域の指定に関する事項

四　第二条に規定する規制措置の対象物品の範囲

五　当該船舶検査活動の実施に伴う前条第一項後段の後方支援活動の実施に関する重要事項（当該後方支援活動を実施する区域の範囲及び当該区域の指定に関する事項を含む。）

六　その他当該船舶検査活動の実施に関する重要事項

2　国際平和共同対処事態における船舶検査活動の実施に際しては、次に掲げる事項を国際平和協力支援活動法第四条第一項に規定する基本計画に定めるものとする。

一　当該船舶検査活動に係る基本的事項

二　当該船舶検査活動を行う自衛隊の部隊等の規模及び構成並びに当該船舶検査活動又はその実施に伴う前条第二項後段の協力支援活動を外国の領域で実施する場合には、これらの活動を外国の領域で実施する自衛隊の部隊等の装備及び派遣期間

三　当該船舶検査活動を実施する区域の範囲及び当該区域の指定に関する事項

四　第二条に規定する規制措置の対象物品の範囲

五　当該船舶検査活動の実施に伴う前条第二項後段の協力支援活動の実施に関する重要事項（当該協力支援活動を実施する区域の範囲及び当該区域の指定に関する事項を含む。）

六　その他当該船舶検査活動の実施に関する重要事項

3　船舶検査活動又は重要影響事態における船舶検査活動の実施に伴う前条第一項後段の後方支援活動若しくは国際平和共同対処事態における船舶検査活動の実施に伴う同条第二項後段の協力支援活動を外国の領域で実施する場合には、当該外国（重要影響事態安全確保法第二条第四項又は国際平和協力支援活動法第二条第四項に規定する機関がある場合にあっては、当該機関）と協議して、実施する区域の範囲を定めるものとする。

第五条（船舶検査活動の実施の態様等）1　防衛大臣は、前条第一項又は第二項の基本計画（第五項において単に「基本計画」という。）に従い、船舶検査活動について、実施要項を定め、これについて内閣総理大臣の承認を得て、自衛隊の部隊等にその実施を命ずるものとする。

2　防衛大臣は、前項の実施要項において、実施される必要のある船舶検査活動の具体的内容を考慮し、自衛隊の部隊等がこれを円滑かつ安全に実施することができるように当該船舶検査活動を実施する区域（以下この条において「実施区域」という。）を指定するものとする。この場合において、実施区域は、当該船舶検査活動が外国による船舶検査活動に相当する活動と混交して行われることがないよう、かかる活動が実施される区域と明確に区別して指定しなければならない。

3　船舶検査活動の実施の態様は、別表に掲げるものとする。

4　防衛大臣は、実施区域の全部又は一部において、自衛隊の部隊等が船舶検査活動を円滑かつ安全に実施することが困難であると認める場合又は重要影響事態において外国の領域で実施する船舶検査活動についての重要影響事態安全確保法第二条第四項の同意若しくは国際平和共同対処事態において外国の領域で実施する船舶検査活動についての国際平和協力支援活動法第二条第四項の同意が存在しなくなったと認める場合には、速やかに、その指定を変更し、又はそこで実施されている活動の中断を命じなければならない。

5　前項に定めるもののほか、防衛大臣は、実施区域の全部又は一部がこの法律又は基本計画に定められた要件を満たさないものとなった場合には、速やかに、その指定を変更し、又はそこで実施されている活動の中断を命じなければならない。

6　第一項の規定は、同項の実施要項の変更（前二項の規定により実施区域を縮小する変更を除く。）について準用する。

7　重要影響事態安全確保法第六条の規定は、重要影響事態における船舶検査活動の実施に伴う第三条第一項後段の後方支援活動について、国際平和協力支援活動法第七条の規定は国際平和共同対処事態における船舶検査活動の実施に伴う第三条第二項後段の協力支援活動について、それぞれ準用する。

第六条（武器の使用）1　前条第一項の規定により船舶検査活動の実施を命ぜられ、又は同条第七項において準用する重要影響事態安全確保法第六条第二項の規定により重要影響事態における船舶検査活動の実施に伴う第三条第一項後段の後方支援活動としての自衛隊の役務の提供の実施を命ぜられ、若しくは前条第七項において準用する国際平和協力支援活動法第七条第二項の規定により国際平和共同対処事態における船舶検査活動の実施に伴う第三条第二項後段の協力支援活動としての自衛隊の役務の提供の実施を命ぜられた自衛隊の部隊等の自衛官は、自己又は自己と共に現場に所在する他の自衛隊員（自衛隊法第二条第五項に規定する隊員をいう。第五項において同じ。）若しくはその職務を行うに伴い自己の管理の下に入った者の生命又は身体の防護のためやむを得ない必要があると認める相当の理由がある場合には、その事態に応じ合理的に必要と判断される限度で武器（自衛隊が外国の領域で当該船舶検査活動又は当該後方支援活動若しくは当該協力支援活動を実施している場合については、第四条第一項第二号又は第二項第二号の規定により基本計画に定める装備に該当するものに限る。以下この条において同じ。）

を使用することができる。

2　前項の規定による武器の使用は、当該現場に上官が在るときは、その命令によらなければならない。ただし、生命又は身体に対する侵害又は危難が切迫し、その命令を受けるいとまがないときは、この限りでない。

3　第一項の場合において、当該現場に在る上官は、統制を欠いた武器の使用によりかえって生命若しくは身体に対する危険又は事態の混乱を招くこととなることを未然に防止し、当該武器の使用が同項及び次項の規定に従いその目的の範囲内において適正に行われることを確保する見地から必要な命令をするものとする。

4　第一項の規定による武器の使用に際しては、刑法（明治四〇年法律第四五号）第三六条又は第三七条に該当する場合のほか、人に危害を与えてはならない。

5　自衛隊法第九六条第三項の規定は、前条第一項の規定により船舶検査活動（我が国の領域外におけるものに限る。）の実施を命ぜられ、又は同条第七項において準用する重要影響事態安全確保法第六条第二項の規定により重要影響事態における船舶検査活動の実施に伴う第三条第一項後段の後方支援活動としての自衛隊の役務の提供（我が国の領域外におけるものに限る。）の実施を命ぜられ、若しくは前条第七項において準用する国際平和協力支援活動法第七条第二項の規定により国際平和共同対処事態における船舶検査活動の実施に伴う第三条第二項後段の協力支援活動としての自衛隊の役務の提供（我が国の領域外におけるものに限る。）の実施を命ぜられた自衛隊の部隊等の自衛官については、自衛隊員以外の者の犯した犯罪に関しては適用しない。

第七条（政令への委任）この法律に特別の定めがあるもののほか、この法律の実施のための手続その他この法律の施行に関し必要な事項は、政令で定める。

附　則（略）

別　表（第五条関係）

番号	区分	実施の態様
一	航行状況の監視	船舶の航行状況を監視すること。
二	自己の存在の顕示	航行する船舶に対し、必要に応じて、呼びかけ、信号弾及び照明弾の使用その他の適当な手段（実弾の使用を除く。）により自己の存在を示すこと。
三	船舶の名称等の照会	無線その他の通信手段を用いて、船舶の名称、船籍港、船長の氏名、直前の出発港又は出発地、目的港又は目的地、積荷その他の必要な事項を照会すること。
四	乗船しての検査、確認	船舶（軍艦等を除く。以下同じ。）の船長又は船長に代わって船舶を指揮する者（以下「船長等」という。）に対し当該船舶の停止を求め、船長等の承諾を得て、停止した当該船舶に乗船して書類及び積荷を検査し、確認すること。
五	航路等の変更の要請	船舶に第二条に規定する規制措置の対象物品が積載されていないことが確認できない場合において、当該船舶の船長等に対しその航路又は目的港若しくは目的地の変更を要請すること。
六	船長等に対する説得	四の項の求め又は五の項の変更の要請に応じない船舶の船長等に対し、これに応じるよう説得を行うこと。
七	接近、追尾等	六の項の説得を行うため必要な限度において、当該船舶に対し、接近、追尾、伴走及び進路前方における待機を行うこと。

13-38　国際連合平和維持活動等に対する協力に関する法律（国際平和協力法）（抄）

公　布　一九九二（平成四）年六月一九日（法律第七九号）
施　行　一九九二（平成四）年八月一日（政令第二六七号）
最終改正　二〇二一年（令和三）年五月一九日（法律第三六号）、施行　二〇二一年（令和三）年九月一日

第一章　総　則

第一条（目的）この法律は、国際連合平和維持活動、国際連携平和安全活動、人道的な国際救援活動及び国際的な選挙監視活動に対し適切かつ迅速な協力を行うため、国際平和協力業務実施要領の策定手続、国際平和協力業務実施計画及び国際平和協力隊の設置等について定めることにより、国際平和協力業務の実施体制を整備するとともに、これらの活動に対する物資協力のための措置等を講じ、もって我が国が国際連合を中心とした国際平和のための努力に積極的に寄与することを目的とする。

第二条（国際連合平和維持活動等に対する協力の基本原則）1　政府は、この法律に基づく国際平和協力業務の実施、物資協力、これらについての国以外の者の協力等（以下「国際平和協力業務の実施等」という。）を適切に組み合わせるとともに、国際平和協力業務の実施等に携わる者の創意と知見を活用することにより、国際連合平和維持活動、国際連携平和安全活動、人道的な国際救援活動及び国際的な選挙監視活動に効果的に協力するものとする。

2　国際平和協力業務の実施等は、武力による威嚇又は武力の行使に当たるものであってはならない。

3　内閣総理大臣は、国際平和協力業務の実施等に当たり、国際平和協力業務実施計画に基づいて、内閣を代表して行政各部を指揮監督する。

4　関係行政機関の長は、前条の目的を達成するため、国際平和協力業務の実施等に関し、国際平和協力本部長に協力するものとする。

第三条（定義）　この法律において、次の各号に掲げる用語の意義は、それぞれ当該各号に定めるところによる。

一　国際連合平和維持活動　国際連合の総会又は安全保障理事会が行う決議に基づき、武力紛争の当事者（以下「紛争当事者」という。）間の武力紛争の再発の防止に関する合意の遵守の確保、紛争による混乱に伴う切迫した暴力の脅威からの住民の保護、武力紛争の終了後に行われる民主的な手段による統治組織の設立及び再建の援助その他紛争に対処して国際の平和及び安全を維持することを目的として、国際連合の統括の下に行われる活動であって、国際連合事務総長（以下「事務総長」という。）の要請に基づき参加する二以上の国及び国際連合によって実施されるもののうち、次に掲げるものをいう。

イ　武力紛争の停止及びこれを維持するとの紛争当事者間の合意があり、かつ、当該活動が行われる地域の属する国（当該国において国際連合の総会又は安全保障理事会が行う決議に従って施政を行う機関がある場合にあっては、当該機関。以下同じ。）及び紛争当事者の当該活動が行われることについての同意がある場合に、いずれの紛争当事者にも偏ることなく実施される活動

ロ　武力紛争が終了して紛争当事者が当該活動が行われる地域に存在しなくなった場合において、当該活動が行われる地域の属する国の当該活動が行われることについての同意がある場合に実施される活動

ハ　武力紛争がいまだ発生していない場合において、当該活動が行われる地域の属する国の当該活動が行われることについての同意がある場合に、武力紛争の発生を未然に防止することを主要な目的として、特定の立場に偏ることなく実施される活動

二　国際連携平和安全活動　国際連合の総会、安全保障理事会若しくは経済社会理事会が行う決議、別表第一に掲げる国際機関が行う要請又は当該活動が行われる地域の属する国の要請（国際連合憲章第七条1に規定する国際連合の主要機関のいずれかの支持を受けたものに限る。）に基づき、紛争当事者間の武力紛争の再発の防止に関する合意の遵守の確保、紛争による混乱に伴う切迫した暴力の脅威からの住民の保護、武力紛争の終了後に行われる民主的な手段による統治組織の設立及び再建の援助その他紛争に対処して国際の平和及び安全を維持することを目的として行われる活動であって、二以上の国の連携により実施されるもののうち、次に掲げるもの（国際連合平和維持活動として実施される活動を除く。）をいう。

イ　武力紛争の停止及びこれを維持するとの紛争当事者間の合意があり、かつ、当該活動が行われる地域の属する国及び紛争当事者の当該活動が行われることについての同意がある場合に、いずれの紛争当事者にも偏ることなく実施される活動

ロ　武力紛争が終了して紛争当事者が当該活動が行われる地域に存在しなくなった場合において、当該活動が行われる地域の属する国の当該活動が行われることについての同意がある場合に実施される活動

ハ　武力紛争がいまだ発生していない場合において、当該活動が行われる地域の属する国の当該活動が行われることについての同意がある場合に、武力紛争の発生を未然に防止することを主要な目的として、特定の立場に偏ることなく実施される活動

三　人道的な国際救援活動　国際連合の総会、安全保障理事会若しくは経済社会理事会が行う決議又は別表第二に掲げる国際機関が行う要請に基づき、国際の平和及び安全の維持を危うくするおそれのある紛争（以下単に「紛争」という。）によって被害を受け若しくは受けるおそれがある住民その他の者（以下「被災民」という。）の救援のために又は紛争によって生じた被害の復旧のために人道的精神に基づいて行われる活動であって、当該活動が行われる地域の属する国の当該活動が行われることについての同意があり、かつ、当該活動が行われる地域の属する国が紛争当事者である場合においては武力紛争の停止及びこれを維持するとの紛争当事者間の合意がある場合に、国際連合その他の国際機関又は国際連合加盟国その他の国（次号及び第六号において「国際連合等」という。）によって実施されるもの（国際連合平和維持活動として実施される活動及び国際連携平和安全活動として実施される活動を除く。）をいう。

四　国際的な選挙監視活動　国際連合の総会若しくは安全保障理事会が行う決議又は別表第三に掲げる国際機関が行う要請に基づき、紛争によって混乱を生じた地域において民主的な手段により統治組織を設立しその他その混乱を解消する過程で行われる選挙又は投票の公正な執行を確保するために行われる活動であって、当該活動が行われる地域の属する国の当該活動が行われることについての同意があり、かつ、当該活動が行われる地域の属する国が紛争当事者である場合においては武力紛争の停止及びこれを維持するとの紛争当事者間の合意がある場合に、国際連合等によって実施されるもの（国際連合平和維持活動として実施される活動及び国際連携平和安全活動として実施され

る活動を除く。)をいう。

五　国際平和協力業務　国際連合平和維持活動のために実施される業務で次に掲げるもの、国際連携平和安全活動のために実施される業務で次に掲げるもの、人道的な国際救援活動のために実施される業務で次のワからツまで、ナ及びラに掲げるもの並びに国際的な選挙監視活動のために実施される業務で次のチ及びナに掲げるもの(これらの業務にそれぞれ附帯する業務を含む。以下同じ。)であって、海外で行われるものをいう。

イ　武力紛争の停止の遵守状況の監視又は紛争当事者間で合意された軍隊の再配置若しくは撤退若しくは武装解除の履行の監視

ロ　緩衝地帯その他の武力紛争の発生の防止のために設けられた地域における駐留及び巡回

ハ　車両その他の運搬手段又は通行人による武器(武器の部品を含む。ニにおいて同じ。)の搬入又は搬出の有無の検査又は確認

ニ　放棄された武器の収集、保管又は処分

ホ　紛争当事者が行う停戦線その他これに類する境界線の設定の援助

ヘ　紛争当事者間の捕虜の交換の援助

ト　防護を必要とする住民、被災民その他の者の生命、身体及び財産に対する危害の防止及び抑止その他特定の区域の保安のための監視、駐留、巡回、検問及び警護

チ　警察行政事務に関する助言若しくは指導又は警察行政事務の監視

リ　チに掲げるもののほか、行政事務に関する助言又は指導

ヌ　矯正行政事務に関する助言若しくは指導又は矯正行政事務の監視

ル　リ及びヌに掲げるもののほか、立法、行政(ヌに規定する組織に係るものを除く。)又は司法に関する事務に関する助言又は指導

ヲ　国の防衛に関する組織その他のイからトまで又はワからネまでに掲げるものと同種の業務を行う組織の設立又は再建を援助するための次に掲げる業務

(1)　イからトまで又はワからネまでに掲げるものと同種の業務に関する助言又は指導

(2)　(1)に規定する業務の実施に必要な基礎的な知識及び技能を修得させるための教育訓練

ワ　医療(防疫上の措置を含む。)

カ　被災民の捜索若しくは救出又は帰還の援助

ヨ　被災民に対する食糧、衣料、医薬品その他の生活関連物資の配布

タ　被災民を収容するための施設又は設備の設置

レ　紛争によって被害を受けた施設又は設備であって被災民の生活上必要なものの復旧又は整備のための措置

ソ　紛争によって汚染その他の被害を受けた自然環境の復旧のための措置

ツ　イからソまでに掲げるもののほか、輸送、保管(備蓄を含む。)、通信、建設、機械器具の据付け、検査若しくは修理又は補給(武器の提供を行う補給を除く。)

ネ　国際連合平和維持活動又は国際連携平和安全活動を統括し、又は調整する組織において行うイからツまでに掲げる業務の実施に必要な企画及び立案並びに調整又は情報の収集整理

ナ　イからネまでに掲げる業務に類するものとして政令で定める業務

ラ　ヲからネまでに掲げる業務又はこれらの業務に類するものとしてナの政令で定める業務を行う場合であって、国際連合平和維持活動、国際連携平和安全活動若しくは人道的な国際救援活動に従事する者又はこれらの活動を支援する者(以下このラ及び第二六条第二項において「活動関係者」という。)の生命又は身体に対する不測の侵害又は危難が生じ、又は生ずるおそれがある場合に、緊急の要請に対応して行う当該活動関係者の生命及び身体の保護

六　物資協力　次に掲げる活動を行っている国際連合等に対して、その活動に必要な物品を無償又は時価よりも低い対価で譲渡することをいう。

イ　国際連合平和維持活動

ロ　国際連携平和安全活動

ハ　人道的な国際救援活動(別表第四に掲げる国際機関によって実施される場合にあっては、第三号に規定する決議若しくは要請又は合意が存在しない場合における同号に規定する活動を含むものとする。第三〇条第一項及び第三項において同じ。)

ニ　国際的な選挙監視活動

七　海外　我が国以外の領域(公海を含む。)をいう。

八　派遣先国　国際平和協力業務が行われる外国(公海を除く。)をいう。

九　関係行政機関　次に掲げる機関で政令で定めるものをいう。

イ　内閣府並びに内閣府設置法(平成一一年法律第八九号)第四九条第一項及び第二項に規定する機関、デジタル庁並びに国家行政組織法(昭和二三年法律第一二〇号)第三条第二項に規定する機関

ロ　内閣府設置法第四〇条及び第五六条並びに国家行政組織法第八条の三に規定する特別の機関

第二章　国際平和協力本部

第四条(設置及び所掌事務) 1　内閣府に、国際平和協力本部(以下「本部」という。)を置く。

2　本部は、次に掲げる事務をつかさどる。

一　国際平和協力業務実施計画(以下「実施計画」という。)の案の作成に関すること。

二　国際平和協力業務実施要領(以下「実施要領」と

いう。）の作成又は変更に関すること。
三　前号の変更を適正に行うための、派遣先国において実施される必要のある国際平和協力業務の具体的内容を把握するための調査、実施した国際平和協力業務の効果の測定及び分析並びに派遣先国における国際連合の職員その他の者との連絡に関すること。
四　国際平和協力隊（以下「協力隊」という。）の運用に関すること。
五　国際平和協力業務の実施のための関係行政機関への要請、輸送の委託及び国以外の者に対する協力の要請に関すること。
六　物資協力に関すること。
七　国際平和協力業務の実施等に関する調査（第三号に掲げるものを除く。）及び知識の普及に関すること。
八　前各号に掲げるもののほか、法令の規定により本部に属させられた事務

第五条（組織）1　本部の長は、国際平和協力本部長（以下「本部長」という。）とし、内閣総理大臣をもって充てる。
2　本部長は、本部の事務を総括し、所部の職員を指揮監督する。
3　本部に、国際平和協力副本部長（次項において「副本部長」という。）を置き、内閣官房長官をもって充てる。
4　副本部長は、本部長の職務を助ける。
5　本部に、国際平和協力本部員（以下この条において「本部員」という。）を置く。
6　本部員は、内閣法（昭和二二年法律第五号）第九条の規定によりあらかじめ指定された国務大臣、関係行政機関の長、内閣府設置法第九条第一項に規定する特命担当大臣及びデジタル大臣のうちから、内閣総理大臣が任命する。
7　本部員は、本部長に対し、本部の事務に関し意見を述べることができる。
8　本部に、政令で定めるところにより、実施計画ごとに、期間を定めて、自ら国際平和協力業務を行うとともに海外において前条第二項第三号に掲げる事務を行う組織として、協力隊を置くことができる。
9　本部に、本部の事務（協力隊の行うものを除く。）を処理させるため、事務局を置く。
10　事務局に、事務局長その他の職員を置く。
11　事務局長は、本部長の命を受け、局務を掌理する。
12　前各項に定めるもののほか、本部の組織に関し必要な事項は、政令で定める。

第三章　国際平和協力業務等

第一節　国際平和協力業務

第六条（実施計画）1　内閣総理大臣は、我が国として国際平和協力業務を実施することが適当であると認める場合であって、次に掲げる同意があるとき（国際連合平和維持活動又は国際連携平和安全活動のために実施する国際平和協力業務であって第三条第五号トに掲げるもの若しくはこれに類するものとして同号ナの政令で定めるもの又は同号ラに掲げるものを実施する場合にあっては、同条第一号イからハまで又は第二号イからハまでに規定する同意及び第一号又は第二号に掲げる同意が当該活動及び当該業務が行われる期間を通じて安定的に維持されると認められるときに限り、人道的な国際救援活動のために実施する国際平和協力業務であって同条第五号ラに掲げるものを実施する場合にあっては、同条第三号に規定する同意及び第三号に掲げる同意が当該活動及び当該業務が行われる期間を通じて安定的に維持され、並びに当該活動が行われる地域の属する国が紛争当事者であるときは、紛争当事者の当該活動及び当該業務が行われることについての同意があり、かつ、その同意が当該活動及び当該業務が行われる期間を通じて安定的に維持されると認められるときに限る。）は、国際平和協力業務を実施すること及び実施計画の案につき閣議の決定を求めなければならない。
一　国際連合平和維持活動のために実施する国際平和協力業務については、紛争当事者及び当該活動が行われる地域の属する国の当該業務の実施についての同意（第三条第一号ロ又はハに該当する活動にあっては、当該活動が行われる地域の属する国の）当該業務の実施についての同意（同号ハに該当する活動にあっては、当該地域において当該業務の実施に支障となる明確な反対の意思を示す者がいない場合に限る。）
二　国際連携平和安全活動のために実施する国際平和協力業務については、紛争当事者及び当該活動が行われる地域の属する国の当該業務の実施についての同意（第三条第二号ロ又はハに該当する活動にあっては、当該活動が行われる地域の属する国の当該業務の実施についての同意（同号ハに該当する活動にあっては、当該地域において当該業務の実施に支障となる明確な反対の意思を示す者がいない場合に限る。））
三　人道的な国際救援活動のために実施する国際平和協力業務については、当該活動が行われる地域の属する国の当該業務の実施についての同意
四　国際的な選挙監視活動のために実施する国際平和協力業務については、当該活動が行われる地域の属する国の当該業務の実施についての同意
2　実施計画に定める事項は、次のとおりとする。
一　当該国際平和協力業務の実施に関する基本方針
二　協力隊の設置その他当該国際平和協力業務の実施に関する次に掲げる事項
イ　実施すべき国際平和協力業務の種類及び内容
ロ　派遣先国及び国際平和協力業務を行うべき期間
ハ　協力隊の規模及び構成並びに装備

ニ　海上保安庁の船舶又は航空機を用いて当該国際平和協力業務を行う場合における次に掲げる事項
(1)　海上保安庁の船舶又は航空機を用いて行う国際平和協力業務の種類及び内容
(2)　国際平和協力業務を行う海上保安庁の職員の規模及び構成並びに装備
ホ　自衛隊の部隊等（自衛隊法（昭和二九年法律第一六五号）第八条に規定する部隊等をいう。以下同じ。）が当該国際平和協力業務を行う場合における次に掲げる事項
(1)　自衛隊の部隊等が行う国際平和協力業務の種類及び内容
(2)　国際平和協力業務を行う自衛隊の部隊等の規模及び構成並びに装備
へ　第二一条第一項の規定に基づき海上保安庁長官又は防衛大臣に委託することができる輸送の範囲
ト　関係行政機関の協力に関する重要事項
チ　その他当該国際平和協力業務の実施に関する重要事項

3　外務大臣は、国際平和協力業務を実施することが適当であると認めるときは、内閣総理大臣に対し、第一項の閣議の決定を求めるよう要請することができる。

4　第二項第二号に掲げる装備は、第二条第二項及び第三条第一号から第四号までの規定の趣旨に照らし、この節の規定を実施するのに必要な範囲内で実施計画に定めるものとする。この場合において、国際連合平和維持活動のために実施する国際平和協力業務に係る装備は、事務総長が必要と認める限度で定めるものとする。

5　海上保安庁の船舶又は航空機を用いて行われる国際平和協力業務は、第三条第五号リ若しくはルに掲げる業務（海上保安庁法（昭和二三年法律第二八号）第五条に規定する事務に係るものに限る。）、同号ワからツまでに掲げる業務又はこれらの業務に類するものとして同号ナの政令で定める業務であって、同法第二五条の趣旨に鑑み海上保安庁の船舶又は航空機を用いて行うことが適当であると認められるもののうちから、海上保安庁の任務遂行に支障を生じない限度において、実施計画に定めるものとする。

6　自衛隊の部隊等が行う国際平和協力業務は、第三条第五号イからトまでに掲げる業務、同号ヲからネまでに掲げる業務、これらの業務に類するものとして同号ナの政令で定める業務又は同号ラに掲げる業務であって自衛隊の部隊等が行うことが適当であると認められるもののうちから、自衛隊の主たる任務の遂行に支障を生じない限度において、実施計画に定めるものとする。

7　自衛隊の部隊等が行う国際連合平和維持活動又は国際連携平和安全活動のために実施される国際平和協力業務であって第三条第五号イからトまでに掲げるもの又はこれらの業務に類するものとして同号ナの政令で定めるものについては、内閣総理大臣は、当該国際平和協力業務に従事する自衛隊の部隊等の海外への派遣の開始前に、我が国として国際連合平和維持隊に参加し、又は他国と連携して国際連携平和安全活動を実施するに際しての基本的な五つの原則（第三条第一号及び第二号、本条第一項（第三号及び第四号を除く。）及び第一三項（第一号から第六号まで、第九号及び第一〇号に係る部分に限る。）、第八条第一項第六号及び第七号、第二五条並びに第二六条の規定の趣旨をいう。）及びこの法律の目的に照らし、当該国際平和協力業務を実施することにつき、実施計画を添えて国会の承認を得なければならない。ただし、国会が閉会中の場合又は衆議院が解散されている場合には、当該国際平和協力業務に従事する自衛隊の部隊等の海外への派遣の開始後最初に召集される国会において、遅滞なく、その承認を求めなければならない。

8　前項本文の規定により内閣総理大臣から国会の承認を求められた場合には、先議の議院にあっては内閣総理大臣が国会の承認を求めた後国会の休会中の期間を除いて七日以内に、後議の議院にあっては先議の議院から議案の送付があった後国会の休会中の期間を除いて七日以内に、それぞれ議決するよう努めなければならない。

9　政府は、第七項ただし書の場合において不承認の議決があったときは、遅滞なく、同項の国際平和協力業務を終了させなければならない。

10　第七項の国会の承認を得た日から二年を経過する日を超えて引き続きこれを行おうとするときは、内閣総理大臣は、当該日の三〇日前の日から当該日までの間に、当該国際平和協力業務を引き続き行うことにつき、実施計画を添えて国会に付議して、その承認を求めなければならない。ただし、国会が閉会中の場合又は衆議院が解散されている場合には、その後最初に召集される国会においてその承認を求めなければならない。

11　政府は、前項の場合において不承認の議決があったときは、遅滞なく、第七項の国際平和協力業務を終了させなければならない。

12　前二項の規定は、国会の承認を得て第七項の国際平和協力業務を継続した後、更に二年を超えて当該国際平和協力業務を引き続き行おうとする場合について準用する。

13　内閣総理大臣は、実施計画の変更（第一号から第八号までに掲げる場合に行うべき国際平和協力業務に従事する者の海外への派遣の終了及び第九号から第一一号までに掲げる場合に行うべき当該各号に規定する業務の終了に係る変更を含む。次項において同じ。）をすることが必要であると認めるとき、又は適当であると認めるときは、実施計画の変更の案に

つき閣議の決定を求めなければならない。

一　国際連合平和維持活動（第三条第一号イに該当するものに限る。）のために実施する国際平和協力業務については、同号イに規定する合意若しくは同意若しくは第一項第一号に掲げる同意が存在しなくなったと認められる場合又は当該活動がいずれの紛争当事者にも偏ることなく実施されなくなったと認められる場合

二　国際連合平和維持活動（第三条第一号ロに該当するものに限る。）のために実施する国際平和協力業務については、同号ロに規定する同意若しくは第一項第一号に掲げる同意が存在しなくなったと認められる場合又は紛争当事者が当該活動が行われる地域に存在すると認められる場合

三　国際連合平和維持活動（第三条第一号ハに該当するものに限る。）のために実施する国際平和協力業務については、同号ハに規定する同意若しくは第一項第一号に掲げる同意が存在しなくなったと認められる場合、当該活動が特定の立場に偏ることなく実施されなくなったと認められる場合又は武力紛争の発生を防止することが困難となった場合

四　国際連携平和安全活動（第三条第二号イに該当するものに限る。）のために実施する国際平和協力業務については、同号イに規定する合意若しくは同意若しくは第一項第二号に掲げる同意が存在しなくなったと認められる場合又は当該活動がいずれの紛争当事者にも偏ることなく実施されなくなったと認められる場合

五　国際連携平和安全活動（第三条第二号ロに該当するものに限る。）のために実施する国際平和協力業務については、同号ロに規定する同意若しくは第一項第二号に掲げる同意が存在しなくなったと認められる場合又は紛争当事者が当該活動が行われる地域に存在すると認められる場合

六　国際連携平和安全活動（第三条第二号ハに該当するものに限る。）のために実施する国際平和協力業務については、同号ハに規定する同意若しくは第一項第二号に掲げる同意が存在しなくなったと認められる場合、当該活動が特定の立場に偏ることなく実施されなくなったと認められる場合又は武力紛争の発生を防止することが困難となった場合

七　人道的な国際救援活動のために実施する国際平和協力業務については、第三条第三号に規定する同意若しくは合意又は第一項第三号に掲げる同意が存在しなくなったと認められる場合

八　国際的な選挙監視活動のために実施する国際平和協力業務については、第三条第四号に規定する同意若しくは合意又は第一項第四号に掲げる同意が存在しなくなったと認められる場合

九　国際連合平和維持活動のために実施する国際平和協力業務であって第三条第五号トに掲げるもの若しくはこれに類するものとして同号ナの政令で定めるもの又は同号ラに掲げるものについては、同条第一号イに規定する合意の遵守の状況その他の事情を勘案して、同号イからハまでに規定する同意又は第一項第一号に掲げる同意が当該活動及び当該業務が行われる期間を通じて安定的に維持されると認められなくなった場合

一〇　国際連携平和安全活動のために実施する国際平和協力業務であって第三条第五号トに掲げるもの若しくはこれに類するものとして同号ナの政令で定めるもの又は同号ラに掲げるものについては、同条第二号イに規定する合意の遵守の状況その他の事情を勘案して、同号イからハまでに規定する同意又は第一項第二号に掲げる同意が当該活動及び当該業務が行われる期間を通じて安定的に維持されると認められなくなった場合

一一　人道的な国際救援活動のために実施する国際平和協力業務であって第三条第五号ラに掲げるものについては、同条第三号に規定する合意がある場合におけるその遵守の状況その他の事情を勘案して、同号に規定する同意若しくは第一項第三号に掲げる同意又は当該活動が行われる地域の属する国が紛争当事者である場合における紛争当事者の当該活動若しくは当該業務が行われることについての同意が当該活動及び当該業務が行われる期間を通じて安定的に維持されると認められなくなった場合

14　外務大臣は、実施計画の変更をすることが必要であると認めるとき、又は適当であると認めるときは、内閣総理大臣に対し、前項の閣議の決定を求めるよう要請することができる。

第七条（国会に対する報告）内閣総理大臣は、次の各号に掲げる場合には、それぞれ当該各号に規定する事項を、遅滞なく、国会に報告しなければならない。

一　実施計画の決定又は変更があったとき　当該決定又は変更に係る実施計画の内容

二　実施計画に定める国際平和協力業務が終了したとき　当該国際平和協力業務の実施の結果

三　実施計画に定める国際平和協力業務を行う期間に係る変更があったとき　当該変更前の期間における当該国際平和協力業務の実施の状況

第八条（実施要領）1　本部長は、実施計画に従い、国際平和協力業務を実施するため、次の第一号から第五号までに掲げる事項についての具体的内容及び第六号から第九号までに掲げる事項を定める実施要領を作成し、及び必要に応じこれを変更するものとする。

一　当該国際平和協力業務が行われるべき地域及び期間

二　前号に掲げる地域及び期間ごとの当該国際平和協力業務の種類及び内容

三　第一号に掲げる地域及び期間ごとの当該国際平

和協力業務の実施の方法（当該国際平和協力業務に使用される装備に関する事項を含む。）

四　第一号に掲げる地域及び期間ごとの当該国際平和協力業務に従事すべき者に関する事項

五　派遣先国の関係当局及び住民との関係に関する事項

六　第六条第一三項第一号から第八号までに掲げる場合において国際平和協力業務に従事する者が行うべき国際平和協力業務の中断に関する事項

七　第六条第一三項第九号から第一一号までに掲げる場合において第三条第五号トに掲げる業務若しくはこれに類するものとして同号ナの政令で定める業務又は同号ラに掲げる業務に従事する者が行うべき当該業務の中断に関する事項

八　危険を回避するための国際平和協力業務の一時休止その他の協力隊の隊員の安全を確保するための措置に関する事項

九　その他本部長が当該国際平和協力業務の実施のために必要と認める事項

2　実施要領の作成及び変更は、国際連合平和維持活動として実施される国際平和協力業務に関しては、前項第六号及び第七号に掲げる事項に関し本部長が必要と認める場合を除き、事務総長又は派遣先国において事務総長の権限を行使する者が行う指図に適合するように行うものとする。

3　本部長は、必要と認めるときは、その指定する協力隊の隊員に対し、実施要領の作成又は変更に関する権限の一部を委任することができる。

第九条（国際平和協力業務等の実施）1　協力隊は、実施計画及び実施要領に従い、国際平和協力業務を行う。

2　協力隊の隊員は、第二条第一項の規定の趣旨にかんがみ、第四条第二項第三号に掲げる事務に従事するに当たり、国際平和協力業務が行われる現地の状況の変化に応じ、同号の事務が適切に実施される上で有益であると思われる情報及び資料の収集に積極的に努めるものとする。

3　海上保安庁長官は、実施計画に定められた第六条第五項の国際平和協力業務について本部長から要請があった場合には、実施計画及び実施要領に従い、海上保安庁の船舶又は航空機の乗組員たる海上保安庁の職員に、当該船舶又は航空機を用いて国際平和協力業務を行わせることができる。

4　防衛大臣は、実施計画に定められた第六条第六項の国際平和協力業務について本部長から要請があった場合には、実施計画及び実施要領に従い、自衛隊の部隊等に国際平和協力業務を行わせることができる。

5　前二項の規定に基づいて国際平和協力業務が実施される場合には、第三項の海上保安庁の職員又は前項の自衛隊の部隊等に所属する自衛隊員（自衛隊法第二条第五項に規定する隊員をいう。以下同じ。）は、それぞれ、実施計画及び実施要領に従い、当該国際平和協力業務に従事するものとする。

6　協力隊は、外務大臣の指定する在外公館と密接に連絡を保つものとする。

7　外務大臣の指定する在外公館長は、外務大臣の命を受け、国際平和協力業務の実施のため必要な協力を行うものとする。

第一〇条（隊員の安全の確保等）本部長は、国際平和協力業務の実施に当たっては、その円滑かつ効果的な推進に努めるとともに、協力隊の隊員（以下「隊員」という。）の安全の確保に配慮しなければならない。

第一一条（隊員の任免）本部長は、隊員の任免を行う。

第一二条（隊員の採用）1　本部長は、第三条第五号ニ若しくはチからネまでに掲げる業務又はこれらの業務に類するものとして同号ナの政令で定める業務に係る国際平和協力業務に従事させるため、当該国際平和協力業務に従事することを志望する者のうちから、選考により、任期を定めて隊員を採用することができる。

2　本部長は、前項の規定による採用に当たり、関係行政機関若しくは地方公共団体又は民間の団体の協力を得て、広く人材の確保に努めるものとする。

第一三条（関係行政機関の職員の協力隊への派遣）1　本部長は、関係行政機関の長に対し、実施計画に従い、国際平和協力業務（第三条第五号ラに掲げる業務を除く。）であって協力隊が行うものを実施するため必要な技術、能力等を有する職員（国家公務員法（昭和二二年法律第一二〇号）第二条第三項各号（第一六号を除く。）に掲げる者を除く。）を協力隊に派遣するよう要請することができる。ただし、第三条第五号イからハまで及びホからトまでに掲げる業務並びにこれらの業務に類するものとして同号ナの政令で定める業務に係る国際平和協力業務については、自衛隊員以外の者の派遣を要請することはできず、同号チに掲げる業務及びこれに類するものとして同号ナの政令で定める業務に係る国際平和協力業務については自衛隊員の派遣を要請することはできない。

2　関係行政機関の長は、前項の規定による要請があったときは、その所掌事務に支障を生じない限度において、同項の職員に該当する職員を期間を定めて協力隊に派遣するものとする。

3　前項の規定により派遣された職員のうち自衛隊員以外の者は、従前の官職を保有したまま、同項の期間を任期として隊員に任用されるものとする。

4　第二項の規定により派遣された自衛隊員は、同項の期間を任期として隊員に任用されるものとし、隊員の身分及び自衛隊員の身分を併せ有することとなるものとする。

5　第三項の規定により従前の官職を保有したまま隊員に任用される者又は前項の規定により隊員の身分及び自衛隊員の身分を併せ有する者は、本部長の指揮監督の下に国際平和協力業務に従事する。

6　本部長は、第二項の規定に基づき防衛大臣により派遣された隊員（以下この条において「自衛隊派遣隊員」という。）についてその派遣の必要がなくなった場合その他政令で定める場合には、当該自衛隊派遣隊員の隊員としての身分を失わせるものとする。この場合には、当該自衛隊員は、自衛隊に復帰するものとする。

7　自衛隊派遣隊員は、自衛隊員の身分を失ったときは、同時に隊員の身分を失うものとする。

8　第四項の規定により隊員の身分及び自衛隊員の身分を併せ有することとなる者に対する給与等（第一七条に規定する国際平和協力手当以外の給与、災害補償及び退職手当並びに共済組合の制度をいう。）に関する法令の適用については、その者は、自衛隊のみに所属するものとみなす。

9　第四項から前項までに定めるもののほか、同項に規定する者の身分取扱いに関し必要な事項は、政令で定める。

第一四条（同）1　海上保安庁長官は、第九条第三項の規定に基づき同項の海上保安庁の職員に国際平和協力業務を行わせるときは、当該職員を、期間を定めて協力隊に派遣するものとする。この場合において、派遣された海上保安庁の職員は、従前の官職を保有したまま当該期間を任期として隊員に任用されるものとし、隊員として第四条第二項第三号に掲げる事務に従事する。

2　防衛大臣は、第九条第四項の規定に基づき自衛隊の部隊等に国際平和協力業務を行わせるときは、当該自衛隊の部隊等に所属する自衛隊員を、期間を定めて協力隊に派遣するものとする。この場合において、派遣された自衛隊員は、当該期間を任期として隊員に任用され、自衛隊員の身分及び隊員の身分を併せ有することとなるものとし、隊員として第四条第二項第三号に掲げる事務に従事する。

3　前項に定めるもののほか、同項の規定により自衛隊員の身分及び隊員の身分を併せ有することとなる者の身分取扱いについては、前条第六項から第九項までの規定を準用する。

第一五条（国家公務員法の適用除外）
第一六条（研修）
第一七条（国際平和協力手当）
第一八条（服制等）
（略）

第一九条（国際平和協力業務に従事する者の総数の上限） 国際平和協力業務に従事する者の総数は、二〇〇〇人を超えないものとする。

第二〇条（隊員の定員） 隊員の定員は、実施計画に従って行われる国際平和協力業務の実施に必要な定員で個々の協力隊ごとに政令で定めるものとする。

第二一条（輸送の委託） 1　本部長は、実施計画に基づき、海上保安庁長官又は防衛大臣に対し、第三条第五号カに規定する国際平和協力業務の実施のための船舶若しくは航空機による被災民の輸送又は同号ワからソまでに規定する国際平和協力業務の実施のための船舶若しくは航空機による物品の輸送（派遣先国の国内の地域間及び一の派遣先国と隣接する他の国との間で行われる被災民の輸送又は物品の輸送を除く。）を委託することができる。

2　海上保安庁長官は、前項の規定による委託があった場合には、海上保安庁の任務遂行に支障を生じない限度において、当該委託を受け、及びこれを実施することができる。

3　防衛大臣は、第一項の規定による委託があった場合には、自衛隊の主たる任務の遂行に支障を生じない限度において、当該委託を受け、及びこれを実施することができる。

第二二条（関係行政機関の協力） 1　本部長は、協力隊が行う国際平和協力業務を実施するため必要があると認めるときは、関係行政機関の長に対し、その所管に属する物品の管理換えその他の協力を要請することができる。

2　関係行政機関の長は、前項の規定による要請があったときは、その所掌事務に支障を生じない限度において、同項の協力を行うものとする。

第二三条（小型武器の保有及び貸与） 本部は、隊員の安全保持のために必要な政令で定める種類の小型武器を保有することができる。

第二四条（同）1　本部長は、第九条第一項の規定により協力隊が派遣先国において行う国際平和協力業務（第三条第五号チに掲げる業務及びこれに類するものとして同号ナの政令で定める業務を除く。）に隊員を従事させるに当たり、現地の治安の状況等を勘案して特に必要と認める場合には、当該隊員が派遣先国に滞在する間、前条の小型武器であって第六条第二項第二号ハ及び第四項の規定により実施計画に定める装備であるものを当該隊員に貸与することができる。

2　小型武器を管理する責任を有する者として本部の職員のうちから本部長により指定された者は、前項の規定により隊員に貸与するため、小型武器を保管することができる。

3　小型武器の貸与の基準、管理等に関し必要な事項は、政令で定める。

第二五条（武器の使用） 1　前条第一項の規定により小型武器の貸与を受け、派遣先国において国際平和協力業務に従事する隊員は、自己又は自己と共に現場に所在する他の隊員若しくはその職務を行うに伴い自己の管理の下に入った者の生命又は身体を防護するためやむを得ない必要があると認める相当の理由がある場合には、その事態に応じ合理的に必要と判断される限度で、当該小型武器を使用することができる。

2　第九条第五項の規定により派遣先国において国際平和協力業務に従事する海上保安官又は海上保安官補（以下この条において「海上保安官等」という。）は、自己又は自己と共に現場に所在する他の海上保安庁の職員、隊員若しくはその職務を行うに伴い自己の管理の下に入った者の生命又は身体を防護するためやむを得ない必要があると認める相当の理由がある場合には、その事態に応じ合理的に必要と判断される限度で、第六条第二項第二号ニ(2)及び第四項の規定により実施計画に定める装備である第二三条の政令で定める種類の小型武器で、当該海上保安官等が携帯するものを使用することができる。

3　第九条第五項の規定により派遣先国において国際平和協力業務に従事する自衛官は、自己又は自己と共に現場に所在する他の自衛隊員、隊員若しくはその職務を行うに伴い自己の管理の下に入った者の生命又は身体を防護するためやむを得ない必要があると認める相当の理由がある場合には、その事態に応じ合理的に必要と判断される限度で、第六条第二項第二号ホ(2)及び第四項の規定により実施計画に定める装備である武器を使用することができる。

4　前二項の規定による小型武器又は武器の使用は、当該現場に上官が在るときは、その命令によらなければならない。ただし、生命又は身体に対する侵害又は危難が切迫し、その命令を受けるいとまがないときは、この限りでない。

5　第二項又は第三項の場合において、当該現場に在る上官は、統制を欠いた小型武器又は武器の使用によりかえって生命若しくは身体に対する危険又は事態の混乱を招くこととなることを未然に防止し、当該小型武器又は武器の使用がこれらの規定及び次項の規定に従いその目的の範囲内において適正に行われることを確保する見地から必要な命令をするものとする。

6　第一項から第三項までの規定による小型武器又は武器の使用に際しては、刑法(明治四〇年法律第四五号)第三六条又は第三七条の規定に該当する場合を除いては、人に危害を与えてはならない。

7　第九条第五項の規定により派遣先国において国際平和協力業務に従事する自衛官は、その宿営する宿営地(宿営のために使用する区域であって、囲障が設置されることにより他と区別されるものをいう。以下この項において同じ。)であって当該国際平和協力業務に係る国際連合平和維持活動、国際連携平和安全活動又は人道的な国際救援活動に従事する外国の軍隊の部隊の要員が共に宿営するものに対する攻撃があったときは、当該宿営地に所在する者の生命又は身体を防護するための措置をとる当該要員と共同して、第三項の規定による武器の使用をすることができる。この場合において、同項から第五項までの規定の適用については、第三項中「現場に所在する他の自衛隊員、隊員若しくはその職務を行うに伴い自己の管理の下に入った者」とあるのは「その宿営する宿営地(第七項に規定する宿営地をいう。次項及び第五項において同じ。)に所在する者」と、「その事態」とあるのは「第七項に規定する外国の軍隊の部隊の要員による措置の状況をも踏まえ、その事態」と、第四項及び第五項中「現場」とあるのは「宿営地」とする。

8　海上保安庁法第二〇条の規定は、第九条第五項の規定により派遣先国において国際平和協力業務に従事する海上保安官等については、適用しない。

9　自衛隊法第九六条第三項の規定は、第九条第五項の規定により派遣先国において国際平和協力業務に従事する自衛官については、自衛隊員以外の者の犯した犯罪に関しては適用しない。

10　第一項の規定は第八条第一項第六号に規定する国際平和協力業務の中断(以下この項において「業務の中断」という。)がある場合における当該国際平和協力業務に係る隊員について、第二項及び第八項の規定は業務の中断がある場合における当該国際平和協力業務に係る海上保安官等について、第三項、第七項及び前項の規定は業務の中断がある場合における当該国際平和協力業務に係る自衛官について、第四項及び第五項の規定はこの項において準用する第二項の規定及びこの項において準用する第三項(第七項の規定により読み替えて適用する場合を含む。)の規定による小型武器又は武器の使用について、第六項の規定はこの項において準用する第一項及び第二項の規定並びにこの項において準用する第三項(第七項の規定により読み替えて適用する場合を含む。)の規定による小型武器又は武器の使用について、それぞれ準用する。

第二六条　1　前条第三項(同条第七項の規定により読み替えて適用する場合を含む。)に規定するもののほか、第九条第五項の規定により派遣先国において国際平和協力業務であって第三条第五号トに掲げるもの又はこれに類するものとして同号ナの政令で定めるものに従事する自衛官は、その業務を行うに際し、自己若しくは他人の生命、身体若しくは財産を防護し、又はその業務を妨害する行為を排除するためやむを得ない必要があると認める相当の理由がある場合には、その事態に応じ合理的に必要と判断される限度で、第六条第二項第二号ホ(2)及び第四項の規定により実施計画に定める装備である武器を使用することができる。

2　前条第三項(同条第七項の規定により読み替えて適用する場合を含む。)に規定するもののほか、第九条第五項の規定により派遣先国において国際平和協力業務であって第三条第五号ラに掲げるものに従事する自衛官は、その業務を行うに際し、自己又はその保護しようとする活動関係者の生命又は身体を防護するためやむを得ない必要があると認める相当の理由がある場合には、その事態に応じ合理的に必要と判断される限度で、第六条第二項第二号ホ(2)及び第四項の規定により実施計画に定める装備である武器を使用することができる。

3　前二項の規定による武器の使用に際しては、刑法第三六条又は第三七条の規定に該当する場合を除いては、人に危害を与えてはならない。

4　自衛隊法第八九条第二項の規定は、第一項又は第二項の規定により自衛官が武器を使用する場合について準用する。

第二節　自衛官の国際連合への派遣

第二七条（自衛官の派遣）1　防衛大臣は、国際連合の要請に応じ、国際連合の業務であって、国際連合平和維持活動に参加する自衛隊の部隊等又は外国の軍隊の部隊により実施される業務の統括に関するものに従事させるため、内閣総理大臣の同意を得て、自衛官を派遣することができる。

2　内閣総理大臣は、前項の規定により派遣される自衛官が従事することとなる業務に係る国際連合平和維持活動が行われることについての第三条第一号イからハまでに規定する同意が当該派遣の期間を通じて安定的に維持されると認められ、かつ、当該派遣を中断する事情が生ずる見込みがないと認められる場合に限り、当該派遣について同項の同意をするものとする。

3　防衛大臣は、第一項の規定により自衛官を派遣する場合には、当該自衛官の同意を得なければならない。

第二八条（身分及び処遇）前条第一項の規定により派遣された自衛官の身分及び処遇については、国際機関等に派遣される防衛省の職員の処遇等に関する法律（平成七年法律第一二二号）第三条から第一四条までの規定を準用する。

第二九条（小型武器の無償貸付け）防衛大臣又はその委任を受けた者は、第二七条第一項の規定により派遣された自衛官の活動の用に供するため、国際連合から小型武器の無償貸付けを求める旨の申出があった場合において、当該活動の円滑な実施に必要であると認めるときは、当該申出に係る小型武器を国際連合に対し無償で貸し付けることができる。

第四章　物資協力

第三〇条（物資協力）1　政府は、国際連合平和維持活動、国際連携平和安全活動、人道的な国際救援活動又は国際的な選挙監視活動に協力するため適当と認めるときは、物資協力を行うことができる。

2　内閣総理大臣は、物資協力につき閣議の決定を求めなければならない。

3　外務大臣は、国際連合平和維持活動、国際連携平和安全活動、人道的な国際救援活動又は国際的な選挙監視活動に協力するため適当と認めるときは、内閣総理大臣に対し、物資協力につき閣議の決定を求めるよう要請することができる。

4　本部長は、物資協力のため必要があると認めるときは、関係行政機関の長に対し、その所管に属する物品の管理換えを要請することができる。

5　関係行政機関の長は、前項の規定による要請があったときは、その所掌事務に支障を生じない限度において、その所管に属する物品の管理換えを行うものとする。

第五章　雑則

第三一条（民間の協力等）1　本部長は、第三章第一節の規定による措置によっては国際平和協力業務を十分に実施することができないと認めるとき、又は物資協力に関し必要があると認めるときは、関係行政機関の長の協力を得て、物品の譲渡若しくは貸付け又は役務の提供について国以外の者に協力を求めることができる。

2　政府は、前項の規定により協力を求められた国以外の者に対し適正な対価を支払うとともに、その者が当該協力により損失を受けた場合には、その損失に関し、必要な財政上の措置を講ずるものとする。

第三二条（請求権の放棄）政府は、国際連合平和維持活動、国際連携平和安全活動、人道的な国際救援活動又は国際的な選挙監視活動に参加するに際して、国際連合若しくは別表第一から別表第三までに掲げる国際機関又はこれらの活動に参加する国際連合加盟国その他の国（以下この条において「活動参加国等」という。）から、これらの活動に起因する損害についての請求権を相互に放棄することを約することを求められた場合において、我が国がこれらの活動に参加する上でこれに応じることが必要と認めるときは、これらの活動に起因する損害についての活動参加国等及びその要員に対する我が国の請求権を放棄することを約することができる。

第三三条（大規模な災害に対処する合衆国軍隊等に対する物品又は役務の提供）1　防衛大臣又はその委任を受けた者は、防衛大臣が自衛隊の部隊等に第九条第四項の規定に基づき国際平和協力業務を行わせる場合又は第二一条第一項の規定による委託に基づく輸送を実施させる場合において、これらの活動を実施する自衛隊の部隊等と共に当該活動が行われる地域に所在して、次に掲げる活動であって当該国際平和協力業務又は当該輸送に係る国際連合平和維持活動、国際連携平和安全活動又は人道的な国際救援活動を補完し、又は支援すると認められるものを行うアメリカ合衆国、オーストラリア、英国、フランス、カナダ又はインドの軍隊（以下この条において「合衆国軍隊等」という。）から、当該地域において講ずべき応急の措置に必要な物品の提供に係る要請があったときは、当該国際平和協力業務又は当該輸送の実施に支障を生じない限度において、当該合衆国軍隊等に対し、自衛隊に属する物品の提供を実施することができる。

一　派遣先国において発生し、又は正に発生しようとしている大規模な災害に係る救助活動、医療活動（防疫活動を含む。）その他の災害応急対策及び災害復旧のための活動

二　前号に掲げる活動を行う人員又は当該活動に必

要な機材その他の物資の輸送

2 防衛大臣は、合衆国軍隊等から、前項の地域において講ずべき応急の措置に必要な役務の提供に係る要請があった場合には、当該国際平和協力業務又は当該輸送の実施に支障を生じない限度において、当該自衛隊の部隊等に、当該合衆国軍隊等に対する役務の提供を行わせることができる。

3 前二項の規定による自衛隊に属する物品の提供及び自衛隊の部隊等による役務の提供として行う業務は、補給、輸送、修理若しくは整備、医療、通信、空港若しくは港湾に関する業務、基地に関する業務、宿泊、保管又は施設の利用（これらの業務にそれぞれ附帯する業務を含む。）とする。

4 第一項に規定する物品の提供には、武器の提供は含まないものとする。

5 第一項に規定する物品の提供には、インドの軍隊に対する弾薬の提供は含まないものとする。

第三四条（政令への委任） この法律に特別の定めがあるもののほか、この法律の実施のための手続その他この法律の施行に関し必要な事項は、政令で定める。

附 則（略）

別表第一（第三条、第三二条関係）

一 国際連合

二 国際連合の総会によって設立された機関又は国際連合の専門機関で、国際連合難民高等弁務官事務所その他政令で定めるもの

三 国際連携平和安全活動に係る実績若しくは専門的能力を有する国際連合憲章第五二条に規定する地域的機関又は多国間の条約により設立された機関で、欧州連合その他政令で定めるもの

別表第二（第三条、第三二条関係）

一 国際連合

二 国際連合の総会によって設立された機関又は国際連合の専門機関で、次に掲げるものその他政令で定めるもの

イ 国際連合難民高等弁務官事務所

ロ 国際連合パレスチナ難民救済事業機関

ハ 国際連合児童基金

ニ 国際連合ボランティア計画

ホ 国際連合開発計画

ヘ 国際連合人口基金

ト 国際連合環境計画

チ 国際連合人間居住計画

リ 世界食糧計画

ヌ 国際連合食糧農業機関

ル 世界保健機関

三 国際移住機関

別表第三（第三条、第三二条関係）

一 国際連合

二 国際連合の総会によって設立された機関又は国際連合の専門機関で、国際連合開発計画その他政令で定めるもの

三 国際的な選挙監視の活動に係る実績又は専門的能力を有する国際連合憲章第五二条に規定する地域的機関で政令で定めるもの

別表第四（第三条関係）

一 国際連合の総会によって設立された機関又は国際連合の専門機関で、次に掲げるものその他政令で定めるもの

イ 国際連合難民高等弁務官事務所

ロ 国際連合パレスチナ難民救済事業機関

ハ 国際連合児童基金

ニ 国際連合ボランティア計画

ホ 国際連合開発計画

ヘ 国際連合人口基金

ト 国際連合環境計画

チ 国際連合人間居住計画

リ 世界食糧計画

ヌ 国際連合食糧農業機関

ル 世界保健機関

二 国際移住機関

13-39 国際平和共同対処事態に際して我が国が実施する諸外国の軍隊等に対する協力支援活動等に関する法律（国際平和支援法）

公 布 二〇一五（平成二七）年九月三〇日（法律第七七号）

施 行 二〇一六（平成二八）年三月二九日

第一章 総 則

第一条（目的） この法律は、国際社会の平和及び安全を脅かす事態であって、その脅威を除去するために国際社会が国際連合憲章の目的に従い共同して対処する活動を行い、かつ、我が国が国際社会の一員としてこれに主体的かつ積極的に寄与する必要があるもの（以下「国際平和共同対処事態」という。）に際し、当該活動を行う諸外国の軍隊等に対する協力支援活動等を行うことにより、国際社会の平和及び安全の確保に資することを目的とする。

第二条（基本原則） 1 政府は、国際平和共同対処事態に際し、この法律に基づく協力支援活動若しくは捜索救助活動又は重要影響事態等に際して実施する船舶検査活動に関する法律（平成一二年法律第一四五号）第二条に規定する船舶検査活動（国際平和共同対

処事態に際して実施するものに限る。第四条第二項第五号において単に「船舶検査活動」という。)(以下「対応措置」という。)を適切かつ迅速に実施することにより、国際社会の平和及び安全の確保に資するものとする。

2　対応措置の実施は、武力による威嚇又は武力の行使に当たるものであってはならない。

3　協力支援活動及び捜索救助活動は、現に戦闘行為(国際的な武力紛争の一環として行われる人を殺傷し又は物を破壊する行為をいう。以下同じ。)が行われている現場では実施しないものとする。ただし、第八条第六項の規定により行われる捜索救助活動については、この限りでない。

4　外国の領域における対応措置については、当該対応措置が行われることについて当該外国(国際連合の総会又は安全保障理事会の決議に従って当該外国において施政を行う機関がある場合にあっては、当該機関)の同意がある場合に限り実施するものとする。

5　内閣総理大臣は、対応措置の実施に当たり、第四条第一項に規定する基本計画に基づいて、内閣を代表して行政各部を指揮監督する。

6　関係行政機関の長は、前条の目的を達成するため、対応措置の実施に関し、防衛大臣に協力するものとする。

第三条(定義等)　1　この法律において、次の各号に掲げる用語の意義は、それぞれ当該各号に定めるところによる。

一　諸外国の軍隊等　国際社会の平和及び安全を脅かす事態に関し、次のいずれかの国際連合の総会又は安全保障理事会の決議が存在する場合において、当該事態に対処するための活動を行う外国の軍隊その他これに類する組織(国際連合平和維持活動等に対する協力に関する法律(平成四年法律第七九号)第三条第一号に規定する国際連合平和維持活動、同条第二号に規定する国際連携平和安全活動又は同条第三号に規定する人道的な国際救援活動を行うもの及び重要影響事態に際して我が国の平和及び安全を確保するための措置に関する法律(平成一一年法律第六〇号)第三条第一項第一号に規定する合衆国軍隊等を除く。)をいう。

イ　当該外国が当該活動を行うことを決定し、要請し、勧告し、又は認める決議

ロ　イに掲げるもののほか、当該事態が平和に対する脅威又は平和の破壊であるとの認識を示すとともに、当該事態に関連して国際連合加盟国の取組を求める決議

二　協力支援活動　諸外国の軍隊等に対する物品及び役務の提供であって、我が国が実施するものをいう。

三　捜索救助活動　諸外国の軍隊等の活動に際して行われた戦闘行為によって遭難した戦闘参加者について、その捜索又は救助を行う活動(救助した者の輸送を含む。)であって、我が国が実施するものをいう。

2　協力支援活動として行う自衛隊に属する物品の提供及び自衛隊による役務の提供(次項後段に規定するものを除く。)は、別表第一に掲げるものとする。

3　捜索救助活動は、自衛隊の部隊等(自衛隊法(昭和二九年法律第一六五号)第八条に規定する部隊等をいう。以下同じ。)が実施するものとする。この場合において、捜索救助活動を行う自衛隊の部隊等において、その実施に伴い、当該活動に相当する活動を行う諸外国の軍隊等の部隊に対して協力支援活動として行う自衛隊に属する物品の提供及び自衛隊による役務の提供は、別表第二に掲げるものとする。

第二章　対応措置等

第四条(基本計画)　1　内閣総理大臣は、国際平和共同対処事態に際し、対応措置のいずれかを実施することが必要であると認めるときは、当該対応措置を実施すること及び当該対応措置に関する基本計画(以下「基本計画」という。)の案につき閣議の決定を求めなければならない。

2　基本計画に定める事項は、次のとおりとする。

一　国際平和共同対処事態に関する次に掲げる事項

イ　事態の経緯並びに国際社会の平和及び安全に与える影響

ロ　国際社会の取組の状況

ハ　我が国が対応措置を実施することが必要であると認められる理由

二　前号に掲げるもののほか、対応措置の実施に関する基本的な方針

三　前条第二項の協力支援活動を実施する場合における次に掲げる事項

イ　当該協力支援活動に係る基本的事項

ロ　当該協力支援活動の種類及び内容

ハ　当該協力支援活動を実施する区域の範囲及び当該区域の指定に関する事項

ニ　当該協力支援活動を自衛隊が外国の領域で実施する場合には、当該協力支援活動を外国の領域で実施する自衛隊の部隊等の規模及び構成並びに装備並びに派遣期間

ホ　自衛隊がその事務又は事業の用に供し又は供していた物品以外の物品を調達して諸外国の軍隊等に無償又は時価よりも低い対価で譲渡する場合には、その実施に係る重要事項

ヘ　その他当該協力支援活動の実施に関する重要事項

四　捜索救助活動を実施する場合における次に掲げる事項

イ　当該捜索救助活動に係る基本的事項

ロ　当該捜索救助活動を実施する区域の範囲及び当該区域の指定に関する事項

ハ　当該捜索救助活動の実施に伴う前条第三項後

段の協力支援活動の実施に関する重要事項（当該協力支援活動を実施する区域の範囲及び当該区域の指定に関する事項を含む。）

ニ　当該捜索救助活動又はその実施に伴う前条第三項後段の協力支援活動を自衛隊が外国の領域で実施する場合には、これらの活動を外国の領域で実施する自衛隊の部隊等の規模及び構成並びに装備並びに派遣期間

ホ　その他当該捜索救助活動の実施に関する重要事項

五　船舶検査活動を実施する場合における重要影響事態等に際して実施する船舶検査活動に関する法律第四条第二項に規定する事項

六　対応措置の実施のための関係行政機関の連絡調整に関する事項

3　協力支援活動又は捜索救助活動を外国の領域で実施する場合には、当該外国（第二条第四項に規定する機関がある場合にあっては、当該機関）と協議して、実施する区域の範囲を定めるものとする。

4　第一項及び前項の規定は、基本計画の変更について準用する。

第五条（国会への報告） 内閣総理大臣は、次に掲げる事項を、遅滞なく、国会に報告しなければならない。

一　基本計画の決定又は変更があったときは、その内容

二　基本計画に定める対応措置が終了したときは、その結果

第六条（国会の承認） 1　内閣総理大臣は、対応措置の実施前に、当該対応措置を実施することにつき、基本計画を添えて国会の承認を得なければならない。

2　前項の規定により内閣総理大臣から国会の承認を求められた場合には、先議の議院にあっては内閣総理大臣が国会の承認を求めた後国会の休会中の期間を除いて七日以内に、後議の議院にあっては先議の議院から議案の送付があった後国会の休会中の期間を除いて七日以内に、それぞれ議決するよう努めなければならない。

3　内閣総理大臣は、対応措置について、第一項の規定による国会の承認を得た日から二年を経過する日を超えて引き続き当該対応措置を行おうとするときは、当該日の三〇日前の日から当該日までの間に、当該対応措置を引き続き行うことにつき、基本計画及びその時までに行った対応措置の内容を記載した報告書を添えて国会に付議して、その承認を求めなければならない。ただし、国会が閉会中の場合又は衆議院が解散されている場合には、その後最初に召集される国会においてその承認を求めなければならない。

4　政府は、前項の場合において不承認の議決があったときは、遅滞なく、当該対応措置を終了させなければならない。

5　前二項の規定は、国会の承認を得て対応措置を継続した後、更に二年を超えて当該対応措置を引き続き行おうとする場合について準用する。

第七条（協力支援活動の実施） 1　防衛大臣又はその委任を受けた者は、基本計画に従い、第三条第二項の協力支援活動としての自衛隊に属する物品の提供を実施するものとする。

2　防衛大臣は、基本計画に従い、第三条第二項の協力支援活動としての自衛隊による役務の提供について、実施要項を定め、これについて内閣総理大臣の承認を得て、自衛隊の部隊等にその実施を命ずるものとする。

3　防衛大臣は、前項の実施要項において、実施される必要のある役務の提供の具体的内容を考慮し、自衛隊の部隊等がこれを円滑かつ安全に実施することができるように当該協力支援活動を実施する区域（以下この条において「実施区域」という。）を指定するものとする。

4　防衛大臣は、実施区域の全部又は一部において、自衛隊の部隊等が第三条第二項の協力支援活動を円滑かつ安全に実施することが困難であると認める場合又は外国の領域で実施する当該協力支援活動についての第二条第四項の同意が存在しなくなったと認める場合には、速やかに、その指定を変更し、又はそこで実施されている活動の中断を命じなければならない。

5　第三条第二項の協力支援活動のうち我が国の領域外におけるものの実施を命ぜられた自衛隊の部隊等の長又はその指定する者は、当該協力支援活動を実施している場所若しくはその近傍において戦闘行為が行われるに至った場合若しくは付近の状況等に照らして戦闘行為が行われることが予測される場合又は当該部隊等の安全を確保するため必要と認める場合には、当該協力支援活動の実施を一時休止し又は避難するなどして危険を回避しつつ、前項の規定による措置を待つものとする。

6　第二項の規定は、同項の実施要項の変更（第四項の規定により実施区域を縮小する変更を除く。）について準用する。

第八条（捜索救助活動の実施等） 1　防衛大臣は、基本計画に従い、捜索救助活動について、実施要項を定め、これについて内閣総理大臣の承認を得て、自衛隊の部隊等にその実施を命ずるものとする。

2　防衛大臣は、前項の実施要項において、実施される必要のある捜索救助活動の具体的内容を考慮し、自衛隊の部隊等がこれを円滑かつ安全に実施することができるように当該捜索救助活動を実施する区域（以下この条において「実施区域」という。）を指定するものとする。

3　捜索救助活動を実施する場合において、戦闘参加者以外の遭難者が在るときは、これを救助するものとする。

4　前条第四項の規定は、実施区域の指定の変更及び活動の中断について準用する。

5　前条第五項の規定は、我が国の領域外における捜索救助活動の実施を命ぜられた自衛隊の部隊等の長又はその指定する者について準用する。この場合において、同項中「前項」とあるのは、「次条第四項において準用する前項」と読み替えるものとする。

6　前項において準用する前条第五項の規定にかかわらず、既に遭難者が発見され、自衛隊の部隊等がその救助を開始しているときは、当該部隊等の安全が確保される限り、当該遭難者に係る捜索救助活動を継続することができる。

7　第一項の規定は、同項の実施要項の変更（第四項において準用する前条第四項の規定により実施区域を縮小する変更を除く。）について準用する。

8　前条の規定は、捜索救助活動の実施に伴う第三条第三項後段の協力支援活動について準用する。

第九条（自衛隊の部隊等の安全の確保等）　防衛大臣は、対応措置の実施に当たっては、その円滑かつ効果的な推進に努めるとともに、自衛隊の部隊等の安全の確保に配慮しなければならない。

第一〇条（関係行政機関の協力）１　防衛大臣は、対応措置を実施するため必要があると認めるときは、関係行政機関の長に対し、その所管に属する物品の管理換えその他の協力を要請することができる。

2　関係行政機関の長は、前項の規定による要請があったときは、その所掌事務に支障を生じない限度において、同項の協力を行うものとする。

第一一条（武器の使用）１　第七条第二項（第八条第八項において準用する場合を含む。第五項及び第六項において同じ。）の規定により協力支援活動としての自衛隊の役務の提供の実施を命ぜられ、又は第八条第一項の規定により捜索救助活動の実施を命ぜられた自衛隊の部隊等の自衛官は、自己又は自己と共に現場に所在する他の自衛隊員（自衛隊法第二条第五項に規定する隊員をいう。第六項において同じ。）若しくはその職務を行うに伴い自己の管理の下に入った者の生命又は身体の防護のためやむを得ない必要があると認める相当の理由がある場合には、その事態に応じ合理的に必要と判断される限度で武器（自衛隊が外国の領域で当該協力支援活動又は当該捜索救助活動を実施している場合については、第四条第二項第三号ニ又は第四号ニの規定により基本計画に定める装備に該当するものに限る。以下この条において同じ。）を使用することができる。

2　前項の規定による武器の使用は、当該現場に上官が在るときは、その命令によらなければならない。ただし、生命又は身体に対する侵害又は危難が切迫し、その命令を受けるいとまがないときは、この限りでない。

3　第一項の場合において、当該現場に在る上官は、統制を欠いた武器の使用によりかえって生命若しくは身体に対する危険又は事態の混乱を招くこととなることを未然に防止し、当該武器の使用が同項及び次項の規定に従いその目的の範囲内において適正に行われることを確保する見地から必要な命令をするものとする。

4　第一項の規定による武器の使用に際しては、刑法（明治四〇年法律第四五号）第三六条又は第三七条の規定に該当する場合を除いては、人に危害を与えてはならない。

5　第七条第二項の規定により協力支援活動としての自衛隊の役務の提供の実施を命ぜられ、又は第八条第一項の規定により捜索救助活動の実施を命ぜられた自衛隊の部隊等の自衛官は、外国の領域に設けられた当該部隊等の宿営する宿営地（宿営のために使用する区域であって、囲障が設置されることにより他と区別されるものをいう。以下この項において同じ。）であって諸外国の軍隊等の要員が共に宿営するものに対する攻撃があった場合において、当該宿営地以外にその近傍に自衛隊の部隊等の安全を確保することができる場所がないときは、当該宿営地に所在する者の生命又は身体を防護するための措置をとる当該要員と共同して、第一項の規定による武器の使用をすることができる。この場合において、同項から第三項まで及び次項の規定の適用については、第一項中「現場に所在する他の自衛隊員（自衛隊法第二条第五項に規定する隊員をいう。第六項において同じ。）若しくはその職務を行うに伴い自己の管理の下に入った者」とあるのは「その宿営する宿営地（第五項に規定する宿営地をいう。次項及び第三項において同じ。）に所在する者」と、「その事態」とあるのは「第五項に規定する諸外国の軍隊等の要員による措置の状況をも踏まえ、その事態」と、第二項及び第三項中「現場」とあるのは「宿営地」と、次項中「自衛隊員」とあるのは「自衛隊員（同法第二条第五項に規定する隊員をいう。）」とする。

6　自衛隊法第九六条第三項の規定は、第七条第二項の規定により協力支援活動としての自衛隊の役務の提供（我が国の領域外におけるものに限る。）の実施を命ぜられ、又は第八条第一項の規定により捜索救助活動（我が国の領域外におけるものに限る。）の実施を命ぜられた自衛隊の部隊等の自衛官については、自衛隊員以外の者の犯した犯罪に関しては適用しない。

第三章　雑　則

第一二条（物品の譲渡及び無償貸付け）　防衛大臣又はその委任を受けた者は、協力支援活動の実施に当たって、自衛隊に属する物品（武器を除く。）につき、協力支援活動の対象となる諸外国の軍隊等から第三条第一項第一号に規定する活動（以下「事態対処活動」という。）の用に供するため当該物品の譲渡又は無償貸付けを求める旨の申出があった場合において、当該事態対処活動の円滑な実施に必要であると認めるときは、その所掌事務に支障を生じない限度において、当該申出に係る物品を当該諸外国の軍隊等に対し無償若しくは時価よりも低い対価で譲渡し、又は無償で貸し付けることができる。

第一三条（国以外の者による協力等）１　防衛大臣は、前章の規定による措置のみによっては対応措置を十分に実施することができないと認めるときは、関係行政機関の長の協力を得て、物品の譲渡若しくは貸付け又は役務の提供について国以外の者に協力を依頼することができる。

２　政府は、前項の規定により協力を依頼された国以外の者に対し適正な対価を支払うとともに、その者が当該協力により損失を受けた場合には、その損失に関し、必要な財政上の措置を講ずるものとする。

第一四条（請求権の放棄）　政府は、自衛隊が協力支援活動又は捜索救助活動（以下この条において「協力支援活動等」という。）を実施するに際して、諸外国の軍隊等の属する外国から、当該諸外国の軍隊等の行う事態対処活動又は協力支援活動等に起因する損害についての請求権を相互に放棄することを約することを求められた場合において、これに応じることが相互の連携を確保しながらそれぞれの活動を円滑に実施する上で必要と認めるときは、事態対処活動に起因する損害についての当該外国及びその要員に対する我が国の請求権を放棄することを約することができる。

第一五条（政令への委任）　この法律に定めるもののほか、この法律の実施のための手続その他この法律の施行に関し必要な事項は、政令で定める。

附　則

この法律は、我が国及び国際社会の平和及び安全の確保に資するための自衛隊法等の一部を改正する法律（平成二七年法律第七六号）の施行の日から施行する。

別表第一（第三条関係）

種類	内容
補給	給水、給油、食事の提供並びにこれらに類する物品及び役務の提供
輸送	人員及び物品の輸送、輸送用資材の提供並びにこれらに類する物品及び役務の提供
修理及び整備	修理及び整備、修理及び整備用機器並びに部品及び構成品の提供並びにこれらに類する物品及び役務の提供
医療	傷病者に対する医療、衛生機具の提供並びにこれらに類する物品及び役務の提供
通信	通信設備の利用、通信機器の提供並びにこれらに類する物品及び役務の提供
空港及び港湾業務	航空機の離発着及び船舶の出入港に対する支援、積卸作業並びにこれらに類する物品及び役務の提供
基地業務	廃棄物の収集及び処理、給電並びにこれらに類する物品及び役務の提供
宿泊	宿泊設備の利用、寝具の提供並びにこれらに類する物品及び役務の提供
保管	倉庫における一時保管、保管容器の提供並びにこれらに類する物品及び役務の提供
施設の利用	土地又は建物の一時的な利用並びにこれらに類する物品及び役務の提供
訓練業務	訓練に必要な指導員の派遣、訓練用器材の提供並びにこれらの類する物品及び役務の提供
建設	建築物の建設、建設機械及び建設資材の提供並びにこれらに類する物品及び役務の提供

備考　物品の提供には、武器の提供を含まないものとする。

別表第二（第三条関係）

種類	内容
補給	給水、給油、食事の提供並びにこれらに類する物品及び役務の提供
輸送	人員及び物品の輸送、輸送用資材の提供並びにこれらに類する物品及び役務の提供
修理及び整備	修理及び整備、修理及び整備用機器並びに部品及び構成品の提供並びにこれらに類する物品及び役務の提供
医療	傷病者に対する医療、衛生機具の提供並びにこれらに類する物品及び役務の提供
通信	通信設備の利用、通信機器の提供並びにこれらに類する物品及び役務の提供
宿泊	宿泊設備の利用、寝具の提供並びにこれらに類する物品及び役務の提供
消毒	消毒、消毒機具の提供並びにこれらに類する物品及び役務の提供

備考　物品の提供には、武器の提供を含まないものとする。

14章
軍備の規制

本章の構成

本章には、軍備の規制に関する第二次大戦後の主要な条約を収録する。全体を六つの節に分け、それぞれ、核兵器（第1節）、非核兵器地帯（第2節）、生物化学兵器（第3節）、通常兵器（第4節）、米ソ（露）二国間軍縮（第5節）および関連安保理決議（第6節）を扱う。国際連合憲章（1 1）は、集団安全保障制度の整備強化に多くの規定を割き、軍縮についてはわずかに、総会が「軍備縮少及び軍備規制を律する原則」を審議・勧告できること（第一一条）と安全保障理事会が「軍備規制の方式を確立するため」の計画を作成すること（第二六条）を規定したに過ぎなかった。しかし、憲章採択後に、原子爆弾が広島と長崎に投下され、原爆の脅威が広く認識されるようになったため、国連は、総会の最初の決議で原子力委員会を設置して、核軍縮の問題に取り組むことになった。

一九五三年三月にアメリカ合衆国がビキニ環礁で実施した水爆実験により被爆した第五福龍丸の事件は、「死の灰」の恐怖を世界中に認識させ、核実験停止を求める運動を加速した。また、核実験による地球全体の環境に対する深刻な影響も懸念されるようになり、一九六三年に**部分的核実験禁止条約（14 1）**が締結されるにいたった。この条約は、地下での核実験を禁止していないが、前文で「核兵器のすべての実験的爆発の永久的停止の達成」を決意していた。核実験の全面禁止への道のりは決して平坦ではなかったが、一九九六年九月、国連総会は**包括的核実験禁止条約（CTBT）（14 2）**を圧倒的多数で採択した（未発効）。

一九六〇年代に入って、一九六〇年にはフランスが、一九六四年には中国が核爆発実験を実施したため、このまま放置すると、核兵器国の数が大幅に増加し、核戦争の可能性が増大するとの懸念が生まれた。そこで、米ソが中心になって交渉が進められた結果、一九六八年に**核不拡散条約（NPT）（14 3）**が採択された。この条約では、核兵器国と非核兵器国とを区別し、前者には、核兵器その他の核爆発装置をいかなる者にも移譲しないこと、後者には、そのような装置を製造せずまたいかなる者からも受領しないことを義務付けている。この条約は、有効期間を定めることなく作成されたため、一九九五年に条約の有効期間を決定するための締約国会議（第一〇条二項）が開かれ、同条約が無期限に効力を有することが決定された（**14 4**）。他方、その後の核軍縮の進展に不満を持つ非同盟諸国は、二〇一七年になって**核兵器禁止条約（14 5）**を作成した。

核兵器その他の大量破壊兵器の設置に関しては、南極条約（7 1）および宇宙条約（6 2）に次いで、**海底非核化条約**（14 6）が、距岸一二カイリ以遠の海底に「核兵器及び他の種類の大量破壊兵器並びにこれらの兵器を貯蔵し、実験し又は使用することを特に目的とした構築物、発射設備その他の施設」を設置することを禁止した。これは、将来の危険を前もって除去したものとして有意義である。核兵器が使用される可能性を排除するための一つの方策として、一九五七年一〇月にポーランドのラパツキー首相は、中部ヨーロッパに非核兵器地帯を設ける案を提案した。その後、非核兵器地帯の構想は、バルカン半島、北欧、中東など多くの地域について提唱されたが、最初に条約化されたのは、**ラテン・アメリカおよびカリブ地域に関するトラテロルコ条約**（14 7）である。これを契機に、**南太平洋**（14 8）、**東南アジア**（14 9）、**アフリカ**（14 10）、**中央アジア**（14 11）に非核兵器地帯条約が相次いで締結され、南半球の広範な部分をカバーしている（17 17の地図参照）。

核兵器とともに大量破壊兵器と総称される生物化学兵器については、**化学兵器禁止条約**（14 12）と**生物兵器禁止条約**（14 13）が、それぞれの兵器の開発、生産、貯蔵を禁止し、さらに廃棄をも義務付けた。通常兵器については、軍備の開発、生産、貯蔵等の規制ではないが、大型通常兵器を中心にその移転を規制する**武器貿易条約**（14 14）が作成された。日本には、武器等の移転に関して、**防衛装備移転三原則**（14 15）とその**運用指針**（14 16）がある。

二国間の軍縮条約については、二〇一〇年に作成された米ロ間の**新START条約**（14 17）をあげてある。米ロ間の唯一残された軍縮条約である。

近年の核拡散の懸念は、インド・パキスタンから北朝鮮・イランへと変遷している。一九九八年に核爆発実験を実施したインドとパキスタンとの関係では、**安保理決議一一七二**（14 18）が採択された（インドとの間では二〇一七年に日印原子力協定（9 13）が締結されている）。二〇〇六年の北朝鮮の核実験に対して安保理は**決議一七一八**（14 20）で経済制裁を発動した。北朝鮮による二回目の核実験を受けて制裁を強化したのが**安保理決議一八七四**（14 21）であり、この決議の要請する北朝鮮貨物の検査を実施するために**北朝鮮貨物検査法**（14 22）が制定された。また、北朝鮮の四回目の核実験を受けて制裁をさらに強化したのが**安保理決議二二七〇**（14 23）である。その後二〇一八年に、米朝シンガポール共同声明が署名された（〈参考〉として掲げた）。イランとの関係では、二〇一五年に関係国で合意された包括的共同作業計画を承認する**安保理決議二二三一**（14 24）が採択された。化学兵器については、シリアの化学兵器の廃棄に関する**安保理決議二一一八**（14 25）及びシリアの化学兵器使用者の特定に関する**安保理決議二二三五**（14 26）が採択されている。

二〇〇一年の同時多発テロ事件以来、大量破壊兵器がテロリストの手に渡ることが懸念されている。**安保理決議一五四〇**（14 19）は、非国家主体による大量破壊兵器とその運搬手段の取得・使用等を防止するため、すべての国に法令の制定を含む国内措置をとることを求める。なお、**安保理決議二三一〇**（14 27）はCTBTの未発効に対応してオバマ政権の主導で採択された決議である。

第1節　核兵器

14-1　大気圏内、宇宙空間及び水中における核兵器実験を禁止する条約（部分的核実験禁止条約）（抄）

署　　名　一九六三年八月五日（モスクワ）
効力発生　一九六三年一〇月一〇日
日 本 国　一九六三年八月一四日署名、一九六四年五月二五日国会承認、六月一五日批准書寄託、効力発生、公布（条約第一〇号）

アメリカ合衆国、グレート・ブリテン及び北部アイルランド連合王国及びソヴィエト社会主義共和国連邦（以下「原締約国」という。）の政府は、

国際連合の目的に従って厳重な国際管理の下における全面的かつ完全な軍備縮小に関する合意をできる限りすみやかに達成し、その合意により、軍備競争を終止させ、かつ、核兵器を含むすべての種類の兵器の生産及び実験への誘因を除去することをその主要な目的として宣言し、

核兵器のすべての実験的爆発の永久的停止の達成を求め、その目的のために交渉を継続することを決意し、

また、放射性物質による人類の環境の汚染を終止させることを希望して、

次のとおり協定した。

第一条【核実験禁止】1　この条約の各締約国は、その管轄又は管理の下にあるいかなる場所においても、次の環境における核兵器の実験的爆発及び他の核爆発を禁止すること、防止すること及び実施しないことを約束する。

a　大気圏内、宇宙空間を含む大気圏外並びに領水及び公海を含む水中

b　そのような爆発がその管轄又は管理の下でその爆発が行なわれる国の領域外において放射性残渣が存在するという結果をもたらすときは、その他の環境。この点に関して、締約国がこの条約の前文で述べたように締結を達成しようとしている条約、すなわち、地下における実験的核爆発を含むすべての実験的核爆発を永久に禁止することとなる条約の締結がこのbの規定により妨げられるものではないことが了解される。

2　この条約の各締約国は、さらに、いかなる場所においても、1に掲げるいずれかの環境の中で行なわれ、又は1に規定する結果をもたらす核兵器の実験的爆発又は他の核爆発の実施を実現させ、奨励し、又はいかなる態様によるかを問わずこれに参加することを差し控えることを約束する。

第二条【改正】
第三条【署名、批准、加入、効力発生】　（略）

第四条【有効期間】この条約の有効期間は、無期限とする。

各締約国は、この条約の対象である事項に関連する異常な事態が自国の至高の利益を危うくしていると認めるときは、その主権の行使として、この条約から脱退する権利を有する。

各締約国は、そのような脱退をこの条約の他のすべての締約国に対し三箇月前に予告するものとする。

第五条【正文】（略）

14-2　包括的核実験禁止条約（CTBT）（抄）

署　　名　一九九六年九月二四日（ニュー・ヨーク）
効力発生
日 本 国　一九九六年九月二四日署名、一九九七年六月六日国会承認、七月八日批准書寄託

前　文

この条約の締約国（以下「締約国」という。）は、

核軍備の縮小（軍備における核拡散の防止の分野における核兵器の削減を含む。）及びすべての側面における核拡散の防止の分野における近年の国際協定その他の積極的措置を歓迎し、

これらの国際協定その他の積極的措置を完全かつ迅速に実施することの重要性を強調し、

現在の国際情勢が核軍備の縮小に向けて及びすべての側面における核兵器の拡散に対して一層効果的な措置をとる機会を与えていることを確信し、また、そのような措置をとる意図を有することを宣言し、

核兵器の除去及び厳重かつ効果的な国際管理の下における全面的かつ完全な軍備縮小を究極的な目標として世界的規模で核兵器を削減するための系統的かつ漸進的な努力を継続することの必要性を強調し、

核兵器のすべての実験的爆発及び他のすべての核爆発を停止することは、核兵器の開発及び質的な改善を抑制し並びに高度な新型の核兵器の開発を終了させることによって核軍備の縮小及びすべての側面における核不拡散のための効果的な措置となることを認識し、

更に、核兵器のすべての実験的爆発及び他のすべての核爆発を終了させることが核軍備の縮小を達成するための系統的な過程を実現させる上での有意義な一歩となることを認識し、

核実験の終了を達成するための最も効果的な方法が軍備縮小及び不拡散の分野において長期にわたって国際社会の最優先の目標の一であった普遍的な及び国際的かつ効果的に検証することのできる包括的核実験禁

止条約を締結することであることを確信し、

一九六三年の大気圏内、宇宙空間及び水中における核兵器実験を禁止する条約の締約国が核兵器のすべての実験的爆発の永久的停止の達成を希求する旨を表明したことに留意し、

更に、この条約が環境の保護に貢献し得るとの見解が表明されたことに留意し、

すべての国によるこの条約への参加を得るという目的並びにすべての側面における核兵器の拡散の防止、核軍備の縮小の過程の進展並びに国際の平和及び安全の強化に効果的に貢献するというこの条約の趣旨を確認して、

次のとおり協定した。

第一条（基本的義務） 1　締約国は、核兵器の実験的爆発又は他の核爆発を実施せず並びに自国の管轄又は管理の下にあるいかなる場所においても核兵器の実験的爆発及び他の核爆発を禁止し及び防止することを約束する。

2　締約国は、更に、核兵器の実験的爆発又は他の核爆発の実施を実現させ、奨励し又はいかなる態様によるかを問わずこれに参加することを差し控えることを約束する。

第二条（機関）

A　一般規定

1　締約国は、この条約の趣旨及び目的を達成し、この条約の規定（この条約の遵守についての国際的な検証に関する規定を含む。）の実施を確保し並びに締約国間の協議及び協力のための場を提供するため、この条約により包括的核実験禁止条約機関（以下「機関」という。）を設立する。

2　すべての締約国は、機関の加盟国となる。締約国は、機関の加盟国としての地位を奪われることはない。

3　機関の所在地は、オーストリア共和国ウィーンとする。

4　機関の内部機関として、締約国会議、執行理事会及び技術事務局（国際データセンターを含む。）をこの条約により設置する。

5　締約国は、この条約に従い機関がその任務を遂行することに協力する。締約国は、この条約の趣旨及び目的又はその規定の実施に関して提起される事項について、締約国間で直接又は機関若しくは他の適当な国際的な手続（国際連合憲章に基づく国際連合の枠内の手続を含む。）を通じて協議する。

6　機関は、できる限り干渉の程度が低く、かつ、検証活動の目的の適時の及び効果的な達成に合致する方法で、この条約に規定する検証活動を行う。機関は、この条約に基づく自己の責任を果たすために必要な情報及び資料のみを要請する。機関は、この条約の実施を通じて知るに至った非軍事上及び軍事上の活動及び施設に関する情報の秘密を保護するためにすべての措置をとるものとし、特に、秘密の保護に関するこの条約の規定を遵守する。

7　締約国は、この条約の実施に関連して機関から秘密のものとして受領する情報及び資料を秘密のものとして取り扱い、並びに当該情報及び資料に対して特別の取扱いを行う。締約国は、当該情報及び資料をこの条約に基づく自国の権利及び義務との関連においてのみ利用する。

8　機関は、独立の機関として、国際原子力機関等の他の国際機関との間の協力のための措置を通じ、可能な場合には既存の専門的知識及び施設を利用するよう及び費用対効果を最大にするよう努める。当該措置については、軽微な及び通常の商業的かつ契約的な性質を有するものを除くほか、承認のために締約国会議に提出される協定で定める。

9　機関の活動に要する費用については、国際連合と機関との間の加盟国の相違を考慮して調整される国際連合の分担率に従って締約国が毎年負担する。

10　準備委員会に対する締約国の財政的負担については、適当な方法によって機関の通常予算に対する当該締約国の分担金から控除する。

11　機関に対する分担金の支払が延滞している機関の加盟国は、その未払の額が当該年に先立つ二年の間に当該加盟国から支払われるべきであった分担金の額に等しい場合又はこれを超える場合には、機関において投票権を有しない。ただし、締約国会議は、支払の不履行が当該加盟国にとってやむを得ない事情によると認めるときは、当該加盟国に投票を許すことができる。

B　締約国会議（略）

C　執行理事会

構成、手続及び意思決定

27　執行理事会は、五一の理事国によって構成される。締約国は、この条の規定に従い、理事国としての任務を遂行する権利を有する。

28　衡平な地理的配分の必要性に考慮を払い、執行理事会の構成は、次のとおりとする。

(a)　一〇のアフリカの締約国
(b)　七の東欧の締約国
(c)　九のラテン・アメリカ及びカリブの締約国
(d)　七の中東及び南アジアの締約国
(e)　一〇の北アメリカ及び西欧の締約国
(f)　八の東南アジア、太平洋及び極東の締約国

これらの各地理的地域に属するすべての国は、この条約の附属書一に掲げる。この条約の附属書一については、適当な場合には、23及び26(k)の規定に従って会議が変更する。この条約の附属書一は、第七条に定める手続による改正又は修正の対象とされない。

29　執行理事会の理事国は、会議によって選出される。その選出のために、各地理的地域は、当該各地理的地域に属する締約国のうちから次のとおり締約国を指名する。

(a)　各地理的地域に割り当てられる議席の少なくとも三分の一は、政治上及び安全保障上の利益に考

慮を払い、国際的な資料によって決定されるこの条約に関連する原子力能力及び当該各地理的地域において決定される優先順位による次の基準の全部又は一部に基づいて指名される当該各地理的地域の締約国によって占められるものとする。

(i) 国際監視制度の監視施設の数

(ii) 監視技術についての専門的知識及び経験

(iii) 機関の年次予算に対する分担金

(b) 各地理的地域に割り当てられる議席の一は、輪番制により、当該各地理的地域に属する締約国の中で締約国となった時からの期間(執行理事会の理事国として選出されたことがある締約国については、その直前の任期が終了した時からの期間)が最も長い締約国のうち英語のアルファベット順による最初の締約国によって占められるものとする。そのような基準に従って指名された締約国は、その議席の放棄を決定することができる。この場合において、その決定を行った締約国は、事務局長に対し議席を放棄する旨の書簡を提出するものとし、当該議席は、この(b)の規定に従って次の順位となる締約国によって占められるものとする。

(c) 各地理的地域に割り当てられる残余の議席は、当該各地理的地域に属するすべての締約国の中から輪番制又は選挙によって指名される締約国によって占められるものとする。

30 執行理事会の各理事国は、執行理事会において一人の代表を有するものとし、代表は、代表代理及び随員を伴うことができる。

31 執行理事会の各理事国は、自国が選出された会議の会期の終了の時からその後二回目に行われる会議の年次通常会期の終了の時まで在任する。ただし、執行理事会の理事国を最初に選出するに当たっては、選出される理事国のうち28に規定する定められた理事国の数の割合に十分な考慮を払って決定される二六の理事国の任期を三回目に行われる会議の年次通常会期の終了の時までとする。

32 執行理事会は、その手続規則を作成し、承認のためにこれを会議に提出する。

33 執行理事会は、その議長を理事国より選出する。

34 執行理事会は、通常会期として会合するほか、通常会期と通常会期との間においては、その権限及び任務の遂行のために必要に応じて会合する。

35 執行理事会の各理事国は、一の票を有する。

36 執行理事会は、すべての理事国の過半数による議決で手続事項についての決定を行う。執行理事会は、この条約に別段の定めがある場合を除くほか、すべての理事国の三分の二以上の多数による議決で実質事項についての決定を行う。実質事項であるか否かについて問題が生ずる事項については、実質事項についての決定に必要な多数による議決で別段の決定が行われない限り、実質事項として取り扱う。

権限及び任務

37 執行理事会は、機関の執行機関である。執行理事会は、会議に対して責任を負う。執行理事会は、この条約によって与えられる権限及び任務を遂行する。執行理事会は、これらを遂行するに当たり、会議による勧告、決定及び指針に従って行動し、並びにこれらの勧告、決定及び指針の継続的かつ適切な実施を確保する。

38 執行理事会は、次のことを行う。

(a) この条約の効果的な実施及び遵守を促進すること。

(b) 技術事務局の活動を監督すること。

(c) この条約の趣旨及び目的を推進するための新たな提案の検討のために必要に応じて会議に勧告すること。

(d) 締約国の国内当局と協力すること。

(e) 機関の年次計画案及び年次予算案、この条約の実施に関する機関の報告案、執行理事会の活動に関する報告並びに執行理事会が必要と認め又は会議が要請するその他の報告を検討し及び会議に提出すること。

(f) 会議の会期のための準備(議題案の作成を含む。)を行うこと。

(g) 第七条の規定に従い、運営上の又は技術的な性質の事項についての議定書又はその附属書の修正案を検討し及びその採択について締約国に勧告すること。

(h) 会議が事前に承認することを条件として機関に代わって締約国、締約国以外の国又は国際機関と協定又は取決め((i)の協定及び取決めを除く。)を締結し及びその実施を監督すること。

(i) 検証活動の実施に関する締約国又は締約国以外の国との間の協定又は取決めを承認し及びその運用を監督すること。

(j) 技術事務局が提案する新たな運用手引書及び現行の運用手引書の変更を承認すること。

39 執行理事会は、会議の特別会期の会合の開催を要請することができる。

40 執行理事会は、次のことを行う。

(a) 情報交換を通じてこの条約の実施についての締約国間及び締約国と技術事務局との間の協力を容易にすること。

(b) 第四条の規定に従って締約国間の協議及び説明を容易にすること。

(c) 第四条の規定に従って現地査察の要請及び報告を受領し及び検討し並びにこれらについて措置をとること。

41 執行理事会は、この条約の違反の可能性及びこの条約に基づく権利の濫用についての締約国が提起する懸念を検討する。その検討に当たり、執行理事会は、関係締約国と協議し及び、適当な場合には、当該懸念を提起された締約国に対し一定の期間内に事態を是正するための措置をとるよう要請する。執行理事会は、更に行動が必要であると認める場合には、特に、次の一又は二以上の措置をとる。

(a) すべての締約国に対して問題又は事項を通報すること。

(b) 問題又は事項について会議の注意を喚起すること。

(c) 第五条の規定に従い、事態を是正し及びこの条約の遵守を確保するための措置に関し、会議に対して勧告を行い及び適当な場合には措置をとること。

42 D 技術事務局

技術事務局は、この条約の実施について締約国を援助する。技術事務局は、会議及び執行理事会が任務を遂行するに当たり、会議及び執行理事会を補佐する。技術事務局は、この条約によって与えられる検証その他の任務及びこの条約に従って会議又は執行理事会によって委任される任務を遂行する。技術事務局には、その不可欠な一部分としての国際データセンターを含む。

43 この条約の遵守の検証に関する技術事務局の任務には、第四条の規定及び議定書に従って、特に、次のことを含むものとする。

(a) 国際監視制度の運用を監督し及び調整することについて責任を負うこと。

(b) 国際データセンターを運用すること。

(c) 通常の活動として国際監視制度によって得られるデータを受領し、処理し、分析し及びこれについて報告すること。

(d) 監視観測所の設置及び運用について技術上の援助及び支援を行うこと。

(e) 執行理事会が締約国間の協議及び説明を容易にするに当たってこれを補佐すること。

(f) 現地査察の要請を受領し及び処理し、執行理事会が当該要請を検討することを容易にし、現地査察の実施のための準備を行い、現地査察が行われている間技術上の支援を行い並びに執行理事会に報告すること。

(g) 締約国、締約国以外の国又は国際機関との間で協定又は取決めについて交渉し及び、執行理事会が事前に承認することを条件として、締約国又は締約国以外の国と検証活動に関する協定又は取決めを締結すること。

(h) この条約に規定する検証に関するその他の事項につき国内当局を通じて締約国を援助すること。

44 技術事務局は、第四条の規定及び議定書に従い、執行理事会が承認することを条件として、検証制度の種々の構成要素の運用の指針とするための運用手引書を作成し及び維持する。運用手引書は、この条約又は議定書の不可分の一部を成さないものとし、執行理事会が承認することを条件として、技術事務局によって変更されることができる。技術事務局は、運用手引書の変更を締約国に対して速やかに通報する。

45 運営上の事項に関する技術事務局の任務には、次のことを含むものとする。

(a) 機関の計画案及び予算案を作成し及び執行理事会に提出すること。

(b) この条約の実施に関する機関の報告案及び会議又は執行理事会が要請する場合には他の報告を作成し及び執行理事会に提出すること。

(c) 会議、執行理事会その他補助機関に対して運営上及び技術上の援助を行うこと。

(d) この条約の実施に関し機関に代わって通報を行い及び受領すること。

(e) 機関と他の国際機関との間の協定に関する運営上の任務を遂行すること。

46 締約国が機関に対して行うすべての要請及び通報は、当該締約国の国内当局を通じて事務局長に送付される。当該要請及び通報は、この条約の言語の一で行われる。当該要請及び通報に対応するに当たり、事務局長は、当該要請及び通報において使用された言語を使用する。

47 技術事務局は、機関の計画案及び予算案を作成し及び執行理事会に提出する任務の遂行に当たり、国際監視制度の一部として設置された各施設に要するすべての費用についての明確な会計処理の原則を決定し及び継続して適用する。機関の他のすべての活動についても、同様に取り扱う。

48 技術事務局は、その任務の遂行に関連して生じた問題であって、その活動の実施に当たって知るに至りかつ関係締約国との間の協議を通じて解決することができなかったものを執行理事会に対して速やかに通報する。

49 技術事務局は、その長でありかつ首席行政官である事務局長及び科学要員、技術要員その他の必要な人員によって構成される。事務局長は、執行理事会の勧告に基づき四年の任期で会議によって任命される。その任期については、一回に限り更新することができる。最初の事務局長については、準備委員会の勧告に基づき会議がその第一回会期において任命する。

50 事務局長は、技術事務局の職員の任命、組織及び任務の遂行につき会議及び執行理事会に対して責任を負う。職員の雇用及び勤務条件の決定に当たっては、最高水準の専門的知識、経験、能率、能力及び誠実性を確保することの必要性に最大の考慮を払う。締約国の国民のみが、事務局長、査察員並びに専門職員及び事務職員となる。できる限り広範な地理的基礎に基づいて職員を採用することが重要であることについて、十分な考慮を払う。職員の採用に当たっては、技術事務局の任務を適切に遂行するために必要な最小限度に職員を保つという原則を指針とする。

51 事務局長は、適当な場合には、執行理事会との協議の後、特定の問題について勧告を行うための科学の専門家の臨時の作業部会を設置することができる。

52 事務局長、査察員、査察補及び技術事務局の職員

は、その任務の遂行に当たって、いかなる政府からも又は機関外のいかなるところからも指示を求め又は受けてはならない。これらの者は、機関に対してのみ責任を有する国際公務員としての立場に望ましくない影響を及ぼすおそれのあるいかなる行動も差し控えなければならない。事務局長は、査察団の活動について責任を負う。

53　締約国は、事務局長、査察員、査察補及び技術事務局の職員の任務の専ら国際的な性質を尊重するものとし、これらの者が任務を遂行するに当たってこれらの者を左右しようとしてはならない。

E　特権及び免除

54　機関は、締約国の領域内又はその管轄若しくは管理の下にあるその他の場所において、機関の任務の遂行のために必要な法律上の能力並びに特権及び免除を享受する。

55　締約国の代表、その代表代理及び随員、執行理事会に選出された理事国の代表、その代表代理及び随員並びに事務局長、査察員、査察補及び機関の職員は、機関に関連する自己の任務を独立して遂行するために必要な特権及び免除を享受する。

56　この条に規定する法律上の能力、特権及び免除については、機関と締約国との間の協定及び機関と機関が所在する国との間の協定で定める。これらの協定は、26の(h)及び(i)の規定に従って検討され及び承認される。

57　54及び55の規定にかかわらず、検証活動が行われている間事務局長、査察員、査察補及び技術事務局の職員が享受する特権及び免除は、議定書に定める。

第三条（国内の実施措置）１　締約国は、自国の憲法上の手続に従いこの条約に基づく自国の義務を履行するために必要な措置をとる。締約国は、特に、次のことのために必要な措置をとる。

(a)　自国の領域内のいかなる場所又は国際法によって認められる自国の管轄の下にあるその他のいかなる場所においても、自然人及び法人がこの条約によって締約国に対して禁止されている活動を行うことを禁止すること。

(b)　自然人及び法人が自国の管理の下にあるいかなる場所においても(a)の活動を行うことを禁止すること。

(c)　自国の国籍を有する自然人がいかなる場所においても(a)の活動を行うことを国際法に従って禁止すること。

2　締約国は、1の規定に基づく義務の履行を容易にするため、他の締約国と協力し、及び適当な形態の法律上の援助を与える。

3　締約国は、この条の規定に従ってとる措置を機関に通報する。

4　締約国は、この条約に基づく自国の義務を履行するため、国内当局を指定し又は設置し及び、この条約が自国について効力を生じたときは、その指定又は設置について機関に通報する。国内当局は、機関及び他の締約国との連絡のための国内の連絡先となる。

第四条（検証）

A　一般規定

1　この条約の遵守について検証するために、次のものから成る検証制度を設ける。当該検証制度は、この条約が効力を生ずる時に検証についてこの条約が定める要件を満たすことができるものとする。

(a)　国際監視制度

(b)　協議及び説明

(c)　現地査察

(d)　信頼の醸成についての措置

2　検証活動については、客観的な情報に基づくものとし、この条約の対象である事項に限定し、並びに締約国の主権を十分に尊重することを基礎として並びにできる限り干渉の程度が低く、かつ、当該検証活動の目的の効果的な及び適時の遂行に合致する方法で実施する。締約国は、検証についての権利の濫用を差し控える。

3　締約国は、この条約の遵守についての検証を容易にするために、この条約に従って、前条4の規定に従って設置する国内当局を通じて特に次のことによって機関及び他の締約国と協力することを約束する。

(a)　当該検証のための措置に参加するために必要な施設及び通信手段を設置すること。

(b)　国際監視制度の一部を成す国内の観測所から得られたデータを提供すること。

(c)　適当な場合には協議及び説明の手続に参加すること。

(d)　現地査察の実施を認めること。

(e)　適当な場合には信頼の醸成についての措置に参加すること。

4　すべての締約国は、技術的及び財政的な能力のいかんを問わず、検証についての平等の権利を有し、及び検証を受け入れる平等の義務を負う。

5　この条約の適用上、いかなる締約国も、一般的に認められている国際法の原則（国の主権の尊重の原則を含む。）に適合する方法で国内の検証技術によって得た情報を使用することを妨げられない。

6　締約国は、この条約の検証制度又は5の規定による国内の検証技術の運用を妨げてはならない。ただし、この条約に関係しない機微に係る設備、活動又は場所を保護する締約国の権利を害するものではない。

7　締約国は、この条約に関係しない機微に係る設備を保護し並びにこの条約に関係しない秘密の情報及び資料の開示を防止するための措置をとる権利を有する。

8　更に、非軍事上及び軍事上の活動及び施設に関する情報であって検証活動の間に得られたものの秘密を保護するためのすべての必要な措置がとられるものとする。

9 機関がこの条約によって設けられた検証制度を通じて得た情報については、8の規定に従うことを条件として、この条約及び議定書の関連規定に従ってすべての締約国が利用することができる。

10 この条約は、科学的な目的のために行われる資料の国際的な交換を制限するものと解してはならない。

11 締約国は、適当な場合にはこの条約の検証制度の効率及び費用対効果を高めることとなる特定の措置を開発するため、検証制度を改善し及び追加的な監視技術(電磁衝撃波監視及び衛星による監視を含む。)の潜在的な検証能力を検討することについて機関及び他の締約国と協力することを約束する。そのような特定の措置は、合意される場合には、第七条の規定に従ってこの条約の現行の規定若しくは議定書に若しくは議定書の追加的な規定として含められ又は、適当な場合には、第二条44の規定に従って運用手引書に反映される。

12 締約国は、すべての締約国が国内における検証措置の実施を強化し及びこの条約の検証制度において使用される技術の平和的目的のための応用から利益を受けることを可能にするために、当該技術についての交流を可能な最大限度まで行うことを容易にし及びその交流に参加することについての相互間の協力を促進することを約束する。

13 この条約は、平和的目的のための原子力の応用を一層発展させるための締約国の経済的及び技術的な発展を妨げないような態様で実施する。

14 技術事務局の検証の分野における任務

技術事務局は、この条約の目的のため、この条約及び議定書に規定する検証の分野における任務を遂行するに当たり、締約国と協力して次のことを行う。

(a) この条約に従ってこの条約の検証に関連するデータ及び報告のために作成された資料を受領し及び配布するための措置並びにそのために必要な世界的規模の通信基盤を維持するための措置をとること。

(b) 技術事務局内において原則としてデータの保管及び処理の中心となる国際データセンターを通じ通常の活動として次のことを行うこと。

(i) 国際監視制度によって得られるデータについて要請を受領し及び要請を行うこと。

(ii) 適当な場合には、協議及び説明の手続、現地査察並びに信頼の醸成についての措置の結果得られたデータを受領すること。

(iii) この条約及び議定書に従って締約国及び国際機関からその他の関連するデータを受領すること。

(c) 関連する運用手引書に従って国際監視制度、その構成要素及び国際データセンターの運用を監督し、調整し及び確保すること。

(d) この条約についての国際的な検証が効果的に行われることを可能にし及びこの条約の遵守についての懸念の早期の解決に資するため、合意される手続に従い通常の活動として国際監視制度によって得られるデータを処理し及び分析し並びにこれについて報告すること。

(e) すべてのデータ(未処理のもの及び処理済みのもの)及び報告のために作成された資料をすべての締約国が利用することができるようにすること。もっとも、締約国は、第二条7並びにこの条の8及び13の規定に従って国際監視制度によって得られるデータの利用について責任を負う。

(f) すべての締約国に対し保管されているすべてのデータへの平等の、開かれた、利用しやすい、かつ、適時のアクセスを認めること。

(g) すべてのデータ(未処理のもの及び処理済みのもの)及び報告のために作成された資料を保管すること。

(h) 国際監視制度によって追加的なデータを得ることについての要請を調整し及び容易にすること。

(i) 追加的なデータについての一の締約国から他の締約国に対する要請を調整すること。

(j) 関係国が必要とする場合には、監視施設及びその通信手段の設置及び運用について技術上の援助及び支援を行うこと。

(k) 検証制度によって得られるデータを取りまとめ、保管し、処理し及び分析し並びにこれについて報告するに当たって技術事務局及び国際データセンターが使用する技術を締約国の要請に応じ当該締約国が利用することができるようにすること。

(l) 国際監視制度の運用及び国際データセンターの任務の遂行の全般を監視し及び評価し並びにこれについて報告すること。

15 技術事務局が14及び議定書に規定する検証の分野における任務の遂行に当たって使用する合意された手続は、関連する運用手引書で定める。

B 国際監視制度

16 国際監視制度は、地震学的監視施設、放射性核種監視施設(公認された実験施設を含む。)、水中音波監視施設及び微気圧振動監視施設並びにその各通信手段によって構成され、並びに技術事務局の国際データセンターの支援を受ける。

17 国際監視制度は、技術事務局の権限の下に置かれる。国際監視制度のすべての監視施設については、議定書に従い、当該監視施設を受け入れ又はその他の方法によってこれについて責任を負う国が所有し及び運用する。

18 締約国は、データの国際的な交換に参加し及び国際データセンターが利用し得るすべてのデータへのアクセスが認められる権利を有する。締約国は、自国の国内当局を通じて国際データセンターと協力する。

国際監視制度についての費用負担

19 機関は、国際監視制度に含められる施設であって議定書の附属書一の表の1A、2A、3及び4に掲げるもの並びにその運用につき、これらの施設が議定書及び関連する運用手引書で定める技術上の要件に従って国際データセンターにデータを提供することについて関係国及び機関が合意する場合には、議定書第一部4に規定する協定又は取決めに従って次のことに係る費用を負担する。

(a) 新たな施設を設置し及び既存の施設の水準を高めること。ただし、これらの施設について責任を負う国がその費用を負担する場合は、この限りでない。

(b) 国際監視制度の施設を運用し及び維持すること(適当な場合には、施設の安全を確保することを含む。)並びにデータが改変されないことを確保するための合意された手続を適用すること。

(c) 利用可能な手段で最も直接的な及び最も費用対効果の高いもの(必要な場合には、適当な通信の分岐点を経由するものを含む。)によって監視施設、実験施設、分析施設若しくは国内のデータセンターから国際データセンターへ国際監視制度によって得られるデータ(未処理のもの及び処理済みのもの)を送付し又は監視施設から実験施設及び分析施設へ当該データ(適当な場合には、試料を含む。)を送付すること。

(d) 機関に代わって試料の分析を行うこと。

20 機関は、議定書の附属書一の表1Bに掲げる補助的な地震学的監視観測所網につき、議定書第一部4に規定する協定又は取決めに従って次のことに係る費用のみを負担する。

(a) 国際データセンターへデータを送付すること。

(b) 補助的な地震学的監視観測所についてそのデータが改変されないことを確保すること。

(c) 観測所の水準を必要とされる技術的基準に合致するよう高めること。ただし、当該観測所について責任を負う国がその費用を負担する場合は、この限りでない。

(d) 適当な既存の施設がない場合において必要なときは、この条約の目的のために新たな観測所を設置すること。ただし、当該観測所について責任を負う国がその費用を負担する場合は、この限りでない。

(e) その他の費用であって機関が関連する運用手引書に従って要請するデータの提供に係るもの

21 機関は、議定書第一部Fに規定する標準的な範囲内において国際データセンターが作成する資料及び提供するサービスのうち締約国が要請において選択したものを当該締約国に提供することに係る費用も負担する。追加的なデータの入手及び送付又は追加的な資料の作成及び送付に係る費用については、要請する締約国が負担する。

22 国際監視制度の施設を受け入れ又はその他の方法によってこれについて責任を負う締約国又は締約国以外の国との間で締結される協定又は適当な場合の取決めには、これに係る費用の負担についての規定を含める。当該規定には、締約国が受け入れ又は責任を負う施設に係る費用で19(a)並びに20(c)及び(d)に規定するものを当該締約国が立て替え並びに当該締約国が機関に対する自国の分担金における適当な控除により弁済を受ける方法を含めることができる。当該控除は、締約国の年次分担金の額の五〇パーセントを超えてはならないが、翌年以降に繰り越すことができる。締約国は、他の締約国との間の協定又は取決めによって及び執行理事会の同意を得て、当該他の締約国と共に当該控除を受けることができる。この22に規定する協定又は取決めは、第二条の26(h)及び38(i)の規定に従って承認される。

国際監視制度の変更

23 11に規定する措置であって監視技術の追加又は除外によって国際監視制度に影響を及ぼすものについては、合意される場合には、第七条の1から6までの規定に従ってこの条約及び議定書に含める。

24 国際監視制度の次の変更は、直接影響を受ける国の同意を条件として、第七条の7及び8に規定する運営上の又は技術的な性質の事項とみなされる。執行理事会は、同条8(d)の規定に従って当該変更が採択されるよう勧告する場合には、原則として、同条8(g)の規定に従い当該変更がその承認に関する事務局長の通報の時に効力を生ずることについても勧告する。

(a) いずれかの監視技術のための施設の数で議定書に定めるものの変更

(b) 特定の施設についてのその他の詳細(特に、施設について責任を負う国、施設の所在地、施設の名称、施設の形式及び主要な地震学的監視観測所網又は補助的な地震学的監視観測所網のいずれに帰属させるかを含む。)の変更であって議定書の附属書一の表に反映されるもの

25 事務局長は、24に規定する修正案につき、第七条8(b)の規定に従って執行理事会及び締約国に対して情報及び評価を提出するに当たって次の事項を含める。

(a) 当該修正案についての技術上の評価

(b) 当該修正案の運営上及び財政上の影響についての記述

(c) 当該修正案によって直接影響を受ける国との協議についての報告(当該国の同意についての記述を含む。)

暫定的措置

26 事務局長は、議定書の附属書一の表に掲げる監視施設の重大若しくは回復不可能な故障が生じた場合には、又は監視が及ぶ範囲のその他の一時的な縮小に対応するため、直接影響を受ける国と協議し及びその同意を得て並びに執行理事会の承認を得た上、一年を超えない期間の暫定的措置をとる。もっとも、必要な場合には、執行理事会及び直接影響を受ける国の同意を得て、一年間延長することができる。当該暫定的措置については、国際監視制度の稼働中の

施設の数が関連する観測所網について定められる数を超えるものであってはならず、当該観測所網についての運用手引書で定める技術上及び運用上の要件をできる限り満たすものとし、並びに機関の予算の範囲内において実施する。事務局長は、更に、事態を是正するための措置をとり及びその恒久的な解決のための提案を行う。事務局長は、この26の規定に従って行った決定をすべての締約国に通報する。

国内の協力施設

27　締約国は、国際監視制度の枠内でのデータの提供とは別個に、国際監視制度の一部を構成しない国内の監視観測所によって得られる補足的なデータを国際データセンターが利用することができるように機関との間で協力についての取決めを作成することができる。

28　27の協力についての取決めについては、次のとおり作成することができる。

(a)　技術事務局は、締約国の要請により及び当該締約国の費用で、特定の監視施設が国際監視制度の施設のための関連する運用手引書で定める技術上及び運用上の要件を満たしていることを証明するために必要な措置並びに当該特定の監視施設についてそのデータが改変されないことを確保するための措置をとった上、執行理事会の同意を条件として、当該特定の監視施設を国内の協力施設として正式に指定する。技術事務局は、適当な場合には、当該要件を満たしていることの証明を更新するために必要な措置をとる。

(b)　技術事務局は、国内の協力施設の最新の一覧表を保持し、及びこれをすべての締約国に配布する。

(c)　締約国の要請がある場合には、国際データセンターは、協議及び説明を容易にし並びに現地査察の要請についての検討を容易にするために国内の協力施設によって得られるデータを要請する。もっとも、当該データの送付に係る費用については、当該締約国が負担する。

国内の協力施設によって得られる補足的なデータを利用可能とし及び国際データセンターが補足的なデータの追加的若しくは迅速な送付又は説明を要請することができるための条件は、それぞれの監視観測所網のための運用手引書で定める。

C　協議及び説明

29　締約国は、可能なときはいつでも、この条約の基本的義務の違反の可能性について懸念を引き起こす問題を、まず、締約国間で、機関との間で又は機関を通じて、明らかにし及び解決するためにあらゆる努力を払うべきである。もっとも、すべての締約国の現地査察を要請する権利は害されない。

30　この条約の基本的義務の違反の可能性について懸念を引き起こす問題を明らかにし及び解決するよう29の規定によって他の締約国から直接要請された締約国は、できる限り速やかに、いかなる場合にもその要請の後四八時間以内に、その要請を行った締約国に対して説明を行う。その要請を行った締約国及びその要請を受けた締約国は、執行理事会及び事務局長に対してその要請及びこれへの対応について通報することができる。

31　締約国は、この条約の基本的義務の違反の可能性について懸念を引き起こす問題を明らかにするに当たって援助するよう事務局長に要請する権利を有する。事務局長は、このような懸念に関連する適当な情報で技術事務局が保有するものを提供する。事務局長は、その援助を要請した締約国が要請する場合には、執行理事会に対しその援助の要請及びこれに応じて提供した情報について通報する。

32　締約国は、この条約の基本的義務の違反の可能性について懸念を引き起こす問題を明らかにするための説明を他の締約国から得るよう執行理事会に要請する権利を有する。この場合において、次の規定を適用する。

(a)　執行理事会は、事務局長を通じ、その要請を受領した後二四時間以内に、当該他の締約国に対してこれを送付する。

(b)　当該他の締約国は、できる限り速やかに、いかなる場合にもその要請を受領した後四八時間以内に、執行理事会に対して説明を行う。

(c)　執行理事会は、(b)の規定に従って行われた説明に留意し、当該説明を受領した後二四時間以内に、その要請を行った締約国に対してこれを送付する。

(d)　その要請を行った締約国は、(b)の規定に従って行われた説明が十分でないと認める場合には、当該他の締約国から更に説明を得るよう執行理事会に要請する権利を有する。

執行理事会は、この32に規定する説明の要請及び当該他の締約国の対応についてその他のすべての締約国に対して遅滞なく通報する。

33　32(d)の規定に基づいて要請を行った締約国は、その得た説明が十分でないと認める場合には、執行理事会の理事国でない関係締約国が参加することができる執行理事会の会合の開催を要請する権利を有する。執行理事会は、当該会合において、この問題を検討し、及び次条の規定に基づく措置を勧告することができる。

D　現地査察

現地査察の要請

34　締約国は、この条及び議定書第二部の規定に基づき、いかなる締約国の領域内若しくはいかなる締約国の管轄若しくは管理の下にあるその他の場所について又はいずれの国の管轄若しくは管理の下にもない場所について現地査察を要請する権利を有する。

35　現地査察の唯一の目的は、核兵器の実験的爆発又は他の核爆発が第一条の規定に違反して実施されたか否かを明らかにし及び違反した可能性のある者の特定に資する事実を可能な限り収集することとする。

36　要請締約国は、現地査察の要請をこの条約の範囲内で行い、及び37の規定に従って当該要請において情報を提供する義務を負う。要請締約国は、根拠がない又は濫用にわたる査察の要請を差し控える。

37　現地査察の要請は、国際監視制度によって収集された情報若しくは一般的に認められている国際法の原則に適合する方法で国内の検証技術によって得られた関連する技術上の情報又はこれらの組合せに基づくものとする。当該要請には、議定書第二部41に規定する事項を含める。

38　要請締約国は、執行理事会に対して現地査察の要請を行い、及び事務局長が速やかに手続を開始することができるよう同時に事務局長に対して当該要請を提出する。

現地査察の要請を提出した後の措置

39　執行理事会は、現地査察の要請を受領したときは、直ちにその検討を開始する。

40　事務局長は、現地査察の要請を受領した後、二時間以内に要請締約国に対して当該要請の受領を確認し、六時間以内に当該要請を査察が行われることが求められている締約国に通報する。事務局長は、当該要請が議定書第二部41に定める要件を満たしていることを確認し、必要な場合には要請締約国が当該要件に従って当該要請を行うことを援助し、並びに当該要請を受領した後二四時間以内に執行理事会及び他のすべての締約国に対して当該要請を通報する。

41　技術事務局は、現地査察の要請が40の要件を満たしている場合には、現地査察のための準備を遅滞なく開始する。

42　事務局長は、いずれかの締約国の管轄又は管理の下にある査察区域に係る現地査察の要請を受領したときは、査察が行われることが求められている締約国に対し、当該要請において提起された懸念について明らかにされ及びこれが解決されるように直ちに説明を求める。

43　42の規定によって説明の求めを受領する締約国は、当該説明の求めを受領した後できる限り速やかに、遅くとも七二時間以内に、事務局長に対して、説明を行い及び利用可能な他の関連する情報を提供する。

44　事務局長は、執行理事会が現地査察の要請について決定する前に、当該要請において特定される事象に関する利用可能な追加の情報であって国際監視制度によって得られるもの又は締約国が提供するもの（42及び43の規定に従って行われる説明を含む。）及び事務局長が関連すると認め又は執行理事会が要請する技術事務局内のその他の情報を執行理事会に対して直ちに送付する。

45　執行理事会は、要請締約国が現地査察の要請において提起した懸念が解決されたと認めて当該要請を撤回する場合を除くほか、46の規定に従って当該要請について決定する。

執行理事会の決定

46　執行理事会は、要請締約国から現地査察の要請を受領した後九六時間以内に当該要請について決定する。現地査察を承認する決定は、執行理事会の理事国の三〇以上の賛成票による議決で行われる。執行理事会が当該現地査察を承認しなかった場合には、そのための準備は終了し、及び当該要請に基づく新たな措置はとられない。

47　査察団は、46の規定による現地査察の承認の後二五日以内に、査察の経過報告を事務局長を通じて執行理事会に提出する。査察の継続は、執行理事会が当該経過報告を受領した後七二時間以内にそのすべての理事国の過半数による議決で査察を継続しないことを決定する場合を除くほか、承認されたものとされる。執行理事会が査察を継続しないことを決定する場合には、査察は、終了し、査察団は、議定書第二部の100及び109の規定に従って査察区域及び被査察締約国の領域からできる限り速やかに退去する。

48　査察団は、現地査察が行われている間掘削の実施についての提案を事務局長を通じて執行理事会に提出することができる。執行理事会は、当該提案を受領した後七二時間以内に当該提案について決定する。掘削を承認する決定は、執行理事会のすべての理事国の過半数による議決で行われる。

49　査察団は、その査察命令を遂行することができるようにするために査察期間の延長が不可欠であると認める場合には、事務局長を通じて執行理事会に対し、議定書第二部4に定める六〇日の期間を超えて最長七〇日の査察期間の延長を要請することができる。査察団は、その要請において、議定書第二部69に規定する活動及び技術であって延長された期間中に実施し又は使用しようとするものを明示する。執行理事会は、その要請を受領した後七二時間以内にこれについて決定する。査察期間の延長を承認する決定は、執行理事会のすべての理事国の過半数による議決で行われる。

50　査察団は、47の規定に従って現地査察の継続が承認された後いつでも、事務局長を通じて執行理事会に対し査察を終了させるための勧告を提出することができる。当該勧告は、執行理事会がこれを受領した後七二時間以内にそのすべての理事国の三分の二以上の多数による議決で査察の終了を承認しないと決定する場合を除くほか、承認されたものとされる。査察団は、査察が終了する場合には、議定書第二部の109及び110の規定に従って査察区域及び被査察締約国の領域からできる限り速やかに退去する。

51　要請締約国及び査察が行われることが求められている締約国は、現地査察の要請に関する執行理事会の審議に投票権なしで参加することができる。要請締約国及び被査察締約国は、その後の当該現地査察に関する執行理事会の審議にも投票権なしで参加することができる。

52　事務局長は、46から50までの規定に従って行われた執行理事会の決定並びに執行理事会に対する報告、提案、要請及び勧告を二四時間以内にすべての締約国に通報する。

53 執行理事会が現地査察を承認した後の措置
執行理事会が承認した現地査察は、この条約及び議定書に従い事務局長が選定した査察団によって遅滞なく実施される。査察団は、執行理事会が要請締約国から現地査察の要請を受領した後六日以内に入国地点に到着する。

54 事務局長は、現地査察の実施のための査察命令を発する。査察命令には、議定書第二部42に規定する事項を含める。

55 事務局長は、議定書第二部43の規定に従い、査察団の入国地点への到着予定時刻の二四時間前までに、被査察締約国に対して査察を通告する。

現地査察の実施

56 締約国は、自国の領域内又は自国の管轄若しくは管理の下にある場所において機関がこの条約及び議定書に従って現地査察を実施することを認める。ただし、いかなる締約国も、自国の領域内又は自国の管轄若しくは管理の下にある場所における二以上の現地査察を同時に受け入れることを要しない。

57 被査察締約国は、この条約及び議定書によって、次の権利を有し、及び次の義務を負う。

(a) この条約の遵守を証明するためにあらゆる合理的な努力を払う権利及び義務並びにこのために査察団がその査察命令を遂行することができるようにする権利及び義務

(b) 国家の安全保障上の利益を保護し及び査察の目的に関係しない秘密の情報の開示を防止するために必要と認める措置をとる権利

(c) (b)の規定並びに財産権又は捜索及び押収に関する自国の憲法上の義務を考慮して、査察の目的に関連する事実を確定するための査察区域内へのアクセスを認める義務

(d) 第一条に規定する義務の違反を隠すためにこの57又は議定書第二部88の規定を援用しない義務

(e) 査察団がこの条約及び議定書に従って査察区域内を移動し及び査察活動を実施することを妨げない義務

現地査察に関する規定において「アクセス」とは、査察団及び査察のための装置の査察区域への物理的なアクセス並びに当該査察区域内における査察活動の実施の双方をいう。

58 現地査察は、議定書に定める手続に従い、できる限り干渉の程度が低く、かつ、査察命令の効果的な及び適時の遂行に合致する方法で実施される。査察団は、できる限り、最も干渉の程度が低い手続から、その後、この条約の違反の可能性の懸念について明らかにするための十分な情報を収集するために必要と認める場合にのみ、より干渉の程度が高い手続に移行する。査察員は、査察の目的のために必要な情報及び資料のみを求め、並びに被査察締約国における正常な活動を妨げることを最小限にするよう努める。

59 被査察締約国は、現地査察が行われている間を通じて査察団を援助し、及びその任務の遂行を容易にする。

60 被査察締約国は、議定書第二部の86から96までの規定に基づいて査察区域内のアクセスを制限する場合には、査察団との協議の上、代替的な手段によってこの条約の遵守を証明するためにあらゆる合理的な努力を払う。

オブザーバー

61 オブザーバーについては、次の規定を適用する。

(a) 各要請締約国は、被査察締約国の同意を得て、自国又は第三の締約国のいずれか一方の国民である一人の代表者を現地査察の実施に立ち会わせるために派遣することができる。

(b) 被査察締約国は、事務局長に対し、執行理事会が現地査察を承認した後一二時間以内に、提案されたオブザーバーを受け入れるか否かを通告する。

(c) 被査察締約国は、提案されたオブザーバーを受け入れる場合には、議定書に従ってそのオブザーバーに対してアクセスを認める。

(d) 被査察締約国は、原則として、提案されたオブザーバーを受け入れる。もっとも、被査察締約国がその受入れを拒否する場合には、その事実は、査察報告に記録される。

オブザーバーの合計は、三人を超えてはならない。

現地査察についての報告

62 査察報告には、次の事項を含める。

(a) 査察団が行った活動についての記述

(b) 査察の目的に関連する査察団による事実関係の調査結果

(c) 現地査察の間与えられた協力についての記述

(d) 現地査察の間認められたアクセス(査察団に提供された代替的な手段を含める。)の範囲及び程度に関する事実関係についての記述

(e) 査察の目的に関連するその他の詳細

異なる見解を有する査察員がある場合には、当該見解を査察報告に付することができる。

63 事務局長は、被査察締約国に対して査察報告案を利用可能にする。被査察締約国は、四八時間以内に事務局長に対して意見を述べ及び説明を提供する権利並びに査察の目的に関係せず技術事務局の外部に送付されるべきではないと認める情報及び資料を特定する権利を有する。事務局長は、当該査察報告案の変更について被査察締約国が行う提案を検討し、及び可能な限りこれを採用するものとし、被査察締約国が述べた意見及び提供した説明を査察報告に付加する。

64 事務局長は、要請締約国、被査察締約国、執行理事会及び他のすべての締約国に対して査察報告を速やかに送付する。事務局長は、更に、執行理事会及び当該他のすべての締約国に対し、指定された実験施設における試料の分析の結果を議定書第二部104の

規定に従って速やかに送付し、並びに国際監視制度によって得られた関連するデータ、要請締約国及び被査察締約国による査察についての評価並びに事務局長が関連すると認めるその他の情報を速やかに送付する。もっとも、47に規定する査察の経過報告については、47に定める時間的な枠組みの範囲内で執行理事会に送付する。

65　執行理事会は、その権限及び任務に従い、64の規定に従って送付された査察報告及び資料を検討し、並びに次の問題を検討する。

(a)　この条約の違反があったか否か。

(b)　現地査察を要請する権利が濫用されたか否か。

66　執行理事会は、その権限及び任務に従い65の規定に関して更に措置が必要となるとの結論に達する場合には、次条の規定に基づいて適当な措置をとる。

67　執行理事会は、現地査察の要請の根拠がないとい根拠がない又は濫用された現地査察の要請

うこと若しくは現地査察の要請が濫用されたということを根拠として現地査察を承認しない場合又はこれらの理由により査察が終了する場合には、事態を是正するための適当な措置をとるか否かについて検討し及び決定する。当該措置には、次のことを含む。

(a)　技術事務局が行った準備に係る費用を支払うよう要請締約国に対して要求すること。

(b)　執行理事会が決定する一定の期間要請締約国の現地査察を要請する権利を停止すること。

(c)　一定の期間要請締約国の執行理事会の理事国としての任務を遂行する権利を停止すること。

E　信頼の醸成についての措置

68　締約国は、次のことのため、議定書第三部に規定する関連する措置を実施するに当たり、機関及び他の締約国と協力することを約束する。

(a)　化学的爆発に関連する検証のためのデータを誤って解釈することから生ずるこの条約の遵守についての懸念を適時に解決することに貢献すること。

(b)　国際監視制度の観測所網の一部である観測所の特性を把握することについて援助すること。

第五条（事態を是正し及びこの条約の遵守を確保するための措置（制裁を含む。））　1　会議は、特に執行理事会の勧告を考慮して、この条約の遵守を確保し並びにこの条約に違反する事態を是正し及び改善するため、2及び3に規定する必要な措置をとる。

2　締約国が自国によるこの条約の遵守に関して問題を引き起こしている事態を是正することを会議又は執行理事会によって要請され、かつ、一定の期間内に当該要請に応じなかった場合には、会議は、特に、当該締約国がこの条約に基づく権利及び特権を行使することを、別段の決定を行うまでの間制限し又は停止することを決定することができる。

3　この条約の基本的義務の違反によってこの条約の趣旨及び目的に対する障害が生ずる可能性のある場合には、会議は、締約国に対して国際法に適合する集団的措置を勧告することができる。

4　会議又は事態が緊急である場合には執行理事会は、問題（関連する情報及び判断を含む。）について国際連合の注意を喚起することができる。

第六条（紛争の解決）　1　この条約の適用又は解釈に関して生ずる紛争については、この条約の関連規定に従って及び国際連合憲章の規定によって解決する。

2　この条約の適用又は解釈に関して二以上の締約国間で又は一若しくは二以上の締約国と機関との間で紛争が生ずる場合には、関係当事者は、交渉又は当該関係当事者が選択するその他の平和的手段（この条約に規定する適当な内部機関に対して提起すること及び合意により国際司法裁判所規程に従って国際司法裁判所に付託することを含む。）によって紛争を速やかに解決するため、協議する。関係当事者は、いかなる措置がとられるかについて常時執行理事会に通報する。

3　執行理事会は、適当と認める手段（あっせんを提供すること、紛争当事国である締約国に対し当該締約国が選択する手続を通じて解決を求めるよう要請すること、問題について会議の注意を喚起すること及び合意された手続に従って解決するための期限を勧告することを含む。）により、この条約の適用又は解釈に関して生ずる紛争の解決に貢献することができる。

4　会議は、締約国が提起し又は執行理事会が注意を喚起する紛争に関係する問題を検討する。会議は、必要と認める場合には、第二条26(j)の規定に従い、これらの紛争の解決に関連して補助機関を設置し又は補助機関に任務を委託する。

5　会議及び執行理事会は、それぞれ、国際連合総会が許可することを条件として、機関の活動の範囲内において生ずる法律問題について勧告的意見を与えるよう国際司法裁判所に要請する権限を与えられる。このため、第二条38(h)の規定に従って機関と国際連合との間の協定を締結する。

6　この条の規定は、前二条の規定を害するものではない。

第七条（改正）　1　いずれの締約国も、この条約が効力を生じた後いつでもこの条約、議定書又は議定書の附属書の改正を提案することができるものとし、7の規定に従って議定書又はその附属書の修正を提案することができる。改正のための提案は、2から6までに定める手続に従う。7に規定する修正のための提案は、8に定める手続に従う。

2　改正案は、改正会議においてのみ検討され及び採択される。

3　改正のための提案については、事務局長に通報するものとし、事務局長は、当該改正のための提案をすべての締約国及び寄託者に対して回章に付し、当該改正のための提案を検討するために改正会議を開催するべきか否かについての締約国の見解を求める。

事務局長は、締約国の過半数が当該改正のための提案を更に検討することを支持する旨を当該改正のための提案の回章の後三〇日以内に事務局長に通報する場合には、すべての締約国が招請される改正会議を招集する。

4　改正会議は、その開催を支持するすべての締約国が一層早期の開催を要請する場合を除くほか、会議の通常会期の後直ちに開催される。いかなる場合にも、改正会議は、改正案の回章の後六〇日を経過するまでは開催されない。

5　改正は、改正会議において、いかなる締約国も反対票を投ずることなく締約国の過半数が賛成票を投ずることによって採択される。

6　改正は、改正会議において賛成票を投じたすべての締約国が批准書又は受諾書を寄託した後三〇日で、すべての締約国について効力を生ずる。

7　この条約の実行可能性及び実効性を確保するため、議定書の第一部及び第三部並びに議定書の附属書一及び附属書二の規定は、修正案が運営上の又は技術的な性質の事項にのみ関連する場合には、8の規定に従って行われる修正の対象とされる。議定書及びその附属書のその他のすべての規定は、8の規定に従って行われる修正の対象とされない。

8　7に規定する修正については、次の手続に従って行う。

(a)　修正案については、必要な情報と共に事務局長に送付する。すべての締約国及び事務局長は、当該修正案を評価するための追加の情報を提供することができる。事務局長は、すべての締約国、執行理事会及び寄託者に対して当該修正案及び情報を速やかに通報する。

(b)　事務局長は、修正案を受領した後六〇日以内に、この条約及びその実施に及ぼし得るすべての影響を把握するために当該修正案を評価するものとし、その結果についての情報をすべての締約国及び執行理事会に通報する。

(c)　執行理事会は、すべての入手可能な情報に照らして修正案を検討する（当該修正案が7に定める要件を満たしているか否かについて検討することを含む。）。執行理事会は、当該修正案を受領した後九〇日以内に、適当な説明を付して、執行理事会の勧告を検討のためにすべての締約国に通報する。締約国は、一〇日以内に当該勧告の受領を確認する。

(d)　修正案が採択されるよう執行理事会がすべての締約国に勧告する場合において、いずれの締約国もその勧告を受領した後九〇日以内に異議を申し立てないときは、当該修正案は、承認されたものとみなされる。修正案が拒否されるよう執行理事会が勧告する場合において、いずれの締約国もその勧告を受領した後九〇日以内に異議を申し立てないときは、当該修正案は、拒否されたものとみなされる。

(e)　執行理事会の勧告が(d)の規定に従って受け入れられない場合には、会議は、次の会期において修正案についての決定（当該修正案が7に定める要件を満たしているか否かについての決定を含む。）を実質事項として行う。

(f)　事務局長は、この8に規定する決定をすべての締約国及び寄託者に通報する。

(g)　この8に定める手続に従って承認された修正は、他の期間を執行理事会が勧告し又は会議が決定する場合を除くほか、すべての締約国につき、事務局長がその承認を通報した日の後一八〇日で効力を生ずる。

第八条（この条約の検討）　1　締約国の過半数による議決で別段の決定を行う場合を除くほか、前文の趣旨及び目的の実現並びにこの条約の遵守を確保するようにこの条約の運用及び実効性を検討するため、この条約の効力発生の十年後に締約国会議を開催する。その検討に際しては、この条約に関連するすべての科学及び技術の進歩を考慮する。検討会議は、締約国の要請に基づき平和的目的のための地下における核爆発の実施を認める可能性について検討する。検討会議は、コンセンサス方式により当該地下における核爆発を認めることができることを決定する場合には、この条約の適当な改正であって当該地下における核爆発によって軍事上の利益が生ずることを排除するものを締約国に勧告するために遅滞なく作業を開始する。その改正案については、いずれかの締約国が事務局長に通報し、及び前条の規定に従って取り扱う。

2　その後一〇年ごとに、会議がその前年に手続事項として決定する場合には、同様の目的をもって更に検討会議を開催することができる。会議が実質事項として決定する場合には、一〇年よりも短い間隔でそのような検討会議を開催することができる。

3　検討会議は、通常、第二条に規定する会議の年次通常会期の後直ちに開催される。

第九条（有効期間及び脱退）　1　この条約の有効期間は、無期限とする。

2　締約国は、この条約の対象である事項に関係する異常な事態が自国の至高の利益を危うくしていると認める場合には、その主権を行使してこの条約から脱退する権利を有する。

3　脱退は、他のすべての締約国、執行理事会、寄託者及び国際連合安全保障理事会に対してその六箇月前に通告することによって行う。脱退の通告には、締約国が自国の至高の利益を危うくしていると認める異常な事態についても記載する。

第一〇条（議定書及び附属書の地位）　この条約の附属書、議定書及び議定書の附属書は、この条約の不可分の一部を成す。「この条約」というときは、この条約の附属書、議定書及び議定書の附属書を含めていうものとする。

第一一条（署名） この条約は、効力を生ずる前は署名のためにすべての国に開放しておく。

第一二条（批准） この条約は、署名国により、それぞれ自国の憲法上の手続に従って批准されなければならない。

第一三条（加入） この条約が効力を生ずる前にこの条約に署名しない国は、その後はいつでもこの条約に加入することができる。

第一四条（効力発生） 1　この条約は、その附属書二に掲げるすべての国の批准書が寄託された日の後一八〇日で効力を生ずる。ただし、いかなる場合にも、署名のための開放の後二年を経過するまで効力を生じない。

2　この条約がその署名のための開放の日の後三年を経過しても効力を生じない場合には、寄託者は、既に批准書を寄託している国の過半数の要請によってこれらの国の会議を招集する。この会議は、1に定める要件が満たされている程度について検討し並びに、この条約が早期に効力を生ずることを容易にするため、批准の過程を促進するため国際法に適合するいかなる措置をとることができるかについて検討し及びコンセンサス方式によって決定する。

3　2に定める手続は、2に規定する会議又はその後のそのような会議が別段の決定を行わない限り、この条約が効力を生ずるまで、その後のこの条約の署名のための開放の日に対応する各年の日について繰り返し適用される。

4　すべての署名国は、2に規定する会議及び3に規定するその後の会議にオブザーバーとして出席するよう招請される。

5　この条約は、その効力を生じた後に批准書又は加入書を寄託する国については、その批准書又は加入書の寄託の日の後三〇日目の日に効力を生ずる。

第一五条（留保） この条約の各条の規定及びこの条約の附属書については、留保を付することができない。この条約の議定書及びその附属書については、この条約の趣旨及び目的と両立しない留保を付することができない。

第一六条（寄託者） 1　この条約の寄託者は、国際連合事務総長とするものとし、同事務総長は、署名を受け付け並びに批准書及び加入書を受領する。

2　寄託者は、すべての署名国及び加入国に対して、各署名の日、各批准書又は各加入書の寄託の日、この条約並びにこの条約の改正及び修正の効力発生の日並びにその他の事項に係る通告の受領を速やかに通報する。

3　寄託者は、この条約の認証謄本を署名国政府及び加入国政府に送付する。

4　この条約は、寄託者が国際連合憲章第一〇二条の規定に従って登録する。

第一七条（正文） この条約は、アラビア語、中国語、英語、フランス語、ロシア語及びスペイン語をひとしく正文とし、国際連合事務総長に寄託する。

条約の附属書一　第二条28に規定する国の一覧表（略）

条約の附属書二　第一四条に規定する国の一覧表

一九九六年六月一八日現在の軍縮会議の構成国であって、同会議の一九九六年の会期の作業に正式に参加し、かつ、国際原子力機関の「世界の動力用原子炉」の一九九六年四月版の表1に掲げられているもの及び同会議の一九九六年の会期の作業に正式に参加し、かつ、同機関の「世界の研究用原子炉」の一九九五年一二月版の表1に掲げられているものの一覧表

アルジェリア、アルゼンティン、オーストラリア、オーストリア、バングラデシュ、ベルギー、ブラジル、ブルガリア、カナダ、チリ、中国、コロンビア、朝鮮民主主義人民共和国、エジプト、フィンランド、フランス、ドイツ、ハンガリー、インド、インドネシア、イラン・イスラム共和国、イスラエル、イタリア、日本国、メキシコ、オランダ、ノールウェー、パキスタン、ペルー、ポーランド、ルーマニア、大韓民国、ロシア連邦、スロヴァキア、南アフリカ共和国、スペイン、スウェーデン、スイス、トルコ、ウクライナ、グレート・ブリテン及び北部アイルランド連合王国、アメリカ合衆国、ヴィエトナム及びザイール

包括的核実験禁止条約の議定書

第一部　国際監視制度及び国際データセンターの任務

A　一般規定

B　地震学的監視

C　放射性核種監視

D　水中音波監視

E　微気圧振動監視

F　国際データセンターの任務

第二部　現地査察

A　一般規定

B　恒常的な措置

C　現地査察の要請、査察命令及び査察の通告

D　査察の事前の活動

E　査察の実施

第三部　信頼の醸成措置

議定書の附属書一

表1A　主要観測所網を構成する地震学的監視観測所の表

表1B　補助観測所網を構成する地震学的監視観測所の表

表2A　放射性核種監視観測所の表

表2B　放射性核種監視のための実験施設の表

表3　水中音波監視観測所の表

表4　微気圧振動監視観測所の表

議定書の附属書二　国際データセンターによる事象の標準的な選別のための特徴付けの要素

14 3　核兵器の不拡散に関する条約（核不拡散条約）

署　名　一九六八年七月一日（ロンドン、モスクワ、ワシントン）
効力発生　一九七〇年三月五日
日 本 国　一九七〇年二月三日署名、一九七六年五月二四日国会承認、六月八日批准書寄託、効力発生、公布（条約第六号）

前　文

この条約を締結する国（以下「締約国」という。）は、

核戦争が全人類に惨害をもたらすものであり、したがって、このような戦争の危険を回避するためにあらゆる努力を払い、及び人民の安全を保障するための措置をとることが必要であることを考慮し、

核兵器の拡散が核戦争の危険を著しく増大させるものであることを信じ、

核兵器の一層広範にわたる分散の防止に関する協定を締結することを要請する国際連合総会の諸決議に従い、

平和的な原子力活動に対する国際原子力機関の保障措置の適用を容易にすることについて協力することを約束し、

一定の枢要な箇所において機器その他の技術的手段を使用することにより原料物質及び特殊核分裂性物質の移動に対して効果的に保障措置を適用するという原則を、国際原子力機関の保障措置制度のわく内で適用することを促進するための研究、開発その他の努力に対する支持を表明し、

核技術の平和的応用の利益（核兵器国が核爆発装置の開発から得ることができるすべての技術上の副産物を含む。）が、平和的目的のため、すべての締約国（核兵器国であるか非核兵器国であるかを問わない。）に提供されるべきであるという原則を確認し、

この原則を適用するに当たり、すべての締約国が、平和的目的のための原子力の応用を一層発展させるため可能な最大限度まで科学的情報を交換することに参加し、及び単独で又は他の国と協力してその応用の一層の発展に貢献する権利を有することを確信し、

核軍備競争の停止をできる限り早期に達成し、及び核軍備の縮小の方向で効果的な措置をとる意図を宣言し、

この目的の達成についてすべての国が協力することを要請し、

一九六三年の大気圏内、宇宙空間及び水中における核兵器実験を禁止する条約の締約国が、同条約前文において、核兵器のすべての実験的爆発の永久的停止の達成を求め及びそのために交渉を継続する決意を表明したことを想起し、

厳重かつ効果的な国際管理の下における全面的かつ完全な軍備縮小に関する条約に基づき核兵器の製造を停止し、貯蔵されたすべての核兵器を廃棄し、並びに諸国の軍備から核兵器及びその運搬手段を除去することを容易にするため、国際間の緊張の緩和及び諸国間の信頼の強化を促進することを希望し、

諸国が、国際連合憲章に従い、その国際関係において、武力による威嚇又は武力の行使を、いかなる国の領土保全又は政治的独立に対するものも、また、国際連合の目的と両立しない他のいかなる方法によるものも慎まなければならないこと並びに国際の平和及び安全の確立及び維持が世界の人的及び経済的資源の軍備のための転用を最も少なくして促進されなければならないことを想起して、

次のとおり協定した。

第一条【核兵器国の義務】締約国である各核兵器国は、核兵器その他の核爆発装置又はその管理をいかなる者に対しても直接又は間接に移譲しないこと及び核兵器その他の核爆発装置の製造若しくはその他の方法による取得又は核兵器その他の核爆発装置の管理の取得につきいかなる非核兵器国に対しても何ら援助、奨励又は勧誘を行わないことを約束する。

第二条【非核兵器国の義務】締約国である各非核兵器国は、核兵器その他の核爆発装置又はその管理をいかなる者からも直接又は間接に受領しないこと、核兵器その他の核爆発装置を製造せず又はその他の方法によって取得しないこと及び核兵器その他の核爆発装置の製造についていかなる援助をも求めず又は受けないことを約束する。

第三条【ＩＡＥＡの保障措置】１　締約国である各非核兵器国は、原子力が平和的利用から核兵器その他の核爆発装置に転用されることを防止するため、この条約に基づいて負う義務の履行を確認することのみを目的として国際原子力機関憲章及び国際原子力機関の保障措置制度に従い国際原子力機関との間で交渉しかつ締結する協定に定められる保障措置を受諾することを約束する。この条の規定によって必要とされる保障措置の手続は、原料物質又は特殊核分裂性物質につき、それが主要な原子力施設において生産され、処理され若しくは使用されているか又は主要な原子力施設の外にあるかを問わず、遵守しなければならない。この条の規定によって必要とされる保障措置は、当該非核兵器国の領域内若しくはその管轄下で又は場所のいかんを問わずその管理の下で行われるすべての平和的な原子力活動に係るすべての原料物質及び特殊核分裂性物質につき、適用される。

２　各締約国は、(a)原料物質若しくは特殊核分裂性物質又は(b)特殊核分裂性物質の処理、使用若しくは生産のために特に設計され若しくは作成された設備若しくは資材を、この条の規定によって必要とされる保障措置が当該原料物質又は当該特殊核分裂性物質について適用されない限り、平和的目的のためいかなる非核兵器国にも供給しないことを約束する。

3　この条の規定によって必要とされる保障措置は、この条の規定及び前文に規定する保障措置の原則に従い、次条の規定に適合する態様で、かつ、締約国の経済的若しくは技術的発展又は平和的な原子力活動の分野における国際協力（平和的目的のため、核物質及びその処理、使用又は生産のための設備を国際的に交換することを含む。）を妨げないような態様で、実施するものとする。

4　締約国である非核兵器国は、この条に定める要件を満たすため、国際原子力機関憲章に従い、個々に又は他の国と共同して国際原子力機関と協定を締結するものとする。その協定の交渉は、この条約が最初に効力を生じた時から一八〇日以内に開始しなければならない。この一八〇日の期間の後に批准書又は加入書を寄託する国については、その協定の交渉は、当該寄託の日までに開始しなければならない。その協定は、交渉開始の日の後一八箇月以内に効力を生ずるものとする。

第四条【原子力の平和利用】1　この条約のいかなる規定も、無差別にかつ第一条及び第二条の規定に従って平和的目的のための原子力の研究、生産及び利用を発展させることについてのすべての締約国の奪い得ない権利に影響を及ぼすものと解してはならない。

2　すべての締約国は、原子力の平和的利用のため設備、資材並びに科学的及び技術的情報を可能な最大限度まで交換することを容易にすることを約束し、また、その交換に参加する権利を有する。締約国は、また、可能なときは、単独で又は他の国若しくは国際機関と共同して、世界の発展途上にある地域の必要に妥当な考慮を払って、平和的目的のための原子力の応用、特に締約国である非核兵器国の領域におけるその応用の一層の発展に貢献することに協力する。

第五条【核爆発の平和的応用】各締約国は、核爆発のあらゆる平和的応用から生ずることのある利益が、この条約に従い適当な国際的監視の下でかつ適当な国際的手続により無差別の原則に基づいて締約国である非核兵器国に提供されること並びに使用される爆発装置についてその非核兵器国の負担する費用が、できる限り低額であり、かつ、研究及び開発のためのいかなる費用をも含まないことを確保するため、適当な措置をとることを約束する。締約国である非核兵器国は、特別の国際協定に従い、非核兵器国が十分に代表されている適当な国際機関を通じてこのような利益を享受することができる。この問題に関する交渉は、この条約が効力を生じた後できる限り速やかに開始するものとする。締約国である非核兵器国は、希望するときは、二国間協定によってもこのような利益を享受することができる。

第六条【核軍縮】各締約国は、核軍備競争の早期の停止及び核軍備の縮小に関する効果的な措置につき、並びに厳重かつ効果的な国際管理の下における全面的かつ完全な軍備縮小に関する条約について、誠実に交渉を行うことを約束する。

第七条【非核兵器地帯条約】この条約のいかなる規定も、国の集団がそれらの国の領域に全く核兵器の存在しないことを確保するため地域的な条約を締結する権利に対し、影響を及ぼすものではない。

第八条【改正及び再検討】1　いずれの締約国も、この条約の改正を提案することができる。改正案は、寄託国政府に提出するものとし、寄託国政府は、これをすべての締約国に配布する。その後、締約国の三分の一以上の要請があったときは、寄託国政府は、その改正を審議するため、すべての締約国を招請して会議を開催する。

2　この条約のいかなる改正も、すべての締約国の過半数の票（締約国であるすべての核兵器国の票及び改正案が配布された日に国際原子力機関の理事国である他のすべての締約国の票を含む。）による議決で承認されなければならない。その改正は、すべての締約国の過半数の改正の批准書（締約国であるすべての核兵器国の改正の批准書及び改正案が配布された日に国際原子力機関の理事国である他のすべての締約国の改正の批准書を含む。）が寄託された時に、その批准書を寄託した各締約国について効力を生ずる。その後は、改正は、改正の批准書を寄託する他のいずれの締約国についても、その寄託の時に効力を生ずる。

3　前文の目的の実現及びこの条約の規定の遵守を確保するようにこの条約の運用を検討するため、この条約の効力発生の五年後にスイスのジュネーヴで締約国の会議を開催する。その後五年ごとに、締約国の過半数が寄託国政府に提案する場合には、条約の運用を検討するという同様の目的をもって、更に会議を開催する。

第九条【署名、批准、効力発生及び核兵器国の定義】

1　この条約は、署名のためすべての国に開放される。この条約が3の規定に従って効力を生ずる前にこの条約に署名しない国は、いつでもこの条約に加入することができる。

2　この条約は、署名国によって批准されなければならない。批准書及び加入書は、ここに寄託国政府として指定されるグレート・ブリテン及び北部アイルランド連合王国、ソヴィエト社会主義共和国連邦及びアメリカ合衆国の政府に寄託する。

3　この条約は、その政府が条約の寄託者として指定される国及びこの条約の署名国である他の四〇の国が批准しかつその批准書を寄託した後に、効力を生ずる。この条約の適用上、「核兵器国」とは、一九六七年一月一日前に核兵器その他の核爆発装置を製造しかつ爆発させた国をいう。

4　この条約は、その効力発生の後に批准書又は加入書を寄託する国については、その批准書又は加入書の寄託の日に効力を生ずる。

5　寄託国政府は、すべての署名国及び加入国に対し、各署名の日、各批准書又は各加入書の寄託の日、この条約の効力発生の日、会議の開催の要請を受領した日及び他の通知を速やかに通報する。
6　この条約は、寄託国政府が国際連合憲章第一〇二条の規定に従って登録する。

第一〇条【脱退及び延長】 1　各締約国は、この条約の対象である事項に関連する異常な事態が自国の至高の利益を危うくしていると認める場合には、その主権を行使してこの条約から脱退する権利を有する。当該締約国は、他のすべての締約国及び国際連合安全保障理事会に対し三箇月前にその脱退を通知する。その通知には、自国の至高の利益を危うくしていると認める異常な事態についても記載しなければならない。
2　この条約の効力発生の二五年後に、条約が無期限に効力を有するか追加の一定期間延長されるかを決定するため、会議を開催する。その決定は、締約国の過半数による議決で行う。

第一一条【正文及び寄託】 この条約は、英語、ロシア語、フランス語、スペイン語及び中国語をひとしく正文とし、寄託国政府に寄託される。この条約の認証謄本は、寄託国政府が署名国政府及び加入国政府に送付する。

144　核兵器の不拡散に関する条約の延長（核不拡散条約の延長）

採　択　一九九五年五月一一日（ニュー・ヨーク）核兵器不拡散条約再検討・延長会議、決定三

核兵器の不拡散に関する条約の締約国会議は、
核兵器の不拡散に関する条約の第八条3及び第一〇条2に従って、一九九五年四月一七日から五月一二日までニュー・ヨークにおいて開催され、
条約の運用を検討し、条約の完全な遵守、条約の延長及び条約への普遍的な加盟の必要性が存在しており、それらが国際の平和及び安全並びに核兵器の完全な廃棄と厳重かつ効果的な国際管理の下における全面的かつ完全な軍備縮小に関する条約という究極的な目標の達成のために不可欠であることを確認し、
条約第八条3及び強化された方式におけるその継続した実施の必要性を再確認し、かつ、この目的のために、同じく会議によって採択された、条約の再検討プロセスの強化に関する決定、及び、核不拡散と核軍縮のための原則と目標に関する決定を強調し、
条約第一〇条2に従い、会議が定足数に達していることを確認し、
条約の締約国の過半数が条約の無期限延長を支持しているので、条約第一〇条2に従い、条約は無期限に効力を有するものと決定する。

145　核兵器の禁止に関する条約（核兵器禁止条約）

採　択　二〇一七年七月七日（ニューヨーク）
署　名　二〇一七年九月二〇日（ニューヨーク）
効力発生　二〇二一年一月二二日

前　文

この条約の締約国は、
国際連合憲章の目的及び原則の実現に貢献することを決意し、
核兵器のいかなる使用のもたらす壊滅的な人道上の帰結をも深く懸念し、それゆえに核兵器が完全に廃絶されることが必要であり、このことがいかなる場合にも核兵器が決して再び使用されないことを保証する唯一の方法であり続けていることを認識し、
核兵器が引き続き存在することによりもたらされる危険（事故による、誤算による又は意図的な核兵器の爆発によるものを含む）に留意し、これらの危険が人類すべての安全に関わり、すべての国が核兵器のいかなる使用をも防止する責任を共有していることを強調し、
核兵器の壊滅的な帰結は、適切に対処できないこと、国境を越えること、人類の生存、環境、社会経済的な発展、世界経済、食糧安全保障及び現在と将来の世代の健康に重大な影響を与えること、並びに女性及び少女に均衡を失した影響（電離放射線の結果としての影響を含む）を及ぼすことを認識し、
核軍縮を求める倫理上の要請があること及び核兵器のない世界を達成しかつ維持する緊急性があることを認め、このことが、世界の最上位にある公共善であり、国家安全保障と集団安全保障の双方の利益に資することを認め、
核兵器の使用の被害者（ヒバクシャ）及び核兵器の実験により影響を受けた者にもたらされる容認し難い苦しみと害を懸念し、
先住人民に対する核兵器活動の均衡を失した影響を認識し、
すべての国がいかなるときにも適用可能な国際法（国際人道法及び国際人権法を含む）を遵守する必要があることを再確認し、
国際人道法の諸原則及び諸規則、特に武力紛争の当事者が戦闘の方法及び手段を選ぶ権利は無制限ではないという原則、区別の規則、無差別攻撃の禁止、攻撃

の際の均衡性及び予防措置の規則、その性質上過度の傷害又は不必要の苦痛を与える兵器の使用の禁止並びに自然環境の保護に関する規則に立脚し、

核兵器のいかなる使用も武力紛争に適用される国際法の規則、特に国際人道法の原則及び規則に違反するであろうことを考慮し、

また、核兵器のいかなる使用も人道の諸原則及び公共の良心に反するであろうことを再確認し、

国は、国際連合憲章に従い、その国際関係において、武力による威嚇又は武力の行使を、いかなる国の領土保全又は政治的独立に対するものも、また、国際連合の目的と両立しない他のいかなる方法によるものも慎まなければならないこと、並びに国際の平和及び安全の確立及び維持は、世界の人的及び経済的資源の軍備のための転用を最も少なくして促進されるべきことを想起し、

また、一九四六年一月二四日に採択された国際連合総会の最初の決議及び核兵器の廃絶を求めるその後の諸決議を想起し、

核軍縮の進展が緩慢であること、軍事上及び安全保障上の概念、教義及び政策が引き続き核兵器に依存していること、並びに核兵器の生産、維持及び近代化の計画のために経済的及び人的資源が浪費されていることを懸念し、

核兵器の法的拘束力のある禁止は、核兵器の不可逆的で、検証可能であり、かつ透明性を有する廃絶を含む、核兵器のない世界の達成及び維持に向けた重要な貢献となることを認識し、この目的に向けて行動することを決意し、

厳重かつ効果的な国際管理の下における全面的かつ完全な軍備縮小に向けての効果的な前進を達成するために行動することを決意し、

厳重かつ効果的な国際管理の下におけるあらゆる側面での核軍縮に至る交渉を誠実に行いかつ完結させる義務が存在することを再確認し、

また、核兵器の不拡散に関する条約は核軍縮・不拡散体制の礎石であり、その完全かつ効果的な実施は、国際の平和及び安全の促進において不可欠な役割を果たすことを再確認し、

核軍縮・不拡散体制の中核的要素としての包括的核実験禁止条約及びその検証制度の不可欠な重要性を認識し、

当該地域の諸国間で自由に締結される取極を基礎として、国際的に承認された非核兵器地帯を創設することは、世界及び地域の平和及び安全を強固にし、核不拡散体制を強化し、並びに核軍縮の目標の実現に貢献するという確信を再確認し、

この条約のいかなる規定も、無差別に平和的目的のための原子力の研究、生産及び利用を発展させることについての締約国の奪い得ない権利に影響を及ぼすものと解してはならないことを強調し、

女性及び男性の双方による平等、完全かつ効果的な参加が、持続可能な平和及び安全の促進及び達成にとって不可欠な要素であることを認識し、女性の核軍縮への効果的な参加を支援しかつ強化することを約束し、

また、あらゆる側面における平和・軍縮教育の重要性並びに核兵器が現在及び将来の世代にもたらす危険及び帰結についての認識を高めることの重要性を認識し、この条約の原則及び規範の周知を図ることを約束し、

核兵器の全面的な廃絶の要請に示された人道の諸原則の推進における公共の良心の役割を強調し、また、このために国際連合、国際赤十字・赤新月運動その他の国際的な及び地域的な機関、非政府機関、宗教指導者、議会議員、学術研究者並びにヒバクシャが行っている努力を認識し、

次のとおり協定した。

第一条（禁止） 1　締約国は、いかなる場合にも、次のことを行わないことを約束する。

(a)　核兵器その他の核爆発装置を開発し、実験し、生産し、製造し、その他の方法によって取得し、占有し又は貯蔵すること。

(b)　核兵器その他の核爆発装置又はその管理をいずれかの者に対して直接又は間接に移譲すること。

(c)　核兵器その他の核爆発装置又はその管理を直接又は間接に受領すること。

(d)　核兵器その他の核爆発装置を使用すること又は使用するとの威嚇を行うこと。

(e)　この条約によって締約国に対して禁止されている活動を行うことにつき、いずれかの者に対して、いかなる態様によるかを問わず、援助し、奨励し又は勧誘すること。

(f)　この条約によって締約国に対して禁止されている活動を行うことにつき、いずれかの者から、いかなる態様によるかを問わず、いずれかの援助を求め又は受けること。

(g)　自国の領域又は自国の管轄若しくは管理の下にある場所において、核兵器その他の核爆発装置を配置し、設置し又は配備することを許可すること。

第二条（申告） 1　締約国は、この条約が自国について効力を生じた後三〇日以内に、国際連合事務総長に対して申告を行うものとし、当該申告において、

(a)　この条約が自国について効力を生じる前に、核兵器その他の核爆発装置を所有していたか否か、占有していたか否か又は管理していたか否か、及び核兵器に関連するすべての施設の除去若しくは不可逆的な転換を含む自国の核兵器計画の除去を行ったか否かを申告する。

(b)　前条(a)にかかわらず、核兵器その他の核爆発装置を所有しているか否か、占有しているか否か又は管理しているか否かを申告する。

(c)　前条(g)にかかわらず、自国の領域又は自国の管轄若しくは管理の下にある場所に、他の国が所有し、占有し又は管理する核兵器その他の核爆発装置が存在するか否かを申告する。

2　国際連合事務総長は、前項の規定に基づき受領したすべての申告を全締約国に対して送付する。

第三条（保障措置）1　次条1又は2が適用されない締約国は、将来において自国が採択する追加の関連する文書に影響を及ぼすことなく、少なくとも、この条約が効力を生じた時点において自国について効力を有する国際原子力機関の保障措置に関する義務を維持する。

2　次条1又は2が適用されない締約国であって、国際原子力機関と包括的保障措置協定（INFCIRC/153 (Corrected)）を締結していないか、又は同協定の効力を生じさせていない締約国は、同機関と同協定を締結しかつその効力を生じさせる。その協定の交渉は、この条約が当該締約国につき効力を生じた時から一八〇日以内に開始しなければならない。その協定は、この条約が当該締約国につき効力を生じた時から一八箇月以内に効力を生ずるものとする。締約国は、その後は、将来において自国が採択する追加の関連する文書に影響を及ぼすことなく、この義務を維持する。

第四条（核兵器の全面的な廃絶に向けた措置）1　二〇一七年七月七日後に、核兵器その他の核爆発装置を所有し、占有し又は管理しており、かつ、この条約が自国につき効力を生ずる前に、核兵器に関連するすべての施設の除去若しくは不可逆的な転換を含む自国の核兵器計画の除去を行った締約国は、自国の核兵器計画を不可逆的に除去したことを検証することを目的として、この条の6に従って指定される権限のある国際当局と協力する。この当局は、全締約国に対して報告する。当該締約国は、申告された核物質が平和的な核活動から転用されていないこと及び当該締約国全体において申告されていない核物質又は核活動が存在しないことにつき信頼できる保証を与えるに十分な保障措置協定を国際原子力機関と締結する。その協定の交渉は、当該締約国につきこの条約が効力を生じた時から一八〇日以内に開始しなければならない。その協定は、この条約が当該締約国につき効力を生じた時から一八箇月以内に効力を生ずるものとする。当該締約国は、その後は、将来において自国が採択する追加の関連する文書に影響を及ぼすことなく、最低限この保障措置に関する義務を維持する。

2　第一条(a)にかかわらず、核兵器その他の核爆発装置を所有し、占有し又は管理している締約国は、直ちにその核兵器その他の核爆発装置を作戦配備から撤去し、可及的速やかにかつ最初の締約国会議により決定される期日までに、当該締約国の核兵器計画についての検証を伴いかつ不可逆的に除去を行うための法的な拘束力を有しかつ期限を伴う計画（核兵器に関連するすべての施設の除去又は不可逆的な転換を含む）に従い、その核兵器その他の核爆発装置を廃棄する。当該締約国は、この条約が自国につき効力を生じた後六〇日以内にこの計画を全締約国又は全締約国が指定する権限のある国際当局に提出する。その後、この計画はこの権限のある国際当局と交渉し、同当局は、次回の締約国会議又は検討会議のうちいずれか早く開催される会議に対して、その会議の手続規則に基づく承認のために、この計画を提出する。

3　前項の規定が適用される締約国は、申告された核物質が平和的な核活動から転用されていないこと及び当該締約国全体において申告されていない核物質又は核活動が存在しないことにつき信頼できる保証を与えるに十分な保障措置協定を国際原子力機関との間に締結する。その協定の交渉は、前項に定める計画の実施が完了する日までに開始しなければならない。その協定は、交渉開始の日の後一八箇月以内に効力を生ずるものとする。当該締約国は、その後は、将来において自国が採択する追加の関連する文書に影響を及ぼすことなく、最低限この保障措置に関する義務を維持する。この項に定める協定の効力が生じた後、締約国は、この条に基づく自国の義務を履行した旨の最終申告を国際連合事務総長に提出する。

4　第1条(b)及び(g)にかかわらず、自国の領域又は自国の管轄若しくは管理の下にある場所に、他の国が所有し、占有し又は管理する核兵器その他の核爆発装置が存在する締約国は、可及的速やかに、遅くとも最初の締約国会議により決定される期日までに、その核兵器その他の核爆発装置の速やかな撤去を確保する。当該締約国は、その核兵器その他の核爆発装置の撤去が完了した時に、この条に基づく自国の義務を履行した旨の申告を国際連合事務総長に提出する。

5　この条が適用される締約国は、この条に基づく自国の義務の履行が完了するまでの間、この義務の実施の進捗状況につき各締約国会議及び各検討会議に報告する。

6　締約国は、この条の1、2及び3に従い、核兵器計画の不可逆的な除去（核兵器に関連するすべての施設の除去又は不可逆的な転換を含む）につき交渉し及びこの除去を検証する権限のある国際当局を指定する。この条の1又は2の規定が適用される締約国につきこの条約の効力が生じる前に、この指定が行われなかった場合は、国際連合事務総長は、必要な決定を行うために締約国特別会議を招集する。

第五条（国内の実施措置）1　締約国は、この条約に基づく自国の義務を履行するために必要な措置をとる。

2　締約国は、この条約によって締約国に対して禁止されている活動であって、自国の管轄若しくは管理の下にある者によるもの又は自国の管轄若しくは管理の下にある領域におけるものを防止し及び抑止するため、立法上、行政上その他の措置（罰則を設けることを含む）をとる。

第六条（被害者に対する援助及び環境の修復）1　締約

国は、自国の管轄の下にある個人であって核兵器の使用又は実験により影響を受けたものについて、適用可能な国際人道法及び国際人権法に従い、年齢及び性別に配慮した援助(医療、リハビリテーション及び心理的な支援を含む)を差別なく適切に提供し、並びにこれらの者が社会的及び経済的に包容されるようにする。

2　締約国は、核兵器その他の核爆発装置の実験又は使用に関係する活動の結果として汚染された自国の管轄又は管理の下にある地域に関して、汚染された地域の環境上の修復に向けた必要かつ適切な措置をとる。

3　この条の1及び2に基づく義務は、国際法又は二国間の協定に基づく他の国の義務に影響を及ぼさない。

第七条(国際的な協力及び援助) 1　締約国は、この条約の実施を促進するために他の締約国と協力する。

2　締約国は、この条約に基づく義務を履行するに当たり、可能な場合には他の締約国からの援助を求め及び受ける権利を有する。

3　援助を提供することのできる締約国は、この条約の実施を促進するために、核兵器の使用又は実験により影響を受けた締約国に対して技術的、物的及び財政的援助を提供する。

4　援助を提供することのできる締約国は、核兵器その他の核爆発装置の使用又は実験の被害者に援助を提供する。

5　この条に基づく援助は、特に、国際連合及びその関連機関、国際的な、地域的な若しくは国の機関、非政府機関、赤十字国際委員会、国際赤十字・赤新月社連盟若しくは各国の赤十字・赤新月社を通じて又は二国間で提供することができる。

6　締約国が国際法に基づいて負う他の義務に影響を及ぼすことなく、核兵器その他の核爆発装置を使用し又は実験した締約国は、被害者への援助及び環境の修復のため、影響を受けた締約国に対して適切な援助を提供する責任を有する。

第八条(締約国会議) 1　締約国は、関連する規定に従い、この条約の適用又は実施に関するいかなる事項についても、並びに核軍縮に関する更なる措置について検討するため及び必要な場合には決定を行うために定期的に会合する。これには次の事項を含む。

(a)　この条約の実施及び締結状況

(b)　核兵器計画の検証を伴い、期限を伴い及び不可逆的な除去のための措置(この条約に対する追加の議定書を含む)

(c)　この条約の規定に従いかつこれに適合する他の事項

2　最初の締約国会議については、この条約が効力を生じた後一年以内に国際連合事務総長が招集する。その後の締約国会議は、締約国が別段の合意をする場合を除き、二年毎に、同事務総長が招集する。締約国会議は最初の会期において手続規則を採択する。その採択に至るまでの間は、核兵器の全面的な廃絶に向けた核兵器を禁止する法的拘束力のある条約を交渉する国際連合会議の手続規則を適用する。

3　締約国特別会議は、必要と認められる場合、いずれかの締約国からの書面による要請に基づき、かつ締約国の少なくとも三分の一がその要請を支持するときに、国際連合事務総長により招集される。

4　この条約が効力を生じてから五年の期間が経過した後、国際連合事務総長は、この条約の運用及びこの条約の目的の達成についての進展を検討するため、会議を招集する。締約国が別段の合意をする場合を除き、国際連合事務総長は、同一の目的でその後六年毎に検討会議を招集する。

5　この条約の締約国でない国並びに国際連合及びその関連機関のうちの関連する機関、その他の関連する国際機関、地域的機関、赤十字国際委員会、国際赤十字・赤新月社連盟並びに関連する非政府機関を、オブザーバーとして締約国会議及び検討会議に出席するよう招請する。

第九条(費用) 1　締約国会議、検討会議及び締約国特別会議の費用は、適切に調整された国際連合の分担率に従い、締約国及びこれらの会議にオブザーバーとして参加するこの条約の締約国でない国が負担する。

2　この条約の第二条に基づく申告、第四条に基づく報告及び第一〇条に基づく改正案の送付につき国際連合事務総長が要する費用は、適切に調整された国際連合の分担率に従って全締約国が負担する。

3　第四条に基づき必要とされる検証措置の実施に関する費用並びに核兵器その他の核爆発装置の廃棄及び核兵器計画の除去(核兵器に関連するすべての施設の除去又は転換を含む)に関する費用は、これらが適用される締約国が負担する。

第一〇条(改正) 1　いずれの締約国も、この条約が効力を生じた後いつでもこの条約の改正を提案することができる。改正案の条文については、国際連合事務総長に通報するものとし、同事務総長は、当該提案文をすべての締約国に対して回章に付し、当該提案を検討するべきか否かについて締約国の見解を求める。締約国の過半数が当該提案の送付の後九〇日以内に同事務総長に通報する場合には、当該提案は、次回の締約国会議又は検討会議のうちいずれか早く開催される会議において検討される。

2　締約国会議又は検討会議は、締約国の三分の二の多数による賛成投票により採択することで改正につき合意することができる。寄託者は採択された改正をすべての締約国に通報する。

3　改正は、改正採択の時点における締約国の過半数により改正の批准書又は受諾書が寄託された後九〇日で、改正の批准書又は受諾書を寄託した締約国について効力を生ずる。その後、この改正は、改正の批准書又は受諾書を寄託した他の締約国につき、その寄託の後九〇日で効力を生ずる。

第一一条(紛争の解決) 1　この条約の解釈又は適用に関して二以上の締約国間で紛争が生ずる場合には、関係紛争当事国は、交渉により又は国際連合憲章第三三条に従い関係紛争当事国が選ぶその他の平和的手段によって紛争を解決するために協議する。

2　締約国会議は、この条約及び国際連合憲章の関係規定に従って紛争の解決に貢献することができる。これには、あっせんを提供し、関係締約国に対してその選ぶ解決のための手続を開始するよう要請し、及び合意された手続に従って解決するための期限を勧告することによる貢献が含まれる。

第一二条(普遍性) 締約国は、すべての国によるこの条約への普遍的な参加を得ることを目標として、この条約の締約国でない国に対し、この条約に署名し、これを批准し、受諾し、承認し、又はこれに加入するよう奨励する。

第一三条(署名) この条約は、二〇一七年九月二〇日からニューヨークにある国際連合本部においてすべての国による署名のために開放しておく。

第一四条(批准、受諾、承認又は加入) この条約は、署名国によって批准され、受諾され又は承認されなければならない。この条約は加入のために開放しておく。

第一五条(効力発生) 1　この条約は、五〇番目の批准書、受諾書、承認書又は加入書が寄託された後九〇日で効力を生ずる。

2　五〇番目の批准書、受諾書、承認書又は加入書が寄託された日の後に批准書、受諾書、承認書又は加入書を寄託する国については、この条約は、その批准書、受諾書、承認書又は加入書が寄託された日の後九〇日で効力を生ずる。

第一六条(留保) この条約の各条の規定については、留保を付することができない。

第一七条(有効期間及び脱退) 1　この条約の有効期間は、無期限とする。

2　締約国は、この条約の対象である事項に関連する異常な事態が自国の至高の利益を危うくしていると認める場合には、その主権を行使してこの条約から脱退する権利を有する。当該締約国は、寄託者に対しその脱退を通告する。その通告には、自国の至高の利益を危うくしていると認める異常な事態についても記載しなければならない。

3　脱退は、寄託者が脱退の通告を受領した日の後一二箇月で効力を生ずる。ただし、脱退する締約国が当該一二箇月の期間の満了の時において、武力紛争の当事者である場合には、当該締約国は、武力紛争の当事者でなくなる時まで、この条約の義務及び追加議定書の義務に引き続き拘束される。

第一八条(他の協定との関係) この条約の実施は、締約国が当事国である既存の国際協定との関係で当該締約国が負う義務に影響を及ぼすものではない。但し、当該義務がこの条約と両立する場合に限る。

第一九条(寄託者) 国際連合事務総長は、ここに、この条約の寄託者として指名される。

第二〇条(正文) この条約は、アラビア語、中国語、英語、フランス語、ロシア語及びスペイン語をひとしく正文とする。

146　核兵器及び他の大量破壊兵器の海底における設置の禁止に関する条約(海底非核化条約)(抄)

署　　名　一九七一年二月一一日(ワシントン)
効力発生　一九七二年五月一八日
日 本 国　一九七一年二月一一日署名、五月二四日国会承認、六月三日批准、六月二一日批准書寄託、一九七二年五月一八日効力発生、六月二日公布(条約第四号)

前　文(略)

第一条【核兵器等の設置の禁止】 1　締約国は、核兵器及び他の種類の大量破壊兵器並びにこれらの兵器を貯蔵し、実験し又は使用することを特に目的とした構築物、発射設備その他の施設を次条に定める海底区域の限界の外側の海底に据え付けず又は置かないことを約束する。

2　1の約束は、1の海底区域についても適用する。ただし、1の海底区域内では、当該沿岸国には適用がなく、また、当該沿岸国の領海の海底については適用しない。

3　締約国は、いかなる国に対しても1の設置を援助せず、奨励せず及び勧誘しないこと並びにその他のいかなる態様によってもその設置に参加しないことを約束する。

第二条【海底区域の限界】 この条約の適用上、前条の海底区域の限界は、一九五八年四月二九日にジュネーヴで署名された領海及び接続水域に関する条約第二部に定める一二海里の幅の水域の限界に合致するものとし、同条約第一部第二章の規定及び国際法に従って測定される。

第三条【検証】1　各締約国は、この条約の目的を促進し及びこの条約の遵守を確保するため、第一条の海底区域の外側の海底における他の締約国の活動を観察によって検証する権利を有する。ただし、その観察は、当該活動を妨げないで行うものとする。

2　1の観察の後この条約に基づく義務の履行について妥当な疑惑が残る場合には、疑惑をもった締約国と疑惑をひき起こした活動について責任を有する締約国とは、疑惑を除くために協議する。疑惑がなお残る場合には、疑惑をもった締約国は、その旨を他のすべての締約国に通告するものとし、関係締約国は、合意すべきその後の検証手続(第一条に規定する種類のものであると合理的に推定される物体又は構築物、設備その他の施設の適当な査察を含む。)について相互に協力する。1の活動に係る地域内にある沿岸国その他の締約国及び要請するその他の締約国は、それらの協議及び強力に参加することができる。当該検証手続を開始した締約国は、これを完了した後、他の締約国に対して適当な報告書を配布する。

3　妥当な疑惑をひき起こした活動について責任を有する国が物体又は構築物、設備その他の施設の観察によって識別されない場合には、その疑惑をもった締約国は、当該活動に係る地域内の締約国その他の締約国に対し、その旨を通告し、適当な照会を行う。その照会により特定の締約国が当該活動について責任を有することが確認された場合には、その特定の締約国は、2の規定に従って他の締約国と協議し又は協力する。その照会を行った締約国は、その照会により当該活動について責任を有する国を確認することができない場合には、その後の検証手続(査察を含む。)を行うことができるものとし、当該活動に係る地域内にある沿岸国その他の締約国及び協力を希望するその他の締約国をその検証手続に参加するよう招請する。

4　2及び3の規定に基づく協議及び協力により当該活動に関する疑惑が除かれておらず、この条約に基づく義務の履行につき重大な疑惑が残る場合には、締約国は、その問題を国際連合憲章に従って安全保障理事会に付託することができるものとし、同理事会は、同憲章に従って行動をとることができる。

5　いずれの締約国も、自国の手段を用いて、他の締約国の全面的若しくは部分的援助を得て、又は国際連合憲章に基づき国際連合のわく内の適当な国際的手続を通じて、この条の規定による検証を行うことができる。

6　この条約の規定による検証の活動は、他の締約国の活動を妨げることなく、かつ、国際法によって認められた権利(公海の自由並びに沿岸国が大陸棚の探査及び開発について有する権利を含む。)に適当な考慮を払って行う。

第四条【他の条約等の関係】
第五条【軍縮の交渉】
第六条【改正】
第七条【検討の会議】
第八条【脱退】
第九条【非核化地域との関係】
第一〇条【署名、加入、批准、効力発生】
第一一条【正文】
(略)

第2節　非核兵器地帯

147　ラテン・アメリカ及びカリブ地域における核兵器の禁止に関する条約(トラテロルコ条約)(抄)

署名　一九六七年二月一四日(メキシコ・シティ)
効力発生　一九六八年四月二二日
改正　一九九〇年七月三日(採択)、一九九一年五月一〇日(採択)、一九九二年八月二六日(採択)

前文(略)

第一条(義務)1　締約国は、自国の管轄下にある核物質及び核施設を平和的目的のためにのみ使用すること並びに次のことを自国の領域において禁止し及び防止することをこの条約によって約束する。

(a)　締約国自身のために直接若しくは間接に、第三者のために又は他のいずれかの態様によって、核兵器を方法のいかんを問わず実験し、使用し、製造し、生産し及び取得すること。

(b)　締約国自身が若しくは締約国のために第三者が又は他のいずれかの態様によって、直接又は間接に、核兵器を受領し、貯蔵し、設置し、配備し及び形態のいかんを問わず所有すること。

2　締約国は、また、核兵器の実験、使用、製造、生産、所有若しくは管理に直接若しくは間接に関与し、これらを奨励し若しくは許可し、又は方法のいかんを問わずこれらに参加することを慎むことを約束する。

第二条(締約国の定義)
第三条(領域の定義)
(略)

第四条（適用地域）

第五条（核兵器の定義）この条約の適用上、「核兵器」とは、核エネルギーを制御されない方法で放出することができ、かつ戦争目的に使用することに適した一群の性質を有する装置をいう。その装置の輸送又は推進のために使用される器具は、その装置から分離することができ、かつその装置の不可分の部分でない場合には、この定義に含まれない。

第六条（署名国会議）（略）

第七条（組織）1　締約国は、この条約の義務の履行を確保するため、「ラテン・アメリカ及びカリブ地域における核兵器の禁止のための機構」（以下「機構」という。）と称する国際機関をこの条約によって設置する。機構の決定は、締約国のみを拘束する。

2～4（略）

第八条（機関）
第九条（総会）
第一〇条（理事会）
第一一条（事務局）
第一二条（管理制度）
第一三条（国際原子力機関の保障措置）
（略）

第一四条（締約国の報告）1　締約国は、この条約に基づいて禁止されるいかなる活動も自国の領域において行われなかったことを記載した半年ごとの報告を、情報のため機構及び国際原子力機関に送付する。

2　締約国は、国際原子力機関に提出する報告であって、この条約が対象としており機構の作業に関連している事項に関係するものの写しを、同時に機構にも送付する。

3　締約国によって提供された情報は、締約国が明示の同意を与える場合を除くほか、全体としてもまた部分的にも、報告の受領者によって第三者に開示したり伝達されてはならない。

第一五条（事務局長の要請による特別報告）1　事務局長は、いずれかの締約国による要請と理事会の許可の下に、締約国に対し、この条約の遵守に関連するいかなる異常な事態又は状況に関しても、補足的情報を機構に提供するようその理由を付して要請することができる。締約国は、事務局長に迅速かつ十分に協力することを約束する。

2　事務局長は、かかる要請及びそれぞれの回答を理事会と締約国に直ちに通報する。

第一六条（特別査察）1　国際原子力機関は、この条約の第一二条に従い及びこの条約の第一三条にいう協定に従って、特別査察を実施する権能を有する。

2　いずれかの締約国による要請により、かつ、この条約の第一五条に定める手続に従い、理事会は、国際原子力機関による検討のため、特別査察を実施するために必要な手続を実施に移すよう求める要請を同機関に提出する。

3　事務局長は、特別査察の完了に関して国際原子力機関の理事会に通報される情報を、適宜、自己に送付するよう国際原子力機関の事務局長に要請する。事務局長は、この情報を速やかに理事会に通報する。

4　理事会は、事務局長を通じて、当該情報をすべての締約国に送付する。

第一七条（平和的目的のための原子力の利用）
第一八条（平和的目的のための爆発）
第一九条（他の国際機関との関係）
第二〇条（条約の違反に対する措置）
第二一条（国際連合・米州機構）
第二二条（特権・免除）
第二三条（他の協定の通報）
第二四条（紛争の解決）
第二五条（署名）
第二六条（批准・寄託）
（略）

第二七条（留保）この条約には、留保を付してはならない。

第二八条（効力発生）1　この条約は、2の規定が適用される場合を除くほか、次の諸要件が満たされた時、これを批准した国の間で直ちに効力を生ずる。

(a)　第二六条に規定する国でこの条約が署名のために開放された日に存在し、かつ、同条2の規定によって影響を受けない国の政府による寄託国政府への批准書の寄託

(b)　この条約の適用地域内にある領域に対し法律上又は事実上の国際的な責任を負う大陸外又は大陸内のすべての国によるこの条約の附属議定書Ⅰの署名及び批准

(c)　すべての核兵器保有国によるこの条約の附属議定書Ⅱの署名及び批准

(d)　第一三条の規定に基づく国際原子力機関の保障措置の適用に関する二当事者間又は多数当事者間の協定の締結

2　すべての署名国は、1に掲げる要件の全部又は一部を放棄する絶対的権利を有する。すべての署名国は、批准書の寄託の際にそれぞれの批准書に付して行う宣言により又はその後に行う宣言により、この権利を行使することができる。この条約は、この権利を行使する国については、その宣言の寄託の際に又は明示的に放棄しなかった諸要件が満たされた場合に直ちに、効力を生ずる。

3　（略）

4　この条約がその適用地域内のすべての国について効力を生じた後に新たな核兵器保有国が出現した場合には、1(c)の要件を放棄することなしにこの条約を批准した国で条約の実施を停止するよう要求するものについては、この条約の実施が停止される効果を有する。この場合において、この条約は、その新たな核兵器保有国が自己の発意により又は総会の要請に応じて附属議定書Ⅱを批准するまでの間、引き続き停止する。

第二九条（改正）
第三〇条（有効期間・廃棄）
第三一条（正文・登録）
（略）

過渡的規定（略）

附属議定書Ⅰ〔域外国の義務〕
附属議定書Ⅱ〔核兵器の使用禁止〕　（略）

14-8　南太平洋非核地帯条約（ラロトンガ条約）（抄）

署　名　一九八五年八月六日（ラロトンガ）
効力発生　一九八六年一二月一一日

前　文

この条約の締約国は、
世界の平和に対する責務を一致して負っており、
継続する核軍備競争が、すべての人々に破滅的な影響を与える核戦争の危険を示していることを深く懸念し、
すべての国家が、核兵器、核兵器が人類に与えている恐怖及び核兵器が地球上の生命に与えている脅威を取り除くという目標を達成するために、あらゆる努力をする義務を有することを確信し、
地域的な軍備管理措置が、核軍備競争を逆方向に向かわせるための世界的な努力に貢献し、かつ、その地域の各国の国家的安全保障及びすべての国家の共通の安全保障を促進しうるものと信じ、
その地域の陸地及び海洋の恵みと美しさが、永遠にすべてのものによって平和のうちに享有されるべきその人民及び子孫の遺産であることを、力の及ぶ限り確保することを決意し、
核兵器の拡散を防止し、かつ世界の安全に貢献することについて核兵器の不拡散に関する条約（NPT）が有する重要性を再確認し、
特に、NPT第七条が、それぞれの領域において核兵器の完全な不存在を保証するため、国の集団に地域的条約を締結する権利を認めていることに注目し、
核兵器及び他の大量破壊兵器の海底における設置の禁止に関する条約に含まれる核兵器の海底における設置の禁止が、南太平洋においても適用されることに注目し、
また、大気圏内、宇宙空間及び水中における核兵器実験を禁止する条約に含まれる大気圏内、又は領海及び公海を含む水中における核兵器実験の禁止が、南太平洋においても適用されることに注目し、
この地域を放射性廃棄物及び他の放射性物質による環境汚染から守ることを決意し、
その会合のコミュニケに示された原則に従ってできるだけ早い機会にその地域に非核地帯を設置すべきであるというツバルにおける第一五回南太平洋フォーラムの決定に導かれて、
次のとおり協定した。

第一条（用語の使用法） この条約及びその議定書の適用上、
(a)　「南太平洋非核地帯」とは、附属書1に規定された地域で、同附属書に添付された地図*で示された地域をいう。
(b)　「領域」とは、内水、領海及び群島水域、その海底及び地下、陸地並びにそれらの上部空域をいう。
(c)　「核爆発装置」とは、その使用目的の如何にかかわらず、あらゆる核兵器又は核エネルギーを放出することのできる他の爆発装置をいう。この用語には、組み立てられていない形及び部分的に組み立てられた形のそれらの兵器又は装置は含まれるが、それらの兵器又は装置の輸送又は運搬の手段は、兵器から分離可能であり、かつその不可分の部分でない場合には、含まれない。
(d)　「配置」とは、備付け、設置、陸地又は内水における輸送、貯蔵、保管、取付け及び配備をいう。

*第17章16の地図参照

第二条（条約の適用） 1　この条約及びその議定書は、別段の規定がある場合を除くほか、南太平洋非核地帯内の領域に適用する。
2　この条約のいかなる規定も、海洋の自由に関する国際法に基づいて国家が有する権利若しくは権利の行使を害するものではなく、又は、いかなる方法でもそれらに影響を与えるものでもない。

第三条（核爆発装置の放棄） 各締約国は、次のことを約束する。
(a)　南太平洋非核地帯の内部又は外部のいかなる場所においても、いかなる手段によっても核爆発装置を製造せず、又はその他の方法で取得、所有若しくは管理しないこと。
(b)　核爆発装置の製造又は取得について、いかなる援助をも求めず又は受けないこと。
(c)　いかなる国による核爆発装置の製造又は取得を援助し又は奨励するいかなる行動をもとらないこと。

第四条（平和的原子力活動） 各締約国は、次のことを約束する。
(a)　(i)非核兵器国に対してはNPT第三条1により要求される保障措置に従わない限り、(ii)核兵器国に対しては適用しうる国際原子力機関（IAEA）との保障措置協定に従わない限り、
原料物質若しくは特殊核分裂性物質、又は平和目的のための特殊核分裂性物質の処理、使用若しくは生産のために特に設計され若しくは作成された設備若しくは資材を供給しないこと。いかなる供給も、もっぱら平和的非爆発利用であることを保証する厳格な不拡散措置に合致しなければならない。

(b) NPT及びIAEA保障措置制度に基づく国際不拡散制度が継続して有効性を持つよう支援すること。

第五条（核爆発装置の配置の防止） 1　各締約国は、その領域においていかなる核爆発装置の配置をも防止することを約束する。

2　各締約国は、その主権的権利を行使して、外国の船舶及び航空機による自国の港及び飛行場への寄港、外国の航空機による領空の通過、並びに無害通航、群島航路帯通航又は海峡の通過通航の権利に含まれない方法での外国の船舶による領海又は群島水域の航行を許可するかどうかを自ら自由に決定することができる。

第六条（核爆発装置の実験の防止） 各締約国は、次のことを約束する。

(a) その領域においていかなる核爆発装置の実験をも防止すること。

(b) いかなる国によるいかなる核爆発装置の実験をも援助し又は奨励するいかなる行動をもとらないこと。

第七条（投棄の防止） 1　各締約国は、次のことを約束する。

(a) 南太平洋非核地帯内のいかなる海洋にも放射性廃棄物及び他の放射性物質を投棄しないこと。

(b) 自国の領海における放射性廃棄物及び他の放射性物質のいかなる者による投棄をも防止すること。

(c) 南太平洋非核地帯内のいかなる海洋においても、放射性廃棄物及び他の放射性物質のいかなる者による投棄をも援助し又は奨励するいかなる行動もとらないこと。

(d) 南太平洋地域のいかなる場所におけるいかなる者による放射性物質及び他の放射性物質の海洋での投棄をも排除するため、南太平洋地域の天然資源及び環境の保護に関して提案されている条約並びに投棄による南太平洋地域の汚染の防止のための議定書をできるだけ早期に締結することを支持すること。

2　本条の1(a)及び1(b)は、1(d)にいう条約及び議定書が効力を生じている南太平洋非核地帯の地域には適用されない。

第八条（管理制度） 1　締約国は、この条約に基づく義務の遵守を検証するために、ここに管理制度を設定する。

2　管理制度は、次のものから構成される。

(a) 第九条に規定される報告及び情報交換

(b) 第一〇条及び附属書4(1)に規定される協議

(c) 附属書2に規定される平和的原子力活動へのIAEAによる保障措置の適用

(d) 附属書4に規定される苦情申立て手続

第九条（報告及び情報交換） 1　各締約国は、その管轄権内の重大な出来事であってこの条約の実施に影響を与えるものをできる限り速やかに南太平洋経済協力局事務局長（以下「事務局長」という。）に報告する。事務局長は、その報告をすべての締約国に速やかに送付する。

2　締約国は、この条約の下で又はそれに関して生じる問題について相互に十分情報を与えられるよう努力する。締約国は、事務局長に通報することにより情報を交換することができ、事務局長はそれをすべての締約国に送付する。

3　事務局長は、この条約の地位について及び条約の下で又はそれに関して生ずる問題について南太平洋フォーラムに毎年報告する。そこには、本条1及び2に基づいてなされる報告及び通報並びに第八条2(d)、第一〇条及び附属書2(4)の下で生ずる問題が含まれる。

第一〇条（協議及び再検討） 事務局長は、他の手段による締約国間での協議の実施を害することなく、いずれかの締約国の要請に基づき、この条約に関して生ずるあらゆる問題についての協議及び協力のため又はその運用の再検討のために、附属書3によって設置される協議委員会の会合を開催する。

第一一条（改正）
第一二条（署名、批准）
第一三条（脱退）
第一四条（留保）
第一五条（効力発生）
第一六条（寄託者の任務）
（略）

附属書1

南太平洋非核地帯（略）

添付地図（略）　第17章16の地図参照

附属書2

IAEA保障措置（略）

附属書3

協議委員会

1　第一〇条、第一一条及び附属書4の2項に従って適宜事務局長により開催される協議委員会をここに設置する。協議委員会は締約国の代表から構成され、各締約国は一人の代表を指名する権利をもつ。その代表は顧問を随伴させることができる。別段の合意がない限り、協議委員会の会合の議長はすぐ前の南太平洋フォーラム加盟国政府首脳会議を主催した締約国の代表がつとめる。定足数は締約国の半数の代表により構成される。第一一条の規定に従い、協議委員会の決定はコンセンサスにより、コンセンサスが得られない場合には出席しかつ投票する代表の三分の二の多数決により行われる。協議委員会は適当なその他の手続規則を採択する。

2　協議委員会の費用は、附属書4に従った特別査察の費用をも含めて、南太平洋経済協力局が負担する。それは必要な場合には特別基金を求めることができる。

附属書4

苦情申立て手続

1　他の締約国がこの条約上の義務に違反しているという苦情申立ての根拠が存在すると考える締約国は、その苦情申立てを事務局長に提出する前に、苦情申立ての主題を苦情を申し立てられた締約国に留意させ、後者が説明を行いその問題を解決するための十分な機会を与えなければならない。

2　問題がそのようにして解決されない場合には、苦情を申し立てた締約国はそれを審議するため協議委員会を開催すべきであるという要請を伴って、その苦情申立てを事務局長に提出することができる。苦情申立ては苦情を申し立てた締約国が知っている義務違反の証拠の説明により支持されなければならない。苦情申立てを受理した場合、事務局長はそれを審議するため可及的速やかに協議委員会を開催する。

3　協議委員会は、1項の下でなされた努力を考慮し、苦情を申し立てられた締約国が問題の説明を行うための十分な機会を与えなければならない。

4　苦情を申し立てられた締約国の代表が行った説明を審議した後、協議委員会がその締約国の領域又は他の場所における特別査察を正当とする十分な実質がその苦情申立ての中にあると決定した場合には、協議委員会は苦情を申し立てた締約国及び苦情を申し立てられた締約国と協議しつつ協議委員会により指名される三人の適切な資格ある特別査察員からなる特別査察団により特別査察が可及的速やかに行われるよう命令する。但し、どちらの締約国の国民も特別査察団に加わることはできない。苦情を申し立てられた締約国からの要請がある場合には、その締約国の代表が特別査察団に随伴する。特別査察員の指名に関する協議の権利も特別査察員を随伴させる権利も、特別査察団の任務を遅延させてはならない。

5　特別査察を行う際に特別査察員は協議委員会の命令にのみ従い、作業、目的、機密及び手続に関してそれが決定する指示に従う。指示は他の国際的な義務及び約束に従っている苦情を申し立てられた締約国の正当な利益を考慮し、附属書2の1項に言及されている協定に従ってIAEAが実施している保障措置手続と重複してはならない。特別査察員は苦情を申し立てられた締約国の法律を適切に尊重しつつその義務を遂行する。

6　各締約国は、特別査察員が協議委員会により与えられた指示を実施するのに関連した領域内のあらゆる情報及び場所への完全かつ自由な接近を特別査察員に認める。

7　苦情を申し立てられた締約国は特別査察を容易にするためあらゆる適切な措置をとり、あらゆる書類及び文書の不可侵、特別査察のために行った行為並びに口頭及び書面の発言について逮捕、拘留及び法手続からの免除を含め、彼らの任務の遂行に必要な特権及び免除を特別査察員に与える。

8　特別査察員は、彼らの活動の概略を示し、それを支える適当な証拠及び文書と共に、彼らが確認した関連する事実及び情報を記述し、彼らの結論を述べた報告を可及的速やかに協議委員会に書面で行う。協議委員会は南太平洋フォーラムのすべての加盟国に完全に報告し、苦情を申し立てられた締約国がこの条約上の義務に違反したかどうかの決定を知らせる。

9　協議委員会が、苦情を申し立てられた締約国はこの条約上の義務に違反していると決定した場合、若しくは上述の規定が遵守されなかったと決定した場合、又は苦情を申し立てた締約国若しくは苦情を申し立てられた締約国が要請する場合には、締約国は南太平洋フォーラムの会合を直ちに開催する。

議定書1

この議定書の締約国は、

南太平洋非核地帯条約（以下「条約」という。）に注目し、

次のとおり協定した。

第一条【域外国の義務】各締約国は、南太平洋非核地帯内に位置し国際的に責任をもつ領域に関して、それらの領域内での核爆発装置の製造、配置及び実験の禁止に関わる限りにおいて第三条、第五条及び第六条に含まれる禁止、並びに第八条2項(c)及び条約附属書2に詳しく規定されている保障措置を適用することを約束する。

第二条【改正の受諾】各締約国は、条約第一一条に従って条約の改正が効力を発生することにより生ずるこの議定書上の義務の変更を、寄託者への書面の通告により、その通告の日から受諾することを示すことができる。

第三条【署名】この議定書はフランス共和国、グレート・ブリテン及び北部アイルランド連合王国並びにアメリカ合衆国による署名のため開放される。

第四条【批准】この議定書は批准されなければならない。

第五条【期限、脱退】この議定書は、永久的性格を有し、無期限に効力を有する。但し、いずれの締約国も、この議定書の対象である事項に関連する異常な事態がその至高の利益を危うくしていると認める場合には、その主権を行使してこの議定書から脱退する権利を有する。当該締約国は、寄託者に対し三か月前にその脱退を通知する。その通知には、自国の至高の利益を危うくしていると認める異常な事態についても記載しなければならない。

第六条【発効】この議定書は、寄託者への批准書の寄託の日にその国について効力を生ずる。

議定書2

この議定書の締約国は、

南太平洋非核地帯条約（以下「条約」という。）に注目し、

次のとおり協定した。

第一条【核不使用】各締約国は、(a)条約締約国に対し

て、又は(b)議定書1の締約国になった国が国際的に責任をもっている南太平洋非核地帯内の領域に対して、いかなる核爆発装置をも使用し又は使用するとの威嚇を行わないことを約束する。

第二条【違反への寄与の禁止】各締約国は、条約の違反となる条約締約国のいかなる行為にも、又は議定書の違反となる他の議定書締約国のいかなる行為にも寄与しないことを約束する。

第三条【改正の受諾】各締約国は、条約第一一条に従って条約の改正が効力を発生することにより、又は条約第一二条3項に従って南太平洋非核地帯が拡張されることにより生ずるこの議定書上の義務の変更を、寄託者への書面の通告により、その通告の日から受諾することを示すことができる。

第四条【署名】この議定書は、フランス共和国、中華人民共和国、ソヴィエト社会主義共和国連邦、グレート・ブリテン及び北部アイルランド連合王国並びにアメリカ合衆国による署名のため開放される。

第五条【批准】
第六条【期限、脱退】（略）
第七条【発効】

議定書3

この議定書の締約国は、南太平洋非核地帯条約（以下「条約」という。）に注目し、次のとおり協定した。

第一条【核実験禁止】各締約国は、南太平洋非核地帯内のいかなる場所においても核爆発装置の実験を行わないことを約束する。

第二条【改正の受諾】各締約国は、条約第一一条に従って条約の改正が効力を発生することにより、又は条約第一二条3項に従って南太平洋非核地帯が拡張されることにより生ずるこの議定書上の義務の変更を、寄託者への書面の通告により、その通告の日から受諾することを示すことができる。

第三条【署名】この議定書は、フランス共和国、中華人民共和国、ソヴィエト社会主義共和国連邦、グレート・ブリテン及び北部アイルランド連合王国並びにアメリカ合衆国による署名のため開放される。

第四条【批准】
第五条【期限、脱退】（略）
第六条【発効】

149　東南アジア非核兵器地帯条約（バンコク条約）（抄）

署　名　一九九五年一二月一五日（バンコク）
効力発生　一九九七年三月三一日

前　文（略）

第一条（用語）この条約及びその議定書の適用上、

(a)　「東南アジア非核地帯」（以下、「地帯」という。）とは、東南アジアのすべての国、すなわち、ブルネイ、ダルサラーム、カンボジア、インドネシア、ラオス、マレーシア、ミャンマー、フィリピン、シンガポール、タイ及びベトナムの領域、並びに、それら各国の大陸棚及び排他的経済水域（ＥＥＺ）からなる地域をいう。

(b)　「領域」とは、領土、内水、領海、群島水域、海底及びその地下、並びに、それらの上部の空域をいう。

(c)　「核兵器」とは、核エネルギーを制御されない方法で放出できるあらゆる爆発装置をいうが、そのような装置の輸送手段又は運搬手段がその装置から分離することができ、かつ、その装置の不可分の一部でない場合には、それらの輸送手段及び運輸手段を含まない。

(d)　「配置」とは、配備、設置、据え付け、取り付け、貯蔵又は保管をいう。

(e)　「放射性物質」とは、国際原子力機関（ＩＡＥＡ）が勧告するクリアランス・レベル又は、イグゼンプション・レベルを越える放射性核種を含む物質をいう。

(f)　「放射性廃棄物」とは、濃縮又は活動によってＩＡＥＡの勧告するクリアランス・レベルを越える放射性核種を含み又はそのような放射性核種によって汚染された物質であって、いかなる利用も予想されないものをいう。

(g)　「投棄」とは、

(i)　船舶、航空機、海洋掘削作業台又はその他の海洋人工構築物から放射性廃棄物又は他の物質を、海洋（海底を含む。）に故意に処分すること及び地下に埋設すること、並びに、

(ii)　放射性物質を含む船舶、航空機、海洋掘削作業台又はその他の海洋人工構築物を、海洋（海底を含む。）に故意に処分すること及び地下に埋設することをいう。ただし、船舶、航空機、海洋掘削作業台若しくは他の海洋人工構築物及びその設備の通常の運用に付随し若しくは由来する廃棄物又は他の物質の処分は、そのような物質を処分する目的で運用される船舶、航空機、海洋掘削作業台若しくは他の海洋人工構築物によって若しくはそれらに対して輸送された廃棄物若しくは他の物質、又は、そのような船舶、航空機、作業台若しくは構築物の上での廃棄物若しくは他の物質の処理から生じた廃棄物若しくは他の物質である場合を除くほか、含まないものとする。

第二条（条約の適用）1　この条約及びその議定書は、本条約が効力を有する地帯内にある締約国の領域、大陸棚及びEEZに適用される。

2　この条約中のいかなるものも、一九八二年の国際連合海洋法条約の規定に基づく権利、特に公海の自由、無害通航権、群島航路帯通航権若しくは船舶及び航空機の通過通航権、又は、いずれかの国によるそれらの権利の行使であって、国際連合憲章に合致するものを害するものではない。

第三条（基本的約束）1　各締約国は、地帯の内外のいずれの場所においても、次のことを行わないことを約束する。

(a)　核兵器を開発し、製造し若しくは他の方法で取得し、保有し、若しくは、核兵器に対する管理を取得すること。

(b)　いずれかの手段により核兵器を配置し若しくは輸送すること。又は、

(c)　核兵器を実験し若しくは使用すること。

2　各締約国はまた、その領域において、他のいずれの国に対しても次のことを許可しないことを約束する。

(a)　核兵器を開発し、製造し若しくは他の方法で取得し、保有し、若しくは、核兵器に対する管理を取得すること。

(b)　核兵器を配置すること。又は、

(c)　核兵器を実験し若しくは使用すること。

3　各締約国はまた、次のことを行わないことを約束する。

(a)　地帯内のいずれの場所でも、放射性物質若しくは放射性廃棄物を海洋に投棄し若しくは大気中に放出すること。

(b)　第四条2(e)に規定する場合を除くほか、放射性物質若しくは放射性廃棄物を他国の領域内若しくは他国の管轄下にある陸地で処分すること。又は、

(c)　その領域内において、他のいずれかの国が放射性物質若しくは放射性廃棄物を海洋に投棄し若しくは大気中に放出するのを許可すること。

4　各締約国は、次のことを行わないことを約束する。

(a)　この条の1、2及び3の規定に違反するいずれかの行為を実施するに当たって援助を求め若しくは受けること。又は、

(b)　この条の1、2及び3に違反するいずれかの行為の実施を援助し若しくは奨励するための行動をとること。

第四条（平和目的のための核エネルギーの利用）1　この条約中のいかなるものも、締約国が核エネルギーを、特にその経済的発展及び社会的進歩のために利用する権利を害するものではない。

2　それ故、各締約国は、次のことを約束する。

(a)　その領域内並びにその管轄及び管理の下にある地域内に所在する核物質及び核施設を専ら平和目的のために利用すること。

(b)　その平和的核エネルギー計画の開始に先立って、その計画を、IAEA憲章第三条6に従って、健康の保護並びに生命及び財産に対する危険の最小化のためにIAEAが勧告する指針及び基準に合致した厳格な核安全評価に付すこと。

(c)　要請があれば、個人のデータ、知的所有権又は産業上若しくは商業上の秘密保護制度によって保護される情報及び国家の安全保障に関する情報を除き、その評価を他の締約国に利用させること。

(d)　核兵器の不拡散に関する条約(NPT)及びIAEAの保障措置制度に基づく国際的核不拡散体制の継続的有効性を支持すること。並びに、

(e)　放射性廃棄物その他の放射性物質を、IAEAの基準及び手続に従って、自国の領域内の陸地又はそのような処分に同意した他国の領域内の陸地において、処分すること。

3　各締約国はさらに、原料若しくは特殊核分裂性物質、又は、特殊核分裂性物質の処理、使用若しくは生産のために特に設計され若しくは準備された設備若しくは資材を次の国に提供しないことを約束する。

(a)　NPT第三条1によって要求される保障措置に服させるという条件に従う場合を除き、いずれかの非核兵器国

(b)　IAEAとの適用可能な保障措置協定に従う場合を除き、いずれかの核兵器国

第五条（IAEAの保障措置）IAEAと平和的な核活動に対する全面的な保障措置の適用のための協定を締結していない各締約国は、この条約がその締約国について効力を発生してから一八箇月以内にその協定を締結しなければならない。

第六条（原子力事故の早期通報）「原子力事故の早期通報に関する条約」に加入していない各締約国は、加入するよう努力しなければならない。

第七条（外国の船舶及び航空機）各締約国は、通報があった場合に、外国の船舶及び航空機による港及び空港への寄港、外国航空機による領空の通過、並びに、無害通航権、群島航路帯通航権又は通過通航権によって規律されない方法での外国船舶による領海又は群島水域の航行及び外国航空機によるこれら水域上空の飛行を許可するか否かを、自ら決定することができる。

第八条（東南アジア非核兵器地帯委員会の設置）
第九条（執行委員会）
第一〇条（管理制度）
第一一条（情報の報告及び交換）
第一二条（説明の要請）
第一三条（事実調査団に関する要請）
第一四条（改善措置）
第一五条（署名、批准、加入、寄託及び登録）
第一六条（効力発生）
第一七条（留保）
第一八条（他の国際機関との関係）
第一九条（改正）

（略）

第二〇条（再検討）
第二一条（紛争の解決）
第二二条（有効期間及び脱退）　（略）

附属書（事実調査団の手続）
東南アジア非核兵器地帯条約に対する議定書　（略）

14 10　アフリカ非核兵器地帯条約（ペリンダバ条約）（抄）

署　　名　一九九六年四月一一日（カイロ）
効力発生　二〇〇九年七月一五日

前　文（略）

第一条（定義、用語）本条約及びその議定書の適用上、

(a)「アフリカ非核兵器地帯」とは、アフリカ大陸の領域、アフリカ統一機構（OAU）の島嶼加盟国及びOAUによってその決議でアフリカの一部と見なされるすべての島嶼をいう。

(b)「領域」とは、領土、内水、領海、群島水域及びそれらの上部空域、並びに、その海底及びその地下をいう。

(c)「核爆発装置」とは、それが使用される目的の如何にかかわらず、あらゆる核兵器又は核エネルギーを放出することのできる他の爆発装置をいう。この用語には、組み立てられていない形及び部分的に組み立てられた形のそのような兵器又は装置が含まれるが、そのような兵器又は装置の輸送又は運搬の手段は、兵器若しくは装置から分離可能でかつその不可分の一部でない場合には、含まれない。

(d)「配置」とは、備付け、設置、陸地又は内水における輸送、貯蔵、保管、取り付け及び配備をいう。

(e)「核施設」とは、原子発電炉、原子研究炉、臨界実験装置、転換施設、形成加工施設、再処理施設、同位体分離工場、分離貯蔵設備及び未照射若しくは照射済の核物質又は相当量の放射性物質が所在する他の設備又は場所をいう。

(f)「核物質」とは、国際原子力機関（IAEA）憲章の第二〇条に規定され、かつ、IAEAによって随時改正されるあらゆる原料物質又は特殊核分裂性物質をいう。

第二条（条約の適用）1　別段の規定がある場合を除くほか、この条約及びその議定書は、附属書Ⅰの地図に示したアフリカ非核地帯内の領域に適用する。

2　この条約中のいかなるものも、海洋の自由に関する国際法上の国家の権利又は権利の行使にいかなる方法でも影響を及ぼすものではない。

第三条（核爆発装置の放棄）各締約国は、次のことを約束する。

(a) どこでもいかなる手段によっても、核爆発装置に関する研究を行い、開発し、製造し、貯蔵し若しくは他の方法で取得し、所有し又は管理しないこと。

(b) 核爆発装置の研究、開発、製造、貯蔵、取得又は所有について援助を求め又は受けないこと。

(c) 核爆発装置の研究、開発、製造、貯蔵、取得又は所有を援助し又は奨励するいかなる行動もとらないこと。

第四条（核爆発装置の配置の防止）1　各締約国は、その領域においていかなる核爆発装置の配備をも禁止することを約束する。

2　本条約の趣旨及び目的を害することなく、各締約国は、その主権的権利を行使して、外国の船舶及び航空機による自国の港及び飛行場への寄港、外国航空機による自国空域の通過、並びに、無害通航、群島航路帯通航又は海峡の通過通航の諸権利によって包含されない方法での外国船舶による自国の領海又は群島水域の航行を許可するかどうかを自ら自由に決定することができる。

第五条（核爆発装置の実験の禁止）各締約国は、次のことを約束する。

(a) いかなる核爆発装置をも実験しないこと。

(b) 自国領域においていかなる核爆発装置の実験をも禁止すること。

(c) いかなる場所でもいかなる国家によるいかなる核爆発装置の実験をも援助し又は奨励しないこと。

第六条（核爆発装置及びその製造施設の申告、解体、廃棄又は転換）各締約国は、次のことを約束する。

(a) 核爆発装置のすべての製造能力をも申告すること。

(b) この条約が効力を発生する前に製造したいかなる核爆発装置をも解体し及び廃棄すること。

(c) 核爆発装置の製造施設を廃棄し、又は、可能な場合には、それらを平和的利用に転換すること。

(d) 国際原子力機関（以下、「IAEA」という。）及び第一二条において設置される委員会が核爆発装置の解体及び廃棄の過程並びにその生産施設の廃棄又は転換を検証するのを許可すること。

第七条（放射性廃棄物の投棄の禁止）各締約国は、次のことを約束する。

(a)「危険な廃棄物のアフリカへの移入の禁止並びにアフリカ内の越境移動及び処理の規制に関するバマコ条約」に含まれる措置を、それが放射性廃

棄物に関連を有する限り、効果的に実施し又は指針として使用すること。

(b)　放射性廃棄物その他の放射性物質の廃棄をアフリカ非核地帯内のいずれの場所でも援助し又は奨励するいかなる行動もとらないこと。

第八条(平和的な原子力活動)

第九条(平和的利用の検証)各締約国は以下のことを約束する。

(a)　原子力の平和的利用のためのすべての活動を、平和的にのみ利用される保障を行う厳密な不拡散措置の下で、行うこと。

(b)　本条(a)における約束の遵守を検証するためにＩＡＥＡと包括的保障措置協定を締結すること。

(c)　ＩＡＥＡと結ばれた包括的保障措置協定に従うのでないかぎり、原料物質若しくは特殊核分裂性物質又は特殊核分裂性物質の処理、使用若しくは生産のために特に設計され若しくは作成された設備若しくは資材を、平和目的のために、いかなる非核兵器国にも供給しないこと。

第一〇条(核物質及び施設の防護)(略)

第一一条(核施設に対する武力攻撃の禁止)各締約国は、アフリカ非核地帯の核施設に対する通常兵器又は他の手段による武力攻撃を目的とするいかなる行動をもとらず、支援せず又は奨励しないことを約束する。

第一二条(遵守のメカニズム)
第一三条(情報の報告及び交換)
第一四条(締約国会議)
第一五条(条約の解釈)
第一六条(留保)
第一七条(有効期間)
第一八条(署名、批准、効力発生)
第一九条(改正)
第二〇条(脱退)
第二一条(寄託者の任務)
第二二条(附属書の地位)
(略)

附属書Ⅰ(アフリカ非核兵器地帯の地図)
附属書Ⅱ(国際原子力機関の保障措置)
附属書Ⅲ(原子力に関するアフリカ委員会)
附属書Ⅳ(苦情申立て手続及び紛争の解決)
議定書Ⅰ(核兵器の使用禁止)
議定書Ⅱ(核爆発実験の禁止)
議定書Ⅲ(域外国の義務)
(略)

14 11　中央アジアにおける非核兵器地帯に関する条約(セミパラチンスク条約)(抄)

署　　名　二〇〇六年九月八日(セミパラチンスク)
効力発生　二〇〇九年三月二一日

前　文(略)

第一条(用語の定義及び用法)この条約及びその議定書の適用上、

(a)　「中央アジア非核兵器地帯」には、カザフスタン共和国、キルギス共和国、タジキスタン共和国、トルクメニスタン及びウズベキスタン共和国が含まれる。

(b)　「核兵器その他の核爆発装置」とは、当該兵器又は装置の使用が軍事目的であると民生目的であるとにかかわらず、核エネルギーを放出することのできるあらゆる兵器その他の爆発装置をいう。この用語には、組み立てられていない形態又は部分的に組み立てられた形態のそれらの兵器又は装置は含まれるが、それらの兵器又は装置の輸送又は運搬の手段は、それらの兵器又は装置から分離可能であり、かつその不可分の一部でない場合には、含まれない。

(c)　「配置」とは、備付け、設置、貯蔵、保管、取付け及び配備をいう。

(d)　「核物質」とは、国際原子力機関(以下「ＩＡＥＡ」という。)憲章(ＩＡＥＡにより改正されたもの)第二二条に定義されるあらゆる原料物質又は特殊核分裂性物質をいう。

(e)　「放射性廃棄物」とは、放射性核種の放射能のレベル及び放射能濃度のレベルがＩＡＥＡの発出した国際標準に定める免除のレベルを超えるあらゆる放射性物質(すなわち放射性核種を含むあらゆる物質)であって、いずれ除去されるかすでに除去されており、もはや利用されていないものをいう。

(f)　「施設」とは、

(i)　原子炉、臨界実験施設、転換工場、加工工場、再処理工場、同位体分離工場若しくは独立の貯蔵施設、又は、

(ii)　一実効キログラムを超える量の核物質が通常使用されるあらゆる場所、をいう。

第二条(条約の適用)(a)　中央アジア非核兵器地帯の適用範囲は、もっぱらこの条約の目的のために、カザフスタン共和国、キルギス共和国、タジキスタン共和国、トルクメニスタン及びウズベキスタン

共和国の領土、すべての水域(港、湖及び河川)並びにそれらの上空と定義される。
(b) この条約のいかなる規定も、この地帯内に含まれると否とを問わず、領土又は水域に対する所有権又は主権に関する紛争における中央アジアのいずれの国の権利をも害し又はいかなる方法でも影響を与えるものではない。

第三条(基本的な義務) 1　各締約国は、次のことを約束する。
(a) いかなる場所においても、いかなる手段によっても核兵器その他の核爆発装置を研究せず、開発せず、製造せず、貯蔵せず若しくはその他の方法で取得せず、所有せず又は管理しないこと。
(b) 核兵器その他の核爆発装置の研究、開発、製造、貯蔵、取得、所有若しくは管理の取得について、いかなる援助をも求めず又は受けないこと。
(c) 核兵器その他の核爆発装置の研究、開発、製造、貯蔵、取得若しくは所有を援助し又は奨励するいかなる行動をもとらないこと。
(d) 自国の領域において次の行動を認めないこと。
(i) 核兵器その他の核爆発装置の生産、取得、配置、貯蔵又は使用
(ii) 核兵器その他の核爆発装置の受領、保管、貯蔵、取付け若しくはその他の形態による所有、又は管理
(iii) いかなるものによるものであれ、核兵器その他の核爆発装置の開発、生産、貯蔵、取得、所有若しくは管理を援助し又は奨励するあらゆる行動

2　各締約国は、自国の領域において他国の放射性廃棄物の処分を認めないことを約束する。

第四条(外国の船舶、航空機及び地上輸送手段) この条約の目的及び趣旨を害することなく、各締約国は、その主権的権利を行使して、外国船舶の自国の港への寄港及び外国航空機の自国の空港への着陸を含め、自国の領域の空路、陸路又は水路による通過に関する諸問題を自由に解決することができる。

第五条(核兵器その他の核爆発装置の実験の禁止) 各締約国は、CTBTに従い、次のことを約束する。
(a) 核兵器の実験的爆発又は他の核爆発を実施しないこと。
(b) 自国の管轄又は管理の下にあるいかなる場所においてもそれらの核爆発を禁止し及び防止すること。
(c) 核兵器の実験的爆発又は他の核爆発の実施を実現させ、奨励し又はいかなる態様によるかを問わずこれに参加することを差し控えること。

第六条(環境の安全) 各締約国は、核兵器その他の核爆発装置の開発、生産又は保管に関する過去の活動の結果として汚染された地域、とりわけウラン廃石の保管所及び核実験場の環境面での修復に向けてのいかなる努力をも援助することを約束する。

第七条(原子力の平和的目的のための利用)(略)

第八条(IAEAの保障措置) 各締約国は、次のことを約束する。
(a) 自国の領域内又はその管轄若しくは管理の下にあるいかなる場所に所在する核物質及び核施設をももっぱら平和的目的のために使用すること。
(b) NPTに従った保障措置の適用に関する協定(INFCIRC/153 (Corr.))及び追加議定書(INFCIRC/540 (Corr.))をIAEAとの間に締結しかつ発効させていない場合には、この条約の効力発生後一八箇月以内にそれらの協定及び議定書を締結しかつ発効させること。
(c) (i)原料物質若しくは特殊核分裂性物質、又は(ii)特殊核分裂性物質の処理、使用若しくは生産のために特に設計され若しくは作成された設備若しくは資材を、この条の(b)にいう包括的保障措置協定及びその追加議定書をIAEAとの間に締結していない限り、いかなる非核兵器国にも供給しないこと。

第九条(核物質及び核設備の物理的防護)(略)

第一〇条(協議会合) 締約国は、この条約の遵守を検討し、その実施に関するその他の事項を検討するため、輪番によりその代表者による年次会合を開催し、また、いずれかの締約国の要請により特別会合を開催することに合意する。

第一一条(紛争解決)(略)

第一二条(他の協定) この条約は、この条約の効力発生の日より前に締結された他の国際条約の下における締約国の権利及び義務に影響を及ぼすものではない。締約国は、この条約に含まれる主要な原則に従って、この条約の目的及び趣旨の効果的な実施のために必要なあらゆる措置を執らなければならない。

第一三条(留保) この条約には留保を付することができない。

第一四条(署名及び批准)
第一五条(効力発生及び有効期間)
第一六条(条約からの脱退)
第一七条(改正)
第一八条(寄託者)
(略)

議定書(核兵器の使用禁止)(略)

中央アジアにおける非核兵器地帯に関する条約の第一〇条を実施する手続規則(略)

第3節　生物化学兵器

14 12 化学兵器の開発、生産、貯蔵及び使用の禁止並びに廃棄に関する条約（化学兵器禁止条約）（抄）

採　択　一九九二年九月三日（ジュネーヴ）
署　名　一九九三年一月一三日（パリ）
効力発生　一九九七年四月二九日
日本国　一九九三年一月一三日署名、一九九五年四月二八日国会承認、九月一五日批准書寄託、一九九七年四月二一日公布（条約第三号）、四月二九日効力発生

前　文

この条約の締約国は、厳重かつ効果的な国際管理の下における全面的かつ完全な軍備縮小（あらゆる種類の大量破壊兵器の禁止及び廃棄を含む。）に向けての効果的な進展を図ることを決意し、

国際連合憲章の目的及び原則の実現に貢献することを希望し、

国際連合総会が、一九二五年六月一七日にジュネーヴで署名された窒息性ガス、毒性ガス又はこれらに類するガス及び細菌学的手段の戦争における使用の禁止に関する議定書（以下「一九二五年のジュネーヴ議定書」という。）の原則及び目的に反するすべての行為を繰り返し非難してきたことを想起し、

この条約は、一九二五年のジュネーヴ議定書並びに一九七二年四月一〇日にロンドン、モスクワ及びワシントンで署名された細菌兵器（生物兵器）及び毒素兵器の開発、生産及び貯蔵の禁止並びに廃棄に関する条約の原則及び目的並びに同議定書及び同条約に基づく義務を再確認するものであることを認識し、

細菌兵器（生物兵器）及び毒素兵器の開発、生産及び貯蔵の禁止並びに廃棄に関する条約第九条に規定する目標に留意し、

全人類のため、一九二五年のジュネーヴ議定書に基づく義務を補完するこの条約の実施によって化学兵器の使用の可能性を完全に無くすことを決意し、

戦争の方法としての除草剤の使用の禁止が関連する協定及び国際法の原則において定められていることを認識し、

化学の分野における成果は人類の利益のためにのみ使用されるべきであることを考慮し、

すべての締約国の経済的及び技術的発展を促進するため、この条約によって禁止されていない目的のために、化学に関する活動の分野における国際協力並びに科学的及び技術的情報の交換並びに化学物質の自由な貿易を促進することを希望し、

化学兵器の開発、生産、取得、貯蔵、保有、移譲及び使用の完全かつ効果的な禁止並びに廃棄が、これらの共通の目的を達成するために必要な措置であることを確信して、

次のとおり協定した。

第一条（一般的義務） 1　締約国は、いかなる場合にも、次のことを行わないことを約束する。

(a)　化学兵器を開発し、生産その他の方法によって取得し、貯蔵し若しくは保有し又はいずれかの者に対して直接若しくは間接に移譲すること。

(b)　化学兵器を使用すること。

(c)　化学兵器を使用するための軍事的な準備活動を行うこと。

(d)　この条約によって締約国に対して禁止されている活動を行うことにつき、いずれかの者に対して、援助し、奨励し又は勧誘すること。

2　締約国は、この条約に従い、自国が所有し若しくは占有する化学兵器又は自国の管轄若しくは管理の下にある場所に存在する化学兵器を廃棄することを約束する。

3　締約国は、この条約に従い、他の締約国の領域内に遺棄したすべての化学兵器を廃棄することを約束する。

4　締約国は、この条約に従い、自国が所有し若しくは占有する化学兵器生産施設又は自国の管轄若しくは管理の下にある場所に存在する化学兵器生産施設を廃棄することを約束する。

5　締約国は、暴動鎮圧剤を戦争の方法として使用しないことを約束する。

第二条（定義及び基準） この条約の適用上、

1　「化学兵器」とは、次の物を合わせたもの又は次の物を個別にいう。

(a)　毒性化学物質及びその前駆物質。ただし、この条約によって禁止されていない目的のためのものであり、かつ、種類及び量が当該目的に適合する場合を除く。

(b)　弾薬類及び装置であって、その使用の結果放出されることとなる(a)に規定する毒性化学物質の毒性によって、死その他の害を引き起こすように特別に設計されたもの

(c)　(b)に規定する弾薬類及び装置の使用に直接関連して使用するように特別に設計された装置

2　「毒性化学物質」とは、生命活動に対する化学作用により、人又は動物に対し、死、一時的に機能を著しく害する状態又は恒久的な害を引き起こし得る化学物質（原料及び製法のいかんを問わず、また、施設内、弾薬内その他のいかなる場所において生産されるかを問わない。）をいう。

（この条約の実施上、検証措置の実施のために特定された毒性化学物質は、化学物質に関する附属書の表に掲げる。）

3　「前駆物質」とは、毒性化学物質の生産（製法のいかんを問わない。）のいずれかの段階で関与する化学

反応体をいうものとし、二成分又は多成分の化学系の必須成分を含む。

（この条約の実施上、検証措置の実施のために特定された前駆物質は、化学物質に関する附属書の表に掲げる。）

4 「二成分又は多成分の化学系の必須成分」（以下「必須成分」という。）とは、最終生成物の毒性を決定する上で最も重要な役割を果たし、かつ、二成分又は多成分の化学系の中で他の化学物質と速やかに反応する前駆物質をいう。

5 「老朽化した化学兵器」とは、次のものをいう。

(a) 一九二五年より前に生産された化学兵器

(b) 一九二五年から一九四六年までの間に生産された化学兵器であって、化学兵器として使用することができなくなるまでに劣化したもの

6 「遺棄化学兵器」とは、一九二五年一月一日以降にいずれかの国が他の国の領域内に当該他の国の同意を得ることなく遺棄した化学兵器（老朽化した化学兵器を含む。）をいう。

7 「暴動鎮圧剤」とは、化学物質に関する附属書の表に掲げていない化学物質であって、短時間で消失するような人間の感覚に対する刺激又は行動を困難にする身体への効果を速やかに引き起こすものをいう。

8 「化学兵器生産施設」とは、

(a) 一九四六年一月一日以降のいずれかの時に、次の(i)に該当するものとして又は次の(ii)のために設計され、建造され又は使用された設備及びこれを収容する建物をいう。

(i) 化学物質の生産段階（「技術の最終段階」）の一部であって、当該設備が稼働している時に物質の流れが次のいずれかの化学物質を含むもの

(1) 化学物質に関する附属書の表1に掲げる化学物質

(2) 化学兵器のために使用され得る他の化学物質であって、締約国の領域内又はその管轄若しくは管理の下にあるその他の場所において、この条約によって禁止されていない目的のためには年間一トンを超える用途がないもの

(ii) 化学兵器の充填（特に、化学物質に関する附属書の表1に掲げる化学物質の弾薬類、装置又はばらの状態で貯蔵するための容器への充填、組立て式の二成分型弾薬類及び装置の部分を構成する容器への充填、組立て式の単一成分型弾薬類及び装置の部分を構成する化学物質充填子爆弾弾薬類への充填並びに充填された容器及び化学物質充填子爆弾弾薬類の弾薬類及び装置への搭載を含む。）

(b) もっとも、次のものを意味するものではない。

(i) (a)(i)に規定する化学物質を合成するための生産能力を有する施設であって当該能力が一トン未満のもの

(ii) (a)(i)に規定する化学物質をこの条約によって禁止されていない目的のための活動の不可避の副産物として生産し又は生産した施設。ただし、当該化学物質が総生産量の三パーセントを超えないこと並びに当該施設が実施及び検証に関する附属書（以下「検証附属書」という。）に従って申告及び査察の対象となることを条件とする。

(iii) この条約によって禁止されていない目的のために化学物質に関する附属書の表1に掲げる化学物質を生産する検証附属書第六部に規定する単一の小規模な施設

9 「この条約によって禁止されていない目的」とは、次のものをいう。

(a) 工業、農業、研究、医療又は製薬の目的その他の平和的目的

(b) 防護目的、すなわち、毒性化学物質及び化学兵器に対する防護に直接関係する目的

(c) 化学兵器の使用に関連せず、かつ、化学物質の毒性を戦争の方法として利用するものではない軍事的目的

(d) 国内の暴動の鎮圧を含む法の執行のための目的

10 「生産能力」とは、関係する施設において実際に使用されている技術的工程又はこの工程がまだ機能していない場合には使用される予定の技術的工程に基づいて特定の化学物質を一年間に製造し得る量をいう。生産能力は、標示された能力又はこれが利用可能でない場合には設計上の能力と同一であるとみなす。標示された能力は、生産施設にとっての最大量を生産するための最適な条件の下における生産量であって、一又は二以上の実験によって証明されたものとする。設計上の能力は、標示された能力に対応する理論的に計算された生産量とする。

11 「機関」とは、第八条の規定に基づいて設立する化学兵器の禁止のための機関をいう。

12 第六条の規定の適用上、

(a) 化学物質の「生産」とは、化学反応により化学物質を生成することをいう。

(b) 化学物質の「加工」とは、化学物質が他の化学物質に転換することのない物理的な工程（例えば、調合、抽出、精製）をいう。

(c) 化学物質の「消費」とは、化学物質が化学反応により他の化学物質に転換することをいう。

第三条（申告） 1 締約国は、この条約が自国について効力を生じた後三〇日以内に、機関に対して申告を行うものとし、当該申告において、

(a) 化学兵器に関し、

(i) 自国が化学兵器を所有するか否か若しくは占有するか否か又は自国の管轄若しくは管理の下にある場所に化学兵器が存在するか否かを申告する。

(ii) 検証附属書第四部(A)の1から3までの規定に従い、自国が所有し若しくは占有する化学兵器又は自国の管轄若しくは管理の下にある場所に存在する化学兵器の正確な所在地、総量及び詳

細な目録を明示する。ただし、(iii)に規定する化学兵器を除く。

(iii) 検証附属書第四部(A)4の規定に従い、他の国が所有し及び占有し、かつ、他の国の管轄又は管理の下にある場所に存在する化学兵器であって、自国の領域内にあるものを報告する。

(iv) 一九四六年一月一日以降自国が直接又は間接に化学兵器を移譲したか否か又は受領したか否かを申告し、及び検証附属書第四部(A)5の規定に従って化学兵器の移譲又は受領について明示する。

(v) 検証附属書第四部(A)6の規定に従い、自国が所有し若しくは占有する化学兵器又は自国の管轄若しくは管理の下にある場所に存在する化学兵器の廃棄のための全般的な計画を提出する。

(b) 老朽化した化学兵器及び遺棄化学兵器に関し、

(i) 自国の領域内に老朽化した化学兵器を有するか否かを申告し、及び検証附属書第四部(B)3の規定に従ってすべての入手可能な情報を提供する。

(ii) 自国の領域内に遺棄化学兵器が存在するか否かを申告し、及び検証附属書第四部(B)8の規定に従ってすべての入手可能な情報を提供する。

(iii) 他の国の領域内に化学兵器を遺棄したか否かを申告し、及び検証附属書第四部(B)10の規定に従ってすべての入手可能な情報を提供する。

(c) 化学兵器生産施設に関し、

(i) 一九四六年一月一日以降のいずれかの時に、自国が化学兵器生産施設を所有し若しくは占有するか否か若しくは所有し若しくは占有していたか否か又は自国の管轄若しくは管理の下にある場所に化学兵器生産施設が存在するか否か若しくは存在していたか否かを申告する。

(ii) 検証附属書第五部1の規定に従い、一九四六年一月一日以降のいずれかの時に、自国が所有し若しくは占有し若しくは所有していた若しくは占有していた化学兵器生産施設又は自国の管轄若しくは管理の下にある場所に存在し若しくは存在していた化学兵器生産施設を明示する。ただし、(iii)に規定する化学兵器生産施設を除く。

(iii) 検証附属書第五部2の規定に従い、一九四六年一月一日以降のいずれかの時に、他の国が所有し及び占有し又は所有していた及び占有していた化学兵器生産施設であって、他の国の管轄又は管理の下にある場所に存在し又は存在していたもの(自国の領域内にあるものに限る。)を報告する。

(iv) 一九四六年一月一日以降自国が直接又は間接に化学兵器の生産のための設備を移譲したか否か又は受領したか否かを申告し、及び検証附属書第五部の3から5までの規定に従って当該設備の移譲又は受領について明示する。

(v) 検証附属書第五部6の規定に従い、自国が所有し若しくは占有する化学兵器生産施設又は自国の管轄若しくは管理の下にある場所に存在する化学兵器生産施設の廃棄のための全般的な計画を提出する。

(vi) 検証附属書第五部1(i)の規定に従い、自国が所有し若しくは占有する化学兵器生産施設又は自国の管轄若しくは管理の下にある場所に存在する化学兵器生産施設の閉鎖のためにとるべき措置を明示する。

(vii) 検証附属書第五部7の規定に従い、自国が所有し若しくは占有する化学兵器生産施設又は自国の管轄若しくは管理の下にある場所に存在する化学兵器生産施設を一時的に化学兵器の廃棄施設に転換する場合には、そのための全般的な計画を提出する。

(d) 他の施設に関し、自国が所有し若しくは占有する施設又は自国の管轄若しくは管理の下にある場所に存在する施設であって、一九四六年一月一日以降主に化学兵器の開発のために設計され、建設され又は使用されたものの正確な所在地並びに活動の性質及び全般的な範囲を明示する。この申告には、特に、実験施設及び試験評価場を含める。

(e) 暴動鎮圧剤に関し、暴動の鎮圧のために保有する化学物質の化学名、構造式及びケミカル・アブストラクツ・サービス(以下「CAS」という。)登録番号が付されている場合には当該番号を明示する。この申告は、その内容に変更が生じた後三〇日以内に改定する。

2　この条の規定及び検証附属書第四部の関連規定は、一九七七年一月一日前に締約国の領域内に埋められた化学兵器であって引き続き埋められたままであるもの又は一九八五年一月一日前に海洋に投棄された化学兵器については、当該締約国の裁量により適用しないことができる。

第四条(化学兵器)　1　この条の規定及びその実施のための詳細な手続は、締約国が所有し若しくは占有するすべての化学兵器又はその管轄若しくは管理の下にある場所に存在するすべての化学兵器について適用する。ただし、検証附属書第四部(B)の規定が適用される老朽化した化学兵器及び遺棄化学兵器を除く。

2　この条の規定を実施するための詳細な手続は、検証附属書に定める。

3　1に規定する化学兵器が貯蔵され又は廃棄されるすべての場所は、検証附属書第四部(A)の規定に従い、現地査察及び現地に設置する機器による監視を通じた体系的な検証の対象とする。

4　締約国は、現地査察を通じた申告の体系的な検証のため、前条1(a)の規定に基づく申告を行った後直ちに1に規定する化学兵器へのアクセスを認める。締約国は、その後、当該化学兵器のいずれも移動させてはならないものとし(化学兵器の廃棄施設への移動を除く。)、体系的な現地検証のため、当該化学兵器へのアクセスを認める。

5　締約国は、現地査察及び現地に設置する機器による監視を通じた体系的な検証のため、自国が所有し若しくは占有する化学兵器の廃棄施設及びその貯蔵場所又は自国の管轄若しくは管理の下にある場所に存在する化学兵器の廃棄施設及びその貯蔵場所へのアクセスを認める。

6　締約国は、検証附属書並びに合意された廃棄についての比率及び順序（以下「廃棄の規律」という。）に従い、1に規定するすべての化学兵器を廃棄する。廃棄は、この条約が自国について効力を生じた後二年以内に開始し、この条約が効力を生じた後一〇年以内に完了する。締約国は、当該化学兵器をより速やかに廃棄することを妨げられない。

7　締約国は、次のことを行う。

(a)　検証附属書第四部(A)20の規定に従い、1に規定する化学兵器の廃棄のための詳細な計画を各年の廃棄期間の開始の遅くとも六〇日前までに提出すること。その詳細な計画には、当該年の廃棄期間中に廃棄するすべての貯蔵されている化学兵器を含めるものとする。

(b)　1に規定する化学兵器の廃棄のための自国の計画の実施状況に関する申告を毎年、各年の廃棄期間の満了の後六〇日以内に行うこと。

(c)　廃棄の過程が完了した後三〇日以内に、1に規定するすべての化学兵器を廃棄したことを証明すること。

8　締約国は、6に規定する一〇年の廃棄のための期間が経過した後にこの条約を批准し又はこの条約に加入する場合には、1に規定する化学兵器をできる限り速やかに廃棄する。当該締約国のための廃棄の規律及び厳重な検証の手続については、執行理事会が決定する。

9　化学兵器に関する冒頭申告の後に締約国がその存在を知った化学兵器については、検証附属書第四部(A)の規定に従って、報告し、保全し及び廃棄する。

10　締約国は、化学兵器の輸送、試料採取、貯蔵及び廃棄に当たっては、人の安全を確保し及び環境を保護することを最も優先させる。締約国は、安全及び排出に関する自国の基準に従って、化学兵器の輸送、試料採取、貯蔵及び廃棄を行う。

11　締約国は、他の国が所有し若しくは占有する化学兵器又は他の国の管轄若しくは管理の下にある場所に存在する化学兵器を自国の領域内に有する場合には、この条約が自国について効力を生じた後一年以内にこれらの化学兵器が自国の領域から撤去されることを確保するため、最大限度の努力を払う。これらの化学兵器が一年以内に撤去されない場合には、当該締約国は、機関及び他の締約国に対し、これらの化学兵器の廃棄のために援助を提供するよう要請することができる。

12　締約国は、二国間で又は技術事務局を通じて化学兵器の安全かつ効率的な廃棄のための方法及び技術に関する情報又は援助の提供を要請する他の締約国に対して協力することを約束する。

13　機関は、この条の規定及び検証附属書第四部(A)の規定に従って検証活動を行うに当たり、化学兵器の貯蔵及び廃棄の検証に関する締約国間の二国間又は多数国間の協定との不必要な重複を避けるための措置を検討する。このため、執行理事会は、次のことを認める場合には、当該二国間又は多数国間の協定に従って実施する措置を補完する措置に検証を限定することを決定する。

(a)　当該二国間又は多数国間の協定の検証に関する規定がこの条及び検証附属書第四部(A)の検証に関する規定に適合すること。

(b)　当該二国間又は多数国間の協定の実施によってこの条約の関連規定の遵守が十分に確保されること。

(c)　当該二国間又は多数国間の協定の締約国がその検証活動について機関に対し常時十分な情報の提供を行うこと。

14　執行理事会が13の規定に従って決定する場合には、機関は、13に規定する二国間又は多数国間の協定の実施を監視する権利を有する。

15　13及び14のいかなる規定も、締約国が前条、この条及び検証附属書第四部(A)の規定に従って申告を行う義務に影響を及ぼすものではない。

16　締約国は、自国が廃棄の義務を負う化学兵器の廃棄の費用を負担する。また、締約国は、執行理事会が別段の決定を行う場合を除くほか、当該化学兵器の貯蔵及び廃棄の検証の費用を負担する。執行理事会が13の規定に従い機関の検証措置を限定することを決定した場合には、機関が行う補完的な検証及び監視の費用については、第八条7に規定する国際連合の分担率に従って支払う。

17　この条の規定及び検証附属書第四部の関連規定は、一九七七年一月一日前に締約国の領域内に埋められた化学兵器であって引き続き埋められたままであるもの又は一九八五年一月一日前に海洋に投棄された化学兵器については、当該締約国の裁量により適用しないことができる。

第五条（化学兵器生産施設）　1　この条の規定及びその実施のための詳細な手続は、締約国が所有し若しくは占有するすべての化学兵器生産施設又はその管轄若しくは管理の下にある場所に存在するすべての化学兵器生産施設について適用する。

2　この条の規定を実施するための詳細な手続は、検証附属書に定める。

3　1に規定するすべての化学兵器生産施設は、検証附属書第五部の規定に従い、現地査察及び現地に設置する機器による監視を通じた体系的な検証の対象とする。

4　締約国は、閉鎖のために必要な活動を除くほか、1に規定する化学兵器生産施設におけるすべての活動を直ちに停止する。

5　いかなる締約国も、化学兵器の生産又はこの条約によって禁止されているその他のすべての活動のため、新たな化学兵器生産施設を建設してはならず、又は既存の施設を変更してはならない。

6　締約国は、現地査察を通じた申告の体系的な検証のため、第三条1(c)の規定に基づく申告を行った後直ちに1に規定する化学兵器生産施設へのアクセスを認める。

7　締約国は、次のことを行う。

(a)　この条約が自国について効力を生じた後九〇日以内に1に規定するすべての化学兵器生産施設を検証附属書第五部の規定に従って閉鎖し、その旨を通報すること。

(b)　1に規定する化学兵器生産施設の閉鎖の後、当該施設が引き続き閉鎖されていること及びその後に廃棄されることを確保するため、現地査察及び現地に設置する機器による監視を通じた体系的な検証のために当該施設へのアクセスを認めること。

8　締約国は、検証附属書並びに合意された廃棄についての比率及び順序(以下「廃棄の規律」という。)に従い、1に規定するすべての化学兵器生産施設並びに関連する施設及び設備を廃棄する。廃棄は、この条約が自国について効力を生じた後一年以内に開始し、この条約が効力を生じた後一〇年以内に完了する。締約国は、当該化学兵器生産施設並びに関連する施設及び設備をより速やかに廃棄することを妨げられない。

9　締約国は、次のことを行う。

(a)　1に規定する化学兵器生産施設の廃棄のための詳細な計画を各施設の廃棄の開始の遅くとも一八〇日前までに提出すること。

(b)　1に規定するすべての化学兵器生産施設の廃棄のための自国の計画の実施状況に関する申告を毎年、各年の廃棄期間の満了の後九〇日以内に行うこと。

(c)　廃棄の過程が完了した後三〇日以内に、1に規定するすべての化学兵器生産施設を廃棄したことを証明すること。

10　締約国は、8に規定する一〇年の廃棄のための期間が経過した後にこの条約を批准し又はこの条約に加入する場合には、1に規定する化学兵器生産施設をできる限り速やかに廃棄する。当該締約国のための廃棄の規律及び厳重な検証の手続については、執行理事会が決定する。

11　締約国は、化学兵器生産施設の廃棄に当たっては、人の安全を確保し及び環境を保護することを最も優先させる。締約国は、安全及び排出に関する自国の基準に従って化学兵器生産施設を廃棄する。

12　1に規定する化学兵器生産施設は、検証附属書第五部の18から20までの規定に従って化学兵器の廃棄のために一時的に転換することができる。転換した施設については、化学兵器の廃棄のために使用しなくなった場合には速やかに、いかなる場合にもこの条約が効力を生じた後一〇年以内に廃棄しなければならない。

13　締約国は、やむを得ず必要となる例外的な場合には、この条約によって禁止されていない目的のために1に規定する化学兵器生産施設を使用するための承認を要請することができる。締約国会議は、検証附属書第五部Dの規定に従い、執行理事会の勧告に基づき、当該要請を承認するか否かを決定し、及び承認のための条件を定める。

14　化学兵器生産施設は、工業、農業、研究、医療又は製薬の目的その他の平和的目的のために使用する施設であって、化学物質に関する附属書の表1に掲げる化学物質に関係しないものよりも、化学兵器生産施設に再転換する可能性が高くならないように転換する。

15　すべての転換した施設は、検証附属書第五部Dの規定に従い、現地査察及び現地に設置する機器による監視を通じた体系的な検証の対象とする。

16　機関は、この条の規定及び検証附属書第五部の規定に従って検証活動を行うに当たり、化学兵器生産施設及びその廃棄の検証に関する締約国間の二国間又は多数国間の協定との不必要な重複を避けるための措置を検討する。このため、執行理事会は、次のことを認める場合には、当該二国間又は多数国間の協定に従って実施する措置を補完する措置に検証を限定することを決定する。

(a)　当該二国間又は多数国間の協定の検証に関する規定がこの条及び検証附属書第五部の検証に関する規定に適合すること。

(b)　当該二国間又は多数国間の協定の実施によってこの条約の関連規定の遵守が十分に確保されること。

(c)　当該二国間又は多数国間の協定の締約国がその検証活動について機関に対し常時十分な情報の提供を行うこと。

17　執行理事会が16の規定に従って決定する場合には、機関は、16に規定する二国間又は多数国間の協定の実施を監視する権利を有する。

18　16及び17のいかなる規定も、締約国が第三条、この条及び検証附属書第五部の規定に従って申告を行う義務に影響を及ぼすものではない。

19　締約国は、自国が廃棄の義務を負う化学兵器生産施設の廃棄の費用を負担する。また、締約国は、執行理事会が別段の決定を行う場合を除くほか、この条の規定に基づく検証の費用を負担する。執行理事会が16の規定に従い機関の検証措置を限定することを決定した場合には、機関が行う補完的な検証及び監視の費用については、第八条7に規定する国際連合の分担率に従って支払う。

第六条(この条約によって禁止されていない活動)　1　締約国は、この条約に従い、この条約によって禁止されていない目的のため毒性化学物質及びその前駆物質を開発し、生産その他の方法によって取得し、保有し、移譲し及び使用する権利を有する。

2　締約国は、毒性化学物質及びその前駆物質が、自国の領域内又は自国の管轄若しくは管理の下にあるその他の場所において、この条約によって禁止されていない目的のためにのみ開発され、生産その他の方法によって取得され、保有され、移譲され及び使用されることを確保するために必要な措置をとる。このため及びこれらの活動がこの条約に規定する義務に適合していることを検証するため、締約国は、化学物質に関する附属書の表1から表3までに掲げる毒性化学物質及びその前駆物質並びにこのような化学物質に関係する施設及び検証附属書に規定するその他の施設であって、自国の領域内又は自国の管轄若しくは管理の下にあるその他の場所に存在するものを検証附属書に規定する検証措置の対象とする。

3　締約国は、化学物質に関する附属書の表1に掲げる化学物質（以下「表1の化学物質」という。）を検証附属書第六部に規定する生産、取得、保有、移譲及び使用の禁止の対象とする。締約国は、検証附属書第六部の規定に従い、表1の化学物質及び同附属書第六部に規定する施設を現地査察及び現地に設置する機器による監視を通じた体系的な検証の対象とする。

4　締約国は、検証附属書第七部の規定に従い、化学物質に関する附属書の表2に掲げる化学物質（以下「表2の化学物質」という。）及び検証附属書第七部に規定する施設を資料による監視及び現地検証の対象とする。

5　締約国は、検証附属書第八部の規定に従い、化学物質に関する附属費の表3に掲げる化学物質（以下「表3の化学物質」という。）及び検証附属書第八部に規定する施設を資料による監視及び現地検証の対象とする。

6　締約国は、検証附属書第九部の規定に従って締約国会議が別段の決定を行う場合を除くほか、同附属書第九部に規定する施設を資料による監視及び最終的には現地検証の対象とする。

7　締約国は、この条約が自国について効力を生じた後三〇日以内に、検証附属書に従い、関連する化学物質及び施設に関する冒頭申告を行う。

8　締約国は、検証附属書に従い、関連する化学物質及び施設に関する年次申告を行う。

9　締約国は、現地検証のため、検証附属書に従って査察員に対して施設へのアクセスを認める。

10　技術事務局は、検証活動を行うに当たり、この条約によって禁止されていない目的のための締約国の化学に関する活動に対する不当な干渉を回避し、及び特に、秘密情報の保護に関する附属書（以下「秘密扱いに関する附属書」という。）に定める規定を遵守する。

11　この条の規定については、締約国の経済的又は技術的発展及びこの条約によって禁止されていない目的のための化学に関する活動の分野における国際協力（この条約によって禁止されていない目的のための化学物質の生産、加工又は使用に関する科学的及び技術的情報、化学物質並びに装置の国際的な交換を含む。）を妨げないように実施する。

第七条（国内の実施措置）

一般的約束

1　締約国は、自国の憲法上の手続に従い、この条約に基づく自国の義務を履行するために必要な措置をとる。締約国は、特に、次のことを行う。

(a)　自国の領域内のいかなる場所又は国際法によって認められる自国の管轄の下にあるその他のいかなる場所においても、自然人及び法人がこの条約によって締約国に対して禁止されている活動を行うことを禁止すること（当該活動に対する罰則を規定する法令を制定することを含む。）。

(b)　自国の管理の下にあるいかなる場所においても、この条約によって締約国に対して禁止されている活動を認めないこと。

(c)　自国の国籍を有する自然人が行った活動（場所のいかんを問わない。）であってこの条約によって締約国に対して禁止されているものに対し、国際法に従い、(a)の規定に従って制定する罰則を規定する法令を適用すること。

2　締約国は、1の規定に基づく義務の履行を容易にするため、他の締約国と協力し、及び適当な形態の法律上の援助を与える。

3　締約国は、この条約に基づく自国の義務を履行するに当たっては、人の安全を確保し及び環境を保護することを最も優先させるものとし、適当な場合にはこの点に関して他の締約国と協力する。

締約国と機関との関係

4　締約国は、この条約に基づく自国の義務を履行するため、機関及び他の締約国との効果的な連絡のための国内の連絡先となる国内当局を指定し又は設置する。締約国は、この条約が自国について効力を生ずる時に自国の国内当局を機関に通報する。

5　締約国は、この条約を実施するためにとる立法措置及び行政措置を機関に通報する。

6　締約国は、この条約の実施に関連して機関から秘密のものとして受領する情報及び資料を秘密情報として取り扱い、並びに当該情報及び資料に対し特別の取扱いを行う。締約国は、当該情報及び資料を、この条約に基づく自国の権利及び義務との関連においてのみ利用するものとし、秘密扱いに関する附属書に定める規定に従って取り扱う。

7　締約国は、機関のすべての任務の遂行に当たって機関に協力すること及び特に技術事務局に対する援助を提供することを約束する。

第八条（機関）

A　一般規定

1　締約国は、この条約の趣旨及び目的を達成し、この条約の規定(この条約の遵守についての国際的な検証に関する規定を含む。)の実施を確保し並びに締約国間の協議及び協力のための場を提供するため、この条約により化学兵器の禁止のための機関を設立する。

2　すべての締約国は、機関の加盟国となる。締約国は、機関の加盟国としての地位を奪われることはない。

3　機関の本部の所在地は、オランダ王国ヘーグとする。

4　機関の内部機関として、締約国会議、執行理事会及び技術事務局をこの条約により設置する。

5　機関は、できる限り干渉の程度が低く、かつ、検証活動の目的の適時の及び効果的な達成に合致する方法で、この条約に規定する検証活動を行う。機関は、この条約に基づく自己の責任を果たすために必要な情報及び資料のみを要請する。機関は、この条約の実施を通じて知るに至った非軍事上及び軍事上の活動及び施設に関する情報の秘密を保護するためにすべての措置をとるものとし、特に、秘密扱いに関する附属書に定める規定を遵守する。

6　機関は、その検証活動を行うに当たり、科学及び技術の進歩を利用するための措置を検討する。

7　機関の活動に要する費用は、国際連合と機関との間の加盟国の相違を考慮して調整される国際連合の分担率に従い並びに第四条及び第五条に定めるところにより、締約国が支払う。準備委員会に対する締約国の財政的負担については、適当な方法により、機関の通常予算に対する当該締約国の分担金から控除する。機関の予算は、運営費その他の費用に関連するもの及び検証の費用に関連するものの二の別個の項目から成る。

8　機関に対する分担金の支払が延滞している機関の加盟国は、その未払の額が当該年に先立つ二年の間に当該加盟国から支払われるべきであった分担金の額に等しい場合又はこれを超える場合には、機関において投票権を有しない。ただし、締約国会議は、支払の不履行が当該加盟国にとってやむを得ない事情によると認めるときは、当該加盟国に投票を許すことができる。

B　締約国会議

構成、手続及び意思決定

9　締約国会議(以下「会議」という。)は、機関のすべての加盟国により構成する。各加盟国は、会議において一人の代表を有するものとし、その代表は、代表代理及び随員を伴うことができる。

10　会議の第一回会期は、この条約が効力を生じた後三〇日以内に寄託者が招集する。

11　会議は、別段の決定を行う場合を除くほか、毎年通常会期として会合する。

12　会議の特別会期は、次のいずれかの場合に開催される。この場合において、(d)に規定する場合を除くほか、開催の要請において別段の明示がない限り、技術事務局の事務局長がその要請を受領した後三〇日以内に開催される。

(a)　会議が決定する場合

(b)　執行理事会が要請する場合

(c)　いずれかの加盟国が要請し、かつ、加盟国の三分の一が支持する場合

(d)　22の規定に従ってこの条約の運用について検討する場合

13　会議は、また、第一五条2の規定に従って改正会議として開催される。

14　会議の会期は、会議が別段の決定を行う場合を除くほか、機関の所在地で開催される。

15　会議は、その手続規則を採択する。会議は、各通常会期の始めに、議長及び他の必要な役員を選出する。これらの者は、次の通常会期において新たな議長及び他の役員が選出されるまで在任する。

16　会議の定足数は、機関の加盟国の過半数とする。

17　機関の各加盟国は、会議において一の票を有する。

18　会議は、出席しかつ投票する加盟国の単純多数による議決で手続事項についての決定を行う。実質事項についての決定は、できる限りコンセンサス方式によって行うべきである。決定に当たりコンセンサスが得られない場合には、議長は、いかなる投票も二四時間延期し、この間にコンセンサスの達成を容易にするためのあらゆる努力を払い、及び当該二四時間の終了の前に会議に対して報告する。当該二四時間の終了の時にコンセンサスが得られない場合には、会議は、この条約に別段の定めがある場合を除くほか、出席しかつ投票する加盟国の三分の二以上の多数による議決で決定を行う。実質事項であるか否かについて問題が生ずる場合には、会議が実質事項についての決定に必要な多数による議決で別段の決定を行わない限り、実質事項として取り扱う。

権限及び任務

19　会議は、機関の主要な内部機関であり、この条約の範囲内のいかなる問題又は事項(執行理事会及び技術事務局の権限及び任務に関するものを含む。)も検討する。会議は、締約国が提起し又は執行理事会が注意を喚起するこの条約に関するいかなる問題又は事項についても、勧告及び決定を行うことができる。

20　会議は、この条約の実施を監督し、並びにその趣旨及び目的を推進するために行動する。会議は、この条約の遵守状況を検討する。会議は、執行理事会及び技術事務局の活動も監督するものとし、この条約に従いこれらのいずれの内部機関に対してもその任務の遂行に関し指針を与えることができる。

21　会議は、次のことを行う。

(a)　執行理事会が提出する機関の報告、計画及び予算を通常会期において検討し及び採択し並びに他

(b) の報告を検討すること。
(b) ７の規定に従って締約国が支払う分担金の率につき決定すること。
(c) 執行理事会の理事国を選出すること。
(d) 技術事務局の事務局長（以下「事務局長」という。）を任命すること。
(e) 執行理事会が提出する執行理事会の手続規則を承認すること。
(f) この条約に従い会議がその任務を遂行するために必要と認める補助機関を設置すること。
(g) 平和的目的のために、化学に関する活動の分野における国際協力を促進すること。
(h) この条約の運用に影響を及ぼし得る科学的及び技術的発展を検討すること。このため、事務局長がその任務の遂行に当たり会議、執行理事会又は締約国に対してこの条約に関連する科学及び技術の分野における専門的な助言を行うことができるようにするために、科学諮問委員会を設置することを事務局長に指示すること。科学諮問委員会は、会議が採択する付託事項に従って任命される独立した専門家で構成する。
(i) 第一回会期において、準備委員会が作成する協定案、規則案及び指針案を検討し及び承認すること。
(j) 第一回会期において、第一〇条の規定による援助のための任意の基金を設置すること。
(k) 第一二条の規定に従い、この条約の遵守を確保し並びにこの条約に違反する事態を是正し及び改善するため、必要な措置をとること。

22 会議は、この条約が効力を生じた後五年及び一〇年が経過した後一年以内に並びに会議が決定する場合にはその期間内の他の時期に、この条約の運用について検討するため特別会期を開催する。その検討においては、関連する科学的及び技術的発展を考慮する。その後は、別段の決定が行われる場合を除くほか、同様の目的を有する会議の特別会期は、五年ごとに開催される。

C 執行理事会

構成、手続及び意思決定

23 執行理事会は、四一の理事国により構成する。締約国は、輪番の原則に従い、理事国としての任務を遂行する権利を有する。理事国は、二年の任期で会議が選出する。特に、衡平な地理的配分、化学産業の重要性並びに政治上及び安全保障上の利益に十分な考慮を払い、この条約が効果的に機能することを確保するため、執行理事会の構成は、次のとおりとする。
(a) アフリカ地域の締約国が指名する九のアフリカの締約国。この指名の基礎として、これらの九の締約国のうち、三の国は、原則として、国際的に報告され及び公表されている資料によって当該地域において最も重要であると決定される国内化学産業を有する締約国とするものとする。更に、当該地域の集団は、これらの三の理事国を指名するに当たり、他の地域的要素も考慮することに同意する。
(b) アジア地域の締約国が指名する九のアジアの締約国。この指名の基礎として、これらの九の締約国のうち、四の国は、原則として、国際的に報告され及び公表されている資料によって当該地域において最も重要であると決定される国内化学産業を有する締約国とするものとする。更に、当該地域の集団は、これらの四の理事国を指名するに当たり、他の地域的要素も考慮することに同意する。
(c) 東欧地域の締約国が指名する五の東欧の締約国。この指名の基礎として、これらの五の締約国のうち、一の国は、原則として、国際的に報告され及び公表されている資料によって当該地域において最も重要であると決定される国内化学産業を有する締約国とするものとする。更に、当該地域の集団は、この一の理事国を指名するに当たり、他の地域的要素も考慮することに同意する。
(d) ラテン・アメリカ及びカリブ地域の締約国が指名する七のラテン・アメリカ及びカリブの締約国。この指名の基礎として、これらの七の締約国のうち、三の国は、原則として、国際的に報告され及び公表されている資料によって当該地域において最も重要であると決定される国内化学産業を有する締約国とするものとする。更に、当該地域の集団は、これらの三の理事国を指名するに当たり、他の地域的要素も考慮することに同意する。
(e) 西欧及び他の国の地域の締約国が指名する一〇の西欧及び他の国の地域の締約国。この指名の基礎として、これらの一〇の締約国のうち、五の国は、原則として、国際的に報告され及び公表されている資料によって当該地域において最も重要であると決定される国内化学産業を有する締約国とするものとする。更に、当該地域の集団は、これらの五の理事国を指名するに当たり、他の地域的要素も考慮することに同意する。
(f) アジア地域並びにラテン・アメリカ及びカリブ地域の締約国が連続して指名する更に一の締約国。この指名の基礎として、当該締約国は、両地域から交互に選出されるものとする。

24 執行理事会の第一回の選挙においては、23に規定する定められた理事国の数の割合に十分な考慮を払い、選出される理事国のうち二〇の理事国の任期を一年とする。

25 第四条及び第五条の規定が完全に実施された後、会議は、執行理事会の理事国の過半数の要請により、執行理事会の構成を規律する23に規定する原則に関係する進展を考慮し、その構成を再検討することができる。

26 執行理事会は、その手続規則を作成し、承認のためこれを会議に提出する。

27　執行理事会は、その議長を理事国より選出する。

28　執行理事会は、通常会期として会合するほか、通常会期と通常会期との間においては、その権限及び任務の遂行のため必要に応じて会合する。

29　執行理事会の各理事国は、一の票を有する。執行理事会は、この条約に別段の定めがある場合を除くほか、すべての理事国の三分の二以上の多数による議決で実質事項についての決定を行う。執行理事会は、すべての理事国の単純多数による議決で手続事項についての決定を行う。実質事項であるか否かについて問題が生ずる場合には、執行理事会が実質事項についての決定に必要な多数による議決で別段の決定を行わない限り、実質事項として取り扱う。

権限及び任務

30　執行理事会は、機関の執行機関である。執行理事会は、会議に対して責任を負う。執行理事会は、この条約によって与えられる権限及び任務並びに会議によって委任される任務を遂行する。執行理事会は、これらを遂行するに当たり、会議の勧告、決定及び指針に従って行動し、並びにこれらの勧告、決定及び指針の適切かつ継続的な実施を確保する。

31　執行理事会は、この条約の効果的な実施及び遵守を促進する。執行理事会は、技術事務局の活動を監督し、締約国の国内当局と協力し、並びに締約国の要請に応じて締約国間の協議及び協力を促進する。

32　執行理事会は、次のことを行う。

(a)　機関の計画案及び予算案を検討し及び会議に提出すること。

(b)　この条約の実施に関する機関の報告案、執行理事会の活動に関する報告及び執行理事会が必要と認める特別報告又は会議が要請する場合には当該要請による特別報告を検討し及び会議に提出すること。

(c)　会議の会期のための準備（議題案の作成を含む。）を行うこと。

33　執行理事会は、会議の特別会期の開催を要請することができる。

34　執行理事会は、次のことを行う。

(a)　会議が事前に承認することを条件として、機関に代わって国及び国際機関と協定又は取決めを締結すること。

(b)　第一〇条の規定に関連して機関に代わって締約国と協定を締結し及び同条に規定する任意の基金を監督すること。

(c)　技術事務局が締約国と交渉する検証活動の実施に関する協定又は取決めを承認すること。

35　執行理事会は、その権限の範囲内のいかなる問題又は事項であってこの条約及びその実施に影響を及ぼすもの（この条約の遵守についての懸念及び違反を含む。）も検討し並びに、適当な場合には、締約国に通報し及び当該問題又は事項について会議の注意を喚起する。

36　執行理事会は、この条約の遵守についての疑義又は懸念及び違反（特に、この条約に規定する権利の濫用を含む。）を検討するに当たり、関係締約国と協議し及び、適当な場合には、当該締約国に対し、一定の期間内に事態を是正するために措置をとるよう要請する。執行理事会は、更に行動が必要であると認める場合には、特に、次の一又は二以上の措置をとる。

(a)　すべての締約国に対し問題又は事項を通報する。

(b)　問題又は事項について会議の注意を喚起する。

(c)　事態を是正し及びこの条約の遵守を確保するための措置に関して会議に対し勧告を行う。

執行理事会は、特に重大かつ緊急な場合には、問題又は事項（関連する情報及び判断を含む。）につき、直接に、国際連合総会及び国際連合安全保障理事会の注意を喚起する。執行理事会は、同時に、すべての締約国に対しこの措置を通報する。

D　技術事務局（略）

E　特権及び免除（略）

第九条（協議、協力及び事実調査）　1　締約国は、この条約の趣旨及び目的又は実施に関連して問題が生ずる場合には、当該問題について、締約国間で直接に又は機関を通じて若しくは他の適当な国際的手続（国際連合の枠内で及び国際連合憲章に従って行われる手続を含む。）により、協議し及び協力する。

2　締約国は、この条約の遵守について疑義を引き起こす問題又はあいまいと認められる関連する事項について懸念を引き起こす問題を、まず締約国間の情報交換及び協議により明らかにし及び解決するため、可能なときはいつでもあらゆる努力を払うべきである。もっとも、すべての締約国の申立てによる査察を要請する権利は害されない。締約国は、このような疑義又は懸念を引き起こすと他の締約国が認める問題を明らかにするよう当該他の締約国から要請される場合には、できる限り速やかに、いかなる場合にも当該要請の後一〇日以内に、当該他の締約国に対し、提起された疑義又は懸念に答えるために十分な情報を提供し、及びその情報がどのようにして当該問題を解決するかについての説明を行う。この条約のいかなる規定も、二以上の締約国が、遵守について疑義を引き起こす問題又はあいまいと認められる関連する事項について懸念を引き起こす問題を明らかにし及び解決するため、相互の合意により締約国間で査察その他の手続について取り決める権利に影響を及ぼすものではない。このような取決めは、この条約の他の規定に基づく締約国の権利及び義務に影響を及ぼすものではない。

事態を明らかにするための説明を要請する手続

3　締約国は、あいまいと認められる事態又は他の締約国によるこの条約の違反の可能性について懸念を引き起こす事態を明らかにするに当たって援助するよう執行理事会に要請する権利を有する。執行理事会は、このような懸念に関連する自己の保有する適当な情報を提供する。

4　締約国は、あいまいと認められる事態又は他の締約国によるこの条約の違反の可能性について懸念を引き起こす事態を明らかにするための説明を当該他の締約国から得るよう執行理事会に要請する権利を有する。この場合において、次の規定を適用する。

(a)　執行理事会は、事務局長を通じ、説明の要請の受領の後二四時間以内に当該他の締約国に対しこれを送付する。

(b)　説明の要請を受けた締約国は、できる限り速やかに、いかなる場合にも要請の受領の後一〇日以内に、執行理事会に説明を行う。

(c)　執行理事会は、(b)の規定に従って行われた説明に留意し、当該説明の受領の後二四時間以内に、説明の要請を行った締約国に対しこれを送付する。

(d)　説明の要請を行った締約国が(b)の規定に従って行われた説明が十分でないと認める場合には、当該締約国は、説明の要請を受けた締約国から更に説明を得るよう執行理事会に要請する権利を有する。

(e)　(d)の規定により更に説明を得るため、執行理事会は、事務局長に対し、懸念を引き起こす事態に関連するすべての利用可能な情報及び資料を検討するために、技術事務局の職員により構成される専門家の会合又は技術事務局において適当な職員を利用することができない場合には技術事務局の職員以外の専門家の会合を設置するよう要請することができる。専門家の会合は、その検討結果に基づく事実関係についての報告を執行理事会に提出する。

(f)　説明の要請を行った締約国が(d)及び(c)の規定に基づいて得た説明が十分でないと認める場合には、当該締約国は、執行理事会の理事国でない関係締約国が参加することのできる執行理事会の特別会期を要請する権利を有する。執行理事会は、当該特別会期において、この問題を検討し、及び事態を解決するために適当と認める措置を勧告することができる。

5　締約国は、また、自国についてあいまいと認められた事態又は自国によるこの条約の違反の可能性について懸念を引き起こした事態について明らかにするよう執行理事会に要請する権利を有する。執行理事会は、これに対し、適当と認める援助を提供する。

6　執行理事会は、この条に規定する説明の要請について締約国に通報する。

7　締約国は、この条約の違反の可能性について自国が提起した疑義又は懸念が、説明の要請を執行理事会に提出した後六〇日以内に解消されなかった場合又はこのような疑義が緊急な検討を正当化するに足りるものであると信ずる場合には、前条12(c)の規定に基づき、会議の特別会期を要請することができる。もっとも、申立てによる査察を要請する当該締約国の権利は害されない。会議は、当該特別会期において、この問題を検討し、及び事態を解決するために適当と認める措置を勧告することができる。

申立てによる査察のための手続

8　締約国は、この条約の違反の可能性についての問題を明らかにし及び解決することのみを目的として他の締約国の領域内又は他の締約国の管轄若しくは管理の下にあるその他の場所におけるいかなる施設又は区域に対しても申立てによる現地査察を要請する権利並びにこの査察がいかなる場所においても事務局長が指名する査察団により遅滞なく、かつ、検証附属書に従って行われることを求める権利を有する。

9　締約国は、査察の要請をこの条約の範囲内で行う義務を負い、及びこの条約の違反の可能性について懸念を引き起こす基礎となったすべての適当な情報を検証附属書に従って当該査察の要請の中で提供する義務を負う。締約国は、濫用を避けるために注意を払い、根拠のない査察の要請を慎まなければならない。申立てによる査察は、この条約の違反の可能性に関係する事実を決定することのみを目的として行う。

10　この条約の遵守の検証のため、締約国は、技術事務局が8の規定に従い申立てによる現地査察を行うことを認める。

11　被査察締約国は、施設又は区域に対する申立てによる査察の要請及び検証附属書に規定する手続に従い、次の権利を有し、又は義務を負う。

(a)　自国によるこの条約の遵守を証明するためにあらゆる合理的な努力を払う権利及び義務並びにこのために査察団がその査察命令を遂行することができるようにする権利及び義務

(b)　専らこの条約の違反の可能性についての懸念に関連する事実を確認することを目的として、要請される施設又は区域内へのアクセスを認める義務

(c)　この条約に関係しない機微に係る設備を保護し並びにこの条約に関係しない秘密の情報及び資料の開示を防止するための措置をとる権利

12　オブザーバーについては、次の規定を適用する。

(a)　要請締約国は、被査察締約国の同意を得て、自国又は第三の締約国のいずれか一方の国民である代表者を申立てによる査察の実施に立ち会わせるために派遣することができる。

(b)　(a)の場合において、被査察締約国は、検証附属書に従ってオブザーバーに対してアクセスを認める。

(c)　被査察締約国は、原則として、提案されたオブザーバーを受け入れる。ただし、被査察締約国が拒否する場合には、その事実は、最終報告に記録される。

13　要請締約国は、執行理事会に対し申立てによる現地査察のための査察の要請を行い、また、速やかな手続の開始のために同時に事務局長に対して当該要

請を行う。

14　事務局長は、直ちに、査察の要請が検証附属書第一〇部4に定める要件を満たすことを確認し及び、必要な場合には、要請締約国が当該要件に従って査察の要請を行うことを援助する。査察の要請が当該要件を満たす場合には、申立てによる査察のための準備を開始する。

15　事務局長は、被査察締約国に対し、査察団の入国地点への到着予定時刻の少なくとも一二時間前までに、査察の要請を伝達する。

16　執行理事会は、査察の要請を受領した後、当該要請に基づいて事務局長がとる措置に留意するものとし、査察が行われている間を通じてこの問題を検討する。ただし、執行理事会の検討は、査察を遅滞させるものであってはならない。

17　執行理事会は、査察の要請が根拠がなく、権利を濫用するものであり又は8に定めるこの条約の範囲を明らかに超えると認める場合には、査察の要請を受領した後一二時間以内に、執行理事会のすべての理事国の四分の三以上の多数による議決で、申立てによる査察の実施に反対することを決定することができる。その決定には、要請締約国及び被査察締約国は参加してはならない。執行理事会が申立てによる査察について反対することを決定する場合には、査察のための準備は停止され、査察の要請に基づく新たな措置はとられず、及び関係締約国に対しその旨の通報が行われる。

18　事務局長は、申立てによる査察の実施のための査察命令を与える。査察命令は、8及び9に規定する査察の要請を遂行するためのものであり、かつ、査察の要請に適合するものとする。

19　申立てによる査察は、検証附属書第一〇部の規定に従い又は化学兵器の使用若しくは戦争の方法としての暴動鎮圧剤の使用の疑いがある場合には同附属書第一一部の規定に従って行う。査察団は、できる限り干渉の程度が低く、かつ、任務の効果的な及び適時の遂行に合致する方法で申立てによる査察を行うとの原則を指針とする。

20　被査察締約国は、申立てによる査察が行われている間を通じて、査察団を援助し、及びその任務の遂行を容易にする。被査察締約国は、検証附属書第一〇部Cの規定に従い、この条約の遵守を証明するための措置であって十分かつ包括的なアクセスに代わるものを提案する場合には、この条約の遵守を証明することを目的として事実を確認する方法についての合意に達するため、査察団との協議を通じてあらゆる合理的な努力を払う。

21　最終報告には、事実関係の調査結果並びに申立てによる査察の十分な実施のために認められたアクセス及び協力の程度及び性質についての査察団による評価を含める。事務局長は、要請締約国、被査察締約国、執行理事会及び他のすべての締約国に対し、査察団の最終報告を速やかに送付する。事務局長は、更に、執行理事会に対し、要請締約国及び被査察締約国による評価並びに評価のため他の締約国の見解が事務局長に提出される場合には当該見解を速やかに送付し、その後これらをすべての締約国に送付する。

22　執行理事会は、その権限及び任務に従い、査察団の最終報告が提出された後直ちに当該最終報告を検討し、及び次の事項について検討する。

(a)　違反があったか否か。

(b)　査察の要請がこの条約の範囲内で行われたか否か。

(c)　申立てによる査察を要請する権利が濫用されたか否か。

23　執行理事会は、その権限及び任務に従い、22の規定に関して更に措置が必要となるとの結論に到達する場合には、事態を是正し及びこの条約の遵守を確保するための適当な措置(会議に対する具体的な勧告を含む。)をとる。要請する権利が濫用された場合には、執行理事会は、要請締約国が申立てによる査察の財政的負担の一部を負うべきであるか否かについて検討する。

24　要請締約国及び被査察締約国は、22に規定する検討に参加する権利を有する。執行理事会は、このような検討の結果につき、締約国に対し及び次の会期において会議に対し報告する。

25　執行理事会が会議に対して具体的な勧告を行った場合には、会議は、第一二条の規定に従って措置を検討する。

第一〇条(援助及び化学兵器に対する防護)　1　この条の規定の適用上、「援助」とは、化学兵器に対する防護(特に、探知装置及び警報装置、防護機具、除染装置及び除染剤、解毒剤及び治療並びにこれらの防護手段に関する助言を含む。)につき調整し及び締約国に対しその防護を提供することをいう。

2　この条約のいかなる規定も、締約国が、この条約によって禁止されていない目的のため化学兵器に対する防護手段を研究し、開発し、生産し、取得し、移譲し又は使用する権利を妨げるものと解してはならない。

3　締約国は、化学兵器に対する防護手段に関する装置、資材並びに科学的及び技術的情報を可能な最大限度まで交換することを容易にすることを約束し、また、その交換に参加する権利を有する。

4　締約国は、防護目的に関係する自国の計画の透明性を増進するため、第八条21(i)の規定に基づき会議が検討し及び承認する手続に従い、毎年、当該計画に関する情報を技術事務局に提供する。

5　技術事務局は、要請する締約国の使用に供するため、化学兵器に対する各種の防護手段に関する自由に入手可能な情報及び締約国が提供する情報から成るデータバンクをこの条約が効力を生じた後一八〇日以内に設置し及び維持する。技術事務局は、また、その利用可能な資源の範囲内で、かつ、締約国の要請に応じ、締約国が化学兵器に対する防護能力の開発及び向上のための計画をいかなる方法で実施することができるかについて特定するに当たり、当該締約国に専門的な助言を行い、及び援助する。

6　この条約のいかなる規定も、締約国が、二国間で援助を要請し及び提供する権利並びに援助の緊急な調達に関して他の締約国と個別の協定を締結する権利を妨げるものと解してはならない。

7　締約国は、機関を通じて援助を提供すること及びこのため次の一又は二以上の措置を選択することを約束する。

(a)　会議の第一回会期において設置される援助のための任意の基金に拠出すること。

(b)　この条約が自国について効力を生じた後できる限り一八〇日以内に、要請に基づく援助の調達に関して機関と協定を締結すること。

(c)　この条約が自国について効力を生じた後一八〇日以内に、機関の要請に応じ提供することのできる援助の種類を申告すること。締約国は、その後、申告した援助を提供することができなくなった場合にも、引き続き、この7の規定に従って援助を提供する義務を負う。

8　締約国は、次のことを認める場合には、援助及び化学兵器の使用又は使用の脅威に対する防護を要請し並びに9から11までに規定する手続に従ってこれらを受ける権利を有する。

(a)　自国に対し化学兵器が使用されたこと。

(b)　自国に対し暴動鎮圧剤が戦争の方法として使用されたこと。

(c)　自国が、いずれかの国の措置又は活動であって、第一条の規定によって締約国に対し禁止されているものにより脅威を受けていること。

9　8の要請については、当該要請を裏付ける関連する情報を付して事務局長に対して行うものとし、事務局長は、当該要請を直ちに執行理事会及びすべての締約国に伝達する。事務局長は、当該要請を、7の(b)及び(c)の規定に従い、化学兵器の使用又は戦争の方法としての暴動鎮圧剤の使用の場合においては緊急の援助、化学兵器の使用又は戦争の方法としての暴動鎮圧剤の使用の重大な脅威の場合においては人道上の援助を要請の受領の後一二時間以内に関係締約国に提供することを自発的に申し出た締約国に対し、直ちに伝達する。事務局長は、当該要請の受領の後二四時間以内に、更にとるべき措置のための基礎を提供するために調査を開始する。事務局長は、七二時間以内に調査を完了し、執行理事会に対し報告を提出する。調査を完了するために追加の期間を必要とする場合には、当該七二時間以内に中間報告を提出する。調査に必要な当該追加の期間は、七二時間を超えてはならない。ただし、同様の期間により更に一回又は二回以上の期間の追加をすることができる。各追加の期間の終了の時に執行理事会に報告を提出する。調査は、適当な場合には、要請及び要請に付された情報に従い、要請に関係する事実並びに必要とされる追加的な援助及び防護の種類及び範囲を確定する。

10　執行理事会は、調査の報告の受領の後二四時間以内に事態を検討するために会合するものとし、技術事務局に対し追加的な援助を提供するよう指示するか否かを次の二四時間以内に単純多数による議決で決定する。技術事務局は、すべての締約国及び関係国際機関に対し、当該報告及び執行理事会の決定を直ちに送付する。執行理事会が技術事務局に対し追加的な援助を提供するよう指示することを決定する場合には、事務局長は、直ちに援助を提供する。このため、事務局長は、要請した締約国、他の締約国及び関係国際機関と協力することができる。締約国は、援助を提供するために可能な最大限度の努力をする。

11　化学兵器の使用による犠牲者が存在すること及び速やかな措置が不可欠であることが実施中の調査又は他の信頼し得る情報源からの入手可能な情報により十分に明らかとなる場合には、事務局長は、すべての締約国に通報するものとし、会議がこのような事態のために事務局長の利用に供した資源を用いて援助のための緊急措置をとる。事務局長は、この11の規定に従ってとる措置を常時執行理事会に通報する。

第一一条（経済的及び技術的発展）　1　この条約は、締約国の経済的又は技術的発展及びこの条約によって禁止されていない目的のための化学に関する活動の分野における国際協力（この条約によって禁止されていない目的のための化学物質の生産、加工又は使用に関する科学的及び技術的情報、化学物質並びに装置の国際的な交換を含む。）を妨げないように実施する。

2　締約国は、この条約の規定に従うことを条件として、かつ、国際法の諸原則及び適用のある国際法の諸規則を害することなく、

(a)　単独で又は共同して、化学物質を研究し、開発し、生産し、取得し、保有し、移譲し及び使用する権利を有する。

(b)　この条約によって禁止されていない目的のための化学の開発及び利用に関係する化学物質、装置並びに科学的及び技術的情報を可能な最大限度まで交換することを容易にすることを約束し、また、その交換に参加する権利を有する。

(c)　工業、農業、研究、医療又は製薬の目的その他の平和的目的のための化学の分野における貿易並びに科学的及び技術的知識の開発及び促進を妨げる制限（国際協定による制限を含む。）であって、この条約に基づく義務に反するものは、締約国間で維持してはならない。

(d)　この条約に規定され又はこの条約が認める措置

以外の措置を実施するための根拠としてこの条約を利用してはならず、及びこの条約に適合しない目的を追求するために他のいかなる国際協定も利用してはならない。

(e)　この条約の趣旨及び目的に適合したものにすることを目的として、化学物質の貿易の分野における既存の国内法令を検討することを約束する。

第一二条(事態を是正し及びこの条約の遵守を確保するための措置(制裁を含む。)) 1　会議は、この条約の遵守を確保し並びにこの条約に違反する事態を是正し及び改善するため、2から4までに規定する必要な措置をとる。会議は、この1の規定に基づく措置を検討するに当たり、問題に関し執行理事会が提出するすべての情報及び勧告を考慮する。

2　締約国が、自国によるこの条約の遵守に関して問題を引き起こしている事態を是正する措置をとることを執行理事会により要請され、かつ、一定の期間内に当該要請に応ずることができなかった場合には、会議は、特に、執行理事会の勧告に基づき、当該締約国がこの条約に基づく義務に従うための必要な措置をとるまでの間、この条約に基づく当該締約国の権利及び特権を制限し又は停止することができる。

3　この条約の趣旨及び目的に対する重大な障害がこの条約(特に第一条の規定)によって禁止されている活動から生ずる可能性のある場合には、会議は、締約国に対して国際法に適合する集団的な措置を勧告することができる。

4　会議は、特に重大な場合には、問題(関連する情報及び判断を含む。)につき、国際連合総会及び国際連合安全保障理事会の注意を喚起する。

第一三条(他の国際協定との関係) この条約のいかなる規定も、一九二五年のジュネーヴ議定書並びに一九七二年四月一〇日にロンドン、モスクワ及びワシントンで署名された細菌兵器(生物兵器)及び毒素兵器の開発、生産及び貯蔵の禁止並びに廃棄に関する条約に基づく各国の義務を限定し又は軽減するものと解してはならない。

第一四条(紛争の解決) 1　この条約の適用又は解釈に関して生ずる紛争は、この条約の関連規定に従い及び国際連合憲章の規定によって解決する。

2　この条約の解釈又は適用に関して二以上の締約国間で又は一若しくは二以上の締約国と機関との間で紛争が生ずる場合には、関係当事者は、交渉又は当該関係当事者が選択するその他の平和的手段(この条約に規定する適当な内部機関に対し提起すること及び合意により国際司法裁判所規程に従って国際司法裁判所に付託することを含む。)によって紛争を速やかに解決するため、協議する。関係締約国は、いかなる措置がとられるかについて常時執行理事会に通報する。

3　執行理事会は、執行理事会が適当と認める手段(あっせんを提供すること、紛争当事国である締約国に対し当該締約国が選択する解決のための手続を開始するよう要請すること及び合意された手続に従って解決するための期限を勧告することを含む。)によって紛争の解決に貢献することができる。

4　会議は、締約国が提起し又は執行理事会が注意を喚起する紛争に関係する問題を検討する。会議は、必要と認める場合には、第八条21(f)の規定に従い、これらの紛争の解決に関連して補助機関を設置し又は補助機関に任務を委託する。

5　会議及び執行理事会は、それぞれ、国際連合総会が許可することを条件として、機関の活動の範囲内において生ずる法律問題について勧告的意見を与えるよう国際司法裁判所に要請する権限を与えられる。このため、機関と国際連合との間の協定を第八条34(a)の規定に基づいて締結する。

6　この条の規定は、第九条の規定又は事態を是正し及びこの条約の遵守を確保するための措置(制裁を含む。)に関する規定を害するものではない。

第一五条(改正) 1　いずれの締約国も、この条約の改正を提案することができるものとし、また、4に規定するこの条約の附属書の修正を提案することができる。改正のための提案は、2及び3に規定する手続に従う。4に規定する修正のための提案は、5に規定する手続に従う。

2　改正案については、すべての締約国及び寄託者に対して回章に付するため事務局長に提出する。改正案は、改正会議においてのみ検討する。改正会議は、改正案の回章の後三〇日以内に、三分の一以上の締約国が改正案を更に検討することを支持する旨を事務局長に通報する場合に開催される。改正会議は、改正案の検討を要請する締約国が早期の開催を要請する場合を除くほか、会議の通常会期の後直ちに開催される。いかなる場合にも、改正会議は、改正案の回章の後六〇日を経過するまで開催されない。

3　改正は、次の(a)及び(b)の要件が満たされる場合には、(b)に規定するすべての締約国が批准書又は受諾書を寄託した後三〇日で、すべての締約国について効力を生ずる。

(a)　改正会議において、いかなる締約国も反対票を投ずることなく、すべての締約国の過半数の賛成票により採択されること。

(b)　改正会議において賛成票を投じたすべての締約国が批准し又は受諾すること。

4・5(略)

第一六条(有効期間及び脱退) 1　この条約の有効期間は、無期限とする。

2　締約国は、この条約の対象である事項に関係する異常な事態が自国の至高の利益を危うくしていると認める場合には、その主権を行使してこの条約から脱退する権利を有する。この権利を行使する締約国は、他のすべての締約国、執行理事会、寄託者及び国際連合安全保障理事会に対しその九〇日前にその旨を通告する。その通告には、自国の至高の利益を危うくしていると認める異常な事態についても記載する。

3　この条約からの締約国の脱退は、国際法の関連規則、特に一九二五年のジュネーヴ議定書に基づく義務を引き続き履行することについての国の義務に何ら影響を及ぼすものではない。

第一七条【附属書の地位】附属書は、この条約の不可分の一部を成す。「この条約」というときは、附属書を含めていうものとする。

第一八条【署名】
第一九条【批准】
第二〇条【加入】
（略）

第二一条【効力発生】1　この条約は、六五番目の批准書が寄託された日の後一八〇日で効力を生ずる。ただし、いかなる場合にも、署名のための開放の後二年を経過するまで効力を生じない。

2　この条約が効力を生じた後に批准書又は加入書を寄託する国については、その批准書又は加入書の寄託の日の後三〇日目の日に効力を生ずる。

第二二条【留保】この条約の本文については、留保は付することができない。この条約の附属書については、この条約の趣旨及び目的と両立しない留保は付することができない。

第二三条【寄託者】
第二四条【正文】
（略）

化学物質に関する附属書
実施及び検証に関する附属書（「検証附属書」）
秘密情報の保護に関する附属書（「秘密扱いに関する附属書」）
（略）

14 13　細菌兵器（生物兵器）及び毒素兵器の開発、生産及び貯蔵の禁止並びに廃棄に関する条約（生物兵器禁止条約）（抄）

署　名　一九七二年四月一〇日（ロンドン、モスクワ、ワシントン）
効力発生　一九七五年三月二六日
日本国　一九八二年六月四日国会承認、六月八日批准書寄託、効力発生、公布（条約第六号）

前　文（略）

第一条【開発、生産、貯蔵等の禁止】締約国は、いかなる場合にも、次の物を開発せず、生産せず、貯蔵せず若しくはその他の方法によって取得せず又は保有しないことを約束する。

(1)　防疫の目的、身体防護の目的その他の平和的目的による正当化ができない種類及び量の微生物剤その他の生物剤又はこのような種類及び量の毒素（原料又は製法のいかんを問わない。）

(2)　微生物剤その他の生物剤又は毒素を敵対的目的のために又は武力紛争において使用するために設計された兵器、装置又は運搬手段

第二条【廃棄と平和目的への転用】締約国は、この条約の効力発生の後できる限り速やかに、遅くとも九箇月以内に、自国の保有し又は自国の管轄若しくは管理の下にある前条に規定するすべての微生物剤その他の生物剤、毒素、兵器、装置及び運搬手段を廃棄し又は平和的目的のために転用することを約束する。この条の規定の実施に当たっては、住民及び環境の保護に必要なすべての安全上の予防措置をとるものとする。

第三条【移譲及び取得援助等の禁止】締約国は、第一条に規定する微生物剤その他の生物剤、毒素、兵器、装置又は運搬手段をいかなる者に対しても直接又は間接に移譲しないこと及びこれらの物の製造又はその他の方法による取得につき、いかなる国、国の集団又は国際機関に対しても、何ら援助、奨励又は勧誘を行わないことを約束する。

第四条【国内措置】締約国は、自国の憲法上の手続に従い、その領域内及びその管轄又は管理の下にあるいかなる場所においても、第一条の規定する微生物剤その他の生物剤、毒素、兵器、装置及び運搬手段の開発、生産、貯蔵、取得又は保有を禁止し及び防止するために必要な措置をとる。

第五条【協議と協力】（略）

第六条【苦情申立て、調査】(1)　締約国は、他の締約国がこの条約に基づく義務に違反していると認めるときは、国際連合安全保障理事会に苦情を申し立てることができる。苦情の申立てには、同理事会に対する審議の要請のほか、その申立ての妥当性を裏付けるすべての証拠を含めるものとする。

(2)　締約国は、安全保障理事会がその受理した苦情の申立てに基づき国際連合憲章に従って行う調査に対し協力することを約束する。同理事会は、この調査の結果を締約国に通知する。

第七条【援助、支援】
第八条【ジュネーヴ議定書との関係】
第九条【化学兵器禁止交渉】
第一〇条【装置及び情報の交換】
第一一条【改正】
第一二条【運用検討会議】
第一三条【有効期間、脱退】
第一四条【署名、批准、効力発生】
第一五条【正文】
（略）

第4節　通常兵器

14　武器貿易条約(抄)

採　択　二〇一三年四月二日
国際連合総会第六七回会期決議六七／二三四B
効力発生　二〇一四年一二月二四日
日本国　二〇一三年六月三日署名、二〇一四年四月一日国会承認、同年五月九日受諾書寄託

前　文

この条約の締約国は、

国際連合憲章の目的及び原則に従い、世界の人的及び経済的資源を軍備のために転用することを最も少なくして国際の平和及び安全の確立及び維持を促進することを目的とする国際連合憲章第二六条の規定を想起し、

通常兵器の不正な取引を防止し、及び根絶するとともに、通常兵器の不正な市場への流出又は認められていない最終用途への若しくは認められていない最終使用者による流用(テロリズムの行為の実行への流用を含む。)を防止することの必要性を強調し、

通常兵器の国際貿易に関する各国の政治上、安全保障上、経済上及び商業上の正当な利益を認識し、

全ての国が専ら自国の領域内で自国の法律上又は憲法上の制度により通常兵器を規制し、及び管理する主権的権利を有することを再確認し、

平和及び安全、開発並びに人権が国際連合及びその関連機関の活動の支柱を成し、並びに集団的安全保障の基盤であることを認め、また、開発、平和及び安全並びに人権が相互に関連し、かつ、相互に補強し合うものであることを認識し、

一九九一年一二月六日の国際連合総会決議第三六号H(第四六回会期)に関連する国際的な武器の移転に関する国際連合軍縮委員会の指針を想起し、

あらゆる側面において小型武器及び軽兵器の不正な取引を防止し、これと戦い、及びこれを根絶するための国際連合行動計画、国際的な組織犯罪の防止に関する国際連合条約を補足する銃器並びにその部品及び構成部分並びに弾薬の不正な製造及び取引の防止に関する議定書並びに各国が不正な小型武器及び軽兵器を適時に及び信頼することができる方法で特定し、及び追跡することを可能とするための国際文書による貢献に留意し、

通常兵器の不正な及び規制されていない取引が及ぼす安全保障上、社会上、経済上及び人道上の影響を認識し、

文民(特に女性及び児童)が、武力紛争及び武力による暴力によって悪影響を受ける者の大多数を占めることに留意し、

武力紛争の犠牲者が直面する課題並びにこれらの者が十分な看護、リハビリテーション並びに社会的及び経済的に包容されることを必要とすることを認識し、

この条約のいかなる規定も、各国がこの条約の趣旨及び目的を促進するための追加的かつ効果的な措置を維持し、及び採用することを妨げるものではないことを強調し、

レクリエーション、文化、歴史及びスポーツに係る活動のためのある種の通常兵器の正当な貿易並びに合法的な所有及び使用(当該貿易、所有及び使用が法律により許可され、又は保護される場合に限る。)に留意し、

締約国によるこの条約の実施に当たり要請に応じて当該締約国を援助する上で、地域的機関が果たすことができる役割に留意し、

この条約の趣旨及び目的についての意識を高め、並びにその実施を支援する上で、市民社会(非政府機関を含む。)及び産業が果たすことができる自発的及び積極的な役割を認識し、

通常兵器の国際貿易の規制及び通常兵器の流用の防止が、平和的目的のための国際協力並びに物品、装置及び技術の正当な貿易を妨げるべきでないことを認め、

この条約への普遍的な参加が達成されることが望ましいことを強調し、

全ての国が国際連合憲章第五一条の規定において認められる個別的又は集団的自衛の固有の権利を有し、同憲章第二条3に定めるところにより国際紛争を平和的手段によって国際の平和及び安全並びに正義を危うくしないように解決し、同条4に定めるところにより国際関係において武力による威嚇又は武力の行使をいかなる国の領土保全又は政治的独立に対するものも、また、国際連合の目的と両立しない他のいかなる方法によるものも慎み、同条7に定めるところにより本質上いずれかの国の国内管轄権内にある事項に干渉せず、特に一九四九年のジュネーヴ諸条約に定めるところにより国際人道法を尊重しかつその尊重を確保するとともに、特に同憲章及び世界人権宣言に定めるところにより人権を尊重しかつその尊重を確保し、全ての国がそれぞれの国際的義務に基づく通常兵器の国際貿易の効果的な規制及びその流用の防止の責任並びにそれぞれの国内的な管理制度の確立及び実施の第一義的な責任を有し、自衛の権利の行使及び平和維持活動のための通常兵器の取得並びに通常兵器の生産、輸出、輸入及び移転を行う各国の正当な利益を尊重し、一貫性があり、客観的かつ無差別な方法でこの条約を実施するという原則に従って行動することを決意して、

次のとおり協定した。

第一条（趣旨及び目的）この条約は、国際的及び地域的な平和、安全及び安定に寄与し、人類の苦しみを軽減し、並びに通常兵器の国際貿易における締約国間の協力、透明性及び責任ある行動を促進し、もって締約国間の信頼を醸成するため、通常兵器の国際貿易を規制し、又はその規制を改善するための可能な最高水準の共通の国際的基準を確立すること並びに通常兵器の不正な取引を防止し、及び根絶し、並びに通常兵器の流用を防止することを目的とする。

第二条（適用範囲）1　この条約は、次の区分の全ての通常兵器について適用する。

(a)　戦車
(b)　装甲戦闘車両
(c)　大口径火砲システム
(d)　戦闘用航空機
(e)　攻撃ヘリコプター
(f)　軍艦
(g)　ミサイル及びその発射装置
(h)　小型武器及び軽兵器

2　この条約の適用上、国際貿易の活動は、輸出、輸入、通過、積替え及び仲介から成り、以下「移転」という。

3　この条約は、締約国が使用する通常兵器の国際的な移動であって、当該締約国によって又は当該締約国のために行われるものについては、適用しない。ただし、当該通常兵器が引き続き当該締約国の所有の下にある場合に限る。

第三条（弾薬類）締約国は、前条1の規定の対象となる通常兵器により発射され、打ち上げられ、又は投射される弾薬類の輸出を規制するための国内的な管理制度を確立し、及び維持し、並びに当該弾薬類の輸出を許可する前に第六条及び第七条の規定を適用する。

第四条（部品及び構成品）締約国は、部品及び構成品の輸出が第二条1の規定の対象となる通常兵器を組み立てる能力を提供する方法で行われる場合において当該部品及び構成品の輸出を規制するための国内的な管理制度を確立し、及び維持し、並びに当該部品及び構成品の輸出を許可する前に第六条及び第七条の規定を適用する。

第五条（実施全般）1　締約国は、この条約に規定する原則に留意して、一貫性があり、客観的かつ無差別な方法でこの条約を実施する。

2　締約国は、この条約の規定を実施するため、国内的な管理制度（国内的な管理リストを含む。）を確立し、及び維持する。

3　締約国は、この条約の規定を最も広い範囲の通常兵器について適用することが奨励される。第二条1(a)から(g)までの規定の対象となるいずれの区分についても、各国の定義は、この条約の効力発生時における国際連合軍備登録制度において用いられるものよりも狭い範囲の通常兵器を対象とするものであってはならない。第二条1(h)の規定の対象となる区分については、各国の定義は、この条約の効力発生時における国際連合の関連文書において用いられるものよりも狭い範囲の通常兵器を対象とするものであってはならない。

4　締約国は、自国の国内法に従い、その国内的な管理リストを事務局に提供し、事務局は、これを他の締約国の利用に供する。締約国は、その管理リストを公の利用に供することが奨励される。

5　締約国は、この条約の規定を実施するために必要な措置をとるものとし、第二条1の規定の対象となる通常兵器並びに第三条及び前条の規定の対象となる物品の移転を規制する効果的な及び透明性のある国内的な管理制度を備えるため、権限のある当局を指定する。

6　締約国は、この条約の実施に関連する事項に関する情報を交換するための一又は二以上の自国の連絡先を指定する。締約国は、第一八条の規定により設置される事務局に対し、自国の連絡先を通報し、及びその情報を常に最新のものとする。

第六条（禁止）1　締約国は、第二条1の規定の対象となる通常兵器又は第三条若しくは第四条の規定の対象となる物品の移転が、国際連合憲章第七章の規定に基づいて行動する国際連合安全保障理事会によって採択された措置に基づく自国の義務（特に武器の輸出入禁止）に違反する場合には、当該移転を許可してはならない。

2　締約国は、第二条1の規定の対象となる通常兵器又は第三条若しくは第四条の規定の対象となる物品の移転が、自国が当事国である国際協定に基づく自国の関連する国際的な義務（特に、通常兵器の移転又は不正な取引に関連するもの）に違反する場合には、当該移転を許可してはならない。

3　締約国は、第二条1の規定の対象となる通常兵器又は第三条若しくは第四条の規定の対象となる物品の移転について許可を与えようとする時において、当該通常兵器又は物品が集団殺害、人道に対する犯罪、一九四九年のジュネーヴ諸条約に対する重大な違反行為、民用物若しくは文民として保護されるものに対する攻撃又は自国が当事国である国際協定に定める他の戦争犯罪の実行に使用されるであろうことを知っている場合には、当該移転を許可してはならない。

第七条（輸出及び輸出評価）1　輸出が前条の規定により禁止されない場合には、輸出を行う締約国は、第二条1の規定の対象となる通常兵器又は第三条若しくは第四条の規定の対象となる物品の輸出であって、自国の管轄の下で、かつ、その国内的な管理制度に従って行われるものについて許可を与えようとする前に、関連要素（輸入を行う締約国から次条1の規定に従って提供される情報を含む。）を考慮し、客観的かつ無差別な方法で、当該通常兵器又は物品が有する次の可能性について評価を行う。

(a)　平和及び安全に寄与し、又はこれらを損なう可

能性

(b) 次のいずれかの目的のために使用される可能性

(i) 国際人道法の重大な違反を犯し、又はこれを助長すること。

(ii) 国際人権法の重大な違反を犯し、又はこれを助長すること。

(iii) 当該輸出を行う国が当事国であるテロリズムに関する国際条約又は議定書に基づく犯罪を構成する行為を行い、又は助長すること。

(iv) 当該輸出を行う国が当事国である国際的な組織犯罪に関する国際条約又は議定書に基づく犯罪を構成する行為を行い、又は助長すること。

2 輸出を行う締約国は、1(a)又は(b)の規定において特定される危険性を緩和するために実施され得る措置、例えば、信頼の醸成のための措置又は輸出を行う国及び輸入を行う国が共同で作成し、合意した計画があるか否かを検討する。

3 輸出を行う締約国は、1の評価を行い、及び危険性の緩和のために実施され得る措置を検討した後、1に規定するいずれかの否定的な結果を生ずる著しい危険性が存在すると認める場合には、当該輸出を許可してはならない。

4 輸出を行う締約国は、1の評価を行うに当たり、第二条1の規定の対象となる通常兵器又は第三条若しくは第四条の規定の対象となる物品が性別に基づく重大な暴力行為又は女性及び児童に対する重大な暴力行為を行い、又は助長するために使用される危険性を考慮する。

5 輸出を行う締約国は、第二条1の規定の対象となる通常兵器又は第三条若しくは第四条の規定の対象となる物品の輸出のための全ての許可が、詳細なものであり、かつ、当該輸出に先立って与えられることを確保するための措置をとる。

6 輸出を行う締約国は、自国の法律、慣行又は政策に従うことを条件として、輸入を行う締約国及び通過又は積替えが行われる締約国の要請に応じ、当該輸出に係る許可に関する適切な情報を利用に供する。

7 輸出を行う締約国は、許可を与えた後に新たな関連する情報を知った場合には、適当なときは輸入を行う国との協議の後、当該許可について評価を見直すことが奨励される。

第八条（輸入） 1 輸入を行う締約国は、輸出を行う締約国が前条の規定に基づき国内の輸出評価を行うことを支援するため、輸出を行う締約国の要請に応じ、適切な及び関連する情報が自国の国内法に従って提供されることを確保するための措置をとる。その措置には、最終用途又は最終使用者に係る文書の提供を含めることができる。

2 輸入を行う締約国は、第二条1の規定の対象となる通常兵器の輸入であって自国の管轄の下で行われるものを必要なときに規制することを可能とする措置をとる。その措置には、輸入に係る諸制度の整備を含めることができる。

3 輸入を行う締約国は、自国が最終仕向国である場合には、輸出を行う締約国に対し、検討中の又は既に与えられた輸出許可に関する情報を要請することができる。

第九条（通過又は積替え） 締約国は、関連国際法に従い、必要かつ実行可能な場合には、第二条1の規定の対象となる通常兵器の通過又は積替えであって、自国の管轄の下で行われるものを規制するための適切な措置をとる。

第一〇条（仲介） 締約国は、自国の国内法に従い、第二条1の規定の対象となる通常兵器の仲介であって自国の管轄の下で行われるものを規制するための措置をとる。その措置には、仲介者に対し、仲介に従事する前に登録又は書面による許可の取得を要求することを含めることができる。

第一一条（流用） 1 第二条1の規定の対象となる通常兵器の移転に関与する締約国は、当該通常兵器の流用を防止するための措置をとる。

2 輸出を行う締約国は、当該輸出についての流用の危険性を評価すること並びに信頼の醸成のための措置、当該輸出を行う国及び輸入を行う国が共同で作成し、合意した計画等の危険性の緩和のための措置が実施されるか否かを検討することにより、第五条2の規定に従って確立される国内的な管理制度を通じ、第二条1の規定の対象となる通常兵器の移転についての流用を防止するよう努める。防止のための他の措置には、適当な場合には、当該輸出に関与する当事者の調査、追加的な文書、証明書及び保証の要求、輸出を許可しないことその他の適切な措置を含めることができる。

3 輸入を行う締約国、通過が行われる締約国、積替えが行われる締約国及び輸出を行う締約国は、自国の国内法に従い、適当かつ実行可能な場合には、第二条1の規定の対象となる通常兵器の移転についての流用の危険性を緩和するため、協力し、及び情報を交換する。

4 締約国は、第二条1の規定の対象となる通常兵器であって移転されたものの流用を探知する場合には、自国の国内法及び国際法に従い、当該流用に対処するための適切な措置をとる。その措置には、影響を受ける可能性がある締約国に警報を発すること、仕向地が変更された当該通常兵器の貨物を調査すること並びに捜査及び法令の実施を通じて事後措置をとることを含めることができる。

5 締約国は、第二条1の規定の対象となる通常兵器であって移転されるものの流用の更なる把握及び防止のため、流用に対処するための効果的な措置について関連する情報を相互に共有することが奨励される。当該情報は、不正な活動（腐敗行為、国際的な取引の経路、不正な仲介者、不正な供給源、秘匿のための方法、一般的な発送地点又は組織された集団が従事する流用における仕向地を含む。）に関する情報を含み得る。

6　締約国は、第二条1の規定の対象となる通常兵器であって移転されるものの流用に対処するに当たってとられた措置について、事務局を通じ他の締約国に報告することが奨励される。

第一二条（記録の保存） 1　締約国は、自国の国内法令に従い、第二条1の規定の対象となる通常兵器の輸出許可の発給又は実際の輸出に関する国の記録を保持する。

2　締約国は、第二条1の規定の対象となる通常兵器であって、最終仕向地として自国の領域に移転されたもの又はその管轄の下にある領域を通過し、若しくは当該領域において積み替えることを許可されたものについて、記録を保持することが奨励される。

3　締約国は、適当な場合には、1及び2に規定する記録に、第二条1の規定の対象となる通常兵器の数量、価値、モデル又は型式及び許可された国際的な移転、実際に移転された通常兵器並びに輸出を行う国、輸入を行う国、通過又は積替えが行われる国及び最終使用者の詳細を含めることが奨励される。

4　記録は、少なくとも一〇年間、保存するものとする。

第一三条（報告） 1　締約国は、この条約が第二二条の規定に従い自国について効力を生じた後一年以内に、この条約の実施のためにとられた措置（国内法、国内的な管理リスト並びに他の規則及び行政措置を含む。）について事務局に最初の報告を提出する。締約国は、適当な場合には、この条約の実施のためにとられた新たな措置について事務局に報告する。これらの報告は、閲覧することができるものとし、事務局が締約国に配布する。

2　締約国は、第二条1の規定の対象となる通常兵器であって移転されるものの流用に対処する上で効果的であることが判明した措置に関する情報を事務局を通じ他の締約国に報告することが奨励される。

3　締約国は、毎年五月三一日までに、第二条1の規定の対象となる通常兵器の前暦年における許可された又は実際の輸出及び輸入に関する報告を事務局に提出する。報告は、閲覧することができるものとし、事務局が締約国に配布する。事務局に提出される報告には、当該報告を提出する締約国が関連する国際連合の枠組み（国際連合軍備登録制度を含む。）に提出した情報と同一の情報を含めることができる。報告には、商業上機微な情報又は国家の安全保障に関する情報を含めないことができる。

第一四条（執行） 締約国は、この条約の規定を実施する国内法令を執行するための適切な措置をとる。

第一五条（国際協力） 1　締約国は、それぞれの安全保障上の利益及び国内法に反することなく、この条約を効果的に実施するために相互に協力する。

2　締約国は、国際協力を促進すること（それぞれの安全保障上の利益及び国内法に基づきこの条約の実施及び適用に関する相互の関心事項について情報を交換することを含む。）が奨励される。

3　締約国は、相互の関心事項について協議すること及び適当な場合にはこの条約の実施を支援するために情報を共有することが奨励される。

4　締約国は、自国の国内法に従い、この条約の規定の各国における実施の援助（不正な活動及びこれを行う者に関する情報の共有を通じて行われるものを含む。）のため並びに第二条1の規定の対象となる通常兵器の流用の防止及び根絶のために協力することが奨励される。

5　締約国は、相互に合意する場合には、自国の国内法に反することなく、この条約に従ってとられる各国の措置の違反に関する捜査、訴追及び司法手続について相互に最大限の援助を与える。

6　締約国は、第二条1の規定の対象となる通常兵器の移転が腐敗行為の対象となることを防止するため、国内措置をとり、及び相互に協力することが奨励される。

7　締約国は、この条約のあらゆる側面について得られた教訓に関する経験を共有し、及び情報を交換することが奨励される。

第一六条（国際的援助） 1　締約国は、この条約を実施するに当たり、援助（司法上又は立法上の援助、制度上の能力の構築及び技術的、物的又は財政的な援助を含む。）を求めることができる。求めることができる援助には貯蔵管理、武装解除、動員解除及び社会復帰の計画、法令のひな型並びに条約の実施の効果的な方法に関するものが含まれる。このような援助を提供することができる締約国は、要請に応じて当該援助を提供する。

2　締約国は、特に、国際連合、国際的、地域的若しくは小地域的な機関、国の機関若しくは非政府機関を通じて又は二国間で、援助を要請し、提案し、又は受けることができる。

3　この条約を実施するための国際的な援助を要請する締約国を援助するため、締約国により任意の信託基金が設置される。締約国は、当該基金に拠出することが奨励される。

第一七条（締約国会議） 1　締約国会議は、次条の規定により設置される暫定事務局によりこの条約の効力発生の後一年以内に招集され、その後は締約国会議によって決定される時に招集される。

2　締約国会議は、第一回会合においてコンセンサス方式により手続規則を採択する。

3　締約国会議は、同会議のための財政規則及び同会議が設置する補助機関の予算を規律する財政規則並びに事務局の任務の遂行を規律する財政規定を採択する。締約国会議は、通常会合において、次の通常会合までの会計期間の予算を採択する。

4　締約国会議は、次の任務を遂行する。

(a)　この条約の実施状況（通常兵器の分野における動向を含む。）の検討

(b)　この条約の実施及び運用、特にその普遍性の促

進に関する勧告の検討及び採択

(c)　第二〇条の規定に基づくこの条約の改正の検討

(d)　この条約の解釈から生ずる問題の検討

(e)　事務局の任務及び予算の検討及び決定

(f)　この条約の機能の改善のために必要な補助機関の設置の検討

(g)　この条約に適合するその他の任務

5　締約国会議の特別会合は、締約国会議が必要と認めるとき又はいずれかの締約国から書面による要請がある場合において締約国の少なくとも三分の二がその要請を支持するときに開催する。

第一八条（事務局）1　この条約により、この条約の効果的な実施において締約国を援助するため、事務局を設置する。締約国会議の第一回会合が開催されるまでの間は、暫定事務局がこの条約に定める運営上の任務について責任を負う。

2　事務局は、適切な人数の職員を有する。職員は、事務局が3に規定する責任を効果的に遂行することができることを確保するために必要な専門知識を有するものとする。

3　事務局は、締約国に対して責任を負うものとし、最小限の組織で、次のことについて責任を遂行する。

(a)　この条約により義務付けられる報告を受領し、閲覧に供し、及び配布すること。

(b)　国内の連絡先の一覧表を保持し、及び締約国の利用に供すること。

(c)　条約の実施のための援助の提案及び要請を結び付けることを容易にし、並びに要請された国際協力を促進すること。

(d)　締約国会議の活動を容易にすること（この条約に基づく会合のための準備及び必要な役務の提供を含む。）。

(e)　締約国会議が決定する他の任務を遂行すること。

第一九条（紛争解決）1　締約国は、この条約の解釈又は適用に関して締約国間に生ずることがある紛争の解決を追求するために協議し、及び相互の合意により交渉、仲介、調停、司法的解決その他の平和的手段を通じて協力する。

2　締約国は、相互の合意により、この条約の解釈又は適用に関する問題についての締約国間の紛争を解決するために仲裁を求めることができる。

第二〇条（改正）1　締約国は、この条約の効力発生の後六年を経過した後、この条約の改正を提案することができる。その後、締約国会議は、提案された改正を三年ごとにのみ検討することができる。

2　この条約の改正案は、事務局に書面で提出するものとし、事務局は、1の規定により改正を検討することができる次回の締約国会議の会合の少なくとも一八〇日前までに全ての締約国に当該改正案を配布する。当該改正案は、事務局による配布の後一二〇日以内に締約国の過半数が当該改正案を検討することを支持する旨を事務局に通報する場合には、当該次回の締約国会議の会合において検討される。

3　締約国は、各改正案につき、コンセンサス方式により合意に達するようあらゆる努力を払う。コンセンサスのためのあらゆる努力にもかかわらず合意に達しない場合には、改正案は、最後の解決手段として、締約国会議の会合に出席し、かつ、投票する締約国の四分の三以上の多数による議決で採択される。この条の規定の適用上、「出席し、かつ、投票する締約国」とは、出席し、かつ、賛成票又は反対票を投ずる締約国をいう。寄託者は、採択された改正を全ての締約国に送付する。

4　3の規定に従って採択された改正は、当該改正が採択された時に締約国であった国の過半数が受諾書を寄託者に寄託した日の後九〇日で、その受諾書を寄託した締約国について効力を生ずる。その後は、当該改正は、当該改正の受諾書を寄託する他のいずれの締約国についても、その寄託の日の後九〇日で効力を生ずる。

第二一条（署名、批准、受諾、承認又は加入）（略）

第二二条（効力発生）1　この条約は、五〇番目の批准書、受諾書又は承認書が寄託された日の後九〇日で効力を生ずる。

2　この条約は、その効力発生の後に批准書、受諾書、承認書又は加入書を寄託する国については、その批准書、受諾書、承認書又は加入書の寄託の日の後九〇日で効力を生ずる。

第二三条（暫定的適用）いずれの国も、自国の署名又は批准書、受諾書、承認書若しくは加入書の寄託の時に、この条約が自国について効力を生ずるまでの間第六条及び第七条の規定を暫定的に適用する旨を宣言することができる。

第二四条（有効期間及び脱退）1　この条約の有効期間は、無期限とする。

2　締約国は、その主権を行使してこの条約から脱退する権利を有する。この権利を行使する締約国は、寄託者に対してその旨を通告し、寄託者は、他の全ての締約国にその旨を通報する。脱退の通告には、脱退しようとする理由についての説明を記載することができる。脱退の通告は、一層遅い日が通告に明記されている場合を除くほか、寄託者が当該脱退の通告を受領した後九〇日で効力を生ずる。

3　いずれの国も、その脱退を理由として、この条約の締約国であった間のこの条約に基づく義務（その間に生じた財政上の義務を含む。）を免除されない。

第二五条（留保）1　各国は、署名、批准、受諾、承認又は加入の時に、留保を付することができる。ただし、当該留保がこの条約の趣旨及び目的と両立する場合に限る。

2　締約国は、その留保を寄託者に宛てた通告によりいつでも撤回することができる。

第二六条（他の国際協定との関係）1　この条約の実施は、締約国が当事国である既存又は将来の国際協定との関連で当該締約国が負う義務に影響を及ぼすものではない。ただし、当該義務がこの条約と両立する場合に限る。

2　この条約は、この条約の締約国の間で締結された防衛協力協定を無効とする根拠として引用してはならない。

第二七条（寄託者）｝（略）
第二八条（正文）

14 15 防衛装備移転三原則

二〇一四（平成二六）年四月一日（国家安全保障会議決定・閣議決定）
改　正　二〇二三（令和五）年一二月二二日

政府は、防衛装備の海外移転については、昭和四二年の佐藤総理による国会答弁（以下「武器輸出三原則」という。）及び昭和五一年の三木内閣の政府統一見解によって慎重に対処することを基本としてきた。このような方針は、我が国が平和国家としての道を歩む中で一定の役割を果たしてきたが、一方で、共産圏諸国向けの場合は武器の輸出は認めないとするなど時代にそぐわないものとなっていた。また、武器輸出三原則の対象地域以外の地域についても武器の輸出を慎むものとした結果、実質的には全ての地域に対して輸出を認めないこととなったため、政府は、個別の必要性に応じて例外化措置を重ねてきた。このような中、平成二六年四月一日、防衛装備の海外移転に係るこれまでの政府の方針につき改めて検討を行い、これまでの方針が果たしてきた役割に十分配意した上で、新たな安全保障環境に適合するよう、これまでの例外化の経緯を踏まえ、包括的に整理し、明確な原則として本原則を定めた。今般、「国家安全保障戦略について」（令和四年一二月一六日国家安全保障会議及び閣議決定）を踏まえ、一部改正をすることとした。

我が国は、戦後一貫して平和国家としての道を歩んできた。専守防衛に徹し、他国に脅威を与えるような軍事大国とはならず、非核三原則を守るとの基本原則を堅持してきた。他方、現在、我が国は、戦後最も厳しく複雑な安全保障環境に直面している。そして、我が国が位置するインド太平洋地域は安全保障上の課題が多い地域であり、この地域において、我が国が、自由で開かれたインド太平洋というビジョンの下、同盟国・同志国等と連携し、法の支配に基づく自由で開かれた国際秩序を実現し、地域の平和と安定を確保していくことは、我が国の安全保障にとって死活的に重要である。

これらを踏まえ、我が国は、平和国家としての歩みを引き続き堅持し、また、国際社会の主要プレーヤーとして、同盟国・同志国等と連携し、国際協調を旨とする積極的平和主義の立場から、我が国の安全及びインド太平洋地域の平和と安定を実現しつつ、一方的な現状変更を容易に行い得る状況の出現を防ぎ、安定的で予見可能性が高く、法の支配に基づく自由で開かれた国際秩序を強化することとしている。

こうした我が国の安全保障上の目標を達成する上で、防衛装備の海外への移転は、特にインド太平洋地域における平和と安定のために、力による一方的な現状変更を抑止して、我が国にとって望ましい安全保障環境の創出や、国際法に違反する侵略や武力の行使又は武力による威嚇を受けている国への支援等のための重要な政策的な手段となる。そして、防衛装備の適切な海外移転は、国際平和協力、国際緊急援助、人道支援及び国際テロ・海賊問題への対処や途上国の能力構築といった平和への貢献や国際的な協力（以下「平和貢献・国際協力」という。）の機動的かつ効果的な実施を通じた国際的な平和と安全の維持の一層積極的な推進に資するものであり、また、同盟国である米国及び同志国等との安全保障・防衛分野における協力の強化、ひいては地域における抑止力の向上に資するものである。さらに、防衛装備の高性能化を実現しつつ、費用の高騰に対応するため、国際共同開発・生産が国際的主流となっていることに鑑み、防衛装備の適切な海外移転は、いわば防衛力そのものと位置付けられる我が国の防衛生産・技術基盤の維持・強化、ひいては我が国の防衛力の向上に資するものである。

他方、防衛装備の流通は、国際社会への安全保障上、社会上、経済上及び人道上の影響が大きいことから、各国政府が様々な観点を考慮しつつ責任ある形で防衛装備の移転を管理する必要性が認識されている。その際、経済安全保障の観点も踏まえ、技術等に関する我が国の優位性、不可欠性の確保等にも留意する必要がある。

以上を踏まえ、我が国としては、国際連合憲章を遵守するとの平和国家としての基本理念及びこれまでの平和国家としての歩みを引き続き堅持しつつ、次の三つの原則に基づき防衛装備の海外移転の管理を行った上で、官民一体となって防衛装備の海外移転を進めることとする。また、武器製造関連設備の海外移転については、これまでと同様、防衛装備に準じて取り扱うものとする。

1　移転を禁止する場合の明確化

次に掲げる場合は、防衛装備の海外移転を認めないこととする。

①　当該移転が我が国の締結した条約その他の国際約束に基づく義務に違反する場合、

②　当該移転が国際連合安全保障理事会の決議に基づく義務に違反する場合、又は

③　紛争当事国（武力攻撃が発生し、国際の平和及び安全を維持し又は回復するため、国際連合安全保障理事会がとっている措置の対象国をいう。）への

移転となる場合

2　移転を認め得る場合の限定並びに厳格審査及び情報公開

上記1以外の場合は、移転を認め得る場合を次の場合に限定し、透明性を確保しつつ、厳格審査を行う。具体的には、防衛装備の海外移転は、平和貢献・国際協力の積極的な推進に資する場合、同盟国たる米国を始め我が国との間で安全保障面での協力関係がある諸国（以下「同盟国等」という。）との国際共同開発・生産の実施、同盟国等との安全保障・防衛分野における協力の強化並びに装備品の維持を含む自衛隊の活動及び邦人の安全確保の観点から我が国の安全保障に資する場合等に認め得るものとし、仕向先及び最終需要者の適切性並びに当該防衛装備の移転が我が国の安全保障上及ぼす懸念の程度を厳格に審査し、国際輸出管理レジームのガイドラインも踏まえ、輸出審査時点において利用可能な情報に基づいて、総合的に判断する。

また、我が国の安全保障の観点から、特に慎重な検討を要する重要な案件については、国家安全保障会議において審議するものとする。国家安全保障会議で審議された案件については、行政機関の保有する情報の公開に関する法律（平成一一年法律第四二号）を踏まえ、政府として情報の公開を図ることとする。

3　目的外使用及び第三国移転に係る適正管理の確保

上記2を満たす防衛装備の海外移転に際しては、適正管理が確保される場合に限定する。具体的には、原則として目的外使用及び第三国移転について我が国の事前同意を相手国政府に義務付けることとする。ただし、平和貢献・国際協力の積極的な推進のため適切と判断される場合、部品等を融通し合う国際的なシステムに参加する場合、部品等をライセンス元に納入する場合等においては、仕向先の管理体制の確認をもって適正な管理を確保することも可能とする。

以上の方針の運用指針については、国家安全保障会議において決定し、その決定に従い、経済産業大臣は、外国為替及び外国貿易法（昭和二四年法律第二二八号）の運用を適切に行う。その上で、運用指針は、安全保障環境の変化や安全保障上の必要性等に応じて、時宜を得た形で改正を行う。

本原則において「防衛装備」とは、武器及び武器技術をいう。「武器」とは、輸出貿易管理令（昭和二四年政令第三七八号）別表第1の1の項に掲げるもののうち、軍隊が使用するものであって、直接戦闘の用に供されるものをいい、「武器技術」とは、武器の設計、製造又は使用に係る技術をいう。

政府としては、国際協調を旨とする積極的平和主義の立場から、国際社会の平和と安定のために積極的に寄与していく考えであり、防衛装備並びに機微な汎用品及び汎用技術の管理の分野において、武器貿易条約の履行及び国際輸出管理レジームの更なる強化に向けて、一層積極的に取り組んでいく考えである。

14 16 防衛装備移転三原則の運用指針

二〇一四（平成二六）年四月一日（国家安全保障会議決定）

改正　二〇一五（平成二七）年一一月二四日、二〇一六（平成二八）年三月二二日、二〇二二（令和四）年三月八日、二〇二三（令和五）年一二月二二日

防衛装備移転三原則（平成二六年四月一日閣議決定。以下「三原則」という。）に基づき、三原則の運用指針（以下「運用指針」という。）を次のとおり定める。

（注）用語の定義は三原則によるほか、6のとおりとする。

1　防衛装備の海外移転を認め得る案件

防衛装備の海外移転を認め得る案件は、次に掲げるものとする。

(1)　平和貢献・国際協力の積極的な推進に資する海外移転として次に掲げるもの（平和貢献・国際協力の観点から積極的な意義がある場合に限る。）

ア　移転先が外国政府である場合

イ　移転先が国際連合若しくはその関連機関、国連決議に基づいて活動を行う機関、国際機関の要請に基づいて活動を行う機関又は活動が行われる地域の属する国の要請があってかつ国際連合の主要機関のいずれかの支持を受けた活動を行う機関である場合

(2)　我が国の安全保障に資する海外移転として次に掲げるもの（我が国の安全保障の観点から積極的な意義がある場合に限る。）

ア　米国を始め我が国との間で安全保障面での協力関係がある諸国との国際共同開発・生産に関する海外移転であって、次に掲げるもの

(ア)　国際共同開発・生産のパートナー国に対する防衛装備の海外移転

(イ)　国際共同開発・生産のパートナー国以外の国に対する部品や役務の提供

イ　米国を始め我が国との間で安全保障面での協力関係がある諸国との安全保障・防衛協力の強化に資する海外移転であって、次に掲げるもの

(ア)　法律に基づき自衛隊が実施する物品又は役務の提供に含まれる防衛装備の海外移転

(イ) 米国との相互技術交流の一環としての武器技術の提供

(ウ) 我が国との間で安全保障面での協力関係がある国からのライセンス生産品に係る防衛装備のライセンス元国からの要請に基づく提供(ライセンス元国からの更なる提供を含む。)に関する防衛装備の海外移転(自衛隊法上の武器(弾薬を含む。以下同じ。)に該当するライセンス生産品に係る防衛装備をライセンス元国以外の国に更に提供する場合にあっては、我が国の安全保障上の必要性を考慮して特段の事情がない限り、武力紛争の一環として現に戦闘が行われていると判断される国へ提供する場合を除く。)

(エ) 我が国との間で安全保障面での協力関係がある国への修理等の役務提供

(オ) 我が国との間で安全保障面での協力関係がある国に対する次に掲げるものに関する防衛装備の海外移転

① 部品

② 救難、輸送、警戒、監視及び掃海に係る協力に関する完成品(当該本来業務の実施又は自己防護に必要な自衛隊法上の武器を含む。)

ウ 自衛隊を含む政府機関(以下「自衛隊等」という。)の活動(自衛隊等の活動に関する外国政府又は民間団体等の活動を含む。以下同じ。)又は邦人の安全確保のために必要な海外移転であって、次に掲げるもの

(ア) 自衛隊等の活動に係る、装備品の一時的な輸出、購入した装備品の返送及び技術情報の提供(要修理品を良品と交換する場合を含む。)

(イ) 公人警護又は公人の自己保存のための装備品の輸出

(ウ) 危険地域で活動する邦人の自己保存のための装備品の輸出

(3) 国際法に違反する侵略や武力の行使又は武力による威嚇を受けている国に対する防衛装備(自衛隊法上の武器及びその技術情報を除く。)の海外移転

(4) 誤送品の返送、返送を前提とする見本品の輸出、海外政府機関の警察官により持ち込まれた装備品の再輸出等の我が国の安全保障上の観点から影響が極めて小さいと判断される場合の海外移転

2 海外移転の厳格審査の視点

(1) 個別案件の輸出許可

個別案件の輸出許可に当たっては、1に掲げる防衛装備の海外移転を認め得る案件に該当するものについて、

・仕向先及び最終需要者の適切性

・当該防衛装備の海外移転が我が国の安全保障上及ぼす懸念の程度

の2つの視点を複合的に考慮して、移転の可否を厳格に審査するものとする。

具体的には、仕向先の適切性については、平和貢献・国際協力の観点や我が国の安全保障の観点から積極的な意義があるかなど、仕向国・地域が国際的な平和及び安全並びに我が国の安全保障にどのような影響を与えているか等を踏まえて検討し、最終需要者の適切性については、最終需要者による防衛装備の使用状況及び適正管理の確実性等を考慮して検討する。特に、自衛隊法上の武器に該当する完成品に係る防衛装備の海外移転については、仕向国・地域において武力紛争の一環として現に戦闘が行われているか否かを含めた国際的な平和及び安全への影響、仕向国・地域と我が国の安全保障上の関係等を考慮して、慎重に検討する。

また、安全保障上の懸念の程度については、移転される防衛装備の性質、技術的機微性、用途(目的)、数量、形態(完成品又は部品か、貨物又は技術かを含む。)並びに目的外使用及び第三国移転(以下「第三国移転等」という。)の可能性等を考慮して検討する。

なお、最終的な移転を認めるか否かについては、国際輸出管理レジームのガイドラインも踏まえ、移転時点において利用可能な情報に基づいて、上述の要素を含む視点から総合的に判断することとする。

(2) 第三国移転等に係る事前同意

第三国移転等に係る事前同意に当たっては、事前同意を与える相手国にとっての安全保障上の意義等を考慮しつつ、(1)における

・仕向先及び最終需要者の適切性

・当該防衛装備の第三国移転等が我が国の安全保障上及ぼす懸念の程度

の2つの我が国の視点を複合的に考慮して、事前同意の可否を厳格に審査するものとする。

3 適正管理の確保

防衛装備の海外移転に当たっては、海外移転後の適正な管理を確保するため、原則として第三国移転等について我が国の事前同意を相手国政府に義務付けることとする。ただし、次に掲げる場合には、仕向先の管理体制の確認をもって適正な管理を確保することも可能とする。その場合であっても、技術的機微性が高い場合等については、原則として相手国政府に義務付けることとする。

(1) 平和貢献・国際協力の積極的推進のため適切と判断される場合として、次のいずれかに該当する場合

ア 緊急性・人道性が高い場合

イ 移転先が国際連合若しくはその関連機関又は国連決議に基づいて活動を行う機関である場合

ウ 国際入札の参加に必要となる技術情報又は試験品の提供を行う場合

エ 金額が少額かつ数が少量で、安全保障上の懸

念が小さいと考えられる場合

(2)　部品等を融通し合う国際的なシステムに参加する場合

(3)　移転先国以外の国の輸出管理制度の下で適切に管理されている完成品に係る部品等を移転する場合

(4)　部品等をライセンス元に納入又は輸入元に移転する場合

(5)　他国政府又は他国企業が主導する装備品等のサプライチェーンに参画するために部品等を納入する場合

(6)　我が国から移転する部品及び技術の、相手国への貢献が相当程度小さいと判断できる場合

(7)　自衛隊等の活動又は邦人の安全確保に必要な海外移転である場合

(8)　誤送品の返送、返送を前提とする見本品の輸出、貨物の仮陸揚げ等の我が国の安全保障上の観点から影響が極めて小さいと判断される場合

仕向先の管理体制の確認に当たっては、合理的である限りにおいて、政府又は移転する防衛装備の管理に責任を有する者等の誓約書等の文書による確認を実施することとする。そのほか、移転先の防衛装備の管理の実態、管理する組織の信頼性、移転先の国又は地域の輸出管理制度やその運用実態等についても、移転時点において利用可能な情報に基づいて確認するものとする。

海外移転後の防衛装備が適切に管理されていないことが判明した場合、当該防衛装備を移転した者等に対する外国為替及び外国貿易法(昭和二四年法律第二二八号。以下「外為法」という。)に基づく罰則の適用を含め、厳正に対処することとする。

なお、我が国から防衛装備が移転された移転先が我が国の事前同意に基づき第三国移転するに当たっては、当該移転先又はその政府による当該第三国移転先に対する適正な管理の確認をもって我が国として適正な管理を確保することも可能とする。

4　審査に当たっての手続

(1)　国家安全保障会議での審議

防衛装備の海外移転に関し、次の場合は、国家安全保障会議で審議するものとする。イ、ウ又はエに該当する防衛装備の海外移転について外為法に基づく経済産業大臣の許可の可否を判断するに当たっては、当該審議を踏まえるものとする。

ア　基本的な方針について検討するとき。

イ　移転を認める条件の適用について特に慎重な検討を要するとき。

ウ　防衛装備の海外移転又は第三国移転等に係る事前同意に当たって、仕向先等の適切性、安全保障上の懸念の程度等について特に慎重な検討を要するとき。

エ　同様の類型について、過去に政府として自衛隊法上の武器の海外移転又は第三国移転等に係る事前同意を認め得るとの判断を行った実績がないとき(1(2)ウ又は1(4)に掲げる防衛装備の海外移転を認め得る案件を除く。)。

オ　防衛装備の海外移転の状況について報告を行うとき。

(2)　国家安全保障会議幹事会での審議

防衛装備の海外移転に関し、次の場合には、国家安全保障会議幹事会で審議するものとする。イ又はウに該当する防衛装備の海外移転について外為法に基づく経済産業大臣の許可の可否を判断するに当たっては、当該審議を踏まえるものとする。

ア　基本的な方針について検討するとき。

イ　同様の類型について、過去に政府として海外移転又は第三国移転等に係る事前同意を認め得るとの判断を行った実績がないとき(外国政府や外国企業との調整段階における技術情報の提供であって、相手国への貢献が相当程度小さいと判断できる場合を除く。)。

ウ　同様の類型について、過去に政府として自衛隊法上の武器の海外移転又は第三国移転等に係る事前同意を認め得るとの判断を行った実績がある仕向先に対して、新たに同様の自衛隊法上の武器を海外移転するとき(1(2)ウ又は1(4)に掲げる防衛装備の海外移転を認め得る案件を除く。)。

エ　防衛装備の海外移転の状況について報告を行うとき。

(3)　関係省庁間での連携

防衛装備の海外移転の可否の判断においては、総合的な判断が必要であることを踏まえ、防衛装備の海外移転案件に係る調整、適正管理の在り方において、関係省庁が緊密に連携して対応することとし、各関係省庁の連絡窓口は、次のとおりとする。ただし、個別案件ごとの連絡窓口は必要に応じて別の部局とすることができるものとする。

ア　内閣官房国家安全保障局

イ　外務省総合外交政策局安全保障政策課

ウ　経済産業省貿易経済協力局貿易管理部安全保障貿易管理課

エ　防衛省防衛装備庁装備政策部国際装備課

5　定期的な報告及び情報の公開

(1)　定期的な報告

経済産業大臣は、防衛装備の海外移転の許可(第三国移転等に係る事前同意を含む。)の状況につき、年次報告書を作成し、国家安全保障会議において報告の上、公表するものとする。

(2)　情報の公開

4(1)の規定により国家安全保障会議で審議された案件(第三国移転等に係る事前同意に係るものを含む。)については、行政機関の保有する情報の公開に関する法律(平成一一年法律第四二号)を踏まえ、政

府として情報の公開を図ることとする。情報の公開に当たっては、従来個別に例外化措置を講じてきた場合に比べて透明性に欠けることのないよう留意する。

6 その他

(1) 定義

ア 「国際共同開発・生産」とは、我が国の政府又は企業が参加する国際共同開発（国際共同研究を含む。以下同じ。）又は国際共同生産であって、以下のものを含む。

(ア) 我が国政府と外国政府との間で行う国際共同開発

(イ) 外国政府による防衛装備の開発への我が国企業の参画

(ウ) 外国からのライセンス生産であって、我が国企業が外国企業と共同して行うもの

(エ) 我が国の技術及び外国からの技術を用いて我が国企業が外国企業と共同して行う開発又は生産

(オ) 部品等を融通し合う国際的なシステムへの参加

(カ) 国際共同開発又は国際共同生産の実現可能性の調査のための技術情報又は試験品の提供

イ 「自衛隊法上の武器」とは、火器、火薬類、刀剣類その他直接人を殺傷し、又は武力闘争の手段として物を破壊することを目的とする機械、器具、装置等をいう（なお、本来的に、火器等を搭載し、そのもの自体が直接人の殺傷又は武力闘争の手段としての物の破壊を目的として行動する護衛艦、戦闘機、戦車のようなものを含み、部品を除く。）。

ウ 「部品」とは、完成品の一部として組み込まれているものをいう。ただし、それのみで装備品としての機能を発揮できるものを除く。

(2) これまでの武器輸出三原則等との整理

三原則は、これまでの武器輸出三原則等を整理しつつ新しく定められた原則であることから、今後の防衛装備の海外移転に当たっては三原則を踏まえて外為法に基づく審査を行うものとする。三原則の決定前に、武器輸出三原則等の下で講じられてきた例外化措置については、引き続き三原則の下で海外移転を認め得るものと整理して審査を行うこととする。

(3) 施行期日

この運用指針は、平成二六年四月一日から施行する。

(4) 改正

この運用指針は、安全保障環境の変化や安全保障上の必要性等に応じて、速やかに改正の要否について検討を行った上で、時宜を得た形で改正を行う。三原則は外為法の運用基準であることを踏まえ、この運用指針の改正は、経済産業省が内閣官房、外務省及び防衛省と協議して案を作成し、国家安全保障会議で決定することにより行う。

第5節　米露二国間軍縮

14 17 戦略攻撃兵器の一層の削減及び制限のための措置に関するアメリカ合衆国とロシア連邦との間の条約（新ＳＴＡＲＴ条約）（抄）

署　名　二〇一〇年四月八日（プラハ）

効力発生　二〇一一年二月五日、二〇二一年二月三日、第一四条二項に従い条約の五年間の延長に合意、二〇二三年二月二一日、ロシア履行停止表明。

前　文（略）

第一条【義務及び定義】 1　各締約国は、この条約の規定に従って戦略攻撃兵器を削減し及び制限し、並びに、この条約及びその議定書に定めるその他の義務を履行する。

2　この条約及びその議定書において使用される用語の定義は、議定書の第一部に定める。

第二条【制限・削減】 1　各締約国は、ＩＣＢＭ及びＩＣＢＭ発射基、ＳＬＢＭ及びＳＬＢＭ発射基、重爆撃機、ＩＣＢＭ弾頭、ＳＬＢＭ弾頭、並びに重爆撃機の核軍備を削減し及び制限し、この条約の効力発生から七年後及びそれ以降、この条約の第三条に従って計算される総数が次の数を超えないようにする。

(a)　配備されたＩＣＢＭ、配備されたＳＬＢＭ及び配備された重爆撃機について、七〇〇

(b)　配備されたＩＣＢＭの弾頭、配備されたＳＬＢＭの弾頭及び配備された重爆撃機の計算上の核弾頭について、一五五〇

(c)　配備されたICBM発射基及び配備されていないICBM発射基、配備されたSLBM発射基及び配備されていないSLBM発射基、並びに、配備された重爆撃機及び配備されていない重爆撃機について、八〇〇

2　各締約国は、自国の戦略攻撃兵器の内訳と構成を自ら決定する権利を有する。

第三条【計算方法】1　この条約の第二条一項(a)に定める総数制限の計算上、

(a)　配備されたICBMは、それぞれ一基として数える。

(b)　配備されたSLBMは、それぞれ一基として数える。

(c)　配備された重爆撃機は、それぞれ一機として数える。

2　この条約の第二条一項(b)に定める総数制限の計算上、

(a)　ICBM及びSLBMの弾頭数は、配備されたICBM及び配備されたSLBMに備え付けられた再突入体の数とする。

(b)　配備された重爆撃機は、それぞれにつき一核弾頭として数える。

3　この条約の第二条一項(c)に定める総数制限の計算上、

(a)　配備されたICBM発射基は、それぞれ一基として数える。

(b)　配備されていないICBM発射基は、それぞれ一基として数える。

(c)　配備されたSLBM発射基は、それぞれ一基として数える。

(d)　配備されていないSLBM発射基は、それぞれ一基として数える。

(e)　配備された重爆撃機は、それぞれ一機として数える。

(f)　配備されていない重爆撃機は、それぞれ一機として数える。

4　ICBM及びSLBMの計算の目的を含め、この条約の適用上、

(a)　組み立てられたミサイルとして発射キャニスター内において維持管理され、貯蔵され及び輸送されるICBM又はSLBMについては、特定の型の組み立てられたミサイルは、発射キャニスター内においてその型のICBM又はSLBMとみなされる。

(b)　組み立てられたミサイルとして発射キャニスターなしで維持管理され、貯蔵され及び輸送されるICBM又はSLBMについては、特定の型の組み立てられたミサイルは、その型のICBM又はSLBMとみなされる。

(c)　段に分けて維持管理され、貯蔵され及び輸送されるICBM又はSLBMについては、特定の型のICBM又はSLBMの一段目がその型のICBM又はSLBMとみなされる。

(d)　各発射キャニスターは、その中にICBM又はSLBMが取り付けられた施設から初めて出た時から、ICBM若しくはSLBMがそこから発射されるまで、又は、ICBM若しくはSLBMが廃棄のためそこから除去されるまでのあいだ、一基のICBM又はSLBMを含むものとみなされる。発射キャニスターは、訓練モデルのミサイルを含んでいるか、静止展示されている場合には、ICBM又はSLBMを含むものとはみなされない。特定の型のICBM又はSLBMのための発射キャニスターは、他の型のICBM又はSLBMのための発射キャニスターと区別することができなければならない。

5　新たに建造された戦略攻撃兵器については、次のようにこの条約の適用が開始される。

(a)　ICBMは、それが初めて生産施設を出るとき。

(b)　ICBMの移動式発射基は、それが初めて生産施設を出るとき。

(c)　ICBMのサイロ発射基は、サイロのドアが初めて取り付けられて閉じられるとき。

(d)　SLBMは、それが初めて生産施設を出るとき。

(e)　SLBM発射基は、当該発射基が取り付けられた潜水艦が初めて進水するとき。

(f)　核軍備用の重爆撃機は、完全な機体にすべく当該重爆撃機の部品が組み立てられた作業場、工場若しくは建物からその機体が初めて運び出されるとき、又は、既存の爆撃機の機体が核軍備用の重爆撃機の機体に転換された作業場、工場若しくは建物からその機体が初めて運び出されるとき。

6　ICBM、SLBM、ICBM発射基、SLBM発射基及び重爆撃機は、この条約の議定書の第三部及び第四部に従ってこの条約の適用を終了する。現行型のICBM又はSLBMは、それらのICBM用又はSLBM用のすべてのICBM発射基又はSLBM発射基が、この条約の議定書の第三部に従って廃棄され又は転換された場合には、この条約の適用を終了する。

7　この条約の適用上、

(a)　地上に置かれていない物体を要撃し及び迎撃するためにのみ開発されかつ実験された型のミサイルは、この条約の規定が適用される弾道ミサイルとはみなされない。

(b)　同一の型の重爆撃機においては、核軍備用の重爆撃機は非核軍備用の重爆撃機と区別することができなければならない。

(c)　同一の型の重爆撃機は、その型の最後の核軍備用の重爆撃機が、この条約の議定書の第三部に従って、適宜、廃棄されるか又は非核軍備用の重爆撃機に転換される場合には、この条約又はその制限の適用を終了する。

8　この条約の署名の日において、

(a)　現行型のICBMは、

(i) アメリカ合衆国に関しては、ミニットマンⅡ、ミニットマンⅢ及びピースキーパー

(ii) ロシア連邦に関しては、RS—12M、RS—12M2、RS—18、RS—20及びRS—24

(b) 現行型のSLBMは、

(i) ロシア連邦に関しては、RSM—50、RSM—52、RSM—54及びRSM—56

(ii) アメリカ合衆国に関しては、トライデントⅡ

(c) 現行型の重爆撃機は、

(i) アメリカ合衆国に関しては、B—52G、B—52H、B—1B及びB—2A

(ii) ロシア連邦に関しては、Tu—95MS及びTu—160

(d) 現行型のICBM発射基及びSLBM発射基は、

(i) ロシア連邦に関しては、ICBM発射基は、RS—12M、RS—12M2、RS—18、RS—20及びRS—24、SLBM発射基は、RSM—50、RSM—52、RSM—54及びRSM—56

(ii) アメリカ合衆国に関しては、ICBM発射基は、ミニットマンⅡ、ミニットマンⅢ及びピースキーパー、SLBM発射基は、トライデントⅡ

第四条【配備場所】(略)

第五条【近代化及び更新】1　この条約の規定に従うことを条件として、戦略攻撃兵器の近代化及び更新を実施することができる。

2　新たな種類の戦略攻撃兵器が出現しつつあると信じる締約国は、そのような戦略攻撃兵器の問題を二国間協議委員会において審議のために提起する権利を有する。

3　各締約国は、ICBM発射基及びSLBM発射基をミサイル防衛の要撃弾の配置用に転換し又はそのために使用しない。各締約国は、また、ミサイル防衛の要撃弾の発射基をICBM及びSLBMの配置用に転換し又はそのために使用しない。この規定は、この条約の署名前に、ミサイル防衛の要撃弾の配置用に転換されたICBM発射基には適用しない。

第六条【転換及び廃棄】
第七条【データベース】　(略)
第八条【信頼醸成】

第九条【遠隔測定情報】両締約国相互間の合意により、ICBM及びSLBMの発射に関する遠隔測定情報を対等に交換する。両締約国は、そのような遠隔測定情報の交換量について合意する。

第一〇条【検証技術手段】1　この条約の規定の遵守の検証を確保するため、各締約国は次のことを約束する。

(a) 一般的に認められた国際法の諸原則に合致する方法で、利用可能な自国の検証技術手段を使用する。

(b) この条に従って運用される他方の締約国の検証技術手段を妨害しない。

(c) 国の検証技術手段によって行われるこの条約の規定の遵守についての検証を妨害する秘匿手段を用いない。

2　秘匿手段を用いない義務には、実験中のICBM、SLBM、ICBM発射基、又は、ICBM若しくはSLBMとその発射基との関係の秘匿につながる手段を含め、それらの手段を実験用区域で使用しない義務が含まれる。秘匿手段を用いない義務は、ICBM基地における遮蔽及び秘匿の慣行、並びに戦略攻撃兵器用の環境シェルターの使用には適用しない。

第一一条【査察】1　各締約国は、この条約が適用される戦略攻撃兵器に関する申告データの正確さを確認するため、及び、この条約の規定の遵守の検証を確保するため、この条約及びこの条約の議定書の第五部に従い査察活動を実施する権利を有する。

2　各締約国は、ICBM基地、潜水艦基地及び空軍基地において査察を実施する権利を有する。これらの査察の目的は、この条約が適用される配備された戦略攻撃兵器及び配備されていない戦略攻撃兵器の数と型、配備されたICBM及び配備されたSLBMに設置された弾頭の数、並びに、配備された重爆撃機に設置された核軍備の数に関する申告データの正確さを確認することにある。以下、これらの査察をタイプ1の査察という。

3　各締約国は、この条約の議定書の第五部第Ⅶ節に掲げる施設において査察を実施する権利を有する。これらの査察の目的は、この条約が適用される配備されていない戦略攻撃兵器の数、型及び技術的特徴に関する申告データの正確さを確認すること、並びに、戦略攻撃兵器が転換され又は廃棄されたことを確認することにある。

各締約国は、また、以前に申告された施設(この条約の議定書の第二部に定められる。)において、それらの施設がこの条約と矛盾する目的のために使用されていないことを確認するため査察を実施する権利を有する。

以下、この項に定める査察をタイプ2の査察という。

4　各締約国は展示を行うものとし、また、他方の締約国の行う展示に参加する権利を有する。このような展示の目的は、新型の顕著な特徴を示し及びその技術的特徴を確認し、並びに、この条約が適用される戦略攻撃兵器の各型の最初の転換の結果を示すことにある。

第一二条【二国間協議委員会】両締約国は、この条約の目的を促進し、その規定の実施を促進するため、ここに二国間協議委員会を設置する。同委員会の権限及びその運用手続は、この条約の議定書の第六部に定められる。

第一三条【第三国との関係】各締約国は、この条約の実行可能性及び実効性を確保するため、その義務と抵触する国際義務又は国際約束を引き受けてはならない。締約国は、この条約が適用される戦略攻撃兵器

を第三国に移転してはならない。締約国は、この点に関して生ずる不明確さを解決するため、二国間協議委員会の枠内で協議を行う。この規定は、この条約の署名のときに一方締約国と第三国との間に存在する戦略攻撃兵器の分野におけるいかなる形の協力(義務を含む。)にも適用しない。

第一四条【効力発生・有効期間・脱退】１　この条約(その不可分の一部である議定書を含む。)は、各締約国の憲法上の手続に従って批准されなければならない。この条約は、批准書の交換の日に効力を生ずる。

２　この条約は、戦略攻撃兵器の削減及び制限に関する後の協定によってより早い時期に取って代わられない限り、一〇年間効力を有する。いずれかの締約国がこの条約の延長の問題を提起する場合には、両締約国は共同してこの問題を審議しなければならない。両締約国がこの条約の延長を決定する場合には、戦略攻撃兵器の削減及び制限に関する後の協定によってより早い時期に取って代わられない限り、この条約は五年を超えない期間延長される。

３　各締約国は、この条約の対象である事項に関連する異常な事態が自国の至高の利益を危うくしていると認める場合には、その主権を行使してこの条約から脱退する権利を有する。当該締約国は、他方の締約国に対してその決定を通知する。その通知には、通知を行う締約国が自国の至高の利益を危うくしていると認める異常な事態についても記載しなければならない。この条約は、当該通知がより遅い時期を指定しない限り、通知が他方の締約国によって受領された日から三箇月で終了する。

４　この条約は、その効力発生の日をもって、二〇〇二年五月二四日の戦略攻撃能力の削減に関するアメリカ合衆国とロシア連邦との間の条約に取って代わり、後者の条約は同日をもって終了する。

第一五条【改正】１　各締約国は、この条約の改正を提案することができる。合意された改正は、この条約の効力発生を規律する手続に従って効力を生ずる。

２　締約国は、この条約の議定書における修正であって、この条約に基づく実質的な権利又は義務に影響しないものを行うことが必要となった場合には、この条の第一項に定める改正の手続は使用せず、そのような修正に関して合意に達するため二国間協議委員会を利用する。

第一六条【登録】(略)

第６節　安全保障理事会決議

14 18　安全保障理事会決議一一七二(一九九八)(インド・パキスタンの核実験)(抜粋)

採　択　一九九八年六月六日(全会一致)

安全保障理事会は、

一　一九九八年五月一一日及び一三日にインドによって実施された核実験、並びに、一九九八年五月二八日及び三〇日にパキスタンによって実施された核実験を非難する。

八　インド又はパキスタンにおける核兵器若しくは核兵器を運搬できる弾道ミサイルに関する計画をいかなる形であれ援助することとなりうる機材、資材又は技術の輸出を防止するようすべての国に奨励するとともに、この点について採択され及び宣言された国内政策を歓迎する。

一一　核兵器の不拡散に関する国際レジームが維持されかつ強化されるべきであるとの強い確信を表明し、及び、核兵器の不拡散に関する条約に従い、インドもパキスタンも核兵器国の地位を有することができないことを想起する。

一三　インド及びパキスタン並びに核兵器の不拡散に関する条約及び包括的核実験禁止条約の当事国となっていない他のすべての国に対して、遅滞なくかつ無条件にこれらの条約の当事国となるよう要請する。

14 19　安全保障理事会決議一五四〇（二〇〇四）（大量破壊兵器の不拡散）

採　択　二〇〇四年四月二八日（全会一致）

安全保障理事会は、

核兵器、化学兵器及び生物兵器並びにそれらの＊運搬手段の拡散が国際の平和及び安全に対する脅威を構成することを確認し、

この関連で、すべての加盟国が軍備管理及び軍縮に関連する義務を履行すること、並びに、すべての大量破壊兵器のあらゆる側面における拡散を防止することの必要性を含む一九九二年一月三一日の国家及び政府の首脳レベルの安全保障理事会会合において採択された議長声明（S／二三五〇〇）を再確認し、

さらに、その声明が、すべての加盟国がその関連で地域的及び世界的な安定の維持を脅かし又は混乱させるいかなる問題をも、憲章に従い平和的に解決する必要性を強調していることを想起し、

核兵器、化学兵器及び生物兵器並びにそれらの運搬手段の拡散によって生ずる国際の平和及び安全に対するいかなる脅威に対しても、国際連合憲章に規定されているその主要な責任に従って、適切かつ有効な行動をとる決意を確認し、

核兵器、化学兵器又は生物兵器の拡散の除去又は防止を目的とする多数国間条約への支持及び国際的な安定を促進するためにこれらの条約のすべての締約国が当該条約を完全に実施することの重要性を確認し、

不拡散に貢献する多数国間取決めによるこの関連での努力を歓迎し、

平和的利用の目標は拡散の隠蔽に用いられるべきではないが、核兵器、化学兵器及び生物兵器の拡散の防止が平和的目的のための資材、機材及び技術に関する国際協力を妨げるべきではないことを確認し、

テロリズムの脅威、並びに、安全保障理事会決議一二六七に基づいて設立された委員会により定められ維持されている国連のリストにおいて明らかにされている者及び決議一三七三が適用される者といった＊非国家主体が、核兵器、化学兵器及び生物兵器並びにそれらの運搬手段を取得、開発、取引又は使用することの危険性を重大に懸念し、

核兵器、化学兵器及び生物兵器の拡散の問題に新たな広がりを付加し、国際の平和及び安全に対して脅威を与えるそのような兵器及びそれらの運搬手段並びに＊関連物資の不正取引の脅威を重大に懸念し、

国際の安全に対するこの深刻な課題及び脅威への世界的な対応を強化するために、国の、小地域の、地域の及び国際的な段階における努力の調整を強化する必要性を認識し、

大部分の国が、自らが締約国となっている条約の下で拘束力のある法的義務を引き受け、又は核兵器、化学兵器若しくは生物兵器の拡散の防止を目的としたその他の約束を行うとともに、核物質の防護に関する条約により必要とされ、放射線源の安全及び防護に関する国際原子力機関（ＩＡＥＡ）行動規範により勧告されているような機微な物資の使途を明らかにし、安全を確保し及び防護するための効果的な措置をとっていることを認識し、

さらに、すべての国が、核兵器、化学兵器又は生物兵器及びそれらの運搬手段の拡散を防止する追加的な効果的措置をとることが緊急に必要であることを認識し、

すべての加盟国が、自らが締約国となっている軍縮に関する条約及び協定を完全に実施することを奨励し、

国際連合憲章に従い、あらゆる手段を尽くしてテロ行為によって生ずる国際の平和及び安全に対する脅威に対処する必要性を再確認し、

今後、不拡散の分野における世界的な脅威に対する効果的な対応を促進することを決意し、

国際連合憲章第七章の下に行動して、

一　すべての国は、核兵器、化学兵器又は生物兵器及びそれらの運搬手段の開発、取得、製造、所持、輸送、移転又は使用を企てる非国家主体に対し、いかなる形態の支援も提供することを差し控えることを決定する。

二　また、すべての国は、自らの国内手続に従って、いかなる非国家主体も、特にテロ目的のために、核兵器、化学兵器又は生物兵器及びそれらの運搬手段の製造、取得、所持、開発、輸送、移転又は使用並びにこれらの活動に従事することを企てること、これらの活動に共犯として参加すること、これらの活動を援助すること又はこれらの活動に資金を供することを禁ずる適切で効果的な法律を採択し執行することを決定する。

三　また、すべての国は、関連物資に対する適切な管理を確立することを含め、核兵器、化学兵器又は生物兵器及びそれらの運搬手段の拡散を防止する国内管理を確立するための効果的な措置を採用し執行することを決定し、この目的のため、すべての国が、以下を行うことを決定する。

(a) 生産、使用、貯蔵又は輸送において、そのような品目の使途を明らかにし、安全を確保するための適切かつ効果的な措置を策定し維持すること。

(b) 適切で効果的な防護措置を策定し維持すること。

(c) 自らの国内法的権限及び法律に従って、並びに、国際法に合致して、必要なときは国際的な協力を通ずることを含め、そのような品目の不正取引及び不正仲介を探知し、抑止し、防止し及び対処するための適切で効果的な国境管理及び法執行の努力を策定し維持すること。

(d) 輸出、通過、積替え及び再輸出を管理する適切な法令、資金供与等そのような輸出及び積替え

に関連する資金及び役務の提供に対する管理、拡散に貢献する輸送に対する管理並びに最終使用者管理の確立を含め、そのような品目に対する適切で効果的な国内的輸出管理及び積替管理を確立し、発展させ、再検討し及び維持すること。また、そのような輸出管理に関する法令の違反に対する適切な刑事上又は民事上の罰則を確立し及び執行すること。

四　安全保障理事会の仮手続規則の規則二八に従って、二年を超えない期間の間、すべての同理事会理事国により構成される同理事会の委員会を設置し、この委員会が、適当な場合には他の専門的意見も求めつつ、この決議の実施状況について、安全保障理事会の検討のために同理事会に対して報告することを決定するとともに、この目的のため、国に対し、この決議の採択から六か月以内に、この決議の実施のためにとった又はとろうとする措置に関する最初の報告を委員会に提出するよう要請する。

五　この決議に規定するいかなる義務も、核兵器不拡散条約、化学兵器禁止条約及び生物・毒素兵器禁止条約の締約国の権利及び義務と抵触し若しくはこれらを変更するものとして解してはならず、また、国際原子力機関又は化学兵器禁止機関の責任を変更するものとして解してはならないことを決定する。

六　この決議を実施するにあたり、効果的な国内管理リストが有用であることを認識し、すべての加盟国に対して、必要なときは、そのようなリストをできる限り早い機会に策定することを追求するよう要請する。

七　一部の国はこの決議の規定をその領域内において実施するにあたり支援を必要とすることを認識し、国に対し、可能なときは、個々の要請に応じて、上記の規定を履行するための法令上の基盤、実施の経験及び／又は資源を欠く国に対して適当な援助を提供するよう招請する。

八　すべての国に対して以下を要請する。

(a)　核兵器、生物兵器又は化学兵器の拡散を防止することを目的とし、自らが締約国となっている多数国間条約の普遍的な採択、完全な実施及び必要な場合にはその強化を促進すること。

(b)　不拡散に関する主要な多数国間条約の下での約束の遵守を確保するための国内法令を採択していない場合には、これを行うこと。

(c)　不拡散の分野における共通の目的を追求し達成するため及び平和的目的のための国際協力を促進するための重要な手段として、特に国際原子力機関、化学兵器禁止機関及び生物・毒素兵器禁止条約の枠内において、多数国間の協力への約束を新たにし、これを履行すること。

(d)　そのような法律の下での義務について産業界や公衆に通報し、これらとともに作業する適当な方法を策定すること。

九　すべての国に対し、核兵器、化学兵器又は生物兵器及びそれらの運搬手段の拡散によって生ずる脅威に対応するよう不拡散に関する対話及び協力を促進するよう要請する。

一〇　さらに、その脅威に対処するため、すべての国に対し、自らの国内法的権限及び法律に従って、並びに、国際法に合致して、核兵器、化学兵器又は生物兵器、それらの運搬手段及び関連物資の不正取引を防止するための協力行動をとるよう要請する。

一一　この決議の実施を緊密に監視し、適当な段階で、この目的のために必要とされる更なる決定を行う意図を表明する。

一二　この問題に引き続き関与することを決定する。

＊この決議のみを目的とする定義

運搬手段：核兵器、化学兵器又は生物兵器を運搬する能力を有するミサイル、ロケット及びその他の無人システムであって、そのような使用のために特別に設計されたもの。

非国家主体：この決議が対象とする活動を行うにあたり、いかなる国の法律に基づく権限の下でも行動していない個人又は団体。

関連物資：核兵器、化学兵器及び生物兵器並びにそれらの運搬手段の設計、開発、生産又は使用のために用いることができる資材、機材及び技術であって、関係する多数国間条約及び取決めの対象となっているもの又は国内管理リストに含まれているもの。

14 20　安全保障理事会決議一七一八（二〇〇六）（北朝鮮の核実験）

採　択　二〇〇六年一〇月一四日（全会一致）

安全保障理事会は、

決議八二五（一九九三）、決議一五四〇（二〇〇四）及び特に決議一六九五（二〇〇六）を含むこれまでの関連する諸決議並びに二〇〇六年一〇月六日の議長声明（S／PRST／二〇〇六／四一）を想起し、

核兵器、化学兵器及び生物兵器並びにその運搬手段の拡散が、国際の平和及び安全に対する脅威を構成することを再確認し、

二〇〇六年一〇月九日に核兵器の実験を実施したとの朝鮮民主主義人民共和国（DPRK［以下「北朝鮮」と表記］）による発表、このような実験が核兵器の不拡散に関する条約及び核兵器の不拡散に関する世界的な制度を強化するための国際的な努力に対してもたらす挑戦、並びに、このような実験が地域の内外の平和及び安定にもたらす危険に対し、最も重大な懸念を表明し、

核兵器の不拡散に関する国際的な制度は維持されるべきとの強固な確信を表明するとともに、北朝鮮は核兵器の不拡散に関する条約に従い核兵器国としての地位を有することはできないことを想起し、

北朝鮮による核兵器の不拡散に関する条約からの脱退に関する発表及び核兵器の追求を遺憾とし、

北朝鮮が無条件で六者会合に復帰することを拒否してきたことを更に遺憾とし、

中国、北朝鮮、日本、大韓民国、ロシア連邦及びアメリカ合衆国によって二〇〇五年九月一九日に採択された共同声明を支持し、

北朝鮮が、国際社会の有するその他の安全保障上及び人道上の懸念に対応することが重要であることを強調し、

北朝鮮の発表した実験が地域内外の緊張を増大させていることに深刻な懸念を表明するとともに、それゆえに、国際の平和及び安全に対する明白な脅威が存在することを決定し、

国際連合憲章第七章の下で行動し、同憲章第四一条に基づく措置をとって、

1　北朝鮮が、関連する決議(特に決議一六九五(二〇〇六))、及び、このような実験は国際社会の普遍的な非難を招くものであり国際の平和及び安全に対する明白な脅威となるものである旨述べた二〇〇六年一〇月六日の議長声明(S/PRST/二〇〇六/四一)を甚だしく無視して、二〇〇六年一〇月九日に発表した核実験を非難する。

2　北朝鮮に対し、いかなる核実験又は弾道ミサイルの発射もこれ以上実施しないことを要求する。

3　北朝鮮に対し、核兵器の不拡散に関する条約からの脱退に関する発表を直ちに撤回することを要求する。

4　北朝鮮に対し、核兵器の不拡散に関する条約及び国際原子力機関(IAEA)の保障措置に復帰することを更に要求するとともに、核兵器の不拡散に関する条約のすべての締約国が自国の同条約上の義務を引き続き遵守することが必要であることを強調する。

5　北朝鮮が、弾道ミサイル計画に関連するすべての活動を停止し、かつ、この文脈において、ミサイル発射モラトリアムに係る既存の約束を再度確認することを決定する。

6　北朝鮮が、すべての核兵器及び既存の核計画を、完全な、検証可能な、かつ、不可逆的な方法で放棄すること、核兵器の不拡散に関する条約の下で締約国に適用される義務及び同国の国際原子力機関(IAEA)保障措置協定(IAEA INFCIRC/403)に定める条件に厳格に従って行動すること、並びに、これらの要求に加え、透明性についての措置(IAEAが要求しかつ必要と認める個人、書類、設備及び施設へのアクセスを含む。)をIAEAに提供することを決定する。

7　また、北朝鮮が、既存の他のすべての大量破壊兵器及び弾道ミサイル計画を、完全な、検証可能な、かつ、不可逆的な方法で放棄することを決定する。

8　次のとおり決定する。

(a)　すべての加盟国は、北朝鮮に対する自国の領域を通ずる又は自国民による若しくは自国の旗を掲げる船舶若しくは航空機の使用による次のもの(自国の領域を原産地とするものであるか否かを問わない。)の直接又は間接の供給、販売又は移転を防止する。

(i)　国際連合軍備登録制度上定義されたあらゆる戦車、装甲戦闘車両、大口径火砲システム、戦闘用航空機、攻撃ヘリコプター、軍用艦艇、ミサイル若しくはミサイル・システム、若しくは、予備部品を含む関連物資、又は、安全保障理事会若しくは下記の規定により設置される委員会(以下「委員会」という。)により定められる品目

(ii)　文書S/二〇〇六/八一四及びS/二〇〇六/八一五の表に定められるすべての品目、資材、機材、物品及び技術(文書S/二〇〇六/八一六の表も考慮して、本件決議の採択から一四日以内に、委員会が規定を修正し又は完成させない場合に限る。)、並びに、安全保障理事会又は委員会により指定される、北朝鮮の核関連、弾道ミサイル関連又はその他の大量破壊兵器関連の計画に資するその他の品目、資材、機材、物品及び技術

(iii)　奢侈品

(b)　北朝鮮は、上記(a)(i)及び(a)(ii)の規定の対象となっているすべての品目の輸出を停止し、また、すべての加盟国は、自国民による又は自国の旗を掲げる船舶若しくは航空機の使用による、北朝鮮からのそのような品目(北朝鮮の領域を原産地とするものであるか否かを問わない。)の調達を禁止する。

(c)　すべての加盟国は、上記(a)(i)及び(a)(ii)の規定にある品目の提供、製造、維持又は使用に関する技術訓練、助言、サービス又は援助の、北朝鮮に対する自国民による若しくは自国の領域からのあらゆる移転又は北朝鮮からのその国民による若しくはその領域からのあらゆる移転を防止する。

(d)　すべての加盟国は、それぞれ自国の法的手続に従い、この決議の採択の日に又はその後いつでも、自国の領域内に存在する資金その他の金融資産及び経済資源であって、北朝鮮の核関連、その他の大量破壊兵器関連及び弾道ミサイル関連の計画に関与し又は支援を提供している(その他の不正な手段を通じたものも含む。)として委員会若しくは安全保障理事会により指定される者又は団体により、又は、それらの代理として若しくはそれらの指示により行動する者若しくは団体により、直接的又は間接的に所有され又は管理されるものを直ちに凍結し、また、いかなる資金、金融資産又は経済資源も、自国の国民又はその領域内にいる者若しくは団体により、そのような者又は団体の利

益のために利用可能となることのないよう確保する。

(e)　すべての加盟国は、委員会又は安全保障理事会により、北朝鮮の核関連、弾道ミサイル関連及びその他の大量破壊兵器関連の計画に関係のある北朝鮮の政策に責任を有している(北朝鮮の政策を支持し又は促進することを通じたものを含む。)として指定される者及びその家族の構成員が自国の領域に入国し又はその領域を通過することを防止するために必要な措置をとる。ただし、この規定のいかなるものも、いずれかの国に対して自国民が自国の領域内に入国することを拒否することを義務付けるものではない。

(f)　すべての加盟国は、本項の要求の遵守を確保し、これにより、核兵器、化学兵器又は生物兵器、その運搬手段及び関連物資の不正な取引を阻止するため、必要に応じ、自らの国内的権限及び法律に従って、並びに、国際法に合致して、協力行動(北朝鮮への及び北朝鮮からの貨物の検査によるものを含む。)をとることが要請される。

9　上記8(d)の規定は、関係国により次のとおり決定された金融その他の資産又は資源には適用しないことを決定する。

(a)　食糧、賃料又は抵当、医薬品及び医療、租税、保険料及び公共料金のための支払いを含む基礎的な経費として必要であると決定されたもの、又は法的役務の提供に関連して生じる妥当な専門手数料及び費用の払戻し若しくは凍結された資金その他の金融資産及び経済資源の日常の保有若しくは維持のための国内法に基づく手数料若しくはサービス料のためのみに充てられる支払いであると決定されたものであって、関係国より委員会に対し、適当と認められる場合に、そのような資金その他の金融資産及び経済資源へのアクセスを認める意図が通知され、かつ、委員会がそのような通知がなされてから五作業日以内に否定的な決定を行わない場合

(b)　臨時経費として必要であると決定されたものであって、そのような決定が関係国により委員会に対し通知され、かつ、委員会によって承認された場合

(c)　司法、行政又は仲裁上の担保又は判決の対象であると決定され、当該資金その他の金融資産及び経済資源がその担保又は判決を充足させるために使用されるものであって、その担保又は判決がこの決議の日よりも前に記録され、上記8(d)に規定する者若しくは安全保障理事会又は委員会により指定される個人又は団体の利益のためではなく、かつ、関係国により委員会に対し通知された場合

10　委員会が、人道上の必要性(宗教上の義務を含む。)を理由として、そのような往来が正当化されることを個別の案件に応じて決定する場合、又は、委員会が、免除がこの決議の目的に資すると結論する場合は、上記8(e)の規定により課される措置は適用しないことを決定する。

11　すべての加盟国に対し、この決議の採択から三〇日以内に、上記8の規定を効果的に実施するためにとった措置につき、安全保障理事会に報告するよう要請する。

12　安全保障理事会の仮手続規則の規則二八に従って、同理事会のすべての理事国により構成される同理事会の委員会を設置し、次の任務を遂行することを決定する。

(a)　すべての国(特に上記8(a)に規定される品目、資材、機材、物品及び技術を生産し又は保有する国)に対し、この決議の8の規定により課された措置を効果的に実施するためにとった行動に関する情報及び委員会がこの関連で有用と考える更なる情報を求めること。

(b)　この決議の8の規定により課される措置に関して申し立てられた違反に関する情報について検討し、適切な行動をとること。

(c)　上記9及び10の規定に定める免除の要請を受けた場合に検討し決定すること。

(d)　上記8(a)(i)及び8(a)(ii)の目的のために特定される追加の品目、資材、機材、物品及び技術について決定すること。

(e)　上記8(d)及び8(e)の規定により課される措置の対象となる追加の個人及び団体を指定すること。

(f)　この決議により課される措置の実施を促進するため必要とされる指針を定めること。

(g)　安全保障理事会に対し、委員会の作業について、特に上記8の規定により課される措置の実効性を強化する方法に係る評価及び勧告とともに、少なくとも九〇日ごとに報告すること。

13　朝鮮半島の検証可能な非核化を達成し、かつ、朝鮮半島及び北東アジア地域の平和と安定を維持するため、中国、北朝鮮、日本、大韓民国、ロシア連邦及びアメリカ合衆国によって二〇〇五年九月一九日に発出された共同声明を迅速に実施するために、外交努力を強化し、緊張を悪化させるおそれのあるいかなる行動も差し控え、かつ、六者会合の早期の再開を促進するというすべての関係国による努力を歓迎し、更に奨励する。

14　北朝鮮に対し、直ちに無条件で六者会合に復帰すること、また、中国、北朝鮮、日本、大韓民国、ロシア連邦及びアメリカ合衆国によって二〇〇五年九月一九日に発出された共同声明の迅速な実施に向けて作業することを要請する。

15　北朝鮮の行動を絶えず検討すること、また、北朝鮮によるこの決議の規定の遵守の状況にかんがみ、上記8に規定する措置の妥当性について、その時点における必要に応じ、検討(これらの措置の強化、修正、停止又は解除についての検討を含む。)を行う用意があることを確認する。

16　追加の措置が必要な場合には、更なる決定が必要

とされることを強調する。

17　この問題に引き続き積極的に関与することを決定する。

14-21　安全保障理事会決議一八七四（二〇〇九）（北朝鮮の核実験）

採　択　二〇〇九年六月一二日（全会一致）

安全保障理事会は、

決議八二五（一九九三）、決議一五四〇（二〇〇四）、決議一六九五（二〇〇六）及び特に決議一七一八（二〇〇六）を含むこれまでの関連する決議並びに二〇〇六年一〇月六日の議長声明（S／PRST／二〇〇六／四一）及び二〇〇九年四月一三日の議長声明（S／PRST／二〇〇九／七）を想起し、

核、化学及び生物兵器並びにその運搬手段の拡散が、国際の平和及び安全に対する脅威を構成することを再確認し、

二〇〇九年五月二五日（現地時間）に北朝鮮により決議一七一八（二〇〇六）に違反して実施された核兵器の実験、このような実験による核兵器の不拡散に関する条約（NPT）及び二〇一〇年NPT運用検討会議に向けて核兵器の不拡散に関する世界的な制度を強化するための国際的な努力に対する挑戦、並びに、このような実験が地域内外の平和及び安定にもたらす危険に対し、最も重大な懸念を表明し、

NPT及び同条約をそのすべての側面において強化するとの約束並びに核不拡散及び核軍縮に向けた世界的な努力に対する集団的な支持を強調するとともに、北朝鮮はいずれにせよNPTに従い核兵器国としての地位を有することはできないことを想起し、

北朝鮮によるNPTからの脱退に関する発表及び核兵器の追求を遺憾とし、

北朝鮮が、国際社会が有するその他の安全保障上及び人道上の懸念に対応することが重要であることを再度強調し、

また、この決議により課される措置は、北朝鮮の一般市民に対して人道面の悪影響をもたらすことを意図するものではないことを強調し、

北朝鮮により行われた核実験及びミサイル活動が地域内外の緊張を更に増大させていることに深刻な懸念を表明するとともに、国際の平和及び安全に対する明白な脅威が引き続き存在することを認定し、

すべての加盟国が国際連合憲章の目的と原則を支持することの重要性を再確認し、

国際連合憲章第七章の下で行動し、同憲章第四一条に基づく措置をとって、

1　北朝鮮が、関連する決議（特に決議一六九五（二〇〇六）及び一七一八（二〇〇六））及び二〇〇九年四月一三日の議長声明（S／PRST／二〇〇九／七）に違反し、甚だしく無視して、二〇〇九年五月二五日（現地時間）に実施した核実験を最も強い表現で非難する。

2　北朝鮮に対し、いかなる核実験又は弾道ミサイル技術を使用した発射もこれ以上実施しないことを要求する。

3　北朝鮮が、弾道ミサイル計画に関連するすべての活動を停止し、かつ、この文脈において、ミサイル発射モラトリアムに係る既存の約束を再度確認することを決定する。

4　北朝鮮に対し、関連する安全保障理事会決議（特に決議一七一八（二〇〇六））の義務を直ちにかつ完全に遵守することを要求する。

5　北朝鮮に対し、NPTからの脱退に関する発表を直ちに撤回することを要求する。

6　北朝鮮に対し、NPTの締約国の権利及び義務に留意しつつ、NPT及び国際原子力機関（IAEA）の保障措置にすみやかに復帰することを更に要求するとともに、NPTのすべての締約国が自国の同条約上の義務を引き続き遵守することが必要であることを強調する。

7　すべての加盟国に対し、決議一七一八（二〇〇六）に基づく義務（決議一七一八（二〇〇六）に従って設立された委員会（以下「委員会」という。）が二〇〇九年四月一三日の議長声明（S／PRST／二〇〇九／七）に従って行った指定に関するものを含む。）を履行することを要請する。

8　北朝鮮が、すべての核兵器及び既存の核計画を、完全な、検証可能な、かつ、不可逆的な方法で放棄し直ちに関連するすべての活動を停止すること、NPTの下で締約国に適用される義務及びIAEA保障措置協定（IAEA INFCIRC/403）に定める条件に厳格に従って行動すること、並びに、これらの要求に加え、透明性についての措置（IAEAが要求し、かつ、必要と認める個人、書類、設備及び施設へのアクセスを含む。）をIAEAに提供することを決定する。

9　決議一七一八（二〇〇六）8(b)の措置は、すべての武器及び関連物資並びにこれらの武器及び関連物資の提供、製造、維持又は使用に関する金融取引、技術訓練、助言、サービス又は援助にも適用することを決定する。

10　決議一七一八（二〇〇六）8(a)の措置は、すべての武器及び関連物資（小型武器及びその関連物資を除く。）並びにこれらの武器の提供、製造、維持又は使用に関する金融取引、技術訓練、助言、サービス又は援助にも適用することを決定し、各国に対し、北朝鮮に対する小型武器の直接又は間接の供給、販売又は移転を監視することを要請し、さらに、各国は、

北朝鮮に対する小型武器の販売、供給又は移転の少なくとも五日前までに、委員会に通知することを決定する。

11　すべての国に対し、当該貨物が決議一七一八(二〇〇六)8(a)、8(b)若しくは8(c)の規定又はこの決議9若しくは10の規定により供給、販売、移転又は輸出が禁止されている品目を含むと信じる合理的根拠があることを示す情報を当該国が有する場合には、これらの規定の厳格な履行を確保する目的で、自国の法的権限及び国内法令に従い、かつ国際法に適合する範囲内で、海港及び空港を含む自国の領域内で、北朝鮮向け及び北朝鮮からのすべての貨物を検査することを要請する。

12　すべての加盟国に対し、当該船舶の貨物が決議一七一八(二〇〇六)8(a)、8(b)若しくは8(c)の規定又はこの決議9若しくは10の規定により供給、販売、移転又は輸出が禁止されている品目を含むと信じる合理的根拠があることを示す情報を有する場合には、これらの規定の厳格な履行を確保する目的で、旗国の同意を得て公海上で船舶を検査することを要請する。

13　すべての国に対し、11及び12の規定に基づく検査に協力することを要請し、また、旗国が公海上の検査に同意しない場合には、当該旗国は、船舶が11の規定に基づく現地の当局による必要な検査のために適当かつ都合のよい港に航行するよう指示することを決定する。

14　すべての加盟国が、11、12及び13の規定に基づく検査において確認された、決議一七一八(二〇〇六)8(a)、8(b)若しくは8(c)の規定又はこの決議の9若しくは10の規定により供給、販売、移転又は輸出が禁止されている品目を、決議一五四〇(二〇〇四)を含む関連の安全保障理事会決議の下での義務並びにＮＰＴ、一九九七年四月二九日の化学兵器の開発、生産、貯蔵及び使用の禁止並びに廃棄に関する条約及び一九七二年四月一〇日の細菌兵器(生物兵器)及び毒素兵器の開発、生産及び貯蔵の禁止並びに廃棄に関する条約の締約国のいかなる義務にも反しない方法で押収及び処分することを決定し、さらに、すべての加盟国がこれを行うことを認め、また、すべての国がそのような努力に協力することを決定する。

15　いかなる加盟国も、11、12若しくは13の規定に従って検査を行い、又は14の規定に従って貨物を押収及び処分したときは、検査、押収及び処分につき、関連する詳細が含まれた報告を委員会に対してすみやかに提出することを要求する。

16　いかなる加盟国も、12又は13の規定に基づく旗国の協力が得られない場合は、関連する詳細が含まれた報告を委員会に対して速やかに提出することを要求する。

17　加盟国は、北朝鮮の船舶が、決議一七一八(二〇〇六)8(a)、8(b)若しくは8(c)の規定又はこの決議9若しくは10の規定により供給、販売、移転又は輸出が禁止されている品目を運搬していると信じる合理的根拠があることを示す情報を有する場合には、人道的目的のために必要な場合を除き、又は、貨物が検査を受け、必要な場合は押収及び処分されるまで、自国民による又は自国の領域からの当該北朝鮮の船舶に対する燃料若しくは物品の提供等の供給サービスの提供又はその他の船舶の保守に係る役務の提供を禁止することを決定し、また、この規定が合法な経済活動に影響を与えることを意図するものではないことを強調する。

18　加盟国に対し、決議一七一八(二〇〇六)8(d)及び8(e)の規定に基づく義務の履行に加え、北朝鮮の核関連、弾道ミサイル関連又はその他の大量破壊兵器関連の計画又は活動に貢献し得る金融サービスの提供、又は自国の領域への、自国の領域を通じての若しくは自国の領域からの、又は自国民、自国の法律の下で組織された団体(海外の支店を含む。)、自国の領域内の者若しくは金融機関に対する若しくはこれらによる、いかなる金融又はその他の財産又は資産の移転も防止することを要請する(自国の管轄権の領域内の、又は今後自国の領域内に入る、自国の管轄権に服する、又は今後自国の管轄権に服することとなる、前記の計画又は活動に関連するいかなる金融又はその他の財産又は資産の凍結、及び、自国の権限及び国内法令に従った、すべてのそのような取引を防止するための監視の強化の適用を含む。)。

19　すべての加盟国並びに国際金融機関及び信用機関に対し、一般市民の必要に直接応える人道及び開発目的のもの又は非核化の促進のためのものを除き、北朝鮮に対する無償援助、資金援助又は緩和された条件による貸付けの新たな約束を行わないことを要請し、また、各国に対し、現行の約束を削減するよう警戒を強化することを要請する。

20　すべての加盟国に対し、当該金融支援が北朝鮮の核関連、弾道ミサイル関連又はその他の大量破壊兵器関連の計画又は活動に貢献し得る場合は、北朝鮮との貿易のための公的な金融支援(そのような貿易に関与する自国の国民又は団体に対して輸出信用、保証又は保険の供与を行うことを含む。)を提供しないことを要請する。

21　すべての加盟国が、北朝鮮における外交使節団の外交関係に関するウィーン条約に基づく活動を妨げることなく、決議一七一八(二〇〇六)8(a)(iii)及び8(d)の規定に従うべきことを強調する。

22　すべての加盟国に対し、この決議の採択から四五日以内に、またその後委員会の要請があれば、決議一七一八(二〇〇六)8の規定、この決議9及び10の規定並びにこの決議18、19及び20の規定に定める金融措置を効果的に実施するために取った具体的措置につき、安全保障理事会に報告するよう要請する。

23　決議一七一八(二〇〇六)8(a)、8(b)及び8(c)の規定に定める措置は、INFCIRC/254/Rev.9/Part 1a

及びINFCIRC/254/Rev.7/Part 2aに列挙される品目にも適用することを決定する。

24　決議一七一八(二〇〇六)8の規定及びこの決議により課された措置を調整すること(団体、物品及び個人の指定を含む。)を決定し、委員会に対し、このためにその任務を実施し、この決議の採択から三〇日以内に安全保障理事会に報告するよう指示し、さらに、委員会が行動しなかった場合には、安全保障理事会がその報告の受領から七日以内に措置の調整のための行動を完了することを決定する。

25　委員会が、二〇〇九年七月一五日までに理事会に提出される、遵守、調査、広報、対話、支援及び協力に関する作業計画を通じて、決議一七一八(二〇〇六)、二〇〇九年四月一三日の議長声明(S/PRST/二〇〇九/七)及びこの決議の完全な実施を促進するための努力を強化し、またこの決議の10、15、16及び22の規定に従い加盟国からの報告を受理し、検討することを決定する。

26　事務総長に対し、委員会と協議し、以下の任務を遂行するために委員会の指示の下に行動する七名までの専門家のグループ(「専門家パネル」)を当初一年の間設置することを要請する。(a)決議一七一八(二〇〇六)に明記された権限及びこの決議25の規定に明記された任務の遂行に当たり委員会を支援する。(b)国、関連する国際連合の関係機関及びその他の関係当事者からの、決議一七一八(二〇〇六)及びこの決議により課された措置の履行に関する情報(特に違反の事例に関するもの)を収集、審査、及び分析する。(c)理事会、委員会又は加盟国が検討しうる、決議一七一八(二〇〇六)及びこの決議により課された措置の実施を改善するための行動につき勧告を行う。(d)自らの作業につき、この決議の採択後九〇日以内に理事会に中間報告を、また、その権限が終了する三〇日前までに理事会に最終報告を、所見及び勧告とともに提出する。

27　すべての国、関連する国際連合の関係機関及びその他の関係当事者に対し、特に決議一七一八(二〇〇六)及びこの決議により課された措置の実施に関して保有するいかなる情報も提供することにより、委員会及び専門家パネルと完全に協力することを要請する。

28　すべての加盟国に対し、北朝鮮の拡散上機微な核活動及び核兵器運搬システムの開発に寄与し得る分野の、自国の領域内における若しくは自国民による北朝鮮市民に対する専門教育又は訓練を監視し防止することを要請する。

29　北朝鮮に対し、すみやかに包括的核実験禁止条約に加盟するよう要請する。

30　平和的対話を支持し、北朝鮮に対し、直ちに無条件で六者会合に復帰することを要請し、また、すべての参加国に対し、朝鮮半島の検証可能な非核化を達成し、かつ、朝鮮半島及び北東アジア地域の平和と安定を維持するために、中国、北朝鮮、日本、大韓民国、ロシア連邦及びアメリカ合衆国によって二〇〇五年九月一九日に採択された共同声明並びに二〇〇七年二月一三日及び二〇〇七年一〇月三日の共同文書を完全に、かつ迅速に実施するための努力を強化することを要請する。

31　事態の平和的、外交的かつ政治的解決の約束を表明し、また、対話を通じた平和的かつ包括的な解決を容易にし、また、緊張を悪化させるおそれのあるいかなる行動も差し控えるための理事国及びその他の加盟国による努力を歓迎する。

32　北朝鮮の行動を絶えず検討すること、また、北朝鮮による決議一七一八(二〇〇六)及びこの決議の関連する規定の遵守の状況にかんがみ、決議一七一八(二〇〇六)8及びこの決議の関連する規定の措置の妥当性について、その時点における必要性に応じ、検討(これらの措置の強化、調整、停止又は解除についての検討を含む。)を行う用意があることを確認する。

33　追加の措置が必要な場合には、更なる決定が必要とされることを強調する。

34　この問題に引き続き積極的に関与することを決定する。

14-22　国際連合安全保障理事会決議第一八七四号等を踏まえ我が国が実施する貨物検査等に関する特別措置法(北朝鮮貨物検査法)(抄)

公　布　二〇一〇(平成二二)年六月四日(法律第四三号)

施　行　二〇一〇(平成二二)年七月四日

第一条(目的)　この法律は、北朝鮮による核実験の実施、大量破壊兵器の運搬手段となり得る弾道ミサイルの発射等の一連の行為が国際社会の平和及び安全に対する脅威となっており、その脅威は近隣の我が国にとって特に顕著であること、並びにこの状況に対応し、国際連合安全保障理事会決議第一七一八号が核関連、弾道ミサイル関連その他の大量破壊兵器関連の物資、武器その他の物資の北朝鮮への輸出及び北朝鮮からの輸入の禁止を決定し、同理事会決議第一八七四号が当該禁止の措置を強化するとともに、国際連合加盟国に対し当該禁止の措置の厳格な履行の確保を目的とした貨物についての検査等の実施の要請をしていることを踏まえ、我が国が特別の措置として実施する北朝鮮特定貨物についての検査その他の措置について定めることにより、外国為替及び外国貿易法(昭和二四年法律第二二八号)、関税法(昭和二九年法律第六一号)その他の関係法律による措置と相まって、北朝鮮の一連の行為をめぐる同理事会決議による当該禁止の措置の実効性を確保するとともに、我が国を含む国際社会の平和及び安全に対する脅威の除去に資することを目的とする。

第二条(定義) この法律において、次の各号に掲げる用語の意義は、それぞれ当該各号に定めるところによる。

一　北朝鮮特定貨物　次のいずれかに該当する貨物(我が国から輸出しようとする貨物で外国為替及び外国貿易法第四八条第一項の規定による許可を受けなければならないもの及び同条第三項の規定による輸出の承認を受ける義務を課せられているもの並びに我が国から輸出した貨物で当該許可又は当該承認を受けたもの並びに我が国に輸入しようとする貨物で同法第五二条の規定による輸入の承認を受ける義務を課せられているもの及び我が国に輸入した貨物で当該承認を受けたものを除く。)をいう。

イ　北朝鮮を仕向地とする貨物のうち、国際連合安全保障理事会決議第一七一八号、同理事会決議第一八七四号その他政令で定める同理事会決議により北朝鮮への輸出の禁止が決定された核関連、ミサイル関連その他の大量破壊兵器関連の物資、武器その他の物資であって政令で定めるもの

ロ　北朝鮮を仕出地とする貨物のうち、国際連合安全保障理事会決議第一七一八号、同理事会決議第一八七四号その他政令で定める同理事会決議により北朝鮮からの輸入の禁止が決定された核関連、ミサイル関連その他の大量破壊兵器関連の物資、武器その他の物資であって政令で定めるもの

二　船舶　軍艦等(軍艦及び各国政府が所有し又は運航する船舶であって非商業的目的のみに使用されるものをいう。以下この号において同じ。)以外の船舶であって、軍艦等に警護されていないものをいう。

三　船長等　船長又は船長に代わって船舶を指揮する者をいう。

四　日本船舶　船舶法(明治三二年法律第四六号)第一条に規定する日本船舶をいう。

第三条(検査) 1　海上保安庁長官は、我が国の内水にある船舶が北朝鮮特定貨物を積載していると認めるに足りる相当な理由があるときは、海上保安官に、次に掲げる措置をとらせることができる。

一　検査のため当該船舶の進行を停止させること。

二　当該船舶に立ち入り、貨物、書類その他の物件を検査し、又は当該船舶の乗組員その他の関係者に質問すること。

三　検査のため必要な最小限度の分量に限り試料を収去すること。

四　検査のため必要な限度において、貨物の陸揚げ若しくは積替えをし、又は船長等に貨物の陸揚げ若しくは積替えをするよう指示すること。

2　海上保安庁長官は、我が国の領海又は公海(海洋法に関する国際連合条約に規定する排他的経済水域を含む。以下同じ。)にある船舶が北朝鮮特定貨物を積載していると認めるに足りる相当な理由があるときは、海上保安官に、次に掲げる措置をとらせることができる。

一　船長等に、検査のため当該船舶の進行を停止するよう求めること。

二　船長等の承諾を得て、前項第二号又は第三号に掲げる措置をとること。

三　検査のため必要な限度において、船長等の承諾を得て貨物の陸揚げ若しくは積替えをし、又は船長等に貨物の陸揚げ若しくは積替えをするよう求めること。

3　税関長は、我が国の港にある船舶又は我が国の空港にある航空機(軍用機及び各国政府が所有し又は運航する航空機であって非商業的目的のみに使用されるものを除く。以下同じ。)が北朝鮮特定貨物を積載していると認めるに足りる相当な理由があるときは、税関職員に、次に掲げる措置をとらせることができる。

一　当該船舶若しくは当該航空機に立ち入り、貨物、書類その他の物件を検査し、又は当該船舶若しくは当該航空機の乗組員その他の関係者に質問すること。

二　検査のため必要な最小限度の分量に限り試料を収去すること。

三　検査のため必要な限度において、貨物の陸揚げ若しくは積替えをし、又は当該船舶の船長等若しくは当該航空機の機長若しくはこれに代わってその職務を行う者(次条第二項において「機長等」という。)に貨物の陸揚げ若しくは積替えをするよう指示すること。

4　税関長は、保税地域(関税法第二九条に規定する保税地域をいい、同法第三〇条第一項第二号の規定により税関長が指定した場所を含む。次条第二項において同じ。)に置かれている貨物のうちに北朝鮮特定貨物があると認めるに足りる相当な理由があるときは、税関職員に、貨物、書類その他の物件を検査させ、所有者、占有者、管理者その他の関係者に質問させ、又は検査のため必要な最小限度の分量に限り試料を収去させることができる。

5　海上保安官及び税関職員は、前各項の規定による検査をするときは、国土交通省令・財務省令で定めるところにより、制服を着用し、又はその身分を示す証票を携帯し、関係者の請求があるときは、これ

を提示しなければならない。

6　第一項から第四項までの規定による検査の権限は、犯罪捜査のために認められたものと解してはならない。

第四条（提出命令） 1　海上保安庁長官は、前条第一項又は第二項の規定による検査の結果、北朝鮮特定貨物があることを確認したときは、当該船舶の船長等に対し、その提出を命ずることができる。海上保安官が海上保安庁法（昭和二三年法律第二八号）その他のこの法律以外の法律の規定による立入検査の結果、船舶において北朝鮮特定貨物を発見した場合において、当該海上保安官からその旨の報告を受けたときも、同様とする。

2　税関長は、前条第三項又は第四項の規定による検査の結果、北朝鮮特定貨物があることを確認したときは、当該船舶の船長等若しくは当該航空機の機長等又は当該北朝鮮特定貨物の所有者若しくは占有者に対し、その提出を命ずることができる。税関職員が関税法第一〇五条の規定による検査の結果、船舶、航空機又は保税地域において北朝鮮特定貨物を発見した場合において、当該税関職員からその旨の報告を受けたときも、同様とする。

第五条（保管） 1　海上保安庁長官又は税関長は、前条の規定により提出を受けた北朝鮮特定貨物（以下この条において「提出貨物」という。）を保管するものとする。

2　海上保安庁長官又は税関長は、前項の規定により提出貨物を保管したときは、当該提出貨物の内容その他の国土交通省令・財務省令で定める事項を官報への掲載、インターネットの利用その他の適切な方法により公告するものとする。この場合において、当該提出貨物の所有者及びその所在が判明しているときは、その者に当該公告に係る事項を通知するものとする。

3　海上保安庁長官又は税関長は、第一項の規定により提出貨物を保管した場合において、次のいずれかに該当することとなったときは、当該提出貨物をその所有者又は提出者に返還するものとする。

一　当該提出貨物が次に掲げる区分に応じそれぞれ次に定める物資に該当しなくなったとき。

イ　第二条第一号イに係る提出貨物　同号イに規定する政令で定める物資

ロ　第二条第一号ロに係る提出貨物　同号ロに規定する政令で定める物資

二　当該提出貨物（第二条第一号イに係るものに限る。）について、その所有者又は提出者から、国土交通省令・財務省令で定める北朝鮮への輸出を防止するための措置を講じた上で、返還の申出があったとき。

4　第二項の規定は、前項第一号に規定する場合について準用する。この場合において、第二項中「当該提出貨物の内容」とあるのは、「当該提出貨物について次項第一号に該当することとなったこと」と読み替えるものとする。

5　海上保安庁長官又は税関長は、提出貨物が細菌兵器（生物兵器）及び毒素兵器の開発、生産及び貯蔵の禁止並びに廃棄に関する条約等の実施に関する法律（昭和五七年法律第六一号）第二条第三項に規定する生物兵器若しくは同条第四項に規定する毒素兵器又は化学兵器の禁止及び特定物質の規制等に関する法律（平成七年法律第六五号）第二条第二項に規定する化学兵器に該当するときは、政令で定めるところにより、当該提出貨物を廃棄しなければならない。

6　海上保安庁長官又は税関長は、提出貨物が次のいずれかに該当するときは（第二号に該当する場合にあっては、第二項の規定による公告をした日から起算して三月を経過した日以後）、政令で定めるところにより、これを売却することができる。

一　滅失し、又は毀損するおそれがあるとき。

二　その保管に過大な費用又は手数を要するとき。

7　前項の規定による売却（以下この条において単に「売却」という。）による代金は、売却に要した費用に充てることができる。

8　売却をしたときは、当該提出貨物の保管、返還及び帰属については、売却による代金から売却に要した費用を控除した残額を当該提出貨物とみなす。

9　海上保安庁長官又は税関長は、提出貨物が第六項各号のいずれかに該当する場合において、売却につき買受人がないとき又は売却による代金の見込額が売却に要する費用の額に満たないと認められるときは、政令で定めるところにより、当該提出貨物について廃棄その他の処分をすることができる。

10　第三項第一号に該当することとなった場合において、第四項において準用する第二項の規定による公告をした日から起算して一年を経過してもなお提出貨物の返還を受けるべき者若しくはその者の所在が判明しないこと又はその者が提出貨物の引取りをしないことにより提出貨物を返還することができないときは、当該提出貨物の所有権は、国に帰属する。

11　前各項に規定するもののほか、提出貨物の保管及び売却、廃棄その他の処分に関して必要な事項は、国土交通省令・財務省令で定める。

第六条（回航命令） 海上保安庁長官は、次の各号に掲げる措置をとろうとする場合において、それぞれ当該各号に定める事由があるときは、当該船舶の船長等に対し、当該船舶を、その指定する我が国の港その他の当該各号に掲げる措置を円滑かつ的確に実施することができると認められる場所に回航すべきことを命ずることができる。

一　第三条第一項又は第二項の規定による検査　天候、貨物の積付けの状況その他やむを得ない理由により、その現場において当該検査をすることができないこと。

二　第三条第二項の規定による検査　当該船舶の船長等が、同項第一号若しくは第三号の規定による求めに応ぜず、又は同項第二号若しくは第三号の承諾をしないこと。

三　第四条第一項の規定による北朝鮮特定貨物の提出の命令　天候、貨物の積付けの状況その他やむを得ない理由により、その現場において当該北朝鮮特定貨物の提出を受けることができないこと。

第七条（日本船舶に対する回航命令）1　公海にある日本船舶に対して外国の当局が第三条の規定による検査に相当する検査（第四条又は前条の規定による命令に相当する命令その他の当該検査に関し必要な措置を含む。）を行うことについて我が国が当該外国に対し同意をしなかったときは、外務大臣は、国土交通大臣に対し、速やかに、その旨を通知しなければならない。

2　国土交通大臣は、前項の規定による通知を受けたときは、当該日本船舶の船長等に対し、第三条第一項若しくは第三項の規定による検査又はこれに相当する外国の当局による検査を受けるために当該日本船舶をその指定する港に回航すべきことを命じなければならない。この場合において、国土交通大臣は、我が国の港を指定するときは海上保安庁長官又は当該港を管轄する税関長にその旨を通知するものとし、外国の港を指定するときは外務大臣に協議するものとする。

第八条（旗国の同意等）1　日本船舶以外の船舶で公海にあるものについての第三条第二項の規定による検査又は第四条若しくは第六条の規定による命令は、それぞれ、旗国（海洋法に関する国際連合条約第九一条2に規定するその旗を掲げる権利を有する国をいう。）の同意がなければ、これをすることができない。ただし、同条約第九一条1に規定する国籍を有しない船舶（同条約第九二条2の規定により当該船舶とみなされるものを含む。）については、この限りでない。

2　前項に定めるもののほか、この法律の施行に当たっては、我が国が締結した条約その他の国際約束の誠実な履行を妨げることがないよう留意するとともに、確立された国際法規を遵守しなければならない。

第九条（関係行政機関の協力）
第一〇条（権限の委任）
第一一条（行政手続法の適用除外）
第一二条（政令への委任）
第一三条（罰則）
第一四条（同）
（略）

第一五条（我が国の法令の適用）日本船舶以外の船舶で公海にあるものについての第三条第二項及び第四条から第七条までの規定による措置に関する日本国外における我が国の公務員の職務の執行及びこれを妨げる行為については、我が国の法令（罰則を含む。）を適用する。

附　則

1（施行期日）　この法律は、公布の日から起算して三〇日を経過した日から施行する。

2（この法律の廃止）　この法律は、国際連合安全保障理事会決議第一八七四号（第一条に規定する要請に係る部分に限る。）がその効力を失ったときは、速やかに、廃止するものとする。

14 23　安全保障理事会決議二二七〇（二〇一六）（北朝鮮の核実験）（抜粋）

採択　二〇一六年三月二日（全会一致）

安全保障理事会は、

（中略）

北朝鮮が、外交関係に関するウィーン条約及び領事関係に関するウィーン条約に基づいて与えられた特権及び免除を濫用していることへの懸念を引き続き表明し、

（中略）

国際連合憲章第七章の下で行動し、同憲章第四一条に基づく措置をとって、

12　決議一七一八（二〇〇六）8(d)に規定する「経済資源」には、船舶（海洋船舶を含む。）のようなあらゆる種類の資産（資金、物品又はサービスを得るために用いられるものであって、有形か無形か、動産か不動産か、実在のものか潜在的なものかを問わない。）が含まれることを確認する。

13　加盟国が、北朝鮮の外交官、北朝鮮政府の代表又は北朝鮮政府の資格で行動するその他の北朝鮮国民が、指定された個人若しくは団体又は制裁回避を支援し若しくは決議一七一八（二〇〇六）、一八七四（二〇〇九）、二〇八七（二〇一三）、二〇九四（二〇一三）若しくはこの決議の規定に違反する個人若しくは団体の代理として又はそれらの指示により行動していると決定する場合には、当該加盟国は、適用可能な国内法及び国際法に従い、北朝鮮への送還を目的としてその個人を自国の領域から追放することを決定するとともに（ただし、この規定は、北朝鮮政府代表者が国際連合の業務を実施する

ために国際連合本部又は他の国際連合の施設に移動することを妨げるものではない。)、この規定は、(a)司法手続の実施のためにその個人の存在が必要な場合、(b)専ら医療、安全若しくはその他の人道的目的のためにその個人の存在が必要な場合、又は(c)その個人の追放が決議一七一八(二〇〇六)、一八七四(二〇〇九)、二〇八七(二〇一三)、二〇九四(二〇一三)及びこの決議の目的に反すると委員会が個別の案件に応じて決定した場合には、特定の個人について適用されないことを決定する。

16　北朝鮮が、関連する安保理決議により課された措置に違反する目的で、フロントカンパニー、シェルカンパニー、合弁企業及び複雑かつ不透明な所有構造を頻繁に利用することに留意するとともに、この関連で、委員会に対し、パネルの支援を得つつ、そのような行為に関与する個人及び団体を特定し、適切な場合には、決議一七一八(二〇〇六)、一八七四(二〇〇九)、二〇八七(二〇一三)、二〇九四(二〇一三)及びこの決議により課される措置の対象に指定するよう指示する。

18　決議一七一八(二〇〇六)、一八七四(二〇〇九)、二〇八七(二〇一三)、二〇九四(二〇一三)及びこの決議に違反していかなる品目も移転されないことを確保する目的で、全ての国が、北朝鮮を原産地とする貨物、北朝鮮を目的地とする貨物、北朝鮮、その国民若しくはそれらの代理として若しくはそれらの指示により行動する個人若しくは団体、それらにより所有され若しくは管理される団体若しくは指定された個人若しくは団体により仲介若しくは促進される貨物、又は北朝鮮籍の航空機若しくは海洋船舶で輸送されている貨物であって、自国の領域(空港、海港及び自由貿易地帯を含む。)の内にある又はそこを通過するものを検査することを決定するとともに、各国に対して、そのような検査を、各国が人道的目的のものであると決定する貨物の移転に与える影響を最小限にする方法で実施することを要請する。

27　決議一七一八(二〇〇六)8(a)及び(b)の規定により課された措置は、北朝鮮の核計画、弾道ミサイル計画若しくはその他の大量破壊兵器計画、決議一七一八(二〇〇六)、一八七四(二〇〇九)、二〇八七(二〇一三)、二〇九四(二〇一三)及びこの決議により禁止された活動、又は決議一七一八(二〇〇六)、一八七四(二〇〇九)、二〇八七(二〇一三)、二〇九四(二〇一三)及びこの決議により課された措置の回避に貢献し得ると国が決定する場合には、いかなる品目にも適用されることを決定する。

29　北朝鮮が、その領域からの、又はその国民による若しくはその旗を掲げる船舶若しくは航空機の使用による石炭、鉄及び鉄鉱石の直接又は間接の供給、販売又は移転を行わないこと、また、全ての国が、自国民による又は自国の旗を掲げる船舶若しくは航空機の使用による、北朝鮮からのこれらの物資(北朝鮮の領域を原産地とするものであるか否かを問わない。)の調達を禁じることを決定するとともに、この規定は以下のものには適用されないことを決定する。

(a)　調達国が、信頼できる情報に基づき、北朝鮮外を原産地とする石炭であって、羅津(羅先)港からの輸出のみを目的として北朝鮮を通じて輸送されたと確認するもの。ただし、当該国が、事前に委員会に通報し、かつ、そのような取引が北朝鮮の核計画若しくは弾道ミサイル計画又は決議一七一八(二〇〇六)、一八七四(二〇〇九)、二〇八七(二〇一三)、二〇九四(二〇一三)若しくはこの決議により禁止されているその他の活動のための収入を生み出すことに無関係である場合に限る。

(b)　専ら生計目的のためであり、北朝鮮の核計画若しくは弾道ミサイル計画又は決議一七一八(二〇〇六)、一八七四(二〇〇九)、二〇八七(二〇一三)、二〇九四(二〇一三)若しくはこの決議により禁止されているその他の活動のための収入を生み出すことに無関係であると決定された取引。

30　北朝鮮が、その領域からの、又はその国民による若しくはその旗を掲げる船舶若しくは航空機の使用による金、チタン鉱石、バナジウム鉱石及びレア・アースの直接又は間接の供給、販売又は移転を行わないこと、また、全ての国が、自国民による又は自国の旗を掲げる船舶若しくは航空機の使用による北朝鮮からのこれらの物資(北朝鮮の領域を原産地とするものであるか否かを問わない。)の調達を禁じることを決定する。

31　全ての国が、自国民による若しくは自国の領域から又は自国の旗を掲げる船舶若しくは航空機の使用による航空燃料(航空ガソリン、ナフサ型のジェット燃料、ケロシン型のジェット燃料及びケロシン型のロケット燃料を含む。)の北朝鮮の領域への販売又は供給を防止することを決定するとともに(ただし、委員会が事前に例外的に個別の案件に応じてそのような製品の北朝鮮への移転は検証された不可欠な人道上の必要性によるものであり、その運搬と使用を効果的に監視するための取決めに基づくものであるとして承認した場合を除く。)、この規定は、北朝鮮外における民間旅客機に対する、専ら北朝鮮への飛行及び帰りの飛行の間に消費される航空燃料の販売又は供給に関しては適用されないことを決定する。

33　各国が、自国の領域内で、北朝鮮の銀行の新しい支店、子会社及び連絡事務所の開設及び運営を禁止することを決定し、さらに、各国が、事前に取引が委員会によって承認された場合を除き、自国の領域内の又は自国の管轄権に服する金融機関が北朝鮮の銀行との新しい合弁企業を設立すること、北朝鮮の銀行の持ち分を得ること、又は北朝鮮の銀行と取引関係(コルレス関係)を確立し若しくは維持することを禁止することを決定するとともに、各国が、この決議の採択から九〇日以内に、そのような既存の支店、子会社及び連絡事務所を閉鎖し、並びにそのような北朝鮮の銀行との合弁企業、持ち分及び取引関係(コルレス関係)を終了させるために必要な措置をとることを決定する。

34　各国が、自国の領域内の又は自国の管轄権に服する金融機関が北朝鮮において新しい連絡事務所又は子会社、支店若しくは銀行口座を開設することを禁止することを決定する。

35　各国は、北朝鮮の核計画若しくは弾道ミサイル計画又は決議一七一八(二〇〇六)、一八七四(二〇〇九)、二〇八七(二〇一三)、二〇九四(二〇一三)若しくはこの決議により禁止されているその他の活動に貢献し得ると信じる合理的根拠があることを示す信頼できる情報を有する場合には、北朝鮮に所在する既存の連絡事務所、子会社又は銀行口座を九〇日以内に閉鎖するために必要な措置をとることを決定するとともに、さらに、この規定は、委員会が、個別の案件に応じて、そのような事務所、子会社若しくは口座が、人道支援の輸送、外交関係に関するウィーン条約に従った北朝鮮における外交使節団の活動、国際連合、若しくはその専門機関若しくは関連機関の活動、又は決議一七一八(二〇〇六)、一八七四(二〇〇九)、二〇八七(二〇一三)、二〇九四(二〇一三)若しくはこの決議に適合するその他の目的のために必要とされると決定した場合には適用されないことを決定する。

〈参考〉シンガポール首脳会談におけるアメリカ合衆国のドナルド・J・トランプ大統領と朝鮮民主主義人民共和国の金正恩国務委員長の共同声明(米朝シンガポール共同声明)(抜粋)

署　名　二〇一八年六月一二日(シンガポール)

一　米国と北朝鮮は、平和と繁栄に対する両国国民の希望に従い、新たな米朝関係を確立することを約束する。

二　米国と北朝鮮は、朝鮮半島に持続的で安定した平和体制を構築するため共に努力する。

三　北朝鮮は、二〇一八年四月二七日の板門店宣言を再確認し、朝鮮半島の完全な非核化に向けて作業することを約束する。

四　米国と北朝鮮は、捕虜や行方不明兵の遺骨の収集を約束する。これには、身元特定済みの遺骨の即時返還が含まれる。

14
24　安全保障理事会決議二二三一(二〇一五)(イラン核問題の包括的解決)

採　択　二〇一五年七月二〇日(全会一致)

安全保障理事会は、

議長声明(S/PRST/二〇〇六/一五)、決議一六九六(二〇〇六)、同一七三七(二〇〇六)、一七四七(二〇〇七)、一八〇三(二〇〇八)、一八三五(二〇〇八)及び一九二九(二〇一〇)を想起し、

核兵器の不拡散に関する条約に対する安全保障理事会の約束及び同条約のすべての締約国がその義務を完全に遵守する必要性を再確認するとともに、同条約の第一条及び第二条の規定に従って、平和的目的のための原子力の研究、生産及び利用を無差別に発展させることについての締約国の権利を想起し、

イランの核計画が専ら平和的目的のためであることを保証する交渉による解決を見出すための政治的及び外交的な努力の重要性を強調し、そのような解決が核不拡散に資することに留意し、

二〇一五年七月一四日に妥結された包括的共同行動計画(以下、「JCPOA」という。)(この決議に付属されている附属書A(S/二〇一五/五四四))及び合同委員会の設置に達した、中国、フランス、ドイツ、ロシア連邦、連合王国、合衆国、欧州連合外務・安全保障政策上級代表及びイランによる、イランの核問題に対する包括的、長期的かつ適切な解決に到達するための外交的な努力を歓迎し、

いかなる状況の下でも、いかなる核兵器も求め、開発し又は取得しないという、JCPOAにおけるイランの再確認を歓迎し、

透明性を促進し、JCPOAの完全な履行に資する環境を創り出すことを目的とした、中国、フランス、

ドイツ、ロシア連邦、連合王国、合衆国及び欧州連合による二〇一五年七月一四日の声明（この決議に附属されている附属書Ｂ（Ｓ／二〇一五／五四五））に留意し、

ＪＣＰＯＡの採択が、この問題の検討において根本的な移行を画することを確認し、ＪＣＰＯＡの履行により強化された新しい関係をイランと構築し、この問題の検討に満足のいく結果をもたらすことへの願望を表明し、

ＪＣＰＯＡの完全な履行が、イランの核計画が専ら平和的な性格であることに関する信頼を醸成することに貢献することを確認し、

申告された核物質の申告されていない目的への不転用並びに申告されていない核物質及び申告されていない核活動が存在しないことを含む保障措置協定の遵守を検証し、この文脈で、二〇一三年一一月一一日にイランと国際原子力機関（以下「ＩＡＥＡ」という。）との間で合意された「協力の枠組み」及び「過去と現在の未解決の問題の解明のためのロードマップ」の実施を通じたものを含む、イランの核計画が専ら平和的性質であることを確保するＩＡＥＡの不可欠かつ独立した役割を強く支持し、ＪＣＰＯＡの完全な履行を支援するＩＡＥＡの重要な役割を認識し、

ＩＡＥＡの保障措置が核不拡散の基本要素であり、特に、国家が関連する保障措置協定に基づく義務を履行しているという保証を提供することにより国家間の信頼を増進し、集団安全保障の強化に貢献し、及び原子力協力に資する環境の生成を支援することを確認し、また、効果的かつ効率的な保障措置の実施がＩＡＥＡと国家との間の協力的な努力を必要とし、ＩＡＥＡ事務局が保障措置に関し、透明性を向上し及び信頼を醸成し、また、保障措置の実施に関する相互的なやり取りのために、国家との保障措置の事項に関する開かれた対話への関与を継続し、この場合、イランの経済的及び技術的発展又は平和的な原子力活動の分野における国際的な協力を妨げないようにし、健康、安全性、防護その他安全の確保に関する現行の規定及び個人の権利を尊重し、及びＩＡＥＡが知るに至った商業上、技術上及び産業上の秘密その他の秘密情報を保護するためあらゆる予防措置をとることを認識し、

加盟国に対し、ＩＡＥＡの関与を通じたものを含め、ＪＣＰＯＡの附属書Ⅲに従い、原子力の平和的利用の分野においてＪＣＰＯＡの枠組においてイランと協力し、相互に決定した民生用原子力協力計画に関与することを奨励し、

従前の決議の規定及びこの決議において予見されるその他の措置の終了に留意し、加盟国がこれらの変化に対し妥当な配慮を払うことを招請し、

ＪＣＰＯＡが、イランとの正常な経済上及び貿易上の接触の発展並びに同国との協力の促進及び円滑化に資することを強調し、国際貿易に関連する国家の権利及び義務を考慮し、

加盟国は国際連合憲章第二五条に基づき、安全保障理事会の決定を受諾し且つ履行する義務があることを強調し、

１　ＪＣＰＯＡを承認し、ＪＣＰＯＡに設定された予定表に沿った、その完全な履行を要請する。

２　全加盟国、地域的機関及び国際的機関に対し、ＪＣＰＯＡに定められた履行計画及びこの決議に応じた行動を取ること並びにＪＣＰＯＡの下での約束の履行を阻む行動を慎むことによるものを含め、ＪＣＰＯＡの履行を支援するために適切な行動をとることを要請する。

３　ＩＡＥＡ事務局長に対し、ＪＣＰＯＡの下での約束の全期間において、イランの核関連の約束の必要な検証及び監視の実施を要請し、ＩＡＥＡの報告書で特定されたとおり、イランが、ＩＡＥＡの要請どおり、すべての未解決の問題を解決できるよう完全に協力することを再確認する。

４　ＩＡＥＡ事務局長に対し、ＪＣＰＯＡの下でのイランの約束の履行について、定期的な更新情報をＩＡＥＡ理事会及び適当な場合には併せて安全保障理事会に対して提供すること、また、ＪＣＰＯＡの約束の履行に直接影響を与える懸念事項があると信じる合理的根拠がある場合は、いつでもＩＡＥＡ理事会及び併せて安全保障理事会に対して報告することを要請する。

終　了

５　イランがＪＣＰＯＡの附属書Ｖの15・1から15・11の規定に定める行動をとったことをＩＡＥＡが検認し次第、ＩＡＥＡ事務局長は、この事実を確認する報告をＩＡＥＡ理事会、及び併せて安全保障理事会に対して提出することを要請する。

６　さらに、ＩＡＥＡがイランにあるすべての核物質が平和的活動にあるという拡大結論に達し次第、ＩＡＥＡ事務局長は、この結論を確認する報告をＩＡＥＡ理事会及び併せて安全保障理事会に提出することを要請する。

７　国際連合憲章第四一条の下に行動して、安全保障理事会が５の規定で明記されているＩＡＥＡからの報告を受領した際には、以下を決定する。

(a)　決議一六九六（二〇〇六）、同一七三七（二〇〇六）、一七四七（二〇〇七）、一八〇三（二〇〇八）、一八三五（二〇〇八）、一九二九（二〇一〇）及び二二二四（二〇一五）の規定は終了する。

(b)　すべての国は、附属書Ｂの１、２、４及び５の規定、並びに６(a)から(f)の規定を各規定が定める期間において遵守しなければならず、また、附属書Ｂの３及び７の規定を遵守することが要請される。

８　国際連合憲章第四一条の下に行動して、ＪＣＰＯＡに定義されているＪＣＰＯＡの採択日から一〇年後の同日に、この決議のすべての規定は終了し、７(a)に明記されている従前のいずれの決議も適用されず、安全保障理事会はイランの核問題に関する審議

を終了し、「不拡散」の議題は安全保障理事会が所管する事項の一覧表から削除されることを決定する。

9　国際連合憲章第四一条の下に行動して、この決議の附属書B及び8の規定に規定されている終了は、従前の決議の規定が12の規定に従って適用される場合はその限りではないことを決定する。

従前の決議の規定の適用

10　中国、フランス、ドイツ、ロシア連邦、連合王国、合衆国、欧州連合及びイラン(「JCPOA参加者」)に対し、JCPOAの約束の履行に関して生起するあらゆる問題に関し、JCPOAに規定される手続を通じて解決することを奨励し、JCPOA参加者による、他のJCPOA参加者の重大な不履行に関するあり得べき申立てに取り組む意図を表明する。

11　国際連合憲章第四一条の下に行動して、JCPOA参加国がJCPOAの下での約束の重大な不履行を構成すると信じる事項に関する当該JCPOA参加国による通知の受領後三〇日以内に、この決議の7(a)の規定に規定された終了の効果が継続する旨の決議案について投票を行うことを決定し、さらに、上記の通知から一〇日以内に、安全保障理事会のいずれの理事国もそのような決議案を投票のために提出しない場合には、安全保障理事会議長がこのような決議案を提出し、上記の通知後三〇日以内に採決に付すことを決定し、当該事案に関与する国家の所見及びJCPOAにおいて設置される諮問機関による当該事案に関する意見を考慮する意図を表明する。

12　国際連合憲章第四一条の下に行動して、安全保障理事会が、7(a)の規定に規定された終了の効果を継続するための11の規定に基づいた決議を採択しない場合には、11の規定に規定された安全保障理事会への通知の三〇日後のグリニッジ標準時の午前零時に、7(a)の規定に従って終了した決議一六九六(二〇〇六)、同一七三七(二〇〇六)、一七四七(二〇〇七)、一八〇三(二〇〇八)、一八三五(二〇〇八)及び一九二九(二〇一〇)のすべての規定は、この決議の採択以前に適用されていたのと同様の方法で適用され、並びに、安全保障理事会により別段の決定がされない限り、この決議の7及び8の規定、並びに16から20の規定に含まれる措置は終了されることを決定する。

13　11の規定に規定された安全保障理事会への通知が行われた場合には、イラン及びその他のJCPOA参加者は、その通知を引き起こした事案を解決するために努力することを強調し、通知を引き起こした事案が解決した場合には、それらの規定は再び適用されないようにする意図を表明し、国際連合憲章第四一条の下に行動し、通知を行ったJCPOA参加国が安全保障理事会に対し、上記の12の規定において規定された三〇日の期間内に当該事案が解決されたことを通告した場合には、7(a)の規定に規定された終了を含むこの決議の規定は、上記の12の規定にかかわらず引き続き効力を有することを決定し、12の規定に従い従前の決議の規定の全部又は一部が適用される場合には、イランはJCPOAの下での約束の履行を停止する根拠として扱うというイランの声明に留意する。

14　12の規定に従った従前の決議の規定の適用は、あらゆる当事者とイラン又はイランの個人及び団体との間で同決議の規定の適用前に署名された契約に対し、これらの契約の下で予定される活動及びこれらの契約の実施が、JCPOA、この決議及び従前の決議に合致していることを条件として、遡及的には適用されないことを確認する。

15　12の規定に従った従前の決議の規定のいかなる適用も、これらの規定の適用以前に、JCPOA及びこの決議に合致して、イラン又はイランの個人及び団体との取引に関与した個人及び団体に損害を与えることを意図しないことを確認し、加盟国に対しこれらの損害に関し、互いに協議し、それらの個人及び団体に対するこれらの意図しない損害を軽減するために行動をとることを奨励し、従前の決議の規定が12の規定に従い適用される場合には、JCPOA、この決議及びこれらの規定の適用前の従前の決議に合致してイランと取引活動を実施していた個人及び団体に対し遡及的には措置を課さないことを決定する。

JCPOAの履行

16　国連憲章第四一条の下に行動し、附属書Bの2の規定に示された核関連活動への参加又は許可に係る国家による提案に関する合同委員会の勧告を検討することを決定し、安全保障理事会が合同委員会の勧告を受け取ってから五作業日以内にそれを拒否する決議を採択しない限り、そのような勧告は承認されたとみなされることを決定する。

17　附属書Bの2の規定に示された活動に参加し、又は許可しようとする加盟国に対し、安全保障理事会に対し提案を提出することを要請し、そのような提案を、JCPOAにおいてその検討のために設置される合同委員会と共有する意図を表明し、安全保障理事会のいずれの理事国にも、これらの提案に関連する情報及び意見を提供するよう招請し、合同委員会に対し、そのような情報及び意見に対して妥当な考慮を払うよう奨励し、合同委員会に対し、これらの提案に対する勧告を二〇作業日以内に(又は、延長された場合は、三〇作業日以内に)安全保障理事会に提供するよう要請する。

18　事務総長に対し、JCPOAの実施を支援するために、加盟国との連絡及び合意された実務的な取決めを通じた安全保障理事会と合同委員会との間の連絡を促進するために必要な行政上の措置をとることを要請する。

19　IAEA及び合同委員会に対し、適当な場合には、JCPOAに定めるとおり協議及び情報交換を行うことを要請し、さらに、JCPOAの附属書Ⅳに従い、輸出国が合同委員会と協力することを要請する。

20 合同委員会に対し、JCPOAの下でのイランの原子力活動に必要な品目、資材、機材、物品及び技術の移転を提供する目的で、この決議及びJCPOAの規定及び目的に合致する限りにおいて承認を勧告するために、附属書Bの2の規定に示された移転及び活動のための提案を検討することを要請し、合同委員会に対して、すべてのこのような提案に対する詳細かつ完全な検討を確保するための手続を定めることを奨励する。

例外

21 国際連合憲章第四一条の下に行動し、決議一六九六(二〇〇六)、同一七三七(二〇〇六)、一七四七(二〇〇七)、一八〇三(二〇〇八)、一八三五(二〇〇八)及び一九二九(二〇一〇)により課される措置は、JCPOAの参加国又はこれらと調整して行動する加盟国による品目、資材、機材、物品及び技術の供給、販売又は移転、並びに、関連するあらゆる技術援助、訓練、資金援助、投資、仲介又はその他のサービスの提供であって、(a)安定的な同位体製造のためのフォルドの施設における二つのカスケードの改良、(b)天然ウランの対価として提供される三〇〇キログラムを超える部分のイランの濃縮ウランの輸出、(c)アラク原子炉の合意された概念上の設計及びそれに続く合意された最終設計に基づく同原子炉の近代化、と直接関連するものには適用されないことを決定する。

22 国際連合憲章第四一条の下に行動し、21の規定により許可される活動に従事する加盟国は、(a)すべてのこのような活動がJCPOAに厳格に従って実施されること、(b)そのような加盟国が、決議一七三七(二〇〇六)に従って設置された委員会及び設立された際には合同委員会に対し、このような活動の一〇日前に、通知すること、(c)適当な場合には、決議一七三七(二〇〇六)で参照される関連のINFCIRC(更新された場合には最新のもの)に記載されたガイドラインの要件を満たしていること、(d)そのような加盟国が、供給された品目の最終用途及び最終使用地について検認する権利を有し、かつ、この権利を効果的に行使する立場にあること、及び(e)決議一七三七(二〇〇六)で参照されるINFCIRC(更新された場合には最新のもの)に記載される提供された品目、資材、機材、物品及び技術の場合、その供給、販売又は移転後一〇日以内にIAEAに対しても通報されることを確保することを決定する。

23 国際連合憲章第四一条の下に行動し、決議一六九六(二〇〇六)、同一七三七(二〇〇六)、一七四七(二〇〇七)、一八〇三(二〇〇八)、一八三五(二〇〇八)及び一九二九(二〇一〇)により課された措置は、決議一七三七(二〇〇六)に従って設置された委員会により、事前に個別の案件に応じて承認された移転及び活動を遂行するために必要な限度で、次のものには適用されないことも決定する。

(a) JCPOAの附属書Vの15・1から15・11の規定に定める核関連の行動の実施に直接関係のあるもの

(b) JCPOAの履行のための準備に必要なもの、又は

(c) この決議の目的に合致していると委員会により決定されるもの

24 従前の決議の規定が12の規定に従って適用される場合は、21、22、23及び27の規定は引き続き効力を有することに留意する。

その他の事項

25 附属書Bに定める任務及び指針の公表を含め、この決議の履行に関係する任務を直接的に遂行するために必要な実務的な取決めを策定することを決定する。

26 すべての国、関連する国際連合の機関及びその他の関係当事者に対し、この決議に関連する任務の遂行において、特にこの決議に含まれる措置の履行に関して利用することができるあらゆる情報を提供することにより、安全保障理事会と完全に協力することを要請する。

27 JCPOAに含まれるすべての規定は、E3／EU＋3とイランとの間のその履行のためだけであって、他のいかなる国、又は国際法の原則並びに核兵器の不拡散に関する条約及び他の関連する文書の下での権利及び義務、並びに国際的に承認された原則及び慣行に対する前例となるものとみられるべきではないことを決定する。

28 決議一七三七(二〇〇六)の15の規定に定める条件が満たされる場合には、同決議の12の規定により課される措置は、指定された者又は団体が、そのような者又は団体のリストへの記載よりも前に締結された契約に基づいて支払いを行うことを妨げるものではないことを想起し、この決議の12の規定に従って従前の決議の規定が再適用される場合には、この規定が適用されることを強調する。

29 すべての国に対し、決議一七三七(二〇〇六)、同一七四七(二〇〇七)、一八〇三(二〇〇八)、一九二九(二〇一〇)及びこの決議の規定の適用によりその履行が妨げられたあらゆる契約その他の取引に関連して、イラン政府、イランにおけるいかなる者若しくは団体、決議一七三七(二〇〇六)及び関連する決議に従って指定された者若しくは団体、又はそのような者若しくは団体を通じて若しくはこれらの利益のために請求を行ういかなる者の要求によっても、いかなる請求も受理されないことを確保するために必要な措置をとることの重要性を強調する。

30 この決議の規定が8の規定に従い終了するまで、この問題に引き続き関与することを決定する。

附属書A：包括的共同作業計画(JCPOA)、ウィーン、二〇一五年七月一四日(抜粋)

JCPOAの附属書V　実施計画

6　採択日は、上記決議を通じた国連安全保障理事会によるこのＪＣＰＯＡの承認の九〇日後又はＪＣＰＯＡのすべての参加者の相互の同意による場合にはより早い日となり、その時点でこのＪＣＰＯＡは効力を生ずる(comes into effect)。

附属書Ｂ：声明(略)

14 25　安全保障理事会決議二一一八(二〇一三)(シリアの化学兵器の廃棄)

採　択　二〇一三年九月二七日(全会一致)

安全保障理事会は、

二〇一一年八月三日、二〇一二年三月二一日及び二〇一二年四月五日の議長声明並びに安全保障理事会決議一五四〇(二〇〇四)、決議二〇四二(二〇一二)及び決議二〇四三(二〇一二)を想起し、

シリア・アラブ共和国の主権、独立及び領土保全に対する強い約束を再確認し、

化学兵器及びその運搬手段の拡散が国際の平和と安全に対する脅威を構成することを再確認し、

シリア・アラブ共和国が、一九二五年六月一七日にジュネーブで署名された窒息性ガス、毒性ガス又はこれらに類するガス及び細菌学的手段の戦争における使用の禁止に関する議定書に一九六八年一月二二日に加入したことを想起し、

シリア・アラブ共和国が、二〇一三年九月一四日に、化学兵器の開発、生産、貯蔵及び使用の禁止並びに廃棄に関する条約(以下「条約」という。)への加入書を事務総長に寄託し、また、シリア・アラブ共和国について効力を生ずるまでの間、条約を暫定的に適用しながら、その規定を誠実かつ真剣に遵守する旨を宣言したことに留意し、

一九八七年一一月三〇日の国際連合総会決議四二／三七Ｃ(一九八七年)に基づき、一九八八年八月二六日の安全保障理事会決議六二〇(一九八八)により再確認されたとおり、シリア・アラブ共和国における化学兵器使用事案に関する国際連合の調査団(以下「調査団」という。)が事務総長により設立されたことを歓迎し、また調査団の活動に謝意を表明し、

調査団による二〇一三年九月一六日の報告書(Ｓ／二〇一三／五五三)を認識し、調査団がその任務を遂行する必要性を強調し、また、シリア・アラブ共和国における化学兵器の使用についての将来的な信頼に足る主張が調査されるべきであることを強調し、

調査団の報告において結論付けられたとおり、二〇一三年八月二一日のリフ・ダマスカスにおける化学兵器の使用に深く憤慨し、それに起因する市民の殺戮を非難し、化学兵器の使用は深刻な国際法違反を構成することを確認し、また化学兵器のいかなる使用に対しても責任を負う者は説明責任が問われなければならないことを強調し、

全ての国は、化学兵器を含む大量破壊兵器及びその運搬手段の開発、取得、製造、所持、輸送、移転又は使用を企てる非国家主体に対し、いかなる形態の支援も提供することを差し控えるとの安全保障理事会決議一五四〇(二〇〇四)の下での義務を想起し、

最も迅速かつ安全な方法でシリア・アラブ共和国の化学兵器計画の廃棄を確保することを目的とした、二〇一三年九月一四日のジュネーブにおけるロシア連邦及びアメリカ合衆国の間のシリアの化学兵器廃絶に向けた枠組み(Ｓ／二〇一三／五六五)を歓迎し、また、シリア・アラブ共和国における化学兵器及びその部品を即時に国際管理に置く約束を表明し、

シリア・アラブ共和国の化学兵器計画の迅速な廃棄及びそのための厳しい検証に向けた特別な手続を創設する二〇一三年九月二七日の化学兵器禁止機関(ＯＰＣＷ)執行理事会決定を歓迎し、また二〇一三年九月二七日のＯＰＣＷ執行理事会の決定に含まれる予定表に基づき、シリア・アラブ共和国の化学兵器計画の廃棄を確保するとの決意を表明し、

シリア・アラブ共和国における現在の危機の唯一の解決は、二〇一二年六月三〇日のジュネーブ・コミュニケに基づく、包括的かつシリア人主導の政治プロセスを通じたものであることを強調し、また可能な限り早期にシリアに関する国際会議を開催する必要性を強調し、

シリア・アラブ共和国における化学兵器の使用は国際の平和と安全に対する脅威を構成することを認定し、

加盟国は、国際連合憲章第二五条の下で、安全保障理事会の決定を受諾しかつ履行することを義務づけられていることを強調し、

1　いかなる場所においても化学兵器の使用は国際の平和と安全に対する脅威を構成することを認定する。

2　シリア・アラブ共和国におけるいかなる化学兵器の使用も、特に二〇一三年八月二一日の攻撃を、国際法違反として、最も強い表現で非難する。

3　シリア・アラブ共和国の化学兵器計画の迅速な廃棄及びその厳しい検証に向けた特別な手続を含む、二〇一三年九月二七日のＯＰＣＷ執行理事会の決定を支持し、また、最も迅速かつ安全な方法でその完全な実施を要請する。

4　シリア・アラブ共和国は、化学兵器を使用し、開発し、生産その他の方法によって取得し、貯蔵し若しくは保有し、又は他国若しくは非国家主体に対し直接的若しくは間接的に移転してはならないことを

決定する。

5　シリアにおけるいかなる当事者も化学兵器を使用、開発、生産、取得、貯蔵、保有又は移転してはならないことを強調する。

6　シリア・アラブ共和国は、二〇一三年九月二七日のＯＰＣＷ執行理事会の決定（附属書Ⅰ）の全ての側面を遵守することを決定する。

7　シリア・アラブ共和国は、関連の勧告を遵守し、ＯＰＣＷ又は国際連合により任命された人員を受け入れ、これら人員により行われる活動の安全性を提供及び確保し、これら人員が職務を果たすに当たり、あらゆる場所への即時かつ制限のないアクセス及び査察の権利を提供し、ＯＰＣＷがその任務目的のために重要であると信じる根拠を有する個人に対する即時かつ制限のないアクセスを許可することを含め、ＯＰＣＷ及び国際連合に完全に協力することを決定し、また、この関連で、シリアにおける全ての当事者が完全に協力することを決定する。

8　国際連合職員の先遣団に対し、シリアにおけるＯＰＣＷの活動に早期の支援を提供する権限を付与することを決定し、ＯＰＣＷ事務局長及び国際連合事務総長に対し、現地での活動を通じたものを含め、二〇一三年九月二七日の執行理事会の決定及び本決議の実施において緊密に協力することを要請し、さらに事務総長に対し、本決議採択の日から一〇日以内に、ＯＰＣＷ事務局長及び適切な場合には世界保健機関事務局長と協議し、シリア・アラブ共和国の化学兵器計画の廃絶における国際連合の役割に関する勧告を安全保障理事会に提出することを要請する。

9　シリア・アラブ共和国は国際連合の特権及び免除に関する条約の締約国であることに留意し、本決議又は二〇一三年九月二七日のＯＰＣＷ執行理事会の決定に規定された活動を実施するＯＰＣＷに任命された人員は、化学兵器禁止条約の検証附属書第二部(B)に含まれる特権及び免除を享有することを決定し、また、シリア・アラブ共和国に対し、国際連合及びＯＰＣＷと様式に関する協定を締結するよう要請する。

10　加盟国に対し、ＯＰＣＷ事務局長及び事務総長と調整し、ＯＰＣＷ及び国際連合がシリア・アラブ共和国の化学兵器計画の廃絶を実施することを可能にするために、人員、専門技術、情報、設備並びに資金及びその他の資源及び援助を含む支援を提供することを奨励し、また、シリア・アラブ共和国の化学兵器計画の廃絶を最も迅速かつ安全な方法で確保するために、加盟国に対し、化学兵器禁止条約の目的に合致する形で、ＯＰＣＷ事務局長により特定された化学兵器を取得、管理、輸送、移転及び廃棄する権限を付与することを決定する。

11　シリアの全ての当事者及び関連能力を有する関係加盟国に対し、監視及び廃棄の任務の安全のため、これに関するシリア政府の主要な責任を認識しつつ、ＯＰＣＷ及び国際連合と共に緊密に作業することを要請する。

12　シリア・アラブ共和国における二〇一三年九月二七日のＯＰＣＷ執行理事会の決定及び本決議の実施を定期的に見直すことを決定し、また、ＯＰＣＷ事務局長に対し、本決議の実施に関連した国際連合の活動に関する関連情報を加える事務総長を通じ、三〇日以内及びその後毎月、安全保障理事会に報告することを要請し、さらにＯＰＣＷ事務局長及び事務総長に対し、必要に応じ協調して、本決議又は二〇一三年九月二七日のＯＰＣＷ執行理事会の決定の違反につき安全保障理事会に報告することを要請する。

13　違反事例の国際連合安全保障理事会への付託を規定する化学兵器禁止条約第八条に基づくＯＰＣＷのあらゆる報告を即時に考慮する用意があることを再確認する。

14　加盟国は、必要な措置をとるために、非国家主体による化学兵器、その運搬手段及び関連物質の取得を含め、安全保障理事会決議一五四〇（二〇〇四）のいかなる違反も即時に安全保障理事会に報告することを決定する。

15　シリア・アラブ共和国における化学兵器の使用に責任を有する個人はその説明責任を問われるべきであるという強い確信を表明する。

16　現政権及び反体制集団並びに他の集団を含み、相互の合意に基づき形成され、完全な執行権限を行使する暫定統治機構の設立を始めとする多くの主要な措置を規定している二〇一二年六月三〇日のジュネーブ・コミュニケ（附属書Ⅱ）を完全に支持する。

17　可能な限り早期に、ジュネーブ・コミュニケを実施するためのシリアに関する国際会議を開催することを要請し、また、全てのシリアの当事者に対し、真剣かつ建設的にシリアに関するジュネーブ会議に参加するよう要請し、また、彼らはシリア人の完全な代表であるべきであり、ジュネーブ・コミュニケの実施並びに安定及び和解の達成を約束すべきであることを強調する。

18　全ての加盟国は、核兵器、化学兵器又は生物兵器及びその運搬手段の開発、取得、製造、占有、輸送、移転又は使用を企てる非国家主体に対し、いかなる形態の支援も提供することを差し控えることを再確認し、また、全ての加盟国、特にシリア・アラブ共和国に隣接する加盟国に対し、本項のいかなる違反も安全保障理事会に対し即時に報告するよう要請する。

19　非国家主体が核兵器、化学兵器又は生物兵器及びその運搬手段を開発、取得、製造、保持、輸送、移転又は使用しないことを要求し、また、全ての加盟国、特にシリア・アラブ共和国に隣接する加盟国に対し、本項に適合しないいかなる行動も安全保障理事会に即時に報告するよう要請する。

20　全ての加盟国は、シリア・アラブ共和国の領域を原産地とするか否かを問わず、自国民による又は自国の旗を掲げる船舶若しくは航空機の使用によるシリア・アラブ共和国からの化学兵器、関連する機材、物資及び技術又は援助の調達を禁止することを決定する。

21　化学兵器の権限のない移転、又はシリア・アラブ共和国におけるいかなる者によるいかなる化学兵器の使用も含め、本決議に対する違反がある場合には、国際連合憲章第七章の下での措置を課すことを決定する。

22　この問題に引き続き積極的に関与することを決定する。

附属書I　化学兵器禁止機関（ＯＰＣＷ）執行理事会決定

シリアの化学兵器廃棄に関する決定

執行理事会は、

二〇一三年三月二七日の第三二回特別会合に続いて、執行理事会（以下「理事会」という。）議長が、「シリア・アラブ共和国において化学兵器が使用された可能性に対する深い懸念」を表明するとともに、「化学兵器の使用はいかなる者によるものであれ、またいかなる状況においても非難されるべきもので国際社会の法的規範と基準に完全に反するものである」ことを強調する声明（二〇一三年三月二七日付けEC-M-32/2/Rev.1）を発出したことを想起し、

第三回再検討会議（二〇一三年四月一九日付けRC-3/3*）が「シリア・アラブ共和国において化学兵器が使用された可能性に対する深い懸念を表明し、化学兵器の使用はいかなる者によるものであれ、またいかなる状況においても非難されるべきものであり、国際社会の法的規範と基準に完全に反するものであることを強調」したことも想起し、

シリア・アラブ共和国における国際連合の化学兵器使用事案調査団によって用意された二〇一三年九月一六日付けの「シリア・アラブ共和国の当事者間で継続している紛争において、化学兵器が、子供を含む文民に対しても、比較的大規模に使用された」と結論づけた「二〇一三年八月二一日のダマスカス・ゴータ地区における化学兵器使用事案に関する報告書」（二〇一三年九月一六日付けＳ／二〇一三／五五三）に留意し、

化学兵器の使用を最も強い表現で非難し、

二〇一三年九月一四日にアメリカ合衆国とロシア連邦により合意されたシリアの化学兵器廃絶に向けた枠組み（二〇一三年九月一七日付けEC-M-33/NAT.1）を歓迎し、

シリア・アラブ共和国が、二〇一三年九月一二日に、国際連合事務総長に宛てた書簡において、化学兵器の開発、生産、貯蔵及び使用の禁止並びに廃棄に関する条約（以下「条約」という。）を暫定的に適用する意図を通知したことにも留意し、

シリア・アラブ共和国が、二〇一三年九月一四日に、条約への加入書を国際連合事務総長に寄託し、寄託者より全締約国に対して同日に通知されたとおり（C.N.592.2013.TREATIES-XXVI.3）、シリア・アラブ共和国について効力を生ずるまでの間、条約を暫定的に適用しながら、その規定を誠実かつ真剣に遵守する旨宣言したことに更に留意し、また寄託者が締約国からこの宣言に関し反対する旨の書簡を受領していないことを考慮し、

シリア・アラブ共和国について二〇一三年一〇月一四日に条約が効力を生ずることに更に留意し、

シリアの化学兵器によってもたらされた事態の異例な性格を認識し、また、シリアの化学兵器計画の廃棄に必要な活動が、条約がシリア・アラブ共和国について正式に効力を生ずるまでの間に直ちに開始され、最も迅速かつ安全な方法で実施されることが確保されることを決意し、

また、ＯＰＣＷからの技術代表団を即時に受け入れ、シリア・アラブ共和国について効力が生ずる前に条約の暫定的な適用に従ってＯＰＣＷと協力するというシリア・アラブ共和国政府の申し出を認識し、シリア・アラブ共和国による技術事務局（以下「事務局」という。）に対する国内当局者の指定に留意し、

条約の暫定的適用によりその規定がシリア・アラブ共和国に関して即時に効力を生ずることを強調し、

二〇一三年九月一九日に、シリア・アラブ共和国が、化学兵器剤の名称、種類および量、弾薬類の種類、所在地、貯蔵の形態、生産、研究及び開発施設を含む詳細な情報を提出したことに更に留意し、

条約第八条三六項に基づいて、理事会は、条約の遵守についての疑義又は懸念及び違反を検討した後、特に重大かつ緊急な場合には、問題又は事項（関連する情報及び判断を含む。）につき、直接に、国際連合総会及び国際連合安全保障理事会の注意を喚起することに更に留意し、

二〇〇〇年一〇月一七日の国際連合と化学兵器禁止機関との関係に係る協定を考慮し、

全ての非締約国に対し、国際の平和と安全に貢献するとともに自国の安全を強化するために、無条件かつ緊急に条約を批准又は加入することを強く要請し、

条約第四条八項及び第五条一〇項に基づいて、二〇〇七年以降に条約に加入する国は、化学兵器及び化学兵器生産施設を可能な限り速やかに廃棄すること、また、理事会は、そのような廃棄のために「廃棄の規律及び厳重な検証の手続」を決定することを想起し、

ここに、

1　シリア・アラブ共和国が次の措置をとることを決定する。

(a)　本決定の採択から七日以内に、シリア・アラブ共和国が所有し若しくは占有する化学兵器又はその管轄若しくは管理の下に有する条約第二条一項

に規定されている化学兵器に関する、二〇一三年九月一九日に提供された情報を補足する更なる情報、特に次の情報を、事務局に提出すること。

(i) 前駆物質及び毒素を含む、貯蔵されている化学兵器の各化学物質の化学名及び軍事識別並びにそれらの量。

(ii) 充填されているものと充填されていないものの各種類の具体的な量を含む、貯蔵されている化学兵器の弾薬類、子爆弾弾薬類及び装置の具体的な種類。

(iii) 全ての化学兵器、化学兵器貯蔵施設、化学兵器生産施設(混合および充填施設を含む。)及び化学兵器研究開発施設の具体的な地理上の座標。

(b) この決定の採択から三〇日以内に、条約第三条により要請されている申告を事務局に提出すること。

(c) 二〇一三年一一月一五日までに理事会により決定される、中間の廃棄目標を含む詳細な要求に従って、全ての化学兵器の資材及び装置の廃絶を二〇一四年前半に完了すること。

(d) 化学兵器生産施設及び混合・充填装置の廃棄を可能な限り速やかに、いかなる場合においても二〇一三年一一月一日までに完了すること。

(e) ＯＰＣＷの人員にシリア・アラブ共和国のあらゆる施設を即時かつ制限なく査察する権利を提供することを含め、本決定の実施に係る全ての面で完全に協力すること。

(f) 事務局との主たる連絡窓口となる当局者を任命すること、及び、当該当局者に本決定の完全な実施を確保するために必要な権限を付与すること。

2　事務局が次の措置をとることを更に決定する。

(a) 条約の秘密情報の保護に関する附属書に従って取り扱われる、本決定に規定するあらゆる情報及び申告を、受領から五日以内に全締約国に提供すること。

(b) 可能な限り速やかに、いかなる場合においても二〇一三年一〇月一日までに、本決定に従って、シリア・アラブ共和国において査察を開始すること。

(c) 本決定の採択から三〇日以内に、上記1(a)に規定する一覧に含まれている全ての施設を査察すること。

(d) シリアの化学兵器計画に関与したと締約国により確認されたその他の施設について、事務局長により正当と認められないか、又は、協議及び協力の過程を通じて問題が解決される場合を除いて、可能な限り速やかに査察すること。

(e) 本決定の効率的及び効果的な実施を確保するために、条約第八条四項に従って、資格要件を満たす査察員及び他の技術専門家を短期的に雇用すること、また、査察員、他の技術専門家、その他必要となる職員で最近雇用期間を満了した者を短期的に再雇用する権限が与えられること。

(f) 本決定と条約の要求を満たすことについてシリア・アラブ共和国が達成した進展、シリア・アラブ共和国について事務局の実施した活動、及び、追加的な資源(特に技術的及び人的資源)の必要性を含め、本決定の実施について毎月理事会に報告すること。

3　更に次のように決定する。

(a) シリア・アラブ共和国に関して事務局が活動を実施するための資金調達の仕組みを至急検討すること、及び、そのような立場にある全ての締約国に対して、本決定の実施に係る活動を行うための任意の拠出を要請すること。

(b) 事務局長が、本決定若しくは条約の要求を満たすことについてのシリア・アラブ共和国による遅れ、とりわけ、実施及び検証に関する条約附属書の第二部の第七項に規定される事態を含むもの、又は、シリア・アラブ共和国における協力の欠如その他本決定の実施に関して生じた問題を報告する場合には、二四時間以内に会合すること、及び、その会合において、条約第八条三六項に従い、その問題(関連する情報及び判断を含む。)につき、国際連合安全保障理事会の注意を喚起するかについて検討すること。

(c) この問題に引き続き関与すること。

(d) この決定はシリアの化学兵器によってもたらされた事態の異例な性格のために行われるもので、今後のいかなる先例ともならないことを認識すること。

附属書II(略)

14 26　安全保障理事会決議二二三五(二〇一五)(シリアの化学兵器使用者特定)(抜粋)

採択　二〇一五年八月七日(全会一致)

安全保障理事会は、

(中略)

1　シリア・アラブ共和国における塩素などいかなる毒性化学物質のいかなる使用も最も強い表現で再び非難する。

2　シリア・アラブ共和国は、化学兵器を使用し、開発し、生産その他の方法によって取得し、貯蔵し若しくは保有し、又は他国若しくは非国家主体に対して直接若しくは間接に移転してはならないとの理事会の決定を想起する。

3　シリアにおけるいかなる当事者も化学兵器を使用、開発、生産、取得、貯蔵、保有又は移転してはならないことを再述する。

4　これらの行為に責任を有するものを同定する決意を表明し、塩素その他のいかなる毒性化学物質をも含む化学物質の兵器としてのいかなる使用に責任を有する個人、団体、集団又は政府もその説明責任を問われなければならないことを再述し、シリア・アラブ共和国におけるすべての当事者に対し、この点において完全に協力するよう要請する。

5　国連事務総長に対し、OPCWのFFM［事実調査団］がシリア・アラブ共和国における特定の事案において化学物質（塩素その他のいかなる毒性化学物質をも含む）の兵器としての使用があったかその可能性があると認定し又は認定したものについて、シリア・アラブ共和国における化学物質（塩素その他のいかなる毒性化学物質をも含む）の兵器としての使用を実施し、組織し、支援し若しくはその他の方法でそれに関与した個人、団体、集団又は政府を実行可能な最大限度で同定するため、OPCW国際連合合同調査団の設置と運用に関する勧告（委任事項の要素を含む）を、OPCWの事務局長と協調して、安全保障理事会の許可を求めて、この決議の採択から二〇日以内に、同理事会に提出するよう要請し、その受領から五日以内に委任事項の要素を含む勧告に対応する意図を表明する。

（以下略）

14 27　安全保障理事会決議二三一〇（二〇一六）（CTBTの発効促進）（抜粋）

採　択　二〇一六年九月二三日（一四対〇棄権一）

安全保障理事会は、

四　すべての国に対して、核兵器の実験的爆発その他の核爆発を行わないこと及びこの点に関するモラトリアムを維持することを要請し、「包括的核実験禁止」条約が効力を生ずるまでの間維持されるそれら諸国によるモラトリアム（国内立法によるものを含む）を賞賛し、そうしたモラトリアムが国際の平和及び安定に寄与する責任ある国際的な行動の例であって継続されるべきであることを強調する一方で、そうしたモラトリアムは「包括的核実験禁止」条約の効力発生と同じ永続的かつ法的拘束力を伴う効果を持つわけではないことを強調し、並びに、特に「核兵器の実験的爆発その他の核爆発はCTBTの趣旨及び目的を失わせることとなる」ことに留意した二〇一六年九月一五日の中国、フランス、ロシア連邦、連合王国及びアメリカ合衆国の包括的核実験禁止条約に関する共同声明に留意する。

15章 武力紛争

本章の構成

戦争そのものを禁止制限する法規範（jus ad bellum─第13章「安全保障」参照）に対して、戦争が現実に発生した後の戦闘行為を規制する法規範は、広義には戦争法または武力紛争法（jus in bello）などと呼ばれ、交戦国相互の関係を規律する交戦法規（law of warfare）と、交戦国と中立国の関係を規律する中立法規（law of neutrality）から成っている。本章は、**開戦ニ関スル条約**（15 1）のほか、最近までの主要な戦争法条約と関連国内法を収録する。全体を五つの部分に分け、それぞれ、一般的な内容の条約（第1節）、兵器の使用規制（第2節）、環境の保護（第3節）、中立（第4節）および関連国内法（第5節）を扱う。

交戦法規は、戦闘の手段と方法を規律するハーグ法と、戦争犠牲者の保護に関するジュネーヴ法に大別される。まず、ハーグ法のうち戦闘方法を規律する条約で、陸戦に関する代表的な条約として、**陸戦法規慣例条約**および**同規則**（15 2）をあげることができる。この条約は、ハーグ平和会議で採択された他の諸条約と同様、総加入条項（同条約第二条）を含んでいるが、第二次大戦後のニュルンベルク軍事裁判では、開戦時までにすでに慣習法になっていたものと認められた。海戦については、**海軍砲撃条約**（15 3）が、陸戦規則の陸戦砲撃に関する規則を海戦に応用するために、防守都市と軍事目標の基準を定めた。**潜水艦の戦闘行為に関する議定書**（15 4）は、第一次大戦から使用されるようになった潜水艦の戦闘行為について、水上艦と同じ規則が適用されることを明示した。空戦については、**空戦規則案**（15 5）の多くの規定が、当時の慣習規則をまとめたものと考えられていた。戦闘方法に関する前記の諸文書が、今日の状況に適合するかについては、意見が分かれている。

ハーグ法のうち戦闘手段（兵器）の規制に関して、**サンクト・ペテルブルク宣言**（15 13）は、四〇〇グラム未満の炸裂性発射物等を禁止したに過ぎないが、兵器使用の普遍的な基本原則を明らかにしている点で重要である。**ダムダム弾禁止宣言**（15 14）は、戦争法が人道の要請と軍事的必要のバランスの上に成立することを示す適例として引用される。**自動触発海底水雷ノ敷設ニ関スル条約**（15 15）は、中立船舶の航行や敵対行為終結後の海上航行の安全を確保するために、機雷に一定期間経過後無害となる装置を施すよう義務づけた。毒ガスについては、第一次大戦中に実際に使用された経験から、**ジュネーヴ・ガス議定書**(⑮**16**)が締結され、細菌学的戦争手段の使用をも禁止したが、現在では化学兵器禁止条約(⑭12)と生物兵器禁止条約(⑭13)へと拡充発展している。**環境改変技術使用禁止条約**(⑮**17**)は、現在まだ開発されていない技術の使用を前もって禁止したものである。地雷や焼夷弾など、①戦闘員に過度な傷害を与えたり、②文民に無差別に効果を及ぼすような特定の兵器を規制するのが、**特定通常兵器使用禁止制限条約及び議定書**(⑮**18〜23**)であり、さらに同条約の枠組みにおいて、自律型致死兵器システムに関する今後の議論の基盤として、非法的文書の**LAWS指針**(⑮**24**)が二〇一九年に採択されている。②の観点から、一九九七年には**対人地雷禁止条約**(⑮**25**)が、二〇〇八年には**クラスター弾条約**(⑮**26**)が採択されている。

ジュネーヴ法は、一八六四年の第一回赤十字条約以来、数次の改正と増補を経て、第二次大戦後の一九四九年に、**傷病兵保護条約(第一条約)**(⑮**6**)、**海上傷病難船者保護条約(第二条約)**(⑮**7**)、**捕虜条約(第三条約)**(⑮**8**)および**文民条約(第四条約)**(⑮**9**)として集大成された(以上の四条約をまとめてジュネーヴ諸条約という)。しかし、その後の新しい戦術や科学技術の展開に適合しなくなり、一九七七年に**第一追加議定書**(⑮**10**)が作成された。この議定書は、ジュネーヴ法の発展のみならず、ハーグ法の分野にも踏み込んで規定している。また、内戦についても四九年のジュネーヴ諸条約の共通第三条を補足し拡充するために**第二追加議定書**(⑮**11**)が作成された。特殊標章の追加に関する第三追加議定書も作成されている。

交戦法規が国連軍にどこまで適用できるかについては従来から議論があったが、一九四九年のジュネーヴ諸条約採択から五〇年目の一九九九年八月一二日に、国連事務総長は**国連部隊による国際人道法の遵守**(⑮**12**)という告示を布告した。なお、赤十字国際委員会は、一九九四年に**武力紛争時における環境の保護に関する指針**(⑮**27**)をまとめている。

中立法規については、**パリ宣言**(⑮**28**)、**ロンドン宣言**(⑮**29**)および**捕獲権行使制限条約**(⑮**30**)が戦時封鎖や海上捕獲について規定しており、また**陸戦中立条約**(⑮**31**)と**海戦中立条約**(⑮**32**)が、それぞれの場合における中立国の権利義務を定めている。ただし、戦争の違法化と集団安全保障制度によって、従来の中立制度の存立基盤が変化しているとして、規則内容を再検討し明確化する必要性も指摘されている。

これらの戦争法諸条約を実施するための日本の国内法は長らく未整備のままであったが、二〇〇三年の武力攻撃事態法制定(後に事態対処法(⑬34)として改正)を受けて、その法整備の一環として、捕虜取扱法、**国際人道法違反処罰法**(⑮**33**)、**海上輸送規制法**(⑮**34**)がそれぞれ制定された。以上の三法は、関連戦争法条約の国内実施の側面をもつ。

第1節　一　般

151　開戦ニ関スル条約（抄）

署　名　一九〇七年一〇月一八日（ハーグ）
効力発生　一九一〇年一月二六日
日本国　一九〇七年一〇月一八日署名、一九一一年一二月一三日批准書寄託、一九一二年一月一三日公布（条約第三号）、二月一一日効力発生

前　文（略）

第一条【宣戦】締約国ハ、理由ヲ附シタル開戦宣言ノ形式又ハ条件附開戦宣言ヲ含ム最後通牒ノ形式ヲ有スル明瞭且事前ノ通告ナクシテ、其ノ相互間ニ、戦争(hostilities)ヲ開始スヘカラサルコトヲ承認ス。

第二条【戦争状態の通告】戦争状態ハ遅滞ナク中立国ニ通告スヘク、通告受領ノ後ニ非サレハ、該国ニ対シ其ノ効果ヲ生セサルモノトス。該通告ハ、電報ヲ以テ之ヲ為スコトヲ得。但シ、中立国カ実際戦争状態ヲ知リタルコト確実ナルトキハ、該中立国ハ、通告ノ欠缺ヲ主張スルコトヲ得ス。

第三条【総加入条項】本条約第一条ハ、締約国中ノ二国又ハ数国間ノ戦争ノ場合ニ効力ヲ有スルモノトス。

第二条ハ、締約国タル一交戦国ト均シク締約国タル諸中立国間ノ関係ニ付拘束力ヲ有ス。

第四条～第八条（略）

152　陸戦ノ法規慣例ニ関スル条約（抄）

署　名　一九〇七年一〇月一八日（ハーグ）
効力発生　一九一〇年一月二六日
日本国　一九〇七年一〇月一八日署名、一九一一年一二月一三日批准書寄託、一九一二年一月一三日公布（条約第四号）、二月一一日効力発生

独逸皇帝普魯西国皇帝陛下（以下締約国元首名略）ハ、

平和ヲ維持シ且諸国間ノ戦争ヲ防止スルノ方法ヲ講スルト同時ニ、其ノ所期ニ反シ避クルコト能ハサル事件ノ為兵力ニ訴フルコトアルヘキ場合ニ付攻究ヲ為スノ必要ナルコトヲ考慮シ、斯ノ如キ非常ノ場合ニ於テモ尚能ク人類ノ福利ト文明ノ駸駸トシテ止ムコトナキ要求トニ副ハムコトヲ希望シ、之カ為戦争ニ関スル一般ノ法規慣例ハ一層之ヲ精確ナラシムルヲ目的トシ、又ハ成ルヘク戦争ノ惨害ヲ減殺スヘキ制限ヲ設クルヲ目的トシテ、之ヲ修正スルノ必要ヲ認メ、一八七四年ノ比律悉会議ノ後ニ於テ、聡明仁慈ナル先見ヨリ出テタル前記ノ思想ヲ体シテ、陸戦ノ慣習ヲ制定スルヲ以テ目的トスル諸条規ヲ採用シタル第一回平和会議ノ事業ヲ或点ニ於テ補充シ、且精確ニスルヲ必要ト判定セリ。

締約国ノ所見ニ依レハ、右条規ハ、軍事上ノ必要ノ許ス限、努メテ戦争ノ惨害ヲ軽減スルノ希望ヲ以テ定メラレタルモノニシテ、交戦者相互間ノ関係及人民トノ関係ニ於テ、交戦者ノ行動ノ一般ノ準縄タルヘキモノトス。

但シ、実際ニ起ル一切ノ場合ニ普ク適用スヘキ規定ハ、此ノ際之ヲ協定シ置クコト能ハサリシト雖、明文ナキノ故ヲ以テ、規定セラレサル総テノ場合ヲ軍隊指揮者ノ擅断ニ委スルハ、亦締約国ノ意思ニ非サリシナリ。

一層完備シタル戦争法規ニ関スル法典ノ制定セラルルニ至ル迄ハ、締約国ハ、其ノ採用シタル条規ニ含マレサル場合ニ於テモ、人民及交戦者カ依然文明国ノ間ニ存立スル慣習、人道ノ法則及公共良心ノ要求ヨリ生スル国際法ノ原則ノ保護及支配ノ下ニ立ツコトヲ確認スルヲ以テ適当ト認ム。

締約国ハ、採用セラレタル規則ノ第一条及第二条ハ、特ニ右ノ趣旨ヲ以テ之ヲ解スヘキモノナルコトヲ宣言ス。

第一条【軍隊に対する訓令】締約国ハ、其ノ陸軍軍隊ニ対シ、本条約ニ附属スル陸戦ノ法規慣例ニ関スル規則ニ適合スル訓令ヲ発スヘシ。

第二条【総加入条項】第一条ニ掲ケタル規則及本条約ノ規定ハ、交戦国カ悉ク本条約ノ当事者ナルトキニ限、締約国間ニノミ之ヲ適用ス。

第三条【違反】前記規則ノ条項ニ違反シタル交戦当事者ハ、損害アルトキハ、之カ賠償ノ責ヲ負フヘキモノトス。交戦当事者ハ、其ノ軍隊ヲ組成スル人員ノ一切ノ行為ニ付責任ヲ負フ。

第四条～第九条（略）

条約附属書

陸戦ノ法規慣例ニ関スル規則

第一款　交戦者

第一章　交戦者ノ資格

第一条【民兵と義勇兵】戦争ノ法規及権利義務ハ、単ニ之ヲ軍ニ適用スルノミナラス、左ノ条件ヲ具備スル民兵及義勇兵団ニモ亦之ヲ適用ス。

一　部下ノ為ニ責任ヲ負フ者其ノ頭ニ在ルコト
二　遠方ヨリ認識シ得ヘキ固著ノ特殊徽章ヲ有スルコト
三　公然兵器ヲ携帯スルコト
四　其ノ動作ニ付戦争ノ法規慣例ヲ遵守スルコト

民兵又ハ義勇兵団ヲ以テ軍ノ全部又ハ一部ヲ組織スル国ニ在リテハ、之ヲ軍ノ名称中ニ包含ス。

第二条【群民兵】占領セラレサル地方ノ人民ニシテ、敵ノ接近スルニ当リ、第一条ニ依リテ編成ヲ為スノ遑ナク、侵入軍隊ニ抗敵スル為自ラ兵器ヲ操ル者カ公

然兵器ヲ携帯シ、且戦争ノ法規慣例ヲ遵守スルトキハ、之ヲ交戦者ト認ム。

第三条【兵力の構成員】交戦当事者ノ兵力ハ、戦闘員及非戦闘員ヲ以テ之ヲ編成スルコトヲ得。敵ニ捕ハレタル場合ニ於テハ、二者均シク俘虜ノ取扱ヲ受クルノ権利ヲ有ス。

第二章　俘虜

第四条【取扱】
第五条【留置】
第六条【使役】
第七条【給養】
第八条【処罰】
第九条【氏名と階級】
第一〇条【解放】
第一一条【宣誓解放】
第一二条【宣誓解放後の再捕】
第一三条【軍の一部でない従軍者】
第一四条【捕虜情報局】
第一五条【捕虜救恤協会】
第一六条【郵便料金の免除等】
第一七条【捕虜将校】
第一八条【宗教の自由】
第一九条【遺言】
第二〇条【帰還】
（略）

第三章　病者及傷者（略）

第二一条【取扱】（略）

第二款　戦闘

第一章　害敵手段、攻囲及砲撃

第二二条【害敵手段の制限】交戦者ハ、害敵手段ノ選択ニ付、無制限ノ権利ヲ有スルモノニ非ス。

第二三条【禁止事項】特別ノ条約ヲ以テ定メタル禁止ノ外、特ニ禁止スルモノ左ノ如シ。

イ　毒又ハ毒ヲ施シタル兵器ヲ使用スルコト
ロ　敵国又ハ敵軍ニ属スル者ヲ背信ノ行為ヲ以テ殺傷スルコト
ハ　兵器ヲ捨テ又ハ自衛ノ手段尽キテ降ヲ乞ヘル敵ヲ殺傷スルコト
ニ　助命セサルコトヲ宣言スルコト
ホ　不必要ノ苦痛ヲ与フヘキ兵器、投射物其ノ他ノ物質ヲ使用スルコト
ヘ　軍使旗、国旗其ノ他ノ軍用ノ標章、敵ノ制服又ハ「ジェネヴァ」条約ノ特殊徽章ヲ擅ニ使用スルコト
ト　戦争ノ必要上万已ムヲ得サル場合ヲ除クノ外敵ノ財産ヲ破壊シ又ハ押収スルコト
チ　対手当事国国民ノ権利及訴権ノ消滅、停止又ハ裁判上不受理ヲ宣言スルコト

交戦者ハ、又対手当事国ノ国民ヲ強制シテ其ノ本国ニ対スル作戦動作ニ加ラシムルコトヲ得ス。戦争開始前其ノ役務ニ服シタル場合ト雖亦同シ。

第二四条【奇計】奇計並敵情及地形探知ノ為必要ナル手段ノ行使ハ、適法ト認ム。

第二五条【無防守都市の攻撃】防守セサル都市、村落、住宅又ハ建物ハ、如何ナル手段ニ依ルモ、之ヲ攻撃又ハ砲撃スルコトヲ得ス。

第二六条【砲撃の通告】攻撃軍隊ノ指揮官ハ、強襲ノ場合ヲ除クノ外、砲撃ヲ始ムルニ先チ其ノ旨官憲ニ通告スル為、施シ得ヘキ一切ノ手段ヲ尽スヘキモノトス。

第二七条【砲撃の制限】攻囲及砲撃ヲ為スニ当リテハ、宗教、技芸、学術及慈善ノ用ニ供セラルル建物、歴史上ノ紀念建造物、病院並病者及傷者ノ収容所ハ、同時ニ軍事上ノ目的ニ使用セラレサル限、之ヲシテ成ルヘク損害ヲ免カレシムル為、必要ナル一切ノ手段ヲ執ルヘキモノトス。

被囲者ハ、看易キ特別ノ徽章ヲ以テ、右建物又ハ収容所ヲ表示スルノ義務ヲ負フ。右徽章ハ予メ之ヲ攻囲者ニ通告スヘシ。

第二八条【略奪の禁止】都市其ノ他ノ地域ハ、突撃ヲ以テ攻取シタル場合ト雖、之ヲ掠奪ニ委スルコトヲ得ス。

第二章　間諜

第二九条【間諜の定義】交戦者ノ作戦地帯内ニ於テ、対手交戦者ニ通報スルノ意思ヲ以テ、隠密ニ又ハ虚偽ノ口実ノ下ニ行動シテ、情報ヲ蒐集シ又は蒐集セムトスル者ニ非サレハ、之ヲ間諜ト認ムルコトヲ得ス。故ニ変装セサル軍人ニシテ情報ヲ蒐集セムカ為敵軍ノ作戦地帯内ニ進入シタル者ハ、之ヲ間諜ト認メス。又、軍人タルト否トヲ問ハズ、自国軍又ハ敵軍ニ宛テタル通信ヲ伝達スルノ任務ヲ公然執行スル者モ亦之ヲ間諜ト認メス。通信ヲ伝達スル為、及総テ軍又ハ地方ノ各部間ノ連絡ヲ通スル為、軽気球ニテ派遣セラレタルモノ亦同シ。

第三〇条【間諜の裁判】現行中捕ヘラレタル間諜ハ、裁判ヲ経ルニ非サレハ、之ヲ罰スルコトヲ得ス。

第三一条【前の間諜行為に対する責任】一旦所属軍ニ復帰シタル後ニ至リ敵ノ為ニ捕ヘラレタル間諜ハ、俘虜トシテ取扱ハルヘク、前ノ間諜行為ニ対シテハ、何等ノ責ヲ負フコトナシ。

第三章　軍使

第三二条【軍使の不可侵権】交戦者ノ一方ノ命ヲ帯ヒ、他ノ一方ト交渉スル為、白旗ヲ掲ケテ来ル者ハ、之ヲ軍使トス。軍使並之ニ随従スル喇叭手、鼓手、旗手及通訳ハ、不可侵権ヲ有ス。

第三三条【軍使を受ける義務】軍使ヲ差向ケラレタル部隊長ハ、必スシモ之ヲ受クルノ義務ナキモノトス。

部隊長ハ、軍使カ軍状ヲ探知スル為其ノ使命ヲ利用スルヲ防クニ必要ナル一切ノ手段ヲ執ル事ヲ得。

濫用アリタル場合ニ於テハ、部隊長ハ、一時軍使ヲ抑留スルコトヲ得。

第三四条【背信行為】軍使カ背信ノ行為ヲ教唆シ、又ハ自ラ之ヲ行フ為其ノ特権アル地位ヲ利用シタルノ証迹明確ナルトキハ、其ノ不可侵権ヲ失フ。

第四章　降伏規約

第三五条【軍人の名誉に関する例規】締約当事者間ニ協定セラルル降伏規約ニハ、軍人ノ名誉ニ関スル例規ヲ参酌スヘキモノトス。

降伏規約一旦確定シタル上ハ、当事者双方ニ於テ厳密ニ之ヲ遵守スヘキモノトス。

第五章　休　戦

第三六条【作戦動作の停止】休戦ハ、交戦当事者ノ合意ヲ以テ作戦動作ヲ停止ス。若其ノ期間ノ定メナキトキハ、交戦当事者ハ、何時ニテモ再ヒ動作ヲ開始スルコトヲ得。但シ、休戦ノ条件ニ遵依シ、所定ノ時期ニ於テ其ノ旨敵ニ通告スヘキモノトス。

第三七条【全般的と部分的の休戦】休戦ハ、全般的又ハ部分的タルコトヲ得。全般的休戦ハ、普ク交戦国ノ作戦動作ヲ停止シ、部分的休戦ハ、単ニ特定ノ地域ニ於テ交戦軍ノ或部分間ニ之ヲ停止スルモノトス。

第三八条【通告】休戦ハ、正式ニ且適当ノ時期ニ於テ之ヲ当該官憲及軍隊ニ通告スヘシ。通告ノ後直ニ又ハ所定ノ時期ニ至リ、戦闘ヲ停止ス。

第三九条【人民との関係】（略）

第四〇条【違反】当事者ノ一方ニ於テ休戦規約ノ重大ナル違反アリタルトキハ、他ノ一方ハ、規約廃棄ノ権利ヲ有スルノミナラス、緊急ノ場合ニ於テハ、直ニ戦闘ヲ開始スルコトヲ得。

第四一条【処罰】個人カ自己ノ発意ヲ以テ休戦規約ノ条項ニ違反シタルトキハ、唯其ノ違反者ノ処罰ヲ要求シ、且損害アリタル場合ニ賠償ヲ要求スルノ権利ヲ生スルニ止ルヘシ。

第三款　敵国ノ領土ニ於ケル軍ノ権力

第四二条【占領】一地方ニシテ事実上敵軍ノ権力内ニ帰シタルトキハ、占領セラレタルモノトス。

占領ハ右権力ヲ樹立シタル且之ヲ行使シ得ル地域ヲ以テ限トス。

第四三条【占領地の法律の尊重】国ノ権力カ事実上占領者ノ手ニ移リタル上ハ、占領者ハ、絶対的ノ支障ナキ限、占領地ノ現行法律ヲ尊重シテ、成ルヘク公共ノ秩序及生活ヲ回復確保スル為施シ得ヘキ一切ノ手段ヲ尽スヘシ。

第四四条【情報の供与】交戦者ハ、占領地ノ人民ヲ強制シテ他方ノ交戦者ノ軍又ハ其ノ防禦手段ニ付情報ヲ供与セシムルコトヲ得ス。

第四五条【宣誓】占領地ノ人民ハ、之ヲ強制シテ其ノ敵国ニ対シ忠誠ノ誓ヲ為サシムルコトヲ得ス。

第四六条【私権の尊重】家ノ名誉及権利、個人ノ生命、私有財産並宗教ノ信仰及其ノ遵行ハ、之ヲ尊重スヘシ。

私有財産ハ、之ヲ没収スルコトヲ得ス。

第四七条【略奪の禁止】掠奪ハ、之ヲ厳禁ス。

第四八条【租税その他の徴収】占領者カ占領地ニ於テ国ノ為ニ定メラレタル租税、賦課金及通過税ヲ徴収スルトキハ、成ルヘク現行ノ賦課規則ニ依リ之ヲ徴収スヘシ。此ノ場合ニ於テハ、占領者ハ、国ノ政府カ支弁シタル程度ニ於テ占領地ノ行政費ヲ支弁スルノ義務アルモノトス。

第四九条【取立金】占領者カ占領地ニ於テ前条ニ掲ケタル税金以外ノ取立金ヲ命スルハ、軍又ハ占領地行政上ノ需要ニ応スル為ニスル場合ニ限ルモノトス。

第五〇条【連坐罰】人民ニ対シテハ、連帯ノ責アリト認ムヘカラサル個人ノ行為ノ為、金銭上其ノ他ノ連坐罰ヲ科スルコトヲ得ス。

第五一条【取立金の徴収方法】取立金ハ、総テ総指揮官ノ命令書ニ依リ、且其ノ責任ヲ以テスルニ非サレハ、之ヲ徴収スルコトヲ得ス。

取立金ハ、成ルヘク現行ノ租税賦課規則ニ依リ之ヲ徴収スヘシ。

一切ノ取立金ニ対シテハ、納付者ニ領収証ヲ交付スヘシ。

第五二条【徴発と課役】現品徴発及課役ハ、占領軍ノ需要ノ為ニスルニ非サレハ、市区町村又ハ住民ニ対シテ之ヲ要求スルコトヲ得ス。徴発及課役ハ、地方ノ資力ニ相応シ、且人民ヲシテ其ノ本国ニ対スル作戦動作ニ加ルノ義務ヲ負ハシメサル性質ノモノタルコトヲ要ス。

右徴発及課役ハ、占領地方ニ於ケル指揮官ノ許可ヲ得ルニ非サレハ、之ヲ要求スルコトヲ得ス。

現品ノ供給ニ対シテハ、成ルヘク即金ニテ支払ヒ、然ラサレハ領収証ヲ以テ之ヲ証明スヘク、且成ルヘク速ニ之ニ対スル金額ノ支払ヲ履行スヘキモノトス。

第五三条【国有動産】一地方ヲ占領シタル軍ハ、国ノ所有ニ属スル現金、基金及有価証券、貯蔵兵器、輸送材料、在庫品及糧秣其ノ他総テ作戦動作ニ供スルコトヲ得ヘキ国有動産ノ外、之ヲ押収スルコトヲ得ス。

海上法ニ依リ支配セラルル場合ヲ除クノ外、陸上、海上及空中ニ於テ報道ノ伝送又ハ人若ハ物ノ輸送ノ用ニ供セラルル一切ノ機関、貯蔵兵器其ノ他各種ノ軍需品ハ、私人ニ属スルモノト雖、之ヲ押収スル事ヲ得。但シ、平和克復ニ至リ、之ヲ還付シ、且之カ賠償ヲ決定スヘキモノトス。

第五四条【海底電線】占領地ト中立地トヲ連絡スル海底電線ハ、絶対的ノ必要アル場合ニ非サレハ、之ヲ押収シ又ハ破壊スルコトヲ得ス。右電線ハ、平和克復ニ至リ之ヲ還付シ、且之カ賠償ヲ決定スヘキモノトス。

第五五条【国有不動産】占領国ハ、敵国ニ属シ且占領地ニ在ル公共建物、不動産、森林及農場ニ付テハ、其ノ管理者及用益権者タルニ過キサルモノナリト考慮シ、右財産ノ基本ヲ保護シ、且用益権ノ法則ニ依リテ之ヲ管理スヘシ。

第五六条【公有財産及び公共建設物】市区町村ノ財産並

国ニ属スルモノト雖、宗教、慈善、教育、技芸及学術ノ用ニ供セラルル建設物ハ、私有財産ト同様ニ之ヲ取扱フヘシ。

右ノ如キ建設物、歴史上ノ紀念建造物、技芸及学術上ノ製作品ヲ故意ニ押収、破壊又ハ毀損スルコトハ、総テ禁セラレ且訴追セラルヘキモノトス。

153　戦時海軍力ヲ以テスル砲撃ニ関スル条約（海軍砲撃条約）（抜粋）

署名　一九〇七年一〇月一八日（ハーグ）
効力発生　一九一〇年一月二六日
日本国　一九〇七年一〇月一八日署名、一九一一年一一月一三日批准、一二月一三日批准書寄託、一九一二年一月一三日公布（条約第九号）、二月一二日効力発生

第一条【砲撃の禁止】防守セラレサル港、都市、村落、住宅又ハ建物ハ、海軍力ヲ以テ之ヲ砲撃スルコトヲ禁ス。

孰レノ地域ト雖、其ノ港前ニ自動触発海底水雷ヲ敷設シタル事実ノミヲ以テ、之ヲ砲撃スルコトヲ得サルモノトス。

第二条【軍事上の工作物等を除外】右禁止中ニハ、軍事上ノ工作物、陸海軍建設物、兵器又ハ軍用材料ノ貯蔵所、敵ノ艦隊又ハ軍隊ノ用ニ供セラルヘキ工場及設備並港内ニ在ル軍艦ヲ包含セサルモノトス。海軍指揮官ハ、相当ノ期間ヲ以テ警告ヲ与ヘタル後、地方官憲ニ於テ右期間内ニ之ヲ破壊スルノ措置ヲ執ラサリシ場合ニ於テ、全ク他ニ手段ナキトキハ、砲撃ニ依リ之ヲ破壊スルコトヲ得。

此ノ場合ニ於テ、右指揮官ハ、砲撃ノ為ニ生スルコトアルヘキ故意ニ出テサル損害ニ付、何等責任ヲ負フコトナシ。

軍事ノ必要上、即時ノ行動ヲ要スル為期間ヲ与フルコトヲ得サル場合ト雖、防守セラレサル都市ノ砲撃ニ関スル禁止ニ付テハ、第一項ノ場合ト同一ナルヘク、且指揮官ハ、砲撃ノ為右都市ニ来スルヘキ不便ヲ成ルヘク少ナカラシムル為一切ノ相当手段ヲ執ルヘシ。

154　一九三〇年四月二二日のロンドン条約第四編に掲げられる潜水艦の戦闘行為についての規則に関する調書（潜水艦の戦闘行為に関する議定書）

署名　一九三六年一一月六日（ロンドン）
効力発生　一九三六年一一月六日
日本国　一九三六年一一月六日効力発生

前文（略）

規則

(一)　潜水艦は、商船に対する行動については、水上艦船が従うべき国際法の規則に従うことを要する。

(二)　特に、商船が正当に停船を要求されたときに、これを根強く拒否するか、又は臨検若しくは捜索に対し積極的に抗拒する場合を除く外、軍艦は水上艦船であるか潜水艦であるかにかかわらず、まず乗客、船員及び船舶書類を安全の場所に置くのでなければ、商船を沈没させ又は航海に堪えないものにすることができない。この規定の適用については、船の短艇は、そのときの海上及び天候の状態において、陸地に近接したこと又は乗客及び船員を船内に収容できる他の船舶が存在することにより乗客及び船員の安全が確保されるのではなければ、安全の場所とみなされない。

155　空戦に関する規則案（空戦規則案）（抜粋）

採択　一九二三年二月一九日（ハーグ、法律家委員会）

第二二条【非戦闘員等に対する爆撃の禁止】普通人民を威嚇し、軍事的性質を有しない私有財産を破壊し若しくはき損し、又は非戦闘員を損傷することを目的とする空中爆撃は、禁止する。

第二四条【爆撃の目標】1　空中爆撃は、軍事的目標、すなわち、その破壊又はき損が明らかに軍事的利益を交戦者に与えるような目標に対して行われた場合に限り、適法とする。

2　右の爆撃は、もっぱら次の目標、すなわち軍隊、軍事工作物、軍事建設物又は軍事貯蔵所、兵器弾薬

又は明らかに軍需品の製造に従事する工場であって重要で公知の中枢を構成するもの、軍事上の目的に使用される交通線又は運輸線に対して行われた場合に限り、適法とする。

3　陸上軍隊の作戦行動の直近地域でない都市、町村、住宅又は建物の爆撃は、禁止する。第二項に掲げた目標が普通人民に対して無差別の爆撃をなすのでなければ爆撃することができない位置にある場合には、航空機は、爆撃を避止することが必要である。

4　陸上軍隊の作戦行動の直近地域においては、都市、町村、住宅又は建物の爆撃は、兵力の集中が重大であって、爆撃により普通人民に与える危険を考慮してもなお爆撃を正当とするのに充分であると推定する理由がある場合に限り、適法とする。

5　交戦国は、その士官又は軍隊がこの条の規定に違反したことによって生じた身体又は財産に対する損害につき、賠償金を支払う責任がある。

15 6　戦地にある軍隊の傷者及び病者の状態の改善に関する一九四九年八月一二日のジュネーヴ条約（第一条約）（傷病兵保護条約）（抄）

署　名　一九四九年八月一二日（ジュネーヴ）
効力発生　一九五〇年一〇月二一日
日本国　一九五三年四月二一日内閣決定、加入通告、七月二九日国会承認、一〇月二一日効力発生、公布（条約第二三号）

前　文（略）

第一章　総　則

第一条【条約の尊重】締約国は、すべての場合において、この条約を尊重し、且つ、この条約の尊重を確保することを約束する。

第二条【戦争以外の武力紛争及び占領における適用、総加入条項の排除】平時に実施すべき規定の外、この条約は、二以上の締約国の間に生ずるすべての宣言された戦争又はその他の武力紛争の場合について、当該締約国の一が戦争状態を承認するとしないとを問わず、適用する。

　この条約は、また、一締約国の領域の一部又は全部が占領されたすべての場合について、その占領が武力抵抗を受けると受けないとを問わず、適用する。

　紛争当事国の一がこの条約の締約国でない場合にも、締約国たる諸国は、その相互の関係においては、この条約によって拘束されるものとする。更に、それらの諸国は、締約国でない紛争当事国がこの条約の規定を受諾し、且つ、適用するときは、その国との関係においても、この条約によって拘束されるものとする。

第三条【内乱の場合】締約国の一の領域内に生ずる国際的性質を有しない武力紛争の場合には、各紛争当事者は、少くとも次の規定を適用しなければならない。

(1)　敵対行為に直接に参加しない者（武器を放棄した軍隊の構成員及び病気、負傷、抑留その他の事由により戦闘外に置かれた者を含む。）は、すべての場合において、人種、色、宗教若しくは信条、性別、門地若しくは貧富又はその他類似の基準による不利な差別をしないで人道的に待遇しなければならない。

　このため、次の行為は、前記の者については、いかなる場合にも、また、いかなる場所でも禁止する。

(a)　生命及び身体に対する暴行、特に、あらゆる種類の殺人、傷害、虐待及び拷問
(b)　人質
(c)　個人の尊厳に対する侵害、特に、侮辱的で体面を汚す待遇
(d)　正規に構成された裁判所で文明国民が不可欠と認めるすべての裁判上の保障を与えるものの裁判によらない判決の言渡及び刑の執行

(2)　傷者及び病者は、収容して看護しなければならない。

　赤十字国際委員会のような公平な人道的機関は、その役務を紛争当事者に提供することができる。

　紛争当事者は、また、特別の協定によって、この条約の他の規定の全部又は一部を実施することに努めなければならない。

　前記の規定の適用は、紛争当事者の法的地位に影響を及ぼすものではない。

第四条【中立国による収容と抑留】中立国は、その領域内に収容し、又は抑留した紛争当事国の軍隊の傷者、病者、衛生要員及び宗教要員並びにその領域内に収容した死者に対し、この条約の規定を準用しなければならない。

第五条【適用の終期】この条約によって保護される者で敵の権力内に陥ったものについては、この条約は、それらの者の送還が完全に終了する時まで適用があるものとする。

第六条【特別協定】締約国は、第一〇条、第一五条、第二三条、第二八条、第三一条、第三六条、第三七条及び第五二条に明文で規定する協定の外、別個に規定を設けることを適当と認めるすべての事項について、他の特別協定を締結することができる。いかなる特別協定も、この条約で定める傷者、病者、衛生要員及び宗教要員の地位に不利な影響を及ぼし、又はこの条約でそれらの者に与える権利を制限するも

のであってはならない。

傷者、病者、衛生要員及び宗教要員は、この条約の適用を受ける間は、前記の協定の利益を引き続き享有する。但し、それらの協定に反対の明文規定がある場合又は紛争当事国の一方若しくは他方がそれらの者について一層有利な措置を執った場合は、この限りでない。

第七条【権利放棄の禁止】傷者、病者、衛生要員及び宗教要員は、いかなる場合にも、この条約及び、前条に掲げる特別協定があるときは、その協定により保障される権利を部分的にも又は全面的にも放棄することができない。

第八条【利益保護国】この条約は、紛争当事国の利益の保護を任務とする利益保護国の協力により、及びその監視の下に適用されるものとする。このため、利益保護国は、その外交職員又は領事職員の外、自国の国民又は他の中立国の国民の中から代表を任命することができる。それらの代表は、任務を遂行すべき国の承認を得なければならない。

紛争当事国は、利益保護国の代表者又は代表の職務の遂行をできる限り容易にしなければならない。

利益保護国の代表者又は代表は、いかなる場合にも、この条約に基く自己の使命の範囲をこえてはならない。それらの者は、特に、任務を遂行する国の安全上絶対的に必要なことには考慮を払わなければならない。それらの者の活動は、絶対的な軍事上の必要がある場合に限り、例外的且つ一時的措置として制限することができる。

第九条【人道的団体】この条約の規定は、赤十字国際委員会その他の公平な人道的団体が傷者、病者、衛生要員及び宗教要員の保護及び救済のため関係紛争当事国の同意を得て行う人道的活動を妨げるものではない。

第一〇条【利益保護の確保】締約国は、公平及び有効性についてすべての保障をする団体に対し、いつでも、この条約に基く利益保護国の任務を委任することに同意することができる。

傷者、病者、衛生要員及び宗教要員が、理由のいかんを問わず、利益保護国若しくは前項に規定するいずれかの団体の活動による利益を受けず又はその利益を受けなくなった場合には、抑留国は、中立国又は同項に規定するいずれかの団体に対し、紛争当事国により指定された利益保護国がこの条約に基いて行う任務を引き受けるように要請しなければならない。

保護が前項により確保されなかったときは、抑留国は、赤十字国際委員会のような人道的団体に対し、利益保護国がこの条約に基いて行う人道的任務を引き受けるように要請し、又は、本条の規定を留保して、その団体による役務の提供の申出を承諾しなければならない。

前記の目的のため当該国の要請を受け、又は役務の提供を申し出る中立国又は団体は、この条約によって保護される者が属する紛争当事国に対する責任を自覚して行動することを要求され、また、その任務を引き受けて公平にこれを果す能力があることについて充分な保障を与えることを要求されるものとする。

軍事的事件、特に、領域の全部又は主要な部分が占領されたことにより、一時的にでも相手国又はその同盟国と交渉する自由を制限された一国を含む諸国間の特別協定は、前記の規定とてい触するものであってはならない。

この条約において利益保護国とは、本条にいう団体をも意味するものとする。

第一一条【利益保護国による紛議解決の仲介】利益保護国は、この条約によって保護される者の利益のために望ましいと認める場合、特に、この条約の規定の適用又は解釈に関して紛争当事国の間に紛議がある場合には、その紛議を解決するために仲介をしなければならない。

このため、各利益保護国は、紛争当事国の一の要請又は自国の発意により、紛争当事国に対し、それぞれの代表者、特に、傷者、病者、衛生要員及び宗教要員について責任を負う当局ができれば適当に選ばれた中立の地域で会合するように提案することができる。紛争当事国は、自国に対するこのための提案に従わなければならない。利益保護国は、必要がある場合には、紛争当事国に対し、その承認を求めるため、中立国に属する者又は赤十字国際委員会の委任を受けた者で前記の会合に参加するように招請されるものの氏名を提出することができる。

第二章　傷者及び病者

第一二条【傷病者の保護】次条に掲げる軍隊の構成員及びその他の者で、傷者又は病者であるものは、すべての場合において、尊重し、且つ、保護しなければならない。

それらの者をその権力内に有する紛争当事国は、それらの者を性別、人種、国籍、宗教、政治的意見又はその他類似の基準による差別をしないで人道的に待遇し、且つ、看護しなければならない。それらの者の生命又は身体に対する暴行は、厳重に禁止する。特に、それらの者は、殺害し、みな殺しにし、拷問に付し、又は生物学的実験に供してはならない。それらの者は、治療及び看護をしないで故意に遺棄してはならず、また、伝染又は感染の危険にさらしてはならない。

治療の順序における優先権は、緊急な医療上の理由がある場合に限り、認められる。

女子は、女性に対して払うべきすべての考慮をもって待遇しなければならない。

紛争当事国は、傷者又は病者を敵側に遺棄することを余儀なくされた場合には、軍事上の事情が許す限り、それらの者の看護を援助するためにその衛生要員及び衛生材料の一部をそれらの者に残さなければならない。

第一三条【適用をうける傷病者の範囲】この条約は、次の部類に属する傷者及び病者に適用する。

(1) 紛争当事国の軍隊の構成員及びその軍隊の一部をなす民兵隊又は義勇隊の構成員

(2) 紛争当事国に属するその他の民兵隊及び義勇隊の構成員（組織的抵抗運動団体の構成員を含む。）で、その領域が占領されているかどうかを問わず、その領域の内外で行動するもの。但し、それらの民兵隊又は義勇隊（組織的抵抗運動団体を含む。）は、次の条件を満たすものでなければならない。

a 部下について責任を負う一人の者が指揮していること。

b 遠方から認識することができる固着の特殊標章を有すること。

c 公然と武器を携行していること。

d 戦争の法規及び慣例に従って行動していること。

(3) 正規の軍隊の構成員で、抑留国が承認していない政府又は当局に忠誠を誓ったもの

(4) 実際には軍隊の構成員でないが軍隊に随伴する者、たとえば、文民たる軍用航空機の乗組員、従軍記者、需品供給者、労務隊員又は軍隊の福利機関の構成員等。但し、それらの者がその随伴する軍隊の認可を受けている場合に限る。

(5) 紛争当事国の商船の乗組員（船長、水先人及び見習員を含む。）及び民間航空機の乗組員で、国際法の他のいかなる規定によっても一層有利な待遇の利益を享有することがないもの

(6) 占領されていない領域の住民で、敵の接近に当り、正規の軍隊を編成する時日がなく、侵入する軍隊に抵抗するために自発的に武器を執るもの。但し、それらの者が公然と武器を携行し、且つ、戦争の法規及び慣例を尊重する場合に限る。

第一四条【捕虜の規定の適用】第一二条の規定に従うことを条件として、交戦国の傷者及び病者で敵の権力内に陥ったものは、捕虜となるものとし、また、捕虜に関する国際法の規定が、それらの者に適用される。

第一五条【傷病者の収容】紛争当事国は、常に、特に交戦の後に、傷者及び病者を捜索し、及び収容し、それらの者をりゃく奪及び虐待から保護し、それらの者に充分な看護を確保し、並びに死者を捜索し、及び死者がはく奪を受けることを防止するため、遅滞なくすべての可能な措置を執らなければならない。

事情が許すときは、いつでも、戦場に残された傷者の収容、交換及び輸送を可能にするため、休戦、戦闘停止又は現地取極について合意しなければならない。

同様に、攻囲され、又は包囲された地域にある傷者及び病者の収容又は交換並びにそれらの地域へ向う衛生要員、宗教要員及び衛生材料の通過に関し、紛争当事国相互間で現地取極を結ぶことができる。

第一六条【傷病者及び死者の記録】紛争当事国は、その権力内に陥った敵国の傷者、病者及び死者に関し、それらの者の識別に役立つ明細をできる限りすみやかに記録しなければならない。

それらの記録は、できる限り次の事項を含むものでなければならない。

a その者が属する国

b 軍の名称、連隊の名称、個人番号又は登録番号

c 姓

d 名

e 生年月日

f 身分証明書又は識別票に掲げるその他の明細

g 捕虜とされた年月日及び場所又は死亡の年月日及び場所

h 負傷若しくは疾病に関する明細又は死亡の原因

前記の情報は、捕虜の待遇に関する一九四九年八月一二日のジュネーヴ条約第一二二条に掲げる捕虜情報局にできる限りすみやかに送付しなければならない。捕虜情報局は、利益保護国及び中央捕虜情報局の仲介により、それらの者が属する国にその情報を伝達しなければならない。

紛争当事国は、死亡証明書又は正当に認証された死者名簿を作成し、且つ、捕虜情報局を通じて相互にこれを送付しなければならない。紛争当事国は、同様に、死者について発見された複式の識別票の一片、遺書その他近親者にとって重要な書類、金銭及び一般に内在的価値又は感情的価値のあるすべての物品を取り集め、且つ、捕虜情報局を通じて相互にこれらを送付しなければならない。それらの物品は、所属不明の物品とともに、封印した小包で送らなければならない。それらの小包には、死亡した所有者の識別に必要なすべての明細を記載した記述書及び小包の内容を完全に示す表を附さなければならない。

第一七条【死者の取扱】紛争当事国は、死亡を確認すること、死者を識別すること及び報告書の作成を可能にすることを目的として、事情が許す限り各別に行われる死者の土葬又は火葬を行う前に、死体の綿密な検査、できれば医学的検査を行うことを確保しなければならない。複式の識別票の一片又は、単式の識別票の場合には、識別票は、死体に残さなければならない。

死体は、衛生上絶対に必要とされる場合及び死者の宗教に基く場合を除く外、火葬に付してはならない。火葬に付した場合には、死亡証明書又は正当に認証された死者名簿に火葬の事情及び理由を詳細に記載しなければならない。

紛争当事国は、更に、死者をできる限りその属する宗教の儀式に従って丁重に埋葬すること並びにその死者の墓が尊重され、できればその国籍に従って

区分され、適当に維持され、及びいつでも見出されるように標示されることを確保しなければならない。このため、紛争当事国は、敵対行為の開始の際、埋葬後の発掘を可能にし、並びに墓が所在する場所のいかんを問わず死体の識別及び本国へのその輸送を確保するため、公の墳墓登録機関を設置しなければならない。これらの規定は、本国の希望に従って適当な措置が執られるまで墳墓登録機関が保管しなければならない遺骨に対しても、同様に適用する。

前記の墳墓登録機関は、事情が許す限りすみやかに、遅くとも敵対行為の終了の際、第一六条第二項に掲げる捕虜情報局を通じて、墓の正確な所在地及び標示並びにそこに埋葬されている死者に関する明細を示す表を交換しなければならない。

第一八条【住民の協力】軍当局は、住民に対し、軍当局の指示の下に自発的に傷者及び病者を収容し、且つ、看護するように、その慈善心に訴えることができる。軍当局は、この要請に応じた者に対して必要な保護及び便益を与えるものとする。敵国がその地域の支配権を掌握し、又は奪還するに至った場合には、その敵国は、同様に、それらの者に同一の保護及び便益を与えなければならない。

軍当局は、侵略され、又は占領された地域においても、住民及び救済団体に対し、自発的に傷者又は病者をその国籍のいかんを問わず収容し、且つ、看護することを許さなければならない。文民たる住民は、これらの傷者及び病者を尊重しなければならず、特に、それらの者に対して暴行を加えないようにしなければならない。

いかなる者も、傷者又は病者を看護したことを理由としてこれを迫害し、又は有罪としてはならない。

本条の規定は、傷者及び病者に衛生上及び精神上の看護を与える義務を占領国に対して免除するものではない。

第三章　衛生部隊及び衛生施設

第一九条【衛生施設及び部隊の尊重】紛争当事国は、いかなる場合にも、衛生機関の固定施設及び移動衛生部隊を攻撃してはならず、常にこれを尊重し、且つ、保護しなければならない。それらの固定施設及び移動衛生部隊が敵国の権力内に陥った場合には、それらの施設及び部隊の要員は、抑留国がそれらの施設及び部隊の中にある傷者及び病者に必要な看護を自ら確保しない限り、自由にその任務を行うことができる。

責任のある当局は、前記の施設及び部隊が、できる限り、軍事目標に対する攻撃によってその安全を危くされることのないような位置に置かれることを確保しなければならない。

第二〇条【病院船】
第二一条【衛生施設及び部隊の保護の消滅】
第二二条【保護のはく奪の禁止される場合】
第二三条【病院地帯及び地区】（略）

第四章　要　員

第二四条【衛生要員及び宗教要員の尊重】傷者若しくは病者の捜索、収容、輸送若しくは治療又は疾病の予防にもっぱら従事する衛生要員、衛生部隊及び衛生施設の管理にもっぱら従事する職員並びに軍隊に随伴する宗教要員は、すべての場合において、尊重し、且つ、保護しなければならない。

第二五条【特別要員の保護】必要が生じた場合に衛生兵、看護婦又は補助担架手として傷者及び病者の収容、輸送又は治療に当るために特別に訓練された軍隊の構成員も、これらの任務を遂行しつつある時に敵と接触し、又は敵国の権力内に陥るに至った場合には、同様に尊重し、且つ、保護しなければならない。

第二六条【赤十字等救済団体の職員】各国赤十字社及びその他の篤志救済団体でその本国政府が正当に認めたものの職員のうち第二四条に掲げる要員と同一の任務に当るものは、同条に掲げる要員と同一の地位に置かれるものとする。但し、それらの団体の職員は、軍法に従わなければならない。

各締約国は、平時において又は敵対行為の開始の際若しくは敵対行為が行われている間に、自国の軍隊の正規の衛生機関に援助を与えることを自国の責任で認めた団体の名称を他の締約国に通告しなければならない。但し、その通告は、いかなる場合にも、当該団体を実際に使用する前に行わなければならない。

第二七条【中立国の団体】
第二八条【衛生要員の抑留】
第二九条【捕虜となる特別要員】
第三〇条【帰還衛生要員の選択】
第三一条【帰還する衛生要員】
第三二条【中立衛生要員の取扱】（略）

第五章　建物及び材料

第三三条【衛生材料及び施設の尊重】敵の権力内に陥った軍隊の移動衛生部隊の材料は、傷者及び病者の看護のために抑留されるものとする。

軍隊の固定衛生施設の建物、材料及び貯蔵品は、引き続き戦争法規の適用を受けるものとする。但し、それらの建物、材料及び貯蔵品は、傷者及び病者の看護のために必要とされる限り、その使用目的を変更してはならない。もっとも、戦地にある軍隊の指揮官は、緊急な軍事上の必要がある場合には、前記の施設内で看護される傷者及び病者の福祉のためにあらかじめ措置を執ることを条件として、それらの建物、材料及び貯蔵品を使用することができる。

本条に掲げる材料及び貯蔵品は、故意に破壊してはならない。

第三四条【救済団体の財産の尊重】（略）

第六章　衛生上の輸送手段

第三五条【衛生上の輸送手段の尊重】傷者及び病者又は衛生材料の輸送手段は、移動衛生部隊と同様に尊重し、且つ、保護しなければならない。

それらの輸送手段、すなわち、車両は、敵国の権力内に陥った場合には、それらを捕獲した紛争当事国がすべての場合においてそれらの中にある傷者及び病者の看護を確保することを条件として、戦争法規の適用を受けるものとする。

徴発によって得た文民たる要員及びすべての輸送手段は、国際法の一般原則の適用を受けるものとする。

第三六条【衛生航空機】交戦国は、衛生航空機、すなわち、もっぱら傷者及び病者の収容並びに衛生要員及び衛生材料の輸送に使用される航空機を、それらの航空機が関係交戦国の間で特別に合意された高度、時刻及び路線に従って飛行している間、攻撃してはならず、尊重しなければならない。

衛生航空機は、その下面、上面及び側面に、第三八条に定める特殊標章を自国の国旗とともに明白に表示しなければならない。衛生航空機は、敵対行為の開始の際又は敵対行為が行われている間に交戦国の間で合意される他の標識又は識別の手段となるものを付さなければならない。

反対の合意がない限り、敵の領域又は占領地域の上空の飛行は、禁止する。

衛生航空機は、すべての着陸要求に従わなければならない。この要求によって着陸した場合には、航空機及びその乗員は、検査があるときはそれを受けた後、飛行を継続することができる。

傷者及び病者並びに衛生航空機の乗員は、敵の領域又は占領地域内に不時着した場合には、捕虜となるものとする。衛生要員は、第二四条以下の規定に従って待遇されるものとする。

第三七条【衛生航空機と中立国】紛争当事国の衛生航空機は、第二項の規定に従うことを条件として、中立国の領域の上空を飛行し、必要がある場合にはその領域に着陸し、又はその領域を寄航地として使用することができる。それらの衛生航空機は、当該領域の上空の通過を事前に中立国に通告し、且つ、着陸又は着水のすべての要求に従わなければならない。それらの衛生航空機は、紛争当事国と関係中立国との間で特別に合意された路線、高度及び時刻に従って飛行している場合に限り、攻撃を免かれるものとする。

もっとも、中立国は、衛生航空機が自国の領域の上空を飛行すること又は自国の領域内に着陸することに関し、条件又は制限を附することができる。それらの条件又は制限は、すべての紛争当事国に対して平等に適用しなければならない。

中立国と紛争当事国との間に反対の合意がない限り、現地当局の合意を得て衛生航空機が中立地域に積み卸す傷者及び病者は、国際法上必要がある場合には、軍事行動に再び参加することができないように中立国が抑留するものとする。それらの者の入院及び収容のための費用は、それらの者が属する国が負担しなければならない。

第七章　特殊標章

第三八条【赤十字紋章】スイスに敬意を表するため、スイス連邦の国旗の配色を転倒して作成した白地に赤十字の紋章は、軍隊の衛生機関の標章及び特殊記章として維持されるものとする。

もっとも、赤十字の代りに白地に赤新月又は赤のライオン及び太陽を標章として既に使用している国については、それらの標章は、この条約において同様に認められるものとする。

第三九条【標章の表示】標章は、権限のある軍当局の指示に基き、衛生機関が使用する旗、腕章及びすべての材料に表示しなければならない。

第四〇条【衛生要員の腕章及び証明書】
第四一条【特別要員の腕章及び証明書】
第四二条【旗の使用】
第四三条【中立国衛生部隊の旗】
第四四条【赤十字の名称及び標章の使用】（略）

第八章　条約の実施

第四五条【実施の確保】各紛争当事国は、その総指揮官を通じ、この条約の一般原則に従い、前各条の細目にわたる実施を確保し、且つ、この条約の予見しない事件に備えなければならない。

第四六条【報復措置の禁止】この条約によって保護される傷者、病者、要員、建物又は材料に対する報復的措置は、禁止する。

第四七条【条約文の公知】
第四八条【訳文及び国内法令の通知】（略）

第九章　濫用及び違反の防止

第四九条【重大な違反行為の処罰】
第五〇条【重大な違反行為】
第五一条【締約国の責任】
第五二条【違反行為に対する調査】（略）

第五三条【赤十字の標章及び名称の濫用の禁止】公のものであると私のものであるとを問わず、個人、団体、商社又は会社でこの条約に基いて使用の権利を与えられていないものが、「赤十字」若しくは「ジュネーヴ十字」の標章若しくは名称又はそれらを模倣した記章若しくは名称を使用することは、その使用の目的及び採用の日付のいかんを問わず、常に禁止する。

第五四条【濫用防止の措置】
第五五条【正文、訳文】
第五六条【署名】
第五七条【批准】（略）

第五八条【効力発生】この条約は、二以上の批准書が寄託された後六箇月で効力を生ずる。

その後は、この条約は、各締約国についてその批准書の寄託の後六箇月で効力を生ずる。

第五九条【旧条約】
第六〇条【加入】
第六一条【加入手続】
第六二条【紛争当事国の批准又は加入】（略）

第六三条【廃棄】各締約国は、この条約を自由に廃棄することができる。

　廃棄は、書面でスイス連邦政府に通告しなければならず、スイス連邦政府は、その通告をすべての締約国の政府に伝達しなければならない。

　廃棄は、スイス連邦政府にその通告をした後一年で効力を生ずる。但し、廃棄する国が紛争に加わっている時に通告された廃棄は、平和条約が締結され、且つ、この条約によって保護される者の解放及び送還に関連する業務が終了するまでは、効力を生じない。

　廃棄は、廃棄する国についてのみ効力を生ずる。廃棄は、文明国民の間で確立している慣行、人道の法則、公衆の良心の命ずるところ等に由来する国際法の原則に基いて紛争当事国が引き続き履行しなければならない義務を害するものではない。


第六四条【登録、国連への通知】（略）

157 7 海上にある軍隊の傷者、病者及び難船者の状態の改善に関する一九四九年八月一二日のジュネーヴ条約（第二条約）（海上傷病難船者保護条約）（抄）

署　　名　一九四九年八月一二日（ジュネーヴ）
効力発生　一九五〇年一〇月二一日
日 本 国　一九五三年四月二一日内閣決定、加入通告、七月二九日国会承認、一〇月二一日効力発生　公布（条約第二四号）

前　文（略）

第一章　総　則（略）

第二章　傷者、病者及び難船者

第一二条【海上傷病者と難船者の保護】次条に掲げる軍隊の構成員及びその他の者で、海上にあり、且つ、傷者、病者又は難船者である者は、すべての場合において、尊重し、且つ、保護しなければならない。この場合において、「難船」とは、原因のいかんを問わず、あらゆる難船をいい、航空機による又は航空機からの海上への不時着を含むものとする。

　それらの者をその権力内に有する紛争当事国は、それらの者を性別、人種、国籍、宗教、政治的意見又はその他類似の基準による差別をしないで人道的に待遇し、且つ、看護しなければならない。それらの者の生命又は身体に対する暴行は、厳重に禁止する。特に、それらの者は、殺害し、みな殺しにし、拷問に付し、又は生物学的実験に供してはならない。それらの者は、治療及び看護をしないで故意に遺棄してはならず、また、伝染又は感染の危険にさらしてはならない。

　治療の順序における優先権は、緊急な医療上の理由がある場合に限り、認められる。

　女子は、女性に対して払うべきすべての考慮をもって待遇しなければならない。

第一三条【適用を受ける者の範囲】
第一四条【軍艦の引渡要求権】
第一五条【中立国の軍艦又は軍用航空機による収容】（略）

第一六条【捕虜の規定の適用】
第一七条【中立港に上陸の場合】（略）

第一八条【傷病者等の収容】紛争当事国は、交戦の後には、傷者、病者及び難船者を捜索し、及び収容し、それらの者をりゃく奪及び虐待から保護し、それらの者に対する充分な看護を確保し、並びに死者を捜索し、及び死者がはく奪を受けることを防止するため、遅滞なくすべての可能な措置を執らなければならない。

　事情が許すときはいつでも、攻囲され、又は包囲された地域にある傷者及び病者の海路による収容並びにそれらの地域へ向かう衛生要員、宗教要員及び衛生材料の通過に関し、紛争当事国相互間で現地取極を結ぶことができる。

第一九条【傷病者等の記録】
第二〇条【死者の取扱】
第二一条【中立国商船の協力】（略）

第三章　病院船

第二二条【軍用病院船の尊重】軍用病院船、すなわち、傷者、病者及び難船者に援助を与え、それらの者を治療し、並びにそれらの者を輸送することを唯一の目的として国が特別に建造し、又は設備した船舶は、いかなる場合にも、攻撃し、又は捕獲してはならないものとし、また、それらの船舶が使用される一〇日前にその船名及び細目が紛争当事国に通告されることを条件として、常に尊重し、且つ、保護しなければならない。

　前記の通告において掲げる細目は、登録総トン数、船首から船尾までの長さ並びにマスト及び煙突の数を含むものでなければならない。


第二三条【海岸衛生施設の保護】（略）

第二四条【民間病院船】各国赤十字社、公に承認された救済団体又は私人により使用される病院船は、それらが属する紛争当事国により公の使命を与えられ、且つ、第二二条に定める通告が行われた場合には、軍用病院船と同一の保護を受けるものとし、また、捕獲されないものとする。

これらの船舶は、責任のある当局が発給した証明書でそれらの船舶がぎ装中及び発航の際その監督下にあった旨を記載するものを備えなければならない。

第二五条【中立国の病院船】中立国の赤十字社、公に承認された救済団体又は私人により使用される病院船は、あらかじめ自国政府の同意及び関係紛争当事国の認可を得て紛争当事国の一の管理の下にあることを条件として、第二二条に定める通告が行われた場合に限り、軍用病院船と同一の保護を受けるものとし、また、捕獲されないものとする。

第二六条【病院船の保護】
第二七条【沿岸救助用小舟艇】
第二八条【艦内病室の保護】
第二九条【敵の占領した港と病院船】
第三〇条【病院船の活動】
第三一条【病院船の監督】
第三二条【中立港内の碇泊】
第三三条【改装病院船】
第三四条【病院船及び艦内病室の保護の消滅】
第三五条【保護の剥奪理由とならない場合】
（略）

第四章　要　員
第五章　衛生上の輸送手段
第六章　特殊標章
第七章　条約の実施
第八章　濫用及び違反の防止
最終規定
（略）

15 8 捕虜の待遇に関する一九四九年八月一二日のジュネーヴ条約（第三条約）（捕虜条約）（抄）

署　　名　一九四九年八月一二日（ジュネーヴ）
効力発生　一九五〇年一〇月二一日
日 本 国　一九五三年四月二一日内閣決定、加入通告、七月二九日国会承認、一〇月二一日効力発生　公布（条約第二五号）

前　文（略）

第一編　総　則

第一条【条約の尊重】
第二条【戦争以外の武力紛争及び占領における適用、総加入条項の排除】
第三条【内乱の場合】
（15 6 第一条〜第三条と同じ）

第四条【捕虜となるもの】A　この条約において捕虜とは、次の部類の一に属する者で敵の権力内に陥ったものをいう。

(1)　紛争当事国の軍隊の構成員及びその軍隊の一部をなす民兵隊又は義勇隊の構成員

(2)　紛争当事国に属するその他の民兵隊及び義勇隊の構成員（組織的抵抗運動団体の構成員を含む。）で、その領域が占領されているかどうかを問わず、その領域の内外で行動するもの。但し、それらの民兵隊又は義勇隊（組織的抵抗運動団体を含む。）は、次の条件を満たすものでなければならない。

(a)　部下について責任を負う一人の者が指揮していること。
(b)　遠方から認識することができる固着の特殊標章を有すること。
(c)　公然と武器を携行していること。
(d)　戦争の法規及び慣例に従って行動していること。

(3)　正規の軍隊の構成員で、抑留国が承認していない政府又は当局に忠誠を誓ったもの

(4)　実際には軍隊の構成員でないが軍隊に随伴する者、たとえば、文民たる軍用航空機の乗組員、従軍記者、需品供給者、労務隊員又は軍隊の福利機関の構成員等。但し、それらの者がその随伴する軍隊の認可を受けている場合に限る。このため、当該軍隊は、それらの者に附属書のひな型と同様の身分証明書を発給しなければならない。

(5)　紛争当事国の商船の乗組員（船長、水先人及び見習員を含む。）及び民間航空機の乗組員で、国際法の他のいかなる規定によっても一層有利な待遇の利益を享有することがないもの

(6)　占領されていない領域の住民で、敵の接近に当り、正規の軍隊を編成する時日がなく、侵入する軍隊に抵抗するために自発的に武器を執るもの。但し、それらの者が公然と武器を携行し、且つ、戦争の法規及び慣例を尊重する場合に限る。

B　次の者も、また、この条約に基いて捕虜として待遇しなければならない。

(1)　被占領国の軍隊に所属する者又は当該軍隊に所属していた者で、特に戦闘に従事している所属軍隊に復帰しようとして失敗した場合又は抑留の目的でされる召喚に応じなかった場合に当該軍隊への所属を理由として占領国が抑留することを必要と認めるもの。その占領国が、その者を捕虜とした後、その占領する領域外で敵対行為が行われていた間にその者を解放したかどうかを問わない。

(2)　本条に掲げる部類の一に属する者で、中立国又は非交戦国が自国の領域内に収容しており、且つ、その国が国際法に基いて抑留することを要求されるもの。但し、それらの者に対しては、その国がそれらの者に与えることを適当と認める一層有利な待遇を与えることを妨げるものではなく、

また、第八条、第一〇条、第一五条、第三〇条第五項、第五八条から第六七条まで、第九二条及び第一二六条の規定並びに、紛争当事国と前記の中立国又は非交戦国との間に外交関係があるときは、この条約の利益保護国に関する規定を適用しないものとする。前記の外交関係がある場合には、それらの者が属する紛争当事国は、それらの者に対し、この条約で規定する利益保護国の任務を行うことを認められる。但し、当該紛争当事国が外交上及び領事業務上の慣習及び条約に従って通常行う任務を行うことを妨げない。

C　本条は、この条約の第三三条に規定する衛生要員及び宗教要員の地位に何らの影響を及ぼすものではない。

第五条【適用の期間】この条約は、第四条に掲げる者に対し、それらの者が敵の権力内に陥った時から最終的に解放され、且つ、送還される時までの間、適用する。

交戦行為を行って敵の権力内に陥った者が第四条に掲げる部類の一に属するかどうかについて疑が生じた場合には、その者は、その地位が権限のある裁判所によって決定されるまでの間、この条約の保護を享有する。

第六条【特別協定】
第七条【権利放棄の禁止】
第八条【利益保護国】
第九条【人道的団体】
第一〇条【利益保護の確保】
第一一条【利益保護国による紛議解決の仲介】
（略）

第二編　捕虜の一般的保護

第一二条【捕虜の地位及び移送】捕虜は、敵国の権力内にあるものとし、これを捕えた個人又は部隊の権力内にあるものではない。抑留国は、個人の責任があるかどうかを問わず、捕虜に与える待遇について責任を負う。

捕虜は、抑留国が、この条約の締約国に対し、当該締約国がこの条約を適用する意思及び能力を有することを確認した後にのみ、移送することができる。捕虜が前記により移送されたときは、捕虜を受け入れた国は、捕虜を自国に抑留している間、この条約を適用する責任を負う。

もっとも、捕虜を受け入れた国がいずれかの重要な点についてこの条約の規定を実施しなかった場合には、捕虜を移送した国は、利益保護国の通告に基いて、その状態を改善するために有効な措置を執り、又は捕虜の返還を要請しなければならない。この要請には、従わなければならない。

第一三条【人道的待遇・報復の禁止】捕虜は、常に人道的に待遇しなければならない。抑留国の不法の作為又は不作為で、抑留している捕虜を死に至らしめ、又はその健康に重大な危険を及ぼすものは、禁止し、且つ、この条約の重大な違反と認める。特に、捕虜に対しては、身体の切断又はあらゆる種類の医学的若しくは科学的実験で、その者の医療上正当と認められず、且つ、その者の利益のために行われるものでないものを行ってはならない。

また、捕虜は、常に保護しなければならず、特に、暴行又は脅迫並びに侮辱及び公衆の好奇心から保護しなければならない。

捕虜に対する報復措置は、禁止する。

第一四条【身体・名誉・行為能力・女性に対する考慮】捕虜は、すべての場合において、その身体及び名誉を尊重される権利を有する。

女子は、女性に対して払うべきすべての考慮をもって待遇されるものとし、いかなる場合にも、男子に与える待遇と同等に有利な待遇の利益を受けるものとする。

捕虜は、捕虜とされた時に有していた完全な私法上の行為能力を保持する。抑留国は、捕虜たる身分のためやむを得ない場合を除く外、当該国の領域の内外においてその行為能力に基く権利の行使を制限してはならない。

第一五条【給養・医療】捕虜を抑留する国は、無償で、捕虜を給養し、及びその健康状態に必要な医療を提供しなければならない。

第一六条【無差別待遇】階級及び性別に関するこの条約の規定に考慮を払い、また、健康状態、年令又は職業上の能力を理由として与えられる有利な待遇を留保して、捕虜は、すべて、抑留国が人種、国籍、宗教的信条若しくは政治的意見に基く差別又はこれらに類する基準によるその他の差別をしないで均等に待遇しなければならない。

第三編　捕虜たる身分

第一部　捕虜たる身分の開始

第一七条【尋問・身分証明書】各捕虜は、尋問を受けた場合には、その氏名、階級及び生年月日並びに軍の番号、連隊の番号、個人番号又は登録番号（それらの番号がないときは、それに相当する事項）について答えなければならない。

捕虜は、故意に前記の規定に違反したときは、その階級又は地位に応じて与えられる特権に制限を受けることがあるものとする。

各紛争当事国は、その管轄の下にある者で捕虜となることがあるもののすべてに対し、その氏名、階級、軍の番号、連隊の番号、個人番号若しくは登録番号又はそれらの番号に相当する事項及び生年月日を示す身分証明書を発給しなければならない。身分証明書には、更に、本人の署名若しくは指紋又はその双方及び紛争当事国が自国の軍隊に属する者に関し追加することを希望するその他の事項を掲げることができる。身分証明書は、できる限り、縦横がそれぞれ六・五センチメートル及び一〇センチメートルの規格で二部作成するものとする。捕虜は、要求があった場合には、身分証明書を呈示しなければならない。但し、身分証明書は、いかなる場合にも、取り上げてはならない。

捕虜からいかなる種類の情報を得るためにも、これに肉体的又は精神的拷問その他の強制を加えてはならない。回答を拒む捕虜に対しては、脅迫し、侮辱し、又は種類のいかんを問わず不快若しくは不利益な待遇を与えてはならない。

肉体的又は精神的状態によって自己が何者であるかを述べることができない捕虜は、衛生機関に引き渡さなければならない。それらの捕虜が何者であるかは、前項の規定に従うことを留保して、すべての可能な方法によって識別して置かなければならない。

捕虜に対する尋問は、その者が理解する言語で行わなければならない。

第一八条【捕虜の所持物】すべての個人用品（武器、馬、軍用装具及び軍用書類を除く。）及び金属かぶと、防毒面その他の身体の防護のために交付されている物品は、捕虜が引き続いて所持するものとする。捕虜の衣食のために用いられる物品も、それが正規の軍用装具に属するかどうかを問わず、捕虜が引き続いて所持するものとする。

捕虜は、常に身分証明書を携帯しなければならない。抑留国は、身分証明書を所持していない捕虜に対しては、これを与えなければならない。

階級及び国籍を示す記章、勲章並びに主として個人的又は感情的価値のみを有する物品は、捕虜から取り上げてはならない。

捕虜が所持する金銭は、将校の命令によってでなければ、且つ、金額及び所持者の詳細を特別の帳簿に記入し、並びに受領証発行人の氏名、階級及び部隊を読みやすく記載した詳細な受領証を発給した後でなければ、取り上げてはならない。抑留国の通貨で有する額又は捕虜の要請により抑留国の通貨に両替した額は、第六四条に定めるところにより、捕虜の勘定に貸記しなければならない。

抑留国は、安全を理由とする場合にのみ、捕虜から有価物を取り上げることができる。有価物を取り上げる場合には、金銭を取り上げる場合について定める手続と同一の手続を適用しなければならない。

前記の有価物は、捕虜から取り上げた金銭で抑留国の通貨でなく、且つ、所持者からその両替を要請されなかったものとともに、抑留国が保管し、及び捕虜たる身分の終了の際原状で捕虜に返還しなければならない。

第一九条【後送】捕虜は、捕虜とされた後できる限りすみやかに、戦闘地域から充分に離れた危険の圏外にある地域の収容所に後送しなければならない。

負傷又は病気のため、後送すれば現在地にとどめるよりも大きな危険にさらすこととなる捕虜に限り、これを一時的に危険地帯にとどめることができる。

捕虜は、戦闘地域から後送するまでの間に、不必要に危険にさらしてはならない。

第二〇条【後送の条件】捕虜の後送は、常に、人道的に、且つ、抑留国の軍隊の移駐の場合に適用される条件と同様の条件で行わなければならない。

抑留国は、後送中の捕虜に対し、食糧及び飲料水を充分に供給し、且つ、必要な被服及び医療上の手当を与えなければならない。抑留国は、捕虜の後送中その安全を確保するために適当なすべての予防措置を執り、且つ、後送される捕虜の名簿をできる限りすみやかに作成しなければならない。

捕虜が後送中に通過収容所を経由しなければならない場合には、その収容所における捕虜の滞在は、できる限り短期間のものとしなければならない。

第二部　捕虜の抑留

第一章　総　則

第二一条【抑留・解放】抑留国は、捕虜を抑留して置くことができる。抑留国は、捕虜に対し、抑留されている収容所から一定の限界をこえて離れない義務又は、その収容所にさくをめぐらしてある場合には、そのさくの外に出ない義務を課することができる。刑罰及び懲戒罰に関するこの条約の規定を留保し、捕虜は、衛生上の保護のために必要な場合を除く外、拘禁してはならない。この拘禁は、その時の状況により必要とされる期間をこえてはならない。

捕虜は、その属する国の法令により許される限り、宣誓又は約束に基いて不完全又は完全に解放することができる。この措置は、特に、捕虜の健康状態を改善するために役立つ場合に執るものとする。捕虜に対しては、宣誓又は約束に基く解放を受諾することを強制してはならない。

各紛争当事国は、敵対行為が始まったときは、自国民が宣誓又は約束に基いて解放されることを受諾することを許可し、又は禁止する法令を敵国に通告しなければならない。こうして通告された法令に従って宣誓又は約束をした捕虜は、その個人的名誉に基いて、その者が属する国及びその者を捕虜とした国に対して宣誓及び約束に係る約定を果す義務を負う。この場合には、その者が属する国は、宣誓又は約束に反する役務をその者に要求し、また、その者から受けてはならない。

第二二条【抑留の建物及び地域】捕虜は、衛生上及び保健上のすべての保障を与える地上の建物にのみ抑留することができる。捕虜は、捕虜自身の利益になると認められる特別の場合を除く外、懲治所に抑留してはならない。

不健康な地域又は気候が捕虜にとって有害である地域に抑留されている捕虜は、できる限りすみやかに一層気候の良い地域に移さなければならない。

抑留国は、捕虜の国籍、言語及び習慣に応じて、捕虜を二以上の収容所又は収容所内の区画に分類収容しなければならない。但し、捕虜が同意しない限り、その者が捕虜となった時に勤務していた軍隊に属する捕虜と分離してはならない。

第二三条【危険からの隔離】捕虜は、いかなる場合にも、戦闘地域の砲火にさらされる虞のある地域に送り、又は抑留してはならず、捕虜の所在は、特定の地点又は区域が軍事行動の対象とならないようにするために利用してはならない。

捕虜は、現地の住民と同じ程度に空襲その他の戦争の危険に対する避難所を利用する権利を有する。捕虜は、前記の危険からその営舎を防護する作業に従事する者を除く外、警報があった後できる限りすみやかに避難所に入ることができる。住民のために執るその他の防護措置は、捕虜にも適用しなければならない。

抑留国は、利益保護国の仲介により、関係国に対し、捕虜収容所の地理的位置に関するすべての有益な情報を提供しなければならない。

捕虜収容所は、軍事上許される場合にはいつでも、昼間は、空中から明白に識別することができるＰＷ又はＰＧという文字によって表示しなければならない。但し、関係国は、その他の表示の方法についても合意することができる。それらの表示は、捕虜収容所のみに使用するものとする。

第二四条【常設的収容所】通過又は審査のための常設的性質を有する収容所には、この部に定める条件と同様の条件で設備を施さなければならず、それらの収容所にある捕虜は、他の収容所にある場合と同一の待遇を受けるものとする。

第二章　捕虜の営舎、食糧及び被服

第二五条【営舎】捕虜の宿営条件は、同一の地域に宿営する抑留国の軍隊についての宿営条件と同様に良好なものでなければならない。この条件は、捕虜の風俗及び習慣を考慮に入れたものでなければならず、いかなる場合にも、捕虜の健康に有害なものであってはならない。

前項の規定は、特に捕虜の寝室に対し、その総面積及び最少限度の空間並びに一般的設備、寝具及び毛布について適用があるものとする。

捕虜の個人的又は集団的使用に供する建物は、完全に湿気を防止し、並びに充分に保温し、及び点燈しなければならない。特に、日没から消燈時までの間は、点燈しなければならない。火災の危険に対しては、万全の予防措置を執らなければならない。

女子の捕虜が男子の捕虜とともに宿泊する収容所においては、女子のために分離した寝室を設けなければならない。

第二六条【食糧】毎日の食糧の基準配給の量、質及び種類は、捕虜を良好な健康状態に維持し、且つ、体重の減少又は栄養不良を防止するのに充分なものでなければならない。捕虜の食習慣も、また、考慮に入れなければならない。

抑留国は、労働する捕虜に対し、その者が従事する労働に必要な食糧の増配をしなければならない。

捕虜に対しては、飲料水を充分に供給しなければならない。喫煙は、許さなければならない。

捕虜は、できる限り、その食事の調理に参加させなければならない。このため、捕虜は、炊事場で使用することができる。捕虜に対しては、また、その所持する別の食糧を自ら調理する手段を与えなければならない。

捕虜に食堂として使用させるため、適当な場所を提供しなければならない。

食糧に影響を及ぼす集団的の懲戒は、禁止する。

第二七条【被服】抑留国は、捕虜が抑留されている地域の気候に考慮を払い、捕虜に被服、下着及びはき物を充分に供給しなければならない。抑留国が獲得した敵の軍隊の制服は、気候に適する場合には、捕虜の被服としてその用に供しなければならない。

抑留国は、前記の物品の交換及び修繕を規則的に行わなければならない。更に、労働する捕虜に対しては、労働の性質上必要な場合には、適当な被服を支給しなければならない。

第二八条【酒保】すべての収容所には、捕虜が食糧、石けん及びたばこ並びに通常の日用品を買うことができる酒保を設備しなければならない。それらの価額は、現地の市場価額をこえるものであってはならない。

収容所の酒保が得た益金は、捕虜のために用いなければならない。このため、特別の基金を設けなければならない。捕虜代表は、酒保及びその基金の運営に協力する権利を有する。

収容所が閉鎖された場合には、前記の特別の基金の残額は、その基金を積み立てた捕虜と同一の国籍を有する捕虜のために用いられるように、人道的な国際機関に引き渡さなければならない。全般的の送還の場合には、関係国間に反対の協定がない限り、前記の益金は、抑留国に残されるものとする。

第三章　衛生及び医療

第二九条【衛生】抑留国は、収容所の清潔及び衛生の確保並びに伝染病の防止のために必要なすべての衛生上の措置を執らなければならない。

捕虜に対しては、日夜、衛生上の原則に合致する設備で常に清潔な状態に維持されるものをその用に供しなければならない。女子の捕虜が宿営している収容所においては、女子のために分離した設備を設けなければならない。

また、捕虜に対しては、収容所に設備することを必要とする浴場及びシャワーの外、身体の清潔及び被服の洗たくのために水及び石けんを充分に供給しなければならない。このため、捕虜に対しては、必要な設備、便益及び時間を与えなければならない。

第三〇条【医療】各収容所には、捕虜がその必要とする治療及び適当な食事を受けることができる適当な病舎を備えなければならない。必要がある場合には、伝染病及び精神病にかかった患者のために隔離室を設けなければならない。

重病の捕虜又は特別の治療、外科手術若しくは入院を必要とする状態にある捕虜は、その送還が近い将来に予定されている場合にも、適当な処置をする能力がある軍又は軍以外の医療施設に収容しなければならない。身体障害者、特に、盲者に与えるべき救護及びその更正については、その者の送還までの間、特別の便益を与えなければならない。

捕虜は、なるべくその属する国の衛生要員、できれば自己と同一の国籍を有する衛生要員によって治療を受けるものとする。

捕虜に対しては、診察を受けるために医療当局に出頭することを妨げてはならない。抑留国の当局は、要請があったときは、治療を受けた各捕虜に対し、その病気又は負傷の性質並びに治療の期間及び種類を記載した公の証明書を発給しなければならない。その証明書の写一通は、中央捕虜情報局に送付しなければならない。

治療の費用(捕虜を良好な健康状態に保つために必要なすべての器具、特に、義歯その他の補装具及びめがねの費用を含む。)は、抑留国が負担しなければならない。

第三一条【身体検査】捕虜の身体検査は、少くとも月に一回行わなければならない。その検査は、各捕虜の体重の測定及び記録を含むものでなければならない。その検査は、特に、捕虜の健康、栄養及び清潔状態の一般的状態を監視し、並びに伝染病、特に結核、マラリヤ及び性病を検出することを目的としなければならない。このため、結核の早期検出のためのエックス線による集団的な小型写真の定期的撮影等利用可能な最も有効な方法を用いなければならない。

第三二条【捕虜たる衛生要員】抑留国は、軍隊の衛生機関に属さない捕虜で医師、歯科医師、看護婦又は看護員であるものに対し、同一の国に属する捕虜のために医療上の業務に従事することを要求することができる。この場合には、その者は、引き続き捕虜とされるが、抑留国が抑留する同階級の衛生要員の待遇に相当する待遇を受けるものとする。その者は、第四九条に基く他の労働を免除される。

第四章　捕虜を援助するため抑留される衛生要員及び宗教要員

第三三条【衛生要員及び宗教要員の抑留】抑留国が捕虜を援助するため抑留する衛生要員及び宗教要員は、捕虜と認めてはならない。但し、それらの要員は、少くともこの条約の利益及び保護を受けるものとし、また、捕虜に対して医療上の看護及び宗教上の役務を提供するため必要なすべての便益を与えられるものとする。

それらの要員は、抑留国の軍法の範囲内で、抑留国の権限のある機関の管理の下に、職業的良心に従って、捕虜、特に自己が属する軍隊に属する捕虜の利益のために医療又は宗教に関する任務を引き続き遂行しなければならない。それらの要員は、また、医療上又は宗教上の任務を遂行するため、次の便益を与えられるものとする。

(a) それらの要員は、収容所外にある労働分遣所又は病院にいる捕虜を定期的に訪問することを許される。このため、抑留国は、それらの要員に対し、必要な輸送手段を自由に使用させなければならない。

(b) 各収容所の先任軍医たる衛生要員は、抑留されている衛生要員の活動に関連するすべての事項について、収容所の軍当局に対して責任を負う。このため、紛争当事国は、敵対行為の開始の際、衛生要員(戦地にある軍隊の傷者及び病者の状態の改善に関する一九四九年八月一二日のジュネーヴ条約第二六条に掲げる団体の衛生要員を含む。)の相互に相当する階級に関して合意しなければならない。この先任軍医及び宗教要員は、その任務に関するすべての事項について、収容所の権限のある当局と直接に交渉する権利を有する。その当局は、それらの者に対し、それらの事項に関する通信のため必要なすべての便益を与えなければならない。

(c) それらの要員は、抑留されている収容所の内部の紀律に従わなければならないが、その医療上又は宗教上の任務に関係がない労働を強制されないものとする。

紛争当事国は、敵対行為の継続中に、前記の抑留された要員について行うことがある交替に関して合意し、及びその手続を定めなければならない。

前記の規定は、捕虜に関する医療又は宗教の分野における抑留国の義務を免除するものではない。

第五章　宗教的、知的及び肉体的活動

第三四条【捕虜の宗教的活動】捕虜は、軍当局が定める日常の紀律に従うことを条件として、自己の宗教上の義務の履行(自己の宗教の儀式に出席することを含む。)について完全な自由を享有する。

捕虜に対しては、宗教的儀式を行う適当な場所を提供しなければならない。

第三五条【抑留宗教要員の活動】敵の権力内に陥った宗教要員で、捕虜を援助するために残留し、又は抑留されているものは、その宗教的良心に従って捕虜に対して宗教上の任務を行うこと及び同一の宗教に属する捕虜に対して自由に自己の聖職を行うことを許さなければならない。それらの要員は、同一の軍隊に属し、同一の言語を話し、又は同一の宗教に属する捕虜がいる各種の収容所及び労働分遣所に配属しなければならない。それらの要員は、所属する収容所外にある捕虜を訪問するため必要な便益(第三三

条に規定する輸送手段を含む。）を享有する。それらの要員は、検閲を受けることを条件として、その宗教上の任務に関する事項について抑留国の宗教機関及び国際的宗教団体と通信する自由を有する。それらの要員がこのために発送する手紙及び葉書は、第七一条に規定する割当外のものとする。

第三六条【捕虜たる聖職者】聖職者たる捕虜でその属する軍隊の宗教要員となっていないものは、宗派のいかんを問わず、同一の宗派に属する者に対して自由に宗教上の任務を行うことを許される。このため、その者は、抑留国が抑留する宗教要員と同様の待遇を受けるものとする。その者は、他のいかなる労働も強制されないものとする。

第三七条【捕虜に対する宗教的援助】捕虜が、抑留された宗教要員又は自己の宗派に属する聖職者たる捕虜の援助を受けない場合には、その捕虜の宗派その他これに類する宗派に属する聖職者又は、その聖職者がないときは、宗教的見地から可能であれば資格がある非聖職者が、当該捕虜の要請に応じて援助の任務を果すために指名されなければならない。この指名は、抑留国の承認を条件として、当該捕虜及び、必要があるときは、同一の宗教の現地の宗教機関の同意を得て行わなければならない。こうして指名された者は、抑留国が紀律及び軍事上の安全のために設ける規制に服さなければならない。

第三八条【捕虜の知的及び肉体的活動】抑留国は、各捕虜の個人的趣味を尊重して、捕虜の知的、教育的及び娯楽的活動並びに運動競技を奨励しなければならない。抑留国は、捕虜に適当な場所及び必要な設備を提供して、捕虜がそれらの活動をするため必要な措置を執らなければならない。

捕虜に対しては、身体の運動（運動競技を含む。）をする機会及び戸外にいる機会を与えなければならない。このため、すべての収容所で充分な空地を提供しなければならない。

第六章　紀律

第三九条【捕虜収容所内の紀律】各捕虜収容所は、抑留国の正規の軍隊に属する責任のある将校の直接の指揮下に置かなければならない。その将校は、この条約の謄本を所持し、収容所職員及び警備員がこの条約の規定を確実に知っているようにし、並びに自国の政府の指示の下でこの条約の適用について責任を負わなければならない。

捕虜（将校を除く。）は、抑留国のすべての将校に対し、敬礼をし、及び自国の軍隊で適用する規則に定める敬意の表示をしなければならない。

将校たる捕虜は、抑留国の上級の将校に対してのみ敬礼をするものとする。但し、収容所長に対しては、その階級のいかんを問わず、敬礼をしなければならない。

第四〇条【記章及び勲章の着用】階級及び国籍を示す記章並びに勲章の着用は、許さなければならない。

第四一条【条約文等の掲示】各収容所には、この条約及びその附属書の本文並びに第六条に規定するすべての特別協定の内容を、捕虜の用いる言語により、すべての捕虜が読むことができる場所に掲示して置かなければならない。この掲示の写は、掲示に接する機会がない捕虜に対しては、その請求があったときに与えなければならない。

捕虜の行動に関する各種の規則、命令、通告及び公示は、捕虜が理解する言語によって伝えなければならない。それらの規則、命令、通告及び公示は、前項に定める方法で掲示しなければならず、その写は、捕虜代表に交付しなければならない。捕虜に対して個人的に発する命令及び指令も、当該捕虜が理解する言語によらなければならない。

第四二条【捕虜に対する武器の使用】捕虜、特に、逃走し、又は逃走を企てる捕虜に対する武器の使用は、最後の手段とし、それに先だって時宜に適した警告を必ず与えなければならない。

第七章　捕虜の階級

第四三条【捕虜の名称及び階級の通知】紛争当事国は、敵対行為の開始の際、同等の階級に属する捕虜の間における待遇の平等を確保するため、この条約の第四条に掲げるすべての者の組織上の名称及び階級を相互に通知しなければならない。その後に設けた組織上の名称及び階級も、同様に通知しなければならない。

抑留国は、捕虜が属する国によって正規に通告された捕虜の階級の昇進を承認しなければならない。

第四四条【将校たる捕虜】将校たる捕虜及び将校に相当する地位の捕虜は、その階級及び年令に適当な考慮を払って待遇しなければならない。

将校収容所における役務を確保するため、同一軍隊の兵たる捕虜でできる限り同一の言語を話すものが、将校たる捕虜及び将校に相当する地位の捕虜の階級を考慮して、充分な人数だけ同収容所に派遣されなければならない。それらの兵に対しては、他のいかなる労働も要求してはならない。

将校自身による食事の管理に対しては、すべての方法で便益を与えなければならない。

第四五条【将校以外の捕虜】将校たる捕虜及び将校に相当する地位の捕虜以外の捕虜は、その階級及び年令に適当な考慮を払って待遇しなければならない。

それらの捕虜自身による食事の管理に対しては、すべての方法で便益を与えなければならない。

第八章　収容所に到着した後の捕虜の移動

第四六条【捕虜の移動】抑留国は、捕虜の移動を決定するに当っては、捕虜自身の利益について、特に、捕虜の送還を一層困難にしないことについて考慮しなければならない。

捕虜の移動は、常に、人道的に、且つ、抑留国の軍隊の移動の条件よりも不利でない条件で行わなければならない。捕虜の移動については、常に、捕虜が慣れている気候条件を考慮しなければならず、移動の条件は、いかなる場合にも、捕虜の健康を害するものであってはならない。

抑留国は、移動中の捕虜に対し、その健康を維持するために充分な食糧及び飲料水並びに必要な被服、宿舎及び医療上の手当を供与しなければならない。抑留国は、特に、海上又は空中の輸送の場合には、移動中の捕虜の安全を確保するため、適当な予防措置を執らなければならない。抑留国は、移動される捕虜の完全な名簿をその出発前に作成しなければならない。

第四七条【傷病者たる捕虜及び戦線近くの捕虜の移動】 傷者又は病者たる捕虜は、移動によって回復を妨げられる虞がある間は、移動してはならない。但し、それらの者の安全のために絶対に移動を必要とする場合は、この限りでない。

戦線が収容所に接近した場合には、その収容所の捕虜は、移動を充分に安全な条件で行うことができるとき、又は捕虜を現地にとどめれば移動した場合におけるよりも一層大きな危険にさらすこととなるときを除く外、移動してはならない。

第四八条【移動の場合の通信、所持品及び費用】 移動の場合には、捕虜に対し、その出発及び新たな郵便用あて名について正式に通知しなければならない。その通知は、捕虜がその荷物を準備し、及びその家族に通報することができるように、充分に早く与えなければならない。

捕虜に対しては、その個人用品並びに受領した通信及び小包を携帯することを許さなければならない。それらの物品の重量は、移動の条件により必要とされるときは、各捕虜が運ぶことができる適当な重量に制限することができる。その重量は、いかなる場合にも、捕虜一人について二五キログラムをこえてはならない。

旧収容所にあてられた通信及び小包は、遅滞なく捕虜に転送しなければならない。収容所長は、捕虜代表と協議して、捕虜の共有物及び本条第二項に基いて課せられる制限により捕虜が携帯することができない荷物の輸送を確保するため必要な措置を執らなければならない。

移動の費用は、抑留国が負担しなければならない。

第三部　捕虜の労働

第四九条【捕虜の階級等と労働】 抑留国は、特に捕虜の身体的及び精神的健康状態を良好にして置くため、捕虜の年齢、性別、階級及び身体的適性を考慮して、健康な捕虜を労働者として使用することができる。

下士官たる捕虜に対しては、監督者としての労働のみを要求することができる。その要求を受けなかった下士官たる捕虜は、自己に適する他の労働を求めることができる。この労働は、できる限り、それらの者に与えなければならない。

将校又はこれに相当する地位の者が自己に適する労働を求めたときは、その労働はできる限り、それらの者に与えなければならない。但し、それらの者に対しては、いかなる場合にも、労働を強制してはならない。

第五〇条【課し得る労働】 捕虜に対しては、収容所の管理、営繕又は維持に関連する労働の外、次の種類に含まれる労働に限り、これに従事することを強制することができる。

(a)　農業

(b)　原料の生産又は採取に関連する産業、製造工業（や金業、機械工業及び化学工業を除く。）並びに軍事的性質又は軍事的目的を有しない土木業及び建築業

(c)　軍事的性質又は軍事的目的を有しない運送業及び倉庫業

(d)　商業並びに芸術及び工芸

(e)　家内労働

(f)　軍事的性質又は軍事的目的を有しない公益事業

前項の規定に対する違反があった場合には、捕虜は、第七八条に従って、苦情を申し立てる権利を行使することができる。

第五一条【労働条件】 捕虜に対しては、特に宿営、食糧、被服及び器具に関し、適当な労働条件を与えなければならない。その条件は、類似の労働に従事する抑留国の国民が享有する条件よりも低い条件であってはならない。また、気候条件も、考慮しなければならない。

抑留国は、捕虜を労働者として使用するに当っては、捕虜が労働する地域において、労働の保護に関する国内法令、特に、労働者の安全に関する法令を正当に適用することを確保しなければならない。

捕虜に対しては、作業訓練をしなければならず、また、捕虜が従事すべき労働に適した保護のための用具で抑留国の国民に与える保護のための用具と同様のものを与えなければならない。第五二条の規定を留保して、文民たる労働者が負担する通常の危険は、捕虜にも負担させることができる。

労働条件は、いかなる場合にも、懲戒の方法によって一層苦しいものとしてはならない。

第五二条【禁止労働】 捕虜は、自ら希望しない限り、不健康又は危険な労働に使用してはならない。

捕虜は、抑留国の軍隊の構成員にとっても屈辱的であると認められる労働には使用してはならない。

機雷、地雷その他これらに類する機器の除去は、危険な労働と認める。

第五三条【労働時間】 捕虜の毎日の労働時間（往復に要する時間を含む。）は、過度であってはならず、いかなる場合にも、抑留国の国民で同一の労働に使用される当該地方の文民たる労働者について許される労

働時間をこえてはならない。

捕虜に対しては、毎日の労働の中間において少くとも一時間の休憩時間を与えなければならない。この休憩時間は、抑留国の労働者が一層長い休憩時間を与えられる場合には、その休憩時間と同一のものとする。この休憩時間の外、なるべく日曜日又は出身国における休日に、一週間について連続二四時間の休暇を与えなければならない。更に、一年間労働に従事した捕虜に対しては、連続八日間の有給休暇を与えなければならない。

出来高払の労働のような労働の方法が採用されるときは、それによって労働時間を過度にすることがあってはならない。

第五四条【労働賃金・労働による災害及び疾病】捕虜に支払うべき労働賃金は、この条約の第六二条の規定に従って定める。

労働災害を被った捕虜又は労働の際若しくは労働の結果疾病にかかった捕虜に対しては、その者の状態により必要とされるすべての看護を施さなければならない。更に、抑留国は、当該捕虜に対し、その者が属する国に請求をすることができるように診断書を発給し、また、その診断書の写一通を第一二三条に定める中央捕虜情報局に送付しなければならない。

第五五条【医療上の配慮】捕虜の労働上の適性は、少くとも毎月一回、身体検査によって定期的に確かめなければならない。その検査においては、捕虜に対して要求する労働の性質を特に考慮しなければならない。

捕虜は、労働することができないと自ら認めたときは、その収容所の医療当局に出頭することを許される。医師は、労働することができないと自ら認めた捕虜が労働を免除されるように勧告することができる。

第五六条【労働分遣所】労働分遣所の組織及び管理は、捕虜収容所の組織及び管理と同様のものでなければならない。

各労働分遣所は、捕虜収容所の一の監督の下に置かれ、管理上その一部とされる。当該収容所の軍当局及び所長は、自国の政府の指示の下で、当該労働分遣所におけるこの条約の規定の遵守について責任を負う。

収容所長は、その収容所に所属する労働分遣所の最新の記録を保管し、また、その収容所を訪問することがある利益保護国、赤十字国際委員会又は捕虜に援助を与えるその他の団体の代表に対してその記録を送付しなければならない。

第五七条【私人のためにする労働】私人のために労働する捕虜の待遇は、その私人がその捕虜の監視及び保護について責任を負う場合にも、この条約で定める待遇よりも不利な待遇であってはならない。抑留国並びにその捕虜が属する収容所の軍当局及び所長は、その捕虜の給養、看護、待遇及び労働賃金の支払について完全な責任を負う。

その捕虜は、その従属する収容所の捕虜代表と連絡を保つ権利を有する。

第四部　捕虜の金銭収入

第五八条【所持金】敵対行為が始まったときは、抑留国は、利益保護国と取極をするまでの間、現金又はこれに類する形式で捕虜が所持することができる最高限度の額を定めることができる。捕虜の正当な所有に属するこれをこえる額で、取り上げられ、又は留置されたものは、捕虜が預託した金銭とともに捕虜の勘定に入れなければならず、また、捕虜の同意を得ないで他の通貨に両替してはならない。

捕虜が収容所外で役務又は物品を購入して現金を支払うことを許される場合には、その支払は、捕虜自身又は収容所の当局が行うものとし、当該捕虜の勘定に借記するものとする。抑留国は、これに関して必要な規則を定めるものとする。

第五九条【捕虜の勘定】捕虜となった時に捕虜から第一八条に従って取り上げた抑留国の通貨たる現金は、この部の第六四条の規定に従って各捕虜の勘定に貸記しなければならない。

捕虜となった時に捕虜から取り上げたその他の通貨を抑留国の通貨に両替した額も、各捕虜の勘定に貸記しなければならない。

第六〇条【俸給額】抑留国は、すべての捕虜に対し、毎月俸給を前払しなければならない。その額は、次の額を抑留国の通貨に換算した額とする。

第一類　軍曹より下の階級の捕虜　八スイス・フラン

第二類　軍曹その他の下士官又はこれに相当する階級の捕虜　一二スイス・フラン

第三類　准士官及び少佐より下の階級の将校又はこれらに相当する階級の捕虜　五〇スイス・フラン

第四類　少佐、中佐及び大佐又はこれらに相当する階級の捕虜　六〇スイス・フラン

第五類　将官又はこれに相当する階級の捕虜七五スイス・フラン

もっとも、関係紛争当事国は、特別協定によって、前記の各類の捕虜に対して支払うべき前払の額を改訂することができる。

また、前記の第一項に定める額が、抑留国の軍隊の俸給に比べて不当に高額である場合又は何らかの理由により抑留国に重大な支障を与える場合には、抑留国は、前記の支払額の改訂のために捕虜が属する国と特別協定を締結するまでの間、

(a)　前記の第一項に定める額を引き続き捕虜の勘定に貸記しなければならず、

(b)　前払の俸給中捕虜の使用に供する額を合理的な額に臨時に制限することができる。但し、その額は、第一類に関しては、抑留国が自国の軍隊の構成員に支給する額よりも低額であってはならない。

前記の制限の理由は、遅滞なく利益保護国に通知するものとする。

第六一条【追加給与】抑留国は、捕虜が属する国が捕虜に送付する額を捕虜に対する追加給与として分配することを受諾しなければならない。但し、分配される額が、同一の類の各捕虜について同額であり、当該国に属する同一の類のすべての捕虜に分配され、且つ、できる限りすみやかに第六四条の規定に従って各捕虜の勘定に貸記される場合に限る。その追加給与は、抑留国に対し、この条約に基く義務を免除するものではない。

第六二条【労働賃金の支払】捕虜に対しては、抑留当局が直接に公正な労働賃金を支払わなければならない。その賃金は、抑留当局が定めるが、いかなる場合にも、一労働日に対し四分の一スイス・フラン未満であってはならない。抑留国は、自国が定めた日給の額を捕虜及び、利益保護国の仲介によって、捕虜が属する国に通知しなければならない。

労働賃金は、収容所の管理、営繕又は維持に関連する任務又は熟練労働若しくは半熟練労働を恒常的に割り当てられている捕虜及び捕虜のための宗教上又は医療上の任務の遂行を要求される捕虜に対し、抑留当局が、同様に支払わなければならない。

捕虜代表並びにその顧問及び補助者の労働賃金は、酒保の利益で維持する基金から支払わなければならない。その賃金の額は、捕虜代表が定め、且つ、収容所長の承認を得なければならない。前記の基金がない場合には、抑留当局は、これらの捕虜に公正な労働賃金を支払わなければならない。

第六三条【金銭の送付及び支払】捕虜に対しては、個人的又は集団的に当該捕虜にあてて送付された金銭を受領することを許さなければならない。

各捕虜は、抑留国が定める範囲内において、次条に規定する自己の勘定の貸方残高を処分することができるものとし、抑留国は、要請があった支払をしなければならない。捕虜は、また、抑留国が肝要と認める財政上又は通貨上の制限に従うことを条件として、外国へ向けた支払をすることができる。この場合には、抑留国は、捕虜が被扶養者にあてる支払に対して優先権を与えなければならない。

捕虜は、いかなる場合にも、その属する国の同意があったときは、次のようにして自国へ向けた支払をすることができる。すなわち、抑留国は、捕虜が属する国に対し、利益保護国を通じ、捕虜、受領者及び抑留国の通貨で表示した支払額に関するすべての必要な細目を記載した通告書を送付する。その通告書には、当該捕虜が署名し、且つ、収容所長が副署する。抑留国は、前記の額を捕虜の勘定に借記し、こうして借記された額は、抑留国が、捕虜が属する国の勘定に貸記する。

抑留国は、前記の規定を適用するため、この条約の第五附属書に掲げるひな型規則を有効に利用することができる。

第六四条【勘定の設定】抑留国は、各捕虜について、少くとも次の事項を示す勘定を設けなければならない。

(1) 捕虜に支払うべき額、捕虜が俸給の前払若しくは労働賃金として得た額又はその他の源泉から得た額、捕虜から取り上げた抑留国の通貨の額及び捕虜から取り上げた金銭でその要請によって抑留国の通貨に両替したものの額

(2) 現金その他これに類する形式で捕虜に支払われた額、捕虜のためにその要請によって支払われた額及び前条第三項に基いて振り替えられた額

第六五条【勘定の検査】捕虜の勘定に記入された各事項については、当該捕虜又はその代理をする捕虜代表が、副署又はかしら字署名をしなければならない。

捕虜に対しては、いつでも、その勘定を閲覧し、及びその写を入手する適当な便益を与えなければならない。その勘定は、利益保護国の代表者が、収容所を訪問した際検査することができる。

捕虜を一収容所から他の収容所に移動する場合には、その捕虜の勘定は、その捕虜とともに移転するものとする。捕虜を一抑留国から他の抑留国に移送する場合には、その捕虜の財産たる金銭で前抑留国の通貨でないものは、その捕虜とともに移転するものとする。その捕虜に対しては、その勘定に貸記されている他のすべての金銭の額について証明書を発給しなければならない。

関係紛争当事国は、利益保護国を通じて定期的に捕虜の勘定の額を相互に通告するため、協定することができる。

第六六条【捕虜の終了と勘定】捕虜たる身分が解放又は送還によって終了したときは、抑留国は、捕虜たる身分が終了した時における捕虜の貸方残高を示す証明書で抑留国の権限のある将校が署名したものを捕虜に交付しなければならない。抑留国は、また、捕虜が属する国に対し、利益保護国を通じ、送還、解放、逃走、死亡その他の事由で捕虜たる身分が終了したすべての捕虜に関するすべての適当な細目及びそれらの捕虜の貸方残高を示す表を送付しなければならない。その表は、一枚ごとに抑留国の権限のある代表者が証明しなければならない。

本条の前記の規定は、紛争当事国間の相互の協定で変更することができる。

捕虜が属する国は、捕虜たる身分が終了した時に抑留国から捕虜に支払うべき貸方残高を当該捕虜に対して決済する責任を負う。

第六七条【捕虜への支払に関する取極】第六〇条に従って捕虜に支給される俸給の前払は、捕虜が属する国に代ってされる前払と認める。その俸給の前払並びに第六三条第三項及び第六八条に基いて当該国が行ったすべての支払は、敵対行為の終了の際、関係国の間の取極の対象としなければならない。

第六八条【補償】労働による負傷又はその他の身体障害に関する捕虜の補償の請求は、利益保護国を通じ、

捕虜が属する国に対してしなければならない。抑留国は、第五四条に従って、いかなる場合にも、負傷又は身体障害について、その性質、それが生じた事情及びそれに与えた医療上の又は病院における処置に関する細目を示す証明書を当該捕虜に交付するものとする。この証明書には、抑留国の責任のある将校が署名し、医療の細目は、軍医が証明するものとする。

　第一八条に基いて抑留国が取り上げた個人用品、金銭及び有価物で送還の際返還されなかったもの並びに捕虜が被った損害で抑留国又はその機関の責に帰すべき事由によると認められるものに関する捕虜の補償の請求も、捕虜が属する国に対してしなければならない。但し、前記の個人用品で捕虜が捕虜たる身分にある間その使用を必要とするものについては、抑留国がその費用で現物補償しなければならない。抑留国は、いかなる場合にも、前記の個人用品、金銭又は有価物が捕虜に返還されなかった理由に関する入手可能なすべての情報を示す証明書で責任のある将校が署名したものを捕虜に交付するものとする。この証明書の写一通は、第一二三条に定める中央捕虜情報局を通じ、捕虜が属する国に送付するものとする。

第五部　捕虜と外部との関係

第六九条【本国に対する通知】抑留国は、捕虜がその権力内に陥ったときは、直ちに、捕虜及び、利益保護国を通じ、捕虜が属する国に対し、この部の規定を実施するために執る措置を通知しなければならない。抑留国は、その措置が後に変更されたときは、その変更についても同様に前記の関係者に通知しなければならない。

第七〇条【家族及び中央捕虜情報局に対する通知票】各捕虜に対しては、その者が、捕虜となった時直ちに、又は収容所（通過収容所を含む。）に到着した後一週間以内に、また、病気になった場合又は病院若しくは他の収容所に移動された場合にもその後一週間以内に、その家族及び第一二三条に定める中央捕虜情報局に対し、捕虜となった事実、あて名及び健康状態を通知する通知票を直接に送付することができるようにしなければならない。その通知票は、なるべくこの条約の附属のひな型と同様の形式のものでなければならない。その通知票は、できる限りすみやかに送付するものとし、いかなる場合にも、遅延することがあってはならない。

第七一条【通信】捕虜に対しては、手紙及び葉書を送付し、及び受領することを許さなければならない。抑留国が各捕虜の発送する手紙及び葉書の数を制限することを必要と認めた場合には、その数は、毎月、手紙二通及び葉書（第七〇条に定める通知票を除く。）四通より少いものであってはならない。それらの手紙及び葉書は、できる限りこの条約の附属のひな型と同様の形式のものでなければならない。その他の制限は、抑留国が必要な検閲の実施上有能な翻訳者を充分に得ることができないために翻訳に困難をきたし、従って、当該制限を課することが捕虜の利益であると利益保護国が認める場合に限り、課することができる。捕虜にあてた通信が制限されなければならない場合には、その制限は、通常抑留国の要請に基いて、捕虜が属する国のみが命ずることができる。前記の手紙及び葉書は、抑留国が用いることができる最もすみやかな方法で送付するものとし、懲戒の理由で、遅延させ、又は留置してはならない。

　長期にわたり家族から消息を得ない捕虜又は家族との間で通常の郵便路線により相互に消息を伝えることができない捕虜及び家族から著しく遠い場所にいる捕虜に対しては、電報を発信することを許さなければならない。その料金は、抑留国における捕虜の勘定に借記し、又は捕虜が処分することができる通貨で支払うものとする。捕虜は、緊急の場合にも、この措置による利益を受けるものとする。

　捕虜の通信は、原則として、母国語で書かなければならない。紛争当事国は、その他の言語で通信することを許すことができる。

　捕虜の郵便を入れる郵袋は、確実に封印し、且つ、その内容を明示する札を附した上で、名あて郵便局に送付しなければならない。

第七二条【荷物】捕虜に対しては、特に、食糧、被服、医療品及び捕虜の必要を満たす宗教、教育又は娯楽用物品（図書、宗教用品、科学用品、試験用紙、楽器、運動具及び捕虜がその研究又は文化活動をすることを可能にする用品を含む。）を内容とする個人又は集団あての荷物を郵便その他の径路により受領することを許さなければならない。

　それらの荷物は、抑留国に対し、この条約で抑留国に課せられる義務を免除するものではない。

　前記の荷物に対して課することができる唯一の制限は、利益保護国が捕虜自身の利益のために提案する制限又は赤十字国際委員会その他捕虜に援助を与える団体が運送上の異常な混雑を理由として当該団体自身の荷物に関してのみ提案する制限とする。

　個人又は集団あての荷物の発送に関する条件は、必要があるときは、関係国間の特別協定の対象としなければならない。関係国は、いかなる場合にも、捕虜による救済品の受領を遅延させてはならない。図書は、被服又は食糧の荷物の中に入れてはならない。医療品は、原則として、集団あての荷物として送付しなければならない。

第七三条【集団的救済品】集団あての救済品の受領及び分配の条件に関して関係国間に特別協定がない場合には、この条約に附属する集団的救済に関する規則を適用しなければならない。

　前記の特別協定は、いかなる場合にも、捕虜代表が捕虜にあてられた集団的救済品を保有し、分配し、及び捕虜の利益となるように処分する権利を制限するものであってはならない。

前記の特別協定は、また、利益保護国、赤十字国際委員会又は捕虜に援助を与えるその他の団体で集団あての荷物の伝達について責任を負うものの代表者が受取人に対する当該荷物の分配を監督する権利を制限するものであってはならない。

第七四条【救済品等に対する費用免除】捕虜のためのすべての救済品は、輸入税、税関手数料その他の課徴金を免除される。

捕虜にあてられ、又は捕虜が発送する通信、救済品及び認められた送金で郵便によるものは、直接に送付されると第一二二条に定める捕虜情報局及び第一二三条に定める中央捕虜情報局を通じて送付されるとを問わず、差出国、名あて国及び仲介国において郵便料金を免除される。

捕虜にあてられた救済品か重量その他の理由により郵便で送付することができない場合には、その輸送費は、抑留国の管理の下にあるすべての地域においては、抑留国が負担しなければならない。この条約のその他の締約国は、それぞれの領域における輸送費を負担しなければならない。

関係国間に特別協定がない場合には、前記の救済品の輸送に関連する費用(前記により免除される費用を除く。)は、発送人が負担しなければならない。

締約国は、捕虜が発信し、又は捕虜にあてられる電報の料金をできる限り低額にするように努めなければならない。

第七五条【送付品の輸送手段の確保】軍事行動のため、関係国が第七〇条、第七一条、第七二条及び第七七条に定める送付品の輸送を確保する義務を遂行することができなかった場合には、関係利益保護国、赤十字国際委員会又は紛争当事国が正当に承認したその他の団体は、適当な輸送手段(鉄道車両、自動車、船舶、航空機等)によりその送付品を伝達することを確保するように企画することができる。このため、締約国は、それらのものに前記の輸送手段を提供することに努め、且つ、特に、必要な安導券を与えて輸送手段の使用を許さなければならない。

前記の輸送手段は、次のものの輸送のためにも使用することができる。

(a) 第一二三条に定める中央捕虜情報局と第一二二条に定める各国の捕虜情報局との間で交換される通信、名簿及び報告書

(b) 利益保護国、赤十字国際委員会又は捕虜に援助を与えるその他の団体がその代表又は紛争当事国との間で交換する捕虜に関する通信及び報告書

前記の規定は、紛争当事国が希望した場合に他の輸送手段について取極をする権利を制限するものではなく、また、安導券が相互に同意された条件でその輸送手段に関して与えられることを排除するものでもない。

特別協定がない場合には、輸送手段の使用に要する費用は、それによって利益を得る者の国籍が属する紛争当事国が、あん分して負担しなければならない。

第七六条【通信及び荷物の検閲】捕虜にあてられ、又は捕虜が発送する通信の検閲は、できる限りすみやかに行わなければならない。その通信は、差出国及び名あて国のみがそれぞれ一回に限り検閲することができる。

捕虜にあてられた荷物の検査は、その中の物品をそこなう虞のある条件の下で行ってはならない。その検査は、文書又は印刷物の場合を除く外、名あて人又は名あて人が正当に委任した捕虜の立会の下に行わなければならない。捕虜に対する個人又は集団あての荷物の引渡は、検査の困難を理由として遅滞することがあってはならない。

紛争当事国が命ずる通信の禁止は、軍事的理由によるものであると政治的理由によるものであるとを問わず、一時的のものでなければならず、その禁止の期間は、できる限り短いものでなければならない。

第七七条【文書の発送】抑留国は、捕虜にあてられ、又は捕虜が発送する証書、文書及び記録、特に、委任状及び遺言状が利益保護国又は第一二三条に定める中央捕虜情報局を通じて伝達されるように、すべての便益を提供しなければならない。

抑留国は、いかなる場合にも、前記の書類の作成について捕虜に便益を与えなければならない。特に、抑留国は、捕虜が法律家に依頼することを許さなければならず、また、捕虜の署名の認証のため必要な措置を執らなければならない。

第六部　捕虜と当局との関係

第一章　抑留条件に関する捕虜の苦情

第七八条【抑留条件に対する苦情申立】捕虜は、自己を権力内に有する軍当局に対し、抑留条件に関する要請を申し立てる権利を有する。

捕虜は、また、その抑留条件に関して苦情を申し立てようとする事項に対して利益保護国の代表者の注意を喚起するため、捕虜代表を通じ、又は必要と認めるときは直接に、利益保護国の代表者に対して申入れをする権利を無制限に有する。

前記の要請及び苦情は、制限してはならず、また、第七一条に定める通信の割当数の一部を構成するものと認めてはならない。この要請及び苦情は、直ちに伝達しなければならない。この要請及び苦情は、理由がないと認められた場合にも、処罰の理由としてはならない。

捕虜代表は、利益保護国の代表者に対し、収容所の状態及び捕虜の要請に関する定期的報告をすることができる。

第二章　捕虜代表

第七九条【代表の選挙】捕虜は、捕虜が収容されているすべての場所(将校が収容されている場所を除く。)において、軍当局、利益保護国、赤十字国際委員会及び捕虜を援助するその他の団体に対して捕虜を代表することを委任される捕虜代表を、六箇月ごとに及び欠員を生じたつど、自由に秘密投票で選挙しなければならない。この捕虜代表は、再選されることができる。

将校及びこれに相当する者の収容所又は混合収容所では、捕虜中の先任将校をその収容所の捕虜代表と認める。将校の収容所では、捕虜代表は、将校により選ばれた一人又は二人以上の顧問によって補助されるものとする。混合収容所では、捕虜代表の補助者は、将校でない捕虜の中から選ばなければならず、また、将校でない捕虜によって選挙されたものでなければならない。

収容所の管理に関する任務で捕虜が責任を負うものを遂行するため、捕虜の労働収容所には、同一の国籍を有する捕虜たる将校を置かなければならない。これらの将校は、本条第一項に基いて捕虜代表として選挙されることができる。この場合には、捕虜代表の補助者は、将校でない捕虜の中から選ばなければならない。

選挙された捕虜代表は、すべて、その任務につく前に抑留国の承認を得なければならない。抑留国は、捕虜により選挙された捕虜代表について承認を拒否したときは、その拒否の理由を利益保護国に通知しなければならない。

捕虜代表は、いかなる場合にも、自己が代表する捕虜と同一の国籍、言語及び慣習の者でなければならない。国籍、言語及び慣習に従って収容所の異なる区画に収容された捕虜は、こうして、前各項に従って各区画ごとにそれぞれの捕虜代表を有するものとする。

第八〇条【代表の任務】捕虜代表は、捕虜の肉体的、精神的及び知的福祉のために貢献しなければならない。

特に、捕虜がその相互の間で相互扶助の制度を組織することに決定した場合には、この組織は、この条約の他の規定によって捕虜代表に委任される特別の任務とは別に、捕虜代表の権限に属するものとする。

捕虜代表は、その任務のみを理由としては、捕虜が犯した罪について責任を負うものではない。

第八一条【代表に対する便益】捕虜代表に対しては、その任務の遂行が他の労働によって一層困難となるときは、他の労働を強制してはならない。

捕虜代表は、その必要とする補助者を捕虜の中から指名することができる。捕虜代表に対しては、すべての物質的便益、特に、その任務の達成のために必要なある程度の行動の自由(労働分遣所の訪問、需品の受領等)を許さなければならない。

捕虜代表に対しては、捕虜が抑留されている施設を訪問することを許さなければならない。各捕虜は、その捕虜代表と自由に協議する権利を有する。

捕虜代表に対しては、また、抑留国の当局、利益保護国及び赤十字国際委員会並びにそれらの代表、混成医療委員会並びに捕虜を援助する団体と郵便及び電信で通信するためのすべての便益を与えなければならない。労働分遣所の捕虜代表は、主たる収容所の捕虜代表と通信するため、同一の便益を享有する。この通信は、制限してはならず、また、第七一条に定める割当数の一部を構成するものと認めてはならない。

移動される捕虜代表に対しては、その事務を後任者に引き継ぐための充分な時間を与えなければならない。

捕虜代表が解任された場合には、その理由は、利益保護国に通知しなければならない。

第三章　刑罰及び懲戒罰

I　総則

第八二条【服従の義務】捕虜は、抑留国の軍隊に適用される法律、規則及び命令に服さなければならない。抑留国は、その法律、規則及び命令に対する捕虜の違反行為について司法上又は懲戒上の措置を執ることができる。但し、その手続又は処罰は、本章の規定に反するものであってはならない。

抑留国の法律、規則又は命令が、捕虜が行った一定の行為について処罰すべきものと定めている場合において、抑留国の軍隊の構成員が行った同一の行為については処罰すべきものでないときは、その行為については、懲戒罰のみを科することができる。

第八三条【懲戒上の措置の優先】抑留国は、捕虜が行ったと認められる違反行為に対する処罰が司法上又は懲戒上の手続のいずれによるべきかを決定するに当っては、権限のある当局が最大の寛容を示し、且つ、できる限り司法上の措置よりも懲戒上の措置を執ることを確保しなければならない。

第八四条【裁判所】捕虜は、軍事裁判所のみが裁判することができる。但し、非軍事裁判所が、捕虜が犯したと主張されている当該違反行為と同一の行為に関して抑留国の軍隊の構成員を裁判することが抑留国の現行の法令によって明白に認められている場合は、この限りでない。

捕虜は、いかなる場合にも、裁判所のいかんを問わず、一般に認められた独立及び公平についての不可欠の保障を与えない裁判所、特に、その手続が第一〇五条に定める防ぎょの権利及び手段を被告人に与えない裁判所では、裁判してはならない。

第八五条【捕虜となる前の行為】捕虜とされる前に行った行為について抑留国の法令に従って訴追された捕虜は、この条約の利益を引き続き享有する。有罪の判決を受けても、同様である。

第八六条【一事不再理】捕虜は、同一の行為又は同一の犯罪事実については、重ねて処罰することができない。

第八七条【刑罰】抑留国の軍当局及び裁判所は、捕虜に対しては、同一の行為を行った抑留国の軍隊の構成員に関して規定された刑罰以外の刑罰を科してはならない。

抑留国の裁判所又は当局は、刑罰を決定するに当っては、被告人が抑留国の国民ではなくて同国に対し忠誠の義務を負わない事実及び被告人がその意思に関係のない事情によって抑留国の権力内にある事実をできる限り考慮に入れなければならない。前記の裁判所又は当局は、捕虜が訴追された違反行為に関して定める刑罰を自由に軽減することができるものとし、従って、このためには、所定の最も軽い刑罰にかかわりなく刑罰を科することができる。

個人の行為に関して集団に科する刑罰、肉体に加える刑罰、日光が入らない場所における拘禁及び一般にあらゆる種類の拷問又は残虐行為は、禁止する。

抑留国は、捕虜の階級を奪ってはならず、また、捕虜の階級章の着用を妨げてはならない。

第八八条【科罰上の配慮】懲戒罰又は刑罰に服する捕虜たる将校、下士官及び兵に対しては、同一の罰に関して抑留国の軍隊の同等の階級に属する構成員に適用される待遇よりもきびしい待遇を与えてはならない。

女子の捕虜に対しては、抑留国の軍隊の構成員たる女子が同様の違反行為について受けるところよりも、きびしい罰を科してはならず、又はきびしい待遇を罰に服する間与えてはならない。

女子の捕虜に対しては、いかなる場合にも、抑留国の軍隊の構成員たる男子が同様の違反行為について受けるところよりも、きびしい罰を科してはならず、又はきびしい待遇を罰に服する間与えてはならない。

捕虜は、懲戒罰又は刑罰に服した後は、他の捕虜と差別して待遇してはならない。

II　懲戒罰

第八九条【懲戒罰の種類】捕虜に対して科することができる懲戒罰は、次のものとする。

(1)　三〇日以内の期間について行う、第六〇条及び第六二条の規定に基いて捕虜が受領すべき前払の俸給及び労働賃金の百分の五〇以下の減給

(2)　この条約で定める待遇以外に与えられている特権の停止

(3)　拘置

(4)　一日につき二時間以内の労役

(3)に定める罰は、将校には科さないものとする。

懲戒罰は、いかなる場合にも、非人道的なもの、残虐なもの又は捕虜の健康を害するものであってはならない。

第九〇条【懲戒罰の期間】一の懲戒罰の期間は、いかなる場合にも、三〇日をこえてはならない。紀律に対する違反行為に関する審問又は懲戒の決定があるまでの間における拘禁の期間は、捕虜に言い渡す本罰に通算しなければならない。

捕虜が懲戒の決定を受ける場合において、同時に二以上の行為について責任を問われているときでも、それらの行為の間に関連があるかどうかを問わず、前記の三〇日の最大限度は、こえてはならない。

懲戒の言渡と執行との間の期間は、一箇月をこえてはならない。

捕虜について重ねて懲戒の決定があった場合において、いずれかの懲戒罰の期間が一〇日以上であるときは、いずれの二の懲戒についても、その執行の間には、少くとも三日の期間を置かなければならない。

第九一条【逃走の成功】捕虜の逃走は、次の場合には、成功したものと認める。

(1)　捕虜がその属する国又はその同盟国の軍隊に帰着した場合

(2)　捕虜が抑留国又はその同盟国の支配下にある地域を去った場合

(3)　捕虜がその属する国又はその同盟国の国旗を掲げる船舶で抑留国の領水内にあるものに帰着した場合。但し、その船舶が抑留国の支配下にある場合を除く。

本条の意味における逃走に成功した後に再び捕虜とされた者に対しては、以前の逃走について罰を科してはならない。

第九二条【逃走に対する処罰】逃走を企てた捕虜で第九一条の意味における逃走に成功する前に再び捕虜とされたものに対しては、その行為が重ねて行われたものであるとないとを問わず、その行為については懲戒罰のみを科することができる。

再び捕虜とされた者は、権限のある軍当局に遅滞なく引き渡さなければならない。

第八八条第四項の規定にかかわらず、成功しなかった逃走の結果として処罰された捕虜は、特別の監視の下に置くことができる。その監視は、捕虜の健康状態を害するものであってはならず、捕虜収容所内で行われるものでなければならず、また、この条約によって捕虜に与えられる保護のいずれをも排除するものであってはならない。

第九三条【逃走に伴う犯罪行為】逃走又は逃走の企図は、その行為が重ねて行われたものであるとないとを問わず、捕虜が逃走中又は逃走の企図中に行った犯罪行為について司法手続による裁判に付されたときに刑を加重する情状と認めてはならない。

捕虜が逃走を容易にする意思のみをもって行った違反行為で生命及び身体に対する暴行を伴わないもの、たとえば、公の財産に対して行った違反行為、利得の意思を伴わない盗取、偽造文書の作成又は行使、軍服以外の被服の着用等については、第八三条に掲げる原則に従って懲戒罰のみを科することができる。

逃走又は逃走の企図をほう助し、又はそのかし

た捕虜に対しては、その行為について懲戒罰のみを科することができる。

第九四条【逃走捕虜の逮捕の通告】逃走した捕虜が再び捕虜とされた場合には、その事実については、第一二二条に定めるところにより、捕虜が属する国に通告しなければならない。但し、その逃走が既に通告されているときに限る。

第九五条【紀律違反】紀律に対する違反行為について責任を問われた捕虜は、抑留国の軍隊の構成員が同様の違反行為について責任を問われたとき同様に拘禁される場合又は収容所の秩序及び紀律の維持のために必要とされる場合を除く外、懲戒の決定があるまでの間、拘禁してはならない。

紀律に対する違反行為についての処分があるまでの間における捕虜の拘禁の期間は、最少限度としなければならず、また、一四日をこえてはならない。

本章第九七条及び第九八条の規定は、紀律に対する違反行為についての処分があるまでの間に拘禁されている捕虜に適用する。

第九六条【懲戒罰の執行】紀律に対する違反行為を構成する行為は、直ちに調査しなければならない。

懲戒罰は、収容所長の資格で懲戒権を有する将校又はその代理をし、若しくはその懲戒権を委任される責任のある将校のみが、言い渡すことができる。但し、裁判所及び上級の軍当局の権限を害するものではない。

懲戒権は、いかなる場合にも、捕虜に委任され、又は捕虜により行使されてはならない。

違反行為の責任を問われた捕虜に対しては、懲戒の決定の言渡の前に、責任を問われた違反行為に関する正確な情報を告げ、且つ、当該捕虜が自己の行為を弁明し、及び自己を防ぎょする機会を与えなければならない。その捕虜に対しては、特に、証人の喚問を求めること及び必要があるときは資格のある通訳人に通訳させることを許さなければならない。決定は、当該捕虜及び捕虜代表に対して告知しなければならない。

懲戒の記録は、収容所長が保存し、且つ、利益保護国の代表者の閲覧に供しなければならない。

第九七条【拘禁の場所】捕虜は、いかなる場合にも、懲治施設（監獄、懲治所、徒刑場等）に移動して懲戒罰に服させてはならない。

捕虜を懲戒罰に服させるすべての場所は、第二五条に掲げる衛生上の要件を満たすものでなければならない。懲戒罰に服する捕虜については、第二九条の規定に従って、清潔な状態を保つことができるようにしなければならない。

将校及びこれに相当する者は、下士官又は兵と同一の場所に拘禁してはならない。

懲戒罰に服する女子の捕虜は、男子の捕虜と分離した場所に拘禁し、且つ、女子の直接の監視の下に置かなければならない。

第九八条【被拘禁者の取扱】懲戒罰として拘禁される捕虜は、拘禁された事実だけでこの条約の規定の適用が必然的に不可能となった場合を除く外、引き続きこの条約の規定の利益を享有する。第七八条及び第一二六条の規定の利益は、いかなる場合にも、その捕虜から奪ってはならない。

懲戒罰に服する捕虜からは、その階級に伴う特権を奪ってはならない。

懲戒罰に服する捕虜に対しては、一日に少くとも二時間、運動し、及び戸外にあることを許さなければならない。

それらの捕虜に対しては、その請求があったときは、日日の検診を受けることを許さなければならない。それらの捕虜は、その健康状態により必要とされる治療を受けるものとし、また、必要がある場合には、収容所の病室又は病院に移されるものとする。

それらの捕虜に対しては、読むこと、書くこと及び信書を発受することを許さなければならない。但し、送付を受けた小包及び金銭は、処罰が終了するまでの間、留置することができる。その間は、送付を受けた小包及び金銭は、捕虜代表に委託しなければならず、捕虜代表は、その荷物の中にある変敗しやすい物を病室に引き渡さなければならない。

Ⅲ　司法手続

第九九条【適用法規・弁護】捕虜は、実行の時に効力があった抑留国の法令又は国際法によって禁止されていなかった行為については、これを裁判に付し、又はこれに刑罰を科してはならない。

捕虜に対しては、責任を問われた行為について有罪であると認めさせるために精神的又は肉体的強制を加えてはならない。

捕虜は、防ぎょ方法を提出する機会を与えられ、且つ、資格のある弁護人の援助を受けた後でなければ、これに対して有罪の判決をしてはならない。

第一〇〇条【死刑】捕虜及び利益保護国に対しては、抑留国の法令に基いて死刑を科することができる犯罪行為について、できる限りすみやかに通知しなければならない。

その他の犯罪行為は、その後は、捕虜が属する国の同意を得ないでは、死刑を科することができる犯罪行為としてはならない。

死刑の判決は、第八七条第二項に従って、被告人が抑留国の国民ではなくて同国に対し忠誠の義務を負わない事実及び被告人がその意思に関係のない事情によって抑留国の権力内にある事実を裁判所が特に留意した後でなければ、捕虜に言い渡してはならない。

第一〇一条【死刑の執行】捕虜に対して死刑の判決の言渡があった場合には、その判決は、利益保護国が第一〇七条に定める詳細な通告を指定のあて先で受領した日から少くとも六箇月の期間が経過する前に執行してはならない。

第一〇二条【判決の言渡】捕虜に対して言い渡された判

決は、抑留国の軍隊の構成員の場合と同一の裁判所により同一の手続に従って行われ、且つ、本章の規定が遵守された場合でなければ、効力を有しない。

第一〇三条【裁判前の勾留】捕虜に関する司法上の取調は、事情が許す限りすみやかに、且つ、裁判ができる限りすみやかに開始されるように、行わなければならない。捕虜は、抑留国の軍隊の構成員が同様の犯罪行為について責任を問われれば勾留される場合又は国の安全上その勾留を必要とする場合を除く外、裁判があるまでの間、勾留してはならない。いかなる場合にも、この勾留の期間は、三箇月をこえてはならない。

　裁判があるまでの間に捕虜が勾留された期間は、当該捕虜に科する拘禁の本刑に通算しなければならず、また、刑の決定に当って考慮に入れなければならない。

　本章第九七条及び第九八条の規定は、裁判があるまでの間において勾留される捕虜に適用する。

第一〇四条【利益保護国に対する通知】抑留国は、捕虜について司法手続を開始することに決定した場合には、利益保護国に対し、できる限りすみやかに、且つ、少くとも裁判の開始の三週間前に、その旨を通知しなければならない。この三週間の期間は、その通知が、利益保護国があらかじめ抑留国に対して指定したあて先において利益保護国に到達した日から起算する。

　前記の通知書には、次の事項を掲げなければならない。

(1)　捕虜の氏名、階級、軍の名称、連隊の名称、個人番号又は登録番号、生年月日及び職業

(2)　抑留又は勾留の場所

(3)　捕虜に関する公訴事実の細目及び適用される法令の規定

(4)　事件を裁判する裁判所並びに裁判の開始の期日及び場所

　抑留国は、捕虜代表に対しても同一の通知をしなければならない。

　利益保護国、当該捕虜及び関係のある捕虜代表が裁判の開始の少くとも三週間前に前記の通知を受領した旨の証拠が裁判の開始に当って提出されなかった場合には、裁判は、開始してはならず、延期しなければならない。

第一〇五条【弁護人等】捕虜は、同僚の捕虜の一人に補佐を受け、防ぎょのため資格のある弁護人を選任し、証人の喚問を求め、及び必要と認めるときは有能な通訳人に通訳をさせる権利を有する。抑留国は、捕虜に対し、裁判の開始前の適当な時期に、これらの権利を有する旨を告げなければならない。

　利益保護国は、捕虜が弁護人を選任しなかった場合には、捕虜に弁護人を附さなければならない。このため、利益保護国には、少くとも一週間の猶予期間を与えなければならない。抑留国は、利益保護国の請求があったときは、これに弁護人たる資格のある者の名簿を交付しなければならない。抑留国は、捕虜及び利益保護国が弁護人を選任しなかった場合には、防ぎょに当らせるため、資格のある弁護人を指名しなければならない。

　捕虜の防ぎょに当る弁護人に対しては、被告人の防ぎょの準備をさせるため、裁判の開始前に少くとも二週間の猶予期間を与え、及び必要な便益を与えなければならない。この弁護人は、特に、自由に被告人を訪問し、且つ、立会人なしで被告人と接見することができる。この弁護人は、また防ぎょのために証人（捕虜を含む。）と協議することができる。この弁護人は、不服申立又は請願の期間が満了するまでの間、前記の便益を享有する。

　捕虜に関する起訴状及び抑留国の軍隊に適用される法令に従って通常被告人に送達される書類は、捕虜が理解する言語で記載して、裁判の開始前に充分に早く被告人たる捕虜に送達しなければならない。捕虜の防ぎょに当る弁護人に対しても、同一の条件で同一の送達をしなければならない。

　利益保護国の代表者は、事件の裁判に立ち会う権利を有する。但し、例外的に国の安全のため裁判が非公開で行われる場合は、この限りでない。この場合には、抑留国は、利益保護国にその旨を通知しなければならない。

第一〇六条【判決に対する不服申立】各捕虜は、自己について言い渡された判決に関しては、抑留国の軍隊の構成員と同様に、判決の破棄若しくは訂正又は再審を請求するため不服を申し立て、又は請願をする権利を有する。その捕虜に対しては、不服申立又は請願の権利及びこれを行使することができる期間について完全に告げなければならない。

第一〇七条【利益保護国に対する判決の通知】捕虜について言い渡された判決は、その概要の通知書により、直ちに利益保護国に対して通知しなければならない。その通知書には、捕虜が判決の破棄若しくは訂正又は再審を請求するため不服を申し立て、又は請願をする権利を有するかどうかをも記載しなければならない。その通知書は、関係のある捕虜代表に対しても交付しなければならない。その通知書は、捕虜が出頭しないで判決が言い渡されたときは、被告人たる捕虜に対しても、当該捕虜が理解する言語で記載して交付しなければならない。抑留国は、また、利益保護国に対し、不服申立又は請願の権利を行使するかどうかについての捕虜の決定を直ちに通知しなければならない。

　更に、捕虜に対する有罪の判決が確定した場合及び捕虜に対し第一審判決で死刑の言渡があった場合には、抑留国は、利益保護国に対し、次の事項を記載する詳細な通知書をできる限りすみやかに送付しなければならない。

(1)　事実認定及び判決の正確な本文

(2)　予備的な取調及び裁判に関する概要の報告で特

に訴追及び防ぎょの要点を明示するもの

(3) 必要がある場合には、刑を執行する営造物

前各号に定める通知は、利益保護国があらかじめ抑留国に通知したあて名にあて利益保護国に送付しなければならない。

第一〇八条【判決の執行・受刑者の取扱】適法に確定した有罪の判決により捕虜に対して言い渡した刑は、抑留国の軍隊の構成員の場合と同一の営造物において同一の条件で執行しなければならない。この条件は、いかなる場合にも、衛生上及び人道上の要件を満たすものでなければならない。

前記の刑を言い渡された女子の捕虜は、分離した場所に拘禁し、且つ、女子の監視の下に置かなければならない。

自由刑を言い渡された捕虜は、いかなる場合にも、この条約の第七八条及び第一二六条の規定による利益を引き続いて享有する。更に、それらの捕虜は、通信を発受し、毎月少くとも一個の救済小包を受領し、規則的に戸外で運動し、並びにその健康状態により必要とされる医療及び希望する宗教上の援助を受けることを許されるものとする。それらの捕虜に科せられる刑罰は、第八七条第三項の規定に従うものでなければならない。

第四編　捕虜たる身分の終了

第一部　直接送還及び中立国における入院

第一〇九条【直接送還・中立国における入院と抑留】本条第三項の規定を留保して、紛争当事国は、重傷及び重病の捕虜を、その数及び階級のいかんを問わず、輸送に適する状態になるまで治療した後次条第一項に従って本国に送還しなければならない。

紛争当事国は、敵対行為の期間を通じて、関係中立国の協力により、次条第二項に掲げる傷者又は病者たる捕虜の中立国における入院について措置を執ることに努めなければならない。更に、紛争当事国は、長期間にわたり捕虜たる身分にあった健康な捕虜の直接送還又は中立国における抑留について協定を締結することができる。

本条第一項に基いて送還の対象となる傷者又は病者たる捕虜は、敵対行為の期間中は、その意思に反して送還してはならない。

第一一〇条【直接送還及び中立国入院の対象となる捕虜】次の者は、直接に送還しなければならない。

(1) 不治の傷者及び病者で、精神的又は肉体的機能が著しく減退したと認められるもの

(2) 一年以内に回復する見込がないと医学的に診断される傷者及び病者で、その状態が療養を必要としており、且つ、精神的又は肉体的機能が著しく減退したと認められるもの

(3) 回復した傷者及び病者で、精神的又は肉体的機能が著しく、且つ、永久的に減退したと認められるもの

次の者は、中立国において入院させることができる。

(1) 負傷又は発病の日から一年以内に回復すると予想される傷者又は病者で、中立国で療養すれば一層確実且つ迅速に回復すると認められるもの

(2) 引き続き捕虜たる身分にあれば精神又は肉体の健康に著しく危険があると医学的に診断される捕虜で、中立国で入院すればこの危険が除かれると認められるもの

中立国で入院した捕虜が送還されるために満たすべき条件及びそれらの捕虜の地位は、関係国間の協定で定めなければならない。一般に、中立国で入院した捕虜で次の部類に属するものは、送還しなければならない。

(1) 健康状態が直接送還について定めた条件を満たす程度に悪化した者

(2) 精神的又は肉体的機能が療養後も著しく害されている者

直接送還又は中立国における入院の理由となる障害又は疾病の種類を決定するための特別協定が関係紛争当事国間に締結されていない場合には、それらの種類は、この条約に附属する傷者及び病者たる捕虜の直接送還及び中立国における入院に関するひな型協定並びに混成医療委員会に関する規則に定める原則に従って定めなければならない。

第一一一条【中立国抑留のための協定】抑留国及び捕虜が属する国並びにその二国が合意した中立国は、敵対行為が終了するまでの間その中立国の領域内に捕虜を抑留することができるようにする協定の締結に努めなければならない。

第一一二条【混成医療委員会】敵対行為が生じたときは、傷者及び病者たる捕虜を診察し、並びにその捕虜に関して適当なすべての決定をさせるため、混成医療委員会を任命しなければならない。混成医療委員会の任命、任務及び活動については、この条約に附属する規則で定めるところによる。

もっとも、抑留国の医療当局が明白に重傷又は重病であると認めた捕虜は、混成医療委員会の診察を要しないで送還することができる。

第一一三条【混成医療委員会の診察を受け得る傷病捕虜】抑留国の医療当局が指定した捕虜の外、次の部類に属する傷者又は病者たる捕虜は、前条に定める混成医療委員会の診察を受ける権利を有する。

(1) 同一の国籍を有する医師又は当該捕虜が属する国の同盟国たる紛争当事国の国民である医師で収容所内でその任務を行うものが指定した傷者及び病者

(2) 捕虜代表が指定した傷者及び病者

(3) その属する国又は捕虜に援助を与える団体でその国が正当に承認したものにより指定された傷者および病者

もっとも、前記の三部類の一に属しない捕虜も、

それらの部類に属する者の診察後は、混成医療委員会の診察を受けることができる。

混成医療委員会の診察を受ける捕虜と同一の国籍を有する医師及び捕虜代表に対しては、その診察に立ち会うことを許さなければならない。

第一一四条【災害を受けた捕虜】災害を被った捕虜は、故意に傷害を受けた場合を除く外、送還又は中立国における入院に関してこの条約の規定の利益を享有する。

第一一五条【処罰されている捕虜】懲戒罰を科せられている捕虜で送還又は中立国における入院の条件に適合するものは、その捕虜がその罰を受け終っていないことを理由として抑留して置いてはならない。

訴追され、又は有罪の判決を言い渡された捕虜で送還又は中立国における入院を指定されたものは、抑留国が同意したときは、司法手続又は刑の執行を終る前の送還又は中立国における入院の利益を享有する。

紛争当事国は、司法手続又は刑の執行を終るまでの間抑留される捕虜の氏名を相互に通知しなければならない。

第一一六条【送還及び移送の費用】捕虜の送還又は中立国への移送の費用は、抑留国の国境からは、捕虜が属する国が負担しなければならない。

第一一七条【軍務の禁止】送還された者は、現役の軍務に服させてはならない。

第二部　敵対行為の終了の際における捕虜の解放及び送還

第一一八条【解放と送還、送還の費用】捕虜は、実際の敵対行為が終了した後遅滞なく解放し、且つ、送還しなければならない。

このための規定が敵対行為を終了するために紛争当事国間で締結した協定中にない場合又はそのような協定がない場合には、各抑留国は、前項に定める原則に従って、遅滞なく送還の計画を自ら作成し、且つ、実施しなければならない。

前記のいずれの場合にも、採択した措置は、捕虜に知らせなければならない。

捕虜の送還の費用は、いかなる場合にも、抑留国及び捕虜が属する国に公平に割り当てなければならない。この割当は、次の基礎に基いて行うものとする。

(a) 両国が隣接国であるときは、捕虜が属する国は、抑留国の国境からの送還の費用を負担しなければならない。

(b) 両国が隣接国でないときは、抑留国は、自国の国境に至るまで又は捕虜が属する国の領域に最も近い自国の乗船港に至るまでの自国の領域内における捕虜の輸送の費用を負担しなければならない。関係国は、その他の送還の費用を公平に割り当てるために相互に協定しなければならない。この協定の締結は、いかなる場合にも、捕虜の送還を遅延させる理由としてはならない。

第一一九条【送還の実施】送還は、第一一八条及び次項以下の規定を考慮して、捕虜の移動についてこの条約の第四六条から第四八条までに定める条件と同様の条件で、実施しなければならない。

送還に当っては、第一八条の規定に基いて捕虜から取り上げた有価物及び抑留国の通貨に両替されなかった外国通貨は、捕虜に返還しなければならない。理由のいかんを問わず送還に当って捕虜に返還されなかった有価物及び外国通貨は、第一二二条に基いて設置される捕虜情報局に引き渡さなければならない。

捕虜は、その個人用品並びに受領した通信及び小包を携帯することを許される。それらの物品の重量は、送還の条件により必要とされるときは、各捕虜が携帯することができる適当な重量に制限することができる。各捕虜は、いかなる場合にも、少くとも二五キログラムの物品を携帯することを許される。

送還された捕虜のその他の個人用品は、抑留国が保管しなければならない。それらの個人用品は、抑留国が、捕虜が属する国との間で輸送条件及び輸送費用の支払を定める協定を締結した場合には、直ちに捕虜に送付しなければならない。

訴追することができる違反行為についての刑事訴訟手続がその者について進行中の捕虜は、司法手続及び必要があるときは刑の執行を終るまでの間、抑留して置くことができる。訴追することができる違反行為について既に有罪の判決を受けた捕虜についても、同様とする。

紛争当事国は、司法手続又は刑の執行を終るまでの間抑留して置く捕虜の氏名を相互に通知しなければならない。

紛争当事国は、離散した捕虜を捜索し、且つ、できる限り短期間内に送還することを確保するため、協定で委員会を設置しなければならない。

第三部　捕虜の死亡

第一二〇条【遺言書、死亡証明書、死亡確認、埋葬、墓】捕虜の遺言書は、その本国法で必要とされる要件を満たすように作成しなければならない。本国は、この点に関する要件を抑留国に通知するために必要な措置を執るものとする。遺言書は、捕虜の要請があった場合及び捕虜の死亡後はあらゆる場合に、利益保護国に遅滞なく送付し、その認証謄本は、中央捕虜情報局に送付しなければならない。

捕虜として死亡したすべての者については、第一二二条に従って設置される捕虜情報局に対し、できる限りすみやかに、この条約に附属するひな型に合致する死亡証明書又は責任のある将校が認証した表を送付しなければならない。その証明書又は認証した表には、第一七条第三項に掲げる身分証明書の細目、死亡の年月日及び場所、死因、埋葬の年月日及び場所並びに墓を識別するために必要なすべての明細を記載しなければならない。

捕虜の土葬又は火葬は、死亡を確認すること、報告書の作成を可能にすること及び必要があるときは死者を識別することを目的とする死体の医学的検査の後に行わなければならない。

抑留当局は、捕虜たる身分にある間に死亡した捕虜ができる限りその属する宗教の儀式に従って丁重に埋葬されること並びにその墓が尊重され、適当に維持され、及びいつでも見出されるように標示されることを確保しなければならない。死亡した捕虜で同一の国に属したものは、できる限り同じ場所に埋葬しなければならない。

死亡した捕虜は、避けがたい事情によって共同の墓を使用する必要がある場合を除く外、各別の墓に埋葬しなければならない。その死体は、衛生上絶対に必要とされる場合、死者の宗教に基く場合又は本人の明示的な希望による場合に限り、火葬に付することができる。火葬に付した場合には、捕虜の死亡証明書に火葬の事実及び理由を記載しなければならない。

埋葬及び墓に関するすべての明細は、墓をいつでも見出すことができるように、抑留国が設置する墳墓登録機関に記録しなければならない。墓の表及び墓地その他の場所に埋葬された捕虜に関する明細書は、その捕虜が属した国に送付しなければならない。それらの墓を管理し、及び死体のその後の移動を記録する責任は、その地域を支配する国がこの条約の締約国である場合には、その国が負う。本項の規定は、本国の希望に従ってその遺骨が適当に処分されるまでの間、墳墓登録機関が保管する遺骨についても、適用する。

第一二一条【死亡原因の調査】捕虜の死亡又は重大な傷害で衛兵、他の捕虜その他の者に起因し、又は起因した疑があるもの及び捕虜の原因不明の死亡については、抑留国は、直ちに公の調査を行わなければならない。

前記の事項に関する通知は、直ちに利益保護国に与えなければならない。証人、特に、捕虜たる証人からは、供述を求め、それらの供述を含む報告書を利益保護国に送付しなければならない。

調査によって一人又は二人以上の者が罪を犯したと認められるときは、抑留国は、責任を負うべき者を訴追するためにすべての措置を執らなければならない。

第五編　捕虜に関する情報局及び救済団体

第一二二条【捕虜情報局】各紛争当事国は、紛争の開始の際及び占領のあらゆる場合に、その権力内にある捕虜に関する公の情報局を設置しなければならない。第四条に掲げる部類の一に属する者を領域内に収容した中立国又は非交戦国は、それらの者に関して同一の措置を執らなければならない。それらの国は、捕虜情報局に対してその能率的な運営のため必要な建物、設備及び職員を提供することを確保しなければならない。それらの国は、この条約中の捕虜の労働に関する部に定める条件に基いて、捕虜情報局で捕虜を使用することができる。

各紛争当事国は、その権力内に陥った第四条に掲げる部類の一に属する敵人に関し、本条第四項、第五項及び第六項に掲げる情報をできる限りすみやかに自国の捕虜情報局に提供しなければならない。中立国又は非交戦国は、その領域内に収容した前記の部類に属する者に関し、同様の措置を執らなければならない。

捕虜情報局は、利益保護国及び第一二三条に定める中央捕虜情報局の仲介により、関係国に対してその情報を最もすみやかな方法で直ちに通知しなければならない。

その情報は、関係のある近親者にすみやかに了知させることを可能にするものでなければならない。第一七条の規定を留保して、その情報は、捕虜情報局にとって入手可能である限り、各捕虜について、氏名、階級、軍の番号、連隊の番号、個人番号又は登録番号、出生地及び生年月日、その属する国、父の名及び母の旧姓、通知を受ける者の氏名及び住所並びに捕虜に対する通信を送付すべきあて名を含むものでなければならない。

捕虜情報局は、捕虜の移動、解放、送還、逃走、入院及び死亡に関する情報を各種の機関から得て、その情報を前記の第三項に定める方法で通知しなければならない。

同様に、重病又は重傷の捕虜の健康状態に関する情報も、定期的に、可能なときは毎週、提供しなければならない。

捕虜情報局は、また、捕虜(捕虜たる身分のある間に死亡した者を含む。)に関するすべての問合せに答える責任を負う。捕虜情報局は、情報を求められた場合において、その情報を有しないときは、それを入手するために必要な調査を行うものとする。

捕虜情報局のすべての通知書は、署名又は押印によって認証しなければならない。

捕虜情報局は、更に、送還され、若しくは解放された捕虜又は逃走し、若しくは死亡した捕虜が残したすべての個人的な有価物(抑留国の通貨以外の通貨及び近親者にとって重要な書類を含む。)を取り集めて関係国に送付しなければならない。捕虜情報局は、それらの有価物を封印袋で送付しなければならない。その封印袋には、それらの有価物を所持していた者を識別するための明確且つ完全な明細書及び内容の完全な目録を附さなければならない。前記の捕虜のその他の個人用品は、関係紛争当事国間に締結される取極に従って送付しなければならない。

第一二三条【中央捕虜情報局】中央捕虜情報局は、中立国に設置する。赤十字国際委員会は、必要と認める場合には、関係国に対し、中央捕虜情報局を組織することを提案しなければならない。

中央捕虜情報局の任務は、公的又は私的径路で入手することができる捕虜に関するすべての情報を収集し、及び捕虜の本国又は捕虜が属する国にその情報をできる限りすみやかに伝達することとする。中央捕虜情報局は、この伝達については、紛争当事国からすべての便益を与えられるものとする。

締約国、特に、その国民が中央捕虜情報局の役務の利益を享有する国は、中央捕虜情報局に対し、その必要とする財政的援助を提供するように要請されるものとする。

前記の規定は、赤十字国際委員会又は第一二五条に定める救済団体の人道的活動を制限するものと解してはならない。

第一二四条【通信料金の免除】各国の捕虜情報局及び中央捕虜情報局は、郵便料金の免除及び第七四条に定めるすべての免除を受けるものとし、更に、できる限り電報料金の免除又は少くともその著しい減額を受けるものとする。

第一二五条【捕虜に援助を与える団体】抑留国は、その安全を保障し、又はその他合理的な必要を満たすために肝要であると認める措置を留保して、宗教団体、救済団体その他捕虜に援助を与える団体の代表者及びその正当な委任を受けた代理人に対し、捕虜の訪問、出所のいかんを問わず宗教的、教育的又は娯楽的目的に充てられる救済用の需品及び物資の捕虜に対する分配並びに収容所内における捕虜の余暇の利用の援助に関してすべての必要な便益を与えなければならない。前記の団体は、抑留国の領域内にも、また、その他の国にも設立することができる。また、前記の団体には、国際的性質をもたせることができる。

抑留国は、代表が抑留国の領域内で抑留国の監督の下に任務を行うことを許される団体の数を制限することができる。但し、その制限は、すべての捕虜に対する充分な救済の効果的な実施を妨げないものでなければならない。

この分野における赤十字国際委員会の特別の地位に、常に、認め、且つ、尊重しなければならない。

前記の目的に充てられる需品又は物資が捕虜に交付されたときは、直ちに又は交付の後短期間内に、捕虜代表が署名した各送付品の受領証を、その送付品を発送した救済団体その他の団体に送付しなければならない。同時に、捕虜の保護について責任を負う当局は、その送付品の受領証を送付しなければならない。

第六編　条約の実施

第一部　総　則

第一二六条【利益保護国代表の捕虜訪問】利益保護国の代表者又は代表は、捕虜がいるすべての場所、特に、収容、拘禁及び労働の場所に行くことを許されるものとし、且つ、捕虜が使用するすべての施設に出入することができるものとする。それらの者は、また、移動中の捕虜の出発、通過又は到着の場所に行くことを許される。それらの者は、立会人なしで、直接に又は通訳人を通じて、捕虜、特に、捕虜代表と会見することができる。

利益保護国の代表者及び代表は、訪問する場所を自由に選定することができる。その訪問の期間及び回数は、制限してはならない。訪問は、絶対的な軍事上の必要を理由とする例外的且つ一時的な措置として行われる場合を除く外、禁止されないものとする。

抑留国及び前記の訪問を受ける捕虜が属する国は、必要がある場合には、それらの捕虜の同国人が訪問に参加することに合意することができる。

赤十字国際委員会の代表も、同一の特権を享有する。その代表の任命は、訪問を受ける捕虜を抑留している国の承認を必要とする。

第一二七条【条約文の公知】締約国は、この条約の原則を自国のすべての軍隊及び住民に知らせるため、平時であると戦時であるとを問わず、自国においてこの条約の本文をできる限り普及させること、特に、軍事教育及びできれば非軍事教育の課目中にこの条約の研究を含ませることを約束する。

戦時において捕虜について責任を負う軍当局その他の当局は、この条約の本文を所持し、及び同条約の規定について特別の教育を受けなければならない。

第一二八条【訳文及び国内法令の相互通知】締約国は、スイス連邦政府を通じて、また、敵対行為が行われている間は利益保護国を通じて、この条約の公の訳文及び締約国がこの条約の適用を確保するために制定する法令を相互に通知しなければならない。

第一二九条【重大な違反行為の処罰】締約国は、次条に定義するこの条約に対する重大な違反行為の一を行い、又は行うことを命じた者に対する有効な刑罰を定めるため必要な立法を行うことを約束する。

各締約国は、前記の重大な違反行為を行い、又は行うことを命じた疑のある者を捜査する義務を負うものとし、また、その者の国籍のいかんを問わず、自国の裁判所に対して公訴を提起しなければならない。各締約国は、また、希望する場合には、自国の法令の規定に従って、その者を他の関係締約国に裁判のため引き渡すことができる。但し、前記の関係締約国が事件について一応充分な証拠を示した場合に限る。

各締約国は、この条約の規定に違反する行為で次条に定義する重大な違反行為以外のものを防止するため必要な措置を執らなければならない。

被告人は、すべての場合において、この条約の第一〇五条以下に定めるところよりも不利でない正当な裁判及び防ぎょの保障を享有する。

第一三〇条【重大な違反行為】前条にいう重大な違反行

為とは、この条約が保護する人又は物に対して行われる次の行為、すなわち、殺人、拷問若しくは非人道的待遇（生物学的実験を含む。）、身体若しくは健康に対して故意に重い苦痛を与え、若しくは重大な傷害を加えること、捕虜を強制して敵国の軍隊で服務させること又はこの条約に定める公正な正式の裁判を受ける権利を奪うことをいう。

第一三一条【締約国の責任】締約国は、前条に掲げる違反行為に関し、自国が負うべき責任を免かれ、又は他の締約国をしてその国が負うべき責任から免かれさせてはならない。

第一三二条【違反行為に対する調査】この条約の違反の容疑に関しては、紛争当事国の要請により、関係国の間で定める方法で調査を行わなければならない。

調査の手続について合意が成立しなかった場合には、前記の関係国は、その手続を決定する審判者の選任について合意しなければならない。

違反行為が確認されたときは、紛争当事国は、できる限りすみやかに、違反行為を終止させ、且つ、これに対して処置しなければならない。

第二部　最終規定

第一三三条【正文、訳文】この条約は、英語及びフランス語で作成する。両本文は、ひとしく正文とする。

スイス連邦政府は、この条約のロシア語及びスペイン語による公の訳文が作成されるように取り計らわなければならない。

第一三四条【前条約との関係】この条約は、締約国間の関係においては、一九二九年七月二七日の条約に代るものとする。

第一三五条【陸戦条約との関係】一八九九年七月二九日又は一九〇七年一〇月一八日の陸戦の法規及び慣例に関するヘーグ条約によって拘束されている国でこの条約の締約国であるものの間の関係においては、この条約は、それらのヘーグ条約に附属する規則の第二章を補完するものとする。

第一三六条【署名】本日の日付を有するこの条約は、一九四九年四月二一日にジュネーヴで開かれた会議に代表者を出した国及び同会議に代表者を出さなかった一九二九年七月二七日の条約の締約国に対し、一九五〇年二月一二日までその署名のため開放される。

第一三七条【批准】この条約は、できる限りすみやかに批准されなければならない。批准書は、ベルヌに寄託しなければならない。

スイス連邦政府は、各批准書の寄託について調書を作成し、その認証謄本をこの条約に署名したすべての国又は加入を通告したすべての国に伝達しなければならない。

第一三八条【効力発生】この条約は、二以上の批准書が寄託された後六箇月で効力を生ずる。

その後は、この条約は、各締約国についてその批准書の寄託の後六箇月で効力を生ずる。

第一三九条【加入】この条約は、その効力発生の日から、この条約に署名しなかったすべての国に対し、その加入のため開放される。

第一四〇条【加入手続】加入は、書面でスイス連邦政府に通告され、且つ、その書面が受領された日の後六箇月で効力を生ずる。

スイス連邦政府は、この条約に署名したすべての国及び加入を通告したすべての国にこの加入を通知しなければならない。

第一四一条【紛争当事国の批准又は加入】第二条及び第三条に定める状態は、紛争当事国が敵対行為又は占領の開始前又は開始後に行った批准又は加入に対し、直ちに効力を与えるものとする。スイス連邦政府は、紛争当事国から受領した批准書又は加入通告書について最もすみやかな方法で通知しなければならない。

第一四二条【廃棄】各締約国は、この条約を自由に廃棄することができる。

廃棄は、書面でスイス連邦政府に通告しなければならず、スイス連邦政府は、その通告をすべての締約国の政府に伝達しなければならない。

廃棄は、スイス連邦政府にその通告をした後一年で効力を生ずる。但し、廃棄する国が紛争に加わっている時に通告された廃棄は、平和条約が締結され、且つ、この条約によって保護される者の解放及び送還に関連する業務が終了するまでは、効力を生じない。

廃棄は、廃棄する国についてのみ効力を生ずる。廃棄は、文明国民の間で確立している慣行、人道の法則、公衆の良心の命ずるところ等に由来する国際法の原則に基いて紛争当事国が引き続き履行しなければならない義務を害するものではない。

第一四三条【登録、国連への通知】スイス連邦政府は、この条約を国際連合事務局に登録しなければならない。スイス連邦政府は、また、この条約に関連して同政府が受領するすべての批准書、加入通告書及び廃棄通告書について国際連合に通知しなければならない。

15 9　戦時における文民の保護に関する一九四九年八月一二日のジュネーヴ条約（第四条約）（文民条約）（抄）

署　　名　一九四九年八月一二日（ジュネーヴ）
効力発生　一九五〇年一〇月二一日
日 本 国　一九五三年四月二一日内閣決定、加入通告、七月二九日国会承認、一〇月二一日効力発生、公布（条約第二六号）

前　文（略）

第一編　総　則

第一条【条約の尊重】
第二条【戦争以外の武力紛争及び占領における適用、総加入条項の排除】
第三条【内乱の場合】
（15 6第一条〜第三条と同じ）

第四条【保護を受ける者の範囲】この条約によって保護される者は、紛争又は占領の場合において、いかなる時であるとを問わず、また、いかなる形であるとを問わず、紛争当事国又は占領国の権力内にある者でその紛争当事国又は占領国の国民でないものとする。

この条約によって拘束されない国の国民は、この条約によって保護されることはない。中立国の国民で交戦国の領域内にあるもの及び共同交戦国の国民は、それらの者の本国が、それらの者を権力内に有する国に通常の外交代表を駐在させている間は、被保護者と認められない。

もっとも、第二編の規定の適用範囲は、第一三条に定めるとおり一層広いものである。

戦地にある軍隊の傷者及び病者の状態の改善に関する一九四九年八月一二日のジュネーヴ条約、海上にある軍隊の傷者、病者及び難船者の状態の改善に関する一九四九年八月一二日のジュネーヴ条約又は捕虜の待遇に関する一九四九年八月一二日のジュネーヴ条約によって保護される者は、この条約における被保護者と認められない。

第五条【条約上の権利の制限】紛争当事国の領域内において、被保護者が個人として紛争当事国の安全に対する有害な活動を行った明白なけん疑があること又はそのような活動に従事していることを当該紛争当事国が確認した場合には、その被保護者は、この条約に基く権利及び特権でその者のために行使されれば当該紛争当事国の安全を害するようなものを主張することができない。

占領地域内において、被保護者が間ちょう若しくは怠業者（サボタージュを行う者）又は個人として占領国の安全に対する有害な活動を行った明白なけん疑がある者として抑留された場合において、軍事上の安全が絶対に必要とするときは、その被保護者は、この条約に基く通信の権利を失うものとする。

もっとも、いずれの場合においても、前記の者は、人道的に待遇されるものとし、また、訴追された場合には、この条約で定める公平且つ正式の裁判を受ける権利を奪われない。それらの者は、また、それぞれ紛争当事国又は占領国の安全が許す限り、すみやかにこの条約に基く被保護者の権利及び特権を完全に許与されるものとする。

第六条【適用の期間】この条約は、第二条に定める紛争又は占領の開始の時から適用する。

この条約は、紛争当事国の領域内においては、軍事行動の全般的終了の時にその適用を終る。

この条約は、占領地域内においては、軍事行動の全般的終了の後一年でその適用を終る。但し、占領国は、その地域で管理を行っている限り、占領の継続期間中、この条約の第一条から第一二条まで、第二七条、第二九条から第三四条まで、第四七条、第四九条、第五一条、第五二条、第五三条、第五九条、第六一条から第七七条まで及び第一四三条の規定により拘束されるものとする。

被保護者は、その解放、送還又は居住地の設定がそれらの期間の終了の後に行われる場合には、それまでの間、この条約による利益を引き続き受けるものとする。

第七条【特別協定】
第八条【権利放棄の禁止】
第九条【利益保護国】
第一〇条【人道的団体の活動】
（略）

第一一条【利益保護の確保】
第一二条【利益保護国による紛議解決の仲介】
（略）

第二編　戦争の影響に対する住民の一般的保護

第一三条【無差別適用】第二編の規定は、特に人種、国籍、宗教又は政治的意見による不利な差別をしないで、紛争当事国の住民全体に適用されるものとし、また、戦争によって生ずる苦痛を軽減することを目的とする。

第一四条【病院地帯及び安全地帯の設定】締約国は平時において、紛争当事国は敵対行為の開始の時以後、自国の領域及び必要がある場合には占領地区において、傷者、病者、老者、一五歳未満の児童、妊産婦及び七歳未満の幼児の母を戦争の影響から保護するために組織される病院及び安全のための地帯及び地区を設定することができる。

関係当事国は、敵対行為の開始に当り、及び敵対行為の期間中、それらが設定した地帯及び地区を相互に承認するための協定を締結することができる。このため、関係当事国は、必要と認める修正を加えて、この条約に附属する協定案の規定を実施することができる。

利益保護国及び赤十字国際委員会は、これらの地帯及び地区の設定及び承認を容易にするために仲介を行うように勧誘される。

第一五条【中立地帯の設定】紛争当事国は、次の者を差別しないで戦争の危険から避難させるための中立地帯を戦闘が行われている地域内に設定することを、直接に又は中立国若しくは人道的団体を通じて、敵国に提案することができる。

(a) 傷者及び病者（戦闘員であると非戦闘員であるとを問わない。）

(b) 敵対行為に参加せず、且つ、その地帯に居住する間いかなる軍事的性質を有する仕事にも従事し

ていない文民

関係当事国が提案された中立地帯の地理的位置、管理、食糧の補給及び監視について合意したときは、紛争当事国の代表者は、文書による協定を確定し、且つ、これに署名しなければならない。その協定は、その地帯の中立化の開始の時期及び存続期間を定めなければならない。

第一六条【特別の保護及び尊重】傷者、病者、虚弱者及び妊産婦は、特別の保護及び尊重を受けるものとする。

各紛争当事国は、軍事上の事情が許す限り、死者及び傷者を捜索し、難船者その他重大な危険にさらされた者を救援し、並びにそれらの者をりゃく奪及び虐待から保護するために執られる措置に便益を与えなければならない。

第一七条【避難及び通過のための現地協定】紛争当事国は、傷者、病者、虚弱者、老者、児童及び妊産婦を攻囲され、又は包囲された地域から避難させるため、並びにそれらの地域へ向うすべての宗教の聖職者、衛生要員及び衛生材料を通過させるため、現地協定を締結するように努めなければならない。

第一八条【文民病院】傷者、病者、虚弱者及び妊産婦を看護するために設けられる文民病院は、いかなる場合にも、攻撃してはならず、常に紛争当事国の尊重及び保護を受けるものとする。

紛争当事国は、すべての文民病院に対し、それらの病院が文民病院であること及びそれらの病院が使用する建物が第一九条の規定に従って病院の保護を失うこととなるような目的に使用されていないことを示す証明書を発給しなければならない。

文民病院は、国の許可がある場合に限り、戦地にある軍隊の傷者及び病者の状態の改善に関する一九四九年八月一二日のジュネーヴ条約第三八条に定める標章によって表示するものとする。

紛争当事国は、軍事上の事情が許す限り、敵対的行為が行われる可能性を除くため、敵の陸軍、空軍又は海軍が文民病院を表示する特殊標章を明白に識別することができるようにするために必要な措置を執らなければならない。

それらの病院は、軍事目標に近接しているためさらされる危険にかんがみ、できる限り軍事目標から離れた位置にあることが望ましい。

第一九条【文民病院の保護】
第二〇条【文民病院の職員】（略）

第二一条【保護のための車両、列車及び船舶】陸上にある護送車両隊若しくは病院列車又は海上にある特別仕立の船舶で傷者及び病者たる文民、虚弱者並びに妊産婦を輸送するものは、第一八条に定める病院と同様に尊重し、且つ、保護しなければならず、また、国の同意を得て、戦地にある軍隊の傷者及び病者の状態の改善に関する一九四九年八月一二日のジュネーヴ条約第三八条に定める特殊標章を掲げて表示しなければならない。

第二二条【保護のための航空機】傷者及び病者たる文民、虚弱者並びに妊産婦の輸送又は衛生要員及び衛生材料の輸送にもっぱら使用される航空機は、すべての紛争当事国の間で特別に合意された高度、時刻及び路線に従って飛行している間、攻撃してはならず、尊重しなければならない。

それらの航空機は、戦地にある軍隊の傷者及び病者の状態の改善に関する一九四九年八月一二日のジュネーヴ条約第三八条に定める特殊標章で表示しなければならない。

反対の合意がない限り、敵の領域又は敵の占領地域の上空の飛行は、禁止する。

それらの航空機は、すべての着陸要求に従わなければならない。この要求によって着陸した場合には、航空機及びその乗員は、検査があるときはそれを受けた後、飛行を継続することができる。

第二三条【文民宛の送付品】各締約国は、他の締約国（敵国である場合を含む。）の文民のみにあてられた医療品及び病院用品並びに宗教上の行事に必要な物品からなるすべての送付品の自由通過を許可しなければならない。各締約国は、また、一五歳未満の児童及び妊産婦にあてられた不可欠の食糧品、被服及び栄養剤からなるすべての送付品の自由通過を許可しなければならない。

締約国は、次のことをおそれる重大な理由がないと認めた場合に限り、前項に掲げる送付品の自由通過を許可する義務を負う。

(a)　当該送付品についてその名あて地が変えられるかもしれないこと。

(b)　管理が有効に実施されないこと。

(c)　敵国が、当該送付品がなければ自ら供給し、若しくは生産しなければならない物品の代りにその送付品を充当することにより、又は当該送付品がなければそれらの物品の生産に必要となる原料、役務若しくは設備を使用しないですむことによって、その軍事力又は経済に明白な利益を受けること。

本条第一項に掲げる送付品の通過を許可する国は、その送付品の利益を受ける者に対する分配が現地における利益保護国の監督の下に行われることをその許可の条件とすることができる。

前記の送付品は、できる限りすみやかに輸送しなければならず、また、送付品の自由通過を許可する国は、その通過を許可するための技術的条件を定める権利を有する。

第二四条【孤児その他の児童】紛争当事国は、戦争の結果孤児となり、又はその家族から離散した一五歳未満の児童が遺棄されないこと並びにその生活、信仰の実践及び教育がすべての場合に容易にされることを確保するために必要な措置を執らなければならない。それらの者の教育は、できる限り、文化的伝統の類似する者に任せなければならない。

紛争当事国は、第一項に掲げる諸原則が遵守されるという適当な保障がある場合には、利益保護国があればその同意を得て、紛争が継続している間、前記の児童が中立国に収容されることを容易にしなければならない。

紛争当事国は、また、一二歳未満のすべての児童の身元が名札その他の方法によって識別されるように措置を執ることに努めなければならない。

第二五条【家族との間の通信】紛争当事国の領域又はその占領地域のあるすべての者に対しては、それらの者の家族が所在する場所のいかんを問わず、厳密に私的性質を有する消息をその家族との間で相互に伝えることができるようにしなければならない。それらの通信は、すみやかに、且つ、不当に遅延させることなく送付しなければならない。

何らかの事情により家族との間で通常の郵便により通信を交換することが困難又は不可能となった場合には、関係紛争当事国は、第一四〇条に定める中央被保護者情報局のような中立の仲介機関に依頼して、その仲介機関と協議の上、特に各国赤十字社（赤新月社又は赤のライオン及び太陽社）の協力を得て、最も良い条件でその義務の遂行を確保する方法を決定しなければならない。

紛争当事国は、家族との間の通信を制限する必要があると認めた場合においても、自由に選択された二五の単語からなる標準書式を使用させること及びその書式による通信の数を毎月一通に制限すること以上の制限を課してはならない。

第二六条【家族の捜索】各紛争当事国は、戦争のため離散した家族が相互に連絡を回復し、できれば再会しようとする目的で行う捜索を容易にしなければならない。各紛争当事国は、特に、この事業に従事する団体が自国にとって許容し得るものであり、且つ、その団体が自国の安全措置に従うものである限り、その団体の活動を助成しなければならない。

第三編　被保護者の地位及び取扱

第一部　紛争当事国の領域及び占領地域に共通する規定

第二七条【被保護者の地位及び取扱】被保護者は、すべての場合において、その身体、名誉、家族として有する権利、信仰及び宗教上の行事並びに風俗及び習慣を尊重される権利を有する。それらの者は、常に人道的に待遇しなければならず、特に、すべての暴行又は脅迫並びに侮辱及び公衆の好奇心から保護しなければならない。

女子は、その名誉に対する侵害、特に、強かん、強制売いんその他あらゆる種類のわいせつ行為から特別に保護しなければならない。

被保護者を権力内に有する紛争当事国は、健康状態、年令及び性別に関する規定を害することなく、特に人種、宗教又は政治的意見に基く不利な差別をしないで、すべての被保護者に同一の考慮を払ってこれを待遇しなければならない。

もっとも、紛争当事国は、被保護者に関して、戦争の結果必要とされる統制及び安全の措置を執ることができる。

第二八条【軍事的利用の禁止】（略）

第二九条【抑留紛争当事国の責任】被保護者を権力内に有する紛争当事国は、その機関がそれらの被保護者に与える待遇については、個人に責任があるかどうかを問わず、自らその責任を負う。

第三〇条【援助を与える団体の便益】（略）

第三一条【強制的情報取得の禁止】特に被保護者又は第三者から情報を得るために、被保護者に肉体的又は精神的強制を加えてはならない。

第三二条【虐待及び殺りくの禁止】締約国は、特に、その権力内にある被保護者に肉体的苦痛を与え、又はそれらの者をみな殺しにするような性質の措置を執ることを禁止することに同意する。この禁止は、被保護者の殺害、拷問、肉体に加える罰、身体の切断及びそれらの者の医療上必要でない医学的又は科学的実験に適用されるばかりでなく、文民機関によって行われると軍事機関によって行われるとを問わず、その他の残虐な措置にも適用される。

第三三条【連座刑、掠奪及び報復の禁止】被保護者は、自己が行わない違反行為のために罰せられることはない。集団に科する罰及びすべての脅迫又は恐かつによる措置は、禁止する。

りゃく奪は、禁止する。

被保護者及びその財産に対する報復は、禁止する。

第三四条【人質の禁止】人質は、禁止する。

第二部　紛争当事国の領域にある外国人

第三五条【紛争当事国領域の退去】紛争の開始に当り又はその期間中に紛争当事国の領域を去ることを希望するすべての被保護者は、その退去がその国の国家的利益に反しない限り、その領域を去る権利を有する。それらの者の退去の申請に対しては、正規に定める手続に従って決定しなければならず、この決定は、できる限りすみやかに行わなければならない。退去を許されたそれらの者は、その旅行に必要な金銭を所持し、及び適当な量の個人用品を携帯することができる。

当該領域を去ることを拒否された者は、再審査のために抑留国が指定する適当な裁判所又は行政庁で、その拒否についてできる限りすみやかに再審査を受ける権利を有する。

利益保護国の代表者に対しては、その要請に基き、当該領域を去る許可の申請に対する拒否の理由及び退去が拒否された者の氏名をできる限りすみやかに通知しなければならない。但し、安全上の理由がこれを妨げ、又は関係者が反対したときは、この限りでない。

第三六条【退去の実施】
第三七条【拘禁中の被保護者】（略）

第三八条【被保護者の待遇】被保護者の地位は、この条約、特に、第二七条及び第四一条により認められる特別の措置を例外として、原則として平時における外国人に関する規定によって引き続き規律されるものとする。いかなる場合にも、被保護者に対しては、次の権利を与えなければならない。

(1) 被保護者は、送付される個人又は集団あての救済品を受領することができること。

(2) 被保護者は、その健康状態により必要とされる場合には、関係国の国民が受けると同等の程度まで医療上の手当及び入院治療を受けること。

(3) 被保護者は、信仰を実践し、且つ、同一の宗派に属する聖職者から宗教上の援助を受けることを許されること。

(4) 被保護者は、戦争の危険に特にさらされている地区に居住している場合には、関係国の国民に許されると同等の程度までその地区から移転することを許されること。

(5) 一五歳未満の児童、妊産婦及び七歳未満の幼児の母は、それらに該当する関係国の国民が享有する有利な待遇と同等な待遇を享有すること。

第三九条【職業及び生活の保障】
第四〇条【労働】
第四一条【統制措置】（略）

第四二条【抑留、住居指定】被保護者の抑留又は住居指定は、抑留国の安全がこれを絶対に必要とする場合に限り、命ずることができる。

利益保護国の代表者を通じて自発的に抑留を求める者があって、その者の事情が抑留を必要とするときは、その者を権力内に有する国は、その者を抑留しなければならない。

第四三条【再審査、氏名の通知】（略）

第四四条【亡命者】抑留国は、この条約に掲げる統制措置を適用するに当っては、事実上いずれの政府の保護をも享有していない亡命者を、それらの者が法律上敵国の国籍を有するということのみに基いて敵性を有する外国人として取り扱ってはならない。

第四五条【移送、送還、帰還、引渡】被保護者は、この条約の締約国以外の国に移送してはならない。

この規定は、敵対行為の終了後における被保護者の送還又はその居住国への帰還を妨げるものではない。

抑留国は、この条約の締約国に、当該締約国がこの条約を適用する意思及び能力を有することを確認した後にのみ、被保護者を移送することができる。被保護者が前記により移送されたときは、被保護者を受け入れた国は、被保護者がその保護の下にある間、この条約を適用する責任を負う。但し、被保護者を受け入れた国がいずれかの重要な点についてこの条約の規定を実施しなかった場合には、被保護者を移送した国は、利益保護国の通告に基いて、その状態を改善するために有効な措置を執り、又は被保護者の返還を要請しなければならない。この要請には、従わなければならない。

被保護者は、いかなる場合にも、その政治的意見又は信仰のために迫害を受ける虞のある国に移送してはならない。

本条の規定は、敵対行為の開始前に締結されている犯罪人引渡条約に従って、普通の刑法上の違反行為のために訴追されている被保護者の引渡を妨げるものではない。

第四六条【制限的措置の廃止】（略）

第三部　占領地域

第四七条【条約上の利益の保障】占領地域にある被保護者は、いかなる場合にも及びいかなる形においても、占領の結果その地域の制度若しくは政治にもたらされる変更、占領地域の当局と占領国との間に締結される協定又は占領国による占領地域の全部若しくは一部の併合によってこの条約の利益を奪われることはない。

第四八条【非占領地域国民の場合】（略）

第四九条【移送、立ちのき】被保護者を占領地域から占領国の領域に又は占領されていると占領されていないとを問わず他の国の領域に、個人的若しくは集団的に強制移送し、又は追放することは、その理由のいかんを問わず、禁止する。

もっとも、占領国は、住民の安全又は軍事上の理由のため必要とされるときは、一定の区域の全部又は一部の立ちのきを実施することができる。この立ちのきは、物的理由のためやむを得ない場合を除く外、被保護者を占領地域の境界外に移送するものであってはならない。こうして立ちのかされた者は、当該地区における敵対行為が終了した後すみやかに、各自の家庭に送還されるものとする。

前記の移送又は立ちのきを実施する占領国は、できる限り、被保護者を受け入れる適当な施設を設けること、その移転が衛生、保健、安全及び給食について満足すべき条件で行われること並びに同一家族の構成員が離散しないことを確保しなければならない。

移送及び立ちのきを実施するときは、直ちに、利益保護国に対し、その移送及び立ちのきについて通知しなければならない。

占領国は、住民の安全又は緊急の軍事上の理由のため必要とされる場合を除く外、戦争の危険に特にさらされている地区に被保護者を抑留してはならない。

占領国は、その占領している地域へ自国の文民の一部を追放し、又は移送してはならない。

第五〇条【児童】占領国は、国又は現地の当局の協力の下に、児童の監護及び教育に充てられるすべての施設の適当な運営を容易にしなければならない。

占領国は、児童の身元の識別及び親子関係の登録を容易にするため必要なすべての措置を執らなければならない。占領国は、いかなる場合にも、児童の身分上の地位を変更し、又は自国に従属する団体若しくは組織にこれを編入してはならない。

現地の施設が適当でない場合には、占領国は、戦争の結果孤児となり、又はその両親と離別し、且つ、近親者又は友人によって適当な監護を受けることができない児童の扶養及び教育が、できる限り、その児童と同一の国籍、言語及び宗教の者によって行われるように措置を執らなければならない。

第一三六条に従って設置される被保護者情報局の特別の課は、身元不明の児童を識別するため必要なすべての措置を執る責任を負う。その児童の親又は近親者に関し入手することができる明細は、常に記録しなければならない。

占領国は、食糧、医療上の手当及び戦争の影響に対する保護に関して、一五歳未満の児童、妊産婦及び七歳未満の幼児の母のために占領前に採用されていた有利な措置の適用を妨げてはならない。

第五一条【労働】占領国は、被保護者に対し、自国の軍隊又は補助部隊において勤務することを強制してはならない。自発的志願を行わせることを目的とする圧迫又は宣伝は、禁止する。

占領国は、被保護者が一八歳をこえている場合であって、その者を占領軍の需要、公益事業又は被占領国の住民の給食、住居、被服、輸送若しくは健康のために必要な労働に従事させるときを除く外、被保護者に対し、労働を強制してはならない。被保護者は、軍事行動に参加する義務を負わされるような労働に従事することを強制されない。占領国は、被保護者に対し、それらの者が強制労働に服している施設の安全を強制手段を用いて確保するよう強制してはならない。

労働は、役務を徴発された者が所在する占領地域においてのみ行わせるものとする。それらの者は、できる限り従前の労働の場所に引き続き置かなければならない。労働者に対しては、公正な賃金を支払わなければならず、労働は、労働者の肉体的及び知的能力に相応するものでなければならない。被占領国において実施されている法令で労働条件及び保護に関するもの、特に、賃金、労働時間、設備、予備的作業訓練並びに業務上の災害及び疾病に対する補償に関するものは、本条に掲げる労働に従事する被保護者に適用される。

労務の徴発は、いかなる場合にも、軍事的又は準軍事的性質を有する組織の中に労働者を動員することとなってはならない。

第五二条【労働】いかなる契約、協定又は規則も、労働者の自発的意志があるとないとを問わず、また、その者の在留する場所のいかんを問わず、利益保護国の介入を要請するため同国の代表者に申し立てる労働者の権利を害するものであってはならない。

占領国のために労働者を働かせる目的で占領地域において失業を生じさせ、又は労働者の就職の機会を制限するためのすべての措置は、禁止する。

第五三条【破壊の禁止】個人的であると共同的であるとを問わず私人に属し、又は国その他の当局、社会的団体若しくは協同団体に属する不動産又は動産の占領軍による破壊は、その破壊が軍事行動によって絶対的に必要とされる場合を除く外、禁止する。

第五四条【公職身分の変更禁止】占領国は、占領地域にある公務員又は裁判官が良心に従い自己の職務の遂行を避ける場合にも、それらの公務員若しくは裁判官の身分を変更し、又は何らかの方法でそれらの者に対して制裁を加え、若しくは強制的若しくは差別的措置を執ってはならない。

この禁止は、第五一条第二項の適用を妨げるものではない。この禁止は、公務員の職を免ずる占領国の権利に影響を及ぼすものではない。

第五五条【食糧と医療品】占領国は、利用することができるすべての手段をもって、住民の食糧及び医療品の供給を確保する義務を負う。特に、占領国は、占領地域の資源が不充分である場合には、必要な食糧、医療品その他の物品を輸入しなければならない。

占領国は、占領軍及び占領行政機関の要員の使用に充てる場合であって、文民たる住民の要求を考慮したときを除く外、占領地域にある食糧、物品又は医療品を徴発してはならない。占領国は、他の国際条約の規定に従うことを条件として、徴発された貨物に対して公正な対価が支払われることを確保するため必要な措置を執らなければならない。

利益保護国は、いつでも、占領地域における食糧及び医療品の供給状態を自由に調査することができる。但し、緊急の軍事上の要求により一時的制限が必要とされる場合は、この限りでない。

第五六条【医療施設、衛生措置】占領国は、利用することができるすべての手段をもって、占領地域における医療上及び病院の施設及び役務並びに公衆の健康及び衛生を、国及び現地の当局の協力の下に、確保し、且つ、維持する義務を負う。占領国は、特に、伝染病及び流行病のまん延を防止するため必要な予防措置を採用し、且つ、実施しなければならない。すべての種類の衛生要員は、その任務の遂行を許されるものとする。

占領地域において新しい病院が設立され、且つ、被占領国の権限のある機関がその地域で活動していない場合には、占領当局は、必要があるときは、それらの病院に対して第一八条に定める承認を与えなければならない。また、この場合には、占領当局は、第二〇条及び第二一条の規定に基いて、病院の職員及び輸送車両に対しても承認を与えなければならない。

占領国は、健康及び衛生の措置の採用並びにその実施に当っては、占領地域の住民の道徳的及び倫理的感情を考慮しなければならない。

第五七条【文民病院の徴発】
第五八条【聖職者、宗教的送付品】（略）

第五九条【救済計画、送付品】占領地域の住民の全部又は一部に対する物資の供給が不充分である場合には、占領国は、その住民のための救済計画に同意し、且つ、その使用することができるすべての手段によりその計画の実施を容易にしなければならない。

国又は赤十字国際委員会のような公平な人道的団体によって実施される前記の計画は、特に、食糧、医療品及び被服の送付を内容とするものでなければならない。

すべての締約国は、それらの送付品の自由通過を許可し、且つ、それらの保護を保障しなければならない。

もっとも、敵国によって占領されている地域にあてられた送付品に自由通過を許可する国は、送付品を検査し、指定する時刻及び径路による通過を規律し、並びにそれらの送付品が窮乏した住民の救済のために使用されるものであって占領国の利益のために使用されるものでないことを利益保護国を通じて充分に確かめる権利を有する。

第六〇条【救済品】救済品は、第五五条、第五六条及び第五九条に基く占領国の責任を免除するものではない。占領国は、いかなる形においても、救済品の指定された用途を変更してはならない。但し、緊急の必要がある場合であって、占領地域の住民の利益のためであり、且つ、利益保護国の同意を得たときは、この限りでない。

第六一条【救済品】
第六二条【救済品】
第六三条【赤十字その他の団体の活動】（略）

第六四条【被占領国及び占領国の刑罰法令】被占領国の刑罰法令は、それらの法令が占領国の安全を脅かし、又はこの条約の適用を妨げる場合において、占領国が廃止し、又は停止するときを除く外、引き続き効力を有する。占領地域の裁判所は、このことを考慮し、且つ、裁判の能率的な運営を確保する必要を認め、前記の法令で定めるすべての犯罪行為についてその任務を引き続き行わなければならない。

もっとも、占領国は、占領地域の住民をして、自国がこの条約に基くその義務を履行し、当該地域の秩序ある政治を維持し、且つ、占領国の安全、占領軍又は占領行政機関の構成員及び財産の安全並びにそれらが使用する施設及び通信線の安全を確保することができるようにするため必要な規定に従わせることができる。

第六五条【占領国の刑罰規定】占領国が制定した刑罰規定は、住民の言語で公布し、且つ、住民に周知させた後でなければ、効力を生じない。それらの刑罰規定の効力は、そ及しないものとする。

第六六条【違反行為に対する裁判所】第六四条第二項に基き占領国が公布した刑罰規定に違反する行為があった場合には、占領国は、被疑者を占領国の正当に構成された非政治的な軍事裁判所に引き渡すことができる。但し、この軍事裁判所は、被占領国で開廷しなければならない。上訴のための裁判所は、なるべく被占領国で開廷しなければならない。

第六七条【事後法禁止、罪刑相応の原則】裁判所は、犯罪行為が行われる前に適用されており、且つ、法の一般原則、特に、刑罰は犯罪行為に相応するものでなければならないという原則に合致する法令の規定のみを適用しなければならない。裁判所は、被告人が占領国の国民ではないという事実を考慮に入れなければならない。

第六八条【占領国に対する犯罪行為の処置】占領国を害する意思のみをもって行った犯罪行為であって、占領軍又は占領行政機関の構成員の生命又は身体に危害を加えず、重大な集団的危険を生ぜず、且つ、占領軍若しくは占領行政機関の財産又はそれらが使用する施設に対して重大な損害を与えないものを行った被保護者は、抑留又は単なる拘禁に処せられる。但し、その抑留又は拘禁の期間は、犯罪行為に相応するものでなければならない。また、抑留又は拘禁は、そのような犯罪行為に関し被保護者から自由を奪うために執る唯一の措置としなければならない。この条約の第六六条に定める裁判所は、その裁量により、拘禁の刑を同期間の抑留の刑に変えることができる。

第六四条及び第六五条に従って占領国が公布する刑罰規定は、被保護者が間ちょうとして行った行為、占領国の軍事施設に対して行った重大な怠業（サボタージュ）又は一人若しくは二人以上の者を死に至らしめた故意による犯罪行為のため有罪とされた場合にのみ、その被保護者に対し死刑を科することができる。但し、占領開始前に実施されていた占領地域の法令に基いてそのような犯罪行為に死刑を科することができた場合に限る。

死刑の判決は、被告人が占領国の国民ではなくて同国に対し忠誠の義務を負わない事実を裁判所が特に留意した後でなければ、被保護者に言い渡してはならない。

死刑の判決は、いかなる場合にも、犯罪行為のあった時に一八歳未満であった被保護者に言い渡してはならない。

第六九条【裁判前の勾留期間】（略）

第七〇条【占領の中断中及び敵対行為開始前の行為】被保護者は、占領前若しくは占領の一時的中断の間に行った行為又はそれらの期間中に発表した意見のために、占領国によって逮捕され、訴追され、又は有罪とされることはない。但し、戦争の法規及び慣例に違反した場合は、この限りでない。

敵対行為の開始前に被占領国の領域内に亡命していた占領国の国民は、敵対行為の開始後に行った犯罪行為に係る場合又は敵対行為の開始前に行った普通法上の犯罪行為で被占領国の法令によれば平時において犯罪人引渡が行われるものに係る場合を除く外、逮捕され、訴追され、有罪とされ、又は占領地域から追放されることはない。

第七一条【裁判手続】占領国の権限のある裁判所は、正式の裁判を行った後でなければ、判決を言い渡してはならない。

占領国により訴追された被告人は、自己が理解する言語で書かれた文書により自己に対する公訴事実の細目をすみやかに通知され、且つ、できる限りすみやかに裁判に付されるものとする。利益保護国は、死刑又は二年以上の拘禁の刑に係る公訴事実に関し占領国が被保護者に対して開始したすべての司法手続を通知されるものとする。利益保護国は、また、それらの司法手続の状況についていつでも情報を得ることができる。利益保護国は、また、その要請により、前記の司法手続及び被保護者に対して占領国が開始したその他の司法手続のすべての細目を通知される権利を有する。

利益保護国に対する前記の第二項に定める通知書は、直ちに送付され、且つ、いかなる場合にも第一回公判の期日の三週間前に到達しなければならない。裁判は、本条の規定が完全に遵守されている旨の証拠が裁判の開始に当って提出されなかった場合には、開始してはならない。通知書には、次の事項を記載しなければならない。

a　被告人の身元
b　居住又は抑留の場所
c　公訴事実の細目（訴追が行われる基礎となった刑罰規定の記載を含む。）
d　事件を裁判する裁判所
e　第一回の公判の場所及び期日

第七二条【弁護人等】
第七三条【不服申立】
第七四条【裁判と利益保護国】
第七五条【死刑の場合】
第七六条【勾留と受刑者の取扱】
第七七条【有罪の被保護者の引渡】
第七八条【住居指定、抑留】
（略）

第四部　被抑留者の待遇に関する規則

第一章　総　則

第七九条【抑留できる場合】
第八〇条【行為能力】
第八一条【給養、医療】
第八二条【血縁等の尊重】
（略）

第二章　抑留の場所

第八三条【収容所の位置】抑留国は、戦争の危険に特にさらされている地区に収容所を設けてはならない。

抑留国は、利益保護国の仲介により、敵国に対し、収容所の地理的位置に関するすべての有益な情報を提供しなければならない。

収容所は、軍事上許される場合にはいつでも、昼間は、空中から明白に識別することができるＩＣという文字によって表示しなければならない。但し、関係国は、その他の表示の方法についても合意することができる。それらの表示は、収容所のみに使用するものとする。

第八四条【捕虜等との区別】
第八五条【衛生及び保健上の保障】
第八六条【宗教的儀式】
第八七条【酒保】
第八八条【避難所】
（略）

第三章　食糧及び被服

第八九条【食糧】被抑留者の毎日の食糧配給の量、質及び種類は、それらの者を良好な健康状態に維持し、且つ、栄養不良を防止するのに充分なものでなければならない。被抑留者の食習慣も、また、考慮に入れなければならない。

被抑留者に対しては、また、その所持する別の食糧を自ら調理する手段を与えなければならない。被抑留者に対しては、飲料水を充分に供給しなければならない。喫煙は、許さなければならない。

労働する被抑留者に対しては、その者が従事する労働の種類に応じて、食糧の増配をしなければならない。

妊産婦及び一五歳未満の児童に対しては、その生理的必要に応じて食糧の増配をしなければならない。

第九〇条【被服】被抑留者は、抑留されたときは、必要な被服、はき物及び着替の下着を携行し、且つ、その後必要が生じた場合にそれらを入手するため、すべての便益を与えられるものとする。被抑留者が、気候に対して充分な被服を所持せず、且つ、これを入手することができない場合には、抑留国は、それらの者に被服を無償で与えなければならない。

抑留国が被抑留者に供給する被服及びその被服に附する外部的標識は、侮辱的なもの又は被抑留者をちょう笑にさらすようなものであってはならない。

労働者に対しては、労働の性質上必要な場合には、適当な労働服（保護用の被服を含む。）を支給しなければならない。

第四章　衛生及び医療（略）

第五章　宗教的、知的及び肉体的活動

第九三条【宗教的活動】
第九四条【知的及び肉体的活動】
（略）

第九五条【労働】抑留国は、被抑留者が希望しない限り、それらの者を労働者として使用してはならない。抑留されていない被保護者に強制的に課せられればこの条約の第四〇条又は第五一条の違反を構成するような労働及び品位を傷つけるような又は屈辱的な性質を有する労働は、いかなる場合にも、禁止する。

被抑留者は六週間の労働期間の後は、八日前の予告によって、いつでも労働をやめることができる。

前記の規定は、抑留国が、抑留されている医師、

歯科医師その他の衛生要員を同一の収容所に抑留されている者のためにそれらの者の職業的能力に応じて使用し、又は被抑留者を収容所の管理及び維持の労働に使用し、炊事場の労働その他の雑用に当らせ、若しくは空襲その他の戦争の危険に対する被抑留者の防護に関連がある任務に従事させるよう要求する権利を害するものではない。但し、被抑留者に対しては、医務官がその者の身体にとって不適当と認める仕事を行うよう要求してはならない。

抑留国は、すべての労働条件、医療及び賃金の支払について、並びに労働に使用されるすべての被抑留者が作業上の災害及び疾病に対して補償を受けることを確保することについて、全責任を負う。前記の労働条件及び補償を定める基準は、国内法令及び現行の慣習に合致するものでなければならない。この基準は、いかなる場合にも、同一地方の同一性質の労働について認められる基準よりも不利なものであってはならない。労働に対する賃金は、被抑留者の生活を無償で維持し、且つ、被抑留者がその健康状態により必要とする医療を供給すべき抑留国の義務に適当な考慮を払った上で、被抑留者と抑留国及び場合によっては抑留国以外の使用者との間の特別の合意によって衡平に決定しなければならない。本条第三項に掲げる種類の労働に常時使用される被抑留者に対しては、抑留国が公正な賃金を支払わなければならない。その被抑留者に対する労働条件並びに作業上の災害及び疾病に対する補償の基準は、同一地方の同一性質の労働に適用される基準よりも不利なものであってはならない。

第九六条【労働分遣所】（略）

第六章　個人財産及び金銭収入

第九七条【個人財産】被抑留者は、個人用品を保持することを許されるものとする。被抑留者が所持する金銭、小切手、証券等及び有価物は、正規の手続による場合を除く外、取り上げることができない。取り上げた物に対しては、詳細な受取証を発給しなければならない。

前記の金銭は、第九八条で定めるところにより、各被抑留者の勘定に貸記しなければならない。その金銭は、その所有者が抑留されている地域で施行されている法令が要求する場合又は被抑留者が同意した場合を除く外、他の通貨に両替することができない。

主として個人的又は感情的価値のみを有する物品は、取り上げてはならない。

女子の被抑留者は、女子以外の者が捜索してはならない。

被抑留者は、解放され、又は送還されるに当って、抑留中に取り上げられたすべての物品、金銭その他の有価物を返還されるものとし、また、第九八条に従って有する勘定の貸方残高を現金で受け取るものとする。但し、施行中の法令によって抑留国が留置する物品又は金額は、この限りでない。被抑留者の財産がこうして留置された場合には、所有者は、詳細な受取証を受領するものとする。

被抑留者が所持する家族に関する文書又は身分証明書を取り上げるに当っては、受取証を発給しなければならない。被抑留者に対しては、常に身分証明書を携帯させなければならない。抑留当局は、身分証明書を所持していない被抑留者に対しては、特別証明書を発給しなければならない。その特別証明書は、抑留の終了の時まで、身分証明書に代るものとする。

被抑留者は、物品を購入するため、現金又は購入券で一定の金額を携帯することができる。

第九八条【金銭収入・被抑留者勘定】（略）

第七章　管理及び紀律

第八章　外部との関係

（略）

第九章　刑罰及び懲戒罰

第一一七条【抑留中の法令違反行為の処罰】被抑留者が抑留されている領域内で施行されている法令は、本章の規定に従うことを条件として、抑留中に違反行為を行った被抑留者に対して引き続き適用する。

一般の法律、規則又は命令が、被抑留者が行った一定の行為について処罰すべきものと定めている場合において、被抑留者でない者が行った同一の行為については処罰すべきものでないときは、その行為については、懲戒罰のみを科することができる。

被抑留者は、同一の行為又は同一の犯罪事実については、重ねて処罰することができない。

第一一八条【科刑】裁判所又は当局は、刑罰を決定するに当っては、被告人が抑留国の国民ではないという事実をできる限り考慮に入れなければならない。裁判所又は当局は、被抑留者が訴追された違反行為に関して定める刑罰を自由に減軽することができるものとし、従って、このためには、所定の最も軽い刑罰にかかわりなく刑罰を科することができる。

日光が入らない場所における拘禁及び一般にあらゆる種類の残虐行為は、禁止する。

被抑留者は、懲戒罰又は刑罰に服した後は、他の被抑留者と差別して待遇してはならない。

懲戒又は裁判があるまでの間における被抑留者の拘禁又は勾留の期間は、被抑留者に言い渡す拘禁の懲戒罰又は刑罰に通算しなければならない。

被抑留者委員会は、同委員会が代表する被抑留者に対して執られるすべての司法手続及びその結果について通知を受けるものとする。

第一一九条【懲戒罰】
第一二〇条
第一二一条【逃走】
第一二二条【紀律違反行為】
第一二三条【懲戒の言渡】
（略）

第一二四条【懲戒の場所】
第一二五条【被懲戒者の待遇】（略）
第一二六条【準用規定】

第一〇章　被抑留者の移動（略）

第一一章　死亡

第一二章　解放、送還及び中立国における入院

第一三二条【解放】抑留国は、各被抑留者についてその抑留を必要とする原因が存在しなくなったときは、それらの被抑留者を直ちに解放しなければならない。

紛争当事国は、また、敵対行為の期間中に、特定の種類の被抑留者、特に、児童、妊産婦、幼児及び児童の母、傷者及び病者並びに長期間抑留されていた被抑留者の解放、送還、居住地への復帰又は中立国における入院のための協定を締結するように努めなければならない。

第一三三条【抑留の終了】抑留は、敵対行為の終了後できる限りすみやかに終止しなければならない。

紛争当事国の領域内にある被抑留者で、もっぱら懲戒罰のみを科することができる違反行為以外の違反行為についての刑事訴訟手続がその者について進行中のものは、その手続及び事情により必要とされるときは刑の執行を終るまでの間、拘禁して置くことができる。既に自由刑の判決を受けた被抑留者についても、同様とする。

抑留国及び関係国は、離散した被抑留者を捜索するため、敵対行為又は地域の占領の終了の後に、協定で委員会を設置することができる。

第一三四条【復帰、送還】締約国は、敵対行為又は占領の終了に当り、すべての被抑留者がその最後の居住地に復帰することを確保し、又はそれらの者の送還を容易にするように努めなければならない。

第一三五条【費用】（略）

第五部　被保護者情報局及び中央被保護者情報局（略）

第四編　条約の実施

第一部　総則

第一四二条【援助団体による援助】
第一四三条【利益保護国に与えられる便益】
第一四四条【条約文の公知】
第一四五条【条約の訳文・実施国内法令の通知】（略）

第一四六条【重大な違反行為の処罰】締約国は、次条に定義するこの条約に対する重大な違反行為の一を行い、又は行うことを命じた者に対する有効な刑罰を定めるため必要な立法を行うことを約束する。

各締約国は、前記の重大な違反行為を行い、又は行うことを命じた疑のある者を捜査する義務を負うものとし、また、その者の国籍のいかんを問わず、自国の裁判所に対して公訴を提起しなければならない。各締約国は、また、希望する場合には、自国の法令の規定に従って、その者を他の関係締約国に裁判のため引き渡すことができる。但し、前記の関係締約国が事件について一応充分な証拠を示した場合に限る。

各締約国は、この条約の規定に違反する行為で次条に定義する重大な違反行為以外のものを防止するため必要な措置を執らなければならない。

被告人は、すべての場合において、捕虜の待遇に関する一九四九年八月一二日のジュネーヴ条約第一〇五条以下に定めるところよりも不利でない正当な裁判及び防ぎょの保障を享有する。

第一四七条【重大な違反行為】前条にいう重大な違反行為とは、この条約が保護する人又は物に対して行われる次の行為、すなわち、殺人、拷問若しくは非人道的待遇（生物学的実験を含む。）、身体若しくは健康に対して故意に重い苦痛を与え、若しくは重大な傷害を加えること、被保護者を不法に追放し、移送し、若しくは拘禁すること、被保護者を強制して敵国の軍隊で服務させること、この条約に定める公正な正式の裁判を受ける権利を奪うこと、人質にすること又は軍事上の必要によって正当化されない不法且つし意的な財産の広はんな破壊若しくは徴発を行うことをいう。

第一四八条【締約国の責任】締約国は、前条に掲げる違反行為に関し、自国が負うべき責任を免かれ、又は他の締約国をしてその国が負うべき責任から免かれさせてはならない。

第一四九条【違反行為に対する調査】この条約の違反の容疑に関しては、紛争当事国の要請により、関係国の間で定める方法で調査を行わなければならない。

調査の手続について合意が成立しなかった場合には、前記の関係国は、その手続を決定する審判者の選任について合意しなければならない。

違反行為が確認されたときは、紛争当事国は、できる限りすみやかに、違反行為を終止させ、且つ、これに対して処置しなければならない。

第二部　最終規定（略）

15-10　一九四九年八月一二日のジュネーヴ諸条約の国際的な武力紛争の犠牲者の保護に関する追加議定書（議定書Ⅰ）（第一追加議定書）（抄）

採　択　一九七七年六月八日(ジュネーヴ)
署名(開放)一九七七年一二月一二日(ベルン)
効力発生　一九七八年一二月七日
日本国　二〇〇四年六月一四日国会承認、八月三一日加入書寄託、九月三日公布(条約第一二号)、二〇〇五年二月二八日効力発生

前　文

締約国は、

人々の間に平和が広まることを切望することを宣明し、

国際連合憲章に基づき、各国が、その国際関係において、武力による威嚇又は武力の行使であって、いかなる国の主権、領土保全又は政治的独立に対するものも、また、国際連合の目的と両立しない他のいかなる方法によるものも慎む義務を負っていることを想起し、

それにもかかわらず、武力紛争の犠牲者を保護する諸規定を再確認し及び発展させること並びにそれらの規定の適用を強化するための措置を補完することが必要であると確信し、

この議定書又は一九四九年八月一二日のジュネーヴ諸条約のいかなる規定も、侵略行為その他の国際連合憲章と両立しない武力の行使を正当化し又は認めるものと解してはならないとの確信を表明し、

一九四九年八月一二日のジュネーヴ諸条約及びこの議定書が、武力紛争の性質若しくは原因又は紛争当事者が掲げ若しくは紛争当事者に帰せられる理由に基づく不利な差別をすることなく、これらの文書によって保護されているすべての者について、すべての場合において完全に適用されなければならないことを再確認して、

次のとおり協定した。

第一編　総　則

第一条(一般原則及び適用範囲) 1　締約国は、すべての場合において、この議定書を尊重し、かつ、この議定書の尊重を確保することを約束する。

2　文民及び戦闘員は、この議定書その他の国際取極がその対象としていない場合においても、確立された慣習、人道の諸原則及び公共の良心に由来する国際法の諸原則に基づく保護並びにこのような国際法の諸原則の支配の下に置かれる。

3　この議定書は、戦争犠牲者の保護に関する一九四九年八月一二日のジュネーヴ諸条約を補完するものであり、同諸条約のそれぞれの第二条に共通して規定する事態について適用する。

4　3に規定する事態には、国際連合憲章並びに国際連合憲章による諸国間の友好関係及び協力についての国際法の諸原則に関する宣言にうたう人民の自決の権利の行使として人民が植民地支配及び外国による占領並びに人種差別体制に対して戦う武力紛争を含む。

第二条(定義) この議定書の適用上、

(a)「第一条約」、「第二条約」、「第三条約」及び「第四条約」とは、それぞれ、戦地にある軍隊の傷者及び病者の状態の改善に関する一九四九年八月一二日のジュネーヴ条約、海上にある軍隊の傷者、病者及び難船者の状態の改善に関する一九四九年八月一二日のジュネーヴ条約、捕虜の待遇に関する一九四九年八月一二日のジュネーヴ条約及び戦時における文民の保護に関する一九四九年八月一二日のジュネーヴ条約をいう。「諸条約」とは、戦争犠牲者の保護に関する一九四九年八月一二日の四のジュネーヴ条約をいう。

(b)「武力紛争の際に適用される国際法の諸規則」とは、紛争当事者が締約国となっている国際取極に定める武力紛争の際に適用される諸規則並びに一般的に認められた国際法の諸原則及び諸規則であって武力紛争について適用されるものをいう。

(c)「利益保護国」とは、一の紛争当事者によって指定され、かつ、敵対する紛争当事者によって承諾された中立国その他の紛争当事者でない国であって、諸条約及びこの議定書に基づいて利益保護国に与えられる任務を遂行することに同意したものをいう。

(d)「代理」とは、第五条の規定に従い利益保護国に代わって行動する団体をいう。

第三条(適用の開始及び終了) 常に適用される規定の適用を妨げることなく、

(a)諸条約及びこの議定書は、第一条に規定する事態が生じた時から適用する。

(b)諸条約及びこの議定書については、紛争当事者の領域においては軍事行動の全般的終了の時に、また、占領地域においては占領の終了の時に、適用を終了する。ただし、軍事行動の全般的終了又は占領の終了の後に最終的解放、送還又は居住地の設定が行われる者については、この限りでない。これらの者は、その最終的解放、送還又は居住地の設定の時まで諸条約及びこの議定書の関連規定による利益を引き続き享受する。

第四条(紛争当事者の法的地位) 諸条約及びこの議定書の適用並びに諸条約及びこの議定書に規定する取極の締結は、紛争当事者の法的地位に影響を及ぼすものではない。領域の占領又は諸条約若しくはこの議定書の適用のいずれも、関係する領域の法的地位に影響を及ぼすものではない。

第五条(利益保護国及びその代理の任命) 1　紛争当事者は、紛争の開始の時から、2から7までの規定に従って利益保護国の制度を適用すること(特に、利益保護国の指定及び承諾を含む。)により、諸条約及びこの議定書について監視し及びこれらを実施することを確保する義務を負う。利益保護国は、紛争当

事者の利益を保護する義務を負う。

2　紛争当事者は、第一条に規定する事態が生じた時から、諸条約及びこの議定書を適用する目的で利益保護国を遅滞なく指定し、並びに同様に遅滞なく、かつ、同一の目的で、敵対する紛争当事者による指定の後に自らが承諾した利益保護国の活動を認める。

3　赤十字国際委員会は、第一条に規定する事態が生じた時から利益保護国が指定されておらず又は承諾されていない場合には、他の公平な人道的団体が同様のことを行う権利を害することなく、紛争当事者の同意する利益保護国を遅滞なく指定するために紛争当事者に対してあっせんを行う。このため、同委員会は、特に、紛争当事者に対し、当該紛争当事者が敵対する紛争当事者との関係で自らのために利益保護国として行動することを受け入れることができると認める少なくとも五の国を掲げる一覧表を同委員会に提出するよう要請し、及び敵対する紛争当事者に対し、当該敵対する紛争当事者が当該紛争当事者の利益保護国として承諾することができる少なくとも五の国を掲げる一覧表を提出するよう要請することができる。これらの一覧表は、その要請の受領の後二週間以内に同委員会に送付する。同委員会は、これらの一覧表を比較し、及び双方の一覧表に記載されたいずれかの国について合意を求める。

4　3の規定にかかわらず利益保護国がない場合には、紛争当事者は、赤十字国際委員会又は公平性及び有効性についてすべてを保障する他の団体が当該紛争当事者と十分に協議した後その協議の結果を考慮に入れて行う代理として行動する旨の申出を遅滞なく受け入れ又は承諾する。代理の任務の遂行は、紛争当事者の同意を条件とする。紛争当事者は、諸条約及びこの議定書に基づく任務の遂行における代理の活動を容易にするため、あらゆる努力を払う。

5　諸条約及びこの議定書の適用を目的とする利益保護国の指定及び承諾は、前条の規定に従い、紛争当事者の法的地位又はいずれの領域（占領された領域を含む。）の法的地位に影響を及ぼすものではない。

6　紛争当事者間に外交関係が維持されていること又は外交関係に関する国際法の諸規則に従い紛争当事者及び紛争当事者の国民の利益の保護を第三国にゆだねることは、諸条約及びこの議定書の適用を目的とする利益保護国の指定を妨げるものではない。

7　以下、この議定書における利益保護国には、代理を含む。

第六条（資格を有する者） 1　締約国は、平時においても、各国の赤十字社、赤新月社又は赤のライオン及び太陽社の援助を得て、諸条約及びこの議定書の適用、特に利益保護国の活動を容易にするため、資格を有する者を養成するよう努める。

2　1の資格を有する者の採用及び養成は、国内管轄権に属する。

3　赤十字国際委員会は、締約国が作成し及び同委員会に送付した資格を有する者として養成された者の名簿を締約国の利用に供するために保管する。

4　資格を有する者の自国の領域外における使用を規律する条件は、それぞれの場合において関係締約国間の特別の合意に従う。

第七条（会議）（略）

第二編　傷者、病者及び難船者

第一部　一般的保護

第八条（用語） この議定書の適用上、

(a)「傷者」及び「病者」とは、軍人であるか文民であるかを問わず、外傷、疾病その他の身体的又は精神的な疾患又は障害のために治療又は看護を必要とし、かつ、いかなる敵対行為も差し控える者をいう。これらの者には、産婦、新生児及び直ちに治療又は看護を必要とする者（例えば、虚弱者、妊婦）であって、いかなる敵対行為も差し控えるものを含む。

(b)「難船者」とは、軍人であるか文民であるかを問わず、自己又は自己を輸送している船舶若しくは航空機が被った危難の結果として海その他の水域において危険にさらされており、かつ、いかなる敵対行為も差し控えている者をいう。これらの者は、救助の間においても、諸条約又はこの議定書に基づいて他の地位を得るまで引き続き難船者とみなす。

(c)「医療要員」とは、紛争当事者により、専ら(e)に規定する医療上の目的、医療組織の管理又は医療用輸送手段の運用若しくは管理のために配属された者をいう。その配属は、常時のものであるか臨時のものであるかを問わない。医療要員には、次の者を含む。

(i) 紛争当事者の医療要員（軍人であるか文民であるかを問わない。また、第一条約及び第二条約に規定する衛生要員並びに文民保護組織に配属された医療要員を含む。）

(ii) 各国の赤十字社、赤新月社又は赤のライオン及び太陽社及び紛争当事者が正当に認める各国のその他の篤志救済団体の医療要員

(iii) 次条2に規定する医療組織又は医療用輸送手段における医療要員

(d)「宗教要員」とは、聖職者等専ら宗教上の任務に従事する軍人又は文民であって次のいずれかに配置されているものをいう。

(i) 紛争当事者の軍隊

(ii) 紛争当事者の医療組織又は医療用輸送手段

(iii) 次条2に規定する医療組織又は医療用輸送手段

(iv) 紛争当事者の文民保護組織

宗教要員の配置は、常時のものであるか臨時のものであるかを問わない。また、宗教要員については、(k)の規定の関連部分を準用する。

(e)「医療組織」とは、軍のものであるか軍のもの以外のものであるかを問わず、医療上の目的、すなわち、傷者、病者及び難船者の捜索、収容、輸送、診断若しくは治療(応急治療を含む。)又は疾病の予防のために設置された施設その他の組織をいう。これらのものには、例えば、病院その他の類似の組織、輸血施設、予防医療に関する施設及び研究所、医療物資貯蔵庫並びにこれらの組織の医薬品の保管所を含む。医療組織は、固定されたものであるか移動するものであるか、また、常時のものであるか臨時のものであるかを問わない。

(f)「医療上の輸送」とは、諸条約及びこの議定書によって保護される傷者、病者、難船者、医療要員、宗教要員、医療機器又は医療用品の陸路、水路又は空路による輸送をいう。

(g)「医療用輸送手段」とは、軍のものであるか軍のもの以外のものであるか、また、常時のものであるか臨時のものであるかを問わず、専ら医療上の輸送に充てられ、かつ、紛争当事者の権限のある当局の監督の下にある輸送手段をいう。

(h)「医療用車両」とは、陸路による医療用輸送手段をいう。

(i)「医療用船舶及び医療用舟艇」とは、水路による医療用輸送手段をいう。

(j)「医療用航空機」とは、空路による医療用輸送手段をいう。

(k)「常時の医療要員」、「常時の医療組織」及び「常時の医療用輸送手段」とは、期間を限定することなく専ら医療目的に充てられた医療要員、医療組織及び医療用輸送手段をいう。「臨時の医療要員」、「臨時の医療組織」及び「臨時の医療用輸送手段」とは、限られた期間につきその期間を通じて専ら医療目的に充てられた医療要員、医療組織及び医療用輸送手段をいう。別段の定めがない限り、「医療要員」、「医療組織」及び「医療用輸送手段」には、それぞれ、常時のもの及び臨時のものを含む。

(l)「特殊標章」とは、医療組織、医療用輸送手段、医療要員、医療機器、医療用品、宗教要員、宗教上の器具及び宗教上の用品の保護のために使用される場合における白地に赤十字、赤新月又は赤のライオン及び太陽から成る識別性のある標章をいう。

(m)「特殊信号」とは、専ら医療組織又は医療用輸送手段の識別のためにこの議定書の附属書I第三章に規定する信号又は通報をいう。

第九条(適用範囲) 1　この編の規定は、傷者、病者及び難船者の状態を改善することを目的としたものであり、人種、皮膚の色、性、言語、宗教又は信条、政治的意見その他の意見、国民的又は社会的出身、貧富、出生又は他の地位その他これらに類する基準による不利な差別をすることなく、第一条に規定する事態によって影響を受けるすべての者について適用する。

2　第一条約第二七条及び第三二条の関連する規定は、常時の医療組織及び常時の医療用輸送手段(第二条約第二五条の規定が適用される病院船を除く。)並びにこれらの要員であって、次に掲げる国又は団体が人道的目的で紛争当事者の利用に供するものについて適用する。

(a)　中立国その他の紛争当事者でない国

(b)　(a)に規定する国の認められた救済団体

(c)　公平で国際的な人道的団体

第一〇条(保護及び看護) 1　すべての傷者、病者及び難船者は、いずれの締約国に属する者であるかを問わず、尊重され、かつ、保護される。

2　傷者、病者及び難船者は、すべての場合において、人道的に取り扱われるものとし、また、実行可能な限り、かつ、できる限り速やかに、これらの者の状態が必要とする医療上の看護及び手当を受ける。医療上の理由以外のいかなる理由によっても、これらの者の間に差別を設けてはならない。

第一一条(身体の保護) 1　敵対する紛争当事者の権力内にある者又は第一条に規定する事態の結果収容され、抑留され若しくは他の方法によって自由を奪われた者の心身が健康かつ健全であることを、不当な作為又は不作為によって脅かしてはならない。このため、この条に規定する者に対し、その者の健康状態が必要としない医療上の措置又はその措置をとる締約国の国民であり何ら自由を奪われていない者について類似の医学的状況の下で適用される一般に受け入れられている医療上の基準に適合しない医療上の措置をとることは、禁止する。

2　特に、1に規定する者に対し次の行為を行うこと(1に定める条件によって正当とされる場合を除く。)は、本人の同意がある場合であっても、禁止する。

(a)　身体の切断

(b)　医学的又は科学的実験

(c)　移植のための組織又は器官の除去

3　2(c)に規定する禁止に対する例外は、輸血のための献血又は移植のための皮膚の提供であって、自発的に及び強制又は誘引なしに行われ、かつ、一般に受け入れられている医療上の基準並びに提供者及び受領者双方の利益のための規制に適合する条件の下で治療を目的として行われるものについてのみ認める。

4　いかなる者についても、その者の属する締約国以外の締約国の権力内にある場合において心身が健康かつ健全であることを著しく脅かす故意の作為又は不作為であって、1及び2の禁止の規定に違反するもの又は3に定める条件に合致しないものは、この議定書の重大な違反行為とする。

5　1に規定する者は、いかなる外科手術も拒否する権利を有する。医療要員は、拒否された場合には、その旨を記載した書面であって当該者が署名し又は承認したものを取得するよう努める。

6　紛争当事者は、1に規定する者が行う輸血のための献血又は移植のための皮膚の提供が当該紛争当事者の責任の下で行われる場合には、このような献血又は皮膚の提供についての医療記録を保管する。さらに、紛争当事者は、第一条に規定する事態の結果収容され、抑留され又は他の方法によって自由を奪われた者についてとったすべての医療上の措置の記録を保管するよう努める。これらの記録は、利益保護国がいつでも検査することができるようにしておく。

第一二条（医療組織の保護）1　医療組織は、常に尊重され、かつ、保護されるものとし、また、これを攻撃の対象としてはならない。

2　1の規定は、次のいずれかの場合には、軍の医療組織以外の医療組織について適用する。

(a)　紛争当事者の一に属する場合

(b)　紛争当事者の一の権限のある当局が認める場合

(c)　第九条2又は第一条約第二七条の規定に基づいて承認を得た場合

3　紛争当事者は、自己の固定された医療組織の位置を相互に通報するよう求められる。通報のないことは、紛争当事者の1の規定に従う義務を免除するものではない。

4　いかなる場合にも、軍事目標を攻撃から保護することを企図して医療組織を利用してはならない。紛争当事者は、可能なときはいつでも、医療組織が軍事目標に対する攻撃によってその安全を危うくされることのないような位置に置かれることを確保する。

第一三条（軍の医療組織以外の医療組織の保護の終了）

1　軍の医療組織以外の医療組織が受けることのできる保護は、当該軍の医療組織以外の医療組織がその人道的任務から逸脱して敵に有害な行為を行うために使用される場合を除くほか、消滅しない。ただし、この保護は、適当な場合にはいつでも合理的な期限を定める警告が発せられ、かつ、その警告が無視された後においてのみ、消滅させることができる。

2　次のことは、敵に有害な行為と認められない。

(a)　軍の医療組織以外の医療組織の要員が自己又はその責任の下にある傷者及び病者の防護のために軽量の個人用の武器を装備していること。

(b)　軍の医療組織以外の医療組織が監視兵、歩哨(しょう)又は護衛兵によって警護されていること。

(c)　傷者及び病者から取り上げた小型武器及び弾薬であってまだ適当な機関に引き渡されていないものが軍の医療組織以外の医療組織の中にあること。

(d)　軍隊の構成員又は他の戦闘員が医療上の理由により軍の医療組織以外の医療組織の中にいること。

第一四条（軍の医療組織以外の医療組織に対する徴発の制限）1　占領国は、占領地域の文民たる住民の医療上の必要が常に満たされることを確保する義務を負う。

2　占領国は、文民たる住民に対する適当な医療の提供並びに既に治療中の傷者及び病者の治療の継続に必要な限り、軍の医療組織以外の医療組織、その設備、その物品又はその要員の役務を徴発してはならない。

3　占領国は、2に定める一般的な規則が遵守されている限り、次に掲げる条件に従って2に規定する資源を徴発することができる。

(a)　当該資源が占領国の軍隊の構成員であって傷者及び病者であるもの又は捕虜の適切かつ迅速な治療のために必要であること。

(b)　徴発が(a)に規定する必要のある間に限り行われること。

(c)　文民たる住民の医療上の必要並びに徴発によって影響を受ける治療中の傷者及び病者の医療上の必要が常に満たされることを確保するため直ちに措置をとること。

第一五条（軍の医療要員以外の医療要員及び軍の宗教要員以外の宗教要員の保護）1　軍の医療要員以外の医療要員は、尊重され、かつ、保護される。

2　軍の医療要員以外の医療要員は、戦闘活動のために軍の医療活動以外の医療活動が中断されている地域において、必要なときは、すべての利用可能な援助を与えられる。

3　占領国は、占領地域の軍の医療要員以外の医療要員に対し、その軍の医療要員以外の医療要員が最善を尽くして人道的任務を遂行することができるようにするためにすべての援助を与える。占領国は、当該軍の医療要員以外の医療要員がその任務を遂行するに当たり、医療上の理由に基づく場合を除くほか、いずれかの者の治療を優先させるよう求めてはならない。軍の医療要員以外の医療要員は、その人道的使命と両立しない任務を遂行することを強要されない。

4　軍の医療要員以外の医療要員は、関係紛争当事者が必要と認める監督及び安全のための措置に従うことを条件として、当該軍の医療要員以外の医療要員の役務を必要とするいずれの場所にも立ち入ることができる。

5　軍の宗教要員以外の宗教要員は、尊重され、かつ、保護される。医療要員の保護及び識別に関する諸条約及びこの議定書の規定は、軍の宗教要員以外の宗教要員についてもひとしく適用する。

第一六条（医療上の任務の一般的保護）1　いずれの者も、いかなる場合においても、医療上の倫理に合致した医療活動（その受益者のいかんを問わない。）を行ったことを理由として処罰されない。

2　医療活動に従事する者は、医療上の倫理に関する諸規則若しくは傷者及び病者のために作成された他の医療上の諸規則又は諸条約若しくはこの議定書の規定に反する行為又は作業を行うことを強要されず、また、これらの諸規則及び規定によって求められる行為又は作業を差し控えることを強要されない。

3　医療活動に従事する者は、自己が現に看護しているか又は看護していた傷者及び病者に関する情報がこれらの傷者及び病者又はその家族にとって有害となると認める場合には、自国の法律によって求められている場合を除くほか、敵対する紛争当事者又は自国のいずれかに属する者に対し当該情報を提供することを強要されない。もっとも、伝染病の義務的通報に関する諸規則は、尊重する。

第一七条（文民たる住民及び救済団体の役割）1　文民たる住民は、傷者、病者及び難船者が敵対する紛争当事者に属する場合においても、これらの者を尊重し、また、これらの者に対していかなる暴力行為も行ってはならない。文民たる住民及び各国の赤十字社、赤新月社又は赤のライオン及び太陽社のような救済団体は、自発的に行う場合であっても、侵略され又は占領された地域においても、傷者、病者及び難船者を収容し及び看護することを許される。いずれの者も、このような人道的な行為を理由として危害を加えられ、訴追され、有罪とされ又は処罰されることはない。

2　紛争当事者は、1に規定する文民たる住民及び救済団体に対して、傷者、病者及び難船者を収容し及び看護し並びに死者を捜索し及びその死者の位置を報告するよう要請することができる。紛争当事者は、要請に応じた者に対し、保護及び必要な便益の双方を与える。敵対する紛争当事者は、そのような保護及び必要な便益の双方を与えられる地域を支配し又はその地域に対する支配を回復した場合には、必要な限り、同様の保護及び便益を与える。

第一八条（識別）1　紛争当事者は、医療要員、宗教要員、医療組織及び医療用輸送手段が識別されることのできることを確保するよう努める。

2　紛争当事者は、また、特殊標章及び特殊信号を使用する医療組織及び医療用輸送手段の識別を可能にする方法及び手続を採用し及び実施するよう努める。

3　軍の医療要員以外の医療要員及び軍の宗教要員以外の宗教要員は、占領地域及び戦闘が現に行われ又は行われるおそれのある地域において、特殊標章及び身分証明書によって識別されることができるようにすべきである。

4　医療組織及び医療用輸送手段は、権限のある当局の同意を得て、特殊標章によって表示する。第二二条に規定する船舶及び舟艇は、第二条約に従って表示する。

5　紛争当事者は、特殊標章に加え、附属書I第三章に定めるところにより、医療組織及び医療用輸送手段を識別するために特殊信号の使用を許可することができる。同章に規定する特別の場合には、例外的に、医療用輸送手段は、特殊標章を表示することなく特殊信号を使用することができる。

6　1から5までの規定の適用は、附属書I第一章から第三章までに定めるところによる。医療組織及び医療用輸送手段が専ら使用するために同附属書第三章に指定する信号は、同章に定める場合を除くほか、同章の医療組織及び医療用輸送手段を識別する目的以外の目的で使用してはならない。

7　この条の規定は、平時において第一条約第四四条に規定する使用よりも広範な特殊標章の使用を認めるものではない。

8　特殊標章の使用についての監督並びに特殊標章の濫用の防止及び抑止に関する諸条約及びこの議定書の規定は、特殊信号について適用する。

第一九条（中立国その他の紛争当事者でない国）中立国その他の紛争当事者でない国は、この編の規定によって保護される者であってこれらの国が自国の領域において受け入れ又は収容するもの及びこれらの国によって発見される紛争当事者の死者について、この議定書の関連規定を適用する。

第二〇条（復仇（きゅう）の禁止）この編の規定によって保護される者及び物に対する復仇（きゅう）は、禁止する。

第二部　医療上の輸送

第二一条（医療用車両）医療用車両は、諸条約及びこの議定書における移動する医療組織と同様の方法により尊重され、かつ、保護される。

第二二条（病院船及び沿岸救助艇）1　次の(a)から(d)までに掲げるものに関する諸条約の規定は、(a)及び(b)に規定する船舶が第二条約第一三条に規定するいずれの部類にも属しない文民たる傷者、病者及び難船者を輸送する場合についても適用する。もっとも、これらの者は、自国以外の締約国に引き渡され又は海上において捕らえられない。これらの者が自国以外の紛争当事者の権力内にある場合には、これらの者は、第四条約及びこの議定書の対象となる。

(a)　第二条約第二二条、第二四条、第二五条及び第二七条に規定する船舶

(b)　(a)の船舶の救命艇及び小舟艇

(c)　(a)の船舶の要員及び乗組員

(d)　船舶上の傷者、病者及び難船者

2　第二条約第二五条に規定する船舶に対し諸条約によって与えられる保護は、次の(a)及び(b)に掲げるものが人道的目的で紛争当事者の利用に供した病院船に及ぶものとする。

(a)　中立国その他の紛争当事者でない国

(b)　公平で国際的な人道的団体

ただし、いずれの場合にも、同条の要件が満たされることを条件とする。

3　第二条約第二七条に規定する小舟艇は、同条に定めるところによる通告が行われなかった場合にも、保護される。もっとも、紛争当事者は、当該小舟艇の識別を容易にする要目を相互に通報するよう求められる。

第二三条（他の医療用船舶及び他の医療用舟艇）1　医療用船舶及び医療用舟艇であって前条及び第二条約第三八条に規定するもの以外のものは、海上である

か他の水域であるかを問わず、諸条約及びこの議定書における移動する医療組織と同様の方法により尊重され、かつ、保護される。その保護は、当該医療用船舶及び医療用舟艇が医療用船舶及び医療用舟艇として識別されることができるときにのみ実効的となるので、当該医療用船舶及び医療用舟艇は、特殊標章によって表示され、かつ、できる限り第二条約第四三条第二項の規定に従うべきである。

2　1に規定する医療用船舶及び医療用舟艇は、戦争の法規の適用を受ける。自己の命令に直ちに従わせることのできる海上の軍艦は、当該医療用船舶及び医療用舟艇に対し、停船若しくは退去を命ずること又は航路を指定することができる。当該医療用船舶及び医療用舟艇は、これらのすべての命令に従う。当該医療用船舶及び医療用舟艇が船舶上にある傷者、病者及び難船者のために必要とされる限り、その医療上の任務は、他のいかなる方法によっても変更することができない。

3　1に規定する保護は、第二条約第三四条及び第三五条に定める条件によってのみ消滅する。2の規定による命令に従うことを明確に拒否することは、同条約第三四条に規定する敵に有害な行為とする。

4　紛争当事者は、敵対する紛争当事者に対し、1に規定する医療用船舶又は医療用舟艇（特に総トン数二〇〇〇トンを超える船舶）の船名、要目、予想される出航時刻、航路及び推定速度を出航のできる限り前に通報することと並びに識別を容易にする他の情報を提供することができる。敵対する紛争当事者は、そのような情報の受領を確認する。

5　第二条約第三七条の規定は、1に規定する医療用船舶又は医療用舟艇における医療要員及び宗教要員について適用する。

6　第二条約は、同条約第一三条及びこの議定書の第四四条に規定する部類に属する傷者、病者及び難船者であって1に規定する医療用船舶及び医療用舟艇にあるものについて適用する。第二条約第一三条に規定するいずれの部類にも属しない文民たる傷者、病者及び難船者は、海上では自国以外のいずれの締約国にも引き渡されず、また、当該医療用船舶又は医療用舟艇から移動させられない。これらの者が自国以外の紛争当事者の権力内にある場合には、これらの者は、第四条約及びこの議定書の対象となる。

第二四条（医療用航空機の保護） 医療用航空機は、この編の規定により尊重され、かつ、保護される。

第二五条（敵対する紛争当事者が支配していない区域における医療用航空機） 友軍が実際に支配している地域及びその上空又は敵対する紛争当事者が実際に支配していない海域及びその上空においては、紛争当事者の医療用航空機の尊重及び保護は、敵対する紛争当事者との合意に依存しない。もっとも、そのような区域において当該医療用航空機を運航する紛争当事者は、一層の安全のため、特に当該医療用航空機が敵対する紛争当事者の地対空兵器システムの射程内を飛行するときは、第二九条の規定により、敵対する紛争当事者に通報することができる。

第二六条（接触地帯又は類似の地域における医療用航空機） 1　接触地帯のうち友軍が実際に支配している地域及びその上空並びに実際の支配が明確に確立していない地域及びその上空においては、医療用航空機の保護は、第二九条に定めるところにより、紛争当事者の権限のある軍当局の間の事前の合意によってのみ十分に実効的となる。このような合意のない場合には、医療用航空機は、自己の責任で運航されるが、医療用航空機であると識別された後は尊重される。

2　「接触地帯」とは、敵対する軍隊の前線部隊が相互に接触している地域、特に前線部隊が地上からの直接の砲火にさらされている地域をいう。

第二七条（敵対する紛争当事者が支配している区域における医療用航空機） 1　紛争当事者の医療用航空機は、敵対する紛争当事者が実際に支配している地域又は海域の上空を飛行している間、敵対する紛争当事者の権限のある当局からその飛行に対する事前の同意を得ていることを条件として、引き続き保護される。

2　医療用航空機であって航行上の過誤又は飛行の安全に影響を及ぼす緊急事態のため1に規定する同意なしに又は同意の条件に相違して敵対する紛争当事者が実際に支配している地域の上空を飛行するものは、自己が識別され及びその状況を敵対する紛争当事者に通報するようあらゆる努力を払う。当該敵対する紛争当事者は、当該医療用航空機を識別した場合には直ちに、第三〇条1に規定する着陸若しくは着水を命令し又は自国の利益を保護するための他の措置をとるよう、及びいずれの場合にも当該医療用航空機に対して攻撃を加える前にその命令又は措置に従うための時間を与えるよう、すべての合理的な努力を払う。

第二八条（医療用航空機の運航の制限） 1　紛争当事者が敵対する紛争当事者に対して軍事的利益を得ることを企図して自国の医療用航空機を使用することは、禁止する。医療用航空機の所在は、軍事目標が攻撃の対象とならないようにすることを企図して利用してはならない。

2　医療用航空機は、情報データを収集し又は伝達するために使用してはならず、また、このような目的に使用するための機器を備えてはならない。医療用航空機が第八条(f)の定義に該当しない者又は積荷を輸送することは、禁止する。搭乗者の手回品又は航行、通信若しくは識別を容易にすることのみを目的とした機器を搭載することは、禁止されるものと認められない。

3　医療用航空機は、機上の傷者、病者及び難船者から取り上げた小型武器及び弾薬であってまだ適当な機関に引き渡されていないもの並びに機上の医療要員が自己及びその責任の下にある傷者、病者及び難船者の防護のために必要な軽量の個人用の武器を除くほか、いかなる武器も輸送してはならない。

4　医療用航空機は、前二条に係る飛行を実施している間、敵対する紛争当事者との事前の合意による場合を除くほか、傷者、病者及び難船者を捜索するために使用してはならない。

第二九条（医療用航空機に関する通報及び合意） 1　第二五条の規定に基づく通報又は第二六条、第二七条、前条4若しくは第三一条の規定に基づく事前の合意のための要請については、医療用航空機の予定されている数、その飛行計画及び識別方法を明示し、並びにすべての飛行が前条の規定を遵守して実施されることを意味するものと了解する。

2　第二五条の規定に基づいて行われる通報を受領した締約国は、その通報の受領を直ちに確認する。

3　第二六条、第二七条、前条4又は第三一条の規定に基づく事前の合意のための要請を受領した締約国は、要請を行った締約国に対しできる限り速やかに次のいずれかのことを通報する。

(a)　要請に同意すること。

(b)　要請を拒否すること。

(c)　要請に対する合理的な代わりの提案。また、要請のあった飛行が実施される期間及び地域における他の飛行の禁止又は制限を提案することができる。要請を行った締約国が代わりの提案を受諾する場合には、当該要請を行った締約国は、その受諾を当該要請を受領した締約国に通報する。

4　締約国は、通報及び合意が速やかに行われることを確保するために必要な措置をとる。

5　締約国は、通報及び合意の内容を関係部隊に速やかに周知させるために必要な措置をとり、並びに医療用航空機の使用する識別方法について当該関係部隊に指示を与える。

第三〇条（医療用航空機の着陸及び検査） 1　敵対する紛争当事者が実際に支配している地域又は実際の支配が明確に確立していない地域の上空を飛行する医療用航空機については、2から4までに定める規定に従って検査を受けるため着陸し又は着水するよう命ずることができる。医療用航空機は、その命令に従う。

2　命令によるか他の理由によるかを問わず1に規定する医療用航空機が着陸し又は着水した場合には、3及び4に規定する事項を決定するためにのみ当該医療用航空機を検査することができる。検査は、遅滞なく開始し、迅速に実施する。検査を行う締約国は、検査のために不可欠である場合を除くほか、傷者及び病者を当該医療用航空機から移動させるよう求めてはならない。当該検査を行う締約国は、いかなる場合にも、傷者及び病者の状態が検査又は移動によって不利な影響を受けないことを確保する。

3　検査によって次のすべてのことが明らかになった場合には、その検査を受けた航空機及び敵対する紛争当事者又は中立国その他の紛争当事者でない国に属する当該航空機の搭乗者は、飛行を継続することを遅滞なく認められる。

(a)　当該航空機が第八条(j)の規定の意味における医療用航空機であること。

(b)　当該航空機が第二八条に定める条件に違反していないこと。

(c)　事前の合意が求められている場合に、当該航空機が当該合意なしに又は当該合意に違反して飛行していなかったこと。

4　検査によって次のいずれかのことが明らかになった場合には、その検査を受けた航空機は、捕獲することができる。当該航空機の搭乗者は、諸条約及びこの議定書の関連規定に従って取り扱われる。捕獲した航空機が常時の医療用航空機として充てられていたものである場合には、これを医療用航空機としてのみ、その後も使用することができる。

(a)　当該航空機が第八条(j)の規定の意味における医療用航空機でないこと。

(b)　当該航空機が第二八条に定める条件に違反していること。

(c)　事前の合意が求められている場合に、当該航空機が当該合意なしに又は当該合意に違反して飛行していたこと。

第三一条（中立国その他の紛争当事者でない国） 1　医療用航空機は、事前の同意がある場合を除くほか、中立国その他の紛争当事者でない国の領域の上空を飛行し又は当該領域に着陸してはならない。医療用航空機は、同意がある場合には、その飛行中及び当該領域における寄港中、尊重される。もっとも、医療用航空機は、着陸又は着水の命令に従う。

2　医療用航空機は、航行上の過誤又は飛行の安全に影響を及ぼす緊急事態のため同意なしに又は同意の条件に相違して中立国その他の紛争当事者でない国の領域の上空を飛行する場合には、その飛行を通報し及び自己が識別されるようあらゆる努力を払う。当該中立国その他の紛争当事者でない国は、当該医療用航空機を識別した場合には直ちに、前条1に規定する着陸若しくは着水を命令し又は自国の利益を保護するための他の措置をとるよう、及びいずれの場合にも当該医療用航空機に対して攻撃を加える前にその命令又は措置に従うための時間を与えるよう、すべての合理的な努力を払う。

3　医療用航空機は、同意がある場合又は2に規定する状況において、命令によるか他の理由によるかを問わず中立国その他の紛争当事者でない国の領域に着陸し又は着水したときは、実際に医療用航空機であるか否かを決定するための検査を受ける。検査は、遅滞なく開始し、迅速に実施する。検査を行う締約国は、検査のために不可欠である場合を除くほか、当該航空機を運航している紛争当事者の傷者及び病者を航空機から移動させるよう求めてはならない。当該検査を行う締約国は、いかなる場合にも、傷者及び病者の状態が検査又は移動によって不利な影響を受けないことを確保する。検査によって当該航空機が実際に医療用航空機であることが明らかになった場合には、当該航空機は、搭乗者（武力紛争の際に適用される国際法の諸規則に従って抑留しなければならない者を除く。）とともに、飛行を再開することを認められ、飛行の継続のために合理的な便益を与えられる。検査によって当該航空機が医療用航空機でないことが明らかになった場合には、当該航空機は、捕獲され、及び当該搭乗者は、４の規定によって取り扱われる。

4　中立国その他の紛争当事者でない国は、武力紛争の際に適用される国際法の諸規則が求める場合には、自己と紛争当事者との間に別段の合意がない限り、自国の領域で現地当局の同意を得て医療用航空機から降機（一時的な場合を除く。）した傷者、病者及び難船者が敵対行為に再び参加することのできないようにそれらの者を抑留する。病院における治療及び収容の費用は、これらの者の属する国が負担する。

5　中立国その他の紛争当事者でない国は、医療用航空機が自国の領域の上空を飛行すること又は自国の領域に着陸することに関する条件及び制限をすべての紛争当事者についてひとしく適用する。

第三部　行方不明者及び死者

第三二条（一般原則）締約国、紛争当事者並びに諸条約及びこの議定書に規定する国際的な人道的団体の活動は、この部の規定の実施に当たり、主として家族がその近親者の運命を知る権利に基づいて促進される。

第三三条（行方不明者）1　紛争当事者は、事情が許す限り速やかに、遅くとも現実の敵対行為の終了の時から、敵対する紛争当事者により行方不明であると報告された者を捜索する。当該敵対する紛争当事者は、その捜索を容易にするため、これらの者に関するすべての関連情報を伝達する。

2　紛争当事者は、１の規定に基づき情報の収集を容易にするため、諸条約及びこの議定書に基づく一層有利な考慮が払われない者について、次のことを行う。

(a)　敵対行為又は占領の結果二週間以上抑留され、投獄され若しくは他の方法で捕らわれた場合又は捕らわれている期間中に死亡した場合には、第四条約第一三八条に規定する情報を記録すること。

(b)　敵対行為又は占領の結果他の状況において死亡した場合には、その者に関する情報の収集及び記録を、できる限り、容易にし及び必要な場合に行うこと。

3　１の規定に基づき行方不明であると報告された者に関する情報及びその情報についての要請は、直接に又は利益保護国、赤十字国際委員会の中央安否調査部若しくは各国の赤十字社、赤新月社若しくは赤のライオン及び太陽社を通じて伝達する。紛争当事者は、赤十字国際委員会及びその中央安否調査部を通じて情報を伝達しない場合には、当該情報を中央安否調査部に対しても提供することを確保する。

4　紛争当事者は、死者を捜索し、識別し及び戦場から収容するための調査団に関する取極（適当な場合には、敵対する紛争当事者の支配している地域において調査団がその任務を行っている間、当該敵対する紛争当事者の要員に伴われるためのものを含む。）に合意するよう努める。調査団の要員は、専らその任務を行っている間、尊重され、かつ、保護される。

第三四条（遺体）1　占領に関連する理由のために死亡し又は占領若しくは敵対行為に起因して捕らわれている期間中に死亡した者及び敵対行為の結果自国以外の国で死亡した者の遺体又は墓地に対して諸条約及びこの議定書に基づく一層有利な考慮が払われない場合には、これらの者の遺体は、尊重されるものとし、また、これらの者の墓地は、第四条約第一三〇条に定めるところにより尊重され、維持され、かつ、表示される。

2　締約国は、敵対行為の結果として又は占領中若しくは捕らわれている期間中に死亡した者の墓その他遺体のある場所が自国の領域にある場合には、事情及び敵対する紛争当事者との関係が許す限り速やかに、次のことを行うため取極を締結する。

(a)　死亡した者の近親者及び公の墳墓登録機関の代表者による墓地への立入りを容易にすること並びに当該立入りのための実際的な手続を定めること。

(b)　墓地を永続的に保護し、かつ、維持すること。

(c)　本国の要請又は本国が反対しない限り近親者の要請に基づいて遺体及び個人用品を本国へ返還することを容易にすること。

3　自国の領域に墓地のある締約国は、２(b)又は(c)の規定に係る取極のない場合及び死亡した者の本国が自国の費用で墓地の維持を行う意思を有しない場合には、本国への遺体の返還を容易にするよう提案することができる。締約国は、その提案が受諾されなかった場合には、当該提案の日から五年を経過した後に、かつ、本国への適当な通報を行った後に、墓地及び墓に関する自国の法律に定める手続をとることができる。

4　この条に規定する墓地が自国の領域にある締約国は、次のいずれかの場合にのみ、遺体を発掘することを許される。

(a)　２(c)及び３の規定による場合

(b)　発掘が優先的な公共上の必要事項である場合（衛生上及び調査上必要な場合を含む。）。締約国は、この場合において、常に遺体を尊重し、並びに遺体を発掘する意図及び再埋葬予定地の詳細を本国へ通報する。

第三編　戦闘の方法及び手段並びに戦闘員及び捕虜の地位

第一部　戦闘の方法及び手段

第三五条（基本原則）1　いかなる武力紛争においても、紛争当事者が戦闘の方法及び手段を選ぶ権利は、無制限ではない。

2　過度の傷害又は無用の苦痛を与える兵器、投射物及び物質並びに戦闘の方法を用いることは、禁止する。

3　自然環境に対して広範、長期的かつ深刻な損害を与えることを目的とする又は与えることが予測される戦闘の方法及び手段を用いることは、禁止する。

第三六条（新たな兵器）締約国は、新たな兵器又は戦闘の手段若しくは方法の研究、開発、取得又は採用に当たり、その使用がこの議定書又は当該締約国に適用される他の国際法の諸規則により一定の場合又はすべての場合に禁止されているか否かを決定する義務を負う。

第三七条（背信行為の禁止）1　背信行為により敵を殺傷し又は捕らえることは、禁止する。武力紛争の際に適用される国際法の諸規則に基づく保護を受ける権利を有するか又は保護を与える義務があると敵が信ずるように敵の信頼を誘う行為であって敵の信頼を裏切る意図をもって行われるものは、背信行為を構成する。背信行為の例として、次の行為がある。

(a)　休戦旗を掲げて交渉の意図を装うこと、又は投降を装うこと。

(b)　負傷又は疾病による無能力を装うこと。

(c)　文民又は非戦闘員の地位を装うこと。

(d)　国際連合又は中立国その他の紛争当事者でない国の標章又は制服を使用して、保護されている地位を装うこと。

2　奇計は、禁止されない。奇計とは、敵を欺くこと又は無謀に行動させることを意図した行為であって、武力紛争の際に適用される国際法の諸規則に違反せず、かつ、そのような国際法に基づく保護に関して敵の信頼を誘うことがないために背信的ではないものをいう。奇計の例として、偽装、囮（おとり）、陽動作戦及び虚偽の情報の使用がある。

第三八条（認められた標章）1　赤十字、赤新月若しくは赤のライオン及び太陽の特殊標章又は諸条約若しくはこの議定書に規定する他の標章若しくは信号を不当に使用することは、禁止する。また、休戦旗を含む国際的に認められた他の保護標章又は信号及び文化財の保護標章を武力紛争において故意に濫用することは、禁止する。

2　国際連合によって認められた場合を除くほか、国際連合の特殊標章を使用することは、禁止する。

第三九条（国の標章）1　中立国その他の紛争当事者でない国の旗、軍の標章、記章又は制服を武力紛争において使用することは、禁止する。

2　攻撃を行っている間、又は軍事行動を掩（えん）護し、有利にし、保護し若しくは妨げるため、敵対する紛争当事者の旗、軍の標章、記章又は制服を使用することは、禁止する。

3　この条及び第三七条1(d)の規定は、諜（ちょう）報活動又は海上の武力紛争における旗の使用に適用される現行の一般に認められた国際法の諸規則に影響を及ぼすものではない。

第四〇条（助命）生存者を残さないよう命令すること、そのような命令で敵を威嚇すること又はそのような方針で敵対行為を行うことは、禁止する。

第四一条（戦闘外にある敵の保護）1　戦闘外にあると認められる者又はその状況において戦闘外にあると認められるべき者は、攻撃の対象としてはならない。

2　次の者は、戦闘外にある。

(a)　敵対する紛争当事者の権力内にある者

(b)　投降の意図を明確に表明する者

(c)　既に無意識状態となっており又は負傷若しくは疾病により無能力となっているため自己を防御することができない者

ただし、いずれの者も、いかなる敵対行為も差し控え、かつ、逃走を企てないことを条件とする。

3　捕虜としての保護を受ける権利を有する者が第三条約第三編第一部に規定する通常と異なる戦闘の状態の下で敵対する紛争当事者の権力内に陥った場合には、そのような権利を有する者を解放し、及びその者の安全を確保するためにすべての実行可能な予防措置をとる。

第四二条（航空機の搭乗者）1　遭難航空機から落下傘で降下する者は、降下中は攻撃の対象としてはならない。

2　遭難航空機から落下傘で降下した者は、敵対する紛争当事者が支配する地域に着地したときは、その者が敵対行為を行っていることが明白でない限り、攻撃の対象とされる前に投降の機会を与えられる。

3　空挺（てい）部隊は、この条の規定による保護を受けない。

第二部　戦闘員及び捕虜の地位

第四三条（軍隊）1　紛争当事者の軍隊は、部下の行動について当該紛争当事者に対して責任を負う司令部の下にある組織され及び武装したすべての兵力、集団及び部隊から成る（当該紛争当事者を代表する政府又は当局が敵対する紛争当事者によって承認されているか否かを問わない。）。このような軍隊は、内部規律に関する制度、特に武力紛争の際に適用される国際法の諸規則を遵守させる内部規律に関する制度に従う。

2　紛争当事者の軍隊の構成員（第三条約第三三条に規定する衛生要員及び宗教要員を除く。）は、戦闘員であり、すなわち、敵対行為に直接参加する権利を有する。

3　紛争当事者は、準軍事的な又は武装した法執行機関を自国の軍隊に編入したときは、他の紛争当事者にその旨を通報する。

第四四条（戦闘員及び捕虜）１　前条に規定する戦闘員であって敵対する紛争当事者の権力内に陥ったものは、捕虜とする。

２　すべての戦闘員は、武力紛争の際に適用される国際法の諸規則を遵守する義務を負うが、これらの諸規則の違反は、３及び４に規定する場合を除くほか、戦闘員である権利又は敵対する紛争当事者の権力内に陥った場合に捕虜となる権利を戦闘員から奪うものではない。

３　戦闘員は、文民たる住民を敵対行為の影響から保護することを促進するため、攻撃又は攻撃の準備のための軍事行動を行っている間、自己と文民たる住民とを区別する義務を負う。もっとも、武装した戦闘員は、武力紛争において敵対行為の性質のため自己と文民たる住民とを区別することができない状況があると認められるので、当該状況において次に規定する間武器を公然と携行することを条件として、戦闘員としての地位を保持する。

(a)　交戦の間

(b)　自己が参加する攻撃に先立つ軍事展開中に敵に目撃されている間

この３に定める条件に合致する行為は、第三七条１(c)に規定する背信行為とは認められない。

４　３中段に定める条件を満たすことなく敵対する紛争当事者の権力内に陥った戦闘員は、捕虜となる権利を失う。もっとも、第三条約及びこの議定書が捕虜に与える保護と同等のものを与えられる。この保護には、当該戦闘員が行った犯罪のため裁判され及び処罰される場合に、第三条約が捕虜に与える保護と同等のものを含む。

５　攻撃又は攻撃の準備のための軍事行動を行っていない間に敵対する紛争当事者の権力内に陥った戦闘員は、それ以前の活動を理由として戦闘員である権利及び捕虜となる権利を失うことはない。

６　この条の規定は、いずれかの者が第三条約第四条の規定に基づいて捕虜となる権利を害するものではない。

７　この条の規定は、紛争当事者の武装し、かつ、制服を着用した正規の部隊に配属された戦闘員について、その者が制服を着用することに関する各国の慣行であって一般に受け入れられているものを変更することを意図するものではない。

８　第一条約第一三条及び第二条約第一三条に規定する部類に属する者に加え、前条に規定する紛争当事者の軍隊のすべての構成員は、傷者若しくは病者又は海その他の水域における難船者（ただし、難船者については、第二条約に係るもの）である場合には、これらの条約に基づく保護を受ける権利を有する。

第四五条（敵対行為に参加した者の保護）１　敵対行為に参加して敵対する紛争当事者の権力内に陥った者については、その者が捕虜の地位を要求した場合、その者が捕虜となる権利を有すると認められる場合又はその者が属する締約国が抑留国若しくは利益保護国に対する通告によりその者のために捕虜の地位を要求した場合には、捕虜であると推定し、第三条約に基づいて保護する。その者が捕虜となる権利を有するか否かについて疑義が生じた場合には、その者の地位が権限のある裁判所によって決定されるまでの間、引き続き捕虜の地位を有し、第三条約及びこの議定書によって保護する。

２　敵対する紛争当事者の権力内に陥った者が捕虜としては捕らえられない場合において敵対行為に係る犯罪について当該敵対する紛争当事者による裁判を受けるときは、その者は、司法裁判所において捕虜となる権利を有することを主張し及びその問題について決定を受ける権利を有する。この決定については、適用される手続に従って可能なときはいつでも、当該犯罪についての裁判の前に行う。利益保護国の代表者は、その問題が決定される手続に立ち会う権利を有する。ただし、例外的に手続が国の安全のために非公開で行われる場合は、この限りでない。この場合には、抑留国は、利益保護国にその旨を通知する。

３　敵対行為に参加した者であって、捕虜となる権利を有せず、また、第四条約に基づく一層有利な待遇を受けないものは、常にこの議定書の第七五条に規定する保護を受ける権利を有する。いずれの者も、占領地域においては、間諜（ちょう）として捕らえられない限り、第四条約第五条の規定にかかわらず、同条約に基づく通信の権利を有する。

第四六条（間諜（ちょう））１　諸条約又はこの議定書の他の規定にかかわらず、紛争当事者の軍隊の構成員であって諜（ちょう）報活動を行っている間に敵対する紛争当事者の権力内に陥ったものについては、捕虜となる権利を有せず、間諜（ちょう）として取り扱うことができる。

２　紛争当事者の軍隊の構成員であって、当該紛争当事者のために及び敵対する紛争当事者が支配する地域において、情報を収集し又は収集しようとしたものは、そのような活動の間に自国の軍隊の制服を着用していた場合には、諜（ちょう）報活動を行っていたとは認められない。

３　敵対する紛争当事者が占領している地域の居住者である紛争当事者の軍隊の構成員であって、自己が属する紛争当事者のために当該地域において軍事的価値のある情報を収集し又は収集しようとしたものは、虚偽の口実に基づく行為による場合又は故意にひそかな方法で行われた場合を除くほか、諜（ちょう）報活動を行っていたとは認められない。さらに、当該居住者は、諜（ちょう）報活動を行っている間に捕らえられた場合を除くほか、捕虜となる権利を失わず、また、間諜（ちょう）として取り扱われない。

４　敵対する紛争当事者が占領している地域の居住者でない紛争当事者の軍隊の構成員であって、当該地域において諜（ちょう）報活動を行ったものは、その者の属する軍隊に復帰する前に捕らえられる場合を除くほか、捕虜となる権利を失わず、また、間諜（ちょう）として取り扱われない。

第四七条（傭（よう）兵）1　傭兵は、戦闘員である権利又は捕虜となる権利を有しない。

2　傭（よう）兵とは、次のすべての条件を満たす者をいう。

(a)　武力紛争において戦うために現地又は国外で特別に採用されていること。

(b)　実際に敵対行為に直接参加していること。

(c)　主として私的な利益を得たいとの願望により敵対行為に参加し、並びに紛争当事者により又は紛争当事者の名において、当該紛争当事者の軍隊において類似の階級に属し及び類似の任務を有する戦闘員に対して約束され又は支払われる額を相当上回る物質的な報酬を実際に約束されていること。

(d)　紛争当事者の国民でなく、また、紛争当事者が支配している地域の居住者でないこと。

(e)　紛争当事者の軍隊の構成員でないこと。

(f)　紛争当事者でない国が自国の軍隊の構成員として公の任務で派遣した者でないこと。

第四編　文民たる住民

第一部　敵対行為の影響からの一般的保護

第一章　基本原則及び適用範囲

第四八条（基本原則）紛争当事者は、文民たる住民及び民用物を尊重し及び保護することを確保するため、文民たる住民と戦闘員とを、また、民用物と軍事目標とを常に区別し、及び軍事目標のみを軍事行動の対象とする。

第四九条（攻撃の定義及び適用範囲）1　「攻撃」とは、攻勢としてであるか防御としてであるかを問わず、敵に対する暴力行為をいう。

2　この議定書の攻撃に関する規定は、いずれの地域（紛争当事者に属する領域であるが敵対する紛争当事者の支配の下にある地域を含む。）で行われるかを問わず、すべての攻撃について適用する。

3　この部の規定は、陸上の文民たる住民、個々の文民又は民用物に影響を及ぼす陸戦、空戦又は海戦について適用するものとし、また、陸上の目標に対して海又は空から行われるすべての攻撃についても適用する。もっとも、この部の規定は、海上又は空中の武力紛争の際に適用される国際法の諸規則に影響を及ぼすものではない。

4　この部の規定は、第四条約特にその第二編及び締約国を拘束する他の国際取極に含まれる人道的保護に関する諸規則並びに陸上、海上又は空中の文民及び民用物を敵対行為の影響から保護することに関する他の国際法の諸規則に追加される。

第二章　文民及び文民たる住民

第五〇条（文民及び文民たる住民の定義）1　文民とは、第三条約第四条A(1)から(3)まで及び(6)並びにこの議定書の第四三条に規定する部類のいずれにも属しない者をいう。いずれの者も、文民であるか否かについて疑義がある場合には、文民とみなす。

2　文民たる住民とは、文民であるすべての者から成るものをいう。

3　文民の定義に該当しない者が文民たる住民の中に存在することは、文民たる住民から文民としての性質を奪うものではない。

第五一条（文民たる住民の保護）1　文民たる住民及び個々の文民は、軍事行動から生ずる危険からの一般的保護を受ける。この保護を実効的なものとするため、適用される他の国際法の諸規則に追加される2から8までに定める規則は、すべての場合において、遵守する。

2　文民たる住民それ自体及び個々の文民は、攻撃の対象としてはならない。文民たる住民の間に恐怖を広めることを主たる目的とする暴力行為又は暴力による威嚇は、禁止する。

3　文民は、敵対行為に直接参加していない限り、この部の規定によって与えられる保護を受ける。

4　無差別な攻撃は、禁止する。無差別な攻撃とは、次の攻撃であって、それぞれの場合において、軍事目標と文民又は民用物とを区別しないでこれらに打撃を与える性質を有するものをいう。

(a)　特定の軍事目標のみを対象としない攻撃

(b)　特定の軍事目標のみを対象とすることのできない戦闘の方法及び手段を用いる攻撃

(c)　この議定書で定める限度を超える影響を及ぼす戦闘の方法及び手段を用いる攻撃

5　特に、次の攻撃は、無差別なものと認められる。

(a)　都市、町村その他の文民又は民用物の集中している地域に位置する多数の軍事目標であって相互に明確に分離された別個のものを単一の軍事目標とみなす方法及び手段を用いる砲撃又は爆撃による攻撃

(b)　予期される具体的かつ直接的な軍事的利益との比較において、巻き添えによる文民の死亡、文民の傷害、民用物の損傷又はこれらの複合した事態を過度に引き起こすことが予測される攻撃

6　復仇（きゅう）の手段として文民たる住民又は個々の文民を攻撃することは、禁止する。

7　文民たる住民又は個々の文民の所在又は移動は、特定の地点又は区域が軍事行動の対象とならないようにするために、特に、軍事目標を攻撃から掩（えん）護し又は軍事行動を掩（えん）護し、有利にし若しくは妨げることを企図して利用してはならない。紛争当事者は、軍事目標を攻撃から掩（えん）護し又は軍事行動を掩（えん）護することを企図して文民たる住民又は個々の文民の移動を命じてはならない。

8　この条に規定する禁止の違反があったときにおいても、紛争当事者は、文民たる住民及び個々の文民に関する法的義務（第五七条の予防措置をとる義務を含む。）を免除されない。

第三章　民用物

第五二条（民用物の一般的保護）　1　民用物は、攻撃又は復仇（きゅう）の対象としてはならない。民用物とは、2に規定する軍事目標以外のすべての物をいう。

2　攻撃は、厳格に軍事目標に対するものに限定する。軍事目標は、物については、その性質、位置、用途又は使用が軍事活動に効果的に資する物であってその全面的又は部分的な破壊、奪取又は無効化がその時点における状況において明確な軍事的利益をもたらすものに限る。

3　礼拝所、家屋その他の住居、学校等通常民生の目的のために供される物が軍事活動に効果的に資するものとして使用されているか否かについて疑義がある場合には、軍事活動に効果的に資するものとして使用されていないと推定される。

第五三条（文化財及び礼拝所の保護）　一九五四年五月一四日の武力紛争の際の文化財の保護に関するハーグ条約その他の関連する国際文書の規定の適用を妨げることなく、次のことは、禁止する。

(a)　国民の文化的又は精神的遺産を構成する歴史的建造物、芸術品又は礼拝所を対象とする敵対行為を行うこと。

(b)　(a)に規定する物を軍事上の努力を支援するために利用すること。

(c)　(a)に規定する物を復仇（きゅう）の対象とすること。

第五四条（文民たる住民の生存に不可欠な物の保護）

1　戦闘の方法として文民を飢餓の状態に置くことは、禁止する。

2　食糧、食糧生産のための農業地域、作物、家畜、飲料水の施設及び供給設備、かんがい設備等文民たる住民の生存に不可欠な物をこれらが生命を維持する手段としての価値を有するが故に文民たる住民又は敵対する紛争当事者に与えないという特定の目的のため、これらの物を攻撃し、破壊し、移動させ又は利用することができないようにすることは、文民を飢餓の状態に置き又は退去させるという動機によるかその他の動機によるかを問わず、禁止する。

3　2に規定する禁止は、2に規定する物が次の手段として敵対する紛争当事者によって利用される場合には、適用しない。

(a)　専ら当該敵対する紛争当事者の軍隊の構成員の生命を維持する手段

(b)　生命を維持する手段でないときであっても軍事行動を直接支援する手段。ただし、いかなる場合においても、2に規定する物に対し、文民たる住民の食糧又は水を十分でない状態とし、その結果当該文民たる住民を飢餓の状態に置き又はその移動を余儀なくさせることが予測される措置をとってはならない。

4　2に規定する物は、復仇（きゅう）の対象としてはならない。

5　いずれの紛争当事者にとっても侵入から自国の領域を防衛する重大な必要があることにかんがみ、紛争当事者は、絶対的な軍事上の必要によって要求される場合には、自国の支配の下にある領域において2に規定する禁止から免れることができる。

第五五条（自然環境の保護）　1　戦闘においては、自然環境を広範、長期的かつ深刻な損害から保護するために注意を払う。その保護には、自然環境に対してそのような損害を与え、それにより住民の健康又は生存を害することを目的とする又は害することが予測される戦闘の方法及び手段の使用の禁止を含む。

2　復仇（きゅう）の手段として自然環境を攻撃することは、禁止する。

第五六条（危険な力を内蔵する工作物及び施設の保護）

1　危険な力を内蔵する工作物及び施設、すなわち、ダム、堤防及び原子力発電所は、これらの物が軍事目標である場合であっても、これらを攻撃することが危険な力の放出を引き起こし、その結果文民たる住民の間に重大な損失をもたらすときは、攻撃の対象としてはならない。これらの工作物又は施設の場所又は近傍に位置する他の軍事目標は、当該他の軍事目標に対する攻撃がこれらの工作物又は施設からの危険な力の放出を引き起こし、その結果文民たる住民の間に重大な損失をもたらす場合には、攻撃の対象としてはならない。

2　1に規定する攻撃からの特別の保護は、次の場合にのみ消滅する。

(a)　ダム又は堤防については、これらが通常の機能以外の機能のために、かつ、軍事行動に対し常時の、重要なかつ直接の支援を行うために利用されており、これらに対する攻撃がそのような支援を終了させるための唯一の実行可能な方法である場合

(b)　原子力発電所については、これが軍事行動に対し常時の、重要なかつ直接の支援を行うために電力を供給しており、これに対する攻撃がそのような支援を終了させるための唯一の実行可能な方法である場合

(c)　1に規定する工作物又は施設の場所又は近傍に位置する他の軍事目標については、これらが軍事行動に対し常時の、重要なかつ直接の支援を行うために利用されており、これらに対する攻撃がそのような支援を終了させるための唯一の実行可能な方法である場合

3　文民たる住民及び個々の文民は、すべての場合において、国際法によって与えられるすべての保護（次条の予防措置による保護を含む。）を受ける権利を有する。特別の保護が消滅し、1に規定する工作物、

施設又は軍事目標が攻撃される場合には、危険な力の放出を防止するためにすべての実際的な予防措置をとる。

4　1に規定する工作物、施設又は軍事目標を復仇(きゅう)の対象とすることは、禁止する。

5　紛争当事者は、1に規定する工作物又は施設の近傍にいかなる軍事目標も設けることを避けるよう努める。もっとも、保護される工作物又は施設を攻撃から防御することのみを目的として構築される施設は、許容されるものとし、攻撃の対象としてはならない。ただし、これらの構築される施設が、保護される工作物又は施設に対する攻撃に対処するために必要な防御措置のためのものである場合を除くほか、敵対行為において利用されず、かつ、これらの構築される施設の装備が保護される工作物又は施設に対する敵対行為を撃退することのみが可能な兵器に限られていることを条件とする。

6　締約国及び紛争当事者は、危険な力を内蔵する物に追加的な保護を与えるために新たな取極を締結するよう要請される。

7　紛争当事者は、この条の規定によって保護される物の識別を容易にするため、この議定書の附属書I第一六条に規定する一列に並べられた三個の明るいオレンジ色の円から成る特別の標章によってこれらの保護される物を表示することができる。その表示がないことは、この条の規定に基づく紛争当事者の義務を免除するものではない。

第四章　予防措置

第五七条(攻撃の際の予防措置) 1　軍事行動を行うに際しては、文民たる住民、個々の文民及び民用物に対する攻撃を差し控えるよう不断の注意を払う。

2　攻撃については、次の予防措置をとる。

(a)　攻撃を計画し又は決定する者は、次のことを行う。

(i)　攻撃の目標が文民又は民用物でなく、かつ、第五二条2に規定する軍事目標であって特別の保護の対象ではないものであること及びその目標に対する攻撃がこの議定書によって禁止されていないことを確認するためのすべての実行可能なこと。

(ii)　攻撃の手段及び方法の選択に当たっては、巻き添えによる文民の死亡、文民の傷害及び民用物の損傷を防止し並びに少なくともこれらを最小限にとどめるため、すべての実行可能な予防措置をとること。

(iii)　予期される具体的かつ直接的な軍事的利益との比較において、巻き添えによる文民の死亡、文民の傷害、民用物の損傷又はこれらの複合した事態を過度に引き起こすことが予測される攻撃を行う決定を差し控えること。

(b)　攻撃については、その目標が軍事目標でないこと若しくは特別の保護の対象であること、又は当該攻撃が、予期される具体的かつ直接的な軍事的利益との比較において、巻き添えによる文民の死亡、文民の傷害、民用物の損傷若しくはこれらの複合した事態を過度に引き起こすことが予測されることが明白となった場合には、中止し又は停止する。

(c)　文民たる住民に影響を及ぼす攻撃については、効果的な事前の警告を与える。ただし、事情の許さない場合は、この限りでない。

3　同様の軍事的利益を得るため複数の軍事目標の中で選択が可能な場合には、選択する目標は、攻撃によって文民の生命及び民用物にもたらされる危険が最小であることが予測されるものでなければならない。

4　紛争当事者は、海上又は空中における軍事行動を行うに際しては、文民の死亡及び民用物の損傷を防止するため、武力紛争の際に適用される国際法の諸規則に基づく自国の権利及び義務に従いすべての合理的な予防措置をとる。

5　この条のいかなる規定も、文民たる住民、個々の文民又は民用物に対する攻撃を認めるものと解してはならない。

第五八条(攻撃の影響に対する予防措置) 紛争当事者は、実行可能な最大限度まで、次のことを行う。

(a)　第四九条約第四九条の規定の適用を妨げることなく、自国の支配の下にある文民たる住民、個々の文民及び民用物を軍事目標の近傍から移動させるよう努めること。

(b)　人口の集中している地域又はその付近に軍事目標を設けることを避けること。

(c)　自国の支配の下にある文民たる住民、個々の文民及び民用物を軍事行動から生ずる危険から保護するため、その他の必要な予防措置をとること。

第五章　特別の保護の下にある地区及び地帯

第五九条(無防備地区) 1　紛争当事者が無防備地区を攻撃することは、手段のいかんを問わず、禁止する。

2　紛争当事者の適当な当局は、軍隊が接触している地帯の付近又はその中にある居住地区であって敵対する紛争当事者による占領に対して開放されるものを、無防備地区として宣言することができる。無防備地区は、次のすべての条件を満たしたものとする。

(a)　すべての戦闘員が撤退しており並びにすべての移動可能な兵器及び軍用設備が撤去されていること。

(b)　固定された軍事施設の敵対的な使用が行われないこと。

(c)　当局又は住民により敵対行為が行われないこと。

(d)　軍事行動を支援する活動が行われないこと。

3　諸条約及びこの議定書によって特別に保護される者並びに法及び秩序の維持のみを目的として保持さ

れる警察が無防備地区に存在することは、2に定める条件に反するものではない。

4　2の規定に基づく宣言は、敵対する紛争当事者に対して行われ、できる限り正確に無防備地区の境界を定め及び記述したものとする。その宣言が向けられた紛争当事者は、その受領を確認し、2に定める条件が実際に満たされている限り、当該地区を無防備地区として取り扱う。条件が実際に満たされていない場合には、その旨を直ちに、宣言を行った紛争当事者に通報する。2に定める条件が満たされていない場合にも、当該地区は、この議定書の他の規定及び武力紛争の際に適用される他の国際法の諸規則に基づく保護を引き続き受ける。

5　紛争当事者は、2に定める条件を満たしていない地区であっても、当該地区を無防備地区とすることについて合意することができる。その合意は、できる限り正確に無防備地区の境界を定め及び記述したものとすべきであり、また、必要な場合には監視の方法を定めたものとすることができる。

6　5に規定する合意によって規律される地区を支配する紛争当事者は、できる限り、他の紛争当事者と合意する標章によって当該地区を表示するものとし、この標章は、明瞭(りょう)に見ることができる場所、特に当該地区の外縁及び境界並びに幹線道路に表示する。

7　2に定める条件又は5に規定する合意に定める条件を満たさなくなった地区は、無防備地区としての地位を失う。そのような場合にも、当該地区は、この議定書の他の規定及び武力紛争の際に適用される他の国際法の諸規則に基づく保護を引き続き受ける。

第六〇条(非武装地帯)1　紛争当事者がその合意によって非武装地帯の地位を与えた地帯に軍事行動を拡大することは、その拡大が当該合意に反する場合には、禁止する。

2　合意は、明示的に行う。合意は、直接に又は利益保護国若しくは公平な人道的団体を通じて口頭又は文書によって、また、相互的なかつ一致した宣言によって行うことができる。合意は、平時に及び敵対行為の開始後に行うことができるものとし、また、できる限り正確に非武装地帯の境界を定め及び記述したものとし並びに必要な場合には監視の方法を定めたものとすべきである。

3　合意の対象である地帯は、通常、次のすべての条件を満たしたものとする。

(a)　すべての戦闘員が撤退しており並びにすべての移動可能な兵器及び軍用設備が撤去されていること。

(b)　固定された軍事施設の敵対的な使用が行われないこと。

(c)　当局又は住民により敵対行為が行われないこと。

(d)　軍事上の努力に関連する活動が終了していること。

紛争当事者は、(d)に定める条件についての解釈及び4に規定する者以外の者であって非武装地帯に入ることを認められるものについて合意する。

4　諸条約及びこの議定書によって特別に保護される者並びに法及び秩序の維持のみを目的として保持される警察が非武装地帯に存在することは、3に定める条件に反するものではない。

5　非武装地帯を支配する紛争当事者は、できる限り、他の紛争当事者と合意する標章によって当該非武装地帯を表示するものとし、この標章は、明瞭(りょう)に見ることができる場所、特に当該非武装地帯の外縁及び境界並びに幹線道路に表示する。

6　戦闘が非武装地帯の付近に迫ってきたときであっても、紛争当事者が合意している場合には、いずれの紛争当事者も、軍事行動を行うことに関する目的のために当該非武装地帯を利用し又はその地位を一方的に取り消すことができない。

7　一の紛争当事者が3又は6の規定に対する重大な違反を行った場合には、他の紛争当事者は、非武装地帯にその地位を与えている合意に基づく義務を免除される。その場合において、当該非武装地帯は、非武装地帯としての地位を失うが、この議定書の他の規定及び武力紛争の際に適用される他の国際法の諸規則に基づく保護を引き続き受ける。

第六章　文民保護

第六一条(定義及び適用範囲)この議定書の適用上、

(a)「文民保護」とは、文民たる住民を敵対行為又は災害の危険から保護し、文民たる住民が敵対行為又は災害の直接的な影響から回復することを援助し、及び文民たる住民の生存のために必要な条件を整えるため次の人道的任務の一部又は全部を遂行することをいう。

(i)　警報の発令
(ii)　避難の実施
(iii)　避難所の管理
(iv)　灯火管制に係る措置の実施
(v)　救助
(vi)　応急医療その他の医療及び宗教上の援助
(vii)　消火
(viii)　危険地域の探知及び表示
(ix)　汚染の除去及びこれに類する防護措置の実施
(x)　緊急時の収容施設及び需品の提供
(xi)　被災地域における秩序の回復及び維持のための緊急援助
(xii)　不可欠な公益事業に係る施設の緊急の修復
(xiii)　死者の応急処理
(xiv)　生存のために重要な物の維持のための援助
(xv)　(i)から(xiv)までに掲げる任務のいずれかを遂行するために必要な補完的な活動(計画立案及び準備を含む。)

(b)「文民保護組織」とは、(a)に規定する任務を遂行するために紛争当事者の権限のある当局によって組織され又は認められる団体その他の組織であって、専らこれらの任務に充てられ、従事するものをいう。

(c)　文民保護組織の「要員」とは、紛争当事者により専ら(a)に規定する任務を遂行することに充てられる者(当該紛争当事者の権限のある当局により専ら当該文民保護組織を運営することに充てられる者を含む。)をいう。

(d)　文民保護組織の「物品」とは、当該文民保護組織が(a)に規定する任務を遂行するために使用する機材、需品及び輸送手段をいう。

第六二条(一般的保護)1　軍の文民保護組織以外の文民保護組織及びその要員は、この議定書の規定、特にこの部の規定に基づき尊重され、かつ、保護される。これらの者は、絶対的な軍事上の必要がある場合を除くほか、文民保護の任務を遂行する権利を有する。

2　1の規定は、軍の文民保護組織以外の文民保護組織の構成員ではないが、権限のある当局の要請に応じて当該権限のある当局の監督の下に文民保護の任務を遂行する文民についても適用する。

3　文民保護のために使用される建物及び物品並びに文民たる住民に提供される避難所は、第五二条の規定の適用を受ける。文民保護のために使用される物は、破壊し又はその本来の使用目的を変更することができない。ただし、その物が属する締約国によって行われる場合を除く。

第六三条(占領地域における文民保護)1　軍の文民保護組織以外の文民保護組織は、占領地域において、その任務の遂行に必要な便益を当局から与えられる。軍の文民保護組織以外の文民保護組織の要員は、いかなる場合においても、その任務の適正な遂行を妨げるような活動を行うことを強要されない。占領国は、軍の文民保護組織以外の文民保護組織の任務の効率的な遂行を妨げるような方法で当該軍の文民保護組織以外の文民保護組織の機構又は要員を変更してはならない。軍の文民保護組織以外の文民保護組織は、占領国の国民又は利益を優先させることを求められない。

2　占領国は、軍の文民保護組織以外の文民保護組織に対し文民たる住民の利益を害する方法でその任務を遂行することを強要し、強制し又は誘引してはならない。

3　占領国は、安全保障上の理由により文民保護の要員の武装を解除することができる。

4　占領国は、文民保護組織に属し若しくは文民保護組織が使用する建物若しくは物品の本来の使用目的を変更し又はこれらを徴発することが文民たる住民に有害であるような場合には、その変更又は徴発を行うことができない。

5　占領国は、4に定める一般的な規則が遵守されている限り、次の特別の条件に従い、4に規定する資源を徴発し又はその使用目的を変更することができる。

(a)　建物又は物品が文民たる住民の他の要求にとって必要であること。

(b)　徴発又は使用目的の変更が(a)に規定する必要のある間に限り行われること。

6　占領国は、文民たる住民の使用のために提供され又は文民たる住民が必要とする避難所の使用目的を変更し又はこれらを徴発してはならない。

第六四条(軍の文民保護組織以外の文民保護組織であって中立国その他の紛争当事者でない国のもの及び国際的な調整を行う団体)1　前二条、次条及び第六六条の規定は、紛争当事者の領域において、当該紛争当事者の同意を得て、かつ、その監督の下に第六一条に規定する文民保護の任務を遂行する軍の文民保護組織以外の文民保護組織であって中立国その他の紛争当事者でない国のものの要員及び物品についても適用する。軍の文民保護組織以外の文民保護組織であって中立国その他の紛争当事者でない国のものによる援助については、敵対する紛争当事者に対しできる限り速やかに通報する。この活動については、いかなる場合においても、紛争への介入とみなしてはならない。もっとも、この活動については、関係紛争当事者の安全保障上の利益に妥当な考慮を払って行うべきである。

2　1に規定する援助を受ける紛争当事者及び当該援助を与える締約国は、適当な場合には、文民保護の活動の国際的な調整を容易なものとすべきである。その場合には、関連する国際的な団体は、この章の規定の適用を受ける。

3　占領国は、占領地域において、自国の資源又は当該占領地域の資源により文民保護の任務の適切な遂行を確保することができる場合にのみ、軍の文民保護組織以外の文民保護組織であって中立国その他の紛争当事者でない国のもの及び国際的な調整を行う団体の活動を排除し又は制限することができる。

第六五条(保護の消滅)1　軍の文民保護組織以外の文民保護組織並びにその要員、建物、避難所及び物品が受けることのできる保護は、これらのものが本来の任務から逸脱して敵に有害な行為を行い又は行うために使用される場合を除くほか、消滅しない。ただし、この保護は、適当な場合にはいつでも合理的な期限を定める警告が発せられ、かつ、その警告が無視された後においてのみ、消滅させることができる。

2　次のことは、敵に有害な行為と認められない。

(a)　文民保護の任務が軍当局の指示又は監督の下に遂行されること。

(b)　文民保護の文民たる要員が文民保護の任務の遂行に際して軍の要員と協力すること又は軍の要員が軍の文民保護組織以外の文民保護組織に配属されること。

(c)　文民保護の任務の遂行が軍人たる犠牲者特に戦

闘外にある者に付随的に利益を与えること。
3　文民保護の文民たる要員が秩序の維持又は自衛のために軽量の個人用の武器を携行することも、敵に有害な行為と認められない。もっとも、紛争当事者は、陸上における戦闘が現に行われており又は行われるおそれのある地域においては、文民保護の要員と戦闘員との区別に資するようにそのような武器をピストル又は連発けん銃のようなけん銃に制限するための適当な措置をとる。文民保護の要員は、そのような地域において他の軽量の個人用の武器を携行する場合であっても、文民保護の要員であると識別されたときは、尊重され、かつ、保護される。
4　軍の文民保護組織以外の文民保護組織において軍隊に類似した編成がとられており又は強制的な役務が課されていることは、この章の規定に基づく保護をこれらの軍の文民保護組織以外の文民保護組織から奪うものではない。

第六六条（識別）1　紛争当事者は、自国の文民保護組織並びにその要員、建物及び物品が専ら文民保護の任務の遂行に充てられている間、これらのものが識別されることのできることを確保するよう努める。文民たる住民に提供される避難所も、同様に識別されることができるようにすべきである。
2　紛争当事者は、また、文民保護の国際的な特殊標章が表示される文民のための避難所並びに文民保護の要員、建物及び物品の識別を可能にする方法及び手続を採用し及び実施するよう努める。
3　文民保護の文民たる要員については、占領地域及び戦闘が現に行われており又は行われるおそれのある地域においては、文民保護の国際的な特殊標章及び身分証明書によって識別されることができるようにすべきである。
4　文民保護の国際的な特殊標章は、文民保護組織並びにその要員、建物及び物品の保護並びに文民のための避難所のために使用するときは、オレンジ色地に青色の正三角形とする。
5　紛争当事者は、特殊標章に加えて文民保護に係る識別のための特殊信号を使用することについて合意することができる。
6　1から4までの規定の適用は、この議定書の附属書I第五章の規定によって規律される。
7　4に規定する標章は、平時において、権限のある国内当局の同意を得て、文民保護に係る識別のために使用することができる。
8　締約国及び紛争当事者は、文民保護の国際的な特殊標章の表示について監督し並びにその濫用を防止し及び抑止するために必要な措置をとる。
9　文民保護の医療要員、宗教要員、医療組織及び医療用輸送手段の識別は、第一八条の規定によっても規律される。

第六七条（文民保護組織に配属される軍隊の構成員及び部隊）（略）

第二部　文民たる住民のための救済

第六八条（適用範囲）この部の規定は、この議定書に定める文民たる住民について適用するものとし、また、第四条約第二三条、第五五条及び第五九条から第六二条までの規定その他の関連規定を補完する。

第六九条（占領地域における基本的な必要）1　占領国は、食糧及び医療用品について第四条約第五五条に定める義務のほか、利用することができるすべての手段により、かつ、不利な差別をすることなく、占領地域の文民たる住民の生存に不可欠な被服、寝具、避難のための手段その他の需品及び宗教上の行事に必要な物品の供給を確保する。
2　占領地域の文民たる住民のための救済活動については、第四条約第五九条から第六二条まで及び第一〇八条から第一一一条までの規定並びにこの議定書の第七一条の規定により規律し、かつ、遅滞なく実施する。

第七〇条（救済活動）1　占領地域以外の地域であって紛争当事者の支配の下にあるものの文民たる住民が前条に規定する物資を適切に供給されない場合には、性質上人道的かつ公平な救済活動であって不利な差別をすることなく行われるものが実施されるものとする。ただし、そのような救済活動については、関係締約国の同意を条件とする。そのような救済の申出は、武力紛争への介入又は非友好的な行為と認められない。救済品の分配に当たっては、第四条約又はこの議定書により有利な待遇又は特別の保護を受けることとされている児童、妊産婦等を優先させる。
2　紛争当事者及び締約国は、この部の規定に従って提供されるすべての救済品、救済設備及び救済要員の迅速な、かつ、妨げられることのない通過について、これらによる援助が敵対する紛争当事者の文民たる住民のために提供される場合においても、許可し及び容易にする。
3　2の規定に従い救済品、救済設備及び救済要員の通過を許可する紛争当事者及び締約国は、次の権利及び義務を有する。
(a)　通過を許可するための技術的条件（検査を含む。）を定める権利
(b)　援助の分配が利益保護国による現地での監督の下に行われることを許可の条件とすることができること。
(c)　関係する文民たる住民の利益のために緊急の必要がある場合を除くほか、いかなる形においても、救済品の指定された用途を変更してはならず、また、その送付を遅延させてはならないこと。
4　紛争当事者は、救済品を保護し、及びその迅速な分配を容易にする。
5　紛争当事者及び関係締約国は、1の救済活動の効果的で国際的な調整を奨励し及び容易にする。

第七一条（救済活動に参加する要員）1　救済要員については、必要な場合には、特に救済品の輸送及び分

配のため救済活動における援助の一部として提供することができる。救済要員の参加は、当該救済要員がその任務を遂行する領域の属する締約国の同意を条件とする。

2　救済要員は、尊重され、かつ、保護される。

3　救済品を受領する締約国は、実行可能な限り、1の救済要員が救済のための任務を遂行することを支援するものとし、絶対的な軍事上の必要がある場合に限り、救済要員の活動を制限し、又はその移動を一時的に制限することができる。

4　救済要員は、いかなる場合においても、この議定書に基づくその任務の範囲を超えることができないものとし、特に、その任務を遂行している領域の属する締約国の安全保障上の要求を考慮する。これらの条件を尊重しない救済要員の任務は、終了させることができる。

第三部　紛争当事者の権力内にある者の待遇

第一章　適用範囲並びに人及び物の保護

第七十二条（適用範囲）この部の規定は、第四条約特にその第一編及び第三編に定める紛争当事者の権力内にある文民及び民用物の人道上の保護に関する諸規則並びに国際的な武力紛争の際に基本的人権の保護に関して適用される他の国際法の諸規則に追加される。

第七十三条（難民及び無国籍者）敵対行為の開始前に、関係締約国が受諾した関連する国際文書又は避難国若しくは居住国の国内法令により無国籍者又は難民と認められていた者については、すべての場合において、かつ、不利な差別をすることなく、第四条約第一編及び第三編に定める被保護者とする。

第七十四条（離散した家族の再会）締約国及び紛争当事者は、武力紛争の結果離散した家族の再会をあらゆる可能な方法で容易にするものとし、また、特に、諸条約及びこの議定書の規定並びに自国の安全上の諸規則に従ってこの任務に従事する人道的団体の活動を奨励する。

第七十五条（基本的な保障）1　紛争当事者の権力内にある者であって諸条約又はこの議定書に基づく一層有利な待遇を受けないものは、第一条に規定する事態の影響を受ける限り、すべての場合において人道的に取り扱われるものとし、また、人種、皮膚の色、性、言語、宗教又は信条、政治的意見その他の意見、国民的又は社会的出身、貧富、出生又は他の地位その他これらに類する基準による不利な差別を受けることなく、少なくともこの条に規定する保護を受ける。紛争当事者は、これらのすべての者の身体、名誉、信条及び宗教上の実践を尊重する。

2　次の行為は、いかなる場合においても、また、いかなる場所においても、文民によるものか軍人によるものかを問わず、禁止する。

(a)　人の生命、健康又は心身の健全性に対する暴力、特に次の行為
(i)　殺人
(ii)　あらゆる種類の拷問（身体的なものであるか精神的なものであるかを問わない。）
(iii)　身体刑
(iv)　身体の切断
(b)　個人の尊厳に対する侵害、特に、侮辱的で体面を汚す待遇、強制売春及びあらゆる形態のわいせつ行為
(c)　人質をとる行為
(d)　集団に科する刑罰
(e)　(a)から(d)までに規定する行為を行うとの脅迫

3　武力紛争に関連する行為のために逮捕され、抑留され又は収容される者は、これらの措置がとられた理由をその者が理解する言語で直ちに知らされるものとする。これらの者は、犯罪を理由として逮捕され又は抑留される場合を除くほか、できる限り遅滞なく釈放されるものとし、いかなる場合においてもその逮捕、抑留又は収容を正当化する事由が消滅したときは、直ちに釈放される。

4　通常の司法手続に関する一般的に認められている諸原則を尊重する公平かつ正規に構成された裁判所が言い渡す有罪の判決によることなく、武力紛争に関連する犯罪について有罪とされる者に刑を言い渡すことはできず、また、刑を執行することはできない。これらの原則には、次のものを含む。

(a)　司法手続は、被告人が自己に対する犯罪の容疑の詳細を遅滞なく知らされることを定めるものとし、被告人に対し裁判の開始前及び裁判の期間中すべての必要な防御の権利及び手段を与える。
(b)　いずれの者も、自己の刑事責任に基づく場合を除くほか、犯罪について有罪の判決を受けない。
(c)　いずれの者も、実行の時に国内法又は国際法により犯罪を構成しなかった作為又は不作為を理由として訴追され又は有罪とされない。いずれの者も、犯罪が行われた時に適用されていた刑罰よりも重い刑罰を科されない。犯罪が行われた後に一層軽い刑罰を科する規定が法律に設けられる場合には、当該犯罪を行った者は、その利益を享受する。
(d)　罪に問われている者は、法律に基づいて有罪とされるまでは、無罪と推定される。
(e)　罪に問われている者は、自ら出席して裁判を受ける権利を有する。
(f)　いずれの者も、自己に不利益な供述又は有罪の自白を強要されない。
(g)　罪に問われている者は、自己に不利な証人を尋問し又はこれに対し尋問させる権利並びに自己に不利な証人と同じ条件での自己のための証人の出席及びこれに対する尋問を求める権利を有する。
(h)　いずれの者も、無罪又は有罪の確定判決が既に言い渡された犯罪について、同一の締約国により同一の法律及び司法手続に基づいて訴追され又は処罰されない。

(i)　訴追された者は、公開の場で判決の言渡しを受ける権利を有する。

(j)　有罪の判決を受ける者は、その判決の際に、司法上その他の救済措置及びこれらの救済措置をとることのできる期限について告知される。

5　武力紛争に関連する理由で自由を制限されている女子は、男子の区画から分離した区画に収容され、かつ、女子の直接の監視の下に置かれる。ただし、家族が抑留され又は収容される場合には、これらの者は、できる限り同一の場所に家族単位で置かれる。

6　武力紛争に関連する理由で逮捕され、抑留され又は収容される者は、武力紛争が終了した後も、その最終的解放、送還又は居住地の設定の時までこの条の規定に基づく保護を受ける。

7　戦争犯罪又は人道に対する犯罪について責任を問われる者の訴追及び裁判に関する疑義を避けるため、次の原則を適用する。

(a)　戦争犯罪又は人道に対する犯罪について責任を問われる者は、適用される国際法の諸規則に従って訴追され及び裁判に付されるべきである。

(b)　諸条約又はこの議定書に基づく一層有利な待遇を受けない者は、その責任を問われる犯罪が諸条約又はこの議定書に対する重大な違反行為であるか否かを問わず、この条の規定に基づく待遇を与えられる。

8　この条のいかなる規定も、適用される国際法の諸規則に基づき1に規定する者に対して一層厚い保護を与える他の一層有利な規定を制限し又は侵害するものと解してはならない。

第二章　女子及び児童のための措置

第七六条（女子の保護）　1　女子は、特別の尊重を受けるものとし、特に強姦（かん）、強制売春その他のあらゆる形態のわいせつ行為から保護される。

2　武力紛争に関連する理由で逮捕され、抑留され又は収容される妊婦及び依存する幼児を有する母については、その事案を最も優先させて審理する。

3　紛争当事者は、実行可能な限り、妊婦又は依存する幼児を有する母に対し武力紛争に関連する犯罪を理由とする死刑の判決を言い渡すことを避けるよう努める。武力紛争に関連する犯罪を理由とする死刑は、これらの女子に執行してはならない。

第七七条（児童の保護）　1　児童は、特別の尊重を受けるものとし、あらゆる形態のわいせつ行為から保護される。紛争当事者は、児童に対し、年齢その他の理由によって必要とされる保護及び援助を与える。

2　紛争当事者は、一五歳未満の児童が敵対行為に直接参加しないようすべての実行可能な措置をとるものとし、特に、これらの児童を自国の軍隊に採用することを差し控える。紛争当事者は、一五歳以上一八歳未満の者の中から採用するに当たっては、最年長者を優先させるよう努める。

3　一五歳未満の児童は、2の規定にかかわらず、敵対行為に直接参加して敵対する紛争当事者の権力内に陥った例外的な場合にも、これらの児童が捕虜であるか否かを問わず、この条の規定によって与えられる特別の保護を受ける。

4　児童は、武力紛争に関連する理由で逮捕され、抑留され又は収容される場合には、第七五条5の規定により家族単位で置かれる場合を除くほか、成人の区画から分離した区画に置かれる。

5　武力紛争に関連する犯罪を理由とする死刑は、その犯罪を実行した時に一八歳未満であった者に執行してはならない。

第七八条（児童の避難）　1　いかなる紛争当事者も、児童の健康若しくは治療又は児童の安全（占領地域における場合を除く。）のためやむを得ない理由で一時的に避難させる必要がある場合を除くほか、自国の国民でない児童を外国に避難させる措置をとってはならない。父母又は法定保護者を発見することができる場合には、その避難についてこれらの者の書面による同意を必要とする。これらの者を発見することができない場合には、その避難につき、法律又は慣習により児童の保護について主要な責任を有する者の書面による同意を必要とする。利益保護国は、児童の避難につき、関係締約国、すなわち、避難の措置をとる締約国、児童を受け入れる締約国及びその国民が避難させられる締約国との合意によって監視する。すべての紛争当事者は、それぞれの場合に、児童の避難が危険にさらされることを避けるためのすべての実行可能な予防措置をとる。

2　1の規定に従って避難が行われるときは、児童の教育（その父母が希望する宗教的及び道徳的教育を含む。）については、当該児童が避難させられている間、最大限可能な限り継続して与える。

3　この条の規定によって避難させられた児童がその家族の下に及び自国に帰ることを容易にするため、避難の措置をとる締約国の当局及び適当な場合には受入国の当局は、当該児童のためにその写真をはり付けたカードを作成し、赤十字国際委員会の中央安否調査部に送付する。このカードには、可能な限り、かつ、当該児童に対して害を及ぼすおそれがない限り、次の情報を記載する。

(a)　児童の姓

(b)　児童の名

(c)　児童の性別

(d)　出生地及び生年月日（生年月日が明らかでないときは、おおよその年齢）

(e)　父の氏名

(f)　母の氏名及び旧姓

(g)　児童の近親者

(h)　児童の国籍

(i)　児童の母国語及び当該児童が話すその他の言語

(j)　児童の家族の住所

(k)　児童の識別のための番号

(l)　児童の健康状態
(m)　児童の血液型
(n)　特徴
(o)　児童が発見された年月日及び場所
(p)　児童が避難の措置をとる国から出国した年月日及び場所
(q)　児童の宗教があるときはその宗教
(r)　受入国における児童の現在の住所
(s)　児童が帰国する前に死亡した場合には、死亡した年月日、場所及び状況並びに埋葬の場所

第三章　報道関係者

第七九条（報道関係者のための保護措置） 1　武力紛争の行われている地域において職業上の危険な任務に従事する報道関係者は、第五〇条1に規定する文民と認められる。

2　報道関係者は、諸条約及びこの議定書に基づき文民として保護される。ただし、その保護は、文民としての地位に不利な影響を及ぼす活動を行わないことを条件とするものとし、また、軍隊の認可を受けている従軍記者が第三条約第四条Ａ(4)に規定する地位を与えられる権利を害するものではない。

3　報道関係者は、この議定書の附属書Ⅱのひな型と同様の身分証明書を取得することができる。この身分証明書は、報道関係者がその国籍を有し若しくはその領域に居住する国又は雇用される報道機関の所在する国の政府によって発行され、報道関係者としての地位を証明する。

第五編　諸条約及びこの議定書の実施

第一部　総　則

第八〇条（実施のための措置） 1　締約国及び紛争当事者は、諸条約及びこの議定書に基づく義務を履行するため、遅滞なくすべての必要な措置をとる。

2　締約国及び紛争当事者は、諸条約及びこの議定書の遵守を確保するために命令及び指示を与え、並びにその実施について監督する。

第八一条（赤十字その他の人道的団体の活動） 1　紛争当事者は、赤十字国際委員会に対し、同委員会が紛争の犠牲者に対する保護及び援助を確保するために諸条約及びこの議定書によって与えられる人道的任務を遂行することのできるよう、可能なすべての便益を与える。また、赤十字国際委員会は、関係紛争当事者の同意を得ることを条件として、紛争の犠牲者のためにその他の人道的活動を行うことができる。

2　紛争当事者は、自国の赤十字、赤新月又は赤のライオン及び太陽の団体に対し、これらの団体が諸条約及びこの議定書の規定並びに赤十字国際会議によって作成された赤十字の基本原則に従って紛争の犠牲者のための人道的活動を行うため、必要な便益を与える。

3　締約国及び紛争当事者は、赤十字、赤新月又は赤のライオン及び太陽の団体及び赤十字社連盟が諸条約及びこの議定書の規定並びに赤十字国際会議によって作成された赤十字の基本原則に従って紛争の犠牲者に与える援助を、できる限りの方法で容易にする。

4　締約国及び紛争当事者は、諸条約及びこの議定書にいう他の人道的団体であって、それぞれの紛争当事者によって正当に認められ、かつ、諸条約及びこの議定書の規定に従って人道的活動を行うものが2及び3に規定する便益と同様の便益を、できる限り、利用することのできるようにする。

第八二条（軍隊における法律顧問） 締約国はいつでも、また、紛争当事者は武力紛争の際に、諸条約及びこの議定書の適用並びにその適用について軍隊に与えられる適当な指示に関して軍隊の適当な地位の指揮官に助言する法律顧問を必要な場合に利用することができるようにする。

第八三条（周知） 1　締約国は、平時において武力紛争の際と同様に、自国において、できる限り広い範囲において諸条約及びこの議定書の周知を図ること、特に、諸条約及びこの議定書を自国の軍隊及び文民たる住民に周知させるため、軍隊の教育の課目に諸条約及びこの議定書についての学習を取り入れ並びに文民たる住民によるその学習を奨励することを約束する。

2　武力紛争の際に諸条約及びこの議定書の適用について責任を有する軍当局又は軍当局以外の当局は、諸条約及びこの議定書の内容を熟知していなければならない。

第八四条（細目手続） 締約国は、寄託者及び適当な場合には利益保護国を通じて、この議定書の自国の公の訳文及びその適用を確保するために自国が制定する法令をできる限り速やかに相互に通知する。

第二部　諸条約及びこの議定書に対する違反行為の防止

第八五条（この議定書に対する違反行為の防止） 1　この部の規定によって補完される違反行為及び重大な違反行為の防止に関する諸条約の規定は、この議定書に対する違反行為及び重大な違反行為の防止について適用する。

2　諸条約において重大な違反行為とされている行為は、敵対する紛争当事者の権力内にある者であって第四四条、第四五条及び第七三条の規定によって保護されるもの、敵対する紛争当事者の傷者、病者及び難船者であってこの議定書によって保護されるもの又は敵対する紛争当事者の支配の下にある医療要員、宗教要員、医療組織若しくは医療用輸送手段であってこの議定書によって保護されるものに対して行われる場合には、この議定書に対する重大な違反行為とする。

3　第一一条に規定する重大な違反行為のほか、次の

行為は、この議定書の関連規定に違反して故意に行われ、死亡又は身体若しくは健康に対する重大な傷害を引き起こす場合には、この議定書に対する重大な違反行為とする。

(a) 文民たる住民又は個々の文民を攻撃の対象とすること。

(b) 第五七条2(a)(iii)に規定する文民の過度な死亡若しくは傷害又は民用物の過度な損傷を引き起こすことを知りながら、文民たる住民又は民用物に影響を及ぼす無差別な攻撃を行うこと。

(c) 第五七条2(a)(iii)に規定する文民の過度な死亡若しくは傷害又は民用物の過度な損傷を引き起こすことを知りながら、危険な力を内蔵する工作物又は施設に対する攻撃を行うこと。

(d) 無防備地区及び非武装地帯を攻撃の対象とすること。

(e) 戦闘外にある者であることを知りながら、その者を攻撃の対象とすること。

(f) 赤十字、赤新月若しくは赤のライオン及び太陽の特殊標章又は諸条約若しくはこの議定書によって認められている他の保護標章を第三七条の規定に違反して背信的に使用すること。

4　2及び3並びに諸条約に定める重大な違反行為のほか、次の行為は、諸条約又はこの議定書に違反して故意に行われる場合には、この議定書に対する重大な違反行為とする。

(a) 占領国が、第四条約第四九条の規定に違反して、その占領地域に自国の文民たる住民の一部を移送すること又はその占領地域の住民の全部若しくは一部を当該占領地域の内において若しくはその外に追放し若しくは移送すること。

(b) 捕虜又は文民の送還を不当に遅延させること。

(c) アパルトヘイトの慣行その他の人種差別に基づき個人の尊厳に対する侵害をもたらす非人道的で体面を汚す慣行

(d) 明確に認められている歴史的建造物、芸術品又は礼拝所であって、国民の文化的又は精神的遺産を構成し、かつ、特別の取極(例えば、権限のある国際機関の枠内におけるもの)によって特別の保護が与えられているものについて、敵対する紛争当事者が第五三条(b)の規定に違反しているという証拠がなく、かつ、これらの歴史的建造物、芸術品及び礼拝所が軍事目標に極めて近接して位置していない場合において、攻撃の対象とし、その結果広範な破壊を引き起こすこと。

(e) 諸条約によって保護される者又は2に規定する者から公正な正式の裁判を受ける権利を奪うこと。

5　諸条約及びこの議定書に対する重大な違反行為は、これらの文書の適用を妨げることなく、戦争犯罪と認める。

第八六条(不作為) 1　締約国及び紛争当事者は、作為義務を履行しなかったことの結果生ずる諸条約又はこの議定書に対する重大な違反行為を防止し、及び作為義務を履行しなかったことの結果生ずる諸条約又はこの議定書に対するその他のすべての違反行為を防止するために必要な措置をとる。

2　上官は、部下が諸条約若しくはこの議定書に対する違反行為を行っており若しくは行おうとしていることを知っており又はその時点における状況においてそのように結論することができる情報を有していた場合において、当該違反行為を防止し又は抑止するためにすべての実行可能な措置をとらなかったときは、当該違反行為が当該部下によって行われたという事実により場合に応じた刑事上又は懲戒上の責任を免れない。

第八七条(指揮官の義務) 1　締約国及び紛争当事者は、軍の指揮官に対し、その指揮の下にある軍隊の構成員及びその監督の下にあるその他の者による諸条約及びこの議定書に対する違反行為を防止するよう、並びに必要な場合にはこれらの違反行為を抑止し及び権限のある当局に報告するよう求める。

2　締約国及び紛争当事者は、違反行為を防止し及び抑止するため、指揮官に対し、その指揮の下にある軍隊の構成員が諸条約及びこの議定書に基づく自己の義務について了知していることをその責任の程度に応じて確保するよう求める。

3　締約国及び紛争当事者は、指揮官であってその部下又はその監督の下にあるその他の者が諸条約又はこの議定書に対する違反行為を行おうとしており又は行ったことを認識しているものに対し、諸条約又はこの議定書に対するそのような違反行為を防止するために必要な措置を開始するよう、及び適当な場合にはそのような違反行為を行った者に対する懲戒上又は刑事上の手続を開始するよう求める。

第八八条(刑事問題に関する相互援助) 1　締約国は、諸条約又はこの議定書に対する重大な違反行為についてとられる刑事訴訟手続に関し、相互に最大限の援助を与える。

2　締約国は、諸条約及び第八五条1に定める権利及び義務に従うことを条件として、事情が許すときは、犯罪人引渡しに関する事項について協力する。締約国は、犯罪が行われたとされる領域の属する国の要請に妥当な考慮を払う。

3　すべての場合において、相互援助の要請を受けた締約国の法令が適用される。もっとも、1及び2の規定は、刑事問題についての相互援助に関する事項の全部又は一部を現在規律しており又は将来規律する他の二国間又は多数国間の条約に基づく義務に影響を及ぼすものではない。

第八九条(協力) 締約国は、諸条約又はこの議定書に対する著しい違反がある場合には、国際連合と協力して、かつ、国際連合憲章に従って、単独で又は共同して行動することを約束する。

第九〇条(国際事実調査委員会) 1(a) 徳望が高く、かつ、公平と認められる一五人の委員で構成する国際事実調査委員会（以下「委員会」という。）を設置する。

(b) 寄託者は、二〇以上の締約国が2の規定に従って委員会の権限を受け入れることに同意したときは、その時に及びその後五年ごとに、委員会の委員を選出するためにこれらの締約国の代表者の会議を招集する。代表者は、その会議において、これらの締約国によって指名された者（これらの締約国は、それぞれ一人を指名することができる。）の名簿の中から秘密投票により委員会の委員を選出する。

(c) 委員会の委員は、個人の資格で職務を遂行するものとし、次回の会議において新たな委員が選出されるまで在任する。

(d) 締約国は、選出に当たり、委員会に選出される者が必要な能力を個々に有していること及び委員会全体として衡平な地理的代表が保証されることを確保する。

(e) 委員会は、臨時の空席が生じたときは、(a)から(d)までの規定に妥当な考慮を払ってその空席を補充する。

(f) 寄託者は、委員会がその任務の遂行のために必要な運営上の便益を利用することのできるようにする。

2 (a) 締約国は、この議定書の署名若しくは批准若しくはこれへの加入の際に又はその後いつでも、同一の義務を受諾する他の締約国との関係において、この条の規定によって認められる当該他の締約国による申立てを調査する委員会の権限について当然に、かつ、特別の合意なしに認めることを宣言することができる。

(b) (a)に規定する宣言については、寄託者に寄託するものとし、寄託者は、その写しを締約国に送付する。

(c) 委員会は、次のことを行う権限を有する。

(i) 諸条約及びこの議定書に定める重大な違反行為その他の諸条約又はこの議定書に対する著しい違反であると申し立てられた事実を調査すること。

(ii) あっせんにより、諸条約及びこの議定書を尊重する態度が回復されることを容易にすること。

(d) その他の場合には、委員会は、紛争当事者の要請がある場合であって、他の関係紛争当事者の同意があるときにのみ調査を行う。

(e) (a)から(d)までの規定に従うことを条件として、第一条約第五二条、第二条約第五三条、第三条約第一三二条及び第四条約第一四九条の規定は、諸条約の違反の容疑について引き続き適用するものとし、また、この議定書の違反の容疑についても適用する。

3 (a) すべての調査は、関係紛争当事者の間に別段の合意がない限り、次のとおり任命される七人の委員で構成する部が行う。

(i) 委員会の委員長が、紛争当事者と協議した後、地理的地域が衡平に代表されることを基準として任命する委員会の紛争当事者の国民でない五人の委員

(ii) 双方の紛争当事者が一人ずつ任命する紛争当事者の国民でない二人の特別の委員

(b) 委員会の委員長は、調査の要請を受けたときは、部を設置する適当な期限を定める。委員長は、特別の委員が当該期限内に任命されなかったときは、部の定数を満たすために必要な追加の委員会の委員を直ちに任命する。

4 (a) 調査を行うために3の規定に従って設置される部は、紛争当事者に対し、援助及び証拠の提出を求める。また、部は、適当と認める他の証拠を求めることができるものとし、現地において状況を調査することができる。

(b) すべての証拠は、紛争当事者に十分に開示されるものとし、当該紛争当事者は、その証拠について委員会に対して意見を述べる権利を有する。

(c) 紛争当事者は、(b)に規定する証拠について異議を申し立てる権利を有する。

5 (a) 委員会は、適当と認める勧告を付して、事実関係の調査結果に関する部の報告を紛争当事者に提出する。

(b) 委員会は、部が公平な事実関係の調査結果を得るための十分な証拠を入手することのできない場合には、入手することのできない理由を明示する。

(c) 委員会は、すべての紛争当事者が要請した場合を除くほか、調査結果を公表しない。

6 委員会は、その規則（委員会の委員長及び部の長に関する規則を含む。）を定める。この規則は、委員会の委員長の任務がいつでも遂行されること及び調査の場合についてはその任務が紛争当事者の国民でない者によって遂行されることを確保するものとする。

7 委員会の運営経費は、2の規定に基づく宣言を行った締約国からの分担金及び任意の拠出金をもって支弁する。調査を要請する紛争当事者は、部が要する費用のために必要な資金を前払し、当該費用の五〇パーセントを限度として申立てを受けた紛争当事者による償還を受ける。対抗する申立てが部に対して行われた場合には、それぞれの紛争当事者が必要な資金の五〇パーセントを前払する。

第九一条（責任） 諸条約又はこの議定書に違反した紛争当事者は、必要な場合には、賠償を行う責任を負う。紛争当事者は、自国の軍隊に属する者が行ったすべての行為について責任を負う。

第六編　最終規定

第九二条（署名）
第九三条（批准）　（略）
第九四条（加入）

第九五条（効力発生）１　この議定書は、二の批准書又は加入書が寄託された後六箇月で効力を生ずる。

２　この議定書は、その後にこの議定書を批准し又はこれに加入する諸条約の締約国については、当該締約国による批准書又は加入書の寄託の後六箇月で効力を生ずる。

第九六条（この議定書の効力発生の後の条約関係）１　諸条約は、その締約国がこの議定書の締約国である場合には、この議定書によって補完されるものとして適用する。

２　いずれか一の紛争当事者がこの議定書に拘束されていない場合にも、この議定書の締約国相互の関係においては、当該締約国は、この議定書に拘束される。さらに、当該締約国は、この議定書に拘束されない紛争当事者がこの議定書の規定を受諾し、かつ、適用するときは、当該紛争当事者との関係において、この議定書に拘束される。

３　第一条４に規定する武力紛争においていずれかの締約国と戦う人民を代表する当局は、寄託者にあてた一方的な宣言により、当該武力紛争について諸条約及びこの議定書を適用することを約束することができる。この宣言は、寄託者がこれを受領したときは、当該武力紛争に関し、次の効果を有する。

(a)　諸条約及びこの議定書は、紛争当事者としての当該当局について直ちに効力を生ずる。

(b)　当該当局は、諸条約及びこの議定書の締約国の有する権利及び義務と同一の権利及び義務を有する。

(c)　諸条約及びこの議定書は、すべての紛争当事者をひとしく拘束する。

第九七条（改正）
第九八条（附属書Ｉの改正）｝（略）

第九九条（廃棄）１　いずれかの締約国がこの議定書を廃棄する場合には、その廃棄は、廃棄書の受領の後一年で効力を生ずる。ただし、廃棄は、廃棄を行う締約国が当該一年の期間の満了の時において第一条に規定する事態にある場合には、武力紛争又は占領の終了の時まで効力を生じず、また、いかなる場合においても、諸条約又はこの議定書によって保護されている者の最終的解放、送還又は居住地の設定に関連する活動が終了する時まで効力を生じない。

２　廃棄は、書面により寄託者に通告するものとし、寄託者は、その通告をすべての締約国に通報する。

３　廃棄は、廃棄を行う締約国についてのみ効力を有する。

４　１に規定する廃棄は、廃棄が効力を生ずる前に行われた行為について、廃棄を行う締約国がこの議定書に基づいて負っている武力紛争に係る義務に影響を及ぼすものではない。

第一〇〇条（通報）
第一〇一条（登録）｝（略）
第一〇二条（正文）

附属書Ｉ　識別に関する規則（略）

附属書Ⅱ　職業上の危険な任務に従事する報道関係者のための身分証明書（略）

第一追加議定書加入に際しての日本国の宣言

日本国政府は、一九四九年八月一二日のジュネーヴ諸条約の国際的な武力紛争の犠牲者の保護に関する追加議定書（議定書Ｉ）の第四四条３中段に規定する状況は、占領地域又は同議定書第一条４に規定する武力紛争においてのみ存在し得ると理解するものであることを宣言する。

また、日本国政府は、同議定書第四四条３(b)の「展開」とは、攻撃が行われる場所へのあらゆる移動をいうものと解釈するものであることを宣言する。

日本国政府は、同一の義務を受諾する他の締約国との関係において、同議定書第九〇条の規定によって認められる当該他の締約国による申立てを調査する国際事実調査委員会の権限について当然に、かつ、特別の合意なしに認めることを宣言する。

15 11　一九四九年八月一二日のジュネーヴ諸条約の非国際的な武力紛争の犠牲者の保護に関する追加議定書（議定書Ⅱ）（第二追加議定書）（抄）

採　択　一九七七年六月八日（ジュネーヴ）
署名（開放）一九七七年一二月一二日（ベルン）
効力発生　一九七八年一二月七日
日 本 国　二〇〇四年六月一四日国会承認、八月三一日加入書寄託、九月三日公布（条約第一三号）、二〇〇五年二月二八日効力発生

前　文

締約国は、国際的性質を有しない武力紛争の場合には、一九四九年八月一二日のジュネーヴ諸条約のそれぞれの第三条に共通してうたう人道上の諸原則が人間に対する尊重の基礎を成すものであることを想起し、

さらに、人権に関する国際文書が人間に基本的保護を与えていることを想起し、国際的性質を有しない武力紛争の犠牲者のためにより良い保護を確保することが必要であることを強調し、

有効な法の対象とされていない場合においても、人間が人道の諸原則及び公共の

良心の保護の下に置かれていることを想起して、次のとおり協定した。

第一編　この議定書の適用範囲

第一条（適用範囲）1　この議定書は、一九四九年八月一二日のジュネーヴ諸条約のそれぞれの第三条に共通する規定をその現行の適用条件を変更することなく発展させかつ補完するものであり、一九四九年八月一二日のジュネーヴ諸条約の国際的な武力紛争の犠牲者の保護に関する追加議定書（議定書Ⅰ）第一条の対象とされていない武力紛争であって、締約国の領域において、当該締約国の軍隊と反乱軍その他の組織された武装集団（持続的にかつ協同して軍事行動を行うこと及びこの議定書を実施することができるような支配を責任のある指揮の下で当該領域の一部に対して行うもの）との間に生ずるすべてのものについて適用する。

2　この議定書は、暴動、独立の又は散発的な暴力行為その他これらに類する性質の行為等国内における騒乱及び緊張の事態については、武力紛争に当たらないものとして適用しない。

第二条（人的適用範囲）1　この議定書は、人種、皮膚の色、性、言語、宗教又は信条、政治的意見その他の意見、国民的又は社会的出身、貧富、出生又は他の地位その他これらに類する基準による不利な差別（以下「不利な差別」という。）をすることなく、前条に規定する武力紛争によって影響を受けるすべての者について適用する。

2　武力紛争の終了時に武力紛争に関連する理由で自由を奪われ又は制限されているすべての者及び武力紛争の後に同様の理由で自由を奪われ又は制限されるすべての者は、その自由のはく奪又は制限が終了する時まで、第五条及び第六条に規定する保護を受ける。

第三条（不介入）1　この議定書のいかなる規定も、国の主権又は、あらゆる正当な手段によって、国の法及び秩序を維持し若しくは回復し若しくは国の統一を維持し及び領土を保全するための政府の責任に影響を及ぼすことを目的として援用してはならない。

2　この議定書のいかなる規定も、武力紛争が生じている締約国の領域における当該武力紛争又は武力紛争が生じている締約国の国内問題若しくは対外的な問題に直接又は間接に介入することを、その介入の理由のいかんを問わず、正当化するために援用してはならない。

第二編　人道的待遇

第四条（基本的な保障）1　敵対行為に直接参加せず又は敵対行為に参加しなくなったすべての者は、その自由が制限されているか否かにかかわらず、身体、名誉並びに信条及び宗教上の実践を尊重される権利を有する。これらの者は、すべての場合において、不利な差別を受けることなく、人道的に取り扱われる。生存者を残さないよう命令することは、禁止する。

2　1の原則の適用を妨げることなく、1に規定する者に対する次の行為は、いかなる場合においても、また、いかなる場所においても禁止する。

(a)　人の生命、健康又は心身の健全性に対する暴力、特に、殺人及び虐待（拷問、身体の切断、あらゆる形態の身体刑等）
(b)　集団に科する刑罰
(c)　人質をとる行為
(d)　テロリズムの行為
(e)　個人の尊厳に対する侵害、特に、侮辱的で体面を汚す待遇、強姦（かん）、強制売春及びあらゆる形態のわいせつ行為
(f)　あらゆる形態の奴隷制度及び奴隷取引
(g)　略奪
(h)　(a)から(g)までに規定する行為を行うとの脅迫

3　児童は、その必要とする保護及び援助を与えられる。特に、

(a)　児童は、その父母の希望又は父母がいない場合には児童の保護について責任を有する者の希望に沿って、教育（宗教的及び道徳的教育を含む。）を受ける。
(b)　一時的に離散した家族の再会を容易にするために、すべての適当な措置がとられなければならない。
(c)　一五歳未満の児童については、軍隊又は武装した集団に採用してはならず、また、敵対行為に参加することを許してはならない。
(d)　一五歳未満の児童は、(c)の規定にかかわらず敵対行為に直接参加し、捕らえられた場合には、この条の規定によって与えられる特別の保護を引き続き受ける。
(e)　児童については、必要な場合には、その父母又は法律若しくは慣習によりその保護について主要な責任を有する者の同意を可能な限り得て、敵対行為が行われている地域から国内の一層安全な地域へ一時的に移動させる措置並びにその安全及び福祉について責任を有する者の同行を確保するための措置がとられなければならない。

第五条（自由を制限されている者）1　武力紛争に関連する理由で自由を奪われた者（収容されているか抑留されているかを問わない。以下この条において「自由を奪われた者」という。）については、前条の規定のほか、少なくとも次の規定を尊重する。

(a)　傷者及び病者は、第七条の規定に従って取り扱われる。
(b)　自由を奪われた者は、地域の文民たる住民と同じ程度に、食糧及び飲料水を提供され、並びに保健上及び衛生上の保護並びに気候の厳しさ及び武力紛争の危険からの保護を与えられる。
(c)　自由を奪われた者は、個人又は集団あての救済品を受領することができる。
(d)　自由を奪われた者は、自己の宗教を実践するこ

とができるものとし、また、要請しかつ適当である場合には、聖職者等の宗教上の任務を遂行する者から宗教上の援助を受けることができる。

(e) 自由を奪われた者は、労働させられる場合には、地域の文民たる住民が享受する労働条件及び保護と同様の労働条件及び保護の利益を享受する。

2　自由を奪われた者の収容又は抑留について責任を有する者は、可能な範囲内で、自由を奪われた者に関する次の規定を尊重する。

(a) 家族である男子及び女子が共に収容される場合を除くほか、女子は、男子の区画から分離した区画に収容され、かつ、女子の直接の監視の下に置かれる。

(b) 自由を奪われた者は、手紙及び葉書を送付し及び受領することができる。権限のある当局は、必要と認める場合には、手紙及び葉書の数を制限することができる。

(c) 収容及び抑留の場所は、戦闘地帯に近接して設けてはならない。自由を奪われた者については、収容され又は抑留されている場所が特に武力紛争から生ずる危険にさらされることとなった場合において、安全に関する適切な条件の下で避難を実施することができるときは、避難させる。

(d) 自由を奪われた者は、健康診断の利益を享受する。

(e) 自由を奪われた者の心身が健康かつ健全であることを、不当な作為又は不作為によって脅かしてはならない。このため、自由を奪われた者に対し、その者の健康状態が必要としない医療上の措置又は自由を奪われていない者について類似の医学的状況の下で適用される一般に受け入れられている医療上の基準に適合しない医療上の措置をとることは、禁止する。

3　1の規定の対象とされない者であって、武力紛争に関連する理由で何らかの方法によって自由が制限されているものは、前条並びにこの条の1(a)、(c)及び(d)並びに2(b)の規定に従って人道的に取り扱われる。

4　自由を奪われた者を解放することを決定した場合には、その決定を行った者は、当該自由を奪われた者の安全を確保するために必要な措置をとる。

第六条（刑事訴追）　1　この条の規定は、武力紛争に関連する犯罪の訴追及び処罰について適用する。

2　不可欠な保障としての独立性及び公平性を有する裁判所が言い渡す有罪の判決によることなく、犯罪について有罪とされる者に刑を言い渡してはならず、また、刑を執行してはならない。特に、

(a) 司法手続は、被告人が自己に対する犯罪の容疑の詳細を遅滞なく知らされることを定めるものとし、被告人に対し裁判の開始前及び裁判の期間中すべての必要な防御の権利及び手段を与える。

(b) いずれの者も、自己の刑事責任に基づく場合を除くほか、犯罪について有罪の判決を受けない。

(c) いずれの者も、実行の時に法により犯罪を構成しなかった作為又は不作為を理由として有罪とされない。いずれの者も、犯罪が行われた時に適用されていた刑罰よりも重い刑罰を科されない。犯罪が行われた後に一層軽い刑罰を科する規定が法律に設けられる場合には、当該犯罪を行った者は、その利益を享受する。

(d) 罪に問われている者は、法律に基づいて有罪とされるまでは、無罪と推定される。

(e) 罪に問われている者は、自ら出席して裁判を受ける権利を有する。

(f) いずれの者も、自己に不利益な供述又は有罪の自白を強要されない。

3　有罪の判決を受ける者は、その判決の際に、司法上その他の救済措置及びこれらの救済措置をとることのできる期限について告知される。

4　死刑の判決は、犯罪を行った時に一八歳未満であった者に対して言い渡してはならない。また、死刑は、妊婦又は幼児の母に執行してはならない。

5　敵対行為の終了の際に、権限のある当局は、武力紛争に参加した者又は武力紛争に関連する理由で自由を奪われた者（収容されているか抑留されているかを問わない。）に対して、できる限り広範な恩赦を与えるよう努力する。

第三編　傷者、病者及び難船者

第七条（保護及び看護）　1　すべての傷者、病者及び難船者は、武力紛争に参加したか否かを問わず、尊重され、かつ、保護される。

2　傷者、病者及び難船者は、すべての場合において、人道的に取り扱われるものとし、また、実行可能な限り、かつ、できる限り速やかに、これらの者の状態が必要とする医療上の看護及び手当を受ける。医療上の理由以外のいかなる理由によっても、これらの者の間に差別を設けてはならない。

第八条（捜索）（略）

第九条（医療要員及び宗教要員の保護）　1　医療要員及び宗教要員は、尊重され、かつ、保護されるものとし、また、その任務の遂行のためすべての利用可能な援助を与えられる。これらの者は、その人道的使命と両立しない任務を遂行することを強要されない。

2　医療要員は、その任務の遂行に当たり、医療上の理由に基づく場合を除くほか、いずれかの者を優先させるよう求められない。

第一〇条（医療上の任務の一般的保護）　1　いずれの者も、いかなる場合においても、医療上の倫理に合致した医療活動（その受益者のいかんを問わない。）を行ったことを理由として処罰されない。

2　医療活動に従事する者は、医療上の倫理に関する諸規則若しくは傷者及び病者のために作成された他の諸規則又はこの議定書に反する行為又は作業を行うことを強要されず、また、これらの諸規則又はこ

の議定書によって求められる行為を差し控えることを強要されない。

3　医療活動に従事する者が自己が看護している傷者及び病者について取得する情報に関して負う職業上の義務については、国内法に従うことを条件として尊重する。

4　医療活動に従事する者は、国内法に従うことを条件として、自己が現に看護しているか又は看護していた傷者及び病者に関する情報を提供することを拒否し又は提供しなかったことを理由として処罰されない。

第一一条（医療組織及び医療用輸送手段の保護）1　医療組織及び医療用輸送手段は、常に尊重され、かつ、保護されるものとし、また、これらを攻撃の対象としてはならない。

2　医療組織及び医療用輸送手段が受けることのできる保護は、当該医療組織及び医療用輸送手段がその人道的任務から逸脱して敵対行為を行うために使用される場合を除くほか、消滅しない。ただし、この保護は、適当な場合にはいつでも合理的な期限を定める警告が発せられ、かつ、その警告が無視された後においてのみ、消滅させることができる。

第一二条（特殊標章）医療要員及び宗教要員、医療組織並びに医療用輸送手段は、権限のある関係当局の監督の下で、白地に赤十字、赤新月又は赤のライオン及び太陽の特殊標章を表示する。特殊標章は、すべての場合において尊重するものとし、また、不当に使用してはならない。

第四編　文民たる住民

第一三条（文民たる住民の保護）1　文民たる住民及び個々の文民は、軍事行動から生ずる危険からの一般的保護を受ける。この保護を実効的なものとするため、2及び3に定める規則は、すべての場合において、遵守する。

2　文民たる住民それ自体及び個々の文民は、攻撃の対象としてはならない。文民たる住民の間に恐怖を広めることを主たる目的とする暴力行為又は暴力による威嚇は、禁止する。

3　文民は、敵対行為に直接参加していない限り、この編の規定によって与えられる保護を受ける。

第一四条（文民たる住民の生存に不可欠な物の保護）戦闘の方法として文民を飢餓の状態に置くことは、禁止する。したがって、食糧、食糧生産のための農業地域、作物、家畜、飲料水の施設及び供給設備、かんがい設備等文民たる住民の生存に不可欠な物を、文民を飢餓の状態に置くことを目的として攻撃し、破壊し、移動させ又は利用することができないようにすることは、禁止する。

第一五条（危険な力を内蔵する工作物及び施設の保護）危険な力を内蔵する工作物及び施設、すなわち、ダム、堤防及び原子力発電所は、これらの物が軍事目標である場合であっても、これらを攻撃することが危険な力の放出を引き起こし、その結果文民たる住民の間に重大な損失をもたらすときは、攻撃の対象としてはならない。

第一六条（文化財及び礼拝所の保護）一九五四年五月一四日の武力紛争の際の文化財の保護に関するハーグ条約の規定の適用を妨げることなく、国民の文化的又は精神的遺産を構成する歴史的建造物、芸術品又は礼拝所を対象とする敵対行為を行うこと及びこれらの物を軍事上の努力を支援するために利用することは、禁止する。

第一七条（文民の強制的な移動の禁止）1　文民たる住民の移動は、その文民の安全又は絶対的な軍事上の理由のために必要とされる場合を除くほか、紛争に関連する理由で命令してはならない。そのような移動を実施しなければならない場合には、文民たる住民が住居、衛生、保健、安全及び栄養について満足すべき条件で受け入れられるよう、すべての可能な措置がとられなければならない。

2　文民は、紛争に関連する理由で自国の領域を離れることを強要されない。

第一八条（救済団体及び救済活動）1　赤十字、赤新月又は赤のライオン及び太陽の団体等締約国の領域にある救済団体は、武力紛争の犠牲者に関する伝統的な任務を遂行するため役務を提供することができる。文民たる住民は、傷者、病者及び難船者を収容し及び看護することを自発的に申し出ることができる。

2　文民たる住民が食糧、医療用品等生存に不可欠な物資の欠乏のため著しい苦難を被っている場合には、関係締約国の同意を条件として、専ら人道的で公平な性質を有し、かつ、不利な差別をすることなく行われる当該文民たる住民のための救済活動を実施する。

第五編　最終規定

第一九条（周知）
第二〇条（署名）
第二一条（批准）
第二二条（加入）
第二三条（効力発生）
第二四条（改正）
第二五条（廃棄）
第二六条（通報）
第二七条（登録）
第二八条（正文）
（略）

15 12 国連部隊による国際人道法の遵守

布　告　国際連合事務総長
効力発生　一九九九年八月一二日

事務総長は、国際連合の指揮及び統制の下に作戦を遂行する国連部隊に適用される国際人道法の基本原則及び規則を定める目的で、次のものを布告する。

第1項(適用範囲)1・1　本告示に定める国際人道法の基本原則及び規則は、武力紛争の事態において国連部隊が戦闘員として積極的に関与している時に、その関与の程度及び期間について国連部隊に適用可能である。したがって、これらの基本原則及び規則は、強制行動において、または、武力の行使が自衛の場合に許されている場合の平和維持活動において、適用可能である。

1・2　この告示の布告は、一九九四年の「国際連合要員及び関連要員の安全に関する条約」に基づき平和維持活動の構成員が保護される地位、または、それらの構成員が武力紛争の国際法に基づき文民に与えられる保護を享有する権利を有する限り、非戦闘員としての地位に影響を与えるものではない。

第2項(国内法の適用)本規定は、軍事要員を拘束する国際人道法の原則及び規則の網羅的一覧表を構成するものではなく、また、軍事要員が作戦中を通じて引き続き拘束される国内法の適用を害するものではなく、その国内法に取って代わるものでもない。

第3項(部隊の地位に関する協定)国際連合とその領域に国連部隊が展開する国家との間に締結される部隊地位協定において、国際連合は、軍事要員の行動に適用される一般条約の原則及び規則を完全に尊重して部隊がその作戦を実施するよう確保することを約束する。国際連合はまた、部隊の軍事要員の構成員がそれらの国際文書の原則及び規則を十分に熟知しているように確保することを約束する。前述の原則及び規則を尊重する義務は、部隊地位協定がない場合でも国連部隊に適用される。

第4項(国際人道法の違反)国際人道法に違反した場合には、国連部隊の軍事要員の構成員は、その者の国内裁判所で起訴される。

第5項(文民たる住民の保護)5・1　国連部隊は、文民と戦闘員並びに民用物と軍事目標とを常に明確に区別しなければならない。軍事作戦は、戦闘員及び軍事目標に対してのみ向けなければならない。文民及び民用物に対する攻撃は、禁止される。

5・2　文民は、敵対行為に直接参加していない限りかつその期間中は、この項によって与えられる保護を享有する。

5・3　国連部隊は、巻き添えによる文民の死亡、文民の傷害又は民用財産の損傷を回避し、及び、いずれにせよそれらを最小限にするために、すべての実行可能な予防措置をとらなければならない。

5・4　その作戦区域においては、国連部隊は、できる限り、人口密集地域の内部又はその付近に軍事目標を設置することを避け、また、文民たる住民、個々の文民及び民用物を軍事作戦から生ずる危険に対して保護するために、すべての必要な予防措置をとらなければならない。平和維持活動の軍事施設及び装備は、それ自体としては、軍事目標とみなされない。

5・5　国連部隊は、軍事目標と文民とに無差別に打撃を与える可能性の高い性質の作戦、並びに、予期される具体的かつ直接的な軍事的利益との比較において過度に、文民たる住民の巻き添えによる死亡又は民用物の損傷を引き起こすことが予測される作戦を開始することを禁止される。

5・6　国連部隊は、文民又は民用物に対して復仇を行ってはならない。

第6項(戦闘の手段と方法)6・1　国連部隊が戦闘の手段及び方法を選択する権利は、無制限ではない。

6・2　国連部隊は、国際人道法の関連文書の下で若干の兵器及び戦闘方法の使用を禁止又は制限する規則を尊重しなければならない。これには、特に、窒息性ガス、毒性ガス又はその他のガス及び細菌学的戦争方法、人体内で容易に爆発し、開展し又は扁平となる弾丸並びに若干の炸裂性投射物の使用の禁止が含まれる。検出できない破片、対人地雷、ブービートラップ及び焼夷兵器のような、若干の通常兵器の使用は、禁止される。

6・3　国連部隊は、過度の傷害又は無用の苦痛を与える戦争方法、又は、広範な、長期的なかつ深刻な損害を与えることを目的とする若しくは与えることが予想される戦争方法を用いることを禁止される。

6・4　国連部隊は、無用の苦痛を与える性質の兵器又は戦闘方法を使用することを禁止される。

6・5　生存者を残さないように命令することは、禁止される。

6・6　国連部隊は、人民の文化的又は精神的遺産である芸術的、建築的又は歴史的記念建造物、遺跡、芸術品、礼拝所並びに博物館及び図書館を攻撃することを禁止される。その作戦区域において、国連部隊は、破壊又は損傷にさらす目的でそのような文化財又はその直近地域を利用してはならない。文化財に向けられた窃盗、略奪、横領及びあらゆる破壊行為は、厳重に禁止される。

6・7　国連部隊は、食糧、作物、家畜並びに飲料水の施設及び供給設備のような、文民たる住民の生存に不可欠な物を攻撃し、破壊し、移動させ又は役に立たなくすることを禁止される。

6・8　国連部隊は、危険な威力を内蔵する施設、すなわち、ダム、堤防及び原子力発電所を、軍事作戦が危険な威力を放出させ、その結果文民たる住民の間に重大な損失を生じさせる場合には、軍事作戦の対象にしてはならない。

6・9　国連部隊は、この項で保護されている物及び施設に対して復仇を行ってはならない。

第7項(文民及び戦闘外にある者の保護)7・1　軍事作戦に参加していない者又はもはや参加しなくなった者(文民、武器を捨てた軍隊構成員及び病気、負傷又は抑留のために戦闘外にある者を含む。)は、すべての場合において、人道的にかつ人種、性、宗教的信念又は他のいかなる理由に基づく不利な差別もなしに待遇しなければならない。それらの者は、その身体、名誉及び宗教上その他の信念を完全に尊重されなければならない。

7・2　第7・1項に挙げたいずれかの者に対する次の行為は、いかなる時及びいかなる場所においても、禁止される。すなわち、生命又は身体的完全性に対する暴力、殺人並びに拷問、身体の切断又はあらゆる形態の肉体に加える刑罰、集団に科する刑罰、復仇、人質、強姦、強制売いん、あらゆる形態の性的暴行及び屈辱的で品位を傷つける取扱い、奴隷化、並びに、略奪。

7・3　女子は、あらゆる攻撃から、特に強姦、強制売いん又は他のあらゆる形態のわいせつ行為から、特別に保護されなければならない。

7・4　児童は、特別の尊重の対象であり、また、あらゆる形態のわいせつ行為から保護されなければならない。

第8項(被抑留者の待遇)国連部隊は、抑留された軍隊構成員及び抑留によりもはや軍事作戦に参加していないその他の者を人道的にかつその尊厳を尊重して待遇しなければならない。その法的地位を害することなく、被抑留者は、必要な変更を加えて適用できる場合には、一九四九年の第三ジュネーヴ条約の関連規定に従って待遇されなければならない。特に、

(a)　それらの者の捕獲及び抑留は、特にその家族に通知するために、その者が属する当事者及び赤十字国際委員会の中央情報局に遅滞なく通報されなければならない。

(b)　それらの者は、衛生上及び保健上のすべての可能な保障を与える確実で安全な構内に収容されなければならず、戦闘地帯の危険に曝される区域に抑留してはならない。

(c)　それらの者は、食糧及び被服、衛生及び医療を受ける権利を有する。

(d)　それらの者は、いかなる場合にも、あらゆる形態の拷問又は虐待を受けない。

(e)　自由を制限された女子は、男子の区画から分離した区画に収容されなければならず、また、女子の直接の監視の下に置かなければならない。

(f)　一六歳に達していない児童が敵対行為に直接に参加して、国連部隊に逮捕され、抑留され又は収容された場合には、それらの者は、引き続き特別保護の利益を受ける。特に、それらの者は、その家族とともに収容される場合を除くほか、成年者の区画とは別の区画に収容しなければならない。

(g)　捕虜及び被抑留者を訪問する赤十字国際委員会の権利は、尊重され及び保障されなければならない。

第9項(傷者、病者並びに衛生要員及び救済要員の保護)9・1　国連部隊の権力内にある軍隊構成員及びその他の者で、負傷し又は病気に罹っているものは、すべての場合において、尊重され保護されなければならない。それらの者は、人道的に待遇され、不利な差別をしないでその者の状態が必要とする医療上の看護及び治療を受けなければならない。緊急の医療上の理由のみが、処置される治療の順番に優先順位を認める。

9・2　事情が許すときはいつでも、戦場に残された傷者、病者及び死者の捜索及び確認を行い、並びに、それらの者の収容、移動、交換及び輸送を可能にするため、戦闘停止又は現地取決めについて合意しなければならない。

9・3　国連部隊は、衛生施設又は移動衛生部隊を攻撃してはならない。それらは、その人道的任務を逸脱して、国連部隊を攻撃し又はその他の方法で国連部隊に有害な行為を行うために使用されない限り、常に尊重され保護されなければならない。

9・4　国連部隊は、すべての場合において、傷者又は病者の捜索、輸送又は治療に専ら従事する衛生要員並びに宗教要員を尊重し保護しなければならない。

9・5　国連部隊は、移動衛生部隊と同様に、傷病者の輸送手段又は衛生設備を尊重し保護しなければならない。

9・6　国連部隊は、傷者、病者又はこの項の下で保護される要員、施設及び設備に対して復仇を行ってはならない。

9・7　国連部隊は、あらゆる場合において、赤十字及び赤新月の標章を尊重しなければならない。これらの標章は、衛生部隊及び衛生施設、衛生要員及び衛生材料を表示し又は保護する目的の他は、使用できない。赤十字又は赤新月の標章の悪用は、禁止される。

9・8　国連部隊は、罹病し、負傷し及び死亡した親戚の運命について知る家族の権利を尊重しなければならない。このため、国連部隊は、赤十字国際委員会の中央情報局の作業を容易にしなければならない。

9・9　国連部隊は、性質上人道的で公平でありかつ不利な差別をしないで実施される救済活動の作業を容易にし、また、そのような活動に従事する要員、車両及び構内を尊重しなければならない。

第10項(効力発生)本告示は、一九九九年八月一二日に効力を生ずる。

第2節　兵器の使用規制

15|13 サンクト・ペテルブルク宣言

署　名　一八六八年一二月一一日(ユリウス暦一一月二九日)(サンクト・ペテルブルク)
効力発生　一八六八年一二月一一日
日本国

ロシア皇帝政府の提案により、文明諸国間の戦争の際に或る種の発射物の使用を禁止することが適当であるかどうかを検討するために国際軍事委員会がサンクト・ペテルブルクにおいて会合し、戦争の必要が人道の要求に譲歩すべき技術上の限界を同委員会が全会一致の合意により決定したので、下名は、本国政府の命令により次のように宣言する権限を与えられた。

文明の進歩はできる限り戦争の惨禍を軽減する効果をもつべきであること、

戦争中に国家が達成するために努めるべき唯一の正当な目的は敵の軍事力を弱めることであること、

そのためにはできるだけ多数の者を戦闘外におけば足りること、

すでに戦闘外におかれた者の苦痛を無益に増大し又はその死を不可避ならしめる兵器の使用は、この目的の範囲を越えること、

それ故、そのような兵器の使用は人道の法則に反すること、

を考慮し、

締約国は、締約国相互の戦争の場合に、重量四〇〇グラム未満の発射物で、炸裂性のもの、又は爆発性若しくは燃焼性の物質を充填したものを、軍隊又は艦隊が使用するのを放棄することを相互に約束する。

締約国は、サンクト・ペテルブルクで開かれた国際軍事委員会の審議に参加しなかったすべての諸国に、この誓約に加入するよう勧誘する。

この誓約は、その締約国又は加入国に対して、それらの国の二以上の間の戦争の場合にのみ拘束力を有し、非締約国又はこれに加入していない国については適用されない。

また、締約国又は加入国の間の戦争において、非締約国又は未加入国が交戦国の一に加った時から、拘束力を失うものとする。

締約国又は加入国は、科学が軍隊の兵器についてもたらすことのある将来の改良にかんがみて詳細な提案を作成すべきときはいつでも、ここに確立した原則を維持しかつ戦争の必要と人道の法則を調和させるために、更に協議することを留保する。

15|14 ダムダム弾の禁止に関するハーグ宣言(ダムダム弾禁止宣言)(抄)

署　名　一八九九年七月二九日(ハーグ)
効力発生　一九〇〇年九月四日
日本国　一八九九年七月二九日署名、一九〇〇年九月三日批准、一〇月六日批准書寄託、効力発生、一一月二二日公布(勅令)

前　文(略)

締盟国ハ、外包硬固ナル弾丸ニシテ其ノ外包中心ノ全部ヲ蓋包セス若ハ其ノ外包ニ截刻ヲ施シタルモノノ如キ人体内ニ入テ容易ニ開展シ又ハ扁平ト為ルヘキ弾丸ノ使用ヲ各自ニ禁止ス。

15|15 自動触発海底水雷ノ敷設ニ関スル条約(抄)

署　名　一九〇七年一〇月一八日(ハーグ)
効力発生　一九一〇年一月二六日
日本国　一九〇七年一〇月一八日署名、一九一一年一一月六日批准、一二月一三日批准書寄託、一九一二年一月一三日公布(条約第八号)、二月一二日効力発生

前　文(略)

第一条【禁止事項】左ノ事項ハ、之ヲ禁止ス。
一　敷設者ノ監理ヲ離レテヨリ長クトモ一時間以内ニ、無害ト為ルノ構造ヲ有スルモノヲ除クノ外、無繫維自動触発水雷ヲ敷設スルコト。
二　繫維ヲ離レタル後直ニ無害ト為ラサル繫維自動触発水雷ヲ敷設スルコト。
三　命中サセル場合ニ無害ト為ラサル魚形水雷ヲ使用スルコト。

第二条【商業上の航海】単ニ商業上ノ航海ヲ遮断スルノ目的ヲ以テ、敵ノ沿岸及港ノ前面ニ、自動触発水雷ヲ敷設スルコトヲ禁ス。

第三条【予防手段】繫維自動触発水雷ヲ使用スルトキハ、平和的航海ヲ安全ナラシムル為一切ノ為シ得ヘキ予防手段ヲ執ルヘシ。

交戦者ハ、為シ得ル限、右水雷ヲシテ一定ノ期間経過後ハ無害タラシムルノ装置ヲ施スヘキコト、及右水雷ニシテ監視セラレサルニ至リタルトキハ、軍事ノ必要上差支ナキ限、速ニ航海者ニ対スル告示ヲ以テ其ノ危険区域ヲ指示スヘキコトヲ約定ス。右告示ハ、外交上ノ手続ニ依リ之ヲ各国政府ニ通告スヘキモノトス。

第四条【中立国の敷設】中立国ニシテ其ノ沿岸ノ前面ニ

自動触発水雷ヲ敷設スルモノハ、交戦者ト同一ノ規定ニ遵拠シ、且同一ノ予防手段ヲ執ルコトヲ要ス。

中立国ハ、予メ告示ヲ以テ自動触発水雷ヲ敷設セムトスル区域ヲ航海者ニ知ラシムルコトヲ要ス。右告示ハ、外交上ノ手続ニ依リ至急之ヲ各国政府ニ通知スヘキモノトス。

第五条【水雷の引上げ】締約国ハ、戦争終了シタルトキハ、各自其ノ敷設シタル水雷ヲ引上クル為、施シ得ヘキ総テノ手段ヲ尽スヘキコトヲ約定ス。

交戦国ノ一方カ他ノ交戦国ノ沿岸ニ敷設シタル繋維自動触発水雷ニ関シテハ、之ヲ敷設シタル国ハ、其ノ敷設面ヲ他ノ国ニ通告シ、各国ハ、最短期限内ニ自国ノ水域中ニ在ル敷設水雷ヲ引上クルノ手段ヲ執ルヘシ。

第六条～第一三条（略）

15 16 窒息性ガス、毒性ガス又はこれらに類するガス及び細菌学的手段の戦争における使用の禁止に関する議定書（ジュネーヴ・ガス議定書）（抄）

署　名　一九二五年六月一七日（ジュネーヴ）
効力発生　一九二八年二月八日
日本国　一九二五年六月一七日署名、一九七〇年五月一三日国会承認、五月二一日批准書寄託、効力発生、公布（条約第四号）

下名の全権委員は、各自の政府の名において、

窒息性ガス、毒性ガス又はこれらに類するガス（other gases/gaz … similaires）及びこれらと類似のすべての液体、物質又は考案を戦争に使用することが、文明世界の世論によって正当にも非難されているので、

前記の使用の禁止が、世界の大多数の国が当事国である諸条約中に宣言されているので、

この禁止が、諸国の良心及び行動をひとしく拘束する国際法の一部として広く受諾されるために、

次のとおり宣言する。

締約国は、前記の使用を禁止する条約の当事国となっていない限りこの禁止を受諾し、かつ、この禁止を細菌学的戦争手段の使用についても適用することと及びこの宣言の文言に従って相互に拘束されることに同意する。

15 17 環境改変技術の軍事的使用その他の敵対的使用の禁止に関する条約（環境改変技術使用禁止条約）（抄）

採　択　一九七六年一二月一〇日　国際連合総会第三一回会期決議三一／七二附属書
署名開放　一九七七年五月一八日（ジュネーヴ）
効力発生　一九七八年一〇月五日
日本国　一九八二年六月四日国会承認、内閣加入決定、六月九日加入書寄託、効力発生、公布（条約第七号）

前　文（略）

第一条【敵対的使用の禁止】1　締約国は、破壊、損害又は傷害を引き起こす手段として広範な、長期的な又は深刻な効果をもたらすような環境改変技術の軍事的使用その他の敵対的使用を他の締約国に対して行わないことを約束する。

2　締約国は、1の規定に違反する行為につき、いかなる国、国の集団又は国際機関に対しても、援助、奨励又は勧誘を行わないことを約束する。

第二条【定義】前条にいう「環境改変技術」とは、自然の作用を意図的に操作することにより地球（生物相、岩石圏、水圏及び気圏を含む。）又は宇宙空間の構造、組成又は運動に変更を加える技術をいう。

第三条【平和的使用】1　この条約は、環境改変技術の平和的目的のための使用を妨げるものではなく、また、環境改変技術の平和的目的のための使用に関し一般的に認められた国際法の諸原則及び適用のある国際法の諸規則を害するものではない。

2　締約国は、環境改変技術の平和的目的のための使用に関する科学的及び技術的情報を可能な最大限度まで交換することを容易にすることを約束し、また、その交換に参加する権利を有する。締約国は、可能なときは、単独で又は他の国若しくは国際機関と共同して、世界の開発途上地域の必要に妥当な考慮を払って、環境の保全、改善及び平和的利用に関する経済的及び科学的国際協力に貢献する。

第四条【締約国のとるべき措置】締約国は、自国の憲法上の手続に従い、その管轄又は管理の下にあるいかなる場所においても、この条約に違反する行為を禁止し及び防止するために必要と認める措置をとることを約束する。

第五条【相互協議、協力、苦情申立て】1　締約国は、この条約の目的に関連して生ずる問題又はこの条約の適用に際して生ずる問題の解決に当たって相互に協議し及び協力することを約束する。この条の規定に基づく協議及び協力は、国際連合の枠内で及び国

際連合憲章に従って、適当な国際的手続により行うことができる。この国際的手続には、適当な国際機関及び２に規定する専門家協議委員会による作業を含めることができる。

２　１の規定の適用上、寄託者は、締約国から要請を受けた後一箇月以内に専門家協議委員会を招集する。いずれの締約国も、同委員会の委員として一人の専門家を任命することができる。同委員会の任務及び手続規則については、この条約の不可分の一部を成す附属書に定める。同委員会は、その作業中に得たすべての見解及び情報を織り込んだ事実認定の概要を寄託者に送付する。寄託者は、この概要をすべての締約国に配布する。

３　締約国は、他の締約国がこの条約に基づく義務に違反していると信ずるに足りる理由があるときは、国際連合安全保障理事会に苦情を申し立てることができる。苦情の申立てには、すべての関連情報及びその申立ての妥当性を裏付けるすべての証拠を含めるものとする。

４　締約国は、安全保障理事会がその受理した苦情の申立てに基づき国際連合憲章に従って行う調査に対し協力することを約束する。同理事会は、この調査の結果を締約国に通知する。

５　締約国は、この条約の違反によりいずれかの締約国が被害を受けたと又は被害を受けるおそれがあると安全保障理事会が決定する場合には、援助又は支援を要請する当該いずれかの締約国に対し国際連合憲章に従って援助又は支援を行うことを約束する。

第六条～第一〇条（略）

附属書　専門家協議委員会（略）

15 18　過度に傷害を与え又は無差別に効果を及ぼすことがあると認められる通常兵器の使用の禁止又は制限に関する条約（特定通常兵器使用禁止制限条約）（抄）

採　択　一九八〇年一〇月一〇日（ジュネーヴ）
効力発生　一九八三年一二月二日
日本国　一九八一年九月二二日署名、一九八二年六月四日国会承認、六月九日受諾書寄託、一九八三年九月一六日公布（条約第一二号）、一二月二日効力発生
改　正　二〇〇一年一二月二一日（ジュネーヴ）
効力発生　二〇〇四年五月一八日
日本国　二〇〇三年六月一一日国会承認、七月一〇日受諾書寄託、二〇〇四年一月三〇日公布（条約第一号）、二〇〇四年五月一八日効力発生

締約国は、

国際連合憲章に基づき、各国が、その国際関係において、武力による威嚇又は武力の行使を、いかなる国の主権、領土保全又は政治的独立に対するものも、また、国際連合の目的と両立しない他のいかなる方法によるものも慎む義務を負っていることを想起し、

敵対行為の及ぼす影響から文民たる住民を保護するという一般原則を想起し、

武力紛争の当事者が戦闘の方法及び手段を選ぶ権利は無制限ではないという国際法の原則並びに武力紛争においてその性質上過度の傷害又は無用の苦痛を与える兵器、投射物及び物質並びに戦闘の方法を用いることは禁止されているという原則に立脚し、

自然環境に対して広範な、長期的なかつ深刻な損害を与えることを目的とする又は与えることが予想される戦闘の方法及び手段を用いることは禁止されていることを想起し、

文民たる住民及び戦闘員は、この条約及びこの条約の附属議定書又は他の国際取極がその対象としていない場合においても、確立された慣習、人道の諸原則及び公共の良心に由来する国際法の原則に基づく保護並びにこのような国際法の原則の支配の下に常に置かれるべきであるとの決意を確認し、

国際間の緊張の緩和、軍備競争の終止及び諸国間の信頼の醸成に貢献し、もって、平和のうちに生活することに対するすべての人民の願望の実現に貢献することを希望し、

厳重かつ効果的な国際管理の下における全面的かつ完全な軍備縮小への進展に貢献するためにあらゆる努力を継続することの重要性を認識し、

武力紛争の際に適用される国際法の諸規則の法典化及び漸進的発達を引き続き図ることの必要性を再確認し、

ある種の通常兵器の使用の禁止又は制限を促進することを希望し、その使用の禁止又は制限の分野において達成される成果が、当該兵器の生産、貯蔵及び拡散の終止を目的とする軍備縮小についての主要な討議を容易にすることができるものと信じ、

すべての国、特に軍事面で主要な国がこの条約及びこの条約の附属議定書の締約国となることが望ましいことを強調し、

国際連合総会及び国際連合軍縮委員会（the United Nations Disarmament Commission）が、この条約及びこの条約の附属議定書に規定する禁止及び制限の範囲を拡大する可能性について検討することを決定することができることに留意し、

軍縮委員会（the Committee on Disarmament）が、ある種の通常兵器の使用の禁止又は制限のための新たな措置の採択について審議することを決定することができることに留意して、

次のとおり協定した。

第一条（適用範囲）1　この条約及びこの条約の附属議定書は、戦争犠牲者の保護に関する一九四九年八月一二日のジュネーヴ諸条約のそれぞれの第二条に共通して規定する事態（ジュネーヴ諸条約の追加議定書Ｉ第一条4に規定する事態を含む。）について適用する。

2　この条約及びこの条約の附属議定書は、1に規定する事態に加え、一九四九年八月一二日のジュネーヴ諸条約のそれぞれの第三条に共通して規定する事態についても適用する。この条約及びこの条約の附属議定書は、暴動、独立の又は散発的な暴力行為その他これらに類する性質の行為等国内における騒乱及び緊張の事態については、武力紛争に当たらないものとして適用しない。

3　締約国の一の領域内に生ずる国際的性質を有しない武力紛争の場合には、各紛争当事者は、この条約及びこの条約の附属議定書に規定する禁止及び制限を適用しなければならない。

4　この条約又はこの条約の附属議定書のいかなる規定も、国の主権又は、あらゆる正当な手段によって、国の法律及び秩序を維持し若しくは回復し若しくは国の統一を維持し及び領土を保全するための政府の責任に影響を及ぼすことを目的として援用してはならない。

5　この条約又はこの条約の附属議定書のいかなる規定も、武力紛争が生じている締約国の領域内における当該武力紛争又は武力紛争が生じている締約国の国内問題若しくは対外的な問題に直接又は間接に介入することを、その介入の理由のいかんを問わず、正当化するために援用してはならない。

6　この条約及びこの条約の附属議定書を受諾した締約国でない紛争当事者に対するこの条約及びこの条約の附属議定書の規定の適用は、当該紛争当事者の法的地位又は紛争中の領域の法的地位を明示的又は黙示的に変更するものではない。

7　2から6までの規定は、二〇〇二年一月一日以後に採択される追加の議定書に影響を及ぼすものではなく、当該追加の議定書は、この条との関係において、これらの規定の適用範囲を適用し、除外し又は変更することができる。

第二条（他の国際取極との関係）この条約又はこの条約の附属議定書のいかなる規定も、武力紛争の際に適用される国際人道法により締約国に課される他の義務を軽減するものと解してはならない。

第三条（署名）（略）

第四条（批准、受諾、承認又は加入）1　この条約は、署名国によって批准され、受諾され又は承認されなければならない。この条約に署名しなかったいずれの国も、この条約に加入することができる。

2　批准書、受諾書、承認書又は加入書は、寄託者に寄託する。

3　各国は、この条約のいずれの附属議定書に拘束されることに同意するかを選択することができるものとし、この条約の批准書、受諾書、承認書又は加入書の寄託に際し、この条約の二以上の附属議定書に拘束されることに同意する旨を寄託者に通告しなければならない。

4　締約国は、この条約の批准書、受諾書、承認書又は加入書を寄託した後いつでも、自国が拘束されていないこの条約の附属議定書に拘束されることに同意する旨を寄託者に通告することができる。

5　いずれかの締約国を拘束するこの条約の附属議定書は、当該締約国について、この条約の不可分の一部を成す。

第五条（効力発生）1　この条約は、二〇番目の批准書、受諾書、承認書又は加入書が寄託された日の後六箇月で効力を生ずる。

2　この条約は、二〇番目の批准書、受諾書、承認書又は加入書が寄託された日の後に批准書、受諾書、承認書又は加入書を寄託する国については、当該国が批准書、受諾書、承認書又は加入書を寄託した日の後六箇月で効力を生ずる。

3　この条約の各附属議定書は、前条3又は4の規定に基づいて二〇の国が当該各附属議定書に拘束されることに同意する旨を通告した日の後六箇月で効力を生ずる。

4　二〇の国がこの条約のいずれかの附属議定書に拘束されることに同意する旨を通告した日の後に当該附属議定書に拘束されることに同意する旨を通告する国については、当該附属議定書は、当該国が拘束されることに同意する旨を通告した日の後六箇月で効力を生ずる。

第六条（周知）（略）

第七条（この条約の効力発生の後の条約関係）1　いずれか一の紛争当事者がこの条約のいずれかの附属議定書に拘束されていない場合においても、この条約及び当該附属議定書に拘束される二以上の紛争当事者は、当該二以上の紛争当事者相互の関係においては、この条約及び当該附属議定書に拘束される。

2　締約国は、第一条に規定する事態において、この条約の締約国でない国又はこの条約のいずれかの附属議定書に拘束されていない国がこの条約又は当該附属議定書を受諾し、適用し、かつ、その旨を寄託者に通告する場合には、当該国との関係において、この条約及び当該附属議定書（自国について効力を生じていることを条件とする。）に拘束される。

3　寄託者は、2の規定により受領した通告を直ちに関係締約国に通報する。

4　一九四九年八月一二日の戦争犠牲者の保護に関するジュネーヴ諸条約の追加議定書Ｉ第一条4に規定する武力紛争であってこの条約の締約国が当事者となっているものについては、この条約及び当該締約国が拘束されるこの条約の附属議定書は、次の場合に適用される。

(a)　当該締約国が追加議定書Ｉの締約国で、追加議定書Ｉ第九六条3に規定する当局が、同条3の規定に基づいてジュネーヴ諸条約及び追加議定書Ｉの規定を適用することを約束しており、かつ、当該武力紛争に関しこの条約及び当該締約国が拘束されるこの条約の附属議定書を適用することを約束する場合

(b)　当該締約国が追加議定書Ｉの締約国ではなく、(a)に規定する当局が、当該武力紛争に関しジュネーヴ諸条約の義務並びにこの条約及び当該締約国が拘束されるこの条約の附属議定書の義務を受諾し、かつ、履行する場合。その受諾及び履行は、当該武力紛争に関し、次の効果を有する。

(i)　ジュネーヴ諸条約並びにこの条約及び当該締約国が拘束されるこの条約の附属議定書は、紛争当事者について直ちに効力を生ずる。

(ii)　(a)に規定する当局は、ジュネーヴ諸条約並びにこの条約及び当該締約国が拘束されるこの条約の附属議定書の締約国の有する権利及び義務と同一の権利及び義務を有する。

(iii)　ジュネーヴ諸条約並びにこの条約及び当該締約国が拘束されるこの条約の附属議定書は、すべての紛争当事者を平等に拘束する。

当該締約国及び当該当局は、相互主義に基づき、ジュネーヴ諸条約の追加議定書Ｉの義務を受諾し及び履行することを合意することができる。

第八条（検討及び改正）１(a)　いずれの締約国も、この条約の効力発生の後いつでも、この条約又は自国が拘束されるこの条約の附属議定書の改正を提案することができる。改正案は、寄託者に送付する。寄託者は、改正案をすべての締約国に通報するものとし、改正案を検討するために会議を招集するかしないかについて締約国の意見を求める。過半数の締約国（一八以上の締約国であることを条件とする。）が会議の招集に同意する場合には、寄託者は、速やかにすべての締約国を招請して会議を招集する。この条約の締約国でない国は、オブザーバーとして会議に招請される。

(b)　(a)に規定する会議は、この条約及びこの条約の附属議定書の改正を合意することができる。改正は、この条約及びこの条約の附属議定書の場合と同様の方式により、採択され、効力を生ずる。もっとも、この条約の改正は、締約国のみにより採択されるものとし、この条約の附属議定書の改正は、当該附属議定書によって拘束される締約国のみにより採択されるものとする。

２(a)　いずれの締約国も、この条約の効力発生の後いつでも、この条約の附属議定書の対象となっていない種類の通常兵器に関する追加の議定書を提案することができる。提案は、寄託者に送付するものとし、寄託者は、１(a)の規定によりすべての締約国に当該提案を通報する。過半数の締約国（一八以上の締約国であることを条件とする。）が会議の招集に同意する場合には、寄託者は、速やかにすべての国を招請して会議を招集する。

(b)　(a)に規定する会議は、出席するすべての国の完全な参加を得て追加の議定書を合意することができる。追加の議定書は、この条約の採択と同様の方式により採択され、この条約の附属議定書となり、第五条３及び４の規定の例により効力を生ずる。

３(a)　この条約が効力を生じた日から一〇年の期間の満了の日までに１(a)又は２(a)の規定に基づき会議が招集されなかった場合には、いずれの締約国も、寄託者に対し、この条約及びこの条約の附属議定書の適用範囲及び運用について検討するため並びにこの条約の改正案又はこの条約の附属議定書の改正案を検討するため、すべての締約国が招請される会議を招集するよう要請することができる。この条約の締約国でない国は、オブザーバーとして会議に招請される。会議は、この条約及びこの条約の附属議定書の改正を合意することができる。改正は、１(b)の定めるところにより、採択され、効力を生ずる。

(b)　(a)に規定する会議においては、この条約の附属議定書の対象となっていない種類の通常兵器に関する追加の議定書の提案についても検討することができる。会議に出席するすべての国は、その検討に完全に参加することができる。追加の議定書は、この条約の採択と同様の方式により採択され、この条約の附属議定書となり、第五条３及び４の規定の例により効力を生ずる。

(c)　(a)に規定する会議は、会議後(a)に定める期間と同様の期間が経過するまでに１(a)又は２(a)の規定に基づき会議が招集されない場合に締約国の要請に基づいて新たな会議を招集することの当否につき、検討することができる。

第九条（廃棄）
第一〇条（寄託者）
第一一条（正文）（略）

15 19　検出不可能な破片を利用する兵器に関する議定書（議定書Ｉ）（特定通常兵器使用禁止制限条約議定書Ｉ）

採　　択　一九八〇年一〇月一〇日（ジュネーヴ）
効力発生　一九八三年一二月二日
日 本 国　一九八二年六月四日国会承認、六月九日同意通告、一九八三年九月一六日公布（条約第一二号）、一二月二日効力発生

人体内に入った場合にエックス線で検出することができないような破片によって傷害を与えることを第一義的な効果とするいかなる兵器の使用も、禁止する。

15 20 地雷、ブービートラップ及び他の類似の装置の使用の禁止又は制限に関する議定書（特定通常兵器使用禁止制限条約議定書Ⅱ／地雷議定書）（抄）

採　択　一九八〇年一〇月一〇日（ジュネーヴ）
効力発生　一九八三年一二月二日
日本国　一九八二年六月四日国会承認、六月九日同意通告、一九八三年九月一六日公布（条約第一二号）、一二月二日効力発生
改　正　一九九六年五月三日（ジュネーヴ）
効力発生　一九九八年一二月三日
日本国　一九九七年五月一六日国会承認、六月一〇日同意通告、一九九八年一二月二日公布（条約第一七号）、一二月三日効力発生

第一条（適用範囲） 1　この議定書は、この議定書に定義する地雷、ブービートラップ及び他の類似の装置の陸上における使用（海岸上陸、水路横断又は渡河を阻止するための地雷の敷設を含む。）に関するものであり、海又は内水航路における対艦船用の機雷の使用については、適用しない。

2　この議定書は、条約第一条に規定する事態に加え、一九四九年八月一二日のジュネーヴ諸条約のそれぞれの第三条に共通して規定する事態について適用する。この議定書は、暴動、独立の又は散発的な暴力行為その他これらに類する性質の行為等国内における騒乱及び緊張の事態については、武力紛争に当たらないものとして適用しない。

3　締約国の一の領域内に生ずる国際的性質を有しない武力紛争の場合には、各紛争当事者は、この議定書に規定する禁止及び制限を適用しなければならない。

4　この議定書のいかなる規定も、国の主権又は、あらゆる正当な手段によって、国の法律及び秩序を維持し若しくは回復し若しくは国の統一を維持し及び領土を保全するための政府の責任に影響を及ぼすことを目的として援用してはならない。

5　この議定書のいかなる規定も、武力紛争が生じている締約国の領域内における当該武力紛争又は武力紛争が生じている締約国の国内問題若しくは対外的な問題に直接又は間接に介入することを、その介入の理由のいかんを問わず、正当化するために援用してはならない。

6　この議定書を受諾した締約国でない紛争当事者に対するこの議定書の規定の適用は、当該紛争当事者の法的地位又は紛争中の領域の法的地位を明示的に又は黙示的に変更するものではない。

第二条（定義） この議定書の適用上、

1　「地雷」とは、土地若しくは他の物の表面に又は土地若しくは他の物の表面の下方若しくは周辺に敷設され、人又は車両の存在、接近又は接触によって爆発するように設計された爆薬類をいう。

2　「遠隔散布地雷」とは、直接敷設されず、大砲、ミサイル、ロケット、迫撃砲若しくはこれらと類似の手段で投射される地雷又は航空機から投下される地雷をいう。ただし、陸上における設備から五〇〇メートル未満の範囲内に投射される地雷については、第五条及びこの議定書の他の関連する規定に従って使用される場合は、遠隔散布地雷とみなさない。

3　「対人地雷」とは、人の存在、接近又は接触によって爆発することを第一義的な目的として設計された地雷であって、一人若しくは二人以上の者の機能を著しく害し又はこれらの者を殺傷するものをいう。

4　「ブービートラップ」とは、外見上無害な物を何人かが動かし若しくはこれに接近し又は一見安全と思われる行為を行ったとき突然に機能する装置又は物質で、殺傷を目的として設計され、組み立てられ又は用いられるものをいう。

5　「他の類似の装置」とは、殺傷し又は損害を与えることを目的として設計され、取り付けられた弾薬類及び装置（現場において作製された爆発装置を含む。）であって、手動操作若しくは遠隔操作により又は一定時間の経過後自動的に作動するものをいう。

6　「軍事目標」とは、物については、その性質、位置、用途又は使用が軍事活動に効果的に貢献する物で、その全面的又は部分的な破壊、奪取又は無効化がその時点における状況の下において明確な軍事的利益をもたらすものをいう。

7　「民用物」とは、6に定義する軍事目標以外のすべての物をいう。

8　「地雷原」とは、地雷が敷設された特定の地域をいい、「地雷敷設地域」とは、地雷の存在により危険な地域をいう。「疑似地雷原」とは、地雷原を模した地雷のない地域をいう。「地雷原」には、疑似地雷原が含まれる。

9　「記録」とは、公式の記録に登録することを目的として、地雷原、地雷敷設地域並びに地雷、ブービートラップ及び他の類似の装置の位置の確認を容易にするすべての入手可能な情報を取得するための物理的、行政的及び技術的作業を行うことをいう。

10　「自己破壊のための装置」とは、弾薬類に内蔵され又は外部から取り付けられた自動的に機能する装置

であって、当該弾薬類の破壊を確保するためのものをいう。

11　「自己無力化のための装置」とは、弾薬類に内蔵された自動的に機能する装置であって、当該弾薬類の機能を失わせるためのものをいう。

12　「自己不活性化」とは、弾薬類が機能するために不可欠な構成要素(例えば、電池)を不可逆的に消耗させる方法によって当該弾薬類の機能を自動的に失わせることをいう。

13　「遠隔操作」とは、遠くからの指令によって制御することをいう。

14　「処理防止のための装置」とは、地雷の一部を成し、地雷を保護することを目的とする地雷に連接され若しくは取り付けられ又は地雷の下に設置されている装置であって、地雷を処理しようとすると作動するものをいう。

15　「移譲」とは、地雷が領域へ又は領域から物理的に移動し、かつ、当該地雷に対する権原及び管理が移転することをいう。ただし、地雷の敷設された領域の移転に伴って生ずるものを除く。

第三条(地雷、ブービートラップ及び他の類似の装置の使用に関する一般的制限)1　この条の規定は、次の兵器に適用する。

(a)　地雷

(b)　ブービートラップ

(c)　他の類似の装置

2　いずれの締約国又は紛争当事者も、自らが使用したすべての地雷、ブービートラップ及び他の類似の装置についてこの議定書の規定に従って責任を有するものとし、第一〇条の定めるところによって、それらを除去し、破壊し又は維持することを約束する。

3　過度の傷害若しくは無用の苦痛を与えるように設計された又はその性質上過度の傷害若しくは無用の苦痛を与える地雷、ブービートラップ又は他の類似の装置の使用は、いかなる状況の下においても、禁止する。

4　この条の規定の適用を受ける兵器については、技術的事項に関する附属書においてそれぞれの特定された種類について定める基準及び制限に厳格に適合させなければならない。

5　一般に入手可能な地雷探知機の存在が、その磁気の影響その他の接触によらない影響により、探知活動における通常の使用中に弾薬類を起爆させるよう特に設計された装置を用いる地雷、ブービートラップ又は他の類似の装置の使用は、禁止する。

6　自己不活性化地雷については、地雷としての機能が失われた後においても機能するように設計された処理防止のための装置を備えたものの使用は、禁止する。

7　この条の規定の適用を受ける兵器については、いかなる状況の下においても、文民たる住民全体若しくは個々の文民又は民用物に対して攻撃若しくは防御のため又は復仇(きゅう)の手段として使用することを禁止する。

8　この条の規定の適用を受ける兵器については、無差別に使用することを禁止する。「無差別に使用する」とは、当該兵器に係る次の設置をいう。

(a)　軍事目標でないものへの設置又は軍事目標を対象としない設置。礼拝所、家屋その他の住居、学校等通常民生の目的のために供される物が、軍事活動に効果的に貢献するものとして使用されているか否かについて疑義がある場合には、そのようなものとして使用されていないと推定される。

(b)　特定の軍事目標のみを対象とすることのできない投射の方法及び手段による設置

(c)　予期される具体的かつ直接的な軍事的利益との比較において、巻き添えによる文民の死亡、文民の傷害、民用物の損傷又はこれらの複合した事態を過度に引き起こすことが予測される場合における設置

9　都市、町村その他の文民又は民用物の集中している地域に位置する複数の軍事目標で相互に明確に分離された別個のものについては、単一の軍事目標とみなしてはならない。

10　この条の規定の適用を受ける兵器の及ぼす効果から文民を保護するため、すべての実行可能な予防措置をとる。「実行可能な予防措置」とは、人道上及び軍事上の考慮を含むその時点におけるすべての事情を勘案して実施し得る又は実際に可能と認められる予防措置をいう。これらの事情には、少なくとも次のものが含まれる。

(a)　地雷原の存在する期間を通じて地雷が地域の文民たる住民に対して短期的及び長期的に及ぼす効果

(b)　文民を保護するための可能な措置(例えば、囲い、標識、警告及び監視)

(c)　代替措置の利用可能性及び実行可能性

(d)　地雷原の短期的及び長期的な軍事上の必要性

11　文民たる住民に影響を及ぼす地雷、ブービートラップ及び他の類似の装置の設置については、状況の許す限り、効果的な事前の警告を与える。

第四条(対人地雷の使用に関する制限)技術的事項に関する附属書2に定める探知不可能な対人地雷の使用は、禁止する。

第五条(遠隔散布地雷ではない対人地雷の使用に関する制限)1　この条の規定は、遠隔散布地雷ではない対人地雷に適用する。

2　この条の規定が適用される兵器であって技術的事項に関する附属書の自己破壊及び自己不活性化に関する規定に適合しないものの使用は、禁止する。ただし、次の(a)及び(b)の条件が満たされる場合を除く。

(a)　当該兵器が、その地域から文民を効果的に排除することを確保するため、軍事上の要員によって監視されかつ囲いその他の方法によって保護されている地域であって外縁が明示されたものの内に

敷設されていること。ただし、その外縁の表示は、明瞭で耐久性のあるものであり、かつ、当該地域に立ち入ろうとする者にとって少なくとも識別し得るものでなければならない。

(b)　当該兵器が、(a)の地域が放棄される前に除去されること。ただし、当該地域が、この条の規定によって必要とされる保護措置を維持すること及びこれらの兵器を後に除去することについての責任を受け入れる他の国の軍隊に引き渡される場合は、この限りでない。

3　紛争当事者は、敵の軍事活動の結果、当該地域の支配権が強制的に失われたことによって、2の(a)及び(b)の規定を遵守することが実行可能でなくなった場合(敵の直接の軍事活動によって遵守することが不可能となった場合を含む。)に限り、当該規定を遵守する義務を免除される。当該紛争当事者は、当該地域の支配権を回復した場合には、当該規定を遵守する義務を再び負う。

4　紛争当事者の軍隊が、この条の規定の適用を受ける兵器が敷設された区域の支配権を得た場合には、当該軍隊は、当該兵器が除去されるまでの間、実行可能な最大限度まで、この条の規定によって必要とされる保護措置を維持するものとし、必要な場合には、当該保護措置を新たにとる。

5　外縁が明示された地域の外縁を設置するために使用された装置、設備又は資材が許可なく除去され、破損され、破壊され又は隠蔽(ぺい)されることを防止するため、すべての実行可能な措置をとらなければならない。

6　この条の規定の適用を受ける兵器であって、破片を九〇度未満の水平角にまき、かつ、土地の表面又はその上方に設置されるものについては、次の(a)及び(b)の条件が満たされる場合には、2(a)に規定する措置をとることなく最長七二時間使用することができる。

(a)　当該兵器を設置した部隊に極めて近接して位置していること。

(b)　文民を効果的に排除することを確保するため、軍事上の要員によって監視されている地域であること。

第六条(遠隔散布地雷の使用に関する制限)　1　遠隔散布地雷については、技術的事項に関する附属書1(b)の規定に従って記録されるものを除くほか、その使用を禁止する。

2　技術的事項に関する附属書の自己破壊及び自己不活性化に関する規定に適合しない遠隔散布地雷である対人地雷の使用は、禁止する。

3　対人地雷ではない遠隔散布地雷の使用については、当該遠隔散布地雷が、実行可能な限度において、効果的な自己破壊のための装置又は自己無力化のための装置及び地雷がその敷設の所期の軍事目的に役立たなくなった時に地雷として機能しなくなるように設計された予備の自己不活性化のための機能を備えているものでない限り、禁止する。

4　文民たる住民に影響を及ぼす遠隔散布地雷の投射又は投下については、状況の許す限り、効果的な事前の警告を与える。

第七条(ブービートラップ及び他の類似の装置の使用の禁止)　1　武力紛争における背信に関する国際法の規則の適用を妨げることなく、方法のいかんを問わず、次のものに取り付け又は次のものを利用するブービートラップ及び他の類似の装置の使用は、いかなる状況の下においても、禁止する。

(a)　国際的に認められた保護標章、保護標識又は保護信号

(b)　病者、傷者又は死者

(c)　埋葬地、火葬地又は墓

(d)　医療施設、医療機器、医療用品又は衛生輸送手段

(e)　児童のがん具又は児童の食事、健康、衛生、被服若しくは教育に役立つように考案された製品若しくは持運び可能な物

(f)　食料又は飲料

(g)　厨(ちゅう)房用品又は厨(ちゅう)房器具(軍事施設、軍隊所在地又は軍の補給所内にあるものを除く。)

(h)　宗教的性質を有することの明らかな物

(i)　国民の文化的又は精神的遺産を構成する歴史的建造物、芸術品又は礼拝所

(j)　動物又はその死体

2　外見上無害で持運び可能な物の形態をしたブービートラップ又は他の類似の装置で爆発性の物質を含むよう特別に設計され、組み立てられたものの使用は、禁止する。

3　この条の規定の適用を受ける兵器については、次に掲げる場合を除くほか、地上兵力による戦闘が発生していない又は地上兵力による戦闘が急迫していると認められない都市、町村その他の文民の集中している地域において使用することを禁止する。ただし、第三条の規定の適用を妨げない。

(a)　当該兵器が、軍事目標に設置され又はこれに極めて近接して設置される場合

(b)　当該兵器の及ぼす効果から文民を保護するための措置、例えば、警告のための歩哨(しょう)の配置、警告の発出又は囲いの設置の措置がとられる場合

第八条(移譲)　1　締約国は、この議定書の目的を推進するため、次のことを約束する。

(a)　この議定書によって使用が禁止されているいかなる地雷の移譲も行わないこと。

(b)　いかなる地雷の移譲も、国又は受領することを認められている国の機関に対するものを除くほか、行わないこと。

(c)　この議定書によって使用が禁止されているいかなる地雷の移譲も抑制すること。特に、締約国は、この議定書に拘束されない国に対するいかなる対

人地雷の移譲も、受領する国がこの議定書を適用することに合意しない限り、行わないこと。

(d)　この条の規定に従って行われるいかなる移譲も、移譲する国及び受領する国によりこの議定書の関連する規定及び適用のある国際人道法の規範が完全に遵守されることを確保して行うこと。

2　技術的事項に関する附属書の定めるところにより、一定の地雷の使用に関する特定の規定を遵守することを延期する旨を締約国が宣言した場合であっても、1(a)の規定は、当該地雷に適用する。

3　すべての締約国は、この議定書が効力を生ずるまでの間、1(a)の規定と両立しないいかなる行為も慎むものとする。

第九条（地雷原、地雷敷設地域並びに地雷、ブービートラップ及び他の類似の装置に関する情報の記録及び利用） 1　地雷原、地雷敷設地域並びに地雷、ブービートラップ及び他の類似の装置に関するすべての情報については、技術的事項に関する議定書の規定に従って記録する。

2　1に規定するすべての記録については、紛争当事者が保持するものとし、当該紛争当事者は、現実の敵対行為の停止の後遅滞なく、その支配下にある地域において地雷原、地雷敷設地域並びに地雷、ブービートラップ及び他の類似の装置の及ぼす効果から文民を保護するために、すべての必要かつ適切な措置（当該情報を利用することを含む。）をとる。

当該紛争当事者は、同時に、その支配下になくなった地域に自らが設置した地雷原、地雷敷設地域並びに地雷、ブービートラップ及び他の類似の装置に関し自己の保有するすべての情報を、他の紛争当事者及び国際連合事務総長に対して利用可能にする。ただし、紛争当事者の兵力が敵対する紛争当事者の領域内に存在する場合には、いずれの紛争当事者も、いずれかの紛争当事者が他の紛争当事者の領域内に存在する間は、相互主義に従うことを条件として、安全保障上の利益のために必要な限度において国際連合事務総長及び他の紛争当事者に対する当該情報の提供を行わないことができる。その提供を行わない場合には、当該情報については、安全保障上の利益が許す限りできるだけ速やかに開示する。紛争当事者は、可能な場合にはいつでも、相互の合意により、できる限り早期に各紛争当事者の安全保障上の利益に合致するような方法によって当該情報を公開するよう努めるものとする。

3　この条の規定は、次条及び第一二条の規定の適用を妨げるものではない。

第一〇条（地雷原、地雷敷設地域並びに地雷、ブービートラップ及び他の類似の装置の除去並びに国際協力） 1　すべての地雷原、地雷敷設地域並びに地雷、ブービートラップ及び他の類似の装置については、現実の敵対行為の停止の後遅滞なく、第三条及び第五条2の規定に従って、除去し、破壊し又は維持する。

2　締約国及び紛争当事者は、その支配下にある地域にある地雷原、地雷敷設地域並びに地雷、ブービートラップ及び他の類似の装置に関し、1に規定する責任を負う。

3　紛争当事者は、地雷原、地雷敷設地域並びに地雷、ブービートラップ及び他の類似の装置を自らが設置した地域が支配下になくなった場合には、当該地域を支配する2に定める紛争当事者に対し、その紛争当事者の容認する範囲内で、1に規定する責任を果たすために必要な技術的及び物的援助を提供する。

4　紛争当事者は、必要な場合にはいつでも、技術的及び物的援助の提供（適切な状況の下においては、1に規定する責任を果たすために必要な共同作業を行うことを含む。）に関し、紛争当事者間の合意の達成並びに適当な場合には他の国及び国際機関との合意の達成に努める。

第一一条（技術に関する協力及び援助）（略）

第一二条（地雷原、地雷敷設地域並びに地雷、ブービートラップ及び他の類似の装置の及ぼす効果からの保護）

1　適用

(a)　この条の規定は、2(a)(i)に規定する軍隊及び使節団を除くほか、関係地域において任務を遂行している使節団であって、当該任務がその領域内において遂行されている締約国の同意を得ているものについてのみ適用する。

(b)　締約国でない紛争当事者に対するこの条の規定の適用は、当該紛争当事者の法的地位又は紛争中の領域の法的地位を明示的又は黙示的に変更するものではない。

(c)　この条の規定は、現存の国際人道法、適用のある他の国際文書又は国際連合安全保障理事会の決定であって、この条の規定に従って任務を遂行している要員に対してより高い水準の保護を与えるものを害するものではない。

2　平和維持のための軍隊及び使節団並びに他の特定の軍隊及び使節団

(a)　この2の規定は、次の軍隊又は使節団に適用する。

(i)　国際連合憲章に従い関係地域において平和維持、監視その他これらに類する任務を遂行している国際連合の軍隊又は使節団

(ii)　国際連合憲章第八章の規定によって設けられ、紛争地域において任務を遂行している使節団

(b)　締約国又は紛争当事者は、この2の規定が適用される軍隊又は使節団の長が要請する場合には、次のことを行う。

(i)　自己の支配下にある関係地域における地雷、ブービートラップ及び他の類似の装置の及ぼす効果から当該軍隊又は使節団を保護するために、可能な限り、必要な措置をとること。

(ii)　要員を効果的に保護するために必要な場合には、可能な限り、関係地域にあるすべての地雷、

ブービートラップ及び他の類似の装置を除去し又は無害なものにすること。

(iii) 当該軍隊又は使節団の長に対し、当該軍隊又は使節団が任務を遂行している関係地域にあるすべての判明している地雷原、地雷敷設地域並びに地雷、ブービートラップ及び他の類似の装置について、その位置を通報し並びに、実行可能な限り、これらの地雷原、地雷敷設地域並びに地雷、ブービートラップ及び他の類似の装置に関し自己の保有するすべての情報を利用可能にすること。

3 国際連合及びその関連機関の人道的使節団及び事実調査使節団

(a) この3の規定は、国際連合及びその関連機関の人道的使節団又は事実調査使節団について適用する。

(b) 締約国又は紛争当事者は、この3の規定が適用される使節団の長が要請する場合には、次のことを行う。

(i) 当該使節団の要員に対して、2(b)(i)に規定する保護のための措置をとること。

(ii) 自己の支配下にある場所への通行又は当該場所の通過が当該使節団の任務の遂行のために必要である場合には、その要員が当該場所へ安全に通行することができるよう又は当該場所を安全に通過することができるようにするため、次のいずれかのことを行うこと。

(aa) 情報が入手可能なときは、進行中の敵対行為によって妨げられない限り、当該使節団の長に対し当該場所への安全な経路を通報すること。

(bb) 安全な経路を明らかにする情報が(aa)の規定に従って提供されない場合には、必要かつ実行可能である限り、地雷原を通過する通路を開設すること。

4 赤十字国際委員会の使節団

(a) この4の規定は、一九四九年八月一二日のジュネーヴ諸条約及び、適用がある場合には、同諸条約の追加議定書に規定する受入国の同意を得て任務を遂行している赤十字国際委員会の使節団に適用する。

(b) 締約国又は紛争当事者は、この4の規定が適用される使節団の長が要請する場合には、次のことを行う。

(i) 当該使節団の要員に対して、2(b)(i)に規定する保護のための措置をとること。

(ii) 3(b)(ii)に規定する措置をとること。

5 他の人道的使節団及び調査使節団

(a) この5の規定は、2から4までの規定が適用される場合を除くほか、紛争地域において又は紛争の犠牲者を援助するため任務を遂行している次の使節団に適用する。

(i) 各国の赤十字社若しくは赤新月社又はそれらの機関の国際連盟の人道的使節団

(ii) 公平な人道的機関の使節団(地雷の除去のための公平な人道的使節団を含む。)

(iii) 一九四九年八月一二日のジュネーヴ諸条約及び、適用がある場合には、同諸条約の追加議定書の規定によって設置された調査使節団

(b) 締約国又は紛争当事者は、この5の規定が適用される使節団の長が要請する場合には、実行可能な限り、次のことを行う。

(i) 当該使節団の要員に対して、2(b)(i)に規定する保護のための措置をとること。

(ii) 3(b)(ii)に規定する措置をとること。

6 秘密の取扱い

この条の規定により秘密のものとして提供されたすべての情報については、当該情報を受領した者は、厳格に秘密のものとして取り扱い、また、当該情報を提供した者の明示の許可なしに関係する軍隊又は使節団以外の者に開示してはならない。

7 法令の尊重

この条に規定する軍隊及び使節団に参加する要員は、当該要員が享受することのできる特権及び免除が害されず又は当該要員の任務が妨げられない限り、次のことを行う。

(a) 受入国の法令を尊重すること。

(b) 任務の公平かつ国際的な性質と両立しないいかなる行為又は活動も慎むこと。

第一三条(締約国間の協議)
第一四条(遵守)　(略)

技術的事項に関する附属書(略)

15 21 焼夷(い)兵器の使用の禁止又は制限に関する議定書(特定通常兵器使用禁止制限条約議定書Ⅲ／焼夷兵器議定書)

採択　一九八〇年一〇月一〇日(ジュネーヴ)
効力発生　一九八三年一二月二日
日本国　一九八二年六月四日国会承認、六月九日同意通告、一九八三年九月一六日公布(条約第一二号)、一二月二日効力発生

第一条(定義) この議定書の適用上、

1 「焼夷(い)兵器」とは、目標に投射された物質の化学反応によって生ずる火炎、熱又はこれらの複合作用により、物に火災を生じさせ又は人に火傷を負わせることを第一義的な目的として設計された武器又は弾薬類をいう。

(a) 焼夷(い)兵器は、例えば、火炎発射機、火炎瓶、

砲弾、ロケット弾、擲弾、地雷、爆弾及び焼夷(い)物質を入れることのできるその他の容器の形態をとることができる。

(b) 焼夷(い)兵器には、次のものを含めない。

(i) 焼夷(い)効果が付随的である弾薬類。例えば、照明弾、曳光弾、発煙弾又は信号弾

(ii) 貫通、爆風又は破片による効果と付加的な焼夷(い)効果とが複合するように設計された弾薬類。例えば、徹甲弾、破片弾、炸薬爆弾その他これらと同様の複合的効果を有する弾薬類であって、焼夷(い)効果により人に火傷を負わせることを特に目的としておらず、装甲車両、航空機、構築物その他の施設のような軍事目標に対して使用されるもの

2 「人口周密」とは、恒久的であるか一時的であるかを問わず、都市の居住地区及び町村のほか、難民若しくは避難民の野営地若しくは行列又は遊牧民の集団にみられるような文民の集中したすべての状態をいう。

3 「軍事目標」とは、物については、その性質、位置、用途又は使用が軍事活動に効果的に貢献する物で、その全面的又は部分的な破壊、奪取又は無効化がその時点における状況の下において明確な軍事的利益をもたらすものをいう。

4 「民用物」とは、3に定義する軍事目標以外のすべての物をいう。

5 「実行可能な予防措置」とは、人道上及び軍事上の考慮を含めその時点におけるすべての事情を勘案して実施し得る又は実際に可能と認められる予防措置をいう。

第二条(文民及び民用物の保護) 1 いかなる状況の下においても、文民たる住民全体、個々の文民又は民用物を焼夷(い)兵器による攻撃の対象とすることは、禁止する。

2 いかなる状況の下においても、人口周密の地域内に位置する軍事目標を空中から投射する焼夷(い)兵器による攻撃の対象とすることは、禁止する。

3 人口周密の地域内に位置する軍事目標を空中から投射する方法以外の方法により焼夷(い)兵器による攻撃の対象とすることも、禁止する。ただし、軍事目標が人口周密の地域から明確に分離され、焼夷(い)効果を軍事目標に限定し並びに巻添えによる文民の死亡、文民の傷害及び民用物の損傷を防止し、また、少なくともこれらを最小限にとどめるため実行可能なすべての予防措置をとる場合を除く。

4 森林その他の植物群落を焼夷(い)兵器による攻撃の対象とすることは、禁止する。ただし、植物群落を、戦闘員若しくは他の軍事目標を覆い、隠蔽し若しくは偽装するために利用している場合又は植物群落自体が軍事目標となっている場合を除く。

15 22 失明をもたらすレーザー兵器に関する議定書(特定通常兵器使用禁止制限条約議定書IV／レーザー兵器議定書)

採択　一九九五年一〇月一三日(ウィーン)
効力発生　一九九八年七月三〇日
日本国　一九九七年五月一六日国会承認、六月一〇日同意通告、一九九八年七月二九日公布(条約第一〇号)、七月三〇日効力発生

第一条【失明をもたらすレーザー兵器の使用禁止】 その唯一の戦闘のための機能又は戦闘のための機能の一として、視力の強化されていない眼(裸眼又は視力矯正装置をつけたものをいう。)に永久に失明をもたらすように特に設計されたレーザー兵器を使用することは、禁止する。締約国は、当該兵器をいかなる国又は国以外の主体に対しても移譲してはならない。

第二条【予防措置】 締約国は、レーザー装置を使用する場合には、視力の強化されていない眼に永久に失明をもたらすことを防止するため、すべての実行可能な予防措置をとる。当該予防措置には、軍隊の訓練及び他の実際的な措置を含む。

第三条【付随的又は副次的な効果】 レーザー装置(光学機器に対して使用されるものを含む。)の正当な軍事的使用の付随的又は副次的な効果としてもたらされる失明については、この議定書に規定する禁止の対象としない。

第四条【永久に失明をもたらすの意味】 この議定書の適用上、「永久に失明をもたらす」とは、回復不可能かつ治癒不可能な視力の低下であって回復の見込みのない重度の視力の障害であるものをもたらすことをいう。「重度の視力の障害」とは、両眼で二〇〇分の二〇スネレン未満の視力と同等のものをいう。

15 23 爆発性の戦争残存物に関する議定書(特定通常兵器使用禁止制限条約議定書V／爆発性戦争残存物議定書)(抄)

採択　二〇〇三年一一月二八日(ジュネーヴ)
効力発生　二〇〇六年一一月一二日
日本国

前　文（略）

第一条（一般規定及び適用範囲） 1　締約国は、国際連合憲章及び締約国に適用可能な武力紛争に関する国際法の規則に従い、紛争後の事態における爆発性の戦争残存物の危険と影響を最小限のものとするため、個別に及び他の締約国と協力して、この議定書に定める義務を遵守することに合意する。

2　この議定書は、内水を含む締約国の領土にある爆発性の戦争残存物に適用する。

3　この議定書は、二〇〇一年一二月二一日に改正された、条約第一条1から6までにいう紛争から生ずる事態に適用する。

4　この議定書の第三条、第四条、第五条及び第八条は、この議定書の第二条5に定義する現存する爆発性の戦争残存物以外の爆発性の戦争残存物に適用する。

第二条（定義） この議定書の適用上、

1　「爆発性の弾薬」とは、爆薬を含む通常弾薬いう。ただし、一九九六年五月三日に改正されたこの条約の議定書Ⅱにおいて定義される地雷、ブービートラップ及び他の類似の装置を除く。

2　「不発弾」とは、爆発性の弾薬であって、導火線をつけ、信管をつけ、起爆装置をつけ、又はその他の方法で使用のための準備が行われ、且つ、武力紛争において使用されたものをいう。それは発射され、投下され又は投射され、且つ、爆発すべきであったが、爆発しなかったものである。

3　「遺棄弾」とは、爆発性の弾薬であって、武力紛争中に使用されず、武力紛争の当事者によって放置され又は投棄され、且つ、もはや当該弾薬を放置し又は投棄した当事者の管理の下にないものをいう。遺棄弾は、導火線をつけ、信管をつけ、起爆装置をつけ、又はその他の方法で使用のための準備が行われたものである場合と、そうでない場合とがある。

4　「爆発性の戦争残存物」とは、不発弾及び遺棄弾をいう。

5　「現存する爆発性の戦争残存物」とは、不発弾及び遺棄弾であって、自国の領域にそれが存在する締約国についてこの議定書が効力を生ずる前から存在していたものをいう。

第三条（爆発性の戦争残存物の撤去、除去又は廃棄）

1　各締約国及び武力紛争の各当事者は、その管理下にある領域に存在するすべての爆発性の戦争残存物に関して、この条に定める責任を負う。爆発性の戦争残存物となった爆発性の弾薬の使用者が当該領域に対する管理を行使していない場合には、当該使用者は、現実の敵対行為の停止の後、実行可能な場合には、二者間において又は相互に合意する第三者を通じて、特に国際連合システム又はその他の関連する機関を通じて、それらの爆発性の戦争残存物の標示、及び、その撤去、除去又は廃棄を促進するため、特に技術的、財政的、物質的又は人的な資源の援助を提供する。

2　各締約国及び武力紛争の各当事者は、現実の敵対行為の停止の後且つ実行可能な限り早期に、その管理の下にある領域であって影響を被った場所において、爆発性の戦争残存物を標示し、及び、撤去し、除去し又は廃棄する。爆発性の戦争残存物によって影響を被った区域であって、本条3に従って重大な人道的な危険を引き起こしていると評価されるものは、撤去、除去又は廃棄において優先的な地位を与えられなければならない。

3　各締約国及び武力紛争の各当事者は、現実の敵対行為の停止の後且つ実行可能な限り早期に、その管理の下にある領域であって影響を被った場所において、爆発性の戦争残存物によって引き起こされている危険を削減するために次の措置をとる。

(a)　爆発性の戦争残存物によって引き起こされている脅威を調査し及び評価する。

(b)　標示、及び、撤去、除去又は廃棄の必要性及び実行可能性を評価し並びにそれらに優先順位をつける。

(c)　爆発性の戦争残存物を標示し、及び、撤去し、除去し又は廃棄する。

(d)　これらの活動を実施するための資源を動員するための措置をとる。

4　締約国及び武力紛争の当事者は、上記の活動を行うに当たって、国際地雷行動基準を含む国際的な基準を考慮に入れなければならない。

5　締約国は、適当な場合には、その相互間において並びに他の諸国、関連する地域的機関、国際機関及び非政府組織との間で、適当な状況においては、本条の規定の実施に必要な共同活動を行うことを含め、特に技術的、財政的、物質的及び人的資源の援助の提供に関して協力しなければならない。

第四条（情報の記録、保持及び伝達） 1　締約国及び武力紛争の当事者は、爆発性の戦争残存物の迅速な標示、その迅速な撤去、除去又は廃棄、危険に関する教育、並びに、当該領域を管理している当事者及び当該領域に所在する文民たる住民に対する関連情報の提供を促進するため、可能な最大限度まで且つ実行可能な限り、爆発性の弾薬の使用又は爆発性の弾薬の遺棄に関する情報を記録し及び保持する。

2　締約国及び武力紛争の当事者であって、爆発性の戦争残存物となったかもしれない爆発性の弾薬を使用し又は遺棄したものは、現実の敵対行為の停止の後遅滞なく且つ実行可能な限り、それらの当事者の正当な安全保障上の利益に従うことを条件として、二者間において又は特に国際連合を含む相互に合意する第三者を通じて、要請がある場合には、当該影響を被った区域を管理する当事者に対し、また、影響を被った区域において危険に関する教育、爆発性の戦争残存物の標示、及び、その撤去、除去若しくは廃棄を行っており又はそのような活動を行うであろうと情報を提供する当事者が確信するその他の関連する機関に対し、そのような情報を利用可能にしなければならない。

3　締約国は、上記の情報を記録し、保持し及び伝達するに当たって、技術的事項に関する附属書の第一部を考慮すべきである。

第五条（文民たる住民、個々の文民及び民用物を爆発性の戦争残存物の危険と影響から保護するための他の予防措置）1　締約国及び武力紛争の当事者は、爆発性の戦争残存物の危険と影響から文民たる住民、個々の文民及び民用物を保護するため、その管理の下にある領域で爆発性の戦争残存物によって影響を被った場所において、実行可能なすべての予防措置をとる。実行可能な予防措置とは、人道的及び軍事的考慮を含むその時点におけるすべての状況を考慮した上で、実行可能な又は実際上可能な予防措置をいう。これらの予防措置には、技術的事項に関する附属書の第二部に定める警告、文民たる住民への危険に関する教育、爆発性の戦争残存物によって影響を被った領域の標示、そこへのフェンスの設置及びその監視が含まれる。

第六条（爆発性の戦争残存物の影響からの人道的団体及び人道的組織の保護に関する規定）1　各締約国及び武力紛争の各当事者は、

(a)　当該締約国又は当該武力紛争当事者の管理の下にある区域において当該締約国又は当該武力紛争当事者の同意を得て活動を行っているか又は行うであろう人道的団体及び人道的組織を、実行可能な限り、爆発性の戦争残存物の影響から保護する。

(b)　上記の人道的団体又は人道的組織による要請があれば、実行可能な限り、当該要請を行っている人道的団体又は人道的組織が活動するであろう領域又は現に活動している領域で、自らが了知しているすべての爆発性の戦争残存物の所在地に関する情報を提供する。

2　本条の規定は、適用可能な現行の国際人道法その他の国際文書又は国際連合安全保障理事会の決定であって、より高い水準の保護を規定するものの適用を害するものではない。

第七条（現存する爆発性の戦争残存物に関する援助）

1　各締約国は、適当な場合には、現存する爆発性の戦争残存物の引き起こす問題を処理するに当たって、他の締約国、非締約国、及び関連する国際機関に援助を求め且つ受ける権利を有する。

2　援助を提供できる立場にある各締約国は、必要に応じ且つ実行可能な場合には、現存する爆発性の戦争残存物の引き起こす問題を処理するに当たって援助を提供する。締約国は、また、援助の提供に当たって、この議定書の人道的な目的、及び、国際地雷行動基準を含む国際的な基準も考慮に入れなければならない。

第八条（協力と援助）1　援助を提供できる立場にある各締約国は、特に国際連合システム、その他の関連する国際機関、地域的機関若しくは自国の機関、赤十字国際委員会、自国の赤十字社及び赤新月社並びに国際赤十字・赤新月社連盟、又は非政府組織を通じて、又は、二国間において、爆発性の戦争残存物の標示、その撤去、除去又は廃棄、文民たる住民への危険に関する教育、及び関連する活動に援助を提供する。

2　援助を提供できる立場にある各締約国は、爆発性の戦争残存物の犠牲者の介護及び機能回復訓練、並びに、彼らの社会的及び経済的復帰に援助を提供する。この援助は、特に国際連合システム、関連する国際機関、地域的機関若しくは自国の機関、赤十字国際委員会、自国の赤十字社及び赤新月社並びに国際赤十字・赤新月社連盟、又は非政府組織を通じて、又は、二国間において、提供することができる。

3　資金を提供できる立場にある各締約国は、この議定書に基づく援助の提供を促進するため、国際連合システム内の信託基金及びその他の関連する信託基金に資金を拠出しなければならない。

4　各締約国は、この議定書の実施に必要な設備、資材並びに科学的及び技術的な情報（兵器に関連する技術を除く。）の可能な最大限度までの交換に参加する権利を有する。締約国は、自国の法令に従ってその交換を促進することを約束し、人道的な目的のための撤去用設備及び関連する技術的情報の提供に不当な制限を課してはならない。

5　各締約国は、国際連合システム内に設置された地雷に関する行動にかかる関連データベースに情報を提供すること、特に、爆発性の戦争残存物の撤去のための様々な手段及び技術に関する情報、爆発性の戦争残存物の撤去に関する専門家、専門部局又は国としての連絡先のリスト、並びに、自発的に、関連する種類の爆発性の弾薬に関する技術的な情報を提供することを約束する。

6　締約国は、関連する情報によって具体的に示された援助の要請を国際連合、その他の適当な団体又は他の国に対して提出することができる。これらの要請は、国際連合事務総長に提出することができ、事務総長は、それらの要請をすべての締約国並びに関連する国際機関及び非政府組織に通知しなければならない。

7　国際連合に対する要請の場合には、国際連合事務総長は、国際連合事務総長の利用できる資源の範囲内で、事態を評価する適当な措置をとり、並びに、要請を行う締約国及び第三条に定めるところにより責任を有する他の締約国と協力して、適当な援助の提供を勧告する。事務総長は、また、右のあらゆる評価に関して、及び、必要な援助の種類と範囲（国際連合システム内に設置された信託基金からの拠出の可能性を含む。）に関して、締約国に報告することができる。

第九条（一般的予防措置）1　各締約国は、事態と能力における相違に留意して、爆発性の戦争残存物の発生を最小限にすることを目的とした一般的な予防措置をとるよう奨励される。そのような予防措置には、技術的事項に関する附属書の第三部に定めるものが含まれるが、それに限定されるわけではない。

2　各締約国は、本条1に関し最善の実践を促進し及び確立するための努力に関連する情報を、自発的に交換することができる。

第一〇条（締約国間の協議）1　締約国は、この議定書の運用に関連するすべての問題について相互に協議し及び協力することを約束する。このため、過半数（一八以上の締約国であることを条件とする。）の締約国の同意があれば、締約国会議を開催する。

2　締約国会議の作業には、次のことが含まれる。

(a)　この議定書の状況と運用を検討すること

(b)　この議定書の国内実施に関連する事項（国別の報告又はその毎年の更新を含む。）を検討すること

(c)　再検討会議を準備すること

3　締約国会議の費用は、会議に出席する締約国及び非締約国が、国際連合の分担率を適当に調整して負担する。

第一一条（遵守）1　各締約国は、自国の軍隊及び関連する省庁が適当な命令及び運用手続を発し、且つ、自国の要員がこの議定書の関連規定に合致する訓練を受けるよう求めなければならない。

2　締約国は、この議定書の規定の解釈及び適用に関して生ずる問題を解決するため、二国間で、国際連合事務総長を通じ、又は他の適当な国際的な手続を通じて、相互に協議し及び相互に協力することを約束する。

技術的事項に関する附属書（略）

15

24　自律型致死兵器システム分野の新興技術に関する政府専門家会合による指針（ＬＡＷＳ指針）

採　択　二〇一九年一一月一五日　特定通常兵器使用禁止制限条約締約国会議

国際法、国際連合憲章及び国際人道法並びに関連する倫理的視点は、本会合の継続作業を導くべきであることが確認された。自律型致死兵器システム分野における新興技術が国際人道法に対してもたらす潜在的課題に留意しつつ、将来における議論の結果に予断を与えることなく、次の点を確認した。

(a)　国際人道法が、自律型致死兵器システムの将来的な開発と使用を含むすべての兵器システムに引き続き完全に適用される。

(b)　説明責任を機械に委ねることはできないので、兵器システムの使用に関する決定において、人間の責任は保持しなければならない。これは兵器システムの全ライフサイクルを通して考慮されなければならない。

(c)　人間と機械の相互作用はさまざまな形態をとり、かつ、兵器システムのライフサイクルの各段階で行われるものであるため、自律型致死兵器システム分野における新興技術に基づく兵器システムの将来的な使用が、適用可能な国際法、とくに国際人道法を遵守することを確保すべきである。人間と機械の相互作用の質と範囲を決定する際には、運用上の文脈並びに兵器システム全体としての特性及び性能を含む各種要素を考慮すべきである。

(d)　ＣＣＷ［特定通常兵器使用禁止制限条約］の枠組において新興兵器システムを開発、配備及び使用する際の説明責任は、人間の指揮統制の責任連鎖の範囲内で当該システムを運用することを含め、適用可能な国際法に従って確保しなければならない。

(e)　国際法上の国家の義務に従い、新たな兵器又は戦闘の手段若しくは方法の研究、開発、取得又は採用に当たり、その使用が国際法により一定の場合又はすべての場合において、国際法により禁止されているか否かを決定しなければならない。

(f)　自律型致死兵器システム分野において、新興技術に基づく新たな兵器システムを開発又は取得する場合、物理的安全、適当な非物理的保護手段（ハッキング又はデータのなりすましに対するサイバーセキュリティを含む）、テロ集団による取得のリスク及び拡散のリスクを考慮すべきである。

(g)　リスク評価及びその低減措置は、あらゆる兵器システムにおける新興技術の設計、開発、試験及び展開サイクルの一部に組み込まれるべきである。

(h)　国際人道法その他の適用可能な国際法上の義務の遵守を維持するに当たっては、自律型致死兵器システム分野において新興技術が使用されていることを考慮すべきである。

(i)　将来の政策措置の策定においては、自律型致死兵器システム分野における新興技術を擬人化すべきではない。

(j)　ＣＣＷの文脈で行われる議論及びいかなる将来の政策措置も、自律知能技術の平和的利用の促進又はそれへのアクセスを妨げるべきではない。

(k)　ＣＣＷは、軍事的必要と人道の考慮のバランスを追求する同条約の趣旨及び目的の文脈で、自律型致死兵器システム分野における新興技術の問題に対処するための適切な枠組を提供する。

15 25 対人地雷の使用、貯蔵、生産及び移譲の禁止並びに廃棄に関する条約(対人地雷禁止条約)

採択　一九九七年九月一八日(オスロ)
署名　一九九七年一二月三日(オタワ)
効力発生　一九九九年三月一日
日本国　一九九七年一二月三日署名、一九九八年九月三〇日国会承認、同日受諾書寄託、一〇月二八日公布(条約第一五号)、一九九九年三月一日効力発生

前　文(略)

第一条(一般的義務) 1　締約国は、いかなる場合にも、次のことを行わないことを約束する。
(a)　対人地雷を使用すること。
(b)　対人地雷を開発し、生産し、生産その他の方法によって取得し、貯蔵し若しくは保有し又はいずれかの者に対して直接若しくは間接に移譲すること。
(c)　この条約によって締約国に対して禁止されている活動を行うことにつき、いずれかの者に対して、援助し、奨励し又は勧誘すること。
2　締約国は、この条約に従ってすべての対人地雷を廃棄し又はその廃棄を確保することを約束する。

第二条(定義) 1　「対人地雷」とは、人の存在、接近又は接触によって爆発するように設計された地雷であって、一人若しくは二人以上の者の機能を著しく害し又はこれらの者を殺傷するものをいう。人ではなく車両の存在、接近又は接触によって起爆するように設計された地雷で処理防止のための装置を備えたものは、当該装置を備えているからといって対人地雷であるとはされない。
2　「地雷」とは、土地若しくは他の物の表面に又は土地若しくは他の物の表面の下方若しくは周辺に敷設されるよう及び人又は車両の存在、接近又は接触によって爆発するように設計された弾薬類をいう。
3　「処理防止のための装置」とは、地雷を保護することを目的とする装置であって、地雷の一部を成し若しくは地雷に連接され若しくは取り付けられ又は地雷の下に設置され、かつ、地雷を処理その他の方法で故意に妨害しようとすると作動するものをいう。
4　「移譲」とは、対人地雷が領域へ又は領域から物理的に移動し、かつ、当該対人地雷に対する権原及び管理が移転することをいう。ただし、対人地雷の敷設された領域の移転に伴って生ずるものを除く。
5　「地雷敷設地域」とは、地雷の存在又は存在の疑いがあることにより危険な地域をいう。

第三条(例外) 1　第一条の一般的義務にかかわらず、地雷の探知、除去又は廃棄の技術の開発及び訓練のための若干数の対人地雷の保有又は移譲は、認められる。その総数は、そのような開発及び訓練のために絶対に必要な最少限度の数を超えてはならない。
2　廃棄のための対人地雷の移譲は、認められる。

第四条(貯蔵されている対人地雷の廃棄) 締約国は、前条に規定する場合を除くほか、自国が保有し若しくは占有する又は自国の管轄若しくは管理の下にあるすべての貯蔵されている対人地雷につき、この条約が自国について効力を生じた後できる限り速やかに、遅くとも四年以内に、廃棄し又はその廃棄を確保することを約束する。

第五条(地雷敷設地域における対人地雷の廃棄) 1　締約国は、自国の管轄又は管理の下にある地雷敷設地域におけるすべての対人地雷につき、この条約が自国について効力を生じた後できる限り速やかに、遅くとも一〇年以内に、廃棄し又はその廃棄を確保することを約束する。
2　締約国は、自国の管轄又は管理の下にあり、かつ、対人地雷が敷設されていることが知られ又は疑われているすべての地域を特定するためにあらゆる努力を払うものとし、自国の管轄又は管理の下にある地雷敷設地域におけるすべての対人地雷につき、当該対人地雷が廃棄されるまでの間文民を効果的に排除することを確保するためこれらの地域の外縁を明示し並びにこれらの地域を監視し及び囲いその他の方法によって保護することをできる限り速やかに確保する。その外縁の表示は、少なくとも、過度に傷害を与え又は無差別に効果を及ぼすことがあると認められる通常兵器の使用の禁止又は制限に関する条約に附属する一九九六年五月三日に改正された地雷、ブービートラップ及び他の類似の装置の使用の禁止又は制限に関する議定書に定める基準に従ったものとする。
3　締約国は、1のすべての対人地雷について1に規定する期間内に廃棄し又はその廃棄を確保することができないと認める場合には、当該対人地雷の廃棄の完了の期間を最長一〇年の期間延長することについて締約国会議又は検討会議に対して要請を行うことができる。
4　3の要請には、次の事項を含める。
(a)　延長しようとする期間
(b)　延長の理由についての詳細な説明(次の事項を含む。)
(i)　国の地雷除去計画によって行われる作業の準備及び状況
(ii)　自国がすべての対人地雷を廃棄するために利用可能な財政的及び技術的手段
(iii)　自国による地雷敷設地域におけるすべての対人地雷の廃棄を妨げる事情
(c)　延長から生ずる人道上の、社会的な、経済的な及び環境上の影響
(d)　延長の要請に関するその他の情報

5　締約国会議又は検討会議は、4に規定する要素を考慮の上、期間延長の要請を評価し、出席しかつ投票する締約国の票の過半数による議決で当該要請を認めるかどうかを決定する。

6　延長は、3から5までの規定を準用して新たな要請を行うことによって更新することができる。締約国は、新たな期間延長を要請するに当たり、その前の期間延長においてこの条の規定に従って実施してきたことについての関連する追加的な情報を提出する。

第六条(国際的な協力及び援助)1　締約国は、この条約に基づく義務を履行するに当たり、実現可能な場合には、可能な限りにおいて他の締約国の援助を求め及び受ける権利を有する。

2　締約国は、この条約の実施に関連する装置、資材並びに科学的な及び技術に関する情報を可能な最大限度まで交換することを容易にすることを約束するものとし、また、その交換に参加する権利を有する。締約国は、地雷の除去のための装置及び関連する技術に関する情報の人道的目的のための提供に関して不当な制限を課してはならない。

3　締約国は、可能な場合には、地雷による被害者の治療、リハビリテーション並びに社会的及び経済的復帰並びに地雷についての啓発計画のための援助を提供する。この援助は、特に、国際連合及びその関連機関、国際的、地域的若しくは国の機関、赤十字国際委員会、各国の赤十字社及び赤新月社、国際赤十字・赤新月社連盟若しくは非政府機関を通じて又は二国間で提供することができる。

4　締約国は、可能な場合には、地雷の除去及び関連する活動のための援助を提供する。この援助は、特に、国際連合及びその関連機関、国際的若しくは地域的機関若しくは非政府機関を通じて、二国間で又は「地雷の除去を援助するための任意の国際連合信託基金」若しくは他の地雷の除去に対処する地域的な基金に拠出することによって提供することができる。

5　締約国は、可能な場合には、貯蔵されている対人地雷の廃棄のための援助を提供する。

6　締約国は、国際連合及びその関連機関に設置される地雷の除去に関するデータベースに対して情報(特に、地雷の除去のための各種の方法及び技術に関する情報並びに地雷の除去に関する専門家、専門的な機関又は自国の連絡先の名簿)を提供することを約束する。

7　締約国は、国際連合、地域的機関、他の締約国その他適当な政府間又は民間の場に対し、特に次の事由を定める地雷除去計画の策定に当たって自国の当局への援助を要請することができる。

(a)　対人地雷に関する問題の程度及び範囲

(b)　当該地雷除去計画の実施に必要な資金、技術及び人的資源

(c)　自国の管轄又は管理の下にある地雷敷設地域におけるすべての対人地雷の廃棄のために必要であると見込まれる年数

(d)　地雷による傷害又は死亡の発生を減少させるための地雷についての啓発活動

(e)　地雷の被害者への援助

(f)　自国の政府と当該地雷除去計画の実施に当たる政府機関、政府間機関又は非政府機関との関係

8　この条の規定により援助を提供する締約国及び当該援助を受ける締約国は、合意された援助計画の完全かつ迅速な実施を確保するために協力する。

第七条(透明性についての措置)1　締約国は、次の事項につき、国際連合事務総長に対し、この条約が自国について効力を生じた後できる限り速やかに、遅くとも一八〇日以内に報告する。

(a)　第九条にいう国内の実施措置

(b)　自国が所有し若しくは占有する又は自国の管轄若しくは管理の下にあるすべての貯蔵されている対人地雷の総数並びに貯蔵されている対人地雷の型式ごとの数量及び可能な場合には型式ごとのロット番号の内訳

(c)　可能な場合には、自国の管轄又は管理の下にあり、かつ、対人地雷が存在する又は存在の疑いがあるすべての地雷敷設地域の位置並びに各地雷敷設地域における対人地雷の型式ごとの数量及び敷設された時期に関する可能な限りの詳細

(d)　第三条の規定に従い、地雷の探知、除去若しくは廃棄の技術の開発及び訓練のために保有しており若しくは移譲した対人地雷又は廃棄のために移譲した対人地雷のすべての型式、数量及び可能な場合にはロット番号並びに対人地雷を保有し又は移譲することを自国によって認められた機関

(e)　対人地雷生産施設の転換又は稼働の停止のための計画の状況

(f)　第四条及び第五条の規定に基づく対人地雷の廃棄のための計画の状況(廃棄に用いる方法、廃棄を行うすべての場所の位置並びに安全及び環境についての適用可能な基準であって廃棄に際して従う必要のあるものの詳細を含む。)

(g)　この条約が自国について効力を生じた後に廃棄されたすべての対人地雷の型式及び数量(第四条及び第五条の規定に従ってそれぞれ廃棄された対人地雷の型式ごとの数量並びに第四条の規定に従って廃棄された対人地雷については、可能な場合には、型式ごとのロット番号の内訳を含む。)

(h)　自国の生産した対人地雷の各型式の技術上の特徴(判明しているものに限る。)及び自国がその時点で所有し又は占有する対人地雷の各型式の技術上の特徴であって、合理的に可能である場合には、対人地雷の識別及び除去を容易にすることができるような情報を与えるもの。この情報には、少なくとも、寸法、信管、使用されている火薬及び金属、カラー写真その他の情報であって地雷の除去

を容易にすることができるものを含める。

(i) 第五条2の規定に従って特定されたすべての地域に関して住民に対する迅速かつ効果的な警告を発するためにとられた措置

2 締約国は、この条の規定に従って提供する情報につき、直近の暦年を対象として毎年更新し、毎年四月三〇日までに国際連合事務総長に報告する。

3 国際連合事務総長は、受領した報告のすべてを全締約国に送付する。

第八条（遵守の促進及び遵守についての説明） 1 締約国は、この条約の実施に関して相互に協議し及び協力し並びに締約国がこの条約に基づく義務を履行することを促進するために協調の精神に基づいて協力することを合意する。

2 一又は二以上の締約国は、他の締約国によるこの条約の遵守に関連する問題を明らかにし及びその解決を求めることを希望する場合には、当該他の締約国に対し、国際連合事務総長を通じて、そのような問題についての「説明の要請」を行うことができる。この要請には、すべての適当な情報を添付する。締約国は、濫用を避けるために注意を払い、根拠のない「説明の要請」を慎まなければならない。「説明の要請」を受けた締約国は、要請を行った締約国に対し、国際連合事務総長を通じて、当該問題を明らかにする上で有用なすべての情報を二八日以内に提供する。

3 要請を行った締約国は、2に規定する期間内に国際連合事務総長を通じて回答が得られなかったとき又は「説明の要請」に対する回答が十分でないと認めたときは、同事務総長を通じて、次回の締約国会議に問題を付託することができる。国際連合事務総長は、すべての締約国に対し、付託された問題を、関連する「説明の要請」についてのすべての適当な情報と共に送付する。この情報は、要請を受けた締約国にすべて提示されるものとし、当該要請を受けた締約国は、意見を述べる権利を有する。

4 いずれの関係締約国も、締約国会議が招集されるまでの間、国際連合事務総長に対し、要請された説明を促進するためのあっせんを行うよう要請することができる。

5 要請を行った締約国は、国際連合事務総長を通じて、問題を検討するための締約国特別会議の招集を提案することができる。国際連合事務総長は、直ちに、すべての締約国に対し、その提案及び関係締約国が提出したすべての情報を送付するものとし、締約国による当該問題の審議のための締約国特別会議の開催に賛成するかどうかを示すよう要請する。その送付の日から一四日以内に締約国の三分の一以上が当該締約国特別会議の開催に賛成する場合には、国際連合事務総長は、その後一四日以内に当該締約国特別会議を招集する。当該締約国特別会議には、締約国の過半数が出席していなければならない。

6 締約国会議又は締約国特別会議は、関係締約国が提出したすべての情報を考慮の上、問題を更に検討するかどうかをまず決定する。締約国会議又は締約国特別会議は、コンセンサス方式によって決定を行うようあらゆる努力を払うものとし、この決定を行うためのあらゆる努力にもかかわらず合意に達しなかったときは、出席しかつ投票する締約国の過半数による議決で決定を行う。

7 すべての締約国は、締約国会議又は締約国特別会議による問題の検討（8の規定に従って決定される事実調査使節団の設置を含む。）を行うため、これらの会議に十分に協力する。

8 締約国会議又は締約国特別会議は、出席しかつ投票する締約国の過半数による議決で事実調査使節団の設置及びその任務を決定する。要請を受けた締約国は、いつでも、自国の領域への事実調査使節団の派遣を招請することができる。この場合においては、事実調査使節団は、締約国会議又は締約国特別会議の決定によることなく設置されるものとする。事実調査使節団は、9及び10の規定に従って指名され及び承認される九人以内の専門家により構成されるものとし、遵守について申し立てられた問題に直接関連する地点その他の場所であって、要請を受けた締約国の管轄又は管理の下にある場所において、追加的な情報を収集することができる。

9 国際連合事務総長は、資格を有する専門家の氏名、国籍その他関連するデータを記載した単一の名簿を、各締約国の提供する名簿に基づいて作成し及び改定し、並びにこれをすべての締約国に送付する。この単一の名簿に含められる専門家は、いずれかの締約国が書面により受け入れられない旨を宣言する場合を除くほか、すべての事実調査使節団のために指名されたものとみなす。受け入れられない場合には、受け入れられない旨が個別の事実調査使節団のための専門家の任命に先立って宣言されたときに限り、当該専門家は、受け入れられない旨の宣言を行った締約国の領域内又はその管轄若しくは管理の下にあるその他の場所において、当該事実調査使節団に参加しない。

10 国際連合事務総長は、締約国会議又は締約国特別会議の求めに応じ、要請を受けた締約国と協議した後、事実調査使節団の構成員（使節団の長を含む。）を任命する。関係する事実調査使節団の設置を決定するよう求めた締約国又は当該事実調査使節団により直接影響を受ける締約国の国民については、当該事実調査使節団に任命してはならない。事実調査使節団の構成員は、一九四六年二月一三日に採択された国際連合の特権及び免除に関する条約第六条にいう特権及び免除を享受する。

11 事実調査使節団の構成員は、できる限り速やかに、かつ、七二時間前までに通告した上で、要請を受けた締約国の領域に到着する。要請を受けた締約国は、事実調査使節団を受け入れ、輸送し及び宿泊させるために必要な行政上の措置をとり、並びに当該事実調査使節団が自国の管理の下にある領域にある間は当該事実調査使節団の安全を可能な最大限度まで確保する。

12　事実調査使節団は、要請を受けた締約国の主権を害することなく、必要な装置を、遵守について申し立てられた問題に関する情報を収集するためにのみ使用することを条件として、当該要請を受けた締約国の領域内に持ち込むことができる。事実調査使節団は、その到着に先立ち、要請を受けた締約国に対して、自己の任務の遂行において使用することとしている装置について通報する。

13　要請を受けた締約国は、事実調査使節団に対し遵守について申し立てられた問題に関連する情報を提供することができるすべての者と話す機会を与えることを確保するためにあらゆる努力を払う。

14　要請を受けた締約国は、事実調査使節団に対し自国の管理の下にあるすべての地域及び施設であって遵守についての問題に関連する事実を収集することができると予想されるものへのアクセスを認める。ただし、要請を受けた締約国が次の事項のために必要と認める措置をとることを妨げるものではない。要請を受けた締約国は、当該措置をとる場合には、この条約を遵守していることを代替的な手段により明らかにするためにあらゆる合理的な努力を払う。

(a)　機微に係る装置、情報及び地域の保護

(b)　要請を受けた締約国が財産権その他の憲法上の権利並びに捜索及び押収について負う憲法上の義務の保護

(c)　事実調査使節団の構成員の防護及び安全

15　事実調査使節団は、別段の合意がある場合を除くほか、要請を受けた締約国の領域内に一四日以内(特定の施設については七日以内)の間滞在することができる。

16　秘密のものとして提供され、かつ、事実調査の対象である事項に関連しないすべての情報については、秘密のものとして取り扱う。

17　事実調査使節団は、国際連合事務総長を通じて、締約国会議又は締約国特別会議に対し、その調査結果を報告する。

18　締約国会議又は締約国特別会議は、すべての関連する情報(事実調査使節団が提出した報告を含む。)を検討するものとし、要請を受けた締約国に対し遵守についての問題を特定の期間内に取り扱う措置をとるよう求めることができる。当該要請を受けた締約国は、その求めに応じてとったすべての措置について報告する。

19　締約国会議又は締約国特別会議は、関係締約国に対し、検討中の問題を一層明らかにし又は解決するための方法及び手段(国際法に適合する適当な手続の開始を含む。)を提案することができる。締約国会議又は締約国特別会議は、問題となっている事項が要請を受けた締約国にとってやむを得ない事情によるものであると認める場合には、適当な措置(第六条に規定する協力のための措置の利用を含む。)を勧告することができる。

20　締約国会議又は締約国特別会議は、18及び19に規定する決定をコンセンサス方式によって行うようあらゆる努力を払うものとし、合意に達しなかったときは、出席しかつ投票する締約国の三分の二以上の多数による議決で当該決定を行う。

第九条(国内の実施措置)　締約国は、この条約によって締約国に対して禁止されている活動であって、自国の管轄若しくは管理の下にある者によるもの又は自国の管轄若しくは管理の下にある領域におけるものを防止し及び抑止するため、立法上、行政上その他のあらゆる適当な措置(罰則を設けることを含む。)をとる。

第一〇条(紛争の解決)　1　締約国は、この条約の適用又は解釈に関して生ずる紛争を解決するため、相互に協議し及び協力する。締約国は、締約国会議に当該紛争を提起することができる。

2　締約国会議は、適当と認める手段(あっせんを提供すること、紛争当事国である締約国に対し当該締約国が選択する解決のための手続を開始するよう要請すること及び合意された手続に従って解決するための期限を勧告することを含む。)により、紛争の解決に貢献することができる。

3　この条の規定は、遵守の促進及び遵守についての説明に関するこの条約の規定を害するものではない。

第一一条(締約国会議)　1　締約国は、この条約の適用又は実施につき次の事項を含む問題を検討するために定期的に会合する。

(a)　この条約の運用及び締結状況

(b)　この条約の規定に従って提出される報告から生ずる問題

(c)　第六条の規定に従って行われる国際的な協力及び援助

(d)　対人地雷を除去する技術の開発

(e)　第八条の規定に基づき締約国により付託された問題

(f)　第五条に規定する締約国の要請に関する決定

2　第一回締約国会議については、この条約が効力を生じた後一年以内に国際連合事務総長が招集する。その後の締約国会議は、第一回検討会議が開催されるまでの間においては毎年、国際連合事務総長が招集する。

3　国際連合事務総長は、第八条に規定する条件に従って締約国特別会議を招集する。

4　締約国会議及び締約国特別会議には、この条約の締約国でない国、国際連合その他関連する国際機関、地域機関、赤十字国際委員会及び関連する非政府機関に、合意される手続規則に従いオブザーバーとし

て出席するよう招請することができる。

第一二条（検討会議） 1　検討会議は、この条約の効力発生の五年後に国際連合事務総長が招集する。その後の検討会議は、一又は二以上の締約国の要請があった場合には、検討会議の間隔をいかなる場合にも五年以上とすることを条件として、国際連合事務総長が招集する。この条約のすべての締約国は、検討会議に招請されるものとする。

2　検討会議の目的は、次のとおりとする。

(a)　この条約の運用及び締結状況を検討すること。

(b)　前条2にいう締約国会議を更に開催する必要性及び会議の間隔を検討すること。

(c)　第五条に規定する締約国の要請について決定すること。

(d)　必要な場合には、この条約の実施に関する結論を最終報告において採択すること。

3　検討会議には、この条約の締約国でない国、国際連合その他関連する国際機関、地域的機関、赤十字国際委員会及び関連する非政府機関に、合意される手続規則に従いオブザーバーとして出席するよう招請することができる。

第一三条（改正） 1　いずれの締約国も、この条約が効力を生じた後いつでもこの条約の改正を提案することができる。改正のための提案については、寄託者に通報するものとし、寄託者は、当該改正のための提案をすべての締約国に対して回章に付し、当該改正のための提案を検討するために改正会議を開催すべきかどうかについての締約国の見解を求める。寄託者は、締約国の過半数が当該改正のための提案を更に検討することを支持する旨を当該改正のための提案の回章の後三〇日以内に寄託者に通報する場合には、すべての締約国が招請される改正会議を招集する。

2　改正会議には、この条約の締約国でない国、国際連合その他関連する国際機関、地域的機関、赤十字国際委員会及び関連する非政府機関に、合意される手続規則に従いオブザーバーとして出席するよう招請することができる。

3　改正会議は、締約国の過半数が一層早期の開催を要請する場合を除くほか、締約国会議又は検討会議の後直ちに開催する。

4　改正は、改正会議に出席しかつ投票する締約国の三分の二以上の多数による議決で採択する。寄託者は、採択された改正を締約国に通報する。

5　改正は、締約国の過半数が受諾書を寄託者に寄託した時に、改正を受諾したすべての締約国について効力を生ずるものとし、その後に改正の受諾書を寄託する他の締約国については、受諾書の寄託の日に効力を生ずる。

第一四条（費用） 1　締約国会議、締約国特別会議、検討会議及び改正会議の費用については、適切に調整された国際連合の分担率に従い、締約国及びこれらの会議に参加するこの条約の締約国でない国が負担する。

2　第七条及び第八条の規定により国際連合事務総長が要する費用並びに事実調査使節団の費用は、適切に調整された国際連合の分担率に従って締約国が負担する。

第一五条（署名） 一九九七年九月一八日にノールウェーのオスロで作成されたこの条約は、一九九七年一二月三日及び四日にカナダのオタワにおいて並びに一九九七年一二月五日からその効力発生までの期間はニュー・ヨークにある国際連合本部においてすべての国による署名のために開放しておく。

第一六条（批准、受諾、承認又は加入） 1　この条約は、署名国によって批准され、受諾され又は承認されなければならない。

2　この条約は、この条約に署名しなかった国による加入のために開放しておく。

3　批准書、受諾書、承認書又は加入書は、寄託者に寄託する。

第一七条（効力発生） 1　この条約は、四〇番目の批准書、受諾書、承認書又は加入書が寄託された月の後六番目の月の初日に効力を生ずる。

2　四〇番目の批准書、受諾書、承認書又は加入書が寄託された日の後に批准書、受諾書、承認書又は加入書を寄託する国については、この条約は、その批准書、受諾書、承認書又は加入書が寄託された日の後六番目の月の初日に効力を生ずる。

第一八条（暫定的適用） いずれの国も、自国の批准、受諾、承認又は加入の時に、この条約の効力発生までの間第一条1の規定を暫定的に適用する旨を宣言することができる。

第一九条（留保） この条約の各条の規定については、留保を付することができない。

第二〇条（有効期間及び脱退） 1　この条約の有効期間は、無期限とする。

2　締約国は、その主権を行使してこの条約から脱退する権利を有する。この権利を行使する締約国は、他のすべての締約国、寄託者及び国際連合安全保障理事会に対してその旨を通告する。脱退の通告には、脱退しようとする理由についての十分な説明を記載する。

3　脱退は、寄託者が脱退の通告を受領した後六箇月で効力を生ずる。ただし、脱退する締約国が当該六箇月の期間の満了の時において武力紛争に巻き込まれている場合には、脱退は、武力紛争の終了の時まで効力を生じない。

4　この条約からの締約国の脱退は、国際法の関連規則に基づく義務を引き続き履行することについての国の義務に何ら影響を及ぼすものではない。

第二一条（寄託者） 国際連合事務総長は、ここに、この条約の寄託者として指名される。

第二二条（正文） アラビア語、中国語、英語、フランス語、ロシア語及びスペイン語をひとしく正文とするこの条約の原本は、国際連合事務総長に寄託する。

15/26 クラスター弾に関する条約(抄)

採　択　二〇〇八年五月三〇日(ダブリン)
署　名　二〇〇八年一二月三日(オスロ)
効力発生　二〇一〇年八月一日
日本国　二〇〇八年一二月三日署名、二〇〇九年六月一〇日国会承認、七月一四日受諾書寄託、二〇一〇年七月九日公布(条約第五号)、八月一日効力発生

前　文(略)

第一条(一般的義務及び適用範囲)1　締約国は、いかなる場合にも、次のことを行わないことを約束する。
(a)　クラスター弾を使用すること。
(b)　クラスター弾を開発し、生産し、生産以外の方法によって取得し、貯蔵し若しくは保有し、又はいずれかの者に対して直接若しくは間接に移譲すること。
(c)　この条約によって締約国に対して禁止されている活動を行うことにつき、いずれかの者に対して、援助し、奨励し、又は勧誘すること。
2　1の規定は、航空機に取り付けられたディスペンサーから散布され、又は投下されるよう特に設計された爆発性の小型爆弾について準用する。
3　この条約は、地雷については、適用しない。

第二条(定義)この条約の適用上、
1　「クラスター弾による被害者」とは、クラスター弾の使用によって殺害され、又は身体的若しくは心理的な傷害、経済的損失、社会的な疎外若しくは自己の権利の実現に対する著しい侵害を被ったすべての者をいい、クラスター弾により直接に被害を受けた者並びにこのような者の関係する家族及び地域社会を含む。
2　「クラスター弾」とは、それぞれの重量が二〇キログラム未満の爆発性の子弾を散布し、又は投下するように設計された通常の弾薬であって、これらの爆発性の子弾を内蔵するものをいう。ただし、次のものを意味するものではない。
(a)　フレア、煙、料薬火工品若しくはチャフを放出するように設計された弾薬若しくは子弾又は防空の役割のためにのみ設計された弾薬
(b)　電気的又は電子的な効果を引き起こすように設計された弾薬又は子弾
(c)　無差別かつ地域的に効果を及ぼすこと及び不発の子弾がもたらす危険を避けるため、次のすべての特性を有している弾薬
(i)　それぞれの弾薬が一〇未満の爆発性の子弾を内蔵していること。
(ii)　それぞれの爆発性の子弾の重量が四キログラムを超えていること。
(iii)　それぞれの爆発性の子弾が単一の攻撃目標を探知し、及び攻撃するように設計されていること。
(iv)　それぞれの爆発性の子弾が電子式の自己破壊のための装置を備えていること。
(v)　それぞれの爆発性の子弾が電子式の自己不活性化のための機能を備えていること。
3　「爆発性の子弾」とは、通常の弾薬であって、その役割を果たすため、クラスター弾から散布され、又は投下され、かつ、衝突前、衝突時又は衝突後に爆発性の炸(さく)薬を起爆させることによって機能するように設計されたものをいう。
4　「失敗したクラスター弾」とは、発射され、投下され、打ち上げられ、射出され、又は他の方法によって投射されたクラスター弾であって、爆発性の子弾を散布し、又は投下するはずであったが、散布し、又は投下することに失敗したものをいう。
5　「不発の子弾」とは、クラスター弾から散布され若しくは投下され、又は他の方法によってクラスター弾から分離された爆発性の子弾であって、意図されたとおりに爆発することに失敗したものをいう。
6　「遺棄されたクラスター弾」とは、使用されておらず、かつ、放置され、又は投棄されたクラスター弾又は子弾であって、これらを放置し、又は投棄した者の管理の下にないものをいい、使用のための準備が行われていたか否かを問わない。
7　「クラスター弾残存物」とは、失敗したクラスター弾、遺棄されたクラスター弾、不発の子弾及び不発の小型爆弾をいう。
8　「移譲」とは、クラスター弾が領域へ又は領域から物理的に移動し、かつ、当該クラスター弾に対する権原及び管理が移転することをいう。ただし、クラスター弾残存物の存在する領域の移転に伴って生ずるものを除く。
9　「自己破壊のための装置」とは、弾薬の主要な起爆装置のほかに当該弾薬に内蔵された自動的に機能する装置であって、当該弾薬の破壊を確保するためのものをいう。
10　「自己不活性化」とは、弾薬が機能するために不可欠な構成要素(例えば、電池)を不可逆的に消耗させる方法によって当該弾薬の機能を自動的に失わせることをいう。
11　「クラスター弾汚染地域」とは、クラスター弾残存物が存在することが知られ、又は疑われている地域をいう。
12　「地雷」とは、土地若しくは他の物の表面に又は土地若しくは他の物の表面の下方若しくは周辺に敷設されるよう及び人又は車両の存在、接近又は接触によって爆発するように設計された弾薬をいう。
13　「爆発性の小型爆弾」とは、重量が二十キログラム未満の自動推進式でない通常の弾薬であって、その役割を果たすため、ディスペンサーから散布され、又は投下され、かつ、衝突前、衝突時又は衝突後に

爆発性の炸（さく）薬を起爆させることによって機能するように設計されたものをいう。

14　「ディスペンサー」とは、爆発性の小型爆弾を散布し、又は投下するように設計された容器であって、その散布又は投下の時点において航空機に取り付けられているものをいう。

15　「不発の小型爆弾」とは、ディスペンサーから散布され、投下され、又は他の方法によって分離された爆発性の小型爆弾であって、意図されたとおりに爆発することに失敗したものをいう。

第三条（貯蔵されているクラスター弾の廃棄）1　締約国は、国内法令に従い、作戦上の使用のために保有する弾薬から自国の管轄及び管理の下にあるすべてのクラスター弾を区別し、かつ、当該クラスター弾に廃棄のための識別措置をとる。

2　締約国は、1に規定するすべてのクラスター弾につき、この条約が自国について効力を生じた後できる限り速やかに、遅くとも八年以内に廃棄し、又はその廃棄を確保することを約束する。締約国は、廃棄の方法が公衆の健康及び環境の保護のための適用可能な国際的な基準に適合するよう確保することを約束する。

3　締約国は、1に規定するすべてのクラスター弾につき、この条約が自国について効力を生じた後八年以内に廃棄し、又はその廃棄を確保することができないと認める場合には、当該クラスター弾の廃棄の完了の期限を最長四年までの期間延長することについて締約国会議又は検討会議に対して要請を行うことができる。締約国は、例外的な事情がある場合には、最長四年までの期間追加的な延長を要請することができる。要請する延長は、当該締約国が2の規定に基づく義務の履行を完了するために真に必要な年数を超えてはならない。

4　3に規定する延長の要請には、次に掲げるすべての事項を記載する。

(a)　延長しようとする期間

(b)　当該延長についての詳細な説明（自国が1に規定するすべてのクラスター弾を廃棄するために利用可能な又は必要とする財政的及び技術的手段並びに該当する場合には当該延長を正当化する例外的な事情を含む。）

(c)　貯蔵されているクラスター弾の廃棄を完了させる方法及び時期に関する計画

(d)　この条約が自国について効力を生じた時に保管されていたクラスター弾及び爆発性の子弾並びにこの条約が自国について効力を生じた後に新たに発見されたクラスター弾又は爆発性の子弾の数量及び型式

(e)　2に規定する期間において廃棄されたクラスター弾及び爆発性の子弾の数量及び型式

(f)　延長しようとする期間において廃棄する予定の残りのクラスター弾及び爆発性の子弾の数量及び型式並びに達成が予想される年間廃棄率

5　締約国会議又は検討会議は、4に掲げる事項を考慮に入れて、延長の要請を評価し、及び出席し、かつ、投票する締約国の票の過半数による議決で当該要請を認めるか否かを決定する。これらの締約国は、要請された延長よりも短い延長を認めることを決定することができるものとし、適当な場合には、延長の基準を提案することができる。延長の要請は、当該要請が検討される締約国会議又は検討会議の少なくとも九箇月前までに行う。

6　第一条の規定にかかわらず、クラスター弾及び爆発性の子弾の探知、除去若しくは廃棄の技術の開発及び訓練のため又はクラスター弾への対抗措置の開発のための限られた数のクラスター弾及び爆発性の子弾の保有又は取得は、認められる。保有され、又は取得される爆発性の子弾の総数は、これらの目的のために絶対に必要な最小限度の数を超えてはならない。

7　第一条の規定にかかわらず、廃棄の目的及び6に規定する目的のための他の締約国へのクラスター弾の移譲は、認められる。

8　6及び7に規定する目的のためにクラスター弾又は爆発性の子弾を保有し、取得し、又は移譲する締約国は、これらのクラスター弾及び爆発性の子弾の予定する使用及び実際の使用並びにそれらの型式、数量及びロット番号に関する詳細な報告を提出する。これらの目的のためにクラスター弾又は爆発性の子弾を他の締約国に移譲する場合には、移譲を受ける国への言及を当該報告に含める。当該報告は、当該締約国がクラスター弾又は爆発性の子弾を保有し、取得し、又は移譲している間は毎年作成し、及びその翌年の四月三〇日までに国際連合事務総長に提出する。

第四条（クラスター弾残存物の除去及び廃棄並びに危険の低減を目的とする教育）1　締約国は、自国の管轄又は管理の下にあるクラスター弾汚染地域に存在するクラスター弾残存物につき、次の(a)から(c)までに定めるところにより、除去し、及び廃棄し、又はその除去及び廃棄を確保することを約束する。

(a)　この条約が自国について効力を生ずる日にクラスター弾残存物が自国の管轄又は管理の下にある地域に存在する場合には、できる限り速やかに、その日から遅くとも一〇年以内に、このような除去及び廃棄を完了する。

(b)　この条約が自国について効力を生じた後にクラスター弾が自国の管轄又は管理の下にある地域に存在するクラスター弾残存物となった場合には、できる限り速やかに、当該クラスター弾がクラスター弾残存物となった現実の敵対行為が終了した後遅くとも一〇年以内に、このような除去及び廃棄を完了しなければならない。

(c)　締約国は、(a)又は(b)のいずれかに規定する自国の義務を履行したときは、次回の締約国会議に対して義務を履行した旨の宣言を行う。

2　締約国は、1に規定する義務を履行するに当たり、国際的な協力及び援助に関する第六条の規定を考慮に入れて、できる限り速やかに、次の措置をとる。

(a)　自国の管轄又は管理の下にあるすべてのクラスター弾汚染地域を特定するためにあらゆる努力を払いつつ、クラスター弾残存物がもたらす脅威を調査し、評価し、及び記録すること。

(b)　標示、文民の保護、除去及び廃棄に関するニーズを評価し、並びにこれらについての優先順位を決定し、並びに適当な場合には既存の組織、経験及び方法に依拠して、これらの活動を実施するために資源を調達し、及び国の計画を作成するための措置をとること。

(c)　自国の管轄又は管理の下にあるすべてのクラスター弾汚染地域につき、囲いその他の文民を効果的に排除することを確保する手段によって、クラスター弾汚染地域の外縁を標示し、並びにクラスター弾汚染地域を監視し、及び防護することを確保するためのすべての実行可能な措置をとること。危険性が疑われている地域を標示する場合においては、関係する地域社会が容易に認識することのできる標示方法に基づく警告標識を使用すべきである。標識その他の危険な地域を示す境界の標示は、できる限り、視認及び判読が可能であり、かつ、耐久性及び環境の影響に対する耐性のあるものとすべきであり、また、標示された境界のいずれの側がクラスター弾汚染地域であると認められ、いずれの側が安全であると認められるかを明確に特定すべきである。

(d)　自国の管轄又は管理の下にある地域に存在するすべてのクラスター弾残存物を除去し、及び廃棄すること。

(e)　クラスター弾汚染地域又はその周辺に居住する文民の間においてクラスター弾残存物がもたらす危険についての認識を確保するため、危険の低減を目的とする教育を行うこと。

3　締約国は、2に規定する措置をとるに当たり、「地雷対策活動に関する国際基準」(IMAS)を含む国際的な基準を考慮に入れる。

4　この4の規定は、この条約が一の締約国について効力を生ずる前に当該一の締約国によって使用され、又は遺棄されたクラスター弾が、この条約が他の締約国について効力を生ずる時に当該他の締約国の管轄又は管理の下にある地域に存在するクラスター弾残存物となった場合について適用する。

(a)　このような場合において、この条約がこれらの締約国双方について効力を生じた時は、当該一の締約国は、当該他の締約国に対し、当該クラスター弾残存物の標示、除去及び廃棄を容易にするため、二国間で又は相互に合意した第三者(国際連合及びその関連機関並びに他の関連する機関を含む。)を通じて、特に、技術的、財政的、物的又は人的資源の援助を提供することを強く奨励される。

(b)　このような援助には、可能な場合には、使用されたクラスター弾の型式及び数量、クラスター弾による攻撃を行った正確な位置並びにクラスター弾残存物が存在することが知られている地域についての情報を含める。

5　締約国は、1に規定するすべてのクラスター弾残存物につき、この条約が自国について効力を生じた後一〇年以内に除去し、及び廃棄し、又はその除去及び廃棄を確保することができないと認める場合には、当該クラスター弾残存物の除去及び廃棄の完了の期限を最長五年までの期間延長することについて締約国会議又は検討会議に対して要請を行うことができる。要請する延長は、当該締約国が1の規定に基づく義務の履行を完了するために真に必要な年数を超えてはならない。

6　5に規定する延長の要請は、当該締約国について1に定める期間が満了する前に締約国会議又は検討会議に対して行う。当該要請が検討される予定の締約国会議又は検討会議の少なくとも九箇月前までに行う。当該要請には、次に掲げるすべての事項を記載する。

(a)　延長しようとする期間

(b)　延長しようとする理由についての詳細な説明(延長しようとする期間において自国がすべてのクラスター弾残存物を除去し、及び廃棄するために利用可能な及び必要とする財政的及び技術的手段を含む。)

(c)　将来の作業の準備並びに1に定める最初の一〇年間及びその後の延長において除去及び廃棄に関する国の計画に基づいて既に行われた作業の状況

(d)　この条約が自国について効力を生じた時にクラスター弾残存物が存在した地域の総面積及びこの条約が自国について効力を生じた後に新たに発見されたクラスター弾残存物が存在する地域の面積

(e)　この条約が効力を生じた後に除去されたクラスター弾残存物が存在した地域の総面積

(f)　延長しようとする期間において除去する予定の残りのクラスター弾残存物が存在する地域の総面積

(g)　1に定める最初の一〇年間において自国の管轄又は管理の下にある地域に存在するすべてのクラスター弾残存物を廃棄することを妨げた事情及び当該延長においてこのような廃棄を妨げる可能性のある事情

(h)　当該延長から生ずる人道上の、社会的な、経済的な及び環境上の影響

(i)　当該延長の要請に関連するその他の情報

7　締約国会議又は検討会議は、6に掲げる事項(特に、報告されたクラスター弾残存物の量を含む。)を考慮に入れて、延長の要請を評価し、及び出席し、かつ、投票する締約国の票の過半数による議決で当

該要請を認めるか否かを決定する。これらの締約国は、要請された延長よりも短い延長を認めることを決定することができるものとし、適当な場合には、延長の基準を提案することができる。
8　延長は、5から7までの規定を準用して新たな要請を行うことにより最長五年までの期間更新することができる。締約国は、更なる延長を要請するに当たり、この条の規定に従って認められたその前の延長において行ったことについての追加的な関連情報を提出する。

第五条（被害者に対する援助）1　締約国は、自国の管轄又は管理の下にある地域に所在するクラスター弾による被害者について、適用可能な国際人道法及び国際人権法に従い、年齢及び性別に配慮した援助（医療、リハビリテーション及び心理的な支援を含む。）を適切に提供し、並びにクラスター弾による被害者が社会的及び経済的に包容されるようにする。締約国は、クラスター弾による被害者についての信頼し得る関連資料を収集するためにあらゆる努力を払う。
2　締約国は、1に規定する義務を履行するに当たり、次のことを行う。
(a)　クラスター弾による被害者のニーズを評価すること。
(b)　必要な政策及び国内法令を作成し、実施し、及び執行すること。
(c)　関係者の特別な役割及び貢献を尊重しつつ、障害、開発及び人権に係る自国の既存の枠組み及び仕組みにクラスター弾による被害者を組み入れるため、国の計画及び予算（これらを実施するための時間的な枠組みを含む。）を作成すること。
(d)　国内的及び国際的な資源を調達するための措置をとること。
(e)　クラスター弾による被害者に対して若しくはクラスター弾による被害者の間に又はクラスター弾による被害者と他の理由により傷害若しくは障害を被った者との間に差別を設けないこと。取扱いの差異は、医療上、リハビリテーション上、心理上又は社会経済上のニーズにのみ基づくものとすべきである。
(f)　クラスター弾による被害者及びクラスター弾による被害者を代表する団体と緊密に協議し、並びにこれらを積極的に関与させること。
(g)　この条の規定の実施に関する事項を調整するための政府内の中央連絡先を指定すること。
(h)　特に、医療、リハビリテーション及び心理的な支援並びに社会的及び経済的な包容の分野において、関連する指針及び良い慣行を取り入れるよう努めること。

第六条（国際的な協力及び援助）1　締約国は、この条約に基づく義務を履行するに当たり、援助を求め及び受ける権利を有する。
2　援助を提供することのできる締約国は、クラスター弾によって影響を受けた締約国に対し、この条約に基づく義務が履行されるようにするための技術的、物的及び財政的援助を提供する。このような援助は、特に、国際連合及びその関連機関、国際的な、地域的な若しくは国の機関若しくは非政府機関を通じて又は二国間で提供することができる。
3　締約国は、この条約の実施に関する装置並びに科学的な及び技術に関する情報を可能な最大限度まで交換することを容易にすることを約束するものとし、そのような交換に参加する権利を有する。締約国は、除去その他この条約の実施に関する装置及び関連する技術に関する情報の人道的目的のための提供及び受領を不当に制限してはならない。
4　援助を提供することのできる締約国は、第四条4の規定に従って負うことのある義務に加え、クラスター弾残存物の除去及び廃棄のための援助、クラスター弾の除去に関連する各種の方法及び技術に関する情報並びにクラスター弾残存物の除去及び廃棄並びに関連する活動に関する専門家、専門的な機関又は自国の連絡先の名簿を提供する。
5　援助を提供することのできる締約国は、貯蔵されているクラスター弾の廃棄のための援助を提供し、また、第四条に規定する標示、危険の低減を目的とする教育、文民の保護並びに除去及び廃棄に関するニーズ及び実行可能な措置を特定し、評価し、並びにこれらについての優先順位を決定するための援助を提供する。
6　この条約が効力を生じた後にクラスター弾が一の締約国の管轄又は管理の下にある地域に存在するクラスター弾残存物となった場合には、援助を提供することのできる締約国は、影響を受けた当該一の締約国に対して早急に緊急の援助を提供する。
7　援助を提供することのできる締約国は、年齢及び性別に配慮した援助（医療、リハビリテーション及び心理的支援を含む。）を適切に提供し、並びにクラスター弾による被害者が社会的及び経済的に包容されるようにするとの前条に規定する義務が履行されるようにするための援助を提供する。このような援助は、特に、国際連合及びその関連機関、国際的な、地域的な若しくは国の機関、赤十字国際委員会、各国の赤十字社及び赤新月社、国際赤十字・赤新月社連盟若しくは非政府機関を通じて又は二国間で提供することができる。
8　援助を提供することのできる締約国は、クラスター弾の使用の結果として影響を受けた締約国において必要とされる経済的及び社会的な復旧に貢献するための援助を提供する。
9　援助を提供することのできる締約国は、この条に規定する援助の提供を容易にするため、関連する信託基金に拠出することができる。
10　援助を求め及び受ける締約国は、国際的な最良の慣行を考慮に入れて、国内法令に適合する方法により、この条約の適時のかつ効果的な実施を容易にするため、すべての適当な措置(要員の出入国並びに物品及び装置の輸出入を容易にすることを含む。)をとる。

11　締約国は、国の行動計画を作成する目的をもって、国際連合及びその関連機関、地域的機関、他の締約国その他権限のある政府間機関又は非政府機関に対し、自国の当局が特に次の事項を確定するために援助を要請することができる。

(a)　自国の管轄又は管理の下にある地域に存在するクラスター弾残存物の性質及び範囲

(b)　行動計画の実施に必要となる財政的、技術的及び人的資源

(c)　自国の管轄又は管理の下にある地域に存在するすべてのクラスター弾残存物の除去及び廃棄に要すると見込まれる時間

(d)　クラスター弾残存物による傷害又は死亡の発生を減少させるための危険の低減を目的とする教育計画及び啓発活動

(e)　クラスター弾による被害者に対する援助

(f)　自国の政府と行動計画の実施に当たる政府機関、政府間機関又は非政府機関との関係の調整

12　この条の規定により援助を提供する締約国及び当該援助を受ける締約国は、合意された援助計画の完全かつ迅速な実施を確保するために協力する。

第七条(透明性についての措置) 1　締約国は、次の事項につき、国際連合事務総長に対し、この条約が自国について効力を生じた後できる限り速やかに、遅くとも一八〇日以内に報告する。

(a)　第九条に規定する国内の実施措置

(b)　第三条1に規定するすべてのクラスター弾(爆発性の子弾を含む。)の総数(それらの型式、型式ごとの数量及び可能な場合には型式ごとのロット番号の内訳を含む。)

(c)　この条約が自国について効力を生ずる前に自国が生産したクラスター弾の各型式の技術上の特徴(判明しているものに限る。)及び合理的に可能な場合には、自国がその時点で所有し、又は占有するクラスター弾の各型式の技術上の特徴であって、クラスター弾の識別及び除去を容易にすることができるような情報を与えるもの。この情報には、少なくとも、寸法、信管、使用されている火薬及び金属、カラー写真その他の情報であってクラスター弾残存物の除去を容易にすることができるものを含める。

(d)　クラスター弾の生産施設の転換又は稼働停止のための計画の状況及び進展

(e)　第三条の規定に基づくクラスター弾(爆発性の子弾を含む。)の廃棄のための計画の状況及び進展(廃棄に用いる方法、廃棄を行うすべての場所の位置並びに安全及び環境についての適用可能な基準であって廃棄に際して従う必要のあるものの詳細を含む。)

(f)　第三条の規定に従って廃棄されたクラスター弾(爆発性の子弾を含む。)の型式及び数量(廃棄に用いた方法、廃棄を行った場所の位置並びに安全及び環境についての適用可能な基準であって廃棄に際して従う必要のあるものの詳細を含む。)

(g)　(e)に規定する計画の完了についての報告がなされた後に発見されたクラスター弾(爆発性の子弾を含む。)の貯蔵量及び第三条の規定に従ってこれらを廃棄するための計画

(h)　可能な場合には、自国の管轄又は管理の下にあるすべてのクラスター弾汚染地域の面積及び位置(クラスター弾汚染地域ごとのクラスター弾残存物の型式、型式ごとの数量及びクラスター弾の使用された時期に関する可能な限りの詳細を含む。)

(i)　第四条の規定に従って除去され、及び廃棄されたクラスター弾残存物のすべての型式及び数量についての除去及び廃棄のための計画の状況及び進展(クラスター弾残存物が除去されたクラスター弾汚染地域の面積及び位置並びに除去され、及び廃棄されたクラスター弾残存物の型式ごとの数量の内訳を含む。)

(j)　危険の低減を目的とする教育を提供するためにとられた措置及び特に自国の管轄又は管理の下にあるクラスター弾汚染地域に居住する文民に対する迅速かつ効果的な警告を発するためにとられた措置

(k)　年齢及び性別に配慮した援助(医療、リハビリテーション及び心理的な支援を含む。)を適切に提供し、クラスター弾による被害者が社会的及び経済的に包容されるようにし、並びにクラスター弾による被害者についての信頼し得る関連資料を収集するとの第五条の規定に基づく義務の履行の状況及び進展

(l)　この1の規定に従って情報を提供し、及び措置をとる権限を与えられた機関の名称及び連絡先の詳細

(m)　第三条から第五条までの規定を実施するために割り当てられた国内的な資源(財政的な、物的な又は現物によるものを含む。)の量

(n)　第六条の規定に従って提供された国際的な協力及び援助の量、種類及び仕向地

2　締約国は、1の規定に従って提供する情報につき、前暦年を対象として毎年更新し、及び毎年四月三〇日までに国際連合事務総長に報告する。

3　国際連合事務総長は、受領した報告のすべてを全締約国に送付する。

第八条(遵守の促進及び遵守についての説明) 1　締約国は、この条約の実施に関して相互に協議し、及び協力し、並びに締約国がこの条約に基づく義務を履行することを促進するために協調の精神に基づいて協働することについて合意する。

2　一又は二以上の締約国は、他の締約国によるこの条約の遵守に関する問題を明らかにし、及びその

解決を求めることを希望する場合には、当該他の締約国に対し、国際連合事務総長を通じて、そのような問題についての「説明の要請」を行うことができる。この要請には、すべての適当な情報を添付する。締約国は、濫用を避けるために注意を払い、根拠のない「説明の要請」を慎まなければならない。「説明の要請」を受けた締約国は、要請を行った締約国に対し、同事務総長を通じて、当該問題を明らかにする上で有用なすべての情報を二八日以内に提供する。

3　要請を行った締約国は、2に規定する期間内に国際連合事務総長を通じて回答が得られなかったとき又は「説明の要請」に対する回答が十分でないと認めたときは、同事務総長を通じて、次回の締約国会議にその問題を付託することができる。同事務総長は、すべての締約国に対し、その付託を、関連する「説明の要請」についてのすべての適当な情報とともに送付する。この情報は、要請を受けた締約国にすべて提示されるものとし、当該要請を受けた締約国は、意見を述べる権利を有する。

4　いずれの関係締約国も、次回の締約国会議が招集されるまでの間、国際連合事務総長に対し、要請された説明を促進するためのあっせんを行うよう要請することができる。

5　3の規定に従い問題が付託された場合には、締約国会議は、関係締約国が提出したすべての情報を考慮に入れて、当該問題を更に検討するか否かをまず決定する。締約国会議は、当該問題を更に検討することを決定する場合には、関係締約国に対し、検討中の問題を一層明らかにし、又は解決するための方法及び手段(国際法に適合する適当な手続の開始を含む。)を提案することができる。締約国会議は、問題となっている事項が要請を受けた締約国にとってやむを得ない事情によるものであると認める場合には、適当な措置(第六条に規定する協力のための措置の利用を含む。)を勧告することができる。

6　2から5までに規定する手続に加え、締約国会議は、この条の規定の遵守についての説明(事実を含む。)及びこの条約に違反する事案の解決のための他の一般的な手続又は特別な仕組みであって適当と認めるものを採用することを決定することができる。

第九条(国内の実施措置)締約国は、この条約によって締約国に対して禁止されている活動であって、自国の管轄若しくは管理の下にある者によるもの又は自国の管轄若しくは管理の下にある領域におけるものを防止し、及び抑止するため、立法上、行政上その他のこの条約を実施するためのあらゆる適当な措置(罰則を設けることを含む。)をとる。

第一〇条(紛争の解決)
第一一条(締約国会議)
第一二条(検討会議)
第一三条(改正)
第一四条(費用及び管理業務)
第一五条(署名)
第一六条(批准、受諾、承認又は加入)
第一七条(効力発生)
第一八条(暫定的適用)
(略)

第一九条(留保)この条約の各条の規定については、留保を付することができない。

第二〇条(有効期間及び脱退)1　この条約の有効期間は、無期限とする。

2　締約国は、その主権を行使してこの条約から脱退する権利を有する。この権利を行使する締約国は、他のすべての締約国、寄託者及び国際連合安全保障理事会に対してその旨を通告する。脱退の通告には、脱退しようとする理由についての十分な説明を記載する。

3　脱退は、寄託者が脱退の通告を受領した後六箇月で効力を生ずる。ただし、脱退する締約国が当該六箇月の期間の満了の時において武力紛争に巻き込まれている場合には、脱退は、武力紛争の終了の時まで効力を生じない。

第二一条(この条約の締約国でない国との関係)1　締約国は、すべての国によるこの条約への参加を得ることを目標として、この条約の締約国でない国に対し、この条約を批准し、受諾し、承認し、又はこれに加入するよう奨励する。

2　締約国は、3に規定するすべてのこの条約の締約国でない国の政府に対してこの条約に基づく自国の義務について通報し、及びこの条約が定める規範を奨励するものとし、これらの国がクラスター弾の使用を抑制するよう最善の努力を払う。

3　第一条の規定にかかわらず、及び国際法に従い、締約国又はその軍事上の要員若しくは国民は、この条約の締約国でない国であって締約国に対して禁止されている活動を行うことのあるものとの間で軍事的な協力及び軍事行動を行うことができる。

4　3の規定は、締約国に対し、次のことを行うことを認めるものではない。

(a)　クラスター弾を開発し、生産し、又は生産以外の方法によって取得すること。
(b)　自らクラスター弾を貯蔵し、又は移譲すること。
(c)　自らクラスター弾を使用すること。
(d)　使用される弾薬の選択権が専ら自国の管理の下にある場合において、クラスター弾の使用を明示的に要請すること。

第二二条(寄託者)
第二三条(正文)
(略)

第3節　環境の保護

15 27　武力紛争時における環境の保護に関する軍事教範及び訓令のための指針

作成　国際連合総会第四八回会期決議四八／三〇（一九九三年一二月九日）を受けて赤十字国際委員会が一九九四年に作成。
同年国際連合総会第四九回会期決議四九／五〇（一九九四年一二月九日）により広範な普及を要請。

I　序言

(1)　この指針は、環境を武力紛争の影響から保護することに関する現行の国際法上の義務及び国の慣行から引き出されるものである。この指針は、すべての国の軍隊において環境の保護に関する積極的な利益と関心を促すために編集された。

(2)　武力紛争時において環境を保護する国際法が実際に実施されることを確保するためには、国内の立法及び国のレベルでとられるその他の措置が不可欠の手段となる。

(3)　国際慣習法の表現であるか又は特定の国を拘束する条約たる法の表現である限りにおいて、この指針は軍事教範及び戦争法に関する訓令の中に含めなければならない。この指針が国の政策を反映する場合には、これをそれらの文書に含めることを提案する。

II　国際法の一般原則

(4)　左に規定する特定の規則に加えて、武力紛争に適用される国際法の一般原則、たとえば区別原則及び均衡性の原則は、環境に対して保護を提供する。とりわけ、軍事目標だけを攻撃することができ、また、過度の損害を生じる戦闘の方法又は手段を用いてはならない。国際法が要求するように、軍事行動においては予防措置をとらなければならない。
〔G.P.I：35; 48; 52; 57〕

(5)　国際環境協定及び慣習法の関連規則は、武力紛争に適用される法と両立する限りにおいて、武力紛争時において引き続き適用することができる。環境の保護に関する義務であって武力紛争の当事者でない国（たとえば隣接国）に対するもの、及び国の管轄権を超える区域（たとえば公海）に関するものは、武力紛争に適用される法と両立する限りにおいて、武力紛争の存在によって影響を受けない。

(6)　非国際的武力紛争の当事者は、環境の保護を規定する規則であって国際的武力紛争に適用されるものと同じ規則を適用することを奨励される。したがって国は、当該紛争がどのように性格づけられるかを理由とする差別を行わないような方法で、このような規則を自国の軍事教範及び戦争法に関する訓令に取り入れることを要請される。

(7)　環境は、国際取極の規則がその対象としていない場合においても、確立された慣習、人道の諸原則及び公共の良心に由来する国際法の諸原則に基づく保護並びにこのような国際法の諸原則の支配の下に置かれる。
〔H.IV：前文；G.P.I：1-2; G.P.II：前文〕

III　環境の保護に関する特定の規則

(8)　軍事的必要によって正当化されない環境の破壊は、国際人道法に違反する。一定の状況においては、このような破壊は国際人道法の重大な違反行為として処罰される。
〔H.IV.R：23(g)：G.IV：53；147：G.P.I：35-3；55〕

(9)　民用物を破壊することの一般的禁止も、このような破壊が軍事的必要によって正当化されない限り、環境を保護するものである。
〔H.IV.R.：23(g)；G.IV：53；G.P.I：52；G.P.II：14〕
とりわけ、国は以下のことを避けるために国際法が要求するすべての措置をとるべきである。

(a)　森林その他の植物群落を焼夷兵器による攻撃の対象とすること。ただし、植物群落を、戦闘員若しくは他の軍事目標を覆い、隠蔽し若しくは偽装するために利用している場合又は植物群落自体が軍事目標となっている場合を除く。
〔CW.P.III：2-4〕

(b)　食糧、農業地域又は飲料水の施設のような文民たる住民の生存に不可欠な物を攻撃すること。ただし、文民たる住民に対してこのような物を与えないという目的で行われる場合に限る。
〔G.P.I：54；G.P.II：14〕

(c)　危険な力を内蔵する工作物又は施設、すなわち、ダム、堤防及び原子力発電所を攻撃すること。この禁止は、それらの物が軍事目標である場合であっても、その攻撃が危険な力の放出を引き起こし、その結果文民たる住民の間に重大な損失をもたらす場合には、このような工作物又は施設がジュネーヴ諸条約に追加される第一議定書の下で特別の保護を享受する資格を有する限りにおいて、適用する。
〔G.P.I：56；G.P.II：15〕

(d)　国民の文化的又は精神的遺産を構成する歴史的建造物、芸術品又は礼拝所を攻撃すること。
〔H.CP；G.P.I：53；G.P.II：16〕

(10)　地雷の無差別の敷設は禁止する。すべてのあらかじめ計画された地雷原の位置は、記録されなければならない。自己無力化しない遠隔散布地雷のすべての記録されない敷設は、禁止する。水雷の敷設及び使用は、特別の規則によって制限される。
〔G.P.I：51-4; 51-5；CW.P.II：3；H.VIII〕

(11)　戦闘においては、自然環境を保護し保全するために注意を払わなければならない。自然環境に対して広範、長期的かつ深刻な損害を与えることを目的とする又は与えることが予測される戦闘の方法又は手段を用い、そのことによって住民の健康又は生存を損なうことは、禁止する。
〔G.P.I：35-3；55〕

(12)　破壊、損害又は傷害を引き起こす手段として広範な、長期的な又は深刻な効果をもたらすような環境改変技術の軍事的使用その他の敵対的使用を他の締約国に対して行うことは、禁止する。「環境改変技術」とは、自然の作用を意図的に操作することにより地球（生物相、岩石圏、水圏及び気圏を含む。）又は宇宙空間の構造、組成又は運動に変更を加える技術をいう。
〔ENMOD：1；2〕

(13)　復仇の手段により自然環境を攻撃することは、ジュネーヴ諸条約に追加される第一議定書の締約国については、禁止される。
〔G.P.I：55-2〕

(14)　国は、武力紛争時において自然環境にいっそうの保護を与えるために、新たな取極を締結することを要請される。
〔G.P.I：56-6〕

(15)　危険な力を内蔵する工作物又は施設及び文化財は、適用される国際規則にしたがって明確に標識を付され識別されなければならない。武力紛争の当事者は、危険な活動が行われている工作物又は施設並びに人の健康又は環境にとって不可欠な場所にも、標識を付しかつ識別することを奨励される。
〔たとえば、G.P.I：56-7；H.CP：6〕

Ⅳ　実施及び普及

(16)　国は、武力紛争時における環境の保護を規定する規則を含め、武力紛争において適用される国際法上の義務を尊重しかつその尊重を確保しなければならない。
〔G.IV：1；G.P.I：1-1〕

(17)　国は、これらの規則を普及させ及び各自の国内においてできるだけ広く周知させ並びにこれらを軍隊及び民間の教育課目に含める。
〔H.IV.R：1；G.IV：144；G.P.I：83；G.P.II：19〕

(18)　国は、新たな兵器、戦闘の手段若しくは方法の研究、開発、取得又は採用に当たり、その使用が武力紛争時における環境の保護を規定する規則を含め、適用される国際法の規則により一定の場合又はすべての場合に禁止されているか否かを決定する義務を負う。
〔G.P.I：36〕

(19)　武力紛争の場合において、紛争当事者は関係当事者間の特別な協定に従い又は場合により当事者のいずれかが与える許可に従って、環境に対する損害を防止し又は修復することに貢献する公平な機関の作業を促進し及び保護することを奨励される。このような作業は、関係当事者の安全保障上の利益に妥当な考慮を払って行われるべきである。
〔たとえば、G.IV：63-2；G.P.I：61～67〕

(20)　環境を保護する国際人道法規則の違反行為があった場合には、このような違反行為を止めさせかつその後の違反行為を防止するために、措置をとらなければならない。軍の指揮官は、このような規則の違反行為を防止するよう、並びに必要な場合にはそれらの違反行為を抑止し及び権限ある当局に報告するよう求められる。重大な事例においては、違反者は裁判に付される。
〔G.IV：146；147；G.P.I：86；87〕

武力紛争時における環境の保護に関する国際的義務の淵源

1　法の一般原則及び国際慣習法

2　国際条約

武力紛争時における環境の保護に関する規則を定める主要な国際条約

・陸戦の法規慣例に関する一九〇七年ハーグ第四条約（H.IV）、及び陸戦の法規慣例に関する規則（H.IV.R）
・自動触発海底水雷の敷設に関する一九〇七年ハーグ第八条約（H.VIII）
・戦時における文民の保護に関する一九四九年のジュネーヴ第四条約（G.IV）
・武力紛争の際の文化財の保護のための一九五四年ハーグ条約（H.CP）
・環境改変技術の軍事的使用その他の敵対的使用の禁止に関する一九七六年条約（ENMOD）
・一九四九年八月一二日のジュネーヴ諸条約の国際的な武力紛争の犠牲者の保護に関する一九七七年の追加議定書（第一追加議定書）（G.P.I）
・一九四九年八月一二日のジュネーヴ諸条約の非国際的な武力紛争の犠牲者の保護に関する一九七七年の追加議定書（第二追加議定書）（G.P.II）
・過度に傷害を与え又は無差別に効果を及ぼすことがあると認められる通常兵器の使用の禁止又は制限に関する一九八〇年条約（CW）
　—地雷、ブービートラップ及び他の類似の装置の使用の禁止又は制限に関する議定書（CW.P.II）
　—焼夷兵器の使用の禁止又は制限に関する議定書（CW.P.III）

第4節　中立

15 28　海上法ノ要義ヲ確定スル宣言（パリ宣言）

署　　名　一八五六年四月一六日（パリ）
効力発生　一八五六年四月一六日
日 本 国　一八八六年一〇月三〇日加入通告、一二月二四日効力発生、一八八七年三月一九日公布（勅令）

一八五六年三月三〇日巴里条約ニ署名セル各全権委員ハ、茲ニ会議ヲ開キ、戦時海上法ノ古来久シク痛嘆スヘキ紛議ノ原因ト為リ且本件ニ関スル法律及ヒ義務ノ明確ナラサルハ、局外中立国ト交戦国トノ間意見ノ相合ハサルノ基ニシテ、随テ容易ナラサル困難或ハ葛藤ヲ惹起スルノ恐レアルコトヲ悟リ、此緊要ナル事項ニ関シ一定ノ主義ヲ設クルノ利益アルコト、並ニ巴里公会ニ参集セル各全権委員ニ於テ、本件ニ関スル列国交際上一定ノ原則ヲ議定スルハ、最モ能ク各自政府ノ希図ニ応スルモノナルコトヲ認メタリ。

因テ右全権委員ハ、各其政府ヨリ妥当ノ委任ヲ受ケ、此目的ヲ達スルノ方法ヲ協議センコトニ決シ、評議ノ上左ノ宣言ヲ採用セリ。

第一　私船ヲ拿捕ノ用ニ供スルハ、自今之ヲ廃止スル事

第二　局外中立国ノ旗章ヲ掲クル船舶ニ搭載セル敵国ノ貨物ハ、戦時禁制品ヲ除クノ外之ヲ拿獲スヘカラサル事

第三　敵国ノ旗章ヲ掲クル船舶ニ搭載セル局外中立国ノ貨物ハ、戦時禁制品ヲ除クノ外之ヲ拿獲スヘカラサル事

第四　港口ノ封鎖ヲ有効ナラシムルニハ、実力ヲ用ヰサルヘカラス。即チ敵国ノ海岸ニ接到スルヲ実際防止スルニ足ルヘキ充分ノ兵備ヲ要スル事

下ニ記名スル各全権委員ノ本国政府ハ、本宣言ヲ巴里ノ会議ニ参同セサリシ諸国ニ通知シテ、其加盟ヲ勧誘スルコトヲ約ス。

各全権委員ノ声明シタル要義ハ、全世界ノ歓迎セサルヲ得サルモノト確信スルニ因リ、其採用ヲ一般ニ普及セントスル各国政府ノ尽力カ全然成功スヘキハ信シテ疑ハサル所ナリ。

本宣言ハ、之ニ加盟シ若ハ将来加盟スヘキ諸国ノ間ニ於テノミ、遵守ノ義務アルモノトス。

15 29　海戦法規に関する宣言（ロンドン宣言）

署　　名　一九〇九年二月二六日（ロンドン）
効力発生
日 本 国　一九〇九年六月一〇日署名

前　文（略）

総　則

署名国は、次の諸章に規定する諸規則が、実質上一般に承認された国際法の諸原則に沿うものであることを承認する。

第一章　戦時における封鎖

第一条【封鎖地域】封鎖は、敵国又は敵国占領地の港及び沿岸に限り施行すべきものとする。

第二条【封鎖の実効性】一八五六年のパリ宣言に準拠して封鎖が有効であるためには、実力を用いる必要がある。すなわち、実際に敵岸に接到することを防止するに足る充分な兵力をもって維持することが必要である。

第三条【実効性の判断】封鎖に関し実力を用いているかどうかの問題は、事実の問題である。

第四条【封鎖艦隊の一時的不在】封鎖は、封鎖艦隊が荒天のため一時その場所を離れても、そのために解除されたものと認められることはない。

第五条【本条約の適用】封鎖は、各国の船舶に対して公平に適用することが必要である。

第六条【出入の許可】封鎖艦隊の指揮官は、軍艦に対して、封鎖港内に入航しかつ後に出航する許可を与えることができる。

第七条【中立船舶に対する特例】中立船舶は、封鎖艦隊に属する官憲がその海難に遭遇したことを認定した場合には、載貨の積卸を行わないことを条件として、封鎖地域内に入航しかつ出航することができる。

第八条【宣言と告知】封鎖が有効であるためには、第九条の規定により宣言し、かつ、第一一条及び第一六条の規定により告知することが必要である。

第九条【宣言】封鎖の宣言は、封鎖を施行する国又はその名において行動する海軍官憲が行わなければならない。

宣言には、次の事項を記載しなければならない。

一　封鎖開始の日
二　封鎖地域の地理的範囲
三　中立船舶に許容する退去期間

第一〇条【宣言の無効】封鎖を施行する国又はその名において行動する海軍官憲が、第九条第二項第一号及び第二号によりその封鎖宣言中に記載した事項に準拠しないときは、右の宣言は無効である。従って、この封鎖を有効にするためには、新たに宣言することが必要である。

第一一条【告知】封鎖の宣言は、次の官憲に対して告知しなければならない。

一　各中立国

この告知は、封鎖を施行する国において直接に中立国の政府にあてた公信又は封鎖を施行する国に駐在する中立国の代表者にあてた公信をもって行わなければならない。

二　地方官憲

この告知は、封鎖艦隊の指揮官が行う。地方官憲においては、なるべくすみやかに封鎖港又は封鎖沿岸でその職務を執行する外国の領事官にこれを通知しなければならない。

第一二条【封鎖地域の拡張】封鎖の宣言及び告知に関する規定は、封鎖地域を拡張する場合又は一度封鎖の解除があった後改めて施行する場合に適用する。

第一三条【封鎖の解除又は制限】自ら封鎖を解除した場合及び封鎖に関して制限を設けた場合には、第一一条の規定により、これを告知することが必要である。

第一四条【封鎖の了知】封鎖犯として中立船舶を拿捕するには、当該船舶が現に封鎖の事実を知っているか、知っていると推定されることを要件とする。

第一五条【告知後出航した船舶】出航港の属する中立国に対して適当な時期に封鎖の告知があった後、船舶がこの港を出航した場合には、当該船舶は、反証を挙げるのでなければ、封鎖の事実を知っていたものと推定される。

第一六条【船舶に対する告知】封鎖港に接到する船舶であって封鎖の事実を知らないか又はこれを知っていたものと推定することができない場合には、封鎖艦隊に属する軍艦の士官は、この船舶に対してその告知をすることが必要である。右の告知は、その船舶書類に記入され、これをなした日時及び当時におけるこの船舶の地理上の位置を明記しなければならない。

封鎖艦隊の指揮官の懈怠により封鎖の宣言を地方官憲に告知していなかった場合には、封鎖港を出発しようとする中立船舶は、封鎖線を越える自由を有する。

第一七条【軍艦の行動区域】中立船舶は、封鎖を有効に確保する任務を帯びる軍艦の行動区域内でなければ、封鎖犯として拿捕することができない。

第一八条【中立港封鎖の禁止】封鎖艦隊は、中立港及び中立沿岸への接到を遮断することはできない。

第一九条【非封鎖港へ航行する船舶】船舶又はその載貨のその後の仕向地がどこであるかにかかわらず、船舶が現に封鎖されていない港に向かって航行する場合には、封鎖犯として拿捕することはできない。

第二〇条【追跡権】封鎖を破って封鎖港を出航する船舶及び封鎖港に入航することを企てる船舶は封鎖艦隊所属の軍艦がその追跡を継続する間は、拿捕することができる。既に追跡を放棄したか又は封鎖を解除した場合には、これを拿捕することができない。

第二一条【封鎖侵破船と載貨】封鎖犯を犯したものと認められた船舶は、没収される。その載貨についてもまた同じである。但し、荷積人が載貨を積み込んだ当時その封鎖を破ろうとする意図を知らないか、又は知ることができなかったことを証明するときは、この限りでない。

第二章　戦時禁制品

第二二条【絶対的禁制品】次に掲げる物件及び材料は、絶対的禁制品の名義の下に、当然に戦時禁制品とみなす。

一　すべての武器(狩猟用武器を含む。)及びその部品であることが明らかなもの

二　すべての弾丸、装薬、弾薬包及びその部品であることが明らかなもの

三　特に戦争用として製造された火薬及び爆発物

四　砲架、弾薬車、前車、軍用運搬車、野戦鍛工器及びその部品であることが明らかなもの

五　軍用であることが明らかな被服及び武装具

六　軍用であることが明らかなすべての馬具

七　戦争の用に供することができる乗用、牽引用及び荷物用の獣類

八　陣営具及びその部品であることが明らかなもの

九　甲鉄板

一〇　舟艇を含む軍艦及び特に戦闘用艦船にのみ使用しうることが明らかな部品

一一　兵器・弾薬の製造のため又は陸軍用若しくは海軍用の武器及び材料の製造用若しくは修理用のためもっぱら作製された機械器具

第二三条【絶対的禁制品の追加】もっぱら戦争用に供される物件及び材料は、布告する宣言の方法により、絶対的禁制品の品目表中に追加することができる。

前項の告知は、他国政府又は宣言をなす国に駐在するその外交代表者に通知しなければならない。戦争開始後の告知は中立国にあてることで足りる。

第二四条【条件付禁制品】戦争用にも平時用にも供することができる次の物件及び資材は、条件付禁制品の名義の下に、当然に戦時禁制品とみなす。

一　糧食

二　獣類の飼料用に適するまぐさ及び穀類

三　軍用に適する衣服、被服用織物及び靴類

四　金銀貨幣及びその他金、貨幣の代用紙幣

五　戦争用に供することができるすべての車及びその部品

六　すべての船舶及び舟艇、浮ドック、ドックの部分及びその部品

七　鉄道の固定的及び運転用材料並びに電信、無線電信及び電話用の材料

八　飛行船、飛行機、気球、その部品であることが明らかなもの並びに航空用に供されるものと認められる附属品物件及び材料

九　燃料及び機械潤滑用品

一〇　特に戦争用として製造されたものでない火薬及び爆発物

一一　有刺鉄線並びにその架設用又は切断用に供す

る機械器具
一二　蹄鉄及び蹄鉄用材料
一三　馬具及び鞍
一四　双眼鏡、望遠鏡、クロノメートル及び各種の航海用具

第二五条【条件付禁制品の追加】第二二条及び第二四条で規定した物件及び材料以外のものであって、戦争用にも平時用にも供することができるものは、第二三条第二項の規定に従って告知する宣言の方法により、条件付禁制品の品目表中に追加することができる。

第二六条【戦時禁制品品目表よりの除外】自国に関する限りにおいて、第二二条及び第二四条に列記した品目中にある物件及び材料を戦時禁制品とみなすことを放棄する国は、第二三条第二項の規定に従って告知すべき宣言をもって、その意思を通知しなければならない。

第二七条【自由品の性質】戦争用に供することができない物件及び材料は、戦時禁制品と宣言することができない。

第二八条【自由品の種目】次に掲げる物品は、戦時禁制品と宣言することができない。
一　生綿、羊毛、絹、黄麻、亜麻、大麻並びにその他の織物業用原料及びその織糸
二　油製造の原料である堅果、穀種及びコプラ
三　カウチュウ・ゴム、樹脂、ゴム、漆及びホップ
四　生皮、角、骨及び象牙
五　天然及び人造肥料(農業用に使用することができる硝酸塩及び燐酸塩を含む。)
六　鉱石
七　土、粘土、石灰、チョーク、石(大理石を含む。)、煉瓦、板石及び瓦
八　磁器及びガラス器
九　紙類及びその製造用に作られた材料
一〇　石鹸、彩料(もっぱらこれを製造するのに用いる材料を含む。)及び洋漆
一一　クロール石灰、ソーダ灰、苛性ソーダ、ソルト・ケーキ、アンモニア、硫化アンモニア及び硫化銅
一二　農業用、採鉱用、織物業用及び印刷用の機械
一三　貴石、准貴石、真珠、真珠母及び珊瑚
一四　掛時計、置時計、及びクロノメートル以外の懐中時計
一五　嗜好品及び奢侈品
一六　各種の羽毛、剛毛類
一七　家具用又は装飾用物件並びに事務用器具及び附属品

第二九条【特別な自由品】次に掲げる物件及び材料も、戦時禁制品とみなすことができない。
一　もっぱら病傷者の看護用に供する物件及び材料。但し、軍事上重大な必要がある場合には、右の物件及び材料であって第三〇条に規定した仕向地を有するときは、賠償を支払って徴発することができる。
二　船舶自体の使用に供する船内にある物件及び材料並びに航行中この船舶の乗員及び乗客の使用に供する物件及び材料。

第三〇条【絶対的禁制品の捕獲】絶対的禁制品である物品は、敵国領域、敵国占領地又は敵国軍に仕向けられたことを立証されたときは、捕獲される。この物品が直接に輸送されるか、転載又は陸路によって輸送されるかは、無関係である。

第三一条【仕向地の証明】第三〇条に規定する仕向地は、次に掲げる場合に、明確に証明されたものとする。
一　貨物が敵港に陸揚げされ又はその軍艦に引き渡されなければならないことが、船舶書類に記載してあるとき。
二　船舶が敵港にのみ到達しなければならないとき、又は船舶が船舶書類上貨物の陸揚地である中立港に達する以前に敵港に寄港し若しくは敵国軍と遭遇しなければならないものであるとき。

第三二条【船舶書類】船舶書類は、絶対的禁制品を輸送する船舶の航路に関する完全な証拠であるとする。但し、この船舶が船舶書類の記載により航行する航路を明らかに離れた際に軍艦に遭遇し、かつその航路の変更について充分な理由を弁明することができない場合には、この限りでない。

第三三条【条件付禁制品の捕獲】条件付禁制品である物品は、敵国の軍隊又は行政庁の使用に仕向けられたことを立証されたときは、捕獲される。但し、行政庁に仕向けられた場合において、右の物品が事実上戦争のために使用されないことを諸般の状況により立証されたときは、この限りでない。この但書の規定は、第二四条第四号に規定した物品の輸送については適用しない。

第三四条【仕向地の推定】敵国官憲にあてて輸送されるとき、又は敵国に在住する商人が一般にこの種の物件及び材料を敵に供給する場合において、右の商人にあてて輸送されるときは、この物件は、第三三条に規定した仕向地を有するものと推定する。敵の防備がある場所又は敵国軍の基地であるその他の場所を仕向地として輸送されるときも、また同じである。但し、これらの場所の一つに向かって航行する商船自体に関して、その戦時禁制品である性質を立証しようとする場合については、右の推定を適用しない。

前項の推定をすることができない場合には、仕向地は無害なものと推定する。

この条に規定した推定に対しては、反証を許すものとする。

第三五条【敵国に向かう船舶内の条件付禁制品の捕獲】条件付禁制品である物品は、敵国領域、敵国占領地又は敵国軍に向け航行する船舶内にあって、かつ右の物件が中間の中立港において陸揚げされない場合でなければ、捕獲することができない。

船舶書類は、船舶の航路及び貨物の陸揚場所に関する完全な証拠であるとする。但し、この船舶が船

船書類の記載により航行する航路を明らかに離れた際に軍艦に遭遇し、かつその航路の変更について充分な理由を弁明することができない場合は、この限りでない。

第三六条【海に面しない敵国に仕向けられた条件付禁制品の捕獲】第三五条に対する例外として、敵国領域が海に面する国境を有しない場合において、条件付禁制品である物品が第三三条に規定した仕向地を有することを立証されたときは、この物品は捕獲される。

第三七条【禁制品を輸送する船舶の拿捕】絶対的又は条件付禁制品として捕獲される物品を輸送する船舶は、公海又は交戦国領海内においては、その航海中いつでも拿捕することができる。この船舶が、敵国である仕向地に達する前に中間港に寄港しようとする意思を有するときも、また同じである。

第三八条【拿捕の時期】先に履行し又は現に終了した戦時禁制品の輸送という理由をもって、船舶の拿捕を行うことはできない。

第三九条【戦時禁制品の没収】戦時禁制品である物品は没収される。

第四〇条【没収の基準】戦時禁制品を輸送する船舶は、この禁制品がその価格上、重量上、容積上又は運賃上全載貨の半数をこえる場合には、没収することができる。

第四一条【審検中の費用】戦時禁制品を輸送する船舶が解放されるときは、各国捕獲審検所における審検手続に関し並びに審検中この船舶及びその載貨の保存に関し捕獲者の支出した費用は、この船舶の負担とする。

第四二条【戦時禁制品所有者に属する貨物の没収】戦時禁制品の所有者に属しかつ同一船舶内にある貨物は没収される。

第四三条【善意の船舶に対する措置】船舶が戦争の事実又はその載貨に対し適用する戦時禁制品の宣言を知らないで航海中海上において軍艦に遭遇した場合には、戦時禁制品である物品は、賠償を支払うのでなければ没収することができない。この船舶及び残余の載貨は、没収及び第四一条に規定した費用の支弁を免除される。船長が戦争の開始又は戦時禁制品に関する宣言を知っていたが、戦時禁制品である物品を陸揚げすることができなかったときも、また同じである。

中立港の所属国に対し適当な時期に戦争開始又は戦時禁制品の宣言の告知があった後船舶がこの港を出航したときは、右の船舶は、戦争状態又は戦時禁制品の宣言を知っているものとみなす。なお、船舶が戦争開始後敵港を出航したときは、この船舶は、戦争状態の存在を知っているものとみなす。

第四四条【禁制品輸送船舶の航海継続】戦時禁制品輸送の理由をもって停船を命ぜられたが、その分量の関係上没収されない船舶は、船長が交戦国の軍艦に禁制品を引き渡すならば、事情によって、その航海を継続することを許可されることがある。

戦時禁制品の引渡しがあるときは、捕獲者は、停船を命じられた船舶の船舶書類に記入され、右の船舶の船長は、必要なすべての船舶書類の認証謄本を捕獲者に交付する必要がある。

捕獲者は、引渡しを受けた戦時禁制品を破壊する権能を有する。

第三章　軍事的幇助

第四五条【軽微な軍事的幇助】中立船舶は、次に掲げる場合には、没収され、かつ、一般に戦時禁制品の輸送のために没収される中立船舶が受けるのと同一の処分を受ける。

一　この船舶が敵国軍に編入された乗客を輸送する目的をもって又は敵を利するため情報を伝達する目的をもって、特に航海する場合

二　船舶の所有者、船舶を全体として雇い入れた者又は船長が、事情を知って、敵の軍隊の一部又は敵の作戦に対して航海中直接の援助を与える一人若しくは数人を輸送する場合

前二号で規定した場合に、船舶所有者に属する貨物は、同じく没収される。

船舶が海上において軍艦に遭遇したとき、まだ開戦の事実を知らないか、又は船長が戦争の開始を知っていてもまだその輸送人員を上陸させることができない場合には、この条の規定を適用しない。船舶が戦争開始の後敵港を出航したとき、又は中立港の所属国に対し適当な時期に戦争の開始の通告があった後この港を出航したときは、右の船舶は、戦争状態の存在を知っているものとみなす。

第四六条【重大な軍事的幇助】中立船舶は、次に掲げる場合には、没収され、かつ、一般に敵国の商船として取り扱われる。

一　この船舶が直接に戦闘行為に加わる場合

二　この船舶が敵国政府においてこの船舶に乗り組ませた代理人の命令又は監督を受ける場合

三　この船舶が全体として敵国の政府のために雇い入れられた場合

四　この船舶が、現にかつもっぱら、敵国の軍隊の輸送又は敵を利するため情報の伝達に従事する場合

この条に規定する場合に船舶の所有者に属する貨物は、同じく没収される。

第四七条【敵国軍に編入された人員】敵国軍に編入されたすべての人員であって中立商船内にあるものは、この船舶を拿捕することができない場合であっても、捕虜とすることができる。

第四章　中立捕獲船の破壊

第四八条【破壊の禁止】捕獲者は、拿捕した中立船舶を破壊することができない。右の拿捕した船舶は、捕獲の効力に関するすべての問題を検定することがで

きる港に引致する必要がある。

第四九条【破壊しうる場合】第四八条の規定を適用すると、軍艦の安全を害し又はその現に従事する作戦の動作の成功を害する場合に、交戦国の軍艦が拿捕した中立船舶が没収の対象となるものであるときは、例外的にこれを破壊することができる。

第五〇条【破壊の手続】破壊を行う前に、船舶内にある人員は、安全な場所に移転し、かつ、すべての船舶書類及び利害関係人が捕獲の効力に関する検定に必要であると認めるその他の書類は、軍艦に転載する必要がある。

第五一条【破壊についての弁明】中立船舶を破壊した捕獲者は、捕獲の効力に関するすべての検定に先だち、第四九条で規定した例外的必要があったためこの手段を執る以外なかった事実を弁明しなければならない。捕獲者が右の弁明をしないときは、この捕獲者は、捕獲が有効であるかどうかの審問なしに、利害関係人に賠償を支払わなければならない。

第五二条【破壊された船舶の賠償】中立船舶の破壊が弁明された場合においても、後になってこの船舶の捕獲が無効であると検定されたときは、捕獲者は、返還を受ける権利を有する利害関係人に対して、その代償として賠償を与えなければならない。

第五三条【破壊された貨物の賠償】没収することができない中立貨物が船舶とともに破壊されたときは、この貨物の所有者は、賠償を受ける権利を有する。

第五四条【貨物の引渡と破壊】没収すべき船舶を第四九条によって正当に破壊することができる場合と同一の状況があるときは、捕獲者は、船舶を没収してはならない場合であっても、この船舶内にある没収すべき貨物の引渡しを要求し又は破壊する手段をとる権能を有する。捕獲者は、引渡しを受け又は破壊した物件を、停船を命じた船舶の書類に記入し、かつ、船長から必要なすべての書類の認証謄本を受領する。貨物の引渡しを受け又はその破壊を行った場合に、右の手続を終わったときは、船長は、その航海を継続することを許可される。

中立船舶を破壊した捕獲者の責任に関する第五一条及び第五二条の規定は、前項の場合に適用する。

第五章　中立国籍への移転

第五五条【戦争開始前の移転】戦争の開始前に敵船を中立国籍に移転した場合には、この移転が敵船という性質から生ずる結果を免れるために行われたものであることが立証された場合を除くほか、これを有効とする。船舶が戦争の開始前の六〇日未満の期間内に交戦国の国籍を喪失した場合において、この船舶内に移転証書を有しないときは、この移転は、無効とする。但し、反証を許すものとする。

戦争の開始前の三〇日を超える日より前に行われた移転が無条件で、完全にかつ関係国の国法に従ってなされ、移転の結果この船舶の監督もその使用から生ずる利益も、移転前におけるのと同一人に属しないようになったときは、この移転は、絶対に有効とみなす。但し、船舶が戦争の開始前の六〇日未満の期間内に交戦国の国籍を喪失し、かつ、船内に所有権移転証書を有しないときは、この船舶の拿捕は、損害賠償の理由となることがない。

第五六条【戦争開始後の移転】戦争の開始後に船舶を中立国籍に移転した場合には、この移転は、敵船という性質から生ずる結果を免れるために行われたものでないことが立証された場合を除き、無効とする。

もっとも、次に掲げる場合には、移転は、絶対に無効とみなす。

一　移転が船舶の航行中に又は封鎖港内にある間に行われた場合

二　移転が買い戻し又は返還の条件付である場合

三　国旗の掲揚の権利に関して国旗所属国の国法で規定する条件を遵守しない場合

第六章　敵　性

第五七条【船舶の敵性】国籍の移転に関する規定に従うことを条件として、船舶が中立性を有するか又は敵性を有するかは、当該船舶が権利を有する国旗によって決定される。

中立船が平時において禁止された航海に従事する場合は、この規則の適用対象外であり、その影響を全く受けない。

第五八条【貨物の敵性】敵船内にある貨物が中立性を有するか又は敵性を有するかは、この貨物の所有者が中立性を有するか敵性を有するかによって決定される。

第五九条【貨物の敵性の推定】敵船内にある貨物で中立性を立証することができないものは、敵性を有するものと推定される。

第六〇条【輸送中の貨物の敵性】敵船内に積載する貨物の敵性は、戦争の開始後その輸送中に行われた移転にかかわらず、その仕向地に到着するまでは、なお継続する。

もっとも、現所有者である敵人が破産した場合に、前所有者である中立人が、捕獲に先だってこの貨物に対して適法な取戻権を行使したときは、この貨物は、再び中立性を取得する。

第七章　軍艦の護送

第六一条【捜索の免除】本国の軍艦の護送を受ける中立船舶に対しては、捜索を免除する。護送軍艦の指揮官は、交戦国の軍艦の指揮官の請求があるときは、この船舶の性質及び載貨に関し、捜索によって知ることができるすべての情報を書面をもって通知する。

第六二条【検査】交戦国の軍艦の指揮官が、護送軍艦の指揮官が欺かれたことを疑いうる場合には、嫌疑の旨を護送軍艦の指揮官に通知する。この場合に検査を行うのは、護送軍艦の指揮官に限る。右の検査の結果は、調書を作成して証明し、その謄本一通を交戦国の軍艦に交付する。右の検査の結果、護送軍艦の指揮官がその護送船舶の一隻又は数隻の拿捕を正当とする事実があると認めるときは、右の船舶に対して軍艦の護送の保護を撤回する必要がある。

第八章　捜索に対する抵抗

第六三条【捜索に対する抵抗】停船、捜索及び拿捕の権利の適法な行使に対し強力をもって抵抗した船舶は、すべての場合に没収される。その載貨は、敵船内にある載貨が受けるのと同一の処分を受け、船長又はこの船舶の所有者に属する貨物は、敵貨とみなされる。

第九章　損害賠償

第六四条【損害賠償】捕獲審検所が船舶又は貨物の拿捕を無効であると検定した場合又は審検に付せずに拿捕物件が解放された場合には、利害関係人は、損害賠償を受ける権利を有する。但し、当該船舶又は貨物を拿捕する充分な理由があったときは、この限りでない。

附　則

第六五条【本宣言の不可分性】この宣言の規定は、一体として扱わなければならず、分割することはできない。

第六六条【本宣言の適用】署名国は、戦争の際交戦国がことごとくこの宣言に加わっている場合には、この宣言で規定した規則を相互に遵守することを確約する。よって、署名国は、その官憲及び軍隊に対し必要な訓令を与え、かつ、その裁判所特に捕獲審検所においてこの宣言の適用を保障するために、相当の手段を執る必要がある。

第六七条【批准】この宣言は、なるべくすみやかに批准しなければならない。

批准書は、ロンドンに寄託する。

第一回の批准書の寄託は、これに加わった諸国の代表者及びイギリス国外務大臣の署名した調書をもって証する。

その後の批准書の寄託は、イギリス国政府にあて、かつ批准書を添付した通告書をもってする。

第一回の批准書の寄託に関する調書、前項に掲げた通告書及びこれに伴う批准書の認証謄本は、イギリス国政府から外交上の手続をもって直ちに署名国に交付する。前項に掲げた場合には、イギリス国政府は、同時に通告書を接受した日を通知するものとする。

第六八条【効力発生】この条約は、第一回の批准書の寄託に加わった諸国に対しては、その寄託の調書の日付の後六〇日で、また、その後に批准した諸国に対しては、イギリス国政府が各批准の通告を接受した後六〇日で、その効力を生ずるものとする。

第六九条【廃棄】署名国中この宣言を廃棄しようと欲するものは、第一回の批准書の寄託の後の六〇日から起算して一二年を経過した後でなければ、これをすることができない。右の一二年の期間が経過した後であっても、各六年の終わりでなければ、これをすることができない。

廃棄は、少なくとも一年前に書面をもってイギリス国政府に通告する必要がある。イギリス国政府は、直ちにこれを他のすべての署名国に通報する。

廃棄は、右の通告をした国についてのみ、その効力を生じるものとする。

第七〇条【加入】ロンドン海戦法規会議に参列した諸国は、その議定した規則が一般に承認されることを特に重視し、これに参列しない諸国であっても、この宣言に加入するようになることの希望を表明する。従って、右の参列諸国は、イギリス国政府に対し加入の勧誘をすることを懇請する。

この宣言に加入しようと欲する国は、イギリス国政府に対し書面をもってその意思を告知し、加入書をこれに交付する。右の加入書は、イギリス国政府の記録に保管する。

イギリス国政府は、直ちに前項の告知書及び加入書の認証謄本をその他の諸国に交付し、かつ、その告知書を受領した日を通知する。加入は、告知書の受領の日の後六〇日で、効力を生じるものとする。

加入国の地位は、この宣言に関しては、すべて署名国の地位に準ずる。

第七一条【署名】海戦法規会議に参列した諸国の全権委員は、一九〇九年六月三〇日までのあいだ、ロンドンにおいて、一九〇九年二月二六日の日付を有するこの宣言に署名することができる。

15-30　海戦ニ於ケル捕獲権行使ノ制限ニ関スル条約（捕獲権行使制限条約）（抜粋）

署　名　一九〇七年一〇月一八日（ハーグ）
効力発生　一九一〇年一月二六日
日本国　一九一一年一一月六日批准、一二月一三日批准書寄託、一九一二年一月一三日公布（条約第一一号）、二月一一日効力発生

第三条【漁船】専ラ沿海漁業ハ地方的小航海ニ用キラルル船ハ、其ノ漁猟具、船具及搭載物ト共ニ捕獲ヲ免除ス。

右免除ハ、該船カ如何ナル方法ニ依ルヲ問ワス、敵対行為ニ加ルトキヨリ、其ノ適用ナキモノトス。

締約国ハ、前記ノ船ノ無害ナル性質ヲ利用シ、其

ノ平和的外観ヲ存シテ、之ヲ軍事上ノ目的ニ使用セサルヘシ。

第四条【宗教上等の任務を帯びる船舶】宗教、学術又ハ博愛ノ任務ヲ帯フル船舶モ、亦捕獲ヲ免除セラルルモノトス。

15 31 陸戦ノ場合ニ於ケル中立国及中立人ノ権利義務ニ関スル条約（陸戦中立条約）（抄）

署名　一九〇七年一〇月一八日（ハーグ）
効力発生　一九一〇年一月二六日
日本国　一九一一年一二月一三日批准書寄託、一九一二年一月一三日公布（条約第五号）、二月一一日効力発生

前文（略）

第一章　中立国ノ権利義務

第一条【中立領土の不可侵】中立国ノ領土ハ、不可侵トス。

第二条【中立領土の通過】交戦者ハ、軍隊又ハ弾薬若ハ軍需品ノ輜重ヲシテ中立国ノ領土ヲ通過セシムルコトヲ得ス。

第三条【通信機関の設置】交戦者ハ、又左ノ事項ヲ為スコトヲ得ス。

イ　無線電信局又ハ陸上若ハ海上ニ於ケル交戦国兵力トノ通信ノ用ニ供スヘキ一切ノ機械ヲ中立国ノ領土ニ設置スルコト

ロ　交戦者カ戦争前ニ全然軍事上ノ目的ヲ以テ中立国ノ領土ニ設置シタル此ノ種ノ設備ニシテ公衆通信ノ用ニ供セラレサルモノヲ利用スルコト

第四条【戦闘部隊の編成】交戦者ノ為中立国ノ領土ニ於テ戦闘部隊ヲ編成シ、又ハ徴募事務所ヲ開設スルコトヲ得ス。

第五条【中立国の不寛容の義務】中立国ハ、其ノ領土ニ於テ第二条乃至第四条ニ掲ケタル一切ノ行為ヲ寛容スヘカラサルモノトス。

中立国ハ、其ノ領土ニ於テ行ハレタルモノニ非サレハ、中立違反ノ行為ヲ処罰スルヲ要セサルモノトス。

第六条【義勇兵】中立国ハ、交戦者ノ一方ノ勤務ニ服スル為個人カ箇箇ニ其ノ国境ヲ通過スルノ事実ニ付其ノ責ニ任セス。

第七条【兵器弾薬の輸出と通過】中立国ハ、交戦者ノ一方又ハ他方ノ為ニスル兵器、弾薬其ノ他軍隊又ハ艦隊ノ用ニ供シ得ヘキ一切ノ物件ノ輸出又ハ通過ヲ防止スルヲ要セサルモノトス。

第八条【通信機関の使用】中立国ハ、其ノ所有ニ属スルト会社又ハ個人ノ所有ニ属スルトヲ問ハス、交戦者ノ為ニ電信又ハ電話ノ線条並無線電信機ヲ使用スルコトヲ禁止シ、又ハ制限スルヲ要セサルモノトス。

第九条【規定適用の公平】第七条及第八条ニ規定シタル事項ニ関シ、中立国ノ定ムル一切ノ制限又ハ禁止ハ、両交戦者ニ対シ一様ニ之ヲ適用スヘキモノトス。

中立国ハ、電信若ハ電話ノ線条又ハ無線電信機ノ所有者タル会社又ハ個人ヲシテ右ノ義務ヲ履行セシムル様監視スヘシ。

第一〇条【兵力の使用】中立国カ其ノ中立ノ侵害ヲ防止スル事実ハ、兵力ヲ用ヰル場合ト雖、之ヲ以テ敵対行為ト認ムルコトヲ得ス。

第二章　中立国内ニ於テ留置スル交戦者及救護スル傷者

第一一条【交戦国軍隊の留置】交戦国ノ軍ニ属スル軍隊カ中立国領土ニ入リタルトキハ、該中立国ハ、成ルヘク戦地ヨリ隔離シテ之ヲ留置スヘシ。

中立国ハ、右軍隊ヲ陣営内ニ監置シ、且城寨若ハ特ニ之カ為ニ設備シタル場所ニ幽閉スルコトヲ得。

許可ナクシテ中立領土ヲ去ラサルノ宣誓ヲ為サシメテ、将校ニ自由ヲ与フルト否トハ、中立国ニ於テ之ヲ決スヘシ。

第一二条【糧食等の供与】
第一三条【捕虜】
第一四条【傷病者の通過】
第一五条【赤十字条約の適用】　（略）

第三章　中立人

第一六条【中立人】戦争ニ与ラサル国ノ国民ハ、中立人トス。

第一七条【中立を主張し得ない場合】左ノ場合ニ於テ、中立人ハ、其ノ中立ヲ主張スルコトヲ得ス。

イ　交戦者ニ対シ敵対行為ヲ為ストキ。

ロ　交戦者ノ利益ト為ルヘキ行為ヲ為ストキ、殊ニ任意ニ交戦国ノ一方ノ軍ニ入リテ服務スルトキ。

右ノ場合ニ於テ、交戦者ニ対シ中立ヲ守ラサリシ中立人ハ、該交戦者ヨリ同一ノ行為ヲ為シタル他方交戦国ノ国民ニ比シ、一層厳ナル取扱ヲ受クルコトナシ。

第一八条【中立に違反しない行為】左ニ掲クル事項ハ、第一七条ロ号ニ所謂交戦者ノ一方ノ利益ト為ルヘキ行為ト認メス。

イ　交戦者ノ一方ニ供給ヲ為シ、又ハ其ノ公債ニ応スルコト。但シ、供給者又ハ債主カ他方ノ交戦者ノ領土又ハ其ノ占領地ニ住居セス且供給品カ此等地方ヨリ来ラサルモノナルトキニ限ル。

ロ　警察又ハ民政ニ関スル勤務ニ服スルコト。

第四章　鉄道材料

第一九条【鉄道材料の使用】中立国ノ領土ヨリ来リタル鉄道材料ニシテ該中立国又ハ私立会社若ハ個人ニ属

シ及属スト認ムヘキモノハ、必要已ムヲ得サル場合及程度ニ於テスルノ外、交戦者ニ於テ之ヲ徴発使用スルコトヲ得ス。右材料ハ、成ルヘク速ニ本国ニ送還スヘシ。

中立国モ亦、必要ナル場合ニ於テハ、交戦国ノ領土ヨリ来リタル材料ヲ該交戦国カ徴発使用シタル程度以内ニ於テ留置使用スルコトヲ得。

右ニ関スル賠償ハ、使用シタル材料及使用ノ期間ニ応シテ双方ニ於テ之ヲ為スヘシ。

第五章　附　則（略）

15 32 海戦ノ場合ニ於ケル中立国ノ権利義務ニ関スル条約（海戦中立条約）（抄）

署　名　一九〇七年一〇月一八日（ハーグ）
効力発生　一九一〇年一月二六日
日本国　一九一一年一二月一三日批准書寄託、一九一二年一月一三日公布（条約第一二号）、二月一二日効力発生

前　文（略）

第一条【中立の尊重】交戦者ハ、中立国ノ主権ヲ尊重シ、且中立国ニ於テ寛容ノ結果其ノ中立違反ヲ構成スルニ至ルヘキ一切ノ行為ヲ中立領土又ハ領水ニ於テ行フコトヲ避クルコトヲ要ス。

第二条【中立侵犯の行為】交戦国軍艦カ中立国領水ニ於テ捕獲及臨検捜索権ノ行使其ノ他一切ノ敵対行為ヲ行フコトハ、中立ノ侵犯ヲ構成スルモノトシ、之ヲ厳禁ス。

第三条【捕獲された船舶の取扱】船舶カ中立国領水ニ於テ捕獲セラレタル場合ニ於テ、該国ハ、捕獲セラレタル船舶カ尚其ノ管轄内ニ在ルトキハ、其ノ職員及船員ト共ニ之ヲ解放スル為、且捕獲者カ右船舶ニ乗込マシメタル艦員ヲ留置スル為、施シ得ヘキ一切ノ手段ヲ尽スコトヲ要ス。

右捕獲セラレタル船舶カ既ニ中立国ノ管轄外ニ在ルトキハ、捕獲国政府ハ、右中立国ノ要求ニ依リ該船舶ヲ其ノ職員及船員ト共ニ解放スルコトヲ要ス。

第四条【捕獲審検所】交戦者ハ、中立領土内又ハ中立領水ニ在ル船舶内ニ捕獲審検所ヲ設クルコトヲ得ス。

第五条【通信機関の設置】交戦者ハ、中立ノ港及領水ヲ以テ敵ニ対スル海軍作戦根拠地ト為スコトヲ得ス。殊ニ無線電信局又ハ陸上若ハ海上ニ於ケル交戦国兵力トノ通信ノ用ニ供スヘキ一切ノ器械ヲ設置スルコトヲ得ス。

第六条【軍艦等の交付】中立国ハ、如何ナル名義ヲ以テスルヲ問ハス、交戦国ニ対シ直接又ハ間接ニ軍艦、弾薬又ハ一切ノ軍用材料ヲ交付スルコトヲ得ス。

第七条【兵器弾薬の輸出】中立国ハ、交戦者ノ一方又ハ他方ノ為ニスル兵器、弾薬其ノ他軍隊又ハ艦隊ノ用ニ供シ得ヘキ一切ノ物件ノ輸出又ハ通過ヲ防止スルヲ要セサルモノトス。

第八条【艤装等の防止】中立国政府ハ、自己ト平和関係ヲ有スル国ニ対シ巡邏ノ用ニ供シ又ハ敵対行為ニ加ルヘキモノト信スヘキ相当ノ理由アル一切ノ船舶カ其ノ管轄内ニ於テ艤装又ハ武装セラルルコトヲ防止スル為、施シ得ヘキ手段ヲ尽スコトヲ要ス。中立国政府ハ、又巡邏ノ用ニ供シ又ハ敵対行為ニ加ルヘキ船舶ニシテ其ノ管轄内ニ於テ全部又ハ一部戦争ノ用途ニ適合セシメタルモノハ、総テ其ノ管轄外ニ出発スルコトヲ防止スル為、同様ノ監視ヲ為スコトヲ要ス。

第九条【交戦者の平等待遇】中立国ハ、其ノ港、泊地又ハ領水ニ交戦国軍艦又ハ其ノ捕獲シタル船舶ヲ入ラシムルコトニ関シテ定メタル条件、制限又ハ禁止ヲ交戦者双方ニ対シテ均等ニ適用スルコトヲ要ス。

中立国ハ、其ノ定メタル命令及規則ヲ遵守スルコトヲ怠リ又ハ中立ヲ侵害シタル交戦国艦船ニ対シ、其ノ港又ハ泊地ニ入ルヲ禁スルコトヲ得。

第一〇条【交戦国軍艦の通過】交戦国軍艦及其ノ捕獲シタル船舶カ単ニ中立領水ヲ通過スルコトハ、其ノ国ノ中立ヲ侵害スルモノニ非ス。

第一一条【水先人】（略）

第一二条【交戦国軍艦の碇泊】中立国ノ法令中別段ノ規定ナキトキハ、交戦国軍艦ハ、本条約ニ規定シタル場合ヲ除クノ外、二四時間以上中立国ノ港、泊地又ハ領水ニ碇泊スルコトヲ得ス。

第一三条【開戦の際の出港期間】開戦ノ通知ヲ受ケタル国カ自国ノ港、泊地又ハ領水ニ交戦国軍艦ノ在ルコトヲ知リタルトキハ、該国ハ、右軍艦ニ対シ二四時間内又ハ自国法令ニ規定シタル期間内ニ出発スヘキコトヲ通告スルコトヲ要ス。

第一四条【破損等の場合の例外】交戦国軍艦ハ、破損ノ為又ハ海上ノ状態ニ因ル場合ヲ除クノ外、法定期間以上中立港内ノ碇泊ヲ延長スルコトヲ得ス。右軍艦ハ、遅延ノ原因止ムトキハ、直ニ出発スヘキモノトス。

中立ノ港、泊地及領水ニ於ケル碇泊ノ制限ニ関スル規則ハ、専ラ宗教、学術又ハ博愛ノ任務ヲ有スル軍艦ニ之ヲ適用セス。

第一五条【碇泊軍艦の数】中立国ノ法令中別段ノ規定ナキトキハ、該国ノ港又ハ泊地ノ一ニ同時ニ滞在シ得ヘキ各交戦国軍艦ノ数ハ、三隻ヲ超ユルコトヲ得ス。

第一六条【出港の間隔】交戦国双方ノ軍艦カ同時ニ中立国ノ港又ハ泊地ノ一ニ在ルトキハ、一方ノ軍艦ノ出発ト他方ノ軍艦ノ出発トノ間ニ、少クモ二四時間ヲ経過セシムルコトヲ要ス。

出発ノ順序ハ、到著ノ順序ニ依リテ之ヲ定ム。但シ、最初到著シタル軍艦ニシテ碇泊ノ法定期間ノ延

長ヲ許可セラルル場合ニハ、此ノ限ニ在ラス。

交戦国軍艦ハ、其ノ対手国ノ国旗ヲ掲クル商船カ中立ノ港又ハ泊地ヲ出発シタル後二四時間内ニ出発スルコトヲ得ス。

第一七条【修理】交戦国軍艦ハ、中立ノ港及泊地ニ於テ、航海ノ安全ニ欠クヘカラサル程度以上ニ其ノ破損ヲ修理シ、且如何ナル方法ニ依ルヲ問ハス其ノ戦闘力ヲ増加スルコトヲ得ス。中立国官憲ハ、実行スヘキ修理ノ範囲ヲ定メ、為シ得ル限速ニ之ヲ行ハシムヘシ。

第一八条【軍需品の更新その他】交戦国軍艦ハ、其ノ軍需品又ハ武装ヲ更新又ハ増加スル為、及其ノ艦員ヲ補充スル為、中立の港、泊地及領水ヲ使用スルコトヲ得ス。

第一九条【軍需の補充】交戦国軍艦ハ、平時ニ於ケル軍需品ノ通常搭載量ヲ補充スル場合ニ限、中立ノ港又ハ泊地ニ於テ其ノ積入ヲ為スコトヲ得。

右軍艦ハ、又最近本国港ニ達スル為ニ必要ナル量ニ限、燃料ヲ積入ルルコトヲ得。中立国カ供給スヘキ燃料額ヲ定ムルニ付軍艦ノ燃料艙ノ全容量ヲ補充スルヲ許スノ制ヲ採レル場合ニ於テハ、交戦国軍艦ハ、該中立国ニ在リテハ前記ノ量ヲ補充スルニ必要ナル燃料ヲ積入ルルコトヲ得。

中立国ノ法規ニ依リ、軍艦カ其ノ到著ヨリ二四時間ノ後ニ非サレハ石炭ノ供給ヲ受クルヲ得サルトキハ、法定ノ碇泊期間ヲ二四時間延長スルモノトス。

第二〇条【燃料の積入】交戦国軍艦ニシテ中立国ノ港ニ於テ燃料ヲ積入レタルモノハ、三月ヲ経過スルニ非サレハ、同一中立国ノ港ニ於テ再ヒ其ノ積入ヲ為スコトヲ得ス。

第二一条【捕獲船舶の入港】
第二二条【捕獲船舶の解放】　（略）
第二三条【留置のための捕獲船舶の入港】

第二四条【滞留期間を越えた場合】交戦国軍艦ニシテ中立官憲ノ通告アルニ拘ラス滞留スルノ権利ヲ有セサル港ヲ去ラサルトキハ、中立国ハ、該軍艦ヲシテ戦争ノ継続中出航スルコト能ハサラシムル為必要ト認ムル手段ヲ執ルコトヲ得。該軍艦ノ艦長ハ、右手段ノ実行ヲ容易ナラシムルコトヲ要ス。

交戦国軍艦中立国ノ為ニ抑留セラルルトキハ、将校其ノ他ノ艦員モ亦均シク抑留セラルヘシ。

右抑留セラレタル将校其ノ他ノ艦員ハ、之ヲ該軍艦内ニ留メ、又ハ他ノ船舶内若ハ陸上ニ宿泊セシムルコトヲ得ヘク、且之ヲシテ必要ナリト認ムル制限的規律ニ服セシムルコトヲ得ルモノトス。但シ、軍艦ノ保存上必要ナル人員ヲ常ニ艦内ニ残シ置クコトヲ要ス。

将校ハ、許可ナクシテ該中立領土ヲ去ラサル旨宣誓セシメタル上、之ニ自由ヲ与フルコトヲ得。

第二五条【違反の防止】中立国ハ、其ノ港、泊地及領水ニ於テ前記規定ニ対スル一切ノ違反ヲ防止セムカ為、施シ得ヘキ手段ニ依ル監視ヲ行フコトヲ要ス。

第二六条〜第三三条（略）

第5節　国内法

15 33　国際人道法の重大な違反行為の処罰に関する法律（国際人道法違反処罰法）

公　布　二〇〇四（平成一六）年六月一八日（法律第一一五号）
施　行　二〇〇五（平成一七）年二月二八日（附則第三条は二〇〇四（平成一六）年七月八日）

第一条（目的）この法律は、国際的な武力紛争において適用される国際人道法に規定する重大な違反行為を処罰することにより、刑法（明治四〇年法律第四五号）等による処罰と相まって、これらの国際人道法の的確な実施の確保に資することを目的とする。

第二条（定義）この法律において、次の各号に掲げる用語の意義は、それぞれ当該各号に定めるところによる。

一　捕虜　次のイ又はロに掲げる者であって、捕虜の待遇に関する一九四九年八月一二日のジュネーヴ条約（以下「第三条約」という。）及び一九四九年八月一二日のジュネーヴ諸条約の国際的な武力紛争の犠牲者の保護に関する追加議定書（議定書I）（以下「第一追加議定書」という。）において捕虜として取り扱われるものをいう。

イ　第三条約第四条に規定する者

ロ　第一追加議定書第四四条1に規定する者（同条2から4までの規定により捕虜となる権利を失う者を除く。）

二　傷病捕虜　捕虜であって、第三条約第一一〇条第一項(1)から(3)までに該当する者をいう。

三　文民　次のイ又はロに掲げる者であって、戦時における文民の保護に関する一九四九年八月一二日のジュネーヴ条約（以下「第四条約」という。）及び第一追加議定書において被保護者として取り扱われるものをいう。

イ　第四条約第四条第一項に規定する者（同条第二項及び第四項の規定により被保護者と認められない者を除く。）

ロ　第一追加議定書第七三条に規定する者

第三条（重要な文化財を破壊する罪）次に掲げる事態又は武力紛争において、正当な理由がないのに、その戦闘行為として、歴史的記念物、芸術品又は礼拝所のうち、重要な文化財として政令で定めるものを破壊した者は、七年以下の懲役に処する。

一　第一追加議定書第一条3に規定する事態であって、次のイ又はロに掲げるもの

イ　第一追加議定書の締約国間におけるもの

ロ　第一追加議定書第九六条2の規定により第一追加議定書の規定を受諾し、かつ、適用する第一追加議定書の非締約国と第一追加議定書の締約国との間におけるもの

二　第一追加議定書第一条4に規定する武力紛争（第一追加議定書第九六条3の規定により寄託者にあてた宣言が受領された後のものに限る。）

第四条（捕虜の送還を遅延させる罪）1　捕虜の送還に関する権限を有する者が、捕虜の抑留の原因となった武力紛争が終了した場合において、正当な理由がないのに、当該武力紛争の相手国（当該武力紛争の当事者間において合意された地を含む。次項において「送還地」という。）への捕虜の送還を遅延させたときは、五年以下の懲役に処する。

2　前項に規定する者が、正当な理由がないのに、送還に適する状態にある傷病捕虜の送還地への送還を遅延させたときも、同項と同様とする。

第五条（占領地域に移送する罪）第三条第一号に掲げる事態において、占領に関する措置の一環としてその国が占領した地域（以下「占領地域」という。）に入植させる目的で、当該国の国籍を有する者又は当該国の領域内に住所若しくは居所を有する者を当該占領地域に移送した者は、五年以下の懲役に処する。

第六条（文民の出国等を妨げる罪）1　出国の管理に関する権限を有する者が、正当な理由がないのに、文民の出国を妨げたときは、三年以下の懲役に処する。

2　占領地域からの出域（被占領国からの出国又は被占領国の国境を越えない占領地域外への移動をいう。以下同じ。）の管理に関する権限を有する者が、正当な理由がないのに、文民（被占領国の国籍を有する者を除く。）の占領地域からの出域を妨げたときも、前項と同様とする。

第七条（国外犯）第三条から前条までの罪は、刑法第四条の二の例に従う。

附　則（抄）

第一条（施行期日）この法律は、第一追加議定書が日本国について効力を生ずる日から施行する。ただし、附則第三条の規定は、公布の日から起算して二〇日を経過した日から施行する。

第二条（経過措置）第七条の規定は、この法律の施行の日以後に日本国について効力を生ずる条約により日本国外において犯したときであっても罰すべきものとされる罪に限り適用する。

第三条（刑法等の一部を改正する法律の一部改正）（略）

15-34　武力攻撃事態及び存立危機事態における外国軍用品等の海上輸送の規制に関する法律
（海上輸送規制法）

公　布　二〇〇四（平成一六）年六月一八日（法律第一一六号）
施　行　二〇〇四（平成一六）年一二月一七日
改　正　二〇一六（平成二八）年六月三日（法律第五四号）

第一章　総　則

第一条（目的）この法律は、武力攻撃事態（武力攻撃事態等及び存立危機事態における我が国の平和と独立並びに国及び国民の安全の確保に関する法律（平成一五年法律第七九号）第二条第二号に規定する武力攻撃事態をいう。以下同じ。）及び存立危機事態（同条第四号に規定する存立危機事態をいう。以下同じ。）に際して、我が国領海又は我が国周辺の公海（海洋法に関する国際連合条約に規定する排他的経済水域を含む。以下同じ。）における外国軍用品等の海上輸送を規制するため、自衛隊法（昭和二九年法律第一六五号）第七六条第一項の規定により出動を命ぜられた海上自衛隊の部隊が実施する停船検査及び回航措置の手続並びに防衛省に設置する外国軍用品審判所における審判の手続等を定め、もって我が国の平和と独立並びに国及び国民の安全の確保に資することを目的とする。

第二条（定義）この法律において、次の各号に掲げる用語の意義は、それぞれ当該各号に定めるところによる。

一　外国軍隊等　武力攻撃事態又は存立危機事態において、武力攻撃（武力攻撃事態等及び存立危機事態における我が国の平和と独立並びに国及び国民の安全の確保に関する法律第二条第一号に規定する武力攻撃をいう。第一六条において同じ。）又は存立危機武力攻撃（同法第二条第八号ハ(1)に規定する存立危機武力攻撃をいう。次号において同じ。）を行っている外国の軍隊その他これに類する組織をいう。

二　外国軍用品　次のイからチまでのいずれかに掲

げる物品（政令で指定するものに限る。）で外国軍隊等が所在する地域を仕向地とするもの及び次のリからヲまでのいずれかに掲げる物品（政令で指定するものに限る。）で、武力攻撃事態においては外国軍隊等が所在する我が国の領域又は我が国周辺の公海（海洋法に関する国際連合条約に規定する排他的経済水域を含む。以下同じ。）上の地域を、存立危機事態においては外国軍隊等が所在する存立危機武力攻撃を受けている外国の領域又は当該の外国周辺の公海上の地域を仕向地とするものをいう。

イ　核兵器、化学兵器、生物兵器若しくは毒素兵器（これらの運搬の用に供されるミサイルその他のこれらの運搬手段を含む。）又は対人地雷
ロ　銃砲
ハ　銃砲弾又は軍用の爆発物（イに掲げるものを除く。）
ニ　軍用の武器（イからハまでに掲げるものを除く。）
ホ　軍用の航空機、ロケット、船舶又は車両（イに掲げるものを除く。）
ヘ　軍用の通信機器又は電子機器
ト　イからヘまでに掲げるものの部分品又は附属品
チ　軍用の火薬類（爆発物を除く。）又は軍用の燃料
リ　装甲板、軍用ヘルメット、防弾衣その他軍用の装備品（イからトまでに掲げるものを除く。）
ヌ　航空機、ロケット、船舶若しくは車両の修理若しくは整備に用いられる装置又はその部分品若しくは附属品
ル　航空機、ロケット、船舶又は自動車の燃料（チに掲げるものを除く。）、潤滑油又は作動油
ヲ　食糧（外国軍隊等に仕向けられたものに限る。）

三　外国軍用品等　外国軍用品又は外国軍隊等の構成員をいう。
四　船舶　軍艦等（軍艦及び各国政府が所有し、又は運航する船舶であって、非商業的目的のみに使用されるものをいう。以下同じ。）以外の船舶をいう。
五　船長等　船舶の船長又は船長に代わって船舶を指揮する者をいう。
六　艦長等　第四条第一項の規定により第四章の規定による措置を命ぜられた海上自衛隊の自衛艦その他の部隊の長をいう。
七　停船検査　外国軍用品等を輸送しているかどうかを確かめるため、船舶の進行を停止させて立入検査をし、又は乗組員及び旅客（以下「乗組員等」という。）に対して必要な質問をすることをいう。
八　回航措置　停船検査を行った船舶の船長等に対し、我が国の港（政令で指定するものに限る。第二八条第一項において同じ。）へ回航すべき旨を命じ、当該命令の履行を確保するために必要な監督をすることをいう。

第三条（国際法規の遵守） 第四章の規定による措置その他この法律に基づく手続を実施するに当たり、国際の法規及び慣例によるべき場合にあっては、これを遵守しなければならない。

第二章　外国軍用品等の海上輸送の規制

第四条（海上自衛隊の部隊による措置） 1　防衛大臣は、自衛隊法第七六条第一項の規定により海上自衛隊の全部又は一部に出動が命ぜられた場合において、我が国領海、外国の領海（海上自衛隊の部隊が第四章の規定による措置を行うことについて当該外国の同意がある場合に限る。）又は公海において外国軍用品等の海上輸送を規制する必要があると認めるときは、内閣総理大臣の承認を得て、同項の規定により出動を命ぜられた海上自衛隊の部隊に、第四章の規定による措置を命ずることができる。

2　防衛大臣は、前項の規定による命令をするときは、停船検査を実施する区域（以下「実施区域」という。）を告示して定めなければならない。

第五条（関係機関等に対する周知） 1　防衛大臣は、前条第二項の告示をしたときは、直ちに、外務大臣にその旨を通知するものとする。

2　外務大臣は、前項の通知を受けたときは、遅滞なく、関係する外国政府及び国際機関に対して、外国軍用品の範囲及び実施区域を周知させる措置をとらなければならない。

第六条（外国軍用品等の輸送の規制） 1　外国軍用品審判所は、第二七条第三項の規定による送致を受けた積荷又は第三四条の規定による送致を受けた事件に係る船舶の積荷（以下この条及び第五二条第一項から第三項までにおいて「積荷」と総称する。）が第二条第二号イに該当する外国軍用品であるときは、第五章に規定する手続に従い、これを廃棄しなければならない。

2　外国軍用品審判所は、積荷が第二条第二号ロからチまでのいずれかに該当する外国軍用品であるときは、第五章に規定する手続に従い、その輸送を停止しなければならない。

3　外国軍用品審判所は、積荷が第二条第二号リからヲまでのいずれかに該当する外国軍用品である場合において、必要があると認めるときは、第五章に規定する手続に従い、その輸送を停止することができる。

4　外国軍用品審判所は、第三四条の規定による送致を受けた事件に係る船舶が外国軍用品等を輸送しており、かつ、次の各号のいずれかに該当する場合において、当該船舶が外国軍用品等の海上輸送を反復して行うことを防止するため必要があると認めるときは、第五章に規定する手続に従い、その航行を停止することができる。

一　当該船舶の傭《よう》船者が外国軍隊等であるとき。
二　前号に掲げるもののほか、当該船舶の船長等が外国軍隊等の指揮監督を受けるとき。
三　当該船舶の旅客の相当数が外国軍隊等の構成員であるとき。
四　前三号に準ずるものとして政令で定めるとき。

第三章　外国軍用品審判所

第七条（設置） 1　防衛省に、臨時に、特別の機関として、外国軍用品審判所を置く。

2　外国軍用品審判所の設置の場所及び期間は、政令で定める。

第八条（任務） 外国軍用品審判所は、艦長等が停船検査を行った船舶に係る事件（以下単に「事件」という。）の調査及び審判を行うことを任務とする。

第九条（所掌事務） 外国軍用品審判所は、前条の任務を達成するため、次に掲げる事務をつかさどる。

一　事件について必要な調査に関すること。

二　審判に関すること。

三　審決の執行に関すること。

第一〇条（外国軍用品審判所長） 外国軍用品審判所の長は、外国軍用品審判所長とし、第一二条第一項の審判官をもって充てる。

第一一条（支部） 1　外国軍用品審判所の事務の一部を取り扱わせるため、所要の地に、支部を置くことができる。

2　支部の名称、位置、管轄区域及び内部組織は、政令で定める。

第一二条（審判官及び事務官） 1　外国軍用品審判所に審判官及び事務官を置く。

2　審判官は、法律（国際法規を含む。）、防衛又は海事に関し知識経験を有する者であって、政令で定める資格を有するもののうちから、防衛大臣が任命する。

3　審判官の定数は、政令で定める。

4　事務官は、命を受け、事務に従事する。

第一三条（審判官の職権の独立） 審判官は、独立してその職権を行う。

第一四条（構成） 1　外国軍用品審判所は、審判官五名をもって構成する合議体で、事件について必要な調査及び審判を行う。

2　合議体の合議は、過半数により決する。

3　外国軍用品審判所長は、各事件について、第一項の合議体を構成すべき審判官を指定しなければならない。

4　外国軍用品審判所長は、前項の規定により指定した審判官のうち一人を審判長として指定しなければならない。

5　審判長は、その事件について必要な調査及び審判に関する事務を総理する。

第一五条（事務局） 1　外国軍用品審判所の事務を処理させるため、外国軍用品審判所に事務局を置く。

2　事務局の内部組織は、政令で定める。

第四章　停船検査及び回航措置

第一節　停船検査

第一六条（停船検査） 艦長等は、武力攻撃が発生した事態又は存立危機事態において、実施区域を航行している船舶が外国軍用品等を輸送していることを疑うに足りる相当な理由があるときは、この節の定めるところにより、当該実施区域において、当該船舶について停船検査を行うことができる。ただし、当該船舶が軍艦等に警護されている場合は、この限りでない。

第一七条（停船命令） 1　艦長等は、停船検査を行おうとするときは、あらかじめ、無線その他の通信手段を用いて、当該船舶に対し、進行の停止を命ずるものとする。

2　艦長等は、前項の規定により進行の停止を命じた場合において、当該船舶がこれに従わないときは、接近、追尾、伴走又は進路前方における待機を行って、繰り返し進行の停止を命ずるものとする。

3　前二項の場合において、艦長等は、自衛艦旗を掲げるほか、必要に応じ、呼びかけ、信号弾及び照明弾の使用その他の適当な手段により、自己の存在を示すものとする。

第一八条（船上検査の実施） 艦長等は、前条第一項又は第二項の規定による命令を受けた船舶が停止したときは、海上自衛隊の三等海尉以上の自衛官を当該船舶に乗り込ませ、第二〇条から第二二条までの規定による検査（以下「船上検査」という。）を行わせるものとする。

第一九条（船長等に対する告知） 前条の自衛官（以下「船上検査官」という。）は、船上検査を行う船舶に乗船したときは、その船長等に対し、船上検査を行う旨及び船上検査の手続に関し苦情があるときは艦長等に対し理由を記載した文書を提出して苦情の申出をすることができる旨を告知するものとする。

第二〇条（船舶書類の検査） 船上検査官は、船長等に対し、次に掲げる書類（以下「船舶書類」という。）の提示を求めることができる。

一　船舶国籍証書その他の船舶の国籍を証明する書類

二　乗組員等の名簿

三　航海日誌その他の航行の状況を記録する書類

四　船荷証券その他の積荷に関する書類

第二一条（乗組員等への質問） 船上検査官は、必要があると認めるときは、乗組員等に質問をすることができる。

第二二条（積荷の検査） 船上検査官は、前二条の規定による検査を行った場合においても、なお当該船舶が外国軍用品等を輸送している疑いがあると認めるときは、船長等を立ち会わせて、積荷を検査することができる。

第二三条（出入禁止） 船上検査官は、船上検査を行う間は、乗組員等（船長等を除く。）に対し、許可を得ないでその場所に出入りすることを禁止することができる。

第二四条（身分証明書の提示等） 1　船上検査官は、船上検査を行うときは、その身分を示す証明書を携帯し、船長等の請求があるときは、これを提示しなければならない。

2　第二〇条から前条までの規定による権限は、犯罪捜査のために認められたものと解してはならない。

第二五条（艦長等への報告） 船上検査官は、船上検査を行ったときは、直ちにその結果を艦長等に報告しなければならない。

第二六条（停船検査の終了） 艦長等は、前条の報告を受けたときは、次条第一項の規定による引渡しの求め又は第二八条第一項の規定による命令をするときを除き、速やかに、停船検査を終了しなければならない。

第二節　回航措置

第二七条（外国軍用品の引渡し）1　第二五条の報告を受けた艦長等は、当該報告に係る船舶の積荷が外国軍用品であると認められ、かつ、当該積荷をその自衛艦に収容することができる場合において、第六条第四項各号のいずれにも該当しないと認めるときは、当該船舶の船長等に対し、当該積荷の引渡しを求めることができる。

2　艦長等は、前項の引渡しを受けたときは、調書を作成し、当該船舶の船長等に交付しなければならない。

3　艦長等は、第一項の引渡しを受けたときは、速やかに、書類及び当該積荷とともに事件を外国軍用品審判所に送致しなければならない。

第二八条（回航命令）1　第二五条の報告を受けた艦長等は、次の各号のいずれかに該当するときは、当該報告に係る船舶の船長等に対し、我が国の港へ回航すべきことを命ずることができる。

一　当該船長等が前条第一項の規定による外国軍用品の引渡しの求めに応じないとき。

二　当該船舶が外国軍用品等を輸送していると認めるとき（前条第一項の規定により外国軍用品の引渡しを求めることができる場合を除く。）。

三　当該報告のほか、当該船舶の外観、航海の態様、乗組員等の異常な挙動その他周囲の事情等から判断して、なお当該船舶が外国軍用品等を輸送している疑いがあると認めるとき（前二号に該当するときを除く。）。

2　艦長等は、前項の規定による命令をしようとするときは、あらかじめ、船長等に対し、弁明を記載した文書を提出する機会を与えなければならない。

第二九条（監視措置）艦長等は、前条第一項の規定による命令をしたときは、船上検査官に、当該船舶の船舶書類及びその積荷のうち外国軍用品であるもの（外国軍用品の疑いがあるものを含む。）の移動を監視するために必要な封印をさせ、又は装置を取り付けさせることができる。

第三〇条（回航監督官の派遣）艦長等は、第二八条第一項の規定による命令をしたときは、当該命令の履行の確保に必要な監督をさせるため、海上自衛隊の三等海尉以上の自衛官を当該命令に係る船舶（以下「回航船舶」という。）に乗り込ませるものとする。

第三一条（船長等に対する告知）前条の自衛官（以下「回航監督官」という。）は、回航船舶に乗船したときは、その船長等に対し、第二八条第一項の規定による命令の内容及び回航措置の手続に関し苦情があるときは艦長等に対し理由を記載した文書を提出して苦情の申出をすることができる旨を告知するものとする。

第三二条（回航監督官の権限）1　回航監督官は、第二八条第一項の規定による命令の履行の確保又は航行の安全若しくは船内の秩序維持のため必要があると認めるときは、回航船舶の船長等に対し、必要な措置をとるべきことを指示することができる。

2　回航監督官は、船長等が前項の規定による指示に従わない場合において、やむを得ない必要があるときは、自ら当該指示に係る措置をとることができる。

3　艦長等は、回航監督官に、第二九条に規定する措置を講じさせることができる。

第三三条（回航船舶への自衛艦旗の掲揚）回航監督官は、回航船舶に、当該船舶の旗国（海洋法に関する国際連合条約第九一条に規定するその旗を掲げる権利を有する国をいう。）の国旗及び自衛艦旗を掲げさせるものとする。

第三四条（外国軍用品審判所への送致）艦長等は、回航船舶が我が国の港に到着したときは、速やかに、書類とともに事件を外国軍用品審判所に送致しなければならない。

第三節　雑則

第三五条（防衛大臣への報告）1　艦長等は、停船検査を行ったとき、又は回航措置をとったときは、速やかに、当該停船検査又は回航措置に関する報告書を作成し、防衛大臣に提出しなければならない。

2　艦長等は、第二八条第一項の規定による命令をしたとき、又は船長等から第一九条若しくは第三一条に規定する苦情の申出があったときは、直ちにその旨を防衛大臣に報告しなければならない。

3　防衛大臣は、前項の規定による報告を受けたときは、必要に応じ、関係機関への連絡その他の措置を講ずるものとする。

第三六条（艦長等の配慮義務）艦長等並びに船上検査官及び回航監督官は、停船検査を行い、又は回航措置をとるときは、その対象となる船舶が必要以上に予定の航路を変更することのないように配慮しなければならない。

第三七条（武器の使用）1　警察官職務執行法（昭和二三年法律第一三六号）第七条の規定は、この章の規定による措置を命ぜられた海上自衛隊の部隊の自衛官の職務の執行について準用する。

2　前項において準用する警察官職務執行法第七条の規定により武器を使用する場合のほか、同項に規定する自衛官は、艦長等が第一七条第二項の規定に基づき当該船舶の進行の停止を繰り返し命じても乗組員等がこれに応ぜずなお当該自衛官の職務の執行に抵抗し、又は逃亡しようとする場合において、当該船舶の進行を停止させるために他に手段がないと信ずるに足りる相当な理由があるときは、艦長等の命令により、その事態に応じ合理的に必要と判断される限度において、武器を使用することができる。

第三八条（抑留対象者の取扱い）停船検査を行う船舶又は回航船舶内に抑留対象者（武力攻撃事態及び存立危機事態における捕虜等の取扱いに関する

法律（平成一六年法律第一一七号）第三条第六号に規定する抑留対象者をいう。）がある場合におけるその取扱いについては、同法の定めるところによる。

第五章　審判手続

第三九条（送致事件の調査）　外国軍用品審判所は、第二七条第三項又は第三四条の規定による事件の送致を受けたときは、当該事件について必要な調査をしなければならない。

第四〇条（調査のための強制処分）　1　外国軍用品審判所は、第三四条の規定による事件の送致を受けたときは、当該事件に係る船舶の船長等に対し、当該船舶の出航を禁止することができる。

2　前項の規定により出航を禁止する期間は、事件が送致された日から起算して一月とする。ただし、外国軍用品審判所は、通じて二月を超えない範囲で、当該期間を延長することができる。

3　外国軍用品審判所は、第四五条第一項又は第二項の規定による決定をしたとき、その他第一項の船舶の出航を禁止する必要がなくなったときは、前項の期間内であっても、第一項の規定による命令を取り消さなければならない。

第四一条（同）　1　外国軍用品審判所は、事件について必要な調査をするため、次に掲げる処分をすることができる。

一　当該事件に係る船舶の乗組員その他の関係者又は参考人に出頭を命じて審問し、又はこれらの者から意見若しくは報告を徴すること。

二　鑑定人に出頭を命じて鑑定させること。

三　当該事件に係る船舶の船舶書類、積荷その他当該船舶に関する物件の所持者に対し、当該物件の提出を命じ、又は提出された物件若しくは第二七条第三項の規定による送致を受けた積荷を留置すること。

四　当該事件に係る船舶その他必要な場所に立ち入り、前号に規定する物件を検査すること。

2　外国軍用品審判所は、相当と認めるときは、外国軍用品審判所の事務官を調査官に指定し、前項の処分をさせることができる。

3　前項の規定により立入検査をする調査官は、その身分を示す証明書を携帯し、関係者の請求があるときは、これを提示しなければならない。

4　第一項又は第二項の規定による立入検査の権限は、犯罪捜査のために認められたものと解してはならない。

第四二条（留置物件の保管等）　1　外国軍用品審判所は、前条第一項第三号の規定により留置した物件（以下「留置物件」という。）のうち運搬又は保管に不便なものについては、看守者を置き、又は適当と認める者に、その承諾を得て、これを保管させることができる。

2　外国軍用品審判所は、留置物件のうち、人の生命又は財産を害する急迫した危険を生ずるおそれがあるものを廃棄することができる。

第四三条（留置物件の返還）　1　外国軍用品審判所は、留置物件について留置の必要がなくなったときは、その返還を受けるべき者にこれを還付しなければならない。

2　外国軍用品審判所は、前項の留置物件の返還を受けるべき者の住所若しくは居所がわからないため、又はその他の事由によりこれを還付することができない場合においては、政令で定めるところにより、その旨を公告しなければならない。

3　前項の公告に係る留置物件について、公告の日から六月を経過しても還付の請求がないときは、その留置物件は、国庫に帰属する。

4　前項の期間内であっても、価値のない留置物件は、これを廃棄し、保管に不便な物件は、政令で定めるところにより、これを売却してその代価を保管することができる。

第四四条（調書の作成）　外国軍用品審判所は、事件について必要な調査をしたときは、その要旨を調書に記載し、かつ、特に第四〇条第一項又は第四一条第一項の規定による処分があったときは、その結果を明らかにしておかなければならない。

第四五条（審判の開始）　1　外国軍用品審判所は、事件について必要な調査の結果、第六条各項に規定する場合のいずれかに該当すると認めるときは、審判を開始する旨の決定をしなければならない。

2　外国軍用品審判所は、前項に規定する場合を除き、審判を開始しない旨の決定をしなければならない。

3　第四〇条の規定は、外国軍用品審判所が、事件について必要な調査の結果、第六条第四項に規定する場合に該当すると認めて、第一項の規定による審判開始決定をしたときについて準用する。この場合において、第四〇条第二項本文中「事件が送致された日」とあるのは「第四五条第一項の規定による審判開始決定の日」と、「一月」とあるのは「三月」と、同項ただし書中「通じて二月を超えない範囲で、当該期間を延長する」とあるのは「特に必要があると認めるときは、三月ごとに当該期間を更新する」と、同条第三項中「第四五条第一項又は第二項の規定による決定」とあるのは「第五二条第四項又は第五項の審決」と読み替えるものとする。

第四六条（同）　1　外国軍用品審判所は、前条第一項の規定による審判開始決定をしたときは、政令で定めるところにより、その旨を公告しなければならない。

2　前項の公告があったときは、利害関係者は、公告の日から三〇日以内に、外国軍用品審判所に意見書を提出することができる。

3　外国軍用品審判所は、前項の期間が経過した後、審判を開始するものとする。

4　第二項の規定にかかわらず、利害関係者は、外国軍用品審判所がやむを得ない事情があると認めるときは、同項の期間が経過した後であっても、意見書を提出することができる。

第四七条（調査官の権限）　第四一条第二項の規定により指定された調査官は、審判に立ち会い、証拠の申出その他必要な行為をすることができる。

第四八条（審判の公開） 審判は、これを公開しなければならない。ただし、国の安全が害されるおそれ又は外国政府との交渉上不利益を被るおそれがあると認めるときは、これを公開しないことができる。

第四九条（審判長の権限） 1　審判長は、開廷中審判を指揮し、審判廷の秩序を維持する。

2　審判長は、審判を妨げる者に対し退廷を命じ、その他審判廷の秩序を維持するため必要な措置をとることができる。

第五〇条（証拠の取調べ） 1　外国軍用品審判所は、申立により、又は職権で、必要な証拠を取り調べることができる。

2　刑事訴訟法（昭和二三年法律第一三一号）第一四三条、第一四四条から第一四七条まで、第一四九条、第一五四条から第一五六条まで、第一六五条及び第一六六条の規定は、外国軍用品審判所が、審判に際して、参考人を審問し、又は鑑定人に鑑定を命ずる手続について準用する。この場合において、同法第一四三条及び第一六五条中「裁判所」とあるのは「外国軍用品審判所」と、同法第一四三条、第一四四条、第一四五条第一項、第一五四条及び第一五六条第一項中「証人」とあるのは「参考人」と、同法第一四三条、第一四四条及び第一四五条第一項中「尋問する」とあるのは「審問する」と、同法第一四九条ただし書中「、証言の拒絶が被告人のためのみにする権利の濫用と認められる場合（被告人が本人である場合を除く。）その他裁判所の規則で」とあるのは「その他外国軍用品審判所が」と、同法第一五五条第一項中「尋問しなければ」とあるのは「審問しなければ」と読み替えるものとする。

第五一条（利害関係者の意見の陳述等） 1　第四六条第二項又は第四項の規定により意見書を提出した利害関係者又はその代理人は、外国軍用品審判所に対し、審判廷における意見の陳述を申し出、又は証拠を提出することができる。

2　外国軍用品審判所は、前項の申出があるときは、審判の期日において、その意見を陳述させるものとする。ただし、審判の状況その他の事情を考慮して、相当でないと認めるときは、意見の陳述に代えて意見を記載した書面を提出させ、又は意見の陳述をさせないことができる。

第五二条（審決） 1　外国軍用品審判所は、審判手続を経た後、積荷が第二条第二号イに該当する外国軍用品であると認めるときは、当該積荷について廃棄の審決をしなければならない。

2　外国軍用品審判所は、審判手続を経た後、積荷が第二条第二号ロからチまでのいずれかに該当する外国軍用品であると認めるときは、当該積荷について輸送停止の審決をしなければならない。

3　外国軍用品審判所は、審判手続を経た後、積荷が第二条第二号リからヲまでのいずれかに該当する外国軍用品であると認める場合において、必要があると認めるときは、当該積荷について輸送停止の審決をしなければならない。

4　外国軍用品審判所は、審判手続を経た後、第三四条の規定による送致を受けた事件に係る船舶が外国軍用品等を輸送しており、かつ、第六条第四項各号のいずれかに該当すると認める場合において、当該船舶が外国軍用品等の海上輸送を反復して行うことを防止するため必要があると認めるときは、航行停止の審決をしなければならない。

5　外国軍用品審判所は、審判手続を経た後、第六条各項に規定する場合のいずれにも該当しないと認めるときは、その旨を明らかにする審決をしなければならない。

第五三条（証拠による事実認定） 前条の審決においては、公知の事実を除き、審判手続において取り調べた証拠によって事実を認定しなければならない。

第五四条（審決の方式） 第五二条の審決においては、認定した事実、証拠の標目及び法令の適用を示さなければならない。

第五五条（審決の効力発生時期） 審決は、審判廷における言渡しによってその効力を生ずる。

第五六条（審決の公告） 外国軍用品審判所は、第五二条の審決をしたときは、政令で定めるところにより、その旨を公告しなければならない。

第五七条（審決の取消し） 外国軍用品審判所は、第五二条第二項から第四項までの審決をした後、当該審決に係る積荷又は船舶についてその所有権の移転、仕向地の変更その他の事由により当該審決の要件である事実が消滅し、又は当該事実に変更があったと認めるときは、審決をもってこれを取り消すことができる。

第五八条（同） 外国軍用品審判所は、第五二条第二項から第四項までの審決をした後、武力攻撃事態又は存立危機事態が終結したときは、遅滞なく、審決をもってこれを取り消さなければならない。

第五九条（事件記録の閲覧、審決書の謄本の交付等） 利害関係者は、外国軍用品審判所に対し、審判開始決定後、事件記録の閲覧若しくは謄写又は審決書の謄本若しくは抄本の交付を求めることができる。

第六〇条（防衛省令への委任） この法律に定めるもののほか、外国軍用品審判所の審判の手続に関し必要な事項は、防衛省令で定める。

第六章　審決の執行

第六一条（審決の執行者） 審決は、外国軍用品審判所長が指定する外国軍用品審判所の事務官（以下「審決執行官」という。）がこれを執行する。

第六二条（廃棄の審決の執行） 審決執行官は、第五二条第一項の審決があったときは、当該審決に係る積荷の無害化のための措置を講じた上で、これを廃棄しなければならない。

第六三条（輸送停止の審決の執行） 1　審決執行官は、第五二条第二項又は第三項の審決があったときは、当該審決に係る積荷を占有して保管しなければならない。

2　審決執行官は、前項の積荷が腐敗し、若しくは変質したとき、又は腐敗若しくは変質のおそれがあるときは、政令で定めるところにより、これを売却してその代価を保管することができる。

3　審決執行官は、第一項の積荷のうち、人の生命若しくは財産を害する急迫した危険を生ずるおそれがあるもの又は腐敗、変質その他やむを得ない理由により著しく価値が減少したもので買受人がないものを廃棄することができる。

第六四条（航行停止の審決の執行）審決執行官は、第五二条第四項の審決があったときは、第二〇条第一号に掲げる書類その他の当該審決に係る船舶の航行のために必要な文書を取り上げて保管するとともに、当該船舶の出航を禁止しなければならない。

第六五条（取消し審決の執行）1　審決執行官は、第五七条又は第五八条の規定により、第五二条第二項又は第三項の審決を取り消す審決があったときは、第六三条第一項又は第二項の規定により保管する当該審決に係る積荷又はその代価をその返還を受けるべき者に還付しなければならない。

2　第四三条第二項から第四項までの規定は、前項の場合について準用する。

3　審決執行官は、第五七条又は第五八条の規定により、第五二条第四項の審決を取り消す審決があったときは、取り消された審決に係る船舶の船長等に前条の規定により保管する文書を還付するとともに、当該船舶の出航を許可しなければならない。

第七章　補　償

第六六条　外国軍用品審判所が第四五条第二項の規定による審判を開始しない旨の決定をしたとき、第五二条第五項の審決をしたとき、又は外国軍用品審判所の審決を取り消す裁判が確定したときは、当該決定又は審決に係る船舶の所有者、賃借人又は傭よう船者は、国に対し、当該船舶の回航措置により生じた損失（外国軍用品審判所が第四〇条第一項（第四五条第三項において準用する場合を含む。第六九条において同じ。）の規定による命令をした場合にあっては、当該命令により生じた損失を含む。）の補償を請求することができる。

第六七条　国は、前条の補償を行った場合においては、同一の事由については、その価額の限度において、国家賠償法（昭和二二年法律第一二五号）又は民法（明治二九年法律第八九号）による損害賠償の責めを免れる。

第八章　雑　則

第六八条（参考人等の費用の請求）第四一条第一項第一号若しくは第二号又は第二項の規定により出頭又は鑑定を命ぜられた参考人又は鑑定人は、政令で定めるところにより、旅費、日当その他の費用を請求することができる。

第六九条（乗組員等への便宜供与）外国軍用品審判所は、第四〇条第一項又は第六四条の規定により出航を禁止された船舶の乗組員等の本邦への上陸又は本邦からの出国に際して、これらの者が出入国管理及び難民認定法（昭和二六年政令第三一九号）等の法令による手続を行う場合においてその手続を円滑に行うことができるようにするため、必要な便宜を供与するものとする。

第七〇条（行政手続法の適用除外）この法律に基づく処分については、行政手続法（平成五年法律第八八号）第三章の規定は、適用しない。

第七一条（行政不服審査法による申立て）この法律に基づく処分については、行政不服審査法（昭和三七年法律第一六〇号）による不服申立てをすることができない。

第七二条（政令への委任）この法律に特別の定めがあるもののほか、この法律の実施のため必要な事項は、政令で定める。

第九章　罰　則

第七三条1　第五〇条第二項の規定により宣誓した参考人又は鑑定人が虚偽の陳述又は鑑定をしたときは、三月以上一〇年以下の懲役に処する。

2　前項の罪を犯した者が、審判手続終了前であって、かつ、犯罪の発覚する前に自白したときは、その刑を軽減又は免除することができる。

第七四条　第四一条第一項第四号の規定による検査を拒み、妨げ、又は忌避した者は、一年以下の懲役又は五〇万円以下の罰金に処する。

第七五条　第四〇条第一項（第四五条第三項において準用する場合を含む。）の規定による処分に違反した者は、六月以下の懲役又は三〇万円以下の罰金に処する。

第七六条　次の各号のいずれかに該当する者は、三〇万円以下の罰金に処する。

一　第四一条第一項第一号又は第二項の規定による船舶関係者又は参考人に対する処分に違反して出頭せず、陳述をせず、虚偽の陳述をし、又は報告をせず、若しくは虚偽の報告をした者

二　第四一条第一項第二号又は第二項の規定による鑑定人に対する処分に違反して出頭せず、鑑定をせず、又は虚偽の鑑定をした者

三　第四一条第一項第三号又は第二項の規定による物件の所持者に対する処分に違反して物件を提出しない者

四　第五〇条第二項において準用する刑事訴訟法第一五四条又は第一六六条の規定による参考人又は鑑定人に対する命令に違反して宣誓をしない者

第七七条　第四九条第二項の規定による審判長の命令に従わなかった者は、五万円以下の過料に処する。

附　則（抄）

第一条（施行期日）この法律は、公布の日から起算して六月を超えない範囲内において政令で定める日から施行する。

16章
平和の回復

本章の構成

本章では、第1節に対日戦後処理に関する基本方針を示す連合国の文書を、第2節には日本と連合国との平和条約および関連文書を、第3節には日韓・日朝関係の正常化に関する文書を、第4節に日本の領土に関連する文書を収録する。米英は対日参戦以前の**大西洋憲章**(16 1)において第二次世界大戦の戦争目的を宣明し、一九四二年一月一日の**連合国共同宣言**(16 2)はこれを確認して単独不講和を約束した。これらを受けた米・英・中による**カイロ宣言**(16 3)は、領土不拡大を宣言するとともに戦後の対日領土問題処理の基本方針を提示し、日本に対して無条件降伏を要求した。また、米・英・ソの**ヤルタ協定**(16 4)は、ソ連の対日参戦の約束と引き替えに南樺太のソ連への返還、千島のソ連への引き渡しなどを規定して後の日ソ(ロ)領土問題の種をまいた。さらに、米・英・中の**ポツダム宣言**(16 5、ソは参戦の後に参加)は日本軍の無条件降伏を要求。日本の降伏についてはカイロ宣言の履行など計七項目の条件を提示した。日本政府はソ連の参戦と原爆の投下を経て一九四五年八月一四日にその受諾を決定し、翌一五日に敗戦を迎える。**降伏文書**(16 6)は公式に休戦を実現するもので、日本軍の無条件降伏、ポツダム宣言の履行などを規定し、異例の形式ではあるが連合国と日本の間の一種の国際合意と見ることができる。

対日平和条約(16 7)は、日本と連合国との間の戦争状態を終わらせて正式に平和を回復するもので、日本の主権の回復、領土処理、安全保障、賠償などについて規定する。領土処理の不明確さが課題を残した(例えば、沖縄についてアメリカの無期限の施政権を認め、また、日本による台湾、千島、南樺太等の放棄を規定したがそれらの帰属を明記しなかった)ほか、重要な連合国の一部(ソ連、中国など)がこれに参加しないいわゆる片面講和であったことも問題とされた。このような問題点は当時の厳しかった冷戦に起因するもので、この条約は同時に署名された旧日米安保条約(13 22)とともにいわゆるサンフランシスコ体制を構成し、その後の日本の国際的地位を基本的に規定し続けることになる。なお、沖縄の施政権は**沖縄返還協定**(16 8)によって一九七二年に日本に返還された。

対日平和条約に参加しなかった連合国との平和の回復は個別的な平和条約の締結に委ねられ、ソ連との間では**日ソ共同宣言**（16 13）によって戦争状態の終結と外交関係の回復等が合意された。法的拘束力を有する同宣言が平和条約の形を取らなかったのは、領土問題についての合意が成立しなかったからで、宣言はこの点について平和条約締結交渉の継続と、平和条約締結後のソ連による歯舞と色丹の日本への引渡しを規定した。日ソ間の戦争の端緒となったのは、ソ連による**日ソ中立条約**（16 12）の廃棄であった。

ところで、中国では一九四九年の中華人民共和国成立以後、台湾の中華民国政府とともに二つの政権が対立し、そのためサンフランシスコ会議には両政権はともに招請されなかった。日本は対日平和条約の発効とともに、後者と**日華平和条約**（16 9）を締結し、中華民国政府が中国を代表するという立場をとってきたが、一九七一年に国連で中華人民共和国政府の代表権が承認されるに及んで、**日中共同声明**（16 10）によって中華人民共和国政府が中国の唯一の合法政府であることを認めた。後に、この声明の原則に基づいて、**日中平和友好条約**（16 11）が締結された。日華平和条約は、日本政府の説明によれば日中関係正常化の結果として終了したものとされるが、今日でも戦後補償との関連で問題となることがあるので、関連文書とともに収録した。

他方、一九一〇年のいわゆる韓国併合条約以来日本の植民地支配のもとにおかれた朝鮮については、日本は対日平和条約によってその独立を承認したが、同地に三八度線を境として南には大韓民国（韓国）、北には朝鮮民主主義人民共和国という二つの国家が成立した（関連の国連総会決議一九五を〈参考〉として掲げた）こともあり、これらとの関係の正常化は難航した。冷戦下にあってアメリカの強い希望のもとに一九五一年に開始された日韓交渉は、さまざまな曲折の末に**日韓基本条約**（16 14）の締結に至り、この条約によって関係正常化が実現したが、旧条約（〈参考〉として二つの条約を掲げた）の効力など見解が対立した問題については二様の解釈を許す曖昧な表現が用いられて問題を残した。日韓基本条約とともに、その後いわゆる戦後補償との関係でしばしば問題となる**日韓請求権協定**（16 15）や、植民地支配当時に来日して日本に居住している韓国人等の法的地位について規定する**日韓法的地位協定**（16 18）などの個別協定が締結された。**日韓請求権協定措置法**（16 16）は、請求権協定を実施するための日本の国内法である。また、日韓間の諸条約の締結に際して、**紛争解決に関する交換公文**が交わされている（16 19）。日韓請求権問題に関連する動きとして、二〇一五年には**慰安婦問題に関する日韓両外相による共同記者発表**が行われている（16 17）。なお、日本にとっての戦後処理の最後の課題として残された朝鮮民主主義人民共和国との関係正常化交渉は、二〇〇二年の**日朝平壌宣言**（16 20）によってその緒につくはずであったが、その後はいわゆる拉致問題や同国による核兵器開発の問題などがあって進展していない。

近年、日本に関係する領土問題が注目されているが、右の平和条約等でカバーされていない条約として、北方領土との関係で**日魯通好条約**（16 21）、**樺太千島交換条約**（16 22）および**ポーツマス条約**（16 24）を、尖閣諸島との関係で**下関条約**（16 23）を掲げてある。

第1節　戦後処理の基本方針

16 1　一九四一年八月一四日に連合王国総理大臣及びアメリカ合衆国大統領が発表した大西洋憲章として知られる原則宣言（大西洋憲章）

署　名　一九四一年八月（大西洋上）
発　表　一九四一年八月一四日

アメリカ合衆国大統領及び連合王国における国王陛下の政府を代表するチャーチル総理大臣は、会合を行った後、両者が、世界のよりよき将来に対するその希望の基礎とする各自の国の国政上のある種の共通原則を公にすることは正しいことであると認める。

第一に、両者の国は、領土的たるとその他たるとを問わず、いかなる拡大も求めない。

第二に、両者は、関係人民の自由に表明する願望に合致しない領土的変更を欲しない。

第三に、両者は、すべての人民に対して、彼らがその下で生活する政体を選択する権利を尊重する。両者は、主権及び自治を強奪された者にそれらが回復されることを希望する。

第四に、両者は、その現に存する義務に対して正当な尊重を払いつつ、大国たると小国たるとを問わず、また、戦勝国たると敗戦国たるとを問わず、すべての国に対して、その経済的繁栄に必要な世界の通商及び原料の均等な開放がなされるよう努力する。

第五に、両者は、改善された労働条件、経済的進歩及び社会保障をすべての者に確保するため、すべての国の間の、経済的分野における完全な協力をつくりだすことを希望する。

第六に、ナチ暴政の最終的壊滅の後、両者は、すべての国民に対して、各自の国境内において安全に居住することを可能とし、かつ、すべての国のすべての人が恐怖及び欠乏から解放されてその生涯をすごすことを保障するような平和が確立されることを希望する。

第七に、このような平和は、すべての人が妨害を受けることなく海洋を航行することを可能ならしめるものでなければならない。

第八に、両者は、世界のすべての国民が、現実的及び精神的のいずれの理由からも、武力行使の放棄に到達しなければならないと信ずる。陸、海又は空の軍備が、自国の国境外における侵略の脅威を与え又は与えることのある国々において引き続き使用される限り、いかなる将来の平和も維持され得ないのであるから、両者は、一層広範かつ恒久的な一般的安全保障制度が確立されるまでは、このような国々の武装解除は欠くことのできないものであると信ずる。両者は、また、平和を愛好する国民のために、恐るべき軍備の負担を軽減する他のすべての実行可能な措置を援助し、かつ、奨励する。

フランクリン・D・ローズヴェルト
ウィンストン・S・チャーチル

16 2　連合国共同宣言

署　名　一九四二年一月一日（ワシントン）

この宣言の署名国政府は、大西洋憲章として知られる一九四一年八月一四日付のアメリカ合衆国大統領並びにグレート・ブリテン及び北部アイルランド連合王国総理大臣の共同宣言に包含された目的及び原則に関する共同綱領書に賛意を表し、

それらの政府の敵国に対する完全な勝利が、生命、自由、独立及び宗教的自由を擁護するため並びに自国の国土及び他国の国土において人類の権利及び正義を保持するために不可欠であること、並びに、それらの政府が、世界を征服しようと努めている野蛮で獣的な軍隊に対する共同の闘争に現に従事していることを確信し、次のとおり宣言する。

(1)　各政府は、三国条約の締約国及び加入国で当該政府が戦争を行っているものに対し、その軍事的又は経済的な全部の資源を使用することを誓約する。

(2)　各政府は、この宣言の署名国政府と協力すること及び敵国と単独の休戦又は講和を行わないことを誓約する。

この宣言は、ヒトラー主義に対する勝利のための闘争において物質的援助及び貢献をしている又はすることのある他の国が加入することができる。

16 3　カイロ宣言

署　名　一九四三年一一月二七日（カイロ）

ローズヴェルト大統領、蔣介石総統及びチャーチル総理大臣は、各自の軍事及び外交顧問とともに北アフリカで会議を終了し、次の一般的声明を発した。

「各軍事使節は、日本国に対する将来の軍事行動を協定した。

三大同盟国は、海路、陸路及び空路によって野蛮な

敵国に仮借のない圧力を加える決意を表明した。この圧力は、既に増大しつつある。

三大同盟国は、日本国の侵略を制止し罰するため、今次の戦争を行っている。同盟国は、自国のためには利得も求めず、また領土拡張の念も有しない。同盟国の目的は、一九一四年の第一次世界戦争の開始以後に日本国が奪取し又は占領した太平洋におけるすべての島を日本国から、はく奪すること、並びに満州、台湾及び澎湖島のような日本国が清国人から盗取したすべての地域を中華民国に返還することにある。日本国は、また、暴力及び強欲により日本国が略取した他のすべての地域から駆逐される。前記の三大国は、朝鮮の人民の奴隷状態に留意し、やがて朝鮮を自由独立のものにする決意を有する。

以上の目的で、三同盟国は、同盟諸国中の日本国と交戦中の諸国と協調し、日本国の無条件降伏をもたらすのに必要な重大で長期間の行動を続行する。」

164 クリミヤ会議の議事に関する議定書中の日本国に関する協定(ヤルタ協定)

署　名　一九四五年二月一一日(ヤルタ)

三大国、すなわちソヴィエト連邦、アメリカ合衆国及び英国の指導者は、ドイツ国が降伏し且つヨーロッパにおける戦争が終結した後二箇月又は三箇月を経て、ソヴィエト連邦が、次の条件で連合国側において日本国に対する戦争に参加することを協定した。

一　外蒙古(蒙古人民共和国)の現状は維持する。

二　一九〇四年の日本国の背信的攻撃により侵害されたロシア国の旧権利は次のように回復される。

(a)　樺太の南部及びこれに隣接するすべての島を、ソヴィエト連邦に返還する。

(b)　大連商港を国際化し、この港におけるソヴィエト連邦の優先的利益を擁護し、また、ソヴィエト社会主義共和国連邦の海軍基地としての旅順口の租借権を回復する。

(c)　東清鉄道及び大連に出口を提供する南満州鉄道は、中ソ合弁会社を設立して共同に運営する。但し、ソヴィエト連邦の優先的利益は保障し、また、中華民国は、満州における完全な主権を保有するものとする。

三　千島列島は、ソヴィエト連邦に引渡す。

前記の外蒙古並びに港湾及び鉄道に関する協定は、蒋介石総統の同意を要する。大統領は、スターリン元帥からの通知により、この同意を得るために措置を執る。

三大国の首班は、ソヴィエト連邦のこれらの要求が日本国の敗北した後に確実に満足されることを合意した。

ソヴィエト連邦は、中華民国を日本国の束縛から解放する目的で、自国の軍隊によりこれに援助するため、ソヴィエト社会主義共和国連邦と中華民国との間の友好同盟条約を中華民国国民政府と締結する用意があることを表明する。

165 ポツダム宣言

署　名　一九四五年七月二六日(ポツダム)

日本国　一九四五年八月一四日受諾

一　吾等合衆国大統領、中華民国政府主席及グレート・ブリテン国総理大臣は、吾等の数億の国民を代表し協議の上、日本国に対し、今次の戦争を終結するの機会を与ふることに意見一致せり。

二　合衆国、英帝国及中華民国の巨大なる陸、海、空軍は、西方より自国の陸軍及空軍に依る数倍の増強を受け、日本国に対し最後的打撃を加ふるの態勢を整えたり。右軍事力は、日本国が抵抗を終止するに至る迄同国に対し戦争を遂行するの一切の聯合国の決意に依り支持せられ、且鼓舞せられ居るものなり。

三　蹶起せる世界の自由なる人民の力に対するドイツ国の無益且無意義なる抵抗の結果は、日本国国民に対する先例を極めて明白に示すものなり。現在日本国に対し集結しつつある力は、抵抗するナチスに対し適用せられたる場合に於て全ドイツ国人民の土地、産業及生活様式を必然的に荒廃に帰せしめたる力に比し、測り知れざる程更に強大なるものなり。吾等の決意に支持せらるる吾等の軍事力の最高度の使用は、日本国軍隊の不可避且完全なる壊滅を意味すべく、又同様必然的に日本国本土の完全なる破壊を意味すべし。

四　無分別なる打算に依り日本帝国を滅亡の淵に陥れたる我儘なる軍国主義的助言者に依り日本国が引続き統御せらるべきか、又は理性の経路を日本国が履むべきかを日本国が決定すべき時期は、到来せり。

五　吾等の条件は、左の如し。

吾等は右条件より離脱することなかるべし。右に代る条件存在せず。吾等は、遅延を認むるを得ず。

六　吾等は、無責任なる軍国主義が世界より駆逐せらるるに至る迄は、平和、安全及正義の新秩序が生じ得ざることを主張するものなるを以て、日本国国民を欺瞞し、之をして世界征服の挙に出づるの過誤を犯さしめたる者の権力及勢力は、永久に除去せられざるべからず。

七　右の如き新秩序が建設せられ、且日本国の戦争遂行能力が破砕せられたることの確証あるに至る迄は、聯合国の指定すべき日本国領域内の諸地点は、吾等の茲に指示する基本的目的の達成を確保する為占領せらるべし。

八　カイロ宣言の条項は、履行せらるべく、又日本国の主権は、本州、北海道、九州及四国並に吾等の決定する諸小島に局限せらるべし。

九　日本国軍隊は、完全に武装を解除せられたる後、各自の家庭に復帰し、平和的且生産的の生活を営むの機会を得しめらるべし。

一〇　吾等は、日本人を民族として奴隷化せんとし、又は国民として滅亡せしめんとするの意図を有するものに非ざるも、吾等の俘虜を虐待せる者を含む一切の戦争犯罪人に対しては、厳重なる処罰を加へらるべし。日本国政府は、日本国国民の間に於ける民主主義的傾向の復活強化に対する一切の障礙を除去すべし。言論、宗教及思想の自由並に基本的人権の尊重は、確立せらるべし。

一一　日本国は、其の経済を支持し、且公正なる実物賠償の取立を可能ならしむるが如き産業を維持することを許さるべし。但し、日本国をして戦争の為再軍備を為すことを得しむるが如き産業は、此の限に在らず。右目的の為、原料の入手(其の支配とは之を区別す)を許さるべし。日本国は、将来世界貿易関係への参加を許さるべし。

一二　前記諸目的が達成せられ、且日本国国民の自由に表明せる意思に従ひ平和的傾向を有し且責任ある政府が樹立せらるるに於ては、聯合国の占領軍は、直に日本国より撤収せらるべし。

一三　吾等は、日本国政府が直に全日本国軍隊の無条件降伏を宣言し、且右行動に於ける同政府の誠意に付、適当且充分なる保障を提供せんことを同政府に対し要求す。右以外の日本国の選択は、迅速且完全なる壊滅あるのみとす。

16　6　降伏文書

署　名　一九四五年九月二日(東京湾)

下名は、茲に、合衆国、中華民国及グレート・ブリテン国の政府の首班が、一九四五年七月二六日ポツダムに於て発し後にソヴィエト社会主義共和国聯邦が参加したる宣言の条項を、日本国天皇、日本国政府及日本帝国大本営の名に依り且之に代り受諾す。右四国は、以下之を聯合国と称す。

下名は、茲に、日本帝国大本営並びに何れの位置に在るを問はず、一切の日本国軍隊及日本国の支配下にある一切の軍隊の聯合国に対する無条件降伏を布告す。

下名は、茲に、何れの位置に在るを問はず、一切の日本国軍隊及日本国臣民に対し敵対行為を直に終止すること、一切の船舶、航空機並に軍用及非軍用財産を保存し、之が毀損を防止すること、及聯合国最高司令官又は其の指示に基き、日本国政府の諸機関の課すべき一切の要求に応ずることを命ず。

下名は、茲に、日本帝国大本営が、何れの位置に在るを問はず、一切の日本国軍隊及日本国の支配下に在る一切の軍隊の指揮官に対し、自身及其の支配下に在る一切の軍隊が無条件に降伏すべき旨の命令を直に発することを命ず。

下名は、茲に、一切の官庁、陸軍及海軍の職員に対し、聯合国最高司令官が、本降伏実施の為適当なりと認めて自ら発し又は其の委任に基き発せしむる一切の布告、命令及指示を遵守し且之を施行すべきことを命じ、並に右職員が聯合国最高司令官に依り又は其の委任に基き特に任務を解かれざる限り各自の地位に留り且引続き各自の非戦闘的任務を行ふことを命ず。

下名は、茲に、ポツダム宣言の条項を誠実に履行すること、並に右宣言を実施する為聯合国最高司令官又は其の他特定の聯合国代表者が要求することあるべき一切の命令を発し、且斯る一切の措置を執ることを天皇、日本国政府及其の後継者の為に約す。

下名は、茲に、日本帝国政府及日本帝国大本営に対し、現に日本国の支配下にある一切の聯合国俘虜及被抑留者を直に解放すること、並に其の保護、手当、給養及指示せられたる場所への即時輸送の為の措置を執ることを命ず。

天皇及日本国政府の国家統治の権限は、本降伏条項を実施する為適当と認むる措置を執る聯合国最高司令官の制限の下に置かるるものとす。

一九四五年九月二日午前九時四分日本国東京湾上に於て署名す。

大日本帝国天皇陛下及日本国政府の命に依り且其の名に於て

重　光　葵

日本帝国大本営の命に依り且其の名に於て

梅津　美治郎

一九四五年九月二日午前九時八分日本国東京湾上に於て合衆国、中華民国、聯合王国及ソヴィエト社会主義共和国聯邦の為に、並に日本国と戦争状態に在る他の聯合諸国家の利益の為に受諾す。

聯合国最高司令官　ダグラス・マックアーサー

(以下、アメリカ合衆国、中華民国、イギリス、ソヴィエト、オーストラリア、カナダ、フランス、オランダ、ニュージーランド各国代表者署名略)

第2節　日本国との平和諸条約及び関連文書

167 日本国との平和条約（対日平和条約）

署　名　一九五一年九月八日（サン・フランシスコ）
効力発生　一九五二年四月二八日
日本国　一九五一年一一月一八日国会承認、一一月二八日批准書寄託、一九五二年四月二八日効力発生、公布（条約第五号）

連合国及び日本国は、両者の関係が、今後、共通の福祉を増進し且つ国際の平和及び安全を維持するために主権を有する対等のものとして友好的な連携の下に協力する国家の間の関係でなければならないことを決意し、よって、両者の間の戦争状態の存在の結果として今なお未決である問題を解決する平和条約を締結することを希望するので、

日本国としては、国際連合への加盟を申請し且つあらゆる場合に国際連合憲章の原則を遵守し、世界人権宣言の目的を実現するために努力し、国際連合憲章第五五条及び第五六条に定められ且つ既に降伏後の日本国の法制によって作られはじめた安定及び福祉の条件を日本国内に創造するために努力し、並びに公私の貿易及び通商において国際的に承認された公正な慣行に従う意思を宣言するので、

連合国は、前項に掲げた日本国の意思を歓迎するので、

よって、連合国及び日本国は、この平和条約を締結することに決定し、これに応じて下名の全権委員を任命した。これらの全権委員は、その全権委任状を示し、それが良好妥当であると認められた後、次の規定を協定した。

第一章　平和

第一条【戦争の終了、主権の承認】(a)　日本国と各連合国との間の戦争状態は、第二三条の定めるところによりこの条約が日本国と当該連合国との間に効力を生ずる日に終了する。

(b)　連合国は、日本国及びその領水に対する日本国民の完全な主権を承認する。

第二章　領域

第二条【領土権の放棄】(a)　日本国は、朝鮮の独立を承認して、済州島、巨文島及び鬱陵島を含む朝鮮に対するすべての権利、権原及び請求権を放棄する。

(b)　日本国は、台湾及び澎湖諸島に対するすべての権利、権原及び請求権を放棄する。

(c)　日本国は、千島列島並びに日本国が一九〇五年九月五日のポーツマス条約の結果として主権を獲得した樺太の一部及びこれに近接する諸島に対するすべての権利、権原及び請求権を放棄する。

(d)　日本国は、国際連盟の委任統治制度に関連するすべての権利、権原及び請求権を放棄し、且つ、以前に日本国の委任統治の下にあった太平洋の諸島に信託統治制度を及ぼす一九四七年四月二日の国際連合安全保障理事会の行動を受諾する。

(e)　日本国は、日本国民の活動に由来するか又は他に由来するかを問わず、南極地域のいずれの部分に対する権利若しくは権原又はいずれの部分に関する利益についても、すべての請求権を放棄する。

(f)　日本国は、新南群島及び西沙群島に対するすべての権利、権原及び請求権を放棄する。

第三条【残存主権】日本国は、北緯二九度以南の南西諸島（琉球諸島及び大東諸島を含む。）、孀婦岩の南の南方諸島（小笠原群島、西之島及び火山列島を含む。）並びに沖の鳥島及び南鳥島を合衆国を唯一の施政権者とする信託統治制度の下におくこととする国際連合に対する合衆国のいかなる提案にも同意する。このような提案が行われ且つ可決されるまで、合衆国は、領水を含むこれらの諸島の領域及び住民に対して、行政、立法及び司法上の権力の全部及び一部を行使する権利を有するものとする。

第四条【財産】(a)　この条の(b)の規定を留保して、日本国及びその国民の財産で第二条に掲げる地域にあるもの並びに日本国及びその国民の請求権（債権を含む。）で現にこれらの地域の施政を行っている当局及びそこの住民（法人を含む。）に対するものの処理並びに日本国におけるこれらの当局及び住民の財産並びに日本国及びその国民に対するこれらの当局及び住民の請求権（債権を含む。）の処理は、日本国とこれらの当局との間の特別取極の主題とする。第二条に掲げる地域にある連合国又はその国民の財産は、まだ返還されていない限り、施政を行っている当局が現状で返還しなければならない。（国民という語は、この条約で用いるときはいつでも、法人を含む。）

(b)　日本国は、第二条及び第三条に掲げる地域のいずれかにある合衆国軍政府により、又はその指令に従って行われた日本国及びその国民の財産の処理の効力を承認する。

(c)　日本国とこの条約に従って日本国の支配から除かれる領域とを結ぶ日本所有の海底電線は、二等分され、日本国は、日本の終点施設及びこれに連なる電線の半分を保有し、分離される領域は、残りの電線及びその終点施設を保有する。

第三章　安全

第五条【国連憲章の原則、自衛権】(a)　日本国は、国際連合憲章第二条に掲げる義務、特に次の義務を受諾する。

(i)　その国際紛争を、平和的手段によって国際の平和及び安全並びに正義を危うくしないように解決すること。

(ii) その国際関係において、武力による威嚇又は武力の行使は、いかなる国の領土保全又は政治的独立に対するものも、また、国際連合の目的と両立しない他のいかなる方法によるものも慎むこと。

(iii) 国際連合が憲章に従ってとるいかなる行動についても国際連合にあらゆる援助を与え、且つ、国際連合が防止行動又は強制行動をとるいかなる国に対しても援助の供与を慎むこと。

(b) 連合国は、日本国との関係において国際連合憲章第二条の原則を指針とすべきことを確認する。

(c) 連合国としては、日本国が主権国として国際連合憲章第五一条に掲げる個別的又は集団的自衛の固有の権利を有すること及び日本国が集団的安全保障取極を自発的に締結することができることを承認する。

第六条【占領の終了】(a) 連合国のすべての占領軍は、この条約の効力発生の後なるべくすみやかに、且つ、いかなる場合にもその後九〇日以内に、日本国から撤退しなければならない。但し、この規定は、一又は二以上の連合国を一方とし、日本国を他方として双方の間に締結された若しくは締結される二国間若しくは多数国間の協定に基く、又はその結果としての外国軍隊の日本国の領域における駐とん又は駐留を妨げるものではない。

(b) 日本国軍隊の各自の家庭への復帰に関する一九四五年七月二六日のポツダム宣言の第九項の規定は、まだその実施が完了されていない限り、実行されるものとする。

(c) まだ代価が支払われていないすべての日本財産で、占領軍の使用に供され、且つ、この条約の効力発生の時に占領軍が占有しているものは、相互の合意によって別段の取極が行われない限り、前記の九〇日以内に日本国政府に返還しなければならない。

第四章　政治及び経済条項

第七条【二国間条約の効力】(a) 各連合国は、自国と日本国との間にこの条約が効力を生じた後一年以内に、日本国との戦前のいずれの二国間の条約又は協約を引き続いて有効とし又は復活させることを希望するかを日本国に通告するものとする。こうして通告された条約又は協約は、この条約に適合することを確保するための必要な修正を受けるだけで、引き続いて有効とされ、又は復活される。こうして通告された条約及び協約は、通告の日の後三箇月で、引き続いて有効なものとみなされ、又は復活され、且つ、国際連合事務局に登録されなければならない。日本国にこうして通告されないすべての条約及び協約は、廃棄されたものとみなす。

(b) この条の(a)に基いて行う通告においては、条約又は協約の実施又は復活に関し、国際関係について通告国が責任をもつ地域を除外することができる。この除外は、除外の適用を終止することが日本国に通告される日の三箇月後まで行われるものとする。

第八条【終戦関係条約の承認、特定条約上の権益の放棄】(a) 日本国は、連合国が一九三九年九月一日に開始された戦争状態を終了するために現に締結し又は今後締結するすべての条約及び連合国が平和の回復のため又はこれに関連して行う他の取極の完全な効力を承認する。日本国は、また、従前の国際連盟及び常設国際司法裁判所を終止するために行われた取極を受諾する。

(b) 日本国は、一九一九年九月一〇日のサン・ジェルマン＝アン＝レイの諸条約及び一九三六年七月二〇日のモントルーの海峡条約の署名国であることに由来し、並びに一九二三年七月二四日にローザンヌで署名されたトルコとの平和条約の第一六条に由来するすべての権利及び利益を放棄する。

(c) 日本国は、一九三〇年一月二〇日のドイツと債権国との間の協定及び一九三〇年五月一七日の信託協定を含むその附属書並びに一九三〇年一月二〇日の国際決済銀行に関する条約及び国際決済銀行の定款に基いて得たすべての権利、権原及び利益を放棄し、且つ、それらから生ずるすべての義務を免かれる。日本国は、この条約の最初の効力発生の後六箇月以内に、この項に掲げる権利、権原及び利益の放棄をパリの外務省に通告するものとする。

第九条【漁業協定】日本国は、公海における漁猟の規制又は制限並びに漁業の保存及び発展を規定する二国間及び多数国間の協定を締結するために、希望する連合国とすみやかに交渉を開始するものとする。

第一〇条【中国における権益】日本国は、一九〇一年九月七日に北京で署名された最終議定書並びにこれを補足するすべての附属書、書簡及び文書の規定から生ずるすべての利得及び特権を含む中国におけるすべての特殊の権利及び利益を放棄し、且つ、前記の議定書、附属書、書簡及び文書を日本国に関して廃棄することに同意する。

第一一条【戦争犯罪】日本国は、極東国際軍事裁判所並びに日本国内及び国外の他の連合国戦争犯罪法廷の裁判を受諾し、且つ、日本国で拘禁されている日本国民にこれらの法廷が課した刑を執行するものとする。これらの拘禁されている者を赦免し、減刑し、及び仮出獄させる権限は、各事件について刑を課した一又は二以上の政府の決定及び日本国の勧告に基く場合の外、行使することができない。極東国際軍事裁判所が刑を宣告した者については、この権限は、裁判所に代表者を出した政府の過半数の決定及び日本国の勧告に基く場合の外、行使することができない。

第一二条【通商航海条約】(a) 日本国は、各連合国と貿易、海運その他の通商の関係を安定した且つ友好的な基礎の上におくために、条約又は協定を締結するための交渉をすみやかに開始する用意があることを宣言する。

(b) 該当する条約又は協定が締結されるまで、日本国は、この条約の最初の効力発生の後四年間、

(1) 各連合国並びにその国民、産品及び船舶に次の

待遇を与える。

(i) 貨物の輸出入に対する、又はこれに関連する関税、課金、制限その他の規制に関する最恵国待遇

(ii) 海運、航海及び輸入貨物に関する内国民待遇並びに自然人、法人及びその利益に関する内国民待遇。この待遇は、税金の賦課及び徴収、裁判を受けること、契約の締結及び履行、財産権(有体財産及び無体財産に関するもの)、日本国の法律に基いて組織された法人への参加並びに一般にあらゆる種類の事業活動及び職業活動の遂行に関するすべての事項を含むものとする。

(2) 日本国の国営商企業の国外における売買が商業的考慮にのみ基くことを確保する。

(c) もっとも、いずれの事項に関しても、日本国は、連合国が当該事項についてそれぞれ内国民待遇又は最恵国待遇を日本国に与える限度においてのみ、当該連合国に内国民待遇又は最恵国待遇を与える義務を負うものとする。前段に定める相互主義は、連合国の非本土地域の産品、船舶、法人及びそこに住所を有する人の場合並びに連邦政府をもつ連合国の邦又は州の法人及びそこに住所を有する人の場合には、その地域、邦又は州において日本国に与えられる待遇に照らして決定される。

(d) この条の適用上、差別的措置であって、それを適用する当事国の通商条約に通常規定されている例外に基くもの、その当事国の対外的財政状態若しくは国際収支を保護する必要に基くもの(海運及び航海に関するものを除く。)又は重大な安全上の利益を維持する必要に基くものは、事態に相応しており、且つ、ほしいままな又は不合理な方法で適用されない限り、それぞれ内国民待遇又は最恵国待遇の許与を害するものと認めてはならない。

(e) この条に基く日本国の義務は、この条約の第一四条に基く連合国の権利の行使によって影響されるものではない。また、この条の規定は、この条約の第一五条によって日本国が引き受ける約束を制限するものと了解してはならない。

第一三条【国際民間航空】 (a) 日本国は、国際民間航空運送に関する二国間又は多数国間の協定を締結するため、一又は二以上の連合国の要請があったときはすみやかに、当該連合国と交渉を開始するものとする。

(b) 一又は二以上の前記の協定が締結されるまで、日本国は、この条約の最初の効力発生の時から四年間、この効力発生の日にいずれかの連合国が行使しているところよりも不利でない航空交通の権利及び特権に関する待遇を当該連合国に与え、且つ、航空業務の運営及び発達に関する完全な機会均等を与えるものとする。

(c) 日本国は、国際民間航空条約第九三条に従って同条約の当事国となるまで、航空機の国際航空に適用すべきこの条約の規定を実施し、且つ、同条約の条項に従って同条約の附属書として採択された標準、方式及び手続を実施するものとする。

第五章　請求権及び財産

第一四条【賠償、在外財産】 (a) 日本国は、戦争中に生じさせた損害及び苦痛に対して、連合国に賠償を支払うべきことが承認される。しかし、また、存立可能な経済を維持すべきものとすれば、日本国の資源は、日本国がすべての前記の損害及び苦痛に対して完全な賠償を行い且つ同時に他の債務を履行するためには現在充分でないことが承認される。

よって、

1 日本国は、現在の領域が日本国軍隊によって占領され、且つ、日本国によって損害を与えられた連合国が希望するときは、生産、沈船引揚げその他の作業における日本人の役務を当該連合国の利用に供することによって、与えた損害を修復する費用をこれらの国に補償することに資するために、当該連合国とすみやかに交渉を開始するものとする。その取極は、他の連合国に追加負担を課することを避けなければならない。また、原材料からの製造が必要とされる場合には、外国為替上の負担を日本国に課さないために、原材料は、当該連合国が供給しなければならない。

2 (I) 次の(II)の規定を留保して、各連合国は、次に掲げるもののすべての財産、権利及び利益でこの条約の最初の効力発生の時にその管轄の下にあるものを差し押え、留置し、清算し、その他何らかの方法で処分する権利を有する。

(a) 日本国及び日本国民

(b) 日本国又は日本国民の代理者又は代行者　並びに

(c) 日本国又は日本国民が所有し、又は支配した団体

この(I)に明記する財産、権利及び利益は、現に、封鎖され、若しくは所属を変じており、又は連合国の敵産管理当局の占有若しくは管理に係るもので、これらの資産が当該当局の管理の下におかれた時に前記の(a)、(b)又は(c)に掲げるいずれかの人又は団体に属し、又はこれらのために保有され、若しくは管理されていたものを含む。

(II) 次のものは、前記の(I)に明記する権利から除く。

(i) 日本国が占領した領域以外の連合国の一国の領域に当該政府の許可を得て戦争中に居住した日本の自然人の財産。但し、戦争中に制限を課され、且つ、この条約の最初の効力発生の日にこの制限を解除されない財産を除く。

(ii) 日本国政府が所有し、且つ、外交目的又は領事目的に使用されたすべての不動産、家具及び備品並びに日本国の外交職員又は領事職員が所有したすべての個人の家具及び用具類その他の投資的性質をもたない私有財産で外交機能又は

領事機能の遂行に通常必要であったもの

(iii)　宗教団体又は慈善団体に属し、且つ、もっぱら宗教又は慈善の目的に使用した財産

(iv)　関係国と日本国との間における一九四五年九月二日後の貿易及び金融の関係の再開の結果として日本国の管轄内にはいった財産、権利及び利益。但し、当該連合国の法律に反する取引から生じたものを除く。

(v)　日本国若しくは日本国民の債務、日本国に所在する有体財産に関する権利、権原若しくは利益、日本国の法律に基いて組織された企業に関する利益又はこれらについての証書。但し、この例外は、日本国の通貨で表示された日本国及びその国民の債務にのみ適用する。

(III)　前記の例外(i)から(v)までに掲げる財産は、その保存及び管理のために要した合理的な費用が支払われることを条件として、返還しなければならない。これらの財産が清算されているときは、代りに売得金を返還しなければならない。

(IV)　前記の(I)に規定する日本財産を差し押え、留置し、清算し、その他何らかの方法で処分する権利は、当該連合国の法律に従って行使され、所有者は、これらの法律によって与えられる権利のみを有する。

(V)　連合国は、日本の商標並びに文学的及び美術的著作権を各国の一般的事情が許す限り日本国に有利に取り扱うことに同意する。

(b)　この条約に別段の定がある場合を除き、連合国は、連合国のすべての賠償請求権、戦争の遂行中に日本国及びその国民がとった行動から生じた連合国及びその国民の他の請求権並びに占領の直接軍事費に関する連合国の請求権を放棄する。

第一五条【連合国財産の返還】(a)　この条約が日本国と当該連合国との間に効力を生じた後九箇月以内に申請があったときは、日本国は、申請の日から六箇月以内に、日本国にある各連合国及びその国民の有体財産及び無体財産並びに種類のいかんを問わずすべての権利又は利益で、一九四一年一二月七日から一九四五年九月二日までの間のいずれかの時に日本国内にあったものを返還する。但し、所有者が強迫又は詐欺によることなく自由にこれらを処分した場合は、この限りでない。この財産は、戦争があったために課せられたすべての負担及び課金を免除して、その返還のための課金を課さずに返還しなければならない。所有者により若しくは所有者のために又は所有者の政府により所定の期間内に返還が申請されない財産は、日本国政府がその定めるところに従って処分することができる。この財産が一九四一年一二月七日に日本国に所在し、且つ、返還することができず、又は戦争の結果として損傷若しくは損害を受けている場合には、日本国内閣が一九五一年七月一三日に決定した連合国財産補償法案の定める条件よりも不利でない条件で補償される。

(b)　戦争中に侵害された工業所有権については、日本国は、一九四九年九月一日施行の政令第三〇九号、一九五〇年一月二八日施行の政令第一二号及び一九五〇年二月一日施行の政令第九号(いずれも改正された現行のものとする。)によりこれまで与えられたところよりも不利でない利益を引き続いて連合国及びその国民に与えるものとする。但し、前記の国民がこれらの政令に定められた期限までにこの利益の許与を申請した場合に限る。

(c)(i)　日本国は、公にされ及び公にされなかった連合国及びその国民の著作物に関して一九四一年一二月六日に日本国に存在した文学的及び美術的著作権がその日以後引き続いて効力を有することを認め、且つ、その日に日本国が当事国であった条約又は協定が戦争の発生の時又はその時以後日本国又は当該連合国の国内法によって廃棄され又は停止されたかどうかを問わず、これらの条約及び協定の実施によりその日以後日本国において生じ、又は戦争がなかったならば生ずるはずであった権利を承認する。

(ii)　権利者による申請を必要とすることなく、且つ、いかなる手数料の支払又は他のいかなる手続もすることなく、一九四一年一二月七日から日本国と当該連合国との間にこの条約が効力を生ずるまでの期間は、これらの権利の通常期間から除算し、また、日本国において翻訳権を取得するために文字的著作物が日本語に翻訳されるべき期間からは、六箇月の期間を追加して除算しなければならない。

第一六条【非連合国にある日本資産】日本国の捕虜であった間に不当な苦難を被った連合国軍隊の構成員に償いをする願望の表現として、日本国は、戦争中中立であった国にある又は連合国のいずれかと戦争していた国にある日本国及びその国民の資産又は、日本国が選択するときは、これらの資産と等価のものを赤十字国際委員会に引き渡すものとし、同委員会は、これらの資産を清算し、且つ、その結果生ずる資金を、同委員会が衡平であると決定する基礎において、捕虜であった者及びその家族のために、適当な国内機関に対して分配しなければならない。この条約の第一四条(a)2(II)の(ii)から(v)までに掲げる種類の資産は、条約の最初の効力発生の時に日本国に居住しない日本の自然人の資産とともに、引渡しから除外する。またこの条の引渡規定は、日本国の金融機関が現に所有する一九七〇株の国際決済銀行の株式には適用がないものと了解する。

第一七条【裁判の再審査】(a)　いずれかの連合国の要請があったときは、日本国政府は、当該連合国の国民の所有権に関係のある事件に関する日本国の捕獲審検所の決定又は命令を国際法に従い再審査して修正し、且つ、行われた決定及び発せられた命令を含めて、これらの事件の記録を構成するすべての文書の写を提供しなければならない。この再審査又は修正

の結果、返還すべきことが明らかになった場合には、第一五条の規定を当該財産に適用する。

(b) 日本国政府は、いずれかの連合国の国民が原告又は被告として事件について充分な陳述ができなかった訴訟手続において、一九四一年一二月七日から日本国と当該連合国との間にこの条約が効力を生ずるまでの期間に日本国の裁判所が行った裁判を、当該国民が前記の効力発生の後一年以内にいつでも適当な日本国の機関に再審査のため提出することができるようにするために、必要な措置をとらなければならない。日本国政府は、当該国民が前記の裁判の結果損害を受けた場合には、その者をその裁判が行われる前の地位に回復するようにし、又はその者にそれぞれの事情の下において公正且つ衡平な救済が与えられるようにしなければならない。

第一八条【戦前からの債務】(a) 戦争状態の介在は、戦争状態の存在前に存在した債務及び契約(債券に関するものを含む。)並びに戦争状態の存在前に取得された権利から生ずる金銭債務で、日本国の政府若しくは国民が連合国の一国の政府若しくは国民に対して、又は連合国の一国の政府若しくは国民が日本国の政府若しくは国民に対して負っているものを支払う義務に影響を及ぼさなかったものと認める。戦争状態の介在は、また、戦争状態の存在前に財産の滅失若しくは損害又は身体傷害若しくは死亡に関して生じた請求権で、連合国の一国の政府が日本国政府に対して、又は日本国政府が連合国政府のいずれかに対して提起し又は再提起するものの当否を審議する義務に影響を及ぼすものとみなしてはならない。この項の規定は、第一四条によって与えられる権利を害するものではない。

(b) 日本国は、日本国の戦前の対外債務に関する責任と日本国が責任を負うと後に宣言された団体の債務に関する責任とを確認する。また、日本国は、これらの債務の支払再開に関して債権者とすみやかに交渉を開始し、他の戦前の請求権及び債務に関する交渉を促進し、且つ、これに応じて金額の支払を容易にする意図を表明する。

第一九条【戦争請求権の放棄】(a) 日本国は、戦争から生じ、又は戦争状態が存在したためにとられた行動から生じた連合国及びその国民に対する日本国及びその国民のすべての請求権を放棄し、且つ、この条約の効力発生の前に日本国領域におけるいずれかの連合国の軍隊又は当局の存在、職務遂行又は行動から生じたすべての請求権を放棄する。

(b) 前記の放棄には、一九三九年九月一日からこの条約の効力発生までの間に日本国の船舶に関していずれかの連合国がとった行動から生じた請求権並びに連合国の手中にある日本人捕虜及び被抑留者に関して生じた請求権及び債権が含まれる。但し、一九四五年九月二日以後いずれかの連合国が制定した法律で特に認められた日本人の請求権を含まない。

(c) 相互放棄を条件として、日本国政府は、また、政府間の請求権及び戦争中に受けた滅失又は損害に関する請求権を含むドイツ及びドイツ国民に対するすべての請求権(債権を含む。)を日本国政府及び日本国民のために放棄する。但し、(a)一九三九年九月一日前に締結された契約及び取得された権利に関する請求権並びに(b)一九四五年九月二日後に日本国とドイツとの間の貿易及び金融の関係から生じた請求権を除く。この放棄は、この条約の第一六条及び第二〇条に従ってとられる行動を害するものではない。

(d) 日本国は、占領期間中に占領当局の指令に基いて若しくはその指令の結果として行われ、又は当時の日本国の法律によって許可されたすべての作為又は不作為の効力を承認し、連合国民をこの作為又は不作為から生ずる民事又は刑事の責任に問ういかなる行動もとらないものとする。

第二〇条【ドイツ財産】日本国は、一九四五年のベルリン会議の議事の議定書に基いてドイツ財産を処分する権利を有する諸国が決定した又は決定する日本国にあるドイツ財産の処分を確実にするために、すべての必要な措置をとり、これらの財産の最終的処分が行われるまで、その保存及び管理について責任を負うものとする。

第二一条【中国と朝鮮の受益権】この条約の第二五条の規定にかかわらず、中国は、第一〇条及び第一四条(a)2の利益を受ける権利を有し、朝鮮は、この条約の第二条、第四条、第九条及び第一二条の利益を受ける権利を有する。

第六章　紛争の解決

第二二条【条約の解釈】この条約のいずれかの当事国が特別請求権裁判所への付託又は他の合意された方法で解決されない条約の解釈又は実施に関する紛争が生じたと認めるときは、紛争は、いずれかの紛争当事国の要請により、国際司法裁判所に決定のため付託しなければならない。日本国及びまだ国際司法裁判所規程の当事国でない連合国は、それぞれがこの条約を批准する時に、且つ、一九四六年一〇月一五日の国際連合安全保障理事会の決議に従って、この条に掲げた性質をもつすべての紛争に関して一般的に同裁判所の管轄権を特別の合意なしに受諾する一般的宣言書を同裁判所書記に寄託するものとする。

第七章　最終条項

第二三条【批准】(a) この条約は、日本国を含めて、これに署名する国によって批准されなければならない。この条約は、批准書が日本国により、且つ、主たる占領国としてのアメリカ合衆国を含めて、次の諸国、すなわちオーストラリア、カナダ、セイロン、フランス、インドネシア、オランダ、ニュー・ジーランド、パキスタン、フィリピン、グレート・ブリテン及び北部アイルランド連合王国及びアメリカ合衆国の過半数により寄託された時に、その時に批准しているすべての国に関して効力を生ずる。この条約は、その後これを批准する各国に関しては、その批准書の寄託の日に効力を生ずる。

(b)　この条約が日本国の批准書の寄託の日の後九箇月以内に効力を生じなかったときは、これを批准した国は、日本国の批准書の寄託の日の後三年以内に日本国政府及びアメリカ合衆国政府にその旨を通告して、自国と日本国との間にこの条約の効力を生じさせることができる。

第二四条【批准書の寄託】すべての批准書は、アメリカ合衆国政府に寄託しなければならない。同政府は、この寄託、第二三条(a)に基くこの条約の効力発生の日及びこの条約の第二三条(b)に基いて行われる通告をすべての署名国に通告する。

第二五条【連合国の定義】この条約の適用上、連合国とは、日本国と戦争していた国又は以前に第二三条に列記する国の領域の一部をなしていたものをいう。但し、各場合に当該国がこの条約に署名し且つこれを批准したことを条件とする。第二一条の規定を留保して、この条約は、ここに定義された連合国の一国でないいずれの国に対しても、いかなる権利、権原又は利益も与えるものではない。また、日本国のいかなる権利、権原又は利益も、この条約のいかなる規定によっても前記のとおり定義された連合国の一国でない国のために減損され、又は害されるものとみなしてはならない。

第二六条【二国間の平和条約】日本国は、一九四二年一月一日の連合国宣言に署名し若しくは加入しており且つ日本国に対して戦争状態にある国又は以前に第二三条に列記する国の領域の一部をなしていた国で、この条約の署名国でないものと、この条約に定めるところと同一の又は実質的に同一の条件で二国間の平和条約を締結する用意を有すべきものとする。但し、この日本国の義務は、この条約の最初の効力発生の後三年で満了する。日本国が、いずれかの国との間で、この条約で定めるところよりも大きな利益をその国に与える平和処理又は戦争請求権処理を行ったときは、これと同一の利益は、この条約の当事国にも及ぼされなければならない。

第二七条【条約文の保管】この条約はアメリカ合衆国政府の記録に寄託する。同政府は、その認証謄本を各署名国に交付する。

以上の証拠として、下名の全権委員は、この条約に署名した。

一九五一年九月八日にサン・フランシスコ市で、ひとしく正文である英語、フランス語及びスペイン語により、並びに日本語により作成した。

議定書（略）

宣　言（略）

168　琉球諸島及び大東諸島に関する日本国とアメリカ合衆国との間の協定（沖縄返還協定）

署　　名　一九七一年六月一七日（東京・ワシントン）
効力発生　一九七二年五月一五日
日 本 国　一九七一年一二月二二日国会承認、一九七二年三月一五日批准書交換、三月二一日公布（条約第二号）

日本国及びアメリカ合衆国は、

日本国総理大臣及びアメリカ合衆国大統領が、一九六九年一一月一九日、二〇日及び二一日に琉球諸島及び大東諸島（同年一一月二一日に発表された総理大臣と大統領との間の共同声明にいう「沖縄」）の地位について検討し、これらの諸島の日本国への早期復帰を達成するための具体的な取極に関して日本国政府及びアメリカ合衆国政府が直ちに協議に入ることに合意したことに留意し、

両政府がこの協議を行ない、これらの諸島の日本国への復帰が前記の共同声明の基礎の上に行なわれることを再確認したことに留意し、

アメリカ合衆国が、琉球諸島及び大東諸島に関し一九五一年九月八日にサン・フランシスコ市で署名された日本国との平和条約第三条の規定に基づくすべての権利及び利益を日本国のために放棄し、これによって同条に規定するすべての領域におけるアメリカ合衆国のすべての権利及び利益の放棄を完了することを希望することを考慮し、また、

日本国が琉球諸島及び大東諸島の領域及び住民に対する行政、立法及び司法上のすべての権力を行使するための完全な機能及び責任を引き受けることを望むことを考慮し、

よって、次のとおり協定した。

第一条【施政権の返還】1　アメリカ合衆国は、2に定義する琉球諸島及び大東諸島に関し、一九五一年九月八日にサン・フランシスコ市で署名された日本国との平和条約第三条の規定に基づくすべての権利及び利益を、この協定の効力発生の日から日本国のために放棄する。日本国は、同日に、これらの諸島の領域及び住民に対する行政、立法及び司法上のすべての権力を行使するための完全な権能及び責任を引き受ける。

2　この協定の適用上、「琉球諸島及び大東諸島」とは、

行政、立法及び司法上のすべての権力を行使する権利が日本国との平和条約第三条の規定に基づいてアメリカ合衆国に与えられたすべての領土及び領水のうち、そのような権利が一九五三年一二月二四日及び一九六八年四月五日に日本国とアメリカ合衆国との間に署名された奄美群島に関する協定並びに南方諸島及びその他の諸島に関する協定に従ってすでに日本国に返還された部分を除いた部分をいう。

第二条【諸条約の適用】日本国とアメリカ合衆国との間に締結された条約及びその他の協定(一九六〇年一月一九日にワシントンで署名された日本国とアメリカ合衆国との間の相互協力及び安全保障条約及びこれに関連する取極並びに一九五三年四月二日に東京で署名された日本国とアメリカ合衆国との間の友好通商航海条約を含むが、これらに限られない。)は、この協定の効力発生の日から琉球諸島及び大東諸島に適用されることが確認される。

第三条【基地の提供】1　日本国は、一九六〇年一月一九日にワシントンで署名された日本国とアメリカ合衆国との間の相互協力及び安全保障条約及びこれに関連する取極に従い、この協定の効力発生の日に、アメリカ合衆国に対し琉球諸島及び大東諸島における施設及び区域の使用を許す。

2　アメリカ合衆国が1の規定に従ってこの協定の効力発生の日に使用を許される施設及び区域につき、一九六〇年一月一九日に署名された日本国とアメリカ合衆国との間の相互協力及び安全保障条約第六条に基づく施設及び区域並びに日本国における合衆国軍隊の地位に関する協定第四条の規定を適用するにあたり、同条1の「それらが合衆国軍隊に提供された時の状態」とは、当該施設及び区域が合衆国軍隊によって最初に使用されることとなった時の状態をいい、また、同条2の「改良」には、この協定の効力発生の日前に加えられた改良を含むことが了解される。

第四条【請求権の放棄】1　日本国は、この協定の効力発生の日前に琉球諸島及び大東諸島におけるアメリカ合衆国の軍隊若しくは当局の存在、職務遂行若しくは行動又はこれらの諸島に影響を及ぼしたアメリカ合衆国の軍隊若しくは当局の存在、職務遂行若しくは行動から生じたアメリカ合衆国及びその国民並びにこれらの諸島の現地当局に対する日本国及びその国民のすべての請求権を放棄する。

2　もっとも、1の放棄には、琉球諸島及び大東諸島の合衆国による施政の期間中に適用されたアメリカ合衆国の法令又はこれらの諸島の現地法令により特に認められる日本国民の請求権の放棄を含まない。アメリカ合衆国政府は、日本国政府との協議のうえ定められる手続に従いこの協定の効力発生の日以後そのような請求権を取り扱いかつ解決するため、正当に権限を与えた職員を琉球諸島及び大東諸島に置くことを許される。

3　アメリカ合衆国政府は、琉球諸島及び大東諸島内の土地であって合衆国の当局による使用中一九五〇年七月一日前に損害を受け、かつ、一九六一年六月三〇日後この協定の効力発生の日前にその使用を解除されたものの所有者である日本国民に対し、土地の原状回復のため自発的支払を行なう。この支払は、一九六一年七月一日前に使用を解除された土地に対する損害で一九五〇年七月一日前に加えられたものに関する請求につき一九六七年の高等弁務官布令第六〇号に基づいて行なった支払に比し均衡を失しないように行なう。

4　日本国は、琉球諸島及び大東諸島の合衆国による施政の期間中に合衆国の当局若しくは現地当局の指令に基づいて若しくはその結果として行なわれ、又は当時の法令によって許可されたすべての作為又は不作為の効力を承認し、合衆国国民又はこれらの諸島の居住者をこれらの作為又は不作為から生ずる民事又は刑事の責任に問ういかなる行動もとらないものとする。

第五条【裁判の効力】1　日本国は、公の秩序又は善良の風俗に反しない限り、琉球諸島及び大東諸島におけるいずれかの裁判所がこの協定の効力発生の日前にした民事の最終的裁判が有効であることを承認し、かつ、その効力を完全に存続させる。

2　日本国は、訴訟当事者の実質的な権利及び地位をいかなる意味においても害することなく、この協定の効力発生の日に琉球諸島及び大東諸島におけるいずれかの裁判所に係属している民事事件について裁判権を引き継ぎ、かつ、引き続き裁判及び執行をする。

3　日本国は、被告人又は被疑者の実質的な権利をいかなる意味においても害することなく、この協定の効力発生の日に琉球諸島及び大東諸島におけるいずれかの裁判所に係属しており又は同日前に手続が開始されていたとしたならば継続していたであろう刑事事件につき、裁判権を引き継ぐものとし、引き続き手続を行ない又は開始することができる。

4　日本国は、琉球諸島及び大東諸島におけるいずれかの裁判所がした刑事の最終的裁判を引き続き執行することができる。

第六条【資産の引継】1　琉球電力公社、琉球水道公社及び琉球開発金融公社の財産は、この協定の効力発生の日に日本国政府に移転し、また、これらの公社の権利及び義務は、同政府が同日に日本国の法令に即して引き継ぐ。

2　その他のすべてのアメリカ合衆国政府の財産で、この協定の効力発生の日に琉球諸島及び大東諸島に存在し、かつ、第三条の規定に従って同日に提供される施設及び区域の外にあるものは、同日に日本国政府に移転する。ただし、この協定の効力発生の日前に関係土地所有者に返還される土地の上にある財産及びアメリカ合衆国政府が日本国政府の同意を得て同日以後においても引き続き所有する財産は、この限りでない。

3　アメリカ合衆国政府が琉球諸島及び大東諸島にお

いて埋め立てた土地並びに同政府がこれらの諸島において取得したその他の埋立地であって、同政府がこの協定の効力発生の日に保有しているものは、同日に日本国政府の財産となる。

4　アメリカ合衆国は、1及び2の規定に従って日本国政府に移転する財産のある土地に対してこの協定の効力発生の日前に加えられたいかなる変更についても、日本国又は日本国民に補償する義務を負わない。

第七条【財政支出】日本国政府は、合衆国の資産が前条の規定に従って日本国政府に移転されること、アメリカ合衆国政府が琉球諸島及び大東諸島の日本国への返還を一九六九年一一月二一日の共同声明第八項にいう日本国政府の政策に背馳しないよう実施すること、アメリカ合衆国政府が復帰後に雇用の分野等において余分の費用を負担することとなること等を考慮し、この協定の効力発生の日から五年の期間にわたり、合衆国ドルでアメリカ合衆国政府に対し総額三億二、〇〇〇万合衆国ドル(三二〇、〇〇〇、〇〇〇合衆国ドル)を支払う。日本国政府は、この額のうち、一億合衆国ドル(一〇〇、〇〇〇、〇〇〇合衆国ドル)をこの協定の効力発生の日の後一週間以内に支払い、また、残額を四回の均等年賦でこの協定が効力を生ずる年の後の各年の六月に支払う。

第八条【VOA放送】日本国政府は、アメリカ合衆国政府が、両政府の間に締結される取極に従い、この協定の効力発生の日から五年の期間にわたり、沖縄島におけるヴォイス・オヴ・アメリカ中継局の運営を継続することに同意する。両政府は、この協定の効力発生の日から二年後に沖縄島におけるヴォイス・オヴ・アメリカの将来の運営について協議に入る。

第九条【批准、発効】この協定は、批准されなければならず、批准書は、東京で交換されるものとする。この協定は、批准書の交換の日の後二箇月で効力を生ずる。

16 9　日本国と中華民国との間の平和条約(日華平和条約)

署　　名　一九五二年四月二八日(台北)
効力発生　一九五二年八月五日
日 本 国　一九五二年七月五日国会承認、一九五二年八月五日　批准書交換、同日公布(条約第一〇号)、一九七二年九月二九日終了注

〔注〕本条約については、日本国政府はこの日の日中共同声明(16 9)により存続の意義を失い終了したと説明し、中華人民共和国政府は当初より無効であると主張している。

日本国及び中華民国は、

その歴史的及び文化的のきずなと地理的の近さとにかんがみ、善隣関係を相互に希望することを考慮し、

その共通の福祉の増進並びに国際の平和及び安全の維持のための緊密な協力が重要であることを思い、

両者の間の戦争状態の存在の結果として生じた諸問題の解決の必要を認め、

平和条約を締結することに決定し、よって、その全権委員として次のとおり任命した。

日本国政府　河田　烈
中華民国大統領　葉　公超

これらの全権委員は、互にその全権委任状を示し、それが良好妥当であると認められた後、次の諸条を協定した。

第一条【戦争状態の終了】日本国と中華民国との間の戦争状態は、この条約が効力を生ずる日に終了する。

第二条【領土権の放棄】日本国は、一九五一年九月八日にアメリカ合衆国のサン・フランシスコ市で署名された日本国との平和条約(以下「サン・フランシスコ条約」という。)第二条に基き、台湾及び澎湖諸島並びに新南群島及び西沙群島に対するすべての権利、権原及び請求権を放棄したことが承認される。

第三条【財産及び請求権】日本国及びその国民の財産で台湾及び澎湖諸島にあるもの並びに日本国及びその国民の請求権(債権を含む。)で台湾及び澎湖諸島における中華民国の当局及びそこの住民に対するものの処理並びに日本国におけるこれらの当局及び住民の財産並びに日本国及びその国民に対するこれらの当局及び住民の請求権(債権を含む。)の処理は、日本国政府と中華民国政府との間の特別取極の主題とする。国民及び住民という語は、この条約で用いるときはいつでも、法人を含む。

第四条【条約の効力】一九四一年一二月九日前に日本国と中国との間で締結されたすべての条約、協約及び協定は、戦争の結果として無効となったことが承認される。

第五条【特権の放棄】日本国は、サン・フランシスコ条約第一〇条の規定に基き、一九〇一年九月七日に北京で署名された最終議定書並びにこれを補足するすべての附属書、書簡及び文書の規定から生ずるすべての利得及び特権を含む中国におけるすべての特殊の権利及び利益を放棄し、且つ、前記の議定書、附属書、書簡及び文書を日本国に関して廃棄することに同意したことが承認される。

第六条【国連憲章の遵守】(a)　日本国及び中華民国は、相互の関係において、国際連合憲章第二条の原則を指針とするものとする。

(b)　日本国及び中華民国は、国際連合憲章の原則に従って協力するものとし、特に、経済の分野における友好的協力によりその共通の福祉を増進するものとする。

第七条【通商条約の締結】日本国及び中華民国は、貿易、海運その他の通商の関係を安定した且つ友好的な基礎の上におくために、条約又は協定をできる限りすみやかに締結することに努めるものとする。

第八条【民間航空運送協定の締結】日本国及び中華民国

は、民間航空運送に関する協定をできる限りすみやかに締結することに努めるものとする。

第九条【漁業協定の締結】日本国及び中華民国は、公海における漁猟の規制又は制限並びに漁業の保存及び発展を規定する協定をできる限りすみやかに締結することに努めるものとする。

第一〇条【中華民国の国民及び法人】この条約の適用上、中華民国の国民には、台湾及び澎湖諸島のすべての住民及び以前にそこの住民であった者並びにそれらの子孫で、台湾及び澎湖諸島において中華民国が現に施行し、又は今後施行する法令によって中国の国籍を有するものを含むものとみなす。また、中華民国の法人には、台湾及び澎湖諸島において中華民国が現に施行し、又は今後施行する法令に基いて登録されるすべての法人を含むものとみなす。

第一一条【サン・フランシスコ条約の準用】この条約及びこれを補足する文書に別段の定がある場合を除く外、日本国と中華民国との間に戦争状態の存在の結果として生じた問題は、サン・フランシスコ条約の相当規定に従って解決するものとする。

第一二条【紛争の解決】この条約の解釈又は適用から生ずる紛争は、交渉又は他の平和的手段によって解決するものとする。

第一三条【批准、批准書交換、発効】この条約は、批准されなければならない。批准書は、できる限りすみやかに台北で交換されなければならない。この条約は、批准書の交換の日に効力を生ずる。

第一四条【正文】この条約は、日本語、中国語及び英語によるものとする。解釈の相違がある場合には、英語の本文による。

以上の証拠として、それぞれの全権委員は、この条約に署名調印した。

昭和二七年四月二八日(中華民国の四一年四月二八日及び一九五二年四月二八日に相当する。)に台北で、本書二通を作成した。

議定書

本日日本国と中華民国との間の平和条約(以下「この条約」という。)に署名するに当り、下名の全権委員は、この条約の不可分の一部をなす次の条項を協定した。

1　この条約の第一一条の適用は、次の了解に従うものとする。

(a)　サン・フランシスコ条約において、期間を定めて、日本国が義務を負い、又は約束をしているときは、いつでも、この期間は、中華民国の領域のいずれの部分に関しても、この条約がこれらの領域の部分に対して適用可能となった時から直ちに開始する。

(b)　中華民国は、日本国民に対する寛厚と善意の表徴として、サン・フランシスコ条約第一四条(a)1に基き日本国が提供すべき役務の利益を自発的に放棄する。

(c)　サン・フランシスコ条約第一一条及び第一八条は、この条約の第一一条の実施から除外する。

2(以下略)

交換公文

第一号

書簡をもって啓上いたします。本日署名された日本国と中華民国との間の平和条約に関して、本全権委員は、本国政府に代って、この条約の条項が、中華民国に関しては、中華民国政府の支配下に現にあり、又は今後入るすべての領域に適用がある旨のわれわれの間で達した了解に言及する光栄を有します。

本全権委員は、貴全権委員が前記の了解を確認されれば幸であります。

以上を申し進めるのに際しまして、本全権委員は、貴全権委員に向って敬意を表します。

一九五二年四月二八日台北において

(河田　烈)

中華民国全権委員　葉　公超殿

第一号

書簡をもって啓上いたします。本日署名された中華民国と日本国との間の平和条約に関して、本全権委員は、本日付の貴全権委員の次の書簡を受領したことを確認する光栄を有します。

本日署名された日本国と中華民国との間の平和条約に関して、本全権委員は、本国政府に代って、この条約の条項が、中華民国に関しては、中華民国政府の支配下に現にあり、又は今後入るすべての領域に適用がある旨のわれわれの間で達した了解に言及する光栄を有します。

本全権委員は、貴全権委員が前記の了解を確認されれば幸であります。

本全権委員は、本国政府に代って、ここに回答される貴全権委員の書簡に掲げられた了解を確認する光栄を有します。

以上を申し進めるのに際しまして、本全権委員は、貴全権委員に向って敬意を表します。

一九五二年四月二八日台北において

(葉　公超)

日本国全権委員　河田　烈殿

第二号(以下略)

同意された議事録

一

中華民国代表
私は、本日交換された書簡の「又は今後入る」という表現は、「及び今後入る」という意味にとることができると了解する。その通りであるか。
日本国代表
然り、その通りである。私は、この条約が中華民国政府の支配下にあるすべての領域に適用があることを確言する。

二
中華民国代表
私は、一九三一年九月一八日のいわゆる「奉天事件」の結果として中国に設立された「満州国」及び「汪精衛政権」のような協力政権の日本国における財産、権利又は利益は、両当事国間の同意によりこの条約及びサン・フランシスコ条約の関係規定に従い、中華民国に移管されうるものであると了解する。その通りであるか。
日本国代表
その通りである。

三
中華民国代表
私は、サン・フランシスコ条約第一四条(a)2(Ⅱ)(ii)の規定は一九三一年九月一八日以降中華民国の同意なしに設置され、且つ、かつて中国における日本国政府の外交上又は領事上の機関であると称されたものが使用した不動産、家具及び備品並びにこの機関の職員が使用した個人の家具、備品及び他の私有財産について除外例を及ぼすものと理解してはならないと了解する。その通りであるか。
日本国代表
その通りである。

四
日本国代表
私は、中華民国は本条約の議定書第一項(b)において述べられているように、役務賠償を自発的に放棄したので、サン・フランシスコ条約第一四条(a)に基き同国に及ぼされるべき唯一の残りの利益は、同条約第一四条(a)2に規定された日本国の在外資産であると了解する。その通りであるか。
中華民国代表
然り、その通りである。

16 10 日本国政府と中華人民共和国政府の共同声明（日中共同声明）

署名　一九七二年九月二九日（北京）

日本国内閣総理大臣田中角栄は、中華人民共和国国務院総理周恩来の招きにより、一九七二年九月二五日から九月三〇日まで、中華人民共和国を訪問した。田中総理大臣には大平正芳外務大臣、二階堂進内閣官房長官及びその他の政府職員が随行した。

毛沢東主席は、九月二七日に田中角栄総理大臣と会見した。双方は、真剣かつ友好的な話合いを行なった。

田中総理大臣及び大平外務大臣と周恩来総理及び姫鵬飛外交部長は、日中両国間の国交正常化問題をはじめとする両国間の諸問題及び双方が関心を有するその他の諸問題について、終始、友好的な雰囲気のなかで真剣かつ率直に意見を交換し、次の両政府の共同声明を発出することに合意した。

日中両国は、一衣帯水の間にある隣国であり、長い伝統的友好の歴史を有する。両国国民は、両国間にこれまで存在していた不正常な状態に終止符を打つことを切望している。戦争状態の終結と日中国交の正常化という両国国民の願望の実現は、両国関係の歴史に新たな一頁を開くこととなろう。

日本側は、過去において日本国が戦争を通じて中国国民に重大な損害を与えたことについての責任を痛感し、深く反省する。また、日本側は、中華人民共和国政府が提起した「復交三原則」を十分理解する立場に立って国交正常化の実現をはかるという見解を再確認する。中国側は、これを歓迎するものである。

日中両国間には社会制度の相違があるにもかかわらず、両国は、平和友好関係を樹立すべきであり、また、樹立することが可能である。両国間の国交を正常化し、相互に善隣友好関係を発展させることは、両国国民の利益に合致するところであり、また、アジアにおける緊張緩和と世界の平和に貢献するものである。

一　日本国と中華人民共和国との間のこれまでの不正常な状態は、この共同声明が発出される日に終了する。

二　日本国政府は、中華人民共和国政府が中国の唯一の合法政府であることを承認する。

三　中華人民共和国政府は、台湾が中華人民共和国の領土の不可分の一部であることを重ねて表明する。日本国政府は、この中華人民共和国政府の立場を十分理解し、尊重し、ポツダム宣言第八項に基づく立場を堅持する。

四　日本国政府及び中華人民共和国政府は、一九七二年九月二九日から外交関係を樹立することを決定した。両政府は、国際法及び国際慣行に従い、それぞれの首都における他方の大使館の設置及びその任務遂行のために必要なすべての措置をとり、また、できるだけすみやかに大使を交換することを決定した。

五　中華人民共和国政府は、中日両国国民の友好のために、日本国に対する戦争賠償の請求を放棄することを宣言する。

六　日本国政府及び中華人民共和国政府は、主権及び領土保全の相互尊重、相互不可侵、内政に対する相互不干渉、平等及び互恵並びに平和共存の諸原則の基礎の上に両国間の恒久的な平和友好関係を確立することに合意する。

　両政府は、右の諸原則及び国際連合憲章の原則に基づき、日本国及び中国が、相互の関係において、すべての紛争を平和的手段により解決し、武力又は武力による威嚇に訴えないことを確認する。

七　日中両国間の国交正常化は、第三国に対するものではない。両国のいずれも、アジア・太平洋地域において覇権を求めるべきではなく、このような覇権を確立しようとする他のいかなる国あるいは国の集団による試みにも反対する。

八　日本国政府及び中華人民共和国政府は、両国間の平和友好関係を強固にし、発展させるため、平和友好条約の締結を目的として、交渉を行なうことに合意した。

九　日本国政府及び中華人民共和国政府は、両国間の関係を一層発展させ、人的往来を拡大するため、必要に応じ、また、既存の民間取決めをも考慮しつつ、貿易、海運、航空、漁業等の事項に関する協定の締結を目的として、交渉を行なうことに合意した。

16-11　日本国と中華人民共和国との間の平和友好条約（日中平和友好条約）

署　　名　一九七八年八月一二日（北京）
効力発生　一九七八年一〇月二三日
日 本 国　一九七八年一〇月一八日国会承認、一〇月二三日批准書交換、公布（条約第一九号）

　日本国及び中華人民共和国は、

　一九七二年九月二九日に北京で日本国政府及び中華人民共和国政府が共同声明を発出して以来、両国政府及び両国民の間の友好関係が新しい基礎の上に大きな発展を遂げていることを満足の意をもって回顧し、

　前記の共同声明が両国間の平和友好関係の基礎となるものであること及び前記の共同声明に示された諸原則が厳格に遵守されるべきことを確認し、

　国際連合憲章の原則が十分に尊重されるべきことを確認し、アジア及び世界の平和及び安定に寄与することを希望し、両国間の平和友好関係を強固にし、発展させるため、

　平和友好条約を締結することに決定し、このため、次のとおりそれぞれ全権委員を任命した。

（委員名略）

　これらの全権委員は、互いにその全権委任状を示し、それが良好妥当であると認められた後、次のとおり協定した。

第一条【平和友好関係の発展】1　両締約国は、主権及び領土保全の相互尊重、相互不可侵、内政に対する相互不干渉、平等及び互恵並びに平和共存の諸原則の基礎の上に、両国間の恒久的な平和友好関係を発展させるものとする。

2　両締約国は、前記の諸原則及び国際連合憲章の原則に基づき、相互の関係において、すべての紛争を平和的手段により解決し及び武力又は武力による威嚇に訴えないことを確認する。

第二条【覇権】両締約国は、そのいずれも、アジア・太平洋地域においても又は他のいずれの地域においても覇権を求めるべきではなく、また、このような覇権を確立しようとする他のいかなる国又は国の集団による試みにも反対することを表明する。

第三条【経済文化関係の発展】両締約国は、善隣友好の精神に基づき、かつ、平等及び互恵並びに内政に対する相互不干渉の原則に従い、両国間の経済関係及び文化関係の一層の発展並びに両国民の交流の促進のために努力する。

第四条【第三国との関係】この条約は、第三国との関係に関する各締約国の立場に影響を及ぼすものではない。

第五条【批准、効力】1　この条約は、批准されるものとし、東京で行われる批准書の交換の日に効力を生ずる。この条約は、一〇年間効力を有するものとし、その後は、2の規定に定めるところによって終了するまで効力を存続する。

2　いずれの一方の締約国も、一年前に他方の締約国に対して文書による予告を与えることにより、最初の一〇年の期間の満了の際又はその後いつでもこの条約を終了させることができる。

16-12　日ソ中立条約（大日本帝国及ソヴィエト社會主義共和國聯邦間中立條約）（抄）

署　　名　一九四一年四月一三日（モスクワ）
効力発生　一九四一年四月二五日
日 本 国　一九四一年四月二五日批准、四月二八日公布（条約第六号）
廃　　棄　一九四五年四月五日ソ連通告

第一条【領土不可侵】両締約国ハ、両国間ニ平和及友好ノ関係ヲ維持シ且相互ニ他方締約国ノ領土ノ保全及不可侵ヲ尊重スベキコトヲ約ス。

第二条【中立】締約国ノ一方ガ一又ハ二以上ノ第三国ヨリノ軍事行動ノ対象ト為ル場合ニハ、他方締約国ハ

該紛争ノ全期間中中立ヲ守ルベシ。

第三条【効力発生・廃棄】 本条約ハ、両締約国ニ於テ其ノ批准ヲ了シタル日ヨリ実施セラルベク且五年ノ期間効力ヲ有スベシ。両締約国ノ何レノ一方モ右期間満了ノ一年前ニ本条約ノ廃棄ヲ通告セザルトキハ、本条約ハ次ノ五年間自動的ニ延長セラレタルモノト認メラルベシ。

第四条【批准】（略）

〈参考〉日ソ中立条約廃棄に関する覚書

手　交　一九四五年四月五日　ソ連外務部モロトフ委員より佐藤大使に手交

日ソ中立条約ハ、独ソ戦争及日本ノ対米英戦争勃発前タル一九四一年四月一三日調印セラレタルモノナルカ、爾來事態ハ根本的ニ変化シ日本ハ其ノ同盟国タル独逸ノ対ソ戦争遂行ヲ援助シ且ソ連ノ同盟国タル米英ト交戦中ナリ。斯ル状態ニ於テハ、日ソ中立条約ハ其ノ意義ヲ喪失シ其ノ存続ハ不可能トナレリ。

依テ、同条約第三条ノ規定ニ基キ、ソ連政府ハ茲ニ日ソ中立条約ハ明年四月期限満了後延長セサル意向ナル旨宣言スルモノナリ。

16 13　日本国とソヴィエト社会主義共和国連邦との共同宣言（日ソ共同宣言）

署　名　一九五六年一〇月一九日（モスクワ）
効力発生　一九五六年一二月一二日
日本国　一九五六年一二月五日国会承認、一二月一二日批准書交換、公布（条約第二〇号）

一九五六年一〇月一三日から一九日までモスクワで、日本国及びソヴィエト社会主義共和国連邦の全権団の間で交渉が行われた。

（両国全権団氏名略）

相互理解と協力のふん囲気のうちに行われた交渉を通じて、日本国とソヴィエト社会主義共和国連邦との相互関係について隔意のない広範な意見の交換が行われた。日本国及びソヴィエト社会主義共和国連邦は、両国間の外交関係の回復が極東における平和及び安全の利益に合致する両国間の理解と協力との発展に役だつものであることについて完全に意見が一致した。

日本国及びソヴィエト社会主義共和国連邦の全権団の間で行われたこの交渉の結果、次の合意が成立した。

1　日本国とソヴィエト社会主義共和国連邦との間の戦争状態は、この宣言が効力を生ずる日に終了し、両国間の間に平和及び友好善隣関係が回復される。

2　日本国とソヴィエト社会主義共和国連邦との間に外交及び領事関係が回復される。両国は、大使の資格を有する外交使節を遅滞なく交換するものとする。また、両国は、外交機関を通じて、両国内におけるそれぞれの領事館の開設の問題を処理するものとする。

3　日本国及びソヴィエト社会主義共和国連邦は、相互の関係において、国際連合憲章の諸原則、なかんずく同憲章第二条に掲げる次の原則を指針とすべきことを確認する。

(a)　その国際紛争を、平和的手段によって、国際の平和及び安全並びに正義を危うくしないように、解決すること。

(b)　その国際関係において、武力による威嚇又は武力の行使は、いかなる国の領土保全又は政治的独立に対するものも、また、国際連合の目的と両立しない他のいかなる方法によるものも慎むこと。

日本国及びソヴィエト社会主義共和国連邦は、それぞれ他方の国が国際連合憲章第五一条に掲げる個別的又は集団的自衛の固有の権利を有することを確認する。

日本国及びソヴィエト社会主義共和国連邦は、経済的、政治的又は思想的のいかなる理由であるとを問わず、直接間接に一方の国が他方の国の国内事項に干渉しないことを、相互に、約束する。

4　ソヴィエト社会主義共和国連邦は、国際連合への加入に関する日本国の申請を支持するものとする。

5　ソヴィエト社会主義共和国連邦において有罪の判決を受けたすべての日本人は、この共同宣言の効力発生とともに釈放され、日本国へ送還されるものとする。

また、ソヴィエト社会主義共和国連邦は、日本国の要請に基いて、消息不明の日本人について引き続き調査を行うものとする。

6　ソヴィエト社会主義共和国連邦は、日本国に対し一切の賠償請求権を放棄する。

日本国及びソヴィエト社会主義共和国連邦は、一九四五年八月九日以来の戦争の結果として生じたそれぞれの国、その団体及び国民のそれぞれ他方の国、その団体及び国民に対するすべての請求権を、相互に、放棄する。

7　日本国及びソヴィエト社会主義共和国連邦は、その貿易、海運その他の通商の関係を安定したかつ友好的な基礎の上に置くために、条約又は協定を締結するための交渉をできる限りすみやかに開始することに同意する。

8 一九五六年五月一四日にモスクワで署名された北西太平洋の公海における漁業に関する日本国とソヴィエト社会主義共和国連邦との間の条約及び海上において遭難した人の救助のための協力に関する日本国とソヴィエト社会主義共和国連邦との間の協定は、この宣言の効力発生と同時に効力を生ずる。

日本国及びソヴィエト社会主義共和国連邦は、魚類その他の海洋生物資源の保存及び合理的利用に関して日本国及びソヴィエト社会主義共和国連邦が有する利害関係を考慮し、協力の精神をもって、漁業資源の保存及び発展並びに公海における漁猟の規制及び制限のための措置を執るものとする。

9 日本国及びソヴィエト社会主義共和国連邦は、両国間に正常な外交関係が回復された後、平和条約の締結に関する交渉を継続することに同意する。

ソヴィエト社会主義共和国連邦は、日本国の要望にこたえかつ日本国の利益を考慮して、歯舞群島及び色丹島を日本国に引き渡すことに同意する。ただし、これらの諸島は、日本国とソヴィエト社会主義共和国連邦との間の平和条約が締結された後に現実に引き渡されるものとする。

10 この共同宣言は、批准されなければならない。この共同宣言は、批准書の交換の日に効力を生ずる。批准書の交換は、できる限りすみやかに東京で行われなければならない。

第3節 日韓・日朝関係の正常化

16 14 日本国と大韓民国との間の基本関係に関する条約（日韓基本条約）

署　名　一九六五年六月二二日（東京）
効力発生　一九六五年一二月一八日
日 本 国　一九六五年一二月一一日国会承認、一二月一八日批准書交換、公布（条約第二五号）

日本国及び大韓民国は、

両国民間の関係の歴史的背景と、善隣関係及び主権の相互尊重の原則に基づく両国間の関係の正常化に対する相互の希望とを考慮し、

両国の相互の福祉及び共通の利益の増進のため並びに国際の平和及び安全の維持のために、両国が国際連合憲章の原則に適合して緊密に協力することが重要であることを認め、

一九五一年九月八日にサン・フランシスコ市で署名された日本国との平和条約の関係規定及び一九四八年一二月一二日に国際連合総会で採択された決議第一九五号(Ⅲ)を想起し、

この基本関係に関する条約を締結することに決定し、よって、その全権委員として次のとおり任命した。

（委員名略）

これらの全権委員は、互いにその全権委任状を示し、それが良好妥当であると認められた後、次の諸条を協定した。

第一条【外交関係の開設】両締約国間に外交及び領事関係が開設される。両締約国は、大使の資格を有する外交使節を遅滞なく交換するものとする。また、両締約国は、両国政府により合意される場所に領事館を設置する。

第二条【旧条約の効力】一九一〇年八月二二日以前に大日本帝国と大韓帝国との間で締結されたすべての条約及び協定は、もはや無効であることが確認される。

第三条【韓国政府の地位】大韓民国政府は国際連合総会決議第一九五号（Ⅲ）に明らかに示されているとおりの朝鮮にある唯一の合法的な政府であることが確認される。

第四条【国連憲章の原則】(a) 両締約国は、相互の関係において、国際連合憲章の原則を指針とするものとする。

(b) 両締約国は、その相互の福祉及び共通の利益を増進するに当たって、国際連合憲章の原則に適合して協力するものとする。

第五条【通商航海条約】両締約国は、その貿易、海運その他の通商の関係を安定した、かつ、友好的な基礎の上に置くために、条約又は協定を締結するための交渉を実行可能な限りすみやかに開始するものとする。

第六条【民間航空協定】両締約国は、民間航空運送に関する協定を締結するための交渉を実行可能な限りすみやかに開始するものとする。

第七条【批准】この条約は、批准されなければならない。批准書は、できる限りすみやかにソウルで交換されるものとする。この条約は、批准書の交換の日に効力を生ずる。

一九六五年六月二二日に東京で、ひとしく正文である日本語、韓国語及び英語により本書二通を作成した。解釈に相違がある場合には、英語の本文による。

〈参考〉第二次日韓協約

署　名　一九〇五(明治三八)年一一月一七日(京城)
日本国　一九〇五(明治三八)年一一月二三日告示

日本国政府及韓国政府ハ、両帝国ヲ結合スル利害共通ノ主義ヲ鞏固ナラシメンコトヲ欲シ、韓国ノ富強ノ実ヲ認ムル時ニ至ル迄此目的ヲ以テ左ノ条款ヲ約定セリ。

第一条【韓国の対外関係】日本国政府ハ、在東京外務省ニ由リ今後韓国ノ外国ニ対スル関係及事務ヲ監理指揮スヘク、日本国ノ外交代表者及領事ハ外国ニ於ケル韓国ノ臣民及利益ヲ保護スヘシ。

第二条【条約の締結】日本国政府ハ、韓国ト他国トノ間ニ現存スル条約ノ実行ヲ全フスルノ任ニ当リ、韓国政府ハ、今後日本国政府ノ仲介ニ由ラスシテ国際的性質ヲ有スル何等ノ条約若ハ約束ヲナササルコトヲ約ス。

第三条【統監】日本国政府ハ、其代表者トシテ韓国皇帝陛下ノ闕下ニ一名ノ統監(レヂデントゼネラル)ヲ置ク。統監ハ、専ラ外交ニ関スル事項ヲ管理スル為メ京城ニ駐在シ、親シク韓国皇帝陛下ニ内謁スルノ権利ヲ有ス。日本国政府ハ又、韓国ノ各開港場及其他日本国政府ノ必要ト認ムル地ニ理事官(レヂデント)ヲ置クノ権利ヲ有ス。理事官ハ、統監ノ指揮ノ下ニ従来在韓国日本領事ニ属シタル一切ノ職権ヲ執行シ、並ニ本協約ノ条款ヲ完全ニ実行スル為メ必要トスヘキ一切ノ事務ヲ掌理スヘシ。

第四条【現行条約の扱い】日本国ト韓国トノ間ニ現存スル条約及約束ハ、本協約ノ条款ニ抵触セサル限総テ其効力ヲ継続スルモノトス。

第五条【韓国の皇室】日本国政府ハ、韓国皇室ノ安寧ト尊厳ヲ維持スルコトヲ保証ス。

右証拠トシテ下名ハ、各本国政府ヨリ相当ノ委任ヲ受ケ本協約ニ記名調印スルモノナリ。

明治三八年一一月一七日　特命全権公使　林　権　助
光武九年一一月一七日　外部大臣　朴　齊　純

〈参考〉韓国併合に関する条約(抜粋)

署　名　一九一〇(明治四三)年八月二二日(京城)
日本国　一九一〇(明治四三)年八月二九日公布

日本国皇帝陛下及韓国皇帝陛下ハ、両国間ノ特殊ニシテ親密ナル関係ヲ顧ヒ相互ノ幸福ヲ増進シ東洋ノ平和ヲ永久ニ確保セムコトヲ欲シ、此ノ目的ヲ達セムカ為ニハ韓国ヲ日本帝国ニ併合スルニ如カサルコトヲ確信シ、茲ニ両国間ニ併合条約ヲ締結スルコトニ決シ、之カ為日本国皇帝陛下ハ統監子爵寺内正毅ヲ、韓国皇帝陛下ハ内閣総理大臣李完用ヲ、各其ノ全権委員ニ任命セリ。因テ右全権委員ハ会同協議ノ上左ノ諸条ヲ協定セリ。

第一条【統治権の譲与】韓国皇帝陛下ハ、韓国全部ニ関スル一切ノ統治権ヲ完全且永久ニ日本国皇帝陛下ニ譲与ス。

第二条【譲与の受諾】日本国皇帝陛下ハ、前条ニ掲ケタル譲与ヲ受諾シ、且全然韓国ヲ日本帝国ニ併合スルコトヲ承諾ス。

第六条【韓国の施政】日本国政府ハ、前記併合ノ結果トシテ全然韓国ノ施政ヲ担任シ、同地ニ施行スル法規ヲ遵守スル韓人ノ身体及財産ニ対シ十分ナル保護ヲ与ヘ且其ノ福利ノ増進ヲ図ルヘシ。

第八条【施行】本条約ハ、日本国皇帝陛下及韓国皇帝陛下ノ裁可ヲ経タルモノニシテ公布ノ日ヨリ之ヲ施行ス。

右証拠トシテ両全権委員ハ、本条約ニ記名調印スルモノナリ。

明治四三年八月二二日　統　監　子爵　寺　内　正　毅
隆凞四年八月二二日　内閣総理大臣　李　完　用

〈参考〉朝鮮の独立問題に関する決議(抜粋)

採　択　一九四八年一二月一二日
国際連合総会第三回会期決議一九五(Ⅲ)

総会は、
朝鮮の独立問題に関する一九四七年一一月一四日の決議一一二(Ⅱ)を尊重し、
(中略)
臨時委員会の報告に述べられた困難のため、一九四七年一一月一四日の決議に定める目的がまだ完全に達成されていないという事実、特に朝鮮の統一がまだ成就されていないという事実に留意し、

1 （略）
2 臨時委員会が観察し、及び協議することができたところの、全朝鮮の人民の大多数が居住している朝鮮の部分に対して有効な支配及び管轄権を及ぼしている合法的な政府（大韓民国政府）が樹立されたこと、この政府が、朝鮮のその部分の選挙民の自由意思の有効な表明であり、かつ、臨時委員会が観察した選挙に基づくものであること並びにこの政府が朝鮮における唯一のこの種の政府であることを宣言する。
3 （以下略）

16 15 財産及び請求権に関する問題の解決並びに経済協力に関する日本国と大韓民国との間の協定（日韓請求権協定）

署名 一九六五年六月二二日
効力発生 一九六五年一二月一八日
日本国 一九六五年一二月一一日国会承認、一二月一八日批准書交換、公布（条約第二七号）

日本国及び大韓民国は、
両国及びその国民の財産並びに両国及びその国民の間の請求権に関する問題を解決することを希望し、
両国間の経済協力を増進することを希望して、次のとおり協定した。

第一条【無償供与・経済協力】 1 日本国は、大韓民国に対し、
(a) 現在において一〇八〇億円（一〇八、〇〇〇、〇〇〇、〇〇〇円）に換算される三億合衆国ドル（三〇〇、〇〇〇、〇〇〇ドル）に等しい円の価値を有する日本国の生産物及び日本人の役務を、この協定の効力発生の日から一〇年の期間にわたって無償で供与するものとする。各年における生産物及び役務の供与は、現在において一〇八億円（一〇、八〇〇、〇〇〇、〇〇〇円）に換算される三〇〇〇万合衆国ドル（三〇、〇〇〇、〇〇〇ドル）に等しい円の額を限度とし、各年における供与がこの額に達しなかったときは、その残額は、次年以降の供与額に加算されるものとする。ただし、各年の供与の限度額は、両締約国政府の合意により増額されることができる。
(b) 現在において七二〇億円（七二、〇〇〇、〇〇〇、〇〇〇円）に換算される二億合衆国ドル（二〇〇、〇〇〇、〇〇〇ドル）に等しい円の額に達するまでの長期低利の貸付けで、大韓民国政府が要請し、かつ、3の規定に基づいて締結される取極に従って決定される事業の実施に必要な日本国の生産物及び日本人の役務の大韓民国による調達に充てられるものをこの協定の効力発生の日から一〇年の期間にわたって行なうものとする。この貸付けは、日本国の海外経済協力基金により行なわれるものとし、日本国政府は、同基金がこの貸付けを各年において均等に行ないうるために必要とする資金を確保することができるように、必要な措置を執るものとする。
前記の供与及び貸付けは、大韓民国の経済の発展に役立つものでなければならない。
2 両締約国政府は、この条の規定の実施に関する事項について勧告を行なう権限を有する両政府間の協議機関として、両政府の代表者で構成される合同委員会を設置する。
3 両締約国政府は、この条の規定の実施のため、必要な取極を締結するものとする。

第二条【請求権の放棄】 1 両締約国は、両締約国及びその国民（法人を含む。）の財産、権利及び利益並びに両締約国及びその国民の間の請求権に関する問題が、一九五一年九月八日にサン・フランシスコ市で署名された日本国との平和条約第四条(a)に規定されたものを含めて、完全かつ最終的に解決されたこととなることを確認する。
2 この条の規定は、次のもの（この協定の署名の日までにそれぞれの締約国が執った特別の措置の対象となったものを除く。）に影響を及ぼすものではない。
(a) 一方の締約国の国民で一九四七年八月一五日からこの協定の署名の日までの間に他方の締約国に居住したことがあるものの財産、権利及び利益
(b) 一方の締約国及びその国民の財産、権利及び利益であって一九四五年八月一五日以後における通常の接触の過程において取得され又は他方の締約国の管轄の下にはいったもの
3 2の規定に従うことを条件として、一方の締約国及びその国民の財産、権利及び利益であってこの協定の署名の日に他方の締約国の管轄の下にあるものに対する措置並びに一方の締約国及びその国民の他方の締約国及びその国民に対するすべての請求権であって同日以前に生じた事由に基づくものに関しては、いかなる主張もすることができないものとする。

第三条【紛争解決】 1 この協定の解釈及び実施に関する両締約国間の紛争は、まず、外交上の経路を通じて解決するものとする。
2 1の規定により解決することができなかった紛争は、いずれか一方の締約国の政府が他方の締約国の政府から紛争の仲裁を要請する公文を受領した日から三〇日の期間内に各締約国政府が任命する各一人の仲裁委員と、こうして選定された二人の仲裁委員が当該期間の後の三〇日の期間内に合意する第三の仲裁委員又は当該期間内にその二人の仲裁委員が合意する第三国の政府が指名する第三の仲裁委員との

三人の仲裁委員からなる仲裁委員会に決定のため付託するものとする。ただし、第三の仲裁委員は、両締約国のうちいずれかの国民であってはならない。

3　いずれか一方の締約国の政府が当該期間内に仲裁委員を任命しなかったとき、又は第三の仲裁委員若しくは第三国について当該期間内に合意されなかったときは、仲裁委員会は、両締約国政府のそれぞれが三〇日の期間内に選定する国の政府が指名する各一人の仲裁委員とそれらの政府が協議により決定する第三国の政府が指名する第三の仲裁委員をもって構成されるものとする。

4　両締約国政府は、この条の規定に基づく仲裁委員会の決定に服するものとする。

第四条【批准】この協定は、批准されなければならない。批准書は、できる限りすみやかにソウルで交換されるものとする。この協定は、批准書の交換の日に効力を生ずる。

財産及び請求権に関する問題の解決並びに経済協力に関する日本国と大韓民国との間の協定についての合意された議事録（合意議事録）

日本国政府代表及び大韓民国政府代表は、本日署名された財産及び請求権に関する問題の解決並びに経済協力に関する日本国と大韓民国との間の協定（以下「協定」という。）及び関連文書に関して次の了解に到達した。

1　協定第一条1に関し、

日本国が供与する生産物及び役務は、日本国内において営利目的のために使用されることはないことに意見の一致をみた。

2　協定第二条に関し、

(a)　「財産、権利及び利益」とは、法律上の根拠に基づき財産的価値を認められるすべての種類の実体的権利をいうことが了解された。

(b)　「特別の措置」とは、日本国については、第二次世界大戦の戦闘状態の終結の結果として生じた事態に対処して、一九四五年八月一五日以後日本国において執られた戦後処理のためのすべての措置（一九五一年九月八日にサン・フランシスコ市で署名された日本国との平和条約第四条(a)の規定に基づく特別取極を考慮して執られた措置を含む。）をいうことが了解された。

(c)　「居住した」とは、同条2(a)に掲げる期間内のいずれかの時までその国に引き続き一年以上在住したことをいうことが了解された。

(d)　「通常の接触」には、第二次世界大戦の戦闘状態の終結の結果として一方の国の国民で他方の国から引き揚げたもの（支店閉鎖を行なった法人を含む。）の引揚げの時までの間の他方の国の国民との取引等、終戦後に生じた特殊な状態の下における接触を含まないことが了解された。

(e)　同条3により執られる措置は、同条1にいう両国及びその国民の財産、権利及び利益並びに両国及びその国民の間の請求権に関する問題の解決のために執られるべきそれぞれの国の国内措置をいうことに意見の一致をみた。

(f)　韓国側代表は、第二次世界大戦の戦闘状態の終結後一九四七年八月一五日前に帰国した韓国国民が日本国において所有する不動産について慎重な考慮が払われるよう希望を表明し、日本側代表は、これに対して、慎重に検討する旨を答えた。

(g)　同条1にいう完全かつ最終的に解決されたこととなる両国及びその国民の財産、権利及び利益並びに両国及びその国民の間の請求権に関する問題には、日韓会談において韓国側から提出された「韓国の対日請求要綱」（いわゆる八項目）の範囲に属するすべての請求が含まれており、したがって、同対日請求要綱に関しては、いかなる主張もなしえないこととなることが確認された。

(h)　同条1にいう完全かつ最終的に解決されたこととなる両国及びその国民の財産、権利及び利益並びに両国及びその国民の間の請求権に関する問題には、この協定の署名の日までに大韓民国による日本漁船のだ捕から生じたすべての請求権が含まれており、したがって、それらのすべての請求権は、大韓民国政府に対して主張しえないこととなることが確認された。

3　協定第三条に関し、

同条3にいう両国政府のそれぞれが選定する国及びそれらの国の政府が協議により決定する第三国は、日本国及び大韓民国の双方と外交関係を有する国のうちから選ばれるものとすることに意見の一致をみた。

4〜8（略）

〈参考〉韓国の対日請求要綱（八項目）

1　朝鮮銀行を通じて搬出された地金と地銀の返還を請求する。

本項の請求は一九〇九年から一九四五年までの期間中に日本が朝鮮銀行を通じて搬出していったものである。

2　一九四五年八月九日現在の日本政府の対朝鮮総督府債務の弁済を請求する。

本項に含まれる内容の一部は次のとおり。

(1)　通信局関係

(a)　郵便貯金　振替貯金　為替貯金等

(b)　国債及び貯蓄債券等

(c)　朝鮮簡易生命保険及び郵便年金関係

(d)　海外為替貯金及び債券

(e) 太平洋米国陸軍総司令部布告第三号によって凍結された韓国受取金
(f) その他
(2) 一九四五年八月九日以後日本人が韓国内各銀行から引出した預金額
(3) 朝鮮から収入された国庫金中の裏付け資金のない歳出による韓国受取金関係
(4) 朝鮮総督府東京事務所の財産
(5) その他

3 一九四五年八月九日以後韓国から振替又は送金された金員の返還を請求する。
本項の一部は下記の事項を含む。
(1) 八月九日以後朝鮮銀行本店から在日本東京支店へ振替又は送金された金員
(2) 八月九日以後、在韓金融機関を通じて日本へ送金された金員
(3) その他

4 一九四五年八月九日現在韓国に本社、本店又は主たる事務所があった法人の在日財産の返還を請求する。
本項の一部は下記の事項を含む。
(1) 連合軍最高司令部閉鎖機関令によって閉鎖清算された韓国内金融機関の在日支店財産
(2) SCAPIN一九六五号によって閉鎖された韓国内本店保有法人の在日財産
(3) その他

5 韓国法人又は韓国自然人の日本国又は日本国民に対する日本国債、公債、日本銀行券、被徴用韓人の未収金、補償金及びその他の請求権の弁済を請求する。
本項の一部は下記の事項を含む。
(1) 日本有価証券
(2) 日本系通貨
(3) 被徴用韓人未収金
(4) 戦争による被徴用者の被害に対する補償
(5) 韓国人の対日本政府請求恩給関係その他
(6) 韓国人の対日本人又は法人請求
(7) その他

6 韓国人(自然人及び法人)の日本政府又は日本人(自然人及び法人)に対する権利の行使に関する原則

7 前記諸財産又は請求権から生じた諸果実の返還を請求する。

8 前記の返還及び決済は協定成立後即時開始し、遅くとも六ヵ月以内に終了すること。

16 財産及び請求権に関する問題の解決並びに経済協力に関する日本国と大韓民国との間の協定第二条の実施に伴う大韓民国等の財産権に対する措置に関する法律(日韓請求権協定措置法)

公布 一九六五(昭和四〇)年一二月一七日(法律第一四四号)
施行 一九六五(昭和四〇)年一二月一八日

1 次に掲げる大韓民国又はその国民(法人を含む。以下同じ。)の財産権であって、財産及び請求権に関する問題の解決並びに経済協力に関する日本国と大韓民国との間の協定(以下「協定」という。)第二条3の財産、権利及び利益に該当するものは、次項の規定の適用があるものを除き、昭和四〇年六月二二日において消滅したものとする。ただし、同日において第三者の権利(同条3の財産、権利及び利益に該当するものを除く。)の目的となっていたものは、その権利の行使に必要な限りにおいて消滅しないものとする。
一 日本国又はその国民に対する債権
二 担保権であって、日本国又はその国民の有する物(証券に化体される権利を含む。次項において同じ。)又は債権を目的とするもの

2 日本国又はその国民が昭和四〇年六月二二日において保管する大韓民国又はその国民の物であって、協定第二条3の財産、権利及び利益に該当するものは、同日においてその保管者に帰属したものとする。この場合において、株券の発行されていない株式については、その発行会社がその株券を保管するものとみなす。

3 大韓民国又はその国民の有する証券に化体される権利であって、協定第二条3の財産、権利及び利益に該当するものについては、前二項の規定の適用があるものを除き、大韓民国又は同条3の規定に該当するその国民は、昭和四〇年六月二二日以後その権利に基づく主張をすることができないこととなったものとする。

附則

この法律は、協定の効力発生の日から施行する。

16-17　慰安婦問題日韓両外相共同記者発表

共同発表　二〇一五年一二月二八日

1　岸田外務大臣

日韓間の慰安婦問題については、これまで、両国局長協議等において、集中的に協議を行ってきた。その結果に基づき、日本政府として、以下を申し述べる。

(1)　慰安婦問題は、当時の軍の関与の下に、多数の女性の名誉と尊厳を深く傷つけた問題であり、かかる観点から、日本政府は責任を痛感している。

安倍内閣総理大臣は、日本国の内閣総理大臣として改めて、慰安婦として数多の苦痛を経験され、心身にわたり癒しがたい傷を負われた全ての方々に対し、心からおわびと反省の気持ちを表明する。

(2)　日本政府は、これまでも本問題に真摯に取り組んできたところ、その経験に立って、今般、日本政府の予算により、全ての元慰安婦の方々の心の傷を癒やす措置を講じる。具体的には、韓国政府が、元慰安婦の方々の支援を目的とした財団を設立し、これに日本政府の予算で資金を一括で拠出し、日韓両政府が協力し、全ての元慰安婦の方々の名誉と尊厳の回復、心の傷の癒やしのための事業を行うこととする。

(3)　日本政府は上記を表明するとともに、上記(2)の措置を着実に実施するとの前提で、今回の発表により、この問題が最終的かつ不可逆的に解決されることを確認する。

あわせて、日本政府は、韓国政府と共に、今後、国連等国際社会において、本問題について互いに非難・批判することは控える。

2　尹(ユン)外交部長官

韓日間の日本軍慰安婦被害者問題については、これまで、両国局長協議等において、集中的に協議を行ってきた。その結果に基づき、韓国政府として、以下を申し述べる。

(1)　韓国政府は、日本政府の表明と今回の発表に至るまでの取組を評価し、日本政府が上記1.(2)で表明した措置が着実に実施されるとの前提で、今回の発表により、日本政府と共に、この問題が最終的かつ不可逆的に解決されることを確認する。韓国政府は、日本政府の実施する措置に協力する。

(2)　韓国政府は、日本政府が在韓国日本大使館前の少女像に対し、公館の安寧・威厳の維持の観点から懸念していることを認知し、韓国政府としても、可能な対応方向について関連団体との協議を行う等を通じて、適切に解決されるよう努力する。

(3)　韓国政府は、今般日本政府の表明した措置が着実に実施されるとの前提で、日本政府と共に、今後、国連等国際社会において、本問題について互いに非難・批判することは控える。

16-18　日本国に居住する大韓民国国民の法的地位及び待遇に関する日本国と大韓民国との間の協定(日韓法的地位協定)

署　名　一九六五年六月二二日(東京)
効力発生　一九六六年一月一七日
日本国　一九六五年一二月一一日国会承認、一二月一八日批准書交換、公布(条約第二八号)

日本国及び大韓民国は、

多年の間日本国に居住している大韓民国国民が日本国の社会と特別な関係を有するに至っていることを考慮し、

これらの大韓民国国民が日本国の社会秩序の下で安定した生活を営むことができるようにすることが、両国間及び両国民間の友好関係の増進に寄与することを認めて、

次のとおり協定した。

第一条【永住許可】 1　日本国政府は、次のいずれかに該当する大韓民国国民が、この協定の実施のため日本国政府の定める手続に従い、この協定の効力発生の日から五年以内に永住許可の申請をしたときは、日本国で永住することを許可する。

(a)　一九四五年八月一五日以前から申請の時まで引き続き日本国に居住している者

(b)　(a)に該当する者の直系卑属として一九四五年八月一六日以後この協定の効力発生の日から五年以内に日本国で出生し、その後申請の時まで引き続き日本国に居住している者

2　日本国政府は、1の規定に従い日本国で永住することを許可されている者の子としてこの協定の効力発生の日から五年を経過した後に日本国で出生した大韓民国国民が、この協定の実施のため日本国政府の定める手続に従い、その出生の日から六〇日以内に永住許可の申請をしたときは、日本国で永住することを許可する。

3　1(b)に該当する者でこの協定の効力発生の日から四年一〇箇月を経過した後に出生した者の永住許可の申請期限は、1の規定にかかわらず、その出生の日から六〇日までとする。

4　前記の申請及び許可については、手数料は、徴収

される。

第二条【協議】１　日本国政府は、第一条の規定に従い日本国で永住することを許可されている者の直系卑属として日本国で出生した大韓民国国民の日本国における居住については、大韓民国の要請があれば、この協定の効力発生の日から二五年を経過するまでは協議を行なうことに同意する。

２　１の協議に当たっては、この協定の基礎となっている精神及び目的が尊重されるものとする。

第三条【退去強制】第一条の規定に従い日本国で永住することを許可されている大韓民国国民は、この協定の効力発生の日以後の行為により次のいずれかに該当することとなった場合を除くほか、日本国からの退去を強制されない。

(a)　日本国において内乱に関する罪又は外患に関する罪により禁錮以上の刑に処せられた者(執行猶予の言渡しを受けた者及び内乱に附和随行したことにより刑に処せられた者を除く。)

(b)　日本国において国交に関する罪により禁錮以上の刑に処せられた者及び外国の元首、外交使節又はその公館に対する犯罪行為により禁錮以上の刑に処せられ、日本国の外交上の重大な利益を害した者

(c)　営利の目的をもって麻薬類の取締りに関する日本国の法令に違反して無期又は三年以上の懲役又は禁錮に処せられた者(執行猶予の言渡しを受けた者を除く。)及び麻薬類の取締りに関する日本国の法令に違反して三回(ただし、この協定の効力発生の日の前の行為により三回以上刑に処せられた者については二回)以上刑に処せられた者

(d)　日本国の法令に違反して無期又は七年をこえる懲役又は禁錮に処せられた者

第四条【特定事項への考慮】日本国政府は、次に掲げる事項について、妥当な考慮を払うものとする。

(a)　第一条の規定に従い日本国で永住することを許可されている大韓民国国民に対する日本国における教育、生活保護及び国民健康保険に関する事項

(b)　第一条の規定に従い日本国で永住することを許可されている大韓民国国民(同条の規定に従い永住許可の申請をする資格を有している者を含む。)が日本国で永住する意思を放棄して大韓民国に帰国する場合における財産の携行及び資金の大韓民国への送金に関する事項

第五条【日本法令の適用】第一条の規定に従い日本国で永住することを許可されている大韓民国国民は、出入国及び居住を含むすべての事項に関し、この協定で特に定める場合を除くほか、すべての外国人に同様に適用される日本国の法令の適用を受けることが確認される。

第六条【批准】この協定は批准されなければならない。批准書は、できる限りすみやかにソウルで交換されるものとする。この協定は、批准書の交換の日の後三〇日で効力を生ずる。

16 19　紛争の解決に関する交換公文(日韓紛争解決交換公文)

公布　一九六五年一二月一八日(条約第三〇号)

(韓国側書簡)

書簡をもって啓上いたします。本長官は、両国政府の代表の間で到達された次の了解を確認する光栄を有します。

両国政府は、別段の合意がある場合を除くほか、両国間の紛争は、まず、外交上の経路を通じて解決するものとし、これにより解決することができなかった場合は、両国政府が合意する手続に従い、調停によって解決を図るものとする。

本長官は、さらに、閣下が前記の了解を日本国政府に代わって確認されることを希望する光栄を有します。

以上を申し進めるに際し、本長官は、ここに重ねて閣下に向かって敬意を表します。

一九六五年六月二二日

外務部長官　李東元

日本国外務大臣　椎名悦三郎閣下

(日本側書簡)

書簡をもって啓上いたします。本大臣は、本日付けの閣下の次の書簡を受領したことを確認する光栄を有します。

本長官は、両国政府の代表の間で到達された次の了解を確認する光栄を有します。

両国政府は、別段の合意がある場合を除くほか、両国間の紛争は、まず、外交上の経路を通じて解決するものとし、これにより解決することができなかった場合は、両国政府が合意する手続に従い、調停によって解決を図るものとする。

本長官は、さらに、閣下が前記の了解を日本国政府に代わって確認されることを希望する光栄を有します。

本大臣は、さらに、前記の了解を日本国政府に代わって確認する光栄を有します。

以上を申し進めるに際し、本大臣は、ここに重ねて閣下に向かって敬意を表します。

一九六五年六月二二日

日本国外務大臣　椎名悦三郎

大韓民国外務部長官　李東元閣下

16 20　日朝平壌宣言

署　名　二〇〇二年九月一七日(平壌)

小泉純一郎日本国総理大臣と金正日朝鮮民主主義人民共和国国防委員長は、二〇〇二年九月一七日、平壌で出会い会談を行った。

両首脳は、日朝間の不幸な過去を清算し、懸案事項を解決し、実りある政治、経済、文化的関係を樹立することが、双方の基本利益に合致するとともに、地域の平和と安定に大きく寄与するものとなるとの共通の認識を確認した。

一　双方は、この宣言に示された精神及び基本原則に従い、国交正常化を早期に実現させるため、あらゆる努力を傾注することとし、そのために二〇〇二年一〇月中に日朝国交正常化交渉を再開することとした。

双方は、相互の信頼関係に基づき、国交正常化の実現に至る過程においても、日朝間に存在する諸問題に誠意をもって取り組む強い決意を表明した。

二　日本側は、過去の植民地支配によって、朝鮮の人々に多大の損害と苦痛を与えたという歴史の事実を謙虚に受け止め、痛切な反省と心からのお詫びの気持ちを表明した。

双方は、日本側が朝鮮民主主義人民共和国側に対して、国交正常化の後、双方が適切と考える期間にわたり、無償資金協力、低金利の長期借款供与及び国際機関を通じた人道主義的支援等の経済協力を実施し、また、民間経済活動を支援する見地から国際協力銀行等による融資、信用供与等が実施されることが、この宣言の精神に合致するとの基本認識の下、国交正常化交渉において、経済協力の具体的な規模と内容を誠実に協議することとした。

双方は、国交正常化を実現するにあたっては、一九四五年八月一五日以前に生じた事由に基づく両国及びその国民のすべての財産及び請求権を相互に放棄するとの基本原則に従い、国交正常化交渉においてこれを具体的に協議することとした。

双方は、在日朝鮮人の地位に関する問題及び文化財の問題については、国交正常化交渉において誠実に協議することとした。

三　双方は、国際法を遵守し、互いの安全を脅かす行動をとらないことを確認した。また、日本国民の生命と安全にかかわる懸案問題については、朝鮮民主主義人民共和国側は、日朝が不正常な関係にある中で生じたこのような遺憾な問題が今後再び生じることがないよう適切な措置をとることを確認した。

四　双方は、北東アジア地域の平和と安定を維持、強化するため、互いに協力していくことを確認した。

双方は、この地域の関係各国の間に、相互の信頼に基づく協力関係が構築されることの重要性を確認するとともに、この地域の関係国間の関係が正常化されるにつれ、地域の信頼醸成を図るための枠組みを整備していくことが重要であるとの認識を一にした。

双方は、朝鮮半島の核問題の包括的な解決のため、関連するすべての国際的合意を遵守することを確認した。また、双方は、核問題及びミサイル問題を含む安全保障上の諸問題に関し、関係諸国間の対話を促進し、問題解決を図ることの必要性を確認した。

朝鮮民主主義人民共和国側は、この宣言の精神に従い、ミサイル発射のモラトリアムを二〇〇三年以降も更に延長していく意向を表明した。

双方は、安全保障にかかわる問題について協議を行っていくこととした。

第4節　領　土

16 21　日本国魯西亜国通好条約(日魯通好条約、下田条約)(抜粋)

署　名　一八五五年二月七日(安政元年一二月二一日)(下田)
効力発生　一八五六年一二月七日(安政三年一一月一〇日)

第二条【両国間の国境】　今より後、日本国と魯西亜(ロシア)国との境、「エトロプ」島と「ウルップ」島との間に在るへし。「エトロプ」全島は、日本に属し、「ウルップ」全島、夫より北の方「クリル」諸島は魯西亜に属す。「カラフト」島に至りては、日本国と魯西亜国との間に於て、界を分たす、是迄仕来の通たるへし。

16 22　樺太千島交換条約(抜粋)

署　名　一八七五年五月七日(サンクト・ペテルブルク)
効力発生　一八七五年八月二二日

第一款【樺太のロシアへの譲渡】大日本国皇帝陛下ハ、其後胤ニ至ル迄現今樺太島(即薩哈嗹(サハリン)島)ノ一部ヲ所領スルノ権理及君主ニ属スル一切ノ権理ヲ全魯西亜(ロシア)国皇帝陛下ニ譲リ、而今而後樺太全島ハ、悉ク魯西亜帝国ニ属シ「ラペルーズ」海峡ヲ以テ両国ノ境界トス。

第二款【千島列島の日本への譲渡】全魯西亜国皇帝陛下ハ、第一款ニ記セル樺太島（即薩哈嗹島）ノ権理ヲ受シ、代トシテ其後胤ニ至ル迄現今所領「クリル」群島即チ第一「シュムシュ」島、第二「アライド」島、第三「パラムシル」島、第四「マカンルシ」島、第五「ヲネコタン」島、第六「ハリムコタン」島、第七「エカルマ」島、第八「シャスコタン」島、第九「ムシル」島、第一〇「ライコケ」島、第一一「マツア」島、第一二「ラスツア」島、第一三「スレドネワ」及「ウシシル」島、第一四「ケトイ」島、第一五「シムシル」島、第一六「ブロトン」島、第一七「チェルポイ」並ニ「ブラット、チェルポエフ」島、第一八「ウルップ」島共計一八島ノ権理及ビ君主ニ属スル一切ノ権理ヲ大日本国皇帝陛下ニ譲リ、而今而後「クリル」全島ハ日本帝国ニ属シ、東察加地方「テパツカ」岬ト「シュムシュ」島ノ間ナル海峡ヲ以テ両国ノ境界トス。

16-23　日清媾和条約（下関条約）（抜粋）

署　名　一八九五年四月一七日（下関）
効力発生　一八九五年五月八日

第二条【台湾等の割譲】清国ハ、左記ノ土地ノ主権並ニ該地方ニ在ル城塁兵器製造所及官有物ヲ永遠日本国ニ割与ス。

一　左ノ経界内ニ在ル奉天省南部ノ地
　鴨緑江口ヨリ該江ヲ遡リ、安平河口ニ至リ、該河口ヨリ鳳凰城海城営口ニ亘リ、遼河口ニ至ル折線以南ノ地。併セテ前記ノ各城市ヲ包含ス。而シテ遼河ヲ以テ界トスル処ハ、該河ノ中央ヲ以テ経界トスルコトト知ルヘシ。
　遼東湾東岸及黄海北岸ニ在テ奉天省ニ属スル諸島嶼

二　台湾全島及其ノ附属諸島嶼

三　澎湖列島即英国「グリーンウィチ」東経一一九度乃至一二〇度及北緯二三度乃至二四度ノ間ニ在ル諸島嶼

16-24　日露講和条約（ポーツマス条約）（抜粋）

署　名　一九〇五年九月五日（ポーツマス）
効力発生　一九〇五年一一月二五日

第九条【樺太南部および周辺島嶼の日本への譲与】露西亜（ロシア）帝国政府ハ、薩哈嗹（サハリン）島南部及其ノ附近ニ於ケル一切ノ島嶼並該地方ニ於ケル一切ノ公共営造物及財産ヲ完全ナル主権ト共ニ永遠日本帝国政府ニ譲与ス。其ノ譲与地域ノ北方境界ハ北緯五〇度ト定ム。該地域ノ正確ナル経界線ハ、本条約ニ附属スル追加約款第二ノ規定ニ従ヒ之ヲ決定スヘシ。

日本国及露西亜国ハ、薩哈嗹島又ハ其ノ附近ノ島嶼ニ於ケル各自ノ領地内ニ堡塁其ノ他之ニ類スル軍事上工作物ヲ築造セサルコトニ互ニ同意ス。又両国ハ、各宗谷海峡及韃靼海峡ノ自由航海ヲ妨礙スルコトアルヘキ何等ノ軍事上措置ヲ執ラサルコトヲ約ス。

17章
国際法関係資料

目　次

17 1　国際法年表

国　　際　　法
1494　トルデシラス条約
1648　ウェストファリア条約
1794　英米友好通商航海一般条約(ジェイ条約)
1815　スイス国の永世中立及びその領域の不可侵の承認及び保障に関する議定書(スイス永世中立議定書)
外交使節の席次に関する規則
1818　エクス・ラ・シャペル規則
1854　神奈川(日米和親)条約
1855　日露通好条約
1856　海上法ノ要義ヲ確定スル宣言(パリ宣言)
1864　戦地軍隊ニ於ケル傷者及病者ノ状態改善ニ関スル条約(第1回赤十字条約)
1868　サンクト・ペテルブルク宣言
1871　条約の効力に関するロンドン宣言
1875　樺太千島交換条約

世界の動き	国際法学者
1492　コロンブス西インド諸島に到達	
1493　法王アレクサンデル六世の大教書	
1517　ルターの宗教改革	
1519　マゼランの世界一周(～1522)	
	ヴィトリア(1480-1546) スペイン
	「野蛮人に対するスペイン人の戦争についての法」『神学的再考察』(1557) 所収
1571　レパントの海戦(スペイン対オスマン帝国)	
1581　オランダ独立宣言	
1588　スペイン無敵艦隊イギリスに敗れる	
	スアレス(1548-1617) スペイン
	『法ならびに立法者としての神についての考察』(1612)
	アヤラ(1548-1584) スペイン
	『戦争の法と義務ならびに軍律について』(1582)
1618　30年戦争(～1648)	ゲンチリ(1552-1608) イタリア
	『外交使節論』(1585)
1628　(英)権利の請願	グロティウス(1583-1645) オランダ
	『自由海論』(1609)
	『戦争と平和の法』(1625)
1642　(英)ピューリタン革命(～1649)	セルデン(1584-1654) イギリス
	『閉鎖海論』(1635)
1688　(英)名誉革命	ズーチ(1590-1661) イギリス
1689　(英)権利の章典	『フェキアーリスの法と裁判つまり諸国家間の
1701　スペイン継承戦争(～1713)	法および同法の諸問題に関する解説』(1650)
	プーフェンドルフ(1632-1694) ドイツ
	『自然法および国際法』(1672)
	バインケルスフーク(1673-1743) オランダ
	『海洋主権論』(1702)
1772　第1次ポーランド分割	ヴォルフ(1679-1754) ドイツ
1776　アメリカ独立宣言	『科学的方法により取り扱われた国際法』(1749)
	モーゼル(1701-1785) ドイツ
1789　フランス人権宣言	『最新ヨーロッパ国際法試論』(1777-1780)
1793　第2次ポーランド分割	ヴァッテル(1714-1767) スイス
1795　第3次ポーランド分割(ポーランド消滅)	『国際法』(1758)
1799　ナポレオン戦争開始(～1802)	マルテンス(1756-1821) ドイツ
1812　米英戦争(～1814)	『マルテンス条約集』(1791-1801)
1814　ウィーン会議(～1815)	
1815　神聖同盟結成	クリューバー(1762-1837) ドイツ
1823　(米)モンロー宣言	『現代ヨーロッパ国際法』(1819)
1837　(英米)カロライン号事件	ホィートン(1785-1848) 米国
1853　(日)ペリー浦賀に来航、プチャーチン長崎に来航	『国際法原理』(1836)
	ヘフター(1796-1880) ドイツ
1854　クリミヤ戦争(～1856)	『現代ヨーロッパ国際法』(1844)
	ウールジー(1801-1889) アメリカ合衆国
1861　(米)南北戦争(～1865)	『国際法入門』(1860)
1863　(米)奴隷解放宣言、リーバー法典	ブルンチュリ(1808-1881) スイス
1868　(日)明治維新	『近代国際法』(1868)
1869　スエズ運河開通	
1871　日清修好条規・通商章程	マンチーニ(1817-1888) イタリア
1872　(日)マリア・ルース号事件	『国際法』(1873)
アラバマ号事件判決	ロリマー(1818-1890) イギリス
1877　(日)西南戦争	『国際法制度』(1883-84)
1878　ベルリン会議	カルボー(1824-1906) アルゼンチン
1882　三国同盟(～1915)	『国際法辞典』(1885)

国　際　法	
1888	スエズ運河の自由航行に関する条約(スエズ運河条約)
1895	日清媾和条約
1899	陸戦ノ法規慣例ニ関スル条約
	「ジェネヴァ」条約ノ原則ヲ海戦ニ応用スル条約
	空中よりの爆弾投下を禁止する宣言
	窒息性又は有毒性ガスを散布する投射物に関するヘーグ宣言(毒ガス禁止宣言)
	ダムダム弾の禁止に関するハーグ宣言(ダムダム弾禁止宣言)
1901	大西洋と太平洋の間に船舶運河による交通を確立する英米間条約(ヘイ・ポンスフォート条約)
1903	ヘイ・ヴァリラ条約
1905	日露講和条約(ポーツマス条約)
	第二次日韓協約
1906	戦地軍隊ニ於ケル傷者及病者ノ状態改善ニ関スル条約(第2回赤十字条約)
1907	国際紛争平和的処理条約
	開戦ニ関スル条約
	陸戦ノ法規慣例ニ関スル条約(第1回会議の条約を修正)
	陸戦ノ場合ニ於ケル中立国及中立人ノ権利義務ニ関スル条約(陸戦中立条約)
	開戦ノ際ニ於ケル敵ノ商船取扱ニ関スル条約
	商船ヲ軍艦ニ変更スルコトニ関スル条約
	自動触発海底水雷ノ敷設ニ関スル条約
	戦時海軍力ヲ以テスル砲撃ニ関スル条約(海軍砲撃条約)
	「ジェネヴァ」条約ノ原則ヲ海戦ニ応用スル条約(第1回会議の条約を修正)
	海戦ニ於ケル捕獲権行使ノ制限ニ関スル条約(捕獲権行使制限条約)
	海戦ノ場合ニ於ケル中立国ノ権利義務ニ関スル条約(海戦中立条約)
	契約上ノ債務回収ノ為ニスル兵力使用制限ニ関スル条約(ポーター条約)
	国際捕獲審検所設置に関する条約
	中米司法裁判所設置に関する条約
1909	海戦法規に関する宣言(ロンドン宣言)
1910	韓国併合に関する条約
1913	ブライアン条約
1919	同盟及ビ聯合國ト獨逸國トノ平和條約(ヴェルサイユ講和条約)
	国際連盟規約
1921	常設国際司法裁判所規程
	国際関係を有する可航水路の制度に関する条約(バルセロナ条約)
1922	国際聯盟規約第16条適用の指針(聯盟総会決議)
	海軍軍備制限条約(ワシントン)
	空戦に関する規則案(空戦規則案)
1923	海港ノ国際制度ニ関スル条約及規程
1924	国際紛争の平和的解決に関するジュネーヴ議定書(ジュネーヴ議定書)
1925	ドイツ及びフランスの間の仲裁条約(ロカルノ仲裁条約)
	ドイツ、ベルギー、フランス、英国及びイタリーの間の相互保障条約(ロカルノ保障条約)
	窒息性ガス、毒性ガス又はこれらに類するガス及び細菌学的手段の戦争における使用の禁止に関する議定書(ジュネーヴ・ガス議定書)
1928	戦争抛棄ニ関スル条約(不戦条約)
	国際紛争平和的処理に関する一般議定書
1929	戦地軍隊ニ於ケル傷者及病者ノ状態改善ニ関スルジュネーヴ条約(第3回赤十字条約)
	捕虜の状態改善に関するジュネーヴ条約
1930	国籍法の抵触についてのある種の問題に関する条約(国籍法抵触条約)
	二重国籍のある場合における軍事的義務に関する議定書

世界の動き		国際法学者
1884	ベルリン会議でアフリカ分割(〜1885)	ウェストレーク(1828-1913) イギリス
1889	(日)大日本帝国憲法発布	『国際法』(1904-07)
		西 周助(1829-1897)
1891	(日)大津事件	『万国公法』(1868)
1894	日清戦争	ホランド(1835-1894) イギリス
	露仏同盟	『海上捕獲法提要』(1888)
1895	三国干渉	ホール(1835-1894) イギリス
1898	米西戦争	『国際公法』(1880)
1899	第1回ヘーグ平和会議	フィオレ(1837-1914) イタリア
	門戸開放宣言	『国際公法論』(1879)
1902	日英同盟(〜1921)	
	シベリア鉄道	マルテンス(1845-1909) ロシア
1904	日露戦争(〜1905)	『国際法』(1882-83)
	英仏協商	箕作麟祥(1846-1897)
1905	第1次ロシア革命(血の日曜日事件)	『国際法』(1873)
1907	第2回ヘーグ平和会議	
	英露協商	
		リスト(1851-1919) ドイツ
		『国際法教科書』(1899)
		千賀鶴太郎(1857-1927)
1910	韓国併合	『国際公法要義』(1909)
1914	第1次世界大戦(〜1918)	ニューマイヤー(1857-1939) ドイツ
	パナマ運河開通	『海戦法原則』(1912)
1915	対華21カ条の要求	オッペンハイム(1858-1919) ドイツ→イギリス
1917	ロシア革命	『国際法』(1905-06)
1918	ドイツ革命	フォーシーユ(1858-1926) フランス
	(日)シベリア出兵(〜1922)	『空および飛行船の法制度』(1901)
	ウィルソンの14カ条	
1919	パリ講和会議	有賀長雄(1860-1921)
1920	国際聯盟成立	『万国戦時公法』
	(日)南洋諸島委任統治	
1921	ワシントン会議(〜1922)	スコット(1866-1943) アメリカ合衆国
		『国際法判例集』(1902)
		アンチロッチ(1867-1950) イタリア
		『国際法における国家責任一般理論』(1902)
		高橋作衛(1867-1920)
		『戦時国際法理先例論』(1904)
		織田萬(1868-1945)
1926	(独)国際連盟加盟	『和蘭の印象と国際法廷の九箇年』(1936)
1927	ジュネーヴ海軍軍縮会議	安達峰一郎(1869-1934)
		PCIJ第4代裁判所長
1929	世界大恐慌	ル・フュール(1870-1943) フランス
	ラテラン条約	『国際公法提要』(1931)
1930	国際法典編纂会議(ヘーグ)	ラ・プラデル(1871-1955) フランス
	ロンドン海軍軍縮会議	『国際法の一般原則』(1928)

国際法	
1930	ILO強制労働条約
1931	戦争防止手段の助長に関する条約
1933	不侵略及び調停に関する条約(ラテン・アメリカ不戦条約)
	国家の権利及び義務に関する条約(モンテビデオ条約)
	侵略の定義のための条約
1936	1930年4月22日のロンドン条約第4編に掲げられる潜水艦の戦闘行為についての規則に関する調書(潜水艦の戦闘行為に関する議定書)
1941	1941年8月14日に連合王国総理大臣及びアメリカ合衆国大統領が発表した大西洋憲章として知られる原則宣言(大西洋憲章)
1942	連合国宣言
1943	モスクワ宣言
	カイロ宣言
1944	ILOフィラデルフィア宣言
	国際民間航空条約
1945	ヤルタ協定
	ポツダム宣言
	国際連合憲章
	国際司法裁判所規程
	ブレトン・ウッズ国際通貨基金協定(IMF 協定)
	大陸棚に関するトルーマン宣言
	保存水域に関するトルーマン宣言
	降伏文書(日本)
1946	国際労働機関憲章(ILO 憲章)
	国際連合の特権及び免除に関する条約(国連特権免除条約)
	極東国際軍事裁判所条例
	国際捕鯨取締条約
1947	米州相互援助条約(リオ条約)
	1947年の関税及び貿易に関する一般協定(1947年のガット)
	国際法委員会規程
1948	世界人権宣言(国連総会決議217A(Ⅲ))
	集団殺害犯罪の防止及び処罰に関する条約(ジェノサイド条約)
	米州機構(OAS)憲章(ボゴタ憲章)
	(日)警察官職務執行法(警職法)
1949	国連難民高等弁務官事務所(UNHCR)
	北大西洋条約(NATO 条約)
	戦地にある軍隊の傷者及び病者の状態の改善に関する1949年8月12日のジュネーヴ条約(第1条約)(傷病兵保護条約)
	海上にある軍隊の傷者、病者及び難船者の状態の改善に関する1949年8月12日のジュネーヴ条約(海上傷病難船者保護条約)(第2条約)
	捕虜の待遇に関する1949年8月12日のジュネーヴ条約(第3条約)(捕虜条約)
	戦時における文民の保護に関する1949年8月12日のジュネーヴ条約(第4条約)(文民条約)
	(日)外国為替及び外国貿易法(外為法)
1950	平和のための結集決議(国連総会決議377(Ⅴ))
	人権及び基本的自由の保護のための条約(ヨーロッパ人権条約)
	(日)国籍法
1951	難民の地位に関する条約(難民条約)
	日本国との平和条約(対日平和条約)
	日本国とアメリカ合衆国との間の安全保障条約(旧日米安保条約)
	(日)出入国管理及び難民認定法
1952	ヨーロッパ人権条約第1議定書
1953	日本国とアメリカ合衆国との間の友好通商航海条約(日米通商航海条約)
	(日)逃亡犯罪人引渡法

	世界の動き	国際法学者
		信夫淳平（1871-1962）
1931	（日）柳条湖事件、満州事変	『戦時国際法講義』（1941）
1932	満州国建国宣言	ポリティス（1872-1942）ギリシャ
1933	（独）ヒトラー首相就任	『国際法の新傾向』（1927）
	連盟総会でリットン調査団報告	遠藤源六（1872-1971）
	（日独）国際連盟脱退	『日露戦役国際法論』（1908）
1934	（ソ）国際連盟加盟（〜1939）	
1935	（伊）エチオピアへ侵攻、連盟の経済制裁	立 作太郎（1874-1943）
1936	スペイン内乱（〜1939）	『平時国際法論』（1930）
1937	盧溝橋事件、日中戦争へ	
1938	対独宥和	
1939	（日）ノモンハン事件	ヌスバウム（1877-1964）ドイツ
	第2次世界大戦（〜1945）	『国際法史』（1947）
1940	日独伊三国同盟	セル（1878-1961）フランス
1941	日ソ中立条約	『国際法要論』（1932-34）
	太平洋戦争（〜1945）	ケルゼン（1881-1973）オーストリア→アメリカ合衆国『国際連合法』（1950）
	トレイル・スメルター事件判決	
1943	イタリア降伏	ブライアリー（1881-1955）イギリス
1944	ダンバートン・オークス会議	『国際法』（1928）
1945	第2次世界大戦終結	ボーチャード（1884-1951）アメリカ合衆国
	ニュルンベルク国際軍事裁判（〜1946）	『在外自国民の外交的保護』（1915）
	国際連合成立	ド・ビシェール（1884-1972）ベルギー
		『国際公法の理論と現実』（1953）
		マクネア（1885-1975）イギリス
1946	初代国連事務総長リー［ノルウェー］（〜1953）	『条約法』（1938）
	（中）国共内戦	ハドソン（1886-1960）アメリカ合衆国
	（日）日本国憲法公布	『国際立法』（1931）
	極東国際軍事裁判（〜1948）	
1947	トルーマン・ドクトリン	
	コミンフォルム結成	
1948	ベルリン封鎖	
	第1次中東戦争（〜1949）	
	大韓民国、朝鮮民主主義人民共和国成立	
1949	中華人民共和国成立	大沢章（1889-1967）
		『国際法秩序論』（1931）
		田中耕太郎（1890-1974）
		『世界法の理論』（1932-34）
1950	朝鮮戦争（〜1953）	クンツ（1890-1970）オーストリア→アメリカ合衆国『国際法上の国家承認及び政府承認』（1928）
		フェアドロス（1890-1980）オーストリア
1951	サンフランシスコ講和会議	『国際法』（1937）
1953	第2代国連事務総長ハマーショルド［スウェーデン］（〜1961）	ライト（1890-1970）アメリカ合衆国
		『戦争論』（1943）
	朝鮮休戦協定調印	イーグルトン（1891-1958）アメリカ合衆国
1954	（米）ビキニ水爆実験（第5福竜丸被災）	『国際法における国家の責任』（1928）
	東南アジア集団防衛条約機構（SEATO）創設	

国　　際　　法	
1954	武力紛争の際の文化財の保護のための条約(文化財保護条約)
	(日)自衛隊法
1955	オーストリアの永世中立の承認に関する日本国政府とオーストリア政府との間の交換公文(オーストリア永世中立宣言)
1956	日本国とソヴィエト社会主義共和国連邦との共同宣言(日ソ共同宣言)
1957	欧州経済共同体を設立する条約(EEC 条約)
	日本国とソヴィエト社会主義共和国連邦との間の通商に関する条約(日ソ通商条約)
1958	領海及び接続水域に関する条約(領海条約)
	公海に関する条約(公海条約)
	漁業及び公海の生物資源の保存に関する条約(生物資源保存条約)
	大陸棚に関する条約(大陸棚条約)
	国際司法裁判所規程第36条2の規定に基く国際司法裁判所の強制管轄を受諾する日本国の宣言
	欧州連合の運営に関する条約(EU運営条約)
1959	南極条約
1960	日本国とアメリカ合衆国との間の相互協力及び安全保障条約(日米安保条約)
	日本国とアメリカ合衆国との間の相互協力及び安全保障条約第6条に基づく施設及び区域並びに日本国における合衆国軍隊の地位に関する協定(在日米軍の地位協定)
	植民地諸国、諸人民に対する独立付与に関する宣言(植民地独立付与宣言)(国連総会決議1514(XV)
	経済協力開発機構条約(OECD 条約)
1961	外交関係に関するウィーン条約(外交関係条約)
	紛争の義務的解決に関する選択議定書
1962	天然資源に対する永久的主権
1963	大気圏内、宇宙空間及び水中における核兵器実験を禁止する条約(部分的核実験禁止条約)
	領事関係に関するウィーン条約(領事関係条約)
	人種差別撤廃宣言(国連総会決議1904(XVIII))
	ヨーロッパ人権条約第4議定書
	日本国とアメリカ合衆国との間の領事条約(日米領事条約)
1965	あらゆる形態の人種差別の撤廃に関する国際条約(人種差別撤廃条約)
	国家と他の国家の国民との間の投資紛争の解決に関する条約(投資紛争解決条約)
	日本国と大韓民国との間の基本関係に関する条約(日韓基本条約)
	財産及び請求権に関する問題の解決並びに経済協力に関する日本国と大韓民国の間の協定(日韓請求権協定)
	日本国に居住する大韓民国国民の法的地位及び待遇に関する日本国と大韓民国との間の協定(日韓法的地位協定)
1966	経済的、社会的及び文化的権利に関する国際規約(社会権規約)
	市民的及び政治的権利に関する国際規約(自由権規約)
	市民的及び政治的権利に関する国際規約の選択議定書(自由権規約第一選択議定書)
	難民の地位に関する議定書(難民議定書)
	月その他の天体を含む宇宙空間の探査及び利用における国家活動を律する原則に関する条約(宇宙条約)
1967	ラテン・アメリカにおける核兵器の禁止に関する条約(トラテロルコ条約)
	領域内庇護宣言(国連総会決議2312(XXII))
	経済社会理事会決議1235(XLII)
	ASEAN 設立宣言(バンコク宣言)
1968	宇宙飛行士の救助及び送還並びに宇宙空間に打ち上げられた物体の返還に関する協定(宇宙救助返還協定)
	核兵器の不拡散に関する条約(核不拡散条約)
	裁判所の内部司法業務に関する決議(裁判所規則第19条)
1969	条約法に関するウィーン条約(条約法条約)
	Force に関する宣言
1970	国際連合憲章に従った諸国間の友好関係と協力に関する国際法の諸原則についての宣言(友好関係宣言)
	航空機の不法な奪取の防止に関する条約(航空機不法奪取防止条約)

	世界の動き	国際法学者
1955	(日)GATT正式加盟	
	アジア・アフリカ(バンドン)会議	
	ワルシャワ条約機構(WTO)	
1956	ハンガリー事件	横田喜三郎(1896-1993)
	第2次中東戦争(スエズ動乱)(～1957)	『国際裁判の本質』(1945)
	国連緊急軍(UNEF)派遣	
	(日)国際連合加盟	ジェサップ(1897-1986) アメリカ合衆国
1957	(日)ジラード事件	『現代の国際法』(1947)
	(ソ)スプートニク1号打ち上げ成功	ラウターパハト(1897-1960) イギリス
1958	ヨーロッパ経済共同体(EEC)設立	『国際法における私法法源と類推』(1927)
	第1次海洋法会議	田岡良一(1898-1985)
1959	キューバ革命	『空襲と国際法』(1937)
	中・印国境紛争	ロス(1899-1979) デンマーク
	(日)砂川事件判決	『国連：平和と前進』(1966)
1960	(ソ)米偵察機U2を撃墜	グッゲンハイム(1899-1977) スイス
	第2次海洋法会議	『国際公法概論』(1953)
	経済協力開発機構(OECD)	
	コンゴ動乱(～1963)	
1961	第3代国連事務総長ウ・タント[ビルマ]	ムートン(1901-1968) オランダ
	(～1971)	『大陸棚』(1952)
	ベルリンの壁	フィッツモーリス(1901-1982) イギリス
	レッド・クルセイダー号事件	『国際司法裁判所における法と手続』(1986)
1962	キューバ危機	入江啓四郎(1903-1978)
1963	アフリカ統一機構(OAU)創設	『ヴェルサイユ体制の崩壊』(1943-44)
	ホットライン開設	ウォルドック(1904-1982) イギリス
1964	国連貿易開発会議(UNCTAD)	『ブライアリー国際法』6版(1963)
	第1次パレスチナ国民会議・パレスチナ解放機構(PLO)結成	
	(日)経済協力開発機構(OECD)加盟	
1965	(米)ベトナムへの北爆開始	
	国連開発計画(UNDP)	
		トゥンキン(1906-1993) ソ連
		『国際法理論』(1970)
		マクドゥーガル(1906-1998) アメリカ合衆国
1966	(中)プロレタリア文化大革命開始	『権力の倫理学』(1962)
		マン(1907-1991) イギリス
		『貨幣の法的側面』(1938)
		ストーン(1907-1985) イギリス
		『国際紛争の法的規制』(1954)
		アゴー(1907-1995) イタリア
		国家責任第1部条文草案(1979)
1967	第3次中東戦争	フリードマン(1907-1972)ドイツ
	欧州共同体(EC)成立	『国際法の構造転換』(1964)
	東南アジア諸国連合(ASEAN)設立	
	トリー・キャニオン号事件	
1968	国際人権会議(テヘラン)	シュヴァルツェンベルガー(1908-1991) ドイツ→イギリス『国際裁判所により適用された国際法』(1945-86)
	ワルシャワ条約機構軍、チェコスロバキア侵攻	
	ウィーン条約法会議(～1969)	
		ジェンクス(1909-1973) イギリス
		『人類の共通法』(1958)
		伊藤不二男(1911-1987)
		『スアレスの国際法理論』(1957)

	国　際　法
	(日)航空機の強取等の処罰に関する法律
	国の管轄権の及ぶ区域の外の海底及びその地下を律する原則宣言(深海底原則宣言)
	経済社会理事会議1503(XLVIII)
1971	核兵器及び他の大量破壊兵器の海底における設置の禁止に関する条約(海底非核化条約)
	琉球諸島及び大東諸島に関する日本国とアメリカ合衆国との間の協定(沖縄返還協定)
	民間航空の安全に対する不法な行為の防止に関する条約(民間航空不法行為防止条約)
1972	国際連合人間環境会議(ストックホルム)の宣言(人間環境宣言)
	戦略攻撃兵器制限暫定協定(SALT I)
	細菌兵器(生物兵器)及び毒素兵器の開発、生産及び貯蔵の禁止並びに廃棄に関する条約(生物兵器禁止条約)
	宇宙物体により引き起こされる損害についての国際的責任に関する条約(宇宙損害責任条約)
	日本国政府と中華人民共和国政府の共同声明(日中共同声明)
	世界の文化遺産及び自然遺産の保護に関する条約(ユネスコ世界遺産保護条約)
1973	アパルトヘイト犯罪の鎮圧及び処罰に関する条約(アパルトヘイト条約)
	絶滅のおそれのある野生動植物の種の国際取引に関する条約(ワシントン野生動植物取引規制条約)
	国際的に保護される者(外交官を含む。)に対する犯罪の防止及び処罰に関する条約(外交官等保護条約)
1974	日韓大陸棚協定
	諸国家の経済的権利義務に関する憲章(経済権利義務憲章)
	宇宙空間に打ち上げられた物体の登録に関する条約(宇宙物体登録条約)
	侵略の定義に関する決議(国連総会決議3314(XXIX))
1975	ヨーロッパの安全保障及び協力に関する会議(CSCE)最終決定書(ヘルシンキ宣言)
1976	東南アジアにおける友好協力条約(東南アジア友好協力条約)
1977	環境改変技術の軍事的使用その他の敵対的使用の禁止に関する条約(環境改変技術使用禁止条約)
	1949年8月12日のジュネーヴ諸条約の国際的な武力紛争の犠牲者の保護に関する追加議定書(第1追加議定書)
	1949年8月12日のジュネーヴ諸条約の非国際的な武力紛争の犠牲者の保護に関する追加議定書(第2追加議定書)
	パナマ運河の永久中立と運営に関する条約(パナマ運河永久中立条約)
	(日)領海及び接続水域に関する法律
1978	日本国とアメリカ合衆国との間の犯罪人引渡しに関する条約(日米犯罪人引渡条約)
	条約についての国家承継に関するウィーン条約(条約承継条約)
	国際司法裁判所規則
	日本国と中華人民共和国との間の平和友好条約(日中平和友好条約)
1979	女子に対するあらゆる形態の差別の撤廃に関する条約(女子差別撤廃条約)
	戦略攻撃兵器制限条約(SALT II)
	月その他の天体における国家活動を律する協定(月協定)
	人質をとる行為に関する国際条約
1980	核物質の防護に関する条約
	過度に傷害を与え又は無差別に効果を及ぼすことがあると認められる通常兵器の使用の禁止又は制限に関する条約(特定通常兵器使用禁止制限条約)
	南極の海洋生物資源の保存に関する条約(南極海洋生物資源保存条約)
	検出不可能な破片を利用する兵器に関する議定書(議定書Ⅰ)(特定通常兵器使用禁止制限条約議定書Ⅰ)
	地雷、ブービートラップ及び他の類似の装置の使用の禁止又は制限に関する議定書(議定書Ⅱ)(特定通常兵器使用禁止制限条約議定書Ⅱ)
	焼夷兵器の使用の禁止又は制限に関する議定書(議定書Ⅲ)(特定通常兵器使用禁止制限条約議定書Ⅲ)
1981	人及び人民の権利に関するアフリカ憲章(バンジュール憲章)
	世界イスラム人権宣言
	アメリカ合衆国政府及びイラン・イスラム共和国政府による請求権の解決に関するアルジェリア民主人民共和国政府の宣言(アルジェ協定)

世　界　の　動　き	国　際　法　学　者
	田畑茂二郎(1911-2001)
	『国家平等観念の転換』(1946)
	祖川武夫(1911-1996)
1971　ドル・ショック	『国際法と戦争違法化』(2004)
10カ国蔵相会議(スミソニアン合意)	ハンブロー(1911-1977) ノルウェー
国連総会、中国招請・国府追放決議	『国連憲章』(1946)
1972　第4代国連事務総長ワルトハイム[オーストリア](～1981)	ルテール(1911-1983) フランス
	『国際公法』(1976)
沖縄返還	モスラー(1912-2001) ドイツ
(中)国連代表権獲得	『法共同体としての国際社会』(1980)
日中国交正常化	
	ジェニングス(1913-2004) イギリス
	『国際法上の領域取得』(1963)
	フォーセット(1913-1991) イギリス
1973　第3次海洋法会議(～1982)	『国際法と宇宙の利用』(1968)
オイル・ショック	エライアス(1914-1991) ナイジェリア
ベトナム和平協定調印	『国際法の新地平』(1978)
第4次中東戦争	ナゲンドラ・シン(1914-1988) インド
第2次国連緊急軍(UNEF II)派遣	『核兵器と国際法』(1958)
1974　国連資源特別総会、新国際経済秩序(NIEO)樹立宣言	ラックス(1914-1993) ポーランド
	『戦争犯罪』(1945)
世界人口会議・世界人口行動計画	ドレイパー(1914-1989) イギリス
	『赤十字条約』(1958)
1975　第1回先進国首脳会議(ランブイエ)	シャクター(1915-2003) アメリカ合衆国
第1回世界女性会議(メキシコ・シティ)	『国際法の理論と実践』(1991)
1976　国連人間居住会議(バンクーバー)	高野雄一(1916-2004)
エンテベ空港事件	『憲法と条約』(1960)
1977　アラブ・アフリカ首脳会議(カイロ)	ヘンキン(1917-2010) アメリカ合衆国
(日)領海法(12カイリ)・漁業水域(200カイリ)暫定措置法	『国家はいかに行動するか』(1968)
	パリー(1917-1982) イギリス
国連砂漠会議(ナイロビ)	『英国国際判例集』(1964-)
	ロゼンヌ(1917-2010) イスラエル
	『国際裁判の法と手続』(1965)
1978　キャンプデービット合意	ヒメネス・デ・アレチャガ(1918-1994) ウルグアイ
第1回国連軍縮特別総会	『安全保障理事会における投票および紛争処理』(1951)
国連難民会議	
1979　イラン革命	
イラン・イラク戦争	
アフガニスタン紛争	
米中国交回復	
第1回世界気候会議	
1980　第2回世界女性会議(コペンハーゲン)	皆川洸(1920-1984)
	『国際訴訟序説』(1963)
	バクスター(1921-1980) アメリカ合衆国
	『国際水路法』(1964)
	ビン・チェン(1921-2019) イギリス
	『国際裁判所により適用された法の一般原則』(1953)

	国　　際　　法
1982	海洋法に関する国際連合条約(国連海洋法条約)
	国際紛争の平和的解決に関するマニラ宣言(マニラ宣言)(国連総会決議37/10)
	多金属性の団塊に関連する先行活動に対する予備投資に関する決議Ⅱ(深海底先行投資保護決議)(第3次国連海洋法会議決議)
1983	刑を言い渡された者の移送に関する条約(受刑者移送条約)
	国の財産、公文書及び債務についての国家承継に関するウィーン条約(国家財産等承継条約)
1984	拷問及び他の残虐な、非人道的な又は品位を傷つける取扱い又は刑罰に関する条約(拷問等禁止条約)
	香港問題に関する英国政府と中国政府との間の共同声明(香港に関する英中共同声明)
1985	オゾン層の保護のためのウィーン条約
	南太平洋非核地帯条約(ラロトンガ条約)
	社会権規約委員会設置決議
1986	発展の権利に関する宣言(国連総会決議41/128)
	国と国際機関との間又は国際機関相互の間の条約についての法に関するウィーン条約(国際機関条約法条約)
	原子力事故の早期通報に関する条約
	原子力事故又は放射線緊急事態の場合における援助に関する条約(原子力事故援助条約)
	(日)安全保障会議設置法
1987	中距離及び準中距離ミサイルの廃棄に関するアメリカ合衆国とソヴィエト社会主義共和国連邦との間の条約(INF条約)
	オゾン層を破壊する物質に関するモントリオール議定書
1988	投資の奨励及び相互保護に関する日本国と中華人民共和国との間の協定(日中投資保護協定)
	1971年9月23日にモントリオールで作成された民間航空の安全に対する不法な行為の防止に関する条約を補足する国際民間航空に使用される空港における不法な暴力行為の防止に関する議定書(空港不法行為防止議定書)
	海洋航行の安全に対する不法な行為の防止に関する条約(海洋航行不法行為防止条約)
1989	有害廃棄物の国境を越える移動及びその処分の規制に関するバーゼル条約(バーゼル条約)
	児童の権利に関する条約
	死刑の廃止をめざす、市民的及び政治的権利に関する国際規約の第2選択議定書(自由権規約第2選択議定書)
1990	ヨーロッパの安全保障及び協力に関する会議(CSCE)パリ憲章
	ドイツに関する最終的解決についての条約
	犯罪人引渡しに関するモデル条約
	安全保障理事会決議661(1990)(イラク経済制裁)
	安全保障理事会決議678(1990)(イラク武力行使許可)
1991	戦略攻撃兵器の削減及び制限に関する米国とソ連の間の条約(START I)
	環境保護に関する南極条約議定書(南極環境議定書)
	安全保障理事会決議687(1991)(イラク停戦)
1992	環境及び発展に関するリオ・デ・ジャネイロ宣言(リオ宣言)
	欧州連合に関する条約(マーストリヒト条約)
	気候変動に関する国際連合枠組条約(気候変動枠組条約)
	生物の多様性に関する条約(生物多様性条約)
	化学兵器の開発、生産、貯蔵及び使用の禁止並びに廃棄に関する条約(化学兵器禁止条約)
	オゾン層を破壊する物質に関するモントリオール議定書の不遵守手続
	オゾン層を破壊する物質に関するモントリオール議定書の不遵守について締約国の会合によりとられることのある措置の例示リスト
	(日)国際連合平和維持活動等に対する協力に関する法律(PKO協力法)
1993	ウィーン宣言
	人権高等弁務官
	保存及び管理のための国際的な措置の公海上の漁船による遵守を促進するための協定(コンプライアンス協定)
	みなみまぐろの保存のための条約
	安全保障理事会決議814(1993)(ソマリアPKO)

世界の動き	国際法学者
1982 第5代国連事務総長デクエヤル[ペルー]	ブトロス＝ガリ(1922-2016)エジプト
(～1991)	『平和への課題』(1992)
フォークランド(マルビナス)戦争	
1983 (ソ)大韓航空機をサハリン上空で撃墜	マッキーニー(1924-2015)カナダ
(米)グレナダ侵攻	『国連立法』(1984)
	ルダ(1924-1994)アルゼンチン
1984 第2回国連人口会議(人口と開発に関する	『国際司法裁判の現在・未来』(1990)
メキシコ・シティ宣言)	オコンネル(1924-1975)イギリス
世界湖沼環境会議(大津・琵琶湖宣言)	『国家承継法』(1956)
1985 第3回世界女性会議(ケニア)	石本泰雄(1924-2015)
プラザ合意	『中立制度の史的研究』(1958)
アキレ・ラウロ号事件	小田滋(1924-)
レインボー・ウォリアー号事件	『海洋の国際法構造』(1959)
1986 フィリピン2月革命	寺沢一(1925-2003)
(ソ)チェルノブイリ原発事故	『法と力』(2005)
	宮崎繁樹(1925-2016)
	『国際法における国家と個人』(1963)
	ヴェイユ(1926-2018)フランス
	『海洋画定の法』(1989)
	ウィーラマントリー(1926-2017)スリランカ
	『国際法の普遍化』(2004)
	太寿堂鼎(1926-1996)
	『領土帰属の国際法』(1998)
	高林秀雄(1927-1997)
	『領海制度の研究』(1968)
	バウエット(1927-2009)イギリス
1989 (中)天安門事件	『国際法上の自衛権』(1958)
ベルリンの壁崩壊	山手治之(1928-)
東欧民主革命	『国際法論序説』(1962)
(米ソ)マルタで冷戦終結宣言	山本草二(1928-2013)
(米)パナマ侵攻	『国際法』(1985)
アジア太平洋会議(APEC)	フェリシアーノ(1928-2015)フィリピン
1990 湾岸危機・戦争(～1991)	『法とミニマム 世界公秩序』(1961)
東西ドイツ統一	香西茂(1929-2021)
第2回世界気候会議	『国連の平和維持活動』(1991)
1991 ワルシャワ条約機構解散	ベジャウィ(1929-)アルジェリア
ソマリア内戦	『新世界秩序と安全保障理事会』(1994)
旧ユーゴ紛争	シュウェーベル(1929-)アメリカ合衆国
(日)ペルシャ湾に掃海艇派遣	『国際仲裁裁判』(1987)
ソ連崩壊	ギヨーム(1930-)フランス
1992 第6代国連事務総長ブトロス=ガリ[エジ	『国際危機と法』(1994)
プト](～1996)	フォーク(1930-)アメリカ合衆国
(日)国連カンボジア暫定機構(UNTAC)	『暴力的世界における法秩序』(1968)
に自衛隊派遣	メロン(1930-)アメリカ合衆国
	『慣習法としての人権・人道』(1989)
	フランク(1931-2009)ドイツ→アメリカ合衆国
	『国際法・国際機構における公正』(1995)
	ブラウンリー(1932-2010)イギリス
1993 新生カンボジア王国樹立	『国家による武力行使と国際法』(1963)
(日)国連モザンビーク活動(ONUMOZ)	小和田恆(1932-)
に自衛隊派遣	『日本の国際法実行』(1982)
国連公海漁業会議(ニューヨーク)(～95)	アビ・サーブ(1933-)エジプト
世界人権会議(ウィーン)	『国際危機と法の役割』(1978)

国　際　法	
1994	世界貿易機関を設立するマラケシュ協定(WTO 協定) 1991年以降旧ユーゴスラビアの領域内で行われた国際人道法に対する重大な違反について責任を有する者の訴追のための国際裁判所規程(旧ユーゴ国際刑事裁判所規程)(安全保障理事会決議827(1993)) 武力紛争時における環境の保護に関する軍事教範及び訓令のための指針 1982年12月10日の海洋法に関する国際連合条約第11部の規程の実施に関する協定(深海底制度実施協定) 北米自由貿易地域協定(NAFTA) 国際連合要員及び関連要員の安全に関する条約(国連要員等安全条約) アメリカ合衆国と朝鮮民主主義人民共和国との間の合意された枠組み(米朝枠組合意)
1995	分布範囲が排他的経済水域の内外に存在する魚類資源(ストラドリング魚類資源)及び高度回遊性魚類資源の保存及び管理に関する1982年12月10日の海洋法に関する国際連合条約の規定の実施のための協定(国連公海漁業実施協定) アフリカ非核兵器地帯条約(ペリンダバ条約) 東南アジア非核兵器地帯条約(バンコク条約) 核兵器の不拡散に関する条約の延長(核不拡散条約の延長) 失明をもたらすレーザー兵器に関する議定書(議定書Ⅳ)(特定通常兵器使用禁止制限条約議定書Ⅳ)
1996	包括的核実験禁止条約(CTBT) (日)排他的経済水域及び大陸棚に関する法律 (日)排他的経済水域における漁業等に関する主権的権利の行使等に関する法律 日本国の自衛隊とアメリカ合衆国軍隊との間における後方支援、物品又は役務の相互の提供に関する日本国政府とアメリカ合衆国政府との間の協定(日米物品役務相互提供協定)
1997	国際水路の非航行的利用の法に関する条約 国際海洋法裁判所規則 漁業に関する日本国と中華人民共和国との間の協定(日中漁業協定) 気候変動に関する国際連合枠組条約の京都議定書(京都議定書) テロリストによる爆弾使用防止条約(爆弾テロ防止条約) 対人地雷の使用、貯蔵、生産及び移譲の禁止並びに廃棄に関する条約(対人地雷禁止条約) 新たな日米防衛協力のための指針(新ガイドライン)
1998	漁業に関する日本国と大韓民国との間の協定(日韓漁業協定) 民生用国際宇宙基地のための協力に関するカナダ政府、欧州宇宙機関の加盟国政府、日本国政府、ロシア連邦政府及びアメリカ合衆国政府の間の協定(宇宙基地協定) 国際刑事裁判所規程 安全保障理事会決議1172(1998)(インド・パキスタンの核実験)
1999	女子に対するあらゆる形態の差別の撤廃に関する条約の選択議定書(女子差別撤廃条約選択議定書) 児童労働に関するILO 条約 テロリズムに対する資金供与防止に関する条約(テロ資金供与防止条約) 同盟の戦略概念(NATO 新戦略概念) (日)周辺事態に際して我が国の平和及び安全を確保するための措置に関する法律(周辺事態法) 反競争的行為に係る協力に関する日本国政府とアメリカ合衆国政府との間の協定(日米独禁協力協定)
2000	中部太平洋における高度回遊性魚類資源の保存管理条約 国際的な組織犯罪の防止に関する国際連合条約(国連国際組織犯罪防止条約) 武力紛争における児童の関与に関する児童の権利に関する条約の選択議定書 児童の売買、児童買春及び児童ポルノに関する児童の権利に関する条約の選択議定書 経済社会理事会決議2000/3 生物多様性に関する条約のバイオセーフティに関するカルタヘナ議定書(カルタヘナ議定書) (日)周辺事態に際して実施する船舶検査活動に関する法律(船舶検査法)
2001	国家責任条文 南大西洋における漁業資源の保存管理条約 京都議定書に基づく遵守に関する手続き及び制度(京都議定書遵守手続) TRIPS 協定と公衆の健康に関する宣言(ドーハ宣言)

世　界　の　動　き	国　際　法　学　者
1994　(ロ)チェチェン紛争 (南ア)ネルソン・マンデラ大統領就任 (日)ルワンダ難民救援に自衛隊派遣 国際人口開発会議(カイロ)	竹本正幸(1934-2000) 『国際人道法の再確認と発展』(1996) 筒井若水(1934-) 『現代国際法論』(1972)
1995　世界貿易機構(WTO) 第4回世界女性会議(北京) 大阪でAPECサミット	安藤仁介(1935-2016) 『国際法における降伏、占領及び私権』(1991)
1996　(日)ゴラン高原へ自衛隊PKO派遣 第2回国連人間居住会議(イスタンブール) ペルー日本大使公邸人質事件	トムシャット(1936-)ドイツ 『人権：理想主義と現実主義のはざま』(2004) ディンシュタイン(1936-2024)イスラエル 『戦争、侵略及び自衛』(1994)
1997　第7代国連事務総長アナン[ガーナ](〜2006) アジア通貨危機	カセーゼ(1937-2011)イタリア 『国際刑事法』(2003) ヒギンズ(1937-)イギリス 『国連の政治機関による国際法の発展』(1963) 藤田久一(1937-2012) 『国際人道法』(1980)
1998　(英)北アイルランド和平で合意 インド・パキスタンが地下核実験を実施	
1999　マカオ、中国へ返還 NATOによるコソボ人道的干渉 国連東ティモール暫定行政機構の設置 国際海洋法裁判所、みなみまぐろ事件に仮措置命令 国連コソボ暫定使節団の設置	
2000　韓国・北朝鮮首脳会談・共同声明 みなみまぐろ事件仲裁判決(管轄権否認)	エイクハースト(1940-89)イギリス 『現代国際法入門』(1970)
2001　米国同時多発テロ事件 (日)テロ対策特別措置法にもとづく自衛隊のインド洋派遣 (日)海保、不審船撃沈	シンマ(1941-)ドイツ 『国連憲章注解』(1991) 中村道(1941-2008) 『国際機構法の研究』(2009)

	国　　際　　法
	サイバー犯罪に関する条約
	安全保障理事会決議1373(2001)（テロ行為による国際の平和と安全に対する脅威）
	(日)平成13年9月11日のアメリカ合衆国において発生したテロリストによる攻撃等に対応して行われる国際連合憲章の目的達成のための諸外国の活動に対して我が国が実施する措置及び関連する国際連合決議等に基づく人道的措置に関する特別措置法(テロ対策特別措置法)
	投資の促進及び保護に関する日本国とモンゴル国との間の協定(日本・モンゴル投資保護協定)
2002	アフリカ連合設立規約
	犯罪人引渡しに関する日本国と大韓民国との間の条約(日韓犯罪人引渡条約)
	拷問及び他の残虐な、非人道的な又は品位を傷つける取扱い又は刑罰に関する条約の選択議定書(拷問等禁止条約選択議定書)
	持続可能な開発に関するヨハネスブルグ宣言(ヨハネスブルグ政治宣言)
	戦略攻撃能力の削減に関するアメリカ合衆国とロシア連邦との間の条約(戦略攻撃能力削減条約)
	アメリカ合衆国政府とウズベキスタン共和国政府との間の国際刑事裁判所への人の引渡しに関する協定
	安全保障理事会決議1441(2002)（イラク軍縮義務違反・査察強化）
	日朝平壌宣言
2003	たばこの規制に関する世界保健機関枠組条約(たばこ規制枠組条約)
	腐敗の防止に関する国際連合条約(国連腐敗防止条約)
	爆発性の戦争残存物に関する議定書(議定書Ⅴ)(特定通常兵器使用禁止制限条約議定書Ⅴ)
	安全保障理事会決議1483(2003)（イラク制裁解除）
	安全保障理事会決議1511(2003)（イラク多国籍軍派遣）
	(日)武力攻撃事態等における我が国の平和と独立並びに国及び国民の安全の確保に関する法律(武力攻撃事態法)
	(日)イラクにおける人道復興支援活動及び安全確保支援活動の実施に関する特別措置法(イラク特措法)
	国際刑事裁判所に関する安全保障理事会決議1487(2003)
2004	国及びその財産の裁判権免除に関する国際連合条約(国連国家免除条約)
	アジアにおける海賊行為及び船舶に対する武装強盗との戦いに関する地域協力協定(アジア海賊対策協定)
	安全保障理事会決議1540(2004)（大量破壊兵器の不拡散）
	安全保障理事会決議1546(2004)（イラク主権回復）
	(日)武力攻撃事態における捕虜等の取扱いに関する法律(捕虜取扱法)
	(日)特定船舶の入港の禁止に関する特別措置法
	(日)武力攻撃事態等におけるアメリカ合衆国の軍隊の行動に伴い我が国が実施する措置に関する法律(米軍行動関連措置法)
	(日)武力攻撃事態等における国民の保護のための措置に関する法律(国民保護法)
	(日)武力攻撃事態等における特定公共施設等の利用に関する法律(特定公共施設利用法)
	(日)武力攻撃事態等における外国軍用品等の海上輸送の規制に関する法律(海上輸送規制法)
	(日)国際人道法の重大な違反行為の処罰に関する法律(国際人道法違反処罰法)
2005	核によるテロリズムの行為の防止に関する国際条約
	安全保障理事会決議1593(ダルフールICC付託)
2006	人権理事会設置決議(国連総会決議60/251)
	外交的保護条文
	安全保障理事会決議1696(2006)（イランの核開発）
	安全保障理事会決議1718(北朝鮮の核実験)
	(日)法適用通則法
2007	国際連合人権理事会の制度構築
	(日)国際刑事裁判所に対する協力等に関する法律(国際刑事裁判所協力法)
	先住人民の権利に関する国際連合宣言
2008	ASEAN憲章
	経済的、社会的及び文化的権利に関する国際規約の選択議定書(社会権規約選択議定書)

世界の動き	国際法学者
(中)WTO 加盟	
2002　持続可能な開発に関する世界サミット開催(ヨハネスブルグ) (日)首相訪朝	
2003　(北朝鮮)NPT 脱退宣言 イラク戦争 (日)イラク多国籍軍に航空自衛隊派遣 (日)イラクで日本人外交官射殺	
2004　NATO に7カ国新加盟(26カ国に) EU に10カ国新加盟(25カ国に) イラクに主権委譲 (日)イラク多国籍軍に陸上自衛隊派遣	
2005　ガザからイスラエル撤退	
2006　北朝鮮核実験実施 イランが核開発 (イラク)フセイン大統領死刑	
2007　北朝鮮が核の無能力化に合意 (米)サブプライム問題 第8代国連事務総長潘基文[韓国]	大沼保昭(1946-2018) 『戦争責任論序説』(1975)
2008　コソボ独立宣言 グルジア紛争	

	国　　際　　法
	経済上の連携に関する日本国とインドネシア共和国との間の協定
	クラスター弾に関する条約
	安全保障理事会決議1816(ソマリア沖海賊行為非難)
	(日)領海等における外国船舶の航行に関する法律
	(日)宇宙基本法
2009	安全保障理事会決議1874(北朝鮮の核実験)
	(日)海賊行為の処罰及び海賊行為への対処に関する法律
2010	(日)外国等に対する我が国の民事裁判権に関する法律
	戦略攻撃兵器の一層の削減及び制限のための措置に関するアメリカ合衆国とロシア連邦との間の条約(新START条約)
	生物の多様性に関する条約の遺伝資源の取得及びその利用から生ずる利益の公正かつ衡平な配分に関する名古屋議定書(名古屋議定書)
2011	安全保障理事会決議1970、1973(リビア経済制裁)
	投資の促進及び保護に関する日本国政府とパプアニューギニア独立国政府との間の協定(日本・パプアニューギニア投資協定)
2013	安全保障理事会決議2094(北朝鮮の核実験)
	安全保障理事会決議2118(シリア化学兵器使用)
	(日)日豪物品役務相互協定
2014	(日)安全保障法制の整備に関する閣議決定
	ウクライナの領土保全(クリミアでの住民投票の無効)決議
	安全保障理事会決議2178(国際テロリズム防止)
	日中韓投資協定
2015	(日)安全保障関連法成立
	SDGs(われわれの世界を変革する持続可能な開発のための2030アジェンダ)
	国連気候変動枠組条約第21回締約国会議(COP21)、パリ協定採択
2016	TPP(環太平洋パートナーシップ)協定
	安全保障理事会決議2270(北朝鮮の核実験)
	慰安婦問題日韓共同記者発表
2017	核兵器禁止条約
2018	米朝シンガポール共同声明
	CPTPP(TPP11)
2019	経済上の連携に関する日本国と欧州連合との間の協定
	日本国とアメリカ合衆国との間の貿易協定
2020	投資の促進及び保護に関する日本国とアラブ首長国連邦との間の協定
	アフガニスタン・米国共同宣言／タリバーン・米国合意
2022	地域的包括的経済連携協定(RCEP協定)
	ウクライナに対する侵略に関する国際連合総会決議
	ウクライナの領土保全に関する決議
	ウクライナに対する侵略の救済及び賠償の促進に関する国際連合総会決議

世界の動き	国際法学者
リーマンショック、世界同時不況	ペレ(1947-)フランス
(日中)東シナ海ガス田共同開発合意	『開発国際法』(1978)
(日)イラクから自衛隊撤収	クロフォード(1948-2021)オーストラリア
	『国際法における国家成立』(1979)
2009　新型インフルエンザ	
カンボジア特別法廷開始	
北朝鮮ミサイル発射	
(日米)オープンスカイ(航空自由化)協定	
(米)アフリカ系大統領誕生・プラハにて「核なき世界」演説	田中則夫(1949-2014)『国際海洋法の現代的形成』(2015)
(日)ソマリア沖海賊対策で海自派遣	
2010　第1回核安全保障サミット	
(日)尖閣沖で海保へ中国漁船衝突	
(ミャンマー)20年ぶり総選挙、アウン・サン・スー・チー自宅軟禁解放	小寺彰(1952-2014)『WTO体制の法構造』(2000)
(ロ)大統領が国後島訪問	
2011　チュニジア、エジプトで政変(アラブの春)	
東日本大震災、福島第一原発事故	
米軍、ビン・ラディンを殺害	
南スーダン独立	
リビアで政変、カダフィ殺害	
2012　シリア、内戦勃発	
(日)尖閣諸島、国有化	
2013　北朝鮮が3回目の核実験実施	
化学兵器禁止機関(OPCW)がノーベル平和賞受賞	
2014　(ロ)クリミア共和国を承認後、自国に編入	
ウクライナ危機激化	
(日豪)南極捕鯨事件判決	
2015　(仏)パリで同時多発テロ	コスケニエミ(1953-)フィンランド『謝罪からユートピアへ』(1989)
2016　(比中)南シナ海仲裁判決	
(英)国民投票でEU離脱賛成	
(米)トランプ大統領選出	
2017　(米)TPP不参加決定	
(米)パリ協定離脱表明	
第9 代国連事務総長グテーレス[ポルトガル]	
2018　(米朝)史上初米朝首脳会談	
(韓)大法院(最高裁)元徴用工への賠償判決	
2019　アメリカ、INF条約から脱退	
2020　(英)EU正式離脱	
新型コロナウイルス(COVID-19)世界的拡大	
2021　米軍、アフガニスタンから撤退	
2022　(ロ)ウクライナに軍事侵攻	
2023　(WTO)コロナ緊急事態を解除	
ガザ紛争、イスラエル・パレスチナ危機激化	

17 2　国連加盟国一覧表

原加盟国	アジア州	中国
		インド
		イラン
		イラク
		レバノン
		フィリピン
		サウジアラビア
		シリア
		トルコ
	ヨーロッパ州	ベルギー
		ベラルーシ
		チェコスロバキア(注1)
		デンマーク
		フランス
		ギリシャ
		ルクセンブルク
		オランダ
		ノルウェー
		ウクライナ
		ソビエト連邦(注2)
		イギリス
		ユーゴスラビア(注3)
		ポーランド(注4)
	大洋州	ニュージーランド
		オーストラリア
	アフリカ州	エジプト
		エチオピア
		リベリア
		南アフリカ
	アメリカ州	アルゼンチン
		ボリビア
		ブラジル
		カナダ
		チリ
		コロンビア
		コスタリカ
		キューバ
		ドミニカ共和国
		エクアドル
		エルサルバドル
		グアテマラ
		ハイチ
		ホンジュラス
		メキシコ
		ニカラグア
		パナマ
		パラグアイ
		ペルー
		アメリカ合衆国
		ウルグアイ
		ベネズエラ

加入国名	加入承認年月日
アフガニスタン	1946. 11. 19
アイスランド	1946. 11. 19
スウェーデン	1946. 11. 19
タイ	1946. 12. 16
イエメン(注5)	1947. 09. 30
パキスタン	1947. 09. 30
ミャンマー	1948. 04. 19
イスラエル	1949. 05. 11
インドネシア	1950. 09. 28
アルバニア	1955. 12. 14
ヨルダン	1955. 12. 14
アイルランド	1955. 12. 14
ポルトガル	1955. 12. 14
ハンガリー	1955. 12. 14
イタリア	1955. 12. 14
オーストリア	1955. 12. 14
ルーマニア	1955. 12. 14
ブルガリア	1955. 12. 14
フィンランド	1955. 12. 14
スリランカ	1955. 12. 14
ネパール	1955. 12. 14
リビア	1955. 12. 14
カンボジア	1955. 12. 14
ラオス	1955. 12. 14
スペイン	1955. 12. 14
スーダン	1956. 11. 12
モロッコ	1956. 11. 12
チュニジア	1956. 11. 12
日本	1956. 12. 18
ガーナ	1957. 03. 08
マレー連邦(注6)	1957. 09. 17
ギニア	1958. 12. 12
カメルーン	1960. 09. 20
トーゴ	1960. 09. 20
マダガスカル	1960. 09. 20
ソマリア	1960. 09. 20
コンゴ民主共和国	1960. 09. 20
ベナン	1960. 09. 20
ニジェール	1960. 09. 20
ブルキナファソ	1960. 09. 20
コートジボアール	1960. 09. 20
チャド	1960. 09. 20
コンゴ	1960. 09. 20
ガボン	1960. 09. 20
中央アフリカ	1960. 09. 20
キプロス	1960. 09. 20
マリ	1960. 09. 20
セネガル	1960. 09. 20
ナイジェリア	1960. 10. 07
シエラレオネ	1961. 09. 27
モンゴル	1961. 10. 27
モーリタニア	1961. 10. 27

タンザニア	1961. 12. 14	セントルシア	1979. 09. 18
ルワンダ	1962. 09. 18	ジンバブエ	1980. 08. 25
ブルンジ	1962. 09. 18	セントビンセント	1980. 09. 16
ジャマイカ	1962. 09. 18	バヌアツ	1981. 09. 15
トリニダート・トバゴ	1962. 09. 18	ベリーズ	1981. 09. 25
アルジェリア	1962. 10. 08	アンチグア・バーブーダ	1981. 11. 11
ウガンダ	1962. 10. 25	セントクリストファー・ネイビス	1983. 09. 23
クウェート	1963. 05. 14	ブルネイ	1984. 09. 21
ケニア	1963. 12. 16	ナミビア	1990. 04. 23
マラウィ	1964. 12. 01	リヒテンシュタイン	1990. 09. 18
マルタ	1964. 12. 01	朝鮮民主主義人民共和国	1991. 09. 17
ザンビア	1964. 12. 01	大韓民国	1991. 09. 17
ガンビア	1965. 09. 21	ミクロネシア連邦	1991. 09. 17
モルジブ	1965. 09. 21	マーシャル諸島	1991. 09. 17
シンガポール	1965. 09. 21	エストニア	1991. 09. 17
ガイアナ	1966. 09. 20	ラトビア	1991. 09. 17
ボツワナ	1966. 10. 17	リトアニア	1991. 09. 17
レソト	1966. 10. 17	カザフスタン	1992. 03. 02
バルバドス	1966. 12. 09	タジキスタン	1992. 03. 02
モーリシャス	1968. 04. 24	ウズベキスタン	1992. 03. 02
エスワティニ	1968. 09. 24	キルギス	1992. 03. 02
赤道ギニア	1968. 11. 12	アルメニア	1992. 03. 02
フィジー	1970. 10. 13	モルドバ	1992. 03. 02
ブータン	1971. 09. 21	トルクメニスタン	1992. 03. 02
バーレーン	1971. 09. 21	アゼルバイジャン	1992. 03. 02
カタール	1971. 09. 21	サンマリノ	1992. 03. 02
オマーン	1971. 10. 07	ボスニア・ヘルツェゴビナ(注3)	1992. 05. 22
アラブ首長国連邦	1971. 12. 09	クロアチア(注3)	1992. 05. 22
ドイツ連邦共和国(注7)	1973. 09. 18	スロベニア(注3)	1992. 05. 22
バハマ	1973. 09. 18	ジョージア	1992. 07. 31
バングラデシュ	1974. 09. 17	チェコ	1993. 01. 19
グレナダ	1974. 09. 17	スロバキア	1993. 01. 19
ギニアビサオ	1974. 09. 17	北マケドニア共和国(注3)	1993. 04. 08
モザンビーク	1975. 09. 16	エリトリア	1993. 05. 28
サントメ・プリンシペ	1975. 09. 16	モナコ	1993. 05. 28
カーボベルデ	1975. 09. 16	アンドラ	1993. 07. 28
パプアニューギニア	1975. 10. 10	パラオ	1994. 12. 15
コモロ	1975. 11. 12	キリバス	1999. 09. 14
スリナム	1975. 12. 04	ナウル	1999. 09. 14
セイシェル	1976. 09. 21	トンガ	1999. 09. 14
アンゴラ	1976. 12. 01	ツバル	2000. 09. 05
サモア	1976. 12. 15	ユーゴスラビア連邦(注3)	2000. 12. 01
ジブチ	1977. 09. 20	スイス	2002. 09. 10
ベトナム	1977. 09. 20	東ティモール(ティモール・レステ)	2002. 09. 27
ソロモン	1978. 09. 19	モンテネグロ(注3)	2006. 06. 28
ドミニカ国	1978. 12. 18	南スーダン(注8)	2011. 07. 14

※計193カ国(2023年末現在)

(注1)　1992年12月に分離、チェコ共和国およびスロバキア共和国となる。

(注2)　ソビエト社会主義共和国連邦は1991年12月に解体。構成共和国のうち、ロシア連邦が国連加盟国および安保理常任理事国の地位を承継。

(注3)　原加盟国であるユーゴスラビアの解体後、ボスニア・ヘルツェゴビナ、クロアチア、スロベニア、旧ユーゴマケドニアおよびユーゴスラビア連邦は新たに加盟手続をとった。2003年、ユーゴスラビア連邦は正式名称をセルビア・モンテネグロに変更したが、2006年6月3日にモンテネグロが分離独立し、改めて加盟手続をとり承認された。

(注4)　サンフランシスコの連合国会議に不参加。

(注5)　イエメン内戦により分離したイエメン民主人民共和国が1967年に国連加盟、1990年5月に再統合し、イエメン共和国となる。

(注6)　マレー連邦は1973年9月16日に「マレーシア」と改名、1965年8月9日、シンガポールが分離独立。

(注7)　ドイツ連邦共和国(西独)とドイツ民主主義共和国(東独)が1973年、国連に同時加盟、1990年10月3日の統合により、東独がドイツ連邦共和国に編入。

(注8)　2005年南北包括和平合意に基づき、スーダンからの南部スーダンの分離独立を問う住民投票が実施された(2011年1月)結果、南スーダンとして独立(2011年7月9日)。

17 3　国連機構図

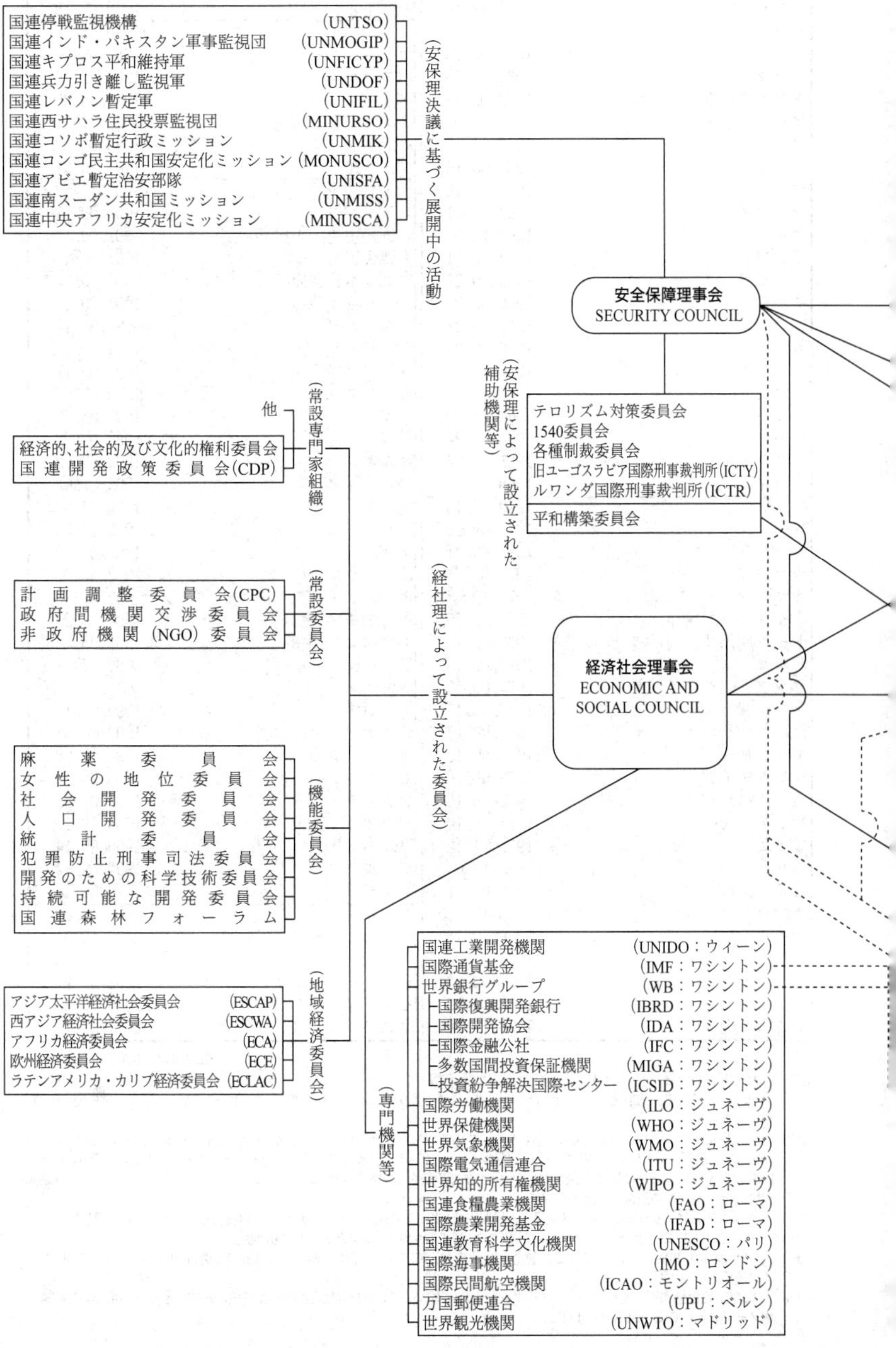

国連停戦監視機構 (UNTSO)
国連インド・パキスタン軍事監視団 (UNMOGIP)
国連キプロス平和維持軍 (UNFICYP)
国連兵力引き離し監視軍 (UNDOF)
国連レバノン暫定軍 (UNIFIL)
国連西サハラ住民投票監視団 (MINURSO)
国連コソボ暫定行政ミッション (UNMIK)
国連コンゴ民主共和国安定化ミッション (MONUSCO)
国連アビエ暫定治安部隊 (UNISFA)
国連南スーダン共和国ミッション (UNMISS)
国連中央アフリカ安定化ミッション (MINUSCA)
(安保理決議に基づく展開中の活動)
安全保障理事会
SECURITY COUNCIL
(安保理によって設立された補助機関等)
テロリズム対策委員会
1540委員会
各種制裁委員会
旧ユーゴスラビア国際刑事裁判所(ICTY)
ルワンダ国際刑事裁判所(ICTR)
平和構築委員会
他
経済的、社会的及び文化的権利委員会
国連開発政策委員会(CDP)
(常設専門家組織)
計画調整委員会(CPC)
政府間機関交渉委員会
非政府機関(NGO)委員会
(常設委員会)
(経社理によって設立された委員会)
経済社会理事会
ECONOMIC AND SOCIAL COUNCIL
麻薬委員会
女性の地位委員会
社会開発委員会
人口開発委員会
統計委員会
犯罪防止刑事司法委員会
開発のための科学技術委員会
持続可能な開発委員会
国連森林フォーラム
(機能委員会)
アジア太平洋経済社会委員会 (ESCAP)
西アジア経済社会委員会 (ESCWA)
アフリカ経済委員会 (ECA)
欧州経済委員会 (ECE)
ラテンアメリカ・カリブ経済委員会 (ECLAC)
(地域経済委員会)
(専門機関等)
国連工業開発機関 (UNIDO：ウィーン)
国際通貨基金 (IMF：ワシントン)
世界銀行グループ (WB：ワシントン)
国際復興開発銀行 (IBRD：ワシントン)
国際開発協会 (IDA：ワシントン)
国際金融公社 (IFC：ワシントン)
多数国間投資保証機関 (MIGA：ワシントン)
投資紛争解決国際センター (ICSID：ワシントン)
国際労働機関 (ILO：ジュネーヴ)
世界保健機関 (WHO：ジュネーヴ)
世界気象機関 (WMO：ジュネーヴ)
国際電気通信連合 (ITU：ジュネーヴ)
世界知的所有権機関 (WIPO：ジュネーヴ)
国連食糧農業機関 (FAO：ローマ)
国際農業開発基金 (IFAD：ローマ)
国連教育科学文化機関 (UNESCO：パリ)
国際海事機関 (IMO：ロンドン)
国際民間航空機関 (ICAO：モントリオール)
万国郵便連合 (UPU：ベルン)
世界観光機関 (UNWTO：マドリッド)

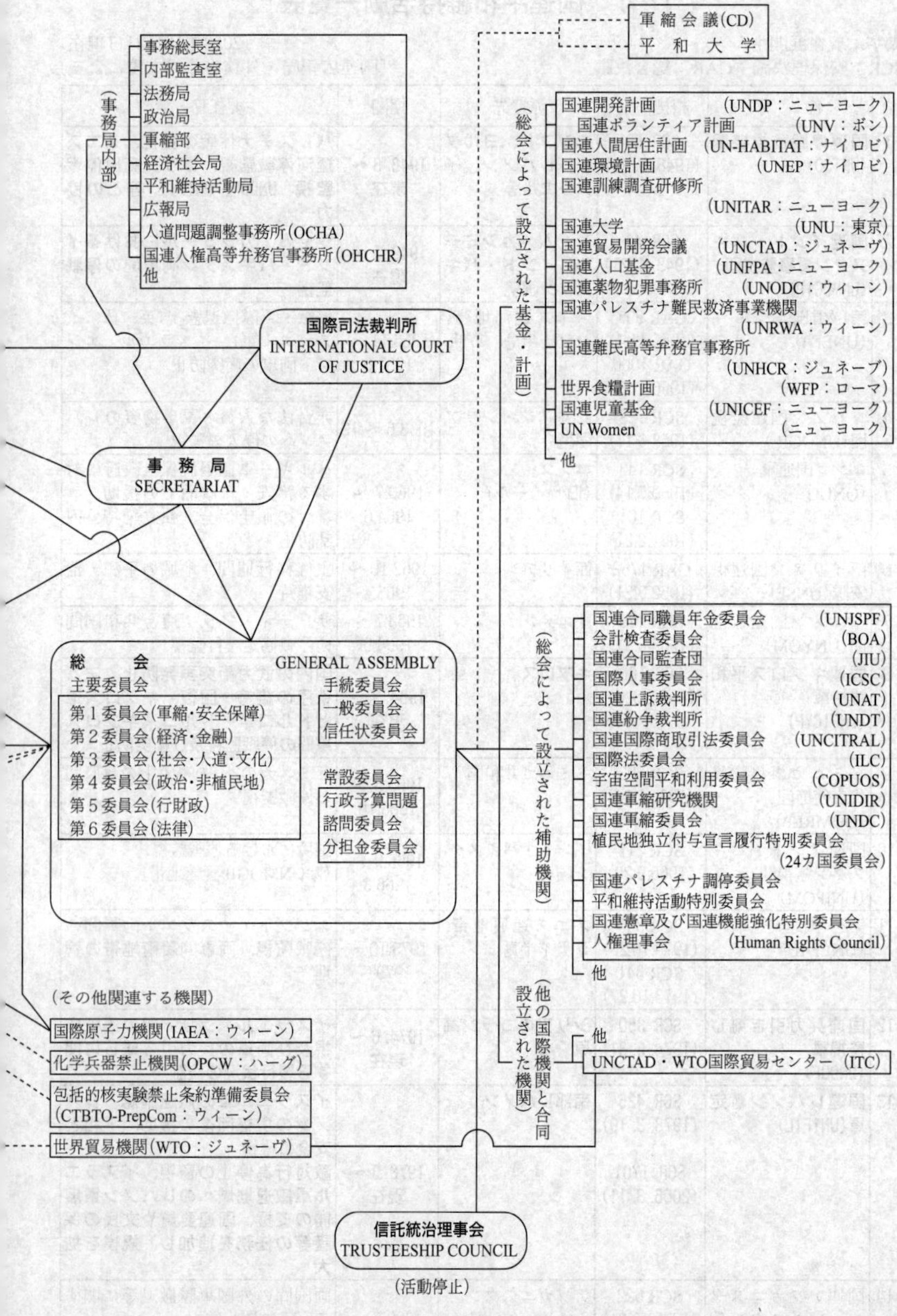

軍縮会議(CD)
平和大学
(事務局内部)
事務総長室
内部監査室
法務局
政治局
軍縮部
経済社会局
平和維持活動局
広報局
人道問題調整事務所(OCHA)
国連人権高等弁務官事務所(OHCHR)
他
(総会によって設立された基金・計画)
国連開発計画　(UNDP：ニューヨーク)
国連ボランティア計画　(UNV：ボン)
国連人間居住計画　(UN-HABITAT：ナイロビ)
国連環境計画　(UNEP：ナイロビ)
国連訓練調査研修所　(UNITAR：ニューヨーク)
国連大学　(UNU：東京)
国連貿易開発会議　(UNCTAD：ジュネーヴ)
国連人口基金　(UNFPA：ニューヨーク)
国連薬物犯罪事務所　(UNODC：ウィーン)
国連パレスチナ難民救済事業機関　(UNRWA：ウィーン)
国連難民高等弁務官事務所　(UNHCR：ジュネーブ)
世界食糧計画　(WFP：ローマ)
国連児童基金　(UNICEF：ニューヨーク)
UN Women　(ニューヨーク)
他
国際司法裁判所
INTERNATIONAL COURT OF JUSTICE
事務局
SECRETARIAT
総会　GENERAL ASSEMBLY
主要委員会
第1委員会(軍縮・安全保障)
第2委員会(経済・金融)
第3委員会(社会・人道・文化)
第4委員会(政治・非植民地)
第5委員会(行財政)
第6委員会(法律)
手続委員会
一般委員会
信任状委員会
常設委員会
行政予算問題諮問委員会
分担金委員会
(総会によって設立された補助機関)
国連合同職員年金委員会　(UNJSPF)
会計検査委員会　(BOA)
国連合同監査団　(JIU)
国際人事委員会　(ICSC)
国連上訴裁判所　(UNAT)
国連紛争裁判所　(UNDT)
国連国際商取引法委員会　(UNCITRAL)
国際法委員会　(ILC)
宇宙空間平和利用委員会　(COPUOS)
国連軍縮研究機関　(UNIDIR)
国連軍縮委員会　(UNDC)
植民地独立付与宣言履行特別委員会　(24カ国委員会)
国連パレスチナ調停委員会
平和維持活動特別委員会
国連憲章及び国連機能強化特別委員会
人権理事会　(Human Rights Council)
他
(他の国際機関と合同設立された機関)
他
UNCTAD・WTO国際貿易センター　(ITC)
(その他関連する機関)
国際原子力機関(IAEA：ウィーン)
化学兵器禁止機関(OPCW：ハーグ)
包括的核実験禁止条約準備委員会(CTBTO-PrepCom：ウィーン)
世界貿易機関(WTO：ジュネーヴ)
信託統治理事会
TRUSTEESHIP COUNCIL
(活動停止)

17 4　国連平和維持活動一覧表

太字：現在展開中　　　　　　　　　　　　　　　　　　　　　　　　(2023年12月31日現在)
SCR：安保理決議；GAR：総会決議　　　　　　　　　　　〔国連広報局・外務省作成文書による〕

	名　称	根拠決議	派遣先	期間	主要任務・活動
1	**国連停戦監視機関(UNTSO)**	**SCR 50 (1948. 5. 29)**	**エジプト、ヨルダン、レバノン、イスラエル等**	**1948. 6～現在**	**パレスチナ休戦の監視、スエズ運河停戦監視、ゴラン高原停戦監視、UNDOF、UNIFIL 等との協力**
2	**国連インド・パキスタン軍事監視団(UNMOGIP)**	**SCR 47 (1948. 4. 21)**	**ジャム・カシミール、インド・パキスタン国境**	**1949. 1～現在**	**ジャム・カシミールにおけるインド・パキスタン両軍間の停戦監視**
3	第1次国連緊急軍(UNEF I)	GAR 998 (1956.11.4) GAR 1000 (1956.11.5)	スエズ運河地帯、シナイ半島、ガザ	1956.11～1967.6	停戦・軍隊撤退監視(英、仏、イスラエル軍)、イスラエル・エジプト両軍の衝突防止
4	レバノン国連監視団(UNOGIL)	SCR 128 (1958.6.11)	レバノン・シリア国境	1958.6～12	非合法な人員・軍事物資のレバノンへの侵入の監視
5	コンゴ国連軍(ONUC)	SCR 143 (1960.7.14) SCR 161 (1961.2.21)	コンゴ(旧ザイール)	1960.7～1964.6	ベルギー軍撤退確保、政府に対する治安・行政面での援助、コンゴの領土保全、独立維持、内乱防止
6	西イリアン国連保安隊(UNSF)	GAR 1752 (1962.9.21)	西イリアン	1962.10～1963.4	主権移行期間、地域の平和・治安維持
7	イエメン国連監視団(UNYOM)	SCR 179 (1963.6.11)	イエメン	1963.7～1964.9	サウディ・アラブ連合共和国間の停戦協定履行監視
8	**国連キプロス平和維持軍(UNFICYP)**	**SCR 186 (1964. 3. 4)**	**キプロス**	**1964. 3～現在**	**国内の武力衝突再発防止、法と秩序の維持・回復、キプロス軍とトルコ軍・トルコ系キプロス軍間の停戦監視及び衝突防止**
9	ドミニカ事務総長代表使節団(DOMREP)	SCR 203 (1965.5.14)	ドミニカ共和国	1965.5～1966.10	ドミニカの2つの事実上の政府間の停戦監視
10	国連インド・パキスタン監視団(UNIPOM)	SCR 211 (1965.9.20)	インド・パキスタン国境	1965.9～1966.3	国境における停戦監視(除UNMOGIP管轄地帯)
11	第2次国連緊急軍(UNEF II)	SCR 340 (1973.10.25) SCR 341 (1973.10.27)	スエズ運河地帯、シナイ半島	1973.10～1979.7	エジプト・イスラエル両軍間の停戦監視、両軍間緩衝地帯の管理
12	**国連兵力引き離し監視軍(UNDOF)**	**SCR 350 (1974. 5. 31)**	**シリアのゴラン高原**	**1974. 6～現在**	**イスラエル・シリア間の停戦監視及び両軍の兵力引き離しに関する履行状況の検証**
13	**国連レバノン暫定軍(UNIFIL)**	**SCR 425 (1978. 3. 19)** **SCR 1701 (2006. 8. 11)**	**南部レバノン**	**1978. 3～現在**	**イスラエル軍の撤退確認、レバノンの主権回復の援助、平和と安全の維持** **敵対行為停止の監視、イスラエル軍撤退地域へのレバノン軍展開の支援、国連要員や文民の保護等の任務を追加し、規模を拡大**
14	国連アフガニスタン・パキスタン仲介ミッション(UNGOMAP)	SCR 622 (1988.10.31)	アフガニスタン・パキスタン国境	1988.5～1990.3	両国間の外国軍隊撤退等に関する合意の履行監視

	名　称	根拠決議	派遣先	期間	主要任務・活動
15	国連イラン・イラク軍事監視団（UNIMOG）	SCR 619（1988.8.9）	イラン・イラク国境	1988.8～1991.2	イラン・イラク間の停戦監視、両軍撤退の監視
16	国連アンゴラ検証団（UNAVEM I）	SCR 626（1988.12.20）	アンゴラ	1988.12.20～1991.5.30	キューバ軍のアンゴラからの撤退の監視
17	国連ナミビア独立移行支援グループ（UNTAG）	SCR 435（1978.9.29）SCR 629（1989.1.16）	ナミビア	1989.4～1990.3	南ア軍の撤退の監視及び制憲議会選挙の監視
18	国連中米監視団（ONUCA）	SCR 644（1989.11.7）	コスタリカ、エルサルバドル、グアテマラ、ホンジュラス、ニカラグア	1989.11～1992.1	不正規軍・反乱勢力に対する援助の停止及び他国攻撃のための自国領土不使用の検証
19	国連イラク・クウェート監視団（UNIKOM）	SCR 689（1991.4.9）	イラク、クウェート	1991.4～2003.10.6	イラク・クウェート間の非武装地帯の停戦監視、国境侵犯行為の抑止
20	第2次国連アンゴラ検証団（UNAVEM II）	SCR 696（1991.5.30）	アンゴラ	1991.6～1995.2	政府、反政府勢力間の停戦合意の監視
21	国連エルサルバドル監視団（ONUSAL）	SCR 693（1991.5.20）	エルサルバドル	1991.7～1995.4	人権状況の監視、停戦・兵力引き離しの監視・国内秩序の維持
22	**国連西サハラ住民投票監視団（MINURSO）**	**SCR 690（1991.4.29）**	**西サハラ**	**1991.4～現在**	**西サハラにおける住民投票の監視、モロッコ軍・ポリサリオ軍の撤退・停戦監視、治安維持**
23	国連カンボジア先遣隊（UNAMIC）	SCR 717（1991.10.16）	カンボジア	1991.10～1992.3	カンボジア各派間の停戦の監視、地雷処理
24	国連保護軍（UNPROFOR）	SCR 743（1992.2.21）SCR 982（1995.3.31）	1992.3～95.3旧ユーゴ 95.3以降：ボスニア・ヘルツェゴビナ	1992.3～1995.12	92.3～95.3：クロアチアにおける停戦監視、非軍事化監視、ボスニア・ヘルツェゴビナにおける人道援助物資輸送支援、安全地帯の保護・監視、マケドニアにおける紛争発生防止のための予防展開 95.3～：ボスニア関係の活動のみに限定
25	国連カンボジア暫定機構（UNTAC）	SCR 745（1992.2.28）	カンボジア	1992.3～1993.9	「カ」各派の停戦・武装解除の監視、選挙の準備・実施、行政の管理、難民帰還の支援、復旧の支援
26	国連ソマリア活動（UNOSOM I）	SCR 751（1992.4.24）	ソマリア	1992.4～1993.4	モガディシュにおける停戦監視及び人道援助物資輸送の安全確保
27	国連モザンビーク活動（ONUMOZ）	SCR 797（1992.12.16）	モザンビーク	1992.12.～1994.12	停戦及び武装解除の監視、選挙監視、人道援助支援
28	第2次国連ソマリア活動（UNOSOM II）	SCR 814（1993.3.26）	ソマリア	1993.5～1995.3	停戦監視、難民・避難民の帰還支援、人道援助活動支援

	名称	根拠決議	派遣先	期間	主要任務・活動
29	国連ウガンダ・ルワンダ監視団（UNOMUR）	SCR 846（1993.6.22）	ウガンダ	1993.6～1994.9	国境における武器等の物資輸送の監視
30	国連グルジア監視団（UNOMIG）	SCR 858（1993.8.24）	グルジア	1993.8～2009.6	停戦合意の履行状況の検証、停戦違反の調査及び調停
31	国連リベリア監視団（UNOMIL）	SCR 866（1993.9.22）	リベリア	1993.9～1997.9	リベリアにおける停戦監視、選挙監視、人道援助活動支援
32	国連ハイチ・ミッション（UNMIH）	SCR 867（1993.9.23）	ハイチ	1993.9～1996.6	ハイチ軍の近代化・ハイチ警察軍設立支援
33	国連ルワンダ支援団（UNAMIR）	SCR 872（1993.10.5）SCR 918（1994.5.17）	ルワンダ	1993.10～1996.3	治安状況及び停戦合意の履行状況の監視、地雷除去支援、人道援助活動支援等(93.10～94.5)。難民・市民の保護等を追加(94.5～)
34	国連アオゾウ地帯監視団（UNASOG）	SCR 915（1994.5.4）	リビア、チャド国境	1994.5～1994.6	リビア軍のアオゾウ地帯からの撤退の監視
35	国連タジキスタン監視団（UNMOT）	SCR 968（1994.12.16）	タジキスタン	1994.12～2000.5	停戦協定の遵守状況を確認する「合同委員会」の支援、停戦監視、人道支援促進のための連絡・調査
36	第3次国連アンゴラ検証団（UNAVEM III）	SCR 976（1995.2.8）	アンゴラ	1995.2～1997.6.30	政府・反政府勢力間の停戦合意の監視
37	国連クロアチア信頼回復活動（UNCRO）	SCR 981（1995.3.31）	クロアチア	1995.3～1996.1	停戦監視、経済合意履行支援、人道支援
38	国連予防展開部隊（UNPREDEP）	SCR 983（1995.3.31）	マケドニア	1995.3～1999.2	国境周辺の状況の監視と報告
39	国連ボスニア・ヘルツェゴビナ・ミッション（UNMIBH）（国際警察タスク・フォース(IPTF)を含む）	SCR 1035（1995.12.21）（IPTFの設立決議）	ボスニア・ヘルツェゴビナ	1995.12～2002.12.31	ボスニア地域における民生部門の活動の支援(警察の監視・訓練、難民及び避難民の帰還支援等)
40	国連東スラボニア、バラニャ及び西スレム暫定機構（UNTAES）	SCR 1037（1996.1.15）	東スラボニア、バラニャ、西スレム	1996.1～1998.1	非武装の監視及び促進及び警察訓練、公共サービスの機能化、難民帰還支援及び選挙準備
41	国連プレブラカ監視団（UNMOP）	SCR 1038（1996.1.15）	プレブラカ半島（クロアチア）	1996.1～2002.12	UNTAES設立によりマンデートが終了したUNCROに代わり、当該半島の非武装化監視
42	国連ハイチ支援団（UNSMIH）	SCR 1063（1996.6.28）	ハイチ	1996.6～1997.7	警察の専門化、効果的な国家警察の設立支援
43	国連グアテマラ人権監視団（MINUGUA）	SCR 1094（1997.1.20）（PKO部門）	グアテマラ	1997.1～1997.5	停戦、兵力引き離し、URNG戦闘員の武装解除及び動員解除の監視

	名　称	根拠決議	派遣先	期間	主要任務・活動
44	国連アンゴラ監視団（MONUA）	SCR 1118（1997.6.30）	アンゴラ	1997.6 ～ 1999.2	政府・反政府勢力間の停戦合意の監視
45	国連ハイチ暫定ミッション（UNTMIH）	SCR 1123（1997.7.30）	ハイチ	1997.8 ～ 1997.11	警察の専門化、効果的な国家警察の設立支援
46	国連ハイチ文民警察ミッション（MIPONUH）	SCR 1141（1997.11.28）	ハイチ	1997.12 ～ 2000.3	ハイチ国家警察の訓練に対する支援
47	国連文民警察サポート・グループ（UNPSG）	SCR 1145（1997.12.19）	東スラボニア、バラニャ、西スレム(クロアチア)	1998.1.16 ～ 1998.10.15	クロアチア警察の監視(特に避難民帰還に関する分野における監視)
48	国連中央アフリカ共和国ミッション（MINURCA）	SCR 1159（1998.3.27）	中央アフリカ	1998.4. ～ 2000.2	首都バンギの安全と安定の維持、武器管理・処分の監督、対警察訓練への協力・助言、選挙委員会への助言・技術協力
49	国連シエラレオネ監視ミッション（UNOMSIL）	SCR 1181（1998.7.13）	シエラレオネ	1998.7 ～ 1999.10	シエラレオネの軍事・治安状況の監視、旧戦闘員の武装・動員解除の監視、国際人道法の遵守状況の監視
50	**国連コソボ暫定行政ミッション（UNMIK）**	**SCR 1244（1999.6.10）**	**コソボ**	**1999.6 ～ 現在**	**コソボにおける司法行政を含めた全ての立法権及び行政権の行使**
51	国連シエラレオネ・ミッション（UNAMSIL）	SCR 1270（1999.10.22）	シエラレオネ	1999.10.22 ～ 2005.12.31	和平合意実施のための協力、武装・動員解除及び社会復帰計画におけるシエラレオネ政府支援、停戦合意の実施状況の監視、人道支援実施の促進、国連要員の安全及び移動の自由の確保
52	国連東ティモール暫定行政機構（UNTAET）	SCR 1272（1999.10.25）	東ティモール	1999.10 ～ 2002.5	立法・行政・司法の全ての分野での統治(東ティモールにおける安全の提供及び法と秩序の維持、効果的な行政の設立、民政及び社会サービス開発の支援、人道支援、復興及び開発支援の調整確保等)
53	国連コンゴ(民)ミッション（MONUC）	SCR 1279（1999.11.30）SCR 1291（2000.2.24）	コンゴ民主共和国及び周辺国首都	1999.11 ～ 2010.7	停戦合意の促進と監視、停戦違反の調査、人道援助活動及び人権状況の監視活動の支援、国連要員の安全確保、MONUSCOへ引継ぎ
54	国連エチオピア・エリトリア・ミッション（UNMEE）	SCR 1312（2000.7.31）	エチオピア・エリトリア国境	2000.7.31 ～ 2008.7.31	エチオピア・エリトリア間の停戦監視、両軍撤退に関する合意の履行状況の監視
55	国連東ティモール支援ミッション（UNMISET）	SCR 1410（2002.5.17）	東ティモール	2002.5.20 ～ 2005.5.20	東ティモールの独立によりUNTAETを引継ぎ、行政機構と治安の維持の任務を支援
56	国連リベリア・ミッション（UNMIL）	SCR 1509（2003.9.19）	リベリア	2003.9 ～ 2018.3	停戦協定履行の監視、国連職員等の保護、政府の治安体制構築の援助、和平プロセス実施の支援

	名　称	根拠決議	派遣先	期間	主要任務・活動
57	国連コートジボワール活動 (UNOCI)	SCR 1528 (2004.4.4)	コートジボワール	2004.4 ～ 2017.6	包括的停戦協定の監視、武装解除・動員解除・社会復帰の実施支援、国連要員・文民の保護、人道援助・人権擁護、法と秩序の回復支援
58	国連ハイチ安定化ミッション (MINUSTAH)	SCR 1542 (2004.4.30)	ハイチ	2004.6 ～ 2017.10	ハイチ警察の治安維持機能回復の支援、国連要員・一般市民の保護、民主的政府・制度の確立の援助、選挙支援、人権支援等
59	国連ブルンジ活動 (ONUB)	SCR 1545 (2004.5.21)	ブルンジ	2004.6 ～ 2006.12	停戦監視、武装解除・動員解除、武器の回収及び不法流通の監視、難民の救済保護、治安の維持・回復、選挙実施への支援
60	国連スーダンミッション (UNMIS)	SCR 1590 (2005.3.24)	スーダン	2005.3 ～ 2011.7	包括和平合意の履行支援、難民及び国内避難民の自発的帰還促進、地雷除去支援、人権の保護及び促進に向けた国際的努力への貢献等
61	国連東ティモール統合ミッション (UNMIT)	SCR 1704 (2006. 8.25)	東ティモール	2006.8 ～ 2012.12	民主的統治の強化や国民和解の促進に向けた政府支援、2007年の大統領選挙と議会選挙実施に関する支援、東ティモール警察再建までの治安維持、人権擁護や開発促進に向けた各種貢献等
62	ダルフール国連アフリカ連合合同ミッション (UNAMID)	SCR 1769 (2007. 7.31)	スーダン西部ダルフール地方	2007.7 ～ 2020.12	ダルフール全体への人道アクセス促進等に向けた治安回復への貢献、停戦合意やダルフール和平合意等の履行監視、国内避難民・難民の帰還支援、援助要員や文民の保護等
63	国連中央アフリカ・チャドミッション (MINURCAT)	SCR 1778 (2007. 9.25)	中央アフリカ・チャド	2007.9 ～ 2010.12	チャド警察の訓練、治安改善のために憲兵隊や警察との連携、難民キャンプ移設に関するチャド政府やUNHCRとの連携、人道活動への脅威に関する情報交換のためスーダン政府・AU・UNAMID等と連携、人権や法の支配の促進等
64	国連コンゴ(民)安定化ミッション (MONUSCO)	SCR 1925 (2010. 5. 28)	コンゴ民主共和国及び周辺国首都	2010. 7 ～ 現在	文民(人道支援活動者等を含む)の保護、性的暴力等の国際人道法違反からの文民保護に関する政府支援、治安・司法制度の強化等に関する政府支援、武装集団の支配を脱した地域における政府の権限強化の支援、武器密輸の監視や武器等の押収
65	国連アビエ暫定治安部隊 (UNISFA)	SCR 1990 (2011. 6. 27)	アビエ (スーダン)	2011. 6 ～ 現在	常設仲裁裁判所によって定められたアビエ地域からのスーダン軍やスーダン人民解放軍の移動の監視、地雷除去支援、人道援助の提供と人道援助活動者の自由な移動との促進、アビエ警察の支援、石油施設への安全の提供等

	名　　称	根拠決議	派遣先	期間	主要任務・活動
66	**国連南スーダン共和国ミッション (UNMISS)**	**SCR 1996 (2011. 7. 8)**	**南スーダン**	**2011. 7 ～ 現在**	**平和の定着並びにそれによる長期的な国家建設及び経済開発に対する支援、紛争予防・緩和・解決に関する南スーダン共和国政府の責務の履行に対する支援、治安の確保、法の支配の確立及び治安部門・司法部門の強化に対する支援等**
67	国連シリア監視団 (UNSMIS)	SCR 2043 (2012.4.21)	シリア	2012.4 ～ 2012.8	すべての当事者によるあらゆる形態における暴力の停止の監視、国連・アラブ連盟共同特使の6項目提案の完全な履行に対する支援
68	国連マリ多角的統合安定化ミッション (MINUSMA)	SCR 2100 (2013.4.25)	マリ	2013.4 ～ 2023.12	主要な居住区の安定化及びマリ全土における国家権力の再建への支援、政治対話と選挙プロセスへの支援、文民と国連要員の保護、人権の促進と保護、人道援助の支援、文化保護の支援等
69	**国連中央アフリカ多面的統合安定化ミッション (MINUSCA)**	**SCR 2149 (2014. 4. 10)**	**中央アフリカ共和国**	**2014. 4 ～ 現在**	**文民の保護、国家権力の拡大のための取組を含む移行プロセスの実施への支援、人道支援の促進、国連の要員・装備の保護、人権の促進と保護、法の支配への支援、武装解除・動員解除・社会復帰等**
70	国連ハイチ司法支援ミッション (MINUJUSTH)	SCR 2350 (2017.4.13)	ハイチ	2017.10 ～ 2019.10	法の支配の強化のためのハイチ政府への支援、ハイチ国家警察の支援と発展、人権監視と分析、文民の保護

17 5　安保理事会による憲章第7章のもとでの強制措置及び武力行使授権の事例

対象国・地域	根拠決議	措置の内容	関連決議・補足説明等
朝鮮民主主義人民共和国(朝鮮戦争)	83(1950)*	武力攻撃を撃退し地域における国際の平和と安全を回復するために必要な援助を韓国に与えるよう勧告	1953年7月27日に休戦協定締結(朝鮮戦争)
(核実験)	1718(2006)	発表された核実験の実施を非難；戦車等の兵器、ミサイル等大量破壊兵器関連物資、ぜいたく品の禁輸；核やミサイルに関連する在外資産凍結；北朝鮮に出入りする貨物検査を含む協調行動	ミサイル発射に関する決議1695(2006)は、第7章を援用せず。決議1874(2009)で制裁強化
南ローデシア(白人少数者政権)	232(1966)	南ローデシアの主要産品の輸入禁止；武器・軍需物資・輸送機器・石油等の輸出禁止	決議253(1968)及び388(1976)により全面的経済制裁へ。多数者支配の合意に伴い決議460(1979)で措置を解除
南アフリカ共和国	418(1977)	武器・関連資材等の輸出禁止	アパルトヘイト廃止に伴い決議919(1994)で措置を解除
イラク	661(1990)	イラク及び占領下クウェートとの経済関係の断絶	
	665(1990)*	決議661の実施のために必要な措置を授権	
	678(1990)*	イラクによる諸決議の実施と地域における国際の平和及び安全の回復のために必要な措置を授権	
	687(1991)	イラクに国境の不可侵と国境画定；国連監視団の受け入れ；大量破壊兵器の軍縮；クウェート資産の返還；損害賠償などを義務づけ	本決議により決議661の措置を一部解除・緩和。その後、同措置は順次緩和され、決議1483(2003)でほぼ完全に解除
	1441(2002)	決議687の下でのイラクの義務違反を認定；継続的な違反により重大な結果に直面すると警告してきたことを想起	武力行使授権については、否定する見解が有力
	1511(2003)*	多国籍軍に、イラクの安全と安定の維持に必要なあらゆる必要な措置を授権	イラク主権回復後についても、同旨の決議1546(2004)*あり
旧ユーゴ	713(1991)	旧ユーゴ全体に対する武器禁輸を決定	決議743(1992)によりUNPROFORの派遣。停戦合意署名により決議1021(1995)で武器禁輸の段階的解除を決定
	827(1993)	旧ユーゴ国際刑事裁判所を設置	
ソマリア	733(1992)	事態の継続を平和への脅威と認定し、ソマリアへの武器禁輸を決定	
	794(1992)*	人道援助の安全確保のため必要な措置を授権	授権されたUNITAFの活動はUNOSOM IIに引継
	814(1993)	人道援助の安全確保等のためにUNOSOM IIに武力の使用を許可	UNOSOM IIの強制権限は決議897(1994)により終了
	1744(2007)*	AU諸国に、要人保護等を含む和平プロセス支援のため、必要なあらゆる措置を授権	決議1844(2008)により、同国の治安を脅かす個人や団体の資産凍結や渡航禁止。海賊等の取締につき、1816(2008)等。
	2628(2022)*	AUの平和・安全保障理事会による、AMISOMからATMISへの再編の決定を支持し、ATMISの任務の実施等のため、必要なあらゆる措置をAU加盟国に授権	
リビア(ロッカービー事件)	748(1992)	航空関係の断絶；武器・関連資材の輸出禁止	決議731(1992)による被疑者引渡し要求の不遵守が理由。ICJは本決議を理由にリビアの仮保全措置要請を却下。1999年4月、オランダに設置されるスコットランド法廷への被疑者引渡しにより措置を停止。決議1506(2003)により解除
	883(1993)	リビアの在外資産凍結；石油生産関連機器の禁輸等	

対象国・地域	根拠決議	措置の内容	関連決議・補足説明等
(文民への攻撃)	1970(2011)	リビアに対し暴力を直ちにやめるよう要求し、武器禁輸・渡航禁止・資産凍結の措置等を決定。2011年2月15日以降のリビアの事態を国際刑事裁判所検察官に付託	決議2009(2011)で武器禁輸・資産凍結措置の修正、航空機の離着陸禁止の終了等。2016(2011)で文民の保護と飛行禁止区域実施のための授権を終了
	1973(2011)*	文民の保護及び飛行禁止区域実施のために必要なあらゆる措置を加盟国に授権。航空機の離着陸の禁止等を決定	
	2240(2015)	国連加盟国に対し、移民の密入国および人身売買に対処するため、リビア沖の公海における船舶の検査と拿捕を授権	
ユーゴ(後にセルビア・モンテネグロ)	1160(1998)	コソボを含むユーゴへの武器禁輸を決定	措置は決議1367(2001)により終了
	1244(1999)*	コソボ派遣のNATO軍等に必要な措置を授権	NATOによるユーゴ空爆は安保理決議によらない
ボスニア・ヘルツェゴビナ	757(1992)	経済関係の断絶；外交関係の縮小；科学・スポーツ交流の停止等	決議1022(1995)で決議757の措置を停止。決議1074(1996)により終了
	770(1992)*	人道援助の安全確保のために必要な措置を授権	
	787(1992)*	決議757実施のために必要な措置を授権	
	816(1993)*	上空飛行禁止の実施のために必要な措置を授権	上空飛行禁止は決議781(1992)による
	836(1993)*	安全地域への攻撃を抑止するためUNPROFORに武力使用を許可；UNPROFOR支援のために空軍力の使用を許可	安全地域設置は決議824(1993)による
	1031(1995)*	和平協定実施のために多国籍軍IFORの派遣を決定、すべての必要な措置を授権	IFORは決議1088(1996)によりSFORへ、さらに決議1575(2004)によりEUFORへ引継、必要な措置の授権も継続
リベリア	788(1992)	内戦を平和への脅威と認定、リベリアへのすべての武器の禁輸を決定	内戦終結に伴い決議1343(2001)により措置を終了
	1343(2001)	リベリア政府にシエラレオネ反乱軍への支援停止を要求、リベリアへの武器、軍需物資及び軍事援助の供与禁止；リベリアからのダイヤモンド原石の輸入禁止などを決定	決議1521(2003)、1532(2004)で、事態の変化に応じた措置の修正
	1497(2003)*	多国籍軍に、停戦合意履行支援等のために必要なあらゆる措置を授権	決議1509(2003)に基づき、任務をUNMILへ引継。決議2237(2015)により資産凍結、渡航禁止を終了。決議2288(2016)により武器禁輸を終了。
ハイチ	841(1993)	正統政府回復のため石油製品・武器・弾薬の禁輸；在外資産の凍結を決定	措置は決議944(1994)により終了
	940(1994)*	軍部指導部排除のため多国籍軍に必要な措置を授権	決議975(1995)により多国籍軍の活動はUNMIHに引継
	1529(2004)*	多国籍軍に、ハイチの安全と安定に寄与すること等のため、必要なあらゆる措置を授権	決議1542(2004)に基づき、MINUSTAHへの任務引継
	2350(2017)	MINUJUSTHを設置し、ハイチ国家警察の支援と発展および文民の保護のために必要なあらゆる手段をMINUJUSTHに授権	
	2653(2022)	ハイチにおける平和を脅かす行為に関与した個人や団体に対し、渡航禁止、資産凍結および武器禁輸を決定	

対象国・地域	根拠決議	措置の内容	関連決議・補足説明等
ハイチ	2699(2023)*	ハイチ国家警察への支援のため、多国籍治安支援(MSS)ミッションの設立と展開を承認。同ミッションに参加する国連加盟国に対し、同ミッションの任務を実施するためのすべての必要な措置を授権	
アンゴラ(反政府組織UNITA)	864(1993)	UNITAに対する武器・軍需物資・石油製品の禁輸を決定	措置は決議1127(1997)、1173(1998)及び1295(2000)により強化。1439(2002)を経て1448(2002)で終了。
クロアチア	908(1994)*	クロアチアのUNPROFORへの近接航空支援	UNCROへの近接航空支援につき、決議981(1995)*。 UNTAES支援のための必要なあらゆる措置につき、決議1037(1996)*
ルワンダ	918(1994)	事態を平和への脅威と認定し、ルワンダへの武器禁輸を決定	縮小を決定していたUNAMIRの増強。武器禁輸は、決議1823(2008)で完全終了
	929(1994)*	難民の保護等を目的に多国籍軍に必要な措置を授権	多国籍軍の任期は2か月で、その後はUNAMIRに引継
	955(1994)	ルワンダ国際刑事裁判所を設置	
スーダン	1054(1996)	エジプト大統領暗殺未遂事件の被疑者引渡しを要求して、外交規模の縮小；政府関係者の入国制限等を決定	決議1044(1996)による引渡し請求不遵守が理由。措置は決議1070(1996)により強化されたが、1372(2001)により終了
	1556(2004)	ダルフールの民兵組織に対する武器禁輸を決定；政府に対する制裁の可能性に言及	決議1591(2005)により、武器禁輸対象等をスーダン政府等に拡大
	1590(2005)	UNMISを設立、展開地域と能力の範囲内において、国連要員や差し迫った身体への危機に瀕する文民を保護するために、必要な行動を許可	
	1593(2005)	2002年7月1日以降のダルフールの事態を、国際刑事裁判所検察官に付託	
	1706(2006)	ダルフールへのUNMIS展開を決定し、スーダン政府の同意を要請；展開地域と能力の範囲内において、国連要員を保護するためや、また、スーダン政府の責任を害することなく、身体的暴力の脅威を受けている文民を保護する等のため、必要なあらゆる措置を授権	決議1796(2007)に基づき、実現以前にUNAMIDへ路線転換
	1990(2011)	UNISFAを設立、UNISFA・国連要員の保護、国連・人道援助要員及び合同軍事監視委員会・合同軍事監視団の構成員の安全と移動の自由の確保、アビエ地域における文民の保護等のため、必要な行動をUNISFAに授権	
	1996(2011)	UNMISSを設立、その能力と展開地域の範囲内において、文民の保護に関して南スーダン共和国政府の支援、暴力の抑止、暴力の脅威を受けている文民の保護、国連要員・人道援助要員への安全の提供等のため、必要なあらゆる手段をUNMISSに授権	
	2206(2015)	南スーダンにおける平和を脅かす行為について責任を有する個人や団体に対し、渡航禁止、資産凍結を決定	
ザイール(現コンゴ民主共和国)	1080(1996)*	人道援助団体の復帰・援助物資の配布・難民の帰還促進等のために多国籍軍に必要な措置を授権	難民の自発的帰還のため、多国籍軍の派遣は実現せず
	1291(2000)	MONUCに国連要員、文民等の保護のために必要な行動を許可	

対象国・地域	根拠決議	措置の内容	関連決議・補足説明等
	1484(2003)*	多国籍軍に、ブニアにおける治安と人道状況改善等のため、必要なあらゆる措置を授権	多国籍軍の任期は約3か月で、MONUCが任務を引継
	1493(2003)	MONUCの規模と権限を強化；武装集団への武器禁輸を決定	決議1596(2005)等により、武器禁輸対象を拡大し、渡航禁止や在外資産凍結を導入
	1925(2010)*	身体への暴力の差し迫った脅威から文民を保護すること、また武器禁輸の監視や武器等の押収につき、可能な範囲での必要なあらゆる措置をMONUSCOに授権	武器禁輸については、決議1807(2008)や1896(2009)等
アルバニア	1101(1997)*	人道援助の配布・要員の安全のため多国籍軍を派遣、その要員の安全と移動の自由を確保する措置を授権	決議1114(1997)*で、多国籍軍の任期を45日延長
中央アフリカ	1125(1997)*	アフリカ諸国が派遣するMISABに対して要員の安全と移動の自由の確保を授権	決議 1158(1998)に基づき、任務をMINURCAに引継
	2127(2013)*	文民の保護、国家の安定化、人道援助を促進する状況の創出等のために必要なあらゆる措置をとるMISCAの展開を授権し、MISCAを支援するための必要なあらゆる措置を仏軍に授権。さらに武器禁輸を決定	
	2134(2014)*	中央アフリカ共和国における平和を損なう行為に関与した個人や団体に対する渡航禁止、資産凍結を決定し、さらに必要なあらゆる措置をEUに授権	
	2149(2014)*	MINUSCAを設立し、文民の保護、移行プロセス実施への支援、人道支援の促進等のために必要なあらゆる手段をMINUSCAに授権。MINUSCA支援のための必要なあらゆる手段を仏軍に授権	
シエラレオネ	1132(1997)	軍事政権の退陣等を求め、同政権メンバーの渡航禁止；武器・弾薬・石油製品等の禁輸；第8章下でECOWASに禁輸実施のための臨検等を授権	決議1156(1998)で、石油製品等の禁輸は解除
	1171(1998)*	決議1132(1997)の措置を終了；非政府軍に対する武器等の禁輸、旧軍事政権関係者の渡航禁止	
	1270(1999)	UNAMSILに要員の安全と移動の自由の確保；文民の保護のために必要な行動を許可	決議1289(2000)や1346(2001)で権限や規模を強化、1610(2005)に基づき2005年末に任務を終了
	1306(2000)	シエラレオネからの政府管理下にないダイヤモンド原石の輸入を禁止	2003年6月に終了
東ティモール	1264(1999)*	治安維持のために多国籍軍を派遣、必要な措置を授権	
	1272(1999)	暫定統治機構UNTAETを設立、必要な措置を許可	東ティモール独立にともない2002年5月に任務終了
アフガニスタン(タリバーン)	1267(1999)	米大使館爆破事件に関与したとされるオサマ・ビン・ラディンの引渡しを求めて、タリバーン航空機の離着陸禁止；在外資産凍結	決議1214(1999)による引渡し請求の不遵守が理由。措置は決議1333(2000)により強化。1388(2002)で一部終了、1390(2002)でその他を強化
	1386(2001)*	多国籍軍ISAFの派遣を許可、すべての必要な措置を授権	9.11テロ直後の決議1368(2001)は前文で自衛権に言及
エリトリア・エチオピア	1298(2000)	両国に即時停戦を要求、両国への武器、軍需物資、軍事援助の供与を禁止	措置は1年後に失効

対象国・地域	根拠決議	措置の内容	関連決議・補足説明等
コートジボワール	1464(2003)*	ECOWAS軍参加国と仏軍に、移動の自由の確保や文民保護のための必要な措置を授権	第８章への言及。2004年4月まで任期延長。ECOWAS 軍部隊はUNOCIに統合
	1528(2004)*	UNOCIに停戦監視、武装解除、文民保護等のための必要なあらゆる措置を授権；仏軍にUNOCI支援のための必要なあらゆる措置を授権	決議1584(2005)*で武器禁輸実施に関する任務等を追加
	1572(2004)	武器禁輸；期限までに事態が改善されない場合には、安保理委員会が指定した個人の渡航禁止と在外資産凍結等	この決議と決議1643(2005)に基づき、措置を実施。決議2283(2016)により資産凍結、渡航禁止、武器禁輸を終了
ブルンジ	1545(2004)	ONUBに対し、停戦確保、武装解除、国連要員保護等のための必要なあらゆる措置を授権	2006年12月に終了
イラン	1737(2006)	ウラン濃縮及び再処理活動の停止；濃縮及び再処理関連の物資や技術の禁輸；核やミサイルに関連する在外資産凍結	決議1747(2007)、1803(2008)、1929(2010)により追加措置
レバノン	1757(2007)	レバノン特別法廷の設置	2005年レバノン首相等暗殺テロ以来、国連によるレバノン支援。決議1636(2005)等。
中央アフリカ・チャド	1778(2007)*	EUに対し、能力と展開地域の範囲内で、危機にある文民の保護や人道支援円滑化のために、必要なあらゆる措置をとる活動を授権	ダルフール(スーダン)難民の保護
エリトリア	1907(2009)	武器・関連資材の輸出禁止、政府や軍の指導者の渡航禁止や在外資産凍結	ソマリアの反政府勢力に対する支援、ジブチからの軍隊不撤退。決議2023(2011)でディアスポラ税に関連する活動をエリトリア政府が止めることを決定
ギニアビサウ	2048(2012)	ギニアビサウにおける憲法秩序の回復を妨げようとする個人や同国の安定を害する行動をとる個人、特に2012年4月のクーデターに主導的役割を果たした個人等の渡航禁止	
マリ	2071(2012)	1267/1989委員会が加盟国の要請にもとづきマリにおけるアル・カーイダと関連する個人の氏名等をアル・カーイダ制裁対象リストに加えることを決定	
	2085(2012)*	AFISMAが展開することおよびテロリスト等の支配下にある北部地域の回復に関してマリ当局を支援するためにAFISMAが必要なあらゆる措置をとることを決定	
	2100(2013)*	MINUSMAを設置し、AFISMAからMINUSMAへの権限移譲を決定。主要な居住区の安定化等の任務を実施するために必要なあらゆる手段をMINUSMAに授権。MINUSMAを支援するための必要なあらゆる手段を仏軍に授権	
	2374(2017)	マリにおける平和を脅かす行為に関与した個人や団体に対し、渡航禁止および資産凍結を決定	
イエメン	2140(2014)	イエメンにおける平和を脅かす行為に関与した個人や団体に対し、資産凍結および渡航禁止を決定	決議2216(2015)により武器禁輸を決定

*印は多国籍軍や個別国家に武力行使を授権する決議。事例は網羅的であるが、決議は必ずしも網羅的ではない(2023年12月現在)。

17 6　自由権規約個人通報制度概要図

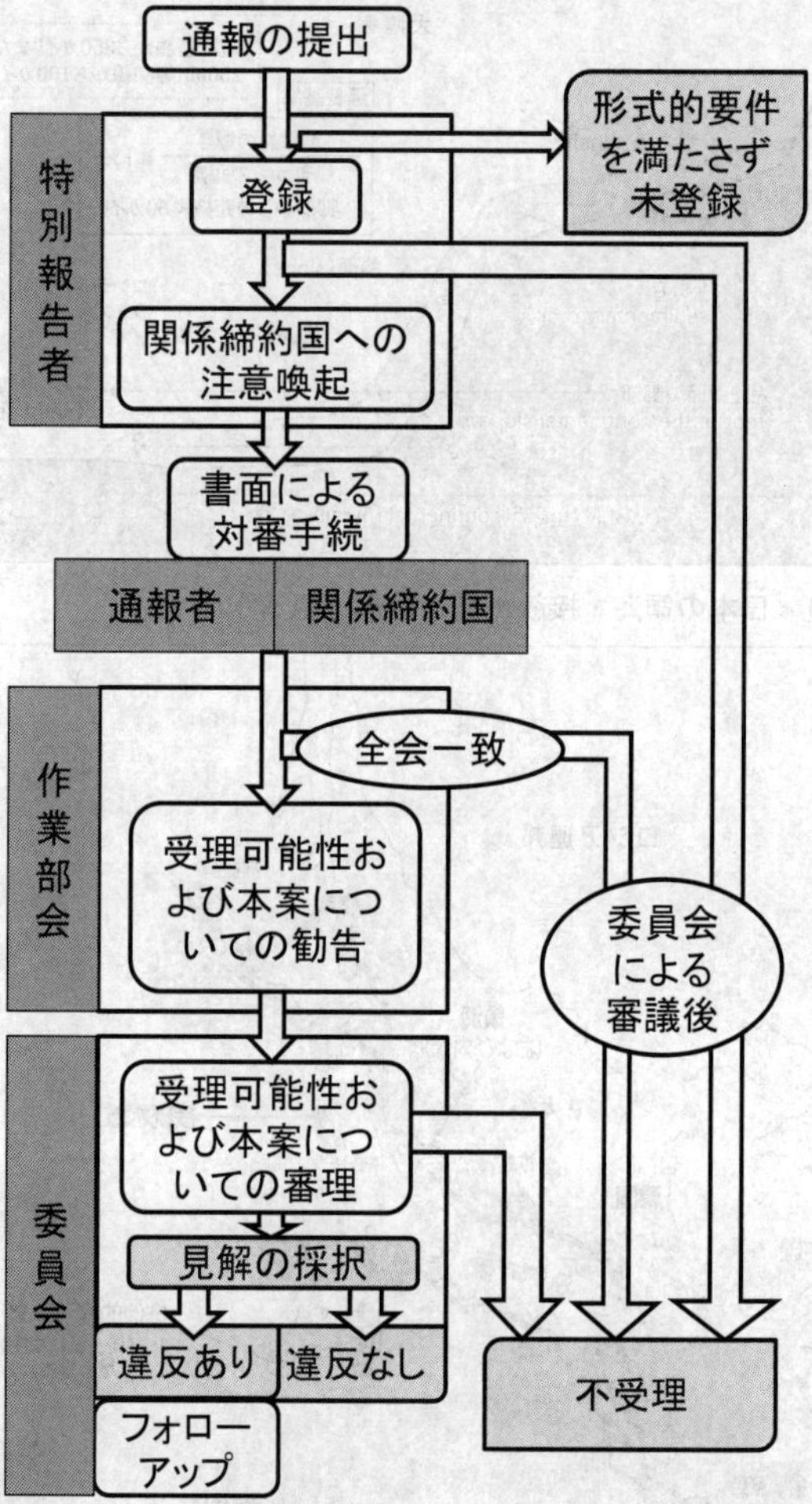

(注１)　個人通報の提出にかかる時間的制約については、規定上の定めはないが、自由権規約委員会の手続規則により、国内的救済の完了から5年、他の国際的調査又は解決手続の終了から3年を超えてのちの提出の場合には、正当な理由がない限り権利濫用とみなされる。

(注２)　国連人権理事会の下での通報手続（旧1503手続）や特別手続への通報はこれに含まれず、同時期の通報提出が許容されている。

※上の図は、主要な流れを概略的に示したものであり、細部は省略している。

17 7 海洋法関連図表

(1) 海底(大陸棚等)の断面図

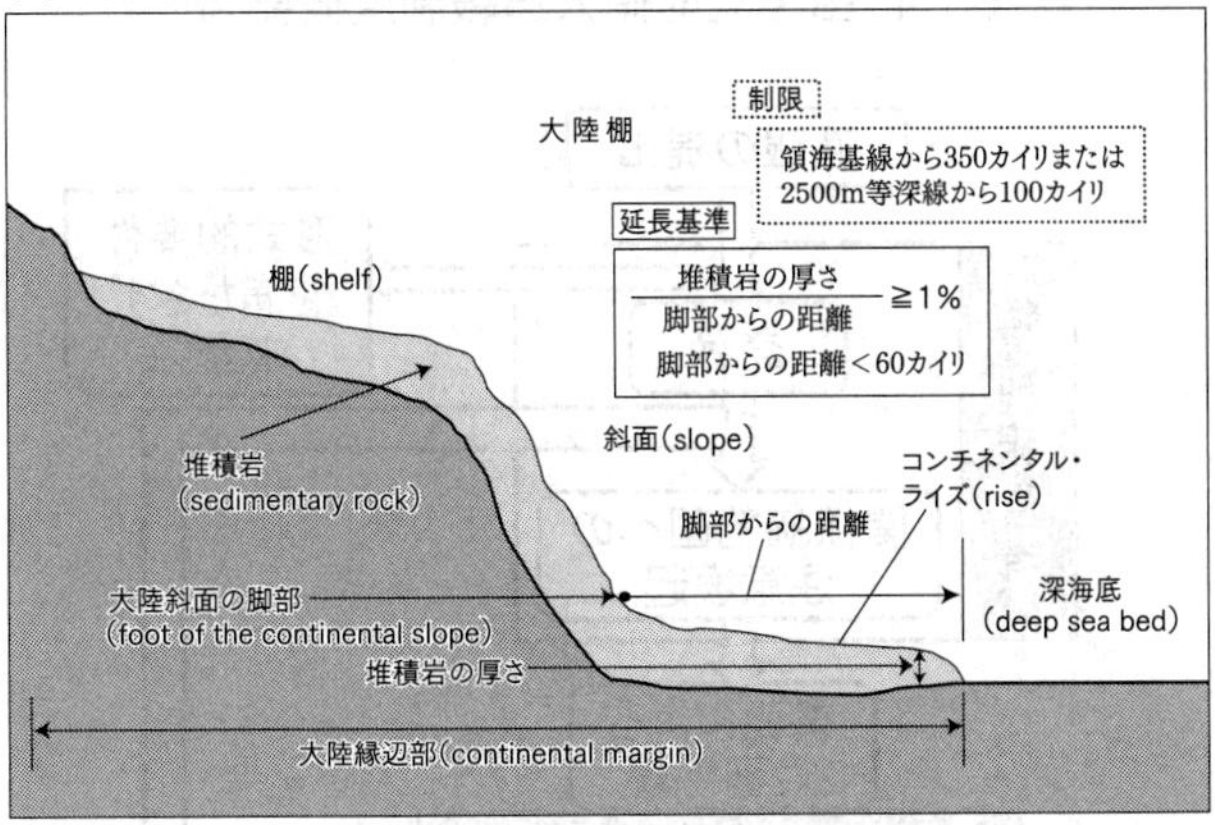

(2) 日本の領海・接続水域・排他的経済水域

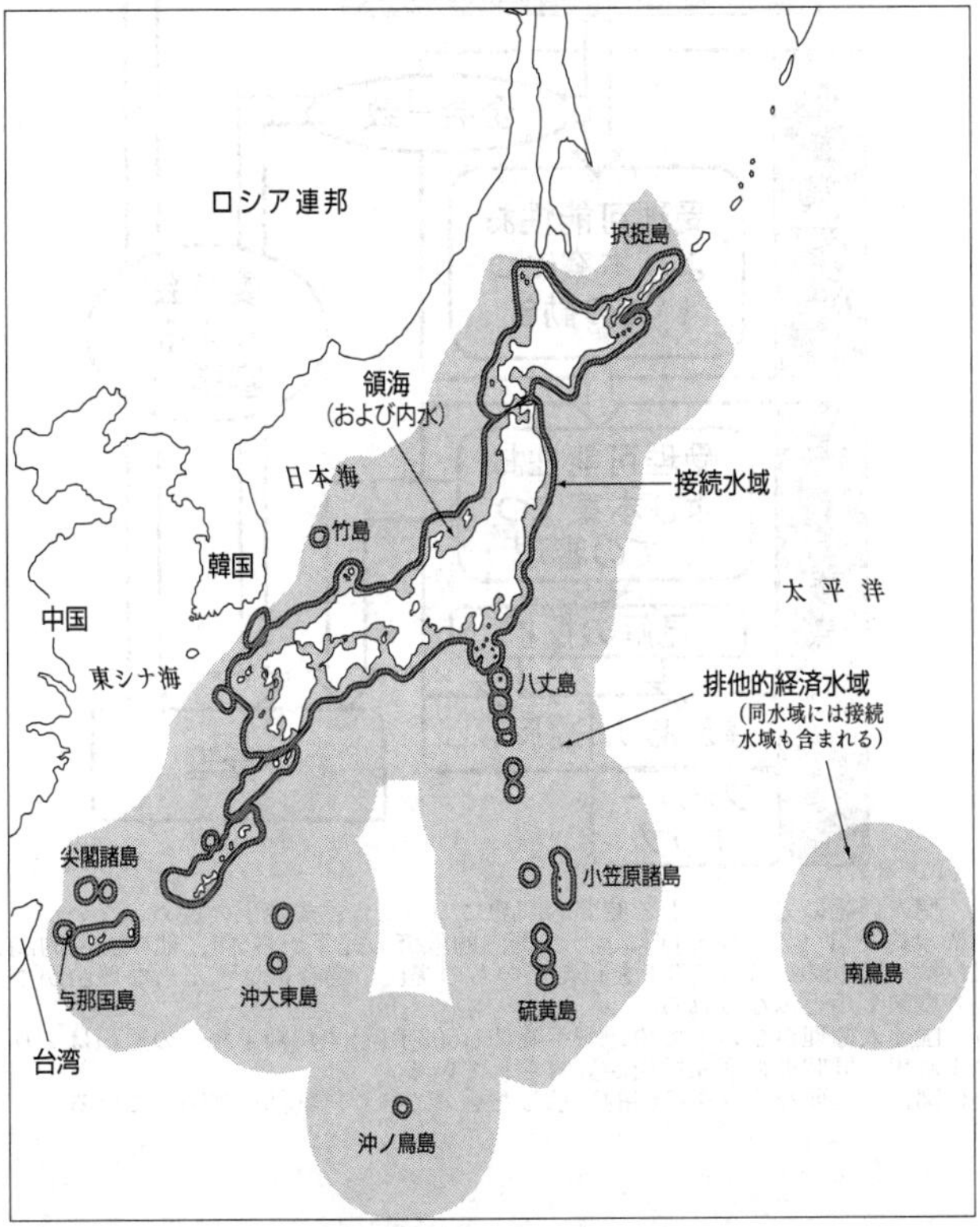

(3)　日本の直線基線

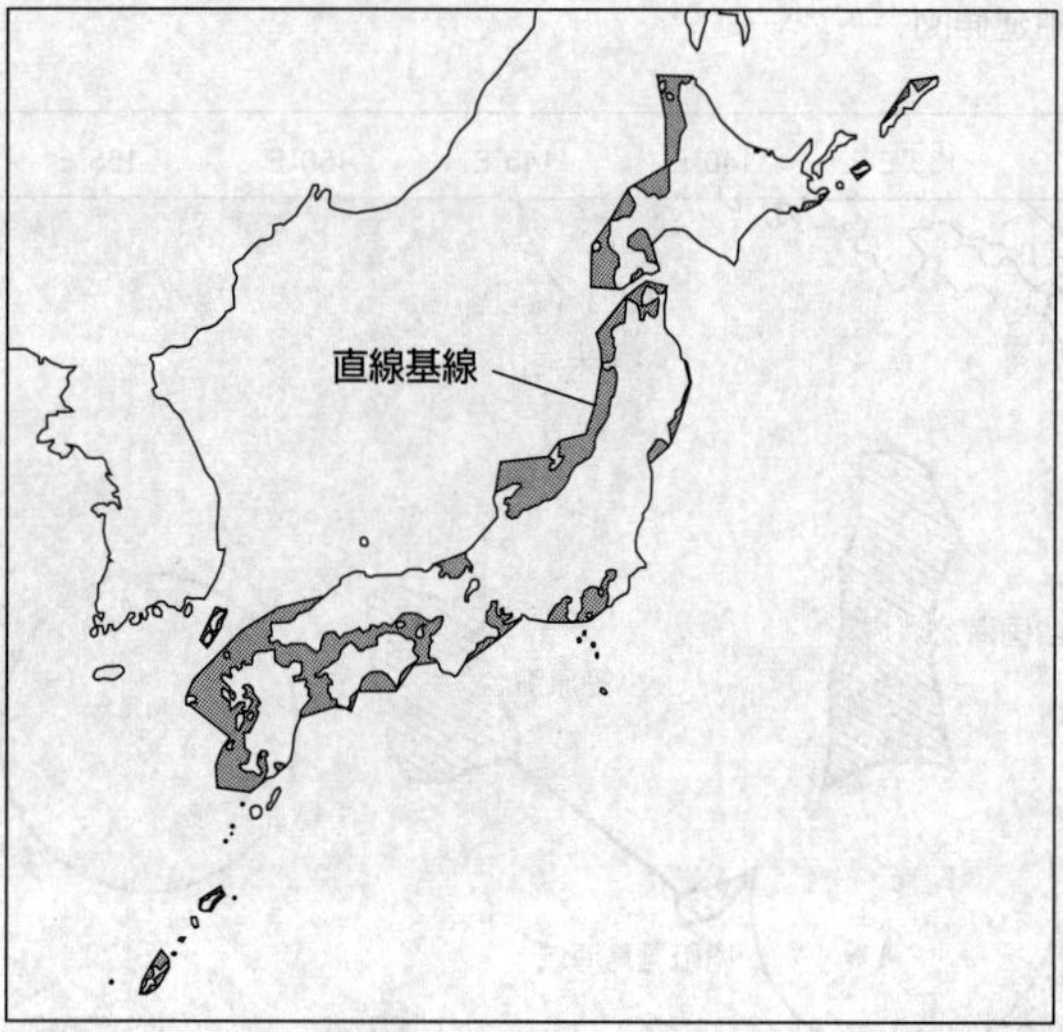

(4)　東シナ海における海洋境界線

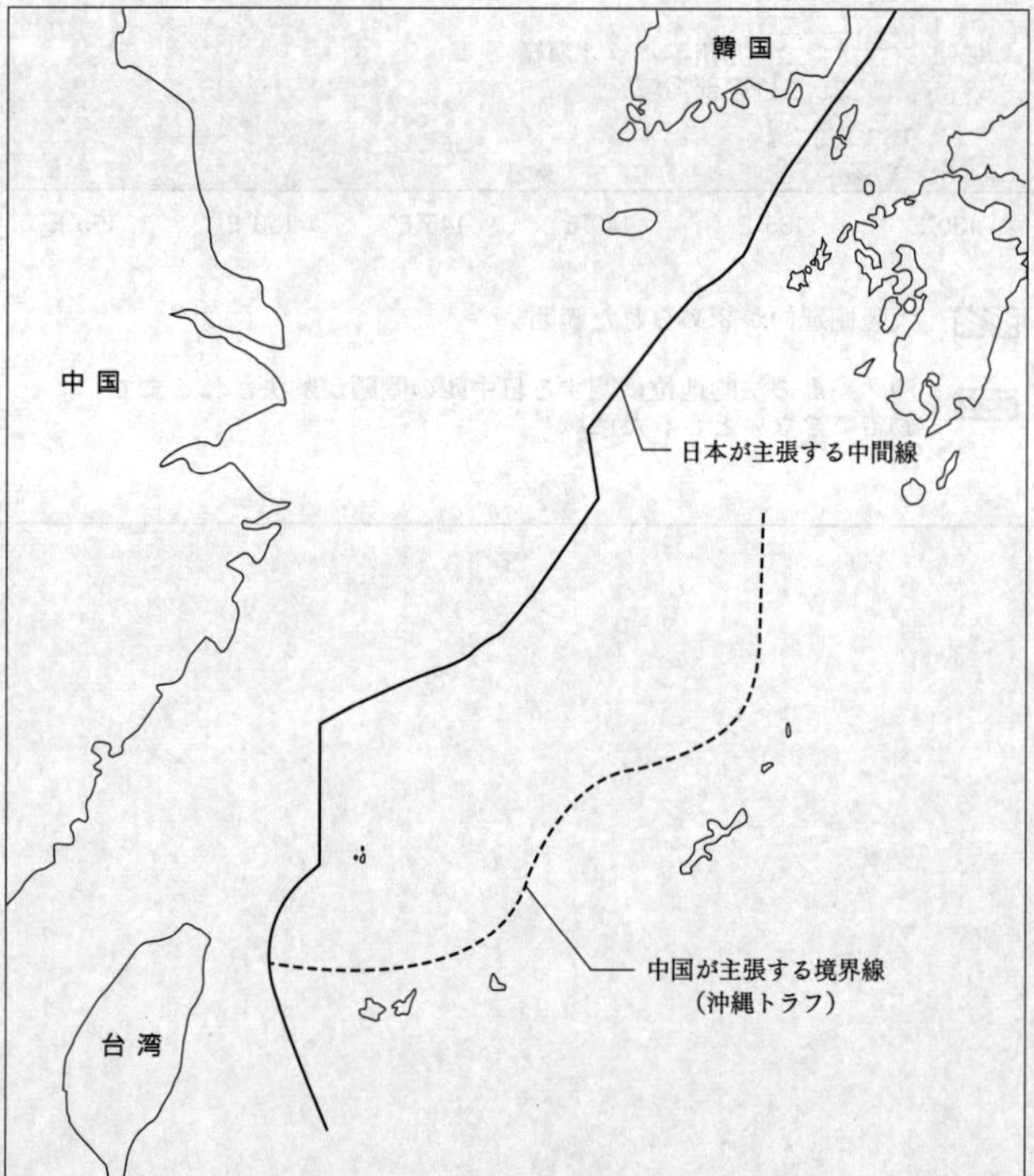

(5)　日本の大陸棚延伸図

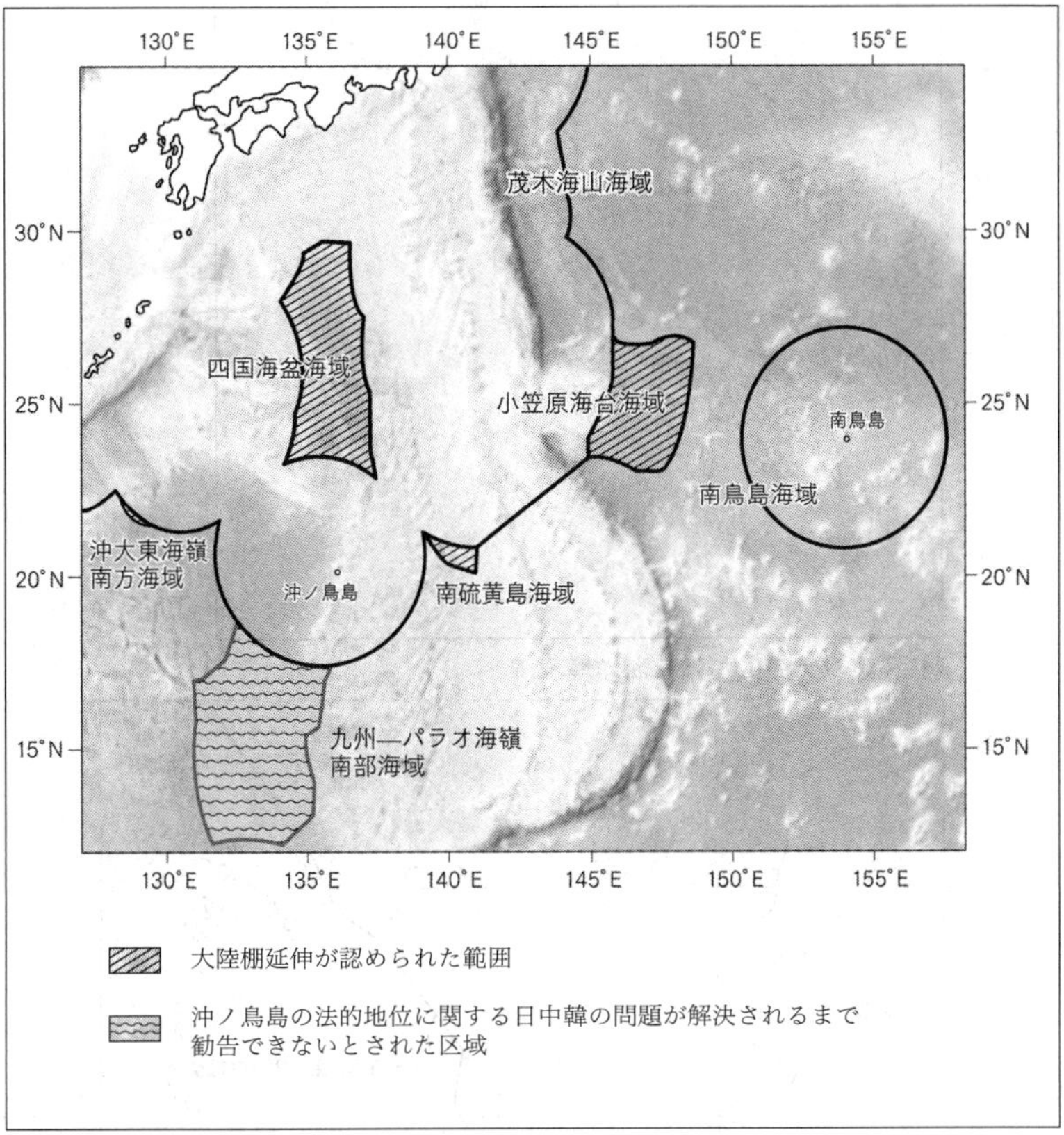

130°E
135°E
140°E
145°E
150°E
155°E
30°N
25°N
20°N
15°N
茂木海山海域
四国海盆海域
小笠原海台海域
南鳥島
南鳥島海域
沖大東海嶺
南方海域
沖ノ鳥島
南硫黄島海域
九州―パラオ海嶺
南部海域
大陸棚延伸が認められた範囲
沖ノ鳥島の法的地位に関する日中韓の問題が解決されるまで
勧告できないとされた区域

17 8　オゾン層破壊物質を規制するモントリオール議定書不遵守手続

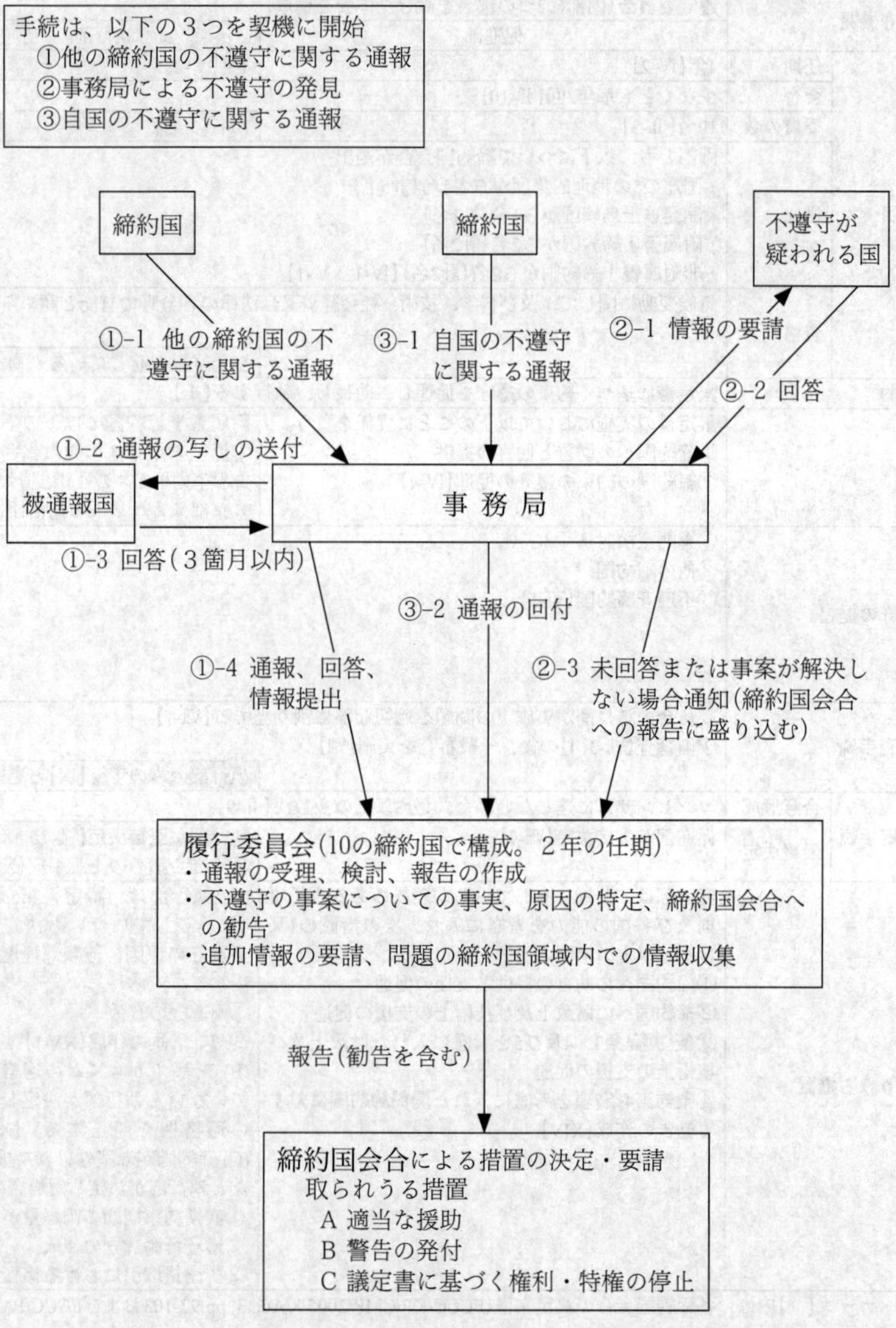

手続は、以下の３つを契機に開始
①他の締約国の不遵守に関する通報
②事務局による不遵守の発見
③自国の不遵守に関する通報
締約国
締約国
不遵守が疑われる国
①-1 他の締約国の不遵守に関する通報
③-1 自国の不遵守に関する通報
②-1 情報の要請
②-2 回答
①-2 通報の写しの送付
被通報国
事 務 局
①-3 回答（３箇月以内）
③-2 通報の回付
①-4 通報、回答、情報提出
②-3 未回答または事案が解決しない場合通知（締約国会合への報告に盛り込む）
履行委員会（10の締約国で構成。２年の任期）
・通報の受理、検討、報告の作成
・不遵守の事案についての事実、原因の特定、締約国会合への勧告
・追加情報の要請、問題の締約国領域内での情報収集
報告（勧告を含む）
締約国会合による措置の決定・要請
取られうる措置
A 適当な援助
B 警告の発付
C 議定書に基づく権利・特権の停止

179 京都議定書およびパリ協定の遵守手続

		京都議定書	
根拠条文		議定書第18条	
手続採択(決定文書)		2005年12月(第1回締約国会合決定27/CMP.1)	
遵守機関		遵守委員会(内部に2つの部会を置き全体会を構成)	
		促進部	執行部
委員	任期	4年【Ⅳ-2】	4年【Ⅴ-2】
	会合	少なくとも毎年2回【Ⅱ-10】	
	委員の数	10名【Ⅱ-3】	10名【Ⅱ-3】
	構成	両部とも、以下について締約国会合が選出 ・国連の5の地理的集団から各1名(計5名) ・開発途上島嶼国から1名(計1名) ・附属書Ⅰ締約国から2名(計2名) ・非附属書Ⅰ締約国から2名(計2名)【Ⅳ-1、Ⅴ-1】	
	資格	気候変動に関して、及び科学、技術、社会経済又は法律の各分野で有能と認められる	法務経験を有している人物
目的		議定書に基づく約束の遵守を促進し、助長し、執行する【Ⅰ】	
任務		議定書の実施において以下のことに責任を負う。 ①締約国への助言と便宜の提供 ②締約国の約束の遵守の促進【Ⅳ-4】	附属書Ⅰ締約国の以下の不遵守 ①温室効果ガスの数量化された ②温室効果ガスの推計と情報提供 ③京都メカニズムの適格性
遵守の提起		①専門家検討チーム ②他の締約国 ③不遵守締約国【Ⅵ-1】	
審査手続		委員会の議長団が実施上の問題を適切な部に割り当てる【Ⅶ-1】 予備審査【Ⅶ-3、4】の後、一般審査を実施【Ⅷ】	執行部のみの手続【Ⅸ】と迅速
決定手続	合意形成	コンセンサスに達しない場合、4分3以上の多数決【Ⅱ-9】	
	最終決定	促進部が直接決定【Ⅷ-7】	執行部が直接決定【Ⅷ-7、Ⅸ-8】 締約国会議への上訴手続【Ⅺ-1】
とりうる措置		促進部は、共通に有しているが差異のある責任原則及び各国の能力を考慮に入れ、次の措置の1又はそれ以上の措置の適用を決定する。 ①締約国への助言の提供と支援の促進 ②締約国への財政上及び技術上の支援の促進 ③条約第4条3、4及び5を考慮に入れた財政上及び技術上の支援の促進 ④条約第4条7項を考慮に入れた関係締約国に対する勧告の作成【XIV】	(A) 執行部は、議定書第5条1若4を遵守していないと決定した不遵守の原因、種類、程度及び用する。 ①不遵守の宣言 ②遵守計画の作成【XV-1】 (B) 京都メカニズムの適格性のていないと執行部が決定した場の適格性を停止する。【XV-4】 (C) 締約国が温室効果ガス排出たと執行部が決定した場合は、 ①次期約束期間の割当量から ②遵守行動計画の作成 ③排出量取引における移転の

注　カッコ【　】内は、各締約国会合の決定文書(FCCC/KP/CMP/2005/8/Add.3, pp.92-103およびFCCC/PA/CMA/

	パリ協定
	協定第15条
	2018年12月(第1回締約国会合決定20/CMA.1)
	実施及び遵守委員会
	3年【Ⅱ-7】
	少なくとも毎年2回【Ⅱ-12】
	12名【Ⅱ-5】
	以下について締約国会合が選出 ・国連の5の地理的集団から各2名(計10名) ・後発開発途上締約国から1名(計1名) ・開発途上島嶼国から1名(計1名)【Ⅱ-5】
人物(個人資格)【Ⅱ-6】 【Ⅴ-3】	気候変動に関して、及び科学、技術、社会経済又は法律の各分野で有能と認められる人物【Ⅱ-5】
	協定の実施及び遵守を促進する【協定第15条1項】
の決定に責任を負う。 排出削減抑制約束 【Ⅴ-4】	締約国からの書面の提出に基づき、協定の規定の実施又は遵守に関する問題を検討する。【Ⅲ-20】
	委員会は、当事国からの書面による提出に基づき、協定の実施及び遵守に関して、検討する。【Ⅲ-20】 委員会は、国内決定拠出金(協定第4条)の未伝達、報告書(協定第13条7項及び9項、又は第9条7項)及び情報伝達の未提出、ならびに進捗状況の促進的な多国間審議への不参加があった場合、当該締約国に対して検討を開始する。【Ⅲ-22】
手続【Ⅹ】	委員会は、提出文書に十分な情報が含まれていることを検証する目的で、提出文書の予備審査を行う。【Ⅲ-21】
	コンセンサスに達しない場合、4分3以上の多数決【Ⅱ-16】
	委員会が直接決定【Ⅲ-30】
しくは2、又は第7条1若しくは 場合、執行部は、当該締約国の 頻度を考慮して、次の措置を適 要件の1又はそれ以上を満たし 合、執行部は、京都メカニズム 削減抑制約束の割当量を超越し 以下の措置を適用する。 1.3倍の排出量控除 適格性の停止【XV-5】	委員会は、実施及び遵守を促進することを目的として、適切な措置を取ることができ、以下のものを含む。 ①資金、技術、能力開発の支援に対するアクセスに関するものを含む課題の特定、勧告、情報共有のための対話 ②課題解決を特定するための支援 ③課題解決に関する勧告 ④行動計画作成の推奨及び作成のための支援 ⑤実施及び遵守に関する事実認定【Ⅳ-30】

2018/3/Add.2, pp.60-65)の章とパラグラフ番号を指す。

1710 パリ協定：各国の2030年目標

国・地域（上位17か国）	温室効果ガス排出量世界シェア（%）[*1]	2030年目標
中国	20.9	(1) CO_2排出量のピークを2030年より前にすることを目指す
		(2) GDP当たりCO_2排出量を-65%以上（2005年比） 一次エネルギー消費に占める非化石燃料の割合を約25% 森林蓄積量を2005年より60億立方メートル増加 風力及び太陽光発電の設備容量を12億キロワット超
米国	17.89	-50～-52%（2005年比）
欧州連合	10.53	-55%以上（1990年比）
ロシア	7.53	1990年排出量の70%（-30%）
インド	4.10	GDP当たり排出量を-45%（2005年比）
日本	3.79	-46%（2013年度比）（さらに、50%の高みに向け、挑戦を続けていく）
ブラジル	2.48	CO_2換算で1.2億t削減（2005年比で-53.1）
カナダ	1.95	-40～-45%（2005年比）
韓国	1.85	-40%（2018年比）
メキシコ	1.70	-35%（BAU比[*3]）（無条件）
		-40%（BAU比）（条件付）
英国	1.55	-68%以上（1990年比）
インドネシア	1.49	-31.89%（BAU比）（無条件）
		-43.2%（BAU比）（条件付）
南アフリカ	1.46	2026年～2030年の年間排出量をCO_2換算で3.5～4.2億tに
オーストラリア	1.46	-43%（2005年比）
トルコ	1.24	最大-41%（BAU比）
アルゼンチン	0.89	排出上限をCO_2換算で年間3.59億t
サウジアラビア	0.80	CO_2換算で2.78億t削減（2019年比）

外務省HP　https://www.mofa.go.jp/mofaj/ic/ch/page1w_000121.htmlを加筆修正

*1 気候変動枠組条約第21回締約国会議最終報告書附属書1に記載されたものであり、パリ協定第21条【効力発生】の目的にのみ使用される各締約国の温室効果ガスの排出量の割合。
*2 パリ協定第3条に基づく「国が決定する貢献（nationally determined contribution）」の略称
*3 「このまま対策を行わない場合（bussiness as usual）」の略。

最新のNDC[*2]提出時期	2050ネットゼロ
2021.10.28	CO_2排出を2060年までにネットゼロ
2021.4.22	表明済み
2023.10.19	表明済み
2020.11.25	2060年ネットゼロ
2022.8.26	2070年ネットゼロ
2021.10.22	表明済み
2023.11.3	表明済み
2021.7.12	表明済み
2021.12.23	表明済み
2022.11.17	表明済み
2022.9.22	表明済み
2022.9.23	2060年ネットゼロ
2021.9.27	表明済み
2022.6.16	表明済み
2023.4.13	2053年ネットゼロ
2021.11.2	表明済み
2021.10.23	2060年ネットゼロ

1711 国際テロリズム関係諸条約の構造

条約番号	条約略称	採択年	対象犯罪行為	正当化の不許容	防止措置・情報提供
—	航空機内犯罪防止条約	1963	航空機内の犯罪(§1)	—	—
11 10	航空機不法奪取防止条約	1970	機内における航空機の不当な奪取又は管理(§1)	—	—
11 12	民間航空不法行為防止条約	1971	航空機を破壊し又はその安全を損なう行為(§1)	—	—
—	空港不法行為防止議定書	1988	武器等を使用して空港の安全を損なう行為(§2)		
10 4	外交官等保護条約	1973	外交官等の身体又は自由を害する行為(§2)	—	§§4・5
11 13	人質をとる行為に関する国際条約	1979	人質をとる行為(§1)	—	§4
11 14※	核物質の防護に関する条約	1980	核物質の無許可取扱い・窃取等、又はそれによる脅迫(§7)	—	—
5 12	海洋航行不法行為防止条約	1988	船舶の不法な奪取・管理、破壊又はその安全を損なう行為(§3)	—	—
—	固定プラットフォーム議定書	1988	固定プラットフォームに対する512の犯罪行為と同種の行為(§2)	—	—
—	プラスチック爆弾探知条約	1991	プラスチック爆弾への識別措置の義務づけ、		
1 6	国連要員等安全条約	1994	国連要員等の身体又は自由を害する行為(§9)	—	§7
11 15	爆弾テロ防止条約	1997	殺人、重大な障害又は重大な経済的損失をもたらす破壊のために爆発させる行為(§2)	§5	—
11 16	テロ資金供与防止条約	1999	テロ行為のために資金を提供又は収集する行為(§2)	§6	§18
11 19	核テロ防止条約	2005	殺人、重大な障害又は実質的な財産若しくは環境損害を引き起こすために放射性物質を取り扱う行為(§2)	§6	§7

※2005年の改正(2016年効力発生)後のテキストを掲出している。本表は改正前の内容に基づく。2005年の改正では政治犯罪性の否定(§11A)が織り込まれている。

裁判権の設定義務	容疑者所在地国の措置	引渡すか訴追するかの義務	引渡犯罪化	政治犯罪性の否定
登録国(§3)	—	—	—	—
登録国･着陸国(§4)	§6	§7	§8	—
属地主義・登録国・着陸国(§5)	§6	§7	§8	—
Ⅱ11の規定を適用				
登録国・属人主義・保護主義(§3)	行為地国への通報(§6)	遅延の禁止§7	§8	—
登録国・属人主義・保護主義(§5)	行為地国・強要対象国・人質の国籍国への通報(§6)	§8	§10・差別の場合の不引渡(§9)	—
登録国・属人主義(§8)	§9	遅延の禁止§10	§11	—
旗国・属地主義・属人主義(§6)	§8	§10	§11	—
自国大陸棚上のプラットフォームでの犯罪･属人主義(§3)	—	5 12の条約の規定を適用		—
識別措置がとられていないプラスチック爆弾の移動・製造の禁止				
属地主義・登録国・属人主義(§10)	行為地国・容疑者の国籍国・被害者の国籍国等への通報(§13)	遅延の禁止§14	§15	—
属地主義・登録国・属人主義(§6)	§7	遅延の禁止§8	§9・差別の場合の不引渡(§12)	§11
属地主義・保護主義・登録国(§7)	§9	遅延の禁止§10	§11・差別の場合の不引渡(§15)	§14
属地主義・登録国・属人主義(§9)	調査義務§10	遅延の禁止§11	§13・差別の場合の不引渡(§16)	§15

[注]　—　はかかる規定が存在しないことを示す。

17 12 国際司法裁判所争訟事件一覧表

番号	事件名	当事者	提訴	判決命令種別
1 2	コルフ海峡	イギリス 対 アルバニア (先決的抗弁判決後、合意付託に変更)	1947. 5. 22	先決的抗弁 判決 1948 ICJ 15
				(管轄権基礎変更) 命令 1948 ICJ 53
				(鑑定人嘱託) 命令 1948 ICJ 124
				本案 判決 1949 ICJ 4
				賠償額査定 命令 1949 ICJ 237
				賠償額査定 判決 1949 ICJ 244
5	漁業	イギリス 対 ノルウェー	1949. 9. 28	(本案) 判決 1951 ICJ 116
6	エジプトにおけるフランス国民及びフランス保護民の保護	フランス 対 エジプト	1949. 10. 13	訴訟打切 命令 1950 ICJ 59
7	庇護[→13、14]	コロンビア ／ ペルー	1949. 10. 15	(本案) 判決 1950 ICJ 266
11	モロッコにおけるアメリカ合衆国国民の権利	フランス 対 アメリカ合衆国	1950. 10. 28	(先決的抗弁打切) 命令 1951 ICJ 109
				(本案) 判決 1952 ICJ 176
13	庇護事件における1950年11月20日判決の解釈[→7、14]	コロンビア ／ ペルー	1950. 11. 20	(解釈) 判決 1950 ICJ 395
14	アヤ・デ・ラ・トーレ[→7、13]	コロンビア ／ ペルー	1950. 12. 13	(本案) 判決 1951 ICJ 71
15	アムバティエロス	ギリシャ 対 イギリス	1951. 4. 9	先決的抗弁 判決 1952 ICJ 28
				本案：仲裁義務 判決 1953 ICJ 10
16	アングロ・イラニアン石油会社	イギリス 対 イラン	1951. 5. 26	仮保全措置指示要請 命令 1951 ICJ 89
				先決的抗弁 判決 1952 ICJ 93

判決命令日	要　　旨
1948. 3. 25 管轄権確認	アルバニアは、国連非加盟国であり、裁判所規程の非当事国であったが、紛争を裁判所に付託すべきであるという安全保障理事会の勧告(決議22(1947))を受諾し、かつ出廷の意思を明らかにしており、管轄権受諾を行ったと認められる(応訴管轄)。
1948. 3. 26	1948年3月26日、イギリスとアルバニアは付託合意を締結し、裁判所に通告した。この付託合意が、これ以降の裁判管轄権の基礎を構成する。訴答書面提出期限は、1948年3月25日判決通りであることを確認。
1948. 12. 17	ノルウェー、スウェーデン、オランダ海軍軍人から成る鑑定委員会を構成。機雷敷設の状況、掃海活動の効果、損害の状況等について報告書を作成するよう要請。
1949. 4. 9	軍艦も国際海峡では無害通航権を有する。イギリス軍艦の触雷に関し、アルバニアは機雷の存在を通告する義務に違反したため国家責任を負う。触雷後の掃海につき、イギリスは、アルバニアの主権を侵害した。
1949. 11. 19	イギリス軍艦が被った損害に関しイギリスが提出した賠償額について、査定を行うために、オランダ海軍軍人2名に、鑑定を嘱託。鑑定人に対し、賠償額査定報告書の提出を要請。
1949. 12. 15	アルバニアは管轄権を争い、裁判所に出廷しなかったが、管轄権を確認した判決は拘束力を有し、この問題は既判事項となっている。鑑定人の報告にしたがい、イギリスの請求額をそのまま認容する。
1951. 12. 18	海岸の一般的方向と離れておらず、陸地と密接な関連があれば、直線基線を引くことができる。基線の長さは10カイリに限定されない。ノルウェーの基線に対し、他国の反対はなく、黙認があり、国際法上有効。
1950. 3. 29	フランス国民及び保護民の身体、財産、権利、利益に対してエジプト政府がとっていた措置が撤回されたため、フランスは提訴を取り下げ。エジプト政府が異議を申し立てなかったため、訴訟打ち切り。総件名簿より削除。
1950. 11. 20	外交的庇護は、領域国の主権侵害を含んでいる。ラテンアメリカにおいても地域的慣習法として認められていない。ハバナ条約第2条2項では緊急な場合に限って庇護を認めているが、本件では緊急性がなく同条違反。
1951. 10. 31	アメリカ合衆国が、先決的抗弁を取り下げた。フランスが、アメリカ合衆国の先決的抗弁取り下げに異議を申し立てない旨通告。先決的抗弁手続を打ち切り、本案手続を再開する。
1952. 8. 27	フランスの保護国であるモロッコにおいてもフランスの経済的特権は認められず、最恵国条項に基づく待遇をアメリカ合衆国に与えねばならない。しかしアメリカ合衆国は自国民が被告となる事件に関し領事裁判権を有しない。
1950. 11. 27	コロンビアは、アヤ・デ・ラ・トーレの引き渡し義務について解釈を求めたが、この問題は前判決(第7事件)でふれていない新たな問題であり、裁判所規程第60条が定める判決の解釈にあたらない。これに関し当事者間に紛争もない。
1951. 6. 13	コロンビアは、アヤ・デ・ラ・トーレをペルーに引き渡す義務を有していないが、庇護を終了させる義務を有する。庇護の終了方法については、裁判所が助言を与えることはできない。司法機能と相容れないからである。
1952. 7. 1 管轄権確認	1926年条約は仲裁機関としてPCIJをあげているが、同条約の発効前に生じた本件紛争について遡及的に適用することはできない。1886年条約に基づき、紛争の仲裁付託義務の存否について裁判所は決定する管轄権を有する。
1953. 5. 19	1886年条約第10条の最恵国条項及び同第15条の「裁判所を自由に利用することができる」という規定について両当事者間で紛争が存在しており、本件は1886年条約に基づく請求として認められ、仲裁裁判付託義務が存在する。
1951. 7. 5 仮措置指示	イランによる国有化措置に対するイギリスの請求は、裁判管轄権の外にあるということはできない。他方当事者の権利を害したり、紛争を悪化させるような行為を行ってはならない。会社の操業は維持されるべきである。
1952. 7. 22 抗弁認容	イランの1932年選択条項受諾宣言は、宣言受諾後に締結された条約の適用に関する紛争についてのみ管轄権を設定。1933年利権協定は、一国政府と一企業との契約であって、二国間の条約ではない。管轄権なし。

番号	事　件　名	当　事　者	提　訴	判決命令種別
17	マンキエ及びエクレオ	フランス　／　イギリス	1951. 12. 5	(本案) 判決 1953 ICJ 47
18	ノッテボーム	リヒテンシュタイン　対 グアテマラ	1951. 12. 17	先決的抗弁 判決 1953 ICJ 111 第二段階 判決 1955 ICJ 4
19	1943年にローマから持ち去られた貨幣用金	イタリア　対　フランス、 イギリス、アメリカ合衆国	1953. 5. 19	先決的問題 判決 1954 ICJ 19
20	ベイルート電気会社	フランス　対　レバノン	1953. 8. 14	(訴訟打切) 命令 1954 ICJ 107
22	ハンガリーにおけるアメリカ合衆国の航空機と乗組員の取り扱い	アメリカ合衆国　対 ハンガリー	1954. 3. 3	(訴訟中止) 命令 1954 ICJ 99
23	ハンガリーにおけるアメリカ合衆国の航空機と乗組員の取り扱い	アメリカ合衆国　対　ソ連	1954. 3. 3	(訴訟中止) 命令 1954 ICJ 103
25	1953年3月10日の航空機事件	アメリカ合衆国　対 チェコスロバキア	1955. 3. 29	(訴訟中止) 命令 1956 ICJ 6
26	南極大陸	イギリス　対　アルゼンチン	1955. 5. 4	(訴訟中止) 命令 1956 ICJ 12
27	南極大陸	イギリス　対　チリ	1955. 5. 4	(訴訟中止) 命令 1956 ICJ 15
28	1952年10月7日の航空機事件	アメリカ合衆国　対　ソ連	1955. 6. 2	(訴訟中止) 命令 1956 ICJ 9
29	ノルウェー公債	フランス　対　ノルウェー	1955. 7. 6	(管轄権本案併合) 命令 1956 ICJ 73 (先決的抗弁) 判決 1957 ICJ 9
32	インド領通行権	ポルトガル　対　インド	1955. 12. 22	先決的抗弁 判決 1957 ICJ 125 (本案) 判決 1960 ICJ 6
33	未成年者の後見に関する1902年条約の適用	オランダ　対　スウェーデン	1957. 7. 10	(本案) 判決 1958 ICJ 55
34	インターハンデル	スイス　対　アメリカ合衆国	1957. 10. 1	仮保全措置指示要請 命令 1957 ICJ 105

判決命令日	要　　　　　　旨
1953. 11. 17	相対立する証拠のうち相対的に信憑性のある証拠によって決定する。封地授与という権原は、実効的占有がなければ、法的効果を有しない。イギリスが長年、司法・地方行政・立法を実施しており、イギリスの領有を認める。
1953. 11. 18 管轄権確認	グアテマラの選択条項受諾宣言は、5年間の期限が付されており、提訴日から数週間後の1952年1月26日に失効したが、宣言が提訴日に有効であったので、裁判所は、管轄権を行使できる(ノッテボーム・ルール)。
1955. 4. 6 受理不可能	国籍の付与は国内管轄事項であるが、外交的保護権の有無は国際法が決定する。ノッテボームは、リヒテンシュタインに帰化したが、真正な結合関係は存在せず、原告は、外交的保護権を有していない。請求却下。
1954. 6. 16 抗弁認容	原告が先決的抗弁を提出。アルバニア通貨用金塊に対するイタリアの請求権の有無を決定するためには、まず、アルバニアがイタリアに対して損害を発生させたかどうかを決定しなければならないが、アルバニアの参加がない以上決定不可能。
1954. 7. 29	レバノン政府がベイルート電気会社に与えていたコンセッションをめぐる紛争は、当事者による解決を見たため、訴訟打ち切り。総件名簿より削除。
1954. 7. 12	アメリカ合衆国は、ハンガリーが裁判管轄権を受諾していないのを知りつつ、訴訟を提起し、管轄権受諾を勧誘したが、ハンガリーはこれを受け入れなかったため、訴訟続行は不可能。総件名簿より削除。
1954. 7. 12	アメリカ合衆国は、ソ連が裁判管轄権を受諾していないのを知りつつ、訴訟を提起し、管轄権受諾を勧誘したが、ソ連はこれを受け入れなかったため、訴訟続行は不可能。総件名簿より削除。
1956. 3. 14	アメリカ合衆国は、チェコスロバキアが裁判管轄権を受諾していないのを知りつつ、訴訟を提起し、管轄権受諾を勧誘したが、チェコスロバキアはこれを受け入れなかったため、訴訟続行は不可能。総件名簿より削除。
1956. 3. 16	イギリスは、アルゼンチンが裁判管轄権を受諾していないのを知りつつ、訴訟を提起し、管轄権受諾を勧誘したが、アルゼンチンはこれを受け入れなかったため、訴訟続行は不可能。総件名簿より削除。
1956. 3. 16	イギリスは、チリが裁判管轄権を受諾していないのを知りつつ、訴訟を提起し、管轄権受託を勧誘したが、チリはこれを受け入れなかったため、訴訟続行は不可能。総件名簿より削除。
1956. 3. 14	アメリカ合衆国は、ソ連が裁判管轄権を受諾していないのを知りつつ、訴訟を提起し、管轄権受諾を勧誘したが、ソ連はこれを受け入れなかったため、訴訟続行は不可能。総件名簿より削除。
1956. 9. 28	フランスが、先決的抗弁を本案に併合することを要請。ノルウェーは、先決的抗弁を維持しつつ、フランスの併合要請に異議を申し立てない旨通告。先決的抗弁を本案に併合することを認める。
1957. 7. 6	フランスの選択条項受諾宣言には、「フランスの判断により本質的に国内管轄に属する事項」を除外する留保が付されていた。ノルウェーが相互主義に基づきこれを援用したため、裁判所は管轄権なし。
1957. 11. 26 管轄権確認	ポルトガルの選択条項受諾宣言には、一方的廃棄の留保が付されていたが、ひとたび訴訟が開始された以上、裁判管轄権を奪うことはできない。事務総長への受諾宣言寄託3日後の提訴であっても、管轄権は有効。
1960. 4. 12	インド領内にあるポルトガルの飛び地への自由な通行を認める慣行が存在している。ただし、軍隊や武装警官等は通行権を有しない。通行権は、インドの主権行使に従属し、インドは通行を規制する権限を有する。
1958. 11. 28	1902年後見条約は、後見に関する法の抵触を解決するためのものである。保護教育を命じたスウェーデンの青少年保護法は、属地的適用のみがあるものであり、後見条約の対象外である。
1957. 10. 24 仮措置却下	アメリカ合衆国は、敵国財産として接収したインターハンデル社の財産(アメリカ合衆国企業の株)の売却または処分を、国内裁判所の最終的な決定まで行う意図がないので、その中止を求める仮保全措置は現在必要がない。

番号	事件名	当事者	提訴	判決命令種別
34	インターハンデル	スイス 対 アメリカ合衆国	1957. 10. 1	先決的抗弁 判決 1959 ICJ 6
35	1955年7月27日の航空機事件	イスラエル 対 ブルガリア	1957. 10. 16	先決的抗弁 判決 1959 ICJ 127
36	1955年7月27日の航空機事件	アメリカ合衆国 対 ブルガリア	1957. 10. 28	(訴訟打切) 命令 1960 ICJ 146
37	1955年7月27日の航空機事件	イギリス 対 ブルガリア	1957. 11. 22	(訴訟打切) 命令 1959 ICJ 264
38	国境地方に対する主権	ベルギー ／ オランダ	1957. 11. 27	(本案) 判決 1959 ICJ 209
39	1906年12月23日にスペイン国王が下した仲裁裁判判決	ホンジュラス 対 ニカラグア	1958. 7. 1	(本案) 判決 1960 ICJ 192
40	1954年9月4日の航空機事件	アメリカ合衆国 対 ソ連	1958. 8. 22	(訴訟中止) 命令 1958 ICJ 158
41	バルセロナ・トラクション電力会社[→50]	ベルギー 対 スペイン	1958. 9. 23	(訴訟打切) 命令 1961 ICJ 9
42	ベイルート港湾埠頭及び倉庫会社並びにラジオ・オリアン会社	フランス 対 レバノン	1959. 2. 13	(訴訟打切) 命令 1960 ICJ 186
44	1954年11月7日の航空機事件	アメリカ合衆国 対 ソ連	1959. 7. 7	(訴訟中止) 命令 1959 ICJ 276
45	プレア・ビヘア寺院[→151]	カンボジア 対 タイ	1959. 10. 6	先決的抗弁 判決 1961 ICJ 17
				本案 判決 1962 ICJ 6
46 47	南西アフリカ	エチオピア 対 南アフリカ リベリア 対 南アフリカ	1960. 11. 4	(訴訟併合) 命令 1961 ICJ 13
				先決的抗弁 判決 1962 ICJ 319
				第二段階 判決 1966 ICJ 6
48	北カメルーン	カメルーン 対 イギリス	1961. 5. 30	先決的抗弁 判決 1963 ICJ 15
50	バルセロナ・トラクション電力会社[→41]	ベルギー 対 スペイン	1962. 6. 19 (新提訴)	先決的抗弁 判決 1964 ICJ 6

判決命令日	要　　　　旨
1959. 3. 21 抗弁認容	国内救済完了は国際法上確立した原則である。スイスの請求は、アメリカ合衆国により接収されたスイス国民の財産の返還を求めるものであり、国内救済完了が必要。アメリカ合衆国の国内裁判所で係属中のため、受理不可能。
1959. 5. 26 抗弁認容	ブルガリアは、PCIJの選択条項受諾を宣言していた。しかし、裁判所規程第36条5項にしたがいICJへ管轄権の移行が認められるのは、国連憲章及び裁判所規程の原署名国のみである。非署名国ブルガリアに対し管轄権なし。
1960. 5. 30	ブルガリアにより打ち落とされた航空機に乗っていたアメリカ合衆国国民の損害賠償に関し、アメリカ合衆国が訴訟の取り下げを申請。ブルガリアが異議を申し立てない旨通告したため、訴訟打ち切り。総件名簿より削除。
1959. 8. 3	ブルガリアにより打ち落とされた航空機に乗っていたイギリス国民の損害賠償に関し、イギリスが訴訟の取り下げを申請。ブルガリアが異議を提出しなかったため黙認を推定し、訴訟打ち切り。総件名簿より削除。
1959. 6. 20	係争地域である飛び地についてベルギーへの帰属を国境協定が定めている。協定付属議事録と地区議事録に齟齬があっても、協定自体は有効。係争地域でのオランダの行政行為もベルギーの主権を否定しない。
1960. 11. 18	仲裁裁判官の選任は、仲裁裁判条約の規定に合致していた。ニカラグアは、行態を通じて、仲裁裁判判決の有効性を認めた。仲裁裁判官に、権限踰越、錯誤、判決理由の不備及び不明瞭は存在せず、仲裁裁判判決は有効。
1958. 12. 9	アメリカ合衆国は、ソ連が裁判管轄権を受諾していないのを知りつつ、訴訟を提起し、管轄権受諾を勧誘したが、ソ連はこれを受け入れなかったため、訴訟続行は不可能。総件名簿より削除。
1961. 4. 10	バルセロナ・トラクション電力会社に関し、ベルギーが訴訟の取り下げを申請。スペインが異議を申し立てない旨通告したため、訴訟打ち切り。総件名簿より削除。
1960. 8. 31	レバノンとの和解の成立及び紛争の消滅をフランスが裁判所に通告。レバノンも紛争解決に関する両国の協定を裁判所に送付。総件名簿より削除。
1959. 10. 7	アメリカ合衆国は、ソ連が裁判管轄権を受諾していないのを知りつつ、訴訟を提起し、管轄権受諾を勧誘したが、ソ連はこれを受け入れなかったため、訴訟続行は不可能。総件名簿より削除。
1961. 5. 26 管轄権確認	タイの1950年選択条項受諾宣言は、PCIJに対して行った1929年選択条項受諾宣言を更新するものとしているが、ICJの管轄権を受諾する旨のものであり、第35事件(イスラエル対ブルガリア)判決は適用されない。
1962. 6. 15	1904年国境条約によれば、国境線は分水嶺と規定されていた。1908年地図の国境線は分水嶺と一致していなかった。地図は法的拘束力を有しないが、タイは地図の効力を黙示的に承認してきた。地図通り、寺院はカンボジア領。
1961. 5. 20	エチオピア(第46事件)とリベリア(第47事件)の請求内容及び請求書、ならびに申述書は、ほぼ同じものであり、両国は同一の訴訟利益を有するものと認定し、二つの訴訟を併合する。
1962. 12. 21 管轄権確認	委任状は、受任国と国際連盟理事会との間の国際条約であり、連盟が消滅しても依然有効である。連盟加盟国が受任国を提訴できるのは、司法的保護を確保するためのものであり、連盟解散の影響を受けない。
1966. 7. 18 受理不可能	訴訟には、義務違反の存在だけではなく、法益侵害が必要である。委任状には、行為規定と特別利益規定が存在し、後者についてのみ連盟加盟国は法益を有する。本件は行為規定に関わるもので、原告に法益なし。
1963. 12. 2 抗弁認容	北カメルーンがナイジェリアに併合されることについて、信託統治協定をめぐる法的紛争が存在する。原告は、受任国であった被告の協定違反の宣言的判決を求めているが、協定の終了により訴訟の目的を失った。
1964. 7. 24 管轄権確認	一度訴訟を取り下げたとしても、同一内容で新たな提訴可能。1927年条約は、PCIJへの付託を規定しているが、この規定は現在も有効であり、ICJと読み替えることが可能。第35事件は選択条項に関するもので、裁判条項に基づく本件とは無関係。

番号	事件名	当事者	提訴	判決命令種別
50	バルセロナ・トラクション電力会社[→41]	ベルギー　対　スペイン	1962. 6. 19 (新提訴)	第二段階 判決 1970 ICJ 3
51 52	北海大陸棚	西ドイツ　／　デンマーク 西ドイツ　／　オランダ	1967. 2. 20	(訴訟併合) 命令 1968 ICJ 9
				(本案) 判決 1969 ICJ 3
54	ICAO理事会の管轄権に関する上訴	インド　対　パキスタン	1971. 8. 30	(本案) 判決 1972 ICJ 46
55	漁業管轄権	イギリス　対　アイスランド	1972. 4. 14	仮保全措置指示要請 命令 1972 ICJ 12
				裁判管轄権 判決 1973 ICJ 3
				仮保全措置継続 命令 1973 ICJ 302
				本案 判決 1974 ICJ 3
56	漁業管轄権	西ドイツ　対　アイスランド	1972. 6. 5	仮保全措置指示要請 命令 1972 ICJ 30
				裁判管轄権 判決 1973 ICJ 49
				仮保全措置継続 命令 1973 ICJ 313
				本案 判決 1974 ICJ 175
58	核実験	オーストラリア　対　フランス	1973. 5. 9	仮保全措置指示要請 命令 1973 ICJ 99
				訴訟参加申請 命令 1973 ICJ 320
				(受理可能性) 判決 1974 ICJ 253
				訴訟参加申請 命令 1974 ICJ 530
59	核実験[→97]	ニュージーランド　対　フランス	1973. 5. 9	仮保全措置指示要請 命令 1973 ICJ 135
				訴訟参加申請 命令 1973 ICJ 324

判決命令日	要　旨
1970. 2. 5 受理不可能	ベルギーは、カナダで設立された会社のベルギー人株主のために外交的保護権の行使を行うが、株主の権利が直接侵害された場合を除き、会社の解散、会社の訴訟能力欠如といった場合以外には外交的保護権の行使は不可能。
1968. 4. 26	1967年付託合意附属議定書によれば、デンマーク(第51事件)とオランダ(第52事件)は同一の訴訟利益を有し、特別選任裁判官の選任については一当事者として扱い、三国は訴訟の併合を求めることとされていた。二つの訴訟を併合する。
1969. 2. 20	大陸棚に対する沿岸国の権利は、単なる近接性ではなく、領土の自然の延長を基礎とする。大陸棚条約第6条2項の等距離原則は、留保に服するものであり、慣習法ではない。衡平原則にしたがって境界画定されるべきである。
1972. 8. 18 仮措置指示	ICAO理事会の決定に対するICJへの上訴に関し、インドが国際民間航空条約の運用停止を主張していても、同条約中の裁判条項を援用することは可能。条約の解釈適用に関し紛争が存在し、ICAO理事会は管轄権を有する。
1972. 8. 17	紛争を激化させる行為、本案判決を害する行為を行ってはならない。アイスランドは、12カイリを越える水域で行政的・司法的措置をとってはならない。イギリスの漁獲は年間17万トン以下であること。
1973. 2. 2 管轄権確認	アイスランド欠席のため、裁判所規程第53条に基づき職権により管轄権確認。1961年交換公文は、自由な交渉の結果締結されたもので、武力による威嚇は立証されなかった。事情変更原則も適用ない。交換公文により管轄権確認。
1973. 7. 12 仮措置継続	1972年8月17日の仮保全措置指示命令は、裁判所が終局判決を下すまで継続して効力を有するものとする。
1974. 7. 25	沿岸漁業に特に依存する被告は優先的漁業権を有する。被告の50カイリ漁業水域は、他国を一方的に排除する対抗力を有しない。イギリスは、歴史的漁業権を有する。漁業資源の衡平な利用のために交渉すべきである。
1972. 8. 17 仮措置指示	紛争を激化させる行為、本案判決を害する行為を行ってはならない。アイスランドは、12カイリを越える水域で行政的・司法的措置をとってはならない。西ドイツの漁獲は、年間11万9千トン以下であること。
1973. 2. 2 管轄権確認	アイスランド欠席のため、裁判所規程第53条に基づき職権により管轄権確認。1961年交換公文は、自由な交渉の結果締結されたもので、武力による威嚇は立証されなかった。事情変更原則も適用ない。交換公文により管轄権確認。
1973. 7. 12 仮措置継続	1972年8月17日の仮保全措置指示命令は、裁判所が終局判決を下すまで継続して効力を有するものとする。
1974. 7. 25	沿岸漁業に特に依存する被告は優先的漁業権を有する。被告の50カイリ漁業水域は、他国を一方的に排除する対抗力を有しない。西ドイツは、歴史的漁業権を有する。漁業資源の衡平な利用のために交渉すべきである。
1973. 6. 22 仮措置指示	紛争を激化させる行為、他方当事者の権利を害する行為を行ってはならない。特にフランスは、オーストラリア領域に放射能を降下させるような核実験を行ってはならない。
1973. 7. 12	1973年5月16日フィジーが裁判所規程第62条に基づき訴訟参加を申請。訴訟参加の前提として、裁判所が本案管轄権及び受理可能性を確認することが必要である。それまで、訴訟参加の許可について決定を延期する。
1974. 12. 20 受理不可能	フランスは、1975年以降、大気圏内核実験を中止する宣言を行った。一方的宣言により、国際義務の引き受けを行ったのである。信義誠実原則により義務の履行が要請される。そのため原告の請求目的は消滅した。
1974. 12. 20 参加却下	原告の請求目的消滅のため、フィジーの訴訟参加申請は意味がない。
1973. 6. 22 仮措置指示	紛争を激化させる行為、他方当事者の権利を害する行為を行ってはならない。特にフランスは、ニュージーランド領域に放射能を降下させるような核実験を行ってはならない。
1973. 7. 12	1973年5月16日フィジーが裁判所規程第62条に基づき訴訟参加を申請。訴訟参加の前提として、裁判所が本案管轄権及び受理可能性を確認することが必要である。それまで、訴訟参加の許可について決定を延期する。

番号	事　件　名	当　事　者	提　訴	判決命令種別
59	核実験[→97]	ニュージーランド 対 フランス	1973. 5. 9	(受理可能性) 判決 1974 ICJ 457
				訴訟参加申請 命令 1974 ICJ 535
60	パキスタン人捕虜裁判	パキスタン　対　インド	1973. 5. 11	仮保全措置指示要請 命令 1973 ICJ 328
				(訴訟打切) 命令 1973 ICJ 347
62	エーゲ海大陸棚	ギリシャ　対　トルコ	1976. 8. 10	仮保全措置指示要請 命令 1976 ICJ 3
				裁判管轄権 判決 1978 ICJ 3
63	大陸棚[→71]	チュニジア　／　リビア	1978. 12. 1	訴訟参加申請 判決 1981 ICJ 3
				(本案) 判決 1982 ICJ 18
64	テヘランにおけるアメリカ合衆国の外交領事職員	アメリカ合衆国　対　イラン	1979. 11. 29	仮保全措置指示要請 命令 1979 ICJ 7
				(管轄権・本案) 判決 1980 ICJ 3
				(訴訟打切) 命令 1981 ICJ 45
67	メイン湾海洋境界画定	カナダ　／　アメリカ合衆国	1981. 11. 25	小法廷構成 命令 1982 ICJ 3
				鑑定人嘱託 命令[小法廷] 1984 ICJ 165
				本案 判決[小法廷] 1984 ICJ 246
68	大陸棚	リビア　／　マルタ	1982. 7. 26	訴訟参加申請 判決 1984 ICJ 3
				(本案) 判決 1985 ICJ 13
69	国境紛争	ブルキナファソ　／　マリ	1983. 10. 20	小法廷構成 命令 1985 ICJ 6

判決命令日	要　　　旨
1974. 12. 20 受理不可能	フランスは、1975年以降、大気圏内核実験を中止する宣言を行った。一方的宣言により、国際義務の引き受けを行ったのである。信義誠実原則により義務の履行が要請される。そのため原告の請求目的は消滅した。
1974. 12. 20 参加却下	原告の請求目的消滅のため、フィジーの訴訟参加申請は意味がない。
1973.　7. 13 仮措置却下	パキスタンが、請求に関わる交渉をインドと開始する旨通告し、さらに仮保全措置手続の延期を要請した。仮保全措置は緊急事項として取り扱われるが、このような状況下では、緊急性がないものと判断する。
1973. 12. 15	1973年8月28日、当事者間で和解が成立。パキスタンが訴訟の取り下げを裁判所に通告。インドも、取り下げに同意する旨を裁判所に通告したため、総件名簿より削除。
1976.　9. 11 仮措置却下	被告による天然資源探査は、天然資源に関する原告の情報入手権を害するとしても、賠償が可能であり、回復不可能な損害を発生させない。安保理が平和的解決を求める決議395(1976)を採択したため、仮保全措置は不要。
1978. 12. 19 管轄権否定	国際紛争平和的処理一般議定書には、原告が領土状態に関する留保を付しており、この留保は大陸棚に関する紛争に適用される。1975年両国首相によるコミュニケは、合意付託をめざすもので一方的付託を認めるものでない。
1981.　4. 14 参加却下	1981年1月30日マルタが裁判所規程第62条に基づき訴訟参加を申請。マルタは、リビアとチュニジアに対抗する形で参加要請を行っているが、この裁判によって影響を受ける法的利害関係を有するものと認められない。
1982.　2. 24	自然の延長は、隣接国間の境界画定には必ずしも適切に機能しない。衡平原則は、結果における衡平を求めるもので、国際法の一部である。関連事情として、両国が事実上認めた線を評価。さらに半分効果も適用。
1979. 12. 15 仮措置指示	被告欠席にもかかわらず仮保全措置の指示は可能。被告は、大使館・領事館の不可侵及び人質の解放を保証し、並びに外交・領事職員に対する特権免除を付与すること、両国は紛争を激化させる行動をとらないことを命令。
1980.　5. 24	安保理に係属していても裁判所は審理可能。管轄権確認。被告は防止義務違反だけでなく、大使館占拠という私人の行為を容認するという国家の行為を通して、外交・領事関係に関する国際法違反の責任を負う。
1981.　5. 12	当事者間で和解が成立し、原告が取り下げを申請。ただし、原告は、被告が和解を無視し人質解放を行わない場合における再提訴の権利を留保した。しかし裁判所は通常の取り下げのみ認容可能であることを通告し、原告了承。訴訟打ち切り。
1982.　1. 20	当事者間の付託合意にしたがった要請に基づき、5人の裁判官から成る小法廷をつくることを決定し、当事者が選出した者を裁判官として宣言する。その内の1人の裁判官は、カナダが特別選任裁判官を任命した後、交代する。
1984.　3. 30	両当事者は、付託合意に基づき、連名の書簡により、イギリス海軍退役軍人を鑑定人として嘱託することを小法廷に要請。海洋境界の線引きに関する専門的な事項について援助を与えるよう、要請通り嘱託する。
1984. 10. 12	大陸棚とEEZとの境界を画定する単一の線引きを求められているので、両者を衡平に分割する線が必要。地理的基準に照らして幾何学的方法が採用される。一本の直線での分割は不可能で、区域を分けて線引き。
1984.　3. 21 参加却下	1983年10月24日イタリアが裁判所規程第62条に基づき訴訟参加を申請。イタリアの申請を認めると、イタリアの大陸棚に対する権利の確認を行わねばならず、新たな紛争を導入することになる。イタリアは法的利害関係を有さない。
1985.　6.　3	イタリアの権利が影響を受けない区域のみ検討。EEZは慣習国際法であり大陸棚にも距離基準を適用。ただし中間線は義務的でない。衡平な結果を求める衡平原則の適用の際、関連事情として海岸線の長さを考慮。
1985.　4.　3	当事者間の付託合意にしたがった要請に基づき、5人の裁判官から成る小法廷をつくることを決定する。その内の2人の裁判官は、両国の特別選任裁判官とし、選出した裁判官を宣言する。

番号	事件名	当事者	提訴	判決命令種別
69	国境紛争	ブルキナファソ ／ マリ	1983. 10. 20	仮保全措置指示要請 命令[小法廷] 1986 ICJ 3
				(本案) 判決[小法廷] 1986 ICJ 554
				鑑定人嘱託 命令[小法廷] 1987 ICJ 7
70	ニカラグアに対する軍事活動及び準軍事活動	ニカラグア 対 アメリカ合衆国	1984. 4. 9	仮保全措置指示要請 命令 1984 ICJ 169
				訴訟参加宣言 命令 1984 ICJ 215
				管轄権・受理可能性 判決 1984 ICJ 392
				本案 判決 1986 ICJ 14
				(訴訟打切) 命令 1991 ICJ 47
71	大陸棚事件における1982年2月24日判決の再審及び解釈の請求[→63]	チュニジア 対 リビア	1984. 7. 27	(再審・解釈) 判決 1985 ICJ 192
73	国境及び越境武力行動	ニカラグア 対 コスタリカ	1986. 7. 28	(訴訟打切) 命令 1987 ICJ 182
74	国境及び越境武力行動	ニカラグア 対 ホンジュラス	1986. 7. 28	仮保全措置指示要請 命令 1988 ICJ 9
				管轄権・受理可能性 判決 1988 ICJ 69
				(訴訟打切) 命令 1992 ICJ 222
75	陸・島及び海洋境界紛争[→127]	エルサルバドル ／ ホンジュラス (ニカラグア参加)	1986. 12. 11	小法廷構成 命令 1987 ICJ 10
				小法廷構成 命令 1989 ICJ 162
				訴訟参加申請 命令 1990 ICJ 3
				訴訟参加 判決[小法廷] 1990 ICJ 92
				(本案) 判決[小法廷] 1992 ICJ 351

判決命令日	要　　　旨
1986. 1. 10 仮措置指示	当事者双方が仮保全措置指示を要請。1985年の停戦について合意した際、撤退問題は首脳会議まで延期することに決定したが、紛争の激化防止のため軍隊の撤退は必要。紛争の激化防止を唯一の目的として仮保全措置を指示。
1986. 12. 22	ウティ・ポシデティスは独立達成時の境界線を尊重するという規則であり、アフリカでも適用可能な一般的適用のある規則である。権原と実効性が不一致の場合は権原が優先。権原が不明確な場合に実効性が機能。
1987. 4. 9	付託合意にしたがい裁判所判決を1年以内に実施するため、国境線の具体的線引き作業を補佐する3人の鑑定人を嘱託するよう当事者が要請。要請に応じ、鑑定人を嘱託。
1984. 5. 10 仮措置指示	アメリカ合衆国は、ニカラグアの港湾における機雷敷設を中止すること、ニカラグアの主権を侵害しないこと、両国は、紛争を激化する行動、相手方の権利を侵害するおそれのある行動をとらないことを命令。
1984. 10. 4 参加却下	1984年8月15日エルサルバドルが裁判所規程第63条に基づき訴訟参加を申請。申請書は本案に関する問題もふれているが、訴訟の現段階は管轄権・受理可能性に関するものであるため、申請に関する口頭弁論を行うことなく、却下する。
1984. 11. 26 管轄権確認	原告はPCIJ規程署名議定書の批准書を寄託していないが、選択条項受諾宣言は有効。被告の1984年受諾宣言修正通告は、宣言の半年前予告条項を無視するもの。安保理に係属中でも審理可能。現在進行中の武力紛争であっても第64事件の先例に従い裁判可能。
1986. 6. 27	被告の多数国間紛争留保が作用。慣習法等は適用可能。集団的自衛権の行使には被害国の要請が必要。原告によるエルサルバドル反政府軍への武器供与があっても集団的自衛権を正当化する武力攻撃に該当しない。被告による機雷敷設等は国際法違反。
1991. 9. 26	1986年判決において、被告が機雷敷設等に関し武力行使禁止義務・主権尊重義務に違反し、損害賠償義務を負うことを判示したが、損害賠償額の決定については係属中であった。原告が取り下げを申請し、被告了承。総件名簿より削除。
1985. 12. 10	原告はリビア閣僚評議会決議という新事実を提出し、第63事件の再審を求めたが、その事実を知らなかったのは原告の過失。解釈に関する管轄権は裁判所規程第60条から直接由来。しかし1982年判決に追加すべきものはない。請求棄却。
1987. 8. 19	1987年8月7日中米5カ国大統領によりエスキプラスII協定が締結され、ニカラグアは訴訟取り下げを申請。コスタリカは訴訟取り下げに異議を申し立てない旨通告。総件名簿より削除。
1988. 3. 31	1988年3月21日ニカラグアが仮保全措置指示を要請したが、要請の取り下げを申請。取り下げを記録する。
1988. 12. 20 管轄権確認	ボゴタ規約第31条は、裁判所規程第36条2項にしたがってICJへの紛争付託を規定しているが、被告の選択条項受諾宣言に付された留保は、ボゴタ規約第31条の裁判付託義務に適用されない。規約第31条は独自に管轄権を設定しているものであるから。
1992. 5. 27	両国が善隣関係を強化する協定を裁判外で締結したため、原告は訴訟の取り下げを申請。被告は、訴訟取り下げに異議を申し立てない旨通告。総件名簿より削除。
1987. 5. 8	当事者間の付託合意にしたがった要請に基づき、3人のICJ判事から成る小法廷をつくることを決定する。さらに両国の選任する特別選任裁判官が2人加わる。選出した裁判官を宣言する。
1989. 12. 13	ホンジュラス選任の特別選任裁判官の死去にともない、新たな裁判官を選任。エルサルバドルが異議を申し立てなかったため、選任を承認。
1990. 2. 28	1989年11月17日ニカラグアが裁判所規程第62条に基づき訴訟参加を申請。訴訟参加手続は、申請国の法的利害関係の有無を検討するもので、本案を審理する機関が決定すべき付随手続。したがって小法廷が可否を決定する。
1990. 9. 13 参加許可	申請国と当事者との間の管轄権の結びつきは訴訟参加の要件ではない。参加国は、訴訟当事者となるのではない。したがって、訴訟上限定的な権利をもつのみ。フォンセカ湾の法制度についてのみ参加を許可する。
1992. 9. 11	付託合意に基づきウティ・ポシデティス原則を適用。独立以前の証拠が不明瞭な場合は、独立後の実効性に関する証拠も検討。フォンセカ湾は複数国家の歴史的湾であり、水域は共同所有。参加国に対し判決は拘束力を有さない。

番号	事　件　名	当　事　者	提　訴	判決命令種別
76	シシリー電気会社 (ELSI)	アメリカ合衆国　対　イタリア	1987. 2. 6	小法廷構成 命令 1987 ICJ 3 小法廷構成 命令 1988 ICJ 158 (本案) 判決[小法廷] 1989 ICJ 15
78	グリーンランドとヤンマイエンとにはさまれた海域の海洋境界画定	デンマーク　対　ノルウェー	1988. 8. 16	(本案) 判決 1993 ICJ 38
79	1988年7月3日の航空機事件	イラン　対　アメリカ合衆国	1989. 5. 17	(訴訟打切) 命令 1996 ICJ 9
80	ナウル・リン鉱山	ナウル　対　オーストラリア	1989. 5. 19	先決的抗弁 判決 1992 ICJ 240 (訴訟打切) 命令 1993 ICJ 322
82	1989年7月31日の仲裁裁判判決[→85]	ギニアビサオ　対　セネガル	1989. 8. 23	仮保全措置指示要請 命令 1990 ICJ 64 (本案) 判決 1991 ICJ 53
83	領土紛争	リビア　／　チャド	1990. 8. 31 9. 1	(付託合意認定) 命令 1990 ICJ 149 (本案) 判決 1994 ICJ 6
84	東ティモール	ポルトガル　対　オーストラリア	1991. 2. 22	(受理可能性) 判決 1995 ICJ 90
85	ギニアビサオとセネガルの海洋境界画定[→82]	ギニアビサオ　対　セネガル	1991. 3. 12	(訴訟打切) 命令 1995 ICJ 423
86	大ベルト海峡通航権	フィンランド　対　デンマーク	1991. 5. 17	仮保全措置指示要請 命令 1991 ICJ 12 (訴訟打切) 命令 1992 ICJ 348
87	カタールとバーレーンの海洋境界画定及び領土問題	カタール　対　バーレーン	1991. 7. 8	管轄権・受理可能性 判決 1994 ICJ 112 管轄権・受理可能性 判決 1995 ICJ 6 (暫定報告書提出) 命令 1998 ICJ 243

判決命令日	要　　旨
1987. 3. 2	アメリカ合衆国が小法廷による審理を要請。イタリアも同意する旨通告。5人のICJ判事から成る小法廷をつくることを決定する。選出した裁判官を宣言する。
1988. 12. 20	小法廷担当裁判官であるICJ判事の死去にともない、新たな裁判官で空席の補充を行うことを決定する。新たな裁判官を選任し、宣言する。
1989. 7. 20	国内救済が完了していないことを主張する側が証明責任を負う。原告はELSI社(アメリカ合衆国企業が株主)の経営悪化がパレルモ市長による徴用にあることを根拠に損害賠償を求めたが、徴用時点で倒産状態にあったため請求棄却。
1993. 6. 14	デンマークはグリーンランドから200カイリ線、ノルウェーは中間線を主張するが、いずれも衡平な結果を導かない。海岸線の長さの不均衡、漁業資源の衡平な利用可能性等を考え、中間線を東へ移動させ、境界画定。
1996. 2. 22	両当事者が協定を締結し紛争の完全かつ最終的な解決に到達したため、共同で訴訟の取り下げを申請。訴訟打ち切り。総件名簿より削除。
1992. 6. 26 管轄権確認	ナウルの信託統治終了により紛争が消滅したわけでない。信託統治終了時、当事者間で紛争が存在していたことは周知の事実のため。信託統治共同施政国であるイギリス、ニュージーランドが当事者でなくても、審理可能。
1993. 9. 13	両当事者が紛争解決に至ったため、訴訟の取り下げに合意した旨を共同で通告してきた。取り下げの申請に基づき、訴訟打ち切り。総件名簿より削除。
1990. 3. 2 仮措置却下	仮保全措置の目的は紛争の主題となっている権利を保全することである。原告が仮保全措置により保全を求めている権利は、海洋の開発に関わる権利であるが、本件の主題は仲裁裁判判決の効力に関わるもので、本案と無関係。
1991. 12. 12	2対1により決定された仲裁裁判判決には裁判長(多数派)の宣言が付されており、それが実質上反対意見であるため判決は無効であると原告は主張するが、判決と宣言の内容に矛盾があるとしても評決が優先し判決は有効。
1990. 10. 26	8月31日リビアがチャドを相手取り一方的提訴。9月1日チャドがリビアを相手取り一方的提訴。両当事者とも、1989年領域紛争解決枠組み協定を根拠にしており、同一の合意付託に基づく同一の紛争であると認定。
1994. 2. 3	国境線は合意により創設される。1955年のリビア・フランス(チャドの旧宗主国)友好善隣条約第3条及び附属書Ⅰは、国境に関する条約を列挙する方法で国境線を示しており、これによって境界を決定する。
1995. 6. 30	旧ポルトガル領東チモールは、インドネシアが武力編入。1989年被告がインドネシアとチモール沖大陸棚開発協定を締結したことは自決権侵害であると原告は主張。しかし東チモールの帰属が前提問題であり、インドネシアの参加なしに決定できない。
1995. 11. 8	第82事件の本案判決後、1993年10月14日に協定を締結。両当事者が国際開発機構を設立し、共同開発を行うことで合意。1995年6月2日には国際開発機構に関する議定書締結。原告が取り下げを申請し、被告も同意。訴訟打ち切り。総件名簿より削除。
1991. 7. 29 仮措置却下	被告の大ベルト海峡架橋計画により喫水の高い船舶が通航できなくなることから、原告は建設の停止を求めた。被告は1994年末までは通行の妨害になるものではない旨保証を与えており、緊急性がない。
1992. 9. 10	原告は、両当事者間で紛争解決に至ったことを通告し、かつ訴訟の取り下げを裁判所に申請した。被告が、異議を申し立てない旨通告してきたため、取り下げを認める。総件名簿より削除。
1994. 7. 1	1987年交換書簡並びに1990年両国外相及びサウジアラビア外相により作成された議事録は、ICJへの紛争付託を認める国際的な合意文書である。原告により紛争の一部しか提出されておらず、紛争全体を提出する機会を両当事者に与える。
1995. 2. 15 管轄権確認	1987年交換書簡やドーハ議事録により、当事者は紛争全体を一方的に付託することに合意していた。94年判決以降、紛争の再提出について合意できなかったが、原告の一方的再提出により、紛争全体が付託された。
1998. 3. 30	申述書付属書類として原告が提出した81の書面の信憑性に関し、被告が疑義を申し立てた。原告は本案で争われるべき問題であると主張した。代理人との協議の結果、原告がこの問題について暫定報告書を提出することになり、その提出期日を命令。

番号	事　件　名	当　事　者	提　訴	判決命令種別
87	カタールとバーレーンの海洋境界画定及び領土問題	カタール　対　バーレーン	1991. 7. 8	(書面放棄確認) 命令 1999 ICJ 3 本案 判決 2001 ICJ 40
88	ロッカビー航空機事件をめぐる1971年モントリオール条約の解釈適用	リビア　対　イギリス	1992. 3. 3	仮保全措置指示要請 命令 1992 ICJ 3 先決的抗弁 判決 1998 ICJ 9 (訴訟打切) 命令 2003 ICJ 149
89	ロッカビー航空機事件をめぐる1971年モントリオール条約の解釈適用	リビア　対　アメリカ合衆国	1992. 3. 3	仮保全措置指示要請 命令 1992 ICJ 114 先決的抗弁 判決 1998 ICJ 115 (訴訟打切) 命令 2003 ICJ 152
90	オイル・プラットフォーム	イラン　対　アメリカ合衆国	1992. 11. 2	先決的抗弁 判決 1996 ICJ 803 反訴 命令 1998 ICJ 190 (書面手続) 命令 2001 ICJ 568 (本案) 判決 2003 ICJ 161
91	ジェノサイド条約の適用 [→122]	ボスニア・ヘルツェゴビナ 対 ユーゴスラビア (2003年国名変更のため) ボスニア・ヘルツェゴビナ 対 セルビア・モンテネグロ	1993. 3. 20	仮保全措置指示要請 命令 1993 ICJ 3 第二次仮措置要請 命令 1993 ICJ 325 先決的抗弁 判決 1996 ICJ 595 反訴 命令 1997 ICJ 243 (反訴撤回確認) 命令 2001 ICJ 572 (本案) 判決 2007 ICJ 43

判決命令日	要　　　　　旨
1999. 2. 17	被告により信憑性が疑われている82の書面を原告は放棄することに決定したと、暫定報告書の中で述べた。裁判所は、この原告の決定を記録にとどめ、抗弁書ではこの書面に依拠しないように決定する。原告の要請に基づき抗弁書提出期日を2カ月延長。
2001. 3. 16	1939年英国決定は仲裁判決ではないが、拘束力は合意済み。海洋法条約の多くの規定は慣習法。領海画定は中間線原則適用。両国から12カイリ内の低潮高地は、画定の際無視。大陸棚・EEZの衡平な画定には、とりあえず中間線を適用し、事情を考慮し修正。
1992. 4. 14 仮措置却下	安保理は決議731(1992)で、航空機爆破犯人のイギリスへの引き渡し請求に応じるようリビアに要求し、口頭弁論の3日後、決議748(1992)において憲章第7章措置の発動を決定した。憲章第25条及び第103条にしたがい条約よりも決議が優先する。
1998. 2. 27 管轄権確認	本件適用法規、特にモントリオール条約第7条及び第11条に関し法的紛争が存在。安保理決議748及び決議883は提訴後の決議であり、管轄権及び受理可能性に影響なし。訴訟目的消滅の問題は本案と密接に関連しており、完全に先決的であるとは言えない。
2003. 9. 10	訴訟を取り下げる旨の合意が当事者間でなされ、最終的確定的な効果を持つものであると、2003年9月9日付け書簡にて、当事者双方の代理人が共同で裁判所に通告した。そのため、訴訟打ち切り。総件名簿より削除。
1992. 4. 14 仮措置却下	安保理は決議731(1992)で、アメリカ合衆国の航空機爆破犯人引き渡し請求に応じるようリビアに要求し、口頭弁論の3日後、決議748(1992)において憲章第7章措置の発動を決定した。憲章第25条及び第103条にしたがい条約よりも決議が優先する。
1998. 2. 27 管轄権確認	本件適用法規、特にモントリオール条約第7条及び第11条に関し法的紛争が存在。安保理決議748及び決議883は提訴後の決議であり、管轄権及び受理可能性に影響なし。訴訟目的消滅の問題は本案と密接に関連しており、完全に先決的であるとは言えない。
2003. 9. 10	訴訟を取り下げる旨の合意が当事者間でなされ、最終的確定的な効果を持つものであると、2003年9月9日付け書簡にて、当事者双方の代理人が共同で裁判所に通告した。そのため、訴訟打ち切り。総件名簿より削除。
1996. 12. 12 管轄権確認	油田施設破壊のような武力行使問題が、管轄権の基礎である友好条約の対象外であると言い切ることはできない。第10条1項の通商の自由は、通商に密接に付随する一切の活動を含む。石油製造も通商の一部であり、施設破壊に関し管轄権が存在する。
1998. 3. 10 反訴受理	米国船舶に対する原告による7件の攻撃に関し被告が反訴を提出。この軍事活動は、海商に危害を与えたと主張されており、友好条約第10条1項に基づく管轄権に入る。本訴も反訴も同種の事実に基づき、同じ条約違反を主張しており、両者は直接関係。
2001. 8. 28	原告が、被告の反訴に対し書面による意見申立てを希望。被告は反対せず、反論の機会の確保を求めた。裁判所は、反訴命令において、当事者平等の確保のため、原告の意見表明を認めており、反訴に限定して意見表明を許可。
2003. 11. 6	油田施設破壊は自衛権で正当化できない。一方、87年10月19日の破壊対象は操業中止中の施設。88年4月18日の破壊は、被告による禁輸措置以降のことで通商に影響なし。原告の請求棄却。被告の反訴は、締約国領域間の通商に影響なく、棄却。
1993. 4. 8 仮措置指示	被告の国連加盟国たる地位の承継に関し争いがあるが、ジェノサイド条約の当事国とみなしうる限り人的管轄権がある。本案に関わるジェノサイド条約上の権利のみ保全する必要があり、ジェノサイド防止を命令。
1993. 9. 13 仮措置指示	原告が再度仮保全措置指示を要請。新たに被告も仮保全措置指示を要請。裁判所規則第75条2項にしたがい、全体的もしくは部分的に異なる措置を指示することができるが、その必要はない。第一次仮保全措置指示命令を確認すればよい。
1996. 7. 11 管轄権確認	ジェノサイド条約加入以前に原告が行った提訴は尚早であっても、加入により治癒した。同条約は対世的義務を規定しており、時間的な限定も、地域的な限定もなく、平時であれ武力紛争時であれ、国内紛争であれ適用可能。
1997. 12. 17 反訴受理	被告が原告のジェノサイド条約違反の確認、損害賠償等を求める反訴を提出。反訴は本訴に付随するものであるが、別の訴えである点で本訴と独立しており、単に本案に関する防御ではない。ジェノサイド条約違反の確認という点で本訴と直接関係。
2001. 9. 10	被告が、反訴を撤回したい旨通告。原告は反対しなかった。反訴の撤回を記録にとどめる。
2007. 2. 26	セルビアが唯一被告の地位。管轄権確認判決には既判力あり。ジェノサイド条約第1条は、ジェノサイド行為の禁止義務を国家に課す。スレブレニツァでのジェノサイド禁止義務違反は被告に帰属しない。ICTYへの協力義務違反。仮保全措置命令違反。

番号	事　件　名	当　事　者	提　訴	判決命令種別
92	ガブチコボ・ナジマロシュ計画	ハンガリー　／　スロバキア	1992. 10. 23 ハンガリーが管轄権基礎なく一方的付託 1993. 7. 2 付託合意提出	(現地視察) 命令 1997 ICJ 3 (本案) 判決 1997 ICJ 7 (追加的判決についての訴訟打切) 係属中
94	カメルーンとナイジェリアの領土及び海洋境界 [→101]	カメルーン　対 ナイジェリア (赤道ギニア参加)	1994. 3. 29	(書面手続) 命令 1994 ICJ 105 仮保全措置指示要請 命令 1996 ICJ 13 先決的抗弁 判決 1998 ICJ 275 (反訴) 命令 1999 ICJ 983 訴訟参加申請 命令 1999 ICJ 1029 (書面手続) 命令 2001 ICJ 9 (本案) 判決 2002 ICJ 303
96	漁業管轄権	スペイン　対　カナダ	1995. 3. 28	(書面手続) 命令 1996 ICJ 58 裁判管轄権 判決 1998 ICJ 432
97	核実験事件1974年12月20日判決第63項にしたがった事情の再検討要請[→59]	ニュージーランド　対 フランス	1995. 8. 21	(再検討要請) 命令 1995 ICJ 288
98	カシキリ／セドゥドゥ島	ボツワナ　／　ナミビア	1996. 5. 17	(本案) 判決 1999 ICJ 1045
99	ウィーン領事関係条約	パラグアイ　対 アメリカ合衆国	1998. 4. 3	仮保全措置指示要請 命令 1998 ICJ 248 (訴訟打切) 命令 1998 ICJ 426
101	領土及び海洋境界事件における1998年6月11日管轄権判決の解釈要請[→94]	ナイジェリア　対 カメルーン	1998. 10. 28	先決的抗弁 判決 1999 ICJ 31

判決命令日	要　　　　　　　　旨
1997. 2. 5	スロバキアより現地視察の招請。ハンガリー快諾。1995年11月14日、両国が裁判所による視察に関し合意議定書締結。1997年2月3日、実施方法に関する合意録を提出。現地にて証拠収集を行う目的で、現地視察を行うことについて、裁判所受諾。
1997. 9. 25	発電・灌漑用ダムを造る計画が合意されたが、ハンガリーが環境破壊の緊急性を理由に工事中止。環境破壊は予測可能で他の手段が可能。一方的条約終了は理由なし。スロバキアの転流工事は均衡性を欠き対抗措置として不可。共同運用制度を作るべき。
2017. 7. 21	1998年9月3日、スロバキアが追加的判決を要請。両当事国は交渉を再開し定期的に進捗状況を裁判所へ報告していたが、2017年6月30日にスロバキアが訴訟の打ち切りを要請。ハンガリーに異議がないことを確認した後、訴訟打ち切りを記録にとどめる。
1994. 6. 16	1994年6月6日、原告が追加的請求を提出。これを請求の変更として取り扱う。その上で原告の申述書及び被告の答弁書の提出期日を定める。
1996. 3. 15 仮措置指示	両当事者間で武力紛争が発生していることから、紛争を激化させないことが紛争解決に必要である。紛争を激化しないこと、及び1996年2月17日の武力紛争停止に関する協定を遵守することを命令。
1998. 6. 11 管轄権確認	原告は3月3日受諾宣言。3月29日提訴。被告が受諾を知らなくても宣言は寄託により有効提訴の事前通知なくても信義則違反なし。被告からの提訴は事実上不可能としても相互主義適用なし。交渉は訴の前提でない。第三国への影響は先決的でない。
1999. 6. 30 反訴受理	被告が原告による国境付近での国境侵犯行為に関する国家責任を求める反訴を提出。反訴は本訴と同種の国境上で生じた事実に関するもので、いずれも同種の国家責任及び賠償を求めている点で同一の法目的を追求しており、両者は直接関係している。
1999. 10. 21 参加許可	本件海洋画定は第三国の権利にふれる可能性があると、管轄権判決で確認済み。そこで赤道ギニアが海洋画定に関してのみ参加申請。ただし管轄権の連関がなく、規程第62条に基づく、非当事者としての参加を申請。原告や被告から異議がなく参加許可。
2001. 2. 20	原告が、被告の反訴に含まれた誤謬を訂正するための意見申立てを希望。被告は反対しなかった。裁判所は、反訴命令において、当事者平等の確保のため、原告の意見表明を認めており、反訴に限定して書面提出を許可。
2002. 10. 10	チャド湖地域の1931年国境線東側は従来通り原告領。バカシ半島は1913年英独協定により原告領。マロウア宣言は国内法にかかわらず元首署名即発効。海洋は等距離線を修正する事情なし。海底油井も影響なし。両国とも国境線より速やかに撤兵する義務。
1996. 5. 8	原告が抗弁書の提出許可を求めたが、被告が反対。管轄権に関し当事者が依拠する事実及び法について、裁判所は充分承知しており、さらに書面の提出を必要とは考えない。
1998. 12. 4 抗弁認容	被告が国内法に基づき公海上の北西大西洋漁業機構規制区域にて原告漁船を拿捕。原告受諾宣言には同規制区域に関わる紛争を除外する留保。留保を解釈する際には留保の文言及び留保国の意図が重要。被告の行為は留保の適用対象に入る。
1995. 9. 22	第59事件1974年判決第63項において、判決の基礎に影響を与えるような事情が存在すれば原告はその再検討を要請できることとなっていた。しかし、原告が問題にしているのは地下核実験であって、大気圏内核実験に関する1974年判決とは別問題。
1999. 12. 13	島が川を二分。1890年条約上、境界は主流の中心(タールベーク)。深さ・幅・水量・航行可能性から主流は北流。地図は南流を境界とするが当事国の意思に反する。タールベークは最深部。国境は北流最深部。時効適用なし。島周辺で両国民は内国民待遇。
1998. 4. 9 仮措置指示	パラグアイ国民がバージニア州にて逮捕勾留されたがパラグアイ領事に対して通報がなされず、領事の援助を受けることができず、死刑判決を受けた。4月14日執行されれば回復不可能な損害が発生する可能性がある。死刑執行停止措置をとるよう命令。
1998. 11. 10	1998年11月2日付け書簡にて、原告が最終的確定的な効果を持つものとして取り下げを行いたい旨裁判所に申請。被告も取り下げに同意したため、訴訟打ち切り。総件名簿より削除
1999. 3. 25 抗弁認容	原告は提訴後に生じた事実につき第94事件の主題でないとの確認を要請。解釈要請は管轄権判決についても可能。解釈は主文と、主文に不可分の理由に及ぶ。事実及び法的主張の追加は紛争を変質しない限り可能である旨管轄権判決で判示済。受理不可能。

番号	事　件　名	当　事　者	提　訴	判決命令種別
102	リギタン島及びシパダン島に対する主権	インドネシア　／　マレーシア	1998. 11. 2	訴訟参加申請 判決 2001 ICJ 575
				(本案) 判決 2002 ICJ 625
103	アーマドゥ・サディオ・ディアロ	ギニア　対　コンゴ民主共和国	1998. 12. 30	先決的抗弁 判決 2007 ICJ 582
				(本案) 判決 2010 ICJ 639
				賠償 判決 2012 ICJ 324
104	ラグラン	ドイツ　対　アメリカ合衆国	1999. 3. 2	仮保全措置指示要請 命令 1999 ICJ 9
				(本案) 判決 2001 ICJ 466
105	武力行使の合法性	ユーゴスラビア　対　ベルギー (2003年国名変更のため) セルビア・モンテネグロ　対　ベルギー	1999. 4. 29	仮保全措置指示要請 命令 1999 ICJ 124
				先決的抗弁 判決 2004 ICJ 279
106	武力行使の合法性	ユーゴスラビア　対　カナダ (2003年国名変更のため) セルビア・モンテネグロ　対　カナダ	1999. 4. 29	仮保全措置指示要請 命令 1999 ICJ 259
				先決的抗弁 判決 2004 ICJ 429
107	武力行使の合法性	ユーゴスラビア　対　フランス (2003年国名変更のため) セルビア・モンテネグロ　対　フランス	1999. 4. 29	仮保全措置指示要請 命令 1999 ICJ 363
				先決的抗弁 判決 2004 ICJ 575
108	武力行使の合法性	ユーゴスラビア　対　ドイツ (2003年国名変更のため) セルビア・モンテネグロ　対　ドイツ	1999. 4. 29	仮保全措置指示要請 命令 1999 ICJ 422
				先決的抗弁 判決 2004 ICJ 720
109	武力行使の合法性	ユーゴスラビア　対　イタリア (2003年国名変更のため) セルビア・モンテネグロ　対　イタリア	1999. 4. 29	仮保全措置指示要請 命令 1999 ICJ 481
				先決的抗弁 判決 2004 ICJ 865

判決命令日	要　　　　旨
2001. 10. 23 参加却下	フィリピンが第62条参加を申請。添付資料がない書面手続終了後の申請も、規則第81条違反でない。当事者参加を望まない以上、管轄権の結びつきは不要。規程第62条の「裁判」は、理由付け含む。しかし、具体的にいかなる利害が影響されるか立証なし。
2002. 12. 17	インドネシア援用の英蘭条約は島の帰属に関し沈黙。マレーシア主張の承継による権原連鎖は立証無し。両者とも条約上の権原無し。実効性に関し、両島への適用を明示する立法・行政行為のみ検討。インドネシアは立法・行政行為無し。マレーシア領。
2007. 5. 24 管轄権確認	ディアロ(コンゴで貿易会社を経営)が国外退去処分により損失。外交的保護の事項的範囲は人権に拡大。行政的救済も恩赦でなければ国内救済の対象。有限会社の代位請求不可。ディアロ個人の権利及び有限会社社員としての直接の権利に関し受理可能。
2010. 11. 30	1988-89年拘留に関する申立ては新訴であり不受理。ディアロの国外追放・逮捕抑留は法律に基づいたものでなく自由権規約等違反。有限会社の単独社員となっても会社は別人格。会社に対する支配は国外でも可能。配当など直接の権利に対する損害なし。
2012. 6. 19	ディアロが被った非物質的損害として85, 000米ドル、物質的損害として10, 000米ドルを賠償額として認定。逸失利益(違法な逮捕拘留・国外追放による収入および収入機会の喪失)に関する賠償請求は棄却。
1999. 3. 3 仮措置指示	ドイツ国民ラグランがアリゾナ州で逮捕・勾留されたが領事への通報がなく援助を受けることができなかった。本日死刑執行予定であり、口頭弁論なしに仮保全措置指示を原告要請。超緊急性を有するものとして、職権にて、死刑執行停止措置を命令。
2001. 6. 27	領事条約選択議定書により管轄権確認。領事条約第36条1項は個人の権利を創設。被告は同条違反。下級審で領事条約違反を主張しなかったことを根拠とするアメリカ合衆国の手続解怠原則は援用不可。仮保全措置は拘束力を有す。被告の違反及び再発防止義務認定。
1999. 6. 2 仮措置却下	原告の1999年4月26日付受諾宣言は、4月25日以降の紛争のみ管轄権を認めるが、コソボ空爆に関する紛争は4月24日以前に発生。空爆自体はジェノサイドにあたらず、ジェノサイド条約は管轄権を付与しない。1930年条約の提起は遅すぎた。管轄権なし。
2004. 12. 15 抗弁認容	2000年原告国連加盟以前はICJ規程当事国でない。非加盟国も規程第35条2項により現行条約を根拠に裁判所利用可。但し「現行」はICJ規程発効時。ジェノサイド条約は管轄権基礎でない。PCIJ付託条項がICJ付託の根拠となるのは規程当事国間のみ。
1999. 6. 2 仮措置却下	原告の1999年4月26日付選択条項受諾宣言は、4月25日以降の紛争のみ管轄権を認めるが、コソボ空爆は3月24日に開始し、本件紛争は4月24日以前に発生。空爆自体はジェノサイドにあたらず、ジェノサイド条約は管轄権の基礎とならない。管轄権なし。
2004. 12. 15 抗弁認容	2000年原告が国連加盟。それ以前は特殊な地位をもつが、ICJ規程当事国でない。非加盟国も規程第35条2項により現行条約を根拠に裁判所を利用できるが、「現行」はICJ規程発効時を意味し、ジェノサイド条約は管轄権の基礎とならない。
1999. 6. 2 仮措置却下	空爆はユーゴスラビア国民の集団殺害を意図したものであると原告は主張するが、武力による威嚇及び武力行使自体がジェノサイドにあたるとはいえない。ジェノサイド条約に基づく管轄権なし。応訴による管轄受諾を勧誘したが被告拒否。管轄権なし。
2004. 12. 15 抗弁認容	2000年原告が国連加盟。それ以前は特殊な地位をもつが、ICJ規程当事国でない。非加盟国も規程第35条2項により現行条約を根拠に裁判所を利用できるが、「現行」はICJ規程発効時を意味し、ジェノサイド条約は管轄権の基礎とならない。
1999. 6. 2 仮措置却下	空爆はユーゴスラビア国民の集団殺害を意図したものであると原告は主張するが、武力による威嚇及び武力行使自体がジェノサイドにあたるとはいえない。ジェノサイド条約に基づく管轄権なし。応訴による管轄受諾を勧誘したが被告拒否。管轄権なし。
2004. 12. 15 抗弁認容	2000年原告が国連加盟。それ以前は特殊な地位をもつが、ICJ規程当事国でない。非加盟国も規程第35条2項により現行条約を根拠に裁判所を利用できるが、「現行」はICJ規程発効時を意味し、ジェノサイド条約は管轄権の基礎とならない。
1999. 6. 2 仮措置却下	空爆はユーゴスラビア国民の集団殺害を意図したものであると原告は主張するが、武力による威嚇及び武力行使自体がジェノサイドにあたるとはいえない。ジェノサイド条約に基づく管轄権なし。応訴による管轄受諾を勧誘したが被告拒否。管轄権なし。
2004. 12. 15 抗弁認容	2000年原告が国連加盟。それ以前は特殊な地位をもつが、ICJ規程当事国でない。非加盟国も規程第35条2項により現行条約を根拠に裁判所を利用できるが、「現行」はICJ規程発効時を意味し、ジェノサイド条約は管轄権の基礎とならない。

番号	事件名	当事者	提訴	判決命令種別
110	武力行使の合法性	ユーゴスラビア 対 オランダ (2003年国名変更のため) セルビア・モンテネグロ 対 オランダ	1999. 4. 29	仮保全措置指示要請 命令 1999 ICJ 542
				先決的抗弁 判決 2004 ICJ 1011
111	武力行使の合法性	ユーゴスラビア 対 ポルトガル (2003年国名変更のため) セルビア・モンテネグロ 対 ポルトガル	1999. 4. 29	仮保全措置指示要請 命令 1999 ICJ 656
				先決的抗弁 判決 2004 ICJ 1160
112	武力行使の合法性	ユーゴスラビア 対 スペイン	1999. 4. 29	仮保全措置指示要請 命令 1999 ICJ 761
113	武力行使の合法性	ユーゴスラビア 対 イギリス (2003年国名変更のため) セルビア・モンテネグロ 対 イギリス	1999. 4. 29	仮保全措置指示要請 命令 1999 ICJ 826
				先決的抗弁 判決 2004 ICJ 1307
114	武力行使の合法性	ユーゴスラビア 対 アメリカ合衆国	1999. 4. 29	仮保全措置指示要請 命令 1999 ICJ 916
115	コンゴ領域における軍事活動	コンゴ民主共和国 対 ブルンジ	1999. 6. 23	(訴訟打切) 命令 2001 ICJ 3
116	コンゴ領域における軍事活動	コンゴ民主共和国 対 ウガンダ	1999. 6. 23	仮保全措置指示要請 命令 2000 ICJ 111
				(反訴) 命令 2001 ICJ 660
				(本案) 判決 2005 ICJ 168
				鑑定意見要請 命令 2020 ICJ 264
				鑑定人嘱託 命令 2020 ICJ 295
				賠償 判決 2022 ICJ 13
117	コンゴ領域における軍事活動[→126]	コンゴ民主共和国 対 ルワンダ	1999. 6. 23	(訴訟打切) 命令 2001 ICJ 6
118	ジェノサイド条約の適用	クロアチア 対 ユーゴスラビア (2003年セルビア・モンテネグロへ国名変更。2006年モンテネグロ独立) クロアチア 対 セルビア	1999. 7. 2	先決的抗弁 判決 2008 ICJ 412
				(本案) 判決 2015 ICJ 3

判決命令日	要　　　　　　　　旨
1999. 6. 2 仮措置却下	原告の1999年4月26日付受諾宣言は、4月25日以降の紛争のみ管轄権を認めるが、コソボ空爆に関する紛争は4月24日以前に発生。空爆自体はジェノサイドにあたらず、ジェノサイド条約は管轄権を付与しない。1931年条約の提起は遅すぎた。管轄権なし。
2004. 12. 15 抗弁認容	2000年原告国連加盟以前はICJ規程当事国でない。非加盟国も規程第35条2項により現行条約を根拠に裁判所利用可。但し「現行」はICJ規程発効時。ジェノサイド条約は管轄権基礎でない。PCIJ付託条項がICJ付託の根拠となるのは規程当事国間のみ。
1999. 6. 2 仮措置却下	原告の1999年4月26日付受諾宣言は、4月25日以降の紛争のみ管轄権を認めるが、コソボ空爆に関する紛争は4月24日以前に発生。被告は訴訟開始時ジェノサイド条約の非当事国であるが、空爆自体はジェノサイドにあたらず同条約に基づく管轄権なし。
2004. 12. 15 抗弁認容	2000年原告が国連加盟。それ以前は特殊な地位をもつが、ICJ規程当事国でない。非加盟国も規程第35条2項により現行条約を根拠に裁判所を利用できるが、「現行」はICJ規程発効時を意味し、ジェノサイド条約は管轄権の基礎とならない。
1999. 6. 2 仮措置却下	原告の1999年4月26日付受諾宣言は、4月25日以降の紛争のみ管轄権を認めるが、コソボ空爆に関する紛争は4月24日以前に発生。被告はジェノサイド条約第9条(紛争解決条項)全体について留保。被告、応訴管轄否定。管轄権なし。総件名簿より削除。
1999. 6. 2 仮措置却下	被告の受諾宣言には、相手当事国の選択条項受諾宣言が訴訟提起12カ月前までに批准寄託されていることを条件とする留保があるが、本件付託は受諾3日後。空爆自体ジェノサイドにあたらず、ジェノサイド条約は管轄権を付与しない。管轄権なし。
2004. 12. 15 抗弁認容	2000年原告が国連加盟。それ以前は特殊な地位をもつが、ICJ規程当事国でない。非加盟国も規程第35条2項により現行条約を根拠に裁判所を利用できるが、「現行」はICJ規程発効時を意味し、ジェノサイド条約は管轄権の基礎とならない。
1999. 6. 2 仮措置却下	ジェノサイド条約第9条(紛争解決条項)に基づくICJへの付託について同意を要する被告の留保が存在。ジェノサイド条約は留保を禁止しておらず、原告の異議もない。応訴による管轄受諾を勧誘したが被告拒否。管轄権なし。総件名簿より削除。
2001. 1. 30	原告が、新たな管轄権の基礎に基づき、後に訴訟を開始する権利を留保しつつ、訴訟の取り下げを申請。被告が同意したため、訴訟打ち切り。総件名簿より削除。
2000. 7. 1 仮措置指示	原告が、被告の侵略行為停止を求めた。安保理決議1304(2000)が同じ問題を扱うが、拘束力のない決議。ルサカ合意も管轄権行使の阻害要因でない。緊急性を考慮し、両当事者に、紛争激化防止、国連憲章等の義務遵守、人権尊重及び人道法遵守を命令。
2001. 11. 29 反訴一部受理	原告侵略に関する反訴は、本訴よりも時間的範囲が大であるが、本訴と同じ法目的を持ち受理。大使館等に対する攻撃に関する反訴は、本訴と同種の事実に基づき受理。ルサカ合意違反については、紛争解決方法に関する問題で異種。よって不受理。
2005. 12. 19	軍隊駐留の同意撤回は様式不問。被告への武力攻撃に原告が関与したという証明なし。安保理への報告なし。被告による自衛の主張は根拠なく、違法な武力行使。軍事占領中、被告は人権法および人道法違反。原告は被告大使館攻撃により外交法違反。
2020. 9. 8	ウガンダの国際義務違反によりコンゴ民主共和国が被った一定の損害(人命喪失等)について、裁判所の命令によって嘱託される4名の独立した鑑定人から意見を得る。鑑定人は、すでに裁判所に提出された証拠および公開されている文書に基づき、報告書を作成する。
2020. 10. 12	鑑定人候補4名を両当事国に通知。ウガンダは、うち3名の選任につき異議を唱えたが、候補者の独立性に問題があることを立証せず。当該4名について、鑑定人の嘱託を決定。
2022. 2. 9	ウガンダによる国際義務違反から生じた人に対する損害について2億2500万米ドル、財産に対する損害について4000万米ドル、天然資源に係る損害について6000万米ドル、以上合計3億2500万米ドルを賠償額として認定。これを年6500万米ドルずつ5年間で支払え。
2001. 1. 30	原告が、新たな管轄権の基礎に基づき、後に訴訟を開始する権利を留保しつつ、訴訟の取り下げを申請。被告が同意したため、訴訟打ち切り。総件名簿より削除。
2008. 11. 18 管轄権確認	モンテネグロが独立しセルビアが唯一の被告。被告の地位について既判事項でない。2000年被告国連加盟により手続瑕疵が治癒。裁判所利用可。新ユーゴは1992年宣言で条約を承継。1992年以前の行為、容疑者引渡等に関する問題は先決的でない。
2015. 2. 3	1992年以前の行為に関する原告請求および被告反訴についても管轄権認容。原告請求については、2条(a) (b) に該当する行為は認定されるが、ジェノサイドの意図が立証不十分のため、請求全体として棄却。反訴についても、上記と同様の理由によって、棄却。

番号	事　件　名	当　事　者	提　訴	判決命令種別
119	1999年8月10日の航空機事件	パキスタン　対　インド	1999. 7. 2	管轄権 判決 2000 ICJ 12
120	カリブ海における領土及び海洋紛争	ニカラグア　対　ホンジュラス	1999. 12. 8	(本案) 判決 2007 ICJ 659
121	2000年4月11日付け逮捕令状	コンゴ民主共和国　対　ベルギー	2000. 10. 7	仮保全措置指示要請 命令 2000 ICJ 182
				(訴訟手続) 命令 2001 ICJ 559
				(本案) 判決 2002 ICJ 3
122	ジェノサイド条約の適用事件における1996年7月11日判決の再審請求[→91]	ユーゴスラビア　対　ボスニア・ヘルツェゴビナ	2001. 4. 24	先決的抗弁 判決 2003 ICJ 7
123	所有権	リヒテンシュタイン　対　ドイツ	2001. 6. 1	先決的抗弁 判決 2005 ICJ 6
124	領土及び海洋紛争	ニカラグア　対　コロンビア	2001. 12. 6	先決的抗弁 判決 2007 ICJ 832
				訴訟参加申請 判決 2011 ICJ 348
				訴訟参加申請 判決 2011 ICJ 420
				(本案) 判決 2012 ICJ 624
125	国境紛争	ベナン　／　ニジェール	2002. 3. 3	小法廷構成 命令 2002 ICJ 613
				(本案) 判決[小法廷] 2005 ICJ 90
126	コンゴ領域における軍事活動[→117]	コンゴ民主共和国　対　ルワンダ	2002. 5. 28 (新提訴)	仮保全措置指示要請 命令 2002 ICJ 219
				管轄権・受理可能性 判決 2006 ICJ 6
127	陸・島及び海洋境界紛争(エルサルバドル／ホンジュラス：ニカラグア参加)事件における1992年9月11日判決の再審請求[→75]	エルサルバドル　対　ホンジュラス	2002. 9. 10	小法廷構成 命令 2002 ICJ 618
				(再審) 判決[小法廷] 2003 ICJ 392

判決命令日	要　　　旨
2000. 6. 21 抗弁認容	1974年被告は国際紛争平和的処理一般議定書の当事国でない旨国連へ通告。少なくとも廃棄通告とみなしうる。被告の選択条項受諾宣言に付されたコモンウェルス留保は有効。規程第36条1項の「憲章に規定するすべての事項」は、根拠とならない。
2007. 10. 8	決定的期日は紛争ごとに異なる。非植民地化後の実効的占有を根拠にホンジュラスが島嶼を領有。突出した地形のため中間線が適用できない特別の事情がある。突端と２地点を結ぶ線によって示される海岸線の全体像を基礎として二等分線を引く。
2000. 12. 8 仮措置却下	人道法違反の罪で令状発布。外相は、国外に出ることが出来なくなった。外相は内閣改造時に文相に。令状の取消しという訴訟目的は消滅していない。文相は外相ほど外国訪問の機会は多くなく、回復不可能な権利侵害の発生が立証されていない。
2001. 6. 27	訴訟促進のため管轄権及び本案の両方に関し訴答書面を提出することで合意。その後、外相(後、文相)は閣僚でなくなった。ベルギーは、訴訟目的消滅を根拠に先決的抗弁段階をもつことを希望。コンゴは拒否。訴訟手続の変更は認めない。
2002. 2. 14	令状の合法性について紛争が存在。訴訟目的は消滅していない。外交的保護のための訴訟でない。管轄権確認。外相は任期中、公私にわたり裁判権免除有。裁判権免除と刑事責任は別問題。令状発布だけで免除を侵害。被告に令状を取り消すよう命令。
2003. 2. 3 抗弁認容	2000年11月国連加盟承認を新事実として原告提出。ICJ規程やジェノサイド条約の非当事国であったことを示す事実と主張。新事実は判決当時存在し新たに発見されることが必要。裁判所にとって既知。加盟承認は遡及的にユーゴの地位を変更しない。
2005. 2. 10 抗弁認容	1945年ベネシュ勅令によりチェコが没収した原告国王の絵画がドイツで発見され返還請求。独裁判所は1952年条約を根拠に却下。管轄権の基礎である1957年欧州紛争解決条約では発効以前の事実に関する紛争除外。紛争の真の原因は勅令及び1952年条約。
2007. 12. 13 一部抗弁棄却	1928年条約は3島の領土問題を解決した。ボゴタ規約第6条により管轄権なし。被告と米国が争っていた3つの礁については、原告との関係で未解決。海洋画定も未解決。ボゴタ規約第31条により管轄権あり。選択条項受諾宣言について議論する必要なし。
2011. 5. 4. 参加申請却下	コスタリカは「非当事国」参加を申請し(規程62条)、本案判決によって影響を受け得る「法的利益」があると考えられる海域を提示したが、判例上、ICJは第三国の法的利益に触れるような画定は行わないため、「影響を受ける可能性」はない。
2011.5.4 参加申請却下	ホンジュラスは、境界画定紛争への「当事者参加」と権利保護のための「非当事者参加」を申請。2007年判決は、第三国権利の画定までは境界終結点は未決としているため、ホンジュラスは本件本案判決の影響を受ける法的利益を有さない。
2012. 11. 19	7つの島及び礁はコロンビア領。ニカラグアの基線から200海里以遠の大陸棚境界画定は却下し、200海里までの海域において単一線引き。海岸線の長さを考慮して暫定的中間線を東へ移動。コロンビア領の島及び礁は周囲に12海里の幅で海域を保持。
2002. 11. 27	付託合意の中で、紛争を小法廷に付すること、特別選任裁判官2人を含むことが規定されていた。裁判所長との会合において、両当事者は5人の小法廷設置を希望。選挙の結果、ICJ判事より３人の裁判官を選出し、5人の裁判官を宣言。
2005. 7. 12	両国は旧仏植民地。特別協定によりウティ・ポシデティス適用。その際仏国内法を事実要素として適用。両国とも権原の立証なし。実効性適用可。国境線はニジェール川の航行可能最深線。メクロウ川は航行不可のため中間線。橋の国境は川の国境に従う。
2002. 7. 10 仮措置却下	被告は受諾宣言無く、拷問禁止条約の非当事国。人種差別撤廃条約及びジェノサイド条約は被告が留保。条約法条約は第65条の要件を満たしていない。女子差別撤廃条約、WHO憲章、UNESCO憲章、モントリオール条約も管轄権基礎なし。
2006. 2. 3 抗弁認容	一般的表現は一方的義務引き受けにならない。ジェノサイド条約上の権利義務は対世的であり強行規範だが、管轄権の基礎にならない。ジェノサイド条約第9条、人種差別撤廃条約第22条の留保は趣旨及び目的と両立。留保の撤回には通告必要。
2002. 11. 27	裁判所長と両当事者代理人との会合において、2人の特別選任裁判官を含む5人の新たな小法廷設置を望んでいる旨を両当事者が表明。選挙の結果、ICJ判事より３人の裁判官を選出し、5人の裁判官を宣言。
2003. 12. 18	原告は第6係争地の国境として旧河床を立証する科学的検証や地図、文書を提出。旧河床の主張は1972年からで、それまでは現河川を容認しており、1821年当時の国境線と無関係。新たに提出された地図と以前との違いは細部のみ。再審棄却。

番号	事　件　名	当　事　者	提　訴	判決命令種別
128	アヴェナ等メキシコ国民 [→139]	メキシコ　対　アメリカ合衆国	2003. 1. 9	仮保全措置指示要請 命令 2003 ICJ 77
				(管轄権・本案) 判決 2004 ICJ 12
129	フランスにおける刑事訴訟	コンゴ共和国　対　フランス	2002. 12. 9 一方的付託 2003. 4. 11 管轄権受諾	仮保全措置指示要請 命令 2003 ICJ 102
				(訴訟打切) 命令 2010 ICJ 635
130	ペドラ・ブランカ(白岩礁) ／プラウ・バツ・プテー(バツ・プテー島)、中岩、南岩棚に対する主権	マレーシア　／　シンガポール	2003. 7. 4	(本案) 判決 2008 ICJ 12
132	黒海における海洋境界画定	ルーマニア　対　ウクライナ	2004. 9. 16	(本案) 判決 2009 ICJ 61
133	航行および関連する権利に関する紛争	コスタリカ　対　ニカラグア	2005. 9. 25	(本案) 判決 2009 ICJ 213
134	国際連合に対して派遣された外交使節が本部所在地国に対して有する地位	ドミニカ　対　スイス	2006. 4. 26	(訴訟打切) 命令 2006 ICJ 107
135	ウルグアイ川沿いの製紙工場	アルゼンチン　対　ウルグアイ	2006. 5. 4	仮保全措置指示要請 命令 2006 ICJ 113
				仮保全措置指示要請 命令 2007 ICJ 3
				(本案) 判決 2010 ICJ 14
136	刑事司法共助問題	ジブチ　対　フランス	2006. 1. 10 一方的付託 2006. 8. 9 管轄権受諾	(管轄権・本案) 判決 2008 ICJ 177
137	海洋紛争	ペルー　対　チリ	2008. 1. 16	(本案) 判決 2014 ICJ 3
138	除草剤空中散布	エクアドル　対　コロンビア	2008. 3. 31	(訴訟打ち切り) 命令 2013 ICJ 278
139	アヴェナ等メキシコ国民事件における2004年3月31日判決の解釈 [→128]	メキシコ　対　アメリカ合衆国	2008. 6. 5	仮保全措置指示要請 命令 2008 ICJ 311
				(解釈) 判決 2009 ICJ 3

判決命令日	要　旨
2003. 2. 5 仮措置指示	死刑囚として服役中のメキシコ人の内、49人は領事援助の権利の通告無し。4人は通告に遅延。1人は別件で通告を受けたのみ。イリノイ州知事の死刑執行停止決定に基づき3件は撤回。近く死刑執行の危険性がある3人について執行停止を命令。
2004. 3. 31	管轄権確認。重国籍の立証責任は被告だが、立証不十分。領事条約第36条1項の「遅滞なく」は、「外国人であると判明してからできる限り速やかに」という意味。被告の条約違反認定。被告が選択する手段により個々の事件の再審査必要。
2003. 6. 17 仮措置却下	人道及び拷問の罪でコンゴ大統領尋問のため司法共助命令が発給されたとされるが事実でない。フランス刑訴法では同意なく外国の国家代表に証言を求めることは不可。軍監察長官の手続は開始されたが在仏中のみ。権利の回復不可能性なし。
2010. 11. 16	2010年11月5日付書簡にて、コンゴ共和国が請求の撤回を通告。11月8日付書簡にてフランスは訴訟打切に同意。訴訟打切を記録にとどめ、総件名簿から削除。
2008. 5. 23	白岩礁の原初権原はジョホール王国。他国の領域権発現に対応しない場合、黙認により権原が移転。1953年ジョホールは白岩礁の主権主張をしないとの書簡。以降シンガポールが主権発現。中岩に関し移転なくマレーシア領。南岩棚は低潮高地。
2009. 2. 3	単一線引き。①暫定的な等距離中間線。②衡平・関連事情。③海岸線との不均衡テスト。海に突き出た堤防は陸地点のみ暫定線引きの基点。沖合の島は基点とならず領海のみ。本件国家活動は関連事情とならない。海岸線と区画面積との不均衡なし。
2009. 7. 13	コスタリカは、1858年条約により通商(旅客輸送を含む)に関してはサンファン川の自由航行権を持つが、同国公船による警察機能の行使は認められない。ニカラグアは同河川の航行を規制する権限を持つが、通商目的の航行に査証等を強要できない。
2006. 6. 9	2006年5月15日付け書簡にて、ドミニカが訴訟不継続の意思を裁判所に伝え、訴訟の無条件の打ち切りを記録に残すよう裁判所に求めた。スイスはいかなる訴訟手続もとっていなかった。訴訟打ち切りを記録にとどめ、総件名簿より削除。
2006. 7. 13 仮措置却下	被告が製紙工場建設を許可したことにより、河川の汚染が懸念され、ウルグアイ川規程上の原告の権利を侵害したと原告主張。回復不可能な侵害であるとの証明なし。工場稼働までは、汚染の危険なし。建設差し止めを必要とする状況ではない。
仮措置却下 2007. 1. 23	アルゼンチン市民がウルグアイ川に架かる橋を封鎖したため、ウルグアイが仮保全措置要請。保全されるべき被告の権利は、原告の請求の仕方に依存しない。本案の訴えと十分な関係あり。しかし、被告主張の権利侵害の危険性に関し緊急性なし。
2010. 4. 20	被告は建設許可前にウルグアイ川規程にしたがった情報提供を怠ったため手続義務違反。環境影響評価がなければ監視・防止義務違反となるが、その内容は各国が決定できる。環境汚染が立証されておらず、被告に実体法上の義務違反なし。
2008. 6. 4	被告は殺人事件記録簿の提供を拒否、原告国家元首等に証人喚問状発送。提訴後の逮捕状に関しては応訴管轄否定。司法共助は国内裁判所の判断に依存。1986年条約上、防衛機密により情報提供拒否可。理由の提示がなく違法。証人喚問状は礼譲違反。
2014. 1. 27	合意された単一海洋境界線が1954年までには黙示的に存在しており、それは80海里まで(Point Aまで)の範囲の陸地国境の基点を通る緯線である。80海里(Point A)以遠でチリの200海里限界線(Point C)までの範囲は等距離線により単一の線引きを行う。
2013. 9. 13	2013年9月12日付け書簡にて、エクアドルは同国の請求が同月9日の合意で完全かつ最終的に解決されたとして、訴訟の取り下げを申請。コロンビアが同意したため、訴訟打ち切りを記録にとどめ、総件名簿より削除。
2008. 7. 16 仮措置指示	メキシコ国民に死刑執行の危険性。規程60条は管轄権基礎不要。同条の争は紛争より広い。128事件判決が結果の義務を創設という点で両国一致。同義務が被告の連邦だけでなく州にもあるかどうかで見解異なり紛争存在。刑執行は回復不可能な損害を発生。
2009. 1. 19	判決義務の執行手段については米国に選択の余地がある。よって判決の解釈不要。メデリン氏死刑執行により仮措置違反確認。判決は依然として拘束力あることを確認し、再発防止を求めるメキシコの要求は却下。

番号	事　件　名	当　事　者	提　訴	判決命令種別
140	あらゆる形態の人種差別の撤廃に関する国際条約の適用	ジョージア　対　ロシア	2008. 8. 12	仮保全措置指示要請 命令 2008 ICJ 353
				先決的抗弁 判決 2011 ICJ 70
142	1995年9月13日の暫定協定の適用	マケドニア旧ユーゴスラビア共和国　対　ギリシャ	2008. 11. 17	(管轄権・本案) 判決 2011 ICJ 644
143	国家の裁判権免除	ドイツ　対　イタリア (ギリシャ参加)	2008. 12. 23	反訴 命令 2010 ICJ 310
				訴訟参加申請 命令 2011 ICJ 494
				(本案) 判決 2012 ICJ 99
144	訴追か引渡しかの義務事件	ベルギー　対　セネガル	2009. 2. 19	仮保全措置指示要請 命令 2009 ICJ 139
				(管轄権・本案) 判決 2012 ICJ 422
145	民事及び商事に関する裁判管轄と判決執行	ベルギー　対　スイス	2009. 12. 21	(訴訟打切) 命令 2011 ICJ 341
147	外交関係に関する問題	ホンジュラス　対　ブラジル	2009. 10. 28	(訴訟打切) 命令 2010 ICJ 303
148	南極捕鯨	オーストラリア　対　日本 (ニュージーランド参加)	2010. 5. 31	訴訟参加宣言 命令 2013 ICJ 3
				(本案) 判決 2014 ICJ 226
149	国境紛争	ブルキナファソ　／　ニジェール	2010. 5. 20	(本案) 判決 2013 ICJ 44
				鑑定人嘱託 命令 2013 ICJ 226
150	国境地帯におけるニカラグアの活動	コスタリカ　対　ニカラグア	2010. 11. 18(コスタリカ)	仮保全措置指示要請 命令 2011 ICJ 6
				訴訟併合 命令 2013 ICJ 166, 184

判決命令日	要　　　　　旨
2008. 10. 15 仮措置指示	南オセチア及びアブハジアにおけるグルジア民族に対する攻撃は人種差別と原告主張。人種差別撤廃条約(CERD)が管轄権基礎。CERDの適用につき領域的制限なし。状況によって、原告要請と異なる内容の指示可能。両国に対し差別を慎むよう命令。
2011. 4. 1 抗弁認容	安保理における両国代表のやり取りから、CERDの義務履行に関する「紛争」が両国間に存在した。ただし、裁判付託以前にCERDの解釈・適用に関する「交渉」が両国間で行われておらず、CERD上の裁判付託要件(交渉前置)を満たさないため、管轄権なし。
2011. 12. 5	管轄権と受理可能性を容認。マケドニア旧ユーゴ共和国のNATO加盟申請に対し、名称(マケドニア)を根拠としたギリシャの反対は暫定協定11条1項の違反。ギリシャの正当化(契約義務不履行抗弁、条約の重大な違反、対抗措置)を棄却。違法宣言が適切な精神的満足。
2010. 7. 6 反訴却下	被告イタリアが反訴を提起し、ドイツの賠償義務(第二次世界大戦中のナチス・ドイツによる犯罪の被害者への賠償)の違反、違法行為の停止および賠償を求めた。当該紛争は、時間的管轄権要件(1957年の欧州平和的紛争解決条約1条)を満たさないため、イタリアの反訴は受理不能。
2011. 7. 4 参加許可	ギリシャは本案判決の影響を受け得る法的性質の利益を有するため、当該利益をICJに通知するために非当事者参加(ICJ規程62条)を認める。
2012. 2. 3	イタリア裁判所が第二次世界大戦中のドイツ軍の行為に関して免除を否定したことは、慣習国際法違反。不法行為免除例外も強行規範との「抵触」も本件の免除否定を正当化しない。ドイツ財産への抵当権設定及びギリシャ裁判所判決が執行可能との判断も違法。
2009. 5. 28 仮措置却下	ベルギーは受動的属人主義に基づき元チャド大統領ハブレを訴追するようセネガルに求めたが経済的理由で実現せず、拘禁継続の仮措置要請。拷問禁止条約が管轄権の基礎。セネガルは国外退去させないとの確約をしており、仮措置は不必要。
2012. 7. 20	拷問等禁止条約6条2項及び7条1項の解釈・適用に関して紛争が存在。これら条文は当事国対世的義務を規定しており、他の締約国による同条の履行請求は受理可能。セネガルの上記諸義務違反を認定。引渡さない限り、訴追手続を即時開始するよう命令。
2011. 4. 5	ベルギー判決の承認不可能性の判断に既判力がないことがスイス連邦裁判決において確認されたため、ベルギーが請求を撤回。総件名簿から削除。
2010. 5. 12	外交関係に関する問題及び国内管轄事項不干渉に関連する問題について付託されたが、ホンジュラスが訴訟継続の意思がないこと及び請求を撤回することを通告。総件名簿より削除。
2013. 2. 6 参加認容	裁判所規程63条に基づく訴訟参加は裁判所規則82条の形式要件の充足により判断される。また、規程63条の訴訟参加は特任裁判官の任命には影響を与えない。ニュージーランドの参加要請は上記要件を満たしているため、訴訟参加および特任裁判官の任命を認める。
2014. 3. 31	本件紛争主題は留保事項に該当せず、管轄権認容。JARPA II 計画は捕獲頭数や調査方法等から科学的研究「のため」と言えないため、同計画に対する特別許可は捕鯨取締条約8条1項の範囲外であり、同条約違反。ただし、同条約付表30項の許可手続の違反はない。
2013. 4. 16	画定に合意がある二区間については付託合意の範囲外のため請求却下。付託合意によりウティ・ポシデティスを適用。具体的な適用方法は1987年協定に則り、1927年フランス行政決定および1960年フランス国土地理院作製地図に依拠して線引きを実施。
2013. 7. 12	付託合意にしたがい裁判所判決を18ヶ月以内に実施するため、国境線の具体的線引き作業を補佐する3人の鑑定人を嘱託するよう当事者が要請。要請に応じ、鑑定人を嘱託。
2011. 3. 8 仮措置指示	民間人・警官を問わず、両国は紛争地域に人員を派遣・駐在させてはならない。コスタリカは、湿地帯への回復し得ない損害を回避するために環境保全要員を派遣し得る。紛争の悪化・拡大行為の禁止。仮保全命令の履行を通知する義務あり。
2013. 4. 17	152事件の申述書(2012年12月19日付け)でニカラグアが150事件との併合を要請。 裁判所は、両事件が事実と法の両面において共通点が多いことに鑑み、健全な司法運営の原則および訴訟経済の必要性にしたがい裁判所規則47条に基づき事件の併合を決定。

番号	事　件　名	当　事　者	提　訴	判決命令種別
152	サンフアン川沿いのコスタリカ領における道路建設	ニカラグア　対　コスタリカ	2011. 12. 22（ニカラグア）	反訴 命令 2013 ICJ 200
				仮保全措置修正要請 命令 2013 ICJ 230
150 152	国境地帯におけるニカラグアの活動 サンフアン川沿いのコスタリカ領における道路建設	コスタリカ　対　ニカラグア ニカラグア　対　コスタリカ	2010. 11. 18（コスタリカ） 2011. 12. 22（ニカラグア）	新仮保全措置指示要請 命令 2013 ICJ 354
				仮保全措置指示要請 命令 2013 ICJ 398
				（本案） 判決 2015 ICJ 665
				賠償【→150事件】 判決 2018 ICJ 15
151	プレア・ビヘア寺院事件の1962年6月15日判決の解釈請求[→45]	カンボジア　対　タイ	2011. 4. 28	仮保全措置指示要請 命令 2011 ICJ 537
				本案 判決 2013 ICJ 281
153	太平洋へのアクセスについての交渉義務	ボリビア　対　チリ	2013. 4. 24	先決的抗弁 判決 2015 ICJ 592
				本案 判決 2018 ICJ 507
154	ニカラグアの海岸から200海里を超えるニカラグア・コロンビア間の大陸棚の境界画定[→124]	ニカラグア　対　コロンビア	2013. 9. 16	先決的抗弁 判決 2016 ICJ 100
				口頭弁論の構成 命令 2022 ICJ 563
				判決 2023 ICJ
155	カリブ海における主権的権利および海域に対する侵害[→124]	ニカラグア　対　コロンビア	2013. 11. 26	先決的抗弁 判決 2016 ICJ 3
				反訴 命令 2017 ICJ 289
				判決 2022 ICJ 266

判決命令日	要　　　　　　　　　　　　　旨
2013. 4. 18 反訴却下	ニカラグアの第一反訴は、併合された152事件の主位請求と同一のため、判断の必要なし。第二・第三反訴は、本訴請求との関連性が事実上も法上も立証されていないため、却下。第四請求は、反訴の有無と関わりなく本案で判断されうるため、判断の必要なし。
2013. 7. 16 要請却下	裁判所規則76条にしたがい事情の変更による仮保全措置の修正を原告・被告の両国が要請。ニカラグアの要請を正当化する事情の変更はない。コスタリアの要請については事情の変更が認められるが、修正は不要。2011年3月8日の仮保全措置指示命令を再確認する。
2013. 11. 22 仮措置指示	ニカラグアには、係争地(特に新運河)での浚渫等の禁止、新運河北側の水路の埋め戻し、民間人を含めた人員の係争地への立入禁止を命じる。コスタリカには、新運河に関して環境保全のために適当な措置の実施を認める。両国に履行状況の定期通知義務あり。
2013. 12. 13 要請却下	ニカラグアが求める環境影響評価等の情報提供は本案請求と同一のため却下。道路法面の浸食等の防止や建設停止の継続については、河川堆積物や生態系に対する道路建設の影響が立証されておらず、回復不能の損害が生じる緊急の危険が認められないため却下。
2015. 12. 16	150事件について、ニカラグアによる領域主権侵害、仮措置命令違反および通航権侵害を認定し、有形的損害の金銭賠償も認容(賠償額算定は保留)。国際環境法上の義務違反は棄却。152事件については、コスタリカによる環境影響評価実施義務違反のみ認定。
2018. 2. 2	環境損害に関する賠償額算定に関しても、原則は「違法行為の結果を全て消去する」賠償額とすることを確認した上で、違法行為と損害との「直接かつ確実な因果関係」の範囲で賠償を命じる。
2011. 7. 18 仮措置指示	管轄権の基礎、本案権利の蓋然性、仮保全権利との関連性、回復し得ない損害の危険がある。両国に非軍事暫定区域からの撤退を求める。ASEAN内の協力を継続しなければならない。紛争の悪化・拡大を慎むこと。仮保全措置の履行をICJへ通知すること。
2013. 11. 11	62年判決主文2にいう寺院「周辺」は、寺院の建つ「高台」を指す。62年判決の主題は国境画定ではないため、附属地図は「周辺」の解釈にのみ参照し、プノントラップ丘(＝係争地)の帰属も判決の射程外。タイは「高台」に駐留する人員を撤退させる義務を負う。
2015. 9. 24	本件の紛争主題は領域主権や太平洋へのアクセス権の性格ではなく、それら問題に関する交渉義務の存否及び違反の有無である。この紛争主題は1904年平和条約で既に解決済ないし同条約に規律される事項でないため、ボゴタ条約6条は適用されず、管轄権認容。
2018. 10. 1	当事者の二国間合意は本件の交渉義務を確立するものと解されない。また、被告チリの一方的行為、黙認、正当な期待および国際機構(国連および米州機構)の設立文書や決議も本件の交渉義務の法的根拠とはならない。チリの交渉義務は不存在であり、請求棄却。
2016. 3. 17 管轄権確認	ボゴタ条約は即時廃棄を認めておらず提訴時に管轄権有効。原告第一請求(200海里以遠の境界画定)は、2012年判決の既判力によって遮断されず受理可能。同第二請求(未確定区域における国際法原則の決定)は、現実の紛争と関連せず、内容も未特定のため却下。
2022. 10. 4	両当事国は口頭弁論において、慣習国際法上、(1)基線から200海里を超える大陸棚に対する国の権原は他国の基線から200海里以内の区域に及びうるか、(2)基線から200海里を超える大陸棚の限界の決定に係る基準は何か、という2つの問題についてのみ主張を行う。
2023. 7. 13	慣習国際法上、基線から200海里を超える大陸棚に対する国の権原は他国の基線から200海里以内の区域に及びえない。したがって、本件では同一の海洋区域に対する権原の重複は存在しえないため、2022年命令が定式化した第2の問題を取り扱う必要はない。
2016. 3. 17 管轄権確認	ボゴタ条約は即時廃棄を認めておらず管轄権あり。主権的権利侵害に関する紛争は存在するが、武力行使禁止原則違反に関する紛争は不存在。紛争主題は直接交渉による解決対象ではなく、2012年判決の執行でもない。判決不履行宣言の「固有の管轄権」は検討不要。
2017. 11. 15 反訴一部受理	第1反訴(海洋環境の保護義務違反)と第2反訴(群島住民の権利の保護義務違反)は、本訴と直接関係がない。第3反訴(伝統的漁業権の侵害)と第4反訴(直線基線の採用)は、本訴と直接関係があり、管轄権基礎(ボゴタ条約31条)の範囲内であるため、受理。
2022. 4. 21	コロンビアは、ニカラグアEEZにおけるニカラグアの船舶(海軍船舶を含む)の活動を妨害することにより、ニカラグアの主権的権利および管轄権を侵害した。コロンビアが設定した「統合接続水域」およびニカラグアが設定した直線基線は慣習国際法に合致せず。

番号	事　件　名	当　事　者	提　訴	判決命令種別
156	公文書およびデータの押収・留置に関する問題	東ティモール　対　オーストラリア	2013. 12. 17	仮保全措置指示要請 命令 2014 ICJ 147
				仮保全措置修正要請 命令 2015 ICJ 556
				(訴訟打切) 命令 2015 ICJ 572
157 165	カリブ海および太平洋における海洋境界画定 ポルティリョス島北部の領土境界画定	コスタリカ　対　ニカラグア	2014. 2. 25 (157事件) 2017. 1. 16 (165事件)	鑑定意見要請 命令 2016 ICJ 235
				鑑定人嘱託 命令 2016 ICJ 240
				訴訟併合 命令 2017 ICJ 91
				本案 判決 2018 ICJ 139
158	核軍備競争の停止および核軍縮に関する交渉義務	マーシャル諸島　対　インド	2014. 4. 24	管轄権・受理可能性 判決 2016 ICJ 255
159	核軍備競争の停止および核軍縮に関する交渉義務	マーシャル諸島　対　パキスタン	2014. 4. 24	管轄権・受理可能性 判決 2016 ICJ 552
160	核軍備競争の停止および核軍縮に関する交渉義務	マーシャル諸島　対　イギリス	2014. 4. 24	先決的抗弁 判決 2016 ICJ 833
161	インド洋における海洋境界画定	ソマリア　対　ケニア	2014. 8. 28	先決的抗弁 判決 2017 ICJ 3
				本案 判決 2021 ICJ 206
162	シララ川の地位および使用に関する紛争	チリ　対　ボリビア	2016. 6. 6	本案(反訴を含む) 判決 2022 ICJ 614
163	裁判権免除と刑事訴訟	赤道ギニア　対　フランス	2016. 6. 13	仮保全措置指示要請 命令 2016 ICJ 1148
				先決的抗弁 判決 2018 ICJ 292
				本案 判決 2020 ICJ 300

判決命令日	要　　　旨
2014. 3. 3 仮措置指示	法律顧問と秘密裏に通信する権利は、主権平等から導かれ、仮保全措置で保護され得る。被告は押収した資料が利用されないよう確保し、本件を初めとした関連手続(仲裁裁判手続や海洋境界画定の二国間交渉を含む)で被告の上記通信権に干渉してはならない。
2015. 4.22 修正認容	被告が係争物たる公文書およびデータを返還する意向を示した上で、仮措置の修正を要請。修正を正当化する「事情の変更」が認められるため、上記返還を認可し、返還の実施および実施日の通知を両当事国に求める。被告に公文書等の封印を求める措置は終了。
2015. 6.11	公文書およびデータが返還されたことにより本訴訟の目的は達したとして、原告東ティモールが訴えの取り下げを通告。被告オーストラリアも同意したため、訴訟打ち切りを記録にとどめ、総件名簿より削除。
2016. 5.31	係争地域の事実状況に関する情報を得るため、両当事者の意見を聴取した後、裁判所が独自に鑑定意見(鑑定人による現地視察を含む)を要請することを決定。
2016. 6.23	裁判所が指名した2名の鑑定人候補を両当事者に通知し、異議がないことを確認した後、鑑定人の嘱託を決定。
2017. 2. 7	157事件の鑑定人による現地視察(2016年12月4-6日)後、翌1月16日にコスタリカが陸地境界の位置に関する紛争を提訴し157事件との併合を要請。165事件の原告請求と157事件の紛争との間に密接な関係があることから、規則47条に基づき事件の併合を決定。
2018. 2. 2	陸地境界は鑑定意見に基づき画定。画定の結果コスタリカ領となる土地へのニカラグア軍駐留は主権侵害。海洋境界のカリブ海側基点は二海里沖合の固定点。カリブ海・太平洋共にEEZと大陸棚は暫定中間線を島の効果で修正し、海岸線距離との均衡性を確認して画定。
2016.10. 5 抗弁認容	紛争の存在には、見解の積極的否定を被告側が認識していることが必要。提訴前の事実は慣習法上の核軍縮交渉義務の存在と範囲に関する紛争の立証には不十分。提訴後の事実は紛争の存否認定の証拠ではなく判例も紛争を創設すると解していない。
2016.10. 5 抗弁認容	紛争の存在には、見解の積極的否定を被告側が認識していることが必要。提訴前の事実は慣習法上の核軍縮交渉義務の存在と範囲に関する紛争の立証には不十分。提訴後の事実は紛争の存否認定の証拠ではなく判例も紛争を創設すると解していない。
2016.10. 5 抗弁認容	紛争の存在には、見解の積極的否定を被告側が認識していることが必要。提訴前の事実は核不拡散条約6条及び慣習法上の核軍縮交渉義務の範囲に関する紛争の立証には不十分。提訴後の事実は紛争の存否認定の証拠ではない。決議への投票行動も紛争の立証には不十分。
2017. 2. 2 管轄権確認	本件の了解覚書は「他の解決手続に付託する」合意に該当せず、そうした合意を理由としたケニアによる留保の適用範囲外。国連海洋法条約第15部も上記留保にいう合意ではない。ソマリアによる了解覚書の違反は、提訴の有効性にも管轄権にも影響しない。
2021.10.12	ケニア主張の境界線(緯度平行線)をソマリアが黙認した証拠なし(合意境界線なし)。EEZ・200海里以内大陸棚の境界画定につき、三段階方式を用いない理由なし。第二段階で暫定中間線を調整。その線を延長し200海里以遠の境界線とする。ケニアの義務違反なし。
2022. 12. 1	シララ水系の国際河川としての法的地位および慣習国際法の適用可能性につき当事者間に合意あり。衡平かつ合理的な利用原則がシララ水系全体に適用されることについても合意あり。ボリビアの手続義務違反なし。被告の第1・2反訴は請求目的消滅。第3反訴は棄却。
2016.12. 7 仮措置指示	副大統領への刑事手続停止については国連国際組織犯罪防止条約上の紛争がなく、一応の管轄権なし。副大統領所有建物の地位について外交関係条約上の紛争があり、同22条の不可侵権に対する侵害の回復不能性や緊急性も認められるため、当該建物を公館として扱う措置をとるよう命じる。
2018. 6. 6 管轄権確認	国連国際組織犯罪防止条約第4条は裁判権免除の慣習法を包含しないため、原告請求は同条約の解釈又は適用に関連せず、管轄権なし。外交関係条約選択議定書に基づく請求は、副大統領所有建物の大使館としての法的地位に関する限りで管轄権を認容。
2020.12.11	赤道ギニアの指定に対するフランスの異議は、時宜に適ったものであり、恣意的でも差別的でもない。よって、問題の建物は外交関係条約1条(i)号にいう「使節団の公館」の地位を獲得せず。フランスの立入り、捜索等は同条約22条に基づく義務の違反を構成せず。

番号	事　件　名	当　事　者	提　訴	判決命令種別
164	イランの資産	イラン　対　アメリカ合衆国	2016. 6. 14	先決的抗弁 判決 2019 ICJ 7
				判決 2023 ICJ
				係属中
166	テロリズムに対する資金供与の防止に関する国際条約および人種差別撤廃条約の適用	ウクライナ　対　ロシア	2017. 1. 16	仮保全措置指示要請 命令 2017 ICJ 104
				先決的抗弁 判決 2019 ICJ 558
				係属中
167	ペドラ・ブランカ(白岩礁)／プラウ・バツ・プテー(バツ・プテー島)、中岩、南岩棚に対する主権事件の2008年5月23日判決の再審請求 [→130]	マレーシア　対　シンガポール	2017. 2. 2	(訴訟打切) 命令 2018 ICJ 284
168	ジャダヴ	インド　対　パキスタン	2017. 5. 8	仮保全措置指示要請 命令 2017 ICJ 231
				本案 判決 2019 ICJ 418
170	ペドラ・ブランカ(白岩礁)／プラウ・バツ・プテー(バツ・プテー島)、中岩、南岩棚に対する主権事件の2008年5月23日判決の解釈要請 [→130]	マレーシア　対　シンガポール	2017. 6. 30	(訴訟打切) 命令 2018 ICJ 288
171	1899年10月3日の仲裁判断	ガイアナ　対　ベネズエラ	2018. 3. 29	管轄権 判決 2020 ICJ 455
				先決的抗弁 判決 2023 ICJ
				仮保全措置指示要請 命令 2023 ICJ
				係属中
172	人種差別撤廃条約の適用	カタール　対　アラブ首長国連邦	2018. 6. 11	仮保全措置指示要請 命令 2018 ICJ 406
				仮保全措置指示要請 命令 2019 ICJ 361
				先決的抗弁 判決 2021 ICJ 71

判決命令日	要　旨
2019. 2. 13	1955年条約20条1項(d)の安全保障例外は本案の防御。慣習法上の主権免除侵害は、1955年条約と関係がなく管轄権なし(抗弁認容)。イラン中央銀行の「会社」該当性は、活動の性格を検討する必要があり、本案で判断(先決的性質否認)。その他抗弁(手続濫用等)は却下。
2023. 3. 30	イラン中央銀行は1955年条約にいう「会社」に該当せず、同銀行に係る請求につき管轄権なし。米国は同条約3条1項、4条1項および2項ならびに10条1項に違反したが、3条2項、5条1項および7条1項には違反せず。イランは金銭賠償を受ける権利を有する。
2017. 4. 19 仮措置指示	テロ資金供与防止条約については、権利の蓋然性が立証不十分のため却下。人種差別撤廃条約については、回復不能な緊急の危険が認められ、クリミア・タタール人に対する権利制限を控えること及びウクライナ語教育の保障を命じる。紛争悪化防止も命令。
2019. 11. 8 管轄権確認	テロ資金供与防止条約の適用可能性判断(第2条該当性)は、事実認定に依存しており、本案判断事項。人種差別撤廃条約第22条における裁判付託条件である交渉と同条約上の手続は選択的な条件であり、本件は交渉の存在により要件を充足。
2018. 5. 29	原告マレーシアが当事者間で訴の取下げに合意した旨を書面により通報。被告シンガポールも当該同意を書面で確認したため、訴訟打ち切りを記録にとどめ、総件名簿より削除。
2017. 5. 18 仮措置指示	インド国民ジャダヴに対して、領事との通信・面接を認めない中でパキスタンが死刑判決。領事関係条約選択議定書に基づき一応の管轄権認容。領事関係条約36条1項の権利に関して、権利の蓋然性、回復不能な損害及び緊急性を認定。死刑執行停止措置を命令。
2019. 7. 17	受理可能性抗弁(手続・権利の濫用等)を却下。ウィーン領事関係条約36条はスパイ容疑など一定の人物を除外していない。2008年の二国間条約もウィーン条約の義務を変更しない。パキスタンの無通告・無通報は上記条約違反であり、判決の実効的再審査を命じる。
2018. 5. 29	原告マレーシアが当事者間で訴の取下げに合意した旨を書面により通報。被告シンガポールも当該同意を書面で確認したため、訴訟打ち切りを記録にとどめ、総件名簿より削除。
2020. 12. 18	ベネズエラの訴訟手続不参加は遺憾。ジュネーブ協定Ⅳ条2項に基づく国連事務総長の紛争解決手段選択は当事国を拘束。1899年仲裁判断の有効性およびそれに関連する陸地境界紛争の解決につき管轄権あり。協定署名後の出来事に起因する請求については管轄権なし。
2023. 4. 6 抗弁却下	ベネズエラの貨幣用金原則に基づく抗弁は裁判所の管轄権行使に関わる。2020年判決主文および理由づけは管轄権の存在のみを扱うものであり、既判力はその限りで認められるため、ベネズエラの抗弁は受理可能。が、本件において貨幣用原則は適用されず、抗弁却下。
2023. 12. 1 仮措置指示	管轄権は2020年判決にて確認済み。問題の領域の主権に対するガイアナの権利の蓋然性あり。当該権利と要請された措置との間の連関あり。回復不能な損害のおそれ、緊急性肯定。ベネズエラはガイアナが統治・支配している係争領域の現状を変更する一切の行動を慎め。
2018. 7. 23 仮措置指示	カタール国籍者に対するUAEの措置(退去強制、入国制限)は、人種差別撤廃条約の違反として、一応の管轄権および権利の蓋然性あり。回復不能な損害と緊急性も認められるため、家族の統合・就学の保証・裁判アクセスの保障を命じる。紛争悪化防止措置も指示。
2019. 6. 14	Prima facie管轄権は2018年暫定措置命令での認定を踏襲。人種差別撤廃委員会への付託取下げおよび2018年命令の履行妨害差し止めは、同条約上の権利の有理性がない。紛争悪化防止措置は、特定の権利保全措置が指示される場合にのみ可能で、単独での指示は不可。
2021. 2. 4 抗弁認容	人種差別撤廃条約1条1項「民族的…出身」は現在の国籍を含まない。ゆえに、現在の国籍に基づく国外退去命令等の措置は、同条約の射程外。カタールのメディア企業に対する措置に係る請求についても同条約の射程外。間接差別の請求についても事項的管轄権なし。

番号	事　件　名	当　事　者	提　訴	判決命令種別
173	国際民間航空条約第84条に基づくICAO理事会の管轄権に関する上訴	バーレーン、エジプト、サウジアラビア、アラブ首長国連邦　対　カタール	2018. 7. 4	判決 2020 ICJ 81
174	国際航空業務通過協定(1944年)第2条2項に基づくICAO理事会の管轄権に関する上訴	バーレーン、エジプト、アラブ首長国連邦　対　カタール	2018. 7. 4	判決 2020 ICJ 172
175	友好・経済関係・領事条約(1955年)の違反	イラン　対　アメリカ合衆国	2018. 7. 16	仮保全措置指示要請 命令 2018 ICJ 623
				先決的抗弁 判決 2021 ICJ 9
				係属中
176	アメリカ合衆国大使館のエルサレムへの移転	パレスチナ　対　アメリカ合衆国	2018. 9. 28	係属中
177	グァテマラの領土、島および海洋の主張	グァテマラ　／　ベリーズ	2019. 6. 18	係属中
178	ジェノサイド条約の適用	ガンビア　対　ミャンマー	2019. 11. 11	仮保全措置指示要請 命令 2020 ICJ 3
				先決的抗弁 判決 2022 ICJ 477
				係属中
179	陸地・海洋境界画定および島に対する主権	ガボン　／　赤道ギニア	2021. 3. 5	係属中
180	人種差別撤廃条約の適用	アルメニア　対　アゼルバイジャン	2021. 9. 16	仮保全措置指示要請 命令 2021 ICJ 361
				仮保全命令修正要請 命令 2023 ICJ 578
				仮保全措置指示要請 命令 2023 ICJ
				仮保全命令修正要請 命令 2023 ICJ
				仮保全措置指示要請 命令 2023 ICJ
				係属中

判決命令日	要　　旨
2020. 7. 14	ICAO理事会に提起された意見の相違はシカゴ条約84条の射程に含まれる。本案において対抗措置が援用される見込みは、理事会の管轄権に影響を与えない。同条の交渉前置要件に関する理事会の判断に誤りはない。上訴棄却。理事会の管轄権あり。申立は受理可能。
2020. 7. 14	[国際航空業務通過協定の非当事国であるサウジアラビアが上訴国となっていない点において173事件と異なる。しかし、同協定Ⅱ条2項がシカゴ条約18章(ICJへの上訴を定める84条はこの章に含まれる)を参照により編入しており、判決内容は173事件とほぼ同一。]
2018. 10. 3 仮措置指示	核合意(JCPOA)からの離脱に伴う制裁措置は、1955年条約の違反として、一応の管轄権あり。医薬品等の人道上必要な物資に関しては、権利の蓋然性、回復不能な損害、緊急性が認められるため、それら物資の輸出制限の解除を命じる。紛争悪化防止措置も指示。
2021. 2. 3 管轄権確認	1955年条約21条2項に基づき裁判所は事項的管轄権をもつ(第三国措置に係る抗弁は義務の射程に関わるため本案事項)。手続濫用の主張に基づく受理可能性の抗弁も却下。同条約20条1項 (b)、(d) の安全保障例外等は本案の防御。米国のすべての先決的抗弁を却下。
2020. 1. 23 仮措置指示	一応の管轄権あり。ジェノサイド条約は当事国間対世的義務を定めており、ガンビアに一応の原告適格が認められる。権利の蓋然性、回復不能な損害、緊急性も認められる。同条約2条に該当する行為の実行を防止するあらゆる措置をとるようミャンマーに命じる。
2022. 7. 22 管轄権確認	ガンビアは自らの名で提訴し、自らの権利に係る紛争があると主張している。よって、本件の原告はガンビア。当事者間にジェノサイド条約の解釈、適用および履行に係る紛争あり。ミャンマーが留保を付している条約8条は裁判所への提訴とは無関係。原告適格あり。
2021. 12. 7 仮措置指示	人種差別撤廃条約22条に基づく一応の管轄権あり。権利の蓋然性あり(捕虜等送還についてはなし)。当該権利と要請された措置の一部との間に連関あり。回復不能な損害、緊急性肯定。2020年紛争に係る捕虜等の保護、人種的憎悪・差別の扇動・助長の防止等を命じる。
2020. 10. 12 修正却下	2021年12月7日の仮保全措置命令(2021年命令)の時点で存在していた事情は継続しており、現在の事情と異ならない。よって、2022年9月に当事者間で勃発した敵対行為は、2021年命令の修正を正当化する事情の変更(裁判所規則76条)を構成しない。
2023. 2. 22 仮措置指示	一応の管轄権は2021年命令で確認済み。権利の蓋然性、当該権利と要請された措置との間の連関、回復不能な損害のおそれ、緊急性肯定。アゼルバイジャンは、ラチン回廊における人等の往来が妨げられないよう確保するためにあらゆる措置を講じなければならない。
2023. 7. 6 修正却下	2023年2月22日命令が課した措置は往来妨害の原因のいかんにかかわらず適用される。アルメニアが本件要請にて言及する状況(アゼルバイジャンによる検問所の設置)は、2023年2月22日命令の修正を正当化する事情の変更(裁判所規則76条)を構成しない。
2023. 11. 17 仮措置指示	仮措置指示の諸要件は充足されている。アゼルバイジャン代理人が口頭弁論において行った約束(国籍・種族的出身の差別なくカラバフ住民の安全を確保する)は同国を拘束し、回復不能な損害の差し迫ったおそれの緩和に寄与するが、これを完全には除去せず。

番号	事　件　名	当　事　者	提　訴	判決命令種別
181	人種差別撤廃条約の適用	アゼルバイジャン　対　アルメニア	2021. 9. 23	仮保全措置指示要請命令 2021 ICJ 405
				仮保全措置指示要請命令 2023 ICJ
				係属中
182	ジェノサイド条約に基づくジェノサイドの主張	ウクライナ　対　ロシア (32ヵ国参加)	2022. 2. 26	仮保全措置指示要請命令 2022 ICJ 211
				訴訟参加宣言命令 2023 ICJ
				係属中
183	国家の裁判権免除と国有財産に対する強制的な措置 [→143]	ドイツ　対　イタリア	2022. 4. 29	係属中
184	刑事手続において没収された財産の返還 [→163]	赤道ギニア　対　フランス	2022. 9. 29	係属中
185	サポディラ・キーズに対する主権	ベリーズ　対　ホンジュラス	2022. 11. 16	係属中
188	拷問等禁止条約の適用	カナダ、オランダ　対　シリア	2023. 6. 8	仮保全措置指示要請命令 2023 ICJ
				係属中
189	国家免除の違反	イラン　対　カナダ	2023. 6. 27	係属中
190	2020年1月8日の航空機事件	カナダ、スウェーデン、ウクライナ、イギリス　対　イラン	2023. 7. 4	係属中
192	ガザ地区におけるジェノサイド条約の適用	南アフリカ　対　イスラエル	2023. 12. 29	係属中

注記

1. 2023年12月31日現在、国際司法裁判所で下された判決及び命令を掲載している。ただし、網羅的なリストではなく、書面提出期限を定める命令等は割愛している。
2. 事件番号については、裁判所が争訟事件と勧告的意見を合わせて通し番号が付されている。そのため、一覧表の中で番号が欠けているところは、勧告的意見の事件番号である。
3. 事件名の中の[→　]で示した数字は、参照すべき事件の番号である。
4. 当事者表記については、以下の通りである。当事者が複数記載されている場合は、共同訴訟国。
   X国 対 Y国……原告 対 被告を意味し、原告による一方的提訴で訴訟が開始。
   X国 ／ Y国……付託合意(コンプロミー)に基づく共同付託。

判決命令日	要　旨
2021. 12. 7 仮措置指示	条約22条に基づく一応の管轄権あり。種族としてのアゼルバイジャン人への暴力の扇動を非難・処罰しないことにより侵害されるといわれる権利につき蓋然性あり。人種的憎悪等の扇動・助長の防止措置についてのみ、権利との連関あり。回復不能な損害、緊急性肯定。
2023. 2. 22 要請却下	一応の管轄権は2021年命令で確認済み。同命令でも述べたとおり、人種差別撤廃条約がアゼルバイジャンによる地雷除去を可能にする措置を講ずるようアルメニアに義務づけている蓋然性は認められない。したがって、仮措置指示の要件は充足されていない。
2022. 3. 16 仮措置指示	ロシアの武力行使は国際法上の深刻な問題を惹起しており、これに懸念を表明する。条約9条に基づく一応の管轄権あり。軍事活動にさらされない権利の蓋然性あり。当該権利と要請された措置(軍事活動の即時停止等)との間に連関あり。回復不能な損害、緊急性肯定。
2026. 6. 5 参加一部認容	米国は条約9条に付した留保ゆえに同条に拘束されず。同条に関する限り、米国のICJ規程63条に基づく宣言は受理不可能。その他32カ国の宣言は、条約9条および裁判所の管轄権の確定に係る他の条文の解釈に関するものである限り、先決的抗弁段階では受理可能。
2023. 11. 16 仮措置指示	条約30条1項に基づく一応の管轄権あり。カナダおよびオランダに一応の原告適格あり。権利の蓋然性、当該権利と要請された措置との間の連関、回復不能な損害の現実的で差し迫ったおそれも認められる。シリアは拷問等の行為を防止するためにあらゆる措置をとれ。

（Ｚ国参加）……Ｚ国が訴訟参加を申請し、裁判所から許可された場合。

5. 判決及び命令の種別は、裁判所の種別にしたがっている。本案、管轄権、仮保全措置指示要請といった中身は、裁判所の記載にしたがっているが、記載がない場合、作成者が付記している。その場合(　)で表示している。
6. 提訴日は、裁判所書記局が請求を受領した日である。
7. 1948 ICJ 15は、The International Court of Justice, *Reports of Judgments, Advisory Opinions and Orders 1948*, p.15の略記である。通常は、*I.C.J. Reports 1948*, p.15と記載されるものである。
8. 判決命令種別欄の[小法廷]は、特別裁判部(小法廷)が下した判決・命令であることを示している。
9. 係属中の事件については、判決命令種別欄に係属中と明記している。

17 13 国際司法裁判所勧告的意見一覧表

番号	事件	諮問機関	(諮問決定日) 諮問受領日	意見日付 判例集登載頁	意見要旨
3	国家の国連加入の条件(憲章第4条)	国連総会	(1947.11.17) 1947.11.29	1948. 5.28 1948 ICJ 57	国連加入の条件は、第4条が明示するものに限り、その条件を充足する国家の加入を、他の国の加入と抱き合せてはならない。
4	国連の職務中に蒙った損害に対する賠償	同　上	(1948.12. 3) 1948.12. 7	1949. 4.11 1949 ICJ 174	国連は、国連又はその職員に加えられた損害の賠償を、加害国に請求する資格を有する。
8	ブルガリア、ハンガリー及びルーマニアとの平和諸条約の解釈	同　上	(1949.10.22) 1949.11. 3	1950. 3.30 1950 ICJ 65 1950. 7.18 1950 ICJ 221	3国における基本的人権と自由の侵害は、3国と連合国との各平和条約の規定を適用しうる紛争であり、3国は規定履行の義務がある。
9	国家の国連加入に対する総会の権限	同　上	(1949.11.22) 1949.11.28	1950. 3. 3 1950 ICJ 4	総会は、安全保障理事会が国連への加入申請国につき勧告を行わなかったときに、単独で加入を決定することはできない。
10	南西アフリカの国際的地位	同　上	(1949.12. 6) 1949.12.27	1950. 7.11 1950 ICJ 128	南西アフリカは南アの受任する委任統治地域であり、連盟規約第22条の義務を南ア連邦は負う。
12	集団殺害犯罪の防止と処罰に関する条約に対する留保	同　上	(1950.11.16) 1950.11.20	1951. 5.28 1951 ICJ 15	ジェノサイド条約に対する留保は、それが条約の目的と両立するならば有効である。両立性の認定権は各当事国が有する。
21	国連行政裁判所が下した補償裁定の効果	同　上	(1953.12. 9) 1953.12.20	1954. 7.13 1954 ICJ 47	行政裁判所は、国連とその職員との内部紛争を扱う国連の司法機関であり、その判決の履行を総会は拒絶しえない。
24	南西アフリカ地域に関する報告と請願の問題に関する表決手続	同　上	(1954.11.23) 1954.12. 6	1955. 6. 7 1955 ICJ 67	この問題に関する総会の決定は、国連憲章第18条2項の意味における重要問題である。
30	ユネスコに対する苦情についてのILO行政裁判所の判決	UNESCO	(1955.11.25) 1955.12. 2	1956.10.23 1956 ICJ 77	ILO行政裁判所は、UNESCOに対する旧職員の訴を聴取できる。同裁判所の判決は最終的なものである。
31	南西アフリカ委員会による請願者聴取の許容性	国連総会	(1955.12. 3) 1955.12.22	1956. 6. 1 1956 ICJ 23	南西アフリカ委員会は書面による請願を行った者に口頭による弁論をも許してよい。これは1950年の勧告的意見と矛盾しない。
43	IMCO海事安全委員会の構成	IMCO	(1957. 1.17) 1959. 3.25	1960. 6. 8 1960 ICJ 150	1959年1月15日に選挙されたIMCOの海事安全委員会はIMCO憲章に従って構成されていない。
49	ある種の国連経費(憲章第17条2項)	国連総会	(1961.12.20) 1961.12.27	1962. 7.20 1962 ICJ 151	国連緊急軍(UNEF)及び国連のコンゴにおける活動(ONUC)関係経費は、国連憲章第17条2項の意味での国連機構の経費である。
53	安全保障理事会の決議276(1970)にもかかわらず南アフリカがナミビア(南西アフリカ)に引きつづいて存在することの諸国に対する法的帰結	安全保障理事会	(1970. 7.29) 1970. 8.10	1971. 6.21 1971 ICJ 16	南アがナミビアを保有しつづけるのは違法であり、直ちにその統治を終了して領域の支配をとく義務がある。
57	国連行政裁判所の判決第158号の再審請求	国連行政裁判所再審請求委員会	(1972. 6.20) 1972. 7. 3	1973. 7.12 1973 ICJ 166	行政裁判所に付与された管轄権は行使されており、同裁判所による手続上の基本的過誤はない。
61	西サハラ	国連総会	(1974.12.13) 1974.12.21	1975.10.16 1975 ICJ 12	西サハラはスペイン植民地化の時モロッコ及びモーリタニアと法的な絆を有した。しかしこの両国の領有権は立証できない。
65	WHOとエジプト間1951年3月25日協定の解釈	WHO	(1980. 5.20) 1980. 5.28	1980.12.20 1980 ICJ 73	両者にはWHOアレキサンドリア事務所移転に当たり、誠実に行動する相互的義務がある。

番号	事　　　件	諮問機関	(諮問決定日) 諮問受領日	意見日付 判例集登載頁	意　見　要　旨
66	国連行政裁判所の判決第237号の再審請求	国連行政裁判所再審請求委員会	(1981. 7.13) 1981. 7.28	1982. 7.20 1982 ICJ 325	国連行政裁判所の判決は、国連憲章の規定の適用を誤らず、権限の踰越も認められない
72	国連行政裁判所の判決第333号の再審請求	国連行政裁判所再審請求委員会	(1984. 8.23) 1984. 9.10	1987. 5.27 1987 ICJ 18	行政裁判所に付与された管轄権は行使されており、国連憲章の規定との関連でも過誤はない。
77	国連とアメリカ間本部協定(第21条)の解釈	国連総会	(1988. 3. 2) 1988. 3. 7	1988. 4.26 1988 ICJ 3	アメリカには本部協定の当事国として、国連との間の紛争解決のため仲裁に入る義務がある。
81	国連特権免除条約(第6条22項)の適用可能性	経済社会理事会	(1989. 5.24) 1989. 6.13	1989.12.15 1989 ICJ 177	右条約第6条22項(専門家の特権・免除)は人権委員会小委員会特別報告者にも適用される。
93	武力紛争時における国家の核兵器使用の合法性	ＷＨＯ	(1993. 5.14) 1993. 9. 3	1996. 7. 8 1996 ICJ 66	WHOは核兵器使用の合法性を取り扱う権限を有しておらず、本件諮問はWHOの活動の範囲外。
95	核兵器による威嚇または核兵器使用の合法性	国連総会	(1994.12.15) 1995. 1. 6	1996. 7. 8 1996 ICJ 226	核兵器の使用は一般的に国際法違反であるが、自衛の極限状況について、合法性を判断できない。
100	人権委員会特別報告者の訴訟手続からの免除	経済社会理事会	(1998. 8. 5) 1998. 8.10	1999. 4.29 1999 ICJ 62	人権委員会特別報告者は訴訟手続からの免除を享有する。マレーシアは報告者の免除を尊重すべき。
131	パレスチナ占領地域における分離壁建設の法的帰結	国連総会	(2003.12. 8) 2003.12.10	2004. 7. 9 2004 ICJ 136	征服による領域取得は違法。係争地は占領地域。イスラエルは占領国。人権法・人道法違反。軍事的必要・自衛・緊急状態援用不可。
141	コソボ暫定自治政府による一方的独立宣言の国際法適合性	国連総会	(2008.10. 8) 2008.10.10	2010. 7.22 2010 ICJ 403	一般国際法は一方的独立宣言を禁止していない。安保理決議1244は最終的地位を決定せず、国連加盟国及び国連機関以外は義務なく、同決議違反なし。
146	国際農業開発基金(IFAD)に対する不服申立に関するILO行政裁判所第2867号判決の再審請求	IFAD	(2010. 4.22) 2010. 4.26	2012.2.1 2012 ICJ 10	ILO行政裁判所にはIFADに対する砂漠化対処条約地球機構旧職員の不服申立を審理する権限があり、手続の重大な過誤もないため、判決は有効。
169	1965年にモーリシャスからチャゴス諸島を分離したことの法的帰結	国連総会	(2017.6.22) 2017.6.23	2019.2.25 2019 ICJ 95	諮問は脱植民化に関する総会の役割と不可分であり、意見付与を拒否する決定的理由なし。人民の自由意思に基づかない限り、施政国よる非自治地域の一部を分離は自決権の侵害。英国は違法行為を即時停止しなければならず、全国連加盟国は脱植民地化に協力する義務あり。
186	パレスチナ占領地域(東エルサレムを含む)におけるイスラエルの政策・実践から生ずる法的帰結	国連総会	(2022.12.30) 2023.1.19	係属中	
187	気候変動に関する国家の義務	国連総会	(2023.3.29) 2023.4.17	係属中	
191	ILO87号条約におけるストライキ権	ILO	(2023.11.10) 2023.11.13	係属中	

17 14 常設国際司法裁判所争訟事件一覧表

判決集 No.	事件	当事者	提訴日付	判決(命令)日付	備考
A, 1	ウインブルドン号	イギリス、フランス、イタリア、日本 対 ドイツ	1923. 1. 16	1923. 6. 28 1923. 8. 17	ポーランド訴訟参加容認 キール運河の通航拒絶は不当(4国勝訴)
A, 2	マブロマチスのパレスチナ特許(管轄権)	ギリシャ 対 イギリス	1924. 5. 13	1924. 8. 30	エルサレムの特許につき裁判管轄権確認。ヤッファの特許につき裁判管轄権否認
A, 3	ヌイイ条約第179条(解釈)	ギリシャ/ブルガリア	1924. 3. 18	1924. 9. 12	条約の解釈(ギリシャ勝訴)
A, 4	ヌイイ条約第179条(判決No.3の解釈)	ギリシャ 対 ブルガリア	1924. 11. 27	1925. 3. 26	判決の解釈請求(ギリシャの請求却下)
A, 5	マブロマチスのエルサレム特許	ギリシャ 対 イギリス	1924. 5. 13	1925. 3. 26	特許は有効。イギリスの国際義務違反。ギリシャに賠償請求権なし。特許は改訂しうる(ギリシャ勝訴)
A, 6	ポーランド領上部シレジアのドイツ人の利益	ドイツ 対 ポーランド	1925. 5. 15	1925. 8. 25	裁判管轄権確認
A, 7	ポーランド領上部シレジアのドイツ人の利益(本案)	ドイツ 対 ポーランド	1925. 5. 15	1926. 5. 25	条約による個人の権利・利益の保護とそれに反する国内法の規制(ドイツ勝訴)
A, 8	中国・ベルギー間の条約の廃棄(仮保全措置)	ベルギー 対 中国	1926. 11. 25	(1927. 1. 8) (1927. 2. 15) (1927. 6. 18)	仮保全措置請求認容 仮保全措置の失効 答弁書・抗弁書・再抗弁書の提出期間延長
A, 9	ホルジョウ工場(賠償請求)(管轄権)	ドイツ 対 ポーランド	1927. 2. 8	1927. 7. 26	裁判管轄権確認
A, 10	ロチュース号	フランス/トルコ	1927. 1. 4	1927. 9. 7	公海上での衝突。被害船の旗国による刑事裁判権行使はローザンヌ条約・国際法に抵触しない(トルコ勝訴)
A, 11	マブロマチスのエルサレム特許の改訂(管轄権)	ギリシャ 対 イギリス	1927. 5. 28	1927. 10. 10	裁判管轄権否認
A, 12	ホルジョウ工場(賠償)	ドイツ 対 ポーランド	1927. 11. 15	(1927. 11. 21)	仮保全措置請求棄却
A, 13	ホルジョウ工場(判決の解釈)	ドイツ 対 ポーランド	1927. 10. 18	1927. 12. 16	国際紛争の意義。判決の解釈(ドイツ勝訴)
A, 14	中国・ベルギー間の条約の廃棄	ベルギー 対 中国	1926. 11. 25	1928. 2. 21	答弁書・抗弁書・再抗弁書の提出期間延長
A, 15	上部シレジアの少数者の権利(少数者学校)	ドイツ 対 ポーランド	1928. 1. 2	1928. 4. 26	個人の宣言による少数者に属するか否かの決定(ドイツ一部勝訴)
A, 16	中国・ベルギー間の条約の廃棄	ベルギー 対 中国	1926. 11. 25	(1928. 8. 13)	答弁書・抗弁書・再抗弁書の提出期間延長
A, 17	ホルジョウ工場(賠償請求)(本案)	ドイツ 対 ポーランド	1927. 2. 8	1928. 9. 13	私人に対する国家の不法行為責任(ドイツ勝訴)

判決集No.	事　　件	当 事 者	提訴日付	判決(命令)日　付	備　　考
A, 18	中国・ベルギー間の条約の廃棄	ベルギー　対　中国	1926. 11. 25	(1929. 5. 25)	訴訟取下げ
A, 19	ホルジョウ工場(賠償)	ドイツ　対　ポーランド	1927. 2. 8	(1929. 5. 25)	賠償額につき和解成立
A, 20	セルビア国債	フランス／セルブ・クロアト・スロベーヌ	1928. 5. 24	1929. 7. 12	国内法上の問題に関し管轄権確認。金条項による支払容認(フランス勝訴)
A, 21	ブラジル国債	フランス／ブラジル	1928. 4. 27	(1929. 7. 12)	金フランによる支払容認(フランス勝訴)
A, 22	上部サヴォアとジェクスの自由地帯	スイス／フランス	1928. 3. 29	(1929. 8. 19)	当事国間の交渉期間設定
A, 23	オーデル河国際委員会	ポーランド／ドイツ、デンマーク、フランス、イギリス、スウェーデン、チェコスロバキア	1928. 11. 29	1929. 9. 10	可航水路全面に対する委員会の管轄権容認(6国勝訴)
A, 24	上部サヴォアとジェクスの自由地帯(第二段階)	スイス／フランス	1928. 3. 29	1930. 12. 6	再度交渉期間設定
A／B, 46	上部サヴォアとジェクスの自由地帯	スイス／フランス	1928. 3. 29	1932. 6. 7	自由地帯維持の権利承認。仏関税線後退(スイス勝訴)
A／B, 47	メーメル領域規程の解釈(先決的抗弁)	イギリス、フランス、イタリア、日本対リスアニア	1932. 4. 11	1932. 6. 24 (1932. 6. 24)	裁判管轄権確認 リスアニアの答弁書提出期間設定
A／B, 48	東南部グリーンランドの法的地位	デンマーク　対　ノルウェー	1932. 7. 18	(1932. 8. 2) (1932. 8. 3)	双方から提訴された訴訟の結合。ノルウェーの仮保全措置請求棄却
A／B, 49	メーメル領域規程の解釈(本案)	イギリス、フランス、イタリア、日本対リスアニア	1932. 4. 11	1932. 8. 11	メーメル総督による施政長官免職正当(リスアニア勝訴
A／B, 51	カルテロリゾ島とアナトリア海岸の間の領海の境界	トルコ　対　イタリア	1931. 11. 18	(1933. 1. 26)	合意により訴訟取下げ(裁判所リストより削除)
A／B, 52	プレス公の財産管理(先決的抗弁)	ドイツ　対　ポーランド	1932. 5. 18	(1933. 2. 4)	先決的抗弁の本案併合
A／B, 53	東部グリーンランドの法的地位	デンマーク　対　ノルウェー	1931. 7. 12	1933. 4. 5	デンマークの主権容認。ノルウェーの先占宣言無効。征服の概念(デンマーク勝訴)
A／B, 54	プレス公の財産管理(仮保全措置)	ドイツ　対　ポーランド	1932. 5. 18	(1933. 5. 11)	仮保全措置請求理由消滅
A／B, 55	東南部グリーンランドの法的地位	デンマーク　対　ノルウェー	1932. 7. 18	1933. 5. 11	両当事者訴訟取下げ(裁判所リストより削除)
A／B, 56	ハンガリー・チェコ混合仲裁裁判所の判決の上訴	チェコスロバキア　対　ハンガリー	1932. 7. 7 1932. 7. 20	1933. 5. 12	チェコスロバキア訴訟取下げ(裁判所リストより削除)
A／B, 57	プレス公の財産管理	ドイツ　対　ポーランド	1932. 5. 18	(1933. 7. 4)	答弁書提出期間延長
A／B, 58	ポーランド農業改革(仮保全措置)	ドイツ　対　ポーランド	1933. 7. 1	(1933. 7. 29)	仮保全措置請求棄却

判決集No.	事件	当事者	提訴日付	判決(命令)日付	備考
A/B, 59	プレス公の財産管理	ドイツ 対 ポーランド	1932. 5. 18	(1933. 12. 2)	ドイツ訴訟取下げ(裁判所リストより削除)
A/B, 60	ポーランド農業改革	ドイツ 対 ポーランド	1933. 7. 1	(1933. 12. 2)	ドイツ訴訟取下げ(裁判所リストより削除)
A/B, 61	ハンガリー・チェコ混合仲裁裁判所の判決の上訴(ペテル・パズマニー大学)	チェコスロバキア 対 ハンガリー	1933. 5. 9	1933. 12. 15	国家の監督下にある大学の法人格承認(ハンガリー勝訴)
A/B, 62	フランス・ギリシャの燈台	フランス/ギリシャ	1933. 5. 23	1934. 3. 17	被占領地における特許の許可可能(フランス勝訴)
A/B, 63	オスカー・チン	イギリス/ベルギー	1934. 5. 1	1934. 12. 12	特定企業への補償は通商の自由・平等を害さない(ベルギー勝訴)
A/B, 66	ユーゴスラビア農業改革(先決的抗弁)	ハンガリー 対 ユーゴスラビア	1935. 12. 1	(1936. 5. 23)	先決的抗弁の本案併合
A/B, 67	ロサンジェ会社(先決的抗弁)	スイス 対 ユーゴスラビア	1935. 11. 23	(1936. 6. 27)	先決的抗弁の延長期間内提出可能。本案併合
A/B, 68	ユーゴスラビア農業改革(本案)	ハンガリー 対 ユーゴスラビア	1935. 12. 1	1936. 12. 16	上訴受理不可能(一部ユーゴスラビア勝訴。一部ハンガリー勝訴)
A/B, 69	ロサンジェ会社	スイス 対 ユーゴスラビア	1935. 11. 23	(1936. 12. 14)	当事者間の和解による訴訟打切り(裁判所リストより削除)
A/B, 70	ミューズ川の引水	オランダ 対 ベルギー	1936. 8. 1	1937. 6. 28	国際河川の地位(両当事者の申立棄却)
A/B, 71	クリート島とサモス島の燈台	フランス/ギリシャ	1936. 10. 27	1937. 10. 8	特許更新契約はギリシャに帰属した領土の燈台に関し有効(フランス勝訴)
A/B, 72	ボルクグラーヴ(先決的抗弁)	ベルギー/スペイン	1937. 3. 5	1937. 11. 6	裁判管轄権確認
A/B, 73	ボルクグラーヴ	ベルギー/スペイン	1937. 3. 5	(1938. 4. 30)	合意により訴訟中止(裁判所リストより削除)
A/B, 74	モロッコの燐酸塩(先決的抗弁)	イタリア 対 フランス	1936. 3. 30	1938. 6. 14	選択条項受諾宣言に付した留保の相互性(裁判管轄権否認)
A/B, 75	パネベジス・サルヅチスキス鉄道(先決的抗弁)	エストニア 対 リスアニア	1937. 11. 2	(1938. 6. 30)	先決的抗弁の本案併合
A/B, 76	パネベジス・サルヅチスキス鉄道	エストニア 対 リスアニア	1937. 11. 2	1939. 2. 28	国内的救済未完了(裁判管轄権否認)
A/B, 77	ソフィア電気会社(先決的抗弁)	ベルギー 対 ブルガリア	1938. 1. 26	1939. 4. 4	裁判管轄権確認
A/B, 78	ベルギー商事会社	ベルギー 対 ギリシャ	1938. 5. 5	1939. 6. 15	特殊事情下での申立変更可能。仲裁判決の既判力承認(両当事者一部勝訴)
A/B, 79	ソフィア電気会社(仮保全措置)	ベルギー 対 ブルガリア	1938. 1. 26	(1939. 12. 5)	仮保全措置請求認容
A/B, 80	ソフィア電気会社	ベルギー 対 ブルガリア	1938. 1. 26	(1940. 2. 26)	不可抗力の抗弁棄却(訴訟続行)

17 15　常設国際司法裁判所勧告的意見一覧表

判例集No.	事　件	諮問機関	諮問日付	意見日付	意　見　要　旨
B, 1	オランダの国際労働代表	連盟理事会	1922. 5. 22	1922. 7. 31	第3回国際労働総会に対するオランダの労働代表は、ヴェルサイユ条約第389条3項の規定に従って任命されたものである。
B, 2・3	国際労働機関の権限	連盟理事会	1922. 5. 22	1922. 8. 12	国際労働機関の権限は、農業労働条件の国際的規律に及ぶ。生産手段に関する問題の審査は、国際労働機関の権限に属さない。
B, 4	チュニスとモロッコの国籍法	連盟理事会	1922. 11. 6	1923. 2. 7	チュニスとモロッコの国籍法とそれをイギリス人に適用することについての英仏間の紛争は、国際法上の国内管轄事項ではない。
B, 5	東部カレリアの地位	連盟理事会	1923. 4. 27	1923. 7. 23	ロシア(非連盟国)が協力を拒否したから、裁判所は審査を継続し意見を下すことができない。
B, 6	ポーランドにおけるドイツ系農民	連盟理事会	1923. 3. 2	1923. 9. 10	ドイツ系農民の土地を国有化し農民を追放したポーランドの措置は、少数者保護条約に定められた国際義務違反を惹起する。
B, 7	ポーランドの国籍の取得	連盟理事会	1923. 7. 11	1923. 9. 15	少数者保護条約における国籍取得の問題は、連盟の権限内に入る。同条約第4条は、出生の時のみにおける親の住所を指す。
B, 8	ヤウォリナ(ポーランド・チェコ国境)	連盟理事会	1923. 9. 29	1923. 12. 6	ポーランドとチェコの間の国境は、大使会議の決議によって確定された。ただし、僅少の変更をなす権利は留保されている。
B, 9	聖ナウム僧院(アルバニア国境)	連盟理事会	1924. 6. 17	1924. 9. 4	僧院がアルバニアに帰属するとの大使会議の決議によって、主たる同盟及び連合国はアルバニア・ユーゴ国境に関する任務を完了した。
B, 10	ギリシャとトルコの住民交換(ローザンヌ条約第2条)	連盟理事会	1924. 12. 18	1925. 2. 21	条約の意思は相互性の原則によりギリシャ人とトルコ人を同様に取扱うことにある。「定住」の語は、永続的性質の居住を指す。
B, 11	ダンチッヒにおけるポーランドの郵便事務	連盟理事会	1925. 3. 14	1925. 5. 16	ポーランドはダンチッヒ港内で、郵便箱の設置・郵便物の集配を行いうる。郵便設備は一般公衆も利用できる。
B, 12	トルコとイラクの国境(ローザンヌ条約第3条)	連盟理事会	1925. 9. 23	1925. 11. 21	ローザンヌ条約に従って理事会の行う決定は、両国の国境を確定する。この決定は、当事国を除く全会一致によることを要する。
B, 13	使用者労働に関する国際労働機関の権限	連盟理事会	1926. 3. 20	1926. 7. 23	使用者自身による労働を附随的に規律する労働立法を作成・提議することは、ILOの権限に属する。
B, 14	ダニューヴ河ヨーロッパ委員会の権能	連盟理事会	1926. 12. 18	1927. 12. 8	海ダニューブ全体で司法権を含む権能を委員会が行使する。港における規則制定及び司法権は領域国に、航行の自由の監視権は委員会に。

判例集No.	事　件	諮問機関	諮問日付	意見日付	意見要旨
B, 15	ダンチッヒ裁判所の管轄権	連盟理事会	1927. 9. 24	1928. 3. 3	当事国の意思により条約上直接個人の権利・義務を設定できる判決の承認と履行は、裁判所の管轄権承認の帰結である。
B, 16	1926年のギリシャ・トルコ協定の解釈	連盟理事会	1928. 6. 7	1928. 8. 28	混合仲裁裁判所付託の条件が充たされていることの決定及び付託の権利は、混合委員会のみに属する。
B, 17	ギリシャ・ブルガリア「共同体」	連盟理事会	1930. 1. 17	1930. 7. 31	ギリシャとブルガリアの住民交換に関する1919年条約にいう共同体は、人種・宗教・言語・伝統の同一性による連帯感で結合した人々の存在する一定地域をいう。
B, 18	ダンチッヒの国際労働機関加入	連盟理事会	1930. 5. 15	1930. 8. 26	ダンチッヒ自由市は、連盟の保護下にあり、外交関係をポーランドに委任している特殊な法的地位の故に、ILOに加入できない。
A／B, 40	上部シレジアのドイツ人少数者学校	連盟理事会	1931. 1. 24	1931. 5. 15	理事会の決議による語学試験に基づき少数者学校から排斥された児童は、現在では、少数者学校の入学を拒絶されることはない。
A／B, 41	ドイツ・オーストリア関税連合	連盟理事会	1931. 5. 19	(1931. 7. 20) 1931. 9. 5	同一の利害を有する当事者は1当事者とみなすとして特別裁判官の任命請求を拒否した。関税連合の樹立は、オーストリアの経済的独立維持義務と両立しない。
A／B, 42	リスアニアとポーランドの鉄道運輸	連盟理事会	1931. 1. 28	1931. 10. 15	現行国際約定の下で、リスアニアは係争区間に鉄道を敷設する義務を負わない。交渉義務は協定義務を含まない。
A／B, 43	ダンチッヒ港におけるポーランド軍艦の入港・碇泊	連盟理事会	1931. 9. 25	1931. 12. 11	ポーランドは、ダンチッヒ港・水路において軍艦の入港・碇泊の権利を有しない。条約解釈は専ら正文に基づかねばならない。
A／B, 44	ダンチッヒにいるポーランド人の待遇	連盟理事会	1931. 5. 23	1932. 2. 4	ダンチッヒのポーランド人は、ポーランドにいる少数者と同じ待遇を受け、ダンチッヒの他の少数者・外国人より不利な待遇を受けない。
A／B, 45	1927年のギリシャ・ブルガリア協定の解釈	連盟理事会	1931. 9. 26	1932. 3. 8	ギリシャの移民債務とブルガリアの賠償との相殺の可否は、移民債務の性質決定とは別問題である。
A／B, 50	女子の夜間労働に関する条約の解釈	連盟理事会	1932. 5. 9	1932. 11. 15	当該条約は、監督・管理の地位を有し通常は筋肉労働に従事しない女子に対して適用がある。
A／B, 64	アルバニアの少数者学校	連盟理事会	1935. 1. 23	1935. 4. 6	少数者は、他国民と完全な平等の地位に置かれ、民族的特徴を保存するに適当な手段がとられ、実効的かつ真正な平等を与えられる。
A／B, 65	ダンチッヒ法令の憲法違反	連盟理事会	1935. 9. 30	1935. 12. 4	連盟はダンチッヒ憲法の保障者であり、裁判所は自由市の国内立法を審査しうる。罪刑法定主義を排除した法令は憲法に違反する。

17
16

選択条項受諾宣言分類表

（二〇二三年一二月三一日現在）

受諾宣言国（計73か国） ／ 受諾年月日 ／ 留保の種類		アフリカ（22か国）																					
		リベリア	エジプト（注1）	スーダン	ソマリア	ウガンダ	ガンビア	マラウイ	モーリシャス	エスワティニ	ボツワナ	トーゴ	セネガル	コンゴ民主共和国	ギニアビサウ	マダガスカル	カメルーン	ナイジェリア	ギニア	レソト	コートジボワール	ジブチ	赤道ギニア
受諾年月日		1952・3・20	1957・7・22	1958・1・2	1963・4・11	1963・10・3	1966・6・22	1966・12・12	1968・9・23	1969・5・26	1970・3・16	1979・10・25	1985・12・2	1989・2・8	1989・8・7	1992・7・2	1994・3・3	1998・4・30	1998・12・4	2000・9・6	2001・8・29	2005・9・2	2017・8・11
時間的な適用範囲	有効期限	五年。その後通告まで		通告まで	通告まで		通告まで		通告まで	通告まで		通告まで		通告まで	通告後六月まで	通告まで	五年。その後通告まで	通告まで	通告まで	通告まで	無期限だが廃棄権を留保	五年。廃棄・修正権を損なわない	通告まで
時間的な適用範囲	○宣言以後の紛争または宣言以後の事態・事実から生じる紛争 ◎一定期日後の紛争			◎				○					○					◎	◎				
留保	特定の紛争についてのみ受諾した国または受諾後一定期間を経過しない国との紛争				○				○									○					
留保	コモンウェルス内の紛争						○		○														
留保	○国際法上の国内問題 ◎自国の判断による国内問題（自動留保）	◎		◎			○	◎	○	○	○		○			○		○	○		○	○	
留保	他の解決手続に付託する合意がある紛争（◎は裁判のみ）	◎		○			○	○	○	○	○		○			○		○	○	◎	○	○	
留保	○武力紛争にかかわる紛争（◎は国連活動への参加を含む			○				○	◎									○				◎	
留保	多数国間条約に関する紛争																	○					
留保	○海洋管轄権に関する紛争 ◎陸地領域に関する紛争																	○ ◎				○ ◎	
留保	留保を随時追加・修正する権利				○			○	○	○	○	○	○			○		○	○		○	○	○
留保	その他								条約により裁判から除外される紛争、強制管轄権を受諾していない国との紛争で他の裁判手続の対象となっているもの									外交関係がない国との紛争				外交関係がないか未承認の国との紛争、非主権国・領域の紛争、陸地・海洋領域の上部空域に関する紛争	特権免除に関する紛争のみ

＊上記の他、過去の受諾国としては以下の国がある。ボリビア、ブラジル、中国、コロンビア、エルサルバドル、フランス、グアテマラ、イラン、イスラエル、ケニア、ナウル、セルビア、南アフリカ、タイ、トルコ、アメリカ合衆国。

（注4）紛争解決に関する第三次海洋法会議の結論による。

（注3）ニカラグアの受諾宣言はニカラグア事件管轄権判決（84・11・26）で有効と判断。

（注2）ウルグアイの宣言には日付がなく、この日付は最初に連盟文書に記載された時点。

（注1）エジプトはスエズ運河に関する紛争についてのみ受諾。

	受諾宣言国	アジア・太平洋(9か国)									東欧(9か国)									ラテン・アメリ					
	受諾年月日 ＼ 留保の種類	カンボジア	フィリピン	キプロス	東ティモール	マーシャル諸島	日本	パキスタン	インド	イラン	エストニア	ハンガリー	ジョージア	ポーランド	スロバキア	リトアニア	ルーマニア	ブルガリア	ラトビア	ウルグアイ(注2)	ハイチ	パナマ	ドミニカ共和国	ニカラグア(注3)	メキシコ
		1957・9・19	1972・1・18	2002・9・3	2012・9・21	2013・4・23	2015・10・6	2017・3・29	2019・9・27	2023・6・26	1991・10・21	1992・10・22	1995・6・20	1996・3・25	2004・5・28	2012・9・26	2015・6・23	2015・11・27	2019・9・24	1921・1・28	1921・10・4	1921・10・25	1924・9・30	1946・9・24	1947・10・28
時間的な適用範囲	有効期限	一〇年。その後通告まで	通告まで	通告まで	通告まで	通告まで	通告まで		通告まで	通告まで		通告後六月まで		通告後六月まで	通告まで	通告まで	通告まで	五年。その後通告後六月まで	通告まで						五年。その後通告後六月まで
	○宣言以後の紛争または宣言以後の事態・事実から生じる紛争 ◎一定期日後の紛争					◎	◎	◎	○			○		◎	○	○	○	○							○
留保	特定の紛争についてのみ受諾した国または受諾後一定期間を経過しない国との紛争		○	○		○	○	○	○			○		○	○	○	○	○	○						
	コモンウェルス内の紛争								○																
	○国際法上の国内問題 ◎自国の判断による国内問題(自動留保)	○	◎	○				○	○	○		○		○	○		○								◎
	他の解決手続に付託する合意がある紛争(◎は裁判のみ)	○	○			○	◎	◎	○		◎	○		○	○	○	○		○						
	○武力紛争にかかわる紛争 (◎は国連活動への参加を含む							◎	◎			◎					◎		◎						
	多数国間条約に関する紛争		○					○	○																
	○海洋管轄権に関する紛争 ◎陸地領域に関する紛争		○ ◎					○	○ ◎	○ ◎				◎											
	留保を随時追加・修正する権利			○	○	○	○	○		○		○		○	○			○	○						
	その他	条約により裁判から除外される紛争		規程第三六条２ａにいう条約は自国が一九六〇年八月一六日以後に当事国となつたものおよび承継により拘束力を認めたものとする			海洋生物資源の調査保存管理	国家安全保障に関わる問題	外交関係がない国・非主権国家との紛争、管轄権が国際連盟のもとで締結された条約に基礎をおく紛争国家安全保障・国防上の措置に関する紛争	国の裁判権免除・執行免除に関する紛争のみ 未承認国との間の紛争				環境紛争、外債に関する紛争	環境紛争	条約により裁判から除外される紛争 軍事活動に関する紛争	環境紛争、領域の軍事利用に関する紛争	UNCLOSおよび海洋法に関する条約ならびに海洋に関する慣習国際法の下で生じた紛争	6ケ月以上前にICJへの付託を通告していない紛争						

区分	国名	受諾日	期間										注
西欧その他(21か国)	カナダ	2023・8・28	通告まで	◎	○	○	○	○				○	6ケ月以上前にICJへの付託を通告していない紛争　NAFO保存管理措置に関する紛争
	イギリス	2017・2・22	通告まで	◎	○	○		○				○	以前に付託された紛争と実質的に同じ紛争　核軍縮に関する紛争
	オランダ	2017・2・21	通告まで	◎									
	ギリシャ	2015・1・14	五年。その後通告まで		○				○		○ ◎	○	
	イタリア	2014・11・25	通告まで	○	○			○				○	
	アイルランド	2011・12・15	通告まで									○	イギリスとの紛争
	ドイツ	2008・5・1	通告まで	○	○			○				○	海外派兵に関する紛争または自国管轄下の領域の軍事利用に関する紛争
	ポルトガル	2005・2・25	通告まで	◎	○			○				○	
	オーストラリア	2002・3・22	通告まで		○			○			○		
	ノルウェー	1996・6・25	五年。その後通告ない限り五年ごとに自動更新										
	スペイン	1990・10・29	通告後六月まで	○	○			○				○	海洋法条約等への宣言による制限・除外にしたがう
	マルタ	1983・9・2	通告まで		○	○	○	○	◎	○	○ ◎	○	条約により裁判から除外される紛争、強制管轄権を受諾していない国との紛争で他の裁判手続の対象となっているもの
	ニュージーランド	1977・9・22	五年。その後通告後六月まで		○			○			○	○(注4)	
	オーストリア	1971・5・19	五年。その後通告まで					○					
	フィンランド	1958・6・25	五年。その後通告ない限り五年ごとに自動更新	○									
	ベルギー	1958・6・17	五年。その後通告まで	◎				○					
	スウェーデン	1957・4・6	五年。その後六月前の通告ない限り五年ごとに自動更新	◎									
	デンマーク	1956・12・10	五年。その後通告ない限り五年ごとに自動更新										
	リヒテンシュタイン	1950・3・29	通告後一年まで										
	スイス	1948・7・28	通告後一年まで	◎									
	ルクセンブルク	1930・9・15	五年。その後通告ない限り五年ごとに自動更新	○				○					
(13か国)	ドミニカ国	2006・3・31											
	ペルー	2003・7・7	通告まで					◎				○	
	パラグアイ	1996・9・25		○									
	スリナム	1987・8・31	五年。その後通告後一二月まで					○			◎		
	ホンジュラス	1986・6・6	通告まで				○	○	○		○ ◎	○	
	バルバドス	1980・8・1	通告まで			○	○	○			○		
	コスタリカ	1973・2・20	五年。その後通告ない限り五年ごとに自動更新										

17 17 同盟条約の集団的自衛権条項比較表

条約番号	条約略称	先行行為
13 20	米州相互援助条約 (リオ条約) 署名 1947.9.2 発効 1948.12.3	アメリカの一国に対するいかなる国の**武力攻撃**(§3) ＊第四条に定める地域内又はアメリカの一国の領域内で発生(§3)
		アメリカの一国に対するいかなる国の**武力攻撃**(§3) ＊第四条に定める地域又はアメリカの一国の領域の外で発生(§3) **武力攻撃ではない侵略**(§6)
13 19	北大西洋条約 (NATO条約) 署名 1949.4.4 発効 1949.8.24 修正 1951.10.22	ヨーロッパ又は北アメリカにおける一又は二以上の締約国に対する**武力攻撃**(§5) 第五条の適用上、一又は二以上の締約国に対する武力攻撃は、次のものに対する武力攻撃を含むものとみなす。 1 ヨーロッパ若しくは北アメリカにおけるいずれかの締約国の領域、フランス領アルジェリアの諸県(注)、トルコの領域又は北回帰線以北の北大西洋地域におけるいずれかの締約国の管轄下にある島 2 いずれかの締約国の軍隊、船舶又は航空機で、それらのものが前記の領域、いずれかの締約国の占領軍が本条約の効力発生の日に駐留していたヨーロッパの他の地域、又は地中海若しくは北回帰線以北の北大西洋地域の中又は上空にあるとき(§6)
	米比相互防衛条約 署名 1951.8.30 発効 1952.8.27	太平洋地域におけるいずれか一方の締約国に対する**武力攻撃**(§4) 第四条の適用上、いずれか一方の締約国に対する武力攻撃は、いずれか一方の締約国の本土領域、又は太平洋における締約国の管轄下にある島嶼領域又は太平洋における締約国の軍隊、公船若しくは航空機に対する武力攻撃を含むものとみなす。(§5)
	ANZUS条約 署名 1951.9.1 発効 1952.4.29	太平洋地域におけるいずれかの締約国に対する**武力攻撃**(§4) 第四条の適用上、いずれかの締約国に対する武力攻撃は、いずれかの締約国の本土領域、又は太平洋における締約国の管轄下にある島嶼領域又は太平洋における締約国の軍隊、公船若しくは航空機に対する武力攻撃を含むものとみなす。(§5)
	米韓相互防衛条約 署名 1953.10.1 発効 1954.11.17	現在それぞれの行政的管理の下にある領域又はいずれか一方の締約国が他方の締約国の行政的管理の下に適法に置かれることになつたものと今後認める領域における、太平洋地域におけるいずれかの締約国に対する**武力攻撃**(§3)
	ワルシャワ条約 署名 1955.5.14 発効 1955.6.6 終了 1991.7.1	ヨーロッパにおける一又は二以上の締約国に対するいずれかの国又は国家群からの**武力攻撃**(§4)
13 23	日米安全保障条約 署名 1960.1.19 発効 1960.6.23	日本国の施政の下にある領域における、いずれか一方に対する**武力攻撃**(§5)
	集団安全保障条約 (CSTO条約) 署名 1992.5.15 発効 1994.4.20	いずれかの国又は国家群による**侵略**(§4) **侵略行為**がいずれかの締約国に対して行われる場合(§4)
	改正署名 2010.12.10 改正発効 2012.12.19	**侵略(安全、安定、領土保全又は主権を脅かす武力攻撃)**(§4) **侵略行為(安全、安定、領土保全又は主権を脅かす武力攻撃)**がいずれかの締約国に対して行われる場合(§4)

注 一九六三年一月一六日に、北大西洋理事会は、旧フランス領アルジェリアの諸県に関する限り、本条約の関連規定は一九六二年七月三日以降不適用となったことを確認した。

締約国の義務	被攻撃国の要請	安保理への報告
各締約国は、国際連合憲章第五一条によって認められている個別的又は集団的自衛の固有の権利を行使して、当該攻撃に対抗するために援助することを約束する。(§3) 直接に攻撃を受けた一又は二以上の国の要請があった場合には、米州制度の協議機関の決定があるまでは、各締約国は、前項に掲げる義務の遂行として、かつ、大陸の連帯の原則に従って、自国が個別にとることができる即時の措置を決定することができる。協議機関は、これらの措置を検討し、かつ、とるべき集団的な性質を有する措置に合意する目的をもって遅滞なく会合する。(§3)	§3	§5
アメリカのいずれかの国の領域の不可侵若しくは領土保全又はその主権若しくは政治的独立が、武力攻撃ではない侵略によって、大陸外若しくは大陸内の抗争によって又はアメリカの平和を危うくするおそれのある他の何らかの事実若しくは事態によって影響を受ける場合には、協議機関は、侵略の場合にはその侵略の犠牲国を援助するためにとられなければならない措置、又はいかなる場合でも共同防衛のため及び大陸の平和及び安全の維持のためにとるべき措置に合意するために、直ちに会合する。(§6)	—	—
締約国は、当該武力攻撃が発生した場合には、各締約国が、国際連合憲章第五一条によって認められている個別的又は集団的自衛権を行使して、北大西洋地域の安全を回復し及び維持するために、兵力の使用を含めてその必要と認める行動を、個別的に及び他の締約国と共同して、直ちに執ることによって、当該攻撃を受けた一以上の締約国を援助することに同意する。(§5)	—	§5
各締約国は……自国の憲法上の規定及び手続に従って共通の危険に対処するように行動することを宣言する。(§4)	—	§4
各締約国は……自国の憲法上の規定及び手続に従って共通の危険に対処するように行動することを宣言する。(§4)	—	§4
各締約国は……自国の憲法上の規定及び手続に従って共通の危険に対処するように行動することを宣言する。(§3)	—	—
……本条約の各締約国は、国際連合憲章第五一条に従って、個別的又は集団的自衛権を行使して、兵力の使用を含めてその必要と認める手段によって、個別的に及び他の締約国と合意して、当該攻撃を受けた一以上の国に直ちに援助を提供する。本条約の各締約国は、国際の平和及び安全を回復し及び維持するために必要な共同の措置に関して直ちに協議する。(§4)	—	§4
各締約国は……自国の憲法上の規定及び手続に従って共通の危険に対処するように行動することを宣言する。(§5)	—	§5
……他のすべての締約国は、軍事援助を含む必要な援助を提供し、また、国際連合憲章第五一条に基づく集団的防衛の権利を行使して、利用可能なすべての手段によって当該締約国を支援する。(§4)	—	§4
……他のすべての締約国は、当該締約国の要請により、軍事援助を含む必要な援助を直ちに提供し、また、国際連合憲章第五一条に基づく集団的防衛の権利を行使して、利用可能なすべての手段によって当該締約国を支援する。(§4)	§4	§4

17 18 「平和安全法制」の主要事項の関係

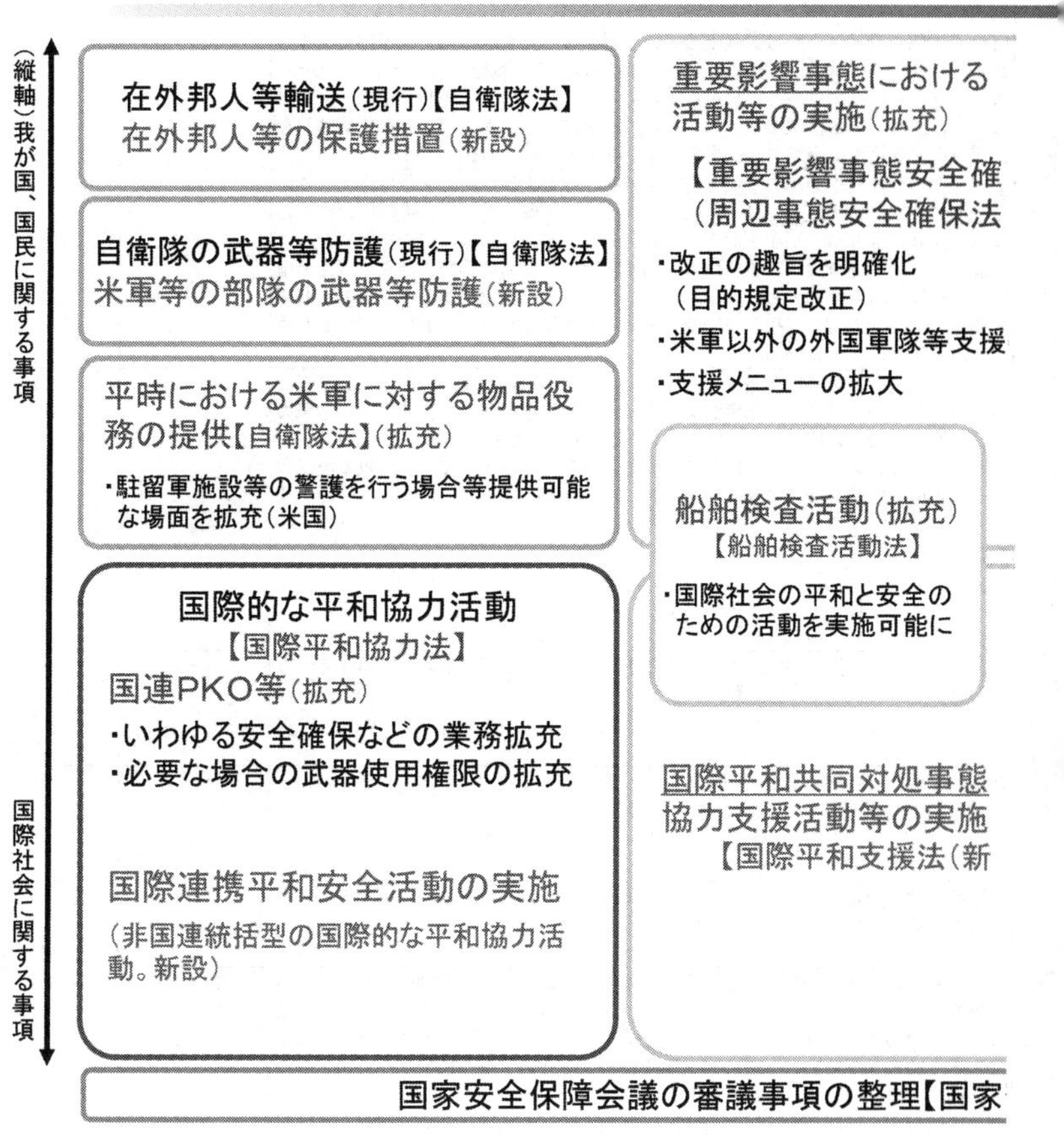

（注）離島の周辺地域等において外部から武力攻撃に至らない侵害が発生し、近傍に警察力が存在しない等の場合の治安出動や海上における警備行動の発令手続の迅速化は閣議決定により対応（法整備なし。）

（横軸）事態の状況・前提をイメージ

後方支援

保法】
改正）

の実施

における
（新設）
法）】

武力攻撃事態等への対処
【事態対処法制】
「存立危機事態」への対処（新設）
・「新三要件」の下で、「武力の行使」を可能に

「新三要件」
（1）我が国に対する武力攻撃が発生したこと、又は我が国と密接な関係にある他国に対する武力攻撃が発生し、これにより我が国の存立が脅かされ、国民の生命、自由及び幸福追求の権利が根底から覆される明白な危険があること
（2）これを排除し、我が国の存立を全うし、国民を守るために他に適当な手段がないこと
（3）必要最小限度の実力行使にとどまるべきこと

安全保障会議設置法】

(内閣官房等作成)

17 19　核兵器国・非核兵器地帯地図

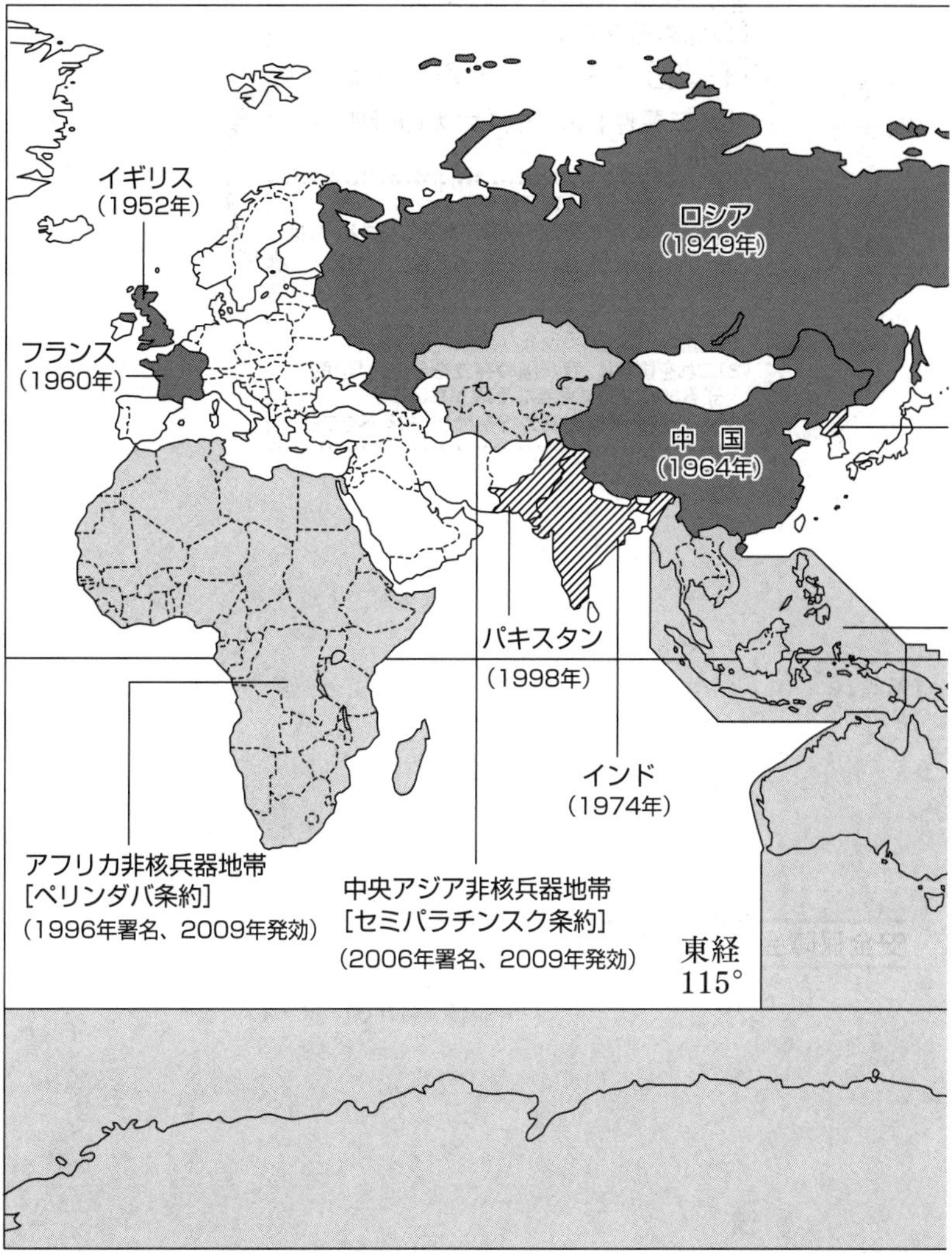

※　「事実上の核兵器国」は核実験を実施した国に限った。
※※「非核兵器地帯」は条約ベースのものに限った。

地域		西ヨーロッパ〔24国＋EC〕																			
文書番号	条約名(略称)＼国名	アイスランド	アイルランド	アンドラ	イギリス	イタリア	オーストリア	オランダ	ギリシャ	サンマリノ	スイス	スウェーデン	スペイン	デンマーク	ドイツ	ノルウェー	バチカン	フィンランド	フランス	ベルギー	ポルトガル
3 8	社会権規約	○	○		○	○	○	○	○	○	○	○	○	○	○	○		○	○	○	○
3 11	自由権規約	◎	◎	◎	○	◎	◎	◎	◎	◎	○	◎	◎	◎	◎	◎		◎	◎	◎	◎
3 14	人種差別撤廃条約	○	○	○	○	○	○	○	○	○	○	○	○	○	○	○	○	○	○	○	○
3 15	女子差別撤廃条約	◎	◎	◎	◎	◎	◎	◎	◎	◎	◎	◎	◎	◎	◎	◎		◎	◎	◎	◎
3 16	児童の権利条約	○	○	○	○	○	○	○	○	○	○	○	○	○	○	○	○	○	○	○	○
3 19	拷問等禁止条約	○	○	○	○	○	○	○	○	○	○	○	○	○	○	○	○	○	○	○	○
3 25	難民条約	○	○		○	○	○	○	○		○	○	○	○	○	○	○	○	○	○	○
4 1	条約法条約		○	○	○	○	○	○	○		○	○	○	○	○		○	○		○	○
5 1	国連海洋法条約	○	○		○	○	○	○	○		○	○	○	○	○	○		○	○	○	○
5 8	国連公海漁業実施協定	○	○		○	○	○	○	○			○	○	○	○	○		○	○	○	○
6 1	国際民間航空条約	○	○	○	○	○	○	○	○	○	○	○	○	○	○	○		○	○	○	○
6 2	宇宙条約	○	○		○	○	○	○	○	○	○	○	○	○	○	○		○	○	○	○
7 1	南極条約	○			○	○	○	○	○	○	○	○	○	○	○	○		○	○	○	○
8 4	オゾン層保護ウィーン条約	○	○	○	○	○	○	○	○	○	○	○	○	○	○	○	○	○	○	○	○
8 5	モントリオール議定書	○	○	○	○	○	○	○	○	○	○	○	○	○	○	○	○	○	○	○	○
8 7	気候変動枠組条約	○	○	○	○	○	○	○	○	○	○	○	○	○	○	○	○	○	○	○	○
8 10	パリ協定	○	○	○	○	○	○	○	○	○	○	○	○	○	○	○	○	○	○	○	○
9 1	WTO協定	○	○		○	○	○	○	○		○	○	○	○	○	○		○	○	○	○
9 14	投資紛争解決条約	○	○		○	○	○	○	○	○	○	○	○	○	○	○		○	○	○	○
10 1	外交関係条約	○	○	○	○	○	○	○	○	○	○	○	○	○	○	○	○	○	○	○	○
10 5	領事関係条約	○	○	○	○	○	○	○	○		○	○	○	○	○	○	○	○	○	○	○
11 10	航空機不法奪取防止条約	○	○	○	○	○	○	○	○		○	○	○	○	○	○		○	○	○	○
11 23	ジェノサイド条約	○	○	○	○	○	○	○	○	○	○	○	○	○	○	○		○	○	○	○
11 25	国際刑事裁判所規程	○	○	○	○	○	○	○	○	○	○	○	○	○	○	○		○	○	○	○
12 1	国際紛争平和的処理条約	○	○		○		○	○			○	○	○	○	○	○		○	○	○	○
14 2	包括的核実験禁止条約	●	●	●	●	●	●	●	●	●	●	●	●	●	●	●	●	●	●	●	●
14 3	核不拡散条約	○	○	○	○	○	○	○	○	○	○	○	○	○	○	○	○	○	○	○	○
14 12	化学兵器禁止条約	○	○	○	○	○	○	○	○	○	○	○	○	○	○	○	○	○	○	○	○
15 8	捕虜条約	○	○	○	○	○	○	○	○	○	○	○	○	○	○	○	○	○	○	○	○
15 9	文民条約	○	○	○	○	○	○	○	○	○	○	○	○	○	○	○	○	○	○	○	○
15 10	第一追加議定書	○	○		○	○	○	○	○	○	○	○	○	○	○	○	○	○	○	○	○
15 11	第二追加議定書	○	○		○	○	○	○	○	○	○	○	○	○	○	○	○	○	○	○	○
15 24	対人地雷禁止条約	○	○	○	○	○	○	○	○	○	○	○	○	○	○	○	○	○	○	○	○
16 7	対日平和条約				○			○	○							○			○	○	

（二〇二三年一二月三一日現在）

					東ヨーロッパ(旧ソ連を含む)〔29国〕																								
マルタ	モナコ	リヒテンシュタイン	ルクセンブルク	(EU)	アゼルバイジャン	アルバニア	アルメニア	ウクライナ	ウズベキスタン	エストニア	カザフスタン	キルギス	ジョージア	クロアチア	コソボ	スロバキア	スロベニア	タジキスタン	チェコ	トルクメニスタン	ハンガリー	ブルガリア	ベラルーシ	ボスニア・ヘルツェゴビナ	ポーランド	北マケドニア共和国	モルドバ	モンテネグロ	セルビア
○	○	○	○		○	○	○	○	○	○	○	○	○	○		○	○	○	○	○	○	○	○	○	○	○	○	○	○
◎	○	◎	◎		◎	◎	◎	◎	◎	◎	◎	◎	◎	◎		◎	◎	◎	◎	◎	◎	◎	○	◎	◎	◎	◎	◎	◎
○	○	○	○		○	○	○	○	○	○	○	○	○	○		○	○	○	○	○	○	○	○	○	○	○	○	○	○
◎	◎	◎	◎		◎	◎	◎	◎	○	○	◎	◎	◎	◎		◎	◎	◎	◎	◎	◎	◎	◎	◎	◎	◎	◎	◎	◎
○	○	○	○		○	○	○	○	○	○	○	○	○	○		○	○	○	○	○	○	○	○	○	○	○	○	○	○
○	○	○	○		○	○	○	○	○	○	○	○	○	○		○	○	○	○	○	○	○	○	○	○	○	○	○	○
○	○	○	○		○	○	○	○		○	○	○	○	○		○	○	○	○	○	○	○	○	○	○	○	○	○	○
○		○	○		○	○	○	○	○	○	○	○	○	○		○	○	○	○	○	○	○	○	○	○	○	○	○	○
○	○		○	○	○	○	○	○		○			○	○		○	○		○		○	○	○	○	○	○	○	○	○
○	○		○	○				○		○				○		○	○		○		○	○			○				
○	○		○		○	○	○	○	○	○	○	○	○	○		○	○	○	○	○	○	○	○	○	○	○	○	○	○
○			○		○		○	○		○	○			○		○	○		○		○	○	○	○	○				
	○							○		○	○					○	○		○		○	○	○		○				
○	○	○	○	○	○	○	○	○	○	○	○	○	○	○		○	○	○	○	○	○	○	○	○	○	○	○	○	○
○	○	○	○	○	○	○	○	○	○	○	○	○	○	○		○	○	○	○	○	○	○	○	○	○	○	○	○	○
○	○	○	○	○	○	○	○	○	○	○	○	○	○	○		○	○	○	○	○	○	○	○	○	○	○	○	○	○
○	○	○	○	○	○	○	○	○	○	○	○	○	○	○		○	○	○	○	○	○	○	○	○	○	○	○	○	○
○		○	○	○		○	○	○		○	○	○	○	○		○	○	○	○		○	○			○	○	○	○	
○			○		○	○	○	○	○	○	○	○	○	○	○	○	○		○	○	○	○	○	○		○	○	○	○
○	○	○	○		○	○	○	○	○	○	○	○	○	○		○	○	○	○	○	○	○	○	○	○	○	○	○	○
○	○	○	○		○	○	○	○	○	○	○	○	○	○		○	○	○	○	○	○	○	○	○	○	○	○	○	○
○	○	○	○		○	○	○	○	○	○	○	○	○	○		○	○	○	○	○	○	○	○	○	○	○	○	○	○
○	○	○	○		○	○	○	○	○	○	○	○	○	○		○	○	○	○	○	○	○	○	○	○	○	○	○	○
○		○	○			○	○			○			○	○		○	○	○	○		○	○		○	○	○	○	○	○
○		○	○			○		○		○		○	○		○	○	○		○		○	○	○		○	○			
●	●	●	●		●	●	●	●	●	●	●	●	●	●		●	●	●	●	●	●	●	●	●	●	●	●	●	●
○	○	○	○		○	○	○	○	○	○	○	○	○	○		○	○	○	○	○	○	○	○	○	○	○	○	○	○
○	○	○	○		○	○	○	○	○	○	○	○	○	○		○	○	○	○	○	○	○	○	○	○	○	○	○	○
○	○	○	○		○	○	○	○	○	○	○	○	○	○		○	○	○	○	○	○	○	○	○	○	○	○	○	○
○	○	○	○		○	○	○	○	○	○	○	○	○	○		○	○	○	○	○	○	○	○	○	○	○	○	○	○
○	○	○	○			○	○	○	○	○	○	○	○	○		○	○	○	○	○	○	○	○	○	○	○	○	○	○
○	○	○	○			○	○	○	○	○	○	○	○	○		○	○	○	○	○	○	○	○	○	○	○	○	○	○
○	○	○	○			○		○		○				○		○	○	○	○	○	○	○	○	○	○	○	○	○	○

地　域		東ヨーロッパ(旧ソ連を含む)〔29国〕				北アメリカ・													
文書番号	条約名(略称)＼国名	ラトビア	リトアニア	ルーマニア	ロシア	アメリカ合衆国	アンチグア・バーブーダ	エルサルバドル	カナダ	キューバ	グアテマラ	グレナダ	コスタリカ	ジャマイカ	セントクリストファー・ネイビス	セントビンセント	セントルシア	ドミニカ共和国	ドミニカ国
3 8	社会権規約	○	○	○	○		○	○	○		○	○	○	○		○		○	○
3 11	自由権規約	◎	◎	◎	◎	○	○	◎	◎		◎	○	◎	○		◎		◎	○
3 14	人種差別撤廃条約	○	○	○	○	○	○	○	○	○	○	○	○	○	○	○	○	○	○
3 15	女子差別撤廃条約	○	◎	◎	◎		◎	○	◎	○	◎	○	◎	○	◎	○	○	◎	○
3 16	児童の権利条約	○	○	○	○		○	○	○	○	○	○	○	○	○	○	○	○	○
3 19	拷問等禁止条約	○	○	○	○	○	○	○	○	○	○	○	○		○	○		○	
3 25	難民条約	○	○	○	○		○	○	○		○		○	○	○	○		○	○
4 1	条約法条約	○	○		○				○	○	○		○	○		○		○	
5 1	国連海洋法条約	○	○	○	○		○		○	○	○	○	○	○	○	○	○	○	○
5 8	国連公海漁業実施協定	○	○	○	○	○			○				○		○	○	○		
6 1	国際民間航空条約	○	○	○	○	○	○	○	○	○	○	○	○	○	○	○	○	○	○
6 2	宇宙条約		○	○	○	○	○	○	○	○				○		○		○	
7 1	南極条約			○	○	○			○	○	○		○						
8 4	オゾン層保護ウィーン条約	○	○	○	○	○	○	○	○	○	○	○	○	○	○	○	○	○	○
8 5	モントリオール議定書	○	○	○	○	○	○	○	○	○	○	○	○	○	○	○	○	○	○
8 7	気候変動枠組条約	○	○	○	○	○	○	○	○	○	○	○	○	○	○	○	○	○	○
8 10	パリ協定	○	○	○	○	○	○	○	○	○	○	○	○	○	○	○	○	○	○
9 1	WTO協定	○	○	○	○	○	○	○	○	○	○	○	○	○	○	○	○	○	○
9 14	投資紛争解決条約	○	○	○		○		○	○		○	○	○	○	○	○	○		
10 1	外交関係条約	○	○	○	○	○	○	○	○	○	○	○	○	○	○	○	○	○	○
10 5	領事関係条約	○	○	○	○	○	○	○	○	○	○	○	○	○	○	○	○	○	○
11 10	航空機不法奪取防止条約	○	○	○	○	○	○	○	○	○	○	○	○	○	○	○	○	○	○
11 23	ジェノサイド条約	○	○	○	○	○	○	○	○	○	○		○	○		○			○
11 25	国際刑事裁判所規程	○	○	○			○	○	○		○	○	○		○	○	○	○	○
12 1	国際紛争平和的処理条約	○	○	○	○	○		○	○	○	○		○					○	
14 2	包括的核実験禁止条約	●	●	●			●	●	●	●	●	●	●	●	●	●	●	●	●
14 3	核不拡散条約	○	○	○	○	○	○	○	○	○	○	○	○	○	○	○	○	○	○
14 12	化学兵器禁止条約	○	○	○	○	○	○	○	○	○	○	○	○	○	○	○	○	○	○
15 8	捕虜条約	○	○	○	○	○	○	○	○	○	○	○	○	○	○	○	○	○	○
15 9	文民条約	○	○	○	○	○	○	○	○	○	○	○	○	○	○	○	○	○	○
15 10	第一追加議定書	○	○	○	○		○	○	○	○	○	○	○	○	○	○	○	○	○
15 11	第二追加議定書	○	○	○	○		○	○	○	○	○	○	○	○	○	○	○	○	○
15 24	対人地雷禁止条約	○	○	○			○	○	○		○	○	○	○	○	○	○	○	○
16 7	対日平和条約					○		○	○	○	○		○					○	

カリブ海〔23国〕									南アメリカ〔12国〕												大洋州〔16国〕			
トリニダード・トバゴ	ニカラグア	ハイチ	パナマ	バハマ	バルバドス	ベリーズ	ホンジュラス	メキシコ	アルゼンチン	ウルグアイ	エクアドル	ガイアナ	コロンビア	スリナム	チリ	パラグアイ	ブラジル	ベネズエラ	ペルー	ボリビア	オーストラリア	キリバス	クック諸島	ソロモン諸島
○	○	○	○	○	○	○	○	○	○	○	○	○	○	○	○	○	○	○	○	○	○			○
○	◎	○	◎	○	◎	○	◎	◎	◎	◎	◎	◎	◎	◎	◎	◎	◎	◎	◎	◎	◎			
○	○	○	○	○	○	○	○	○	○	○	○	○	○	○	○	○	○	○	○	○	○			○
○	○	○	◎	○	○	◎	○	◎	◎	◎	◎	○	◎	○	◎	◎	◎	◎	◎	◎	◎	○	◎	◎
○	○	○	○	○	○	○	○	○	○	○	○	○	○	○	○	○	○	○	○	○	○	○	○	○
	○		○	○		○	○	○	○	○	○	○	○	○	○	○	○	○	○	○	○	○		
○	○	○	○	○		○	○	○	○	○	○		○	○	○	○	○		○	○	○			○
		○	○		○		○	○	○	○	○	○	○	○	○	○	○		○		○	○		○
○	○	○	○	○	○	○	○	○	○	○	○	○		○	○	○	○			○	○	○	○	○
○			○	○	○	○				○	○				○		○				○	○	○	○
○	○	○	○	○	○	○	○	○	○	○	○	○	○	○	○	○	○	○	○	○	○	○	○	○
	○		○	○	○			○	○	○	○				○	○	○	○	○		○			
	○								○	○	○		○		○		○	○	○		○			
○	○	○	○	○	○	○	○	○	○	○	○	○	○	○	○	○	○	○	○	○	○	○	○	○
○	○	○	○	○	○	○	○	○	○	○	○	○	○	○	○	○	○	○	○	○	○	○	○	○
○	○	○	○	○	○	○	○	○	○	○	○	○	○	○	○	○	○	○	○	○	○	○	○	○
○	○	○	○	○	○	○	○	○	○	○	○	○	○	○	○	○	○	○	○	○	○	○	○	○
○	○	○	○		○	○	○	○	○	○	○	○	○	○	○	○	○	○	○	○	○			○
○	○	○	○	○	○		○	○	○	○	○	○	○		○	○		○	○		○			○
○	○	○	○	○	○	○	○	○	○	○	○	○	○	○	○	○	○	○	○	○	○	○		○
○	○	○	○	○	○	○	○	○	○	○	○	○	○	○	○	○	○	○	○	○	○	○		○
○	○	○	○	○	○	○	○	○	○	○	○	○	○	○	○	○	○	○	○	○	○		○	
○	○	○	○	○	○	○	○	○	○	○	○		○		○	○	○	○	○	○	○			
○			○		○	○	○	○	○	○	○	○	○	○	○	○	○	○	○	○	○		○	
	○	○	○	○		○	○	○				○	○	○	○	○	○			○	○			
●	●	●	●	●	●	●	●	●	●	●	●	●	●	●	●	●	●	●	●	●	●	●	●	●
○	○	○	○	○	○	○	○	○	○	○	○	○	○	○	○	○	○	○	○	○	○	○		○
○	○	○	○	○	○	○	○	○	○	○	○	○	○	○	○	○	○	○	○	○	○	○	○	○
○	○	○	○	○	○	○	○	○	○	○	○	○	○	○	○	○	○	○	○	○	○	○	○	○
○	○	○	○	○	○	○	○	○	○	○	○	○	○	○	○	○	○	○	○	○	○	○	○	○
○	○	○	○	○	○	○	○	○	○	○	○	○	○	○	○	○	○	○	○	○	○		○	○
○	○	○	○	○	○	○	○		○	○	○	○	○	○	○	○	○	○	○	○	○		○	○
○	○	○	○	○	○	○	○	○	○	○	○	○	○	○	○	○	○	○	○	○	○	○	○	○
	○	○	○				○	○	○	○	○				○	○	○	○	○	○	○			

地域		大洋州〔16国〕															
文書番号	条約名(略称) ＼ 国名	ツバル	トンガ	ナウル	ニウエ	サモア	ニュージーランド	バヌアツ	パプアニューギニア	パラオ	フィジー	マーシャル諸島	ミクロネシア	アフガニスタン	アラブ首長国連邦	イエメン	イスラエル
3 8	社会権規約						○		○		○	○		○		○	○
3 11	自由権規約					○	◎	○	○		○	○		○		○	○
3 14	人種差別撤廃条約		○				○		○		○	○		○	○	○	○
3 15	女子差別撤廃条約	○		○		○	◎	◎	○		○	◎	○	○	○	○	○
3 16	児童の権利条約	○	○	○	○	○	○	○	○	○	○	○	○	○	○	○	○
3 19	拷問等禁止条約			○		○	○	○			○	○		○	○	○	○
3 25	難民条約	○		○		○	○		○		○			○		○	○
4 1	条約法条約			○			○										
5 1	国連海洋法条約	○	○	○	○	○	○	○	○	○	○	○	○			○	
5 8	国連公海漁業実施協定	○	○	○	○	○	○	○	○	○	○	○	○				
6 1	国際民間航空条約	○	○	○		○	○	○	○	○	○	○	○	○	○	○	○
6 2	宇宙条約		○				○		○		○			○	○	○	○
7 1	南極条約						○		○								
8 4	オゾン層保護ウィーン条約	○	○	○	○	○	○	○	○	○	○	○	○	○	○	○	○
8 5	モントリオール議定書	○	○	○	○	○	○	○	○	○	○	○	○	○	○	○	○
8 7	気候変動枠組条約	○	○	○	○	○	○	○	○	○	○	○	○	○	○	○	○
8 10	パリ協定	○	○	○	○	○	○	○	○	○	○	○	○	○	○		○
9 1	WTO協定		○			○	○	○	○		○			○	○	○	○
9 14	投資紛争解決条約		○	○		○	○		○		○		○	○	○	○	○
10 1	外交関係条約	○	○	○		○	○	○	○		○	○	○	○	○	○	○
10 5	領事関係条約	○	○	○		○	○	○	○		○	○	○		○	○	
11 10	航空機不法奪取防止条約		○	○	○	○	○	○	○	○	○	○		○	○	○	○
11 23	ジェノサイド条約		○				○		○		○			○	○	○	○
11 25	国際刑事裁判所規程			○		○	○	○			○	○		○			
12 1	国際紛争平和的処理条約						○								○		○
14 2	包括的核実験禁止条約	●		●	●	●	●	●		●	●	●	●	●	●		
14 3	核不拡散条約	○	○	○		○	○	○	○	○	○	○	○	○	○	○	
14 12	化学兵器禁止条約	○	○	○	○	○	○	○	○	○	○	○	○	○	○	○	
15 8	捕虜条約	○	○	○		○	○	○	○	○	○	○	○	○	○	○	○
15 9	文民条約	○	○	○		○	○	○	○	○	○	○	○	○	○	○	○
15 10	第一追加議定書		○	○		○	○	○		○	○		○	○	○	○	
15 11	第二追加議定書		○	○		○	○	○		○	○		○	○	○	○	
15 24	対人地雷禁止条約	○		○	○	○	○	○	○	○	○			○		○	
16 7	対日平和条約						○										

アジア・中東〔43国〕

イラク	イラン	インド	インドネシア	オマーン	カタール	カンボジア	キプロス	クウェート	サウジアラビア	シリア	シンガポール	スリランカ	タイ	大韓民国	台湾（中華民国）	中華人民共和国	朝鮮民主主義人民共和国	トルコ	日本	ネパール	パキスタン	バーレーン	バングラデシュ	東ティモール	フィリピン	ブータン	ブルネイ	ベトナム	マレーシア	ミャンマー
○	○	○	○	○	○	○	○	○		○		○	○	○		○	○	○	○	○	○	○	○	○	○			○		○
○	○	○	○		○	○	◎	○		○		◎	○	◎			○	◎	○	◎	○	○	○	○	◎			○		
○	○	○	○	○	○	○	○	○	○	○	○	○	○	○	○	○		○	○	○	○	○	○	○	○			○		
○		○	○	○	○	◎	◎	○	○	○	○	◎	◎	◎		○	○	◎	○	◎	○	○	◎	◎	◎	○	○	○	○	○
○	○	○	○	○	○	○	○	○	○	○	○	○	○	○		○	○	○	○	○	○	○	○	○	○	○	○	○	○	○
○			○	○	○	○	○	○	○	○		○	○	○		○		○	○	○	○	○	○	○	○			○		
	○					○	○							○		○		○	○					○	○					
				○			○	○	○	○				○		○			○					○	○			○	○	○
○		○	○	○	○		○	○	○		○	○	○	○		○			○	○	○	○	○	○	○		○	○	○	○
	○	○	○	○		○	○		○			○	○	○					○				○		○			○		
○	○	○	○	○	○	○	○	○	○	○	○	○	○	○		○	○	○	○	○	○	○	○	○	○	○	○	○	○	○
○		○	○	○	○		○	○	○	○	○	○	○	○	○	○	○	○	○	○	○	○	○					○		○
		○												○		○	○	○	○		○								○	
○	○	○	○	○	○	○	○	○	○	○	○	○	○	○		○	○	○	○	○	○	○	○	○	○	○	○	○	○	○
○	○	○	○	○	○	○	○	○	○	○	○	○	○	○		○	○	○	○	○	○	○	○	○	○	○	○	○	○	○
○	○	○	○	○	○	○	○	○	○	○	○	○	○	○		○	○	○	○	○	○	○	○	○	○	○	○	○	○	○
○		○	○	○	○	○	○	○	○	○	○	○	○	○		○	○	○	○	○	○	○	○	○	○	○	○	○	○	○
		○	○	○	○	○	○	○	○		○	○	○	○	○	○		○	○	○	○	○	○		○		○	○	○	○
○			○	○	○	○	○	○	○	○	○	○		○	○	○		○	○	○	○	○	○	○	○		○		○	
○	○	○	○	○	○	○	○	○	○	○	○	○	○	○	○	○	○	○	○	○	○	○	○	○	○	○	○	○	○	○
○	○	○	○	○	○	○	○	○	○	○	○	○	○	○		○	○	○	○	○	○	○	○	○	○	○	○	○	○	○
○	○	○	○	○	○	○	○	○	○	○	○	○	○	○	○	○	○	○	○	○	○	○	○		○	○	○	○	○	○
○	○	○				○	○	○	○	○	○	○		○	○	○	○	○		○	○	○	○		○			○	○	○
						○	○							○					○				○	○						
○					○	○	○	○	○		○		○	○	○	○			○			○	○		○			○	○	
●			●	●	●	●	●	●			●	●	●	●				●	●			●	●	●	●		●	●	●	●
○	○		○	○	○	○	○	○	○	○	○	○	○	○	○	○	○	○	○	○		○	○	○	○	○	○	○	○	○
○	○	○	○	○	○	○	○	○	○	○	○	○	○	○		○		○	○	○	○	○	○	○	○	○	○	○	○	○
○	○	○	○	○	○	○	○	○	○	○	○	○	○	○		○	○	○	○	○	○	○	○	○	○	○	○	○	○	○
○	○	○	○	○	○	○	○	○	○	○	○	○	○	○		○	○	○	○	○	○	○	○	○	○	○	○	○	○	○
○				○	○	○	○	○	○	○				○		○	○		○			○	○	○	○		○	○		
				○	○	○	○	○	○					○		○			○			○	○	○	○		○			
○			○	○	○	○	○	○				○	○					○	○				○	○	○	○	○		○	
○	○					○			○	○		○						○	○		○				○			○		

地域		アジア・中東〔43国〕																	
文書番号	条約名(略称) ＼ 国名	モルジブ	モンゴル	ヨルダン	ラオス	レバノン	(パレスチナ)	(香港)	(マカオ)	アルジェリア	アンゴラ	ウガンダ	エジプト	エチオピア	エリトリア	ガーナ	カーボベルデ	ガボン	カメルーン
3 8	社会権規約	○	○	○	○	○	○			○	○	○	○	○	○	○	○	○	○
3 11	自由権規約	◎	◎	○	○	○	○			◎	◎	◎	○	○	○	◎	◎	○	◎
3 14	人種差別撤廃条約	○	○	○	○	○	○			○	○	○	○	○	○	○	○	○	○
3 15	女子差別撤廃条約	◎	◎	○	○	○	○			○	◎	○	○	○	○	◎	◎	◎	◎
3 16	児童の権利条約	○	○	○	○	○	○			○	○	○	○	○	○	○	○	○	○
3 19	拷問等禁止条約	○	○	○	○	○	○			○	○	○	○	○	○	○	○	○	○
3 25	難民条約									○	○	○	○	○		○		○	○
4 1	条約法条約	○	○		○		○			○			○					○	○
5 1	国連海洋法条約	○	○	○	○	○	○			○	○	○	○			○	○	○	○
5 8	国連公海漁業実施協定	○														○			
6 1	国際民間航空条約	○	○	○	○	○				○	○	○	○	○	○	○	○	○	○
6 2	宇宙条約		○		○	○				○		○	○						
7 1	南極条約		○																
8 4	オゾン層保護ウィーン条約	○	○	○	○	○	○			○	○	○	○	○	○	○	○	○	○
8 5	モントリオール議定書	○	○	○	○	○	○			○	○	○	○	○	○	○	○	○	○
8 7	気候変動枠組条約	○	○	○	○	○	○			○	○	○	○	○	○	○	○	○	○
8 10	パリ協定	○	○	○	○	○	○			○		○	○	○	○	○	○	○	○
9 1	WTO協定	○	○	○	○			○	○		○	○	○			○	○	○	○
9 14	投資紛争解決条約		○	○		○				○	○	○	○			○	○	○	○
10 1	外交関係条約	○	○	○	○	○	○			○	○	○	○	○	○	○	○	○	○
10 5	領事関係条約	○	○	○	○	○	○			○	○	○	○		○	○	○	○	○
11 10	航空機不法奪取防止条約	○	○	○	○	○				○	○	○	○	○		○	○	○	○
11 23	ジェノサイド条約	○	○	○	○	○	○			○		○	○	○		○	○	○	
11 25	国際刑事裁判所規程	○	○	○			○					○				○	○	○	
12 1	国際紛争平和的処理条約			○	○	○	○					○	○		○				○
14 2	包括的核実験禁止条約	●	●	●	●	●				●	●	●		●	●	●	●	●	●
14 3	核不拡散条約	○	○	○	○	○	○			○	○	○	○	○	○	○	○	○	○
14 12	化学兵器禁止条約	○	○	○	○	○	○			○	○	○		○	○	○	○	○	○
15 8	捕虜条約	○	○	○	○	○	○			○	○	○	○	○	○	○	○	○	○
15 9	文民条約	○	○	○	○	○	○			○	○	○	○	○	○	○	○	○	○
15 10	第一追加議定書	○	○	○	○	○	○			○	○	○	○	○		○	○	○	○
15 11	第二追加議定書	○	○	○	○	○	○			○	○	○	○	○		○	○	○	○
15 24	対人地雷禁止条約	○		○			○			○	○	○		○	○	○	○	○	○
16 7	対日平和条約				○	○							○	○					

アフリカ〔54国〕

ガンビア	ギニア	ギニアビサオ	ケニア	コートジボワール	コモロ	コンゴ	コンゴ民主共和国	サントメ・プリンシペ	ザンビア	シエラレオネ	ジブチ	ジンバブエ	スーダン	エスワティニ	セーシェル	赤道ギニア	セネガル	ソマリア	タンザニア	チャド	中央アフリカ	チュニジア	トーゴ	ナイジェリア	ナミビア	ニジェール	ブルキナファソ	ブルンジ	ベナン
○	○	○	○	○		○	○	○	○	○	○	○	○	○	○	○	○	○	○	○	○	○	○	○	○	○	○	○	○
◎	◎	◎	○	◎		◎	◎	◎	◎	◎	◎	○	○	○	◎	◎	◎	◎	○	◎	◎	◎	◎	○	◎	◎	◎	○	◎
○	○	○	○	○	○	○	○	○	○	○	○	○	○	○	○	○	○	○	○	○	○	○	○	○	○	○	○	○	○
○	○	◎	○	◎	○	○	○	◎	○	○	○	○		○	◎	◎	◎		◎	○	◎	◎	○	◎	◎	◎	◎	○	◎
○	○	○	○	○	○	○	○	○	○	○	○	○	○	○	○	○	○	○	○	○	○	○	○	○	○	○	○	○	○
○	○	○	○	○	○	○	○	○	○	○	○		○	○	○	○	○	○		○	○	○	○	○	○	○	○	○	○
○	○	○	○	○		○	○	○	○	○	○	○	○	○	○	○	○	○	○	○	○	○	○	○	○	○	○	○	○
	○					○	○						○				○		○		○	○	○	○		○	○		○
○	○	○	○	○	○	○	○	○	○	○	○	○	○	○	○	○	○	○	○	○		○	○	○	○	○	○		○
	○		○												○		○						○	○	○				○
○	○	○	○	○	○	○	○	○	○	○	○	○	○	○	○	○	○	○	○	○	○	○	○	○	○	○	○	○	○
		○	○						○	○					○	○						○	○	○		○	○		○
○	○	○	○	○	○	○	○	○	○	○	○	○	○	○	○	○	○	○	○	○	○	○	○	○	○	○	○	○	○
○	○	○	○	○	○	○	○	○	○	○	○	○	○	○	○	○	○	○	○	○	○	○	○	○	○	○	○	○	○
○	○	○	○	○	○	○	○	○	○	○	○	○	○	○	○	○	○	○	○	○	○	○	○	○	○	○	○	○	○
○	○	○	○	○	○	○	○	○	○	○	○	○	○	○	○	○	○	○	○	○	○	○	○	○	○	○	○	○	○
○	○	○	○	○		○	○		○	○	○	○		○	○		○		○	○	○	○	○	○	○	○	○	○	○
○	○		○	○	○	○	○	○	○	○	○	○	○	○	○		○	○	○	○	○	○	○	○		○	○	○	○
○	○	○	○	○	○	○	○	○	○	○	○	○	○	○	○	○	○	○	○	○	○	○	○	○	○	○	○	○	○
○	○		○				○	○	○	○	○	○	○	○	○	○	○	○	○			○	○	○	○	○	○		○
○	○	○	○	○	○	○	○	○	○	○	○	○	○	○	○	○	○		○	○	○	○	○	○	○	○	○		○
○	○	○		○	○		○		○			○	○		○		○		○			○	○	○	○		○	○	○
○	○		○	○	○	○	○		○	○	○				○		○		○	○	○	○		○	○	○	○		○
			○				○	○	○		○		○	○			○						○	○			○		○
●	●		●	●	●	●	●	●	●	●	●	●	●	●	●	●	●		●	●	●	●	●	●	●	●	●	●	●
○	○	○	○	○	○	○	○	○	○	○	○	○	○	○	○	○	○	○	○	○	○	○	○	○	○	○	○	○	○
○	○	○	○	○	○	○	○	○	○	○	○	○	○	○	○	○	○	○	○	○	○	○	○	○	○	○	○	○	○
○	○	○	○	○	○	○	○	○	○	○	○	○	○	○	○	○	○	○	○	○	○	○	○	○	○	○	○	○	○
○	○	○	○	○	○	○	○	○	○	○	○	○	○	○	○	○	○	○	○	○	○	○	○	○	○	○	○	○	○
○	○	○	○	○	○	○	○	○	○	○	○	○	○	○	○	○	○		○	○	○	○	○	○	○	○	○	○	○
○	○	○	○	○	○	○	○	○	○	○	○	○	○	○	○	○	○		○	○	○	○	○	○	○	○	○	○	○
○	○	○	○	○	○	○	○	○	○	○	○	○	○	○	○	○	○	○	○	○	○	○	○	○	○	○	○	○	○

アフリカ〔54国〕														地域			
ボツワナ	マダガスカル	マラウイ	マリ	南アフリカ	南スーダン	モザンビーク	モーリシャス	モーリタニア	モロッコ	リビア	リベリア	ルワンダ	レソト	号	番	国名 / 文書番号 / 条約名(略称)	締約国数
	○	○	○	○			○	○	○	○	○	○	○	3	8	社会権規約	171
○	◎	◎	◎	◎		○	◎	○	◎	◎	○	○	◎	3	11	自由権規約*1	173 (116)
○	○	○	○	○		○	○	○	○	○	○	○	○	3	14	人種差別撤廃条約	183
◎	○	○	◎	◎	◎	◎	◎	○	◎	◎	○	◎	◎	3	15	女子差別撤廃条約*2	189 (115)
○	○	○	○	○	○	○	○	○	○	○	○	○	○	3	16	児童の権利条約	196
○	○	○	○	○	○	○	○	○	○	○	○	○	○	3	19	拷問等禁止条約	173
○	○	○	○	○	○	○		○	○		○	○	○	3	25	難民条約	146
		○	○			○	○		○	○	○	○	○	4	1	条約法条約	116
○	○	○	○	○		○	○	○	○		○	○	○	5	1	国連海洋法条約	169
				○		○	○		○		○			5	8	国連公海漁業実施協定	93
○	○	○	○	○	○	○	○	○	○	○	○	○	○	6	1	国際民間航空条約	193
	○		○	○			○		○	○				6	2	宇宙条約	115
				○										7	1	南極条約	56
○	○	○	○	○	○	○	○	○	○	○	○	○	○	8	4	オゾン層保護ウィーン条約	198
○	○	○	○	○	○	○	○	○	○	○	○	○	○	8	5	モントリオール議定書	198
○	○	○	○	○	○	○	○	○	○	○	○	○	○	8	7	気候変動枠組条約	198
○	○	○	○	○	○	○	○	○	○		○	○	○	8	10	パリ協定	195
○	○	○	○	○		○	○	○	○		○	○	○	9	1	WTO協定	164
○	○	○	○		○	○	○	○	○		○	○	○	9	14	投資紛争解決条約	159
○	○	○	○	○		○	○	○	○	○	○	○	○	10	1	外交関係条約	194
○	○	○	○	○		○	○	○	○	○	○	○	○	10	5	領事関係条約	182
○	○	○	○	○		○	○	○	○	○	○	○	○	11	10	航空機不法奪取防止条約	186
		○	○	○		○	○		○	○	○	○	○	11	23	ジェノサイド条約	154
○	○	○	○	○			○				○		○	11	25	国際刑事裁判所規程	124
	○			○					○	○		○		12	1	国際紛争平和的処理条約	103
●	●	●	●	●		●		●	●	●	●	●	●	14	2	包括的核実験禁止条約	177
○	○	○	○	○		○	○	○	○	○	○	○	○	14	3	核不拡散条約	192
○	○	○	○	○		○	○	○	○	○	○	○	○	14	12	化学兵器禁止条約	193
○	○	○	○	○	○	○	○	○	○	○	○	○	○	15	8	捕虜条約	196
○	○	○	○	○	○	○	○	○	○	○	○	○	○	15	9	文民条約	196
○	○	○	○	○	○	○	○	○	○	○	○	○	○	15	10	第一追加議定書	174
○	○	○	○	○	○	○	○	○	○	○	○	○	○	15	11	第二追加議定書	169
○	○	○	○	○	○	○	○	○			○	○	○	15	24	対人地雷禁止条約	164
				○							○			16	7	対日平和条約	46

(注)未発効の条約については、批准国または加入国を●で示す。

*1 ◎は第一選択議定書の締約国

*2 ◎は選択議定書の締約国

ベーシック条約集〔2024年版〕　＊本体価格は表紙に表示してあります。

2024年３月31日　初　版第１刷発行　〔検印省略〕

編集代表©浅田正彦　発 行 者 下田勝司　印刷・製本／中央精版印刷

東京都文京区向丘1-20-6　郵便振替00110-6-37828
〒113-0023　TEL（03）3818-5521　FAX（03）3818-5514

発行所
株式会社 東 信 堂

published by **TOSHINDO PUBLISHING CO., LTD.**
1-20-6, Mukougaoka, Bunkyo-ku, Tokyo, 113-0023, Japan
http://www.toshindo-pub.com/　E-mail: tk203444@fsinet.or.jp

ISBN978-4-7989-1901-0 C3032

東信堂

ベーシック条約集〔二〇二四年版〕　編集代表　浅田正彦　二七〇〇円
ハンディ条約集〔第2版〕　編集代表　浅田正彦　一六〇〇円
国際法〔第5版〕　浅田正彦編著　三〇〇〇円
国際環境条約・資料集　編集　松井・富岡・田中・薬師寺・坂元・高村・西村　八六〇〇円
国際人権条約・宣言集〔第3版〕　編集　松井・薬師寺・坂元・小畑・徳川　三八〇〇円
国際機構条約・資料集〔第2版〕　編集代表　安藤仁介　編集　香西茂　三二〇〇円
判例国際法〔第3版〕　編集代表　薬師寺・坂元・浅田・酒井　三九〇〇円

国際法新講〔上〕〔下〕　田畑茂二郎　〔上〕二九〇〇円　〔下〕二七〇〇円
ウクライナ戦争をめぐる国際法と国際政治経済　浅田正彦・玉田大　編著　二六〇〇円
【坂元茂樹・薬師寺公夫両先生古稀記念論集】
現代国際法の潮流Ⅰ・Ⅱ　編集　浅田・桐山・徳川・西村・樋口　各八四〇〇円
21世紀の国際法と海洋法の課題　編集　松井・富岡・坂元・薬師寺・桐山・西村　七八〇〇円
国際海洋法の現代的形成　田中則夫　六八〇〇円
在外邦人の保護・救出―朝鮮半島と台湾海峡有事への対応　武田康裕編著　四二〇〇円
国際法で読み解く外交問題　坂元茂樹　二八〇〇円
国際海峡　坂元茂樹編著　四六〇〇円
条約法の理論と実際　坂元茂樹　四二〇〇円
グローバル化する世界と法の課題　編集　松井芳郎・木棚照一・薬師寺公夫・山形英郎　八二〇〇円
現代国際法の思想と構造Ⅰ―歴史、国家、機構、条約、人権　編集　松田竹男・田中則夫・薬師寺公夫・坂元茂樹　六二〇〇円
現代国際法の思想と構造Ⅱ―環境、海洋、刑事、紛争、展望　編集　松田竹男・田中則夫・薬師寺公夫・坂元茂樹　六八〇〇円
日中戦後賠償と国際法　浅田正彦　五二〇〇円
国際環境法の基本原則　松井芳郎　三八〇〇円
大量破壊兵器と国際法　阿部達也　五七〇〇円
サイバーセキュリティと国際法の基本―国連における議論を中心に　赤堀毅　二〇〇〇円

国際法・外交ブックレット

為替操作、政府系ファンド、途上国債務と国際法　中谷和弘　一〇〇〇円
イランの核問題と国際法　浅田正彦　一〇〇〇円
もう一つの国際仲裁　中谷和弘　一〇〇〇円
化学兵器の使用と国際法―シリアをめぐって―　浅田正彦　一〇〇〇円
国際刑事裁判所―国際犯罪を裁く―　尾﨑久仁子　一〇〇〇円
気候変動問題と国際法　西村智朗　一〇〇〇円

※定価：表示価格（本体）＋税

〒113-0023　東京都文京区向丘 1-20-6　TEL 03-3818-5521　FAX03-3818-5514
Email tk203444@fsinet.or.jp　URL:http://www.toshindo-pub.com/

【マ行】

【ヤ行】

【ラ行】

【ワ行】

【欧文】